8

ALBRECHT GOLF GUIDE

GOLF Führer

21/22

Deutschland

Handbuch und Reiseführer
für den Golfer

Darstellung
der deutschen Golfplätze
mit Hotel-Empfehlungen,
großer Golf-Straßenkarte und
Greenfee-Gutscheinbuch mit
1.146 Gutscheinen.

Inhaltsverzeichnis

Inhaltsverzeichnis
Benutzerhinweise
Alphabetisches Clubverzeichnis
Straßenkarte

Seite

Schleswig-Holstein und Hamburg 1
Mecklenburg-Vorpommern 73
Niedersachsen und Bremen 92
Berlin und Brandenburg 182
Sachsen, Sachsen-Anhalt und Thüringen 202
Nordrhein-Westfalen 230
Hessen 400
Rheinland-Pfalz und Saarland 452
Baden-Württemberg 492
Bayern 582
Hotelverzeichnis 773
Greenfree-Gutscheinbuch .... G 1
Impressum
Zeichenerklärung

Benutzerhinweise

Dieser ALBRECHT GOLF FÜHRER präsentiert Ihnen die bespielbaren Golfplätze (auch die öffentlichen) in Deutschland, die über mindestens 9 Löcher verfügen. *Der Verlag übernimmt keine Gewähr und Haftung auf Vollständigkeit der Nennung von Golfanlagen, Golfclubs oder Platzbetreibern. Eine Mitgliedschaft im Deutschen Golf Verband e.V. (DGV) oder einer anderen Organisation bildet keine rechtliche Basis einer Veröffentlichung in diesem Werk.

Da es sich bei diesem Werk nicht um ein Vereinsregister, sondern um einen Reiseführer mit Golfplatzdaten handelt, wird im Falle von zwei oder mehreren Vereinen, die eine Anlage bespielen, nur ein Verein oder eine Anlage veröffentlicht. Die Auswahl dessen behält sich der Verlag vor.

Zur schnellen und praktischen Handhabung des ALBRECHT GOLF FÜHRER wurden die Golfclubs nach Bundesländern von Nord nach Süd sortiert. Damit die Suche nach Clubs besonders leicht fällt, verfügt der GOLF FÜHRER über mehrere Inhaltsverzeichnisse: Das Clubverzeichnis alphabetisch bildet hierbei den zentralen Punkt. Jeder Golfclub ist unter allen vorkommenden Begriffen verzeichnet, z. B. Gut Kaden Golf und Landclub, Alveslohe. Jedes Bundesland verfügt daneben über ein eigenes Clubverzeichnis zusammen mit einer Landkarte. Hier sind die Clubs entsprechend der Karten-Nummern der Länder aufgeführt.

Aktualität und Greenfee-Preise: Dieser GOLF FÜHRER wurde mit größtmöglicher Sorgfalt erstellt. Der redaktionelle Teil wurde im Oktober 2020 abgeschlossen. Aufgrund der umfassenden Datensammlung können sich Informationen nach Drucklegung verändern. Besonders die Greenfee-Preise unterliegen erfahrungsgemäß Veränderungen und können daher nur als Richtpreise gewertet werden. Die angegebenen Greenfee-Preise beziehen sich in der Regel auf die DGV-Kennzeichung „R".

Vollständigkeit: Der ALBRECHT GOLF FÜHRER erhebt keinen Anspruch auf Vollständigkeit. Pflichtkriterium für eine Aufnahme im ALBRECHT GOLF FÜHRER ist die Bespielbarkeit von mindestens 9 Löchern. Wir bitten jedoch um Verständnis, dass die Angaben in diesem Buch keinen verbindlichen Charakter haben können.

Spielmöglichkeiten bei den Golfclubs können durch Turniere oder neue Entscheidungen der Spielleitung beeinträchtigt sein. Unsere Empfehlung: Informieren Sie sich telefonisch, ob eine Spielmöglichkeit für Gäste an dem von Ihnen geplanten Termin besteht.

Landkarten finden Sie zu jedem Bundesland. Jedes Bundesland verfügt nach der Länderkarte über ein eigenes Inhaltsverzeichnis in der Sortierung der Karten-Nummern. Die Karten-Nummern werden sowohl im alphabetischen Inhaltsverzeichnis als auch in den Inhaltsverzeichnissen der Bundesländer mit aufgeführt, dabei stehen die roten Punkte für Clubs, die an der Grennfee-Gutschein Aktion teilnehmen. Im Buch integriert ist ebenfalls eine Golf-Straßenkarte. In welchem Planquadrat sich ein Golf Club befindet, ist bei der Clubbeschreibung angegeben.

Hotels, die sich zur Golfanlage empfehlen, können Sie anhand der Anzeigen direkt bei der Clubbeschreibung der relevanten Golfanlage erkennen. Zusätzlich verfügt der ALBRECHT GOLF FÜHRER über ein Hotelverzeichnis mit allen Empfehlungen. Das Hotelverzeichnis ist nach Postleitzahlen sortiert und befindet sich am Ende der Golfredaktion.

Greenfee-Gutscheine im Rahmen der Albrecht Greenfee-Aktion finden Sie als heraustrennbare Coupons am Ende des Buches. Die an der Aktion teilnehmenden Golfclubs sind durch rote Markierungen in der Kopfzeile der Clubseiten gekennzeichnet (mit Seitenverweis auf den Gutscheinteil: G...). Eine Liste aller Golfclubs, die bei Vorlage des Albrecht GOLF FÜHRERs eine Greenfee-Ermäßigung gewähren, finden Sie am Ende des Buches. Bitte beachten Sie, es ist untersagt, die Greenfee-Gutscheine gegen Entgelt zu veräußern oder mit diesen Handel zu treiben. Insbesondere sind die teilnehmenden Golfclubs in diesem Falle berechtigt, die Einlösung der ausgeschriebenen Angebote zu verweigern. Der Verlag übernimmt keine Gewähr und Haftung auf im Buch angebotene Greenfeeaktionen und Greenfeevergünstigungen. Alle genannten Preise oder Vergünstigungen stellen freiwillige Leistungen von Golfanlagen dar, die jederzeit widerrufen werden können.

Internet: Angaben aus dem GOLF FÜHRER sind auch im Internet unter www.1golf.eu zu finden.

* s. Impressum

Inhalt alphabetisch

Clubname	Seite: Gutschein	Club
Aachen-Seffent, Aachener Golf Club 1927 e.V.		390
Abbach, Golfclub Bad Abbach Deutenhof e.V., Bad	G 141 ■	645
Abenberg, Golfclub Abenberg e.V.		636
AcamedResort GmbH, Nienburg		205
Accum, Golfclub Wilhelmshaven-Friesland e.V., Schortens/		102
Achental, Golf Resort		746
Achimer Golfclub e.V., Achim		132
Adendorf, Golfclub Adendorf e.V.		115
Aerzen, Hamelner Golfclub e.V. Schloss Schwöbber	G 45 ■	172
Ahaus-Alstätte, Golf- und Landclub Ahaus e.V.		244
Ahrensburg, Golf Club Hamburg-Ahrensburg e.V.		53
Ahrensburg, Siek, Golfclub Siek/		59
Ahrweiler, Golf- und Landclub Bad Neuenahr-Ahrweiler, Bad Neuenahr-	G 101 ■	458
Ainring, Golfclub Berchtesgadener Land e.V.	G 163 ■	740
Airport-Golf Sparte der Sportgem. Flugh. Köln/Bonn e.V. s. GA Römerhof		395
Aiterhofen, Golfclub Gäuboden e.V.	G 141 ■	648
Aldruper Heide e.V., Greven, Golf Club	G 61 ■	248
Alfdorf-Haghof, Golf- und Landclub Haghof e.V.		529
Allensbach-Langenrain, Golf-Club Konstanz e.V.		575
Allgäuer Golf- und Landclub e.V., Ottobeuren		734
Alpenseehof Golfanlage, Nesselwang	G 167 ■	759
Alpirsbach-Peterzell, Golfclub Alpirsbach e.V.	G 117, G 119 ■	552
Alten Fliess e.V., Bergheim-Fliesteden, Golf Club Am		370
Altenhof, Golf Club Altenhof e.V. Eckernförde		14
Altenstadt, Golfplatz Altenstadt		422
Altmühlgolf Beilngries GmbH, Beilngries	G 139 ■	640
Altötting-Burghausen e.V., Haiming, Golfclub	G 155, G 157 ■	702
Altrhein, Rastatt-Plittersdorf, Golfclub		525
Alverskirchen, Golfclub Brückhausen e.V., Everswinkel-	G 65 ■	263
Alveslohe, Gut Kaden Golf und Land Club		46
Am Alten Fliess e.V., Bergheim-Fliesteden, Golf Club		370
Am Deister e.V., Bad Münder, Golf Park		169
Am Donner Kleve e.V., St. Michaelisdorn, Golfclub	G 21 ■	35
Am Donnersberg e.V., Börrstadt, Golf-Club	G 107 ■	479
Am Edersee, Waldeck, Golfclub Waldeck	G 91 ■	405
Am Habsberg e.V., Velburg-Unterwiesenacker, Golf Club		633
Am Harmersbach, Golfclub Gröbernhof e.V., Zell	G 119 ■	553
Am Harrl e.V., Bad Eilsen/Bückeburg-OT Luhden, Golfclub		168
Am Hockenberg, Seevetal, Golf- & Country Club		109
Am Katzberg e.V., Langenfeld, Golfclub		359
Am Kloster Kamp, Kamp-Lintfort, Golfclub	G 73 ■	298
Am Kortenbach e.V., Seligenstadt, Golfclub Seligenstadt		438
am Löwenhof, Friedberg, Golfpark		420
Am Meer e.V., Bad Zwischenahn, Golfclub		120
Am Mollenkotten Wuppertal, Wuppertal, Öffentl. Golfanlage		330
Am Nationalpark Bayerischer Wald e.V., Sankt Oswald, Golfclub	G 141 ■	646
Am Obinger See e.V., Obing, OT Kleinornach, Der Golf Club	G 159 ■	721
Am Reichswald e.V., Nürnberg, Golf Club		622
Am Sachsenwald e.V., Dassendorf, Golf-Club		67
Amecke, Sundern, Golf am Haus	G 81 ■	332
Ammersbek, Golfclub Hamburg-Walddörfer e.V.		52

Clubname	Seite: Gutschein		Club
Amorbach-Sansenhof, Golfclub Gut Sansenhof e.V.	G 133	■	613
An der Elfrather Mühle e.V., Krefeld-Traar, Golf & Country Club			317
An der Ems, Warendorf, Warendorfer Golfclub			256
An der Göhrde e.V., Zernien-Braasche, Golf-Club	G 37	■	129
an der Lippe e.V., Werne, Golfclub Werne	G 71, G 73	■	283
An der Pinnau e.V., Quickborn-Renzel, Golf-Club			50
An der Schlei e.V., Güby, Golf-Club			13
An der Sieg GmbH & Co KG, Eitorf, Gut Heckenhof Hotel & Golfresort	G 91	■	391
Anholt, Golf Club Wasserburg Anholt e.V., Isselburg-			268
Ankum, Artland Golfclub e.V.			156
Ansbach e.V., Colmberg, Golf-Club	G 135	■	627
Anthal, Golfclub Anthal-Waginger See	G 159	■	723
Apeldör, Hennstedt, Golf Club Gut			24
Appenweier, Golfclub Urloffen e.V.	G 115	■	544
Arnsberg, Golfclub Sauerland e.V., Neheim-Hüsten	G 75, G 77	■	310
Arolsen, Golf- und Landclub Bad Arolsen e.V., Bad	G 91	■	403
Artland Golfclub e.V., Ankum			156
Aschaffenburger Golf-Club e.V., Hösbach	G 125	■	595
Ascheberg-Herbern, Golfclub Wasserschloß Westerwinkel	G 69, G 71	■	276
Ascheim, Green Hill Golfpark München-Ost			704
Aschendorf e.V., Papenburg, Golf-Club Gutshof Papenburg			130
Aschheim, Golfpark München Aschheim GmbH & Co. KG			705
Atlandsberg GT Wilkendorf, Golfclub Schloß Wilkendorf bei Strausberg e.V.	G 51	■	188
Attendorn-Niederhelden, Golfclub Repetal Südsauerland e.V.			358
Attighof Golf & Country Club e.V., Waldsolms-Brandoberndorf	G 97	■	418
Auel, Lohmar, Golf Club Schloss			384
Auf der Gsteig, Golfanlage			756
Auf der Wendlohe, Hamburg, Golf-Club			58
Augsburg e.V., Bobingen-Burgwalden, Golfclub	G 153, G 155	■	690
Augsburg, Golf Club Leitershofen e.V., Stadtbergen/			679
Augsburg, Golfclub GolfRange Augsburg e.V.			685
Augustin, Internationaler Golf Club Bonn e.V., St.			393
Aukrug-Bargfeld, Mittelholsteinischer Golf-Club Aukrug e.V.			32
AUREL Spa & Golf Resort, Bad Gögging, MARC			649
Bachgrund, Worfelden, Golfpark			441
Bad Abbach, Golfclub Bad Abbach Deutenhof e.V.	G 141	■	645
Bad Arolsen, Golf- und Landclub Bad Arolsen e.V.	G 91	■	403
Bad Bellingen, Drei Thermen Golfresort Markgräflerland			577
Bad Bentheim-Sieringhoek, Golfclub Euregio Bad Bentheim e.V.			165
Bad Berleburg, Golfclub Wittgensteiner Land e.V.	G 85, G 87	■	368
Bad Bevensen, Golfclub Bad Bevensen e.V.	G 35	■	124
Bad Birnbach, Bella Vista Golfpark - Bad Birnbach			670
Bad Bramstedt, Golf & Country Club Gut Bissenmoor e.V.			41
Bad Driburg, Bad Driburger Golf-Club e.V.	G 69	■	275
Bad Eilsen/Bückeburg-OT Luhden, Golfclub Am Harrl e.V.			168
Bad Ems, Mittelrheinischer Golfclub Bad Ems e.V.	G 103	■	460
Bad Füssing, ThermenGolfClub Bad Füssing-Kirchham e.V.	G 151	■	682
Bad Gögging, MARC AUREL Spa & Golf Resort			649
Bad Griesbach, Golfclub Sagmühle	G 149	■	673
Bad Griesbach, Golfplatz Lederbach, Quellness Golf Resort	G 151	■	667
Bad Griesbach, Porsche Golf Course, Rotthalmünster, Golf Resort	G 151	■	677
Bad Griesbach, Quellness Golf Resort Bad Griesbach, Beckenbauer Golf Course	G 151	■	678
Bad Griesbach, Quellness Golf Resort Bad Griesbach, Golfodrom® Holzhäuser	G 151	■	668
Bad Griesbach, Quellness Golf Resort Bad Griesbach, Golfplatz Brunnwies	G 151	■	664
Bad Griesbach, Quellness Golf Resort Bad Griesbach, Golfplatz Uttlau St. Wolfgang	G 151	■	665
Bad Harzburg, Golf-Club Harz	G 47	■	177

■ = Partner Albrecht Greenfee-Aktion

Clubname	Seite: Gutschein		Club
Bad Herrenalb, Golf Club Herrenalb-Bernbach e.V.	G 113	■	530
Bad Hersfeld, Oberaula/Hausen, Kurhessischer Golfclub Oberaula/	G 93	■	409
Bad Homburg, Homburger Golfclub 1899 e.V.			425
Bad Kissingen, Golf Club Bad Kissingen e.V.			593
Bad Liebenzell-Monakam, Golfclub Bad Liebenzell e.V.			533
Bad Lippspringe, B. A. Golfclub Sennelager	G 67	■	270
Bad Mergentheim e.V., Igersheim, Golf Club			498
Bad Münder, Golf Park Am Deister e.V.			169
Bad Münster a. Stein/Ebernburg, Golfclub Nahetal e.V.	G 105, G 107	■	474
Bad Münstereifel, Golfclub Bad Münstereifel-Stockert e.V.			399
Bad Nauheim, Golf-Club Bad Nauheim e.V.	G 97	■	419
Bad Neuenahr-Ahrweiler, Golf- und Landclub Bad Neuenahr-Ahrweiler	G 101	■	458
Bad Orb Jossgrund e.V., Jossgrund, Golf-Club			431
Bad Pyrmont e.V., Lügde, Golf-Club	G 63	■	255
Bad Rappenau-Zimmerhof, Golf Club Bad Rappenau			504
Bad Saarow, Golf Club Bad Saarow			198
Bad Säckingen, Golfpark Bad Säckingen			581
Bad Salzdetfurth-Wesseln, Golf Club Bad Salzdetfurth-Hildesheim e.V.	G 45	■	173
Bad Salzuflen, Golf- und Landclub Bad Salzuflen von 1956 e.V.			245
Bad Saulgau, GREEN-GOLF	G 121	■	562
Bad Schachen e.V., Lindau, Golf-Club Lindau-			763
Bad Sobernheim, Golf & Health Club Maasberg Bad Sobernheim e.V.	G 105	■	473
Bad Soden-Salmünster, Golf-Club Spessart e.V.			423
Bad Tölz, Golfclub Isarwinkel e.V.			749
Bad Überkingen-Oberböhringen, Golfer's Club Bad Überkingen e.V.			540
Bad Vilbel-Dortelweil, Bad Vilbeler Golfclub Lindenhof e.V.			427
Bad Waldsee, Fürstlicher Golfclub Oberschwaben e.V.			566
Bad Wiessee, Tegernseer Golf-Club Bad Wiessee e.V.			755
Bad Wildungen, Golf-Club Bad Wildungen e.V.	G 91, G 93	■	407
Bad Windsheim, Golf Club Reichsstadt Bad Windsheim e.V.	G 133	■	621
Bad Wörishofen e.V., Rieden, Golfclub			727
Bad Zwischenahn, Golfclub am Meer e.V.			120
Baden Hills Golf und Curling Club e.V., Rheinmünster			531
Baden-Baden, Golf Club Baden-Baden e.V.	G 113	■	534
Balingen, Club Schwaben Golf-ER, Hausen am Tann -			557
Balmer See-Insel Usedom e.V., Neppermin-Balm, Golfclub			82
Baltic Hills Golf Usedom, Korswandt	G 27	■	84
Bamberg, Golfclub Hauptsmoorwald Bamberg e.V.	G 129	■	603
Barbara's Dortmund Golf Club e.V., Dortmund-Brackel, Royal Saint			292
Barbarossa e.V., Mackenbach, Golf Club	G 107, G 109	■	483
Batzenhof, Karlsruhe-Hohenwettersbach, Golfpark Karlsruhe Gut			521
Baumholder, Rolling Hills Golf Club Baumholder e.V.			478
Baustert, Golfclub Südeifel			467
Bavarian Golfclub München-Eicherloh e.V., Eicherloh	G 155	■	697
Bayerischer Wald e.V., Sankt Oswald, Golfclub Am Nationalpark	G 141	■	646
Bayerwald e.V., Waldkirchen, Golf- und Landclub	G 143	■	651
Bayreuth, Golf-Club Bayreuth e.V.	G 129	■	601
Bayreuth, Leineck GC			602
Beckenbauer Golf Course, Bad Griesbach, Quellness Golf Resort Bad Griesbach,	G 151	■	678
Bedburg-Hau, Golf International Moyland	G 67	■	272
Bedburg-Hau, Land-Golf-Club Schloß Moyland e.V.			273
Beerfelden-Hetzbach/Odenwald, Golf- und Landclub Buchenhof Hetzbach e.V.	G 99	■	450
Beilngries, Altmühlgolf Beilngries GmbH	G 139	■	640
Bella Vista Golfpark - Bad Birnbach, Bad Birnbach			670
Bellingen, Drei Thermen Golfresort Markgräflerland, Bad			577
Bensheim, Golf-Club Bensheim e.V.	G 99	■	449

■ = Partner Albrecht Greenfee-Aktion

Clubname	Seite: Gutschein	Club
Bentheim-Sieringhoek, Golfclub Euregio Bad Bentheim e.V., Bad		165
Berchtesgaden, Golf Club Berchtesgaden e.V.		760
Berchtesgadener Land e.V., Ainring, Golfclub	G 163 ■	740
Berg e.V., Stadum, Golf Club Hof	G 15 ■	9
Berge Gevelsberg/Wetter e.V., Gevelsberg, Golfclub Gut		323
Bergen-Hohne Golfclub e.V., Lohheide	G 39 ■	140
Bergheim-Fliesteden, Golf Club Am Alten Fliess e.V.		370
Bergisch Gladbach, Golf- und Land-Club Köln e.V.		371
Bergisch Land Wuppertal e.V., Wuppertal, Golf-Club		331
Bergkramerhof e.V., Wolfratshausen, Golf- und Landclub		737
Berlin, Berliner Golf Club Gatow e.V.		191
Berlin, Golf Resort Berlin Pankow		189
Berlin, Golf- und Land-Club Berlin-Wannsee e.V.		192
Berliner Golf & Country Club Motzener See e.V., Mittenwalde OT Motzen		199
Berliner Golfclub Stolper Heide e.V., Hohenneuendorf OT Stolpe		186
Berlin-Großbeeren e.V., Großbeeren/OT Neubeeren, GolfRange GmbH - GolfRange		195
Bernbach e.V., Bad Herrenalb, Golf Club Herrenalb-	G 113 ■	530
Bernbeuren, Golfplatz Stenz	G 165 ■	753
Bernsdorf, Oberhessischer Golf-Club Marburg e.V., Cölbe-	G 93 ■	408
Beuerberg, Golfclub Beuerberg e.V.		742
Beusloe, Golf Club Brodauer Mühle e.V., Gut	G 19 ■	29
Bevensen, Golfclub Bad Bevensen e.V., Bad	G 35 ■	124
Bey e.V., Nettetal, Golf Club Haus	G 79 ■	324
Biblis-Wattenheim, Golfclub Biblis Wattenheim e.V.		448
Bielefeld, Bielefelder Golfclub e.V.		249
Bildhausen e.V., Münnerstadt, Golf-Club Maria	G 123 ■	590
Birkenhof, Kehl		542
Birkhof, Korschenbroich, Golfpark Rittergut	G 85 ■	349
Birnbach, Bella Vista Golfpark - Bad Birnbach, Bad		670
Bissendorf-Jeggen, Osnabrücker Golf Club e.V.		163
Bissenmoor e.V., Bad Bramstedt, Golf & Country Club Gut		41
Bitburger Land, Wissmannsdorf, Golf-Resort		466
Blankenhain, GolfClub Weimarer Land		219
Blomberg-Cappel, Lippischer Golfclub e.V.		257
Bobingen-Burgwalden, Golfclub Augsburg e.V.	G 153, G 155 ■	690
Bochum-Stiepel, Bochumer Golfclub		309
Bockum, Golf-Club Stadtwald e.V., Krefeld-		322
Bodensee Weißensberg e.V., Weißensberg, Golfclub		761
Bokensdorf, Golfclub Wolfsburg/Boldecker Land e.V.		152
Boldecker Land e.V., Bokensdorf, Golfclub Wolfsburg/		152
Bolsterlang, Golfplatz Oberallgäu & Kurzplatz Gundelsberg		771
Bondorf, Golfclub Domäne Niederreutin e.V.		545
Bonn e.V., St. Augustin, Internationaler Golf Club		393
Bonn Godesberg in Wachtberg e.V., Wachtberg-Niederbachem, Golf Club		397
Boppard/Rhens, Jakobsberg Hotel & Golfresort		462
Borghees e.V., Emmerich, Golfclub		266
Bornheim, Golfanlage Römerhof		395
Börnicke, Golfanlage Kallin, Nauen OT		185
Börrstadt, Golf-Club am Donnersberg e.V.	G 107 ■	479
Bösdorf, Golf Club Gut Waldshagen	G 19 ■	28
Bostalsee, Nohfelden-Eisen, Golfpark		477
Bottrop, Golf-Club Schwarze Heide Bottrop-Kirchhellen e.V.		287
Braasche, Golf-Club an der Göhrde e.V., Zernien-	G 37 ■	129
Bramstedt, Golf & Country Club Gut Bissenmoor e.V., Bad		41
Bramstedt, Golfclub Bad Bramstedt e.V., Bad		39
Braunfels/Lahn, Golf Club Schloß Braunfels e.V.		415

■ = Partner Albrecht Greenfee-Aktion

Clubname	Seite: Gutschein		Club
Braunschweig, Golf-Klub Braunschweig e.V.			167
Breisgau e.V., Herbolzheim-Tutschfelden, Golfclub			556
Breitenburg, Golf Club Schloß Breitenburg e.V.	G 21, G 23	■	40
Breitengüßbach, Golfanlage Leimershof	G 127	■	599
Bremen, Bremer Golfclub Lesmona e. V.			123
Bremen, Club zur Vahr e.V. Bremen, Platz Vahr			126
Bremen, Golf-Club Bremer Schweiz e.V.	G 35	■	119
Bremen, Platz Garlstedter Heide, Garlstedt/OHZ, Club zur Vahr e.V.			116
Bremen-Oberneuland, Golf-Club Oberneuland e.V.			127
Bremerhaven, Golfclub Bremerhaven Geestemünde	G 31	■	103
Brettberg Lohne e.V., Lohne, Golfclub Gut	G 39, G 41	■	144
Brilon, Golfclub Brilon e.V.	G 79	■	315
Brodauer Mühle e.V., Gut Beusloe, Golf Club	G 19	■	29
Brombachtal, Golf Club Odenwald e.V.	G 99	■	446
Bruchsal, Golfclub Bruchsal e.V.			510
Brückhausen e.V., Everswinkel-Alverskirchen, Golfclub	G 65	■	263
Bruckhausen, Golfclub Bruckmannshof e.V., Hünxe-			290
Bruckmannshof e.V., Hünxe-Bruckhausen, Golfclub			290
Brunnthal, Kirchstockach, GolfRange München-			717
Brunnwies, Bad Griesbach, Quellness Golf Resort Bad Griesbach, Golfplatz			664
Brunstorf, Golf & Country Club Brunstorf	G 25	■	70
Buch am Wald, Golfpark Rothenburg-Schönbronn	G 135	■	630
Buchenauer Hof e.V., Sinsheim-Weiler, Golfclub Sinsheim			507
Buchenhof Hetzbach e.V., Beerfelden-Hetzbach/Odenwald, Golf- und Landclub	G 99	■	450
Buchholz, Golf Club Buchholz-Nordheide e.V.			114
Bückeburg-OT Luhden, Golfclub Am Harrl e.V., Bad Eilsen/			168
Budenheim, Mainzer Golfclub GmbH & Co. KG	G 105	■	465
Budersand Sylt, Hörnum/Sylt, Golfclub			8
Bühlerzell, Golf- und Country Club Grafenhof e.V.	G 113	■	518
Burbach, Golfclub Kyllburger Waldeifel e.V.	G 103	■	464
Burg Overbach e.V., Much, Golf Club	G 87, G 89	■	379
Burg Zievel, Mechernich-Satzvey, Golfclub			398
Burgalben, Golfplatz Pfälzerwald, Waldfischbach-	G 109	■	488
Burgdorf/Ehlershausen, Burgdorfer Golfclub e.V.	G 41	■	148
Burghausen e.V., Haiming, Golfclub Altötting-	G 155, G 157	■	702
Burgsteinfurt, Steinfurt, Golf Club Münsterland e.V.			241
Burgwalden, Golfclub Augsburg e.V., Bobingen-	G 153, G 155	■	690
Burgwedel-Engensen, Golf Club Burgwedel e.V.	G 41	■	150
Büsum Dithmarschen e.V., Warwerort/Büsum, Golfclub	G 19	■	27
Buxheim, Golfclub Memmingen Gut Westerhart e.V.			726
Buxtehude, Golf Club Gut Immenbeck e.V.	G 31	■	105
Buxtehude, Golf-Club Buxtehude	G 33	■	106
Castrop-Rauxel, Golf Club Castrop-Rauxel e.V. in Frohlinde			295
Celle-Garssen, Golfclub Herzogstadt Celle e.V.	G 39	■	143
Chemnitz, Golfclub Chemnitz e.V. Wasserschloß Klaffenbach			223
Chiemgau e.V., Höslwang, Golf Club Höslwang im	G 161	■	725
Chieming, Golf Club Gut Ising			731
Chieming-Hart, Golf-Club Chieming e.V.			729
Chiemsee Golf-Club Prien e.V., Prien-Bauernberg			741
Cleebronn, Golfclub Cleebronn e.V.			513
Clostermanns Hof, Niederkassel-Uckendorf, Golfanlage			386
Coburg e.V. Schloß Tambach, Weitramsdorf-Tambach, Golf-Club	G 123, G 125	■	591
Cochem/Mosel e.V., Ediger-Eller, Golfclub	G 103	■	463
Coesfeld, Golf- und Landclub Coesfeld e.V.	G 63, G 65	■	260
Cölbe-Bernsdorf, Oberhessischer Golf-Club Marburg e.V.	G 93	■	408
Colmberg, Golf-Club Ansbach e.V.	G 135	■	627

■ = Partner Albrecht Greenfee-Aktion

Clubname	Seite: Gutschein	Club
Curau e.V., Stockelsdorf-Curau, Golf-Club	G 21 ■	38
Cuxhaven-Oxstedt, Küsten-Golfclub Hohe Klint Cuxhaven e.V.		96
Dachau, Golfclub Dachau e.V.		691
Dackenheim, Golfgarten Deutsche Weinstraße e.V.		480
Dänischenhagen, Golf- & Land Club Gut Uhlenhorst		15
Darmstadt Traisa e.V., Mühltal, Golf Club	G 97 ■	444
Dassendorf, Golf-Club Am Sachsenwald e.V.		67
Datteln-Ahsen, Golfanlage Jammertal		284
Deggendorfer Golfclub e.V., Schaufling		647
Deggenhausertal, Golfclub Rochushof Deggenhausertal e.V.	G 121 ■	570
Deinste, Golf Club Deinster Geest		104
Deister e.V., Bad Münder, Golf Park Am		169
Der Lüderich e.V., Overath-Steinenbrück, Golfclub		378
Dessau e.V., Golfpark	G 53 ■	206
Dettelbach, Golfclub Schloß Mainsondheim e.V., Mainsondheim-	G 129 ■	606
Deutenhof e.V., Bad Abbach, Golfclub Bad Abbach	G 141 ■	645
Deutsche Weinstraße e.V., Dackenheim, Golfgarten		480
Dillenburg, Golfclub Dillenburg e.V.	G 93, G 95 ■	410
Dillingen, Golfclub Dillingen Nusser Alm GmbH		662
Dinkelsbühl, Golfpark Romantische Straße		639
Dionys, Golf Club St. Dionys e.V., St.		111
Dithmarschen e.V., Warwerort/Büsum, Golfclub Büsum	G 19 ■	27
Domäne Niederreutin e.V., Bondorf, Golfclub		545
Domtal Mommenheim e.V., Mommenheim, Golf Club	G 105 ■	470
Donau Golf Club Passau-Raßbach e.V., Thyrnau-Passau	G 143 ■	658
Donaueschingen, Land- und Golf-Club Öschberghof		565
Donau-Riss e.V. Ehingen-Rißtissen, Ehingen-Rißtissen, Golfclub	G 119, G 121 ■	555
Donauwörth Gut Lederstatt, Golfclub		652
Donner Kleve e.V., St. Michaelisdorn, Golfclub am	G 21 ■	35
Donnersberg e.V., Börrstadt, Golf-Club am	G 107 ■	479
Donzdorf, Golf-Club Hohenstaufen e.V.		537
Dortmund, Golfclub GolfRange Dortmund e.V.		301
Dortmund-Brackel, Royal Saint Barbara's Dortmund Golf Club e.V.		292
Dortmund-Reichsmark, Dortmunder Golf Club e.V.		307
Drei Gleichen Mühlberg e.V., Mühlberg, Thüringer Golf Club		220
Drei Thermen Golfresort Markgräflerland, Bad Bellingen		577
Dreibäumen e.V., Hückeswagen, Golfclub		355
Dreieich, Golf Club Neuhof e.V.		440
Dreifelden, Golf Club Westerwald e.V.		455
Dreihof, Essingen-Dreihof, Golfclub Landgut		490
Dresden Elbflorenz e.V., Possendorf, Golfclub		217
Dresden Ullersdorf e.V., Ullersdorf, Golf Club		213
Driburg, Bad Driburger Golf-Club e.V., Bad	G 69 ■	275
Drieschnitz-Kahsel, Lausitzer Golfclub e.V.		200
Dübener Heide, Noitzsch, 1. Golfclub Leipzig e.V. - GP	G 55 ■	208
Duderstadt, Golfclub Rittergut Rothenbergerhaus e.V.	G 49 ■	180
Duisburg, Golf & More Duisburg		318
Duisburg, Niederrheinischer Golfclub e.V. Duisburg		316
Düneburg, Haren/Ems, Golfpark Gut		141
Düren-Gürzenich, Golf Club Düren e.V.		389
Düsseldorf, Golf Club Hubbelrath - Land und Golf Club Düsseldorf e.V.		337
Düsseldorf, KOSAIDO Internationaler Golfclub Düsseldorf e.V.		338
Düsseldorfer Golf Club e.V., Ratingen		334
Düsseldorf-Grafenberg, Golfclub Düsseldorf-Grafenberg e.V.		339
Düsseldorf-Hafen, GSV Golf-Sport-Verein Düsseldorf e.V.		344
Düsseltal 1994 e.V., Haan, Golfclub Haan		343

■ = Partner Albrecht Greenfee-Aktion

Clubname	Seite: Gutschein		Club
Dütetal e.V., Lotte-Wersen, Golfclub Osnabrück-			235
Duvenhof e.V., Willich, Golfclub			342
Ebelsbach-Steinbach, Golfclub Hassberge e.V.	G 125, G 127	■	598
Ebermannstadt, Golfclub Fränkische Schweiz e.V.	G 131	■	609
Ebersberg e.V., Steinhöring, Golf-Club			710
Eckernförde, Altenhof, Golf Club Altenhof e.V.			14
Edelstein Hunsrück e.V., Kirschweiler, Golfclub			476
Edemissen, Golf-Club Peine-Edemissen e.V.			161
Edersee, Waldeck, Golfclub Waldeck am	G 91	■	405
Ediger-Eller, Golfclub Cochem/Mosel e.V.	G 103	■	463
Eggelstetten, Golfclub Eggelstetten, Oberndorf-			655
Eggenfelden, Hebertsfelden, Rottaler Golf- & Country Club			674
Egling-Riedhof, Golfclub München-Riedhof e.V.			732
Egmating, Golfplatz Schloss Egmating			722
Ehingen-Rißtissen, Golfclub Donau-Riss e.V. Ehingen-Rißtissen	G 119, G 121	■	555
Ehlershausen, Burgdorfer Golfclub e.V., Burgdorf/	G 41	■	148
Eichenbühl, Golfclub Miltenberg e.V.			615
Eichenbühl-Guggenberg, Golf & Country Club Erftal e.V.			614
Eichenried, Golfclub München Eichenried			692
Eichenried, Open Golf			693
Eicherloh, Bavarian Golfclub München-Eicherloh e.V.	G 155	■	697
Eifel e.V., Hillesheim, Golf Club			461
Eilsen/Bückeburg-OT Luhden, Golfclub Am Harrl e.V., Bad			168
Einbeck-Immensen, Golf und Country Club Leinetal Einbeck e.V.	G 47	■	178
Eisenach im Wartburgkreis e.V., Wenigenlupnitz, Golfclub	G 55	■	216
Eitorf, Gut Heckenhof Hotel & Golfresort an der Sieg GmbH & Co KG	G 91	■	391
Eixendorfer See, Rötz, Golfclub am			628
Elbflorenz e.V., Possendorf, Golfclub Dresden			217
Elfrather Mühle e.V., Krefeld-Traar, Golf & Country Club An der			317
Elkofen e.V., Grafing-Oberelkofen, Golf-Club Schloss			718
Ellingen, Golfclub Zollmühle	G 139	■	638
Elmpter Wald e.V., Europäischer Golfclub, Niederkrüchten	G 83, G 85	■	348
Emmerich, Golfclub Borghees e.V.			266
Ems, Golfpark Gut Düneburg, Haren/			141
Ems, Mittelrheinischer Golfclub Bad Ems e.V., Bad	G 103	■	460
Ems, Warendorf, Warendorfer Golfclub An der			256
Emstal e.V., Lingen-Altenlingen, Golfclub			146
Engensen, Golf Club Burgwedel e.V., Burgwedel-	G 41	■	150
Enger-Pödinghausen, Golfclub Ravensberger Land	G 61	■	246
Ennigerloh-Ostenfelde, Golf-Club Schloß Vornholz e.V.			265
Ensch-Birkenheck, Golf Club Trier e.V.			472
Erding Grünbach e.V., Grünbach-Erding, Golf-Club	G 151, G 153	■	684
Erftal e.V., Eichenbühl-Guggenberg, Golf & Country Club			614
Erftaue e.V., Grevenbroich, Golfclub			366
Erftstadt-Konradsheim, Golf Burgkonradsheim			387
Erfurt-Schaderode, Golf Club Erfurt e.V.			215
Ergoldsbach, Leonhardshaun Golfplatz			656
Erlangen e.V., Kleinsendelbach, Golf Club	G 133	■	617
Erster Golfclub Westpfalz Schwarzbachtal e.V., Rieschweiler-Mühlbach	G 109, G 111	■	489
Erzgebirge - Golfpark Gahlenz, Oederan/OT Gahlenz, Golfclub			221
Escheberg e.V., Zierenberg, Golf Club Zierenberg Gut			402
Escheburg, Golf-Club Escheburg e.V.	G 25	■	71
Eschenhof, Eschenried, Münchner Golf Eschenried - Platz			699
Eschenried - Golfpark Gut Häusern, Markt Indersdorf, Münchner Golf			681
Eschenried, Münchner Golf Eschenried - Platz Eschenhof			699
Eschenried, Münchner Golf Eschenried - Platz Eschenried			701

■ = Partner Albrecht Greenfee-Aktion

Clubname	Seite: Gutschein		Club
Eschenried, Münchner Golf Eschenried - Platz Gröbenbach			700
Eschenrod, Golf Club Eschenrod e.V., Schotten-	G 95, G 97	■	417
Eschweiler-Kinzweiler, Golfclub Haus Kambach Eschweiler-Kinzweiler e.V.			385
Essen, Essener Golf-Club Haus Oefte e.V.			321
Essen, Golf-Club Essen-Heidhausen e.V.			320
Essen-Hügel, Golfriege ETUF e.V. Essener Turn- u. Fechtclub			313
Essingen-Dreihof, Golfclub Landgut Dreihof			490
ETUF e.V. Essener Turn- u. Fechtclub, Essen-Hügel, Golfriege			313
Eurach Land- und Golf Club e.V., Iffeldorf, St.	G 163	■	745
Euregio Bad Bentheim e.V., Bad Bentheim-Sieringhoek, Golfclub			165
Euro Golfclub 2000 e.V. s. GC Kylburger Waldeifel e.V.	G 103	■	464
Europäischer Golfclub Elmpter Wald e.V., Niederkrüchten	G 83, G 85	■	348
Everswinkel-Alverskirchen, Golfclub Brückhausen e.V.	G 65	■	263
Fahrenbach e.V., Tröstau, Golfclub im Fichtelgebirge			597
Fairway Golf Peiner Hof, Prisdorf			55
Falkenstein, Hamburg, Hamburger Golf-Club e.V.			63
Falkenstein/OT Meisdorf, Golfclub Schloß Meisdorf e.V.	G 53, G 55	■	207
Fallingbostel, Golf Club Tietlingen e.V.	G 39	■	139
Faulück, Golf Club Stenerberg e.V., Rabenkirchen-			11
Fehmarn e.V., Wulfen auf Fehmarn, Golfpark	G 17	■	16
Feldafing, Golf Club Feldafing e.V.			728
Felderbach Sprockhövel e.V., Sprockhövel, Golfclub			329
Feldkirchen-Westerham, Golfclub Mangfalltal e.V.	G 161	■	733
Fichtelgebirge, Fahrenbach e.V., Tröstau, Golfclub			597
Fischland e.V., Ribnitz-Damgarten/OT Neuhof, Golfclub Zum			76
Fleesensee, Göhren-Lebbin, Golf			90
Fliess e.V., Bergheim-Fliesteden, Golf Club Am Alten			370
Föhr e.V., Nieblum, Golf Club			10
Förde-Golf-Club e.V., Glücksburg-Bockholm			7
Frankenberg, Golf Club Oberrot-Frankenberg, Oberrot-	G 113	■	515
Frankfurt a.M., Golf-Club Golf Range Frankfurt	G 97	■	429
Frankfurt, Frankfurter Golf Club e.V.			437
Fränkische Schweiz e.V., Ebermannstadt, Golfclub	G 131	■	609
Freiburger Golfclub e.V., Kirchzarten			563
Freiburg-Munzingen, Golfclub Tuniberg e.V.			564
Freigericht, Golfpark Trages			433
Freudenstadt, Golf-Club Freudenstadt e.V.			547
Friedberg, Golfpark am Löwenhof			420
Friedrichsruhe-Zweiflingen, Golf-Club Heilbronn-Hohenlohe e.V.			506
Friesland e.V., Schortens/Accum, Golfclub Wilhelmshaven-			102
Frohlinde, Castrop-Rauxel, Golf Club Castrop-Rauxel e.V. in			295
Fröndenberg, Golf Club Gut Neuenhof			304
Fröndenberg, Golf-Club Unna-Fröndenberg e.V.			305
Fulda, Hofbieber, Golf-Club, Rhön e.V.	G 95	■	414
Fürstenzell, Panorama Golf Passau	G 147	■	663
Fürstlicher Golfclub Oberschwaben e.V., Bad Waldsee			566
Fürstliches Hofgut Kolnhausen e.V., Lich, Licher Golf-Club			416
Furth bei Landshut, Golf Club Landshut e.V.	G 145	■	660
Furth im Wald, Golf-Club Furth im Wald e.V.	G 135	■	629
Fürth, 1. Golfclub Fürth e.V.			623
Füssing, ThermenGolfClub Bad Füssing-Kirchham e.V., Bad	G 151	■	682
Gahlenz, Oederan/OT Gahlenz, Golfclub Erzgebirge - Golfpark			221
Garbsen, Golf-Club Hannover e.V.			159
Garlstedt/OHZ, Club zur Vahr e.V. Bremen, Platz Garlstedter Heide			116
Garmisch-Partenkirchen e.V., Oberau, Golf-Club	G 243	■	765
Garmisch-Partenkirchen, Land- und Golfclub Werdenfels e.V.	G 169	■	769

■ = Partner Albrecht Greenfee-Aktion

Clubname	Seite: Gutschein		Club
Gatow e.V., Berlin, Berliner Golf Club			191
Gattendorf-Haidt, Golfclub Hof e.V.			589
Gäuboden e.V., Aiterhofen, Golf Club	G 141	■	648
Geest, Deinste, Golf Club Deinster			104
Geestemünde, Bremerhaven, Golfclub Bremerhaven	G 31	■	103
Geestland, Golfclub Gut Hainmühlen e.V.	G 31	■	101
Geierstal e.V., Vielbrunn/Odenwald, Golfclub	G 99	■	447
Geilenkirchen, Golfpark Loherhof			373
Geinsheim, Golf-Club Pfalz Neustadt a.d. Weinstraße e.V., Neustadt-			487
Geiselwind, Golfclub Steigerwald in Geiselwind e.V.			608
Geldern, Golfanlage Schloss Haag	G 73	■	294
Gelsenkirchen, Golfclub Schloß Horst			293
Gelsenkirchen-Buer, Gelsenkirchener Golfclub Haus Leythe e.V.			291
Gelstern Lüdenscheid-Schalksmühle e.V., Schalksmühle, GC	G 81, G 83	■	341
Gemmenich/Belgien, Int. Golfclub Mergelhof Sektion Deutschland e.V.			392
Georgenthal, Hohenstein, Hofgut			430
Georghausen e.V., Lindlar-Hommerich, Golfclub Schloß			369
Gera e.V., Harth-Pöllnitz, Golfclub	G 57	■	222
Gerhelm Nürnberger Land e.V., Velden, Golfclub			616
Germering, GolfRange München-Germering			708
Gernsheim-Allmendfeld, Golfresort Gernsheim			445
Gerolsbach, Golfclub Gerolsbach e.V.	G 147	■	666
Gersheim-Rubenheim, Golf Club Katharinenhof e.V.			491
Gersthofen, Golfclub e.V.	G 149	■	672
Gessertshausen, Golfanlage Weiherhof, Weiherhof, OT			688
Gevelsberg, Golfclub Gut Berge Gevelsberg/Wetter e.V.			323
Gifhorn, Golf Club Gifhorn e.V.	G 41	■	149
Gimborner Land, Gummersbach-Berghausen, Golfanlage			364
Gladbach, Golf- und Land-Club Köln e.V., Bergisch			371
Glashofen-Neusaß e.V., Walldürn-Neusaß, Golf-Club			495
Gleidingen, Golf Gleidingen, Laatzen/			166
Glinde, Golfclub Gut Glinde e.V.			66
Glücksburg-Bockholm, Förde-Golf-Club e.V.			7
Gneven-Vorbeck, WINSTONgolf GmbH			87
Godesberg in Wachtberg e.V., Wachtberg-Niederbachem, Golf Club Bonn			397
Gögging, MARC AUREL Spa & Golf Resort, Bad			649
Göhrde e.V., Zernien-Braasche, Golf-Club an der	G 37	■	129
Göhren-Lebbin, Golf Fleesensee			90
Golf & More Duisburg, Duisburg			318
Golf International Moyland, Bedburg-Hau	G 67	■	272
Golfanlage Schopfheim, Schopfheim	G 121, G 123	■	578
GolfCity Köln Pulheim, Pulheim-Freimersdorf			376
GolfCity München Puchheim, Puchheim			706
Golfclub Hamburg-Oberalster, Tangstedt			48
Golfclub Hamm e.V., Hamm-Drechen			288
Golfen in Herdecke	G 77	■	311
Golfen in Hiltrup, Münster-Hiltrup	G 65	■	264
Golfoase Pfullinger Hof, Golfanlage	G 111	■	509
Golfodrom® Holzhäuser, Bad Griesbach, Quellness Golf Resort Bad Griesbach,			668
Golfpark Karlsruhe Gut Batzenhof, Karlsruhe-Hohenwettersbach			521
Golfpark Renneshof, Willich-Anrath			333
Golfplatz Plöner See	G 19	■	31
Golfplatz Schloss Ranzow, Lohme/Rügen			74
Golfyouup, Öllbronn-Dürrn			523
Göppingen, Golfclub Göppingen e.V.			536
Grafenberg, Golfclub Düsseldorf-Grafenberg e.V., Düsseldorf-			339

■ = Partner Albrecht Greenfee-Aktion

Clubname	Seite: Gutschein		Club
Grafenhof e.V., Bühlerzell, Golf- und Country Club	G 113	■	518
Grafing-Oberelkofen, Golf-Club Schloss Elkofen e.V.			718
Grambek/Mölln, Golf-Club Gut Grambek e.V.	G 23, G 25	■	64
Grassau, Achental, Golf Resort			746
Green Eagle Golf Courses, Winsen/Luhe			112
Green Hill Golfpark München-Ost			704
Greifswald-Wackerow, Hanseatischer Golfclub e.V. in Greifswald	G 25, G 27	■	80
Greven, Golf Club Aldruper Heide e.V.	G 61	■	248
Grevenbroich, Golfclub Erftaue e.V.			366
Grevenmühle GmbH, Ratingen-Homberg, Golf Club	G 81	■	335
Griesbach, Golfclub Sagmühle, Bad	G 149	■	673
Griesbach, Golfplatz Lederbach, Quellness Golf Resort Bad	G 151	■	667
Griesbach, Porsche Golf Course, Rotthalmünster, Golf Resort, Bad	G 151	■	677
Griesbach, Quellness Golf Resort Bad Griesbach, Beckenbauer Golf Course, Bad	G 151	■	678
Griesbach, Quellness Golf Resort Bad Griesbach, Golfodrom® Holzhäuser, Bad	G 151	■	668
Griesbach, Quellness Golf Resort Bad Griesbach, Golfplatz Brunnwies, Bad	G 151	■	664
Griesbach, Quellness Golf Resort Bad Griesbach, Golfplatz Uttlau, St. Wolfgang	G 151	■	665
Gröbenbach, Eschenried, Münchner Golf Eschenried - Platz			700
Gröbernhof e.V., Zell am Harmersbach, Golfclub	G 119	■	553
Grömitz, Golf Club Ostseeheilbad Grömitz e.V.	G 17	■	26
Gronau (Leine), Golfclub Sieben-Berge Rheden e.V.			174
Gross Kienitz, Golfclub & Golfcenter Gross Kienitz			196
Groß Nemerow, Golfclub Mecklenburg-Strelitz e.V.			89
Großbeeren/OT Neubeeren, GolfRange GmbH - GolfRange Berlin-Großbeeren e.V.			195
Großensee, Golf Club Großensee e.V.			62
Groß-Zimmern, Zimmerner Golf Club 1995 e.V.			442
Grünbach-Erding, Golf-Club Erding Grünbach e.V.	G 151, G 153	■	684
Gründau, Golfpark Gut Hühnerhof			426
Gsteig, Golfanlage Auf der			756
Güby, Golf-Club an der Schlei e.V.			13
Gudensberg-Obervorschütz, GolfParkGudensberg			406
Guggenberg, Golf & Country Club Erftal e.V., Eichenbühl-			614
Gummersbach-Berghausen, Golfanlage Gimborner Land			364
Gundelsberg, Bolsterlang, Golfplatz Oberallgäu & Kurzplatz			771
Gut Apeldör, Hennstedt, Golf Club			24
Gut Batzenhof, Karlsruhe-Hohenwettersbach, Golfpark Karlsruhe			521
Gut Berge Gevelsberg/Wetter e.V., Gevelsberg, Golfclub			323
Gut Beusloe, Golf Club Brodauer Mühle e.V.	G 19	■	29
Gut Bissenmoor e.V., Bad Bramstedt, Golf & Country Club			41
Gut Brettberg Lohne e.V., Lohne, Golfclub	G 39, G 41	■	144
Gut Düneburg, Haren/Ems, Golfpark			141
Gut Escheberg e.V., Zierenberg, Golf Club Zierenberg			402
Gut Grambek e.V., Grambek/Mölln, Golf-Club	G 23, G 25	■	64
Gut Hahues zu Telgte e.V., Telgte, Golfclub	G 63	■	252
Gut Hainmühlen e.V., Geestland, Golfclub	G 31	■	101
Gut Haseldorf e.V., Haselau, Golfclub			56
Gut Häusern, Markt Indersdorf, Münchner Golf Eschenried - Golfpark			681
Gut Heckenhof Hotel & Golfresort an der Sieg GmbH & Co KG, Eitorf	G 91	■	391
Gut Hühnerhof, Gründau, Golfpark			426
Gut Immenbeck e.V., Buxtehude, Golf Club	G 31	■	105
Gut Ising, Chieming, Golf Club			731
Gut Kaden Golf und Land Club, Alveslohe			46
Gut Kuhlendahl e.V., Velbert, Golfclub Velbert-			326
Gut Lärchenhof e.V., Pulheim, Golf Club			365
Gut Lederstatt, Golfclub Donauwörth			652
Gut Ludwigsberg, Türkheim, Golfclub zu	G 157	■	713

■ = Partner Albrecht Greenfee-Aktion

Clubname	Seite: Gutschein		Club
Gut Mentzelsfelde e.V., Lippstadt, Golf Club			280
Gut Minoritenhof Golf & Yachtclub			643
Gut Neuenhof, Fröndenberg, Golf Club			304
Gut Neuzenhof e.V., Viernheim, Golfclub Heddesheim			497
Gut Ottenhausen, Lage, Golfanlage			254
Gut Rieden, Golfanlage			719
Gut Sansenhof e.V., Amorbach-Sansenhof, Golfclub	G 133	■	613
Gut Uhlenhorst, Dänischenhagen, Golf- & Land Club			15
Gut Waldhof Golf, Kisdorferwohld	G 23	■	44
Gut Waldshagen, Bösdorf, Golf Club	G 19	■	28
Gut Welschof e.V., Schloß Holte-Stukenbrock, Senne Golfclub			262
Gut Wensin, Wensin, Golfclub Segeberg e.V.	G 19, G 21	■	34
Gut Westerhart e.V., Buxheim, Golfclub Memmingen			726
Gut Winterbrock e.V., Rheine, Golfsportclub Rheine/Mesum			238
Gut Wissmannshof e.V., Staufenberg, Golf Club			181
Gut Wulfsmühle, Tangstedt, Golfanlage			51
Gutach, Golfclub Gütermann Gutach e.V.			560
Gütermann Gutach e.V., Gutach, Golfclub			560
Gütersloh e.V., Rietberg-Varensell, Westfälischer Golf Club	G 65, G 67	■	267
Gutshof Papenburg Aschendorf e.V., Papenburg, Golf-Club			130
Guttenburg e.V., Kraiburg, Golf Club Schloss	G 157	■	703
Haag, Geldern, Golfanlage Schloss	G 73	■	294
Haan, Golfclub Haan Düsseltal 1994 e.V.			343
Habichtswald e.V., Westerkappeln-Velpe, Golfclub	G 59	■	236
Habsberg e.V., Velburg-Unterwiesenacker, Golf Club Am			633
Hagen-Berchum, Märkischer Golf Club e.V.	G 79	■	314
Haghof, Golf- und Landclub Haghof e.V., Alfdorf-			529
Hahn-Flughafen, Golf-Club Hahn e.V.	G 105	■	468
Hahues zu Telgte e.V., Telgte, Golfclub Gut	G 63	■	252
Haiming, Golfclub Altötting-Burghausen e.V.	G 155, G 157	■	702
Hainhaus, Langenhagen, Golfpark			154
Hainmühlen e.V., Geestland, Golfclub Gut	G 31	■	101
Hall-Dörrenzimmern, Golfclub Schwäbisch Hall e.V., Schwäbisch			512
Halle, Golfpark Hufeisensee			209
Halle/Westfalen, Golfclub Teutoburger Wald Halle/Westfalen e.V.			247
Hamburg Airport e.V., GC, s. GC Gut Haseldorf e.V.			56
Hamburg, Golf-Club auf der Wendlohe e.V.			58
Hamburg, Hamburger Golf-Club e.V. Falkenstein			63
Hamburg, Red Golf Moorfleet			68
Hamburg, Wentorf-Reinbeker Golf-Club e.V., Wentorf/			69
Hamburg-Ahrensburg e.V., Ahrensburg, Golf Club			53
Hamburg-Holm e.V., Holm, Golfclub			61
Hamburg-Lemsahl, Golf & Country Club Treudelberg e.V.			54
Hamburg-Oberalster, Tangstedt, Golfclub			48
Hamburg-Oststeinbek, Oststeinbek, GolfRange			65
Hamburg-Walddörfer e.V., Ammersbek, Golfclub			52
Hamelner Golfclub e.V. Schloss Schwöbber, Aerzen	G 45	■	172
Hamm, Golf-Club Worms e.V. Golfanlage Hamm	G 107	■	475
Hamm-Drechen, Golfclub Hamm e.V.			288
Hammetweil, Neckartenzlingen, Golf Club			543
Hanau-Wilhelmsbad, Golf Club Hanau-Wilhelmsbad e.V.			432
Hannover e.V., Garbsen, Golf-Club			159
Hanseatischer Golfclub e.V. in Greifswald, Greifswald-Wackerow	G 25, G 27	■	80
Hardenberg e.V., Northeim, Golf Club	G 47	■	179
Haren/Ems, Golfpark Gut Düneburg			141
Harmersbach, Golfclub Gröbernhof e.V., Zell am	G 119	■	553

■ = Partner Albrecht Greenfee-Aktion

Clubname	Seite: Gutschein	Club
Harrl e.V., Bad Eilsen/Bückeburg-OT Luhden, Golfclub Am		168
Harthausen, Golfanlage e.V.		715
Harth-Pöllnitz, Golfclub Gera e.V.	G 57 ■	222
Härtsfeld-Ries e.V., Neresheim, Golfclub Hochstatt	G 113 ■	535
Harz, Bad Harzburg, Golf-Club	G 47 ■	177
Harzburg, Golf-Club Harz, Bad	G 47 ■	177
Haselau, Golfclub Gut Haseldorf e.V.		56
Haseldorf e.V., Haselau, Golfclub Gut		56
Hassberge e.V., Ebelsbach-Steinbach, Golfclub	G 125, G 127 ■	598
Hatten e.V., Tweelbäke-Ost, Golfclub		128
Hatten-Dingstede, Golfclub Oldenburger Land e.V.	G 37 ■	131
Hauptsmoorwald Bamberg e.V., Bamberg, Golfclub	G 129 ■	603
Haus Bey e.V., Nettetal, Golf Club	G 79 ■	324
Haus Kambach Eschweiler-Kinzweiler e.V., Eschweiler-Kinzweiler, Golfclub		385
Haus Leythe e.V., Gelsenkirchen-Buer, Gelsenkirchener Golfclub		291
Haus Oefte e.V., Essen, Essener Golf-Club		321
Hausen am Tann - Balingen, Club Schwaben Golf-ER		557
Hausen vor der Sonne e.V., Hofheim, Golf-Club Hof		434
Häusern, Markt Indersdorf, Münchner Golf Eschenried - Golfpark Gut		681
Havighorst, Kieler Golfclub Havighorst, Honigsee/		25
Hbg. Land- u. Golf Club Hittfeld e.V., Seevetal		107
Hebertsfelden, Rottaler Golf- & Country Club Eggenfelden		674
Hechingen, Golf Club Hechingen-Hohenzollern e.V.	G 117 ■	550
Heckenhof Hotel & Golfresort an der Sieg GmbH & Co KG, Eitorf, Gut	G 91 ■	391
Heddesheim Gut Neuzenhof e.V., Viernheim, Golfclub		497
Hedwigsburg e.V., Kissenbrück, Golfclub Rittergut		171
Heerhof e.V., Herford, Golf Club	G 61 ■	243
Heide Bottrop-Kirchhellen e.V., Bottrop, Golf-Club Schwarze		287
Heidelberg-Lobenfeld e.V., Lobbach-Lobenfeld, Golfclub	G 111 ■	501
Heidewald Vohren, Warendorf, Golfpark		258
Heidhausen e.V., Essen, Golf-Club Essen-		320
Heikendorf-Kitzeberg, Golf-Club Kitzeberg e.V. Kiel	G 17 ■	19
Heilbronn-Hohenlohe e.V., Friedrichsruhe-Zweiflingen, Golf-Club		506
Heiligenhaus, Golfclub Hösel e.V.		325
Heinrichsheim, Zieglers Golfplatz GmbH & Co. KG, Neuburg-		653
HEITLINGER Tiefenbach e.V., Östringen-Tiefenbach, Golf Resort		508
Hellengerst, Golfclub Hellengerst, Weitnau-		758
Hennef, Golf Club Rhein-Sieg e.V.		394
Hennstedt, Golf Club Gut Apeldör		24
Herbolzheim-Tutschfelden, Golfclub Breisgau e.V.		556
Herdecke, Golfen in	G 77 ■	311
Herford e.V., Vlotho-Exter, Golf Club	G 59 ■	240
Herford, Golf Club Heerhof e.V.	G 61 ■	243
Herrenalb, Golf Club Herrenalb-Bernbach e.V., Bad	G 113 ■	530
Herrnhof e.V., Neumarkt, Golf-Club	G 137 ■	632
Herten-Westerholt, Golfclub Schloß Westerholt e.V.		289
Herzogenaurach, Golf-Club Herzogenaurach e.V.		619
Herzogstadt Celle e.V., Celle-Garssen, Golfclub	G 39 ■	143
Herzogswalde, Golfclub Herzogswalde		214
Hetzbach/Odenwald, Golf- und Landclub Buchenhof Hetzbach e.V., Beerfelden-	G 99 ■	450
Hetzenhof e.V., Lorch, Golf Club	G 113 ■	532
Hildesheim e.V., Bad Salzdetfurth-Wesseln, Golf Club Bad Salzdetfurth-	G 45 ■	173
Hillesheim, Golf Club Eifel e.V.		461
Hills Golf und Curling Club e.V., Rheinmünster, Baden		531
Hiltrup, Münster-Hiltrup, Golfen in	G 65 ■	264
Hilzhofen e.V., Pilsach, Jura Golf		631

■ = Partner Albrecht Greenfee-Aktion

Clubname	Seite: Gutschein	Club
Hittfeld e.V., Seevetal, Hbg. Land- u. Golf Club		107
Hochriesblick, Riedering, Golfanlage Patting-		743
Hochschwarzwald e.V., Titisee-Neustadt, Golfclub		567
Hochstatt-Härtsfeld-Ries e.V. , Neresheim, Golfclub	G 113 ■	535
Hockenberg, Seevetal, Golf- & Country Club am		109
Hof Berg e.V., Stadum, Golf Club	G 15 ■	9
Hof e.V., Gattendorf-Haidt, Golfclub		589
Hof Hausen vor der Sonne e.V., Hofheim, Golf-Club		434
Hof Hayna e.V., Riedstadt-Leeheim, KIAWAH Golf Club Landgut		443
Hof Loh in der Lüneburger Heide e.V., Golfclub, s. GC Soltau		135
Hofbieber, Golf-Club Rhön e.V. Fulda	G 95 ■	414
Hofbieber, Golf-Club, Rhön e.V., Fulda	G 95 ■	414
Hofgut Georgenthal, Hohenstein		430
Hofgut Kolnhausen e.V., Lich, Licher Golf-Club Fürstliches		416
Hofgut Lugenhof e.V. am Bodensee, Owingen, GC Owingen-Überlingen		572
Hofgut Praforst, Hünfeld, Golf Club		411
Hofgut Scheibenhardt e.V., Karlsruhe, Golfclub		520
Hofgut Wißberg St. Johann e.V., St. Johann, Golfclub Rheinhessen		471
Hofheim, Golf-Club Hof Hausen vor der Sonne e.V.		434
Hohe Klint Cuxhaven e.V., Cuxhaven-Oxstedt, Küsten-Golfclub		96
Hohen Wieschendorf e.V., Golfclub		83
Hohenhardter Hof e.V., Wiesloch-Baiertal, Golfanlagen		503
Hohenlohe e.V., Friedrichsruhe-Zweiflingen, Golf-Club Heilbronn-		506
Hohenneuendorf OT Stolpe, Berliner Golfclub Stolper Heide e.V.		186
Hohenpähl e.V., Pähl, Golf Club	G 161 ■	736
Hohenstaufen e.V., Donzdorf, Golf-Club		537
Hohenstein, Hofgut Georgenthal		430
Hohenzollern e.V., Hechingen, Golf Club Hechingen-	G 117 ■	550
Hohwacht/Ostsee, Golfanlage Hohwachter Bucht e.V.	G 243 ■	22
Hoisdorf e.V., Lütjensee, Golf-Club	G 23 ■	60
Holledau, Rudelzhausen, Golfanlage		661
Holm, Golfclub Hamburg-Holm e.V.		61
Holte-Stukenbrock, Senne Golfclub Gut Welschof e.V., Schloß		262
Holzgerlingen, Golfclub Schönbuch e.V.		541
Holzhäuser, Bad Griesbach, Golf Resort Bad Griesbach, Golfodrom®		668
Homburg, Homburger Golfclub 1899 e.V., Bad		425
Homburg/Saar, Golf Club Homburg/Saar Websweiler Hof e.V.	G 109 ■	485
Honigsee/Havighorst, Kieler Golfclub Havighorst		25
Hörnum/Sylt, Golfclub Budersand Sylt		8
Horst, Gelsenkirchen, Golfclub Schloß		293
Hösbach, Aschaffenburger Golf-Club e.V.	G 125 ■	595
Hösel e.V., Heiligenhaus, Golfclub		325
Höslwang, Golf Club Höslwang im Chiemgau e.V.	G 161 ■	725
Hubbelrath - Land und Golf Club Düsseldorf e.V., Düsseldorf, Golf Club		337
Hückeswagen, Golfclub Dreibäumen e.V.		355
Hude, Golf in Hude e.V.		125
Hufeisensee, Halle, Golfpark		209
Hühnerhof, Gründau, Golfpark Gut		426
Hummelbachaue, Neuss, Golfanlage		352
Hünfeld, Golf Club Hofgut Praforst		411
Hunsrück e.V., Kirschweiler, Golfclub Edelstein		476
Hünxe, Golf Club Hünxerwald e.V.		286
Hünxe-Bruckhausen, Golfclub Bruckmannshof e.V.		290
Husumer Bucht e.V., Schwesing, Golf Club	G 15, G 17 ■	12
Idstein-Wörsdorf, Golfpark Idstein		424
Iffeldorf, Golfanlage Iffeldorf KG		747

■ = Partner Albrecht Greenfee-Aktion

Clubname	Seite: Gutschein	Club
Iffeldorf, St. Eurach Land- und Golf Club e.V.	G 163 ■	745
Igersheim, Golf Club Bad Mergentheim e.V.		498
Igling e.V., Igling/Landsberg, Golfclub Schloß	G 157, G 159 ■	714
Igling/Landsberg, Golfclub Schloß Igling e.V.	G 157, G 159 ■	714
Illerrieden, Golf Club Ulm e.V.		554
Im Chiemgau e.V., Höslwang, Golf Club Höslwang	G 161 ■	725
Immenbeck e.V., Buxtehude, Golf Club Gut	G 31 ■	105
Immensen, Golf und Country Club Leinetal Einbeck e.V., Einbeck-	G 47 ■	178
Indersdorf, Münchner Golf Eschenried - Golfpark Gut Häusern, Markt		681
Ingolstadt, Golfclub Ingolstadt e.V.	G 141, G 143 ■	650
Insel Usedom e.V., Neppermin-Balm, Golfclub Balmer See-		82
Insel Wangerooge e.V, Golf Club		97
Insel-Langeoog e.V., Langeoog, Golfclub-		98
Int. Golfclub Mergelhof Sektion Deutschland e.V., Gemmenich/Belgien		392
Internationaler Golf Club Bonn e.V., St. Augustin		393
Internationaler Golfclub Düsseldorf e.V., Düsseldorf, KOSAIDO		338
Inzigkofen, Golf-Club Sigmaringen Zollern-Alb e.V.		561
Isarwinkel e.V., Bad Tölz, Golfclub		749
Isernhagen, Golfclub Isernhagen e.V.		158
Ising, Chieming, Golf Club Gut		731
Isselburg-Anholt, Golf Club Wasserburg Anholt e.V.		268
Issum, Golf Club Issum-Niederrhein e.V.		296
Jagdschloß Thiergarten, Golf- und Land-Club Regensburg e.V.		641
Jakobsberg Hotel & Golfresort, Boppard/Rhens		462
Jammertal, Datteln-Ahsen, Golfanlage		284
Jena e.V., Jena-Münchenroda, Golfclub		218
Jena-Münchenroda, Golfclub Jena e.V.		218
Jersbek, Golf-Club Jersbek e.V.		47
Jettingen-Scheppach, Golf-Club Schloss Klingenburg e.V.		680
Johann, Golfclub Rheinhessen Hofgut Wißberg St. Johann e.V., St.		471
Johannesthal e.V., Königsbach-Stein, Golfclub		517
Jossgrund, Golf-Club Bad Orb Jossgrund e.V.		431
Juliana Wuppertal e.V., Sprockhövel, Golf Club		328
Jura Golf Hilzhofen e.V., Pilsach		631
Kaden Golf und Land Club, Alveslohe, Gut		46
Kaiserhöhe e.V., Ravenstein-Merchingen, Golfclub		500
Kalkar-Niedermörmter, Mühlenhof Golf & Country Club e.V.	G 69 ■	274
Kallin, Nauen OT Börnicke, Golfanlage		185
Kambach Eschweiler-Kinzweiler e.V., Eschweiler-Kinzweiler, Golfclub Haus		385
Kamp-Lintfort, Golfclub Am Kloster Kamp	G 73 ■	298
Kandern, Golfclub Markgräflerland		576
Karlshäuser Hof, Ölbronn-Dürrn, Golf Pforzheim		522
Karlsruhe Gut Batzenhof, Karlsruhe-Hohenwettersbach, Golfpark		521
Karlsruhe, Golfclub Hofgut Scheibenhardt e.V.		520
Karwendel e.V., Wallgau, Golf- & Landclub	G 167 ■	768
Kaschow, Golfpark Strelasund, Süderholz OT		79
Kassel-Wilhelmshöhe, Golf Club Kassel-Wilhelmshöhe e.V.	G 91 ■	404
Katharinenhof e.V., Gersheim-Rubenheim, Golf Club		491
Katzberg e.V., Langenfeld, Golfclub Am		359
Kehl, Birkenhof		542
Kemnader See e.V., Golfclub am, Witten	G 75 ■	308
Kemnitz, Märkischer Golfclub Potsdam e.V., Werder/OT		193
Kempten, Golfpark Schloßgut Lenzfried GmbH & Co. KG	G 167 ■	754
Ketzin, OT Tremmen, Potsdamer Golfclub e.V.,	G 51 ■	190
KIAWAH Golf Club Landgut Hof Hayna e.V., Riedstadt-Leeheim		443
Kieler Golfclub Havighorst, Honigsee/Havighorst		25

■ = Partner Albrecht Greenfee-Aktion

Clubname	Seite: Gutschein	Club
Kierspe-Varmert, Golf Club Varmert e.V.		357
Kinzweiler, Golfclub Haus Kambach Eschweiler-Kinzweiler e.V., Eschweiler-		385
Kirchham e.V., Bad Füssing, ThermenGolfClub Bad Füssing-	G 151 ■	682
Kirchheim unter Teck, Golfclub Kirchheim-Wendlingen e.V.		538
Kirchroth-Kößnach, Golfclub Straubing Stadt und Land e.V.	G 139 ■	644
Kirchstockach, GolfRange München-Brunnthal		717
Kirchzarten, Freiburger Golfclub e.V.		563
Kirschweiler, Golfclub Edelstein Hunsrück e.V.		476
Kisdorferwohld, Gut Waldhof Hamburg	G 23 ■	44
Kissenbrück, Golfclub Rittergut Hedwigsburg e.V.		171
Kissingen, Golf Club Bad Kissingen e.V., Bad		593
Kitzeberg e.V. Kiel, Heikendorf-Kitzeberg, Golf-Club	G 17 ■	19
Kitzingen, Golfclub Kitzingen e.V.	G 133 ■	612
Klaffenbach, Chemnitz, Golfclub Chemnitz e.V. Wasserschloß		223
Kleinornach, Der Golf Club Am Obinger See e.V., Obing, OT	G 159 ■	721
Kleinsendelbach, Golf Club Erlangen e.V.	G 133 ■	617
Kleve e.V., St. Michaelisdorn, Golfclub am Donner	G 21 ■	35
Klingenburg e.V., Jettingen-Scheppach, Golf-Club Schloss		680
Kloster Kamp, Kamp-Lintfort, Golfclub Am	G 73 ■	298
Kohlenbissen, Golf-Club Munster e.V., Munster/		133
Köln e.V., Bergisch Gladbach, Golf- und Land-Club		371
Köln, GC Wahn im SSZ Köln-Wahn e.V.	G 89 ■	382
Köln, Golf Club Leverkusen e.V.		367
Köln, V-Golf e.V.		383
Kölner Golfclub GmbH & Co. KG		372
KölnGolf, Köln-Roggendorf/Thenhoven	G 85 ■	362
Kolnhausen e.V., Lich, Licher Golf-Club Fürstliches Hofgut		416
Köln-Marienburg, Köln-Marienburger Golf Club e.V.		381
Königsbach-Stein, Golfclub Johannesthal e.V.		517
Königsbrunn, Golfclub Königsbrunn (Süd)		696
Königsbrunn, Golfclub Lechfeld e.V.	G 153 ■	689
Königsfeld-Martinsweiler, Golf und Country Club Königsfeld e.V.		559
Königshof Sittensen e.V., Sittensen, Golfclub	G 33, G 35 ■	117
Konradsheim, Golf Burgkonradsheim, Erftstadt-		387
Konstanz e.V., Allensbach-Langenrain, Golf-Club		575
Kornwestheim, Golfclub Neckartal e.V.		526
Korschenbroich, Golfclub Schloss Myllendonk e.V.		346
Korschenbroich, Golfclub Schloss Myllendonk e.V. -		346
Korschenbroich, Golfpark Rittergut Birkhof	G 85 ■	349
Korswandt, Baltic Hills Golf Usedom	G 27 ■	84
Kortenbach e.V., Seligenstadt, Golfclub Seligenstadt am		438
KOSAIDO Internationaler Golfclub Düsseldorf e.V., Düsseldorf		338
Kössen, Golfclub Reit im Winkl e.V. Kössen		757
Kraiburg, Golf Club Schloss Guttenburg e.V.	G 157 ■	703
Krefeld-Bockum, Golf-Club Stadtwald e.V.		322
Krefeld-Linn, Krefelder Golf Club e.V.		327
Krefeld-Traar, Golf & Country Club An der Elfrather Mühle e.V.		317
Kressbach GmbH, Tübingen, Golfclub Schloss		546
Kreuztal, Golfclub Siegerland e.V.	G 87 ■	375
Krogaspe, Golfpark Krogaspe		30
Kronach e.V., Küps-Oberlangenstadt, Golfclub	G 125 ■	592
Kronberg/Taunus, Golf- und Land-Club Kronberg e.V.		428
Krugsdorf, Golf & Country Club Schloß Krugsdorf		88
Kuhlendahl e.V., Velbert, Golfclub Velbert-Gut		326
Küps-Oberlangenstadt, Golfclub Kronach e.V.	G 125 ■	592
Kurhessischer Golfclub Oberaula/Bad Hersfeld, Oberaula/Hausen	G 93 ■	409

■ = Partner Albrecht Greenfee-Aktion

Clubname	Seite: Gutschein	Club
Kurpfalz e.V., Limburgerhof, Golf-Club		484
Kürten, Golf Club Kürten e.V.		361
Küsten-Golfclub Hohe Klint Cuxhaven e.V., Cuxhaven-Oxstedt		96
Kyllburger Waldeifel e.V., Burbach, Golfclub	G 103 ■	464
Laatzen/Gleidingen, Golf Gleidingen		166
Ladbergen, Golfclub Ladbergen	G 61 ■	242
Lage, Golfanlage Gut Ottenhausen		254
Lahr-Reichenbach, Golf Club Ortenau e.V.	G 117 ■	551
Lam, Golfclub Sonnenhof	G 137 ■	637
Landau/Isar, Golfclub Landau/Isar e.V.	G 143 ■	657
Landgut Dreihof, Essingen-Dreihof, Golfclub		490
Landgut Hof Hayna e.V., Riedstadt-Leeheim, KIAWAH Golf Club		443
Landsberg, Golfclub Schloß Igling e.V., Igling/	G 157, G 159 ■	714
Landshut e.V., Furth bei Landshut, Golf Club	G 145 ■	660
Langenfeld, Golfclub am Katzberg e.V.		359
Langenhagen, Golfpark Hainhaus		154
Langenrain, Golf-Club Konstanz e.V., Allensbach-		575
Langenstein, Orsingen-Nenzingen, Country Club Schloss		568
Langeoog, Golfclub-Insel-Langeoog e.V.		98
Lärchenhof e.V., Pulheim, Golf Club Gut		365
Lausitzer Golfclub e.V., Drieschnitz-Kahsel		200
Lauterbach/Sickendorf, Golfpark Schlossgut Sickendorf		412
Lauterhofen, Golf Club Lauterhofen e.V.		624
Lechbruck am See, Golfanlage Auf der Gsteig		756
Lechfeld e.V., Königsbrunn, Golfclub	G 153 ■	689
Lederbach, Quellness Golf Resort Bad Griesbach, Golfplatz		667
Lederstatt, Golfclub Donauwörth Gut		652
Leimershof, Breitengüßbach, Golfanlage	G 127 ■	599
Leineck-Bayreuth GC		602
Leinetal Einbeck e.V., Einbeck-Immensen, Golf und Country Club	G 47 ■	178
Leipzig e.V. - GP Dübener Heide, Noitzsch, 1. Golfclub	G 55 ■	208
Leipzig Golf & Country Club		211
Leipzig, GolfPark Leipzig GmbH + Co. KG	G 55 ■	210
Leitershofen e.V., Stadtbergen/Augsburg, Golf Club		679
Lenzfried GmbH & Co. KG, Kempten, Golfpark Schloßgut	G 167 ■	754
Leonhardshaun, Golfplatz		656
Leon-Rot, Golf Club St. Leon-Rot Betriebsgesellschaft mbH & Co. KG, St.		505
Lesmona, Bremen, Golfclub		123
Leverkusen e.V., Köln, Golf Club		367
Leythe e.V., Gelsenkirchen-Buer, Gelsenkirchener Golfclub Haus		291
Lich, Licher Golf-Club Fürstliches Hofgut Kolnhausen e.V.		416
Lichtenau, Golfclub Lichtenau-Weickershof e.V.		635
Liebenburg e.V., Salzgitter, Golf Club Salzgitter/	G 45 ■	175
Liebenstein e.V., Neckarwestheim, Golf- und Landclub Schloß		516
Liebenzell-Monakam, Golfclub Bad Liebenzell e.V., Bad		533
Lietzenhof, Golfanlage	G 103 ■	464
Lilienthal, Golfclub Lilienthal e.V.	G 35 ■	121
Limburgerhof, Golf-Club Kurpfalz e.V.		484
Lindau, Golf-Club Lindau-Bad Schachen e.V.		763
Lindberg, Golfpark Oberzwieselau e.V.		642
Lindlar-Hommerich, Golfclub Schloß Georghausen e.V.		369
Lingen-Altenlingen, Golfclub Emstal e.V.		146
Lippetal e.V., Lippetal-Lippborg, Golfclub Stahlberg im	G 71 ■	281
Lippetal-Lippborg, Golfclub Stahlberg im Lippetal e.V.	G 71 ■	281
Lippischer Golfclub e.V., Blomberg-Cappel		257
Lippspringe, B. A. Golfclub Sennelager	G 67 ■	270

■ = Partner Albrecht Greenfee-Aktion

Clubname	Seite: Gutschein	Club
Lippstadt, Golf Club Gut Mentzelsfelde e.V.		280
Lippstadt, Golf Club Lippstadt e.V.		282
Lobbach-Lobenfeld, Golfclub Heidelberg-Lobenfeld e.V.	G 111 ■	501
Lobenfeld, Golfclub Heidelberg-Lobenfeld e.V., Lobbach-	G 111 ■	501
Loccum, Golfclub Rehburg-Loccum GmbH & Co. KG, Rehburg-		153
Löffelsterz, Golf Club Schweinfurt e.V.		594
Loherhof, Golfpark, Geilenkirchen		373
Lohersand e.V., Sorgbrück, Golf Club		20
Lohheide, Bergen-Hohne Golfclub e.V.	G 39 ■	140
Lohmar, Golf Club Schloss Auel		384
Lohme/Rügen, Golfplatz Schloss Ranzow		74
Löhne, Golf Club Widukind-Land e.V.		239
Lohne, Golfclub Gut Brettberg Lohne e.V.	G 39, G 41 ■	144
Lorch, Golf Club Hetzenhof e.V.	G 113 ■	532
Lorenz Golf- und Land-Club Schöningen e.V., Schöningen, St.	G 43 ■	170
Lotte-Wersen, Golfclub Osnabrück-Dütetal e.V.		235
Löwenhof, Friedberg, Golfpark am		420
Lübeck-Travemünde, Lübeck-Travemünder Golf-Klub von 1921 e.V.		36
Lüdenscheid-Schalksmühle e.V., Schalksmühle, GC Gelstern	G 81, G 83 ■	341
Lüderich e.V., Overath-Steinenbrück, Golfclub Der		378
Lüdersburg/Lüneburg, GSL-Golfanlage Schloss Lüdersburg GmbH & Co. KG		113
Ludwigsberg, Türkheim, Golfclub zu Gut	G 157 ■	713
Ludwigsburg, Golfclub Schloss Monrepos		524
Lügde, Golf-Club Bad Pyrmont e.V.	G 63 ■	255
Lugenhof e.V. am Bodensee, Owingen, GC Owingen-Überlingen Hofgut		572
Luhden, Golfclub Am Harrl e.V., Bad Eilsen/Bückeburg-OT		168
Luhe, Green Eagle Golf Courses, Winsen/		112
Luhe-Wildenau, Golfclub Schwanhof e.V.		618
Lüneburg, GSL-Golfanlage Schloss Lüdersburg GmbH & Co. KG, Lüdersburg/		113
Lütetsburg, Golfanlage Schloss GmbH & Co. KG	G 29 ■	100
Lütjensee, Golf-Club Hoisdorf e.V.	G 23 ■	60
Lutzhorn, Golf Club Lutzhorn e.V.		42
Maasberg Bad Sobernheim e.V., Bad Sobernheim, Golf & Health Club	G 105 ■	473
Machern, Golf & Country Club Leipzig		211
Mackenbach, Golf Club Barbarossa e.V.	G 107, G 109 ■	483
Magdeburg, Golfclub Magdeburg e.V.	G 51, G 53 ■	204
Mahlow, Golf Club Mahlow e.V.		194
Mainsondheim-Dettelbach, Golfclub Schloß Mainsondheim e.V.	G 129 ■	606
Main-Spessart e.V., Marktheidenfeld, Golfclub	G 129 ■	605
Main-Taunus e.V., Wiesbaden-Delkenheim, Golf-Club		439
Mainzer Golfclub GmbH & Co. KG, Budenheim	G 105 ■	465
Mangfalltal e.V., Feldkirchen-Westerham, Golfclub	G 161 ■	733
Mannheim an der Rheingoldhalle		499
Mannheim Viernheim 1930 e.V., Viernheim, Golfclub		451
Marburg e.V., Cölbe-Bernsdorf, Oberhessischer Golf-Club	G 93 ■	408
MARC AUREL Spa & Golf Resort, Bad Gögging		649
Margarethenhof Golfclub am Tegernsee, Marienstein/Waakirchen		751
Marhördt, Oberrot, Golfclub		514
Maria Bildhausen e.V., Münnerstadt, Golf-Club	G 123 ■	590
Marienburg, Köln-Marienburger Golf Club e.V., Köln-		381
Marienfeld, Golfclub Marienfeld e.V.		259
Marienstein/Waakirchen, Margarethenhof Golfclub am Tegernsee		751
Marine-Golf-Club Sylt e.G., Sylt, Ortsteil Tinnum		5
Maritim Golfpark Ostsee, Warnsdorf		37
Markgräflerland, Bad Bellingen, Drei Thermen Golfresort		577
Markgräflerland, Kandern, Golfclub		576

■ = Partner Albrecht Greenfee-Aktion

Clubname	Seite: Gutschein	Club
Märkischer Golf Club e.V., Hagen-Berchum	G 79 ■	314
Märkischer Golfclub Potsdam e.V., Werder/OT Kemnitz		193
Markkleeberg, Golfclub Markkleeberg e.V.		212
Markt Indersdorf, Münchner Golf Eschenried - Golfpark Gut Häusern		681
Marktheidenfeld, Golfclub Main-Spessart e.V.	G 129 ■	605
Marsberg Westheim, Golfclub Westheim e. V.	G 75 ■	302
Martinsweiler, Golf und Country Club Königsfeld e.V., Königsfeld-		559
Maxlrain, Golf Club Schloß Maxlrain e.V.	G 161 ■	738
Mechernich-Satzvey, Golfclub Burg Zievel		398
Mecklenburg-Strelitz e.V., Groß Nemerow, Golfclub		89
Meer e.V., Bad Zwischenahn, Golfclub am		120
Meerbusch, Golfclub Meerbusch e.V.		340
Meisdorf, Golfclub Schloß Meisdorf e.V., Falkenstein/OT	G 53, G 55 ■	207
Memmingen Gut Westerhart e.V., Buxheim, Golfclub		726
Mentzelsfelde e.V., Lippstadt, Golf Club Gut		280
Merchingen, Golfclub Kaiserhöhe e.V., Ravenstein-		500
Mergelhof Sektion Deutschland e.V., Gemmenich/Belgien, Int. Golfclub		392
Mergentheim e.V., Igersheim, Golf Club Bad		498
Mesum Gut Winterbrock e.V., Rheine, Golfsportclub Rheine/		238
Mettmann, Golf Club Mettmann e.V.		336
Michaelisdorn, Golfclub am Donner Kleve e.V., St.	G 21 ■	35
Michendorf, Golf- & Country- Club Seddiner See e.V.		197
Miel, Swisttal, Golf Club Schloss		396
Miltenberg e.V., Eichenbühl, Golfclub		615
Minoritenhof Golf & Yachtclub		643
Mittelholsteinischer Golf-Club Aukrug e.V., Aukrug-Bargfeld		32
Mittelrheinischer Golfclub Bad Ems e.V., Bad Ems	G 103 ■	460
Mittenwalde OT Motzen, Berliner Golf & Country Club Motzener See e.V.		199
Möhnesee-Völlinghausen, Golfclub Möhnesee e.V.		303
Molbergen OT Resthausen, Golfclub Thülsfelder Talsperre e.V.	G 37, G 39 ■	138
Mollenkotten Wuppertal, Wuppertal, Öffentl. Golfanlage Am		330
Mölln, Golf-Club Gut Grambek e.V., Grambek/	G 23, G 25 ■	64
Mommenheim, Golf Club Domtal Mommenheim e.V.	G 105 ■	470
Mönchengladbach-Wanlo, Golfclub Mönchengladbach-Wanlo e.V.		360
Monrepos, Ludwigsburg, Golfclub Schloss		524
Mönsheim, Stuttgarter Golf-Club Solitude e.V.		528
Moorfleet, Hamburg, Red Golf		68
Morsum auf Sylt e.V., Sylt-Morsum, Golfclub		6
Motzener See e.V., Mittenwalde OT Motzen, Berliner Golf & Country Club		199
Moyland e.V., Bedburg-Hau, Land-Golf-Club Schloß		273
Moyland, Golf International	G 67 ■	272
Much, Golf Club Burg Overbach e.V.	G 87, G 89 ■	379
Mudau, Golfclub Mudau e.V.		496
Mühlberg, Thüringer Golf Club Drei Gleichen Mühlberg e.V.		220
Mühle e.V., Krefeld-Traar, Golf & Country Club An der Elfrather		317
Mühlenhof Golf & Country Club e.V., Kalkar-Niedermörmter	G 69 ■	274
Mühltal, Golf Club Darmstadt Traisa e.V.	G 97 ■	444
Mülheim an der Ruhr, Golfclub Mülheim an der Ruhr Raffelberg e.V.		306
Mülheim, Golfclub Mülheim an der Ruhr e.V.	G 79 ■	319
München Aschheim GmbH & Co. KG, Aschheim, Golfpark		705
München, Golfclub München-Riem		707
München, Valley, Golf Valley		739
München-Brunnthal, Kirchstockach, GolfRange		717
München-Eicherloh e.V., Eicherloh, Bavarian Golfclub	G 155 ■	697
Münchener Golf Club e.V., Straßlach		724
München-Germering, Germering, GolfRange		708

■ = Partner Albrecht Greenfee-Aktion

Clubname	Seite: Gutschein		Club
München-Riedhof e.V., Egling-Riedhof, Golfclub			732
München-Thalkirchen, Münchener Golf Club e.V.			711
München-West Odelzhausen e.V., Odelzhausen, Golfclub	G 153	■	687
Münchner Golf Eschenried - Golfpark Gut Häusern, Markt Indersdorf			681
Münchner Golf Eschenried - Platz Eschenhof, Eschenried			699
Münchner Golf Eschenried - Platz Eschenried, Eschenried			701
Münchner Golf Eschenried - Platz Gröbenbach, Eschenried			700
Münder, Golf Park Am Deister e.V., Bad			169
Münnerstadt, Golf-Club Maria Bildhausen e.V.	G 123	■	590
Münster a. Stein/Ebernburg, Golfclub Nahetal e.V., Bad	G 105, G 107	■	474
Münster, Golfclub Münster-Tinnen e.V.			261
Münster, Golfclub Münster-Wilkinghege e.V.			251
Münster, Patricks Pitch und Putt			253
Munster/Kohlenbissen, Golf-Club Munster e.V.			133
Münstereifel, Golfclub Bad Münstereifel-Stockert e.V., Bad			399
Münster-Hiltrup, Golfen in Hiltrup	G 65	■	264
Münsterland e.V. Burgsteinfurt, Steinfurt, Golf Club			241
Munzingen, Golfclub Tuniberg e.V., Freiburg-			564
Myllendonk e.V., Korschenbroich, Golfclub Schloss			346
Nack-Lottstetten, Golfclub Rheinblick			580
Nahetal e.V., Bad Münster a. Stein/Ebernburg, Golfclub	G 105, G 107	■	474
Nationalpark Bayerischer Wald e.V., Sankt Oswald, Golfclub Am	G 141	■	646
Nauen OT Börnicke, Golfanlage Kallin			185
Nauheim, Golf-Club Bad Nauheim e.V., Bad	G 97	■	419
Neckartal e.V., Kornwestheim, Golfclub			526
Neckartenzlingen, Golf Club Hammetweil			543
Neckarwestheim, Golf- und Landclub Schloß Liebenstein e.V.			516
Neheim-Hüsten, Arnsberg, Golfclub Sauerland e.V.	G 75, G 77	■	310
Nemsdorf, GolfRange Nürnberg			625
Nenzingen, Country Club Schloss Langenstein, Orsingen-			568
Neppermin-Balm, Golfclub Balmer See-Insel Usedom e.V.			82
Neresheim, Golfclub Hochstatt-Härtsfeld-Ries e.V.	G 113	■	535
Nesselwang, Golfanlage Alpenseehof	G 167	■	759
Nettetal, Golf Club Haus Bey e.V.	G 79	■	324
Neualbenreuth, Golfclub Stiftland e.V.	G 127	■	600
Neubeeren, GolfRange GmbH - GolfRange Berlin-Großbeeren e.V., Großbeeren/OT			195
Neuburg-Donau, Wittelsbacher Golfclub Rohrenfeld-Neuburg e.V.			654
Neuburg-Heinrichsheim, Zieglers Golfplatz GmbH & Co. KG			653
Neuenahr-Ahrweiler, Golf- und Landclub Bad Neuenahr-Ahrweiler, Bad	G 101	■	458
Neuenhof, Fröndenberg, Golf Club Gut			304
Neuhof e.V., Dreieich, Golf Club			440
Neuhof, Golfclub Zum Fischland e.V., Ribnitz-Damgarten/OT			76
Neukirchen-Vluyn, Golfclub Op de Niep e.V.	G 77, G 79	■	312
Neumarkt, Golf-Club Herrnhof e.V.	G 137	■	632
Neunburg vorm Wald, Golf- und Land Club Oberpfälzer Wald e.V.			626
Neusaß, Golf-Club Glashofen-Neusaß e.V., Walldürn-			495
Neuss, Golfanlage Hummelbachaue			352
Neustadt, Golf Park Steinhuder Meer			151
Neustadt, Golfclub Hochschwarzwald e.V., Titisee-			567
Neustadt-Geinsheim, Golf-Club Pfalz Neustadt a.d. Weinstraße e.V.			487
Neu-Ulm, New Golf Club Neu-Ulm			676
Neuwied, Golfclub Rhein-Wied e.V.	G 101	■	459
Neuzenhof e.V., Viernheim, Golfclub Heddesheim Gut			497
New Golf Club Neu-Ulm, Neu-Ulm			676
Nieblum, Golf Club Föhr e.V.			10
Niederkassel-Uckendorf, Golfanlage Clostermanns Hof			386

■ = Partner Albrecht Greenfee-Aktion

Clubname	Seite: Gutschein		Club
Niederkrüchten, Europäischer Golfclub Elmpter Wald e.V.	G 83, G 85	■	348
Niedernberg, Rosenhof, Golfpark			604
Niederreutin e.V., Bondorf, Golfclub Domäne			545
Niederrhein e.V., Issum, Golf Club Issum-			296
Niederrheinischer Golfclub e.V. Duisburg, Duisburg			316
Nienburg, AcamedResort GmbH			205
Niep e.V., Neukirchen-Vluyn, Golfclub Op de	G 77, G 79	■	312
Nippenburg, Schwieberdingen, Golfanlage Schloss			527
Nohfelden-Eisen, Golfpark Bostalsee			477
Noitzsch, 1. Golfclub Leipzig e.V. - GP Dübener Heide	G 55	■	208
Norderney, Golf Club Norderney e.V.			99
Nordheide e.V., Buchholz, Golf Club Buchholz-			114
Nordkirchen, Golf- und Landclub Nordkirchen e.V.			271
Nordsee-Golfclub St. Peter-Ording e.V., St. Peter-Ording			23
Northeim, Golf Club Hardenberg e.V.	G 47	■	179
Nümbrecht, Golfpark			380
Nürnberg, Golf Club Am Reichswald e.V.			622
Nürnberg, Nemsdorf, GolfRange			625
Nürnberger Land e.V., Velden, Golfclub Gerhelm			616
Nusser Alm GmbH, Dillingen, Golfclub Dillingen			662
Oberallgäu & Kurzplatz Gundelsberg, Bolsterlang, Golfplatz			771
Oberau, Golf-Club Garmisch-Partenkirchen e.V.	G 243	■	765
Oberaula/Hausen, Kurhessischer Golfclub Oberaula/Bad Hersfeld	G 93	■	409
Oberaula-Schloß Hausen e.V., GC, s. Kurh. GC Oberaula/Bad Hersfeld	G 93	■	409
Oberberg e.V., Reichshof, Golf Club			374
Oberböhringen, Golfer's Club Bad Überkingen e.V., Bad Überkingen-			540
Obere Alp e.V., Stühlingen, Golfclub			574
Oberfranken e.V., Thurnau, Golf Club	G 125	■	596
Oberhausen, Golfclub Röttgersbach	G 73	■	299
Oberhausen, Oberhausen GmbH & Co. KG			297
Oberhessischer Golf-Club Marburg e.V., Cölbe-Bernsdorf	G 93	■	408
Oberlangenstadt, Golfclub Kronach e.V., Küps-	G 125	■	592
Oberlausitz e.V., Golfsportclub, s. GC Dresden Ullersdorf e.V.			213
Oberndorf-Eggelstetten, Golfclub Eggelstetten			655
Oberneuland, Golf-Club Oberneuland e.V., Bremen-			127
Obernkirchen, Golfclub Schaumburg e.V.	G 43	■	164
Oberpfälzer Wald e.V., Neunburg vorm Wald, Golf- und Land Club			626
Oberrot, Golfclub Marhördt			514
Oberrot-Frankenberg, Golf Club Oberrot-Frankenberg	G 113	■	515
Oberschwaben e.V., Bad Waldsee, Fürstlicher Golfclub			566
Oberstaufen, Golf Club Oberstaufen e.V.			764
Oberstaufen-Steibis, Golfclub Oberstaufen-Steibis e.V.			766
Oberstdorf, Golfclub Oberstdorf e.V.			772
Oberzwieselau e.V., Lindberg, Golfpark			642
Obing, OT Kleinornach, Der Golf Club Am Obinger See e.V.	G 159	■	721
Obinger See e.V., Obing, OT Kleinornach, Der Golf Club Am	G 159	■	721
Odelzhausen, Golfclub München-West Odelzhausen e.V.	G 153	■	687
Odenwald e.V., Brombachtal, Golf Club	G 99	■	446
Oederan/OT Gahlenz, Golfclub Erzgebirge - Golfpark Gahlenz			221
Oefte e.V., Essen, Essener Golf-Club Haus			321
Öffentl. Golfanlage Am Mollenkotten Wuppertal, Wuppertal			330
Ofterschwang, Golfplatz Sonnenalp			770
Oftersheim, Golf Club Rheintal GmbH & Co. KG			502
Ohmden, Golfclub Teck e.V.	G 115	■	539
Ölbronn-Dürrn, Karlshäuser Hof, Golf Pforzheim			522
Olching, Golfclub Olching e.V.			698

■ = Partner Albrecht Greenfee-Aktion

Clubname	Seite: Gutschein	Club
Oldenburger Land e.V., Hatten-Dingstede, Golfclub	G 37 ■	131
Oldenburgischer Golfclub e.V., Rastede		118
Öllbronn-Dürrn, Golfyouup		523
Olpe e.V., Wenden-Ottfingen, Golf Club Siegen-	G 87 ■	377
Op de Niep e.V., Neukirchen-Vluyn, Golfclub	G 77, G 79 ■	312
Open County, Tating, Golfplatz		21
Orb Jossgrund e.V., Jossgrund, Golf-Club Bad		431
Orsingen-Nenzingen, Country Club Schloss Langenstein		568
Ortenau e.V., Lahr-Reichenbach, Golf Club	G 117 ■	551
Öschberghof, Donaueschingen, Land- und Golf-Club		565
Osnabrück-Dütetal e.V., Lotte-Wersen, Golfclub		235
Osnabrücker Golf Club e.V., Bissendorf-Jeggen		163
Ostenfelde, Golf-Club Schloß Vornholz e.V., Ennigerloh-		265
Ostercappeln-Venne, Golfclub Varus e.V.	G 41, G 43 ■	160
Ostfriesland e.V., Wiesmoor-Hinrichsfehn, Golfclub	G 33 ■	108
Östringen-Tiefenbach, Golf Resort HEITLINGER Tiefenbach e.V.		508
Ostsee Golf Club Wittenbeck e.V., Wittenbeck		78
Ostsee, Golfanlage Hohwachter Bucht e.V., Hohwacht/	G 243 ■	22
Ostsee, Warnsdorf, Maritim Golfpark		37
Ostseeheilbad Grömitz, Grömitz, Golf Club	G 17 ■	26
Oststeinbek, GolfRange Hamburg-Oststeinbek		65
Oswald, Golfclub am Nationalpark Bayerischer Wald e.V., Sankt	G 141 ■	646
Ottenhausen, Lage, Golfanlage Gut		254
Ottobeuren, Allgäuer Golf- und Landclub e.V.		734
Overath-Steinenbrück, Golfclub Der Lüderich e.V.		378
Overbach e.V., Much, Golf Club Burg	G 87, G 89 ■	379
Owingen, GC Owingen-Überlingen Hofgut Lugenhof e.V. am Bodensee		572
Paderborn, Universitäts-Golfclub-Paderborn e.V.	G 71 ■	279
Paderborner Land e.V., Salzkotten-Thüle, Golf Club	G 71 ■	278
Pähl, Golf Club Hohenpähl e.V.	G 161 ■	736
Pankow, Berlin, Golf Resort Berlin		189
Panorama Golf Passau	G 147 ■	663
Papenburg, Golf-Club Gutshof Papenburg Aschendorf e.V.		130
Partenkirchen e.V., Oberau, Golf-Club Garmisch-	G 243 ■	765
Partenkirchen, Land- und Golfclub Werdenfels e.V., Garmisch-	G 169 ■	769
Passau, Donau Golf Club Passau-Raßbach e.V., Thyrnau-	G 143 ■	658
Passau, Panorama Golf	G 147 ■	663
Patricks Pitch und Putt, Münster		253
Patting-Hochriesblick, Riedering, Golfanlage		743
Peckeloh e.V., Versmold, Golf Club Schultenhof	G 63 ■	250
Peine-Edemissen e.V., Edemissen, Golf-Club		161
Peiner Hof, Prisdorf, Fairway Golf		55
Peter-Ording, Nordsee-Golfclub St. Peter-Ording e.V., St.		23
Pfaffing, Golfclub Pfaffing e.V.	G 159 ■	716
Pfalz Neustadt a.d. Weinstraße e.V., Neustadt-Geinsheim, Golf-Club		487
Pfälzerwald, Waldfischbach-Burgalben, Golfplatz	G 109 ■	488
Pforzheim, Karlshäuser Hof, Ölbronn-Dürrn, Golf		522
Pfullinger Hof, Golfanlage Golfoase	G 111 ■	509
Pilsach, Jura Golf Hilzhofen e.V.		631
Pinnau e.V., Quickborn-Renzel, Golf-Club An der		50
Pinneberg, Golfpark Weidenhof e.V.		57
Plauen OT Steinsdorf, Golfclub Plauen e.V.	G 57 ■	227
Pleiskirchen, Golfclub Pleiskirchen e.V.	G 153 ■	686
Plöner See, Golfplatz	G 19 ■	31
Pöhl/Möschwitz, Golfanlage Talsperre Pöhl	G 59 ■	228
Polle, Golf Club Weserbergland e.V.	G 45, G 47 ■	176

■ = Partner Albrecht Greenfee-Aktion

Clubname	Seite: Gutschein	Club
Porsche, Rotthalmünster, Golf Resort Bad Griesbach, Golf Course	G 151 ■	677
Possendorf, Golfclub Dresden Elbflorenz e.V.		217
Potsdam e.V., Werder/OT Kemnitz, Märkischer Golfclub		193
Potsdamer Golfclub e.V., Ketzin, OT Tremmen	G 51 ■	190
Pottenstein, Golf Club Pottenstein-Weidenloh e.V.	G 131 ■	610
Praforst, Hünfeld, Golf Club Hofgut		411
Prenden, Golfpark	G 49 ■	184
Prien-Bauernberg, Chiemsee Golf-Club Prien e.V.		741
Prisdorf, Fairway Golf Peiner Hof		55
public Golf Talheimer Hof		511
Puchheim, GolfCity München Puchheim		706
Pulheim, Golf & Country Club Velderhof e.V.		363
Pulheim, Golf Club Gut Lärchenhof e.V.		365
Pulheim-Freimersdorf, GolfCity Köln Pulheim		376
Puschendorf, Golfanlage Puschendorf		620
Pyrmont e.V., Lügde, Golf-Club Bad	G 63 ■	255
Quellness Golf Resort Bad Griesbach, Beckenbauer Golf Course, Bad Griesbach	G 151 ■	678
Quellness Golf Resort Bad Griesbach, Golfodrom® Holzhäuser, Bad Griesbach	G 151 ■	668
Quellness Golf Resort Bad Griesbach, Golfplatz Brunnwies, Bad Griesbach	G 151 ■	664
Quellness Golf Resort Bad Griesbach, Golfplatz Lederbach	G 151 ■	667
Quellness Golf Resort Bad Griesbach, Golfplatz Uttlau St. Wolfgang, Bad Griesbach	G 151 ■	665
Quickborn, Red Golf Quickborn GmbH & Co		49
Quickborn-Renzel, Golf-Club An der Pinnau e.V.		50
Rabenkirchen-Faulück, Golf Club Stenerberg e.V.		11
Raffelberg e.V., Mülheim an der Ruhr, Golfclub Mülheim an der Ruhr		306
Rappenau-Zimmerhof, Golf Club Bad Rappenau, Bad		504
Raßbach e.V., Thyrnau-Passau, Donau Golf Club Passau-	G 143 ■	658
Rastatt-Plittersdorf, Golfclub Altrhein		525
Rastede, Oldenburgischer Golfclub e.V.		118
Rathenow OT Semlin, Golf- und Landclub Semlin am See		187
Ratingen, Düsseldorfer Golf Club e.V.		334
Ratingen-Homberg, Golf Club Grevenmühle GmbH	G 81 ■	335
Ravensberger Land, Enger-Pödinghausen, Golfclub	G 61 ■	246
Ravensburg, Golfclub Ravensburg e.V.		571
Ravenstein-Merchingen, Golfclub Kaiserhöhe e.V.		500
Recklinghausen, Vestischer Golf Club Recklinghausen e.V.		285
Red Golf Moorfleet, Hamburg		68
Red Golf Quickborn GmbH & Co, Quickborn		49
Regensburg e.V., Jagdschloß Thiergarten, Golf- und Land-Club		641
Rehburg-Loccum, Golfclub Rehburg-Loccum GmbH & Co. KG		153
Reichertshausen, Golfclub Schloß Reichertshausen	G 147, G 149 ■	669
Reichmannsdorf, Golfclub Schloss Reichmannsdorf	G 129, G 131 ■	607
Reichshof, Golf Club Oberberg e.V.		374
Reichsstadt Bad Windsheim e.V., Bad Windsheim, Golf Club	G 133 ■	621
Reichswald e.V., Nürnberg, Golf Club Am		622
Reinbeker Golf-Club e.V., Wentorf/Hamburg, Wentorf-		69
Reinfeld, Golfclub e.V.		43
Reisbach, Golfclub Schlossberg e.V.	G 145 ■	659
Reischenhof e.V., Wain, Golfclub		558
Reiskirchen, Golf-Park Winnerod	G 95 ■	413
Reit im Winkl e.V. Kössen, Kössen, Golfclub		757
Reken, Golfclub Uhlenberg Reken e.V.		269
Renneshof, Willich-Anrath, Golfpark		333
Repetal Südsauerland e.V., Attendorn-Niederhelden, Golfclub		358
Residenz Rothenbach e.V., Wassenberg, Golfclub		354
Resthausen, Golfclub Thülsfelder Talsperre e.V., Molbergen OT	G 37, G 39 ■	138

■ = Partner Albrecht Greenfee-Aktion

Clubname	Seite: Gutschein		Club
Rethmar Golf, Sehnde-Rethmar			162
Reutlingen-Sonnenbühl e.V., Sonnenbühl-Undingen, Golfclub	G 115, G 117	■	549
Rheinblick, Nack-Lottstetten, Golfclub			580
Rheine, Golfsportclub Rheine/Mesum Gut Winterbrock e.V.			238
Rheinhessen Hofgut Wißberg St. Johann e.V., St. Johann, Golfclub			471
Rhein-Main e.V., Wiesbaden, Golf-Club			436
Rheinmünster, Baden Hills Golf und Curling Club e.V.			531
Rhein-Sieg e.V., Hennef, Golf Club			394
Rheinstetten, Golfclub Rheinstetten			519
Rheintal GmbH & Co. KG, Oftersheim, Golf Club			502
Rhein-Wied e.V., Neuwied, Golfclub	G 101	■	459
Rhön e.V. Fulda, Hofbieber, Golf-Club	G 95	■	414
Ribnitz-Damgarten/OT Neuhof, Golfclub Zum Fischland e.V.			76
Rickenbach, Golfclub Rickenbach e.V.			579
Rieden, Golfclub Bad Wörishofen e.V.			727
Rieden, Gut, Golfanlage			719
Riedering, Golfanlage Patting-Hochriesblick			743
Riedhof, Golfclub München-Riedhof e.V., Egling-			732
Riedstadt-Leeheim, KIAWAH Golf Club Landgut Hof Hayna e.V.			443
Riem, München, Golfclub München-			707
Ries e.V., Neresheim, Golfclub Hochstatt-Härtsfeld-	G 113	■	535
Rieschweiler-Mühlbach, Erster Golfclub Westpfalz Schwarzbachtal e.V.	G 109, G 111	■	489
Rietberg-Varensell, Westfälischer Golf Club Gütersloh e.V.	G 65, G 67	■	267
Rißtissen, Golfclub Donau-Riss e.V. Ehingen-Rißtissen, Ehingen-	G 119, G 121	■	555
Rittergut Birkhof, Korschenbroich, Golfpark	G 85	■	349
Rittergut Hedwigsburg e.V., Kissenbrück, Golfclub			171
Rittergut Rothenbergerhaus e.V., Duderstadt, Golfclub	G 49	■	180
Rochushof Deggenhausertal e.V., Deggenhausertal, Golfclub	G 121	■	570
Roggendorf/Thenhoven, KölnGolf, Köln-	G 85	■	362
Rohrenfeld-Neuburg e.V., Neuburg-Donau, Wittelsbacher Golfclub			654
Rolling Hills Golf Club Baumholder e.V., Baumholder			478
Romantische Straße, Dinkelsbühl, Golfpark			639
Römerhof, Bornheim, Golfanlage			395
Rosenhof, Golfpark			604
Rostock-Warnemünde, Golfanlage Warnemünde			77
Rothenbach e.V., Wassenberg, Golfclub Residenz			354
Rothenbergerhaus e.V., Duderstadt, Golfclub Rittergut	G 49	■	180
Rothenburg-Schönbronn, Golfpark, Buch am Wald	G 135	■	630
Rottaler Golf- & Country Club Eggenfelden, Hebertsfelden			674
Rottbach, Golfanlage Rottbach			695

■ = Partner Albrecht Greenfee-Aktion

Clubname	Seite: Gutschein		Club
Röttgersbach, Oberhausen, Golfclub	G 73	■	299
Rotthalmünster, Golf Resort Bad Griesbach, Porsche Golf Course			677
Rötz, Golfclub am Eixendorfer See			628
Royal Saint Barbara's Dortmund Golf Club e.V., Dortmund-Brackel			292
Rudelzhausen, Golfanlage Holledau			661
Rügen, Golfclub	G 25	■	75
Ruhpolding-Zell, Golf Club Ruhpolding e.V.			750
Saarbrücken e.V., Wallerfangen, Golf-Club	G 109	■	486
Saarow, Golf Club Bad Saarow, Bad			198
Sachsenkam, Golfplatz Waakirchen Tegernsee	G 163	■	744
Sachsenwald e.V., Dassendorf, Golf-Club Am			67
Säckingen, Golfpark Bad Säckingen, Bad			581
Sagmühle, Bad Griesbach, Golfclub	G 149	■	673
Saint Barbara's Dortmund Golf Club e.V., Dortmund-Brackel, Royal			292
Salmünster, Golf-Club Spessart e.V., Bad Soden-			423
Salzdetfurth-Wesseln, Golf Club Bad Salzdetfurth-Hildesheim e.V., Bad	G 45	■	173
Salzgitter, Golf Club Salzgitter/Liebenburg e.V.	G 45	■	175
Salzgitter, Golf Club Salzgitter/Liebenburg e.V.,	G 45	■	175
Salzkotten-Thüle, Golf Club Paderborner Land e.V.	G 71	■	278
Salzuflen, Golf- und Landclub Bad Salzuflen von 1956 e.V., Bad			245
Sankt Oswald, Golfclub am Nationalpark Bayerischer Wald e.V.	G 141	■	646
Sansenhof, Golfclub Gut Sansenhof e.V., Amorbach-	G 133	■	613
Sauerland e.V., Neheim-Hüsten, Arnsberg, Golfclub	G 75, G 77	■	310
Saulgau, GREEN-GOLF Bad Saulgau GbR, Bad	G 121	■	562
Schachen e.V., Lindau, Golf-Club Lindau-Bad			763
Schalksmühle, GC Gelstern Lüdenscheid-Schalksmühle e.V.	G 81, G 83	■	341
Schaufling, Deggendorfer Golfclub e.V.			647
Schaumburg e.V., Obernkirchen, Golfclub	G 43	■	164
Scheeßel-Westerholz, Golf Club Wümme e.V.			122
Scheibenhardt e.V., Karlsruhe, Golfclub Hofgut			520
Scheidegg, Golfpark			762
Scheppach, Golf-Club Schloss Klingenburg e.V., Jettingen-			680
Schermbeck, Golfclub Weselerwald e.V.	G 71	■	277
Schindeldorf e.V., Stromberg, Golf Club Stromberg-			469
Schlei e.V., Güby, Golf-Club an der			13
Schloss Auel, Lohmar, Golf Club			384
Schloß Braunfels e.V., Braunfels/Lahn, Golf Club			415
Schloß Breitenburg e.V., Breitenburg, Golf Club	G 21, G 23	■	40
Schloss Egmating, Egmating, Golfplatz			722
Schloss Elkofen e.V., Grafing-Oberelkofen, Golf-Club			718
Schloß Georghausen e.V., Lindlar-Hommerich, Golfclub			369
Schloss Guttenburg e.V., Kraiburg, Golf Club	G 157	■	703
Schloss Haag, Geldern, Golfanlage	G 73	■	294
Schloß Holte-Stukenbrock, Senne Golfclub Gut Welschof e.V.			262
Schloß Horst, Gelsenkirchen, Golfclub			293
Schloß Igling e.V., Igling/Landsberg, Golfclub	G 157, G 159	■	714
Schloss Klingenburg e.V., Jettingen-Scheppach, Golf-Club			680
Schloss Kressbach GmbH, Tübingen, Golfclub			546
Schloß Krugsdorf, Krugsdorf, Golf & Country Club			88
Schloss Langenstein, Orsingen-Nenzingen, Country Club			568
Schloß Liebenstein e.V., Neckarwestheim, Golf- und Landclub			516
Schloss Lüdersburg GmbH & Co. KG, Lüdersburg/Lüneburg, GSL-Golfanlage			113
Schloß Mainsondheim e.V., Mainsondheim-Dettelbach, Golfclub	G 129	■	606
Schloß Maxlrain e.V., Maxlrain, Golf Club	G 161	■	738
Schloß Meisdorf e.V., Falkenstein/OT Meisdorf, Golfclub	G 53, G 55	■	207
Schloss Miel, Swisttal, Golf Club			396

■ = Partner Albrecht Greenfee-Aktion

Clubname	Seite: Gutschein		Club
Schloss Monrepos, Ludwigsburg, Golfclub			524
Schloß Moyland e.V., Bedburg-Hau, Land-Golf-Club			273
Schloss Myllendonk e.V., Korschenbroich, Golfclub			346
Schloss Nippenburg, Schwieberdingen, Golfanlage			527
Schloss Ranzow, Lohme/Rügen, Golfplatz			74
Schloß Reichertshausen, Reichertshausen, Golfclub	G 147, G 149	■	669
Schloß Tambach, Weitramsdorf-Tambach, Golf-Club Coburg e.V.	G 123, G 125	■	591
Schloss Teschow, Golf Club	G 27, G 29	■	85
Schloß Vornholz e.V., Ennigerloh-Ostenfelde, Golf-Club			265
Schloss Weitenburg, Starzach-Sulzau, GC	G 115	■	548
Schloß Westerholt e.V., Herten-Westerholt, Golfclub			289
Schlossberg e.V., Reisbach, Golfclub	G 145	■	659
Schloßgut Lenzfried GmbH & Co. KG, Kempten, Golfpark	G 167	■	754
Schlossgut Sickendorf, Lauterbach/Sickendorf, Golfpark			412
Schmallenberg, Golfclub Schmallenberg e.V.			350
Schmallenberg, Golfclub Sellinghausen e.V.	G 83	■	345
Schmidmühlen, Golf- und Landclub Schmidmühlen e.V.	G 137	■	634
Schmitzhof e.V., Wegberg, Golf- und Landclub	G 85	■	353
Schönau, Golf Club Schönau e.V.			573
Schönbuch e.V., Holzgerlingen, Golfclub			541
Schöningen, St. Lorenz Golf- und Land-Club Schöningen e.V.	G 43	■	170
Schopfheim, Golfanlage Schopfheim	G 121, G 123	■	578
Schortens/Accum, Golfclub Wilhelmshaven-Friesland e.V.			102
Schotten-Eschenrod, Golf Club Eschenrod e.V.	G 95, G 97	■	417
Schultenhof Peckeloh e.V., Versmold, Golf Club	G 63	■	250
Schwaben Golf-ER, Hausen am Tann - Balingen, Club			557
Schwäbisch Hall-Dörrenzimmern, Golfclub Schwäbisch Hall e.V.			512
Schwanhof e.V., Luhe-Wildenau, Golfclub			618
Schwarzbachtal e.V., Rieschweiler-Mühlbach, Erster Golfclub Westpfalz	G 109, G 111	■	489
Schwarze Heide Bottrop-Kirchhellen e.V., Bottrop, Golf-Club			287
Schweinfurt e.V., Löffelsterz, Golf Club			594
Schweriner Golfclub e.V. s. WINSTONgolf GmbH			87
Schwesing, Golf Club Husumer Bucht e.V.	G 15, G 17	■	12
Schwieberdingen, Golfanlage Schloss Nippenburg			527
Seddiner See e.V., Michendorf, Golf- & Country-Club			197
Seeschlösschen, Timmendorfer Strand, Golfanlage			33
Seevetal, Golf- & Country Club am Hockenberg			109
Seevetal, Hbg. Land- u. Golf Club Hittfeld e.V.			107
Segeberg e.V., Gut Wensin, Wensin, Golfclub	G 19, G 21	■	34
Sehnde-Rethmar, Rethmar Golf			162
Seligenstadt, Golfclub Seligenstadt am Kortenbach e.V.			438
Sellinghausen e.V., Schmallenberg, Golfclub	G 83	■	345
Semlin, Golf- und Landclub Semlin am See, Rathenow OT			187
Senne Golfclub Gut Welschof e.V., Schloß Holte-Stukenbrock			262
Sennelager, Lippspringe	G 67	■	270
Serrahn, Van der Valk Golfclub Landhaus Serrahn	G 29	■	86
Sickendorf, Golfpark Schlossgut Sickendorf, Lauterbach/			412
Sieben-Berge Rheden e.V., Gronau (Leine), Golfclub			174
Siebengebirge, Windhagen-Rederscheid, Golfclub	G 101	■	454
Sieg e.V., Hennef, Golf Club Rhein-			394
Sieg GmbH & Co KG, Eitorf, Gut Heckenhof Hotel & Golfresort an der	G 91	■	391
Siegen-Olpe e.V., Wenden-Ottfingen, Golf Club	G 87	■	377
Siegerland e.V., Kreuztal, Golfclub	G 87	■	375
Siek, Golfclub Siek/Ahrensburg			59
Sieringhoek, Golfclub Euregio Bad Bentheim e.V., Bad Bentheim-			165
Sigmaringen Zollern-Alb e.V., Inzigkofen, Golf-Club			561

■ = Partner Albrecht Greenfee-Aktion

Clubname	Seite: Gutschein		Club
Sinsheim-Weiler, Golfclub Sinsheim Buchenauer Hof e.V.			507
Sinzing, Gut Minoritenhof Golf & Yachtclub			643
Sittensen, Golfclub Königshof Sittensen e.V.	G 33, G 35	■	117
Sobernheim, Golf & Health Club Maasberg Bad Sobernheim e.V., Bad	G 105	■	473
Soden-Salmünster, Golf-Club Spessart e.V., Bad			423
Solitude e.V., Mönsheim, Stuttgarter Golf-Club			528
Soltau-Tetendorf, Golf Club Soltau			135
Sonnenalp, Ofterschwang, Golfplatz			770
Sonnenbühl-Undingen, Golfclub Reutlingen-Sonnenbühl e.V.	G 115, G 117	■	549
Sonnenhof, Golf Club	G 137	■	637
Sorgbrück, Golf Club Lohersand e.V.			20
Spessart e.V., Bad Soden-Salmünster, Golf-Club			423
Spessart e.V., Marktheidenfeld, Golfclub Main-	G 129	■	605
Sprockhövel, Golf Club Juliana Wuppertal e.V.			328
Sprockhövel, Golfclub Felderbach Sprockhövel e.V.			329
St. Augustin, Internationaler Golf Club Bonn e.V.			393
St. Dionys, Golf Club St. Dionys e.V.			111
St. Eurach Land- und Golf Club e.V., Iffeldorf	G 163	■	745
St. Johann, Golfclub Rheinhessen Hofgut Wißberg St. Johann e.V.			471
St. Leon-Rot, Golf Club St. Leon-Rot Betriebsgesellschaft mbH & Co. KG			505
St. Lorenz Golf- und Land-Club Schöningen e.V., Schöningen	G 43	■	170
St. Michaelisdorn, Golfclub am Donner Kleve e.V.	G 21	■	35
St. Peter-Ording, Nordsee-Golfclub St. Peter-Ording e.V.			23
St. Wendel, Wendelinus Golfpark			482
St. Wolfgang, Bad Griesbach, Quellness Golf Resort Bad Griesbach, Golfplatz Uttlau			665
Stadtbergen/Augsburg, Golf Club Leitershofen e.V.			679
Stadtwald e.V., Krefeld-Bockum, Golf-Club			322
Stadum, Golf Club Hof Berg e.V.	G 15	■	9
Stahlberg im Lippetal e.V., Lippetal-Lippborg, Golfclub	G 71	■	281
Starnberg, Golfanlage Gut Rieden			719
Starnberg-Hadorf, Golf-Club Starnberg e.V.			720
Starzach-Sulzau, GC Schloss Weitenburg	G 115	■	548
Staufenberg, Golf Club Gut Wissmannshof e.V.			181
Steibis, Golfclub Oberstaufen-Steibis e.V., Oberstaufen-			766
Steigerwald in Geiselwind e.V., Geiselwind, Golfclub			608
Steinbach, Golfclub Hassberge e.V., Ebelsbach-	G 125, G 127	■	598
Steinenbrück, Golfclub Der Lüderich e.V., Overath-			378
Steinfurt, Golf Club Münsterland e.V. Burgsteinfurt			241
Steinhöring, Golf-Club Ebersberg e.V.			710
Steinhöring, Golfplatz Thailing			709
Steinhuder Meer, Neustadt, Golf Park			151
Steinsdorf, Golfclub Plauen e.V., Plauen OT	G 57	■	227
Steisslingen e.V. am Bodensee, Steisslingen-Wiechs, Golfclub			569
Steisslingen-Wiechs, Golfclub Steisslingen e.V. am Bodensee			569
Stenerberg e.V., Rabenkirchen-Faulück, Golf Club			11
Stenz, Bernbeuren, Golfplatz	G 165	■	753
Stiftland e.V., Neualbenreuth, Golfclub	G 127	■	600
Stockelsdorf-Curau, Golf-Club Curau e.V.	G 21	■	38
Stockert e.V., Bad Münstereifel, Golfclub Bad Münstereifel-			399
Stolper Heide e.V., Hohenneuendorf OT Stolpe, Berliner Golfclub			186
Straßlach, Münchener Golf Club e.V.			724
Straubing Stadt und Land e.V., Kirchroth-Kößnach, Golfclub	G 139	■	644
Strelasund, Süderholz OT Kaschow, Golfpark			79
Strelitz e.V., Groß Nemerow, Golfclub Mecklenburg-			89
Stromberg, Golf Club Stromberg-Schindeldorf e.V.			469
Stühlingen, Golfclub Obere Alp e.V.			574

■ = Partner Albrecht Greenfee-Aktion

Clubname	Seite: Gutschein		Club
Stuttgarter Golf-Club Solitude e.V., Mönsheim			528
Südeifel, Baustert, Golfclub			467
Südsauerland e.V., Attendorn-Niederhelden, Golfclub Repetal			358
Sülfeld, Golfclub Sülfeld e.V.			45
Sulzau, GC Schloss Weitenburg, Starzach-	G 115	■	548
Sundern, Golf am Haus Amecke	G 81	■	332
Swisttal, Golf Club Schloss Miel			396
Syke-Okel, Golfclub Syke e.V.			136
Sylt e.V., Wenningstedt, Golf-Club			4
Sylt, Golfclub Budersand Sylt, Hörnum/			8
Sylt, Ortsteil Tinnum, Marine-Golf-Club Sylt e.G.			5
Sylt-Morsum, Golfclub Morsum auf Sylt e.V.			6
Talheimer Hof, public Golf			511
Talsperre e.V., Molbergen OT Resthausen, Golfclub Thülsfelder	G 37, G 39	■	138
Talsperre Pöhl, Pöhl/Möschwitz, Golfanlage	G 59	■	228
Tambach, Golf-Club Coburg e.V. Schloß Tambach, Weitramsdorf-	G 123, G 125	■	591
Tangstedt, Golfanlage Gut Wulfsmühle			51
Tangstedt, Golfclub Hamburg-Oberalster			48
Tating, Golfplatz Open County			21
Taunus e.V., Wiesbaden-Delkenheim, Golf-Club Main-			439
Taunus Weilrod e.V., Weilrod, Golfclub			421
Taunus, Golf- und Land-Club Kronberg e.V., Kronberg/			428
Teck e.V., Ohmden, Golfclub	G 115	■	539
Teck, Golfclub Kirchheim-Wendlingen e.V., Kirchheim unter			538
Tecklenburg, Golfclub Tecklenburger Land e.V.			237
Tegernbach, Golfclub Tegernbach e.V.	G 155	■	694
Tegernsee, Sachsenkam, Golfplatz Waakirchen	G 163	■	744
Tegernseer Golf-Club Bad Wiessee e.V., Bad Wiessee			755
Telgte, Golfclub Gut Hahues zu Telgte e.V.	G 63	■	252
Teschow, Golfclub Schloss Teschow e.V.	G 27, G 29	■	85
Tessin, Golfclub Tessin e.V.	G 27	■	81
Tetendorf, Golf Club Soltau, Soltau-			135
Teutoburger Wald Halle/Westfalen e.V., Halle/Westfalen, Golfclub			247
Thailing, Steinhöring, Golfplatz			709
Thalkirchen, Münchener Golf Club e.V., München-			711
Thermen Golfresort Markgräflerland, Bad Bellingen, Drei			577
ThermenGolfClub Bad Füssing-Kirchham e.V., Bad Füssing	G 151	■	682
Thiergarten, Golf- und Land-Club Regensburg e.V., Jagdschloß			641
Thülsfelder Talsperre e.V., Molbergen OT Resthausen, Golfclub	G 37, G 39	■	138
Thüringer Golf Club Drei Gleichen Mühlberg e.V., Mühlberg			220
Thurnau, Golf Club Oberfranken e.V.	G 125	■	596
Thyrnau-Passau, Donau Golf Club Passau-Raßbach e.V.	G 143	■	658
Tietlingen e.V., Fallingbostel, Golf Club	G 39	■	139
Timmendorfer Strand, Golfanlage Seeschlösschen			33
Tinnen e.V., Münster, Golfclub Münster-			261
Titisee-Neustadt, Golfclub Hochschwarzwald e.V.			567
Tölz, Golfclub Isarwinkel e.V., Bad			749
Tölzer e.V., Wackersberg, Golf-Club	G 163	■	748
Trages, Freigericht, Golfpark			433
Traisa e.V., Mühltal, Golf Club Darmstadt	G 97	■	444
Travemünde, Lübeck-Travemünder Golf-Klub von 1921 e.V., Lübeck-			36
Tremmen, Potsdamer Golfclub e.V., Ketzin, OT	G 51	■	190
Treudelberg e.V., Hamburg-Lemsahl, Golf & Country Club			54
Trier e.V., Ensch-Birkenheck, Golf Club			472
Troisdorf, West Golf GmbH & Co. KG	G 89, G 91	■	388
Tröstau, Golfclub Fahrenbach im Fichtelgebirge e.V.			597

■ = Partner Albrecht Greenfee-Aktion

Clubname	Seite: Gutschein		Club
Tübingen, Golfclub Schloss Kressbach GmbH			546
Tuniberg e.V., Freiburg-Munzingen, Golfclub			564
Türkheim, Golfclub zu Gut Ludwigsberg	G 157	■	713
Tutschfelden, Golfclub Breisgau e.V., Herbolzheim-			556
Tutzing, Golfclub Tutzing			730
Tweelbäke-Ost, Golfclub Hatten e.V.			128
Überkingen-Oberböhringen, Golfer's Club Bad Überkingen e.V., Bad			540
Überlingen Hofgut Lugenhof e.V. am Bodensee, Owingen, GC Owingen-			572
Uhlenberg Reken e.V., Reken, Golfclub			269
Uhlenhorst, Dänischenhagen, Golf- & Land Club Gut			15
Ullersdorf, Golf Club Dresden Ullersdorf e.V.			213
Ulm e.V., Illerrieden, Golf Club			554
Universitäts-Golfclub-Paderborn e.V., Paderborn	G 71	■	279
Unna-Fröndenberg e.V., Fröndenberg, Golf-Club			305
Unterwiesenacker, Golf Club Am Habsberg e.V., Velburg-			633
Urloffen e.V., Appenweier, Golfclub	G 115	■	544
Usedom e.V., Neppermin-Balm, Golfclub Balmer See-Insel			82
Usedom, Baltic Hills Golf, Korswandt	G 27	■	84
Uttlau, Bad Griesbach, Quellness Golf Resort Bad Griesbach, Golfplatz	G 151	■	665
Vahr e.V. Bremen, Platz Garlstedter Heide, Garlstedt/OHZ, Club zur			116
Vahr e.V. Bremen, Platz Vahr, Bremen, Club zur			126
Valley, Golf Valley München			739
Van der Valk Golfclub Landhaus Serrahn	G 29	■	86
Varmert, Golf Club Varmert e.V., Kierspe-			357
Varus e.V., Ostercappeln-Venne, Golfclub	G 41, G 43	■	160
Vechta, Golfclub Vechta-Welpe e.V.			142
Velbert, Golfclub Velbert-Gut Kuhlendahl e.V.			326
Velburg-Unterwiesenacker, Golf Club Am Habsberg e.V.			633
Velden, Golfclub Gerhelm Nürnberger Land e.V.			616
Velderhof e.V., Pulheim, Golf & Country Club			363
Velpe, Golfclub Habichtswald e.V., Westerkappeln-	G 59	■	236
Verden-Walle, Golf-Club Verden e.V.			134
Versmold, Golf Club Schultenhof Peckeloh e.V.	G 63	■	250
Vestischer Golf Club Recklinghausen e.V., Recklinghausen			285
V-Golf e.V. , Köln			383
Vielbrunn/Odenwald, Golfclub Geierstal e.V.	G 99	■	447
Viernheim, Golfclub Heddesheim Gut Neuzenhof e.V.			497
Viernheim, Golfclub Mannheim Viernheim 1930 e.V.			451
Vilbel-Dortelweil, Bad Vilbeler Golfclub Lindenhof e.V., Bad			427
Vilsbiburg, Golfclub Vilsbiburg e.V.	G 149, G 151	■	675
Vista Golfpark - Bad Birnbach, Bad Birnbach, Bella			670
Vlotho-Exter, Golf Club Herford e.V.	G 59	■	240
Vohren, Warendorf, Golfpark Heidewald			258
Vollersode, Golfclub Worpswede e.V.	G 33	■	110
Völlinghausen, Golfclub Möhnesee e.V., Möhnesee-			303
Vornholz e.V., Ennigerloh-Ostenfelde, Golf-Club Schloß			265
Waakirchen Tegernsee, Sachsenkam, Golfplatz	G 163	■	744
Waakirchen, Margarethenhof Golfclub am Tegernsee, Marienstein/			751
Wachtberg-Niederbachem, Golf Club Bonn Godesberg in Wachtberg e.V.			397
Wackersberg, Tölzer Golfclub e.V.	G 163	■	748
Wadern-Nunkirchen, Golfclub Weiherhof GmbH			481
Wagenfeld, Top Golf Wagenfeld e.V.			147
Waginger See, Fridolfing/Anthal, Golfclub Anthal-	G 159	■	723
Wahn im SSZ Köln-Wahn e.V., Köln, GC	G 89	■	382
Wain, Golfclub Reischenhof e.V.			558
Walddörfer e.V., Ammersbek, Golfclub Hamburg			52

■ = Partner Albrecht Greenfee-Aktion

Clubname	Seite: Gutschein		Club
Waldeck, Golfclub Waldeck am Edersee	G 91	■	405
Waldegg-Wiggensbach e.V., Wiggensbach, Golfclub	G 163	■	752
Waldeifel e.V., Burbach, Golfclub Kyllburger	G 103	■	464
Waldfischbach-Burgalben, Golfplatz Pfälzerwald	G 109	■	488
Waldhof Golf Hamburg, Gut	G 23	■	44
Waldkirchen, Golf- und Landclub Bayerwald e.V.	G 143	■	651
Waldsee, Fürstlicher Golfclub Oberschwaben e.V., Bad			566
Waldshagen, Bösdorf, Golf Club Gut	G 19	■	28
Waldsolms-Brandoberndorf, Attighof Golf & Country Club e.V.	G 97	■	418
Wall, Golf in Wall	G 49	■	183
Walldürn-Neusaß, Golf-Club Glashofen-Neusaß e.V.			495
Wallerfangen, Golf-Club Saarbrücken e.V.	G 109	■	486
Wallgau, Golf- & Landclub Karwendel e.V.	G 167	■	768
Wangerooge e.V, Golf Club, Insel			97
Wanlo, Golfclub Mönchengladbach-Wanlo e.V., Mönchengladbach-			360
Wannsee e.V., Berlin, Golf- und Land-Club Berlin-			192
Warendorf, Golfpark Heidewald Vohren			258
Warendorf, Warendorfer Golfclub An der Ems			256
Warnemünde, Rostock-Warnemünde, Golfanlage			77
Warnsdorf, Maritim Golfpark Ostsee			37
Warwerort/Büsum, Golfclub Büsum Dithmarschen e.V.	G 19	■	27
Wassenberg, Golfclub Residenz Rothenbach e.V.			354
Wasserburg Anholt e.V., Isselburg-Anholt, Golf Club			268
Wasserschloß Klaffenbach, Chemnitz, Golfclub Chemnitz e.V.			223
Wasserschloß Westerwinkel, Ascheberg-Herbern, Golfclub	G 69, G 71	■	276
Wattenheim, Golfclub Biblis Wattenheim e.V., Biblis-			448
Websweiler Hof e.V., Homburg/Saar, Golf Club Homburg/Saar	G 109	■	485
Wegberg, Golf- und Landclub Schmitzhof e.V.	G 85	■	353
Wegberg, Golfclub Wildenrath e.V.	G 85	■	356
Weickershof e.V., Lichtenau, Golfclub Lichtenau-			635
Weidenhof e.V., Pinneberg, Golfpark			57
Weidenloh e.V., Pottenstein, Golf Club Pottenstein-	G 131	■	610
Weiherhof GmbH, Wadern-Nunkirchen, Golfclub			481
Weiherhof, OT Gessertshausen, Golfanlage Weiherhof			688
Weilrod, Golfclub Taunus Weilrod e.V.			421
Weimarer Land, GolfClub, Blankenhain			219
Weinstraße e.V., Dackenheim, Golfclub Deutsche			480
Weinstraße e.V., Neustadt-Geinsheim, Golf-Club Pfalz Neustadt a.d.			487
Weißensberg, Golfclub Bodensee Weißensberg e.V.			761
Weitenburg, Starzach-Sulzau, GC Schloss	G 115	■	548
Weitnau-Hellengerst, Golfclub Hellengerst			758
Weitramsdorf-Tambach, Golf-Club Coburg e.V. Schloß Tambach	G 123, G 125	■	591
Welpe e.V., Vechta, Golfclub Vechta-			142
Welschof e.V., Schloß Holte-Stukenbrock, Senne Golfclub Gut			262
Wendel, Golfpark Wendelinus, St.			482
Wendelinus, St. Wendel, Golfpark			482
Wenden-Ottfingen, Golf Club Siegen-Olpe e.V.	G 87	■	377
Wendlingen e.V., Kirchheim unter Teck, Golfclub Kirchheim-			538
Wendlohe, Hamburg, Golf-Club auf der			58
Wenigenlupnitz, Golfclub Eisenach im Wartburgkreis e.V.	G 55	■	216
Wenningstedt, Golf-Club Sylt e.V.			4
Wensin, Golfclub Segeberg e.V., Gut Wensin	G 19, G 21	■	34
Wensin, Wensin, Golfclub Segeberg e.V., Gut	G 19, G 21	■	34
Wentorf/Hamburg, Wentorf-Reinbeker Golf-Club e.V.			69
Werdenfels e.V., Garmisch-Partenkirchen, Land- und Golfclub	G 169	■	769
Werder/OT Kemnitz, Märkischer Golfclub Potsdam e.V.			193

■ = Partner Albrecht Greenfee-Aktion

Clubname	Seite: Gutschein		Club
Werl, Golf Club Werl e.V.	G 73, G 75	■	300
Werne, Golfclub Werne an der Lippe e.V.	G 71, G 73	■	283
Weselerwald e.V., Schermbeck, Golfclub	G 71	■	277
Weserbergland e.V., Polle, Golf Club	G 45, G 47	■	176
Wesseln, Golf Club Bad Salzdetfurth-Hildesheim e.V., Bad Salzdetfurth-	G 45	■	173
West Golf GmbH & Co. KG, Troisdorf	G 89, G 91	■	388
Westerburg/Westerwald, Golf Club Wiesensee e.V.			456
Westerham, Golfclub Mangfalltal e.V., Feldkirchen-	G 161	■	733
Westerhart e.V., Buxheim, Golfclub Memmingen Gut			726
Westerholt e.V., Herten-Westerholt, Golfclub Schloß			289
Westerholz, Golf Club Wümme e.V., Scheeßel-			122
Westerkappeln-Velpe, Golfclub Habichtswald e.V.	G 59	■	236
Westerwald e.V., Dreifelden, Golf Club			455
Westerwinkel, Ascheberg-Herbern, Golfclub Wasserschloß	G 69, G 71	■	276
Westerzgebirge, Golfpark GmbH & C. KG	G 57	■	226
Westfälischer Golf Club Gütersloh e.V., Rietberg-Varensell	G 65, G 67	■	267
Westheim, Marsberg Westheim, Golfclub e. V.	G 75	■	302
Westpfalz Schwarzbachtal e.V., Rieschweiler-Mühlbach, Erster Golfclub	G 109, G 111	■	489
Widukind-Land e.V., Löhne, Golf Club			239
Wiechs, Golfclub Steisslingen e.V. am Bodensee, Steisslingen-			569
Wiesbaden, Golf-Club Rhein-Main e.V.			436
Wiesbaden, Wiesbadener Golf Club e.V.			435
Wiesbaden-Delkenheim, Golf-Club Main-Taunus e.V.			439
Wiesensee e.V., Westerburg/Westerwald, Golf Club			456
Wiesloch-Baiertal, Golfanlagen Hohenhardter Hof e.V.			503
Wiesmoor-Hinrichsfehn, Golfclub Ostfriesland e.V.	G 33	■	108
Wiessee, Tegernseer Golf-Club Bad Wiessee e.V., Bad			755
Wiggensbach, Golfclub Waldegg-Wiggensbach e.V.	G 163	■	752
Wildenau, Golfclub Schwanhof e.V., Luhe-			618
Wildenrath e.V., Wegberg, Golfclub	G 85	■	356
Wildeshausen, Golf Club Wildeshauser Geest e.V.	G 37	■	137
Wildungen, Golf-Club Bad Wildungen e.V., Bad	G 91, G 93	■	407
Wilhelmsbad, Golf Club Hanau-Wilhelmsbad e.V., Hanau-			432
Wilhelmshaven-Friesland e.V., Schortens/Accum, Golfclub			102
Wilhelmshöhe, Golf Club Kassel-Wilhelmshöhe e.V., Kassel-	G 91	■	404
Wilkendorf, Golfclub Schloß Wilkendorf bei Strausberg e.V., Atlandsberg GT	G 51	■	188
Wilkinghege e.V., Münster, Golfclub Münster-			251
Willich, Golfclub Duvenhof e.V.			342
Willich-Anrath, Golfpark Renneshof,			333
Windhagen-Rederscheid, Golf Course Siebengebirge	G 101	■	454
Windsheim, Golf Club Reichsstadt Bad Windsheim e.V., Bad	G 133	■	621
Winnerod, Reiskirchen, Golf-Park	G 95	■	413
Winsen/Luhe, Green Eagle Golf Courses			112
WINSTONgolf GmbH, Gneven-Vorbeck			87
Winterberg, Golf-Club Winterberg e.V.	G 83	■	347
Winterbrock e.V., Rheine, Golfsportclub Rheine/Mesum Gut			238
Wißberg St. Johann e.V., St. Johann, Golfclub Rheinhessen Hofgut			471
Wissmannsdorf, Golf-Resort Bitburger Land			466
Wissmannshof e.V., Staufenberg, Golf Club Gut			181
Wittelsbacher Golfclub Rohrenfeld-Neuburg e.V., Neuburg-Donau			654
Witten, Golfclub am Kemnader See e.V.	G 75	■	308
Wittenbeck, Ostsee Golf Club Wittenbeck e.V.			78
Wittgensteiner Land e.V., Golfclub, Bad Berleburg	G 85, G 87	■	368
Wolfratshausen, Golf- und Landclub Bergkramerhof e.V.			737
Wolfsburg/Boldecker Land e.V., Bokensdorf, Golfclub			152
Worfelden, Golfpark Bachgrund			441

■ = Partner Albrecht Greenfee-Aktion

Clubname	Seite: Gutschein		Club
Wörishofen e.V., Rieden, Golfclub Bad			727
Worms e.V. Golfanlage Hamm, Hamm, Golf-Club	G 107	■	475
Worpswede e.V., Vollersode, Golfclub	G 33	■	110
Wörsdorf, Golfpark Idstein, Idstein-			424
Wörthsee, Golfclub Wörthsee e.V.			712
Wulfen auf Fehmarn, Golfpark Fehmarn e.V.	G 17	■	16
Wulfsmühle, Tangstedt, Golfanlage Gut			51
Wümme e.V., Scheeßel-Westerholz, Golf Club			122
Wuppertal e.V., Sprockhövel, Golf Club Juliana			328
Wuppertal, Golf-Club Bergisch Land Wuppertal e.V.			331
Wuppertal, Öffentl. Golfanlage Am Mollenkotten Wuppertal			330
Würzburg, Golf Club Würzburg e.V.			611
Zell am Harmersbach, Golfclub Gröbernhof e.V.	G 119	■	553
Zernien-Braasche, Golf-Club an der Göhrde e.V.	G 37	■	129
Zieglers Golfplatz GmbH & Co. KG, Neuburg-Heinrichsheim			653
Zierenberg, Golf Club Zierenberg Gut Escheberg e.V.			402
Zievel, Mechernich-Satzvey, Golfclub Burg			398
Zimmerner Golf Club 1995 e.V., Groß-Zimmern			442
Zollern-Alb e.V., Inzigkofen, Golf-Club Sigmaringen			561
Zollmühle, Ellingen, Golfclub	G 139	■	638
Zschopau, Golfanlage GmbH			224
Zum Fischland e.V., Ribnitz-Damgarten/OT Neuhof, Golfclub			76
Zur Vahr e.V. Bremen, Platz Garlstedter Heide, Garlstedt/OHZ, Club			116
Zur Vahr e.V. Bremen, Platz Vahr, Bremen, Club			126
Zwickau, Golfclub Zwickau e.V.			225
Zwischenahn, Golfclub am Meer e.V., Bad			120

■ = Partner Albrecht Greenfee-Aktion

Straßenkarte

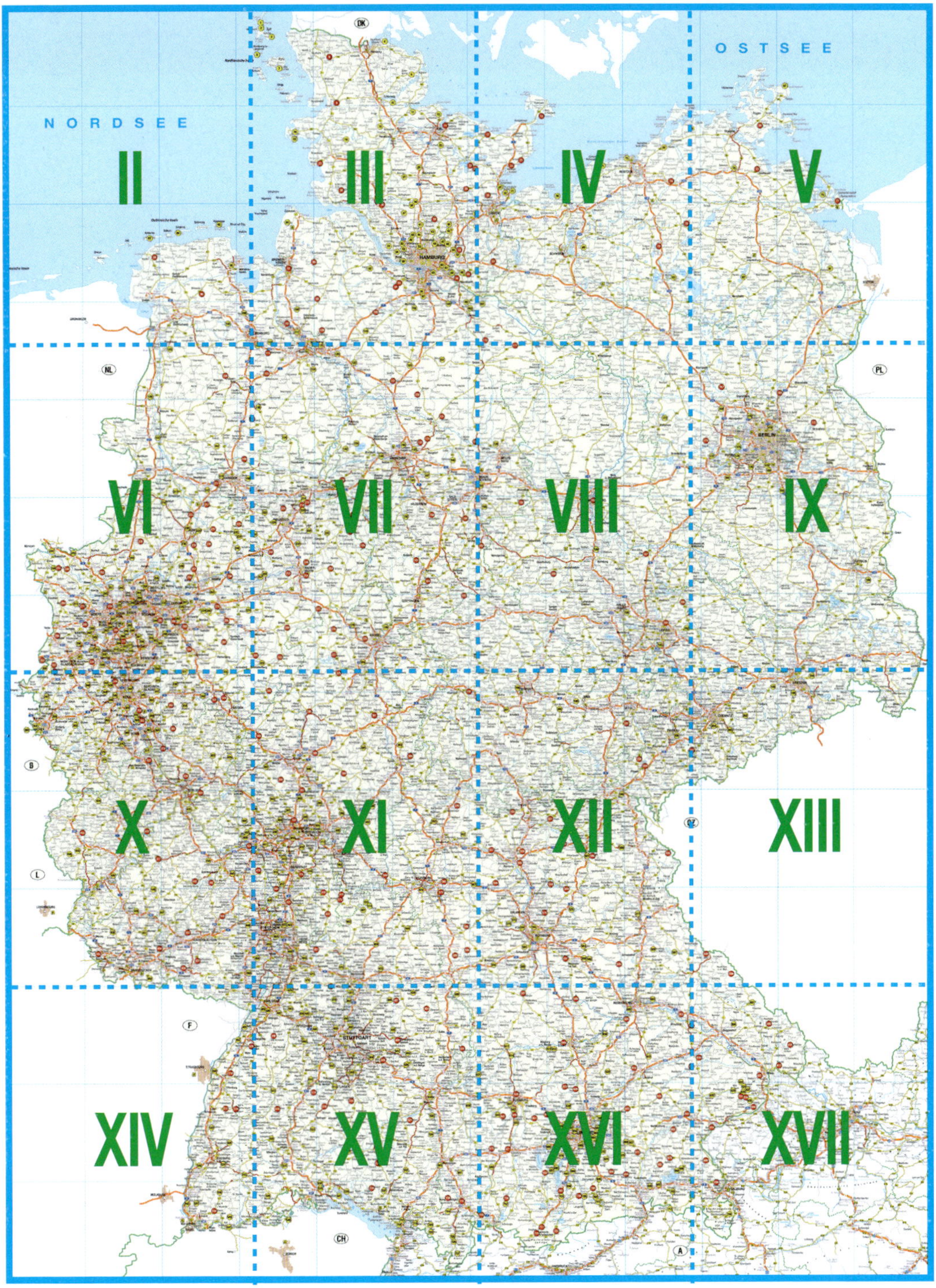

NORDSEE
1
2
3
4
A
B
C
VI
II
NL
Sylt
Westerland
Sylt-Ost
Nordmarsch-Langeneß
Nordfriesische Inseln
Amrum
Scharhörn
Nigehörn
Hoher Knechtsand
Ostfriesische Inseln
Spiekeroog
Wangerooge
Minsener Oog
Mellum
Langeoog
Baltrum
Norderney
Juist
Borkum
GRONINGEN
Norden
Hage
Großheide
Leybucht
Esens
Wittmund
Jever
Schortens
Wilhelmshaven
Sande
Jadebusen
Nordenham
Südbrookmerland
Aurich (Ostfriesland)
Friedeburg
Wiesmoor
Zetel
Varel
Bockhorn
Hinte
Emden
Ihlow
Dollart
Jemgum
Leer (Ostfriesland)
Westerstede
Apen
Jaderberg
Rastede
Elsfleth
Berne
Bad Zwischenahn
OLDENBURG
Weener
Bunde
Papenburg
Ostrhauderfehn
Barßel
Edewecht
Wardenburg
Hatten
Friesoythe
Bösel
Rhede (Ems)
Surwold
Esterwegen
Dörpen
Garrel
Großenkneten
Dötlingen
Wildeshausen
Cloppenburg
Molbergen
Lathen
Sögel
Werlte
Lindern (Oldenburg)
Emstek
Visbek
Lastrup
Cappeln (Oldenburg)
Löningen
Essen (Oldenburg)
Bakum
Vechta
Goldenstedt
Ems
Ems-Jade-Kanal
Großes Meer
31
28
29
280
293
88
87
86
85
90
96
106
108
113
116
118
119
125
126
129
130

DK
1
2
3
4
D
E
F
IV
VII
III
Kieler Bucht
Fehmarn
Flensburg
Glücksburg (Ostsee)
Niebüll
Leck
Husum
Nordstrand
Schleswig
Eckernförde
Kappeln
Kiel
Rendsburg
Neumünster
Heide
Büsum
Tönning
Itzehoe
Brunsbüttel
Glückstadt
Elmshorn
Pinneberg
Norderstedt
Ahrensburg
Bad Oldesloe
Bad Segeberg
Lübeck
Bad Schwartau
Timmendorfer Strand
Scharbeutz
Neustadt i. Holstein
Eutin
Plön
Preetz
Oldenburg i. Holstein
Heiligenhafen
Lütjenburg
Hamburg
Wedel
Stade
Buxtehude
Cuxhaven
Bad Bederkesa
Bremervörde
Zeven
Buchholz
Seevetal
Winsen (Luhe)
Lüneburg
Geesthacht
Lauenburg/Elbe
Ratzeburg
Mölln
Schwarzenbek
Trittau
Boizenburg
Tostedt
Rotenburg (Wümme)
Soltau
Munster
Uelzen
Bad Bevensen
Dannenberg (Elbe)
Lüchow (Wendland)
Hitzacker
Salzwedel
Bremen
Stuhr
Achim
Verden (Aller)
Walsrode
Bad Fallingbostel
Bergen
Wittingen
Hankensbüttel
Osterholz-Scharmbeck
Lilienthal
Ritterhude
Weyhe
Syke
Schneverdingen
Wittenberge
Elbe
Nord-Ostsee-Kanal

Kieler Bucht
Mecklenburger Bucht
Lübecker Bucht
KIEL
LÜBECK
HAMBURG
SCHWERIN
ROSTOCK
Fehmarn
Wismar
Neumünster
Eckernförde
Kappeln
Heiligenhafen
Oldenburg i. Holstein
Neustadt i. Holstein
Bad Segeberg
Bad Oldesloe
Norderstedt
Pinneberg
Ratzeburg
Mölln
Geesthacht
Lüneburg
Uelzen
Salzwedel
Wittenberge
Ludwigslust
Parchim
Güstrow
Bad Doberan
Grevesmühlen
Gadebusch
Wittenburg
Hagenow
Boizenburg
Lauenburg/Elbe
Dannenberg (Elbe)
Lüchow (Wendland)
Bad Bevensen
Soltau
Buchholz
Winsen (Luhe)
Seevetal
Bergen
Eschede
Perleberg
Havelberg
Kaltenkirchen
Ahrensburg
Plön
Eutin
Preetz
Elbe
1
2
3
4
III
IV
VIII
G
H

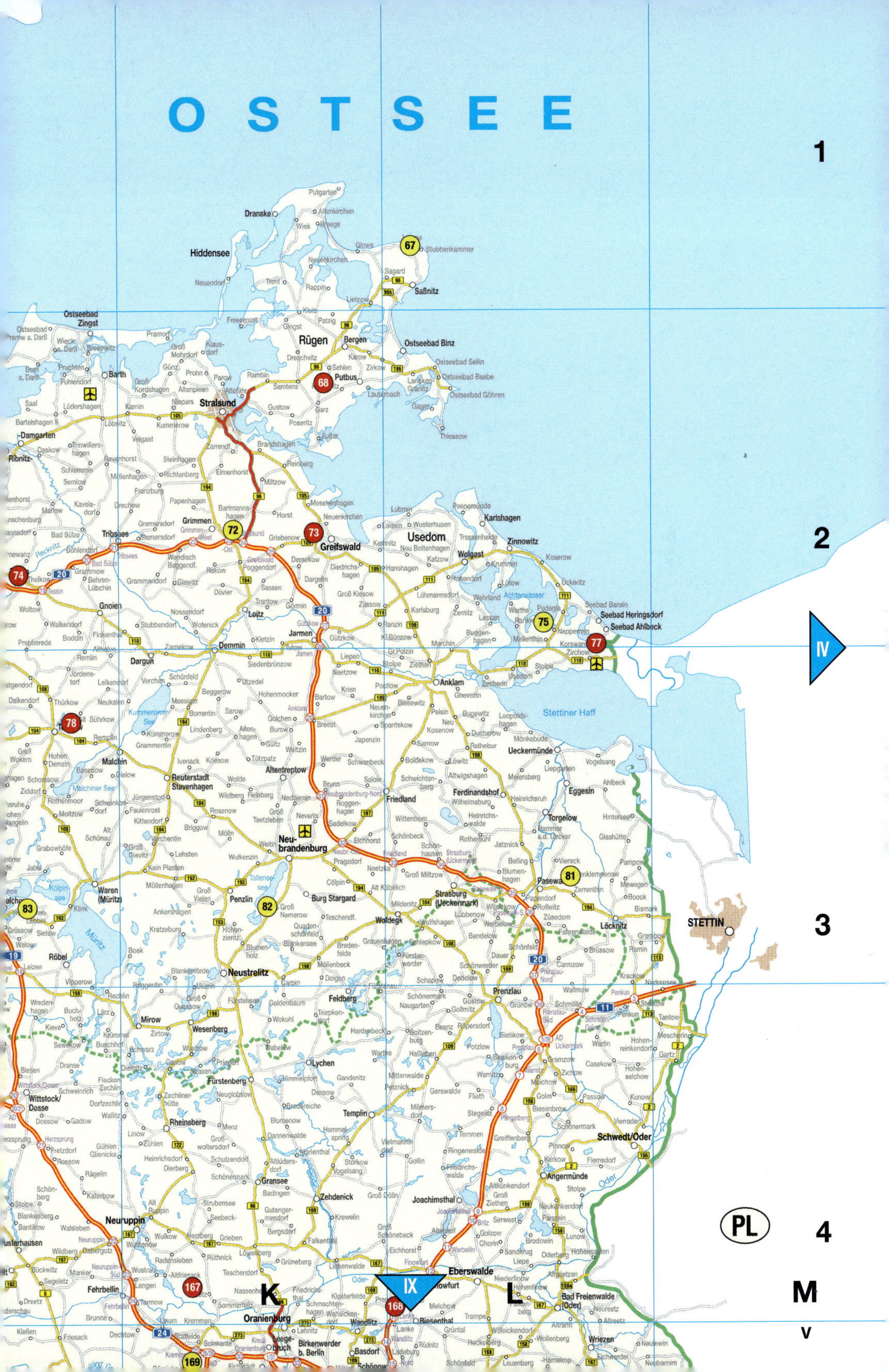
OSTSEE
1
2
3
4
IV
IX
K
L
M
V
PL
STETTIN
Rügen
Usedom
Hiddensee
Dranske
Saßnitz
Ostseebad Binz
Bergen
Putbus
Stralsund
Barth
Ostseebad Zingst
Ribnitz-Damgarten
Grimmen
Greifswald
Wolgast
Zinnowitz
Karlshagen
Seebad Heringsdorf
Seebad Ahlbeck
Stettiner Haff
Anklam
Ueckermünde
Eggesin
Torgelow
Pasewalk
Löcknitz
Loitz
Demmin
Dargun
Jarmen
Malchin
Teterow
Altentreptow
Reuterstadt Stavenhagen
Friedland
Neubrandenburg
Strasburg (Uckermark)
Burg Stargard
Woldegk
Penzlin
Waren (Müritz)
Müritz
Röbel
Neustrelitz
Feldberg
Prenzlau
Mirow
Wesenberg
Fürstenberg
Lychen
Templin
Wittstock/Dosse
Rheinsberg
Gransee
Zehdenick
Joachimsthal
Angermünde
Schwedt/Oder
Neuruppin
Fehrbellin
Oranienburg
Eberswalde
Bad Freienwalde (Oder)
Wriezen
Wandlitz
Biesenthal
Birkenwerder b. Berlin
Basdorf
Oder
67
68
72
73
74
75
77
78
81
82
83
167
168
169

GRONINGEN
NL
4
5
6
7
II
X
A
B
C
D
VI
Leer (Ostfriesland)
Papenburg
OLDENBURG
Westerstede
Bad Zwischenahn
Edewecht
Friesoythe
Cloppenburg
Wildeshausen
Vechta
Goldenstedt
Lohne
Dinklage
Quakenbrück
Meppen
Haselünne
Lingen (Ems)
Nordhorn
Emlichheim
Uelsen
Neuenhaus
Bad Bentheim
Schüttorf
Salzbergen
Rheine
Emsdetten
Ibbenbüren
OSNABRÜCK
Bramsche
Melle
Georgsmarienhütte
Enschede
Gronau
Epe
Ahaus
Vreden
Stadtlohn
Coesfeld
Dülmen
Greven
MÜNSTER
Telgte
Warendorf
Gütersloh
Rheda-Wiedenbrück
Rietberg
Oelde
Beckum
Ahlen
HAMM
Lippstadt
Soest
Werl
Unna
Kamen
Lünen
Werne
Selm
Haltern
Borken
Bocholt
Rhede
Emmerich
Kleve
Goch
Rees
Hamminkeln
Wesel
Dorsten
Marl
RECKLINGHAUSEN
Datteln
Waltrop
Dinslaken
Voerde
Gladbeck
BOTTROP
GELSENKIRCHEN
HERNE
DORTMUND
BOCHUM
ESSEN
OBERHAUSEN
DUISBURG
MÜLHEIM a.d. R.
MOERS
KREFELD
Kempen
Venlo
Viersen
MÖNCHENGLADBACH
NEUSS
DÜSSELDORF
Ratingen
WUPPERTAL
Hattingen
WITTEN
HAGEN
Schwerte
Iserlohn
Hemer
Menden
Arnsberg
Meschede
Warstein
Brilon
Sundern (Sauerland)
Lüdenscheid
Plettenberg
Lennestadt
Schmallenberg
Bad Berleburg
REMSCHEID
SOLINGEN
Hilden
Haan
Erkrath
Mettmann
Langenfeld (Rhld.)
Leichlingen (Rhld.)
Dormagen
Monheim
LEVERKUSEN
BERGISCH-GLADBACH
Wipperfürth
Gummersbach
KÖLN
Bergheim
Frechen
Hürth
Jülich
Erkelenz
Heinsberg
Hückelhoven
Geilenkirchen
Baesweiler
Alsdorf
Kerpen
Siegen
Kreuztal
Hilchenbach
Freudenberg
Olpe
Attendorn
Finnentrop

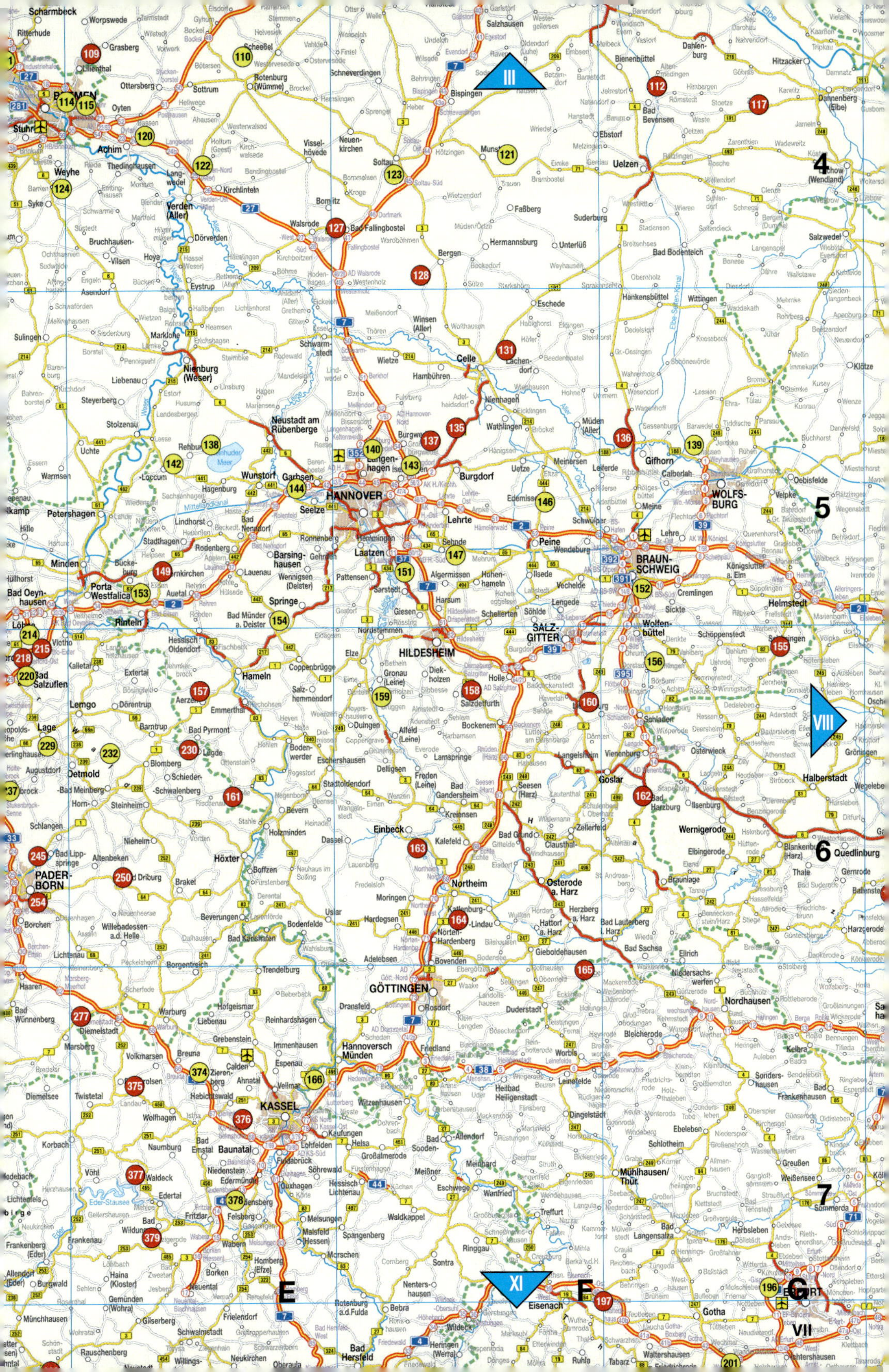
III
4
5
6
7
VIII
XI
VII
E
F
G
BREMEN
Achim
Verden (Aller)
Rotenburg (Wümme)
Soltau
Bispingen
Uelzen
Walsrode
Nienburg (Weser)
Celle
Neustadt am Rübenberge
HANNOVER
Garbsen
Wunstorf
Burgdorf
Lehrte
Gifhorn
WOLFS-BURG
BRAUN-SCHWEIG
Helmstedt
Minden
Porta Westfalica
Bad Oeyn-hausen
Rinteln
Hameln
Bad Salzuflen
Lemgo
Detmold
HILDESHEIM
SALZ-GITTER
Goslar
Halberstadt
Wernigerode
Quedlinburg
Einbeck
Northeim
Höxter
PADER-BORN
GÖTTINGEN
Nordhausen
Hannoversch Münden
KASSEL
Baunatal
Eisenach
Gotha
ERFURT
Bad Hersfeld
Mühlhausen/Thür.

IV
VII
XII
VIII
4
5
6
7
F
G
H
I
Soltau
Uelzen
Bienenbüttel
Dahlenburg
Hitzacker
Bad Bevensen
Lüchow (Wendland)
Salzwedel
Wittenberge
Perleberg
Karstädt
Pritzwalk
Havelberg
Osterburg
Stendal
Tangermünde
Gardelegen
Klötze
Celle
Winsen (Aller)
Bergen
Hermannsburg
Unterlüß
Suderburg
Wittingen
Hankensbüttel
Gifhorn
Burgdorf
Lehrte
Peine
Sehnde
WOLFSBURG
BRAUN-SCHWEIG
Helmstedt
Haldensleben
Burg b. Magdeburg
MAGDEBURG
Schönebeck
Oschersleben
Wanzleben
SALZ-GITTER
Wolfenbüttel
HILDESHEIM
Salzdetfurth
Alfeld (Leine)
Goslar
Bad Harzburg
Wernigerode
Halberstadt
Quedlinburg
Aschersleben
Staßfurt
Bernburg
Köthen
Dessau
Aken (Elbe)
Calbe
Einbeck
Northeim
Osterode a. Harz
Herzberg a. Harz
Seesen (Harz)
Bad Gandersheim
Braunlage
Bad Sachsa
Ellrich
Nordhausen
GÖTTINGEN
Duderstadt
Worbis
Leinefelde
Heilbad Heiligenstadt
Sangerhausen
Lutherstadt Eisleben
HALLE (Saale)
Merseburg
Querfurt
Artern
Sondershausen
Bad Frankenhausen
Mühlhausen/Thür.
Eschwege
Bad Langensalza
Sömmerda
Weißenfels
Naumburg
Zeitz
Apolda
Weimar
ERFURT
JENA
GERA
Eisenach
Gotha
Arnstadt
Bad Berka
Blankenhain
Ronneburg
Wolfen
Bitterfeld
Eisleben
Hettstedt
Mansfeld
Blankenburg (Harz)
Thale
Gernrode
Ballenstedt
Egeln
Oebisfelde
Velpke
Königslutter a. Elm
Schöningen
Sarstedt
Harsum
Holle
Bockenem
Langelsheim
Clausthal-Zellerfeld
Bad Lauterberg
Hann. Münden
Friedland
Witzenhausen
Sontra
Bebra
Heringen
Philippsthal (Werra)
Tabarz
Ohrdruf
Waltershausen
Friedrichroda

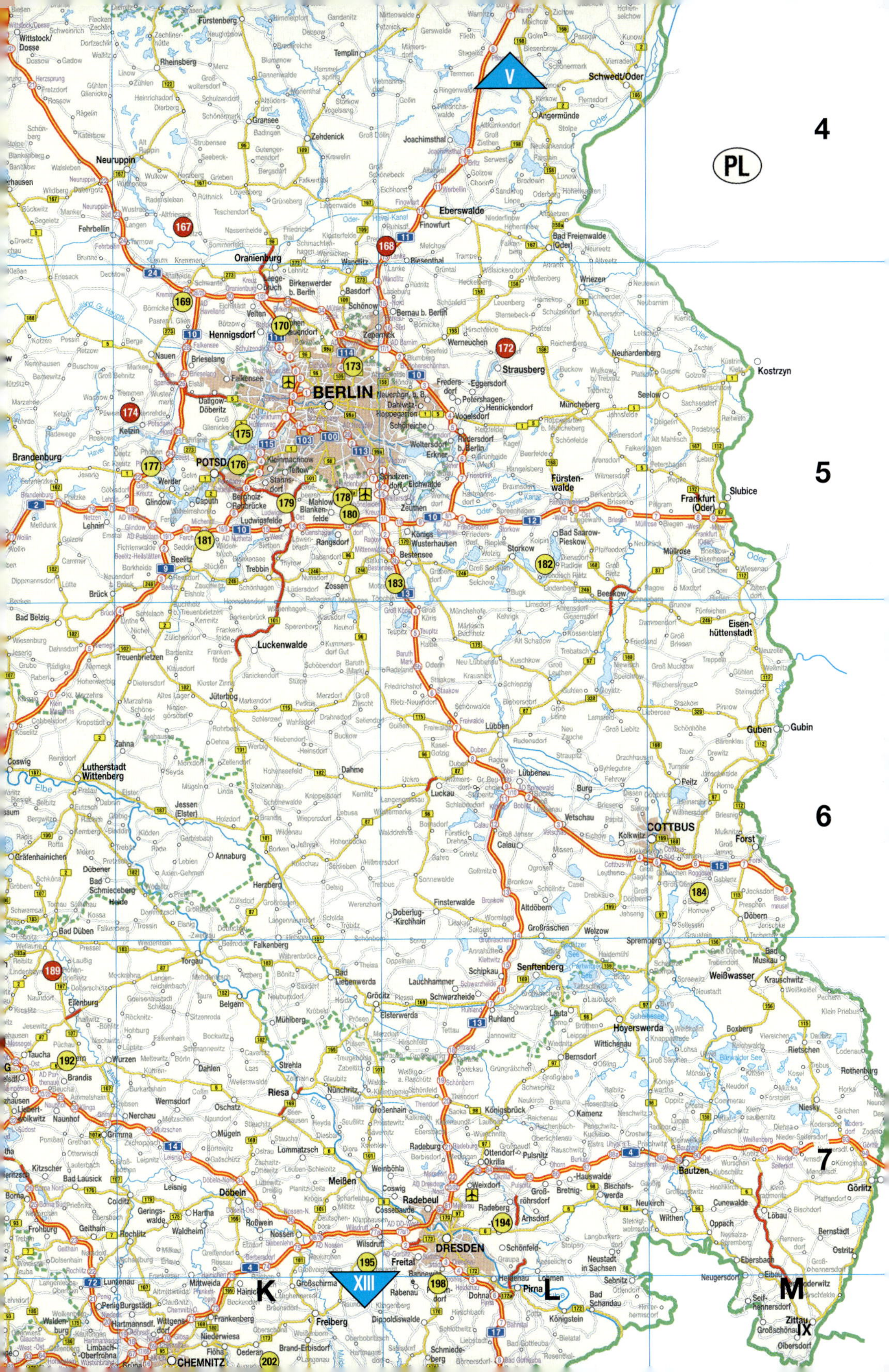

4
5
6
7
PL
V
XIII
IX
K
L
M
BERLIN
POTSDAM
COTTBUS
DRESDEN
CHEMNITZ
Neuruppin
Oranienburg
Eberswalde
Angermünde
Schwedt/Oder
Templin
Zehdenick
Gransee
Rheinsberg
Wittstock/Dosse
Fehrbellin
Nauen
Hennigsdorf
Bernau b. Berlin
Strausberg
Wriezen
Bad Freienwalde (Oder)
Kostrzyn
Seelow
Müncheberg
Fürstenwalde
Frankfurt (Oder)
Slubice
Eisenhüttenstadt
Guben
Gubin
Beeskow
Storkow
Königs Wusterhausen
Zossen
Luckenwalde
Jüterbog
Treuenbrietzen
Bad Belzig
Brandenburg
Werder
Beelitz
Ludwigsfelde
Lutherstadt Wittenberg
Coswig
Jessen (Elster)
Herzberg
Annaburg
Dahme
Luckau
Lübben
Lübbenau
Vetschau
Burg
Calau
Forst
Spremberg
Weißwasser
Senftenberg
Finsterwalde
Doberlug-Kirchhain
Bad Liebenwerda
Elsterwerda
Lauchhammer
Schwarzheide
Ruhland
Hoyerswerda
Kamenz
Bautzen
Löbau
Görlitz
Zittau
Niesky
Rothenburg
Torgau
Eilenburg
Bad Düben
Wurzen
Grimma
Oschatz
Riesa
Meißen
Radebeul
Großenhain
Radeberg
Pirna
Freital
Freiberg
Döbeln
Mittweida
Bischofswerda
Neustadt in Sachsen
Sebnitz
Bad Schandau
Dippoldiswalde
Wilsdruff
Nossen
Rochlitz
Geithain
Colditz
Leisnig
Frohburg
Borna
Bad Lausick
Brandis
Taucha
Elbe
Oder
Spree
167
168
169
170
172
173
174
175
176
177
178
179
180
181
182
183
184
189
192
194
195
198
202

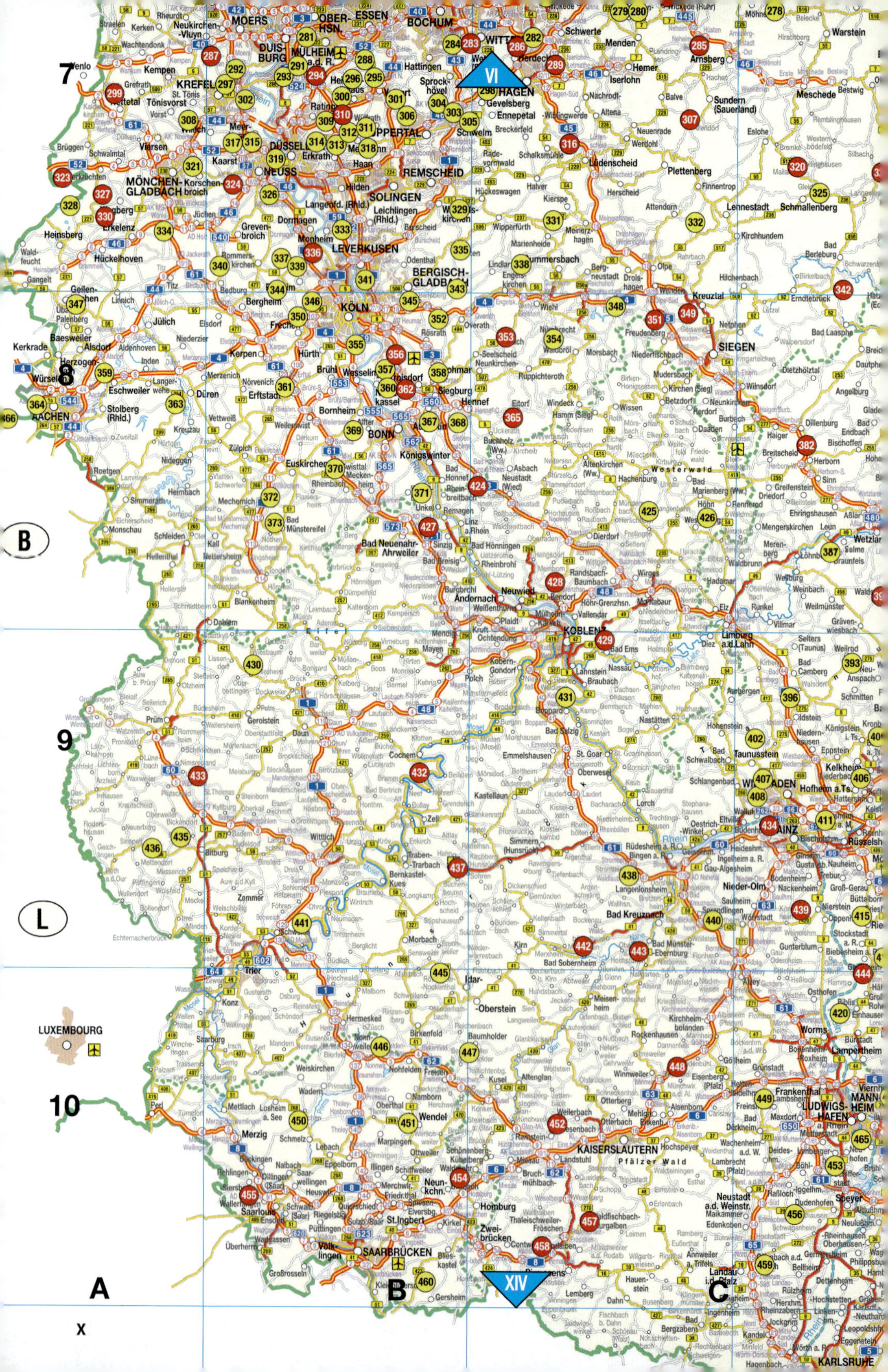

VI
XIV
MOERS
ESSEN
BOCHUM
DUISBURG
MÜLHEIM a.d. R.
OBER-HSN.
KREFELD
HAGEN
Hattingen
Schwerte
Iserlohn
Arnsberg
Meschede
Kempen
Venlo
Tönisvorst
Viersen
MÖNCHEN-GLADBACH
DÜSSELDORF
NEUSS
WUPPERTAL
REMSCHEID
SOLINGEN
Lüdenscheid
Plettenberg
Lennestadt
Schmallenberg
Hilden
Erkelenz
Heinsberg
Hückelhoven
LEVERKUSEN
BERGISCH-GLADBACH
Gummersbach
KÖLN
Geilenkirchen
Jülich
Düren
Kerpen
Hürth
Brühl
Siegburg
Hennef
SIEGEN
Kreuztal
Netphen
Bad Laasphe
Herzogenrath
Würselen
AACHEN
Eschweiler
Stolberg (Rhld.)
Erftstadt
Euskirchen
BONN
Königswinter
Bad Honnef
Remagen
Linz a. Rhein
Montabaur
Westerwald
Dillenburg
Herborn
Haiger
Monschau
Schleiden
Bad Münstereifel
Bad Neuenahr-Ahrweiler
Sinzig
Andernach
Neuwied
KOBLENZ
Bad Ems
Limburg a.d. Lahn
Diez
Mayen
Daun
Prüm
Bitburg
Wittlich
Cochem
Boppard
St. Goar
Bad Schwalbach
Taunusstein
WIESBADEN
Hofheim a.Ts.
MAINZ
Rüsselsheim
Bingen a. Rh.
Rüdesheim a. Rh.
Bad Kreuznach
Simmern (Hunsrück)
Bernkastel-Kues
Traben-Trarbach
Trier
Konz
LUXEMBOURG
Saarburg
Merzig
Idar-Oberstein
Baumholder
St. Wendel
Kusel
KAISERSLAUTERN
Pfälzer Wald
Worms
Frankenthal
LUDWIGSHAFEN
MANNHEIM
Bad Dürkheim
Neustadt a.d. Weinstr.
Speyer
Landau i.d. Pfalz
Pirmasens
Zweibrücken
Homburg
Neunkirchen
St. Ingbert
SAARBRÜCKEN
Völklingen
Saarlouis
Dillingen
KARLSRUHE
B
L
7
8
9
10
A
B
C
X

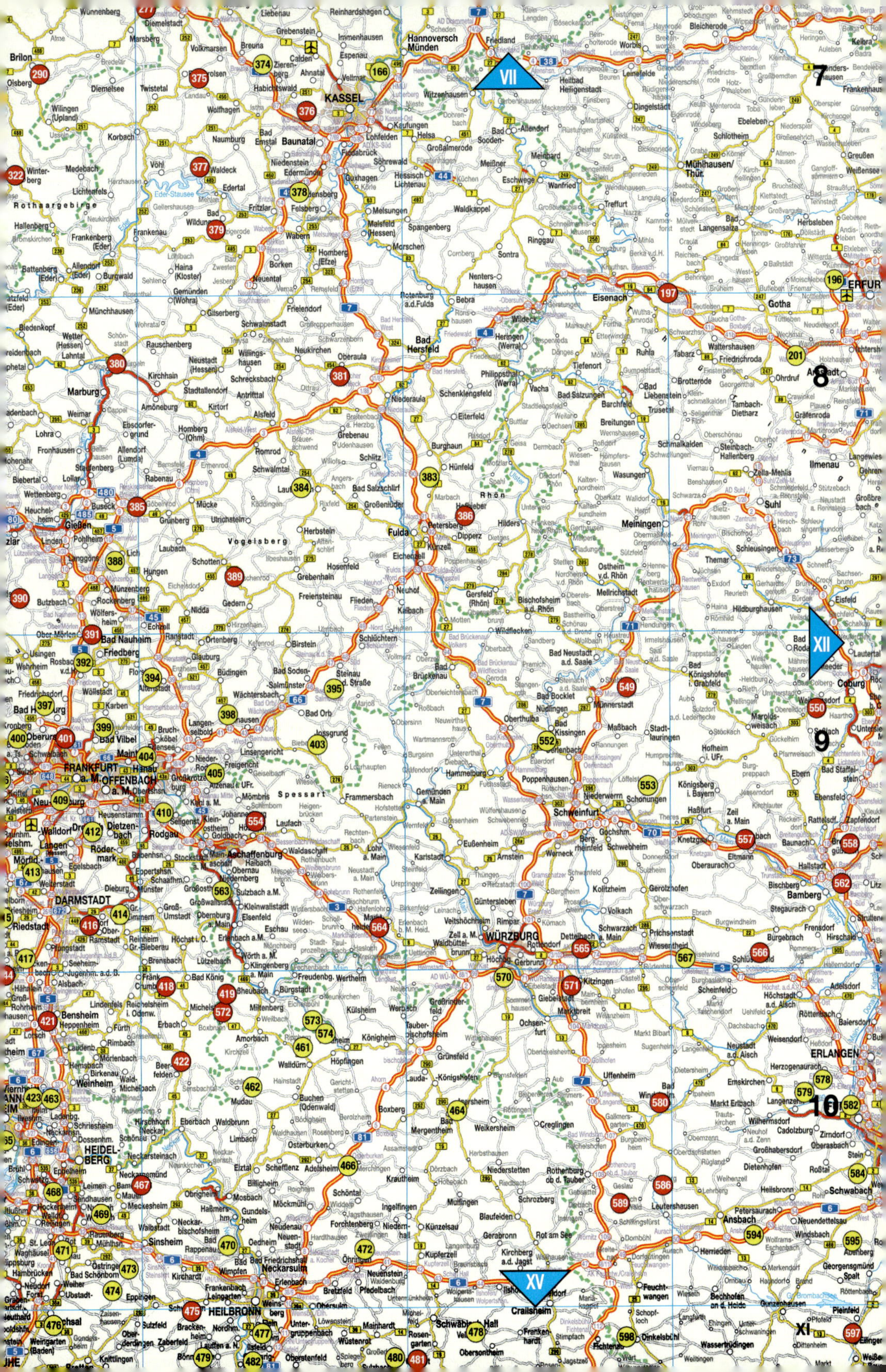

7
8
9
10
VII
XII
XV
XI
KASSEL
Hannoversch Münden
Heilbad Heiligenstadt
Mühlhausen/ Thür.
ERFURT
Gotha
Eisenach
Bad Hersfeld
Marburg
Gießen
Fulda
Suhl
Meiningen
Coburg
Bad Nauheim
FRANKFURT a. M.
OFFENBACH a. M.
Hanau
Aschaffenburg
DARMSTADT
Schweinfurt
WÜRZBURG
Bamberg
ERLANGEN
HEIDELBERG
HEILBRONN
Neckarsulm
Schwäbisch Hall
Crailsheim
Ansbach
Rothenburg ob d. Tauber
Bad Kissingen
Vogelsberg
Spessart
Rhön
Rothaargebirge

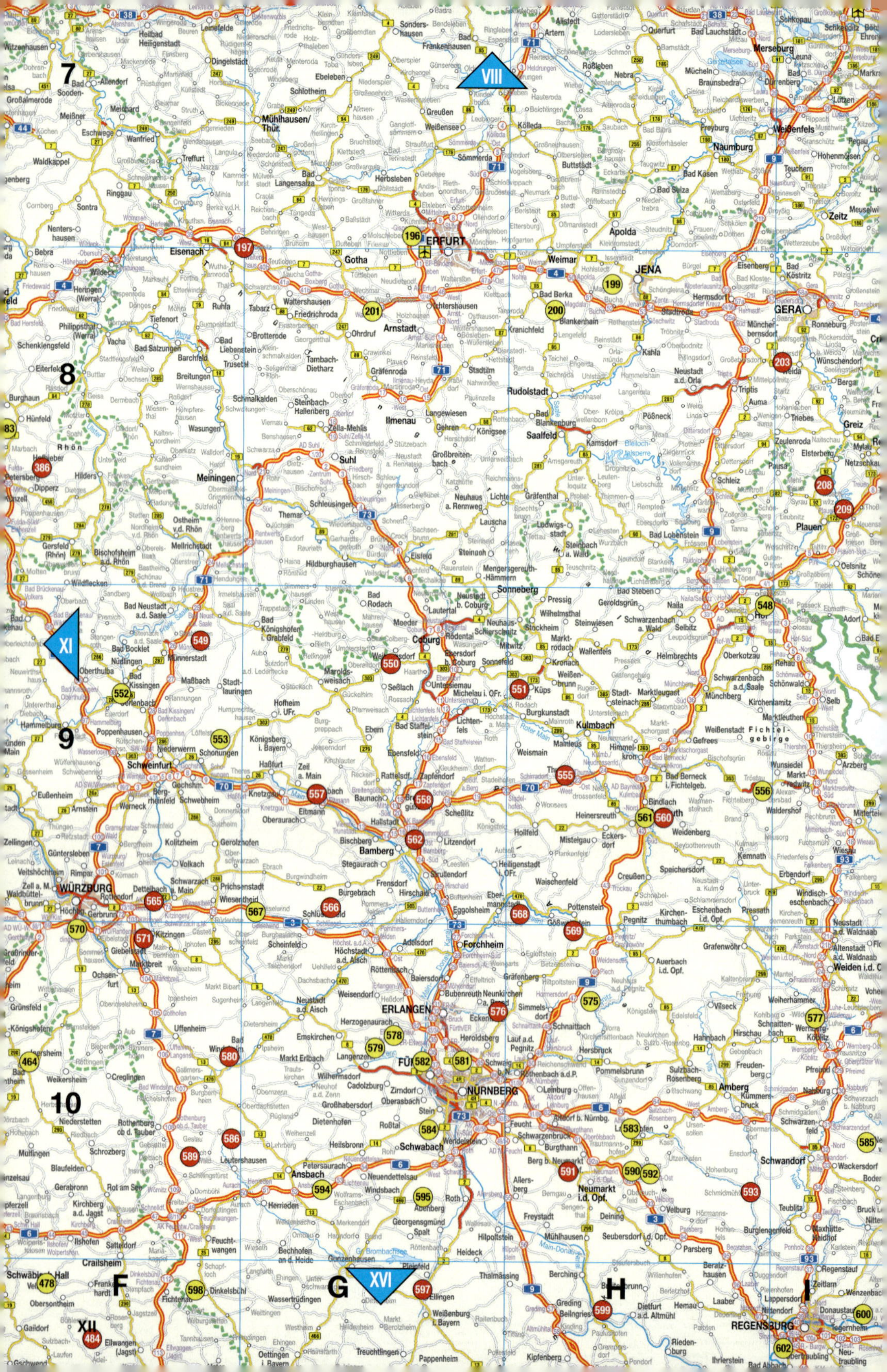

VIII
XI
XVI
XII
7
8
9
10
F
G
H
I
Erfurt
Weimar
Jena
Gera
Gotha
Eisenach
Mühlhausen/Thür.
Arnstadt
Ilmenau
Suhl
Meiningen
Rudolstadt
Saalfeld
Naumburg
Weißenfels
Merseburg
Zeitz
Apolda
Sömmerda
Plauen
Hof
Greiz
Coburg
Sonneberg
Kronach
Kulmbach
Bayreuth
Bamberg
Schweinfurt
Würzburg
Kitzingen
Erlangen
Fürth
Nürnberg
Schwabach
Ansbach
Amberg
Weiden i.d. OPf.
Neumarkt i.d. OPf.
Regensburg
Schwandorf
Rothenburg ob d. Tauber
Dinkelsbühl
Crailsheim
Schwäbisch Hall
Ellwangen (Jagst)
Weißenburg i. Bayern
Bad Kissingen
Bad Neustadt a.d. Saale
Bad Hersfeld
Fichtelgebirge
Rhön

IX

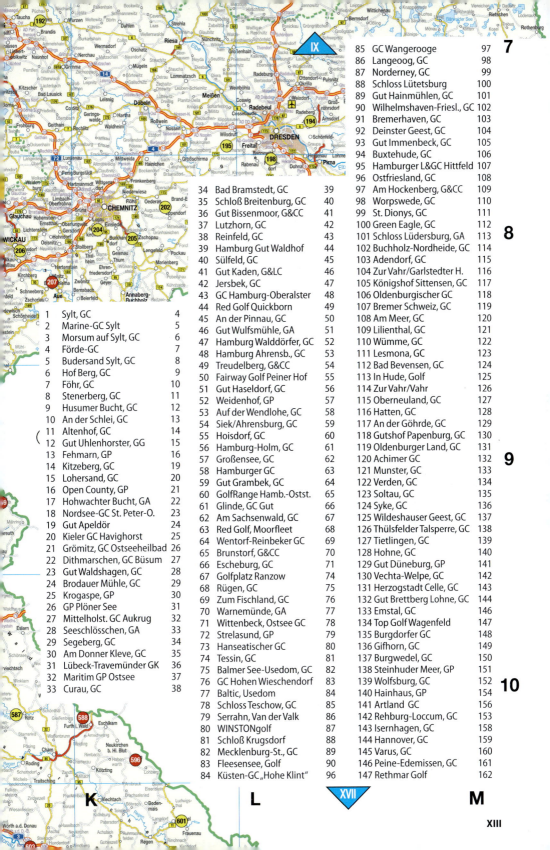

1 Sylt, GC 4
2 Marine-GC Sylt 5
3 Morsum auf Sylt, GC 6
4 Förde-GC 7
5 Budersand Sylt, GC 8
6 Hof Berg, GC 9
7 Föhr, GC 10
8 Stenerberg, GC 11
9 Husumer Bucht, GC 12
10 An der Schlei, GC 13
11 Altenhof, GC 14
12 Gut Uhlenhorster, GG 15
13 Fehmarn, GP 16
14 Kitzeberg, GC 19
15 Lohersand, GC 20
16 Open County, GP 21
17 Hohwachter Bucht, GA 22
18 Nordsee-GC St. Peter-O. 23
19 Gut Apeldör 24
20 Kieler GC Havighorst 25
21 Grömitz, GC Ostseeheilbad 26
22 Dithmarschen, GC Büsum 27
23 Gut Waldshagen, GC 28
24 Brodauer Mühle, GC 29
25 Krogaspe, GP 30
26 GP Plöner See 31
27 Mittelholst. GC Aukrug 32
28 Seeschlösschen, GA 33
29 Segeberg, GC 34
30 Am Donner Kleve, GC 35
31 Lübeck-Travemünder GK 36
32 Maritim GP Ostsee 37
33 Curau, GC 38
34 Bad Bramstedt, GC 39
35 Schloß Breitenburg, GC 40
36 Gut Bissenmoor, G&CC 41
37 Lutzhorn, GC 42
38 Reinfeld, GC 43
39 Hamburg Gut Waldhof 44
40 Sülfeld, GC 45
41 Gut Kaden, G&LC 46
42 Jersbek, GC 47
43 GC Hamburg-Oberalster 48
44 Red Golf Quickborn 49
45 An der Pinnau, GC 50
46 Gut Wulfsmühle, GA 51
47 Hamburg Walddörfer, GC 52
48 Hamburg Ahrensb., GC 53
49 Treudelberg, G&CC 54
50 Fairway Golf Peiner Hof 55
51 Gut Haseldorf, GC 56
52 Weidenhof, GP 57
53 Auf der Wendlohe, GC 58
54 Siek/Ahrensburg, GC 59
55 Hoisdorf, GC 60
56 Hamburg-Holm, GC 61
57 Großensee, GC 62
58 Hamburger GC 63
59 Gut Grambek, GC 64
60 GolfRange Hamb.-Oststt. 65
61 Glinde, GC Gut 66
62 Am Sachsenwald, GC 67
63 Red Golf, Moorfleet 68
64 Wentorf-Reinbeker GC 69
65 Brunstorf, G&CC 70
66 Escheburg, GC 71
67 Golfplatz Ranzow 74
68 Rügen, GC 75
69 Zum Fischland, GC 76
70 Warnemünde, GA 77
71 Wittenbeck, Ostsee GC 78
72 Strelasund, GP 79
73 Hanseatischer GC 80
74 Tessin, GC 81
75 Balmer See-Usedom, GC 82
76 GC Hohen Wieschendorf 83
77 Baltic, Usedom 84
78 Schloss Teschow, GC 85
79 Serrahn, Van der Valk 86
80 WINSTONgolf 87
81 Schloß Krugsdorf 88
82 Mecklenburg-St., GC 89
83 Fleesensee, Golf 90
84 Küsten-GC „Hohe Klint" 96
85 GC Wangerooge 97
86 Langeoog, GC 98
87 Norderney, GC 99
88 Schloss Lütetsburg 100
89 Gut Hainmühlen, GC 101
90 Wilhelmshaven-Friesl., GC 102
91 Bremerhaven, GC 103
92 Deinster Geest, GC 104
93 Gut Immenbeck, GC 105
94 Buxtehude, GC 106
95 Hamburger L&GC Hittfeld 107
96 Ostfriesland, GC 108
97 Am Hockenberg, G&CC 109
98 Worpswede, GC 110
99 St. Dionys, GC 111
100 Green Eagle, GC 112
101 Schloss Lüdersburg, GA 113
102 Buchholz-Nordheide, GC 114
103 Adendorf, GC 115
104 Zur Vahr/Garlstedter H. 116
105 Königshof Sittensen, GC 117
106 Oldenburgischer GC 118
107 Bremer Schweiz, GC 119
108 Am Meer, GC 120
109 Lilienthal, GC 121
110 Wümme, GC 122
111 Lesmona, GC 123
112 Bad Bevensen, GC 124
113 In Hude, Golf 125
114 Zur Vahr/Vahr 126
115 Oberneuland, GC 127
116 Hatten, GC 128
117 An der Göhrde, GC 129
118 Gutshof Papenburg, GC 130
119 Oldenburger Land, GC 131
120 Achimer GC 132
121 Munster, GC 133
122 Verden, GC 134
123 Soltau, GC 135
124 Syke, GC 136
125 Wildeshauser Geest, GC 137
126 Thülsfelder Talsperre, GC 138
127 Tietlingen, GC 139
128 Hohne, GC 140
129 Gut Düneburg, GP 141
130 Vechta-Welpe, GC 142
131 Herzogstadt Celle, GC 143
132 Gut Brettberg Lohne, GC 144
133 Emstal, GC 146
134 Top Golf Wagenfeld 147
135 Burgdorfer GC 148
136 Gifhorn, GC 149
137 Burgwedel, GC 150
138 Steinhuder Meer, GP 151
139 Wolfsburg, GC 152
140 Hainhaus, GP 154
141 Artland GC 156
142 Rehburg-Loccum, GC 153
143 Isernhagen, GC 158
144 Hannover, GC 159
145 Varus, GC 160
146 Peine-Edemissen, GC 161
147 Rethmar Golf 162

7

8

9

10

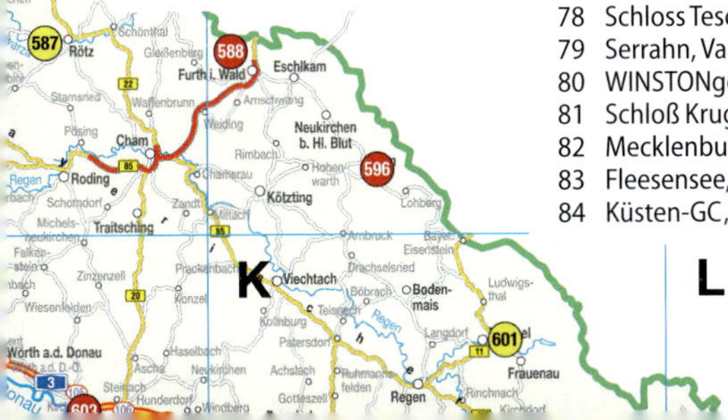

K

L

XVII

M

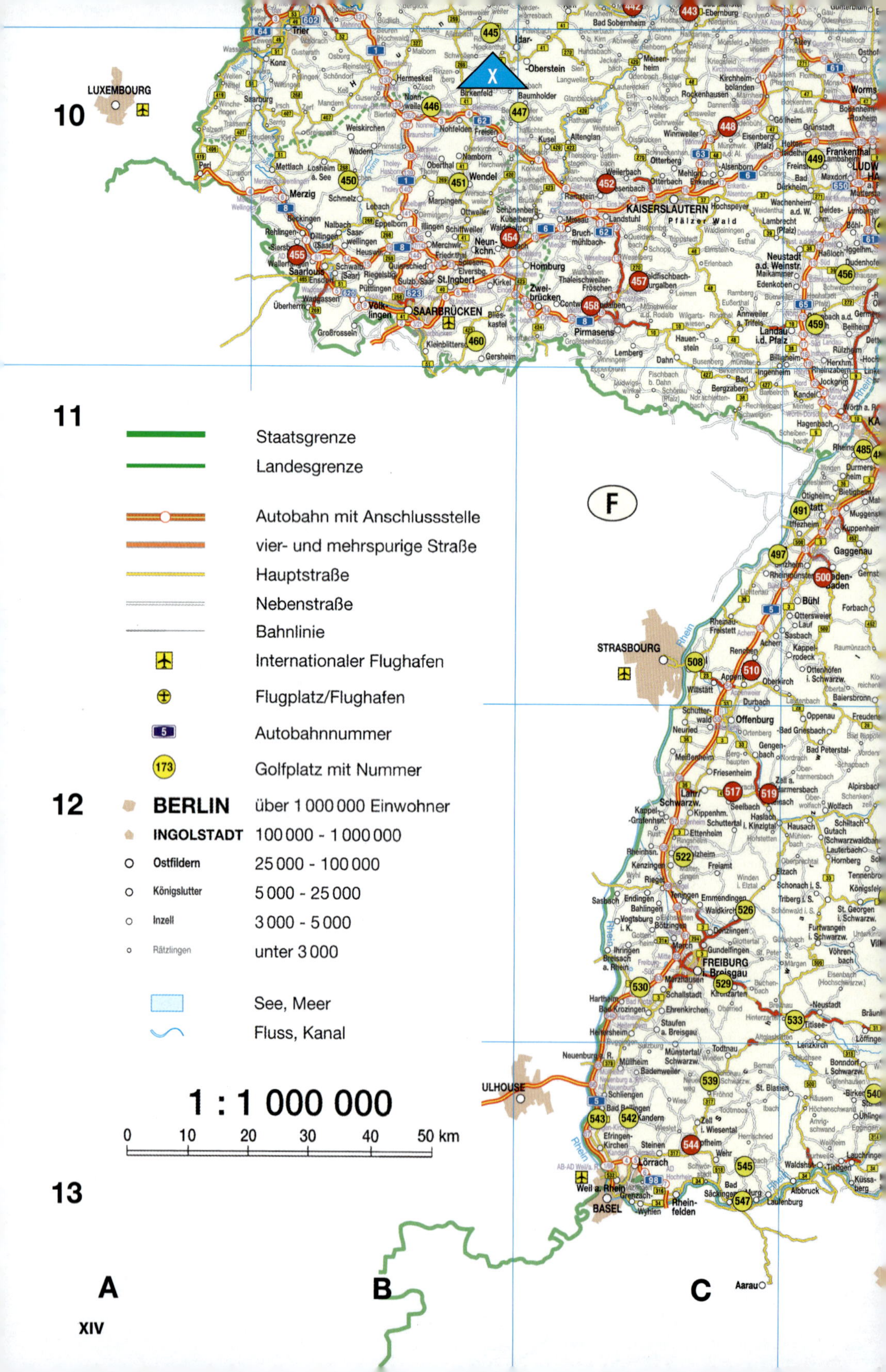

Staatsgrenze

Landesgrenze

Autobahn mit Anschlussstelle

vier- und mehrspurige Straße

Hauptstraße

Nebenstraße

Bahnlinie

Internationaler Flughafen

Flugplatz/Flughafen

5 Autobahnnummer

173 Golfplatz mit Nummer

BERLIN	über 1 000 000 Einwohner
INGOLSTADT	100 000 - 1 000 000
Ostfildern	25 000 - 100 000
Königslutter	5 000 - 25 000
Inzell	3 000 - 5 000
Rätzlingen	unter 3 000

See, Meer

Fluss, Kanal

1 : 1 000 000

0 10 20 30 40 50 km

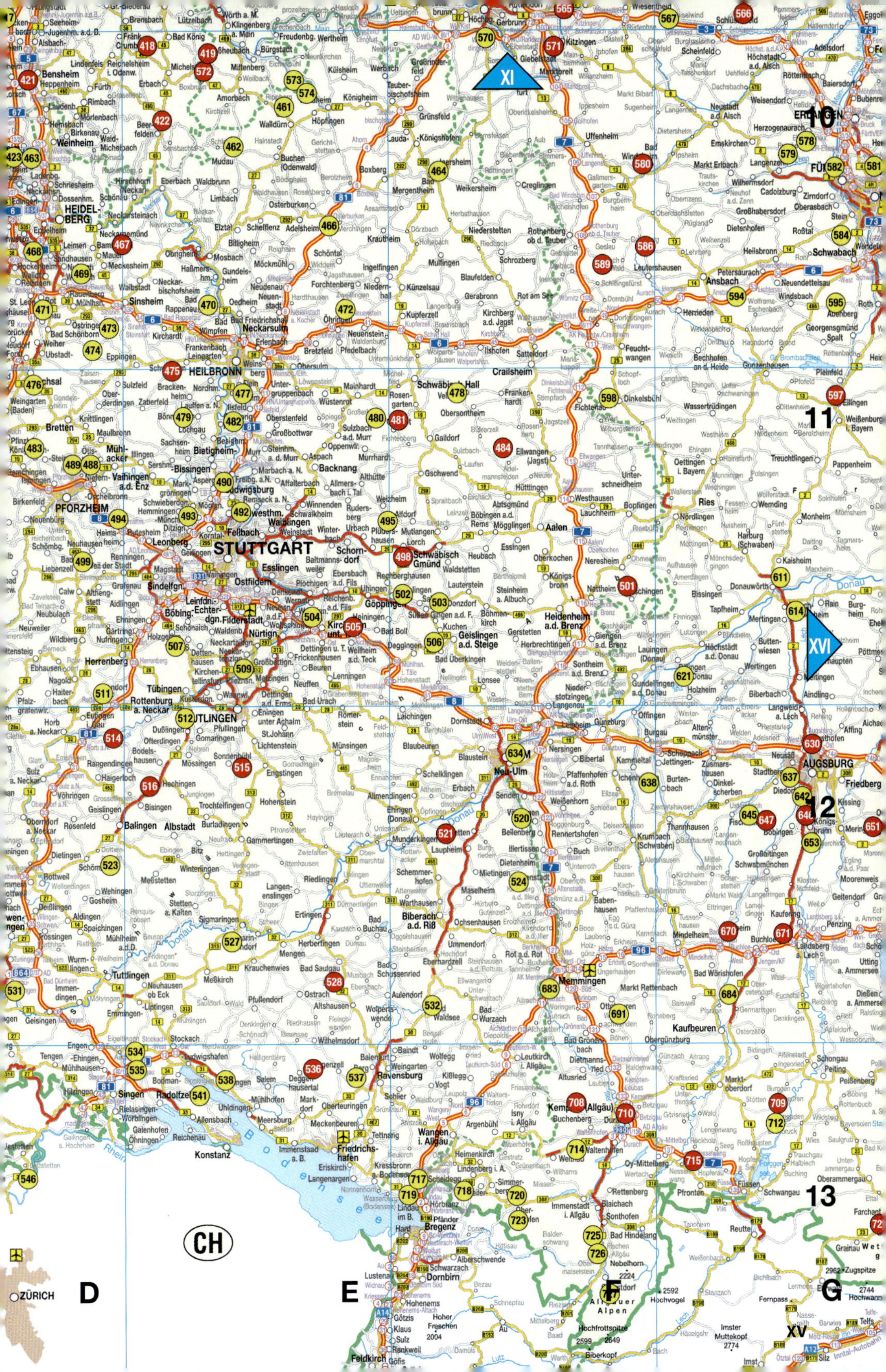

XI
XVI
XV
10
11
12
13
D
E
F
G
CH
HEIDELBERG
HEILBRONN
STUTTGART
PFORZHEIM
Tübingen
REUTLINGEN
AUGSBURG
Neu-Ulm
Ulm
Memmingen
Kempten (Allgäu)
Ravensburg
Friedrichshafen
Konstanz
Singen
Bregenz
Dornbirn
Feldkirch
Lindau
ZÜRICH
Ansbach
Erlangen
Fürth
Schwabach
Aalen
Schwäbisch Hall
Schwäbisch Gmünd
Göppingen
Esslingen
Ludwigsburg
Sindelfingen
Böblingen
Nürtingen
Geislingen
Heidenheim a.d. Brenz
Nördlingen
Donauwörth
Dillingen
Günzburg
Biberach a.d. Riß
Sigmaringen
Tuttlingen
Balingen
Rottweil
Kaufbeuren
Füssen
Landsberg a. Lech
Mindelheim
Crailsheim
Dinkelsbühl
Rothenburg ob d. Tauber
Bad Mergentheim
Sinsheim
Neckarsulm
Bietigheim
Leonberg
Fellbach
Waiblingen
Schorndorf
Backnang
Friedberg
Bodensee
Donau
Rhein
Oberstdorf
Sonthofen
Immenstadt i. Allgäu
Zugspitze
2962
Hochvogel
2592
Allgäuer Alpen

ERLANGEN
FÜRTH
NÜRNBERG
Schwabach
Ansbach
Amberg
Schwandorf
Weiden i.d. Opf.
Neumarkt i.d. Opf.
REGENSBURG
Straubing
Kelheim
INGOLSTADT
Neuburg a.d. Donau
Donauwörth
Nördlingen
Aalen
Heidenheim a.d. Brenz
Landshut
Freising
Erding
AUGSBURG
Friedberg
Fürstenfeldbruck
MÜNCHEN
Landsberg a. Lech
Kaufbeuren
Memmingen
Kempten (Allgäu)
Füssen
Garmisch-Partenkirchen
Rosenheim
Kufstein
Wörgl
INNSBRUCK
Zugspitze
Wetterstein-gebirge
Karwendel
F
G
H
A
XVI

XIII

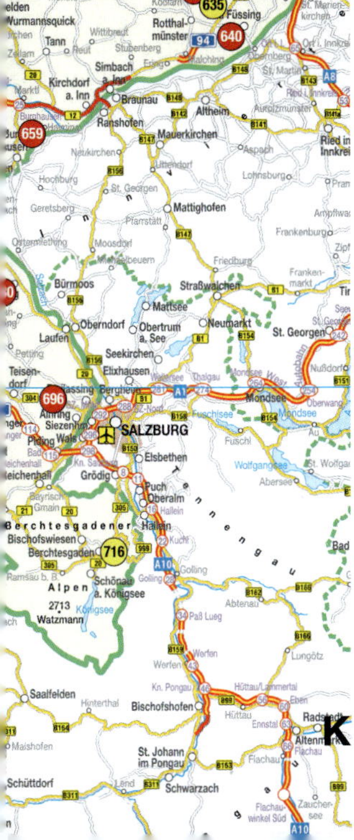

148 Osnabrücker GC 163
149 Schaumburg, GC 164
150 Euregio B. Bentheim, GC 165
151 Gleidingen, GC 166
152 Braunschweig, GK 167
153 Am Harrl, GC 168
154 Am Deister, GC 169
155 St. Lorenz G&LC 170
156 Hedwigsburg, GC 171
157 Hamelner GC 172
158 Bad Salzdetf.-Hildesh., GC 173
159 Sieben-Berge, GC 174
160 Salzgitter/Liebenburg, GC 175
161 Weserbergland, GC 176
162 Harz, GC 177
163 Leinetal Einbeck, G&CC 178
164 Hardenberg, GC 179
165 Rothenbergerhaus, GC 180
166 Gut Wissmannshof, GC 181
167 Wall, Golf in 183
168 Prenden, GP 184
169 Kallin, GA 185
170 Stolper Heide, Berl. GC 186
171 Semlin am See, G&LC 187
172 Schloß Wilkendorf, GC 188
173 Berlin Pankow, GR 189
174 Potsdamer GC 190
175 Berliner GC Gatow 191
176 Berlin-Wannsee, G&LC 192
177 Märkisch. GC Potsdam 193
178 Mahlow, GC 194
179 GolfRange Berlin/Großb. 195
180 Gross Kienitz, GC 196
181 Seddiner See, G&CC 197
182 Bad Saarow, GC 198
183 Berl. G&CC Motzener See 199
184 Lausitzer GC 200
185 Magdeburg, GC 204
186 Acamed 205
187 Dessau 206
188 Schloß Meisdorf, GC 207
189 Leipzig, 1. GC 208
190 Golfpark Hufeisensee 209
191 Leipzig, GP 210
192 Leipzig, GC 211
193 Markkleeberg, GC 212
194 Dresden Ullersdorf, GC 213
195 Herzogswalde, GC 214
196 Erfurt, GC 215
197 Eisenach, GC 216
198 Elbflorenz, GC Dresden 217
199 Jena, GC 218
200 Weimarer Land 219
201 Thüringer GC 220
202 GC Erzgeb. - GP Gahlenz 221
203 Gera, GC 222
204 Chemnitz, Klaffenb., GC 223
205 Zschopau, GA 224
206 Zwickau, GC 225
207 Westerzgebirge, GP 226
208 Plauen, GC 227
209 Talsperre Pöhl, GA 228
210 Osnabrück-Dütetal, GC 235
211 Habichtswald, GC 236
212 Tecklenburger Land, GC 237
213 Rheine/Mesum, GSC 238
214 Widukind-Land, GC 239
215 Herford, GC 240
216 Münsterland, GC 241
217 Ladbergen, GC 242
218 Heerhof, GC 243
219 Ahaus, G&LC 244
220 Bad Salzuflen, G&LC 245
221 Ravensberger Land, GC 246
222 Teutoburger Wald, GC 247
223 Aldruper Heide, GC 248
224 Bielefelder GC 249
225 Schultenhof Peckeloh, GC 250
226 Münster-Wilkinghege, GC 251
227 Gut Hahues/Telgte, GC 252
228 Patricks Pitch u. Putt 253
229 Ottenhausen, GA 254
230 Bad Pyrmont, GC 255
231 Warendorfer GC 256
232 Lippischer GC 257
233 GP Heidewald Vohren 258
234 Marienfeld, GC 259
235 Coesfeld, G&LC 260
236 Münster-Tinnen, GC 261

10

11

12

13

Kartennummer, Clubname, Seite

237 Senne GC Gut Welschof 262
238 Brückhausen, GC 263
239 Hiltrup, Golfen 264
240 Schloß Vornholz, GC 265
241 Borghees, GC 266
242 Westf. GC Gütersloh 267
243 Wasserburg Anholt, GC 268
244 Uhlenberg Reken, GC 269
245 Sennelager, GC 270
246 Nordkirchen, G&LC 271
247 Golf Intern. Moyland 272
248 Schloß Moyland, L&GC 273
249 Mühlenhof, G&CC 274
250 Bad Driburger GC 275
251 Westerwinkel, GC 276
252 Weselerwald, GC 277
253 Paderborner Land, GC 278
254 Uni-GC-Paderborn 279
255 Gut Mentzelsfelde, GC 280
256 Stahlberg, GC 281
257 Lippstadt, GC 282
258 Werne, GC 283
259 Jammertal, GA 284
260 Vestischer GC Recklingh. 285
261 Hünxerwald, GC 286
262 Schwarze Heide, GC 287
263 Hamm, Gut Drechen, GC 288
264 Schloß Westerholt, GC 289
265 Bruckmannshof, GC 290
266 Gelsenk. GC Haus Leythe 291
267 Royal St. Barbara's GC 292
268 Schloß Horst, GC 293
269 Schloss Haag, GA 294
270 Castrop-Rauxel, GC 295
271 Issum-Niederrhein, GC 296
272 Oberhausen, GC 297
273 Am Kloster Kamp, GC 298
274 Röttgersbach, GC 299
275 Werl, GC 300
276 GolfRange Dortmund, GC 301
277 GC Westheim 302
278 Möhnesee, GC 303
279 Gut Neuenhof, GC 304
280 Unna-Fröndenberg, GC 305
281 Mülheim/Ruhr Raffelb., GC 306
282 Dortmunder GC 307
283 Kemnader See 308
284 Bochumer GC 309
285 Sauerland, GC 310
286 Golfen in Herdecke 311
287 Op de Niep, GC 312
288 Golfriege ETUF 313
289 Märkischer GC 314
290 Brilon, GC 315
291 Niederrheinischer GC 316
292 Elfrather Mühle, G&CC 317
293 Duisburg, G&M 318
294 Mülheim/Ruhr, GC 319
295 Essen-Heidhausen, GC 320
296 Essener GC Haus Oefte 321
297 Stadtwald, GC 322
298 Gut Berge Gevelsbg, GC 323
299 Haus Bey, GC 324
300 Hösel, GC 325
301 Velbert, GC 326
302 Krefelder GC 327
303 Juliana Wuppertal, GC 328
304 Felderbach Sprockh., GC 329
305 Am Mollenkotten, GA 330
306 Bergisch Land, GC 331
307 Golf am Haus Amecke 332
308 Golfpark Renneshof 333
309 Düsseldorfer GC 334
310 Grevenmühle, GC 335
311 Mettmann, GC 336
312 Hubbelrath, GC 337
313 KOSAIDO, Intern. GC 338
314 Düsseld.-Grafenberg, GC 339
315 Meerbusch, GC 340
316 Gelstern, GC 341
317 Duvenhof, GC 342
318 Haan-Düsseltal 1994, GC 343
319 Düsseldorf, GSV 344
320 Sellinghausen, GC 345
321 Schloss Myllendonk, GC 346
322 Winterberg, GC 347
323 Elmpter Wald GC 348
324 Rittergut Birkhof, GC 349
325 Schmallenberg, GC 350
326 Hummelbachaue, GA 352
327 Schmitzhof, G&LC 353
328 Residenz Rothenbach, GC 354
329 Dreibäumen, GC 355
330 Wildenrath, GC 356
331 Varmert, GC 357
332 Repetal-Südsauerland, GC 358
333 Am Katzberg, GC 359
334 Mönchengladb.-Wanlo, GC 360
335 Kürten, GC 361
336 KölnGolf 362
337 Velderhof, G&CC 363
338 Gimborner Land, GA 364
339 Gut Lärchenhof, GC 365
340 Erftaue, GC 366
341 Leverkusen, GC 367
342 Wittgensteiner Land 368
343 Schloß Georghausen, GC 369
344 Am Alten Fliess, GC 370
345 Köln, G&LC 371
346 Kölner Golfclub 372
347 Loherhof 373
348 Reichshof, GC 374
349 Siegerland, GC 375
350 GolfCity Köln 376
351 Siegen-Olpe, GC 377
352 Lüderich, GC Am 378
353 Burg Overbach, GC 379
354 Nümbrecht, GP 380
355 Marienburger GC 381
356 SSZ Köln-Wahn 382
357 V-Golf 383
358 Schloss Auel, GC 384
359 Haus Kambach, GC 385
360 Clostermanns Hof, GA 386
361 Konradsheim, Golf Burg 387
362 West Golf 388
363 Düren, GC 389
364 Aachener GC 1927 390
365 Gut Heckenhof H&GR 391
366 Mergelhof, Intern. GC 392
367 Bonn, Intern. GC 393
368 Rhein-Sieg, GC 394
369 Römerhof, GA 395
370 Schloss Miel, GC 396
371 Bonn Godesberg, GC 397
372 Burg Zievel, GC 398
373 Bad Münstereifel-St., GC 399
374 Zierenberg, GC 402
375 Bad Arolsen, G&LC 403
376 Kassel-Wilhelmshöhe, GC 404
377 Waldeck/Edersee, GC 405
378 Gudensberg, GP 406
379 Bad Wildungen, GC 407
380 Oberhess. GC Marburg 408
381 Kurhess. GC Oberaula 409
382 Dillenburg, GC 410
383 HG Praforst, GC 411
384 Sickendorf, GP 412
385 Winnerod, GP 413
386 Rhön, GC 414
387 Schloß Braunfels, GC 415
388 Licher GC 416
389 Eschenrod, GC 417
390 Attighof G&CC 418
391 Bad Nauheim, GC 419
392 Am Löwenhof, GP 420
393 Taunus Weilrod, GC 421
394 Altenstadt, GP 422
395 Spessart, GC 423
396 Idstein, GP 424
397 Homburger GC 425
398 Gut Hühnerhof, GP 426
399 Lindenhof, Bad Vilbeler GC 427
400 Kronberg, G&LC 428
401 Golf Range Frankfurt, GC 429
402 Hofgut Georgenthal 430
403 Bad Orb Jossgrund, GC 431
404 Hanau-Wilhelmsbad, GC 432
405 Golfpark Trages 433
406 Hof Hausen, GC 434
407 Wiesbadener GC 435
408 Rhein-Main, GC 436
409 Frankfurter GC 437
410 Seligenstadt, GC 438
411 Main-Taunus, GC 439
412 Neuhof, GC 440
413 Bachgrund, GP 441
414 Zimmerner GC 1995 442
415 KIAWAH GC 443
416 Darmstadt Traisa, GC 444
417 Gernsheim, GR 445
418 Odenwald, GC 446
419 Geierstal, GC 447
420 Biblis-Wattenheim, GC 448
421 Bensheim, GC 449
422 Buchenhof Hetzb., G&LC 450
423 Mannheim-Viernh., GC 451
424 Siebengebirge, GC 454
425 Westerwald, GC 455

426 Wiesensee, GC 456
427 Bad Neuenahr-Ahrw., G&LC 458
428 Rhein-Wied, GC 459
429 Mittelrhein. GC Bad Ems 460
430 Eifel, GC 461
431 Jakobsberg H&GR 462
432 Cochem/Mosel, GC 463
433 GC Kyllburger Waldeifel 464
434 Mainzer GC 465
435 Bitburger Land, GR 466
436 Südeifel, GC 467
437 Hahn, GC 468
438 Stromberg-Schindeld., GC 469
439 Domtal Mommenh., GC 470
440 Rheinhessen, GC 471
441 Trier, GC 472
442 Maasberg, G&HC 473
443 Nahetal, GC 474
444 Worms, GC 475
445 Edelstein Hunsrück, GC 476
446 Golfpark Bostalsee 477
447 Rolling Hills GC 478
448 Am Donnersberg, GC 479
449 Dt. Weinstraße, GG 480
450 Weiherhof, GC 481
451 Wendelinus, GP 482
452 Barbarossa, GC 483
453 Kurpfalz, GC 484
454 Homburg/Saar, GC 485
455 Saarbrücken, GC 486
456 Pfalz Neustadt/Weinstr., GC 487
457 Pfälzerwald, GP 488
458 Erster GC Westpfalz 489
459 Landgut Dreihof, GC 490
460 Katharinenhof, GC 491
461 Glashofen-Neusaß, GC 495
462 Mudau, GC 496
463 Heddesheim, GC 497
464 Bad Mergentheim, GC 498
465 GC Mannh., Rheingoldhalle 499
466 Kaiserhöhe, GC 500
467 Heidelberg-Lobenf., GC 501
468 Rheintal, GC 502
469 Hohenhardter Hof, GA 503
470 Bad Rappenau, GC 504
471 St. Leon-Rot, GC 505
472 Heilbronn-Hohenl., GC 506
473 Sinsheim, GC 507
474 Heitlinger, GR 508
475 Golfoase Pfullinger Hof 509
476 Bruchsal, GC 510
477 public Golf Talheimer Hof 511
478 Schwäbisch Hall, GC 512
479 Schloßgut Neumagenh., GC 513
480 Marhördt, GC 514
481 Oberrot-Frankenb., GC 515
482 Schloß Liebenst., G&LC 516
483 Johannesthal, GC 517
484 Grafenhof, G&CC 518
485 Rheinstetten, GC 519
486 Hofgut Scheibenhardt, GC 520
487 Karlsruhe Gut Batzenhof, GP 521
488 Karlsh. Hof, Golf Pforzh. 522
489 Golfyouup 523
490 Schloss Monrepos, GC 524
491 Altrhein, GC 525
492 Neckartal, GC 526
493 Schloss Nippenburg, GA 527
494 Stuttgarter GC Solitude 528
495 Haghof, G&LC 529
496 Herrenalb-Bernbach, GC 530
497 Baden Hills G&CC 531
498 Hetzenhof, GC 532
499 Bad Liebenzell, GC 533
500 Baden-Baden, GC 534
501 Hochstatt Härtsfeld-Ries, GC 535
502 Göppingen, GC 536
503 Hohenstaufen, GC 537
504 Kirchheim-Wendl., GC 538
505 Teck, GC 539
506 Bad Überkingen, GC 540
507 Schönbuch, GC 541
508 Birkenhof 542
509 Hammetweil, GC 543
510 Urloffen, GC 544
511 Domäne Niederr., GC 545
512 Schloss Kressbach, GC 546
513 Freudenstadt, GC 547
514 Schloss Weitenburg, GC 548
515 Reutlingen/Sonnenb., GC 549
516 Hechingen-Hohenz., GC 550
517 Ortenau, GC 551
518 Alpirsbach, GC 552
519 Gröbernhof, GC 553
520 Ulm, GC 554
521 Donau-Riss, GC 555
522 Breisgau, GC 556
523 Schwaben Golf-ER 557
524 Reischenhof, GC 558
525 Königsfeld, G&CC 559
526 Gütermann Gutach, GC 560
527 Sigm. Zollern-Alb, GC 561
528 Bad Saulgau, GREEN-GOLF 562
529 Freiburger GC 563
530 Tuniberg, GC 564
531 Öschberghof, L&GC 565
532 Oberschwaben, GC 566
533 Hochschwarzwald, GC 567
534 Schloss Langenstein, GC 568
535 Steisslingen, GC 569
536 Rochushof Deggenh., GC 570
537 Ravensburg, GC 571
538 Owingen-Überlingen, GC 572
539 Schönau, GC 573
540 Obere Alp, GC 574
541 Konstanz, GC 575
542 Markgräflerland, GC 576
543 Drei Thermen GR 577
544 Golfanlage Schopfheim 578
545 Rickenbach, GC 579
546 Rheinblick, GC 580
547 Bad Säckingen, GP 581
548 Hof, GC 589
549 Maria Bildhausen, GC 590
550 Coburg, GC 591
551 Kronach, GC 592
552 Bad Kissingen, GC 593
553 Schweinfurt, GC 594
554 Aschaffenburger GC 595
555 Oberfranken, GC 596
556 Fahrenbach, GC 597
557 Hassberge, GC 598
558 Leimershof, GA 599
559 Stiftland, GC 600
560 Bayreuth, GC 601
561 Laineck-Bayreuth, GC 602
562 Hauptsmoorw. Bambg., GC 603
563 Gp Rosenhof 604
564 Main-Spessart, GC 605
565 Schloß Mainsondh., GC 606
566 Schloss Reichmannsd., GC 607
567 Steigerwald, GC 608
568 Fränkische Schweiz, GC 609
569 Pottenstein-Weidenl., GC 610
570 Würzburg, GC 611
571 Kitzingen, GC 612
572 Gut Sansenhof, GC 613
573 Erftal, G&CC 614
574 Miltenberg, GC 615
575 Gerhelm, Nbg. Land, GC 616
576 Erlangen, GC 617
577 Schwanhof, GC 618
578 Herzogenaurach, GC 619
579 Golfanlage Puschendorf 620
580 Bad Windsheim, GC 621
581 Am Reichswald, GC 622
582 Fürth, 1. GC 623
583 Lauterhofen, GC 624
584 GolfRange Nürnberg 625
585 Oberpfälzer Wald, G&LC 626
586 Ansbach, GC 627
587 Eixendorfer See, GC 628
588 Furth im Wald, GC 629
589 Schönbronn 630
590 Jura Golf Hilzhofen 631
591 Herrnhof, GC 632
592 Am Habsberg, GC 633
593 Schmidmühlen, G&LC 634
594 Lichtenau-Weickersd., GC 635
595 Abenberg, GC 636
596 Sonnenhof 637
597 Zollmühle, GC 638
598 Romant. Straße, GP 639
599 Altmühlgolf Beilngries 640
600 Regensburg, G&LC 641
601 Oberzwieselau, GP 642
602 Minoritenhof G&YC 643
603 Straubing, GC 644
604 Bad Abbach-Deutenh., GC 645
605 Nationalp. Bay. Wald, GC 646
606 Deggendorfer GC 647
607 Gäuboden, GC 648
608 MARC AUREL Spa & GR 649
609 Ingolstadt, GC 650
610 Bayerwald, G&LC 651
611 Donauwörth, GC 652
612 Zieglers GP 653
613 Wittelsbacher GC 654
614 Eggelstetten, GC 655

Kartennummer, Clubname, Seite

615 GP Leonardshaun 656
616 Landau/Isar, GC 657
617 Donau GC Passau-Raßb. 658
618 Schlossberg, GC 659
619 Landshut, GC 660
620 Holledau, GA 661
621 Dillingen Nusser Alm, GC 662
622 Panorama, GC 663
623 Bad Griesbach, Brunnwies 664
624 Bad Griesb., Uttlau 665
625 Gerolsbach, GC 666
626 Bad Griesb., Lederbach 667
627 Bad Griesb., Holzhäuser 668
628 Schloß Reichertsh., GC 669
629 Bella Vista GP 670
630 GC Gersthofen e.V. 672
631 Sagmühle, GC 673
632 Rottaler G&CC 674
633 Vilsbiburg, GC 675
634 New Golf Club Neu-Ulm 676
635 Bad Griesb., Porsche GC 677
636 Bad Griesb., Beckenb. GC 678
637 Leitershofen, GC 679
638 Schloss Klingenburg, GC 680
639 Eschenried, Gut Häusern 681
640 Bad Füssing-Kirchham, TGC 682
641 Erding Grünbach, GC 684
642 GolfRange Augsburg 685
643 Pleiskirchen, GC 686
644 Mchn. West-Odelzh., GC 687
645 Weiherhof, GA 688
646 Lechfeld, GC 689
647 Augsburg, GC 690
648 Dachau, GC 691
649 Mchn. Eichenried, GC 692
650 Open Golf Eichenried 693
651 Tegernbach, GC 694
652 Rottbach, GA 695
653 Königsbrunn, GC 696
654 Bav. GC Mchn.-Eicherloh 697
655 Olching, GC 698
656 Eschenried, Eschenhof 699
657 Eschenried, Gröbenbach 700
658 Eschenried, Eschenried 701
659 Altötting-Burgh., GC 702
660 Schloss Guttenburg, GC 703
661 Green Hill 704
662 München Aschheim, GP 705
663 GolfCity München Puchheim 706
664 GC München-Riem 707
665 GolfRange Mchn.-Germ. 708
666 Thailing, GP 709
667 Ebersberg, GC 710
668 Münchener GC, Thalkirchen 711
669 Wörthsee, GC 712
670 Gut Ludwigsberg, GC 713
671 Schloß Igling, GC 714
672 Harthausen, GA 715
673 Pfaffing, GC 716
674 GolfRange Mchn.-Brunnthal 717
675 Schloss Elkofen, GC 718
676 Gut Rieden 719
677 Starnberg, GC 720
678 Am Obinger See, GC 721
679 Schloss Egmating, GP 722
680 Anthal-Waginger See, GC 723
681 Münchener GC, Straßlach 724
682 Höslwang/Chiemgau, GC 725
683 Memmingen, GC 726
684 Bad Wörishofen, GC 727
685 Feldafing, GC 728
686 Chieming, GC 729
687 Tutzing, GC 730
688 Gut Ising, GC 731
689 München-Riedhof, GC 732
690 Mangfalltal, GC 733
691 Allgäuer G&LC 734
692 Hohenpähl, GC 736
693 Bergkramerhof, G&LC 737
694 Schloß Maxlrain, GC 738
695 Golf Valley Mchn. 739
696 Berchtesgad. Land, GC 740
697 Chiemsee GC Prien 741
698 Beuerberg, GC 742
699 Patting-Hochriesblick, GA 743
700 Tegernsee, GP 744
701 St. Eurach L&GC 745
702 GR Achental 746
703 Iffeldorf, GA 747
704 Bad Tölz, GC 748
705 Isarwinkel, GC 749
706 Ruhpolding, GC 750
707 Margarethenhof, GC 751
708 Waldegg-Wiggensb., GC 752
709 Stenz, GP 753
710 Schloßgut Lenzfried, GP 754
711 Tegernseer GC 755
712 Auf der Gsteig, GC 756
713 Reit im Winkl, GC 757
714 Hellengerst, GC 758
715 GA Alpenseehof 759
716 Berchtesgaden, GC 760
717 Bodensee Weißensb., GC 761
718 GP Scheidegg 762
719 Lindau-Bad Schachen, GC 763
720 Oberstaufen, GC 764
721 Garmisch-Partenk., GC 765
722 Karwendel, G&LC 768
723 Oberstaufen-Steibis, GC 766
724 Werdenfels L&GC 769
725 Sonnenalp, GP Sonnenalp 770
726 Oberallg./Gundelsb. 771
727 Oberstdorf, GC 772

Schleswig-Holstein + Hamburg

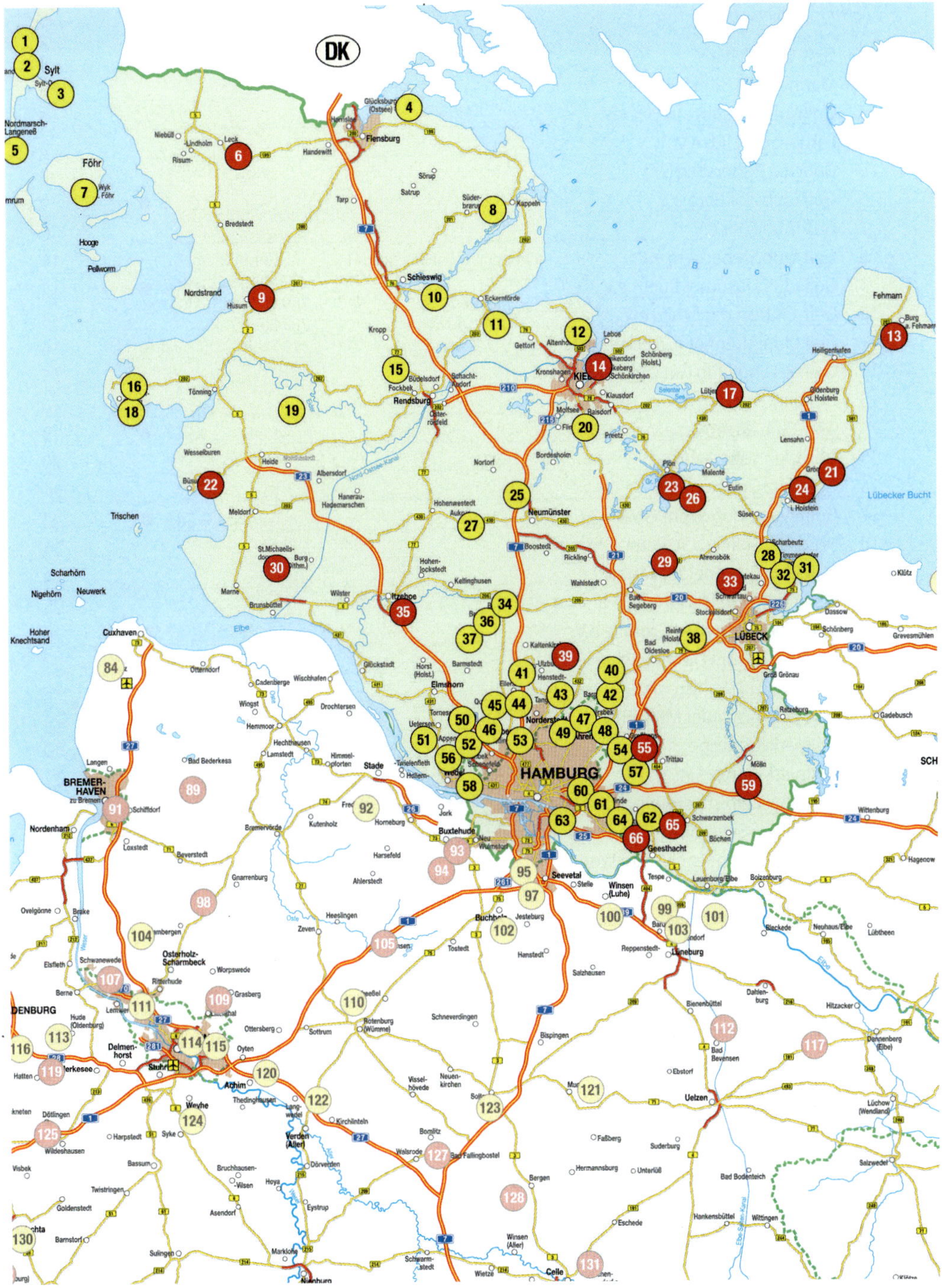

Schleswig-Holstein + Hamburg

Club-Nr.	Clubname	Seite: Gutschein	Club
1	Golf-Club Sylt e.V.		4
2	Marine-Golf-Club Sylt e.G.		5
3	Golfclub Morsum auf Sylt e.V.		6
4	Förde-Golf-Club e.V.		7
5	Golfclub Budersand Sylt		8
6	Golf Club Hof Berg e.V.	G 15 ■	9
7	Golf Club Föhr e.V.		10
8	Golf Club Stenerberg e.V.		11
9	Golf Club Husumer Bucht e.V.	G 15, G 17 ■	12
10	Golf-Club an der Schlei e.V.		13
11	Golf Club Altenhof e.V. Eckernförde		14
12	Golf- & Land Club Gut Uhlenhorst		15
13	Golfpark Fehmarn	G 17 ■	16
14	Golf-Club Kitzeberg e.V.	G 17 ■	19
15	Golf Club Lohersand e.V.		20
16	Golfplatz Open County		21
17	Golfanlage Hohwacht GmbH & Co. KG	G 243 ■	22
18	Nordsee-Golfclub St. Peter-Ording e.V.		23
19	Golf Club Gut Apeldör GmbH		24
20	Kieler Golfclub Havighorst		25
21	Golf Club Ostseebad Grömitz e.V.	G 17 ■	26
22	Golfclub Büsum Dithmarschen e.V.	G 19 ■	27
23	Golfclub Gut Waldshagen	G 19 ■	28
24	Golf Club Brodauer Mühle e.V.	G 19 ■	29
25	Golfpark Krogaspe		30
26	Golfplatz Plöner See	G 19 ■	31
27	Mittelholsteinischer Golf-Club Aukrug e.V.		32
28	Golfanlage Seeschlösschen Timmendorfer Strand		33
29	Golfclub Segeberg e.V., Gut Wensin	G 19, G 21 ■	34
30	Golf am Donner Kleve	G 21 ■	35
31	Lübeck-Travemünder Golf-Klub von 1921 e.V.		36
32	Maritim Golfpark Ostsee		37
33	Golf-Club Curau e.V.	G 21 ■	38
34	Golfclub Bad Bramstedt e.V.		39
35	Golf Club Schloß Breitenburg e.V.	G 21, G 23 ■	40
36	Golf & Country Club Gut Bissenmoor e.V.		41
37	Golf Club Lutzhorn e.V.		42
38	Golfclub Reinfeld e.V.		43
39	Golfclub Hamburg Gut Waldhof	G 23 ■	44
40	Golf-Park Sülfeld		45
41	Gut Kaden Golf und Land Club		46
42	Golf-Club Jersbek e.V.		47
43	Golfclub Hamburg-Oberalster		48

■ = Partner Albrecht Greenfee-Aktion

Schleswig-Holstein + Hamburg

Club-Nr.	Clubname	Seite: Gutschein	Club
44	Red Golf Quickborn GmbH & Co. KG		49
45	Golf-Club An der Pinnau e.V.		50
46	Golfanlage Gut Wulfsmühle		51
47	Golfclub Hamburg-Walddörfer e.V.		52
48	Golfclub Hamburg-Ahrensburg e.V.		53
49	Golf & Country Club Treudelberg e.V.		54
50	Fairway Golf Peiner Hof		55
51	Golfclub Gut Haseldorf e.V.		56
52	Golfpark Weidenhof e.V.		57
53	Golf-Club Hamburg Wendlohe e.V.		58
54	Golfclub Siek/Ahrensburg		59
55	Golf-Club Hoisdorf e.V.	G 23	60
56	Golfclub Hamburg-Holm e.V.		61
57	Golf Club Großensee e.V.		62
58	Hamburger Golf-Club e.V. Falkenstein		63
59	Golf-Club Gut Grambek e.V.	G 23, G 25	64
60	GolfRange Hamburg-Oststeinbek		65
61	Golfclub Gut Glinde e.V.		66
62	Golf-Club Am Sachsenwald e.V.		67
63	Red Golf Moorfleet GmbH & Co.KG		68
64	Wentorf-Reinbeker Golf-Club e.V.		69
65	Golf & Country Club Brunstorf	G 25	70
66	Golf-Club Escheburg e.V.	G 25	71

Golf-Club Sylt e.V.

Karte, Nr. 1, Feld D1 **18/9** Design: Donald Harradine, Günther Volquardsen

gegründet: 1982

Norderweg 5, 25996 Wenningstedt
✆ 04651-9959810 Fax 04651-9959819
✉ info@gcsylt.de
www.gcsylt.de

PR: Werner Rudi, CM: Silke Althoff

i: ✆ 04651-9959810 Fax -9959819

Steffen's Restaurant im Golf Club Sylt
Steffen Hansen
✆ 04651-9959841 Fax -9959853
Mo. Ruhetag

PRO SHOP: Jessica Deshogues, Jessica Deshogues
✆ 04651-9959831 Fax 04651-45526

PRO: Pro: Allan Owen, Alexander Born

18-Loch Hauptplatz
H: 5733 m, CR 70.7, SL 126, Par 72
D: 4949 m, CR 72.4, SL 126, Par 72
9-Loch Gaadt Course
H: 1731 m, Par 54, D: 1731 m, Par 54
50 Rangeabschläge (8 überdacht)

G: Gäste sind jederzeit willkommen. Anmeldung ist notwendig. Clubausweis mit eingetragenem Handicap (54) ist erforderlich. Rangeabschläge im Winter beheizt. Driving-Range bei Buchung des Platzes kostenlos.

18-Loch-Greenfee: EUR 85
9-Loch-Greenfee: EUR 50
Hcp 54 und Mitgliedsch. in einem Club ist erforderlich. Driving-Range bei Buchung des Platzes kostenlos. In der Hauptsaison wird empfohlen, zwei Tage im voraus Startzeiten zu buchen.
Ermäßigung: Jugendl./Stud. bis 21 J. 50%

Nächstgelegene Plätze

Marine-GC Sylt (Nr. 2)
Morsum auf Sylt, GC (Nr. 3)
Budersand Sylt, GC (Nr. 5)

Platzinfos

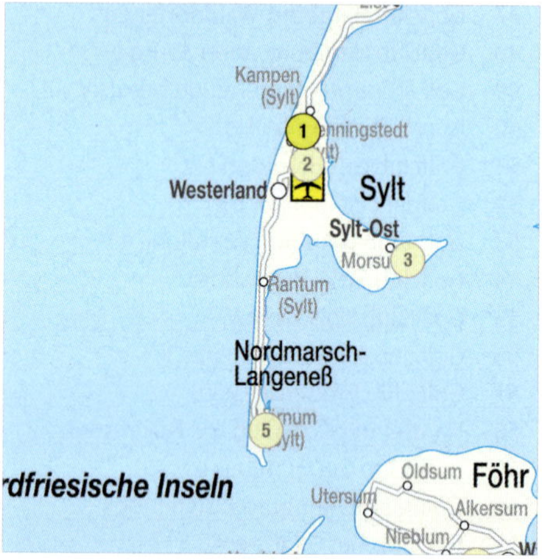

Anfahrtsbeschreibung

Von Westerland Richtung List, auf der Umgehungsstraße nach Wenningstedt, hinter der Kreuzung Braderuper Straße nach ca. 700 m bei der Norddörfer Schule-Norddörfer Halle rechts, der Golfplatz liegt linker Hand.

Platzbeschreibung

In der landschaftlichen Schönheit Sylts bietet sich dem Golfer eine sehr gepflegte und sportlich anspruchsvolle 18-Loch Anlage, die sich an internationalem Standard messen lassen kann. Die vorgeschichtlichen Grabhügel und ca. 30.000 qm Wasserfläche prägen diesen Platz in ganz besonderer Weise. Von den Spielbahnen 3 und 4 bietet sich zum Beispiel ein großartiger Blick über die Braderuper Heide auf das Wattenmeer bis zum Morsumer Kliff.

Marine-Golf-Club Sylt e.G.

Karte, Nr. 2, Feld D1 **18** Design: Kenneth W. Moodie Höhe: 1 m

gegründet: 1980

Flughafen 69, 25980 Sylt, Ortsteil Tinnum
04651-927575 04651-927155
info@sylt-golf.de
www.sylt-golf.de

PR: Karl Max Hellner, CM: Nico Johannsen

i: 04651-927575 -927155
Sabine Hirschberger

Marine Bistro
04651-967801

PRO SHOP: Golfakademie Andreas Strandberg
04651-449127

PRO: Pro: Andreas Strandberg

18-Loch Links Course
H: 5871 m, CR 72, SL 129, Par 73
D: 5486 m, CR 76, SL 131, Par 73
25 Rangeabschläge (3 überdacht)

G: Gäste sind jederzeit willkommen. Anmeldung ist notwendig. Clubausweis mit eingetragener PE ist erforderlich. Gäste mit Hcp > 45 nur morgens vor 09.30 Uhr und nachmittags ab 14.30 Uhr, außer bei schwacher Platzbelegung

18-Loch-Greenfee: EUR 80
Ermäßigung: Jugendl./Stud.

Platzbeschreibung

Der im Jahr 2006 fertig gestellte Links Course des Marine GC Sylt wirkt mit seiner Dünen- und Heidelandschaft wie in die Sylter Natur hineingegossen. 77 meist tiefe „Potbunker“, harte, ondulierte Grüns und imposante Dünen prägen die 80 ha große Anlage, die die Sylter Golflandschaft um eine echte Herausforderung bereichert. Vervollständigt wurde das Gesamtprojekt mit der Fertigstellung des architektonisch ansprechenden Clubhauses im Frühjahr 2008.

Platzinfos

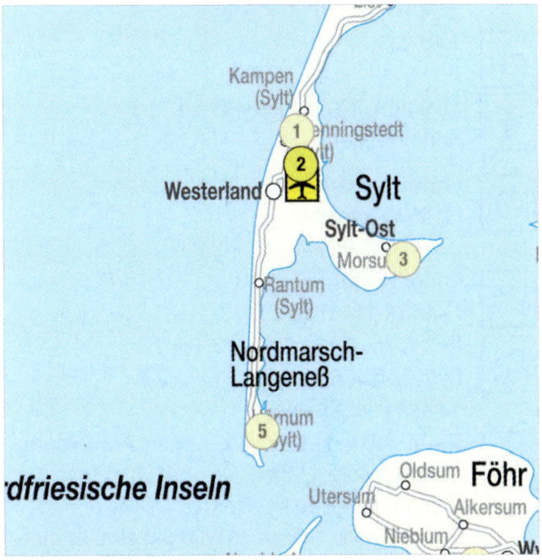

Anfahrtsbeschreibung

Von Westerland zum Flugplatz dem Schild „Marine-Golf-Club“ folgen.

Nächstgelegene Plätze

Sylt, GC (Nr. 1)
Morsum auf Sylt, GC (Nr. 3)
Budersand Sylt, GC (Nr. 5)

Schleswig-Holstein+Hamburg

Golfclub Morsum auf Sylt e.V.

Karte, Nr. 3, Feld D1 **18**

gegründet: 1964

Uasterhörn 37, 25980 Sylt-Morsum
✆ 04651-890387 Fax 04651-97153
✉ golf-morsum@t-online.de
www.golf-morsum.de

PR: John Jahr

i: ✆ 04651-890387 Fax 04651-97153
Rudolf Köster

Restaurant: Christoph Harnisch
✆ 0173-6433895

PRO SHOP: Rudolf Köster
✆ 0174-1611930

H: 6009 m, CR 71.5, SL 127, Par 72
D: 5138 m, CR 71.9, SL 131, Par 72
12 Rangeabschläge

G: Gäste sind jederzeit willkommen. Anmeldung ist notwendig. Clubausweis mit eingetragenem Handicap ist erforderlich. Gäste sind herzlich willkommen, es wird um eine Anmeldung gebeten. Mitglieder benötigen keine Startzeiten und haben im Spielbetrieb Vorrang, dies gilt es zu beachten. Deshalb sind unsere ausgemachten Teetimes nur Richtzeiten. Größtenteils ist unsere Anlage sehr leer, und man kann sehr ungestört den schönen Platz und die Natur genießen.

18-Loch-Greenfee: EUR 120
9-Loch-Greenfee: EUR 65
Ermäßigung: Jugendl./Stud. bis 26 J.

Nächstgelegene Plätze

Marine-GC Sylt (Nr. 2)
Sylt, GC (Nr. 1)
Budersand Sylt, GC (Nr. 5)

Platzinfos

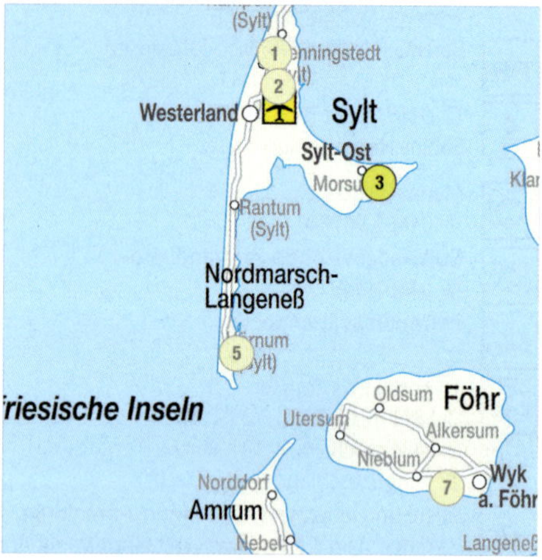

Anfahrtsbeschreibung

Keitum Richtung Hindenburgdamm über Archsum und Groß-Morsum nach Klein-Morsum. Durch den Ort Richtung Fränkische Weinstuben (Täärp Stig) bis zum Golfplatz.

Platzbeschreibung

Der Golfclub Morsum auf Sylt liegt versteckt ganz im Osten der Insel.Abseits des Trubels anderer Plätze, kann man hier ganz in Ruhe das Spiel und die schöne Morsumer Landschaft genießen. Der Platz ist sehr schön in die vorhandene Natur integriert und ermöglicht herrliche Blicke auf das angrenzende Wattenmeer. Es ist keine Seltenheit, dass Fasane oder Rehe die Spielbahn kreuzen. Durch den Wind und die vielen Wasserhindernisse stellt der Platz auch für tiefe Handicaps eine Herausforderung dar. Gäste werden um Anmeldung gebeten. Mitglieder benötigen keine Startzeiten und haben im Spielbetrieb Vorrang.

Förde-Golf-Club e.V.

Karte, Nr. 4, Feld E1 **18** Höhe: 30 m

gegründet: 1972

Bockholm 23, 24960 Glücksburg-Bockholm
Tel. 04631-2547 Fax 04631-408804
info@foerdegolfclub.de
www.foerdegolfclub.de

PR: Dr. Aurich Johannes

i: Tel. 04631-2547 Fax 04631-408804
Britta Petersen, Julia Arlt, Ruth Gottburg

Gastronomie: Marc Oliver Ehrich, Marc Oliver Ehrich
Tel. 04631-441940

PRO SHOP: Andrew Cowan Golf Academy, Andrew Cowan
Tel. 0171-6332313

PRO: Pro: Andrew Cowan

H: 5877 m, CR 72.4, SL 132, Par 72
D: 4988 m, CR 73.1, SL 126, Par 72
16 Rangeabschläge (8 überdacht)

G: Gäste sind jederzeit willkommen. Anmeldung ist notwendig. Clubausweis mit eingetragenem Handicap (54) ist erforderlich. Sa./So./Feiertage ist Handicap 36 erforderlich.

18-Loch-Greenfee: WT: EUR 80 / WE: EUR 90
Ermäßigung: Jugendl. bis 18 J. und Stud. bis 23 J. 50%

Platzbeschreibung

Die Spielbahnen präsentieren sich in einer für das östliche Schleswig-Holstein typischen Hügellandschaft und liegen direkt an und über der Flensburger Förde mit weitreichendem Blick bis hinüber nach Dänemark. Leicht hügelige Fairways, teils mit altem Baumbestand, weisen reizvolle Hindernisse wie Knicks, Biotope, Teiche und einen kreuzenden Wasserlauf auf. Gut platzierte Bunker und typische wechselnde Winde fordern strategisches und präzises Spiel.

Platzinfos

Anfahrtsbeschreibung

A 7 Hamburg-Flensburg, Ausfahrt Flensburg, Richtung Glücksburg, Richtung Rüde. Weiter nach Bockholm, rechts von der Straße zwischen Rüde und Bockholm liegt der Golfplatz.

Nächstgelegene Plätze

Stenerberg, GC (Nr. 8)
Hof Berg, GC (Nr. 6)
An der Schlei, GC (Nr. 10)

Golfclub Budersand Sylt

Karte, Nr. 5, Feld D1 **18** Design: Rolf-Stephan Hansen Höhe: 3 m

gegründet: 2005

Am Kai 3, 25997 Hörnum/Sylt
✆ 04651-4492710 ℻ 04651-4492711
✉ golf@gc-budersand.de
💻 www.gc-budersand.de

PR Claudia Ebert, GF: Werner Rudi, CM: Florian Gneist
Headgreenkeeper: Stefan Hansen

i ✆ 04651-4492710 ℻ 04651-4492711

Restaurant Strönholt
✆ 04651-4492727 ℻ 04651-4492728

PRO SHOP Pro Shop, Astrid Kaynig
✆ 04651-4492710

PRO Pro: Dominik Grass

H: 5915 m, CR 73.5, SL 139, Par 72
D: 5292 m, CR 76.1, SL 144, Par 72

G Gäste sind jederzeit willkommen. Anmeldung ist notwendig. Clubausweis mit eingetragenem Handicap (54) ist erforderlich. Es gibt eine Hcp. Empfehlung von -36. Höhere Hcp. Spieler werden gebeten in den nicht so stark frequentierten Zeiten am Nachmittag zu spielen. Driving Range nicht vorhanden, Hunde nicht gestattet.

18-Loch-Greenfee: EUR 100
9-Loch-Greenfee: EUR 50
Ermäßigtes GF im Winter und in der Nebensaison sowie in der Hauptsaison ab 16 Uhr!
Ermäßigung: Jugendl. bis 18 J.

Nächstgelegene Plätze

Morsum auf Sylt, GC (Nr. 3)
Föhr, GC (Nr. 7)
Marine-GC Sylt (Nr. 2)

Platzinfos

VCG GPS CLUB GASTRO

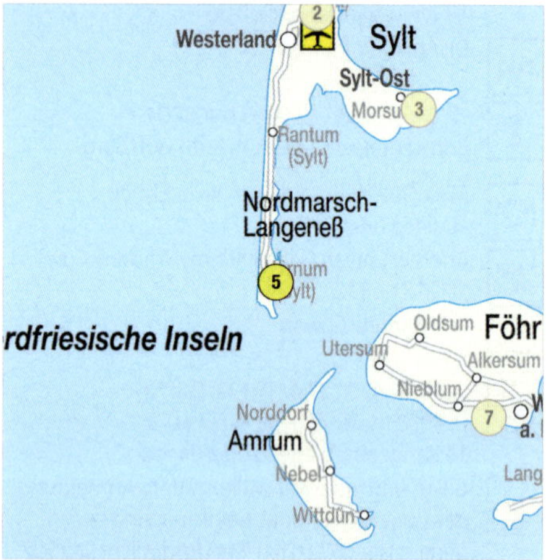

Anfahrtsbeschreibung

Von Westerland in Richtung Hörnum. Die Zufahrt zur Golfanlage erfolgt durch den Ort über den Hörnumer Hafen „ Am Kai" (folgen Sie den Schildern „Hafen-Golf"). Direkt vor dem Budersand Hotel stehen ausgewiesene Parkplätze zur Verfügung. Wichtig: Für das Navigationsgerät bitte „Am Kai 3 - 25997 Hörnum" eingeben!

Platzbeschreibung

Das rund 73 ha große Areal um die Budersand-Düne nördlich des Yachthafens und im Herzen von Hörnum besticht durch die typische Landschaft eines Linksplatzes. Ondulierte Fairways, Topfbunker und beeindruckende Dünen mt einer Vielzahl von Heideflächen machen eine Golfrunde auf dem 6.000 Meter langen Golfplatz entlang des Meeres zum Erlebnis. Am Ende der Golfrunde erwartet Sie im Golfhaus, in dem sich das Restaurant Strönholt befindet, ein traumhafter Ausblick über den gesamten Golfplatz und das Meer.

Golf Club Hof Berg e.V.

Karte, Nr. 6, Feld E1 **18**

gegründet: 1993

Hof Berg 3, 25917 Stadum
✆ 04662-70577
✉ info@gc-hofberg.de
💻 www.gc-hofberg.de

PR: Jürgen Petersen, GF: Horst Hoff

i: ✆ 04662-70577

Golfgastronomie, Carmen Nickel
✆ 04662-8858019

PRO SHOP: Sven Voss
✆ 04662-8857292

PRO: Pro: Marc Weiser, Nico Wildt

H: 5953 m, CR 72.1, SL 136, Par 73
D: 5127 m, CR 73.3, SL 134, Par 73
20 Rangeabschläge (6 überdacht)

G: Gäste sind jederzeit willkommen. Anmeldung ist notwendig. Clubausweis mit eingetragener PE ist erforderlich. 21 KW Ladestation für E-Mobile

18-Loch-Greenfee: WT: EUR 60 / WE: EUR 65
9-Loch-Greenfee: WT: EUR 35 / WE: EUR 40
Gruppenrabatte auf Nachfrage
Ermäßigung: Jugendl./Stud. 50%

Platzbeschreibung

Der Golf Club Hof Berg liegt gut erreichbar nahe der Grenze zu Dänemark, auf dem Weg zur Insel Sylt. In alten Baumbestand des Langenberger Forstes eingebaut, führen die 18 Spielbahnen durch flaches Gelände und werden von natürlichen Gräben, Teichen und Biotopen durchzogen. Spieler aller Spielstärken finden hier ihre Herausforderung. Auf dem Weg zu den interessant modellierten Grüns zwingen 28 gut platzierte Bunker den Spieler zur Präzision

Platzinfos

VCG GPS CLUB GASTRO

Anfahrtsbeschreibung

Von Süd-Osten: A 7 aus Hamburg nach Norden bis Abfahrt Flensburg/Harrislee, dann die B 199 Richtung Niebüll und nach der Ortsdurchfahrt Stadum Abfahrt rechts zum Golf Club Hof Berg. Aus Richtung Sylt/Niebüll: Autofähre Westerland-Niebüll, auf der B 199 Richtung Leck/Flensburg und 3 km hinter der Ortsdurchfahrt Leck links abfahren zum Golf Club Hof Berg.

Nächstgelegene Plätze

Husumer Bucht, GC (Nr. 9)
Föhr, GC (Nr. 7)
Förde-GC (Nr. 4)

Golf Club Föhr e.V.

Karte, Nr. 7, Feld D1 **27** Höhe: 6 m

gegründet: 1925

Grevelingstieg 6, 25938 Nieblum
04681-580455 04681-580456
info@golfclubfoehr.de
www.golfclubfoehr.de

PR Dr. Achim von Stutterheim, CM: Thomas Anlauf

i 04681-580455 04681-580456
Boh Brodersen, Inge Brodersen,
Gabriele Mommsen

04681-50476
Mo. Ruhetag

PRO SHOP Mark Oldsen, Mark Oldsen
04681-501089 04681-501089

PRO Pro: Matthias Rollwa, Viktoria Hansen,
Thomas Erlenkötter, Mark Oldsen

H: 6002 m, CR 72.8, SL 136, Par 72
D: 5187 m, CR 74.3, SL 132, Par 72
18 Rangeabschläge (2 überdacht)

G Gäste sind jederzeit willkommen. Handicap (54) ist erforderlich.

18-Loch-Greenfee: EUR 85
9-Loch-Greenfee: EUR 49
Ermäßigung: Jugendl. und Stud. bis 30 J.

Platzbeschreibung

Seit 1925 wird auf der Nordseeinsel Föhr Golf gespielt. Im Jahre 2009 wurde der traditionsreiche Platz auf 27 Spielbahnen erweitert. In 2014 wurden dann noch einmal zwölf der bestehenden 27 Bahnen spektakulär um- bzw. neu gebaut. Die neuen und die alten Bahnen geben dem gesamten Golfplatz ein echtes „Nordsee-Flair": Die Vielfalt der Insel Föhr spiegelt sich in den 27 Löchern wieder: Natur pur auf Spielbahnen mit Wald, mit Wasser, mit Heide, mit Ginster, mit Strandhafer, mit Dünenformationen. Jedes Loch ist unverwechselbar mit immer wieder neuen Blicken in die Weite der Landschaft.

Platzinfos

VCG GPS

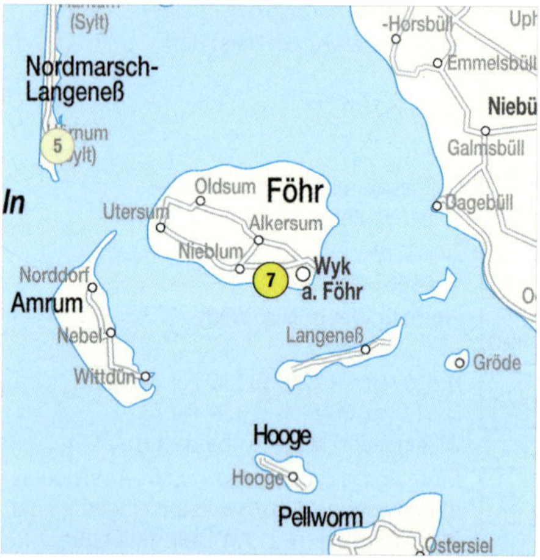

Anfahrtsbeschreibung

Vom Fährhafen aus der Hauptstraße in Richtung Nieblum folgen. Nach ca. 3 km links (Hinweisschild Golfplatz) in den Fehrstieg abbiegen und der Hauptstraße 2 km folgen. Direkt hinter dem Flugplatzgelände liegt auf der rechten Seite die Einfahrt zum Golfplatz.

Nächstgelegene Plätze

Budersand Sylt, GC (Nr. 5)
Morsum auf Sylt, GC (Nr. 3)
Marine-GC Sylt (Nr. 2)

Golf Club Stenerberg e.V.

Karte, Nr. 8, Feld F1 9 Höhe: 20 m

gegründet: 1997

Morgensterner Straße 6,
24407 Rabenkirchen-Faulück
✆ 04642-9212422 🖷 04642-9212429
✉ turniere@stenerberg.de
💻 www.stenerberg.de

PR Bodo von Reth, GF: Kevin Dolan (Betreiber)

i ✆ 04642-9212422 🖷 -9212429

Frauke Reisdorf
✆ 04642-3853
Mo. Ruhetag

PRO SHOP GOLFSCHULE SCHLEI, Stephen Kennedy
✆ 04354-98184

PRO Pro: Stephen Kennedy

H: 5160 m, CR 68.8, SL 132, Par 70
D: 4532 m, CR 70.5, SL 123, Par 70
10 Rangeabschläge (3 überdacht)

G Gäste sind jederzeit willkommen. Clubausweis mit eingetragenem Handicap (54) ist erforderlich.

Tages-Greenfee: EUR 40
9-Loch-Greenfee: EUR 30
Ermäßigung: Jugendl. bis 18 J. und Stud. bis 25 J. 50%

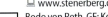

Platzinfos

VCG

Anfahrtsbeschreibung

A 7 Hamburg Richtung Flensburg, Ausfahrt SL/ Schuby, auf der B 201 Richtung Kappeln 6 km nach Süderbrarup, bei der Gaststätte „Boddelhoch" in die Morgensterner Straße abbiegen, Parkmöglichkeiten ca. 200 m weiter rechter Hand unmittelbar vor den Bahnschienen.

Platzbeschreibung

Die Spielbahnen wurden in die vorhandene Geländeformation eingefügt und bilden mit sanft geschwungenen Fairways, Wasserhindernissen und hügeligem Gelände einen abwechslungsreichen Parcours.

Nächstgelegene Plätze

An der Schlei, GC (Nr. 10)
Altenhof, GC (Nr. 11)
Förde-GC (Nr. 4)

Greenfee-Aktion: Seite G 15f 17

Golf Club Husumer Bucht e.V.

Karte, Nr. 9, Feld E2 **18**

gegründet: 1987

Hohlacker 5, 25813 Schwesing
☎ 04841-72238 Fax 04841-72541
info@gc-husumer-bucht.de
www.gc-husumer-bucht.de

PR: Dr. Volker Wulf
Headgreenkeeper: Marten Schurig

i: ☎ 04841-72238 Fax 04841-72541
Gesa Molinas

STORM´S, Stefanie Strutz
☎ 04841-773213

PRO SHOP: Anna Wykrent
☎ 04841-4042320

PRO: Pro: Michael Wykrent

H: 5970 m, CR 72.7, SL 133, Par 72
D: 5279 m, CR 74.7, SL 135, Par 72
25 Rangeabschläge (9 überdacht)

G: Gäste sind jederzeit willkommen. Clubausweis mit eingetragenem Handicap (54) ist erforderlich.

Tages-Greenfee: EUR 60
Ermäßigung: Jugendl./Stud. 50%

Platzinfos

Anfahrtsbeschreibung

A 7 Hamburg-Flensburg, Ausfahrt Schuby, B 201 Richtung Husum durch Schwesing, danach rechts direkt an der B 201. Oder: A 23 über Heide bis Husum, Umgehungsstraße, Ausfahrt Richtung Schleswig, der Golfplatz liegt links direkt an der B 201.

Platzbeschreibung

In die typisch nordfriesische Knicklandschaft eingebettet, heben gepflegte Fairways und Grüns, geschickt platzierte Bunker, naturbelassene Roughs sowie sorgsam angelegte Biotope und Wasserhindernisse diesen Golfplatz hervor. Storm Course nennen wir den 18-Loch-Meisterschaftsplatz nach dem wohl berühmtesten Sohn der Stadt: Theodor Storm (1817-1888). Vor den Toren Husums, nahe dem Nationalpark Wattenmeer und der Nordseeküste gelegen, bereichern Wind und Wetter das abwechslungsreiche und anspruchsvolle Spiel auf dem Storm Course.

Nächstgelegene Plätze

Gut Apeldör (Nr. 19)
Hof Berg, GC (Nr. 6)
Lohersand, GC (Nr. 15)

Golf-Club an der Schlei e.V.

Karte, Nr. 10, Feld E2 **18** Höhe: 45 m

gegründet: 1995

Borgwedeler Weg 16, 24357 Güby
04354-98184 Fax 04354-98185
club@gc-schlei.de
www.gc-schlei.de

PR: Dr. Reinhard Lahme, GF: Volker Schwarz

i: 04354-98184 Fax 04354-98185
Frau Sieger, Frau Heine

Restaurant: 04354-98196
Mo. Ruhetag

PRO SHOP: 04354-98184 Fax 04354-98185

PRO: Pro: Stephen Kennedy

H: 6060 m, CR 73.3, SL 132, Par 72
D: 5286 m, CR 74.8, SL 131, Par 72
15 Rangeabschläge (3 überdacht)

G: Gäste sind jederzeit willkommen. Anmeldung ist notwendig. Clubausweis mit eingetragener PE ist erforderlich.

18-Loch-Greenfee: WT: EUR 50 / WE: EUR 55
9-Loch-Greenfee: EUR 25
Greenfee-Angebote: Montags EUR 50 für 18 Loch inkl. Imbiss (nur in der Zeit vom 01.04. bis 30.09.)
Ermäßigung: Jugendl./Stud. 50%

Platzbeschreibung

Am Südufer der Schlei, wenige Autominuten von Schleswig und Eckernförde entfernt, liegt die Golfanlage an der Schlei. Auf ca. 80 ha mit für Schleswig-Holstein charakteristischen Knicks, altem und jungem Baumbestand und mehreren Teichen bietet der Platz wunderschöne Ausblicke in die Weite der reizvollen Landschaft.

Platzinfos

VCG

Anfahrtsbeschreibung

A 7 Hamburg-Flensburg, Ausfahrt Schleswig/Jagel, ca. 2 km auf der B 77 Richtung Schleswig, rechs ab auf die B 76 Richtung Eckernförde-Kiel, nach 7 km in der Ortschaft Güby links abbiegen und der Beschilderung zum Golfplatz folgen. Oder von Kiel über Eckernförde auf der B 77 in Richtung Schleswig. In Güby rechts abbiegen und der Beschilderung zum Golfplatz folgen.

Nächstgelegene Plätze

Altenhof, GC (Nr. 11)
Lohersand, GC (Nr. 15)
Stenerberg, GC (Nr. 8)

Golf Club Altenhof e.V. Eckernförde

Karte, Nr. 11, Feld F2 **18** Höhe: 30 m

gegründet: 1971

Gut Altenhof 1, 24340 Altenhof
04351-41227 04351-751304
info@gcaltenhof.de
www.gcaltenhof.de

PR: Prof. Dr. Jürgen Thede
Headgreenkeeper: Kai Schmuck

i: 04351-41227 -751304
Sabine Otte, Heinke Holler

Christopher Bauer
04351-43954 -45944
Mo. Ruhetag

PRO SHOP: Nils Sallmann / Yannick Oelke
0172/5478600, 0175/2991442

PRO: Pro: Nils Sallmann, Yannick Oelke, Anders Lejon

H: 5770 m, CR 71.9, SL 129, Par 72
D: 5078 m, CR 73.7, SL 127, Par 72
20 Rangeabschläge (4 überdacht)

G: Gäste sind jederzeit willkommen. Anmeldung ist notwendig. Clubausweis mit eingetragenem Handicap (54) ist erforderlich.

18-Loch-Greenfee: Di.-Fr.: EUR 60 / WE: EUR 75
9-Loch-Greenfee: Di.-Fr.: EUR 35 / WE: EUR 40
Das 18-Loch Greenfee beträgt montags EUR 45.
Ermäßigung: Jugendl. bis 18 J. und Stud. bis 27 J. 40%

Platzbeschreibung

Die Heimat des Golf Club Altenhof ist ein ausgesprochen malerisches Fleckchen Erde. Die gefällige Hügellandschaft an der Eckernförder Bucht, Weitblicke über die Felder, uralte Baumriesen, das historische Ensemble des Gutes Altenhof, all dies macht diesen Golfplatz zu etwas wirklich Besonderem. Ganz davon abgesehen, dass jede der 18 Bahnen mit fairen, aber auch anspruchsvollen Herausforderungen Spielern aller Handicapklassen Freude bereitet. Der Golf Club Altenhof wurde 1971 gegründet.

Platzinfos

VCG GPS CLUB GASTRO

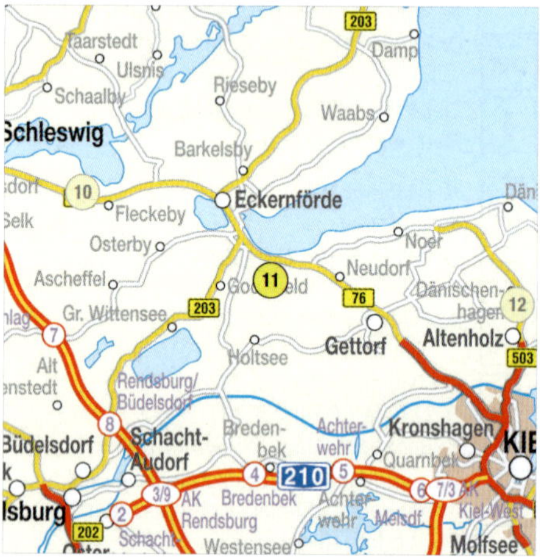

Anfahrtsbeschreibung

Von Kiel: B 76, bei der ehemaligen Bahnstation Altenhof links. Der Club-Parkplatz liegt ca. 1 km entfernt in unmittelbarer Nähe von Schloß Altenhof. Von Hamburg: A 7 Richtung Flensburg, Ausfahrt Nr. 8 nach Eckernförde über die B 203, ab Eckernförde über die B 76 Richtung Kiel und weiter wie oben zum Golfplatz (beschildert).

Nächstgelegene Plätze

An der Schlei, GC (Nr. 10)
Gut Uhlenhorster, GG (Nr. 12)
Kitzeberg, GC (Nr. 14)

Golf- & Land Club Gut Uhlenhorst

Karte, Nr. 12, Feld F2 **27/9** Design: Donald Harradine Höhe: 10 m

gegründet: 1989

Mühlenstraße 37, 24229 Dänischenhagen
✆ 04349-91700 Fax 04349-919400
✉ golf@gut-uhlenhorst.de
www.gut-uhlenhorst.de

PR: GF: Wilhelm Eckhard Sindt, CM: Martina Reinthal

i: ✆ 04349-91700 Fax 04349-919400

Restaurant LAURENS, Christoph Meyer
✆ 04349-917070 Fax 04349-919400

PRO SHOP: AZ ProfessionalGolf SHOP, Andreas Zürker
✆ 04349-9157722

PRO: Pro: Andreas Zürker, David Geall

27-Loch Platz
H: 5777 m, CR 70.2, SL 123, Par 72
D: 5255 m, CR 72.9, SL 127, Par 72
9-Loch Platz
H: 926 m, Par 28
40 Rangeabschläge (20 überdacht)

G: Gäste sind jederzeit willkommen. Anmeldung ist notwendig. Clubausweis mit eingetragener PE ist erforderlich.

18-Loch-Greenfee: WT: EUR 60 / WE: EUR 70
9-Loch-Greenfee: WT: EUR 39 / WE: EUR 45
Ermäßigung: Jugendl. und Stud. bis 27 J.

Platzinfos

VCG GPS CLUB GASTRO

Anfahrtsbeschreibung

Autobahn nach Kiel, B 503 (Stadtautobahn) nach Norden bis Dänischenhagen, der Golfplatz liegt 12 km entfernt vom Kieler Stadtzentrum und 4 km vom Strand, folgen Sie der Beschilderung an der Bundesstraße bis zum Golfplatz.

Platzbeschreibung

Nur knapp 10 Automin. vom Kieler Stadtzentrum entfernt bietet sich hier dem Golfer auf einem 145 ha umfassenden Gelände eine großzügig angelegte, abwechslungsreiche Golfanlage. Insgesamt 27 Löcher (3 18 Löcher-Kombinationen) und ein öffentlicher 9 Löcher-Kurzplatz stehen zur Verfügung. Die breiten Fairways und großen Grüns tragen die Handschrift des Erbauers Donald Harradine. „That`s golfing country" war der erste Ausspruch des Architekten bei der Ansicht des Uhlenhorster Geländes.

Nächstgelegene Plätze

Kitzeberg, GC (Nr. 14)
Altenhof, GC (Nr. 11)
Kieler GC Havighorst (Nr. 20)

Greenfee-Aktion: Seite G 17

Golfpark Fehmarn

Karte, Nr. 13, Feld G2 **18/9** Design: Ernst Potthast Höhe: 3 m

gegründet: 1987

Wulfen, Wulfener-Hals-Weg 80, 23769 Fehmarn
☎ 04371-6969 📠 04371-6330
✉ info@golfpark-fehmarn.de
💻 www.golfpark-fehmarn.de

PR GF: Volker Riechey
Headgreenkeeper: Eugen Meier

i ☎ 04371-6969 📠 -6330
Tatjana Baal

Restaurant am Golfpark, Volker Riechey
☎ 04371-3006 📠 -9041

PRO SHOP Golf- u. Sportanlagen Gesellschaft Fehmarn mbH & Co. KG, Ralf Trost
☎ 04371-6969 📠 04371-6330

PRO Pro: David Stenson

18-Loch Platz
H: 5770 m, CR 72.1, SL 133, Par 72
D: 5088 m, CR 73.7, SL 133, Par 72
9-Loch Kurzlochplatz (Par 3)
H: 1400 m, Par 54, D: 1400 m, Par 54
30 Rangeabschläge (5 überdacht)

G Gäste sind jederzeit willkommen. Anmeldung ist notwendig. Clubausweis mit eingetragener PE ist erforderlich.

Tages-Greenfee: EUR 65, 9-Loch-GF: EUR 39
Alle Ermäßigungen / Rabatte nur auf das reguläre Tagesgreenfee.
Ermäßigung: Jugendl. bis 18 J. und Stud. bis 27 J. 50%

Platzbeschreibung

Der Golfplatz umschließt das Erholungsgebiet „Wulfener Berge" in einer landschaftlich sehr reizvollen Umgebung. Von allen Abschlägen und Greens haben Sie einen herrlichen Blick auf die Ostsee und den Burger Binnensee mit der Kulisse vieler Surfer, des Burger Hafen und der Fehmarnsund-Brücke. Von jedem Tee oder Green haben Sie hier Meerblick und das 9. Green ist quasi die „Insel auf der Insel".

Platzinfos

Anfahrtsbeschreibung

A 1 Hamburg-Lübeck-Oldenburg-Heiligenhafen, dann weiter auf der E 47 Richtung Puttgarden-Fehmarn. Auf Fehmarn an der ersten Abfahrt die E 47 Richtung Avendorf verlassen, ab dort ist Wulfen und dann „Golfplatz" ausgeschildert.

Nächstgelegene Plätze

Grömitz, GC Ostseeheilbad (Nr. 21)
Hohwachter Bucht, GA (Nr. 17)
Brodauer Mühle, GC (Nr. 24)

Schleswig-Holstein+Hamburg

Golfpark Fehmarn (Stefan von Stengel - Golfküste)

Golf-Club Kitzeberg e.V.

Karte, Nr. 14, Feld F2 18

gegründet: 1902

Wildgarten 1, 24226 Heikendorf
☎ 0431-232324 Fax 0431-6910929
info@golf-kiel.de
www.golf-kiel.de

PR: Elke Brendel, CM: Simone Spindler

i: ☎ 0431-232324 Fax 0431-6910929
Laura Wilhelmy, Sandra Müller

Wildgarten, Dennis Szodruch
☎ 0431-232324 Fax 0431-6910929

PRO: Pro: Paul Phillips, Andrew Taylor

H: 5506 m, CR 70.1, SL 131, Par 71
D: 4801 m, CR 71.9, SL 127, Par 71
30 Rangeabschläge (8 überdacht)

G: Gäste sind jederzeit willkommen. Anmeldung ist notwendig. Clubausweis mit eingetragener PE ist erforderlich.

18-Loch-Greenfee: WT: EUR 60 / WE: EUR 70
9-Loch-Greenfee: WT: EUR 40 / WE: EUR 45
Ermäßigung: Jugendl. bis 18 J., Stud. bis 21 J.

Platzinfos

Platzbeschreibung

Die bereits 1902 gegründete Golfanlage liegt inmitten einer für norddeutsche Verhältnisse hügeligen Landschaft an der Kieler Förde. Das parkähnliche Gelände mit zum Teil sehr altem Baumbestand bietet besonders wegen der zahlreichen Schräglagen immer wieder eine Herausforderung für Spieler aller Leistungsstärken. In der Golfsaison 2002 wurde ein neues Clubhaus bezogen. Es befindet sich am nördlichen Ortsausgang der Gemeinde Mönkeberg.

Anfahrtsbeschreibung

Von Kiel Zentrum, Ostufer der Kieler Förde ca. 10 km über die B 502 Richtung Heikendorf. Hinter Mönkeberg nach ca. 300 m rechts abbiegen.

Nächstgelegene Plätze

Gut Uhlenhorster, GG (Nr. 12)
Kieler GC Havighorst (Nr. 20)
Altenhof, GC (Nr. 11)

Golf Club Lohersand e.V.

Karte, Nr. 15, Feld E2 **18** Höhe: 35 m

gegründet: 1957

Am Golfplatz, 24806 Sorgbrück
☎ 04336-999111
✉ info@lohersand.de
www.lohersand.de

PR: Regina Kasten

i: ☎ 04336-999111
Daniela Gauckestern, Sandra Aguilar, Annegret Sievers

Clubgastronomie, Mario Ferraris
☎ 04336-9991188

PRO: Pro: Nico Wildt, Marc Weiser

H: 5480 m, CR 69.3, SL 128, Par 71
D: 4675 m, CR 70.3, SL 124, Par 71
14 Rangeabschläge (5 überdacht)

G: Gäste sind jederzeit willkommen. Anmeldung ist notwendig. Clubausweis mit eingetragenem Handicap (54) ist erforderlich. GPS-Geräte bei Turnieren zugelassen.

18-Loch-Greenfee: WT: EUR 60 / WE: EUR 70
9-Loch-Greenfee: WT: EUR 30 / WE: EUR 35
Ermäßigung gilt auch für Wehrpflichtige bis 23 Jahre.
Ermäßigung: Jugendl./Stud. bis 23 J. 50%

Platzinfos

VCG GPS CLUB GASTRO

Anfahrtsbeschreibung

Der Golfplatz liegt an der B 77 zwischen Rendsburg und Schleswig, 8 km nördlich von Rendsburg. Die Anfahrt zum Golfplatz ist ab der Kurve Sorgbrück ausgeschildert.

Platzbeschreibung

Eine Golfanlage der Extraklasse, harmonisch eingebettet in eine wechselvolle Landschaft ohne störende Außeneinflüsse. Links-Course-artige Spielbahnen durch weite, wellige Heideflächen, und enge, anspruchsvolle Waldschneisen werden ergänzt um natürliche, reizvolle Wasserhindernisse. Die Besonderheiten: - drei verschiedenen Landschaften: Heide, Wald, Wasser, - 100% Abwechslung – der Sandboden hält die Spielbeschaffenheit auch an nassen Tagen trocken.

Nächstgelegene Plätze

An der Schlei, GC (Nr. 10)
Altenhof, GC (Nr. 11)
Gut Apeldör (Nr. 19)

Golfplatz Open County

Karte, Nr. 16, Feld D2 9 Design: Brian Egan

gegründet: 1999

Martendorf 23, 25881 Tating
☏ 04863-955060 Fax 032-121274844
✉ info@opencounty.de
www.opencounty.de

PR: Jann Schmidt, GF: Brian Egan,
CM: Gunnar Zimmermann

i: ☏ 04863-955060 Fax 032-121274844
Gunnar Zimmermann

Egan's Pub (Drinks &Snacks),
Gunnar Zimmermann
☏ 04863-955060 Fax 032-121274844

PRO SHOP: ☏ 04863-955060 Fax 032-121274844

PRO: Pro: Brian Egan, Neil Thompson

H: 1817 m, CR 60.9, SL 103, Par 30
D: 1585 m, CR 60.2, SL 100, Par 30
20 Rangeabschläge

G: Gäste sind jederzeit willkommen.

Tages-Greenfee: EUR 30
9-Loch-Greenfee: EUR 22.5
Ermäßigung: Jugendl./Stud.

Platzinfos

VCG CLUB GASTRO

Platzbeschreibung

Der 9-Loch-Platz ist ideal für Anfänger, da er auch ohne Vorkenntnisse bespielbar ist, aber auch geübte Spieler kommen hier auf ihre Kosten. Besonders für Firmen und Gruppen bietet er sich als sehr gutes Ausflugsziel an.

Anfahrtsbeschreibung

Von Hamburg auf der A 23 Richtung Heide, weiter auf der B 5/B 202 Richtung St. Peter Ording bis Tating, am Ortsausgang Tating links Richtung Flughafen, nach 40 m liegt rechter Hand der Parkplatz.

Nächstgelegene Plätze

Nordsee-GC St. Peter-O. (Nr. 18)
Dithmarschen, GC Büsum (Nr. 22)
Husumer Bucht, GC (Nr. 9)

Greenfee-Aktion: Seite G 243

Golfanlage Hohwacht GmbH & Co. KG

Karte, Nr. 17, Feld G2 **27** Design: Christian Althaus, Gerd Osterkamp

gegründet: 1992

Eichenallee 1, 24321 Hohwacht/Ostsee
04381-9690 04381-6098
info@golfclub-hohwacht.de
www.golfclub-hohwacht.de

PR Christian Danz, GF: Christian von Oven, CM: Ann-Susann Schultz

i 04381-9690 -6098

BREITENGRAD, Sascha Frank
04381-418065 -6098

PRO SHOP Golfshop Hohwacht, Birgit Schmiedlein
04381-9690 -6098

PRO Pro: Paul Dyer, Sebastian Rohrmann

18-Loch Hohwachter Platz
H: 5988 m, CR 72.5, SL 132, Par 73
D: 5213 m, CR 74, SL 130, Par 73
9-Loch Neudorfer Platz
H: 4198 m, CR 63.3, SL 114, Par 64
D: 3782 m, CR 64.6, SL 110, Par 64
150 Rangeabschläge (32 überdacht)

G Gäste sind jederzeit willkommen. Anmeldung ist notwendig. Clubausweis mit eingetragener PE ist erforderlich. Der kleine Platz „Neudorf" kann von Gästen mit PE ohne Mitgliedschaft gespielt werden. Gut erzogene Hunde sind auf dem Neudorf-Platz nach vorheriger Anmeldung erlaubt.

18-Loch-Greenfee: Mo.-Do.: EUR 59 / Fr.-So.: EUR 79.
9-Loch-Greenfee: Mo.-Do.: EUR 25 / Fr.-So.: EUR 35.
Ermäßigung: Jugendl. und Stud. bis 27 J. 50%

Platzbeschreibung

Die Golfanlage Hohwacht erstreckt sich über insgesamt 120 Hektar und besticht durch ihre Lage am großen Binnensee und die Nähe zur Hohwachter Bucht (Ostsee). Die Anlage verfügt über einen 18-Löcher- und 9-Löcher Platz sowie umfangreiche Übungseinrichtungen im „Golfodrom". Die im Jahr 1992 erbauten und vom renommierten Golfplatzarchitekten entworfenen Plätze stechen besonders durch ihre breiten Fairways hervor. Neben einem malerischen Blick über die anliegenden Rapsfelder bietet der Hohwachter Platz mit seinen 18 Löchern gleichermaßen golferische Herausforderung und Spielspaß. Auf über 6.000 Metern Länge erwarten Sie rund 43 Bunker, knifflige Wasserhindernisse und als Signature Hole ein Inselgrün, das seinesgleichen sucht.

Platzinfos

Anfahrtsbeschreibung

A 1 Hamburg-Lübeck-Puttgarden, Ausfahrt Oldenburg, B 202 Richtung Kiel-Lütjenburg, am Ortseingang Lütjenburg rechts nach Hohwacht, nach 3 km Eichenallee liegt rechts die Einfahrt zum Golfplatz. Oder: A 7 Hamburg-Kiel, Ausfahrt B 76 Richtung Lübeck, B 202 Richtung Lütjenburg. Am Ortsausgang Lütjenburg links nach Hohwacht abbiegen, nach 3 km Eichenallee liegt rechts die Einfahrt zum Golfplatz.

Nächstgelegene Plätze

Gut Waldshagen, GC (Nr. 23)
GP Plöner See (Nr. 26)
Brodauer Mühle, GC (Nr. 24)

Nordsee-Golfclub St. Peter-Ording e.V.

Karte, Nr. 18, Feld D2 **9** Höhe: 4 m

gegründet: 1971

Eiderweg 1, 25826 St. Peter-Ording
✆ 04863-3545 Fax 04863-4260
✉ nordseegolfclub@gmx.de
www.ngc-spo.de

PR Dr. Peter Freudenthal
Headgreenkeeper: Erik Malkus

✆ 04863-3545 Fax 04863-4260
Dipl. Golflehrer Thorsten Schulz

„ Nordsee-Panorama„, Kasimiera Majeran-Petersen. ✆ 04863-4261 Fax 04863-4260
Mo. Ruhetag

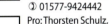

PRO SHOP Lucas Pro-Shop & Golfschule St.Peter- Ording, Dipl-Golflehrer Michael Lucas
✆ 01577-9424442

PRO Pro: Thorsten Schulz,
Dipl. Golflehrer Michael Lucas

H: 5760 m, CR 71, SL 133, Par 72
D: 5110 m, CR 73, SL 131, Par 72
20 Rangeabschläge (3 überdacht)

G Gäste sind jederzeit willkommen. Clubausweis mit eingetragenem Handicap (54) ist erforderlich. Sa./So./Feiertage ist Handicap 45 erforderlich.

18-Loch-Greenfee: WT: EUR 45 / WE: EUR 50
9-Loch-Greenfee: WT: EUR 35 / WE: EUR 40
Ermäßigung: Jugendl./Stud. 50%

Platzinfos

Anfahrtsbeschreibung

Von Süden über die A 23 bis Heide West, dann Wesselburen und Eidersperrwerk
kurz vor St. Peter-Ording links ab Richtung „St. Peter-Böhl", dort Hinweis Nordsee-Golfclub. Von Norden und Osten auf der B 202 über Garding, dann links ab Richtung „St. Peter-Ording, Ortsteil Böhl/Dorf", weiter wie oben.

Platzbeschreibung

Der Nordsee-Golfclub St. Peter-Ording ist Deutschlands erster Westküsten-Golfplatz, ein Links-Course, wie Golfer ihn aus Irland und Schottland kennen. Der Platz zieht sich entlang der Nationalparkgrenze, teilweise durch Dünenlandschaft. Viele Abschläge liegen auf Dünenkuppen mit Blick auf die Sandbänke und die Nordsee.

Nächstgelegene Plätze

Open County, GP (Nr. 16)
Dithmarschen, GC Büsum (Nr. 22)
Gut Apeldör (Nr. 19)

Golf Club Gut Apeldör GmbH

Karte, Nr. 19, Feld E2 **18/9** Design: David Krause Höhe: 15 m

gegründet: 1996

Apeldör 2, 25779 Hennstedt
04836-99600 04836-996033
golfhotel@apeldoer.de
www.apeldoer.de

PR
GF: Dieter Worms
Karsten Voß
Headgreenkeeper: Lukas Böttcher

i
04836-99600 04836-996033
Tanja Hussner

Gutshof Apeldör, Kai Petersen-Thedens
04836-996060 04836-996066

PRO SHOP
Golf Club Gut Apeldör GmbH,
Michaela Bergemann
04836-99600 04836-996033

PRO
Pro: Nathan Judge

18-Loch Big Apple Platz
H: 5984 m, CR 73.3, SL 139, Par 72
D: 5347 m, CR 75.5, SL 138, Par 72
9-Loch BIG9 Platz
H: 6054 m, CR 73.3, SL 136, Par 72
D: 5130 m, CR 73.3, SL 135, Par 72
50 Rangeabschläge (8 überdacht)

G
Gäste sind jederzeit willkommen. Anmeldung ist notwendig. Clubausweis mit eingetragenem Handicap (54) ist erforderlich. Der BIG9 ist mit PAR 36 ein vollwertiger Golfplatz. Hunde angeleint nur auf dem BIG9 erlaubt.

Tages-Greenfee: WT: EUR 69 / WE: EUR 79
9-Loch-Greenfee: WT: EUR 35 / WE: EUR 40
Jugendl. in Ausbild. bis 27 Jahre erhalten 50%
Erm. auf reg. GF. Hotelgäste erhalten EUR 10,- Rabatt.
Ermäßigung: Jugendl. bis 18 J. und Stud. bis 27 J. 50%

Platzbeschreibung

Der BIG APPLE (18-Loch-Platz) des GC Gut Apeldör zeichnet sich durch stark ondulierte Grüns aus und ist landschaftlich reizvoll in die typische Geest- und Knicklandschaft zwischen Nordsee und Eider integriert. Die welligen Bahnen stellen insbesondere aufgrund zahlreicher, großer Wasserhindernisse, die sowohl Fairways begrenzen als auch Greens abschirmen eine sportliche Herausforderung dar. Zusätzlich verfügt der Club über den BIG9, einen 9-Loch Platz, den auch Nicht-Mitglieder bespielen dürfen.

Platzinfos

VCG CLUB GASTRO

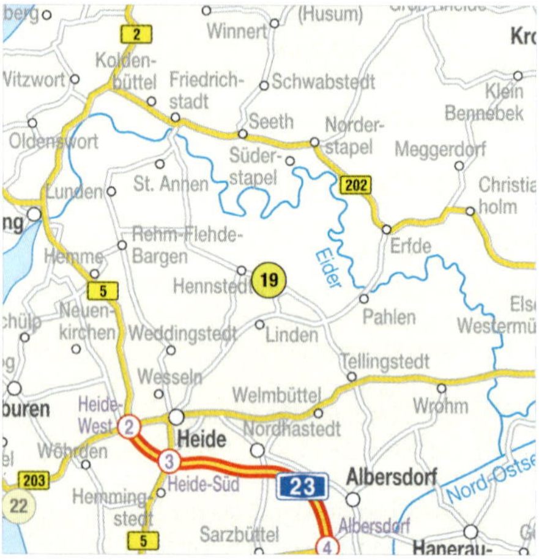

Anfahrtsbeschreibung

Von Hamburg: A 23, Ausfahrt Albersdorf, über Albersdorf und Tellingstedt Richtung Hennstedt, ca. 1 km vor Hennstedt liegt links der Golfplatz. Aus Richtung Norden: B 5 über Husum Richtung Friedrichstadt, ca. 1 km nach der Eiderbrücke links Richtung Tellingstedt, ca. 1 km nach dem Ortsausgang Hennstedt liegt rechts der Golfplatz.

Nächstgelegene Plätze

Dithmarschen, GC Büsum (Nr. 22)
Lohersand, GC (Nr. 15)
Husumer Bucht, GC (Nr. 9)

Kieler Golfclub Havighorst

Karte, Nr. 20, Feld F2 **18** Höhe: 10 m

gegründet: 1989

Havighorster Weg 20,
24211 Honigsee/Havighorst
✆ 04302-965980 Fax 04302-965981
info@gc-kiel.de
www.kieler-golfclub-havighorst.de

PR: Peter Thoma, GF: Alexander Thoma

i: ✆ 04302-965980 Fax 04302-965981

Habichtnest
✆ 04302-965980 Fax 04302-965981

PRO SHOP: ✆ 04302-965980 Fax 04302-965981

PRO: Pro: Frank Donothek, Andreas Grombein

H: 5915 m, CR 72.4, SL 132, Par 72
D: 4979 m, CR 73.4, SL 125, Par 72
50 Rangeabschläge (4 überdacht)

G: Gäste sind jederzeit willkommen. Clubausweis mit eingetragener PE ist erforderlich. Um auf dem Platz zu spielen genügt auch (nur) PE.

Tages-Greenfee: WT: EUR 55 / WE: EUR 65
18-Loch-Greenfee: WT: EUR 55 / WE: EUR 65
Ermäßigungen beziehen sich NICHT auf das reguläre Greenfee!
Ermäßigung: Jugendl./Stud. bis 21 J.

Platzbeschreibung

Umgeben von dichtem Baumbestand liegt in herrlicher Lage, nur wenige Kilometer von Kiel, einer der anspruchsvollsten 18-Loch-Plätze Schleswig-Holsteins. Eingebettet in eine typische Endmoränenlandschaft, die von uralten und neuen Knicks durchzogen wird, bietet der Platz verschiedene Standards zur Auswahl an. Die für die Region fast schon „bergige" Anlage mit Höhenunterschieden von über 20 m und vielen Wasserhindernissen und Biotopen machen den Platz zu einer Herausforderung für jede Spielstärke.

Platzinfos

Anfahrtsbeschreibung

Von Kiel in kurzer Fahrt aus Kiel in Richtung Süden über die B 404 bis zur Kreuzung Boksee/Havighorst (Höhe ADAC-Verkehrsübungsplatz). An der Kreuzung links abbiegen und der Ausschilderung Golfplatz/Golf folgen. Sie erreichen den Club nach ca. 500m Fahrt ab der B 404.Oder: A 1 Hamburg-Lübeck, Ausfahrt Bargteheide, dann über die B 404 bis zur Abzweigung Havighorst.

Nächstgelegene Plätze

Kitzeberg, GC (Nr. 14)
Gut Uhlenhorster, GG (Nr. 12)
Krogaspe, GP (Nr. 25)

Greenfee-Aktion: Seite G 17

Golf Club Ostseebad Grömitz e.V.

Karte, Nr. 21, Feld G2 **18**

gegründet: 1989

Am Schoor 46, 23743 Grömitz
☎ 04562-222650 🖷 04562-222651
✉ info@golfclubgroemitz.de
💻 www.golfclub-groemitz.de

PR Jochen Sachau, GF: Jochen Sachau
Headgreenkeeper: Burkhard Schuldt

i ☎ 04562-222650 🖷 -222651
Catinka Bruhn, Marc Rochlitz

Eagle, Idriz Zhegrova
☎ 04562-222650 🖷 04562-222651
Mo. Ruhetag

PRO SHOP Marco Bussmann
☎ 0171-9585855 🖷 -222651

PRO Pro: Marco Bußmann

18-Loch Carat Hotel Residenz Course
H: 5767 m, CR 70.6, SL 133, Par 73
D: 4909 m, CR 71, SL 129, Par 73
16 Rangeabschläge (4 überdacht)

G Gäste sind jederzeit willkommen. Anmeldung ist notwendig. Clubausweis mit eingetragener PE ist erforderlich.

18-Loch-Greenfee: EUR 65
9-Loch-Greenfee: EUR 37
Greenfee Par 73 Sonntag ab 13:00 Uhr: EUR 30
Ermäßigung: Jugendl./Stud. 50%

Platzbeschreibung

Eingebettet in die holsteinische Knicklandschaft liegt im Zentrum des Ostseebades Grömitz diese wunderschöne Golfanlage mit mäßigen Steigungen und zahlreichen Wasserhindernissen, die mit ihren 18 Löchern eine echte Herausforderung für den Könner aber auch viel Spielfreude für den Anfänger bietet. Clubhaus mit Umkleideräumen, Duschen, Pro-Shop, Gastronomie und Sekretariat.

Platzinfos

VCG GPS CLUB GASTRO

Anfahrtsbeschreibung

A 1 Hamburg-Puttgarden, Ausfahrt Neustadt in Holstein-Nord/Grömitz, in Grömitz der Beschilderung bis zum Golfplatz folgen.

Nächstgelegene Plätze

Brodauer Mühle, GC (Nr. 24)
Lübeck-Travemünder GK (Nr. 31)
Seeschlösschen, GA (Nr. 28)

Greenfee-Aktion: Seite G 19

Golfclub Büsum Dithmarschen e.V.

Karte, Nr. 22, Feld E2 **18**

gegründet: 1984

Zwischen den Deichen, Navi: Dorfstr. 32 eingeben, 25761 Warwerort/Büsum
✆ 04834-960460 🖷 04834-960463
✉ info@gc-buesum.de
💻 www.gc-buesum.de

PR: Ralph Münchow, CM: Ralph Münchow
Headgreenkeeper: Henning Thießen

i: ✆ 04834-960460 🖷 04834-960463
Dirk Milde, Simone Nicosia-Bock

Café und Bistro am Priel, Daniela Möller
✆ 04834-960462

PRO SHOP: Golfhäusschen

PRO: Pro: Tim Weigl

H: 5669 m, Par 72
D: 4834 m, Par 72
25 Rangeabschläge (8 überdacht)

G: Gäste sind jederzeit willkommen. Sa./So./Feiertage ist Anmeldung notwendig. Clubausweis mit eingetragener PE ist erforderlich.

18-Loch-Greenfee: WT: EUR 65 / WE: EUR 75
9-Loch-Greenfee: WT: EUR 34 / WE: EUR 39
Bei den Wintergreenfees sind keine weiteren Rabatte möglich.
Ermäßigung: Jugendl./Stud. 50%

Nächstgelegene Plätze
Am Donner Kleve, GC (Nr. 30)
Nordsee-GC St. Peter-O. (Nr. 18)
Gut Apeldör (Nr. 19)

Platzinfos

Anfahrtsbeschreibung
A 23, Ausfahrt Heide-West, B 203 Richtung Büsum, nach 15 km links ab in Richtung Warewort. Der Golfplatz liegt in unmittelbarer Strandnähe.

Platzbeschreibung
In der ehemaligen Wattenmeerlandschaft liegt dieser Golfplatz teilweise unter dem Meeresspiegel. Priele und naturgegebene Wasserhindernisse kennzeichnen die Spielbahnen. Diese sind überwiegend eben angelegt, aber durch die stete, leichte Nordseebrise immer interessant zu spielen. Strandkörbe an den Abschlägen „versüßen" das Warten, sie bieten Schutz vor Sonne und Wind. Neben dem Golfplatz, ca. 500 m entfernt, lädt der Badestrand Warwerort zum Baden und Erholen ein. Tipp für Camper: vollwertige Wohnmobil- Stellplätze sind vorhanden.

Greenfee-Aktion: Seite G 19

Golfclub Gut Waldshagen

Karte, Nr. 23, Feld F2 **18** Höhe: 40 m

gegründet: 1996

Waldshagen 3, 24306 Bösdorf (bei Plön)
☎ 04522-766766 Fax 04522-766767
✉ info@gut-waldshagen.de
www.gut-waldshagen.de

PR: GF: Sven Timm

i: ☎ 04522-766766 Fax 04522-766767

Restaurant Gut Waldshagen
☎ 04522-766766 Fax 04522-766767
Mo. und Do. Ruhetag

H: 5917 m, CR 72.8, SL 132, Par 73
D: 4959 m, CR 73, SL 133, Par 73
30 Rangeabschläge (3 überdacht)

G: Gäste sind jederzeit willkommen. PE ist erforderlich.

18-Loch-Greenfee: Mo.-Do.: EUR 60 / Fr.-So.: EUR 70
9-Loch-Greenfee: Mo.-Do.: EUR 40 / Fr.-So.: EUR 50
Ermäßigung: Jugendl./Stud. 50%

Platzbeschreibung

Inmitten der Holsteinischen Schweiz und unweit der Ostsee liegt die Golfanlage Gut Waldshagen. Nur wenige Kilometer von den Kreisstädten Plön und Eutin entfernt bieten wir Ihnen neben dem 18-Loch-Meisterschaftsplatz eine erstklassige Übungsanlage mit Driving Range, Putting- und Chippinggrün. Für Golfeinsteiger bietet unsere Golfschule regelmäßig Schnupperkurse an.

Platzinfos

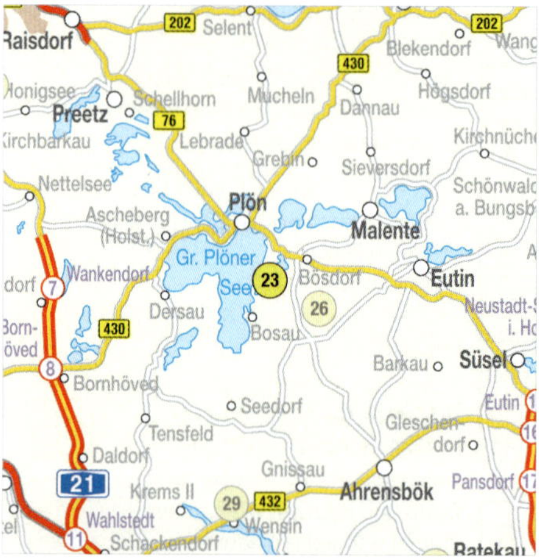

Anfahrtsbeschreibung

A 7 Hamburg-Kiel, Ausfahrt Neumünster, weiter Richtung Plön auf der B 430, von Plön weiter auf der B 76 Richtung Eutin, Ausfahrt Bosau-Augstfelde Richtung Campingplatz Augstfelde, die Zufahrt zum Golfplatz liegt gegenüber dem Campingplatz Augstfelde.Oder: A 1 Lübeck-Oldenburg, Ausfahrt Eutin Richtung Eutin und weiter wie oben beschrieben zum Golfplatz.

Nächstgelegene Plätze

GP Plöner See (Nr. 26)
Segeberg, GC (Nr. 29)
Curau, GC (Nr. 33)

Greenfee-Aktion: Seite G 19

Golf Club Brodauer Mühle e.V.

Karte, Nr. 24, Feld G2 **18**

gegründet: 1986

Baumallee 14, 23730 Gut Beusloe
✆ 04561-8140 🖷 04561-407397
✉ info@gc-brodauermuehle.de
🖳 www.gc-brodauermuehle.de

PR: Klaus Niepel

i: ✆ 04561-8140 🖷 04561-407397
Sabine Lübke, Sylvia Witt

Restaurant & Café Gut Beusloe, Thienemann
✆ 04561-5590555

PRO SHOP: Philipp Rohwedder
✆ 04561-8140

PRO: Pro: Sönke Sauck, Sven Ankele

H: 6039 m, CR 72.3, SL 130, Par 72
D: 5273 m, CR 74, SL 130, Par 72
25 Rangeabschläge (4 überdacht)

G: Gäste sind jederzeit willkommen. Anmeldung ist notwendig. Clubausweis mit eingetragenem Handicap (36) ist erforderlich.

18-Loch-Greenfee: WT: EUR 60 / WE: EUR 70
9-Loch-Greenfee: WT: EUR 38 / WE: EUR 45
5er Karte 18-Loch : 250 EUR / 5er Karte 9-Loch 170 EUR
10er Karte 18-Loch: 480 EUR / 10er Karte 9-Loch 320 EUR
Ermäßigung: Jugendl. bis 18 J. und Stud. bis 27 J. 50%

Platzbeschreibung

Die sanft geschwungene Landschaft in Nähe der Lübecker Bucht bietet der Golfanlage ein Areal mit unterschiedlichem Landschaftscharakter. Die ersten Löcher verlaufen auf einem relativ flachen und sehr offenem Gelände, ab der Bahn 6 geht es in ein recht kupiertes Gelände über. So bildet jedes Fairway mit natürlichen und künstlichen Wasserhindernissen und Bunkern ein abwechslungsreiches Spiel.

Platzinfos

VCG
GPS
CLUB

Anfahrtsbeschreibung

A 1 Hamburg-Puttgarden, Ausfahrt Neustadt/ Grömitz, B 501 Richtung Grömitz, nach ca. 3 km Abfahrt Beusloe, Brodau Golfplatz, Gut Beusloe.

Nächstgelegene Plätze

Grömitz, GC Ostseeheilbad (Nr. 21)
Seeschlösschen, GA (Nr. 28)
Lübeck-Travemünder GK (Nr. 31)

Golfpark Krogaspe

Karte, Nr. 25, Feld F2 **18/9** Design: Chris Parker Höhe: 20 m

gegründet: 2002

Aalbeksweg, 24644 Krogaspe
☎ 04321-852993 🖷 04321-852994
✉ info@golfpark-krogaspe.de
💻 www.golfpark-krogaspe.de

PR
GF: Chris Parker, CM: Chris Parker
Headgreenkeeper: Chris Parker

i
☎ 04321-852993 🖷 -852994
Dr. Sylvia Parker, Chris Parker

Dr. Sylvia Parker
☎ 04321-852991 🖷 -852994

PRO SHOP
Golfpark Krogaspe Betriebs GmbH, Chris Parker, Dr. Sylvia Parker
☎ 04321-852993 🖷 -852994

PRO
Pro: Chris Parker, Pietro Fragapane

18-Loch Platz
H: 6225 m, CR 72.5, SL 125, Par 73
D: 5536 m, CR 74.5, SL 125, Par 73
9-Loch Platz
H: 1410 m, CR 56.9, SL 89, Par 58
D: 1390 m, CR 57.8, SL 89, Par 60
35 Rangeabschläge

G
Gäste sind jederzeit willkommen.

Tages-Greenfee: WT: EUR 35 / WE: EUR 45
9-Loch-Greenfee: WT: EUR 25 / WE: EUR 35
Kinder bis 12 Jahre frei.
Ermäßigung: Jugendl./Stud. bis 25 J. 50%

Platzinfos

VCG GPS

Anfahrtsbeschreibung
A 7 Abfahrt Neumünster-Nord, auf der B 205 Richtung Rendsburg, nach ca. 2 km rechts der Beschilderung nach Krogaspe folgen. Im Ort rechts Richtung Wasbek und hinter der Eisenbahnunterführung links zum Golfplatz. Bei älteren Nivigationsgeräten sollten Sie Forellensee eingeben.

Platzbeschreibung
Öffentl. Golf-Anlage im Herzen Schleswig-Holsteins, auf der auch ohne Clubausweis und Platzreife gespielt werden kann. Der Golfplatz wurde in die für Schleswig-Holstein typische alte Knickanlage eingepasst und auf ihrem Sandboden entsteht eine artenreiche Heidelandschaft. Sollte einmal das Wetter nicht zum Golfspielen einladen, kann man im Clubhaus auch bei Billard und Dart entspannen.

Nächstgelegene Plätze
Mittelholst. GC Aukrug (Nr. 27)
Kieler GC Havighorst (Nr. 20)
Bad Bramstedt, GC (Nr. 34)

Greenfee-Aktion: Seite G 19

Golfplatz Plöner See

Karte, Nr. 26, Feld G2 9 Design: Dr. Ernst Gründel Höhe: 50 m

gegründet: 1988

Bergstraße 3, 23715 Thürk
✆ 04527-1548 🖷 04527-972031
✉ info@golfplatzploenersee.de
💻 www.golfplatzploenersee.de

PR
GF: Michael Schmidt
Headgreenkeeper: Christoph Richter

i
✆ 04527-1548
Dana Richter

Dana Richter
✆ 04527-1548
Mo. Ruhetag

H: 4782 m, CR 67, SL 121, Par 68
D: 4366 m, CR 69.6, SL 118, Par 68
30 Rangeabschläge (5 überdacht)

G
Gäste sind jederzeit willkommen.

18-Loch-Greenfee: EUR 50
9-Loch-Greenfee: EUR 30
Ermäßigung: Jugendl. bis 18 J. und Stud.

Platzbeschreibung

Harmonisch eingefügrt in die sanfte Hügel- und Seenlandschaft des Naturparks Holsteinische Schweiz - nur wenige Kilometer vom Großen Plöner See entfernt - bietet der Golfplatz Plöner See Golfsport und Entspannung in herrlich ruhiger Natur mit vielen reizvollen Ausblicken. Die durch alten Obst- und Laubbaumbestand abgegrenzten Spielbahnen, die typischen Knicks, Blumen- und Kräuterwiesen sowie Gewässer verleihen dem Platz seinen besonderen Charakter. Der Platz begeistert Anfänger wie Golferfahrene durch großzügige breite Fairways, kleine und gut verteidigte Grüns sowie trickreich platzierte Wasserhindernisse.

Platzinfos

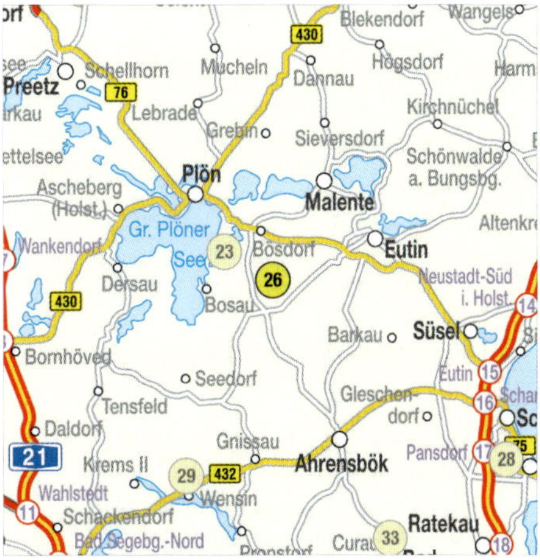

Anfahrtsbeschreibung

A 7 Hamburg-Kiel, Ausfahrt Neumünster, weiter Richtung Plön auf der B 430, von Plön weiter auf der B 76 Richtung Eutin, Ausfahrt Bösdorf-Kleinmeinsdorf Richtung Bösdorf-Thürk zum Golfplatz. Oder: A 1 Lübeck-Oldenburg, Ausfahrt Eutin Richtung Eutin und weiter wie oben beschrieben zum Golfplatz.

Nächstgelegene Plätze

Gut Waldshagen, GC (Nr. 23)
Segeberg, GC (Nr. 29)
Curau, GC (Nr. 33)

Mittelholsteinischer Golf-Club Aukrug e.V.

Karte, Nr. 27, Feld F2 **18/6** Höhe: 10 m

gegründet: 1969

Zum Glasberg 9, 24613 Aukrug-Bargfeld
✆ 04873-595 🖷 04873-1698
✉ sekretariat@golfclub-aukrug.de
💻 www.golfclub-aukrug.de

PR: Gerhard Edinger

✆ 04873-595 🖷 -1698
Christiane Wohlbehagen

Marinko Barbic
✆ 04873-333

PRO SHOP: Daniela Beth
✆ 04873-211

PRO: Pro: Anders Lejon, Ole Gutberlet

18-Loch Platz
H: 5783 m, CR 73, SL 125, Par 72
D: 5059 m, CR 75, SL 121, Par 72
6-Loch Platz, H: 830 m, Par 54, D: 830 m
20 Rangeabschläge (3 überdacht)

G: Gäste sind jederzeit willkommen. Clubausweis mit eingetragenem Handicap (36) ist erforderlich.

18-Loch-Greenfee: WT: EUR 55 / WE: EUR 70
9-Loch-Greenfee: WT: EUR 35 / WE: EUR 40
Für Gruppen ist Anmeldung notwendig.
GF 10er Karte EUR 450
Ermäßigung: Jugendl./Stud. 50%

Platzinfos

Anfahrtsbeschreibung

A 7 Hamburg-Kiel, Ausfahrt Neumünster-Mitte, B 430 Richtung Hohenwestedt, nach ca. 12 km links Richtung Fachklinik Aukrug und der Beschilderung zum Golfplatz folgen.

Platzbeschreibung

Nur knapp eine Autostunde von Hamburg entfernt liegt die Anlage in einer leicht hügeligen holsteinischen Landschaft. Bei Planung und Realisation wurden auf teure Extravaganzen weitgehend verzichtet, so dass der Platz in Harmonie mit der Natur dem Golfer einen sehr abwechslungsreichen und anspruchsvollen Parcours bietet.

Nächstgelegene Plätze

Krogaspe, GP (Nr. 25)
Bad Bramstedt, GC (Nr. 34)
Gut Bissenmoor, G&CC (Nr. 36)

Golfanlage Seeschlösschen Timmendorfer Strand

Karte, Nr. 28, Feld G2 **18/18** Design: Bernhard von Limburger

gegründet: 1973

Am Golfplatz 3, 23669 Timmendorfer Strand
04503-704400 04503-7044014
info@gc-timmendorf.de
www.gc-timmendorf.de

PR: Klaus Gebert, GF: Andreas und Christian von Oven, CM: Birgit Krause

i: 04503-704400 04503-7044014

Windfang, Andreas von Oven
04503 70 440 210 04503-7044014

PRO SHOP: Golfshop
04503 70 440 260

PRO: Pro: Paul Dyer

18-Loch Nordplatz
H: 5957 m, CR 71, SL 130, Par 72
D: 5358 m, CR 73.8, SL 125, Par 72
18-Loch Südplatz
H: 3602 m, CR 60.2, SL 106, Par 61
D: 3257 m, CR 60.2, SL 99, Par 61

G: Gäste sind jederzeit willkommen. Anmeldung ist notwendig. Clubausweis mit eingetragenem Handicap (36) ist erforderlich.

18-Loch-Greenfee: Mo.-Do.: EUR 65 / Fr.-So.: EUR 79, 9-Loch-Greenfee: Mo.-Do.: EUR 42 / Fr.-So.: EUR 51
Ermäßigung: Jugendl./Stud. bis 27 J. 50%

Platzinfos

VCG GPS CLUB GASTRO

Anfahrtsbeschreibung

A 1 Richtung Puttgarden, Ausfahrt Ratekau-Timmendorfer Strand, in Timmendorfer Strand 500 m nach der Shell-Tankstelle links und der Beschilderung zum Golfplatz folgen, ab Bahnhof Timmendorfer Strand noch ca. 1 km, das große reetgedeckte Clubhaus ist schon von weitem zu sehen.

Platzbeschreibung

Der 18-Löcher Par 72-Platz und der 18-Löcher Par 61-Platz liegen im Herzen der Lübecker Bucht auf einer leichten Anhöhe. Die weitläufige Anlage bietet Golfgenuss für jede Spielstärke und ideale Spiel- und Trainingsmöglichkeiten.

Nächstgelegene Plätze

Maritim GP Ostsee (Nr. 32)
Lübeck-Travemünder GK (Nr. 31)
Curau, GC (Nr. 33)

Greenfee-Aktion: Seite G 19f 21

Golfclub Segeberg e.V., Gut Wensin

Karte, Nr. 29, Feld F2 **18/3** Design: Osterkamp Höhe: 20 m

gegründet: 1991

Feldscheide 2, 23827 Wensin
✆ 04559-1360 🖷 04559-1371
✉ info@golfclub-segeberg.de
💻 www.golfclub-segeberg.de

PR: CM: Jobst F. Wallenburg

i: ✆ 04559-1360 🖷 -1371
Annett Hempel

Brasserie No. 1, Golfclub Segeberg
✆ 04559-1889818

PRO: Pro: Paul Dyer

H: 6036 m, CR 72.3, SL 134, Par 72
D: 5376 m, CR 74.6, SL 135, Par 72
30 Rangeabschläge (5 überdacht)

G: Gäste sind jederzeit willkommen. Anmeldung ist notwendig. Clubausweis mit eingetragener PE ist erforderlich.

18-Loch-Greenfee: WT: EUR 59 / WE: EUR 69
9-Loch-Greenfee: WT: EUR 35 / WE: EUR 42
3er Karte EUR 135
Ermäßigung: Jugendl./Stud. 50%

Platzinfos

VCG GPS CLUB GASTRO

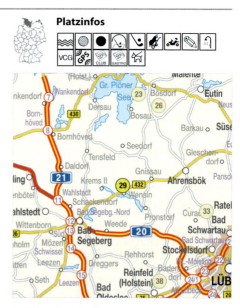

Anfahrtsbeschreibung
Von Bad Segeberg B 432 Richtung Ostsee (Scharbeutz-Ahrensbök), nach ca. 10 km an der Ampelanlage Gut Wensin links abbiegen, der Golfplatz liegt nach 500 m rechter Hand.

Platzbeschreibung
Die 18 Spielbahnen des Golfclub Segeberg Gut Wensin liegen auf einem leicht hügeligen Gelände in einer typischen holsteinischen Knicklandschaft. Die insgesamt langen Spielbahnen (6.036 m) erfordern ein strategisches Spiel, da die 30 Wasserhindernisse und Bunker sehr geschickt platziert wurden.

Nächstgelegene Plätze
GP Plöner See (Nr. 26)
Curau, GC (Nr. 33)
Gut Waldshagen, GC (Nr. 23)

Greenfee-Aktion: Seite G 21

Golf am Donner Kleve

Karte, Nr. 30, Feld E2 **18/9** Design: Christoph Städler

gegründet: 2003

Alte Landstraße 1, 25693 St. Michaelisdonn
☎ 04853-880909 Fax 04853-880187
✉ info@golf-am-donner-kleve.de
www.golf-am-donner-kleve.de

PR Hartmut Ahl, GF: Egbert Ringert
Dieter Kollwitz
Headgreenkeeper: Dennis Brehmer

i ☎ 04853-880909 Fax 04853-880187
Kirsten Ehrenberg, Kathrin Hoffmann

Natternest, Ulrike Ringert
☎ 04853-880909 Fax 04853-880187

PRO SHOP Gabriele Kollwitz
☎ 04853-880909 Fax 04853-880187

PRO Pro: Nathan Judge, Melvyn Johnson

18-Loch Kleve Course
H: 5702 m, CR 70.8, SL 130, Par 72
D: 5102 m, CR 73.3, SL 129, Par 72
9-Loch Schramm Group Hopen Course
H: 3158 m, CR 59.6, SL 97, Par 58
D: 2810 m, CR 59.2, SL 91, Par 58
18 Rangeabschläge (6 überdacht)

G Gäste sind jederzeit willkommen. Anmeldung ist notwendig. Clubausweis mit eingetragener PE ist erforderlich. Hunde sind lediglich auf dem öffentlichen 9-Loch Schramm Group Hopen Course gestattet.

Tages-Greenfee: EUR 75
18-Loch-Greenfee: WT: EUR 65 / WE: EUR 75
9-Loch-Greenfee: WT: EUR 36 / WE: EUR 42
Ermäßigung: Jugendl./Stud. 50%

Platzinfos

VCG GPS CLUB GASTRO

Anfahrtsbeschreibung

Von Heide: B 5 in südl. Ri., in Meldorf links Ri. St. Michaelisdonnn, nach ca. 400 m, in St. Michaelisdonn, an der Kreuzung Ri. Burg abbiegen, am Ortsende nach ca. 800 m rechts und der Beschilderung „Flugplatz/Golfplatz" folgen. Oder von Hamburg: A 23, Abf. Schafstedt, weiter in westl. Ri. durch Eggstedt und Süderhastedt und weiter Ri. St. Michaelisdonn, noch vor dem Ort St. Michaelisdonn links und der Beschilderung „Flugplatz/Golfplatz" folgen.

Platzbeschreibung

Genießen Sie die 18 abwechslungsreichen Spielbahnen des Kleve Course mit einer Gesamtlänge von 6025 m, die der Golfarchitekt Christoph Städler perfekt in die Knicklandschaft am Rande des Naturschutzgebietes „Donner Kleve" eingebaut hat. Es steht Ihnen eine Driving Range mit Wasserhindernis, Chipp- und Pitchplatz, mehreren Übungsbunkern, Puttinggreen sowie überdachten Abschlagplätzen zur Verfügung.

Nächstgelegene Plätze

Dithmarschen, GC Büsum (Nr. 22)
Schloß Breitenburg, GC (Nr. 35)
Gut Apeldör (Nr. 19)

Lübeck-Travemünder Golf-Klub von 1921 e.V.

Karte, Nr. 31, Feld G2 **27** Design: John Morrison, Karl F. Grohs, Udo Barth Höhe: 20 m

gegründet: 1921

Kowitzberg 41, 23570 Lübeck-Travemünde
☎ 04502-74018 ℻ 04502-8869568
✉ info@ltgk.de
www.ltgk.de

PR: Bernd Aido
Headgreenkeeper: Adam Nagorski

i: ☎ 04502-74018 ℻ 04502-8869568
Cindy Stahnke, Brita Geiger, Jane Geske

Torsten Koch
☎ 04502-302741

PRO SHOP: Cockayne-Golf, Jeanette Eilers
☎ 04502-73975 ℻ 04502-75838

PRO: Pro: Adam Cockayne, Madeleine Krüger, Lars Becker, Benjamin Frenzel

H: 6164 m, CR 73.2, SL 137, Par 73
D: 5215 m, CR 73.9, SL 132, Par 73
40 Rangeabschläge (6 überdacht)

G: Gäste sind jederzeit willkommen. Anmeldung ist notwendig. Clubausweis mit eingetragenem Handicap (36) ist erforderlich.

18-Loch-Greenfee: WT: EUR 70 / WE: EUR 80
9-Loch-Greenfee: WT: EUR 40 / WE: EUR 45
Das WE-Greenfee gilt von Samstag-Sonntag+Feiertag. 10-er Karte, gültig an 7 Tagen EUR 550. Nur 5 Coupons gelten für Freitag-Sonntag+Feiertag
Ermäßigung: Jugendl. und Stud. bis 27 J. 50%

Platzbeschreibung
Ihnen wird ein variantenreicher Platz geboten. Breite Fairways wechseln sich mit parkähnlichen Waldpartien ab, Wasserhindernisse und geschickt platzierte Bunker machen den Kurs zu einer Herausforderung für Spieler aller Stärken. Dennoch werden auch weniger geübte Spieler ihre Freude haben, da die Löcher übersichtlich gestaltet sind und somit die Einschätzung der Spielweise nicht allzu schwer fallen dürfte.

Platzinfos

Anfahrtsbeschreibung
A 1 Hamburg-Lübeck, ca. 5 km nach Lübeck auf die A 226, nach weiteren ca. 5 km links auf die B 75 Richtung Travemünde, nach weiteren 8 km an der Ampel links ca. 1 km Richtung Brodten, dann wieder links Richtung Strand, nach ca. 100 m rechts in die Straße „Kowitzberg" bis zum Golfplatz (ca. 1 km).

Nächstgelegene Plätze
Maritim GP Ostsee (Nr. 32)
Seeschlösschen, GA (Nr. 28)
Brodauer Mühle, GC (Nr. 24)

Maritim Golfpark Ostsee

Karte, Nr. 32, Feld G2 **27** Design: Christoph Städler

gegründet: 2001

Schloßstr. 14, 23626 Warnsdorf
04502-77770 04502-777799
info.golf@maritimgolfpark.de
www.maritimgolfpark.de

PR: Thomas Wachs, CM: Dirk Holdorf (Man. Betreiber-Ges.)
Headgreenkeeper: Volker Fahrenson

i: 04502-77770 -777799
Ilka Dammin, Wiltrud Matthes

TeeTime Restaurant
04502-777740 -777799
Mo. Ruhetag

PRO SHOP: MARITIM Pro-Shop, Nina Mutke
04502-777714 04502-777799

PRO: Pro: Malte Mutke, Olaf Strunck

H: 6024 m, CR 72.8, SL 129, Par 72
D: 5089 m, CR 73.6, SL 126, Par 72
40 Rangeabschläge (12 überdacht)

G: Gäste sind jederzeit willkommen. Anmeldung ist notwendig. Clubausweis mit eingetragenem Handicap (54) ist erforderlich. Hunde gestattet an Montagen auf dem 9-Loch Seekurs

Tages-Greenfee: WT: EUR 80 / WE: EUR 100
18-Loch-Greenfee: WT: EUR 60 / WE: EUR 80
9-Loch-Greenfee: WT: EUR 30 / WE: EUR 40
Ermäßigung: Jugendl./Stud. bis 27 J. 50%

Platzbeschreibung

Golfanlage mit einem aktiven Clubleben, einem umfangreichen Turnierkalender, einem wunderschönen Restaurant sowie einem stilvollen Kaminzimmer. Ganzjährig geöffnet wird hier Golf für Jedermann geboten. Zu erwähnen ist daneben aber auch die Indoorhalle, die das Training auch bei widrigsten Bedingungen zulässt.

Platzinfos

Anfahrtsbeschreibung

A1 von Hamburg über Lübeck, in Richtung Puttgarden, in Ratekau/Tdf. Strand (Nr. 18) abfahren, dann rechts in Ri. Tdf. Strand, nach 150 m rechts abbiegen in Ri. Warnsdorf, über Offendorf bis Kreuzkamp, dort links abbiegen über Grammersdorf bis Warnsdorf. In Warnsdorf nach dem Hotel Lindenhof links weiterfahren, nach 100 m links in die Schloßstr. einbiegen und bis zum Ende durchfahren.

Nächstgelegene Plätze

Lübeck-Travemünder GK (Nr. 31)
Seeschlösschen, GA (Nr. 28)
Curau, GC (Nr. 33)

Greenfee-Aktion: Seite G 21

Golf-Club Curau e.V.

Karte, Nr. 33, Feld G2 **18/5** Höhe: 37 m

gegründet: 1998

Malkendorfer Weg 18,
23617 Stockelsdorf-Curau
☎ 04505-594082 Fax 04505-5706969
✉ info@golfclub-curau.de
www.golfclub-curau.de

PR Klaus-Dieter Schmidt
Headgreenkeeper: Simon Nickisch

i ☎ 04505-594082 Fax 04505-5706969
Martina Unke

PRO Pro: Julian Brunswieck,
Johann Georg von Kahlden-Klug

18-Loch blue-/red-course
H: 5989 m, CR 71, SL 130, Par 72
D: 5331 m, CR 73.2, SL 131, Par 72
5-Loch Kurzplatz
H: 2061 m, Par 48, D: 2061 m, Par 48
30 Rangeabschläge (6 überdacht)

G Gäste sind jederzeit willkommen. Anmeldung ist notwendig. Clubausweis mit eingetragener PE ist erforderlich. Es sind keine Duschen vorhanden

18-Loch-Greenfee: WT: EUR 50 / WE: EUR 60
9-Loch-Greenfee: WT: EUR 25 / WE: EUR 35
Ermäßigung: Jugendl. bis 21 J. und Stud. bis 27 J. 50%

Platzinfos

VCG GPS CLUB

Anfahrtsbeschreibung

Von Hamburg: A 1, Ausfahrt Lübeck-Zentrum/ Stockelsdorf, in Stockelsdorf rechts Richtung Ahrensbök, nach ca. 6 km in der Ortsmitte Curau rechts Richtung Sarkwitz-Malkendorf abbiegen, ab dort der Beschilderung zum Golfplatz folgen (nach ca. 500 m rechter Hand).

Platzbeschreibung

Die Golfanlage liegt in der Gemeinde Stockelsdorf nur einen Golfschwung entfernt von Lübeck, Bad Schwartau und Ahrensbök. In sanft hügeligem Gelände bietet die 23-Loch-Anlage alles, was Golf auszeichnet. Alle Bahnen sind in das holsteintypische Landschaftsbild harmonisch integriert. Rough mit zwei Schnitten begrenzt die Spielbahnen. Die Grüns sind erhöht aufgebaut und werden von Bunkern und Wasser gut verteidigt.

Nächstgelegene Plätze

Seeschlösschen, GA (Nr. 28)
Maritim GP Ostsee (Nr. 32)
Reinfeld, GC (Nr. 38)

Golfclub Bad Bramstedt e.V.

Karte, Nr. 34, Feld F3 **9** Höhe: 100 m

gegründet: 1975

Hamburger Straße 61, 24576 Bad Bramstedt
✆ 04192-897515 🖷 04192-897516
✉ kontakt@golfclub-badbramstedt.de
💻 www.golfclub-badbramstedt.de

PR: Frank Mißling

i: ✆ 04192-897515 🖷 04192-897516

Divino - Ristorante & Vini
✆ 04192-897517
Mo. Ruhetag

PRO SHOP: Proshop Peter Mundy
✆ 0170-2375477

PRO: Pro: Peter Mundy

H: 5680 m, CR 71.4, SL 133, Par 72
D: 5094 m, CR 74.1, SL 128, Par 72
10 Rangeabschläge (2 überdacht)

G: Gäste sind jederzeit willkommen. Clubausweis mit eingetragenem Handicap (54) ist erforderlich.

Tages-Greenfee: EUR 45
9-Loch-Greenfee: EUR 25
10er-Karte Tages-GF: EUR 360
10er-Karte 9 Loch: EUR 225
Ermäßigung: Jugendl. bis 18 J. 50%

Platzbeschreibung

In einer typisch schleswig-holsteinischen Auenlandschaft ziehen sich die neun Spielbahnen über ein Gelände links entlang des Flusses Ohlau. Bedingt durch die Tallage in einem Auental erwarten den Spieler viele spielentscheidende Wasserhindernisse. Neben der nassen Gefahr erfordern teilweise einzelne alte Bäume und Baumgruppen inmitten der Fairways immer wieder Präzision.

Platzinfos

VCG GPS

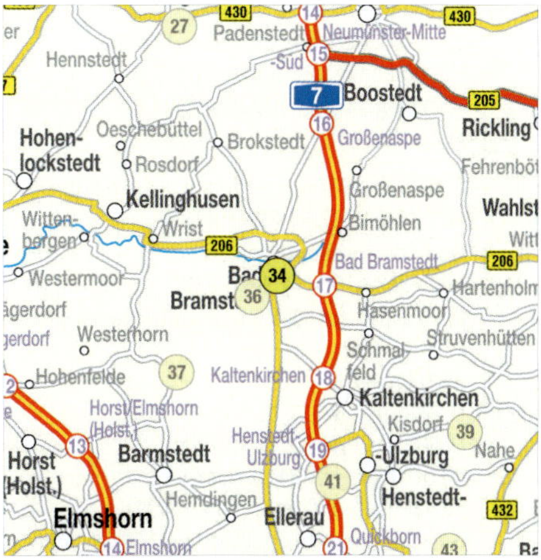

Anfahrtsbeschreibung

A 7 Hamburg-Kiel, Ausfahrt Kaltenkirchen, rechts ab, in Lentföhrden rechts ab Richtung Bad Bramstedt, im Kreisverkehr die 1. Ausfahrt nehmen und der Straßenführung ca. 700 m folgen , danach rechts abbiegen zum Golfplatz Bad Bramstedt.

Nächstgelegene Plätze

Gut Bissenmoor, G&CC (Nr. 36)
Lutzhorn, GC (Nr. 37)
Gut Kaden, G&LC (Nr. 41)

Greenfee-Aktion: Seite G 21f 23

Golf Club Schloß Breitenburg e.V.

Karte, Nr. 35, Feld E3 27

gegründet: 1990

Gut Osterholz 3, 25524 Breitenburg
☏ 04828-8188 🖷 04828-8100
✉ info@gcsb.de
www.gcsb.de

PR: Jürgen Tiedemann, GF: Jascha Rübcke
Headgreenkeeper: Karsten Offt

i: ☏ 04828-8188 🖷 04828-8100
Elena Baltes

FUXBAU - café und restaurant, Eckard Kühn
☏ 04828-8222 🖷 04828-8100

PRO SHOP: Golf-Shop Breitenburg
☏ 04828-8188 🖷 04828-8100

PRO: Pro: Paco Kuschnik-Witte, Maurice Peper

27-Loch Platz
H: 5683 m, CR 70.7, SL 133, Par 72
D: 5095 m, CR 73.2, SL 132, Par 72
3-Loch Platz: H: 484 m, D: 484 m
30 Rangeabschläge (10 überdacht)

G: Gäste sind jederzeit willkommen. Anmeldung ist notwendig. Clubausweis mit eingetragenem Handicap (54) ist erforderlich. 3x9-Loch-Anlage mit entsprechenden Kombinationsmöglichkeiten. Zusätzl. gibt es einen 3-Loch-Kurzpl.

Tages-Greenfee: EUR 100
18-Loch-Greenfee: EUR 70
9-Loch-Greenfee: EUR 40
Greenfee für 3 Runden 3-Loch-Kurzplatz: EUR 15
Ermäßigung: Jugendl./Stud. 50%

Platzinfos

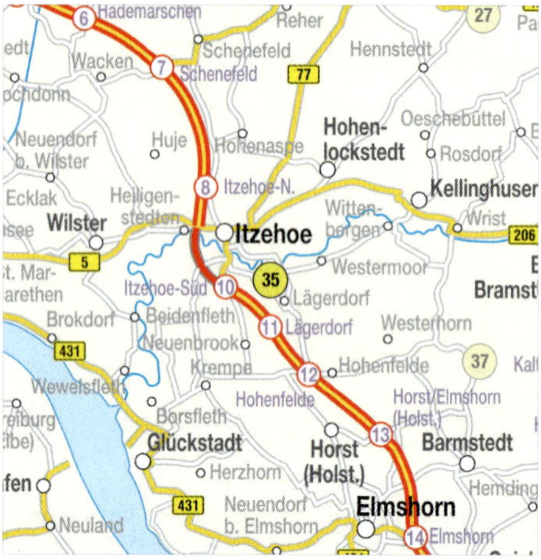

Anfahrtsbeschreibung

A 23 Hamburg-Husum, Ausfahrt Itzehoe-Süd, 1. Ausfahrt im Kreises rechts, nach ca. 1 km rechts Richtung Münsterdorf , durch Münsterdorf hindurch, dann der Beschilderung -Golfplatz- folgen, an den Reetdachhäusern rechts, nach ca. 300 m auf der linken Seite Einfahrt zum Golfplatz (ausgeschildert). Oder von Itzehoe in Richtung Lägerdorf hinter dem Schloss Breitenburg rechts in Richtung Münsterdorf, nach 1 km rechts Einfahrt zum Golf-Club.

Platzbeschreibung

Eine 27-Loch-Anlage, spielbar in drei Kombinationen, gelegen in den wunderschönen Störniederungen und auf der hohen Geest. Durch die verschiedenen Landschafts- und Platztypen ist das Spiel abwechslungsreich und interessant. Eine üppige Flora und Fauna der alte Baumbestand prägen das Bild der Courses A+B. Auf Loch 6 und 13 kann man das 500 Jahre alte Schloss Breitenburg sehen.

Nächstgelegene Plätze

Lutzhorn, GC (Nr. 37)
Gut Bissenmoor, G&CC (Nr. 36)
Bad Bramstedt, GC (Nr. 34)

Golf & Country Club Gut Bissenmoor e.V.

Karte, Nr. 36, Feld F3 **18/9 Loch Kurzplatz**

gegründet: 2000

Golfparkallee 11, 24576 Bad Bramstedt
☎ 04192-819560 Fax 04192-8195619
✉ info@golfbissenmoor.de
www.golfbissenmoor.de

PR: Uwe Kipper

i: ☎ 04192-819560 Fax 04192-8195619

Bistro „Le Bellevue", Stefanie Schliesske
☎ 04192-8195620

PRO SHOP: ☎ 04192-819560 Fax 04192-8195619

PRO: Pro: Mike Bradley

18-Loch Champions Course
H: 5888 m, CR 71.5, SL 133, Par 72
D: 4976 m, CR 72.3, SL 125, Par 72
100 Rangeabschläge (20 überdacht)

G: Gäste sind jederzeit willkommen. Clubausweis mit eingetragenem Handicap (54) ist erforderlich. Mitglieder werden noch aufgenommen.

18-Loch-Greenfee: WT: EUR 60 / WE: EUR 70
9-Loch-Greenfee: WT: EUR 40 / WE: EUR 45
Ermäßigung: Jugendl. 50%

Platzinfos

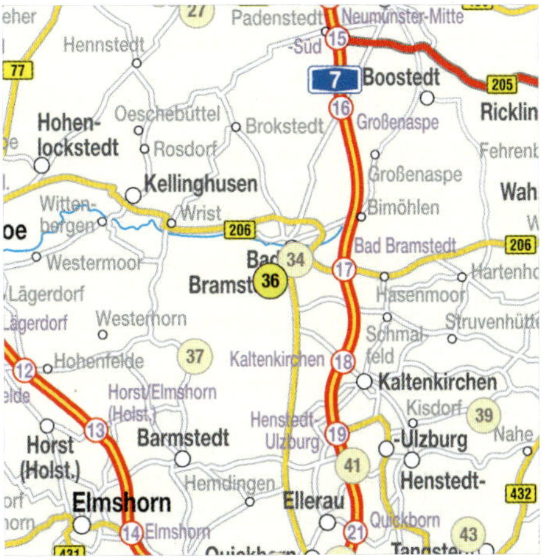

Anfahrtsbeschreibung

A 7 Abfahrt Kaltenkirchen, Richtung Lentföhrden. In Lentföhrden rechts abbiegen in Richtung Bad Bramstedt. Ca. 500 m vor Ortseingang Bad Bramstedt links abbiegen in Richtung Bissenmmoor und der Ausschilderung Golfpark folgen.

Platzbeschreibung

Die Bahnen der 18-Loch-Meisterschaftsanlage bieten mit insgesamt 5 Abschlägen für Golfer aller Handicapklassen adäquate Schwierigkeitsgrade. Fast 3,5 ha Wasserfläche mit zahlreichen Neuanpflanzungen - 800 Bäume und 30.000 Sträucher - geben dem Platz seinen unverwechselbaren Charakter.

Nächstgelegene Plätze

Bad Bramstedt, GC (Nr. 34)
Lutzhorn, GC (Nr. 37)
Gut Kaden, G&LC (Nr. 41)

Golf Club Lutzhorn e.V.

Karte, Nr. 37, Feld F3 **18** Design: Martin W. Hughes

gegründet: 1996

Bramstedter Landstraße Nr. 1, 25355 Lutzhorn
✆ 04123-7408 🖷 04123-959691
✉ info@golfclub-lutzhorn.de
💻 www.golfclub-lutzhorn.de

PR Martin Hughes
Headgreenkeeper: Achim Scharff

i ✆ 04123-7408 🖷 04123-959691

Restaurant „Am Golfplatz"
✆ 04123-928898 🖷 04123-959691

PRO SHOP Arrowsmith Golf GmbH, Antony S. Arrowsmith
✆ 04123-921164 🖷 04123-969591

PRO Pro: Dennis Lohrmann

18-Loch Hauptplatz
H: 5658 m, CR 70.1, SL 130, Par 70
D: 4752 m, CR 70.3, SL 126, Par 70
20 Rangeabschläge (2 überdacht)

G Gäste sind jederzeit willkommen. PE ist erforderlich.

18-Loch-Greenfee: WT: EUR 38 / WE: EUR 48
9-Loch-Greenfee: WT: EUR 25 / WE: EUR 30
Ermäßigung: Jugendl./Stud. 50%

Platzbeschreibung

Der Golfplatz Lutzhorn bietet auf seiner Anlage „Golf für Jedermann". Auf dem leicht hügeligen Gelände findet man 18 abwechslungsreiche Spielbahnen vor, deren Fairways von Bäumen und Rough begleitet werden, und deren Greens zumeist durch Sandbunker, aber auch durch Wasserhindernisse, geschützt werden. Kulinarisch kann man sich nach gespielter Runde im Clubhaus mit Leckerbissen verwöhnen lassen.

Platzinfos

Anfahrtsbeschreibung

A 23 Ausfahrt 13 „Horst-Elmshorn", Richtung Barmstedt, ca. 2,5 km über Kreuzung bis zum Kreisverkehr, zweite Ausfahrt Richtung Bokel, nach ca. 2,5 km rechts in die Bramstedter Landstraße. Der Golfclub liegt auf der rechten Seite.

Nächstgelegene Plätze

Gut Bissenmoor, G&CC (Nr. 36)
Bad Bramstedt, GC (Nr. 34)
Gut Kaden, G&LC (Nr. 41)

Schleswig-Holstein+Hamburg

Golfclub Reinfeld e.V.

Karte, Nr. 38, Feld G3 **9**

gegründet: 2006

Binnenkamp 29, 23858 Reinfeld
☎ 04533-610308 Fax 04533-208737
✉ info@golfclub-reinfeld.de
www.golfclub-reinfeld.de

PR: Andreas Roweder, GF: Kay Gladigau
Headgreenkeeper: Marco Linsener

i: ☎ 04533-610308 Fax -208737
Tanja Reimann

Casa Rusticana
☎ 04533-207447
Mo. Ruhetag

PRO SHOP: ☎ 04533-610308 Fax 04533-208737

PRO: Pro: Sven Busch

H: 5548 m, CR 70.3, SL 136, Par 72
D: 4874 m, CR 71.3, SL 131, Par 72
20 Rangeabschläge (4 überdacht)

G: Gäste sind jederzeit willkommen. Clubausweis mit eingetragener PE ist erforderlich.

18-Loch-Greenfee: WT: EUR 35 / WE: EUR 40
9-Loch-Greenfee: WT: EUR 25 / WE: EUR 30

Platzbeschreibung

Ein wunderschön in typisch Holsteinischer Knicklandschaft gelegener 9-Loch-Golfplatz im Reinfelder Ortsteil Binnenkamp. Idyllisch rund um einen ehemaligen Bauernhof gelegen, bietet die Anlage ein abwechslungsreiches Spiel auf leicht bewegten Grüns, mit diversen Schwierigkeitsstufen und einem regen Vereinsleben.

Platzinfos

VCG

Anfahrtsbeschreibung

Über die A1 Hamburg-Lübeck, Abfahrt Reinfeld, Richtung Ortsmitte, im Kreisel 3. Ausfahrt, ab dort weiter Richtung Zarpen. Im Reinfelder Ortsteil Binnenkamp" rechts zum Golfplatz abbiegen.

Nächstgelegene Plätze

Curau, GC (Nr. 33)
Segeberg, GC (Nr. 29)
Sülfeld, GC (Nr. 40)

Greenfee-Aktion: Seite G 23

Golfclub Hamburg Gut Waldhof

Karte, Nr. 39, Feld F3 **18** Höhe: 65 m

gegründet: 1969

Am Waldhof 3, 24629 Kisdorf
✆ 04194-99740 🖷 04194-997425
✉ info@gut-waldhof.de
💻 www.gut-waldhof.de

PR: Rolf Luckmann, CM: Martin Thater

i: ✆ 04194-99740 🖷 04194-997425
Melanie Stoffers

Restaurant Ca´bella
✆ 04194-997415
Mo. Ruhetag

PRO: Pro: Felix Mertens, Oliver Kamp, Karolina Schneider

18-Loch Gut Waldhof Meisterschaftsplatz
H: 5939 m, CR 72.4, SL 131, Par 72
D: 5237 m, CR 74.1, SL 129, Par 72
40 Rangeabschläge (7 überdacht)

G: Gäste sind jeden Tag (außer Sonntag und an Feiertagen) willkommen. Am Samstag. ist Anmeldung notwendig. Clubausweis mit eingetragenem Handicap (54) ist erforderlich. Am Samstag. ist Handicap 36 erforderlich.

Tages-Greenfee: WT: EUR 65 / WE: EUR 75
9-Loch-Greenfee: WT: EUR 39 / WE: EUR 44
Ermäßigung: Jugendl. und Stud. bis 27 J. 50%

Platzinfos

VCG GASTRO

Anfahrtsbeschreibung
A 7 Hamburg-Flensburg, Ausfahrt 19 nach Hengstedt-Ulzburg, dort links Richtung Segeberg, über Kisdorf nach Kisdorferwohld, rechts nach Walkendorf II, nach ca. 500 m links „Am Waldhof".

Platzbeschreibung
Zehn Minuten nördlich der Stadtgrenze Hamburgs verführt Gut Waldhof mit einem atemberaubenden Golfplatz in 40- jähriger Tradition. Die Golfanlage Gut Waldhof wurde 1969 gegründet und bietet eine 18-Loch Golfanlage auf einem abwechslungsreichen Gelände - leicht hügelig, mit großem altem Baumbestand, anspruchsvolle Wasserhindernissen und aufregend schönen Golfbahnen. Der Platz wurde förmlich in die Landschaft hinein komponiert und die Bahnen sind teilweise völlig von Wald umgeben. Die großen Bäume auf den Fairways verlangen von Golfern viel Taktik ab.

Nächstgelegene Plätze
Golfclub Hamburg-Oberalster (Nr. 43)
Gut Kaden, G&LC (Nr. 41)
Sülfeld, GC (Nr. 40)

Golf-Park Sülfeld

Karte, Nr. 40, Feld F3 27

gegründet: 1998

Petersfelde 4a, 23867 Sülfeld
☏ 04537-701551 Fax 04537-701521
info@golf-suelfeld.de
www.golf-suelfeld.de

PR: Jürgen Borowski, GF: Barry Rookledge

i: ☏ 04537-701551 Fax 04537-701521
Meike Schwinkendorf

Rookledge Golf Gastronomie
☏ 04537-7073317

PRO SHOP: Rookledge Golf Shop
☏ 04537-701551 Fax 04537-701521

PRO: Pro: Sebastian Frühwald, Dermot O'Connor

H: 5604 m, CR 70.7, SL 119, Par 70
D: 4661 m, CR 70.5, SL 118, Par 69
50 Rangeabschläge (5 überdacht)

G: Gäste sind jederzeit willkommen. PE ist erforderlich. Anmeldung von Gruppen ist erwünscht.

18-Loch-Greenfee: WT: EUR 52 / WE: EUR 62
9-Loch-Greenfee: WT: EUR 34 / WE: EUR 44
Ermäßigung: Jugendl. bis 18 J. und Stud. bis 26 J. 50%

Platzbeschreibung

Auf dieser idyllisch gelegenen 27-Loch Anlage herrscht eine sehr herzliche und familiäre Stimmung. Mitglieder sowie Gäste sind hier jederzeit willkommen. Perfekt bettet sich der Golfplatz mit seinen abwechslungsreichen Bahnen in die schleswig-holsteinische Knicklandschaft ein und entpuppt sich somit als ein golfsportlicher und landschaftlicher Geheimtipp. Der Platz mit seinen rollenden Hügeln fordert ein strategisches präzises Spiel. Die breiten Fairways laden dennoch zu mutigen Schlägen mit dem Holz ein.

Platzinfos

VCG

Anfahrtsbeschreibung

aus HH: B75 oder B434 bis Elmenhorst. In Elmenhorst links Richtung Borstel/Sülfeld. Der Straße folgen und hinter dem Ortsteil Petersfelde nach 200 m links abbiegen. Aus Lübeck: Bad Oldesloe B75 Richtung Elmenhorst-Bargteheide. In Elmenhorst die erste Straße rechts Richtung Borstel/Sülfeld abbiegen und weiter wie oben beschrieben.

Nächstgelegene Plätze

Jersbek, GC (Nr. 42)
Hamburg Gut Waldhof (Nr. 39)
Golfclub Hamburg-Oberalster (Nr. 43)

Gut Kaden Golf und Land Club

Karte, Nr. 41, Feld F3 **27** Design: David Krause

gegründet: 1984

Kadener Straße 9, 25486 Alveslohe
✆ 04193-99290 🖷 04193-992919
✉ info@gutkaden.de
www.gutkaden.de

PR: GF: Wolfgang Mych

i: ✆ 04193-99290 🖷 -992919
Sven Wiechmann, Lisa Trapke

Johann Alt
✆ 04193-97144

PRO SHOP: Castan Golf
✆ 040-5303470 🖷 040-53034719

PRO: Pro: Tim Parker, Stefan Maschelski, Birgit Hulsebusch, Marc zur Nieden

100 Rangeabschläge (13 überdacht)

G: Gäste sind Montag - Donnerstag (außer an Feiertagen) willkommen. Anmeldung ist notwendig. Clubausweis mit eingetragenem Handicap (54) ist erforderlich. 3 miteinander kombinierbare 9-Loch-Courses (Par 71/72/73)

18-Loch-Greenfee: Mo.-Do.: EUR 90
9-Loch-Greenfee: Mo.-Do.: EUR 50
Ermäßigung: Jugendl. bis 19 J. 100%, Stud. bis 34 J. 37%

Platzbeschreibung

Der ehemalige Rittersitz zählt zu den landschaftlich schönsten Herrensitzen Holsteins und bietet dem Golf und Landclub in einem alten Gutsgelände mit Herrenhaus eine repräsentative Heimat. Das Gelände hat dank altem Baumbestand und der sich durch die Anlage schlängelnden Pinnau beeindruckende landschaftliche Reize. Durch verschiedene Abschläge und daraus entstehende unterschiedliche Längen bietet die Anlage für alle Spieler eine Herausforderung.

Platzinfos

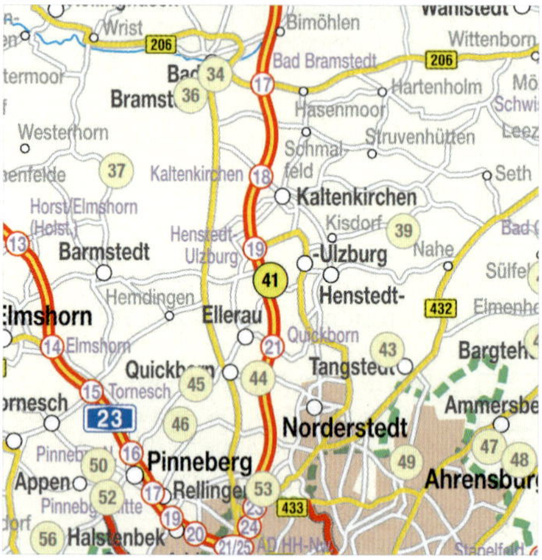

Anfahrtsbeschreibung

A 7 Hamburg-Kiel, Ausfahrt Quickborn, dann links, an der kommenden Ampel rechts Richtung Pinneberg, auf der rechten Seite kommt eine Shell-Tankstelle, an der nächsten Ampel wieder rechts (schlechte Wegstrecke), unter der Autobahn hindurch und zweimal Schienen kreuzen, am Ende dieser Straße links, nach ca. 1 km kommt der Golfplatz rechter Hand.

Nächstgelegene Plätze

Red Golf Quickborn (Nr. 44)
An der Pinnau, GC (Nr. 45)
Golfclub Hamburg-Oberalster (Nr. 43)

Golf-Club Jersbek e.V.

Karte, Nr. 42, Feld F3 **18**

gegründet: 1986

Oberteicher Weg, 22941 Jersbek
✆ 04532-20950 Fax 04532-24779
✉ mail@golfclub-jersbek.de
www.golfclub-jersbek.de

PR: Peter Kronefeld

i: ✆ 04532-20950 Fax -24779
Birgit Brandt

Olaf u. Kuno Richter, Kuno Richter
✆ 04532-260070 Fax -400649
Mo. Ruhetag

PRO SHOP: Proshop Hillson, Jacqueline Hillson
✆ 0160-94427968

PRO: Pro: Lindsey Irvine, Mark Boughton

H: 6026 m, CR 72.3, SL 131, Par 72
D: 5268 m, CR 73.8, SL 130, Par 72
20 Rangeabschläge (12 überdacht)

G: Gäste sind jederzeit willkommen. Clubausweis mit eingetragenem Handicap (36) ist erforderlich.

18-Loch-Greenfee: WT: EUR 60 / WE: EUR 70
9-Loch-Greenfee: WT: EUR 35
Aufpreis ohne DGV Regionalkennzeichnung 18 Loch 30.- Euro, bei 9 Loch und Abendtarif 15,. Euro. GF-Ermäßigung für Jugendl./Stud. 50%.
Ermäßigung: Jugendl./Stud. bis 25 J. 50%

Platzinfos

VCG

Anfahrtsbeschreibung
A 1 Hamburg-Lübeck, Ausfahrt Bargteheide Richtung Bargteheide, in der Ortsmitte Richtung Jersbek auf der Jersbeker Straße ca. 1 km bis zum Oberteicher Weg, der Golfplatz liegt rechter Hand. Oder von Hamburg auf der B 75 oder B 434 zum Golfplatz.

Platzbeschreibung
Nur knapp 40 Autominuten von der Hamburger City entfernt entstand hier, in einer typischen schleswig-holsteinischen Knicklandschaft, um das 400 Jahre alte Gut herum eine für Spieler aller Leistungsstärken gleichermaßen reizvoll gestaltete Anlage. Das Gut mit 75 ha Gelände, seinem historischen Park und das alte Herrenhaus ist in seiner gewachsenen Struktur weitgehend unverändert geblieben.

Nächstgelegene Plätze
Sülfeld, GC (Nr. 40)
Hamburg Walddörfer, GC (Nr. 47)
Hamburg Ahrensb., GC (Nr. 48)

Golfclub Hamburg-Oberalster

Karte, Nr. 43, Feld F3 **18** Design: David Krause

gegründet: 2013

Bäckerbarg 10, 22889 Tangstedt
☏ 04109-5544546 🖷 04109-5548306
✉ info@golfclub-oberalster.de
💻 www.golfclub-oberalster.de

PR
GF: Edward Szymczak
Barry Rookledge

i
☏ 04109-5544546 🖷 04109-5548306
Kathleen Worm, Sonja Hansen

Mo. Ruhetag

PRO
Pro: Gary Hillson, Gary Kershaw

H: 6048 m, CR 72.7, SL 136, Par 72
D: 5076 m, CR 73.1, SL 130, Par 72

G
Gäste sind jederzeit willkommen. Anmeldung ist notwendig. Clubausweis mit eingetragener PE ist erforderlich.

18-Loch-Greenfee: WT: EUR 60 / WE: EUR 70
9-Loch-Greenfee: WT: EUR 30 / WE: EUR 45
Ermäßigung: Jugendl./Stud. 50%

Platzinfos

VCG GPS CLUB GASTRO

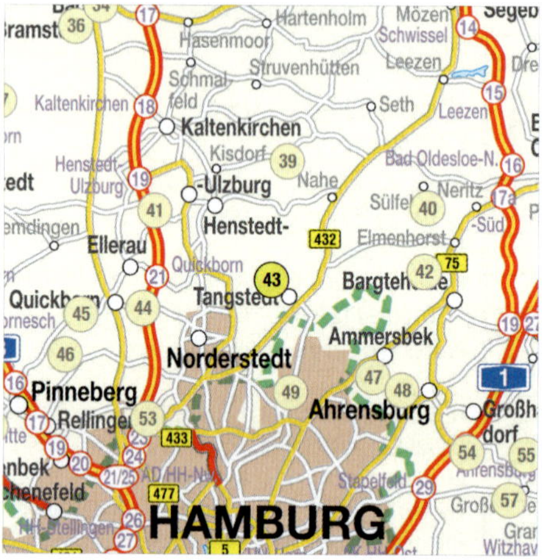

Platzbeschreibung

Auf dem ca. 100 ha großen, herrlichen Gelände wurde nach den Plänen von David Krause Golf Design ein sehr aufwändiger 18-Löcher-Kurs mit vielen Links-Elementen und anspruchsvollen Grüns, Bachläufen in Mäanderform und riesigen, wunderschönen Biotopen errichtet. Ein einzigartig gestaltetes, ca. 12 ha großes Übungsareal mit durch Bunker gesicherte Ziel-Grüns auf der Driving Range sowie Putting-, Chipping- und Pitching-Grüns in doppelter Ausführung lädt zum ausführlichen Training ein. Obwohl direkt an der nördlichen Hamburger Stadtgrenze gelegen, beeindruckt die Anlage durch absolute Ruhe und Abgeschiedenheit.

Nächstgelegene Plätze

Treudelberg, G&CC (Nr. 49)
Hamburg Gut Waldhof (Nr. 39)
Red Golf Quickborn (Nr. 44)

Red Golf Quickborn GmbH & Co. KG

Karte, Nr. 44, Feld F3 **9**

gegründet: 2003

Harksheider Weg 226, 25451 Quickborn
✆ 04106-804433 🖷 04106-804477
✉ quickborn@redgolf.de
💻 www.redgolf.de

PR Frank Möller, CM: Max Stechmann

i ✆ 04106-804433 🖷 04106-804488

Bistro
✆ 04106-804477

PRO Pro: Nils Hauschildt, Jörg Schuster

H: 1432 m, CR 57, SL 93, Par 58
D: 1432 m, CR 58, SL 89, Par 58
40 Rangeabschläge (28 überdacht)

G Gäste sind jederzeit willkommen. Sa./So./Feiertage ist PE erforderlich.

Tages-Greenfee: WT: EUR 40 / WE: EUR 50
18-Loch-Greenfee: WT: EUR 40 / WE: EUR 50
9-Loch-Greenfee: WT: EUR 25 / WE: EUR 30
Ermäßigung: Jugendl. bis 18 J. und Stud. bis 27 J. 50%

Platzbeschreibung

Nur 5 Minuten vom Zentrum Quickborns bzw. Norderstedts und gerade mal 20 Minuten von der Hamburger City entfernt liegt die 9-Loch-Anlage, die Anfängern wie Fortgeschrittenen optimale Trainings- und Spielmöglichkeiten bietet. Übungseinrichtungen wie Driving Range mit Flutlicht, Zielgrüns mit Wasserhindernis, Putting Green oder Übungsbunker erhöhen den Reiz der Anlage.

Platzinfos

VCG

Anfahrtsbeschreibung

A 7, Abfahrt Quickborn, an der Ausfahrt rechts (Ri. Osten), 1. Ampel rechts in die Ulzburger Landstraße Ri. Holsten Stadion, nach ca. 2,5 km bei der nächsten Ampel links in den Harksheider Weg Ri. Holsten Stadion, die Anlage liegt nach ca. 300 m rechts. Oder: Von Norderstedt über die Waldstraße in den Harksheider Weg, die Anlage liegt 100 m hinter dem Holsten Stadion links.

Nächstgelegene Plätze

An der Pinnau, GC (Nr. 45)
Gut Wulfsmühle, GA (Nr. 46)
Gut Kaden, G&LC (Nr. 41)

Golf-Club An der Pinnau e.V.

Karte, Nr. 45, Feld F3 27

gegründet: 1982

Pinneberger Straße 81a, 25451 Quickborn-Renzel
04106-81800
sekretariat@pinnau.de
www.pinnau.de

PR: Helmut Grafe, GF: Daniel Schlüter
Headgreenkeeper: Jörn Stratmann

i: 04106-81800 04106-82003
Svenja Krohn, Dorit Stratmann

La Trattoria, Piero Secli
04106-8098383 04106-82003

PRO SHOP: Q-Golf, Lutz Fischer
04106-653078

PRO: Pro: David Britten, Andrew Arrowsmith, Franca Fehlauer

H: 6038 m, CR 72.1, SL 125, Par 72
D: 5263 m, CR 74.3, SL 129, Par 73
30 Rangeabschläge (4 überdacht)

G: Gäste sind jederzeit willkommen. Anmeldung ist notwendig. Clubausweis mit eingetragenem Handicap (36) ist erforderlich.

Tages-Greenfee: EUR 80
9-Loch-Greenfee: EUR 40
Gäste sind Sa./So./feiertags ab 15:00 Uhr mit Anmeldung willkommen. Vor 15 Uhr nur in Begleitung von Mitgliedern.
Ermäßigung: Jugendl. bis 18 J. und Stud. bis 25 J. 50%

Platzbeschreibung

Die Anlage liegt in einer typischen schleswig-holsteinischen Knicklandschaft mit leicht hügeligem Gelände, das sanft zur Pinnau, die dem Club seinen Namen gegeben hat, abfällt. Breite Fairways mit häufig zu überwindenden Wasserhindernissen und einzeln in die Fairways ragende alte großgewachsene Bäume prägen den Charakter dieses Platzes.

Platzinfos

Anfahrtsbeschreibung

A 23 Richtung Husum, Ausfahrt Pinneberg-Nord, dann rechts in Richtung Quickborn, nach ca. 8 km Ortsteil Quickborn-Renzel. Der Golfplatz befindet sich rechts am Ortsausgang. Oder: A 7 Richtung Hamburg, Ausfahrt Quickborn, geradeaus durch Ellerau/Quickborn in Richtung Pinneberg. Der Golfplatz befindet sich links am Ortseingang Quickborn-Renzel.

Nächstgelegene Plätze

Gut Wulfsmühle, GA (Nr. 46)
Red Golf Quickborn (Nr. 44)
Auf der Wendlohe, GC (Nr. 53)

Golfanlage Gut Wulfsmühle

Karte, Nr. 46, Feld F3 **18** Design: Christoph Städtler

gegründet: 2001

Mühlenstr. 98, 25499 Tangstedt
✆ 04101-586777 Fax 04101-586788
✉ info@golfanlage-wulfsmuehle.de
www.golfanlage-wulfsmuehle.de

PR
GF: Christina Druve
Headgreenkeeper: Robert Lagod

i
✆ 04101-586777 Fax 04101-586788
Elke Ripperger

Golfgastronomie Wulfsmühle, Antonio Saraiva
✆ 04101-808169

PRO
Pro: Leon Goebbels, Felix Köppl

H: 5772 m, CR 71.7, SL 135, Par 72
D: 4879 m, CR 72.4, SL 131, Par 72
80 Rangeabschläge (8 überdacht)

G
Gäste sind jederzeit willkommen. Anmeldung ist notwendig. Clubausweis mit eingetragenem Handicap (45) ist erforderlich.

18-Loch-Greenfee: WT: EUR 60 / WE: EUR 70
9-Loch-Greenfee: WT: EUR 40 / WE: EUR 45
Ermäßigung: Jugendl./Stud. 50%

Platzbeschreibung
Beiderseits der Pinnau, auf einem fast 100 Hektar großen Areal mit sehr schönem alten Waldbestand, liegt in der typischen schleswig-holsteinischen Knicklandschaft die in jeder Hinsicht anspruchsvolle Golfanlage Gut Wulfsmühle.

Platzinfos

VCG

Anfahrtsbeschreibung
A 23 Abfahrt Pinneberg-Nord Richtung Borstel-Hohenraden und ca. 6 km bis Tangstedt. Oder: A 7 Abfahrt Schnelsen, B 4 Richtung Quickborn, in Hasloh links ab und ca. 8 km nach Tangstedt.

Nächstgelegene Plätze
An der Pinnau, GC (Nr. 45)
Red Golf Quickborn (Nr. 44)
Fairway Golf Peiner Hof (Nr. 50)

Golfclub Hamburg-Walddörfer e.V.

Karte, Nr. 47, Feld F3 **18** Design: Bernhard von Limburger Höhe: 35 m

gegründet: 1960

Schevenbarg, 22949 Ammersbek
040-6051337
info@ghw.golf
www.ghw.golf

PR: Arne Dost, CM: Nicole David
Headgreenkeeper: Jim Ellis

i: 040-6051337
Tanja Günther

Mandy Bastian, Jan Hoewert
040-6054211 040-6054879

PRO: Pro: Christian Kirchner, Michael Stewart, Patrick Schubert

H: 5973 m, CR 72.5, SL 137, Par 73
D: 5194 m, CR 74, SL 137, Par 73
16 Rangeabschläge (8 überdacht)

G: Gäste sind Montag - Freitag (außer an Feiertagen) willkommen. Anmeldung ist notwendig. Clubausweis mit eingetragenem Handicap (36) ist erforderlich.

18-Loch-Greenfee: WT: EUR 90
9-Loch-Greenfee: WT: EUR 50
Ermäßigung: Jugendl./Stud. bis 25 J. 50%

Platzinfos

Platzbeschreibung

Der Platz des GHW ist ein anspruchsvoller Golfkurs in einzigartiger Landschaft. Seit unserer Gründung im Jahr 1960 spielen wir auf einem der schönsten und außergewöhnlichsten Plätze Hamburgs' Golf. Von Bernhard v. Limburger konzipiert und 2015/2016 von Christoph Städler renoviert, bietet unser Platz ein faszinierendes Golferlebnis inmitten norddeutscher Endmoränen- und Knicklandschaft. Hohe Bäume, wunderschöne, weite Ausblicke über die Landschaft und über den Bredenbeker Teich beschreiben einen Ort zum Verlieben und Verweilen.

Anfahrtsbeschreibung

A 1 Hamburg-Lübeck, Ausfahrt Ahrensburg Ri. Ahrensburg, auf der B 75 Ri. Hamburg, in Ahrensburg Ortsmitte nach 1 km Ri. Hamburg-Bergstedt-Ammersbek, über OT Bünningstedt zum OT Hoisbüttel, im Zentrum von Hoisbüttel nach der Fußgängerampel links in den Wulfsdorfer Weg (Hinweisschild beachten) abbiegen. Aus Hamburg-Stadt auf der B 434 bis Ammersbek OT Hoisbüttel, rechts in den Wulfsdorfer Weg zum Golfplatz (s. Beschilderung) abbiegen.

Nächstgelegene Plätze

Hamburg Ahrensb., GC (Nr. 48)
Treudelberg, G&CC (Nr. 49)
Jersbek, GC (Nr. 42)

Golfclub Hamburg-Ahrensburg e.V.

Karte, Nr. 48, Feld F3 **18**

gegründet: 1964

Am Haidschlag 39-45, 22926 Ahrensburg
✆ 04102-51309 🖷 04102-81410
✉ info@golfclub-ahrensburg.de
💻 www.golfclub-ahrensburg.de

PR — Dr. Peter Kröger, CM: Dagmar Tobies

i — ✆ 04102-51309 🖷 04102-81410
Jeanette Hahn, Tobias Wilde, André Zielitzki

Leyla Unger
✆ 04102-57522

H: 5584 m, CR 70.6, SL 130, Par 71
D: 4877 m, CR 71.9, SL 128, Par 71
25 Rangeabschläge (7 überdacht)

G — Gäste sind Montag - Freitag (außer an Feiertagen) willkommen. Anmeldung ist notwendig. Clubausweis mit eingetragenem Handicap (36) ist erforderlich.

18-Loch-Greenfee: EUR 90
9-Loch-Greenfee: EUR 50
Es gibt keine Gruppenermäßigungen.
Ermäßigung: Jugendl./Stud. bis 25 J. 50%

Platzbeschreibung

Die anspruchsvolle Anlage aus dem Jahr 1964 wurde im Jahr 2017 aufwändig erneuert und umgestaltet. Neben der Neuanlage aller Grüns und Abschläge ist auch eine einzigartige Auenlandschaft entstanden, die Spieler aller Leistungsstärken fordert. Weitere Bahnen wurden neu designed und bieten traumhafte Blickachsen in eine wunderschöne Parklandschaft. Das neue Design sorgt für mehr Spielgerechtigkeit und fordert von guten Spielern ein hohes Maß an taktischer Disziplin. *** Seit der offiziellen Eröffnung im Mai 2018 kann "Hamburgs neuester Golfplatz" inklusive neuem Inselgrün mit Genuß bespielt werden. Sowohl für den Freizeitgolfer als auch für den Spitzenspieler ist der Platz am Bredenbeker Teich eine schwierige, aber stets faire Herausforderung.

Platzinfos

VCG GPS CLUB

Anfahrtsbeschreibung

A 1 Hamburg-Lübeck, Ausf. Ahrensburg über Ostring bis Ahrensburger Schloß, li. Ri. Zentrum bis zur 1. Ampel, re. in die Str. Bei der Doppeleiche weiter über F.-Reuter-Str., den Wulfsdorfer Weg geradeaus und re. Am Haidschlag bis zum GC. Von Hamb. B 75, Wulfsdorfer Weg li. bis Ende, li. weiter, dann dann wie oben beschrieben bis zum GC. B 434 Ri. Bargteheide, in Ammersbek re. Ri. Ahrensburg im OT Bünningstedt die F.-Kruse-Str. bis GC.

Nächstgelegene Plätze

Hamburg Walddörfer, GC (Nr. 47)
Siek/Ahrensburg, GC (Nr. 54)
Treudelberg, G&CC (Nr. 49)

Golf & Country Club Treudelberg e.V.

Karte, Nr. 49, Feld F3 **27/9** Design: David Krause, Donald Steel

gegründet: 1990

Lemsahler Landstraße 45,
22397 Hamburg-Lemsahl
040-608228877 040-608228879
golf@treudelberg.com
www.treudelberg.com

PR: Michael Krüger, GF: Alexander Garbe,
CM: Julia Smailes

i: 040-608228877 040-608228879
Jill Burmeister, Petra Mickley, Alina Sicher,
Dennis Kehbein

Bistro19, Tanja Clasen
040-608228711 040-608228888

PRO SHOP: Golf Hotel Hof Treudelberg GmbH
040-608228877 040-608228879

PRO: Pro: Gunnar Levsen, Florian Jordt, Jan Blazek,
Mark Watkinson

27-Loch Platz
H: 5585 m, CR 70.2, SL 126, Par 72
D: 4724 m, CR 71, SL 120, Par 72
9-Loch Pitch & Putt Platz
H: 508 m, Par 27, D: 508 m, Par 27
100 Rangeabschläge (28 überdacht)

G: Gäste sind jederzeit willkommen. Anmeldung ist notwendig. Clubausweis mit eingetragenem Handicap (54) ist erforderlich. Sa./So./ Feiertage ist Handicap 36 erforderlich. Gäste erwünscht auch am WE

18-Loch-Greenfee: WT: EUR 60 / WE: EUR 80
9-Loch-Greenfee: WT: EUR 35 / WE: EUR 50
Ermäßigung: Jugendl. bis 18 J. und Stud. bis 27 J. 50%

Platzbeschreibung

Erleben Sie auf Treudelberg Golf von seiner schönsten Seite. Was kann es besseres geben, als den Golfplatz direkt am Hotel zu haben! Der Treudelberg Golfplatz ist einer der schönsten und anspruchsvollsten in Norddeutschland! Hier erwarten Sie 27 Löcher, die für jede Spielstärke die entsprechenden Herausforderungen zu bieten haben. Aber auf Treudelberg hat nicht nur derjenige das Golfvergnügen, der diesen Sport schon beherrscht, sondern auch alle, die ihn erlernen möchten. Neben der Driving Range und den Akademiebahnen bieten wir Ihnen eine Vielzahl von Kursen an, um den Golfsport zu erlernen oder um Ihr Spiel zu optimieren.

Platzinfos

VCG GPS CLUB GASTRO

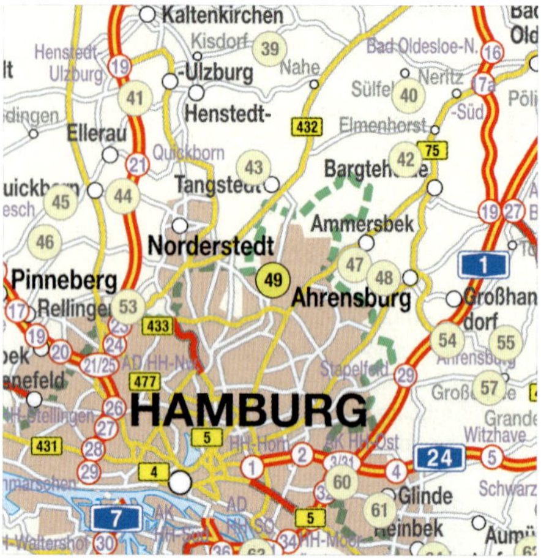

Anfahrtsbeschreibung

A 7 Richtung Flensburg, Ausfahrt Schnelsen-Nord, in die Oldesloer Straße einbiegen, nach 500 m rechts halten Richtung Langenhorn/Fuhlsbüttel, Straßenführung folgen vor dem Tunnel links einordnen. Nach ca. 10 km (Straßenführung folgen) an der Kreuzung links Richtung Lemsahl/Duvenstedt (am Straßenrand befindet sich eine Uhr mit wegweisender Werbung des Hotels). Nach etwa 3 km geradeaus befindet sich auf der linken Seite das Steigenberger Hotel.

Nächstgelegene Plätze

Hamburg Walddörfer, GC (Nr. 47)
Hamburg Ahrensb., GC (Nr. 48)
Golfclub Hamburg-Oberalster (Nr. 43)

Fairway Golf Peiner Hof

Karte, Nr. 50, Feld F3 18

gegründet: 1987

Peiner Hag, 25497 Prisdorf
✆ 04101-75560 🖷 04101-789904
✉ info@golf-park.de
💻 www.peinerhof.de

PR: GF: Susanne Rahlfs

i: ✆ 04101-75560 🖷 04101-789904
Nina Meidinger, Galina Dill, Berit Venzke, Axel Roeb

Goldschätzchen, Patrick Diehr
✆ 04101-6010921
Mo. Ruhetag

PRO SHOP: ✆ 04101-75560 🖷 04101-789904

PRO: Pro: Arwed Fischer

H: 5686 m, CR 70.3, SL 131, Par 71
D: 4964 m, CR 71.6, SL 125, Par 71
25 Rangeabschläge (8 überdacht)

G: Gäste sind jederzeit willkommen. Clubausweis mit eingetragenem Handicap (54) ist erforderlich.

18-Loch-Greenfee: WT: EUR 59 / WE: EUR 75
9-Loch-Greenfee: WT: EUR 39 / WE: EUR 49
Ermäßigung: Jugendl./Stud. 50%

Platzbeschreibung

Ein landschaftlich und sportlich hochwertiger 18-Loch-Golfplatz, der von vielen Wasserhindernissen, Doglegs, Bäumen, Feldgehölzen und Biotopen geprägt wird.

Platzinfos

Anfahrtsbeschreibung

A 23 Ri. Husum, Ausf. Pinneberg-Nord, links auf die Westumgehung Pinneberg. An der 1. Kreuzung auf der Westumgehung re. Richtung Prisdorf (Prisdorfer Straße), ca 1 km vordem Ortsanfang Prisdorf links in das Industriegebiet „Peiner Hag", über den Bahnübergang und dann links zum Golfplatz abbiegen.

Nächstgelegene Plätze

Weidenhof, GP (Nr. 52)
Hamburg-Holm, GC (Nr. 56)
Gut Wulfsmühle, GA (Nr. 46)

Golfclub Gut Haseldorf e.V.

Karte, Nr. 51, Feld E3 **18**

gegründet: 1996

Heister Feld 7, 25489 Haselau
✆ 04122-853500 🖷 04122-853520
✉ info@golfclub-gut-haseldorf.de
💻 www.golfclub-gut-haseldorf.de

PR: Prinz Udo v. Schoenaich-Carolath,
GF: Wolfgang Prozies

i: ✆ 04122-853500 🖷 -853520
Julia Mertins, Egon Kaland

Clubhaus Haseldorf, Janine Hechler
✆ 04122-999430

PRO SHOP: ✆ 04122-853500 🖷 -853520

PRO: Pro: Simon Parker, David Forsythe

H: 6029 m, CR 72.8, SL 143, Par 73
D: 5073 m, CR 73.2, SL 134, Par 73
20 Rangeabschläge (2 überdacht)

G: Gäste sind jederzeit willkommen. Sa./So./Feiertage ist Anmeldung notwendig. Clubausweis mit eingetragenem Handicap (54) ist erforderlich.

Tages-Greenfee: WT: EUR 55 / WE: EUR 65
9-Loch-Greenfee: WT: EUR 30 / WE: EUR 40
Ermäßigung: Jugendl./Stud. 50%

Platzinfos

VCG

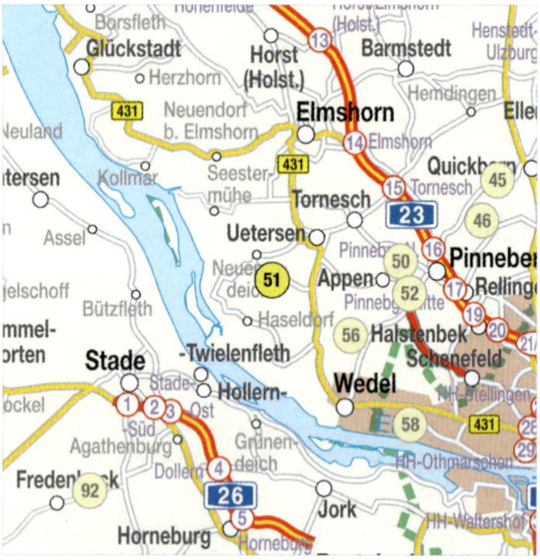

Anfahrtsbeschreibung

Von Hamburg auf der B 431 über Wedel Richtung Uetersen, in Heist links Richtung Haselau abbiegen, der Golfplatz liegt am Ortseingang Haselau. Von Uetersen auf der B 431 Richtung Wedel, in Heist rechts Richtung Haselau abbiegen.

Platzbeschreibung

Golfen vor den Toren Hamburgs. Ca.25 km nordwestlich von Hamburg, in der Haseldorfer Marsch zwischen Elbe und Pinnau, liegt der attraktive 18-Loch-Golfplatz. Die interessant geschnittenen Spielbahnen in der offenen Marschlandschaft sind eingerahmt von Wasserflächen und Biotopen. Diese Hindernisse und die gut plazierten Bunker sind eine golferische Herausforderung und erfordern ein strategisches Spiel. Der fruchtbare, ebene Marschboden garantiert ganzjährig sattgrüne Fairways und optimale Spielbedingungen für alle Altersklassen. Besuchen Sie uns doch mal!

Nächstgelegene Plätze

Hamburg-Holm, GC (Nr. 56)
Fairway Golf Peiner Hof (Nr. 50)
Weidenhof, GP (Nr. 52)

Golfpark Weidenhof e.V.

Karte, Nr. 52, Feld F3 **18** Höhe: 10 m

gegründet: 1999

Mühlenstraße 140, 25421 Pinneberg
✆ 04101-511830 🖷 04101-789535
✉ info@golfpark-weidenhof.de
💻 www.golfpark-weidenhof.de

PR: Hans Detlef Voss, GF: Hans Detlef Voss, CM: Birte Johannsen

i: ✆ 04101-511830 🖷 04101-789535

Lodge Restaurant+Bar, Isabel Porrmann
✆ 04101-7891858 🖷 04101-789535
Mo. Ruhetag

PRO SHOP: Golfshop
✆ 04101-511830 🖷 04101-789535

PRO: Pro: Thorbjörn Koch

18-Loch Platz
H: 5030 m, CR 66.2, SL 116, Par 69
D: 4255 m, CR 67.2, SL 115, Par 69
6-Loch Kurzplatz: H: 383 m, D: 383 m
25 Rangeabschläge (15 überdacht)

G: Gäste sind jederzeit willkommen. Handicap 54 ist erforderlich.

18-Loch-Greenfee: WT: EUR 50 / WE: EUR 60
9-Loch-Greenfee: WT: EUR 35 / WE: EUR 40
Ermäßigung: Jugendl. bis 18 J. und Stud. bis 27 J. 50%

Platzinfos

VCG GPS CLUB GASTRO

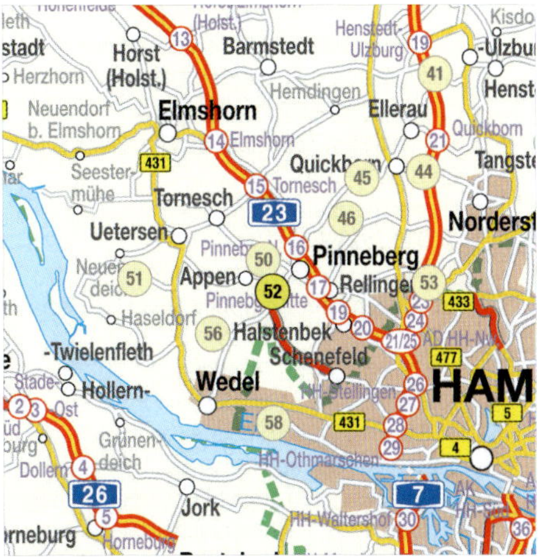

Anfahrtsbeschreibung

A 23, Ausfahrt Pinneberg-Süd (18), links Richtung Pinneberg, am Ende des Thesdorfer Weg rechts, am Ende der Straße links Richtung Appen, nach 200 m liegt rechter Hand der Golfplatz. Die S-Bahn S3 hält in direkter Nähe.

Platzbeschreibung

Golfspielen ganz unkompliziert so lautet das Motto auf der Golfanlage Weidenhof, 20 Minuten von der Hamburger City im Westen Hamburgs gelegen. Eine große überdachte Driving-Range und drei Golflehrer stehen den Besuchern zur Verfügung. Auf den fortgeschrittenen Golfer wartet ein anspruchsvoller 18-Loch-Platz, aber auch 9 Löcher nach Feierabend lassen den Alltagsstress schnell vergessen. Besucher sind herzlich willkommen.

Nächstgelegene Plätze

Fairway Golf Peiner Hof (Nr. 50)
Hamburg-Holm, GC (Nr. 56)
Gut Wulfsmühle, GA (Nr. 46)

Golf-Club Hamburg Wendlohe e.V.

Karte, Nr. 53, Feld F3 **27**

gegründet: 1964

Oldesloer Straße 251, 22457 Hamburg
✆ 040-5528966 ☎ 040-5503668
✉ sekretariat@wendlohe.de
www.wendlohe.de

PR: Dr. Holger Seidel, GF: Christoph Lampe
Headgreenkeeper: Hans-Hermann Eggers

i: ✆ 040-5528966 ☎ 040-5503668
Marinela Bartl-Schneider, Kathrin Glaser, Christopher Lau

Fischers Restaurant
✆ 040-55289681

PRO: Pro: Florian Jahn, Andy Jolly, Stuart McGregor

H: 5776 m, CR 71.6, SL 133, Par 72
D: 5060 m, CR 73.3, SL 130, Par 72
30 Rangeabschläge (12 überdacht)

G: Gäste sind Montag - Freitag (außer an Feiertagen) willkommen. Anmeldung ist notwendig. Clubausweis mit eingetragenem Handicap (36) ist erforderlich.

18-Loch-Greenfee: EUR 90
Ermäßigung: Jugendl./Stud. bis 25 J. 50%

Platzbeschreibung

Dieser Platz gilt als eine der besten Adressen in Deutschland. Umgeben von vielfältiger Flora und Fauna erfährt hier der Golfer, wie mit viel Feingefühl die spielerischen und natürlichen Erfordernisse in allen golferisch möglichen Variationen beim Bau dieser Anlage berücksichtigt wurden. Die Gemütlichkeit und Perfektion des großzügigen Clubhauses bietet dabei den angenehmen Rahmen vor und nach einem Spiel.

Platzinfos

Anfahrtsbeschreibung

A 7 Hamburg-Kiel, Ausfahrt Hamburg-Schnelsen-Nord, auf der Oldesloer Straße Richtung Norderstedt, an der zweiten Abzweigung links und der Beschilderung zum Golfplatz folgen.

Nächstgelegene Plätze

Gut Wulfsmühle, GA (Nr. 46)
Red Golf Quickborn (Nr. 44)
An der Pinnau, GC (Nr. 45)

Golfclub Siek/Ahrensburg

Karte, Nr. 54, Feld F3 18

gegründet: 2005

Bültbek 31a, 22962 Siek
04107-851201 04107-851202
info@golfplatz-siek.de
www.golfplatz-siek.de

PR: GF: Barry Rookledge, CM: Jillian Rookledge
Headgreenkeeper: Jens Knudsen

i: 04107-851201 04107-851202
Thomas Zinder

Clubrestaurant
04107-851424 04107-851202

PRO SHOP: ProShop FitzGerald im GC Siek/Ahrensburg, Sean D. FitzGerald
04107-333922

PRO: Pro: Michael Stewart, Sean D. FitzGerald, Graham Carruthers

H: 4439 m, CR 63.5, SL 107, Par 66
D: 3741 m, CR 64.3, SL 109, Par 66
30 Rangeabschläge (10 überdacht)

G: Gäste sind jederzeit willkommen. PE ist erforderlich. Von April bis September ist der 1. Abschlag (A-Platz) von 9.00 bis 12.00 Uhr jeden Sonntag nur für Mitglieder reserviert.

Tages-Greenfee: WT: EUR 50 / WE: EUR 60
18-Loch-Greenfee: WT: EUR 40 / WE: EUR 50
9-Loch-Greenfee: WT: EUR 22 / WE: EUR 25
Ermäßigung: Jugendl. bis 21 J. 50%

Platzbeschreibung

Der öffentliche Golfplatz in Siek verfügt über zwei 9-Loch-Plätze. Einer davon wurde ganz bewusst als Kompaktanlage mit einer Länge von nur ca. 1.500 m realisiert, der somit eine schnelle Runde ermöglicht und dennoch anspruchsvoll und zugleich perfekt für Golfeinsteiger geeignet ist. Im Kontrast dazu verfügen die zweiten 9 Bahnen über eine überdurchschnittliche Länge von rund 3.150 m. Auf dem großzügigen Übungsareal wird daneben schon das Training zum großen Golferlebnis.

Platzinfos

VCG GPS CLUB

Anfahrtsbeschreibung

A 1 Hamburg-Lübeck, Ausfahrt Ahrensburg - Siek, Richtung Trittau an der 1. Ampelkreuzung rechts abbiegen und in der abknickenden Vorfahrt geradeaus der Beschilderung folgen.

Nächstgelegene Plätze

Hoisdorf, GC (Nr. 55)
Großensee, GC (Nr. 57)
Hamburg Ahrensb., GC (Nr. 48)

Greenfee-Aktion: Seite G 23

Golf-Club Hoisdorf e.V.

Karte, Nr. 55, Feld F3 **18** Design: Kurt Peters

gegründet: 1977

Lunken, Hof Bornbek, (Zufahrt über Fuhrwegen), 22955 Hoisdorf
✆ 04107-7831 🖷 04107-9934
✉ info@gc-hoisdorf.com
💻 www.gc-hoisdorf.com

PR Arne Wolf

i ✆ 04107-7831 🖷 04107-9934
Anne Timm, Karina Stapelfeldt, Lena Bantin, Petra Bröcker

Gastronomie „All Square", Axel Hagedorn
✆ 04107-908845

PRO Pro: Graham Carruthers, Sven Busch

H: 5794 m, CR 71.7, SL 132, Par 71
D: 5136 m, CR 73.9, SL 128, Par 71
19 Rangeabschläge (2 überdacht)

G Gäste sind jederzeit willkommen. PE ist erforderlich. Gruppenermäßigungen auf Anfrage / E-Carts auf Anmeldung (18-Loch EUR 35 / 9-Loch EUR 25) / Zahlungen bar oder EC-Karte / Driving Range und Übungsflächen kostenlos / Golfbälle für den Abschlag (28 Stück EUR 2) am Ballautomaten / Leih-Trolley (EUR 5)

18-Loch-Greenfee: WT: EUR 50 / WE: EUR 60
9-Loch-Greenfee: WT: EUR 30 / WE: EUR 35
Greenfee Specials
Ermäßigung: Jugendl./Stud. bis 25 J. 50%

Platzbeschreibung

Der Golf-Club Hoisdorf steht seit über 40 Jahren für Einzigartigkeit. Entspannt Golfen in absoluter Ruhe. Runterkommen vom Alltag in purer Natur. Die kurz nach Entstehung bereits ausgezeichnete weitläufige 18-Loch-Anlage vor den Toren Hamburgs ist harmonisch in originäre Wald-, Feld- und Grünflächen mit altem Baumbestand eingebettet. Durch die hügelige Endmoränenlandschaft mit Doglegs entsteht eine reizvolle Lage für Anfänger und etablierte Spieler.

Platzinfos

VCG GPS CLUB GASTRO

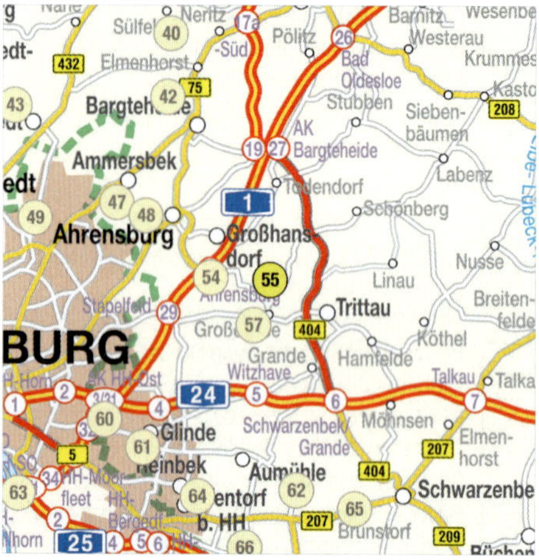

Anfahrtsbeschreibung

Die Adresse für Ihr Navi lautet: Lunken, 22955 Hoisdorf Anfahrt: BAB Hamburg-Lübeck, Abfahrt Ahrensburg, Richtung Siek/Trittau. Ortsumgehung Siek, im 1. Kreisel geradeaus, im 2. Kreisel Richtung Lütjensee. Durch den Ortsteil Sieker Berg fahren, hinter dem grünen Ortsschild „Fuhrwegen" rechts in die Straße „Lunken" abbiegen und dem asphaltierten Weg Richtung Golfplatz folgen (beschildert).

Nächstgelegene Plätze

Großensee, GC (Nr. 57)
Siek/Ahrensburg, GC (Nr. 54)
Hamburg Ahrensb., GC (Nr. 48)

Golfclub Hamburg-Holm e.V.

Karte, Nr. 56, Feld F3 **27** Höhe: 10 m

gegründet: 1986

Haverkamp 1, 25488 Holm
☎ 04103-91330 🖷 04103-913313
✉ info@gchh.de
💻 www.gchh.de

PR: Burckhardt Reimer, GF: Manfred Wilinski
Headgreenkeeper: Rolf Ladiges

i: ☎ 04103-91330 🖷 -913313
Claudia Voß, Anke Jankowski

Tanja Baur, Tanja Baur
☎ 04103-913320
Mo. Ruhetag

PRO SHOP: Gordon Mackintosh
☎ 04103-913330 🖷 -919041

PRO: Pro: Gordon Mackintosh, Villwock Karl

27-Loch Platz A - B oder C-Course
H: 6114 m, CR 72.2, SL 131, Par 72
D: 5376 m, CR 74.7, SL 130, Par 72
25 Rangeabschläge (12 überdacht)

G: Gäste sind Montag - Freitag (außer an Feiertagen) willkommen. Sa./So./Feiertage ist Anmeldung notwendig. Clubausweis mit eingetragenem Handicap (36) ist erforderlich.

18-Loch-Greenfee: WT: EUR 85 / WE: EUR 90
9-Loch-Greenfee: WT: EUR 60 / WE: EUR 70
Ermäßigung: Jugendl./Stud. bis 25 J. 50%

Platzbeschreibung

Die Anlage liegt inmitten eines Landschaftsschutzgebietes nahe der Holmer Sandberge. Eine typisch holsteinische Knicklandschaft, das Hetlinger und Wittmoor prägen den weitläufigen Kurs. Teilweise dichter und alter Baumbestand und die gut platzierten Hindernisse bieten zusätzliche Abwechslung im Spiel.

Platzinfos

Anfahrtsbeschreibung

A 7 Hamburg-Kiel, Ausf. Bahrenfeld Ri. Wedel, B 431 bis Holm, an 2. Ampel im Ort re. nach Pinneberg (Lehmweg), nach 2 km (hinter Tunnelbrücke) re. Haverkamp. Oder: A 23 bis Pinneberg-Süd, Ri. Wedel bis Abzw. Haseldorfer Marsch-Holm, re. in Lehmweg, nach 2km (vor Tunnelbrücke) li. Haverkamp. Von HH-City: Über Schenefeld u. LSE (L 103), am Ende am Kreisel li. Ri. Wedel bis Abzw. Haseldorfer Marsch, am Kreisel re. Lehmweg, s.o., 2 große Granitsteine und Hinweisschild markieren Zufahrt.

Nächstgelegene Plätze

Weidenhof, GP (Nr. 52)
Fairway Golf Peiner Hof (Nr. 50)
Gut Haseldorf, GC (Nr. 51)

Golf Club Großensee e.V.

Karte, Nr. 57, Feld F3 **18/9** Design: Golf Club Großensee Höhe: 45 m

gegründet: 1975

Hamburger Straße 29, 22946 Großensee
04154-6473 04154-60428
info@gc-grossensee.de
www.gc-grossensee.de

PR
Georg Nern
Headgreenkeeper: Heiko Tock

04154-6473 04154-60428
Andrea Ingwersen, Birgit Lathwesen

Restaurant LUNA am Grün
04154-7945943 04154-60428

PRO SHOP
Gary Milliner
0160-9013902

PRO
Pro: Andreas Grombein, Gary Milliner

18-Loch Hauptplatz
H: 6059 m, CR 72, SL 125, Par 73
D: 5339 m, CR 74.1, SL 123, Par 73
9-Loch Kurzplatz (Par 3)
H: 909 m, Par 27, D: 909 m, Par 27
12 Rangeabschläge (7 überdacht)

G
Gäste sind Montag - Freitag (außer an Feiertagen) willkommen. Sa./So./Feiertage ist Anmeldung notwendig. Clubausweis mit eingetragenem Handicap (54) ist erforderlich.

18-Loch-Greenfee: WT: EUR 60 / WE: EUR 70
9-Loch-Greenfee: WT: EUR 35 / WE: EUR 45
Ermäßigung: Jugendl./Stud. 50%

Platzinfos

VCG

Anfahrtsbeschreibung
A 1 Hamburg-Lübeck, Ausfahrt Stapelfeld Richtung Trittau über Braak Richtung Großensee, nach einer S-Kurve vor Großensee zum Golfplatz abbiegen und der Beschilderung folgen.

Platzbeschreibung
Der Golfclub liegt auf einer Endmoräne, eingebettet zwischen Wäldern und Feldern. Die Spielbahnen folgen den landschaftlichen Gegebenheiten und die idyllische Ruhe des Umlandes. Der herrliche Rundblicke über die schleswig-holsteinische Knicklandschaft bietet Balsam für die Seele. Sportlich ist die Ruhe nicht zu unterschätzen. Roughs, Bunker, Wasserhindernisse und gut verteidigte Grüns erfordern Präzision.

Nächstgelegene Plätze
Hoisdorf, GC (Nr. 55)
Siek/Ahrensburg, GC (Nr. 54)
Hamburg Ahrensb., GC (Nr. 48)

Hamburger Golf-Club e.V. Falkenstein

Karte, Nr. 58, Feld F3 **18** Design: Colt, Alison und Morrison Höhe: 100 m

gegründet: 1906

In de Bargen 59, 22587 Hamburg
Tel. 040-812177 Fax 040-817315
info@golfclub-falkenstein.de
www.golfclub-falkenstein.de

PR: Dr. Thomas Klischan, GF: Berthold Apel

i: Tel. 040-812177 Fax 040-817315
Katrin Freund, Kirsten Neumann, Kristina Tenbruck

Ralf Michael Glatzel, Ralf Michael Glatzel
Tel. 040-814404 Fax 040-861168

PRO SHOP: Golf Shop Falkenstein, Lothar Kämmer

PRO: Pro: Stephan Blume, Christian Lanfermann, Marco Müntnich, Moritz Dickel, Matthias Boje

H: 5759 m, CR 71.4, SL 135, Par 71
D: 5078 m, CR 73.2, SL 133, Par 71
30 Rangeabschläge (8 überdacht)

G: Gäste sind Montag - Freitag (außer an Feiertagen) willkommen. Anmeldung ist notwendig. Clubausweis mit eingetragenem Handicap (36) ist erforderlich. In Mitgliederbegleitung ist der Platz täglich bespielbar. Mobiltelefonieren ist auf dem Platz nicht erlaubt.

18-Loch-Greenfee: WT: EUR 100
9-Loch-Greenfee: WT: EUR 60
Ermäßigung: Jugendl./Stud. bis 25 J. 50%

Platzinfos

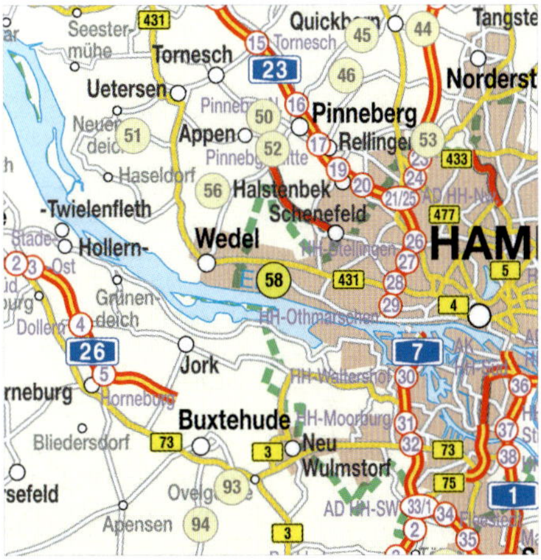

Anfahrtsbeschreibung

A 7, Ausfahrt Bahrenfeld oder Othmarschen Richtung Blankenese, durch den Ort die Rissener Landstraße nach Rissen, noch im Waldstück vor dem Ort rotes Schild „Rissen“, nächste Straße links „In de Bargen“, noch ca. 200 m bis zum Golfplatz.

Platzbeschreibung

Am 16. Januar 1906 wurde im „patriotischen Gebäude“ zu Hamburg der Hamburger Golfclub gegründet. Auf dem heutigen Gelände schufen die weltweit bekannten Golfplatzarchitekten Colt, Alison und Morrison in der Zeit von 1928 bis 1930 ein Meisterwerk englischer Golf-Architektur.

Nächstgelegene Plätze

Hamburg-Holm, GC (Nr. 56)
Weidenhof, GP (Nr. 52)
Fairway Golf Peiner Hof (Nr. 50)

Greenfee-Aktion: Seite G 23f 25

Golf-Club Gut Grambek e.V.

Karte, Nr. 59, Feld G3 **18** Design: Kurt Peters Höhe: 20 m

gegründet: 1981

Schloßstraße 21, 23883 Grambek/Mölln
✆ 04542-841474 🖷 04542-841476
✉ info@gcgrambek.de
💻 www.gcgrambek.de

PR: Jürgen Manegold

i: ✆ 04542-841474 🖷 04542-841476
Jennifer Heyn, May-Britt Kiel, Monika Doll

Rosalie im Gutshaus Grambek, Martin Wentz
✆ 04542-8548524

PRO: Pro: Joost Hage

H: 5907 m, CR 71.2, SL 126, Par 71
D: 5174 m, CR 73.2, SL 122, Par 71
20 Rangeabschläge (5 überdacht)

G: Gäste sind jederzeit willkommen. Sa./So./Feiertage ist Anmeldung notwendig. Clubausweis mit eingetragenem Handicap (54) ist erforderlich. Sa./So./Feiertage ist Handicap 45 erforderlich.

18-Loch-Greenfee: WT: EUR 60 / WE: EUR 70
9-Loch-Greenfee: WT: EUR 30 / WE: EUR 35
In Mitgliederbegleitung WT: EUR 30 / WE: EUR 35
6er Greenfeekarte WT: EUR 180 / WE: EUR 240. Nicht übertragbar.
Ermäßigung: Jugendl. bis 18 J. und Stud. bis 27 J. 50%

Platzbeschreibung

Der Golfplatz liegt inmitten des Naturparks Lauenburgische Seen, harmonisch eingebettet in eine typisch holsteinische Knicklandschaft mit altem Baumbestand. Einige Spielbahnen verlaufen als lange, breite Waldschneisen durch Kiefern- und Fichtenwälder. Fast eben, mit sanften Bodenwellen, ist der Platz leicht zu begehen und zu fast jeder Jahreszeit bespielbar.

Platzinfos

VCG GPS CLUB GASTRO

Anfahrtsbeschreibung

Von Lübeck B 207 Richtung Mölln, Abfahrt Alt-Mölln/Mölln-Süd u. links Ri. Mölln abbiegen. In Mölln hinter der freien Tankstelle an der Ampel rechts in Richtung Grambek, an der Straßengabelung re. abbiegen Ri. Grambek. Den Ort Grambek durchfahren.Letzte Ausfahrt im Kreisel. Ca. 100 m hinter dem Ortsausgangsschild auf der rechten Seite befindet sich der Parkplatz. Oder A 24 Abfahrt Gudow Richtung Güster. An der nach links abknickenden Vorfahrtsstraße geradeaus durch den Wald, am Ortseingangsschild von Grambek links liegt der Parkplatz.

Nächstgelegene Plätze

Brunstorf, G&CC (Nr. 65)
Am Sachsenwald, GC (Nr. 62)
Hoisdorf, GC (Nr. 55)

GolfRange Hamburg-Oststeinbek

Karte, Nr. 60, Feld F3 9

gegründet: 2003

Meessen 38, 22113 Oststeinbek
040-4130490 040-41304922
hamburg@golfrange.de
www.golfrange.de

PR
GF: Hans Peter Thomßen
Dr. Florian Bosch, CM: Florian Abt
Johannes Arendt
Headgreenkeeper: Leszek Woycek

040-4130490 040-41304922
Nele-Marie Brüdgam, Henri Graß

Ingo Steen
0176-58438003

PRO SHOP
Golfshop Oststeinbek Inh. Jens Stock
0179-7796959

PRO
Pro: Johnny Riordan

H: 5066 m, CR 67, SL 118, Par 66
D: 4362 m, CR 67.9, SL 115, Par 66
120 Rangeabschläge (11 überdacht)

G
Gäste sind jederzeit willkommen. Anmeldung ist notwendig. Clubausweis mit eingetragenem Handicap (54) ist erforderlich.

18-Loch-Greenfee (bis 16:00 Uhr): WT: EUR 35 / WE: EUR 42
18-Loch-Greenfee (ab 16:00 Uhr): WT: EUR 38 / WE: EUR 42
9-Loch-Greenfee (bis 16:00 Uhr): WT: EUR 23 / WE: EUR 28
9-Loch-Greenfee (ab 16:00 Uhr): WT: EUR 25 / WE: EUR 28

Platzinfos

VCG

Anfahrtsbeschreibung

Aus Hamburg: Über die Glinder Straße/Möllner Landstraße, am Ortseingang links Richtung Gewerbegebiet/REAL. Der Straße folgen, 50 m nach der Linkskurve rechts einbiegen in die Straße Meessen und der Beschilderung folgen. Oder: A 1, Ausfahrt Hamburg-Öjendorf zur Möllner Landstraße, Richtung Oststeinbek, am Ortseingang links abbiegen, Richtung Gewerbegebiet/REAL und der Beschilderung folgen.

Schleswig-Holstein+Hamburg

Platzbeschreibung

Die GolfRange bietet Golfvergnügen in malerischer Natur direkt vor den Toren Hamburgs. Nur 20 min von der Hamburger City entfernt, tragen umfangreiche Übungseinrichtungen, 9 hochwertige Spielbahnen, professionelle Golfschulbetreuung, günstige Aufnahme- und Spielgebühren sowie ein Clubhaus zum Wohlfühlen dazu bei, Golfen zum Erlebnis werden zu lassen.

Nächstgelegene Plätze

Glinde, GC Gut (Nr. 61)
Red Golf, Moorfleet (Nr. 63)
Wentorf-Reinbeker GC (Nr. 64)

Golfclub Gut Glinde e.V.

Karte, Nr. 61, Feld F3 **18/9/6** Design: Holger Rengstorf, Olaf Osterkamp Höhe: 52 m

gegründet: 2002

In der Trift 4, 21509 Glinde
040-7100506 040-71005079
info@golf-gut-glinde.de
www.golf-gut-glinde.de

PR: Dr. Carin Rösener

i: 040-7100506 040-71005079
Sandra Stein

Golf Gut Glinde - Restaurant, Andrea Lessau
040-7100506 040-71005079

PRO SHOP: Golf Gut Glinde - Pro Shop
040-7100506 040-71005079

PRO: Pro: Thomas Krüger, Thomas Tober, Sören Jöns

18-Loch Platz
H: 5911 m, CR 71.3, SL 133, Par 72
D: 5329 m, CR 73.8, SL 131, Par 72
9-Loch Platz
H: 4852 m, CR 66, SL 111, Par 68
D: 3916 m, CR 65.2, SL 106, Par 68
100 Rangeabschläge (15 überdacht)

G: Gäste sind jederzeit willkommen. Anmeldung ist notwendig. Clubausweis mit eingetragenem Handicap (54) ist erforderlich. Sa./So./Feiertage ist Handicap 45 erforderlich.

18-Loch-Greenfee: WT: EUR 65 / WE: EUR 75
9-Loch-Greenfee: WT: EUR 40 / WE: EUR 45
6-Loch-Kurzplatz (Bahnen von 46-88 m Länge) für Anfänger: EUR 15 pro Person inkl. Rangefee.
Ermäßigung: Jugendl. bis 18 J. 50%, Stud. bis 25 J. 30%

Platzbeschreibung

Nur 20 Min. von Hamburgs Innenstadt entfernt, lässt sich in Glinde auf 33 Bahnen Golf spielen: Ein 18-Loch-Meisterschaftsplatz, ein öffentlicher 9-Loch-Platz und ein 6-Loch-Kurzplatz für Anfänger bieten Spielspaß für jedes Golf-Niveau. Ein sehr großzügig bemessener Trainingsbereich, die Golf-Arena, rundet die moderne Golfanlage perfekt ab.

Platzinfos

VCG
GPS
CLUB
GASTRO

Anfahrtsbeschreibung

Von Hamburg und von Westen: A 24, Ausfahrt Glinde/Reinbek. Von Norden und Süden: A 1 Ausfahrt Glinde/Reinbek/HH-Öjendorf oder Barsbüttel. Von Reinbek über den Reinbeker Weg nach Glinde. Der Ausschilderung nach Glinde folgen, in der Ortsmitte: Möllner Landstraße, Sönke-Nissen-Allee rechts abbiegen.

Nächstgelegene Plätze

GolfRange Hamb.-Oststeinb. (Nr. 60)
Wentorf-Reinbeker GC (Nr. 64)
Red Golf, Moorfleet (Nr. 63)

Golf-Club Am Sachsenwald e.V.

Karte, Nr. 62, Feld F3 **18/6** Design: Karl F. Grohs Höhe: 50 m

gegründet: 1985

Am Riesenbett, 21521 Dassendorf
☎ 04104-6120 Fax 04104-6551
✉ info@gc-sachsenwald.de
www.gc-sachsenwald.de

i: ☎ 04104-6120 Fax 04104-6551
Birgit Niemeyer, Ulrike Feilke, Uta Seltmann

Ristorante am Riesenbett,
Fabio di Nardo di Maio
☎ 04104-961524 Fax 04104-9629525
Mo. Ruhetag

PRO: Pro: Alan Roberts, Lennart Optelaak

18-Loch Platz
H: 6087 m, CR 72.6, SL 130, Par 72
D: 5324 m, CR 74.2, SL 127, Par 72
6-Loch Platz
H: 418 m, Par 18
D: 418 m
30 Rangeabschläge (6 überdacht)

G: Gäste sind Montag - Freitag (außer an Feiertagen) willkommen. Anmeldung ist notwendig. Clubausweis mit eingetragenem Handicap (45) ist erforderlich.

18-Loch-Greenfee: WT: EUR 60 / WE: EUR 70
Ermäßigung: Jugendl./Stud. bis 25 J. 50%

Platzbeschreibung

Leicht geschwungenes Gelände mit schönem Weitblick vor der Kulisse des Sachsenwaldes. Kreuzende Bäche, geschickt verteilte Teiche und Biotope sowie bunkerbewehrte hängende Grüns und knifflige Roughs stellen selbst den niedrigen Hcp-Spieler vor Herausforderungen. Die teils imposant langen Bahnen bieten fast ausnahmslos Gelegenheit zur Nutzung des Drivers, aber nur wer diesen reizvollen Platz strategisch spielt, erreicht einen guten Score.

Platzinfos

VCG GPS GASTRO

Anfahrtsbeschreibung

Von Süden: A 1/A 25 bis Ende (Geesthacht), li. über B 5 bis Escheburg, dann re. nach Kröppelshagen und weiter re. B 207 Ri. Schwarzenbek, nächste Kreuzung li. Dassendorf-Aumühle, kurz nach dem Ortsausgang Dassendorf direkt vor dem Waldrand rechts. Von Hamburg: B 5 Bergedorf-Wentorf-Schwarzenbek, wie oben an der Kreuzung li. Ri. Dassendorf. Von der A 24 Hamburg-Berlin: Ausfahrt Reinbek Ri. Süden auf die K 80, 2. Ausf. re. nach Aumühle-Dassendorf.

Nächstgelegene Plätze

Brunstorf, G&CC (Nr. 65)
Escheburg, GC (Nr. 66)
Wentorf-Reinbeker GC (Nr. 64)

Red Golf Moorfleet GmbH & Co.KG

Karte, Nr. 63, Feld F3 **9**

gegründet: 2002

Vorlandring 16, 22113 Hamburg
040-7887720 040-78877222
moorfleet@redgolf.de
www.redgolf.de

PR: CM: Max Stechmann

i: 040-7887720 040-78877222
Pascal Mohr, Vanessa Wirth

Red Golf Bistro
040-78877225

PRO SHOP: Red Golf, David Entwistle
040-7887720 040-78877222

PRO: Pro: David Entwistle

H: 4746 m, CR 66.1, SL 124, Par 68
D: 4168 m, CR 67.3, SL 119, Par 68
60 Rangeabschläge (20 überdacht)

G: Gäste sind jederzeit willkommen. Anmeldung ist notwendig. Clubausweis mit eingetragener PE ist erforderlich.

18-Loch-Greenfee: WT: EUR 40 / WE: EUR 50
9-Loch-Greenfee: WT: EUR 25 / WE: EUR 30
Ermäßigung: Jugendl. bis 18 J. 50%, Stud. bis 27 J. 25%

Platzinfos

VCG

Anfahrtsbeschreibung

A1 Hamburg-Lübeck, Abfahrt Moorfleet (beim neuen IKEA-Süd), an der 3. Ampel links in den Brennerhof in Richtung Elbfähre (an der Ecke ist ein Küchenstudio), 1,2 km der Straße folgen und an der nächsten Ampel rechts in den Moorfleeter Deich, 500 m weiter auf dem Moorfleeter Deich, dann links in den Boehringerweg/Vorlandring, der direkt zum Platz führt.

Platzbeschreibung

Die 2002 gegründete öffentliche Golfanlage mit 9 Löchern (Par 68) und großzügigen Übungsflächen ist auf einer Fläche von 26 Hektar angelegt und bietet neben einer doppelstöckigen Range u.a. auch eine Flutlichtanlage für das Training bei Dunkelheit. Ein Altbestand an Bäumen, Grabensysteme zum Moorfleeter Deich sowie zeitweise wasserführende Flächen übernehmen ausreichend Hindernis- und Biotopfunktion in dem reizvoll zu spielenden Golfcourse.

Nächstgelegene Plätze

GolfRange Hamb.-Oststeinb. (Nr. 60)
Glinde, GC Gut (Nr. 61)
Wentorf-Reinbeker GC (Nr. 64)

Wentorf-Reinbeker Golf-Club e.V.

Karte, Nr. 64, Feld F3 **18** Höhe: 25 m

gegründet: 1901

Golfstraße 2, 21465 Wentorf / Hamburg
040-72978068 040-72978067
sekretariat@wrgc.de
www.wrgc.de

PR Headgreenkeeper: Jörn Wenck

040-72978068 040-72978067

Söhnke Brehmer
040-7202610
Mo. Ruhetag

PRO SHOP Stuart Griffin
040-72979691

PRO Pro: Stuart Griffin, William Winters

H: 5821 m, CR 72, SL 132, Par 72
D: 5165 m, CR 74.1, SL 130, Par 72
20 Rangeabschläge (4 überdacht)

G Gäste sind jederzeit willkommen. Clubausweis mit eingetragenem Handicap (36) ist erforderlich. Elektrocarts sind nicht gestattet!

18-Loch-Greenfee: WT: EUR 60 / WE: EUR 70
9-Loch-Greenfee: WT: EUR 35 / WE: EUR 40
Beim Spielen mit einem Mitglied gibt es EUR 10 Ermäßigung.
Ermäßigung: Jugendl. bis 18 J. und Stud. bis 25 J. 50%

Platzbeschreibung

Der Wentorf-Reinbeker Golf-Club wurde im Jahr 1901 gegründet und ist eines der Gründungsmitglieder des Deutschen Golf Verbandes. Der Platz liegt am Rande des Sachsenwaldes im Osten von Hamburg, ist landschaftlich sehr reizvoll und von hohem sportlichen Anspruch. Die Fairways sind durch den alten Baumbestand relativ eng und der Schlag zum Grün ist nicht immer einfach. Die Grüns sind teilweise von Wasserhindernissen verteidigt oder haben viele Breaks.

Platzinfos

VCG

Anfahrtsbeschreibung

Hauptrichtung Hamburg-Bergedorf, aus der Innenstadt Hamburg über die B 5 (Bergedorf-Berlin), sonst über die A 1/E 4 Hamburg-Lübeck (Ausfahrt Bergedorf-Billstedt)
an der Linksabbiegung Oststeinbek/Reinbek weiter in Richtung Reinbek
in der Ortsmitte Reinbek weiter in Hauptrichtung Bergedorf/Wentorf, unmittelbar hinter dem Reinbeker Schloss links in den Weg „Am Mühlenteich" einbiegen und der Verlängerung „Golfstraße" bis zum Golfplatz folgen.

Nächstgelegene Plätze

Escheburg, GC (Nr. 66)
Glinde, GC Gut (Nr. 61)
Am Sachsenwald, GC (Nr. 62)

Greenfee-Aktion: Seite G 25

Golf & Country Club Brunstorf

Karte, Nr. 65, Feld F3 **18/9** Design: M. Meyer, P. Miller, Umbau D. Krause Höhe: 50 m

gegründet: 1995

Am Golfplatz, 21524 Brunstorf
04151-867878 04151-867877
info@golfclub-brunstorf.de
www.golfclub-brunstorf.de

PR Christian Thiemann, GF: Christian Thiemann, CM: Thomas Marxsen
Headgreenkeeper: Michael Büttner Firma Sommerfeld

i 04151-867878 -867877
Birgit Vietz, Nicole Schadwell, Elisabeth Meyer

Restaurant Greenvieh, Jürgen Langenbacher
04151-867860 -867877

PRO SHOP Bin und Peter Miller, Bin Zhou-Miller
04151-899320 -899320

PRO Pro: Alexander Schönfeld, Peter Miller

18-Loch Championship-Course
H: 6080 m, CR 72.8, SL 135, Par 73
D: 5170 m, CR 76.4, SL 139, Par 73
9-Loch Golfplatz Brunstorf Süd
H: 3898 m, CR 61.1, SL 102, Par 62
D: 3396 m, CR 60.7, SL 99, Par 62
80 Rangeabschläge (20 überdacht)

G Gäste sind jederzeit willkommen. Anmeldung ist notwendig. Clubausweis mit eingetragenem Handicap (54) ist erforderlich. Sa./So./Feiertage ist Handicap 45 erforderlich. Der 2. Platz ist ohne Mitgliedschaft bespielbar.

18-Loch-Greenfee: WT: EUR 70 / WE: EUR 80
9-Loch-Greenfee: WT: EUR 40 / WE: EUR 45
Ermäßigung: Jugendl. bis 18 J. und Stud. bis 25 J. 38%

Platzbeschreibung

Die Golfanlage Brunstorf liegt 30 Minuten östlich von Hamburg, gut erreichbar an der B 207 und ist umgeben von Wiesen, Feldern und den Ausläufern des 7000 ha großen Sachsenwaldes. Neben einem anspruchsvollen 18-Loch Championship-Course, der sich harmonisch in die Landschaft einfügt, bietet die Anlage einen öffentlichen 9-Loch Golfplatz, der auch ohne DGV-Ausweis bespielbar ist.

Platzinfos

VCG

Anfahrtsbeschreibung

A 24 Hamburg-Berlin, 1. Ausfahrt Reinbek Richtung Reinbek, 2. Abfahrt Richtung Aumühle, durch Aumühle Richtung Dassendorf, in Dassendorf auf der B 207 Richtung Schwarzenbek oder B 5 Richtung Bergedorf, in Bergedorf auf der B 207 Richtung Wentorf/Schwarzenbek zum Golfplatz. Für Navigationsgeräte bitte als Straße Bundesstraße 55 eingeben.

Nächstgelegene Plätze

Am Sachsenwald, GC (Nr. 62)
Escheburg, GC (Nr. 66)
Wentorf-Reinbeker GC (Nr. 64)

Golf-Club Escheburg e.V.

Karte, Nr. 66, Feld F3 18/6

gegründet: 1991

Am Soll 3, 21039 Escheburg
☎ 04152-83204 Fax 04152-83205
✉ info@gc-escheburg.de
www.gc-escheburg.de

PR: Otto Ahlers

i: ☎ 04152-83204 Fax 04152-83205
Nadine Laudi, Nina Cockayne

IL RISTORANTE, Salim Musai
☎ 04152-839896

PRO SHOP: Golfshop Escheburg, Arthur Hintz
☎ 04152-83211 Fax 04152-83205

PRO: Pro: Graham Clark, James Kennedy

18-Loch Platz
H: 6010 m, CR 72, SL 132, Par 72
D: 5202 m, CR 73.6, SL 126, Par 72
6-Loch Nordplatz (Executive)
H: 1211 m, Par 20, D: 1099 m, Par 20
10 Rangeabschläge

G: Gäste sind jederzeit willkommen. Anmeldung ist notwendig. Clubausweis mit eingetragener PE ist erforderlich. Sa./So./Feiertage ist Handicap 54 erforderlich.

18-Loch-Greenfee: WT: EUR 60 / WE: EUR 70
9-Loch-Greenfee: WT: EUR 30 / WE: EUR 35
Ermäßigung: Jugendl. und Stud. bis 27 J. 50%

Platzinfos

Anfahrtsbeschreibung

Von Hamburg: A 25 Richtung Geesthacht bis zum Autobahnende, auf der B 5 Richtung Escheburg. Oder: B 5 Escheburg Richtung Kröppelshagen. Über die B207 in Kröppelshagen Richtung Escheburg, dann dem Hinweisschild „Golfplatz" folgen.

Platzbeschreibung

Der Charakter der Anlage wird durch die reizvolle schleswig-holsteinische Knicklandschaft geprägt. Eine umfangreiche Bepflanzung grenzt die Spielbahnen gegeneinander ab. Die 18 Fairways wurden so gestaltet, dass sie mit den vielen Bunkern und gut platzierten 12 Wasserhindernissen ein strategisches und gut platziertes Spiel erfordern.

Nächstgelegene Plätze

Wentorf-Reinbeker GC (Nr. 64)
Am Sachsenwald, GC (Nr. 62)
Brunstorf, G&CC (Nr. 65)

Mecklenburg-Vorpommern

Club-Nr.	Clubname	Seite: Gutschein		Club
67	Golfplatz Schloss Ranzow			74
68	Golfclub Rügen e.V.	G 25	■	75
69	Golfclub „Zum Fischland" e.V.			76
70	Golfanlage Warnemünde			77
71	Ostsee Golf Club Wittenbeck e.V.			78
72	Golfpark Strelasund			79
73	Hanseatischer Golfclub e.V. in Greifswald	G 25,G 27	■	80
74	Golfclub Tessin e.V.	G 27	■	81
75	Golfclub Balmer See-Insel Usedom e.V.			82
76	Golfclub Hohen Wieschendorf e.V.			83
77	Baltic Hills Golf Usedom	G 27	■	84
78	Golfclub Schloss Teschow e.V.	G 27,G 29	■	85
79	Van der Valk Golfclub Serrahn	G 29	■	86
80	WINSTONgolf			87
81	Golf & Country Club Schloß Krugsdorf			88
82	Golfclub Mecklenburg-Strelitz e.V.			89
83	Golf Fleesensee			90

■ = Partner Albrecht Greenfee-Aktion

Golfplatz Schloss Ranzow

Karte, Nr. 67, Feld L1 18 Design: Rengstorf Golf Design Höhe: 50 m

gegründet: 2015

Schlossallee 1, 18551 Lohme/Rügen
038302-88910 0 38302 - 88 91 188
info@schloss-ranzow.de
www.golf-schloss-ranzow.de

PR: Wolfgang Zeibig, GF: Sylke Zeibig
Headgreenkeeper: Rene Krosse

i: 038302-88910 0 38302 - 88 91 188
Andreas Klein

Restaurant EARL
038302-88910 0 38302 - 88 91 188

PRO SHOP: 038302-88910

PRO: Pro: Kim Gower

H: 5397 m, CR 69, SL 129, Par 71
D: 4584 m, CR 69.7, SL 124, Par 71
8 überdachte Rangeabschläge

G: Gäste sind jederzeit willkommen. Anmeldung ist erforderlich. Handicap 54 ist erforderlich.

18-Loch-Greenfee: EUR 75
9-Loch-Greenfee: EUR 45
Ermäßigung: Jugendl. bis 18 J. 30%

Platzinfos

VCG GPS CLUB GASTRO

Platzbeschreibung

Hoch oben im Inselnorden erwartet den Golfer der 18-Loch Golfplatz Schloss Ranzow vor atemberaubender Ostseekulisse. Sanft wellige Fairways mit Blick auf die Ostsee verwöhnen das Auge. Knifflige Bunker- und Wasserhindernisse erfordern ein präzises Spiel und die Seewinde sind Naturschauspiel und Herausforderung zugleich. Der 5407m lange Par 71 18-Loch Platz ist so gestaltet, dass er Herausforderungen für alle Spielstärken bietet. Am Ende der Runde wird jeder mit einem Erfolgserlebnis den Platz verlassen. Neben einem gekonnt in Szene gesetzen 18-Loch Platz bietet Schloss Ranzow seinen Spielern alle Annehmlichkeiten für ein gelungenes Golferlebnis.

Anfahrtsbeschreibung

Auf Rügen fahren Sie ab Stralsund über die B 96 in Richtung Sassnitz. In Sassnitz angekommen fahren Sie durch den Nationalpark. Lassen Sie Hagen hinter sich und biegen in Nipmerow rechts ab in Richtung Lohme. Nach ca. 1 km erreichen Sie den Ortseingang und sehen auf der rechten Seite Schloss Ranzow. Aus allen anderen Richtungen fahren Sie bitte durch Lohme bis zum Ortsausgang und biegen dann links ab. Geben Sie nicht nur die Postleitzahl, sondern auch den Ort, also 18551 Lohme in Ihr Navigationssystem ein.

Nächstgelegene Plätze

Rügen, GC (Nr. 68)
Hanseatischer GC (Nr. 73)
Strelasund, GP (Nr. 72)

Greenfee-Aktion: Seite G 25

Golfclub Rügen e.V.

Karte, Nr. 68, Feld K2 18/9

gegründet: 1995

Am Golfplatz 2, 18574 Garz OT Karnitz/Rügen
✆ 038304-82470 Fax 038304-824712
info@golfclub-ruegen.de
www.inselgolf-ruegen.de

PR: Gerhard Kuhl, GF: Gerhard Kuhl,
CM: Alexander Stuart Pahl

i: ✆ 038304-824711 Fax -824712

Gunilla
✆ 038304-82470 Fax 038304-824712

PRO SHOP: ✆ 038304-82470 Fax 038304-824712

18-Loch Challenge Course
H: 5727 m, CR 71.3, SL 139, Par 72
D: 5128 m, CR 74, SL 129, Par 72
9-Loch Public Course
H: 3654 m, CR 60.9, SL 105, Par 60
D: 3298 m, CR 61.2, SL 101, Par 60
40 Rangeabschläge (10 überdacht)

G: Gäste sind jederzeit willkommen. Anmeldung ist notwendig. Clubausweis mit eingetragenem Handicap (54) ist erforderlich.

18-Loch-Greenfee: Mo.-Do.: EUR 55 / Fr.-So.: EUR 60.
9-Loch-Greenfee: Mo.-Do.: EUR 30 / Fr.-So.: EUR 33.
WE-GF gilt bereits ab Fr.
Ermäßigung: Jugendl./Stud. 20%

Platzinfos

VCG CLUB GASTRO

Anfahrtsbeschreibung

Von Hamburg: A 1/A 20/B 105 über Wismar-Rostock nach Stralsund-Rügendamm, weiter B 96 Richtung Bergen,in Samtens vom Zubringer abfahren in Richtung Garz, in Garz geradeaus weiter nach Karnitz, in Karnitz lrechts in Richtung Golfplatz. Von Berlin: A 11 Richtung Stettin, Ausfahrt 6 Prenzlau auf die B 109 über Greifswald bis Stralsund-Rügendamm und weiter wie oben beschrieben zum Golfplatz.

Platzbeschreibung

Die Golfanlage liegt mitten im Herzen der Insel Rügen. Jedermann kann hier Golfspielen lernen, auch ohne in einem Club Mitglied zu sein. Die teilöffentl. Anlage ermöglicht ein harmonisches Miteinander von Clubleben und öffentl. Betrieb. Das Herzstück ist ein 18-Loch-Turnierplatz mit schmalen Fairways, undurchdringlichem Rough und hohem Baumbestand.

Nächstgelegene Plätze

Hanseatischer GC (Nr. 73)
Golfplatz Ranzow (Nr. 67)
Strelasund, GP (Nr. 72)

Golfclub „Zum Fischland" e.V.

Karte, Nr. 69, Feld I2 **9** Design: Tony Ristola Höhe: 8 m

gegründet: 1999

Pappelallee 23a,
18311 Ribnitz-Damgarten/OT Neuhof
☎ 03821-894610 Fax 03821-894611
✉ golf-fischland@t-online.de
www.golfclub-fischland.de

PR: Mathias Krack, GF: Karl Claus Pawlowski

i: ☎ 03821-894610 Fax -894611

Restaurant: ☎ 03821-894610 Fax -894611

PRO SHOP: ☎ 03821-894610 Fax -894611

H: 5142 m, CR 67.9, SL 125, Par 70
D: 4486 m, CR 68.9, SL 123, Par 70
30 Rangeabschläge (4 überdacht)

G: Gäste sind jederzeit willkommen. PE ist erforderlich.

Tages-Greenfee: EUR 50
18-Loch-Greenfee: EUR 45
9-Loch-Greenfee: EUR 35
Greenfee 5er-Karte 9-Loch: EUR 160 personengebunden / Partner 6er-Karte 9-Loch: EUR 190 personengebunden

Platzbeschreibung

Vor der beliebten Halbinsel Fischland-Darß-Zingst, zwischen Rostock und Stralsund, liegt dieser idyllische Platz. Die Gestaltung der 9-Loch-Anlage wurde einem Links-Course nachempfunden und stellt auch für erfahrene Spieler eine Herausforderung dar. Der Par 35-Course, von Golfplatzdesigner Tony Ristola gebaut, ist reich an Details und bietet zugleich Vergnügen und Erholung, sowie Befriedigung nach vollbrachtem Golfspiel.

Platzinfos

Anfahrtsbeschreibung

Von Berlin A 24/A 19 Richtung Rostock, Ausfahrt Rostock-Ost, weiter auf der B 105 Richtung Stralsund, vor Ribnitz in Borg rechts, weiter nach Neuhof. Die Golfanlage ist mit dem Auto von Ribnitz-Damgarten in ca. 8 Minuten, von Rostock in ca. 20 Minuten zu erreichen.

Nächstgelegene Plätze

Tessin, GC (Nr. 74)
Warnemünde, GA (Nr. 70)
Wittenbeck, Ostsee GC (Nr. 71)

Golfanlage Warnemünde

Karte, Nr. 70, Feld H2 **27/6** Design: David Krause

gegründet: 2007

Am Golfplatz 1, 18119 Rostock-Warnemünde
☎ 0381-7786830 Fax 0381-77868318
✉ info@golf-warnemuende.de
www.golf-warnemuende.de

PR: GF: Ronny Polack

i: ☎ 0331-7786830 Fax 0331-77868318

Golfgastronomie
☎ 0381-7997

PRO SHOP: Golfproshop Warnemünde, Angela Wilmer
☎ 0381-7786830

27-Loch Platz
H: 6173 m, CR 73.2, SL 124, Par 72
D: 5091 m, CR 73, SL 122, Par 72
6-Loch Executive Platz
H: 988 m, Par 20
D: 810 m, Par 20
100 Rangeabschläge (8 überdacht)

G: Gäste sind jederzeit willkommen. Anmeldung ist notwendig. Clubausweis mit eingetragener PE ist erforderlich. Die Anlage verfügt über 3 kombinierbare 9-Loch-Plätze und einen öffentlichen 6-Loch-Kurzplatz mit Driving Range.

18-Loch-Greenfee: EUR 65
9-Loch-Greenfee: EUR 35
Ermäßigung: Jugendl. bis 18 J. und Stud. bis 27 J. 25%

Nächstgelegene Plätze
Wittenbeck, Ostsee GC (Nr. 71)
Zum Fischland, GC (Nr. 69)
Tessin, GC (Nr. 74)

Platzinfos

Anfahrtsbeschreibung
Die Golfanlage Warnemünde liegt unweit des Warnemünder Zentrums an der Doberaner Landstraße L12 zwischen den Gemeinden Warnemünde/ Diedrichshagen und Elemenhorst.

Platzbeschreibung
Die 27-Loch-Golfanlage ist so konzipiert, dass je nach Schwierigkeitsgrad drei verschiedene 9-Loch-Golfplätze zu 18 Loch-Kursen kombiniert werden können und ein ganzjähriger Spielbetrieb gewährleistet ist. Ein großzügiges Übungsareal mit überdachten Abschlagsplätzen erlaubt das Üben bei jedem Wetter. Der öffentliche 6-Loch-Kurzplatz ist von jedem ohne Platzerlaubnis zu bespielen.

Ostsee Golf Club Wittenbeck e.V.

Karte, Nr. 71, Feld H2 **18/9** Design: Städler Golf Courses, Joachim Reinmuth Höhe: 50 m

gegründet: 1996

Zum Belvedere, 18209 Wittenbeck
☎ 038293-410090 🖷 038293-4100911
✉ info@golf-resort-wittenbeck.de
🖳 www.golf-resort-wittenbeck.de

PR: Stefan Förster, GF: Werner Gallas
Headgreenkeeper: Henryk Gloger

i: ☎ 038293-410090 🖷 -4100911
Andrè Niesler

Bistro Eikhof, Fanny Haas
☎ 038293-4100920 🖷 038293-4100911

PRO SHOP: ☎ 038293-410090 🖷 038293-4100911

PRO: Pro: Max Pingel

18-Loch Meisterschaftsplatz-Eikhof
H: 6000 m, CR 73.5, SL 135, Par 72
D: 5057 m, CR 74.3, SL 133, Par 72
9-Loch Kompaktplatz - Höstigen
H: 2750 m, CR 58.7, SL 101, Par 56
D: 2750 m, CR 59.1, SL 94, Par 58
30 Rangeabschläge (4 überdacht)

G: Gäste sind jederzeit willkommen. Anmeldung ist notwendig. Clubausweis mit eingetragenem Handicap (54) ist erforderlich.

Tages-Greenfee: EUR 70
18-Loch-Greenfee: EUR 65
9-Loch-Greenfee: EUR 38
Ermäßigung: Jugendl. bis 18 J. 50%, Stud. bis 27 J. 20%

Platzinfos

Anfahrtsbeschreibung

Von Hamburg: A 20 bis Ausfahrt Nr. 12 (Kröpelin) in Richtung Köpelin, weiter Richtung Kühlungsborn. Von Berlin: A 19 bis Rostocker Kreuz, dort auf A 20 Ri. Lübeck bis Ausfahrt Nr. 13 (Bad Doberan) Ri. Bad Doberan und dann Ri. Kühlungsborn.

Platzbeschreibung

Direkt an der Ostsee, zwischen den traditionsreichen Seebädern Heiligendamm und Kühlungsborn, liegt das Ostsee Golf Resort Wittenbeck. Zwei fantastische Plätze mit insgesamt 27 Bahnen und einer außergewöhnlichen Platzarchitektur sind für Spitzenspieler und Golfanfänger genau die richtige Adresse. Beliebt sind auch die Einsteiger- und Aufbaukurse sowie das Schnuppertraining in der Golfschule. Das Spiel im milden Seeklima, der weitläufige Ostseestrand, Wälder und Wanderwege versprechen Erholung und Entspannung pur.

Nächstgelegene Plätze

Warnemünde, GA (Nr. 70)
GC Hohen Wieschendorf (Nr. 76)
Zum Fischland, GC (Nr. 69)

Golfpark Strelasund

Karte, Nr. 72, Feld K2 **36** Design: David Krause, Andreas Lukasch

gegründet: 2003

Zur Alten Hofstelle 1-4,
18516 Süderholz OT Kaschow
☎ 038326-45830 🖷 038326-4583200
✉ info@golfpark-strelasund.de
💻 www.golfpark-strelasund.de

PR
GF: Jörg Remer
Marei Remer
Headgreenkeeper: Karsten Kreßmann

i
☎ 038326-45830 🖷 038326-4583200
Stefanie Remer

„Landgasthof Frettwurst"
☎ 038326-45830 🖷 038326-4583200

PRO SHOP
Golfpark Strelasund GmbH & Co. KG,
Golfrezeption
☎ 038326-45830 🖷 038326-4583200

PRO
Pro: Petjo Kuzarow

18-Loch Mecklenburg Vorpommern Platz
H: 5855 m, CR 72.6, SL 136, Par 72
D: 4845 m, CR 72.4, SL 128, Par 72
18-Loch Strelasund-Inselcourse
H: 5714 m, CR 71.2, SL 132, Par 71
D: 4828 m, CR 72, SL 129, Par 71
30 Rangeabschläge (4 überdacht)

G
Gäste sind jederzeit willkommen. Anmeldung ist notwendig. Clubausweis mit eingetragenem Handicap (54) ist erforderlich.

Tages-Greenfee: EUR 89
18-Loch-Greenfee: EUR 75
9-Loch-Greenfee: EUR 38
Ermäßigung: Jugendl. bis 18 J. und Stud. bis 27 J.

Platzbeschreibung

Unsere 36-Loch Golfanlage ist in die hügelige, weite Landschaft Vorpommerns eingebettet. Wald, interessant geformte Bunker und Teiche, großzügig angelegte Waste Areas und zwei herrliche Inselgrüns bieten alles für ein attraktives Golfspiel.

Platzinfos

VCG GPS CLUB GASTRO

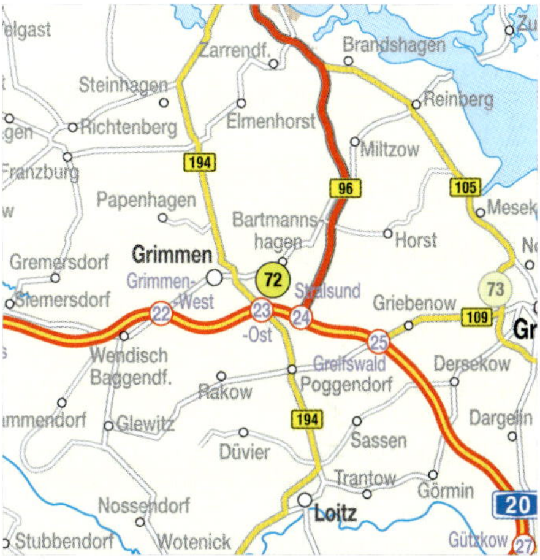

Anfahrtsbeschreibung

Von Rostock auf der A 20, Abfahrt Grimmen-Ost, Richtung Grimmen, an der 2. Ampel rechts Richtung Reinberg, nach ca. 3 km rechts nach Neuendorf/Griebenow und über eine alte Alleestraße nach Kaschow. Oder: Aus Stralsund über den Rügenzubringer Richtung A 20, Abfahrt Miltzow/Grimmen, durch Willerswalde und Bartmannshagen, dort links Richtung Neuendorf/Griebenow und über die Alleestraße nach Kaschow.

Nächstgelegene Plätze

Hanseatischer GC (Nr. 73)
Rügen, GC (Nr. 68)
Tessin, GC (Nr. 74)

Greenfee-Aktion: Seite G 25f

Hanseatischer Golfclub e.V. in Greifswald

Karte, Nr. 73, Feld K2 9 Design: Christoph Städler Höhe: 10 m

gegründet: 2004

Golfpark 1, 17498 Greifswald-Wackerow
03834-3689916
info@golfclub-greifswald.de
www.golfclub-greifswald.de

PR Karsten Barenhoff, GF: Irene Bulla, CM: Irene Bulla

i 03834-835523 -507865
Irene Bulla

Clubbistro

PRO Pro: Hanseatische Golfschule

9-Loch Storchenplatz
H: 5226 m, CR 68.2, SL 129, Par 70
D: 4660 m, CR 70.1, SL 130, Par 70
26 Rangeabschläge (4 überdacht)

G Gäste sind jederzeit willkommen. Clubausweis mit eingetragenem Handicap (54) ist erforderlich.

Tages-Greenfee: EUR 45
18-Loch-Greenfee: EUR 40
9-Loch-Greenfee: EUR 30
Ermäßigung: Jugendl./Stud. 50%

Platzbeschreibung
An der Stadtgrenze der Universitäts- und Hansestadt Greifswald liegt der Golfpark Greifswald-Wackerow mit dem Motto „Golfen vor historischer Kulisse". Der renommierte Golfplatzarchitekt Christoph Städler hat hier einen trickreichen 9-Loch Platz geschaffen, der für alle Spielstärken sehr interessant ist.

Platzinfos

VCG GPS

Anfahrtsbeschreibung
Der Platz liegt an der B 105 (Umgehungsstraße), Abfahrt Wackerow, Richtung Groß Petershagen, nach 200 m links auf den 800 m langen Weg zur Anlage. Der Platz ist ausgeschildert.

Nächstgelegene Plätze
Strelasund, GP (Nr. 72)
Rügen, GC (Nr. 68)
Balmer See-Usedom, GC (Nr. 75)

Mecklenburg-Vorpommern

Greenfee-Aktion: Seite G 27

Golfclub Tessin e.V.

Karte, Nr. 74, Feld I2 9 Design: Andreas Lukasch

gegründet: 1998

Alte Zuckerfabrik, 18195 18195 Tessin
☎ 038205-12767 🖷 038205-13453
✉ kontakt@ostseegolftessin.de
💻 www.ostseegolftessin.de

PR: Peter Frehse, GF: Mike Schulze

i: ☎ 038205-12767 🖷 038205-13453

OSTSEEgolf Tessin
☎ 038205-12767 🖷 038205-13453

PRO SHOP: OSTSEEgolf Tessin UG (haftungsbeschränkt)
☎ 038205-12767 🖷 038205-13453

PRO: Pro: Mike Schulze

H: 5804 m, CR 71.9, SL 135, Par 72
D: 4914 m, CR 72.7, SL 131, Par 72
15 Rangeabschläge (6 überdacht)

G: Gäste sind jederzeit willkommen. Clubausweis mit eingetragenem Handicap (54) ist erforderlich.

Tages-Greenfee: Mo.-Do.: EUR 60 / Fr.-So.: EUR 80
18-Loch-Greenfee: Mo.-Do.: EUR 50 / Fr.-So.: EUR 60
9-Loch-Greenfee: Mo.-Do.: EUR 30 / Fr.-So.: EUR 35

Platzinfos

VCG

Anfahrtsbeschreibung

Von Rostock auf der B 110 Richtung Tessin und der Beschilderung folgen. Oder: A 20, Ausfahrt Tessin und der Beschilderung zum Golfplatz folgen.

Platzbeschreibung

Ein Fleckchen Erde, das sicher noch zu den Geheimtipps in Mecklenburg-Vorpommern gehört. Die Bahnen führen rings um den Schwanensee, über sanft ansteigende Hügel, umgeben von altem Baumbestand. Natürliche Wasserhindernisse und geschickt angelegte Bunker erhöhen das Spielvergnügen. Die besondere Atmosphäre liegt in der Mischung aus sportlicher Herausforderung und gemütlichem Clubleben.

Nächstgelegene Plätze

Zum Fischland, GC (Nr. 69)
Schloss Teschow, GC (Nr. 78)
Warnemünde, GA (Nr. 70)

Golfclub Balmer See-Insel Usedom e.V.

Karte, Nr. 75, Feld L2 **18/18/9** Höhe: 15 m

gegründet: 1995

Drewinscher Weg 1, 17429 Neppermin-Balm
✆ 038379-28199 ☎ 038379-28200
✉ golfhus@golfhotel-usedom.de
www.golfhotel-usedom.de

PR: Volker Otto, GF: Holger Koch

i: ✆ 038379-28199 ☎ -28200
Anja Porstein

Golfhotel
✆ 038379-280 ☎ -28222

PRO SHOP: ✆ 038379-28165 ☎ -28200

PRO: Pro: Sabeur Oussaifi

18-Loch Platz Blau
H: 5492 m, CR 70.8, SL 136, Par 71
D: 4796 m, CR 72.7, SL 131, Par 71
18-Loch Platz Gelb
H: 5111 m, CR 68.8, SL 130, Par 71
D: 4438 m, CR 70.3, SL 123, Par 71
30 Rangeabschläge (4 überdacht)

G: Gäste sind jederzeit willkommen. Anmeldung ist notwendig. Clubausweis mit eingetragener PE ist erforderlich.

Tages-Greenfee: EUR 65

Platzinfos

VCG GPS CLUB GASTRO

Anfahrtsbeschreibung

Zur Insel Usedom auf der B 110 über Anklam, ca. 7 km nach Stadt Usedom links Richtung Bansin bis Neppermin und von dort der Beschilderung zum Golfplatz folgen. Oder: Von Rostock über Greifswald nach Wolgast, von dort weiter auf der B 111 Richtung Ahlbeck,ca. 4 km nach Ückeritz rechts Richtung Usedom/Anklam und ab Neppermin der Beschilderung nach Balm und Golfplatz folgen.

Platzbeschreibung

Inmitten der idyllischen Landschaft auf der Insel Usedom liegt neben dem Achterwasser der Golfpark Balm. Auf dem 120 ha großen Gelände wurden zwei 18-Loch-Meisterschaftsplätze konzipiert, die gehobenen spieltechnischen Erwartungen entsprechen.

Nächstgelegene Plätze

Baltic, Usedom (Nr. 77)
Hanseatischer GC (Nr. 73)
Schloß Krugsdorf (Nr. 81)

Golfclub Hohen Wieschendorf e.V.

Karte, Nr. 76, Feld H2 **18**

gegründet: 1991

Am Golfplatz 1, 23968 Hohen Wieschendorf
040-1818832225
info@golfclub-hohen-wieschendorf.de
www.golfclub-hohen-wieschendorf.de

PR Ralph Littmann

H: 5727 m, CR 70, SL 126, Par 72
D: 5118 m, CR 72.1, SL 122, Par 72

G Gäste sind jederzeit willkommen. PE ist erforderlich.

18-Loch-Greenfee: EUR 30
9-Loch-Greenfee: EUR 18

GC Hohen-Wieschendorf

Platzbeschreibung

Eine 18-Loch-Golfanlage mit traumhaften Ausblick auf die Ostsee: Mitten auf einer Halbinsel in der Wismarer Bucht in Hohenkirchen/Hohen Wieschendorf finden Sie die 18-Loch-Golfanlage mit einem wunderschönen Ausblick auf das Meer. Die Bahnen sind leicht hügelig mit viel Wind und breiten Fairways. Die Abstände vom Grün zum nächsten Abschlag sind angenehm kurz, so dass Sie sich in aller Ruhe auf Ihr Spiel konzentrieren können. Der Golfplatz wird im Moment saniert. 9 Löcher sollen im Juli 2021 wieder bespielbar sein, die weiteren 9 Löcher im August 2021.

Wegen Sanierung geschlossen, voraussichtlich ab Juli 2021 wieder bespielbar.

Platzinfos

Anfahrtsbeschreibung

Der Golfclub liegt in Hohen Wieschendorf direkt an der Ostsee in Mecklenburg Vorpommern. Die Autobahn A20. Abfahrt Wismar. In Wismar-Gägelow rechts Richtung Boltenhagen über Proseken. In Hohen Kirchen rechts Richtung Hohen Wieschendorf. Schild Golfclub Hohen Wieschendorf.

Nächstgelegene Plätze

Lübeck-Travemünder GK (Nr. 31)
Grömitz, GC Ostseeheilbad (Nr. 21)
Maritim GP Ostsee (Nr. 32)

Greenfee-Aktion: Seite G 27

Baltic Hills Golf Usedom

Karte, Nr. 77, Feld L3 **18** Design: Andreas Lukasch Höhe: 20 m

gegründet: 2009

Hauptstr. 10, 17419 Korswandt
☎ 038378-805072 Fax 038378-33730
golf.usedom@dorint.com
www.baltic-hills-golf.de

PR

i: ☎ 038378-805072 Fax 038378-33730

Café und Restaurant „Sonnenterrasse“, Adam Plicha
☎ 038378-805072 Fax 038378-33730

PRO SHOP: Baltic Hills Hotel GmbH & Co.KG
☎ 038378-805072 Fax 038378-33730

PRO: Pro: Jens Gunkel

H: 5816 m, CR 71.4, SL 131, Par 71
D: 4889 m, CR 72, SL 127, Par 71
15 Rangeabschläge (2 überdacht)

G: Gäste sind jederzeit willkommen. Anmeldung ist notwendig. Clubausweis mit eingetragener PE ist erforderlich.

Tages-Greenfee: EUR 60
9-Loch-Greenfee: EUR 40
Ermäßigung: Jugendl. bis 18 J. 50%

Platzbeschreibung

Der Golfplatz Baltic Hills Golf Usedom bietet Ihnen eine 19-Loch-Golfanlage (inkl. Mulligan-Hole) und – wunderschön eingebettet in die einzigartige Natur der Insel Usedom – unvergessliche Tage. Designed wurde die Anlage von Golfplatzarchitekt Andreas Lukasch. Spielbahnen unterschiedlichster Schwierigkeitsgrade stellen für jeden Golfer eine abwechslungsreiche Herausforderung dar. Der Platz öffnet atemberaubende Aussichten auf den nahe gelegenen Gothensee und über die Sonneninsel Usedom.

Platzinfos

VCG GPS CLUB GASTRO

Anfahrtsbeschreibung

A10 Berliner Ring bis Dreieck Schwanebeck abfahren auf A11 Richtung Prenzlau Kreutz Uckermark Abfahren auf A20 Richtung Stralsund/Prenzlau abfahren Ausfahrt Anklam B199 auf B199 Richtung Anklam in Anklam auf B110 Richtung Insel Usedom weiter auf B110/L266 in Richtung Ahlbeck in Korswandt hinter dem Dorint Resort rechts fahren Baltic Hills Usedom nach ca. 300 Meter auf der linken Seite.

Nächstgelegene Plätze

Balmer See-Usedom, GC (Nr. 75)
Schloß Krugsdorf (Nr. 81)
Hanseatischer GC (Nr. 73)

Greenfee-Aktion: Seite G 27f 29

Golfclub Schloss Teschow e.V.

Karte, Nr. 78, Feld I3 **18/9** Höhe: 1 m

gegründet: 2000

Alte Dorfstr. 13, 17166 Teterow/Teschow
✆ 03996-140454
golf@schloss-teschow.de
www.gc-schloss-teschow.de

PR: Axel Keller
Headgreenkeeper: Birgit Lange

✆ 03996-140454
Hendrikje Pufahl

Golferkiosk
✆ 03996-140454

PRO SHOP: ✆ 03996-140454

PRO: Pro: Pro Lars Jahn

18-Loch Am See Platz
H: 5977 m, CR 71.8, SL 132, Par 72
D: 4893 m, CR 71.2, SL 127, Par 72
9-Loch Am Silberberg Platz
H: 3366 m, CR 59, SL 101, Par 62
D: 2754 m, CR 57.4, SL 94, Par 62
120 Rangeabschläge (8 überdacht)

G: Gäste sind jederzeit willkommen. Anmeldung ist notwendig. Clubausweis mit eingetragenem Handicap (54) ist erforderlich.

18-Loch-Greenfee: WT: EUR 55 / WE: EUR 65
9-Loch-Greenfee: WT: EUR 35 / WE: EUR 40
Ermäßigung: Jugendl. bis 17 J. und Stud. 50%

Platzinfos

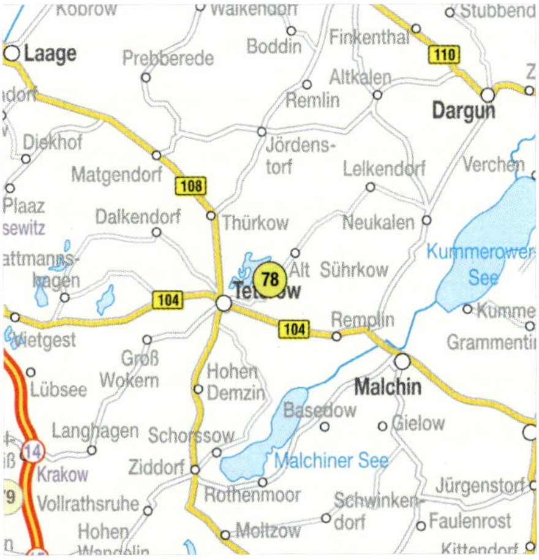

Anfahrtsbeschreibung

A 19, Ausfahrt Güstrow / Teterow, nach Verlassen der Autobahn fahren Sie auf der B104 weiter bis nach Teterow, hier immer geradeaus weiter. Nach der sechsten Ampel biegen Sie links ab in Richtung Demmin / Neukalen und nach ca. 4 km erreichen Sie Teschow. An der zweiten Straßeneinfahrt auf der linken Seite biegen Sie ab und nach ca. 500 m kommen Sie direkt auf den Pro Shop des Golfclubs Schloss Teschow zu.

Platzbeschreibung

Der Golfclub Schloss Teschow e.V. verfügt mit dem 18-Loch-Platz „Am See", dem öffentlichen 9-Loch-Platz „Am Silberberg" sowie einem großen Übungsareal über ein attraktives Angebot für Golfer jeder Spielstärke. Der anspruchsvolle 18-Loch-Platz wurde in ein Naturschutzgebiet integriert und besticht besonders durch die wunderschöne Landschaft mit Blick auf den Teterower See.

Nächstgelegene Plätze

Serrahn, Van der Valk (Nr. 79)
Tessin, GC (Nr. 74)
Fleesensee, Golf (Nr. 83)

Greenfee-Aktion: Seite G 29

Van der Valk Golfclub Serrahn

Karte, Nr. 79, Feld I3 18

gegründet: 2008

Dobbiner Weg 24, 18292 Serrahn
038456 6692-222 038456 6692-270
golfclubserrahn@vandervalk.de
www.serrahn.vandervalk.de

PR: Marita Ritter, GF: Vincent van der Valk

i: 038456 6692-222 038456 6692-270
Marita Ritter

Golfhotel Serrahn
038456 6692-100 038456 6692-270

H: 5087 m, CR 68.7, SL 131, Par 72
D: 4641 m, CR 71.2, SL 131, Par 72
14 Rangeabschläge (4 überdacht)

G: Gäste sind jederzeit willkommen. Anmeldung ist erforderlich. PE ist erforderlich.

18-Loch-Greenfee: Mo.-Do.: EUR 45 / Fr.-So.: EUR 50
9-Loch-Greenfee: Mo.-Do.: EUR 30 / Fr.-So.: EUR 35
Ermäßigung: Jugendl. bis 18 J. und Stud. bis 27 J. 25%

Platzinfos

VCG GPS CLUB GASTRO

Anfahrtsbeschreibung

Der Van der Valk Golfclub Serrahn liegt inmitten der Mecklenburgischen Seenplatte zwischen Hamburg (200 km) und Berlin (180 km) sowie ca. 50 km von Rostock. Biegen Sie von der A24 (Berlin-Hamburg) auf die A19 Richtung Rostock und nehmen Sie die Ausfahrt Linstow, Richtung Krakow am See und folgen Sie der Ausschilderung zum Golfhotel Serrahn. Von der Autobahnabfahrt sind es ca. 10 min.

Platzbeschreibung

Naturverbundener und entspannter kann Golfsport nicht sein. Umgeben von sattgrünen Wiesen, weiten Feldern, unzähligen Bäumen und mit einem atemberaubenden Blick auf den Krakower See und die angrenzende Hügellandschaft, lädt die 18-Loch Anlage des Van der Valk Golfclubs Serrahn zu einem ganz besonderen Golferlebnis ein. Hier können Golfer aller Handicap-Klassen, aber auch Einsteiger und Schnuppergolfer die einzigartige Kombination aus Sport und Natur hautnah miterleben.

Nächstgelegene Plätze

Fleesensee, Golf (Nr. 83)
Schloss Teschow, GC (Nr. 78)
Tessin, GC (Nr. 74)

WINSTONgolf

Karte, Nr. 80, Feld H3 **18/18/9** Design: H. Rengstorf, KrauseGolfDesign, Höhe: 50 m

gegründet: 2001

Kranichweg 1, 19065 Gneven-Vorbeck
Tel. 03860-5020 Fax 03860-502222
info@winstongolf.de
www.winstongolf.de

PR: GF: Jenny Elshout

i: Tel. 03860-5020 Fax 03860-502222

RESTAURANTkranichhaus
Tel. 03860-502200 Fax 03860-502222

PRO SHOP: WINSTONgolf
Tel. 03860-5020 Fax 03860-502222

18-Loch WINSTONopen Platz
H: 5815 m, CR 71.9, SL 135, Par 72
D: 4969 m, CR 72.9, SL 133, Par 72
9-Loch WINSTONkranich Par 3 Platz
H: 1648 m, Par 54, D: 1386 m, Par 54
50 Rangeabschläge (10 überdacht)

G: Gäste sind jederzeit willkommen. Anmeldung ist notwendig. Clubausweis mit eingetragenem Handicap (45) ist erforderlich.

18-Loch-Greenfee: EUR 85
9-Loch-Greenfee: EUR 45
Ermäßigung: Jugendl. bis 18 J. und Stud. bis 27 J. 50%

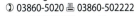

Platzbeschreibung

Nur wenige Autominuten von Schwerin entfernt, bietet die Anlage auf naturbelassenem, hügeligem Endmoränengebiet von allen Abschlägen herrlich wechselnde Panoramablicke auf Seen und Wälder. Einzelne Bahnen sind mit einigen Raffinessen klassischer Golfländer ausgestattet. Individuell gestaltete, gut verteidigte Grüns, mit Putt-Eigenschaften, werden auch höchsten Ansprüchen gerecht.

Platzinfos

VCG

Anfahrtsbeschreibung

Von der A 24 Hamburg-Berlin auf die A 14 Richtung Schwerin/Wismar bis zur Abfahrt Schwerin Ost, auf die B 321 und rechts in Richtung Schwerin abbiegen. Im Ortsteil Raben Steinfeld an der nächsten Ampelkreuzung rechts abbiegen in Richtung Leezen/ Raben Steinfeld. Der Hauptstraße folgend, dann rechts abbiegen Abfahrt Godern (Schild Golfplatz), durch Godern und nach Gneven und Vorbeck in Richtung Kritzow und nach ca. 2 km rechts zum Golfplatz.

Nächstgelegene Plätze

GC Hohen Wieschendorf (Nr. 76)
Serrahn, Van der Valk (Nr. 79)
Wittenbeck, Ostsee GC (Nr. 71)

Golf & Country Club Schloß Krugsdorf

Karte, Nr. 81, Feld L3 **18/9/6** Design: Brian Willet, James Harbuck

gegründet: 2009

Zerrenthiner Straße 2-3, 17309 Krugsdorf
039743-519616 039743-519612
info@schlosskrugsdorf.de
www.schlosskrugsdorf.de

PR: Lucyna Jachymiak Krolikowska,
GF: Jacob A. Fernhout

039743-51580 +49 39743 51581

Schloss Krugsdorf
039743-51580 +49 39743 51581

PRO SHOP: Deutschländer Hotel & Golf Resort Schloss Krugsdorf GmbH
039743-51580 +49 39743 51581

PRO: Pro: Gavin Long

18-Loch Kranichcourse
H: 5804 m, CR 70.8, SL 126, Par 72
D: 4765 m, CR 70.3, SL 121, Par 72
6-Loch Kurzplatz (Executive)
H: 824 m, Par 19, D: 748 m, Par 19
50 Rangeabschläge (12 überdacht)

G: Gäste sind jederzeit willkommen. Anmeldung ist notwendig. Clubausweis mit eingetragener PE ist erforderlich.

Tages-Greenfee: EUR 69
18-Loch-Greenfee: EUR 55
9-Loch-Greenfee: EUR 35
Ermäßigung: Jugendl. bis 18 J. und Stud. bis 30 J. 20%

Platzbeschreibung

Die Golfanlage liegt eingebettet in die wunderschöne Ueckermünder Heide am Rande des Naturparkes Stettiner Haff. Die von dieser herrlichen Natur- und Seenlandschaft umgebene 18-Loch Golfanlage lädt nicht nur zum ruhigen Verweilen ein, sondern bietet auch eine idyllische Kulisse, um aufregende Golfrunden zu erleben.

Platzinfos

VCG GPS CLUB GASTRO

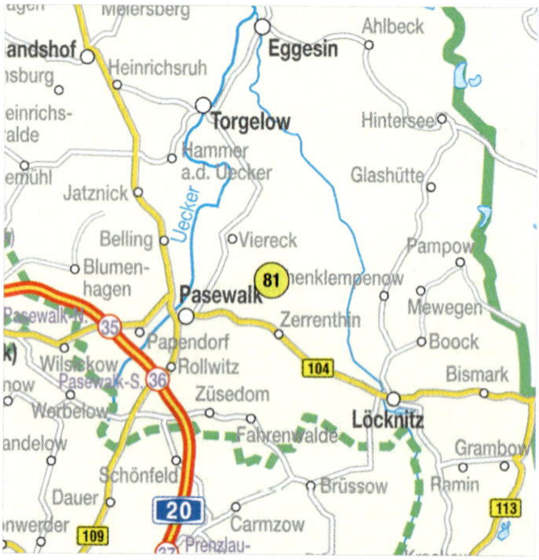

Anfahrtsbeschreibung

A 20 Richtung Stettin, Ausfahrt 36 Pasewalk-Süd auf die B 109 Richtung Pasewalk, von der B 109 auf die B 104 rechts abbiegen in Richtung Löcknitz/polnische Staatsgrenze. Von der B 104 (ca. 1 km nach dem Ortsausgang von Pasewalk) links abbiegen Richtung Krugsdorf. In Krugsdorf auf der 1. Kreuzung rechts abbiegen. Sie befinden sich dann auf der Zerrenthiner Straße und erreichen den Golfplatz nach ca. 100 m.

Nächstgelegene Plätze

Baltic, Usedom (Nr. 77)
Balmer See-Usedom, GC (Nr. 75)
Mecklenburg-St., GC (Nr. 82)

Golfclub Mecklenburg-Strelitz e.V.

Karte, Nr. 82, Feld K3 **9** Höhe: 55 m

gegründet: 1995

Bornmühle 1a, 17094 Groß Nemerow
039605-27376 039605-27383
info@gc-mst.de
www.gc-mst.de

PR Peter Siebken, GF: Bernd Herrmann
Headgreenkeeper: Jens Stahl

i 039605-27376
Stefan Heller

PRO SHOP GC Mecklenburg Strelitz
039605-27376

PRO Pro: Pavlina Hudakova

H: 5446 m, CR 68.7, SL 129, Par 70
D: 4694 m, CR 69.7, SL 121, Par 70
12 Rangeabschläge (5 überdacht)

G Gäste sind jederzeit willkommen. Sa./So./Feiertage ist Anmeldung notwendig. Clubausweis mit eingetragener PE ist erforderlich.

Tages-Greenfee: WT: EUR 35 / WE: EUR 42
9-Loch-Greenfee: EUR 25
Ermäßigung: Jugendl. bis 18 J. und Stud. bis 27 J. 50%

Platzbeschreibung

Etwa 100 km nördlich von Berlin zwischen Neustrelitz und Neubrandenburg finden Sie in der Nähe des Tollensesees das inzwischen auch überregional beliebte Golfareal des Golfclubs Mecklenburg-Strelitz e.V. Die clubgeführte 9-Loch-Anlage ist eingebettet in die hügelige, von der Eiszeit geprägte Moränenlandschaft. Sowohl für „Neugolfer" ist sie geeignet, aber auch gestandene Golfer finden hier die größere Herausforderung.

Platzinfos

VCG

GPS

Anfahrtsbeschreibung

Die Anlage liegt in der Nähe der B 96 zwischen den Städten Neustrelitz und Neubrandenburg. In der Höhe Groß Nemerow befindet sich die Ausschilderung zum Platz. Er liegt in Sichtweite zum Tollensesee.

Nächstgelegene Plätze

Fleesensee, Golf (Nr. 83)
Schloss Teschow, GC (Nr. 78)
Schloß Krugsdorf (Nr. 81)

Golf Fleesensee

Karte, Nr. 83, Feld I3 **72** Design: Stan Eby, Ross McMurray Höhe: 80 m

gegründet: 1999

Tannenweg 1, 17213 Göhren-Lebbin
039932-80400 039932-804020
info.golf@fleesensee.de
www.fleesensee-golfclub.de

GF: Michael Scharf
Ralf Wohltmann, CM: Tom Nord
Headgreenkeeper: Stephen Monk

039932-804026 039932-804020
Christina Vogel

Genusswerkstatt, Gregor Wallen-Holubek
039932-804051 039932-804020

039932-804038 039932-804020

Pro: Sven Strüver, Konstantin Kranz, Moritz Rossa

18-Loch Schloss-Platz
H: 5919 m, CR 73.3, SL 144, Par 72
D: 4877 m, CR 73.1, SL 140, Par 72
18-Loch Schloss Torgelow Course
H: 5840 m, CR 71.1, SL 128, Par 72
D: 4809 m, CR 70.8, SL 120, Par 72
200 Rangeabschläge (90 überdacht)

Gäste sind jederzeit willkommen. Anmeldung ist notwendig. Clubausweis mit eingetragenem Handicap (36) ist erforderlich.

18-Loch-Greenfee: EUR 100
9-Loch-Greenfee: EUR 25
Ermäßigung: Jugendl. bis 17 J. 50%, Stud. bis 27 J. 20%

Platzinfos

Anfahrtsbeschreibung

Von Hamburg/Berlin: A 19 Richtung Rostock, Ausfahrt Waren/Göhren-Lebbin, 8 km Richtung Waren, an der 1. Ampel links, der Golfclub Fleesensee ist ausgeschildert.

Nächstgelegene Plätze

Serrahn, Van der Valk (Nr. 79)
Schloss Teschow, GC (Nr. 78)
Mecklenburg-St., GC (Nr. 82)

Platzbeschreibung

Die größte zusammenhängende Golf- & Tennisanlage Deutschlands im Hotels & Sportresort Fleesensee inmitten der Mecklenburgischen Seenplatte mit insgesamt 72 Löchern: Schloss-Platz (18-Loch), Schloss Torgelow Course (18-Loch), Oberlausitz-Platz by Scholz-Gruppe (18-Loch), Synchron Golf Course (9-Loch) und Land Fleesensee Platz (9-Loch).

WENN SIE HIER SPIELEN WOLLEN ...
ARGENTARIO GOLF CLUB, PGA NATIONAL GOLF COURSE, TOSKANA
... www.1golf.eu

Niedersachsen + Bremen

Niedersachsen + Bremen

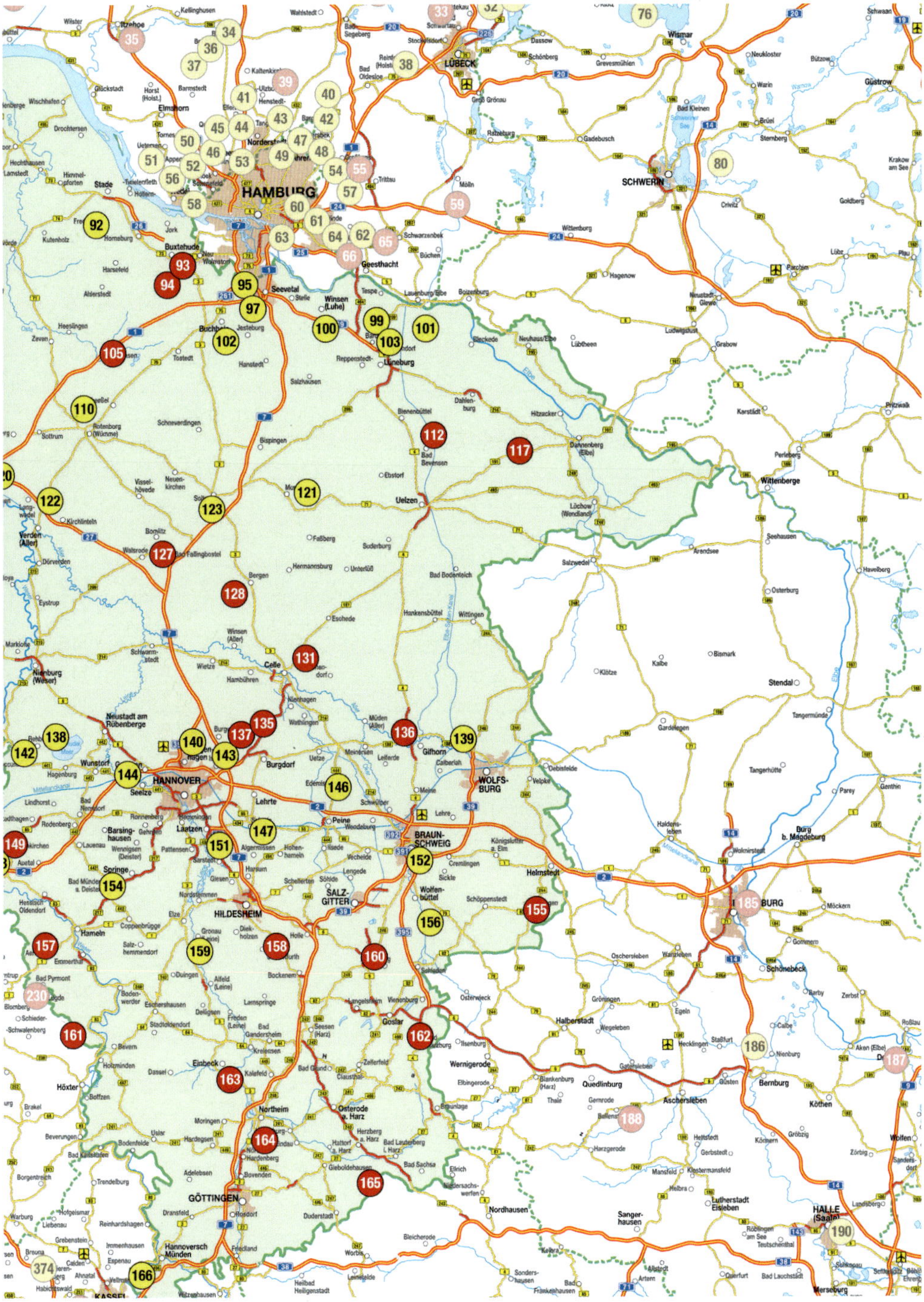

Niedersachsen + Bremen

Club-Nr.	Clubname	Seite: Gutschein	Club
84	Küsten-Golfclub „Hohe Klint" Cuxhaven e.V.		96
85	Golf Club Insel Wangerooge e.V		97
86	Golfclub-Insel-Langeoog e.V.		98
87	Golf Club Norderney e.V.		99
88	Golfanlage Schloss Lütetsburg GmbH & Co. KG	G 29	100
89	Golfclub Gut Hainmühlen e.V.	G 31	101
90	Golfclub Wilhelmshaven-Friesland e.V.		102
91	Golfclub Bremerhaven Geestemünde GmbH & Co.KG	G 31	103
92	Golf Club Deinster Geest GmbH & Co. KG		104
93	Golf Club Gut Immenbeck e.V.	G 31	105
94	Golf-Club Buxtehude	G 33	106
95	Hbg. Land- u. Golf Club Hittfeld e.V.		107
96	Golfclub Ostfriesland e.V.	G 33	108
97	Golf- & Country Club am Hockenberg GmbH & Co. KG		109
98	Golfclub Worpswede e.V.	G 33	110
99	Golf Club St. Dionys e.V.		111
100	Green Eagle Golf Courses		112
101	GSL-Golfanlage Schloss Lüdersburg GmbH & Co. KG		113
102	Golf Club Buchholz-Nordheide e.V.		114
103	Castanea Resort Adendorf		115
104	Club zur Vahr e.V. Bremen, Platz Garlstedter Heide		116
105	Golfclub Königshof Sittensen e.V.	G 33, G 35	117
106	Oldenburgischer Golfclub e.V.		118
107	Golf-Club Bremer Schweiz e.V.	G 35	119
108	Golfclub am Meer e.V.		120
109	Golfclub Lilienthal e.V.	G 35	121
110	Golf Club Wümme e.V.		122
111	Bremer Golfclub Lesmona e. V.		123
112	Golfclub Bad Bevensen e.V.	G 35	124
113	Golf in Hude e.V.		125
114	Club zur Vahr e.V. Bremen, Platz Vahr		126
115	Golf-Club Oberneuland e.V.		127
116	Golfclub Hatten e.V.		128
117	Golf-Club an der Göhrde e.V.	G 37	129
118	Golf-Club Gutshof Papenburg Aschendorf e.V.		130
119	Golfclub Oldenburger Land e.V.	G 37	131
120	Achimer Golfclub e.V.		132
121	Golf-Club Munster e.V.		133
122	Golf-Club Verden e.V.		134
123	Golfpark Soltau		135
124	Golfclub Syke e.V.		136
125	Golf Club Wildeshauser Geest e.V.	G 37	137
126	Golfclub Thülsfelder Talsperre e.V.	G 37, G 39	138

Niedersachsen + Bremen

Club-Nr.	Clubname	Seite: Gutschein		Club
127	Golf Club Tietlingen e.V.	G 39	■	139
128	Bergen-Hohne Golfclub e.V.	G 39	■	140
129	Golfpark Gut Düneburg			141
130	Golfclub Vechta-Welpe e.V.			142
131	Golfclub Herzogstadt Celle e.V.	G 39	■	143
132	Golfclub Gut Brettberg Lohne e.V.	G 39, G 41	■	144
133	Golfclub Emstal e.V.			146
134	Golfpark Wagenfeld			147
135	Burgdorfer Golfclub e.V.	G 41	■	148
136	Golf Club Gifhorn e.V.	G 41	■	149
137	Golf Club Burgwedel e.V.	G 41	■	150
138	Golf Park Steinhuder Meer			151
139	Golfclub Wolfsburg/Boldecker Land e.V.			152
142	Golfclub Rehburg-Loccum GmbH & Co. KG			153
140	Golfpark Hainhaus			154
141	Artland Golfclub e.V.			156
143	Golfclub Isernhagen e.V.			158
144	Golf-Club Hannover e.V.			159
145	Golfclub Varus e.V.	G 41, G 43	■	160
146	Golf-Club Peine-Edemissen e.V.			161
147	Rethmar Golf			162
148	Osnabrücker Golf Club e.V.			163
149	Golfclub Schaumburg e.V.	G 43	■	164
150	Golfclub Euregio Bad Bentheim e.V.			165
151	Golf Gleidingen			166
152	Golf-Klub Braunschweig e.V.			167
153	Golfclub Am Harrl e.V.			168
154	Golf Park am Deister e.V.			169
155	St. Lorenz Golf- und Land-Club Schöningen e.V.	G 43	■	170
156	Golfclub Rittergut Hedwigsburg e.V.			171
157	Hamelner Golfclub e.V. Schloss Schwöbber	G 45	■	172
158	Golf-Club Bad Salzdetfurth-Hildesheim e.V.	G 45	■	173
159	Golfclub Sieben-Berge Rheden e.V.			174
160	Golf Club Salzgitter/Liebenburg e.V.	G 45	■	175
161	Golf Club Weserbergland e.V.	G 45, G 47	■	176
162	Golf-Club Harz	G 47	■	177
163	Golf und Country Club Leinetal Einbeck e.V.	G 47	■	178
164	Golf Club Hardenberg e.V.	G 47	■	179
165	Golfclub Rittergut Rothenbergerhaus e.V.	G 49	■	180
166	Sport-und Golf-Resort Gut Wissmannshof			181

■ = Partner Albrecht Greenfee-Aktion

Niedersachsen + Bremen

Küsten-Golfclub „Hohe Klint" Cuxhaven e.V.

Karte, Nr. 84, Feld D3 **18**

gegründet: 1978

Hohe Klint 32, 27478 Cuxhaven-Oxstedt
✆ 04723-2737 🖷 04723-5022
✉ info@golf-cuxhaven.de
💻 www.golf-cuxhaven.de

PR: Norbert Plambeck

✆ 04723-2737 🖷 04723-5022
Carina Homann, Jutta Schul

im Küsten-Golfclub, Giuseppe Muzzicato

Mo. Ruhetag

PRO SHOP: Uwe Varenkamp, Uwe Varenkamp
✆ 04723-5054656

PRO: Pro: Uwe Varenkamp

H: 6041 m, CR 72.6, SL 131, Par 72
D: 5300 m, CR 74.8, SL 127, Par 72
10 Rangeabschläge (4 überdacht)

G: Gäste sind jederzeit willkommen. Anmeldung ist notwendig. Clubausweis mit eingetragenem Handicap (54) ist erforderlich.

Tages-Greenfee: WT: EUR 50 / WE: EUR 55
18-Loch-Greenfee: WT: EUR 50 / WE: EUR 55
9-Loch-Greenfee: WT: EUR 30 / WE: EUR 35
Bei Gruppen ist Anmeldung erwünscht.
Ermäßigung: Jugendl./Stud. 50%

Nächstgelegene Plätze

Bremerhaven, GC (Nr. 91)
Gut Hainmühlen, GC (Nr. 89)
Am Donner Kleve, GC (Nr. 30)

Platzinfos

VCG

Anfahrtsbeschreibung

Von Hamburg/Bremen über die A 27, Ausfahrt Nordholz Richtung Nordholz über die B 6, ca. 3 km nach dem Ort gegenüber dem Betriebsgelände Geti-Wilba Richtung Oxstedt, in der Ortsmitte Oxstedt der Beschilderung zur Hohen Klint und zum Golfplatz folgen.

Platzbeschreibung

Wie der Name schon verrät liegt dieser Platz in unmittelbarer Nähe der Nordsee und bietet landschaftstypisch abwechslungsreiche Spielbahnen. Spielerisch erfordern fünf kleinere Teiche platziertes Spiel. Die Fairways sind großzügig angelegt und lassen den immer vorhandenen Wind meist unterschätzt, um im hohen Rough oder seitlichen Buschreihen den wahren Schwierigkeitsgrad zu erfahren.

Golf Club Insel Wangerooge e.V

Karte, Nr. 85, Feld C3 **9-Loch-Kurzplatz**

gegründet: 2007

Postfach 1509, 26479 Wangerooge
0172-3614858
post@golf-wangerooge.de
www.golf-wangerooge.de

PR Volker Nannizzi

i 0172-3614858

PRO SHOP Coach Conboy Golfschule
01525-6202265

PRO Pro: Kevin Conboy

H: 1680 m, Par 31
D: 1680 m, Par 31
11 Rangeabschläge

G Gäste sind jederzeit willkommen. Clubausweis mit eingetragener PE ist erforderlich.

Tages-Greenfee: EUR 25

Platzinfos

VCG GPS

Nächstgelegene Plätze

Wilhelmshaven-Friesl., GC (Nr. 90)
Langeoog, GC (Nr. 86)
Küsten-GC „Hohe Klint" (Nr. 84)

Golfclub-Insel-Langeoog e.V.

Karte, Nr. 86, Feld C3 **9** Design: Christoph Städler

gegründet: 1996

Flughafenstraße 2, 26465 Langeoog
04972-990246
info@golfclub-insel-langeoog.de
www.golfclub-insel-langeoog.de

PR: Dr. Jens Petersen, GF: Michael Wrana
Headgreenkeeper: Thorsten Weiler

i: 04972-990246 Fax 04972-990373

Hansa Cafe
04972-1297
Mo. Ruhetag

PRO SHOP: 04972-990246

PRO: Pro: John Gardiner

9-Loch An't Diek Platz
H: 5032 m, CR 69.6, SL 126, Par 70
D: 4292 m, CR 70.9, SL 125, Par 70

G: Gäste sind jederzeit willkommen. Anmeldung ist notwendig. Clubausweis mit eingetragenem Handicap (54) ist erforderlich.

Tages-Greenfee: EUR 65
9-Loch-Greenfee: EUR 45
Ermäßigung: Jugendl. bis 18 J.

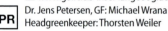

Platzbeschreibung

Südlich des Sportflughafens erstreckt sich das einmalige Areal bis nur wenige Meter an die Nordsee heran. Große Biotopflächen, Teiche und alter inseltypischer Bewuchs unterstreichen seinen ursprünglichen Charakter. Von den erhöhten Abschlägen hat man einen schönen Blick über die Insel auf Dünen und Deich, Vogelschutzgebiet und den Wald. Die zum Teil engen Fairways und diverse Wasserhindernisse erfordern eine ganz besondere taktische Herangehensweise.

Platzinfos

VCG

Anfahrtsbeschreibung

A 29 bis zum Autobahnkreuz Wilhelmshafen, Abfahrt Jever/Wittmund/Ostfriesische Inseln, weiter auf der B 210 Richtung Aurich. In Wittmund oder Ogenbargen abbiegen nach Esens/Bensersiel. Oder über die B 70 bzw. A 31 nach Leer und Aurich. Weiter auf der B 210 nach Ogenbargen und nach Esens/Bensersiel abbiegen. Im Hafen Bensersiel mit dem Schiff nach Langeoog. Überfahrt ca. 30 Minuten. Alternativ mit dem Sportflugzeug. Die Landebahn liegt nur wenige Meter neben unserem Büro.

Nächstgelegene Plätze

Norderney, GC (Nr. 87)
Schloss Lütetsburg (Nr. 88)
GC Wangerooge (Nr. 85)

Golf Club Norderney e.V.

Karte, Nr. 87, Feld B3 9

gegründet: 1927

Am Golfplatz 2, 26548 Norderney
✆ 04932-927156 🖷 04932-927159
✉ info@gc-norderney.de
💻 www.gc-norderney.de

PR Frank Denecke
Headgreenkeeper: Giuseppe Bruno

i ✆ 04932-927156 🖷 -927159
Christian Kabanica

PRO SHOP Ney Golf GbR, Christian Kabanica
✆ 04932-927158 🖷 04932-927159

PRO Pro: Jan Jorgen de Vries

H: 5648 m, CR 70.1, SL 133, Par 72
D: 5006 m, CR 71.6, SL 126, Par 72
5 Rangeabschläge (3 überdacht)

G Gäste sind jederzeit willkommen. Clubausweis mit eingetragener PE ist erforderlich.

Tages-Greenfee: EUR 50
9-Loch-Greenfee: EUR 39
Ermäßigung: Jugendl./Stud.

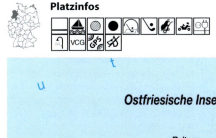

Platzinfos

Anfahrtsbeschreibung

Über Emden oder Aurich nach Norddeich (Mole), mit dem Schiff zur Insel übersetzen, über die Hafenstraße und Deichstraße Richtung Leuchtturm, in die Hoteleinfahrt zum Golfhotel einbiegen, Durchfahrt bis zum Clubhaus.

Platzbeschreibung

Der Dünengolfplatz erinnert stark an typische Links-Courses im Ursprungsland des Golfsports. Auf den oft hoch- gelegenen Abschlägen bieten sich dem Spieler Ausblicke auf das nahe Wattenmeer, urwüchsige Dünenlandschaften und das golferische Ziel - nur zu oftschmale Fairways und tückische Roughs. Hervorzuheben ist der über die Dünenketten zumeist aus wechselnden Richtungen wehende Wind.

Nächstgelegene Plätze

Schloss Lütetsburg (Nr. 88)
Langeoog, GC (Nr. 86)
GC Wangerooge (Nr. 85)

Greenfee-Aktion: Seite G 29

Golfanlage Schloss Lütetsburg GmbH & Co. KG

Karte, Nr. 88, Feld B3 **9/9** Design: David Krause

gegründet: 2009

Landstraße 36, 26524 Lütetsburg
☏ 04931-9300431 🖷 04931-9300433
✉ info@golfclub-luetetsburg.de
💻 www.golfclub-luetetsburg.de

PR Karl Heinz Hartig, GF: Graf Tido zu Inn- und Knyphausen, CM: Stefan Schierholz
Headgreenkeeper: Michael Sanders

i ☏ 04931-9300431 🖷 04931-9300433
Michaela Higgen

Schatthuus Lütetsburg, Peter Lachnicht
☏ 04931-9567696
Mo. und Di. Ruhetag

PRO SHOP Golfanlage Schloss Lütetesburg GmbH & Co. KG, Monique Struckmeyer
☏ 04931-9300431 🖷 04931-9300433

PRO Pro: Stefan Schierholz, Simon de Schmidt

9-Loch Schlossplatz
H: 5628 m, CR 70.1, SL 132, Par 70
D: 4914 m, CR 71.7, SL 131, Par 72
9-Loch Schatthausplatz
H: 2872 m, CR 57.1, SL 88, Par 58
D: 2754 m, CR 57.5, SL 90, Par 58
20 Rangeabschläge (8 überdacht)

G Gäste sind jederzeit willkommen. Mo.-Fr. ist Anmeldung notwendig. Clubausweis mit eingetragener PE ist erforderlich.

18-Loch-Greenfee: WT: EUR 45 / WE: EUR 55
9-Loch-Greenfee: WT: EUR 30 / WE: EUR 35
Ermäßigung: Jugendl. bis 18 J. und Stud. bis 27 J. 50%

Platzbeschreibung

Großzügige Teichanlagen, gepflegte Greens und Fairways, dazwischen eine vielfältige Tierwelt. Der Golfclub Schloss Lütetsburg ist ein Ort der Gegensätze: Inmitten der faszinierenden Naturkulisse mit charismatischem Nordseewind und hohem Salzanteil in der Luft ist Golfen mehr als ein Sport: Herausforderung, Erholung und Geselligkeit zugleich. Gastspieler sind auf der Golfanlage Schloss Lütetsburg herzlich willkommen. Der Schatthausplatz ist ein öffentlicher Platz, den Sie auch ohne DGV-Mitgliedschaft bespielen können (Platzerlaubnis notwendig). Auf der Golfanlage Schloss Lütetsburg ist das Reservieren von Startzeiten notwendig. Bitte beachten Sie die aktuellen Platzsperrungen für Turniere.

Platzinfos

Anfahrtsbeschreibung

Die Golfanlage Schloss Lütetsburg liegt zwischen Norden und Hage direkt an der Landstraße in Lütetsburg. Gäste folgen bitte der Ausschilderung „Schloss Lütetsburg".

Nächstgelegene Plätze

Norderney, GC (Nr. 87)
Langeoog, GC (Nr. 86)
Ostfriesland, GC (Nr. 96)

Greenfee-Aktion: Seite G 31

Golfclub Gut Hainmühlen e.V.

Karte, Nr. 89, Feld D3 **18** Design: Christoph Städler Höhe: 38 m

gegründet: 1993

Am Golfplatz 1, 27624 Geestland
☎ 04708-920036 Fax 04708-920038
info@golfhm.de
www.gut-hainmuehlen.de

PR Reiner Schumacher, GF: Sandra Lampe, CM: Sandra Lampe
Headgreenkeeper: Ralf Hahn

i ☎ 04708-920036 Fax 04708-920038
Christine Perera

Restaurant Froschkönig
☎ 04708-9216857
Mo. Ruhetag

PRO SHOP Golfanlage Gut Hainmühlen
☎ 04708-920036 Fax 04708-920038

PRO Pro: Danny Lampe, Stuart Allan

H: 5975 m, CR 71.9, SL 128, Par 72
D: 5293 m, CR 74, SL 130, Par 72
20 Rangeabschläge (9 überdacht)

G Gäste sind jederzeit willkommen. Anmeldung ist notwendig. Clubausweis mit eingetragener PE ist erforderlich.

18-Loch-Greenfee: WT: EUR 50 / WE: EUR 60
9-Loch-Greenfee: WT: EUR 30 / WE: EUR 35
Ermäßigung: Jugendl. 50%

Platzinfos

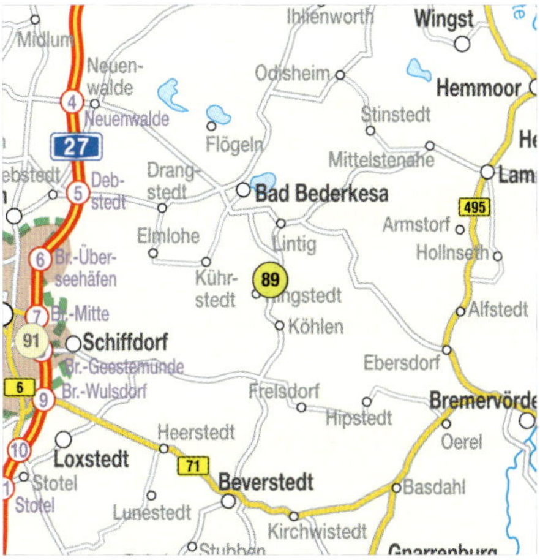

Anfahrtsbeschreibung

A 27 Bremen-Cuxhaven, Ausfahrt Bad Bederkesa nach Bad Bederkesa, vom Kreisverkehr weiter Richtung Beverstedt, 500m nach dem Ortsausgang Hainmühlen rechts der Beschilderung zum Golfplatz folgen.

Platzbeschreibung

Die Anlage liegt in reizvoller Geestlandschaft in der Nähe Bad Bederkesas, nur 30 Min. von Cuxhaven und Bremerhaven. Durch das unterschiedliche Bodenrelief 9-Loch in einem Wiesengrund mit Wasserläufen und Teichen - und 9-Loch auf hügeligem Geestrücken - ist die Anlage sehr abwechslungsreich und interessant für Spieler jeglicher Spielstärke.

Nächstgelegene Plätze

Bremerhaven, GC (Nr. 91)
Worpswede, GC (Nr. 98)
Küsten-GC „Hohe Klint" (Nr. 84)

Golfclub Wilhelmshaven-Friesland e.V.

Karte, Nr. 90, Feld C3 **18**

gegründet: 1979

Mennhausen 5, 26419 Schortens/Accum
☎ 04423-985918
✉ info@golfclub-wilhelmshaven.de
www.golfclub-wilhelmshaven.de

PR — Kay Laß
Headgreenkeeper: Peter Ricklefs

i — ☎ 04423-985918
Adelheid Hoffmann, Nicola Weber

Edgar Lübben, Edgar Lübben
☎ 04423-9851144
Mo. Ruhetag

PRO SHOP — Nordsee Golfschule Joerg Dettmer
☎ 0171-6372029

PRO — Pro: Joerg Dettmer

H: 6098 m, CR 74, SL 134, Par 72
D: 5043 m, CR 74.4, SL 130, Par 72
15 Rangeabschläge (12 überdacht)

G — Gäste sind jederzeit willkommen. Clubausweis mit eingetragenem Handicap (54) ist erforderlich.

18-Loch-Greenfee: WT: EUR 50 / WE: EUR 60
9-Loch-Greenfee: WT: EUR 28 / WE: EUR 33
Ermäßigung: Jugendl./Stud. 50%

Platzinfos

Platzbeschreibung

Die 70 ha Anlage ist harmonisch in die typisch friesische Landschaft integriert und zeichnet sich durch ebenes, interessant modelliertes und von Schilfgräben, Teichen und Kopfweiden durchzogenes Grünland aus. Große und gut verteidigte Grüns sowie zahlreiche Bunker und Wasserhindernisse erfordern präzise Schläge, um einen guten Score erzielen zu können.

Anfahrtsbeschreibung

A 29 Abfahrt Wilhelmshaven-Fedderwarden, im nächsten Kreisverkehr li ausfahren. Nach 300 m li Ri. Fedderwarden abbiegen. Der Weg zum Golfplatz ist ausgeschildert. Oder: Von Ri Küste kommend, an Hooksiel vorbei auf der L 810 in Ri. Wilhelmshaven. Nach Überquerung der Autobahn A 29 bis zum 1. Kreisel, weiter wie oben. Oder: Aus Ri. Jever/Schortens, die Ortsteile Grafschaft u. Accum durchfahren. 300 m nach dem Ortausgang Accum ist es ausgeschildert.

Nächstgelegene Plätze

Ostfriesland, GC (Nr. 96)
GC Wangerooge (Nr. 85)
Oldenburgischer GC (Nr. 106)

Greenfee-Aktion: Seite G 31

Golfclub Bremerhaven Geestemünde GmbH & Co.KG

Karte, Nr. 91, Feld D3 **18** Design: Infinite Variety

gegründet: 2004

Georg-Büchner-Str. 19, 27574 Bremerhaven
0471-926897913 0471-926897912
info@golfclub-bremerhaven.de
www.golfclub-bremerhaven.de

PR GF: Svenja Jürgens, CM: Thomas Koch

0471-926 897 913 0471-926 897 912
Birgit Brügner

Schmidt`s Hemingway
0176-84542957
Mo. Ruhetag

PRO SHOP 0471-926 897 913

PRO Pro: Oliver Kremer

H: 4396 m, CR 64.9, SL 114, Par 66
D: 3694 m, CR 65.5, SL 110, Par 66
19 Rangeabschläge (10 überdacht)

G Gäste sind jederzeit willkommen. Anmeldung ist notwendig. Clubausweis mit eingetragener PE ist erforderlich.

18-Loch-Greenfee: WT: EUR 45 / WE: EUR 55
9-Loch-Greenfee: WT: EUR 30 / WE: EUR 35

Platzbeschreibung
In Bremerhaven ist eine kompakte Golfanlage mit 18 abwechslungsreichen Spielbahen entstanden. Der Platz wurde im Einklang mit den gegebenen natürlichen Verhältnissen angelegt. Ein spielbestimmendes Element ist das Markfleth mit seinen Seitenarmen und Ausbuchtungen, das sich über das gesamte Gelände zieht. Die Driving Range mit Flutlicht steht den Gästen zur Verfügung und rundet das Angebot ab.

Platzinfos

VCG GPS GASTRO

Anfahrtsbeschreibung
Aus Richtung Cuxhaven: A 27 bis Abfahrt Schiffdorf/ Geestemünde, am Kreisverkehr in Richtung Bremerhaven abbiegen. An der ersten Ampel links in die Schiffdorfer Chaussee, an der nächsten Ampel rechts in die Georg-Büchner-Str. Danach zweimal halblinks abbiegen, den großen Parkplatz am Ende der Straße überqueren und rechts zum Clubhaus fahren. Aus Bremerhaven-Innenstadt: Auf die Straße An der Mühle, durch die Bahnunterführung auf die Schiffdorfer Chaussee und dann nach ca. 500 m an der Ampel links in die Georg-Büchner-Straße und weiter wie oben.

Nächstgelegene Plätze
Gut Hainmühlen, GC (Nr. 89)
Zur Vahr/Garlstedter H. (Nr. 104)
Worpswede, GC (Nr. 98)

Golf Club Deinster Geest GmbH & Co. KG

Karte, Nr. 92, Feld E3 **18/6** Design: David J. Krause Höhe: 15 m

gegründet: 1994

Im Mühlenfeld 30, 21717 Deinste
✆ 04149-277707
✉ golfclub@deinste.golf
💻 www.deinste.golf

PR Reiner Beckmann, GF: Tim Steffens
Headgreenkeeper: Blasio Petry

i ✆ 04149-277707

Restaurant Eysten
✆ 04149-277710
Mo. Ruhetag

PRO SHOP ✆ 04149-277707

PRO Pro: Karsten Kollna

18-Loch Platz
H: 5948 m, CR 72.3, SL 127, Par 72
D: 5304 m, CR 74.7, SL 129, Par 72
6-Loch Platz
H: 565 m, Par 18
D: 502 m, Par 18
100 Rangeabschläge (10 überdacht)

G Gäste sind jederzeit willkommen. Anmeldung ist notwendig. Clubausweis mit eingetragener PE ist erforderlich. Greenfee-Aktion „Donnergolf" 18 Löcher für EUR 40 (immer donnerstags 9.00 bis 18.00 Uhr). Geburtstagskinder spielen kostenfrei!

18-Loch-Greenfee: WT: EUR 55 / WE: EUR 65
9-Loch-Greenfee: WT: EUR 34 / WE: EUR 41
Änderungen vorbehalten.
Ermäßigung: Jugendl./Stud. 50%

Platzbeschreibung

Die Golfanlage des Golf Club Deinster Geest liegt in einer weiträumigen Landschaft der Stader Geest und verläuft rund um eine 800 Jahre alte Mühle. In typischer Geestlandschaft weist die Anlage mit Waldungen, Knicks, Wasserläufen sowie Teichen und Seen einen gereiften Charakter auf und bietet sowohl für Golfeinsteiger als auch für Könner eine Herausforderung.

Platzinfos

VCG CLUB GASTRO GPS

Anfahrtsbeschreibung

Von Hamburg: A 7, Ausfahrt Heimfeld, weiter B 73 Richtung Cuxhaven bis Horneburg, an der letzten Ampel in Horneburg (Höhe Viebrocks Musterhauspark) links Richtung Bremervörde, dann rechts Richtung Fredenbeck. In Deinste über die Bahnschienen, danach rechts in die Schrankenstraße einbiegen. Oder von Bremen: A 1, Ausfahrt Sittensen, rechts Richtung Stade bis Horneburg, in Horneburg wie oben beschrieben bis zum Golfplatz.

Nächstgelegene Plätze

Gut Haseldorf, GC (Nr. 51)
Hamburg-Holm, GC (Nr. 56)
Buxtehude, GC (Nr. 94)

Greenfee-Aktion: Seite G 31

Golf Club Gut Immenbeck e.V.

Karte, Nr. 93, Feld F3 **9** Höhe: 25 m

gegründet: 1984

Ardestorfer Weg 1, 21614 Buxtehude
☎ 04161-87699 Fax 04161-88660
✉ info@gut-immenbeck.de
www.gut-immenbeck.de

PR: Kai Simon, CM: Moritz Bartmer

i: ☎ 04161-87699 Fax 04161-88660
Helio Meißner, Silke Remmele

Café & Bistro Gerd Beckmann
☎ 0171-9572895
Mo. Ruhetag

PRO SHOP: ☎ 04161-87699

PRO: Pro: Lee Martin Birch

H: 5533 m, CR 70.1, SL 129, Par 72
D: 5061 m, CR 73.1, SL 128, Par 72
20 Rangeabschläge (5 überdacht)

G: Gäste sind jederzeit willkommen. Clubausweis mit eingetragener PE ist erforderlich.

18-Loch-Greenfee: EUR 45
9-Loch-Greenfee: EUR 35
Ermäßigung: Jugendl. bis 18 J. und Stud. bis 25 J.

Platzbeschreibung

Das Gelände im Naturschutzgebiet des Urstromtales gibt dem Platz die besondere Struktur, eingerahmt zwischen Wald und landschaftlich genutzten Flächen. Die Bahnen 1, 4 und 5 erfordern golfsportliches Können, die übrigen Bahnen sind harmonisch den landschaftlichen Flächen angepasst und geben mit heimischen Gehölzen, Obstbäumen und angelegten Teichrändern dem Golfplatz einen parkähnlichen Charakter.

Platzinfos

VCG

Anfahrtsbeschreibung

A 7, Ausfahrt Heimfeld, B 73 Richtung Cuxhaven bis Övelgönne, erste Ampel links, Ortsteil Immenbeck Richtung Hollenstedt. Oder: A 1 Hamburg-Bremen, Ausfahrt Rade Richtung Stade-Buxtehude bis zur Einmündung auf die B 73, nach ca. 700 m links abbiegen. Der Golfplatz liegt nach ca. 800 m auf der linken Seite (Gutshaus). Bei Benutzung Navi bitte folgende Adresse eingeben: Inne Beek 60

Nächstgelegene Plätze

Buxtehude, GC (Nr. 94)
Hamburger GC (Nr. 58)
Hamburger L&GC Hittfeld (Nr. 95)

Greenfee-Aktion: Seite G 33

Golf-Club Buxtehude

Karte, Nr. 94, Feld F3 **18** Höhe: 40 m

gegründet: 1982

Zum Lehmfeld 1, 21614 Buxtehude
☎ 04161-81333 Fax 04161-87268
✉ post@golfclubbuxtehude.de
www.golfclubbuxtehude.de

PR GF: Kai-Uwe Friedrich

i ☎ 04161-81333 Fax 04161-87268
Britta Piening, Brigitte Wulff

Hübner's Restaurant, Markus Hübner
☎ 04161-7326192
Mo. Ruhetag

PRO Pro: Frank Hamdorf, Björn Muschinsky

H: 6076 m, Par 74
D: 5107 m, Par 74
20 Rangeabschläge (9 überdacht)

G Gäste sind jederzeit willkommen. Anmeldung ist notwendig. Clubausweis mit eingetragenem Handicap (54) ist erforderlich.

18-Loch-Greenfee: WT: EUR 65 / WE: EUR 75
9-Loch-Greenfee: WT: EUR 35 / WE: EUR 40
Ermäßigungen gelten nur für 18-Löcher Greenfees.
Ermäßigung: Jugendl. bis 18 J. und Stud. bis 27 J. 50%

Platzinfos

VCG GPS CLUB GASTRO

Platzbeschreibung

Nur 35 Autominuten von Hamburg und nur 5 Minuten von der Autobahnabfahrt Hollenstedt entfernt bietet der Golfplatz auf 70 ha Natur pur. In der Vilsener Heide und als Kulisse ein weites Land mit herrlichen Ausblicken ruht der Platz inmitten alten Baumbestands und Resten ehemaligen Obstanbaus. Ende 2015 sind alle Bahnen umfangreich renoviert worden. Die Breaks auf 18 neuen Grüns warten darauf von den Spielern entdeckt zu werden. Der Par 74 Kurs fordert den Longhitter und bietet, aufgrund von 4 Abschlagsalternativen auf den Spielbahnen, dennoch Spielspaß in jeder Leistungsklasse.

Anfahrtsbeschreibung

A 1 Hamburg-Bremen, Ausfahrt Hollenstedt, durch Moisburg Richtung Buxtehude, von Moisburg ca. 1 km bis Daensen. Oder: A 7 bis Hamburg/Heimfeld, auf der B 73 bis Buxtehude. Zweite Ausfahrt Richtung Tostedt und weiter Richtung Daensen-Moisburg bis zum Golfplatz.

Nächstgelegene Plätze

Gut Immenbeck, GC (Nr. 93)
Hamburger GC (Nr. 58)
Hamburger L&GC Hittfeld (Nr. 95)

Hbg. Land- u. Golf Club Hittfeld e.V.

Karte, Nr. 95, Feld F3 **18** Design: David Krause, John Stanton Fleming Morrison

gegründet: 1957

Am Golfplatz 24, 21218 Seevetal
04105-2331 04105-52571
sekretariat@hlgc-hittfeld.de
www.hlgc-hittfeld.de

PR Herbert Dürkop, GF: Michael Paletta

i 04105-2331 -52571
Birgit Tiedemann, Marina Brandt, Corina Hagel

Ökonomie Dirk Schäfer, Dirk Schäfer
04105-2242

PRO Pro: Ben Huber, Tim Quitmeyer, Philip Drewes

H: 5799 m, CR 71.5, SL 133, Par 71
D: 4777 m, CR 71.8, SL 127, Par 71
15 Rangeabschläge (6 überdacht)

G Gäste sind Montag - Freitag (außer an Feiertagen) willkommen. Anmeldung ist notwendig. Clubausweis mit eingetragenem Handicap (54) ist erforderlich.

18-Loch-Greenfee: WT: EUR 90
9-Loch-Greenfee: WT: EUR 50
Mitglieder des VcG zahlen 50% Zuschlag.
Ermäßigung: Jugendl./Stud. bis 27 J. 50%

Platzinfos

VCG CLUB

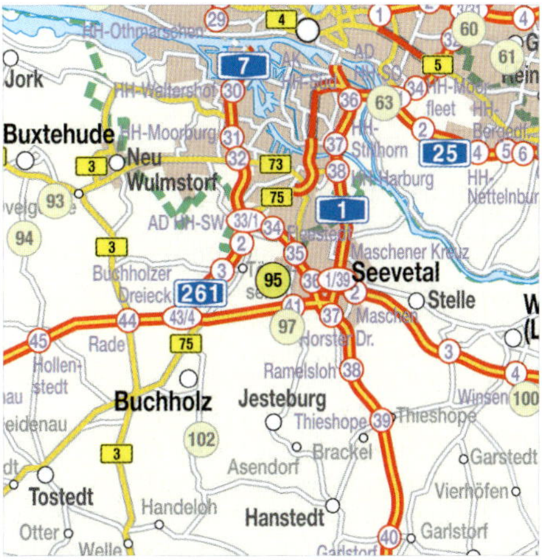

Platzbeschreibung

„Mehr sein, als scheinen", dieses hanseatische Selbstverständnis zeichnet seit über 60 Jahren die erste Golfadresse im Süden Hamburgs aus. Der 1957 gegründete Hamburger Land- und Golf-Club Hittfeld verstand und versteht sich als gediegene Oase der Entspannung mit vielfältigen sportlichen Optionen. Das herausfordernde golferische Angebot des einzigartigen Parkland Course mit seinem alten Baumbestand wird ergänzt durch Schwimmen, Tennis sowie Eisstockschießen im Winter. Entsprechend dem Selbstverständnis seiner das Understatement pflegenden Mitglieder war und ist der HLGC Hittfeld nie laut und glamourös, aber durchaus sportlich ambitioniert.

Anfahrtsbeschreibung

A 1 Hamburg-Bremen, Ausfahrt Hittfeld links Richtung Harburg, nach 2 km links in den Natenbergweg, nach 1 km links „Am Golfplatz". Oder: A 7 Flensburg-Hannover, Ausfahrt Fleestedt Richtung Hittfeld, nach ca. 2 km rechts in den Natenbergweg, nach 1 km links „Am Golfplatz".

Nächstgelegene Plätze

Am Hockenberg, G&CC (Nr. 97)
Buchholz-Nordheide, GC (Nr. 102)
Red Golf, Moorfleet (Nr. 63)

Greenfee-Aktion: Seite G 33

Golfclub Ostfriesland e.V.

Karte, Nr. 96, Feld C3 **27** Design: Frank Pennink, Christoph Städler Höhe: 10 m

gegründet: 1980

Am Golfplatz 4, 26639 Wiesmoor
✆ 04944-6440 🖷 04944-6441
✉ golf@golfclubostfriesland.de
💻 www.golfclub-ostfriesland.de

PR: Ralf Wilde, CM: Stephan Hüller
Headgreenkeeper: Herbert Theen

i: ✆ 04944-6440 🖷 -6441
Marion Tholen-Schoon

Hotel Restaurant Blauer Fasan,
Volker Quitmeyer
✆ 04944-92700 🖷 -927070

PRO SHOP: Hotel-Restaurant Blauer Fasan
✆ 04944-92700 🖷 04944-927070

PRO: Pro: Stephan Wächter

H: 6323 m, CR 74.1, SL 132, Par 73
D: 5279 m, CR 74.3, SL 128, Par 73
30 Rangeabschläge (8 überdacht)

G: Gäste sind jederzeit willkommen. Anmeldung ist notwendig. Clubausweis mit eingetragener PE ist erforderlich.

Tages-Greenfee: WT: EUR 49 / WE: EUR 65
18-Loch-Greenfee: WT: EUR 49 / WE: EUR 65
9-Loch-Greenfee: WT: EUR 32 / WE: EUR 43
Ermäßigung: Jugendl. bis 18 J. und Stud. bis 27 J. 30%

Platzinfos

Anfahrtsbeschreibung

A 28 bis Westerstede-West, weiter B 75 bis Remels, dort rechts Richtung Wiesmoor, vor dem Ort links Richtung „Blauer Fasan" (Hinweisschilder). Oder: B 70 oder B 72 über Hesel nach Bagband, dort rechts auf die B 436 Richtung Wilhelmshaven bis Wiesmoor-Voßbarg, ab hier der Beschilderung „Blauer Fasan" bis zum Golfplatz folgen.

Platzbeschreibung

Die 27-Loch-Anlage des Golf-Club Ostfriesland fügt sich in eine typisch ostfriesische Moorlandschaft ein. Zahlreiche Teiche, Gräben und Feuchtbiotope erschweren den Kurs, mehrmals sind die Grüns in Waldlichtungen hinein platziert und erfordern ein beherztes und präzises Spiel. Der stetig vorhandene Wind macht den besonders herben Reiz dieser anspruchsvollen Anlage aus.

Nächstgelegene Plätze

Am Meer, GC (Nr. 108)
Wilhelmshaven-Friesl., GC (Nr. 90)
Oldenburgischer GC (Nr. 106)

Golf- & Country Club am Hockenberg GmbH & Co. KG

Karte, Nr. 97, Feld F3 **18** Höhe: 70 m

gegründet: 1991

Am Hockenberg 100, 21218 Seevetal
✆ 04105-52245 🖷 04105-52080
✉ info@amhockenberg.de
💻 www.amhockenberg.de

PR: Winfried Schwehn, GF: Franziska Steinhorst, CM: Franziska Steinhorst
Headgreenkeeper: Jan Borchers

i: ✆ 04105-52245 🖷 04105-52080
Gunnar Bormann, Sabine Grüttner

Hockenberg´s Restaurant, Bistro & Lounge, Lutz Prey
✆ 04105-1589286 🖷 04105-52080

PRO SHOP: Golfplatz Am Hockenberg GmbH & Co. KG
✆ 04105-52245 🖷 04105-52080

PRO: Pro: Paul Holley, Victoria Seuwen, John Nauman, Stephan Zuchanke

H: 6015 m, CR 72.3, SL 132, Par 72
D: 5350 m, CR 74.5, SL 131, Par 72
50 Rangeabschläge (4 überdacht)

G: Gäste sind jederzeit willkommen. Anmeldung ist notwendig. Clubausweis mit eingetragenem Handicap (54) ist erforderlich. Sa./So./ Feiertage ist Handicap 36 erforderlich. 18-Loch Platz: Gäste ohne Begleitung eines Mitglieds am Wochenende/Feiertags bis 10:00 Uhr und ab 15:00 Uhr

18-Loch-Greenfee: WT: EUR 65 / WE: EUR 75
9-Loch-Greenfee: WT: EUR 40 / WE: EUR 50
Ermäßigung: Jugendl. bis 18 J. und Stud. bis 27 J. 50%

Platzbeschreibung

Die Anlage wurde 1991 zu einer der reizvollsten, naturbelassenen Golfanlagen Norddeutschlands umgebaut. Sanfte Hügel und lange Täler, Wald und Obstbäume, Schilf und Seerosenteiche begleiten das Spiel. Von der Terrasse der Gastronomie genießt man einen ganz besonders schönen Weitblick über das Seevetal bis zu den Türmen Hamburgs.

Platzinfos

Anfahrtsbeschreibung

A1 Hamburg-Bremen, Ausf. Hittfeld, rechts Richt. Jesteburg, ab Ortsschild Helmstorf nach ca. 1 km rechts zum Golfplatz. A7 Flensburg-Hannover, Ausf. Fleestedt-Hittfeld, gerade durch Hittfeld und weiter Richt. Jesteburg, ab Ortsschild Helmstorf nach ca. 1 km rechts (Navi-Eingabe: Neuenfelde 21218 Seevetal).

Nächstgelegene Plätze

Hamburger L&GC Hittfeld (Nr. 95)
Buchholz-Nordheide, GC (Nr. 102)
Red Golf, Moorfleet (Nr. 63)

Greenfee-Aktion: Seite G 33

Golfclub Worpswede e.V.

Karte, Nr. 98, Feld E3 **18**

gegründet: 1974

Paddewischer Weg 2, 27729 Vollersode
☎ 04763-7313
✉ info@golfclub-worpswede.de
🖳 www.golfclub-worpswede.de

PR: Thore Meyer

i: ☎ 04763 / 7313, Infoline: 04763 / 627796
🖷 04763-6193
Susanna Kommerau, Nicola Gesing

Jens Trübner
☎ 04763-628428

PRO SHOP: Golfshop des Golfclubs Worpswede e.v., Thore Meyer. ☎ 04763-7313

PRO: Pro: David Lang

H: 5779 m, CR 71.1, SL 131, Par 72
D: 5093 m, CR 72.8, SL 128, Par 72
50 Rangeabschläge (6 überdacht)

G: Gäste sind jederzeit willkommen. Sa./So./Feiertage ist Anmeldung notwendig. Clubausweis mit eingetragenem Handicap (45) ist erforderlich. Sa./So./Feiertage ist Handicap 36 erforderlich. Der Platz ist während der Jagdzeit gesperrt. Spielbetrieb täglich. WE Start vor 10 Uhr erbeten, DGV-Mitgliedsausweis ist vorzuweisen.

18-Loch-Greenfee: WT: EUR 50 / WE: EUR 55
9-Loch-Greenfee: WT: EUR 30 / WE: EUR 35
Ermäßigung: Jugendl./Stud. 50%

Platzinfos

VCG GPS CLUB

Anfahrtsbeschreibung

Von Hamburg: Ausfahrt Sittensen über Zeven Richtung Gnarrenburg auf der B 74 Richtung Bremen, bei Km 24,8 rechts zum Golfplatz (beschildert). Von Süden: Bremer Kreuz A 27 Richtung Cuxhaven, Ausfahrt Bremen-Nord auf die B 74 Richtung Stade, ca. 3 km hinter Wallhöfen bei Km 24,9 links zum Golfplatz abbiegen (beschildert).

Platzbeschreibung

Die Fairways des Golfclub Worpswede liegen sehr naturverbunden in einem Areal mit wechselnder Moor-, Heide- und Waldlandschaft. Die Löcher 1 bis 6 ziehen sich durch direkt an die Spielbahn grenzenden Waldbestand und erfordern ein sehr präzises Spiel. Auch die restlichen Bahnen sind durch natürliche Hindernisse und Teiche schwieriger als man denkt.

Nächstgelegene Plätze

Zur Vahr/Garlstedter H. (Nr. 104)
Lilienthal, GC (Nr. 109)
Gut Hainmühlen, GC (Nr. 89)

Golf Club St. Dionys e.V.

Karte, Nr. 99, Feld F4 **18** Höhe: 12 m

gegründet: 1972

Widukindweg, 21357 St. Dionys
04133-213311 04133-213313
info@golfclub-st-dionys.de
www.golfclub-st-dionys.de

PR: Wilhelm H. Röhlen
Headgreenkeeper: Christian Steinhauser

i: 04133-213311/-12 -213313
Annika Strosik, Melanie Hinrichsen

Restaurant Widukind St. Dionys, Wiebke Hobst
04133-213317 oder 04133-2254902
04133-213313

PRO SHOP: Pro Shop Robert Maack
04133-4040350

PRO: Pro: Robert Maack, Timo Blank

H: 6040 m, CR 72.3, SL 133, Par 72
D: 5100 m, CR 73, SL 127, Par 72
30 Rangeabschläge (6 überdacht)

G: Gäste sind Montag - Freitag (außer an Feiertagen) willkommen. Anmeldung ist notwendig. Clubausweis mit eingetragenem Handicap (36) ist erforderlich.

18-Loch-Greenfee (ab 8:00 Uhr): EUR 90
9-Loch-Greenfee: EUR 50
WE/ FT ab 10 Uhr Gäste nur in Mitgliederbegleitung. Early-Bird-GF vor 8:00 Uhr WT/ WE EUR 50.
Ermäßigung: Jugendl. bis 18 J. und Stud. bis 29 J. 50%

Platzinfos

VCG GPS CLUB GASTRO

Anfahrtsbeschreibung

Aus Hamburg: A 7 HH-Hannover, Maschener Kreuz, A 250 Maschen-Lüneburg Ausfahrt Handorf, B 404 Richtung Geesthacht, Ausfahrt Rottort/Handorf. K 46 Richtung Lüneburg, in Wittdorf links abbiegen nach Barum. Nach ca. 3 km Ortseinfahrt St. Dionys, der Ausschilderung zum Golfplatz folgen. Aus Bergedorf: B 404 über Elbbrücken, Ausfahrt Bardowick/Handorf, K 46 Richtung Lüneburg und weiter wie oben. Aus Lüneburg: K 46 Richtung Winsen, bis Wittorf, dann wie oben.

Platzbeschreibung

Der Club liegt ca. 50 km südöstlich von Hamburg in einem großen Erholungsgebiet mit unverwechselbarer Heidelandschaft. Auf dem 90 ha umfassenden welligen Gelände bieten die Spielbahnen zwischen hartem Heidekraut und Kiefern-, Nadel- und Mischwald einen abwechslungsreichen Parcours. Durch den trockenen Heideboden ist in St. Dionys ein ganzjähriges Spielvergnügen möglich.

Nächstgelegene Plätze

Adendorf, GC (Nr. 103)
Schloss Lüdersburg, GA (Nr. 101)
Green Eagle, GC (Nr. 100)

Green Eagle Golf Courses

Karte, Nr. 100, Feld F4   18/18/6   Design: Michael Blesch

gegründet: 1997

Radbrucher Straße 200, 21423 Winsen/Luhe
04171-782241 04171-782242
info@greeneagle.de
www.greeneagle.de

PR: Ralf Lühmann, GF: Ralf Lühmann
Michael Blesch
Headgreenkeeper: René Ratajczyk

04171-782241 -782242

Delya Flecke
04171-679939

PRO SHOP: Clive Haycock
04171-679937 -679938

PRO: Pro: Felix Staudt, Andrew Elliot, Clive Haycock

18-Loch Porsche Nord-Course
H: 6633 m, CR 76, SL 137, Par 73
D: 5384 m, CR 74.8, SL 135, Par 73
18-Loch Süd-Course
H: 6033 m, CR 73.3, SL 135, Par 72
D: 5183 m, CR 74.4, SL 130, Par 72
200 Rangeabschläge (19 überdacht)

G: Gäste sind jederzeit willkommen. Anmeldung ist notwendig. Clubausweis mit eingetragenem Handicap (54) ist erforderlich.

18-Loch-Greenfee: Mo.-Do.: EUR 97 / Fr., Sa.: EUR 107 / So.: EUR 117
Ermäßigung: Jugendl./Stud. 50%

Platzbeschreibung

Die 42-Loch Golfanlage vor den Toren der Hansestadt Hamburg hat seit ihrer Gründung im Jahr 1997 eine moderne und progressive Golfsport-Philosophie verfolgt. Diese wird sowohl von internationalen Golf-Professionals als auch von Amateuren und Einsteigern begrüßt. Speziell der Nord Course wurde schon in der Planung als potenzieller Austragungsort für internationale Großveranstaltungen ausgerichtet.

Platzinfos

Anfahrtsbeschreibung

Von Hamburg auf der A 39 Richtung Lüneburg, Ausfahrt Winsen-Ost, dann links und die zweite wieder links.

Nächstgelegene Plätze

St. Dionys, GC (Nr. 99)
Adendorf, GC (Nr. 103)
Escheburg, GC (Nr. 66)

GSL-Golfanlage Schloss Lüdersburg GmbH & Co. KG

Karte, Nr. 101, Feld G4 18/18/4

gegründet: 1985

Lüdersburger Straße 21,
21379 Lüdersburg/Lüneburg
✆ 04139-69700 🖷 04139-6970700
✉ info@schloss-luedersburg.de
www.schloss-luedersburg.de

PR: GF: Mehmet Yildirim
Headgreenkeeper: Jürgen Sternikel

i: ✆ 04139-69700 🖷 04139-6970700

Clubhaus, Trattoria, Restaurant Falkenstein
✆ 04139-6970741/-6970 0

PRO: Pro: Jason Crerar, Bruce McAllister

18-Loch Old-Course
H: 5912 m, CR 71.6, SL 130, Par 73
D: 5229 m, CR 73.7, SL 127, Par 73
18-Loch Lakes Course
H: 6067 m, CR 71.7, SL 129, Par 72
D: 5305 m, CR 73.1, SL 125, Par 72
80 Rangeabschläge (4 überdacht)

G: Gäste sind jederzeit willkommen. Anmeldung ist notwendig. Clubausweis mit eingetragener PE ist erforderlich.

18-Loch-Greenfee: Mo.-Do.: EUR 60 / Fr.-So.: EUR 70 / FT: EUR 75
9-Loch-Greenfee: Mo.-Do.: EUR 35 / Fr.-So.: EUR 40
WE-GF gilt ab Freitag.
Ermäßigung: Jugendl./Stud. 50%

Platzinfos

Anfahrtsbeschreibung

Von Hamburg: A 39 Hamburg-Lüneburg, Ausfahrt Lüneburg-Ebensberg, über Scharnebeck nach Lüdersburg, ca. 12 km ab der Autobahnausfahrt. Oder von Hannover/Süden: Lüneburger Ortsumgehung, Ausfahrt Lüneburg-Ebensberg über Scharnebeck nach Lüdersburg. Oder von Berlin: A 24, Ausfahrt Hornbek, über Lauenburg-Bullendorf-Hittbergen bis zum Golfplatz.

Platzbeschreibung

Nur ca. 12 Kilometer nordöstlich von Lüneburg fügt sich die parkähnliche Anlage in verhältnismäßig flaches Gelände ein. Der Parcours und das alte Herrenhaus werden auf der einen Seite von der Elb-Marsch mit ihren Weiden und Flutgräben, auf der anderen Seite von der waldigen Geest eingefasst. Die Anlage wird durch viele Wasserhindernisse, schwer anzuspielende Grüns und sich verengende Spielbahnen geprägt.

Nächstgelegene Plätze

Adendorf, GC (Nr. 103)
St. Dionys, GC (Nr. 99)
Brunstorf, G&CC (Nr. 65)

Golf Club Buchholz-Nordheide e.V.

Karte, Nr. 102, Feld F4 18

gegründet: 1982

An der Rehm 25, 21244 Buchholz
✆ 04181-36200 Fax 04181-97294
✉ info@golfclub-buchholz.de
www.golfclub-buchholz.de

PR Joachim Walter, CM: Stefan Otte
Headgreenkeeper: Karsten Könemann

i ✆ 04181-36200 Fax 04181-97294
Stefanie Hagedorn, Brigitte Philipp

Apama Panbetchi, Apama Panbetchi
✆ 04181-34779

PRO SHOP Scot Gilmour, Scot Gilmour
✆ 04181-98584 Fax 04181-97294

PRO Pro: Scot Gilmour, Torben Walter

18-Loch GCB Platz
H: 5730 m, CR 71.3, SL 130, Par 72
D: 5036 m, CR 73.3, SL 125, Par 72
30 Rangeabschläge (6 überdacht)

G Gäste sind Montag - Freitag (außer an Feiertagen) willkommen. Anmeldung ist notwendig. Clubausweis mit eingetragenem Handicap (45) ist erforderlich. Von Montag bis Freitag EGA-Stammvorgabe -45 erforderlich, am WE/FT -36.

18-Loch-Greenfee: WT: EUR 65 / WE: EUR 75
9-Loch-Greenfee: WT: EUR 35 / WE: EUR 40
In Begleitung von Mitgliedern EUR 20 Reduktion auf das reguläre 18-Loch-Greenfee. Gäste am WE/FT nur vor 10.00 oder ab 14.00 Uhr.
Ermäßigung: Jugendl./Stud. bis 27 J. 50%

Platzinfos

VCG GPS

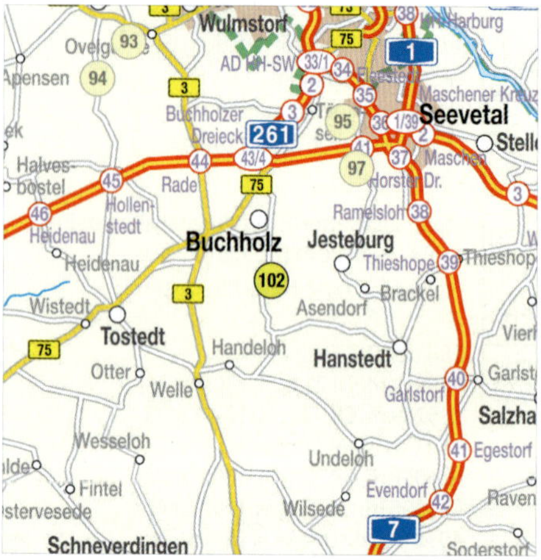

Anfahrtsbeschreibung

Anfahrt: A1, Abf. Dibbersen, Richtung B 75/Rotenburg, dann rechts Ri. Buchholz/Dibbersen, im Kreisverkehr Ri. Buchholz, der Str. folgend durch Buchholz fahrend Ri. Holm- Seppensen, ca. 1km hinter Ortsschild Seppensen li. ab in den Moordamm. Oder A7 über Buchholzer Dreieck, Ri. HH bis Dibbersen, anschließend wie oben. Oder A 7 über Buchholzer Dreieck, Richtung Hamburg bis Dibbersen, anschließend wie oben.

Platzbeschreibung

Natürlich eingebettet in eine reizvolle Heide- und Waldlandschaft, nur 35 Automin. von Hamburg entfernt, bietet die ebene, aber technisch anspruchsvolle 18-Loch-Anlage eine Herausforderung für jeden Golfer. Das 1993 fertig gestellte, architektonisch reizvolle Clubhaus mit seiner großen Sonnenterrasse und Blick auf den ersten Abschlag sowie das 9.te und 18.te Grün lädt Mitglieder und Gäste gleichermaßen zum Verweilen ein.

Nächstgelegene Plätze

Am Hockenberg, G&CC (Nr. 97)
Hamburger L&GC Hittfeld (Nr. 95)
Buxtehude, GC (Nr. 94)

Castanea Resort Adendorf

Karte, Nr. 103, Feld F4 **18/9** Design: Kurt Rossknecht Höhe: 30 m

gegründet: 2000

Moorchaussee 3, 21365 Adendorf
04131-22332660 04131-22332665
golf@castanea-resort.de
www.castanea-resort.de

PR GF: Rainer Adank

04131-22332660 04131-22332665
Sabrina Herrmann

„Castello"
04131-22332640

PRO SHOP Castanea Resort Golf Shop
04131-22332660 04131-22332665

PRO Pro: Falk Simon, Bo Fredrikson, Frédérik Dechavanne

18-Loch Mastercourse
H: 5891 m, CR 71.1, SL 130, Par 72
D: 5037 m, CR 72.3, SL 128, Par 72
9-Loch Public Course (Par 3)
H: 2262 m, Par 27, D: 1970 m, Par 27
40 Rangeabschläge (24 überdacht)

G Gäste sind jederzeit willkommen. Anmeldung ist notwendig. Clubausweis mit eingetragenem Handicap (54) ist erforderlich.

18-Loch-Greenfee: WT: EUR 60 / WE: EUR 70
9-Loch-Greenfee: WT: EUR 35 / WE: EUR 40
Ermäßigung: Jugendl./Stud. bis 25 J. 50%

Platzinfos

VCG GPS CLUB GASTRO

Anfahrtsbeschreibung

Aus Norden kommend über die A1 oder A7 am Maschener Kreuz auf die A250 Richtung Lüneburg, Ausfahrt Adendorf, links auf die Artlenburger Landstraße bis zu der Kreuzung Elba. Hier rechts abbiegen Richtung Scharnebeck und dann der Beschilderung folgen.

Platzbeschreibung

Erleben Sie ein von Kurt Rossknecht gestaltetes anspruchsvolles Golf Resort mit natürlichem Charme. Der ganzjährig bespielbare Platz, mit gepflegten Grüns und anspruchsvollen Hindernissen, gehört mit seinem 18-Loch Mastercourse (Par 72) und dem öffentlichen 9-Loch Public Course (Par 27) zu den führenden Golfanlagen in der Region „Lüneburger Heide". Das Castanea Resort bietet als 4 -Sterne Superior Golfanlage (BVGA) eine Herausforderung für Könner und ein besonderes Abenteuer für den interessierten Golfeinsteiger.

Nächstgelegene Plätze

St. Dionys, GC (Nr. 99)
Schloss Lüdersburg, GA (Nr. 101)
Green Eagle, GC (Nr. 100)

Niedersachsen + Bremen

Club zur Vahr e.V. Bremen, Platz Garlstedter Heide

Karte, Nr. 104, Feld D4 **18**

gegründet: 1963

Am Golfplatz 10, 27711 Garlstedt/OHZ
✆ 04795-953316 🖷 04795-954259
✉ info@czvb.de
🖳 www.club-zur-vahr.de

PR: Hans-Dieter Lampe, GF: David Müller

i: ✆ 0421-204480
Lutz Bialek, Malina Decker

Irmtraut Böttjer
✆ 04795-417

PRO SHOP: Dorothée Welsby

PRO: Pro: Robin Welsby, Fabian Bünker, Philipp Schmalz, Sven-Hendrik Voigt

18-Loch Garlstadt Platz
H: 6283 m, CR 73.7, SL 140, Par 74
D: 5368 m, CR 74.7, SL 133, Par 74

G: Gäste sind Montag - Freitag (außer an Feiertagen) willkommen. Anmeldung ist notwendig. Clubausweis mit eingetragenem Handicap (36) ist erforderlich.

18-Loch-Greenfee: WT: EUR 60 / WE: EUR 70
Ermäßigung: Jugendl./Stud. 50%

Platzbeschreibung

Es ist der zweite Platz des Club zur Vahr. 1963 gegründet ist er der Jüngere der beiden Brüder, aber dafür ein stattlicher 18-Loch Meisterschaftsplatz. Schon mehrfach wurden hier die German Open ausgetragen. Ein dichter Waldbestand säumt die schmalen Fairways und prägt den Charakter dieses Platzes.

Platzinfos

Anfahrtsbeschreibung

A 27 Richtung Bremerhaven, Ausfahrt Ihlpohl Richtung Bremerhaven, auf der B 6 ca. 10 km bis Garlstedt, im Ort links abbiegen und der Beschilderung zum Golfplatz folgen.

Nächstgelegene Plätze

Bremer Schweiz, GC (Nr. 107)
Lesum, GC (Nr. 111)
Worpswede, GC (Nr. 98)

Greenfee-Aktion: Seite G 33f

Golfclub Königshof Sittensen e.V.

Karte, Nr. 105, Feld E4 18

gegründet: 1990

Alpershausener Weg 60, 27419 Sittensen
☎ 04282-3266 Fax 04282-95470
✉ info@golfclub-sittensen.de
www.golfclub-sittensen.de

PR: Horst Wenger

i: ☎ 04282-3266 Fax -95470
Carola Sievers, Janine-Kim Lindhorst

Restaurant „Königs", Gaby Kropp
☎ 04282-5944888

PRO SHOP: Proshop Graeme Hill
☎ 04282-3884

PRO: Pro: Graeme Hill

H: 5976 m, CR 71.9, SL 127, Par 72
D: 5269 m, CR 73.6, SL 129, Par 72
25 Rangeabschläge (3 überdacht)

G: Gäste sind jederzeit willkommen. Anmeldung ist notwendig. Clubausweis mit eingetragenem Handicap (54) ist erforderlich. Unsere Partner-Golfclubs & -Hotels finden Sie auf www.golfclub-sittensen.de.

18-Loch-Greenfee: WT: EUR 50 / WE: EUR 60
9-Loch-Greenfee: WT: EUR 30 / WE: EUR 40
Rangefee: EUR 5
Ermäßigung: Jugendl. und Stud. bis 27 J. 50%

Platzinfos

VCG GPS

Anfahrtsbeschreibung

A 1 Hamburg-Bremen, Ausfahrt Sittensen, links nach Sittensen, geradeaus durch den Ort Richtung Scheeßel, nach ca. 2,5 km am Ortsende Schild „Golfplatz", rechts abbiegen und dem Alpershausener Weg ca. 800 m bis zum Golfplatz folgen.

Platzbeschreibung

Jeweils 50 km von Hamburg und Bremen entfernt, direkt an der Autobahn A1 gelegen, finden Golfer eine zusätzliche Herausforderung mit 18 abwechslungsreichen Löchern auf einem 60 ha umfassenden Gelände in typischer Geestlandschaft. Auf dem spielerisch anspruchsvollen Platz bieten zahlreiche Hügel, Mulden, Biotope und Wasserhindernisse einige Überraschungen. Die Symbiose zwischen alten und neuen Bahnen ist gut gelungen.

Nächstgelegene Plätze

Wümme, GC (Nr. 110)
Buxtehude, GC (Nr. 94)
Gut Immenbeck, GC (Nr. 93)

Niedersachsen + Bremen

Oldenburgischer Golfclub e.V.

Karte, Nr. 106, Feld D4 **18**

gegründet: 1964

Wemkenstr. 13, 26180 Rastede
✆ 04402-7240 🖷 04402-70417
✉ info@oldenburgischer-golfclub.de
💻 www.oldenburgischer-golfclub.de

PR Dr. Gerd Pommer, CM: Christoph Schomaker

i ✆ 04402-7240 🖷 -70417
Thekla Schönknecht, Andrea Müller, Bettina Paro

Gastronomie im Golfclub, Andre Mittwollen

Mo. Ruhetag

PRO SHOP Golfschule Michael Behrens, Golf-Pro Michael Behrens
✆ 0162-1024779

PRO Pro: Michael Behrens

H: 6050 m, CR 72.8, SL 140, Par 72
D: 5260 m, CR 73.8, SL 135, Par 72
25 Rangeabschläge (10 überdacht)

G Gäste sind jederzeit willkommen. Anmeldung ist notwendig. Clubausweis mit eingetragenem Handicap (36) ist erforderlich. GPS-Geräte nur in Privatturnieren zugelassen.

18-Loch-Greenfee: WT: EUR 50 / WE: EUR 60
9-Loch-Greenfee: WT: EUR 30 / WE: EUR 35
Ermäßigung: Jugendl./Stud. 50%

Nächstgelegene Plätze
Am Meer, GC (Nr. 108)
Hatten, GC (Nr. 116)
In Hude, Golf (Nr. 113)

Platzinfos

VCG

Anfahrtsbeschreibung
A 29 Richtung Wilhelmshaven, Ausfahrt Hahn-Lehmden, rechts abbiegen, weiter auf der K 131 Richtung Oldenburg, nach ca. 1 km rechts ab und auf der befestigten Straße Richtung Wemkendorf bis zum Golfplatz.

Platzbeschreibung
Die Parklandschaft des Ammerlandes im Norden von Oldenburg prägt die Spielbahnen der Anlage. Die gelungene Kombination aus alten, teilweise von Rhododendren umrahmten Waldbahnen mit freien Fairways, bei denen strategische Wasserhindernisse und gut platzierte Bunker das Spiel bestimmen, wurde in den letzten Jahren zu einer Herausforderung für jeden Golfer. Ein modernes Clubhaus mit ausgezeichneter Gastronomie komplettiert die attraktive Anlage.

Greenfee-Aktion: Seite G 35

Golf-Club Bremer Schweiz e.V.

Karte, Nr. 107, Feld D4 **18** Höhe: 8 m

gegründet: 1991

Wölpscher Straße 4, 28779 Bremen
☎ 0421-6095331 Fax 0421-6095333
✉ info@golfclub-bremerschweiz.de
www.golfclub-bremerschweiz.de

PR: Ralph Bünning

i: ☎ 0421-6095331 Fax 0421-6095333
Tanja Bullwinkel

Teetime, Bernhard Hönemann
☎ 0421-69655175
Mo. Ruhetag

PRO: Pro: Mark Roughsedge, Bill Griffiths

H: 5865 m, CR 71.9, SL 131, Par 72
D: 4955 m, CR 73.1, SL 124, Par 72
40 Rangeabschläge (7 überdacht)

G: Gäste sind jederzeit willkommen. Anmeldung ist notwendig. Clubausweis mit eingetragenem Handicap (54) ist erforderlich.

Tages-Greenfee: WT: EUR 50 / WE: EUR 60
9-Loch-Greenfee: WT: EUR 28 / WE: EUR 33
Ermäßigung: Jugendl. bis 18 J. 50%

Platzinfos

VCG GPS GASTRO

Anfahrtsbeschreibung

Aus Richtung Bremen/Bremerhaven: BAB 27, Abfahrt Schwanewede, in Schwanewede links Richtung Bremen-Vegesack, nach ca. 1,5 km links „Am Steending" (Autohaus Hinte) und nach ca. 0,5 km links in die „Wölpscher Straße".

Platzbeschreibung

Der Golf-Club Bremer Schweiz e.V. präsentiert sich als junger und dynamischer Verein, der den Einstieg in den Golfsport durch sein umfangreiches Kursprogramm fördert. Mitten auf der Landesgrenze zwischen der Wesermetropole Bremen und Niedersachsen erstreckt sich unser sportlich höchst anspruchsvoller Golfplatz zwischen Marsch und Geest. Ein Grenzgänger mit zwei Gesichtern, wie ein renommiertes deutsches Golfmagazin einst titelte. Die 2003 komplettierte Golfanlage hat etwas ganz Besonderes, was man wirklich selten findet: Zwei 18. Grüns in zwei verschiedenen Bundesländern.

Nächstgelegene Plätze

Lesum, GC (Nr. 111)
Zur Vahr/Garlstedter H. (Nr. 104)
In Hude, Golf (Nr. 113)

Golfclub am Meer e.V.

Karte, Nr. 108, Feld C4 **18/3** Design: Deutsche Golf Consult Höhe: 7 m

gegründet: 1988

Ebereschenstrasse 10, 26160 Bad Zwischenahn
✆ 04403-63866 🖷 04403-63867
✉ sekretariat@golfclub-am-meer.de
💻 www.golfclub-am-meer.de

PR: Dieter Lautenschläger, GF: Phil Stolle
Headgreenkeeper: Sommerfeld AG

i: ✆ 04403-63866 🖷 04403-63867
Catherine Keitel, Wiebke Tjarks, Charlotte von der Heide

Clubgastronomie, Denise Brauer
✆ 04403-6023060

PRO SHOP: Pro Shop im Golfclub am Meer, Dana Zwiebelhofer. ✆ 04403-9390670

PRO: Pro: Thilo Böttcher, Marius Kredel

18-Loch Platz
H: 6041 m, CR 72.5, SL 129, Par 72
D: 4998 m, CR 72.9, SL 124, Par 72
3-Loch Platz, H: Par 3
45 Rangeabschläge (6 überdacht)

G: Gäste sind jederzeit willkommen. Anmeldung ist notwendig. Clubausweis mit eingetragener PE ist erforderlich.

18-Loch-Greenfee: WT: EUR 56 / WE: EUR 66
9-Loch-Greenfee: WT: EUR 33 / WE: EUR 39
GF inkl. Driving Range. Mondscheintarif WT: EUR 33. Mondscheintarif WE/Feiert.: EUR 39
Ermäßigung: Jugendl./Stud.

Platzbeschreibung

Ein ausgeprägtes Naturschutzgebiet säumt das Gelände nördlich, Ausläufer ziehen sich durch den Golfplatz und bieten in Einklang mit seltener Vogel-, Insekten- und Pflanzenwelt eine eindrucksvolle Kulisse. Durch das ausgeklügelte Entwässerungssystem mit 6 unterschiedlichen Teichen sowie durch raffinierte Geländemodellierungen erhält jede Spielbahn ihren eigenen Charakter.

Platzinfos

Anfahrtsbeschreibung

Von Bremen/Oldenburg auf der A 28 Ri. Leer-Emden, Ausfahrt Zwischenahner Meer, auf der Wiefelstedter Str. Ri. Bad Zwischenahn, nach ca. 1,5 km in Aue rechts in die Dreiberger Str., nach ca. 2,5 km an der Feuerwehr-Zentrale gerade in die Ebereschenstraße. Oder: Von Bad Zwischenahn auf der Westersteder Straße nach Rostrup II, an der Ampelkreuzung rechts über Elmendorfer Straße und Hösjekamp bis zum Golfplatz.

Nächstgelegene Plätze

Oldenburgischer GC (Nr. 106)
Hatten, GC (Nr. 116)
Ostfriesland, GC (Nr. 96)

Golfclub Lilienthal e.V.

Karte, Nr. 109, Feld E4 **18** Design: Christian Althaus Höhe: 3 m

gegründet: 1998

1. Landwehr 20, 28865 Lilienthal
04298-697069 04298-697039
clubhaus@golfclub-lilienthal.de
www.golfclub-lilienthal.de

PR Claus Kleyboldt, CM: Alexandra Solovei
Headgreenkeeper: Lennard Evers

i 04298-697069 04298-697039

Barrierefreies Bistro
04298-697069

18-Loch Platz
H: 5470 m, CR 69.3, SL 128, Par 71
D: 4747 m, CR 70.6, SL 128, Par 72
17 Rangeabschläge (5 überdacht)

G Gäste sind jederzeit willkommen. Clubausweis mit eingetragenem Handicap ist erforderlich. Das Clubhaus ist vollkommen barrierefrei.

Tages-Greenfee: WT: EUR 50 / WE: EUR 60
9-Loch-Greenfee: WT: EUR 25 / WE: EUR 35
Ermäßigung: Jugendl. bis 18 J. 50%

Platzinfos

VCG GPS

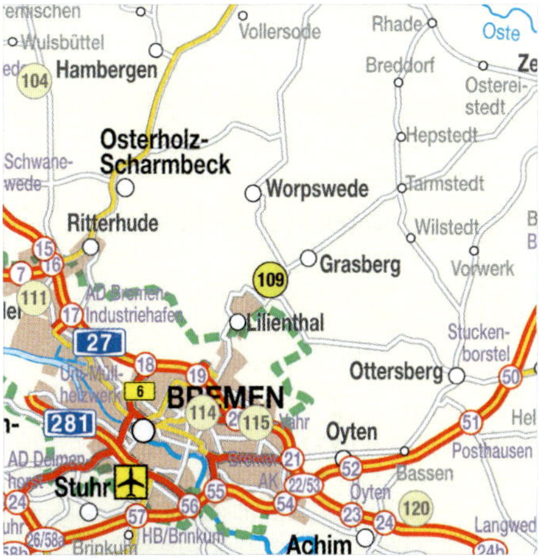

Platzbeschreibung

Der erste integrative Golfclub Deutschlands. In einer reizvollen, naturnahen Hochmoor Kulturlandschaft vor den Toren Bremens befindet sich eine reizvolle 18-Loch-Golfanlage entworfen vom Golfplatzarchitekten Christian Althaus inkl. Driving Range, Putting- und Chipping-Area. In 30 Minuten von der Bremer Innenstadt und 10 Minuten von der Universität erreichbar. Unsere Fairways fordern alle Golfer zu einem präzisen Spiel. Bei uns sind auch Golfer mit Behinderungen herzlich willkommen. Entsprechende Hilfsmittel stehen zur Verfügung.

Nächstgelegene Plätze

Oberneuland, GC (Nr. 115)
Zur Vahr/Vahr (Nr. 114)
Lesmona, GC (Nr. 111)

Niedersachsen + Bremen

Golf Club Wümme e.V.

Karte, Nr. 110, Feld E4 **27** Höhe: 20 m

gegründet: 1984

Hof Emmen/Westerholz,
27383 Scheeßel-Westerholz
✆ 04263-93010 🖷 04263-930116
✉ info@golfclub-wuemme.de
🖳 www.golfclub-wuemme.de

PR Hermann Aukamp
Headgreenkeeper: Jochen Meyer

i ✆ 04263-93010 🖷 04263-930116
Denise Münchow

Clubrestaurant, Stephanie Pletat
✆ 04263-930130

PRO SHOP ✆ 04263-930120 🖷 -930116

PRO Pro: David Bunce

H: 6021 m, CR 72.2, SL 131, Par 72
D: 5112 m, CR 72.7, SL 126, Par 72
20 Rangeabschläge

G Gäste sind jederzeit willkommen. Anmeldung ist notwendig. Clubausweis mit eingetragenem Handicap (54) ist erforderlich. Sa./So./Feiertage ist Handicap 36 erforderlich.

Tages-Greenfee: WT: EUR 40 / WE: EUR 55
9-Loch-Greenfee: WT: EUR 30 / WE: EUR 45
Rangefee EUR 5
Ermäßigung: Jugendl./Stud. 50%

Platzbeschreibung

Der seit 2015 27 Bahnen umfassende Golfplatz bietet sportlich ambitionierten Golfern durch seine anspruchsvolle Anlage viele Herausforderungen. Aber auch Einsteiger können den Platz problemlos meistern. Eingebettet in die reizvoll ruhige Landschaft am Nordrand der Lüneburger Heide mit kleinen Heideflächen, romantischen Waldstücken, feinen Knicks und verwunschenen Teichen - so entdecken Sie die Anlage des Golf Club Wümme e. V. immer wieder neu in Harmonie mit der Natur.

Platzinfos

GASTRO VCG

Anfahrtsbeschreibung

Von Hamburg: A 1, Ausfahrt Bockel, B 71 Richtung Rotenburg, links Richtung Abbendorf und der Beschilderung folgen. Von Bremen: A 1, Ausfahrt Stuckenborstel, B 75 Richtung Rotenburg, vor Rotenburg auf die B 71 Richtung Zeven bis zur Lent-Kaserne, dort rechts Richtung Abendorf und der Beschilderung folgen. Von Hannover: A 27, Ausfahrt Verden-Nord, B 215 bis Rotenburg, dort auf die B 71 und weiter wie oben beschrieben.

Nächstgelegene Plätze

Königshof Sittensen, GC (Nr. 105)
Verden, GC (Nr. 122)
Achimer GC (Nr. 120)

Bremer Golfclub Lesmona e. V.

Karte, Nr. 111, Feld D4 **18**

gegründet: 2010

Lesumbroker Landstraße 70, 28719 Bremen
0421-949340 0421-9493490
info@bremer-golfclub-lesmona.de
www.bremer-golfclub-lesmona.de

PR: Dr. Lothar Radszuweit

i: 0421-949340 -94934-90
Jelka Werner

Clubhaus Smidt´s
0421-9493430 -9493490
Mo. Ruhetag

PRO SHOP: 0421-949340 -9493490

PRO: Pro: Dennis Kattau

H: 3324 m, CR 61.7, SL 106, Par 61
D: 3082 m, CR 60.5, SL 106, Par 61
25 Rangeabschläge (15 überdacht)

G: Gäste sind jederzeit willkommen. Anmeldung ist notwendig. Clubausweis mit eingetragener PE ist erforderlich.

18-Loch-Greenfee: EUR 35
Ermäßigung: Jugendl./Stud. bis 21 J. 50%

Platzbeschreibung

Der Bremer Golfclub LESMONA liegt inmitten eines Naturerholungsgebiets und bietet alle Einrichtungen, die sich Golferinnen und Golfer wünschen. Der Platz ist trickreich angelegt, es gibt großzügige Übungsmöglichkeiten mit einer Flutlicht Driving-Range sowie Putting, Pitching- und Chippinggrüns mit Übungsbunkern die selbst von Golfunerfahrenen genutzt werden können.

Platzinfos

VCG

Anfahrtsbeschreibung

AK Bremen, A 27 Ri. Bremerhaven/Cuxhaven, Abfahrt Burg/Grambke. Der Ausfahrt bis zur Ampel folgen, dort scharf li. bis zur nächsten großen Ampelkreuzung, hier dem Straßenverlauf folgen ca. 1,8 km. Kurz vor der Lesumbrücke li. in die Lesumbroker Landstr. einbiegen. Nach 1 km befindet sich der Golfplatz auf der linken Seite.

Nächstgelegene Plätze

Bremer Schweiz, GC (Nr. 107)
Zur Vahr/Vahr (Nr. 114)
Zur Vahr/Garlstedter H. (Nr. 104)

Golfclub Bad Bevensen e.V.

Karte, Nr. 112, Feld G4 **18** Design: Günther Held Höhe: 93 m

gegründet: 1989

Dorfstraße 22,
29575 Altenmedingen OT Secklendorf
✆ 05821-98250
✉ info@gc-badbevensen.de
💻 www.gc-badbevensen.de

PR Björn Held, GF: Sarah Held

i ✆ 05821-98250

HELD's Restaurant
✆ 05821-98250

PRO SHOP Golfanlage Bad Bevensen GmbH & Co. KG
✆ 05821-98250

PRO Pro: Roland v.d. Heydt

H: 5808 m, CR 72, SL 139, Par 72
D: 5163 m, CR 74.3, SL 134, Par 72
15 Rangeabschläge (2 überdacht)

G Gäste sind jederzeit willkommen. Anmeldung ist notwendig. Clubausweis mit eingetragener PE ist erforderlich.

18-Loch-Greenfee: WT: EUR 60 / WE: EUR 70
9-Loch-Greenfee: WT: EUR 30 / WE: EUR 40
Gäste des Hotels Zur Amtsheide erhalten € 15,- Ermäßigung auf 18 Löcher Runden und € 5,-Ermäßigung auf 9 Löcher Runden.
Ermäßigung: Jugendl. und Stud. bis 27 J. 50%

Platzbeschreibung

Herausforderungen für Golfer jeden Handicaps Golfen in gesunder Umwelt – unter diesem Motto steht das Spiel auf dem Golfplatz Bad Bevensen. Die Anlage und Gestaltung dieser 18 Löcher ist ein Musterbeispiel für die Harmonie von Ökologie und Golfsport. Verstehen kann man das Außergewöhnliche dieser Anlage erst, wenn man sie erlebt und mit anderen Anlagen verglichen hat. So liegen etwa die Hälfte der Löcher in einem offenen, welligen Gelände, das von interessanten Wasserhindernissen und raffiniert angelegten Bunkern markiert ist.

Platzinfos

CLUB GASTRO VCG

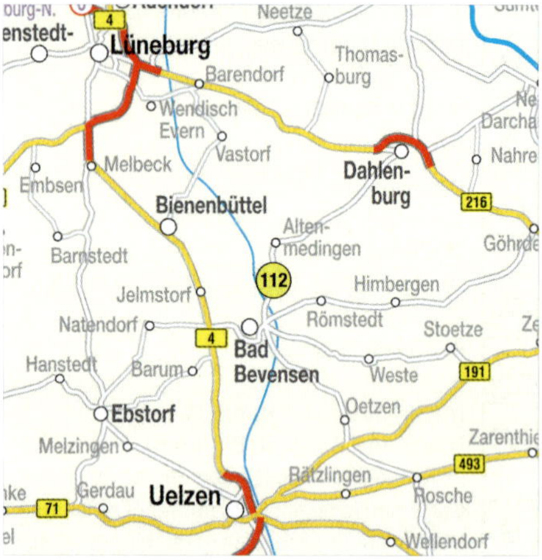

Anfahrtsbeschreibung

Von Hamburg nach Lüneburg, von Lüneburg auf der B 4 Richtung Uelzen, Ausfahrt Bienenbüttel, von Bienenbüttel nach Altenmedingen, von dort Richtung Bad Bevensen, in Secklendorf der Beschilderung zum Golfplatz folgen. Oder: B 4 Uelzen Richtung Lüneburg, Ausfahrt Bad Bevensen, in Bad Bevensen links Richtung Secklendorf-Altenmedingen, in Secklendorf der Beschilderung folgen.

Nächstgelegene Plätze

An der Göhrde, GC (Nr. 117)
Adendorf, GC (Nr. 103)
Schloss Lüdersburg, GA (Nr. 101)

Golf in Hude e.V.

Karte, Nr. 113, Feld D4 18/9 Höhe: 20 m

gegründet: 1997

Hurreler Straße/Lehmweg 1, 27798 Hude
☎ 04408-929090 Fax 04408-9290920
✉ info@golfinhude.de
www.golfinhude.de

PR: Wilfried Blohm, CM: Oliver Bätz

i: ☎ 04408-929090 Fax 04408-9290920
Petra Bietau

Cafe Bistro „EssZimmer am See", Boris Hornstein
☎ 04408-9290922 Fax 04408-9290920

PRO SHOP: aquaballs
☎ 04408-929090 - ProShop im Club Fax 04408-9290920

PRO: Pro: Tobias Wegmann

18-Loch Nordseeplatz
H: 6039 m, CR 72.2, SL 133, Par 72
D: 5000 m, CR 72.3, SL 123, Par 72
9-Loch Weserplatz
H: 3570 m, CR 59.7, SL 98, Par 62
D: 3200 m, CR 62, SL 97, Par 62
40 Rangeabschläge (8 überdacht)

G: Gäste sind jederzeit willkommen. Anmeldung ist notwendig. Clubausweis mit eingetragener PE ist erforderlich.

Tages-Greenfee: WT: EUR 50 / WE: EUR 60
9-Loch-Greenfee: WT: EUR 28 / WE: EUR 33
Bitte Wintergreenfee anfragen - Zeit wird je nach Wetterbedingungen individuell festgelegt

Platzinfos

VCG GPS GASTRO

Anfahrtsbeschreibung

A 28 Delmenhorst-Oldenburg, Ausfahrt Hude, links, rechts dann auf der Bremer Straße (B75) Richtung Oldenburg. Nach ca. 5 km rechts in die Hurreler Str. Richtung Hude. Links führt der Lehmweg zum Golfplatz. A 28 Oldenburg-Delmenhorst, Ausfahrt Hatten, links Richtung Altmoorhausen, nach ca. 3 km rechts auf die Bremer Straße Richtung Delmenhorst und anschließend links in die Hurreler Straße Richtung Hude. Links führt der Lehmweg zum Golfplatz.

Platzbeschreibung

Auf einem ca. 80 ha großen Areal findet der ambitionierte Golfer neben einer öffentlichen 9-Loch-Anlage einen 18-Loch-Meisterschaftsplatz, der auch erfahrenen Spielern abwechslungsreiches Golf bietet. Der Club bietet zudem großzügige Übungsmöglichkeiten, einen 7-Loch-Pitch- u. Puttplatz und eine Golfschule.

Nächstgelegene Plätze

Oldenburger Land, GC (Nr. 119)
Hatten, GC (Nr. 116)
Bremer Schweiz, GC (Nr. 107)

Club zur Vahr e.V. Bremen, Platz Vahr

Karte, Nr. 114, Feld D4 **9**

gegründet: 1905

Bgm.-Spitta-Allee 34, 28329 Bremen
☏ 0421-204480
✉ info@czvb.de
💻 www.czvb.de

PR Hans-Dieter Lampe, GF: David Müller
Headgreenkeeper: Torsten Siemer

i ☏ 0421-204480
Malina Decker, Lutz Bialek

Bar zur Scheune, Christoph Grauenhorst, Nina Schmidt . ☏ 0421-2044816

PRO SHOP Dorothée Welsby

PRO Pro: Robin Welsby, Philipp Schmalz, Sven-Hendrik Voigt, Fabian Bünker

H: 5799 m, CR 69.9, SL 122, Par 72
D: 5219 m, CR 72.3, SL 124, Par 72
40 Rangeabschläge (5 überdacht)

G Gäste sind Montag - Freitag (außer an Feiertagen) willkommen. Anmeldung ist notwendig. Clubausweis mit eingetragenem Handicap (54) ist erforderlich.

18-Loch-Greenfee: WT: EUR 45 / WE: EUR 55
9-Loch-Greenfee: WT: EUR 30 / WE: EUR 35
9 Löcher nur in Begleitung eines Mitglieds oder ab 16.00 Uhr
Ermäßigung: Jugendl./Stud. 50%

Platzbeschreibung

Bereits 1905 wurden die ersten sechs Löcher angelegt und später auf neun Löcher erweitert. Der als „kleiner Bruder" des Platzes Garlstedter Heide bekannte Platz verfügt über eine stattliche Länge.

Platzinfos

Anfahrtsbeschreibung

A 27 Bremen-Bremerhaven, Ausfahrt Bremen-Vahr Richtung Innenstadt, nach ca. 1,5 km (Weganzeiger Richtung Worpswede) die Schnellstraße verlassen, an der Ampel rechts, nach ca. 550 m Einfahrt CzV rechts. Von der Stadtmitte: Schwachhauser Heerstraße RichtungHorn, rechts ab in die Bgm.-Spitta-Allee 34 zum Golfplatz.

Nächstgelegene Plätze

Oberneuland, GC (Nr. 115)
Lilienthal, GC (Nr. 109)
Lesmona, GC (Nr. 111)

Golf-Club Oberneuland e.V.

Karte, Nr. 115, Feld E4 **18**

gegründet: 1987

Heinrich-Baden-Weg 23,
28355 Bremen-Oberneuland
0421-20529199 0421-20529188
info@gc-oberneuland.de
www.gc-oberneuland.de

PR Hans Roggenkamp, CM: Sebastian Hochbaum

0421-20529199 0421-20529188
Patrick Schneider, Birgit Heldt

BLOCK Oberneuland, Lothar Block
0421-24366610

PRO Pro: Uwe Venohr

H: 5699 m, CR 71.4, SL 130, Par 71
D: 5065 m, CR 73, SL 129, Par 72
15 Rangeabschläge (5 überdacht)

G Gäste sind jederzeit willkommen. Anmeldung ist notwendig. Clubausweis mit eingetragenem Handicap (54) ist erforderlich.

18-Loch-Greenfee: WT: EUR 50 / WE: EUR 65
9-Loch-Greenfee: WT: EUR 25 / WE: EUR 35
Ermäßigung: Jugendl./Stud. bis 27 J. 50%

Platzinfos

VCG GPS

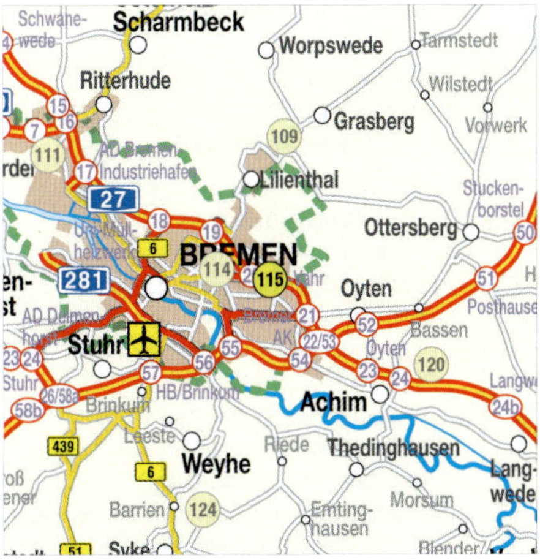

Platzbeschreibung

Sport und Natur finden im Golfpark Oberneuland eine einzigartige Verbindung, da der anspruchsvolle Golfplatz als Arboretum in einen jahrhunderte alten Oberneulander Park integriert werden konnte. Der Platz ist für Anfänger und Profis gleichermaßen reizvoll und erfordert mit seinen sechs Teichen, vielen Fairwaybunkern, Eichenhainen und Sträuchern ein präzises Spiel. Inmitten der Stadt Bremen gelegen ist er wohl einzigartig in Deutschland.

Anfahrtsbeschreibung

A27 Bremen-Bremerhaven, Ausfahrt Bremen-Vahr, Richtung Oberneuland, Franz-Schütte-Allee, nach 1,6 Km Ampel-Kreuzung, rechts in die Rockwinkler Landstr., nach 800m rechts in den Heinrich-Baden-Weg bis zum Golfplatz.

Nächstgelegene Plätze

Zur Vahr/Vahr (Nr. 114)
Lilienthal, GC (Nr. 109)
Achimer, GC (Nr. 120)

Golfclub Hatten e.V.

Karte, Nr. 116, Feld D4 **9** Höhe: 8 m

gegründet: 1994

Hatter Landstraße 34, 26209 Tweelbäke-Ost
✆ 04481-8855
✉ info@golfclub-hatten.de
www.golfclub-hatten.de

PR Michael Schlesinger
Headgreenkeeper: Uwe Schwantje

i ✆ 04481-8855
Mildred Clausen, Silke Hollje-Schumacher

Britta Prockl
✆ 04481-98141 u. 0171 9295167
Mo. Ruhetag

PRO SHOP Colm Marken, Colm Marken
✆ 04481-920414

PRO Pro: Colm Marken

H: 5646 m, CR 70.3, SL 129, Par 72
D: 5026 m, CR 72.5, SL 132, Par 72
20 Rangeabschläge (4 überdacht)

G Gäste sind jederzeit willkommen. Sa./So./Feiertage ist Anmeldung notwendig. Clubausweis mit eingetragener PE ist erforderlich.

18-Loch-Greenfee: WT: EUR 35 / WE: EUR 45
9-Loch-Greenfee: WT: EUR 25 / WE: EUR 35
Ermäßigung: Jugendl./Stud. 50%

Platzbeschreibung
Eine typische Geestlandschaft am Rande des Landschaftsschutzgebietes „Wildeshauser Geest" ist die Heimat dieser anspruchsvollen Anlage. Ein überlegtes Spiel ist aufgrund des Baumbestandes, gut platzierter Bunker und auch aufgrund der tückischen Roughs und des meist kräftigen Windes erforderlich. Hervorzuheben ist die Bahn 9, ein langes Par 5, dessen Grün durch mächtige, alte Eichen geschützt wird.

Platzinfos

Anfahrtsbeschreibung
Aus Richtung Oldenburg: A 28 Westumgehung Richtung Bremen, Ausfahrt Oldenburg-Osternburg, links abbiegen und links einsortieren, links in die Bremer Heerstraße Richtung Delmenhorst, nach 2,3 km rechts abbiegen auf die Hatter Landstraße Richtung Wildeshausen, nach 3 km ist die Einfahrt zum Golfclub auf der linken Seite.

Nächstgelegene Plätze
Oldenburger Land, GC (Nr. 119)
In Hude, Golf (Nr. 113)
Wildeshauser Geest, GC (Nr. 125)

Greenfee-Aktion: Seite G 37

Golf-Club an der Göhrde e.V.

Karte, Nr. 117, Feld G4 18/18 Höhe: 80 m

gegründet: 1968

Braasche 3, 29499 Zernien-Braasche
05863-556 05863-1404
golfclub.goehrde@t-online.de
www.golfclubgoehrde.de

PR: Georg Schmidt

i: 05863-556 -1404
Jan Waldhelm

Gastronomie: 05863-556 -1404
Mo. Ruhetag

PRO SHOP: Werner Müller
05863-983023

PRO: Pro: Werner Müller

18-Loch White Course
H: 5940 m, CR 71.8, SL 128, Par 72
D: 5291 m, CR 74.2, SL 128, Par 72
18-Loch Blue Course
H: 5685 m, Par 73, D: 5019 m, Par 73
18 Rangeabschläge (3 überdacht)

G: Gäste sind jederzeit willkommen. Anmeldung ist notwendig. Clubausweis mit eingetragener PE ist erforderlich.

Tages-Greenfee: WT: EUR 50 / WE: EUR 60
Ermäßigung: Jugendl./Stud. 50%

Platzbeschreibung

Die Golfanlage liegt auf einem relativ flachen Gelände mit nur leichten Bodenwellen und ist teilweise von altem Nadel- und Laubwald umgrenzt. Einige strategisch platzierte Wasserhindernisse und Bunker fordern auf einigen Spielbahnen sehr präzise Schläge. Insgesamt bietet sich für Golfer jeder Spielstärke ein abwechslungsreicher Parcours.

Platzinfos

Anfahrtsbeschreibung

Von Westen über Uelzen die B 191 in Richtung Danneberg bis Zernien. Im Ort Zernien der Beschilderung folgen. Von Norden aus Richtung Hamburg über Lüneburg die B 216 in Richtung Dannenberg bis in den Ort „Göhrde". Im Ort Göhrde Richtung Himbergen. Nach ca.3 km links, Richtung Ribrau bis Zernien. Vor dem Ortseingang Zernien links, weiter bis zum Golfplatz.

Nächstgelegene Plätze

Bad Bevensen, GC (Nr. 112)
Schloss Lüdersburg, GA (Nr. 101)
Adendorf, GC (Nr. 103)

Niedersachsen + Bremen

Golf-Club Gutshof Papenburg Aschendorf e.V.

Karte, Nr. 118, Feld C4 **18** Design: David Krause Höhe: 10 m

gegründet: 1986

Gutshofstraße 141, 26871 Papenburg
✆ 04961-998011 🖷 04961-998020
✉ gc@papenburg-gutshof.de
💻 www.golfclub-gutshof.de

PR: Hermann Rülander

i: ✆ 04961-998011 🖷 -998020
Heike Wichmann

Gastronomie: Marcus Reschke
✆ 04961-998013 🖷 -998020

PRO SHOP: Hendrik Harms
✆ 04961-998012 🖷 -998020

PRO: Pro: Hendrik Harms

H: 5965 m, CR 71.7, SL 132, Par 72
D: 5188 m, CR 73.2, SL 135, Par 72
12 Rangeabschläge (10 überdacht)

G: Gäste sind jederzeit willkommen. Anmeldung ist notwendig. Clubausweis mit eingetragener PE ist erforderlich.

18-Loch-Greenfee: WT: EUR 45 / WE: EUR 59
9-Loch-Greenfee: WT: EUR 27.5 / WE: EUR 33
Ermäßigung: Jugendl./Stud. 50%

Platzinfos

VCG GPS CLUB GASTRO

Anfahrtsbeschreibung

A 31, Ausfahrt Papenburg, weiter Richtung Papenburg und Sögel auf der Kreisstraße 158, nach ca. 14 km an der 4. Ampel rechts (Schild Golfplatz), nach ca. 200 m liegt linker Hand der Golfplatz.

Platzbeschreibung

Die Golfanlage liegt auf einem wunderschönen Gutshofgelände zwischen Aschendorf und Papenburg mit in Jahrzehnten herrlich gewachsenem Baum- und Strauchbestand. Auf insgesamt 80 ha Fläche wird sowohl dem Anfänger als auch dem erfahrenen Spieler ein abwechslungsreiches Golf geboten. An 16 Spielbahnen sind Teiche oder Gräben über- und/oder zu umspielen.

Nächstgelegene Plätze

Gut Düneburg, GP (Nr. 129)
Thülsfelder Talsperre, GC (Nr. 126)
Ostfriesland, GC (Nr. 96)

Greenfee-Aktion: Seite G 37

Golfclub Oldenburger Land e.V.

Karte, Nr. 119, Feld D4 **18**

gegründet: 1996

Hatter Straße 14, 26209 Hatten-Dingstede
04482-8280
info@gcol.de
www.gcol.de

PR: Bernd Krämer, GF: Sonja von Scharrel
Headgreenkeeper: Jens Wübbeler

i: 04482-8280
Britta Köhler

Cafe und Restaurant Heuerhaus, Dervisi
04482-9809126

PRO SHOP: Sonja von Scharrel
04482-8280

PRO: Pro: Sascha Sommermeyer

H: 5773 m, CR 71.2, SL 130, Par 72
D: 5169 m, CR 73.4, SL 131, Par 72
20 Rangeabschläge (10 überdacht)

G: Gäste sind jederzeit willkommen. Anmeldung ist notwendig. Clubausweis mit eingetragener PE ist erforderlich.

18-Loch-Greenfee: WT: EUR 65 / WE: EUR 75
9-Loch-Greenfee: WT: EUR 35 / WE: EUR 40
Ermäßigung: Jugendl. bis 18 J. und Stud. bis 27 J. 50%

Platzbeschreibung

In der typischen Landschaft der Oldenburger Geest befindet sich der Platz auf 65 ha in einem Feld- und Waldgebiet. Das gesamte Golfgelände ist umsäumt von Waldrändern, durchzogen von Wallhecken, Feldgehölzen und einem Bachlauf. Drei große Teiche, die auch zur Bewässerung dienen, geben der Anlage einen reizvollen und landschaftlich ansprechenden Charakter. Die Anlage entspricht internationalem Standard.

Platzinfos

VCG GPS CLUB

Anfahrtsbeschreibung

A 28 Ri. Bremen, Ausfahrt Hatten, durch Kirchhatten Ri. Dingstede, nach ca. 3,5 km liegt links der Golfplatz. Oder: A 28 Ri. Oldenburg, Ausfahrt Hude, Ri. Kirchhatten, 2 km nach Dingstede in Ri. Kirchhatten liegt rechts der Golfplatz. Oder: A 1, Ausfahrt Wildeshausen-Nord Ri. Kirchhatten, an der 1. Kreuzung rechts Ri. Neerstedt und weiter Ri. Kirchhatten, in Kirchhatten rechts Ri. Steinkimmen-Dingstede, nach ca. 3,5 km liegt links der Golfplatz.

Nächstgelegene Plätze

In Hude, Golf (Nr. 113)
Hatten, GC (Nr. 116)
Wildeshauser Geest, GC (Nr. 125)

Achimer Golfclub e.V.

Karte, Nr. 120, Feld E4 **27** Höhe: 47 m

gegründet: 1993

Roedenbeckstraße 55, 28832 Achim
04202-97400 04202-974010
info@achimergolfclub.de
www.achimergolfclub.de

PR Klaus Schneider, CM: Thomas Schmidt

04202-97400 -974010
Marion Brödys, Rebecca Horneburg

Wachtelkönig, Susanne Brockmann
04202-974020 04202-974025

PRO SHOP 04202-97400 04202-974020

PRO Pro: Niklas Lücking, Boris Bollmann, Andreas Kauler

18-Loch Platz
H: 5828 m, CR 70.8, SL 130, Par 72
D: 4797 m, CR 70.6, SL 123, Par 72
9-Loch Platz
H: 3030 m, CR 59, SL 96, Par 60
D: 2782 m, CR 58.2, SL 89, Par 60
40 Rangeabschläge (4 überdacht)

G Gäste sind jederzeit willkommen. Anmeldung ist notwendig. Clubausweis mit eingetragenem Handicap (54) ist erforderlich. Auf dem 9-Loch-Platz genügt PE.

Tages-Greenfee: WT: EUR 50 / WE: EUR 65
9-Loch-Greenfee: WT: EUR 30 / WE: EUR 40
Ermäßigung: Jugendl. bis 21 J. und Stud. bis 27 J. 50%

Platzinfos

VCG GPS CLUB

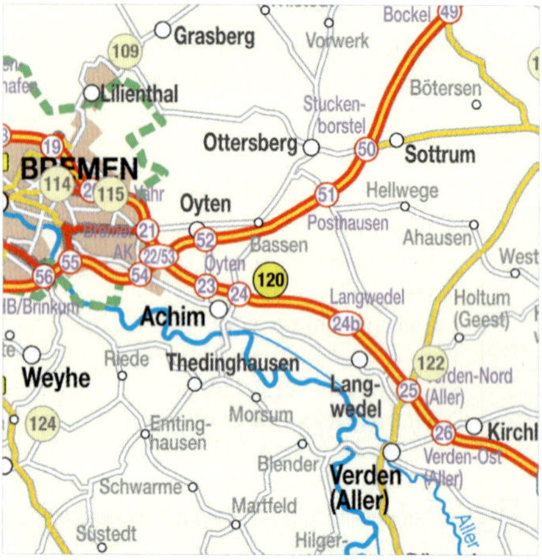

Anfahrtsbeschreibung
A 1 Hamburg-Bremen, Ausf. Posthausen, in Posthausen direkt hinter dem EKZ Dodenhof rechts auf die K 6 Ri. Achim/Badenermoor, direkt hinter dem OT Badenermoor liegt rechts die Einfahrt zum Golfplatz. Oder: A 27 Bremen Ri. Hannover, Ausfahrt Achim-Ost Ri. Bassen und sofort die 1. Straße rechts (K 23) Ri. Badenermoor/Posthausen, vor Badenermoor liegt links die Einfahrt zum Golfplatz.

Platzbeschreibung
Sportliches Vergnügen und Naturerlebnis finden Anfänger und Profis auf der etwa 15 Autominuten südlich von Bremen gelegenen Golflandschaft des Achimer Golfclubs. Die großzügige 18-Loch-Anlage von hohem Standard erstreckt sich über 125 ha Land in einem landschaftlich reizvollen Gebiet. Reicher alter Baumbestand, natürliche Wasserläufe, geschützte Greens sowie großzügig angelegte Wasserhindernisse und Bunker bieten Abwechslung für alle Niveaus.

Nächstgelegene Plätze
Verden, GC (Nr. 122)
Oberneuland, GC (Nr. 115)
Zur Vahr/Vahr (Nr. 114)

Golf-Club Munster e.V.

Karte, Nr. 121, Feld F4 **9** Höhe: 75 m

gegründet: 1993

Golf-Club Munster,
29633 Munster/Kohlenbissen
05192-887059 05192-964722
info@golfclubmunster.de
www.golfclubmunster.de

PR Klaus Krylow

i 05192-887059 05192-964722
Ulrich Steinbiß

Clubhaus, Hilbert Franke
05192-2108 05192-899896
Di. Ruhetag

H: 5267 m, CR 68.2, SL 125, Par 70
D: 4528 m, CR 70, SL 120, Par 70
10 Rangeabschläge (3 überdacht)

G Gäste sind jederzeit willkommen. Clubausweis mit eingetragener PE ist erforderlich.

Tages-Greenfee: WT: EUR 30 / WE: EUR 35
18-Loch-Greenfee: WT: EUR 30 / WE: EUR 35
9-Loch-Greenfee: WT: EUR 30 / WE: EUR 35

Platzinfos

VCG GPS

Anfahrtsbeschreibung

A7, Ausfahrt Soltau-Ost, Richtung Munster. Aus Lüneburg, Uelzen und Celle über die B 209 bzw. B 71 Richtung Munster, ab Stadtmitte Munster der Beschilderung „Wehr-Wissenschaftliche Dienststelle" bzw. „Golfplatz" folgen. Nach der Einfahrt WWS Weiterfahrt bis zur Rechtskurve, geradeaus über den Bahnübergang. Links dahinter liegt der Golfplatz.

Platzbeschreibung

Die 9-Loch-Anlage mit 18 Abschlägen wird an drei Seiten durch Wald begrenzt und verfügt über teilweise schmale Spielbahnen und weitläufige, naturbelassene Roughs. Der Golfplatz ist selbst nach starken Regenfällen in kürzester Zeit wieder bespielbar.

Nächstgelegene Plätze

Soltau, GC (Nr. 123)
Hohne, GC (Nr. 128)
Bad Bevensen, GC (Nr. 112)

Golf-Club Verden e.V.

Karte, Nr. 122, Feld E4 27/5

gegründet: 1988

Holtumer Straße 24, 27283 Verden-Walle
✆ 04230-1470 ℻ 04230-1550
✉ golf@gc-verden.de
www.gc-verden.de

PR Reiner Witte, GF: Rainer Krone,
CM: Katja Ingenhoven
Headgreenkeeper: Michael Ernst

i ✆ 04230-1470 ℻ -1550
Patricia Liermann, Lena Schultze

Restaurant Golf Club Verden, Roberto Harandi
✆ 04230-95100 ℻ -942597

PRO SHOP ✆ 04230-1470 ℻ -1550

PRO Pro: Mike Butcher, Ralph Mclean

27-Loch Platz
H: 5487 m, CR 69.5, SL 131, Par 71
D: 4725 m, CR 70.7, SL 122, Par 71
5-Loch Kurzplatz (Par 3)
H: 864 m, Par 18, D: 777 m
15 Rangeabschläge (6 überdacht)

G Gäste sind jederzeit willkommen. Clubausweis mit eingetragener PE ist erforderlich.

Tages-Greenfee: Mo.-Do.: EUR 55 / Fr.: EUR 60 / WE: EUR 65
9-Loch-Greenfee: Mo.-Do.: EUR 30 / Fr.: EUR 35 / WE: EUR 40
Ermäßigung: Jugendl./Stud. 50%

Platzbeschreibung

Der seit 1993 bespielte Golfplatz liegt sehr verkehrsgünstig unweit des ABK Bremen. Die Landschaft wird von der Lage am Rande der Lüneburger Heide bestimmt. Die Dom- und Reiterstadt Verden ist auch für eine nichtgolfende Begleitung einen Besuch wert. Viele der 27 Bahnen sind waldgesäumt und leicht wellig, andere durch geschickt eingebundene Wasserhindernisse interessant gestaltet. Eine 5-Loch-Anlage erweitert das Angebot des Clubs.

Platzinfos

VCG GPS

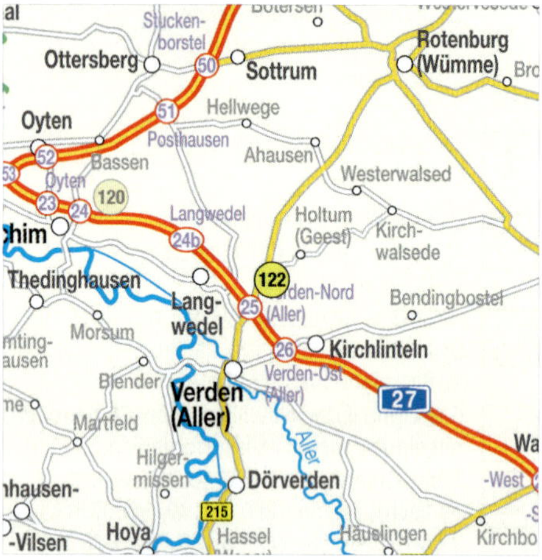

Anfahrtsbeschreibung

A 27 Bremen-Walsrode, Ausfahrt Verden-Nord, B 215 ca. 3 km Richtung Rotenburg, am Ortsausgang Walle rechts Richtung Kirchwalsede, nach 500 m liegt der Golfplatz rechter Hand.

Nächstgelegene Plätze

Achimer GC (Nr. 120)
Wümme, GC (Nr. 110)
Oberneuland, GC (Nr. 115)

Golfpark Soltau

Karte, Nr. 123, Feld F4 **18/9** Design: Dr.Wolfgang Siegmann Höhe: 60 m

gegründet: 1982

Hof Loh, 29614 Soltau-Tetendorf
☎ 05191-9676333 🖷 05191-9676345
✉ info@golf-soltau.de
💻 www.golf-soltau.de

PR: Martin Thater, CM: Kathalina Obieglo

i: ☎ 05191-9676333 🖷 05191-9676334

Restaurant „Chip Inn"
☎ 05191-9676333 🖷 05191-9676334
Mo. Ruhetag

PRO SHOP: ☎ 05191-9676333 🖷 05191-9676334

18-Loch Meisterschaftsplatz
H: 6061 m, CR 71.2, SL 132, Par 73
D: 5342 m, CR 73.1, SL 125, Par 73
9-Loch Öffentlicher Platz
H: 2796 m, CR 56.2, SL 86, Par 56
D: 2796 m, CR 57.2, SL 82, Par 58
40 Rangeabschläge (3 überdacht)

G: Gäste sind jederzeit willkommen. Anmeldung ist notwendig. Clubausweis mit eingetragenem Handicap (54) ist erforderlich.

18-Loch-Greenfee: WT: EUR 45 / WE: EUR 55
9-Loch-Greenfee: WT: EUR 30 / WE: EUR 35
Ermäßigung: Jugendl. 50%

Platzinfos

VCG GPS CLUB GASTRO

Anfahrtsbeschreibung

A 7, Ausfahrt Soltau-Süd Richtung Soltau, nach 2 km links nach Tetendorf und nach 800 m links zum Golfplatz abbiegen.

Platzbeschreibung

Der 18-Loch-Meisterschaftsplatz ist ein typischer Heideplatz. Nur geringe Höhenunterschiede teilen den Platz in zwei Hälften. 12 Löcher auf Sandboden stehen 6 Löchern auf Marschland gegenüber. Viel Wasser im unteren Teil erfordert lange Abschläge, um die Fairways zu erreichen. Alle Grüns sind im Verhältnis zur Länge der Spielbahnen eher klein. Auf dem gleichen Platz beheimatet ist die Golfanlage Hof Loh in der Lüneburger Heide e.V.

Nächstgelegene Plätze

Tietlingen, GC (Nr. 127)
Hohne, GC (Nr. 128)
Munster, GC (Nr. 121)

Golfclub Syke e.V.

Karte, Nr. 124, Feld D4 **27** Design: David Krause Höhe: 20 m

gegründet: 1989

Schultenweg 1, 28857 Syke-Okel
04242-8230 04242-8255
info@golfclub-syke.de
www.golfclub-syke.de

PR Caspar Willich, CM: York Stolte

04242-8230 04242-8255
Tanja Risse, Beatrix Kieliba, Christin Kunze, Britta Korten

Brasserie, Schäfer & Becker GbR
04242-9378050 04242-9376851

PRO Pro: Frank Göbel, Christoph Spora, Marcus Bruns

27-Loch Ab/Ac/Bc Platz
H: 5824 m, CR 71.3, SL 129, Par 72
D: 5152 m, CR 73.5, SL 127, Par 72
20 Rangeabschläge (9 überdacht)

G Gäste sind jederzeit willkommen. Clubausweis mit eingetragenem Handicap (54) ist erforderlich. Sa./So./Feiertage ist Handicap 36 erforderlich.

Tages-Greenfee: WT: EUR 80 / WE: EUR 90
9-Loch-Greenfee: WT: EUR 45 / WE: EUR 55
Gäste mit einem goldenen Hologramm auf dem DGV-Ausweis bekommen EUR 20 Rabatt auf das Greenfee.
Ermäßigung: Jugendl./Stud. 50%

Platzbeschreibung

Vor den Toren Bremens erstreckt sich der Golfplatz Syke über ein leicht hügeliges Gelände. Ca. 20 Autominuten südlich von Bremen gelegen, passt er sich sehr harmonisch an die reizvolle Geestlandschaft an. Eingerahmt von Wald umgibt ihn ein Panorama, das bei gutem Wetter eine Sicht bis auf die Silhouette von Bremen freigibt. Seit April 2008 stehen Ihnen insgesamt 27 Löcher zur Verfügung. Die von David Krause entworfenen, großzügig angelegten Spielbahnen stellen durch geschickte Einflussnahme der Geländestruktur und zahlreiche Wasserhindernisse einen anspruchsvollen Course dar. Nach der Runde erwartet Sie eines der schönsten Clubhäuser Norddeutschlands mit hervorragender Gastronomie, dem Restaurant „Brasserie Clubhaus". Durch die erhöhte Lage und den sandigen Geest-Untergrund ist der Spielbetrieb auch in den Wintermonaten uneingeschränkt möglich.

Platzinfos

VCG GPS CLUB GASTRO

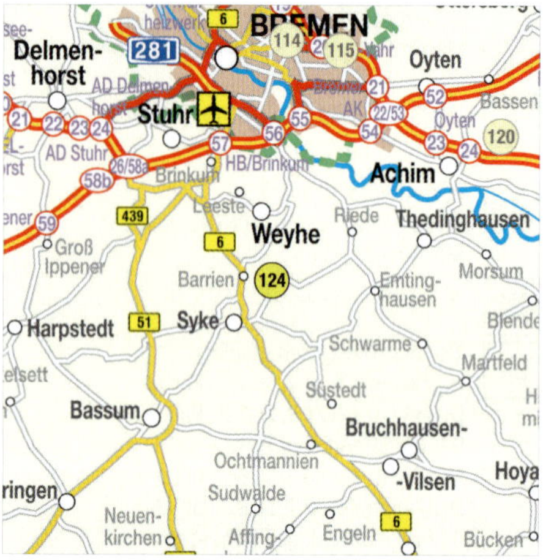

Anfahrtsbeschreibung

B 6 Richtung Syke, in Barrien an der Ampelkreuzung links Richtung Okel, immer dem Hinweis Okel folgen (1x rechts, 1x links abbiegen), dann kommt ein Hinweisschild auf den Golfplatz (links in die Kuhlenstraße).

Nächstgelegene Plätze

Zur Vahr/Vahr (Nr. 114)
Oberneuland, GC (Nr. 115)
Achimer GC (Nr. 120)

Greenfee-Aktion: Seite G 37

Golf Club Wildeshauser Geest e.V.

Karte, Nr. 125, Feld D4 9

gegründet: 1978

Spasche 5, 27793 Wildeshausen
✆ 04431-1232
✉ info@golfclub-wildeshausen.de
💻 www.golfclub-wildeshausen.de

PR: Ina Förster

i: ✆ 04431-1232
Ilka Gutsmann

Gastronomie im Clubhaus
✆ 04431-1232

PRO SHOP: Michael Behrens
✆ 0162-1024779

PRO: Pro: Michael Behrens

H: 6000 m, CR 72.1, SL 122, Par 72
D: 5286 m, CR 73.1, SL 126, Par 72
20 Rangeabschläge (4 überdacht)

G: Gäste sind jederzeit willkommen. Clubausweis mit eingetragener PE ist erforderlich.

18-Loch-Greenfee: WT: EUR 40 / WE: EUR 45
9-Loch-Greenfee: WT: EUR 30 / WE: EUR 35
Ermäßigung: Jugendl./Stud. 50%

Platzinfos

VCG

Anfahrtsbeschreibung

Anfahrt von der A1 kommend: Bei der Ausfahrt Wildeshausen-Nord auf die B213 Richtung Wildeshausen fahren. Nach 3,2 km rechts auf die Glaner Strasse abbiegen. Nach 2,5 km befindet sich der Golfplatz auf der linken Seite.

Platzbeschreibung

Von typischer Heidelandschaft umgeben bieten die meist breiten Fairways auch Anfängern eine Chance auf gute Ergebnisse. Gute Spieler haben die Möglichkeit, ihre Longhitter-Fähigkeiten durch lange Abschläge aus den Waldschneisen zu beweisen. Die in die Natur eingebundenen Grüns stellen Golfer aller Handicaps auf die Probe und erfordern ein präzises Anspielen. Umfangreiche Modernisierungsarbeiten haben sowohl mit dem idyllisch gestalteten Teich als auch mit den vollständig neu modellierten Bunkern für echte „Hingucker" auf unserem Golfplatz gesorgt.

Nächstgelegene Plätze

Oldenburger Land, GC (Nr. 119)
Hatten, GC (Nr. 116)
In Hude, Golf (Nr. 113)

Golfclub Thülsfelder Talsperre e.V.

Karte, Nr. 126, Feld C4   18/9

gegründet: 1991

Mühlenweg 9,
49696 Molbergen OT Resthausen
✆ 04474-7995 🖷 04474-7997
✉ info@gc-thuelsfelde.de
💻 www.gc-thuelsfelde.de

PR: Hildegard Kuhlen

i: ✆ 04474-7995 🖷 04474-7997
Kerstin Koopmann

Chip Inn, Danilo Kaper
✆ 04474-989714 🖷 04474-7997

PRO SHOP: Herr Michael Behrens

PRO: Pro: Michael Behrens

18-Loch Meisterschaftsplatz
H: 6056 m, CR 72.5, SL 132, Par 72
D: 5358 m, CR 75, SL 131, Par 72
9-Loch Natur-Golfanlage
H: 2882 m, CR 58.2, SL 92, Par 58
D: 2882 m, CR 58.6, SL 93, Par 58
16 Rangeabschläge (4 überdacht)

G: Gäste sind jederzeit willkommen. Anmeldung ist notwendig. Clubausweis mit eingetragener PE ist erforderlich. Gäste sind herzlich willkommen. Umliegende Hotels bieten sehr attraktive Golfarrangements. Info 04474-7995

18-Loch-Greenfee: WT: EUR 50 / WE: EUR 60
9-Loch-Greenfee: WT: EUR 25 / WE: EUR 30
Ermäßigung: Jugendl./Stud. 50%

Platzbeschreibung

Auf einem rund 86 ha großen Areal ist die Natur-Golfanlage Thülsfelder Talsperre mit dem 9-Loch-Öffentlichkeitsplatz und dem 18-Loch-Meisterschaftsplatz angelegt worden. Diese Golfanlage liegt mitten im Erholungsgebiet „Thülsfelder Talsperre" im Oldenburger Münsterland.

Platzinfos

VCG GPS CLUB

Anfahrtsbeschreibung

A 1 Osnabrück-Bremen, Ausfahrt Cloppenburg Richtung Cloppenburg auf der B 72, Ausfahrt Cloppenburg-Nord Richtung Friesoythe (auch B 72), nach 6,5 km links in den Mühlenweg zum Golfplatz abbiegen (beschildert).

Nächstgelegene Plätze

Wildeshauser Geest, GC (Nr. 125)
Hatten, GC (Nr. 116)
Vechta-Welpe, GC (Nr. 130)

Golf Club Tietlingen e.V.

Karte, Nr. 127, Feld E4 18

gegründet: 1979

Tietlingen 6c, 29664 Walsrode
✆ 05162-3889 🖷 05162-7564
✉ info@tietlingen.de
💻 www.tietlingen.de

PR: Oliver Liszka

i: ✆ 05162-3889 🖷 05162-7564
Sabine Lippke, Cornelia Behrens

Country Kitchen, Robert Epbinder
✆ 05162-9860217
Mo. Ruhetag

PRO SHOP: Golf Club Tietlingen
✆ 05162-3889

PRO: Pro: Steve Cope

H: 6159 m, CR 73.4, SL 136, Par 73
D: 5423 m, CR 74.9, SL 133, Par 73
20 Rangeabschläge (4 überdacht)

G: Gäste sind jederzeit willkommen. Anmeldung ist notwendig. Clubausweis mit eingetragenem Handicap (54) ist erforderlich.

18-Loch-Greenfee: WT: EUR 45 / WE: EUR 55
9-Loch-Greenfee: WT: EUR 25 / WE: EUR 30
Ermäßigung: Jugendl./Stud. 50%

Platzbeschreibung

Der Golf Club Tietlingen hat sich in der norddeutschen Golferszene mit der landschaftlichen Schönheit des Heideplatzes und seinem ausgewachsenem Baumbestand längst einen Namen gemacht. Der ausgezeichnete Pflegezustand, ein romantisches Clubhaus mit gepflegter Gastronomie und eine familiäre Atmosphäre sind die Vorzüge des Clubs. Anfängern und Niedrig-Handicaps bietet der anspruchsvolle, aber stets faire Platz ein begeisterndes Golf-Erlebnis vom ersten Tee bis zum 19. Loch.

Platzinfos

VCG GPS CLUB GASTRO

Anfahrtsbeschreibung

A 7 Hamburg-Hannover, Ausfahrt Fallingbostel Richtung Fallingbostel-Mitte und der Beschilderung „Lönsgrab", „Sanssouci" und „Golfplatz" folgen. Oder: A 27, Ausfahrt Walsrode-Süd Richtung Fallingbostel, ca. 150 m nach Honerdingen führt eine Straße „Industriegebiet Honerdingen" links (ausgeschildert) direkt zum Golfplatz.

Nächstgelegene Plätze

Soltau, GC (Nr. 123)
Hohne, GC (Nr. 128)
Verden, GC (Nr. 122)

Greenfee-Aktion: Seite G 39

Bergen-Hohne Golfclub e.V.

Karte, Nr. 128, Feld F4 **9** Design: O´Dwyer

gegründet: 1962

Panzer Str. 1, 29303 Lohheide
05051-4393/-4549 Fax 05051-911764
info@bergen-hohne-golfclub.com
www.bergen-hohne-golfclub.com

PR: Roland Lücking

i: 05051-4393 Fax 05051-911764

Gastronomie: 05051-4549 Fax 05051-911764
Mo. Ruhetag

PRO: Pro: Simon Bates

9-Loch O´Dwyer mit 18 Abschlags-Tee Platz
H: 5812 m, CR 71.2, SL 135, Par 72
D: 5145 m, CR 73.4, SL 129, Par 72
10 überdachte Rangeabschläge

G: Gäste sind jederzeit willkommen. Clubausweis mit eingetragener PE ist erforderlich.

Tages-Greenfee: WT: EUR 30 / WE: EUR 40

Platzbeschreibung

Seit Anfang 2015 betreibt der Bergen-Hohne Golfclub e.V. den bereits im Jahr 1962 durch die British Army eröffneten Golfplatz. Der Golfplatz liegt inmitten eines Waldes, seine Besonderheit des 9 Loch Golfplatzes besteht darin, dass 18 Tees zur Verfügung stehen. Damit ergeben sich in der zweiten Runde, für die gleichen Bahnen, z.T. ganz neue Spielperspektiven, was einem 18 Loch Golfplatz schon recht nahe kommt. Die Berechtigung zum Spielen auf dem Platz und den Übungsanlagen setzt die Mitgliedschaft in einem anerkannten in- oder ausländischen Golfclub sowie die Vorgabebestätigung des Heimatclubs voraus. Die Mitgliedschaft ist durch die Vorlage des Clubausweises nachzuweisen. Gäste und Mitglieder sind bei Vorlage einer DGV-Platzerlaubnis willkommen.

Platzinfos

VCG

Anfahrtsbeschreibung

A 7 Hannover-Hamburg bis Abfahrt Bergen, weiter auf B 3 in Richtung Celle/Bergen. In Bergen Richtung Winsen/Aller fahren, bis ca. 3 km hinter dem Ortsausgang Bergen, dort rechts abbiegen in Richtung Scheibenhof und „Deutsche Kriegsgräberstätte". Am Scheibenhof vorbei bis T-Kreuzung, dort links und nach ca. 500 m wieder rechts (Bergen Hohne Golf Club e. V.und „Deutsche Kriegsgräberstätte") zum Golfplatz abbiegen.

Nächstgelegene Plätze

Tietlingen, GC (Nr. 127)
Soltau, GC (Nr. 123)
Herzogstadt Celle, GC (Nr. 131)

Golfpark Gut Düneburg

Karte, Nr. 129, Feld B4 **18/4** Design: David Krause Höhe: 8 m

gegründet: 1996

Düneburg 1, 49733 Haren/Ems
05932-72740 05932-6686
golf@gut-dueneburg.de
www.gut-dueneburg.de

PR GF: Stefan Reinking
Headgreenkeeper: Stefan Reinking

i 05932-72740 -6686

Die Torfscheune
05932-727415 -6686

PRO Pro: Pascal Nemeth

H: 5608 m, CR 71.4, SL 131, Par 72
D: 4760 m, CR 72.3, SL 122, Par 72
18 Rangeabschläge (9 überdacht)

G Gäste sind jederzeit willkommen. Anmeldung ist notwendig. Clubausweis mit eingetragener PE ist erforderlich.

18-Loch-Greenfee: WT: EUR 55 / WE: EUR 60
Ermäßigung: Jugendl. 50%

Platzinfos

VCG GPS CLUB GASTRO

Anfahrtsbeschreibung

Von Oldenburg: A 31 über Leer Richtung Meppen, Ausfahrt Wesuwe-Hebelermeer Richtung Haren/Ems und der Beschilderung zum Golfplatz folgen. Oder: B 70 Meppen-Papenburg, bei Emmeln auf die B 408 Richtung Haren/Ems-Stadskanaal/NL, nach ca. 5 km an der Ampelkreuzung links Richtung Wesuwe-Dalum, nach weiteren ca. 3 km rechts ab nach Düneburg und zum Golfplatz.

Platzbeschreibung

Das heutige „Gut Düneburg" ist auf einen Herrensitz aus dem Jahr 1729 zurückzuführen. Die reizvolle Umgebung mit Heide, Moor und Landflächen sowie ein 300 ha großes parkähnliches Areal mit für das Emsland ungewöhnlich großem Wald bietet ideale Voraussetzungen für eine harmonische und natürliche Integration einer Golfanlage.

Nächstgelegene Plätze

Emstal, GC (Nr. 133)
Gutshof Papenburg, GC (Nr. 118)
Thülsfelder Talsperre, GC (Nr. 126)

Golfclub Vechta-Welpe e.V.

Karte, Nr. 130, Feld D5 **18** Design: Deutsche Golf Consult Höhe: 40 m

gegründet: 1989

Welpe 2, 49377 Vechta
✆ 04441-5539 ℻ 04441-852480
✉ info@golfclub-vechta.de
www.golfclub-vechta.de

PR: Gottfried Nietfeld
Headgreenkeeper: Berthold Kortenbusch

i: ✆ 04441-5539 ℻ -852480
Maria Kortenbusch

✆ 04441-82168 ℻ -852480
Mo. Ruhetag

PRO SHOP: Glyn Morris
✆ 0172-4258223

PRO: Pro: Glyn Morris

H: 5957 m, CR 72.8, SL 137, Par 72
D: 5233 m, CR 75, SL 133, Par 72
20 Rangeabschläge (4 überdacht)

G: Gäste sind jederzeit willkommen. Anmeldung ist notwendig. Clubausweis mit eingetragener PE ist erforderlich. Sa./So./Feiertage ist Handicap 45 erforderlich.

18-Loch-Greenfee: WT: EUR 60 / WE: EUR 70
Ermäßigung: Jugendl./Stud. 50%

Platzbeschreibung

Der Platz bietet alles, was sich der Golfer wünscht: Ein attraktiver Platz, eingebettet in einen teilweise viele hundert Jahre alten Baumbestand, 18 abwechslungsreiche Bahnen in einer reizvollen Landschaftskulisse, umgeben von leichten Hügeln, Teichen und Bunkern. Dieser Golfplatz ist immer eine sportliche Herausforderung. Die planerische Vorgabe, wertvollen Baumbestand zu erhalten, hat sportlich sehr anspruchsvolle, da enge Spielbahnen nach sich gezogen. Exaktes Spiel wird belohnt. Einer der anspruchvollsten Plätze Deutschlands mit ausgezeichneter 4 Sterne Bewertung für Platzausstattung, Pro Shop und Restaurant durch den Bundesverband Golfanlagen.

Platzinfos

VCG

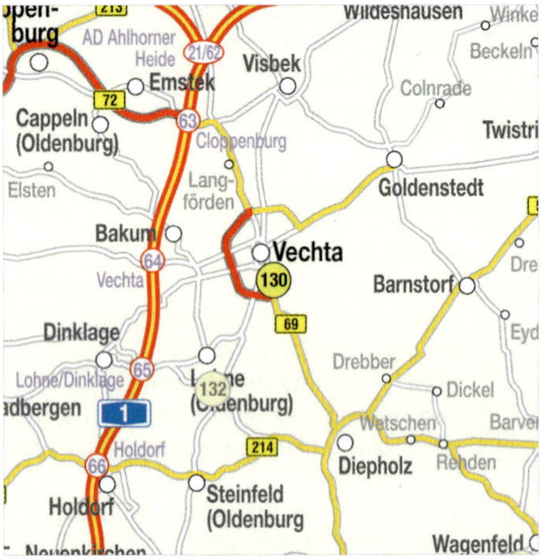

Anfahrtsbeschreibung

BAB 1 Abfahrt Vechta (Nr. 64), Richtung Vechta ca. 5 km, dort auf die Umgehungsstraße Richtung Diepholz auffahren, bis zum Ende der Autoschnellstraße, dort links abbiegen Richtung Vechta, nach 1,2 km rechts ab in die Dorgelohstraße (Hinweisschild Golfplatz) geradeaus weiter bis zum Clubhaus.

Nächstgelegene Plätze

Gut Brettberg Lohne, GC (Nr. 132)
Wildeshauser Geest, GC (Nr. 125)
Top Golf Wagenfeld (Nr. 134)

Golfclub Herzogstadt Celle e.V.

Karte, Nr. 131, Feld F5 **18** Höhe: 65 m

gegründet: 1985

Beukenbusch 1, 29229 Celle-Garssen
✆ 05086-395 🖷 05086-8288
info@golf-celle.de
www.golf-celle.de

PR: Jürgen Gärtner

i: ✆ 05086-395
Kirsten Meier, Jonas Kinzel

Celler Golfrestaurant, Uwe Peter
✆ 05086-955299 🖷 05086-290290
Mo. Ruhetag

PRO SHOP: ✆ 05086-395 🖷 05086-8288

PRO: Pro: Dirk Enters

H: 5722 m, CR 71, SL 129, Par 71
D: 5029 m, CR 72.7, SL 124, Par 71
20 Rangeabschläge (5 überdacht)

G: Gäste sind jederzeit willkommen. Anmeldung ist notwendig. Clubausweis mit eingetragenem Handicap (54) ist erforderlich.

18-Loch-Greenfee: EUR 55
9-Loch-Greenfee: EUR 40
VcG-Spieler zahlen normales Greenfee. Elektrocart EUR 30.
Ermäßigung: Jugendl. bis 18 J. und Stud. bis 28 J.

Platzinfos

Anfahrtsbeschreibung
Von Celle auf der B 191 in Richtung Uelzen bis zum Ortsteil Garßen, am Ortsbeginn an der Ampel rechts abbiegen in Richtung Alvern. Der Golfplatz liegt ca. 2 km nach dem Ortsende Garßen linker Hand. Entfernung zur Innenstadt Celle ca. 7 km.

Platzbeschreibung
Die 18 attraktiven Fairways verlaufen in einem 66 ha umfassenden Areal über die südliche Flanke des Osterberges Celle-Garßen nur unweit von Celle entfernt. Mit leichten Hügeln, natürlichen Wasserhindernissen und einem bis zu 300 Jahre alten Baumbestand versehen, bringt es sehr viel Freude, den Golfsport auf dieser Golfanlage zwischen Hannover und Heideblüte auszuüben! Es ist ein attraktiv in die Landschaft passender Golfplatz. Nicht zu leicht, nicht zu schwer... es macht Spaß, ihn zu spielen. Die Drivingrange ist mit einer Flutlichtanlage ausgestattet.

Nächstgelegene Plätze
Burgdorfer GC (Nr. 135)
Hohne, GC (Nr. 128)
Burgwedel, GC (Nr. 137)

Greenfee-Aktion: Seite G 39f 41

Golfclub Gut Brettberg Lohne e.V.

Karte, Nr. 132, Feld D5 **18** Design: Christoph Städler

gegründet: 1997

Brettberger Weg 9, 49393 Lohne
04442-730873 04442-730876
info@gc-lohne.de
www.gc-lohne.de

PR: Hubert Blömer
Headgreenkeeper: Jens Gellhaus

i: 04442-730873 04442-730876
Anke Trent

Clubgastronomie Gut Brettberg
04442-730875 04442-730876
Mo. Ruhetag

PRO SHOP: Pro-Shop Trent, Anke Trent
04442-730874 04442-730876

PRO: Pro: Simon Trent

H: 6065 m, CR 72.8, SL 131, Par 72
D: 5008 m, CR 72.5, SL 127, Par 72
15 Rangeabschläge (7 überdacht)

G: Gäste sind jederzeit willkommen. Anmeldung ist notwendig. Clubausweis mit eingetragener PE ist erforderlich.

18-Loch-Greenfee: WT: EUR 50 / WE: EUR 60
9-Loch-Greenfee: WT: EUR 25 / WE: EUR 30
Ermäßigung: Jugendl. 50%

Platzbeschreibung

Der Platz integriert sich harmonisch ins sanft gewellte Landschaftsbild, geprägt durch zahlreiche naturbelassene Hindernisse. Optisch unterbrochen von alten Eichen- und Buchenbeständen ist der Blick dennoch nie eingeengt. Der erste Eindruck eines leichten Platzes korrigiert sich schnell, alles wird gefordert vom Longhitten bis zu Längenplanungen mit schmalem Winkel und/oder Doglegs. Dennoch auch für schwächere Spieler fair zu bewältigen.

Platzinfos

VCG GPS CLUB GASTRO

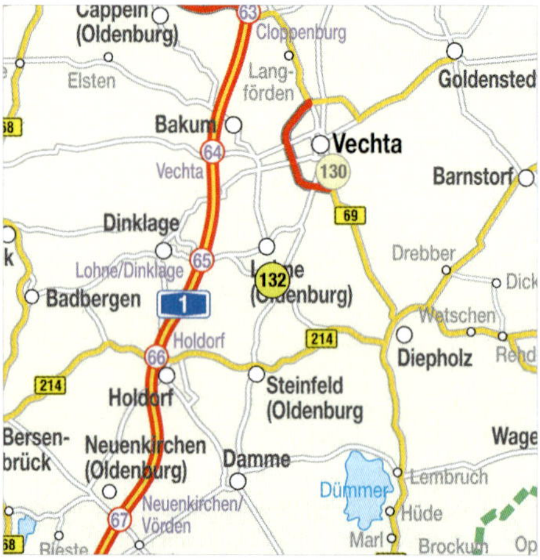

Anfahrtsbeschreibung

Von der A 1 (Lohne/Dinklage) kommend in Richtung Lohne fahren. Am ersten Kreisel rechts. Am zweiten Kreisel wieder rechts. Dann 200 m weiter rechts ab in den Brettberger Weg bis zum Clubhaus. Alles ist komplett ausgeschildert.

Nächstgelegene Plätze

Vechta-Welpe, GC (Nr. 130)
Top Golf Wagenfeld (Nr. 134)
Varus, GC (Nr. 145)

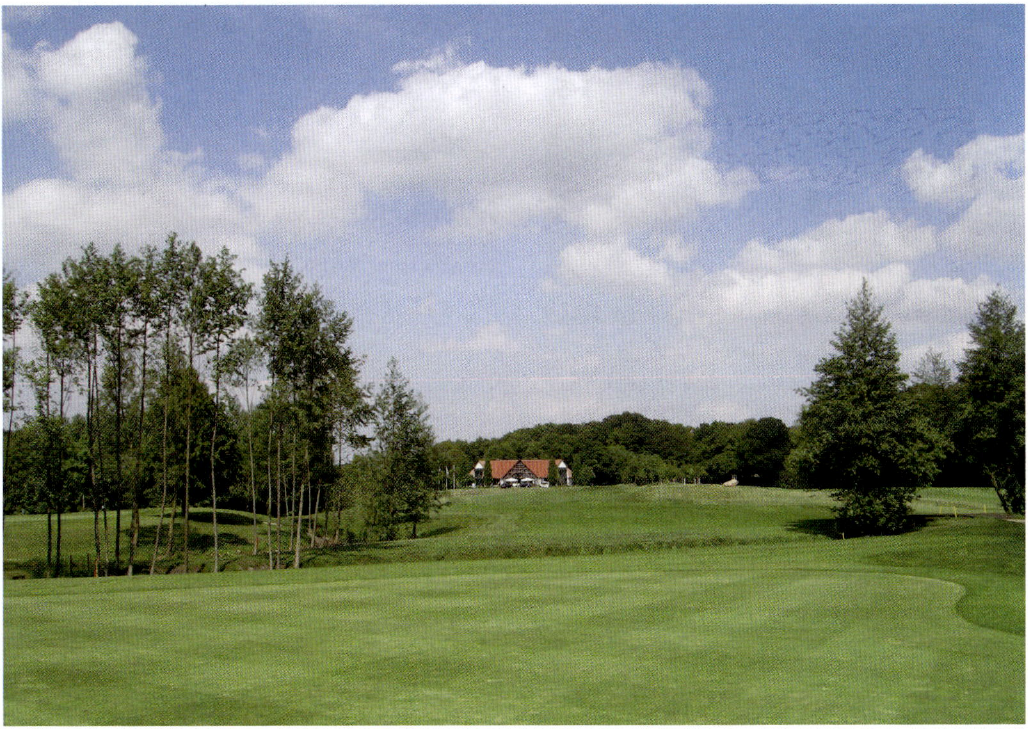

Golfclub Emstal e.V.

Karte, Nr. 133, Feld B5 **18** Design: Tony Ristola Höhe: 30 m

gegründet: 1977

Beversundern 3, 49808 Lingen-Altenlingen
✆ 0591-63837 🖷 0591-9662616
✉ info@gc-emstal.de
💻 www.gc-emstal.de

PR: Gunda Dröge, CM: Matthias Dietrich

i: ✆ 0591-63837 🖷 0591-9662616

Familie Holt
✆ 0591-67005
Mo. Ruhetag

PRO SHOP: Golfshop Emstal, Matthias Dietrich
✆ 0591-63763 🖷 0591-9012554

H: 5937 m, CR 70.3, SL 128, Par 72
D: 5290 m, CR 72.6, SL 129, Par 72
18 Rangeabschläge (8 überdacht)

G: Gäste sind Montag - Freitag (außer an Feiertagen) willkommen. Anmeldung ist notwendig. Clubausweis mit eingetragenem Handicap (53) ist erforderlich.

18-Loch-Greenfee: WT: EUR 50 / WE: EUR 60
Ermäßigung: Jugendl./Stud. 50%

Platzbeschreibung

Der Platz liegt im Flusstal der Ems. Charakteristisch sind die vielen Wasserhindernisse sowie ein sehr alter Baumbestand. Zwei Bahnen liegen direkt an der Ems, die nur zum Teil eingebunkerten Grüns sind sehr groß und stark onduliert. Ein besonderes Kennzeichen sind weitläufige Waste Areas. Der Platz ist in ein 90 ha großes Gelände eingebettet und völlig eben.

Platzinfos

Anfahrtsbeschreibung

Alte B 70 Rheine-Lingen-Meppen (Stadtdurchfahrt Lingen), am Ortsausgang Lingen, 100 m hinter der Brücke über den Dortmund-Ems-Kanal, links L 48 Richtung Dalum, nach 500 m links nach Beversundern und zum Golfplatz. Über A 31: Ausfahrt 24 (Wietmarschen) in Richtung Lingen vor Ortseingang Lingen rechts.

Nächstgelegene Plätze

Gut Düneburg, GP (Nr. 129)
Euregio Bad Bentheim, GC (Nr. 150)
Rheine/Mesum, GSC (Nr. 213)

Golfpark Wagenfeld

Karte, Nr. 134, Feld D5 18

gegründet: 2012

Oppenweher Straße 83, 49419 Wagenfeld
05444-9801690 05444-9801692
info@golfpark-wagenfeld.de
www.golfpark-wagenfeld.de

PR GF: Christian Woch

05444-9801690 05444-9801692

Blauer Hirsch
05444-9801690 05444-9801692

H: 5776 m, CR 70.8, SL 125, Par 71
D: 5119 m, CR 72.6, SL 126, Par 71
40 Rangeabschläge (2 überdacht)

G Gäste sind jederzeit willkommen. Anmeldung ist notwendig. Clubausweis mit eingetragener PE ist erforderlich.

18-Loch-Greenfee: WT: EUR 40 / WE: EUR 50
9-Loch-Greenfee: WT: EUR 25 / WE: EUR 30

Platzbeschreibung

Dieses ebene, aber interessante Gelände erstreckt sich über 65 ha inmitten der typischen Moor- und Wiesenlandschaft, umgeben von herrlich angelegtem Baumbestand. Bunker, natürliche und künstliche Wasserhindernisse, oftmals in Schlaglänge sowie zahlreiche Bäume bieten eine Herausforderung für alle Golfer. Die Golfpark Wagenfeld GmbH & Co. KG - Betreiber seit Oktober 2012 - steht für einen hohen Qualitätsanspruch.

Platzinfos

VCG GPS CLUB GASTRO

Anfahrtsbeschreibung

A 30 Hannover-Osnabrück, Ausfahrt Kirchlengen, weiter auf der B 239 über Lübbecke-Espelkamp-Rahden bis Wagenfeld, in Wagenfeld der Beschilderung zum Golfplatz folgen. Oder: A 1 aus Richtung Süden, Ausfahrt Osnabrück-Lotterkreuz auf die A 30 Richtung Hannover bis Abfahrt Diepholz auf die B 51 bis Burlage, rechts Richtung Wagenfeld, dann der Beschilderung zum Golfplatz folgen.

Nächstgelegene Plätze

Gut Brettberg Lohne, GC (Nr. 132)
Vechta-Welpe, GC (Nr. 130)
Varus, GC (Nr. 145)

Burgdorfer Golfclub e.V.

Karte, Nr. 135, Feld F5 **24** Design: Städler Golf Courses

gegründet: 1969

Waldstraße 27, 31303 Burgdorf/Ehlershausen
05085-7628 05085-6617
info@burgdorfergolfclub.de
www.burgdorfergolfclub.de

PR: Olaf Pehmöller
Headgreenkeeper: Hartmut Voigt

i: 05085-7628 05085-6617
Annika Hartig-Heinemann

Conny u. Jörg Kramer, Jörg Kramer
05085-6200 05085-956241
Mo. Ruhetag

PRO SHOP: BGC-Sekretariat
05085-7628 05085-6617

PRO: Pro: Bill Knowles, Ann-Kathrin Lindner

18-Loch Meisterschaftsplatz
H: 6194 m, CR 73.9, SL 133, Par 73
D: 5337 m, CR 75.1, SL 131, Par 73
6-Loch Kurzplatz (Par 3)
H: 763 m, Par 18, D: 686 m, Par 18
15 Rangeabschläge (4 überdacht)

G: Gäste sind jederzeit willkommen. Anmeldung ist notwendig. Clubausweis mit eingetragenem Handicap (54) ist erforderlich.

18-Loch-Greenfee: Mo.-Do.: EUR 60 / Fr.-So.: EUR 70.
9-Loch-Greenfee: Mo.-Do.: EUR 35 / Fr.-So.: EUR 40.
Ermäßigung: Jugendl./Stud. 50%

Platzbeschreibung

Die 18-Loch-Meisterschaftsanlage mit seinen 2017 renovierten Grüns wurde harmonisch in die umliegende Heide- und Waldlandschaft eingefügt. Der Platz verfügt über nur geringe Höhenunterschiede und ist vor allem durch den dichten Bestand an Kiefernwald mit Blaubeer- und Heide geprägt. Durch die windgeschützte Lage und die ebenen Fairways sind ganzjährig faire Spielbedingungen gegeben.

Platzinfos

VCG GPS CLUB GASTRO

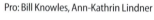

Anfahrtsbeschreibung

Vom Messegelände oder Flughafen Langenhagen auf der A 37/B 3, Ausfahrt Otze, dann Richtung Ramlingen. In Ramlingen rechts nach Ehlershausen, kurz nach dem Ortseingang dem Schild Sportanlagen links in die Waldstraße folgen. Einfahrt zum Golfclub nach etwa 900 m links.

Nächstgelegene Plätze

Burgwedel, GC (Nr. 137)
Isernhagen, GC (Nr. 143)
Hainhaus, GP (Nr. 140)

Niedersachsen + Bremen

Greenfee-Aktion: Seite G 41

Golf Club Gifhorn e.V.

Karte, Nr. 136, Feld G5 **18** Höhe: 61 m

gegründet: 1982

Wilscher Weg 69, 38518 Gifhorn
✆ 05371-16737 🖷 05371-51092
✉ info@golfclub-gifhorn.de
💻 www.golfclub-gifhorn.de

PR: Uwe Ostmann

i: ✆ 05371-16737 🖷 05371-51092
Frank Jödicke, Heidrun Sievers

Restaurant im Golfclub Gifhorn
Angelika Knoop
✆ 05371-9379170
Mo. Ruhetag

PRO: Pro: Nigel Coombs

H: 5902 m, CR 72.1, SL 131, Par 72
D: 5234 m, CR 74.5, SL 131, Par 72
30 Rangeabschläge (4 überdacht)

G: Gäste sind jederzeit willkommen. Clubausweis mit eingetragenem Handicap (45) ist erforderlich.

18-Loch-Greenfee: WT: EUR 50 / WE: EUR 60
9-Loch-Greenfee: WT: EUR 35 / WE: EUR 40
Ermäßigung: Jugendl. bis 21 J. und Stud. bis 27 J. 50%

Platzbeschreibung

Unsere Golfanlage zwischen Gifhorn und Wilsche nimmt in ihrer Gestaltung die sie umgehende Heidelandschaft auf und überführt diese herrliche Natur in einen sportlich herausfordernden Parkland Course, der aber auch richtig Spaß macht, die Spieler mitnimmt und nicht mehr loslässt. Gäste sind im Golfclub Gifhorn immer ganz herzlich willkommen. Nicht nur unsere Golfanlage, sondern unsere ganze Region bietet hervorragende und abwechslungsreiche Freizeitmöglichkeiten. Wandern oder Fahrrad fahren in der Südheide, ein Besuch im Mühlenmuseum in Gifhorn oder der Autostadt in Wolfsburg und viele weitere Aktivitäten und Ausflugsziele bieten sich an. Das Restaurant im zwölfeckigen Clubhaus ist etwas Besonderes.

Platzinfos

Anfahrtsbeschreibung

A 2 Hannover-Berlin, Ausfahrt Braunschweig-Nord Richtung Gifhorn, der Golfplatz liegt zwischen Gifhorn und dem Ortsteil Wilsche.

Nächstgelegene Plätze

Wolfsburg, GC (Nr. 139)
Peine-Edemissen, GC (Nr. 146)
Herzogstadt Celle, GC (Nr. 131)

Greenfee-Aktion: Seite G 41

Golf Club Burgwedel e.V.

Karte, Nr. 137, Feld F5 18

gegründet: 1992

Wettmarer Straße 13,
30938 Burgwedel-Engensen
☎ 05139-9739690 Fax 05139-9739699
✉ info@gc-burgwedel.de
www.gc-burgwedel.de

PR: Dieter Poppe, CM: Ilona Socolov
Headgreenkeeper: Jenz Laffert

i: ☎ 05139-9739690 Fax 05139-9739699
Alain Kornack, Marja Bortfeld

Bachelle's im Golf-Club Burgwedel,
Ralf Bachelle
☎ 05139-9843290
Mo. Ruhetag

PRO: Pro: Jens Knoop

H: 6163 m, CR 72.4, SL 129, Par 72
D: 5424 m, CR 74.3, SL 123, Par 72
60 Rangeabschläge (6 überdacht)

G: Gäste sind jederzeit willkommen. Clubausweis mit eingetragenem Handicap (54) ist erforderlich. An Tee 3,6,10 und 13 und Grün 2, 5, 9 und 12 befinden sich Toiletten. Gewitterschutzhütten befinden sich an Tee 1, 3, 6, 9, 10, 11, 14, 15, 16 und 17.

18-Loch-Greenfee: Mo.-Do.: EUR 55 / Fr.-So.: EUR 65. 9-Loch-Greenfee: Mo.-Do.: EUR 40 / Fr.-So.: EUR 45
Wir akzeptieren während der Öffnungszeiten des Büros EC, Visa und Master Card. Am Terminal nur EC-Karten Zahlung möglich.
Ermäßigung: Jugendl. bis 18 J. und Stud. bis 28 J.

Platzbeschreibung

Rund ums Jahr sportlich genießen! Der 1992 gegründete familienfreundliche Golf-Club liegt eingebettet in eine alte Kulturlandschaft mit Biotopvernetzungen aus hohen Natur belassenen Strauch-, Baum- und Heckenpflanzungen auf einem 90 ha großen weitläufigen und sanft modellierten Gelände im ruhigen und idyllischen Ortsteil Engensen der Stadt Burgwedel. Durch die Anpflanzung weiterer 70.000 Büsche und Bäume wurde eine abwechslungsreiche Naturlandschaft geschaffen. Den Wechsel der Jahreszeiten mit all seinen Farbspielen erlebt der Golfer hier hautnah in wunderbarer Ruhe. Die an der niedersächsischen Spargelstrasse gelegene 18-Loch-Golfplatzanlage lässt mit seinem Sandboden einen ganzjährigen Spielbetrieb selbst bei ungünstiger Witterung zu und wird gerne von Gastspielern angenommen.

Platzinfos

VCG
GPS
CLUB

Anfahrtsbeschreibung

Von Hannover auf der A 37 Richtung Celle, Ausfahrt Schillerslage, weiter Richtung Burgwedel, nach 200-300 m rechts Richtung Engensen. Bis zum Ortsausgang Engensen in Richtung Wettmar folgen, dort links zum Golfplatz (Mühle) abbiegen.

Nächstgelegene Plätze

Burgdorfer GC (Nr. 135)
Isernhagen, GC (Nr. 143)
Hainhaus, GP (Nr. 140)

Golf Park Steinhuder Meer

Karte, Nr. 138, Feld E5   18/9/3 Design: Ronald Orme   Höhe: 38 m

gegründet: 1997

Vor der Mühle 20, 31535 Neustadt
☎ 05036-2778 🖷 05036-988441
✉ info@gpsm.de
💻 www.gpsm.de

PR: Norbert Bohnhorst, GF: Stuart Orme,
CM: Daniel Mroch
Headgreenkeeper: David Orme

i: ☎ 05036-2778 🖷 05036-988441

Vier Jahreszeiten, Petra Wloka
☎ 05036-988442 🖷 05036-988441

PRO SHOP: Golf Shop Mardorf, Christine Schöpp
☎ 05036-2778 🖷 05036-988441

PRO: Pro: Martin De Nardo, Sebastian van der Stouw

18-Loch Der Mardorfer Platz
H: 5819 m, CR 71.4, SL 132, Par 72
D: 5140 m, CR 73.7, SL 129, Par 72
9-Loch The Orchard Executive Platz
H: 3918 m, CR 63, SL 108, Par 66
D: 3704 m, CR 64.6, SL 119, Par 68
80 Rangeabschläge (5 überdacht)

G: Gäste sind jederzeit willkommen. Anmeldung ist notwendig. Clubausweis mit eingetragener PE ist erforderlich. Sa./So./Feiertage ist Handicap 45 erforderlich.

18-Loch-Greenfee: WT: EUR 60 / WE: EUR 70
Genießt die tollen Fairways und die tolle Landschaft des Golf Park Steinhuder Meer
Ermäßigung: Jugendl. 50%

Platzbeschreibung

Im landschaftlich traumhaften Naturschutzgebiet des Steinhuder Meeres ist ein Golf Platz der Spitzenklasse entstanden. Seit 2009 von der BGVA zum 4-Sterne Platz erkoren, wurde dieser speziell für die gute Pflege und die umfangreiche Platzausstattung gelobt. Aufgrund der guten Pflege ist der Golf Park Steinhuder Meer zu jeder Jahreszeit und auch bei starkem Regen gut bespielbar.

Platzinfos

Anfahrtsbeschreibung

A2 Abfahrt Garbsen auf die B6 Richtung Nienburg. An Neustadt a.R. vorbei Abfahrt Mardorf. Durch Schneeren durch und in Mardorf die erste Straße rechts und immer weiter bis zum Golf Platz

Nächstgelegene Plätze

Rehburg-Loccum, GC (Nr. 142)
Hannover, GC (Nr. 144)
Schaumburg, GC (Nr. 149)

Golfclub Wolfsburg/Boldecker Land e.V.

Karte, Nr. 139, Feld G5 **18** Design: Heinz Wolters, Kind / Butt Höhe: 80 m

gegründet: 1995

Oslоßer Weg 20, 38556 Bokensdorf
✆ 05366-1223 🖷 05366-1417
✉ golfclub@wolfsburg.de
www.golfclub-wolfsburg.de

PR: Norbert Preine, CM: Peter Butt
Headgreenkeeper: Peter Kind

i: ✆ 05366-1223 🖷 05366-1417
Andrea Behne, Ulrike Lipke

Clubgastronomie, Karin Kreienberg
✆ 05366-961610 🖷 05366-1417
Mo. Ruhetag

PRO SHOP: Peter Butt

PRO: Pro: Samuel Perelzweig

H: 5829 m, CR 70.7, SL 129, Par 72
D: 5131 m, CR 72.5, SL 125, Par 72
25 Rangeabschläge (6 überdacht)

G: Gäste sind jederzeit willkommen. Clubausweis mit eingetragenem Handicap (54) ist erforderlich. Gäste sind bei uns herzlich willkommen.

18-Loch-Greenfee: WT: EUR 50 / WE: EUR 60
9-Loch-Greenfee: WT: EUR 30 / WE: EUR 40
Ermäßigung: Jugendl./Stud. 50%

Platzbeschreibung

Wir bieten Ihnen: - 18 Löcher, Par 72 auf einem großzügigen Gelände (72 Hektar) - breite Fairways, faires Rough, gepflegte Grüns, zahlreiche Wasserhindernisse - Spielgenuss für jeden, durch 6 Abschläge für Herren und 4 für Damen - perfekte Trainingsanlagen und -Bedingungen - 6 Löcher Pitch- und Putt Platz für Jedermann - Drivingrange mit Teeline und Flutlicht, überdachte Abschlagboxen, beleuchtetes Ziel- und Puttinggrün - keine Startzeiten - Elektro-Carts, E-Trolley und Push-Trolleyverleih - gut sortierter Proshop.

Platzinfos

VCG GPS

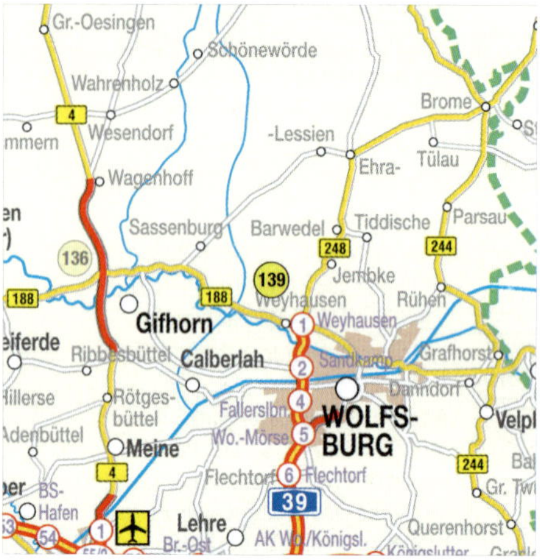

Anfahrtsbeschreibung

A 2 Hannover-Magdeburg, am ABK Königslutter/ Wolfsburg A 39 nach Wolfsburg bis zum Autobahnende, an der Kreuzung mit der B 188 Ri. Gifhorn bis Weyhausen, in der Ortsmitte Weyhausen rechts Ri. Bokensdorf, der Golfplatz liegt vor Bokensdorf linker Hand. Oder: Von Hannover auf der B 188 über Burgdorf-Uetze- Gifhorn bis Weyhausen, in der Ortsmitte Weyhausen links Ri. Bokensdorf und zum Golfplatz (ausgeschildert).

Nächstgelegene Plätze

Gifhorn, GC (Nr. 136)
Braunschweig, GK (Nr. 152)
Peine-Edemissen, GC (Nr. 146)

Niedersachsen + Bremen

Golfclub Rehburg-Loccum GmbH & Co. KG

Karte, Nr. 142, Feld E5 18

gegründet: 1991

Hormannshausen 2a, 31547 Rehburg-Loccum
05766-93017 05766-93019
info@gcrl.de
www.gcrl.de

PR GF: Hans-Walter Lukasch
Headgreenkeeper: Horst Lüdeke

05766-93017 05766-93019
Alisa Lemke, Christiane Nolte

Bahn19, Bozena Bode
05766-6504316
Mo. Ruhetag

PRO Pro: Markus Dreykluft, Jörg Thielking

H: 5958 m, CR 72.3, SL 126, Par 72
D: 5297 m, CR 74.5, SL 125, Par 72
30 Rangeabschläge (4 überdacht)

G Gäste sind jederzeit willkommen. Clubausweis mit eingetragenem Handicap (54) ist erforderlich.

18-Loch-Greenfee: WT: EUR 50 / WE: EUR 60
9-Loch-Greenfee: WT: EUR 27 / WE: EUR 33
Jugendliche/Studenten (bis 27 Jahre auf Nachweis): WT EUR 30 / WE/FT EUR 35

Platzbeschreibung

Inmitten des Naturparks Steinhuder Meer wurde auf einer Fläche von 69 ha eine naturverbundene Anlage geschaffen, die auch ambitionierten Spielern ein abwechslungsreiches Spiel ermöglicht.

Platzinfos

VCG GPS CLUB

Anfahrtsbeschreibung

A 2, Ausfahrt Wunstorf-Luthe, auf der B 441 über Wunstorf bis Loccum, an der Kreuzung rechts, Rehburger Straße nach ca. 2 km rechts nach Hormannshausen. Oder: B 6 Schneeren-Mardorf-Rehburg zum Golfplatz.

Nächstgelegene Plätze

Steinhuder Meer, GP (Nr. 138)
Schaumburg, GC (Nr. 149)
Hannover, GC (Nr. 144)

Golfpark Hainhaus

Karte, Nr. 140, Feld F5 **27** Höhe: 51 m

gegründet: 1989

Hainhaus 22, 30855 Langenhagen
✆ 0511-736832
✉ info@golfclub-langenhagen.de
www.golfclub-langenhagen.de

PR Carsten Meyer, GF: Carsten Meyer
Headgreenkeeper: Andrezj Gutowski

i ✆ 0511-736832
Ute Probst

Landhaus am Golfpark, Marko Nolden
✆ 0511-728520 Fax 0511-7285252
Mo. Ruhetag

PRO SHOP Golfpark Hainhaus GmbH, Dennis Kipp
✆ 0511-739300

PRO Pro: Melanie Dyck, Nils Wömpner

27-Loch Kurs Ost-Nord, Nord-West, Ost-West
H: 6004 m, CR 71.2, SL 131, Par 72
D: 5157 m, CR 71.8, SL 129, Par 72
32 Rangeabschläge (16 überdacht)

G Gäste sind jederzeit willkommen. Anmeldung ist notwendig. Clubausweis mit eingetragener PE ist erforderlich. Startzeiten

18-Loch-Greenfee: WT: EUR 50 / WE: EUR 60
9-Loch-Greenfee: WT: EUR 30 / WE: EUR 40
Ermäßigung: Jugendl./Stud. bis 25 J. 50%

Platzbeschreibung

Die Anlage liegt in einer typisch niedersächsischen Landschaft mit hohem, altem und dichtem Laubbaumbestand in Einzelgruppen und ist begrenzt von jahrhunderte alten Baumalleen. Das Areal bietet zudem 20.000 qm Wasserfläche und eine Vielzahl von Biotopen.

Platzinfos

Anfahrtsbeschreibung

Von Norden: Am AB-Dr. Hannover-Nord auf A 352, an Anschlußstelle Langenhagen-Kaltenweide Ri. Langenhagen, Kreisel Richtung Altenhorst, Twenge nach Hainhaus. Von Osten: A 2, an Anschlußstelle Hannover-Langenhagen auf Schnellstraße Ri. Flughafen, Ausf. Walsrode, über Kaltenweide auf der Wagenzeller Str. Kreisel re. über Altenhorst, Twenge nach Hainhaus. Von Westen: Am AB-Dr. Hannover-West auf A 352 Ri. Hamburg, Ausf. Langenhagen Ri. Walsrode, s.o.

Nächstgelegene Plätze

Isernhagen, GC (Nr. 143)
Burgwedel, GC (Nr. 137)
Hannover, GC (Nr. 144)

Artland Golfclub e.V.

Karte, Nr. 141, Feld C5 **18** Design: Tony Ristola Höhe: 85 m

gegründet: 1988

Zum Golfplatz 23, 49577 Ankum
05466-301 05466-91081
info@artlandgolf.de
www.artlandgolf.de

PR: Wilhelm Koormann,
CM: Hans-Christian Vernekohl

05466-301 05466-91081
Kerstin Meyran, Kerstin Lüdtke

Restaurant „Am Golfplatz", Andre Lerch
05466-91080 05466-91081

PRO SHOP: 05466-301

PRO: Pro: Falko Venth

H: 5780 m, CR 70.9, SL 131, Par 72
D: 5080 m, CR 77.4, SL 136, Par 72
20 Rangeabschläge (6 überdacht)

G: Gäste sind jederzeit willkommen. Anmeldung ist notwendig. Clubausweis mit eingetragener PE ist erforderlich.

18-Loch-Greenfee: WT: EUR 55 / WE: EUR 65
9-Loch-Greenfee: EUR 30
Startzeitenreservierung ist erforderlich. Tee-Time Reservierung durch PC.Caddy. Gruppen sind herzlich willkommen.
Ermäßigung: Jugendl. bis 18 J. und Stud. bis 25 J. 50%

Platzinfos

Platzbeschreibung

Der Golfplatz liegt im Naturschutzpark Wiehengebirge im Teutoburger Wald umgeben von malerischen Wäldern und ausgedehnten Feldern. Das Design folgt mit breiten Fairways den natürlichen landschaftlichen Gegebenheiten. Einzelne Abschnitte der Spielbahnen gleichen einer englischen Parklandschaft und wechseln mit schottischen Links-Impressionen. Bäche, Teiche und Biotope erhöhen den Reiz.

Anfahrtsbeschreibung

Von Münster oder Bremen: A 1, Ausfahrt Bramsche, auf die B 218 Richtung Lingen bis Ueffeln, nach dem Ortsausgang Ueffeln der Beschilderung zum Golfplatz folgen. Von Bremen: A 1, Ausfahrt Holdorf, auf der B 214 Richtung Lingen 20 km bis Ankum, in der Ortsmitte Ankum im 1. Kreisverkehr 2. Ausfahrt rechts abbiegen und der Beschilderung folgen. Nach 5 km bei Westerholte links zum Golfplatz abbiegen.

Nächstgelegene Plätze

Osnabrück-Dütetal, GC (Nr. 210)
Varus, GC (Nr. 145)
Habichtswald, GC (Nr. 211)

Golfclub Isernhagen e.V.

Karte, Nr. 143, Feld F5 **18** Höhe: 64 m

gegründet: 1983

Gut Lohne 22, 30916 Isernhagen
05139-893185 05139-27033
info@golfclub-isernhagen.de
www.golfclub-isernhagen.de

PR Gerd Hundertmark, CM: Christopher Bielke
Headgreenkeeper: Henning Lahmann

i 05139-893185 05139-27033
Kevin Schiefler, Maike Nimmerfroh

GeschmacksArt, Beatrice Rohde
05139-9834920
Mo. Ruhetag

PRO Pro: Ralf Jungbluth, Dirk Perschke

H: 6118 m, CR 73.1, SL 134, Par 72
D: 5443 m, CR 75.4, SL 130, Par 72
20 Rangeabschläge (5 überdacht)

G Gäste sind jederzeit willkommen. Clubausweis mit eingetragener PE ist erforderlich.

18-Loch-Greenfee: EUR 60
9-Loch-Greenfee: EUR 35
Ermäßigung: Jugendl. bis 17 J. und Stud. bis 27 J. 41%

Platzinfos

VCG GPS CLUB

Platzbeschreibung

Unweit des Gutes Lohne liegt der Golfplatz, eingerahmt von sehr altem Laubwald, auf ebenem Gelände. Die großteils langen Fairways sind von naturbelassenen meist dichten Roughs umgeben. Auf mehr als einem Drittel der Bahnen sind Wasserhindernisse, die das Spiel mehr oder weniger stark beeinflussen.

Anfahrtsbeschreibung

Von Süden: A 7, Abfahrt Kirchhorst, dann rechts Richtung Kirchhorst, dann links bis Neuwarmbüchen. Hinter dem Opel-Händler links ab und dem Schmiededamm ca. 1 km lang folgen. An der ersten Kreuzung links zum Golfplatz. Von Norden: A 7, Abfahrt Großburgwedel, dann links Richtung und durch Großburgwedel zum Schulzentrum, dahinter 1. Straße links Richtung Neuwarmbüchen, nächste rechts, dann immer geradeaus zum Golfplatz.

Nächstgelegene Plätze

Burgwedel, GC (Nr. 137)
Hainhaus, GP (Nr. 140)
Burgdorfer GC (Nr. 135)

Golf-Club Hannover e.V.

Karte, Nr. 144, Feld E5 **18** Design: Bernhard von Limburger

gegründet: 1923

Am Blauen See 120, 30823 Garbsen
05137-73068 05137-75851
info@golfclub-hannover.de
www.golfclub-hannover.de

PR: Jörg Echternach
Headgreenkeeper: Sebastian Böhm

05137-73068 05137-75851
Angela Leupold

Gastronomie im Golfclub Hannover e. V., Mirdita Sefsali. 05137-121182 05137-75851. Mo. Ruhetag

PRO: Pro: Alexander Schmitt, Jens Mundhenke

H: 5658 m, CR 71.2, SL 130, Par 71
D: 5068 m, CR 73.4, SL 127, Par 71
24 Rangeabschläge (3 überdacht)

G: Gäste sind jederzeit willkommen. Anmeldung ist notwendig. Clubausweis mit eingetragenem Handicap (36) ist erforderlich.

18-Loch-Greenfee: WT: EUR 70 / WE: EUR 80
9-Loch-Greenfee: WT: EUR 50 / WE: EUR 60
Ermäßigung: Jugendl./Stud. 50%

Platzbeschreibung

Hier erleben Sie die Exklusivität eines modernen Clubs mit fast 100 Jahren Tradition und sportlichem Erfolg. Genießen Sie Golf in einem einzigartigen Flair! Die reizvolle Lage unseres Platzes inmitten eines historischen Baumbestandes und der wunderschöne Blick von der Clubhausterrasse auf das 9. und 18. Grün, lassen Ihren Aufenthalt auf unserer Anlage zu einem Kurzurlaub im Grünen werden. Unsere abwechslungsreichen Spielbahnen stellen unsere Mitglieder und Gäste immer wieder vor große Herausforderungen. Hier spielen Sie 18 Bahnen in parkähnlicher Landschaft auf anspruchsvollen Fairways. Der Schatten der alten Bäume wird vor allem bei hochsommerlichen Temperaturen geschätzt.

Platzinfos

VCG GPS CLUB

Anfahrtsbeschreibung

Aus Richtung Dortmung/A2: Nehmen Sie die Ausfahrt am Rasthof Garbsen und biegen Sie dann rechts ab in Richtung Erholungsgebiet Blauer See / Campingplatz. Folgen Sie der Straße am See und biegen Sie dann halbrechts in die Einfahrt zum Golfgelände ab. Aus Hannover: Folgen Sie der A2 (Hannover-Dortmund) bis zur Ausfahrt Garbsen. Am Kreisverkehr fahren Sie in Richtung Erholungsgebiet Blauer See / Campingplatz. Folgen Sie stets der Beschilderung zum Blauen See und biegen Sie dann auf der Straße am See halbrechts in die Einfahrt des Golfclubs ab.

Nächstgelegene Plätze

Hainhaus, GP (Nr. 140)
Steinhuder Meer, GP (Nr. 138)
Isernhagen, GC (Nr. 143)

Greenfee-Aktion: Seite G 41f 43

Golfclub Varus e.V.

Karte, Nr. 145, Feld D5 18/3 Höhe: 56 m

gegründet: 1996

Im Schlingerort 5, 49179 Ostercappeln-Venne
05476-200 05476-911400
info@golfclub-varus.de
www.golfclub-varus.de

PR Martin Garthaus
Headgreenkeeper: Frank Müggenborg

05476-200 05476-911400
Sabine Prevot, Bernd Harras, Anke Timm, Ulrike Kunter, Yvonne Wessel

Fairway
05476-911436 -911400
Mo. Ruhetag

PRO SHOP Planetgolf Osnabrück
0541-75049849

PRO Pro: Steve Taylor

18-Loch Platz
H: 6032 m, CR 71.4, SL 133, Par 72
D: 5315 m, CR 73.3, SL 132, Par 72
3-Loch EasyGolf Platz
H: 592 m, Par 27
D: 592 m
19 Rangeabschläge (5 überdacht)

G Gäste sind jederzeit willkommen. Anmeldung ist notwendig. Clubausweis mit eingetragener PE ist erforderlich.

18-Loch-Greenfee: WT: EUR 50 / WE: EUR 60
9-Loch-Greenfee: WT: EUR 30 / WE: EUR 35
Ermäßigung für Jugendl. gilt nur für den Meisterschaftsplatz.
Ermäßigung: Jugendl./Stud. 50%

Platzbeschreibung

Die Anlage ist auf dem 80 ha großen Gelände durch Weiträumigkeit geprägt und liegt fernab jeden Verkehrslärms. Die Abfolge der Spielbahnen wird begleitet durch die Aussicht auf die typische Topographie des Wiehengebiges, ohne jedoch hügelig zu sein. Die geschickte Integration des alten Busch- und Baumbestandes bestimmt das Bild. Lange Fairways mit flankierenden Bunkern sind ebenso anzutreffen, wie stark ondulierte Grüns mit pfiffig angeordneten Sandhindernissen.

Platzinfos

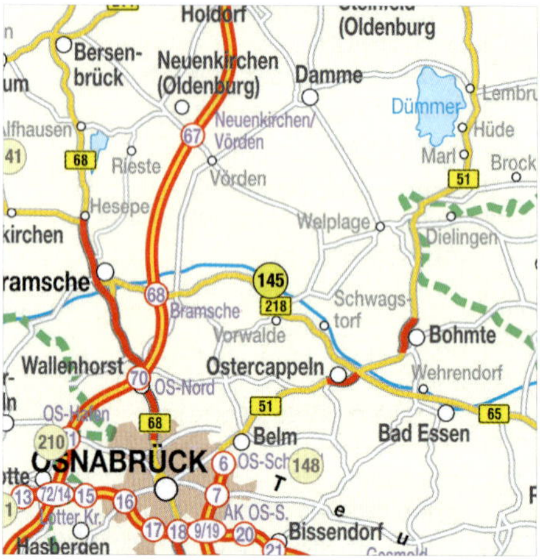

Anfahrtsbeschreibung

A 1 Dortmund-Bremen, Ausfahrt Bramsche, auf der B 218 Ri. Bad Essen, bei km 11,3 (hinter Varus-Info-Zentrum) links abbiegen, hinter der Mittellandkanalbrücke rechts bis zum Parkplatz Clubhaus. Von Bad Essen kommend auf der B 218 in Venne OT Niewedde bei km 9,0 rechts abbiegen, 600 m hinter der Mittellandkanalbrücke links in die Straße „Im Schlingerort" bis zum Parkplatz Clubhaus.

Nächstgelegene Plätze

Osnabrücker GC (Nr. 148)
Osnabrück-Dütetal, GC (Nr. 210)
Artland GC (Nr. 141)

Golf-Club Peine-Edemissen e.V.

Karte, Nr. 146, Feld F5 **18** Höhe: 80 m

gegründet: 1989

Dahlkampsweg 2, 31234 Edemissen
✆ 05176-90112 🖷 05176-923074
info@gcpe.de
www.gcpe.de

PR: Wolfhard Träue
Headgreenkeeper: Ralf Ahrens

i: ✆ 05176-90112 🖷 05176-923074
Kerstin Tiebel, Bettina Krehemeier

Restaurant Fairway
✆ 05176-5552233 🖷 05176-5552234
Mo. Ruhetag

PRO SHOP: ✆ 05176-90112 🖷 05176-923074

PRO: Pro: Thomas Lejon

18-Loch Meisterschaftsplatz
H: 5896 m, CR 71.3, SL 129, Par 72
D: 5099 m, CR 72.6, SL 130, Par 72
20 Rangeabschläge (5 überdacht)

G: Gäste sind jederzeit willkommen. Clubausweis mit eingetragenem Handicap (54) ist erforderlich.

18-Loch-Greenfee: WT: EUR 45 / WE: EUR 60
9-Loch-Greenfee: WT: EUR 35 / WE: EUR 45
Ermäßigung: Jugendl./Stud. bis 26 J. 50%

Platzinfos

VCG GPS GASTRO

Anfahrtsbeschreibung

A 2 Ausfahrt Peine Ost und der Straße Richtung Edemissen (5 km) folgen. In Edmissen an der Ampelkreuzung rechts abbiegen, Richtung Gifhorn fahren und an der letzten Möglichkeit in der Ortschaft links abbiegen. Diese Straße (Dahlkampsweg) führt direkt zum Golfplatz.

Platzbeschreibung

Die immer sehr gepflegte Anlage besticht durch ihre naturnahe Bauweise und dem Variantenreichtum der einzelnen Bahnen. So bietet der Platz für alle Spielstärken eine faire und sportliche Herausforderung. Wasserhindernisse auf 10 Spielbahnen erfordern ein taktisches Spiel. Der sandige Untergrund ermöglicht es, dass auch nach ergiebigen Regenfällen der Platz sofort wieder bespielbar ist.

Nächstgelegene Plätze

Gifhorn, GC (Nr. 136)
Rethmar Golf (Nr. 147)
Burgdorfer GC (Nr. 135)

Rethmar Golf

Karte, Nr. 147, Feld F5 **18** Design: Arnold Palmer Höhe: 80 m

gegründet: 1997

Seufzerallee 10, 31319 Sehnde-Rethmar
✆ 05138-700530 🖷 05138-700550
✉ info@rethmargolf.de
💻 www.golf51.de

PR GF: Friedrich Wihelm Knust

ℹ ✆ 05138-700530 🖷 700550

The Nineteenth
✆ 05138-700530

PRO Pro: Friedrich-Wilhelm Jahn

H: 5880 m, CR 71.5, SL 133, Par 72
D: 5186 m, CR 72.9, SL 131, Par 72
50 Rangeabschläge (6 überdacht)

G Gäste sind jederzeit willkommen. Anmeldung ist notwendig. Clubausweis mit eingetragener PE ist erforderlich.

Tages-Greenfee: WT: EUR 55 / WE: EUR 65
9-Loch-Greenfee: WT: EUR 40 / WE: EUR 45
Bei Kauf eines 9-Loch Greenfees wird zuerst der Preis des 18-Loch-Greenfees kassiert. Die Differenzerstattung erfolgt nach Ihrer 9-Loch-Runde. Die 9-Loch müssen innerhalb von 3 Stunden gespielt werden.
Ermäßigung: Jugendl./Stud.

Platzbeschreibung

Die Rethmar Golf Anlage gilt als eine der besten in Deutschland und wurde von der Arnold Palmer Corp. gestaltet. Es ist ein Traum von Dünen-Course im niedersächsischen Binnenland. Auf 120 ha Fläche wurden 18 Löcher Golf vom Feinsten konzipiert. 18 Spielbahnen mit jeweils eigenem Charakter. Der Seen-, der Dünen- und der Hügelparcours fügen sich dabei zu einer Einheit zusammen, wie sie in Deutschland kaum noch einmal anzutreffen ist.

Platzinfos

VCG GPS CLUB GASTRO

Anfahrtsbeschreibung

Von Hannover-Zentrum: B 65 Südschnellweg Richtung Sehnde, von Sehnde weiter Richtung Peine, 2 km hinter Sehnde in Rethmar die 3. Straße rechts, Osterkamp (Sportanlagen) und weiter zum Golfplatz. Oder: A 2 Richtung Berlin, Ausfahrt Lehrte-Ost, links Richtung Allerbeck, weiter nach Ramhorst, in Ramhorst links Richtung Evern, in Evern rechts 1 km bis Rethmar, in Rethmar die 1. Straße links, Osterkamp (Sportanlagen) und weiter zum Golfplatz.

Nächstgelegene Plätze

Gleidingen, GC (Nr. 151)
Isernhagen, GC (Nr. 143)
Peine-Edemissen, GC (Nr. 146)

Osnabrücker Golf Club e.V.

Karte, Nr. 148, Feld D5 **18** Design: Frank Pennink, Städler Golf Courses Höhe: 133 m

gegründet: 1955

Am Golfplatz 3, 49143 Bissendorf-Jeggen
05402-5636 05402-5257
info@ogc.de
www.ogc.de

PR: Hans-Christian Sanders, CM: Dr. Axel Städler
Headgreenkeeper: Dirk Sielschott

i: 05402-5636 -5257
Dr. Axel Städler, Charlotte Lambrecht

Tee 19, Kenan Aygül
05402-607424
Mo. Ruhetag

PRO SHOP: Simon & Anke Trent, Simon Trent, Anke Trent
05402-6079900

PRO: Pro: Peter Martin, Wolfgang Huget

H: 5835 m, CR 72.9, SL 130, Par 72
D: 5042 m, CR 73.9, SL 125, Par 72
16 Rangeabschläge (10 überdacht)

G: Gäste sind jederzeit willkommen. Anmeldung ist notwendig. Clubausweis mit eingetragenem Handicap (54) ist erforderlich. Sa./So./Feiertage ist Handicap 36 erforderlich.

18-Loch-Greenfee: WT: EUR 45 / WE: EUR 65
9-Loch-Greenfee: WT: EUR 25 / WE: EUR 35
Ermäßigtes GF in der Nebensaison. Ermäßigung: Jugendl./Stud. 50%

Platzbeschreibung

Auf der Anhöhe des Wellinger Berges liegt in unmittelbarer Nähe von Osnabrück, und doch völlig abgeschieden in absoluter Ruhe, eine der traditionsreichsten Golfanlagen Nordwestdeutschlands, der Osnabrücker Golf Club oder kurz OGC. Der OGC ist über 50 Jahre gereift und hat einen Baumbestand, der in Europa seines Gleichen sucht. Mächtige Eichen und Buchen umsäumen 18 unverwechselbare Bahnen und schaffen ein Ambiente, das jeden Golfspieler zum Schwärmen bringt. Kaum ein Gast, der nicht bestätigt, dass dieser Parkland Course englischen Stils landschaftlich zu den attraktivsten sowie sportlich interessantesten Anlagen in ganz Deutschland gehört. Und was die Natur an golferischen Akzenten nicht setzt, leistet ein erfahrenes Greenkeeping-Team. Mit modernstem Gerät wird jederzeit ein top-gepflegter Platz garantiert.

Platzinfos

VCG CLUB GASTRO

Anfahrtsbeschreibung

Von S/W/O: A 30, Ausf. 20 Natbergen-Voxtrup, 2 x re. nach Natbergen, nach Bahnübergang (3 km) re. Ri Melle, nach 2 km li. „Schledehauser Str.", nach 1,5 km li. „Brinkstraße", nach 1 km hinter Linkskurve Einfahrt. Von N: A 1, Ausf. Osnabrück-Nord, 3. Ampelli. „Vehrter Landstr.", nach 6,5 km an 4. Ampel (hinter Marktkauf) li. „Bremer Str.", nach 800 m re. Ri Schledehausen, nach 3,2 km re. „Jeggener Str.", nach 2,6 km li. Einfahrt zum Golfplatz.

Nächstgelegene Plätze

Varus, GC (Nr. 145)
Osnabrück-Dütetal, GC (Nr. 210)
Habichtswald, GC (Nr. 211)

Greenfee-Aktion: Seite G 43

Golfclub Schaumburg e.V.

Karte, Nr. 149, Feld E5 **18** Höhe: 160 m

gegründet: 1980

Röserheide 2, 31683 Obernkirchen
☏ 05724-4670 🖷 05724-902910
✉ info@golfclub-schaumburg.de
💻 www.golfclub-schaumburg.de

PR Hans-Heinrich Hahne

i ☏ 05724-4670 🖷 05724-902910
Manuela Nowak

Golf-Restaurant
☏ 05724-9584558
Mo. Ruhetag

H: 5157 m, CR 69.1, SL 127, Par 71
D: 4541 m, CR 70.6, SL 122, Par 71
20 Rangeabschläge (3 überdacht)

G Gäste sind jederzeit willkommen. Anmeldung ist notwendig. Clubausweis mit eingetragener PE ist erforderlich.

18-Loch-Greenfee: EUR 50
9-Loch-Greenfee: EUR 30
Für Spieler aus unseren Partnerclubs bestehen besondere Greenfee-Regelungen.
Ermäßigung: Jugendl./Stud. 50%

Platzbeschreibung

Unser beeindruckender 18-Loch-Golfplatz liegt über den Dächern der traditionsreichen Bergstadt Obernkirchen, deren markante Silhouette auf vielen Spielbahnen herübergrüßt. Anno 1960 endete hier an den Bückebergen der Abbau der Steinkohle im Bereich des heutigen Golfplatzes. Teile dieser Geschichte sind auch heute noch zu erkennen. Heutzutage erwartet Sie hier jedoch ein unvergesslicher Golftag auf einer spektakulären Golfanlage: Eine gelungene Mischung aus Entspannung und Herausforderung für Golferinnen und Golfer aller Spielklassen. Und immer wieder werden Sie die herrlichen Ausblicke ins Schaumburger Land und bis zum Weser- und Wiehengebirge mit der Porta Westfalica genießen können!

Platzinfos

VCG

Anfahrtsbeschreibung

A 2 (Dortmund-Hannover) bis Ausfahrt Bad Eilsen nach Obernkirchen, durch die Stadt Richtung Stadthagen, Sülbecker Weg, unmittelbar hinter dem EDEKA-Supermarkt rechts in den Ziegeleiweg, nach 500 m kommt die Auffahrt zum Golfplatz (beschildert).

Nächstgelegene Plätze

Am Harrl, GC (Nr. 153)
Rehburg-Loccum, GC (Nr. 142)
Hamelner GC (Nr. 157)

Golfclub Euregio Bad Bentheim e.V.

Karte, Nr. 150, Feld B5 **18** Höhe: 70 m

gegründet: 1987

Am Hauptdiek 8, 48455 Bad Bentheim
05922-9044310 05922-944318
info@golfclub-euregio.de
www.golfclub-euregio.de

PR Erich Theisen

i 05922-9044310
Susanne Busse, Marita Flaßkamp

Frank Termühlen
05922-777613

PRO SHOP Golfclub Euregio e.V., Jörg Fehlhaber
05922-9044310

PRO Pro: Philipp Wozniak

H: 5780 m, CR 70.9, SL 132, Par 72
D: 5011 m, CR 71.9, SL 128, Par 72
14 Rangeabschläge (8 überdacht)

G Gäste sind jederzeit willkommen. Anmeldung ist notwendig. Clubausweis mit eingetragener PE ist erforderlich. Sa./So./Feiertage ist ein Handicap erforderlich. Sa./So./Feiertage je Flight eine maximale Stammvorgabe von 100

18-Loch-Greenfee: WT: EUR 55 / WE: EUR 65
9-Loch-Greenfee: WT: EUR 35 / WE: EUR 40
Ermäßigung: Jugendl. bis 18 J. 50%

Platzbeschreibung
Mit dem Blick auf die alte Burganlage der Stadt Bad Bentheim liegen die gepflegten Spielbahnen in einer herrlichen Landschaft mit zahlreichen Teichen, unberührten Rietgrasflächen und Mischwaldstücken. Die weitläufige Anlage bietet mit vielen Wasserhindernissen, einigen Doglegs, gut platzierten Bunkern u. einer Mischung aus altem und neuem Baumbestand einen sportlichen Platz mit viel Abwechslung.

Platzinfos

VCG CLUB GASTRO

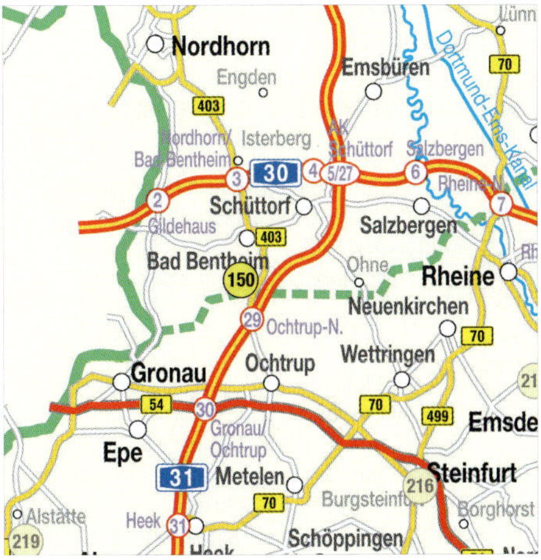

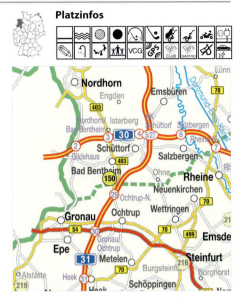

Anfahrtsbeschreibung
Von Süden über die A 31, Ausfahrt Ochtrup-Nord auf die B 403 Richtung Bad Bentheim. Nach ca. 5 km an der Ampel links Richtung Bad Bentheim. Nach 700 m links Richtung Sieringhoek. Nach ca. 1 km links, der Beschilderung Golfplatz folgen und bis zum Ende durchfahren. Aus Ri. Amsterdam oder Osnabrück: Über die A 30 bis zum Autobahnkreuz Schüttdorf, dann auf die A 31 Richtung Oberhausen bis zur Ausfahrt Ochtrup-Nord und weiter wie oben beschrieben.

Nächstgelegene Plätze
Münsterland, GC (Nr. 216)
Rheine/Mesum, GSC (Nr. 213)
Ahaus, G&LC (Nr. 219)

Golf Gleidingen

Karte, Nr. 151, Feld F5 **27/6** Design: David Krause Höhe: 60 m

gegründet: 1998

Am Golfplatz 1, 30880 Laatzen/Gleidingen
☎ 05102-739000 Fax 05102-739008
✉ empfang@golfgleidingen.de
www.golf51.de

PR: Karin Koppers

i: ☎ 05102-739002 Fax 05102-739009

Restaurant Stableford, Katrin Meier-Seifert
☎ 05102-739001 Fax 07390-08

PRO SHOP: Annkatrin Fiedler
☎ 05102-739000 Fax 05102-739008

PRO: Pro: Oliver Pannhorst

27-Loch Platz
H: 5740 m, CR 70.4, SL 128, Par 72
D: 4673 m, CR 71.3, SL 127, Par 72
6-Loch Platz
H: 2370 m, Par 19, D: 2370 m
100 Rangeabschläge (15 überdacht)

G: Gäste sind jederzeit willkommen. Anmeldung ist notwendig. Clubausweis mit eingetragener PE ist erforderlich. Jeden Sa. offenes vorgabewirksames Turnier „Gleidinger Early Bird".

Tages-Greenfee: WT: EUR 55 / WE: EUR 65
9-Loch-Greenfee: WT: EUR 40 / WE: EUR 45
Jahresrangefee: EUR 130,-
Ermäßigung: Jugendl./Stud.

Platzbeschreibung
Diese Anlage bietet Spitzensport auf internationalem Niveau. Der Golfer hat zahlreiche Möglichkeiten, zwischen den drei 9-Loch-Plätzen seine Kombination zu wählen. Aber auch der öffentliche 6-Loch-Kurzplatz mit anspruchsvollen Par 3-Löchern und einem Par 4-Loch stellt eine Herausforderung dar.

Platzinfos

VCG GPS CLUB GASTRO

Anfahrtsbeschreibung
A 7 Hannover Richtung Hildesheim, Ausfahrt Laatzen, auf die B 6 (Messeschnellweg) Richtung Sarstedt-Hildesheim, Abfahrt 1. Ampel links Richtung Algermissen-Oesselse, nach 400 m liegt rechter Hand der Golfplatz.

Nächstgelegene Plätze
Rethmar Golf (Nr. 147)
Isernhagen, GC (Nr. 143)
Sieben-Berge, GC (Nr. 159)

Golf-Klub Braunschweig e.V.

Karte, Nr. 152, Feld G5 **18**

gegründet: 1926

Schwartzkopffstraße 10, 38126 Braunschweig
0531-264240 0531-2642413
sekretariat@golf-klub-braunschweig.de
www.golfklub-braunschweig.de

PR: Dr. Christian Schütte, CM: Sven Jakobsohn
Headgreenkeeper: Joachim Mnich

i: 0531-2642411 0531-2642413
Veronika Beer, Kirsten Krok, Madlen Sawwidis

Susen Kallensee, Susen Kallensee
0531-2886436

PRO SHOP: Golf-Klub Braunschweig e.V.
0531-2642411

PRO: Pro: David Lee

H: 5704 m, CR 70.3, SL 136, Par 71
D: 5022 m, CR 72.1, SL 128, Par 71
16 Rangeabschläge (4 überdacht)

G: Gäste sind jederzeit willkommen. Anmeldung ist notwendig. Clubausweis mit eingetragenem Handicap (54) ist erforderlich.

18-Loch-Greenfee: Mo.-Do.: EUR 50 / Fr.-So.: EUR 70
9-Loch-Greenfee: Mo.-Do.: EUR 30 / Fr.-So.: EUR 40
Ermäßigung: Jugendl. und Stud. bis 27 J. 50%

Platzinfos

VCG GPS CLUB

Anfahrtsbeschreibung

Vom Hauptbahnhof über Salzdahlumer Straße zum Krankenhaus, von dort der Beschilderung zum Golfplatz folgen.

Platzbeschreibung

Die Anlage entstand bereits im Jahre 1926 auf einem Areal, das einst den herzoglichen und königlichen Truppen als großer Exerzierplatz diente. Trotz seiner Enge gehört der Parcours zu einem der schwierigsten Niedersachsens. Sehr hoher und alter Baumbestand und die schmalen Fairways erfordern Präzision. Die schwer anzuspielenden Stufengrüns werden gut von Bunkern verteidigt.

Nächstgelegene Plätze

Hedwigsburg, GC (Nr. 156)
Salzgitter/Liebenburg, GC (Nr. 160)
Peine-Edemissen, GC (Nr. 146)

Golfclub Am Harrl e.V.

Karte, Nr. 153, Feld E5 9/6

gegründet: 2002

Am Bruch 16, 31707 Bad Eilsen/Bückeburg-OT Luhden
✆ 05722-9054900 🖷 05722-9054908
✉ info@golfclub-am-harrl.de
💻 www.golfclub-am-harrl.de

PR: Volker Kipp

i: ✆ 05722-9054900 🖷 -9054908

Panorama Restaurant
✆ 05722-9066509
Mo. und Di. Ruhetag

9-Loch Platz
H: 5789 m, CR 71.3, SL 128, Par 72
D: 5192 m, CR 72.6, SL 132, Par 72
6-Loch Kurzplatz / PAR 3 ACADEMY COURSE
H: 450 m, Par 18, D: 450 m, Par 18
35 Rangeabschläge (4 überdacht)

G: Gäste sind jederzeit willkommen. Sa./So./Feiertage ist Anmeldung notwendig. Clubausweis mit eingetragener PE ist erforderlich. Besuchen Sie auch unseren neu gestalteten Internetauftritt, dort finden Sie auch FLYOVER VIDEOS unserer gesamten Golfanlage.

Tages-Greenfee: EUR 40
9-Loch-Greenfee: EUR 30
Unbegrenzt Rangebälle in der Rangefee, bzw. Greenfee inklusive!
Ermäßigung: Jugendl./Stud.

Platzbeschreibung

Der im Jahr 2000 gegründete Golfclub am Harrl ist durch den international anerkannten Golfplatzarchitekten Jeremy Pern hervorragend in das Gelände des Weserberglandes direkt am Harrl integriert worden. Das zum Teil hügelige Gelände ist von Wald umgeben und durch Teiche und Nassbiotope verschönert, aber auch erschwert worden.

Platzinfos

VCG GPS

Anfahrtsbeschreibung

A 2 Hannover-Dortmund, Abfahrt Bad Eilsen/Bückeburg/Rinteln, links auf die B 83 Richtung Bückeburg-Minden, nach ca. 2 km rechts und der Ausschilderung zum Golfplatz folgen.

Nächstgelegene Plätze

Schaumburg, GC (Nr. 149)
Hamelner GC (Nr. 157)
Herford, GC (Nr. 215)

Golf Park am Deister e.V.

Karte, Nr. 154, Feld E5 18/3 Höhe: 145 m

gegründet: 1997

Am Osterberg 2, 31848 Bad Münder
05042-503276 05042-503278
info@deistergolf.de
www.deistergolf.de

PR Dr. Klaus Schütte, GF: Stuart Charles Orme, CM: Kirsten Creutziger
Headgreenkeeper: Patrick Bothmann

05042-503276 05042-503278
Steffi Siever

Waldschlösschen
01573-1625860
https://zumwaldschlösschen.de

PRO Pro: Benjamin Bartram, Tarik Panitz

H: 6002 m, CR 71.8, SL 130, Par 72
D: 5166 m, CR 72.6, SL 127, Par 72
35 Rangeabschläge (3 überdacht)

G Gäste sind jederzeit willkommen. Anmeldung ist notwendig. Clubausweis mit eingetragener PE ist erforderlich. Für Fragen, Anregungen und Feedback kontaktieren Sie uns gern im Sekretariat.

18-Loch-Greenfee: WT: EUR 50 / WE: EUR 60
9-Loch-Greenfee: WT: EUR 30 / WE: EUR 40
Ermäßigung: Jugendl. 50%

Platzbeschreibung

Die 1997 erbaute Golfanlage mitten im schönen Deister-/Süntheltal, überzeugt durch ein Panorama, welches hier in der Region einmalig ist. Da die Golfanlage am Hang liegt, können die Spieler diesen Ausblick von jeder Bahn aus genießen. Doch auch wenn die Anlage am Hang liegt, kann die Runde gut fußläufig gespielt werden. Durch die breiten Landeflächen und gut ausgemähten Rough-Zonen, ist der Platz auch für hohe Handicaper gut zu spielen. Seit 2019 hat der Golf Park am Deister einen neuen Eigentümer und man kann gut erkennen, dass dadurch die Platzpflege, die Willkommenskultur und der Service spürbar besser geworden ist.

Platzinfos

VCG GPS CLUB GASTRO

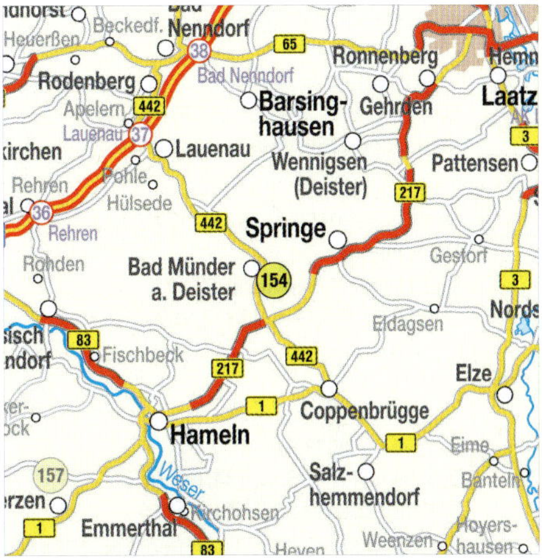

Anfahrtsbeschreibung

A 2 Hannover-Dortmund, Ausf. Lauenau, B 442 Ri. Hameln bis Bad Münder, an Ampelkreuzung links Richtung Springe abbiegen. Nach ca. 500m geht es rechts zur Driving-Range und nach weiteren 500m ebenfalls rechts zum Clubhaus. Hier den Schildern zum Clubhaus oder zum Waldschlösschen folgen.

Nächstgelegene Plätze

Hamelner GC (Nr. 157)
Schaumburg, GC (Nr. 149)
Sieben-Berge, GC (Nr. 159)

Greenfee-Aktion: Seite G 43

St. Lorenz Golf- und Land-Club Schöningen e.V.

Karte, Nr. 155, Feld G6 **9** Höhe: 175 m

gegründet: 1987

Klosterfreiheit 9E, 38364 Schöningen
✆ 05352-1697 🖷 05352-909151
✉ kontakt@stlorenz-golf.de
💻 www.stlorenz-golf.de

PR: Winfried Reimann

i: ✆ 05352-1697 🖷 05352-909151
Heidi Duhme, Silke Flessau-Schimanski

Gastronomie: Birgit Daske
✆ 05352-909150 🖷 05352-909151
Mo. Ruhetag

PRO SHOP: Silke Flessau-Schimanski
✆ 05352-909149 🖷 05352-909151

PRO: Pro: Aaron Postles

9-Loch St. Lorenz-Kurs
H: 6296 m, CR 73.8, SL 130, Par 74
D: 5594 m, CR 75.8, SL 134, Par 74
20 Rangeabschläge (1 überdacht)

G: Gäste sind jederzeit willkommen. Clubausweis mit eingetragenem Handicap (45) ist erforderlich.

Tages-Greenfee: WT: EUR 50 / WE: EUR 55
Ermäßigung: Jugendl. bis 18 J. 50%

Platzbeschreibung

Der am Klostergut gelegene Platz verläuft auf einem sanft hügeligen Gelände oberhalb der Stadt direkt am Elmwald und bietet an zahlreichen Stellen einen weiten Blick nach Sachsen-Anhalt und zum Harz.

Platzinfos

VCG GPS GASTRO

Anfahrtsbeschreibung

Auf der A 2 bis zur Abfahrt Helmstedt, danach B 244 in Richtung Schöningen, in Schöningen rechts ab und der Ausschilderung Schöppenstedt/Braunschweig (B 82) folgen, kurz vor der Kirche rechts ist die Einfahrt zum Golfclub. Aus Richtung Schöppenstedt (B 82) am Ortseingang links abbiegen, nach ca. 100 m folgt links die Einfahrt zum Golfclub.

Nächstgelegene Plätze

Hedwigsburg, GC (Nr. 156)
Braunschweig, GK (Nr. 152)
Salzgitter/Liebenburg, GC (Nr. 160)

Golfclub Rittergut Hedwigsburg e.V.

Karte, Nr. 156, Feld G6 **18** Höhe: 60 m

gegründet: 1994

Golfplatz, 38324 Kissenbrück
☎ 05337-90703 Fax 05337-90704
✉ sekretariat@golfclub-hedwigsburg.de
www.golfclub-hedwigsburg.de

PR: Dr. Jörg Röhmann

i: ☎ 05337-90703 Fax 05337-90704
Karolina Probst, Katrin Grotha

„Schöne Aussicht", Carl Steinhoff
☎ 05337-78008
Mo. Ruhetag

PRO: Pro: Marius Rosteck, Peter Lux

H: 6094 m, CR 72.2, SL 133, Par 73
D: 5491 m, CR 75.2, SL 129, Par 73
20 Rangeabschläge (8 überdacht)

G: Gäste sind jederzeit willkommen. Clubausweis mit eingetragenem Handicap (54) ist erforderlich.

Tages-Greenfee: WT: EUR 55 / WE: EUR 65
9-Loch-Greenfee: WT: EUR 35
Für Mitglieder des Golfverbundes zwischen Harz und Heide zahlen ein einheitliches Greenfee von EUR 30 (Jugend EUR 20) von Montag bis Sonntag.
Ermäßigung: Jugendl./Stud. bis 27 J. 50%

Platzinfos

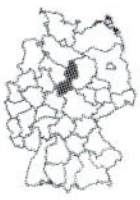

Anfahrtsbeschreibung

Von Hannover: A 2 bis ABK Braunschweig-Nord (Ausf. 55), weiter A 391 Ri. Kassel bis AB-Dr. Br.-Südwest (Ausf. 8), weiter A 39 Ri. Bad Harzburg bis ABK Br.-Süd (Ausf. 12), weiter A 395 Ri. Bad Harzburg bis Wolfenbüttel-Süd (Ausf. 7), weiter B 4 Ri. Halberstadt bis zur 1. Ampelkreuzung, dort rechts Ri. Schladen bis Ohrum, am Ortsausgang Ohrum links nach Kissenbrück und der Beschilderung zum Golfplatz folgen.

Platzbeschreibung

Der Golfclub Rittergut Hedwigsburg liegt südlich von Wolfenbüttel und nennt einen 18-Loch-Platz, der von breiten Fairways, schnellen, gut verteidigten Grüns und einem hügeligen Bahnverlauf geprägt ist, sein eigen. Der Platz ist gut gepflegt und verfügt zudem über eine großzügig gestaltete Driving Range mit überdachten Abschlagplätzen. Schön ist die Aussicht von der Terrasse des Clubhauses auf das südliche Umland sowie den 10. Abschlag!

Nächstgelegene Plätze

Braunschweig, GK (Nr. 152)
Salzgitter/Liebenburg, GC (Nr. 160)
St. Lorenz G&LC (Nr. 155)

Greenfee-Aktion: Seite G 45

Hamelner Golfclub e.V. Schloss Schwöbber

Karte, Nr. 157, Feld E6 **18/18** Höhe: 65 m

gegründet: 1985

Schwöbber 8, 31855 Aerzen
☎ 05154-9870 Fax 05154-987111
✉ info@hamelner-golfclub.de
www.hamelner-golfclub.de

PR: Friedrich-Wilhelm Müller

i: ☎ 05154-9870 Fax -987111
Michaela Korf

„Mulligan's"
☎ 05154-704777 // 0179-7454981 Fax 05151-1064934

PRO: Pro: Euan Runcie

18-Loch Baron von Münchhausen Platz
H: 5951 m, CR 74, SL 140, Par 73
D: 5241 m, CR 76.2, SL 137, Par 73
18-Loch Lucia von Reden Platz
H: 2813 m, CR 58, SL 96, Par 59
D: 2761 m, CR 57.3, SL 96, Par 59
30 Rangeabschläge (20 überdacht)

G: Gäste sind jederzeit willkommen. Anmeldung ist notwendig. Clubausweis mit eingetragenem Handicap (45) ist erforderlich. Auch an Turniertagen ist ein 18-Löcher Platz stets bespielbar.

18-Loch-Greenfee: EUR 60
9-Loch-Greenfee: EUR 40
Ermäßigung: Jugendl./Stud. 50%

Platzinfos

VCG CLUB GASTRO

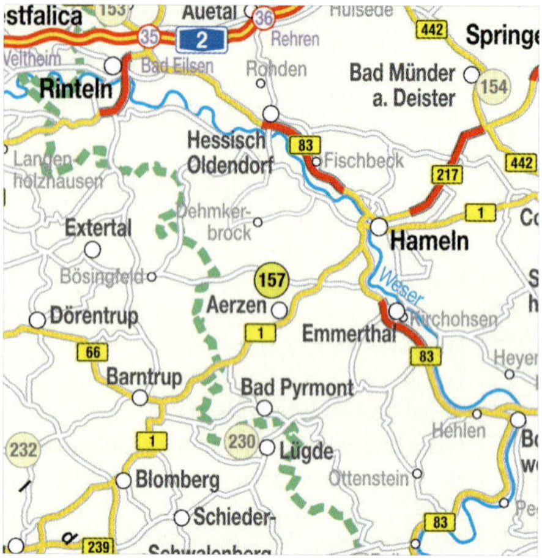

Anfahrtsbeschreibung

A 2 Dortmund-Hannover, Ausf. Bad Eilsen, re. einordnen Ri. Rinteln, nach 1 km wieder rechts Ri. Rinteln, nach 5 km Abfahrt Rinteln-Süd, links einordnen Ri. Extertal (Bösingfeld), nach 8,5 km Vorsicht Radar!, nach 3,5 km links Ri. Extertal (Bösingfeld) bis zum Kreisverkehr, vom Kreisverkehr Ri. Grupenhagen abbiegen, 1 km nach dem Ortsausgangsschild Grupenhagen liegt der Golfplatz rechter Hand.

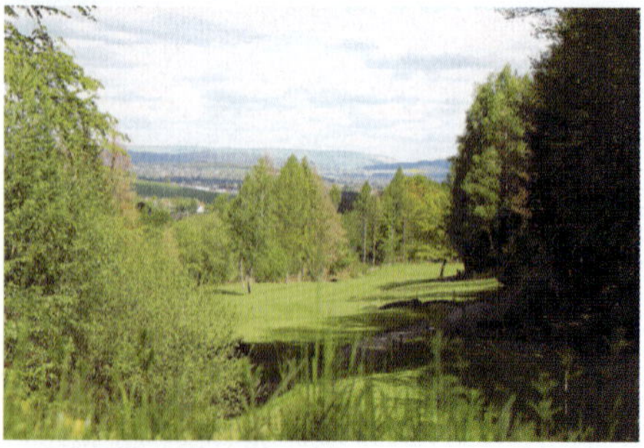

Platzbeschreibung

Zwei 18-Loch-Plätze, die ein Schlosshotel mit Park und das Clubrestaurant umrahmen. Eingebettet in die reizvolle Landschaft des Weserberglandes, mit uraltem, schattigem Baumbestand. Abschläge inmitten von Wäldern, Hügeln und Wiesen, mit grandiosen Ausblicken auf die Umgebung. Hier erleben Sie die Faszination Golf: auf zwei spielerisch anspruchsvollen Plätzen, reizvoll sowohl für den ambitionierten Golfer als auch für den Anfänger.

Nächstgelegene Plätze

Bad Pyrmont, GC (Nr. 230)
Am Deister, GC (Nr. 154)
Weserbergland, GC (Nr. 161)

Greenfee-Aktion: Seite G 45

Golf-Club Bad Salzdetfurth-Hildesheim e.V.

Karte, Nr. 158, Feld F6 **18** Höhe: 125 m

gegründet: 1972

Dr.-Jochen-Schneider-Weg 1,
31162 Bad Salzdetfurth-Wesseln
☎ 05063-1516 🖷 05063-1561
✉ info@golfclub-hildesheim.de
💻 www.golfclub-hildesheim.de

PR Wolfgang Wußmann
Headgreenkeeper: Karl Ernst Marks

i ☎ 05063-1516 🖷 -1561
Marta Györy

☎ 05063-960630 🖷 -1561
Mo. Ruhetag

18-Loch Meisterschaftsplatz
H: 5812 m, CR 71.7, SL 135, Par 72
D: 5141 m, CR 73.4, SL 128, Par 72
25 Rangeabschläge (5 überdacht)

G Gäste sind jederzeit willkommen. Anmeldung ist notwendig. Clubausweis mit eingetragenem Handicap (54) ist erforderlich.

18-Loch-Greenfee: WT: EUR 45 / WE: EUR 55
9-Loch-Greenfee: WT: EUR 30 / WE: EUR 35
Geburtstagskinder GF frei.
Ermäßigung: Jugendl./Stud. 50%

Platzbeschreibung

14 Kilometer südlich vom Zentrum Hildesheims, liegt seit 1972 die Anlage des Golf-Club Bad Salzdetfurth-Hildesheim. Abwechslungsreich und herausfordernd wie die Landschaft sind auch die 18 Spielbahnen. Es erwartet Sie eine Mischung aus anspruchsvoll angelegten Löchern, herrlichen Panoramen und der natürliche Charme des Buchenwaldes.

Platzinfos

VCG GPS CLUB

Anfahrtsbeschreibung

Nord-Süd A 7, Ausfahrt Rasthof Hildesheimer Börde, von dort über Heinde nach Groß-Düngen, weiter über die B 243 Richtung Seesen, hinter Wesseln rechts der Beschilderung zum Golfplatz folgen.

Nächstgelegene Plätze

Sieben-Berge, GC (Nr. 159)
Salzgitter/Liebenburg, GC (Nr. 160)
Rethmar Golf (Nr. 147)

Golfclub Sieben-Berge Rheden e.V.

Karte, Nr. 159, Feld F6 **18** Höhe: 100 m

gegründet: 1983

Schlossallee 1a, 31028 Gronau (Leine)
05182-52336 05182-923350
gc7berge@gmx.de
www.gc7berge.de

PR Eva Lichnowski, CM: Carlo Bornemann

05182-52336 05182-923350
Bianca Zorn, Waltraud Müller

Martin Müller
05182-2680
Mo. Ruhetag

PRO Pro: Silas Wagner

H: 5856 m, CR 70.6, SL 126, Par 71
D: 5121 m, CR 72.3, SL 122, Par 71
25 Rangeabschläge (10 überdacht)

G Gäste sind jederzeit willkommen. Sa./So./Feiertage ist Anmeldung notwendig. Clubausweis mit eingetragenem Handicap (54) ist erforderlich. Sa./So./Feiertage ist Handicap 45 erforderlich.

18-Loch-Greenfee: WT: EUR 45 / WE: EUR 55
9-Loch-Greenfee: WT: EUR 25 / WE: EUR 30
Ermäßigung: Jugendl./Stud.

Platzinfos

VCG

Anfahrtsbeschreibung

Von Hannover: B 3 über Elze nach Gronau und weiter 3 km Richtung Brüggen und Alfeld, ab der Ortsdurchfahrt Rheden der Beschilderung zum Golfplatz folgen. Aus Richtung Süden: B 3, Ausfahrt Brüggen, von Brüggen weiter Richtung Gronau bis Rheden und zum Golfplatz. Von Hildesheim: Über die B 1 in Richtung Hameln, bei Heyersum links ab nach Gronau und von dort nach Rheden und zum Golfplatz.

Platzbeschreibung

Der Golfplatz des 1983 gegründeten GC Sieben-Berge liegt am Fuße der Sieben Berge inmitten der sanften Hügellandschaft des Leineberglandes. Die Bahnen 1-9 mit ihrem beeindruckenden alten Baumbestand wurden bereits 1966 angelegt. Sie befinden sich oberhalb des ehemaligen Schlosses derer von Rheden im alten Schlosspark. Mit seinen diversen landschaftlich markanten Punkten, die eigentlich zum etwas längeren Verweilen einladen, bietet der Platz reizvolle Ausblicke auf die Leine-/ Deister-Urlaubsregion. Im Zuge steigender Mitgliederzahlen wurden in 1993 die Bahnen 10-18 angelegt. Sie verlaufen in einem leicht hügeligen und freien Gelände.

Nächstgelegene Plätze

Bad Salzdetfurth-Hildesh., GC (Nr. 158)
Gleidingen, GC (Nr. 151)
Am Deister, GC (Nr. 154)

Greenfee-Aktion: Seite G 45

Golf Club Salzgitter/Liebenburg e.V.

Karte, Nr. 160, Feld F6 **18** Höhe: 180 m

gegründet: 1985

Sportpark Mahner Berg, 38259 Salzgitter
05341-37376 05341-905170
info@golfclub-salzgitter.de
www.golfclub-salzgitter.de

PR
Thomas Hartmann

05341-37376 05341-905170
Elena Mundt und Birgit Rettkowski

Restaurant „Landliebe"
05341-905171 05341-905170
Mo. Ruhetag

PRO SHOP
Golfschule Anthony
0172-3134752

PRO
Pro: Anthony Chukwuemeka

H: 5992 m, CR 72.1, SL 137, Par 72
D: 5147 m, CR 73.6, SL 125, Par 72
30 Rangeabschläge (3 überdacht)

G
Gäste sind jederzeit willkommen. Clubausweis mit eingetragener PE ist erforderlich.

18-Loch-Greenfee: WT: EUR 45 / WE: EUR 50
9-Loch-Greenfee: WT: EUR 35 / WE: EUR 40
Ermäßigung: Jugendl./Stud. 50%

Platzinfos

Anfahrtsbeschreibung

A 7 Kassel-Hannover aus Richtung Kassel: Ausfahrt Rhüden in Richtung Goslar/Salzgitter-Bad. Aus Richtung Hannover: Ausfahrt Derneburg-Salzgitter Richtung Goslar auf der B 6 bis Salzgitter-Bad. Im Ortsbereich der Beschilderung „Mahner Berg" bzw. „Golfplatz" zum Golfplatzanlage folgen.

Platzbeschreibung

Dieser 18-Löcher-Platz liegt auf einem 47 ha großen Gelände im Kurort Salzgitter-Bad. Die in eine weitläufige Wald- und Hügellandschaft des Vorharzes eingebetteten Bahnen bieten teilweise Schräglagen und erfordern insgesamt eine überlegte Spielstrategie.

Nächstgelegene Plätze

Hedwigsburg, GC (Nr. 156)
Harz, GC (Nr. 162)
Bad Salzdetfurth-Hildesh., GC (Nr. 158)

Niedersachsen + Bremen

Greenfee-Aktion: Seite G 45f

Golf Club Weserbergland e.V.

Karte, Nr. 161, Feld E6 **18** Höhe: 160 m

gegründet: 1982

Weißenfeld 2, 37647 Polle
☎ 05535-8842 🖷 05535-1225
✉ info@golfclub-weserbergland.de
💻 www.golfclub-weserbergland.de

PR Wolf-Peter Pape

i ☎ 05535-8842 🖷 -1225
Sabine Meyer

Peters Restaurant
☎ 05535 – 211 38 98
Mo. Ruhetag

PRO SHOP Pro Shop S. Neuhaus, Sebastian Neuhaus
☎ 0160-8422682

PRO Pro: Sebastian Neuhaus

H: 5787 m, CR 70.6, SL 132, Par 72
D: 5003 m, CR 72.2, SL 124, Par 72
10 Rangeabschläge (2 überdacht)

G Gäste sind jederzeit willkommen. Sa./So./Feiertage ist Anmeldung notwendig. Clubausweis mit eingetragener PE ist erforderlich.

18-Loch-Greenfee: WT: EUR 50 / WE: EUR 60
9-Loch-Greenfee: WT: EUR 30 / WE: EUR 35
Elektro-Cart auf Anfrage.
Ermäßigung: Jugendl. 50%

Platzinfos

VCG GPS CLUB

Anfahrtsbeschreibung
B 83 Holzminden Richtung Hameln, in Polle links auf die Kreisstraße 32 Richtung Hummersen. Oder: B 239 Richtung Falkenhagen, rechts auf die Kreisstraße 32 Richtung Polle und zum Golfplatz.

Platzbeschreibung
Inmitten der sanften Hügel des Weserberglandes liegt der reizvolle 18-Loch Platz des Golfclub Weserbergland. Dieser einmalige Parklandcourse gehört zu den schönsten Golfplätzen der Region. Harmonisch eingebettet in die idyllische Umgebung präsentiert sich die Anlage mit Hügeln, Wasserhindernissen und ihrem zum Teil alten Baumbestand als ideale Voraussetzung für einen gelungenen Golftag. Genießen Sie die wundervollen Ausblicke über die Berge und Täler des Weserberglandes.

Nächstgelegene Plätze
Bad Pyrmont, GC (Nr. 230)
Hamelner GC (Nr. 157)
Lippischer GC (Nr. 232)

Greenfee-Aktion: Seite G 47

Golf-Club Harz

Karte, Nr. 162, Feld G6 18 Höhe: 300 m

gegründet: 1969

Am Breitenberg 107, 38667 Bad Harzburg
05322-6737 05322-2498
info@golfclubharz.de
www.golfclubharz.de

PR: Detlef Mittendorf

i: 05322-6737 05322-2498
Marcel Wachs, Astrid Rogowski

Aubergine am Golfplatz, Mahmut Kartal
05322-5590545

PRO SHOP: Golf Shop
05322-6737

PRO: Pro: Christian Otto

H: 5793 m, CR 71.8, SL 139, Par 72
D: 5019 m, CR 73, SL 133, Par 72
24 Rangeabschläge (4 überdacht)

G: Gäste sind jederzeit willkommen. Anmeldung ist notwendig. Clubausweis mit eingetragener PE ist erforderlich.

18-Loch-Greenfee: WT: EUR 55 / WE: EUR 65
9-Loch-Greenfee: WT: EUR 30 / WE: EUR 35
E-Cart pro Runde: EUR 25
Ermäßigung: Jugendl./Stud. 50%

Platzinfos

VCG GPS CLUB

Anfahrtsbeschreibung

Nach Bad Harzburg über die A 7 Kassel-Hannover, Ausfahrt Salzgitter oder Goslar. Der Platz liegt direkt in der Stadtmitte nur 5 Min. von der Fußgängerzone entfernt am Breitenberg.

Platzbeschreibung

Mitten in der Stadt liegt Bad Harzburgs „zweiter Kurpark" - der 18 Löcher Platz des Golf-Club Harz. Seine direkte Stadtlage bietet sehr viel Reizvolles. So prägen eine hügelige Landschaft, ein sehr schöner alter Baumbestand und das Gelände der ehemaligen Gestütswiesen, viele interessant gestaltete und idyllisch angelegte Wasserhindernisse die Atmosphäre des Platzes, der für einstellige Handicaps eine sportlich interessante Herausforderung darstellt und gleichzeitig Anfänger vor lösbare Probleme stellt.

Nächstgelegene Plätze

Salzgitter/Liebenburg, GC (Nr. 160)
Hedwigsburg, GC (Nr. 156)
Rothenbergerhaus, GC (Nr. 165)

Greenfee-Aktion: Seite G 47

Golf und Country Club Leinetal Einbeck e.V.

Karte, Nr. 163, Feld F6 **18** Design: David Krause Höhe: 140 m

gegründet: 1997

Am Holzgrund 20, 37574 Einbeck-Immensen
05561-982305 05561-982306
info@golfclub-einbeck.de
www.golfclub-einbeck.de

PR Henning Voss

05561-982305 05561-982306
Celina Weinhardt

Golf-Stüberl
05561-3135598
Mo. Ruhetag

H: 5341 m, CR 68.9, SL 130, Par 71
D: 4612 m, CR 69.9, SL 128, Par 71
30 Rangeabschläge (6 überdacht)

G Gäste sind jederzeit willkommen. Anmeldung ist notwendig. Clubausweis mit eingetragener PE ist erforderlich. Greenfeekarten erhalten Sie im Sekretariat oder außerhalb der Öffnungszeiten im Eingang zum Clubhaus.

18-Loch-Greenfee: WT: EUR 40 / WE: EUR 50
9-Loch-Greenfee: WT: EUR 25 / WE: EUR 30
Ermäßigungen (Einzelspieler oder Gruppen): 10er Karte = 10% / 20er-Karte = 20% / ab 30 Personen 25%. Kein Doppel-Rabatt möglich!
Ermäßigung: Jugendl. bis 18 J. und Stud. bis 27 J. 50%

Platzinfos

VCG GPS CLUB GASTRO

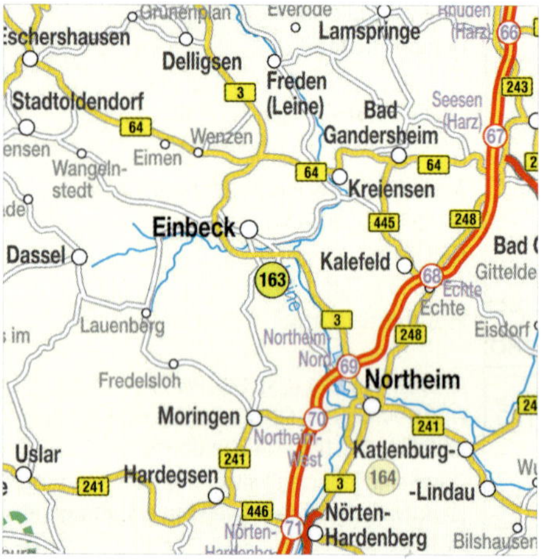

Anfahrtsbeschreibung

A 7 Hannover-Kassel, Ausfahrt Northeim-Nord, B 3 Richtung Einbeck, Abfahrt Einbeck-Ost Richtung Immensen, nach 2 km rechts nach Immensen, in Immensen die 1. Straße rechts zum Golfplatz abbiegen. Folgen Sie den Piktogrammen mit dem Golfspieler.

Platzbeschreibung

Auf einem langgezogenen Hügel erstreckt sich der Golf Park über 30 ha geographisch ein wenig abgehoben von der Umgebung, dem Leinetal. Allein die große Übungsanlage nimmt mit Range, Pitching Greens, Putting Green und Übungsplatz 15 % der Fläche ein. Sie macht Anfängern und Könnern Golfen leicht. Der Platz sieht einfacher aus als er ist, ein wenig hügelig, zahlreiche Hindernisse und die vielen erhöhten Grüns machen ihn durchaus reizvoll.

Nächstgelegene Plätze

Hardenberg, GC (Nr. 164)
Sieben-Berge, GC (Nr. 159)
Bad Salzdetfurth-Hildesh., GC (Nr. 158)

Golf Club Hardenberg e.V.

Karte, Nr. 164, Feld F6 **42** Design: David Krause Höhe: 250 m

gegründet: 1969

Levershausen, 1, 37154 Northeim
05551-908380
info@gchardenberg.de
www.gchardenberg.de

PR: Oliver Bartels
Headgreenkeeper: Vitali Iskam

i: 05551-908380

Golfrestaurant Sachsenross, Sebastian Walbrecht. 05551-61866

PRO SHOP: Service-Center, Christiane Löber
05551-908380

PRO: Pro: Stefan Quirmbach, Carsten Lebbe

18-Loch Göttingen Course
H: 6033 m, CR 72.7, SL 139, Par 72
D: 5276 m, CR 74.5, SL 134, Par 72
18-Loch Niedersachsen Course
H: 5901 m, CR 72.9, SL 136, Par 72
D: 5137 m, CR 74.5, SL 131, Par 72
80 Rangeabschläge (16 überdacht)

G: Gäste sind jederzeit willkommen. Anmeldung ist notwendig. Clubausweis mit eingetragenem Handicap (54) ist erforderlich.

18-Loch-Greenfee: Mo.-Do.: EUR 68 / Fr.-So.: EUR 78
9-Loch-Greenfee: Mo.-Do.: EUR 41 / Fr.-So.: EUR 47
Ermäßigung: Jugendl./Stud. bis 27 J. 50%

Platzbeschreibung

Der auf 36 Löcher erweiterte Platz gilt als reizvolle und sportlich anspruchsvolle Anlage. Der Göttingen Course mit seinem hügeligen Gelände verlangt vor allem Ausdauer, der neue Niedersachsen Course weist als Highlight das Wappentier der Grafen von Hardenberg auf - einen Keilerkopf als Par 3-Inselgrün. Ein Trockenbiotop, ein Canyon, Streuobstwiesen etc. sind weitere Kennzeichen des Courses. Der 6-Loch-Public-Course ist öffentlich und 915 m lang.

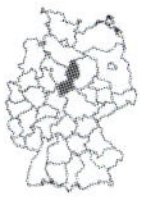

Platzinfos

VCG GPS CLUB GASTRO

Anfahrtsbeschreibung

A 7, Ausfahrt Nörten-Hardenberg (zwischen Göttingen und Northeim), B 3 Richtung Northeim, neue Abzweigung nach rechts Richtung Katlenburg, nach ca. 3 km über die bewaldete Kuppe und dann links zum Golfplatz abbiegen.

Nächstgelegene Plätze

Leinetal Einbeck, G&CC (Nr. 163)
Rothenbergerhaus, GC (Nr. 165)
Gut Wissmannshof, GC (Nr. 166)

Greenfee-Aktion: Seite G 49

Golfclub Rittergut Rothenbergerhaus e.V.

Karte, Nr. 165, Feld F7 **18/4** Design: Werner Lamm Höhe: 200 m

gegründet: 1994

Rittergut Rothenberger Haus,
37115 Duderstadt
05529-8992 / 05529-8995 Fax 05529-999707
manager@golf-duderstadt.de
www.golf-duderstadt.de

PR Jürgen Wundrack,
GF: Johanna Elsner v. der Malsburg
Headgreenkeeper: Constantin Elsner v. der Malsburg

i 05529-8995 Fax -999707
Siegfried Esseln

Waltraud Hoppmann
05529-8993 Fax -999707
Mo. Ruhetag

PRO SHOP Pro Shop „Tee 2 Green",
Eva-Maria Schulze-Niehoff
05529-8992 Fax -999707

PRO Pro: Frank Piater

18-Loch „Golf ohne Grenzen" Platz
H: 5984 m, CR 71.3, SL 128, Par 72
D: 5250 m, CR 73.5, SL 124, Par 72
50 Rangeabschläge (6 überdacht)

G Gäste sind jederzeit willkommen. Sa./So./Feiertage ist Anmeldung notwendig. Clubausweis mit eingetragener PE ist erforderlich.

18-Loch-Greenfee: WT: EUR 50 / WE: EUR 60
9-Loch-Greenfee: WT: EUR 30 / WE: EUR 40
Driving Range inkl. Kurzplatz EUR 5
Ermäßigung: Jugendl./Stud. 50%

Platzinfos

VCG GPS CLUB

Anfahrtsbeschreibung

Navigationsadresse: Rothenbergerhaus, 37412 Herzberg am Harz Von Norden: A 7, Ausf. Seesen Richtung Herzberg (B 243) weiter über Pöhlde und Hilkerode nach Zwinge, vor dem Ortsanfang Zwinge links und der Beschilderung zum Rothenbergerhaus folgen. Von Süden: A 7, Ausf. Göttingen-Nord Richtung Braunlage (B 27) bis Gieboldenhausen, weiter über Rhumspringe-Hilkerode nach Zwinge, vor dem Ortsanfang Zwinge links und der Beschilderung folgen.

Platzbeschreibung

Nicht unweit der historischen Stadt Duderstadt und ca. 35 Autominuten von Göttingen, Heiligenstadt bzw. Osterode entfernt befindet sich auf dem Rittergut Rothenberger Haus, umrahmt von der wunderschönen Natur des Südharzes, eine unverwechselbare Golfanlage.

Nächstgelegene Plätze

Hardenberg, GC (Nr. 164)
Harz, GC (Nr. 162)
Leinetal Einbeck, G&CC (Nr. 163)

Sport-und Golf-Resort Gut Wissmannshof

Karte, Nr. 166, Feld E7 **18** Höhe: 300 m

gegründet: 1994

Wissmannshof 1, 34355 Staufenberg
✆ 05543-999335 🖷 05543-910779
✉ info@wissmannshof.de
💻 www.wissmannshof.de

PR: GF: Hubert Landefeld

i: ✆ 05543-999335 🖷 05543-910779

Restaurant Gut Wissmannshof, Marcel Heid
✆ 05543-9992239 🖷 05543-910779

PRO SHOP: Sport- & Golf-Resort Gut Wissmannshof, Frank Wiegand
✆ 05543-999335 🖷 05543-910779

PRO: Pro: Fabian Becker, Dennis Hilgenberg

H: 5695 m, CR 71.3, SL 133, Par 72
D: 4960 m, CR 72.8, SL 128, Par 72
75 Rangeabschläge (45 überdacht)

G: Gäste sind jederzeit willkommen. Anmeldung ist notwendig. Clubausweis mit eingetragener PE ist erforderlich.

18-Loch-Greenfee: WT: EUR 75 / WE: EUR 85
9-Loch-Greenfee: WT: EUR 45 / WE: EUR 55
Startzeitenreservierung an allen Tagen erforderlich
Ermäßigung: Jugendl. bis 18 J. und Stud. bis 27 J. 50%

Platzinfos

VCG CLUB GASTRO

Anfahrtsbeschreibung

A 7, Ausfahrt Hann. Münden-Lutterberg Richtung Lutterberg, in Lutterberg rechts Richtung Speele bis zur Beschilderung Gut Wissmannshof.

Platzbeschreibung

Die Lage des Platzes im Naturpark Münden/ Kaufunger Wald zeichnet sich durch absolute Ruhe, herrlichste Fernsicht und abwechslungsreiche Umgebung aus. Für Golfspieler aller Klassen wird eine faire Herausforderung geboten. Der natürliche, offene Charakter des 110 ha großen Geländes bestimmt das Umfeld der Bahnen. Der Golfer wird mit verschiedenen Stilrichtungen der Golfarchitektur interessant konfrontiert.

Nächstgelegene Plätze

Kassel-Wilhelmshöhe, GC (Nr. 376)
Zierenberg, GC (Nr. 374)
Gudensberg, GP (Nr. 378)

Berlin + Brandenburg

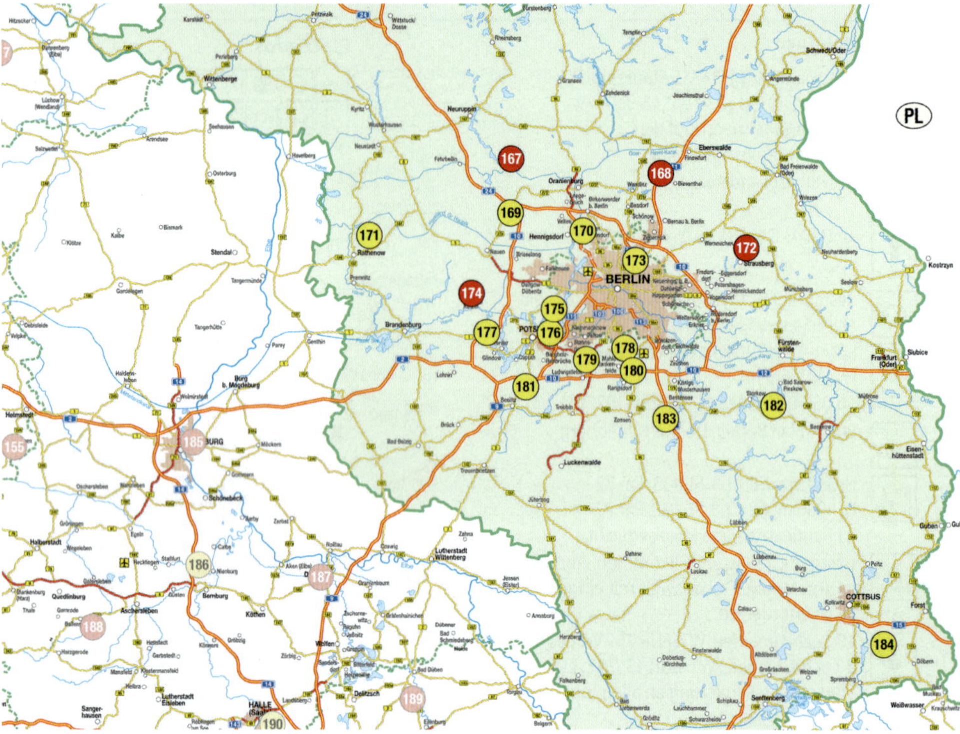

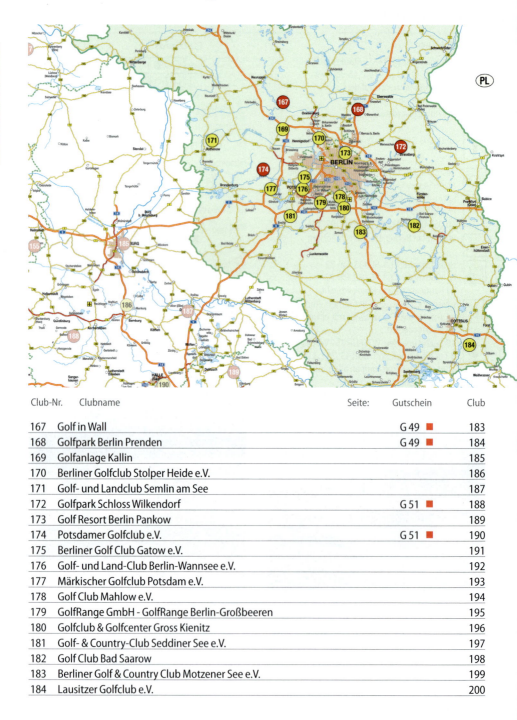

Club-Nr.	Clubname	Seite: Gutschein	Club
167	Golf in Wall	G 49 ■	183
168	Golfpark Berlin Prenden	G 49 ■	184
169	Golfanlage Kallin		185
170	Berliner Golfclub Stolper Heide e.V.		186
171	Golf- und Landclub Semlin am See		187
172	Golfpark Schloss Wilkendorf	G 51 ■	188
173	Golf Resort Berlin Pankow		189
174	Potsdamer Golfclub e.V.	G 51 ■	190
175	Berliner Golf Club Gatow e.V.		191
176	Golf- und Land-Club Berlin-Wannsee e.V.		192
177	Märkischer Golfclub Potsdam e.V.		193
178	Golf Club Mahlow e.V.		194
179	GolfRange GmbH - GolfRange Berlin-Großbeeren		195
180	Golfclub & Golfcenter Gross Kienitz		196
181	Golf- & Country-Club Seddiner See e.V.		197
182	Golf Club Bad Saarow		198
183	Berliner Golf & Country Club Motzener See e.V.		199
184	Lausitzer Golfclub e.V.		200

■ = Partner Albrecht Greenfee-Aktion

Golf in Wall

Karte, Nr. 167, Feld K4 18/9 Design: Flemming Maas

gegründet: 2005

Am Königsgraben 1, 16818 Wall
☎ 033925-71135 Fax 033925-90805
✉ info@golfinwall.de
www.golfinwall.de

PR: Flemming Maas, GF: Flemming Maas, CM: Odette Richter

i: ☎ 033925-71135 Fax -90805
Odette Richter

Bistro, Flemming Maas
☎ 033925-71135 Fax 033925-90805

PRO SHOP: Proshop Flemming Maas
☎ 033925-71135 Fax -90805

PRO: Pro: Flemming Maas, Wil Jaspers

18-Loch Golf in Wall Platz
H: 5712 m, CR 71, SL 126, Par 72
D: 4962 m, CR 72.3, SL 124, Par 72
9-Loch Kranichplatz (Executive)
H: 3332 m, CR 59.1, SL 100, Par 62
D: 3016 m, CR 59.3, SL 101, Par 62
50 Rangeabschläge (9 überdacht)

G: Gäste sind jederzeit willkommen. Anmeldung ist notwendig. Clubausweis mit eingetragenem Handicap (54) ist erforderlich.

18-Loch-Greenfee: WT: EUR 45 / WE: EUR 59
9-Loch-Greenfee: WT: EUR 25 / WE: EUR 33
Ermäßigung: Jugendl. bis 18 J. 50%

Platzbeschreibung

Natur erleben - Golf geniessen Unweit von Berlin, schnell über die A24 zu erreichen, befindet sich die weitläufige Golfanlage mit einem 18-Loch und einem 9-Loch Golfplatz. Ein freier Rundblick bis zum Horizont, eine Landschaft voller Wiesen, Felder und Wasserläufe - das ist Golf in Wall. Ruhe und Natur, gepflegte Abschläge und Fairways, große und treue Grüns erfreuen Auge und Seele. Wir freuen uns auf Ihren Besuch.

Platzinfos

VCG GPS CLUB GASTRO

Anfahrtsbeschreibung

Von Berlin: A 24 Ri. Hamburg, Abf. Kremmen, li. Ri. Kremmen, in Kremmen den Schildern Ri. Sommerfeld folgen. An der Kreuzung in Sommerfeld li. Ri. Beetz, in Beetz li. Ri. Wall. Ca. 500 m nach dem Ortseingang liegt der Golfplatz rechts. Oder von Hamburg: A 24 Ri. Berlin, Abf. Neuruppin Süd, li. Ri. Wustrau, durch Wustrau und in Radensleben re. Ri. Papsthum und Wall. In Wall links und der Dorfstraße folgen. Der Platz liegt 200 m nach dem Bahnübergang links.

Nächstgelegene Plätze

Kallin, GA (Nr. 169)
Stolper Heide, Berl. GC (Nr. 170)
Potsdamer GC (Nr. 174)

Greenfee-Aktion: Seite G 49

Golfpark Berlin Prenden

Karte, Nr. 168, Feld K4 **18/9** Höhe: 56 m

gegründet: 1991

Waldweg 3, 16348 Prenden
✆ 033396-7790
✉ info@golfplatz-prenden.de
💻 www.golfplatz-prenden.de

PR Bernd Mrosack, GF: Martin Thater
Marta Lusawa
Headgreenkeeper: Dagmar Stange-Stein

i ✆ 033396-7790
Stefan Heller, Kira Sommerfeld

Restaurant van Wachtel, Martin Müller
✆ 033396-877676

PRO Pro: Michael Lins, Raimund Sotier

18-Loch Prenden Pines Platz
H: 6132 m, CR 72.3, SL 129, Par 72
D: 5478 m, CR 74.8, SL 131, Par 72
9-Loch Hunters Nine Platz
H: 5900 m, CR 70.4, SL 128, Par 72
D: 5204 m, CR 72.3, SL 119, Par 72
40 Rangeabschläge (7 überdacht)

G Gäste sind jederzeit willkommen. Clubausweis mit eingetragener PE ist erforderlich.

18-Loch-Greenfee: WT: EUR 55 / WE: EUR 65
9-Loch-Greenfee: WT: EUR 35 / WE: EUR 39
Ermäßigung: Jugendl./Stud. 50%

Platzinfos

VCG · GPS · CLUB · GASTRO

Anfahrtsbeschreibung
Autobahn Berliner Ring bis zum AB-Dr. Barnim, dann die A 11 Richtung Prenzlau, Ausfahrt Lanke-Prenden, auf der Landstraße Richtung Prenden und der Beschilderung zum Golfplatz folgen.

Platzbeschreibung
Die gesamte 27-Loch-Anlage wurde in schottischem Stil erbaut. Große terrassenförmige Greens, natürliches Rough sowie Wasserhindernisse und zahlreiche Topfbunker machen den Kurs strategisch und technisch anspruchsvoll.

Nächstgelegene Plätze
Berlin Pankow, GR (Nr. 173)
Stolper Heide, Berl. GC (Nr. 170)
Schloß Wilkendorf, GC (Nr. 172)

Golfanlage Kallin

Karte, Nr. 169, Feld K5   18/9

gegründet: 1990

Am Kallin 1, 14641 Nauen OT Börnicke
033230-8940 033230-89419
info@golf-kallin.de
www.golf-kallin.de

PR Heinz Christian Fink, GF: Marcel Behnke

i 033230-8940 033230-89419
Patricia Ulfert

Restaurant „Am Kallin"
033230-89451 033230-89419

PRO SHOP Golfanlage Kallin Betriebs GmbH
033230-8940 033230-89419

PRO Pro: Sascha Orlic, Nathan Danner, Alan Clarke

18-Loch Platz
H: 6029 m, CR 71.5, SL 131, Par 72
D: 5297 m, CR 73.5, SL 128, Par 72
9-Loch Platz
H: 4288 m, CR 61.7, SL 113, Par 64
D: 3788 m, CR 62.4, SL 108, Par 64
60 Rangeabschläge (9 überdacht)

G Gäste sind jederzeit willkommen. Anmeldung ist notwendig. Clubausweis mit eingetragenem Handicap (45) ist erforderlich. Sa./So./Feiertage ist Handicap 36 erforderlich.

18-Loch-Greenfee: WT: EUR 60 / WE: EUR 80
9-Loch-Greenfee: WT: EUR 40
9-Loch-Runde auf dem 18-Lochplatz am WE nicht möglich!
Ermäßigung: Jugendl. bis 17 J. 50%

Platzbeschreibung

Die 27-Loch-Anlage inmitten eines Kiefernwaldes, bieten ein abwechslungsreiches Golfspiel, dominiert durch seine 35.000 qm Wasserflächen. Das großzügig angelegte Übungsareal besitzt alle Möglichkeiten, um das Training erfolgreich u. kurzweilig zu gestalten. Nicht nur sportlich u. landschaftlich bietet die Anlage etwas Besonderes, sondern auch das Clubhaus mit herrlichem Terrassenblick und seiner Gastronomie lässt den Golftag zum Erlebnis werden.

Platzinfos

VCG GPS CLUB GASTRO

Anfahrtsbeschreibung

A 10 Berliner Ring Richtung Hamburg, nach dem Autobahndreieck Havelland Ausfahrt Kremmen-Nauen rechts Richtung Nauen B 273, nach 2 km links zum Golfplatz abbiegen.

Nächstgelegene Plätze

Wall, Golf in (Nr. 167)
Stolper Heide, Berl. GC (Nr. 170)
Potsdamer GC (Nr. 174)

Berlin + Brandenburg

Berliner Golfclub Stolper Heide e.V.

Karte, Nr. 170, Feld K5 18/18/6 Design: B. Langer, K. Rossknecht, C. Höhe: 52 m

gegründet: 1995

Am Golfplatz 1,
16540 Hohen Neuendorf OT Stolpe
✆ 03303-549214 🖷 03303-549222
✉ info@golfclub-stolperheide.de
💻 www.bgcsh.de

PR: Walter Gröling, GF: Thomas Bonk,
CM: Lydia Neilson
Headgreenkeeper: Christian Franke

i: ✆ 03303-549214 🖷 03303-549222
Joachim Otto

Restaurant GREEN, Christina Prade
✆ 03303-549225 🖷 03303-549222

PRO SHOP: Hohmann Golf-Sport, Petra Hohmann
✆ 03303-2197926

PRO: Pro: Gregor Tilch, Max Tscherner, Alen Misch-kulnig, Antje Hinz, Marcel Ohorn, Rolf Kinkel, Tim Mildes

18-Loch Westplatz
H: 5974 m, CR 71.9, SL 127, Par 72
D: 5222 m, CR 73.2, SL 127, Par 72
18-Loch Ostplatz
H: 6021 m, CR 71.8, SL 130, Par 72
D: 5232 m, CR 73.1, SL 128, Par 72
120 Rangeabschläge (15 überdacht)

G: Gäste sind jederzeit willkommen. Anmeldung ist notwendig. Clubausweis mit eingetragener PE ist erforderlich.

18-Loch-Greenfee: WT: EUR 70 / WE: EUR 100
9-Loch-Greenfee: WT: EUR 40 / WE: EUR 60
Borchert Short Course: 6-Loch-Übungsplatz, GF EUR 20, Jugendliche bis 18 Jahre EUR 10
Ermäßigung: Jugendl. bis 18 J. und Stud. bis 29 J. 50%

Platzbeschreibung

FREUNDLICH - SPORTLICH - NAH Nur 25 min. vom Ku'damm entfernt, bietet diese Anlage im Norden Berlins Golf auf hohem Niveau. Sie umfasst zwei 18-Loch-Plätze, entworfen von Bernhard Langer.

Platzinfos

VCG GPS CLUB GASTRO

Anfahrtsbeschreibung

A 111 Berlin-Hamburg, Ausfahrt Henningsdorf-Stolpe (2b) Richtung Stolpe, nach ca. 700 m rechts in den Frohnauer Weg zum Golfplatz abbiegen.

Nächstgelegene Plätze

Berlin Pankow, GR (Nr. 173)
Kallin, GA (Nr. 169)
Berliner GC Gatow (Nr. 175)

Golf- und Landclub Semlin am See

Karte, Nr. 171, Feld I5 **27/9** Design: Christoph Städler Höhe: 20 m

gegründet: 1992

Ferchesarer Straße 8b, 14712 Rathenow OT Semlin
03385-554474 03385-554400
golf@golfresort-semlin.de
www.golfresort-semlin.de

PR: Michael Lieberkühn, GF: Mechthild Lieberkühn

i: 03385-554474 03385-554400
Monique Fahlenberg

Otto´s
03385-5540 03385-554400

PRO SHOP: Semliner Golfplatzprojektverw.
03385-554474 03385-554400

PRO: Pro: Zunker Florian, Robert Stoye

27-Loch GolfResort Semlin Platz
H: 5934 m, CR 71.6, SL 132, Par 72
D: 5276 m, CR 73.9, SL 129, Par 72
9-Loch Pay & Play Par 3 Platz
H: 1090 m, Par 27, D: 1090 m, Par 27
70 Rangeabschläge (6 überdacht)

G: Gäste sind jederzeit willkommen. Anmeldung ist notwendig. Clubausweis mit eingetragenem Handicap (54) ist erforderlich. Mitglieder der Berlin/Brandenburger Golfclubs ermäßigtes GF am Dienstag EUR 36. Vcg-Spieler ermäßigtes GF am Dienstag EUR 40

18-Loch-Greenfee: Mo.-Do.: EUR 45 / Fr.: EUR 50 / WE: EUR 70.
9-Loch-Greenfee: WT: EUR 30 / WE: EUR 40.
Ermäßigung: Jugendl. bis 18 J. und Stud. bis 27 J.

Platzbeschreibung

Herzlich Willkommen im GolfResort Semlin! Ob leidenschaftlicher Golfer oder Naturliebhaber, passionierter Wanderer, Feinschmecker oder Auszeitsuchender – hier findet jeder etwas ganz nach seinem Geschmack. Unser Golfplatz im GolfResort Semlin besticht nicht nur durch die besondere Lage inmitten schönster Natur, in der ausschließlich Vögel und Bälle durch die Lüfte fliegen, sondern auch durch das Ambiente unserer 72 Komfortzimmer im direkt auf der Anlage gelegenen Hotel. Genießen Sie den wunderschönen Blick von unserer Sonnenterrasse auf die Löcher 18 und 27 in unserem Restaurant Otto's, das mit regionalen Wildgerichten aus der Jagd in den umliegenden Wäldern jeden hungrigen Gast auf köstliche Weise verzaubert.

Platzinfos

VCG GPS CLUB GASTRO

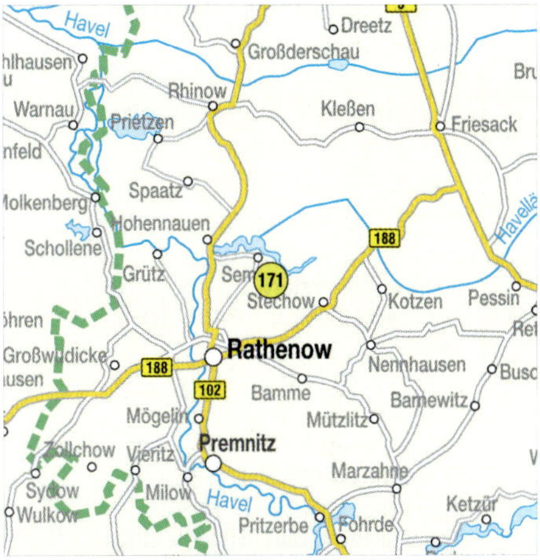

Anfahrtsbeschreibung

Von Berlin: B 5 über Heerstraße/Staaken, Ri. Westen. Hinter Nauen li. B 188 Ri. Rathenow. Nach ca. 20 km re. in Stechow einbiegen und der Beschilderung zum Golfplatz folgen. Von Hannover: A 2 Ri. Berlin, AF Burg. B 1 bis Genthin, danach Ri. Rathenow. In Rathenow der Beschild. nach Semlin folgen. Von Hamburg: A 24 Ri. Berlin AF Neuruppin. B 167 Ri. Rathenow, vor Wusterhausen über B 102 Ri. Rathenow. Hinter Hohennauen der Beschilderung nach Semlin folgen.

Nächstgelegene Plätze

Potsdamer GC (Nr. 174)
Kallin, GA (Nr. 169)
Märkisch. GC Potsdam (Nr. 177)

Greenfee-Aktion: Seite G 51

Golfpark Schloss Wilkendorf

Karte, Nr. 172, Feld L5 **42** Design: Sandy Lyle, Ross McMurray, Southern Golf

gegründet: 1991

Am Weiher 1, 15345 Atlandsberg - Wilkendorf
03341-330960 03341-330961
info@golfpark-schloss-wilkendorf.com
www.golfpark-schloss-wilkendorf.com

PR: CM: Thomas Schumann
Headgreenkeeper: Gordon Smith

i: 03341-330960 03341-330961

Café & Restaurant
03341-330990 03341-330961

PRO SHOP: Golfshop Wilkendorf
03341-330960 03341-330961

18-Loch Sandy Lyle Platz
H: 6096 m, CR 72.7, SL 133, Par 72
D: 5302 m, CR 74, SL 129, Par 72
18-Loch Westside Platz
H: 5763 m, CR 69.9, SL 125, Par 72
D: 5149 m, CR 72, SL 119, Par 72
48 Rangeabschläge (16 überdacht)

G: Gäste sind jederzeit willkommen. Anmeldung ist notwendig. Clubausweis mit eingetragenem Handicap (54) ist erforderlich.

18-Loch-Greenfee: WT: EUR 70 / WE: EUR 80
9-Loch-Greenfee: WT: EUR 40 / WE: EUR 50
Ermäßigung: Jugendl. und Stud. bis 27 J. 50%

Platzinfos

VCG GPS CLUB GASTRO

Anfahrtsbeschreibung

Von Berlin-Mitte über die Frankfurter Allee auf der B1/5 in Richtung Frankfurt/Oder fahren. Nach „Möbel Kraft“ fahren Sie in Richtung Strausberg. Auf dieser Straße gelangen Sie auf die Umgehungsstraße von Strausberg und fahren bis zum Kreisverkehr dort folgen Sie der Ausschilderung „Golfplatz“. 2 km nach dem Hotel „The Lakeside“ biegen Sie rechts nach Wilkendorf ab.

Platzbeschreibung

Nur 45 Minuten vom Alexanderplatz entfernt, bietet der Golfpark Schloss Wilkendorf seit 1995 Golfsportlern und Erholungssuchenden Raum für Entspannung, aber auch für sportliche Herausforderung. Im dazugehörigen Café & Restaurant gehen seit Errichtung nicht nur Golfer ein und aus, sondern auch Genießer aus der Region. Reine Natur, unbeschreibliche Platzattraktivität und familiäre Atmosphäre bilden das erfolgreiche Ergebnis des boomenden Golfsports.

Nächstgelegene Plätze

Berlin Pankow, GR (Nr. 173)
Prenden, GP (Nr. 168)
Bad Saarow, GC (Nr. 182)

Golf Resort Berlin Pankow

Karte, Nr. 173, Feld K5 18/9/6/3 Design: Bavaria Golf Resort Höhe: 40 m

gegründet: 2005

Blankenburger Pflasterweg 40, 13129 Berlin
030-50019490 030-50019499
info@golf-pankow.de
www.golf-pankow.de

PR Dr. Rüdiger Umhau, GF: Gabriele Wagmüller,
CM: Paul Wagmüller
Headgreenkeeper: Stefan Kahlert

i 030-50019490 030-50019499
Tina Botzler, Sylvia Grunwald

Restaurant Last Inn, Miriam Arndt
030-50019494 030-50019499

PRO SHOP Golf Resort Berlin Pankow, Gabriele Wagmüller
030-50019490 030-50019499

PRO Pro: Mike Kolloff, Fabio Inserra,
Reiner Stallbaumer

18-Loch Sepp-Maier-Platz
H: 5994 m, CR 72.4, SL 129, Par 72
D: 5054 m, CR 72.5, SL 128, Par 72
9-Loch Am Fließ Platz
H: 3470 m, CR 60.3, SL 105, Par 60
D: 3226 m, CR 60.8, SL 101, Par 60
24 Rangeabschläge (8 überdacht)

G Gäste sind jederzeit willkommen. Clubausweis mit eingetragenem Handicap (54) ist erforderlich.

18-Loch-Greenfee: WT: EUR 50 / WE: EUR 64
9-Loch-Greenfee: WT: EUR 30 / WE: EUR 38
Ermäßigung: Jugendl. bis 18 J. 50%

Platzinfos

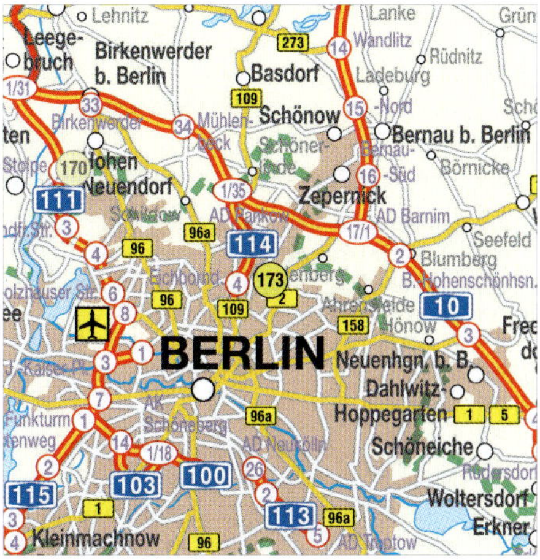

Anfahrtsbeschreibung

Aus dem Zentrum: Auf der B 2 Richtung NO über Weißensee und Malchow und nach Malchow links in den Blankenburger Pflasterweg. Oder: Über die A 10, Ausfahrt Berlin-Weißensee, auf die B 2 Richtung Innenstadt, über Lindenberg und vor Malchow rechts in den Blankenburger Pflasterweg.

Platzbeschreibung

Zentrumsnah enstand 2004/2005 innerhalb der Stadtgrenzen von Berlin der 18-Loch-Sepp-Maier-Platz, der 9-Loch-Platz am Fließ und ein 3-Loch-Übungsplatz. Im Jahr 2010 wurde unser Resort um einen zusätzlichen 6-Loch-Kurzplatz erweitert, sodass das Golf Resort Berlin Pankow nun über 36 bespielbare Bahnen verfügt.

Nächstgelegene Plätze

Stolper Heide, Berl. GC (Nr. 170)
Prenden, GP (Nr. 168)
Mahlow, GC (Nr. 178)

Potsdamer Golfclub e.V.

Karte, Nr. 174, Feld K5 **18/6** Höhe: 31 m

gegründet: 1990

Zachower Str., 14669 Ketzin, OT Tremmen
✆ 033233-7050 🖷 033233-70519
✉ clubsekretariat@potsdamer-golfclub.de
💻 www.pgc.de

PR: Stephan Tromp, GF: Thomas Kolb, CM: Thomas Kolb
Headgreenkeeper: Andreas Seidenfaden

i: ✆ 033233-7050 🖷 -70519
Vanessa Neuendorf, Anja Lippert, Mandy Regulin

Clubgastronomie Helen Richter
✆ 033233-70524 🖷 -70519

PRO SHOP: Golfshop PGC
✆ 033233-7050 🖷 -70519

PRO: Pro: Thomas Kolb, André Putzar

H: 5758 m, CR 70.2, SL 126, Par 72
D: 5162 m, CR 72.3, SL 125, Par 72
40 Rangeabschläge (5 überdacht)

G: Gäste sind jederzeit willkommen. Anmeldung ist notwendig. Clubausweis mit eingetragener PE ist erforderlich.

18-Loch-Greenfee: Mo.: EUR 40 / Di.-Fr.: EUR 50 / WE: EUR 65
9-Loch-Greenfee: Mo.: EUR 25 / Di.-Fr.: EUR 30 / WE: EUR 35
Ermäßigung: Jugendl./Stud. 50%

Platzinfos

VCG CLUB GASTRO

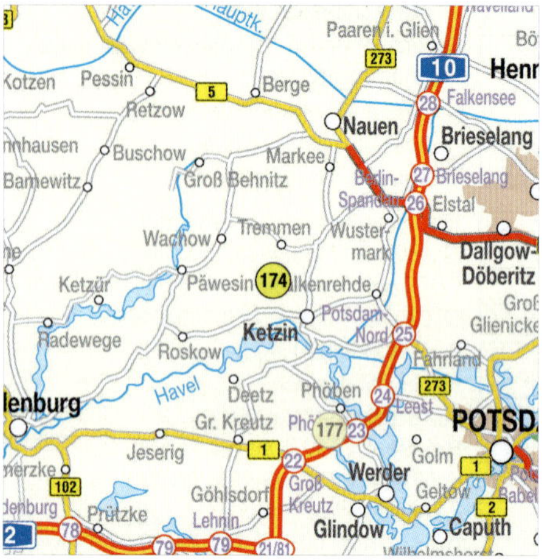

Platzbeschreibung

Die Fairways dieser abwechslungsreichen Anlage verlaufen auf ehemaligen Obstplantagen und auf offenem Gelände. Gut platzierte Wasser- u. Sandhindernisse erschweren den Score und bieten auch profilierten Golfern immer wieder eine Herausforderung. Hervorzuheben ist hierbei das 9. Loch, ein Par 3, welches über einen Teich gespielt werden muss. Ein präzises Anspiel muss hier durch eine Baum-Öffnung erfolgen.

Anfahrtsbeschreibung

Tremmen liegt im Westen Berlins unweit von Ketzin im Kreis Havelland. Berliner Ring A 10, Ausfahrt Nauen-Berlin Spandau, auf der B 5 Richtung Nauen. Nach ca. 1 km Ausfahrt Richtung Ketzin. Der Golfplatz befindet sich an der Verbindungsstraße zwischen Tremmen und Zachow und ist ausgeschildert.

Nächstgelegene Plätze

Märkisch. GC Potsdam (Nr. 177)
Berliner GC Gatow (Nr. 175)
Kallin, GA (Nr. 169)

Berliner Golf Club Gatow e.V.

Karte, Nr. 175, Feld K5 18/6

gegründet: 1969

Sparnecker Weg 100, 14089 Berlin
030-3650006 030-36500081
info@golfclubgatow.de
www.golfclubgatow.de

PR: Dr. Wolfgang Fischer, CM: Björn Maas
Headgreenkeeper: Manfred Sakowski

i: 030-3650006 030-36500081
Claudia Kaul

Birdie Club Restaurant
030-3651530

PRO: Pro: Joel Goodson, Tim Raisner, Simon Jacombs

H: 5825 m, CR 71.3, SL 128, Par 72
D: 5010 m, CR 72.2, SL 124, Par 72
60 Rangeabschläge (20 überdacht)

G: Gäste sind jederzeit willkommen. Anmeldung ist notwendig. Clubausweis mit eingetragenem Handicap (54) ist erforderlich. Sa./So./Feiertage ist Handicap 36 erforderlich.

18-Loch-Greenfee: WT: EUR 65 / WE: EUR 85
9-Loch-Greenfee: WT: EUR 40
Ermäßigung: Jugendl. bis 18 J. und Stud. bis 27 J. 50%

Platzbeschreibung

Der 1969 von den Briten angelegte Golfplatz trägt unverkennbar die Handschrift seiner englischen Erbauer. Er zeichnet sich durch alten Baumbestand und ein parkartiges Gelände aus. Die Anlage wurde im Juni 2001 auf 18 Loch erweitert, u.a. mit der Anlage eines Sees mit 13.000 qm Wasserfläche. Ein spieltechnisch und landschaftlich reizvoller Platz inmitten Berlins, 30 Automin. vom Brandenburger Tor entfernt. Ergänzt wird der Platz durch eine großzügige Driving Range mit 20 überdachten Abschlagplätzen, die beidseitig bespielt werden kann.

Platzinfos

VCG GPS CLUB

Anfahrtsbeschreibung

Vom Berliner Zentrum in westliche Richtung auf der Heerstraße stadtauswärts bis zur Kreuzung Wilhelmstraße. Links ab in Richtung Potsdam (2). Über die Potsdamer Chaussee und Ritterfelddamm links in den Sparnecker Weg einbiegen, der Beschilderung folgen.

Nächstgelegene Plätze

Berlin-Wannsee, G&LC (Nr. 176)
GolfRange Berlin/Großb. (Nr. 179)
Märkisch. GC Potsdam (Nr. 177)

Golf- und Land-Club Berlin-Wannsee e.V.

Karte, Nr. 176, Feld K5 **18/9** Design: Karl Hoffmann, C. S. Butchard Höhe: 84 m

gegründet: 1895

Golfweg 22, 14109 Berlin
✆ 030-8067060 Fax 030-80670610
✉ info@wannsee.de
www.wannsee.de

PR: Dr. Holger Hatje, GF: Yasin Turhal

i: ✆ 030-8067060 Fax 030-80670610

Marco Koburger Privatkoch und Catering
✆ +49 (030) 806 706-92 oder -98

PRO SHOP: Pro Shop Wannsee
✆ 030-80670619

18-Loch -Meisterschaftsplatz
H: 5863 m, CR 71.8, SL 133, Par 72
D: 5195 m, CR 73.8, SL 131, Par 72
9-Loch -Platz
H: 4138 m, CR 63.2, SL 114, Par 62
D: 3730 m, CR 64.2, SL 112, Par 62
28 Rangeabschläge (11 überdacht)

G: Gäste sind Montag - Freitag (außer an Feiertagen) willkommen. Anmeldung ist notwendig. Clubausweis mit eingetragenem Handicap (36) ist erforderlich. An Wochenenden und Feiertagen nur in spielender Begleitung von Clubmitgliedern, d.h. als persönlicher Gast eines Clubmitgliedes.

18-Loch-Greenfee: WT: EUR 150
9-Loch-Greenfee: WT: EUR 75
Greenfee-Vergünstigungen für Jugendliche und Studenten bis 27 Jahre werden nur mit gültigem Nachweis gewährt.
Ermäßigung: Jugendl./Stud. bis 27 J. 50%

Platzbeschreibung

Der im Jahre 1895 gegründete Golf- und Land-Club Berlin-Wannsee e.V. gehört zu den renommiertesten und größten Golfclubs in Deutschland.

Platzinfos

VCG GPS CLUB GASTRO

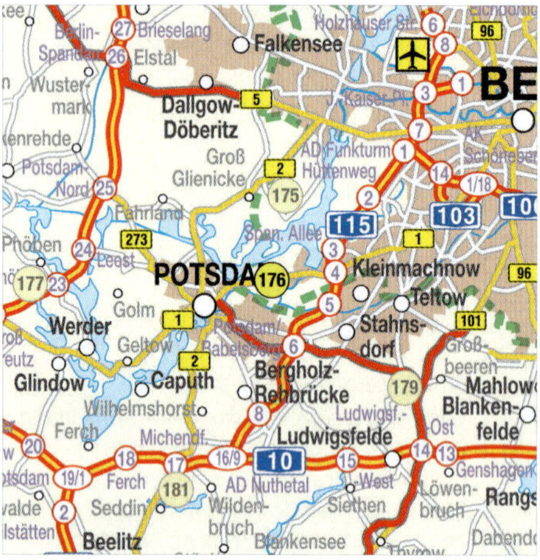

Anfahrtsbeschreibung

Auf der A115 die Abfahrt nach Wannsee nehmen, von der Königstraße links in die Friedenstraße einbiegen und rechts in den Golfweg hineinfahren.

Nächstgelegene Plätze

Berliner GC Gatow (Nr. 175)
GolfRange Berlin/Großb. (Nr. 179)
Seddiner See, G&CC (Nr. 181)

Märkischer Golfclub Potsdam e.V.

Karte, Nr. 177, Feld K5 18/9/9

gegründet: 1991

Kemnitzer Schmiedeweg 1,
14542 Werder/OT Kemnitz
✆ 03327-66370 🖷 03327-663737
✉ info@dermaerkische.de
💻 www.dermaerkische.de

PR Maurice Bob, GF: Märkische Golfland GmbH
Martin Westphal, CM: Nina Putzmann

i ✆ 03327-66370 🖷 -663737
Alexandra Schmidt, Bärbel Wolf, Kevin-Niclas Nowak

Anke Wallstabe
✆ 03327-663725

PRO SHOP Märkische Golfland GmbH ✆ 03327-66370
🖷 03327-663737

PRO Pro: Nicholas Zaher, Walter Ragosch, Hanna Baum, Philipp Rodiek, Björn Bollmann

18-Loch Fontane Course
H: 6114 m, CR 72.8, SL 133, Par 72
D: 5424 m, CR 75, SL 133, Par 72
9-Loch Lenné Course
H: 2927 m, CR 70.4, SL 125, Par 36
D: 2555 m, CR 71.6, SL 122, Par 36
80 Rangeabschläge (19 überdacht)

G Gäste sind jederzeit willkommen. Anmeldung ist notwendig. Clubausweis mit eingetragenem Handicap (54) ist erforderlich. Sa./So./Feiertage ist Handicap 36 erforderlich. 2. Platz nur Mo.-Fr. öffentlich. Ein weiterer 9-Loch-Platz (Par 3) EUR 15/20 ist öffentlich, Kurzplatz, Par 3.

18-Loch-Greenfee: WT: EUR 50 / WE: EUR 65
9-Loch-Greenfee: WT: EUR 35 / WE: EUR 45
GF-Ermäßigung für Jugendl./Stud. Mo.-Fr. 50%.

Platzbeschreibung

Herzstück der Anlage ist der sportlich anspruchsvolle 18-Loch-Platz. Im Zentrum befindet sich eine leichte Anhöhe, die einen Überblick über alle 18 Bahnen erlaubt. Mit seinen schmalen Fairways und kleinen Grüns ist auch der 9-Loch-Platz eine echte Herausforderung.

Platzinfos

VCG
GPS
CLUB
GASTRO

Anfahrtsbeschreibung

A 10 westlicher Berliner Ring, Ausfahrt Phöben, nach ca. 75 m links auf die Parallelstraße zur A 10 Richtung Kemnitz und der Beschilderung zum Golfplatz folgen.

Nächstgelegene Plätze

Potsdamer GC (Nr. 174)
Berlin-Wannsee, G&LC (Nr. 176)
Seddiner See, G&CC (Nr. 181)

Golf Club Mahlow e.V.

Karte, Nr. 178, Feld K5 9

gegründet: 1995

Föhrenweg, 15831 Mahlow
03379-370595 · 03379-370596
info@gcmahlow.de
www.gcmahlow.de

PR: Peter J. Babinszky
Headgreenkeeper: Sven Schlegel

i: 03379-370595 · -370596

Sven Schlegel
03379-370595 · -370596

Pro: Vlado Heruc

H: 3548 m, CR 61.1, SL 116, Par 62
D: 3232 m, CR 61.4, SL 113, Par 62
10 überdachte Rangeabschläge

G: Gäste sind jederzeit willkommen. Clubausweis mit eingetragener PE ist erforderlich.

Tages-Greenfee: Mo.-So.: EUR 25

Platzinfos

VCG

Platzbeschreibung

Der Golfplatz ist direkt in Mahlow gelegen und vom Stadtzentrum Berlin in nur wenigen Minuten erreichbar.

Anfahrtsbeschreibung

Auf der neuen B96 die Abfahrt „Blankenfelde-Mahlow- Glasow" ausfahren und der Beschilderung folgen. Ein Anfahrtsvideo können Sie unter www.gc-mahlow.de einsehen oder Sich telefonisch bei uns erkundigen.

Nächstgelegene Plätze

Gross Kienitz, GC (Nr. 180)
GolfRange Berlin/Großb. (Nr. 179)
Berl. G&CC Motzener See (Nr. 183)

GolfRange GmbH - GolfRange Berlin-Großbeeren

Karte, Nr. 179, Feld K5 9 Design: Michael Pinner Höhe: 30 m

gegründet: 2001

Am Golfplatz 1,
14979 Großbeeren/OT Neubeeren
033701-32890 033701-328919
berlin@golfrange.de
www.golfrange.de

PR
GF: Dr. Florian Bosch
Hans Peter Thomßen, CM: Constantin Clodius
Sven Geißler
Headgreenkeeper: Peter Carow

033701-32890 -328919
Matthias Gamradt

Restaurant „Tin Cup", Manuela Schäfer
033701-365798

PRO SHOP
Chip In, Simone Sporn
033701-74923

PRO
Pro: Viktoria Hansen, Tilo Bergmann, Cengiz Bölükbasi

H: 4096 m, CR 61.8, SL 103, Par 64
D: 3686 m, CR 62.4, SL 102, Par 64
80 Rangeabschläge (14 überdacht)

G
Gäste sind jederzeit willkommen. Anmeldung ist notwendig. Clubausweis mit eingetragenem Handicap (54) ist erforderlich.

18-Loch-Greenfee (bis 16:00 Uhr): WT: EUR 37 / WE: EUR 45
18-Loch-Greenfee (ab 16:00 Uhr): WT: EUR 39 / WE: EUR 45
9-Loch-Greenfee (bis 16:00 Uhr): WT: EUR 24 / WE: EUR 29
9-Loch-Greenfee (ab 16:00 Uhr): WT: EUR 26 / WE: EUR 29

Platzbeschreibung

Stadtnahe Anlage der GolfRange-Gruppe mit angenehmer Spiellänge und interessantem Design. Jede Spielbahn der 9-Loch-Anlage wurde einem „Famous Hole" im Design nachempfunden.

Platzinfos

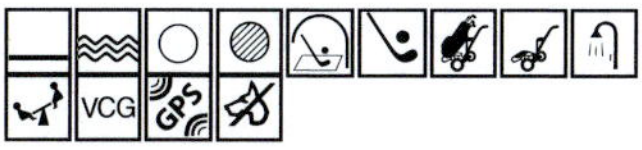

Anfahrtsbeschreibung

Die „B 101" verlassen Sie über die Ausfahrt Potsdam. Sie folgen dem Straßenverlauf in Richtung Potsdam, bis Sie nach wenigen hundert Metern die Ausfahrt Teltow/Ludwigsfelde nehmen. Dort fahren Sie links Richtung Neubeeren. Am Pferdehof Neubeeren vorbeikommend folgen Sie der abknickenden Vorfahrtsstraße nach rechts. Nach 400 Metern biegen Sie rechts zur GolfRange in die Straße „Am Golfplatz" ab.

Nächstgelegene Plätze

Mahlow, GC (Nr. 178)
Berlin-Wannsee, G&LC (Nr. 176)
Gross Kienitz, GC (Nr. 180)

Golfclub & Golfcenter Gross Kienitz

Karte, Nr. 180, Feld K5 18/9/3

gegründet: 1996

An der Straße nach Dahlewitz,
15831 Groß Kienitz
033708-5370 033708-53720
info@grosskienitz.de
www.grosskienitz.de

PR: Markus Fränkle, GF: Ariane Fränkle
Headgreenkeeper: Lutz Götze

i: 033708-5370 -53720
Astrid Gresenz, Nadine Protz

Kienitz Open, Marco Ballhause, Marco Ballhause
033708-53740 -53731

PRO SHOP: Mulligan Pro Shop, Ariane Fränkle
033708-53725 -53720

PRO: Pro: Jonathan Knowles, Sebastian Schäfer, Jannis Pohlenz, Janine Bossier

18-Loch Robert-Baker-Platz
H: 5993 m, CR 72.4, SL 137, Par 72
D: 5066 m, CR 72.9, SL 133, Par 72
9-Loch brillen.de-Platz
H: 5934 m, CR 71.9, SL 127, Par 72
D: 5324 m, CR 74.4, SL 124, Par 72
100 Rangeabschläge (20 überdacht)

G: Gäste sind jederzeit willkommen. Anmeldung ist notwendig. Clubausweis mit eingetragenem Handicap (54) ist erforderlich.

18-Loch-Greenfee: WT: EUR 55 / WE: EUR 65
9-Loch-Greenfee: WT: EUR 35 / WE: EUR 50
Ermäßigung: Jugendl./Stud. bis 25 J.

Platzbeschreibung

In Gross Kienitz sind sowohl Clubgolfer, öffentliche Golfer als auch Golfeinsteiger willkommen. Auf der 3-Loch-Anlage dürfen werdende Golfer auch ohne Vorkenntnisse ihre Runde drehen. Mit dem 18-Loch-Meisterschaftsplatz erwartet den Golfer ein sportlich sehr anspruchsvoller und langer Platz. Mit 96 Bunkern und seinen unterschiedlichen Hanglagen beinhaltet der Platz einige Schwierigkeiten in landschaftlicher Idylle.

Platzinfos

VCG
GASTRO

Anfahrtsbeschreibung

Von Berlin auf der B 96 Richtung Süden, aus Berlin raus, bis zur Ausfahrt Groß Kienitz/Dahlewitz. An der Ampel links abbiegen. Beim Kreisverkehr gleich die 1. Ausfahrt rechts abbiegen. Nach ca. 150 m wieder rechts in die Straße nach Groß Kienitz einbiegen. Die Golfanlagen Gross Kienitz liegen nach ca. 1 km auf der linken Seite.

Nächstgelegene Plätze

Mahlow, GC (Nr. 178)
GolfRange Berlin/Großb. (Nr. 179)
Berl. G&CC Motzener See (Nr. 183)

Golf- & Country-Club Seddiner See e.V.

Karte, Nr. 181, Feld K5 **18/18** Design: Rainer Preißmann, Robert Trent Jones Jr. Höhe: 47 m

gegründet: 1994

Zum Weiher 44, 14552 Michendorf
✆ 033205-7320 🖷 033205-73229
✉ info@gccseddinersee.de
💻 www.gccseddinersee.de

PR Burkhard Leder, GF: Horst Schubert, CM: Horst Schubert
Headgreenkeeper: David Duke

i ✆ 033205-7320 🖷 033205-73229
Manuela Altmann, Anna Radke, Manuela Schubert, Sandra Müller-Ney

Restaurant am Golfplatz, Claudine Friebe
✆ 033205-73263 🖷 -73261

PRO SHOP Hohmann Golf Sport, Jürgen Hohmann
✆ 033205-73251 🖷 -73229

PRO Pro: Paul Archbold, Pete Owens, Nick Baron, Kai Wendland, Simone Weinholz

18-Loch Nordplatz
H: 5978 m, CR 71.6, SL 135, Par 72
D: 5353 m, CR 74.2, SL 131, Par 72
18-Loch Südplatz
H: 6046 m, CR 72.7, SL 138, Par 72
D: 5514 m, CR 75.9, SL 134, Par 72
80 Rangeabschläge (17 überdacht)

G Gäste sind jederzeit willkommen. Anmeldung ist notwendig. Clubausweis mit eingetragenem Handicap (36) ist erforderlich. 9 Loch Greenfee nur von Mo.-Fr. buchbar (Südplatz)

18-Loch-Greenfee: WT: EUR 75 / WE: EUR 85
9-Loch-Greenfee: WT: EUR 46 / WE: EUR 51
Ermäßigung für Gäste in Begleitung von Clubmitgliedern
Ermäßigung: Jugendl./Stud. bis 25 J.

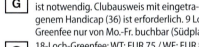

Platzbeschreibung

Neben der einmalig schönen Seen- und Waldlandschaft und der Exklusivität der Golf- und Wohnanlage zeichnet den Golf- und Country Club Seddiner See der erstklassige Platzpflegezustand beider Plätze aus.

Platzinfos

VCG GPS CLUB GASTRO

Anfahrtsbeschreibung

Von der Berliner City auf der A115 Richtung Hannover / Magdeburg / Leipzig bis zum Autobahndreieck Nuthetal, dort auf die A10 Richtung Hannover / Magdeburg / Leipzig. Nach ca. 2 km Ausfahrt Beelitz / Michendorf/ Potsdam Süd, an der Ampel links auf die B2, ca. 1 km Richtung Beelitz, bei der Linksabbieger-Spur (Golfplatz-Schild) links abbiegen, dem Straßenverlauf „Zum Weiher" bis zum Clubhaus folgen.

Nächstgelegene Plätze

Berlin-Wannsee, G&LC (Nr. 176)
Märkisch. GC Potsdam (Nr. 177)
GolfRange Berlin/Großb. (Nr. 179)

Golf Club Bad Saarow

Karte, Nr. 182, Feld L5 **18/18/18/9** Design: A. Palmer, N. Faldo, S. Eby, J. McEwan, Höhe: 45 m

gegründet: 1992

Parkallee 3, 15526 Bad Saarow
033631-63300 033631-63310
golf@gcbadsaarow.de
www.gcbadsaarow.de

PR
Wolf-Dieter Wolf
Headgreenkeeper: Jake McEwan

i
033631-63300 033631-63310
Sylvia Hollatz, Karola Kussatz, Katrin Laske

Greenside, Susanne Koch
033631-63350
Mo. Ruhetag

PRO SHOP
Thomas Piel
033631-63620 033631-63310

PRO
Pro: Greg Gough, Marc Stumpe

18-Loch Arnold Palmer Platz
H: 6078 m, CR 72.7, SL 141, Par 72
D: 5361 m, CR 74.7, SL 139, Par 72
18-Loch Faldo Course Berlin
H: 6095 m, CR 73.1, SL 142, Par 72
D: 5722 m, CR 77.2, SL 143, Par 72
120 Rangeabschläge (12 überdacht)

G
Gäste sind jederzeit willkommen. Anmeldung ist notwendig. Clubausweis mit eingetragenem Handicap (36) ist erforderlich.

18-Loch-Greenfee: Mo.-Do.: EUR 70 / Fr.-So.: EUR 90
9-Loch-Greenfee: Mo.-Do.: EUR 40 / Fr.-So.: EUR 50
Ermäßigung: Jugendl. und Stud. bis 27 J.

Platzinfos

VCG CLUB GASTRO

Platzbeschreibung

Ein Golf-Resort der Top-Klasse, auch nach internationalem Standard. Nur unweit von Berlin stehen der 18-Loch-Faldo Course Berlin, der an einen schottischen Links Course erinnert und der 18-Loch-Arnold-Palmer-Platz mit vielen amerikanischen Elementen, zur Verfügung. Daneben gibt es als Alternative den Stan Eby Platz (18-Loch) sowie den Jake McEwan Platz, eine öffentliche 9-Loch-Anlage. Zusätzlich wird Tennis und Segelsport angeboten.

Anfahrtsbeschreibung

Aus Richtung Berlin fahren Sie auf der A10 (südlicher oder östlicher Berliner Ring) bis zum Autobahndreieck Spreeau. Dort auf die A12 in Richtung Frankfurt/Oder bis zur Abfahrt Storkow. (Bitte benutzen Sie bei Staugefahr vor Storkow die Abfahrt Friedersdorf.) Links abbiegen Richtung Storkow. Über Rieplos nach Storkow. In Storkow an der Ampel links abbiegen Richtung Bad Saarow. In Reichenwalde an der Gabelung rechts den Hinweisschildern Richtung Bad Saarow / A-ROSA Scharmützelsee folgen.

Nächstgelegene Plätze

Berl. G&CC Motzener See (Nr. 183)
Gross Kienitz, GC (Nr. 180)
Mahlow, GC (Nr. 178)

Berliner Golf & Country Club Motzener See e.V.

Karte, Nr. 183, Feld K5 **27/9 Loch Kurzplatz** Design: Kurt Rossknecht Höhe: 50 m

gegründet: 1991

Am Golfplatz 5, 15749 Mittenwalde OT Motzen
☎ 033769-50130 Fax 033769-50134
info@golfclubmotzen.de
www.golfclubmotzen.de

PR: Dr. Hans-Georg Giering, CM: Kerstin Keil
Headgreenkeeper: Bodo Bredow

i: ☎ 033769-50130 Fax 033769-50134
Philip Gotzel, Danny Morgenroth

PRO SHOP: Jochen Friedhoff
☎ 033769-50130 Fax 033769-50134

PRO: Pro: Robert Wegener

18-Loch Championship Course A/B
H: 6038 m, CR 72.5, SL 140, Par 73
D: 5286 m, CR 74, SL 134, Par 72
9-Loch Executive Course
H: 1244 m, Par 54
D: 1091 m
75 Rangeabschläge (6 überdacht)

G: Gäste sind jederzeit willkommen. Anmeldung ist notwendig. Clubausweis mit eingetragenem Handicap ist erforderlich.

18-Loch-Greenfee: WT: EUR 75 / WE: EUR 95
9-Loch-Greenfee: WT: EUR 37.5 / WE: EUR 47.5
Ermäßigung: Jugendl. bis 18 J. und Stud. bis 27 J. 50%

Platzbeschreibung

Die auf einer Fläche von 110 ha harmonisch in leicht hügeligem Gelände angelegte Golfanlage besticht durch ihre Weiträumigkeit und Offenheit, die das Spielen zum und durch den Wald mit zahlreichen Bächen und Seen, sowie vielen strategisch gut platzierten Bunkern zu einem Erlebnis werden lässt. Kontrastreiche optische Eindrücke und wechselnde taktische Erfordernisse bieten ein sportliches abwechslungsreiches Spiel.

Platzinfos

VCG GPS CLUB

Anfahrtsbeschreibung

Sie erreichen uns einfach und schnell über die Stadtautobahn A113 am Schönefelder Kreuz vorbei auf die A13 Richtung Dresden. Bitte fahren Sie an der Autobahn-Abfahrt Bestensee ab und folgen Sie der Beschilderung Richtung Gallun. An der abknickenden Vorfahrt fahren Sie geradeaus. Am Ende der Straße biegen Sie links ab und folgen in Motzen die Beschilderung zum Golfplatz. Wir freuen uns auf Ihren Besuch!

Nächstgelegene Plätze

Gross Kienitz, GC (Nr. 180)
Mahlow, GC (Nr. 178)
GolfRange Berlin/Großb. (Nr. 179)

Lausitzer Golfclub e.V.

Karte, Nr. 184, Feld M6 **9** Design: Thomas Himmel Höhe: 100 m

gegründet: 1995

Drieschnitz-Kahsel, Am Golfplatz 3,
03058 Neuhausen/Spree
✆ 035605-42332 🖷 0355-425961
✉ info@lausitzer-golfclub.de
💻 www.lausitzer-golfclub.de

PR: Dr. Frank Käßner
Headgreenkeeper: Engelmann Golfplatzpflege

i: ✆ 035605-42332 🖷 0355-425961

H: 6158 m, CR 72.6, SL 129, Par 74
D: 5307 m, CR 74.4, SL 125, Par 74
20 Rangeabschläge (3 überdacht)

G: Gäste sind jederzeit willkommen. Sa./So./Feiertage ist Anmeldung notwendig. Clubausweis mit eingetragener PE ist erforderlich.

Tages-Greenfee: Mo.-Mi., Fr.: EUR 50 / Do.: EUR 40 / WE: EUR 60
9-Loch-Greenfee: Mo.-Mi., Fr.: EUR 35 / Do.: EUR 30 / WE: EUR 45

Platzinfos

VCG GPS GASTRO

Anfahrtsbeschreibung

A 13/A 15 Berlin-Cottbus, Ausfahrt Roggosen, weiter auf der B 115 Ri. Döbern, nach ca. 100 m rechts über Roggosen nach Komptendorf, ca. 100 m nach dem Kreisverkehr in Komptendorf links Richtung Drieschnitz, nach dem Ortsausgang Drieschnitz liegt der Golfplatz linker Hand (beschildert). Oder: A 13/A 15 Berlin-Cottbus, Ausfahrt Cottbus-Süd, auf der B 97 nach Groß-Oßnig, dann links über Neuhausen-Laubsdorf nach Drieschnitz-Kahsel zum Golfplatz.

Platzbeschreibung

Der Lausitzer Golfplatz ist einer der jüngsten im Bereich Berlin/Brandenburg und zugleich der östlichste in Deutschland. Die interessante, anspruchsvolle 9-Loch-Anlage verfügt über höchst abwechslungsreiche Bahnen, die Longhitter-Qualitäten und Präzision erfordern. Die Fairways sind seitlich von Bäumen und z.T. hohen Roughs umgeben, während die Greens von Wasserteichen und Bunkern verteidigt werden. Zudem erschweren Doglegs und Wind das Spiel.

Nächstgelegene Plätze

Bad Saarow, GC (Nr. 182)
Dresden Ullersdorf, GC (Nr. 194)
Berl. G&CC Motzener See (Nr. 183)

Sachsen-Anhalt, Sachsen + Thüringen

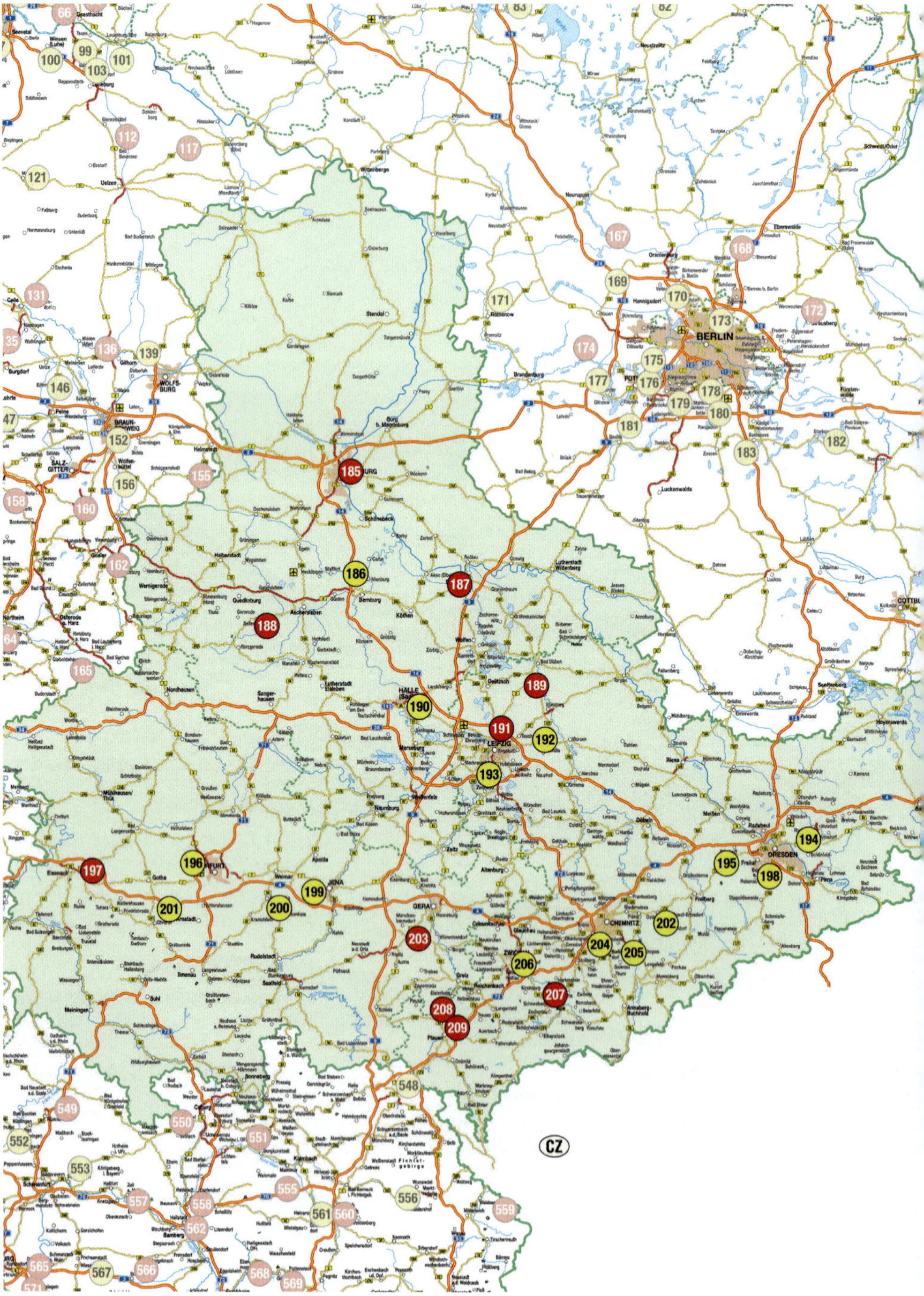

Sachsen Anhalt+Thüringen

Sachsen-Anhalt, Sachsen + Thüringen

Club-Nr.	Clubname	Seite: Gutschein	Club
185	GCM Golfclub Magdeburg e.V.	G 51, G 53 ■	204
186	AcamedResort GmbH		205
187	Golfpark Dessau e.V.	G 53 ■	206
188	Golfclub Schloß Meisdorf e.V.	G 53, G 55 ■	207
189	1. Golfclub Leipzig e.V. - Golfplatz Dübener Heide	G 55 ■	208
190	Golfpark Hufeisensee		209
191	GolfPark Leipzig GmbH + Co. KG	G 55 ■	210
192	Golf & Country Club Leipzig		211
193	Golfclub Markkleeberg e.V.		212
194	Golf Club Dresden Ullersdorf e.V.		213
195	Golfclub Herzogswalde GmbH		214
196	Golf Club Erfurt e.V.		215
197	Golfclub Eisenach im Wartburgkreis e.V.	G 55 ■	216
198	Golfclub Dresden Elbflorenz e.V.		217
199	Golfclub Jena e.V.		218
200	GolfResort Weimarer Land		219
201	Thüringer Golf Club „Drei Gleichen" Mühlberg e.V.		220
202	Golfclub Erzgebirge - Golfpark Gahlenz		221
203	Golfclub Gera e.V.	G 57 ■	222
204	Golfclub Chemnitz e.V. Wasserschloß Klaffenbach		223
205	Golfanlage Zschopau GmbH		224
206	Golfclub Zwickau e.V.		225
207	Golfpark Westerzgebirge GmbH & C. KG	G 57 ■	226
208	Golfclub Plauen e.V.	G 57 ■	227
209	Golfanlage Talsperre Pöhl	G 59 ■	228

■ = Partner Albrecht Greenfee-Aktion

Sachsen Anhalt+Thüringen

Greenfee-Aktion: Seite G 51f 53

GCM Golfclub Magdeburg e.V.

Karte, Nr. 185, Feld H6 **9** Höhe: 42 m

gegründet: 1923

Herrenkrug 4, 39114 Magdeburg
☎ 0391-8868846 Fax 0391-8868865
✉ info@golfclub-magdeburg.de
www.golfclub-magdeburg.de

PR: Johannes Kempmann

i: ☎ 0391-8868846 Fax 0391-8868865

Shaker Girls Gmbh
☎ 0391-81959794
Mo. Ruhetag

PRO SHOP: ☎ 0391-8868846 Fax 0391-8868865

PRO: Pro: Ingo Thomas

H: 5361 m, CR 68.6, SL 130, Par 72
D: 4660 m, CR 70, SL 125, Par 72
10 Rangeabschläge (5 überdacht)

G: Gäste sind jederzeit willkommen. Clubausweis mit eingetragener PE ist erforderlich.

18-Loch-Greenfee: WT: EUR 40 / WE: EUR 50
9-Loch-Greenfee: WT: EUR 30 / WE: EUR 40

Platzbeschreibung

Eingebettet in die landwirtschaftlich wunderschön gelegenen Magdeburger Rennwiesen und inmitten des Herrenkrugs befindet sich eine der ältesten Golfanlagen Deutschlands, der Golfplatz Magdeburg. Obwohl nur 15 Minuten vom Stadtzentrum entfernt, finden Sie hier die beinahe unberührte Natur und Idylle, die Sie von einem Golfplatz erwarten. Der Platz ist als Par 72 konzipiert. Die 9 Grüns sind so angelegt, dass sie auf der 18-Loch Runde von 18 verschiedenen Abschlägen und über 13 verschiedene Fairways angespielt werden.

Platzinfos

VCG

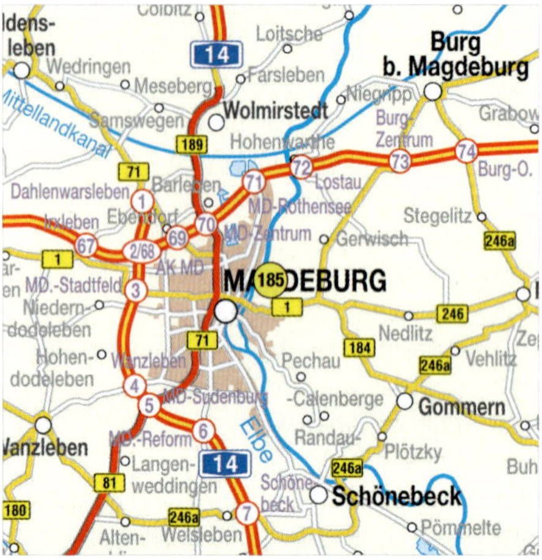

Anfahrtsbeschreibung

Von Magdeburg die Elbe nord-östlich überqueren, am Jerichower Platz in die Herrenkrugstraße Richtung Herrenkrug abbiegen, das Gelände der Bundesgartenschau und das Sportzentrum passieren, nach ca. 2 km am Rondell rechts halten, nach ca. 500 m links in das Pferderennbahn- und Golfplatz-Areal abbiegen.

Nächstgelegene Plätze

Acamed (Nr. 186)
St. Lorenz G&LC (Nr. 155)
Dessau (Nr. 187)

AcamedResort GmbH

Karte, Nr. 186, Feld H6 9

gegründet: 2005

Brumbyer Str. 5, OT Neugattersleben,
06429 Nienburg
☎ 034721-50100 Fax 034721-50112
info@acamedresort.de
www.acamedresort.de

PR GF: Frank Wyszkowski
Headgreenkeeper: Lutz Dietrich

i ☎ 034721-50155 Fax 034721-50112
Mandy Nordmann

Restaurant Albatros
☎ 034721-50200 Fax 034721-50112

PRO SHOP AcamedResort
☎ 034721-50100 Fax 034721-50112

PRO Pro: Malcom Rawle

H: 5712 m, CR 70.4, SL 128, Par 72
D: 4816 m, CR 70.7, SL 129, Par 72
20 Rangeabschläge (10 überdacht)

G Gäste sind jederzeit willkommen. Clubausweis mit eingetragener PE ist erforderlich.

Tages-Greenfee (bis 17:00 Uhr): WT: EUR 29 / WE: EUR 39
Tages-Greenfee (ab 17:00 Uhr): WT: EUR 19 / WE: EUR 39 Ermäßigung: Jugendl./Stud.

Platzinfos

Anfahrtsbeschreibung

Aus Richtung Magdeburg und Halle kommend, nehmen Sie auf der A 14 die Ausfahrt Staßfurt. Von dort aus in Richtung Neugattersleben abbiegen. Folgen Sie den Hinweisschildern zum AcamedResort.

Nächstgelegene Plätze

Magdeburg, GC (Nr. 185)
Schloß Meisdorf, GC (Nr. 188)
Dessau (Nr. 187)

Greenfee-Aktion: Seite G 53

Golfpark Dessau e.V.

Karte, Nr. 187, Feld I6 **9** Design: Katthoefer Golf Design

gegründet: 2008

Junkersstr. 52, 06847 Dessau
☏ 0340-5025664 🖷 0340-502 56 68
✉ info@golfpark-dessau.de
💻 www.golfpark-dessau.com

PR: Christian Soetje

i: ☏ 0340-5025664 🖷 0340-5025668
Konstanze Führer

Stammhaus/ Hugos Steakhaus, Luisa Blabusch
☏ 0340-54074040 🖷 0340-5025668
Mo. Ruhetag

PRO SHOP: Adrian Powell, Adrian Powell
☏ 0340-5025664 🖷 0340-5025668

PRO: Pro: Adrian Powell, Darran Bird

H: 4732 m, Par 68
D: 4180 m, Par 68
40 Rangeabschläge (10 überdacht)

G: Gäste sind jederzeit willkommen. Clubausweis mit eingetragenem Handicap (54) ist erforderlich.

18-Loch-Greenfee: WT: EUR 45 / WE: EUR 55
9-Loch-Greenfee: WT: EUR 30 / WE: EUR 35
Ermäßigung: Jugendl./Stud. 50%

Platzbeschreibung

Die im Jahr 2008 entworfene und gebaute Anlage liegt auf dem Gelände der ehemaligen Hugo-Junkers Motoren- und Flugzeugwerke. Der Reiz des Platzes liegt in seinen zahlreichen Wasserhindernissen, den Bachläufen und der vielen angelegten Teiche sowie dem Inselgrün der Bahn 9. Der Verlauf der abwechslungsreichen Spielbahnen stellt für Golfer jeder Spielstärke eine echte Herausforderung dar. Die großzügig angelegte Driving-Range mit einer Länge von fast 300 Metern mit 40 Abschlägen (10 davon überdacht) sowie Einrichtungen für das kurze Spiel bietet ideale Trainingsmöglichkeiten. Wer möchte kann hoch hinaus auf der Driving-Range, um von der 1. Etage seine Bälle zu schlagen.

Platzinfos

Anfahrtsbeschreibung

Aus Richtung Berlin: A 9 Richtung Leipzig, Ausfahrt Dessau-Ost in Richtung Dessau-Ost, Oranienbaum. Sie fahren auf die Oranienbaumer Chaussee B185. Folgen Sie dem Straßenverlauf für ca. 4,5 km. Verlassen Sie die B185 und fahren in die Askanische Straße. Sie folgen für ca. 3 km dem Straßenverlauf und kommen dann in die Junkersstraße. Der Golf-Park liegt auf der rechten Seite.

Nächstgelegene Plätze

Acamed (Nr. 186)
Leipzig, 1. GC (Nr. 189)
Golfpark Hufeisensee (Nr. 190)

Greenfee-Aktion: Seite G 53f

Golfclub Schloß Meisdorf e.V.

Karte, Nr. 188, Feld H6 **18** Design: Olaf Osterkamp Höhe: 155 m

gegründet: 1996

Petersberger Trift 33, 06463 Falkenstein/OT Meisdorf
☏ 034743-98450 🖷 034743-98499
✉ info@golfclub-schloss-meisdorf.com
💻 www.golfclub-schloss-meisdorf.com

PR Ralf Schatz

i ☏ 034743-98450 🖷 034743-98499
Gitta Hartung, Petra Fiedler

Clubhausrestaurant
☏ 034743-98450/-98455 🖷 034743-98499
Mo., Di., Mi., Do. und So. Ruhetag

PRO SHOP Petra Fiedler / Gitta Hartung
☏ 034743-98450 🖷 034743-98499

PRO Pro: Rithe Sapkota

H: 5902 m, CR 72.1, SL 125, Par 72
D: 5210 m, CR 74.3, SL 128, Par 72
15 Rangeabschläge (6 überdacht)

G Gäste sind jederzeit willkommen. Sa./So./Feiertage ist Anmeldung notwendig. Clubausweis mit eingetragener PE ist erforderlich. Die Bahnen 10-11-16-17-18 sind alternativ als Kurzplatz bespielbar. Eine vorherige Anmeldung ist unbedingt erforderlich.

18-Loch-Greenfee: WT: EUR 50 / WE: EUR 60
9-Loch-Greenfee: WT: EUR 28 / WE: EUR 32
Ermäßigung: Jugendl./Stud. 50%

Platzbeschreibung

Der erste 18-Loch-Golfplatz Sachsen-Anhalts liegt auf den Hügeln des östlichen Harzvorlandes über dem romantischen Selketal, eingebettet in die reizvolle Landschaft am Übergang zwischen Harz und Magdeburger Börde. Eingerahmt von fruchtbaren Wiesen und Äckern zum einen und malerischen Laubwäldern zum andern wurde der Platz für einen schnellen Spielfluss konzipiert.

Platzinfos

VCG GPS CLUB GASTRO

Anfahrtsbeschreibung

Anfahrt über A2 aus Richtung Dortmund/Holland nach Meisdorf Grenzübergang aus Richtung Niederlande, A1 wird zu A30. A30 bis Bad Oyenhausen folgen. A30 wird zu A2. Dieser bis Braunschweig Süd folgen. Auf A391 in Richtung Wolfenbüttel bis Abfahrt A 39 in Richtung Wolfenbüttel fahren ca. 1,5 km, dann auf A395 bis Vienenburg und auf B6 in Richtung A14 / Aschersleben / Halberstadt auffahren. B6 wird zu B6N. Ausfahrt L75 in Richtung Hoym / Ballenstedt fahren. Der L75 über Ballenstedt nach Meisdorf, ab Kreisverkehr Ballenstedt der Beschilderung folgen.

Nächstgelegene Plätze

Acamed (Nr. 186)
St. Lorenz G&LC (Nr. 155)
Harz, GC (Nr. 162)

1. Golfclub Leipzig e.V. - Golfplatz Dübener Heide

Karte, Nr. 189, Feld I7 **18** Design: Werner Preißmann, Golfplatz Dübener Heide Höhe: 116 m

gegründet: 1990

Zum Golfplatz 1,
04838 Zschepplin OT Hohenprießnitz
☎ 034242-50302 🖷 034242-50304
✉ info@golfclub-leipzig.de
💻 www.golfclub-leipzig.de

PR Knut Göbel, GF: Susanne Weinhold
Headgreenkeeper: Claudia Wittenbecher

i ☎ 034242-50302 🖷 -50304

Clubhausgastronomie Catrin Richter
☎ 034242-50303 🖷 -50304

PRO SHOP ☎ 034242-50302 🖷 -50304

18-Loch Dübener Heide Platz
H: 5977 m, CR 71.5, SL 126, Par 72
D: 5265 m, CR 73.4, SL 123, Par 72
6-Loch Kurzplatz (Executive)
H: 743 m, Par 36
D: 743 m, Par 36
60 Rangeabschläge (4 überdacht)

G Gäste sind jederzeit willkommen. Anmeldung ist notwendig. Clubausweis mit eingetragener PE ist erforderlich.

18-Loch-Greenfee: Mo.-Do.: EUR 50 / Fr.-So.: EUR 60
9-Loch-Greenfee: Mo.-Do.: EUR 35 / Fr.-So.: EUR 40
WE-Greenfee gilt bereits ab Freitag!
Ermäßigung: Jugendl. bis 18 J. und Stud. bis 27 J. 50%

Platzinfos

VCG GPS CLUB GASTRO

Anfahrtsbeschreibung
Von Leipzig: B 2 Richtung Bad Düben, nach Lindenhayn die 3. Straße rechts Richtung Hohenprießnitz und der Beschilderung „Golfplatz" folgen. Oder: B 87 bis Eilenburg, von dort weiter auf der B 107 Richtung Bad Düben, in Hohenprießnitz links Richtung Noitzsch und der Beschilderung „Golfplatz" folgen.

Platzbeschreibung
Der 1. Golfclub Leipzig e.V. lädt Sie herzlich ein auf seinen » Golfplatz Dübener Heide «, dem „Ersten 18-Loch-Championship-Golfplatz der Leipziger Region", bei Hohenprießnitz im Nord-Osten Leipzigs inmitten reizvoller Landschaft zu spielen. Er ist eingebettet zwischen den Landschaftsschutzgebieten „Dübener Heide", „Muldenaue" und „Noitzscher Heide".

Nächstgelegene Plätze
Leipzig, GC (Nr. 192)
Leipzig, GP (Nr. 191)
Markkleeberg, GC (Nr. 193)

Golfpark Hufeisensee

Karte, Nr. 190, Feld H7 **18** Design: Christoph Städler Höhe: 109 m

gegründet: 2016

Krienitzweg 16, 06112 Halle (Saale)
0345-5806116
info@golfclub-halle.de
www.halle.golf

0345-5806116

H: 5559 m, CR 68.6, SL 114, Par 71
D: 5022 m, CR 71.1, SL 114, Par 71
26 Rangeabschläge (6 überdacht)

Gäste sind jederzeit willkommen. Anmeldung ist notwendig. Clubausweis mit eingetragener PE ist erforderlich.

18-Loch-Greenfee: Mo.-Do.: EUR 48 / Fr.-So.: EUR 64
9-Loch-Greenfee: Mo.-Do.: EUR 32 / Fr.-So.: EUR 40
Ermäßigung: Jugendl. bis 18 J. und Stud. bis 30 J. 50%

Platzinfos

VCG

Nächstgelegene Plätze

Leipzig, GP (Nr. 191)
Markkleeberg, GC (Nr. 193)
Leipzig, 1. GC (Nr. 189)

Platzbeschreibung

Eröffnung der ersten neun Löcher war im August 2016. Die zweiten neun Löcher sind seit Frühjahr 2017 bespielbar. Weitere neun Löcher folgen bis 2021. Des Weiteren gibt es auf dem Gelände einen 6-Loch-Kurzplatz, diesen können Sie ohne Platzreife und Mitgliedschaft bespielen.

Greenfee-Aktion: Seite G 55

GolfPark Leipzig GmbH + Co. KG

Karte, Nr. 191, Feld I7 **18/6** Design: Thomas Himmel, Carlo Knauss Höhe: 132 m

gegründet: 1998

Bergweg 10, 04356 Leipzig-Seehausen
☏ 0341-5217442 🖷 0341-5217486
✉ info@golfparkleipzig.de
💻 www.golfparkleipzig.de

PR: GF: Fredrik Holmberg, CM: Eva Zitzler
Headgreenkeeper: Georg Stiegeler

i: ☏ 0341-5217442 🖷 0341-5217486

Bowl in One, Christian Phan Van
☏ 0341-5217442
Mo. Ruhetag

PRO SHOP: ☏ 0341-5217442 🖷 0341-5217486

PRO: Pro: Holger Hasse, Björn Heyde

18-Loch GolfPark Leipzig Platz
H: 6097 m, CR 73, SL 132, Par 72
D: 5189 m, CR 73.8, SL 131, Par 72
6-Loch Executive Platz
H: 596 m, Par 18, D: 502 m, Par 18
90 Rangeabschläge (12 überdacht)

G: Gäste sind jederzeit willkommen. Anmeldung ist notwendig. Clubausweis mit eingetragener PE ist erforderlich.

18-Loch-Greenfee: WT: EUR 55 / WE: EUR 65
9-Loch-Greenfee: WT: EUR 35 / WE: EUR 40
Ermäßigung: Jugendl. bis 18 J. und Stud. bis 27 J.

Platzinfos

Platzbeschreibung

Die Anlage am nördlichen Stadtrand von Leipzig liegt direkt an der Neuen Messe im Ortsteil Seehausen. Überwiegend flaches Gelände, große Seen, viele Bunker und sehr anspruchsvolle Grüns prägen das Gesamtbild. Je nach Wahl der Abschlags- und Fahnenposition ist der Platz von anspruchsvoll bis schwer, aber immer fair einzustufen. Zusätzlich bietet die 180 Grad Driving Range, die 3 Putting-Grüns, die großzügige Pitching Anlage und der 6-Loch-Executive Platz sehr gute Übungsmöglichkeiten.

Anfahrtsbeschreibung

A 9 Berlin-München bis Schkeuditzer Kreuz, dann auf die A 14 Richtung Dresden, Ausfahrt Leipzig-Mitte und der Beschilderung nach Seehausen folgen, am Ortseingang Seehausen weiter der Beschilderung zum Golfplatz folgen.

Nächstgelegene Plätze

Leipzig, GC (Nr. 192)
Markkleeberg, GC (Nr. 193)
Leipzig, 1. GC (Nr. 189)

Golf & Country Club Leipzig

Karte, Nr. 192, Feld I7 18/6

gegründet: 2009

Pehritzscher Weg, 04827 Machern
✆ 034292-632241
✉ info@gcc-leipzig.de
www.gcc-leipzig.de

✆ 034292-632241 Fax 034292-632309

Clubrestaurant Wiesenhütte, Martin Naundorf
✆ 034292-632242
Mo. und Di. Ruhetag

PRO SHOP: Mitteldeutsche Golfakademie
✆ 0170-4444676

PRO: Pro: Alexander Kessler, Julian Coman

18-Loch Platz
H: 5996 m, CR 72.6, SL 136, Par 72
D: 4865 m, CR 71.6, SL 131, Par 72
6-Loch Smile Eyes Practice Course (Executive)
H: 1302 m, Par 21
D: 1084 m, Par 21
30 Rangeabschläge

G: Gäste sind jederzeit willkommen. Anmeldung ist notwendig. Clubausweis mit eingetragener PE ist erforderlich.

18-Loch-Greenfee: WT: EUR 60 / WE: EUR 80
9-Loch-Greenfee: WT: EUR 35 / WE: EUR 50
Ermäßigung: Jugendl. bis 18 J. und Stud. bis 25 J. 30%

Platzinfos

VCG GPS CLUB GASTRO

Anfahrtsbeschreibung
A 14, Ausfahrt Leipzig-Ost, auf der B 6 weiter Richtung Wurzen, in Machern der Beschilderung zum Golfplatz folgen.

Platzbeschreibung
Östlich vor den Toren von Leipzig, nur 15 km vom Zentrum entfernt, liegt die Golfanlage mit 18 Löchern und 6 Übungsbahnen, von Wald umrahmt, inmitten einer idyllischen Muldentallandschaft. Die leicht hügelige Lage, einige Wasserhindernisse und geschickt platzierte Bunker bieten Golfern jeder Spielstärke ein abwechslungsreiches und interessantes Spiel.

Nächstgelegene Plätze
Leipzig, GP (Nr. 191)
Leipzig, 1. GC (Nr. 189)
Markkleeberg, GC (Nr. 193)

Golfclub Markkleeberg e.V.

Karte, Nr. 193, Feld I7 **9** Höhe: 120 m

gegründet: 1993

Mühlweg/Ecke Koburger Straße,
04416 Markkleeberg
0341-3582686 0341-3582685
kontakt@golfclub-markkleeberg.de
www.golfclub-markkleeberg.de

PR: Heinz Köhler

i: 0341-3582686 -3582685
Sabine Hadasz

0341-3582684
Mo. Ruhetag

PRO SHOP: Murphy GbR, Steve Murphy
0177-3693020

PRO: Pro: Petr Nitra, Steve Murphy

H: 2559 m, CR 66.8, SL 120, Par 68
D: 2278 m, CR 68.7, SL 113, Par 68
18 Rangeabschläge (4 überdacht)

G: Gäste sind jederzeit willkommen. Clubausweis mit eingetragenem Handicap (54) ist erforderlich.

18-Loch-Greenfee: EUR 35
9-Loch-Greenfee: EUR 25
Ermäßigung: Jugendl./Stud.

Platzinfos

VCG

Anfahrtsbeschreibung

Von Leipzig aus auf der B 2 Richtung Chemnitz, Abfahrt Markkleeberg/Connewitz (2. Abfahrt von Leipzig aus), dort rechts Richtung Wildpark in die Koburger Straße abbiegen, immer geradeaus bis zum OT Zöbigker, am Ortsanfang der Beschilderung Golf-Anlage folgen. Oder: A 9 Berlin-München, Ausfahrt Leipzig-West, auf der B 181 Richtung Leipzig-Zentrum und von dort weiter wie oben beschrieben zum Golfplatz.

Platzbeschreibung

Die Anlage des Golfclub Markkleeberg ist ein kompakter 9-Loch-Golfplatz direkt am Cospudener See, einem ehemaligen Tagebau, gelegen. Der Platz ist sanft gewellt und ohne große Anstrengungen zu bespielen, allerdings erfordern einige schmale Fairways ein konzentriertes und genaues Spiel. Besonderheit: „Little Joe Course", ein beleuchteter 6-Loch-Pitch- und Puttplatz mit Bunkern und Wasserhindernissen.

Nächstgelegene Plätze

Leipzig, GP (Nr. 191)
Leipzig, GC (Nr. 192)
Golfpark Hufeisensee (Nr. 190)

Golf Club Dresden Ullersdorf e.V.

Karte, Nr. 194, Feld L7 **18/9** Design: Olcher Knoop Höhe: 360 m

gegründet: 1995

Am Golfplatz 1, 01454 Ullersdorf
☎ 03528-48060 🖷 03528-480611
✉ info@golfanlage-ullersdorf.de
💻 www.golfanlage-ullersdorf.de

PR: Karl Schwald, GF: Uwe Neumann
Headgreenkeeper: Ronny Hempel

i: ☎ 03528-48060 🖷 03528-480611
Petra Braito, Eva Zimmermann

Zweite Heimat
☎ 03528-2269528

PRO SHOP: Petra Braito
☎ 03528-48060 🖷 03528-480611

PRO: Pro: Marcus Lindner, Johannes Ettstaller

18-Loch Elaskon Course
H: 6256 m, CR 73.5, SL 135, Par 73
D: 5491 m, CR 75.5, SL 134, Par 73
9-Loch AIS Golfarea (9 Loch Kurzplatz)
H: 1053 m, Par 28
D: 1053 m, Par 28
50 Rangeabschläge (8 überdacht)

G: Gäste sind jederzeit willkommen. Anmeldung ist notwendig. Clubausweis mit eingetragenem Handicap (54) ist erforderlich.

18-Loch-Greenfee: WT: EUR 60 / WE: EUR 80
9-Loch-Greenfee: WT: EUR 35 Ermäßigung: Jugendl. bis 18 J. und Stud.

Platzbeschreibung

Die 18-Loch-Anlage ist Teil einer reizvollen Naturlandschaft im Bereich Weißer Hirsch, Dresdner Heide und Prießnitz-Aue. Die wohldurchdachte Gestaltung des Platzes bietet eine sportliche Herausforderung für Golfer jeder Klasse. Der Platz bietet mehrere lange Par 4 und Par 5 Löcher. Alle Spielbahnen sind mit hohen, schwer spielbaren Roughs umgeben.

Platzinfos

VCG GPS CLUB GASTRO

Anfahrtsbeschreibung

Von Dresden Stadtmitte: B 6 (Bautzener Straße) Richtung Bischofswerda, an Endhaltestelle Straßenbahn Dresden-Bühlau links Richtung Ullersdorf-Radeberg, ab Ullersdorf beschildert. Von der A 4 Chemnitz-Dresden: Ausfahrt Hellerau, weiter Richtung Stadtmitte bis Tankstelle, dort links in die Staufenberg Allee, geradeaus über die Kreuzung bis zur B 6, dann links Richtung Bischofswerda auf der B 6 wie oben beschrieben bis zum Golfplatz.

Nächstgelegene Plätze

Elbflorenz, GC Dresden (Nr. 198)
Herzogswalde, GC (Nr. 195)
GC Erzgebirge - GP Gahlenz (Nr. 202)

Golfclub Herzogswalde GmbH

Karte, Nr. 195, Feld K7 9/9/9 Design: Christian Althaus Höhe: 350 m

gegründet: 2015

Am Golfplatz 1,
01723 Wilsdruff, OT Herzogswalde
035209-310590
info@golfclub-herzogswalde.de
www.golfclub-herzogswalde.de

PR
GF: Reinhard Saal
Robin Saal, CM: Jens Pötsch

i
035209-310590

Clubrestaurant
035209-310598
Mo. Ruhetag

PRO SHOP
Golfclub Herzogswalde
035209-310590

PRO
Pro: Nick Cole, Felix Engel

9-Loch HerzogswalderParkland (Old Course)
H: 5970 m, CR 71.8, SL 139, Par 72
D: 5228 m, CR 74.2, SL 128, Par 72
30 Rangeabschläge (6 überdacht)

G
Gäste sind jederzeit willkommen. Clubausweis mit eingetragener PE ist erforderlich. Vorbestellung notwendig für Carts, Bags, Schläger,Trolleys.

18-Loch-Greenfee: WT: EUR 60 / WE: EUR 65
9-Loch-Greenfee: WT: EUR 30 / WE: EUR 40

Platzbeschreibung

Einsteiger - Gelegenheitsgolfer - Golffanatiker, wir haben Platz auf unserem 3 x 9-Löcher Golfareal in Herzogswalde. Zum ersten der wunderschöne 9-Löcher HerzogswalderLINKS Course, zum zweiten der ruhige 9-Löcher HerzogswalderPARKLAND Course und zum dritten der 9-Löcher-Kurzplatz Herzogswalder LITTLE`LINKS´am Rande des Tharandter Waldes mit tollem Panorama. Der Golfclub Herzogswalde zählt zu den anspruchsvollsten Plätzen in Sachsen.

Platzinfos

VCG GPS CLUB GASTRO

Anfahrtsbeschreibung

A 4 von Chemnitz bzw. Leipzig nach Dresden, Abfahrt Wilsdruff Richtung Tharandt, vor Kesselsdorf auf die B 173 Richtung Freiberg biegen. Aus den anderen Richtungen A17 Ausfahrt Gorbitz, Kesselsdorf, Richtung Freiberg abbiegen und der neuen Straßenführung folgen. Von Dresden aus einfach über Bramsch-Tunnel und Coventrystraße, auf der B 173 über Kesselsdorf, Grumbach direkt nach Herzogswalde fahren. Nach dem Ortseingangsschild Herzogswalde die erste Abfahrt links abbiegen Richtung Landberg.

Nächstgelegene Plätze

Elbflorenz, GC Dresden (Nr. 198)
GC Erzgebirge - GP Gahlenz (Nr. 202)
Dresden Ullersdorf, GC (Nr. 194)

Golf Club Erfurt e.V.

Karte, Nr. 196, Feld G7 **9** Höhe: 320 m

gegründet: 1994

Im Schaderoder Grund,
99090 Erfurt-Schaderode
✆ 036208-80712 ℻ 036208-80713
✉ info@golfclub-erfurt.com
www.golfclub-erfurt.de

PR: Eberhard Kreuser

i: ✆ 036208-80712 ℻ 036208-80713

PRO SHOP: Pro-Shop Rithe Sapkota
✆ 0174-2125195

PRO: Pro: Rithe Sapkota

H: 5394 m, CR 68.8, SL 134, Par 70
D: 4716 m, CR 70.2, SL 122, Par 70
6 Rangeabschläge (3 überdacht)

G: Gäste sind jederzeit willkommen. Clubausweis mit eingetragener PE ist erforderlich.

18-Loch-Greenfee: WT: EUR 45 / WE: EUR 50
9-Loch-Greenfee: WT: EUR 35 / WE: EUR 40
Ermäßigung: Jugendl. bis 18 J. und Stud. bis 27 J. 50%

Platzbeschreibung

Wer Erfurt auf dem Luftweg verlässt, kann das ca. 23 ha große Areal des Golfplatzes gut überschauen. Im leicht hängigen Gelände zwischen Alacher Höhe und dem malerischen Orphalgrund bei Tiefthal liegt der interessante, nicht ganz einfach zu spielende 9-Lochplatz.

Platzinfos

VCG

Anfahrtsbeschreibung

Vom Zentrum Erfurt oder der A 71 Richtung Flughafen, weiter Richtung Alach, von Alach rechts weiter Richtung Schaderode und der Beschilderung zum Golfplatz folgen.

Nächstgelegene Plätze

Thüringer GC (Nr. 201)
Weimarer Land (Nr. 200)
Eisenach, GC (Nr. 197)

Greenfee-Aktion: Seite G 55

Golfclub Eisenach im Wartburgkreis e.V.

Karte, Nr. 197, Feld F7 **18** Design: Andreas Klapproth Höhe: 200 m

gegründet: 1995

Am Röderweg 3, 99820 Hörselberg-Hainich
✆ 036920-71871 🖷 036920-71919
✉ info@golf-eisenach.de
💻 www.golf-eisenach.de

PR: Jörn Riedenklau
Headgreenkeeper: Markus Gröger

i: ✆ 036920-71871 🖷 036920-71919

Ristorante Trattoria Toscana
✆ 036920-729453
Mo. Ruhetag

PRO SHOP: Pro Shop Golfclub Eisenach, Susanne Unger
✆ 036920-71871 🖷 036920-71919

PRO: Pro: Martin Drain

18-Loch Wartburg Golfpark Platz
H: 6019 m, CR 71.9, SL 125, Par 73
D: 5249 m, CR 73.2, SL 125, Par 73
4-Loch Pitch & Putt Platz
H: 505 m, Par 13, D: 495 m, Par 13
25 Rangeabschläge (7 überdacht)

G: Gäste sind jederzeit willkommen. Anmeldung ist notwendig. Clubausweis mit eingetragener PE ist erforderlich.

18-Loch-Greenfee: WT: EUR 65 / WE: EUR 75
9-Loch-Greenfee: WT: EUR 35 / WE: EUR 45
Ermäßigung: Jugendl. bis 18 J. und Stud. bis 27 J. 50%

Platzinfos

VCG GPS CLUB GASTRO

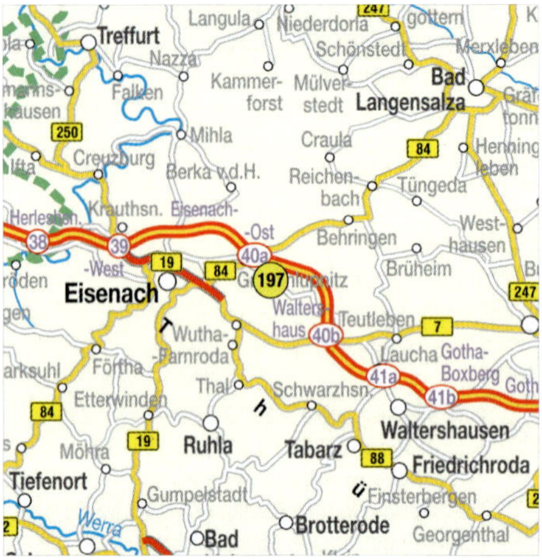

Anfahrtsbeschreibung
A 4 Abfahrt Eisenach Ost, weiter Richtung Großenlupnitz. In Großenlupnitz links abbiegen in Richtung Wenigenlupnitz. Am Ortseingang liegt der Golfplatz auf der linken Seite.

Nächstgelegene Plätze
Thüringer GC (Nr. 201)
Erfurt, GC (Nr. 196)
Rhön, GC (Nr. 386)

Platzbeschreibung
Golfen im Wartburgland ist eine willkommene Bereicherung der ohnehin großen Vielfalt an Natur und Kultur in der geografischen Mitte Deutschlands. In weniger als 5 km Entfernung zur Stadt Eisenach hat der 1995 gegründete Golfclub Eisenach im Wartburgkreis e.V. sein Domizil.

Golfclub Dresden Elbflorenz e.V.

Karte, Nr. 198, Feld L8 **18** Höhe: 300 m

gegründet: 1992

Ferdinand-von-Schill-Straße 4a,
01728 Bannewitz
☎ 035206-2430 🖷 035206-24317
✉ info@golfclub-dresden.de
💻 www.golfclub-dresden.de

PR: Uwe Waltmann, CM: Jens Breunig

i: ☎ 035206-2430 🖷 035206-24317
Katrin Menge, Frank Anders

Restaurant ParkBlick, Katrin Pattis
☎ 035206-22904

PRO SHOP: Golf-Shop
☎ 035206-2430

PRO: Pro: Sabin Sapkota

H: 5996 m, CR 72.4, SL 139, Par 73
D: 5384 m, CR 75, SL 134, Par 73
40 Rangeabschläge (10 überdacht)

G: Gäste sind jederzeit willkommen. Anmeldung ist notwendig. Clubausweis mit eingetragenem Handicap (54) ist erforderlich.

Tages-Greenfee: WT: EUR 60 / WE: EUR 80
9-Loch-Greenfee: WT: EUR 40 / WE: EUR 60
Ermäßigung: Jugendl./Stud. 30%

Platzbeschreibung

Direkt vor den Toren der sächsischen Landeshauptstadt, nur 12 km von Zwinger und Semperoper entfernt, liegt diese Anlage oberhalb des Elbtales auf sanften Hügeln, von Wald begrenzt. Die 18 Spielbahnen fordern auch vom passionierten Golfer hohe Konzentration. Als besonderer Genuss gelten die vier Waldbahnen der 12 bis 15, die sich direkt durch den ehemals königlichen Poisenwald ziehen.

Platzinfos

Anfahrtsbeschreibung

Von der A 4 auf die neue BAB A 17 Richtung Prag, Ausfahrt Dresden-Südvorstadt, dann auf der B 170 Richtung Zinnwald ca. 3 km bis Possendorf. In Possendorf an der Ampel rechts der Beschilderung zum Golfplatz folgen.

Nächstgelegene Plätze

Herzogswalde, GC (Nr. 195)
Dresden Ullersdorf, GC (Nr. 194)
GC Erzgebirge - GP Gahlenz (Nr. 202)

Golfclub Jena e.V.

Karte, Nr. 199, Feld H8 **9** Höhe: 365 m

gegründet: 1994

Münchenroda 31, Driving Range, 07751 Jena
☎ 03641-3842277 Fax 03641-3841959
✉ club@golf-jena.de
www.golf-jena.de

PR: Dr. Jens Wurdinger
Headgreenkeeper: Thomas Bohn jun.

i: ☎ 03641-3842277 Fax 03641-3841959

Half-Way House, Daniela Klotz

Mo. Ruhetag

PRO SHOP: Golf Jena GmbH, Uwe Richter
☎ 03641-3842277

H: 6140 m, CR 73, SL 132, Par 72
D: 5342 m, CR 74.4, SL 133, Par 72
20 Rangeabschläge (6 überdacht)

G: Gäste sind jederzeit willkommen. Sa./So./Feiertage ist Anmeldung notwendig. Clubausweis mit eingetragenem Handicap (54) ist erforderlich.

Tages-Greenfee: EUR 45
9-Loch-Greenfee: EUR 30

Platzbeschreibung

Das Areal der Anlage ist ein wunderschön gelegenes Gebiet südlich des Ortsteils Jena-Münchenroda. Insgesamt zeichnet sich die Anlage durch ein leicht hügeliges Gelände mit viel Baum- und Buschbestand aus. Die Range wurde groß dimensioniert und bietet mit 20 Abschlägen den entsprechenden Platz zum Üben.

Platzinfos

VCG GPS CLUB

Anfahrtsbeschreibung

Von Jena auf der B 7 Richtung Weimar, ca. 200 m nach dem Ortsende Jena links Richtung Münchenroda und der Beschilderung zum Golfplatz folgen. Oder: A 4, Ausfahrt Jena, von Jena auf der B 7 Richtung Weimar und weiter wie oben beschrieben.

Nächstgelegene Plätze

Weimarer Land (Nr. 200)
Gera, GC (Nr. 203)
Erfurt, GC (Nr. 196)

GolfResort Weimarer Land

Karte, Nr. 200, Feld H8 **39** Design: Städler Golf Courses

Weimarer Straße 60, 99444 Blankenhain
✆ +49 3 64 59 / 61 64 1000 🖷 +49 3 64 59 / 61 64 1011
✉ info@golfweimar.de
💻 www.golfresort-weimarerland.de

PR — GF: Dipl.Kfm. Matthias Grafe, CM: Astrid Grafe
Headgreenkeeper: Andreas Bußmann

i — ✆ 036459/ 61 64 1000 🖷 036459/61 64 1011

PRO SHOP — Spa & Golf Resort Weimarer Land Betriebsgesellschaft mbH, Kathrin Brembach
✆ 036459/ 61 64 1000 🖷 036459/ 61 64 1011

PRO — Pro: Mathias Jäckel

18-Loch Goethe-Course
H: 5971 m, CR 72.2, SL 134, Par 72
D: 5086 m, CR 73.6, SL 128, Par 72
18-Loch Feininger-Course
H: 5706 m, CR 70.6, SL 126, Par 71
D: 4839 m, CR 71.4, SL 124, Par 71
25 Rangeabschläge (10 überdacht)

G — Gäste sind jederzeit willkommen. Anmeldung ist notwendig. Clubausweis mit eingetragenem Handicap (54) ist erforderlich.

18-Loch-Greenfee: WT: EUR 80 / WE: EUR 90
9-Loch-Greenfee: WT: EUR 55 / WE: EUR 60
Ermäßigung: Jugendl.

Platzbeschreibung

Vor den Toren Weimars auf dem historischen Gut Krakau ist eine der schönsten Golfanlagen Deutschlands entstanden - das GolfResort Weimarer Land. Die spektakuläre 36-Loch Golfanlage mit traumhafter Naturkulisse besteht aus zwei 18-Loch Golfplätzen und einem 3-Loch Übungsplatz. Die Kombination der beiden Plätze ermöglicht drei abwechslungsreiche 18-Loch-Varianten: den Bobby Jones Champion-Course, den Goethe-Course sowie den Feininger-Course.

Platzinfos

Anfahrtsbeschreibung

Eingabe ins Navigationssystem: Bitte geben Sie „Weimarer Straße" Ort „Blankenhain" ein. Sie werden direkt zum Golfplatz geführt.

Nächstgelegene Plätze

Jena, GC (Nr. 199)
Erfurt, GC (Nr. 196)
Thüringer GC (Nr. 201)

Thüringer Golf Club „Drei Gleichen“ Mühlberg e.V.

Karte, Nr. 201, Feld G8 **18** Höhe: 280 m

gegründet: 1998

Gut Ringhofen,
99869 Drei Gleichen OT Mühlberg
☎ 036256-86983 Fax 036256-86985
✉ info@thueringer-golfclub.de
www.thueringer-golfclub.de

PR
Dr. Rainer Spaeth, CM: Katrin Schwarz
Headgreenkeeper: Kay Ullrich

☎ 036256-86983 Fax 036256-86985

Restaurant & Hotel Taubennest, Stephan Becker
☎ 036256-33378 Fax 036256-33379

PRO SHOP
Golfscheune
☎ 036256-33343

PRO
Pro: Marcus Brembach

H: 6028 m, CR 72.3, SL 132, Par 72
D: 5204 m, CR 73, SL 134, Par 72
50 Rangeabschläge (10 überdacht)

G
Gäste sind jederzeit willkommen. Anmeldung ist notwendig. Clubausweis mit eingetragener PE ist erforderlich.

Tages-Greenfee: WT: EUR 60 / WE: EUR 70
18-Loch-Greenfee: WT: EUR 60 / WE: EUR 70
9-Loch-Greenfee: WT: EUR 35 / WE: EUR 45
Ermäßigung: Jugendl. bis 18 J. und Stud. bis 27 J. 50%

Platzbeschreibung

Die 18-Loch-Golfanlage mit schönem Clubhaus und ungewöhnlich großzügiger Übungsanlage wurde in landschaftlich sehr reizvoller, geschichtsträchtiger Lage inmitten dreier mittelalterlicher Burgen erbaut. Von sich Reden gemacht hat der anspruchsvolle Platz vor allem durch das seit 2006 jährlich im Mai ausgetragene Turnier des Charity Eagles Golf Club e.V., wo sich Prominente wie Franz Beckenbauer, Jens Weißpflog, Lars Riedel, Sven Ottke, Mario Basler, Jan Josef Liefers und andere Mitglieder der Eagles treffen.

Platzinfos

VCG GPS CLUB

Anfahrtsbeschreibung

A 4, Abfahrt Drei Gleichen, bis Ortsmitte Mühlberg, rechts abbiegen Richtung Gotha/Wechmar, ca. 400 m nach Ortsausgang Mühlberg links der Straße, Einfahrt zum Clubhaus, folgen.

Nächstgelegene Plätze

Erfurt, GC (Nr. 196)
Eisenach, GC (Nr. 197)
Weimarer Land (Nr. 200)

Golfclub Erzgebirge - Golfpark Gahlenz

Karte, Nr. 202, Feld K8 **18/3** Höhe: 495 m

gegründet: 1995

Am Golfplatz 1, 09569 Oederan/OT Gahlenz
0176-78914365
info@golfclub-erzgebirge.de
www.golfclub-erzgebirge.de

PR Rene Schmitt

Gaststätte am Golfplatz
Mo Ruhetag

PRO Pro: Rocco Schaarschmidt

18-Loch Platz
H: 5680 m, CR 70.8, SL 137, Par 72
D: 5006 m, CR 72.4, SL 135, Par 72
3-Loch Platz
H: 390 m, Par 9, D: 390 m, Par 9
10 Rangeabschläge (7 überdacht)

G Gäste sind jederzeit willkommen. Anmeldung ist notwendig. Clubausweis mit eingetragenem Handicap (54) ist erforderlich.

18-Loch-Greenfee: Mo.-Do.: EUR 45 / Fr.-So.: EUR 55
9-Loch-Greenfee: Mo.-Do.: EUR 25 / Fr.-So.: EUR 30
Ermäßigung: Jugendl./Stud. 50%

Platzinfos

VCG GPS

Anfahrtsbeschreibung

A 4 Chemnitz-Dresden, Ausfahrt Frankenberg, auf der B 169 Richtung Frankenberg, in Frankenberg Richtung Oberschöna, an der Gaststätte „Räuberschänke" rechts Richtung Oederan, in Oederan kurz links, dann rechts ca. 3 km Richtung Eppendorf, der Golfplatz liegt direkt am Ortseingang Gahlenz.

Platzbeschreibung

In der Freiberger Region, am Fuße des Erzgebirges, finden Sie in einer hügligen Landschaft den reizvollen 18-Loch-Golfplatz des Golfpark Gahlenz. Gahlenz, ein Ortsteil der Stadt Oederan, ist ein malerisches Dorf in der Talsenke zwischen Oederan und Eppendorf. Der Turm der Kirche ist von den meisten Fairways aus zu sehen und wird gern als Orientierungspunkt genutzt. Der Golfplatz beginnt am Ortsausgang in Richtung Oederan und verläuft entlang dieser Verbindungsstraße. Auf den meisten Fairways wird entweder bergauf oder bergab gespielt, was eine gute Kondition des Spielers erfordert.

Nächstgelegene Plätze

Zschopau, GA (Nr. 205)
Chemnitz, Klaffenbach, GC (Nr. 204)
Herzogswalde, GC (Nr. 195)

Greenfee-Aktion: Seite G 57

Golfclub Gera e.V.

Karte, Nr. 203, Feld H8 **18/6** Design: Philip Drewes Höhe: 300 m

gegründet: 2001

Am Schafteich 3, OT Burkersdorf,
07570 Harth-Pöllnitz
036603-61610 036603-616116
info@golfclub-gera.de
www.golfclub-gera.de

PR Roland Maier, GF: Petra Dienel
Headgreenkeeper: Silvio Müller

i 036603-61610 036603-616116

Restaurant am Golfpark
036603-616120
Mo. Ruhetag

PRO SHOP Salvino Golf Academy, Joe Salvino
0179-4612870

PRO Pro: Joe Salvino

18-Loch Platz
H: 5790 m, CR 71.4, SL 132, Par 72
D: 4911 m, CR 72.1, SL 128, Par 72
6-Loch Platz
H: 782 m, Par 18, D: 782 m, Par 18
20 Rangeabschläge (6 überdacht)

G Gäste sind jederzeit willkommen. Anmeldung ist notwendig. Clubausweis mit eingetragener PE ist erforderlich.

18-Loch-Greenfee: Di.-Fr.: EUR 60 / WE: EUR 70
9-Loch-Greenfee: Di.-Fr.: EUR 40 / WE: EUR 45
Ermäßigung: Jugendl. bis 18 J. und Stud. bis 27 J. 50%

Platzbeschreibung

In unmittelbarer Nähe der Osterburg zu Weida, ist eine sehr gepflegte und landschaftlich reizvolle 18 Loch Anlage entstanden. Wir versprechen Ihnen: Das abwechslungsreiche Gelände mit schönen, fairen Golfbahnen sind ideale Bedingungen für eine schöne und anspruchsvolle Golfrunde.

Platzinfos

VCG

Anfahrtsbeschreibung

Aus Richtung Gera (A 4): B 92 bis Weida, ab Weida auf der B 175 bis zum Ortsausgang Burkersdorf. Oder aus Ri. München (A 9): Abfahrt Lederhose, Ri. Gera auf der B 2 bis Großebersdorf und ab Großebersdorf auf der B 175 bis zum Ortseingang Burkersdorf. Oder aus Ri. Hermsdorfer-Kreuz (A 9): Abfahrt Lederhose, Ri. Weida/Zwickau bis Großebersdorf und an Großebersdorf auf der B 175 in Ri. Weida bis zum Ortseingang Burkersdorf.

Nächstgelegene Plätze

Plauen, GC (Nr. 208)
Talsperre Pöhl, GA (Nr. 209)
Zwickau, GC (Nr. 206)

Golfclub Chemnitz e.V. Wasserschloß Klaffenbach

Karte, Nr. 204, Feld K8 **18** Design: H & H Architekten, Meyer & Partner Höhe: 320 m

gegründet: 1997

Wasserschlossweg 6, 09123 Chemnitz
✆ 0371-2621840 🖷 0371-2621841
✉ mail@golfclub-chemnitz.de
💻 www.golfclub-chemnitz.de

PR Axel Wunsch, GF: Axel Wunsch, CM: Frank Seidel
Headgreenkeeper: Philip Visser

i ✆ 0371-2621840 🖷 0371-2621841
Ariane Tanzi

PRO Pro: Frank Seidel

H: 5 m, CR 68.9, SL 123, Par 70
D: 4 m, CR 70.5, SL 125, Par 70
20 Rangeabschläge (6 überdacht)

G Gäste sind jederzeit willkommen. Anmeldung ist notwendig. Clubausweis mit eingetragener PE ist erforderlich. Dienstag Seniorentag: 50% Ermäßigung über 50 Jahre von 08:00-12:00 Uhr

18-Loch-Greenfee: WT: EUR 50 / WE: EUR 60
9-Loch-Greenfee: WT: EUR 35 / WE: EUR 45
Ermäßigung: Jugendl. bis 16 J. 50%

Platzbeschreibung

Am Fuße des Erzgebirges, inmitten einer malerischen Landschaft und nur eine kurze Fahrt von der Chemnitzer Innenstadt entfernt, erwartet Sie ein anspruchsvoller Platz, dessen außergewöhnliche Spielbahnen sich perfekt in das gegebene Gelände einfügen. Hier können Sie das herrliche Panorama des Erzgebirges oder den Blick auf das historische Wasserschloss genießen. Dank seines Pflegezustandes und des Designs zählt unser Platz zu den attraktivsten Anlagen in Sachsen. Alle Bahnen unseres 1997 gegründeten Golfclubs sind sportlich anspruchsvoll angelegt, lassen aber auch Anfängern eine faire Chance.

Platzinfos

VCG GPS CLUB

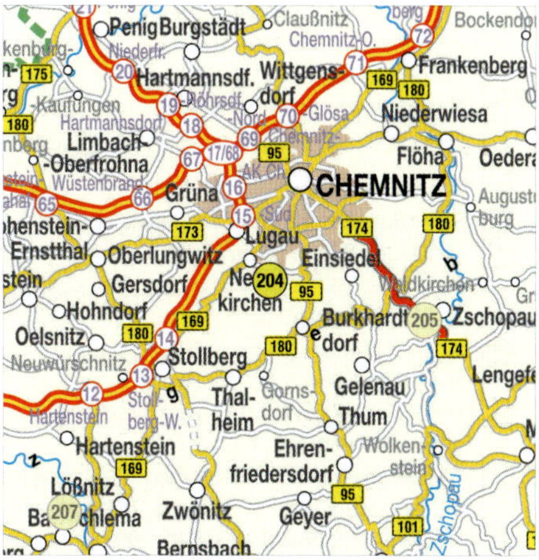

Anfahrtsbeschreibung

Vom Zentrum Chemnitz: Auf der Annaberger Str. stadtauswärts bis zur Abzweigung über eine kleine Brücke nach rechts, die kurz vor dem „Harthauer Berg" Ri. Klaffenbach führt. Oder von Westen/Süden: Stollberger Str. stadtauswärts bis Neukirchen, an der Ampel in Neukirchen links, der Hauptstraße folgen, vorbei am Hotel Almrausch linker Hand und der Beschilderung folgen. Die Zufahrt erfolgt über die Brücke auf das Eingangstor des Schlosses.

Nächstgelegene Plätze

Zschopau, GA (Nr. 205)
Westerzgebirge, GP (Nr. 207)
GC Erzgebirge - GP Gahlenz (Nr. 202)

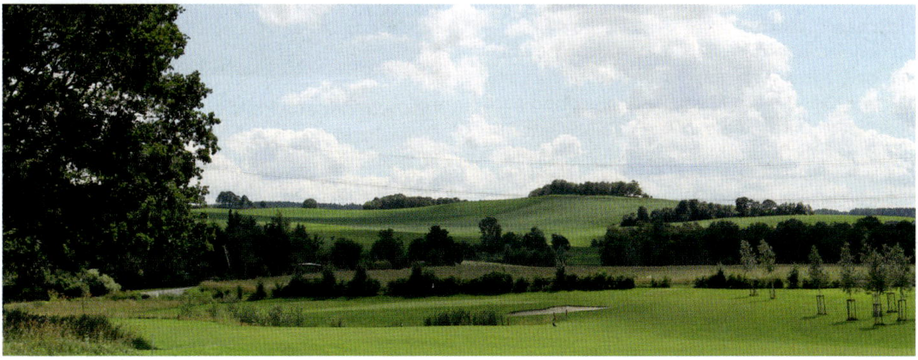

Golfanlage Zschopau GmbH

Karte, Nr. 205, Feld K8 **9/1** Design: W+G. Baumann Höhe: 450 m

gegründet: 1999

Thumer Str. 430, 09405 Zschopau
✆ 03725-459818 / 0170-9669341 🖷 03725-459818
✉ golfanlage.zschopau@gmail.com
💻 www.golfplatz-zschopau.de

PR
CM: Wolfgang Kern
Headgreenkeeper: Sten Hunger

i
✆ 03725-459818/0170-9669341 🖷 -459818

Sante Royale Hotel und Gesundheitsresort
✆ 037369-87990 🖷 - 8799-20

PRO SHOP
✆ 03725-459818

H: 4482 m, CR 64.8, SL 125, Par 66
D: 4058 m, CR 66.8, SL 113, Par 66
30 Rangeabschläge (4 überdacht)

G
Gäste sind jederzeit willkommen. Clubausweis mit eingetragenem Handicap (54) ist erforderlich. DGV-Mitgliedschaft seit 05/2005

Tages-Greenfee: WT: EUR 30 / WE: EUR 35
9-Loch-Greenfee: WT: EUR 20 / WE: EUR 25

Platzinfos

VCG CLUB GASTRO

Platzbeschreibung

Ein Golfplatz über den Dächern von Zschopau - mitten im Erzgebirge In ruhiger und reizvoller Lage, nur 10 km südlich von Chemnitz liegt unsere 9-Loch Golfanlage. Durch die familiäre Atmosphäre genießen wir mehr und mehr Zuspruch bei Golfern von Nah und Fern. Auf dem sorgfältig angelegten Golfplatz bedarf es weniger der Superdrives als vielmehr der Präzision und Konzentration eines kurzen Spiels. Herausforderungen bieten die vielen Schräglagen und der tückische Wind. Auf 22 Hektar finden Sie sportliche Herausforderungen und geistige Entspannung.

Anfahrtsbeschreibung

A 4 / A 72 Ausfahrt Chemnitz Nord oder Süd, in Chemnitz südlich auf die B 174 Richtung Zschopau-Marienberg, Ausfahrt Zschopau Süd und in Zschopau der Ausschilderung folgen.

Nächstgelegene Plätze

Chemnitz, Klaffenbach, GC (Nr. 204)
GC Erzgebirge - GP Gahlenz (Nr. 202)
Westerzgebirge, GP (Nr. 207)

Golfclub Zwickau e.V.

Karte, Nr. 206, Feld I8 9 Höhe: 355 m

gegründet: 1997

Reinsdorfer Straße 29, 08066 Zwickau
✆ 0375-2040400 🖷 0375-2040402
✉ info@golfplatz-zwickau.de
💻 www.golfplatz-zwickau.de

PR Bernhard Scheckel, GF: Uwe Sommer
Headgreenkeeper: Gerhard Schleicher

i ✆ 0375-2040400 🖷 -2040402
Denise Meyer, Susanne Kämpf

Polster Catering
✆ 0375-2040400

PRO SHOP Roland Meyer
✆ 0375-2040400

PRO Pro: Roland Meyer

H: 5764 m, CR 70, SL 129, Par 70
D: 4986 m, CR 71.1, SL 127, Par 70
30 Rangeabschläge (10 überdacht)

G Gäste sind jederzeit willkommen. Clubausweis mit eingetragenem Handicap (54) ist erforderlich.

Tages-Greenfee: WT: EUR 40 / WE: EUR 50
9-Loch-Greenfee: WT: EUR 30 / WE: EUR 35
Rangefee EUR 8
Ermäßigung: Jugendl. bis 14 J. 50%

Platzbeschreibung

Der Golfplatz liegt keine drei Autominuten vom Zentrum der Stadt entfernt und vermittelt dennoch das Gefühl inmitten der Natur zu liegen. Besonders hervorzuheben ist Loch 1, das einen Panoramablick auf das Erzgebirge bietet.

Platzinfos

VCG CLUB

Anfahrtsbeschreibung

A 9, Anschlussstelle A 72, Ausfahrt Zwickau-Ost, weiter Richtung Zwickau-Zentrum, weiter der Beschilderung zum Golfplatz folgen. A 4, Ausfahrt Meerane, Richtung Zwickau-Zentrum, weiter der Beschilderung zum Golfplatz folgen.

Nächstgelegene Plätze

Westerzgebirge, GP (Nr. 207)
Chemnitz, Klaffenbach, GC (Nr. 204)
Talsperre Pöhl, GA (Nr. 209)

Greenfee-Aktion: Seite G 57

Golfpark Westerzgebirge GmbH & C. KG

Karte, Nr. 207, Feld I8 9 Höhe: 477 m

gegründet: 2001

Grubenstraße 24, 08301 Bad Schlema
01522-2134156
info@golfpark-westerzgebirge.de
www.golfclub-bad-schlema.de

PR: Klaus-Dieter Neubert,
GF: Dr. Kathrin Bösecke-Spapens

i: 01522-2134156

Susanne Schröpel
01522-2134156
Mo. Ruhetag

PRO SHOP: Golfakademie Denny Matthias
0160-94940981

PRO: Pro: Denny Matthias

H: 5538 m, CR 70.2, SL 125, Par 72
D: 4766 m, CR 71.7, SL 123, Par 72
20 Rangeabschläge (6 überdacht)

G: Gäste sind jederzeit willkommen. Clubausweis mit eingetragener PE ist erforderlich.

18-Loch-Greenfee: Mo.-Do.: EUR 45 / Fr.-So.: EUR 50
9-Loch-Greenfee: Mo.-Do.: EUR 30 / Fr.-So.: EUR 35

Platzbeschreibung

Umgeben von den höchsten Bergen des Erzgebirges befindet sich der Golfpark Westerzgebirge in Bad Schlema. Eine phänomenale Aussicht, verbunden mit einem anspruchsvollem Spiel ist es ganz sicher ein einzigartiges Erlebnis diesen Platz zu erleben. Auf einer ehemaligen Bergwerkshalde, über den Dächern von Bad Schlema, finden sie Ruhe, Entspannung und die Faszination - Golfen. Wir freuen uns auf Sie!

Platzinfos

VCG GPS CLUB GASTRO

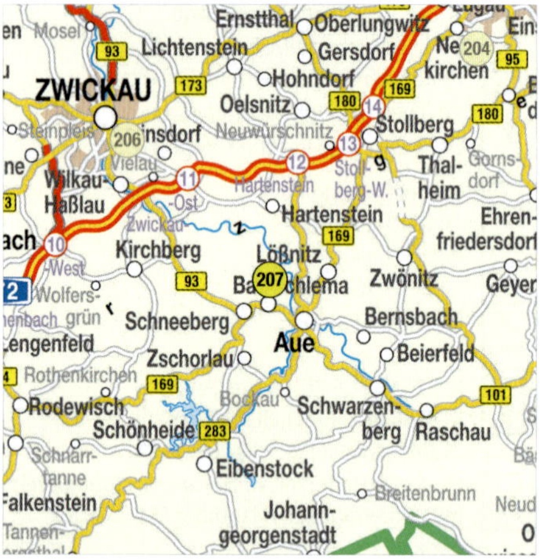

Anfahrtsbeschreibung

Den Golfplatz erreichen Sie über die A72 Abfahrt Zwickau-West, Kirchberg - Richtung Schneeberg - B93, in Schneeberg B169 Richtung Aue, Ortseingang Bad Schlema links bis Abzweigung Grubenstraße. Von hier aus noch ca. 2 km bis zum Platz. oder: A72 Abfahrt Hartenstein, Richtung Aue S255, in Aue am Stadion rechts, weiter B169 Richtung Bad Schlema/Schneeberg, 1. Ampelkreuzung nach dem Ortseingang Bad Schlema rechts, weiter auf der Hauptstraße Richtung Hartenstein bis Gaststätte Schlematal, links abbiegen Richtung Grubenstraße. Von der Gaststätte bis zum Golfplatz noch ca. 600 m.

Nächstgelegene Plätze

Zwickau, GC (Nr. 206)
Chemnitz, Klaffenbach, GC (Nr. 204)
Zschopau, GA (Nr. 205)

Greenfee-Aktion: Seite G 57

Golfclub Plauen e.V.

Karte, Nr. 208, Feld I8 **27** Design: Hans-Joachim Tilch Höhe: 440 m

gegründet: 1998

Cossengrüner Str., 08547 Plauen OT Steinsdorf
✆ 037439-44658 🖷 037439-449873
✉ info@golfclub-plauen.de
💻 www.golfclub-plauen.de

PR Hans-Joachim Tilch
Headgreenkeeper: Bodo Tilch

i ✆ 037439-44658 🖷 -449873

Silvana Kröning
✆ 0175-92021141
Mo. und Di. Ruhetag

18-Loch Kolkrabe Platz
H: 5277 m, CR 68.7, SL 122, Par 71
D: 4581 m, CR 70.3, SL 119, Par 71
9-Loch Roter Milan Executive Platz
H: 3458 m, CR 62.1, SL 93, Par 60
D: 3030 m, CR 61.6, SL 87, Par 60
20 Rangeabschläge (7 überdacht)

G Gäste sind jederzeit willkommen. Clubausweis mit eingetragener PE ist erforderlich.

18-Loch-Greenfee: WT: EUR 40 / WE: EUR 55
9-Loch-Greenfee: WT: EUR 25 / WE: EUR 35
Ermäßigung: Jugendl./Stud.

Platzinfos

VCG GPS

Anfahrtsbeschreibung

Aus Ri. Plauen: Auf der B 92/B 282 Ri. Schleiz/Greiz/A 9. Am Ende von Plauen am Kreisverkehr re. Ri. Greiz/Elsterberg B 92 abbiegen. Nach ca. 3 km re. Ri. Steinsdorf. Aus Ri. Greiz/Elsterberg: Auf der B 92 Ri. Plauen, ca. 7 km hinter Elsterberg scharf li. Ri. Steinsdorf abbiegen. Aus Ri. Jößnitz: Am Ende der Hauptstraße re. abbiegen. In Steinsdorf: Der Hauptstraße folgen, nach 1 km li. Ri. Cossengrün abbiegen, 50 m weiter ist li. der Golfplatz.

Platzbeschreibung

Ca. 15 min. vom Zentrum-Plauen entfernt liegt die über 50 ha große Anlage erhöht am Rand von Steinsdorf. Der hügelige Platz bietet wunderschöne Ausblicke rundum auf die Kämme der umliegenden Mittelgebirgsrücken des Vogtlandes, Erzgebirges, Elstergebirges und des Thüringer Waldes.

Nächstgelegene Plätze

Talsperre Pöhl, GA (Nr. 209)
Gera, GC (Nr. 203)
Hof, GC (Nr. 548)

Greenfee-Aktion: Seite G 59

Golfanlage Talsperre Pöhl

Karte, Nr. 209, Feld I8 9

gegründet: 2001

Voigtsgrüner Straße 20, 08543 Pöhl/Möschwitz
037439-44535 Mobil, 0171 2672386
037439-44537
info@golfanlage-talsperre-poehl.de
www.golfanlage-talsperre-poehl.de

PR: Jens Beck, GF: Hans Theeuwen,
CM: Hans Theeuwen
Headgreenkeeper: Olaf Schubert

037439-44535 037439-44537

„Loch 19"

Mo. Ruhetag

PRO SHOP: Pro Shop Hans Theeuwen, Hans Theeuwen
037439-44535 037439-44537

PRO: Pro: Hans Theeuwen

H: 4270 m, CR 63.1, SL 107, Par 64
D: 3660 m, CR 63.3, SL 108, Par 64
16 Rangeabschläge (6 überdacht)

G: Gäste sind jederzeit willkommen. Clubausweis mit eingetragenem Handicap ist erforderlich.

18-Loch-Greenfee: WT: EUR 35 / WE: EUR 40
9-Loch-Greenfee: WT: EUR 25 / WE: EUR 30
Ermäßigung: Jugendl. bis 18 J. und Stud. bis 27 J. 50%

Platzbeschreibung

Die Golfanlage Talsperre Pöhl steht unter dem Motto „Golf für Jedermann" und bietet neben Schnupper- und Fortgeschrittenen-Kursen moderate Preise sowie 3 Übungsbahnen, die ohne Platzreife bespielt werden können. Die 9-Loch-Anlage weist einen guten Standard auf, liegt landschaftlich wunderschön und ist sehr leicht zu erreichen.

Platzinfos

VCG

GPS

Anfahrtsbeschreibung

A 72, Ausf. Plauen-Ost und auf die B 173 Ri. Plauen, 1,6 km entlang der B 173, re. abbiegen und 1,3 km entlang Voigtsgrüner Weg (K 7803), li. 1 km dem Voigtsgrüner Weg (K 7803) folgen, li. Dorfring/K 7814 Ri. Möschwitz abbiegen, 1,3 km auf der K 7814 Ri. Möschwitz, der Platz liegt rechter Hand. Oder: Von der anderen Seite der Talsperre nach Möschwitz, auf Höhe der Gaststätte Edelweis in die Voigtsgrüner Str. und dieser 1,7 km folgen.

Nächstgelegene Plätze

Plauen, GC (Nr. 208)
Hof, GC (Nr. 548)
Zwickau, GC (Nr. 206)

WENN SIE HIER SPIELEN WOLLEN ...
THRACIAN CLIFFS RESORT, KAVARNA, BULGARIEN
... www.1golf.eu

Nordrhein-Westfalen

■ = Partner Albrecht Greenfee-Aktion

Nordrhein-Westfalen

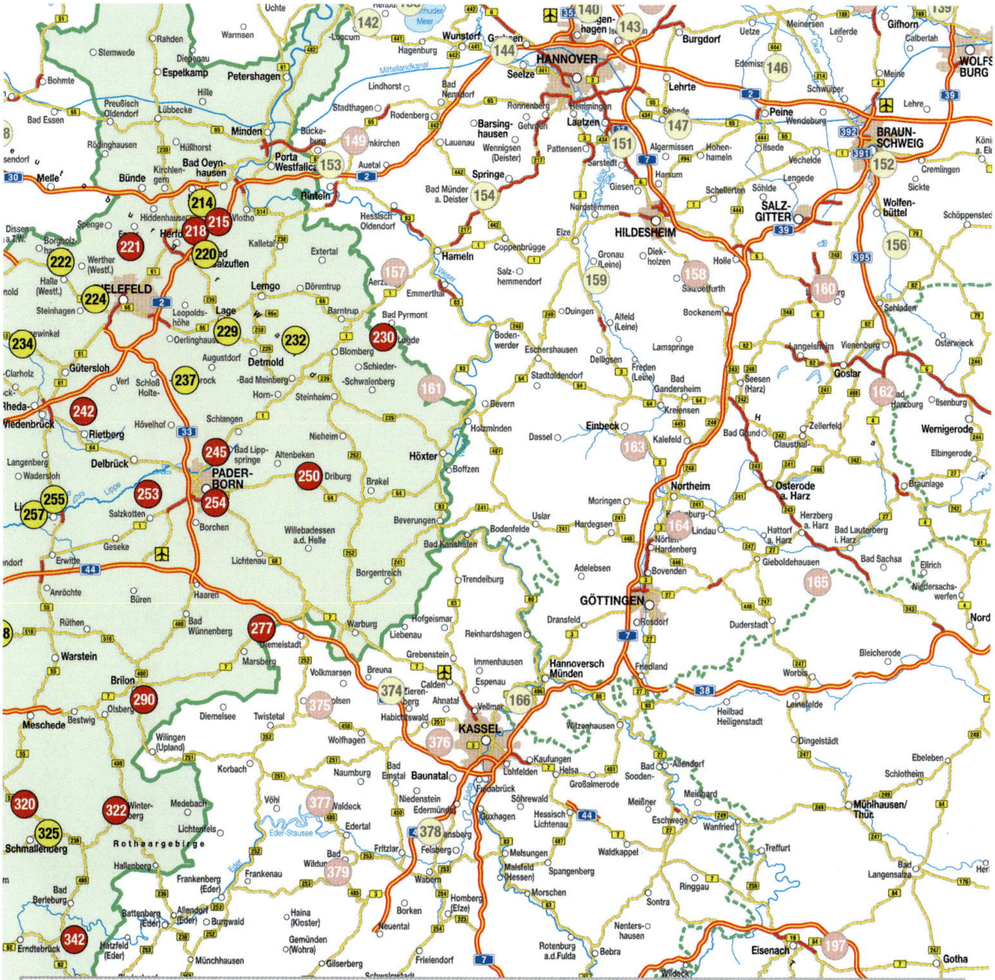

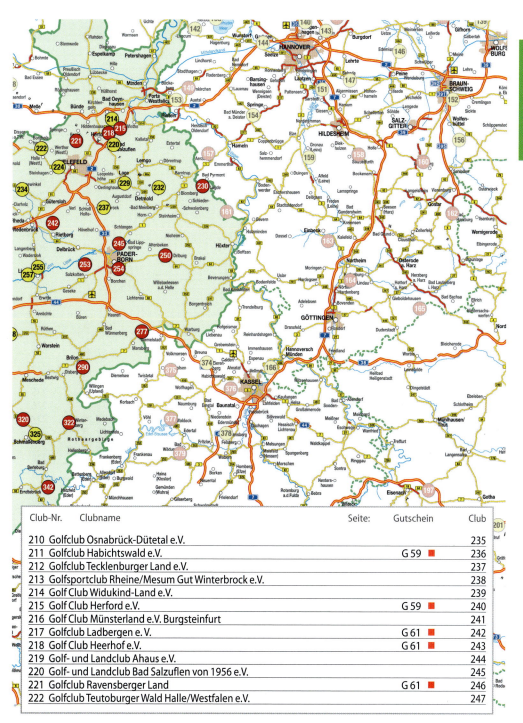

Club-Nr.	Clubname	Seite: Gutschein	Club
210	Golfclub Osnabrück-Dütetal e.V.		235
211	Golfclub Habichtswald e.V.	G 59 ■	236
212	Golfclub Tecklenburger Land e.V.		237
213	Golfsportclub Rheine/Mesum Gut Winterbrock e.V.		238
214	Golf Club Widukind-Land e.V.		239
215	Golf Club Herford e.V.	G 59 ■	240
216	Golf Club Münsterland e.V. Burgsteinfurt		241
217	Golfclub Ladbergen e. V.	G 61 ■	242
218	Golf Club Heerhof e.V.	G 61 ■	243
219	Golf- und Landclub Ahaus e.V.		244
220	Golf- und Landclub Bad Salzuflen von 1956 e.V.		245
221	Golfclub Ravensberger Land	G 61 ■	246
222	Golfclub Teutoburger Wald Halle/Westfalen e.V.		247

Nordrhein-Westfalen

Club-Nr.	Clubname	Seite: Gutschein		Club
223	Golf-Club Aldruper Heide e.V.	G 61	■	248
224	Bielefelder Golfclub e.V.			249
225	Golf Club Schultenhof Peckeloh e.V.	G 63	■	250
226	Golfclub Münster-Wilkinghege e.V.			251
227	Golfclub Gut Hahues zu Telgte e.V.	G 63	■	252
228	Patricks Pitch und Putt			253
229	Golfanlage Gut Ottenhausen			254
230	Golf-Club Bad Pyrmont e.V.	G 63	■	255
231	Warendorfer Golfclub An der Ems			256
232	Lippischer Golfclub e.V.			257
233	Golfpark Heidewald Vohren			258
234	Golfclub Marienfeld e.V.			259
235	Golf- und Landclub Coesfeld e.V.	G 63, G 65	■	260
236	Golfclub Münster-Tinnen e.V.			261
237	Senne Golfclub Gut Welschof e.V.			262
238	Golfclub Brückhausen e.V.	G 65	■	263
239	Golfen in Hiltrup	G 65	■	264
240	Golf-Club Schloß Vornholz e.V.			265
241	Golfclub Borghees e.V.			266
242	Westfälischer Golf Club Gütersloh e.V.	G 65, G 67	■	267
243	Golf Club Wasserburg Anholt e.V.			268
244	Golfclub Uhlenberg Reken e.V.			269
245	B. A. Golfclub Sennelager	G 67	■	270
246	Golf- und Landclub Nordkirchen e.V.			271
247	Golf International Moyland	G 67	■	272
248	Land-Golf-Club Schloß Moyland e.V.			273
249	Mühlenhof Golf & Country Club e.V.	G 69	■	274
250	Bad Driburger Golf-Club e.V.	G 69	■	275
251	Golfclub Wasserschloß Westerwinkel e.V.	G 69, G 71	■	276
252	Golfclub Weselerwald e.V.	G 71	■	277
253	Golf Club Paderborner Land e.V.	G 71	■	278
254	Universitäts-Golfclub Paderborn e.V.	G 71	■	279
255	Golf Club Gut Mentzelsfelde e.V.			280
256	Golfclub Stahlberg im Lippetal e.V.	G 71	■	281
257	Golf Club Lippstadt e.V.			282
258	Golfplatz Werne a. d. Lippe GmbH & Co. KG	G 71, G 73	■	283
259	Golfanlage Jammertal			284
260	Vestischer Golf Club Recklinghausen e.V.			285
261	Golf Club Hünxerwald e.V.			286
262	Golf-Club Schwarze Heide Bottrop-Kirchhellen e.V.			287
263	Golfclub Hamm e.V.			288
264	Golfclub Schloß Westerholt e.V.			289
265	Golfclub Bruckmannshof e.V.			290
266	Gelsenkirchener Golfclub Haus Leythe e.V.			291
267	Royal Saint Barbara's Dortmund Golf Club e.V.			292
268	Golfclub Schloß Horst			293
269	Golfanlage Schloss Haag	G 73	■	294
270	Golf Club Castrop-Rauxel e.V. in Frohlinde			295
271	Golf Club Issum-Niederrhein e.V.			296
272	Golfclub Oberhausen GmbH & Co. KG			297
273	Golfclub Am Kloster Kamp	G 73	■	298

■ = Partner Albrecht Greenfee-Aktion

Nordrhein-Westfalen

Club-Nr.	Clubname	Seite: Gutschein	Club
274	Golfclub Röttgersbach	G 73 ■	299
275	Golf Club Werl e.V.	G 73, G 75 ■	300
276	Golfclub GolfRange Dortmund		301
277	Golfclub Westheim e. V.	G 75 ■	302
278	Golfclub Möhnesee e.V.		303
279	Golf Club Gut Neuenhof		304
280	Golf-Club Unna-Fröndenberg e.V.		305
281	Golfclub Mülheim an der Ruhr Raffelberg e.V.		306
282	Dortmunder Golf Club e.V.		307
283	Golfclub am Kemnader See e.V.	G 75 ■	308
284	Bochumer Golfclub e.V.		309
285	Golfclub Sauerland e.V., Neheim-Hüsten	G 75, G 77 ■	310
286	Golfen in Herdecke	G 77 ■	311
287	Golfclub Op de Niep e.V.	G 77, G 79 ■	312
288	Golfriege ETUF e.V. Essener Turn- u. Fechtclub		313
289	Märkischer Golf Club e.V.	G 79 ■	314
290	Golfclub Brilon e.V.	G 79 ■	315
291	Niederrheinischer Golfclub e.V. Duisburg		316
292	Golf & Country Club An der Elfrather Mühle e.V.		317
293	Golf & More Duisburg		318
294	Golfclub Mülheim an der Ruhr e.V.	G 79 ■	319
295	Golf-Club Essen-Heidhausen e.V.		320
296	Essener Golf-Club Haus Oefte e.V.		321
297	Golf-Club Stadtwald e.V.		322
298	Golfclub Gut Berge Gevelsberg/Wetter e.V.		323
299	Golf Club Haus Bey e.V.	G 79 ■	324
300	Golfclub Hösel e.V.		325
301	Golfclub Velbert-Gut Kuhlendahl e.V.		326
302	Krefelder Golf Club e.V.		327
303	Golf Club Gut Frielinghausen		328
304	Golfclub Felderbach Sprockhövel e.V.		329
305	Öffentl. Golfanlage Am Mollenkotten Wuppertal		330
306	Golf-Club Bergisch Land Wuppertal e.V.		331
307	Golf am Haus Amecke	G 81 ■	332
308	Golfpark Renneshof GmbH		333
309	Düsseldorfer Golf Club e.V.		334
310	Golf Club Grevenmühle GmbH	G 81 ■	335
311	Golf Club Mettmann e.V.		336
312	Golf Club Hubbelrath - Land und Golf Club Düsseldorf e.V.		337
313	KOSAIDO Internationaler Golfclub Düsseldorf e.V.		338
314	Golfclub Düsseldorf-Grafenberg e.V.		339
315	Golfclub Meerbusch e.V.		340
316	GC Gelstern Lüdenscheid-Schalksmühle e.V.	G 81, G 83 ■	341
317	Golfanlage Duvenhof		342
318	Golfclub Haan Düsseltal 1994 e.V.		343
319	GSV Golf-Sport-Verein Düsseldorf e.V.		344
320	Golfclub Sellinghausen e.V.	G 83 ■	345
321	Golfclub Schloss Myllendonk e.V.		346
322	Golf-Club Winterberg e.V.	G 83 ■	347
323	Europäischer Golfclub Elmpter Wald e.V.	G 83, G 85 ■	348
324	Golfpark Rittergut Birkhof	G 85 ■	349

Nordrhein-Westfalen

Club-Nr.	Clubname	Seite: Gutschein	Club
325	Golfclub Schmallenberg e.V.		350
326	Golfanlage Hummelbachaue		352
327	Golf- und Landclub Schmitzhof e.V.	G 85	353
328	Golfclub Residenz Rothenbach e.V.		354
329	Golfclub Dreibäumen e.V.		355
330	Golfclub Wildenrath e.V.	G 85	356
331	Golf Club Varmert e.V.		357
332	Golfclub Repetal Südsauerland e.V.		358
333	Golfclub am Katzberg e.V.		359
334	Golfclub Mönchengladbach-Wanlo e.V.		360
335	Golf Club Kürten e.V.		361
336	KölnGolf	G 85	362
337	Golf & Country Club Velderhof e.V.		363
338	Golfanlage Gimborner Land		364
339	Golf Club Gut Lärchenhof e.V.		365
340	Golfclub Erftaue e.V.		366
341	Golf Club Leverkusen e.V.		367
342	Golfclub Wittgensteiner Land e.V.	G 85, G 87	368
343	Golfclub Schloß Georghausen e.V.		369
344	Golf Club Am Alten Fliess e.V.		370
345	Golf- und Land-Club Köln e.V.		371
346	Kölner Golfclub		372
347	Golfpark Loherhof eV		373
348	Golf Club Oberberg e.V.		374
349	Golfclub Siegerland e.V.	G 87	375
350	GolfCity Köln Pulheim		376
351	Golf Club Siegen-Olpe e.V.	G 87	377
352	Golfclub Der Lüderich e.V.		378
353	Golf Club Burg Overbach e.V.	G 87, G 89	379
354	Golf-Park Nümbrecht		380
355	Köln-Marienburger Golf Club e.V.		381
356	GC Wahn im SSZ Köln-Wahn e.V.	G 89	382
357	V-Golf Sankt Urbanus		383
358	Golf Club Schloss Auel		384
359	Golfclub Haus Kambach Eschweiler-Kinzweiler e.V.		385
360	Golfanlage Clostermanns Hof		386
361	Golf Burgkonradsheim GmbH		387
362	West Golf GmbH & Co. KG	G 89, G 91	388
363	Golf Club Düren e.V.		389
364	Aachener Golf Club 1927 e.V.		390
365	Gut Heckenhof Hotel & Golfresort an der Sieg GmbH & Co KG	G 91	391
366	Int. Golfclub Mergelhof Sektion Deutschland e.V.		392
367	Internationaler Golf Club Bonn e.V.		393
368	Golf Club Rhein-Sieg e.V.		394
369	Golfanlage Römerhof		395
370	Golf Club Schloss Miel		396
371	Golf Club Bonn Godesberg in Wachtberg e.V.		397
372	Golfclub Burg Zievel		398
373	Golfclub Bad Münstereifel-Stockert e.V.		399

Golfclub Osnabrück-Dütetal e.V.

Karte, Nr. 210, Feld C5 **18/4** Design: Christoph Städler Höhe: 83 m

gegründet: 1983

Wersener Straße 17, 49504 Lotte-Wersen
☎ 05404-998610 Fax 05404-9986122
✉ info@golf-duetetal.de
www.golf-duetetal.de

PR: Dr. Ralf Kollmann, CM: Gary Hutchinson
Headgreenkeeper: Denis Tweddell

i: ☎ 05404-998610 Fax 05404-9986122
Renate Meyer

Café-Restaurant Dütetal, Erik Weinert
☎ 05404-73655
Mo. Ruhetag

PRO: Pro: Joscha Lampe, Bernt Wimmer

18-Loch Osnabrück-Dütetal Platz
H: 6094 m, CR 72.3, SL 128, Par 72
D: 5263 m, CR 73.5, SL 127, Par 72
4-Loch Kurzplatz (Executive)
H: 505 m, D: 415 m
30 Rangeabschläge (3 überdacht)

G: Gäste sind jederzeit willkommen. Anmeldung ist notwendig. Clubausweis mit eingetragenem Handicap (45) ist erforderlich.

18-Loch-Greenfee: WT: EUR 60 / WE: EUR 70
9-Loch-Greenfee: WT: EUR 30 / WE: EUR 35
Ermäßigung: Jugendl./Stud.

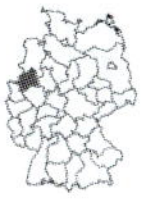

Platzinfos

VCG, GPS, CLUB, GASTRO

Anfahrtsbeschreibung

A 1 Richtung Bremen, Ausfahrt Osnabrück-Hafen Richtung Westerkappeln, nach ca. 1 km links Richtung Lotte, nach ca. 500 m links zum Golfplatz.

Platzbeschreibung

Die 110 ha große Anlage des Golfclubs Osnabrück-Dütetal befindet sich nur wenige Autominuten vom Zentrum der Stadt Osnabrück entfernt. Geprägt vom naturbelassenen Flusslauf der Düte und einem über die Jahrzehnte gewachsenen Baumbestand ist über die Jahre ein gepflegter Parkland Course englischen Stils behutsam gewachsen und gestaltet worden. Im Laufe seines Bestehens hat der Club den Platz immer wieder modernisiert und ausgebaut, um den gewachsenen Ansprüchen der Golfer gerecht werden zu können.

Nächstgelegene Plätze

Habichtswald, GC (Nr. 211)
Tecklenburger Land, GC (Nr. 212)
Osnabrücker GC (Nr. 148)

Greenfee-Aktion: Seite G 59

Golfclub Habichtswald e.V.

Karte, Nr. 211, Feld C5 **18/6** Design: Städler, GC Habichtswald e.V. Höhe: 80 m

gegründet: 1981

Industriestraße 16, 49492 Westerkappeln-Velpe
05456-96013 05456-96014
sekretariat@golfclub-habichtswald.de
www.golfclub-habichtswald.de

PR: Erika Pruhs
Headgreenkeeper: Andreas Middendorf

i: 05456-96013 05456-96014
Christiane Gawrych

„Birkenhof", Sonja Fernandez Sturies
0162-1777977 05456-96014
Mo. Ruhetag

PRO SHOP: GC Habichtswald
05456-96013 05456-96014

PRO: Pro: Malte Preuß

18-Loch Platz
H: 5735 m, CR 71.4, SL 132, Par 73
D: 4946 m, CR 72.4, SL 127, Par 73
6-Loch Kurzplatz (Executive)
H: 537 m, Par 19, D: 537 m, Par 19
10 Rangeabschläge (5 überdacht)

G: Gäste sind jederzeit willkommen. Anmeldung ist notwendig. Clubausweis mit eingetragenem Handicap (54) ist erforderlich.

18-Loch-Greenfee: WT: EUR 55 / WE: EUR 65
9-Loch-Greenfee: WT: EUR 30 / WE: EUR 35
Die angebotene Greenfee-Aktion gilt nicht an Wochenenden und Feiertagen.
Ermäßigung: Jugendl./Stud. 50%

Platzbeschreibung

Golfclub Habichtswald - Hügeliges Gelände mit alten Baumbeständen. Die abwechslungsreiche Landschaft des Teutoburger Waldes mitten im TERRA.vita Natur- und Geopark verspricht ein einzigartiges Golf-Erlebnis mit unerwarteten Ausblicken in die Weite des Osnabrücker-und Tecklenburger Landes.

Platzinfos

Anfahrtsbeschreibung

A 30 Bad Oeynhausen-Rheine, 3 km westlich des ABK Lotte-Osnabrück, Ausfahrt Lotte, rechts Richtung Tecklenburg, Beschilderung Golfplatz folgen, in die Industriestraße nach ca. 2 km Parkplatz/Golfplatz linke Seite.

Nächstgelegene Plätze

Osnabrück-Dütetal, GC (Nr. 210)
Tecklenburger Land, GC (Nr. 212)
Ladbergen, GC (Nr. 217)

Golfclub Tecklenburger Land e.V.

Karte, Nr. 212, Feld C5 9

gegründet: 1971

Wallenweg 24, 49545 Tecklenburg
05455-2080010
sekretariat@golfclub-tecklenburg.de
www.golfclub-tecklenburg.de

PR
Thomas Braumann
Headgreenkeeper: Matthias Pielke

05455-2080010
Irene Schneider

Lars Meinecke
05455-2080024
Mo. Ruhetag

PRO
Pro: Eric Buhle, Joscha Lampe

H: 6084 m, CR 72.5, SL 122, Par 72
D: 5332 m, CR 73.9, SL 120, Par 72
10 Rangeabschläge (3 überdacht)

G
Gäste sind jederzeit willkommen. Clubausweis mit eingetragener PE ist erforderlich. Tarife für Gruppen auf Anfrage 05455 - 2080010

18-Loch-Greenfee: WT: EUR 50 / WE: EUR 60
9-Loch-Greenfee: WT: EUR 25 / WE: EUR 30
Ermäßigung: Jugendl. bis 18 J. und Stud. bis 27 J. 50%

Platzbeschreibung

Der Golfplatz ist wunderschön in den Naturpark Teutoburger Wald integriert. Er ist aus allen Richtungen gut zu erreichen (A 1, A 30). Dennoch liegt er absolut ruhig und macht jeden Golftag zu einem Erholungstag. Die Bahnen liegen auf den Höhen und in den Tälern des Teutoburger Waldes. Diese Topografie macht die Anlage zu einer Topadresse für den Golfbeginner ebenso wie für den erfahrenen Golfer.

Nächstgelegene Plätze

Habichtswald, GC (Nr. 211)
Ladbergen, GC (Nr. 217)
Osnabrück-Dütetal, GC (Nr. 210)

Platzinfos

VCG
GPS
CLUB

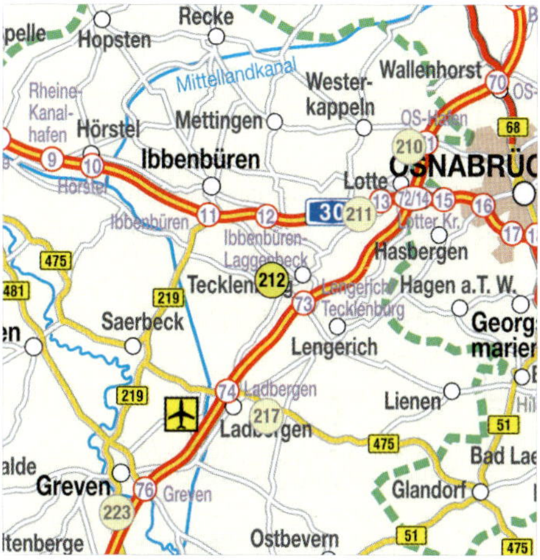

Anfahrtsbeschreibung

A 1 (Hansalinie): Ausfahrt Tecklenburg, auf der Straße Lengerich-Ibbenbüren Richtung Ibbenbüren, nach ca. 3 km befindet sich rechts die beschilderte Zufahrt zum Golfplatz. A 30: Ausfahrt Tecklenburg, dann zunächst Richtung Tecklenburg, dann Richtung Ladbergen, dann im Kreisel Richtung Ibbenbüren, nach 1 km rechts ab. Zufahrt beschildert. NAVI: 49545 Tecklenburg, Zum Golfplatz

Golfsportclub Rheine/Mesum Gut Winterbrock e.V.

Karte, Nr. 213, Feld C5 **18/9/3** Design: Christoph Städler Höhe: 15 m

gegründet: 1996

Wörstraße 201, 48432 Rheine
05975-9490 05975-9491
info@golfclub-rheine.de
www.golfclub-rheine.de

PR Gerhard Baumann, GF: Gerd Rothfuchs
Headgreenkeeper: Jan-Dirk Ewertz

i 05975-9490 -9491

Golfhotel Rheine, Jeannine Bathen
05975-919560 05975-9175715

PRO SHOP Rheine Golf GmbH & Co KG, Gerd Rothfuchs
05975-9490 05975-9491

PRO Pro: Lars Rehbock

18-Loch Südkurs
H: 6036 m, CR 71.6, SL 126, Par 72
D: 4998 m, CR 71.4, SL 125, Par 72
9-Loch Nordkurs
H: 4442 m, CR 62.9, SL 104, Par 34
D: 3880 m, CR 64.1, SL 101, Par 34
60 Rangeabschläge (12 überdacht)

G Gäste sind jederzeit willkommen. Anmeldung ist notwendig. Clubausweis mit eingetragenem Handicap (36) ist erforderlich.

18-Loch-Greenfee: WT: EUR 60 / WE: EUR 80
9-Loch-Greenfee: WT: EUR 35 / WE: EUR 45
Ermäßigung: Jugendl. bis 18 J. 50%

Platzinfos

VCG GPS CLUB GASTRO

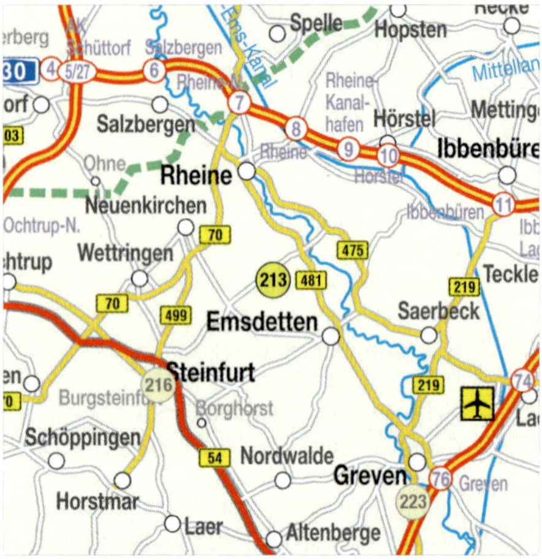

Anfahrtsbeschreibung
Von Rheine bzw. Emsdetten auf der B 481 bis zur Ampelkreuzung Mesum, rechts bzw. links Richtung Steinfurt, hinter dem Ortsausgangsschild Rheine-Mesum ca. 500 m links der Beschilderung zum Golfplatz folgen.

Platzbeschreibung
Die bestens gepflegte Anlage bietet ganzjährig Sommergrüns, eine großzügig angelegte Driving Range und Übungsanlagen mit hervorragenden Trainingsmöglichkeiten sowie eine öffentliche 9-Loch-Anlage für Jedermann.

Nächstgelegene Plätze
Münsterland, GC (Nr. 216)
Aldruper Heide, GC (Nr. 223)
Tecklenburger Land, GC (Nr. 212)

Golf Club Widukind-Land e.V.

Karte, Nr. 214, Feld D6 **18** Höhe: 160 m

gegründet: 1985

Auf dem Stickdorn 63, 32584 Löhne
05228-7050 05228-1039
info@gc-widukindland.de
www.gc-widukindland.de

PR
Gerhard Holdijk, GF: Gregor von Hinten,
CM: Gregor von Hinten

i
05228-7050 05228-1039
Regina Müller, Jutta Buchholz

Andre Sasse
05228-1038
Mo. Ruhetag

PRO SHOP
Golfshop Niermeier, Petra Niermeier
05228-979333 05228-979334

PRO
Pro: Jörn Neumann, Fred Hoffmann, Joseph Pearston

18-Loch Platz
H: 6090 m, CR 72, SL 136, Par 72
D: 5320 m, CR 73.4, SL 131, Par 72
4-Loch Executive Platz
H: 326 m, Par 12, D: 326 m, Par 12
20 Rangeabschläge (6 überdacht)

G
Gäste sind jederzeit willkommen. Sa./So./Feiertage ist Anmeldung notwendig. Clubausweis mit eingetragener PE ist erforderlich.

18-Loch-Greenfee: WT: EUR 50 / WE: EUR 60
9-Loch-Greenfee: WT: EUR 30 / WE: EUR 35
Ermäßigung: Jugendl./Stud. 50%

Platzbeschreibung

Die leicht hügelige Topographie des Geländes ermöglicht ein problemloses Spielen für alle Altersgruppen, stellt aber gleichzeitig eine sportlich anspruchsvolle und abwechslungsreiche Herausforderung dar. Das Terrain wird in unregelmäßigen Abständen von kleinen Wäldchen eingesäumt.

Platzinfos

VCG GPS GASTRO

Anfahrtsbeschreibung

A 2, Ausfahrt Vlotho-Exter Richtung Bad Oeynhausen, nach ca. 300 m erste Straße links in die Witteler Straße, Löhne-Wittel (Achtung, der erste Golfplatz ist der GC Herford). Nach ca. 3 km rechts dem Hinweisschild „GC Widukind-Land" zum Golfplatz folgen. Oder: B 61, Ausfahrt Richtung Exter, nach ca. 1,5 km links zum Golfplatz abbiegen.

Nächstgelegene Plätze

Herford, GC (Nr. 215)
Heerhof, GC (Nr. 218)
Bad Salzuflen, G&LC (Nr. 220)

Nordrhein-Westfalen

Greenfee-Aktion: Seite G 59

Golf Club Herford e.V.

Karte, Nr. 215, Feld D6 **9** Design: Donald Harradine Höhe: 200 m

gegründet: 1984

Heideholz 8, 32602 Vlotho-Exter
☏ 05228-7434 🖷 05228-989366
✉ info@golfclubherford.de
💻 www.golfclubherford.de

PR: Norbert Peitzmeier, CM: Dennis Hollensett
Headgreenkeeper: Michael Lorenz

i: ☏ 05228-7434 🖷 05228-989366

By René, René Müller
☏ 05228-989365
Mo. und Fr. Ruhetag

PRO: Pro: Dennis Hollensett

H: 5765 m, CR 71.5, SL 131, Par 72
D: 5166 m, CR 74, SL 131, Par 72
14 Rangeabschläge (4 überdacht)

G: Gäste sind jederzeit willkommen. Anmeldung ist notwendig. Clubausweis mit eingetragener PE ist erforderlich.

18-Loch-Greenfee: EUR 50
9-Loch-Greenfee: EUR 30
Ermäßigung: Jugendl. bis 18 J. 50%

Platzbeschreibung
Der Golfplatz liegt zwischen den Orten Herford, Bad Oeynhausen, Löhne und Vlotho in verkehrsgünstiger Lage. Bei gutem Wetter ist ein wunderschöner Ausblick bis weit ins Weserbergland möglich. Die abwechslungsreiche Anlage ist hügelig, anspruchsvoll und sportlich. Insbesondere die vier dualen Abschläge sorgen für 13 abwechslungsreiche Bahnen. Diese Anordnung von 13 unterschiedlichen Abschlägen auf einer 9-Loch-Anlage sucht in Ostwestfalen ihresgleichen.

Platzinfos

VCG

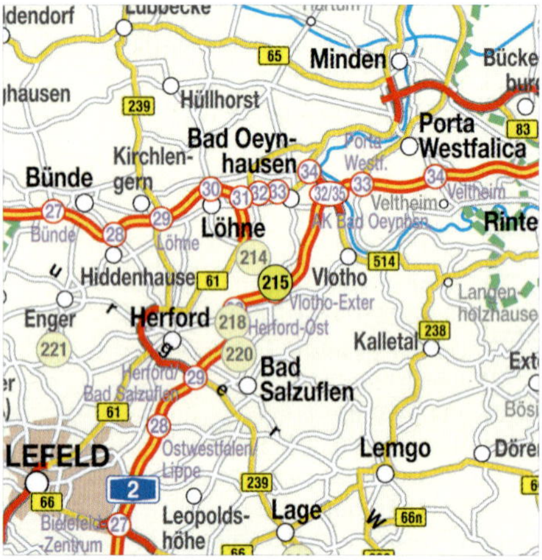

Anfahrtsbeschreibung
A 2, Ausfahrt 31, Vlotho-West (ehemals Exter), Richtung Bad Oeynhausen, nach 1 km links Schild „Golfplatz", die Platzzufahrt befindet sich 100 m hinter Lindemanns Windmühle.

Nächstgelegene Plätze
Widukind-Land, GC (Nr. 214)
Heerhof, GC (Nr. 218)
Bad Salzuflen, G&LC (Nr. 220)

Golf Club Münsterland e.V. Burgsteinfurt

Karte, Nr. 216, Feld C6 9

gegründet: 1950

Bagno, Hollich 156a, 48565 Steinfurt
☏ 02551-833550 🖷 02551-833555
✉ info@gc-muensterland.de
💻 www.gc-muensterland.de

PR: Wolfgang Huge sive Huwe
Headgreenkeeper: Theodor Stohldreyer

i: ☏ 02551-833550 🖷 02551-833555
Corrie Wiegand, Christine Wenker, Edeltraud Polat

Gastronomie im GC Münsterland, Joao Martins da Silva
☏ 02551-833552

PRO: Pro: Armando Furtado

H: 5420 m, CR 69.2, SL 123, Par 72
D: 4822 m, CR 70.9, SL 120, Par 72
15 Rangeabschläge (4 überdacht)

G: Gäste sind jederzeit willkommen. Anmeldung ist notwendig. Clubausweis mit eingetragenem Handicap (54) ist erforderlich. Gäste sind jederzeit herzlich willkommen. Eine Anmeldung ist nicht unbedingt erforderlich.

18-Loch-Greenfee: WT: EUR 50 / WE: EUR 60
Ermäßigung: Jugendl./Stud. 50%

Platzbeschreibung

Seit 1950 wird im Schlosspark der Fürsten von Bentheim und Steinfurt Golf gespielt. Die ehemalige Hauptwache, ein Gebäude aus dem 18. Jahrhundert, dient als Clubhaus. Der Park wurde als französischer Lustgarten nach Versailler Vorbild angelegt. Nur wer seine langen Schläge gerade spielt, hat hier ein ungetrübtes Erfolgserlebnis, denn der Wald und viele alte Solitärbäume werden manchem Longhitter zum Verhängnis.

Platzinfos

VCG

Anfahrtsbeschreibung

A 1, Ausfahrt Münster-Nord Richtung Gronau über die B 54 ca. 25 km bis zur Ausfahrt Steinfurt-Burgsteinfurt Richtung Burgsteinfurt, nach 300 m links Bagno und Golfplatz.

Nächstgelegene Plätze

Rheine/Mesum, GSC (Nr. 213)
Euregio Bad Bentheim, GC (Nr. 150)
Aldruper Heide, GC (Nr. 223)

Greenfee-Aktion: Seite G 61

Golfclub Ladbergen e. V.

Karte, Nr. 217, Feld C6 9

gegründet: 2007

Hölterweg 8, 49549 Ladbergen
✆ 05485-831813 🖷 05485-831814
✉ info@golf-ladbergen.de
💻 www.golf-ladbergen.de

PR: Hartmut Grotholtmann,
GF: Martin Grotholtmann

i: ✆ 05485-831813 🖷 -831814
Sabine Deters

PRO SHOP: ✆ 05485-831813

PRO: Pro: Joe Awuku

H: 3242 m, CR 60.7, SL 101, Par 60
D: 3242 m, CR 61.2, SL 109, Par 60
20 Rangeabschläge (2 überdacht)

G: Gäste sind jederzeit willkommen. PE ist erforderlich.

Tages-Greenfee: WT: EUR 30 / WE: EUR 35
Ermäßigung: Jugendl. bis 18 J. und Stud.

Platzinfos

VCG

Platzbeschreibung

Die öffentliche Anlage verfügt über einen 9-Loch Golfplatz. Darüber hinaus bieten wir 20 Abschlagplätze auf der Driving Range und eine 3.000 qm große Übungseinheit für das kurze Spiel. Um auf dem Platz zu spielen, ist eine Platzreife erforderlich. Gäste, auch ohne Mitgliedschaft in einem Golfclub, sind bei uns gerne gesehen. Startzeiten werden nicht vergeben. Die flache, absolut ebene Golfanlage ist nicht nur für Anfänger gut geeignet, sondern erfordert bedingt durch die engen Fairways auch von Fortgeschrittenen ein präzises Spiel. Die kleine, familienfreundliche Golfanlage Ladbergen liegt in ruhiger Lage zwischen Osnabrück und Münster.

Anfahrtsbeschreibung

Aus Norden, Süden oder Westen (A 1 oder B 475 Rheine): A 1 Abfahrt Ladbergen, B 475 Ri. Warendorf, nach 500 m am Kreisel: zweite Abfahrt Ri. Warendorf, nach 2 km rechts (Kattenvenner Straße), nach 0,2 km links (Hölterweg), dem Verlauf folgen - nach 0,6 kommt rechter Hand der Platz. Aus Osten (Glandorf, Warendorf, Kattenvenne): B 475, Abfahrt Ladbergen, links abfahren (Kattenvenner Straße), nach 0,4 km links (Hölterweg), dem Verlauf folgen - nach 0,6 km kommt rechts der Platz.

Nächstgelegene Plätze

Tecklenburger Land, GC (Nr. 212)
Aldruper Heide, GC (Nr. 223)
Habichtswald, GC (Nr. 211)

Golf Club Heerhof e.V.

Karte, Nr. 218, Feld D6 **9** Design: Erich Schnatmeyer Höhe: 220 m

gegründet: 1984

Finnebachstraße 31, 32049 Herford
05228-7507 05228-1220
info@heerhof.de
www.heerhof.de

PR
Prof. Dr. Burkhard Wippermann
Headgreenkeeper: Eduard Felix

i
05228-7507 05228-1220
Christiane Schmidt

Restaurant Am Heerhof, Jörg Obermeier
05228-960232
Mo. Ruhetag

PRO SHOP
Golfpark Heerhof e.K.
05228-7507 05228-1220

9-Loch Golfpark Heerhof Platz
H: 5948 m, CR 71.2, SL 123, Par 72
D: 5236 m, CR 72.6, SL 122, Par 72
12 Rangeabschläge (6 überdacht)

G
Gäste sind jederzeit willkommen. Clubausweis mit eingetragenem Handicap (54) ist erforderlich.

18-Loch-Greenfee: WT: EUR 45 / WE: EUR 50
9-Loch-Greenfee: WT: EUR 25 / WE: EUR 30
Ermäßigung: Jugendl. bis 18 J. und Stud. bis 28 J. 50%

Platzinfos

VCG GPS CLUB GASTRO

Anfahrtsbeschreibung

A 2 Hannover-Dortmund, Ausfahrt Herford-Ost Richtung Herford, nach ca. 150 m links ist der Weg zum Golfplatz ausgeschildert. Hinweis für Navi: Auf dem Plasse, 32049 Herford

Platzbeschreibung

Die Golfanlage des Golf Club Heerhof liegt am Rande des Teutoburger Waldes, eingebettet in leicht hügeliges Gelände. Die Kombination der geplanten und gewachsenen Hindernisse machen das Spiel auf der 9-Loch Anlage variantenreich und spannend. Teilweise sehr tiefe Bunker und drei Biotope machen jedes Loch zum Erlebnis.

Nächstgelegene Plätze

Bad Salzuflen, G&LC (Nr. 220)
Herford, GC (Nr. 215)
Widukind-Land, GC (Nr. 214)

Golf- und Landclub Ahaus e.V.

Karte, Nr. 219, Feld B6 **36** Design: Deutsche Golf Consult Höhe: 50 m

gegründet: 1987

Schmäinghook 36, 48683 Ahaus-Alstätte
02567-405 02567-3524
info@glc-ahaus.de
www.glc-ahaus.de

PR Andreas Banger, GF: Bernhard Meyer
Headgreenkeeper: Thomas Lepping

i 02567-405 02567-3524
Edith Buss, Irmgard Rotering, Eva Hollekamp

JuleS Bistro, Mike Meier
02567-9367335 +31(0)620619097

PRO Pro: Mayer Dynamics

H: 5480 m, CR 69.5, SL 124, Par 71
D: 4910 m, CR 71.5, SL 127, Par 71
30 Rangeabschläge (6 überdacht)

G Gäste sind jederzeit willkommen. Anmeldung ist notwendig. Clubausweis mit eingetragener PE ist erforderlich. Sa./So./Feiertage ist Handicap 36 erforderlich. Startzeitenreservierung ist erforderlich. Hunde sind auf dem West- und Nordplatz angeleint erlaubt.

18-Loch-Greenfee: Mo.-Do.: EUR 60 / Fr.-So.: EUR 70
9-Loch-Greenfee: Mo.-Do.: EUR 40 / Fr.-So.: EUR 45
Freie Golfer zahlen für eine 18-Loch-Runde einen Greenfee-Aufschlag: WT/WE EUR 20/30.
Ermäßigung: Jugendl. bis 18 J. und Stud. bis 25 J.

Platzinfos

VCG GPS CLUB GASTRO

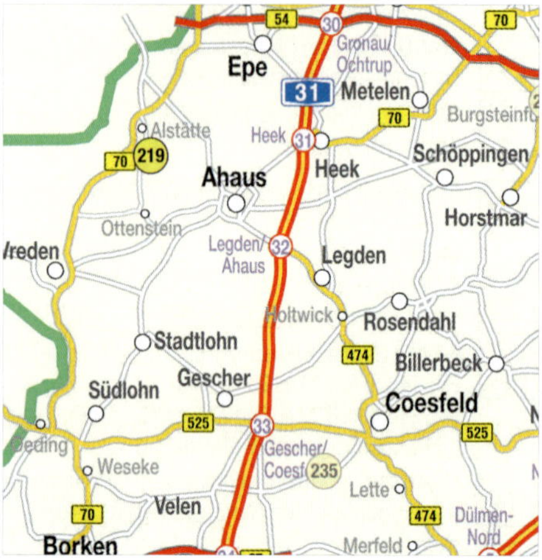

Anfahrtsbeschreibung

Der Golfplatz befindet sich 15 Minuten von der Autobahn A 31 und ca. 15 Minuten von Enschede. Auf der A 31 nehmen Sie die Ausfahrt Ahaus/Legden. In Ahaus fahren Sie in Richtung Gronau und nehmen am 2. Kreisverkehr die 4. Ausfahrt Richtung Wessum/ Alstätte. Im Kreisverkehr Ortseingang Alstätte bitte der Beschilderung Richtung Ottenstein/ Golfplatz folgen.

Platzbeschreibung

Die Golfanlage Ahaus liegt im Münsterland direkt angrenzend an das Naturschutzgebiet der Hörsteloer Wacholderheide. Der Süd-Ost-Course erhielt von der europäischen Vereinigung der Golfplatzarchitekten (ESGA) als erste deutsche Golfanlage die Auszeichnung „Premier European Golf Course". Der 36-Loch-Platz stellt für Golfer jeglicher Spielstärke eine Herausforderung dar.

Nächstgelegene Plätze

Euregio Bad Bentheim, GC (Nr. 150)
Coesfeld, G&LC (Nr. 235)
Münsterland, GC (Nr. 216)

Golf- und Landclub Bad Salzuflen von 1956 e.V.

Karte, Nr. 220, Feld D6 **18** Design: Bernhard von Limburger Höhe: 180 m

gegründet: 1956

Schwaghof 4, 32108 Bad Salzuflen
05222-10773 05222-13954
info@golfclub-bad-salzuflen.de
www.golfclub-bad-salzuflen.de

PR Jürgen Richter, CM: Sandra Linnemann

i 05222-10773 -13954
Corinna Lange

Gastronomie im Golfclub
05222-17762
Mo. Ruhetag

PRO SHOP ProShop Bad Salzuflen, Christina Stuke
05222-61961

PRO Pro: Christian Stuke, Oliver Pannhorst

H: 5987 m, CR 72.2, SL 125, Par 72
D: 5283 m, CR 73.9, SL 131, Par 72
12 Rangeabschläge (6 überdacht)

G Gäste sind jederzeit willkommen. Anmeldung ist notwendig. Clubausweis mit eingetragenem Handicap (36) ist erforderlich.

18-Loch-Greenfee: WT: EUR 50 / WE: EUR 60
9-Loch-Greenfee: WT: EUR 25 / WE: EUR 30
Gruppen ab 10 Personen WT/WE, FT: EUR 40/50
Ermäßigung: Jugendl. bis 18 J. 15%

Platzbeschreibung

Die abwechslungsreiche Anlage ist teils im Hochwald gelegen, teils offen und gewährt reizvolle Ausblicke in die leicht hügelige Landschaft des Teutoburger Waldes. Der anspruchsvolle 18-Loch-Parklandplatz begeistert durch strategisch raffiniert angelegte Bahnen sowohl Anfänger als auch einstellige Amateure. Die hervorragende Platzpflege mit stark ondulierten Grüns und wehrigen Bunkern zeichnet diesen rennomierten Platz über die Grenzen Ostwestfalen Lippes aus.

Platzinfos

VCG

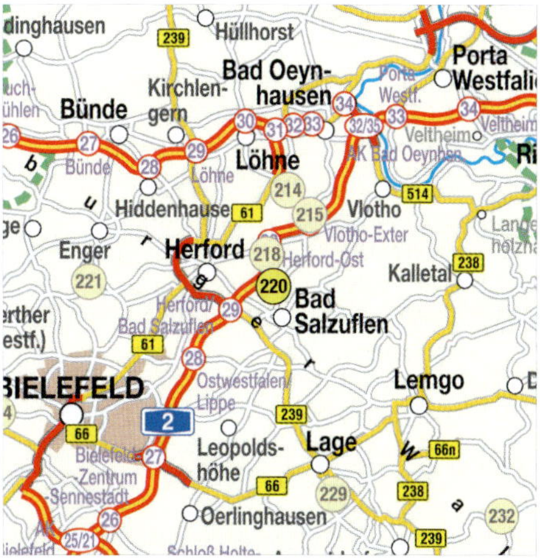

Anfahrtsbeschreibung

Von Norden: A 2, Ausfahrt „Exter", rechts auf die Landstraße in Richtung Bad Salzuflen durch den Ortsteil Exter, nach ca. 5 km rechts der Beschilderung zum Golfplatz folgen. Von Süden: A 2, Ausfahrt Herford-Bad Salzuflen, rechts auf die B239 in Richtung Detmold bis zur Ausfahrt Bad Salzuflen, weiter auf der Landstraße. Nach Bahngleisen rechts durch die Innenstadt von Bad Salzuflen geradeaus in Richtung Exter. Nach ca. 2 km links der Beschilderung zum Golfplatz folgen.

Nächstgelegene Plätze

Heerhof, GC (Nr. 218)
Herford, GC (Nr. 215)
Widukind-Land, GC (Nr. 214)

Greenfee-Aktion: Seite G 61

Nordrhein-Westfalen

Golfclub Ravensberger Land

Karte, Nr. 221, Feld D6 **18/4** Design: Heinz Wolters Höhe: 150 m

gegründet: 1987

Südstraße 96, 32130 Enger-Pödinghausen
✆ 05224-79751 🖷 05224-699446
✉ info@gc-rl.de
💻 www.gc-rl.de

PR: Edwin Kieltyka
Headgreenkeeper: Sascha Beinke

i: ✆ 05224-79751 🖷 05224-699446
Astrid Barthel

Streiberger im Nolkenhöners Hof
✆ 05224-9861501
Mo. Ruhetag

PRO SHOP: GCRL- Proshop
✆ 05224-79751 🖷 05224-699446

PRO: Pro: Andreas Pautz

18-Loch Platz
H: 5875 m, CR 71.3, SL 131, Par 72
D: 5019 m, CR 72, SL 129, Par 72
4-Loch Par 3 Platz
H: 2100 m, D: 2100 m
24 Rangeabschläge (8 überdacht)

G: Gäste sind jederzeit willkommen. Anmeldung ist notwendig. Clubausweis mit eingetragenem Handicap (45) ist erforderlich.

18-Loch-Greenfee: WT: EUR 65 / WE: EUR 70
DGV-R/vS Ausweis: WT EUR 50 / WE EUR 55 (inkl. 1 Token), OWL-Partnerclubs (tel. Anmeldung): WT EUR 30, GRUPPENARRANGEMENTS: ab 20 Spieler „GRUPPENRABATT" inkl. 1 Token. Ermäßigung: Jugendl./Stud.

Platzinfos

VCG GPS CLUB GASTRO

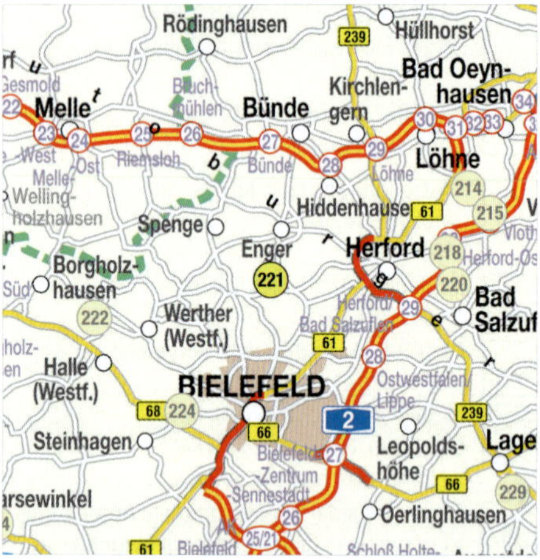

Platzbeschreibung
Die Anlage besteht inzwischen seit über 30 Jahren. In dieser Zeit hat sich der 18-Loch-Platz (sowie 4 Kurzbahnen) zu einer idyllischen Parklandschaft entwickelt. Golfer erwartet eine ansprechende Anlage mit gepflegten Fairways und Grüns.

Anfahrtsbeschreibung
A 2, Ausfahrt Herford/Bad Salzuflen, B 239 Richtung Herford/Lübbecke bis Ausfahrt Herford/Enger, der Beschilderung Richtung Enger ca. 7 km folgen bis Umgehungsstraße Enger, Richtung Bielefeld, nach ca. 3,6 km rechts Braker Weg.

Nächstgelegene Plätze
Bielefelder GC (Nr. 224)
Heerhof, GC (Nr. 218)
Teutoburger Wald, GC (Nr. 222)

Golfclub Teutoburger Wald Halle/Westfalen e.V.

Karte, Nr. 222, Feld D6 9/9/9/3 Design: Kurt Rossknecht Höhe: 180 m

gegründet: 1990

Eggeberger Straße 13, 33790 Halle/Westfalen
05201-6279 05201-6222
post@gctw.de
www.gctw.de

PR Elke Hardieck, CM: Michael Vormbäumen
Headgreenkeeper: Henning Wessling

05201-6279 05201-6222
Carla Tannig, Monique Krüger, Walli Biermann

Rossini, Emil Sieckendiek
05201-971710 05201-9717117

PRO SHOP Golfplatz Eggeberg GmbH
05201-6279 05201-6222

PRO Pro: Ralf Berhorst, Michael Vormbäumen, Lutz Plesse

18-Loch Kurs Rot - Blau
H: 6036 m, CR 72, SL 135, Par 72
D: 5287 m, CR 73.9, SL 134, Par 72
18-Loch Kurs Grün - Blau
H: 5855 m, CR 71.1, SL 132, Par 72
D: 5160 m, CR 72.9, SL 129, Par 72
32 Rangeabschläge (19 überdacht)

G Gäste sind jederzeit willkommen. Anmeldung ist notwendig. Clubausweis mit eingetragenem Handicap (54) ist erforderlich.

18-Loch-Greenfee: EUR 56
9-Loch-Greenfee: EUR 32
Ermäßigung: Jugendl./Stud. 50%

Platzbeschreibung

Inmitten des Naturparks Nördlicher Teutoburger Wald ist hier eine architektonisch und landschaftlich ebenso anspruchs- wie reizvolle 27 Loch Golfanlage entstanden. Hier finden Sie Natur pur, gepaart mit einer der interessantesten Sportarten unserer Zeit. Die Spielbahnen ziehen sich abwechslungsreich durch das weitläufige Areal, eingebettet in die naturbelassene Topographie mit Hügeln und Senken sowie idyllisch angelegten Wasserhindernissen, die von den Wäldern und Baumgruppen des Teutoburger Waldes begleitet und umrahmt werden.

Platzinfos

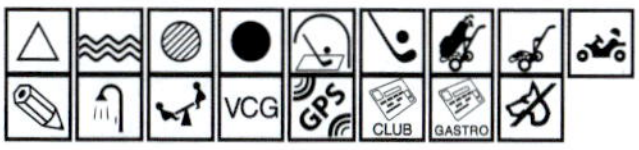

Anfahrtsbeschreibung

A 33 Paderborn/Bielefeld, Ausf.Ostwestfalendamm B 68 Ri. Halle/Osnabrück und direkt nach Halle an der 1. Ampel der GOLF-Beschilderung folgen. Oder: A 33 Osnabrück/Bielefeld, am Ende der Autobahn (Ausf. Borgholzhausen) auf die B 476 Ri. Bielefeld, biszur ersten Ampelkreuzung, dann auf die B 68 Ri. Halle/ Bielefeld. An der Ampelkreuzung vor Halle (Gerry Weber Stadion schräg rechts) links Ri. Werther und der GOLF-Beschilderung folgen.

Nächstgelegene Plätze

Bielefelder GC (Nr. 224)
Ravensberger Land, GC (Nr. 221)
Marienfeld, GC (Nr. 234)

Nordrhein-Westfalen

Greenfee-Aktion: Seite G 61

Golf-Club Aldruper Heide e.V.

Karte, Nr. 223, Feld C6 **18** Design: Christoph Städler

gegründet: 1990

Aldruper Oberesch 12, 48268 Greven
02571-97095 Sekretariat 02571-952047
info@golfclub-aldruper-heide.de
www.golfclub-aldruper-heide.de

PR: Alfred Fislage
Headgreenkeeper: Klaus Benjack

i: 02571-97095 02571-952047

Clubrestaurant, Michael Schlautmann
02571-800305 02571-952047
Mo. Ruhetag

PRO SHOP: Golf Shop Aldruper Heide, Jason Middleton
02571-549050 02571-952047

PRO: Pro: Steffen Zunker, Jason Middleton

H: 5741 m, CR 70.2, SL 132, Par 71
D: 5033 m, CR 71.7, SL 128, Par 71
20 Rangeabschläge (5 überdacht)

G: Gäste sind jederzeit willkommen. Anmeldung ist notwendig. Handicap (54) ist erforderlich. Sa./So./Feiertage ist Handicap 45 erforderlich. Vorgabenbegrenzung: WT - HCP -54 / WE - HCP -45

18-Loch-Greenfee: WT: EUR 60 / WE: EUR 70
9-Loch-Greenfee: WT: EUR 30 / WE: EUR 35
Für Mitglieder des Greenfeeverbundes Münsterland 50% Greenfee-Ermäßigung, jedoch nicht auf bereits ermäßigtes Greenfee (Jugendliche, Studenten)
Ermäßigung: Jugendl. bis 18 J. und Stud. bis 27 J. 50%

Platzbeschreibung

Das malerische, leicht hügelige Gelände mit zahlreichen Biotopen, Teichen und Seen begeistert Golf- und Naturfreunde gleichermaßen. 18 Spielbahnen sind auf 54 ha in eine typisch münsterländische Parklandschaft eingefügt.

Platzinfos

VCG

Anfahrtsbeschreibung

B 219 Greven Richtung Münster, am Ortsausgang, ca. 300 m hinter der Emsbrücke, links Richtung Gimbte (Kreisstraße K18) und nach ca. 700 m rechts zum Golfplatz abbiegen (beschildert, einzige Zufahrt). Achtung, manche Navi-Software führt Sie falsch und Sie stehen vor einer Schranke, die die Zufahrt auf den Parkplatz verhindert!

Nächstgelegene Plätze

Münster-Wilkinghege, GC (Nr. 226)
Patricks Pitch u. Putt (Nr. 228)
Ladbergen, GC (Nr. 217)

Bielefelder Golfclub e.V.

Karte, Nr. 224, Feld D6 **18** Design: Harradine Golf Höhe: 200 m

gegründet: 1977

Dornberger Straße 377, 33619 Bielefeld
0521-105103 0521-109579
info@bielefelder-golfclub.de
www.bielefelder-golfclub.de

PR: Birgit Kamloth
Headgreenkeeper: Jan Garten

i: 0521-105103 0521-109579
Andrea Poschmann, Daniela Markmann, Juliane von Sassen

Fam. Serra, Nedo Serra
0521-105133
Mo. Ruhetag

PRO SHOP: Bradley Kerr
0171-4250547

PRO: Pro: Eric Uetrecht, Bradley Kerr

18-Loch Standard Platz
H: 5642 m, CR 69.6, SL 131, Par 71
D: 4916 m, CR 70.7, SL 133, Par 71
18 Rangeabschläge (6 überdacht)

G: Gäste sind jederzeit willkommen. Clubausweis mit eingetragenem Handicap (36) ist erforderlich.

18-Loch-Greenfee: WT: EUR 50 / WE: EUR 60
9-Loch-Greenfee: WT: EUR 25 / WE: EUR 30
Ermäßigung: Jugendl./Stud. 50%

Platzinfos

VCG GPS CLUB GASTRO

Anfahrtsbeschreibung

Von Bielefeld-Zentrum zur Dornberger Straße durch Johannistal Richtung Dornberg bis zum Twellbachtal, dann der Beschilderung nach links zum Golfplatz abbiegen.

Platzbeschreibung

Der Platz liegt wunderschön am Nordhang des Teutoburger Waldes im Landschaftsschutzgebiet. Er ist mit seinem alten Baumbestand und vielen Wasserhindernissen (7 Sieks) anspruchsvoll. Die Übungsmöglichkeiten mit einer 250 m langen Drivingrange und zusätzlichen 20 Kunstrasenabschlägen, Pitching- und Putting-Greens sind außergewöhnlich gut.

Nächstgelegene Plätze

Teutoburger Wald, GC (Nr. 222)
Ravensberger Land, GC (Nr. 221)
Marienfeld, GC (Nr. 234)

Greenfee-Aktion: Seite G 63

Golf Club Schultenhof Peckeloh e.V.

Karte, Nr. 225, Feld C6 18 Höhe: 70 m

gegründet: 1988

Schultenallee 1, 33775 Versmold
05423-42872 05423-42962
info@golfclub-peckeloh.de
www.golfclub-peckeloh.de

PR
Volker Willich
Headgreenkeeper: Thorsten Hartmann

05423-42872 05423-42962
Karin Husemann

Restaurant am Golfplatz, Antonio Caliandro
05423-49884 05423-42962
Mo. Ruhetag

PRO SHOP
Golfstore Gary Locke, Karen Locke
05423-42882 05423-42962

PRO
Pro: Gary Locke

H: 6129 m, CR 72.4, SL 129, Par 72
D: 5315 m, CR 73.7, SL 128, Par 72
14 Rangeabschläge (4 überdacht)

G
Gäste sind jederzeit willkommen. Anmeldung ist notwendig. Clubausweis mit eingetragener PE ist erforderlich.

Tages-Greenfee: WT: EUR 60 / WE: EUR 70
9-Loch-Greenfee: WT: EUR 30 / WE: EUR 40
Ermäßigung: Jugendl./Stud. 50%

Platzbeschreibung

Die Anlage liegt in einer typisch „westfälischen Parklandschaft" auf sanft hügeligem Gelände. Bei den ersten 9 Loch ist taktisches Spiel (Wasserhindernisse) gefragt, bei den zweiten 9 Loch sind es eher die Longhitter-Fähigkeiten. Aufgrund der günstigen Lage gilt der Platz als „regensicher" und ganzjährig bespielbar.

Platzinfos

VCG GPS CLUB

Anfahrtsbeschreibung

Von Bielefeld: B 68 Richtung Osnabrück, Ausfahrt B 476 Borgholzhausen-Versmold Richtung Peckeloh. Oder: B 51 Münster-Telgte bis Glandorf, rechts auf die B 475 bis Sassenberg, dann links auf die B 476 bis Peckeloh. Von Osnabrück auf der A33 bis zur Abfahrt Versmold/Warendorf auf der B 476 durch Versmold und Peckeloh, kurz hinterm Ortsausgangsschild Peckeloh rechts zum Golfplatz.

Nächstgelegene Plätze

Warendorfer GC (Nr. 231)
GP Heidewald Vohren (Nr. 233)
Marienfeld, GC (Nr. 234)

Golfclub Münster-Wilkinghege e.V.

Karte, Nr. 226, Feld C6 18

gegründet: 1963

Steinfurter Straße 448, 48159 Münster
☎ 0251-214090 📠 0251-2140940
✉ kontakt@golfclub-wilkinghege.de
💻 www.golfclub-wilkinghege.de

PR: Dr. Hans Martin Bredeck
Headgreenkeeper: Fabo Kappert

i: ☎ 0251-214090 📠 0251-2140940
Pascal Dietze, Kathrin Göttlich,
Mechthild Lahrmann

Thorsten u. Bettina Heßfeld
☎ 0251-217664 📠 0251-2398560
Mo. Ruhetag

PRO: Pro: Tristan Giovanni Iser, Rainer Mund, Johannes Messinger

H: 5749 m, CR 70.7, SL 127, Par 71
D: 5101 m, CR 72.8, SL 126, Par 71
30 Rangeabschläge (10 überdacht)

G: Gäste sind jederzeit willkommen. Anmeldung ist notwendig. Clubausweis mit eingetragenem Handicap (36) ist erforderlich.

18-Loch-Greenfee: WT: EUR 70 / WE: EUR 90
Ermäßigung: Jugendl./Stud. 50%

Platzinfos

VCG GPS CLUB GASTRO

Anfahrtsbeschreibung

A 1 Ausfahrt Münster-Nord Richtung Stadtmitte, 1. Ampel links, erste Zufahrt rechts und der Beschilderung zum Golfplatz folgen.

Platzbeschreibung

Der Platz liegt in unmittelbarer Nähe des Wasserschloss Wilkinghege und fügt sich harmonisch in ein weitgehend flaches, parkähnliches Gelände ein. Bei der Gestaltung des Platzes wurde Wert auf die Besonderheiten der münsterländischen Landschaft wie Wallhecken, Seen und Bachläufe gelegt.

Nächstgelegene Plätze

Patricks Pitch u. Putt (Nr. 228)
Aldruper Heide, GC (Nr. 223)
Münster-Tinnen, GC (Nr. 236)

Greenfee-Aktion: Seite G 63

Golfclub Gut Hahues zu Telgte e.V.

Karte, Nr. 227, Feld C6 **12** Design: Tony Ristola

gegründet: 1989

Harkampsheide 5, 48291 Telgte
✆ 02504-72326 ☎ 02504-72321
sekretariat@golfclub-telgte.de
www.golfclub-telgte.de

PR: Anton Fasching

i: ✆ 02504-72326 ☎ 02504-72321
Paulina Herok, Peter Kratz

Golfclub Gut Hahues
Mo. Ruhetag

PRO: Pro: Pierre Jünemann

12-Loch Rot-Blau-Rot Platz
H: 5495 m, CR 69, SL 131, Par 70
D: 4602 m, CR 69.7, SL 124, Par 70
12-Loch Blau-Rot-Blau Platz
H: 5572 m, CR 69.3, SL 128, Par 71
D: 4674 m, CR 69.8, SL 125, Par 71
15 Rangeabschläge (2 überdacht)

G: Gäste sind jederzeit willkommen. Sa./So./Feiertage ist Anmeldung notwendig. Clubausweis mit eingetragener PE ist erforderlich.

18-Loch-Greenfee: WT: EUR 50 / WE: EUR 60
Ermäßigung: Jugendl. bis 18 J. und Stud. bis 26 J.

Platzbeschreibung

Ein Golfplatz mit Atmosphäre, gelegen in einer typisch westfälischen Parklandschaft mit altem Baumbestand und natürlichen Wasserhindernissen. Die gepflegten Fairways sind dank des saugfähigen Sandbodens in der Regel ganzjährig bespielbar, ebenso die Sommergrüns. Qualitätsmanagment-Status: „Golf und Natur" - Gold

Platzinfos

VCG GPS

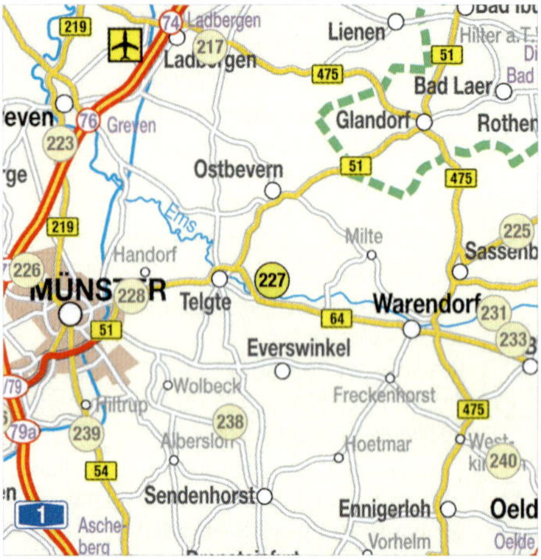

Anfahrtsbeschreibung

Von Münster oder Osnabrück auf der B 51 nach Telgte, in Telgte an der Kreuzung „Gasthof Osthues Brandhove" Richtung Stadtmitte, an der nächsten Ampelkreuzung geradeaus (Einener Straße), ab dem Ortsausgangsschild nach ca. 1,8 km rechts zum Golfplatz abbiegen.

Nächstgelegene Plätze

Patricks Pitch u. Putt (Nr. 228)
Brückhausen, GC (Nr. 238)
Warendorfer GC (Nr. 231)

Patricks Pitch und Putt

Karte, Nr. 228, Feld C6 9

gegründet: 1993

Werse 19, 48157 Münster
✆ 0251-381257 🖷 0251-3834264
✉ golf@pitchundputt.de
💻 www.pitchundputt.de

PR GF: Christian Heüveldop, CM: Iva Heüveldop

i ✆ 0251-381257
Iva Heüveldop, Christian Heüveldop

PRO SHOP Christian Heüveldop

PRO Pro: Christian Heüveldop

H: 1472 m
25 Rangeabschläge

G Gäste sind jederzeit willkommen.

Tages-Greenfee: WT: EUR 19 / WE: EUR 22
Ermäßigung: Jugendl./Stud.

Platzbeschreibung

Patrick's Pitch und Putt ist der erste öffentliche Golfplatz in Münster. Der 9-Loch Kurzplatz steht auch Golfinteressierten, die hier auf Par 3 Bahnen mit einer Länge zwischen 60 und 120 m stoßen, ohne Clubmitgliedschaft und Platzreife zur Verfügung. Zusätzlich lässt es sich auf der Driving Range, dem Putting-Green und im Übungsbunker prima trainieren. Erfrischungen und kleine Snacks hält das Clubhaus, Equipment der Pro-Shop bereit.

Platzinfos

VCG

Anfahrtsbeschreibung

B 51 Münster Richtung Telgte, an der Fußgängerampel links abbiegen in den Hugerlandshofweg, Golfplatz ausgeschildert. Entfernung von Münster bis zum Golfplatz ca. 7 km.

Nächstgelegene Plätze

Münster-Wilkinghege, GC (Nr. 226)
Hiltrup, Golfen (Nr. 239)
Gut Hahues/Telgte, GC (Nr. 227)

Golfanlage Gut Ottenhausen

Karte, Nr. 229, Feld D6 18

gegründet: 2015

Ottenhauser Str. 100, 32791 Lage
05232-9738500
info@golf-gut-ottenhausen.de
golf-gut-ottenhausen.de

PR GF: Petra Wallbaum

i 05232-9738500
Annika Rademacher, Manuela Wagner

Bistro Gut Ottenhausen
Mo. Ruhetag

H: 5822 m, CR 71.6, SL 133, Par 72
D: 5169 m, CR 73.6, SL 126, Par 72
20 Rangeabschläge (5 überdacht)

G Gäste sind jederzeit willkommen. Anmeldung ist notwendig. Clubausweis mit eingetragener PE ist erforderlich.

Tages-Greenfee: WT: EUR 40 / WE: EUR 45
9-Loch-Greenfee: WT: EUR 25 / WE: EUR 30
Ermäßigung: Jugendl. bis 18 J. und Stud. bis 25 J. 50%

Platzinfos

VCG GPS

Anfahrtsbeschreibung

Nutzen Sie aus nordöstlicher Richtung die A2 (Hannover/Dortmund), Ausfahrt Bielefeld-Ost (27), Richtung Oerlinghausen. Fahren Sie über die B66 nach Lage. In der Stadtmitte orientieren Sie sich Richtung Pivitsheide. Sie finden uns nach 2 km auf der Pivitsheider Straße links in der Ottenhauser Straße. Aus dem Süden nutzen Sie bitte die A33 (Paderborn/Bielefeld) bis zur Ausfahrt Stuckenbrock-Senne (23), aus dem Norden die Ausfahrt Schloß Holte-Stuckenbrock. Fahren Sie in Stuckenbrock Richtung Detmold, in Pivitsheide biegen Sie links ab in die Ehrentruper Straße und folgen diese ca. 3 km bis zur Einmündung Ottenhauser Straße.

Platzbeschreibung

Mitten in Ostwestfalen-Lippe, in der „Zuckerstadt" Lage, finden Sie die Golfanlage Gut Ottenhausen. Der Wechsel von Freiflächen und Wald prägt den 18–Loch Platz und vermittelt eine schöne parkähnliche Atmosphäre. Genießen Sie die zahlreichen Doglegs und immer wechselnden Ausblicke auf den Teutoburger Wald und das Hermannsdenkmal. Als Highlight erwartet Sie an der Bahn 18 ein wunderschöner Seeblick, der das Golferlebnis abrundet. Die Golfanlage zeichnet sich besonders durch ihre kurzen Wege aus: Die Bahnen 1 und 10, die Driving Range, das Putting und das Chipping Grün sowie die Parkplätze liegen in unmittelbarer Nähe zum Clubhaus. Genießen Sie die freundliche Atmosphäre und freuen Sie sich auf ein entspanntes Golferlebnis ohne Startzeiten. Wir freuen uns auf Sie!

Nächstgelegene Plätze

Senne GC Gut Welschof (Nr. 237)
Lippischer GC (Nr. 232)
Bad Salzuflen, G&LC (Nr. 220)

Greenfee-Aktion: Seite G 63

Golf-Club Bad Pyrmont e.V.

Karte, Nr. 230, Feld E6 **18** Design: Donald Harradine Höhe: 271 m

gegründet: 1961

Am Golfplatz 2, 32676 Lügde
✆ 05281-9892790 Fax 05281-9893970
✉ info@golfclub-pyrmont.de
www.golfclub-pyrmont.de

PR: CM: Michael Wischnowski

i: ✆ 05281-9892790
Susanne Klinge

Green 19
Mo. Ruhetag

PRO: Pro: Andy Parker

H: 5624 m, CR 70.1, SL 121, Par 71
D: 4922 m, CR 71.6, SL 123, Par 71
13 Rangeabschläge (11 überdacht)

G: Gäste sind jederzeit willkommen. Anmeldung ist notwendig. Clubausweis mit eingetragenem Handicap (54) ist erforderlich.

18-Loch-Greenfee: EUR 50
9-Loch-Greenfee: EUR 30
GF-Ermäßigung in Verbindung mit Hotelbuchung oder Gruppen ab 15 Personen.
Ermäßigung: Jugendl./Stud. 50%

Platzbeschreibung

Die Lage des Platzes hoch über Bad Pyrmont und Lügde bietet einen Panoramablick besonderer Art: Über den Pyrmonter Talkessel tief hinein in das Weserbergland, hinüber zu den Lipper Bergen und den Ausläufern des Teutoburger Waldes. Von jedem Loch ein anderer Blick, teilweise sogar über den Wolken je nach Sonnenstand mit herrlichen Lichtvariationen, einfach fantastisch! Einzigartige Besonderheit: Auf der Bahn 7 kann man mit einem Schlag den Golfball von Niedersachsen über die Landesgrenze nach Nordrhein-Westfalen spielen. Ein ausgefallen schöner Grenzstein markiert diesen Punkt.

Platzinfos

Anfahrtsbeschreibung

Von der B 1 oder B 83 nach Lügde bei Bad Pyrmont. In Lügde in Höhe der Kirche/Marktplatz an der Fußgängerampel in die Brückenstraße. Nach dem Passieren der Emmerbrücke (Fluss) nach ca. 600 m links ab zum Hotel Sonnenhof, am Hotel vorbei und etwa 2 km bergauf. 300 m nach dem Berggasthof Kempenhof befindet sich der Golfplatz.

Nächstgelegene Plätze

Hamelner GC (Nr. 157)
Weserbergland, GC (Nr. 161)
Lippischer GC (Nr. 232)

Warendorfer Golfclub An der Ems

Karte, Nr. 231, Feld C6 9 Höhe: 65 m

gegründet: 1987

Vohren 41, 48231 Warendorf
☎ 02586-1792 ℻ 02586-8408
✉ info@warendorfer-golfclub.de
www.warendorfer-golfclub.de

PR Hedi Dieckmann

☎ 02586-1792 ℻ -8408

Golfhotel Blaue Ente
☎ 02586-1792 ℻ 02586-8408
Mo. Ruhetag

PRO SHOP ☎ 02586-1792

H: 6106 m, CR 72.5, SL 128, Par 72
D: 5398 m, CR 74.8, SL 127, Par 72
35 Rangeabschläge (6 überdacht)

G Gäste sind jederzeit willkommen. Clubausweis mit eingetragener PE ist erforderlich.

Tages-Greenfee: WT: EUR 40 / WE: EUR 50
Ermäßigung: Jugendl. 50%

Platzinfos

VCG
GPS
GASTRO

Platzbeschreibung

Die Golfanlage liegt inmitten einer münsterländischen Parklandschaft, umgeben von hohen alten Bäumen. Der feine Sandboden garantiert nicht nur sehr feine Fairwaygräser, sondern garantiert auch nach längerem Regen einen stets trockenen und bespielbaren Untergrund. Der Platz bietet einen sehr abwechslungsreichen Parcours mit strategisch gut platzierten, teilweise tiefen Bunkern und Wasserhindernissen.

Anfahrtsbeschreibung

Von der A 1 bzw. A 2 auf die B 64 Münster-Rheda-Wiedenbrück Richtung Warendorf. Zwischen Warendorf und Beelen am Bahnhof Vohren Richtung Sassenberg der Beschilderung zum Golfplatz folgen.

Nächstgelegene Plätze

GP Heidewald Vohren (Nr. 233)
Schultenhof Peckeloh, GC (Nr. 225)
Schloß Vornholz, GC (Nr. 240)

Lippischer Golfclub e.V.

Karte, Nr. 232, Feld E6 **18** Design: Gerhard Bruns Höhe: 100 m

gegründet: 1980

Huxoll 14, 32825 Blomberg-Cappel
✆ 05236-459 Fax 05236-8102
✉ sekretariat@lippischergolfclub.de
www.lippischergolfclub.de

PR: Petra Fischer
Headgreenkeeper: Gordon Konert

i: ✆ 05236-459 Fax 05236-8102
Ulrich Holt, Ulla Meiseberg

Ingrid Kreuzbusch
✆ 05236-8184 Fax 05236-8102
Mo. Ruhetag

PRO SHOP: Golf-Shop Michael Lauermann,
Michael Lauermann
✆ 05236-1772 Fax 05236-8102

PRO: Pro: Ulrich Holt, Michael Lauermann

H: 5989 m, CR 72.1, SL 130, Par 72
D: 5224 m, CR 73.6, SL 132, Par 72
18 Rangeabschläge (10 überdacht)

G: Gäste sind jeden Tag (außer Montag) willkommen. Sa./So./Feiertage ist Anmeldung notwendig. Clubausweis mit eingetragenem Handicap (54) ist erforderlich.

Tages-Greenfee: Di.-Fr.: EUR 55 / WE: EUR 65
9-Loch-Greenfee: Di.-Fr.: EUR 30 / WE: EUR 35
Greenfeegebühren gelten für Mitglieder des DGV mit „R" Ausweise und Ausland. Für andere Mitgliedschaftsformen wird ein Aufschlag berechnet. Montags nur in Begleitung eines Mitglieds möglich.
50 % Ermäßigung auf Tagesgreenfee für Jugendliche und Studenten bis 27 Jahre nur mit Nachweis.

Platzbeschreibung

Die ruhige, parkähnliche Anlage besticht durch einen hervorragenden Pflegezustand und bietet eine angemessene sportliche Herausforderung.

Platzinfos

VCG GPS CLUB GASTRO

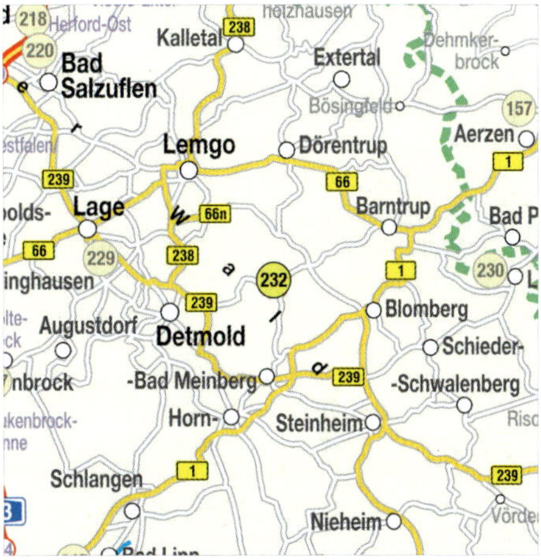

Anfahrtsbeschreibung

B 1 westl. Blombergs Ostwestfalenstraße Ri. Lemgo, Ausf. Großenmarpe-Cappel, Beschilderung. Oder: A 44, Ausf. Warburg, Ostwestfalenstraße nordwärts, hinter Blomberg Ausf. rechts Barntrup/Cappel, Beschilderung.

Nächstgelegene Plätze

Ottenhausen, GA (Nr. 229)
Bad Pyrmont, GC (Nr. 230)
Senne GC Gut Welschof (Nr. 237)

Golfpark Heidewald Vohren

Karte, Nr. 233, Feld C6 **9** Höhe: 65 m

gegründet: 1996

Vohren 41, 48231 Warendorf
☎ 02586-1792 Fax 02586-8408
✉ info@golfpark-heidewald.de
www.golfpark-heidewald.de

PR: CM: Holger Dieckmann

i: ☎ 02586-1792 Fax 02586-8408

Restaurant: Blaue Ente
☎ 02586-1792 Fax -8408
Mo. Ruhetag

PRO SHOP: ☎ 02586-1792

H: 3084 m, CR 58.1, SL 95, Par 56
D: 2968 m, CR 58.6, SL 89, Par 56
35 Rangeabschläge (6 überdacht)

G: Gäste sind jederzeit willkommen.

Tages-Greenfee: WT: EUR 20 / WE: EUR 25

Platzinfos

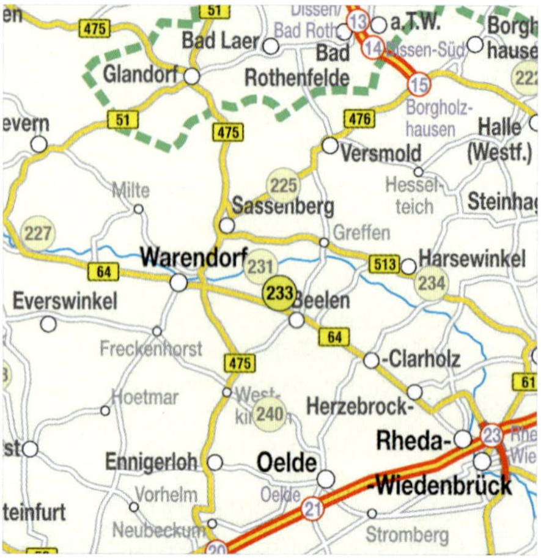

Anfahrtsbeschreibung
B 64 Münster-Rheda-Wiedenbrück, zwischen Beelen und Warendorf am Bahnhof Vohren Richtung Sassenberg und anschließend rechts der Beschilderung zum Golfplatz folgen.

Platzbeschreibung
Der Deutsche Golf Verband hat den Golfpark Heidewald Vohren unter die Lupe genommen. Das Urteil: Der Platz ist spannender und besser geworden, das „Rating" wurde spürbar angehoben - damit machen die Wettspiel noch mehr Spaß. Der einzige öffentliche Golfplatz in der Region belebt die Golfszene also weiter. Die Verlängerung einiger Bahnen, die neu geschaffenen Bunker und der stark entwickelte Baumbestand sorgen für Herausforderungen. Die große Heidefläche im Zentrum der Anlage schafft eine ganz spezielle Atmosphäre, dazu erlaubt der feine Sandboden unbeschränktes Spiel auch nach starken Regenfällen.

Nächstgelegene Plätze
Warendorfer GC (Nr. 231)
Schultenhof Peckeloh, GC (Nr. 225)
Schloß Vornholz, GC (Nr. 240)

Golfclub Marienfeld e.V.

Karte, Nr. 234, Feld D6 **18** Höhe: 70 m

gegründet: 1986

Remse 27, 33428 Marienfeld
05247-8880 05247-80386
info@gc-marienfeld.de
www.gc-marienfeld.de

PR: Andrea Sonnabend

i: 05247-8880 05478-0386
Madeleine Boné

Loch 19., Alexander Pircher
05247-80240 -80386
Mo. Ruhetag

PRO SHOP: Matz Golfschule, Felix Matz
0170-4808186

PRO: Pro: Felix Matz

H: 5818 m, CR 71.3, SL 129, Par 71
D: 5103 m, CR 72.6, SL 127, Par 71
30 Rangeabschläge (6 überdacht)

G: Gäste sind jederzeit willkommen. Sa./So./Feiertage ist Anmeldung notwendig. Clubausweis mit eingetragenem Handicap (54) ist erforderlich. Sa./So./Feiertage ist Handicap 45 erforderlich.

18-Loch-Greenfee: WT: EUR 50 / WE: EUR 60
9-Loch-Greenfee: WT: EUR 30 / WE: EUR 35
OWL-Greenfeeabkommen: Mo- Fr: 35 Euro

Platzinfos

VCG GPS GASTRO

Anfahrtsbeschreibung

Von Harsewinkel auf der B 513 Richtung Gütersloh, nach 1,2 km links in die Adenauer Straße abbiegen und dann in die nächste Straße links zum Golfplatz (ausgeschildert).

Platzbeschreibung

Eingebettet in eine westfälische Parklandschaft liegt der sehr gepflegte 18-Loch-Platz zwischen Harsewinkel und Gütersloh an der B 513. Die Fairways und Greens befinden sich in ausgezeichnetem Zustand. Teiche, renaturierte Bäche, alter Baumbestand sowie einige Doglegs machen den Reiz dieser vielleicht nur auf den ersten Eindruck einfach zu bespielenden Golfanlage aus.

Nächstgelegene Plätze

GP Heidewald Vohren (Nr. 233)
Warendorfer GC (Nr. 231)
Schultenhof Peckeloh, GC (Nr. 225)

Greenfee-Aktion: Seite G 63f

Golf- und Landclub Coesfeld e.V.

Karte, Nr. 235, Feld B6 **18/6** Höhe: 46 m

gegründet: 1987

Stevede 8a, 48653 Coesfeld
✆ 02541-5957 Fax 02541-5986
✉ info@golfclub-coesfeld.de
www.golfclub-coesfeld.de

PR: Werner Bünker, CM: Susanne Wiedenmaier

i: ✆ 02541-5957 Fax 02541-5986
Leonie Fischer, Monika Onuegbu

Heide-Bistro, Gisela Merz-Meurisch
✆ 02541-5983 oder 0176-622 041 54
Mo. Ruhetag

PRO: Pro: Lars Rehbock, Christian Bienemann

H: 6127 m, CR 72.5, SL 132, Par 73
D: 5221 m, CR 73, SL 128, Par 73
16 Rangeabschläge (6 überdacht)

G: Gäste sind jederzeit willkommen. Anmeldung ist notwendig. Clubausweis mit eingetragenem Handicap (54) ist erforderlich. Sa./So./Feiertage ist Handicap 36 erforderlich.

18-Loch-Greenfee: WT: EUR 60 / WE: EUR 80
9-Loch-Greenfee: WT: EUR 35 / WE: EUR 45
Ermäßigung: Jugendl./Stud. 50%

Platzinfos

VCG GPS CLUB

Platzbeschreibung

„Golfen in reizvoller und ruhiger Natur" - unter diesem Motto steht das Spiel auf dem Golfplatz Coesfeld. Zahlreiche Biotope, Wallhecken, Streuobstwiesen, Teiche und Tümpel bilden auch weiterhin den Lebensraum für einheimische Pflanzen und Tiere. Von der ersten bis zur letzten Bahn finden die Sportler gepflegten Rasen in ansprechender Umgebung. Viel Spielwitz kennzeichnen die 18 Spielbahnen, bei denen keine der anderen gleicht. Sportliche Spieler entscheiden sich zum Überspielen zahlreicher Teiche oder sehen sich mehrstufigen Grüns gegenüber. Weite Landeflächen kommen auch weniger geübten Golfern entgegen.

Anfahrtsbeschreibung

A 43, Ausf. Nottuln oder Dülmen-Coesfeld Ri. Coesfeld, in Coesfeld auf der B 525 Ri. Winterswijk bis Abzweigung Reken (Freilichtbühne), dort links, ca. 4 km bis zum Golfplatz rechter Hand (Hinweis „Golfplatz"). Oder: A 31, Ausf. Gescher-Coesfeld,auf der B 525 bis Coesfeld Abzweigung Reken, weiter wie oben beschrieben.

Nächstgelegene Plätze

Uhlenberg Reken, GC (Nr. 244)
Ahaus, G&LC (Nr. 219)
Jammertal, GA (Nr. 259)

Golfclub Münster-Tinnen e.V.

Karte, Nr. 236, Feld C6 **27** Design: Christoph Städler Höhe: 80 m

gegründet: 1992

Am Kattwinkel 244, 48163 Münster
✆ 02536-330100 🖷 02536-3301021
✉ info@gc-tinnen.de
🖳 www.gc-tinnen.de

PR Martin Huhn, CM: Michael Langenkamp
Headgreenkeeper: Russel Hendry

i ✆ +40 (0) 2536-330 10 0 🖷 02536-3301021
Sarah Ruh

Richard Philips
✆ 02536-3301012 🖷 02536-3301021

PRO SHOP Golf Pro Shop Münster-Tinnen, Richard Phillips
✆ 02536-3301020 🖷 02536-3301033

PRO Pro: David Wilmes, Robert Schön, Michael Terwort

18-Loch Kurskombination Gelb/Rot
H: 5931 m, CR 72.9, SL 128, Par 72
D: 5206 m, CR 73.3, SL 126, Par 72
18-Loch Kurskombination Weiss/Gelb
H: 5541 m, CR 69.9, SL 129, Par 71
D: 4862 m, CR 71.5, SL 125, Par 71
50 Rangeabschläge (6 überdacht)

G Gäste sind jederzeit willkommen. Sa./So./Feiertage ist Anmeldung notwendig. Clubausweis mit eingetragenem Handicap (54) ist erforderlich. Sa./So./Feiertage ist Handicap 36 erforderlich.

Tages-Greenfee: WT: EUR 70 / WE: EUR 85
50 % Greenfeeermäßigung für Mitglieder des Greenfeeverbundes Münsterland keine doppelten Ermäßigungen!
Ermäßigung: Jugendl./Stud. 50%

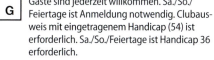

Platzbeschreibung

Der Golfclub Münster-Tinnen hat sich ein anspruchsvolles Motto gewählt: „Golf, wie es sein soll." 1992 gegründet, ist der Club zwar einer der jüngsten im Münsterland, doch inzwischen ein ansehnliches Mitglied der westfälischen Golfszene.

Platzinfos

VCG GPS CLUB GASTRO

Anfahrtsbeschreibung

Autobahn 1 an der Abfahrt Münster-Hiltrup/Amelsbüren verlassen. An der Ampelkreuzung rechts abbiegen und der linken Spur der Straße folgen. Im Kreisverkehr die 3. Ausfahrt nehmen und nach ca. 300 Metern links abbiegen in die Straße „Feuerstiege" (ab hier können Sie auch einfach der Beschilderung zum Golfplatz folgen).

Nächstgelegene Plätze

Hiltrup, Golfen (Nr. 239)
Münster-Wilkinghege, GC (Nr. 226)
Patricks Pitch u. Putt (Nr. 228)

Senne Golfclub Gut Welschof e.V.

Karte, Nr. 237, Feld D6 **18** Design: Christoph Städler

gegründet: 1992

Augustdorfer Straße 72,
33758 Schloß Holte-Stukenbrock
✆ 05207-920936 🖷 05207-88788
✉ info@sennegolfclub.de
💻 www.sennegolfclub.de

PR: Jürgen Gärtner, CM: Chuk Yiu

i: ✆ 05207-920936 🖷 05207-88788
Katrin Fischer, Martina Hüser, Claudia Imkamp

Restaurant Gut Welschof
✆ 05207-9337227
Mo. Ruhetag

PRO SHOP: ✆ 05207-920936 🖷 05207-88788

PRO: Pro: Stefan Evers, Chuk Yiu, Volker Buchwald

H: 5938 m, CR 71.2, SL 128, Par 72
D: 5269 m, CR 73.2, SL 129, Par 72
30 Rangeabschläge (14 überdacht)

G: Gäste sind jederzeit willkommen. Anmeldung ist notwendig. Clubausweis mit eingetragenem Handicap (54) ist erforderlich. Gäste sind jederzeit herzlich willkommen
auch bei zahlreichen Wettspielen freuen wir uns über Gäste aus dem In-und Ausland.
Teetime-Reservierung erforderlich

18-Loch-Greenfee: WT: EUR 45 / WE: EUR 55
9-Loch-Greenfee: WT: EUR 35 / WE: EUR 40
Ermäßigung: Jugendl./Stud. 30%

Platzinfos

VCG GPS CLUB

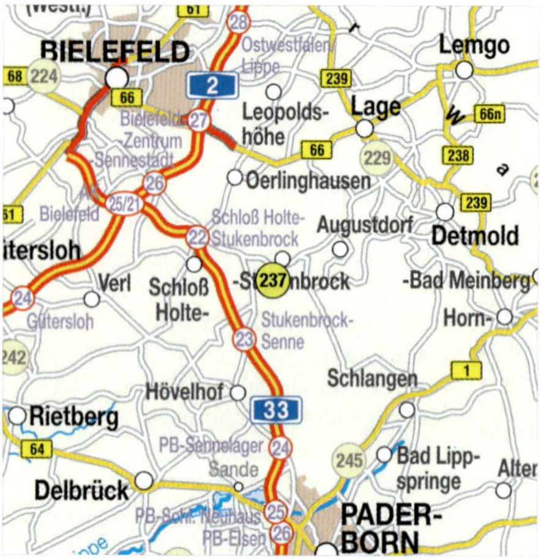

Anfahrtsbeschreibung

Von Bielefeld-Gütersloh: A 33, Ausfahrt Schloß-Holte-Stukenbrock (B 68), in Stukenbrock Richtung Detmold-Augustdorf, nach ca. 2,5 km liegt rechts die Zufahrt zum Golfplatz. Von Paderborn: A 33, Ausfahrt Stukenbrock-Senne, weiter wie oben beschrieben. Von Detmold über Augustdorf Richtung Stukenbrock, nach Ortsausgang Augustdorf noch ca. 2 km, dann liegt links die Zufahrt zum Golfplatz.

Platzbeschreibung

Der Par 72 Golfplatz liegt auf einem landschaftlich sehr abwechslungsreichen Gelände mit angenehm bewegtem Oberflächenrelief und rundum verlaufenden prächtigen Waldkulissen. Zu beachten sind vor allem 10 Teiche, die auf 10 der 18 Bahnen auf verschlagene Bälle lauern. Sie befinden sich überwiegend in Reichweite der längeren, besseren Spieler.

Nächstgelegene Plätze

Ottenhausen, GA (Nr. 229)
Sennelager, GC (Nr. 245)
Westf. GC Gütersloh (Nr. 242)

Golfclub Brückhausen e.V.

Karte, Nr. 238, Feld C6 **18** Design: Spangemacher & Partner Höhe: 56 m

gegründet: 1987

Holling 4, 48351 Everswinkel-Alverskirchen
✆ 02582-5645 Fax 02582-9919152
✉ info@golfclub-brueckhausen.de
www.gc-brueckhausen.de

PR: Klaus Budde
Headgreenkeeper: Stefan Markfort

i: ✆ 02582-5645 Fax 02582-9919152
Charlotte Lambrecht, Markus Blome

Clubgastronomie, Marian Skodzinski
✆ 02582-227
Mo. Ruhetag

PRO: Pro: Jan Biesik, Grant Sinclair

H: 6088 m, CR 72.3, SL 135, Par 72
D: 5385 m, CR 74.3, SL 131, Par 72
15 Rangeabschläge (3 überdacht)

G: Gäste sind jederzeit willkommen. Anmeldung ist notwendig. Clubausweis mit eingetragener PE ist erforderlich. Es gibt ein kleinen ProShop mit den notwendigsten Golfutensilien, der vom Sekretariat geführt wird.

18-Loch-Greenfee: WT: EUR 50 / WE: EUR 70
9-Loch-Greenfee: WT: EUR 30 / WE: EUR 40
Ermäßigung: Jugendl./Stud. 50%

Platzinfos

VCG GPS CLUB

Anfahrtsbeschreibung

Von Münster-Wolbeck Richtung Sendenhorst, nach 5 km links abbiegen. Von Telgte: Westlicher Ortsrand Alverskirchen, links abbiegen, die Brückhausenstraße ca. 1,5 km bis zum Golfplatz.

Platzbeschreibung

Der Platz fügt sich harmonisch in die münsterländische Parklandschaft ein. Der Reiz des Platzes liegt in seinen zahlreichen Wasserhindernissen, insbesondere dem Inselgrün der 5. Spielbahn, dem Lauf der Angel und den vielen Teichen. Der Verlauf der abwechslungsreichen Spielbahnen stellt für Golfer jeder Spielstärke eine echte Herausforderung dar.

Nächstgelegene Plätze

Hiltrup, Golfen (Nr. 239)
Gut Hahues/Telgte, GC (Nr. 227)
Patricks Pitch u. Putt (Nr. 228)

Nordrhein-Westfalen

Golfen in Hiltrup

Karte, Nr. 239, Feld C6 9 Design: Thomas Miggelt Höhe: 58 m

gegründet: 2009

Westfalenstr. 332, 48165 Münster-Hiltrup
02501-5948719 02501-9289607
info@golfen-in-hiltrup.de
www.golfen-in-hiltrup.de

PR: GF: Frank Schlürmann

i: 02501-5948719 02501-9289607

Café 9
02501-5948719

PRO SHOP: GOLFEN IN HILTRUP
02501-5948719 02501-9289607

PRO: Pro: n. N., Sven Böckelmann

H: 2797 m, CR 69, SL 127, Par 73
D: 2200 m, CR 67.8, SL 125, Par 69
30 Rangeabschläge (12 überdacht)

G: Gäste sind jederzeit willkommen. PE ist erforderlich. Es ist eine 10-er Karte für Greenfee mit Spielmöglichkeit von Montag bis Sonntag erhältlich: Preis EUR 250

18-Loch-Greenfee: WT: EUR 55 / WE: EUR 65
9-Loch-Greenfee: WT: EUR 30 / WE: EUR 35

Platzinfos

VCG GPS CLUB GASTRO

Anfahrtsbeschreibung

Anfahrt über die A1 aus Richtung Dortmund - A1 Richtung Bremen, Abfahrt Ascheberg - B 58 Richtung Ahlen, Drensteinfurt. Nach 3,7 km an der Kreuzung links auf die B 54 Richtung Münster, Rickerode. nach 9,7 km links zur Golfanlage. Aus Richtung Münster über die B54 / Hammer Straße, Richtung Hiltrup, Ortsteil Hiltrup und nach der 2.Kanalbrücke rechts in die Westfalenstraße einbiegen.

Platzbeschreibung

Ganz nach dem Motto „entspannen, genießen und golfen" bietet unsere Golfanlage einen erholsamen Tag. Egal, ob Sie nach einem stressigen Arbeitstag den Abend mit einer Runde Golf ausklingen lassen wollen, die sportliche Herausforderung suchen oder Sie einen freien Tag in vollen Zügen genießen möchten. Unsere Golfanlage schafft die Voraussetzungen. Dazu trägt die ruhige und reizvolle Umgebung des Münsterlandes bei und macht Ihr Golfspiel zu einem besonderen Erlebnis.

Nächstgelegene Plätze

Münster-Tinnen, GC (Nr. 236)
Patricks Pitch u. Putt (Nr. 228)
Brückhausen, GC (Nr. 238)

Golf-Club Schloß Vornholz e.V.

Karte, Nr. 240, Feld C6 **18** Höhe: 60 m

gegründet: 1986

Steinpatt 13, 59320 Ennigerloh-Ostenfelde
02524-5799 02524-950355
info@gcsv.de
www.golfclub-schloss-vornholz.de

PR Wilhelm Linnenbank, CM: Nataly Remmel

i 02524-5799 02524-950355

Ehepaar Jogwick
02524-9281954
Mo. Ruhetag

PRO SHOP Stephen Liddell
02524-4647

PRO Pro: Stephen Liddell, Michael Reinke

H: 6006 m, CR 72.2, SL 136, Par 72
D: 5099 m, CR 74.8, SL 131, Par 72
16 Rangeabschläge (6 überdacht)

G Gäste sind jederzeit willkommen. Anmeldung ist notwendig. Clubausweis mit eingetragener PE ist erforderlich. Sa./So./Feiertage ist Handicap 36 erforderlich.

18-Loch-Greenfee: WT: EUR 50 / WE: EUR 60
9-Loch-Greenfee (ab 17:00 Uhr): WT: EUR 25
Ermäßigung: Jugendl./Stud. 50%

Platzbeschreibung

Der Golfplatz zieht sich durch eine münsterländische Parklandschaft mit erhabenen, bis zu 200 Jahre alten Bäumen und anspruchsvollen Wasserhindernissen. Das alte westfälische Wasserschloß Vornholz unterstreicht die Erhabenheit und wohltuende Ruhe des gesamten Areals.

Platzinfos

VCG CLUB

Anfahrtsbeschreibung

A 2 Ruhrgebiet-Hannover, Ausfahrt Oelde Richtung Warendorf, am Ortsausgang Ostenfelde rechts zum Sportpark Vornholz und der Beschilderung „Golf" folgen. Oder: B 475, zwischen Warendorf und Beckum in Westkirchen Richtung Oelde-Ostenfelde, am Ortseingang links zum Sportpark Vornholz und der Beschilderung zum Golfplatz folgen.

Nächstgelegene Plätze

GP Heidewald Vohren (Nr. 233)
Warendorfer GC (Nr. 231)
Marienfeld, GC (Nr. 234)

Golfclub Borghees e.V.

Karte, Nr. 241, Feld A6 18/5 Höhe: 35 m

gegründet: 1995

Abergsweg 30, 46446 Emmerich
☎ 02822-92710 Fax 02822-10804
✉ golfclubborghees@aol.com
www.golfclub-borghees.de

PR: GF: Norbert Baltes

i: ☎ 02822-92710 Fax -10804

Golfclub Borghees
☎ 02822-92712 Fax 02822-10804

PRO SHOP: Foregolfers, Rene Boerhoop
☎ 02822-9156995 Fax 02822-10804

H: 6138 m, CR 72.6, SL 131, Par 72
D: 5478 m, CR 74.8, SL 130, Par 72
20 Rangeabschläge (8 überdacht)

G: Gäste sind jederzeit willkommen. Anmeldung ist notwendig. Clubausweis mit eingetragenem Handicap (54) ist erforderlich.

18-Loch-Greenfee: WT: EUR 40 / WE: EUR 50
9-Loch-Greenfee: WT: EUR 30 / WE: EUR 35
Ermäßigung: Jugendl./Stud. 50%

Platzinfos

VCG

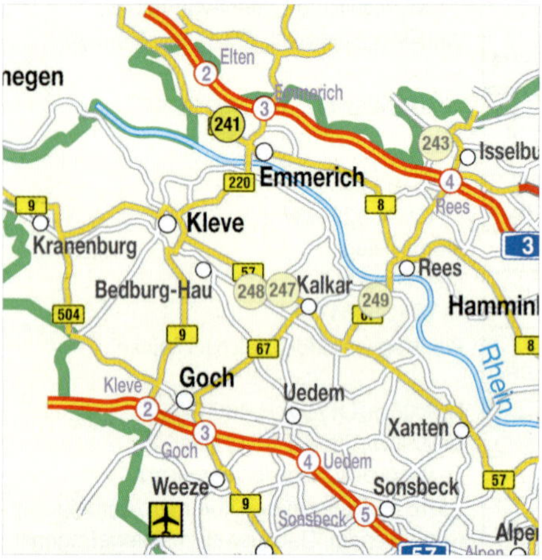

Anfahrtsbeschreibung

A 3 Richtung Arnheim, Ausfahrt Emmerich Richtung Emmerich, nach ca. 100 m rechts auf die Hüthumer Straße, dieser folgen bis zur abknickenden Vorfahrt, dort rechts in den Abergsweg, nach ca. 100 m liegt rechts der Parkplatz des Golfplatzes.

Platzbeschreibung

Kopfweiden prägen die landschaftliche Idylle des Niederrheins. Und so ist es fast selbstverständlich, dass diese Bäume auch schmückender Rahmen des Golfplatzes sind. Hier am Fuß des Eltener Berges, unmittelbar vor der Grenze zu den Niederlanden wurden aufrund 100 ha 18 Spielbahnen gestaltet, um die sich die gesamte Flora des Niederrheins rankt: Wiesen, Weiden, Wälder und eine Anzahl von Bächen.

Nächstgelegene Plätze

Schloß Moyland, L&GC (Nr. 248)
Golf Intern. Moyland (Nr. 247)
Wasserburg Anholt, GC (Nr. 243)

Greenfee-Aktion: Seite G 65f 67

Westfälischer Golf Club Gütersloh e.V.

Karte, Nr. 242, Feld D6 **18** Design: Bernhard von Limburger Höhe: 70 m

gegründet: 1969

Gütersloher Straße 127,
33397 Rietberg-Varensell
05244-2340 Fax 05244-1388
info@golf-gt.de
www.golf-gt.de

PR Andreas Heinze, CM: Jan-Patrick Sors
Headgreenkeeper: Torsten Baltrusch

i 05244-2340 Fax 05244-1388
Heike Luig

KLUBHAUS, Christian Tegeler
05244-1855
Mo. Ruhetag

PRO SHOP GOLFSTORE GÜTERSLOH, Jan-Patrick Sors
05244-1854 Fax 05244-9751895

PRO Pro: Jan-Patrick Sors, Niklas Büren, Dirk Randolff

H: 5861 m, CR 71.3, SL 131, Par 72
D: 5303 m, CR 74.2, SL 131, Par 72
22 Rangeabschläge (12 überdacht)

G Gäste sind jederzeit willkommen. Anmeldung ist notwendig. Clubausweis mit eingetragener PE ist erforderlich. Sa./So./Feiertage ist Handicap 45 erforderlich.

18-Loch-Greenfee: WT: EUR 50 / WE: EUR 60
9-Loch-Greenfee: WT: EUR 30 / WE: EUR 35
Twilight-Fee 18 Loch: EUR 50 (drei Stunden vor Dunkelheit).
Ermäßigung: Jugendl. bis 21 J. und Stud. 50%

Platzinfos

VCG GPS CLUB

Anfahrtsbeschreibung

A 2 Ausfahrt Wiedenbrück/Gütersloh Süd. An der Ampel rechts Richtung Gütersloh (B 61). Nach 1,8 km an der nächsten Ampel rechts Richtung Lintel, nach 2,5 km an der nächsten Abzweigung über eine Brücke und noch 4 km geradeaus. An der Ampelkreuzung rechts, Richtung Neuenkirchen (Gütersloher Straße). Nach 1,4 km befindet sich die weiße Toreinfahrt zum Golf-Club Gütersloh.

Platzbeschreibung

Auf einem sehr weitläufigen und flachen Gelände wurden die 18 Spielbahnen nahezu unsichtbar in die Landschaft eingepasst. Der lange Platz wird vor allem durch den alten Eichen- und Buchenbestand, der die meisten Fairways umsäumt, geprägt. Will man den Score nicht mit Wasser-Strafschlägen belasten, ist ein genaues Anspiel erforderlich, denn oft gilt es, gleich mehreren Wasserhindernissen auszuweichen.

Nächstgelegene Plätze

Marienfeld, GC (Nr. 234)
Gut Mentzelsfelde, GC (Nr. 255)
Lippstadt, GC (Nr. 257)

Golf Club Wasserburg Anholt e.V.

Karte, Nr. 243, Feld A6 **18/6** Design: Bernhard von Limburger, Christian Althaus

gegründet: 1972

Schloss 3, 46419 Isselburg-Anholt
✆ 02874-915120 🖷 02874-915128
✉ sekretariat@golfclub-anholt.de
💻 www.golfclub-anholt.de

PR Sommers Silke, CM: Hendrik Vollrath
Headgreenkeeper: Rainer Paus

i ✆ 02874-915120/-21 🖷 02874-915128
Brigitte Klumpen, Thomas Borkens

Clubgastronomie GC Wasserburg Anholt, Jedidi Boubaker
✆ 02874-915124 🖷 02874-915128

PRO SHOP Foregolfers Golf Shop, Foregolfer Golf-Shop Karin Maan
✆ 02874-915130

PRO Pro: George Mayhew

H: 6048 m, CR 71.9, SL 134, Par 72
D: 5314 m, CR 73.6, SL 130, Par 72
12 Rangeabschläge (8 überdacht)

G Gäste sind jederzeit willkommen. Anmeldung ist notwendig. Clubausweis mit eingetragenem Handicap (45) ist erforderlich. Sa./So./Feiertage ist Handicap 36 erforderlich. Blue Jeans sind nicht erlaubt. Der Platz darf nur mit Softspikes bespielt werden.

18-Loch-Greenfee: WT: EUR 65 / WE: EUR 85
9-Loch-Greenfee: WT: EUR 32.5 / WE: EUR 42.5
Spieler mit PE und besser können ein Rangefee für EUR 15 buchen (inkl. Nutzung von Driving-Range, Putting-Grün und Kurzspielanlage)
Ermäßigung: Jugendl./Stud. 50%

Platzbeschreibung

Die 18-Loch-Golfanlage wurde 1972 in einer Parkanlage des Fürsten zu Salm-Salm angelegt. Charakteristisch ist die abwechslungsreiche Platzarchitektur. Die Spieler werden durch zahlreiche anspruchsvolle Hindernisse sportlich gefordert. Langes und präzises Spiel ist gefragt. In Anholt finden regelmäßig Verbandsmeisterschaften und andere große Turniere statt. Doch nicht nur in sportlicher Hinsicht erfüllt die Anlage höchste Anforderungen. Mit großem Aufwand wird dafür gesorgt, dass dauerhaft ein Einklang zwischen Natur und erstklassigem Pflegezustand erreicht wird. Der Platz ist eine traumhafte Parkanlage mit beeindruckender Flora und Fauna.

Platzinfos

VCG GPS CLUB GASTRO

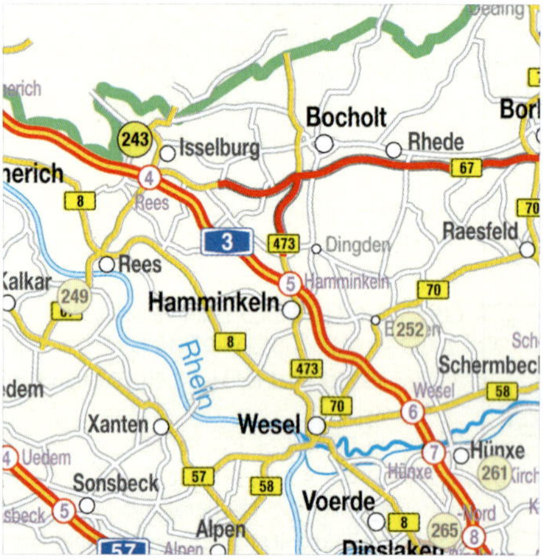

Anfahrtsbeschreibung

A 3 Oberhausen-Arnheim, Ausfahrt Isselburg (Bocholt-Rees), B 67 Richtung Rees, nach 200 m rechts Richtung Millingen, ca. 2 km bis Hinweisschild, rechts 4 km nach Anholt, 100 m nach dem Ortsschild liegt rechts die Zufahrt zur Wasserburg.

Nächstgelegene Plätze

Mühlenhof, G&CC (Nr. 249)
Borghees, GC (Nr. 241)
Golf Intern. Moyland (Nr. 247)

Golfclub Uhlenberg Reken e.V.

Karte, Nr. 244, Feld B6 **18** Design: Heiner Wortmann Höhe: 100 m

gegründet: 1988

Uhlenberg 8, 48734 Reken
☎ 02864-72372 und 02867-907237 Fax 02867-907239 und 02864-72374
✉ info@uhlenberg-reken.de
www.uhlenberg-reken.de

PR: Walter Renn

i: ☎ 02864-72372 + 02867-907237 Fax 02867-907239

PRO SHOP: Elisabeth Bolle, Elisabeth Bolle
☎ 02864-72372 Fax 02864-72374

PRO: Pro: Kerstin Willmitzer

H: 5637 m, CR 69.6, SL 126, Par 70
D: 5046 m, CR 71.9, SL 124, Par 70
7 Rangeabschläge (6 überdacht)

G: Gäste sind jederzeit willkommen. Anmeldung ist notwendig. Clubausweis mit eingetragenem Handicap (54) ist erforderlich.

18-Loch-Greenfee: EUR 40
9-Loch-Greenfee: EUR 25
Ermäßigung: Jugendl./Stud. 50%

Platzinfos

VCG

Anfahrtsbeschreibung

A 31, Ausfahrt Reken, ca. 3 km Richtung Reken, auf Höhe des Hotel Frankenhof links zum Golfplatz abbiegen.

Platzbeschreibung

Die Golfanlage liegt im Naturpark Hohe Mark, einer Landschaft wie aus dem Bilderbuch. Sehr ruhig und harmonisch gelegen, umgibt die Golfanlage ein Wald- und Freiwildgehege, das die enge Verbindung zur Natürlichkeit verstärkt. Die Spielbahnen sind überwiegend flach und bieten durch zahlreiche Hindernisse ein abwechslungsreiches faires Spiel.

Nächstgelegene Plätze

Coesfeld, G&LC (Nr. 235)
Vestischer GC Recklingh. (Nr. 260)
Schwarze Heide, GC (Nr. 262)

B. A. Golfclub Sennelager

Karte, Nr. 245, Feld D6 **18/9** Höhe: 120 m

gegründet: 1963

Senne 1, 33175 Bad Lippspringe
✆ 05252-53794 🖷 05252-53811
✉ info@sennelagergolfclub.de
💻 www.sennelagergolfclub.de

PR: T. Hill, CM: Kirsten Brooks

✆ 05252-53794 🖷 05252-53811

Senne Eins, Jelena Krstic
✆ 05252-9335053
Mo. Ruhetag

PRO SHOP: tony's golfshop
✆ 05252-8398877

PRO: Pro: Anthony Brooks

18-Loch Forest Pines Course
H: 5646 m, CR 70.5, SL 135, Par 72
D: 4991 m, CR 72.4, SL 131, Par 72
9-Loch Old Course
H: 2477 m, CR 65, SL 108, Par 34
D: 2318 m, CR 68.2, SL 109, Par 34
12 überdachte Rangeabschläge

G: Gäste sind jederzeit willkommen. Clubausweis mit eingetragenem Handicap (54) ist erforderlich.

18-Loch-Greenfee: WT: EUR 50 / WE: EUR 65
Ermäßigung: Jugendl./Stud.

Platzbeschreibung

Dieser schöne, in typischer Sennelandschaft mit Heide-, Kiefern- und Birkenwäldern gelegene Platz wurde 1963 von der Britischen Rheinarmee gebaut und nach und nach auf 27 Löcher ausgeweitet. Der nicht sehr lange Platz erfordert genaues Spiel, da durch Wald und Busch begrenzte Fairways, seitliche und frontale Wasserhindernisse ungenaue Schläge schnell bestraft werden.

Platzinfos

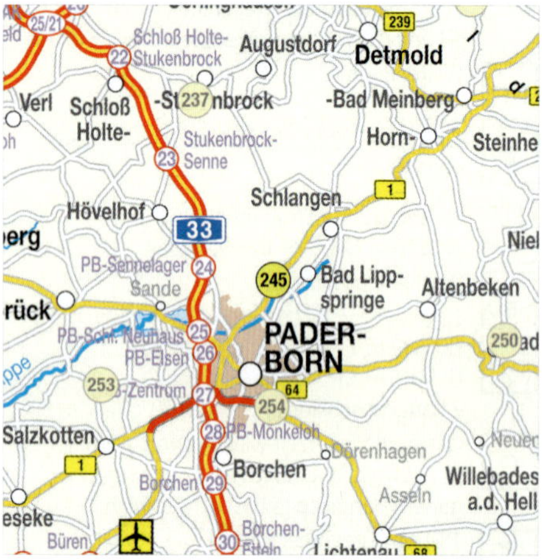

Anfahrtsbeschreibung

Von der A 33 kommend auf die B 1 Richtung Detmold abbiegen, Ausfahrt Neuenbeken-Bad Lippspringe, nach ca. 500 m links zum Industriegebiet Vorderflöss abbiegen und ca. 2 km geradeaus, an der Ampel links Richtung Freizeitpark abbiegen, nach ca. 1 km über eine kleine B 1-Brücke und direkt danach der Spitzkehre nach links folgen. Von dort noch ca. 1,8 km bis zum Golfplatz.

Nächstgelegene Plätze

Uni-GC-Paderborn (Nr. 254)
Senne GC Gut Welschof (Nr. 237)
Paderborner Land, GC (Nr. 253)

Golf- und Landclub Nordkirchen e.V.

Karte, Nr. 246, Feld C6 **18** Höhe: 150 m

gegründet: 1974

Golfplatz 6, 59394 Nordkirchen
✆ 02596-9190/-1 🖷 02596-9195
✉ info@golfclub-nordkirchen.de
www.glc-nordkirchen.de

PR: Dr. Jan Preuß, CM: Andreas Rössler

i: ✆ 02596-9190/-1 🖷 02596-9195
Kathrin Dielmann, Alexandra Haag

Samy Ben Salah
✆ 02596-9197
Mo. Ruhetag

PRO SHOP: Golfshop Kathrin Dielmann
✆ 02596-9193 🖷 -91944

PRO: Pro: Andreas Rössler, Kraus Matthias

H: 5828 m, CR 70.9, SL 126, Par 71
D: 5092 m, CR 72.5, SL 130, Par 71
20 Rangeabschläge (8 überdacht)

G: Gäste sind jederzeit willkommen. Anmeldung ist notwendig. Clubausweis mit eingetragenem Handicap (54) ist erforderlich. Sa./So./Feiertage ist Handicap 36 erforderlich.

18-Loch-Greenfee: WT: EUR 60 / WE: EUR 80
9-Loch-Greenfee (ab 18:00 Uhr): WT: EUR 30 / WE: EUR 40
Ermäßigung: Jugendl./Stud. 50%

Platzbeschreibung

Die Golfanlage liegt inmitten einer münsterländischen Parklandschaft auf einem leicht hügeligen Gelände mit einigen herausfordernden Wasserhindernissen. Das nur unweit gelegene Schloss Nordkirchen ist das größte Wasserschloss Westfalens und wird oft auch als das „westfälische Versaille" bezeichnet.

Platzinfos

VCG CLUB

Anfahrtsbeschreibung

A 1 Kamen-Münster, Ausfahrt Ascheberg, weiter auf der B 58 Richtung Lüdinghausen, nach ca. 5 km Richtung Nordkirchen abbiegen und ca. 3,5 km der Beschilderung zum Golfplatz folgen. Achtung: Es gibt zwei Schilder Richtung Nordkirchen, fahren Sie am ersten vorbei und fahren Sie am 2. Schild ab, diese Straße führt direkt am Golfplatz vorbei.

Nächstgelegene Plätze

Westerwinkel, GC (Nr. 251)
Werne, GC (Nr. 258)
Münster-Tinnen, GC (Nr. 236)

Greenfee-Aktion: Seite G 67

Golf International Moyland

Karte, Nr. 247, Feld A6 18/6

gegründet: 1997

Moyländer Allee 10, 47551 Bedburg-Hau
✆ 02824-976680 🖷 02824-9766825
✉ info@golfinternationalmoyland.de
💻 golfinternationalmoyland.de

PR: GF: Daniela Dekker

i: ✆ 02824-976680 🖷 02824-9766825

Clubhaus Kochwerk
✆ 02824-976680

18-Loch Platz
H: 5973 m, CR 72.2, SL 137, Par 72
D: 5255 m, CR 74.3, SL 136, Par 72
6-Loch Platz
H: 856 m, Par 13
D: 751 m, Par 19
125 Rangeabschläge (10 überdacht)

G: Gäste sind jederzeit willkommen. Anmeldung ist notwendig. Clubausweis mit eingetragenem Handicap (54) ist erforderlich.

18-Loch-Greenfee: EUR 50
9-Loch-Greenfee: EUR 30
Ermäßigung: Jugendl./Stud. 50%

Platzbeschreibung

Der 18-Loch-Championship Course und das öffentl. Trainingscenter mit 6 Bahnen werden durch die harmonische Landschaft einer Niederrhein-Aue geprägt. Die Einbeziehung ausgedehnter Wasserflächen u. Feuchtmulden - gerahmt von Kopfweiden und Waldsäumen - vermittelt dem Golfer ein einzigartiges Spielerlebnis. Als ökolog. Kleinod auf insgesamt 82 ha zählt die Anlage zu den Spitzenplätzen, auch wegen der Penn A4-Grüns.

Platzinfos

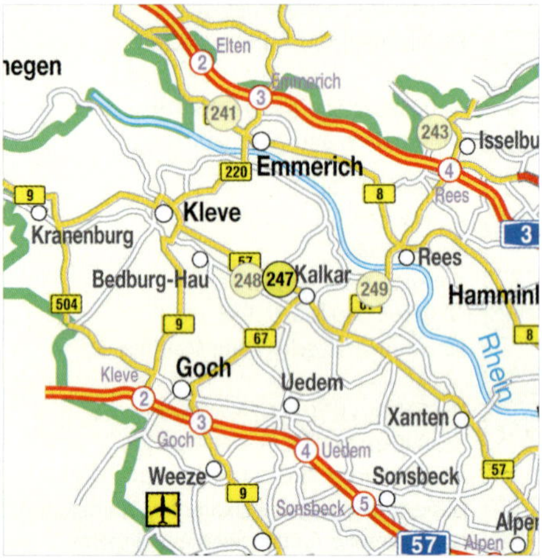

Anfahrtsbeschreibung

A 3 Oberhausen-Arnheim, Ausfahrt Rees, auf der B 67 über Rees nach Kalkar-Appeldorn, dort auf die B 57 über Kalkar Richtung Kleve, nach Kalkar der Beschilderung „Museum Schloß Moyland" zum Golfplatz folgen. Oder: A 57 Krefeld Richtung Niederlande, Ausfahrt Goch, auf der B 67 weiter Richtung Kalkar, von Kalkar weiter auf der B 57 Richtung Kleve und weiter wie oben beschrieben zum Golfplatz.

Nächstgelegene Plätze

Schloß Moyland, L&GC (Nr. 248)
Mühlenhof, G&CC (Nr. 249)
Borghees, GC (Nr. 241)

Land-Golf-Club Schloß Moyland e.V.

Karte, Nr. 248, Feld A6 **18** Design: Rainer Preißmann Höhe: 20 m

gegründet: 1986

Moyländer Allee 1, 47551 Bedburg-Hau
✆ 02824-4749 🖷 02824-809128
✉ info@landgolfclub.de
💻 www.landgolfclub.de

PR Rudy Vandevyver, CM: Niklas Convent
Headgreenkeeper: Theo Angenendt

i ✆ 02824-4749 🖷 02824-809128

Clubrestaurant
✆ 02824-8686
Mo. Ruhetag

PRO SHOP Pro Shop Vollrath, Hubertus Vollrath
✆ 02824-4840 🖷 02824-809128

PRO Pro: Hubertus Vollrath, Thomas Zengerle

18-Loch Land-Golf-Club Schloss Moyland e.V. Platz
H: 5497 m, CR 68.7, SL 123, Par 71
D: 4707 m, CR 69.4, SL 122, Par 71
30 Rangeabschläge (6 überdacht)

G Gäste sind jederzeit willkommen. Anmeldung ist notwendig. Clubausweis mit eingetragenem Handicap (54) ist erforderlich. Sa./So./Feiertage ist Handicap 36 erforderlich.

18-Loch-Greenfee: WT: EUR 55 / WE: EUR 75
9-Loch-Greenfee: WT: EUR 30 / WE: EUR 40
Ermäßigung: Jugendl./Stud. bis 27 J.

Platzinfos

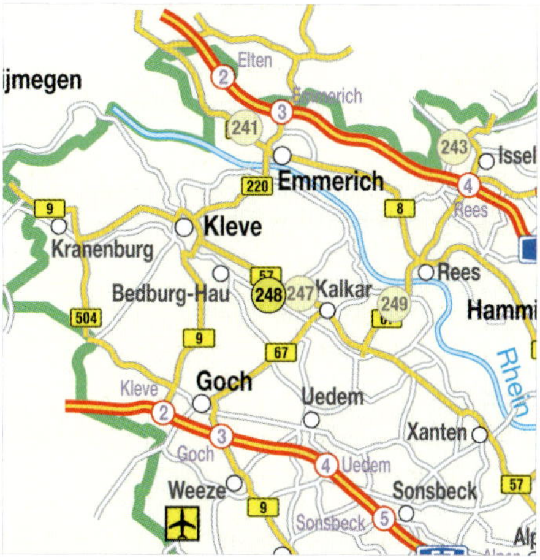

Anfahrtsbeschreibung

linksrheinisch: A 42 bis AK Kamp-Lintfort, dann A 57 Ri. Nimwegen bis Abfahrt Goch, Beschilderung „Schloss Moyland" folgen, am 2. Kreisverkehr auf B 67 Ri. Kleve, nach ca. 3,5 km am Hinweisschild Till Moyland re. rechtsrheinisch: A 3 Oberhausen/Arnheim, Abfahrt Bocholt, Ri. Rees, B 67 Ri. Rees/Kalkar, von Kalkar B 57 Ri. Kleve, am Kreisverkehr li. Ri. Pfalzdorf/Louisendorf, nach ca. 1 km liegt der Golfplatz rechts.

Platzbeschreibung

Das Golfgelände liegt im Bereich „Alte Bahn" und „Moyländer Allee" in der Gemeinde Bedburg-Hau auf einem ca. 60 ha großen Gelände. Der Platz bietet eine gelungene Kombination von „alten" Waldlöchern und neuer offener Platzarchitektur.

Nächstgelegene Plätze

Golf Intern. Moyland (Nr. 247)
Mühlenhof, G&CC (Nr. 249)
Borghees, GC (Nr. 241)

Greenfee-Aktion: Seite G 69

Mühlenhof Golf & Country Club e.V.

Karte, Nr. 249, Feld A6 **18/6** Design: Hans Hertzberger

gegründet: 1992

Greilack 29, 47546 Kalkar-Niedermörmter
☎ 02824-924092 Fax 02824-924093
✉ info@muehlenhof.net
www.muehlenhof.net

PR: Ludger Epping, GF: Annette Wilmsen

i: ☎ 02824-924092 Fax 02824-924093

Mühlenhof Restaurant, Jörg Heselmann
☎ 02824-924092 Fax 02824-924093

PRO SHOP: Elly van Weegen
☎ 02824-924092 Fax -924093

PRO: Pro: Bastian Bartels

18-Loch Platz
H: 6103 m, CR 72.5, SL 125, Par 72
D: 5301 m, CR 74.2, SL 126, Par 72
6-Loch Platz
H: 795 m, Par 27, D: 795 m
44 Rangeabschläge (10 überdacht)

G: Gäste sind jederzeit willkommen. Anmeldung ist erforderlich. PE ist erforderlich.

Tages-Greenfee: WT: EUR 50 / WE: EUR 60
Abendgreenfee WT / WE EUR 40 / 50

Platzinfos

VCG CLUB GASTRO

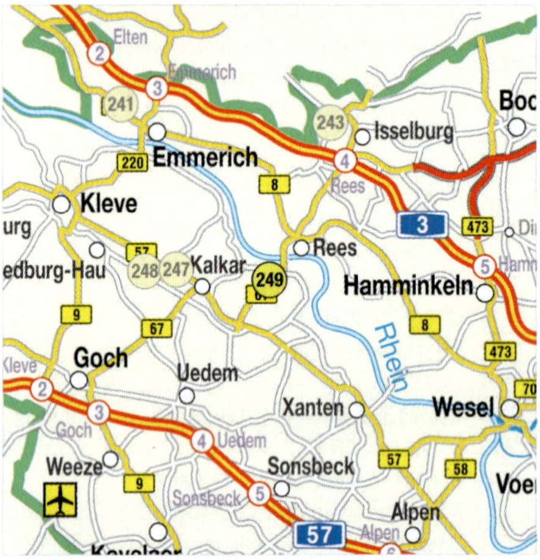

Anfahrtsbeschreibung

A 3 Oberhausen-Arnheim, Ausfahrt Rees, auf der B 67 Richtung Rees, hinter der Rheinbrücke die 1. Abfahrt rechts, dann links Richtung Kalkar (L 41), 3. Straße links zum Golfplatz abbiegen. Oder: A 57, Ausfahrt Sonsbeck Richtung Sonsbeck-Xanten, B 57 Richtung Xanten, dann rechts auf die B 67 Richtung Rees, vor der Rheinbrücke Rees links, wieder links und die 3. Straße links zum Golfplatz.

Platzbeschreibung

Die Golfanlage liegt in einer typisch niederrheinischen Kopfweidenlandschaft mit sattgrünen Fairways, zahlreichen Wasserhindernissen und gepflegten Stufengreens. Die öffentliche Anlage verfügt zusätzlich über einen 6 Loch-Kurzplatz. Es gibt Ferienhäuser direkt am Green - zu kaufen oder zu mieten. Arrangements auf www.muehlenhof.net. Freitags finden 9 Loch Turniere statt. Nichtgolfende Begleitpersonen sind auf der Golfanlage nicht zugelassen.

Nächstgelegene Plätze

Golf Intern. Moyland (Nr. 247)
Schloß Moyland, L&GC (Nr. 248)
Wasserburg Anholt, GC (Nr. 243)

Greenfee-Aktion: Seite G 69

Bad Driburger Golf-Club e.V.

Karte, Nr. 250, Feld E6 **18** Höhe: 220 m

gegründet: 1976

Georg-Nave-Straße 24a, 33014 Bad Driburg
05253-7104 05253-7146
info@bad-driburger-golfclub.de
www.bad-driburger-golfclub.de

PR: Dr. Eugen Pape

i: 05253-7104 05253-7146
Holtgrewe, Herrmann, Ewers

Herr Thomas Lanvermann, Jürgen Jäger-Stein
05253-70282
Mo. Ruhetag

PRO SHOP: Toni`s Golfshop, Kirsten Brooks
05253-9321456

PRO: Pro: Donald Sanders

H: 6013 m, CR 71.7, SL 129, Par 72
D: 5362 m, CR 74.3, SL 128, Par 72
20 Rangeabschläge (6 überdacht)

G: Gäste sind jederzeit willkommen. Clubausweis mit eingetragenem Handicap (45) ist erforderlich.

Tages-Greenfee: WT: EUR 50 / WE: EUR 55
Ermäßigung: Jugendl./Stud.

Platzinfos

VCG

Platzbeschreibung

Der Golfplatz liegt am nordöstlichen Rand Bad Driburgs und grenzt direkt an den Kurpark. Kleine Waldgebiete, einzelne uralte Eichen, ausgedehnte Mischwälder, naturbelassene Wasserhindernisse und großzügig angelegte Spielbahnen kennzeichnen diese abwechslungsreiche Anlage. Abgesehen von einigen besonderen Herausforderungen hat der leicht hügelige Platz einen mittleren Schwierigkeitsgrad.

Anfahrtsbeschreibung

A 33/A 2 nach Bad Driburg, weiter Richtung Horn-Bad Meinberg, ab Stadtausgang der Beschilderung zum Golfplatz folgen. Der Golfplatz ist über den Parkplatz des Thermalbades zu erreichen.

Nächstgelegene Plätze

Sennelager, GC (Nr. 245)
Uni-GC-Paderborn (Nr. 254)
Lippischer GC (Nr. 232)

Greenfee-Aktion: Seite G 69f 71

Golfclub Wasserschloß Westerwinkel e.V.

Karte, Nr. 251, Feld C6 **18** Design: G. Wörner Höhe: 120 m

gegründet: 1995

Horn-Westerwinkel 5,
59387 Ascheberg-Herbern
✆ 02599-92222 Fax 02599-92221
✉ info@gc-westerwinkel.de
www.golfclub-westerwinkel.de

PR: Benedikt Striepens, GF: Tim Schiffmann

i: ✆ 02599-759323 Fax 02599-759324
Bodo Schiller-Strothteicher

Golfcafe Hugo am Schloss,
Gabriele Ledendecker, ✆ 02599-7595933
Mo. Ruhetag

PRO SHOP: Glyn Stevens Golf Academy
✆ 02599-98924 / 0172-2317001 Fax 02599-92221

PRO: Pro: Dipl. PGA Glyn Stevens

18-Loch Golfanlage
H: 5898 m, CR 71, SL 126, Par 72
D: 5172 m, CR 72.3, SL 127, Par 72
20 Rangeabschläge (6 überdacht)

G: Gäste sind jederzeit willkommen. Anmeldung ist notwendig. Clubausweis mit eingetragener PE ist erforderlich. Sa./So./Feiertage ist Handicap 45 erforderlich. Für Wohnmobile stehen separate Standplätze am Clubhaus mit Stromanschluss zur Verfügung.

18-Loch-Greenfee: WT: EUR 50 / WE: EUR 70
9-Loch-Greenfee: WT: EUR 25 / WE: EUR 35
Für Gruppen-Greenfees und Veranstaltungen kontaktieren Sie bitte unser Golfbüro.
Ermäßigung: Jugendl. bis 18 J. und Stud. bis 27 J. 50%

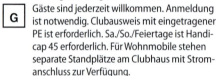

Platzinfos

Anfahrtsbeschreibung
Bitte benutzen Sie folgende Navi-Adresse: Bakenfeld-Aruper-Str., Ascheberg Von Dortmund: A1, Ausf. Hamm-Bockum-Werne, rechts Ri. Werne-Münster bis zur Kreuzung B 54, dort rechts Ri. Münster-Herbern, in Herbern auf der Durchgangsstraße bis zum Kreisverkehr und von dort der Beschilderung „Golfplatz-Westerwinkel" folgen. Von Münster: A 1, Ausf. Ascheberg, rechts, die 1. Straße rechts Ri. Ascheberg-Herbern, in Ascheberg links Ri. Herbern, nach ca. 5 km am Ortseingang Herbern Ri. Capelle und der Beschilderung folgen.

Platzbeschreibung
Das Ambiente der Anlage unterscheidet sich von umliegenden Clubs der Region. Schon von weitem ist das 1663 erbaute Wasserschloß Westerwinkel auszumachen.

Nächstgelegene Plätze
Werne, GC (Nr. 258)
Nordkirchen, G&LC (Nr. 246)
Hiltrup, Golfen (Nr. 239)

Greenfee-Aktion: Seite G 71

Golfclub Weselerwald e.V.

Karte, Nr. 252, Feld B6 **18/9** Höhe: 50 m

gegründet: 1988

Steenbecksweg 12, 46514 Schermbeck
☎ 02856-91370 Fax 02856-913715
✉ info@gcww.de
www.gcww.de

PR Ursula Paul, GF: Bernd Ebbers, CM: John Emery

i ☎ 02856-91370 Fax -913715
Melanie Brugmann, Monika Kirstein, Brigitte Kratzel, Annette Wierzchnicka

Birdie-Bistro, Jörg Klauß
☎ 02856-913713
Mo. Ruhetag

PRO SHOP Lee Chapman
☎ 02856-913740 Fax -2566

PRO Pro: Lee Chapman, Philipp Haas

18-Loch Platz
H: 6101 m, CR 72.3, SL 131, Par 72
D: 5271 m, CR 74, SL 129, Par 72
9-Loch Platz
H: 2158 m, Par 56
D: 2158 m, Par 56
25 Rangeabschläge (10 überdacht)

G Gäste sind jederzeit willkommen. Anmeldung ist notwendig. Clubausweis mit eingetragenem Handicap (54) ist erforderlich. Sa./So./Feiertage ist Handicap 36 erforderlich.

18-Loch-Greenfee: WT: EUR 65 / WE: EUR 80
Ermäßigung: Jugendl./Stud. 50%

Platzbeschreibung

In typisch niederrheinischer Landschaft mit Bächen und Biotopen liegender 18-Loch-Platz. Die letzten sieben Bahnen sind durchaus als hügelig zu bezeichnen, wobei die restlichen Fairways überwiegend flach verlaufen. Das Symbol des Clubs ist eine mitten im Gelände befindliche 1000 Jahre alte Eiche, ein Naturdenkmal. Neben der 18-Loch-Anlage gibt es noch einen öffentlichen 9-Loch-Kurzplatz (Par 56) für Golfer, die keinem Club angehören - „Golf für Jedermann".

Platzinfos

VCG GPS GASTRO

Anfahrtsbeschreibung

A 3 Oberhausen-Arnheim, Ausfahrt Wesel-Schermbeck Richtung Schermbeck bis zur Ampelkreuzung in Drevenack (2 km), dann links Richtung Borken, nach 6 km liegt rechts der Golfplatz.

Nächstgelegene Plätze

Hünxerwald, GC (Nr. 261)
Bruckmannshof, GC (Nr. 265)
Schwarze Heide, GC (Nr. 262)

Greenfee-Aktion: Seite G 71

Golf Club Paderborner Land e.V.

Karte, Nr. 253, Feld D6 27/6 Höhe: 94 m

gegründet: 1983

Im Nordfeld 25, 33154 Salzkotten-Thüle
✆ 05258-937310 🖷 05258-937320
✉ info@gcpaderbornerland.de
💻 www.gcpaderbornerland.de

PR: Hans-Dieter Hollander, CM: Ralf Niggemeier

i: ✆ 05258-937310 🖷 05258-937320

Familie Lohre
✆ 05258-9382244 🖷 05258-937320

PRO SHOP: Golf Shop Paderborner Land
✆ 05258-937314 🖷 05258-937320

PRO: Pro: Francesco Amatulli

H: 5965 m, CR 72.3, SL 134, Par 72
D: 5144 m, CR 73.6, SL 128, Par 72
30 Rangeabschläge (9 überdacht)

G: Gäste sind jederzeit willkommen. Anmeldung ist notwendig. Clubausweis mit eingetragenem Handicap (45) ist erforderlich. Sa./So./Feiertage ist Handicap 36 erforderlich.

Tages-Greenfee: WT: EUR 55 / WE: EUR 70
18-Loch-Greenfee: WT: EUR 55 / WE: EUR 70
9-Loch-Greenfee: WT: EUR 35 / WE: EUR 45
Ermäßigung: Jugendl./Stud. 50%

Platzinfos

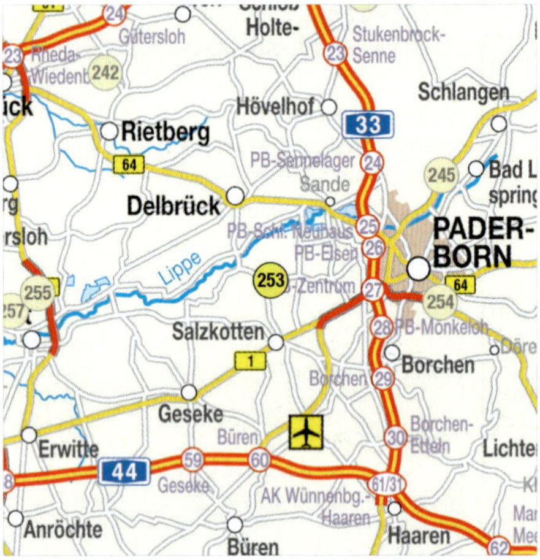

Platzbeschreibung

Der Golfplatz liegt in einer ländlichen Idylle auf einem nur leicht hügeligen Gelände. Wasserhindernisse stellen hier die größten Schwierigkeiten dar und sind fast überall anzutreffen. Ob ein bis in die Fairway-Mitte reichendes Wasserhindernis, Wassergräben vor und hinter den Grüns und seitliche, als Biotope angelegte Wasserhindernisse - für jeden Geschmack ist hier etwas dabei.

Anfahrtsbeschreibung

B 1 von Paderborn nach Salzkotten, am Ortseingang Salzkotten rechts nach Delbrück, nach 4 km Thüle, in der Ortsmitte rechts, Eschenstraße, Am Nordfeld und der Beschilderung „Golf" folgen.

Nächstgelegene Plätze

Uni-GC-Paderborn (Nr. 254)
Sennelager, GC (Nr. 245)
Gut Mentzelsfelde, GC (Nr. 255)

Greenfee-Aktion: Seite G 71

Universitäts-Golfclub Paderborn e.V.

Karte, Nr. 254, Feld D6 **18/9** Design: Achim Reinmuth

gegründet: 2004

Haxterhöhe 2, 33100 Paderborn
05251-604248 05251-604241
info@haxterpark.de
www.haxterpark.de/golf

PR: Helmut Böhmer, CM: Tim Schrader

i: 05251-604242 05251-604241
Franz Berkemeier, Dorith Kujat

Gasthaus Haxterpark
05251-7098817
Mo. Ruhetag

PRO SHOP: Golfschmiede Paderborn, Uwe Moldenhauer
05251-2846546

PRO: Pro: Björn Herbarth, Oliver Peuse

18-Loch Kurs HAXTERHÖHE LINKS
H: 5396 m, CR 68.7, SL 123, Par 71
D: 4604 m, CR 69.6, SL 118, Par 71
9-Loch Kurs UNIVERSITÄT
H: 2976 m, CR 58.5, SL 96, Par 58
D: 2976 m, CR 59, SL 96, Par 58
15 Rangeabschläge (5 überdacht)

G: Gäste sind jederzeit willkommen. Anmeldung ist erforderlich. PE ist erforderlich.

18-Loch-Greenfee: WT: EUR 44 / WE: EUR 56
9-Loch-Greenfee: WT: EUR 22 / WE: EUR 28
Ermäßigung: Jugendl./Stud. 50%

Platzinfos

VCG GPS CLUB GASTRO

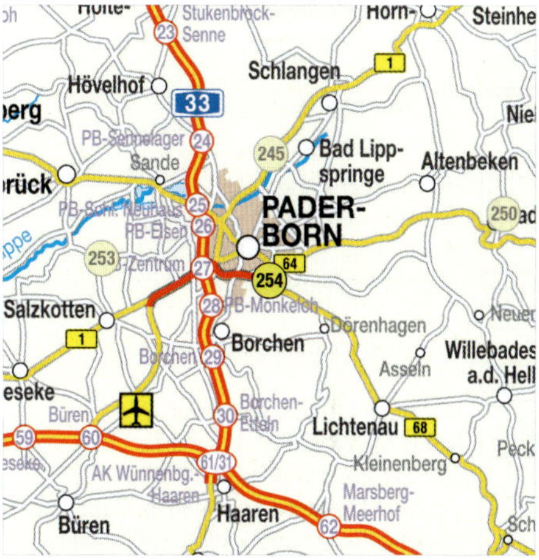

Anfahrtsbeschreibung

A 33, Abfahrt Paderborn-Zentrum, weiter auf der B 64/68 Richtung Bad Driburg, 2. Abfahrt „Universität", dann die 2. Ampel links, die nächste Ampel wieder links und noch 500 m zur Anlage.

Platzbeschreibung

Der Heimatplatz des Universitäts-Golfclubs Paderborn ist der Kurs „Haxterhöhe Links". Errichtet nach schottischen Vorbildern findest Du Deine golferische Herausforderung in welligem Dünen-Design, in wechselnden Winden, in festen Festuca-Grüns und in 121 zu umspielenden Bunkern. Belohnt wird Deine Runde mit einer bis zu 30km weit reichenden Fernsicht. Charakteristisch für die Paderborner Hochfläche ist der karge Bewuchs. Zudem wurde der ortstypische Kalksteinboden in Form von Scherbengräben offengelegt. Bewirtschaftet wird die gesamte Golfanlage inkl. des Gasthauses und der Verwaltung von der gemeinnützigen Haxterpark GmbH, einem Inklusionsbetrieb.

Nächstgelegene Plätze

Sennelager, GC (Nr. 245)
Paderborner Land, GC (Nr. 253)
Bad Driburger GC (Nr. 250)

Golf Club Gut Mentzelsfelde e.V.

Karte, Nr. 255, Feld D6 9 Höhe: 80 m

gegründet: 1998

Wiesenhausweg, 59555 Lippstadt
☏ 02941-810110 🖷 02941-810115
✉ info@golfclub-lippstadt.de
💻 www.golfclub-lippstadt.de

PR Norbert Loddenkemper, GF: Peter Kurka

i ☏ 02941-810110 🖷 -810115
Theresa Loesche

Landgasthof Wiesenhaus
☏ 02941-2048666 🖷 -271934
Mo. Ruhetag

PRO SHOP ☏ 02941-7609052

PRO Pro: Bastian Sommer, Björn Duda

H: 5930 m, CR 72.3, SL 138, Par 72
D: 4970 m, CR 73.1, SL 128, Par 72
24 Rangeabschläge (12 überdacht)

G Gäste sind jederzeit willkommen. Clubausweis mit eingetragenem Handicap (54) ist erforderlich.

18-Loch-Greenfee: WT: EUR 45 / WE: EUR 55
9-Loch-Greenfee: WT: EUR 25 / WE: EUR 30
Ermäßigung: Jugendl./Stud. 50%

Platzbeschreibung

Die 9-Loch-Anlage schließt direkt an den Golf Club Lippstadt e.V. an. Erbaut auf Sandboden mit einem sehr hohen Grundwasserspiegel und mitten durch den Mentzelsfelderkanal wird die gesamte Anlage auch als „Golfvenedig" bezeichnet. Auf dem Kurs ergänzen sich alter und neuer Baumbestand und durch die großen Grüns hat jeder Golfer die Chance, auf allen Löchern Par zu spielen.

Platzinfos

VCG

Anfahrtsbeschreibung

A 44 Dortmund-Kassel, Ausf. Kreuz Erwitte-Anröchte Ri. Erwitte B 55 Lippstadt, nördlich von Lippstadt an der Ampel links Ri. Bad Waldliesborn, im Kreisverkehr links Ri. Lippstadt, nach ca. 300 m rechts in den Wiesenhausweg zum Golfplatz. Oder: A 2 Oberhausen-Hannover, Ausf. Wiedenbrück-Lippstadt, B 55 Ri. Lippstadt, nördlich von Lippstadt an Ampel rechts Ri. Lippstadt-Bad Waldliesborn, im Kreisverkehr links, nach ca. 300 m rechts abbiegen.

Nächstgelegene Plätze

Lippstadt, GC (Nr. 257)
Westf. GC Gütersloh (Nr. 242)
Paderborner Land, GC (Nr. 253)

Greenfee-Aktion: Seite G 71

Golfclub Stahlberg im Lippetal e.V.

Karte, Nr. 256, Feld C6 **18**

gegründet: 1974

Ebbeckeweg 3, 59510 Lippetal-Lippborg
02527-8191 02527-8516
sekretariat@golfclub-stahlberg.de
www.golfclub-stahlberg.de

PR: Christoph Maaßen
Headgreenkeeper: Andreas Albert-Schwarte

i: 02527-8191 02527-8516
Anja Hake

Jürgen Weber
02527-947210
Mo. Ruhetag

PRO SHOP: Golfclub Stahlberg
02527-8191

PRO: Pro: Peter Wiethoff

H: 6019 m, CR 72, SL 128, Par 72
D: 5250 m, CR 73.2, SL 127, Par 72
60 Rangeabschläge (8 überdacht)

G: Gäste sind jederzeit willkommen. Anmeldung ist notwendig. Clubausweis mit eingetragener PE ist erforderlich.

18-Loch-Greenfee: WT: EUR 60 / WE: EUR 70
9-Loch-Greenfee: WT: EUR 35 / WE: EUR 40
Ermäßigung: Jugendl./Stud. 50%

Platzinfos

VCG GPS CLUB

Platzbeschreibung

Ruhig gelegen und abwechslungsreich gestaltet ist der Platz fair, aber beileibe nicht anspruchslos. Die gesamte Fläche des Golfgeländes liegt im Landschaftsschutzgebiet in einem Landschaftspark mit Hochwaldstücken, einer Vielzahl großer solitär gewachsener Eichen in Verbindung mit offenem, topographisch bewegtem Terrain.

Anfahrtsbeschreibung

Von Süden/Osten sowie aus Richtung Beckum und Werl: B 475 Soest-Beckum, ab Km 56,5 ausgeschildert. Von Norden/Westen sowie über die A 2 Ruhrgebiet-Berlin: Ausfahrt Hamm-Uentrop-Soest-Ahlen Richtung Soest links. Nach 50 m links in den Hauptweg abbiegen, diesen bis zum Ende fahren und dann rechts abbiegen. Von dort der Beschilderung zum Golfplatz folgen.

Nächstgelegene Plätze

Hamm, Gut Drechen, GC (Nr. 263)
Schloß Vornholz, GC (Nr. 240)
Lippstadt, GC (Nr. 257)

Golf Club Lippstadt e.V.

Karte, Nr. 257, Feld D6 **27** Höhe: 80 m

gegründet: 1994

Gut Mentzelsfelde/Wiesenhausweg 14,
59555 Lippstadt
02941-810110 02941-810115
info@golfclub-lippstadt.de
www.golfclub-lippstadt.de

PR Norbert Loddenkemper, GF: Peter Kurka
Headgreenkeeper: Udo Diedrich

i 02941-810110 -810115
Theresa Loesche

Wiesenhaus, Holger Mast
02941-2048666
Mo. Ruhetag

PRO SHOP 02941-810110

PRO Pro: Bastian Sommer, Björn Duda

H: 5959 m, CR 72, SL 132, Par 73
D: 5111 m, CR 73.2, SL 136, Par 73
24 Rangeabschläge (12 überdacht)

G Gäste sind jederzeit willkommen. Sa./So./Feiertage ist Anmeldung notwendig. Clubausweis mit eingetragener PE ist erforderlich.

18-Loch-Greenfee: WT: EUR 45 / WE: EUR 55
9-Loch-Greenfee: WT: EUR 25 / WE: EUR 30
Ermäßigung: Jugendl./Stud. 50%

Platzbeschreibung

Die Anlage wurde auf einem 110 ha umfassenden Gelände der ehemaligen Flößwiesen zwischen Boer- und Menzelsfelder Kanal errichtet. Die durchziehenden Gräben wurden mit Teichen, Tümpeln und Gräben verbunden, so dass fast jede Spielbahn und jedes Grün von Wasser umgeben ist. Aufgrund der vielen Wasserhindernisse und Fairwaybunker sowie der modellierten Grüns gilt die Anlage als „golferisches Juwel" im ostwestfälischen Gebiet, ein „Muss".

Platzinfos

VCG GPS

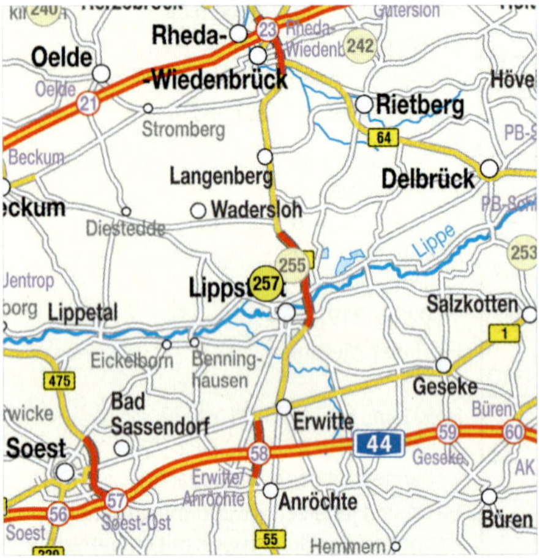

Anfahrtsbeschreibung

A 44 Dortmund-Kassel, Ausf. Kreuz Erwitte-Anröchte Ri. Erwitte B 55 Lippstadt, nördlich von Lippstadt an der Ampel links Ri. Bad Waldliesborn, im Kreisverkehr links Ri. Lippstadt, nach ca. 300 m rechts in den Wiesenhausweg zum Golfplatz. Oder: A 2 Oberhausen-Hannover, Ausf. Wiedenbrück-Lippstadt, B 55 Ri. Lippstadt, nördlich von Lippstadt an Ampel rechts Ri. Lippstadt-Bad Waldliesborn, im Kreisverkehr links, nach ca. 300 m rechts abbiegen.

Nächstgelegene Plätze

Gut Mentzelsfelde, GC (Nr. 255)
Westf. GC Gütersloh (Nr. 242)
Paderborner Land, GC (Nr. 253)

Greenfee-Aktion: Seite G 71f

Golfplatz Werne a. d. Lippe GmbH & Co. KG

Karte, Nr. 258, Feld C6 **15/6** Höhe: 75 m

gegründet: 2013

Kerstingweg 10, 59368 Werne
✆ 02389-539060 🖷 02389-402828
✉ buero@golfplatz-werne.de
💻 www.golfplatz-werne.de

PR: GF: Franz-Ludwig Schulze Kersting,
CM: Ute Schulze Kersting
Headgreenkeeper: Franz-Ludwig Schulze-Kersting

i: ✆ 02389-539060 🖷 02389-402828
Angelika Grünebaum

✆ 02389-539060

PRO SHOP: Golfplatz Werne a. d. Lippe GmbH &Co. KG
✆ 02389-539060 🖷 02389-402828

PRO: Pro: Joe Awuku

15-Loch Platz
H: 5101 m, CR 67.2, SL 125, Par 68
D: 4343 m, CR 68.1, SL 123, Par 68
6-Loch Platz
H: 620 m, Par 18, D: 531 m, Par 18
30 Rangeabschläge (3 überdacht)

G: Gäste sind jederzeit willkommen. Anmeldung ist notwendig. Clubausweis mit eingetragener PE ist erforderlich.

18-Loch-Greenfee: EUR 35
9-Loch-Greenfee: EUR 25
Ermäßigung: Jugendl./Stud. 50%

Platzinfos

VCG GPS

Anfahrtsbeschreibung

A 1, Ausfahrt Hamm-Bockum-Hövel/Werne, Richtung Werne, am Zubringerende (1. Kreisverkehr) geradeaus bis zum 3. Kreisverkehr. Da rechts Richtung Capelle, nach der 90° Linkskurve über die Brücke. Direkt nach der Brücke rechts Richtung Capelle, in den zweiten Weg links (Kerstingweg) abbiegen. Der Straße folgen bis sie auf dem Golfplatz endet.

Platzbeschreibung

Ländlich familiäres Ambiente, absolut ruhig gelegener Platz inmitten Münsterländer Parklandschaft und Landschaftsschutzgebiet.

Nächstgelegene Plätze

Westerwinkel, GC (Nr. 251)
Nordkirchen, G&LC (Nr. 246)
Royal St. Barbara's GC (Nr. 267)

Golfanlage Jammertal

Karte, Nr. 259, Feld B6 **9** Höhe: 52 m

gegründet: 2007

Redder Str. 421, 45711 Datteln-Ahsen
☏ 02363-3770 🖷 02363-377100
✉ golf@jammertal.de
💻 www.jammertal.de

PR Alfons Schnieder, GF: Bernd Kreitz,
CM: Herbert Bredemeyer
Headgreenkeeper: Ralph Heckmann

i ☏ 02363-3770 🖷 02363-377100

Schnieder´s Gute Stube
☏ 02363-3770 🖷 02363-377100

PRO Pro: Sören Duda

H: 1395 m, CR 58.1, SL 100, Par 29
D: 1395 m, CR 58.9, SL 99, Par 29
12 Rangeabschläge (7 überdacht)

G Gäste sind jederzeit willkommen. Ein Handicap ist erforderlich.

Tages-Greenfee: WT: EUR 36 / WE: EUR 42
9-Loch-Greenfee: WT: EUR 20 / WE: EUR 24
Ermäßigung: Jugendl./Stud. 50%

Platzbeschreibung

Relativ schmale, kurze Bahnen erfordern präzises Spiel, sind aber auch ideal für Anfänger! Umgeben von den herrlichen Wäldern des Naturpark Haard liegt der Platz idyllisch und ruhig. Die Golfanlage bietet sportlichen Spaß für „Greenschnäbel" und erfahrene Golfer - direkt am Hotel. Die große Sonnenterrasse und auch der 3000 m² Wellnessbereich locken nach dem Spiel mit Erfrischungen und Entspannung.

Nächstgelegene Plätze

Vestischer GC Recklingh. (Nr. 260)
Schloß Westerholt, GC (Nr. 264)
Castrop-Rauxel, GC (Nr. 270)

Platzinfos

Anfahrtsbeschreibung

BAB2 Ausf. Datteln (B235), in Datteln am Neumarkt (Busbahnhof) links vor dem Möbelhaus Braukhoff abbiegen. Am Ende der Straße re. fahren. Immer geradeaus, verlassen Datteln, nach ca. 4 km am Stoppschild weiter geradeaus. Nach ca. 2 km liegt der Golfplatz auf der linken Seite. Oder: BAB43, Ausf. Marl-Nord, Halter-Flaesheim. Auf der Schnellstr. bis zur ersten Ampel, dann re., durch Flaesheim durch, in Ri. Datteln-Ahsen. Nach ca. 6 km an der beampelten Kreuzung (Ahsen) re. Ri. Oer-Erkenschwick. An der nächsten Kreuzung (nach ca. 3 km) wieder re. Nach ca. 2 km liegt der Golfplatz auf der linken Seite.

Vestischer Golf Club Recklinghausen e.V.

Karte, Nr. 260, Feld B6 18/4

gegründet: 1974

Bockholter Straße 475, 45659 Recklinghausen
✆ 02361-93420 🖷 02361-934240
✉ info@gc-recklinghausen.de
💻 www.gc-recklinghausen.de

PR: Bernhard Wanders

i: ✆ 02361-93420 🖷 -934240
Claudia Uebigau-Siebierin

Gastronomie im Vestischen Golfclub,
Charlotte und Sandor Czirjak
✆ 02361-9063344
Mo. Ruhetag

PRO SHOP: Wera Vehlken
✆ 02361-934212 🖷 09342-40

PRO: Pro: Benjamin Wuttke, Erwin Schellert

H: 5756 m, CR 70.7, SL 127, Par 72
D: 4887 m, CR 71.9, SL 123, Par 72
10 Rangeabschläge (7 überdacht)

G: Gäste sind Montag - Freitag (außer an Feiertagen) willkommen. Anmeldung ist notwendig. Clubausweis mit eingetragenem Handicap (36) ist erforderlich.

18-Loch-Greenfee: WT: EUR 60 / WE: EUR 70
9-Loch-Greenfee: WT: EUR 35
Ermäßigung: Jugendl./Stud. bis 25 J. 50%

Platzinfos

VCG GPS

Anfahrtsbeschreibung

Von Norden: BAB Münster-Wuppertal, Ausfahrt Marl-Sinsen Richtung Flugplatz Loemühle, ca. 500 m nach dem Flugplatz liegt rechts der Golfplatz. Von Süden: BAB Wuppertal-Münster, Ausfahrt Recklinghausen, 1. Ampel links, dann 3. Ampel links und wieder 1. Ampel rechts, nach ca. 1 km liegt links der Golfplatz.

Platzbeschreibung

Der Platz wurde 1974 auf historischem Gelände mit einem im Jahre 1630 erstmals aktenkundig gewordenen Schultenhof auf überwiegend flachem Terrain erstellt. Die Fairways sind mit dichten Rough gesäumt und werden teilweise von altem Baumbestand alleenartig begleitet. Durch anspruchsvoll in die Spielführung integrierte Teiche und Bunker bietet sich ein abwechslungsreicher, nicht zu unterschätzender Platz.

Nächstgelegene Plätze

Schloß Westerholt, GC (Nr. 264)
Gelsenk. GC Haus Leythe (Nr. 266)
Jammertal, GA (Nr. 259)

Golf Club Hünxerwald e.V.

Karte, Nr. 261, Feld B6 **18** Design: Barth, Müller, Preissmann Höhe: 60 m

gegründet: 1982

Hardtbergweg 16, 46569 Hünxe
☎ 02858-6480 Fax 02858-82120
✉ info@gc-huenxerwald.de
www.gc-huenxerwald.de

PR Karl Hermann Krull, CM: Birthe Küpper
Headgreenkeeper: Hermann Hinnemann

i ☎ 02858-6480 Fax -82120
Christel Losemann, Ronja Steinhau-Hermann, Rita Kempkes

Horst Vierhaus
☎ 02858-6489
Mo. Ruhetag

PRO SHOP ☎ 02858-6480

PRO Pro: Christian Bell, Roland Noêlle

H: 5903 m, CR 73.1, SL 129, Par 72
D: 5182 m, CR 75, SL 130, Par 72
40 Rangeabschläge (4 überdacht)

G Gäste sind jederzeit willkommen. Anmeldung ist notwendig. Clubausweis mit eingetragenem Handicap (36) ist erforderlich. E-Car zu mieten nach Anmeldung möglich.

18-Loch-Greenfee: WT: EUR 55 / WE: EUR 70
9-Loch-Greenfee: WT: EUR 30 / WE: EUR 40
Ermäßigung: Jugendl./Stud. bis 25 J. 40%

Nächstgelegene Plätze
Bruckmannshof, GC (Nr. 265)
Schwarze Heide, GC (Nr. 262)
Weselerwald, GC (Nr. 252)

Platzinfos

VCG

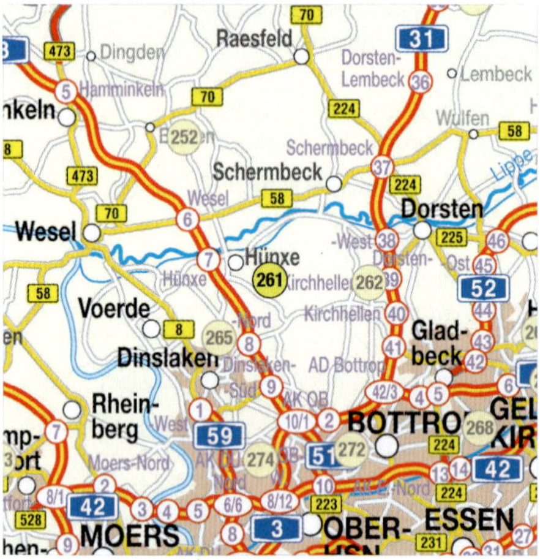

Anfahrtsbeschreibung
BAB 3 Hollandlinie von Oberhausen bis Ausfahrt Dinslaken-Nord, dann Richtung Kirchhellen bis zur Abzweigung (links) nach Hünxe (Am Uhlensterz). 1 km bis zur Gaststätte Jägerheim, danach rechts Hardtbergweg.

Platzbeschreibung
Der Golfplatz liegt in leicht hügeliger Landschaft am Rande des Hünxerwaldes. Alter Baumbestand und naturgeschützte wasserführende Gräben, ein Fischteich und ein Inselgrün machen den optischen Reiz der Anlage aus. Die zum rustikalen Clubhaus umgebaute 200 Jahre alte Scheune erwartet die Golfer zu gemütlichen Après Golf Stunden.

Golf-Club Schwarze Heide Bottrop-Kirchhellen e.V.

Karte, Nr. 262, Feld B6 **18/6** Höhe: 100 m

gegründet: 1986

Gahlener Straße 44, 46244 Bottrop
✆ 02045-82488 Fax 02045-83077
✉ info@gc-schwarze-heide.de
www.gc-schwarze-heide.de

PR: Dr. Hartwig Keidel, CM: Anja Drews

i: ✆ 02045-82488 Fax -83077
Anne v.d. Staal

Gastronomie: green19, Jenny Schmitz
✆ 02045-4680880
Mo. Ruhetag

PRO SHOP: Bob Grandison
✆ 02045-414550 Fax -414880

PRO: Pro: Frank Jansen, Marcel Kunefke

18-Loch Platz
H: 6026 m, CR 71.7, SL 130, Par 72
D: 5273 m, CR 73.2, SL 127, Par 72
6-Loch Platz
H: 734 m, Par 3, D: 704 m, Par 3
30 Rangeabschläge (6 überdacht)

G: Gäste sind Montag - Freitag (außer an Feiertagen) willkommen. Sa./So./Feiertage ist Anmeldung notwendig. Clubausweis mit eingetragenem Handicap (36) ist erforderlich.

18-Loch-Greenfee: WT: EUR 60 / WE: EUR 70
Ermäßigung: Jugendl./Stud. 50%

Platzbeschreibung

Selten vermutet man eine solch schöne Landschaft am Rande des Ruhrgebietes. In der Charakteristik eines westfälischen Bauerngartens wurde hier eine wunderschöne Golfanlage erstellt. Das Gelände ist leicht hügelig und bietet interessant integrierte Sand- und Wasserhindernisse. Besonders die Löcher 6 bis 9, das „Holtkamp-Eck", ist für jeden Golfer eine absolute Herausforderung.

Platzinfos

VCG

GPS

Anfahrtsbeschreibung

A 2 bis zum ABK Bottrop, weiter auf der A 31 bis zur Ausfahrt Kirchhellen-Nord und über die B 223 Richtung Kirchhellen, nach ca. 1,5 km auf die Gahlener Straße Richtung Gahlen-Schermbeck abbiegen, der Golfplatz liegt ca. 750 m weiter rechter Hand.

Nächstgelegene Plätze

Hünxerwald, GC (Nr. 261)
Bruckmannshof, GC (Nr. 265)
Oberhausen, GC (Nr. 272)

Golfclub Hamm e.V.

Karte, Nr. 263, Feld C6 18 Design: Werner Kley Höhe: 60 m

gegründet: 1995

Gobel- von- Drechen- Straße 8a,
59069 Hamm-Drechen
☎ 02385-913500 🖷 02385-913501
✉ info@gc-hamm.de
💻 www.gc-hamm.de

PR: Eugen Brinkkötter
Headgreenkeeper: Robert Metche

i: ☎ 02385-913500 🖷 02385-913501
S. Maria Schneider

Sascha Himmelmann
☎ 0160-91032224
Mo. Ruhetag

PRO SHOP: Frank Schneider
☎ 0173-9146748

PRO: Pro: Frank Schneider

H: 6009 m, CR 72.2, SL 122, Par 72
D: 5289 m, CR 74.1, SL 125, Par 72
20 Rangeabschläge (5 überdacht)

G: Gäste sind jederzeit willkommen. Clubausweis mit eingetragener PE ist erforderlich.

18-Loch-Greenfee: WT: EUR 45 / WE: EUR 55
9-Loch-Greenfee: WT: EUR 30 / WE: EUR 35
Ermäßigung: Jugendl. bis 18 J. und Stud. bis 27 J. 50%

Nächstgelegene Plätze
Werl, GC (Nr. 275)
Unna-Fröndenberg, GC (Nr. 280)
Gut Neuenhof, GC (Nr. 279)

Platzinfos

VCG GPS

Anfahrtsbeschreibung
A 2, Ausfahrt Hamm Richtung Hamm, an der nächsten Ampel links Richtung Unna-Bönen, nach ca. 2 km links und weiter Richtung Bönen-Flierich auf der Gobel-von-Drechen-Straße, nach ca. 2 km liegt der Golfplatz auf der rechten Seite.

Platzbeschreibung
Die 18-Loch-Anlage entstand auf einem 60 ha umfassenden, bisher landwirtschaftlich genutzten Gelände des ehemaligen Schulzenhofes Gut Drechen. Über eine plateauähnliche, nach Südosten geneigte typische Bördelandschaft kann der Blick auf den entfernten Haarstrang schweifen. Auf dem relativ ebenen Gelände wurden ganz gezielt Trocken- und Feuchtbiotope sowie Teiche angelegt, die der Natur Freiräume eröffnen und vom Golfer präzises Spiel fordern.

Golfclub Schloß Westerholt e.V.

Karte, Nr. 264, Feld B6 **18** Design: Christoph Städler Höhe: 70 m

gegründet: 1993

Schloßstraße 1, 45701 Herten-Westerholt
0209-165840 0209-1658415
info@gc-westerholt.de
www.gc-westerholt.de

PR: Dr. Johannes Brauckmann-Berger,
GF: Carsten Tietz
Headgreenkeeper: Andreas Kilian

i: 0209-165840 0209-1658415
Kirsten Wesselbaum, Eva Krause

Pferdestall / Schloss Westerholt, Georg Hüsken
0209-148940 0209-1489444

PRO: Pro: Richard Muscroft, Miroslav Janda

H: 6075 m, CR 71.5, SL 129, Par 72
D: 5214 m, CR 72.4, SL 125, Par 72
30 Rangeabschläge (10 überdacht)

G: Gäste sind Montag - Freitag (außer an Feiertagen) willkommen. Anmeldung ist notwendig. Clubausweis mit eingetragenem Handicap (36) ist erforderlich.

18-Loch-Greenfee: EUR 60
Ermäßigung: Jugendl. bis 18 J. und Stud. bis 28 J. 50%

Platzbeschreibung

Das 90 ha umfassende Areal erstreckt sich in einem großen Halbkreis um das Schloß Westerholt und bietet diesem sportlich überaus reizvollen Platz mit abwechslungsreichen Teilfächen und einem angenehm bewegten Oberflächenrelief eine großartige Kulisse aus altem Laubwaldbestand und prächtigen Alleen. Zahlreiche Biotope und vor allem 10 Teiche, die an 9 der 18 Fairways auf verschlagene Bälle lauern, stellen dem Golfer viele anspruchsvolle Aufgaben.

Platzinfos

VCG GPS GASTRO

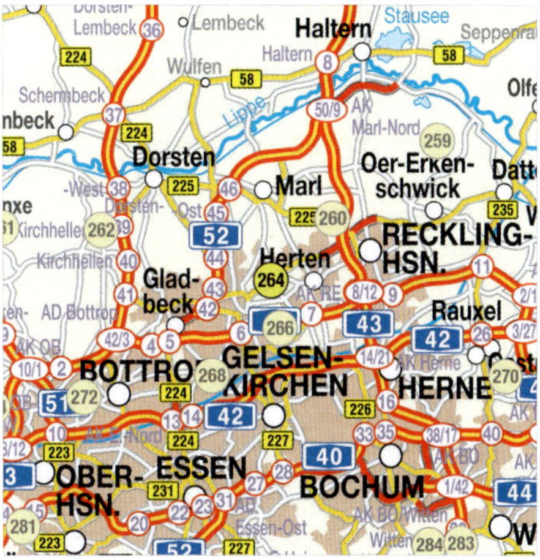

Anfahrtsbeschreibung

A 43 Wuppertal-Münster, Doppelausfahrt Nr. 11 Recklinghausen/Herten/Oer-Erkenschwick Ri. Herten-Nord, 6 km geradeaus Ri. Herten-Westerholt, Schild „Schloß Westerholt" folgen, auf Kirche zufahren, nach 200 m rechts Einfahrt zum Golfplatz. Oder: A 2 Oberhausen-Hannover, Ausf. Nr. 7 Herten/Herne-Wanne/Gels.-Erle Ri. Gels.-Erle, 1. Ampel rechts in die Ewaldstraße, 6 km gerade Ri. Marl/Westerholt, durch Gels.-Resse, dann „Altes Dorf Westerholt".

Nächstgelegene Plätze

Gelsenk. GC Haus Leythe (Nr. 266)
Vestischer GC Recklingh. (Nr. 260)
Schloß Horst, GC (Nr. 268)

Golfclub Bruckmannshof e.V.

Karte, Nr. 265, Feld B6 9

gegründet: 1998

An den Höfen 7, 46569 Hünxe-Bruckhausen
✆ 02064-33043 🖷 02064-32011
✉ gc-bruckmannshof@t-online.de
💻 www.gcbruckmannshof.de

PR: Wilhelm Bruckmann, GF: Helmut Baack
Headgreenkeeper: Christof Bruckmann

i: ✆ 02064-33043 🖷 02064-32011
Helga Bruckmann, Meike Strycek

Clubhaus
✆ 02064-33043 🖷 -32011
Di. Ruhetag

PRO: Pro: Frank Benninghof, Roland Drewes

H: 5760 m, CR 71.1, SL 130, Par 72
D: 5156 m, CR 73.5, SL 130, Par 72
17 Rangeabschläge (7 überdacht)

G: Gäste sind jederzeit willkommen. Sa./So./Feiertage ist Anmeldung notwendig. Clubausweis mit eingetragenem Handicap (54) ist erforderlich. Sa./So./Feiertage ist Handicap 45 (Herren) / 50 (Damen) erforderlich.

18-Loch-Greenfee: WT: EUR 45 / WE: EUR 55
9-Loch-Greenfee: WT: EUR 25 / WE: EUR 30

Platzinfos

VCG

Anfahrtsbeschreibung

A 3 Richtung Arnheim, Ausfahrt Dinslaken Nord, dann rechts bis zur ersten Ampel, weiter re. auf die Ziegelstr. nächste Ampel wieder re. auf die Hünxer Str. Ab Hünxe-Bruckhausen der Beschilderung zum Golfplatz folgen.

Platzbeschreibung

Der Golfplatz ist eingebettet in die typisch niederrheinische Landschaft. Das Gelände ist von altem Baumbestand umgeben. Zahlreiche Kopfweiden und ein Bachlauf begrenzen den Platz. Jede Bahn hat ihren eigenen Charakter und ist sowohl für Anfänger als auch Fortgeschrittene eine Herausforderung.

Nächstgelegene Plätze

Hünxerwald, GC (Nr. 261)
Röttgersbach, GC (Nr. 274)
Schwarze Heide, GC (Nr. 262)

Gelsenkirchener Golfclub Haus Leythe e.V.

Karte, Nr. 266, Feld B7 **18**

gegründet: 1987

Middelicher Straße 72,
45891 Gelsenkirchen-Buer
0209-701100 0209-7011025
info@haus-leythe.de
www.haus-leythe.de

PR: Klaus Wittkowski, CM: Markus Bisping
Headgreenkeeper: Michael Lochthowe

i: 0209-701100 -7011025

Patrick Hoff, Patrick Hoff
0209-77390 0209-1776631

PRO SHOP: Golfschule Haus Leythe GbR
0209-9458812

PRO: Pro: Horst Büttner, Andreas Kampkötter, Miloslav Bouska

H: 5433 m, CR 70.1, SL 126, Par 71
D: 4653 m, CR 70.8, SL 124, Par 71
50 Rangeabschläge (15 überdacht)

G: Gäste sind Montag - Freitag (außer an Feiertagen) willkommen. Clubausweis mit eingetragenem Handicap (36) ist erforderlich.

18-Loch-Greenfee: WT: EUR 65 / WE: EUR 75
9-Loch-Greenfee: WT: EUR 40 / WE: EUR 45
Ermäßigung: Jugendl./Stud. bis 27 J. 50%

Platzinfos

Anfahrtsbeschreibung

A 2, Ausfahrt Gelsenkirchen-Buer, erste Abfahrt aus dem Kreisverkehr Richtung Recklinghausen (Emil-Zimmermann-Allee, Middelicher Straße), nach ca. 2,2 km rechts der Beschilderung zum Golfplatz folgen.

Platzbeschreibung

Die Anlage ist durch Überreste der so genannten „Münsterländer Parklandschaft" geprägt. Dauerweiden, Baumreihen entlang der Straßen und Nutzungsgrenzen, Brachflächen und Feuchtwiesen sowie die galerieartige Baumkulisse entlang des Knabenbaches schaffen ein interessantes Landschaftsbild, dazwischen befinden sich vielfältige Biotopstrukturen. Eine Vielzahl von natürlichen Hindernissen und Landschaftsstrukturen sind in die Anlage integriert.

Nächstgelegene Plätze

Schloß Westerholt, GC (Nr. 264)
Schloß Horst, GC (Nr. 268)
Vestischer GC Recklingh. (Nr. 260)

Royal Saint Barbara's Dortmund Golf Club e.V.

Karte, Nr. 267, Feld C7 **18**

gegründet: 1969

Saint-Barbara-Allee 18,
44309 Dortmund-Brackel
0231-9098650 0231-90986529
info@royal-dortmund-gc.de
www.royal-dortmund-gc.de

PR: Stefan Buderus
Headgreenkeeper: Richard Hunt, Rainer Faulhaber

0231-9098650 0231-90986529
Gudrun Simaitis, Evy Renkhold, Axel Nelken

Klubgastronomie Sophie Becker
0231-4271971 0231-90986529
Mo. Ruhetag

PRO SHOP: PRO GOLF-SHOP Weijers, Joep Weijers
0231-2009542

PRO: Pro: Joep Weijers, Duncan Hannak, Lara Lehnstaedt

H: 6110 m, CR 72.1, SL 129, Par 72
D: 5132 m, CR 72.3, SL 130, Par 72
25 Rangeabschläge (10 überdacht)

G: Gäste sind jederzeit willkommen. Clubausweis mit eingetragenem Handicap (45) ist erforderlich. Jeans sind auf dem Golfplatz nicht gestattet.

18-Loch-Greenfee: WT: EUR 60 / WE: EUR 70
9-Loch-Greenfee: WT: EUR 35 / WE: EUR 40
Gäste von Mitgliedern spielen die ganze Woche für 50% des regulären Greenfees pro Person
Ermäßigung: Jugendl./Stud. 50%

Platzbeschreibung

Der 1969 von Soldaten der Britischen Rheinarmee als Royal Artillery And Dortmund Garrison Golf Club gegründete Verein hat seine nur sieben Kilometer Luftlinie von der Dortmunder City entfernte Anlage von 2004 – 09 nach modernster Golfplatzarchitektur großzügig um- und neu gestaltet. Überall spürt man die Handschrift des Architekten Uli Katthöfer aus Essen. Der auf dem früheren Flugplatz von Dortmund entstandene 18-Loch-Kurs (Par 72) weist eine Länge von 6110 m auf und ist geprägt durch alten Baumbestand sowie lange Par-4- und schwierige Par-5- Bahnen. Der Platz ist fair und sportlich ausgerichtet, alle Hindernisse sind vom Drivepunkt zu erkennen. Die einzelnen Bahnen, von denen 4 und 5 Ähnlichkeit mit einem Linkscourse haben und 6 bis 8 in Eichenwald eingebettet sind, werden durch leicht angelegte Hügel voneinander getrennt.

Platzinfos

Anfahrtsbeschreibung

A 2 Ausfahrt Dortmund-Nord-Ost (B236) Richtung Schwerte. Oder B 1 bis zur Auffahrt B 236 Richtung Lünen, Ausfahrt Dortmund-Brackel. Über die Ampel Flughafenstraße in den Heßlingsweg, gerade aus in die Adi-Preißler-Allee bis zum Kreisverkehr. Im Kreisverkehr nehmen Sie die dritte Ausfahrt. Am Ende der Straße befindet sich die Zufahrt zum Golfplatz.

Nächstgelegene Plätze

GolfRange Dortmund, GC (Nr. 276)
Dortmunder GC (Nr. 282)
Castrop-Rauxel, GC (Nr. 270)

Golfclub Schloß Horst

Karte, Nr. 268, Feld B7 **9**

gegründet: 1998

Johannastr. 37, 45899 Gelsenkirchen
0209-503020 / Fax 0209-5030222
info@gcsh.de
www.gcsh.de

PR: Peter Vöcklinghaus, GF: Jens Westendarp
Headgreenkeeper: Artur Prochotta

i: 0209-503020 / Fax 0209-5030222
Tim Kröner

Restaurant: 0209-5030223 / Fax 0209-5030222

PRO SHOP: 0209-503020 / Fax 0209-5030222

PRO: Pro: Cedric Steiner

H: 5593 m, CR 70.1, SL 128, Par 71
D: 4936 m, CR 72, SL 124, Par 71
40 Rangeabschläge (21 überdacht)

G: Gäste sind jederzeit willkommen. Anmeldung ist erforderlich. PE ist erforderlich.

18-Loch-Greenfee: WT: EUR 45 / WE: EUR 55
9-Loch-Greenfee: WT: EUR 29 / WE: EUR 35
Jugendliche und Studenten erhalten GF-Ermäßigung: Bis 18 Jahre: 18-Loch: EUR 20 / 9-Loch: EUR 12, bis 27 Jahre: 18-Loch: EUR 27 / 9-Loch: EUR 17

Platzinfos

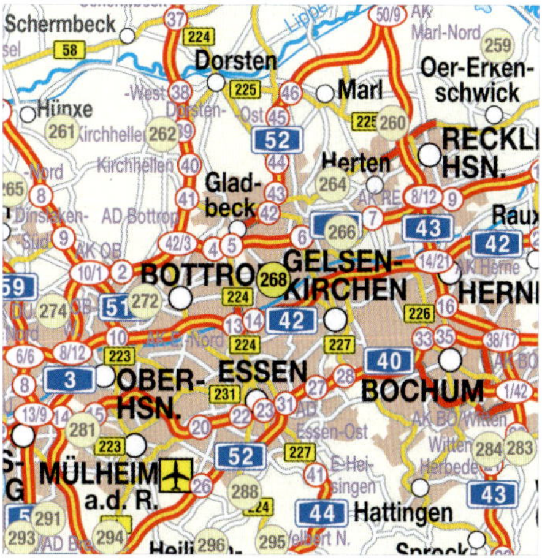

Anfahrtsbeschreibung

A 42, Ausfahrt Gelsenkirchen-Schalke, auf der Grothusstraße Richtung GE-Horst, nach ca. 4 km am Schloß Horst rechts abbiegen und dann rechts in die Johannastraße abbiegen. Nach ca. 600 m ist rechts die Einfahrt zum Golfplatz.

Platzbeschreibung

Innerhalb der Stadt Gelsenkirchen direkt hinter dem Schloß Horst, befindet sich die 9-Loch-Anlage mit Clubhaus und Übungsbereichen. Hervorzuheben ist die direkt an das Clubhaus angebaute Driving-Range, die über 12 automatische Tee Up Boxen verfügt, in denen die Bälle aus dem Boden kommen. Seit September 2021 sind 10 Boxen zusätzlich mit einem TopTracer System ausgerüstet. Eine LED-Flutlichtanlage ermöglicht auch in den Herbst- und Wintermonaten das Training bis 21 Uhr. Das im Clubhaus befindliche Restaurant mit Biergarten bietet variantenreiche, täglich wechselnde Speisen.

Nächstgelegene Plätze

Gelsenk. GC Haus Leythe (Nr. 266)
Schloß Westerholt, GC (Nr. 264)
Oberhausen, GC (Nr. 272)

Greenfee-Aktion: Seite G 73

Golfanlage Schloss Haag

Karte, Nr. 269, Feld A7 **18** Design: Hardes Höhe: 60 m

gegründet: 1995

Schloss Haag 8, 47608 Geldern
02831-924420 02831-924422
golf-geldern@t-online.de
www.gc-schloss-haag.de

PR
Ralf Kohl, GF: Thomas Wirth
Headgreenkeeper: Matthias Broeckmann

02831-924420 -924422
Kerstin Popella

Kloibers im Schloss, Jenny Kloiber
02831-924425 02831-924422

PRO SHOP
Golf-Shop Schoss Haag, Thomas Wirth
02831-924420 02831-924422

PRO
Pro: Björn Deja

H: 6193 m, CR 73.1, SL 134, Par 73
D: 5423 m, CR 74.9, SL 132, Par 73
28 Rangeabschläge (10 überdacht)

G
Gäste sind jeden Tag (außer Sonntag und an Feiertagen) willkommen. Anmeldung ist notwendig. Clubausweis mit eingetragenem Handicap (54) ist erforderlich. Voucher gelten von Montag bis Freitag, ausgenommen Feiertage.

18-Loch-Greenfee: WT: EUR 50 / WE: EUR 60
9-Loch-Greenfee: WT: EUR 30 / WE: EUR 40
Ermäßigung: Jugendl./Stud. 50%

Platzinfos

VCG

Anfahrtsbeschreibung

A 40 Moers Richtung Venlo, Ausfahrt Kerken, B 9, am 2. Abfahrtsschild Geldern (Kreuzung B 9/B 58) Richtung Xanten, nach der 2. Ampelkreuzung rechts zum Golfplatz abbiegen.

Platzbeschreibung

In der idylllischen niederrheinischen Auenlandschaft, eingebettet zwischen Flüssen und Wäldern, liegt die Golfanlage Schloß Haag. Rund um das mittelalterliche Schloß, erstreckt sich der Golfplatz mit 18 Bahnen auf ca. 100 ha Fläche sowie ein Kurzplatz mit 6 Löchern. Ein erfahrener Professional steht den Mitgliedern und Golfgästen zur Verfügung. Einzigartig ist unsere Indoorhalle für hervorragende Trainingsmöglichkeiten mit 140 qm Putting- und Chippingareal, Schlägercheck sowie Sam-Puttlab für Schwunganalyse.

Nächstgelegene Plätze

Issum-Niederrhein, GC (Nr. 271)
Am Kloster Kamp, GC (Nr. 273)
Op de Niep, GC (Nr. 287)

Golf Club Castrop-Rauxel e.V. in Frohlinde

Karte, Nr. 270, Feld C7 **27** Höhe: 90 m

gegründet: 1987

Dortmunder Straße 222, 44577 Castrop-Rauxel
☎ 02305-62027 🖷 02305-61410
✉ golfclub-castrop@t-online.de
💻 www.gccastroprauxel.de

PR Reiner Kötter, GF: Wolfgang Dressler,
CM: Claudia Niepel
Headgreenkeeper: Roman Vierhaus

i ☎ 02305-62027 🖷 02305-61410
Tim Schneider, Tanja Shephard

Familie Czirjak
☎ 02305-62511 🖷 02305-61410
Mo. Ruhetag

PRO SHOP Pro Shop Angelika Hoffmann, Horst Möller
☎ 02305-62907 🖷 02305-61410

PRO Pro: Andrew Shephard, Julian Albers

H: 5924 m, CR 71.3, SL 130, Par 71
D: 5140 m, CR 72.4, SL 127, Par 71
25 Rangeabschläge (12 überdacht)

G Gäste sind jederzeit willkommen. Clubausweis mit eingetragener PE ist erforderlich. Sa./So./Feiertage ist Handicap 36 erforderlich.

Tages-Greenfee: WT: EUR 55
18-Loch-Greenfee: WE: EUR 70
9-Loch-Greenfee: WT: EUR 35 / WE: EUR 45
Ermäßigung: Jugendl./Stud.

Platzbeschreibung

Im Dreieck Dortmund, Bochum und Gelsenkirchen gelegen, bietet diese Anlage, vergleichbar mit einer Oase, Ruhe und Natur. Seen und Höhenzüge mit altem Baumbestand bieten dem Spieler eine landschaftlich reizvolle Kulisse und einen spieltechnisch anspruchsvollen Platz, der mit seinem neuen Clubhaus zu einer Attraktion im Ruhrgebiet geworden ist.

Platzinfos

VCG GPS CLUB GASTRO

Anfahrtsbeschreibung

A 42 bis zum Kreuz Castrop-Rauxel-Ost, Ausfahrt Dortmund-Bodelschwingh, links Richtung Bochum-Castrop-Rauxel und auf der Mengeder Straße bis zur Ampel (ca. 2,5 km), links Richtung Frohlinde (ca. 500 m), am Schild „Golfplatz" rechts. Oder: A 45 bis zur Anschlußstelle Dortmund-Marten, rechts über Bärenbruch, Frohlinder Straße und Dortmunder Straße bis Frohlinde, Golfplatz links.

Nächstgelegene Plätze

Kemnader See (Nr. 283)
GolfRange Dortmund, GC (Nr. 276)
Bochumer GC (Nr. 284)

Golf Club Issum-Niederrhein e.V.

Karte, Nr. 271, Feld A7 18 Design: Rainer Preißmann Höhe: 24 m

gegründet: 1973

Pauenweg 68, 47661 Issum
✆ 02835-92310 🖷 02835-923120
✉ collector@golfclub-issum.de
💻 www.golfclub-issum.de

PR Winfried Schaarschmidt
Headgreenkeeper: Heiner Oppenberg

i ✆ 02835-92310 🖷 -923120
Irmi Roets, Iris Thiel

Gastronomie im Golfclub Issum
✆ 02835-923119

PRO SHOP Pro-Shop Roets
✆ 02835-923112

PRO Pro: Wayne Roets, David Burke

H: 5737 m, CR 71.5, SL 126, Par 71
D: 4921 m, CR 72.3, SL 125, Par 71
20 Rangeabschläge (9 überdacht)

G Gäste sind jederzeit willkommen. Sa./So./Feiertage ist Anmeldung notwendig. Clubausweis mit eingetragenem Handicap (54) ist erforderlich. Der Platz ist täglich bespielbar. Handicap (54) erforderlich.

18-Loch-Greenfee: WT: EUR 50 / WE: EUR 55
9-Loch-Greenfee: WT: EUR 30 / WE: EUR 35
Ermäßigung: Jugendl./Stud. 50%

Platzbeschreibung

Sportliche Herausforderung mit überdurchschnittlicher Platzqualität am linken Niederrhein Das Greenkeeper-Team unter Regie von Heiner Oppenberg hat den 18-Loch-Platz an der Issumer Fleuth zu einem echten Kleinod für Golfer aller Handicap-Klassen entwickelt. Markenzeichen ist die überdurchschnittliche Platzqualität. In Issum wird ganzjährig (Ausnahmen gibt es wenige) auf Sommergrüns gespielt. Aus dem einstigen „Geheim-Tipp" ist inzwischen für viele Golfer am Niederrhein eine Anlage geworden, die man (mehr als) einmal im Jahr gespielt haben muss.

Platzinfos

Anfahrtsbeschreibung

A 57 Richtung Goch-Nijmegen, Ausfahrt Alpen-Issum, auf die B 58 Richtung Geldern, ca. 500 m hinter der Aral-Tankstelle auf Höhe eines alten Mühlenturms links in den Pauenweg. Der Beschilderung „Golf" ca. 2 km bis zum Golfplatz folgen. Die Driving Range befindet sich direkt am Parkplatz, das Clubhaus ist von dort zu Fuß gut erreichbar.

Nächstgelegene Plätze

Am Kloster Kamp, GC (Nr. 273)
Schloss Haag, GA (Nr. 269)
Op de Niep, GC (Nr. 287)

Golfclub Oberhausen GmbH & Co. KG

Karte, Nr. 272, Feld B7 9/9

gegründet: 1999

Jacobistraße 35, 46119 Oberhausen
☎ 0208-2997335 Fax 0208-2997502
✉ info@gcob.de
www.gcob.de

PR: Willi Liesenberg, GF: Jens Westendarp

i: ☎ 0208-2997335 Fax 0208-2997502
Till Both

Gastronomie: ☎ 0208-2997335 Fax 0208-2997502

PRO SHOP: ☎ 0208-2997335 Fax 0208-2997502

PRO: Pro: Mike Cocks

9-Loch GC Oberhausen Platz
H: 4958 m, CR 66.6, SL 115, Par 68
D: 4264 m, CR 67.3, SL 117, Par 68
9-Loch Zeche Jacobi Platz (Executive)
H: 1420 m, CR 57.5, SL 89, Par 30
D: 1420 m, CR 57.8, SL 95, Par 30
50 Rangeabschläge (20 überdacht)

G: Gäste sind jederzeit willkommen. Anmeldung ist erforderlich. PE ist erforderlich.

18-Loch-Greenfee: WT: EUR 39 / WE: EUR 55
9-Loch-Greenfee: WT: EUR 25 / WE: EUR 35
Startzeitenreservierung erforderlich.
Ermäßigung: Jugendl./Stud. 22%

Platzbeschreibung

Mitten in Oberhausen, in unmittelbarer Nähe des EKZ Centro befindet sich das öffentliche Golfcenter Oberhausen mit großzügigen Übungsanlagen und einem anspruchsvollen 9-Loch-Platz sowie einem 9-Loch-Tricky Platz. Die Anlage ist öffentlich und somit für jedermann, auch ohne Clubausweis, nutzbar.

Platzinfos

VCG

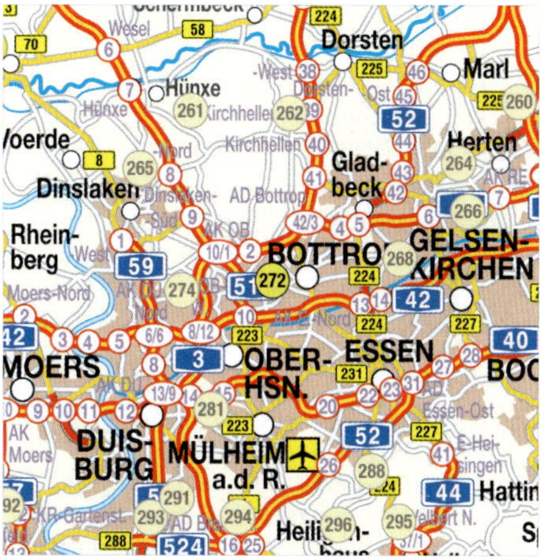

Anfahrtsbeschreibung

A 2, Ausf. Oberhausen-Königshardt, li. Ri. Sterkrade, geradeaus bis zur 2. Kreuzung, dann re. in die Harkortstr. bis zum Ende, dann li. auf die Teutoburger Str., kurz vor der Stadtgrenze zu Bottrop (Esso) li. und sofort wieder li. in die Jacobistr., nach der Rechtskurve geradeaus bis zum Parkplatz. Oder: A 42, Ausf. Oberhausen-Zentrum, A 516 Ri. Sterkrade, Ausf. OB-Sterkrade, an der Ampel re. in Teutoburger Str., ca. 2,5 km geradeaus, weiter s.o.

Nächstgelegene Plätze

Röttgersbach, GC (Nr. 274)
Schloß Horst, GC (Nr. 268)
Mülheim/Ruhr Raffelberg, GC (Nr. 281)

Nordrhein-Westfalen

Greenfee-Aktion: Seite G 73

Golfclub Am Kloster Kamp

Karte, Nr. 273, Feld A7 **18** Höhe: 28 m

gegründet: 1997

Kirchstraße 164, 47475 Kamp-Lintfort
02842-4833 02842-4835
golfclub@amklosterkamp.de
www.golfclub-am-kloster-kamp.de

PR: Erik Okhuizen, CM: Erik Okhuizen

i: 02842-4833 -4835
Kirsten Tepner, Monika Johne

Clubrestaurant & Café 19 by Michi & Leo
02842-4700021 02842-4700022

PRO SHOP: Golf-Deele, Inge Treichel
02842-4700026

PRO: Pro: Erik Okhuizen

H: 6064 m, CR 72.3, SL 132, Par 72
D: 5138 m, CR 72.7, SL 127, Par 72
30 Rangeabschläge (10 überdacht)

G: Gäste sind jederzeit willkommen. Anmeldung ist notwendig. Clubausweis mit eingetragener PE ist erforderlich. In der Saison können Gäste an Sonn-und Feiertagen bis 9:00 Uhr oder ab 13:00 Uhr starten.

18-Loch-Greenfee: WT: EUR 50 / WE: EUR 60
9-Loch-Greenfee: WT: EUR 30 / WE: EUR 35
Ermäßigung: Jugendl./Stud. 50%

Platzbeschreibung

Idyllisch gelegen im Tal zwischen Kamper Berg und Niersenberg zu Füßen des Klosters Kamp liegt die 18-Loch-Anlage mit Par 72 und einer Länge von 6.064 m. Attraktive Golflandschaften wechseln mit interessanten Wasserhindernissen, jede Bahn hat ihren eigenen Charakter und ist sowohl für Anfänger wie Fortgeschrittene eine Herausforderung.

Platzinfos

Anfahrtsbeschreibung

A 57/A 42, Ausfahrt Kamp-Lintfort, rechts Richtung Stadt Kamp-Lintfort, geradeaus, nach Überquerung der 5. Ampel 900 m weiter geradeaus, dann links in die Kirchstraße zum Golfplatz abbiegen.

Nächstgelegene Plätze

Issum-Niederrhein, GC (Nr. 271)
Op de Niep, GC (Nr. 287)
Schloss Haag, GA (Nr. 269)

Greenfee-Aktion: Seite G 73

Golfclub Röttgersbach

Karte, Nr. 274, Feld B7 9/9

gegründet: 2004

Ardesstr. 82, 47167 Duisburg
0203-4846725 · Fax 0203-4846726
golfrevierduisburg@gmail.com
www.gc-roettgersbach.de

PR: Arndt Rother, GF: Oliver Schulz
Dirk Kochanski, CM: Birgit Hüsken

i: 0203-4846725 · Fax 0203-4846726
Melissa leppak

Gastronomie: Birgit Hüsken
0203-4846725 · Fax 0203-4846726
Mo. Ruhetag

9-Loch Westplatz
H: 6004 m, CR 72.4, SL 135, Par 72
D: 5386 m, CR 74.7, SL 137, Par 74
9-Loch Ostplatz
H: 2950 m, CR 58.5, SL 91, Par 56
D: 2950 m, CR 58.3, SL 88, Par 58
37 Rangeabschläge (14 überdacht)

G: Gäste sind jederzeit willkommen. Anmeldung ist notwendig. Clubausweis mit eingetragenem Handicap (54) ist erforderlich.

Tages-Greenfee: WE: EUR 75
18-Loch-Greenfee: WT: EUR 45 / WE: EUR 55
9-Loch-Greenfee: WT: EUR 27 / WE: EUR 30
Ermäßigung: Jugendl. bis 18 J. 50%, Stud. 20%

Platzbeschreibung

An den Erholungspark Mattlerbusch angrenzend, weist die Anlage des GC Röttgersbach den typischen Charakter des rechten Niederrheins auf. Die 9 Spielbahnen sind mit zahlreichen Bunkern und Wasserhindernissen ausgestattet und erfordern aufgrund der anspruchsvollen Gestaltung oftmals kluges Spiel. Die Sommergrüns sind ganzjährig geöffnet. Der 9-Loch-Kurzplatz ist öffentlich und für jedermann bespielbar.

Platzinfos

VCG
GASTRO

Anfahrtsbeschreibung

A 3, Ausfahrt Oberhausen-Holten, Ausfahrt rechts, am Kreisverkehr sofort wieder rechts in die Kurfürstenstraße und nach ca. 500 m links in die Ardesstraße und zum Golfplatz.

Nächstgelegene Plätze

Oberhausen, GC (Nr. 272)
Mülheim/Ruhr Raffelberg, GC (Nr. 281)
Bruckmannshof, GC (Nr. 265)

Nordrhein-Westfalen

Greenfee-Aktion: Seite G 73f

Golf Club Werl e.V.

Karte, Nr. 275, Feld C7 **9** Höhe: 300 m

Nordrhein-Westfalen

gegründet: 1973

Am Golfplatz 1, 59457 Werl
02377-6307 02377-785785
info@gc-werl.de
www.gc-werl.de

PR: Tillmann Clemens

i: 02377-6307 02377-785785
Oliver Dieber

Werler Waldrestaurant, Michael Gonzales
02377-1062
Mo. Ruhetag

PRO SHOP: ProShop Philipp Wolf

PRO: Pro: Philipp Wolf

H: 5404 m, CR 69.6, SL 132, Par 70
D: 4750 m, CR 71.3, SL 125, Par 70
8 Rangeabschläge (3 überdacht)

G: Gäste sind jederzeit willkommen. Anmeldung ist notwendig. Clubausweis mit eingetragener PE ist erforderlich.

Tages-Greenfee: WT: EUR 40 / WE: EUR 50

Platzbeschreibung

Mitten im Werler Stadtwald liegt am Nord-West-Hang des Haarstranges, einem Bergrücken zwischen Soester Börde und dem Sauerland, der clubeigene 9-Loch-Platz. Der Platz ist leicht hügelig und zeichnet sich durch einen alten Baumbestand aus. Er erinnert an eine englische Parklandschaft. Die engen Spielbahnen und die kleinen Grüns erfordern ein genaues Spiel.

Platzinfos

VCG

Anfahrtsbeschreibung

A 44 Kassel-Dortmund, Ausfahrt Werler Kreuz Richtung Arnsberg, Ausfahrt Wickede-Ruhr, die B 63 ca. 500 m Richtung Wickede, dann liegt rechter Hand die Einfahrt zum Golfplatz.

Nächstgelegene Plätze

Unna-Fröndenberg, GC (Nr. 280)
Gut Neuenhof, GC (Nr. 279)
Hamm, Gut Drechen, GC (Nr. 263)

Golfclub GolfRange Dortmund

Karte, Nr. 276, Feld C7 9

gegründet: 2001

Rennweg 70, 44143 Dortmund
0231-9812950 0231-98129522
dortmund@golfrange.de
www.golfrange.de

PR: GF: H.P. Thomßen
Dr. Florian Bosch, CM: Christoph Kneer
Timo Goldau

i: 0231-9812950 0231-98129522
Maria Emmler

Green Ville, Bernardo Martinez
Di. Ruhetag

PRO SHOP: Golf24, Benedikt Martinschledde
0231-9812950 0231-98129522

PRO: Pro: Stefan Seebeck, Roy Stirling

H: 4146 m, CR 62.5, SL 116, Par 64
D: 3754 m, CR 63.7, SL 111, Par 64
60 Rangeabschläge (36 überdacht)

G: Gäste sind jederzeit willkommen. Anmeldung ist notwendig. Clubausweis mit eingetragenem Handicap (54) ist erforderlich.

18-Loch-Greenfee (bis 16:00 Uhr): WT: EUR 34 / WE: EUR 38
18-Loch-Greenfee (ab 16:00 Uhr): WT: EUR 37 / WE: EUR 38
9-Loch-Greenfee (bis 16:00 Uhr): WT: EUR 22 / WE: EUR 25
9-Loch-Greenfee (ab 16:00 Uhr): WT: EUR 24 / WE: EUR 25
Ermäßigung: Jugendl. bis 18 J. 50%

Platzbeschreibung

Die 1994 eröffnete Dormunder Anlage wurde im Herbst 2001 von der GolfRange Deutschland übernommen. Auch in Dortmund setzt man auf das erfolgreiche Konzept: stadtnah, beste Übungsmöglichkeiten, ein stets gut gepflegter Golfplatz und günstige Konditionen. Die Anlage verfügt über ein interessantes Kurzspielcenter, ein funktionelles Verwaltungsgebäude mit Golfshop, Gastronomie und eine Range mit 36 überdachten und 20 Rasen-Abschlagplätzen.

Platzinfos

VCG

Anfahrtsbeschreibung

A 40/B 1 aus Richtung Essen-Bochum Richtung Unna, diese Straße führt durch Dortmund und heißt Westfalendamm, am Gottesacker Richtung Hauptfriedhof/Rennbahn links und auf dem Rennweg bis zur Rennbahn. Die GolfRange Dortmund liegt auf dem Rennbahn-Gelände.

Nächstgelegene Plätze

Royal St. Barbara's GC (Nr. 267)
Dortmunder GC (Nr. 282)
Golfen in Herdecke (Nr. 286)

Greenfee-Aktion: Seite G 75

Golfclub Westheim e. V.

Karte, Nr. 277, Feld E7 **18/6** Design: Michael Spangemacher Höhe: 280 m

gegründet: 1999

Kastanienweg 16 b, Sportanlage,
34431 Marsberg Westheim
02994-908854 02994-908859
info@gc-westheim.de
www.golfclub-westheim.de

PR: Dr. Wolf-Peter Otto
Headgreenkeeper: Toni Wilmsmann

i: 02994-908854 02994-908859
Ulrike Heinemann

PRO SHOP: Golfclub Westheim e.V., Dr. Wolf-Peter Otto
02994-908854 02994-908859

PRO: Pro: Oliver Peuse

18-Loch Westheimer Platz
H: 5499 m, CR 70.2, SL 129, Par 71
D: 4894 m, CR 72.1, SL 125, Par 71
6-Loch Par 3 Pay & Play Platz
H: 1500 m, Par 54, D: 1400 m, Par 54
7 Rangeabschläge (2 überdacht)

G: Gäste sind jederzeit willkommen. Clubausweis mit eingetragener PE ist erforderlich. Mitglieder von Golfclubs sind willkommen, auf dem Kurzplatz kann man auch ohne Platzreife spielen

18-Loch-Greenfee: WT: EUR 50 / WE: EUR 56
9-Loch-Greenfee: WT: EUR 30 / WE: EUR 34

Platzinfos

Anfahrtsbeschreibung

A 44 Ausfahrt Marsberg auf die B 7, der nächste Ort ist Marsberg Westheim. Hinter der Tankstelle erste Straße rechts in die Hoppenbergstraße abbiegen, dann den Schildern „Golfplatz/Sportplatz" folgen.

Platzbeschreibung

Schön geschwungene breite Bahnen, jede unterschiedlich der Natur angepasst, auf den höheren wunderbare Fernsicht auf das Sauerland. Die Grüns sind hart, schnell,schwer zu lesen, unterschiedlich groß bis 600 qm, in der Regel angehoben und durch Bunker, Steinbiotop oder Wasser verteidigt. Gute Drainage der Platz, ist auch bei Regen immer spielbar. Der Slope entspricht nicht der Realität, Hcp ist schwer zu spielen, da der Ball durch leichte Schräglagen, diverse natürliche Hindernisse und Biotope einen anderen Weg nehmen kann. Ein Platz, der gut gelaufen werden kann, Carts stehen zur Verfügung.

Nächstgelegene Plätze

Bad Arolsen, G&LC (Nr. 375)
Uni-GC-Paderborn (Nr. 254)
Brilon, GC (Nr. 290)

Golfclub Möhnesee e.V.

Karte, Nr. 278, Feld D7 **18** Design: Spangemacher & Partner Oelde Höhe: 270 m

gegründet: 1988

Frankenufer 13,
59519 Möhnesee-Völlinghausen
☎ 02925-4935 Fax 02925-4837
info@golfclub-moehnesee.de
www.golfclub-moehnesee.de

PR Hajo Stockhausen, GF: Klaus Röper
Headgreenkeeper: Martin Spieckerhoff

i ☎ 02925-4935 Fax 02925-4837
Elena Heine, Bianca Frank

Restaurant faldo's, Risse und Rottke
☎ 02925-982950
Mo. Ruhetag

PRO SHOP ProShop Möhnesee, Martin Spieckerhoff
☎ 02925-4935 Fax 02925-4837

PRO Pro: Martin Spieckerhoff, Jonas Ebbert

H: 5963 m, CR 72, SL 132, Par 72
D: 5203 m, CR 73.5, SL 130, Par 72
20 Rangeabschläge (4 überdacht)

G Gäste sind jederzeit willkommen. Anmeldung ist notwendig. Clubausweis mit eingetragener PE ist erforderlich.

18-Loch-Greenfee: Mo.-Do.: EUR 50 / Fr.-So.: EUR 70
9-Loch-Greenfee: Mo.-Do.: EUR 30 / Fr.-So.: EUR 45
10er GF-Karte WT: EUR 450 / WE/FT: EUR 630
WE-GF gilt ab Freitag 13:00 Uhr. Wir vergeben Startzeiten.
Ermäßigung: Jugendl. bis 18 J. und Stud. 50%

Platzbeschreibung

Der profilreiche, landschaftlich gediegene Platz liegt auf 270 m Höhe am Nordrand des Sauerlands. Die 18-Loch-Anlage bietet neben abweschslungsreichen, anspruchsvollen aber fairen Bahnen, herrliche Ausblicke auf den Haarstrang und den Möhnesee. Das hügelige, sehr idyllische Areal vermag zudem mit seiner Kombination aus Wald und Wasser zu überzeugen und wartet mit einem gemütlichen Clubhaus mit Sonnenterrasse auf.

Platzinfos

VCG

Anfahrtsbeschreibung

Die Anfahrt zu unserer Golfanlage am Möhnesee: Sie kommen über die A 44 aus Richtung Dortmund oder Kassel, bitte verlassen Sie die Autobahn an der Abfahrt Soest – Ost, folgen Sie der B 475 in Richtung Niederbergheim, dieses Teilstück der Strecke zu uns, ist ca. 7 Km lang, nach der einzigen Ampelanlage auf dieser Strecke, folgen Sie bitte weiter der Strasse und biegen an der nächsten Möglichkeit rechts ab in die Syringerstraße. Folgen Sie bitte der Beschilderung "Golfplatz".

Nächstgelegene Plätze

Sauerland, GC (Nr. 285)
Werl, GC (Nr. 275)
Lippstadt, GC (Nr. 257)

Nordrhein-Westfalen

Golf Club Gut Neuenhof

Karte, Nr. 279, Feld C7 **18** Höhe: 220 m

gegründet: 1995

Eulenstraße 58, 58730 Fröndenberg
02373-76489 02373-70046
gut.neuenhof@golf.de
www.golfclub-gut-neuenhof.de

PR: Edgar Dallmayr, CM: Alexandra Fels
Headgreenkeeper: Peter Stork

i: 02373-76489 -70046

Il campo
02373-70043 -974498

PRO SHOP: Pro Shop Günnewich, Günnewich
02373-70042 -9729016

PRO: Pro: Frank Richter, Christian Böhlke

H: 5772 m, CR 70.7, SL 133, Par 71
D: 4996 m, CR 71.5, SL 128, Par 71
20 Rangeabschläge (6 überdacht)

G: Gäste sind jederzeit willkommen. Anmeldung ist notwendig. Clubausweis mit eingetragenem Handicap (54) ist erforderlich. Sa./So./Feiertage ist Handicap 36 erforderlich.

18-Loch-Greenfee: WT: EUR 50 / WE: EUR 70
9-Loch-Greenfee: WT: EUR 30

Platzbeschreibung

Diese 18-Loch-Anlage liegt auf dem Höhenzug des Haarstranges mit Blick in das Ruhrtal in einer sehr verkehrsgünstigen Lage südöstlich von Dortmund. Die Bahnen des Platzes sind überwiegend flacher Natur, die Fairways vom umliegenden Wald und einigen Sandbunkern beengt und die Grüns werden zudem von einigen Teichen verteidigt, so dass das Spiel insgesamt fordernd und interessant ist, aber auch Spielern höheren Handicaps Chancen lässt.

Platzinfos

VCG
GASTRO

Anfahrtsbeschreibung

A 44 Dortmund-Kassel, am ABK Unna-Ost auf die A 443, dann auf die B 233 Richtung Iserlohn, nach ca. 800 m links Richtung Frömern, in Frömern rechts Richtung Fröndenberg, nach der Durchfahrt eines Waldstückes liegt rechts die Einfahrt zum Golfplatz.

Nächstgelegene Plätze

Unna-Fröndenberg, GC (Nr. 280)
Werl, GC (Nr. 275)
Hamm, Gut Drechen, GC (Nr. 263)

Golf-Club Unna-Fröndenberg e.V.

Karte, Nr. 280, Feld C7   18/9   Design: Karl F. Grohs   Höhe: 220 m

gegründet: 1985

Schwarzer Weg 1, 58730 Fröndenberg
☏ 02373-70068 🖷 02373-70069
✉ info@gcuf.de
💻 www.gcuf.de

PR: Werner Siepmann, CM: Barbara Korte
Headgreenkeeper: Martin Beudel

i: ☏ 02373-70068 🖷 02373-70069
Christoph Schlösser

Restaurant „Chip in", Ulrike Henneken
☏ 0170-2153670

PRO SHOP: Ralf Eisenmenger
☏ 02373-1707360

PRO: Pro: Ralf Eisenmenger, Martin Campbell, Martin Strauch

18-Loch Platz
H: 5977 m, CR 71.9, SL 130, Par 72
D: 5069 m, CR 72.7, SL 129, Par 72
9-Loch Platz
H: 1708 m, Par 27, D: 1708 m, Par 27
25 Rangeabschläge (8 überdacht)

G: Gäste sind jederzeit willkommen. Sa./So./Feiertage ist Anmeldung notwendig. Clubausweis mit eingetragener PE ist erforderlich. Sa./So./Feiertage ist Handicap 36 erforderlich.

18-Loch-Greenfee: WT: EUR 60 / WE: EUR 70
9-Loch-Greenfee: WT: EUR 35 / WE: EUR 40
Ermäßigung: Jugendl. bis 18 J. 50%

Platzbeschreibung

Die Anlage liegt auf der Höhe des Haarstranges. Die leicht hügelige Landschaft wurde geschickt in die Streckenführung integriert, breite Fairways und abwechslungsreiche Grünausformungen erfordern die verschiedensten Spielstrategien, zudem wird der Kurs durch sieben Teiche und 60 Bunker erschwert. Der 9-Loch-Platz ist für Anfänger sowie zum Trainieren des kurzen Spiels recht knifflig angelegt.

Platzinfos

VCG CLUB GASTRO

Anfahrtsbeschreibung

Am Kreuz A 1 Dortmund-Unna der A 44 Richtung Kassel bis zum Kreuz Unna-Ost folgen, nun A 443 Richtung Iserlohn, dann die B 233 Richtung Iserlohn, nach 800 m links Richtung Fröndenberg-Frömern, in Frömern rechts Richtung Fröndenberg, nach ca. 2,5 km links zum Golfplatz im Ortsteil Hohenheide.

Nächstgelegene Plätze

Gut Neuenhof, GC (Nr. 279)
Werl, GC (Nr. 275)
Hamm, Gut Drechen, GC (Nr. 263)

Golfclub Mülheim an der Ruhr Raffelberg e.V.

Karte, Nr. 281, Feld B7 **18**

gegründet: 1999

Akazienallee 84, 45478 Mülheim an der Ruhr
✆ 0208-5805690 Fax 0208-5805699
✉ info@srs-enterprise.com
www.golfplatz-raffelberg.de

PR: Ralf H. Schmitz, GF: Ralf H. Schmitz

i: ✆ 0208-5805690 Fax -5805699
Regina Vogel

Gastronomie: ✆ 0208-5805694 Fax -5805699
Mo. Ruhetag

PRO SHOP: Regina Vogel
✆ 0208-5805690 Fax -5805699

PRO: Pro: Mathias Zeman, Jonathan Strickland

H: 3293 m, CR 59.8, SL 107, Par 61
D: 2928 m, CR 59.6, SL 104, Par 61
16 überdachte Rangeabschläge

G: Gäste sind jederzeit willkommen. Anmeldung ist notwendig. Clubausweis mit eingetragener PE ist erforderlich.

18-Loch-Greenfee: WT: EUR 45 / WE: EUR 55
9-Loch-Greenfee: WT: EUR 25
Ermäßigung: Jugendl. bis 18 J. 50%

Platzinfos

Anfahrtsbeschreibung

Bis Autobahnkreuz Duisburg Kaiserberg, dort Abfahrt Duisburg Kaiserberg und weiter Richtung Mülheim an der Ruhr. Hinter der 1. Kreuzung (Weseler Str./ Akazienallee) sind es noch ca. 300 m bis zu der Einfahrt und den Parkplätzen auf der rechten Seite. Der Eingang zum Golfplatz befindet sich auf der Ruhrorter Straße gegenüber der Schleusenanlage/ Raffelbergbrücke.

Platzbeschreibung

Mit ausdrucksvollen und abwechslungsreichen Spielbahnen werden Sie in Mülheim an der Ruhr Raffelberg eine anspruchsvolle Golfanlage vorfinden. Zum Platz gehören je vier Par 3 und Par 4 Löcher. Eine der schönsten Spielbahnen endet auf einem Inselgrün und hat ca. 430 m (Par 5). Neben Inselgrün bietet der Platz noch Wasserhindernisse, fair gesetzte Bunker und weitere Highlights sowie eine herrliche Umgebung.

Nächstgelegene Plätze

Niederrheinischer GC (Nr. 291)
Mülheim/Ruhr, GC (Nr. 294)
Duisburg, G&M (Nr. 293)

Dortmunder Golf Club e.V.

Karte, Nr. 282, Feld C7 **18** Design: Bernhard von Limburger

gegründet: 1956

Reichsmarkstraße 12, 44265 Dortmund
☎ 0231-774133 🖷 0231-774403
✉ info@dortmunder-golfclub.de
💻 www.dortmunder-golfclub.de

PR Andrea Marx, CM: Amelie Bernsdorf
Headgreenkeeper: Helge Paczenski

i ☎ 0231-774133 🖷 0231-774403
Karin Bruckhardt

Felix Feldkamp
☎ 0231-4753727
Mo. Ruhetag

PRO Pro: Holger Böhme, Daniel Öttl, Stephan Wittkop, Martin Chase

H: 5953 m, CR 71.3, SL 132, Par 72
D: 5297 m, CR 73.4, SL 131, Par 72
12 überdachte Rangeabschläge

G Gäste sind Montag - Freitag (außer an Feiertagen) willkommen. Sa./So./Feiertage ist Anmeldung notwendig. Clubausweis mit eingetragenem Handicap (36) ist erforderlich. Zusätzlich gibt es einen 3-Loch-Kurzplatz.

Tages-Greenfee: WT: EUR 60 / WE: EUR 80
Ermäßigung: Jugendl./Stud. 50%

Platzbeschreibung

Südlich von Dortmund am Fuße des Ardeygebirges eingebettet in sanfte Hügel zwischen der Reichsmark und der Hohensyburg, liegt der Dortmunder Golfclub. Die 18 Spielbahnen sind eingesäumt von Lärchen, Eichen und Mischwald. Erhöhte Grüns, Wasserhindernisse und der uralte Baumbestand machen besonders im Frühjahr und Herbst den besonderen Reiz des Platzes aus.

Platzinfos

VCG

Anfahrtsbeschreibung

A1 Westhofener Kreuz in Richtung Dortmund Süd Kreuz Dortmund-Süd Richtung Herdecke, Hohensyburg. Nach der Abfahrt links einordnen und an der Ampel links in Richtung Unna, Dortmund Applerbeck fahren. Nach ca. 100m fahren Sie rechts in die Reichsmarkstraße. Dort ist links die Einfahrt zum Clubhaus.

Nächstgelegene Plätze

Golfen in Herdecke (Nr. 286)
Märkischer GC (Nr. 289)
GolfRange Dortmund, GC (Nr. 276)

Greenfee-Aktion: Seite G 75

Golfclub am Kemnader See e.V.

Karte, Nr. 283, Feld B7 9

gegründet: 2005

In der Lake 33, 58456 Witten
✆ 02302-7601600
✉ info@golfclub-kemnadersee.de
www.golfclub-kemnadersee.de

PR Nebojsa Cvetkovic

Nachschlag
✆ 02302-7601600

H: 3684 m, CR 61.8, SL 109, Par 61
D: 3684 m, CR 64.6, SL 110, Par 65
24 Rangeabschläge (4 überdacht)

G Gäste sind jederzeit willkommen. Handicap 54 ist erforderlich. Sa./So./Feiertage ist Handicap 36 (Herren) / 45 (Damen) erforderlich.

Tages-Greenfee: WT: EUR 25 / WE: EUR 30

Platzinfos

VCG GPS

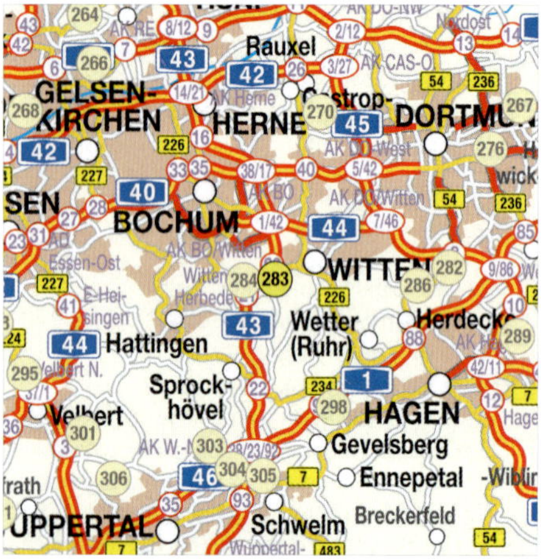

Nächstgelegene Plätze
Bochumer GC (Nr. 284)
Gut Berge Gevelsbg, GC (Nr. 298)
Golfen in Herdecke (Nr. 286)

Bochumer Golfclub e.V.

Karte, Nr. 284, Feld B7 **18** Höhe: 120 m

gegründet: 1981

Im Mailand 127, 44797 Bochum-Stiepel
0234-799832 0234-795775
info@bochumer-golfclub.de
www.bochumer-golfclub.de

PR: Andreas Lange, CM: Brigitte Altmann

i: 0234-799832 0234-795775
Alexandra Hülsmann

Landhaus im Mailand
0234-77313330

PRO SHOP: Stix, Mark Eckert
01522-8375912

PRO: Pro: Ralf Pütter, Herr Christoph Schulz

H: 5747 m, CR 71, SL 133, Par 72
D: 4895 m, CR 71.9, SL 126, Par 72
15 überdachte Rangeabschläge

G: Gäste sind Montag - Freitag (außer an Feiertagen) willkommen. Anmeldung ist notwendig. Clubausweis mit eingetragenem Handicap (36) ist erforderlich.

18-Loch-Greenfee: WT: EUR 50 / WE: EUR 60
9-Loch-Greenfee: WT: EUR 30
Ermäßigung: Jugendl./Stud. 50%

Platzinfos

Anfahrtsbeschreibung

A 43 Recklinghausen-Wuppertal, Ausfahrt Witten-Heven, 2x links Richtung Kemnader Stausee, weiter über die Hevenerstraße und der Beschilderung zum Golfplatz folgen.

Platzbeschreibung

Der Golfkurs fügt sich südlich von Bochum im Grüngürtel des Stadtteils Stiepel oberhalb des Kemnader Ruhr-Stausees harmonisch in alte Flussterrassen, die vor mehr als 400.000 Jahren von der Ruhr geprägt wurden. Das hügelige Gelände fordert vom Golfer Spielgeschick und gute Kondition. Mehrfach sind Schräglagen zu bewältigen. Wirkungsvoll eingebunkerte Grüns, Feuchtbiotope, Streuobstwiesen und alter Mischwald bieten sportliche Herausforderungen.

Nächstgelegene Plätze

Kemnader See (Nr. 283)
Gut Berge Gevelsbg, GC (Nr. 298)
Juliana Wuppertal, GC (Nr. 303)

Greenfee-Aktion: Seite G 75f

Golfclub Sauerland e.V., Neheim-Hüsten

Karte, Nr. 285, Feld C7 10

Nordrhein-Westfalen

gegründet: 1958

Zum Golfplatz 19, 59759 Arnsberg
02932-31546 02932-39961
sekretariat@golfclub-sauerland.de
www.golfclub-sauerland.de

PR: Werner Klein
Headgreenkeeper: Michel Pinto

i: 02932-31546 02932-39961
Michaela Meemann

Loch 19 im GC Sauerland
02932-528504
Mo. Ruhetag

PRO SHOP: Proshop Willem Lemmens
0172-2309986

PRO: Pro: Willem Lemmens

H: 5754 m, CR 70.7, SL 124, Par 72
D: 5030 m, CR 72.7, SL 125, Par 72
15 Rangeabschläge (3 überdacht)

G: Gäste sind jederzeit willkommen. Clubausweis mit eingetragenem Handicap (54) ist erforderlich. Sa./So./Feiertage ist Handicap 36 erforderlich.

Tages-Greenfee: WT: EUR 40 / WE: EUR 50
18-Loch-Greenfee: WT: EUR 40 / WE: EUR 50
9-Loch-Greenfee: WT: EUR 20 / WE: EUR 25
Ermäßigung: Jugendl./Stud. 50%

Platzbeschreibung

Oberhalb von Ruhr- und Röhrtal gelegen, erstreckt sich der Golfplatz auf der leicht hügeligen Landschaft des Sauerlandes. Mehrere mächtige, 300 jährige Eichen, vornehmlich auf den Bahnen 4, 6 und 8, sind schon manchem Golfer zum Verhängnis geworden. Trotz aller Schwierigkeiten (die Grüns 7 und 8 sind terrassenförmig angelegt, gefürchtet wird auch der große See zwischen Bahn 4 und Bahn 5) überwiegt aber das Erlebnis, dort eine Runde zu spielen.

Platzinfos

VCG GPS

Anfahrtsbeschreibung

A 44 Do-Kassel bis zum ABK Werl, dann die A 446 in Richtung Arnsberg. Abfahrt Neheim-Süd abfahren, an der Ampel rechts abbiegen. Dann an der ersten Ampel rechts abbiegen, über den Bahnübergang und der Vorfahrtsstraße Richtung Herdringen folgen. Nächste Ampel rechts und nach 100 m an der Gabelung links abbgiegen. Links abbiegen in die Strasse Mühlenberg (Schild „Golfplatz") und dann in die erste Straße rechts einbiegen und direkt wieder links abbiegen (Zum Golfplatz), nach ca. 200m sind Sie auf den Parkplatz .

Nächstgelegene Plätze

Werl, GC (Nr. 275)
Golf am Haus Amecke (Nr. 307)
Unna-Fröndenberg, GC (Nr. 280)

Greenfee-Aktion: Seite G 77

Golfen in Herdecke

Karte, Nr. 286, Feld C7 9 Design: Karl F. Grohs

gegründet: 2000

Ackerweg 30 a, 58313 Herdecke
02330-973505 02330-973507
info@golfen-in-herdecke.de
www.golfen-in-herdecke.de

PR GF: Ulrich Wermeckes
Headgreenkeeper: Thomas Lamla

02330-973505 02330-973507
Nina Weyland-Silka

02330-973505 02330-973507
Mo. Ruhetag

PRO SHOP Golfen in Herdecke, Nina Weyland-Silka
02330-973505 02330-973507

PRO Pro: Kai Lüdemann, David Haggart

H: 2820 m, CR 57.9, SL 96, Par 60
D: 2628 m, CR 57.5, SL 96, Par 60
20 Rangeabschläge (14 überdacht)

G Gäste sind jederzeit willkommen. Ein Handicap ist erforderlich.

18-Loch-Greenfee (bis 13:00 Uhr): WT: EUR 30 / WE: EUR 50
9-Loch-Greenfee (bis 13:00 Uhr): WT: EUR 20 / WE: EUR 30
Ermäßigung: Jugendl. bis 16 J. 50%

Platzinfos

VCG GPS

Anfahrtsbeschreibung

A 45, Ausfahrt Dortmund-Süd, weiter auf der B 54 Richtung Herdecke, nach ca. 3 km in die Dortmunder Landstraße und an der 1. Ampel der Beschilderung zum Golfplatz folgen. Oder: A 1 Wuppertal-Dortmund, Ausfahrt Hagen-West, weiter auf der B 54 Richtung Herdecke, nach der Autobahnunterführung an der 4. Ampel geradeaus in die Dortmunder Landstraße und an der nächsten Ampel der Beschilderung folgen.

Platzbeschreibung

Das aus der Topografie entwickelte Bahnenkonzept bietet mit wechselndem Profil der einzelnen Bahnen ein ausgesprochen variantenreiches Golfen, bei dem Anfänger strategisch zu bewältigende, angemessene Einstiegsmöglichkeiten in den reizvollen Sport finden. Fortgeschrittene und gute Golfer werden gefordert und können sich so dem Reiz der Anlage nicht entziehen. Besonders für den Ausgleich der Bewohner des Ballungsraumes ist die Rundenzeit einer Golfrunde optimal.

Nächstgelegene Plätze

Dortmunder GC (Nr. 282)
Märkischer GC (Nr. 289)
Gut Berge Gevelsbg, GC (Nr. 298)

Nordrhein-Westfalen

Greenfee-Aktion: Seite G 77f

Golfclub Op de Niep e.V.

Karte, Nr. 287, Feld B7 **18/9** Höhe: 30 m

gegründet: 1995

Bergschenweg 71, 47506 Neukirchen-Vluyn
02845-28051 02845-28052
info@gc-opdeniep.de
www.gc-opdeniep.de

PR: Gerhard Olejnik

i: 02845-28051 -28052
Simone Bücker, Wiebke Gerrits

Restaurant „Op de Niep", Giovanni Vitale
0176-21564151
Mo. Ruhetag

PRO SHOP: Golfshop I. Witt, Alexandra Budak
02845-794661

PRO: Pro: Thomas Kersten, Robert Lamb

18-Loch Platz
H: 6374 m, CR 73.4, SL 136, Par 75
D: 5617 m, CR 75.5, SL 132, Par 75
9-Loch Platz
H: 3936 m, CR 61.4, SL 108, Par 66
D: 3414 m, CR 60.9, SL 107, Par 66
21 Rangeabschläge (12 überdacht)

G: Clubausweis mit eingetragenem Handicap (45) ist erforderlich. Gäste sind immer willkommen: Am Wochenende und an Feiertagen bis 09:30 und ab 14:00 Uhr. Eine Anmeldung ist notwendig.

18-Loch-Greenfee: WT: EUR 60 / WE: EUR 70
Ermäßigung: Jugendl./Stud. 50%

Platzinfos

VCG GPS

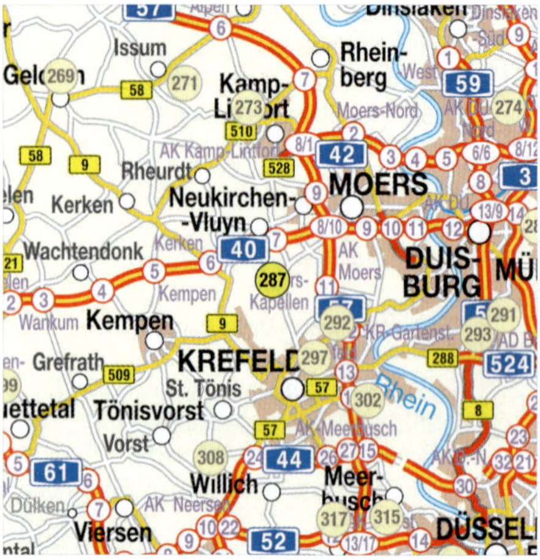

Anfahrtsbeschreibung

A 40, Ausfahrt Nr. 7 Neukirchen-Vluyn, auf der Lintforter Straße Richtung Krefeld, nach 500 m links in die Nieper Straße, weiter Richtung Krefeld, nach 2 km rechts in die Krefelder Straße weiter Richtung Krefeld, nach 300 m rechts in die erste Straße(Bergschenweg), nach 700 m links zu den Parkplätzen abbiegen.

Platzbeschreibung

Der Platz liegt in einer landschaftlich typisch niederrheinischen Gegend in der Nähe des Niepkuhlenzuges, einem alten Rheinarm, der sich von Krefeld bis Issum erstreckt. Der Golfplatz ist sportlich anspruchsvoll konzipiert.

Nächstgelegene Plätze

Elfrather Mühle, G&CC (Nr. 292)
Stadtwald, GC (Nr. 297)
Krefelder GC (Nr. 302)

Golfriege ETUF e.V. Essener Turn- u. Fechtclub

Karte, Nr. 288, Feld B7 **9** Design: Karl F. Grohs Höhe: 100 m

gegründet:.1962

Freiherr-v.-Stein-Straße 92a, 45133 Essen-Hügel
☏ 0201-444600 Fax 0201-4309698
✉ golf@etuf.de
www.etuf.de

PR: Stephan Lohmann
Headgreenkeeper: Rainer Pade

i: ☏ 0201-444600 Fax -4309698
Stephan Wiedeking

Restaurant: ☏ 0201-472180

PRO: Pro: Diana Chudzinski

H: 4516 m, CR 65.4, SL 120, Par 66
D: 4020 m, CR 67, SL 117, Par 66
20 Rangeabschläge (4 überdacht)

G: Gäste sind Montag - Freitag (außer an Feiertagen) willkommen. Anmeldung ist notwendig. Clubausweis mit eingetragenem Handicap (36) ist erforderlich.

18-Loch-Greenfee: EUR 50
9-Loch-Greenfee: WT: EUR 30
Gäste am WE nur in Mitgliederbegleitung.
Ermäßigung: Jugendl./Stud. 50%

Platzbeschreibung

Die teilweise sehr engen Spielbahnen mit viel Baumbestand verlangen ein präzises und gerades Spiel. Es gibt insgesamt vier Doglegs zu bewältigen und die strategisch gelegenen Bunker und teilweise kleinen Grüns fordern weniger Longhitter-Qualitäten, dafür aber viel Technik und Gefühl bei der Grün-Annäherung.

Platzinfos

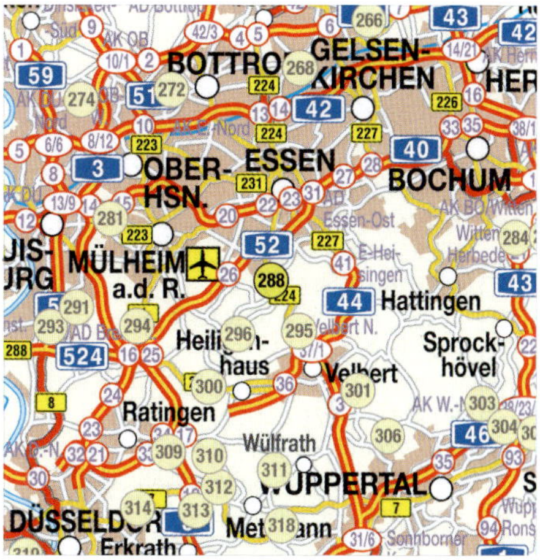

Anfahrtsbeschreibung

Der Golfclub liegt direkt am Baldeneysee, Nähe Villa Hügel. Von der Stadtmitte Richtung Bredeney, von dort Richtung Baldeneysee, am Ende der Bredeneyer Straße Richtung E-Werden (B 224) rechts in die Freiherr-von-Stein-Straße, die Einfahrt zum Golfplatz liegt nach 200 m auf der rechten Seite.

Nächstgelegene Plätze

Essen-Heidhausen, GC (Nr. 295)
Essener GC Haus Oefte (Nr. 296)
Hösel, GC (Nr. 300)

Greenfee-Aktion: Seite G 79

Märkischer Golf Club e.V.

Karte, Nr. 289, Feld C7 9

gegründet: 1965

Tiefendorfer Straße 48, 58093 Hagen-Berchum
☎ 02334-51778 Fax 02334-54476
✉ welcome@mgc-hagen.de
www.mgc-hagen.de

PR: Oliver Fischer

i: ☎ 02334-51778 Fax 02334-54476
Rotraud Daus

Gastronomie: Familie Suren
☎ 02334-580229
Mo. Ruhetag

PRO SHOP: Märkischer Golf Club e. V.
☎ 02334-51778 Fax 02334-54476

PRO: Pro: Lars Orzessek

H: 5974 m, CR 71.7, SL 130, Par 72
D: 5270 m, CR 73.4, SL 128, Par 72
10 Rangeabschläge (1 überdacht)

G: Gäste sind jederzeit willkommen. Sa./So./Feiertage ist Anmeldung notwendig. Clubausweis mit eingetragener PE ist erforderlich. Sa./So./Feiertage ist Handicap 54 erforderlich.

18-Loch-Greenfee: WT: EUR 40 / WE: EUR 50
9-Loch-Greenfee: WT: EUR 25 / WE: EUR 30
Ermäßigung: Jugendl./Stud.

Platzbeschreibung

Das Leben kann so schön sein…. besonders auf dem Golfplatz des Märkischen Golf Club e. V. Hagen. Dieser 9-Loch-Platz mit Charme besteht schon seit über fünfzig Jahren und ist eingebettet in einer wunderschönen reizvollen Landschaft zwischen Hagen-Berchum und Hagen-Tiefendorf, an der Tiefendorfer Straße. Durch die hügelige Landschaft geprägt, gleicht kein Loch dem anderen. Somit ist ein variantenreiches Spiel mit traumhafter Aussicht garantiert. Reichlich Abwechslung bietet dieser technisch anspruchsvolle, der nach internationalem Standard gebaute Platz, für Anfänger und für Könner.

Platzinfos

VCG GPS CLUB GASTRO

Anfahrtsbeschreibung

A 45 (Sauerlandlinie) ABK Hagen Richtung Iserlohn, A 46 bis Ausfahrt Hohenlimburg, über die Verbandsstraße Richtung Hagen-Boele, nach ca. 2 km rechts nach Berchum, durch den Ort über die Tiefendorfer Straße ca. 1,5 km bis zum Golfplatz. Oder: A 1, Ausfahrt Hagen-Nord ca. 6 km Richtung Hohenlimburg, links Richtung Berchum und dann weiter wie oben beschrieben.

Nächstgelegene Plätze

Dortmunder GC (Nr. 282)
Golfen in Herdecke (Nr. 286)
GolfRange Dortmund, GC (Nr. 276)

Greenfee-Aktion: Seite G 79

Golfclub Brilon e.V.

Karte, Nr. 290, Feld D7 **9** Höhe: 500 m

gegründet: 1986

Hölsterloh 6, 59929 Brilon
✆ 02961-53550 🖷 02961-53551
✉ info@golfclub-brilon.de
💻 www.golfclub-brilon.de

PR: Ulrich Hilkenbach, GF: Manfred Heuft

i: ✆ 02961-53550 🖷 02961-53551
Carmen Schwarz

Familie Wiegelmann
✆ 02961-989586
Mo. Ruhetag

9-Loch Platz
H: 5303 m, CR 69.1, SL 126, Par 70
D: 4464 m, CR 70.7, SL 124, Par 69
6-Loch Family Course
H: 560 m, Par 19
D: 455 m, Par 19
10 Rangeabschläge (5 überdacht)

G: Gäste sind jederzeit willkommen. Clubausweis mit eingetragener PE ist erforderlich.

18-Loch-Greenfee: WT: EUR 35 / WE: EUR 45
9-Loch-Greenfee: WT: EUR 25 / WE: EUR 30
Ermäßigung: Jugendl./Stud. 50%

Platzinfos

VCG

CLUB

Anfahrtsbeschreibung

Von Meschede über die B 7 oder von Belecke über die B 480 bis zur Ortsumgehung Brilon, weiter auf der neuen B 251 Richtung Willingen-Korbach, nach ca. 3 km an der Kreuzung rechts Richtung Brilon, nach 500 m rechts zum Golfplatz abbiegen (Richtung Jugendherberge/Campingplatz).

Platzbeschreibung

Die Anlage wurde in einer Parklandschaft mit Hügeln, Gehölzen, Baumgruppen und Wasserläufen naturbelassen und landschaftsschonend angelegt. Fairways, Grüns und Wasserhindernisse sind abwechslungsreich konzipiert und bieten einen herrlichen Panoramablick über das Land der 1.000 Berge.

Nächstgelegene Plätze

Winterberg, GC (Nr. 322)
GC Westheim (Nr. 277)
Sellinghausen, GC (Nr. 320)

Niederrheinischer Golfclub e.V. Duisburg

Karte, Nr. 291, Feld B7 9

gegründet: 1956

Großenbaumer Allee 240, 47249 Duisburg
☎ 0203-721469 🖷 0203-719230
✉ info@ngcd.de
💻 www.ngcd.de

PR: Dr. Jochen Kraft

i: ☎ 0203-721469 🖷 0203-719230
Claudia Djelilovic

Restaurant Grüne Oase, Bernarda Filipovic
☎ 0203-724683
Mo. Ruhetag

PRO SHOP: NGC-Store, Alexander Schulte
☎ 0203-719221 🖷 0203-8053776

PRO: Pro: Alexander Schulte, Helmut Mair

H: 5962 m, CR 71.6, SL 135, Par 72
D: 5224 m, CR 73.3, SL 135, Par 72
10 Rangeabschläge (4 überdacht)

G: Gäste sind Dienstag - Freitag (außer an Feiertagen) willkommen. Anmeldung ist notwendig. Clubausweis mit eingetragenem Handicap (36) ist erforderlich.

18-Loch-Greenfee: Di.-So.: EUR 60
Ermäßigung: Jugendl. bis 18 J. und Stud. bis 28 J. 50%

Platzinfos

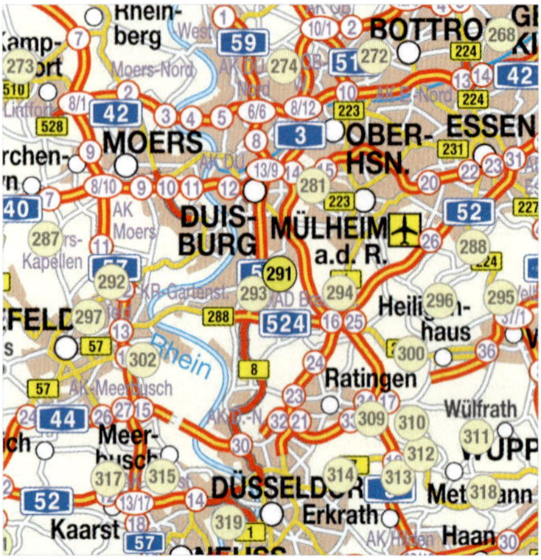

Anfahrtsbeschreibung

Von der Autobahn, Ausfahrt Breitscheider Kreuz, auf der B 288 Richtung Krefeld, von der Ausfahrt Duisburg-Rahm Richtung Stadtmitte durch Großenbaum und auf der Großenbaumer Allee zum Golfplatz.

Platzbeschreibung

Die sehr gepflegte Golfanlage liegt in unmittelbarer Nähe zur Stadt Duisburg im Gebiet der „Sechs-Seen-Platte", einem Naherholungsgebiet, das alle Zweifler über den Ruhrpott eines Besseren belehrt. Die Fairways ziehen, beeinflusst durch den üppigen Baumbestand, ihre engen Bahnen durch ein parkähnliches Areal. Sehr präzises Spiel ist hier gefragt, um den teilweise bis in die Fairways hineinragenden Bäumen aus dem Weg zu gehen.

Nächstgelegene Plätze

Duisburg, G&M (Nr. 293)
Mülheim/Ruhr, GC (Nr. 294)
Mülheim/Ruhr Raffelberg, GC (Nr. 281)

Golf & Country Club An der Elfrather Mühle e.V.

Karte, Nr. 292, Feld B7 **18/3** Design: Ron Kirby

gegründet: 1992

An der Elfrather Mühle 145, 47802 Krefeld-Traar
02151-49690
info@gcem.de
www.gcem.de

PR: Amadora Fernandez, GF: Amadora Fernandez, CM: Thomas Ruhnke
Headgreenkeeper: Andrew Wale

i: 02151-49690

Die Elfrather Mühle, Petra Tacke
02151-7899722

PRO SHOP: Patricia Marks

PRO: Pro: Clemens Prader, David Marks

H: 6100 m, CR 72.6, SL 132, Par 72
D: 5293 m, CR 73.6, SL 131, Par 72
20 Rangeabschläge (7 überdacht)

G: Gäste sind jederzeit willkommen. Anmeldung ist notwendig. Clubausweis mit eingetragenem Handicap (54) ist erforderlich.

18-Loch-Greenfee: WT: EUR 65 / WE: EUR 80
9-Loch-Greenfee: WT: EUR 40 / WE: EUR 45
Ermäßigung: Jugendl./Stud. 50%

Platzbeschreibung

Auf insgesamt 96 ha wartet ein großzügig angelegter Meisterschaftsplatz. Dank hervorragender Drainage und dem Aufbau der Grüns ist es ein Ganzjahresplatz, auf dem selbst im Winter nicht im Matsch herumgestochert oder auf holprigen Wintergrüns eingelocht werden muss. Das Gelände ist relativ flach mit einer welligen Oberflächenkontur. Von Profi-Abschlägen ist er 6.292 m lang und damit selbst für Könner eine echte Herausforderung.

Platzinfos

VCG GPS GASTRO

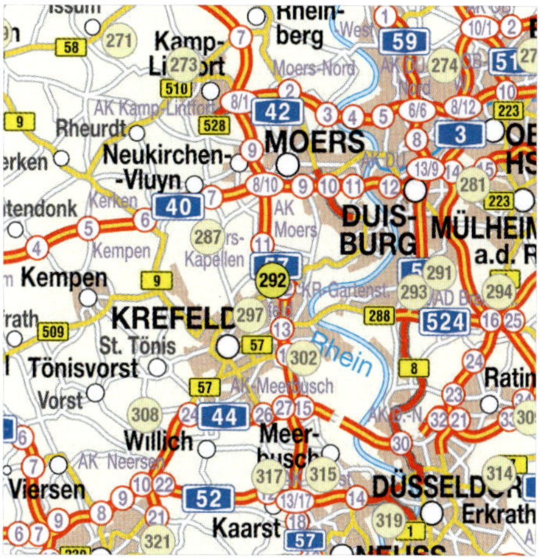

Anfahrtsbeschreibung

Von Essen-Oberhausen-Duisburg: A 40 Richtung Köln bis zum Moerser Kreuz, weiter auf der A 57 Richtung Köln bis zur Ausfahrt Krefeld-Gartenstadt, dort an der 1. Ampel rechts in die Werner-Voß-Straße Richtung Traar-Elfrath, an der nächsten Ampel links (Elfrather Mühle), das Clubhaus liegt rechter Hand. Von Düsseldorf: A 57 Richtung Goch, Ausfahrt Krefeld-Gartenstadt und weiter wie oben beschrieben.

Nächstgelegene Plätze

Stadtwald, GC (Nr. 297)
Op de Niep, GC (Nr. 287)
Krefelder GC (Nr. 302)

Golf & More Duisburg

Karte, Nr. 293, Feld B7 **9/9** Design: DGC Höhe: 135 m

gegründet: 2001

Altenbrucher Damm 92a, 47269 Duisburg
☎ 0203-7386286 Fax 0203-7385483
info@golfandmore.net
www.golfandmore.net

PR: Johannes Fülöp
Michael Luber, GF: Johannes Fülöp
Michael Luber, CM: Stephan Mißmahl
Headgreenkeeper: Stefan Kaiserek

i: ☎ 0203-7386286 Fax 0203-7385483
Sarah Holl

Abzweig, Julia Zweig
☎ 0203-72843793

PRO SHOP: Golf & More, Michael Luber
☎ 0203-7386286 Fax 0203-7385483

PRO: Pro: Dennis Liebing, Jan Grewen

18-Loch Südplatz/Nordplatz (je 9 Spielbahnen)
H: 4858 m, CR 65.9, SL 122, Par 67
D: 4172 m, CR 66.8, SL 116, Par 67
50 Rangeabschläge (25 überdacht)

G: Gäste sind Montag - Freitag (außer an Feiertagen) willkommen. Anmeldung ist notwendig. Clubausweis mit eingetragenem Handicap (54) ist erforderlich.

18-Loch-Greenfee: WT: EUR 55
9-Loch-Greenfee: WT: EUR 35 / WE: EUR 38
Ermäßigung: Jugendl./Stud. 25%

Platzinfos

VCG GPS

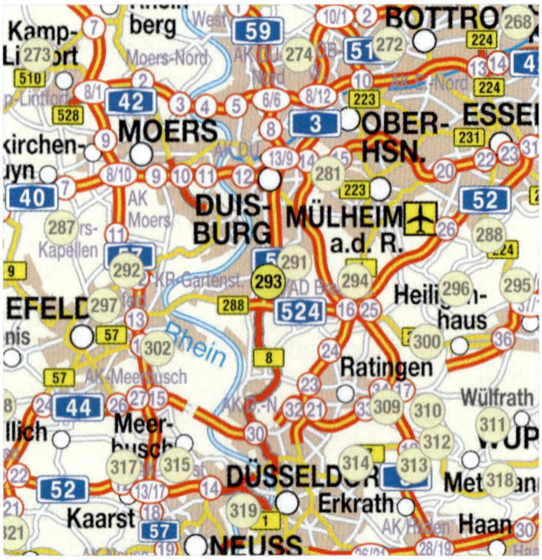

Anfahrtsbeschreibung

Vom Breitscheider Kreuz auf die A 452 Richtung Krefeld. Die Autobahn geht am Ende in die B 288 über, an der 1. Kreuzung auf die A 59 Richtung Duisburg. 1. Ausfahrt (Großenbaum/Huckingen), über die Autobahnbrücke. Den Golfplatz sieht man nach ca. 500 m auf der linken Seite, die Einfahrt ist durch 2 große Golfbälle gekennzeichnet. Ggf. helfen Servicemitarbeiter unter 0203-7386286 telefonisch weiter.

Platzbeschreibung

Golf & More bietet ein offenes Konzept mit sportlichen Mitgliedern und einen überwiegend flachen Platz mit einem großen See. Besonders die hervorragende Lage mit der direkten Anbindung an die Autobahn lädt zum Golfen zwischendurch ein.

Nächstgelegene Plätze

Niederrheinischer GC (Nr. 291)
Mülheim/Ruhr, GC (Nr. 294)
Mülheim/Ruhr Raffelberg, GC (Nr. 281)

Greenfee-Aktion: Seite G 79

Golfclub Mülheim an der Ruhr e.V.

Karte, Nr. 294, Feld B7 18/9

gegründet: 1980

Am Golfplatz 1, 45481 Mülheim
0208-483607
info@gcmuelheim.com
www.gcmuelheim.com

PR
Thomas Ohnhaus
Headgreenkeeper: Andreas Czarzbon

i
0208-483607
Iris Strasdat, Elke Hauer, Tim Berendsen

Clubgastronomie, Marco Zingone
0208-460628
Mo. Ruhetag

PRO SHOP
Elke Hauer

PRO
Pro: Christian Hofer, Martin Voigt

18-Loch Platz
H: 6095 m, CR 71.7, SL 136, Par 72
D: 5501 m, CR 74.5, SL 135, Par 72
9-Loch Kurzplatz (Par 3)
H: 1966 m, Par 27, D: 1966 m, Par 27
28 Rangeabschläge (12 überdacht)

G
Gäste sind Montag - Freitag (außer an Feiertagen) willkommen. Clubausweis mit eingetragenem Handicap (36) ist erforderlich.

18-Loch-Greenfee: WT: EUR 60 / WE: EUR 80
9-Loch-Greenfee: WT: EUR 35 / WE: EUR 45
Ermäßigung: Jugendl./Stud. bis 27 J.

Platzinfos

VCG GPS

Anfahrtsbeschreibung

A 3/A 52/A 524 oder B 227 bis Autobahnkreuz Breitscheid, Ausfahrt A 3, A 52, A 524 Richtung Essen, Ausfahrt Mülheim. Aus Richtung Essen Ausfahrt Mülheim. Aus Richtung Düsseldorf auf Autobahnkreuz Richtung Rat.-Breitscheid-Mülheim abfahren, nach ca. 2 km links in die Fliedner Straße, dann der Beschilderung zum Golfplatz folgen.

Platzbeschreibung

Herzlich Willkommen im GC Mülheim an der Ruhr e.V. In Mülheim-Selbeck erwartet Sie ein hervorragender 18-Loch-Meisterschaftsplatz, 2013 ergänzt um eine 9-Loch-Par-3-Anlage. Die Weitläufigkeit und räumliche Großzügigkeit verleihen dem Meisterschaftsplatz seinen unverwechselbaren Charakter. Die ganzjährig topgepflegte Anlage lädt ein zu sportlich anspruchsvollem Spiel oder einem rundum entspannenden Golferlebnis.

Nächstgelegene Plätze

Niederrheinischer GC (Nr. 291)
Duisburg, G&M (Nr. 293)
Hösel, GC (Nr. 300)

Golf-Club Essen-Heidhausen e.V.

Karte, Nr. 295, Feld B7 **18/9** Design: Donald Harradine, Christoph Städler Höhe: 185 m

gegründet: 1970

Preutenborbeckstraße 36, 45239 Essen
0201-404111 0201-402767
info@gceh.de
www.gceh.de

PR Petra Grube, CM: Jochem Schumacher
Headgreenkeeper: Roland Liermann

0201-404111 0201-402767
Anette Kupitz, Petra Krausenbaum

Gerd Dimsat
0201-402808 0201-8405802
Mo. Ruhetag

PRO Pro: Tim Müller, Patrick Fromme

18-Loch Hespertal (Südplatz)
H: 5877 m, CR 71.9, SL 134, Par 72
D: 5135 m, CR 73.3, SL 132, Par 72
9-Loch Schauinsland (Nordplatz) C
H: 2066 m, Par 32
D: 1824 m, Par 32
12 Rangeabschläge (5 überdacht)

G Gäste sind Montag - Freitag (außer an Feiertagen) willkommen. Sa./So./Feiertage ist Anmeldung notwendig. Clubausweis mit eingetragenem Handicap (45) ist erforderlich. Am WE Gäste nur in Mitgliederbegleitung. Indoor-Trainingsanlage vorhanden.

18-Loch-Greenfee: WT: EUR 60
9-Loch-Greenfee: WT: EUR 35
Ermäßigung: Jugendl./Stud. 50%

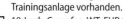

Platzbeschreibung

Im Süden von Essen ist die Anlage in den Ausläufern des Bergischen Landes gelegen. Der 18-Loch Platz „Hespertal" ist von Donald Harradine großartig in die naturbelassene, hügelige Landschaft eingefügt. Alter Baumbestand und charaktervolle, abwechslungsreiche Spielbahnen bieten ein einzigartiges optisches Ambiente und dem Golfer jeder Spielstärke eine besondere sportliche Herausforderung.

Platzinfos

VCG GASTRO

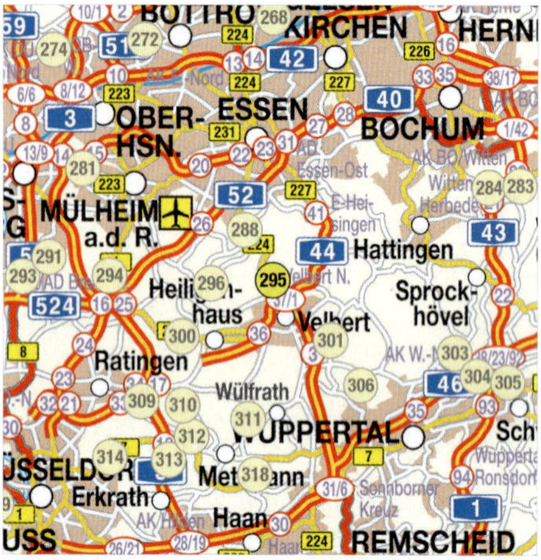

Anfahrtsbeschreibung

Zwischen Werden und Velbert an der B 224. Von der Ruhrbrücke Essen-Werden nach 4,3 km auf der B 224 (Hinweisschild) nach links in die Preutenborbeckstraße.

Nächstgelegene Plätze

Golfriege ETUF (Nr. 288)
Essener GC Haus Oefte (Nr. 296)
Velbert, GC (Nr. 301)

Essener Golf-Club Haus Oefte e.V.

Karte, Nr. 296, Feld B7 **18** Design: Dr. Limburg / Albrecht Höhe: 55 m

gegründet: 1959

Oefte 1 / Laupendahler Landstraße,
45219 Essen
✆ 02054-83911 🖷 02054-83850
✉ info@oefte.com
www.oefte.com

PR: Headgreenkeeper: Joachim Matera

i: ✆ 02054-83911 🖷 02054-83850
Andrea Schroeter, Heidrun Vodnik

✆ 02054-8708588
Mo. Ruhetag

PRO SHOP: Frau Lechtermann, Susanne Lechtermann
✆ 02054-84722

PRO: Pro: Arnd Breuer, Nick Hubbard

H: 6008 m, CR 72, SL 132, Par 72
D: 5104 m, CR 72.8, SL 130, Par 72
15 Rangeabschläge (5 überdacht)

G: Gäste sind jederzeit willkommen. Anmeldung ist notwendig. Clubausweis mit eingetragenem Handicap (54) ist erforderlich.

18-Loch-Greenfee: WT: EUR 70 / WE: EUR 100
9-Loch-Greenfee: WT: EUR 40 / WE: EUR 60
Ermäßigung: Jugendl. bis 21 J. 50%

Platzbeschreibung

Der 18-Loch-Platz ist eine (Golf-)Oase inmitten des Ruhrgebietes. Die ersten neun Löcher ziehen sich über ein hügeliges Gelände, umfasst von altem Nadel- und Laubwald mit Blicken auf offenes Feld. Die Fairways verlangen durch teilweise enge Schneisen präzises Spiel. Sieben der neuen neun Löcher liegen an der Ruhrkurve mit Weitblick über die Ruhrlandschaft mit bewaldeten Ufer-Bergen, Fluss, Blick auf die „Platte“ und Richtung Villa Hügel. Neben der traditionell entspannten Atmosphäre geht es in Oefte auch sportlich zu.

Platzinfos

Anfahrtsbeschreibung

Haus Oefte liegt zwischen E-Kettwig und E-Werden entlang der Ruhr an der Laupendahler Landstraße. Von E-Werden (Ruhrbrücke) ca. 4 km die Ruhr abwärts auf der linken Seite bzw. von E-Kettwig vor der Brücke ca. 2,5 km die Ruhr aufwärts auf der rechten Seite.

Nächstgelegene Plätze

Hösel, GC (Nr. 300)
Essen-Heidhausen, GC (Nr. 295)
Golfriege ETUF (Nr. 288)

Golf-Club Stadtwald e.V.

Karte, Nr. 297, Feld B7 **9** Höhe: 50 m

gegründet: 1985

Hüttenallee 188, 47800 Krefeld-Bockum
02151-590243 02151-500248
info@golfclub-stadtwald.de
www.golfclub-stadtwald.de

PR Ulrich Becker

02151-590243 -500248
Ute Spielmann

Restaurant im GC Golfclub Stadtwald,
Anke Dubberke
02151-594663

PRO Pro: Colin Ward

H: 5072 m, CR 67.4, SL 119, Par 68
D: 4504 m, CR 69.3, SL 121, Par 68

G Gäste sind jederzeit willkommen. Sa./So./Feiertage ist Anmeldung notwendig. Clubausweis mit eingetragenem Handicap (54) ist erforderlich. Gäste am Wochenende ohne Mitgliederbegleitung zugelassen, wenn es der zu erwartende Spielandrang zuläßt.

Tages-Greenfee: WT: EUR 35 / WE: EUR 40
9-Loch-Greenfee: WT: EUR 25 / WE: EUR 30
Greencard-Spieler ab Hcp (36).
Ermäßigung: Jugendl./Stud. 50%

Platzinfos

Anfahrtsbeschreibung

A 57 Krefeld-Köln, Ausfahrt Krefeld-Gartenstadt, auf der B 509 (Europring) Richtung Zentrum, an der 3. Ampelanlage links Einfahrt Stadtwald (Hüttenallee), nach ca. 1,2 km der Hüttenallee nach rechts folgen, nach 300 m liegt rechts die Einfahrt zum Golfplatz , markiert durch zwei weiße Straßensteine.

Platzbeschreibung

Stadtnah gelegen findet man hier einen attraktiven, von alten Bäumen, Hecken und Wasserhindernissen geprägten Platz mit englischem Charme, der in das Innere einer Pferderennbahn integriert ist. Die 9-Loch-Anlage stellt sich besonders aufgrund der aussergewöhnlichen Hindernisse, die durch das Umfeld der Rennbahn bedingt sind, als interessante, abwechslungsreiche Herausforderung für den Golfer dar.

Nächstgelegene Plätze

Elfrather Mühle, G&CC (Nr. 292)
Krefelder GC (Nr. 302)
Op de Niep, GC (Nr. 287)

Golfclub Gut Berge Gevelsberg/Wetter e.V.

Karte, Nr. 298, Feld C7 18

gegründet: 1995

Berkenberg 1, 58285 Gevelsberg
☎ 02332-913755 Fax 02332-913757
info@gutberge.de
www.gutberge.de

PR Jörg Kluth
Headgreenkeeper: Eric Pienemann

i ☎ 02332-913755 Fax 02332-913757
Irmhild Hilgeland, Carola Saure, Fabian Lemm

Berkenbergs, Daniela Heller
☎ 02332-759744
Mo. Ruhetag

PRO SHOP Golfshop Gut Berge
☎ 02332-913755 Fax 02332-913757

PRO Pro: Fabian Lemm, Thomas Kroeber, Bents Steffen

H: 5572 m, CR 71.5, SL 133, Par 71
D: 4724 m, CR 72.1, SL 130, Par 71
30 Rangeabschläge (9 überdacht)

G Gäste sind jederzeit willkommen. Sa./So./Feiertage ist Anmeldung notwendig. Clubausweis mit eingetragenem Handicap (54) ist erforderlich. Sa./So./Feiertage ist Handicap 36 erforderlich.

18-Loch-Greenfee: WT: EUR 45 / WE: EUR 55
9-Loch-Greenfee: WT: EUR 30 / WE: EUR 35
Ermäßigung: Jugendl./Stud. 50%

Platzinfos

VCG GPS

Platzbeschreibung

Eingebettet in eine traumhaft schöne Landschaft mit herrlichem Blick auf Täler, Wiesen und Felder, liegt die 18-Loch-Golfsportanlage Gut Berge. Zahlreiche Neuanpflanzungen eingebettet in altem Baumbestand, geben der Golfsportanlage in Gevelsberg Ihren unverwechselbaren Charakter. Die auf mehr als 100 ha weitläufig angelegten Bahnen sind für Fortgeschrittene wie auch für Anfänger Herausforderung und Trainigsgelänge zugleich.

Anfahrtsbeschreibung

A 1, Ausfahrt Gevelsberg (Nr. 90 zwischen Hagen-West und ABK Wuppertal-Nord). Von Wuppertal kommend, die Landstraße an der Ausfahrtsampel überqueren und dann geradeaus in die Bremmenstraße, nach ca. 800 m liegt linker Hand der Golfplatz. Von Hagen kommend, an der Ausfahrtsampel Ri. Gevelsberg, nach Überqueren der Autobahnbrücke auf Höhe der Aufahrt Bremen, an der Ampel links in die Bremmenstraße abbiegen.

Nächstgelegene Plätze

Am Mollenkotten, GA (Nr. 305)
Juliana Wuppertal, GC (Nr. 303)
Felderbach Sprockh., GC (Nr. 304)

Greenfee-Aktion: Seite G 79

Golf Club Haus Bey e.V.

Karte, Nr. 299, Feld A7 **18** Design: Paul Krings, Ado Lappen Höhe: 40 m

gegründet: 1992

An Haus Bey 16, 41334 Nettetal
Tel. 02153-91970 Fax 02153-919750
golf@hausbey.de
www.hausbey.de

PR: Erhard Backes, GF: Isabel Otto-Duck
Headgreenkeeper: Marc Berger

i: Tel. 02153-91970 Fax 02153-919750
Annette Janßen

Restaurant Haus Bey, Frank Veikes
Tel. 02153-9108790 Fax 02153-91087912

PRO SHOP: Golfshop Haus Bey
Tel. 02153-91970 Fax 02153-919750

PRO: Pro: Andrew Duck, Glenn Pease, Christiane Stenger

18-Loch Platz
H: 5948 m, CR 71.5, SL 128, Par 72
D: 5221 m, CR 73, SL 128, Par 72
6-Loch Pay & Play Haus Bey Executive Platz
H: 610 m, Par 54, D: 610 m, Par 54
20 Rangeabschläge (6 überdacht)

G: Gäste sind jederzeit willkommen. Anmeldung ist notwendig. Clubausweis mit eingetragenem Handicap (45) ist erforderlich.

18-Loch-Greenfee (8:00 - 16:00 Uhr): WT: EUR 50 / WE: EUR 60
18-Loch-Greenfee (ab 16:00 Uhr): WT: EUR 35 / WE: EUR 60
9-Loch-Greenfee: WT: EUR 30 / WE: EUR 60, Ermäßigung: Jugendl. bis 16 J. 100%, Stud. bis 27 J. 50%

Platzinfos

Platzbeschreibung

Auf der 72 Hektar großen Anlage mit 18 plus 6 öffentlichen Löchern hat die Golfanlage Haus Bey zwischen den Hinsbecker Höhen und den Krickenbecker Seen einen unverwechselbaren niederrheinischen Charakter. Beide Plätze verfügen über zahlreiche Teiche, die ein technisch und taktisch anspruchsvolles Anspiel der Grüns erfordern. Ein Wasserlauf duchzieht fast den gesamten Platz, so dass die Bahnen 2, 5, 7, 10, 12 und 18 zu den anspruchsvollsten der Anlage zu zählen sind.

Anfahrtsbeschreibung

Von Köln-Düsseldorf: A 52 Ri. Mönchengladbach-Roermond bis Kreuz Mönchengladbach, weiter auf der A 61 Ri. Venlo, Ausfahrt Nettetal-Boisheim-Grefrath, links Ri. Nettetal-Hinsbeck (B 509), in Hinsbeck links Ri. Kaldenkirchen-Leuth, nach ca. 200 m rechts zumGolfplatz (ausgeschildert). Von Krefeld-Duisburg: A 40 Ri. Venlo, Ausfahrt Nettetal, links Ri. Kaldenkirchen auf die B 221, im OT Leuth links auf die B 509 Ri. Hinsbeck (ausgeschildert).

Nächstgelegene Plätze

Golfpark Renneshof (Nr. 308)
Elmpter Wald GC (Nr. 323)
Schmitzhof, G&LC (Nr. 327)

Golfclub Hösel e.V.

Karte, Nr. 300, Feld B7 **18/18** Design: Simon Gidman, Dieter Zimmmermann Höhe: 158 m

gegründet: 1979

Höseler Straße 147, 42579 Heiligenhaus
☎ 02056-93370 🖷 02056-933733
✉ info@golfclubhoesel.de
🖳 www.golfclubhoesel.de

PR: Markus Hombrecher, GF: Matthias Nicolaus

i: ☎ 02056-93370 🖷 02056-933733
Maike Thiem, Alina Strasdat, Dennis Barkow, Andre Steinbrink

Michael Strasser
☎ 02056-5990810 🖷 02056-5990811
Mo. Ruhetag

PRO SHOP: ☎ 02056-921787 🖷 02056-921787

PRO: Pro: Christian Niesing, Max Götz, John Dennison, Melanie Niesing, Frank Eckl, David Hahn

18-Loch Südplatz
H: 6038 m, CR 71.9, SL 136, Par 72
D: 5354 m, CR 74.1, SL 133, Par 72
18-Loch Nordplatz
H: 5882 m, CR 71.7, SL 134, Par 71
D: 5232 m, CR 73.9, SL 130, Par 71
40 Rangeabschläge (12 überdacht)

G: Gäste sind jederzeit willkommen. Sa./So./Feiertage ist Anmeldung notwendig. Clubausweis mit eingetragenem Handicap (36) ist erforderlich. Mitgliederaufnahme

Tages-Greenfee: WT: EUR 85 / WE: EUR 105
18-Loch-Greenfee: WT: EUR 70 / WE: EUR 90
9-Loch-Greenfee: WT: EUR 40 / WE: EUR 48
Ermäßigung: Jugendl./Stud. 50%

Platzbeschreibung

Mit strategisch positionierten Bunkern, ausgedehnten Roughs, Biotopen und leichten Schräglagen fordert der Südplatz zur spieltechnischen Vielfalt heraus. Im leicht hügeligen Talbecken zwischen dem Clubhaus und dem Höselberg wurde der von Simon Gidman geplante Nordplatz 1997 in Betrieb genommen.

Platzinfos

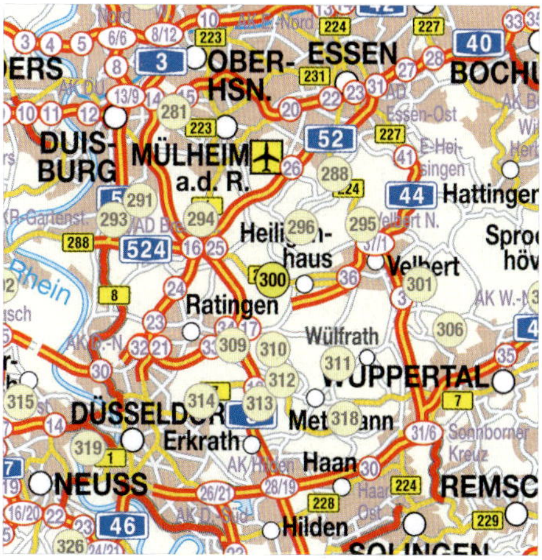

Anfahrtsbeschreibung

A 52, am Breitscheider Kreuz halbrechts Ri. Mülheim/ Breitscheid, an der Ampel re. B 227 Ri. Velbert/ Heiligenhaus, am Kreisv. li. Ri. Rtg.-Hösel, dieser Straße über einen Bahnübergang in Hösel bis Kreisv.. folgen, dort li. Ri. Velbert, zwei Mal im Kreisv. geradeaus, nach 700 m re. zum Golfplatz. Oder: A 3, am Breitscheider Kreuz Ausfahrt Ri. Essen, re. Ri. Mülheim/Velbert, an der Ampel re. B 227 Ri. Velbert und weiter wie oben.

Nächstgelegene Plätze

Essener GC Haus Oefte (Nr. 296)
Grevenmühle, GC (Nr. 310)
Düsseldorfer GC (Nr. 309)

Golfclub Velbert-Gut Kuhlendahl e.V.

Karte, Nr. 301, Feld B7 **18** Design: Preismann Höhe: 140 m

gegründet: 1990

Kuhlendahler Straße 283, 42553 Velbert
02053-923290 02053-923291
golfclub-velbert@t-online.de
www.golfclub-velbert.de

PR Nils Wormland, GF: Michael Ogger,
CM: Michael Ogger
Headgreenkeeper: Georg Hormanns

i 02053-923290 02053-923291
Henri Wachsmann, Denise Wilky,
Dagmar vom Endt

02053-4966377 02053-923291
Mo. Ruhetag

PRO SHOP GVB Golfpark Velbert GmbH & Co.KG,
Michael Ogger
02053-923290 02053-923291

PRO Pro: Paul Dyer, Ian Holloway, Rob Vandenbrink,
Jessica Redemann, Mats Iwand

H: 5608 m, CR 71.4, SL 137, Par 70
D: 4390 m, CR 73, SL 131, Par 70
25 Rangeabschläge (7 überdacht)

G Gäste sind jeden Tag (außer Sonntag und an Feiertagen) willkommen. Anmeldung ist notwendig. Clubausweis mit eingetragenem Handicap (54) ist erforderlich. Keine Blue-Jeans. Keine Hunde.

Tages-Greenfee: WT: EUR 50 / Sa.: EUR 60 / So.: EUR 80
18-Loch-Greenfee: WT: EUR 50 / Sa.: EUR 60 / So.: EUR 80
Ermäßigung: Jugendl./Stud. 50%

Platzinfos

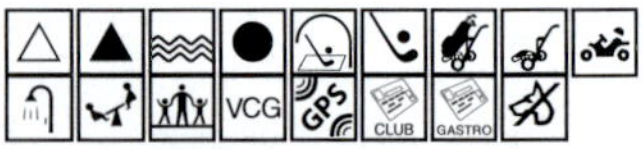

Anfahrtsbeschreibung
A535 Essen-Wuppertal, Ausfahrt Tönisheide Richtung Langenberg, ca. 2 km bis zum Golfplatz.

Nächstgelegene Plätze
Bergisch Land, GC (Nr. 306)
Essen-Heidhausen, GC (Nr. 295)
Mettmann, GC (Nr. 311)

Platzbeschreibung
Landschaftlich wunderschön eingebettet im Bergischen Land findet man den laut Golfjournal wohl anspruchsvollsten Par 70 Kurs in Deutschland. Strategisch intelligent platzierte Bunker und Wasserhindernisse, Grüns mit interessanten Plateaus und Breaks, sowie abwechslungsreiches Bahndesign, gewährleisten ein spannendes Spiel für Könner und Einsteiger.

Krefelder Golf Club e.V.

Karte, Nr. 302, Feld B7 **18** Design: Bernhard von Limburger

gegründet: 1930

Eltweg 2, 47809 Krefeld-Linn
02151-156030 02151-15603222
kgc@krefelder-gc.de
www.krefelder-gc.de

PR Adrian Wolff, CM: Uta Weinforth

i 02151-156030 02151-15603222
Andrea Sprenger, Stephanie Böckmann

Golf Restaurant
02151-15603200 02151-15603222
Mo. Ruhetag

PRO Pro: Ulrich Knappmann, Thomas Erb

H: 6082 m, CR 72.3, SL 130, Par 72
D: 5321 m, CR 73.6, SL 128, Par 72
15 Rangeabschläge (4 überdacht)

G Gäste sind Montag - Freitag (außer an Feiertagen) willkommen. Clubausweis mit eingetragenem Handicap (36) ist erforderlich.

18-Loch-Greenfee: EUR 65
Ermäßigung: Jugendl. bis 18 J. und Stud. bis 27 J.

Platzinfos

VCG GPS

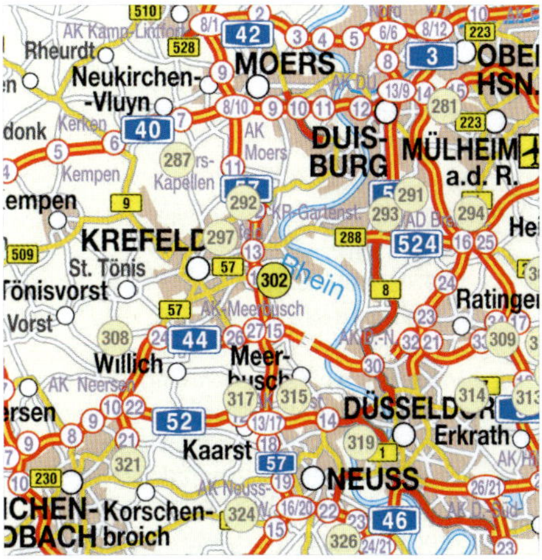

Platzbeschreibung

Der Krefelder Golf Club hat einen der schönsten deutschen Parkland-Kurse mit herrlichem Baumbestand in einer flachen ehemaligen Rheinschleife. Das Gelände ist mit Wassergräben durchzogen. Mit 6.082 m ist der Platz zwar relativ kurz, bietet jedoch einige raffinierte Doglegs sowie ein Wasserhindernis vor dem Grün der neunten Bahn.

Anfahrtsbeschreibung

A 57 Richtung Krefeld, Ausf. 14 Oppum, 1. Ampel rechts, 1. Ampel rechts, Bahnschienen überqueren und am Gewerbegebiet vorbei fahren. Nach der Autobahnunterführung rechts und gleich wieder links, Schild „Golf" folgen. An der nächsten Kreuzung links und nach 100 m rechts in den Eltweg (Golfwegweiser) einbiegen und weiter zum Parkplatz.

Nächstgelegene Plätze

Stadtwald, GC (Nr. 297)
Elfrather Mühle, G&CC (Nr. 292)
Meerbusch, GC (Nr. 315)

Golf Club Gut Frielinghausen

Karte, Nr. 303, Feld B7 **18** Design: Hans Georg Vesper Höhe: 300 m

gegründet: 2011

Frielinghausen 1, 45549 Sprockhövel
0202-64822222 0202-2640292
info@golfclub-gutfrielinghausen.de
www.golfclub-felderbach.de

PR: Manfred Krajewski, GF: Arnt Vesper,
CM: Jan Glass

i: 0202-64822222
Marie-Luise Philipp

Golfhotel Vesper
0202-648220 0202-649891

PRO SHOP: Proshop Schwagenscheidt
0202-2685000

H: 5148 m, CR 68.9, SL 128, Par 71
D: 4532 m, CR 70.1, SL 128, Par 71
14 Rangeabschläge (4 überdacht)

G: Gäste sind jederzeit willkommen. Anmeldung ist notwendig. Clubausweis mit eingetragenem Handicap (54) ist erforderlich.

18-Loch-Greenfee: WT: EUR 70 / WE: EUR 80
9-Loch-Greenfee: WT: EUR 40 / WE: EUR 50
9-Loch-Greenfee ist nur bis 10 Uhr und ab 16 Uhr möglich

Platzbeschreibung

Der anspruchsvolle Parklandkurs liegt am Rande der Stadt Wuppertal eingebettet in Hügel, Bäche und Wälder mit Blick über das Felderbach-Tal bis nach Bochum und Dortmund. Wer den Platz Gut Frielinghausen gut spielen will, muss die gesamte Palette der Golfschläge beherrschen und jede Möglichkeit wahrnehmen, sein Ergebnis durch geschickte Strategie und Taktik zu verbessern.

Platzinfos

VCG

Anfahrtsbeschreibung

A 46, Ausfahrt Wuppertal-Oberbarmen, rechts, Schmiedestraße, 1. Straße links, nach ca. 400 m rechts und ca. 700 m durch das Golfgelände. Oder: Dortmund-Hagen, Ausfahrt Düsseldorf-Wuppertal-Haßlinghausen, Ausfahrt Wuppertal-Oberbarmen, links 900 m und dannrechts ca. 700 m durch das Golfgelände.

Nächstgelegene Plätze

Felderbach Sprockh., GC (Nr. 304)
Am Mollenkotten, GA (Nr. 305)
Bergisch Land, GC (Nr. 306)

Golfclub Felderbach Sprockhövel e.V.

Karte, Nr. 304, Feld B7 **18** Design: Hans Georg Vesper Höhe: 280 m

gegründet: 1996

Frielingshausen 1, 45549 Sprockhövel
☎ 0202-64822222
✉ info@golfclub-felderbach.de
💻 www.golfclub-felderbach.de

PR: Rolf Hebben, GF: Arnt Vesper, CM: Jan Glass

i: ☎ 0202-64822222 📠 0202-2640292

Golf-Hotel Vesper
☎ 0202-648220 📠 0202-649891

PRO SHOP: Proshop Schwagenscheidt, Marc Schwagenscheidt
☎ 0202-2685000

PRO: Pro: Sooky Maharay, Kevin Augustin, Marc Schwagenscheidt

18-Loch Felderbach Platz
H: 6026 m, CR 72.9, SL 134, Par 74
D: 5079 m, CR 74.2, SL 132, Par 74
9-Loch Par 3 Platz
H: 906 m, Par 27
12 Rangeabschläge (4 überdacht)

G: Gäste sind jederzeit willkommen. Anmeldung ist notwendig. Clubausweis mit eingetragener PE ist erforderlich.

18-Loch-Greenfee: WT: EUR 55 / WE: EUR 65
9-Loch-Greenfee: WT: EUR 35 / WE: EUR 45
9-Loch-Greenfee ist nur bis 10 Uhr und ab 16 Uhr möglich

Platzinfos

VCG

Anfahrtsbeschreibung

A 46, Ausfahrt Wuppertal-Oberbarmen, rechts, Schmiedestraße, 1. Straße links, nach ca. 400 m rechts und dann durch das Golfgelände, der Platz schließt an den GC Juliana an. Oder: Dortmund-Hagen, Ausfahrt Düsseldorf-Wuppertal-Haßlinghausen, Ausfahrt Wuppertal-Oberbarmen, links 900 m und dann rechts durch das Golfgelände zum Platz.

Platzbeschreibung

Der Golfclub liegt auf den nördlichen Höhen Wuppertals im herrlich gelegenen Felderbachtal. Eingebettet in eine traumhaft schöne Landschaft mit herrlichem Blick auf Täler, Wiesen und Felder. Renaturierte Bachläufe und geschützte Biotope bilden reizvolle „Inseln" in diesem anspruchsvollen Golfpark. Der GC Felderbach eröffnet landschaftlich und golferisch neue, interessante Perspektiven.

Nächstgelegene Plätze

Juliana Wuppertal, GC (Nr. 303)
Am Mollenkotten, GA (Nr. 305)
Bergisch Land, GC (Nr. 306)

Öffentl. Golfanlage Am Mollenkotten Wuppertal

Karte, Nr. 305, Feld B7 9 Design: Hans Georg Vesper Höhe: 280 m

gegründet: 1995

Mollenkotten 220, 42279 Wuppertal
0202-264822222
info@golfclub-felderbach.de
www.golfclub-felderbach.de

PR GF: Arnt Vesper, CM: Jaroslav Belsky
Headgreenkeeper: Gunnar Klever

i 0202-64822222

Bergische Stube
0202-660150

25 Rangeabschläge (8 überdacht)

G Gäste sind jederzeit willkommen.

9-Loch-Greenfee: EUR 8.5

Platzinfos

VCG CLUB GASTRO

Platzbeschreibung

Diese erste öffentliche Golfanlage im Bergischen Land bietet einen 9-Loch-Kurzplatz mit Driving Range, Putting- und Pitching-Green sowie einem Übungsbunker. Der Platz ist golftechnisch auf eher leichtem Niveau angesiedelt und eignet sich daher ideal für Anfänger.

Anfahrtsbeschreibung

Von Düsseldorf: A 46, Ausf. Wuppertal-Oberbarmen, re. in die Schmiedestraße, dann 1. Straße li., nach ca. 300 m linker Hand. Von Köln/Leverkusen: A 1, Ausf. Wuppertal-Haßlinghausen/Gevelsberg-West, li. Ri. Düsseldorf (A 46), Ausf. Wuppertal-Oberbarmen, li. abbiegen, nach ca. 250 m linker Hand. Von Dortmund/ Hagen: A 1, Ausf. Wuppertal Haßlinghausen/ Düsseldorf, re. Ri. Düsseldorf (A 46), Ausf. Wuppertal-Oberbarmen und weiter wie oben beschrieben.

Nächstgelegene Plätze

Felderbach Sprockh., GC (Nr. 304)
Juliana Wuppertal, GC (Nr. 303)
Bergisch Land, GC (Nr. 306)

Golf-Club Bergisch Land Wuppertal e.V.

Karte, Nr. 306, Feld B7 **18** Design: B. von Limburger, C. Städler, J. S. F. Morrison Höhe: 150 m

gegründet: 1928

Siebeneicker Straße 386, 42111 Wuppertal
✆ 02053-7077 🖷 02053-7303
✉ info@golfclub-bergischland.de
💻 www.golfclub-bergischland.de

PR: Dr. Yorck Friedrich Jung

i: ✆ 02053-7077 🖷 02053-7303

Familie Lorenzo, Luca Lorenzo
Mo. Ruhetag

PRO: Pro: Morgan D'Arcy, Marc Delmas

H: 5951 m, CR 72.3, SL 139, Par 72
D: 5242 m, CR 74.2, SL 135, Par 72
20 Rangeabschläge (12 überdacht)

G: Gäste sind jederzeit willkommen. Anmeldung ist notwendig. Clubausweis mit eingetragenem Handicap (54) ist erforderlich.

18-Loch-Greenfee: WT: EUR 75 / WE: EUR 90
9-Loch-Greenfee: WT: EUR 40 / WE: EUR 50
Ermäßigung: Jugendl./Stud. bis 27 J. 50%

Platzbeschreibung

Der Charakteristik des Bergischen Landes entsprechender hügeliger Golfplatz mit altem Baumbestand sowie großzügigen Fairways mit modernem Konturenschnitt. Die zum Teil von vielen Bunkern verteidigten, stark ondulierten Grüns bieten im Zusammenhang mit einigen Bachläufen und Teichen, die immer wieder (spiel-)strategisch in Erscheinung treten, ein abwechslungsreiches Spiel.

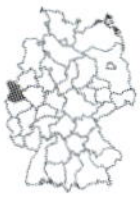

Platzinfos

VCG GPS CLUB

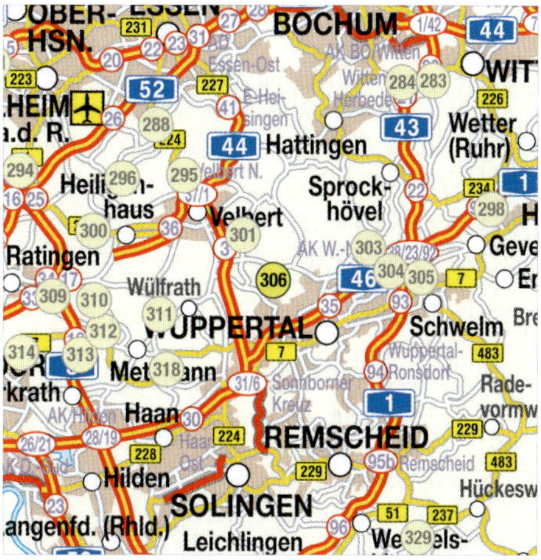

Anfahrtsbeschreibung

A 46, Ausfahrt Wuppertal-Katernberg, links in die Nevigeser Straße bis zur 2. großen Ampelkreuzung, dort rechts in die Straße „Am Elisabethheim", die in der Fortsetzung in die „Siebeneicker Straße" übergeht, nach ca. 2-3 km links zum Golfplatz abbiegen.

Nächstgelegene Plätze

Velbert, GC (Nr. 301)
Felderbach Sprockh., GC (Nr. 304)
Juliana Wuppertal, GC (Nr. 303)

Greenfee-Aktion: Seite G 81

Golf am Haus Amecke

Karte, Nr. 307, Feld C7 **9/6** Höhe: 295 m

gegründet: 2013

Haus Amecke, 59846 Sundern
02393-170666 02393-170667
info@golfhausamecke.de
www.golfhausamecke.de

PR
GF: Tim Hoffmann
Freiherr Eberhard von Wrede
Headgreenkeeper: Anthony Teasdale

02393-170666 02393-170667
Gabi Meisterjahn

Weitblick, Britta Schäfer
02393-2463177
Mo. Ruhetag

PRO SHOP
Golf am Haus Amecke GmbH& Co.KG,
Tim Hoffmann
02393-170666 02393-170667

PRO
Pro: Tim Hoffmann, Frank Schneider

9-Loch Platz
H: 4262 m, CR 63.8, SL 113, Par 64
D: 3418 m, CR 65.3, SL 109, Par 64
6-Loch Family-Platz
H: 339 m, Par 18, D: 293 m, Par 18
40 Rangeabschläge (7 überdacht)

G
Gäste sind jederzeit willkommen. Clubausweis mit eingetragener PE ist erforderlich.

Tages-Greenfee: EUR 50
18-Loch-Greenfee: EUR 50
9-Loch-Greenfee: EUR 30
Ermäßigung: Jugendl. und Stud. bis 30 J. 50%

Platzbeschreibung
Die Bahnen der 9 Löcher sind durch die Hügellandschaft mit mehreren Wasserhindernissen eine Herausforderung für jeden Golfer, bieten aber auch Anfängern optimale Einstiegsmöglichkeiten. Der Sorpebach fließt inmitten der Anlage zum 500 m entfernten Sorpe-Stausee.

Platzinfos

VCG

Anfahrtsbeschreibung
A 44 Dortmund-Kassel, am ABK Werl auf die A 445 Ri. Arnsberg, Ausf. Arnsberg-Hüsten/Sundern, dann B 229 Ri. Sundern, in Sundern-Zentrum an der Kreuzung auf die L 591 Ri. Finnentrop, geradeaus, ca. 400 m nach Ortsende Sundern rechts Ri. Amecke, nach ca. 2 km in Amecke (Illingheimer Str.) am Ortsende Amecke sieht man den Golfplatz und das Schloss „Haus Amecke".Eingabe Navi:Haus Amecke (als Straße).

Nächstgelegene Plätze
Sauerland, GC (Nr. 285)
Repetal-Südsauerland, GC (Nr. 332)
Sellinghausen, GC (Nr. 320)

Golfpark Renneshof GmbH

Karte, Nr. 308, Feld A7 **18**

gegründet: 2014

Zum Renneshof, 47877 Willich-Anrath
☎ 02156-9142180 🖷 02156-9142181
✉ info@gc-renneshof.de
💻 www.renneshof.de

PR
GF: Hans Schlickum
Headgreenkeeper: Sebastian Illbruck

ℹ
☎ 02156-9142180 🖷 02156-9142181
Jana Wolff, Lea Kramer

Renneshof Restaurant - Café - Bar
☎ 02156-9142185 🖷 02156-9142181
Mo. Ruhetag

PRO SHOP
Golfpark Renneshof GmbH
☎ 02156-9142180 🖷 02156-9142181

PRO
Pro: Christian Bell, Steffen Wilcke

H: 4834 m, CR 65.6, SL 108, Par 70
D: 4301 m, CR 67, SL 113, Par 70
50 Rangeabschläge (15 überdacht)

G
Gäste sind jederzeit willkommen. Anmeldung ist erforderlich. PE ist erforderlich.

18-Loch-Greenfee: Mo.-Do.: EUR 45 / Fr.-So.: EUR 55
9-Loch-Greenfee: Mo.-Do.: EUR 25 / Fr.-So.: EUR 35
Ermäßigung: Jugendl. bis 18 J. und Stud. bis 25 J.

Platzbeschreibung

Der Golf Park Renneshof verfügt über eine 18-Loch-Anlage im Links Course Design und erinnert an eine englische Dünenlandschaft. Rauer Wind, wenig Baumbestand, ondulierte und rasant schnelle Grüns, eingebettet in die Willich/Krefelder Landschaft. Die im ganzen Jahr bespielbaren Sommergrüns bieten ein abwechslungsreiches Spiel. Der Golfplatz befindet sich in unmittelbarer Nähe zu den Städten Mönchengladbach, Krefeld, Düsseldorf (weniger als 25 Minuten Fahrtzeit).

Platzinfos

VCG
GPS

Anfahrtsbeschreibung

Zufahrt zur Golfanlage NUR über die Kempener.Str.

Nächstgelegene Plätze

Schloss Myllendonk, GC (Nr. 321)
Duvenhof, GC (Nr. 317)
Stadtwald, GC (Nr. 297)

Düsseldorfer Golf Club e.V.

Karte, Nr. 309, Feld B7 **18** Design: F.W. Hawtree Höhe: 100 m

gegründet: 1961

Rommeljansweg 12, 40882 Ratingen
☎ 02102-81092 Fax 02102-81782
info@duesseldorfer-golf-club.de
www.duesseldorfer-golf-club.de

PR Jörg Penner
Headgreenkeeper: Philip Haude

i ☎ 02102-81092 Fax 02102-81782
Inga Stollmann, Aliza Alizadeh,
Daniela Trevor-Owen

Ökonomie Kesten, Michael Kesten
☎ 02102-83620 Fax 02102-871794
Mo. Ruhetag

PRO SHOP Golf Shop Renate Erlinghagen
☎ 02102-1350988

PRO Pro: Maximilian Alsmeyer, Julia Krull, Jochen Kupitz, Lars Thiele, Dirk Brinkmann

H: 5781 m, CR 71.1, SL 131, Par 71
D: 5105 m, CR 72.7, SL 128, Par 71
20 überdachte Rangeabschläge

G Gäste sind jeden Tag (außer Montag) willkommen. Anmeldung ist notwendig. Clubausweis mit eingetragenem Handicap (36) ist erforderlich.

18-Loch-Greenfee: WT: EUR 90 / WE: EUR 110
9-Loch-Greenfee: WT: EUR 55
Ermäßigung: Jugendl./Stud. 50%

Platzbeschreibung

Die 18-Loch-Anlage wurde bereits 1961 erbaut und liegt in einer mitunter hügeligen Landschaft. Teilweise enge Fairways und Hanglagen sowie der alte Baumbestand sichern ein abwechslungsreiches, aber auch anspruchsvolles Spiel.

Platzinfos

Anfahrtsbeschreibung

A 3, Ausfahrt Nr. 17 Kreuz Ratingen-Ost, unbedingt der Beschilderung „Ratingen“ folgen. Oben an der Ampel auf die Brachter Straße abbiegen. Nach ca. 300 m links in den schmalen Rommeljans-Weg einbiegen. Auf die Beschilderung „Golf“ achten. Noch ca. 600 m bis zum Parkplatz des Clubs.

Nächstgelegene Plätze

Grevenmühle, GC (Nr. 310)
Hubbelrath, GC (Nr. 312)
KOSAIDO, Intern. GC (Nr. 313)

Greenfee-Aktion: Seite G 81

Golf Club Grevenmühle GmbH

Karte, Nr. 310, Feld B7 **18** Höhe: 141 m

gegründet: 2001

Grevenmühle 3, 40882 Ratingen-Homberg
☎ 02102-95950 🖷 02102-959515
✉ golfclub@grevenmuehle.de
💻 www.grevenmuehle.de

PR Ingo Wetzel, GF: Rüdiger Zarnekow
Thomas Mahl
Headgreenkeeper: Johannes Camp

i ☎ 02102-95950 🖷 02102-959515
Fabian Jantke

Landhaus Grevenmühle, Mario Hegmann
☎ 02102-959530 🖷 02102-959515
Mo. Ruhetag

PRO Pro: Fabian Klinger, Ian Holloway, Mats Iwand, Christopher Galbraith

H: 5885 m, CR 71.2, SL 135, Par 72
D: 5030 m, CR 72.2, SL 130, Par 72
40 Rangeabschläge (8 überdacht)

G Gäste sind jederzeit willkommen. Anmeldung ist notwendig. Clubausweis mit eingetragenem Handicap (36) ist erforderlich.

18-Loch-Greenfee: WT: EUR 60 / WE: EUR 75
9-Loch-Greenfee: WT: EUR 35 / WE: EUR 45
Startzeitenreservierung ist erforderlich
Ermäßigung: Jugendl. bis 18 J. und Stud. bis 27 J.

Platzbeschreibung

Auf einem 107 ha großen Gelände am Fuße des bergischen Landes, nur unweit der Landeshauptstadt Düsseldorf gelegen, bieten sich den Golfbegeisterten 18 wohl überlegte und anspruchsvolle Golfbahnen. Der sportlich sehr anspruchsvolle, hügelige Platz mit Schräglagen verfügt über eine Reihe von Bunkern, Wasserhindernissen, altem Baumbestand und Biotopen sowie über mehrere Stufengrüns.

Platzinfos

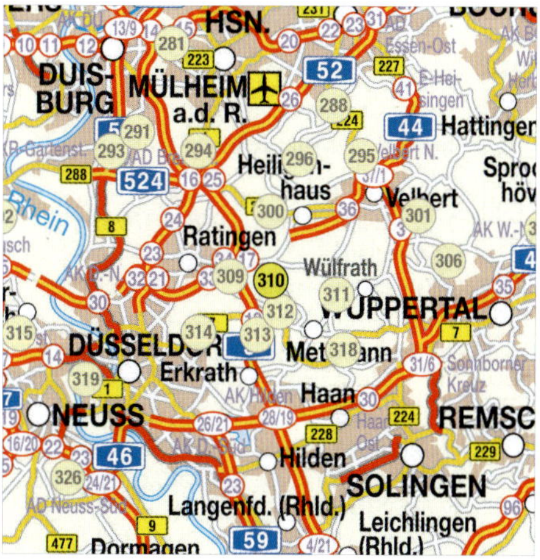

Anfahrtsbeschreibung

A 3 Köln-Oberhausen oder A 44 bis Kreuz Velbert-Ratingen Ost, dann B 422 Richtung Velbert durch Homberg, am Ortsausgang Richtung Mettmann auf der Metzkausener Straße ca. 800 m, dann rechts in die Grevenmühle bis Golfanlage Grevenmühle und zum Golfplatz.

Nächstgelegene Plätze

Düsseldorfer GC (Nr. 309)
Hubbelrath, GC (Nr. 312)
KOSAIDO, Intern. GC (Nr. 313)

Golf Club Mettmann e.V.

Karte, Nr. 311, Feld B7 18/3 Höhe: 200 m

gegründet: 1986

Obschwarzbach 4a, 40822 Mettmann
02058-92240 02058-922449
info@gc-mettmann.de
www.gc-mettmann.de

PR Ute Andermann, CM: Ingo Lüders

02058-92240 -922449
Sona Nemec, Mateusz Bonczkowitz

Restaurant Frieda
02058-8937888 02058-8937890
Mo. Ruhetag

PRO SHOP Golfshop Mettmann
02058-7881998

PRO Pro: Frank Foley, Tobias Gurek

18-Loch Platz
H: 6080 m, CR 72.4, SL 133, Par 72
D: 5359 m, CR 74.3, SL 126, Par 72
3-Loch Platz
H: 996 m, Par 27
D: 849 m, Par 27
35 Rangeabschläge (6 überdacht)

G Gäste sind Montag - Freitag (außer an Feiertagen) willkommen. Anmeldung ist notwendig. Clubausweis mit eingetragenem Handicap (36) ist erforderlich.

18-Loch-Greenfee: EUR 60
Ermäßigung: Jugendl./Stud. 50%

Platzbeschreibung

Der Platz liegt auf einem Ausläufer des Bergischen Landes in einem sanft hügeligen, 93 ha umfassenden Gelände, nur 15 km östl. von Düsseldorf. Die Fairways sind sportlich anspruchsvoll und bieten mit insgesamt 71 Bunkern und 7 Wasserhindernissen besondere spielerische Reize. Ein Übungscenter mit 3-Loch-Kurzplatz, einer Driving Range mit 35 Abschlägen (6 überdacht) sowie mit Einrichtungen für das kurze Spiel bietet ideale Trainingsmöglichkeiten.

Platzinfos

VCG

Anfahrtsbeschreibung

Vom Stadtzentrum Mettmann: Auf der Johannes-Flintrop-Straße/Wülfrather Straße (L 403) Richtung Wülfrath (Velbert), an der Ampel vor dem Ortseingang Wülfrath links Richtung Ratingen/A 3 und an der nächsten Ampel links (Obschwarzbach 3-6) und der Beschilderung folgen. Oder: Vom ABK Ratingen-Ost (A 3) auf der L 422 Richtung Wülfrath (Velbert), nach ca. 9 km an der Ampel rechts (Obschwarzbach 3-6) zum Golfplatz abbiegen.

Nächstgelegene Plätze

Haan-Düsseltal 1994, GC (Nr. 318)
Grevenmühle, GC (Nr. 310)
Hubbelrath, GC (Nr. 312)

Golf Club Hubbelrath - Land u. Golf Club Düsseldorf e.V.

Karte, Nr. 312, Feld B7 **18/18** Design: Dr. Bernhard von Limburger Höhe: 170 m

gegründet: 1961

Bergische Landstraße 700, 40629 Düsseldorf
✆ 02104-72178 🖷 02104-75685
✉ info@gc-hubbelrath.de
💻 www.gc-hubbelrath.de

PR Dr. Olaf Huth, GF: Guido Tillmanns

i ✆ 02104-72178 🖷 02104-75685
Axel Kupfer, Igor Marijan

Golfrestraurant Hubbelrath, Birgit Mexner
✆ 02104-70452 🖷 02104-76684
Mo. Ruhetag

PRO SHOP GOLFlife Handelsgesellschaft mbH
✆ 02104-75272

PRO Pro: Roland Becker, Dawie Stander, Stephanie Döring, Franziska Vent

18-Loch Ostplatz
H: 5977 m, CR 72.4, SL 132, Par 72
D: 5269 m, CR 74.5, SL 131, Par 72
18-Loch Westplatz
H: 4000 m, CR 61.7, SL 107, Par 66
D: 3586 m, CR 62.5, SL 106, Par 66
24 Rangeabschläge (9 überdacht)

G Gäste sind jederzeit willkommen. Anmeldung ist notwendig. Clubausweis mit eingetragenem Handicap (26.4) ist erforderlich. An Wochenenden/Feiertagen ist der Platz von 9:00 Uhr bis 14:00 Uhr den Mitgliedern (und ihren Gästen) vorbehalten.

Tages-Greenfee: WT: EUR 80 / WE: EUR 100
9-Loch-Greenfee: WT: EUR 40 / WE: EUR 50
Ermäßigung: Jugendl. bis 18 J. und Stud. bis 27 J. 50%

Platzbeschreibung

Der Golf-Club ist in einem landschaftlich reizvollen Gebiet zwischen der Landeshauptstadt Düsseldorf und dem Bergischen Land gelegen. Es bietet sich die Möglichkeit, zwei äußerst unterschiedliche Plätze zu bespielen. Der Westplatz ist zwar relativ kurz, aber wegen vieler Schräglagen und kleiner Grüns nicht einfach. Auf dem Meisterschaftsplatz wurden bereits mehrfach die German Open ausgetragen.

Platzinfos

VCG GPS CLUB

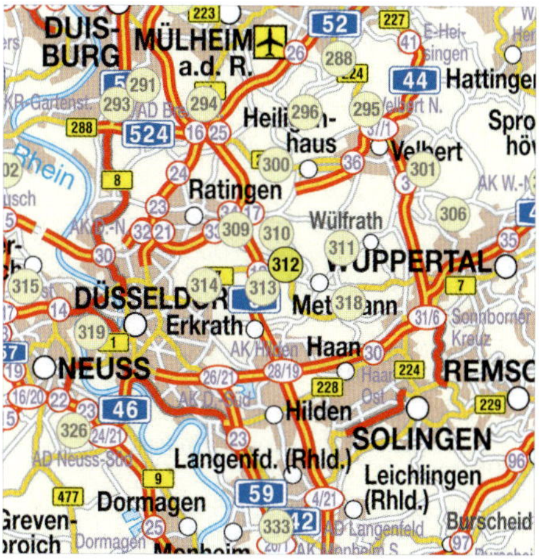

Anfahrtsbeschreibung

A 3 Köln-Oberhausen, Ausfahrt Mettmann-Düsseldorf-Hubbelrath, auf der B 7 Richtung Mettmann. Nach 800 m links zum Golfplatz (ausgeschildert). Oder: Von Düsseldorf über die Bergische Landstraße (B 7) Richtung Mettmann, nach dem Überqueren der BAB nach 800 m links zum Golfplatz abbiegen (ausgeschildert).

Nächstgelegene Plätze

KOSAIDO, Intern. GC (Nr. 313)
Grevenmühle, GC (Nr. 310)
Düsseldorfer GC (Nr. 309)

Nordrhein-Westfalen

KOSAIDO Internationaler Golfclub Düsseldorf e.V.

Karte, Nr. 313, Feld B7 **18**

gegründet: 1990

Am Schmidtberg 11, 40629 Düsseldorf
✆ 02104-77060 🖷 02104-770611
✉ info@kosaido.de
💻 www.kosaido.de

PR Susanne Schmitz-Abshagen, GF: Ralf H. Schmitz
Susanne Schmitz-Abshagen
Headgreenkeeper: Tony Falleroni

i ✆ 02104-77060 🖷 02104-770611

Clubrestaurant, Loretta Gherasim
✆ 02104/7706- 40 oder Durchwahl -0
🖷 02104-770611
Mo. Ruhetag

PRO SHOP Kosaido Golf-Betriebs GmbH, Fabian Müller, Moritz Grigat
✆ 02104-77060 🖷 02104-770611

PRO Pro: Stefan Horlacher, Gary Warner

H: 5562 m, CR 70.3, SL 135, Par 71
D: 5044 m, CR 72.8, SL 131, Par 71
12 Rangeabschläge (6 überdacht)

G Gäste sind jederzeit willkommen. Anmeldung ist notwendig. Clubausweis mit eingetragenem Handicap (36) ist erforderlich.

18-Loch-Greenfee: WT: EUR 55 / WE: EUR 80
9-Loch-Greenfee: WT: EUR 35 / WE: EUR 50

Platzinfos

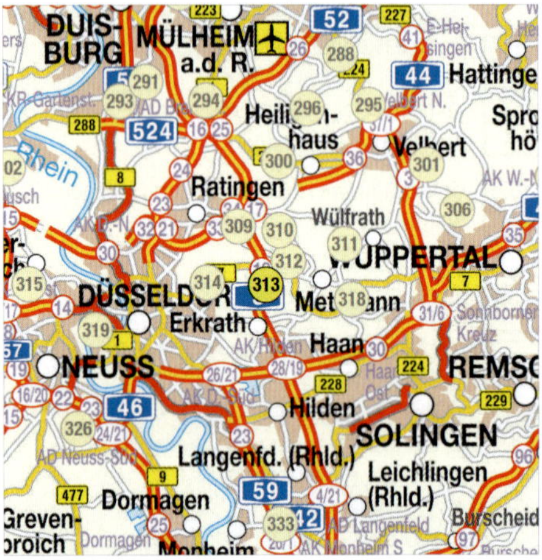

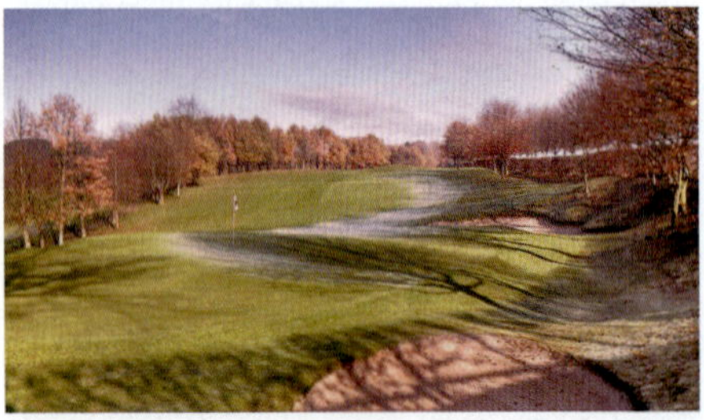

Platzbeschreibung

Die 18-Loch-Meisterschaftsanlage liegt inmitten der Natur in Düsseldorf-Hubbelrath. Der Club bietet alle Voraussetzungen für erholsame Entspannung, gepflegte Kommunikation sowie eine anspruchsvolle gastronomische Betreuung, in dessen gemütlicher Atmosphäre der Gast japanische und europäische Küche genießen kann. Der Platz und die Platzpflege liegen auf hohem Niveau.

Anfahrtsbeschreibung

A 3, Ausfahrt Mettmann/D-Hubbelrath (Nr. 18) auf die B 7 in Richtung Mettmann, 700 m nach der Ausfahrt liegt das Clubhaus (rotes schlossähnliches Backsteingebäude) etwas zurückgesetzt auf der rechten Seite. Aus Düsseldorf: Über die B 7 (Bergische Landstraße) in Richtung Mettmann, 700 m nach der Auffahrt zur A 3 liegt das Clubhaus auf der rechten Seite. Der Golfclub liegt an der B 7 gegenüber dem Golfplatz Hubbelrath.

Nächstgelegene Plätze

Hubbelrath, GC (Nr. 312)
Grevenmühle, GC (Nr. 310)
Düsseldorfer GC (Nr. 309)

Golfclub Düsseldorf-Grafenberg e.V.

Karte, Nr. 314, Feld B7 **18** Design: Heinz Fehring Höhe: 70 m

gegründet: 1995

Rennbahnstraße 24-26,
40629 Düsseldorf-Grafenberg
0211-964950 0211-9649595
info@golf-duesseldorf.de
www.golf-duesseldorf.de

PR: Hannes Urban

i: 0211-9649511 -9649537
Florian Marquardt

Golfrestaurant Grafenberg
0211-9649514

PRO SHOP: Angela Vollrath
0211-964950 -9649595

PRO: Pro: Joachim B. Wittmann, Dennis Küpper, Steve Parry, Stefanie Eckrodt, Lucas Iturbide, Rick Kadge, Christian John von Freyend

H: 5342 m, CR 68.8, SL 131, Par 70
D: 4580 m, CR 69.5, SL 122, Par 70
40 Rangeabschläge (30 überdacht)

G: Gäste sind jederzeit willkommen. Anmeldung ist notwendig. Clubausweis mit eingetragenem Handicap (54) ist erforderlich.

18-Loch-Greenfee: WT: EUR 60 / WE: EUR 70
Ermäßigung: Jugendl./Stud. 50%

Platzbeschreibung

Nur gerade mal 10 Minuten von der Düssel-dorfer Innenstadt entfernt, eingebettet im Landschaftsschutzgebiet des Grafenberger und des Aaper Waldes, befindet sich der einzige gänzlich auf Düsseldorfer Stadtgebiet gelegene 18 Loch-Golfplatz der Golfanlage Düsseldorf-Grafenberg. In die hügelige Landschaft eingebettet und von Wald umgeben, bietet er mehrere mit Bachläufen und Wasserfällen verbundene künstliche Seen, lange Bahnen, hängende Fairways und anspruchsvolle Inselgrüns.

Platzinfos

VCG GPS CLUB GASTRO

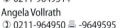

Anfahrtsbeschreibung

A 3 Köln-Oberhausen, Ausfahrt Mettmann, weiter auf der B 7 Richtung Düsseldorf, nach ca. 7-8 km hinter dem Landeskrankenhaus rechts in die Rennbahnstraße und der Beschilderung zum Golfplatz folgen.

Nächstgelegene Plätze

Düsseldorfer GC (Nr. 309)
KOSAIDO, Intern. GC (Nr. 313)
Hubbelrath, GC (Nr. 312)

Golfclub Meerbusch e.V.

Karte, Nr. 315, Feld B7 **18** Höhe: 20 m

gegründet: 1994

Badendonker Straße 15, 40667 Meerbusch
✆ 02132-93250 ☎ 02132-932513
✉ info@golfpark-meerbusch.de
www.golfpark-meerbusch.de

PR Gerd-Michael Rayermann, GF: Bernhard Lindenbuß, CM: Bernhard Lindenbuß
Headgreenkeeper: Kai Thiesen

i ✆ 02132-93250 ☎ 02132-932513
Angelika Schirmer

Röttgenhof, David Adrian
✆ 02132-932519 ☎ 02132-932513
Mo. Ruhetag

PRO SHOP Michael Wieland
✆ 02132-932525 ☎ -932513

PRO Pro: Jin-Woo Park, Paul Naylor, Michael Wieland

H: 6079 m, CR 72.2, SL 130, Par 72
D: 5477 m, CR 75, SL 131, Par 72
21 Rangeabschläge (8 überdacht)

G Gäste sind Montag - Freitag (außer an Feiertagen) willkommen. Anmeldung ist notwendig. Clubausweis mit eingetragenem Handicap (45) ist erforderlich. VCG Spieler herzlich willkommen. Keine Blue Jeans auf der Golfrunde.

18-Loch-Greenfee: WT: EUR 65 / WE: EUR 85
9-Loch-Greenfee: WT: EUR 35 / WE: EUR 45
In Mitgliederbegleitung erhalten Sie EUR 10 Rabatt bei 18 Löchern.
Ermäßigung: Jugendl. und Stud. bis 27 J. 50%

Platzinfos

VCG GPS CLUB GASTRO

Anfahrtsbeschreibung

A 3, beim Autobahnkreuz Ratingen-Ost auf die A 44 Richtung M'gladbach, Abfahrt Lank-Latum nehmen und rechts über Strümp Ri. Büderich fahren, dort an der Kirche rechts in die Necklenbroicher Str. einbiegen, dann rechts in den Golfpark einfahren. A 57, am Autobahnkreuz Meerbusch auf die A 44 Ri. Velbert, die Abfahrt Lank-Latum nehmen, dann weiter wie beschrieben. Oder von der A 52 kommend, die Ausf. Büderich nehmen, weiter wie oben beschrieben.

Platzbeschreibung

Der Golfclub Meerbusch verfügt über eine 18-Loch-Anlage mit typisch niederrheinischem Charakter, eingebettet in die Waldlandschaft des Meerer Busches. Vier große Seenbereiche garantieren ein abwechslungsreiches Spiel. Der Golfplatz befindet sich nur 15 Minuten vom Düsseldorfer Zentrum entfernt.

Nächstgelegene Plätze

Duvenhof, GC (Nr. 317)
Düsseldorf, GSV (Nr. 319)
Krefelder GC (Nr. 302)

Greenfee-Aktion: Seite G 81f 83

GC Gelstern Lüdenscheid-Schalksmühle e.V.

Karte, Nr. 316, Feld C7 **18/4** Höhe: 390 m

gegründet: 1985

Gelstern 2, 58579 Schalksmühle
✆ 02351-51819 Fax 02351-52620
✉ kontakt@gc-gelstern.de
www.gc-gelstern.de

PR: Klaus Ballauf, GF: Daniel Maiworm

i: ✆ 02351-51819 Fax 02351-52620
Kerstin Preil

Fairway, Filippos Parlakoglou
✆ 02351-3669917
Mo. Ruhetag

PRO SHOP: Pro Shops Susanne Günnewich
✆ 02351-56460

PRO: Pro: Ralf Sperveslage, Frank Hollbach

18-Loch Platz
H: 5747 m, CR 70.8, SL 132, Par 71
D: 5131 m, CR 73.1, SL 130, Par 71
4-Loch Kurzplatz
H: 773 m, Par 13, D: 738 m, Par 13
15 Rangeabschläge (9 überdacht)

G: Gäste sind jederzeit willkommen. Clubausweis mit eingetragenem Handicap (45) ist erforderlich. GPS-Geräte bei Turnieren zugelassen.

18-Loch-Greenfee: WT: EUR 50 / WE: EUR 60
9-Loch-Greenfee: EUR 35
Fernmitglieder oder Golfer mit Gast/Greenfeemitgliederschaften zahlen EUR 20/10 auf 18/9-Loch mehr.
Ermäßigung: Jugendl./Stud. bis 27 J. 50%

Platzbeschreibung

Umgeben von dicht bewaldeten Höhen liegt nach Süden gerichtet der Golfplatz Gelstern eingebettet in eine herrliche Mittelgebirgs-Landschaft. Ausblicke auf Berge, Täler, Wiesen und Felder. Renaturierte Bachläufe und geschützte Biotope bilden reizvolle „Inseln" auf diesem abwechslungsreichen Golfgelände.

Platzinfos

VCG GPS

Anfahrtsbeschreibung

A 45, Ausfahrt Lüdenscheid-Nord Richtung Lüdenscheid, nach ca. 1 km die erste Straße rechts (Toyota-Autohaus) und der asphaltierten Einfahrt zum Golfplatz folgen.

Nächstgelegene Plätze

Varmert, GC (Nr. 331)
Märkischer GC (Nr. 289)
Gut Berge Gevelsbg, GC (Nr. 298)

Golfanlage Duvenhof

Karte, Nr. 317, Feld B7 18/9 Design: Wolfgang R. Müller

gegründet: 1993

Hardt 21, 47877 Willich
☎ 02159-911093 (Club), 02159-91595-0 (Betreiber) 🖷 02159-911095 (Club), 02159-91595-69 (Betreiber)
✉ sekretariat@gcduvenhof.de
💻 www.gcdw.de

PR Gerhard Frank, GF: Michael Kerkhoff
Headgreenkeeper: Andrew Buck

i ☎ 02159-911093 🖷 02159-911095
Gabriele Rauch

Landgut Duvenhof
☎ 02159-912943

PRO SHOP Golfsport Willich GmbH
☎ 02159-915950 🖷 02159-9159569

PRO Pro: Michael Baldringer, Ralf Saager, Stefan Bunge, Thomas Marx

18-Loch Meisterschaftsplatz
H: 6022 m, CR 73.5, SL 133, Par 73
D: 5330 m, CR 75.5, SL 138, Par 73
9-Loch öffentlicher Platz
H: 3810 m, CR 61.6, SL 110, Par 62
D: 3318 m, CR 61.2, SL 106, Par 62
70 Rangeabschläge (14 überdacht)

G Gäste sind Montag - Freitag (außer an Feiertagen) willkommen. Anmeldung ist notwendig. Clubausweis mit eingetragenem Handicap (36) ist erforderlich.

18-Loch-Greenfee: WT: EUR 65 / WE: EUR 80
Ermäßigung: Jugendl. bis 17 J. 40%, Stud. bis 27 J. 20%

Platzbeschreibung

Eingebettet in die wunderschöne Landschaft des Niederrheins wurde ein 18-Loch-Meisterschaftsplatz modelliert, der sowohl den versierten Golfer fordert als auch dem nicht ganz so erfahrenen Spieler die Möglichkeit gibt, bei entsprechend taktischem Spiel sein Handicap zu erreichen. Obwohl der Platz einige stark nivellierte Spielbahnen und sehr viel Wasser bietet, ist er jederzeit fair.

Platzinfos

VCG GPS GASTRO

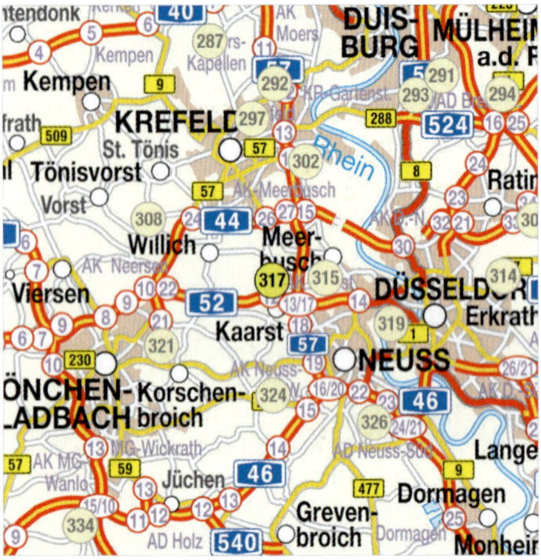

Anfahrtsbeschreibung

A 52 Düsseldorf-Mönchengladbach, Ausfahrt Kaarst-Osterrath Richtung Osterrath, nach ca. 1 km an „Franzens Zollhaus" links Richtung Willich, nach ca. 1 km rechts durch die Baumallee zum Golfplatz.

Nächstgelegene Plätze

Meerbusch, GC (Nr. 315)
Rittergut Birkhof, GC (Nr. 324)
Krefelder GC (Nr. 302)

Golfclub Haan Düsseltal 1994 e.V.

Karte, Nr. 318, Feld B7 18 Höhe: 163 m

gegründet: 1994

Pannschoppen 2, 42781 Haan
02104-170307 02104-809838
info@golfclub-haan-duesseltal.de
www.golfclub-haan-duesseltal.de

PR Dr. Sven-Olaf Krauß, GF: Dr. Rolf Singer, CM: Peter Rom

02104-170307 -809838
Jennifer Chudzinski, Karen Hauck

Golfrestaurant, Iris Ximar
02104-809401 -809404

PRO Pro: Stefan Müller, Vlad Hoyt, Johannes Bauerdick, Graham Hillier

H: 5737 m, CR 71.1, SL 133, Par 72
D: 5014 m, CR 72.7, SL 128, Par 72
30 Rangeabschläge (8 überdacht)

G Gäste sind Montag - Freitag (außer an Feiertagen) willkommen. Sa./So./Feiertage ist Anmeldung notwendig. Clubausweis mit eingetragenem Handicap (45) ist erforderlich.

18-Loch-Greenfee: WT: EUR 50 / WE: EUR 70
Ermäßigung: Jugendl./Stud. 50%

Platzinfos

VCG GASTRO

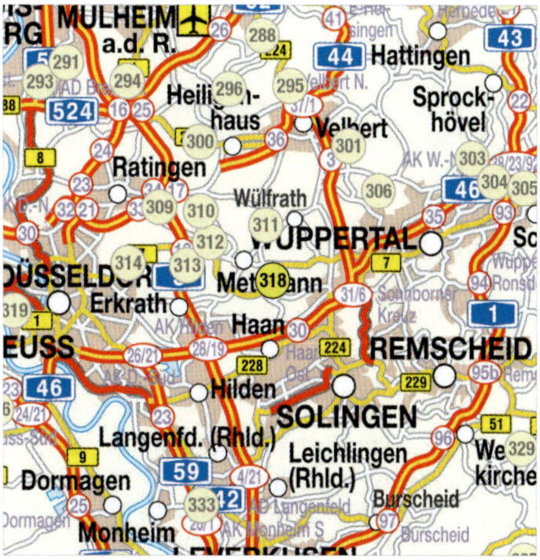

Anfahrtsbeschreibung
A 3, Ausfahrt Mettmann, weiter auf der B 7 Richtung Mettmann, von der Umgehungsstraße K 18 nach ca. 8 km rechts zum Golfplatz abbiegen. Oder: Von Wuppertal A 46, Ausfahrt Haan-Ost, weiter Richtung Gruiten-Mettmann, nach dem Verkehrsübungsplatz an der ersten Kreuzung rechts, noch ca. 1 km bis zum Golfplatz.

Platzbeschreibung
Der 18-Loch-Meisterschaftsplatz liegt in einer leicht hügeligen Südhanglage am Rande des Düsseltals, 13 km östlich von Düsseldorf. Eine abwechslungsreiche Platzarchitektur mit sieben Teichen, vielen Gräben und Bunkerhindernissen ermöglicht ein anspruchsvolles und interessantes Spiel.

Nächstgelegene Plätze
Mettmann, GC (Nr. 311)
Hubbelrath, GC (Nr. 312)
KOSAIDO, Intern. GC (Nr. 313)

GSV Golf-Sport-Verein Düsseldorf e.V.

Karte, Nr. 319, Feld B7 9 Höhe: 35 m

gegründet: 1990

Auf der Lausward 51, 40221 Düsseldorf-Hafen
0211-410529 0211-412007
info@gsvgolf.de
www.gsvgolf.de

PR Headgreenkeeper: Artur Stoller

0211-410529 0211-412007
Katinka Jacobi, Nadine Spaan

0211-1372765
Mo. Ruhetag
Marcel Hofmann

PRO SHOP

PRO Pro: Frank Foley, Andre Kruse, Javier L. Gonzalez

H: 5678 m, CR 69.9, SL 120, Par 70
D: 5016 m, CR 71.8, SL 120, Par 70
20 Rangeabschläge (5 überdacht)

G Gäste sind jederzeit willkommen. Sa./So./Feiertage ist Anmeldung erforderlich. PE ist erforderlich. Keine Metallspikes erlaubt.

18-Loch-Greenfee: WT: EUR 30 / WE: EUR 45
9-Loch-Greenfee: WT: EUR 20 / WE: EUR 30
Jugendl./Stud./Geringverdienende 50% Ermäßigung.

Platzinfos

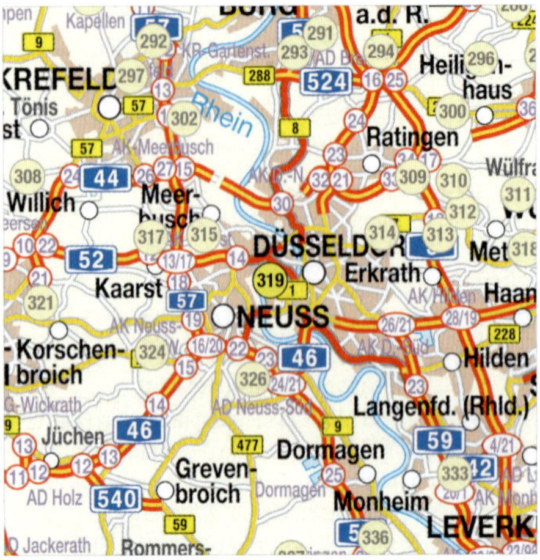

Anfahrtsbeschreibung

Von der Völklinger Straße (B 1 an der Grenze zwischen den Stadtteilen Bilk/Unterbilk/Hafen) Richtung Hafen abbiegen und der Vorfahrtstraße folgen. Im Hafengelände ist der Weg beschildert. Der Golfplatz liegt auf den Rheinwiesen unterhalb des Niveaus der Deichkrone. Busanbindung bis zum Clubhaus (725).

Platzbeschreibung

Bekannt ist der Golfplatz „Auf der Lausward" seit 1978 als erster öffentlicher Golfplatz Deutschlands. Seit 1.1.1997 betreibt der GSV Düsseldorf den Platz in Eigenregie. Auf der Lausward trifft sich ein völlig gemischtes Publikum zu gemeinsamem Spiel, der-Umgang miteinander ist unkompliziert und freundschaftlich. Fast mitten in der City auf den Rheinwiesen vor dem Hafen ist der Blick vom 8. Grün auf die Skyline Düsseldorfs optischer Höhepunkt.

Nächstgelegene Plätze

Meerbusch, GC (Nr. 315)
Hummelbachaue, GA (Nr. 326)
Düsseld.-Grafenberg, GC (Nr. 314)

Greenfee-Aktion: Seite G 83

Golfclub Sellinghausen e.V.

Karte, Nr. 320, Feld D7 **9/9** Höhe: 460 m

gegründet: 1991

An der Fuhr 5,
57392 Schmallenberg-Sellinghausen
☎ 02971-908274 🖷 02971-908723
✉ info@golfclub-sellinghausen.de
www.gc-sellinghausen.de

PR: Peter Schulte, CM: Hans-Jürgen Baum

i: ☎ 02971-908274 🖷 02971-908723

Ferienhotel Stockhausen
☎ 02971-3120 🖷 02971-312102

9-Loch Turnierplatz
H: 5946 m, CR 72.8, SL 133, Par 74
D: 5226 m, CR 74.4, SL 136, Par 74
9-Loch Platz
H: 4363 m, CR 64.7, SL 116, Par 65
D: 3821 m, CR 66.1, SL 111, Par 65
20 Rangeabschläge (6 überdacht)

G: Gäste sind jederzeit willkommen. Clubausweis mit eingetragenem Handicap ist erforderlich.

18-Loch-Greenfee: WT: EUR 40 / WE: EUR 49
9-Loch-Greenfee: WT: EUR 27 / WE: EUR 32
Greenfee-Ermäßigung für Hotelgäste: WT EUR 32 / WE18-Loch EUR 40, Car 9-Loch EUR 14, 18-Loch EUR 28, Trolley EUR 3
Ermäßigung: Jugendl./Stud. 50%

Platzbeschreibung

Der GC Sellinghausen liegt in einer landschaftlich schönen Umgebung des Schmallenberger Sauerlandes und bietet herrliche Ausblicke von jeder Spielbahn aus. Die 9-Loch Anlage mit Par 74 und der 9-Loch Kurzplatz liegen direkt nebeneinander und können auch als 18-Loch Platz Par 65 miteinander kombiniert werden.

Platzinfos

Anfahrtsbeschreibung

Über die B 511 (Gleidorf/Bremke), Ausfahrt Mailar.

Nächstgelegene Plätze

Schmallenberg, GC (Nr. 325)
Winterberg, GC (Nr. 322)
Repetal-Südsauerland, GC (Nr. 332)

Nordrhein-Westfalen

Golfclub Schloss Myllendonk e.V.

Karte, Nr. 321, Feld A7 **18** Design: Donald Harradine Höhe: 40 m

gegründet: 1965

Myllendonker Straße 113,
41352 Korschenbroich
02161-641049
info@gcsm.de
www.gcsm.de

PR: Roger Brandts, CM: Ulrich Klaus-Sasserath

i: 02161-641049

Schlossrestaurant „Fairways", Rakovic Draga
02161-642152
Mo. Ruhetag

PRO SHOP: ivi Golf Shop
02161-644955

PRO: Pro: Hüseyin Can, Dr. Kathrin Appell

H: 6059 m, CR 72.6, SL 132, Par 72
D: 5258 m, CR 74.1, SL 132, Par 72
23 Rangeabschläge (5 überdacht)

G: Gäste sind jederzeit willkommen. Anmeldung ist notwendig. Clubausweis mit eingetragenem Handicap (36) ist erforderlich.

18-Loch-Greenfee: WT: EUR 65 / WE: EUR 75
9-Loch-Greenfee: WT: EUR 40 / WE: EUR 45
WE-GF gilt ab Fr. 13 Uhr.
Ermäßigung: Jugendl. bis 18 J. und Stud. bis 29 J. 20% (Mo-Fr)

Platzbeschreibung

Der Platz liegt auf völlig ebenem Gelände in einem Naturschutzgebiet am Rande Mönchengladbachs. Seinen besonderen Charakter erhält er durch die vielen, sehr schönen und alten Bäume. Der Mittelpunkt der Anlage ist das mittelalterliche Wasserschloss Myllendonk, das auf Pfählen in den Auen der Niers, die den Platz südwestlich begrenzt, erbaut wurde. Die Zuflüsse zu den Grachten und die natürlichen Teiche prägen die Anlage besonders. Wir sind Mitglied bei Leading Golf Clubs of Germany e.V.

Platzinfos

VCG GPS CLUB GASTRO

Anfahrtsbeschreibung

A 44, Ausfahrt Mönchengladbach-Ost, dem Schild „Gewerbegebiet Üdding" ca. 1 km folgen, links in die „Jakobshöhe". Nach ca. 700 m links in die Myllendonker Straße einbiegen, Einfahrt Schlosshof-Parkplatz zum Golfplatz. Oder: A 52, Ausfahrt Mönchengladbach-Neuwerk, die Kreuzung bei „real" überqueren, die 1. Straße rechts, 2. Straße links und durch das Wohngebiet der Beschilderung „Schloss Myllendonk/ Golfplatz" folgen.

Nächstgelegene Plätze

Rittergut Birkhof, GC (Nr. 324)
Golfpark Renneshof (Nr. 308)
Duvenhof, GC (Nr. 317)

Greenfee-Aktion: Seite G 83

Golf-Club Winterberg e.V.

Karte, Nr. 322, Feld D7 **9** Höhe: 640 m

gegründet: 1962

In der Büre 20, 59955 Winterberg
02981-1770
info@golfclub-winterberg.de
www.golfclub-winterberg.de

PR
Jost Rossel
Headgreenkeeper: Michael Welzel

02981-1770
Manfred Heick

Clubrestaurant, Kathleen Lange
02981-81233

PRO SHOP
Pro - Shop Manfred Heick
02981-1770

PRO
Pro: Leo Verberne

H: 5504 m, CR 70.9, SL 135, Par 70
D: 5001 m, CR 73.6, SL 134, Par 70
11 Rangeabschläge (2 überdacht)

G
Gäste sind jederzeit willkommen. Anmeldung ist notwendig. Clubausweis mit eingetragenem Handicap (54) ist erforderlich. Sa./So./Feiertage ist Handicap 45 erforderlich.

18-Loch-Greenfee: WT: EUR 40 / WE: EUR 45
9-Loch-Greenfee: WT: EUR 25 / WE: EUR 30
Ermäßigung: Jugendl./Stud. 50%

Platzbeschreibung

Der Golfplatz liegt mitten in einer fast unberührten Naturlandschaft. Auf der 9-Loch-Anlage genießt der Golfer von mehreren Punkten aus einen bezaubernden Blick auf die sauerländische Bergwelt. Ein natürlicher Wasserlauf greift an mehreren Löchern spielentscheidend ein. Die gesamte Anlage ist geprägt von zahlreichen Schräglagen und großem Baumbestand.

Platzinfos

VCG CLUB GASTRO

Anfahrtsbeschreibung

Zwischen Silbach und Winterberg. Auf der B 480 kurz nach Winterberg links Richtung Meschede-Silbach-Siedlinghausen, nach ca. 2 km links der Beschilderung zum Golfplatz folgen.

Nächstgelegene Plätze

Schmallenberg, GC (Nr. 325)
Sellinghausen, GC (Nr. 320)
Brilon, GC (Nr. 290)

Greenfee-Aktion: Seite G 83f 85

Europäischer Golfclub Elmpter Wald e.V.

Karte, Nr. 323, Feld A7 18

Nordrhein-Westfalen

gegründet: 2015

Roermonder Straße 45, ehemalige Javelin Kaserne, 41372 Niederkrüchten
02163-4996131
info@golf-in-elmpt.eu
www.golf-in-elmpt.eu

PR: Manfred Veckes, CM: Roland Schmidt

i: 02163-4996131 02163-4996133
David Hampson

PRO SHOP: 02163 4996131

PRO: Pro: Marc Riesenfeld

H: 5580 m, CR 70, SL 123, Par 71
D: 5009 m, CR 72, SL 122, Par 72
15 Rangeabschläge (6 überdacht)

G: Gäste sind jederzeit willkommen. Anmeldung ist notwendig. Clubausweis mit eingetragenem Handicap ist erforderlich.

Tages-Greenfee: WT: EUR 55 / WE: EUR 60
Ermäßigung: Jugendl. bis 21 J.

Platzbeschreibung

Der Golfplatz Niederkrüchten Elmpt bietet den Spielern einen abwechslungsreichen und anspruchsvollen Golfplatz. Die baumumsäumte Heidelandschaft ist für Spieler aller Stärken geeignet.

Nächstgelegene Plätze

Residenz Rothenbach, GC (Nr. 328)
Schmitzhof, G&LC (Nr. 327)
Wildenrath, GC (Nr. 330)

Platzinfos

GPS CLUB GASTRO VCG

Anfahrtsbeschreibung

SatNav/Navi: Roermonder Straße 45, 41372 Niederkrüchten Aus Richtung Mönchengladbach: Autobahn A 52 Ausfahrt Nr. 2 Elmpt, im Kreisverkehr 1. Ausfahrt rechts, Brücke über Autobahn geradeaus 400 m zur Haupteinfahrt des früheren britischen Militärgeländes. Aus Richtung Roermond: Autobahn A 52 Ausfahrt Nr. 2 Elmpt, nach der Ausfahrt rechts 200 m zur Haupteinfahrt des früheren britischen Militärgeländes. Bei der Ankunft fahren Sie nach rechts in die Einfahrt 1 und melden sich bitte im Wachhaus mit Name und Startzeit an (bitte den Personalausweis oder Führerschein vorlegen). Im Wachhaus ist man über Ihren Besuch bei uns informiert und leitet Sie dann zu uns weiter.

Golfpark Rittergut Birkhof

Karte, Nr. 324, Feld B7 18/9/9 Design: Kurt Rossknecht

gegründet: 1996

Rittergut Birkhof, 41352 Korschenbroich
✆ 02131-510660 🖷 02131-153225
✉ golfpark@birkhof.de
💻 www.golfpark-rittergut-birkhof.de

PR GF: Annette Schubert
Ralf Küsters
Headgreenkeeper: Lars Christgau

i ✆ 02131-510660 🖷 -153225

Rittergut Birkhof, Markus Fells
✆ 02131-206535 🖷 02131-206536
Mo. Ruhetag

PRO SHOP Clubfixx GmbH, Andreas Nottebaum
✆ 02131-510614

PRO Pro: Patrick Hensel, Ryan Fisher, Cary Beyertz

18-Loch Rittergut Birkhof Platz
H: 5832 m, CR 70.8, SL 128, Par 73
D: 5114 m, CR 72.4, SL 128, Par 73
9-Loch Am Römerweg Platz
H: 2808 m, CR 56.8, SL 95, Par 54
D: 2808 m, CR 57.9, SL 95, Par 54
68 Rangeabschläge (18 überdacht)

G Gäste sind jederzeit willkommen. Anmeldung ist notwendig. Clubausweis mit eingetragenem Handicap (54) ist erforderlich.

18-Loch-Greenfee: Mo.: EUR 50 / Di.-Fr.: EUR 60 / WE: EUR 70
9-Loch-Greenfee: WT: EUR 40
Ermäßigung: Jugendl./Stud. bis 25 J.

Platzinfos

VCG GPS CLUB GASTRO

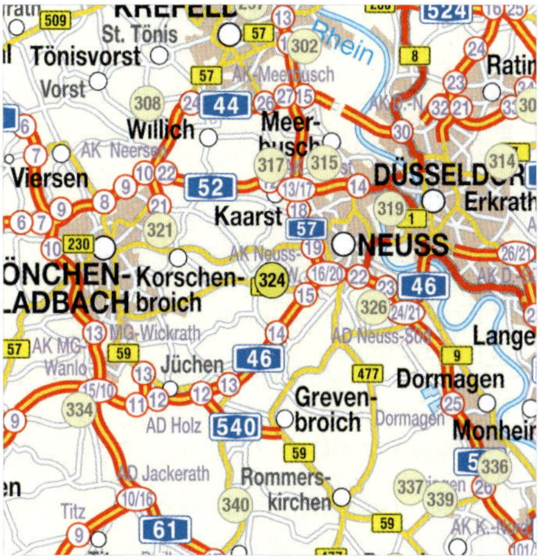

Anfahrtsbeschreibung

A 57 Köln-Neuss-Krefeld, Ausf. 19 Neuss-Büttgen, L 381 Ri. Büttgen, nach ca. 5 km an der 5. bzw. 6. Ampel links L 32 Büttger Weg Ri. Korschenbroich-Glehn, dann 1. Straße links und der Beschilderung Rittergut Birkhof folgen. Oder: A 46 Aachen-Neuss-Düsseldorf, Ausf. 14 Grevenbroich-Kapellen, L 361 Ri. Korschenbroich-Glehen, nach ca. 5 km an der Ampel rechts L 381 Ri. Büttgen, nach ca. 1,3 km rechts der Beschilderung Rittergut Birkhof folgen.

Platzbeschreibung

Auf 84 ha traditionsreicher niederrheinischer Landschaft wurde hier im Nahbereich von Düsseldorf, Neuss, Krefeld und Umgebung eine attraktive Anlage geschaffen. Der Golfpark ist fester Bestandteil von Rittergut Birkhof. Die über 200 Jahre alte Parkanlage war dabei Gestaltungsvorbild. Insgesamt drei unterschiedlich gestaltete Golfplätze ermöglichen das Golfspiel auf jedem Niveau: Der 18-Loch Rittergut Birkhof Meisterschaftsplatz mit seinen Fairways, Bunkern und Teichanlagen, in typischer niederrheinischer Landschaft, hat alles, was das Golfer-Herz begehrt.

Nächstgelegene Plätze

Hummelbachaue, GA (Nr. 326)
Duvenhof, GC (Nr. 317)
Schloss Myllendonk, GC (Nr. 321)

Golfclub Schmallenberg e.V.

Karte, Nr. 325, Feld D7 **27** Höhe: 510 m

gegründet: 1984

Über dem Ohle 25, 57392 Schmallenberg
☎ 02975-8745 Fax 02975-339
✉ info@golfclub-schmallenberg.de
www.golfclub-schmallenberg.de

PR: Prof. Dr. Dieter Köhler, CM: Marvin Buschmann

i: ☎ 02975-8745 Fax 02975-339
Stefan Vogels

Golf-Café-Restaurant
☎ 02975-81250

PRO: Pro: John Galbraith

27-Loch Schmallenberg West, Ost, Nord Platz
H: 5790 m, Par 72
D: 5101 m, Par 72
14 überdachte Rangeabschläge

G: Gäste sind jederzeit willkommen. Anmeldung ist notwendig. Clubausweis mit eingetragenem Handicap (54) ist erforderlich.

Tages-Greenfee: EUR 65
18-Loch-Greenfee (ab 15:00 Uhr): EUR 45
9-Loch-Greenfee: EUR 38
Gäste der Mitgliederhotels erhalten 25% Erm.
Erm: Jugendl. bis 18 J. und Stud. bis 28 J. 50%

Platzbeschreibung

Landschaft, soweit das Auge reicht. Prächtige Ausblicke, großartige Spielbahnen zwischen 415 und 510 Höhenmetern und spektakuläre Abschläge. Der mächtige Wilzenberg schützt den Platz von Süden, im Norden liegt das typisch sauerländische Örtchen Holthausen. 27 spannende Spielbahnen auf 120 Hektar Fläche faszinieren den Single-Handicaper genauso wie den Golf-Anfänger. Nach dem Spiel gibt's die zünftige Brotzeit oder den Sundowner in unserem Clubrestaurant, das vom 5 Sterne Romantik & Wellness Hotel Deimann betrieben wird.

Platzinfos

Anfahrtsbeschreibung

A 44 bis ABK Werl, A 445 Ri Arnsberg, Abfahrt Wennemen Ri Schmallenberg. Hinter Wenholthausen B 55 bis Bremke. In Bremke rechts B 511 bis Gleidorf. In Gleidorf links B 236 bis Winkhausen. A 45 bis Abfahrt Olpe. B 55 Ri Lennenstadt bis Bilstein. In Bilstein rechts über Hohe Bracht bis Lennestadt-Altenhundem. In Altenhundem links B 236 Ri Schmallenberg. Durch Schmallenberg und Gleidorf bis Winkhausen.

Nächstgelegene Plätze

Sellinghausen, GC (Nr. 320)
Winterberg, GC (Nr. 322)
Wittgensteiner Land (Nr. 342)

Golfanlage Hummelbachaue

Karte, Nr. 326, Feld B7 18/9

gegründet: 1988

Am Golfplatz, 41469 Neuss
02137-91910 / Fax 02137-919191
service@hummelbachaue.de
www.hummelbachaue.de

PR: Dirk von Ahlefeld, GF: Egon Erny
Headgreenkeeper: Russel Adams

i: 02137-91910 / Fax 02137-919191
Front Office

Hummelbach Restaurant am Golfplatz, Michael Wetzels 02137-919131 / Fax 02137-919191 , Mo. und Di. Ruhetag

PRO SHOP: Peter Stollenwerk, Peter Stollenwerk
02137-9217625 / Fax 032-224197490

PRO: Pro: Günter Kessler, Dennis Arnold, Marc Riesenfeld, Fabian Hahn, Mostafa Sbai, Richard Willis, Hauke Wagner

18-Loch Platz
H: 6139 m, CR 74.4, SL 149, Par 74
D: 5386 m, CR 76.2, SL 143, Par 74
9-Loch Platz
H: 4970 m, CR 67.1, SL 125, Par 70
D: 4322 m, CR 68.4, SL 126, Par 70
200 Rangeabschläge (30 überdacht)

G: Gäste sind jederzeit willkommen. Anmeldung ist notwendig. Clubausweis mit eingetragenem Handicap (45) ist erforderlich.

18-Loch-Greenfee: WT: EUR 65 / WE: EUR 70
9-Loch-Greenfee: WT: EUR 25 / WE: EUR 30
Ermäßigung: Jugendl. bis 18 J. und Stud. bis 27 J.

Platzbeschreibung

Glück ist Grün - Golf aus Leidenschaft Seit Gründung der Golfanlage Hummelbachaue im Jahr 1988 entstand ein Golferparadies in bester Lage – im Einzugsgebiet von Neuss, Düsseldorf und Köln. Ein 18-Loch-Meisterschaftsplatz, ein öffentlicher 9-Loch-Platz sowie eine der größten Übungsanlagen Deutschlands bieten Golfern und Newcomern optimale Spiel- und Trainingsbedingungen. Auch Profis wie Martin Kaymer und Marcel Siem schätzen die Vorzüge der Golfanlage Hummelbachaue und feilen gemeinsam mit Headpro Günter Kessler erfolgreich an ihrem Schwung.

Platzinfos

VCG GPS CLUB GASTRO

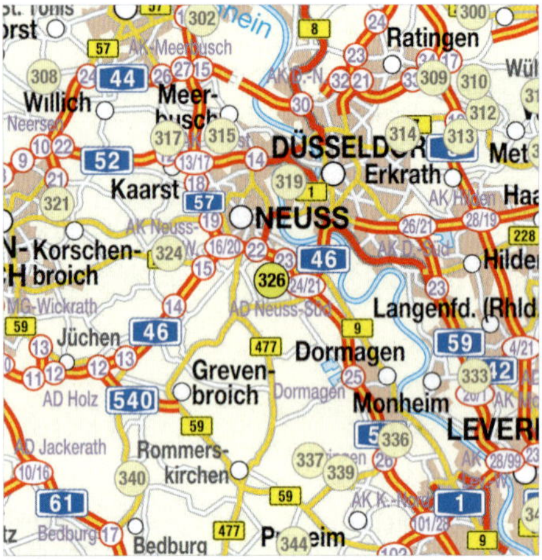

Anfahrtsbeschreibung

A57, Ausfahrt Neuss-Norf (23), anschließend rechts bis zum Straßenende. Jetzt links Richtung Neuss-Norf, 1. Ampel rechts. Hier begrüßt Sie unser „Neusser Golfer", das Erkennungszeichen der Golfanlage Hummelbachaue.

Nächstgelegene Plätze

Düsseldorf, GSV (Nr. 319)
Rittergut Birkhof, GC (Nr. 324)
Meerbusch, GC (Nr. 315)

Greenfee-Aktion: Seite G 85

Golf- und Landclub Schmitzhof e.V.

Karte, Nr. 327, Feld A7 **18** Design: Donald Harradine Höhe: 80 m

gegründet: 1975

Arsbecker Str. 160, 41844 Wegberg
✆ 02436-39090 🖷 02436-390915
✉ info@golfclubschmitzhof.de
💻 www.golfschmitzhof.de

PR: Dr. Oliver Bollmann
Headgreenkeeper: Jan Schmitz

i: ✆ 02436-39090 🖷 -390915
Jürgen Janßen, Ingrid Findeisen

Restaurant Schmitzhof
✆ 02436-380250
Mo. Ruhetag

PRO SHOP: Harry's Golfshop, Harry Hamdan
✆ 02436-339393 🖷 -339394

PRO: Pro: Stefan Vasovic, Jürgen Spieckerhoff

H: 6071 m, CR 71.9, SL 135, Par 72
D: 5229 m, CR 72.9, SL 127, Par 72
12 Rangeabschläge (5 überdacht)

G: Gäste sind jederzeit willkommen. Anmeldung ist notwendig. Clubausweis mit eingetragenem Handicap (36) ist erforderlich.

18-Loch-Greenfee: WT: EUR 65 / WE: EUR 75
9-Loch-Greenfee: WT: EUR 32.5 / WE: EUR 37.5
Für VCG-Spieler und Spieler mit Fernmitgliedschaften erheben wir EUR 5 Gebühr.
Ermäßigung: Jugendl./Stud. 50%

Platzinfos

VCG

Anfahrtsbeschreibung

Von Düsseldorf A 52, von Köln A 61 bis zum ABK Mönchengladbach, A 52 bis zur Ausfahrt 4 Schwalmtal Lüttelforst, dort rechts Richtung Lüttelforst bis zum Straßenende, dort links Richtung Wegberg, im OT Merbeck rechts an der Kirche vorbei Richtung Arsbeck, nach ca. 3 km liegt der Golfplatz rechter Hand der Straße.

Platzbeschreibung

Das landwirtschaftliche Anwesen Schmitzhof bestand nachweislich schon in der Mitte des 19. Jahrhunderts. Schon damals stand ein Kastanienbaum auf dem Anwesen, der mittlerweile auf 230 Jahre geschätzt wird und sich als Wahrzeichen des Clubs im Wappen wiederfindet. Die Anlage ist wegen ihrer Sportlichkeit und Gastfreundschaft weit über die Grenzen des Niederrheins ein Begriff.

Nächstgelegene Plätze

Wildenrath, GC (Nr. 330)
Residenz Rothenbach, GC (Nr. 328)
Elmpter Wald GC (Nr. 323)

Golfclub Residenz Rothenbach e.V.

Karte, Nr. 328, Feld A7 9 Höhe: 70 m

gegründet: 1998

Belgenstraße 10, 41849 Wassenberg
✆ 02432-902209 Fax 02432-902306
info@gc-rothenbach.de
www.gc-rothenbach.de

PR: Olaf Kamper, GF: Helmut Laprell

i: ✆ 02432-902209 Fax 02432-902306
Heike Hohnen

Haus Rothenbach, Patrick Meerts
✆ 02432-9336371
Mo. Ruhetag

PRO: Pro: Fernand Osther

H: 4958 m, CR 68.4, SL 127, Par 70
D: 4344 m, CR 73.5, SL 131, Par 70
12 überdachte Rangeabschläge

G: Gäste sind jederzeit willkommen. Clubausweis mit eingetragener PE ist erforderlich.

Tages-Greenfee: WT: EUR 35 / WE: EUR 50
18-Loch-Greenfee: WT: EUR 35 / WE: EUR 50
9-Loch-Greenfee: WT: EUR 30 / WE: EUR 35

Platzinfos

VCG

Anfahrtsbeschreibung

Anfahrt über die A 46, Abfahrt Hückelhoven-West, im Kreisverkehr 2. Ausfahrt Richtung Wassenberg (L117), der L 117 für etwa 10 km folgen, an Wassenberg vorbei in Richtung Roermond (NL), ca. 250 m vor der niederländischen Grenze die erste Ausfahrt am Kreisverkehr zum Golfplatz abbiegen und der Beschilderung folgen.

Platzbeschreibung

Die im Jahre 1996 neu konzipierte 9-Loch-Anlage liegt in der Nähe der Deutsch-Niederländischen Grenze, eingebettet in eine großflächige, idyllische Heidelandschaft. Kurze, enge Bahnen, viele Wasserhindernisse und Sandbunker, schwierige, variantenreiche und stark ondulierte Grüns erfordern ein präzises und konzentriertes Spiel.

Nächstgelegene Plätze

Elmpter Wald GC (Nr. 323)
Schmitzhof, G&LC (Nr. 327)
Wildenrath, GC (Nr. 330)

Golfclub Dreibäumen e.V.

Karte, Nr. 329, Feld B7 **18** Design: Heinz Fehring Höhe: 300 m

gegründet: 1997

Stoote 1, 42499 Hückeswagen
☎ 02192-854720 🖷 02192-854719
✉ sekretariat@dreibaeumen.de
💻 www.dreibaeumen.de

PR: Dr. Klaus Schäfer, CM: Erich Buchholz
Headgreenkeeper: Dietmar Kurtz

i: ☎ 02192-854720 🖷 02192-854719

Casa Lorenzo im Golfclub Dreibäumen,
Patricia Lorenzo
☎ 02192-854763 🖷 02192-854777
Mo. Ruhetag

PRO SHOP: Golf und Günstig OHG, Claudia Buchholz
☎ 02192-854712 🖷 02192-854719

PRO: Pro: Christian Durchner

H: 5880 m, CR 71, SL 133, Par 71
D: 5189 m, CR 73.1, SL 130, Par 71
27 Rangeabschläge (12 überdacht)

G: Gäste sind jederzeit willkommen. Anmeldung ist notwendig. Clubausweis mit eingetragenem Handicap (54) ist erforderlich. Sa./So./Feiertage ist Handicap 36 erforderlich.

Tages-Greenfee: WT: EUR 50 / WE: EUR 70
9-Loch-Greenfee: WT: EUR 30 / WE: EUR 35
Twilight (ab 3 Std. vor Sonnenuntergang)
Ermäßigung: Jugendl. bis 18 J. und Stud. bis 27 J. 50%

Platzinfos

VCG

Anfahrtsbeschreibung

A 1, Ausfahrt Remscheid, links weiter Richtung Lennep, B 229 bis zur Kreuzung Trecknase, dort rechts auf die B 51 Richtung Wermelskirchen bis zur Kreuzung Bergisch Born/Hückeswagen, links in die Bornfelder Straße, nach 100 m rechts in die Straße „Am Eichholz" bis nach Dreibäumen, in Dreibäumen links kurz danach wieder links bis zum Golfplatz.

Platzbeschreibung

Mitten im Bergischen Land - Städtedreieck Remscheid/Wermelskirchen/Hückeswagen - liegt der leicht hügelige Platz mit wunderschöner Aussicht. Auf 72 ha sind die 18 Löcher großzügig angelegt und bieten zahlreiche Herausforderungen wie Schräglagen, natürliche Roughs, Wasserhindernisse/Teiche, Bunker und große hängende Greens. Driving Range, Übungsbunker, Pitching- und Puttinggreen sowie Rasenabschläge laden zu Trainingsstunden ein.

Nächstgelegene Plätze

Kürten, GC (Nr. 335)
Schloß Georghausen, GC (Nr. 343)
Gimborner Land, GA (Nr. 338)

Golfclub Wildenrath e.V.

Karte, Nr. 330, Feld A7 **18**

gegründet: 1991

Am Golfplatz 1, 41844 Wegberg
☎ 02432-81500 🖷 02432-8508
✉ info@golfclub-wildenrath.de
💻 www.golfclub-wildenrath.de

PR: Frank Lisges, CM: Manfred Karduck

i: ☎ 02432-81500 🖷 02432-8508
Lena Wilhelms, Pascal Mertes

Gastronomie: NeunZehn, Kai Nowakowski
☎ 02432-89995

PRO SHOP: ☎ 02432-81500

PRO: Pro: John Munns, Tim Longley

H: 5827 m, CR 71.9, SL 131, Par 72
D: 5188 m, CR 74.1, SL 131, Par 72
25 Rangeabschläge (7 überdacht)

G: Gäste sind jederzeit willkommen. Anmeldung ist notwendig. Clubausweis mit eingetragenem Handicap (45) ist erforderlich.

18-Loch-Greenfee: WT: EUR 65 / WE: EUR 75
9-Loch-Greenfee: WT: EUR 35 / WE: EUR 40
Ermäßigung: Jugendl./Stud. 50%

Platzinfos

VCG GPS CLUB GASTRO

Anfahrtsbeschreibung

A 52 Düsseldorf-Roermond, Ausfahrt Waldniel/Hehler Richtung Wegberg, Abfahrt rechts bis zur Ampel, dort links, geradeaus durch Rickelrath Richtung Hückelhoven-Erkelenz bis zur T-Kreuzung, links Richtung Hückelhoven-Tüschenbroicher Mühle, nächste Kreuzung rechts und der Beschilderung zum Golfplatz folgen.

Platzbeschreibung

Der 18-Loch-Meisterschaftsplatz zeichnet sich dadurch aus, dass er alle golferischen Elemente bietet, die das Spiel so interessant machen: spektakuläre Wasserhindernisse, Parkland-Kurs-Charakter durch alten Baumbestand bis hin zu großen Heideflächen, die vor allem bei Wind an einen schottischen Links-Course erinnern.

Nächstgelegene Plätze

Schmitzhof, G&LC (Nr. 327)
Residenz Rothenbach, GC (Nr. 328)
Elmpter Wald GC (Nr. 323)

Golf Club Varmert e.V.

Karte, Nr. 331, Feld C7 **18** Höhe: 400 m

gegründet: 1976

Woeste 2, 58566 Kierspe-Varmert
☎ 02359-290215 🖷 02359-290216
✉ post@golfclub-varmert.de
💻 www.golfclub-varmert.de

PR Jürgen Clever, CM: Martina Clever
Headgreenkeeper: Alexander Schlösser

i ☎ 02359-290215 🖷 02359-290216
Ronald Voigt, Brigitte Pietruschka

Landhaus Varmert Inh. Leale, Aldo Iannello
☎ 02359-2990233
Mo. Ruhetag

PRO SHOP Shop Günnewich, Susanne Günnewich
☎ 02359-2971389

PRO Pro: Andreas Röhrich

H: 5683 m, CR 71, SL 138, Par 72
D: 5051 m, CR 73.1, SL 130, Par 72
15 Rangeabschläge (5 überdacht)

G Gäste sind jederzeit willkommen. Anmeldung ist notwendig. Clubausweis mit eingetragener PE ist erforderlich. Sa./So./Feiertage ist Handicap 45 erforderlich.

18-Loch-Greenfee: WT: EUR 50 / WE: EUR 60
9-Loch-Greenfee: WT: EUR 30 / WE: EUR 35
GF Jugendl./Stud. WT / WE: EUR 20 / 25

Platzinfos

VCG GPS

Platzbeschreibung

Am Rande des Sauerlandes, eingebettet in sanfter Hügellandschaft, liegt die 18-Loch-Anlage des Golf-Club Varmert e.V. Das Gelände wird umrahmt von altem Baumbestand und landwirtschaftlich genutzten Flächen. Schon aus der Topographie ergibt sich der sportliche Charakter immer wiederkehrende Schräglagen, ein Teich an Bahn 3, seitliche Wasserhindernisse und zahlreiche Bunker erfordern präzises Spiel. Dabei ist der Platz nie unfair und stellt trotzdem eine ständige Herausforderung dar.

Anfahrtsbeschreibung

A 45 Frankfurt-Dortmund, Ausfahrt Meinerzhagen, auf der B 54 Richtung Kierspe, in Kierspe der Beschilderung nach Remscheid auf der B 237 folgen, der Golfplatz liegt ca. 2 km nach dem Ortsschild Kierspe rechter Hand. Strasse für das Navigationsgerät: Varmert

Nächstgelegene Plätze

Gimborner Land, GA (Nr. 338)
Gelstern, GC (Nr. 316)
Dreibäumen, GC (Nr. 329)

Golfclub Repetal Südsauerland e.V.

Karte, Nr. 332, Feld C7 **18** Höhe: 300 m

gegründet: 1995

Repetalstraße 220,
57439 Attendorn-Niederhelden
02721-718032 02721-718033
info@gc-repetal.de
www.golfclub-repetal.de

PR Dr. Alfons Naber, GF: Udo Clemens,
CM: Mathias Wieland
Headgreenkeeper: Stefan Menke

i 02721-718032 -718033
Annette Schmelzer

Romantik Hotel Platte
02721-1310 -131455

PRO SHOP Inhouse/Sekretariat

PRO Pro: Phil Sierocinski

H: 5411 m, CR 69, SL 131, Par 71
D: 4821 m, CR 71, SL 123, Par 71
35 Rangeabschläge (10 überdacht)

G Gäste sind jederzeit willkommen. Anmeldung ist notwendig. Clubausweis mit eingetragenem Handicap (54) ist erforderlich.

18-Loch-Greenfee: WT: EUR 50 / WE: EUR 60
9-Loch-Greenfee: WT: EUR 30 / WE: EUR 40
Ermäßigung: Jugendl./Stud.

Platzbeschreibung

Inmitten einer der lieblichsten Gegenden Westfalens entstand ein abwechslungsreicher Par 71 Kurs in einem romantischen Tal der Repe - einem Wasser- und Landschaftsschutzgebiet. Attendorn liegt im südlichen Sauerland. Der Platz wird geprägt durch das herrliche Mittelgebirgsambiente. Die gelungene Kombination von ökologischer Planung und natürlicher Vielfalt beim Platzdesign machen das Spiel zu einem unvergesslichen Erlebnis. Ein öffentlicher 6-Loch-Kurzsplatz sowie ein großzügiges Trainingsgelände runden das Angebot ab.

Platzinfos

VCG GPS CLUB

Anfahrtsbeschreibung

A 45 Siegen-Hagen, Ausfahrt Olpe, auf der B 55 Richtung Lennestadt, bei Olpe-Oberveischede links Richtung Attendorn-Niederhelden, der Golfplatz liegt auf halber Höhe zwischen Attendorn-Mecklinghausen und Attendorn-Niederhelden rechts der Straße. Alternative aus nördlicher Richtung kommend: A 45 Hagen-Siegen, Ausfahrt Meinerzhagen, weiter Richtung Attendorn, von dort weiter Richtung Attendorn-Niederhelden zum Golfplatz.

Nächstgelegene Plätze

Siegerland, GC (Nr. 349)
Golf am Haus Amecke (Nr. 307)
Siegen-Olpe, GC (Nr. 351)

Golfclub am Katzberg e.V.

Karte, Nr. 333, Feld B7 **9** Höhe: 60 m

gegründet: 1997

Katzbergstraße 21, 40764 Langenfeld
☎ 02173-919741 🖷 02173-919743
✉ info@golfamkatzberg.de
💻 www.golfamkatzberg.de

PR Oliver Höhn, GF: Jochen Offermanns, CM: Walter Lambrecht
Headgreenkeeper: Jochen Offermanns

i ☎ 02173-919741 🖷 -919743
Jochen Offermanns, Susi Offermanns, Walter Lambrecht

Heaven´s, Marion Alexander
☎ 02173-1015707 🖷 02173-1091749
Mo. Ruhetag

PRO SHOP Willi Fehling602451-659586

PRO Pro: Willi Fehling, Andrew J. Pottinger

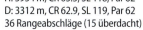

H: 3934 m, CR 63.3, SL 118, Par 62
D: 3312 m, CR 62.9, SL 119, Par 62
36 Rangeabschläge (15 überdacht)

G Gäste sind jederzeit willkommen. Anmeldung ist notwendig. Clubausweis mit eingetragenem Handicap (45) ist erforderlich. Sa./So./Feiertage ist Handicap 36 erforderlich.

18-Loch-Greenfee: WT: EUR 35 / WE: EUR 44
9-Loch-Greenfee: WT: EUR 25 / WE: EUR 33
9-Loch 10er Karte GF: EUR 225,-. Ermäßigung: Jugendl./Stud.

Platzbeschreibung

Zahlreiche Wasserhindernisse und teils tiefe Topfbunker verlangen ein äußerst präzises Spiel. Die engen Fairways tragen ebenfalls dazu bei, den Platz trotz seiner relativen Kürze zu einer echten Herausforderung zu machen.

Platzinfos

VCG GPS

Anfahrtsbeschreibung

A 59 aus Richtung Leverkusener Kreuz oder Düsseldorf-Eller, Ausfahrt Monheim/Langenfeld, weiter Richtung Langenfeld, an der 1. Ampel rechts und der Beschilderung zum Golfplatz folgen.

Nächstgelegene Plätze

KölnGolf (Nr. 336)
Leverkusen, GC (Nr. 341)
Gut Lärchenhof, GC (Nr. 339)

Golfclub Mönchengladbach-Wanlo e.V.

Karte, Nr. 334, Feld A7 18 Höhe: 60 m

gegründet: 1997

Kuckumer Straße 61,
41189 Mönchengladbach-Wanlo
☎ 02166-145722 Fax 02166-145725
info@mg-golfsport.de
www.golfclub-mg.de

PR: Stefan Wimmers

i: ☎ 02166-145722 Fax -145725
Erik Stach, Evelin Amour

Rittergut Wildenrath
☎ 02166-954954 Fax -9549533
Mo. und Di. Ruhetag

PRO SHOP: Mönchengladb. Golfsportanlage GmbH
☎ 02166-954954 Fax -9549533

PRO: Pro: Colin Tomlinson, Andrew Greig, Erik Stach

18-Loch
H: 5889 m, CR 71.8, SL 133, Par 72
D: 5248 m, CR 74, SL 133, Par 72
20 Rangeabschläge (6 überdacht)

G: Gäste sind jederzeit willkommen. Clubausweis mit eingetragenem Handicap (54) ist erforderlich.

18-Loch-Greenfee: WT: EUR 35 / WE: EUR 45

Platzbeschreibung

Die Anlage ist auf einem antiken Bodendenkmal angelegt und bettet sich hervorragend in die Natur des linken Niederrheins ein, mit einer Lage am 800 Jahre alten, von Wassergräben umgebenen Rittergut Wildenrath, welches einen gepflegten Gastronomiebetrieb und einen Erlebnisbauernhof in seinen trutzigen Mauern beherbergt.

Platzinfos

VCG GASTRO

Anfahrtsbeschreibung

Von Mönchengladbach (MG), Krefeld und Düsseldorf: A 61 über das Wanloer Kreuz, Ausfahrt MG-Wanlo. Von Aachen, Koblenz und Köln: A 61 über das Jackerather Kreuz, Ausfahrt MG-Wanlo und der Beschilderung zum Golfplatz folgen.

Nächstgelegene Plätze

Wildenrath, GC (Nr. 330)
Erftaue, GC (Nr. 340)
Schloss Myllendonk, GC (Nr. 321)

Golf Club Kürten e.V.

Karte, Nr. 335, Feld B7 18/9 Höhe: 210 m

gegründet: 1990

Johannesberg 13, 51515 Kürten
☎ 02268-8989 ℻ 02268-3089
✉ info@gckuerten.de
www.golfclubkuerten.de

PR: Dieter Hens, CM: Tiemo Müller

i: ☎ 02268-8989 ℻ -3089
Sabrina Gaidies, Janine Weiß

Golfrestaurant Bergerhöhe, Petros Athanassiou
☎ 02268-3295 ℻ -3295
Mo. Ruhetag

PRO SHOP: Golf & Guenstig
☎ 02268-8989 ℻ -3089

PRO: Pro: Phillip A´Court

18-Loch Platz
H: 6059 m, CR 72.6, SL 136, Par 72
D: 5297 m, CR 73.9, SL 133, Par 72
9-Loch Platz
H: 2766 m, CR 56.9, SL 94, Par 60
D: 2766 m, CR 57.7, SL 97, Par 60
20 Rangeabschläge (7 überdacht)

G: Gäste sind jederzeit willkommen. Sa./So./Feiertage ist Anmeldung notwendig. Clubausweis mit eingetragenem Handicap (54) ist erforderlich.

18-Loch-Greenfee: Mo., Mi.: EUR 39 / Di., Do., Fr.: EUR 49 / WE: EUR 59
9-Loch-Greenfee: WT: EUR 25 / WE: EUR 30
Ermäßigung: Jugendl./Stud. bis 18 J. 50%

Platzinfos

VCG

Anfahrtsbeschreibung

Aus Köln: A 4 Richtung Olpe, Ausfahrt Moitzfeld Richtung Kürten, in Spitze an der Ampel rechts Richtung Kürten, ca. 300 m nach dem Ortsende Kürten links den Johannesberg hinauf zum Golfplatz. Aus Dortmund: A 1 Richtung Köln, Ausfahrt Remscheid Richtung Hückeswagen, von Hückeswagen Richtung Wipperfürth, in Wipperfürth Richtung Kürten, 300 m vor Kürten rechts den Johannesberg hinauf der Beschilderung zum Golfplatz folgen.

Platzbeschreibung

Die Anlage des Golf-Clubs Kürten e.V. „Berghöhe" besteht aus einer 18-Loch-Anlage und einem 9-Loch-Kurzplatz und liegt im Naturpark Bergisches Land. Die Bahnen verlaufen über mehrere Höhenrücken und bieten weite Blicke über das Bergische Land. Der Platz verlangt auch durch die schwierigen Grüns und Schräglagen auf so manchem Fairway strategisches und sportlich anspruchsvolles Spiel.

Nächstgelegene Plätze

Schloß Georghausen, GC (Nr. 343)
Dreibäumen, GC (Nr. 329)
Gimborner Land, GA (Nr. 338)

Greenfee-Aktion: Seite G 85

KölnGolf

Karte, Nr. 336, Feld B7 **18** Design: Dr. Siekmann Höhe: 50 m

gegründet: 1995

Parallelweg 1,
50769 Köln-Roggendorf/Thenhoven
✆ 0221-784018 🖷 0221-781123
✉ info@koelngolf.de
www.koelngolf.de

PR: CM: Mario Majchszak

i: ✆ 0221-784018

Golfrestaurant Kursar, Miso Kursar
✆ 0221-7830258

PRO SHOP: WWH KölnPublic Golf GMBH
✆ 0221-784018

PRO: Pro: Michael Stahr, Mario Majchszak

H: 5944 m, CR 71.5, SL 130, Par 72
D: 5109 m, CR 72, SL 126, Par 72
35 Rangeabschläge (14 überdacht)

G: Gäste sind jederzeit willkommen. Anmeldung ist notwendig. Clubausweis mit eingetragener PE ist erforderlich.

18-Loch-Greenfee: WT: EUR 45 / WE: EUR 55
9-Loch-Greenfee: WT: EUR 29 / WE: EUR 35
Wochenendpreise ab Freitag 12.00 h
Ermäßigung: Jugendl. bis 18 J. 50%, Stud. bis 27 J. 25%

Platzbeschreibung

KölnGolf lautet der neue Name der öffentlichen Kölner Golfsportanlage. Der 18-Loch-Platz wartet auf Beginner wie Fortgeschrittene Spieler mit seitlichen Sandbunkern, diversen Wasserhindernissen und einem gepflegten Baumbestand. Nur ca. 10 Autominuten vom Zentrum Kölns entfernt bietet diese Anlage Golf auch ohne Mitgliedschaft. Die vollwertige 18-Loch-Anlage mit Par 72 offeriert alle Annehmlichkeiten für ein paar schöne Stunden Golf: Range Anlage, Pro Shop, Einzelunterricht, Gruppenunterricht, Schnupperkurse und Gastronomie.

Platzinfos

VCG GPS CLUB

Anfahrtsbeschreibung

A 57 Köln-Neuss, Ausfahrt Köln-Worringen, rechts und der Beschilderung „Golf Anlage" folgen.

Nächstgelegene Plätze

Gut Lärchenhof, GC (Nr. 339)
Velderhof, G&CC (Nr. 337)
Am Katzberg, GC (Nr. 333)

Golf & Country Club Velderhof e.V.

Karte, Nr. 337, Feld B7 **27** Design: Dieter R.Sziedat

gegründet: 1997

Velderhof, 50259 Pulheim
02238-923940 02238-9239440
info@velderhof.de
www.velderhof.de

PR Dietmar Broicher, GF: Andreas Döring

i 02238-923940 02238-9239440
Lisa Wolf, Susanne Pütz

Restaurant Velderhof
02238-140285

PRO SHOP Golfschule + Pro Shop, Golfschule Velderhof
02238-922942 02238-922943

PRO Pro: Michael J. Hearn, Perry Somers, Christopher Kociok

H: 5927 m, CR 70.8, SL 124, Par 72
D: 5265 m, CR 72.9, SL 121, Par 72
32 Rangeabschläge (16 überdacht)

G Gäste sind jederzeit willkommen. Anmeldung ist notwendig. Clubausweis mit eingetragenem Handicap (54) ist erforderlich. Sa./So./Feiertage ist Handicap 36 erforderlich.

18-Loch-Greenfee: WT: EUR 60 / WE: EUR 75
9-Loch-Greenfee: EUR 40
Im Sommer bieten wir unter der Woche „Early Bird" (vor 9.00 Uhr) und „Sundowner" (ab 17.00 Uhr) Greenfees auf dem 18-Loch Kurs an

Platzbeschreibung

Die 27-Loch-Anlage liegt in absolut ruhiger Lage mit Blick in eine geschützte Auenlandschaft. Der Golfer findet hier einen fairen Course vor, als Schmuckstück erweist sich das Clubhaus in einer historischen Gutsanlage.

Platzinfos

VCG GPS CLUB GASTRO

Anfahrtsbeschreibung

A 57 Düsseldorf-Köln, Ausfahrt Worringen. Richtung Pulheim, nach dem 2. Kreisverkehr 1. Straße rechts, dann der Beschilderung „Velderhof" folgen. Von der A1 Ausfahrt Bocklemünd, in Richtung Pulheim, auf der U59 bleiben in Rchtg. Rommerskirchen bis Ausfahrt Stommeln. 1. Ampel Links (Stommeln), 2. Ampel geradeaus (Sinnersdorf), nach 1km links Richtung „Stommelerbusch", dann der Beschilderung „Velderhof" folgen. Navigationsystem: Bitte „Hahnenstrasse, 50259 Pulheim" eingeben

Nächstgelegene Plätze

Gut Lärchenhof, GC (Nr. 339)
Am Alten Fliess, GC (Nr. 344)
KölnGolf (Nr. 336)

Nordrhein-Westfalen

Golfanlage Gimborner Land

Karte, Nr. 338, Feld C7 9 Höhe: 300 m

gegründet: 2000

Kreuzstraße 10,
51647 Gummersbach-Berghausen
✆ 02266-440447 🖷 02266-440448
✉ info@gimborner-land.de
www.gimborner-land.de

PR: Dr. Michael Fischer, GF: Werner Sturm
Headgreenkeeper: Thomas Wester

i: ✆ 02266-440447 🖷 02266-440448
Tamara Trier, Marie Christin Klaas, Kerstin Siering

Restaurant Gimborner Land, Konstantinos Stergiou
✆ 02266-440447

PRO SHOP

PRO: Pro: Thorsten Romeikat

H: 5890 m, CR 71.7, SL 139, Par 72
D: 5188 m, CR 73.6, SL 129, Par 72
12 Rangeabschläge (6 überdacht)

G: Gäste sind jederzeit willkommen. Anmeldung ist notwendig. Clubausweis mit eingetragener PE ist erforderlich.

18-Loch-Greenfee: Mo.-Do.: EUR 33 / Fr.: EUR 39 / WE: EUR 45
9-Loch-Greenfee: Mo.-Do.: EUR 27 / Fr.: EUR 31 / WE: EUR 35
Ermäßigung: Jugendl./Stud.

Platzinfos

VCG

Anfahrtsbeschreibung

Von Köln: A 4 Richtung Olpe, Ausfahrt Engelskirchen, dann links Richtung Marienheide-Nochen (L 302/L 306) geradeaus bis zum Ende der Ausbaustrecke in Nochen, am Ortsausgang Nochen (ca. 7,5 km von der Autobahn entfernt) links nach Berghausen, in Berghausenlinks Richtung Würden, nach ca. 200 m liegt rechter Hand der Golfplatz.

Platzbeschreibung

Inmitten der idyllischen Landschaft des Bergischen Landes, mit einem einmaligen Panoramablick, befindet sich auf einer Fläche von 27 ha die Golfanlage „Gimborner Land". Die auf 9-Loch konzipierte Anlage entspricht gehobenen spieltechnischen Ansprüchen. Nicht unerwähnt bleiben darf die natürliche Topographie des Geländes, die golftechnisch sehr anspruchsvoll, aber für die oberbergische Lage keine besondere körperliche Anforderung stellt.

Nächstgelegene Plätze

Varmert, GC (Nr. 331)
Kürten, GC (Nr. 335)
Schloß Georghausen, GC (Nr. 343)

Golf Club Gut Lärchenhof e.V.

Karte, Nr. 339, Feld B7 **18** Design: Jack Nicklaus Höhe: 65 m

gegründet: 1991

Hahnenstraße/Gut Lärchenhof, 50259 Pulheim
☎ 02238-923900 🖷 02238-9239010
✉ golfclub@gutlaerchenhof.de
💻 www.gutlaerchenhof.de

PR: Wolfgang Finger, GF: Josef G. Spyth
Headgreenkeeper: Christoph Vogel

i: ☎ 02238-923900 🖷 -9239010
Scarlett Sonder

Gut Lärchenhof, Peter Hesseler
☎ 02238-923100 🖷 -9231030

PRO SHOP: Johan Omander
☎ 02238-923170

PRO: Pro: Martin Götze, Ben Parker

H: 6015 m, CR 72.5, SL 136, Par 72
D: 5052 m, CR 72.9, SL 133, Par 72
50 Rangeabschläge (9 überdacht)

G: Gäste sind jederzeit willkommen. Anmeldung ist notwendig. Clubausweis mit eingetragenem Handicap (H 20 / D 23) ist erforderlich.

18-Loch-Greenfee: WT: EUR 125 / WE: EUR 170
Ermäßigung: Jugendl./Stud. 50%

Platzinfos

VCG CLUB GASTRO

Anfahrtsbeschreibung

A 57, Ausfahrt Worringen-Sinnersdorf Richtung Sinnersdorf, am 1. und am 2. Kreisverkehr jeweils Richtung Pulheim-Stommeln, dann rechts Richtung Stommelerbusch, 2. Wirtschaftsweg rechts zu Gut Lärchenhof abbiegen.

Platzbeschreibung

Der von Jack Nicklaus entworfene Golfplatz erweist sich trotz seiner zentralen Lage als eine Oase der Ruhe. Entlang eines ausgedehnten Waldgebietes wurden 18 Spielbahnen abwechslungsreich und individuell modelliert. Die einzelnen Bahnen sind durch Hügellandschaften gegeneinander abgegrenzt und damit weitgehend uneinsehbar. Der Platz ist voll beregnet und drainiert, um eine ganzjährige Bespielbarkeit in bestmöglichem Zustand zu garantieren.

Nächstgelegene Plätze

Velderhof, G&CC (Nr. 337)
KölnGolf (Nr. 336)
Am Alten Fliess, GC (Nr. 344)

Golfclub Erftaue e.V.

Karte, Nr. 340, Feld B7 **18** Höhe: 58 m

gegründet: 1991

Zur Mühlenerft 1, 41517 Grevenbroich
02181-280637 02181-280639
info@golf-erftaue.de
www.golf-erftaue.de

PR Berthold Reinartz
Headgreenkeeper: David Bower

i 02181-280637 02181-280639
Rita Wegbrod, Stefanie Renkes, Elke Weitz

Restaurant Il Sole, Georgeta Melci
02181-2829515

PRO Pro: Matthias Stechly, Mostafa Sbai

18-Loch Meisterschaftsplatz
H: 6003 m, CR 71.6, SL 129, Par 72
D: 5300 m, CR 73.5, SL 128, Par 72
50 Rangeabschläge (6 überdacht)

G Gäste sind jederzeit willkommen. Anmeldung ist notwendig. Clubausweis mit eingetragenem Handicap (54) ist erforderlich.

18-Loch-Greenfee: WT: EUR 60 / WE: EUR 70
9-Loch-Greenfee: WT: EUR 35 / WE: EUR 40
Rabatt für Gäste in einem Flight mit Clubmitgliedern: 20 EUR (18 Loch) bzw. 10 EUR (9 Loch)
Ermäßigung: Jugendl./Stud. bis 27 J. 50%

Platzinfos

VCG GPS CLUB

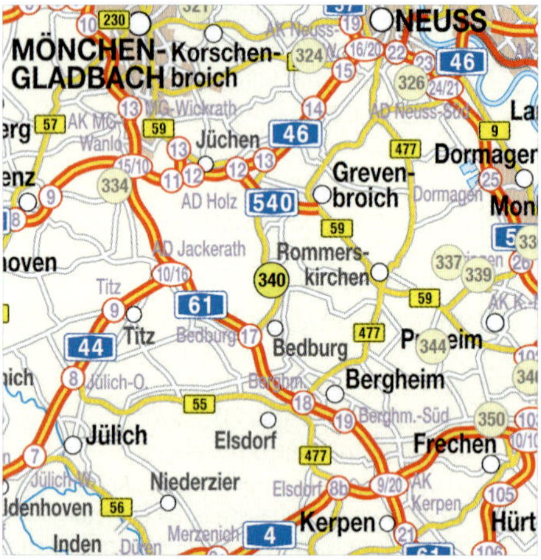

Anfahrtsbeschreibung

Von Aachen: A 44 bis ABK Holz, dann A 46 Richtung Neuss, Ausfahrt Grevenbroich, auf der Landstraße Richtung Bedburg (L116), Ausfahrt Kraftwerke Grevenbroich-Frimmersdorf und von dort der Beschilderung zu folgen.

Platzbeschreibung

Bei uns erwartet Sie die wunderschöne und gepflegte Golfanlage des Golfclub Erftaue e.V. in Grevenbroich mit ihrem besonderen Flair. Als unser Mitglied oder Gast genießen Sie unseren großzügigen und anspruchsvollen Meisterschaftsplatz mit 18 Golfbahnen in leicht moduliertem Gelände zu jeder Jahreszeit. Das klug durchdachte Design unserer Anlage vor den Toren von Düsseldorf, Köln und Mönchengladbach fordert Golfspieler aller Alters- und Spielklassen gleichermaßen.

Nächstgelegene Plätze

Am Alten Fliess, GC (Nr. 344)
Velderhof, G&CC (Nr. 337)
Mönchengladb.-Wanlo, GC (Nr. 334)

Golf Club Leverkusen e.V.

Karte, Nr. 341, Feld B7 **18** Höhe: 45 m

gegründet: 1985

Am Hirschfuß 2-4, 51061 Köln
0214-50047500 0214-500475020
info@golfclub-leverkusen.de
www.golfclub-leverkusen.de

PR Klaus März, CM: Sabina Gräf

0214-50047500 0214/500475020

Feininger`s Restaurant, René Lasser
0214-73659976
Mo. Ruhetag

PRO SHOP GCL Basic-GolfShop ausgestattet von „Golf und Günstig", 02174-6714617

PRO Pro: Richard J. Volding, Christoph Wengorz

H: 6098 m, CR 72.9, SL 135, Par 73
D: 5336 m, CR 74.6, SL 129, Par 73
20 Rangeabschläge (6 überdacht)

G Gäste sind Montag - Freitag (außer an Feiertagen) willkommen. Anmeldung ist notwendig. Clubausweis mit eingetragenem Handicap (36) ist erforderlich. Montags ist das Clubgelände geschlossen!

18-Loch-Greenfee: WT: EUR 80 / WE: EUR 90
9-Loch-Greenfee: WT: EUR 45 / WE: EUR 50
Ermäßigung: Jugendl./Stud. bis 27 J. 50%

Platzbeschreibung

Ein schönes Panorama und ein sehr abwechslungsreiches Gelände sind der Rahmen für unsere attraktive 75 ha große Golfanlage, die inmitten eines Landschaftsschutzgebietes gelegen ist. Unser Golfplatz ist innerhalb von 20 Minuten von Kölns Zentrum aus erreichbar. Auf unserem Golfplatz steht jeder Spieler immer wieder vor interessanten Herausforderungen. Um einen weitläufigen Wald gebaut, ist man während der Runde von Bäumen umgeben, die sich aber nirgends zu engen Schneisen zusammenrotten, und man so einen weitläufigen Ausblick über das Gelände behält.

Platzinfos

VCG GPS CLUB

Anfahrtsbeschreibung

A3, Ausfahrt Leverkusen-Zentrum, Richtung Leverkusen-Zentrum auf dem Willy-Brandt-Ring vor dem Audi-Zentrum links in die Edith-Weyde-Straße einbiegen oder B8 (Düsseldorfer Straße) den Schildern „Sportpark Kurtekotten" und „S-Bahn-Station Bayerwerk" folgen ab dort den Kreisverkehr an der Ausfahrt („Golfclub" und „Reitverein") verlassen, der Weg am Bayer-Reiterhof vorbei führt Sie zum Golfclub Leverkusen.

Nächstgelegene Plätze

Köln, G&LC (Nr. 345)
Am Katzberg, GC (Nr. 333)
Kölner Golfclub (Nr. 346)

Greenfee-Aktion: Seite G 85f

Golfclub Wittgensteiner Land e.V.

Karte, Nr. 342, Feld D7 **18** Höhe: 600 m

gegründet: 2009

Kapellenstraße 10,
57319 Bad Berleburg - Sassenhausen
✆ 02751-9202278
✉ info@gc-wittgenstein.de
💻 www.gc-wittgenstein.de

PR: Hans-Dieter Rehberg, CM: Sascha Jürgens
Headgreenkeeper: Jürgen Oerter

i: ✆ 02751-9202278

PRO: Pro: Ralf Herrmann-Bierbaum

H: 5476 m, CR 70.4, SL 130, Par 70
D: 4502 m, CR 70, SL 131, Par 70
20 Rangeabschläge (4 überdacht)

G: Gäste sind jederzeit willkommen. Anmeldung ist notwendig. Clubausweis mit eingetragener PE ist erforderlich.

Tages-Greenfee (bis 16:00 Uhr): EUR 40
Tages-Greenfee (ab 16:00 Uhr): EUR 20
Ermäßigung: Jugendl./Stud.

Platzbeschreibung

Haben Sie schon einmal „Panorama-Golf" gespielt? Inmitten des Wittgensteiner Landes, zwischen Schloss Berleburg und Schloss Wittgenstein in Bad Laasphe gelegen, ist im Bad Berleburger Ortsteil Sassenhausen auf einer Fläche von 45 ha eine anspruchsvolle Anlage entstanden, die das Herz eines jeden Golfers höher schlagen lässt. Auf bis zu 600 Meter (!) über NN gelegen, prägt sich der Platz wunderschön in die Panorama-Landschaft ein. Genießen Sie den phantastischen 60 km - Weit- und Ausblick auf Berge und Wälder und das gemütliche Ambiente nach Ihrer Runde auf unserer Terrasse bei heißen und kalten Getränken. Durch unseren Hütten-Charakter bieten wir ein gemütliches Ambiente für Feiern aller Art.

Platzinfos

Anfahrtsbeschreibung

Aus Richtung Siegen B 62 Richtung Bad Laasphe, in Erndtebrück-Leimstruth links ab auf die B 480 Richtung Bad Berleburg nach 2 km rechts ab auf K 46 Richtung Stünzel, Sassenhausen dann links ab auf die L 718 Richtung Sassenhausen nach 200 m rechts ab (Hinweisschild Golfplatz).

Nächstgelegene Plätze

Schmallenberg, GC (Nr. 325)
Winterberg, GC (Nr. 322)
Sellinghausen, GC (Nr. 320)

Golfclub Schloß Georghausen e.V.

Karte, Nr. 343, Feld B7 **18** Höhe: 100 m

gegründet: 1962

Georghausen 8, 51789 Lindlar
✆ 02207-4938 🖷 02207-81230
✉ info@gcsg.de
💻 www.golfclub-georghausen.de

PR: Bernd Supe-Dienes, CM: Sebastian Spiegel

i: ✆ 02207-4938 🖷 -81230

Schloß Georghausen, Lutz Hanses
✆ 02207-7833 🖷 -911249
Mo. Ruhetag

PRO SHOP: Golf Sport Werheid
✆ 02207-8470993

PRO: Pro: Jan Oehler, Gerhard Baum

H: 5745 m, CR 71.1, SL 136, Par 72
D: 4979 m, CR 72.9, SL 128, Par 72
20 Rangeabschläge (10 überdacht)

G: Gäste sind jederzeit willkommen. Anmeldung ist notwendig. Clubausweis mit eingetragenem Handicap (36) ist erforderlich.

18-Loch-Greenfee: Mo.-Do.: EUR 50 / Fr.-So.: EUR 70
3 Gäste in Mitgliederbegleitung erhalten je 10 EUR Ermäßigung. WE-GF beginnt freitags.
Ermäßigung: Jugendl./Stud. 50%

Platzbeschreibung

Der sehr anspruchsvolle Platz liegt inmitten der reizvollen Landschaft des Bergischen Landes und bietet dem Spieler unverhoffte Ausblicke in die ländliche Umgebung. Die ersten neun Löcher sind hügelig, die zweiten neun eben. Es sind auf 18 Löchern ca. 100 Höhenmeter zu überwinden. Einige Grüns müssen aufgrund der Hanglagen blind angespielt werden. Nach der Runde steht das renovierte Wasserschloss als schmuckes Clubhaus zur Verfügung.

Platzinfos

VCG GPS CLUB

Anfahrtsbeschreibung

A 4, Ausfahrt Overath-Untereschbach Richtung Lindlar, in Obersteeg links zum Schloß Georghausen und der Beschilderung zum Golfplatz folgen.

Nächstgelegene Plätze

Lüderich, GC Am (Nr. 352)
Kürten, GC (Nr. 335)
Köln, G&LC (Nr. 345)

Golf Club Am Alten Fliess e.V.

Karte, Nr. 344, Feld B7 **27** Design: Kurt Rossknecht Höhe: 85 m

gegründet: 1996

Am Alten Fliess 66, 50129 Bergheim-Fliesteden
☏ 02238-94410 🖷 02238-944119
✉ info@golfplatz-koeln.de
💻 www.golfplatz-koeln.de

PR: Dieter Esser, GF: Guido Risters, CM: Guido Risters
Headgreenkeeper: Frank Suchlich

i: ☏ 02238-94410 🖷 02238-944119
Laura Lendel, Yvonne Weitz, Antonia Schauff

Sunset Restaurant-Lounge-Terrasse
Hasan Cetin, ☏ 02238-944130
Mo. Ruhetag

PRO SHOP: Golfshop Fitting by Güthoff, Jo Güthoff
☏ 02238-944116 🖷 02238-944119

PRO: Pro: Hüseyin Cetin, Philipp Ryfisch, Heinz-Peter Thül, Ali Durmus

H: 6035 m, CR 71.9, SL 128, Par 72
D: 5103 m, CR 72.2, SL 122, Par 72
70 Rangeabschläge (15 überdacht)

G: Gäste sind jederzeit willkommen. Anmeldung ist notwendig. Clubausweis mit eingetragenem Handicap (36) ist erforderlich.

18-Loch-Greenfee: EUR 80
9-Loch-Greenfee: EUR 40
Ermäßigung: Jugendl. bis 18 J. und Stud. bis 27 J. 50%

Platzbeschreibung

Auf einem 120 ha großen Gelände bietet der sportlich anspruchsvolle Platz den idealen Ort für einen erlebsnisreichen und interessanten Golftag am Rande des rheinischen Vorgebirges. Für das gelungene Layout der drei Schleifen à 9 Loch des Golfplatzes ist Kurt Rossknecht verantwortlich. Besonders viel Wert legte man auf die natürliche Formgebung des Geländes, das zu den Top-Plätzen in Deutschland zählt.

Platzinfos

VCG GPS

Anfahrtsbeschreibung

Ausfahrt Worringen, Richtung Pulheim, Vorfahrtsstraße immer geradeaus durch zwei Kreisverkehre hindurch, der Vorfahrtsstraße Richtung Stommeln/Fliesteden folgen, durch eine Unterführung hindurch, am Ende der Vorfahrtsstraße links Richtung Fliesteden, in Fliesteden an der Stoppstraße links auf der Vorfahrtsstraße, nach ca. 800 m liegt der Golfplatz auf der rechten Seite.

Nächstgelegene Plätze

Gut Lärchenhof, GC (Nr. 339)
Velderhof, G&CC (Nr. 337)
GolfCity Köln (Nr. 350)

Golf- und Land-Club Köln e.V.

Karte, Nr. 345, Feld B8 **18** Design: B. v. Limburger, Georg Boehm, Howard Swan

gegründet: 1906

Golfplatz 2, 51429 Bergisch Gladbach
☎ 02204-92760 Fax 02204-927615
info@glckoeln.de
www.glckoeln.de

PR: Christof Kohns, CM: Achim Lehnstaedt
Headgreenkeeper: Dirk Thelen

i: ☎ 02204-92760/-927610 Fax -927615
Iris Sahre

Heinz Vierling GmbH, Heide Marx
☎ 02204-66122
Mo. Ruhetag

PRO SHOP: Andrew Clark & Andrea Preuss GbR, Preuss & Clark GbR
☎ 02204-9872095

PRO: Pro: Andrew Clark, Torsten Giedeon, Jens Bümming

H: 5980 m, CR 72.2, SL 136, Par 72
D: 5286 m, CR 74.3, SL 137, Par 72
30 Rangeabschläge (12 überdacht)

G: Gäste sind Montag - Freitag (außer an Feiertagen) willkommen. Anmeldung ist notwendig. Clubausweis mit eingetragenem Handicap (H 28 / D 36) ist erforderlich.

18-Loch-Greenfee: WT: EUR 110
9-Loch-Greenfee: WT: EUR 55
Ermäßigung: Jugendl. bis 18 J. und Stud. bis 27 J. 50%

Platzinfos

GASTRO

Anfahrtsbeschreibung

A 3 Frankfurt-Köln bis ABK Köln-Ost, auf die A 4 Köln-Olpe, Ausfahrt Refrath, auf die B 55 Richtung Bensberg, 2. Ampelkreuzung links in die Vürfelser Kaule, die nach ca. 1 km zur Dolmannstraße wird, kurz vor dem Ortsende (Wald beginnt) an der letzten Ampel rechts in die Altrefrath Straße (hier Hinweisschild Eissporthalle), die Straße wird dann zur Golfplatzstraße, in der nächsten großen Rechtskurve noch vor der Eissporthalle links zum Golfplatz.

Platzbeschreibung

Der Refrather Golfplatz zählt auch heute noch zu den anspruchsvollsten Meisterschaftsanlagen Deutschlands. Der besondere Charakter des Platzes wird durch die meist vollkommen mit Baumbestand getrennten Bahnen geprägt. Mehrere rechte und linke Doglegs erfordern präzise Schläge, da der Ball nur wenig Lauf hat. Das gesamte Gelände ist leicht gewellt und ein Bachlauf, der durch das Gelände fließt, erweist sich oft als tückisches Wasserhindernis.

Nächstgelegene Plätze

Lüderich, GC Am (Nr. 352)
Leverkusen, GC (Nr. 341)
Schloß Georghausen, GC (Nr. 343)

Kölner Golfclub

Karte, Nr. 346, Feld B8 **36/9 kurz** Design: Heinz Fehring

gegründet: 2011

Freimersdorfer Weg 43, 50859 Köln
✆ 0221-2772980 🖷 0221-27729850
✉ info@koelner-golfclub.de
💻 www.koelner-golfclub.de

PR GF: Norbert Amand
Headgreenkeeper: Bryan Inglis

i ✆ 0221-2772980 🖷 0221-27729850

KÖLN11
✆ 0221-56782202 🖷 0221-27729850

PRO SHOP GolfHouse
✆ 0221-56782205

PRO Pro: Bettina Hauert, Frank Simon, Jörg Fronczak, Noah Knoop-Jagusch, Anne Marie Heibach

18-Loch Championship Course
H: 5731 m, CR 71.2, SL 134, Par 74
D: 4856 m, CR 71.6, SL 132, Par 74
18-Loch Links Course
H: 3614 m, CR 61.2, SL 108, Par 63
D: 3004 m, CR 60.1, SL 102, Par 63
65 Rangeabschläge (60 überdacht)

G Gäste sind jederzeit willkommen. Anmeldung ist erforderlich. Ein Handicap ist erforderlich. Ganzjährig Sommergrüns und E-Carts. Einbuchen über die Homepage ist 4 Tage im Voraus möglich. Auch ohne DGV-PE spielen auf dem Links Course.

18-Loch-Greenfee: WT: EUR 70 / WE: EUR 80
9-Loch-Greenfee: WT: EUR 35 / WE: EUR 40
Ermäßigung: Jugendl. bis 18 J. 50%, Stud. bis 27 J. 20%

Platzinfos

VCG GPS CLUB GASTRO

Anfahrtsbeschreibung

Allgemein: Der Kölner Golfclub befindet sich in unmittelbarer Nähe des WDR. Anfahrt von der A1: Ausfahrt Köln-Bocklemünd - auf B59 (Venloer Straße) in Richtung Köln Bocklemünd - nach 300 Metern rechts abbiegen in die Straße „Auf dem Paulsacker" (ehemals „Rath-Mengenicher Weg") - im Kreisverkehr die erste Ausfahrt (rechts in den Freimersdorfer Weg) nehmen, nach 200 Metern ist die Einfahrt auf der linken Seite

Platzbeschreibung

Der Kölner Golfclub, vom „Golfmagazin" auf Platz 22 von über 700 Golfplätzen in Deutschland gewählt, liegt im Westen der Stadt – und doch nur 8.000 Meter Luftlinie vom Kölner Dom entfernt. Er ist eingebunden in den Äußeren Kölner Grüngürtel und besticht durch sein außergewöhnliches Design.

Nächstgelegene Plätze

GolfCity Köln (Nr. 350)
Am Alten Fliess, GC (Nr. 344)
Gut Lärchenhof, GC (Nr. 339)

Golfpark Loherhof eV

Karte, Nr. 347, Feld A8 **18** Design: Golfpark Loherhof eV

gegründet: 2006

Pater-Briers-Weg 85, 52511 Geilenkirchen
☎ 02451-1234 Fax 02451-9534064
✉ s.davids@golfpark-loherhof.de
www.golfpark-loherhof.de

PR Stefan Davids, GF: Stefan Davids,
CM: Albert Eberl

i ☎ 02451-9534065 Fax 02451-9534064
Albert Eberl

Sportpark Loherhof „Golfers Inn“, Nico Blaic
☎ 02451-1234

PRO SHOP Golfpark Loherhof Golfshop, Albert Eberl
☎ 02451-9534065 Fax 02451-9534064

PRO Pro: Andreas Fehling, Willi Fehling

H: 4994 m, CR 65.7, SL 111, Par 68
D: 4398 m, CR 66.8, SL 114, Par 68

G Gäste sind jederzeit willkommen. Clubausweis mit eingetragener PE ist erforderlich. Sa./So./Feiertage ist Handicap 54 erforderlich.

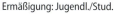

18-Loch-Greenfee: WT: EUR 50 / WE: EUR 60
Die Greenfees sind nur an der Rezeption vom Sportpark erhältlich, ausreichend Parkplätze sind vorhanden.
Ermäßigung: Jugendl./Stud.

Platzinfos

Nächstgelegene Plätze
Haus Kambach, GC (Nr. 359)
Wildenrath, GC (Nr. 330)
Residenz Rothenbach, GC (Nr. 328)

Platzbeschreibung

Zwischen Aachen und Heinsberg entstand im Jahr 2006 nahe der Stadt Geilenkirchen eine schöne 9-Loch Golfanlage auf dem Gelände rund um das Missionshaus Loherhof. Angegliedert an den seit 1994 bestehenden Sportpark Loherhof mit seinen vielfältigen Sportangeboten und einer hervorragenden Gastronomie, zielt der Golfpark auf ein neues Konzept ab. Der Par 68 Platz wird öffentlich betrieben. Neugolfer können sofort auf dem Übungsgelände spielen und nach dem Erlangen der Platzreife auch die 18-Loch Golfanlage gegen eine Greenfee Gebühr nutzen.

Golf Club Oberberg e.V.

Karte, Nr. 348, Feld C8 **18/6** Design: Karl F. Grohs Höhe: 420 m

gegründet: 1987

Hasseler Straße 42, 51580 Reichshof
02297-7131 02297-7117
info@golfcluboberberg.de
www.golfcluboberberg.de

PR
Gerd Rossenbach
Headgreenkeeper: Rudolf Weisser

02297-7131 -7117
Melanie Kraus

Restaurant 19, Yvonne Castello
02297-7306
Mo. Ruhetag

PRO SHOP
Pro Shop
02297-7131

PRO
Pro: Duarte Freitas, Kalli Börner

H: 5957 m, CR 72, SL 132, Par 73
D: 5286 m, CR 74.6, SL 129, Par 72
14 Rangeabschläge (4 überdacht)

G
Gäste sind jederzeit willkommen. Anmeldung ist notwendig. Clubausweis mit eingetragener PE ist erforderlich.

18-Loch-Greenfee: WT: EUR 65 / WE: EUR 80
9-Loch-Greenfee: WT: EUR 35 / WE: EUR 45
Ermäßigung: Jugendl. bis 18 J. und Stud. 50%

Platzbeschreibung

Die Anlage ist herrlich gelegen und trotz Autobahnnähe (3 Min.) absolut ruhig. In die naturbelassene Landschaft eingebettet, bietet sie wunderschöne Ausblicke in die waldreiche Umgebung des Oberbergischen-, Sauer- und Siegerlandes, an Loch 6 genießt man sogar einen 360 Grad Panoramablick. Die interisant konstruierten Grüns erfordern ein überlegtes und präzises Spiel. Mit der Fertigstellung des 18-Loch Platzes im Jahr 2011 ist ein Championship-Course entstanden der seinesgleichen sucht. Der Platz vereint hohe sportliche Herausforderungen für Spitzengolfer mit guter Spielbarkeit für Spieler, die den Sport erst erlernen wollen.

Platzinfos

VCG GPS CLUB GASTRO

Anfahrtsbeschreibung

A 4 Köln-Olpe, Ausfahrt Reichshof-Eckenhagen Richtung Wildbergerhütte, von Köln aus nach ca. 200 m, von Olpe aus nach ca. 400 m rechts Richtung Hassel-Lüsberg, nach ca. 300 m rechts, parallel zum Golfplatz bis zum Clubhaus und der Driving Range.

Nächstgelegene Plätze

Siegen-Olpe, GC (Nr. 351)
Nümbrecht, GP (Nr. 354)
Siegerland, GC (Nr. 349)

Greenfee-Aktion: Seite G 87

Golfclub Siegerland e.V.

Karte, Nr. 349, Feld C8 **18** Design: Spangemacher & Partner Höhe: 350 m

Berghäuser Weg, 57223 Kreuztal
02732-59470
info@golfclub-siegerland.de
www.golfclub-siegerland.de

PR Rolf Schneider
Headgreenkeeper: Steffen Schmidt

02732-59470

02732-594723
Mo. Ruhetag

PRO SHOP 02732-59470

PRO Pro: Andrew Clark

H: 5878 m, CR 71.8, SL 140, Par 72
D: 5182 m, CR 73.9, SL 128, Par 72
12 Rangeabschläge (6 überdacht)

G Gäste sind jederzeit willkommen. Anmeldung ist notwendig. Clubausweis mit eingetragener PE ist erforderlich. Sa./So./Feiertage ist Handicap 36 erforderlich.

18-Loch-Greenfee: WT: EUR 60 / WE: EUR 70
9-Loch-Greenfee: WT: EUR 40 / WE: EUR 45
Ermäßigung: Jugendl. bis 18 J. und Stud. bis 27 J. 50%

Platzbeschreibung

Das idyllische „Berghäuser Tal" mit seinen umliegenden Wäldern und Bachläufen gibt Raum für einen aufregenden Golfplatz mit sportlichen Anforderungen. Die abwechslungsreich gestalteten Spielbahnen und natürlich modellierten Grüns erlauben in der hügeligenMittelgebirgslandschaft ein erlebnisreiches Spiel, wobei sich immer wieder weite Ausblicke über das Sieger- und Sauerland ergeben.

Platzinfos

VCG GPS CLUB

Anfahrtsbeschreibung

A 45, Ausfahrt Freudenberg Richtung Kreuztal, im Ortsteil Kreuztal-Mittelhees links zum Golfplatz abbiegen.

Nächstgelegene Plätze

Siegen-Olpe, GC (Nr. 351)
Reichshof, GC (Nr. 348)
Repetal-Südsauerland, GC (Nr. 332)

GolfCity Köln Pulheim

Karte, Nr. 350, Feld B8 **9** Design: Michael Pinner

gegründet: 2007

Am Golfplatz 1, 50259 Pulheim-Freimersdorf
✆ 02234-999660 🖷 02234-9996629
✉ koeln@golfcity.de
💻 www.golfcity.de

PR GF: Olivia Falat

GolfCityBistro
✆ 02234-999660

H: 2143 m, Par 32
D: 1877 m, Par 32
80 Rangeabschläge (20 überdacht)

G Gäste sind jederzeit willkommen. Clubausweis mit eingetragenem Handicap (54) ist erforderlich.

9-Loch-Greenfee: Mo.-Sa.: EUR 29 / So.: EUR 39

Platzinfos

VCG GPS CLUB GASTRO

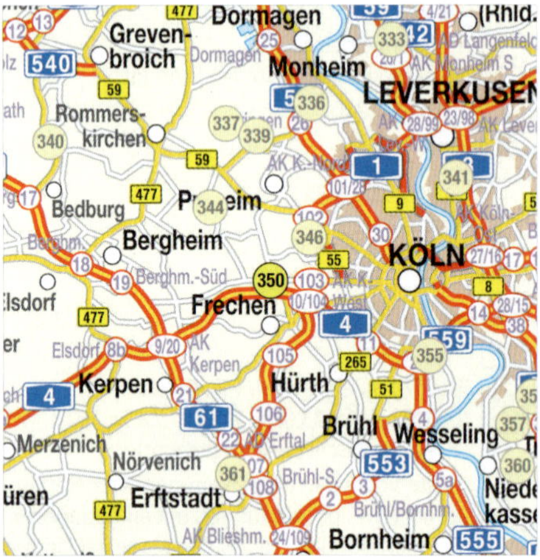

Nächstgelegene Plätze

Kölner Golfclub (Nr. 346)
Am Alten Fliess, GC (Nr. 344)
Gut Lärchenhof, GC (Nr. 339)

Anfahrtsbeschreibung

Aus Richtung Innenstadt: B55 Aachener Straße stadtauswärts bis Weiden West (Endstation Zug/S-Bahn/Bus) nächste Ampelkreuzung rechts über Kreisverkehr geradeaus durch die Unterführung fahren nächste Abbiegerspur links. Aus Richtung A1: Abfahrt Köln-Lövenich B55 Richtung Weiden – Aachener Straße s.o. Aus Richtung A4: Kreuz Köln/West Abfahrt Frechen Bonnstraße bis Brauweiler geradeaus folgen Weiden-West Endstation (Zug/S-Bahn/Bus) auf rechter Seite vorbei über Kreisverkehr geradeaus durch die Unterführung fahren nächste Abbiegerspur links

Golf Club Siegen-Olpe e.V.

Karte, Nr. 351, Feld C8 **18** Höhe: 400 m

gegründet: 1966

Am Golfplatz 1, 57482 Wenden-Ottfingen
☎ 02762-97620 Fax 02762-976212
info@gcso.de
www.gcso.de

PR: Andreas Helmrath
Headgreenkeeper: Stefan Montabon

i: ☎ 02762-97620 Fax 02762-976212
Birgit Ebel

Birdie Lounge, Roberta Leo
☎ 02762-976225
Mo. Ruhetag

PRO SHOP: Golfclub

PRO: Pro: Martyn Robinson

H: 5937 m, CR 71.7, SL 128, Par 72
D: 5242 m, CR 73.6, SL 128, Par 72
21 Rangeabschläge (8 überdacht)

G: Gäste sind jederzeit willkommen. Sa./So./Feiertage ist Anmeldung notwendig. Clubausweis mit eingetragenem Handicap (54) ist erforderlich. Sa./So./Feiertage ist Handicap 36 erforderlich.

18-Loch-Greenfee: WT: EUR 60 / WE: EUR 70
9-Loch-Greenfee: WT: EUR 45 / WE: EUR 50
Ermäßigung: Jugendl./Stud. 50%

Platzinfos

VCG

Anfahrtsbeschreibung

Von Westen A 4 Köln-Olpe oder von Norden A 45 bis zum Autobahnkreuz Olpe-Süd, Ausfahrt Wenden, an der Ampel links Richtung Freudenberg, nach 8 km (500 m nach der Abfahrt Dörnscheid) rechts der Beschilderung „Golfplatz" folgen.

Platzbeschreibung

Der von Golfern hoch bewertete, top-gepflegte und sportlich anspruchsvolle Golfplatz des GCSO liegt herrlich in der typischen Mittelgebirgslandschaft des Dreiländerecks Sauerland - Siegerland - Bergisches Land. In der leicht hügeligen, parkähnlichen Landschaft bieten sich faszinierende Ausblicke und reizvolle spielerische Abwechslung. Fairways in dichtem Hochwald und Spielbahnen mit offenem, weitem Charakter machen Golf für alle Handicapklassen zum Vergnügen.

Nächstgelegene Plätze

Siegerland, GC (Nr. 349)
Reichshof, GC (Nr. 348)
Repetal-Südsauerland, GC (Nr. 332)

Golfclub Der Lüderich e.V.

Karte, Nr. 352, Feld B8 **18** Design: Pieter Schwarze Höhe: 200 m

gegründet: 2000

Am Golfplatz 1, 51491 Overath-Steinenbrück
02204-97600 02204-97602
info@gc-luederich.de
www.gc-luederich.de

PR: Richard Pütz, GF: Sabina Henrich-Bandis, CM: Claudia Nemetz
Headgreenkeeper: Alexander Böntgen

i: 02204-97600 02204-97602

CB Gastronomie, Carlos Bernis
02204-976015 02204-97602

PRO SHOP: 02204-97600 02204-97600

PRO: Pro: Dennis Arnold, Marc Koenen

H: 4866 m, CR 68.6, SL 131, Par 70
D: 4143 m, CR 69.8, SL 126, Par 70
40 Rangeabschläge (20 überdacht)

G: Gäste sind jederzeit willkommen. Anmeldung ist notwendig. Clubausweis mit eingetragenem Handicap (54) ist erforderlich.

18-Loch-Greenfee: WT: EUR 55 / WE: EUR 69
9-Loch-Greenfee: WT: EUR 35 / WE: EUR 45
Montag-Donnerstag ab 17 Uhr „All you can Play" für EUR 35 (außer Feiertag). Sie spielen, so weit Sie kommen.
Ermäßigung: Jugendl. bis 17 J. 50%, Stud. 25%

Platzbeschreibung

Der Lüderich in Overath bei Köln, der extremste Golfplatz Deutschlands. Spielen Sie die leichtesten 9 Loch (Slope 114) und die schwersten 9 Loch (Slope 149) an einem Tag! Der Golfclub Der LÜDERICH bietet Ihnen ein nicht alltägliches Golferlebnis auf einem hervorragend gepflegten Platz mit außergewöhnlichen Ausblicken ins Bergische Land, und das nur 20 Minuten vom Zentrum Kölns entfernt.

Platzinfos

VCG GPS CLUB GASTRO

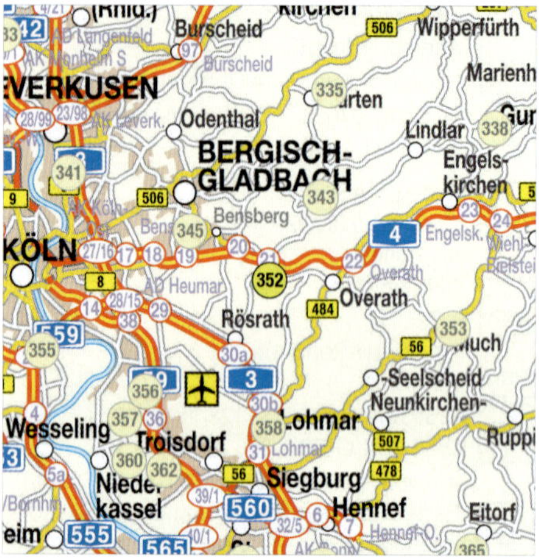

Anfahrtsbeschreibung

Von Köln: A 4 Richtung Olpe, Ausfahrt Untereschbach, an der Ampel links und an der nächsten Ampelkreuzung links in die Olper Straße, nach ca. 800 m rechts zum Golfplatz abbiegen. Von Düsseldorf/ Frankfurt: A 3 Ri. Köln, weiter A 4 Ri. Olpe. Von Dortmund: A1 Ri. Köln, weiter A 3 Ri. Köln, weiter A 4 Ri. Olpe.

Nächstgelegene Plätze

Köln, G&LC (Nr. 345)
Schloß Georghausen, GC (Nr. 343)
Schloss Auel, GC (Nr. 358)

Greenfee-Aktion: Seite G 87f 89

Golf Club Burg Overbach e.V.

Karte, Nr. 353, Feld C8 **18** Höhe: 200 m

gegründet: 1984

Overbach 1, 53804 Much
✆ 02245-5550
✉ info@burgoverbach.de
www.burgoverbach.de

PR: Prof.Dr. Andreas Blum, CM: Antonio Catalán

i: ✆ 02245-5550
Natalie Schön, Astrid Kindler

Restaurant: Kai Hollenstein, Kai Hollenstein
✆ 02245-5519 Fax -913820
Mo. Ruhetag

PRO: Pro: Gerrit Eimers, Rudi Hauser, Claudia Lehnstaedt

H: 5955 m, CR 72, SL 136, Par 72
D: 5276 m, CR 73.9, SL 133, Par 72
20 Rangeabschläge (5 überdacht)

G: Gäste sind jederzeit willkommen. Anmeldung ist notwendig. Clubausweis mit eingetragener PE ist erforderlich.

18-Loch-Greenfee: WT: EUR 59 / WE: EUR 79
9-Loch-Greenfee: WT: EUR 30 / WE: EUR 40
Mo.: Golfcar Day
2 vollzahlende Gäste erhalten 1 Golfcar kostenlos. Anmeldung erforderlich. Driving Range inklusive Nutzung Kurzplatz
Ermäßigung: Jugendl./Stud. 50%

Platzinfos

Anfahrtsbeschreibung

A 4 Olpe, Ausfahrt Overath Richtung Overath, vor dem Ort dem Hinweisschild Much folgen. Oder von Gummersbach: A 4 Köln, Ausfahrt Osberghausen, über die B 56 (Drabenderhöhe) bis Much.

Platzbeschreibung

Ein sportlich anspruchsvoller Platz in naturbelassener, leicht hügeliger Landschaft. Große, gut verteidigte Grüns sowie Schräglagen und 69 strategisch platzierte Bunker stellen den Golfer vor schwierige, aber niemals unfaire Aufgaben.

Nächstgelegene Plätze

Nümbrecht, GP (Nr. 354)
Schloß Georghausen, GC (Nr. 343)
Lüderich, GC Am (Nr. 352)

Golf-Park Nümbrecht

Karte, Nr. 354, Feld C8 9

gegründet: 1990

Höhenstr. 40, 51588 Nümbrecht
✆ 02293-303700 🖷 02293-7214
✉ golfpark@nuembrecht.com
💻 www.nuembrecht.com/de/golf-park

ℹ ✆ 02293-303700 🖷 -7214
Jürgen Kann

Bistro
✆ 02293-303700

PRO SHOP: Pro Shop, Jürgen Kann
✆ 02293-303700

PRO: Pro: Ralf Feldner

H: 2870 m, CR 58.8, SL 107, Par 58
D: 2754 m, CR 59.4, SL 106, Par 58
15 Rangeabschläge (5 überdacht)

G: Gäste sind jederzeit willkommen. Clubausweis mit eingetragener PE ist erforderlich.

Tages-Greenfee: EUR 30
Mittwochs PE-freier Tag „Spielen ohne PE".
Ermäßigung: Jugendl./Stud.

Platzbeschreibung

Der Golf-Park im Kurort Nümbrecht liegt inmitten des Bergischen Landes und ist nur etwa 1,5 Std. vom Rhein- und Ruhrgebiet entfernt. Zum Park-Hotel Nümbrecht gehörend bietet die Anlage Golf für Jedermann auf teils hügeligem Gelände, mit Wasserhindernissen und Entspannung nach der Runde im Bistro/Restauration.

Platzinfos

VCG GPS CLUB GASTRO

Anfahrtsbeschreibung

A 4, Abf. Gummerbach/Wiehl, B 256 Ri. Wiehl, nach ca. 5 km re. u. gleich li. Ri. Nümbrecht. Über Bierenbach Ri. Nümbrecht/Bröl, li. Ri. Zentrum (Bahnhofstr.), im Ort an der Aral-Tankstelle vorbei, 1. Str. li. u. dann re. in den Lindchenweg. Oder: A 3, am ABK Bonn/Siegburg auf die B 560 in Ri. Altenkirchen, Abf. Hennef/Ost, li. auf die B 476 Ri. Waldbröl, hinter Ruppichterroth li. Ri. Nümbrecht, im Zentrum re. (Spreitger Weg) u. gleich wieder re.

Nächstgelegene Plätze

Burg Overbach, GC (Nr. 353)
Reichshof, GC (Nr. 348)
Gimborner Land, GA (Nr. 338)

Köln-Marienburger Golf Club e.V.

Karte, Nr. 355, Feld B8 **9/9** Design: Bernhard von Limburger Höhe: 55 m

gegründet: 1953

Schillingsrotterweg, 50968 Köln-Marienburg
0221-384053 0221-341520
info@marienburger-golfclub.de
www.marienburger-golfclub.de

PR Paul Bauwens-Adenauer, CM: Jürgen Strätz

i 0221-384053 0221-341520
Norbert Hemb, Richard Hemb

Thomas Stillger
0221-3400874
Mo. Ruhetag

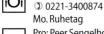

PRO Pro: Peer Sengelhoff, Wolfgang Esser, Nick Doidge

9-Loch Platz
H: 6114 m, CR 72.4, SL 129, Par 72
D: 5158 m, CR 72.4, SL 124, Par 72
9-Loch Par 3 Platz
H: Par 54
18 Rangeabschläge (11 überdacht)

G Gäste sind jederzeit willkommen. Anmeldung ist notwendig. Clubausweis mit eingetragenem Handicap (36) ist erforderlich.

18-Loch-Greenfee: EUR 60
9-Loch-Greenfee: EUR 40
Ermäßigung: Jugendl./Stud. 50%

Platzbeschreibung

Der Golfclub liegt nur unweit vom Kölner-Zentrum entfernt und bietet von verschiedenen Fairways einen Blick auf die Metropole. Landschaftlich sehr schön gelegen ist die Anlage von altem Baumbestand geprägt und bietet mit einer hohen Anzahl an Bunkern und Hindernissen einen mittleren Schwierigkeitsgrad mit anspruchsvollen Vierer-Löchern.

Platzinfos

VCG

Anfahrtsbeschreibung

A 4 Bonn-Köln, Ausfahrt AK Köln-Süd Richtung Kölner Innenstadt, am Verteilerkreis rechts in die Militärringstraße, an der 1. Ampel rechts („Zum Forstbotanischen Garten"), nach ca. 100 m rechts und der Beschilderung „Golfplatz" folgen.

Nächstgelegene Plätze

V-Golf (Nr. 357)
SSZ Köln-Wahn (Nr. 356)
Clostermanns Hof, GA (Nr. 360)

Greenfee-Aktion: Seite G 89

GC Wahn im SSZ Köln-Wahn e.V.

Karte, Nr. 356, Feld B8 **9** Höhe: 43 m

gegründet: 1981

Frankfurter Straße 320, 51147 Köln
02203-62334
ssz-koeln@t-online.de
www.golfwahn.de

PR: Volker Düppe, CM: Mario Brandt

i: 02203-62334
Helga Freutel, Ute Moers

Eckard-Andreas-Clubhaus, Cocina Simple
02203-5907733
Mo. Ruhetag

PRO: Pro: Dirk Thomas

H: 2098 m, CR 54, SL 113, Par 54
D: 2098 m, CR 54, SL 113, Par 54
8 Rangeabschläge (2 überdacht)

G: Gäste sind jederzeit willkommen. Clubausweis mit eingetragener PE ist erforderlich.

Tages-Greenfee: EUR 20

Platzinfos

Platzbeschreibung

Sehr stadtnah befindet sich dieser selbstorganisierte Golfverein zwischen Rhein und Flughafen Köln-Bonn in einem Landschaftsschutzgebiet, umgeben von Land- und Forstwirtschaft. Die Atmosphäre im Club ist angenehm familiär und betont sportlich.

Anfahrtsbeschreibung

A 3 Richtung Köln bis Autobahndreieck Heumar, weiter auf der A 59 Richtung Flughafen Köln-Bonn bis zur Ausfahrt Porz-Wahn, dann auf der Heidestraße bis Wahn-Mitte, rechts in die Frankfurtersstraße bis zum Ortsende und der Beschilderung „Golf" zum Golfplatz folgen.

Nächstgelegene Plätze

V-Golf (Nr. 357)
Clostermanns Hof, GA (Nr. 360)
West Golf (Nr. 362)

V-Golf Sankt Urbanus

Karte, Nr. 357, Feld B8 **18/3** Design: Holger Rengstorf Höhe: 50 m

gegründet: 1995

Urbanusstraße 70, 51147 Köln
☎ 0221-99886611 Fax 0221-99 88 66 513
✉ sank.turbanus@v-golf-ev.de
www.v-golf-ev.de

PR: Melissa Velte

i: ☎ 0221-99886611 Fax 0221-99886699
Carmen Hohmann, Annette Peters

Carpe Diem
☎ 0221-99886611 Fax 0221-99886699

PRO: Pro: Milan Egeler, Andrew Richardson, Bernd Gerland

18-Loch St. Urbanus Platz
H: 6055 m, CR 71.3, SL 124, Par 72
D: 5169 m, CR 71.8, SL 124, Par 72
3-Loch Platz
H: 550 m, Par 10
D: 550 m
45 Rangeabschläge (23 überdacht)

G: Gäste sind jederzeit willkommen. Anmeldung ist erforderlich. Handicap 54 ist erforderlich.

18-Loch-Greenfee: EUR 80
9-Loch-Greenfee: EUR 40

Platzbeschreibung

Kennzeichnend für die Turnieranlage sind großzügige Abschläge für unterschiedlichste Spielstärken, breite Fairways, attraktive Bunker und herausfordernd modellierte Grünlandschaften. Neben der 18-Loch-Turnieranlage gibt es noch einen 3-Loch-Public-Course, der eine ideale Verbindung zwischen dem Üben auf der Driving Range und dem Spiel auf der „großen" Anlage darstellt.

Platzinfos

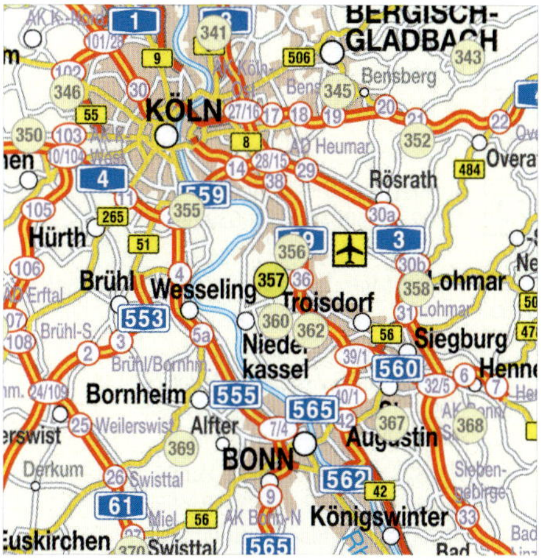

Anfahrtsbeschreibung

A 59 (Flughafenautobahn), Ausfahrt Wahn Richtung Wahn (Heidestraße), weiter Richtung Niederkassel (St. Sebastianus-Straße, Liburer Straße, Liburer Weg), nach ca. 1,9 km hinter der Eisenbahnunterführung rechts (rechts Geflügelhof) in die Urbanusstraße, nach ca. 800 m liegt linker Hand der Parkplatz.

Nächstgelegene Plätze

SSZ Köln-Wahn (Nr. 356)
Clostermanns Hof, GA (Nr. 360)
West Golf (Nr. 362)

Golf Club Schloss Auel

Karte, Nr. 358, Feld B8 **18/9** Höhe: 130 m

gegründet: 1998

Haus Auel 1, 53797 Lohmar
✆ 02206-909056 ☎ 02206-909057
✉ info@gc-schloss-auel.de
💻 www.gc-schloss-auel.de

PR GF: Robert Hoppe, CM: Nico Rasche
Headgreenkeeper: Arno Henrich

i ✆ 02206-909056 ☎ 02206-909057

Schloss Auel, Dirk Böttcher
✆ 02206-60030 ☎ -6003222

PRO Pro: Nico Rasche, Jacqui Stupfel, Markus Spiegel

18-Loch Platz
H: 5959 m, CR 71.9, SL 134, Par 73
D: 5276 m, CR 73.7, SL 132, Par 74
9-Loch Kurzplatz
H: 2828 m, CR 57.2, SL 93, Par 58
D: 2828 m, CR 57.4, SL 87, Par 58
40 Rangeabschläge (6 überdacht)

G Gäste sind jederzeit willkommen. Clubausweis mit eingetragenem Handicap (54) ist erforderlich. Sa./So./Feiertage ist Handicap 36 erforderlich.

18-Loch-Greenfee: WT: EUR 55 / WE: EUR 70
9-Loch-Greenfee: WT: EUR 40 / WE: EUR 45

Platzbeschreibung

Ein phantastisches Panorama und ein abwechslungsreich geschwungenes Gelände sind der Rahmen für diese anspruchsvolle Golfanlage. Die bewaldeten Höhenzüge, Ackerflächen, Feldgehölze, Strauch- und Gebüschgruppen bilden eine zu allen Jahreszeiten abwechslungsreiche Kulisse. Das Gelände erstreckt sich über langgezogene Hügelketten mit hervorragender Fernsicht. Im Kontrast dazu befinden sich einige Bahnen zwischen Wiesen und Wäldern. Im GC Schloss Auel wurde das 1. Personenbeförderungsband auf einer Golfanlage gebaut. Es transportiert die Golfspieler vom Grün der Bahn 1, direkt zum Abschlag der Bahn 2. Mit einer Gesamtlänge von 150 m ist es weltweit das längste Beförderungsband dieser Art auf einer Golfanlage. Der Zauberteppich bewältigt dabei eine Steigung von ca. 30 Höhenmetern. wodurch es dem Golfspieler natürlich bedeutend einfacher gemacht wird, zum zweiten Abschlag zu gelangen.

Platzinfos

VCG GPS GASTRO

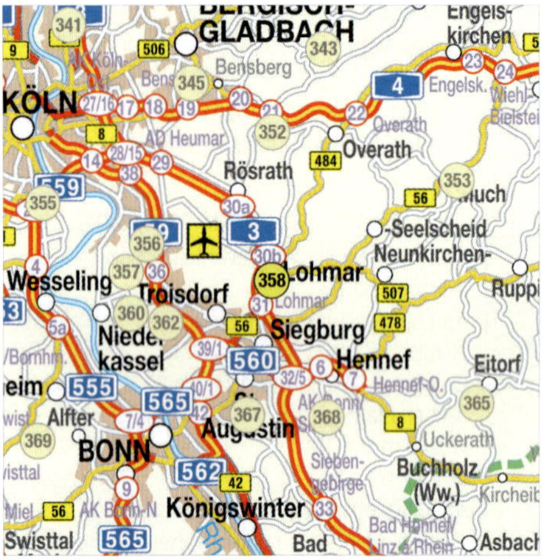

Anfahrtsbeschreibung

A 3, Ausfahrt Lohmar-Nord, auf der B 484 Richtung Lohmar-Overath bis Schloss Auel. Oder: A 4, Ausfahrt Overath, auf der B 484 Richtung Lohmar zum Golfplatz. Oder: A 3, Ausfahrt Rösrath, Richtung Lohmar, auf der B 484 Richtung Overath bis Schloss Auel.

Nächstgelegene Plätze

West Golf (Nr. 362)
SSZ Köln-Wahn (Nr. 356)
Bonn, Intern. GC (Nr. 367)

Golfclub Haus Kambach Eschweiler-Kinzweiler e.V.

Karte, Nr. 359, Feld A8 **18** Design: Dieter R.Sziedat Höhe: 180 m

gegründet: 1989

Kambachstraße 9-13,
52249 Eschweiler-Kinzweiler
✆ 02403-50890 🖷 02403-21270
✉ info@golf-kambach.de
💻 www.golf-kambach.de

PR GF: Fr. Marlies Thywissen / Herr Hubertus Kühne
Headgreenkeeper: Jakob Schönleber

i ✆ 02403-50890 🖷 02403-21270
Elke Heiler-Ruf

Events Bistro Brasserie, Robert Gorski
✆ 02403-508922 🖷 02403-801097
Mo. Ruhetag

PRO SHOP Haus Kambach Pro-Shop KG, Fr. Zahmel / Fr. Sieger
✆ 02403-50890 🖷 02403-21270

PRO Pro: Thomas Schäfer, Thomas Kroeber

H: 6033 m, CR 71.8, SL 130, Par 73
D: 5375 m, CR 74.1, SL 127, Par 73
26 Rangeabschläge (8 überdacht)

G Gäste sind jederzeit willkommen. Anmeldung ist notwendig. Clubausweis mit eingetragenem Handicap ist erforderlich. Mo.-Fr. ist Handicap 54 erforderlich.

18-Loch-Greenfee: WT: EUR 60 / WE: EUR 70
9-Loch-Greenfee: WT: EUR 40 / WE: EUR 50
GF richten sich nach der Kennzeichnung der DGV-Ausweise. Schüler unter 18 nur in Begl. von Erwachsenen.
Ermäßigung: Jugendl./Stud.

Platzinfos

VCG CLUB GASTRO

Anfahrtsbeschreibung

Von Köln: A 4, Ausfahrt Eschweiler-West, geradeaus nach Kinzweiler. Von Aachen: A 4, Ausfahrt Eschweiler-West, links, dann rechts nach Kinzweiler. Von Düsseldorf: Ausfahrt Alsdorf-Hoengen rechts Richtung Eschweiler, nach 1,5 km an der Ampel rechts. Nach 200 m links Richtung Kinzweiler, gerade über den Kreisverkehr, nach 200 m rechts auf den Parkplatz.

Platzbeschreibung

Dieser Platz ist eine erstklassige Adresse im Dreiländereck bei Aachen. Die natürliche Ausprägung der Voreifel-Landschaft wurde harmonisch für eine 18-Loch-Meisterschaftsanlage genutzt. Vor der malerischen Kulisse eines barocken Wasserschlosses fühlen sich dabei Anfänger und fortgeschrittene Golfer gleichermaßen zu Hause.

Nächstgelegene Plätze

Loherhof (Nr. 347)
Aachener GC 1927 (Nr. 364)
Düren, GC (Nr. 363)

Golfanlage Clostermanns Hof

Karte, Nr. 360, Feld B8 **18/5** Design: Peter Drecker Höhe: 55 m

gegründet: 1991

Heerstraße 2, 53859 Niederkassel-Uckendorf
02208-506790 02208-5067940
info@golfclubclostermannshof.de
www.golfclubclostermannshof.de

PR Stefan Kauczor, GF: Anja von Wangenheim
Headgreenkeeper: Richard Huitema

i 02208-506790 02208-5067940
Nils Roggendorf, Jonathan Rheinländer, Barbara Reggio, Ingeborg Kadow

La Terrazza, Francesco De Palma
02208-9190320 02208-5067940

PRO SHOP Schwedische Golfakademie, Johan Omander, Eva Omander
02208-5067999 02208-5067940

PRO Pro: Johan Omander, Eva Omander, Lucas Kuhl

18-Loch Platz
H: 6052 m, CR 71.6, SL 129, Par 72
D: 5304 m, CR 73.3, SL 128, Par 72
5-Loch Kurzplatz (Executive)
H: 895 m, D: 818 m
150 Rangeabschläge (21 überdacht)

G Gäste sind jederzeit willkommen. Anmeldung ist notwendig. Clubausweis mit eingetragenem Handicap (54) ist erforderlich. Sa./So./Feiertage ist Handicap 36 erforderlich.

18-Loch-Greenfee: Mo.: EUR 50 / Di.-Fr.: EUR 65 / WE: EUR 80
9-Loch-Greenfee: WT: EUR 45 / WE: EUR 55
Ermäßigung: Jugendl./Stud. bis 25 J.

Platzbeschreibung

Eingebettet in das milde Klima der Kölner Bucht, nur 15 Autominuten vom Kölner Dom o. der Bonner Innenstadt entfernt, liegt die Golfanlage Clostermanns Hof. Vor der malerischen Kulisse des Siebengebirges breitet sich die Anlage auf überwiegend ebenem Gelände aus. Doch auch sehr gute Golfspieler finden hier eine echte Herausforderung: Viele Doglegs, zahlreiche Bunker und strategisch platzierte Wasserhindernisse erfordern ein taktisch kluges Spiel.

Platzinfos

VCG
GPS
CLUB
GASTRO

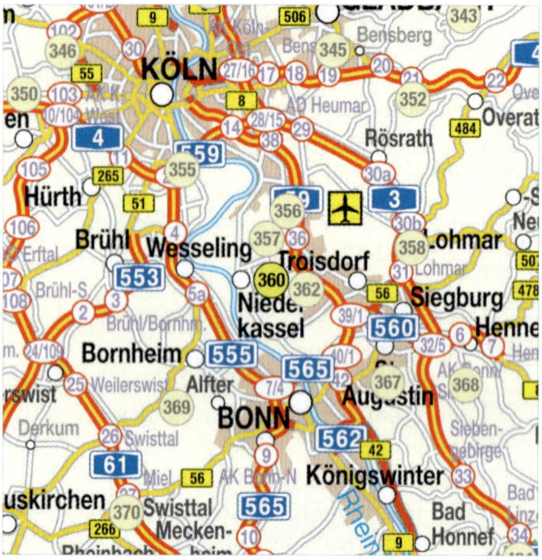

Anfahrtsbeschreibung

Von Bonn oder Köln: A 59, Ausfahrt Spich, Richtung Niederkassel bis Kreisverkehr - Ausfahrt Niederkassel (Dreiviertelkreis), nächster Kreisverkehr (wieder Dreiviertelkreis) Ausfahrt Niederkassel, durch Stockem Richtung Uckendorf, am Ortseingang Uckendorf liegt linker Hand der Golfplatz.

Nächstgelegene Plätze

West Golf (Nr. 362)
V-Golf (Nr. 357)
SSZ Köln-Wahn (Nr. 356)

Golf Burgkonradsheim GmbH

Karte, Nr. 361, Feld B8 **18/3** Höhe: 100 m

gegründet: 1988

Am Golfplatz 1, 50374 Erftstadt-Konradsheim
☎ 02235-955660 🖷 02235-9556666
✉ info@golfburg.de
💻 www.golfburg.de

PR Wolfgang Hohl, GF: Peter Rücker
Headgreenkeeper: Baris Masca

i ☎ 02235-955660 🖷 02235-9556666

Landhaus Konradsheim, Sascha Denz
☎ 02235-9556630 🖷 02235-9556666

PRO SHOP Golf BurgKonradsheim ProShop
☎ 02235-955660 🖷 02235-9556666

PRO Pro: Jean Plissard, Anja Bryla, Dirk Thomas

18-Loch Platz
H: 6127 m, CR 72.1, SL 129, Par 72
D: 5368 m, CR 73.7, SL 130, Par 72
3-Loch Platz, H: Par 9, D: Par 9
30 Rangeabschläge (13 überdacht)

G Gäste sind jederzeit willkommen. Anmeldung ist notwendig. Clubausweis mit eingetragenem Handicap (54) ist erforderlich.

18-Loch-Greenfee: Mo.: EUR 50 / Di.-Fr.: EUR 65 / WE: EUR 80
9-Loch-Greenfee: Mo.: EUR 40 / Di.-Fr.: EUR 45 / WE: EUR 55 Ermäßigung: Jugendl./Stud. 50%

Platzinfos

VCG

Platzbeschreibung

Eingebettet in die ebene Auenlandschaft der Zülpicher Börde liegt der Golfplatz idyllisch am Fuße der Burg Konradsheim, einer der ältesten Wasserburgen Nordrhein-Westfalens. Die Grüns sind groß, kunstvoll angelegt und in die Hügellandschaft integriert. Den besonderen Reiz vermitteln die idyllischen Bachläufe und Teiche mit fast 30.000 qm Wasserfläche sowie die aufgelockerten Bepflanzungen und der alte Baumbestand.

Anfahrtsbeschreibung

Von Köln: A 1 Richtung Koblenz, Ausfahrt Erftstadt, rechts auf der B 265 Richtung Lechenich, 1. Ampel rechts, im Kreisverkehr 1. Abzweigung rechts, Richtung Gymnich, ca. 1 km geradeaus durch den Kreisel, nach ca. 1 km, direkt hinter dem Ortsschild liegt die Einfahrt zum Parkplatz. Aus allen anderen Richtungen: A 1/61 Richtung Köln, Ausfahrt Erftstadt, links auf die B 265 und weiter wie oben beschrieben.

Nächstgelegene Plätze

GolfCity Köln (Nr. 350)
Römerhof, GA (Nr. 369)
Marienburger GC (Nr. 355)

Greenfee-Aktion: Seite G 89f 91

West Golf GmbH & Co. KG

Karte, Nr. 362, Feld B8 **9/9** Design: Francois Bouchard Höhe: 55 m

gegründet: 2008

Am Golfplatz 1, 53844 Troisdorf
02241-2327128 02241-2327129
office@west-golf.com
www.west-golf.com

PR: GF: Craig West, CM: Craig West

i: 02241-2327128 02241-2327129
Kenole Mäuser, Anja Wien, Sabrina Uerdingen

Nineteen´th
02241-9430588

PRO: Pro: Arne Stuckenschmidt, Dominik Haase

9-Loch Players Course
H: 2986 m, CR 71.2, SL 123, Par 72
D: 2525 m, CR 71.5, SL 123, Par 72
70 Rangeabschläge (18 überdacht)

G: Gäste sind jederzeit willkommen. Anmeldung ist erforderlich. PE ist erforderlich.

9-Loch-Greenfee: Mo.-Do.: EUR 29 / Fr.-So.: EUR 40
Ermäßigung: Jugendl. bis 18 J. 50%, Stud. bis 27 J. 25%

Platzbeschreibung

Der weltbekannte französische Golfplatzarchitekt und Jack Nicklaus Schüler Francois Bouchard - mitverantwortlich für die Umsetzung des Meisterschaftsplatzes Gut Lärchenhof - setzte das Golfplatzkonzept beeindruckend in die Praxis um und schaffte so neue Maßstäbe im öffentlichen Golf. Ein Par 36 9-Loch Platz mit internationalem Standard sowie ein Par 3 9-Loch Kurzplatz für Spieler ohne Platzreife. Diese Kombination bietet ein Golferlebnis für alle Spielstärken. Das Highlight ist das 9. Loch. Es ist ein maßstabsgetreuer Nachbau des bekannten Inselgrüns auf dem TPC Sawgrass Loch 17 in Florida. Dieser Nachbau ist in ganz Europa einzigartig. Die stark ondulierten und relativ kleinen Grüns entsprechen der modernen und anspruchsvollen Architektur von Francois Bouchard.

Platzinfos

VCG

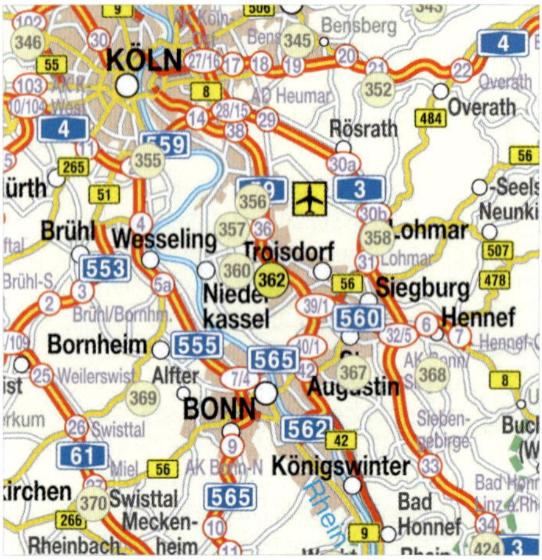

Anfahrtsbeschreibung

WEST GOLF ist nur 15 Minuten von der Kölner Innenstadt, 8 Minuten von der Bonner Innenstadt und 5 Minuten vom Köln/ Bonner Flughafen entfernt.

Nächstgelegene Plätze

Clostermanns Hof, GA (Nr. 360)
V-Golf (Nr. 357)
SSZ Köln-Wahn (Nr. 356)

Golf Club Düren e.V.

Karte, Nr. 363, Feld A8 **18** Design: Pennink, Preissmann, Grohs Höhe: 120 m

gegründet: 1976

Am Golfplatz 2, 52355 Düren-Gürzenich
✆ 02421-67278 🖷 02421-63492
sekretariat@gcdueren.de
www.gcdueren.de

PR: Karin Cornils

i: ✆ 02421-67278 🖷 02421-63492
Katrin Simon

RIVO Restaurant im Golfclub Düren, Ivaylo Hristov
✆ 0178-8045725

PRO SHOP: Gudrun Kaschluhn
✆ 02421-7023388

PRO: Pro: David Peterges, Jacqueline Dittrich

H: 6082 m, CR 73.1, SL 134, Par 73
D: 5316 m, CR 75.1, SL 133, Par 73
20 Rangeabschläge (4 überdacht)

G: Gäste sind jederzeit willkommen. Anmeldung ist notwendig. Clubausweis mit eingetragenem Handicap (36) ist erforderlich.

18-Loch-Greenfee: WT: EUR 65 / WE: EUR 75

Platzbeschreibung

Die Anlage von 1976 wurde in ebenem, parkähnlichem Gelände mit altem Baumbestand angelegt, der zusammen mit Bachläufen ein taktisches Spiel verlangt. Die Erweiterung wurde geschickt in die Anlage integriert. Nach den ersten 3 Bahnen des Platzes betritt man den durch großzügig angelegte Fairways, Teiche und freie Blicke in die nahe Voreifel geprägten Teil des Platzes. Danach kehrt man in die reizvolle Kulisse der Parklandschaft zurück. 2012 wurden die „alten" neun Löcher 1-3 & 13-18 mit einer neuen Fairway- Bewässerungsanlage ausgestattet.

Platzinfos

VCG

Anfahrtsbeschreibung

So finden Sie uns: A4 Köln-Aachen, Ausfahrt: Langerwehe/Inden, Richtung Langerwehe bis Kreisverkehr B 264, Geradeaus auf die K 27 Richtung Kreuzau, Jüngersdorf, Merode, Schlich und Derichsweiler durchfahren, In Gürzenich die Ampelkreuzung geradeaus überqueren Hinter Ortsausgang rechts abbiegen - der Beschilderung GOLFCLUB folgen. Bei Benutzung eines Navigationssystems beachten Sie bitte, dass bei der Anfahrt durch Gürzenich über die frühere (alte) Adresse „Trierbachweg 32" die Zufahrt zum Parkplatz des Golfclubs durch Pfosten versperrt ist. Geben Sie daher als Zieladresse die aktuelle Bezeichnung „Am Golfplatz 2" ein (seit Mai 2008), falls Ihr Navigationssystem diese noch nicht kennt, ersatzweise „Düren/Birgeler Straße". Folgen Sie dieser Straße (K27) ortsauswärts Richtung Birgel bis zur beschilderten Abzweigung rechts in „Am Golfplatz" zum „GOLFCLUB".

Nächstgelegene Plätze

Haus Kambach, GC (Nr. 359)
Konradsheim, Golf Burg (Nr. 361)
Burg Zievel, GC (Nr. 372)

Aachener Golf Club 1927 e.V.

Karte, Nr. 364, Feld A8 **18** Design: Harry Colt Höhe: 180 m

gegründet: 1927

Schurzelter Straße 300, 52074 Aachen-Seffent
☎ 0241-12501 Fax 0241-171075
✉ info@agc-ev.de
www.aachener-golfclub.de

PR: Caroline Effert, CM: Oliver Röckerath

i: ☎ 0241-12501 Fax -171075
Alexa Erckens, Ute Jäger

Club-Ökonomie, Nebojsa Colovic
☎ 0241-171079 Fax -171080
Mo. Ruhetag

PRO SHOP: Iris Peusch
☎ 0241-176126

PRO: Pro: Wim van Mook, Hauke Wagner, Harold Moss

H: 5803 m, CR 71, SL 128, Par 72
D: 5207 m, CR 73.3, SL 128, Par 72
13 Rangeabschläge (10 überdacht)

G: Gäste sind jederzeit willkommen. Anmeldung ist notwendig. Clubausweis mit eingetragenem Handicap (32) ist erforderlich.

18-Loch-Greenfee: WT: EUR 80 / WE: EUR 90
Ermäßigung: Jugendl./Stud.

Platzbeschreibung

Das mit altem Baumbestand versehene Gelände hat eine leicht hügelige Topographie und liegt am Fuße des Schneeberges im Westen der Stadt Aachen, dicht an der Grenze zu den Niederlanden. Der Platz verfügt über abwechslungsreiche Spielbahnen mit teilweise schönen Ausblicken auf Aachen und eine schöne Hügellandschaft.

Platzinfos

Anfahrtsbeschreibung

Vom Stadtzentrum über Pontor, Roermonder Straße links in die Schurzelter Straße zum Golfplatz. Oder: Über Vaalser Straße Richtung Grenzübergang Niederlande bis Schurzelter Straße. Oder: A 4, Ausfahrt Laurensberg Richtung Laurensberg bis zur 1. Ampel, der Beschilderung „Seffent" zum Golfplatz folgen.

Nächstgelegene Plätze

Mergelhof, Intern. GC (Nr. 366)
Haus Kambach, GC (Nr. 359)
Loherhof (Nr. 347)

Gut Heckenhof Hotel & GR an der Sieg GmbH & Co KG

Karte, Nr. 365, Feld C8 **27/6** Design: Bill Amick, Robin de Wooght Höhe: 100 m

gegründet: 1992

Heckerhof 5, 53783 Eitorf
☎ 02243-92320 Fax 02243-923299
✉ vertrieb@gut-heckenhof.de
www.gut-heckenhof.de

PR: GF: Peter Hilla

i: ☎ 02243-92320 Fax 02243-923299
Denise Misdom

Restaurant auf Gut Heckenhof
☎ 02243-923250 Fax 02243-923299

PRO SHOP: Tee-Off Golfshop, Johan Omander
☎ 02243-923217 Fax 02243-923299

PRO: Pro: Ernst Rödder

27-Loch Platz
H: 5284 m, CR 70.3, SL 118, Par 70
D: 4554 m, CR 65.4, SL 115, Par 69
6-Loch Pay and Play Platz
H: 629 m, Par 3,D: 629 m, Par 3
74 Rangeabschläge (24 überdacht)

G: Gäste sind jederzeit willkommen. Anmeldung ist notwendig. Clubausweis mit eingetragener PE ist erforderlich.

18-Loch-Greenfee: WT: EUR 61 / WE: EUR 74
9-Loch-Greenfee: WT: EUR 44 / WE: EUR 50
Ermäßigung: Jugendl. bis 18 J. 50%

Platzbeschreibung

Das Herz des Golfresorts ist die 27-Loch-Meisterschaftsanlage. Die gleichwertigen 9-Loch-Golfkurse können individuell miteinander kombiniert werden und ergeben so drei interessante und abwechslungsreiche 18-Loch-Meisterschaftsplätze. Golfer jeder Spielstärke finden hier ihr Glück. Die Golfschule verfügt mit ihrem umfangreichen Golfkursprogramm – vom Schnupperkurs bis hin zum Handicapkurs – sowohl für Golfeinsteiger als auch für Fortgeschrittene über das passende Angebot.

Platzinfos

VCG CLUB GASTRO

Anfahrtsbeschreibung

Von Köln: A 3 bis ABK Bonn/Siegburg, weiter A 560 Ri. Hennef bis Autobahnende (Ampelkreuzung). Von Bonn: Dreieck St. Augustin, weiter A 560 Ri. Siegburg/Hennef bis Autobahnende (Ampelkreuzung). Am Autobahnende links einordnen, an der Kreuzung links abbiegen, der Hauptstraße geradeaus folgen und auf der L 333 weiter durch das Siegtal Ri. Eitorf. Kurz nach Ortseingang rechts Ri. Irlenborn und nach 1,5 km sieht man Gut Heckenhof rechts liegen.

Nächstgelegene Plätze

Rhein-Sieg, GC (Nr. 368)
Siebengebirge, GC (Nr. 424)
Burg Overbach, GC (Nr. 353)

Int. Golfclub Mergelhof Sektion Deutschland e.V.

Karte, Nr. 366, Feld A8 **18/9** Design: Bruno Steensels Höhe: 210 m

gegründet: 1988

Rue de Terstraeten 254,
4851 Gemmenich/Belgien
0032-87-789280 0032-787555
info@mergelhof.com
www.mergelhof.com

PR Klaus Pastor

0032-87-789280 0032-87-787555
Michele Viandante

Brasserie Porcini, Will & Vivian Van der Neut
0032-87-789296 0032-87-787555

PRO SHOP Mergelhof AG, Paula Felser
0032-87-789280 0032-87-787555

PRO Pro: Stefan Felser

18-Loch Championship Course
H: 5466 m, CR 70, SL 135, Par 72
D: 4757 m, CR 71.6, SL 130, Par 72
9-Loch Par 3 Platz
H: 957 m, Par 27, D: 849 m, Par 27
20 Rangeabschläge (8 überdacht)

G Gäste sind jederzeit willkommen. Anmeldung ist notwendig. Clubausweis mit eingetragenem Handicap (36) ist erforderlich. Sa./So./Feiertage ist Handicap 34 erforderlich.

18-Loch-Greenfee: WT: EUR 60 / WE: EUR 70
9-Loch-Greenfee: WT: EUR 40 / WE: EUR 50
Ermäßigung: Jugendl./Stud. bis 21 J.

Platzbeschreibung

Der Golfplatz Mergelhof hat sich im Laufe der Jahre zu einem international anerkannten Golfplatz entwickelt. Die Lage des Mergelhofs liegt im Herzen der Euregio zwischen Eupen, Aachen, Lüttich und Maastricht. Es handelt sich um einen Golfcourse für anspruchsvolle Sportler. Fernab von jeglichem Straßenlärm können sich Golfer den sportlichen Herausforderungen mit zahlreichen natürlichen Hindernissen stellen und wunderbare Ausblicke genießen.

Platzinfos

VCG GPS CLUB GASTRO

Anfahrtsbeschreibung

Von Köln auf der A 4, von Düsseldorf auf der A 44, am ABK-Kreuz Aachen auf der A 4 Richtung Niederlande, Ausfahrt Aachen-Laurensberg, von hier der Beschilderung Maastricht-Vaals/Niederlande folgen, von Vaals Richtung Gemmenich/Belgien, am Ortsanfang Gemmenich rechts Richtung Sippenaeken, auf dieser Straße kommt nach 3 km rechts die Beschilderung „Golf Mergelhof".

Nächstgelegene Plätze

Aachener GC 1927 (Nr. 364)
Haus Kambach, GC (Nr. 359)
Loherhof (Nr. 347)

Internationaler Golf Club Bonn e.V.

Karte, Nr. 367, Feld B8 **18** Design: Karl Grohs Höhe: 120 m

gegründet: 1993

Konrad-Adenauer-Str. 100, 53757 St. Augustin
☎ 02241-39880 Fax 02241-398888
✉ info@golf-course-bonn.de
www.golf-course-bonn.de

PR: Barbara Ollig, GF: Anja Siemens-Fischer
Karl Siemens-Fischer
Headgreenkeeper: Berko Fricke

i: ☎ 02241-39880 Fax 02241-398888

Restaurant - Golf Course Bonn, Bettina Bauer
☎ 02241-398850 Fax 02241-398888

PRO SHOP: 1st Handicap Golf-Shop, Daniel Burhenne
☎ 02241-9229383

PRO: Pro: Phil Gresswell, Klaas Hoogland

H: 5927 m, CR 72.7, SL 128, Par 71
D: 5224 m, CR 74.2, SL 128, Par 71
30 Rangeabschläge (20 überdacht)

G: Gäste sind jederzeit willkommen. Anmeldung ist notwendig. Clubausweis mit eingetragenem Handicap (54) ist erforderlich. Sa./So./Feiertage ist Handicap 36 erforderlich. Hunde können angeleint die Spieler begleiten. Startzeit bis 9:00 Uhr oder ab 16:00 Uhr.

18-Loch-Greenfee: WT: EUR 60 / WE: EUR 80
9-Loch-Greenfee: WT: EUR 50 / WE: EUR 60

Platzbeschreibung

Der in hügeliger Parklandschaft, mit Ausblicken in das Rhein- und Siegtal, angelegte Platz bietet abwechslungsreiche und anspruchsvolle Spielbahnen, umgeben von altem Baumbestand.

Platzinfos

VCG GPS CLUB GASTRO

Anfahrtsbeschreibung

Von Norden: A 3 bis ABK Heumar, weiter A 59 (Flughafen-Autobahn) Ri. Bonn, Ausf. Beuel-Hangelar, weiter B 56 Ri. Siegburg, nach ca. 2 km an der 4. Ampelkreuzung (VW-Hoff) re. in die Konrad-Adenauer-Str., nach 1,5 km liegt links die Einfahrt. Von Süden: A 3 bis ABK Bonn-Siegburg, weiter A 560 Ri. Bonn Ausf. Siegburg-Mülldorf, weiter B 56 Ri. Bonn, nach 4 km an der 8. Ampelkreuzung (VW-Hoff) links in die Konrad-Adenauer-Straße und weiter wie oben.

Nächstgelegene Plätze

Rhein-Sieg, GC (Nr. 368)
West Golf (Nr. 362)
Schloss Auel, GC (Nr. 358)

Golf Club Rhein-Sieg e.V.

Karte, Nr. 368, Feld B8   18/4   Design: Kurt Peters

gegründet: 1971

Haus Dürresbach, Sövenerstraße, 53773 Hennef
☎ 02242-6501 🖷 02242-909660
✉ sekretariat@gcrs.de
💻 www.gcrs.de

PR: Ralf Stemmer, CM: Stephan Axer

i: ☎ 02242-6501 🖷 02242-909660
Monika Zenker-Bail

Clubrestaurant
☎ 02242-8744420

PRO SHOP: GolfProDiscount
☎ 0228-94589675

PRO: Pro: Kai Klein, Ramon Wanders, Kevin Becker

H: 6081 m, CR 71.1, SL 129, Par 72
D: 5392 m, CR 72.8, SL 125, Par 72
8 überdachte Rangeabschläge

G: Gäste sind jederzeit willkommen. Anmeldung ist notwendig. Clubausweis mit eingetragener PE ist erforderlich.

18-Loch-Greenfee: WT: EUR 65 / WE: EUR 75
9-Loch-Greenfee: WT: EUR 35 / WE: EUR 40
GF inkl. Rangefee.
Ermäßigung: Jugendl. bis 18 J. und Stud. bis 27 J. 50%

Platzinfos

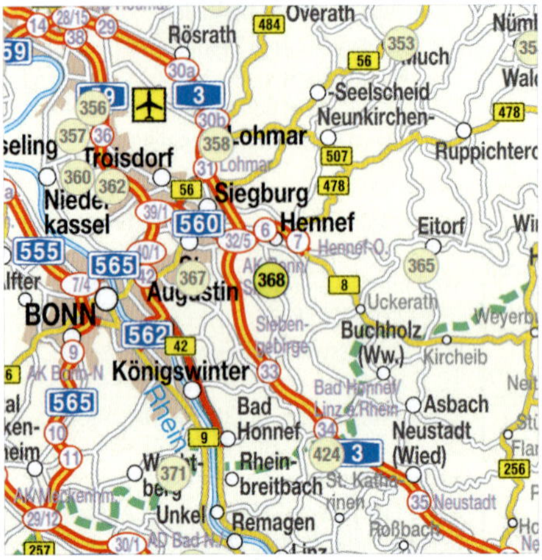

Anfahrtsbeschreibung

A 3, Ausfahrt Richtung Frankfurt, Ausfahrt Kreuz Siegburg auf den Zubringer A 560 bis zur Ausfahrt Hennef-West, weiter auf der Frankfurter Straße Richtung Hennef-Söven bis zur Sportschule/Hennef vor dem Ort Söven, Haus Dürresbach, Golfplatz.

Platzbeschreibung

Die Golfanlage liegt oberhalb von Hennef, etwa 2 km vom Ortskern entfernt inmitten eines weitläufigen Wiesen- und Waldgebietes mit herrlicher Aussicht, bei klarem Wetter bis nach Köln und Leverkusen. Das relativ offene Gelände mit großzügigen Fairways wird von altem Baumbestand umrahmt. Gut platzierte Bunker, das eine oder andere Wasserhindernis, Doglegs und Hanglagen bieten einen anspruchsvollen und abwechslungsreichen Parcours.

Nächstgelegene Plätze

Bonn, Intern. GC (Nr. 367)
Schloss Auel, GC (Nr. 358)
Gut Heckenhof H&GR (Nr. 365)

Golfanlage Römerhof

Karte, Nr. 369, Feld B8 **18/9** Höhe: 156 m

gegründet: 1997

Römerhofweg, 53332 Bornheim
✆ 02222-931940 Fax 02222-931942
✉ info@golfanlage-roemerhof.de
www.golfanlage-roemerhof.de

PR: GF: Thomas von Kempis

i: ✆ 02222-931940 Fax -931942
Sabrina Winterscheid

Bistro im Römerhof
✆ 02222-92930
Mo. Ruhetag

PRO SHOP: ✆ 02222-931940 Fax -931942

PRO: Pro: Martin Morich, Cameron Taylor

18-Loch Platz
H: 6215 m, CR 72, SL 128, Par 72
D: 5216 m, CR 73, SL 126, Par 72
9-Loch Platz
H: 2990 m, CR 57.6, SL 87, Par 60
D: 2744 m, CR 57, SL 86, Par 60
30 Rangeabschläge (14 überdacht)

G: Gäste sind jederzeit willkommen. Sa./So./Feiertage ist Anmeldung notwendig. Clubausweis mit eingetragenem Handicap (45) ist erforderlich. Sa./So./Feiertage ist Handicap 36 erforderlich.

18-Loch-Greenfee: WT: EUR 60 / WE: EUR 80
9-Loch-Greenfee: WT: EUR 40 / WE: EUR 50
Greenfee-Ermäßigungen auf reguläres Greenfee für DGV-vS Karten-Inhaber von 18 Loch-Anlagen.
Ermäßigung: Jugendl./Stud. 33%

Platzbeschreibung

Auf halber Strecke zwischen Köln und Bonn im Naherholungsgebiet Kottenforst-Ville liegt die 100 ha große, himmlisch ruhige Golfanlage inmitten Feld, Wald und Obstwiesen. Rund um die komplett restaurierte Hofanlage erstrecken sich öffentlicher Übungsteil und Golfschule, ein öffentlicher 9-Loch-Kurzplatz sowie ein 18-Loch-Turnierplatz. Auf dem gleichen Platz Auf dem gleichen Platz beheimatet ist die Airport-Golf Sparte der Sportgem. Flughafen Köln/Bonn e.V.

Platzinfos

VCG
GASTRO

Anfahrtsbeschreibung

A 555 Köln-Bonn, Ausfahrt Bornheim, oder A 61, Ausfahrt Heimerzheim, über die L 182 auf die Ville-Höhe oberhalb von Bornheim und von dort der Beschilderung zum 1 km entfernten Römerhof folgen.

Nächstgelegene Plätze

Schloss Miel, GC (Nr. 370)
Clostermanns Hof, GA (Nr. 360)
West Golf (Nr. 362)

Golf Club Schloss Miel

Karte, Nr. 370, Feld B8 **18** Design: David Ashton

gegründet: 1995

Schlossallee 1, 53913 Swisttal
☎ 02226-10050 Fax 02226-17001
mail@schlossmiel.de
www.schlossmiel.de

PR: Franz Josef Hermann, GF: Alexander Thelen, CM: Lisa Thelen
Headgreenkeeper: Victor Franke

i: ☎ 02226-10050 Fax 02226-17001
Sabine von Jordans

Restaurant Graf Belderbusch, Stefan Hoffmeister
☎ 02226-9078807 Fax 02226-8369795
Mo. Ruhetag

PRO SHOP: Daniela Bleeck

PRO: Pro: Thomas Gerhardt, Juan Peters, Dominique Klein

H: 6060 m, CR 72.5, SL 135, Par 72
D: 5397 m, CR 74.8, SL 133, Par 72
50 Rangeabschläge (14 überdacht)

G: Gäste sind jederzeit willkommen. Anmeldung ist notwendig. Clubausweis mit eingetragenem Handicap (54) ist erforderlich. Sa./So./Feiertage ist Handicap 45 erforderlich. Sehr großes und fluchtlicht beleuchtetes Putting Green

18-Loch-Greenfee: WT: EUR 100 / WE: EUR 120
9-Loch-Greenfee: WT: EUR 60 / WE: EUR 75
Ermäßigung: Jugendl. bis 16 J. und Stud. bis 27 J.

Platzbeschreibung

Der Golf Club Schloss Miel, in der reizvollen Landschaft der Voreifel gelegen, bietet sportlich anspruchsvolles Spiel oder rundum entspannendes Golferlebnis in unmittelbarer Nähe der Beethovenstadt Bonn.

Platzinfos

VCG
GPS
CLUB
GASTRO

Anfahrtsbeschreibung

A 4 Aachen-Köln, weiter auf der A 61 Richtung Koblenz, Ausfahrt Miel. Oder: Von Köln auf der A 1, weiter auf der A 61 bis Ausfahrt Miel. Oder: Von Bonn auf der B 56 Richtung Miel und zum Golfplatz, in Miel der Beschilderung zum Golfplatz folgen.

Nächstgelegene Plätze

Römerhof, GA (Nr. 369)
Burg Zievel, GC (Nr. 372)
Bad Münstereifel-St., GC (Nr. 373)

Golf Club Bonn Godesberg in Wachtberg e.V.

Karte, Nr. 371, Feld B8 **18** Höhe: 150 m

gegründet: 1960

Landgrabenweg,
53343 Wachtberg-Niederbachem
✆ 0228-344003 🖷 0228-340820
✉ info@gc-bonn-godesberg.de
💻 www.gc-bonn.de

PR Andreas Thamm, CM: Daniel Schulze
Headgreenkeeper: Tobias Gerwing

i ✆ 0228-344003 🖷 0228-340820
Devid Theißen

Hole in One, Karla Pinheiro-Coello
✆ 0177-8596768
Mo. Ruhetag

PRO Pro: Mariat Domscheit, Robin Windgassen, Claas-Eric Borges, Joachim Grode

H: 5662 m, CR 70.2, SL 133, Par 71
D: 5029 m, CR 72.1, SL 128, Par 71
16 überdachte Rangeabschläge

G Gäste sind jederzeit willkommen. Clubausweis mit eingetragenem Handicap ist erforderlich.
E-Cart: 18-Loch EUR 18, 9-Loch EUR 9

18-Loch-Greenfee: WT: EUR 55 / WE: EUR 65
9-Loch-Greenfee: WT: EUR 30 / WE: EUR 35
Ermäßigung: Jugendl./Stud. bis 28 J. 50%

Platzbeschreibung

Ein Platz, dessen Spielbahnen nur 8 km von Bonn entfernt tief durch den üppigen Waldbestand eines Hochplateaus führen. Insgesamt 16 Bahnen sind fast gänzlich von Wald umgeben und lassen durch teilweise enge Bahnen wenig Streuung zu. Gut platzierte Bunker und die Wasserhindernisse an den Bahnen 3, 6, 12 und 18 versperren den erfolgreichen Weg zum Grün. Insgesamt anspruchsvoll, idyllisch und voller Ruhe.

Platzinfos

VCG GPS CLUB GASTRO

Anfahrtsbeschreibung

A 61/A 565, Ausfahrt Meckenheim-Merl Richtung Godesberg-Berkum-Niederbachem, nach dem Ortsschild Niederbachem scharf rechts in den Landgrabenweg (Hinweisschild zum Golfplatz), der auf dem Clubgelände mündet.

Nächstgelegene Plätze

Bad Neuenahr-Ahrw., G&LC (Nr. 427)
Siebengebirge, GC (Nr. 424)
Bonn, Intern. GC (Nr. 367)

Golfclub Burg Zievel

Karte, Nr. 372, Feld B8 **18** Höhe: 200 m

gegründet: 1994

Burg Zievel, 53894 Mechernich
✆ 02256-1651/-3776 🖷 02256-3479
✉ gcburg@zievel.de
💻 www.gcburgzievel.de

PR: Ulrich Knappertz, CM: Jochen Knappertz

i: ✆ 02256-1651 🖷 -3479
Nicole Sütsch, Bianca Baumgart

Clubgastronomie Michael Müller,
Carmen Körber-Müller
✆ 02256-957463 🖷 02256-3479

PRO SHOP: Kirsten Beelen
✆ 02256-3778 🖷 -957791

PRO: Pro: Menno Beelen, Christof Schürmann

H: 5944 m, CR 71.5, SL 134, Par 72
D: 5248 m, CR 73.5, SL 131, Par 72
30 Rangeabschläge (10 überdacht)

G: Gäste sind jederzeit willkommen. Anmeldung ist notwendig. Clubausweis mit eingetragenem Handicap (45) ist erforderlich.

18-Loch-Greenfee: WT: EUR 60 / WE: EUR 70
9-Loch-Greenfee: WT: EUR 35 / WE: EUR 40

Platzbeschreibung

Alter Baumbestand, Bachläufe und terrassenförmig angelegte Fairways prägen diese Anlage. Anspruchsvolle Hindernisse bilden eine sportliche Herausforderung und sorgen für ein abwechslungsreiches Spiel in bewegtem Gelände. Die Burg Zievel ist dabei vonfast allen Fairways sichtbar und bildet eine attraktive Kulisse. Einzigartig im Rheinland ist der Blick von der Clubhausterrasse auf die beiden Grüns 9 und 18, die hangabwärts zu spielen sind.

Platzinfos

VCG

Anfahrtsbeschreibung

Aus dem Köln-Bonner Raum: A 1 bis zur Abfahrt Wißkirchen. Von hier aus führen Hinweisschilder auf dem direkten Weg durch den Ort Satzvey zum Golfplatz Burg Zievel.

Nächstgelegene Plätze

Bad Münstereifel-St., GC (Nr. 373)
Schloss Miel, GC (Nr. 370)
Römerhof, GA (Nr. 369)

Golfclub Bad Münstereifel-Stockert e.V.

Karte, Nr. 373, Feld B8 **18** Höhe: 360 m

gegründet: 2000

Moselweg 4, 53902 Bad Münstereifel
☏ 02253-2714 🖷 02253-930880
✉ info@golfbadmuenstereifel.de
💻 www.golfbadmuenstereifel.de

PR: Tim Tschernay

i: ☏ 02253-2714 🖷 -930880
Marion Krieger

Landhaus Stockert

PRO SHOP: Marion Krieger
☏ 02253-930882 🖷 -930880

PRO: Pro: André Müller

H: 5474 m, CR 71, SL 129, Par 71
D: 4864 m, CR 72.6, SL 122, Par 71
25 Rangeabschläge (4 überdacht)

G: Gäste sind jederzeit willkommen. Anmeldung ist notwendig. Clubausweis mit eingetragenem Handicap (54) ist erforderlich.

18-Loch-Greenfee: WT: EUR 55 / WE: EUR 65
9-Loch-Greenfee: WT: EUR 35 / WE: EUR 40
Jugendliche: WT: EUR 27,50 / WE: EUR 32,50
Ermäßigung: Jugendl./Stud. bis 27 J.

Platzbeschreibung

Wir sind eine moderne, sehr gepflegte Golfanlage, nur 25 Minuten vom Autobahnkreuz Köln-West entfernt, die allen Golfern einen überdurchschnittlichen Freizeitwert bietet. Was uns von allen anderen Golfanlagen in der Region Köln-Bonn abhebt, sind die weiten Panoramaaussichten, die wunderbare Natur und Ruhe, die ein Golfer bei uns findet und natürlich unsere Partnerschaft mit der GolfAlliance Köln-Bonn-Euskirchen, die es unseren Mitgliedern ermöglicht , nicht nur in Bad Münstereifel, sondern auch auf 5 weiteren Golfanlagen in der Region 365 Tage im Jahr ohne Zusatzkosten zu spielen.

Platzinfos

VCG GPS

Anfahrtsbeschreibung

A 1 Köln-Trier, Ausfahrt Bad Münstereifel, rechts Richtung Bad Münstereifel, nach 800 m links Richtung Satzvey, nach 100 m wieder links bis Weiler am Berg, in der Ortsmitte rechts Richtung Eschweiler, nach 2,5 km Golfplatz rechts noch vor dem Ortseingang.Oder: Von Bonn auf der B 56 Richtung Euskirchen, von dort links auf die B 51 bis Ampel Iversheim, rechts nach Eschweiler, nach 50 m links bergauf zum Golfplatz abbiegen.

Nächstgelegene Plätze

Burg Zievel, GC (Nr. 372)
Schloss Miel, GC (Nr. 370)
Römerhof, GA (Nr. 369)

Hessen

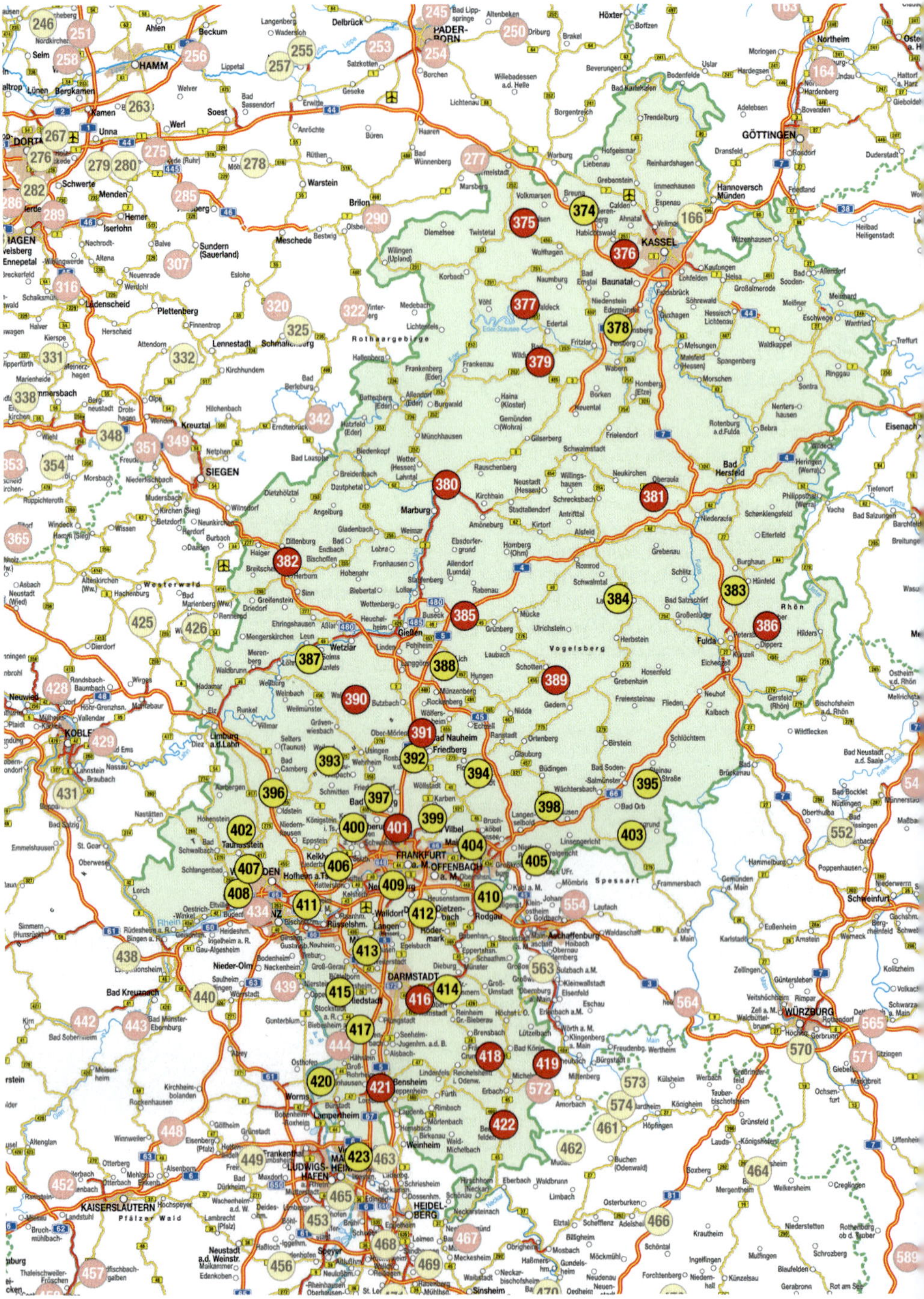

Hessen

■ = Partner Albrecht Greenfee-Aktion

Hessen

Club-Nr.	Clubname	Seite: Gutschein		Club
374	Golf Club Zierenberg Gut Escheberg e.V.			402
375	Golf- und Landclub Bad Arolsen e.V.	G 91	■	403
376	Golf Club Kassel-Wilhelmshöhe e.V.	G 91	■	404
377	Golfclub Waldeck am Edersee	G 91	■	405
378	GolfParkGudensberg			406
379	Golf-Club Bad Wildungen e.V.	G 91, G 93	■	407
380	Oberhessischer Golf-Club Marburg e.V.	G 93	■	408
381	Kurhessischer Golfclub Oberaula/Bad Hersfeld e.V.	G 93	■	409
382	Golfclub Dillenburg e.V.	G 93, G 95	■	410
383	Golf Club Hofgut Praforst			411
384	Golfpark Schlossgut Sickendorf GmbH			412
385	Golf-Park Winnerod	G 95	■	413
386	Golfclub Fulda Rhön e.V.	G 95	■	414
387	Golf Club Schloß Braunfels e.V.			415
388	Licher Golf-Club Fürstliches Hofgut Kolnhausen e.V.			416
389	Golf Club Eschenrod e.V.	G 95, G 97	■	417
390	Attighof Golf & Country Club e.V.	G 97	■	418
391	Golf-Club Bad Nauheim e.V.	G 97	■	419
392	Golfpark am Löwenhof GmbH			420
393	Golfclub Taunus Weilrod e.V.			421
394	Golfplatz Altenstadt			422
395	Golf-Club Spessart e.V.			423
396	Golfpark Idstein			424
397	Royal Homburger Golfclub 1899 e.V.			425
398	Golfpark Gut Hühnerhof			426
399	Bad Vilbeler Golfclub Lindenhof e.V.			427
400	Golf- und Land-Club Kronberg e.V.			428
401	Golf-Club Golf Range Frankfurt	G 97	■	429
402	Hofgut Georgenthal			430
403	Golf-Club Bad Orb Jossgrund e.V.			431
404	Golf Club Hanau-Wilhelmsbad e.V.			432
405	Golfpark Trages			433
406	Golf-Club Hof Hausen vor der Sonne Hofheim e.V.			434
407	Wiesbadener Golf Club e.V.			435
408	Golfclub Rhein-Main e.V.			436
409	Frankfurter Golf Club e. V.			437
410	Golfclub Seligenstadt am Kortenbach e.V.			438
411	Golf-Club Main-Taunus e.V.			439
412	Golf Club Neuhof e.V.			440
413	Golfpark Bachgrund			441
414	Zimmerner Golf Club 1995 e.V.			442
415	KIAWAH Golf Club Landgut Hof Hayna e.V.			443
416	Golf Club Darmstadt Traisa e.V.	G 97	■	444
417	Golfresort Gernsheim			445
418	Golf Club Odenwald e.V.	G 99	■	446
419	Golfclub Geierstal e.V.	G 99	■	447
420	Golfclub Biblis Wattenheim e.V.			448
421	Golf-Club Bensheim e.V.	G 99	■	449
422	Golf- und Landclub Buchenhof Hetzbach e.V.	G 99	■	450
423	Golfclub Mannheim Viernheim 1930 e.V.			451

Golf Club Zierenberg Gut Escheberg e.V.

Karte, Nr. 374, Feld E7 **18/4** Höhe: 284 m

gegründet: 1995

Gut Escheberg, 34289 Zierenberg
05606-2608 / -531972 05606-2609 / -531973
sekretariat@golfclub-escheberg.de
www.golfclub-escheberg.de

PR PD Dr. Dr. med. Michael Spallek, GF: Heinz Schulz, CM: Alexander Raupp

i 05606-2608 oder 05606-531972 -2609

Familie Kehr, Axel Kehr
0160-2817486 05626-1494
Mo. Ruhetag

PRO Pro: Sascha Ludwig

18-Loch Platz
H: 6122 m, CR 72.3, SL 130, Par 72
D: 5394 m, CR 73.9, SL 131, Par 72
4-Loch Old Course
H: 200 m, Par 12, D: 200 m
18 Rangeabschläge (10 überdacht)

G Gäste sind jederzeit willkommen. Anmeldung ist notwendig. Clubausweis mit eingetragener PE ist erforderlich.

18-Loch-Greenfee: WT: EUR 50 / WE: EUR 60
9-Loch-Greenfee: WT: EUR 30 / WE: EUR 40
VcG-Spieler bitte anmelden.
Ermäßigung: Jugendl. bis 16 J. und Stud. bis 27 J. 50%

Platzinfos

VCG GPS

Anfahrtsbeschreibung
A 44 Kassel-Dortmund, Ausfahrt Zierenberg, weiter Richtung Zierenberg, von dort links Richtung Oberelsungen, ca. 500 m nach dem Ortsteil Friedrichsaue rechts zu Gut Escheberg und zum Golfplatz.

Platzbeschreibung
Der Golfplatz Zierenberg Gut Escheberg besitzt eine romantische, fast märchenhafte Atmosphäre. Ruhig, aber dennoch zentral vor den Toren Kassels gelegen, abseits viel befahrener Straßen, bietet die Golfanlage Raum für Entspannung und zugleich sportliche Herausforderung.

Nächstgelegene Plätze
Kassel-Wilhelmshöhe, GC (Nr. 376)
Bad Arolsen, G&LC (Nr. 375)
Gut Wissmannshof, GC (Nr. 166)

Hessen

Greenfee-Aktion: Seite G 91

Golf- und Landclub Bad Arolsen e.V.

Karte, Nr. 375, Feld E7 **9** Design: Harradine Höhe: 350 m

gegründet: 1997

Zum Wiggenberg 33, 34454 Bad Arolsen
05691-628444 Fax 05691-628445
info@golf-arolsen.de
www.golf-arolsen.de

PR: Udo Lossau, GF: Andreas Motyl, CM: Andreas Motyl

i: 05691-628444 Fax 05691-628445
Barbara Seidler

Kiek In
05691-806800
Di. Ruhetag

PRO SHOP: Twistesee Golf GmbH, Andreas Motyl
05691-628444 Fax -628445

PRO: Pro: Tim Baehr

9-Loch Twistesee Platz
H: 3828 m, CR 62.7, SL 117, Par 63
D: 3352 m, CR 62.4, SL 113, Par 63
40 Rangeabschläge (13 überdacht)

G: Gäste sind jederzeit willkommen. Anmeldung ist erforderlich. Handicap 54 ist erforderlich.

Tages-Greenfee: WT: EUR 42 / WE: EUR 50
18-Loch-Greenfee: WT: EUR 42 / WE: EUR 50
9-Loch-Greenfee: WT: EUR 26 / WE: EUR 32
Nutzung der Übungsanlagen im Greenfee enthalten!
Ermäßigung: Jugendl./Stud. 50%

Platzinfos

VCG GPS CLUB GASTRO

Anfahrtsbeschreibung

Von Kassel: A 44 Kassel-Dortmund, Ausfahrt Breuna Richtung Volkmarsen-Bad Arolsen, in Wetterburg links zum Strandbad abbiegen, nach ca. 800 m wieder links zum Parkplatz abbiegen, links halten und der Beschilderung folgen. Von Dortmund: A 44 Dortmund-Kassel, Ausfahrt Diemelstadt-Rhoden Richtung Bad Arolsen auf der B 252, kurz hinter Bad Arolsen links auf die B 450 Richtung Twistesee und der Beschilderung zum Strandbad und zum Golfplatz folgen.

Platzbeschreibung

Oberhalb des Twistesees, eingebettet in die sanfte Hügellandschaft des Waldecker Landes und umgeben von der herrlichen Waldlandschaft Bad Arolsen, liegt die 9-Loch-Anlage mit einem großzügig angelegten und für die Region einmaligen Trainingsareal. Der Platz mit seinen schmalen Fairways, vielen Sandbunkern und dem tückischen Rough stellt für Spieler aller Stärken eine echte Herausforderung dar. Genießen Sie den Ausblick von der sonnigen Clubhausterrasse über das neu angelegte Inselgrün der Bahn 9 zum Twistesee.

Nächstgelegene Plätze

Zierenberg, GC (Nr. 374)
Waldeck/Edersee, GC (Nr. 377)
GC Westheim (Nr. 277)

Hessen

Greenfee-Aktion: Seite G 91

Golf Club Kassel-Wilhelmshöhe e.V.

Karte, Nr. 376, Feld E7 **18** Höhe: 510 m

gegründet: 1958

Ehlener Straße 21, 34131 Kassel-Wilhelmshöhe
✆ 0561-33509 🖷 0561-37729
✉ mail@golfclub-kassel.de
💻 www.golfclub-kassel.de

PR Dr. Stefan Heine, GF: Andrea Klug
Headgreenkeeper: Lucas Damrow

i ✆ 0561-33509 🖷 0561-37729
Antje Werner, Carina Tymko, Andrea Frömming

Fam. Heuertz, Michaela Heuertz
✆ 0561-3168636 🖷 0561-37729
Mo. Ruhetag

PRO SHOP Pro Shop Heidi & Paul Smith, Heidi Smith
✆ 0561-315246 🖷 0561-37729

PRO Pro: Paul Smith, Andrew Winstanley, Michael McLean, Andrew Winstanley

H: 5575 m, CR 71, SL 136, Par 70
D: 4859 m, CR 72.3, SL 131, Par 70
25 Rangeabschläge (14 überdacht)

G Gäste sind jederzeit willkommen. Clubausweis mit eingetragenem Handicap (54) ist erforderlich.

18-Loch-Greenfee: WT: EUR 50 / WE: EUR 70
9-Loch-Greenfee: WT: EUR 30 / WE: EUR 40
Ermäßigung: Jugendl./Stud. 50%

Platzbeschreibung

Das Clubhaus und der spielerisch anspruchsvolle Platz liegen auf 510 m Höhe inmitten des Habichtswaldes, angrenzend an den Park Wilhelmshöhe, mit über 100 verschiedenen Gehölzarten der größte Bergpark Europas. Von mehreren Bahnen ist das Wahrzeichen Kassels und Weltkulturerbe, das über 70 m hohe Standbild des Herkules, zu sehen. Das Denkmal, die Kurhessentherme und die Stadt Kassel selbst sind vom Golfplatz aus in wenigen Minuten erreichbar.

Platzinfos

VCG GPS

Anfahrtsbeschreibung

A 44 Kassel-Dortmund, Ausfahrt Kassel-Wilhelmshöhe, links über die Konrad-Adenauer-Straße Richtung Herkules-Weltkulturerbe. Oder: Von Kassel über die Wilhelmshöher Allee oder die Kohlenstraße in die Druseltalstraße zum Golfplatz.

Nächstgelegene Plätze

Zierenberg, GC (Nr. 374)
Gudensberg, GP (Nr. 378)
Gut Wissmannshof, GC (Nr. 166)

Greenfee-Aktion: Seite G 91

Golfclub Waldeck am Edersee

Karte, Nr. 377, Feld E7 **18/9** Höhe: 400 m

gegründet: 1992

Domänenweg 12, 34513 Waldeck
05623-99890 05623-998915
info@golfeninwaldeck.de
www.golfeninwaldeck.de

PR: Horst Kleinschmidt, GF: Adrian Lamm, CM: Markus Hess

i: 05623-99890 05623-998915
Yasemine Kaiser

Restaurant Schlossblick
05623-998918 05623-998915

PRO SHOP: 05623-99890 05623-998915

PRO: Pro: Regis Gustave

18-Loch Waldeck Course
H: 6060 m, CR 72.8, SL 136, Par 72
D: 5292 m, CR 74.3, SL 129, Par 72
9-Loch Platz
H: 2816 m, CR 57.2, SL 94, Par 58
D: 2584 m, CR 56.9, SL 90, Par 58
20 Rangeabschläge (5 überdacht)

G: Gäste sind jederzeit willkommen. Anmeldung ist notwendig. Clubausweis mit eingetragener PE ist erforderlich.

18-Loch-Greenfee: WT: EUR 45 / WE: EUR 55
9-Loch-Greenfee: WT: EUR 20 / WE: EUR 25
Startzeiten sind online reservierbar.
Ermäßigung: Jugendl. 50%, Stud. 25%

Platzinfos

VCG

Anfahrtsbeschreibung

Von Süden: A 7 Würzburg-Kassel, Ausfahrt 84 Homberg Richtung Bad Wildungen, kurz vor Bad Wildungen rechts B 485 Richtung Korbach-Sachsenhausen, nach ca. 13 km links Richtung Waldeck, kurz vor Ortsende links zum Golfplatz. Von Norden: A 44 Kassel/ Dortmund,Ausfahrt Diemelstadt, B 252 Ri Rhoden/ Bad Arolsen li Richtung Elleringhausen, links auf die B 251 Ri Sachsenhausen, rechts auf die B 485 Ri Sachsenhausen, weiter wie oben.

Platzbeschreibung

Die Golfanlage ist ca. 40 km von Kassel entfernt und liegt in einer landschaftlich äußerst reizvollen Lage in Nähe des Edersees und dem historischen Schloß Waldeck. Die Anlage verfügt über einen 18-Loch-Meisterschaftsplatz und einen öffentlichen 9-Loch-Platz. Dieser bietet auch ohne PE und HCP für alle eine Spielmöglichkeit. Die 27-Loch-Anlage erstreckt sich über ein Gebiet von 98 ha und bietet für Spieler jeder Spielstärke ein variantenreiches und attraktives Spiel.

Nächstgelegene Plätze

Bad Wildungen, GC (Nr. 379)
Bad Arolsen, G&LC (Nr. 375)
Gudensberg, GP (Nr. 378)

Hessen

GolfParkGudensberg

Karte, Nr. 378, Feld E7 **9** Design: Georg Boehm, Christian Althaus Höhe: 200 m

gegründet: 2006

Ziegelei 1, 34281 Gudensberg-Obervorschütz
✆ 05603-930730 🖷 05603-930733
✉ info@golfpark-gudensberg.de
💻 www.golfpark-gudensberg.de

PR GF: Henning Hocke
Headgreenkeeper: Marco Graf

i ✆ 05603-930730 🖷 05603-930733

Bistro GolfPark
✆ 05603-930730 🖷 05603-930733

PRO SHOP GolfparkGudensberg
✆ 05603-930730 🖷 05603-930733

PRO Pro: Philipp Oster, Nigel Warren

9-Loch GolfParkGudensberg Course
H: 1568 m, CR 58.5, SL 102, Par 29
D: 1508 m, CR 59.7, SL 90, Par 29
9-Loch Executive Platz
H: 1424 m, Par 29, D: 1389 m, Par 29
30 Rangeabschläge (10 überdacht)

G Gäste sind Dienstag - Donnerstag und Samstag (außer an Feiertagen) willkommen.

Tages-Greenfee: WT: EUR 28 / WE: EUR 30
Ermäßigung: Jugendl. bis 18 J. und Stud. bis 27 J.

Platzbeschreibung

Der GolfPark Gudensberg ist im Zentrum des historischen Chattengaus eingebettet in eine herrliche, abwechslungsreiche Basaltkuppenlandschaft. Mit wunderbarem Blick auf das Gudensberger Wahrzeichen, den zweigipfeligen Schlossberg mit der Obernburgruine und der Wenigenburg zur einen Seite, sowie ins Edertal auf der anderen Seite bietet der Platz dem Spieler eine anspruchsvolle Golfübungsanlage mit einem 9-Loch Par 29 Kurzplatz, und idealen Trainingsmöglichkeiten - großzügigen Puttinggreen, Pitching-Area, Pro-Shop, Bistro etc.

Platzinfos

VCG GPS

Anfahrtsbeschreibung

Aus Richtung Kassel über die A 49 Abfahrt Gudensberg, sofort rechts abbiegen Richtung Fritzlar, nach ca. 800 m links nach Gudensberg abbiegen und noch ca. 1 km der Beschilderung GolfPark folgen. Über die A 7 Abfahrt Melsungen, Richtung Felsberg, dort Richtung Niedervorschütz und Kassel. In Niedervorschütz die B 254 überqueren Richtung Obervorschütz. Am Ortseingang rechts Richtung Gudensberg, der GolfPark kommt ca. 1 km nach dem Ortsende von Obervorschütz auf der linken Seite.

Nächstgelegene Plätze

Kassel-Wilhelmshöhe, GC (Nr. 376)
Bad Wildungen, GC (Nr. 379)
Waldeck/Edersee, GC (Nr. 377)

Greenfee-Aktion: Seite G 91f

Golf-Club Bad Wildungen e.V.

Karte, Nr. 379, Feld E7 **9** Höhe: 300 m

gegründet: 1930

Talquellenweg 33, 34537 Bad Wildungen
☎ 05621-3767 Fax 05621-960363
✉ gc-bad-wildungen@t-online.de
www.gc-bad-wildungen.de

PR: Harald Stuhlmann

i: ☎ 05621-3767 Fax -960363
Carmen Rhein

Carsten Germeroth ☎ 05621-960363
Mo. Ruhetag

H: 5547 m, CR 70.5, SL 136, Par 70
D: 4951 m, CR 72.4, SL 134, Par 70
6 Rangeabschläge (3 überdacht)

G: Gäste sind jederzeit willkommen. Anmeldung ist notwendig. Clubausweis mit eingetragenem Handicap (54) ist erforderlich.

18-Loch-Greenfee: WT: EUR 50 / WE: EUR 60
9-Loch-Greenfee: WT: EUR 30 / WE: EUR 40
VcG-/IGC-/Tchibo-/TUI-Spieler/Golfer, deren GC keinen eigenen Platz betreiben GF WT/WE: EUR 60/75. Ehemalige Mitglieder, die ihren Wohnsitz nicht verändert haben und in keinen Nachbarclub eingetreten sind, werden wie VcG-Spieler behandelt.
Ermäßigung: Jugendl. bis 19 J. und Stud. bis 27 J. 50%

Platzbeschreibung

Diese Anlage gehört nicht nur zu den ältesten in Deutschland, sondern auch zu den interessantesten 9 Spielbahnen. Begründet wird dies vor allem durch den größtenteils historischen, unter Landschaftsschutz stehenden Baumbestand, der das Golfspiel zu einer wahren naturkundlichen Exkursion werden lässt. Immer wieder gilt es, Solitärbäume oder Baumgruppen um- bzw. zu überspielen.

Platzinfos

VCG GPS CLUB

Anfahrtsbeschreibung

BAB Hannover-Kassel-Frankfurt, Ausfahrt Südkreuz Kassel Richtung Fritzlar, Ausfahrt Wabern Richtung Bad Wildungen, durch die Stadt über die Brunnenallee bis zum Fürstenhof (gelbes, altertümliches Gebäude) links in die Dr. Bornstraße bis zum Talquellenweg und dann rechts zum Golfplatz abbiegen.

Nächstgelegene Plätze

Waldeck/Edersee, GC (Nr. 377)
Gudensberg, GP (Nr. 378)
Kassel-Wilhelmshöhe, GC (Nr. 376)

Hessen

Greenfee-Aktion: Seite G 93

Oberhessischer Golf-Club Marburg e.V.

Karte, Nr. 380, Feld D8 **18**

gegründet: 1973

Maximilianenhof, 35091 Cölbe-Bernsdorf
☎ 06427-92040 Fax 06427-92041
✉ info@golf-club-marburg.de
www.golf-club-marburg.de

PR: Michael Schwarz

i: ☎ 06427-92040 Fax -92041
Lisa Preis, Carmen Schimansky

Restaurant Maximilianenhof
☎ 06427-92042 Fax -92041

PRO SHOP: ab 01.04.2021 neuer Pächter
☎ 06427-92043 Fax -92041

PRO: Pro: Christopher Gillies

H: 6003 m, CR 71.8, SL 136, Par 72
D: 5156 m, CR 72.8, SL 131, Par 72
25 Rangeabschläge (5 überdacht)

G: Gäste sind jederzeit willkommen. Anmeldung ist notwendig. Clubausweis mit eingetragenem Handicap (45) ist erforderlich.

18-Loch-Greenfee: WT: EUR 55 / WE: EUR 75
9-Loch-Greenfee: WT: EUR 30 / WE: EUR 40
Schüler, Studenten & Azubis für 18-Loch WT EUR 25 / WE EUR 35

Platzbeschreibung

Der Platz liegt in einer hügeligen Landschaft und bietet einen weitreichenden Blick auf die umliegenden Wiesen, Wälder und Dörfer. Wenig Wasserhindernisse und ein größtenteils alter Baumbestand kennzeichnen den Platz. Die Bunker sind insgesamt gut platziert. Alles in allem sehr abwechslungsreich jedes Loch hat seinen eigenen Charakter.

Platzinfos

VCG CLUB GASTRO

Anfahrtsbeschreibung

Von der Stadtmitte Marburg ca. 7 km auf der Stadtautobahn (B 3) Richtung Kassel. Am Ende der Ausbaustrecke Ausfahrt Kassel, beim ersten Kreisverkehr links (zweite Ausfahrt) Richtung Cölbe, nach 500 m rechts der Beschilderung zum Golfplatz folgen.

Nächstgelegene Plätze

Winnerod, GP (Nr. 385)
Wittgensteiner Land (Nr. 342)
Bad Wildungen, GC (Nr. 379)

Kurhessischer Golfclub Oberaula/Bad Hersfeld e.V.

Karte, Nr. 381, Feld E8 **18** Höhe: 380 m

gegründet: 1987

Peter-Bickhardt-Allee 1,
36280 Oberaula/Hausen
✆ 06628-91540 🖷 06628-915424
✉ info@kurhessischer-golfclub.de
www.kurhessischer-golfclub.de

PR Jürgen Sattler, CM: Frank Gerhard

i ✆ 06628-91540 🖷 06628-915424
Monika Wettlaufer

Loch 19 „da Pino", Giuseppe Maiorano
✆ 06628-8454
Mo. Ruhetag

PRO Pro: George Staples

H: 6041 m, CR 71.7, SL 133, Par 72
D: 5324 m, CR 73.4, SL 129, Par 72
25 Rangeabschläge (20 überdacht)

G Gäste sind jederzeit willkommen. Anmeldung ist notwendig. Clubausweis mit eingetragener PE ist erforderlich.

18-Loch-Greenfee: WT: EUR 55 / WE: EUR 65
9-Loch-Greenfee: WT: EUR 30 / WE: EUR 35
Weitere Preise auf Anfrage.
Ermäßigung: Jugendl./Stud.

Platzinfos

Anfahrtsbeschreibung

A 7, Ausfahrt Kirchheim, von dort nach Oberaula, in der Ortsmitte links abbiegen Richtung Hausen, dort links abbiegen (Beschilderung folgen) oder A7 Ausfahrt Kirchheim, über Seepark der Beschilderung folgen (ca. 8 km)

Platzbeschreibung

Auf dieser Anlage kann die Schönheit der Kurhessischen Berglandschaft genossen werden. Golfer gleich welcher Spielstärke finden variationsreiche Spielbahnen mit unterschiedlichsten Herausforderungen und technischen Raffinessen. Geschickt platzierte Bunker, angelegte kleine Teiche und Biotope, flache Täler und Hanglagen liegen in einer von grünem Wald eingefassten Landschaft. Auf dem gleichen Platz beheimatet ist der GC Oberaula-Schloß Hausen e.V.

Nächstgelegene Plätze

Sickendorf, GP (Nr. 384)
HG Praforst, GC (Nr. 383)
Gudensberg, GP (Nr. 378)

Hessen

Greenfee-Aktion: Seite G 93f

Golfclub Dillenburg e.V.

Karte, Nr. 382, Feld D8 **18** Höhe: 220 m

gegründet: 1979

Auf dem Altscheid, 35687 Dillenburg
☎ 02771-5001
✉ info@gc-dillenburg.de
www.gc-dillenburg.de

PR: Manfred Hardt, CM: Volker Jungbluth
Headgreenkeeper: Ralf Thieme

i: ☎ 02771-5001
Susanne Hartmann

Restaurant im Golfclub Dillenburg
☎ 02771-5002
Mo. Ruhetag

PRO SHOP: Golfclub Dillenburg, Volker Jungbluth
☎ 02771-5001

PRO: Pro: Regis Gustave

H: 5988 m, CR 71.2, SL 130, Par 72
D: 5259 m, CR 73, SL 126, Par 72
30 Rangeabschläge (10 überdacht)

G: Gäste sind jederzeit willkommen. Anmeldung ist notwendig. Clubausweis mit eingetragenem Handicap (54) ist erforderlich. Alle Gäste deren Ausweis nicht mit R gekennzeichnet sind zahlen das gleiche Greenfee wie VCG Spieler.

18-Loch-Greenfee: WT: EUR 50 / WE: EUR 60
9-Loch-Greenfee: WT: EUR 35 / WE: EUR 40
Ermäßigung: Jugendl. bis 18 J. und Stud. bis 27 J. 50%

Platzbeschreibung

Am Rande des Westerwaldes gelegen, erstrecken sich die Spielbahnen über ein 65 ha großes Areal. Die Fairways führen kreisförmig um das Clubhaus herum. An fast allen Stellen des Platzes bietet sich dem Golfer ein weitreichender Ausblick auf den Westerwald.Die maximalen Höhenunterschiede liegen bei 40 m. Am höchsten Punkt hat man einen Überblick über das gesamte Spielgeschehen.

Platzinfos

VCG GPS CLUB GASTRO

Anfahrtsbeschreibung

Von Süden: A 45, Ausfahrt Herborn-Süd, B 277 Richtung Dillenberg, nach 6 km Ausfahrt Niederscheld, links Brücke unterqueren, sofort wieder links, nach 100 m wieder rechts. Von Norden: A 45, Ausfahrt Dillenburg, B 277 Richtung Herborn, nach 4 km Ausfahrt Niederscheld, an der 1. Ampel rechts und nach 100 m wieder rechts zum Golfplatz abbiegen.

Nächstgelegene Plätze

Schloß Braunfels, GC (Nr. 387)
Wiesensee, GC (Nr. 426)
Wittgensteiner Land (Nr. 342)

Golf Club Hofgut Praforst

Karte, Nr. 383, Feld F8 **27** Höhe: 270 m

gegründet: 1992

Dr.-Detlev-Rudelsdorff-Allee 3, 36088 Hünfeld
☎ 06652-9970
✉ info@praforst.de
www.praforst.de

PR
Stefan Dietrich, CM: Frank Wiegand
Headgreenkeeper: Daniel Marschall

☎ 06652-9970 Fax 06652-99755
Sabine McQueen, Michaela Waterkamp, Elke Lindemann, Silvia Geier

Zur Praforst Sonne
☎ 06652-7473529
Mo. Ruhetag

PRO SHOP
Michaela Waterkamp
☎ 06652-9970 Fax 06652-99755

PRO
Pro: Andrew McQueen, George Diakou

18-Loch Ostkurs
H: 6036 m, CR 71.9, SL 129, Par 72
D: 5317 m, CR 73.6, SL 130, Par 72
9-Loch Westkurs
H: 5184 m, CR 66.1, SL 113, Par 68
D: 4304 m, CR 65.4, SL 112, Par 68
110 Rangeabschläge (8 überdacht)

G
Gäste sind jederzeit willkommen. Sa./So./Feiertage ist Anmeldung notwendig. Clubausweis mit eingetragenem Handicap (54) ist erforderlich.

18-Loch-Greenfee: WT: EUR 55 / WE: EUR 65
9-Loch-Greenfee: WT: EUR 28 / WE: EUR 33
Ermäßigung: Jugendl./Stud. 50%

Platzinfos

VCG GPS CLUB GASTRO

Anfahrtsbeschreibung

A 7, Ausfahrt Hünfeld-Schlitz Richtung Hünfeld, nach ca. 3 km liegt der Golfplatz rechter Hand. Oder: B 27, Ausfahrt Hünfeld Richtung Schlitz (A 7), nach ca. 1 km links zum Golfplatz. Oder: Aus Osten B 84 Richtung Hünfeld, dann Richtung Schlitz (A 7), derGolfplatz liegt linker Hand vor dem Wald. Hunde sind nur auf der 9-Loch Anlage (Westkurs) angeleint erlaubt!

Platzbeschreibung

Die 18-Loch-Anlage des Meisterschaftskurses (Ostkurs) erstreckt sich über ein Gelände von ca. 110 ha. Vom Golfplatz aus bietet die Anlage dem Betrachter einen Panoramablick in die Rhön und auf das Hessische Kegelspiel. Die zeitgerechte Golfanlage bietet optimale Trainingsmöglichkeiten auf einer der größten Ranges Deutschlands.

Nächstgelegene Plätze

Rhön, GC (Nr. 386)
Sickendorf, GP (Nr. 384)
Kurhess. GC Oberaula (Nr. 381)

Hessen

Golfpark Schlossgut Sickendorf GmbH

Karte, Nr. 384, Feld E8 **18** Design: Sommerfeld Golf Sickendorf AG Höhe: 400 m

gegründet: 1990

Hofstraße 9-11, 36341 Lauterbach/Sickendorf
☎ 06641-96130 Fax 06641-961335
✉ office@gc-lauterbach.de
www.gc-lauterbach.de

PR: GF: Jens Gruhle, CM: Thomas Schilling
Headgreenkeeper: Viktor Feist

i: ☎ 06641-96130 Fax 06641-961335
Sarah Rockel, Audrone Klatt

Gutshof im Golfpark Schlossgut Sickendorf, Götz Ohlendorf
☎ 06641-961312 Fax 06641-961335
Mo. Ruhetag

PRO SHOP: Golf-Shop MD, Martin Dvorak
☎ 06641-96130 Fax 06641-191335

PRO: Pro: Martin Dvorak

H: 6020 m, CR 72.2, SL 125, Par 72
D: 5181 m, CR 73.1, SL 128, Par 72
20 Rangeabschläge (5 überdacht)

G: Gäste sind jederzeit willkommen. Anmeldung ist notwendig. Clubausweis mit eingetragenem Handicap (54) ist erforderlich. Die 5 Sterne professionelle Golfanlage bietet das genussvolle, sportliche und erholsame Spiel

18-Loch-Greenfee: Mo.: EUR 40 / Di.-Do.: EUR 50 / Fr.-So.: EUR 60
9-Loch-Greenfee: Mo.: EUR 20 / Di.-Do.: EUR 25 / Fr.-So.: EUR 30
Ermäßigung: Jugendl./Stud. 50%

Platzinfos

VCG GPS CLUB GASTRO

Anfahrtsbeschreibung
Von Frankfurt: A 5 Richtung Kassel, Ausfahrt Alsfeld-Ost, Richtung Lauterbach, im OT Maar rechts ca. 3 km bis Sickendorf. Von Würzburg: A 7 Richtung Kassel, Ausfahrt Fulda-Süd, Richtung Lauterbach/ Alsfeld, im OT Maar links ca. 3 km bis Sickendorf.

Platzbeschreibung
Die reizvolle Landschaft des Vogelberges und die 8 neuerrichteten Doppelzimmer mit Restaurant direkt auf dem Golfplatz, bieten ein angenehmes Ambiente. Der 18-Loch Meisterschaftsplatz verfügt über viele Wasser-, Sand- und Geländehindernisse, die regelmäßig auf unserem ca. 100 ha großen Platz verteilt sind, um maximalen Spielspaß- und Freude zu ermöglichen. Auch auf der Driving-Range sind alle willkommen - vom Anfänger bis zum Profi.

Nächstgelegene Plätze
Eschenrod, GC (Nr. 389)
Kurhess. GC Oberaula (Nr. 381)
HG Praforst, GC (Nr. 383)

Greenfee-Aktion: Seite G 95

Golf-Park Winnerod

Karte, Nr. 385, Feld D8 18/9 Design: Michael Pinner Höhe: 200 m

gegründet: 1999

Parkstraße 22, 35447 Reiskirchen
☎ 06408-95130 🖷 06408-951313
✉ info@golfpark.de
💻 www.golfpark.de

PR Jürgen Topp, GF: Kim Tarek Kleczka, CM: Kim Tarek Kleczka
Headgreenkeeper: Nikolei Orben

i ☎ 06408-95130
Sandra Bauknecht, Sven-Patrick Lauer, Andrea Koller

Park-Restaurant, ☎ 06408-951323
Mo. Ruhetag

PRO SHOP Pro-Shop Wagener, Uli Wagener
☎ 06408-951362

PRO Pro: Uwe Wagener, Rudi Platen, Sven-Patrick Lauer, Nabil Whiteford

18-Loch Platz
H: 6196 m, CR 72, SL 128, Par 72
D: 5436 m, CR 73.8, SL 125, Par 72
9-Loch Kurzplatz (Par 3)
H: 1039 m, Par 54, D: 858 m, Par 54
50 Rangeabschläge (8 überdacht)

G Gäste sind jederzeit willkommen. Anmeldung ist notwendig. Clubausweis mit eingetragenem Handicap (45) ist erforderlich.

18-Loch-Greenfee: Mo.: EUR 38 / Di.-Fr.: EUR 55 / WE: EUR 75
9-Loch-Greenfee: Mo.: EUR 28 / Di.-Fr.: EUR 33 / WE: EUR 43

Platzinfos

Anfahrtsbeschreibung

Von Frankfurt: A 5 Ri. Kassel, Ausfahrt Reiskirchen, weiter nach Reiskirchen, dort links Ri. Rabenau-Winnerod, nach ca. 1,5 km rechts Ri. Winnerod zum Golfplatz abbiegen. Von Dortmund: A 45 Ri. Frankfurt, am Gießener Südkreuz auf die A 485 Ri. Kassel-Marburg, Ausfahrt Grünberger Straße auf die B 49 Ri. Reiskirchen-Grünberg-Alsfeld, in Reiskirchen links Ri. Rabenau-Winnerod und weiter wie oben beschrieben zum Golfplatz.

Platzbeschreibung

Auf dem von Michael Pinner designten, offiziell im April 1999 eröffneten Meisterschaftskurs, genießt man herrliche Ausblicke auf Taunus und Vogelsberg. Mit durchschnittlich vier Abschlägen je Spielbahn sowie den breiten und einladenden Fairways und stark ondulierten Grüns bietet dieser Platz allen Spielern, vom ambitionierten Freizeitgolfer bis hin zum Profi, interessante und herausfordernde Varianten.

Nächstgelegene Plätze

Licher GC (Nr. 388)
Eschenrod, GC (Nr. 389)
Bad Nauheim, GC (Nr. 391)

Greenfee-Aktion: Seite G 95

Golfclub Fulda Rhön e.V.

Karte, Nr. 386, Feld F8 **18** Design: Kurt Peters Höhe: 420 m

gegründet: 1971

Am Golfplatz 35, 36145 Hofbieber
06657-1334
info@golfclub-fulda.de
www.golfclub-fulda.de

PR: Andreas Bettendorf, CM: Annett Linke
Headgreenkeeper: Michael Helmer

i: 06657-1334

Panorama, Anita de Marchi
06657-918232
Mo. Ruhetag

PRO SHOP: Golfclub Fulda
06657-1334

PRO: Pro: Lothar Jahn

H: 5599 m, CR 70.3, SL 131, Par 70
D: 4901 m, CR 71.7, SL 127, Par 70
25 Rangeabschläge (5 überdacht)

G: Gäste sind jederzeit willkommen. Anmeldung ist notwendig. Clubausweis mit eingetragener PE ist erforderlich.

18-Loch-Greenfee: WT: EUR 50 / WE: EUR 60
Ermäßigung: Jugendl. bis 18 J. und Stud. bis 27 J. 50%

Platzinfos

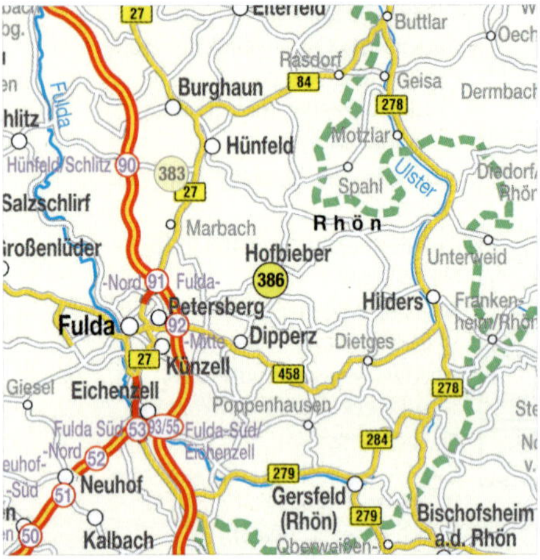

Platzbeschreibung

Gönnen Sie sich einen Tag im Biosphärenreservat Rhön. Getreu unserem Motto: Biosphäre. Atmosphäre. Meine Sphäre. Haben Sie auf dem Golfclub Fulda/Rhön einen fantastischen Panoramablick auf die Rhön mit Wasserkuppe, Milseburg, Schloß Bieberstein, Vogelsberg, den Knüll und die Barockstadt Fulda. Der alte Baumbestand verleiht dem Platz zusätzlichen Reiz. Hier können Sie zusammen mit unseren Partnerhotels eine kleine Auszeit gönnen! Natürlich arbeiten wir neben dem Projekt Golf&Natur auch eng mit dem Biosphärenreservat und dem Sternenpark Rhön zusammen. Kommen Sie einfach mal in die Rhön und lassen Sie sich von Ihr verzaubern!

Anfahrtsbeschreibung

Von den Autobahnausfahrt A 7 Fulda-Mitte bis Petersberg, Kreis Fulda, weiter über Margretenhaun und Niederbieber Richtung Hofbieber zum Golfplatz, der Golfplatz liegt 11 km östlich von Fulda.

Nächstgelegene Plätze

HG Praforst, GC (Nr. 383)
Sickendorf, GP (Nr. 384)
Kurhess. GC Oberaula (Nr. 381)

Golf Club Schloß Braunfels e.V.

Karte, Nr. 387, Feld D8 **18** Design: Bernhard von Limburger Höhe: 300 m

gegründet: 1971

Homburger Hof, 35619 Braunfels/Lahn
☎ 06442-4530
✉ info@golfclub-braunfels.de
💻 www.golfclub-braunfels.de

PR: Markus Spamer, CM: Daniel Naas

i: ☎ 06442-4530 Fax 06442-6683

Restaurant zum Golfplatz, Abdullah Demirboga
☎ 06442-9558644

PRO SHOP: Golf-Club Schloss Braunfels e.V.
☎ 06442-4530

PRO: Pro: Marc Müller-Dargusch, Martin Crosthwaite

H: 6064 m, CR 72.8, SL 133, Par 73
D: 5216 m, CR 73.5, SL 133, Par 73
30 Rangeabschläge (6 überdacht)

G: Gäste sind jederzeit willkommen. Anmeldung ist notwendig. Clubausweis mit eingetragenem Handicap (54) ist erforderlich.

18-Loch-Greenfee: WT: EUR 65 / WE: EUR 80
9-Loch-Greenfee: WT: EUR 40 / WE: EUR 50
Jugendliche und Studenten (bis 27 Jahre) WT EUR 25 / WE EUR 35

Platzinfos

Platzbeschreibung

Der Platz liegt in der hügeligen Landschaft der Nordausläufer des Taunus auf einem ehemaligen Gutshofgelände der Fürsten zu Solms-Braunfels. Auf dem leicht hügeligen Gelände mit Feuchtbiotopen und uralten Teichen verlaufen die Spielbahnen an jahrhundertealten Baumbeständen vorbei, über Kastanienalleen bis zum höchsten Punkt des Platzes, der einen herrlichen Ausblick über den Lahn-Dill-Kreis ermöglicht.

Anfahrtsbeschreibung

A 45, Ausfahrt Wetzlar-Ost und A 3, Ausfahrt Limburg-Nord auf die B 49 über Leun-Lahn nach Braunfels, an der Weggabelung vor Braunfels rechts halten, beim Restaurant „Obermühle" Asphaltweg nehmen und dem Schild „Golf" folgend am Ententeich vorbei, 1 km bis zur Anhöhe und dann rechts zum Golfplatz abbiegen.

Nächstgelegene Plätze

Attighof G&CC (Nr. 390)
Dillenburg, GC (Nr. 382)
Taunus Weilrod, GC (Nr. 393)

Hessen

Licher Golf-Club Fürstliches Hofgut Kolnhausen e.V.

Karte, Nr. 388, Feld D8 **18** Design: Heinz Fehring Höhe: 171 m

gegründet: 1992

Golfplatz Kolnhausen, 35423 Lich
✆ 06404-91071 🖷 06404-91072
✉ info@licher-golf-club.de
💻 www.licher-golf-club.de

PR Dirk Reinmann, GF: Andrea Rumpf, CM: Andrea Rumpf

i ✆ 06404-91071 🖷 -91072
Annette Langbein

Luisa's Restaurant, Luiza Kantorowicz
✆ 06404-910743

PRO SHOP Pro-Shop in Koordination mit Golf-Götze
✆ 06404-910753 🖷 -910755

PRO Pro: Uwe Tappertzhofen, Thorsten Walter, Verena Scholz, Christian Engel

H: 5928 m, CR 71.8, SL 130, Par 72
D: 5111 m, CR 72.6, SL 128, Par 72
30 Rangeabschläge (5 überdacht)

G Gäste sind jederzeit willkommen. Anmeldung ist notwendig. Clubausweis mit eingetragenem Handicap (54) ist erforderlich. Sa./So./Feiertage ist Handicap 45 erforderlich.

18-Loch-Greenfee: Mo.: EUR 60 / Di.-Fr.: EUR 75 / WE: EUR 100
Erm. Greenfee 18-Loch: Mo. ganztägig/Di. + bis 12 Uhr EUR 60,- (Startzeiten erforderlich)
Ermäßigtes Greenfee zahlen Gäste mit Kennzeichnung des DGV-Ausweises mit „R". Andere Gäste zahlen das Standard-Greenfee. Kein Rangefee, Rangebälle EUR 3 je 30 Stück. Range hat Flutlicht.
Ermäßigung: Jugendl./Stud. bis 27 J. 50%

Platzbeschreibung

Sehr große, schnelle und spurtreue Grüns, klare Konturen vom Fairway über Semi I und Semi II bis zum Rough - überdurchschnittlicher Pflegezustand.

Platzinfos

VCG GPS CLUB GASTRO

Anfahrtsbeschreibung

A 5 Frankfurt-Kassel bis zum Gambacher Kreuz, dann A 45 Richtung Hanau-Würzburg-München bis 1. Ausfahrt (ca. 1,5 km) Münzenberg-Lich, an der Ausfahrt rechts auf die Solmser Straße Richtung Lich (ca. 5 km), der Golfplatz liegt hinter dem Wald direkt an der Straße.

Nächstgelegene Plätze

Winnerod, GP (Nr. 385)
Bad Nauheim, GC (Nr. 391)
Attighof G&CC (Nr. 390)

Hessen

Greenfee-Aktion: Seite G 95f

Golf Club Eschenrod e.V.

Karte, Nr. 389, Feld E8 **18/9** Höhe: 400 m

gegründet: 1996

Lindenstraße 46, 63679 Schotten-Eschenrod
☏ 06044-8401 🖷 069-857421
✉ info@gc-eschenrod.de
💻 www.gc-eschenrod.de

PR: GF: Jürgen Reichert, CM: Jürgen Reichert
Headgreenkeeper: Eugen Schulz

i: ☏ 06044-8401 🖷 -951159

Restaurant: ☏ 06044-8401 🖷 -951159

PRO SHOP: BR Golf- u. Freizeit
☏ 06044-8401

18-Loch Platz
H: 5526 m, CR 70.6, SL 128, Par 71
D: 4835 m, CR 71.9, SL 125, Par 71
9-Loch Platz
H: 2570 m, Par 54
D: 2570 m, Par 54
30 Rangeabschläge (10 überdacht)

G: Gäste sind jederzeit willkommen. Sa./So./Feiertage ist Anmeldung notwendig. Clubausweis mit eingetragener PE ist erforderlich. Sa./So./Feiertage ist Handicap 54 erforderlich.

18-Loch-Greenfee: WT: EUR 30 / WE: EUR 50
9-Loch-Greenfee: WT: EUR 10 / WE: EUR 20
Ermäßigung: Jugendl./Stud. 50%

Platzinfos

VCG GPS CLUB

Anfahrtsbeschreibung

A 45 Hanau-Gießen, Ausfahrt Florstadt oder Wölfersheim Richtung Nidda-Schotten, an der Ampel in Schotten rechts auf die B 276 Richtung Geldern, nach ca. 4 km an der Abzweigung nach Busenborn liegt der Golfplatz rechter Hand.

Platzbeschreibung

Der Platz liegt im Naturpark Hoher Vogelsberg am Rande des Hoher-Rodskopf in Schotten-Eschenrod. Der Platz wurde 1997 auf 18 Loch erweitert. Diese Löcher sind vom Design sehr anspruchsvoll und stellen an jeden Golfer höchste Ansprüche und Anforderungen. Von dem neuen Teilbereich des Platzes kann man bei klarem Wetter die Aussicht bis Frankfurt, Nidda und Gedern genießen. Die 9-Loch-Anlage wurde 2010 erstellt und eröffnet. Dieser Platz ist öffentlich und kann auch ohne Mitgliedschaft in einem Golfclub gespielt werden.

Nächstgelegene Plätze

Sickendorf, GP (Nr. 384)
Winnerod, GP (Nr. 385)
Licher GC (Nr. 388)

Hessen

Greenfee-Aktion: Seite G 97

Attighof Golf & Country Club e.V.

Karte, Nr. 390, Feld D8 **18** Höhe: 380 m

gegründet: 1990

Attighof 1, 35647 Waldsolms-Brandoberndorf
☽ 06085-98120 🖷 06085-981299
✉ info@attighof.de
💻 www.attighof.de

PR: Günther John Bachor, GF: Edith Bachor, CM: Daniel Deutschmann
Headgreenkeeper: Gerhard Nietsch

i: ☽ 06085-98120 🖷 06085-981299
Sebastian Lautz, Lenea Jüttner, Sebastian Müller

Golfhaus Restaurant, Tony Singh
☽ 06085-981220

PRO SHOP: Professional Golf Shop, Douglas Johnston
☽ 06085-981230

PRO: Pro: Andreas Fröhlich, Rainer Wälter

H: 5748 m, CR 71.3, SL 131, Par 72
D: 5110 m, CR 72.8, SL 131, Par 72
35 Rangeabschläge (10 überdacht)

G: Gäste sind jederzeit willkommen. Anmeldung ist notwendig. Clubausweis mit eingetragener PE ist erforderlich. Sa./So./Feiertage ist ein Handicap erforderlich.

18-Loch-Greenfee: WT: EUR 55 / WE: EUR 80
9-Loch-Greenfee: WT: EUR 35 / WE: EUR 45
Ermäßigung: Jugendl. bis 18 J. und Stud. bis 27 J. 50%

Platzbeschreibung

Der Platz wurde auf einem über 80 ha umfassenden Areal angelegt und bietet insgesamt einen sehr anspruchsvollen und abwechslungsreichen Parcours. Über 80 Bunker zieren dabei die Fairways und verlangen Technik und Übersicht.

Platzinfos

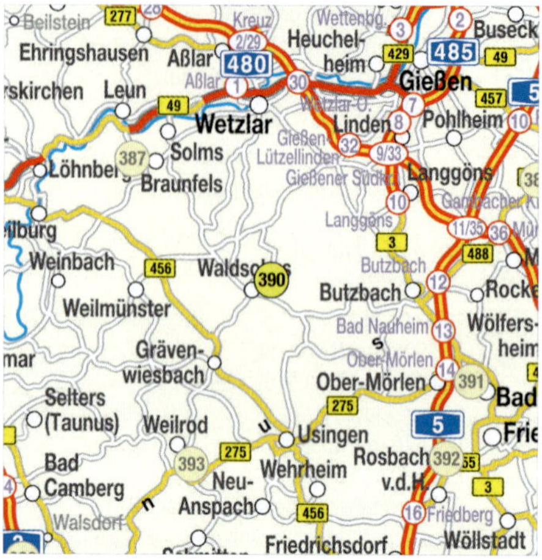

Anfahrtsbeschreibung

Die A 5, Ausfahrt Bad Nauheim/Butzbach-Süd/Waldsolms. Weiter nach rechts in Richtung Butzbach. An dem zweiten (großen) Kreisel nach links in Richtung Waldsolms, durch den nächsten Kreisverkehr weiter Richtung Waldsolms. Geradeaus bis Waldsolms-Brandoberndorf. In der Ortsmitte von Brandoberndorf: Der Beschilderung zum Golfplatz folgen (2x rechts in Richtung Cleeberg). Etwa 800m nach dem Ortsausgang liegt links das Golfplatzgelände. Gut sichtbar an der Einfahrt: Unser Golfer

Nächstgelegene Plätze

Schloß Braunfels, GC (Nr. 387)
Taunus Weilrod, GC (Nr. 393)
Bad Nauheim, GC (Nr. 391)

Hessen

Golf-Club Bad Nauheim e.V.

Karte, Nr. 391, Feld D8 **9**

gegründet: 1956

Nördlicher Park 21, 61231 Bad Nauheim
☎ 06032-2153 🖷 06032-72720
info@gcbadnauheim.de
www.gcbadnauheim.de

PR — Hans L. Thierer, CM: Angéla Schmitt-Lefebvre
Headgreenkeeper: Angéla Schmitt-Lefebvre

i — ☎ 06032-2153 🖷 -72720
Ulrike Schöpflin

Golfclub Restaurant, Massimiliano Loggia
☎ 06032-9358940 🖷 06032-72720

PRO SHOP — Pro Shop im Sekretariat, Ulrike Schöpflin
☎ 06032-2153 🖷 06032-72720

PRO — Pro: Duncan Paul Smith

H: 5214 m, CR 67.4, SL 128, Par 68
D: 4614 m, CR 68.8, SL 124, Par 68
12 Rangeabschläge (3 überdacht)

G — Gäste sind jederzeit willkommen. Clubausweis mit eingetragenem Handicap (45) ist erforderlich. Sa./So./Feiertage ist Handicap 36 erforderlich.

18-Loch-Greenfee: WT: EUR 50 / WE: EUR 60
9-Loch-Greenfee: WT: EUR 30 / WE: EUR 35
WE Preise ab Freitag 12.00 h
Ermäßigung: Jugendl./Stud. bis 27 J. 50%

Platzinfos

VCG GPS CLUB GASTRO

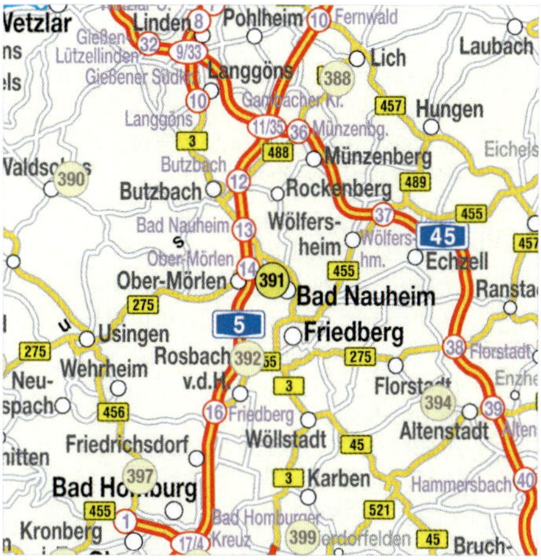

Anfahrtsbeschreibung
A 5, Ausfahrt Ober-Mörlen Richtung Stadtmitte, der Weg zum Golfplatz Richtung Kurhaus und vorbei am Eisstadion ist ausgeschildert.

Platzbeschreibung
Der Golf-Club Bad Nauheim e.V. ist ein sportlicher Club mit einem leicht begehbaren Platz, der stark eingebunkerte Greens aufweist. Das Areal ist relativ flach und von viel Wald und einigen Sehenswürdigkeiten (Münzenburg, Römischer Turm, Saalburg usw.) umgeben. Das Clubhaus stammt aus der Jahrhundertwende und ist im englischen Kolonialstil erbaut.

Nächstgelegene Plätze
Am Löwenhof, GP (Nr. 392)
Altenstadt, GP (Nr. 394)
Licher GC (Nr. 388)

Hessen

Golfpark am Löwenhof GmbH

Karte, Nr. 392, Feld D9 **18/9** Höhe: 200 m

gegründet: 2002

Am Golfplatz 1, 61169 Friedberg
06031-1619980 06031-16199823
office@golf-loewenhof.de
www.golf-loewenhof.de

PR: Mich Ernst, GF: Jens Gruhle, CM: Lucia Bortmes
Headgreenkeeper: Golfpark am Löwenhof GmbH

06031-1619980 06031-16199823
Golfpak am Löwenhof GmbH

Stang's Restaurant, Ralf Stang
06031-16199816

PRO SHOP: Golfpark am Löwenhof GmbH, Lucia Bortmes
06031-1619980 06031-16199823

PRO: Pro: Robert Schmalfuß

18-Loch Südkurs
H: 6040 m, CR 72.8, SL 126, Par 72
D: 5077 m, CR 73.2, SL 124, Par 72
9-Loch Nordkurs
H: 1888 m, CR 61.8, SL 108, Par 32
D: 1563 m, CR 60.6, SL 102, Par 32
20 Rangeabschläge (8 überdacht)

G: Gäste sind jederzeit willkommen. Anmeldung ist notwendig. Clubausweis mit eingetragenem Handicap (54) ist erforderlich. Sa./So./Feiertage ist Handicap 45 erforderlich.

18-Loch-Greenfee: Mo.: EUR 49 / Di.-Do.: EUR 64 / Fr.-So.: EUR 79
9-Loch-Greenfee: Mo.: EUR 29 / Di.-Do.: EUR 38 / Fr.-So.: EUR 47
Ermäßigung: Jugendl./Stud. 50%

Platzbeschreibung

Die 27-Loch-Anlage befindet sich 25 km von Frankfurt und ist aufgrund der vielen Wasserhindernisse, die an 12 Bahnen ins Spiel eingreifen - inklusive eines Inselgrüns am 7. Loch -, als technisch anspruchsvoll zu bezeichnen. Die Anlage bietet schöne Panoramablicke über Frankfurt und Wetterau bis in den Vogelsberg. Der öffentliche 9-Loch-Platz charakterisiert sich durch kleine Grüns und viele Hanglagen.

Platzinfos

VCG GPS CLUB GASTRO

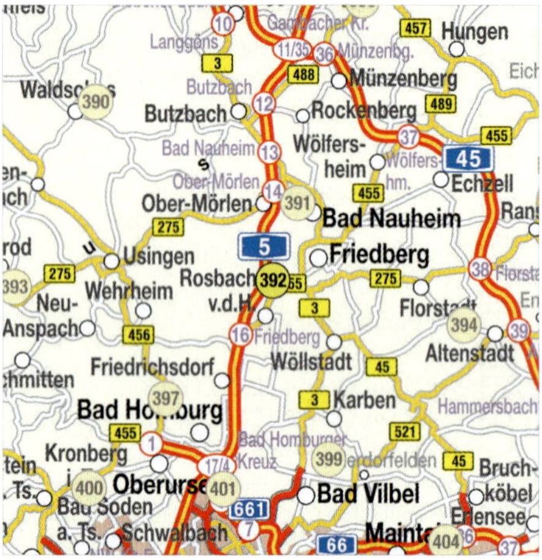

Anfahrtsbeschreibung

A 5 Abfahrt Friedberg, auf B 455 Richtung Friedberg. Durch Rosbach, ca. 2 km vor Friedberg links Richtung Bad Nauheim und Ockstadt. 200 m vor Ortseingang Ockstadt links auf der alten Panzerstraße zum Golfplatz.

Nächstgelegene Plätze

Bad Nauheim, GC (Nr. 391)
Homburger GC (Nr. 397)
Lindenhof, Bad Vilbeler GC (Nr. 399)

Hessen

Golfclub Taunus Weilrod e.V.

Karte, Nr. 393, Feld D9 **18** Höhe: 400 m

gegründet: 1979

Merzhäuser Straße 29, 61276 Weilrod
☎ 06083-95050 Fax 06083-950515
kontakt@golfclub-weilrod.de
www.golfclub-weilrod.de

PR Thorsten Göbel
Headgreenkeeper: Bodo Weber

i ☎ 06083-95050 Fax 06083-950515
Michael Göldner

Branko's Restaurant
☎ 06083-950512
Mo. Ruhetag

PRO SHOP ☎ 06083-95050

PRO Pro: Glen Hutcheson, Robert Donner

H: 5910 m, CR 72.2, SL 129, Par 72
D: 5149 m, CR 73.3, SL 125, Par 72
40 Rangeabschläge (8 überdacht)

G Gäste sind jederzeit willkommen. Anmeldung ist notwendig. Clubausweis mit eingetragenem Handicap (54) ist erforderlich. Sa./So./Feiertage ist Handicap 36 erforderlich.

18-Loch-Greenfee: Mo.: EUR 40 / Di.-Fr.: EUR 50 / WE: EUR 65
Ermäßigung: Jugendl. bis 18 J. 50%

Platzbeschreibung

Die Anlage des Golfclubs liegt mitten im Landschaftsschutzgebiet des Naturparks Hochtaunus. Auf sanft hügeligem Gelände ziehen sich die Golfbahnen um den Berg Altkolum. Nur 30 Minuten von den Rhein-Main Metropolen Frankfurt und Wiesbaden entfernt, findet der Golfer auf dieser Anlage Erholung und Entspannung ohne Straßen- und Umweltlärm.

Platzinfos

VCG GPS CLUB GASTRO

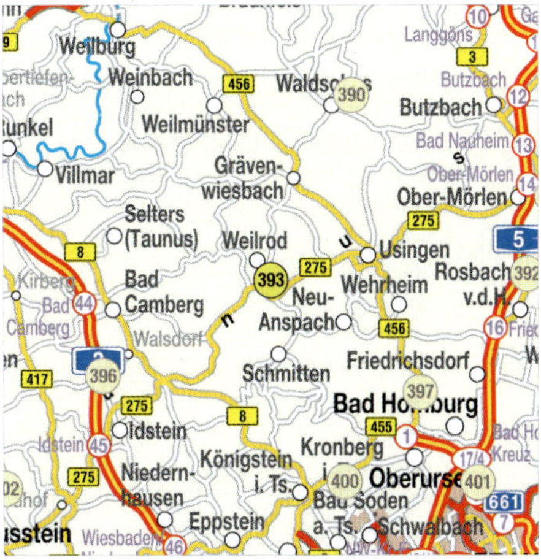

Anfahrtsbeschreibung

A 7 Frankfurt-Kassel, Ausfahrt Bad Homburg, Zubringer bis Oberursel, dann Richtung Feldberg Schmitten-Weiltal bis Altweilnau/Weilrod, der Golfplatz liegt am Ortsende der Straße nach Merzhausen. Oder: A 3 Köln-Frankfurt, Ausfahrt Bad Camberg Richtung Usingen-Weilrod-Altweilnau zum Golfplatz.

Nächstgelegene Plätze

Homburger GC (Nr. 397)
Idstein, GP (Nr. 396)
Attighof G&CC (Nr. 390)

Hessen

Golfplatz Altenstadt

Karte, Nr. 394, Feld E9 **27** Design: Peter Vetter, Karl-Ludwig Toth Höhe: 150 m

gegründet: 2003

Oppelshäuser Weg 5, 63674 Altenstadt
06047-988088 06047-988089
mail@golfplatz-altenstadt.de
www.golfplatz-altenstadt.de

PR: Karl Toth
Peter Vetter, CM: Lucia Pinsel
Headgreenkeeper: Reinhard Strauch

i: 06047-988088 06047-988089
Antje Vetter, Birgit Mangelsen-Berg, Ute Zimdahl

Bella Vista
06047-986838
Mo. Ruhetag

PRO SHOP: Lucia Pinsel
06047-988088 06047-988089

PRO: Pro: Angel Nulud, Young Hoon Kim, Armin Piater

18-Loch Platz
H: 5805 m, CR 71.1, SL 127, Par 71
D: 4976 m, CR 71.6, SL 126, Par 71
9-Loch Oppelshäuser Hof Platz
H: 2637 m, CR 68.4, SL 128, Par 70
D: 2257 m, CR 69.5, SL 119, Par 70
20 Rangeabschläge (16 überdacht)

G: Gäste sind jederzeit willkommen. Anmeldung ist notwendig. Clubausweis mit eingetragener PE ist erforderlich.

Tages-Greenfee: WT: EUR 75 / WE: EUR 80
18-Loch-Greenfee: WT: EUR 45 / WE: EUR 50
9-Loch-Greenfee: WT: EUR 30 / WE: EUR 35
Startzeitenreservierung erbeten.
Ermäßigung: Jugendl./Stud. 50%

Platzbeschreibung
Die Anlage am Rande des Rhein-Main-Gebietes wurde vom Betreiber in Eigenleistung erstellt. Auf einer Fläche von 54ha umgeben von Wald erstreckt sich die leicht hügelige Anlage mit Blick in den Vogelsberg. Bei entsprechend überlegter Spielweise haben Spieler aller Spielstärken einen abwechslungsreichen und spannenden Golftag. Der Platz wurde 2009 auf 18 Loch ausgebaut. Weitere 9 Loch sind seit dem Spätsommer 2019 bespielbar.

Platzinfos

VCG GPS CLUB GASTRO

Anfahrtsbeschreibung
A 45, Ausfahrt Altenstadt Richtung Altenstadt, durch Altenstadt und am Ortsausgang rechts Richtung Friedberg/Florstadt. Nach ca. 3 km auf der rechten Seite Oppelshausen.

Nächstgelegene Plätze
Lindenhof, Bad Vilbeler GC (Nr. 399)
Am Löwenhof, GP (Nr. 392)
Bad Nauheim, GC (Nr. 391)

Golf-Club Spessart e.V.

Karte, Nr. 395, Feld E9 **18** Höhe: 500 m

gegründet: 1972

Golfplatz Alsberg a.d.H.,
63628 Bad Soden-Salmünster
✆ 06056-91580 🖷 06056-915820
✉ sekretariat@golf-spessart.de
💻 www.golf-spessart.de

PR Karl-Horst Schneider

i ✆ 06056-91580 🖷 06056-915820
Susanne Mainka

Restaurant Golf-Club Spessart,
Giovanni Sistarelli
✆ 06056-3537 🖷 06056-915820

PRO SHOP ✆ 06056-91580 🖷 06056-915820

PRO Pro: Alen Weber

H: 6023 m, CR 72.8, SL 135, Par 72
D: 5304 m, CR 74.4, SL 133, Par 72
14 Rangeabschläge (3 überdacht)

G Gäste sind jederzeit willkommen. Anmeldung ist notwendig. Clubausweis mit eingetragenem Handicap (54) ist erforderlich.

18-Loch-Greenfee: WT: EUR 55 / WE: EUR 65
9-Loch-Greenfee: WT: EUR 30 / WE: EUR 35
Ermäßigung: Jugendl./Stud. bis 25 J. 50%

Platzinfos

VCG GPS CLUB

Anfahrtsbeschreibung

A 66 Richtung Hanau-Fulda bis Bad Soden-Salmünster, dort links Richtung Alsberg, etwa 1 km hinter dem OT Hausen links nach Alsberg. Oder: A 66 Richtung Frankfurt bis Bad Soden-Salmünster, dort zweimal rechts Richtung Alsberg und dann weiter wie oben beschrieben zum Golfplatz.

Platzbeschreibung

Zwischen Wiesen und Feldern liegt dieser Platz eingebettet in ein romantisches Areal hoch über dem Kinzigtal. Schon der erste Blick von der Terrasse des Clubhauses bietet eine herrliche Aussicht auf den Hohen Vogelsberg und den Taunus. Der Charakter des Platzes wird von hohem altem Baumbestand, Wasserhindernissen und gut platzierten Bunkern geprägt. Jedes Fairway trägt einen Namen, der auf landschaftliche oder historische Gegebenheiten hinweist.

Nächstgelegene Plätze

Bad Orb Jossgrund, GC (Nr. 403)
Gut Hühnerhof, GP (Nr. 398)
Golfpark Trages (Nr. 405)

Golfpark Idstein

Karte, Nr. 396, Feld D9 36/3 Höhe: 270 m

gegründet: 1989

Am Nassen Berg 1, 65510 Idstein-Wörsdorf
06126-93220 06126-932222
suedkurs@golfpark-idstein.de
www.golfpark-idstein.de

PR: Ines Heinz, GF: Ines Heinz

i: 06126-93220 06126-932222

Restaurant „Gut Henriettenthal" & Bistro-Pavillon
06126-932214 06126-932222

PRO SHOP: Golfshop Idstein
06126-93220 06126-932222

PRO: Pro: Walt Sauer, Christian Dallmann, Steven Kunselman, Dieter Bullmann

18-Loch Golfpark Idstein Championship-Course (Süd Par 72)
H: 6140 m, CR 72.1, SL 132, Par 72
D: 5385 m, CR 73.9, SL 128, Par 72
18-Loch Golfpark Idstein „Goldener Grund" (Nord Par 72) Platz
H: 6230 m, CR 73.2, SL 127, Par 72
D: 5372 m, CR 74.1, SL 124, Par 72
80 Rangeabschläge (4 überdacht)

G: Gäste sind jederzeit willkommen. Anmeldung ist erforderlich. PE ist erforderlich. Sondergreenfee bei offenen 18-Loch Turnieren:

18-Loch-Greenfee: WT: EUR 50 / WE: EUR 65
9-Loch-Greenfee: WT: EUR 30 / WE: EUR 40
Ermäßigung: Jugendl. bis 18 J. und Stud. bis 30 J.

Platzbeschreibung

Das Golfprojekt auf rund 160 Hektar ist die größte Golf-Oase im Rhein-Main-Gebiet. Der 36-Loch-Golfpark Idstein mit jeweils internationalem Par 72 wurde designed und gebaut von namhaften Golfexperten. Beide Golfanlagen erhielten aufgrund ihrer Schwierigkeit eine sehr hohe DGV-Courserating-Bewertung und sind für Gäste aus nah und fern bei den wöchentlich stattfindenden offenen Turnieren sehr beliebt.

Platzinfos

Anfahrtsbeschreibung

A 3 Frankfurt/M.-Köln, Abfahrt Idstein Richtung Idstein, B 275 Richtung Bad Schwalbach, dann Richtung Usingen, Idstein-Wörsdorf. Durch Wörsdorf der Hauptstraße entlang bis zum Ortsausgang, hier der Beschilderung Südkurs „Gut Henriettenthal" oder Nordkurs „Goldener Grund" folgen.

Nächstgelegene Plätze

Hofgut Georgenthal (Nr. 402)
Taunus Weilrod, GC (Nr. 393)
Wiesbadener GC (Nr. 407)

Hessen

Royal Homburger Golfclub 1899 e.V.

Karte, Nr. 397, Feld D9 18/6 Höhe: 230 m

gegründet: 1889

An der Karlsbrücke 10, 61350 Bad Homburg
06172-306808 06172-32648
info@royal-hgc.de
www.royal-hgc.de

PR Dr. Ralf Klinge, CM: Judit Günther
Headgreenkeeper: Jörg Maaß

i 06172-306808 06172-32648
Alexandra Brinkmann, Sabine Kuschel

Restaurant „1899"
06172-7328727
Mo. Ruhetag

PRO SHOP Anthony Dowens
0172-2933395

PRO Pro: Anthony Dowens, Alexander Kamp

18-Loch Röderwiesen New Course
H: 4358 m, CR 65.9, SL 127, Par 66
D: 3862 m, CR 67.6, SL 122, Par 66
20 Rangeabschläge (4 überdacht)

G Gäste sind jederzeit willkommen. Anmeldung ist notwendig. Clubausweis mit eingetragenem Handicap (54) ist erforderlich. Sa./So./Feiertage ist Handicap 36 erforderlich.

18-Loch-Greenfee: Mo.-Do.: EUR 45 / Fr.-So.: EUR 75.
Freitag ab 14 Uhr, Wochenend Tarif
Ermäßigung: Jugendl./Stud. bis 27 J.

Platzinfos

VCG GPS CLUB

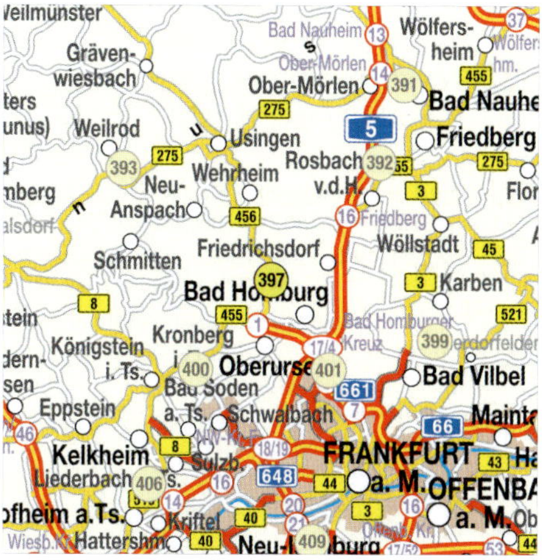

Anfahrtsbeschreibung

Autobahn A 5 bis Bad Homburger Kreuz, Abfahrt Bad Homburg/Oberursel A 661, der A 661 folgen bis Ausfahrt Weilburg/Usingen. Richtung Usingen, Bad Homburg rechts liegen lassen und der Beschilderung Usingen folgen, nach ca. 750 m liegt linker Hand der Golfplatz (Navi-Adresse: Saalburgchaussee 2 A).

Platzbeschreibung

Die 18-Loch-Anlage des New Course befindet sich an den Hängen des Taunus, wo die Spielbahnen an Biotopen vorbeiführen. Auch Wasser kommt ins Spiel, mal als Teich, mal als Bächlein. Die unterschiedlichen Bahnen garantieren ein abwechslungsreiches Spiel in traumhafter Landschaft. Eine besondere Attraktion ist die Bahn 16. Der Abschlag liegt 30 m hoch über dem eigentlichen Gelände, auf einem Plateau.

Nächstgelegene Plätze

Golf Range Frankfurt, GC (Nr. 401)
Kronberg, G&LC (Nr. 400)
Am Löwenhof, GP (Nr. 392)

Golfpark Gut Hühnerhof

Karte, Nr. 398, Feld E9 18/9

gegründet: 2000

Am Golfplatz 1, 63584 Gründau/Gettenbach
06058 / 916384-70 Fax 06058 / 916384-77
golf@gut-huehnerhof.de
www.gut-huehnerhof.de

PR: Walter Hecker, GF: Walter Hecker
Headgreenkeeper: Tobias Hecker

i: 06058 / 916384 70 Fax 06058 / 916384 77

„Heckers" - Restaurant, Café, Bar
06058 / 916384 72 Fax 06058 / 916384 77

PRO SHOP: Pro Shop Gut Hühnerhof
06058 / 9163848 70 Fax 06058 / 916384 77

18-Loch Golfpark Gut Hühnerhof Platz
H: 6129 m, CR 72.7, SL 130, Par 72
D: 5211 m, CR 73.4, SL 122, Par 72
9-Loch Golfpark Gut Hühnerhof Platz
H: 5076 m, CR 69.1, SL 131, Par 70
D: 4396 m, CR 70.5, SL 122, Par 70
40 Rangeabschläge (30 überdacht)

G: Gäste sind jederzeit willkommen. Anmeldung ist erforderlich. PE ist erforderlich.

18-Loch-Greenfee: WT: EUR 55 / Sa.: EUR 65 / So.: EUR 70
9-Loch-Greenfee: WT: EUR 33.5 / Sa.: EUR 45 / So.: EUR 48
Ermäßigung: Jugendl. bis 18 J. und Stud.

Platzbeschreibung

Erleben Sie einzigartigen Golfsport auf der 18-Loch-Anlage, die im Jahre 2012 eröffnet wurde. Das zentral gelegene Clubhaus, welches durch seine einmalige Architektur neue Maßstäbe setzt, bildet das Herzstück des Platzes. Lange und abwechslungsreiche Golfbahnen fordern erfahrene Handicap-Golfer heraus mit jeweils vier Herren- und drei Damenabschlägen. Die Südhanglage des Platzes macht den Golfsport ganzjährig attraktiv. Anfängern und erfahrenen Golfern bietet der 9-Loch-Golfplatz großzügig angelegte Trainingsmöglichkeiten.

Platzinfos

VCG GPS CLUB GASTRO

Anfahrtsbeschreibung

A66 Abfahrt Gründau/Lieblos, auf der B457 Richtung Büdingen, auf der rechten Seite die dritte Abfahrt nach Gettenbach um auf den 9-Loch Golfplatz zu gelangen, bzw. an derselben Kreuzung links zum 18-Loch Golfplatz.

Nächstgelegene Plätze

Golfpark Trages (Nr. 405)
Altenstadt, GP (Nr. 394)
Hanau-Wilhelmsbad, GC (Nr. 404)

Bad Vilbeler Golfclub Lindenhof e.V.

Karte, Nr. 399, Feld D9 **18** Design: Dr.Wolfgang Siegmann Höhe: 115 m

gegründet: 1994

Lehnfurther Weg 1, 61118 Bad Vilbel-Dortelweil
06101-9893730 06101-98 93 73 73
info@bvgc.de
www.bvgc.de

PR: Dr. Hansgeorg Jehner, CM: Anne Wenzel
Headgreenkeeper: Holger Beck

i: 06101-9893730 06101 - 98 93 73 73
Aline Seehof, Alexandra Kau-Born,
Sylke Grunenberg

Golfhotel & Restaurant Lindenhof, Petar Arsenic
06101-5245140 06101-5245141
Mo. Ruhetag

PRO SHOP: Golf- und Sportmoden Born GmbH, Ilse Born
06101 - 98 93 73 22 06101 - 98 93 73 73

PRO: Pro: Jonathan Wilson, Thomas Kubiak,
Peter Jäger

H: 6068 m, CR 71.7, SL 128, Par 72
D: 5228 m, CR 72.9, SL 125, Par 72
28 Rangeabschläge (8 überdacht)

G: Gäste sind jederzeit willkommen. Anmeldung ist notwendig. Clubausweis mit eingetragenem Handicap (54) ist erforderlich. Sa./So./Feiertage ist Handicap 36 erforderlich. Startzeiten für WE und Feiertage bitte ab Freitag reservieren.

18-Loch-Greenfee: WT: EUR 70 / WE: EUR 80
Aufschlag für DGV-Ausweisinhaber ohne „R".
Sundowner-Greenfee ab 3 Stunden vor Sonnenuntergang.
Ermäßigung: Jugendl. bis 18 J. und Stud. bis 27 J. 50%

Platzbeschreibung

Dieser Platz liegt im Tal der Nidda in absolut ruhiger Lage. Die Konzentration und Ruhe wird nicht durch Auto- oder Flugverkehr beeinträchtigt. Der sportliche und naturverbundene Charakter der Anlage wird durch großzügige Bepflanzung, 37.470 qm Wasserfläche und über 60 Bunker geprägt.

Platzinfos

VCG GPS GASTRO

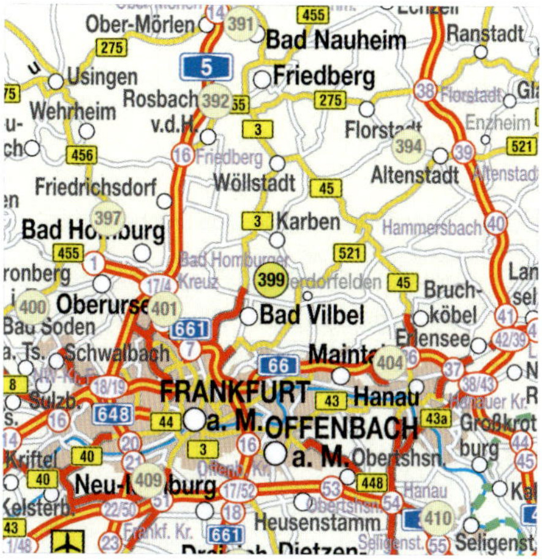

Anfahrtsbeschreibung

A 5 Frankfurt-Kassel, Ausfahrt Bad Homburg-Bad Vilbel, weiter auf der A 661, am Preungesheimer Dreieck auf die B 3 Richtung Bad Vilbel/Friedberg und die Abfahrt Bad Vilbel-Dortelweil nehmen. Dann immer geradeaus und der Beschilderung zur Golfanlage folgen.

Nächstgelegene Plätze

Golf Range Frankfurt, GC (Nr. 401)
Hanau-Wilhelmsbad, GC (Nr. 404)
Homburger GC (Nr. 397)

Hessen

Golf- und Land-Club Kronberg e.V.

Karte, Nr. 400, Feld D9 **18** Höhe: 250 m

gegründet: 1954

Schloß Friedrichshof, Hainstraße 25, 61476 Kronberg/Taunus
☎ 06173-1426 Fax 06173-5953
✉ info@gc-kronberg.de
www.gc-kronberg.de

PR: Dr. Tom Oliver Schorling, CM: Markus Erdmann
Headgreenkeeper: Jörg Vowinckel-Ewald

i: ☎ 06173-1426 Fax 06173-5953

Casino Golf- und Land-Club Kronberg, Maxim Soldatov
☎ 06173-79049 Fax 06173-994745

PRO SHOP: Golf- und Land-Club Kronberg, Brigita Kircher
☎ 06173-1426 Fax 06173-5953

PRO: Pro: Julia Wuttke, Ian Harris, Martin Pyatt

H: 4938 m, CR 67.6, SL 122, Par 68
D: 4434 m, CR 69.4, SL 124, Par 68
15 Rangeabschläge (5 überdacht)

G: Gäste sind Montag - Freitag (außer an Feiertagen) willkommen. Anmeldung ist notwendig. Clubausweis mit eingetragenem Handicap (36) ist erforderlich.

18-Loch-Greenfee: WT: EUR 80 / WE: EUR 95
Montags ist Greenfee ab 11 Uhr möglich
Ermäßigung: Jugendl./Stud. 50%

Platzinfos

VCG GPS CLUB

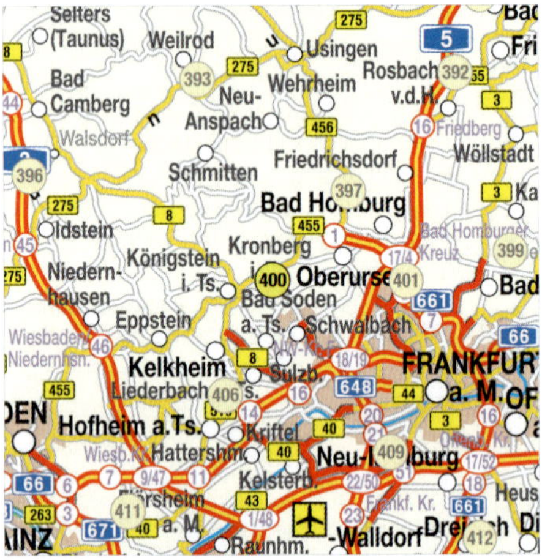

Anfahrtsbeschreibung

Von Frankfurt über Eschborn nach Kronberg zur B 455. Oder: Von Bad Homburg, Wiesbaden und Königstein auf der B 455 nach Kronberg, von der Ausfahrt Kronberg-Nord der Beschilderung „Schloßhotel" zum Golfplatz folgen.

Platzbeschreibung

Die anspruchsvolle Golfanlage ist herrlich im Park des Schlosses Friedrichshof (Schloßhotel Kronberg) gelegen. Der Charakter der Anlage wird sehr stark durch die vielfältige und teilweise exotische Vegetation geprägt, die parkähnlich die engen Spielbahnenbegleitet.

Nächstgelegene Plätze

Homburger GC (Nr. 397)
Hof Hausen, GC (Nr. 406)
Golf Range Frankfurt, GC (Nr. 401)

Golf-Club Golf Range Frankfurt

Karte, Nr. 401, Feld D9 **9** Höhe: 90 m

gegründet: 2001

Am Martinszehnten 6, 60437 Frankfurt am Main
069-95092744 069-95092746
info@golfrange-ffm.de
www.golfrange-ffm.de

PR Bernd Hess, CM: Claudio Martella

i 069-95092744 069-95092746
Sona Baumann, Agapi Tiffert-Nied, Andrea Hofmann

Bistro-Restaurant Golf Range Frankfurt, Marcello Martella
069-95092860 069-95092746
Mo. Ruhetag

PRO SHOP Golf-Club Golf Range Frankfurt
069-95092444 069-95092746

PRO Pro: Kyung-Won Kang, Nobert Bieg, David Rostron

H: 3284 m, CR 60.5, SL 119, Par 62
D: 2814 m, CR 60.2, SL 109, Par 62
30 Rangeabschläge (22 überdacht)

G Gäste sind jederzeit willkommen. Anmeldung ist notwendig. Clubausweis mit eingetragenem Handicap (54) ist erforderlich.

18-Loch-Greenfee: WT: EUR 50 / WE: EUR 60
9-Loch-Greenfee: WT: EUR 30 / WE: EUR 40
Ermäßigung: Jugendl. bis 17 J. 50%

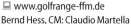

Platzbeschreibung

Der 9-Loch-Platz (Par 62) ist ab PE und einer Clubmitgliedschaft bespielbar Er verlangt präzise und gut durchdachte Schläge, um erfolgreich zu sein. Der gepflegte Platz ist sowohl für ambitionierte wie für Anfänger geeignet. Vor der Skyline Frankfurts weist die mit neuem Flutlicht ausgestattete Anlage aber auch eine Driving Range mit Zielgrüns, Putting Greens, Sandbunker auf der Range auf.

Platzinfos

VCG

Anfahrtsbeschreibung

A 5 Frankfurt-Kassel, am ABK Bad Homburg auf die A 661 Ri. Frankfurt-Offenbach, nächste Ausfahrt Nieder-Eschbach/Am Martinszehnten. An erster Ampel links Richtung Kalbach, an der folgenden Ampel geradeaus. Nach ca. 300 m Einfahr auf der linken Straßenseite. Oder: A 3 Würzburg-Frankfurt, am ABK Offenbach auf die A 661 Ri. Bad Homburg, Ausfahrt Nieder-Eschbach/Am Martinszehnten. Von dort weiter wie oben beschrieben.

Nächstgelegene Plätze

Homburger GC (Nr. 397)
Lindenhof, Bad Vilbeler GC (Nr. 399)
Kronberg, G&LC (Nr. 400)

Hessen

Hofgut Georgenthal

Karte, Nr. 402, Feld D9 **18/3** Design: Christian Althaus

gegründet: 2013

Georgenthal 1, 65329 Hohenstein
✆ 06128-943523 🖷 06128-943333
✉ golfclub@hofgut-georgenthal.de
💻 www.hofgut-georgenthal.de

PR — CM: Jens Kloeren

i — ✆ 06128-943523

CLUB Lounge

PRO SHOP — Golfshop
✆ 06128-943523 🖷 06128-943333

PRO — Pro: Richard Nömeier

18-Loch Park-Links-Course
H: 5431 m, CR 69.8, SL 135, Par 70
D: 4533 m, CR 69.9, SL 130, Par 70
24 Rangeabschläge (7 überdacht)

G — Gäste sind jederzeit willkommen. Anmeldung ist notwendig. Clubausweis mit eingetragenem Handicap ist erforderlich. Sonderkonditionen für Hotelgäste

18-Loch-Greenfee: WT: EUR 70 / WE: EUR 90
9-Loch-Greenfee: WT: EUR 35 / WE: EUR 45
Ermäßigung: Jugendl. bis 18 J. 50%, Stud. bis 27 J. 20%

Platzinfos

VCG GPS CLUB

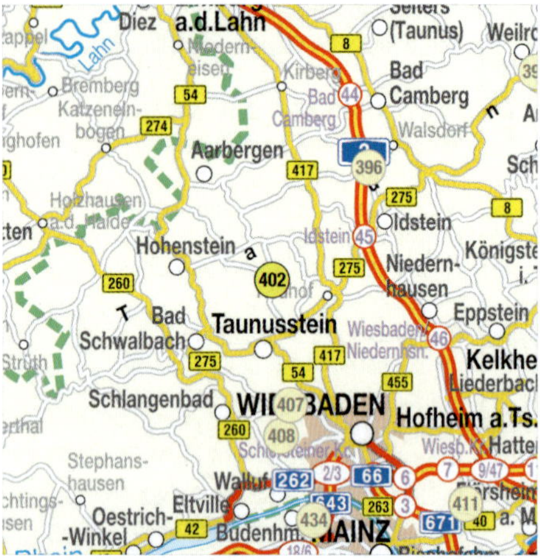

Anfahrtsbeschreibung

Eingabe für das Navigationssystem: Koordinaten: 050°11,04'N 008°09,00'O oder Ort: 65329 Hohenstein, Straße: Georgenthal 1 oder Ort: 65232 Taunusstein OT: Niederlibbach, Straße: Hauptstraße, von dort ist das Georgenthal ausgeschildert (ca. 3 km)

Platzbeschreibung

Der Par-70 Meisterschaftsplatz des Golfclubs Hofgut Georgenthal gilt jetzt schon als feste Größe in der deutschen Golflandschaft. Nach schottischem Vorbild gebaut, lässt der abwechslungsreiche „Park-Links-Course" mit seinem natürlich erhaltenen Landschaftsbild das Golferherz höher schlagen und bietet großartige Herausforderungen für Spieler jeden Handicaps. Seit Pfingsten 2016 ist der komplette 18-Loch Platz bespielbar.

Nächstgelegene Plätze

Wiesbadener GC (Nr. 407)
Idstein, GP (Nr. 396)
Rhein-Main, GC (Nr. 408)

Golf-Club Bad Orb Jossgrund e.V.

Karte, Nr. 403, Feld E9 **18** Höhe: 430 m

gegründet: 1990

Hindenburgsstraße 7, 63637 Jossgrund
06059-905510 06059-905555
info@golfclub-badorb.de
www.golfclub-badorb.de

PR Dr. Detlef Kerk

i 06059-90550
Karen Witt, Kornelia Kerk, Dagmer Wolf

Landhaus Horstberg, Josip Culic
06059-905560 -905555

PRO SHOP Wolfertz Golfmode & Proshop, Andreas Wolferlz
06059-905580 -905555

PRO Pro: Hans-Joachim Rumpf

H: 5897 m, CR 72.1, SL 138, Par 72
D: 5251 m, CR 72.9, SL 134, Par 72
18 Rangeabschläge (5 überdacht)

G Gäste sind jederzeit willkommen. Sa./So./Feiertage ist Anmeldung erforderlich. Handicap 54 ist erforderlich.

18-Loch-Greenfee: WT: EUR 50 / WE: EUR 65
9-Loch-Greenfee: WT: EUR 30 / WE: EUR 35
Ermäßigung: Jugendl./Stud. 50%

Platzbeschreibung

Ohne Verkehrslärm des Rhein-Main-Gebietes bietet dieser Golfclub Erholung von Stress und Alltag im Einklang mit der schönen ländlichen Umgebung des Naturparks Spessart. Charakteristisch für den Meisterschaftsplatz sind zahlreiche, zum Teil gut platzierte Bunker, sowie abwechslungsreich gestaltete Grüns. An insgesamt 10 Löchern kommen frontale oder seitliche Wasserhindernisse ins Spiel. Spätestens das 13. Grün erinnert an einen Links-Course.

Platzinfos

VCG GPS CLUB GASTRO

Anfahrtsbeschreibung

A 66 Frankfurt/Fulda, Abfahrt Bad Orb/Wächtersbach, Richtung Bad Orb. Am Ortsausgang von Bad Orb rechts Richtung Lettgenbrunn (Villbacher Straße). Nach 5 km befindet sich der Golfplatz auf der rechten Seite.

Nächstgelegene Plätze

Spessart, GC (Nr. 395)
Gut Hühnerhof, GP (Nr. 398)
Aschaffenburger GC (Nr. 554)

Hessen

Golf Club Hanau-Wilhelmsbad e.V.

Karte, Nr. 404, Feld D9 **18** Höhe: 110 m

gegründet: 1958

Franz-Ludwig-von-Cancrin-Weg 1 a,
63454 Hanau-Wilhelmsbad
☎ 06181-180190 🖷 06181-1801910
✉ info@golfclub-hanau.de
💻 www.golfclub-hanau.de

PR: Christofer Hattemer, CM: Anja Käter
Headgreenkeeper: Thommy McFadden

i: ☎ 06181-180190 🖷 06181-1801910
Gabriele Vogel, Daniela Traxel

Restaurant-Hotel am Golfplatz
☎ 06181-9929222 🖷 06181-9929224

PRO SHOP: Brennand, John Brennand
☎ 06181-81775

PRO: Pro: John Brennand, Nigel Richardson, John Brennand, Günther Pausch

H: 5977 m, CR 72.3, SL 132, Par 73
D: 5257 m, CR 73.5, SL 131, Par 73
12 überdachte Rangeabschläge

G: Gäste sind jederzeit willkommen. Anmeldung ist notwendig. Clubausweis mit eingetragenem Handicap (32) ist erforderlich.

18-Loch-Greenfee: Mo.-Do.: EUR 80 / Fr.-So.: EUR 90
Ermäßigung: Jugendl./Stud.

Platzbeschreibung

Die Golfanlage Hanau-Wilhelmsbad liegt in der ehemaligen Fasanerie der Grafen von Hanau, nur unweit des Parks von Wilhelmsbad entfernt. Der Charakter der Golfanlage wird durch den sehr alten Baumbestand geprägt, der bei manchen Fairways entscheidend in das Spielgeschehen eingreift.

Platzinfos

VCG GPS GASTRO

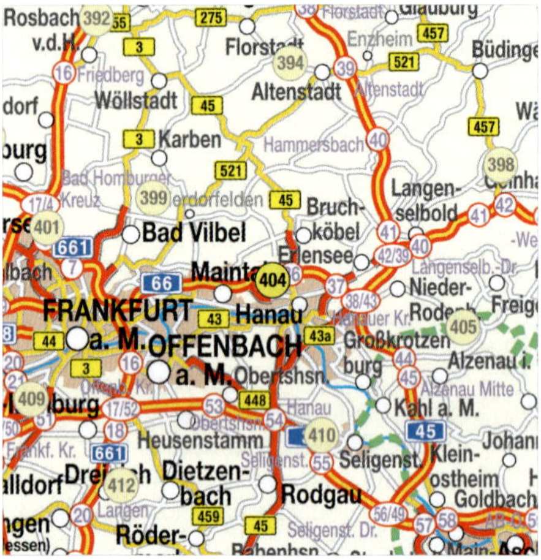

Anfahrtsbeschreibung

A 3 Frankfurt-Würzburg, Ausf. Hanau, B 45 Ri. Hanau, B 43A zum Hanauer Kreuz, A 66 Ri. Frankfurt, Ausf. Hanau-Nord, an Ampel re. auf B 8/40, an Tankstelle vorbei zur nächsten Kreuzung (Ampel), re. Ri. Wilhelmsbad, sofort nach 20 m re. Beschilderung Komödienhaus, Golfhotel in Wilhelmsbader Allee. Oder: A 3 Würzburg-Frankfurt, am Seligenstädter Kreuz A 45 Ri. Gießen bis Hanauer Kreuz, A 66 Ri. Frankfurt, Ausf. Hanau-Nord und dreimal rechts.

Nächstgelegene Plätze

Lindenhof, Bad Vilbeler GC (Nr. 399)
Seligenstadt, GC (Nr. 410)
Golfpark Trages (Nr. 405)

Golfpark Trages

Karte, Nr. 405, Feld E9 **18** Design: Kurt Rossknecht Höhe: 212 m

gegründet: 1994

Hofgut Trages, 63579 Freigericht
☏ 06055-9394055 🖷 06055-9394057
✉ trages@golf-absolute.de
💻 www.golf-absolute.de/freigericht/

PR Dr. Hermann Weiland, GF: Dirk Weiland,
CM: Gary Oortwyn

i ☏ 06055-9394055 🖷 06055-9394057

Restaurant am Herrenhaus, Singh
☏ 06055-9393130

PRO SHOP Götze Pro Shop
☏ 06055-9393193 🖷 06055-9393194

PRO Pro: Peter Koenig, George Rausch

18-Loch Platz
H: 5583 m, CR 70.4, SL 135, Par 72
D: 4868 m, CR 71.9, SL 129, Par 72
30 Rangeabschläge (7 überdacht)

G Gäste sind jederzeit willkommen. Anmeldung ist notwendig. Clubausweis mit eingetragenem Handicap (54) ist erforderlich. „Hunde an der Leine" sind gern gesehen. Bitte informieren Sie bei Buchung Ihrer Startzeit das Management-Team darüber. Vielen Dank.

18-Loch-Greenfee: WT: EUR 60 / WE: EUR 80
9-Loch-Greenfee: WT: EUR 35 / WE: EUR 45
Ermäßigung: Jugendl./Stud. bis 27 J. 50%

Platzbeschreibung

Herrschaftliches Golfen in historischer Umgebung. Zum stilvollen Ambiente mit britischem Charme erwartet den Golfer im Hofgut Trages aus dem 14. Jahrhundert ein 18-Loch Golfpark mit vielen reizvollen Hindernissen. Eingebettet in eine leicht hügelige und atemberaubende Landschaft eröffnen sich dem Betrachter unvergleichliche Panoramaausblicke.

Platzinfos

VCG GPS CLUB GASTRO

Anfahrtsbeschreibung

A 66, Ausfahrt Erlensee in Richtung Rodenbach, in Rodenbach vor der Tankstelle rechts über Oberrodenbach in Richtung Alzenau. Ca. 3 km nach dem Ortsende Oberrodenbach liegt rechter Hand der Golfplatz. Oder: A 45, Ausfahrt Alzenau in Richtung Mömbris, in Michelbach an der Kreuzung links Richtung Gelnhausen durch Albstadt, dann links in Richtung Rodenbach, Der Golfpark Trages liegt nach ca. 1 km auf der linken Seite.

Nächstgelegene Plätze

Gut Hühnerhof, GP (Nr. 398)
Aschaffenburger GC (Nr. 554)
Seligenstadt, GC (Nr. 410)

Hessen

Golf-Club Hof Hausen vor der Sonne Hofheim e.V.

Karte, Nr. 406, Feld D9 **18/6** Höhe: 143 m

gegründet: 1996

Hof Hausen vor der Sonne 1,
An der Reifenberger Straße, 65719 Hofheim
☏ 06192-9391680 ⎙ 06192-9391699
✉ info@hofhausen.golf
💻 www.hofhausen.golf

PR Dr. Bernd Ellinger, GF: Mark Niendorf
Headgreenkeeper: Peter Robinson

i ☏ 06192-9391680 ⎙ 06192-9391699
Sonja Thompson, Nikolaj Straetz

Restaurant im Herrenhaus, Sarbjit Multani
☏ 06192-9221100

PRO SHOP Pro Shop – Tedgolf, Theodore Coffron-Drugov
☏ 06192-9222614

PRO Pro: James Annable, Jimmy Forrester, David Spencer, Spencer Bethel

18-Loch Platz
H: 5946 m, CR 70.7, SL 126, Par 72
D: 5219 m, CR 72.3, SL 123, Par 72
6-Loch Platz
H: 2055 m, Par 3, D: 1761 m, Par 3
56 Rangeabschläge (19 überdacht)

G Gäste sind jederzeit willkommen. Anmeldung ist notwendig. Clubausweis mit eingetragenem Handicap (54) ist erforderlich. Sa./So./Feiertage ist Handicap 36 erforderlich.

18-Loch-Greenfee: WT: EUR 70 / WE: EUR 90
9-Loch-Greenfee: WT: EUR 35 / WE: EUR 50
Ermäßigung: Jugendl./Stud. 50%

Platzbeschreibung

Die Anlage ist in etwa 15 Min. von Frankfurt und Wiesbaden aus zu erreichen und bietet mit ihrer exponierten Lage am Südhang des Taunus und den denkmalgeschützten Gebäuden unverwechselbare Eindrücke: Golfen mit Blick auf die Skyline Frankfurts sowie Gastronomie und Erholung in historischen Gebäuden. Der anspruchsvolle, aber faire Kurs mit altem Baumbestand, Biotopen und Blumewiesen fordert Golfer aller Spielstärken.

Platzinfos

VCG GPS CLUB GASTRO

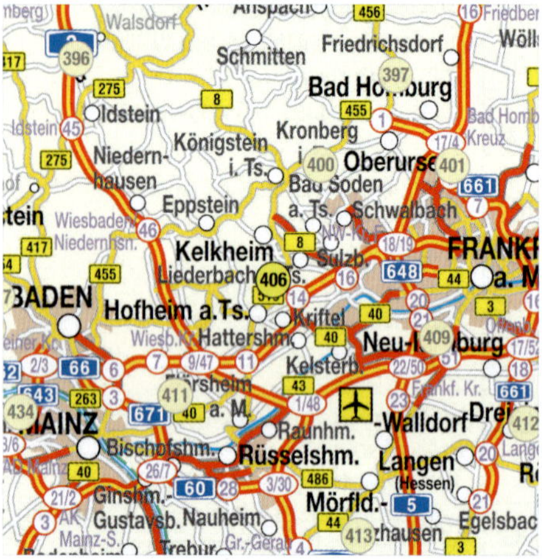

Anfahrtsbeschreibung

Anfahrt über die A 66 aus Wiesbaden oder Frankfurt: Ausfahrt „F-Zeilsheim"/"Hofheim-Nord" von dort weiter Richtung Hofheim. Nach ca. 1,5 km kurz vor dem Ortseingang Hofheim an der ersten Ampelkreuzung rechts abbiegen (Richtung Rhein-Main-Therme) linker Hand liegt die Feuerwehr, weiter auf der Vorfahrtsstraße bleiben, am Autohaus BMW Euler vorbei, bis zur nächsten Ampelkreuzung, dort geradeaus weiter auf die Reifenberger Straße. Nach 1,5 km liegt linker Hand die Golfanlage Hof Hausen vor der Sonne.

Nächstgelegene Plätze

Kronberg, G&LC (Nr. 400)
Main-Taunus, GC (Nr. 411)
Frankfurter GC (Nr. 409)

Hessen

Wiesbadener Golf Club e.V.

Karte, Nr. 407, Feld D9 **9** Höhe: 150 m

gegründet: 1893

Chausseehaus 17, 65199 Wiesbaden
0611-460238 0611-463251
info@wiesbadener-golfclub.de
www.wiesbadener-golfclub.de

PR Dr. Hajo Rauschhofer, CM: Lars Dittmar
Headgreenkeeper: Thomas Bäder

0611-460238 -463251
Karin Vogt, Frauke Gundlach

Golf Restaurant, Zeljka Pjanic
0611-464288
Mo. Ruhetag

PRO SHOP Wiesbadener Golf-Club e.V.
0611-460238

H: 5172 m, CR 68.2, SL 128, Par 68
D: 4670 m, CR 70.7, SL 131, Par 68
10 Rangeabschläge (2 überdacht)

G Gäste sind jederzeit willkommen. Sa./So./Feiertage ist Anmeldung notwendig. Clubausweis mit eingetragenem Handicap (36) ist erforderlich.

18-Loch-Greenfee: WT: EUR 50 / WE: EUR 55
9-Loch-Greenfee: WT: EUR 30 / WE: EUR 35
Ermäßigung: Jugendl./Stud. 50%

Platzbeschreibung

Der älteste Golfclub Deutschlands wurde im Jahre 1893 von Engländern und Schotten gegründet. Die heutige Anlage des Clubs befindet sich seit 1911 auf den Gehrn-Wiesen am Chausseehaus. Der leicht hügelige Platz erfordert ein akkurates Spiel, da Bäche, Bunker und der sehr alte Baumbestand oft spielentscheidende, strategische Herausforderungen bieten.

Platzinfos

VCG

Anfahrtsbeschreibung

A 66 Wiesbaden, Ausfahrt Stadtmitte-Erbenheim-Nord Richtung Hauptbahnhof, an der Ringkirche links in die Klarenthaler Straße Richtung Schlangenbad/Georgenborn, bis zum Bahnübergang Chausseehaus, der Golfplatz ist beschildert.

Nächstgelegene Plätze

Rhein-Main, GC (Nr. 408)
Mainzer GC (Nr. 434)
Hofgut Georgenthal (Nr. 402)

Hessen

Golfclub Rhein-Main e.V.

Karte, Nr. 408, Feld D9 **18**

gegründet: 1977

Weißer Weg, 65201 Wiesbaden
0611-1842416 0611-1842418
golfc@golfclubrheinmain.de
www.golfclubrheinmain.de

PR Hans-Josef Brühl, CM: Edward Galvan
Headgreenkeeper: Gerald Beierschmitt

0611-1842416 0611-1842418
Melanie Mader

Cem Klein Restaurant & Bistro im Golfclub Rheinblick, Cem Klein
01573-7583714

PRO SHOP Pro-Shop Rheinblick Golf Course, James Goins
0611 - 143 548 548 -5 oder -6

PRO Pro: Jay Djuren

18-Loch Rheinblick Golf Course
H: CR 70.6, SL 139, Par 72
D: CR 72.7, SL 133, Par 72
26 Rangeabschläge (6 überdacht)

G Gäste sind jederzeit willkommen. Anmeldung ist notwendig. Clubausweis mit eingetragenem Handicap (36) ist erforderlich.

18-Loch-Greenfee: WT: EUR 60 / WE: EUR 75
9-Loch-Greenfee: WT: EUR 40 / WE: EUR 50
Das Gäste-Greenfee kann NUR mit EC-Karte oder Kreditkarte in Euro gezahlt werden. Eine telefonische Anmeldung ist notwendig. Startzeiten bitte ausschließlich unter folgender Tel.-Nr.: 0611-1435485485 reservieren.

Platzbeschreibung

Der Golf-Club Rhein-Main ist auf dem US-amerikanischen 18-Loch Rheinblick Golf Course beheimatet. Der Platz wurde 1958 gebaut und liegt in Wiesbaden am Fuße des Taunus. Die Bahnen sind in das zum Rhein abfallende Gelände integriert. Der Platz ist sportlich anspruchsvoll.

Platzinfos

VCG GPS CLUB GASTRO

Anfahrtsbeschreibung

Vom Stadtzentrum Wiesbaden auf der Dotzheimer Straße nach Wiesbaden-Dotzheim, weiter Richtung Rheinblick, von dort der Beschilderung zum Golfplatz folgen (ca. 6 km vom Stadtzentrum Wiesbaden entfernt).

Nächstgelegene Plätze

Wiesbadener GC (Nr. 407)
Mainzer GC (Nr. 434)
Hofgut Georgenthal (Nr. 402)

Frankfurter Golf Club e. V.

Karte, Nr. 409, Feld D9 **18** Design: Harry Colt, Christoph Städler

gegründet: 1913

Golfstraße 41, 60528 Frankfurt
✆ 069-66623180 Fax 069-666231820
info@fgc.de
www.fgc.de

PR: Matthias von der Recke, CM: Felix Klarmann
Ann-Katrin Thimm
Headgreenkeeper: Jan Andreas

i: ✆ 069-66623180 Fax 069-666231820

Holger Schütz und Michael Grehl, Holger Schütz und Michael Grehl
✆ 069-666231819

PRO SHOP: Golf Götze, Götze Pro Shop
✆ 069-6662441

PRO: Pro: Keith Coveney, Octavian Uilacan, Michael Totzke, Jan Förster

H: 6047 m, CR 72.4, SL 136, Par 71
D: 5298 m, CR 73.9, SL 130, Par 71
20 Rangeabschläge (5 überdacht)

G: Gäste sind Montag - Freitag (außer an Feiertagen) willkommen. Anmeldung ist notwendig. Clubausweis mit eingetragenem Handicap (32) ist erforderlich.

18-Loch-Greenfee: WT: EUR 90 / WE: EUR 110
Ermäßigung: Jugendl./Stud. 50%

Platzbeschreibung

Auf dem 63 ha großen, sorgfältig in die natürlichen Gegebenheiten eingepassten Gelände, erfordern raffiniert geschnittene Fairways ein präzises Spiel. Die Schönheit des Clubs, auf dem u.a. auch schon 12 Mal die German Open ausgetragen wurden, liegt in der geografischen Besonderheit des Rhein-Main-Ufers. Der alte Baumbestand vermittelt den Eindruck einer weitläufigen, gepflegten Parkanlage.

Platzinfos

VCG CLUB

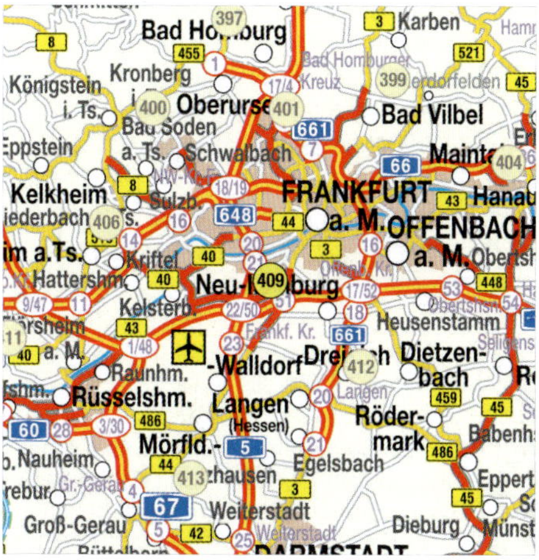

Anfahrtsbeschreibung

Von Frankfurt Mitte über Kennedyallee Richtung Niederrad Süd, 100 m nach der Aral-Tankstelle halbrechts in die Flughafenstraße, nach 250 m wieder halbrechts in die Golfstraße (linker Hand eine Mauer) und der Golfstraße bis zum Golfplatz folgen. Oder: A 3, Anschlußstelle Frankfurt-Süd den Schildern „Stadtmitte/Stadion/Niederrad Süd" bis zur Aral-Tankstelle folgen und dann weiter wie oben beschrieben zum Golfplatz.

Nächstgelegene Plätze

Neuhof, GC (Nr. 412)
Golf Range Frankfurt, GC (Nr. 401)
Hof Hausen, GC (Nr. 406)

Golfclub Seligenstadt am Kortenbach e.V.

Karte, Nr. 410, Feld E9 **9** Höhe: 110 m

gegründet: 2002

An der Lache 1,
63500 Seligenstadt (OT Froschhausen)
☎ 06182-828990 🖷 06182-828992
✉ sekretariat@golf-seligenstadt.de
💻 www.golf-seligenstadt.de

PR: Roland Jäger, GF: Gabi Sommer
Headgreenkeeper: Thomas Lochner

i: ☎ 06182-828990 🖷 06182-828992

Trattoria Lucca, Claudio Sanzone
☎ 06182-6407203 🖷 06182-6407205

PRO: Pro: Cameron Bayer

H: 6236 m, CR 72.3, SL 130, Par 72
D: 5296 m, CR 72.4, SL 128, Par 72
20 Rangeabschläge (5 überdacht)

G: Gäste sind jederzeit willkommen. Anmeldung ist notwendig. Clubausweis mit eingetragener PE ist erforderlich. Sa./So./Feiertage ist Handicap 45 erforderlich. Die Rangefee für die Driving Range ist im Preis der Token inkludiert. Die Rangefee für die Putting-/Chipping-Anlage beträgt 3 EUR.

18-Loch-Greenfee: WT: EUR 50 / WE: EUR 60
9-Loch-Greenfee: WT: EUR 25 / WE: EUR 30

Platzinfos

VCG GASTRO

Anfahrtsbeschreibung

Im östlichen Teil des Rhein-Main-Gebietes gelegen ist der Golfclub von der A 3 Frankfurt-Nürnberg über die Ausfahrt Seligenstadt bestens zu erreichen.

Platzbeschreibung

Die Golfanlage des Golfclub Seligenstadt am Kortenbach e.V., gegründet im Jahr 2002, befindet sich in Froschhausen bei Seligenstadt - rund um das reizvolle Naturschutzgebiet Kortenbach, in ruhiger und dennoch zentraler Lage und verkehrsgünstig zur A3, gelegen. Auf großzügigen 45ha und mit drei Teichen versehen, bietet dieser erste in Deutschland mit A-B-C-Abschlägen geratete 9-Loch-Platz Golfern jeder Spielstärke - auf maximal „27 Bahnen" - eine Herausforderung.

Nächstgelegene Plätze

Hanau-Wilhelmsbad, GC (Nr. 404)
Golfpark Trages (Nr. 405)
Neuhof, GC (Nr. 412)

Hessen

Golf-Club Main-Taunus e.V.

Karte, Nr. 411, Feld D9 **18** Design: Bernhard von Limburger Höhe: 125 m

gegründet: 1979

Lange Seegewann 2,
65205 Wiesbaden-Delkenheim
✆ 06122-177480 🖷 06122-1774850
✉ info@gcmaintaunus.de
💻 www.gcmaintaunus.de

PR Wolf-Dietrich von Helldorf, GF: Frank Riedel,
CM: Eric Marschke
Headgreenkeeper: Christian Müller

i ✆ 06122-177480 🖷 06122-936099
Niklas Groß, Susanne Arras-Däschner

Zur Seegewann
✆ 06122-1774880

PRO SHOP Korpa GmbH, Sang-Kyung Park
✆ 06122-935078 🖷 -935481

PRO Pro: David Howard, Richard Waring, Martin Müller

H: 5835 m, CR 70.7, SL 134, Par 72
D: 5181 m, CR 72.8, SL 128, Par 72
40 Rangeabschläge (8 überdacht)

G Gäste sind jederzeit willkommen. Anmeldung ist notwendig. Clubausweis mit eingetragenem Handicap (45) ist erforderlich.

18-Loch-Greenfee (ab 10:00 Uhr): WT: EUR 68 / WE: EUR 80
9-Loch-Greenfee: WT: EUR 43
Ermäßigung: Jugendl. und Stud. bis 27 J. 50%

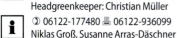

Platzbeschreibung

Eine grüne Oase mitten im Rhein-Main-Gebiet ist dieser anspruchsvolle, aber sportlich jederzeit faire Platz. Maßgeblich geprägt wird die sehr gepflegte Anlage durch ihre Wasserhindernisse, die an insgesamt acht Löchern ins Spiel kommen. Das milde Klima und eine großzügige Fairwaybewässerung sorgen ganzjährig für ausgezeichnete Spielbedingungen. In der Nähe der A66 gelegen, bietet die große Driving Range eine ideale Übungsmöglichkeit „en passant".

Platzinfos

VCG GPS CLUB

Anfahrtsbeschreibung

A 66 Frankfurt-Wiesbaden, Ausfahrt Nordenstadt Richtung Hochheim und der Beschilderung „Golfplatz" folgen.

Nächstgelegene Plätze

Hof Hausen, GC (Nr. 406)
Mainzer GC (Nr. 434)
Rhein-Main, GC (Nr. 408)

Golf Club Neuhof e.V.

Karte, Nr. 412, Feld D9 **27/6** Design: Städler Golf Courses Höhe: 190 m

gegründet: 1984

Hofgut Neuhof, 63303 Dreieich
✆ 06102-327010 ☏ 06102-327012
info@golfclubneuhof.de
www.golfclubneuhof.de

PR: Andreas Seum, CM: Gerd Petermann-Casanova

i: ✆ 06102-327010 ☏ 06102-327012

Steffen Schenk
✆ 06102-320602
Mo. Ruhetag

PRO SHOP: Angela Bailey
✆ 06103-6041066

PRO: Pro: Michael Mitteregger, Barbara Helbig, Steve Morland, Carsten Kellner

H: 5839 m, CR 71.8, SL 138, Par 72
D: 5100 m, CR 73.3, SL 135, Par 72
50 Rangeabschläge (8 überdacht)

G: Gäste sind Montag - Donnerstag (außer an Feiertagen) willkommen. Anmeldung ist notwendig. Clubausweis mit eingetragenem Handicap (36) ist erforderlich. Nur Mitglieder mit DGV-Ausweis „R/vS" bzw. Gäste von GCN-Mitgliedern ohne Ausweisbeschränkung. Eingeschränkte Spielmöglichkeit für andere DGV- und VcG-Ausweise.

18-Loch-Greenfee: Mo.-Do.: EUR 90 / Fr.-So.: EUR 110.
9-Loch-Greenfee: Mo.-Do.: EUR 55 / Fr.-So.: EUR 65.
Ermäßigung: Jugendl./Stud. 50%

Platzbeschreibung
Ein naturbelassener 27-Loch-Meisterschaftsplatz im Herzen der Region Frankfurt Rhein-Main, nur 15 km südlich von der Stadtmitte Frankfurts und nur 2 km von der A661, Ausfahrt Dreieich, entfernt. Hervorzuheben ist das unter Denkmalschutz stehende Clubhaus.

Platzinfos

Anfahrtsbeschreibung
A 3 Köln-Würzburg, Ausfahrt Offenbacher Kreuz, A 661 Richtung Darmstadt-Egelsbach, Ausfahrt Dreieich und von dort ca. 2 km der Beschilderung nach Neuhof zum Golfplatz folgen.

Nächstgelegene Plätze
Frankfurter GC (Nr. 409)
Bachgrund, GP (Nr. 413)
Seligenstadt, GC (Nr. 410)

Golfpark Bachgrund

Karte, Nr. 413, Feld D9 27/9 Höhe: 88 m

gegründet: 2000

Im Bachgrund 1, 64572 Worfelden
✆ 06152-807900 🖷 06152-8079072
✉ bachgrund@golf-absolute.de
💻 www.golf-absolute.de/buettelborn-worfelden/

PR Dr. Hermann Weiland, GF: Dirk Weiland, CM: Pascal Kugler
Headgreenkeeper: Manuel da Costa

✆ 06152-807900 🖷 06152-8079072

Restaurant SanElma, Georg Fischer
✆ 06152-8583033 🖷 06152-8583044

PRO SHOP Golf Götze, Pro Shop Golf Götze
✆ 06152-7187100 🖷 06152-7187101

PRO Pro: Peter Koenig, Stefan Jordan, Wan-Rae Cho, El Ayachi Ait Chikh

18-Loch „Nessie" Platz
H: 5725 m, CR 71.6, SL 136, Par 72
D: 4809 m, CR 72.5, SL 129, Par 72
9-Loch „Happy Luck" Platz
H: 4990 m, CR 68.3, SL 123, Par 70
D: 4302 m, CR 69, SL 123, Par 70
100 Rangeabschläge (30 überdacht)

G Gäste sind jederzeit willkommen. Anmeldung ist notwendig. Clubausweis mit eingetragenem Handicap (54) ist erforderlich. „Hunde an der Leine" sind auf dem 9-Loch Platz Happy Luck gern gesehen.

18-Loch-Greenfee: WT: EUR 60 / WE: EUR 80
9-Loch-Greenfee: WT: EUR 35 / WE: EUR 45
Ermäßigung: Jugendl. und Stud. bis 27 J. 50%

Platzbeschreibung

Der Golfpark Bachgrund liegt zentral inmitten des Rhein-Main Gebietes, zwischen Frankfurt, Wiesbaden, Mainz und Darmstadt. Der 18-Loch Platz Nessie besticht durch seinen in der Region einmaligen Linkscourse Charakter. Dünen- und Bunkerlandschaften und eine Vielzahl von Teichen sind harmonisch in das zu Gebirgsketten und spitzen Hügeln modellierte Gelände eingefügt, die der Anlage internationales Flair verleihen.

Platzinfos

VCG GPS CLUB GASTRO

Anfahrtsbeschreibung

A 5, Ausfahrt Mörfelden/Langen, durch Mörfelden in Richtung Groß-Gerau (B 44), rechts ab in Richtung Worfelden und nach 1 km zum Golfplatz. Oder: A 67, Ausfahrt Groß-Gerau, Richtung Mörfelden und nach 1 km links Richtung Worfelden.

Nächstgelegene Plätze

KIAWAH GC (Nr. 415)
Neuhof, GC (Nr. 412)
Frankfurter GC (Nr. 409)

Hessen

Zimmerner Golf Club 1995 e.V.

Karte, Nr. 414, Feld D9 **18/9** Höhe: 150 m

gegründet: 1995

Darmstädter Straße 111, 64846 Groß-Zimmern
☎ 06071-92210 Fax 06071-922120
✉ info@gc-zimmern.de
www.gc-zimmern.de

PR Ralf Cordes, GF: Bernd Pullmann,
CM: Mischa Kind
Headgreenkeeper: Ingo Burger

i ☎ 06071-92210 Fax 06071-922120
Ulrike Dallmann, Susanne Klober, Andreas Eger

Luigi's Restaurant, Luigi Del Gesso
☎ 06071-922130 Fax 06071-922140

PRO SHOP Golfstore N. Coles, Nigel Coles
☎ 06071-922150 Fax 06071-922160

PRO Pro: Nigel Coles, Erik Moll, Warren Bell

18-Loch Gelber Course
H: 5848 m, CR 70.7, SL 131, Par 71
D: 5098 m, CR 72.2, SL 123, Par 71
9-Loch Blauer Course
H: 2242 m, Par 54, D: 2242 m, Par 54
23 Rangeabschläge (7 überdacht)

G Gäste sind jederzeit willkommen. Anmeldung ist notwendig. Clubausweis mit eingetragenem Handicap (54) ist erforderlich. Sa./So./Feiertage ist Handicap 45 erforderlich. Keine Metallspikes erlaubt.

18-Loch-Greenfee: WT: EUR 50 / WE: EUR 65
Ermäßigung: Jugendl. 50%, Stud. 30%

Platzinfos

Anfahrtsbeschreibung

Auf der B 26 bis zur Ausfahrt Roßdorf/Gundernhausen. Aus Richtung Aschaffenburg kommend an der Abfahrt links Richtung Roßdorf/Gundernhausen und nach 100 m wieder links Richtung Groß-Zimmern. Aus Richtung Darmstadt kommend an der Kreuzung geradeaus Richtung Groß-Zimmern. Nach 800 m rechts zur Golfanlage.

Platzbeschreibung

Die 18-Loch-Meisterschaftsanlage liegt am Rande des Odenwaldes in den Ausläufern des Reinheimer Hügellandes auf zwei anspruchsvollen Spielebenen. Die erste Ebene bezieht ihren Reiz aus mehreren Wasserhindernissen. Die zweite Ebene, ca. 20 m höher gelegen,bildet eine Art Hochplateau mit herrlichen Rundblicken über den Roßberg, einen ehemaligen Vulkan, den Odenwald sowie Ausläufer des Spessarts und des Vogelberges.

Nächstgelegene Plätze

Darmstadt Traisa, GC (Nr. 416)
Odenwald, GC (Nr. 418)
Neuhof, GC (Nr. 412)

KIAWAH Golf Club Landgut Hof Hayna e.V.

Karte, Nr. 415, Feld D9 **18/4** Höhe: 100 m

gegründet: 1997

Landgut Hof Hayna, 64560 Riedstadt-Leeheim
✆ 06158-747385 🖷 06158-747386
✉ kiawah@golf-absolute.de
💻 www.golf-absolute.de/riedstadt/

PR: Dr. Hermann Weiland, CM: André Dorn
Headgreenkeeper: Agim Berisha

i: ✆ 06158-747385 🖷 06158-747386

„Haynas" Restaurant und Lounge,
Stefano Margerita
✆ 06158-8283811

PRO: Pro: Peter Koenig, Marcel Kellner, Matthias Keller

H: 6093 m, CR 72.3, SL 125, Par 72
D: 5078 m, CR 71.8, SL 126, Par 72
60 Rangeabschläge (7 überdacht)

G: Gäste sind jederzeit willkommen. Anmeldung ist notwendig. Clubausweis mit eingetragener PE ist erforderlich. Kurzplatz ohne PE bespielbar.

18-Loch-Greenfee: WT: EUR 30 / WE: EUR 40
9-Loch-Greenfee: WT: EUR 30 / WE: EUR 40

Platzinfos

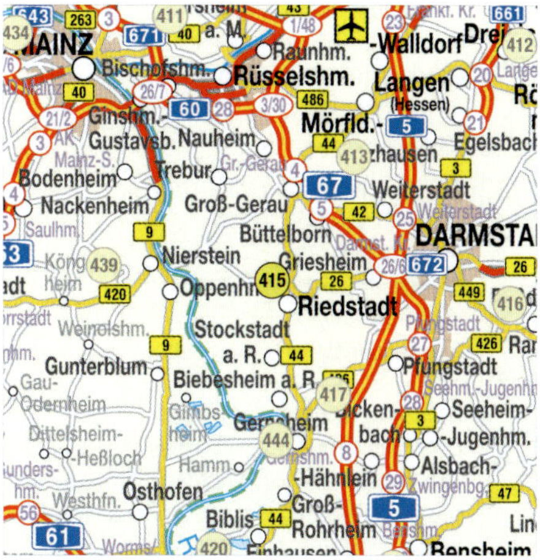

Platzbeschreibung

Die Anlage ist verkehrsgünstig sehr gut zu erreichen und bietet dem Betrachter beeindruckende Ausblicke auf die linksrheinischen Weinberg, den Taunus und den Odenwald. Besonders populär der grundsätzlich ebenen Golfanlage und weit über die Region hinaus bekannt ist das Inselgrün an Bahn 17. Für zusätzliches Ambiente sorgt das über 300 Jahre alte Landgut Hof Hayna, das zentrale Anlaufstelle ist. Umfangreiche Trainingseinrichtungen runden das Angebot für Golfspieler jeder Spielstärke ab. Die Anlage ist verkehrsgünstig sehr gut zu erreichen und bietet dem Betrachter beeindruckende Ausblicke auf die linksrheinischen Weinberg, den Taunus und den Odenwald.

Anfahrtsbeschreibung

A 5, Ausfahrt Darmstadt-Griesheim, auf der B 26 Richtung Riedstadt, die B 44 überqueren, wenige 100 m weiter rechts zum Golfplatz abbiegen. Oder: Von Wiesbaden auf der B 9 bis Oppenheim, von dort 3 km bis Geinsheim, von dort 11 km bis Leeheim, von dort ca. 3 km Richtung Griesheim, bei der Beschilderung Golfpark links zum Golfplatz abbiegen.

Nächstgelegene Plätze

Gernsheim, GR (Nr. 417)
Bachgrund, GP (Nr. 413)
Worms, GC (Nr. 444)

Hessen

Greenfee-Aktion: Seite G 97

Golf Club Darmstadt Traisa e.V.

Karte, Nr. 416, Feld D9 9 Höhe: 170 m

gegründet: 1973

Am Dippelshof 19, 64367 Mühltal
☎ 06151-146543 🖷 06151-148521
info@gc-dt.de
www.gc-dt.de

PR Michael Rossbach
Headgreenkeeper: Sascha Baumann

i ☎ 06151-146543 🖷 -148521
Monika Hofmann

Golf-Club Restaurant, Vural Üzey
☎ 06151-6015158
Mo. Ruhetag

PRO SHOP Darmstadt Traisa e.V.
☎ 06151-136887

PRO Pro: Alastair Blyth

H: 4884 m, CR 67, SL 128, Par 66
D: 4258 m, CR 63.4, SL 123, Par 66
15 Rangeabschläge (3 überdacht)

G Gäste sind Montag - Freitag (außer an Feiertagen) willkommen. Clubausweis mit eingetragenem Handicap (36) ist erforderlich. GPS-Geräte bei Turnieren zugelassen.

18-Loch-Greenfee: WT: EUR 45 / WE: EUR 60
9-Loch-Greenfee: WT: EUR 30 / WE: EUR 40
Gäste ohne DGV R/vS Gold Mitgliedschaft zahlen ein um jeweils EUR 10 erhöhtes Greenfee
Greenfeeermäßigung für Jugendliche und Studenten nur Wochentags

Platzbeschreibung

1973 gegründet hat der GC seit 1980 sein Zuhause am Dippelshof. Die 9 Löcher sind äußerst abwechslungsreich, nicht immer eben, aber immer mit herrlichen Ausblicken auf die Burg Frankenstein und die Bergstr. ausgestattet. Der Golfer wird oftmals mit Schräglagen konfrontiert, die insbesondere beim Grünspiel höchste Konzentration erfordern. Daneben sind Teiche, Bachläufe und ein großes Feuchtbiotop die weiteren Schwierigkeiten zu einem guten Score.

Platzinfos

VCG GPS

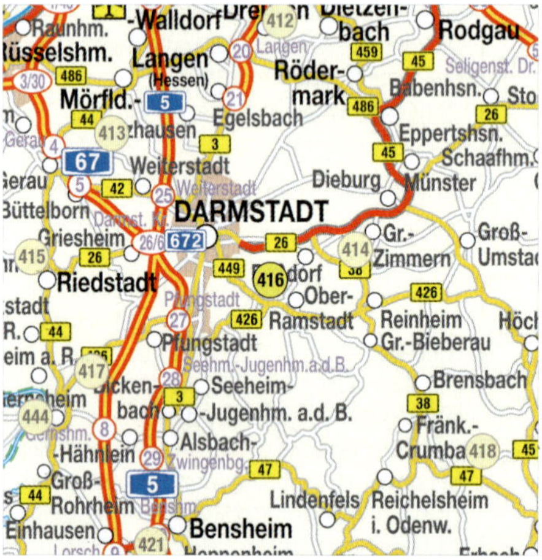

Anfahrtsbeschreibung

Von Darmstadt: B 449 Richtung Mühltal/Ober-Ramstadt, nach dem Ortsende von Mühltal-Trautheim links über den Bahnübergang in die Ludwigstraße und bis zum Ortsende, dann halblinks in die Straße „Zur Eisernen Hand", weiter die 1. Straße rechts „In den Gänsäckern" bis zum Ende (Parkplatz).

Nächstgelegene Plätze

Zimmerner GC 1995 (Nr. 414)
Gernsheim, GR (Nr. 417)
Bachgrund, GP (Nr. 413)

Hessen

Golfresort Gernsheim

Karte, Nr. 417, Feld D9 **36** Höhe: 90 m

gegründet: 1991

Golfparkallee 1, 64579 Gernsheim-Allmendfeld
06157-991616 06157-991716
gernsheim@golf-absolute.de
www.golf-absolute.de

PR: Dr. Hermann Weiland, GF: Dirk Weiland,
CM: Sascha Emmel
Headgreenkeeper: Hennes Kraft

i: 06157-991616 06157-991716

Restaurant Althaus, Ralf Althaus
06157-911844 06157-9116412

PRO SHOP: Pro Shop Carola Issel
06157-930462 06157-990248

PRO: Pro: Peter Koenig, Brian Tierney

18-Loch Parkland Course
H: 5385 m, CR 69, SL 121, Par 72
D: 4559 m, CR 69.1, SL 123, Par 72
18-Loch Lufthansa Course
H: 4794 m, CR 66, SL 118, Par 70
D: 4119 m, CR 67, SL 114, Par 70
30 Rangeabschläge (16 überdacht)

G: Gäste sind jederzeit willkommen. Anmeldung ist notwendig. Clubausweis mit eingetragenem Handicap (54) ist erforderlich. Hunde sind angeleint nur auf dem Lufthansa Course gestattet.

18-Loch-Greenfee: WT: EUR 60 / WE: EUR 80
9-Loch-Greenfee: WT: EUR 35 / WE: EUR 45
Ermäßigung: Jugendl. und Stud. bis 27 J. 50%

Platzbeschreibung

Das sehr verkehrsgünstig gelegene und gut zu erreichende Golfresort Gernsheim liegt im Rhein-Main-Gebiet, in der klimatisch milden Zone zwischen Bergstraße und Rheinebene. Die Anlage verfügt über zwei 18-Loch Meisterschaftsplätze, den Parklandplatz sowie den Lufthansa Course.

Platzinfos

VCG GPS CLUB GASTRO

Anfahrtsbeschreibung

A 67 Darmstadt-Mannheim, Ausfahrt Pfungstadt / Riedstadt. B 426 unmittelbar bei der Rastanlage Pfungstadt, weiter Richtung Gernsheim. Die Einfahrt zum Golfresort liegt nach ca. 3 km direkt an der B 426. Oder: A 5, Ausfahrt Pfungstadt / Eberstadt, Richtung Gernsheim über die neue Ortsumgehung Pfungstadt. Nach Überqueren der A 67 weiter wie oben beschrieben.

Nächstgelegene Plätze

Worms, GC (Nr. 444)
KIAWAH GC (Nr. 415)
Bensheim, GC (Nr. 421)

Greenfee-Aktion: Seite G 99

Golf Club Odenwald e.V.

Karte, Nr. 418, Feld E10 **18/6** Design: Deutsche Golf Consult Höhe: 350 m

gegründet: 1986

Am Golfplatz 1, 64753 Brombachtal
☏ 06063-57447 Fax 06063-57448
✉ mail@golfclub-odenwald.de
www.golfclub-odenwald.de

PR: Karsten de Riese, CM: Birgit Scholl

i: ☏ 06063-57447 Fax -57448
Tina Hoffmann, Tanja Er

Brombachtal
☏ 06063-911227 Fax -911227
Mo. Ruhetag

PRO SHOP: Golfclub Odenwald e.V.
☏ 06063-57447

PRO: Pro: Stewart Bailey

H: 5951 m, CR 71.4, SL 138, Par 72
D: 5153 m, CR 72.8, SL 130, Par 72
16 Rangeabschläge (2 überdacht)

G: Gäste sind jederzeit willkommen. Clubausweis mit eingetragenem Handicap (54) ist erforderlich. Sa./So./Feiertage ist Handicap 45 erforderlich.

18-Loch-Greenfee: WT: EUR 70 / WE: EUR 80
6-Loch-Kurzplatz GF inkl. Driving Range: EUR 10.
Ermäßigung: Jugendl./Stud. 50%

Platzbeschreibung

Der 1986 gegründete Golfclub bietet hervorragende und anspuchsvolle Spielbedingungen. Der Platz erstreckt sich über mehrere Anhöhen des Landschaftsschutzgebietes Naturpark Bergstrasse-Odenwald. Aus einer Höhe von 350 m bietet der abwechslungsreiche Parcour von zahlreichen Abschlägen einen herrlichen Panoramablick. Hier lässt es sich in aller Ruhe golfen!

Platzinfos

VCG GPS CLUB GASTRO

Anfahrtsbeschreibung

B 45, Ausfahrt Bad König-Zell Richtung Brombachtal, in Langenbrombach rechts Richtung Kirchbrombach (beschildert) und in Kirchbrombach 400 m nach dem Ortseingang links der Beschilderung zum Golfplatz folgen. Oder: B 38, 9 km nördlich von Reichelsheim Richtung Brombachtal abbiegen, in Böllstein links Richtung Kirch-Brombach und der Beschilderung folgen.

Nächstgelegene Plätze

Geierstal, GC (Nr. 419)
Gut Sansenhof, GC (Nr. 572)
Buchenhof Hetzb., G&LC (Nr. 422)

Hessen

Golfclub Geierstal e.V.

Karte, Nr. 419, Feld E10 **9** Höhe: 330 m

gegründet: 1988

Ohrenbachtal Aussenliegend 1,
64720 Michelstadt-Vielbrunn
06066-258 06066-248
golfclub-geierstal@t-online.de
www.golfclub-geierstal.de

PR Heinrich Bauer, CM: Alexander Setinas

06066-258

Gasthof Geiersmühle/ Gasthof Ohrnbachtal
06066-721 oder 09373-203109/0

PRO SHOP Golf Club Geierstal
06066-258

H: 3454 m, CR 63.1, SL 118, Par 64
D: 3454 m, CR 65.3, SL 119, Par 64
8 Rangeabschläge

G Gäste sind jederzeit willkommen. PE ist erforderlich.

Tages-Greenfee: WT: EUR 25 / WE: EUR 30
Ermäßigung: Stud. 50%

Platzinfos

VCG GPS

Anfahrtsbeschreibung

A 3 Aschaffenburg-Obernburg Richtung Miltenberg, rechts über Wb.-Weckbach nach Vielbrunn. Oder: Von Heidelberg über Neckar-Gemünd-Eberbach-Beerfelden-Erbach Richtung Amorbach, links am Limes nach Vielbrunn und zum Golfplatz.

Platzbeschreibung

Diese öffentliche Golfanlage liegt gut erreichbar in schöner Lage und bietet abwechslungsreiche Fairways. Teilweise hügelige Spielbahnen erfordern ein konzentriertes Spiel. Erleben Sie den Zauber der Natur mit Ihrer vielfältigen Tier- und Pflanzenwelt des Naturschutzgebietes Ohrnbachtal / Geierstal beim Golfspiel auf dem naturbelassenen 9-Loch Platz mit Waldabschlägen, Bachläufen und Biotopen.

Nächstgelegene Plätze

Gut Sansenhof, GC (Nr. 572)
Odenwald, GC (Nr. 418)
Buchenhof Hetzb., G&LC (Nr. 422)

Hessen

Golfclub Biblis Wattenheim e.V.

Karte, Nr. 420, Feld D10 27/9 Höhe: 40 m

gegründet: 1992

Golfparkallee 2, 68647 Biblis-Wattenheim
06245-90600 06245-906060
biblis@golf-absolute.de
www.golf-absolute.de

PR Dr. Hermann Weiland,
GF: Dipl. Ing. Dirk Weiland, CM: Jens Rzepka

06245-90600 06245-906060

Restaurant - Al Parco, Gaetano Onolfo
06245-3440

PRO SHOP Götze's Pro Shop, Jan Götze
06245-9099148 06245-9089598

PRO Pro: Ingo Jenniches, Ales Rint

27-Loch Platz
H: 6176 m, CR 71.9, SL 136, Par 74
D: 5406 m, CR 73.6, SL 133, Par 74
9-Loch öffentlicher Kurzplatz
H: 1528 m, Par 54, D: 1496 m, Par 54
75 Rangeabschläge (20 überdacht)

G Gäste sind jederzeit willkommen. Anmeldung ist notwendig. Clubausweis mit eingetragenem Handicap (54) ist erforderlich. Hunde an der Leine sind auf dem C-Platz erlaubt.

18-Loch-Greenfee: WT: EUR 60 / WE: EUR 80
9-Loch-Greenfee: WT: EUR 35 / WE: EUR 45
Ermäßigung: Jugendl./Stud. 50%

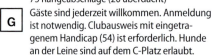

Platzinfos

VCG GPS CLUB GASTRO

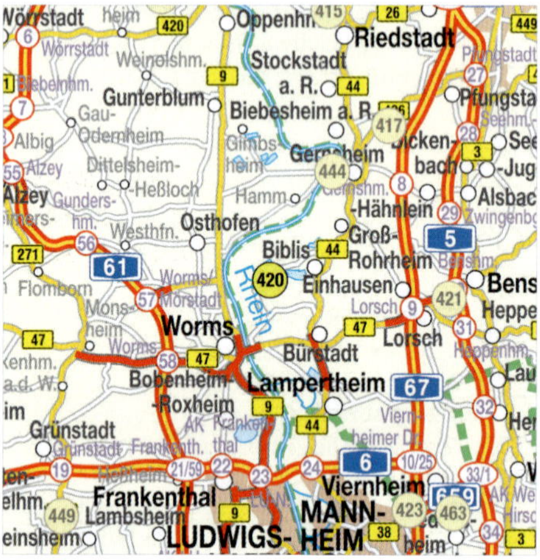

Anfahrtsbeschreibung
A 67 Mannheim-Frankfurt, Ausfahrt Lorsch Richtung Worms, in Bürstadt auf die B 44 Richtung Biblis, von Biblis Richtung Wattenheim, kurz nach dem Ortsausgang Wattenheim links der Beschilderung zum Golfplatz folgen. Oder: Von Worms Richtung Nordheim, vor Wattenheim rechts und der Beschilderung zum Golfplatz folgen.

Platzbeschreibung
Eine der größten Golfanlagen Hessens. Der Meisterschaftsplatz mit außergewöhnlichen Hindernissen stellt eine besondere sportliche Herausforderung für ein strategisches Spiel dar. Neben einer Reihe von Gewässern und naturbelassenen Arealen beinhaltet diese herrliche 27-Loch Anlage (Hunde an der Leine auf dem C-Platz erlaubt) viele befestigte Wander-, Reit- und Radfahrwege.

Nächstgelegene Plätze
Worms, GC (Nr. 444)
Bensheim, GC (Nr. 421)
Gernsheim, GR (Nr. 417)

Greenfee-Aktion: Seite G 99

Golf-Club Bensheim e.V.

Karte, Nr. 421, Feld D10 **18** Höhe: 100 m

gegründet: 1986

Außerhalb 56, 64625 Bensheim
☎ 06251-67732 Fax 06251-39292
✉ info@golfclub-bensheim.de
www.golfclub-bensheim.de

PR: Dr. Claus-Peter Quel
Headgreenkeeper: Holger Naumann

i: ☎ 06251-67732 Fax 06251-39292
Nico Heinen, Regina Schul

Clubhouse
Mo Ruhetag

PRO SHOP: AR Golfstore, Alex Robertson
☎ 06251-9894354

PRO: Pro: Alex Robertson

H: 5764 m, CR 71.1, SL 133, Par 71
D: 4930 m, CR 71.7, SL 128, Par 71
30 Rangeabschläge (8 überdacht)

G: Gäste sind jederzeit willkommen. Clubausweis ist erforderlich. Mo.-Fr. ist Handicap 54 erforderlich.

18-Loch-Greenfee: WT: EUR 55 / WE: EUR 70
9-Loch-Greenfee: WT: EUR 35 / WE: EUR 40
Aufschlag für VcG, Fernmitglieder in- und ausländischer Clubs sowie DGV Ausweiskennzeichnung ohne „R/vs"
Ermäßigung: Jugendl./Stud. 50%

Platzinfos

VCG GPS CLUB GASTRO

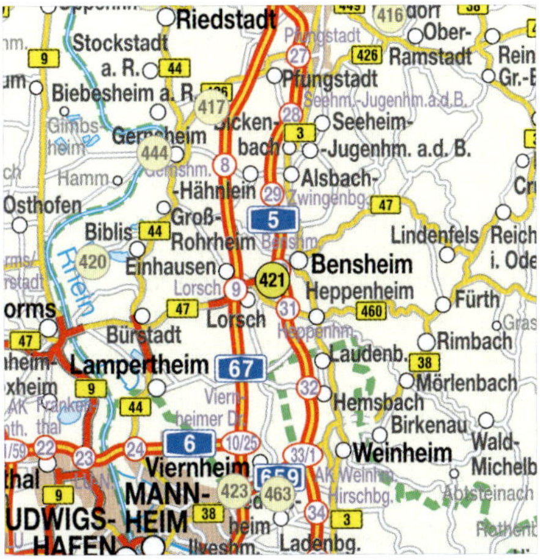

Anfahrtsbeschreibung

A 5, Ausfahrt Bensheim, A 67 Ausfahrt Lorsch, B 47 Richtung Bensheim, nach Ortseingangsschild 1. Ampel rechts in den Berliner Ring (Industriegebiet Süd), nach ca. 200 m rechts der Beschilderung „Golfplatz" folgen.

Platzbeschreibung

Im Kreis Bergstraße am Rande des Odenwalds gelegen bietet der 18 Loch-Meisterschaftsplatz mit seinen umfangreichen Übungsanlagen und dem gemütlichen Clubhaus alles, was das Golferherz höher schlagen lässt. Im ebenen Gelände sind die Spielbahnen harmonisch in die mit Streuobstwiesen durchsetzte Landschaft integriert und bieten mit reizvollen Ausblicken ein besonderes Naturerlebnis.

Nächstgelegene Plätze

Worms, GC (Nr. 444)
Gernsheim, GR (Nr. 417)
Biblis-Wattenheim, GC (Nr. 420)

Greenfee-Aktion: Seite G 99

Golf- und Landclub Buchenhof Hetzbach e.V.

Karte, Nr. 422, Feld E10 **9** Höhe: 320 m

gegründet: 1988

An der Alten Buche 8,
64760 Oberzent/Odenwald
✆ 06068-912050 Fax 06068-912053
✉ info@golfclub-buchenhof.de
www.golfclub-buchenhof.de

PR: Michael Hildenbeutel

i: ✆ 06068-912050 Fax -912053

H: 5502 m, CR 72.5, SL 133, Par 72
D: 4804 m, CR 73.5, SL 131, Par 72
14 Rangeabschläge (8 überdacht)

G: Gäste sind jederzeit willkommen. Clubausweis mit eingetragenem Handicap (54) ist erforderlich.

Tages-Greenfee: EUR 35
9-Loch-Greenfee: EUR 20
Ermäßigung: Jugendl./Stud. 50%

Platzbeschreibung

Die Anlage Buchenhof liegt herrlich an einem Südosthang über dem Beerfeldener Ortsteil Hetzbach. Bedingt durch diese Sonnenlage kann der Platz meist das ganze Jahr bespielt werden. Faszinierend sind die Ausblicke, herausfordernd die abwechslungsreichen Bahnen - ein Erlebnis gleichermaßen für Könner wie Anfänger. Neben dem Hauptplatz bietet die großzügige Driving Range mit 8 überdachten Abschlägen nebst Pitching- und Putting-Green gute Übungsmöglichkeiten.

Platzinfos

VCG GPS

Anfahrtsbeschreibung

A 3 Frankfurt-Aschaffenburg, Ausfahrt Stockstadt Richtung Oberburg-Höchst, Ausfahrt B 45 Michelstadt bis Beerfelden-Hetzbach.In Hetzbach gegenüber einer Tankstelle/Baustoffmarkt zum Golfplatz abbiegen. Oder: A 6, Ausfahrt Heilbronn-Bad Friedrichshall, weiter B 27 Richtung Bad Wimpfen-Eberbach, Ausfahrt B 45 Michelstadt-Beerfelden und weiter wie oben beschrieben zum Golfplatz, der direkt in Hetzbach liegt.

Nächstgelegene Plätze

Gut Sansenhof, GC (Nr. 572)
Odenwald, GC (Nr. 418)
Geierstal, GC (Nr. 419)

Golfclub Mannheim Viernheim 1930 e.V.

Karte, Nr. 423, Feld D10 **18** Design: Bernhard von Limburger Höhe: 98 m

gegründet: 1930

Alte Mannheimer Straße 5, 68519 Viernheim
06204-60700 06204-607044
info@gcmv.de
www.gcmv.de

PR Karl-Martin Pfenning, CM: Oliver Prüter
Headgreenkeeper: Torsten Schmidt

i 06204-60700 06204-607044
Kirsten Jost, Daniela Uhrig

Club-Restaurant, Helmut Rudzinski
06204-607020
Mo. Ruhetag

PRO SHOP prisos-golf GmbH / Dirk Andjelkow
06204-607013

PRO Pro: Ted Long, Alexis Szappanos, Thorsten Gutmann, Michael Kagel

H: 6172 m, CR 72.8, SL 124, Par 72
D: 5307 m, CR 74.2, SL 120, Par 72
40 Rangeabschläge (10 überdacht)

G Gäste sind jederzeit willkommen. Anmeldung ist notwendig. Clubausweis mit eingetragenem Handicap (54) ist erforderlich. Elektrocart zu mieten mit Behinderung.

18-Loch-Greenfee: WT: EUR 70 / WE: EUR 110
9-Loch-Greenfee: WT: EUR 40 / WE: EUR 50
Reduziertes Greenfee mit DGV Ausweis Gold
Kennung R/vS
Ermäßigung: Jugendl./Stud. 50%

Platzinfos

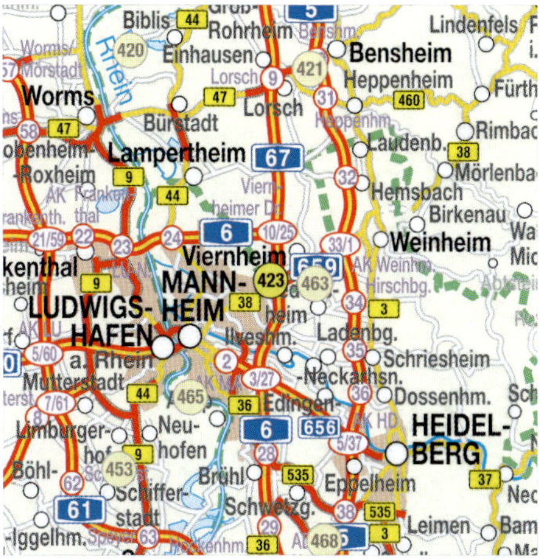

Anfahrtsbeschreibung
A 6 Mannheim-Frankfurt, Ausfahrt Viernheimer Kreuz Richtung Mannheim (B 38), die erste Ausfahrt rechts Richtung Viernheim-West zum Golfplatz. Einfahrt gegenüber dem Poco-Möbelmarkt.

Platzbeschreibung
Teilweise vom Käfertaler-Wald umgeben, ist dieser eher flache Platz von vielen alten Bäumen und Baumgruppen geprägt. Einige Bahnen sind in den Wald eingebettet und geben dem Platz seinen besonderen Reiz. Im Ballungsraum Hessen/Baden-Württemberg zählt er zu den beliebtesten Plätzen.

Nächstgelegene Plätze
Heddesheim, GC (Nr. 463)
GC Mannheim, Rheingoldhalle (Nr. 465)
Bensheim, GC (Nr. 421)

Rheinland-Pfalz + Saarland

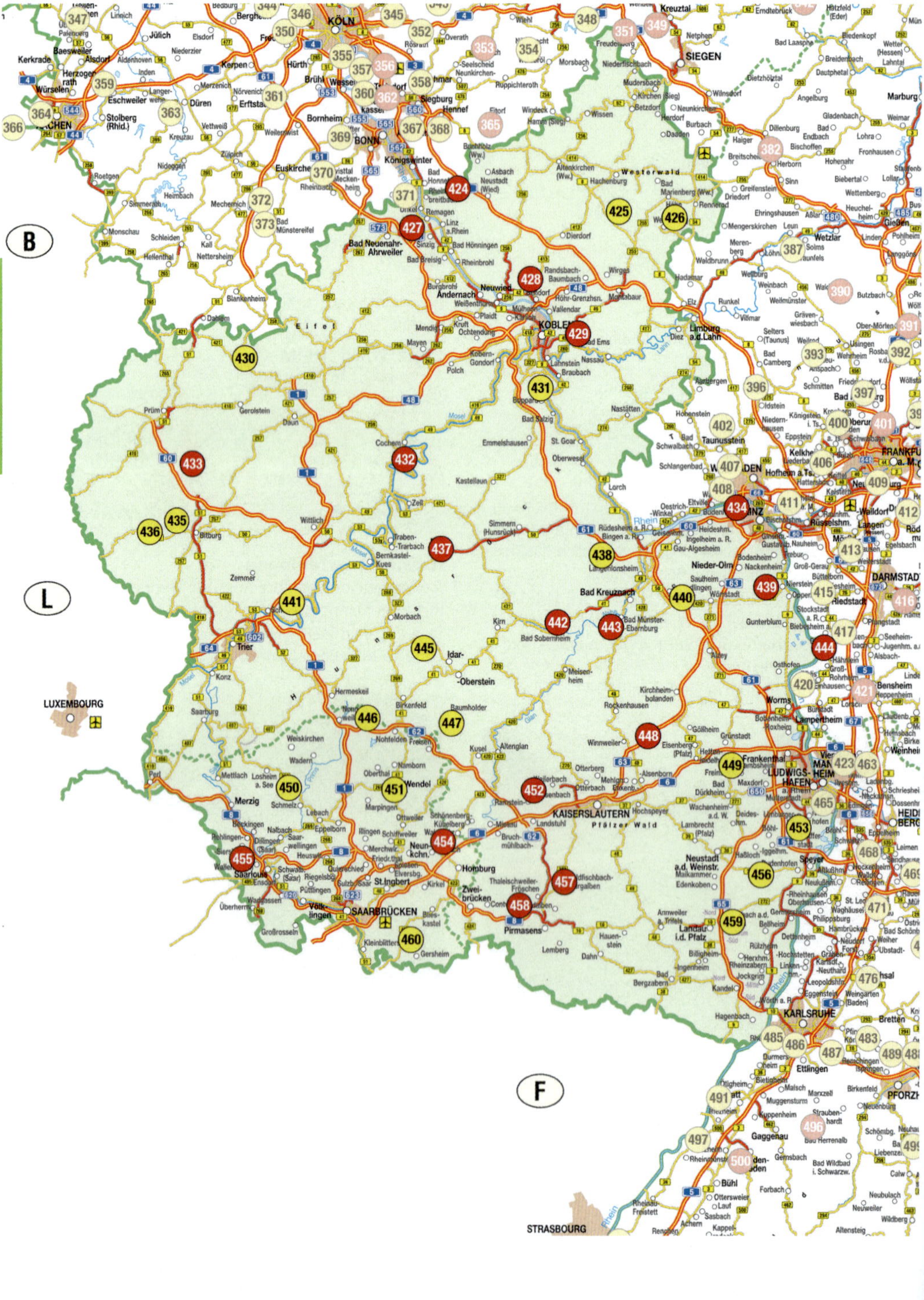

Rheinland-Pfalz + Saarland

Club-Nr.	Clubname	Seite: Gutschein		Club
424	Golf Course Siebengebirge	G 101	■	454
425	Golf Club Westerwald e.V.			455
426	Golf Club Wiesensee e.V.			456
427	Golf- und Landclub Bad Neuenahr-Ahrweiler	G 101	■	458
428	Golfclub Rhein-Wied e.V.	G 101	■	459
429	Mittelrheinischer Golfclub Bad Ems e.V.	G 103	■	460
430	Golf Club Eifel e.V.			461
431	Jakobsberg Hotel- & Golfresort			462
432	Golfclub Cochem/Mosel	G 103	■	463
433	Golfclub Kyllburger Waldeifel e.V./Golfanlage Lietzenhof	G 103	■	464
434	Mainzer Golfclub GmbH & Co. KG	G 105	■	465
435	Golf-Resort Bitburger Land			466
436	Golfclub Südeifel			467
437	Golf Club Hahn e.V.	G 105	■	468
438	Golf Club Stromberg-Schindeldorf e.V.			469
439	Golf Club Domtal Mommenheim e.V.	G 105	■	470
440	Golfclub Rheinhessen Hofgut Wißberg St. Johann e.V.			471
441	Golf Club Trier e.V.			472
442	Golf & Health Club Maasberg Bad Sobernheim e.V.	G 105	■	473
443	Golfclub Nahetal e.V.	G 105, G 107	■	474
444	Golfclub Worms e.V.	G 107	■	475
445	Golfclub Edelstein-Hunsrück e.V.			476
446	Golfpark Bostalsee			477
447	Rolling Hills Golf Club Baumholder e.V.			478
448	Golf-Club am Donnersberg e.V.	G 107	■	479
449	Golfgarten Deutsche Weinstrasse			480
450	Golfclub Weiherhof e. V.			481
451	Wendelinus Golfpark			482
452	Golf Club Barbarossa e.V.	G 107, G 109	■	483
453	Golf-Club Kurpfalz e.V.			484
454	Golf Club Homburg/Saar Websweiler Hof e.V.	G 109	■	485
455	Golf-Club Saarbrücken e.V.	G 109	■	486
456	Golf-Club Pfalz Neustadt a.d. Weinstraße e.V.			487
457	Golfplatz Pfälzerwald	G 109	■	488
458	Erster Golfclub Westpfalz Schwarzbachtal e.V.	G 109, G 111	■	489
459	Golfanlage Landgut Dreihof			490
460	Golf Club Katharinenhof e.V.			491

■ = Partner Albrecht Greenfee-Aktion

Greenfee-Aktion: Seite G 101

Golf Course Siebengebirge

Karte, Nr. 424, Feld C8 **18** Höhe: 290 m

gegründet: 1983

Brunnenstraße 11,
53578 Windhagen-Rederscheid
02645-8041 02645-8042
info@golfcourse-siebengebirge.de
www.golfcourse-siebengebirge.de

PR: Peter Hoffmann, GF: Thomas Limbach
Headgreenkeeper: Carsten Roßbach

i: 02645-8041 02645-8042
Nicole Grodnio, Anja Ahlfänger

Ristorante „Il Pozzo", Loredana Scheibel
02645-970041 02645-970043
Mo. Ruhetag

PRO SHOP: Golf 24 Bonn
02645-8041

PRO: Pro: John Pennington, Tim Wendker

18-Loch Waldbrunnen Platz
H: 5497 m, CR 69.9, SL 126, Par 70
D: 4833 m, CR 71.9, SL 123, Par 70
16 Rangeabschläge (5 überdacht)

G: Gäste sind jederzeit willkommen. Anmeldung ist notwendig. Clubausweis mit eingetragenem Handicap (54) ist erforderlich.

18-Loch-Greenfee: Mo.-Do.: EUR 55 / Fr.-So.: EUR 65
9-Loch-Greenfee: Mo.-Do.: EUR 32 / Fr.-So.: EUR 38.
Bez. vorzugsweise bargeldlos / EC-Karte.
Ermäßigung: Jugendl. bis 18 J. und Stud. bis 27 J. 25%

Platzbeschreibung

Herzlich Willkommen beim Golf Course Siebengebirge, der erstklassigen Golfanlage direkt an der Autobahn 3 zwischen Köln und Frankfurt. Bei uns stehen Sport und Gesellschaft gleichermaßen im Vordergrund. Unser perfekt in die Ausläufer des Siebengebirges integrierter 18-Loch Kurs fordert Anfänger und auch fortgeschrittene Spieler jeweils auf ihre Weise.

Platzinfos

VCG
GPS
CLUB
GASTRO

Anfahrtsbeschreibung

Sie erreichen die Golfanlage Waldbrunnen über die A 3. Verlassen Sie die A 3 an der Ausfahrt Bad Honnef/Linz, links abbiegen, geradeaus durch den Kreisverkehr, nach der ersten Ampel links und nach ca. 1,5 km der Beschilderung Golfclub folgen.

Nächstgelegene Plätze

Bonn Godesberg, GC (Nr. 371)
Bad Neuenahr-Ahrw., G&LC (Nr. 427)
Rhein-Sieg, GC (Nr. 368)

Golf Club Westerwald e.V.

Karte, Nr. 425, Feld C8 **18** Höhe: 400 m

gegründet: 1979

Steinebacherstraße, 57629 Dreifelden
☎ 02666-8220 Fax 02666-8493
✉ sekretariat@gc-westerwald.de
www.gc-westerwald.de

PR Headgreenkeeper: Stefan Hachenberg

i ☎ 02666-8220 Fax 02666-8493
Marion Kern, Regina Härtel

Dining-Range, Mario Lauer
☎ 02666-8200
Mo. Ruhetag

PRO Pro: Andreas Reil

H: 6039 m, CR 72.1, SL 136, Par 72
D: 5186 m, CR 73.2, SL 132, Par 72

G Gäste sind jederzeit willkommen. Anmeldung ist notwendig. Clubausweis mit eingetragenem Handicap (36) ist erforderlich.

18-Loch-Greenfee: WT: EUR 50 / WE: EUR 60
Erhöhtes GF für Mitglieder des VCG, Fernmitglieder in- und ausländischer Clubs sowie Mitglieder von DGV-Clubs ohne Ausweiskennzeichnung „R“
Ermäßigung: Jugendl./Stud. 50%

Platzbeschreibung

Der Platz liegt wunderschön eingebettet in die Landschaft der Westerwälder Seenplatte. Ein prächtiger alter Baumbestand und mehrere Wasserhindernisse bieten auf dem leicht hügeligen Gelände viel Abwechslung.

Platzinfos

Anfahrtsbeschreibung

Von Frankfurt: A 3, Ausfahrt Montabaur, B 255 bis Kreuzung Hahn, B 8 Richtung Freilingen, Ausfahrt Dreifelden. Von Köln: A 3, Ausfahrt Dierdorf, weiter nach Herschbach-Schenkelberg-Steinen bis Dreifelden und zum Golfplatz. Man kann einfach den Hinweisschildern „Westerwälder Seenplatte“ folgen.

Nächstgelegene Plätze

Wiesensee, GC (Nr. 426)
Rhein-Wied, GC (Nr. 428)
Mittelrhein. GC Bad Ems (Nr. 429)

Golf Club Wiesensee e.V.

Karte, Nr. 426, Feld C8 **18/9** Höhe: 549 m

gegründet: 1992

Am Wiesensee, 56457 Westerburg/Westerwald
02663-991192 02663-991193
golfclub.wiesensee@lindner.de
www.golfclub-wiesensee.de

Ing. Kurt Dörflinger, GF: Otto Lindner,
CM: Jens H. Kloeren
Headgreenkeeper: Maik Schäfer

02663-991192 -991193

Golfclub Gastronomie
02663-991394

Wiebke Schützmann
02663-991190 -991193

Pro: Ralf Hartfuß, Alan Stevenson

18-Loch Platz
H: 5753 m, CR 71.3, SL 127, Par 72
D: 5044 m, CR 72.6, SL 127, Par 72
9-Loch Platz
H: 546 m, Par 27, D: 546 m, Par 27
30 Rangeabschläge (10 überdacht)

Gäste sind jederzeit willkommen. Anmeldung ist notwendig. Clubausweis mit eingetragenem Handicap (54) ist erforderlich.

18-Loch-Greenfee: Mo.-Do.: EUR 70 / Fr.-So.: EUR 80
9-Loch-Greenfee: Mo.-Do.: EUR 40 / Fr.-So.: EUR 45
Ermäßigung: Jugendl./Stud. bis 17 J. 50%

Platzinfos

Anfahrtsbeschreibung
A 3 Frankfurt-Köln, Ausfahrt Limburg-Nord, weiter B 54 Richtung Rennerod bis zur Ausfahrt Seck-Winnen, nach dem Ortsende Winnen rechts Richtung Stahlhofen, nach ca. 1 km rechts zum Golfplatz. Oder: A 45, Ausfahrt Herborn-West, weiter B 255 Richtung Hellenhahn, Ausfahrt Pottum-Stahlhofen, in Stahlhofen links Richtung Winnen, der Golfplatz liegt auf der linken Seite.

Platzbeschreibung
Der Platz erstreckt sich vom Ufer des Wiesensees in die Hügellandschaft des Westerwaldes. Über die Hälfte des 18-Loch-Meisterschaftsplatzes spielt man in alten Baumbeständen. Von fast allen Bahnen hat man einen herrlichen Blick auf den Wiesensee, der von den Höhen des Westerwaldes umgeben ist.

Nächstgelegene Plätze
Westerwald, GC (Nr. 425)
Dillenburg, GC (Nr. 382)
Schloß Braunfels, GC (Nr. 387)

Greenfee-Aktion: Seite G 101

Golf- und Landclub Bad Neuenahr-Ahrweiler

Karte, Nr. 427, Feld B8 **18/9** Design: Rainer Preißmann Höhe: 99 m

gegründet: 1979

Grosser Weg 100,
53474 Bad Neuenahr-Ahrweiler
02641-950950 02641-9509595
sekretariat@glc-badneuenahr.de
www.glc-badneuenahr.de

PR
Andreas Zeitler, GF: Andreas Zeitler
Headgreenkeeper: Werner Krupp

02641-950950 02641-9509595
Claudia Nonn, Alice Marner

Schönherr`s Restaurant am Köhlerhof,
Michael Schönherr
02641-6693
Mo. Ruhetag

PRO SHOP
GP Golfpartner Hürth KG, Max Pusch
02233-204826

PRO
Pro: Alexander Glang, Mario Isbert

18-Loch GLC Bad Neuenahr Platz
H: 6010 m, CR 72.4, SL 135, Par 72
D: 5293 m, CR 74.3, SL 133, Par 72
9-Loch Par 3 Platz
H: Par 27, D: Par 27
50 Rangeabschläge (8 überdacht)

G
Gäste sind jederzeit willkommen. Anmeldung ist notwendig. Clubausweis mit eingetragenem Handicap (36) ist erforderlich. An Wochenenden und Feiertagen Abschlag nur vor 10 oder nach 16 h möglich - bzw. in Mitgliederbegleitung nach Anmeldung.

18-Loch-Greenfee: WT: EUR 80 / WE: EUR 100
9-Loch-Greenfee: WT: EUR 40 / WE: EUR 50
Ermäßigung: Jugendl./Stud. 50%

Platzbeschreibung

Ein sportlich interessanter und anspruchsvoller Platz, der sich weit über die Hügellandschaft des unteren Ahrtales hinzieht, wobei jedoch die einzelnen Fairways, von Ausnahmen abgesehen, ohne allzu große Neigungen verlaufen. Dichter und teilweise buschiger Baumbestand entlang verschiedener Bahnen erfordern zielgenaue Drives. Strategisch gut platzierte Hindernisse bilden zusätzliche Herausforderungen.

Platzinfos

Anfahrtsbeschreibung

A 61, Ausfahrt Bad Neuenahr-Ahrweiler Richtung Sinzig/Rhein bis Stadtteil Lohrsdorf, am Ortsausgang links weiter bis zum Großer Weg 100 und zum Golfplatz.

Nächstgelegene Plätze

Bonn Godesberg, GC (Nr. 371)
Siebengebirge, GC (Nr. 424)
Bonn, Intern. GC (Nr. 367)

Greenfee-Aktion: Seite G 101

Golfclub Rhein-Wied e.V.

Karte, Nr. 428, Feld C8 **18** Höhe: 300 m

gegründet: 1987

Gut Burghof, 56566 Neuwied
02622-83523 02622-81658
info@gc-rhein-wied.de
www.gc-rhein-wied.de

PR: Paul Krumholz
Headgreenkeeper: Colin Moseley

i: 02622-83523 02622-81658
Karin Jungbluth, Irene Klöckner

Andrea Schnorrenberg
02622-82113
Mo. Ruhetag

PRO SHOP: Pro-Shop André Müller
02622-8847118

PRO: Pro: Mohamed Slimane, André Müller

H: 5629 m, CR 70.8, SL 139, Par 72
D: 5008 m, CR 72.6, SL 133, Par 72
20 Rangeabschläge (4 überdacht)

G: Gäste sind jederzeit willkommen. Anmeldung ist notwendig. Clubausweis mit eingetragenem Handicap (36) ist erforderlich.

18-Loch-Greenfee: Mo.-Do.: EUR 60 / Fr.-So.: EUR 70
Ermäßigung: Jugendl./Stud. 50%

Platzbeschreibung

Die Anlage auf dem „Burghof" ist in Harmonie zur Landschaft gestaltet worden. Hoch über dem Rhein gelegen, ein herrliches Panorama in alle Himmelsrichtungen bietend, steht das alte Gut wie eine Trutzburg in der Landschaft. Das nur leicht strukturierte Gelände bietet durch zahlreiche Fairway- und Grünbunker kombiniert mit einigen Schräglagen auch für Können eine hohe sportliche Herausforderung.

Platzinfos

VCG GPS GASTRO

Anfahrtsbeschreibung

B 42, Ausfahrt Heimbach-Weis/Block Richtung Heimbach-Weis, an der Straßengabelung hinter dem Ortseingang Hinweisschild „Golfplatz", auf der Straße „Am Königsgericht" bis zur Burghofstraße, links bis in den Wald, nach ca. 50 m rechts in den Privatweg zum Golfplatz abbiegen.

Nächstgelegene Plätze

Mittelrhein. GC Bad Ems (Nr. 429)
Jakobsberg H&GR (Nr. 431)
Westerwald, GC (Nr. 425)

Greenfee-Aktion: Seite G 103

Mittelrheinischer Golfclub Bad Ems e.V.

Karte, Nr. 429, Feld C9 **18** Design: Karl Hoffmann Höhe: 350 m

gegründet: 1938

Denzerheide, 56130 Bad Ems
02603-6541 02603-13995
info@mgcbadems.de
www.mgcbadems.de

PR Regina Immes, CM: Jens Lederer
Headgreenkeeper: Patrick Scherhag

i 02603-6541 02603-13995
Conny Gross

Golfhotel Denzerheide, Mike Meyer-Ditandy
02603-6159 02603-919406

PRO Pro: Yusuf Sari, Ingo Lehnert

H: 6069 m, CR 72, SL 134, Par 72
D: 5308 m, CR 73.7, SL 133, Par 72
15 Rangeabschläge (6 überdacht)

G Gäste sind jederzeit willkommen. Anmeldung ist notwendig. Clubausweis mit eingetragener PE ist erforderlich. Sa./So./Feiertage ist Handicap 45 erforderlich.

18-Loch-Greenfee: WT: EUR 70 / WE: EUR 90
Gäste von Mitgliedern erhalten 50% Ermäßigung, max. 3 Runden pro Jahr
Ermäßigung: Jugendl. bis 21 J. und Stud. bis 27 J. 50%

Platzbeschreibung

Mitten im Rheinland, etwa 370 m über dem steil abfallendem Rhein- und Lahntal, liegt ruhig und abgeschieden die 18-Loch-Anlage des Mittelrheinischen GC Bad Ems. Während der Runde eröffnen sich von den großzügig der Landschaft angepassten Bahnen, die von altem Baumbestand eingerahmt sind, herrliche Panoramablicke auf das rheinische Mittelgebirge, den Hunsrück, die Eifel und den Westerwald. Zudem genießt die Anlage sportlich einen exzellenten Ruf.

Platzinfos

VCG GPS CLUB GASTRO

Anfahrtsbeschreibung

Aus Richtung Koblenz: Über die Südbrücke (Rheinbrücke) auf die B 49 in Ri. Montabaur. Vor der Ortschaft Neuhäusel (ca. 8 km von Koblenz entfernt) nehmen Sie die Ausfahrt Bad Ems und fahren auf die B 261 (Denzerheide). Dort liegt nach ca. 1 km auf der rechten Seite die Anlage des MGC Bad Ems. Aus Richtung Frankfurt-Köln: über die A 3. Dort nehmen Sie die Ausfahrt Montabaur und fahren auf der B 49 in Richtung Koblenz. Nach der Ortsumgehung Neuhäusel fahren Sie rechts auf die B 261 in Richtung Bad Ems (Denzerheide). Dort liegt nach ca. 1 km auf der rechten Seite die Anlage des MGC Bad Ems.

Nächstgelegene Plätze

Jakobsberg H&GR (Nr. 431)
Rhein-Wied, GC (Nr. 428)
Westerwald, GC (Nr. 425)

Golf Club Eifel e.V.

Karte, Nr. 430, Feld B9 **18** Höhe: 500 m

gegründet: 1977

Milanweg, 54576 Hillesheim
06593-1241 06593-9421
info@golfclub-eifel.de
www.golfclub-eifel.de

PR: Hans Montag, CM: Felix Fritzen

i: 06593-1241 06593-9421
Elke Hilgers

Milan Stuben, Sabine Krumpen
06593-8639

PRO SHOP: Wolfdieter Gotschlich
06593-8537

PRO: Pro: Wolfdieter Gotschlich

H: 5903 m, CR 71.8, SL 131, Par 72
D: 5216 m, CR 73.7, SL 129, Par 72
15 Rangeabschläge (6 überdacht)

G: Gäste sind jederzeit willkommen. Anmeldung ist notwendig. Clubausweis mit eingetragenem Handicap (54) ist erforderlich.
2 Übungsplätze mit 4 Bunkern und 2 Putting-Greens

18-Loch-Greenfee: WT: EUR 55 / WE: EUR 80
9-Loch-Greenfee: WT: EUR 30 / WE: EUR 50
Ermäßigung: Jugendl./Stud. 20%

Platzbeschreibung

Der Golfclub liegt in der reizvollen charakteristischen Eifellandschaft in unmittelbarer Nähe des Eifelstädtchens Hillesheim. Die Anlage befindet sich in etwas hügeligem Gelände, jedoch ohne große Steigungen und kann auch von Senioren gut bespielt werden. Inmitten des naturbelassenen Waldbestandes mit seinen vielen Baumarten sind die Fairways großzügig angelegt.

Platzinfos

Anfahrtsbeschreibung

A 1 Köln bis Autobahnende Richtung Gerolstein-Hillesheim. Rhein/Main: A 60 / A 61, Kreuz Koblenz Richtung B 48, Ausfahrt Ulmen-Kelberg-Dreis-Hillesheim. Oder: Saarlouis-Trier, weiter A 48, Ausfahrt Daun-Mehren, auf die B 421 Daun-Hillesheim zum Golfplatz.

Nächstgelegene Plätze

GC Kyllburger Waldeifel (Nr. 433)
Bad Münstereifel-St., GC (Nr. 373)
Burg Zievel, GC (Nr. 372)

Jakobsberg Hotel- & Golfresort

Karte, Nr. 431, Feld C9 **18** Design: Wolfgang Jersombek Höhe: 230 m

gegründet: 1990

Im Tal der Loreley, 56154 Boppard/Rhens
06742-808491 06742-808493
golf@jakobsberg.de
www.jakobsberg.de

PR Mike McFadden, GF: Britta Krug, CM: Dirk Kunze
Headgreenkeeper: Malcolm Lewis

06742-808491
Jürgen Wagner

Flights End
06742-808171

PRO SHOP Pro Shop Jakobsberg, Marion Ammon-McFadden
06742-899273

PRO Pro: Mike McFadden

H: 5950 m, CR 71.1, SL 131, Par 72
D: 5195 m, CR 72.7, SL 125, Par 72
20 Rangeabschläge (5 überdacht)

G Gäste sind jederzeit willkommen. Anmeldung ist notwendig. Clubausweis mit eingetragenem Handicap ist erforderlich.

Tages-Greenfee: EUR 75
18-Loch-Greenfee: EUR 75.
Ermäßigung: Jugendl. bis 18 J. und Stud. bis 25 J.

Platzbeschreibung

Der Golfplatz liegt auf einem Hochplateau über dem Rheintal und ist umgeben von Wäldern, Bergen, Burgen u. Schlössern. Immer wieder eröffnet sich ein Blick auf das herrliche Rheintal und die umliegenden Weinberge sowie auf die Höhen von Westerwald, Hunsrück und Taunus. Die Fairways weisen eine starke Modellierung auf und bieten jeweils vier getrennte Abschläge, große Fairwaybunker sowie zahlreiche Wasserhindernisse und schnelle, ondulierte Grüns. Eine sportliche aber faire Herausforderung für jeden Golfer, die das Spiel deutlich interessanter macht.

Platzinfos

VCG

Anfahrtsbeschreibung

Von Süden: A 61, Ausfahrt Boppard, weiter Richtung Boppard, in Boppard auf die B9 Richtung Koblenz. In Höhe Spay rechts abfahren nach Siebenborn und der Beschilderung zum Golfplatz folgen. Von Norden: A 48, Ausfahrt Koblenz Nord, auf der B 9 Richtung Koblenz, durch Koblenz, dann Richtung Boppard. In Spay der Beschilderung zum Golfplatz folgen.

Nächstgelegene Plätze

Mittelrhein. GC Bad Ems (Nr. 429)
Rhein-Wied, GC (Nr. 428)
Cochem/Mosel, GC (Nr. 432)

Greenfee-Aktion: Seite G 103

Golfclub Cochem/Mosel

Karte, Nr. 432, Feld B9 18/9 Design: Christoph Städler

gegründet: 1993

Am Kellerborn 2, 56814 Ediger-Eller
☎ 02675-911511
info@golfcochem.eu
www.golfcochem.eu

PR: Manfred Ostermann, CM: Jannik Oster

i: ☎ 02675-911511 Fax -911572

Golfrestaurant
☎ 02675-911603

PRO SHOP: Golfclub Cochem/Mosel e.V.
☎ 02675-911511

18-Loch Moselplatz
H: 5855 m, CR 70.9, SL 123, Par 72
D: 5025 m, CR 72.3, SL 122, Par 72
9-Loch Eifelplatz
H: 3106 m, CR 58, SL 90, Par 62
D: 2628 m, CR 56.6, SL 90, Par 62
60 Rangeabschläge (30 überdacht)

G: Gäste sind jederzeit willkommen. Anmeldung ist notwendig. Clubausweis mit eingetragener PE ist erforderlich.

18-Loch-Greenfee: WT: EUR 55 / WE: EUR 65
9-Loch-Greenfee: WT: EUR 30 / WE: EUR 40
Ermäßigung: Jugendl. bis 17 J. 50%, Stud. bis 26 J. 25%

Platzbeschreibung

2006 eröffnet, inmitten der Ferienregion Moseltal auf einer Höhenterrasse oberhalb des bekannten Ferienortes Cochem, bietet die sportlich anspruchsvolle Golfanlage einen herrlichen Ausblick auf die Höhen von Eifel und Hunsrück. Zahlreiche Attraktionen wie Weinproben, Schiffstouren, Wanderungen, Nordic Walking, Mountainbiking und der nahegelegne Nürburgring laden neben einer Runde Golf vor allem Kurzurlauber ein.

Platzinfos

Anfahrtsbeschreibung

A 48, Abfahrt Laubach (aus Richtung Koblenz) bzw. Abfahrt Ulmen (aus Richtung Trier kommend) und dann über die B 259 über Büchel, Faid und Cochem-Brauheck der Beschilderung „Ferien- und Golfresort Cochem" folgen. Aus allen anderen Richtungen in Cochem Sehl der Beschilderung „Ferien- und Golfresort Cochem" folgen.

Nächstgelegene Plätze

Hahn, GC (Nr. 437)
Jakobsberg H&GR (Nr. 431)
Trier, GC (Nr. 441)

Greenfee-Aktion: Seite G 103

Golfclub Kyllburger Waldeifel e.V./GA Lietzenhof

Karte, Nr. 433, Feld A9 18 Höhe: 500 m

gegründet: 1989

Lietzkreuz 1, 54597 Burbach
06553-2007 06553-3282
info@golf-lietzenhof.de
www.golf-lietzenhof.de

PR: Johannes Magar, GF: Josef Kinnen,
CM: Kristina Schreurs
Headgreenkeeper: Michael Görres

06553-2007 -3282
Ivana Gerten, Marion Padilla, Anneliese Diesch

Restaurant Lietzenhof
06553-9002871 -3282

PRO SHOP: Golf Shop Lietzenhof, Kristina Schreurs
06553-2007 -3282

H: 5562 m, CR 70.9, SL 133, Par 71
D: 4804 m, CR 72.2, SL 125, Par 71
40 Rangeabschläge (7 überdacht)

G: Gäste sind jederzeit willkommen. Anmeldung ist notwendig. Clubausweis mit eingetragenem Handicap (54) ist erforderlich.

18-Loch-Greenfee: WT: EUR 55 / WE: EUR 65
9-Loch-Greenfee: WT: EUR 30 / WE: EUR 35
Ermäßigung: Jugendl. bis 16 J. und Stud. bis 22 J.

Platzinfos

Platzbeschreibung

Die 18 Fairways verlaufen großzügig gestaltet auf einem naturbelassenen, hügeligen Gelände mit Höhenunterschieden von bis zu 100 m. Trotz der relativ breiten Fairways ohne beengende Ausgrenzen wird mit geschickt platzierten Hindernissen und Bunkern durchaus Präzision gefordert, um den Score halten zu können. Auf dem gleichen Platz beheimatet ist der Euro Golfclub 2000 e.V.

Anfahrtsbeschreibung

Von Köln: A 1 bis Blankenheim, dann Richtung Trier B 51 Ausfahrt Waxweiler-Neuerburg und der Beschilderung zum Golfplatz folgen. Von Bitburg: B 51 Richtung Prüm, dann Richtung Neustraßburg und der Beschilderung zum Golfplatz folgen.

Nächstgelegene Plätze

Bitburger Land, GR (Nr. 435)
Südeifel, GC (Nr. 436)
Eifel, GC (Nr. 430)

Mainzer Golfclub GmbH & Co. KG

Karte, Nr. 434, Feld D9 **18/6** Design: Städler Golf Courses Höhe: 90 m

gegründet: 2007

Budenheimer Parkallee 11, 55257 Budenheim
☏ 06139-29300 🖷 06139-293029
✉ info@mainzer-golfclub.de
💻 www.mainzer-golfclub.de

PR
GF: Stefan Kirstein
Headgreenkeeper: Michael Kurth

i
☏ 06139-29300 🖷 06139-293029
Stefanie Schwarz, Gabriela Becker

KNUTHS BISTRO & RESTAURANT
☏ 06139-293023

18-Loch Meisterschaftsplatz
H: 5559 m, CR 72.1, SL 139, Par 72
D: 4698 m, CR 72.5, SL 132, Par 72
70 Rangeabschläge (28 überdacht)

G
Gäste sind jederzeit willkommen. Anmeldung ist notwendig. Clubausweis mit eingetragener PE ist erforderlich.

18-Loch-Greenfee: Mo.-Do.: EUR 70 / Fr.-So.: EUR 85
9-Loch-Greenfee: Mo.-Do.: EUR 40 / Fr.-So.: EUR 50
Ermäßigung: Jugendl. bis 18 J. 50%, Stud. bis 27 J. 35%

Platzbeschreibung

Tau glitzert auf den Halmen, die Grüns leuchten. Die einzigartige Flora und Fauna des renaturierten Steinbruchs begrüßt den Tag, lebendige Stille. Mensch und Natur im Einklang. Diese Energie spüren Sie nicht nur beim Sport, auf dem Platz, sondern überall auf der Anlage, auch im Clubhaus. Bei uns im Mainzer Golfclub können Sie den Alltag vergessen, durchatmen, auftanken, sich rundum wohlfühlen. Wie ein sportlicher Tag voller Erlebnisse bei uns ausklingt? Hören Sie mal in unser Clubrestaurant Knuths rein: „Einfach grandios!", „Wie Urlaub!", „Habe die Zeit ganz vergessen …". Aber Worte können sie eigentlich nicht beschreiben, die vielen Momente, in denen Sie spüren, dass Sie angekommen sind.

Platzinfos

Anfahrtsbeschreibung

A 643 Wiesbaden-Mainz, Abfahrt Mombach/ Budenheim, in Budenheim an der ersten Ampel rechts Richtung Budenheim, an der nächsten Kreuzung rechts, nach ca. 1,5 km links Richtung Golfplatz und am Ende der Straße rechts.

Nächstgelegene Plätze

Rhein-Main, GC (Nr. 408)
Wiesbadener GC (Nr. 407)
Main-Taunus, GC (Nr. 411)

Golf-Resort Bitburger Land

Karte, Nr. 435, Feld A9 **18** Design: Karl F. Grohs Höhe: 350 m

gegründet: 1993

Zur Weilersheck 1, 54636 Wissmannsdorf
06527-92720 06527-927230
info@bitgolf.de
www.bitgolf.de

PR: GF: Roman Graf

i: 06527-92720 06527-927230

Oscar's Restaurant, Oscar Heidema
06527-927227 06527-927230
Mo. Ruhetag

PRO SHOP: Golf-Resort Bitburger Land Graf Golf GmbH
06527-92720 06527-927230

PRO: Pro: Clive P. Bond

H: 6104 m, CR 72, SL 135, Par 72
D: 5326 m, CR 73.7, SL 138, Par 72
30 Rangeabschläge (12 überdacht)

G: Gäste sind jederzeit willkommen. Anmeldung ist notwendig. Clubausweis mit eingetragener PE ist erforderlich.

18-Loch-Greenfee: WT: EUR 70 / WE: EUR 80
9-Loch-Greenfee: WT: EUR 40 / WE: EUR 50
Ermäßigung: Jugendl. bis 16 J. 50%

Platzbeschreibung

Das Golf-Resort Bitburger Land wurde oberhalb des Bitburger Stausees inmitten einer typischen Eifellandschaft angelegt. Ein echter Meisterschaftsplatz mit aufwendigem Pflegekonzept, der spielstrategisch nach amerikanischem Vorbild gebaut ist, sich aber dennoch natürlich in die Landschaft einbettet. Ein großzügiger, nie langweiliger Kurs und ein großes, komfortables Clubhaus zeichnen die Anlage aus.

Platzinfos

Anfahrtsbeschreibung

Von Köln: A 1 Richtung Trier über Euskirchen-Blankenheim, B 51 bis Prüm-Bitburg. Von Koblenz: A 48 Richtung Trier Dreieck Wittlich, dann Richtung Bitburg, auf der Bitburger Umgehungsstraße bzw. in Bitburg Richtung Vianden und dann der Beschilderung „Golf"bzw. „Golf Resort Bitburger Land" folgen. Der Golfplatz liegt oberhalb des Bitburger Stausees in der Gemarkung Wißmannsdorf-Hermesdorf.

Nächstgelegene Plätze

Südeifel, GC (Nr. 436)
GC Kyllburger Waldeifel (Nr. 433)
Trier, GC (Nr. 441)

Golfclub Südeifel

Karte, Nr. 436, Feld A9 **9** Höhe: 400 m

gegründet: 1993

Auf Kinnscheid 1, 54636 Baustert
06527-934977
info@golfclub-suedeifel.de
www.golfclub-suedeifel.de

PR: Erwin Trappen, GF: Erwin Trappen, CM: Erwin Trappen

i: 06527-934977
Sandra Trappen

PRO: Pro: Hedi Azouzi

H: 4778 m, CR 65.5, SL 125, Par 68
D: 4230 m, CR 67.2, SL 120, Par 68
30 Rangeabschläge (4 überdacht)

G: Gäste sind jederzeit willkommen. Handicap 54 ist erforderlich. Das gemütliche Clubhaus des Golfclubs in Baustert lädt Golfer und Besucher gleichermaßen zum Verweilen ein. Besonders die 100 m² große Sonnenterrasse begeistert die Gäste vor allem in der warmen Jahreszeit und lässt so manchen Besuch im Golfclub auch nach dem Spiel noch einige Stunden andauern.

18-Loch-Greenfee: WT: EUR 45 / WE: EUR 50
9-Loch-Greenfee: WT: EUR 35 / WE: EUR 40
Ermäßigung: Jugendl. bis 16 J. 50%

Platzbeschreibung

Der Golfclub Südeifel macht die Faszination des Golfsports für jeden spürbar. Auf der 9-Loch-Anlage in Baustert nahe Bitburg genießen die Spieler einen atemberaubenden Blick auf die Bitburger Brauerei und die verträumte Landschaft der Südeifel. Einsteiger finden hier die richtige Kulisse für ihre ersten Gehversuche auf dem Platz, während fortgeschrittenen Spielern durchaus einiges an Können abverlangt wird.

Platzinfos

VCG
CLUB

Anfahrtsbeschreibung

Aus Richtung Köln: A 1 Richtung Trier, B 51 bis Prüm. A 60 Richtung Bitburg/Trier, Ausfahrt Bitburg, B 51 Richtung Bitburg, Ausfahrt Vianden auf die B 50, dann Richtung Oberweis, den Schildern „Golfodrom" folgen. Aus Richtung Koblenz: A 48 später A 1 Richtung Ak Wittlich, A 60 Richtung Prüm, Ausfahrt Bitburg, weiter Richtung Bitburg, bis Ausfahrt Vianden, dann Richtung Oberweis und den Schildern „Golfodrom" folgen.

Nächstgelegene Plätze

Bitburger Land, GR (Nr. 435)
GC Kyllburger Waldeifel (Nr. 433)
Trier, GC (Nr. 441)

Greenfee-Aktion: Seite G 105

Golf Club Hahn e.V.

Karte, Nr. 437, Feld B9 **9** Höhe: 500 m

gegründet: 1995

Golfallee 1, 55483 Hahn-Flughafen
☎ 06543-509560 Fax 06543-509566
✉ info@gc-hahn.de
www.gc-hahn.de

PR: Wiebke Fernau
Headgreenkeeper: Torsten Faust

i: ☎ 06543-509560 Fax 06543-509566

Thai Restaurant Hiranja
☎ 06543-509569
Mo. Ruhetag

PRO: Pro: Simon Tucker

H: 6078 m, CR 73, SL 136, Par 72
D: 5273 m, CR 73.8, SL 136, Par 72
50 Rangeabschläge (6 überdacht)

G: Gäste sind jederzeit willkommen. Clubausweis mit eingetragener PE ist erforderlich.

18-Loch-Greenfee: WT: EUR 45 / WE: EUR 50
9-Loch-Greenfee: WT: EUR 25 / WE: EUR 30
Ermäßigung: Jugendl. bis 18 J. 50%

Platzinfos

VCG · GPS · CLUB · GASTRO

Platzbeschreibung

Der Golfplatz (PAR 72, 6.078 Meter) bietet Golfspaß mit Niveau auf einem mit alten Baumbestand eingebetteten Platz. Die bereits 1954 entstandenen 9 Golfbahnen wurden 1996 und 2006 umfangreich modifiziert und präsentieren sich heute mit großzügigen Fairways, Teichen und weiträumigen Roughs - gepaart mit idyllischem Hunsrück-Panoramablick.

Anfahrtsbeschreibung

A 61 Koblenz-Mainz, Ausfahrt Rheinböllen, auf der B 50 der Beschilderung „Flughafen Hahn" folgen. Oder: B 327 Koblenz-Trier (Hunsrückhöhenstraße), der Beschilderung „Flughafen Hahn" bis zur Abzweigung auf die B 50 folgen, dann Ausfahrt Lautzenhausen. Im Flughafengelände der Beschilderung zum Golfplatz folgen.

Nächstgelegene Plätze

Cochem/Mosel, GC (Nr. 432)
Edelstein Hunsrück, GC (Nr. 445)
Maasberg, G&HC (Nr. 442)

Golf Club Stromberg-Schindeldorf e.V.

Karte, Nr. 438, Feld C9 **18** Höhe: 410 m

gegründet: 1987

Buchenring 6, 55442 Stromberg
☎ 06724-600700 🖷 06724-60060700
✉ golf@golfhotel-stromberg.de
💻 www.golfclub-in-stromberg.de

PR Franz Merl
Headgreenkeeper: Markus Christ

i ☎ 06724-600700 🖷 06724-60060700
Ingo Schmidt

PRO Pro: Stewart Millar

H: 5128 m, CR 68.5, SL 132, Par 69
D: 4548 m, CR 70.5, SL 125, Par 69
14 Rangeabschläge (7 überdacht)

G Gäste sind jederzeit willkommen. Anmeldung ist notwendig. Clubausweis mit eingetragenem Handicap (54) ist erforderlich. Sa./So./Feiertage ist Handicap 45 erforderlich.

18-Loch-Greenfee: WT: EUR 50 / WE: EUR 60
9-Loch-Greenfee: WT: EUR 25 / WE: EUR 30
„All you can Play" ab 16.30 Uhr EUR 35
Ermäßigung: Jugendl. bis 18 J. 50%

Platzbeschreibung

Die Anlage Stromberg-Schindeldorf ist landschaftlich ein wahrer Augenschmaus. Die Lage des Platzes auf dem Hochplateau ermöglicht bei guter Sicht Blicke über die Täler bis nach Bad Kreuznach. Der Platz stellt hohe sportliche Anforderungen und erfordert ein präzises Spiel, da die Fairways oft schmal in den Wald hinein geschnitten sind. Insgesamt hat die Anlage einen hügeligen Charakter mit zahlreichem auf- und bergab führenden Gelände.

Platzinfos

VCG GPS CLUB GASTRO

Anfahrtsbeschreibung

A 61, Ausfahrt Stromberg, in Stromberg (Post) der Beschilderung Schindeldorf folgen.

Nächstgelegene Plätze

Nahetal, GC (Nr. 443)
Maasberg, G&HC (Nr. 442)
Rheinhessen, GC (Nr. 440)

Greenfee-Aktion: Seite G 105

Golf Club Domtal Mommenheim e.V.

Karte, Nr. 439, Feld D9 18/6

gegründet: 1995

Am Golfplatz 1, 55278 Mommenheim
✆ 06138-92020 📠 06138-920231
✉ info@gc-dm.de
🖳 www.gc-dm.de

PR: Christian Gallois, GF: Siegfried Heinz

i: ✆ 06138-92020 📠 06138-920231

Gastronomie: Domtal, Milenkovic
✆ 06138-902881 📠 06138-902883

PRO SHOP: Golfanlage Domtal Mommenheim GmbH & Co.KG, Elke Heinz
✆ 06138-92020 📠 06138-920231

PRO: Pro: Timo Heinz

H: 6251 m, CR 73.4, SL 137, Par 73
D: 5334 m, CR 73.9, SL 125, Par 73
80 Rangeabschläge (6 überdacht)

G: Gäste sind jederzeit willkommen. Anmeldung ist notwendig. Clubausweis mit eingetragener PE ist erforderlich.

18-Loch-Greenfee: WT: EUR 50 / WE: EUR 65
9-Loch-Greenfee: WT: EUR 30 / WE: EUR 40
Kombitickets erhältlich (2 x Greenfee inkl. E-Cart) WT EUR 122 / WE EUR 152
18-Loch-GF für Jugendl./Studenten (außer bei Turnierteilnahme) WT/WE EUR 40 / 55

Platzinfos

VCG GPS

Anfahrtsbeschreibung

A 60, Ausf. Mainz-Hechtsheim West, über Harxheim bis Mommenheim, dort 1 km Ri. Schwabsburg-Nierstein, ab Ortsende Mommenheim 1 km bis zum Golfplatz linker Hand. Oder: A 61, Ausf. Wörrstadt, B 420 Ri. Nierstein bis Ausf. Schwabsburg, Richtung Mommenheim, nach Ortsende Schwabsburg 2 km zum Golfplatz. Oder: A 63, Ausf. Nieder-Olm, über Zornheim bis Mommenheim, dort 1 km Ri. Schwabsburg-Nierstein, ab Ortsende Mommenheim weiter wie beschrieben.

Platzbeschreibung

Die Golfanlage liegt zentrumsnah im Rhein-Main-Gebiet in Mommenheim. Sie wurde auf 83 ha angelegt und zeichnet sich durch ihre naturnahe Bauweise in abwechslungsreicher landschaftlicher Umgebung mit Blick in die Weinberge aus. Die relativ breiten Fairwaysweisen keine „blinden" Löcher aus und bieten mit großzügigen Grüns und Abschlägen Profis als auch allen Amateurklassen eine faire Herausforderung.

Nächstgelegene Plätze

KIAWAH GC (Nr. 415)
Worms, GC (Nr. 444)
Mainzer GC (Nr. 434)

Golfclub Rheinhessen Hofgut Wißberg St. Johann e.V.

Karte, Nr. 440, Feld C9 **18** Höhe: 270 m

gegründet: 1988

Hofgut Wißberg, 55578 St. Johann
✆ 06701-20080 Fax 06701-200825
✉ info@gc-rheinhessen.de
www.gc-rheinhessen.de

PR: Prof. Dr. Bernd-Dieter Wieth, GF: Immanuel Comtesse, CM: Immanuel Comtesse
Headgreenkeeper: Andreas Stegmann

i: ✆ 06701-20080 Fax 06701-2008025
Kerstin Gremeyer, Anke Brunk

Golfclub-Restaurant „Gramms", Marco Gramm
✆ 06701-205444
Mo. Ruhetag

PRO SHOP: Golfshop Rheinhessen, Klaudia Heimer-Opitz
✆ 06701-200810 Fax 06701-200825

PRO: Pro: Jan Pelz, Manuela Wehner, Gary Gilligan

H: 6067 m, CR 72.4, SL 135, Par 72
D: 5321 m, CR 74.1, SL 137, Par 72
60 Rangeabschläge (4 überdacht)

G: Gäste sind jederzeit willkommen. Anmeldung ist notwendig. Clubausweis mit eingetragener PE ist erforderlich.

18-Loch-Greenfee: WT: EUR 60 / WE: EUR 80
9-Loch-Greenfee: WT: EUR 35 / WE: EUR 50
Ermäßigung: Jugendl./Stud. 50%

Platzbeschreibung

Es gibt nur wenige Golfanlagen in Deutschland, die ein ähnlich reizvolles Ambiente bieten wie der Golfplatz des Golfclub Rheinhessen - Hofgut Wißberg. Auf einem Hochplateau umgeben von Weinbergen präsentiert sich die Anlage mit einem traumhaften Panoramablick über die Rheinhessische Toskana. Der anspruchsvolle Platz des Golfclub Rheinhessen mit einer Vielzahl von Bunkern und großen schnellen Grüns bietet Ihnen alle Möglichkeiten den Golfsport zu genießen.

Platzinfos

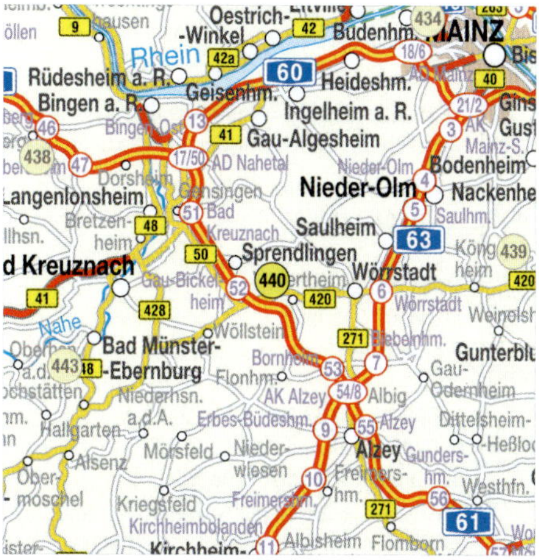

Anfahrtsbeschreibung

Von Koblenz: A 61, Ausfahrt Bad Kreuznach-Gensingen, B 50 Richtung Sprendlingen bis Sprendlingen, dort Richtung St. Johann, rechts in die Zeppelinstraße und durch die Weinberge bis zum Hofgut. Von Mainz: A 60 Richtung Alzey, Ausfahrt Nieder-Olm-Nord, links via Stadecken-Jugenheim-Partenheim-Wolfsheim bis zum Ortsende St. Johann, dann links in die Zeppelinstraße und zum Golfplatz.

Nächstgelegene Plätze

Nahetal, GC (Nr. 443)
Domtal Mommenh., GC (Nr. 439)
Stromberg-Schindeld., GC (Nr. 438)

Golf Club Trier e.V.

Karte, Nr. 441, Feld B9 **18** Höhe: 250 m

gegründet: 1977

54340 Ensch-Birkenheck
☎ 06507-993255 Fax 06507-993257
✉ info@golf-club-trier.de
www.golf-club-trier.de

PR: Prof. Dr. Dr. Thomas Schmidt

i: ☎ 06507-993255 Fax 06507-993257
Julia Schuh, Andrea Wagner, Andrea Drescher

Gastronomie: Frau Berlin, Lara Berlin
☎ 06507-4914006

PRO SHOP: Thorsten Platz
☎ 06507-9389991 Fax 06507-9389997

PRO: Pro: Thorsten Platz, Michael Pick

H: 6084 m, CR 72.9, SL 141, Par 72
D: 5245 m, CR 74.5, SL 135, Par 72
25 Rangeabschläge (10 überdacht)

G: Gäste sind jederzeit willkommen. Anmeldung ist notwendig. Clubausweis mit eingetragenem Handicap (45) ist erforderlich. Sa./So./Feiertage ist Handicap 36 erforderlich.

18-Loch-Greenfee: WT: EUR 65 / WE: EUR 75
9-Loch-Greenfee: WT: EUR 35 / WE: EUR 45
Ermäßigung: Jugendl./Stud.

Platzinfos

VCG CLUB GASTRO

Anfahrtsbeschreibung

A 48 Koblenz-Trier, Ausfahrt Föhren (Nr. 128), weiter Richtung Leiwen-Bekond, an Bekond vorbei, nach ca. 1,5 km rechts zum Golfplatz abbiegen.

Platzbeschreibung

Die sehr gepflegte 18-Loch-Golfanlage breitet sich auf leicht hügeligem Gelände, eingerahmt von Wäldern und Weinbergen, in einem Seitental des schönen Moseltales aus. Die Spielbahnen sind abwechslungsreich gestaltet. Sorgfältig platzierte Bunker und Wasserhindernisse erschweren den Parcours und fordern präzise Schläge. Trotz des hohen Anspruchs eignet sich der Platz für Golfer jeder Spielstärke.

Nächstgelegene Plätze

Golfpark Bostalsee (Nr. 446)
Edelstein Hunsrück, GC (Nr. 445)
Bitburger Land, GR (Nr. 435)

Golf & Health Club Maasberg Bad Sobernheim e.V.

Karte, Nr. 442, Feld C9 **18** Design: Volker Püschel Höhe: 230 m

gegründet: 2005

Am Maasberg, 55566 Bad Sobernheim
06751-876666 06751-876201
info@golfclub-maasberg.de
www.golfclub-maasberg.de

PR Axel Stassen

i 06751-876666 06751-876201

„Villa Soveranum", Tamara Baum
06751-876206 -876201

H: 5089 m, CR 69.6, SL 134, Par 70
D: 4360 m, CR 70.4, SL 128, Par 70
15 Rangeabschläge

G Gäste sind jederzeit willkommen. Anmeldung ist notwendig. Clubausweis mit eingetragener PE ist erforderlich.

Tages-Greenfee: WT: EUR 50 / WE: EUR 60
18-Loch-Greenfee: WT: EUR 48 / WE: EUR 58
9-Loch-Greenfee: WT: EUR 27 / WE: EUR 32
Ermäßigung: Jugendl. bis 18 J. 50%

Platzinfos

Anfahrtsbeschreibung

Aus Richtung Rhein/Main (ca. halbe Stunde): A61 bis Ausfahrt Bad Kreuznach, dann Autobahnzubringer B41 bis Bad Sobernheim Aus Westen: B41 bis Bad Sobernheim, dann Wegweiser „Maasberg" oder „Golfplatz" folgen

Platzbeschreibung

Direkt im Anschluss an den 75.000 qm großen Park des Hotel Maasberg-Therme mit seinem alten Baumbestand, finden Sie diese schöne Golfanlage (18-Loch, Par 70). Es erwartet Sie ein sehr gepflegter, abwechslungsreicher Platz mit herrlicher Aussicht hinunter ins schöne Nahetal, auf Weinberge und Wälder. In unmittelbarer Nachbarschaft zum Naturschutzgebiet „Maasberg" kommen auch alle Naturliebhaber auf Ihre Kosten, denn eine Vielzahl wilder Orchideen und eine bunte Vogelwelt sind hier zu Hause. Und da das Klima sehr mild ist - nicht umsonst heißt diese Gegend auch die Toscana Deutschlands - kann man hier auch fast das ganze Jahr hindurch Golf spielen.

Nächstgelegene Plätze

Nahetal, GC (Nr. 443)
Stromberg-Schindeld., GC (Nr. 438)
Rheinhessen, GC (Nr. 440)

Greenfee-Aktion: Seite G 105f

Golfclub Nahetal e.V.

Karte, Nr. 443, Feld C9 **18** Höhe: 250 m

gegründet: 1971

Drei Buchen, 55583 Bad Kreuznach
✆ 06708-2145 🖷 06708-1731
✉ info@golfclub-nahetal.de
www.golfclub-nahetal.de

PR
Horst Weyand, CM: Manfred Rapp
Headgreenkeeper: Dennis Michalik

✆ 06708-2145 🖷 -1731
Steffen Bumke

Restaurant 3 Buchen
✆ 06708-660766

PRO SHOP
Golfclub Nahetal e.V., Steffen Bumke
✆ 06708-2145 🖷 06708-1731

PRO
Pro: Manfred Brinkrolf

H: 5832 m, CR 72, SL 136, Par 72
D: 5144 m, CR 74, SL 128, Par 72
18 Rangeabschläge (8 überdacht)

G
Gäste sind jederzeit willkommen. Anmeldung ist notwendig. Clubausweis mit eingetragener PE ist erforderlich.

Tages-Greenfee: WT: EUR 80 / WE: EUR 85
18-Loch-Greenfee: WT: EUR 60 / WE: EUR 70
9-Loch-Greenfee: WT: EUR 30 / WE: EUR 40
Ermäßigung: Jugendl. bis 20 J. und Stud. bis 25 J. 50%

Platzbeschreibung

Nahetal zeichnet sich durch eine freundliche, familiäre Atmosphäre aus. Der Club verfügt über ein herausragendes Restaurant, das regionale wie internationale Spezialitäten serviert und einen 18-Loch-Platz, der bedingt durch sein hügeliges Areal und z.T. sehr enge Fairways, die von altem Baumbestand eingegrenzt werden, ein präzises, taktisch kluges Spiel erfordert. Ein Highlight ist der herrliche Ausblick vom Dogleg der 7. Bahn auf den Rotenfels.

Platzinfos

VCG GPS CLUB GASTRO

Anfahrtsbeschreibung

A 61, Ausfahrt Bad Kreuznach, von Bad Kreuznach weiter nach Bad Münster am Stein, auf der Umgehungsstraße bleiben, über die Nahebrücke, danach rechts in die Schloßgartenstraße Richtung Ebernburg, den Ort durchfahren Richtung Feilbingert, nach dem Kreisverkehr nach ca. 300 m rechts beim Weingut Rapp in die Weinberge und der Beschilderung zum Golfplatz folgen.

Nächstgelegene Plätze

Maasberg, G&HC (Nr. 442)
Stromberg-Schindeld., GC (Nr. 438)
Rheinhessen, GC (Nr. 440)

Greenfee-Aktion: Seite G 107

Golfclub Worms e.V.

Karte, Nr. 444, Feld D9 **9 mit 18 versch. Abschlägen** Design: Armin Keller

gegründet: 1978

Gernsheimer Fahrt, 67580 Hamm
☏ 06246-907226
✉ info@gc-worms.de
www.gc-worms.de

PR Michael Möller
Headgreenkeeper: Edelbert Meloth

i ☏ 06246-907226
Jutta Schön, Doris Seelbinder, Nicole Gilbert

Clubheim, Michael Regner
☏ 06246-907226

PRO SHOP Arthur Bick
☏ 0173-3426793

PRO Pro: Arthur Bick

H: 6064 m, CR 72.2, SL 123, Par 72
D: 5010 m, CR 71.9, SL 121, Par 72
24 Rangeabschläge (4 überdacht)

G Gäste sind jederzeit willkommen. Clubausweis mit eingetragenem Handicap (54) ist erforderlich. Der Platz hat 9 Löcher mit 18 verschiedenen Abschlägen

Tages-Greenfee: EUR 40
9-Loch-Greenfee: EUR 25
Ermäßigung: Jugendl. bis 18 J. und Stud. bis 27 J. 50%

Platzbeschreibung

Der Golfclub Worms ist ein kleiner, familiärer Golfclub mit einer lockeren Atmosphäre - sehr gastfreundlich und unkompliziert. Breite, ebene und übersichtliche Fairways, die weiträumig voneinander entfernt liegen, sind sehr anfängerfreundlich. Die Doglegs, Wasserhindernisse, Bunker und fein modellierten Greens fordern dagegen erfahrene Golfer heraus. Bei schönem Wetter lädt unsere Clubterasse zum Verweilen und kleinen Imbissen ein.

Platzinfos

Anfahrtsbeschreibung

B 9 Worms-Mainz bis Abfahrt Eich/Fähre-Gernsheim, durch Eich Richtung Fähre Gernsheim weiterfahren. Der Platz befindet sich etwa 50 m vor Fähre. Oder: A 5/ A 67 Frankfurt-Mannheim bis Ausfahrt Gernsheim. In Gernsheim mit der Rheinfähre übersetzen. Der Platz befindet sich etwa 50 m weiter auf der rechten Seite.

Nächstgelegene Plätze

Gernsheim, GR (Nr. 417)
Biblis-Wattenheim, GC (Nr. 420)
KIAWAH GC (Nr. 415)

Rheinland-Pfalz+Saarland

Golfclub Edelstein-Hunsrück e.V.

Karte, Nr. 445, Feld B9 **9/3** Höhe: 500 m

gegründet: 1989

Am Golfplatz, 55743 Kirschweiler
✆ 06781-36615 Fax 06781-36548
✉ info@gc-edelstein.de
www.gc-edelstein.de

PR: Konrad Jakobs, CM: Lars Wahl

i: ✆ 06781-36615 Fax 06781-36548
Lisa Marie Möller

Restaurant am Golfplatz, Jan-Niklas Kley
✆ 06781-35874
Mo. Ruhetag

H: 5922 m, CR 72, SL 132, Par 72
D: 5212 m, CR 68.3, SL 121, Par 72
20 Rangeabschläge (10 überdacht)

G: Gäste sind jederzeit willkommen. Clubausweis mit eingetragenem Handicap (54) ist erforderlich.

18-Loch-Greenfee: WT: EUR 45 / WE: EUR 50
9-Loch-Greenfee: WT: EUR 30 / WE: EUR 35
Ermäßigung: Jugendl./Stud. 50%

Platzinfos

VCG

Anfahrtsbeschreibung

B 422 Idar-Oberstein Richtung Bernkastel-Kues, in Kirschweiler (1. Ort nach Idar-Oberstein) links Richtung Ortsmitte und der Beschilderung zum Golfplatz folgen. Aus Richtung Trier: B 422 Richtung Idar-Oberstein, vor Idar-Oberstein Abfahrt Kirschweiler und der Beschilderung zum Golfplatz folgen.

Platzbeschreibung

Die Golfanlage des Golfclub Edelstein-Hunsrück e.V. ist in der Höhenlage des Hunsrücks auf einem leicht hügeligem Gelände entlang eines Waldgebietes angelegt. Trotz der vergleichbar geringen Gesamtlänge ergeben sich durch strategisch gekonnt platzierte Bunker und Wasserhindernisse sowie zwei lange Par 3 anspruchsvolle Bahnen. Zahlreiche Hanglagen und wechselnde Winde erschweren das Spiel.

Nächstgelegene Plätze

Rolling Hills GC (Nr. 447)
Golfpark Bostalsee (Nr. 446)
Hahn, GC (Nr. 437)

Golfpark Bostalsee

Karte, Nr. 446, Feld B10 **9** Design: Diethard Fahrenleitner Höhe: 450 m

gegründet: 1998

Heidehof 3, 66625 Nohfelden-Eisen
☏ 06852-991470 Fax 06852-802268
✉ info@golfpark-bostalsee.de
golfpark-bostalsee.de

PR: Gottfried Hares, CM: Laurentius Ludwig

i: ☏ 06852-991470 Fax -802268

Clubhaus No. 10, Esther Finkler
☏ 06852-802269 Fax 06852-802268

PRO SHOP: Golfpark Bostalsee GmbH
☏ 06852-991470 Fax -802268

PRO: Pro: Ismail Sahin

H: 6148 m, CR 72.1, SL 133, Par 72
D: 4946 m, CR 70.8, SL 125, Par 72
21 Rangeabschläge (11 überdacht)

G: Gäste sind jederzeit willkommen. Clubausweis mit eingetragenem Handicap (54) ist erforderlich.

18-Loch-Greenfee: WT: EUR 45 / WE: EUR 50
9-Loch-Greenfee: WT: EUR 30 / WE: EUR 35
Ermäßigung: Jugendl./Stud. bis 25 J. 30%

Platzbeschreibung

In der reizvollen Naturlandschaft nahe des Bostalsees liegt die 9-Loch-Anlage des Golfparks Bostalsee. Seit 2019 ist der Ausbau zu einem 18-Loch-Platz in vollem Gange. Durch die Arbeiten kann es hin und wieder zu kleinen Beeinträchtigungen im Spielbetrieb kommen. Es ist aber sichergestellt, dass jederzeit 9 Loch unter Wettbewerbsbedingungen gespielt werden können. Während der Bauphase spielen unsere Gäste mit einem reduzierten Greenfee.

Platzinfos

VCG GPS CLUB GASTRO

Anfahrtsbeschreibung

A 62, Ausfahrt Nohfelden/Türkismühle, Richtung Sötern-Nonnweiler, 500 m nach dem Ortsende von Sötern rechts nach Eisen, in Eisen-Ortsmitte links, nach ca. 700 m befindet sich rechts der Heidehof. Oder: A 1, Ausfahrt Nonnweiler/Otzenhausen, Richtung Bostalsee-Nohfelden, nach ca. 4 km links nach Eisen, in Eisen-Ortsmitte links und weiter wie oben beschrieben zum Golfplatz.

Nächstgelegene Plätze

Wendelinus, GP (Nr. 451)
Rolling Hills GC (Nr. 447)
Edelstein Hunsrück, GC (Nr. 445)

Rolling Hills Golf Club Baumholder e.V.

Karte, Nr. 447, Feld B10 **9** Höhe: 500 m

gegründet: 1986

Gebäude 8888, 55774 Baumholder
☽ 06783-8788 🖷 06783-980333
✉ info@golf-baumholder.de
💻 www.golf-baumholder.de

PR: Wolfgang Alles, CM: Darwin Baecker

i: ☽ 06783-8788 🖷 06783-980333

PRO SHOP: ☽ 06783-67299

PRO: Pro: Richard Böttcher

H: 5526 m, CR 70, SL 125, Par 72
D: 4848 m, CR 70.8, SL 127, Par 72
16 Rangeabschläge (10 überdacht)

G: Gäste sind jederzeit willkommen. Clubausweis mit eingetragener PE ist erforderlich.

18-Loch-Greenfee: WT: EUR 35 / WE: EUR 40
9-Loch-Greenfee: WT: EUR 25 / WE: EUR 30
Zahlung nur mit EC/Maestrocard möglich.
Ermäßigung: Jugendl.

Platzinfos

VCG GPS

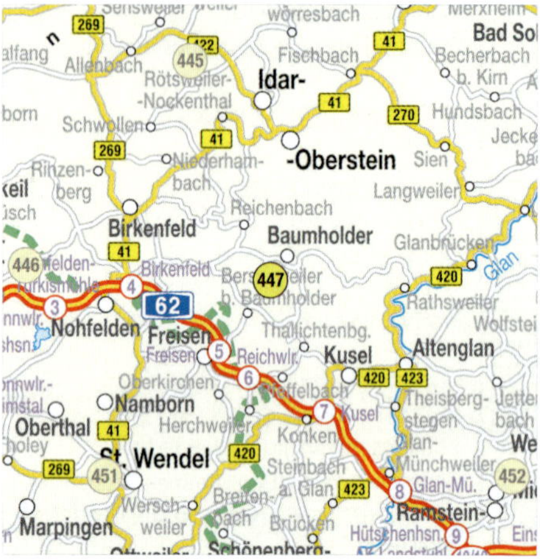

Platzbeschreibung

Der 9-Loch-Platz des Golfclubs Rolling Hills, der sich auf einem amerikanischen Militärstützpunkt befindet, besticht durch für Anfänger und Könner anspruchsvolles Golf und seine wunderschöne Lage. Die weiten von Bäumen und Roughs begrenzten Fairways, die von Sandbunkern und Teichen geschützten Greens sowie die Höhenunterschiede auf den Bahnen machen den besonderen Reiz des Courses aus. Auch eine Driving Range und ein Clubhaus sind vorhanden.

Anfahrtsbeschreibung

Über die A 62 (Landstuhl-Trier), Ausfahrt Freisen, dann nach Baumholder über die L 348 (etwa 6 km). Am Stadteingang Baumholder geradeaus vorbeifahren, dann ca. 300 m rechts eigene Zufahrtsstrasse (siehe Hinweisschild).

Nächstgelegene Plätze

Edelstein Hunsrück, GC (Nr. 445)
Golfpark Bostalsee (Nr. 446)
Wendelinus, GP (Nr. 451)

Greenfee-Aktion: Seite G 107

Golf-Club am Donnersberg e.V.

Karte, Nr. 448, Feld C10 18 Höhe: 300 m

gegründet: 1990

Röderhof 3b, 67725 Börrstadt
06357-96094 06357-1430
info@golfamdonnersberg.de
www.golfamdonnersberg.de

PR Dr. Werner Prätorius, CM: Ulrike Körper

i 06357-96094 -1430
Sven Bauer

Landgasthaus Röderhof, Gani Ince
06357-509166

PRO SHOP 06357-509132

PRO Pro: Glenn Smart

H: 6048 m, CR 71.8, SL 131, Par 72
D: 5276 m, CR 73.4, SL 126, Par 72
20 Rangeabschläge (10 überdacht)

G Gäste sind jeden Tag (außer Sonntag) willkommen. Anmeldung ist notwendig. Clubausweis mit eingetragenem Handicap (54) ist erforderlich. Spieler ohne „R“ Kennzeichnung zahlen einen Aufpreis von € 20,-

18-Loch-Greenfee: WT: EUR 60 / WE: EUR 75
9-Loch-Greenfee: WT: EUR 40 / WE: EUR 50
Sonntags werden Startzeiten vergeben.
Ermäßigung: Jugendl./Stud. 50%

Platzbeschreibung

Der teilweise von Wald umgebene Golfplatz liegt am Südhang des Donnersberges mit wunderschönen Ausblicken . Ein Höhenunterschied von ca. 50 m muss zweimal überwunden werden. Die Spielbahnen sind abwechslungsreich konzipiert und hervorragend in die Landschaft eingebettet. Große Grüns und schöne Sand- und Wasserhindernisse verlangen präzises Spiel und lassen den Platz zu einem besonderen Erlebnis werden.

Platzinfos

VCG GPS GASTRO

Anfahrtsbeschreibung

Der Platz liegt auf dem Röderhof zwischen Börrstadt/ Theresienhof und Langmeil. Von Mainz-Wiesbaden: A 63, Ausf. Dreisen/Göllheim Richtung Dreisen und Lohnsfeld (Hinweisbeschilderung Keltendorf) fahren und ca. 2 km nach Theresienhof rechts: Hinweis „Golfplatz“. Von Kaiseslautern aus die A 63 bis Ausf. Winnweiler, (Hinweisbeschilderung Richtung Keltendorf) dann Ri. Standenbühl, nach 3 km links zum Röderhof, Hinweis „Golfplatz“.

Nächstgelegene Plätze

Dt. Weinstraße, GG (Nr. 449)
Nahetal, GC (Nr. 443)
Barbarossa, GC (Nr. 452)

Golfgarten Deutsche Weinstrasse

Karte, Nr. 449, Feld D10 27/6 Höhe: 160 m

gegründet: 1995

Kirchheimer Straße 40, 67273 Dackenheim
☎ 06353-989212 🖷 06353-989213
✉ dackenheim@golf-absolute.de
💻 www.golf-absolute.de/dackenheim

PR Dr. Hermann Weiland, GF: Dirk Weiland, CM: Christoph Tillmanns

i ☎ 06353-989212 🖷 06353-989213

Restaurant - Café Golfgarten Dackenheim, Sven Bohatsch
☎ 06353-989210

PRO SHOP Götze Sport + Mode, Jan Götze
☎ 06353-914270 🖷 06353-914271

PRO Pro: Simon Howells, Michael Cesar

27-Loch Platz
H: 5371 m, CR 68, SL 128, Par 70
D: 4418 m, CR 68.1, SL 119, Par 70
6-Loch Kurzplatz
H: 819 m, Par 19, D: 819 m, Par 19
25 Rangeabschläge (18 überdacht)

G Gäste sind jederzeit willkommen. Anmeldung ist notwendig. Clubausweis mit eingetragenem Handicap (54) ist erforderlich.

18-Loch-Greenfee: WT: EUR 60 / WE: EUR 80
9-Loch-Greenfee: WT: EUR 35 / WE: EUR 45
Ermäßigung: Jugendl./Stud. 50%

Platzbeschreibung
Das Gelände des Golfgartens liegt im Tal zwischen Dackenheim und Kirchheim und wird nach drei Seiten von Weinbergen begrenzt. Der Course führt direkt durch die farbenprächtige Reblandschaft und die engen Fairways verlaufen größtenteils entlang, aber auch durch die Dackenheimer Weinreben und Obstbäume. Zusätzlich stellen die vielfältig gestalteten Bunker und Wasserhindernisse den Golfspielern immer wieder neue und interessante Aufgaben. Eine E-Ladestation ist vorhanden.

Platzinfos

VCG CLUB GASTRO

Anfahrtsbeschreibung
Von Norden fahren Sie über die A 6 (Viernheimer Dreieck – Kaiserslautern) bis zur Ausfahrt Grünstadt. Weiter auf der B 271 Richtung Süden (Bad Dürkheim). Von Süden fahren Sie über die A 61 und die A 650 bis Bad Dürkheim. Weiter auf der B 271 Richtung Norden (Grünstadt). Die Bundesstraße 271 („Deutsche Weinstraße") durchquert das Gelände unserer Golfanlage, Sie können es einfach nicht verfehlen.

Nächstgelegene Plätze
Am Donnersberg, GC (Nr. 448)
Kurpfalz, GC (Nr. 453)
GC Mannheim, Rheingoldhalle (Nr. 465)

Golfclub Weiherhof e. V.

Karte, Nr. 450, Feld B10 **27** Design: Thomas Himmel Höhe: 312 m

gegründet: 1989

In den Weihern 21, 66687 Wadern-Nunkirchen
06874-186980 06874-1869816
info@golfpark-weiherhof.info
www.golfpark-weiherhof.de

PR
Horst Wintrich, GF: Horst Wintrich
Headgreenkeeper: Jürgen Magar

i
06874-186980 06874-1869816
Elke Sachse, Susanne Raber,
Vera Heidger-Schöpf

Restaurant Weiherhof
06874-1869928

PRO
Pro: Robert Cook

H: 5130 m, Par 71
D: 4374 m, Par 71
25 Rangeabschläge (10 überdacht)

G
Gäste sind jederzeit willkommen. Anmeldung ist notwendig. Clubausweis mit eingetragenem Handicap (54) ist erforderlich.

18-Loch-Greenfee: WT: EUR 50 / WE: EUR 60
9-Loch-Greenfee: WT: EUR 30 / WE: EUR 40
VcG-Mitglieder zahlen erhöhtes GF.
Ermäßigung: Jugendl. bis 18 J. und Stud.

Platzinfos

VCG GPS CLUB GASTRO

Anfahrtsbeschreibung

Aus Saarbrücken: A 620 Ri. Luxemburg, weiter auf A 8 Ausfahrt Rehlingen/Beckingen, danach über Beckingen, Reimsbach und Oppen Ri. Nunkirchen. Aus Trier: A 1 Ausfahrt Wadern o. Braunshausen in Ri. Buweiler bis Dagstuhl. Dann Ri. Nunkirchen. In Nunkirchen im Kreisel Ri. Losheim. Aus Luxemburg: Grenzübergang Schengen auf A 8 bis Ausfahrt Merzig. Von Merzig über Brotdorf Ri. Losheim, Nunkirchen. In Nunkirchen der Beschilderung „Golf" folgen.

Platzbeschreibung

Willkommen im Golfpark Weiherhof! Tauchen Sie ein, in die reizvolle Atmosphäre des umweltbewussten Golfparks mit dem besonderen Flair. Auf einer Fläche von über 75 Hektar werden Sie verzaubert von einer harmonischen Symbiose aus Natur und Golf. Einfach abschalten und mit Lust golfen. Unser Platz ist ganzjährig bespielbar, außer bei Frost.

Nächstgelegene Plätze

Saarbrücken, GC (Nr. 455)
Golfpark Bostalsee (Nr. 446)
Wendelinus, GP (Nr. 451)

Wendelinus Golfpark

Karte, Nr. 451, Feld B10 27/9

gegründet: 2004

Golfparkallee 1, 66606 St. Wendel
☎ 06851-979800 Fax 06851-9798019
✉ stwendel@golf-absolute.de
www.golf-absolute.de/stwendel/

PR: Dr. Hermann Weiland, GF: Dirk Weiland,
CM: Pia Maurer
Headgreenkeeper: Thilo Mohr

i: ☎ 06851-979800 Fax 06851-9798019

Angel´s das Hotel am Golfpark
☎ 06851-999000 Fax 06851-999001

PRO SHOP: Reinhard Müller
☎ 06851-9798040 Fax 06851-9798041

PRO: Pro: Clive Jenkins, Alexej Kipke

27-Loch Platz
H: 6008 m, CR 72.2, SL 135, Par 72
D: 5022 m, CR 72.2, SL 129, Par 72
9-Loch Kurzplatz öffentlich
H: 1000 m, Par 27, D: 1000 m, Par 27
50 Rangeabschläge (25 überdacht)

G: Gäste sind jederzeit willkommen. Anmeldung ist notwendig. Clubausweis mit eingetragenem Handicap (54) ist erforderlich. Hunde an der Leine sind auf dem A-Platz erlaubt.

18-Loch-Greenfee: WT: EUR 60 / WE: EUR 80
9-Loch-Greenfee: WT: EUR 35 / WE: EUR 45
Ermäßigung: Jugendl./Stud. bis 27 J. 50%

Platzbeschreibung

Die 27/9-Loch-Golfanlage in St. Wendel im Saarland bietet die Faszination und sportliche Herausforderung typischer Golfwelten aus Irland, England, Kanada und Florida. Parklandschaften, Berg- und Waldbahnen sowie Links Courses und Floridastyling machen den Besuch zu einem besonderen Erlebnis.

Platzinfos

VCG
CLUB
GASTRO

Anfahrtsbeschreibung

Aus Richtung Mainz / Mannheim / Kaiserslautern fahren Sie die A 6 bis zum Kreuz Landstuhl und biegen dort auf die A 62 in Richtung Trier. Ausfahrt St. Wendel, dann der örtlichen Beschilderung folgen. Verlassen Sie die B 41 an der Ausfahrt „Wendelinuspark" und folgen der Beschilderung „Wendelinuspark". Direkt am „Parkplatz Freizeitweg" biegen Sie in die Golfparkallee ein.

Nächstgelegene Plätze

Homburg/Saar, GC (Nr. 454)
Golfpark Bostalsee (Nr. 446)
Rolling Hills GC (Nr. 447)

Greenfee-Aktion: Seite G 107f

Golf Club Barbarossa e.V.

Karte, Nr. 452, Feld C10 **18** Höhe: 275 m

gegründet: 1990

Am Hebenhübel, 67686 Mackenbach
☎ 06374-994633 Fax 06374-994634
✉ info@golfclub-barbarossa.de
www.golfclub-barbarossa.de

PR: Thomas Dornieden, CM: Johannes Ruth

i: ☎ 06374-994633 Fax -994634

Bistro/Ristorante „ROUGH", Michael Blauth
☎ 06374-9924720

PRO SHOP: Pro Shop GC Barbarossa, Johannes Ruth
☎ 06374-994633 Fax -994634

PRO: Pro: Dominique Mursall, Robert Newsome

H: 5999 m, CR 72.1, SL 131, Par 74
D: 5181 m, CR 73.4, SL 133, Par 74
18 Rangeabschläge (6 überdacht)

G: Gäste sind jederzeit willkommen. Anmeldung ist notwendig. Clubausweis mit eingetragener PE ist erforderlich.

18-Loch-Greenfee: WT: EUR 55 / WE: EUR 70
9-Loch-Greenfee: WT: EUR 30 / WE: EUR 40
Ermäßigung: Jugendl. bis 18 J. und Stud. bis 27 J. 30%

Platzinfos

VCG GPS CLUB GASTRO

Anfahrtsbeschreibung

A 6 Mannheim-Saarbrücken, Ausfahrt Kaiserslautern-West, 10 km auf der zur Schnellstraße ausgebauten L 356 Richtung über Weilerbach nach Mackenbach, Mackenbach durchfahren und nach ca. 700 m rechts bei der Beschilderung Golfplatz abbiegen. Oder: Aus Richtung Saarbrücken A 6, Ausfahrt Landstuhl und über Miesenbach Richtung Mackenbach und ca. 700 m vor dem Ortseingang Mackenbach links zum Golfplatz abbiegen.

Platzbeschreibung

Die Anlage des GC Barbarossa breitet sich nordwestl. von Kaiserslautern auf über 300 m Höhe über ein 80 ha großes Areal aus. Der in einem sanft hügeligen Gelände gelegene Platz gewährt einen herrlichen Ausblick nach Süden auf die Ausläufer des Pfälzer Waldes und die Sickinger Höhe. Die Bahnen werden durch den Bachlauf in Verbindung mit einem Feuchtbiotop getrennt. Präzises Spiel ist gefragt.

Nächstgelegene Plätze

Pfälzerwald, GP (Nr. 457)
Homburg/Saar, GC (Nr. 454)
Rolling Hills GC (Nr. 447)

Golf-Club Kurpfalz e.V.

Karte, Nr. 453, Feld D10 18/9 Höhe: 100 m

gegründet: 1996

Kohlhof 9, 67117 Limburgerhof
06236-479494 Fax 06236-479499
info@golfpark-kurpfalz.de
www.golfpark-kurpfalz.de

PR: Georg Kiefer, GF: Steven Pinter
Headgreenkeeper: Roger Glaser

i: 06236-479494
Patrizia Biskup, Ingrid Leidenheimer, Marion Krayl, Heike Seits

Kurpfalz
06236-479490/-479491 Fax -479492

PRO SHOP: Golf Shop Kurpfalz, Jürgen Bollack
06236-479494 Fax -479499

PRO: Pro: Roberto Maimone Baronello, Paul Sahm, Martin Rose, Dafina Arifi

18-Loch Kurpfalz Platz
H: 6132 m, CR 71.9, SL 133, Par 72
D: 5428 m, CR 74, SL 125, Par 72
9-Loch Rehhütte Platz
H: 5752 m, CR 69.1, SL 123, Par 70
D: 5026 m, CR 70.5, SL 114, Par 70
100 Rangeabschläge (25 überdacht)

G: Gäste sind jederzeit willkommen. Anmeldung ist notwendig. Clubausweis mit eingetragenem Handicap (54) ist erforderlich. Sa./So./Feiertage ist Handicap 45 erforderlich.

18-Loch-Greenfee: WT: EUR 60 / WE: EUR 80
9-Loch-Greenfee: WT: EUR 30 / WE: EUR 40
Ermäßigung: Jugendl./Stud. 50%

Platzbeschreibung

Die Anlage bietet auf 110 ha ein 86.000 qm großes Golfodrom, eine öffentliche 9-Loch-Anlage und einen 18-Loch-Meisterschaftsplatz. „Öffentliches Golf für Jedermann" und „Golfen im Club" werden nebeneinander angeboten. Das Golfodrom mit über 100 Abschlägen(z.T. überdacht/beheizt), drei Putting-Greens, ein Wassergrün und drei Pitching-, Chipping-Greens und zwei Bunkergrüns lassen Abschläge aus allen Himmelsrichtungen zu und bieten ideale Trainingsbedingungen.

Platzinfos

VCG GPS CLUB GASTRO

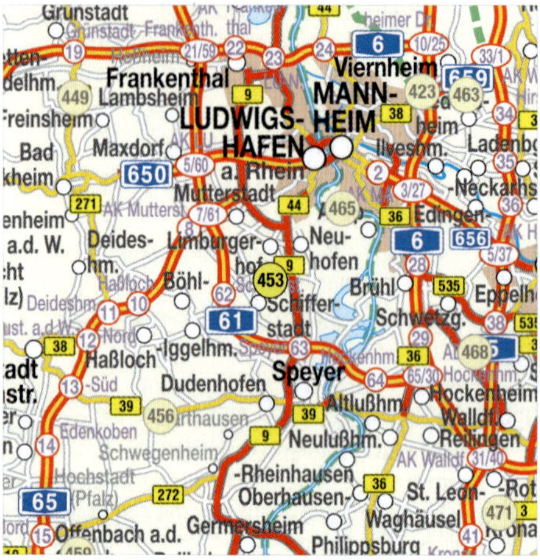

Anfahrtsbeschreibung

A 61 Speyer-Hockenheim, Ausf. Schifferstadt-Limburgerhof, li. Ri. Limburgerhof, nach ca. 4 km unmittelbar hinter der Brücke re. Ri. Schifferstadt-Limburgerhof-Kohlhof, dann re. der Beschilderung folgen. Oder: Am AB-Dreieck Hockenheim auf die A 62 Ri. Koblenz, am ABK Speyer auf die B 9 Ri. Ludwigshafen, nach ca. 5 km Ausf. Limburgerhof-Rehhütte-Waldsee, dann li. der Beschilderung zum Golfplatz folgen.

Nächstgelegene Plätze

GC Mannheim, Rheingoldhalle (Nr. 465)
Pfalz Neustadt/Weinstr., GC (Nr. 456)
Rheintal, GC (Nr. 468)

Greenfee-Aktion: Seite G 109

Golf Club Homburg/Saar Websweiler Hof e.V.

Karte, Nr. 454, Feld B10 18/6 Höhe: 345 m

gegründet: 1991

Römerstr. 94, Websweiler Hof,
66424 Homburg/Saar
06841-777760 06841-7777666
info@golfsaar.de
www.golfsaar.de

PR: Dr. Richard Weber, GF: Jochen Möller

i: 06841-777760 06841-7777666

Websweiler Hof, Melinda Bodnar
06841-79636 06841-756941
Mo. Ruhetag

PRO: Pro: Jochen Möller, Thomas Ihle

H: 5863 m, CR 71.6, SL 135, Par 72
D: 4874 m, CR 72, SL 125, Par 72
40 Rangeabschläge (10 überdacht)

G: Gäste sind jederzeit willkommen. Anmeldung ist notwendig. Clubausweis mit eingetragenem Handicap (54) ist erforderlich.

18-Loch-Greenfee: WT: EUR 55 / WE: EUR 65
Driving Range und 6-Loch Pay & Play Anlage EUR 15.
Ermäßigung: Jugendl./Stud. 50%

Platzbeschreibung

Die 98 ha große Anlage zeichnet sich durch die außergewöhnlich großzügigen Übungseinrichtungen und die gelungene Integration in die vorhandenen natürlichen Landschaftsgegebenheiten aus. In teilweise hügeligem Gelände gelegen, fordern die ersten 9 Loch taktisches und präzises Spiel. Auf dem zweiten, hochgelegenen Teil der Anlage ist der Wind ein steter Begleiter und erzwingt eine andere Spielweise.

Platzinfos

VCG GPS CLUB GASTRO

Anfahrtsbeschreibung

Von Kaiserslautern: A 6, Ausfahrt Waldmohr Richtung Waldmohr, Ausfahrt Gewerbegebiet, durch Waldmohr bis zur 1. großen Ampelkreuzung, links abbiegen, nach ca. 150 m rechts Richtung Höchen und der Beschilderung zum Golfplatz folgen.

Nächstgelegene Plätze

Wendelinus, GP (Nr. 451)
Erster GC Westpfalz (Nr. 458)
Katharinenhof, GC (Nr. 460)

Greenfee-Aktion: Seite G 109

Golf-Club Saarbrücken e.V.

Karte, Nr. 455, Feld B10 **18** Design: Donald Harradine Höhe: 360 m

gegründet: 1961

Oberlimberger Weg,
66798 Wallerfangen - Gisingen
06837-444800 06837-4448099
info@golfclub-saarbruecken.de
www.golfclub-saarbruecken.de

PR Torsten Trunkl, CM: Andrea Schneider
Headgreenkeeper: Andreas Kühnlein

i 06837-444800 06837-4448099
Sven Klaes

Golfclub Restaurant, Kirsten Schmalbach-Wegner, Julia Kramer
06837-4448025

PRO Pro: Phillip A´Court

H: 5971 m, CR 72.2, SL 124, Par 72
D: 5015 m, CR 72.2, SL 122, Par 72
20 Rangeabschläge (16 überdacht)

G Gäste sind jederzeit willkommen. Anmeldung ist notwendig. Clubausweis mit eingetragenem Handicap (54) ist erforderlich.

18-Loch-Greenfee: WT: EUR 60 / WE: EUR 70
9-Loch-Greenfee: WT: EUR 30 / WE: EUR 35
Das Greenfee ist abhängig von der DGV-Ausweiskennzeichnung.
Ermäßigung: Jugendl. bis 21 J. und Stud. bis 27 J. 50%

Platzbeschreibung

Der vom bekannten Golfplatzarchitekten Donald Harradine gut durchdachte Platz liegt herrlich auf einem 340 m hohen Plateau über dem Saargau. Optisch sehr reizvoll nicht nur aufgrund seines alten Baumbestandes sondern auch spielerisch anspruchsvoll. Der Platz bietet für für Spieler jeder Spielstärke eine Herausforderung und erfordert ein präzises Spiel.

Platzinfos

VCG CLUB GASTRO GPS

Anfahrtsbeschreibung

BAB 620, Ausfahrt Wallerfangen, weiter Richtung Wallerfangen, in Wallerfangen entlang der Hauptstraße in Richtung St. Barbara, durch St. Barbara durch Richtung Gisingen, in Gisingen rechts in den Oberlimberger Weg abbiegen. Ca. 500 Meter nach dem Ortsausgangsschild geht es links auf den Parkplatz.

Nächstgelegene Plätze

Weiherhof, GC (Nr. 450)
Wendelinus, GP (Nr. 451)
Golfpark Bostalsee (Nr. 446)

Golf-Club Pfalz Neustadt a.d. Weinstraße e.V.

Karte, Nr. 456, Feld D10 **18** Design: Greg Letsche Höhe: 110 m

gegründet: 1970

Im Lochbusch, 67435 Neustadt-Geinsheim
☎ 06327-97420 Fax 06327-974218
✉ info@gc-pfalz.de
www.gc-pfalz.de

PR Michael Löffler

i ☎ 06327-97420 Fax 06327-974218
Doris Bouyer, Marion Glatz, Alexandra Krastel

Restaurant im Golfclub Pfalz
☎ 06327-4663 Fax -507538
Mo. Ruhetag

PRO Pro: Mark Jennings

H: 5973 m, CR 71.7, SL 132, Par 72
D: 5176 m, CR 73.1, SL 128, Par 72
12 überdachte Rangeabschläge

G Gäste sind jeden Tag (außer Sonntag und an Feiertagen) willkommen. Anmeldung ist notwendig. Clubausweis mit eingetragenem Handicap (36) ist erforderlich. So / Feiertags: nur in Mitgliederbegleitung

18-Loch-Greenfee: WT: EUR 85 / WE: EUR 110
9-Loch-Greenfee: WT: EUR 45 / WE: EUR 60
WT Ermäßigung für Jugendl./Stud. Tages-GF
6-Kurzplatz (nicht öffentlich): EUR 15 Ermäßigung: Jugendl./Stud.

Nächstgelegene Plätze

Landgut Dreihof, GC (Nr. 459)
Kurpfalz, GC (Nr. 453)
GC Mannheim, Rheingoldhalle (Nr. 465)

Platzinfos

VCG GPS CLUB

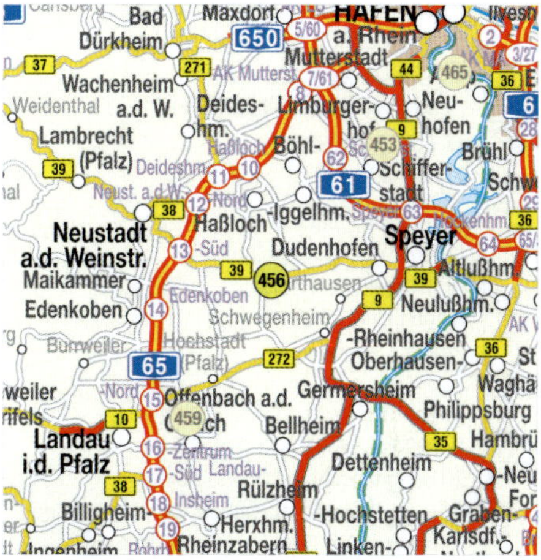

Anfahrtsbeschreibung

Der Golfplatz liegt an der B 39 zwischen Speyer/Rhein und Neustadt-Weinstraße bei Geinsheim.

Platzbeschreibung

Der Golfplatz liegt am Rande des Pfälzer Waldes auf einem ebenen, typisch südpfälzischen, naturbelassenen Gelände. Wald und Wiesen, Wasserläufe und Teiche, Bunker und Rough stellen hohe Anforderungen an das golferische Können. Die Par 4-Löcher erfordern Länge und Genauigkeit der Schläge. Strategisch sehr gut angeordnete Bunker erhöhen den spielerischen Reiz dieses Platzes. Während der Runde bieten sich sehenswerte Aussichten auf das bergige Land.

Greenfee-Aktion: Seite G 109

Golfplatz Pfälzerwald

Karte, Nr. 457, Feld C10 18

gegründet: 2018

Auf dem Aspen 60,
67714 Waldfischbach-Burgalben
06333-279603
info@golfplatz-pfaelzerwald.de
www.golfplatz-pfaelzerwald.de

PR: CM: Tobias Leonhard
Headgreenkeeper: Walter Dörr

i: 06333-279603
Björn Loepp

Restaurant Palatina
06333-9938264

PRO SHOP: Golfshop Pfälzerwald
06333-279603

PRO: Pro: Phil Sierocinski

H: 5894 m, CR 71, SL 125, Par 72
D: 5004 m, CR 71.3, SL 121, Par 72
20 Rangeabschläge (8 überdacht)

G: Gäste sind jederzeit willkommen. Anmeldung ist notwendig. Clubausweis mit eingetragenem Handicap (54) ist erforderlich.

18-Loch-Greenfee: WT: EUR 55 / WE: EUR 70
9-Loch-Greenfee: WT: EUR 30 / WE: EUR 35

Platzinfos

VCG GPS CLUB GASTRO

Anfahrtsbeschreibung

Von Kaiserslautern: B 270, 1. Abfahrt Waldfischbach re. abbiegen, nach ca. 500 m li. zum Golfplatz. Von Pirmasens: B 270, 2. Abfahrt Waldfischbach li. abbiegen, nach ca. 500 m li. zum Golfplatz. Von Landstuhl: A 62 Ri. Pirmasens, Abfahrt Hermersberg, re. nach Hermersberg, in der Ortsmitte li. der Hauptstraße nach bis Steinalben, am Ortsende Steinalben li. auf die B 270. Nach ca. 1 km 1. Abfahrt Waldfischbach re. u. nach ca. 500 m li. zum Platz.

Platzbeschreibung

Die insgesamt 56 ha große Golfanlage ist wunderschön gelegen inmitten des Pfälzerwalds und bietet neben den abwechslungsreichen Spielbahnen einen tollen Blick über die Pfalz. Die Golfanlage kann durch die Bundesstraße 270 mit Anbindung an die A6 sehr gut erreicht werden, von Kaiserslautern und Pirmasens benötigt man nur wenige Auto-Minuten. Auch die französische Grenze ist in weniger als 30 Minuten erreichbar.Auf der stets sehr gepflegten Anlage erwartet die Spieler ein sportlich anspruchsvoller Golfplatz mit einigen Schwierigkeiten.

Nächstgelegene Plätze

Erster GC Westpfalz (Nr. 458)
Barbarossa, GC (Nr. 452)
Homburg/Saar, GC (Nr. 454)

Greenfee-Aktion: Seite G 109f

Erster Golfclub Westpfalz Schwarzbachtal e.V.

Karte, Nr. 458, Feld C10 **18** Höhe: 340 m

gegründet: 1988

Hitscherhof, 66509 Rieschweiler-Mühlbach
06336-6442 06336-6408
egw@golf.de
www.gcwestpfalz.de

PR: Helmut Baeck

i: 06336-6442
Doris Hauck, Barbara Buchmann, Karin Müller

Armin`s Bar & Grill, Armin Kurz
01711240817 oder 06336-9114703
Mo. Ruhetag

PRO SHOP: Golfshop Hitscherhof, GOLF Style & Outlet, Höheinöd
0179-6155565

PRO: Pro: Iain Blackburn

H: 5715 m, CR 70.7, SL 135, Par 72
D: 5038 m, CR 72.7, SL 134, Par 72
25 Rangeabschläge (6 überdacht)

G: Gäste sind jederzeit willkommen. Anmeldung ist notwendig. Clubausweis mit eingetragenem Handicap (54) ist erforderlich.

18-Loch-Greenfee: WT: EUR 60 / WE: EUR 80
9-Loch-Greenfee: WT: EUR 35 / WE: EUR 45
Ermäßigung: Jugendl. bis 18 J. und Stud. bis 30 J. 50%

Platzbeschreibung

An den Ausläufern der Sickinger Höhe erstreckt sich das 76 ha große Golfgelände über zwei Ebenen, harmonisch in die hügelige Landschaft des Pfälzer Waldes integriert. Mit dem Abschluss der aktuellen Umbaumaßnahmen, vor allem auf den Bahnen 10 bis 18 präsentiert sich nun ein Golfplatz von herausragender Qualität. Mehr als 10000 qm Wasserflächen, verbunden durch Bachläufe mit Wasserfällen, wurden neu geschaffen. Alle Bunker sind gut sichtbar, blinde Abschläge wurden eliminiert. Die Herausforderungen durch Bunker, Wasserhindernisse, Teiche und Schräglagen fordern sportlich ambitionierte Golfer zu strategischen Spiel heraus.

Platzinfos

VCG GPS CLUB GASTRO

Anfahrtsbeschreibung

Von der A 62 Abf. Höheischweiler, Richtung Pirmasens, dann Richt. Höhfröschen, dann Rieschweiler-Mühlbach. Von der A 8: Abf. Walshausen, Richtung Dellfeld, dann Rieschweiler-Mühlbach. Von Landau/B10: Richtung Pirmasens, nach Tunnel Richt. Thaleischweiler-Fröschen, dann Richt. Rieschweiler-Mühlbach.

Nächstgelegene Plätze

Pfälzerwald, GP (Nr. 457)
Homburg/Saar, GC (Nr. 454)
Barbarossa, GC (Nr. 452)

Golfanlage Landgut Dreihof

Karte, Nr. 459, Feld D10   27/9   Höhe: 100 m

gegründet: 1993

Am Golfplatz 1, 76879 Essingen bei Landau
✆ 06348-4282 ℻ 06348-4388
✉ dreihof@golf-absolute.de
www.golf-absolute.de/landau-essingen/

PR Dr. Hermann Weiland, GF: Dirk Weiland,
CM: Kai Bollmann
Headgreenkeeper: Jens Bäumer

i ✆ 06348-4282 ℻ 06348-4388

EL TORO, Evangelos Garofillou
✆ 06348-972178

PRO SHOP Götze Pro Shop
✆ 06348-6150240 ℻ 06348-6150239

PRO Pro: Peter Koenig, Gerd Hoffmann, Udo Fink

27-Loch A+B+C Platz
H: 6052 m, CR 71.6, SL 131, Par 72
D: 5322 m, CR 73.4, SL 125, Par 72
9-Loch Par 3 öffentlicher Kurzplatz
H: 4030 m, CR 62, SL 101, Par 60
D: 3550 m, CR 62, SL 98, Par 60
50 Rangeabschläge (24 überdacht)

G Gäste sind jederzeit willkommen. Anmeldung ist notwendig. Clubausweis mit eingetragenem Handicap (54) ist erforderlich. Hunde an der Leine sind erlaubt.

18-Loch-Greenfee: WT: EUR 60 / WE: EUR 80
9-Loch-Greenfee: WT: EUR 35 / WE: EUR 45
Ermäßigung: Jugendl./Stud. 50%

Platzbeschreibung

Begrenzt durch Waldgebiet ist die 27-Loch-Meisterschaftsanlage und der 9-Loch-Kurzplatz idyllisch in ein 95 ha großes Areal eingebettet. Die großzügig angelegten Abschläge und Spielbahnen sowie Sand- und Wasserhindernisse (ca. 70.000 qm) lassen, zusammen mit den herausfordernd platzierten Greens, golfen am Dreihof zu einem Erlebnis werden. Die Nähe zum Pfälzer Wald und zur Südlichen Weinstraße lädt zusätzlich zum Verweilen ein.

Platzinfos

VCG GPS CLUB GASTRO

Anfahrtsbeschreibung

A 65, Ausfahrt Landau-Zentrum, rechts Richtung Offenbach a.d. Queich, auf der Brücke links und weiter Richtung Essingen (Beschilderung „Golfanlage"), an der Einmündung zur L 542 links Richtung Essingen, nach ca. 500 m liegt rechter Hand die Einfahrt zum Clubhaus.

Nächstgelegene Plätze

Pfalz Neustadt/Weinstr., GC (Nr. 456)
Kurpfalz, GC (Nr. 453)
Rheinstetten, GC (Nr. 485)

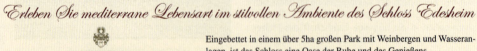

Golf Club Katharinenhof e.V.

Karte, Nr. 460, Feld B10 **18** Höhe: 380 m

gegründet: 1982

Katharinenhof, 66453 Gersheim-Rubenheim
☎ 06843-8797 Fax 06843-8990
✉ verwaltung@golfclub-katharinenhof.de
www.golfclub-katharinenhof.de

PR: Erik Werny, CM: Rouven Margardt
Danielle Werth

i: ☎ 06843-8797 Fax 06843-8990

Restaurant: Fam. Petrovic
☎ 06843-901834
Mo. Ruhetag

PRO SHOP: ☎ 06843-8797 Fax 06843-8990

PRO: Pro: Darran Train

H: 5538 m, CR 70.1, SL 129, Par 71
D: 4641 m, CR 70, SL 124, Par 71
20 Rangeabschläge (4 überdacht)

G: Gäste sind jederzeit willkommen. Anmeldung ist notwendig. Clubausweis mit eingetragenem Handicap (54) ist erforderlich. Sa./So./Feiertage ist Handicap 36 erforderlich.

18-Loch-Greenfee: WT: EUR 60 / WE: EUR 80
9-Loch-Greenfee: WT: EUR 30 / WE: EUR 40
Ermäßigung: Jugendl. bis 18 J. 35%, Stud. bis 27 J. 30%

Platzbeschreibung

Die Anlage des Golfclub Katharinenhof ist sehr weitläufig und großzügig zwischen Wiesen und Wäldern angelegt. Von den meisten Stellen des Platzes eröffnet sich dem Spieler eine weite Sicht bis nach Frankreich hinein. Zahlreiche Hügel und Schräglagen und auch die welligen Fairways machen den Platz trotz der breiten Fairways zu einer Herausforderung, auch für bessere Golfer.

Platzinfos

VCG GPS

Anfahrtsbeschreibung

Von Saarbrücken: A 6 Ri. Homburg, Ausf. Fechingen Ri. Flughafen Ensheim, am Flughafen vorbei Ri. Blieskastel, ca. 500 m nach Ortseingang Ommersheim die 1. Straße rechts Ri. Ormersheim bis diese Straße an einer Querstraße endet, dort links Ri. Blieskastel,nach 700 m rechts Ri. Saargemünd, nach ca. 800 m links nach Erfweiler-Ehlingen, den Ort durchfahren, ca. 900 m nach Erfweiler-Ehlingen auf dem Höhenrücken rechts zum Golfplatz abbiegen.

Nächstgelegene Plätze

Homburg/Saar, GC (Nr. 454)
Erster GC Westpfalz (Nr. 458)
Wendelinus, GP (Nr. 451)

Baden-Württemberg

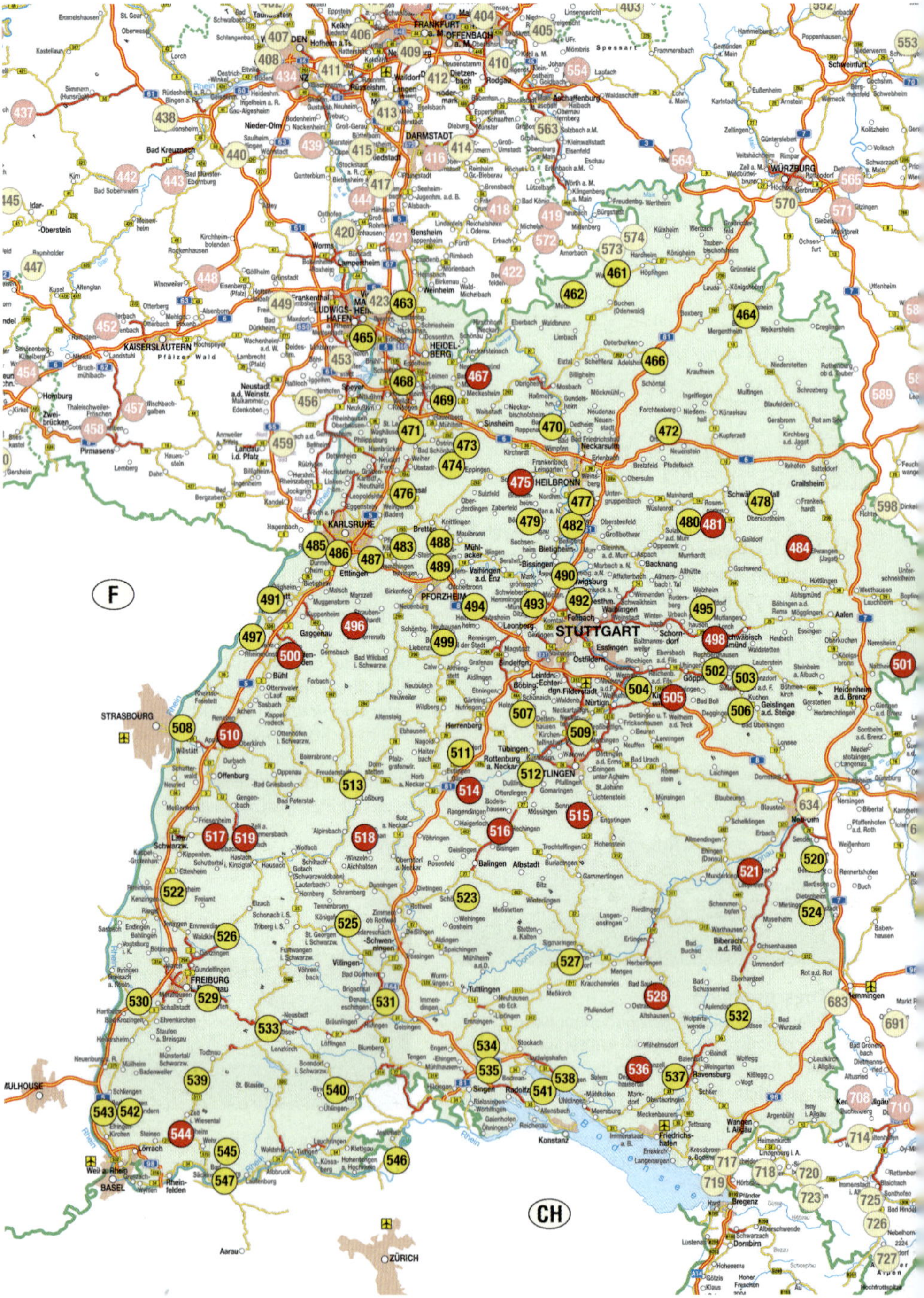

Baden-Württemberg

Club-Nr.	Clubname	Seite: Gutschein	Club
461	Golf-Club Glashofen-Neusaß e.V.		495
462	Golfclub Mudau e.V.		496
463	Golfclub Heddesheim Gut Neuzenhof e.V.		497
464	Golf Club Bad Mergentheim e.V.		498
465	Golfclub Mannheim an der Rheingoldhalle		499
466	Golfclub Kaiserhöhe e.V.		500
467	Golfclub Heidelberg-Lobenfeld e.V.	G 111 ■	501
468	Golf Platz Rheintal GmbH & Co. KG		502
469	Golfanlagen Hohenhardter Hof e.V.		503
470	Golfclub Bad Rappenau		504
471	Golf Club St. Leon-Rot Betriebsgesellschaft mbH & Co. KG		505
472	Golf-Club Heilbronn-Hohenlohe e.V.		506
473	Golfclub Sinsheim Buchenauer Hof e.V.		507
474	Golf Resort HEITLINGER Tiefenbach e.V.		508
475	Golfanlage Golfoase Pfullinger Hof	G 111 ■	509
476	Golfclub Bruchsal e.V.		510
477	public Golf Talheimer Hof		511
478	Golfclub Schwäbisch Hall e.V.		512
479	Golfclub Cleebronn e.V.		513
480	Golfclub Marhördt Betriebsgesellschaft mbH & Co. KG		514
481	Golf Club Oberrot-Frankenberg	G 113 ■	515
482	Golf- und Landclub Schloß Liebenstein e.V.		516
483	Golfclub Johannesthal e.V.		517
484	Golf- und Country Club Grafenhof e.V.	G 113 ■	518
485	Golfclub Rheinstetten		519
486	Golfclub Hofgut Scheibenhardt e.V.		520
487	Golfpark Karlsruhe Gut Batzenhof		521
488	Karlshäuser Hof - Golf Pforzheim		522
489	Golfyouup GmbH		523
490	Golfclub Schloss Monrepos		524
491	Golfclub Altrhein e.V.		525
492	Golfclub Neckartal e.V.		526
493	Golfanlage Schloss Nippenburg		527
494	Stuttgarter Golf-Club Solitude e.V.		528
495	Golf- und Landclub Haghof e.V.		529
496	Golf Club Herrenalb-Bernbach e.V.	G 113 ■	530
497	Baden Hills Golf und Curling Club e.V.		531
498	Golf Club Hetzenhof e.V.	G 113 ■	532
499	Golfclub Bad Liebenzell e.V.		533
500	Golf Club Baden-Baden e.V.	G 113 ■	534
501	Golf-Club Hochstatt Härtsfeld-Ries e.V.	G 113 ■	535
502	Golfclub Göppingen e.V.		536
503	Golf-Club Hohenstaufen e.V.		537
504	Golfclub Kirchheim-Wendlingen e.V.		538
505	Golfclub Teck e.V.	G 115 ■	539

Baden-Württemberg

Club-Nr.	Clubname	Seite: Gutschein	Club
506	Golfer's Club Bad Überkingen e.V.		540
507	Golfclub Schönbuch e.V.		541
508	Golfanlage Birkenhof		542
509	Golf Club Hammetweil		543
510	Golfclub Urloffen e.V.	G 115 ■	544
511	Golfclub Domäne Niederreutin e.V.		545
512	Golfclub Schloss Kressbach GmbH		546
513	Golf-Club Freudenstadt e.V.		547
514	GC Schloss Weitenburg	G 115 ■	548
515	Golfclub Reutlingen-Sonnenbühl e.V.	G 115, G 117 ■	549
516	Golf Club Hechingen-Hohenzollern e.V.	G 117 ■	550
517	Golf Club Ortenau e.V.	G 117 ■	551
518	Golfclub Alpirsbach e.V.	G 117, G 119 ■	552
519	Golfclub Gröbernhof e.V.	G 119 ■	553
520	Golf Club Ulm e.V.		554
521	Golfclub Donau-Riss e.V. Ehingen-Rißtissen	G 119, G 121 ■	555
522	Europa-Park Golfclub Breisgau e.V.		556
523	Golf-ER Club Schwaben		557
524	Golfclub Reischenhof e.V.		558
525	Golf und Country Club Königsfeld e.V.		559
526	Golfclub Gütermann Gutach e.V.		560
527	Golf-Club Sigmaringen Zollern-Alb e.V.		561
528	GREEN-GOLF Bad Saulgau GbR	G 121 ■	562
529	Freiburger Golfclub e.V.		563
530	Golfclub Tuniberg e.V.		564
531	Land- und Golf-Club Öschberghof		565
532	Fürstlicher Golfclub Oberschwaben e.V.		566
533	Golfclub Hochschwarzwald e.V.		567
534	Country Club Schloss Langenstein		568
535	Golfclub Steisslingen e.V. am Bodensee		569
536	Golfclub Rochushof Deggenhausertal e.V.	G 121 ■	570
537	Golfclub Ravensburg e.V.		571
538	Golfclub Owingen - Überlingen e.V.		572
539	Golf Club Schönau e.V.		573
540	Golfclub Obere Alp e.V.		574
541	Golf-Club Konstanz e.V.		575
542	Golfclub Markgräflerland		576
543	Drei Thermen Golfresort Markgräflerland		577
544	Golfanlage Schopfheim	G 121, G 123 ■	578
545	Golfclub Rickenbach e.V.		579
546	Golfclub Rheinblick		580
547	Golfpark Bad Säckingen		581

Golf-Club Glashofen-Neusaß e.V.

Karte, Nr. 461, Feld E10 **18/9** Design: Kurt Peters, Holger Rengstorf Höhe: 430 m

gegründet: 1987

Mühlweg 7, 74731 Walldürn-Neusaß
06282-7383 06282-7280
info@golfclub-glashofen-neusass.de
www.golfclub-glashofen-neusass.de

PR: Ronald Schneider, CM: Thomas Hennig
Headgreenkeeper: Mihkel Jalakas

i: 06282-7383 06282-7280
Simone Pidinkowski, Hildegard Edelmann

06282-7384 06282-7280

PRO SHOP: Iris & GregTennant, Iris Tennant
06282-95000 06282-925954

PRO: Pro: Greg Tennant

18-Loch Gelber Platz
H: 6216 m, CR 73.8, SL 133, Par 73
D: 5457 m, CR 75.8, SL 131, Par 73
9-Loch Blauer PLatz
H: 3756 m, CR 61.3, SL 109, Par 62
D: 3354 m, CR 61.7, SL 102, Par 62
27 Rangeabschläge (6 überdacht)

G: Gäste sind jederzeit willkommen. Anmeldung ist notwendig. Clubausweis mit eingetragener PE ist erforderlich.

Tages-Greenfee: WT: EUR 60 / WE: EUR 70
Ermäßigung: Jugendl./Stud. 50%

Platzbeschreibung

Die Anlage liegt nur wenige Kilometer nördlich von Walldürn im Madonnenländchen des Badischen Odenwaldes und verfügt über einen sportlich anspruchsvollen 18-Loch-Platz, sowie über reizvollen einen 9-Loch-Platz. Die landschaftlich herrliche Lage erlaubt weite Blicke auf die Erhebungen von Odenwald & Spessart. Beide Plätze haben nur leichte Höhenunterschiede und können problemlos zu Fuß bewältigt werden.

Platzinfos

Anfahrtsbeschreibung

A 3 Frankfurt-Würzburg, Ausfahrt Stockstadt Richtung Miltenberg über Amorbach-Walldürn (B 47), nach Rippberg links Richtung Glashofen, der Golfplatz liegt in Neusaß und ist von der Straße aus zu sehen. Oder: A 81 Heilbronn-Würzburg, Ausfahrt Osterburken Richtung Walldürn, von Walldürn Richtung Glashofen-Neusaß bis zum Golfplatz.

Nächstgelegene Plätze

Erftal, G&CC (Nr. 573)
Miltenberg, GC (Nr. 574)
Mudau, GC (Nr. 462)

Golfclub Mudau e.V.

Karte, Nr. 462, Feld E10 **18/6** Design: Deutsche Golf Consult Höhe: 480 m

gegründet: 1993

Donebacher Straße 41, 69427 Mudau
06284-8408 06284-95807
info@golfclub-mudau.de
www.golfclub-mudau.de

PR Peter Trumpfheller, GF: Martin Brand
Headgreenkeeper: Rolf Schwing

i 06284-8408 06284-95807
Denise Brunner

CARRUBO Ristorante & Trattoria,
Marilena Cannizzo
06284-929287
Mo. Ruhetag

PRO SHOP Sven Stier
06284-9299922 06284-9299923

PRO Pro: Sven Stier

H: 6134 m, CR 72.5, SL 129, Par 73
D: 5243 m, CR 73.7, SL 129, Par 73
20 Rangeabschläge (4 überdacht)

G Gäste sind jederzeit willkommen. Clubausweis mit eingetragenem Handicap (54) ist erforderlich.

18-Loch-Greenfee: WT: EUR 60 / WE: EUR 70
9-Loch-Greenfee: WT: EUR 35 / WE: EUR 40
Ermäßigung: Jugendl./Stud. 50%

Platzinfos

VCG GPS CLUB

Anfahrtsbeschreibung

Von Frankfurt über Stockstadt-Miltenberg-Amorbach nach Mudau. Oder: Von Würzburg über Tauberbischofsheim-Walldürn-Buchen nach Mudau. Oder: Von Mannheim über Heidelberg-Eberbach bis Mudau. Oder. Von Heilbronn über Mosbach nach Mudau. In Mudau Richtung Donebach, nach ca. 500 m links zum Golfplatz abbiegen.

Platzbeschreibung

Der Golfclub Mudau liegt im badischen Odenwald auf einer Höhe von 480 m. Die auf einem 92 ha großen Gelände in ein ausgedehntes Waldgebiet eingebetteten 18 Spielbahnen bieten ein abwechslungsreiches und anspruchsvolles Spiel.

Nächstgelegene Plätze

Glashofen-Neusaß, GC (Nr. 461)
Buchenhof Hetzb., G&LC (Nr. 422)
Gut Sansenhof, GC (Nr. 572)

Golfclub Heddesheim Gut Neuzenhof e.V.

Karte, Nr. 463, Feld D10 18/5 Design: Deutsche Golf Consult Höhe: 96 m

gegründet: 1996

Gut Neuzenhof, Neuzenhof (An der L 631),
68542 Heddesheim
✆ 06204-97690 🖷 06204-976996
✉ service@gc-heddesheim.de
www.gc-heddesheim.de

PR: René Gutperle, GF: Steven Pinter
Jürgen B. Harder
Werner Gutperle
Headgreenkeeper: Rob Coombe

i: ✆ 06204-97690 🖷 06204-976996
Susanne Schmitt, Christine Walch,
Christine Hartmann

C. Piermani u. Q. Pitzus
✆ 06204-976930 🖷 06204-976935

PRO SHOP: Jürgen Bollack, Jürgen F. Bollack
✆ 06204-976920 🖷 06204-976925

PRO: Pro: Mike Cole, John Prior, Jason Harvey, Kaweh Alexander Chirband, Jochen Koneczny

H: 6179 m, CR 72.4, SL 129, Par 72
D: 5368 m, CR 73.8, SL 129, Par 72
25 Rangeabschläge (15 überdacht)

G: Gäste sind Montag - Freitag (außer an Feiertagen) willkommen. Anmeldung ist notwendig. Clubausweis mit eingetragener PE ist erforderlich.

18-Loch-Greenfee: WT: EUR 60 / WE: EUR 80
9-Loch-Greenfee: WT: EUR 35 / WE: EUR 45
Ermäßigung: Jugendl./Stud. 50%

Platzbeschreibung

Die Spielbahnen der Anlage orientieren sich am Verlauf der ehemaligen Altneckarschleife. Durch fünf neue Teiche wird der alte Flusscharakter besonders hervorgehoben und beeinflusst gleichzeitig das Spiel. Das früher landwirtschaftlich genutzte Hofgut wurde mit Liebe zum Detail umgebaut und bietet ein unvergessliches einmaliges Ambiente.

Platzinfos

VCG CLUB GASTRO

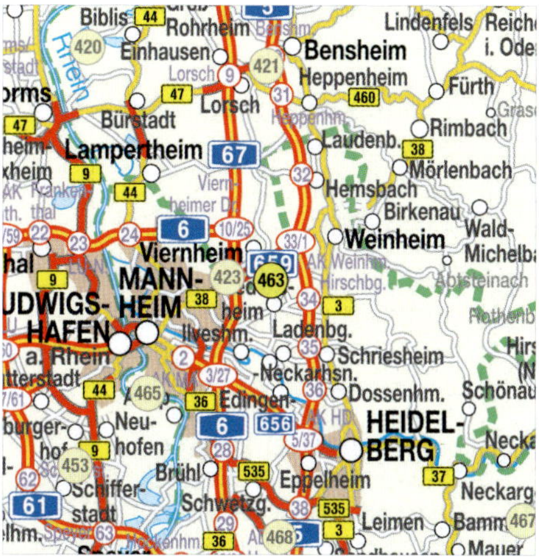

Anfahrtsbeschreibung

A 67 Frankfurt-Mannheim, am ABK Viernheimer Kreuz auf die A 659, Ausfahrt Heddesheim, weiter Richtung Heddesheim, nach ca. 1 km links der Beschilderung zu Gut Neuzenhof folgen. Oder: Von Mannheim auf der B 38 Richtung Weinheim, die ab dem ABK Viernheimer Kreuz in die A 659 übergeht, und weiter wie oben beschrieben zu Gut Neuzenhof.

Nächstgelegene Plätze

Mannheim-Viernh., GC (Nr. 423)
GC Mannheim, Rheingoldhalle (Nr. 465)
Bensheim, GC (Nr. 421)

Golf Club Bad Mergentheim e.V.

Karte, Nr. 464, Feld F10 **9** Höhe: 300 m

gegründet: 1971

Erlenbachtalstr. 36, 97999 Igersheim
07931-561109 Fax 07931-563101
info@golfclub-badmergentheim.de
www.golfclub-badmergentheim.de

PR: Dr. Peter Günter

i: 07931-561109 Fax 07931-563101
Isabella Hoos, Kornelia Vogel

Golf-Restaurant
07931-8066

PRO SHOP: Andrew Limb
07931-561666 Fax 07931-561666

PRO: Pro: Andrew M. Limb

H: 3866 m, CR 62.7, SL 121, Par 64
D: 3428 m, CR 63, SL 117, Par 64
16 Rangeabschläge (5 überdacht)

G: Gäste sind jederzeit willkommen. Clubausweis mit eingetragenem Handicap (54) ist erforderlich. Sa./So./Feiertage ist Handicap 45 erforderlich.

Tages-Greenfee: WT: EUR 38 / WE: EUR 48
9-Loch-Greenfee: WT: EUR 25 / WE: EUR 30
Kurgäste erhalten Ermäßigung.
Ermäßigung: Jugendl. bis 18 J. und Stud. bis 27 J. 50%

Platzinfos

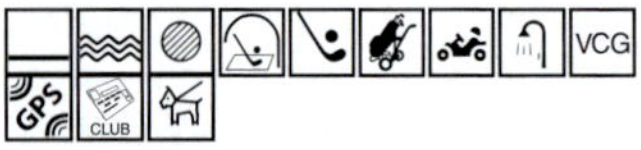

Anfahrtsbeschreibung
Auf der B 19 von Würzburg nach Bad Mergentheim, in Igersheim rechts Richtung Erlenbachtal und aus Richtung Mergentheim links Richtung Badepark Solymar-Erlenbachtal zum Golfplatz abbiegen.

Platzbeschreibung
Eingebettet in das schöne Erlenbachtal, umrahmt von hohem Baumbestand liegt die 9-Loch Golfanlage Bad Mergentheim. Die ebenen Spielbahnen bieten trotz mancher Wasserhindernisse auch für weniger geübte Golfspieler reizvolle und durchaus lösbare Aufgaben. Ein präzises Spiel lässt auf der kompakten Anlage mit gepflegten Fairways und Greens einen guten Score zu.

Nächstgelegene Plätze
Kaiserhöhe, GC (Nr. 466)
Würzburg, GC (Nr. 570)
Miltenberg, GC (Nr. 574)

Golfclub Mannheim an der Rheingoldhalle

Karte, Nr. 465, Feld D10 **9** Höhe: 95 m

gegründet: 2006

Rheingoldstraße 215, 68199 Mannheim
✆ 0621-851720 ☎ 0621-8415115
✉ mannheim@golf-absolute.de
www.golf-absolute.de

PR: Dr. Hermann Weiland, GF: Dirk Weiland, CM: Andreas Kilian
Headgreenkeeper: Stuart Mclaren

i: ✆ 0621-851720 ☎ 0621-8415115
Bonitonna Nadrasik

PRO: Pro: Peter Koenig, Peter Rishworth

9-Loch Kurzplatz (Par 3)
H: 405 m, Par 27
D: 405 m, Par 27
24 überdachte Rangeabschläge

G: Gäste sind jederzeit willkommen.

Tages-Greenfee: WT: EUR 20 / WE: EUR 25
Tageskarte öffentlicher Kurzplatz WT pro Person EUR 15, Schüler, Azubis und Studenten (bis 27Jahre) EUR 7,50, Tageskarte öffentlicher Kurzplatz WE pro Person EUR 20, Schüler, Azubis und Studenten (bis 27Jahre) EUR 10, Driving Range kein Rangefee!

Platzinfos

Anfahrtsbeschreibung

A 5 am Heidelberger Kreuz Richtung Mannheim bzw. A 6 (Viernheim-Heilbronn), am Kreuz Mann-heim in Richtung Mannheim fahren (A 656) Nächste Ausfahrt am SAP-Stadion (Ma-Neckarau) in Richtung Ma-Neckarau fahren. Nach Überquerung des Güterbahnhofes Ausfahrt und an der Ampel Mallaustraße rechts ab. An der nächsten Ampel links abbiegen auf die Morchfeldstraße und B36/Casterfeldstraße auf die Neckarauer Straße. Nach der Brücke 2.Ampel links in die Friedrichstraße einbiegen und nach ca. 300 Metern rechts (Vorfahrtsstraße) in die Rheingoldstraße. Der Beschilderung „Rheingoldhalle /"Strandbad"folgen bis zur Straßenbahnwendeschleife. Direkt dahinter links sind Parkmöglichkeiten.

Platzbeschreibung

Der Golfclub Mannheim mit 60.000 qm liegt citynah und dennoch in der Natur und im Grünen. Ein Golfübungsgelände für den anspruchsvollen Golfer mit dem schönen Ambiente eines Rhein-Aue-Parks. Dank einer modernen Flutlicht-Anlage sind Driving Range sowie der 9-Loch Kurzplatz täglich bis 21 Uhr geöffnet und können das ganze Jahr über - auch an dunklen Abenden - genutzt werden.

Nächstgelegene Plätze

Kurpfalz, GC (Nr. 453)
Mannheim-Viernh., GC (Nr. 423)
Heddesheim, GC (Nr. 463)

Baden-Württemberg

Golfclub Kaiserhöhe e.V.

Karte, Nr. 466, Feld E10 18/9/6 Design: Kurt Rossknecht Höhe: 350 m

gegründet: 1995

Im Laber 4 a, 74747 Ravenstein-Merchingen
06297-399 06297-599
info@golfclub-kaiserhoehe.de
www.golfclub-kaiserhoehe.de

PR: Uwe Beck, GF: Martin Arzberger

i: 06297-399 -599

Golfrestaurant Kaiserhöhe,
Massimiliano Campochiaro
06297-929757 -599

PRO SHOP: Pro Shop Markus Reil
06297-929115 -929115

PRO: Pro: Markus Reil

18-Loch Blauer Platz
H: 5927 m, CR 71.2, SL 125, Par 72
D: 5196 m, CR 72.8, SL 121, Par 72
9-Loch Gelber Platz (Executive)
H: 2862 m, CR 57.7, SL 98, Par 56
D: 2862 m, CR 57.9, SL 98, Par 56
50 Rangeabschläge (4 überdacht)

G: Sa./So./Feiertage ist Anmeldung notwendig. Clubausweis mit eingetragenem Handicap (54) ist erforderlich. 6-Loch-Kurzpl. inkl. Leihschläger: EUR 15. Jeden Fr. Apr.-Okt. 16.00-19.00 Uhr Schnuppergolf für EUR 6

Tages-Greenfee: WT: EUR 60 / WE: EUR 75
18-Loch-Greenfee: WT: EUR 60 / WE: EUR 75
9-Loch-Greenfee: WT: EUR 35 / WE: EUR 40
Bei Wintergrüns 18-Loch Greenfee EUR 30, 9-Loch EUR 15
Ermäßigung: Jugendl. bis 18 J. und Stud. bis 27 J. 50%

Platzbeschreibung

Die Golfanlage Kaiserhöhe wurde im Sommer 1997 fertiggestellt und bietet mit ihrer 18-Loch-Meisterschaftsanlage, ihrem pay und play 9-Loch-Platz, ihren großzügigen Übungsanlagen sowie mit ihrem pay und play 6-Loch-Golfplatz auf insgesamt 112 ha Golfern jeder Spielstärke Golfvergnügen pur.

Platzinfos

VCG GPS CLUB

Anfahrtsbeschreibung

A 81 Würzburg-Heilbronn, Ausfahrt Osterburken Richtung Ravenstein, vor dem Ortsteil Merchingen rechts der Beschilderung zum Golfplatz folgen.

Nächstgelegene Plätze

Heilbronn-Hohenl., GC (Nr. 472)
Bad Mergentheim, GC (Nr. 464)
Mudau, GC (Nr. 462)

Greenfee-Aktion: Seite G 111

Golfclub Heidelberg-Lobenfeld e.V.

Karte, Nr. 467, Feld D10 **18** Design: Donald Harradine, Thomas Himmel Höhe: 190 m

gegründet: 1968

Am Biddersbacher Hof,
74931 Lobbach-Lobenfeld
☏ 06226-952110 🖷 06226-952111
✉ golf@gchl.de
💻 www.gchl.de

PR Dr. Joachim Hinz, CM: Tobias Venturini
Headgreenkeeper: Bernd Müller

i ☏ 06226-952110 🖷 06226-952111
Lenia Funk, Lena Pechwitz

Restaurant Essenz, Daniel Günter
☏ 06226-952116 🖷 06226-952117
Mo. Ruhetag

PRO SHOP Golf Shop Kretschy, Anna Kretschy
☏ 06226-952120 🖷 06226-952121

PRO Pro: Florian Fritsch, Cornelia Kisgen, Angel Garcia, Wolfgang Kretschy

H: 5957 m, CR 72.3, SL 143, Par 72
D: 5128 m, CR 73.4, SL 134, Par 72
20 überdachte Rangeabschläge

G Gäste sind jederzeit willkommen. Anmeldung ist notwendig. Clubausweis mit eingetragenem Handicap (54) ist erforderlich.

18-Loch-Greenfee: WT: EUR 70 / WE: EUR 85
9-Loch-Greenfee: WT: EUR 40 / WE: EUR 50
Ermäßigung: Jugendl./Stud. 50%

Platzinfos

Anfahrtsbeschreibung

A 656, Ausfahrt Heidelberg-Mitte, am Neckar entlang bis Neckargemünd, von dort Richtung Sinsheim bis Wiesenbach, durch den Ort Richtung Aglasterhausen bis auf die Anhöhe von Lobenfeld, dort links ab zum Golfplatz.

Platzbeschreibung

Unser 18-Loch Platz gilt als einzigartiges Naturjuwel und ist mit großer Sensibilität in die Landschaft eingebettet. Am Rande der Spielbahnen finden sich einige Zeugen uralter Besiedelungen, die bis in die Römerzeit zurückreichen. Die idyllische Lage, das außergewöhnliche Design sowie modernste Pflegestandards garantieren jedem Golfspieler höchsten Spielgenuss. Erleben Sie einen Golfplatz mit abwechslungsreichen Bachläufen, natürlichen Hindernissen sowie einer Vielzahl an einheimischen Pflanzen und Tieren.

Nächstgelegene Plätze

Hohenhardter Hof, GA (Nr. 469)
Sinsheim, GC (Nr. 473)
Rheintal, GC (Nr. 468)

Baden-Württemberg

Golf Platz Rheintal GmbH & Co. KG

Karte, Nr. 468, Feld D10 18/6 Design: Bernhard von Limburger

gegründet: 1971

An der B 291, 68723 Oftersheim
☎ 06202-920940 Fax 06202-920 94-199
✉ info@golfplatz-rheintal.de
www.golfplatz-rheintal.de

PR: Marco Armbruster, GF: Steven Pinter
Headgreenkeeper: Martin Bucher

i: ☎ 06202-920940 Fax 06202-920 94-199

Fairway Golfrestaurant, Klaus Scheunemann
☎ 06202-9263191

PRO SHOP: J.F. Bollack Handelsvertretung
☎ 06204-976920 Fax 06204-976925

PRO: Pro: Sebastian Otten

H: 5705 m, CR 70.3, SL 130, Par 71
D: 4631 m, CR 69.1, SL 125, Par 71
14 überdachte Rangeabschläge

G: Gäste sind jederzeit willkommen. Anmeldung ist notwendig. Clubausweis mit eingetragener PE ist erforderlich.

18-Loch-Greenfee: WT: EUR 60 / WE: EUR 80
9-Loch-Greenfee: WT: EUR 35 / WE: EUR 45
Ermäßigung: Jugendl./Stud. bis 27 J. 50%

Platzbeschreibung

Das etwas hügelige, von jahrhundertealten Sanddünen durchzogene Gelände wird im Süden und Westen von dichtem Kiefernwald begrenzt. Im Osten geht der Blick über Felder bis nach Heidelberg und zum Odenwald. Der alte Baumbestand verleiht dem Par 71 Kurs eine besondere Atmosphäre und lässt auch bei großer Sommerhitze ein angenehmes Spiel zu. Wasserhindernisse sind zwar nicht vorhanden, dafür verteidigen Bunker die schwer zu spielenden Grüns.

Platzinfos

VCG
GPS
CLUB

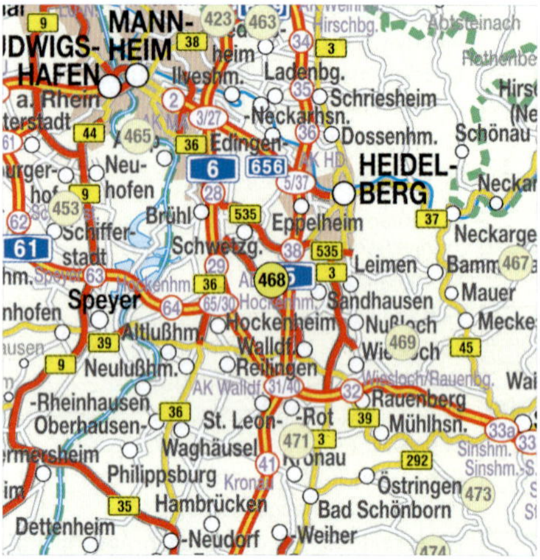

Anfahrtsbeschreibung

A 5 Darmstadt-Karlsruhe, Ausfahrt Heidelberg-Schwetzingen Ri. Schwetzingen, kurz vor Schwetzingen links ab nach Oftersheim, hier weiter in Richtung Walldorf, in der ersten 70er Zone links zum Golfplatz. Oder: A 6 Darmstadt-Karlsruhe, Ausfahrt Schwetzingen/Hockenheim, Richtung Schwetzingen, kurz vor Schwetzingen rechts ab in Richtung Walldorf (B 291) nach ca. 4,2 km in der ersten 70er Zone im Wald links zum Golfplatz.

Nächstgelegene Plätze

Hohenhardter Hof, GA (Nr. 469)
St. Leon-Rot, GC (Nr. 471)
GC Mannheim, Rheingoldhalle (Nr. 465)

Golfanlagen Hohenhardter Hof e.V.

Karte, Nr. 469, Feld D10 **27** Höhe: 230 m

gegründet: 1983

Hohenhardter Hof, 69168 Wiesloch-Baiertal
06222-788110 06222-7881111
info@golf-hohenhardt.de
www.golf-hohenhardt.de

PR
Dr. Bernhard Heil, GF: Ulrich Mack,
CM: Rainer Fuchs
Anna Müller
Headgreenkeeper: Frank Pätzold

i
06222-788110 -7881111
Ute Willnauer

Restaurant Hohenharder Hof, Faouzi Ben Saad
06222-7881120

PRO SHOP
Ute Willnauer

PRO
Pro: Sebastian Thiele, Daniel Torresin

H: 5781 m, CR 71.6, SL 132, Par 72
D: 5034 m, CR 73, SL 129, Par 72
50 Rangeabschläge (20 überdacht)

G
Gäste sind jederzeit willkommen. Anmeldung ist notwendig. Clubausweis mit eingetragenem Handicap (54) ist erforderlich. Sa./So./Feiertage ist Handicap 36 erforderlich.

18-Loch-Greenfee: WT: EUR 70 / WE: EUR 90
9-Loch-Greenfee: WT: EUR 35 / WE: EUR 50
Ermäßigung: Jugendl./Stud. bis 27 J. 50%

Platzinfos

VCG GPS CLUB GASTRO

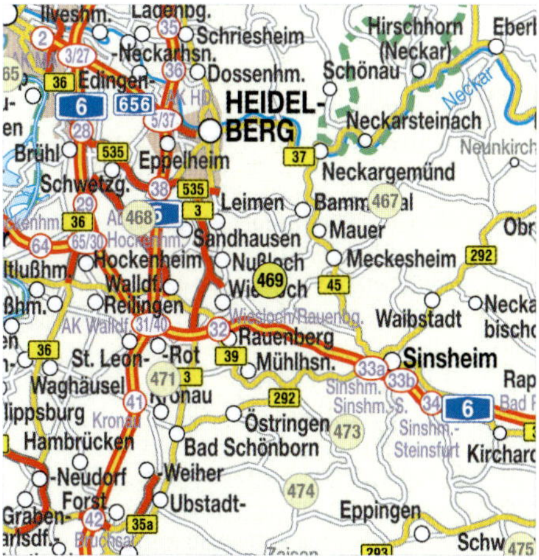

Anfahrtsbeschreibung
A 6 Mannheim-Heilbronn, Ausfahrt Wiesloch-Rauenberg Richtung Wiesloch-Zentrum, in Wiesloch weiter Richtung Baiertal, in Baiertal weiter Richtung Schatthausen, ca. 500 m nach Baiertal rechts zum Golfplatz abbiegen (beschildert).

Platzbeschreibung
Die 27-Loch-Anlage liegt auf dem Gelände des ehemaligen Rittergutes Hohenhardter Hof in Wiesloch-Baiertal. Im Zentrum der 70 ha großen Anlage liegt das Herrenhaus des ehemaligen Rittergutes und rundet so das Bild der Anlage in der Hügellandschaft des Kraichgaus ab. Das hügelige Gelände mit Höhenunterschieden bis zu 60 m und zusätzlichen Baum-, Sand- und Wasserhindernissen erhöht den Schwierigkeitsgrad, ist jedoch fair für alle Golfer gestaltet.

Nächstgelegene Plätze
Heidelberg-Lobenf., GC (Nr. 467)
St. Leon-Rot, GC (Nr. 471)
Rheintal, GC (Nr. 468)

Golfclub Bad Rappenau

Karte, Nr. 470, Feld E10 **18** Höhe: 200 m

gegründet: 1989

Ehrenbergstraße 25a,
74906 Bad Rappenau-Zimmerhof
07264-3666 07264-3838
info@golfclub-badrappenau.de
www.golfclub-badrappenau.de

PR: Gunnar Wilcke, CM: Melanie Appel
Headgreenkeeper: Thomas Kuhnsch

i: 07264-3666 07264-3838

Restaurant Ehrenberger's, Frank Pasternacki
07264-9609361
Mo. Ruhetag

PRO SHOP: Intersport Saemann Golfshop Bad Rappenau, Martina Kachel
07264-9609305

PRO: Pro: Thorsten Oßwald

H: 5968 m, CR 71.3, SL 129, Par 72
D: 5251 m, CR 72.9, SL 128, Par 72
18 Rangeabschläge (9 überdacht)

G: Gäste sind jederzeit willkommen. Clubausweis mit eingetragener PE ist erforderlich.

18-Loch-Greenfee: WT: EUR 60 / WE: EUR 80
9-Loch-Greenfee: WT: EUR 30 / WE: EUR 40
Ermäßigung: Jugendl./Stud. bis 27 J. 50%

Platzbeschreibung

Die Golfanlage liegt am Eingang des „Fünfmühlentals" harmonisch eingebettet in ein 72 ha umfassendes, leicht welliges Gelände. Die mit 18-Loch symetrisch angeordneten Spielbahnen bieten einen interessanten und abwechslungsreichen Parcours mit einigen Herausforderungen.

Platzinfos

VCG GPS CLUB

Anfahrtsbeschreibung

A 6 Mannheim-Heilbronn, Ausfahrt Bad Rappenau, 4 km bis Bad Rappenau, aus Rappenau 1 km Richtung Gundelsheim, in Bad Rappenau-Zimmerhof 300 m bergab und dann links abbiegen zum Golfplatz.

Nächstgelegene Plätze

Golfoase Pfullinger Hof (Nr. 475)
public Golf Talheimer Hof (Nr. 477)
Sinsheim, GC (Nr. 473)

Golf Club St. Leon-Rot Betriebsges. mbH & Co. KG

Karte, Nr. 471, Feld D10 18/18/9/5 Design: Hannes Schreiner, Dave Thomas Höhe: 108 m

gegründet: 1996

Opelstraße 30, 68789 St. Leon-Rot
☏ 06227-86080 🖷 06227-860888
✉ info@gc-slr.de
www.gc-slr.de

PR: Dietmar Hopp, GF: Eicko Schulz-Hanßen
Headgreenkeeper: Daniel Lüttger

i: ☏ 06227-86080 🖷 06227-860888
Nadja Dagies, Malika Brenneisen, Hana Gabbert

Ace of Clubs & Carpe Diem, Steffi Peschke
☏ 06227-8608110 🖷 06227-86088110

PRO SHOP: Golf Club St. Leon-Rot Betriebsges. mbH & Co. KG, Dirk Schall
☏ 06227-8608200 🖷 06227-8608390

PRO: Pro: Frédéric Ammon, Benjamin Schlichting, Lars Bocks, Michael Strong, Michael Thurner, Marco Schmuck, Domenic Engelhardt, Anne-Catrin Ernst, Sebastian Holzapfel, Neil Hargrave, Denise Sohn, Frank Adamowicz, Niklas Rakowski, George Orr

18-Loch Course „Rot"
H: 6047 m, CR 72, SL 138, Par 72
D: 5329 m, CR 74, SL 136, Par 72
18-Loch Course „St. Leon"
H: 6178 m, CR 72.9, SL 133, Par 72
D: 5286 m, CR 73.8, SL 131, Par 72
134 Rangeabschläge (42 überdacht)

G: Gäste sind jederzeit willkommen. Anmeldung ist notwendig. Clubausweis mit eingetragenem Handicap (36) ist erforderlich.

18-Loch-Greenfee: WT: EUR 85 / WE: EUR 120
9-Loch-Greenfee: WT: EUR 42.5 / WE: EUR 60
9-Loch-GF auf dem 18-Loch-Platz nur auf Anfrage möglich.
Ermäßigung: Jugendl./Stud. bis 27 J. 50%

Platzbeschreibung

Der 1996 gegründete Club verfügt über zwei 18-Loch Meisterschaftsplätze, die beide bereits Austragungsort der Deutsche Bank - SAP Open waren, einem Profiturnier der PGA European Tour. Tiger Woods hatte in St. Leon-Rot seinen ersten Auftritt auf dem europäischen Festland und gewann das Turnier in den Jahren 1999, 2001 und 2002. Im Jahr 2015 fand in St. Leon-Rot der Solheim Cup und der PING Junior Solheim Cup statt. Beide Plätze des Clubs, St. Leon und Rot, sind mehrfach von der Fachpresse ausgezeichnet worden.

Platzinfos

VCG
GPS
CLUB
GASTRO

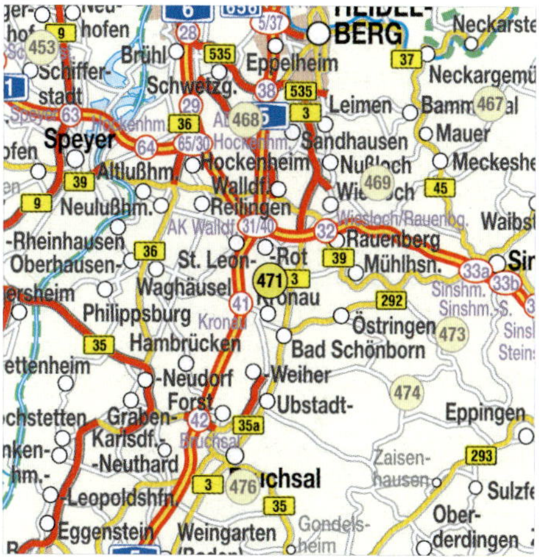

Anfahrtsbeschreibung

Am ABK Walldorf auf die A 6 Richtung Heilbronn, Ausfahrt Wiesloch/Rauenberg Richtung Walldorf, an der 2. Ampel (nach ca. 1 km) rechts auf die B 3 Richtung Bruchsal, an der 3. Ampel rechts Richtung St. Leon-Rot (Beschilderung St. Leon-Rot/Golfplatz) und dann in die 3. Straße links (Opelstraße), am Ende der Opelstraße liegt die Zufahrt zum Gästeparkplatz.

Nächstgelegene Plätze

Hohenhardter Hof, GA (Nr. 469)
Rheintal, GC (Nr. 468)
Heitlinger, GR (Nr. 474)

Golf-Club Heilbronn-Hohenlohe e.V.

Karte, Nr. 472, Feld E10 **27** Design: Kurt Rossknecht, Donald Harradine Höhe: 300 m

gegründet: 1964

Neuer Garten 2,
74639 Friedrichsruhe-Zweiflingen
☎ 07941-92080 🖷 07941-920819
✉ golf@gc-heilbronn-hohenlohe.de
💻 www.gc-heilbronn-hohenlohe.de

PR Dr. Bruno Fergen, GF: Gerald Schleucher
Headgreenkeeper: Klaus Bortt

i ☎ 07941-92080 🖷 07941-920819
Katrin Scheuerle

Ehrenberger´s 2.0, Frank Pasternacki
☎ 07941-920830 . Mo. Ruhetag

PRO SHOP Intersport Saemann, Ria Wilfling
☎ 07941-920820 🖷 07941-620400

PRO Pro: Barbara Eisner, Sebastian Kübler, Hans Bux

18-Loch Limes-Friedrichsruhe Platz
H: 6032 m, CR 72.1, SL 132, Par 73
D: 5293 m, CR 73.6, SL 130, Par 73
18-Loch Schlosspark-Limes Platz
H: 5764 m, CR 70.8, SL 129, Par 71
D: 5119 m, CR 67.5, SL 121, Par 69
80 Rangeabschläge (8 überdacht)

G Gäste sind jederzeit willkommen. Anmeldung ist notwendig. Clubausweis mit eingetragenem Handicap (54) ist erforderlich. Sa./So./Feiertage ist Handicap 36 erforderlich.

18-Loch-Greenfee: WT: EUR 70 / WE: EUR 85
9-Loch-Greenfee: WT: EUR 35 / WE: EUR 45
Ermäßigung: Jugendl./Stud. 50%

Platzbeschreibung

Der Platz liegt im hügeligen Gelände des Hohenloher Landes direkt beim Wald- und Schloßhotel Friedrichsruhe. Ein Teil der Spielbahnen verläuft im ehemaligen Schlosspark der Fürsten zu Hohenlohe-Oehringen mit teilweise sehr altem Baumbestand. Die restlichen Bahnen verlaufen offener und bieten einen besonderen Reiz durch weite Ausblicke auf die Landschaft.

Platzinfos

VCG GPS CLUB GASTRO

Anfahrtsbeschreibung

A 6 Heilbronn-Nürnberg, Ausfahrt Öhringen, Friedrichsruhe ist ab Öhringen beschildert, das Clubhaus befindet sich hinter dem Wald- und Schloßhotel Friedrichsruhe.

Nächstgelegene Plätze

Kaiserhöhe, GC (Nr. 466)
Marhördt, GC (Nr. 480)
Oberrot-Frankenb., GC (Nr. 481)

Golfclub Sinsheim Buchenauer Hof e.V.

Karte, Nr. 473, Feld D10 18/6 Höhe: 200 m

gegründet: 1993

Buchenauerhof 4, 74889 Sinsheim-Weiler
☏ 07265-7258 🖶 07265-7379
✉ info@golfclubsinsheim.de
💻 www.golfclubsinsheim.de

PR
Claudia Zwilling-Pinna

☏ 07265-7258 🖶 07265-7379
Stefan Nygryn

Restaurant Buchenauerhof
☏ 07265-9199511

PRO SHOP
Golfshop Sinsheim - Buchenauerhof
☏ 07265-7258 🖶 07265-7379

PRO
Pro: Thorsten Oswald, Michael A. Emery

18-Loch Championship Course
H: 5803 m, CR 71.6, SL 136, Par 72
D: 5163 m, CR 73.7, SL 133, Par 72
6-Loch Executive Platz
H: 715 m, Par 18, D: 715 m, Par 18
30 Rangeabschläge (10 überdacht)

G
Gäste sind jederzeit willkommen. Anmeldung ist notwendig. Clubausweis mit eingetragenem Handicap (54) ist erforderlich.

18-Loch-Greenfee: WT: EUR 60 / WE: EUR 80
9-Loch-Greenfee: WT: EUR 35 / WE: EUR 45
Ermäßigung: Jugendl. bis 18 J. und Stud. bis 27 J. 50%

Platzbeschreibung

Umrahmt von Wäldern in der typischen Kraichgauer Landschaft ist unsere Anlage der ideale Ort für Entspannung und sportliche Herausforderung. Neueinsteigern steht ein umfangreiches Übungsgelände und ein öffentlicher 6-Loch-Kurzplatz zur Verfügung. Fortgeschrittene und Profis finden einen Meisterschaftsplatz vor, der aufgrund seines Designs und der Topographie allen Ansprüchen gerecht wird.

Platzinfos

VCG
GPS
CLUB
GASTRO

Anfahrtsbeschreibung

A6, Ausfahrt Sinsheim Süd, am Stadion abfahren, Richtung Weiler, Richtung Waldangelloch zum Buchenauer Hof. Oder: A 6 Mannheim-Heilbronn, Ausfahrt Wiesloch-Rauenberg, dann B 39 Richtung Angelbachtal-Michelfeld, weiter Richtung Eppingen, in Waldangelloch Richtung Sinsheim/Weiler zum Buchenauerhof. Oder: A 6, Ausfahrt Sinsheim Richtung Dühren, über Angelbachtal-Michelfeld nach Waldangelloch zum Buchenauer Hof.

Nächstgelegene Plätze

Heitlinger, GR (Nr. 474)
Hohenhardter Hof, GA (Nr. 469)
St. Leon-Rot, GC (Nr. 471)

Golf Resort HEITLINGER Tiefenbach e.V.

Karte, Nr. 474, Feld D10 18/6 Höhe: 260 m

gegründet: 1989

Birkenhof, 76684 Östringen-Tiefenbach
07259-8683 07259-8684
info@heitlinger-golf-resort.de
www.heitlinger-golf-resort.de

PR Wolfgang Burger, GF: Warren Jacklin, CM: Arif Arifi

07259-8683 -8684
Julia Nagy

Albatros Restaurant im HEITLINGER Golf Resort
07259-4640140
Mo. Ruhetag

PRO SHOP Pro-Shop im HEITLINGER Golf Resort, Elvira Fritscher. 07259-925181

PRO Pro: Warren Jacklin, Graeme Brass

18-Loch Meisterschaftsplatz
H: 5716 m, CR 71.1, SL 137, Par 72
D: 4972 m, CR 72.5, SL 135, Par 72
6-Loch Kurzplatz (Par 3)
H: 700 m, Par 18, D: 700 m
20 Rangeabschläge (14 überdacht)

G Gäste sind jederzeit willkommen. Sa./So./Feiertage ist Anmeldung notwendig. Clubausweis mit eingetragenem Handicap ist erforderlich. Mo.-Fr. ist Handicap 54 erforderlich.

18-Loch-Greenfee: WT: EUR 70 / WE: EUR 80
9-Loch-Greenfee: WT: EUR 40 / WE: EUR 50
Ermäßigung: Jugendl. bis 18 J. und Stud. bis 26 J. 50%

Platzbeschreibung

Nur etwa eine halbe Stunde von den Ballungsräumen Mannheim, Karlsruhe, Stuttgart entfernt, bietet dieser Golf-Park auf über 300 ha herrlicher Naturlandschaft einen harmonisch in die leichte Hügellandschaft integrierten 18-Loch-Meisterschaftsplatz sowie einen 6-Loch-Public-Kurzplatz mit einem vielseitigen Angebot an Spiel, Lern- und Erholungsmöglichkeiten.

Platzinfos

Anfahrtsbeschreibung

A 5 Karlsruhe-Frankfurt, Ausfahrt Kronau Richtung Östringen, nach dem Ortskern Östringen rechts Richtung Odenheim, in Odenheim links nach Tiefenbach, nach ca. 1 km liegt der Golfplatz auf der rechten Seite.

Nächstgelegene Plätze

Sinsheim, GC (Nr. 473)
St. Leon-Rot, GC (Nr. 471)
Bruchsal, GC (Nr. 476)

Greenfee-Aktion: Seite G 111

Golfanlage Golfoase Pfullinger Hof

Karte, Nr. 475, Feld E10 18/9/6

gegründet: 1991

Pfullinger Hof 1, 74193 Schwaigern-Stetten
07138-67442 07138-932910
golfoase@t-online.de
www.golfoase.de

PR
Harald H. Walter, GF: Harald H. Walter
Headgreenkeeper: Harald H. Walter

07138-67442 -932910
Dipl.Psychologin Mari Walter, Edith Walter

„Madeleines Cafe & Bistro" am Golfplatz, Kornelia Oberreicher
07138-67442 07138-932910
Mo. Ruhetag

PRO SHOP
Harald H. Walter
07138-67442 07138-932910

PRO
Pro: Malte Brenner

18-Loch Platz
H: 5593 m, CR 70.2, SL 131, Par 72
D: 5113 m, CR 73.6, SL 130, Par 72
9-Loch Platz
H: 2194 m, Par 58, D: 2194 m, Par 56
30 Rangeabschläge (18 überdacht)

G
Gäste sind jederzeit willkommen. Clubausweis mit eingetragenem Handicap (54) ist erforderlich. Der Platz ist im Winterspielbetrieb ab 12:00 Uhr bespielbar (sofern es keinen Frost und Reif hat). Nur Trage-Bags erlaubt!

Tages-Greenfee: WT: EUR 60 / WE: EUR 70
18-Loch-Greenfee (bis 10:00 Uhr): WT: EUR 55 / WE: EUR 65
9-Loch-Greenfee: WT: EUR 30 / WE: EUR 40
Wintergreenfee bei Winterspielbetrieb EUR 30
Ermäßigung: Jugendl. bis 21 J. und Stud. bis 28 J. 50%

Platzbeschreibung

Die Naturlandschaftsgolfanlage Pfullinger Hof, ausgezeichnet vom DGV Golf & Natur in Gold, liegt inmitten einer idyllischen Kulturlandschaft am Rande des Heuchelbergs.Sie verfügt über alle Annehmlichkeiten, die man von einer modernen Golfanlage erwartet. Der 18-Loch-Par 72 Naturlandschaftsgolfplatz ist für alle HCP-Klassen eine Herausforderung. Für Anfänger und Fortgeschrittene stehen mit unserer grossen Driving-Range, dem 9-Loch Kurzplatz,dem 6-Loch Bambiniplatz, mehreren Puttinggreens, Übungsflächen und einem Scope System sowie das SamPuttLab eine Vielzahl von Übungseinrichtungen zur Verfügung.

Platzinfos

Anfahrtsbeschreibung

A 6 Heilbronn-Mannheim, Ausfahrt Steinsfurt Richtung Schwaigern über Ittlingen-Richen auf der B 293, Ausfahrt Gemmingen-Stetten, durch Stetten Richtung Großgartach-Schwaigern, nach ca. 500 m rechts zum Pfullinger Hof.

Nächstgelegene Plätze

Schloßgut Neumagenh., GC (Nr. 479)
Bad Rappenau, GC (Nr. 470)
public Golf Talheimer Hof (Nr. 477)

Baden-Württemberg

Golfclub Bruchsal e.V.

Karte, Nr. 476, Feld D11 **18/9** Design: Jeremy Pern Höhe: 121 m

gegründet: 1990

Langental 2, 76646 Bruchsal
☎ 07251-302270 📠 07251-3022720
✉ info@golfclub-bruchsal.de
💻 www.golfclub-bruchsal.de

PR: Carola Gantner, CM: Susanna Klemm

i: ☎ 07251-302270 📠 07251-3022720

Lago & das kleine feine
☎ 07251-3022724
Mo. Ruhetag

PRO SHOP: Golfclub Bruchsal e.V.
☎ 07251-302270 📠 07251-3022720

PRO: Pro: Jeremy Taylor

18-Loch Championship Course
H: 5640 m, CR 69.2, SL 126, Par 72
D: 4730 m, CR 69.1, SL 119, Par 72
9-Loch öffentliche 9-Loch-Anlage (Par 3)
H: 633 m, Par 27, D: 581 m, Par 27
30 Rangeabschläge (8 überdacht)

G: Gäste sind jederzeit willkommen. Anmeldung ist notwendig. Clubausweis mit eingetragenem Handicap (54) ist erforderlich. Sa./So./Feiertage ist Handicap 45 erforderlich.

18-Loch-Greenfee: WT: EUR 60 / WE: EUR 80
9-Loch-Greenfee: WT: EUR 35 / WE: EUR 50
Ermäßigung: Jugendl./Stud. 50%

Platzbeschreibung
Der Platz ist sowohl für Anfänger als auch Fortgeschrittene bestens geeignet und stellt je nach Spielstärke ständig neue Herausforderungen. Die computergesteuerte Bewässerungsanlage sorgt für optimale Bespielbarkeit. Drei spezielle Speicherteiche sorgen für das notwendige Nass. Diese sog. Himmelsteiche runden das Landschaftsbild harmonisch ab und sind gleichzeitig interessante Teile des Spiels.

Platzinfos

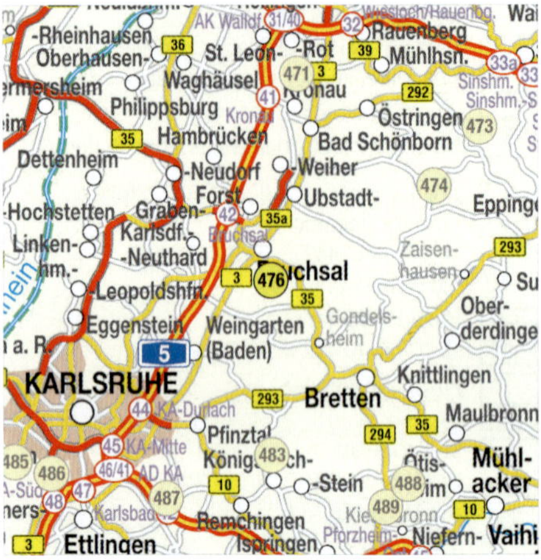

Anfahrtsbeschreibung
A 5 Darmstadt-Karlsruhe, Ausfahrt Bruchsal, weiter auf der B 35 Richtung Bretten-Stuttgart bis zur Ausfahrt Langentalsiedlung (ca. 3 km).

Nächstgelegene Plätze
Johannesthal, GC (Nr. 483)
Heitlinger, GR (Nr. 474)
St. Leon-Rot, GC (Nr. 471)

public Golf Talheimer Hof

Karte, Nr. 477, Feld E11   9/9

Talheimer Hof 1, 74388 Talheim
☎ 07131-6359911 Fax 07131-6359909
welcome@talheimerhof.de
www.talheimerhof.de

PR: GF: Abdallah Ben Amara

Weitblick
☎ 07131-6359910
Mo. Ruhetag

9-Loch Champion's Course
H: 2775 m, SL 126, Par 35
D: 2295 m, SL 117, Par 35
50 Rangeabschläge (14 überdacht)

G: Gäste sind jederzeit willkommen. Clubausweis mit eingetragener PE ist erforderlich.

18-Loch-Greenfee: WT: EUR 35 / WE: EUR 38
9-Loch-Greenfee: WT: EUR 25 / WE: EUR 27

Platzinfos

VCG

Nächstgelegene Plätze
Schloß Liebenst., G&LC (Nr. 482)
Schloßgut Neumagenh., GC (Nr. 479)
Golfoase Pfullinger Hof (Nr. 475)

Platzbeschreibung
In mitten von Weinbergen, vor den Toren Heilbronns

Baden-Württemberg

Golfclub Schwäbisch Hall e.V.

Karte, Nr. 478, Feld F11 **18/6** Höhe: 410 m

gegründet: 1987

Am Golfplatz 1,
74523 Schwäbisch Hall-Dörrenzimmern
07907-8190 07907-8180
info@gc-sha.de
www.gc-sha.de

PR: Prof. Dr. med. Hans-Peter Geisen
Headgreenkeeper: Jürgen Friz

07907-8190 07907-8180
Christiane Steinhoff

Restaurant am Golfplatz
07907-940242

PRO SHOP: Intersport Saemann
07907-2970

PRO: Pro: Marco Melik, Sam Aaron Uebele

18-Loch Platz
H: 6103 m, CR 72.7, SL 136, Par 72
D: 5373 m, CR 74.5, SL 136, Par 72
6-Loch Öffentlicher 6-Loch-Kurzplatz
H: 803 m, Par 19, D: 803 m, Par 19
20 Rangeabschläge (3 überdacht)

G: Gäste sind jederzeit willkommen. Clubausweis mit eingetragenem Handicap (54) ist erforderlich. Sa./So./Feiertage ist Handicap 45 erforderlich.

18-Loch-Greenfee: WT: EUR 80 / WE: EUR 90
9-Loch-Greenfee: WT: EUR 45 / WE: EUR 55
Ermäßigung: Jugendl./Stud.

Platzbeschreibung

Der Golfplatz liegt auf einer leichten Anhöhe mit weitem Blick auf die Hohenloher Ebene. Der Platz wirkt durch seine großzügig angelegten Spielbahnen und die landschaftlich typische Vegetation. Der stets überzeugende Pflegezustand, die vielfältigen Möglichkeiten sowie die sportliche Herausforderung begeistern Jung und Alt sowie Spieler sämtlicher Spielstärken immer wieder aufs Neue.

Platzinfos

Anfahrtsbeschreibung

Von Heilbronn: A 6, Ausfahrt Kupferzell nach Schwäbisch Hall, dann Richtung Ellwangen und nach ca. 11 km in Dörrenzimmern rechts zum Golfplatz abbiegen. Von Nürnberg: A 6, Ausfahrt Kirchberg Richtung Vellberg über Großaltdorf, in Vellberg Richtung Schwäbisch Hall und nach ca. 1 km links zum Golfplatz abbiegen.

Nächstgelegene Plätze

Oberrot-Frankenb., GC (Nr. 481)
Grafenhof, G&CC (Nr. 484)
Marhördt, GC (Nr. 480)

Golfclub Cleebronn e.V.

Karte, Nr. 479, Feld E11 **9** Höhe: 303 m

gegründet: 1992

Schlossgut Neumagenheim, 74389 Cleebronn
07135-934520 07135-9345269
info@golfplatz-cleebronn.de
www.golfplatz-cleebronn.de

PR: Claus Benesch, GF: Björn Becker

i: 07135-934520 07135-9345269
Pascal Gessler

Villa Verde
07135-9345250
Mo. Ruhetag

PRO SHOP: Björn & Simone Becker, Simone Becker
07135-934520 07135-9345269

PRO: Pro: André Exel

9-Loch Neumagenheim Michaelsberg Platz
H: 4264 m, CR 62.9, SL 106, Par 64
D: 3736 m, CR 63.7, SL 107, Par 64
30 Rangeabschläge (8 überdacht)

G: Gäste sind jederzeit willkommen. Clubausweis mit eingetragener PE ist erforderlich.

18-Loch-Greenfee: WT: EUR 35 / WE: EUR 45
9-Loch-Greenfee: WT: EUR 25 / WE: EUR 30
Ermäßigung: Jugendl./Stud.

Platzinfos

VCG GPS

Anfahrtsbeschreibung

Von Stuttgart, Heilbronn und Karlsruhe den Schildern „Tripsdrill" folgen, dann noch 400 m Richtung Cleebronn und zum Golfplatz.

Platzbeschreibung

Der Golfclub liegt umgeben von Weinbergen am Fuße des Michaelsbergs und ist natürlich in die landschaftlichen Gegebenheiten des Strombergs integriert. Er ist ganzjährig bespielbar und wer nach dem Golfen noch etwas unternehmen will, kann den Freizeitpark Tripsdrill besuchen, der nur einen Kilometer entfernt liegt.

Nächstgelegene Plätze

Golfoase Pfullinger Hof (Nr. 475)
Schloß Liebenst., G&LC (Nr. 482)
public Golf Talheimer Hof (Nr. 477)

Golfclub Marhördt Betriebsgesellschaft mbH & Co. KG

Karte, Nr. 480, Feld E11 **18** Höhe: 570 m

gegründet: 1993

Marhördt 18, 74420 Oberrot
07977-910277 07977-910279
info@golfclub-marhoerdt.de
www.golfclub-marhoerdt.de

PR: GF: Peter Noller

i: 07977-910277 07977-910279

Restaurant Landhaus Noller, Ramona Noller
07977-9119970 07977-910279
Mo. Ruhetag

PRO SHOP: The Professional Golf Academy
0178-5398368

PRO: Pro: Stephen Walker

H: 5816 m, CR 71.7, SL 130, Par 72
D: 5123 m, CR 73.6, SL 133, Par 72
30 Rangeabschläge (11 überdacht)

G: Gäste sind jederzeit willkommen. Anmeldung ist notwendig. Clubausweis mit eingetragenem Handicap (54) ist erforderlich.

18-Loch-Greenfee: WT: EUR 65 / WE: EUR 75
Ermäßigung: Jugendl. bis 18 J. 50%

Platzbeschreibung

Die Anlage befindet sich mitten im Herzen des Naturparks „Schwäbisch-Fränkischer Wald". Der landschaftlich sehr schön gelegene Platz, fernab von lärmenden Straßen ermöglicht gemütliche Stunden auf einem nicht all zu lang angelegten Parcour. Dennoch verlangt der Platz mit seinen kleinen Grüns und schmalen Fairways nach einem präzisen Spiel vom Tee und auf den Fairways.

Platzinfos

VCG CLUB GASTRO

Anfahrtsbeschreibung

Von Stuttgart: B 14 über Waiblingen-Winnenden-Backnang-Sulzbach Richtung Schwäbisch Hall-Nürnberg, bei der Beschilderung Erlach-Grab rechts nach Grab, durch Grab nach Marhördt, linker Hand liegt der Platz. Von Heilbronn: A 81, Ausfahrt Untergruppach, auf die B 39 über Löwenstein-Mainhardt bis zur B 14, dort rechts Richtung Stuttgart, bei Erlach-Grab links Richtung Grab und dann weiter wie oben beschrieben zum Golfplatz.

Nächstgelegene Plätze

Oberrot-Frankenb., GC (Nr. 481)
Schwäbisch Hall, GC (Nr. 478)
Haghof, G&LC (Nr. 495)

Greenfee-Aktion: Seite G 113

Golf Club Oberrot-Frankenberg

Karte, Nr. 481, Feld F11 **9/6** Höhe: 510 m

gegründet: 1991

Höhenstraße 54, 74420 Oberrot-Frankenberg
07977-8601 07977-8032
info@golfclub-oberrot-frankenberg.de
www.golfclub-oberrot-frankenberg.de

PR
GF: Adam Gerich
Martin Wiederholl
Birgit Eichinger
Headgreenkeeper: G.P.E. Greenkeeping GmbH

07977-8601 -8032

Golfrestaurant Landgasthaus Frankenberg,
Alexander Rehder
0163-86694206
Mi. Ruhetag

PRO
Pro: Josef Feuerstahler

9-Loch Platz
H: 5694 m, CR 70.2, SL 129, Par 70
6-Loch Platz
H: 1000 m, Par 3, D: 1000 m, Par 3
20 Rangeabschläge (6 überdacht)

G
Gäste sind jederzeit willkommen. Anmeldung ist notwendig. Clubausweis mit eingetragener PE ist erforderlich.

Tages-Greenfee: WT: EUR 55 / WE: EUR 65
18-Loch-Greenfee: WT: EUR 55 / WE: EUR 65
9-Loch-Greenfee: WT: EUR 35 / WE: EUR 45
Ermäßigung: Jugendl./Stud. 50%

Platzinfos

VCG GPS CLUB GASTRO

Anfahrtsbeschreibung

Von Stuttgart, Waiblingen, Backnang über B 14 bis Sulzbach, dann Richtung Murrhardt, Fichtenberg nach Oberrot. In Oberrot rechts abbiegen in Richtung Hohenhardtsweiler nach Frankenberg. Oder: Von Schwäbisch Hall in Richtung Gaildorf. In Uttenhofen rechts abbiegen in Richtung Oberrot, am Abzweig Frankenberg dem Wegweiser Golfplatz folgen.

Platzbeschreibung

Die herrliche Landschaft mit sanften Hügeln, alten Obstbäumen und Wäldern bietet den Rahmen für diesen naturverbundenen Platz. Hier inmitten des Naturparks Fränkisch-Schwäbischer Wald sind noch wohltuende Ruhe und gute Luft zu finden. Ohne große Höhendifferenzen, doch mit schwierigen, langen Par 3 Bahnen ist der Platz eine Herausforderung für Anfänger und Könner. Eine großzügige Driving Range, ein 6-Loch Platz und Übungsmöglichkeiten runden die Anlage ab.

Nächstgelegene Plätze

Marhördt, GC (Nr. 480)
Schwäbisch Hall, GC (Nr. 478)
Haghof, G&LC (Nr. 495)

Golf- und Landclub Schloß Liebenstein e.V.

Karte, Nr. 482, Feld E11 27

gegründet: 1982

Schloß Liebenstein, 74382 Neckarwestheim
☎ 07133-98780 Fax 07133-987818
✉ info@gc-sl.de
www.golfclubliebenstein.de

PR: Magnus Lang, GF: Holger Meyer
Headgreenkeeper: Ralf Reiss

i: ☎ 07133-98780 Fax 07133-987818
Sandra Sutter

Fasinis
☎ 07133-963424

PRO SHOP: Sporthaus Saemann
☎ 07133-205802

PRO: Pro: Jelto Kerkmann, Richard Fries, Benjamin März

H: 5803 m, CR 72.6, SL 139, Par 73
D: 5172 m, CR 74.8, SL 136, Par 72
30 Rangeabschläge (10 überdacht)

G: Gäste sind jederzeit willkommen. Anmeldung ist notwendig. Clubausweis mit eingetragener PE ist erforderlich. Sa./So./Feiertage ist Handicap 45 erforderlich. GPS-Geräte nur im Privatspiel zugelassen.

18-Loch-Greenfee: WT: EUR 70 / WE: EUR 90
9-Loch-Greenfee: WT: EUR 40 / WE: EUR 60
Ermäßigung: Jugendl./Stud. 50%

Platzinfos

VCG GPS CLUB

Anfahrtsbeschreibung
A 81 Heilbronn-Stuttgart, Ausfahrt Mundelsheim Richtung Kirchheim, dann rechts Richtung Neckarwestheim, wieder rechts Richtung Schloß Liebenstein und der Beschilderung zum Golfplatz folgen.

Platzbeschreibung
Weinberge, Felder, Wiesen und Wälder bilden zusammen mit dem mächtigen Schloss eine harmonische Landschaftsidylle, die für den Golfsport geradezu prädestiniert ist. Auf über 50 ha Fläche des ehemaligen Schlossgutes wurde die Anlage mit sanften Hügeln zwischen beschaulichen Teichen, teils offen, teils bewaldet, angelegt. Es gibt einige enge Passagen die ein sehr konzentriertes Spiel erfordern.

Nächstgelegene Plätze
public Golf Talheimer Hof (Nr. 477)
Schloßgut Neumagenh., GC (Nr. 479)
Schloss Monrepos, GC (Nr. 490)

Golfclub Johannesthal e.V.

Karte, Nr. 483, Feld D11 **18** Design: Reinhold Weisshaupt Höhe: 200 m

gegründet: 1993

Johannesthaler Hof, 75203 Königsbach-Stein
☎ 07232-809860 Fax 07232-809888
info@johannesthal.de
www.johannesthal.de

PR: Bernd Greiner, GF: Cornelia Zoller

i: ☎ 07232-809860 Fax 07232-809888
Dominic Lloyd, Caroline Renner

Johannesthaler Hof, Oliver Ruedel
☎ 07232-314373

PRO: Pro: Markus Pöhnl

H: 5839 m, CR 70.9, SL 134, Par 73
D: 5098 m, CR 72.2, SL 130, Par 73
25 Rangeabschläge (12 überdacht)

G: Gäste sind jederzeit willkommen. Anmeldung ist notwendig. Clubausweis mit eingetragenem Handicap (54) ist erforderlich. Sa./So./Feiertage ist Handicap 36 erforderlich.

18-Loch-Greenfee: Di.-Fr.: EUR 65 / WE: EUR 80
9-Loch-Greenfee: Di.-Fr.: EUR 40 / WE: EUR 50
Ermäßigung: Jugendl./Stud. 50%

Platzinfos

Anfahrtsbeschreibung

A 8 Stuttgart-Karlsruhe, Ausfahrt Pforzheim-West, B 10 bis Wilferdingen, rechts Richtung Königsbach, kurz vor Königsbach links Richtung Walzbachtal. Der Golfplatz liegt 3 km nach dem Ortsausgang Königsbach. Oder: A 5 Darmstadt-Karlsruhe, Ausfahrt Bruchsal, B 35 Richtung Bretten, kurz vor Bretten rechts auf die B 293 Richtung Karlsruhe, Ausfahrt Wössingen-Königsbach, der Golfplatz liegt 3 km nach Wössingen Richtung Königsbach.

Platzbeschreibung

Johannesthal - Der Wohlfühlclub im malerischen Kraichgau Der top-gepflegte Golfplatz besticht durch seine herrlichen Weitblicke bis hinein in den Nordschwarzwald und ist ideal in die hügelige Landschaft eingebettet. Highlights sind das wunderschöne Inselgrün und zahlreiche attraktiv angelegte Wasserhindernisse sowie ein toll gestalteter Bachlauf. Das idyllische Hofgut lädt geradezu ein, nach der Golfrunde ein Getränk oder feines Essen zu genießen. Genießen Sie einen schönen Tag bei uns!

Nächstgelegene Plätze

Karlsruhe Gut Batzenhof, GP (Nr. 487)
Golfyouup (Nr. 489)
Karlsh. Hof, Golf Pforzh. (Nr. 488)

Baden-Württemberg

Greenfee-Aktion: Seite G 113

Golf- und Country Club Grafenhof e.V.

Karte, Nr. 484, Feld F11 **9** Höhe: 460 m

gegründet: 1992

Hinterfeld 1, 74426 Bühlerzell
07963-8419333
info@golfclub-grafenhof.de
www.golfclub-grafenhof.de

PR: Jürgen Podhorny
Headgreenkeeper: Manfred Arndt

i: 07963-8419333

Manfred Beck

PRO: Pro: Johannes Schwarz

H: 5998 m, CR 71.6, SL 135, Par 72
D: 5380 m, CR 74.1, SL 132, Par 72
20 Rangeabschläge (2 überdacht)

G: Gäste sind jederzeit willkommen. Clubausweis mit eingetragener PE ist erforderlich. Gäste sind herzlich willkommen.

18-Loch-Greenfee: WT: EUR 35 / WE: EUR 40
9-Loch-Greenfee: WT: EUR 25 / WE: EUR 30
Für DGV-Mitglieder ohne „R" oder VCG-Mitglieder gilt ein Zuschlag von 15 EUR auf alle Greefee-Preise. Wenn das Büro geschlossen ist, bitte Greenfee im „stillen Sekretariat" bezahlen. Partnerclubs Baden-Württemberg nur Mo. - Fr.

Platzbeschreibung

Im Herzen des Städtedreiecks Aalen, Ellwangen und Schwäbisch Hall gelegen, findet der Besucher einen gepflegten und attraktiv in die Hügel- und Seenlandschaft des Schwäbischen Waldes eingebetteten 9-Loch-Golfplatz vor. Die breit und sehr fair gemähten Spielbahnen sind auch für Spieler mit höherem Handicap gut zu spielen. Durch geschickt platzierte Bunker und mehrere Wasserhindernisse ist der Platz aber auch eine Herausforderung für Spieler mit niedrigen Handicaps.

Platzinfos

VCG

Anfahrtsbeschreibung

A 7 Ulm-Würzburg, Ausfahrt Ellwangen Richtung Schwäbisch Hall, am Ortsausgang Ellwangen-Adelmannsfelden-Hinterwald zum Golfplatz abbiegen.

Nächstgelegene Plätze

Schwäbisch Hall, GC (Nr. 478)
Oberrot-Frankenb., GC (Nr. 481)
Romant. Straße, GP (Nr. 598)

Golfclub Rheinstetten

Karte, Nr. 485, Feld D11 9

Messering 20, 76287 Rheinstetten
0721-5164918
info@golfclub-rheinstetten.de
golfclub-rheinstetten.de

G Gäste sind jederzeit willkommen. Anmeldung ist erforderlich. PE ist erforderlich.

9-Loch-Greenfee: WT: EUR 20 / WE: EUR 25

Platzinfos

Nächstgelegene Plätze
Hofgut Scheibenhardt, GC (Nr. 486)
Karlsruhe Gut Batzenhof, GP (Nr. 487)
Altrhein, GC (Nr. 491)

Platzbeschreibung
Die Anlage vereint Golfspaß, effektive Trainingsmöglichkeiten und kurze Laufwege in einem außergewöhnlichen Wohlfühl-Ambiente direkt an der Messe in Karlsruhe. Ein idealer Treffpunkt für Golfspieler, Golfeinsteiger und alle, die schon immer den Sport ausprobieren wollten.

Baden-Württemberg

Golfclub Hofgut Scheibenhardt e.V.

Karte, Nr. 486, Feld D11 **18** Höhe: 120 m

gegründet: 1986

Scheibenhardt 1, 76135 Karlsruhe
✆ 0721-867463 🖷 0721-867465
✉ club@hofgut-scheibenhardt.de
www.hofgut-scheibenhardt.de

PR: CM: Joachim Saier

i: ✆ 0721-867463 🖷 0721-867465

Das Scheibenhardt, Leonhard Bader
✆ 0721-95296420

PRO SHOP: Prisos Golf, Sandra & Dirk Andjelkow
✆ 0721-867560

PRO: Pro: Nick Conrad, Peter Eisenhuth

H: 5908 m, CR 72, SL 130, Par 72
D: 5195 m, CR 74, SL 129, Par 72
50 Rangeabschläge (5 überdacht)

G: Gäste sind jederzeit willkommen. Anmeldung ist notwendig. Clubausweis mit eingetragenem Handicap (54) ist erforderlich. Startzeiten Reservierung täglich nötig

18-Loch-Greenfee: Mo.-Do.: EUR 65 / Fr.-So.: EUR 85
9-Loch-Greenfee: Mo.-Do.: EUR 35 / Fr.-So.: EUR 45
Ermäßigung: Jugendl./Stud.

Platzbeschreibung

Der Golfplatz Hofgut Scheibenhardt liegt mitten in Karlsruhe und mitten im Grünen auf dem ehemaligen Hofgut Scheibenhardt, das bis zur Entstehung des Golfclubs 1991 noch landwirtschaftlich genutzt wurde. Der Golfplatz ist eben, die Fairways gesäumt mit herrlichen Wiesenblumen. Viele Wasservögel kann man in den Seen beobachten. Die Grüns sind top, kurzum, der Golfplatz ist einen Abstecher wert.

Platzinfos

VCG GPS CLUB GASTRO

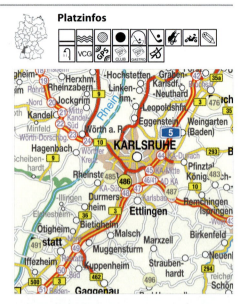

Anfahrtsbeschreibung

A 5 Frankfurt-Basel, Ausfahrt Karlsruhe-Süd, geradeaus Richtung Karlsruhe-Mitte, ca. 2 km nach der Autobahnausfahrt der Beschilderung „Gut Scheibenhardt" zum Golfplatz folgen.

Nächstgelegene Plätze

Rheinstetten, GC (Nr. 485)
Karlsruhe Gut Batzenhof, GP (Nr. 487)
Johannesthal, GC (Nr. 483)

Golfpark Karlsruhe Gut Batzenhof

Karte, Nr. 487, Feld D11 18/9

gegründet: 2017

Gut Batzenhof 3,
76227 Karlsruhe-Hohenwettersbach
0721-90999780 · Fax 0721-90999789
karlsruhe@golf-absolute.de
www.golf-absolute.de/karlsruhe

PR: Dr. Hermann Weiland, GF: Dirk Weiland, CM: Margarete Kögler

i: 0721-90999780 · Fax 0721-90999789

genusswerk | Restaurant & Café am Golfpark
0721-47034306 · Fax 0721-47034307

PRO SHOP: Golf Götze
0721-47033211 · Fax 0721-47033212

PRO: Pro: Sebastian Hessberger, Dave Brough, Sven Eidelloth

18-Loch Classic Course
H: 5836 m, Par 72, D: 4861 m, Par 72
9-Loch Modern Course
H: 1894 m, Par 33, D: 1726 m, Par 33
60 Rangeabschläge (12 überdacht)

G: Gäste sind jederzeit willkommen. Anmeldung ist notwendig. Clubausweis mit eingetragenem Handicap ist erforderlich.

18-Loch-Greenfee: WT: EUR 60 / WE: EUR 80
9-Loch-Greenfee: WT: EUR 35 / WE: EUR 45
Ermäßigung: Jugendl. bis 18 J. und Stud. bis 27 J. 50%

Platzinfos

VCG · GPS · CLUB · GASTRO

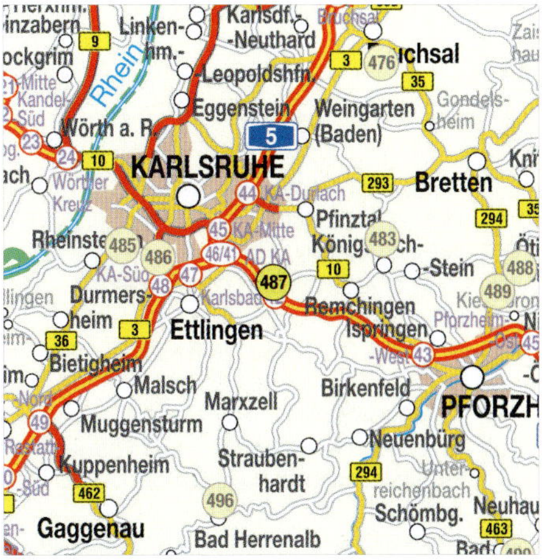

Anfahrtsbeschreibung

Von Stuttgart kommend auf der A 8 in Richtung Karlsruhe Ausfahrt Karlsbad/Stupferich, an der Ampel nach links abbiegen. Geradeaus, an der 2. Ampel rechts Richtung Palmbach. Kurz vor Ortseingang Palmbach, nach der Firma PI rechts (Ochsenstraße), Richtung Golfpark Karlsruhe Gut Batzenhof.

Platzbeschreibung

Spektakuläres Golfen der anderen Art - Erlebnisgolfen Der Golfpark Karlsruhe liegt auf einem Hochplateau und ist verkehrstechnisch gut zu erreichen. Der 18 Loch Classic Course bietet pure golferische Themenvielfalt. Hervorzuheben sind die Bahnen 1 („Carpe diem - genieße den Tag“), 4 („Milan´s Horst“), 10 („Fächerstadt Karlsruhe“), 12 („Grand Canyon“) oder 16 („Sonne, Mond und Sterne“).

Nächstgelegene Plätze

Johannesthal, GC (Nr. 483)
Hofgut Scheibenhardt, GC (Nr. 486)
Rheinstetten, GC (Nr. 485)

Karlshäuser Hof - Golf Pforzheim

Karte, Nr. 488, Feld D11 **18** Design: R. Weishaupt Höhe: 300 m

gegründet: 1987

Karlshäuser Weg, 75248 Ölbronn-Dürrn
☏ 07237-5161
✉ info@kh-golf.de
💻 www.golfpforzheim.de

PR

i ☏ 07237-9100 🖷 07237-5161

Restaurante Calabria
☏ 07237-4863860

PRO SHOP Pro Shop Ramsden
☏ 07237-1284 🖷 07237-1284

18-Loch Meisterschaftsplatz
H: 5843 m, CR 71.5, SL 129, Par 73
D: 5176 m, CR 73.3, SL 129, Par 73
75 Rangeabschläge (19 überdacht)

G Gäste sind jederzeit willkommen. Clubausweis mit eingetragenem Handicap (54) ist erforderlich.

18-Loch-Greenfee: WT: EUR 60 / WE: EUR 80
9-Loch-Greenfee: WT: EUR 40 / WE: EUR 50
Ermäßigung: Jugendl./Stud. 50%

Platzinfos

VCG GPS CLUB GASTRO

Anfahrtsbeschreibung

A 8 Stuttgart-Pforzheim, Ausfahrt Pforzheim-Nord, von dort auf der B 294 Richtung Bretten, der Golfplatz liegt ca. 3 km vor Neulingen rechts der B 294, der Beschilderung „Golfplatz" folgen.

Platzbeschreibung

Die Golfanlage liegt im Enzkreis am Rande des Naturparks Stromberg innerhalb eines Landschaftsschutzgebietes zwischen Pforzheim und Bretten. Das idyllische Tal des Erlenbachs inmitten einer sanft geschwungenen Hügellandschaft bietet auf einem 50 ha umfassenden Areal des Hofgutes Karlshausen einen Platz mit hohem Anspruch.

Nächstgelegene Plätze

Golfyouup (Nr. 489)
Johannesthal, GC (Nr. 483)
Stuttgarter GC Solitude (Nr. 494)

Golfyouup GmbH

Karte, Nr. 489, Feld D11 9/6 Design: Meike Horstmann Höhe: 300 m

gegründet: 2005

Karlshäuser Hof, 75248 Öllbronn-Dürrn
☎ 07237-484000 Fax 07237-484001
✉ info@golfyouup.de
www.golfyouup.de

PR GF: Ute Briem
Headgreenkeeper: Heinz Briem

i ☎ 07237-484000 Fax 07237-484001

Green, Parham Baghaei
☎ 07237-4867577

PRO SHOP golfyouup GmbH
☎ 07237-484000 Fax 07237-484001

PRO Pro: Chris Dickinson

H: 5220 m, CR 66.9, SL 117, Par 68
D: 4652 m, CR 69.1, SL 120, Par 68
100 Rangeabschläge (20 überdacht)

G Gäste sind jederzeit willkommen. PE ist erforderlich.

18-Loch-Greenfee: WT: EUR 45 / WE: EUR 50
9-Loch-Greenfee: WT: EUR 25 / WE: EUR 30
Ermäßigung: Jugendl. bis 16 J. 25%

Platzinfos

VCG GPS

Anfahrtsbeschreibung

A 8 Stuttgart-Pforzheim, Ausfahrt Pforzheim-Nord, von dort auf der B 294 Richtung Bretten, der Golfplatz liegt ca. 3 km vor Neulingen rechts der B 294, der Beschilderung „Golfplatz" folgen.

Nächstgelegene Plätze

Karlsh. Hof, Golf Pforzh. (Nr. 488)
Johannesthal, GC (Nr. 483)
Stuttgarter GC Solitude (Nr. 494)

Baden-Württemberg

Golfclub Schloss Monrepos

Karte, Nr. 490, Feld E11 **18/6** Design: Karl F. Grohs Höhe: 250 m

gegründet: 1992

Monrepos 26, 71634 Ludwigsburg
07141-220030 07141-797497
info@golfclub-monrepos.de
monrepos.golf

PR Udo Strehl, GF: Marc-Frederik Elsäßer
Headgreenkeeper: Ralf Reiss

07141-220030 -797497
Jasmin Bohler, Alexander Würfel, Ingrid Dietz, Manfred Tessmer

Ristorante La Corte, Salvatore Casalino
07141-5051039

PRO SHOP Tony Lloyd
07141-220070 -220040

PRO Pro: Patrick Emery, Werner Linnenfelser, Gerrit Oberle

18-Loch Kurs Rot/Gelb
H: 5937 m, CR 71.9, SL 132, Par 72
D: 5206 m, CR 73.5, SL 129, Par 72
6-Loch Kurzplatz (Par 3)
H: 602 m, Par 18, D: 602 m, Par 18
40 Rangeabschläge (19 überdacht)

G Gäste sind jederzeit willkommen. Anmeldung ist notwendig. Clubausweis mit eingetragenem Handicap (54) ist erforderlich. Sa./So./Feiertage ist Handicap 36 erforderlich.

18-Loch-Greenfee: WT: EUR 65 / WE: EUR 80
9-Loch-Greenfee: WT: EUR 40 / WE: EUR 50
Ermäßigung: Jugendl. bis 19 J. und Stud. bis 27 J. 50%

Platzbeschreibung

Der 18-Loch-Clubplatz liegt am Rande des Monrepos See, neben Hofkammer und Schlosshotel, integriert in einem Naherholungspark. 11 Bahnen auf der südlichen und 7 Bahnen auf der nördlichen Seite der Autobahn erweitern die von Architekt Carl F. Grohs realisierte Anlage auf ca. 80 Hektar Fläche. Zwei große Seen und viele Erdwälle machen den neuen Platz attraktiv. Ein Höhenunterschied von 34 m unterstreicht die sportlichen Ansprüche.

Platzinfos

VCG GPS CLUB GASTRO

Anfahrtsbeschreibung

A 81, Ausfahrt Ludwigsburg Nord, B 27 Richtung Ludwigsburg, Abzweigung links über Landstraße Richtung Freiberg/N., links zu Schloss Monrepos und Golfplatz abbiegen.

Nächstgelegene Plätze

Neckartal, GC (Nr. 492)
Schloss Nippenburg, GA (Nr. 493)
Schloß Liebenst., G&LC (Nr. 482)

Golfclub Altrhein e.V.

Karte, Nr. 491, Feld D11 9

gegründet: 1994

Im Teilergrund 1, 76437 Rastatt-Plittersdorf
07222-154209 07222-154208
info@gcaltrhein.de
www.gcaltrhein.de

PR Siegfried Ludwigs

07222-154209 07222-154208
Otilia Toma, Monika Dürrschnabel

Golf-Restaurant „Am Altrhein", Otilia Toma
07222-154205

PRO SHOP Volker Razum

PRO Pro: Volker Razum

H: 3738 m, CR 61.5, SL 121, Par 62
D: 3376 m, CR 62.4, SL 110, Par 62
12 überdachte Rangeabschläge

G Gäste sind jederzeit willkommen. Clubausweis mit eingetragenem Handicap (54) ist erforderlich.

Tages-Greenfee: WT: EUR 30 / WE: EUR 40
Ermäßigung: Jugendl. bis 17 J. 50%

Platzbeschreibung

Anspruchsvolle, in ein Naturschutzgebiet eingebettete 9-Loch-Anlage. Die gepflegten Par 3, 4 und 5 Bahnen machen den kleinen, aber feinen Platz zu einer echten Herausforderung für jeden Golfer. Roughs und Pflanzflächen entlang der Spielbahnen sowie Biotope und Wasserhindernisse verlangen präzise Abschläge und lassen das Spiel zu einem abwechslungsreichen Erlebnis werden.

Platzinfos

VCG GPS

Anfahrtsbeschreibung

A 5 Karlsruhe-Basel, nach der Ausfahrt Rastatt-Nord rechts Richtung Daimler Benz-Plittersdorf, in der Ortsmitte Plittersdorf Richtung Ottersdorf-Iffezheim, an der Landstraße zwischen Plittersdorf und Ottersdorf liegt nach ca. 1 km das Rastatter Freizeitparadies, dort rechts und der Beschilderung zum Golfplatz folgen.

Nächstgelegene Plätze

Baden Hills G&CC (Nr. 497)
Baden-Baden, GC (Nr. 500)
Rheinstetten, GC (Nr. 485)

Golfclub Neckartal e.V.

Karte, Nr. 492, Feld E11 **18** Design: Bernhard von Limburger Höhe: 350 m

gegründet: 1974

Aldinger Straße, Geb. 975, 70806 Kornwestheim
07141-871319 07141-81716
info@gc-neckartal.de
www.golfclub-neckartal.de

PR: Thomas Teegen

i: 07141-871319 07141-81716
Heike Meschenmoser, Tobias Heinz

Philip Moessiadis
07154-1379674

PRO: Pro: Jens Bleher

H: 5950 m, CR 71.2, SL 126, Par 72
D: 5055 m, CR 71.7, SL 126, Par 72
20 Rangeabschläge (6 überdacht)

G: Gäste sind Montag - Freitag (außer an Feiertagen) willkommen. Sa./So./Feiertage ist Anmeldung notwendig. Clubausweis mit eingetragenem Handicap (H 36 / D 45) ist erforderlich. Mitglieder von Partnerclubs wochentags auch ohne Mitgliederbegleitung. Die aktuelle Partnerclubliste erfragen Sie bitte unter der Nummer 07141/879151. Seit 2016 nur EC oder Kreditkartenzahlung bei Greenfee oder Rangefee möglich. Greenfee kann nur zwischen 8:00 Uhr und 18:00 Uhr gekauft werden.

18-Loch-Greenfee (8:00 - 18:00 Uhr): WT: EUR 65 / WE: EUR 80
9-Loch-Greenfee (8:00 - 18:00 Uhr): WT: EUR 45 / WE: EUR 55

Platzbeschreibung

Das insgesamt 130 ha umfassende Gelände bietet dem im Jahr 1954 von den Amerikanern angelegten Platz Pattonville eine großzügige Einteilung mit breiten, meist geraden Fairways. Die relativ großen Grüns sind überwiegend gut einsehbar, jedoch von Bunkern und Gräben gut verteidigt.

Platzinfos

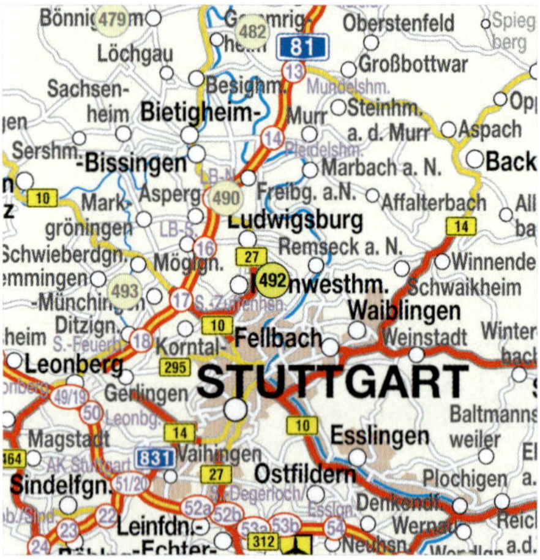

Anfahrtsbeschreibung

B 27 Stuttgart-Ludwigsburg, Ausfahrt Kornwestheim-Nord Richtung Remseck, nach ca. 2 km liegt der Golfplatz linker Hand.

Nächstgelegene Plätze

Schloss Monrepos, GC (Nr. 490)
Schloss Nippenburg, GA (Nr. 493)
Schloß Liebenst., G&LC (Nr. 482)

Golfanlage Schloss Nippenburg

Karte, Nr. 493, Feld E11 **18** Design: Bernhard Langer Höhe: 330 m

gegründet: 1994

Nippenburg 21, 71701 Schwieberdingen
07150-39530 07150-353518
info@schlossnippenburg.de
www.schlossnippenburg.de

PR GF: Elke Weishaupt
Headgreenkeeper: Tobias Bareiß

07150-39530 07150-353518

Restaurant „carpe diem"
07150-395320 07150-353518

H: 5866 m, CR 71.2, SL 132, Par 71
D: 5152 m, CR 72.8, SL 126, Par 71
22 Rangeabschläge (10 überdacht)

G Gäste sind jederzeit willkommen. Anmeldung ist notwendig. Clubausweis mit eingetragenem Handicap (54) ist erforderlich. So./Feiertage ist Handicap 36 erforderlich. Doppelstöckige Driving-Range. Spielen nur gegen Vorlage eines gültigen DGV-Ausweises möglich. Spielen am Sonntag nur Mitgliedern vorbehalten.

18-Loch-Greenfee: WT: EUR 60 / Sa.: EUR 70 / So.: EUR 80
9-Loch-Greenfee: WT: EUR 35 / Sa.: EUR 40 / So.: EUR 45
Ermäßigung: Jugendl./Stud. 50%

Platzbeschreibung

Nur 20 Minuten von Stadtzentrum und Flughafen entfernt, bietet der Platz der Golfanlage Schloss Nippenburg auf einem vorher ebenmäßigen 100 ha großen Areal einen herausfordernden 18-Loch-Meisterschafts-Platz. Die engen Fairways liegen durchwegs eingebettet in hügeliges Terrain. Von den erhöhten Abschlägen wird der Golfer an Traditionskurse in den USA und Großbritannien erinnert. Einen besonderen Reiz bieten die arenaartigen Greens.

Platzinfos

Anfahrtsbeschreibung

A 81 Stuttgart-Heilbronn, Ausfahrt Stuttgart-Zuffenhausen auf die B 10 Richtung Vaihingen/Enz, Abfahrt Hemmingen, im 1. Kreisverkehr Ausfahrt Hemmingen, im 2. Kreisverkehr Ausfahrt Hemmingen, über die 1. Ampel geradeaus, an der 2. Ampel rechts abbiegen Richtung Hemmingen, nach ca. 1,5 km liegt die Golfanlage auf der rechten Seite.

Nächstgelegene Plätze

Schloss Monrepos, GC (Nr. 490)
Neckartal, GC (Nr. 492)
Stuttgarter GC Solitude (Nr. 494)

Baden-Württemberg

Stuttgarter Golf-Club Solitude e.V.

Karte, Nr. 494, Feld D11 18 Design: Bernhard von Limburger, Thomas Himmel Höhe: 500 m

gegründet: 1927

Schloßfeld 6 / Golfplatz, 71297 Mönsheim
07044-9110410 Fax 07044-9110420
info@golfclub-stuttgart.com
www.golfclub-stuttgart.com

PR Dr. Markus H. Ostrop, GF: Simon Schmugge
Headgreenkeeper: Hubert Kleiner

i 07044-9110410 Fax 07044-9110420
Simone Holzer, Gabriele Eckstein

Gastronomie Stuttgarter GC Solitude,
Milos Vujicic - Gastro GmbH
07044-9110412 Fax 07044-9110420
Mo. Ruhetag

PRO SHOP Der Golfladen E.Schroth, E. Schroth
07044-9110413 Fax 07044-920461

PRO Pro: Kevin Kollmer, Julien Froidefond,
Heiko Burkhard, George Nikitaidis

H: 5869 m, CR 71.5, SL 130, Par 72
D: 4970 m, CR 72, SL 125, Par 72
15 Rangeabschläge (8 überdacht)

G Gäste sind Montag - Freitag (außer an Feiertagen) willkommen. Clubausweis mit eingetragenem Handicap (26.5) ist erforderlich. WT ist eine Vorgabe von 26.5 erforderlich, der Spielpartner kann bis 36.0 mitspielen. In Begleitung von Mitgliedern auch HCP 54 unter der Woche. Am WE/Feiertag sind Gäste nur in Mitgliederbegleitung möglich bis 36.0. Bitte beachten Sie, die Driving Range wird gerade erneuert und steht in der Saison 2021 nicht zur Verfügung.

Tages-Greenfee: EUR 85
Ermäßigung: Jugendl./Stud. 50%

Nächstgelegene Plätze

Bad Liebenzell, GC (Nr. 499)
Karlsh. Hof, Golf Pforzh. (Nr. 488)
Golfyouup (Nr. 489)

Platzinfos

Anfahrtsbeschreibung

A 8 Karlsruhe-Stuttgart, Ausfahrt Heimsheim-Mönsheim, in Richtung Mönsheim. Nach ca. 2 km links Einfahrt zum Golfplatz (Schild).

Platzbeschreibung

Die Anlage ist mit altem Baumbestand u. vielen Neuanpflanzungen umgeben u. befindet sich mit variantenreichen, großzügig u. breit angelegten Spielbahnen auf einem leicht hügeligen Gelände. Gut gesetzte Bunker, künstl. angelegte Seen, Steigungen und manch erhöht liegendes Grün sowie teilweise in den Fairways liegende Anpflanzungen erfordern nicht nur Longhitter-Qualitäten.

Baden-Württemberg

Golf- und Landclub Haghof e.V.

Karte, Nr. 495, Feld E11   18/7   Design: Donald Harradine, Thomas Himmel   Höhe: 510 m

gegründet: 1983

Haghof 6, 73553 Alfdorf-Haghof
☎ 07182-92760 ℻ 07182-927620
✉ info@glc-haghof.de
www.glc-haghof.de

PR Dr. Albrecht Sorg, CM: Martin Arzberger
Headgreenkeeper: Eckhard Stadelmaier

i ☎ 07182-92760 ℻ 07182-927620

Restaurant am Golfplatz Haghof
☎ 07182-927615

PRO SHOP Niko März Proshop, Hanni Weiler
☎ 07182-927614

PRO Pro: James Dawson

18-Loch Platz
H: 5700 m, CR 70.6, SL 131, Par 71
D: 4999 m, CR 72.6, SL 128, Par 71
7-Loch Platz (Executive)
H: 905 m, Par 22, D: 905 m, Par 22
10 Rangeabschläge (8 überdacht)

G Gäste sind jederzeit willkommen. Anmeldung ist notwendig. Clubausweis mit eingetragener PE ist erforderlich.

9-Loch-Greenfee: WT: EUR 40 / WE: EUR 50
Ermäßigung: Jugendl./Stud. 50%

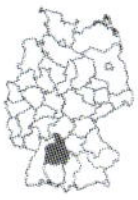

Platzinfos

VCG GPS CLUB GASTRO

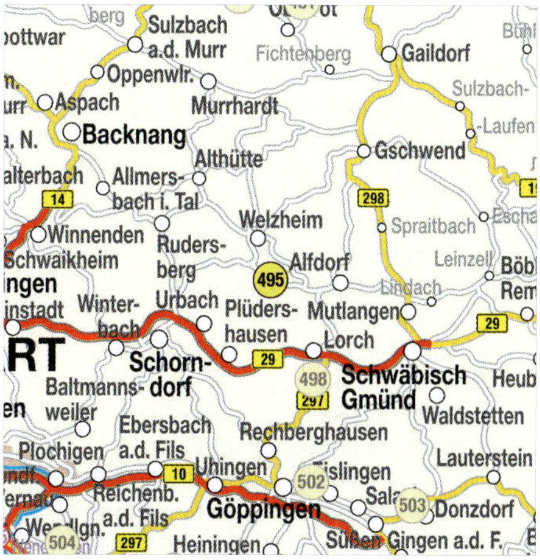

Anfahrtsbeschreibung
Aus Süden und Westen kommend: Auf der B 29 bis Ausfahrt Welzheim/Rudersberg, dann auf der neuen Umgehungsstraße Richtung Welzheim bis Breitenfürst, dort Richtung Alfdorf rechts abbiegen. Golfplatz nach ca. 2 km auf linker Seite. Aus Norden kommend: BAB Heilbronn-Stuttgart bis Ausfahrt Mundelsheim über Backnang, Rudersberg, Welzheim in Richtung Alfdorf. Aus Osten kommend: Auf der B 29 bis Ausfahrt Lorch-Ost, Welzheim, in Richtung Welzheim. Nach Ortsdurchfahrt Pfahlbronn ca. 3 km bis Haghof.

Platzbeschreibung
Dieser Golfplatz im Naturpark „Schwäbisch-Fränkischer Wald" gelegen, erfordert mit seinen zahlreichen, strategisch geschickten Sand- und Wasserhindernissen ein mutiges, herausforderndes und präzises Spiel. Die Bahnen 17 und 18 befinden sich auf historischem Gelände. Ein Highlight ist die Bahn 17 mit der Entscheidung, langer Drive über den See oder am Wasser vorbei mit einem schweren 2. Schlag aufs Grün.

Nächstgelegene Plätze
Hetzenhof, GC (Nr. 498)
Göppingen, GC (Nr. 502)
Hohenstaufen, GC (Nr. 503)

Baden-Württemberg

Greenfee-Aktion: Seite G 113

Golf Club Herrenalb-Bernbach e.V.

Karte, Nr. 496, Feld D11 **9** Höhe: 470 m

gegründet: 1968

Bernbacher Straße 61, 76332 Bad Herrenalb
07083-8898
info@gc-bh.de
www.gc-bad-herrenalb.de

PR: Steffen Kolb

i: 07083-8898
Margot Hihn-Struhak, Jutta Henkel

Restaurant im Golfclub
07083-5749
Mo. Ruhetag

PRO SHOP: Golfschule Robert Fischer
0163-3776213

PRO: Pro: Robert Fischer

H: 5075 m, CR 67.2, SL 129, Par 70
D: 4616 m, CR 70.2, SL 126, Par 70
12 Rangeabschläge (2 überdacht)

G: Gäste sind jederzeit willkommen. Anmeldung ist notwendig. Clubausweis mit eingetragener PE ist erforderlich. So./Feiertage ist Handicap 54 erforderlich. VcG-Spieler sind zugelassen.

18-Loch-Greenfee: WT: EUR 55 / WE: EUR 65
9-Loch-Greenfee: WT: EUR 30 / WE: EUR 35
Bad Herrenalber Gästetage Dienstag bis Donnerstag als Tagesgreenfee EUR 55 inkl. EUR 5 Gutschein für die Gastronomie. 9 Loch kosten EUR 30 inkl. EUR 5 Gutschein für die Gastronomie. Gäste spielen an ihrem Geburtstag Greenfee-frei.
Ermäßigung: Jugendl./Stud. 50%

Platzbeschreibung

Der Platz liegt in einer landschaftlich besonders reizvollen Umgebung des Schwarzwaldes. Die Spielbahnen wurden in die interessante und idyllische Landschaft des Bernbachtals eingebettet.

Platzinfos

VCG

Anfahrtsbeschreibung

A 8 Stuttgart-Karlsruhe, Ausfahrt Waldbronn. Oder: A 5 Karlsruhe-Basel, Ausfahrt Ettlingen oder Baden-Baden/Gernsbach oder Ausfahrt Rastatt-Moosbronn nach Bad Herrenalb, in Bad Herrenalb den Hinweisschildern zum Golfplatz folgen.

Nächstgelegene Plätze

Karlsruhe Gut Batzenhof, GP (Nr. 487)
Baden-Baden, GC (Nr. 500)
Hofgut Scheibenhardt, GC (Nr. 486)

Baden Hills Golf und Curling Club e.V.

Karte, Nr. 497, Feld C11 **18** Design: gds Les Furber, Canmore/Alberta Höhe: 121 m

gegründet: 1982

Cabot Trail G208, 77836 Rheinmünster
☎ 07229-185100
✉ info@baden-hills.de
💻 www.baden-hills.de

PR Wolfram Werner
Headgreenkeeper: Neil Shawcross

i ☎ 07229-185100
Emeli Naber, Elisabeth Walter

☎ 0176-24371136

PRO SHOP Golfshop Baden Hills
☎ 07229-1851014

PRO Pro: Uwe Haasmann, Kevin Bold, Patrick Hagen

H: 5780 m, CR 70.7, SL 130, Par 72
D: 4869 m, CR 71.1, SL 125, Par 72
25 Rangeabschläge (3 überdacht)

G Gäste sind jederzeit willkommen. Anmeldung ist notwendig. Clubausweis mit eingetragener PE ist erforderlich. Sa./So./Feiertage ist Handicap 54 erforderlich. Startzeitenreservierung täglich online oder telefonisch 3 Tage im Voraus.

18-Loch-Greenfee: WT: EUR 60 / WE: EUR 80
VcG-Spieler und Spieler mit eingeschränktem Spielrecht zahlen ein um EUR 10 erhöhtes GF.
Ermäßigung: Jugendl./Stud.

Platzbeschreibung

Die Anlage präsentiert sich als gelungene Symbiose zwischen Naturbelassenheit und Platzarchitektur. Heideähnlicher Baumbestand, Ginsterfelder, Schwarzwald-Panorama und die vorbeiziehenden Schiffe bieten ein besonderes Flair. Das milde Klima des Oberrheins und der sandige Boden erlauben ganzjähriges Spiel auf Sommergreens. Ständiger Wechsel zwischen offenen Bahnen und Doglegs mit wechselndem Wind erfordern höchste Konzentration.

Platzinfos

VCG GPS CLUB GASTRO

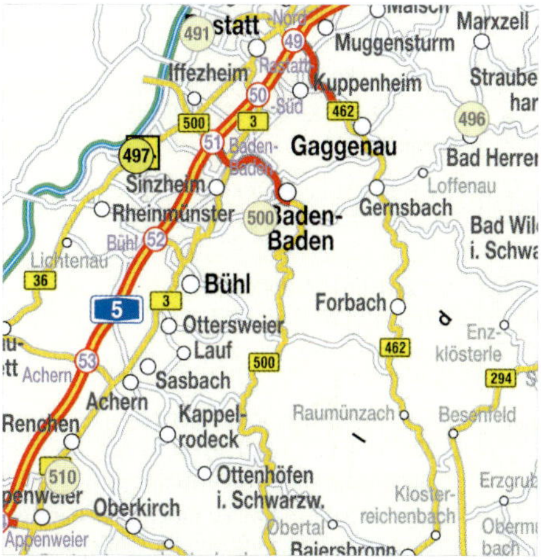

Anfahrtsbeschreibung

A 5 Karlsruhe-Basel, Ausfahrt Baden-Baden, der Beschilderung zum Baden-Airpark folgen, am Eingang zum Baden-Airpark rechts zum Golfplatz abbiegen. Von Strasbourg: A 35, Ausfahrt Forstfeld (Nr. 56), weiter Richtung Rastatt, nach dem Rheinübergang über die B 500 und B 36 der Beschilderung zum Baden-Airpark folgen.

Nächstgelegene Plätze

Altrhein, GC (Nr. 491)
Baden-Baden, GC (Nr. 500)
Urloffen, GC (Nr. 510)

Greenfee-Aktion: Seite G 113

Golf Club Hetzenhof e.V.

Karte, Nr. 498, Feld F11 27/6 Design: Thomas Himmel Höhe: 410 m

gegründet: 1995

Hetzenhof 7, 73547 Lorch
☎ 07172-91800 Fax 07172-918030
info@golfclub-hetzenhof.de
www.golfclub-hetzenhof.de

PR: Roland Schoetz, CM: Andreas Waibel
Headgreenkeeper: Wolfgang Mayer

i: ☎ 07172-91800 Fax 07172-918030
Margit Bihler

KFG Hotel GmbH & Co. KG
☎ 07172-918012 Fax 07172-918030

PRO SHOP: Pro-Shop im Hetzenhof
☎ 07172-918013 Fax 07172-918030

PRO: Pro: Harald Ruoss

H: 6101 m, CR 73.1, SL 131, Par 72
D: 5267 m, CR 73.1, SL 131, Par 73
20 Rangeabschläge (9 überdacht)

G: Gäste sind jederzeit willkommen. Sa./So./Feiertage ist Anmeldung notwendig. Clubausweis mit eingetragener PE ist erforderlich.

18-Loch-Greenfee: WT: EUR 80 / WE: EUR 95
9-Loch-Greenfee: WT: EUR 45 / WE: EUR 55
Ermäßigung: Jugendl./Stud. 50%

Platzinfos

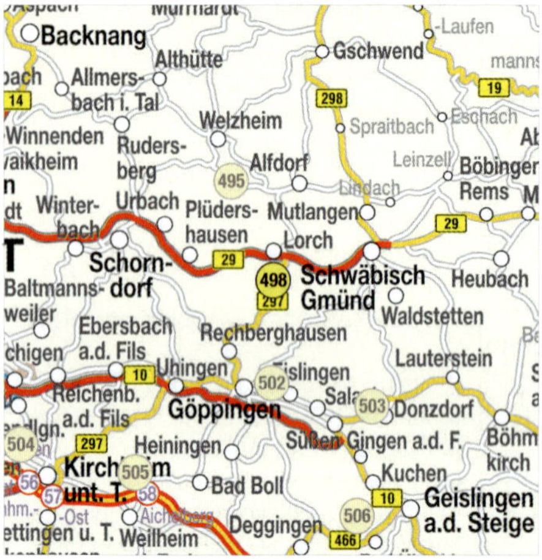

Platzbeschreibung

Die Golfanlage Hetzenhof liegt nur 30 Autominuten von Stuttgart entfernt. Die 27 Spielbahnen bieten durch Ausnutzung der natürlichen Topographie ein abwechslungsreiches und anspruchsvolles Golfspiel und bieten einen herrlichen Blick auf die umliegenden drei Kaiserberge.

Anfahrtsbeschreibung

Von Stuttgart oder Aalen: B29 bis Lorch (Ausfahrt Lorch Ost!), von dort weiter auf der AB297 Richtung Göppingen und der Beschilderung folgen. Oder: Von Esslingen, Kirchheim, Ulm und Plochingen auf der B 10 bis Göppingen, von dort weiter auf der B 297 Richtung Lorch und der Beschilderung zum Golfplatz folgen.

Nächstgelegene Plätze

Göppingen, GC (Nr. 502)
Haghof, G&LC (Nr. 495)
Hohenstaufen, GC (Nr. 503)

Golfclub Bad Liebenzell e.V.

Karte, Nr. 499, Feld D11 **18** Höhe: 550 m

gegründet: 1988

Golfplatz 1, 75378 Bad Liebenzell
✆ 07052-93250 🖷 07052-932525
✉ info@gcbl.de
💻 www.gcbl.de

PR Dr. Stephan Mayer
Headgreenkeeper: Axel Schwemmle

i ✆ 07052-93250 🖷 07052-932525

Restaurant am Golfplatz
✆ 07052-9347924

PRO SHOP Sean Cassisa-Pro Shop
✆ 07052-932521

PRO Pro: Rainer Mund, Maximilian Müller

H: 5860 m, CR 71.7, SL 135, Par 72
D: 5159 m, CR 73.9, SL 129, Par 72
30 Rangeabschläge (10 überdacht)

G Gäste sind jederzeit willkommen. Anmeldung ist notwendig. Clubausweis mit eingetragenem Handicap (54) ist erforderlich.

18-Loch-Greenfee: Mo.-Do.: EUR 60 / Fr.-So.: EUR 80
WE-GF gilt bereits ab freitags.
Ermäßigung: Jugendl./Stud. 50%

Platzbeschreibung

Eingebettet in die oberen Hügellagen des Nordschwarzwaldes bietet die mehrfach ausgezeichnete Par 72 Anlage für alle Spielklassen einen fairen aber auch stets herausfordernden Platz, der sich als ein herausragendes Beispiel für landschaftsgerechtes Golfplatzdesign vorstellt. Die großzügige Übungsanlage bietet ideale Voraussetzungen für jede Spielstärke: Driving Range mit 25 offenen und 10 überdachten Abschlagplätzen, Putting-Grün, Chipping- und Putting- Grün, Pitching-Grün, Unterrichtshütten (beheizt) mit zwei Scope-Videoanalyse-Systemen.

Platzinfos

VCG GPS CLUB GASTRO

Anfahrtsbeschreibung

Von Stuttgart oder Karlsruhe auf der A 8, Ausfahrt Heimsheim, weiter über Heimsheim- Hausen-Münklingen - Möttlingen nach Unterhaugstett (Stadtteil von Bad Liebenzell), am Ortsende rechts der Beschilderung zum Golfplatz folgen. Auf der B 463 aus Pforzheim (P) bzw. Calw (C) kommend, fahren Sie bis nach Bad Liebenzell. Dort biegen Sie am Ortseingang links (von P her) bzw. rechts (von C her) ab und folgen immer der Beschilderung nach Weil der Stadt. Nach etwa 3 km biegen Sie zunächst links ab in Richtung Monakam und anschließend nach etwa 1 km rechts ab zum Golfplatz.

Nächstgelegene Plätze

Stuttgarter GC Solitude (Nr. 494)
Golfyouup (Nr. 489)
Karlsh. Hof, Golf Pforzh. (Nr. 488)

Greenfee-Aktion: Seite G 113

Golf Club Baden-Baden e.V.

Karte, Nr. 500, Feld D11 **18** Design: Peter Ganon

gegründet: 1901

Fremersbergstraße 127, 76530 Baden-Baden
☎ 07221-23579 🖷 07221-3025659
✉ info@golf-club-baden-baden.de
💻 www.golf-club-baden-baden.de

PR Tanja Eisen, CM: Gerhard Kaufmann
Headgreenkeeper: Marcel Hilbert

i ☎ 07221-23579 🖷 07221-3025659
Melanie Opitz, Karin Fröhlich

Clubrestaurant
☎ 07221-23527
Mo. Ruhetag

PRO Pro: Michel Weber

H: 4260 m, CR 64.8, SL 118, Par 64
D: 3834 m, CR 65.8, SL 117, Par 64
14 Rangeabschläge (5 überdacht)

G Gäste sind jederzeit willkommen. Clubausweis mit eingetragenem Handicap (36) ist erforderlich.

18-Loch-Greenfee: WT: EUR 60 / WE: EUR 80
9-Loch-Greenfee: WT: EUR 45 / WE: EUR 60
Vorabend-GF ab 17h, WT EUR 45 / WE EUR 55
Ermäßigung: Jugendl./Stud. bis 26 J.

Platzbeschreibung

Der Platz liegt landschaftlich wunderschön in kleine Täler eingebettet und hat seinen besonderen Reiz in der Blütezeit in den Monaten Mai und Juni sowie im Herbst durch fabelhafte Färbung der Mischwälder, die den Platz umgeben. Die Spielbahnen sind zum Teil recht eng und durch nicht allzu große, jedoch zur Gesamtanlage passende Grüns charakterisiert. Präzise Schläge sind notwendig, um ungeschoren das 18. Grün zu erreichen.

Platzinfos

Anfahrtsbeschreibung

A 5 Karlsruhe-Basel, Ausfahrt Baden-Baden, am Ende des Zubringers rechts, dem Wegweiser „Neuweier-Rebland" folgen, beim Wegweiser „Golfplatz" links zum Golfplatz abbiegen.

Nächstgelegene Plätze

Baden Hills G&CC (Nr. 497)
Altrhein, GC (Nr. 491)
Herrenalb-Bernbach, GC (Nr. 496)

Greenfee-Aktion: Seite G 113

Golf-Club Hochstatt Härtsfeld-Ries e.V.

Karte, Nr. 501, Feld F11 18 Design: Donald Harradine, Reinhold Weishaupt Höhe: 630 m

gegründet: 1981

Hofgut Hochstatt, 73450 Neresheim
☎ 07326-5649 Fax 07326-50232
✉ info@golfclub-hochstatt.de
www.golfclub-hochstatt.de

PR: Egon Maier, GF: John-Charles Simon,
CM: Beate Eichmeier
Headgreenkeeper: Volker Bantel

i: ☎ 07326-5649 Fax 07326-50232

Patrick Kurka, Patrick Kurka
☎ 07326-7979 Fax 07326-50232
Mo. Ruhetag

PRO SHOP: Dieter Sieber, Dieter Sieber
☎ 07326-92132 Fax 07326-50232

PRO: Pro: Bill Pringle, Scott Bennett, William Milne

18-Loch Meisterschaftsplatz
H: 6071 m, CR 71.7, SL 131, Par 72
D: 5350 m, CR 73.6, SL 129, Par 72
30 Rangeabschläge (8 überdacht)

G: Gäste sind jederzeit willkommen. Clubausweis mit eingetragener PE ist erforderlich. Bitte informieren Sie sich vorab in unserem Service Center über die Spielmöglichkeiten.

Tages-Greenfee: WT: EUR 60 / WE: EUR 75
In Spielbegleitung eines Mitglieds erhalten Gäste 1/2 Greenfee.
Ermäßigung: Jugendl. bis 18 J. und Stud. bis 26 J. 50%

Platzbeschreibung

Der 18-Loch-Parcours liegt auf einem leicht hügeligen Hochplateau mit altem Baumbestand und teilweise sehr schönen Ausblicken auf die Burg Katzenstein und die Neresheimer Abteikirche. Wasserhindernisse und gut gesetzte Bunker der spielerisch ausgewogenen Anlage sowie vier Doglegs und bergauf gehende Par 4-Löcher bieten auch geübten Golfern immer eine Herausforderung.

Platzinfos

VCG

Anfahrtsbeschreibung

A 7, Ausfahrt Heidenheim Richtung Neresheim, von Neresheim ca. 3 km Richtung Dischingen, an der „Sägmühle" rechts zum „Hochstatter Hof".

Nächstgelegene Plätze

Dillingen Nusser Alm, GC (Nr. 621)
Donauwörth, GC (Nr. 611)
Eggelstetten, GC (Nr. 614)

Baden-Württemberg

Golfclub Göppingen e.V.

Karte, Nr. 502, Feld F11 **9/3** Design: Harradine Golf, Orville Moody Höhe: 300 m

gegründet: 1998

Fraunhoferstraße 2, 73037 Göppingen
✆ 07161-964140 🖷 07161-9641420
✉ info@golf-gp.de
💻 www.golf-gp.de

PR Ingo Hagen, GF: Ingo Hagen

i ✆ 07161-964140 🖷 07161-9641420
Ursula Aldrian, Christine Hagen, Sinah Hagen

Restaurant am Golfpark
✆ 07161-9868266 🖷 07161-9868267

PRO SHOP ✆ 07161-964140 🖷 07161-9641420

9-Loch Golfpark Göppingen Platz
H: 5516 m, CR 70.6, SL 126, Par 72
D: 5100 m, CR 73.2, SL 131, Par 72
40 Rangeabschläge (12 überdacht)

G Gäste sind jederzeit willkommen. Anmeldung ist erforderlich. PE ist erforderlich.

18-Loch-Greenfee: Mo.-Sa.: EUR 45 / So.: EUR 55
9-Loch-Greenfee: Mo.-Sa.: EUR 36 / So.: EUR 45
Tagesrangefee Mo - So EUR 12
VcG ohne Aufpreis.
Ermäßigung: Jugendl. bis 18 J. 50%, Stud. bis 27 J. 25%

Platzinfos

GPS GASTRO VCG

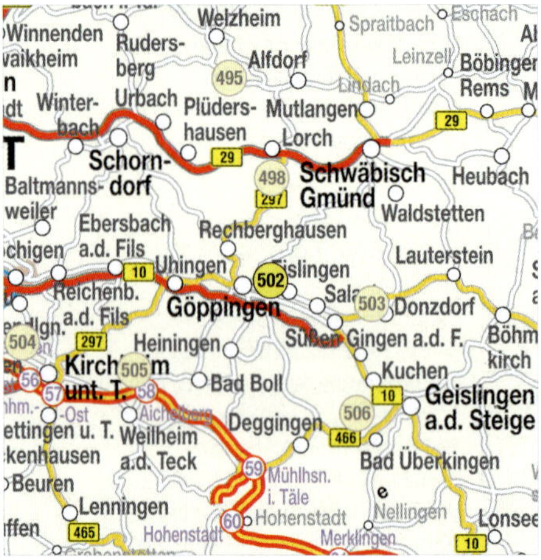

Anfahrtsbeschreibung

Von Stuttgart: B 10 bei Göppingen Ausfahrt Stauferpark. Den Schildern Stauferpark folgen bis zum Einfahrtsbereich „Stauferpark", dann den Schildern Golfpark folgen. Sie finden den Golfpark in der Fraunhoferstraße 2. Parkplätze sind rechter Hand gegenüber dem Clubhaus, das Sekretariat ist auf der Rückseite des Gebäudes, Zugang über den Weg rechts am Gebäude.

Platzbeschreibung

Der in reizvoller Stauferlandschaft gelegene Golfplatz wurde in den 50er Jahren des vergangenen Jahrhunderts von den damals in Göppingen stationierten US-Amerikanern gebaut. Von der Hochfläche bietet sich ein herrlicher Panoramablick auf Albrand und Stauferberge. Das historische Gelände befindet sich auf einem natürlichen Plateau oberhalb des Filstales. Streuobstwiesen, Biotope und gewachsener Baumbestand prägen den landschaftlichen Gesamteindruck. Präzision ist beim Anspielen der Grüns erforderlich, die klein, erhöht und schmal gebaut sind sowie von Bunkern verteidigt werden.

Nächstgelegene Plätze

Hetzenhof, GC (Nr. 498)
Hohenstaufen, GC (Nr. 503)
Bad Überkingen, GC (Nr. 506)

Golf-Club Hohenstaufen e.V.

Karte, Nr. 503, Feld F11 **18** Höhe: 420 m

gegründet: 1959

Unter dem Ramsberg, 73072 Donzdorf
07162-27171 07162-25744
info@gc-hohenstaufen.de
www.gc-hohenstaufen.de

PR: Dr. Erwin G. Stark

07162-27171 07162-25744
Christine Kaufmann, Petra Niemeyer

Clubrestaurant, Mario Mollo
07162-203818
Mo. Ruhetag

PRO SHOP: Pro-Shop Niko März
07162-203817

PRO: Pro: Niko März

H: 5838 m, CR 71.2, SL 137, Par 72
D: 5132 m, CR 72.9, SL 135, Par 72
25 Rangeabschläge (8 überdacht)

G: Gäste sind jederzeit willkommen. Clubausweis mit eingetragenem Handicap (54) ist erforderlich.

18-Loch-Greenfee: Mo.-Sa.: EUR 60 / So.: EUR 70
9-Loch-Greenfee: Mo.-Sa.: EUR 30
Greenfee-Ermäßigung erhalten unsere Nachbarclubs und Partner-Clubs Baden-Württemberg (siehe Aushang im Clubhaus).
Ermäßigung: Jugendl. bis 18 J. und Stud. bis 27 J. 50%

Nächstgelegene Plätze

Göppingen, GC (Nr. 502)
Bad Überkingen, GC (Nr. 506)
Hetzenhof, GC (Nr. 498)

Platzinfos

VCG CLUB

Anfahrtsbeschreibung

Über die ausgebauten Bundesstraßen B10 und B466 geht es direkt auf den Golfplatz.

Platzbeschreibung

Die im Tal des Reichenbachs gelegene 18-Loch Anlage des Golfclubs Hohenstaufen eröffnet auf ihren Bahnen immer wieder schöne Ausblicke auf das Panorama der Schwäbischen Alb wie auch auf die Voralbberge des Fils- und Lautertals. Golferisch ist der sehr hügelige Platz, dessen Fairways oft durch Wälder und den Reichenbach beengt sind, und dessen Grüns gut von Bunkern, Wassergräben und Semi-Roughs geschützt werden, eine echte Herausforderung.

Golfclub Kirchheim-Wendlingen e.V.

Karte, Nr. 504, Feld E11 **18** Design: Reinhold Weisshaupt Höhe: 330 m

gegründet: 1993

Schulerberg 1, 73230 Kirchheim unter Teck
☎ 07024-920820 🖷 07024-9208220
✉ info@golf-kirchheim.de
www.golf-kirchheim.de

PR Susanne Pöschl, GF: Dagmar Mack, CM: Stephanie Döpper
Headgreenkeeper: Marius Knorr

i ☎ 07024-920820 🖷 07024-9208220
Ana Bogovic, Ursula Knuth

Restaurant am Golfplatz, Philip Reise
☎ 07024-55705 🖷 07024-55822

PRO SHOP Golfanlage GmbH + Co. KG
☎ 07024-920820

PRO Pro: Andrew Wilkins, Mikael Krantz, Jimmy Danielsson

H: 6050 m, CR 72, SL 129, Par 72
D: 5306 m, CR 73.4, SL 129, Par 72
40 Rangeabschläge (10 überdacht)

G Gäste sind Montag - Freitag (außer an Feiertagen) willkommen. Anmeldung ist notwendig. Clubausweis mit eingetragenem Handicap (54) ist erforderlich.

18-Loch-Greenfee: Mo.-Do.: EUR 80 / Fr.-So.: EUR 90
9-Loch-Greenfee: Mo.-Do.: EUR 45
Ermäßigung: Jugendl./Stud. 50%

Platzinfos

Anfahrtsbeschreibung

A 8 Stuttgart-München, Ausfahrt Kirchheim u. Teck-Ost Richtung Göppingen-Esslingen, nach ca. 1 km Kreisverkehr Richtung Wernau, nach ca. 1,5 km der Beschilderung zum Golfplatz folgen. Oder: B 10, Ausfahrt Reichenbach-Hochdorf Richtung Kirchheim u. Teck, in Notzingen rechts Richtung Wernau, nach ca. 1 km der Beschilderung zum Golfplatz folgen.

Platzbeschreibung

Die Anlage liegt ca. 30 km südlich von Stuttgart auf einem Höhenrücken zwischen dem Filstal und dem Lautertal mit einer weitreichenden Aussicht in die schwäbische Landschaft bis hin zur Schwäbischen Alb. Das Gelände ist großteils nach Westen geneigt und weist eine maximale Höhendifferenz von 35 m auf. Besonders charakteristisch sind die Modellierungen der Spielbahnen, die ähnlich einem „Stadium Course" von Hügeln begleitet werden.

Nächstgelegene Plätze

Teck, GC (Nr. 505)
Hammetweil, GC (Nr. 509)
Göppingen, GC (Nr. 502)

Greenfee-Aktion: Seite G 115

Golfclub Teck e.V.

Karte, Nr. 505, Feld E11 **9** Höhe: 370 m

gegründet: 1989

Am Golfplatz, 73275 Ohmden
07023-742663 07023-742688
info@golfclub-teck.de
www.golfclub-teck.de

PR: Kai-Uwe Opifanti
Headgreenkeeper: Uwe Schrag

i: 07023-742663 07023-742688
Dagmar Ressel

Al Campo
07023-7779975
Mo. Ruhetag

PRO: Pro: Andrew Wilkins

H: 1961 m, CR 62.2, SL 107, Par 62
D: 1845 m, CR 63.7, SL 106, Par 62
20 Rangeabschläge (6 überdacht)

G: Gäste sind jederzeit willkommen. Mo.-Fr. ist Anmeldung notwendig. Clubausweis mit eingetragener PE ist erforderlich.

18-Loch-Greenfee: WT: EUR 50 / WE: EUR 60
9-Loch-Greenfee: WT: EUR 35 / WE: EUR 45
Ermäßigung: Jugendl. bis 18 J. und Stud. bis 27 J. 50%

Platzinfos

VCG

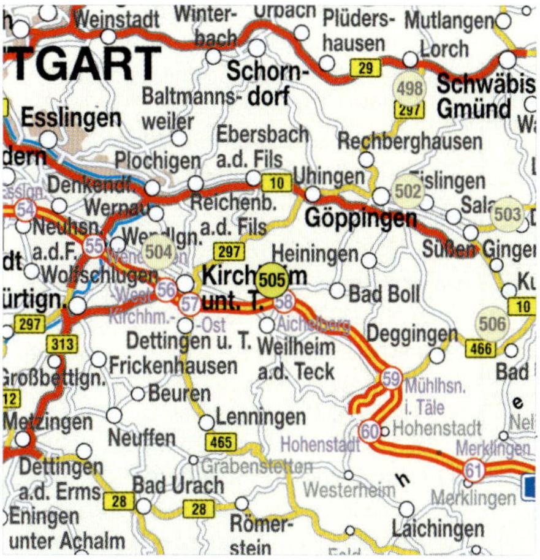

Anfahrtsbeschreibung

A 8 Stuttgart-München, Ausfahrt Aichelberg, weiter Richtung Boll-Göppingen, nach ca. 1 km links Richtung Hattenhofen, nach 1 km links Richtung Ohmden, nach 2 km liegt rechter Hand die Einfahrt zum Golfplatz.

Nächstgelegene Plätze

Kirchheim-Wendl., GC (Nr. 504)
Göppingen, GC (Nr. 502)
Bad Überkingen, GC (Nr. 506)

Platzbeschreibung

Dieser am Fuße der schwäbischen Alb wunderschön gelegene 9-Loch-Golfplatz bietet Golfeinsteigern und Golferfahrenen eine optimale Spiel- und Trainingsmöglichkeit. Die anspruchsvollen und steht gepflegten Fairways und Grüns stellen auch so manche Herausforderung für Pros dar. Nach einer entspannten Golfrunde können die Gäste in dem neu erbauten Clubhaus auf einer wundschön gelegenen Außenterrasse die Seele baumeln lassen und mit direktem Blick auf den Golfplatz die herrliche Umgebung genießen.

Golfer's Club Bad Überkingen e.V.

Karte, Nr. 506, Feld F11 **18** Höhe: 750 m

gegründet: 1991

Beim Bildstöckle,
73337 Bad Überkingen-Oberböhringen
✆ 07331-64066 🖷 07331-64069
✉ info@gc-bad-ueberkingen.de
www.gc-bad-ueberkingen.de

PR: Claus-Peter Wörner, CM: Sabine Engelfried

i: ✆ 07331-64066 🖷 07331-64069
Simone Bantleon, Heike Bauer

Restaurant: Michelle Marcak
✆ 07331-64067 🖷 07331-64069

PRO SHOP: Sven Kattentidt
✆ 07331-64068 🖷 07331-64069

PRO: Pro: Michael Webel

H: 5939 m, CR 71.7, SL 132, Par 71
D: 5289 m, CR 73.7, SL 131, Par 71
30 Rangeabschläge (6 überdacht)

G: Gäste sind jederzeit willkommen. Clubausweis mit eingetragenem Handicap (45) ist erforderlich.

18-Loch-Greenfee: WT: EUR 70 / WE: EUR 80
9-Loch-Greenfee: WT: EUR 40 / WE: EUR 50
Ermäßigung: Jugendl./Stud. bis 27 J. 50%

Platzbeschreibung

Die 18-Loch-Anlage des Golfclub Bad Überkingen liegt in Oberböhringen auf der Schwäbischen Alb und gehört landschaftlich zu einem der vielleicht schönsten Golfplätze Süddeutschlands. In legerer, familiärer Atmosphäre kann man hier seine golferischen Qualitäten auf gepflegten Fairways und anspruchsvollen Greens unter Beweis stellen. Nach der Runde kann man von der Terrasse des malerisch gelegenen Clubhauses ein herrliches Panorama genießen.

Platzinfos

VCG GPS

Anfahrtsbeschreibung

A 8 Stuttgart-München, Ausfahrt Mühlhausen Richtung Geislingen, in Hausen links Richtung Unterböhringen. Der Platz liegt in Oberböhringen, 15 Min. von der A 8 entfernt. Auf der Hauptstraße Anfahrt über die B 10 von Göppingen kommend an der 1. Ampel am Ortseingang Geislingen rechts, die Anfahrtswege zum Golfplatz sind beschildert.

Nächstgelegene Plätze

Hohenstaufen, GC (Nr. 503)
Göppingen, GC (Nr. 502)
Teck, GC (Nr. 505)

Golfclub Schönbuch e.V.

Karte, Nr. 507, Feld E11 18/9 Höhe: 500 m

gegründet: 1989

Schaichhof, 71088 Holzgerlingen
07157-67966 07157-679679
info@gc-schoenbuch.de
www.gc-schoenbuch.de

PR Jürgen Schmidt, GF: Marcel Gallmayer
Headgreenkeeper: Ralf Reiss

i 07157-67966 07157-679679
Jacqueline Geissler, Claudia Rahn, Stephanie Stamm, Angelika Holzkämper

Restaurant am Golfplatz, Peter u. Klaus Mayer
07157-66188 07157-679679

PRO SHOP Jon Evans Pro Shop
07157-64689

PRO Pro: Jon Evans, Marcel Schöttgen, Jason Evans, Jan Eder

18-Loch Club Platz
H: 6009 m, CR 71.8, SL 134, Par 72
D: 5149 m, CR 72.9, SL 129, Par 72
9-Loch öffentlicher Platz
H: 4458 m, CR 63, SL 105, Par 66
D: 3938 m, CR 64.2, SL 102, Par 66
40 Rangeabschläge (10 überdacht)

G Gäste sind jederzeit willkommen. Anmeldung ist notwendig. Clubausweis mit eingetragenem Handicap (36) ist erforderlich.

18-Loch-Greenfee: WT: EUR 70 / WE: EUR 90
9-Loch-Greenfee (ab 18:00 Uhr): WT: EUR 40
Ermäßigung: Jugendl. bis 18 J. und Stud. bis 27 J. 50%

Platzbeschreibung

Die optisch wie spieltechnisch sehr reizvolle Anlage, eingebettet in eine Lichtung des Naturparks Schönbuch, bietet Golfen in herrlicher Natur und absoluter Ruhe. Die Bahnen sind abwechslungsreich angelegt mit Seen, Teichen und Bächen. Besonders spektakulär und schwierig ist Loch 17, Dogleg, mit Seen und gut verteidigtem Grün.

Platzinfos

Anfahrtsbeschreibung

A 81 Stuttgart-Singen, Ausfahrt Holzgerlingen auf die B 464 Richtung Tübingen ca. 2 km nach Holzgerlingen, rechts Zufahrt zum Golfplatz (Schaichhof). Oder: B 27 von Tübingen oder Stuttgart bis zur Abzweigung B 464 Richtung Böblingen, nach ca. 5 km links zum Schaichhof abbiegen.

Nächstgelegene Plätze

Schloss Kressbach, GC (Nr. 512)
Hammetweil, GC (Nr. 509)
Domäne Niederr., GC (Nr. 511)

Golfanlage Birkenhof

Karte, Nr. 508, Feld C11 **9**

Platzinfos

Birkenhof 1, 77694 Kehl-Neumühl
✆ 07851-77497 🖷 07851-899344
✉ info@birkenhof-kehl.de
💻 birkenhof-kehl.de

PR — GF: Marc Geiler

Mo. Ruhetag

PRO — Pro: Berislav Brajkovic

H: 3398 m, Par 62
D: 3208 m, Par 62
12 Rangeabschläge (6 überdacht)

G — Gäste sind jeden Tag (außer Montag) willkommen. Clubausweis mit eingetragener PE ist erforderlich. Für die ersten 6 Löcher wird keine Platzreife erwartet. Montags geschlossen.

Tages-Greenfee: Di.-Fr.: EUR 25 / WE: EUR 30
Ermäßigung: Jugendl./Stud.

Platzbeschreibung

Der Golfplatz verfügt über 9 Bahnen mit einem Gesamtpar von 31. Die Gesamtlänge beträgt für den Herrenabschlag 1847 m, respektive 1711 m für den Damenabschlag. Die Bahnen 1-6 können ohne Platzreife gespielt werden. Für die Bahnen 7-9 wird Platzreife benötigt.

Nächstgelegene Plätze

Urloffen, GC (Nr. 510)
Ortenau, GC (Nr. 517)
Baden Hills G&CC (Nr. 497)

Baden-Württemberg

Golf Club Hammetweil

Karte, Nr. 509, Feld E11   18

gegründet: 2004

Hammetweil 10, 72654 Neckartenzlingen
☎ 07127-97430 🖷 07127-974313
✉ info@gc-hammetweil.de
💻 www.gc-hammetweil.de

PR: GF: Frank-Hagen Spanka, CM: Petra Will

i: ☎ 07127-97430 🖷 -974313
Dorian Weippert, Viviane Ruess

Gastronomie: clubhouse H, clubhouse H
☎ 07127-974321

PRO SHOP: Golf Club Hammetweil, Golf Shop Hammetweil
☎ 07127-97430 🖷 07127-974313

PRO: Pro: Dorian Weippert, Lee Petters, William Gomez Diaz

H: 6023 m, CR 71.8, SL 125, Par 72
D: 5130 m, CR 72.4, SL 125, Par 72
16 Rangeabschläge (8 überdacht)

G: Gäste sind jederzeit willkommen. Sa./So./Feiertage ist Anmeldung notwendig. Clubausweis mit eingetragenem Handicap (54) ist erforderlich. Sa./So./Feiertage ist Handicap 45 erforderlich. Ermäßigtes Greenfee für Gäste von Mitgliedern! Auch für BVGA Mitglieder und Leading

18-Loch-Greenfee: WT: EUR 90 / WE: EUR 110
9-Loch-Greenfee: WT: EUR 49 / WE: EUR 59
Ermäßigtes Greenfee für Gäste mit Vollmitgliedschaften! Ermäßigung: Jugendl./Stud.

Platzbeschreibung

Die neue 18-Loch-Anlage, samt komfortabler Driving-Range, ist ein wunderschön gelegener Platz mit sehr reizvollen Spielbahnen. Die ersten 9 sind talseits und bieten mit dem Inselgrün sowie dem großen Speicherteich an Loch 8 die 2 interessantesten der insgesamt 11 Wasserhindernisse. Die zweiten 9 sind rückseits und bieten Wald und außergewöhnliche Bunker.

Platzinfos

VCG GPS CLUB GASTRO

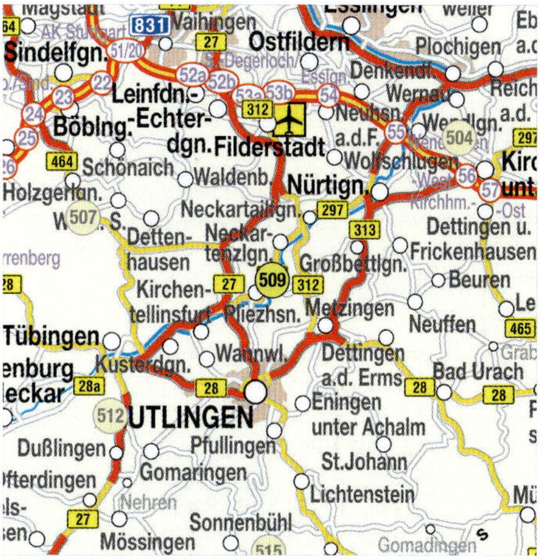

Anfahrtsbeschreibung

Aus Stuttgart: B 27 Ri. Reutlingen, Abfahrt auf die B 312 Ri. Metzingen und die Ausfahrt Neckartenzlingen nehmen. Am Ortsende von Neckartenzlingen rechts Ri. Altenried, nach ca. 500 m links auf die Golfanlage. Aus Nürtingen: B 297 bis nach Neckartenzlingen und weiter wie oben. Aus Metzingen: Ri. Neckartenzlingen, an Pliezhausen vorbei und gleich nach dem Ortsschild links Ri. Altenried und weiter wie oben.

Nächstgelegene Plätze

Schönbuch, GC (Nr. 507)
Schloss Kressbach, GC (Nr. 512)
Kirchheim-Wendl., GC (Nr. 504)

Baden-Württemberg

Greenfee-Aktion: Seite G 115

Golfclub Urloffen e.V.

Karte, Nr. 510, Feld C11 18/9 Design: Maike Horstmann Höhe: 149 m

gegründet: 1998

Golfplatz 1, 77767 Appenweiler
07843-993240 07843-993242
sekretariat@golfclub-urloffen.de
www.golfclub-urloffen.de

PR Dr. Thomas Kohler, CM: Tanja Taxis
Headgreenkeeper: Stefan Opstals

i 07843-993240 07843-993242
Sabrina Eckert

Golfclub-Restaurant, Carmelina Lo Monaco
07843-993241 07843-993242
Mo. Ruhetag

PRO Pro: Susan Moorcraft, Mirko Acksel

18-Loch A+B Meisterschaftsplatz
H: 5753 m, CR 70.5, SL 125, Par 72
D: 4865 m, CR 71.2, SL 122, Par 72
9-Loch Platz C-Platz
H: 1526 m, CR 58.1, SL 97, Par 29
D: 1461 m, CR 58.9, SL 98, Par 29
50 Rangeabschläge (5 überdacht)

G Gäste sind jederzeit willkommen. Sa./So./Feiertage ist Anmeldung notwendig. Clubausweis mit eingetragener PE ist erforderlich. Sa./So./Feiertage ist Handicap 54 erforderlich.

18-Loch-Greenfee: WT: EUR 60 / WE: EUR 80
9-Loch-Greenfee: WT: EUR 35 / WE: EUR 45
Ermäßigung: Jugendl./Stud. 50%

Platzbeschreibung

Interessanter Golfplatz mit herrlichem Blick auf den Schwarzwald und verkehrsgünstigem Anfahrtsweg direkt an der B 3 zwischen Offenburg und Achern. Der flache Platz ist sehr gut zu Fuß zu bewältigen.

Platzinfos

VCG GPS CLUB GASTRO

Anfahrtsbeschreibung

Der Golfplatz liegt direkt an der B 3 von Offenburg/Appenweier kommend. In Zimmern vor Ortsende rechts, dem Schild „Golfplatz" folgen. Oder: Von Achern/Renchen kommend in Zimmern links abbiegen und der Beschilderung „Golfplatz" folgen.

Nächstgelegene Plätze

Birkenhof (Nr. 508)
Baden-Baden, GC (Nr. 500)
Baden Hills G&CC (Nr. 497)

Baden-Württemberg

Golfclub Domäne Niederreutin e.V.

Karte, Nr. 511, Feld D11   18/9/6   Höhe: 460 m

gegründet: 1994

Niederreutin 1, 71149 Bondorf
07457-94490 07457-944930
info@golf-bondorf.de
www.golf-bondorf.de

PR: Hans-Heinrich Brendecke, GF: Markus Eblen, CM: Melita Klais

i: 07457-94490 07457-944930
Monique Schenk, Bianka Holzapfel, Denis Beck

07457-944927

PRO SHOP: Lloyds ProShop, Anthony Lloyd
07457-944924

PRO: Pro: Anthony Lloyd, Daniela Wagner, Nico Meinhardt, David Pimlett

18-Loch Championship Course
H: 6087 m, CR 72, SL 131, Par 73
D: 5381 m, CR 74.1, SL 130, Par 73
9-Loch Championship Course
H: 2964 m, CR 71.2, SL 125, Par 36
D: 2597 m, CR 72.8, SL 122, Par 36
60 Rangeabschläge (15 überdacht)

G: Gäste sind jederzeit willkommen. Sa./So./Feiertage ist Anmeldung notwendig. Clubausweis mit eingetragener PE ist erforderlich.

18-Loch-Greenfee: WT: EUR 70 / WE: EUR 90
9-Loch-Greenfee: WT: EUR 40 / WE: EUR 50
Ermäßigung: Jugendl. und Stud. bis 27 J. 50%

Platzbeschreibung

Der Golfclub Domäne Niederreutin verfügt über einen 27-Loch Championship Course mit wechselnden Rundenkombinationen, einen öffentlichen 6-Loch-Platz sowie ein weitläufiges Trainingsareal.

Platzinfos

VCG

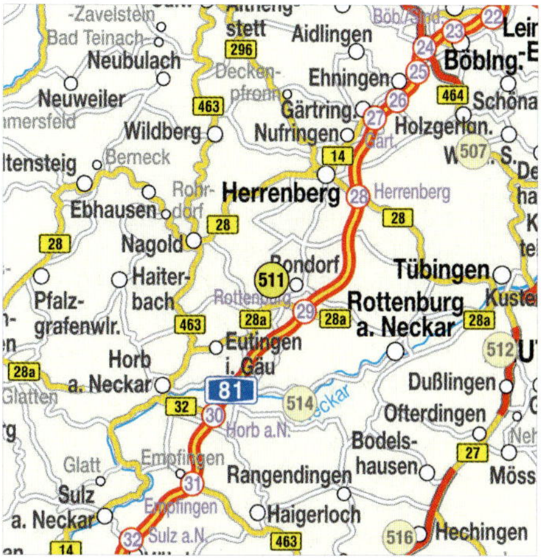

Anfahrtsbeschreibung

A 81, Ausfahrt Rottenburg-Bondorf, in Bondorf Richtung Nagold, der Golfplatz liegt ca. 1,5 km hinter Bondorf direkt an der Straße Bondorf-Mötzingen (L 1361), ca. 5 Min. von der Ausfahrt A81 Rottenburg entfernt.

Nächstgelegene Plätze

Schloss Weitenburg, GC (Nr. 514)
Schönbuch, GC (Nr. 507)
Schloss Kressbach, GC (Nr. 512)

Baden-Württemberg

Golfclub Schloss Kressbach GmbH

Karte, Nr. 512, Feld E11 18/9 Design: Reinhold Weishaupt, Michael Kessel Höhe: 410 m

gegründet: 2008

Kressbach Hofgut 11, 72072 Tübingen
✆ 07071-9709060 ☎ 07071-970906-60
✉ info@gc-schloss-kressbach.de
www.gc-schloss-kressbach.de

PR GF: Gerhard Beck, CM: Martina Müller

i ✆ 07071-9709060 ☎ 07071-970906-60

Restaurant Schloss Kressbach
✆ 07071-97090670 ☎ 07071/970906-60

PRO SHOP Golfclub Schloss Kressbach
✆ 07071-9709060 ☎ 07071-970906-60

PRO Pro: Nick Baron, Roman Opsitaru

18-Loch Meisterschaftsplatz
H: 6108 m, CR 72.3, SL 125, Par 72
D: 5424 m, CR 74.6, SL 124, Par 72
9-Loch Schlossplatz
H: 2156 m, CR 60.8, SL 96, Par 66
D: 2025 m, CR 60.8, SL 95, Par 66
42 Rangeabschläge (12 überdacht)

G Gäste sind jederzeit willkommen. Clubausweis mit eingetragener PE ist erforderlich.

18-Loch-Greenfee: WT: EUR 60 / WE: EUR 75
9-Loch-Greenfee: WT: EUR 40 / WE: EUR 48
Ermäßigung: Jugendl./Stud.

Platzinfos

VCG GPS

Anfahrtsbeschreibung

B 27 Stuttgart-Tübingen, Richtung Hechingen/ Gomaringen, Ausfahrt Kressbach dann der Beschilderung folgen. Oder von Rottenburg über Kiebingen nach Weilheim. In Weilheim rechts „Alte Landstraße" und rechts dem Straßenverlauf ca. 1,5 km durch den Wald folgen.

Platzbeschreibung

Hochplateau mit Albpanorama Im Herzen der Region Reutlingen/Tübingen liegt auf einem sonnenverwöhnten Hochplateau die Anlage des Golfclub Schloss Kressbach. Reizvolle Naturlandschaft und ein grandioses Albpanorama prägen das Ambiente und vermitteln ein Gefühl von Weite. Genießen Sie das Spiel auf unserem anspruchsvollen 18-Loch-Meisterschaftsplatz. Auch unser öffentlicher 9-Loch-Kurzplatz ist nicht zu unterschätzen und bietet sich jederzeit für eine schnelle Runde an.

Nächstgelegene Plätze

Schönbuch, GC (Nr. 507)
Reutlingen/Sonnenb., GC (Nr. 515)
Schloss Weitenburg, GC (Nr. 514)

Golf-Club Freudenstadt e.V.

Karte, Nr. 513, Feld D12 **18** Design: Hannes Schreiner, H.E. Gärtner Höhe: 730 m

gegründet: 1929

Ziegelwäldle 3, 72250 Freudenstadt
✆ 07441-3060 ℻ 07441-2365
✉ info@golfclub-freudenstadt.de
www.golfclub-freudenstadt.de

PR Gisela Gaiser, CM: Karsten Pollak
Headgreenkeeper: Kalojan Förderer

✆ 07441-3060 ℻ -2365
Iris Berg, Gudrun Schumacher, Heidy Burkhardt

Golfclub Restaurant Inh. Oskar Buchwald,
Gaby Zorn, Oskar Buchwald
✆ 07441-83416 ℻ -2365
Mo. Ruhetag

PRO SHOP ✆ 07441-3060 ℻ -2365

PRO Pro: Peter Dworak

H: 5636 m, CR 70.4, SL 133, Par 71
D: 4962 m, CR 72.3, SL 127, Par 71
25 Rangeabschläge (6 überdacht)

G Gäste sind jederzeit willkommen. Anmeldung ist notwendig. Clubausweis mit eingetragener PE ist erforderlich.

18-Loch-Greenfee: WT: EUR 60 / WE: EUR 75
9-Loch-Greenfee: WT: EUR 35 / WE: EUR 40
Änderungen der Greenfeepreise vorbehalten
Ermäßigung: Jugendl. bis 18 J. und Stud. bis 27 J. 50%

Platzbeschreibung

Nur 1.000 m von Deutschlands größtem geschlossenen Marktplatz entfernt liegt stadtnah die 18-Loch-Anlage des 1929 gegründeten Golf-Club Freudenstadt. In hügeliger Schwarzwaldlandschaft, mit kleinen Bächen, Biotopen, Grüns direkt am Wald gelegen, bietet dieser Platz ein reizvolles, sportliches und abwechslungsreiches Spiel. Das Clubhaus, ein Kleinod mit ausgezeichneter Küche, liegt bis in die Abendstunden hinein in der Sonne.

Platzinfos

Anfahrtsbeschreibung

Von Stuttgart: A 81, Ausfahrt Horb Richtung Freudenstadt, in Freudenstadt über die Bahnhofstraße, Hohenriederstraße links abbiegen und der Beschilderung „Golf" folgen (ca. 1,5 km vom Stadtzentrum entfernt).

Nächstgelegene Plätze

Alpirsbach, GC (Nr. 518)
Domäne Niederr., GC (Nr. 511)
Schloss Weitenburg, GC (Nr. 514)

Baden-Württemberg

Greenfee-Aktion: Seite G 115

GC Schloss Weitenburg

Karte, Nr. 514, Feld D12 **18/9** Design: Heinz Fehring Höhe: 360 m

gegründet: 1984

Sommerhalde 11, 72181 Starzach-Sulzau
07472-15050 07472-15051
info@gcsw.de
www.gcsw.de

PR Headgreenkeeper: Firma Garten-Moser

i 07472-15050 07472-15051
Ute Torkler

Restaurant Dimples, Janina Feiner
07472-1505203 07472-15051
Mo. Ruhetag

18-Loch Platz
H: 5978 m, CR 71.5, SL 126, Par 72
D: 5222 m, CR 72.8, SL 128, Par 72
9-Loch Par 3 Platz
H: 1493 m, CR 58.5, SL 93, Par 56
D: 1493 m, CR 59.6, SL 90, Par 56
18 Rangeabschläge (4 überdacht)

G Gäste sind jederzeit willkommen. Anmeldung ist notwendig. Clubausweis mit eingetragener PE ist erforderlich. Sa./So./Feiertage ist Handicap 36 erforderlich.

18-Loch-Greenfee: WT: EUR 60 / WE: EUR 80
9-Loch-Greenfee: WT: EUR 25 / WE: EUR 30
Mitglied im Partnerkreis Regio Süd/West Mo.-Fr. 30% Ermäßigung.
Ermäßigung: Jugendl./Stud. 50%

Platzinfos

VCG GPS CLUB GASTRO

Anfahrtsbeschreibung

A 81 Stuttgart-Singen, Ausfahrt Rottenburg nach Ergenzingen, von dort der Beschilderung zum Golfplatz bis Börstingen folgen, von dort im Neckartal nach links 1 km bis Sulzau. Oder: A 81, Ausfahrt Horb, 5 km Richtung Starzach, hinter Mühringen nach Eyach, von dort rechts durchs Neckartal nach Sulzau und der Beschilderung zum Golfplatz folgen.

Platzbeschreibung

Der Golfplatz liegt im wunderschönen Landschaftsschutzgebiet des oberen Neckartales in direkter Nachbarschaft zum malerischen Ort Sulzau. Die Landschaft ist hier mehr als nur Kulisse, sie ist in den Platz integriert und bietet besonders durch den Neckar, den die Fairways mehrmals überqueren, ganz besondere Eindrücke.

Nächstgelegene Plätze

Domäne Niederr., GC (Nr. 511)
Hechingen-Hohenz., GC (Nr. 516)
Schloss Kressbach, GC (Nr. 512)

Greenfee-Aktion: Seite G 115f

Golfclub Reutlingen-Sonnenbühl e.V.

Karte, Nr. 515, Feld E12 **18** Höhe: 750 m

gegründet: 1986

Gewann vor Staudach 2,
72820 Sonnenbühl-Undingen
✆ 07128-92660 🖷 07128-926692
✉ info@albgolf.de
www.albgolf.de

PR: Matthias Eschle, CM: Norbert Zimmermanns
Headgreenkeeper: Firma Sommerfeld

i: ✆ 07128-92660 🖷 07128-926692
Anja-Christin Fetzer

Restaurant am Golfplatz ‚fambero Rosso", Marcello Ianni
✆ 07128-926680

PRO SHOP: Pro Shop Barry Higgins, Barry Higgins
✆ 07128-30159

PRO: Pro: Florian Bitzer, Chris Carter, Thilo Greiner, Barry Higgins

H: 5931 m, CR 71.8, SL 127, Par 72
D: 5318 m, CR 74.3, SL 135, Par 72
15 Rangeabschläge (9 überdacht)

G: Gäste sind jederzeit willkommen. Anmeldung ist notwendig. Clubausweis mit eingetragenem Handicap (54) ist erforderlich.

18-Loch-Greenfee: Mo., Do.: EUR 39 / Di., Mi., Fr.: EUR 60 / WE: EUR 75
9-Loch-Greenfee: Di., Mi., Fr.: EUR 40 / WE: EUR 55 Ermäßigung: Jugendl./Stud. 50%

Platzinfos

VCG CLUB GASTRO GPS

Anfahrtsbeschreibung

B27 von Stuttgart über Degerloch vorbei am Flughafen bis Tübingen, auf der B 27 an Tübingen vorbei Richtung Hechingen bis kurz vor die Höhe des Ortes Dußlingen, dort Richtung Gomaringen und Sonnenbühl, weiter durch Gönningen nach Sonnenbühl-Genkingen, dort rechts Richtung Undingen. In Undingen Richtung Erpfingen (links). 50 m vor dem Ortsausgang links abbiegen - gleich wieder rechts. Der Platz liegt ca. 2 km außerhalb und ist ausgeschildert.

Platzbeschreibung

Die wunderschöne Landschaft und eine in über mehrere Jahrzehnte gewachsene, sehr gepflegte 18-Loch Anlage bieten Golf- und Naturgenuss pur ohne Lärm und Hektik. Das sanft hügelige, nach Süden geneigte Gelände am Biosphärengebiet Schwäbische Alb ist gesäumt von Laubwäldern, albtypischen Wiesen und Gehölzen. Rund 2.080 Sonnenstunden im Jahr in über 700 Metern Höhe tragen zu einem gesunden und anregenden Klima bei. Gäste sind bei uns an allen Tagen der Woche herzlich willkommen. Startzeiten müssen reserviert werden.

Nächstgelegene Plätze

Schloss Kressbach, GC (Nr. 512)
Hechingen-Hohenz., GC (Nr. 516)
Hammetweil, GC (Nr. 509)

Baden-Württemberg

Greenfee-Aktion: Seite G 117

Golf Club Hechingen-Hohenzollern e.V.

Karte, Nr. 516, Feld E12 **18** Höhe: 550 m

gegründet: 1955

Hagelwasen, 72379 Hechingen
07471-9849930 07471-98499320
info@golfclub-hechingen.de
www.golfclub-hechingen.de

PR Berthold Binder

i 07471-9849930 07471-98499320
Sabine Schmidt, Dagmar Hillenbrand

Ristorante Bei Conti´s am Golfplatz,
Agatino Conti
07471-15346
Mo. Ruhetag

PRO Pro: Thilo Greiner, Florian Bitzer, Klaus Schieban

H: 5933 m, CR 71.5, SL 130, Par 72
D: 5249 m, CR 73.3, SL 122, Par 72
40 Rangeabschläge (8 überdacht)

G Gäste sind jederzeit willkommen. Anmeldung ist notwendig. Clubausweis mit eingetragenem Handicap (54) ist erforderlich. Bitte erkundigen Sie sich vor der Anfahrt über die Platzbelegung.

18-Loch-Greenfee: WT: EUR 60 / WE: EUR 80
9-Loch-Greenfee: WT: EUR 35 / WE: EUR 45
Ermäßigung: Jugendl. bis 18 J. und Stud. 50%

Platzinfos

VCG GPS CLUB GASTRO

Anfahrtsbeschreibung

B 27 Tübingen-Balingen, auf Höhe der Burg Hohenzollern nach Hechingen Richtung Hechingen-Weilheim, von dort ist der Weg zum Golfplatz ausgeschildert.

Platzbeschreibung

Direkt am Fuß der schwäbischen Alb liegt der idyllische 18-Löcher Platz in unmittelbarer Nähe zur historischen und malerischen Burg Hohenzollern. Die langen und teilweise auch engen Spielbahnen liegen auf leicht hügeligem Gelände, umgeben von altem Baumbestand und zahlreichen Wacholderbüschen. Fast an jeder Stelle des Platzes bietet sich ein herrlicher Blick auf die Burg Hohenzollern und die naheliegende Albkette.

Nächstgelegene Plätze

Schloss Weitenburg, GC (Nr. 514)
Schloss Kressbach, GC (Nr. 512)
Schwaben Golf-ER (Nr. 523)

Golf Club Ortenau e.V.

Karte, Nr. 517, Feld C12   18   Höhe: 220 m

gegründet: 1979

Gereut 9.1, 77933 Lahr-Reichenbach
☎ 07821-77227 🖷 07821-77287
✉ kontakt@gc-ortenau.de
💻 www.gc-ortenau.de

PR: Michael Schmiederer
Headgreenkeeper: Volker Christ

i: ☎ 07821-77227 🖷 -77287
André-Joseph Meyer, Elke Baumer

Gabys und Tobys Stube
☎ 07821-9980014
Mo. Ruhetag

PRO: Pro: Balászs Molnár

H: 4861 m, CR 66.4, SL 121, Par 68
D: 4444 m, CR 69.1, SL 118, Par 69
12 Rangeabschläge (4 überdacht)

G: Gäste sind jederzeit willkommen. Anmeldung ist notwendig. Clubausweis mit eingetragener PE ist erforderlich. Mitglieder werden noch aufgenommen.

18-Loch-Greenfee: WT: EUR 60 / WE: EUR 70
Ermäßigung: Jugendl./Stud. 50%

Platzbeschreibung

Wer sind wir? Wir sind der Golf Club Ortenau eV, der älteste Golfclub der Ortenau mit dem topografisch atemberaubendsten Golfplatz der Region. Wir sind idyllisch, familiär, herzlich, erfrischend anders! Was bieten wir Ihnen? Einen herrlichen Sport in wunderschöner Natur, ganz egal ob Sie einfach nur aus Spaß Golfen möchten, oder ein sportlich ambitionierter Golfer sind bzw. werden wollen. Der Platz vermittelt den Eindruck, dass schon seit Jahr und Tag ein Golfplatz zur Kulturlandschaft Schwarzwald gehört. Der Golfclub versteht es, sich mit den umgebenden bzw. involvierten Schwarzwaldhöfen zu einer Einheit zu verbinden. Entspannung, Lebensfreude und Spaß!

Platzinfos

VCG
GPS
CLUB
GASTRO

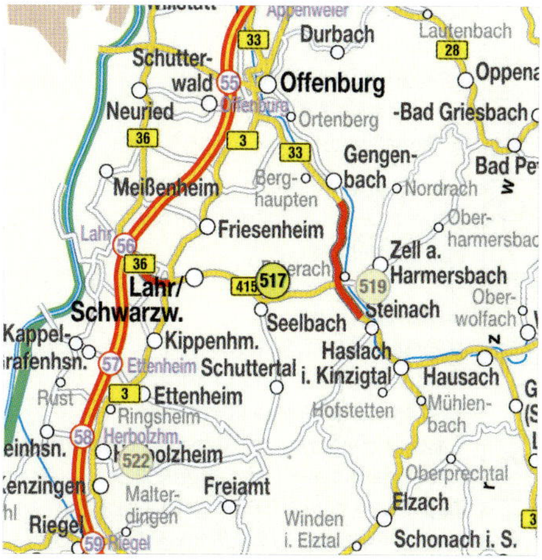

Anfahrtsbeschreibung

A 5 Karlsruhe-Basel, Ausfahrt Lahr Richtung Biberach (B 415). Achtung ! Auf der Strecke zwischen Lahr Ortsausgang und Reichenbach befinden sich 3 Blitzgeräte. Dann in Reichenbach vor der Ampel links der Beschilderung zum Golfplatz folgen, der parallel zum Bach gelegen ist.

Nächstgelegene Plätze

Gröbernhof, GC (Nr. 519)
Breisgau, GC (Nr. 522)
Gütermann Gutach, GC (Nr. 526)

Greenfee-Aktion: Seite G 117f

Golfclub Alpirsbach e.V.

Karte, Nr. 518, Feld D12 **9**

gegründet: 1993

Fluorner Straße 3, 72275 Alpirsbach-Peterzell
07444-4665 07444-1511
info@gc-alpirsbach.de
www.gc-alpirsbach.de

PR: Joachim Gutgsell
Headgreenkeeper: Ralf Ziegler

i: 07444-4665 -1511
Heike Schwab

Mo. Ruhetag

PRO: Pro: Olivier Laye

9-Loch GCA Platz
H: 6036 m, CR 71, SL 128, Par 72
D: 5326 m, CR 73, SL 130, Par 72
15 Rangeabschläge (5 überdacht)

G: Gäste sind jederzeit willkommen. Clubausweis mit eingetragener PE ist erforderlich.

Tages-Greenfee: WT: EUR 45 / WE: EUR 55
9-Loch-Greenfee: WT: EUR 30 / WE: EUR 35
VcG-Spieler sind herzlich willkommen. Mitglied der Partnerclubs Baden-Württemberg & Elsass. Alle Greenfee-Ermäßigungen gelten grundsätzlich nur für das 18-Loch/Tagesgreenfee und sind nicht kumulierbar.
Ermäßigung: Jugendl. und Stud. bis 27 J. 50%

Platzinfos

VCG CLUB GASTRO

Anfahrtsbeschreibung

Von Stuttgart und vom Bodensee: A 81, Ausfahrt Oberndorf über Bochingen-Oberndorf/Oberndorf-Lindenhof/Fluorn-Winzeln und Alpirsbach-Peterzell Ri. Freudenstadt, ca. 1,5 km nach Ortsende Peterzell rechts zum Golfplatz. Von Offenburg: B 294 bis Alpirsbach, am Ortsausgang rechts Ri. Dornhan, nach ca. 5 km rechts Ri. Rottweil, nach ca. 300 m links zum Golfplatz. Von Freudenstadt: Über Loßburg/24 Höfe Ri. Rottweil und dann links zum Golfplatz.

Platzbeschreibung

Der Golfclub Alpirsbach e.V. liegt im Herzen des Schwarzwaldes, zwischen Freudenstadt, Wolfach und Rottweil, unweit des Luftkurortes Alpirsbach. Auf einer Fläche von 36 Hektar bietet die großzügige 9-Loch Golfanlage die Möglichkeit, in herrlicher Landschaft Golf zu spielen und die legere Atmosphäre der Clubgastronomie zu genießen. Der eben gelegene Golfplatz ist mühelos begehbar. Kurze Wege zwischen Bahnen, Clubhaus und Übungsgelände beschleunigen das Spiel. Die zum Teil über 500 m langen Spielbahnen, umsäumt von 44 Bunkern, stellen für jeden Golfer eine Herausforderung dar, ohne für den Anfänger schwierig zu werden.

Nächstgelegene Plätze

Freudenstadt, GC (Nr. 513)
Königsfeld, G&CC (Nr. 525)
Schloss Weitenburg, GC (Nr. 514)

Greenfee-Aktion: Seite G 119

Golfclub Gröbernhof e.V.

Karte, Nr. 519, Feld C12 **18** Design: Brian Pierson Höhe: 220 m

gegründet: 1999

Gröbern 1, 77736 Zell am Harmersbach
☏ 07835-634909 🖷 07835-5479899
✉ info@gc-groebernhof.de
💻 www.gc-groebernhof.de

PR: Dr. Volker Hamann
Headgreenkeeper: Klaus Mayer

i: ☏ 07835-634909 🖷 07835-5479899
Andrea Breig-Jehle, Sylvia Singler

„Tenne im Gröbernhof"
☏ 07835-634909

PRO SHOP: ☏ 07835-634909

PRO: Pro: Nigel Elder

H: 5839 m, CR 72.2, SL 127, Par 72
D: 5238 m, CR 74.2, SL 131, Par 73
20 Rangeabschläge (3 überdacht)

G: Gäste sind jederzeit willkommen. Anmeldung ist notwendig. Clubausweis mit eingetragener PE ist erforderlich. Für Benutzer Pitching-/Putting-Green ist PE erforderlich: EUR 5/8.

18-Loch-Greenfee: WT: EUR 65 / WE: EUR 75
9-Loch-Greenfee: WT: EUR 38 / WE: EUR 43
Ermäßigung 10er Karte 20%
Ermäßigung: Jugendl. bis 18 J. und Stud. bis 27 J. 50%

Platzbeschreibung

Die 18-Loch-Golfanlage bietet einen anspruchsvollen und abwechslungsreichen Course mit Biotopen, zahlreichen Natur-Elementen und ausgedehnten Streuobstwiesen Die sanft ansteigenden Fairways und raffiniert modellierten Greens sind harmonisch in die Landschaft des Harmersbachtals eingebettet. Die Golfspieler genießen herrliche Rundblicke auf Berge und Täler des Schwarzwaldes und die Burg Hohengeroldseck.

Platzinfos

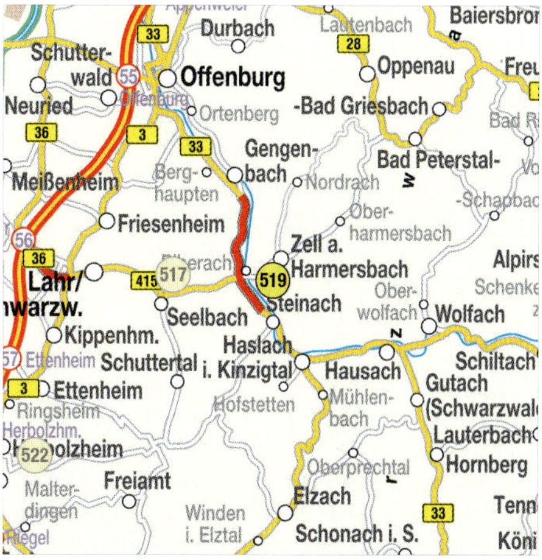

Anfahrtsbeschreibung

Autobahn A 5, Ausfahrt Offeburg, B 33 in Richtung Villingen-Schwenningen, Ausfahrt Lahr-Biberach, Richtung Zell a. H. Erster Kreisverkehr Richtung Steinach, Kreisstraße Richtung Unterentersabach-Zell a.H. Der Golfplatz liegt an der Kreisstraße zwischen Unterentersbach und Zell a.H.

Nächstgelegene Plätze

Ortenau, GC (Nr. 517)
Breisgau, GC (Nr. 522)
Gütermann Gutach, GC (Nr. 526)

Golf Club Ulm e.V.

Karte, Nr. 520, Feld F12 **18** Höhe: 312 m

gegründet: 1963

Wochenauer Hof 2, 89186 Illerrieden
✆ 07306-929500 🖷 07306-9295025
✉ info@golfclubulm.de
www.golfclubulm.de

PR: Dr. Reinhard Knüppel

i: ✆ 07306-929500 🖷 07306-9295025
Sylvia Schnurr

Picconi's, Valentin Picconi
✆ 07306-9295050

PRO SHOP: Sven Kattentidt
✆ 07306-9295060

PRO: Pro: Torben Baumann

H: 6072 m, CR 72.2, SL 137, Par 72
D: 5332 m, CR 74.1, SL 131, Par 72
20 Rangeabschläge (5 überdacht)

G: Gäste sind jederzeit willkommen. Clubausweis mit eingetragener PE ist erforderlich.

18-Loch-Greenfee: WT: EUR 80 / WE: EUR 100
9-Loch-Greenfee: WT: EUR 55
Ermäßigung: Jugendl./Stud. 50%

Platzbeschreibung
Es ist kein Geheimnis, dass die Golfanlage im ehemaligen „Gräflich von Fugger'schen Hofgut Wochenau" zu den schönsten Golfplätzen in Süddeutschland gehört und Ulms erste Adresse ist. Der etwa 15 Autominuten vom Ulmer Münster entfernte Golfplatz zählt als einziger in der Region (80 km Umkreis) zu den „Leading Golf Clubs of Germany". Ein Qualitätssiegel, das beste Spielbedingungen, professionelles Club-Management und eine hochwertige Gastronomie garantiert. Der 1963 gegründete Golf Club Ulm e. V. ist ein gemeinnütziger eingetragener Verein, der derzeit durch einen sechsköpfigen ehrenamtlichen Vorstand geführt wird.

Platzinfos

VCG GPS CLUB GASTRO

Anfahrtsbeschreibung
A 7 Ulm-Kempten, Ausfahrt Senden Richtung Senden bis Möbelhaus Inhofer, dann rechts Richtung Ay. In Ay rechts Richtung Illerkirchberg. 4 km nach dem Ortsausgang von Oberkirchberg liegt der Golfplatz linker Hand.

Nächstgelegene Plätze
Reischenhof, GC (Nr. 524)
New Golf Club Neu-Ulm (Nr. 634)
Donau-Riss, GC (Nr. 521)

Greenfee-Aktion: Seite G 119f

Golfclub Donau-Riss e.V. Ehingen-Rißtissen

Karte, Nr. 521, Feld F12 **18** Design: Schrickel & Partner Höhe: 400 m

gegründet: 2003

Herrschaftslüssen 1, 89584 Ehingen-Rißtissen
☎ 07392-7006995 Fax 07392-9380847
✉ info@golfclub-donau-riss.de
www.golfclub-donau-riss.de

PR: Christian Dangel
Headgreenkeeper: Dieter Springmann

i: ☎ 07392-7006995 Fax 07392-9380847

Golf Lounge, Florian Treß
☎ 07392-9379987
Mo. Ruhetag

PRO SHOP: Golfshop Donau-Riss, Florian Mödl
☎ 01515-8754258

PRO: Pro: Florian Mödl

H: 5929 m, CR 71.5, SL 131, Par 72
D: 4924 m, CR 71.3, SL 130, Par 72
25 Rangeabschläge (5 überdacht)

G: Gäste sind jederzeit willkommen. Anmeldung ist notwendig. Clubausweis mit eingetragener PE ist erforderlich.

18-Loch-Greenfee: WT: EUR 60 / WE: EUR 80
9-Loch-Greenfee: WT: EUR 35 / WE: EUR 45
Ermäßigung: Jugendl./Stud. bis 18 J. 50%

Platzbeschreibung

Das sanft hügelige Gelände des ca. 83 ha umfassenden Golfplatzes, mit einer Gesamtlänge der Spielbahnen von 6008m, wurde von den Planern nach den neuesten Standards der Golfarchitektur gestaltet. 3 Seen, das nach sportlichen und ökologischen Gesichtspunkten modellierte Gelände und die Führung der Spielbahnen bieten dem Anfänger wie dem Könner eine interessante Herausforderung. Auf 4 öffentlichen Spielbahnen und einer großzügigen Übungsanlage können Einsteiger ihre Fähigkeiten testen. Vom Clubhaus aus hat man einen herrlichen Blick über das Donautal.

Platzinfos

VCG GPS CLUB GASTRO

Anfahrtsbeschreibung

Aus Ulm/Biberach: Auf der B 30 bis Ausfahrt Laupheim Mitte, dann Richtung Ehingen. Nach ca. 4 km sind Sie in Rißtissen. Etwa 100 m nach dem Ortsschild links in Richtung Untersulmetingen abbiegen. Nach ca. 800 m ist rechts die Zufahrt zum Golfplatz. Aus Ehingen/Blaubeuren: Über Nasgenstadt nach Rißtissen, dort zunächst Richtung Laupheim, kurz vor dem Ortsende aber rechts in Richtung Untersulmetingen abbiegen. Nach ca. 800 m ist rechts die Zufahrt zum Golfplatz.

Nächstgelegene Plätze

Ulm, GC (Nr. 520)
Reischenhof, GC (Nr. 524)
New Golf Club Neu-Ulm (Nr. 634)

Europa-Park Golfclub Breisgau e.V.

Karte, Nr. 522, Feld C12 18/9 Höhe: 225 m

gegründet: 1998

Am Golfpark 1,
79336 Herbolzheim-Tutschfelden
07643-93690 07643-936913
info@gc-breisgau.de
www.gc-breisgau.de

PR Roland Bär, CM: Stefan Moser
Headgreenkeeper: Jens Martens

07643-93690 -936913
Marika Krumm, Richard Lais, Ilse Maurer

Rebland Restaurant, Furkan Ajdarovski
07643-936920

PRO SHOP MONVIKO GmbH & Co.KG
07644-916394

PRO Pro: Oliver Schüller, Elaine Wilson

18-Loch Rebland Platz
H: 5865 m, CR 71.5, SL 131, Par 72
D: 5162 m, CR 73.1, SL 129, Par 72
9-Loch Heckenrose Platz
H: 1350 m, Par 30
D: 1250 m, Par 30
35 Rangeabschläge (5 überdacht)

G Gäste sind jederzeit willkommen. Sa./So./Feiertage ist Anmeldung notwendig. Clubausweis mit eingetragener PE ist erforderlich.

18-Loch-Greenfee: WT: EUR 65 / WE: EUR 80
9-Loch-Greenfee: WT: EUR 35 / WE: EUR 40
Ermäßigung: Jugendl./Stud. 30%

Platzbeschreibung

Der Europa-Park Golfclub Breisgau bietet einen 18-Loch-Meisterschaftsplatz und eine öffentliche 9-Loch „Pay & Play"-Anlage. Eingerahmt von Weinbergen machen die wunderschönen Ausblicke auf den Schwarzwald, die Vogesen und den Kaiserstuhl diesen Golfpark so reizvoll. Leichte Höhenunterschiede, alter Baumbestand, einige Wasserhindernisse und anspruchsvoll modellierte Grüns und Bunker erfordern von Golfern aller Spielstärken ein strategisch durchdachtes Spiel.

Platzinfos

VCG GPS CLUB GASTRO

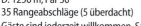

Anfahrtsbeschreibung

A 5 Karlsruhe-Basel, Ausfahrt Herbolzheim, weiter Richtung Herbolzheim bis zum 1. Kreisverkehr, dort rechts ab Richtung Kenzingen und am nächsten Kreisverkehr links ab Richtung Bleichheim/ Tutschfelden. Der Straße bis zum Ende folgen, dann links auf die B 3 Richtung Herbolzheim, nach dem „EDEKA" rechts abbiegen Richtung Tutschfelden und vor dem Ortskern links zum Golfclub.

Nächstgelegene Plätze

Ortenau, GC (Nr. 517)
Gütermann Gutach, GC (Nr. 526)
Gröbernhof, GC (Nr. 519)

Golf-ER Club Schwaben

Karte, Nr. 523, Feld D12 **9** Design: Erich Georg Renz Höhe: 730 m

gegründet: 2005

Am Golfplatz 1,
72361 Hausen am Tann - Balingen
✆ 07436-1600 🖷 07121-916152
✉ info@golf-er.de
💻 www.golf-er.de

PR Helga Hacker
Headgreenkeeper: Erich Renz

i ✆ 07436-1600 🖷 07121-916152
Hannes Hacker

PRO Pro: Heiko Hegermann

H: 5350 m, CR 69.1, SL 127, Par 70
D: 4488 m, CR 69.3, SL 117, Par 70
10 Rangeabschläge (1 überdacht)

G Gäste sind jederzeit willkommen. Clubausweis mit eingetragener PE ist erforderlich.

18-Loch-Greenfee: WT: EUR 45 / WE: EUR 55
9-Loch-Greenfee: WT: EUR 30 / WE: EUR 40
Ermäßigung: Jugendl./Stud.

Platzbeschreibung
Die im Jahre 2005 errichtete Anlage des Golfplatzes Hausen am Tann liegt am Fuße der schwäbischen Alb in einem hügeligen Gelände. Der Platz ist herausfordernd aber fair in einer traumhaften Landschaft am Fuße des Plettenberg.

Platzinfos

VCG GPS

Anfahrtsbeschreibung
Von Stuttgart oder Rottweil auf der B 27 kommend bis Schömberg. In Schömberg Richtung Ratshausen und von dort nach 72361 Hausen am Tann (ca. 7 km) Am Golfplatz 1.

Nächstgelegene Plätze
Hechingen-Hohenz., GC (Nr. 516)
Schloss Weitenburg, GC (Nr. 514)
Alpirsbach, GC (Nr. 518)

Golfclub Reischenhof e.V.

Karte, Nr. 524, Feld F12 **27** Design: Wolfgang Jersombek Höhe: 600 m

gegründet: 1987

Reischenhof 1, 88489 Wain
☽ 07353-1732 🖷 07353-3824
✉ info@golfclub-reischenhof.de
💻 www.golfclub-reischenhof.de

PR Siegfried Drost, CM: Steffen Augustin
Headgreenkeeper: Hermann Stetter

i ☽ 07353-1732 🖷 07353-3824

☽ 07353-980560
Mo. Ruhetag

PRO SHOP ☽ 07353-1732 🖷 -3824

PRO Pro: Howard Francis, David Hausner

H: 5933 m, CR 71.3, SL 133, Par 72
D: 5201 m, CR 73, SL 130, Par 72
30 Rangeabschläge (6 überdacht)

G Gäste sind jederzeit willkommen. PE ist erforderlich.

Tages-Greenfee: WT: EUR 60 / WE: EUR 80
9-Loch-Greenfee: WT: EUR 40 / WE: EUR 45
Ermäßigung: Jugendl./Stud. 50%

Platzbeschreibung

Auf dem Reischenhof wurde die Traumkonstellation einer Koppelung nach dem A/B/C-System vorbildlich mit drei Neun-Loch-Plätzen gelöst, von denen jeder sein eigenes Flair hat. Eingebettet in oberschwäbische Obstwiesen dehnt sich die sportlich anspruchsvolle Golfanlage auf einem 140 ha umfassenden Gelände großzügig aus. Einige Spielbahnen begeistern durch ihre spektakulären Landschaftseindrücke, bei anderen liegt der Reiz in der Kombination zwischen natürlichen Bahnverlauf und einem optimalem Pflegezustand.

Platzinfos

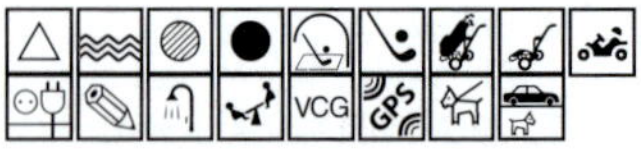

Anfahrtsbeschreibung

B 30 bis Laupheim (25 km südlich von Ulm), weiter Richtung Schwendi bis Großschafhausen, Abzweigung Wain. Oder: A 7 Ulm-Memmingen, Ausfahrt Illertissen-Dietenheim-Wain, die Zufahrt zum Reischenhof ist sehr gut beschildert.

Nächstgelegene Plätze

Ulm, GC (Nr. 520)
Donau-Riss, GC (Nr. 521)
Memmingen, GC (Nr. 683)

Golf und Country Club Königsfeld e.V.

Karte, Nr. 525, Feld D12 18/4 Höhe: 800 m

gegründet: 1990

Angelmoos 20, 78126 Königsfeld-Martinsweiler
☎ 07725-93960 🖷 07725-939612
✉ info@gc-k.de
💻 www.golfclub-koenigsfeld.de

PR: Jürgen Elsner, GF: Peter Fichter,
CM: Sportmanager (M.A.) Markus Leßmann
Headgreenkeeper: Alexander Domke

i: ☎ 07725-93960 🖷 -939612
Tanja Steffen, Sabrina Kasischke,
Andreas Blessing

Restaurant am Golfplatz, Martina Mucic
☎ 07725-939615

PRO SHOP: Sportshop Königsfeld, Günther Kasischke
☎ 07725-7459 🖷 07725-7459

PRO: Pro: Florian Rump, Dominik Maucher

H: 5632 m, CR 70.5, SL 125, Par 70
D: 4964 m, CR 72.3, SL 127, Par 70
20 Rangeabschläge (3 überdacht)

G: Gäste sind jederzeit willkommen. Anmeldung ist notwendig. Clubausweis mit eingetragenem Handicap (54) ist erforderlich. Wir vergeben keine Startzeiten: Vorbeischauen und spielen!

18-Loch-Greenfee: WT: EUR 60 / WE: EUR 70
9-Loch-Greenfee: WT: EUR 30 / WE: EUR 35
Range inkl. Kurzplatz EUR 15
Ermäßigung: Jugendl. und Stud. bis 27 J. 50%

Platzbeschreibung

Königsfeld ist ein heilklimatischer Kurort. Durch die Höhenlage von 800 m findet man auch im Frühjahr und Herbst einen nebelfreien Golfplatz. Die Golfanlage erstreckt sich über 80 ha entlang eines schönen Bachlaufes mit zahlreichen Teichen und Biotopen. Reizvolle Höhenunterschiede bieten wunderschöne Aussichten auf Schwarzwald und Schwäbische Alb. Unser Golfplatz ist nie überlaufen, daher vergeben wir keine Startzeiten.

Platzinfos

VCG GPS CLUB

Anfahrtsbeschreibung

Aus Richtung Stuttgart: A 81 Stuttgart-Singen, Ausfahrt Rottweil, an der Ausfahrt links, nach ca. 100 m links Richtung Zimmern, weiter über Weiler und Burgberg nach Königsfeld zum Golfplatz. Aus Richtung Süden: über VS-Villingen B 33 Richtung Offenburg Abfahrt Mönchweiler immer geradeaus, d.h. durch Mönchweiler und Königsfeld hindurch, der Golfplatz liegt auf der Straße Richtung Hardt

Nächstgelegene Plätze

Alpirsbach, GC (Nr. 518)
Öschberghof, L&GC (Nr. 531)
Schwaben Golf-ER (Nr. 523)

Golfclub Gütermann Gutach e.V.

Karte, Nr. 526, Feld C12 **9** Höhe: 290 m

gegründet: 1924

Golfstraße 16/1, 79261 Gutach
07681-23151 07681-7343
sekretariat@gggutach.de
www.gggutach.de

PR Horst Strecker, CM: Dipl.Kfm Kai Ellerbroek

07681-23151 07681-7343
Martina Scherzinger

Anke Schmid
07681-4934298 07681-7343
Mo. Ruhetag

PRO SHOP Kai Ellerbroek
07681-490449 07681-7343

PRO Pro: Mark Smith

H: 5796 m, CR 70.7, SL 144, Par 72
D: 4954 m, CR 71.5, SL 135, Par 72
15 Rangeabschläge (4 überdacht)

G Gäste sind jederzeit willkommen. Anmeldung ist notwendig. Clubausweis mit eingetragenem Handicap (54) ist erforderlich. Sa./So./ Feiertage ist Handicap 36 erforderlich.

18-Loch-Greenfee: WT: EUR 60 / WE: EUR 70
9-Loch-Greenfee: WT: EUR 35 / WE: EUR 40
Gruppen ab 10 Personen 10 % Nachlass
Ermäßigung: Jugendl. bis 18 J. 50%, Stud. bis 27 J. 25%

Platzbeschreibung

Erbaut 1924 hat sich der Golfplatz im Elztal in Gutach bei ständiger Pflege und behutsamer Renovierung in ein landschaftliches Kleinod gewandelt, eingebettet in waldige Höhen und steile Schwarzwald-Bergkämme. Er ist sicher einer der schönsten und zugleich anspruchvollsten Plätze der Region: Alte Bäume säumen die relativ schmalen Fairways, Wasserhindernisse sind reichlich und auch an Bunkern wurde nicht gespart. Nur neun Löcher weist Gutach auf, aber neun, die es in sich haben.

Platzinfos

VCG GPS CLUB

Anfahrtsbeschreibung

A 5 Karlsruhe-Basel, Ausfahrt Freiburg-Nord Ri. Waldkirch-Freudenstadt bis zur Ausfahrt Gutach-Bleibach, links Ri. Gutach-Ortsmitte. Hier über die Elzbrücke, nach ca. 200 m ist rechts die Zufahrt zum Golfplatz. Oder: A 81 Singen-Stuttgart, Ausfahrt Donaueschingen-Mitte, durch Donaueschingen auf die L 173 Ri. Furtwangen-Gutach. Weiter Ri. Gutach-Ortsmitte, hier über die Elzbrücke und weiter wie oben.

Nächstgelegene Plätze

Freiburger GC (Nr. 529)
Breisgau, GC (Nr. 522)
Gröbernhof, GC (Nr. 519)

Golf-Club Sigmaringen Zollern-Alb e.V.

Karte, Nr. 527, Feld E12 **18** Höhe: 600 m

gegründet: 1992

Buwiesen 10, 72514 Inzigkofen
✆ 07571-74420 🖷 07571-744235
✉ info@gc-sigmaringen.de
💻 www.gc-sigmaringen.de

PR: Wolfgang Wurster, CM: Matthias Lupp

i: ✆ 07571-74420 🖷 07571-744235
Tanja Heinz, Gabriele Nüssle

Landhaus Paultertal
✆ 07571-744260 🖷 07571-744235
Mo. Ruhetag

PRO: Pro: Ian Peek, Dirk Krause

H: 6040 m, CR 71.6, SL 133, Par 72
D: 5160 m, CR 72.4, SL 133, Par 72
40 Rangeabschläge (3 überdacht)

G: Gäste sind jederzeit willkommen. Clubausweis mit eingetragenem Handicap (54) ist erforderlich.

Tages-Greenfee: WT: EUR 60 / WE: EUR 75
9-Loch-Greenfee: WT: EUR 35 / WE: EUR 45
Ermäßigung: Jugendl./Stud. 50%

Platzbeschreibung

Die Anlage liegt im Naturpark „Obere Donau" unweit des berühmten Donautals und der Hohenzollernstadt Sigmaringen am Rande der Schwäbischen Alb. Die Bahnen sind teilweise hügelig und bestechen durch ihren Variantenreichtum und die ruhige Lage. Die Bahn 13 ist ein atemberaubendes Par 3 über ein Tal mit einem schmalen Grün.

Nächstgelegene Plätze

Bad Saulgau, GREEN-GOLF (Nr. 528)
Owingen-Überlingen, GC (Nr. 538)
Schwaben Golf-ER (Nr. 523)

Platzinfos

Anfahrtsbeschreibung

Von Norden (Albstadt/Reutlingen): von der B 32 Richtung Meßkirch/Stockach auf die B 313. Nach 1,5 km Abzweigung nach Göggingen nehmen. Golfplatzbeschilderung folgen. Noch 2 km bis zum Golfplatz. Von Süden (Pfullendorf) und Osten (Mengen): Von der B 311 Ri. Göggingen, vor Göggingen re. abbiegen nach Inzigkofen. Nach 6 km links auf den Golfplatz fahren. Von Westen: B 313 Ri. Sigmaringen, 2 km davor der Beschilderung zum Golfplatz folgen (ca. 2 km).

Baden-Württemberg

Greenfee-Aktion: Seite G 121

GREEN-GOLF Bad Saulgau GbR

Karte, Nr. 528, Feld E12 **18** Höhe: 650 m

gegründet: 1995

Koppelweg 103, 88348 Bad Saulgau
07581-527455 07581-527487
info@gc-bs.de
www.gc-bs.de

PR Rolf Ostermeier
Headgreenkeeper: Thomas Uhland-Busse

i 07581-527455 07581-527487
Uwe Hinz

Restaurant am Golfpatz
07581-5277889

PRO Pro: Martina Engel, Fabian Michelberger

H: 6125 m, CR 71.8, SL 127, Par 72
D: 5406 m, CR 73.6, SL 132, Par 72
20 Rangeabschläge (6 überdacht)

G Gäste sind jederzeit willkommen. Clubausweis mit eingetragenem Handicap (54) ist erforderlich. Wir bieten überdachte, kostenfreie Wohnmobilstellplätze mit Elektroanschluss auf unserem asphaltierten und gepflasterten Parkplatz. EUR 1,50 Kurtaxe pro Person und Tag.

18-Loch-Greenfee: WT: EUR 60 / WE: EUR 70
9-Loch-Greenfee: WT: EUR 35 / WE: EUR 40
20 % Rabatt für Gruppen ab 11 Personen
Ermäßigung: Jugendl. bis 18 J. und Stud. bis 25 J. 50%

Platzbeschreibung

Der in der oberschwäbischen Landschaft zwischen Donau und Bodensee gelegene Golf Club Bad Saulgau lädt in freundlicher, naturverbundener Atmosphäre zum Spielen seines 18-Loch Meisterschaftplatzes ein. Die in sanfte Hügellandschaft integrierte, noch relativ unbekannte Anlage gilt als Geheimtipp und bietet golferisch ein anspruchsvolles aber faires Spiel.

Platzinfos

VCG GPS CLUB GASTRO

Anfahrtsbeschreibung

Von Ulm/Donau: B 30 Ri. Biberach, von Biberach nach Bad Saulgau, von Bad Saulgau auf der B 32 ca. 3 km Ri. Weingarten-Ravensburg, dann Ausf. rechts nach Haid-Wilfertsweiler, nach dem Ortsende Wilfertsweiler liegt der Golfplatz rechter Hand. Vom Bodensee: Auf der B 30 von Friedrichshafen nach Ravensburg, von Ravensburg auf der B 32 Ri. Bad Saulgau, ca. 3 km vor Bad Saulgau links Ri. Haid-Wilfertsweiler und weiter wie oben beschrieben.

Nächstgelegene Plätze

Rochushof Deggenh., GC (Nr. 536)
Ravensburg, GC (Nr. 537)
Oberschwaben, GC (Nr. 532)

Freiburger Golfclub e.V.

Karte, Nr. 529, Feld C12 **18** Höhe: 350 m

gegründet: 1970

Krüttweg 1, 79199 Kirchzarten
07661-98470 07661-984747
info@fr-gc.de
www.fr-gc.de

PR: Georg-Wilhelm von Oppen,
CM: Rossini Postiglione
Headgreenkeeper: Hubert Löffler

i: 07661-98470 07661-984747
Nicole Hottek, Anna Kennel

Patcharawadee Keidel
07661-3093
Mo. Ruhetag

PRO SHOP: Christine Weggenmann
07661-7897 07661-7897

PRO: Pro: Stephanie Postiglione, Marc Kirchmaier, Richard Köbke

H: 5878 m, Par 72, D: 4962 m, Par 72
30 Rangeabschläge (15 überdacht)

G: Gäste sind jederzeit willkommen. Clubausweis mit eingetragenem Handicap (54) ist erforderlich. Sa./So./Feiertage ist Handicap 36 erforderlich.

18-Loch-Greenfee: WT: EUR 75 / WE: EUR 90
Ermäßigung: Jugendl./Stud.

Platzinfos

Anfahrtsbeschreibung

A 5 Karlsruhe-Basel, Ausf. Freiburg-Mitte, B 31 durch Freiburg, nach dem Tunnel Ausfahrt Kappel. Weiter Richtung Kappel (nicht Kappel-Ortsmitte abbiegen!). Nach dem Ortsende Kappel links über den Bahnübergang zum Golfplatz abbiegen. Oder von Titisee: B 31Richtung Freiburg, Abfahrt Kirchzarten/ Todtnau. 1,2 km weiter in Richtung Todtnau, danach der Wegweisung Freiburg-Kappel folgen. Nach ca. 2 km rechts über den Bahndamm abbiegen.

Platzbeschreibung

Seit Juli 2020 stehen aufgrund eines Platzumbaus (2. Bauphase) nur 9-Löcher zur Verfügung, dies kann zu Beeinträchtigungen führen! Die Anlage liegt östlich Freiburgs im Dreisamtal. Im Norden und Süden wird der in ebenem Gelände gelegene Platz von den Bergen des Südschwarzwaldes eingerahmt. Der herrliche alte Baumbestand vermittelt einen parkähnlichen Charakter und die kleinen Wasserläufe, die den Platz berühren oder durchziehen, stellen einige Anforderungen an den Spieler.

Nächstgelegene Plätze

Gütermann Gutach, GC (Nr. 526)
Hochschwarzwald, GC (Nr. 533)
Tuniberg, GC (Nr. 530)

Baden-Württemberg

Golfclub Tuniberg e.V.

Karte, Nr. 530, Feld C12 **18** Höhe: 212 m

gegründet: 1987

Große Brühl 1, 79112 Freiburg-Munzingen
07664-93060
info@golfclub-tuniberg.de
www.golfclub-tuniberg.de

PR Steffen Braun, GF: Sauer Michael
Headgreenkeeper: Kai Neudecker

i 07664-93060
Matthias Wäldin, Nathalie Baral, Ursula Lang

Restaurant tunigarden
07664-930612
Mo. Ruhetag

PRO Pro: Leigh Whittaker, Matthias Wäldin, Paul Wilkinson

H: 5707 m, CR 71.3, SL 127, Par 72
D: 5124 m, CR 73.9, SL 126, Par 72
30 Rangeabschläge (10 überdacht)

G Gäste sind jederzeit willkommen. Anmeldung ist notwendig. Clubausweis mit eingetragenem Handicap (54) ist erforderlich. Sa./So./Feiertage ist Handicap 36 erforderlich. Hunde sind nur von Montag bis Freitag angeleint gestattet.

18-Loch-Greenfee: WT: EUR 70 / WE: EUR 85
9-Loch-Greenfee: WT: EUR 45 / WE: EUR 55
Ermäßigung: Jugendl./Stud. 50%

Platzbeschreibung

Der Course mit seiner ebenen Topographie ist für jede Spielstärke eine Herausforderung. Die Grüns sind qualitativ sehr gut, großzügig in den Ausmaßen und attraktiv in der Optik. Der Driving Range-Unterstand, die vielen Rasenabschlagplätze, die zwei Putting-Greens und das terrassierte Chipping / Pitching-Grün lassen keine Trainingswünsche offen und gelten als besonders gelungene Übungsmöglichkeiten.

Platzinfos

VCG GPS CLUB GASTRO

Anfahrtsbeschreibung

A 5, Ausfahrt Bad Krozingen, Richtung Breisach. An der ersten Kreuzung rechts abbiegen und Richtung Hausen fahren. Durch den Ort weiter nach Munzingen. Nach ca. 2 km an der B 31 links Richtung Breisach. Der Golfclub Tuniberg liegt gleich hinter der Kreuzung auf der linken Seite.

Nächstgelegene Plätze

Freiburger GC (Nr. 529)
Schönau, GC (Nr. 539)
Markgräflerland, GC (Nr. 542)

Land- und Golf-Club Öschberghof

Karte, Nr. 531, Feld D12 **45** Design: Karl Grohs, Christoph Städler Höhe: 700 m

gegründet: 1976

Golfplatz 1, 78166 Donaueschingen
✆ 0771-84525 🖷 0771-84540
✉ golf@oeschberghof.com
💻 www.oeschberghof.com

PR
Alexander Hengst, GF: Alexander Aisenbrey, CM: Nadine Seibel
Headgreenkeeper: Patrick Redmann, Nathan Wattier

i
✆ 0771-84525 🖷 0771-84540
Loredana Aslanaj, Huger Ulrike

Ristorante und Pizzeria Hexenweiher
✆ 0771-84610 🖷 0771-84533
Mo. Ruhetag

PRO SHOP
✆ 0771-84530 🖷 0771-84540

PRO
Pro: Julian Eichhorn, Katharina Helms

18-Loch Old Course
H: 6026 m, CR 70.7, SL 132, Par 72
D: 5144 m, CR 71.4, SL 132, Par 72
18-Loch East Course
H: 5708 m, CR 69.2, SL 128, Par 72
D: 4866 m, CR 69.9, SL 126, Par 72
100 Rangeabschläge (10 überdacht)

G
Gäste sind jederzeit willkommen. Anmeldung ist notwendig. Clubausweis mit eingetragener PE ist erforderlich.

Tages-Greenfee: WT: EUR 120 / WE: EUR 140
18-Loch-Greenfee: WT: EUR 90 / WE: EUR 100
9-Loch-Greenfee: WT: EUR 50 / WE: EUR 60
Ermäßigung: Jugendl./Stud. 50%

Platzbeschreibung

Die gepflegten Grüns unserer beeindruckenden Golfanlage ermöglichen Ihnen ein gelungenes Golfspiel mit nur fünf Gehminuten von jedem Bereich des Resorts zu Ihren Abschlagplätzen. Der 18-Loch East Course zeichnet sich besonders durch seine Topographie mit Links Course Charakter aus, der 18-Loch Old-Course mit seinem Baumbestand als Parkland Course. Der 9-Loch Academy Course fügt sich nahtlos in die Charakteristika beider Plätze ein.

Platzinfos

Anfahrtsbeschreibung

A 81 Stuttgart-Singen, Ausfahrt AB-Dr. Bad Dürrheim, weiter Richtung Donaueschingen, Ausfahrt Donaueschingen-Mitte, von dort Richtung Geisingen und A 81, kurz nach Donaueschingen links Richtung Aasen und der Beschilderung zum Hotel und Golfplatz folgen. Oder: Vom Bodensee Richtung A 81 Stuttgart, Ausfahrt Geisingen, weiter Richtung Donaueschingen, kurz vor Donaueschingen rechts Richtung Aasen und der Beschilderung folgen.

Nächstgelegene Plätze

Königsfeld, G&CC (Nr. 525)
Obere Alp, GC (Nr. 540)
Schloss Langenstein, GC (Nr. 534)

Baden-Württemberg

Fürstlicher Golfclub Oberschwaben e.V.

Karte, Nr. 532, Feld F12 **36/9** Design: Harradine Golf, T. Himmel, C. Knauss Höhe: 620 m

gegründet: 1968

Hopfenweiler 9, 88339 Bad Waldsee
07524-4017200 07524-4017100
golf@waldsee-golf.de
www.waldsee-golf.de

PR Hubert Waizenegger, GF: Sascha Binoth, CM: Max Föhl

07524-4017200 07524-4017100
Simone Sproll

Fam. Benzing
07524-40170

PRO SHOP 07524-4017200

PRO Pro: Dirk Krause, Max Föhl, Thomas Schinnenburg

18-Loch Old Course
H: 6007 m, CR 71.9, SL 137, Par 72
D: 5292 m, CR 73.8, SL 133, Par 72
18-Loch New Course
H: 6020 m, CR 71.7, SL 130, Par 72
D: 5231 m, CR 73.1, SL 130, Par 72
60 Rangeabschläge (16 überdacht)

G Gäste sind jederzeit willkommen. Anmeldung ist notwendig. Clubausweis mit eingetragenem Handicap (54) ist erforderlich.

18-Loch-Greenfee: EUR 85
Ermäßigung: Jugendl./Stud. 50%

Platzbeschreibung

Einer der schönsten und ältesten Golfplätze Süddeutschlands. Die ersten neun Spielbahnen wurden 1970 angelegt. Die Erweiterung auf 18 Loch erfolgte im Jahre 1982. So hatte die Anlage bis jetzt lange Zeit, sich zu dieser vollkommenen Harmonie zwischen Wald, Wiese und Spielbahnen zu entwickeln. Sie genießen herrliche Ausblicke von den Abschlägen.

Platzinfos

VCG GPS CLUB GASTRO

Anfahrtsbeschreibung

Von München: A 96 Ri. Lindau, Ausfahrt Leutkirch-West/Bad Waldsee, auf der B 465 über Bad Wurzach nach Bad Waldsee. Von Ulm: A 7 Ri. Kempten, am AB-Dr. Memmingen auf die A 96 Ri. Lindau, Ausfahrt Leutkirch-West/Bad Waldsee und weiter wie oben beschrieben.Oder auf der B 30 über Laupheim-Biberach nach Bad Waldsee.

Nächstgelegene Plätze

Bad Saulgau, GREEN-GOLF (Nr. 528)
Ravensburg, GC (Nr. 537)
Memmingen, GC (Nr. 683)

Golfclub Hochschwarzwald e.V.

Karte, Nr. 533, Feld D12   18   Höhe: 900 m

gegründet: 2001

Oberaltenweg 7, 79822 Titisee-Neustadt
07651-935777 07651-935778
info@hochschwarzwald.golf
www.hochschwarzwald.golf

PR: Dr. Klaus Trescher, CM: Darren Hillier
Headgreenkeeper: Markus Bock

i: 07651-935777 07651-935778
Barbara Kammerer, Klaudia Kemper

Golfstüble, Peter Axtmann
07651-935779 07651-935778
Mo. Ruhetag

PRO SHOP: Golfclub Hochschwarzwald e.V.
07651-935777 07651-935778

PRO: Pro: Darren Hillier

18-Loch Himmlische Hölle Platz
H: 4752 m, CR 64.7, SL 113, Par 68
D: 4152 m, CR 65.8, SL 116, Par 68
17 Rangeabschläge (3 überdacht)

G: Gäste sind jederzeit willkommen. Anmeldung ist notwendig. Clubausweis mit eingetragener PE ist erforderlich. Rangefee: 20 Bälle EUR 2

18-Loch-Greenfee: WT: EUR 58 / WE: EUR 68
9-Loch-Greenfee: WT: EUR 35 / WE: EUR 42
Greenfee-Erm. für Gäste der Partnergemeinden und Gründerhotels, kostenloses GF für Gäste mit HTG Card: www.hochschwarzwald-card.de
Ermäßigung: Jugendl. und Stud. bis 27 J. 50%

Platzbeschreibung

Die Anlage liegt mit herrlichem Panoramablick auf den Feldberg malerisch zwischen den heilklimatischen Kurorten Titisee-Neustadt und Hinterzarten. Der 18-Loch-Platz ist mit seinen Biotopen und den sanften Hanglagen für jede Spielstärke eine abwechslungsreiche Herausforderung.

Platzinfos

VCG GPS CLUB

Anfahrtsbeschreibung

Von Freiburg kommend die Ausf. „Titisee" nehmen. Biegen Sie bei der ersten Möglichkeit rechts ab und wenden an der Verkehrsinsel zurück Richt. Freiburg und B 31. Vor der Einfahrt auf die B 31 rechts in den Oberaltenweg fahren, die erste Abzweigung links führt zu den Parkplätzen. Von Donaueschingen kommend die Ausf. „Titisee" nehmen und unmittelbar nach der Ausf. über die Straße in den Oberaltenweg abbiegen. Danach gleich links die erste Abzweigung nehmen, dann erreichen Sie die Parkplätze.

Nächstgelegene Plätze

Freiburger GC (Nr. 529)
Schönau, GC (Nr. 539)
Obere Alp, GC (Nr. 540)

Country Club Schloss Langenstein

Karte, Nr. 534, Feld E12 **18/9** Design: Rod Whitman Höhe: 475 m

gegründet: 1991

Schloss Langenstein 16,
78359 Orsingen-Nenzingen
07774-50651
info@schloss-langenstein.com
www.schloss-langenstein.com

PR Colin Piltner, CM: Colin Piltner
Headgreenkeeper: Alex Buhl

07774-50651
Judit Pàva

Restaurant Toscana
07774-50671
Mo. Ruhetag

PRO SHOP KB Golf-Store, Kevin Berger
07774-50672

PRO Pro: Jonas Golz, Igor Brandstätter

18-Loch Platz
H: 5983 m, CR 71.9, SL 132, Par 72
D: 5281 m, CR 74.1, SL 131, Par 72
9-Loch Kurzplatz (Par 3)
H: 694 m, D: 694 m
40 Rangeabschläge (15 überdacht)

G Gäste sind jederzeit willkommen. Anmeldung ist notwendig. Clubausweis mit eingetragenem Handicap (54) ist erforderlich. Sa./So./Feiertage ist Handicap 36 erforderlich.

18-Loch-Greenfee: Mo.-Do.: EUR 75 / Fr.-So.: EUR 105
Ermäßigung: Jugendl. und Stud. bis 27 J. 50%

Platzbeschreibung

Der Meisterschaftsplatz -Herzstück von Schloss Langenstein- besticht durch seine weitläufige Landschaft und die jede für sich charakteristische und einzigartige Spielbahn. Langenstein ist seit seiner Entstehung Austragungsort verschiedenster Deutschen Meisterschaften und EPD-Tour Turnieren. Eröffnet in 1991 und vollendet in 1992, wurde Langenstein von Rod Whitman designed, der mit Pete Dye und Bill Core weltweit viele renommierte Anlagen gebaut hat.

Platzinfos

Anfahrtsbeschreibung

A 81 Stuttgart-Singen, Ausfahrt Engen Richtung Stockach, auf der B 31 durch Aach nach Eigeltingen. Am Ortseingang Eigeltingen Hinweisschild rechts nach Schloss Langenstein. Oder: Von Zürich Autobahn Richtung St. Gallen-Schaffhausen, Autobahn Singen-Stuttgart bis zur Ausfahrt Engen und weiter wie oben beschrieben.

Nächstgelegene Plätze

Steisslingen, GC (Nr. 535)
Konstanz, GC (Nr. 541)
Owingen-Überlingen, GC (Nr. 538)

Golfclub Steisslingen e.V. am Bodensee

Karte, Nr. 535, Feld E13 **18/6** Design: Dave Thomas Höhe: 430 m

gegründet: 1991

Brunnenstraße 4b, 78256 Steisslingen-Wiechs
☎ 07738-939120 🖷 07738-9391229
✉ info@golfplatz-steisslingen.de
💻 www.golfplatz-steisslingen.de

PR: Uwe Eisch, GF: Björn Becker,
CM: Annette Günther
Headgreenkeeper: Christian Pilawa

i: ☎ 07738-939120 🖷 07738-9391229
Melanie Vogler, Ulrike Pugh

Golfplatz Restaurant, Sebastian Dreyer
☎ 07738-9391220

PRO SHOP: Golfplatz Steißlingen GmbH, Simone Becker
☎ 07738-939120 🖷 07738-939129

PRO: Pro: David Pugh

18-Loch Platz
H: 5780 m, CR 70.8, SL 125, Par 71
D: 5085 m, CR 72.3, SL 127, Par 71
6-Loch Public Course Par 60
H: 2820 m, Par 60, D: 2745 m, Par 60
35 Rangeabschläge (5 überdacht)

G: Gäste sind jederzeit willkommen. Clubausweis mit eingetragener PE ist erforderlich. Gruppen ab 15 Pers. mit Anmeldung.

18-Loch-Greenfee: WT: EUR 65 / WE: EUR 85
9-Loch-Greenfee: WT: EUR 45 / WE: EUR 59
Ermäßigung: Jugendl./Stud.

Platzbeschreibung

In einer für den Bodensee typischen Landschaft wurde eine Golfanlage besonderer Güteklasse realisiert. Die sehr interessant und abwechslungsreich gestalteten Spielbahnen zeichnen sich vor allem durch die anspruchsvoll modellierten Hindernisse aus. Die Sandbunker lassen erkennen, dass hier schottische Architekten am Werk waren. Der Fairwaybunker an der 18 zählt mit einer Länge von 70 m zu den längsten Bunkern Deutschlands.

Platzinfos

Anfahrtsbeschreibung

Vom Singener Autobahnkreuz auf der B 33 Richtung Konstanz, Ausfahrt Singen-Ost, weiter Richtung Steißlingen, nach dem Ortsende links Richtung Steißlingen-Wiechs zum Golfplatz abbiegen.

Nächstgelegene Plätze

Schloss Langenstein, GC (Nr. 534)
Konstanz, GC (Nr. 541)
Owingen-Überlingen, GC (Nr. 538)

Greenfee-Aktion: Seite G 121

Golfclub Rochushof Deggenhausertal e.V.

Karte, Nr. 536, Feld E13 **9/3** Design: Robert Newsome Höhe: 730 m

gegründet: 1998

Unterhomberg 4, 88693 Deggenhausertal
07555-919630 07555-919631
rochushof@t-online.de
www.golfclub-rochushof.de

PR: Claudius Jehle, CM: Claudius Jehle

i: 07555-919630
Claudius Jehle

Gastronomie: Claudius Jehle
07555-919630

PRO SHOP: 07555-919630/-386 -919631

PRO: Pro: Gerhard Koenig

H: 5468 m, CR 68.8, SL 133, Par 72
D: 4678 m, CR 69.1, SL 125, Par 72
12 Rangeabschläge (3 überdacht)

G: Gäste sind jederzeit willkommen. Clubausweis mit eingetragener PE ist erforderlich.

18-Loch-Greenfee: WT: EUR 59 / WE: EUR 69
9-Loch-Greenfee: WT: EUR 39 / WE: EUR 46
Ermäßigung: Jugendl. bis 18 J. und Stud. bis 26 J.

Platzbeschreibung

Unser Platz liegt in einer der schönsten Gegenden Deutschlands, dem Deggenhausertal (20 km vom Bodensee entfernt) und bietet einen Panoramablick bis weit in die Alpen. Wir legen neben einer hochwertigen, gut gepflegten Golfanlage auch höchsten Wert auf eine herzliche, familiäre, bodenständige und gastfreundliche Atmosphäre.

Platzinfos

VCG

Anfahrtsbeschreibung

Sie finden die Anfahrtsbeschreibungen aus allen Himmelsrichtungen auf unserer Homepage unter www.golfclub-rochushof.de Bitte geben Sie in Ihr Navigationsgerät unter Straße „Unterhomberg 4" ein.

Nächstgelegene Plätze

Ravensburg, GC (Nr. 537)
Bad Saulgau, GREEN-GOLF (Nr. 528)
Owingen-Überlingen, GC (Nr. 538)

Golfclub Ravensburg e.V.

Karte, Nr. 537, Feld E13 **18/6** Design: Reinhold Weishaupt Höhe: 450 m

gegründet: 1994

Hofgut Okatreute, 88213 Ravensburg
☎ 0751-9988 🖷 0751-9984
✉ golfanlage-ravensburg@t-online.de
💻 www.golfclub-ravensburg.de

PR Hugo Adler, GF: Hugo Adler, CM: Christian Raab
Headgreenkeeper: Christian Adler

i ☎ 0751-9988 🖷 0751-9984
Cornelia Nägele

Restaurant am Golfplatz, Shendrit Krasniqi
☎ 0751-29708766 🖷 0751-2908767

PRO SHOP ☎ 0751-9988 🖷 0751-9984

PRO Pro: Martina Engel

18-Loch Meisterschaftsplatz
H: 6074 m, CR 72, SL 130, Par 72
D: 5321 m, CR 73.8, SL 125, Par 72
6-Loch Öffentlicher 6-Loch Platz (Pitch & Putt)
H: 785 m, Par 19, D: 785 m, Par 19
15 Rangeabschläge (4 überdacht)

G Gäste sind jederzeit willkommen. Clubausweis mit eingetragenem Handicap (54) ist erforderlich.

18-Loch-Greenfee: WT: EUR 64 / WE: EUR 74
9-Loch-Greenfee: WT: EUR 35 / WE: EUR 45
Ermäßigung: Jugendl. bis 18 J. 50%, Stud. bis 25 J. 25%

Platzinfos

VCG

Anfahrtsbeschreibung

Von der B 30 Ulm-Friedrichshafen auf die B 33 Richtung Meersburg, von Ravensburg-Weststadt ca. 5 km Richtung Schmalegg, kurz vor Schmalegg rechts zum Hofgut Okatreute abbiegen.

Platzbeschreibung

Vor den Toren Ravensburgs erwartet Sie ein außergewöhnlich schöner Golfplatz. Der 18 Loch Championship Course mit seinen traumhaften Spielbahnen, die sich harmonisch in die Landschaft einfügen bietet für alle Hcp.-Klassen eine Herausforderung. Die schnellen Grüns sind für jeden Golfer ein Genuss und spiegeln den Pflegezustand auf höchstem Niveau wieder.

Nächstgelegene Plätze

Rochushof Deggenh., GC (Nr. 536)
Bad Saulgau, GREEN-GOLF (Nr. 528)
Oberschwaben, GC (Nr. 532)

Golfclub Owingen - Überlingen e.V.

Karte, Nr. 538, Feld E13 **18** Höhe: 450 m

gegründet: 1989

Alte Owinger Straße 93, 88696 Owingen
07551-83040 07551-830422
welcome@golfclub-owingen.de
www.golfclub-owingen.de

PR: Jean-Claude Parent, CM: Katharina Enkelmann

i: 07551-83040 07551-830422
Max Obernhuber, Brigitte Baur

Birdie Stuben
07551-83040

PRO SHOP: Pro-Shop Dirk&Karin Krause, Karin Krause
07551-915992 07551-932686

PRO: Pro: Marc Amort, Frank Habeth

H: CR 72.9, SL 133, Par 73
D: CR 75.7, SL 133, Par 73
50 Rangeabschläge (8 überdacht)

G: Gäste sind jederzeit willkommen. Anmeldung ist notwendig. Clubausweis mit eingetragener PE ist erforderlich. Sa./So./Feiertage ist Handicap 36 erforderlich.

18-Loch-Greenfee: WT: EUR 80 / WE: EUR 90
9-Loch-Greenfee: WT: EUR 45
Ermäßigung: Jugendl./Stud. 50%

Platzbeschreibung

Das Hofgut Lugenhof mit seiner 18-Loch-Anlage befindet sich in einer reizvollen Ferienlandschaft des Bodensees. Mit Obstbäumen und Wasserflächen schmiegen sich die 18 Löcher perfekt in ein sanft geschwungenes Areal ein und bieten traumhafte Ausblicke auf die Umgebung, die Alpen und den See. Ohne für den Anfänger zu schwierig zu sein, bietet der Platz auch für den guten Spieler immer einen herausfordernen Reiz.

Platzinfos

VCG GPS CLUB

Anfahrtsbeschreibung

Von Stuttgart: A 81 Stuttgart-Singen, die Autobahn geht in die B 31 über, weiter auf der B 31 in Richtung Lindau-Überlingen, Ausfahrt Überlingen-Nordwest, im ersten und zweiten Kreisverkehr der Beschilderung Richtung Owingen folgen. Von Lindau: B 31 bis zur Ausfahrt Überlingen-West Richtung Owingen, dann Ausfahrt Überlingen-Nordwest Richtung Owingen, im Kreisverkehr der Beschilderung Owingen folgen.

Nächstgelegene Plätze

Konstanz, GC (Nr. 541)
Rochushof Deggenh., GC (Nr. 536)
Steisslingen, GC (Nr. 535)

Golf Club Schönau e.V.

Karte, Nr. 539, Feld C13 **9** Höhe: 600 m

gegründet: 1995

Schönenberger Straße 17, 79677 Schönau
☎ 07673-888660 Fax 07673-888670
✉ info@golfschoenau.de
www.golfschoenau.de

PR: Klaus Schnepf

i: ☎ 07673-888660 Fax 07673-888670

Cafe-Bistro beim Golfplatz
☎ 07673-888660 Fax 07673-888670

PRO SHOP: Golf und Fashion Outlet Schönau im Schwarzwald
☎ 07673-4679779

9-Loch Panorama Golfanlage
H: 3300 m, CR 61.7, SL 104, Par 62
D: 3044 m, CR 61.7, SL 100, Par 62
13 Rangeabschläge (2 überdacht)

G: Gäste sind jederzeit willkommen. PE ist erforderlich.

18-Loch-Greenfee: WT: EUR 45 / WE: EUR 50
9-Loch-Greenfee: WT: EUR 30 / WE: EUR 35

Platzbeschreibung

Eingebettet in einem Tal des Südschwarzwaldes, am Fuße des Belchens gelegen, beeindruckt die Golfanlage Schönau jeden Spieler durch einen herrlichen Panoramablick auf die Schwarzwaldberge als Belohnung für die Bewältigung der 9 Spielbahnen. Der 1995 gegründete Golfplatz ist der Landschaft harmonisch angepasst, gepflegte Fairways entlang eines Wildbaches, Biotope, Bunker und ein kleiner See bieten dem Spieler viel Abwechslung und sportliche Herausforderung. Die Fairways sind so angelegt, dass bei jedem Wetter gespielt werden kann und die nebelfreie Lage ermöglicht das Golfen bis zum Beginn des Winters.

Platzinfos

VCG CLUB GASTRO

Anfahrtsbeschreibung

A 5 Karlsruhe-Basel, Ausfahrt Freiburg/Mitte - Kirchzarten - Notschrei -Todtnau - Schönau im Schwarzwald. Oder: A 81 Stuttgart-Singen, Ausfahrt Bad Dürrheim/Donaueschingen - Titisee-Neustadt - Feldberg - Todtnau - Schönau im Schwarzwald. Oder: A 98 Basel-Lörrach, Ausfahrt Lörrach - Schopfheim - Zell - Schönau im Schwarzwald.

Nächstgelegene Plätze

Golfanlage Schopfheim (Nr. 544)
Markgräflerland, GC (Nr. 542)
Rickenbach, GC (Nr. 545)

Golfclub Obere Alp e.V.

Karte, Nr. 540, Feld D13 18/9 Design: Karl Grohs Höhe: 800 m

gegründet: 1989

Am Golfplatz 1-3, 79780 Stühlingen
☎ 07703-92030 Fax 07703-920318
✉ sekretariat@golf-oberealp.de
www.golf-oberealp.de

PR: Urs Christen, GF: Andrea Friedrich
Headgreenkeeper: Waleri Rutz

i: ☎ 07703-92030 Fax 07703-920318
Gisela Rheiner Bien, Simone Lehmann-Schade, Tatjana Lasarzick

Ristaurante Belvedere
☎ 07703-920320

PRO SHOP: Golf-Shop Obere Alp
☎ 07703-92030 Fax 07703-920318

PRO: Pro: Dominik Weißer, Björn Stromsky

18-Loch Platz
H: 5956 m, CR 71, SL 133, Par 72
D: 5268 m, CR 73, SL 126, Par 72
9-Loch Platz
H: 1779 m, CR 59.7, SL 100, Par 60
D: 1492 m, CR 58.5, SL 101, Par 60
40 Rangeabschläge (10 überdacht)

G: Gäste sind Montag - Freitag (außer an Feiertagen) willkommen.

18-Loch-Greenfee (bis 15:30 Uhr): WT: EUR 85 / WE: EUR 115
18-Loch-Greenfee (ab 15:40 Uhr): EUR 60
9-Loch-Greenfee: WT: EUR 27 / WE: EUR 38
Bitte Zeitzonen beachten (Homepage)
Junioren spielen mit reduziertem Greenfee.

Platzinfos

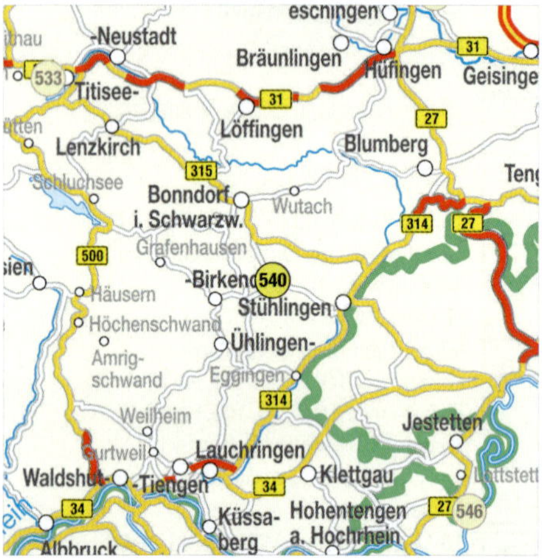

Platzbeschreibung

Die 27-Loch Golfanlage auf einem Hochplateau im Südschwarzwald nahe der Schweizer Grenze bietet bei klarem Wetter eine atemberaubende Sicht auf die Alpen. Der 18-Loch-Meisterschaftsplatz ohne nennenswerte Höhenunterschiede ist mit seinen langen Fairways, 58 Bunkern und drei Wasserhindernissen eine Herausforderung für Golfer jeder Spielstärke. Der öffentliche 9-Loch-Platz ist ideal für eine schnelle Golfrunde, als Trainingsmöglichkeit oder zum Einstieg in den Golfsport geeignet.

Anfahrtsbeschreibung

Von Stuttgart: A 81 Stuttgart-Singen, Ausfahrt B 27 Donaueschingen, B 27 folgen, dann B 314 bis Stühlingen, von dort B315 Richtung Bonndorf. Von Freiburg: B 31 Richtung Donaueschingen, nach Titisee-Neustadt rechts ab nach Rötenbach, Göschweiler, Bonndorf, Stühlingen. Von Zürich: Über Bülach, Eglisau-Bühl, Erzingen, Wutöschingen, Eggingen, Mauchen,Obere Alp.

Nächstgelegene Plätze

Hochschwarzwald, GC (Nr. 533)
Rheinblick, GC (Nr. 546)
Öschberghof, L&GC (Nr. 531)

Baden-Württemberg

Golf-Club Konstanz e.V.

Karte, Nr. 541, Feld E13 18 Höhe: 500 m

gegründet: 1965

Hofgut Kargegg 1,
78476 Allensbach-Langenrain
07533-93030 07533-930330
info@golfclubkonstanz.de
www.golfclubkonstanz.de

PR Dr. Martin Füllsack

i 07533-93030 07533-930330
Florian Rump, Anett Königer, Petra Lorenz

Hofgut Kargegg, Stephan Zocher, Thomas Sobkowiak
07533-930311

PRO SHOP Sport Martin, Eberhard Martin
07771-917666

PRO Pro: Florian Rump, Toni Peer, David Geary

H: 5943 m, CR 71.1, SL 139, Par 72
D: 5125 m, CR 72.2, SL 130, Par 72
19 Rangeabschläge (8 überdacht)

G Gäste sind jederzeit willkommen. Clubausweis mit eingetragener PE ist erforderlich. Sa./So./Feiertage ist Handicap 36 erforderlich.

Tages-Greenfee: Mo.-Do.: EUR 90 / Fr.-So.: EUR 110
Ermäßigung: Jugendl./Stud. 50%

Platzinfos

VCG GPS CLUB GASTRO

Platzbeschreibung

Auf einem Höhenzug zwischen dem Überlinger- und dem Radolfzeller-See, dem so genannten Bodanrück, erstrecken sich die Fairways über eine völlig unangetastete Naturlandschaft, die von keiner Straße oder auch nur Telefonleitung durchschnitten wird. Die zum Teil in Wald eingebetteten Fairways verlangen ein zielgenaues Spiel.

Anfahrtsbeschreibung

Aus Ri. Konstanz: Über den Stadtteil Wollmatingen nach Dettingen, 4 km nach der Ortsausfahrt Dettingen in Ri. Langenrain, rechts ab Ri. Marienschlucht zum Golfplatz. Aus Ri. A 81 Stuttgart-Singen: Autobahnausfahrt Radolfzell, links ab in Ri. Stockach, nach ca. 700 m rechts ab in Ri. Güttingen-Dettingen, über Liggeringen nach Langenrain. Ca. 200 m nach der Ortsausfahrt Langenrain links ab in Ri. Marienschlucht zum Golfplatz.

Nächstgelegene Plätze

Owingen-Überlingen, GC (Nr. 538)
Steisslingen, GC (Nr. 535)
Schloss Langenstein, GC (Nr. 534)

Golfclub Markgräflerland

Karte, Nr. 542, Feld C13 **18** Design: Bradford Benz, Karl Grohs Höhe: 364 m

gegründet: 1984

Tüchlingerweg, 79400 Kandern
07626-977990
info@gc-mk.com
www.gc-mk.com

PR Hans Roth

i 07626-977990

Andreas Liffers
07626-1262
Mo. Ruhetag

PRO SHOP Markgräfler Country Club AG
07626-977990

PRO Pro: Adam Lambe, Chris Hurter, Andrew Cullen

H: 5691 m, CR 70.9, SL 130, Par 72
D: 4890 m, CR 72.2, SL 123, Par 72
30 Rangeabschläge (3 überdacht)

G Gäste sind jederzeit willkommen. Anmeldung ist notwendig. Clubausweis mit eingetragenem Handicap (36) ist erforderlich.

18-Loch-Greenfee: WT: EUR 90 / WE: EUR 120
Ermäßigung: Jugendl./Stud. bis 21 J. 50%

Platzbeschreibung
Lassen Sie sich von den 5931 (Abschläge Herren weiß) resp. 5256 Metern (Damen blau) nicht täuschen: Der immer gut gepflegte 18-Loch-Platz mit Par 72 ist zwar relativ kurz, erweist sich jedoch als sehr anspruchsvoll und verlangt Ihnen ein gutes, zuverlässiges und taktisches Spiel ab. Die großzügigen Fairways und die schnellen Grüns wechseln von Loch zu Loch. Die erste Spielbahn ist gleichzeitig die Schwierigste: Als Par 4 mit 392 Metern Länge und Aus-Grenzen rechts als auch links vom Abschlag stellt es den Golfspieler / die Golfspielerin schnell vor die Frage: „Wie überzeugt bin ich vom eigenen Spiel?".

Platzinfos

VCG GPS CLUB

Anfahrtsbeschreibung
A 5 Basel-Karlsruhe, am ABK Weil a. Rhein auf die A 98 Richtung Lörrach, Ausfahrt Rümmingen-Kandern, weiter Richtung Kandern-Riedlingen, am Ortsende Kandern rechts der Beschilderung zum Golfplatz folgen. Oder: A 5 Karlsruhe-Basel, Ausfahrt Bad Bellingen, weiter über Bad Bellingen-Riedlingen Richtung Kandern und der Beschilderung zum Golfplatz folgen.

Nächstgelegene Plätze
Drei Thermen GR (Nr. 543)
Golfanlage Schopfheim (Nr. 544)
Schönau, GC (Nr. 539)

Drei Thermen Golfresort Markgräflerland

Karte, Nr. 543, Feld C13 **72** Höhe: 320 m

gegründet: 1997

Am Golfplatz 3, 79415 Bad Bellingen
07635-824490 07635-8244922
info@drei-thermen-golfresort.de
www.drei-thermen-golfresort.de

PR: Heinz Wolters

07635-824490 07635-8244922

Drei Thermen Golfresort
07635-8244928 07635-8244922

PRO SHOP: Drei Thermen Golfresort, Fred Beiser
07635-824490 07635-8244922

PRO: Pro: Alexander Schurr, David Rundle (PGA)

18-Loch Kapellenberg Platz
H: 5950 m, CR 71.7, SL 130, Par 73
D: 5420 m, CR 74.8, SL 126, Par 73
18-Loch Quellenhof Platz
H: 6036 m, CR 71.6, SL 125, Par 72
D: 5424 m, CR 74.1, SL 128, Par 72
35 Rangeabschläge (9 überdacht)

G: Gäste sind jederzeit willkommen. Anmeldung ist notwendig. Clubausweis mit eingetragenem Handicap (54) ist erforderlich.

18-Loch-Greenfee: WT: EUR 60 / WE: EUR 70
Ermäßigung: Jugendl. bis 20 J. und Stud. bis 27 J. 50%

Platzbeschreibung

Das landschaftlich reizvoll gelegene Resort verfügt über insgesamt 72 Löcher. Die Bahnen bieten ein herrliches Panorama über Alpen, Schwarzwald und Vogesen und sprechen Spieler jeder Spielstärke an. Den Schwarzwald im Rücken eröffnet sich bei schönem Wetter ein Bild über die „zwei Rheine" - Altrhein und Rheinseitenkanal. 2007 kam der 18-Loch Schloßplatz Homburg im angrenzenden Elsaß dazu und 2008 der 18-Loch Burgplatz.

Platzinfos

VCG GPS CLUB GASTRO

Anfahrtsbeschreibung

A 5 Karlsruhe-Basel, Ausfahrt Neuenburg/ Bad Bellingen, weiter Richtung Bamlach und der Beschilderung zum Golfplatz folgen (an Bellingen vorbei fahren und bei der Feuerwehr links den Berg hochfahren). Oder B 3, zwischen Schliengen und Welmlingen bei der Kalten Herberge Abfahrt Bamlach und der Beschilderung folgen.

Nächstgelegene Plätze

Markgräflerland, GC (Nr. 542)
Golfanlage Schopfheim (Nr. 544)
Schönau, GC (Nr. 539)

Greenfee-Aktion: Seite G 121f

Golfanlage Schopfheim

Karte, Nr. 544, Feld C13 **9** Höhe: 300 m

gegründet: 1999

Ehner-Fahrnau 12, 79650 Schopfheim
✆ 07622-674760 ℻ 07622-6747618
✉ post@golfanlage-schopfheim.de
www.golfanlage-schopfheim.de

PR
GF: Rolf Wetzel

i
✆ 07622-674760 ℻ 07622-6747618
Helga Sprich

Bistro und Café am Golfplatz, Silvia Korngiebel
✆ 07622-6747613

H: 5440 m, CR 68.2, SL 127, Par 72
D: 4978 m, CR 70.9, SL 137, Par 72
20 Rangeabschläge (4 überdacht)

G
Gäste sind jederzeit willkommen. Anmeldung ist notwendig. Clubausweis mit eingetragener PE ist erforderlich.

18-Loch-Greenfee: EUR 50
9-Loch-Greenfee: EUR 25
Ermäßigung: Jugendl. bis 18 J.

Platzinfos

VCG GPS CLUB GASTRO

Platzbeschreibung

Die Anlage wurde auf dem Gelände des traditionsreichen Hofgutes Ehner-Fahmau zwischen dem idyllischen Fluss „Wiese" und der Sandsteinerhebung „Entengast" erstellt. Die Golfbahnen sind rund um das Hofgut und das historische Schloss „Roggenbach" angeordnet.Zusammen mit der großzügigen Bepflanzung durch eine breite Palette unterschiedlicher Bäume und den Seen ergibt sich eine reizvolle, abwechslungsreiche Gesamtlage.

Anfahrtsbeschreibung

B 317 zwischen Lörrach und Zell, Abfahrt Hausen im Wiesental. Dort durch den Ort weiterfahren zum Golfplatz - Ehner-Fahrnau 12.

Nächstgelegene Plätze

Rickenbach, GC (Nr. 545)
Schönau, GC (Nr. 539)
Markgräflerland, GC (Nr. 542)

Baden-Württemberg

Golfclub Rickenbach e.V.

Karte, Nr. 545, Feld C13 **18** Design: T. Himmel, K. Peters, J. Dudok van Heel Höhe: 760 m

gegründet: 1979

Hennematt 20, 79736 Rickenbach
✆ 07765-777 🖷 07765-544
✉ info@golfclub-rickenbach.de
💻 www.golfclub-rickenbach.de

PR: Arnold Widmer-Häcki, CM: Ulf Gräfe

i: ✆ 07765-777 🖷 07765-544
Christine Eckert, Gabriele Haselhoff, Gerlinde Baumgartner

Golfrestaurant, Harald Scherer
✆ 07765-543 🖷 -544
Mo. Ruhetag

PRO: Pro: Chris Dew, Achim Strittmatter

H: 5087 m, CR 67.9, SL 132, Par 69
D: 4457 m, CR 68.8, SL 128, Par 69
20 Rangeabschläge (5 überdacht)

G: Gäste sind jeden Tag (außer Montag) willkommen. Fr.-So./Feiertage ist Anmeldung notwendig. Clubausweis mit eingetragenem Handicap (54) ist erforderlich. Fr.-So./Feiertage ist Handicap 36 erforderlich.

Tages-Greenfee: Di.-Fr.: EUR 70 / WE: EUR 90
Greenfee für Mitglieder von VCG und ASGI sowie Fernmitglieder: Dienstag bis Freitag EUR 80 / WE EUR 100.
Ermäßigung: Jugendl./Stud. 50%

Platzinfos

VCG GPS CLUB GASTRO

Anfahrtsbeschreibung
A 98 Lörrach oder A 5 Basel Richtung Bad Säckingen, von dort ca. 20 km Richtung Rickenbach-Südlicher Schwarzwald, in Rickenbach der Beschilderung folgen.

Platzbeschreibung
Begünstigt durch die einmalige Lage auf dem Hochplateau des Hotzenwaldes, bieten die geschützte Fauna und Flora dem Auge zu jeder Jahreszeit faszinierende Schauspiele und herrliche Ausblicke auf die Schweizer Alpen. Mit natürlichen Wasserhindernissen wie Bächen, Weihern und Biotopen sowie den zum Teil von Tannen gesäumten Fairways ist der Platz eine Herausforderung für Spieler jeder Spielstärke.

Nächstgelegene Plätze
Bad Säckingen, GP (Nr. 547)
Golfanlage Schopfheim (Nr. 544)
Schönau, GC (Nr. 539)

Golfclub Rheinblick

Karte, Nr. 546, Feld D13 **18** Design: Kurt Rossknecht Höhe: 460 m

gegründet: 1988

Rheinstraße 4, 79807 Nack-Lottstetten
☎ 07745-92960 🖷 07745-929613
✉ info@golfclubrheinblick.de
💻 www.golfclubrheinblick.de

PR: Hanspeter Amweg, CM: Günter Burkhard

i: ☎ 07745-92960 🖷 -929613
Monja Peters, Simone Ehrhardt, Salome Scheier

Gastronomie: Marco Troncana
☎ 07745-929620
Mo. Ruhetag

PRO SHOP: ☎ 07745-92960 🖷 -929613

PRO: Pro: Sascha Georgi, Vivian Ross, Lloyd Freeman

H: 5823 m, CR 71.3, SL 136, Par 72
D: 5189 m, CR 73.7, SL 132, Par 72
30 Rangeabschläge (6 überdacht)

G: Gäste sind Montag - Freitag (außer an Feiertagen) willkommen. Anmeldung ist notwendig. Clubausweis mit eingetragenem Handicap (36) ist erforderlich. Am Wochenende nur in Begleitung von einem Mitglied

18-Loch-Greenfee: WT: EUR 90 / WE: EUR 110
9-Loch-Greenfee: WT: EUR 50 / WE: EUR 70
Greenfee für ASGI- / VcG- / Migros Golfcard-Spieler = EUR 130 (Mo-Fr)
Ermäßigung: Jugendl.

Platzinfos

VCG

Anfahrtsbeschreibung

N 4 Zürich-Bülach-Schaffhausen, Grenzübergang Lottstetten-Solgen und dem Wegweiser Nack folgen, der Golfplatz liegt direkt hinter der Grenze.

Platzbeschreibung

Eine in Ihrer Landschaftlichkeit und Natürlichkeit außergewöhnliche Anlage, nahe der Schweizer Grenze, führt Sie über leichtes bis schwieriges hügeliges Gelände, das über dem Rhein gelegen ist. Durch zahlreiche Bunker, Wasserhindernisse, Biotope, Obstbäume und Sträucher wird körperliche Fitness und präzises Spiel verlangt.

Nächstgelegene Plätze

Obere Alp, GC (Nr. 540)
Steisslingen, GC (Nr. 535)
Schloss Langenstein, GC (Nr. 534)

Golfpark Bad Säckingen

Karte, Nr. 547, Feld C13 9

gegründet: 2017

Schaffhauser Str. 121, 79713 Bad Säckingen
07761-9381132
info@golfparkbs.de
www.golfparkbs.de

PR: Gernot Schmolke

i: 07761 - 93 80 99-12 / Fax: 07761 - 93 80 99-18

PRO: Pro: Achim Strittmatter

H: 3240 m, CR 58.9, SL 93, Par 60
D: 2950 m, CR 58.9, SL 92, Par 60
15 Rangeabschläge (7 überdacht)

G: Gäste sind jederzeit willkommen. PE ist erforderlich.

18-Loch-Greenfee: WT: EUR 50 / WE: EUR 60
9-Loch-Greenfee: WT: EUR 35 / WE: EUR 45

Platzbeschreibung

Der Golfpark Bad Säckingen liegt direkt an der Schweizer Grenze. Neben einem 9-Loch-Platz stehen eine großzügige Driving Range (mit Flutlicht) und eine ganzjährig bespielbare Indoor-Golf-Anlage zur Verfügung. Praktisch: Sekretariat, Restaurant und sanitäre Anlagen sind in wenigen Fußminuten zu erreichen. Parkplätze befinden sich direkt an der Driving Range. Golfen im Golfpark Bad Säckingen bedeutet: Golf spielen und dabei entspannen. Golfeinsteiger und Genussgolfer, die gerne stressfrei Golf spielen, werden sich auf dem heimeligen Golfplatz besonders wohl fühlen. Genießen Sie die familiäre Atmosphäre. Sie sind interessiert, den Golfsport zu erlernen? Der Golfpark Bad Säckingen bietet Golfeinsteigern optimale Bedingungen.

Platzinfos

VCG

Anfahrtsbeschreibung

Der Golfpark Bad Säckingen liegt an der B 34, ca. 500 m östlich von Bad Säckingen. Aus der Schweiz kommend: A3 Ausfahrt (16) Eiken – Richtung Stein/Bad Säckingen Entfernungen: Frick 13 km, Bad Zurzach 30 km, Basel 40 km, Zürich 60 km

Nächstgelegene Plätze

Rickenbach, GC (Nr. 545)
Golfanlage Schopfheim (Nr. 544)
Schönau, GC (Nr. 539)

Bayern

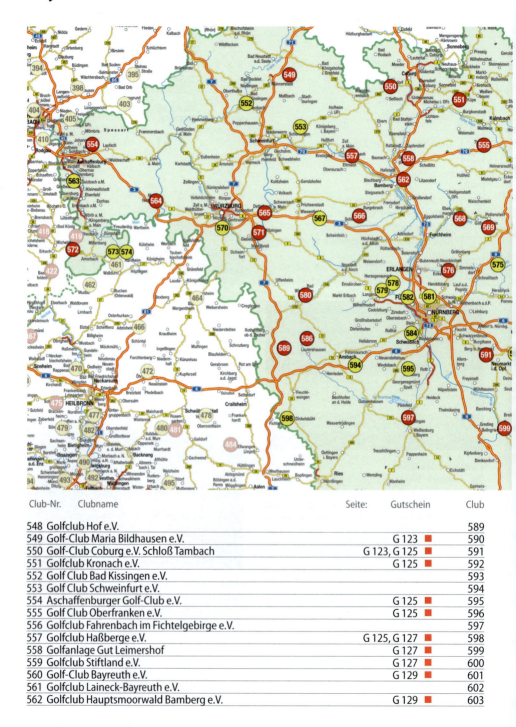

Club-Nr.	Clubname	Seite: Gutschein	Club
548	Golfclub Hof e.V.		589
549	Golf-Club Maria Bildhausen e.V.	G 123 ■	590
550	Golf-Club Coburg e.V. Schloß Tambach	G 123, G 125 ■	591
551	Golfclub Kronach e.V.	G 125 ■	592
552	Golf Club Bad Kissingen e.V.		593
553	Golf Club Schweinfurt e.V.		594
554	Aschaffenburger Golf-Club e.V.	G 125 ■	595
555	Golf Club Oberfranken e.V.	G 125 ■	596
556	Golfclub Fahrenbach im Fichtelgebirge e.V.		597
557	Golfclub Haßberge e.V.	G 125, G 127 ■	598
558	Golfanlage Gut Leimershof	G 127 ■	599
559	Golfclub Stiftland e.V.	G 127 ■	600
560	Golf-Club Bayreuth e.V.	G 129 ■	601
561	Golfclub Laineck-Bayreuth e.V.		602
562	Golfclub Hauptsmoorwald Bamberg e.V.	G 129 ■	603

Bayern

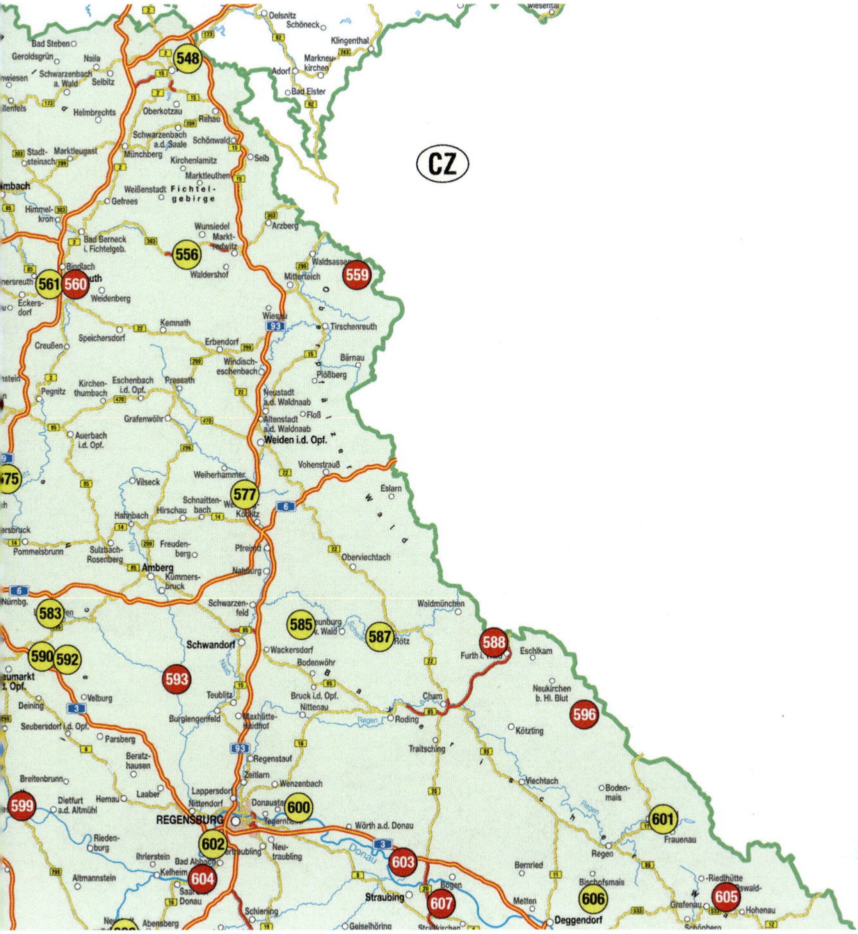

Club-Nr.	Clubname	Seite: Gutschein		Club
563	Golfpark Rosenhof			604
564	Golfclub Main-Spessart e.V.	G 129	■	605
565	Golfclub Schloß Mainsondheim e.V.	G 129	■	606
566	Golfclub Schloss Reichmannsdorf e. V.	G 129, G 131	■	607
567	Golfclub Steigerwald in Geiselwind e.V.			608
568	Golfclub Fränkische Schweiz e.V.	G 131	■	609
569	Golf Club Pottenstein-Weidenloh e.V.	G 131	■	610
570	Golf Club Würzburg e.V.			611
571	Golfclub Kitzingen e.V.	G 133	■	612
572	Golfclub Gut Sansenhof e.V.	G 133	■	613
573	Golf & Country Club Erftal e.V.			614
574	Golfclub Miltenberg e.V.			615
575	Golfclub Gerhelm Nürnberger Land e.V.			616
576	Golf Club Erlangen e.V.	G 133	■	617
577	Golfclub Schwanhof e.V.			618

■ = Partner Albrecht Greenfee-Aktion

Bayern

Bayern

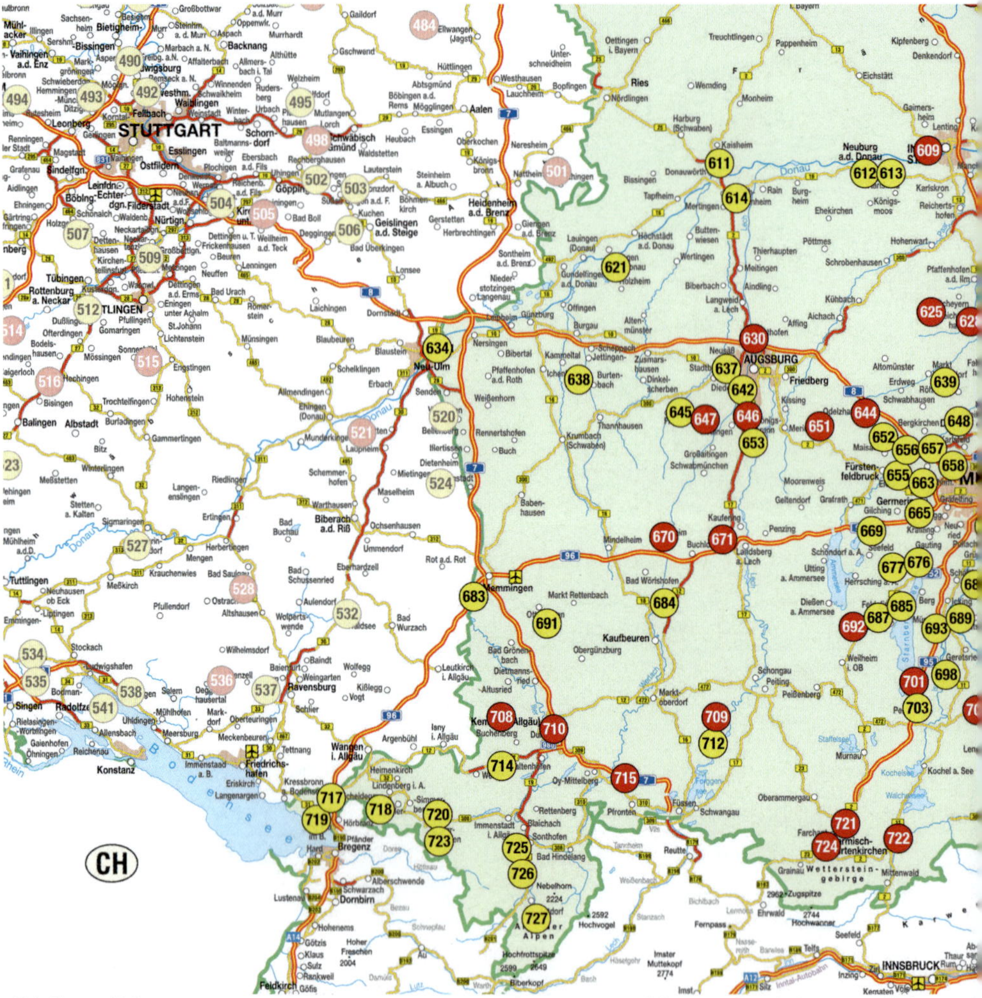

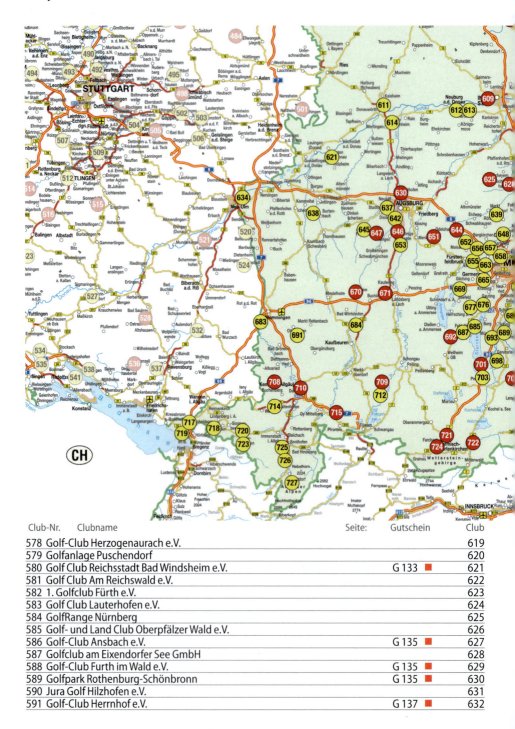

Club-Nr.	Clubname	Seite:	Gutschein	Club
578	Golf-Club Herzogenaurach e.V.			619
579	Golfanlage Puschendorf			620
580	Golf Club Reichsstadt Bad Windsheim e.V.		G 133 ■	621
581	Golf Club Am Reichswald e.V.			622
582	1. Golfclub Fürth e.V.			623
583	Golf Club Lauterhofen e.V.			624
584	GolfRange Nürnberg			625
585	Golf- und Land Club Oberpfälzer Wald e.V.			626
586	Golf-Club Ansbach e.V.		G 135 ■	627
587	Golfclub am Eixendorfer See GmbH			628
588	Golf-Club Furth im Wald e.V.		G 135 ■	629
589	Golfpark Rothenburg-Schönbronn		G 135 ■	630
590	Jura Golf Hilzhofen e.V.			631
591	Golf-Club Herrnhof e.V.		G 137 ■	632

Bayern

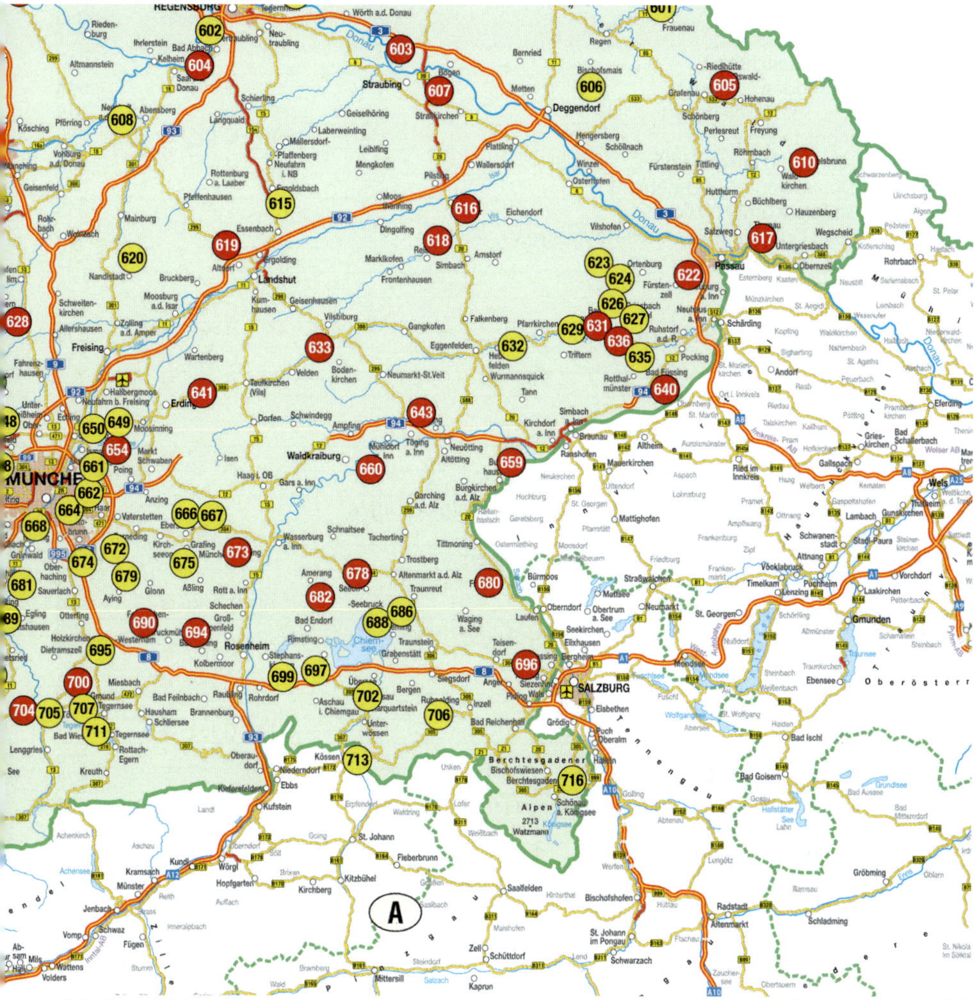

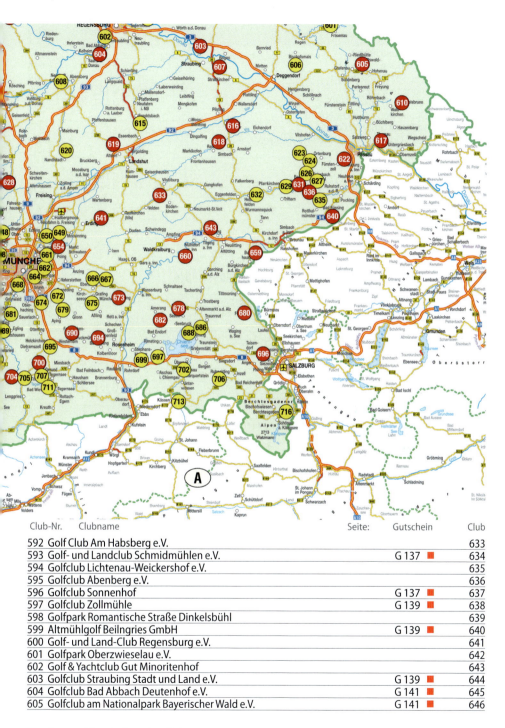

Club-Nr.	Clubname	Seite:	Gutschein	Club
592	Golf Club Am Habsberg e.V.			633
593	Golf- und Landclub Schmidmühlen e.V.		G 137 ■	634
594	Golfclub Lichtenau-Weickershof e.V.			635
595	Golfclub Abenberg e.V.			636
596	Golfclub Sonnenhof		G 137 ■	637
597	Golfclub Zollmühle		G 139 ■	638
598	Golfpark Romantische Straße Dinkelsbühl			639
599	Altmühlgolf Beilngries GmbH		G 139 ■	640
600	Golf- und Land-Club Regensburg e.V.			641
601	Golfpark Oberzwieselau e.V.			642
602	Golf & Yachtclub Gut Minoritenhof			643
603	Golfclub Straubing Stadt und Land e.V.		G 139 ■	644
604	Golfclub Bad Abbach Deutenhof e.V.		G 141 ■	645
605	Golfclub am Nationalpark Bayerischer Wald e.V.		G 141 ■	646

■ = Partner Albrecht Greenfee-Aktion

Bayern

Club-Nr.	Clubname	Seite: Gutschein		Club
606	Deggendorfer Golfclub e.V.			647
607	Golfclub Gäuboden e.V.	G 141	■	648
608	MARC AUREL Spa & Golf Resort			649
609	Golfclub Ingolstadt e.V.	G 141, G 143	■	650
610	Golf- und Landclub Bayerwald e.V.	G 143	■	651
611	Golfclub Donauwörth Gut Lederstatt			652
612	Zieglers Golfplatz GmbH & Co. KG			653
613	Wittelsbacher Golfclub Rohrenfeld-Neuburg e.V.			654
614	Golfclub Eggelstetten			655
615	Golfplatz Leonhardshaun			656
616	Golfclub Landau/Isar e.V.	G 143	■	657
617	Donau Golf Club Passau-Raßbach e.V.	G 143	■	658
618	Golfclub Schloßberg e.V.	G 145	■	659
619	Golf Club Landshut e.V.	G 145	■	660
620	Golfanlage Holledau			661
621	Golfclub Dillingen Nusser Alm GmbH			662
622	Panorama Golf Passau	G 147	■	663
623	Quellness Golf Resort Bad Griesbach, Golfplatz Brunnwies			664
624	Quellness Golf Resort Bad Griesbach, St. Wolfgang Golfplatz Uttlau			665
625	GolfPark Gerolsbach	G 147	■	666
626	Quellness Golf Resort Bad Griesbach, Golfplatz Lederbach			667
627	Quellness Golf Resort Bad Griesbach, Golfodrom® Holzhäuser			668
628	Golfclub Schloß Reichertshausen	G 147, G 149	■	669
629	Bella Vista Golfpark - Bad Birnbach			670
630	Golfclub Gersthofen e.V.	G 149	■	672
631	Golfclub Sagmühle	G 149	■	673
632	Rottaler Golf- & Country Club Eggenfelden			674
633	Golfclub Vilsbiburg e.V.	G 149, G 151	■	675
634	New Golf Club Neu-Ulm			676
635	Golf Resort Bad Griesbach, Porsche Golf Course			677
636	Quellness Golf Resort Bad Griesbach, Beckenbauer Golf Course	G 151	■	678
637	Golf Club Leitershofen e.V.			679
638	Golf-Club Schloss Klingenburg e.V.			680
639	Münchner Golf Eschenried - Golfpark Gut Häusern			681
640	ThermenGolfClub Bad Füssing-Kirchham e.V.	G 151	■	682
641	Golf-Club Erding Grünbach e.V.	G 151, G 153	■	684
642	Golfclub GolfRange Augsburg			685
643	Golfclub Pleiskirchen e.V.	G 153	■	686
644	Golfclub München-West Odelzhausen e.V.	G 153	■	687
645	Golfanlage Weiherhof			688
646	Golfclub Lechfeld e.V.	G 153	■	689
647	Golfclub Augsburg e.V.	G 153, G 155	■	690
648	Golfclub Dachau e.V.			691
649	Golfclub München Eichenried			692
650	OPEN.9 Golf Eichenried			693
651	Golfclub Tegernbach e.V.	G 155	■	694
652	Golfanlage Rottbach			695
653	Golfclub Königsbrunn e.V.			696
654	Bavarian Golfclub München-Eicherloh e.V.	G 155	■	697
655	Golfclub Olching e.V.			698
656	Münchner Golf Eschenried - Golfplatz Eschenhof			699
657	Münchner Golf Eschenried - Golfplatz Gröbenbach			700
658	Münchner Golf Eschenried - Golfplatz Eschenried			701

Bayern

Bayern

Club-Nr.	Clubname	Seite: Gutschein	Club
659	Golfclub Altötting-Burghausen e.V.	G 155, G 157 ■	702
660	Golf Club Schloss Guttenburg e.V.	G 157 ■	703
661	GREEN HILL - Der Golfpark München-Ost		704
662	Golfpark München Aschheim GmbH & Co. KG		705
663	GolfCity München Puchheim		706
664	Golfclub München-Riem		707
665	GolfRange München-Germering Süd/Nord		708
666	Golfplatz Thailing		709
667	Golf-Club Ebersberg e.V.		710
668	Münchener Golf Club e.V.		711
669	Golfclub Wörthsee e.V.		712
670	Golfclub zu Gut Ludwigsberg	G 157 ■	713
671	Golfclub Schloß Igling e.V.	G 157, G 159 ■	714
672	Golfanlage Harthausen		715
673	Golfclub Pfaffing Wasserburger Land e.V.	G 159 ■	716
674	GolfRange München-Brunnthal		717
675	Golf-Club Schloss Elkofen e.V.		718
676	Golfanlage Gut Rieden		719
677	Golfclub Starnberg e.V.		720
678	Der Golf Club Am Obinger See	G 159 ■	721
679	Golfplatz Schloss Egmating		722
680	Golfclub Anthal-Waginger See e.V.	G 159 ■	723
681	Münchener Golf Club e.V.		724
682	Golf Club Höslwang im Chiemgau e.V.	G 161 ■	725
683	Golfclub Memmingen Gut Westerhart e.V.		726
684	Golfclub Bad Wörishofen e.V.		727
685	Golf Club Feldafing e.V.		728
686	Golf-Club Chieming e.V.		729
687	Golfclub Tutzing		730
688	Golf Club Gut Ising		731
689	Golfclub München-Riedhof e.V.		732
690	Golfclub Mangfalltal e.V.	G 161 ■	733
691	Allgäuer Golf- und Landclub e.V.		734
692	Golf Club Hohenpähl e.V.	G 161 ■	736
693	Golf- und Landclub Bergkramerhof e.V.		737
694	Golf Club Schloß Maxlrain e.V.	G 161 ■	738
695	Golf Valley München		739
696	Golfclub Berchtesgadener Land e.V.	G 163 ■	740
697	Chiemsee Golf-Club Prien e.V.		741
698	Golfclub Beuerberg e.V.		742
699	Golfanlage Patting-Hochriesblick		743
700	Golfplatz Waakirchen Tegernsee	G 163 ■	744
701	St. Eurach Land- und Golf Club e.V.	G 163 ■	745
702	Golf Resort Achental		746
703	Golfplatz Iffeldorf GmbH & Co. KG		747
704	Tölzer Golfclub e.V.	G 163 ■	748
705	Golfclub Isarwinkel e.V.		749
706	Golf Club Ruhpolding e.V.		750
707	Margarethenhof Golfclub am Tegernsee		751
708	Golfclub Waldegg-Wiggensbach e.V.	G 163 ■	752
709	Golfplatz Stenz	G 165 ■	753
710	Golfpark Schloßgut Lenzfried GmbH & Co. KG	G 167 ■	754
711	Tegernseer Golf-Club Bad Wiessee e.V.		755

■ = Partner Albrecht Greenfee-Aktion

Bayern

Club-Nr.	Clubname	Seite: Gutschein		Club
712	Golfanlage Auf der Gsteig			756
713	Golfclub Reit im Winkl e.V. Kössen			757
714	Golfclub Hellengerst			758
715	Golfanlage Alpenseehof	G 167	■	759
716	Golf-Club Berchtesgaden e.V.			760
717	Golfclub Bodensee Weißensberg e.V.			761
718	Golfplatz Scheidegg			762
719	Golf-Club Lindau-Bad Schachen e.V.			763
720	Golf Club Oberstaufen e.V.			764
721	Golf-Club Garmisch-Partenkirchen e.V.	G 243	■	765
723	Golfclub Oberstaufen-Steibis e.V.			766
722	Golf- & Landclub Karwendel e.V.	G 167	■	768
724	Land- und Golfclub Werdenfels e.V.	G 169	■	769
725	Golfplatz Sonnenalp			770
726	Golfplatz Oberallgäu & Kurzplatz Gundelsberg			771
727	Golfclub Oberstdorf e.V.			772

■ = Partner Albrecht Greenfee-Aktion

Golfclub Hof e.V.

Karte, Nr. 548, Feld H9 **18** Design: Dieter R.Sziedat Höhe: 500 m

gegründet: 1985

Am Golfplatz 1, 95185 Gattendorf
09281-470155 09281-470157
golfclub-hof@t-online.de
www.gc-hof.de

PR Dieter Schelzel, GF: Dieter Schelzel

i 09281-470155 09281-470157
Karin Rohn, Martina Schmidt

Clubgastronomie
09281-8609796
Mo. Ruhetag

PRO SHOP Golfclub Hof
09281-470155

PRO Pro: Roman Slabej

H: 5916 m, CR 72.7, SL 136, Par 72
D: 5266 m, CR 74.4, SL 136, Par 72
20 Rangeabschläge (3 überdacht)

G Gäste sind jederzeit willkommen. Sa./So./Feiertage ist Anmeldung notwendig. Clubausweis mit eingetragener PE ist erforderlich.

18-Loch-Greenfee: WT: EUR 52 / WE: EUR 60
9-Loch-Greenfee: WT: EUR 31,2 / WE: EUR 36
Ermäßigung: Jugendl./Stud. 50%

Platzinfos

VCG GPS CLUB

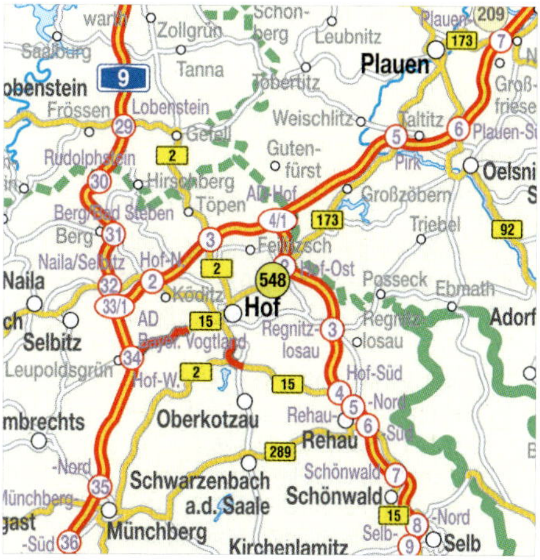

Anfahrtsbeschreibung

A 93, Ausfahrt Hof-Ost, 1 km in Richtung Hof. Der Golfplatz liegt ca. 3 km nordöstlich von Hof, unmittelbar an der B 173.

Platzbeschreibung

Die herrliche oberfränkische Hügellandschaft bildet die natürl. Kulisse der 18-Loch-Anlage. Die Rundenführung ist abwechslungsreich, wobei strategisch geschickt platzierte Bunker bei der Schlägerwahl ebenso zu berücksichtigen sind wie herausfordernde Schräglagen, die zu überwindenden Steigungen oder die vier attraktiven Teiche. Leicht zu finden, wird der Gast mit einem anspruchsvollen Platz und gemütlichen Clubhaus für seinen Besuch belohnt.

Nächstgelegene Plätze

Talsperre Pöhl, GA (Nr. 209)
Plauen, GC (Nr. 208)
Fahrenbach, GC (Nr. 556)

Bayern

Golf-Club Maria Bildhausen e.V.

Karte, Nr. 549, Feld F9 **18/6** Höhe: 320 m

gegründet: 1992

Rindhof 1, 97702 Münnerstadt
09766-1601 09766-1602
info@maria-bildhausen.de
www.maria-bildhausen.de

PR: Dr. Roland Köth, CM: Andreas Nill

i: 09766-1601 -1602
Susanne Eschenbach

Restaurant am Golfplatz

PRO SHOP: Surf In, Frank Schubert/Michael Köpke
09766-1601 -1602

PRO: Pro: Craig Hanson, Ad van der Donk

18-Loch Maria Bildhausen Platz
H: 6047 m, CR 71.2, SL 134, Par 72
D: 5111 m, CR 71.6, SL 126, Par 72
6-Loch Pay and Play Platz
H: 973 m, Par 20, D: 854 m, Par 20
60 Rangeabschläge (6 überdacht)

G: Gäste sind jederzeit willkommen. Anmeldung ist notwendig. Clubausweis mit eingetragenem Handicap (54) ist erforderlich.

18-Loch-Greenfee: WT: EUR 60 / WE: EUR 70
9-Loch-Greenfee: WT: EUR 35 / WE: EUR 40
Ermäßigung: Jugendl. bis 18 J. und Stud. bis 27 J. 50%

Platzbeschreibung

Im Jahr 1992 wurde das Kapitel Golf in Maria Bildhausen durch die Gründung des Golf-Club Maria Bildhausen e.V. aufgeschlagen. Ein Jahr später errichtete die St. Josefskongregation Ursberg auf dem 140 ha großen, ehemaligen landwirtschaftlichen Gelände des Klosters Maria Bildhausen, eine der abwechslungsreichsten und weiträumigsten Golfanlagen Deutschlands. Im Kurortviertel befindet sich die landschaftlich sehr reizvolle und top gepflegte Golfanlage mit ihrem 18 Loch-Meisterschaftsplatz, öffentlichem Pay & Play 6 Loch-Kurzplatz und einer großzügig angelegten Übungsanlage.

Platzinfos

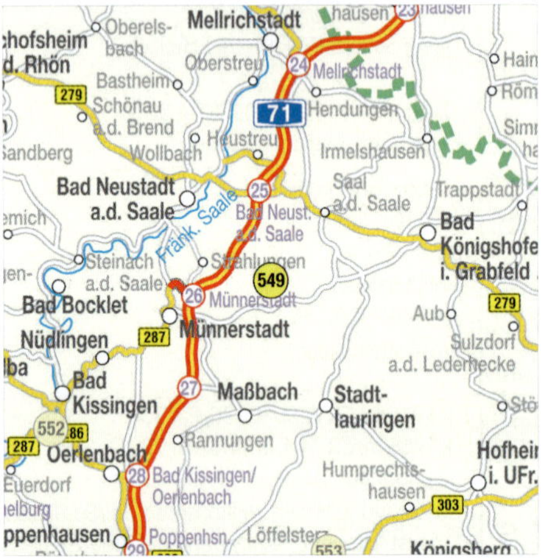

Anfahrtsbeschreibung

A 7 Würzburg-Kassel, am ABK Werneck auf die A 70 Richtung Schweinfurt, am AD Werntal auf die A 71 Richtung Erfurt, AS Münnerstadt, auf der B 19 Richtung Münnerstadt. In Münnerstadt an der Kreuzung links Richtung Bad Königshofen. In Kleinwenkheim am Ortsausgang links Richtung Golfplatz. A 71 Erfurt Richtung Schweinfurt, AS Münnerstadt, dann weiter wie oben beschrieben.

Nächstgelegene Plätze

Bad Kissingen, GC (Nr. 552)
Schweinfurt, GC (Nr. 553)
Hassberge, GC (Nr. 557)

Greenfee-Aktion: Seite G 123f

Golf-Club Coburg e.V. Schloß Tambach

Karte, Nr. 550, Feld G9 **18** Höhe: 300 m

gegründet: 1981

Schlossallee 6, 96479 Weitramsdorf-Tambach
09567-9811580 Fax 09567-981158-11
info@gc-coburg.de
www.gc-coburg.de

PR: Dr. Andreas Höllein

i: 09567-9811580 Fax 09567-981158-11
Lisa Koch, Michaela Tressler

Restaurant: 09567-981158-50
Mo. Ruhetag

PRO SHOP: Karina Wagner
09567-981158-40 Fax 09567-982980

PRO: Pro: David Schneider, Graham Glasgow

H: 6055 m, CR 72.3, SL 133, Par 72
D: 5235 m, CR 73.3, SL 127, Par 72
30 Rangeabschläge (8 überdacht)

G: Gäste sind jederzeit willkommen. Anmeldung ist notwendig. Clubausweis mit eingetragenem Handicap (45) ist erforderlich.

18-Loch-Greenfee: WT: EUR 60 / WE: EUR 70
9-Loch-Greenfee: WT: EUR 30 / WE: EUR 35
Ermäßigung: Jugendl. bis 18 J. und Stud. bis 25 J. 50%

Platzinfos

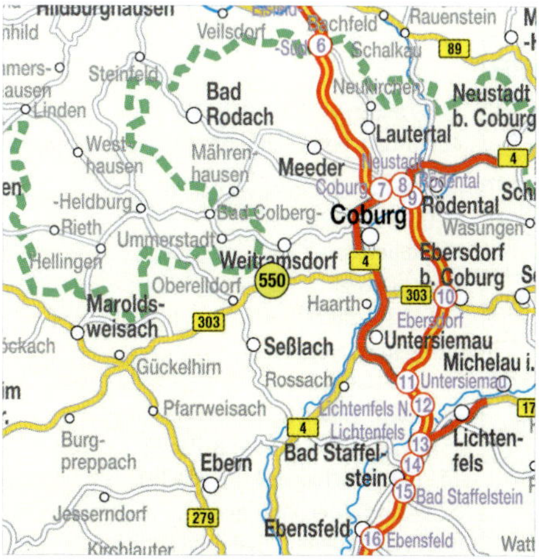

Anfahrtsbeschreibung

Von Bamberg auf der B 4 Richtung Coburg, vor Coburg links auf der B 303 Richtung Schweinfurt-Coburg nach Tambach, der Golfplatz liegt gegenüber Schloß Tambach.

Platzbeschreibung

Der reizvolle, leicht wellige Platz ist von Wald umgeben und verfügt über teilweise alten Baumbestand. An verschiedenen Stellen eröffnen sich schöne Aussichten auf das Schloß Tambach. Der Platz wird von einem Bach durchzogen, der, verbunden mit sechs Teichen, in das Spielgeschehen eingreift.

Nächstgelegene Plätze

Kronach, GC (Nr. 551)
Leimershof, GA (Nr. 558)
Hassberge, GC (Nr. 557)

Bayern

Greenfee-Aktion: Seite G 125

Golfclub Kronach e.V.

Karte, Nr. 551, Feld H9 **18** Design: Herbert Müller Höhe: 300 m

gegründet: 1990

Kümmelbergstr. 24, 96328 Küps/Nagel
09264-8812 09264-915231
info@gc-kronach.de
www.gc-kronach.de

PR

09264-915230 -915231
Audra Klatt, Petra Schmidt

Herr Bruckner, Thomas Bruckner
09264-8812
Mo. Ruhetag

PRO SHOP
Martin Dvorak
0172-1708071

PRO
Pro: Martin Dvorak

H: 6104 m, CR 73, SL 132, Par 72
D: 5341 m, CR 74.7, SL 128, Par 72
16 Rangeabschläge (4 überdacht)

G
Gäste sind jederzeit willkommen. Clubausweis mit eingetragener PE ist erforderlich.

18-Loch-Greenfee: WT: EUR 45 / WE: EUR 60
Ermäßigung: Jugendl./Stud. 50%

Platzinfos

VCG GPS CLUB

Anfahrtsbeschreibung

Von Nürnberg: A 73 Richtung Bamberg, von Bamberg auf der B 173 über Lichtenfels Richtung Kronach, vor Kronach Ausfahrt Küps und der Beschilderung zum Golfplatz folgen.

Platzbeschreibung

Die Golfanlage liegt in kulturhistorisch bedeutsamer Umgebung. Die in der gleichnamigen Stadt befindliche Festung Rosenberg gilt als die größte mittelalterliche Festung Deutschlands. Der Golfplatz befindet sich in naturbelassener Hügellandschaft und wird von altem Baumbestand umrahmt.

Nächstgelegene Plätze

Oberfranken, GC (Nr. 555)
Coburg, GC (Nr. 550)
Leimershof, GA (Nr. 558)

Bayern

Golf Club Bad Kissingen e.V.

Karte, Nr. 552, Feld F9 **18** Höhe: 200 m

gegründet: 1910

Euerdorfer Straße 11, 97688 Bad Kissingen
✆ 0971-3608 🖷 0971-60140
✉ info@golfclubbadkissingen.de
💻 www.golfclubbadkissingen.de

PR Franz-Josef Schäfer, CM: Christian Keul
Headgreenkeeper: Andrew McInally

i ✆ 0971-3608 🖷 0971-60140
Klaus Kiesel

Ambiente, Ramona Hancea
✆ 0971-61727
Mo. Ruhetag

PRO SHOP Golfclub Bad Kissingen
✆ 0971-3608

PRO Pro: Ian Dibb, Richard Golding

H: 5699 m, CR 70.7, SL 126, Par 70
D: 5032 m, CR 72.5, SL 128, Par 70
10 Rangeabschläge (3 überdacht)

G Gäste sind jederzeit willkommen. Anmeldung ist notwendig. Clubausweis mit eingetragenem Handicap (36) ist erforderlich.

Tages-Greenfee: WT: EUR 75 / WE: EUR 100
9-Loch-Greenfee: WT: EUR 40 / WE: EUR 45
Ermäßigung: Jugendl. bis 18 J. 50%, Stud. bis 25 J. 30%

Platzinfos

VCG GPS CLUB GASTRO

Platzbeschreibung

Der Golfplatz in Bad Kissingen ist einer der ältesten Plätze Bayerns und Deutschlands. Er erstreckt sich über 45 ha und liegt ca. 2,5 km von Bad Kissingen entfernt. Sein besonderes Merkmal ist die Fränkische Saale, die sich am Platz entlang und auch hindurch schlängelt. Die Saale und der Lolbach sind Hindernisse genug, so dass an zwei Löchern völlig auf Bunker und sonstige Hindernisse verzichtet werden kann.

Anfahrtsbeschreibung

A 7 Würzburg-Fulda, Ausfahrt (97) Hammelburg, auf der B 287 Richtung Bad Kissingen. Oder: A 7 Kassel-Würzburg, Ausfahrt (96) Bad Kissingen / Oberthulba Richtung Bad Kissingen, vor der Südbrücke(3. Ampel) auf der B 287 Richtung Hammelburg. Nach ca. 1,5 km links auf den Parkplatz zum Golfclub einbiegen.

Nächstgelegene Plätze

Maria Bildhausen, GC (Nr. 549)
Schweinfurt, GC (Nr. 553)
Schloß Mainsondh., GC (Nr. 565)

Bayern

Golf Club Schweinfurt e.V.

Karte, Nr. 553, Feld F9 **18/6** Design: Baur-Consult, Haßfurt Höhe: 379 m

gegründet: 1994

Ebertshäuser Straße 17, 97453 Löffelsterz
✆ 09727-5889 🖷 09727-908703
✉ info@golfclub-schweinfurt.de
💻 www.golfclub-schweinfurt.de

PR Manfred Filko, GF: Volker Nicklaus
Headgreenkeeper: Uwe Memmel

i ✆ 09727-5889 🖷 -908703
Simone Schoeppe, Elke Nicklaus, Ulrike Söllner

Golfrestaurant, Cornelia Schott
✆ 09727-909651 🖷 -908703

PRO SHOP Surf In
✆ 09727-5889 🖷 -908703

PRO Pro: Colin Monk, Daniel Kieser

18-Loch Platz
H: 5965 m, CR 71.8, SL 125, Par 72
D: 5118 m, CR 72.9, SL 122, Par 72
6-Loch Platz
H: 928 m, Par 20, D: 803 m, Par 20
20 Rangeabschläge (4 überdacht)

G Gäste sind jederzeit willkommen. Clubausweis mit eingetragenem Handicap (54) ist erforderlich.

18-Loch-Greenfee: WT: EUR 40 / WE: EUR 50
9-Loch-Greenfee: WT: EUR 25 / WE: EUR 30
Ermäßigung: Jugendl./Stud. 50%

Platzinfos

VCG GPS CLUB GASTRO

Anfahrtsbeschreibung
Von Schweinfurt auf der A 70 Richtung Bamberg, Ausfahrt Schonungen Richtung Coburg, Ausfahrt Löffelsterz und der Beschilderung zum Golfplatz folgen.

Platzbeschreibung
Die Golfanlage befindet sich 12 km nordöstlich von Schweinfurt auf einer Höhe von 379 m. Sie ermöglicht stets einen weiten Blick zum Steigerwald und zu den Hassbergen. Die 18 Bahnen sind durch geringe Höhenunterschiede gut zu begehen. Das angenehme Klima sichert eine nahezu ganzjährige Bespielbarkeit der Anlage. Vier große Wasserhindernisse, zahlreiche Bunker, vier lange Par 5 Bahnen sowie schnelle und lauftreue Grüns erfordern von allen Golfern ein präzises Spiel.

Nächstgelegene Plätze
Maria Bildhausen, GC (Nr. 549)
Bad Kissingen, GC (Nr. 552)
Hassberge, GC (Nr. 557)

Greenfee-Aktion: Seite G 125

Aschaffenburger Golf-Club e.V.

Karte, Nr. 554, Feld E9 18/6 Höhe: 300 m

gegründet: 1977

Am Heigenberg 30, 63768 Hösbach
☎ 06024-63400 Fax 06024-634011
info@golfclub-aschaffenburg.de
www.golfclub-aschaffenburg.de

PR: Dr. Heinrich Fußbahn, CM: Boris Kopsch
Headgreenkeeper: Urs Mertens

i: ☎ 06024-63400 Fax 06024-634011
Rosel Pautkin, Petra Bilz, Christiane Neuser

Der Heigenberger, Zied Khemakhem
☎ 06024-636969 Fax 06024-6376458

PRO SHOP: Golf Götze ProShop
☎ 06024-63400

PRO: Pro: Stephanie Joubert, Markus Jansen, Eric Joubert

H: 5436 m, CR 69.8, SL 132, Par 71
D: 4737 m, CR 70.9, SL 125, Par 71
15 Rangeabschläge (6 überdacht)

G: Gäste sind jederzeit willkommen. Clubausweis mit eingetragenem Handicap (54) ist erforderlich. Sa./So./Feiertage ist Handicap 36 erforderlich. Mitglieder werden noch aufgenommen.

18-Loch-Greenfee: WT: EUR 55 / WE: EUR 65
9-Loch-Greenfee: WT: EUR 30 / WE: EUR 36
Ermäßigung: Jugendl. bis 18 J. und Stud. bis 27 J. 50%

Platzbeschreibung

Die Anlage des Aschaffenburger Golfclub befindet sich in der malerischen Umgebung des Vorspessart auf einer Höhe von ca. 300 m. Ihr Besuch wird mit einer herrlichen Aussicht auf Aschaffenburg und Umgebung belohnt. Besonders reizvoll sind die Eindrücke im Frühjahr und Herbst.

Platzinfos

Anfahrtsbeschreibung

A 3 Frankfurt-Würzburg, Ausfahrt Hösbach Richtung Mömbris, nach ca. 5 km rechts in Richtung Rottenberg, dann der Beschilderung Golfplatz folgen.

Nächstgelegene Plätze

Golfpark Trages (Nr. 405)
Gp Rosenhof (Nr. 563)
Seligenstadt, GC (Nr. 410)

Greenfee-Aktion: Seite G 125

Golf Club Oberfranken e.V.

Karte, Nr. 555, Feld H9 **18** Design: B. von Limburger, D. Harradine Höhe: 400 m

gegründet: 1965

Petershof 1, 95349 Thurnau
09228-319 09228-7219
info@gc-oberfranken.de
www.gc-oberfranken.de

PR: Wolfgang Türk, CM: Steffen Zinke

i: 09228-319 -7219
Liane Forkel

Clubrestaurant Golfclub Oberfranken, Peter Bitar
09228-319
Mo. Ruhetag

PRO SHOP: Pro Point, Richard Pszota
0160-7475479 09228-7219

PRO: Pro: Richard Pszota

H: 5932 m, CR 72.1, SL 136, Par 72
D: 5235 m, CR 73.9, SL 128, Par 72
32 Rangeabschläge (12 überdacht)

G: Gäste sind jederzeit willkommen. Clubausweis mit eingetragener PE ist erforderlich. 6-Loch Kurzplatz im Übungsgelände

18-Loch-Greenfee: WT: EUR 50 / WE: EUR 70
9-Loch-Greenfee: WT: EUR 25 / WE: EUR 35
Für Spieler ohne DGV-Ausweiskennung R/VS Gold gelten abweichende Greenfees. Freitag ab 12.00 Uhr Wochenendtarif.
Ermäßigung: Jugendl./Stud. bis 25 J. 50%

Platzbeschreibung

Verkehrsgünstig an der A 70, im Städtedreieck zwischen Kulmbach, Bayreuth und Bamberg, fügt sich der Golfclub Oberfranken in ruhiger Lage harmonisch in die fränkische Kulturlandschaft ein. Die im Jahr 1965 von Donald Harradine konzipierte Anlage bietet Aussichten von der Kulmbacher Plassenburg über die Höhen des Frankenwaldes bis hin zu den Gipfeln des Fichtelgebirges.

Platzinfos

Anfahrtsbeschreibung

Von Bayreuth oder Bamberg: A 70, Ausfahrt Thurnau-West, in Thurnau der Beschilderung Richtung Kulmbach folgen, ab der Ortsmitte bzw. Ortsende ausgeschildert. der Golfplatz liegt ca. 1,5 km außerhalb von Thurnau.

Nächstgelegene Plätze

Laineck-Bayreuth, GC (Nr. 561)
Bayreuth, GC (Nr. 560)
Kronach, GC (Nr. 551)

Golfclub Fahrenbach im Fichtelgebirge e.V.

Karte, Nr. 556, Feld H9 **18**

gegründet: 1991

Fahrenbach 1, 95709 Tröstau
☎ 09232-882250 🖷 09232-882700
✉ info@golfclub-fahrenbach.de
💻 www.golfclub-fahrenbach.de

PR Dr. Emil Lehner, GF: Dr. Josef Hingerl
Headgreenkeeper: Martin Flachs

i ☎ 09232-882250 🖷 09232-882700
Helga Meinert

Golfhotel Fahrenbach, Birgit Büttner
☎ 09232-8820 🖷 09232-882345

PRO SHOP Golf Akademie Bad Abbach, Helga Meinert
☎ 09232-882256 🖷 09232-882345

PRO Pro: Marc Phillips, Helmut Müller

H: 5721 m, CR 71.4, SL 136, Par 71
D: 5109 m, CR 74.1, SL 125, Par 71
20 Rangeabschläge (6 überdacht)

G Gäste sind jederzeit willkommen. Anmeldung ist notwendig. Clubausweis mit eingetragenem Handicap (54) ist erforderlich.

18-Loch-Greenfee: Mo.-Do.: EUR 70 / Fr.-So.: EUR 80
9-Loch-Greenfee: Mo.-Do.: EUR 40 / Fr.-So.: EUR 45.
Ermäßigung: Jugendl. bis 14 J. 50%

Platzinfos

VCG GPS CLUB GASTRO

Anfahrtsbeschreibung

A 9 Nürnberg/Berlin, Ausfahrt Bad Berneck Richtung Wunsiedel/Marktredwitz, in Tröstau an der Kreuzung rechts und der Beschilderung zum Golfplatz folgen. Oder: A 93 Regensburg/Weiden/Hof, Ausfahrt Marktredwitz/B 303 Richtung Bayreuth/Tröstau, in Tröstau ander Kreuzung links und der Beschilderung zum Golfplatz folgen.

Platzbeschreibung

Auf dem 105 ha großen „Landschaftsgolfplatz" prägt die Natur mit ihrer Topographie, den Wasserläufen, kleinen Strauch- und Baumgruppen und Feuchtbiotopen das Spiel weitaus mehr als die Spiellänge und Hindernisse. Der Platz stellt aufgrund seiner hügeligen und in sich stark gewellten Grüns sowohl für Pros als auch für Amateure eine Herausforderung dar.

Nächstgelegene Plätze

Bayreuth, GC (Nr. 560)
Laineck-Bayreuth, GC (Nr. 561)
Stiftland, GC (Nr. 559)

Bayern

Greenfee-Aktion: Seite G 125f

Golfclub Haßberge e.V.

Karte, Nr. 557, Feld G9 18 Höhe: 200 m

gegründet: 2000

Hainach - Neue Laube 1,
97500 Ebelsbach-Steinbach
09522-7085500 09522-7085501
info@golfclub-hassberge.de
www.golfclub-hassberge.de

PR Headgreenkeeper: Eduard Brech

i 09522-7085500 09522-7085501

Weinberg Restaurant
Mo. Ruhetag

H: 5842 m, CR 72, SL 133, Par 73
D: 5210 m, CR 74.2, SL 134, Par 73
30 Rangeabschläge (5 überdacht)

G Gäste sind jederzeit willkommen. Anmeldung ist notwendig. Clubausweis mit eingetragener PE ist erforderlich.

18-Loch-Greenfee: WT: EUR 65 / WE: EUR 80
9-Loch-Greenfee: WT: EUR 45 / WE: EUR 55
Wochenend-Greenfee ab Freitag 12.00 Uhr.
Gruppentarife nach Vereinbarung.
Ermäßigung: Jugendl./Stud. 50%

Platzinfos

VCG CLUB

Anfahrtsbeschreibung

A 70 Schweinfurt-Bamberg, Ausfahrt Eltmann-Ebelsbach, auf der B 26 Richtung Zeil und nach 3 km in Steinbach der Beschilderung zum Golfplatz folgen.

Platzbeschreibung

Der Golfplatz des GC Haßberge liegt auf einem hügeligen Plateau oberhalb der Weinberge mit einem herrlichen Blick ins Maintal und auf die Wallfahrtskirche Maria Limbach. Umsäumt von alten Eichenbaumbeständen stellt der nur 22 km von Bamberg und 32 km von Schweinfurt entfernte Platz auf 65 ha mit seinen Sand- und Wasserhindernissen für jeden Golfer eine besondere sportliche Herausforderung dar.

Nächstgelegene Plätze

Leimershof, GA (Nr. 558)
Hauptsmoorw. Bambg., GC (Nr. 562)
Schweinfurt, GC (Nr. 553)

Greenfee-Aktion: Seite G 127

Golfanlage Gut Leimershof

Karte, Nr. 558, Feld G9 **18** Design: Dieter R. Sziedart Höhe: 370 m

gegründet: 1985

Leimershof 9, 96149 Breitengüßbach
09547-8709939 09547-8709940
info@leimershof-golfanlage.de
www.leimershof-golfanlage.de

PR: GF: Herbert Zenglein

i: Ulrike Galvan

Mo. Ruhetag

PRO: Pro: Norbert Hell

H: 6070 m, CR 72.1, SL 135, Par 72
D: 5372 m, CR 74.1, SL 134, Par 72
20 Rangeabschläge (3 überdacht)

G: Gäste sind jederzeit willkommen. Anmeldung ist notwendig. Clubausweis mit eingetragenem Handicap (54) ist erforderlich.

18-Loch-Greenfee: Di.-So.: EUR 55
9-Loch-Greenfee: Di.-So.: EUR 32
Gruppenermäßigung ab 10 Personen.
Ermäßigung: Jugendl./Stud. 50%

Platzbeschreibung

Die Anlage liegt direkt vor den Toren Bambergs auf dem unter Denkmalschutz stehenden Gut Leimershof. Die sportlich anspruchsvolle Anlage liegt eingebettet in eine typisch fränkische Hügellandschaft und ist auf drei Seiten von Wald umgeben. Zahlreiche Schräglagen, gut platzierte Bunker u. die welligen Grüns bilden die besonderen Eigenschaften des Platzes. Für ältere Golfer oder solche mit einer Gehbehinderung ist ein Cart empfehlenswert.

Platzinfos

Anfahrtsbeschreibung

Von Bamberg: Frankenschnellstraße A 73 oder B 173 bis Breitengüßbach, weiter Richtung Zückshut, vor dem Ort links über Hohengüßbach zu Gut Leimershof. Oder: Auf der alten B 22 über Memmelsdorf-Drosendorf nach Straßgiech, im Ort links über Starkenschwind zu Gut Leimershof.

Nächstgelegene Plätze

Hauptsmoorw. Bambg., GC (Nr. 562)
Hassberge, GC (Nr. 557)
Coburg, GC (Nr. 550)

Bayern

Greenfee-Aktion: Seite G 127

Golfclub Stiftland e.V.

Karte, Nr. 559, Feld I9 **18/9** Design: Donald Harradine, Brian Pierson Höhe: 450 m

gegründet: 1982

Ottengrün 50, 95698 Bad Neualbenreuth
☏ 09638-1271 🖷 09638-1227
✉ info@gc-stiftland.de
www.gc-stiftland.de

PR Dr. Wolfgang Ries
Headgreenkeeper: Thomas Keil

i ☏ 09638-1271 🖷 09638-1227

La Forchetta D`Oro
☏ 09638-912310
Mi. Ruhetag

PRO SHOP ☏ 09638-1271

PRO Pro: Matthew Gatrall

18-Loch Stiftland Platz
H: 6094 m, CR 72.2, SL 130, Par 72
D: 5267 m, CR 73.5, SL 123, Par 72
9-Loch Par 3 Platz
H: 2794 m, CR 57.3, SL 87, Par 56
D: 2794 m, CR 57.3, SL 87, Par 56
30 Rangeabschläge (2 überdacht)

G Gäste sind jederzeit willkommen. Anmeldung ist notwendig. Clubausweis mit eingetragener PE ist erforderlich. GPS-Geräte bei Turnieren zugelassen.

Tages-Greenfee: WT: EUR 65 / WE: EUR 75
9-Loch-Greenfee: WT: EUR 35 / WE: EUR 40
Ermäßigung: Jugendl./Stud. 50%

Platzbeschreibung

Mit viel Feingefühl für die sanft hügelige Oberpfälzer Landschaft wurde hier ein 18 Loch-Golfplatz mit spielerisch und landschaftlich reizvollen natürlichen Hindernissen geschaffen. Der Spieler überwindet hier Teiche und natürliche Bachläufe, die sich quer durch die Anlage ziehen. Die Charakteristik der ersten neun Bahnen wird vorrangig von einem teilweise sehr alten Mischbaumbestand und seitlichen Heckenreihen bestimmt. Die zweiten neun Bahnen haben fast linkscoursartigen Charakter und fügen sich harmonisch in die Landschaft.

Platzinfos

Anfahrtsbeschreibung

A 93, Ausfahrt Mitterteich-Süd, weiter Richtung Bad Neualbenreuth, hier sehen Sie bereits die Beschilderung zum Golfclub Stiftland. Kurz vor Neualbenreuth der weißen Beschilderung zum Golfplatz folgen.

Nächstgelegene Plätze

Fahrenbach, GC (Nr. 556)
Schwanhof, GC (Nr. 577)
Hof, GC (Nr. 548)

Bayern

Greenfee-Aktion: Seite G 129

Golf-Club Bayreuth e.V.

Karte, Nr. 560, Feld H9 **18/9** Design: Thomas Himmel, Joan F. Dudok van Heel Höhe: 330 m

gegründet: 1992

Rodersberg 43, 95448 Bayreuth
✆ 0921-970704 🖷 0921-970705
✉ info@golfeninbayreuth.de
www.golfeninbayreuth.de

PR: CM: Alexander Knirim
Headgreenkeeper: Sascha Roderer

i: ✆ 0921-970704 🖷 0921-970705
Armin Köhler

Golfclubrestaurant am Rodersberg,
Ehepaar Leipold, ✆ 0160-95629502
Mo. Ruhetag

PRO SHOP: Golfschule Bayreuth

PRO: Pro: Andreas Madaras, Ulrich Drescher

18-Loch Links Course
H: 5676 m, CR 70.2, SL 130, Par 72
D: 4964 m, CR 71.5, SL 128, Par 72
9-Loch Puplic Course
H: 1408 m, CR 58.7, SL 99, Par 58
D: 1408 m, CR 58.8, SL 96, Par 58
40 Rangeabschläge (4 überdacht)

G: Gäste sind jederzeit willkommen. Sa./So./Feiertage ist Anmeldung notwendig. Clubausweis mit eingetragenem Handicap ist erforderlich. Sa./So./Feiertage ist PE erforderlich.

18-Loch-Greenfee: WT: EUR 50 / WE: EUR 65
Ermäßigung: Jugendl./Stud.

Platzbeschreibung

Über den Dächern der Wagnerstadt beeindruckt die 120 ha große Anlage am Rodersberg mit unvergesslichen Ausblicken auf Bayreuth, das Festspielhaus, die Fränkische Schweiz und das Fichtelgebirge. Sein in Deutschland nur selten vorzu findender Links-Course-Charakter verleiht dem Platz, durch die einfühlsam in die Natur eingebetteten Spielbahnen, eine sehr individuelle Besonderheit.

Platzinfos

Anfahrtsbeschreibung

A 9 Nürnberg-Berlin, Ausfahrt Bayreuth-Nord Richtung Stadtmitte, an der 2. Ampel links nach Laineck, in Laineck der Beschilderung „Golf" folgen. Bitte geben Sie folgende Adresse in Ihr Navigationssystem ein: Steinachstraße 95448 Bayreuth

Nächstgelegene Plätze

Laineck-Bayreuth, GC (Nr. 561)
Oberfranken, GC (Nr. 555)
Fahrenbach, GC (Nr. 556)

Bayern

Golfclub Laineck-Bayreuth e.V.

Karte, Nr. 561, Feld H9 **9**

gegründet: 2010

Rodersberg 43, 95448 Laineck/Bayreuth
✆ 0921-970704 🖷 0921-970705
✉ info@golfclub-laineck.de
💻 www.gc-laineck.com

PR: CM: Valentin Merkel

i: ✆ 0921-970704 🖷 0921-970705

Golfclubrestaurant am Rodersberg
✆ 0160-95629502
Mo. Ruhetag

PRO SHOP: Golf-Club Bayreuth e.V.
✆ 0921-970704

H: 2816 m, CR 58.7, SL 99, Par 58
D: 2816 m, CR 58.8, SL 96, Par 58
40 Rangeabschläge (4 überdacht)

G: Gäste sind jederzeit willkommen.

Tages-Greenfee: EUR 20
Ermäßigung: Jugendl./Stud.

Platzinfos

CLUB GASTRO

Nächstgelegene Plätze
Bayreuth, GC (Nr. 560)
Oberfranken, GC (Nr. 555)
Fahrenbach, GC (Nr. 556)

Platzbeschreibung
Der Golfclub Laineck-Bayreuth e.V. bietet Interessierten und Anfängern einen sehr gepflegten, anspruchsvollen und öffentlichen 9-Loch Platz, auf dem wirklich jeder golfen darf.

Bayern

Greenfee-Aktion: Seite G 129

Golfclub Hauptsmoorwald Bamberg e.V.

Karte, Nr. 562, Feld G9 **9** Höhe: 240 m

gegründet: 1994

Anfahrt über Walnussweg, 96052 Bamberg
✆ 0951-9684331 🖷 0951-9684331
✉ sekretariat@gc-hauptsmoorwald.de
💻 www.gc-hauptsmoorwald.de

PR: Daniela Reinfelder

ℹ: ✆ 0951-9684331 🖷 0951-9684331
Monika Klevinskas

PRO: Pro: Klaus Beier

H: 5092 m, CR 68, SL 130, Par 72
D: 4500 m, CR 69.7, SL 132, Par 72

G: Gäste sind jederzeit willkommen. Anmeldung ist notwendig. Clubausweis mit eingetragenem Handicap ist erforderlich.

18-Loch-Greenfee: WT: EUR 35 / WE: EUR 40
9-Loch-Greenfee: WT: EUR 25 / WE: EUR 30
WE Tarif Sa/So
Ermäßigung: Jugendl. bis 18 J. und Stud. bis 27 J. 50%

Platzinfos

VCG

Anfahrtsbeschreibung

Die Zufahrt zu unserem Gelände erfolgt über Pödeldorfer Straße / Kastanienstraße / Kiefernstraße / Walnussweg, hier gerade durch das Tor. Nach ca. 800 m treffen Sie auf das Golfgelände. (Für Ihr Navigationsgerät: Walnussweg 69).

Nächstgelegene Plätze

Leimershof, GA (Nr. 558)
Hassberge, GC (Nr. 557)
Schloss Reichmannsd., GC (Nr. 566)

Platzbeschreibung

Die Anlage liegt zentrumsnah zur historischen Kaiser- und Bischofsstadt Bamberg, eingebettet im Hauptsmoorwald mit seinem alten Baumbestand. Trotz der relativ kurzen Bahnen hat der Platz durchaus seine Schwierigkeiten. Schmale, von alten Kiefern und Laubbäumen umgebene Fairways und durch Sandbunker gut verteidigte Grüns stellen immer wieder eine Herausforderung dar.

Bayern

Golfpark Rosenhof

Karte, Nr. 563, Feld E9 **18** Design: Brian Pierson

gegründet: 2012

Rosenhof, 63843 Niedernberg
☎ 06026-9771390 Fax 06026-9771391
✉ info@golfparkrosenhof.de
www.golfparkrosenhof.de

PR Hoffmann Ralf, GF: Andrew Payne, CM: Norman Lang
Headgreenkeeper: Hernyk Miniszewski

i ☎ 06026-9771390 Fax 06026-9771391
Thomas Flauss, Antje Kaesmann, Edgar Hartmann

Da Cosimo
☎ 06026-9990640

PRO Pro: Kemal Ari, Martin Day

H: 5821 m, CR 71.1, SL 132, Par 72
D: 4960 m, CR 71.6, SL 124, Par 72
50 Rangeabschläge (8 überdacht)

G Gäste sind jederzeit willkommen. Anmeldung ist notwendig. Clubausweis mit eingetragener PE ist erforderlich. Sa./So./Feiertage ist Handicap 37 erforderlich.

18-Loch-Greenfee (7:30 - 20:00 Uhr): WT: EUR 55 / WE: EUR 65
9-Loch-Greenfee (7:30 - 20:00 Uhr): EUR 35

Nächstgelegene Plätze

Aschaffenburger GC (Nr. 554)
Seligenstadt, GC (Nr. 410)
Geierstal, GC (Nr. 419)

Platzinfos

VCG GPS CLUB GASTRO

Anfahrtsbeschreibung

Der Golfpark Rosenhof liegt zwischen der B469 und den Ausläufen des Odenwaldes nahe der Ausfahrt Großostheim Süd. Von der A3 kommend nehmen Sie die Ausfahrt 57 und erreichen so die B469 Richtung Obernburg/Miltenberg. Verlassen Sie die B469 an der Ausfahrt Großostheim Süd. Am Ende der Ausfahrt biegen Sie links ab, Richtung Großostheim. Nach ca. 400 Metern biegen Sie links in die Privatzufahrt zur Golfanlage ein. Die Zufahrt ist gut beschildert. Aus Fahrtrichtung Obernburg/Miltenberg am Ende der Ausfahrt nach rechts, Richtung Großostheim, abbiegen. Nach ca. 500 Metern biegen Sie links in die Privatzufahrt zur Golfanlage ein. Die Zufahrt ist gut beschildert.

Golfclub Main-Spessart e.V.

Karte, Nr. 564, Feld E9 **18/5** Höhe: 318 m

gegründet: 1990

Eichenfürst 9, 97828 Marktheidenfeld
☎ 09391-8435 Fax 09391-8816
info@main-spessart-golf.de
www.main-spessart-golf.de

PR: Rainer Herold, CM: Manuel Bleimann
Headgreenkeeper: Firma. Zinser Rasenpflege

i: ☎ 09391-8435 Fax 09391-8816
Karin Geier, Nenad Salov

Restaurant: der eichenfürst, Jasmin Ruppert-Khemakhem
☎ 09391-8827 Fax 09391-8816

PRO SHOP: Golfclub Main-Spessart e.V.
☎ 09391-8435 Fax 09391-8816

PRO: Pro: Malcom Brown

18-Loch Platz
H: 6019 m, CR 71.4, SL 131, Par 72
D: 5252 m, CR 72.8, SL 126, Par 72
5-Loch Kurzplatz
H: Par 51, D: Par 51
16 Rangeabschläge (6 überdacht)

G: Gäste sind jederzeit willkommen. Anmeldung ist notwendig. Clubausweis mit eingetragenem Handicap (54) ist erforderlich.

18-Loch-Greenfee: WT: EUR 50 / WE: EUR 60
9-Loch-Greenfee: WT: EUR 25 / WE: EUR 30
Ermäßigung: Jugendl. bis 18 J. und Stud. bis 27 J. 50%

Platzinfos

VCG CLUB GASTRO GPS

Anfahrtsbeschreibung

A 3 Frankfurt-Würzburg, Ausfahrt Marktheidenfeld, 2,5 km Richtung Marktheidenfeld, hinter dem Weiler Eichenfürst links. Oder: Von Marktheidenfeld kommend den Hinweisschildern zur A 3 Richtung Nürnberg folgen, kurz vor dem Weiler Eichenfürst rechts zum Golfplatz abbiegen.

Platzbeschreibung

Die unvergleichlich schön gelegene Anlage bietet die besten Voraussetzungen für entspanntes Golfspiel. Mit ausdrucksvollen, abwechslungsreichen Spielbahnen, einem phantastischen Ausblick über die Höhen des Maintals und einer insgesamt sportlich anspruchsvollen Golfanlage zahlt sich ein Besuch in jedem Fall aus, denn rund ums Golfen gibt es in der Umgebung noch viele weitere Freizeitaktivitäten.

Nächstgelegene Plätze

Miltenberg, GC (Nr. 574)
Erftal, G&CC (Nr. 573)
Würzburg, GC (Nr. 570)

Greenfee-Aktion: Seite G 129

Golfclub Schloß Mainsondheim e.V.

Karte, Nr. 565, Feld F9 **18** Höhe: 219 m

gegründet: 1987

Schloßweg 3, 97337 Mainsondheim-Dettelbach
09324-4656 09324-4262
info@golf-mainsondheim.de
www.golf-mainsondheim.de

PR: Peter Siegel, GF: Kerstin Bachmann

i: 09324-4656 -4262
Kerstin Bachmann

Aida Internationales Spezialitätenrestaurant
09324-979498 09324-4262

PRO SHOP: Surf In, Schweinfurt
09324-4656 -4262

PRO: Pro: Richard Foster, Adnan Hajdini

H: 5980 m, CR 72.2, SL 134, Par 72
D: 5290 m, CR 74.1, SL 133, Par 72
30 Rangeabschläge (4 überdacht)

G: Gäste sind jederzeit willkommen. Sa./So./Feiertage ist Anmeldung notwendig. Clubausweis mit eingetragenem Handicap (54) ist erforderlich. Alle Softspikes erlaubt.

Tages-Greenfee: WT: EUR 60 / WE: EUR 70
9-Loch-Greenfee: WT: EUR 40 / WE: EUR 45
Hoteltarife und Gruppentarife auf Anfrage

Platzbeschreibung

Idyllisch im Herzen Mainfrankens ist diese Anlage vom Main umschlungen. Die Spielbahnen auf dem ca. 70 ha großen Areal folgen dem Mainverlauf, wobei die Bahnen 1 bis 9 nordwestlich, die Bahnen 10 bis 18 nordöstlich des Ortsteils Mainsondheim liegen. Nichtnur die bis zu 650 qm großen, mehrstufigen Grüns, sondern auch die bis zu 2,5 m tiefen Bunker erfordern Präzision. An der 16 ist ein Inselgrün über einen 40 m breiten Teich anzuspielen.

Platzinfos

VCG

Anfahrtsbeschreibung

Von Würzburg: A 3 Richtung Nürnberg, Ausfahrt Kitzingen-Schwarzach Richtung Kitzingen, nach ca. 250 m rechts und den Schildern „Golfanlage Schloß Mainsondheim" bis zum Schloßmauerende folgen.

Nächstgelegene Plätze

Kitzingen, GC (Nr. 571)
Würzburg, GC (Nr. 570)
Steigerwald, GC (Nr. 567)

Greenfee-Aktion: Seite G 129f

Golfclub Schloss Reichmannsdorf e. V.

Karte, Nr. 566, Feld G9 **18** Höhe: 350 m

gegründet: 1991

Obere Hauptstraße 10, 96132 Schlüsselfeld-Reichmannsdorf
✆ 09546-5954964 Fax 09546-5948905
✉ golf@schloss-reichmannsdorf.de
www.golfanlage-reichmannsdorf.de

PR: GF: Mark Bohn, CM: Mark Bohn
Headgreenkeeper: Stefan Jödicke Firma Sommerfeld AG

i: ✆ 09546-5954964 Fax 09546-5948905
Hajnalka Treuheit

Hotel Schloss Reichmannsdorf
✆ 09546-59510 Fax 09546-5951499

PRO SHOP: Golfclub Schloss Reichmannsdorf e.V.
✆ 09546-5954964 Fax 09546-5948905

PRO: Pro: Lukas Exner

H: 6093 m, CR 73, SL 140, Par 72
D: 5101 m, CR 73.3, SL 134, Par 72
15 Rangeabschläge (4 überdacht)

G: Gäste sind jederzeit willkommen. Anmeldung ist notwendig. Clubausweis mit eingetragener PE ist erforderlich.

18-Loch-Greenfee: WT: EUR 50 / WE: EUR 65
9-Loch-Greenfee: WT: EUR 35 / WE: EUR 40
Ab Freitag 12:00 Uhr gelten die Wochenende-Tarife

Platzinfos

VCG GPS CLUB GASTRO

Anfahrtsbeschreibung

Von Würzburg: A 3 Richtung Nürnberg, Ausfahrt Schlüsselfeld Richtung Burgebrach. Von Nürnberg: A 3 Richtung Würzburg, Ausfahrt Höchstadt-Nord Richtung Schlüsselfeld, Abzweigung Reichmannsdorf und der Beschilderung zum Golfplatz folgen.

Platzbeschreibung

Inmitten des wunderschönen Schlossparks liegt der Platz in herrlicher Landschaft und idyllischer Natur. Das Clubhaus vermittelt eine wohltuend entspannte Atmosphäre, die sich auf Mitglieder und Gäste überträgt. Unser Schloss bietet ein stilvolles Ambiente und ist nur ein Par 3 vom Club entfernt.

Nächstgelegene Plätze

Steigerwald, GC (Nr. 567)
Hauptsmoorw. Bambg., GC (Nr. 562)
Hassberge, GC (Nr. 557)

Golfclub Steigerwald in Geiselwind e.V.

Karte, Nr. 567, Feld G9 18/6

gegründet: 1992

Friedrichstraße 12, 96160 Geiselwind
✆ 09556-1484 🖷 09556-1482
✉ info@golfclub-steigerwald.de
www.golfclub-steigerwald.de

PR
André Göpfert, GF: Jürgen Rennert
Esther Göpfert, CM: Christian Zethmeier
Headgreenkeeper: Harald Zinser

i
✆ 09556-1484 🖷 09556-1482
Anita Leitner, Kerstin Wittmann

Landhotel Geiselwind
✆ 09556-92250 🖷 -922550

PRO SHOP
Surf In
✆ 09721-6756730

PRO
Pro: Horst Rosenkranz

18-Loch Platz
H: 6079 m, CR 72.2, SL 129, Par 72
D: 5326 m, CR 73.5, SL 125, Par 72
6-Loch Academy Platz
H: CR 54, SL 115, Par 3, D: CR 54, SL 115, Par 3
21 Rangeabschläge (6 überdacht)

G
Gäste sind jederzeit willkommen. Anmeldung ist notwendig. Clubausweis mit eingetragenem Handicap (54) ist erforderlich.

18-Loch-Greenfee: WT: EUR 60 / WE: EUR 70
9-Loch-Greenfee: WT: EUR 40 / WE: EUR 45
Ermäßigung: Jugendl./Stud. 30%

Platzbeschreibung

Direkt an der Nord-Süd Achse, der Autobahn A3, befindet sich die Golfanlage Steigerwald in Geiselwind. Der 18 Loch Meisterschaftsplatz wurde von Star-Architekt Don Harradine designed und befindet sich auf einem, für den Steigerwald typischen, Hochplateau. Besonders gelungen ist die Platzierung der Grüns.

Platzinfos

VCG

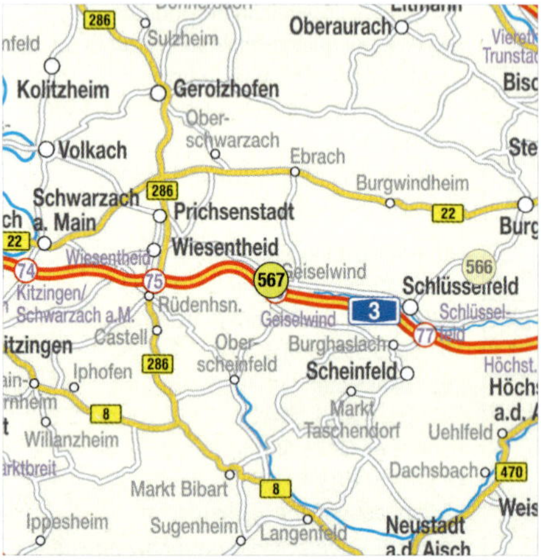

Anfahrtsbeschreibung

A 3 Würzburg-Nürnberg, Ausfahrt Geiselwind, ca. 50 m nach dem Marktbrunnen im Ortskern Geiselwind rechts in die Friedrichstraße zum Golfplatz abbiegen.

Nächstgelegene Plätze

Schloss Reichmannsd., GC (Nr. 566)
Schloß Mainsondh., GC (Nr. 565)
Kitzingen, GC (Nr. 571)

Greenfee-Aktion: Seite G 131

Golfclub Fränkische Schweiz e.V.

Karte, Nr. 568, Feld H9 **18** Höhe: 470 m

gegründet: 1974

Kanndorf 8, 91320 Ebermannstadt
☎ 09194-4827 🖷 09194-5410
✉ gcfraenkischeschweiz@t-online.de
💻 www.gc-fs.de

PR Peter Wolf

i ☎ 09194-4827 🖷 -5410
Hella Miess, Astrid Quarte

Erika Messingschlager
☎ 09194-76710 🖷 -767120
Mo. Ruhetag

PRO Pro: Salvatore Romano

H: 6110 m, CR 73.2, SL 128, Par 72
D: 5382 m, CR 74.9, SL 129, Par 72
18 Rangeabschläge (3 überdacht)

G Gäste sind jederzeit willkommen. Anmeldung ist notwendig. Clubausweis mit eingetragenem Handicap (54) ist erforderlich.

18-Loch-Greenfee: WT: EUR 60 / WE: EUR 70
Gäste erhalten bei Vorlage ihres DGV-Ausweises mit der Kennzeichnung R/vS eine GF-Ermäßigung von EUR 10.
Ermäßigung: Jugendl./Stud. 50%

Platzbeschreibung

Im Herzen der Fränkischen Schweiz liegt die 1974 gegründete Golfanlage. Abwechslungreiche Spielbahnen bieten Herausforderung für den ambitionierten Golfer und auch Genuss für Spieler, die Ruhe und Natur lieben. Die Fairways werden von vielen Obstbäumen und Wildblumen gesäumt.

Platzinfos

VCG

Anfahrtsbeschreibung

A 73 Nürnberg-Bamberg, Ausfahrt Forchheim, weiter B 470 über Forchheim nach Ebermannstadt, am Ortsende weiter Richtung Kanndorf zum Golfplatz. Oder: A 9 Nürnberg-Bayreuth, Ausfahrt Pegnitz, weiter auf der B 470 Richtung Ebermannstadt, von dort weiter wie oben beschrieben zum Golfplatz.

Nächstgelegene Plätze

Pottenstein-Weidenl., GC (Nr. 569)
Erlangen, GC (Nr. 576)
Gerhelm, Nbg. Land, GC (Nr. 575)

Bayern

Greenfee-Aktion: Seite G 131

Golf Club Pottenstein-Weidenloh e.V.

Karte, Nr. 569, Feld H9 **18/9** Design: Roland Trost Höhe: 430 m

gegründet: 1991

Weidenloh 40, 91278 Pottenstein
☎ 09243-929210/-20 🖷 09243-929222
✉ info@gc-pottenstein.de
💻 www.gc-pottenstein.de

PR: Werner Herlitz, GF: Roland Trost
Headgreenkeeper: Reinhold Berner

i: ☎ 09243-929220 🖷 09243-929222
Martina Eckert

Barbarossa, Anton Dötzer
☎ 09243-90202 🖷 09243-700692

PRO SHOP: Roland Trost
☎ 09243-929220 🖷 09243-929222

PRO: Pro: Roland Trost

18-Loch Platz
H: 5960 m, CR 71.9, SL 135, Par 72
D: 5262 m, CR 74.3, SL 129, Par 72
9-Loch Public Golf Course
H: 1496 m, CR 57.1, SL 84, Par 29
D: 1496 m, CR 57.6, SL 83, Par 29
50 Rangeabschläge (5 überdacht)

G: Gäste sind jederzeit willkommen. Anmeldung ist notwendig. Clubausweis mit eingetragenem Handicap (54) ist erforderlich.

18-Loch-Greenfee: WT: EUR 65 / WE: EUR 75
9-Loch-Greenfee: WT: EUR 40 / WE: EUR 45
Ermäßigung: Jugendl./Stud. 50%

Platzbeschreibung

Der Golf- und Landschaftspark spiegelt mit bäuerlichem Mosaik aus Felsgruppen, Trockenrasen, Waldflächen und Hecken den Charakter der Fränkischen Schweiz in Reinkultur wider. Eines der interessantesten Löcher ist die Bahn 1. Das Loch zieht sich um einen Wald herum und direkt vor dem Grün befindet sich eine Doline, das nur mit einem langen Fairwayholz überspielt werden kann. Also heißt die Frage „vorlegen" oder „Risiko".

Platzinfos

Anfahrtsbeschreibung

A9 Nürnberg-Bayreuth, Ausf. Plech Richt. Betzenstein-Leopoldstein-Pottenstein und der Besch. folgen. Oder: A9, Ausf. Pegnitz-Grafenwöhr, auf der B470 nach Pottenstein und Weidenloh und der Besch. folgen. Oder: A3 Frankfurt-Nürnberg, Ausf. Höchstadt-Ost, auf der B470 nach Forchheim-Pottenstein und Weidenloh, ab Pottenstein der Besch. folgen.

Nächstgelegene Plätze

Fränkische Schweiz, GC (Nr. 568)
Gerhelm, Nbg. Land, GC (Nr. 575)
Erlangen, GC (Nr. 576)

Bayern

Golf Club Würzburg e.V.

Karte, Nr. 570, Feld F10 **18** Design: Karl F. Grohs Höhe: 300 m

gegründet: 1984

Am Golfplatz 2, 97084 Würzburg
☎ 0931-67890 🖷 0931-67880
✉ info@golfclub-wuerzburg.de
💻 www.golfclub-wuerzburg.de

PR
Bernhard May, GF: Bernhard May
Headgreenkeeper: Marius Cazan

☎ 0931-67890 🖷 0931-67880
Henrike Friede, Moritz Rössler,
Beate de Bochdanovits

Restaurant Gasthaus „Soulfood Kitchen",
Thorsten Kremer
☎ 0931-66052950 🖷 0931-66052952
Mo. Ruhetag

PRO SHOP
Surf In
☎ 0931-67890 🖷 0931-67880

PRO
Pro: Holger Peschke, Trevor Pearman,
Stuart Bannerman

H: 5787 m, CR 71.5, SL 133, Par 71
D: 4793 m, CR 71.2, SL 126, Par 71
30 Rangeabschläge (5 überdacht)

G
Gäste sind jederzeit willkommen. Anmeldung ist notwendig. Clubausweis mit eingetragenem Handicap (54) ist erforderlich.

18-Loch-Greenfee: WT: EUR 70 / WE: EUR 80
9-Loch-Greenfee: WT: EUR 40 / WE: EUR 50
Ermäßigung: Jugendl. bis 18 J. und Stud. bis 27 J.

Platzinfos

VCG GPS CLUB GASTRO

Anfahrtsbeschreibung

Der Golfclub liegt sehr verkehrsgünstig nur 2 km von der A 3 entfernt. An der Ausfahrt Würzburg-Zentrum abfahren und auf der B 19 Richtung Bad Mergentheim (Ulm) fahren. Nach ca. 1 km die erste Ausfahrt links nehmen und anschließend der Beschilderung zum Golfplatz folgen.

Platzbeschreibung

Ein höchst abwechslungsreiches Gelände im Stadtgebiet von Würzburg bietet die Grundlage für diese außergewöhnliche 18-Loch-Golfanlage. Von mehr als der Hälfte der Spielbahnen genießt man einen hervorragenden Blick über Würzburg und die Festung Marienberg. Andere Bahnen verlaufen zwischen unberührter Natur und altem Baumbestand. 3 Teiche erhöhen sowohl die optische, als auch spielerische Attraktivität.

Nächstgelegene Plätze

Kitzingen, GC (Nr. 571)
Schloß Mainsondh., GC (Nr. 565)
Main-Spessart, GC (Nr. 564)

Bayern

Greenfee-Aktion: Seite G 133

Golfclub Kitzingen e.V.

Karte, Nr. 571, Feld F10 **18** Höhe: 270 m

gegründet: 1980

Lailachweg 1, 97318 Kitzingen
✆ 09321-4956 Fax 09321-21936
info@golfclub-kitzingen.de
www.golfclub-kitzingen.de

PR: Jürgen T. Knauf

i: ✆ 09321-4956 Fax 09321-21936

19th Hole
✆ 09321-927131

PRO SHOP: ✆ 09321-4956

PRO: Pro: Stephen Thomas, Adnan Hajdini

H: 6058 m, CR 71.8, SL 133, Par 72
D: 5357 m, CR 73.7, SL 131, Par 72
25 Rangeabschläge (5 überdacht)

G: Gäste sind jederzeit willkommen. Anmeldung ist notwendig. Clubausweis mit eingetragener PE ist erforderlich.

18-Loch-Greenfee: WT: EUR 60 / WE: EUR 70
9-Loch-Greenfee: WT: EUR 35 / WE: EUR 40
Ermäßigung: Jugendl. bis 18 J. und Stud. bis 27 J. 50%

Platzbeschreibung

Der 18-Loch-Platz liegt stadtnah hinter dem INNOPARK-Gelände südwestlich von Kitzingen. Ruhig gelegen, von Wald und Feldern umgeben, hat man von dieser Sonnenterrasse einen weiten Blick über das Maintal, auf das Weinland und den Steigerwald. Der eher ebene Platz mit seinen bewässerten Fairways und kurzen Wegen zwischen den Grüns und den Abschlägen, sowie die Möglichkeit, Carts zu mieten, machen die Anlage auch für Senioren gut bespielbar.

Platzinfos

Anfahrtsbeschreibung

A3 WÜ-N/N-WÜ Ausfahrt Biebelried, B8 Richtung Kitzingen oder A7 WÜ-UL/UL-WÜ Ausfahrt Kitzingen, B8 Richtung Kitzingen, in Kitzingen an 2. Ampel rechts in Westtangente abbiegen, Wegweiser INNOPARK folgen, nach ca. 200 Metern rechts abbiegen in Steigweg (Golfplatz ist ausgeschildert), an INNOPARK vorbei in Lailachweg einbiegen.

Nächstgelegene Plätze

Schloß Mainsondh., GC (Nr. 565)
Würzburg, GC (Nr. 570)
Steigerwald, GC (Nr. 567)

Bayern

Greenfee-Aktion: Seite G 133

Golfclub Gut Sansenhof e.V.

Karte, Nr. 572, Feld E10 18/9 Design: Reinhold Weisshaupt Höhe: 442 m

gegründet: 1993

Weilbach/Unterfranken,
63916 Amorbach-Sansenhof
09373-2180/-4503 09373-902580
info@golf-sansenhof.de
www.golf-sansenhof.de

PR
Harald Englerth, GF: Gabriele Rinklef
Headgreenkeeper: Karl-Heinz Rinklef

09373-2180/-4503 -902580
Silke Kloß, Susanne Breitschwerdt

Ristorante I Paesani
09373-99566
Mo. Ruhetag

PRO SHOP
Inge Ziesler-Rowland
09373-902166

PRO
Pro: Head Pro Colin McDonald

18-Loch Platz
H: 6071 m, CR 72, SL 131, Par 72
D: 5332 m, CR 73.7, SL 128, Par 72
9-Loch Platz
H: 3042 m, CR 59, SL 95, Par 60
D: 2946 m, CR 59.1, SL 101, Par 60
32 Rangeabschläge (4 überdacht)

G
Gäste sind jederzeit willkommen. Clubausweis mit eingetragenem Handicap (45) ist erforderlich.

18-Loch-Greenfee: WT: EUR 58 / WE: EUR 68
9-Loch-Greenfee: WT: EUR 31 / WE: EUR 37

Platzbeschreibung

Das Gut Sansenhof befindet sich mitten im Odenwald in einem abwechslungsreichen leicht hügeligen Gelände mit zahlreichen Wasser- und Sandhindernissen. Die aufwendige Fairwaygestaltung und vor allem auch die von Bunkern und Hindernissen gut verteidigten Grüns lassen den Parcours schwierig werden. Teilweise müssen einige Par 3-Löcher mit bis zu 25 m Höhenunterschied von oben angegriffen werden. Der Platz ist dennoch angenehm zu begehen.

Platzinfos

VCG

Anfahrtsbeschreibung

Von Frankfurt oder Würzburg: A 3, Ausfahrt Stockstadt, auf die B 469 Richtung Amorbach. 11 km nach Obernburg am Schild Bad König/Vielbrunn rechts nach Laudenbach abbiegen und nach ca. 300 m rechts Richtung Bad König/Vielbrunn. Dieser Kreisstraße K 94 ca. 9 km folgen und am Schild Bad König/Vielbrunn links ab zur Vielbrunner Kreuzung. Ab dort der Beschilderung „Golfanlage Gut Sansenhof" folgen.

Nächstgelegene Plätze

Geierstal, GC (Nr. 419)
Odenwald, GC (Nr. 418)
Buchenhof Hetzb., G&LC (Nr. 422)

Bayern

Golf & Country Club Erftal e.V.

Karte, Nr. 573, Feld E10 **18** Höhe: 340 m

gegründet: 1996

Ortsstraße 30, 63928 Eichenbühl-Guggenberg
☎ 09378-789 Fax 09378-908126
info@golfclub-erftal.de
www.golfclub-erftal.de

PR: Annette Raab, GF: Ramon Männel

i: ☎ 09378-789 Fax -908126
Patricia Bozzetti, Michaela Reuys

Ristorante & Pizzeria Da Richie, Richard Milu
☎ 09378-908860
Mo. Ruhetag

PRO SHOP: ☎ 09378-789 Fax -908126

PRO: Pro: Axel Semm, Gregor Dominack

H: 5638 m, CR 71.4, SL 130, Par 71
D: 4917 m, CR 72.2, SL 128, Par 71
24 Rangeabschläge (6 überdacht)

G: Gäste sind jederzeit willkommen. Anmeldung ist notwendig. Clubausweis mit eingetragener PE ist erforderlich.

Tages-Greenfee: WT: EUR 50 / WE: EUR 60
9-Loch-Greenfee: WT: EUR 25 / WE: EUR 35
Ermäßigung: Jugendl. bis 18 J. und Stud. bis 25 J.

Platzinfos

VCG GPS CLUB

Anfahrtsbeschreibung
Von Frankfurt: A 3 Richtung Würzburg, Ausfahrt Aschaffenburg-West, weiter auf der B 469 Richtung Miltenberg-Eichenbühl-Riedern bis Guggenberg. Von Würzburg: A 81 Richtung Heilbronn, Ausfahrt Tauberbischofsheim, weiter Richtung Hardheim-Miltenberg bis Guggenberg.

Platzbeschreibung
Der Golfplatz bietet in legerer und sportlicher Atmosphäre neben einer großen Driving Range, zusätzlichen Putting- und Pitching-Greens und einem großen Übungsbunker attraktive Spielbahnen mit einem herrlichen Blick über das Erftal und den Odenwald.

Nächstgelegene Plätze
Miltenberg, GC (Nr. 574)
Glashofen-Neusaß, GC (Nr. 461)
Mudau, GC (Nr. 462)

Golfclub Miltenberg e.V.

Karte, Nr. 574, Feld E10 18

gegründet: 2001

Ortstraße 30, Ortsteil Guggenberg,
63928 Eichenbühl
✆ 09378-789 🖷 09378-908126
✉ info@golfclub-miltenberg.de
💻 www.golfclub-miltenberg.de

PR: Artus Rosenbusch

i: ✆ 09378-789 🖷 09378-908126
Patricia Bozzetti, Michaela Reuys

Ristorante & Pizzeria Da Richie, Richard Milu
✆ 09378-908127
Mo. Ruhetag

PRO: Pro: Axel Semm, Gregor Dominack

H: 4183 m, Par 64
D: 3646 m, Par 64
24 Rangeabschläge (6 überdacht)

G: Gäste sind jederzeit willkommen. Anmeldung ist erforderlich.

Tages-Greenfee: WT: EUR 25 / WE: EUR 35
9-Loch-Greenfee: WT: EUR 15
Ermäßigung: Jugendl./Stud. bis 18 J.

Platzbeschreibung

Der Golfclub Miltenberg liegt in idyllischer, landschaftlich schöner Umgebung unweit vom Main und besticht durch einen herrlichen Blick über das Erftal und den Odenwald.

Platzinfos

VCG GPS CLUB GASTRO

Anfahrtsbeschreibung

Von Frankfurt: A 3 Richtung Würzburg, Ausfahrt Aschaffenburg-West, weiter auf der B 469 Richtung Miltenberg-Eichenbühl-Rieden bis Guggenberg. Von Würzburg: A81 Richtung Heilbronn, Ausfahrt Tauberbischofsheim, weiter Richtung Hardheim-Miltenberg bis Guggenberg.

Nächstgelegene Plätze

Erftal, G&CC (Nr. 573)
Glashofen-Neusaß, GC (Nr. 461)
Mudau, GC (Nr. 462)

Bayern

Golfclub Gerhelm Nürnberger Land e.V.

Karte, Nr. 575, Feld H10 **18** Höhe: 600 m

gegründet: 1995

Gerhelm 1, 91235 Velden
☎ 09152-398
✉ buero@gerhelm.de
www.gerhelm.de

PR: Gerhard Schlierf, GF: Andreas Schlierf
Headgreenkeeper: Martin Schlierf

i: ☎ 09152-398 Fax 09152-1346

Zum Schäferkarr´n, Ingrid Hesselbach
☎ 09152-9280666
Mo. Ruhetag

PRO SHOP: Golfshop Gerhelm
☎ 09152-398

PRO: Pro: Daniela Hunger

H: 5465 m, CR 70.6, SL 138, Par 72
D: 4755 m, CR 71.6, SL 130, Par 72
17 Rangeabschläge (7 überdacht)

G: Gäste sind jederzeit willkommen. Anmeldung ist notwendig. Clubausweis mit eingetragener PE ist erforderlich.

Tages-Greenfee: WT: EUR 60 / WE: EUR 70
9-Loch-Greenfee: WT: EUR 35 / WE: EUR 45
Gruppenermäßigung ab 8 Personen 10 EUR
Übertragbare 5er- und 10er-Greenfeekarten ermäßigt vorhanden
Ermäßigung: Jugendl. bis 17 J. und Stud. 50%

Platzinfos

VCG GPS CLUB GASTRO

Anfahrtsbeschreibung

A 9 Nürnberg-Berlin, Ausfahrt Hormersdorf, rechts abbiegen Richtung Hormersdorf, in Hormersdorf an der 1. Kreuzung links Richtung Wallsdorf, die nächste Straße links abbiegen und der Beschilderung zum Golfplatz folgen.

Platzbeschreibung

Gerhelm liegt fernab vom Stress und Alltagslärm im oberen Pegnitztal am Rande der Fränkischen Schweiz. Ein phantastisches Panorama und ein abwechslungsreiches leicht hügeliges Gelände waren der Rahmen für den Bau einer 18-Loch-Anlage rund um den Gutshof Gerhelm und den Weiler Immendorf. Die Golfanlage Gerhelm umfasst mit Driving-Range, Pitch- und Puttinggrüns ein Gelände von insgesamt 1,25 Millionen Quadratmetern.

Nächstgelegene Plätze

Pottenstein-Weidenl., GC (Nr. 569)
Erlangen, GC (Nr. 576)
Fränkische Schweiz, GC (Nr. 568)

Greenfee-Aktion: Seite G 133

Golf Club Erlangen e.V.

Karte, Nr. 576, Feld G10 **18** Design: Wolfgang Barth Höhe: 350 m

gegründet: 1977

Schleinhof, 91077 Kleinsendelbach
☎ 09126-5004 Fax 09126-5040
info@gc-erlangen.de
www.gc-erlangen.de

PR: Ralph Kelle, GF: Oliver Penning, CM: Erwin Gietl
Headgreenkeeper: Günter Werner

i: ☎ 09126-5004 Fax 09126-5040
Sabine Trostner

Restaurant: 9zehn, Anita Biknietska

PRO SHOP: Golf Sport Franken GmbH
☎ 09126-5004 Fax -5040

PRO: Pro: Sebastian Platschek

H: 5633 m, CR 70.2, SL 134, Par 71
D: 4946 m, CR 71.7, SL 131, Par 71
7 Rangeabschläge (2 überdacht)

G: Gäste sind jederzeit willkommen. Anmeldung ist notwendig. Clubausweis mit eingetragenem Handicap (54) ist erforderlich.

18-Loch-Greenfee: WT: EUR 60 / WE: EUR 75
9-Loch-Greenfee: WT: EUR 35 / WE: EUR 45
Ermäßigung: Jugendl./Stud. 50%

Platzbeschreibung

Eingebettet in die reizvolle Landschaft der Fränkischen Schweiz erwarten den Golfer abwechslungsreiche Spielbahnen. Es bieten sich von vielen Grüns und Fairways fantastische Ausblicke. Ein besonderes Highlight ist das neu angelegte Halbinselgrün von Loch 15. Trotz seiner zentralen Lage (nur ca. 15 Min. von Nürnberg und Erlangen zu erreichen) befindet man sich abseits von Verkehrslärm inmitten schöner Natur. Ideale Trainingsmöglichkeiten mit Flutlicht und beheizten Abschlagplätzen finden Sie auf der angeschlossenen Golf Akademie.

Platzinfos

Anfahrtsbeschreibung

A3, Ausfahrt Nürnberg-Nord Richtung Bayreuth, kurz vor Eschenau links nach Brand der Beschilderung „Golf" folgen, an der nächsten Kreuzung rechts und dann geradeaus bis zum Golfplatz. Ab Erlangen ca. 15 km Richtung Gräfenberg/Neunkirchen am Brand, rechts Richtung Kleinsendelbach abbiegen kurz nach Steinbach links dem Schild „Golf" folgen.

Nächstgelegene Plätze

Am Reichswald, GC (Nr. 581)
Fürth, 1. GC (Nr. 582)
Gerhelm, Nbg. Land, GC (Nr. 575)

Golfclub Schwanhof e.V.

Karte, Nr. 577, Feld I10 **18** Design: Reinhold Weishaupt, Jerry Pate Höhe: 460 m

gegründet: 1990

Klaus-Conrad-Allee 1, 92706 Luhe-Wildenau
☎ 09607-92020 🖷 09607-920248
✉ info@golfclub-schwanhof.de
💻 www.golfclub-schwanhof.de

PR
Kurt Knote, GF: Detlef Hennings,
CM: Detlef Hennings

i
☎ 09607-92020 🖷 09607-920248
Sandra Münzl

Restaurant Schwanhof, Sabine Hennings
☎ 09607-920216 🖷 09607-920248
Di. Ruhetag

PRO SHOP
Golfshop Schwanhof, Ina Hädrich
☎ 09607-920215

PRO
Pro: Florian Rieger, Daniel Lord

18-Loch Championship-Course
H: 5696 m, CR 71.3, SL 134, Par 72
D: 4916 m, CR 72.2, SL 133, Par 72
60 Rangeabschläge (25 überdacht)

G
Gäste sind jederzeit willkommen. Anmeldung ist notwendig. Clubausweis mit eingetragenem Handicap (54) ist erforderlich. Sa./So./Feiertage ist Handicap 36 erforderlich. Reservierung von Startzeiten erforderlich! Überdachte Parkplätze! E-Carts (Club-Car) mit GPS-System!

18-Loch-Greenfee (9:00 - 18:00 Uhr): Mo.-Do.: EUR 70 / Fr.-So.: EUR 85
9-Loch-Greenfee: Mo.-Do.: EUR 45 / Fr.-So.: EUR 50
Tages-GF Driving Range: EUR 10. Sonstige DGV Karten GF 18-Loch WT/WE EUR 70-80/85-100. Fernmitgliedschaften haben keine Spielberechtigung.
Ermäßigung: Jugendl. bis 18 J. und Stud. bis 27 J.

Platzinfos

GPS CLUB GASTRO

Anfahrtsbeschreibung
Von Mü.: A 93 Regensburg-Weiden, Ausf. Luhe-Wildenau u. der Beschilderung folgen. Von Nürnberg: A 6 Ri. Amberg, bis Oberpfälzer Kreuz und auf die A 93 Ri Weiden bis Ausfahrt Luhe-Wildenau. Hier der Beschilderung folgen. Von Berlin: A 9, Ausf. Bayreuth, auf der B 22 über Kemnath Ri. Weiden, von Weiden auf der A 93 Ri. Regensburg, Ausf. Luhe-Wildenau u. der Beschilderung folgen.

Platzbeschreibung
Eingebettet in das leicht hügelige Gebiet der Oberpfalz liegt der mit einem „Hauch Amerika" versehene Platz auf einem ehem. landwirtschaflich genutzten 80 ha großen Gelände. Durch gelungene Architektur werden hohe Anforderungen an Strategie und Präzision gestellt. Mit Blick auf Burg Leuchtenberg bietet die Anlage ein herrliches Panorama und First Class Golf auch abseits der Spielbahnen.

Nächstgelegene Plätze
Oberpfälzer Wald, G&LC (Nr. 585)
Schmidmühlen, G&LC (Nr. 593)
Eixendorfer See, GC (Nr. 587)

Golf-Club Herzogenaurach e.V.

Karte, Nr. 578, Feld G10 18

gegründet: 1967

Burgstall 1, 91074 Herzogenaurach
✆ 09132-40586 🖷 09132-40581
✉ info@golfclub-herzogenaurach.de
💻 www.golfclub-herzogenaurach.de

PR
Bernd Dürrbeck
Headgreenkeeper: Heiko Kuhstrebe

i
✆ 09132-40586 🖷 09132-40581

Golf-Restaurant
Pächter: Karl Henning
✆ 09132-7540077 🖷 -40581

PRO
Pro: Craig J. Miller, Colin Hodgons, Martin Hastie

H: 6360 m, CR 73.6, SL 129, Par 73
D: 5405 m, CR 74.1, SL 129, Par 73
15 Rangeabschläge (7 überdacht)

G
Gäste sind jederzeit willkommen. Sa./So./Feiertage ist Anmeldung notwendig. Clubausweis mit eingetragenem Handicap (45) ist erforderlich. Sa./So./Feiertage ist Handicap 36 erforderlich.

18-Loch-Greenfee: WT: EUR 60 / WE: EUR 70
9-Loch-Greenfee: WT: EUR 33 / WE: EUR 40
Ermäßigung: Jugendl. bis 18 J. und Stud. bis 27 J. 50%

Platzbeschreibung

Die 18-Loch-Golfanlage im Herzen Mittelfrankens zeichnet sich nicht nur durch die gelungene Synthese zwischen landschaftlichem Reiz, sportlicher Herausforderung und gesellschaftlicher Begegnungsstätte aus, sondern bietet hochwertiges Golfvergnügen zu fairen Preisen. Auf über 70 ha erstreckt sich die Carlo Knauss konzipierte, wunderschön auf einem Hochplateau gelegene Anlage. Die PGA-Golfschule Craig Miller gewährleistet professionellen Unterricht. PE Indoorgolfanlage - seit November 2018 neu eröffnet:

Platzinfos

VCG GPS CLUB GASTRO

Anfahrtsbeschreibung

A3, Ausfahrt Frauenaurach, Richtung Herzogenaurach. An der 2. Ampel links Richtung Niederndorf/Herzogenaurach. Durch Niederndorf hindurch, nach Herzogenaurach hinein, an der Feuerwehr und INA vorbei bis zur Kreuzung. Hier links abbiegen und den Wegweisern nach Burgstall zum Golfplatz folgen.

Nächstgelegene Plätze

Golfanlage Puschendorf (Nr. 579)
Fürth, 1. GC (Nr. 582)
Am Reichswald, GC (Nr. 581)

Bayern

Golfanlage Puschendorf

Karte, Nr. 579, Feld G10 **9** Design: Dieter R.Sziedat Höhe: 380 m

gegründet: 1989

Forstweg 2, 90617 Puschendorf
09101-7552 09101-9352
buero@golfanlage-puschendorf.de
www.golfanlage-puschendorf.de

PR GF: Gerhard Rothacker
Headgreenkeeper: Gerhard Rothacker

i 09101-8064 09101-537813
Anka Rothacker

Ristorante Pizzeria Rosi & Dani
09101-6363
Mo. Ruhetag

PRO SHOP 09101-8064 09101-9352

PRO Pro: Martin Muhoscholi

H: 5858 m, CR 71.1, SL 132, Par 72
D: 5224 m, CR 73.4, SL 128, Par 72
15 Rangeabschläge (3 überdacht)

G Gäste sind jederzeit willkommen. Clubausweis mit eingetragenem Handicap (54) ist erforderlich. Keine Startzeiten. Bitte fragen Sie nach dem aktuellen Spiel- und Turnierbetrieb.

18-Loch-Greenfee: WT: EUR 35 / WE: EUR 40
9-Loch-Greenfee: WT: EUR 25 / WE: EUR 30
Wochentag = Montag bis Freitag 12.00 Uhr
Wochenende = Freitag ab 12.00 Uhr, Samstag, Sonntag, Feiertag
Ermäßigung: Jugendl./Stud.

Platzinfos

VCG GPS GASTRO

Anfahrtsbeschreibung

A 9 Nürnberg-Fürth, ABK Nürnberg-Feucht, Ausfahrt Südwest-Tangente Richtung Fürth auf der B 8 über Seukendorf-Veitsbronn nach Puschendorf zum Golfplatz. Von Erlangen: A 73 Erlangen-Nürnberg, Ausfahrt Eltersdorf über Mannhof-Vach-Veitsbronn weiter nach Puschendorf zum Golfplatz.

Platzbeschreibung

Die Golfanlage Puschendorf liegt inmitten des Städtedreiecks Fürth-Nürnberg-Erlangen. Die Anlage bietet abwechslungsreiche Fairways in einer typisch fränkischen Landschaft. Gepflegte Greens, von Wald und Wasser gesäumt, sind hier immer Motivation für einen Birdie. Sportlich - Familiär - Stadtnah!

Nächstgelegene Plätze

Herzogenaurach, GC (Nr. 578)
Fürth, 1. GC (Nr. 582)
Am Reichswald, GC (Nr. 581)

Greenfee-Aktion: Seite G 133

Golf Club Reichsstadt Bad Windsheim e.V.

Karte, Nr. 580, Feld F10 18/6 Höhe: 340 m

gegründet: 1990

Otmar-Schaller-Allee 1, 91438 Bad Windsheim
✆ 09841-5027 Fax 09841-3448
gc.badwindsheim@t-online.de
www.golf-bw.de

PR: Hr. Seefried, Hr. Allraun, Hr. Stender

i: ✆ 09841-5027 Fax -3448
Gerti Dworschak

Restaurant am Golfplatz, Istvan Polyak
✆ 09841-9199443

PRO SHOP: Hofmann & Allraun GbR, Vera Hofmann / Antje Allraun
✆ 09841-5027 Fax -3448

PRO: Pro: Andreas Gebert

18-Loch Platz
H: 6198 m, CR 72.1, SL 129, Par 73
D: 5494 m, CR 74.6, SL 128, Par 73
6-Loch Platz
H: 2472 m, Par 57, D: 2472 m
40 Rangeabschläge (6 überdacht)

G: Gäste sind jederzeit willkommen. Sa./So./Feiertage ist Anmeldung notwendig. Clubausweis mit eingetragener PE ist erforderlich. Es stehen Wohnmobilstellplätze mit Elektroanschluss zur Verfügung.

Tages-Greenfee: Mo.: EUR 25 / Di.-Fr.: EUR 60 / WE: EUR 70
18-Loch-Greenfee: Mo.: EUR 25 / Di.-Fr.: EUR 60 / WE: EUR 70
Sonderregelung für Spieler mit Clubausweisen ohne Kennzeichnung „R“. Feierabend Greenfee ab 18 Uhr - während der Saison.
Ermäßigung: Jugendl./Stud. 40%

Platzinfos

Anfahrtsbeschreibung

Aus Würzburg: A7 Ausfahrt Bad Windsheim der B 470 11 km bis Bad Windsheim West folgen und in Bad Windsheim, der grünen Beschilderung „GOLF“ folgen. Aus Nürnberg: Der Südwest-Tangente NÜ / FÜ bis zum Ende des 4spurigen Ausbaus, dann über Markt Erlbach bis Bad Windsheim Ost und in Bad Windsheim den grünen Schildern „GOLF“ folgen. Auch die Hinweistafeln „ARCD“ führen Sie in Bad Windsheim zu uns. An der Geschäftsstelle des Automobilclubs in der Oberntieferstraße vorbei bis Ortsende, dann links „Weinturm“ und „Golfanlagen“.

Platzbeschreibung

Auf den ersten Blick macht das überwiegend flache Gelände in dem langgezogenen Tal zwischen den landschaftstypischen Weinbergen einen eher leicht zu spielenden Eindruck. Durch viele taktisch platzierte Bunker, Teiche und Bäume verlangt der Platz jedoch von Spielern jeder Spielstärke einiges ab.

Nächstgelegene Plätze

Ansbach, GC (Nr. 586)
Schönbronn (Nr. 589)
Steigerwald, GC (Nr. 567)

Bayern

Golf Club Am Reichswald e.V.

Karte, Nr. 581, Feld G10 **18** Design: B. von Limburger, T. Himmel Höhe: 320 m

gegründet: 1960

Schiestlstraße 100, 90427 Nürnberg
0911-305730 0911-301200
info@golfclub-nuernberg.de
www.golfclub-nuernberg.de

PR: Wolfgang Siry, CM: Thomas Ott

i: 0911-305730 0911-301200
Kornelia Knoblich

Claus Beithner, Claus Beithner
0911-305750
Mo. Ruhetag

PRO SHOP: 0911-305730

PRO: Pro: David Blakeman, Richard Taylor

H: 6041 m, CR 72.7, SL 133, Par 72
D: 5336 m, CR 74.4, SL 131, Par 72
13 Rangeabschläge (5 überdacht)

G: Gäste sind jederzeit willkommen. Anmeldung ist notwendig. Clubausweis mit eingetragenem Handicap (36) ist erforderlich. E-Cart ab 65 Jahre oder mit Attest vom Arzt EUR 30, Leihschlägerset EUR 20

Tages-Greenfee: WT: EUR 60 / WE: EUR 80
9-Loch-Greenfee: WT: EUR 40 / WE: EUR 50
Driving-Range: EUR 20,-.
Ermäßigung: Jugendl. und Stud. bis 30 J. 50%

Platzbeschreibung

Unweit der Stadt und doch mitten im Wald liegt die 18-Loch-Anlage. Inmitten von ca. 80 000 Bäumen präsentiert sich ein anspruchsvoller Meisterschaftsplatz, romantisch, mit gepflegten Fairways und Grüns. Ein Kurs der Konzentration verlangt, Mut belohnt, Demut lehrt und Disziplin fordert. Jede der 18 Spielbahnen hat ihren eigenen Charakter. Ob Wasserhindernis, Sandbunker oder enge Drive-Schneise: um Erfolg zu haben muss man Vertrauen in seine Schläge haben. In seiner 50-jährigen Geschichte war der Reichswald Austragungsort vieler nationaler, sportlicher Höhepunkte. Und nach der Runde? Entspannen Sie auf unserer Terasse oder im Clubhaus.

Platzinfos

VCG

Anfahrtsbeschreibung

A 3 Würzburg-Nürnberg (BAB 3), Ausf. Tennenlohe (B 4) Richt. Nürnberg (Flughafen), an der Ampelanlage Kraftshof (noch vor der Ampelanlage Flughafen) links und nach ca. 50 m die 1. Straße rechts, von hier ab der Beschilderung zum Golfplatz folgen.

Nächstgelegene Plätze

Fürth, 1. GC (Nr. 582)
Erlangen, GC (Nr. 576)
Herzogenaurach, GC (Nr. 578)

Bayern

1. Golfclub Fürth e.V.

Karte, Nr. 582, Feld G10 18/9 Design: Bernhard von Limburger Höhe: 303 m

gegründet: 1992

Am Golfplatz 10, 90768 Fürth
✆ 0911-757522 ☏ 0911-9732989
✉ info@golfclub-fuerth.de
www.golfclub-fuerth.de

PR
Alexander Bandlow, CM: Andreas Sprigade
Headgreenkeeper: Alexander Bayer

i
✆ 0911-757522 ☏ -9732989

Chongs Golf Restaurant, Michael Chong
✆ 0911-731912 ☏ -732041

PRO SHOP
Sabine Mauler
✆ 0911-7508989 ☏ 0911-9732989

PRO
Pro: Michael Heffner, Peter Nickel, Nick Burdekin

18-Loch Meisterschaftsplatz
H: 5930 m, CR 71.7, SL 130, Par 72
D: 5157 m, CR 72.6, SL 131, Par 72
9-Loch Kurzplatz (Par 3)
H: 940 m, CR 27, SL 113, Par 27
D: 940 m, CR 27, SL 113, Par 27
12 überdachte Rangeabschläge

G
Gäste sind jederzeit willkommen. Sa./So./ Feiertage ist Anmeldung notwendig. Clubausweis mit eingetragenem Handicap (54) ist erforderlich.

18-Loch-Greenfee: WT: EUR 45 / WE: EUR 55
9-Loch-Greenfee: WT: EUR 28
Ermäßigung: Jugendl. bis 18 J. und Stud. bis 28 J. 30%

Platzbeschreibung

Die Anlage wurde 1951 von der US-Army auf dem Gelände des Flugplatzes Atzenhof errichtet. Seit 1992 wird der Platz vom GC Fürth betrieben und befindet sich seit 1997 im Eigentum des Clubs. Die sportlich anspruchsvolle Anlage wurde in den vergangenen Jahren durch zahlreiche Platzverbesserungen (Grüns, Bunker, Pflanzungen und Wasserhindernisse) weiter aufgewertet. Die Stadtnähe und das rege Gesellschaftsleben bieten Sport in besonderer Atmosphäre.

Platzinfos

VCG GPS CLUB

Anfahrtsbeschreibung

A 3 Würzburg-Nürnberg bis Fürth-Erlanger Kreuz, dann Richtung Fürth Ausfahrt Eltersdorf Richtung Fürth, an der Ampel in Stadeln rechts, durch einen Talgrund, an der ersten Ampel links. Achtung! Rechts zum US-Kasernen Haupttor einbiegen, geradeaus bis zum Rondell und dann rechts zum Golfplatz abbiegen.

Nächstgelegene Plätze

Herzogenaurach, GC (Nr. 578)
Am Reichswald, GC (Nr. 581)
Golfanlage Puschendorf (Nr. 579)

Bayern

Golf Club Lauterhofen e.V.

Karte, Nr. 583, Feld H10 18/9 Höhe: 460 m

gegründet: 1987

Ruppertslohe 18, 92283 Lauterhofen
☎ 09186-1574 Fax 09186-1527
✉ info@gc-lauterhofen.de
www.gc-lauterhofen.de

PR Wolfgang Dietzler, CM: Guido Hoferer
Headgreenkeeper: Christian Kosak

i ☎ 09186-1574 Fax 09186-1527
Alexander Härtl

Restaurant im Golfclub Lauterhofen, Katja Dörner
☎ 09186-1681
Mo. Ruhetag

PRO SHOP Golfclub Lauterhofen e.V.
☎ 09186-1574 Fax 09186-1527

PRO Pro: Patrick Klemm, Patrick Külzer

18-Loch Platz
H: 5960 m, CR 72.5, SL 136, Par 72
D: 5291 m, CR 74.7, SL 132, Par 72
6-Loch Kurzplatz (Par 3)
H: Par 18, D: Par 18
30 Rangeabschläge (7 überdacht)

G Gäste sind jederzeit willkommen. Anmeldung ist notwendig. Clubausweis mit eingetragenem Handicap (54) ist erforderlich.

18-Loch-Greenfee: WT: EUR 60 / WE: EUR 75
9-Loch-Greenfee: WT: EUR 35 / WE: EUR 40

Platzbeschreibung

Die 18-Loch-Anlage liegt in einer typischen Juralandschaft auf einem sehr hügeligen Gelände zwischen Mischwäldern im „Lindeltal". Zahlreiche natürliche Hindernisse, Fairwaybunker und wirkungsvoll von Bunkern verteidigte Grüns prägen die Spielanforderungendieses Platzes.

Platzinfos

Anfahrtsbeschreibung

A 6 Nürnberg-Amberg, Ausfahrt Alfeld Richtung Lauterhofen, nach ca. 4 km links, Hinweisschild Golfplatz bzw. Ruppertslohe. Oder: A 3 Regensburg-Nürnberg, Ausfahrt Neumarkt, nach ca. 1 km links Richtung Pilsach Amberg und dann weiter wie oben beschrieben.

Nächstgelegene Plätze

Jura Golf Hilzhofen (Nr. 590)
Am Habsberg, GC (Nr. 592)
Herrnhof, GC (Nr. 591)

Bayern

GolfRange Nürnberg

Karte, Nr. 584, Feld G10 **9** Höhe: 400 m

gegründet: 2004

Am Golfplatz 1, 91189 Nemsdorf
✆ 0911-9880680 🖷 0911-98806822
✉ nuernberg@golfrange.de
💻 www.golfrange.de

PR
GF: Dr. F. Bosch
H. P. Thomßen, CM: Cornelia Weishäupl
Thomas Kodisch
Headgreenkeeper: Wolf von Wangenheim

i
✆ 0911-9880680 🖷 -98806822
Manuela Dietrich

Top10 Stüberl GolfRange, Ingrid Schroll-Topp
✆ 0911-64966057

PRO SHOP
Clubeigener Golfshop in Kooperation mit Wilson
✆ 0911-9880680

PRO
Pro: Frank Wirtz

H: 4860 m, CR 66.6, SL 126, Par 68
D: 4230 m, CR 67.2, SL 122, Par 68
70 Rangeabschläge (10 überdacht)

G
Gäste sind jederzeit willkommen. Anmeldung ist notwendig. Clubausweis mit eingetragener PE ist erforderlich.

18-Loch-Greenfee: WT: EUR 33 / WE: EUR 42
9-Loch-Greenfee: WT: EUR 22 / WE: EUR 27
18-Loch/9-Loch GF nach 16:00 Uhr WT EUR 38/25
Ermäßigung: Jugendl. bis 17 J. 50%

Platzinfos

VCG

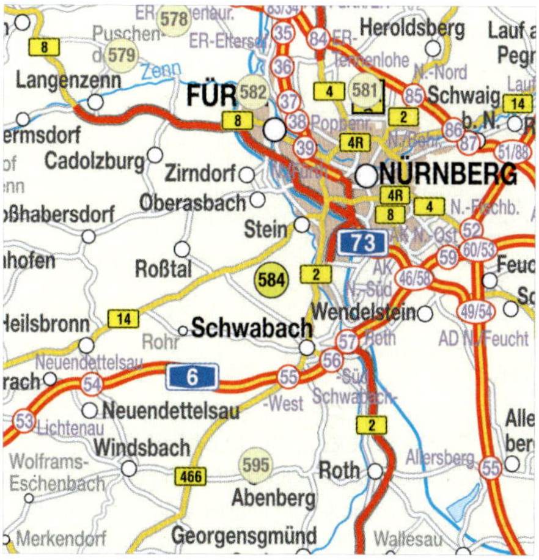

Platzbeschreibung

In bewährter GolfRange-Manier bietet die Anlage einen großzügigen Übungsbereich mit zahlreichen Rasenabschlagplätzen sowie einen interessanten 9-Loch-Platz. Das Clubhaus beherbergt eine öffentliche Gastronomie, einen Proshop sowie das Sekretariat und Umkleiden.

Anfahrtsbeschreibung

Von Norden: A 9, Ausf. Nbg.-Ost, A 6 Ri. Hafen, dann auf die A 73 Ri. Fürth, weiter Ri. Bamberg auf die SW-Tangente, Ausf. Nbg.-Schweinau, li. auf die B14 Ri. Stein/Ansbach, dann über die Deutenbacher- (Ri. Möbelhaus XXXL), die Regelsbacher- und die Raiffeisenstr., vorbei an Bertelsdorf und Eckershof der Eckershoferstr. folgen, der Platz liegt rechts. Von Süden: A 9 Ri. Nbg., Ausf. Nbg./Feucht auf die A 73 Ri. Fürth und weiter wie oben.

Nächstgelegene Plätze

Abenberg, GC (Nr. 595)
Fürth, 1. GC (Nr. 582)
Am Reichswald, GC (Nr. 581)

Bayern

Golf- und Land Club Oberpfälzer Wald e.V.

Karte, Nr. 585, Feld I10 **18** Höhe: 510 m

gegründet: 1977

Ödengrub 1, 92431 Neunburg vorm Wald
09439-466 09439-1247
info@glcoberpfaelzerwald.de
www.golf-oberpfalz.de

PR Horst Jäger

09439-466 -1247
Karola Leitl

Irina Kosemjakin
09439-1079 09439-1079
Mo. Ruhetag

PRO SHOP 09439-466 -1247

PRO Pro: Florian Bänsch

H: 5778 m, CR 70.7, SL 135, Par 72
D: 4903 m, CR 71.5, SL 125, Par 72
20 Rangeabschläge (14 überdacht)

G Gäste sind jederzeit willkommen. Anmeldung ist notwendig. Clubausweis mit eingetragener PE ist erforderlich.

18-Loch-Greenfee: WT: EUR 60 / WE: EUR 70
9-Loch-Greenfee: WT: EUR 30 / WE: EUR 35
Ermäßigung: Jugendl./Stud. 50%

Platzbeschreibung

Um eure Leidenschaft „Golf" ausleben zu können, kommt am besten auf die wunderschöne Anlage des im Jahre 1978 gegründeten Golf- und Landclubs Oberpfälzer Wald. Er gehört zu den schönsten Golfplätzen der Oberpfalz. Die 18 Bahnen liegen in einer Talmulde inmitten eines Landschaftsschutzgebietes in der reizvollen Region des Oberpfälzer Waldes. Das interessante Gelände lädt Golfer jeder Spielstärke zu einem abwechslungsreichen und rundum erholsamen Spiel ein.

Platzinfos

VCG CLUB GASTRO

Anfahrtsbeschreibung

Von Nürnberg bis zum Ende der A 6, über die B 85 und die A 93 nach Schwarzenfeld, dort Richtung Neunburg vorm Wald, nach 10 km bis Kemnath-Fuhrn die Staatsstraße verlassen und der Beschilderung zum Golfplatz folgen. Von Regensburg bis Ausfahrt Schwandorf-Nord, dann Richtung Neunburg vorm Wald bis Kemnath-Fuhrn.

Nächstgelegene Plätze

Eixendorfer See, GC (Nr. 587)
Schmidmühlen, G&LC (Nr. 593)
Schwanhof, GC (Nr. 577)

Golf-Club Ansbach e.V.

Karte, Nr. 586, Feld F10 **18** Höhe: 480 m

gegründet: 1960

Rothenburger Straße 35, 91598 Colmberg
✆ 09803-600 🖷 09803-911301
✉ sekretariat@golf-ansbach.de
💻 www.golf-ansbach.de

PR Norbert Held

i ✆ 09803-600 🖷 -911301

✆ 09803-600
Mo. Ruhetag

PRO Pro: John Speed

H: 5205 m, CR 69.9, SL 126, Par 70
D: 4515 m, CR 71.1, SL 126, Par 70
18 Rangeabschläge (3 überdacht)

G Gäste sind jederzeit willkommen. Clubausweis mit eingetragenem Handicap (54) ist erforderlich.

18-Loch-Greenfee: EUR 75
9-Loch-Greenfee: EUR 40
Ermäßigung: Jugendl./Stud. 50%

Platzbeschreibung

Der 1960 gegründete Golfclub Ansbach gehört zu den traditionsreichsten Clubs in Bayern. Am Fuße der malerischen Hohenzollernburg in Colmberg schmiegen sich die ersten neun Löcher der Golfanlage entlang des Burgberges. Die zweiten neun liegen nahe der Altmühl. Unsere Mitglieder schätzen neben der Herausforderung des Platzes vor allem auch die naturverbundene Schönheit der Anlage, die zweifelsohne zu den landschaftlich attraktivsten in Mittelfranken gehört. Die freundliche und familiäre Atmosphäre haben wir uns bis heute erhalten. In unserem gemütlichen Clubhaus und auf der Sonnenterrasse finden Sie immer nette Leute für einen anregenden Plausch vor oder nach der Golfrunde.

Platzinfos

Anfahrtsbeschreibung

15 km von Ansbach Richtung Würzburg, Abzweigung nach Rothenburg o.d. Tauber (15 km) bis Colmberg zum Golfplatz. Oder: A 6 Nürnberg-Heilbronn, Ausfahrt Leutershausen, weiter über Aurach nach Colmberg zum Golfplatz.

Nächstgelegene Plätze

Schönbronn (Nr. 589)
Bad Windsheim, GC (Nr. 580)
Lichtenau-Weickersd., GC (Nr. 594)

Golfclub am Eixendorfer See GmbH

Karte, Nr. 587, Feld I10 **18**

gegründet: 1997

Hillstett 69, 92444 Rötz
✆ 09976-2017247 🖷 09975-8122
✉ info@golf-eixendorfer-see.de
💻 www.golf-eixendorfer-see.de

i ✆ 09976-2017247 🖷 09975-8122

Golfclub am Eixendorfer See GmbH
✆ 09976-2017247

PRO SHOP Golfclub am Eixendorfer See GmbH
✆ 09976-2017247 🖷 09975-8122

PRO Pro: Dieter Messer

H: 4725 m, CR 65.1, SL 119, Par 69
D: 4390 m, CR 67.7, SL 118, Par 69
9 Rangeabschläge (6 überdacht)

G Gäste sind jederzeit willkommen. Anmeldung ist notwendig. Clubausweis mit eingetragener PE ist erforderlich.

18-Loch-Greenfee: EUR 50
9-Loch-Greenfee: EUR 35
Ermäßigung: Jugendl./Stud.

Platzbeschreibung

Der Golfplatz erfüllt die Platzanforderungen verschiedener Spielstärken. Eine sportlich und qualitativ anspruchsvolle Anlage, eine faire Herausforderung für Könner, ohne den Hobbygolfer zu überfordern. Die Bahnen, die sich um das Dorf Hillstett herumziehen, beginnen und enden direkt am neu erbauten Clubhaus.

Nächstgelegene Plätze

Oberpfälzer Wald, G&LC (Nr. 585)
Furth im Wald, GC (Nr. 588)
Regensburg, G&LC (Nr. 600)

Platzinfos

VCG

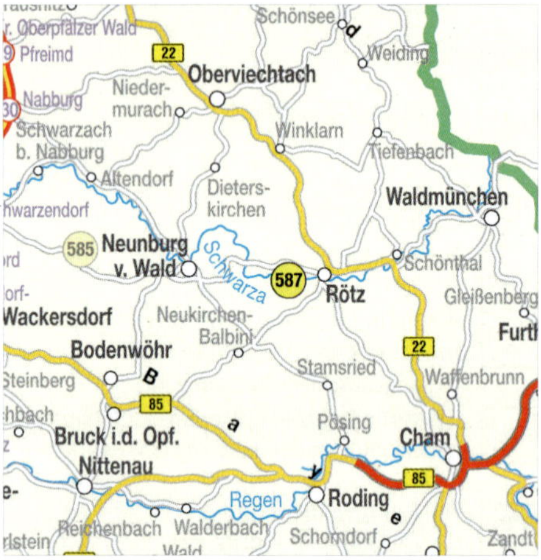

Anfahrtsbeschreibung

Von München: Autobahn A9 Richtung Nürnberg Dreieck Holledau Autobahn A93 Richtung Regensburg Ausfahrt Schwandorf Nord Richtung Neunburg vorm Wald weiter Richtung Seebarn/Rötz durch Industriegebiet Neunburg vorm Wald rechts Richtung Seebarn/Hillstett nächste Ortschaft nach Seebarn ist Hillstett Von Nürnberg: Autobahn A6 Richtung Amberg/Prag Ausfahrt Amberg Ost anschließend die B85 Richtung Schwandorf weiter Richtung Neunburg vorm Wald dann gleicher Weg wie von München

Bayern

Greenfee-Aktion: Seite G 135

Golf-Club Furth im Wald e.V.

Karte, Nr. 588, Feld I10 **18** Höhe: 620 m

gegründet: 1982

Voithenberg 3, 93437 Furth im Wald
☏ 09973-2089 Fax 09973-803305
info@gc-furth.de
www.gc-furth.de

PR: Jim Gebhardt, CM: Darren Hillier

i: ☏ 09973-2089 Fax 09973-803305
Irmgard Fleischmann

Cafè-Restaurant am Voithenberg
☏ 09973-8053934

H: 5987 m, CR 71.5, SL 136, Par 72
D: 5160 m, CR 72.5, SL 130, Par 72
20 Rangeabschläge (10 überdacht)

G: Gäste sind jederzeit willkommen. Anmeldung ist notwendig. Clubausweis mit eingetragenem Handicap (54) ist erforderlich. Sa./So./Feiertage ist Handicap 45 erforderlich. Gutscheine nur gültig Montag, Dienstag, Mittwoch, Donnerstag, Freitag (Feiertage ausgenommen) VCG Spieler - Greenfee mit Zuschlag Kreditkarten werden akzeptiert

18-Loch-Greenfee: WT: EUR 60 / WE: EUR 70
9-Loch-Greenfee: WT: EUR 35 / WE: EUR 40
Ermäßigung: Jugendl. bis 18 J. 50%, Stud. bis 27 J. 20%

Platzinfos

VCG GPS CLUB

Anfahrtsbeschreibung

A 3 Regensburg-Passau, Ausfahrt Wörth Richtung Falkenstein-Cham, von Cham auf der B 20 Richtung Furth i. Wald, ab der Ortsmitte Furth i. Wald Richtung Skilift Voithenberg, ca. 4 km bis zum Golfplatz. Oder: A 92 München-Deggendorf, vor Landau/Isar links auf die B 20 Richtung Straubing-Cham-Furth i. Wald und dann weiter wie oben beschrieben zum Golfplatz.

Platzbeschreibung

Die Anlage des Panorama-Golfplatzes in Furth im Wald umfasst einen 18-Loch Platz mit Driving Range sowie Pitching- und Putting-Green. Der wunderschön in die Natur eingebettete Platz liegt in einer der reizvollsten Landschaften des Bayerischen Waldes. Inmitten von altem Baumbestand und zahlreichen Teichbiotopen eröffnet sich dem Golfer an etlichen Stellen ein weiter Panoramablick auf die Bayerwaldberge. Der Platz bietet für jeden Geschmack das Richtige und ist für Golferinnen und Golfer aller Spielstärken spannend und abwechslungsreich zu spielen.

Nächstgelegene Plätze

Eixendorfer See, GC (Nr. 587)
Sonnenhof (Nr. 596)
Oberpfälzer Wald, G&LC (Nr. 585)

Bayern

Greenfee-Aktion: Seite G 135

Golfpark Rothenburg-Schönbronn

Karte, Nr. 589, Feld F10 **18** Design: Döllinger Architekten, Horst Döllinger Höhe: 450 m

gegründet: 2010

Schönbronn 1, 91592 Buch am Wald
☏ 09868-959530 🖷 09868-959528
✉ info@gp-rbg.de
💻 www.gp-rbg.de

PR: GF: Barbara Döllinger
Horst Döllinger, CM: Martin Welz

i: ☏ 09868-959530 🖷 09868-959528
Christine Eisenmann

Restaurant im Hofgut, Funda Wozniak
☏ 09868-9399861 🖷 09868-9399862
Mo. Ruhetag

PRO SHOP: Golfpark Rothenburg-Schönbronn
☏ 09868-959530 🖷 09868-959528

PRO: Pro: Uwe Gellert

18-Loch Meisterschaftsplatz
H: 6003 m, CR 71.6, SL 133, Par 73
D: 5028 m, CR 71.4, SL 129, Par 73
6-Loch Kurzplatz (Executive)
H: 2400 m, Par 60, D: 2400 m, Par 60
60 Rangeabschläge (10 überdacht)

G: Gäste sind jederzeit willkommen. Clubausweis ist erforderlich.

18-Loch-Greenfee: WT: EUR 56 / WE: EUR 68
9-Loch-Greenfee: WT: EUR 30 / WE: EUR 35
Wir unterscheiden bei unserem Greenfee nicht nach ausländischen Golfclubs, VCG oder DGV Mitgliedern mit unterschiedlichen Ausweiskennungen (vRS, VS, usw.)
Ermäßigung: Jugendl. bis 18 J. und Stud. bis 27 J. 50%

Platzbeschreibung

Verkehrsgünstig, nur 10 Autominuten vom Autobahnkreuz A6/A7 und Reichsstadt Rothenburg ob der Tauber, erstrecken sich 18 spannende Spielbahnen des Meisterschaftsplatzes. Eingebettet in der typischen, leicht hügeligen Landschaft des Naturparks Frankenhöhe finden sich zahlreiche Wasserhindernisse und Bunker.

Platzinfos

VCG CLUB GASTRO

Anfahrtsbeschreibung

Aus Richtung Würzburg BAB 7, Ausfahrt Rothenburg o.d.T. links Richtung Ansbach, nach ca. 200 m Richtung Gebsattel, in Gebsattel links Richtung Leutershausen, nach ca. 5 km Schönbronn. Aus Richtung Ulm BAB 7, Ausfahrt Rothenburg o.d.T. siehe Würzburg.

Nächstgelegene Plätze

Ansbach, GC (Nr. 586)
Bad Windsheim, GC (Nr. 580)
Romant. Straße, GP (Nr. 598)

Bayern

Jura Golf Hilzhofen e.V.

Karte, Nr. 590, Feld H10 18/9 Höhe: 570 m

gegründet: 1992

Hilzhofen 23, 92367 Pilsach
☎ 09182-9319140 Fax 09182-9319141
info@juragolf.de
www.juragolf.de

PR Thomas Zwilling, GF: Angelika Eckardt

i ☎ 09182-9319140 Fax 09182-9319141
Daniela Urban

Golfrestaurant Hilzhofen
☎ 09186-17128 Fax 09181-9319141

PRO SHOP Jura Golf Park GmbH
☎ 09182-9319140 Fax 09182-9319141

18-Loch Meisterschaftsplatz Hilzhofen
H: 5810 m, CR 70.8, SL 127, Par 72
D: 5183 m, CR 72.8, SL 127, Par 72
9-Loch Puma Cobra Golfakademie Platz
H: 2766 m, CR 57.1, SL 97, Par 58
D: 2766 m, CR 57.9, SL 94, Par 58
20 Rangeabschläge (11 überdacht)

G Gäste sind jederzeit willkommen. Anmeldung ist notwendig. Clubausweis mit eingetragenem Handicap (54) ist erforderlich. Nur Meisterschaftsplatz: Startzeitenreservierung erforderlich. Gruppen-Ermäßigungen auf Anfrage.

18-Loch-Greenfee: WT: EUR 65 / WE: EUR 85
9-Loch-Greenfee: WT: EUR 30 / WE: EUR 40
Ermäßigung: Jugendl./Stud. 50%

Platzbeschreibung

Der Meisterschaftsplatz Hilzhofen ist bei Mitgliedern und Gästen gleichermaßen beliebt. Ein abwechslungsreiches Design und eine außergewöhnlich gute Platzpflege tragen ebenso dazu bei wie die gute italienische und internationale Küche in dem gemütlichen Clubrestaurant. Auf der großen Panorama-Terrasse genießt man die herrliche Ruhe und den Ausblick auf die wunderschöne Jura-Landschaft.

Platzinfos

VCG GPS CLUB GASTRO

Anfahrtsbeschreibung

Von Nürnberg: A 3 Nürnberg-Regensburg, neue Ausfahrt Neumarkt-Ost, links abbiegen, der Beschilderung folgen, nach 3-4 Minuten sind Sie am Ziel. Von Regensburg: A 3 Regensburg-Nürnberg., Ausfahrt Neumarkt-Ost, nach rechts der Beschilderung folgen, nach 3-4 Minuten sind Sie am Ziel.

Nächstgelegene Plätze

Am Habsberg, GC (Nr. 592)
Lauterhofen, GC (Nr. 583)
Herrnhof, GC (Nr. 591)

Bayern

Greenfee-Aktion: Seite G 137

Golf-Club Herrnhof e.V.

Karte, Nr. 591, Feld H10 **18** Höhe: 300 m

gegründet: 1993

Am Herrnhof 1, 92318 Neumarkt
09188-3979 09188-300452
club@golfclub-herrnhof.de
www.golfclub-herrnhof.de

PR: GF: Gisela Krause-Liedbier

i: 09188-3979 09188-300452
Silvia Heidari, Alexandra Enenkiel

Restaurant am Herrnhof
09188-905665

PRO SHOP: Golfshop Eckersberger, Rainer Eckersberger
09188-3979

PRO: Pro: Sebastian Platschek, Fabio Irrgang

H: 5769 m, CR 72.1, SL 132, Par 72
D: 5156 m, CR 74.3, SL 129, Par 72
30 Rangeabschläge (6 überdacht)

G: Gäste sind jederzeit willkommen. Sa./So./Feiertage ist Anmeldung notwendig. Clubausweis mit eingetragener PE ist erforderlich.

18-Loch-Greenfee: EUR 60
9-Loch-Greenfee: EUR 30

Platzbeschreibung

Der 18-Loch Platz liegt im Nordwesten der Stadt Neumarkt in der Oberpfalz und verfügt durch die nahgelegene Bundesstraße B8 und den Autobahnen A3 und A9 über eine schnelle und verkehrsgünstige Anbindung an den Raum Nürnberg-Fürth. Ein abwechslungsreicher, vorwiegend ebener Golfplatz mit Bunkern, Wasserhindernissen, weitläufigen Fairways und gepflegten Grüns verspricht für Golfer jeder Spielstärke viel Spaß und Erfolg. Vom Abschlag der 14. Bahn hat man einen wundervollen Blick über das Tal auf Neumarkt mit der Burgruine Wolfstein im Hintergrund. Zum Ende der Runde präsentiert sich Bahn 18 als finale Herausforderung, das Grün wird von einem großen Teich geschützt. Durch das ungezwungene, lebendige Clubleben findet man alleine, mit dem Partner oder in der Gruppe schnell Anschluss und Gleichgesinnte. An Werktagen gibt es keine Startzeiten, wer an einem Samstag, Sonntag oder Feiertag spielen möchte, sollte rechtzeitig buchen.

Platzinfos

Anfahrtsbeschreibung

A 9 München-Nürnberg, Ausfahrt Nürnberg-Feucht, auf der B 8 Richtung Neumarkt, vor Neumarkt in Pölling ist der Golfplatz ausgeschildert. Oder: A 3 Regensburg-Nürnberg, Ausfahrt Neumarkt, auf der B 299 nach Neumarkt, ab Neumarkt auf der B 8 Richtung Nürnberg, ab Pölling ist der Golfplatz ausgeschildert.

Nächstgelegene Plätze

Jura Golf Hilzhofen (Nr. 590)
Am Habsberg, GC (Nr. 592)
Lauterhofen, GC (Nr. 583)

Golf Club Am Habsberg e.V.

Karte, Nr. 592, Feld H10 **18** Design: Graham Marsh Höhe: 560 m

gegründet: 2002

Zum Golfplatz 1,
92355 Velburg-Unterwiesenacker
✆ 09182-931910 🖷 09182-9319111
✉ gcah@juragolf.de
💻 www.juragolf.de

PR André Hüsgen, GF: Angelika Eckardt

i ✆ 09182-931910 🖷 09182-9319111
Hilde Spichal, Lissy Weigert

Restaurant Kaymers 59
✆ 09182-3530045 🖷 -9319111

PRO SHOP Jura Golf Park GmbH
✆ 09182-931910 🖷 09182-9319111

PRO Pro: Marco Zaus

18-Loch Graham Marsh Design Course
H: 6090 m, CR 72.6, SL 134, Par 72
D: 5220 m, CR 73.1, SL 134, Par 72
30 Rangeabschläge (12 überdacht)

G Gäste sind jederzeit willkommen. Anmeldung ist notwendig. Clubausweis mit eingetragenem Handicap (54) ist erforderlich.

18-Loch-Greenfee: WT: EUR 80 / WE: EUR 100
9-Loch-Greenfee: WT: EUR 45 / WE: EUR 60
DGV-Ausweise mit regionaler Kennzeichnung rund 20% Ermäßigung auf 18-Loch-Runden
Ermäßigung: Jugendl. bis 18 J. und Stud. bis 26 J. 50%

Platzinfos

Anfahrtsbeschreibung

Von Nbg.: A 3 Nbg.-Regensbg., Ausf. Neumarkt-Ost, links der Beschilderung GOLFPLÄTZE weiter Richtung Golf am Habsberg folgen, am Ortseingang Unterwiesenacker links der weiteren Beschilderung bis GOLF AM HABSBERG folgen. Von Regensbg.: Ausfahrt Neumarkt-Ost, gleiche Anfahrt, der Platz ist nur wenige Minuten von der Ausfahrt entfernt.

Platzbeschreibung

Die sehr anspruchsvolle 18-Loch-Anlage ist der erste Golfplatz von Graham Marsh in Europa. Mitglied der Leading Golf Courses of Germany. Der Platz verfügt über ein sehr attraktives Design mit sanft modellierten Fairways, von Bunkern und Teichen gut aber fair beschützten Greens und einer generellen Konzeption, die gekonnte Schläge zwar belohnt, aber auch eine weniger riskante Variante zulässt. Den zusätzlichen Reiz der Anlage macht die traumhafte Juralandschaft aus. Es sind 24 moderne Elektro-Carts vorhanden, der Platz ist aber auch zu Fuß gut zu bewältigen. Ein MUST für ambitionierte Golfer/innen!

Nächstgelegene Plätze

Jura Golf Hilzhofen (Nr. 590)
Lauterhofen, GC (Nr. 583)
Herrnhof, GC (Nr. 591)

Bayern

Greenfee-Aktion: Seite G 137

Golf- und Landclub Schmidmühlen e.V.

Karte, Nr. 593, Feld H10 **18** Höhe: 450 m

gegründet: 1968

Am Theilberg 1, 92287 Schmidmühlen
✆ 09474-701 🖷 09474-8236
✉ golf@glcs.bayern
www.golf-schmidmuehlen.de

PR
Harald Thies
Headgreenkeeper: Martin Schön

✆ 09474-701
Andrea Graf

Roland Konopisky
✆ 09474-8238 🖷 -8236
Do. Ruhetag

PRO SHOP
Golf-Shop am Theilberg
✆ 01511-2109515

PRO
Pro: Rainer Wittmann

H: 5757 m, CR 70.7, SL 136, Par 72
D: 5111 m, CR 72.9, SL 127, Par 72
20 Rangeabschläge (10 überdacht)

G
Gäste sind jederzeit willkommen. Sa./So./Feiertage ist Anmeldung notwendig. Clubausweis mit eingetragener PE ist erforderlich.

18-Loch-Greenfee: WT: EUR 60 / WE: EUR 70
9-Loch-Greenfee: WT: EUR 30 / WE: EUR 35
Ermäßigung: Jugendl./Stud. 50%

Platzinfos

VCG, GPS, CLUB, GASTRO

Anfahrtsbeschreibung
A 93 Regensburg, Ausfahrt Ponholz Richtung Burglengenfeld-Schmidmühlen. Oder: A 6 Nürnberg-Amberg, Ausfahrt Amberg-Süd-Theuern-Ensdorf Richtung Rieden-Schmidmühlen zum Golfplatz.

Platzbeschreibung
Die Anlage wurde großzügig auf einem leicht hügeligem Gelände auf einem Höhenrücken des Oberpfälzer Mittelgebirges angelegt. Die Spielbahnen werden überwiegend durch Nadelwald in einem gebührenden Abstand begrenzt. Der abwechslungsreiche Platz mit hängenden Fairways, landschaftlich reizvoll auf einem Hochplateau gelegen, verlangt präzises Spiel.

Nächstgelegene Plätze
Am Habsberg, GC (Nr. 592)
Jura Golf Hilzhofen (Nr. 590)
Oberpfälzer Wald, G&LC (Nr. 585)

Golfclub Lichtenau-Weickershof e.V.

Karte, Nr. 594, Feld G10 **18** Höhe: 460 m

gegründet: 1978

Weickershof 1, 91586 Lichtenau
✆ 09827-92040 🖷 09827-920444
✉ info@gclichtenau.de
💻 www.gclichtenau.de

PR: Peter Pohl, CM: Monika Flohr

i: ✆ 09827-92040 🖷 09827-920444
Silvia Neufanger

IL GIARDINO Ristorante & Hotel
✆ 09827-9282533

PRO: Pro: Andreas Gebert, John Speed

H: 6106 m, CR 72.6, SL 138, Par 72
D: 5153 m, CR 73, SL 134, Par 72
30 Rangeabschläge (4 überdacht)

G: Gäste sind jederzeit willkommen. Clubausweis mit eingetragenem Handicap (54) ist erforderlich.

18-Loch-Greenfee: WT: EUR 60 / WE: EUR 70
Ermäßigung: Jugendl./Stud. 50%

Platzinfos

VCG

Anfahrtsbeschreibung

A 6 Nürnberg-Heilbronn, Ausfahrt Lichtenau, ab der Ortsmitte Lichtenau der Beschilderung „Golfplatz" folgen.

Platzbeschreibung

Die Anlage liegt verkehrsgünstig in Nähe der A 6 nur unweit von Ansbach entfernt. Die Topographie ist überwiegend flach und wird in Randbereichen durch dichten Nadel- und Mischwald begrenzt. Wasser- und Sandhindernisse wurden großzügig angelegt und bieten auch dem Spieler höherer Handicap-Klassen ein faires Spiel.

Nächstgelegene Plätze

Abenberg, GC (Nr. 595)
Ansbach, GC (Nr. 586)
GolfRange Nürnberg (Nr. 584)

Bayern

Golfclub Abenberg e.V.

Karte, Nr. 595, Feld G10 27/6 Höhe: 340 m

gegründet: 1989

Am Golfplatz 19, 91183 Abenberg
09178-98960 09178-989696
info@golfclub-abenberg.de
www.golfclubabenberg.de

PR Gerd Kehrbach, CM: Michael Schalt
Headgreenkeeper: Werner Nißlein

09178-98960 09178-989696
Heike Müller, Manuel Bandasch, Sonja Hallmeyer

Restaurant am Golfplatz, Renato D'Angelo
09178-989612 09178-989696

PRO SHOP 09178-98960 09178-989696

PRO Pro: Dorian Häber, Tomas Polisensky, Robin Smiciklas

H: 6021 m, CR 72.2, SL 133, Par 72
D: 5253 m, CR 74, SL 128, Par 72
30 Rangeabschläge (8 überdacht)

G Gäste sind jederzeit willkommen. Anmeldung ist notwendig. Clubausweis mit eingetragenem Handicap (36) ist erforderlich. Der 6-Loch-Akademie-Golfplatz ist öffentlich und auch ohne Platzerlaubnis bespielbar.

18-Loch-Greenfee: WT: EUR 60 / WE: EUR 70
9-Loch-Greenfee: WT: EUR 33 / WE: EUR 44
Ermäßigung: Jugendl. und Stud. bis 27 J. 50%

Platzinfos

Platzbeschreibung

Der Platz liegt in einer Bachaue unterhalb der Burg Abenberg. Jede Spielbahn bietet ein neues, reizvolles Landschaftsbild. Der Kurs lässt sich ohne große Höhenunterschiede angenehm spielen. Reizvoll sind die vielen Wasserhindernisse, und auch die Bunker machen das Spiel interessant.

Anfahrtsbeschreibung

A 6 Nürnberg-Heilbronn, Ausfahrt Schwabach-West/ Abenberg, von dort der Beschilderung Richtung Abenberg folgen. Oder: A9 Nürnberg-München, Ausfahrt Allersberg Richtung Roth und weiter Richtung Abenberg.

Nächstgelegene Plätze

GolfRange Nürnberg (Nr. 584)
Zollmühle, GC (Nr. 597)
Lichtenau-Weickersd., GC (Nr. 594)

Greenfee-Aktion: Seite G 137

Golfclub Sonnenhof

Karte, Nr. 596, Feld K10 **9** Höhe: 580 m

gegründet: 2006

Himmelreich 13, 93462 Lam
✆ 09943-37141 Fax 09943-8191
✉ gc@sonnenhof-lam.de
www.sonnenhof-lam.de/de/aktivitaeten/golf

PR — Michael Staudinger, GF: Anton Staudinger
Headgreenkeeper: Georg Marchl

i — ✆ 09943-37141 Fax 09943-8191
Rosmarie Maier

Petrusstube im Best Western Premier Hotel Sonnenhof Lam
✆ 09943-370 Fax 09943-8191

PRO SHOP — Hotel Sonnenhof
✆ 09943-37141 Fax 09943-8191

PRO — Pro: Jan Anthony Verbunt

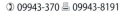

H: 3356 m, CR 60.7, SL 106, Par 31
D: 3356 m, CR 62, SL 111, Par 31
6 überdachte Rangeabschläge

G — Gäste sind jederzeit willkommen. PE ist erforderlich.

18-Loch-Greenfee: EUR 50
9-Loch-Greenfee: EUR 25

Platzbeschreibung

Der Panorama-Golfplatz Lam zählt von seiner Lage zu den schönsten Golfanlagen in Deutschland. Seine neun Löcher wurden nach den neuesten Erkenntnissen für das Spiel und speziell für die damit verbundene Handicapverbesserung konstruiert und gestaltet. Grundlage dafür war nicht die übliche Star-Achitektur für einen Singlehandicapspieler, sondern die Erfahrung aus Tausenden von Handicap-Verbesserungskursen in Feriengolfschulen. Immerhin spielen allein in Deutschland über 50% Golfer in der Spielstärke zwischen HCP -36 und HCP -54.

Platzinfos

CLUB GASTRO

Anfahrtsbeschreibung

Mit dem Auto: A6 aus Richtung Nürnberg nach Amberg, über die B85 weiter bis nach Cham/ Chamerau. Vor Chamerau links abfahren Richtung Lederdorn, Bad Kötzting. A92 aus Richtung München/ Regensburg bzw. Passau A3 bis Autobahnausfahrt Deggendorf. Weiter über Patersdorf, Grafenried und Arnbruck nach Lam. Im Ort der Vorfahrtsstrasse folgen. An der Sparkasse rechts ab Richtung „Himmelreich".

Nächstgelegene Plätze

Furth im Wald, GC (Nr. 588)
Oberzwieselau, GP (Nr. 601)
Deggendorfer GC (Nr. 606)

Greenfee-Aktion: Seite G 139

Golfclub Zollmühle

Karte, Nr. 597, Feld G11 **18/9** Höhe: 383 m

gegründet: 1997

Zollmühle 1, 91792 Ellingen
☏ 09141-3976 🖷 09141-923493
✉ info@golfanlage-zollmuehle.de
💻 www.golfanlage-zollmuehle.de

PR: Marie-Thérèse Eineder, CM: Bernd Müller

i: ☏ 09141-3976 🖷 -923493
Sonja Eineder, Nadine Eineder-Müller

Restaurant Zollmühle, Fam. Eineder-Müller
☏ 09141-3976 🖷 -923493

PRO SHOP: Nadine Eineder-Müller
☏ 09141-3976 🖷 -923493

PRO: Pro: Philipp Wenzel, Andreas Denkewitz, Friedel Wolfgang

18-Loch Zollmühle Platz
H: 6127 m, CR 72.8, SL 128, Par 72
D: 5127 m, CR 73, SL 124, Par 72
9-Loch Par 3 Platz
H: 1370 m, Par 54, D: 1370 m, Par 54
40 Rangeabschläge (10 überdacht)

G: Gäste sind jederzeit willkommen. Anmeldung ist notwendig. Clubausweis mit eingetragener PE ist erforderlich. Hunde sind WT angeleint erlaubt. Am Wochenende können Hunde bei einer Startzeit vor 09.00 Uhr und nach 14.00 Uhr gerne mitgenommen werden. Es gibt 16 Stellplätze für Wohnmobile mit Stromanschluss und Frischwasser.

Tages-Greenfee: WT: EUR 59 / WE: EUR 75
18-Loch-Greenfee: WT: EUR 59 / WE: EUR 75
9-Loch-Greenfee: WT: EUR 39 / WE: EUR 45
Ermäßigung: Jugendl./Stud.

Platzbeschreibung

Die Golfanlage Zollmühle, einer der landschaftlich schönsten und abwechslungsreichsten Anlagen Mittelfrankens, liegt inmitten des idyllischen Rezattals zwischen Ellingen und Pleinfeld am Rande des neuen fränkischen Seenlandes. Hügeliges Gelände mit altem Baumbestand bereitet ein abwechslungsreiches Spiel.

Platzinfos

VCG

Anfahrtsbeschreibung

A 6 Nürnberg-Heilbronn, Ausfahrt Roth-Weißenburg, weiter auf der B 2, zwischen Pleinfeld und Ellingen Abzweigung zur Zollmühle. Oder: A 9 München-Nürnberg, Ausfahrt Ingolstadt-Nord, weiter auf der B 13 über Eichstätt bis Weißenburg, weiter auf der B 2 Richtung Nürnberg, zwischen Ellingen und Pleinfeld links zur Zollmühle abbiegen.

Nächstgelegene Plätze

Abenberg, GC (Nr. 595)
Lichtenau-Weickersd., GC (Nr. 594)
GolfRange Nürnberg (Nr. 584)

Golfpark Romantische Straße Dinkelsbühl

Karte, Nr. 598, Feld F11 9/3 Höhe: 440 m

gegründet: 1988

Seidelsdorf 65, 91550 Dinkelsbühl
☎ 09851-582259 🖷 09851-5515401
✉ info@golfpark-romantische-strasse.de
www.golfpark-romantische-strasse.de

PR
GF: Helmut Rettenmeier

i
☎ 09851-582259 🖷 09851-5515401

Bistro am Golfpark
☎ 09851-582309 🖷 09851-5515401

PRO
Pro: Nico Unger

9-Loch Platz
H: 6178 m, CR 72.5, SL 132, Par 72
D: 5456 m, CR 74.6, SL 127, Par 72
3-Loch Platz
H: 595 m, Par 10, D: 548 m, Par 10
20 Rangeabschläge (4 überdacht)

G
Gäste sind jederzeit willkommen. Clubausweis mit eingetragenem Handicap (54) ist erforderlich. Stellplätze für Wohmobile vorhanden Benutzung der sanitären Einrichtungen für Gäste unserer Golfanlage kostenlos

Tages-Greenfee: WT: EUR 20 / WE: EUR 30
Beim GF für Kurzplatz ist die Übungsanlage inkludiert.
Ermäßigung: Jugendl. bis 16 J. 50%

Platzinfos

VCG

Anfahrtsbeschreibung

Der Golfplatz liegt westlich von Dinkelsbühl im Ortsteil Seidelsdorf. Zu erreichen ist er über die Staatsstraße von Dinkelsbühl Richtung Crailsheim (ca. 2 km) oder über die A 7, Ausfahrt Dinkelsbühl-Fichtenau Richtung Dinkelsbühl (keine 5 Minuten).

Platzbeschreibung

Nur 3 km außerhalb der weltberühmten historischen Altstadt von Dinkelsbühl an der Romantischen Straße liegt diese schöne Golfanlage. Auf der Hochfläche und in der Senke des Knorrenbachtals erstreckt sich ein abwechslungsreicher und spieltechnisch anspruchsvoller Golfplatz. Die Wasserhindernisse, die geschickt angelegten Sandbunker und Anpflanzungen versprechen eine interessante Golfrunde.

Nächstgelegene Plätze

Grafenhof, G&CC (Nr. 484)
Schönbronn (Nr. 589)
Ansbach, GC (Nr. 586)

Bayern

Greenfee-Aktion: Seite G 139

Altmühlgolf Beilngries GmbH

Karte, Nr. 599, Feld H11 **9** Höhe: 380 m

gegründet: 2004

Ottmaringer Tal 1, 92339 Beilngries
08461-6063333 Fax 08461-6063003
info@altmuehlgolf.de
www.altmühlgolf.de

PR: Johann Pirkl, GF: Walter Maier
Headgreenkeeper: Christian Dinauer

i: 08461-6063333 Fax 08461-6063003
Christine Regnet, Stilla Forster

Stüberl am Golfplatz „Bella Sicilia", Claudia Alabiso
08461-700327
Di. Ruhetag

PRO: Pro: Bernhard Wargel

H: 2879 m, CR 70.8, SL 132, Par 36
D: 2492 m, CR 72.2, SL 128, Par 36
30 Rangeabschläge (5 überdacht)

G: Gäste sind jederzeit willkommen. Clubausweis mit eingetragenem Handicap ist erforderlich.

18-Loch-Greenfee: WT: EUR 40 / WE: EUR 50
9-Loch-Greenfee: WT: EUR 30 / WE: EUR 40
Startzeiten nicht notwendig.
Ermäßigung: Jugendl. bis 17 J. und Stud. 50%

Platzbeschreibung

Mitten in Bayern entstand 2006 der erste und einzige Golfplatz im Altmühltal. Naturbelassene Fairways, abwechslungsreiche, leicht hügelige Spielbahnen sind für Golfer jeder Spielstärke interessant. Sportlich anspruchsvolles Spiel oder rundum entspannendes Golferlebnis - auf der Anlage der Altmühlgolf Beilngries GmbH stehen Ihnen alle Möglichkeiten offen. Unser Signature Hole, die Bahn 9, Par 4, ist mit ihrem erhöhten Abschlag und nicht einsehbarem Inselgrün, eine besondere Herausforderung für jeden Golfer.

Platzinfos

VCG GPS

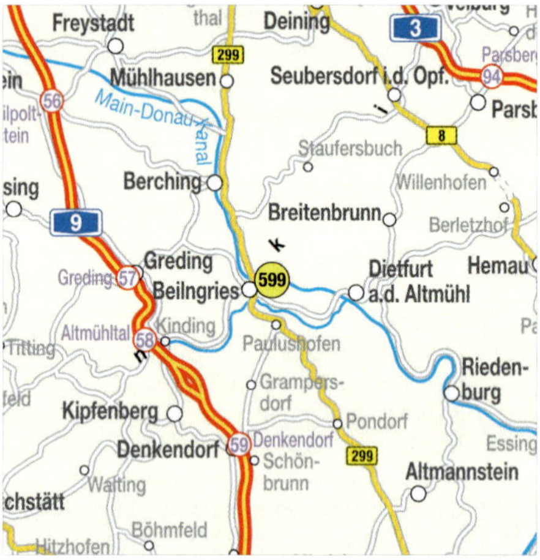

Anfahrtsbeschreibung

A 9, von Süden Ausfahrt Denkendorf, von Norden Ausfahrt Altmühltal, Richtung Beilngries, in Beilngries Richtung Neumarkt und Kevenhüll, die Golfanlage liegt direkt am Main-Donau-Kanal in östlicher Richtung.

Nächstgelegene Plätze

Jura Golf Hilzhofen (Nr. 590)
Herrnhof, GC (Nr. 591)
Am Habsberg, GC (Nr. 592)

Bayern

Golf- und Land-Club Regensburg e.V.

Karte, Nr. 600, Feld I11 **18** Design: Donald Harradine, Thomas Himmel Höhe: 450 m

gegründet: 1966

93093 Jagdschloß Thiergarten
09403-505 09403-4391
sekretariat@golfclub-regensburg.de
www.golfclub-regensburg.de

PR Dr. Bernd Zimmermann, CM: Christian Früh

09403-505 -4391
Claudia Knoop, Jonas Fleischmann

Jagdschloß des Fürsten, Beate & Michael Beck
09403-1505 -954937

PRO SHOP GolfShop Thiergarten, Christiane Banse
09403-2399 -952061

PRO Pro: Oliver Banse-Cabus, Max Zeitler, Angie Leidl

H: 5455 m, CR 70, SL 133, Par 72
D: 4792 m, CR 71.9, SL 128, Par 72
30 Rangeabschläge (10 überdacht)

G Gäste sind jederzeit willkommen. Clubausweis mit eingetragenem Handicap (54) ist erforderlich. Sa./So./Feiertage ist Handicap 36 erforderlich.

18-Loch-Greenfee: Mo.-Do.: EUR 65 / Fr.-So.: EUR 85
9-Loch-Greenfee: Mo.-Do.: EUR 40 / Fr.-So.: EUR 49
DGV Ausweise ohne Hologramm und VCG EUR 20 Aufschlag.
Ermäßigung: Jugendl./Stud. 50%

Platzbeschreibung

Die Anlage befindet sich an den Ausläufern des Bayerischen Waldes mit einem wunderbaren Ausblick über das Donautal. Der sehr abwechslungsreiche und sportliche Platz ist für Golfer jeder Spielstärke eine Herausforderung. Stilvolles Clubhaus ist das 1885 erbaute Jagdschloss der Fürsten zu Thurn und Taxis. Die große Schloss-Terrasse bietet einen herrlichen Blick auf das 18. Grün und den umliegenden Park.

Platzinfos

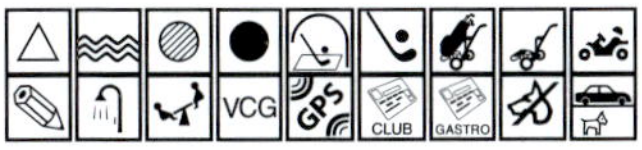

Anfahrtsbeschreibung

A 3 Nürnberg-Regensburg-Passau, Ausfahrt Neutraubling Richtung Donaustauf-Walhalla, an der Walhalla vorbei, abbiegen Richtung Sulzbach-Falkenstein und 2 km der Beschilderung zum Golfplatz folgen.

Nächstgelegene Plätze

Minoritenhof G&YC (Nr. 602)
Straubing, GC (Nr. 603)
Bad Abbach-Deutenh., GC (Nr. 604)

Bayern

Golfpark Oberzwieselau e.V.

Karte, Nr. 601, Feld K11 **18** Höhe: 600 m

gegründet: 1991

Golfpark 1, 94227 Lindberg
✆ 09922-80113/ - 2367 ℻ 09922-80116/ - 2924
✉ info@golfpark-oberzwieselau.de
www.golfpark-oberzwieselau.de

PR: Baron von Wolffersdorff

i: ✆ 09922-80113 ℻ 09922-80116

Restaurant: ✆ 09922-80115 ℻ 09922-80116
Mo. Ruhetag

PRO SHOP: ✆ 09922-80113 ℻ 09922-80116

H: 5949 m, CR 71.4, SL 124, Par 72
D: 5229 m, CR 73.5, SL 129, Par 72
20 Rangeabschläge (2 überdacht)

G: Gäste sind jederzeit willkommen. Clubausweis mit eingetragenem Handicap (54) ist erforderlich.

18-Loch-Greenfee: WT: EUR 50 / WE: EUR 60
Ermäßigung: Jugendl. bis 18 J. und Stud. bis 25 J.

Platzinfos

VCG

Anfahrtsbeschreibung
A 3 bzw. A 92, Ausfahrt Deggendorf, auf der B 11 Richtung Zwiesel bis Ausfahrt Zwiesel-Mitte, weiter Richtung Nationalpark, nach 3 km kommt die Einfahrt zum Golfplatz.

Platzbeschreibung
Eine Meisterschaftsanlage von hoher Qualität. Die Gesamtfläche von 100 ha ließ eine großzügige Gestaltung des Platzes inmitten einer hügeligen Parklandschaft in Höhenlagen von 550 m bis 650 m zu.

Nächstgelegene Plätze
Nationalp. Bay. Wald, GC (Nr. 605)
Deggendorfer GC (Nr. 606)
Sonnenhof (Nr. 596)

Bayern

Golf & Yachtclub Gut Minoritenhof

Karte, Nr. 602, Feld I11 **18/9** Design: Chris Johnson Höhe: 300 m

gegründet: 1988

Minoritenhof 1, 93161 Sinzing
☎ 0941-3786100 🖷 0941-3786107
✉ welcome@golfsinzing.de
💻 www.golfsinzing.de

PR
GF: Martin Horlacher, CM: Maria Bauer

i
☎ 0941-3786100 🖷 0941-3786107

Restaurant Gut Minoritenhof
☎ 0941-20914594
Mo. Ruhetag

PRO SHOP
Winnie Kollerbaur
☎ 0941-3786100

PRO
Pro: Olaf Hollensen

18-Loch Championship Course
H: 5737 m, CR 70.2, SL 130, Par 72
D: 5117 m, CR 72.4, SL 125, Par 72
9-Loch Platz
H: 2926 m, CR 57.4, SL 98, Par 58
D: 2926 m, CR 58.6, SL 96, Par 58
30 Rangeabschläge (3 überdacht)

G
Gäste sind jederzeit willkommen. Anmeldung ist notwendig. Clubausweis mit eingetragenem Handicap ist erforderlich.

18-Loch-Greenfee: WT: EUR 65 / WE: EUR 75
9-Loch-Greenfee: WT: EUR 35 / WE: EUR 40
Studenten und Azubis bis zum 27. Lebensjahr erhalten eine Ermäßigung.

Platzbeschreibung
Der Golf & Yachtclub Gut Minoritenhof befindet sich auf einem 100 ha großen Areal mit langer geschichtlicher Tradition eines Klostergutes. Der Golfplatz ist nur 10 km von der Weltkulturerbestadt Regensburg entfernt. 2015 wurde die Anlage um einen modernen Yachthafen erweitert. 9 Löcher der Anlage liegen im Donautal und durchqueren die Auenwälder mit romantischen Teichen und Altwässern. Das 18. Grün befindet sich am Yachthafen.

Platzinfos

VCG GPS CLUB GASTRO

Anfahrtsbeschreibung
A 3, am ABK Regensburg Richtung Nürnberg, Ausfahrt Sinzing, in Sinzing nach der Kirche rechts und noch ca. 2 km der Beschilderung zum Golfplatz folgen.

Nächstgelegene Plätze
Bad Abbach-Deutenh., GC (Nr. 604)
Regensburg, G&LC (Nr. 600)
MARC AUREL Spa & GR (Nr. 608)

Greenfee-Aktion: Seite G 139

Golfclub Straubing Stadt und Land e.V.

Karte, Nr. 603, Feld I11 **18/9** Höhe: 310 m

gegründet: 1991

Bachhof 9, 94356 Kirchroth-Kößnach
✆ 09428-7169 ℻ 09428-1044
info@golfclub-straubing.de
www.golfclub-straubing.de

PR
Heinz Kramlinger, CM: Graeme Aspinall
Headgreenkeeper: Andreas Bauer

✆ 09428-7169 ℻ -1044
Graeme Aspinall

Golfstüberl
✆ 09428-8960

PRO SHOP
Kontakt über das Sekretariat.

PRO
Pro: Graeme Aspinall

18-Loch Platz A
H: 5876 m, CR 71.7, SL 135, Par 73
D: 5133 m, CR 73.4, SL 131, Par 73
9-Loch Platz
H: Par 27, D: Par 27
20 Rangeabschläge (3 überdacht)

G
Gäste sind jederzeit willkommen. Anmeldung ist notwendig. Clubausweis mit eingetragener PE ist erforderlich.

18-Loch-Greenfee: WT: EUR 70 / WE: EUR 80
Elektro-Cars bitte vorreservieren.

Nächstgelegene Plätze

Gäuboden, GC (Nr. 607)
Regensburg, G&LC (Nr. 600)
Landau/Isar, GC (Nr. 616)

Platzinfos

VCG
GPS

Anfahrtsbeschreibung

A 3 Regensburg-Passau, Ausfahrt Kirchroth-Kößnach-Straubing Richtung Straubing und nach 2 km links der Beschilderung zum Golfplatz folgen.

Platzbeschreibung

Der bestens gepflegte 18 Loch Golfplatz bietet den Mitglieder und Gästen ein abwechslungsreiches Golferlebnis am Fusse des Bayerischen Waldes. Die Anlage ist mit 6.021 Metern ein Par 73 Kurs mit zwei völlig unterschiedlichen Gesichtern: Die ersten neun Bahnen sind durch die engen Fairways sowie die vielen Bäume und Wasserhindernisse spielerisch sehr anspruchsvoll. Auf den zweiten neun Löchern wird es etwas weitläufiger, jedoch nicht einfacher. Bahn 17 - das „Signature Hole" des Platzes, auch Napoleon genannt - ist ein knapp 110 Meter langes Par 3 mit einem Inselgrün!

Greenfee-Aktion: Seite G 141

Golfclub Bad Abbach Deutenhof e.V.

Karte, Nr. 604, Feld H11   18/9   Höhe: 425 m

gegründet: 1993

Deutenhof 2, 93077 Bad Abbach
☎ 09405-95320 Fax 09405-953219
info@golf-badabbach.de
www.golf-badabbach.de

PR: Prof. Hermann Wagenhäuser,
GF: Manfred Kraml
Headgreenkeeper: Philipp O'Leary

i: ☎ 09405-95320 Fax -953219
Uschi Kaiser, Linda Cordes

Villa Giani, Giani Fontane
☎ 09405-953230 Fax -953239

PRO SHOP: golf akademie, Bob Dunton
☎ 09405-957570 Fax 09405-9575720

PRO: Pro: Astrid Kohlwes, Oliver Banse-Cabus

18-Loch Platz
H: 5817 m, CR 70.3, SL 125, Par 72
D: 5159 m, CR 72.4, SL 123, Par 72
9-Loch Platz
H: 2810 m, CR 57, SL 92, Par 58
D: 2810 m, CR 57, SL 91, Par 58
60 Rangeabschläge (6 überdacht)

G: Gäste sind jederzeit willkommen. Anmeldung ist notwendig. Clubausweis mit eingetragenem Handicap (54) ist erforderlich.

Tages-Greenfee: WT: EUR 59 / WE: EUR 69
9-Loch-Greenfee: WT: EUR 39 / WE: EUR 45
Ermäßigung: Jugendl./Stud. 50%

Platzinfos

VCG GPS CLUB GASTRO

Anfahrtsbeschreibung

aus Richtung München kommend: A 93 München-Regensburg, Ausfahrt Hausen, über Teugn in Richtung Lengfeld zum Golfplatz aus Richtung Regensburg kommend: A 93 Regensburg-München, Ausfahrt Regensburg-Süd/Bad Abbach-Nord, rechts auf der B 16 Richtung Ingolstadt, Abfahrt Lengfeld bis zum Golfplatz

Platzbeschreibung

Die Golfanlage liegt in landschaftlich schöner Umgebung auf leicht hügeligem Gelände. Bei den Hindernissen, Wasserhindernissen und Bunkern ist eher zurückhaltend agiert worden. Wasser kommt in Form von Wasserläufen und Teichrändern bei 5 Bahnen ins Spiel.Von insgesamt 59 Bunkern sind 22 für die Spielbahnverteidigung und 37 für die Grünverteidigung eingesetzt. Insgesamt ergeben sich 4 leichte, 11 mittelschwere und 3 schwere Spielbahnen.

Nächstgelegene Plätze

Minoritenhof G&YC (Nr. 602)
MARC AUREL Spa & GR (Nr. 608)
Regensburg, G&LC (Nr. 600)

Bayern

Greenfee-Aktion: Seite G 141

Golfclub am Nationalpark Bayerischer Wald e.V.

Karte, Nr. 605, Feld K11 18

Haslach 43, 94568 Sankt Oswald
08558-974980 08558-974981
info@gcanp.de
www.gcanp.de

PR Josef Liebl, GF: Hans Blöchinger
Headgreenkeeper: Cecilio Estrada

i 08558-974980 -974981
Martina Riedl, Claire Stubbs, Hildegard Bauer

08558-974981

PRO SHOP 08558-974980 -974981

PRO Pro: Dalibor Smesny

H: 5433 m, CR 68.8, SL 128, Par 71
D: 4467 m, CR 68.8, SL 125, Par 71
30 Rangeabschläge (5 überdacht)

G Gäste sind jederzeit willkommen. Clubausweis mit eingetragenem Handicap ist erforderlich.

18-Loch-Greenfee: WT: EUR 60 / WE: EUR 70
9-Loch-Greenfee: WT: EUR 35 / WE: EUR 40
Azubis, Zivis und Wehrdienstleistende 50 %
Ermäßigung: Jugendl./Stud. 50%

Platzbeschreibung

Der Platz des GCANP liegt inmitten einer der führenden europäischen Erholungslandschaften und ist ein gutes Beispiel dafür, dass Naturschutz und Golf sich keineswegs gegenseitig ausschließen. Vielmehr wurde dem Golfplatz durch die Schaffung von Schutzzonen für Flora und Fauna sein naturnahes Bild bewahrt. Wildtiere und Vögel aller Art finden hier ihr Zuhause. Genießen Sie dieses seltene Zusammenspiel von Golf und Natur. Sie werden verzaubert sein von 90 ha, die wohl einzigartig in der Welt sind.

Platzinfos

VCG

Anfahrtsbeschreibung

Von München: A 92 bis Deggendorf, dann A 3 Richtung Passau, Ausfahrt Hengersberg und auf der B 533 Richtung Grafenau. Von Nürnberg/Regensburg: A 3 Richtung Passau, Ausfahrt Hengersberg und auf der B 533 Richtung Grafenau.

Nächstgelegene Plätze

Oberzwieselau, GP (Nr. 601)
Bayerwald, G&LC (Nr. 610)
Deggendorfer GC (Nr. 606)

Deggendorfer Golfclub e.V.

Karte, Nr. 606, Feld K11 **18** Design: Donald Harradine Höhe: 850 m

gegründet: 1981

Rusel 111, 94571 Schaufling
☎ 09920-8911 Fax 09920-903910
✉ deggendorfer.golfclub@t-online.de
www.deggendorfer-golfclub.de

PR: Josef Schwaiger
Headgreenkeeper: Hans Niebauer

i: ☎ 09920-8911 Fax 09920-903910
Cornelia Ochsenbauer, Marion Weber, Angelika Zaubitz, Aurelia Karl

Golf Clubhaus Restaurant, Angelika Zaubitz
☎ 09920-436 Fax 09920-903910

PRO SHOP: Golfshop Karl, Christopher Karl
☎ 09920-1279 Fax 09920-903910

PRO: Pro: Norbert Kanert, Christopher Karl

18-Loch Ruselplatz
H: 5490 m, CR 68.8, SL 126, Par 72
D: 4771 m, CR 70.3, SL 124, Par 72
10 Rangeabschläge (3 überdacht)

G: Gäste sind jederzeit willkommen. Clubausweis mit eingetragener PE ist erforderlich. Sa./So./Feiertage ist Handicap 35 erforderlich.

18-Loch-Greenfee: WT: EUR 60 / WE: EUR 70
9-Loch-Greenfee: WT: EUR 30 / WE: EUR 35
Ermäßigung: Jugendl./Stud. 50%

Platzbeschreibung

Die Golfanlage befindet sich inmitten der wunderschönen Landschaft des Naturschutzgebietes Bayerischer Wald. Die 18-Loch-Anlage erfordert durch den Verlauf über Hochwälder und Täler eine gute Kondition und auf den teilweise engen Fairways gut platzierte Schläge.

Platzinfos

Anfahrtsbeschreibung

A 3 bzw. A 92, Ausfahrt Deggendorf, immer geradeaus bis zur Unterführung. In dieser biegen Sie rechts in Richtung „Regen über Rusel" ab und folgen diesem Hinweis. Nach ca. 10 km erreichen Sie die Rusel. Rechterhand sehen Sie den Berggasthof Rusel, auf der lingen Seite markieren zwei markante Steine die Ein- und Ausfahrt zum Parkplatz des Deggendorfer Golfclub e.V.

Nächstgelegene Plätze

Oberzwieselau, GP (Nr. 601)
Nationalp. Bay. Wald, GC (Nr. 605)
Gäuboden, GC (Nr. 607)

Bayern

Greenfee-Aktion: Seite G 141

Golfclub Gäuboden e.V.

Karte, Nr. 607, Feld I11 **18/6** Höhe: 330 m

gegründet: 1992

Fruhstorf 6, 94330 Aiterhofen
☽ 09421-72804 🖷 09421-183873
✉ kontakt@golfclub-gaeuboden.de
💻 www.golfclub-gaeuboden.de

PR: Josef Staudinger, GF: Florian Erhardsberger, CM: Wolfgang Erhardsberger
Headgreenkeeper: Robert Färber

i: ☽ 09421-72804 🖷 -183873
Bettina Nigl

Mediterano Fruhstorf, Etjena Ganic
☽ 09421-5695141

PRO SHOP: Florian Erhardsberger
☽ 09421-72804 🖷 -183873

PRO: Pro: James Mullen, Mike Lindfield

18-Loch Platz
H: 6173 m, CR 71.9, SL 130, Par 72
D: 5486 m, CR 74.1, SL 128, Par 72
6-Loch Pay & Play Platz
H: 889 m, Par 19, D: 781 m, Par 19
20 Rangeabschläge (3 überdacht)

G: Gäste sind jederzeit willkommen. Clubausweis mit eingetragenem Handicap ist erforderlich.

18-Loch-Greenfee: WT: EUR 70 / WE: EUR 80
9-Loch-Greenfee: WT: EUR 35 / WE: EUR 40
Ermäßigung: Jugendl. bis 18 J. und Stud. bis 27 J. 50%

Platzinfos

VCG GPS

Anfahrtsbeschreibung
A 3 Regensburg-Passau, Ausf. Straubing, auf der B 20 Ri. Straubing bis zur Ausf. Irlbach u. der Beschilderung „Gut Fruhstorf" folgen. Oder: A 92 München-Deggendorf, Ausf. Landau, auf der B 20 Ri. Straubing bis zur Ausf. Irlbach u. der Beschilderung „Gut Fruhstorf" folgen. Oder: A 3 Passau-Regensburg, Ausf. Bogen, li. Ri. Strasskirchen bis zur Ortschaft Schambach, in der Ortsmitte re. Ri. Straubing u. der Beschilderung „Gut Fruhstorf" folgen.

Platzbeschreibung
Der Platz, landschaftlich sehr reizvoll am Fuße des Bayerischen Waldes gelegen, bietet den Spielern einen wunderschönen Blick auf den Bogenberg mit seiner bekannten Wallfahrtskirche. Er ist für Golfer aller Spielstärken geeignet und nahezu ganzjährig bespielbar. Überdurchschnittlich große und schnelle, leicht modellierte Grüns gewährleisten optimales und treues Putten. Eine Bewässerungsanlage schützt im Sommer vor Austrocknung.

Nächstgelegene Plätze
Straubing, GC (Nr. 603)
Landau/Isar, GC (Nr. 616)
Schlossberg, GC (Nr. 618)

MARC AUREL Spa & Golf Resort

Karte, Nr. 608, Feld H11 **9** Höhe: 355 m

Heiligenstädter Str. 34-36, 93333 Bad Gögging
09445-9580 09445-958444
info@marcaurel.de
www.marcaurel.de

PR Knut Becker

09445/958-0 (Hotelrezeption) 09445-958444

MARC AUREL Spa & Golf Resort
09445-9580 09445-958444

PRO SHOP Bernhard Wargel

PRO Pro: Bernhard Wargel

H: 2768 m, CR 58.9, SL 102, Par 60
D: 2768 m, CR 59.6, SL 99, Par 60
20 Rangeabschläge (4 überdacht)

G Gäste sind jederzeit willkommen. Clubausweis mit eingetragenem Handicap ist erforderlich.

Tages-Greenfee: EUR 40
Jugendl./Stud./Azubis erhalten Ermäßigung. Ermäßigung erhalten auch Mitglieder von Golfclubs im Umkreis von 80km

Platzinfos

GASTRO VCG GPS

Anfahrtsbeschreibung
Von München: A 9 Ri. Nürnberg, am AB-Dr. Holledau auf die A 93 Ri. Regensburg, Ausfahrt Siegenburg-Neustadt a.d. Donau nach Neustadt, von dort nach Bad Gögging, in Bad Gögging der Beschilderung „MARC AUREL Spa & Golf Resort" zum Golfplatz folgen.

Platzbeschreibung
Das MARC AUREL Spa & Golf Resort verfügt direkt am Hotel über einen hauseigenen 9-Loch-Platz mit Driving Range, Chipping-, Pitching- und Puttinggreen und ist Mitglied im Deutschen Golf Verband.

Nächstgelegene Plätze
Bad Abbach-Deutenh., GC (Nr. 604)
Minoritenhof G&YC (Nr. 602)
Holledau, GA (Nr. 620)

Bayern

Greenfee-Aktion: Seite G 141f

Golfclub Ingolstadt e.V.

Karte, Nr. 609, Feld H11 **18** Design: Wolfgang Barth Höhe: 378 m

gegründet: 1977

Krumenauerstr. 1, 85049 Ingolstadt
✆ 0841-85778 🖷 0841-85220
✉ info@golf-ingolstadt.de
💻 www.golf-ingolstadt.de

PR: Signot Tyroller, GF: Markus Grünberger
Headgreenkeeper: Thomas Maninger

i: ✆ 0841-85778 🖷 0841-85220
Yvonne Griebel, Isabell Pohl

Jennifer Müller-McMorland
✆ 0841-4938839 🖷 0841-9815643

PRO SHOP: Golfshop golf-ing, Michael Sturm
✆ 0841-88548786 🖷 0841-88548788

PRO: Pro: Sebastian Zaus, Christian Müller

H: 5911 m, CR 71.2, SL 128, Par 72
D: 5247 m, CR 73.2, SL 125, Par 72
20 Rangeabschläge (7 überdacht)

G: Gäste sind jederzeit willkommen. Sa./So./Feiertage ist Anmeldung notwendig. Clubausweis mit eingetragenem Handicap (54) ist erforderlich. Sa./So./Feiertage ist Handicap 36 erforderlich.

18-Loch-Greenfee: WT: EUR 55 / WE: EUR 70
9-Loch-Greenfee: WT: EUR 35
Ermäßigung: Jugendl. bis 18 J. und Stud. bis 27 J. 40%

Platzinfos

Anfahrtsbeschreibung
A 9 München-Nürnberg, Ausfahrt Ingolstadt-Nord, über die Römerstraße, Theodor-Heuss-Straße, Hindenburgstraße, Richard-Wagner-Straße bis zum Kreisverkehr „Audi-Ring“, dort Richtung Klinikum, vor dem Klinikum links in die Krumenauer Straße (Schild „Golf“), nach ca. 800 m liegt rechts die Einfahrt zum Golfplatz.

Platzbeschreibung
Nur fünf Minuten vom Stadtzentrum im Westen Ingolstadts gelegen, erstreckt sich der Golf-Club Ingolstadt über 76 ha. Die Anlage zeichnet sich besonders durch ein beständig hohes Pflegeniveau aus. Das ebene Gelände des Schuttertals ermöglicht eine erholsame Golfrunde für Golfer jeder Spielstärke. Aber dank zahlreicher Wasserhindernisse und Bunker kann auch der sportlich-ambitionierte Golfer sein Können unter Beweis stellen.

Nächstgelegene Plätze
Wittelsbacher GC (Nr. 613)
Zieglers GP (Nr. 612)
MARC AUREL Spa & GR (Nr. 608)

Greenfee-Aktion: Seite G 143

Golf- und Landclub Bayerwald e.V.

Karte, Nr. 610, Feld L11 **27** Design: Keith Preston, Donald Harradine Höhe: 600 m

gegründet: 1970

Frauenwaldstraße 2, 94065 Waldkirchen
08581-1040 08581-2386
info@gc-bayerwald.de
www.gc-bayerwald.de

PR
Alfred Pilsl
Headgreenkeeper: Josef Peschl

08581-1040 08581-2386
Heidi Jungwirth

Angelika Schmöller, Club Gastronomie
08581-964722 -- 910932

PRO SHOP
Golfsport Richard Walter, Richard Walter
+43 664 1146414

18-Loch Poppenreut Platz
H: 5832 m, CR 70.6, SL 130, Par 72
D: 5318 m, CR 73.5, SL 128, Par 72
9-Loch Waldkirchen-Dorn Platz
H: 5658 m, CR 71.1, SL 139, Par 72
D: 5000 m, CR 73, SL 135, Par 72
30 Rangeabschläge (8 überdacht)

G
Gäste sind jederzeit willkommen. Clubausweis mit eingetragenem Handicap (54) ist erforderlich.

18-Loch-Greenfee: EUR 62
9-Loch-Greenfee: EUR 35
Ermäßigungen auf Anfrage (Nachbarclubs, Hotels, Gruppen etc.)
Ermäßigung: Jugendl. bis 18 J. und Stud. bis 27 J. 50%

Platzbeschreibung

Der 18-Loch-Platz in Poppenreut wird umrahmt von einer malerischen Landschaft und stellt für jeden Golfer eine Herausforderung dar. Neben einer DR mit überdachten Abschlagplätzen, Putting-Green und Übungsbunker gibt es eine Golfschule direkt am Platz. Der 9-Loch-Platz in Dorn (seit 1974 bespielt) fordert mit seinem ansteigenden Wald- und Wiesengelände höchste Konzentration.

Platzinfos

VCG
GPS
CLUB

Anfahrtsbeschreibung

Von Passau: B 12 Ri. Waldkirchen oder A 3, Ausf. Aicha v. Wald zur B 12, weiter Ri. Waldkirchen, ab der Ausf. Waldkirchen-Ost der Beschilderung Jandelsbrunn folgen, ca. 1,5 km nach Ortsende Waldkirchen zur 9-Loch Anlage rechts Ri. Dorn abbiegen.

Nächstgelegene Plätze

Donau GC Passau-Raßb. (Nr. 617)
Nationalp. Bay. Wald, GC (Nr. 605)
Panorama, GC (Nr. 622)

Golfclub Donauwörth Gut Lederstatt

Karte, Nr. 611, Feld G11 18/3 Höhe: 480 m

gegründet: 1995

Lederstatt 1, 86609 Donauwörth
0906-4044 0906-9998164
info@gc-donauwoerth.de
www.gc-donauwoerth.de

PR
GF: Jochen Klauser
Siegfried Schadl
Headgreenkeeper: Markus Stengel

0906-4044 0906-9998164

Pizzeria Ristorante Da Peppone
0906-9999449
Di. Ruhetag

PRO SHOP
0906-4044

PRO
Pro: Jamie Ballantyne

18-Loch Golfclub Donauwörth, Gut Lederstatt Platz
H: 5939 m, CR 71.9, SL 133, Par 72
D: 5239 m, CR 73.6, SL 130, Par 72
3-Loch Platz
H: 604 m, Par 10, D: 534 m, Par 10
25 Rangeabschläge (4 überdacht)

G
Gäste sind jederzeit willkommen. Clubausweis mit eingetragenem Handicap ist erforderlich.
3-Loch-Platz (2xPar 3, 1xPar 4).

18-Loch-Greenfee: WT: EUR 70 / WE: EUR 80
9-Loch-Greenfee: WT: EUR 45
Bei mehreren Personen oder Gruppen ist Anmeldung erforderlich
Ermäßigung: Jugendl./Stud. 50%

Platzbeschreibung

Der Golfplatz liegt extrem stadtnah und trotzdem paradiesisch ruhig. Wie ein Hufeisen umschließt Wald von drei Seiten den Platz, der optimal in die hügelige Landschaft eingebettet liegt. Spielerisch lässt der Parcours keine Wünsche offen, kein Loch gleicht dem anderen und durch ein stetiges bergauf-bergab, unterbrochen von idyllischen Wasserhindernissen und einem ständig wechselnden Panoramablick ins Donautal, wird dieser Platz zum Erlebnis.

Platzinfos

VCG GPS GASTRO

Anfahrtsbeschreibung

Der Golfplatz liegt am Rande der Parkstadt auf dem Schellenberg, der sich über Donauwörth erhebt. Aus allen Richtungen (B 2, B 25, B 16) auf der 4-spurigen Ortsumgehung bleiben, Ausfahrt Parkstadt, die Parkstadt Richtung Norden durchfahren, an der Kirche vorbei und nach 500 m rechts nach Lederstatt abbiegen, von dort noch 700 m bis zum Golfplatz.

Nächstgelegene Plätze

Eggelstetten, GC (Nr. 614)
Dillingen Nusser Alm, GC (Nr. 621)
Zieglers GP (Nr. 612)

Zieglers Golfplatz GmbH & Co. KG

Karte, Nr. 612, Feld G11 **9** Design: Karl F. Grohs Höhe: 378 m

gegründet: 2005

Matthias-Bauer-Str. 108,
86633 Neuburg-Heinrichsheim
☎ 08431-5387844 🖷 08431-38264
✉ info@zieglersgolfplatz.de
💻 www.zieglersgolfplatz.de

PR Karl-Hans Ziegler, GF: Karl Ziegler
Headgreenkeeper: Karl Hans Ziegler

i ☎ 08431-5387844 🖷 -38264
Roswitha Schmidt-Biebl, Ute Rehm

Lucio`s Pizzeria & Cafè am Golfplatz,
Lucio Grinzato
☎ 08431-4379571
Mo. Ruhetag

PRO SHOP Ute Rehm
☎ 08431-5387844 🖷 08431-38264

PRO Pro: Simon Fisher

H: 3432 m, CR 59.1, SL 100, Par 60
D: 3066 m, CR 59, SL 100, Par 60
40 Rangeabschläge (24 überdacht)

G Gäste sind jederzeit willkommen. Anmeldung ist erforderlich. PE ist erforderlich.

Tages-Greenfee: EUR 40
9-Loch-Greenfee: EUR 25
Ermäßigung: Jugendl. bis 15 J.

Platzinfos

VCG

Anfahrtsbeschreibung
A 9 Ausfahrt Manching, auf der B 16 Richtung Neuburg, Abfahrt Fliegerhorst, dann Richtung Golfplatz

Platzbeschreibung
Nahe der Ottheinrich Stadt Neuburg an der Donau liegt die von Karl F. Grohs geplante 9-Loch Anlage. Der Platz bietet die Möglichkeit, trotz Sandbunkern und Wasserhindernissen Spielspaß in 1 1/2 Stunden zu erleben. Driving Range - Rasenabschläge und überdachte Abschlagsplätze, einen Kurzspielbereich zum Chippen und Pitchen, ein Putting Green sowie eine Golfschule mit eigenem Pro runden das Angebot ab. Ausrüstung kann geliehen oder im Pro-Shop erworben werden.

Nächstgelegene Plätze
Wittelsbacher GC (Nr. 613)
Ingolstadt, GC (Nr. 609)
Eggelstetten, GC (Nr. 614)

Bayern

Wittelsbacher Golfclub Rohrenfeld-Neuburg e.V.

Karte, Nr. 613, Feld H11 **18** Design: Joan Dudok Van Heel Höhe: 370 m

gegründet: 1988

Rohrenfeld 102, 86633 Neuburg an der Donau
✆ 08431-908590 🖷 08431-9085999
✉ info@wbgc.de
💻 www.wbgc.de

PR: GF: Korbinian Kofler

i: ✆ 08431-908590 🖷 08431-9085999
Gabriele Bruhn, Franziska Angerer

Ilka Fleischmann
✆ 08431-9085950 🖷 08431-9085999

PRO SHOP: Wittelsbacher Ausgleichsfonds
✆ 08431-908590 🖷 08431-9085999

H: 6284 m, CR 73.1, SL 130, Par 73
D: 5291 m, CR 73.4, SL 124, Par 73
40 Rangeabschläge (10 überdacht)

G: Gäste sind jederzeit willkommen. Anmeldung ist notwendig. Clubausweis mit eingetragenem Handicap (45) ist erforderlich. Jeans sind auf dem Golfplatz nicht erlaubt
Handys sind auf dem Golfplatz „stumm/ohne Klingelton" geschaltet

18-Loch-Greenfee: WT: EUR 70 / WE: EUR 75
9-Loch-Greenfee: WT: EUR 40
Ermäßigung: Jugendl./Stud. 50%

Platzbeschreibung

Der Wittelsbacher Golfclub gehört zu den renommiertesten Golfanlagen Deutschlands. Nördlich von München gelegen, zwischen Ingolstadt und Neuburg an der Donau, findet der Golfgast hier neben der sportlichen Herausforderung Tradition und Naturerlebnis vereint. Alter Baumbestand säumt die anspruchsvoll eingebetteten Spielbahnen. Hier wird neben der Platzpflege und einem professionellen Service auch auf den Bereich Lebensart und Stil großen Wert gelegt. In den geschmackvollen Clubräumen und auf der Terrasse mit seinen eindrucksvollen

Platzinfos

VCG GPS CLUB GASTRO

Anfahrtsbeschreibung

A 9 Ausfahrt Manching, rund 18 Kilometer weiter Richtung Neuburg an der Donau, Ausfahrt Rohrenfeld und der Beschilderung zum Golfplatz folgen.

Nächstgelegene Plätze

Zieglers GP (Nr. 612)
Ingolstadt, GC (Nr. 609)
Gerolsbach, GC (Nr. 625)

Golfclub Eggelstetten

Karte, Nr. 614, Feld G11 **9** Höhe: 406 m

gegründet: 1997

Hauptstraße 4, 86698 Oberndorf-Eggelstetten
✆ 09090-90250 🖷 09090-90251
✉ golfclubeggelstetten@t-online.de
💻 www.golfclub-eggelstetten.de

PR: Sebastian Schneid, GF: Alexandra Schneid

i: ✆ 09090-90250 🖷 -90251
Alexandra Schneid

Wirtshaus am Golfplatz
✆ 09090-90250 🖷 -90251
Alexandra Schneid

PRO SHOP: ✆ 09090-90250 🖷 -90251

H: 3888 m, CR 62.4, SL 103, Par 62
D: 3446 m, CR 62.6, SL 102, Par 62
45 Rangeabschläge (5 überdacht)

G: Gäste sind jederzeit willkommen. Clubausweis mit eingetragenem Handicap (54) ist erforderlich.

18-Loch-Greenfee: WT: EUR 35 / WE: EUR 40
9-Loch-Greenfee: WT: EUR 25 / WE: EUR 30
Ermäßigung: Jugendl. und Stud. bis 26 J. 20%

Nächstgelegene Plätze
Donauwörth, GC (Nr. 611)
GC Gersthofen e.V. (Nr. 630)
Dillingen Nusser Alm, GC (Nr. 621)

Platzinfos

VCG

Anfahrtsbeschreibung
A 8 München-Stuttgart, Ausf. Augsburg-West, weiter auf der B 2 Ri. Donauwörth, in Asbach-Nord rechts Ri. Eggelstetten. Oder: Auf der B 16 bzw. B 25 bis zum Bäumenheimer Kreuz, ca. 300 m auf der B 2 Ri. Augsburg und dann links Ri. Eggelstetten zum Golfplatz - nicht der Wegweisung nach Oberndorf folgen!

Platzbeschreibung
Der im flachen Lechtal gelegene Platz wurde beim Bau leicht modelliert, die beiden Grundwasserteiche kommen bei drei Bahnen ins Spiel. Der Platz ist durch schmale Fairways, die ein gerades Spiel erfordern, gekennzeichnet. Jeder, der diesen Platz ruhig und besonnen spielt und sich nicht durch die vermeintlichen Abkürzungen beeinflussen lässt, kann hier einen guten Score erzielen.

Bayern

Golfplatz Leonhardshaun

Karte, Nr. 615, Feld I11 9

gegründet: 2009

Leonhardshaun 104a, 84061 Ergoldsbach
☎ 08771-4096380 🖷 08771-409335
✉ info@golfplatz-leonhardshaun.de
💻 www.golfplatz-leonhardshaun.de

PR: GF: Christian Neumüller
Markus Neumüller

i: ☎ 08771-4096380 🖷 08771-409335
Andrea Neumüller

Sylvia´s Golfstüberl, Sylvia Schwarz
☎ 08771-4096380 🖷 08771-409335
Mo. Ruhetag

PRO SHOP: LA-Golfstore & City Store Zwiesel, Erwin Weber
☎ 08771-4096380 🖷 08771-409335

H: 2077 m, CR 63.4, SL 113, Par 32
D: 1868 m, CR 65.1, SL 114, Par 33
15 Rangeabschläge (3 überdacht)

G: Gäste sind jederzeit willkommen. Clubausweis mit eingetragenem Handicap (54) ist erforderlich.

Tages-Greenfee: WT: EUR 25 / WE: EUR 30

Platzinfos

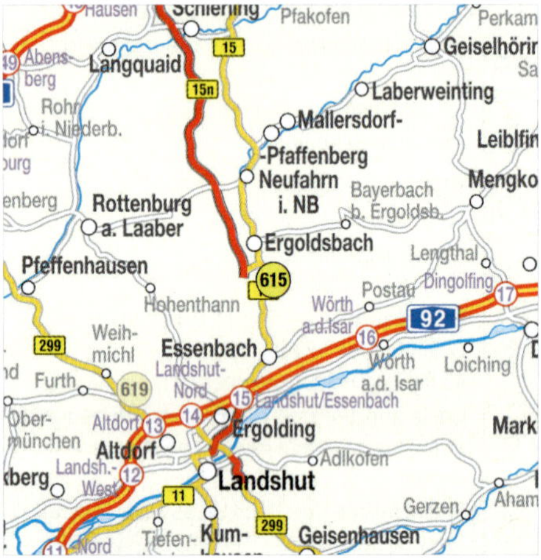

Anfahrtsbeschreibung

Fahren Sie auf der A92 Richtung Deggendorf/Passau. Sie fahren vorbei am Flughafen München/Erding bis zur Ausfahrt Essenbach. Danach biegen Sie links ab auf die B15 Richtung Regensburg. Bleiben Sie ca 12 Km auf der B15. An der Abzweigung Richtung Postau biegen Sie rechts ab. Fahren Sie ca. 1,5 km dann ist der Golfplatz auf der rechten Seite erreicht.

Nächstgelegene Plätze

Landshut, GC (Nr. 619)
Vilsbiburg, GC (Nr. 633)
Bad Abbach-Deutenh., GC (Nr. 604)

Bayern

Greenfee-Aktion: Seite G 143

Golfclub Landau/Isar e.V.

Karte, Nr. 616, Feld I11 9 Höhe: 400 m

gegründet: 1998

Rappach 2, 94405 Landau/Isar
✆ 09951-599111 Fax 09951-599112
info@golfpark-landau.de
www.golfpark-landau.de

PR: Hubert Tattenberger
Headgreenkeeper: Hubert Tattenberger

✆ 09951-599111 Fax 09951-599112
Maria Hofner

Golfstüberl, Ralf Demberger
✆ 09951-599122
Mo. Ruhetag

PRO SHOP: Andi Sagerer
✆ 09951-599111 Fax 09951-599112

PRO: Pro: Andi Sagerer

9-Loch Platz
H: 5420 m, CR 69.2, SL 121, Par 70
D: 4814 m, CR 71.1, SL 116, Par 70
3-Loch Platz
H: 2856 m, Par 54, D: 2508 m, Par 54
35 Rangeabschläge (2 überdacht)

G: Gäste sind jederzeit willkommen. Clubausweis mit eingetragener PE ist erforderlich.

Tages-Greenfee: WT: EUR 40 / WE: EUR 45
9-Loch-Greenfee: WT: EUR 26 / WE: EUR 28
Turnier-Greenfee EUR 30
Ermäßigung: Jugendl./Stud. 50%

Platzinfos

VCG

Platzbeschreibung

Die Anlage für Spieler aller Klassen liegt in einem kleinen Tal, das Gelände ist etwas hügelig und landschaftlich ein Naturerlebnis. Alle Bahnen sind sehr abwechslungsreich aber fair, die Drive-Zonen einsehbar und relativ eben. Durch die mit Wasserhindernissen versehenen, langen Par 5, wird er für höhere Hcp.-Spieler etwas schwieriger. Für Beginner steht ein schöner Kurzplatz mit einigen Par 3 zur Verfügung. Blick bis zum Bayerischen Wald möglich.

Anfahrtsbeschreibung

A 92 München-Deggendorf, Ausfahrt Landau, weiter auf der B 20 Richtung Landau, Abfahrt Industriegebiet Landau, weiter geraudeaus über den Kreisel, nach ca. 2 km rechts nach Oberframmering (Golfschild), durch die Ortschaft hindurch Richtung Süden (Golfschild), bei der nächsten Kreuzung (Golfschild oben links) links Richtung Kammern und nach 1 km rechts nach Rappach und der Beschilderung zum Golfplatz folgen.

Nächstgelegene Plätze

Schlossberg, GC (Nr. 618)
Gäuboden, GC (Nr. 607)
Rottaler G&CC (Nr. 632)

Bayern

Greenfee-Aktion: Seite G 143

Donau Golf Club Passau-Raßbach e.V.

Karte, Nr. 617, Feld K11 **18/6** Design: Götz Mecklenburg Höhe: 450 m

gegründet: 1986

Raßbach 8, 94136 Thyrnau-Passau
08501-91313 08501-91314
info@golf-passau.de
www.golf-passau.de

PR: Helmut Weidinger, CM: Leonhard Anetseder
Headgreenkeeper: Leonhard Anetseder

i: 08501-91313 08501-91314
Margret Anetseder

Golf-und Landhotel Anetseder,
Margret Anetseder
08501-91313 08501-91314

PRO SHOP: Golf-Shop Anetseder, Margret Anetseder
08501-91313 08501-91314

18-Loch Platz
H: 5568 m, CR 70.3, SL 132, Par 72
D: 4871 m, CR 71.5, SL 130, Par 72
6-Loch Platz
H: 1505 m, Par 22, D: 1337 m, Par 22
20 Rangeabschläge (10 überdacht)

G: Gäste sind jederzeit willkommen. PE ist erforderlich. Der Gutschein 2 for 1 ist nur für 18 Loch gültig

Tages-Greenfee: EUR 80
9-Loch-Greenfee: EUR 40
Ermäßigung: Jugendl. und Stud. bis 27 J. 50%

Platzbeschreibung

4 Sterne-Golf vor den Toren der Dreiflüsse- und Universitätsstadt Passau. Allein, zu zweit, mit Familie oder Freunden, ob Anfänger oder „Profi": Für alle Altersgruppen ist es immer wieder reizvoll, diese anspruchsvolle 18 + 6 Loch-Anlage zu erleben. Sie wurde nach internationalem Standardmaß gebaut und liegt auf einer nach Süden hin offenen Hochfläche. Umsäumt wird der Platz von kleinen und großen bewaldeten Flächen, Biotopen und Bächen. Ein breit gefächertes Turnierangebot bietet ganz nach Geschmack die Möglichkeit, sein Handicap zu verbessern oder einfach nur Golf zu genießen.

Platzinfos

Anfahrtsbeschreibung

BAB 3, Ausfahrt Passau-Nord oder Passau-Mitte, Richtung Hauzenberg, vor Hundsdorf der Beschilderung nach Raßbach und zum Golfplatz folgen.

Nächstgelegene Plätze

Panorama, GC (Nr. 622)
Bayerwald, G&LC (Nr. 610)
Bad Griesb., Holzhäuser (Nr. 627)

Greenfee-Aktion: Seite G 145

Golfclub Schloßberg e.V.

Karte, Nr. 618, Feld I11 **18** Höhe: 450 m

gegründet: 1985

Grünbach 8, 94419 Reisbach
08734-7035
info@golfclub-schlossberg.de
www.golfclub-schlossberg.de

PR: Florian Erhardsberger, GF: Florian Erhardsberger

i: 08734-7035
Kerstin Ollech

Restaurant Il Verde
08734-9383346

PRO SHOP: 08734-7035

PRO: Pro: Andreas Sagerer

H: 5835 m, CR 71, SL 128, Par 72
D: 5272 m, CR 73.5, SL 122, Par 72
15 Rangeabschläge (2 überdacht)

G: Gäste sind jederzeit willkommen. Clubausweis mit eingetragenem Handicap (54) ist erforderlich.

18-Loch-Greenfee: WT: EUR 70 / WE: EUR 80
9-Loch-Greenfee: WT: EUR 35 / WE: EUR 40
Ermäßigung: Jugendl./Stud. 50%

Platzinfos

VCG GPS CLUB

Platzbeschreibung

Die Golfanlage Schloßberg liegt im Herzen des Erholungsgebietes „Mittleres Vilstal" in einem abwechslungsreichen Gelände mit altem, gewachsenem Baumbestand. Ergänzt durch angelegte Grünflächen, Baum- und Strauchgruppen bieten die großzügig gestalteten Spielbahnen Golfern jeder Spielstärke ideale Bedingungen.

Anfahrtsbeschreibung

A 92 München-Deggendorf, Ausfahrt Dingolfing Richtung Reisbach, 1 km vor Reisbach links Richtung Mettenhausen bis Grünbach. Oder: Von Straubing-Deggendorf auf der A 92, ca. 4 km nach Landau auf der B 20 bei Mettenhausen rechts Richtung Sommershausen und weiter nach Grünbach.

Nächstgelegene Plätze

Landau/Isar, GC (Nr. 616)
Rottaler G&CC (Nr. 632)
Gäuboden, GC (Nr. 607)

Bayern

Golf Club Landshut e.V.

Karte, Nr. 619, Feld I11 **18/3** Design: Kurt Rossknecht Höhe: 400 m

gegründet: 1989

Oberlippach 2, 84095 Furth bei Landshut
08704-8378 08704-8379
sekretariat@golf-landshut.de
www.golf-landshut.de

PR Gerhard Czerwionka, CM: Marcel Kabirske
Headgreenkeeper: Lee Cotton

08704-8378 08704-8379
Lucas Kabirske, Angelika Gruber

Restaurant am Golfplatz,
Alexander Tiefenbacher

PRO Pro: Emile Rottenkolber, Thomas Hopf

H: 5880 m, CR 71.1, SL 130, Par 73
D: 5122 m, CR 72.4, SL 124, Par 73
40 Rangeabschläge (5 überdacht)

G Gäste sind jederzeit willkommen. Sa./So./Feiertage ist Anmeldung notwendig. Clubausweis mit eingetragenem Handicap (54) ist erforderlich. Sa./So./Feiertage ist Handicap 45 erforderlich.

18-Loch-Greenfee: WT: EUR 60 / WE: EUR 75
9-Loch-Greenfee: WT: EUR 40 / WE: EUR 50
Ermäßigung: Jugendl./Stud. 50%

Platzbeschreibung

Der Platz liegt in sanft hügeliger Landschaft und wird von Mischwald umsäumt. Die von gut platzierten Bunkern verteidigten Greens sowie die an verschiedenen Stellen wirkungsvoll ins Spiel eingreifenden Wasserhindernisse bieten ebenso eine technische und strategische Herausforderung wie die abwechslungsreichen Bahnen.

Platzinfos

VCG GPS CLUB GASTRO

Anfahrtsbeschreibung

A 92 München-Landshut, Ausfahrt Altdorf, B 299 Richtung Siegenburg-Mainburg, nach 3 km kommt ein Kreisverkehr mit der Abzweigung zum Golfplatz Oberlippach.

Nächstgelegene Plätze

GP Leonardshaun (Nr. 615)
Holledau, GA (Nr. 620)
Vilsbiburg, GC (Nr. 633)

Bayern

Golfanlage Holledau

Karte, Nr. 620, Feld H11 **27/9 öffentlich** Höhe: 500 m

gegründet: 1986

Weihern 3, 84104 Rudelzhausen
✆ 08756-96010 Fax 08756-960144
✉ rezeption@golfclubholledau.de
www.golfclubholledau.de

PR GF: Eva Zeising
Headgreenkeeper: Josef Schauer

i ✆ 08756-96010 Fax 08756-960144
Regina Limmer, Maximilian Heller

Restaurant Hopfengarten
✆ 08756-960140

PRO SHOP Proshop Holledau, Pardis Spencer-Dirmeier
✆ 08756-960132 Fax 08756-960144

PRO Pro: Walter Holzwarth, Sascha Elender, Lee Spencer

18-Loch Abschlag Weihrerhof Platz
H: 5980 m, CR 72.4, SL 131, Par 72
D: 5322 m, CR 74.5, SL 136, Par 72
18-Loch Abschlag Pumpernudl Platz
H: 5954 m, CR 71.8, SL 128, Par 73
D: 5272 m, CR 73.7, SL 128, Par 73
14 Rangeabschläge (5 überdacht)

G Gäste sind jederzeit willkommen. Anmeldung ist notwendig. Clubausweis mit eingetragenem Handicap (54) ist erforderlich.

18-Loch-Greenfee: WT: EUR 60 / WE: EUR 80
9-Loch-Greenfee: WT: EUR 40 / WE: EUR 55
Ermäßigung: Jugendl. bis 18 J. und Stud. bis 25 J.

Nächstgelegene Plätze

Landshut, GC (Nr. 619)
Schloß Reichertsh., GC (Nr. 628)
MARC AUREL Spa & GR (Nr. 608)

Platzinfos

VCG GPS

Anfahrtsbeschreibung

A 9 München-Nürnberg, Ausfahrt Pfaffenhofen, über Schweitenkirchen nach Au, in Au rechts Richtung Freising, an dem Motorradladen links Richtung Moosburg, wieder links bis Tegernbach, der Weg zum Golfplatz ist ausgeschildert.

Platzbeschreibung

27 verschiedene Spielbahnen fügen sich harmonisch in die idyllische, von Hopfengärten geprägte altbayerische Hügellandschaft ein. Alter Baumbestand, Bäche und Teiche begleiten den Golfer und unterstreichen die anspruchsvolle und herausfordernde Architektur. Das insgesamt 180 ha umfassende Gelände bietet für Golfer aller Spielstärken ein abwechslungsreiches Spiel und großzügige Übungsmöglichkeiten.

Bayern

Golfclub Dillingen Nusser Alm GmbH

Karte, Nr. 621, Feld G11 9

gegründet: 2006

Holzheimer Str. 2, 89407 Dillingen
✆ 09071-705958 Fax 09071-705968
✉ info@gc-dillingen.de
www.gc-dillingen.de

PR: Markus Grimminger, GF: Markus Grimminger

i: ✆ 09071-705958 Fax -705968
Irmgard Gottschalk

Restaurant: Nusser-Alm, Anna Grimminger
✆ 09071-705946 Fax -705968

PRO SHOP: ✆ 09071-705958 Fax -705968

PRO: Pro: John Mark Gasper, Scott Bennett

H: CR 57.3, SL 93, Par 56
D: CR 57.4, SL 91, Par 56
30 Rangeabschläge (9 überdacht)

G: Gäste sind jederzeit willkommen. PE ist erforderlich.

18-Loch-Greenfee: EUR 30
9-Loch-Greenfee: EUR 17

Platzbeschreibung

Der neue Golfclub Dillingen verfügt über einen 9-Loch-Parcours, eingebettet in die Naturlandschaft des sanfthügeligen Donau-Rieds. Für Golfspieler ist die Anlage ideal zum ersten Kontakt mit dem Grün, denn abschlagen, pitchen, chippen und putten darf jeder im Golfclub Dillingen. Die Anlage verfügt außerdem über eine einzigartige Wasser-Driving-Range!

Platzinfos

VCG CLUB GASTRO

Anfahrtsbeschreibung

Von Dillingen aus über die Donaubrücke Richtung Holzheim, nach ca. 3 km am Kieswerk rechts abbiegen, dann noch ca. 700 m bis zum Golfplatz und Biergarten.

Nächstgelegene Plätze

Hochstatt Härtsfeld-Ries, GC (Nr. 501)
Schloss Klingenburg, GC (Nr. 638)
Eggelstetten, GC (Nr. 614)

Bayern

Greenfee-Aktion: Seite G 147

Panorama Golf Passau

Karte, Nr. 622, Feld K11 18/6 Par 3 Höhe: 455 m

gegründet: 2009

Bromberg 1, 94081 Fürstenzell
☎ 08502-917160 🖷 08502-917162
✉ office@panorama-golf.info
💻 www.panorama-golf.info

PR: Barbara Geins, GF: Wolfgang Geins,
CM: Phil Leech
Headgreenkeeper: Helmut Volkmer

i: ☎ 08502-917160 🖷 08502-917162

Panorama Restaurant
☎ 08502-917161 🖷 08502-917162

PRO SHOP: ☎ 08502-917160 🖷 08502-917162

PRO: Pro: Mike Watts

H: 6176 m, CR 72.2, SL 134, Par 73
D: 5098 m, CR 72.2, SL 122, Par 73
20 Rangeabschläge (4 überdacht)

G: Gäste sind jederzeit willkommen. Anmeldung ist notwendig. Clubausweis mit eingetragener PE ist erforderlich.

18-Loch-Greenfee: EUR 70
9-Loch-Greenfee: EUR 35
Ermäßigung: Jugendl. bis 18 J. und Stud. bis 27 J. 50%

Platzinfos

VCG GPS CLUB

Platzbeschreibung

Willkommen bei Panorama-Golf Passau-Fürstenzell. Sie befinden sich auf einem der schönsten Golfplätze Niederbayerns, nur sieben Kilometer südlich von Passau entfernt, ein Katzensprung von der A3 (Ausfahrt Passau-Mitte). Genießen Sie eine 18-Loch-Runde, die Sie durch eine herrlich abwechslungsreiche Landschaft führt. Genuss beim ersten Abschlag, wenn der Golfball hinunter ins Tal fliegt. Ihr Blick folgt seiner Flugbahn. Aber bevor Sie losgehen, lassen Sie nochmal den Blick schweifen – nach Fürstenzell, die sanften Hügel des Rottals, an klaren Tagen bis hinein in die Salzburger Alpen.

Anfahrtsbeschreibung

Von der A3 Regensburg-Linz kommend bei Passau Mitte abfahren, rechts abbiegen Richtung Fürstenzell, nach ca. 4 km links abbiegen Richtung Kleingern / Gföhret, nach 300 m wieder links abbiegen- der Straße ca. 1,5 km folgen, dann rechts abbiegen - Ziel erreicht. Von der A 3 Linz - Regensburg kommend bei Passau Süd abfahren, links abbiegen Richtung Fürstenzell, nach 3 km rechts abbiegen Richtung Rehschaln / Gföhret, nach ca. 1 km links abbiegen - Ziel erreicht.

Nächstgelegene Plätze

Bad Griesb., Holzhäuser (Nr. 627)
Bad Griesbach, Brunnwies (Nr. 623)
Bad Griesb., Uttlau (Nr. 624)

Greenfee-Aktion: Seite G 151

Quellness GR Bad Griesbach, Golfplatz Brunnwies

Karte, Nr. 623, Feld K11 **18/6** Design: Bernhard Langer, Kurt Rossknecht Höhe: 425 m

gegründet: 1989

Brunnwies 5, 94542 Haarbach
✆ 08535-96010 🖷 08535-960115
✉ golfresort@quellness-golf.com
💻 www.quellness-golf.com

PR Alois Hartl, GF: Andreas Gerleigner,
CM: Andreas Gerleigner
Headgreenkeeper: Florian Gerleigner

i ✆ 08535-96010 🖷 -960115
Silvia Bürger

Gutshof Brunnwies, Magdalena Guggemos
✆ 08535-960120 🖷 -960115

PRO SHOP Quellness Golf Resort Schlägershop,
Bernhard Fankhauser
✆ 08532-79032 🖷 08532-79045

PRO Pro: 30 Pros d. Golfakademie am Golfodrom®,
Jeremy Tindall

18-Loch Allianz Nickolmann GP Brunnwies
H: 5689 m, CR 70.5, SL 130, Par 70
D: 4976 m, CR 72, SL 124, Par 70
6-Loch Chervò Junior Golf Course (Par 3)
H: 594 m, Par 18, D: 504 m, Par 18
60 Rangeabschläge (36 überdacht)

G Gäste sind jederzeit willkommen. Anmeldung ist erforderlich. Handicap 54 ist erforderlich.

Tages-Greenfee: WT: EUR 92 / WE: EUR 102
Ermäßigung: Jugendl. bis 18 J. und Stud. bis 27 J. 50%

Platzinfos

VCG
GPS
CLUB
GASTRO

Anfahrtsbeschreibung

A3 Frankfurt-Nürnberg-Regensburg-Passau, Ausfahrt Pocking, B 12 / B 388 Richtung Bad Griesbach, in Bad Griesbach die Beschilderung GOLF RESORT NORD beachten. Oder: Von München auf der B 12 über Mühldorf a. Inn-Altötting-Simbach Richtung Rotthalmünster nach Bad Griesbach.

Platzbeschreibung

Ein 18-Loch Meisterschaftsplatz, wie ihn nur Bernhard Langer entwerfen konnte. Leicht hügelig, sportlich anspruchsvoll, aber für alle Handicaps spielbar, fügen sich die Bahnen in das über 100 ha große Gelände ein. Der Platz bietet jedoch auch landschaftliche Reize. Der Anlage angeschlossen sind eine Driving Range sowie ein 6-Loch Kindergolfplatz (Chervò Junior Golf Course) und ein kleiner Shop.

Nächstgelegene Plätze

Bad Griesb., Uttlau (Nr. 624)
Bad Griesb., Lederbach (Nr. 626)
Bad Griesb., Holzhäuser (Nr. 627)

Quellness GR Bad Griesb., St. Wolfgang Golfplatz Uttlau

Karte, Nr. 624, Feld K12   **18**   Design: Kurt Rossknecht   Höhe: 425 m

gegründet: 1989

Am Dorfplatz 3, 94542 Haarbach/Uttlau
08535-18949   08535-18945
gputtlau@quellness-golf.com
www.quellness-golf.com

PR
Alois Hartl, GF: Andreas Gerleigner,
CM: Andreas Gerleigner
Headgreenkeeper: Florian Gerleigner

08535-18949   -18945
Monika Becker

Gutshof Uttlau, Birgit Bachmeier
08535-1890   -18943

PRO SHOP
Golf Resort Schlägershop, Bernhard Fankhauser
08532-79032   08532-79033

PRO
Pro: 30 Pros der Golfakademie am Golfodrom®
Holzhäuser, Sebastian Lahmer

H: 5818 m, CR 71.5, SL 133, Par 72
D: 5074 m, CR 73.1, SL 131, Par 72
24 Rangeabschläge (8 überdacht)

G
Gäste sind jederzeit willkommen. Anmeldung ist erforderlich. PE ist erforderlich.

Tages-Greenfee: WT: EUR 81 / WE: EUR 87
Kinder und Jugendliche bis einschl. 15 Jahre spielen greenfee-frei auf den 9- und 18-Loch-Anlagen. Voraussetzung: Gäste der Quellness Golf Resort Hotels oder Gutshöfe.
Ermäßigung: Jugendl. bis 18 J. und Stud. bis 27 J. 50%

Platzinfos

VCG GPS CLUB GASTRO

Anfahrtsbeschreibung
A 3 Frankfurt-Nürnberg-Regensburg-Passau, Ausfahrt Pocking, B 12 / B 388 Richtung Bad Griesbach, in Bad Griesbach die Beschilderung GOLF RESORT NORD beachten. Oder: Von München auf der B 12 über Mühldorf a. Inn-Altötting-Simbach Richtung Rotthalmünster nach Bad Griesbach.

Platzbeschreibung
Dieser Platz besticht durch sportlich anspruchsvolle Bahnen, die beste Voraussetzungen für attraktives und abwechslungsreiches Spiel bieten - wobei nicht nur an Bahnen, an denen es Wasserhindernissen (u.a. zwei neuen Inselgrüns) aus dem Weg zu gehen gilt, Nervenstärke gefragt ist. Auf hügeliger Landschaft, vorbei an Blumenfeldern, wilden Wiesen und schattenspendenden Obstbäumen gibt es hier sehr viel an Natur zu genießen.

Nächstgelegene Plätze
Bad Griesbach, Brunnwies (Nr. 623)
Bad Griesb., Lederbach (Nr. 626)
Bad Griesb., Holzhäuser (Nr. 627)

Bayern

Greenfee-Aktion: Seite G 147

GolfPark Gerolsbach

Karte, Nr. 625, Feld H12 **18** Höhe: 500 m

gegründet: 1995

Hof 1, 85302 Gerolsbach
✆ 08445-799 🖷 08445-91059
✉ info@golfpark-gerolsbach.de
💻 www.golfpark-gerolsbach.de

PR
GF: Reinhold Steger
Dietmar Strunz
Headgreenkeeper: Anton Heinzlmeier

i
✆ 08445-799 🖷 -91059
Ana Horvat

PRO SHOP
✆ 08445-799 🖷 -91059

PRO
Pro: John Malone

H: 6057 m, CR 71.7, SL 127, Par 72
D: 5324 m, CR 73.8, SL 125, Par 72
20 Rangeabschläge (10 überdacht)

G
Gäste sind jederzeit willkommen. Anmeldung ist notwendig. Clubausweis mit eingetragenem Handicap (54) ist erforderlich. Sa./So./Feiertage ist Handicap 45 erforderlich.

18-Loch-Greenfee: WT: EUR 60 / WE: EUR 70
9-Loch-Greenfee: WT: EUR 35 / WE: EUR 40
Ermäßigung: Jugendl. bis 21 J. und Stud. bis 27 J. 50%

Platzinfos

VCG GPS CLUB GASTRO

Anfahrtsbeschreibung
Von Gerolsbach Richtung Petershausen, nur wenige Minuten bis zum Golfplatz (ausgeschildert).

Platzbeschreibung
Am Rande der Holledau, auf 80 ha verteilt, in die typische Hopfenlandschaft eingebettet, liegt der 18-Loch-Platz des GP Gerolsbach. Die Anlage zeichnet sich durch kreatives Design mit vielen Wasserhindernissen, Fairway- und Grünbunkern sowie erhöhten Grüns aus, die in ein aus Höhenzügen, Äckern, Wäldern, Einödhöfen, Hügeln und Senken bestehendes Areal integriert sind. Das reizvolle Gelände bietet dem Golfer zudem ein herrliches Panorama.

Nächstgelegene Plätze
Schloß Reichertsh., GC (Nr. 628)
Eschenried, Gut Häusern (Nr. 639)
Dachau, GC (Nr. 648)

Bayern

Quellness GR Bad Griesbach, Golfplatz Lederbach

Karte, Nr. 626, Feld K12 **18** Design: Kurt Rossknecht Höhe: 500 m

gegründet: 1989

Lederbach, 94086 Bad Griesbach
✆ 08532-3135 🖷 08532-920095
✉ gplederbach@quellness-golf.com
💻 www.quellness-golf.com

PR: Alois Hartl, GF: Andreas Gerleigner, CM: Andreas Gerleigner
Headgreenkeeper: Florian Gerleigner

i: ✆ 08532-3135 🖷 -920095
Anna Preiß

Golfhütte mit Imbiss
✆ 08532-3135 🖷 08532-920095

PRO SHOP: Golf Resort Schlägershop, Bernhard Fankhauser
✆ 08532-79032 🖷 -79045

PRO: Pro: 30 Pros der Golfakademie am Golfodrom® Holzhäuser

H: 5699 m, CR 70.5, SL 137, Par 71
D: 5091 m, CR 73.1, SL 131, Par 71

G: Gäste sind jederzeit willkommen. Anmeldung ist erforderlich. PE ist erforderlich. .

Tages-Greenfee: WT: EUR 68 / WE: EUR 73
Kinder und Jugendliche bis einschl. 15 Jahre spielen greenfee-frei auf den 9- und 18-Loch-Anlagen. Voraussetzung: Gäste der Resort Hotels oder Gutshöfe.
Ermäßigung: Jugendl. bis 18 J. und Stud. bis 27 J. 50%

Platzinfos

Anfahrtsbeschreibung

A 3 Frankfurt-Nürnberg-Regensburg-Passau, Ausfahrt Pocking, B 12 / B 388 Richtung Bad Griesbach, in Bad Griesbach die Beschilderung GOLF RESORT NORD beachten. Oder: Von München auf der B 12 über Mühldorf a. Inn-Altötting-Simbach Richtung Rotthalmünster nach Bad Griesbach.

Platzbeschreibung

Als 18-Loch-Platz, u.a. mit Schräglagen, Aufstiegen, breiten Spielbahnen, Pitching und Chipping Area, Boxen mit Netz zum Warmschwingen sowie einem großen Electrocart-Wagenpark, weist sich der Golfplatz Lederbach als interessanter, konditionell anspruchsvoller Meisterschaftsplatz aus. Eine besondere Herausforderung bietet die Bahn 9: Der berühmte Herzschlaghügel mit insgesamt 48 Meter Höhenunterschied!

Nächstgelegene Plätze

Bad Griesb., Holzhäuser (Nr. 627)
Bad Griesb., Uttlau (Nr. 624)
Bad Griesbach, Brunnwies (Nr. 623)

Bayern

Quellness GR Bad Griesbach, Golfodrom® Holzhäuser

Karte, Nr. 627, Feld K12 9/9/9/6 Design: Kurt Rossknecht Höhe: 475 m

gegründet: 1989

Holzhäuser 8, 94086 Bad Griesbach
08532-7900 08532-79045
golfresort@quellness-golf.com
www.quellness-golf.com

PR Alois Hartl, GF: Andreas Gerleigner, CM: Andreas Gerleigner
Headgreenkeeper: Florian Gerleigner

08532-79023 08532-79045
Anja Gerauer

Golfstüberl »Zum Holzmichl«, Nicole Drechsel
08532-79040 08532-79045

PRO SHOP Golf Resort Schlägershop, Bernhard Fankhauser
08532-79032 08532-79033

PRO Pro: 30 Pros der Golfakademie am Golfodrom® Holzhäuser

9-Loch Engled Platz
H: 1544 m, CR 58.7, SL 106, Par 30
D: 1344 m, CR 58.6, SL 103, Par 30
9-Loch Jagl Par 3 Platz
H: 1223 m, Par 28. D: 1093 m, Par 28
210 Rangeabschläge (109 überdacht)

G Gäste sind jederzeit willkommen. PE ist erforderlich.

Tages-Greenfee: EUR 30
Die Tageskarte Engled berechtigt zur Nutzung aller drei 9-Loch-Anlagen inkl. 6-Loch „Hackerwiese“, Golfodrom® und Indoorputtinghalle.
Die Tageskarte Jagl berechtigt zur Nutzung der 9-Loch Plätze „Jagl“ und „Pfeiffer“ inkl. 6-Loch „Hackerwiese“, Golfodrom® und Indoorputtinghalle.
Ermäßigung: Jugendl. bis 18 J. und Stud. bis 27 J. 50%

Platzbeschreibung

„Engled“, „Jagl“ und „Pfeiffer“, drei 9-Loch-Plätze direkt am Trainingszentrum Golfodrom®. Empfehlenswert für alle Neugolfer und Trainingseifrige. Alle drei sind ideal dafür geeignet, das kurze Spiel zu üben und zu verbessern. „Engled“, die jüngsten 9-Loch mit sechs Par 3 und drei Par 4 bietet in leicht hügeligem Gelände Golfherausforderung. Das „Golfodrom®“ ist Deutschlands größte Driving Range und dank beheizbarer Abschlagboxen und 18-Loch Indoorputtinghalle „wintertauglich“. Den 30 Golfpros der PGA Premium Golfschule und ihren Gästen stehen am Golfodrom® neben weitläufigen Trainingsbereichen auch das Hightech-Analysezentrum mit Schwunganalyse, Schlägerfitting, SAM PuttLab Putterfitting, TrackMan,... sowie der direkt angeschlossene Schlägershop mit eigener Schlägerwerkstatt zur Verfügung.

Platzinfos

VCG GPS CLUB GASTRO

Anfahrtsbeschreibung

A 3 Frankfurt-Nürnberg-Regensburg-Passau, Ausfahrt Pocking, B 12 / B 388 Richtung Bad Griesbach, in Bad Griesbach die Beschilderung GOLF RESORT NORD beachten. Oder: Von München auf der B 12 über Mühldorf a. Inn-Altötting-Simbach Richtung Rotthalmünster nach Bad Griesbach.

Nächstgelegene Plätze

Bad Griesb., Lederbach (Nr. 626)
Bad Griesb., Uttlau (Nr. 624)
Bad Griesbach, Brunnwies (Nr. 623)

Bayern

Greenfee-Aktion: Seite G 147f

Golfclub Schloß Reichertshausen

Karte, Nr. 628, Feld H12 18/9 Höhe: 440 m

gegründet: 1986

Holzhof 2, 85293 Reichertshausen
✆ 08137-5084 🖷 08137-808579
info@gcr.de
www.gcr.de

PR: Christian Hollmann
Headgreenkeeper: Fa. Engelmann Turf Care GmbH

i: ✆ 08137-5084 🖷 08137-808579
Yvonne Kring

PRO: Pro: Rod Poindexter

18-Loch Platz
H: 5859 m, CR 70, SL 124, Par 71
D: 4825 m, CR 71.8, SL 123, Par 71
5-Loch Platz, H: Par 3
30 Rangeabschläge (4 überdacht)

G: Gäste sind jederzeit willkommen. Anmeldung ist notwendig. Clubausweis mit eingetragenem Handicap (54) ist erforderlich.

18-Loch-Greenfee: WT: EUR 60 / WE: EUR 80
9-Loch-Greenfee: WT: EUR 30 / WE: EUR 40
Ermäßigung: Jugendl./Stud. 50%

Platzbeschreibung

Ca. 40 km nördlich Münchens gelegen bietet die Anlage ein abwechslungsreiches, aber anspruchsvolles Spiel. Die Bahnen 1-9 liegen in den weitläufigen Auen der Ilm. Verlangen die Bahnen 1-3 gute Reichweite, ist bei den Bahnen 5-7 wegen der Teiche und Wassergräben äußerste Präzision gefordert. Sportlich anspruchsvoll die 10-18, die sich in die sanften Erhebungen des tertiären Hügellandes einschmiegen. Hier ist Kondition gefordert.

Platzinfos

VCG

Anfahrtsbeschreibung

A 9 München-Nürnberg, Ausf. Allershausen Ri. Hohenkammer, in Hohenkammer auf der B 13 Ri. Ingolstadt, nach 4 km in der Ortsmitte Reichertshausen Ri. Hilgertshausen-Lausham, ca. 1 km nach Ortsende Reichertshausen rechts zum Golfplatz. Oder: A 9 Nürnberg-München, Ausf. Pfaffenhofen Ri. Pfaffenhofen, in Pfaffenhofen auf der B 13 Ri. München, nach 4 km in Reichertshausen wie oben beschrieben zum Golfplatz.

Nächstgelegene Plätze

Gerolsbach, GC (Nr. 625)
Eschenried, Gut Häusern (Nr. 639)
Dachau, GC (Nr. 648)

Bella Vista Golfpark - Bad Birnbach

Karte, Nr. 629, Feld K12   18/9   Design: Fairway Planer AG   Höhe: 360 m

gegründet: 2006

Bella Vista Allee 1, 84364 Bad Birnbach
✆ 08563-977400 ☎ 08563-9774029
✉ info@bellavista-golfpark.de
www.badbirnbach.de/bella-vista-golfpark

PR: CM: Dipl. Kfm. Robert Sammereier
Headgreenkeeper: Stuart Crossan

i: ✆ 08563-977400 ☎ 08563-9774029
Martina Lösing, Corina Eder, Pascal Kagerer

Chatte's Golfbistro
✆ 08563-9787467

PRO SHOP: Pro Shop Loher, Josef Loher
✆ 08563-977181 ☎ 08563-977179

PRO: Pro: Josef Loher

H: 5616 m, CR 70.3, SL 132, Par 72
D: 4769 m, CR 71.1, SL 124, Par 72
50 Rangeabschläge (8 überdacht)

G: Gäste sind jederzeit willkommen. Anmeldung ist notwendig. Clubausweis mit eingetragener PE ist erforderlich.

18-Loch-Greenfee: EUR 72
9-Loch-Greenfee: EUR 40
Gäste in einem Partnerbetrieb erhalten bis zu 30 % Erm. auf das jeweilige reguläre Greenfee.
Erm.: Jugendl. bis 18 J. und Stud. bis 27 J. 50%

Platzbeschreibung

Wenn Sie am Abschlag stehen und hinunterschauen auf Bayerns erholsamstes Urlaubsdorf, dann werden Sie verstehen, warum dieser Golfpark „Bella Vista" heißt. Das ganze Jahr über duftet es nach Blumen, Gräsern und Kräutern, die sich tausendfach über das ganze Areal ausbreiten. Auf den Greens wächst das typische Gras des Old Courses: das Festuca. Um die Greens sind die Bunker und Wasserflächen geschickt kombiniert. Der Golfpark besteht aus einem 18-Loch-Platz, einem 9-Loch-Kurzplatz, der auch ohne Platzreife bespielbar ist, und einer großzügigen Driving Range. Aufgrund seiner Topographie wird der Platz sehr gerne mit Elektrocard bespielt.

Platzinfos

VCG

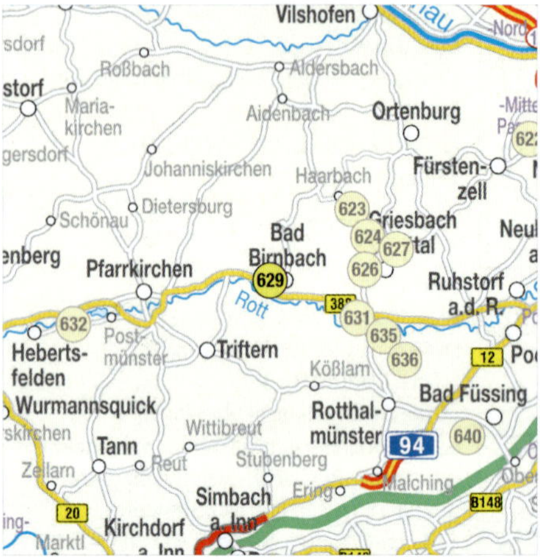

Anfahrtsbeschreibung

Mit dem Auto aus Richt. West/Südwest über die A92 München-Deggendorf, Ausf. Landau an der Isar. Weiter auf der B20 Richt. Eggenfelden und von da ca. 20 km auf der B388. Aus Richt. Berlin/Frankfurt über die A3 Nürnberg/Passau, Ausf. Pocking, von da ca. 15 km auf der B388. Der Flughafen München ist ca. 130 km entfernt, Salzburg ca 70 km. Dorthin gibt es Direktflugverbindungen von Hannover, Hamburg, Berlin und Köln-Bonn.

Nächstgelegene Plätze

Bad Griesb., Lederbach (Nr. 626)
Sagmühle, GC (Nr. 631)
Bad Griesb., Uttlau (Nr. 624)

Greenfee-Aktion: Seite G 149

Golfclub Gersthofen e.V.

Karte, Nr. 630, Feld G12 **18** Höhe: 470 m

gegründet: 2003

Unterer Auweg 6, 86169 Augsburg
0821-2413799
info@golfclub-gersthofen.de
www.golfclub-gersthofen.de

PR Claudia Haselmeier
Headgreenkeeper: Manfred Auer

i 0821-2413799

Clubhaus
0821-2413799

PRO Pro: Hans Schauer

9-Loch Golfclub Gersthofen e.V. Platz
H: 1433 m, CR 57, SL 85, Par 58
D: 1433 m, CR 57.6, SL 85, Par 60
9-Loch Platz BB
H: 1391 m, CR 57.2, SL 85, Par 58
D: 1391 m, CR 57.5, SL 84, Par 58
20 Rangeabschläge

G Gäste sind jederzeit willkommen.

Tages-Greenfee: WT: EUR 15 / WE: EUR 25
Ermäßigung: Jugendl. bis 18 J. und Stud. bis 27 J. 50%

Platzinfos

VCG GPS

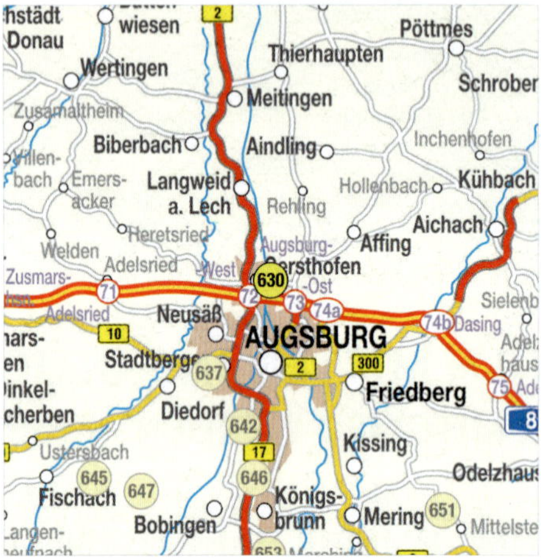

Anfahrtsbeschreibung

Autobahn A8 Ausfahrt Augsburg-Ost,oder aus Augsburg kommend Richtung Flughafen, dann links Richtung Gersthofen. Der Platz liegt noch in Augsburg. Vor dem Lech rechts einbiegen.

Platzbeschreibung

Im Golfclub Gersthofen e.V. kann jeder, auch ohne Platzreife und Clubmitgliedschaft trainieren. Alle Golf-Interessierten sind herzlich willkommen. Ziel des Golfclub Gersthofen e.V. ist es, den Golfsport Allen zugängig zu machen. 2 Pro's unterstützen uns. Unser Platz besteht aus einem 18 Loch Platz und Übungsgelände mit Driving-Range.

Nächstgelegene Plätze

Leitershofen, GC (Nr. 637)
GolfRange Augsburg (Nr. 642)
Lechfeld, GC (Nr. 646)

Greenfee-Aktion: Seite G 149

Golfclub Sagmühle

Karte, Nr. 631, Feld K12 **18** Höhe: 350 m

gegründet: 1984

Golfplatz Sagmühle 1, 94086 Bad Griesbach
08532-2038 / Fax 08532-3165
info@sagmuehle.de
www.sagmuehle.de

PR: Gerhard Lidl, CM: Mathias Probst
Headgreenkeeper: Gerhard Weich

i: 08532-2038 / Fax 08532-3165
Christine Rieger, Anita Maurer

Gutshof Sagmühle
08532-96140 oder 961443

PRO SHOP: GC Sagmühle
08532-2038 / Fax 08532-3165

PRO: Pro: Mathias Probst, Paul Grainger, Dave Eddy

H: 5955 m, CR 71, SL 127, Par 72
D: 5180 m, CR 72.5, SL 128, Par 72
25 Rangeabschläge (3 überdacht)

G: Gäste sind jederzeit willkommen. Anmeldung ist notwendig. Clubausweis mit eingetragener PE ist erforderlich.

Tages-Greenfee: EUR 75
Startzeitenreservierung erforderlich.
Ermäßigung: Jugendl./Stud. 50%

Platzinfos

VCG, GPS, CLUB, GASTRO

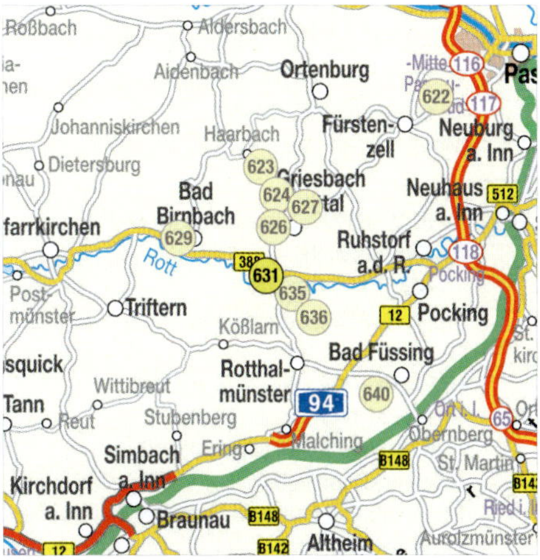

Anfahrtsbeschreibung

A 3, Ausfahrt Pocking, auf der B 12 / B 388 Richtung Bad Griesbach, nach der Kreuzung Schwaim/Abzweigung Bad Griesbach (ca. 150 m) links dem Schild „Golfplatz Sagmühle" zum Golfplatz folgen. Oder: Von München auf der B 12 über Mühldorf am Inn-Altötting-Simbach Richtung Rotthalmünster nach Bad Griesbach.

Platzbeschreibung

Der Meisterschaftsplatz wurde 1987 auf 18 Bahnen erweitert und liegt unmittelbar an der Rott auf ebenem Gelände. Alter Baumbestand, Büsche, Zierpflanzungen und natürliche Wasserhindernisse begleiten und begrenzen die großzügig angelegten Spielbahnen. Intensive Pflege und eine automatische Fairwaybewässerung garantieren eine hohe Platzqualität. Eine Besonderheit ist während oder nach der Runde das idyllisch gelegene und einladende Halfway-House nach Loch 10.

Nächstgelegene Plätze

Bad Griesb., Porsche GC (Nr. 635)
Bad Griesb., Beckenbauer GC (Nr. 636)
Bad Griesb., Lederbach (Nr. 626)

Bayern

Rottaler Golf- & Country Club Eggenfelden

Karte, Nr. 632, Feld K12 **18** Höhe: 400 m

gegründet: 1972

Fischgartl 2, 84332 Hebertsfelden
✆ 08561-5969 🖷 08561-2646
✉ info@rottaler-gc.de
💻 www.rottaler-gc.de

PR Guido Gabisch, CM: Wolfgang Obermeier
Headgreenkeeper: Wolfgang Gerauer

✆ 08561-5969 🖷 -2646
Monika Aman

Zur 19
✆ 0175 - 6698968 oder 0151 - 19663166

PRO SHOP Rottaler Golfclub
✆ 08561-5969 🖷 -2646

PRO Pro: Peter Allen, Gerry Taylor

H: 5948 m, CR 71.6, SL 126, Par 72
D: 5249 m, CR 73.2, SL 126, Par 72
30 Rangeabschläge (4 überdacht)

G Gäste sind jederzeit willkommen. Anmeldung ist notwendig. Clubausweis mit eingetragener PE ist erforderlich.

18-Loch-Greenfee: EUR 70
9-Loch-Greenfee: EUR 40
Ermäßigung: Jugendl./Stud. bis 26 J. 50%

Platzbeschreibung

Die Golf-Anlage ist Teil des Erholungsgebietes Rottal/Inn, herrlich gelegen am Rottauen-Stausee. Die Rott durchquert den gesamten Platz und schafft so eine Vielzahl von natürlichen Wasserhindernissen. Neu geschaffene Tümpel und Teiche haben in Verbindung mit den an den Golfplatz angrenzenden Feuchtbiotopen einen natürlichen Lebensraum entstehen lassen, der seltenen und zum Teil gefährdeten Tierarten Rückzugsmöglichkeiten bietet.

Platzinfos

Anfahrtsbeschreibung

A 92 München-Deggendorf bis Dingolfing, Frontenhausen, Gangkofen, Eggenfelden (B 388), von Eggenfelden weiter auf der B 388, Richtung Passau, nach ca. 6 km rechts Wegweiser Rottaler Golfclub. Von Pfarrkirchen: B 388 (Umgehung Pfarrkirchen), rechts Ausfahrt „Rottaler Golfclub" nach Postmünster, in Postmünster nach der Rottbrücke rechts, noch ca. 2 km bis zum Golfplatz.

Nächstgelegene Plätze

Bella Vista GP (Nr. 629)
Sagmühle, GC (Nr. 631)
Pleiskirchen, GC (Nr. 643)

Golfclub Vilsbiburg e.V.

Karte, Nr. 633, Feld I12 **9** Design: Harradine Höhe: 450 m

gegründet: 1992

Trauterfing 31, 84137 Vilsbiburg
☏ 08741-968680 Fax 08741-968686
info@gc-vilsbiburg.de
www.gc-vilsbiburg.de

PR: Richard Erhardsberger

i: ☏ 08741-968680 Fax 08741-968686
Inge Krieglsteiner, Rosi Dechantsreiter

Lilit´s Golfstüberl, Lilit Mikichyan
☏ 08741-968682
Mo. Ruhetag

PRO SHOP: Pro Zvonko Bicanic
☏ 0178-7066704

PRO: Pro: Zvonko Bicanic

9-Loch Hauptplatz
H: 5950 m, CR 70.9, SL 124, Par 71
D: 5159 m, CR 71.9, SL 124, Par 71
20 Rangeabschläge (5 überdacht)

G: Gäste sind jederzeit willkommen. Anmeldung ist notwendig. Clubausweis mit eingetragener PE ist erforderlich.

Tages-Greenfee: WT: EUR 35 / WE: EUR 40
9-Loch-Greenfee: WT: EUR 20 / WE: EUR 25
Abendgreenfee tägl. ab 18:00 Uhr EUR 20 /
Ermässigungen nicht addierbar.
Ermäßigung: Jugendl. bis 18 J. und Stud. bis 26 J. 50%

Platzinfos

VCG GPS

Anfahrtsbeschreibung
A 92 München-Deggendorf, Ausfahrt Landshut-Nord Richtung Landshut, weiter auf der B 299 nach Vilsbiburg, dort der B 388 nach München folgen. Nach ca. 3 km liegt der Golfplatz rechter Hand direkt an der B 388. Oder: München-Erding-Vilsbiburg auf der B 388.Der Golfplatz liegt direkt an der B 388 in Trauterfing, 3 km vor Vilsbiburg.

Platzbeschreibung
Der Golfclub Vilsbiburg liegt nur unweit dieses alten niederbayerischen Ortes direkt an der Großen Vils in Trauterfing. Naturbelassene Gräben, Teiche und Altwässer bieten den Spielern ebenso große Herausforderungen wie aufwendige, künstlich angelegte Hindernisse.

Nächstgelegene Plätze
Pleiskirchen, GC (Nr. 643)
Erding Grünbach, GC (Nr. 641)
Schloss Guttenburg, GC (Nr. 660)

New Golf Club Neu-Ulm

Karte, Nr. 634, Feld F12 **9** Design: Volker Szidat

gegründet: 2000

Kammer-Krummen-Straße 100,
89233 Neu-Ulm
✆ 0731-70533315
✉ info@newgolfclub.de
💻 www.newgolfclub.de

PR GF: Florian Ebner, CM: Theresa Schütz
Headgreenkeeper: Peter Sommer

i ✆ 0731-7070111 🖷 0731-7070113

New Golf Café

PRO SHOP NEWGOLFSTORE

PRO Pro: Luis Meyer, Mark Philipp Lindner, Willi Hoffmann

H: 6028 m, CR 71.7, SL 128, Par 72
D: 5278 m, CR 73.3, SL 127, Par 72

G Gäste sind jederzeit willkommen. Anmeldung ist notwendig. Clubausweis mit eingetragener PE ist erforderlich. Greenfee Spieler, die einen DGV-Ausweis ohne „R" Kennzeichnung besitzen oder VCG-Spieler bezahlen einen Aufschlag in Höhe von EUR 10 (9-Loch) auf das reguläre Greenfee.

18-Loch-Greenfee: EUR 80
9-Loch-Greenfee: EUR 40

Platzbeschreibung

Der Platz des NEW GOLF CLUBS bietet beste Bedingungen nicht nur für Anfänger, sondern auch fortgeschrittene Golfer fühlen sich hier schnell heimisch. Das erfahrene Trainerteam vor Ort wird jeder Spielstärke gerecht. Der im Jahr 2000 eröffnete 9-Loch-Golfplatz liegt unmittelbar an der Donau, und zwar direkt gegenüber dem Naherholungsgebiet der Stadt Ulm.

Platzinfos

VCG

Anfahrtsbeschreibung

A 7 Richtung Memmingen, Abfahrt Nersing (1. Ausfahrt nach dem Echingerkreuz A 8 / A 7). Dann Richtung Burlafingen, Pfuhl Offenhausen auf der alten B 10. Nach Pfuhl beim Kreisverkehr rechts Richtung Industriegebiet Kammerkrummen. Das Clubhaus ist von der Strasse gut zu erkennen.

Nächstgelegene Plätze

Ulm, GC (Nr. 520)
Donau-Riss, GC (Nr. 521)
Reischenhof, GC (Nr. 524)

Bayern

Golf Resort Bad Griesbach, Porsche Golf Course

Karte, Nr. 635, Feld K12 **18** Design: Bernhard Langer, Kurt Rossknecht Höhe: 337 m

gegründet: 2003

An der Rottwiese 1, 94094 Rotthalmünster
☎ 08532-92440 🖷 08532-924429
✉ gppenning@quellness-golf.com
💻 www.quellness-golf.com

PR Alois Hartl, GF: Andreas Gerleigner,
CM: Andreas Gerleigner
Headgreenkeeper: Florian Gerleigner

i ☎ 08532-92440 🖷 -924429
Alexandra Seidel

Gutshof Penning, Monika Lechner
☎ 08532-92660 🖷 -9266320

PRO SHOP Golf Resort Schlägershop & Chervò Modeshop,
Bernhard Fankhauser
☎ 08532-924412 🖷 -924429

PRO Pro: 30 Pros der Golfakademie am Golfodrom®
Holzhäuser

H: 5690 m, CR 70.5, SL 130, Par 71
D: 4920 m, CR 72, SL 129, Par 71
30 Rangeabschläge (8 überdacht)

G Gäste sind jederzeit willkommen. Anmeldung ist erforderlich. PE ist erforderlich.

Tages-Greenfee: WT: EUR 86 / WE: EUR 96
Kinder und Jugendliche bis einschl. 15 Jahre spielen greenfee-frei auf allen 9- und 18-Loch-Anlagen des Resorts. Voraussetzung: Gäste der QGR Hotels oder Gutshöfe.
Ermäßigung: Jugendl. bis 18 J. und Stud. bis 27 J. 50%

Platzinfos

VCG

Anfahrtsbeschreibung

A 3 Frankfurt-Nürnberg-Regensburg-Passau, Ausfahrt Pocking, B 12 / B 388 Richtung Bad Griesbach, in Bad Griesbach die Beschilderung GOLF RESORT SÜD/ Golfanlage Penning beachten. Oder: Von München auf der B 12 über Mühldorf a. Inn-Altötting-Simbach Richtung Rotthalmünster nach Bad Griesbach.

Platzbeschreibung

Der 18-Loch-Platz ist flach und leicht begehbar. Alter Baumbestand, das Flüsschen Rott und sanfte Hügel an den Spielbahnen prägen diese Golfanlage. Neben einem klassischen 90 Grad Dogleg ist das 13. Loch besonders interessant. Bei dem 145 m langen Par 3 liegt das Grün auf einer Halbinsel. Eine Herausforderung zum Abschluss stellt die Bahn 18 dar - ein langes Par 4 mit einem schwierigen letzten Schlag über Wasser auf das gut geschützte Grün.

Nächstgelegene Plätze

Bad Griesb., Beckenbauer GC (Nr. 636)
Sagmühle, GC (Nr. 631)
Bad Griesb., Holzhäuser (Nr. 627)

Bayern

Greenfee-Aktion: Seite G 151

Quellness GR Bad Griesbach, Beckenbauer GC

Karte, Nr. 636, Feld K12 **18** Design: Bernhard Langer, Kurt Rossknecht Höhe: 337 m

gegründet: 1989

Golfanlage Penning, An der Rottwiese 1,
94094 Rotthalmünster
08532-92440 08532-924429
gppenning@quellness-golf.com
www.quellness-golf.com

PR Alois Hartl, GF: Andreas Gerleigner,
CM: Andreas Gerleigner
Headgreenkeeper: Florian Gerleigner

i 08532-92440 -924429
Alexandra Seidel

Gutshof Penning, Monika Lechner
08532-92660 -9266320

PRO SHOP Golf Resort Schlägershop, Bernhard Fankhauser
08532-924412 09244-29

PRO Pro: 30 Pros der Golfakademie am Golfodrom®
Holzhäuser

H: 6078 m, CR 72.6, SL 129, Par 72
D: 5174 m, CR 73.6, SL 128, Par 72
30 Rangeabschläge (8 überdacht)

G Gäste sind jederzeit willkommen. Anmeldung ist erforderlich. PE ist erforderlich. Auf dem Beckenbauer Golf Course gibt es von Montag bis Freitag eine Handicap-Beschränkung. Von 8.00 Uhr bis 10.30 Uhr ist das maximale Handicap 28

Tages-Greenfee: WT: EUR 102 / WE: EUR 112
Ermäßigung: Jugendl. bis 18 J. und Stud. bis 27 J. 50%

Platzinfos

VCG CLUB GASTRO

Anfahrtsbeschreibung

A 3 Frankfurt-Nürnberg-Regensburg-Passau, Ausfahrt Pocking, B 12 / B 388 Richtung Bad Griesbach, in Bad Griesbach die Beschilderung beachten. Oder: Von München auf der B 12 Über Mühldorf a. Inn-Altötting-Simbach Richtung Rotthalmünster nach Bad Griesbach.

Platzbeschreibung

Kaiserliches Golfvergnügen auf satten Grüns und perfekten Fairways – der Meisterschaftsplatz, den Bernhard Langer als Architekt in die Auenlandschaft des Flüsschens Rott gezaubert hat, bekam schon im Eröffnungsjahr das Prädikat „Weltklasse" verliehen. Die 18 Löcher in Penning, seit 2015 Austragungsort der European Tour, haben es durchaus in sich.

Nächstgelegene Plätze

Bad Griesb., Porsche GC (Nr. 635)
Sagmühle, GC (Nr. 631)
Bad Griesb., Holzhäuser (Nr. 627)

Golf Club Leitershofen e.V.

Karte, Nr. 637, Feld G12 **9** Höhe: 520 m

gegründet: 1981

Deuringer Straße 20,
86391 Stadtbergen/Augsburg
0821-437242 0821-437460
gcl@golfclub-leitershofen.de
www.golfclub-leitershofen.de

PR Udo Kresta, GF: Heike Birner
Headgreenkeeper: Jurij Bojtschuk

0821-437242 0821-437460
Swetlana Meyer, Eva Übelhör

Golf-Restaurant
0821-4397189

PRO SHOP EGM

PRO Pro: Gavin Crockett

H: 6088 m, CR 71.3, SL 130, Par 72
D: 5350 m, CR 73.2, SL 129, Par 72
20 Rangeabschläge (3 überdacht)

G Gäste sind jederzeit willkommen. Clubausweis mit eingetragenem Handicap (45) ist erforderlich.

18-Loch-Greenfee: WT: EUR 45 / WE: EUR 55
9-Loch-Greenfee: WT: EUR 30 / WE: EUR 38
GF für Jugendl./Studenten WT/WE EUR 23/28

Platzbeschreibung

Der Golfplatz liegt sehr stadtnah zur Bischofs- und Fuggerstadt Augsburg. Das Gelände ist leicht hügelig und bietet durch die relativ vielen Bunker, Bäume und Büsche interessante Aufgaben. Von der Anlage aus gibt es einen wunderschönen Blick auf die Kulisse Augsburgs.

Platzinfos

VCG

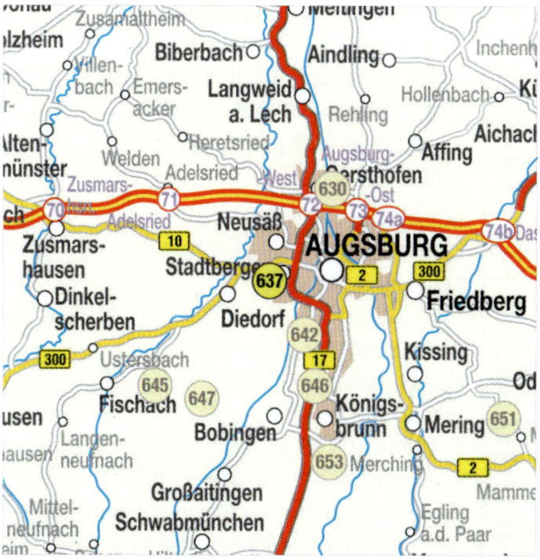

Anfahrtsbeschreibung

A 8 München-Stuttgart, Ausfahrt Augsburg-West, auf der B 17 Richtung Augsburg-Füssen, Ausfahrt Augsburg-Pfersee/Stadtbergen, dann rechts auf die B 300 bis zur nächsten Ampel, dort links. Geradeaus bis zum Kreisel, die zweite Ausfahrt und geradeaus bis zum Ende der Straße. Dort rechts Richtung Deuringen. Der Golfplatz liegt rechts der Verbindungsstraße zwischen Stadtbergen und Deuringen.

Nächstgelegene Plätze

GolfRange Augsburg (Nr. 642)
GC Gersthofen e.V. (Nr. 630)
Lechfeld, GC (Nr. 646)

Bayern

Golf-Club Schloss Klingenburg e.V.

Karte, Nr. 638, Feld F12 **18** Design: Donald Harradine Höhe: 550 m

gegründet: 1980

Schloss Klingenburg,
89343 Jettingen-Scheppach
✆ 08225-3030 🖷 08225-30350
✉ info@golf-klingenburg.de
💻 www.golf-klingenburg.de

PR: Joachim Lichtblau, CM: Andreas Gruhler
Headgreenkeeper: Josef Rudhart

i: ✆ 08225-3030 🖷 08225-30350
Johanna Rößle

Im Janders, Sven Jahn
✆ 08225-30340 🖷 08225-30350

PRO SHOP: EGM - Ihr Golfprofi

PRO: Pro: Maximilian Löhlein (PGA),
Paavo J. Schaefer (PGA)

H: 6007 m, CR 72, SL 132, Par 73
D: 5354 m, CR 74, SL 128, Par 73
40 Rangeabschläge (8 überdacht)

G: Gäste sind jederzeit willkommen. Anmeldung ist notwendig. Clubausweis mit eingetragenem Handicap (54) ist erforderlich. Sa./So./Feiertage ist Handicap 36 erforderlich. Bitte Startzeit reservieren (PCCaddie)

18-Loch-Greenfee: WT: EUR 60 / WE: EUR 80
Ermäßigung: Jugendl./Stud. bis 27 J. 50%

Platzbeschreibung

Zwischen Augsburg und Günzburg, am Hochufer der Mindel gelegen, finden Sie den GC Schloss Klingenburg. Nach der Gründung 1980 entwickelte sich der Club zu einem Diamant unter den Golfplätzen und ist unter Golfkennern ein „Muss". Es erwartet Sie eine eindrucksvolle Open-Air-Kulisse mit tausenden alten Bäumen und zahlreichen Biotopen. Anspruchsvoll, aber sportlich fair für jede Spielstärke präsentiert sich der Platz zu jeder Zeit in einem Top-Zustand.

Platzinfos

VCG

Anfahrtsbeschreibung

A 8 Stuttgart-München, Ausfahrt Burgau rechts Richtung Jettingen-Scheppach, im Kreisverkehr 1. Ausfahrt rechts Richtung Thannhausen, Abzweigung Schönenberg, Beschilderung „Golfclub Klingenburg" folgen. Für Navigation: 89343 Schönenberg eingeben, da Golfplatz außerhalb Jettingen-Scheppach.

Nächstgelegene Plätze

Weiherhof, GA (Nr. 645)
Dillingen Nusser Alm, GC (Nr. 621)
Augsburg, GC (Nr. 647)

Bayern

Münchner Golf Eschenried - Golfpark Gut Häusern

Karte, Nr. 639, Feld H12 18/6 Design: Peter Harradine Höhe: 485 m

gegründet: 1983

Gut Häusern 2, 85229 Markt Indersdorf
✆ 08139-93280 🖷 08139-932828
✉ info@golf-gh.de
💻 www.muenchner-golf-eschenried.de

PR Dr. Peter Paul Moll, GF: Thomas Heitmeier, CM: Toni Leitermann
Paul Richter

i ✆ 08139-93280 🖷 08139-932828
Hildegard Schmid

Alte Gutsscheune, Simon Pfab
✆ 08139-995133 🖷 08139-995136

PRO SHOP Andy Gall
✆ 08139-932818

PRO Pro: Andy Gall, PGA Golfschule Gut Häusern

18-Loch Championship Course
H: 6130 m, CR 71.8, SL 127, Par 72
D: 5207 m, CR 72.3, SL 125, Par 72
6-Loch Pay and Play Platz
H: 690 m, Par 19, D: 690 m, Par 19
50 Rangeabschläge (8 überdacht)

G Gäste sind jederzeit willkommen. Anmeldung ist notwendig. Clubausweis mit eingetragenem Handicap (45) ist erforderlich.

18-Loch-Greenfee: WT: EUR 80 / WE: EUR 95
Ermäßigung: Jugendl./Stud.

Platzbeschreibung

Die raffinierte und harmonische Komposition von Wald, Sand und Wasser verleihen dem cartfähigen Meisterschaftsplatz ein spezielles, nach schottischem Vorbild geprägtes Charakteristikum. Sportlich anspruchsvoll und spielerisch abwechslungsreich präsentiert sich der Par 72 Meisterschaftsplatz dem Golfer. Eine Gesamtlänge von ca. 6.710 m (Champions) und 6 Abschläge pro Spielbahn garantieren ein Spielerlebnis der Extraklasse auch für Golfeinsteiger.

Platzinfos

VCG GPS CLUB GASTRO

Anfahrtsbeschreibung

A 92, Ausf. Unterschleißheim/Haimhausen, auf der B 13 Ri. Ingolstadt bis Fahrenzhausen, in Fahrenzhausen links Ri. Petershausen/Dachau/Kammerberg, nach 50 m links Ri. Lotzbach/Dachau, bis zum Kreisverkehr Lotzbach, dort geradeaus Ri. Röhrmoos/ Markt Indersdorf, beimOrtsende Röhrmoos rechts (Feuerwehr) der Beschilderung GH folgen, bis zum Kreisverkehr Pasenbach, dort links der Beschilderung GH folgen, nach 2 km im Wald Einfahrt links zum GP Gut Häusern.

Nächstgelegene Plätze

Dachau, GC (Nr. 648)
Schloß Reichertsh., GC (Nr. 628)
Gerolsbach, GC (Nr. 625)

Bayern

Greenfee-Aktion: Seite G 151

ThermenGolfClub Bad Füssing-Kirchham e.V.

Karte, Nr. 640, Feld K12 **18** Höhe: 400 m

gegründet: 2001

Thierham 3, 94072 Bad Füssing
08537-91990 08537-919920
info@thermengolf.de
www.thermengolf.de

PR Alfred Aigner

i 08537-91990 08537-919920
Martina Meier, Claudia Müller

Cafe-Restaurant „Auszeit am Grün", Cornelia Schettler
08537-9192480

PRO SHOP Thermengolf Bad Füssing-Kirchham GmbH & Co. KG, Martina Meier
08537-91990 08537-919920

PRO Pro: Frankie Young

H: 5724 m, CR 69.4, SL 120, Par 72
D: 4729 m, CR 69.4, SL 118, Par 72
40 Rangeabschläge (7 überdacht)

G Gäste sind jederzeit willkommen. Anmeldung ist notwendig. Clubausweis mit eingetragenem Handicap (54) ist erforderlich.

18-Loch-Greenfee: EUR 68
9-Loch-Greenfee: EUR 36
Ermäßigung: Jugendl./Stud. 50%

Platzbeschreibung

Das ganzjährig geöffnete Golfer-Eldorado des ThermenGolfClubs Bad Füssing-Kirchham erstreckt sich auf einer Gesamtfläche von 90 ha zwischen den Ortschaften Bad Füssing und Kirchham. Dieser Golfplatz lässt keine Wünsche offen. Die 18 Loch Meisterschaftsanlage ist geschickt in die bestehende Landschaft eingebettet. Alter Baumbestand und Junganpflanzungen bieten nicht nur ein reizvolles Panorama, sondern auch Schutz für Fasane und Rehe. Der naturbelassene Erlbach zieht seine Wege durch die gesamte Golfanlage. Daher verläuft das Zusammentreffen von Natur und Golf sehr harmonisch und geht fließend ineinander über. Der ThermenGolfClub Bad Füssing ist für jeden Golfer geeignet. Der ebene und leicht zu begehende Platz geizt nicht an sportlich anspruchsvollen Herausforderungen für alle Leistungsstärken.

Platzinfos

VCG GPS

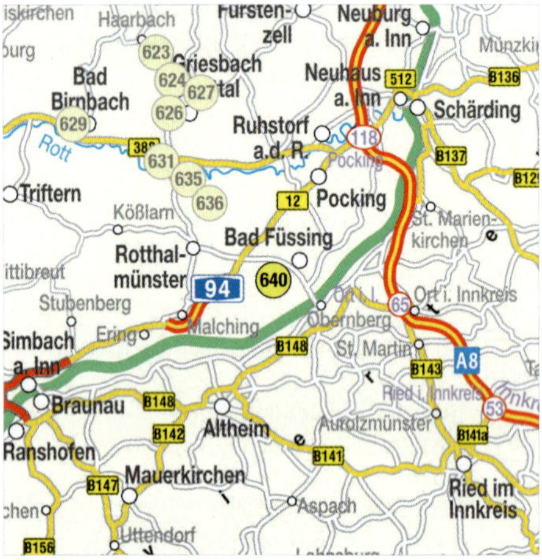

Anfahrtsbeschreibung

B 12 München-Mühldorf-Simbach-Passau, Ausfahrt Tutting, weiter Richtung Bad Füssing-Kirchham, in Kirchham an der 1. Abfahrt rechts und der Beschilderung folgen. Oder: A 3 Frankfurt-Nürnberg-Regensburg-Passau, Ausfahrt Pocking, weiter auf der B 12 RichtungPocking, Ausfahrt Bad Füssing/Kirchham, 1. Abfahrt rechts und Beschilderung Golfplatz folgen.

Nächstgelegene Plätze

Bad Griesb., Beckenbauer GC (Nr. 636)
Bad Griesb., Porsche GC (Nr. 635)
Sagmühle, GC (Nr. 631)

Bayern

Bayern

Greenfee-Aktion: Seite G 151f

Golf-Club Erding Grünbach e.V.

Karte, Nr. 641, Feld H12 **18** Höhe: 450 m

gegründet: 1973

Kellerberg 13, 85461 Grünbach-Erding
✆ 08122-49650 🖷 08122-49684
✉ info@golf-erding.de
💻 www.golf-erding.de

PR: Rudolf Bauschmid, CM: Max Schwaiger

i: ✆ 08122-49650 🖷 -49684
Bärbel Eicher, Sabine Jechow

„Valis", Valdet Rudi
✆ 08122-9599246

PRO SHOP: ✆ 08122-49650 🖷 -49684

PRO: Pro: Georg Schultes, Andy Jinks

H: 5921 m, CR 70.9, SL 130, Par 71
D: 5140 m, CR 72.2, SL 125, Par 71
40 Rangeabschläge (6 überdacht)

G: Gäste sind jederzeit willkommen. Anmeldung ist notwendig. Clubausweis mit eingetragenem Handicap ist erforderlich. Sa./So./Feiertage ist Handicap 36 erforderlich. Startzeiten nur Samstag, Sonntag & Feiertage. Hunde auf dem Platz nur angeleint von Mo-So (Abschlag bis 12 Uhr).

18-Loch-Greenfee: WT: EUR 65 / WE: EUR 75

Platzinfos

Anfahrtsbeschreibung

Von München-Nord B 388 oder München-Ost Richtung Erding, kurz vor Erding der Beschilderung nach Taufkirchen bzw. Vilsbiburg folgend weiter auf der B 388 und in Grünbach die erste Abzweigung rechts nach ca. 100 m links abbiegen immer geradeaus den Berg hinauf. Oben angekommen befindet sich der erste Parkplatz auf der linken Seite vor dem Clubhaus. Einen zweiten Parkplatz finden Sie wenige Meter weiter auf der Straße weiter links (nach dem Clubhaus).

Platzbeschreibung

Die 18-Loch-Anlage ist ein landschaftliches Kleinod östlich von Erding. Fast alle Spielbahnen zeichnen sich durch ein ständiges bergauf und -ab aus, wobei die ersten neun Fairways auf relativ offenem Gelände verlaufen und die zweiten neun stärker von Wald umgeben sind und oft Baumgruppen in das Spielgeschehen eingreifen. Die terrassenförmig angelegten Bahnen werden teils von Wassergräben begleitet, oft greifen auch frontale Wasserhindernisse ein.

Nächstgelegene Plätze

Mchn. Eichenried, GC (Nr. 649)
Open Golf Eichenried (Nr. 650)
Bav. GC Mchn.-Eicherloh (Nr. 654)

Golfclub GolfRange Augsburg

Karte, Nr. 642, Feld G12 **9** Höhe: 460 m

gegründet: 1997

Lindauer Straße 56, 86199 Augsburg
✆ 0821-906500 🖷 0821-9065022
✉ augsburg@golfrange.de
💻 www.golfrange.de

PR GF: Dr. Florian Bosch, CM: Fabian Fietze
Headgreenkeeper: Werner Heuländer

i ✆ 0821-906500 🖷 0821-9065022
Aylin Geib

Villa Rocca, Maurizio Saraca
✆ 0821-9985869 🖷 0821-9985870

PRO SHOP EGM Ausgburg, Nina Smythe
✆ 0821-99830262 🖷 -9065022

PRO Pro: Felix Proske, Mark Smythe

H: 4390 m, CR 63, SL 113, Par 64
D: 3990 m, CR 64.8, SL 114, Par 64
80 Rangeabschläge (20 überdacht)

G Gäste sind jederzeit willkommen. Anmeldung ist notwendig. Clubausweis mit eingetragenem Handicap (54) ist erforderlich.

18-Loch-Greenfee: WT: EUR 33 / WE: EUR 41
9-Loch-Greenfee: WT: EUR 22 / WE: EUR 27
Ermäßigung: Jugendl./Stud. 35%

Platzinfos

VCG GPS GASTRO

Platzbeschreibung

Der GC liegt am südl. Stadtrand von Augsburg und ist mit öffentl. Verkehrsmitteln zu erreichen. Beste Trainingsmöglichkeiten auf der DR mit 80 Abschlägen und allen wichtigen Übungseinrichtungen wie Fairwaybunker, Erlebnis-Putting-Green u. Greenbunker! Der interessante 9-Loch-Platz wird so manchen Golfer erstaunen lassen, denn wo keines der insgesamt 7 Wasserhindernisse ist, lauert sicher einer der 32 Bunker, die die Greens gut verteidigen.

Anfahrtsbeschreibung

A 8 Stuttgart-München, Ausfahrt Augsburg-West, B 17 Richtung Augsburg-Füssen-Landsberg (Ortsumgehung), in Augsburg nach der Wertach-Brücke an der großen Ampelkreuzung rechts Richtung Göggingen/Kurhaus, nach dem Ortsende Göggingen liegt rechts der Golfplatz. Von Süden: B 17 Landsberg-Augsburg, Ausfahrt Haunstetten-Inningen Richtung Inningen, an der Ampelkreuzung rechts Richtung Göggingen, vor dem Ortsbeginn Göggingen liegt links der Golfplatz.

Nächstgelegene Plätze

Lechfeld, GC (Nr. 646)
Leitershofen, GC (Nr. 637)
Augsburg, GC (Nr. 647)

Greenfee-Aktion: Seite G 153

Golfclub Pleiskirchen e.V.

Karte, Nr. 643, Feld I12 **18** Höhe: 450 m

gegründet: 1995

Am Golfplatz 2, 84568 Pleiskirchen
☎ 08635-708903 Fax 08635-708904
golfclub@pleiskirchen.de
www.golfclub-pleiskirchen.de

PR: Josef Neuberger

i: ☎ 08635-708903 Fax -708904
Theresia Huber

Restaurant am Golfplatz, Alexander Wittmann
☎ 08635-1278 Fax -708904

PRO SHOP: Jochen Ziffels, Jochen Ziffels
☎ 08635-708903 Fax 08635-708904

PRO: Pro: Jochen Ziffels

H: 5941 m, CR 71.3, SL 126, Par 72
D: 5208 m, CR 72.7, SL 125, Par 72
30 Rangeabschläge (4 überdacht)

G: Gäste sind jederzeit willkommen. Clubausweis mit eingetragener PE ist erforderlich.

18-Loch-Greenfee: WT: EUR 50 / WE: EUR 60
Ermäßigung: Jugendl./Stud. 50%

Platzbeschreibung

Abwechslungsreicher Platz, abseits von Verkehrslärm, in ruhiger, landschaftlich reizvoller Lage, mit schnellen und herrlichen Grüns. Wunderschöner Blick auf die umliegende Landschaft und den malerischen Ort Pleiskirchen. Bei schöner Witterung herrliche Kulisse der bairischen und österreichischen Alpen.

Platzinfos

VCG

Anfahrtsbeschreibung

Von München: Ab BAB-Kreuz München-Ost über die A 94 Ri. Passau, B 12 und ab Ampfing wieder auf A 94 bis BAB-Ausfahrt Töging/Pleiskirchen. Dann Wegweisung nach Pleiskirchen/Golfclub folgen. Aus östl. und südl. Richtung: A 94 Richtung München bis Ausfahrt Töging/Pleiskirchen, dann Wegweisung nach Pleiskirchen/Golfclub folgen.

Nächstgelegene Plätze

Schloss Guttenburg, GC (Nr. 660)
Altötting-Burgh., GC (Nr. 659)
Rottaler G&CC (Nr. 632)

Greenfee-Aktion: Seite G 153

Golfclub München-West Odelzhausen e.V.

Karte, Nr. 644, Feld G12   18/5   Design: Georg Boehm   Höhe: 400 m

gegründet: 1988

Todtenried 3, 85235 Odelzhausen
08134-99880 · Fax 08134-998820
info@gcmw.de
www.gcmw.de

PR — Karl-Ernst Berger, CM: Martin Litz

i — 08134-99880 · Fax 08134-998820
Sebastian Daumann

H: 6060 m, CR 71.8, SL 127, Par 72
D: 5277 m, CR 73.4, SL 122, Par 72
25 Rangeabschläge (6 überdacht)

G — Gäste sind jederzeit willkommen. Anmeldung ist notwendig. Clubausweis mit eingetragenem Handicap (54) ist erforderlich. Sa./So./Feiertage ist Handicap 45 erforderlich.

18-Loch-Greenfee: WT: EUR 65 / WE: EUR 80
9-Loch-Greenfee: WT: EUR 35 / WE: EUR 40
Ermäßigung: Jugendl./Stud. 50%

Platzinfos

VCG

Platzbeschreibung

Die Golfanlage befindet sich auf einem leicht hügeligen Gelände und ist teils von Wald begrenzt. Trotz des großen Geländes mit 84 ha Fläche sind die Wege von Spielbahn zu Spielbahr sehr kurz gehalten. Der Platz erweist sich für Spieler sämtlicher Spielstärken als sehr abwechslungsreich. Der öffentliche 5-Loch Akademieplatz und die großzügigen Übungseinrichtungen bieten ideale Trainigsbedingungen für alle Golfbegeisterten zu günstigen Konditionen.

Anfahrtsbeschreibung

A 8 München-Stuttgart, Ausfahrt Odelzhausen Richtung Odelzhausen bis Ortsanfang, dort links Richtung Ebertshausen, nach ca. 1 km in Lukka rechts zu Gut Todtenried abbiegen.

Nächstgelegene Plätze

Rottbach, GA (Nr. 652)
Tegernbach, GC (Nr. 651)
Olching, GC (Nr. 655)

Bayern

Golfanlage Weiherhof

Karte, Nr. 645, Feld G12 **9** Höhe: 520 m

gegründet: 2005

Weiherhof 4, 86459 Gessertshausen,
OT Weiherhof
✆ 08238-965119 🖷 08238-965120
✉ golfanlageweiherhof@yahoo.de
💻 www.golfanlage-weiherhof.de

PR GF: Dr. Dan-Liviu Tite, CM: Dr. Dan-Liviu Tite

i ✆ 08238-965119 🖷 -965120
Dr. Dan-Liviu Tite

PRO SHOP Dr.Dan-Liviu Tite
✆ 08238-965119 🖷 08238-965120

PRO Pro: Frantisek Janelt

H: 3816 m, CR 63.3, SL 113, Par 66
D: 3446 m, CR 63.3, SL 117, Par 66
20 Rangeabschläge

G Gäste sind jederzeit willkommen. PE ist erforderlich.

18-Loch-Greenfee: WT: EUR 30 / WE: EUR 35
9-Loch-Greenfee: WT: EUR 25 / WE: EUR 30
GF-Ermäßigung für Partnerclubs
Ermäßigung: Jugendl. bis 18 J. 30%

Platzinfos

VCG

Anfahrtsbeschreibung

Autobahn A 8, Ausfahrt Augsburg-West, weiter auf der B 17 bis zur B 300. Auf der B 300 weiter Richtung Krumbach bis zum Ort Gessertshausen, diesen durchqueren bis kurz vor Ortsende (an der Tankstelle), dann links Richtung Fischach und nach ca. 500 m erneut links und den Wegweisern nach Waldberg und Schwabmünchen folgen. Ab Gessertshausen können Sie sich aber auch ganz einfach an der Beschilderung für das Kloster Oberschönefeld orientieren. Vorbei an diesem erreichen Sie nach ca. 1 km die Golfanlage Weiherhof.

Platzbeschreibung

Der sportlich herausfordernde Naturgolfplatz liegt südwestlich von Augsburg und ist von überwiegend hängenden Fairways und einer Streckenführung durch teilweise weit in die Spielbahnen hineinragende Rough-Flächen geprägt. Der gesamte Platz ist mit zahlreichen Biotopen, Gräben und Teichen versehen, die nicht nur „Rabbits", sondern auch fortgeschrittenen Golfern das Spiel erschweren.

Nächstgelegene Plätze

Augsburg, GC (Nr. 647)
Leitershofen, GC (Nr. 637)
GolfRange Augsburg (Nr. 642)

Bayern

Golfclub Lechfeld e.V.

Karte, Nr. 646, Feld G12   9

gegründet: 1984

Föllstraße 32a, 86343 Königsbrunn
08231-32637 08231-33449
info@gclechfeld.de
www.gclechfeld.de

PR: Kuno Weiler, CM: Daniel Hirte
Headgreenkeeper: Eugen Herb

i: 08231-32637 -33449

Golfpark-Restaurant
Mo. Ruhetag

PRO SHOP: EGM Augsburg, EGM Ihr Golfprofi
0821-272830 0821-719522

PRO: Pro: Christoph Scholz

H: 5870 m, CR 71.3, SL 129, Par 72
D: 4992 m, CR 72.1, SL 126, Par 72
15 Rangeabschläge (2 überdacht)

G: Gäste sind jederzeit willkommen. Anmeldung ist notwendig. Clubausweis mit eingetragenem Handicap (54) ist erforderlich.

18-Loch-Greenfee: WT: EUR 40 / WE: EUR 50
9-Loch-Greenfee: WT: EUR 30 / WE: EUR 35
Bitte beachten Sie, dass unsere genannten Greenfee-Preise für Gäste mit DGV-Ausweis der Kennzeichnung „GOLD“ gelten. Für Gäste mit Kennzeichnung „SILBER“ oder ohne Kennzeichnung wird ein Greenfee-Aufschlag erhoben.
Ermäßigung: Jugendl./Stud. 50%

Platzbeschreibung

Geschichtsträchtiges Terrain, den Kampfplatz „Lechfeld“, betritt der Golfer auf dieser Anlage. Das Gelände, auf dem sich heute die Spielbahnen des 1984 gegründeten Vereins durch die Landschaft ziehen, erlangte durch die hier ausgetragene Hunnenschlacht von 955 n. Chr. historische Berühmtheit. Der reizvoll gelegene, interessant zu spielende Platz, wird durch Seen, die als Wasserhindernisse ins Spielgeschehen eingreifen, geprägt.

Platzinfos

Anfahrtsbeschreibung

Der Golfplatz liegt direkt an der B 17 Augsburg-Landsberg, Ausfahrt Königsbrunn-Nord, erste Straße links (bei Toyota-Händler), bis zur Föllstraße und weiter der Beschilderung folgen.

Nächstgelegene Plätze

GolfRange Augsburg (Nr. 642)
Königsbrunn, GC (Nr. 653)
Leitershofen, GC (Nr. 637)

Bayern

Greenfee-Aktion: Seite G 153f

Golfclub Augsburg e.V.

Karte, Nr. 647, Feld G12   18/6   Design: Bernhard von Limburger   Höhe: 520 m

gegründet: 1959

Engelshofer Straße 2,
86399 Bobingen-Burgwalden
✆ 08234-5621 🖷 08234-7855
✉ info@golfclub-augsburg.de
💻 www.golfclub-augsburg.de

PR: Dr. Klaus Leuthe, CM: Yannick Ludwicki

i: ✆ 08234-5621 🖷 08234-7855

Christopher Campbell, Christopher Campbell
✆ 08234-9685822 🖷 08234-7855

PRO SHOP: EGM- Ihr Golfprofi
✆ 08234-7311 🖷 08234-7855

PRO: Pro: Felix Eibl, Philipp Klöpper

H: 6018 m, CR 71.8, SL 134, Par 72
D: 5347 m, CR 73.9, SL 127, Par 72
40 Rangeabschläge (7 überdacht)

G: Gäste sind jederzeit willkommen. Anmeldung ist notwendig. Clubausweis mit eingetragener PE ist erforderlich.

9-Loch-Greenfee: WT: EUR 38 / WE: EUR 48
Ermäßigung: Jugendl. bis 18 J. und Stud. bis 27 J. 50%

Platzbeschreibung

Wer auf der Suche nach einer gleichermaßen landschaftlich wie sportlich reizvollen Golfanlage ist, wird im Golfclub Augsburg fündig. Nur 20 Autominuten von Augsburg entfernt, begrüßt den Golfer das wunderschöne Panorama des Naturparks Westliche Wälder. Ein eingewachsener Nadel- und Laubwald umgibt die großzügig angelegten Fairways. In der Heimat von Golflegende Bernhard Langer fordert den Golfer ein sportlich fairer, aber herausfordernder 18-Loch Meisterschaftsplatz heraus.

Platzinfos

Anfahrtsbeschreibung

A 8 München-Stuttgart, Ausfahrt Augsburg-West, weiter auf der B 17 Richtung Landsberg, Ausfahrt Königsbrunn-Süd Richtung Bobingen nehmen, weiter Richtung Mickhausen und fortan der Golfplatzbeschilderung folgen.

Nächstgelegene Plätze

Weiherhof, GA (Nr. 645)
Lechfeld, GC (Nr. 646)
GolfRange Augsburg (Nr. 642)

Golfclub Dachau e.V.

Karte, Nr. 648, Feld H12 9

gegründet: 1964

An der Floßlände 3, 85221 Dachau
✆ 08131-10879 🖷 08131-26494
✉ info@gcdachau.de
💻 www.gcdachau.de

PR: Christian Reichl

i: ✆ 08131-10879 🖷 08131-26494
Sandra Schießl

Restaurant: ✆ 08131-335089

PRO SHOP: Sandra Schießl
✆ 08131-10879

PRO: Pro: Hans Albrecht

H: 5926 m, CR 70.7, SL 131, Par 72
D: 5296 m, CR 73.1, SL 126, Par 72
7 Rangeabschläge (3 überdacht)

G: Gäste sind Montag - Freitag (außer an Feiertagen) willkommen. Clubausweis mit eingetragenem Handicap (36) ist erforderlich. GPS-Geräte bei Turnieren nicht zugelassen.

Tages-Greenfee: EUR 50
9-Loch-Greenfee: WT: EUR 30 / WE: EUR 35
Tagesgreenfee mit Mitglied: WT EUR 40, WE EUR 50. VcG-Spieler: Mo-Do EUR 50. Münchner Kreis: Mo + Mi EUR 25. Sunset-Golf: Mo-Fr EUR 30.

Platzbeschreibung

Diese idyllisch an dem Fluss Amper gelegene 9-Loch-Anlage wird durch einen schönen alten Baumbestand geprägt, der geschickt in das Spielgeschehen integriert wurde. Der eher ebene Platz führt über die gesamte Länge an der Amper entlang und verlangt ein strategisches Spiel, um die teilweise engen Gassen ohne Schaden zu bewältigen und um den in den Spielbahnen stehenden Bäumen aus den Weg gehen zu können.

Platzinfos

VCG

Anfahrtsbeschreibung

In Dachau über die Alte Römerstraße, vor der Amperbrücke in die Straße „An der Floßlände" zum Golfplatz.

Nächstgelegene Plätze

Eschenried, Gröbenbach (Nr. 657)
Eschenried, Eschenried (Nr. 658)
Eschenried, Eschenhof (Nr. 656)

Bayern

Golfclub München Eichenried

Karte, Nr. 649, Feld H12 **27** Design: Kurt Rossknecht

gegründet: 1988

Münchener Straße 57, 85452 Eichenried
08123-93080 08123-930893
info@gc-eichenried.de
www.gc-eichenried.de

PR Karl-Friedrich Löschhorn, GF: Wolfgang Michel
Headgreenkeeper: Andrew Kelly

08123-93080 08123-930893
Angela Rinklake, Mariola Palacz

Restaurant NEO, Ulrich Sauer 608123-930813

PRO SHOP Golfersworld, Andreas Dorsch
0811-9985170

PRO Pro: Ken Williams, Julian Hilbertz, Robert Hamster, Hans-Christian Buchfelner, Katharina Böhm, Fabian Michelberger, Barry Rixom, Philip Ball, Felsner Pamela

27-Loch Kurs A+B+C
H: 6175 m, CR 73.3, SL 131, Par 73
D: 5454 m, CR 75.1, SL 133, Par 73
60 Rangeabschläge (7 überdacht)

G Gäste sind jederzeit willkommen. Anmeldung ist notwendig. Clubausweis mit eingetragenem Handicap (36) ist erforderlich.

18-Loch-Greenfee: WT: EUR 90 / WE: EUR 130
9-Loch-Greenfee: WT: EUR 50 / WE: EUR 70
Ermäßigung für Jugendliche und Studenten gilt nur für 18-Loch werktags. Ermäßigung: Jugendl. bis 18 J. und Stud. bis 27 J. 50%

Platzinfos

VCG GPS CLUB GASTRO

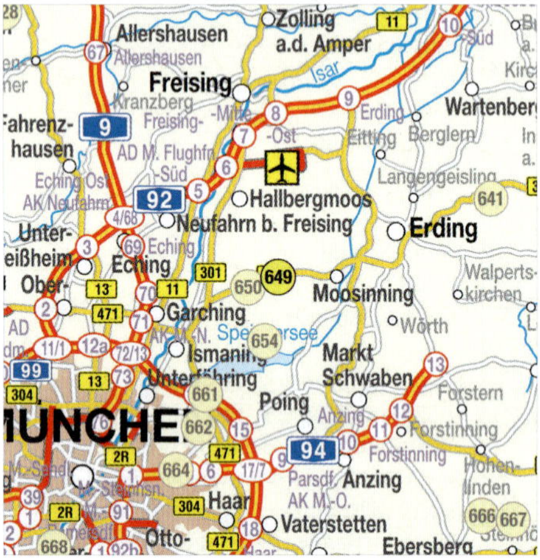

Anfahrtsbeschreibung

Von München auf der B 388 Ri. Norden nach Erding. Oder: A 9 München-Nürnberg, Ausfahrt Garching-Süd, weiter B 471, später B 388 Ri. Erding. Oder vom Münchner Osten: A 99, Ausfahrt Aschheim/Ismaning, Umgehungsstraße von der B 471 auf die B 388 Ri. Erding. Der Platz liegt direkt am Ortseingang von Eichenried, rechter Hand der B 388.

Platzbeschreibung

Der Golfclub München Eichenried ist untrennbar verbunden mit den BMW International Open. Für viele Golfer ist es eine besondere Herausforderung, auf den Spuren von Stars wie Martin Kaymer einen hochkarätigen PGA Championship Course zu spielen. Die Platzpflege ist stets auf höchstem Niveau, und stetig wird das Platzdesign den modernen Anforderungen angepasst. Insgesamt bietet Eichenried 27 Löcher mit drei variantenreichen 9-Loch-Schleifen, die alle bequem am Clubhaus enden.

Nächstgelegene Plätze

Open Golf Eichenried (Nr. 650)
Bav. GC Mchn.-Eicherloh (Nr. 654)
Green Hill (Nr. 661)

Bayern

OPEN.9 Golf Eichenried

Karte, Nr. 650, Feld H12 9 Design: Thomas Himmel Höhe: 520 m

gegründet: 2012

Schönstraße 45, 85452 Moosinning-Eichenried
☎ 08123-989280 Fax 08123-9892829
✉ info@open9.de
www.open9.de

PR: Manfred Heitele, GF: Daniela Schön-Horder

i: ☎ 08123-989280 Fax 08123-9892829
Bea Reiner

RESTAURANT.9
☎ 08123-989280 Fax 08123-9892829

PRO SHOP: OPEN.9 Golf Eichenried, Beate Meyer
☎ 08123-989280 Fax 08123-9892829

PRO: Pro: Steven Schallock

H: 2116 m, CR 62.6, SL 110, Par 32
D: 1782 m, CR 62.4, SL 105, Par 32
60 Rangeabschläge (10 überdacht)

G: Gäste sind jederzeit willkommen. Anmeldung ist erforderlich. PE ist erforderlich. Der Executive Golfcourse setzt sich aus vier PAR 3 und fünf PAR 4 Löchern zusammen und sorgt mit zwei Seen, vielen Bunkern, den professionell gestalteten Grüns und einer bewegten Landschaft für viel Abwechslung und sportlich herausragende Voraussetzungen.

18-Loch-Greenfee: WT: EUR 52 / WE: EUR 67
9-Loch-Greenfee: WT: EUR 32 / WE: EUR 42
Ermäßigung: Jugendl. bis 18 J. und Stud. bis 27 J.

Platzbeschreibung

OPEN.9 - EINFACH GOLFEN OPEN.9 ist die ideale Golfanlage sowohl für Einsteiger als auch für ambitionierte Golfer aller Spielstärken und Altersgruppen mit hohem Qualitätsanspruch. OPEN.9 steht für unkomplizierten, öffentlichen Golfsport. Hier können Sie einfach kommen und Golf spielen - auch ohne Clubmitgliedschaft.

Platzinfos

Nächstgelegene Plätze

Mchn. Eichenried, GC (Nr. 649)
Bav. GC Mchn.-Eicherloh (Nr. 654)
Green Hill (Nr. 661)

Bayern

Greenfee-Aktion: Seite G 155

Golfclub Tegernbach e.V.

Karte, Nr. 651, Feld G12 18/6 Höhe: 510 m

gegründet: 1999

Kapellenweg 1, 82293 Tegernbach
☎ 08202-905700 Fax 08202-9057011
✉ info@gc-tegernbach.de
www.gc-tegernbach.de

PR: Hans Kiener von Scherffenstein, GF: Iris Trinker, CM: Alexander Burkhart
Headgreenkeeper: Lukasz Cudo

i: ☎ 08202-905700 Fax 08202-9057011
Sandra Mittenhuber

D´Wirtschaft am Golfplatz, Roswitha Wagner
☎ 08202-905700 Fax 08202-9057011

PRO SHOP: Alexander Burkhart
☎ 08202-905700 Fax 08202-9057011

PRO: Pro: Jan Keppeler

18-Loch Golfplatz Tegernbach
H: 5931 m, CR 71.6, SL 133, Par 73
D: 5121 m, CR 72.7, SL 129, Par 73
6-Loch Platz
H: 731 m, Par 19, D: 731 m, Par 19
12 Rangeabschläge (4 überdacht)

G: Gäste sind jederzeit willkommen. Anmeldung ist notwendig. Clubausweis mit eingetragenem Handicap (54) ist erforderlich.

18-Loch-Greenfee: WT: EUR 55 / WE: EUR 70
9-Loch-Greenfee: WT: EUR 30 / WE: EUR 40
Ermäßigung: Jugendl. bis 18 J. und Stud. bis 25 J. 30%

Platzbeschreibung

Der 18-Loch Meisterschaftsplatz befindet sich auf einem leicht hügeligen Gelände von ca. 80 ha, nahe bei Augsburg und Fürstenfeldbruck, jedoch inmitten von Natur und umgeben von landwirtschaftlich genutzten Flächen, Wald und kleinen Dörfern. Die großen bewegten Greens wurden nach neuesten Erkenntnissen im Golfplatzbau angelegt, so dass sie auch den Winter über, je nach Witterung, bespielt werden können.

Platzinfos

Anfahrtsbeschreibung

A 8 München-Stuttgart, Ausf. Odelzhausen, durch Odelzhausen durch, dann links Ri. Mering, nach ca. 13 km links Ri. Tegernbach. Oder: Von Augsburg über Mering, Ried, in Ried der Beschilderung nach Tegernbach folgen. Oder: Von Fürstenfeldbruck auf der B 2 Ri. Augsburg, zwischen Hattenhofen und Althegnenberg nordwärts Ri. Mittelstetten abbiegen, von Mittelstetten der Beschilderung nach Tegernbach folgen.

Nächstgelegene Plätze

Mchn. West-Odelzh., GC (Nr. 644)
Rottbach, GA (Nr. 652)
Königsbrunn, GC (Nr. 653)

Golfanlage Rottbach

Karte, Nr. 652, Feld H12 27/3 Design: Thomas Himmel Höhe: 500 m

gegründet: 1995

Weiherhaus 5, 82216 Rottbach
✆ 08135-93290 🖷 08135-932911
✉ info@rottbach.de
💻 www.golfanlage-rottbach.de

PR Albrecht Huber, GF: Dr. Florian Bosch
Hans Peter Thomßen, CM: Thomas Kuhn
Headgreenkeeper: Nick Aylwin

i ✆ 08135-93290 🖷 -932911
Doman Schulz

Genusswerkstatt am Weiherhaus,
Alexander Seethaler
✆ 08135-6234266

PRO SHOP EGM, Firma EGM
✆ 08135-939081

PRO Pro: David Martin, Ulrich Grünewald

27-Loch Platz
H: 6045 m, CR 71.8, SL 130, Par 72
D: 5125 m, CR 72.3, SL 125, Par 72
3-Loch Platz, H: 540 m, D: 490 m
40 Rangeabschläge (7 überdacht)

G Gäste sind jederzeit willkommen. Anmeldung ist notwendig. Clubausweis mit eingetragenem Handicap (54) ist erforderlich.

18-Loch-Greenfee: WT: EUR 49 / WE: EUR 69
9-Loch-Greenfee: WT: EUR 29 / WE: EUR 38
Ab 16 Uhr HappyHour-Tarife!
Ermäßigung: Jugendl.

Platzbeschreibung

Der seit 1997 bestehende 18-Loch-Meisterschaftsplatz (Par 72) wurde 2007 um weitere neun Spielbahnen ergänzt, womit sich das Areal der Golfanlage Rottbach nun auf über insgesamt 147 Hektar erstreckt. Auch die Gestaltung des C-Course übernahm erneut der renommierte Golfplatz-Designer Thomas Himmel aus Gauting. Himmels Philosophie, Golfplätze in das vorgegebene Landschaftsbild harmonisch einzufügen und zugleich den Anforderungen des modernen Golfspiels gerecht zu werden, ist mit der Erweiterung beispielhaft gelungen.

Platzinfos

VCG GPS CLUB

Anfahrtsbeschreibung

A 8 München-Stuttgart, Ausfahrt Sulzemoos Richtung Maisach, in Überacker rechts Richtung Rottbach zum Golfplatz. Ober B 471, Ausfahrt Maisach, über Maisach nach Überacker, in Überacker links der Beschilderung zum Golfplatz folgen.

Nächstgelegene Plätze

Mchn. West-Odelzh., GC (Nr. 644)
Olching, GC (Nr. 655)
GolfCity München Puchheim (Nr. 663)

Bayern

Golfclub Königsbrunn e.V.

Karte, Nr. 653, Feld G12 9 Höhe: 522 m

gegründet: 1986

Benzstraße 23, 86343 Königsbrunn
✆ 08231-32772 🖷 08231-31997
✉ golfclub-koenigsbrunn@t-online.de
🖳 www.gc-koenigsbrunn.de

PR: Adolf Kratschmer, CM: Patrick Gilg

i: ✆ 08231-32772 🖷 08231-31997

Imbiss
✆ 08231-918690

PRO SHOP: ✆ 08231-918690

H: 5252 m, CR 67.8, SL 106, Par 70
D: 4668 m, CR 69.4, SL 108, Par 70
15 Rangeabschläge (4 überdacht)

G: Gäste sind jederzeit willkommen. Anmeldung ist notwendig. Clubausweis mit eingetragener PE ist erforderlich.

Tages-Greenfee: WT: EUR 40 / WE: EUR 45
9-Loch-Greenfee: WT: EUR 25 / WE: EUR 30
WE wird Startzeitenreservierung empfohlen.
Ermäßigung: Jugendl./Stud.

Nächstgelegene Plätze
Lechfeld, GC (Nr. 646)
GolfRange Augsburg (Nr. 642)
Augsburg, GC (Nr. 647)

Platzinfos

Anfahrtsbeschreibung
B 17 Landsberg-Augsburg, Ausfahrt Königsbrunn-Süd/Mering, nach der Ausfahrt weiter Richtung Königsbrunn/Mering, an der Ampelanlage ca. 800 m geradeaus, an der nächsten Kreuzung rechts in die Benzstraße und nach ca. 800 m Parkplätze beim Golfstadel.

Platzbeschreibung
Dieser in der Lechebene gelegene Golfplatz ist dank seines Kiesbodens bei jedem Wetter bespielbar und bietet wegen seiner natürlichen Geländestruktur gute sportliche Akzente. Seniorenfreundlich.

Greenfee-Aktion: Seite G 155

Bavarian Golfclub München-Eicherloh e.V.

Karte, Nr. 654, Feld H12 **9** Höhe: 480 m

gegründet: 2005

Vordere Moosstraße 19, 85464 Eicherloh
✆ 08123-1064 Fax 08123-889467
info@bavariangc.de
www.bavariangc.de

PR: Susanne Sulzmaier, GF: Hans Baumann

i: ✆ 08123-1064

Gutsstüberl Eicherloh
✆ 08123-9919850
Mo. und Mi. Ruhetag

PRO: Pro: Roel Meijs

H: 3570 m, Par 62
D: 3236 m, Par 62
15 Rangeabschläge (4 überdacht)

G: Gäste sind jederzeit willkommen. Clubausweis ist erforderlich. Sa./So./Feiertage ist PE erforderlich.

18-Loch-Greenfee: WT: EUR 30 / WE: EUR 35
9-Loch-Greenfee: WT: EUR 20 / WE: EUR 25
Ermäßigung: Jugendl./Stud. bis 18 J. 20%

Platzinfos

VCG

Anfahrtsbeschreibung

A 99 Ortsumgehung München, Ausf. Aschheim-Ismaning, auf der B 471 Ri. Ismaning, in Höhe Ismaning auf die B 388 Ri. Erding und rechts ab Ri. Eicherloh. Nach der Ortsdurchfahrt der Beschilderung links zur Golfanlage folgen. Oder: B 471 Ri. Aschheim, in HöheAschheim über Kirchheim, Pliening und Neufinsing. Von dort der Beschilderung zur Golfanlage folgen. Achtung: Seit Jan. 2004 ist die Zufahrt entlang der BMW-Teststrecke gesperrt!

Platzbeschreibung

Das Golfcenter Eicherloh ist eine 9-Loch-Anlage und bietet allen Spielstärken einen besonderen Reiz und Spass. Schnuppergolfer testen den Golfsport wochentags ohne die erforderliche Platzerlaubnis (PE). Anfänger genießen hier sofort ein Erfolgserlebnis und Single-Handicapper verfeinern ihr kurzes Spiel. Die Fairways sind teilweise schmal gestaltet und stellen den Golfer immer wieder vor neue Herausforderungen. Übungsmöglichkeiten sind auf der überdachten Driving Range und den Außenabschlägen ausreichend verfügbar. Selbstverständlich sind auch ein Putting-Green sowie ein Grün zur Übung der Annäherungsschläge vorhanden. Restaurant: Nur einen „Abschlag" vom Clubhaus entfernt liegt das Gasthaus „Gutsstüberl" in der wunderschönen Landschaft des Finsinger Mooses. Entspannen Sie unter Apfelbäumen und in gemütlichem Ambiente. Genießen Sie die bayerischen Spezialitäten.

Nächstgelegene Plätze

Open Golf Eichenried (Nr. 650)
Mchn. Eichenried, GC (Nr. 649)
Green Hill (Nr. 661)

Golfclub Olching e.V.

Karte, Nr. 655, Feld H12 **18** Design: Kurt Rossknecht, Thomas Himmel Höhe: 450 m

gegründet: 1979

Feursstraße 89, 82140 Olching
✆ 08142-48290 📠 08142-482914
✉ sportbuero@golfclubolching.de
💻 www.golfclubolching.de

PR Martina Drechsler, CM: Rachel de Heuvel
Headgreenkeeper: Corinne Amiet

i ✆ 08142-48290 📠 08142-482914
Nikola Stehle

Restaurant Hofgut, Edith Wagner
✆ 08142-418080

PRO SHOP EGM Ihr Golfprofi, Harald Schenavsky
✆ 08142-15983

PRO Pro: Patrick Kopp, Tim Spurgeon, Peter Wolfenstetter

H: 6016 m, CR 73, SL 136, Par 72
D: 5031 m, CR 73.7, SL 132, Par 72
20 Rangeabschläge (6 überdacht)

G Gäste sind jederzeit willkommen. Anmeldung ist notwendig. Clubausweis mit eingetragenem Handicap (45) ist erforderlich. Sa./So./Feiertage ist Handicap 36 erforderlich.

18-Loch-Greenfee: WT: EUR 85 / WE: EUR 95
9-Loch-Greenfee: WT: EUR 45
Ermäßigung: Jugendl. bis 21 J. und Stud. bis 27 J. 50%

Platzbeschreibung

Der Club liegt nur etwa 25 Minuten und knapp 20 km von der Stadtmitte Münchens entfernt und hat sich seit der Gründung vor 35 Jahren durch seine gelebte Sportphilosophie und einem konstant hohen Qualitätsniveau eine einzigartige Stellung im Münchner Raum sichern können. Der 18-Loch-Meisterschaftsplatz und das Kurzspielgelände wurden 2012/2013 vollständig saniert und modernisiert. Dabei wurden nicht nur alle 18 Grüns völlig neu gestaltet und technisch auf den neuesten Stand gebracht, sondern auch alle Bunker und Abschläge erneuert.

Platzinfos

Anfahrtsbeschreibung

A 8 München-Stuttgart, Ausfahrt Dachau-Fürstenfeld Richtung FFB. Nach ca. 600 m Ausfahrt Olching/Geiselbullach und am Kreisverkehr zweite Ausfahrt, an der Jet Tankstelle vorbei. Am Kreisverkehr der Beschilderung folgen. Oder: A 9 Nürnberg-München, am ABK Neufahrn auf die A 92 oder am ABK München-Nord auf die A 99 Ri. A 8 Stuttgart, von der Auffahrt der A 99 auf die A 8 noch ca. 4 km weiter Ri. Stuttgart, Ausfahrt Dachau-Fürstenfeldbruck. Weiter zum Golfplatz wie oben beschrieben.

Nächstgelegene Plätze

Eschenried, Eschenhof (Nr. 656)
Eschenried, Gröbenbach (Nr. 657)
Eschenried, Eschenried (Nr. 658)

Münchner Golf Eschenried - Golfplatz Eschenhof

Karte, Nr. 656, Feld H12 **18** Design: Harradine Golf

gegründet: 1983

Am Kurfürstenweg 13, 85232 Eschenried
08131-567456 08131-567459
sekretariat.eschenhof@golf-eschenried.de
www.muenchner-golf-eschenried.de

PR Dr. Peter Paul Moll, GF: Thomas Huber
Thomas Heitmeier, CM: Paul Richter
Toni Leitermann
Headgreenkeeper: Johann Marcher

08131-567456 08131-567459

Golfstüberl Gröbenbach, Herbert Keil
08131-3308657

PRO SHOP Golfanlage Eschenried
08131-567456 08131-567459

PRO Pro: Richard Attinger, Adrian Parish

H: 5640 m, CR 69.7, SL 121, Par 70
D: 4963 m, CR 71.2, SL 117, Par 70
40 Rangeabschläge (8 überdacht)

G Gäste sind jederzeit willkommen. Sa./So./ Feiertage ist Anmeldung erforderlich. PE ist erforderlich.

18-Loch-Greenfee: WT: EUR 60 / WE: EUR 70
Keine Clubmitgliedschaft nötig, DGV-Platzreife ausreichend.
Ermäßigung: Jugendl. bis 18 J. und Stud. bis 25 J.

Platzinfos

VCG

Anfahrtsbeschreibung

A 8 München-Stuttgart, Ausfahrt Langwied nach Eschenried, von Eschenried aus ist die Zufahrt ausgeschildert (3 km von der Autobahn entfernt). Oder: Von Dachau über den Zubringer Dachau-Süd (B 471) Richtung Eschenried und der Beschilderung zum Golfplatz folgen.

Platzbeschreibung

Öffentlich bedeutet auf dem Eschenhof, dass der Gast kein Handicap und auch keine Mitgliedschaft von einem Golfclub oder Verband vorzeigen muß, wenn er hier spielen möchte, die offizielle Platzreife des Deutschen Golf Verbandes (DGV-Platzreife) genügt. Da die meisten öffentlichen Golfanlagen in Deutschland nur aus 9 oder 6 Bahnen bestehen, bieten wir mit dem 18-Loch Platz Eschenhof den clubfreien Golfern im Münchner Raum ein besonders seltenes Erlebnis, welches vom sportlichen Anspruch und Niveau des Greenkeepings, sonst nur Clubgolfern vorbehalten ist.

Nächstgelegene Plätze

Eschenried, Gröbenbach (Nr. 657)
Eschenried, Eschenried (Nr. 658)
Olching, GC (Nr. 655)

Münchner Golf Eschenried - Golfplatz Gröbenbach

Karte, Nr. 657, Feld H12 9

gegründet: 1983

Am Kurfürstenweg 13, 85232 Eschenried
08131-567456 08131-567459
sekretariat.eschenhof@golf-eschenried.de
www.muenchner-golf-eschenried.de

PR Dr. Peter Paul Moll, GF: Thomas Huber
Thomas Heitmeier, CM: Paul Richter
Toni Leitermann

08131-567456 08131-567459

Golfstüberl Gröbenbach, Herbert Keil
08131-3308657

PRO SHOP Golfanlage Eschenried
08131-567456 08131-567459

PRO Pro: Richard Attinger, Adrian Parish

H: 3622 m, CR 62.3, SL 100, Par 64
D: 3304 m, CR 62.5, SL 103, Par 64
40 Rangeabschläge (8 überdacht)

G Gäste sind jederzeit willkommen. PE ist erforderlich.

Tages-Greenfee: WT: EUR 45 / WE: EUR 55
9-Loch-Greenfee: WT: EUR 28 / WE: EUR 38
Keine Clubmitgliedschaft nötig, anerkannte Platzreife ausreichend.
Ermäßigung: Jugendl. bis 18 J. und Stud. bis 25 J.

Platzinfos

VCG GPS CLUB

Anfahrtsbeschreibung

A 8 München-Stuttgart, Ausfahrt Langwied nach Eschenried, von Eschenried aus ist die Zufahrt ausgeschildert (3 km von der Autobahn entfernt). Oder: Von Dachau über den Zubringer Dachau-Süd (B 471) Richtung Eschenried und der Beschilderung zum Golfplatz folgen.

Platzbeschreibung

Der öffentliche 9 Loch-Platz Gröbenbach bietet vor allem Einsteigern eine ideale Spielmöglichkeit. Aber auch fortgeschrittene Spieler finden eine Herausforderung, da an mehreren Spielbahnen Wasserhindernisse angelegt sind und fast alle Grüns mit Bunkern verteidigt werden. Optimale Trainingsbedingungen bieten großzügig angelegte Übungsbereiche der angegliederten PGA Golfschule Gröbenbach.

Nächstgelegene Plätze

Eschenried, Eschenhof (Nr. 656)
Eschenried, Eschenried (Nr. 658)
Olching, GC (Nr. 655)

Münchner Golf Eschenried - Golfplatz Eschenried

Karte, Nr. 658, Feld H12 **18** Höhe: 500 m

gegründet: 1983

Am Kurfürstenweg 10, 85232 Eschenried
✆ 08131-56740 🖷 08131-567418
✉ sekretariat.eschenried@golf-eschenried.de
💻 www.muenchner-golf-eschenried.de

PR Dr. Peter Paul Moll, GF: Thomas Heitmeier, CM: Paul Richter
Toni Leitermann

✆ 08131-56740 🖷 08131-567418
Andreas Laubert, Helga Biller-Conrad

Eschenrieder Hof, Christian Klein
✆ 08131-79007

PRO SHOP Golfanlage Eschenried, Alexander Bauer
✆ 08131-56740 🖷 08131-567455

PRO Pro: Albert Höpfl, Richard John Attinger

H: 5935 m, CR 71.8, SL 132, Par 72
D: 5195 m, CR 73.7, SL 131, Par 72
40 Rangeabschläge (8 überdacht)

G Gäste sind jederzeit willkommen. Sa./So./Feiertage ist Anmeldung notwendig. Clubausweis mit eingetragenem Handicap (54) ist erforderlich. Sa./So./Feiertage ist Handicap 36 erforderlich. GPS-Geräte bei Turnieren zugelassen.

18-Loch-Greenfee: WT: EUR 70 / WE: EUR 80
Ermäßigung: Jugendl. bis 18 J. 50%

Platzbeschreibung

Die Anlage bietet nur 10 Automin. von München entfernt mitten im Dachauer Moos drei attraktiv gestaltete Golfplätze. Umgeben von altem Baumbestand u. zahlreichen, natürlichen Biotopen bieten die Plätze eine echte sportliche Herausforderung. Der weiche und gelenkschonende Moorboden macht jede Golfrunde zum reinen Vergnügen. Im Clubhaus kann man sich von den kulinarischen Spezialitäten der weithin bekannten Gastronomie „Eschenrieder Hof" verwöhnen lassen.

Platzinfos

VCG GPS CLUB

Anfahrtsbeschreibung

A 8 München-Stuttgart, Ausfahrt Langwied nach Eschenried, von Eschenried aus ist die Zufahrt ausgeschildert (3 km von der Autobahn entfernt). Oder: Von Dachau über den Zubringer Dachau-Süd (B 471) Richtung Eschenried und der Beschilderung zum Golfplatz folgen.

Nächstgelegene Plätze

Eschenried, Gröbenbach (Nr. 657)
Eschenried, Eschenhof (Nr. 656)
Olching, GC (Nr. 655)

Bayern

Greenfee-Aktion: Seite G 155f

Golfclub Altötting-Burghausen e.V.

Karte, Nr. 659, Feld K12 18/9 Höhe: 342 m

gegründet: 1986

Piesing 4, 84533 Haiming
08678-986903 Fax 08678-986905
office@gc-altoetting-burghausen.de
www.gc-altoetting-burghausen.de

PR: Johann Brehm, CM: Markus Löffl

i: 08678-986903 Fax 08678-986905

Schloßwirtschaft Piesing / Falkenhofstüberl
08678-7003 / 08678-986900
Mo. Ruhetag

PRO SHOP: HarryGolf Shop, Harry Gstatter
08678-7470558

PRO: Pro: Harry Gstatter

18-Loch Anlage Piesing
H: 5995 m, CR 72, SL 127, Par 72
D: 5198 m, CR 72.5, SL 130, Par 72
9-Loch Anlage Falkenhof
H: 5854 m, CR 70.5, SL 122, Par 70
D: 5304 m, CR 73, SL 125, Par 72
25 Rangeabschläge (5 überdacht)

G: Gäste sind jederzeit willkommen. Anmeldung ist notwendig. Clubausweis mit eingetragener PE ist erforderlich.

18-Loch-Greenfee: WT: EUR 55 / WE: EUR 65
9-Loch-Greenfee: WT: EUR 30 / WE: EUR 40
Ermäßigung: Jugendl. bis 18 J. 50%

Platzinfos

Anfahrtsbeschreibung

Von München-Altötting: Anl. Piesing (Piesing 4, 84533 Haiming, Tel. 08678-986903): B 12 od. A 94 Ri. Simbach-Passau, Abf. Marktl-Burghausen Ri. Marktl, 1. Abzweigung re. nach Haiming, nach 7 km liegt re. der Golfplatz. Anl. Falkenhof (Falkenhof 1, 84533 Marktl, Tel. 08678-986900): B 12 od. A 94 Ri. Simbach-Passau, Abf. Marktl-Burghausen, weiter Ri. Marktl, nach ca. 1 km li. der Beschilderung zum Golfplatz bis zum Ende der Straße folgen.

Platzbeschreibung

Um das Barockschlösschen Piesing liegen die 18 Spielbahnen auf drei Landschaftsterrassen, die durch Bäche, Seen, Weiher und Mulden dem sportlichen Können des Golfers alles abverlangen. Unter sportlich-fairen Voraussetzungen kann das Spiel über 18 Löcher gut kontrolliert werden. Daneben bietet der 9-Loch-Platz der Anlage Falkenhof, charakteristisch in die Innauen eingepasst, eine Herausforderung mit hohem Stellenwert zur Erholung.

Nächstgelegene Plätze

Pleiskirchen, GC (Nr. 643)
Rottaler G&CC (Nr. 632)
Anthal-Waginger See, GC (Nr. 680)

Greenfee-Aktion: Seite G 157

Golf Club Schloss Guttenburg e.V.

Karte, Nr. 660, Feld I12 **18** Höhe: 400 m

gegründet: 1994

Guttenburg 3, 84559 Kraiburg
✆ 08638-887488 📠 08638-887444
✉ info@golfclub-guttenburg.de
💻 www.golfclub-guttenburg.de

PR: Klaus Salzberger
Headgreenkeeper: Manfred Krech

i: ✆ 08638-887488 📠 08638-887444
Nadja Spielewoy, Monika Herbrandt, Heidi Sax, Martina Schillhuber

Restaurant Fairway am Golfclub
✆ 08638-6077966

PRO SHOP: ✆ 08638-887488 📠 08638-887444

PRO: Pro: Oliver Haller

H: 6044 m, CR 71.5, SL 120, Par 72
D: 5327 m, CR 73.2, SL 123, Par 72
25 Rangeabschläge (6 überdacht)

G: Gäste sind jederzeit willkommen. Sa./So./ Feiertage ist Anmeldung notwendig. Clubausweis mit eingetragenem Handicap (54) ist erforderlich.

18-Loch-Greenfee: Mo.: EUR 30 / Di.-Fr.: EUR 50 / WE: EUR 65
9-Loch-Greenfee: Di.-Fr.: EUR 25 / WE: EUR 35
Montag (Blauer Montag) EUR 30
Ermäßigung: Jugendl./Stud.

Platzbeschreibung

Die 18-Loch-Anlage wurde landschaftl. äußerst reizvoll um das Schloss Guttenburg errichtet während die ersten 9 Löcher in der Ebene zwischen Innauen und vor dem Schloss verlaufen, erstrecken sich die zweiten 9 Löcher im sanft hügeligen Gelände mit Ausblick auf das Alpenpanorama. Neben zahlreichen Bunkern und spektakulären Wasserhindernissen um die Grüns 12 und 15 sind vor allem die schnellen Grüns die Herausforderung des anspruchsvollen Platzes.

Platzinfos

Anfahrtsbeschreibung

Von München: B 12 Richtung Passau, Ausfahrt Ampfing, rechts Richtung Waldkraiburg Richtung Kraiburg-Trostberg, immer geradeaus Richtung Trostberg bis zum Wegweiser nach Mühldorf-Frauendorf, kurz vor Frauendorf nach Guttenburg zum Golfplatz abbiegen.

Nächstgelegene Plätze

Pleiskirchen, GC (Nr. 643)
Am Obinger See, GC (Nr. 678)
Vilsbiburg, GC (Nr. 633)

Bayern

GREEN HILL - Der Golfpark München-Ost

Karte, Nr. 661, Feld H12 9

gegründet: 2011

Am Mühlbach 99, 85609 Aschheim
089-999816870 089-999816871
info@greenhill-golf.de
www.greenhill-golf.de

089-999816870 089-999816871

GREEN HILL Caddystopp

GREEN HILL Pro Shop
089-999816870 089-999816871

H: 1632 m, Par 54
D: 1452 m, Par 54
20 Rangeabschläge (6 überdacht)

Gäste sind jederzeit willkommen. PE ist erforderlich.

18-Loch-Greenfee: WT: EUR 35 / WE: EUR 39
9-Loch-Greenfee (bis 13:00 Uhr): WT: EUR 19 / WE: EUR 27. 9-Loch-Greenfee (ab 13:00 Uhr): WT: EUR 23 / WE: EUR 27

Platzbeschreibung

Frei von verstaubten Vorurteilen beschreitet GREEN HILL Der Golf & Eventpark München-Ost völlig neue Wege im Golfsport. Ohne Zeitdruck, ohne Startzeiten, ohne komplizierte Mitgliedschaften und ohne übertriebener Etikette ist auf GREEN HILL Golfspielen für Anfänger und erfahrene Spieler jederzeit möglich. Perfekt gepflegte Fairways und Grüns sind auf dem 9-Loch Platz selbstverständlich. Der Name ist übrigens Programm, denn die Fairways von GREEN HILL liegen sanft eingebettet in grünen Hügeln mit einzigartigem Ausblick auf die Skyline von München und die Alpen. Ein Kraftort nur 10 km vom Zentrum von München entfernt.

Platzinfos

Anfahrtsbeschreibung

Die A 99 verlassen Sie an der Ausfahrt Aschheim/Ismaning. Am kurz darauf folgenden Kreisverkehr biegen Sie auf die B 471 ein, der Beschilderung „Aschheim, Zu den Mühlen" folgend. Nach ca. 500m biegen Sie bei der ersten Möglichkeit nach rechts in die Mühlenstraße ab. Folgen Sie bitte anschließend der Beschilderung „Green Hill Golf & Eventpark München-Ost".

Nächstgelegene Plätze

München Aschheim, GP (Nr. 662)
GC München-Riem (Nr. 664)
Bav. GC Mchn.-Eicherloh (Nr. 654)

Golfpark München Aschheim GmbH & Co. KG

Karte, Nr. 662, Feld H12 18 Höhe: 510 m

gegründet: 1990

Fasanenallee 10, 85609 Aschheim
089-9902420 089-99024240
info@gp-ma.de
www.gp-ma.de

PR GF: Jochen Hornig, CM: Vincent Weinzettel
Headgreenkeeper: Günter Mayer

i 089-9902420 089-99024240

Golfrestaurant „Greens", Heinz Wernitznig
089-99024222

PRO SHOP 089-9902420 089-99024240

PRO Pro: Stefan Szilagyi, Alexander Hufnagl, Peter Karz, Elizabeth Höh

H: 5725 m, CR 70.8, SL 132, Par 72
D: 4954 m, CR 71.8, SL 132, Par 72
45 Rangeabschläge (6 überdacht)

G Gäste sind jederzeit willkommen. Anmeldung ist notwendig. Clubausweis mit eingetragenem Handicap (45) ist erforderlich.

18-Loch-Greenfee: WT: EUR 80 / WE: EUR 90
9-Loch-Greenfee: WT: EUR 45 / WE: EUR 55
Ermäßigung: Jugendl./Stud. 50%

Platzbeschreibung

In nur ca. 15 Min. ist der Golfpark im Nordosten aus vielen Stadtteilen Münchens erreichbar und damit der stadtnächste 18-Loch-Golfplatz Münchens. Viele Wasserflächen und tricky Fairways sowie ein Inselgrün erwarten die Spieler. Neben einer ausgezeichneten Jugendarbeit ist besonders das moderne, komfortable Clubhaus mit seiner bekannten sonnigen Terrasse und mit den weit und breit schönsten Sonnenuntergängen hervorzuheben.

Platzinfos

VCG

Anfahrtsbeschreibung

A 99 – aus Richtung München/Stuttgart: Ausfahrt Aschheim-Ismaning, im Kreisverkehr die 2. Abfahrt Richtung „Aschheim - Zu den Mühlen", vor der Ortseinfahrt rechts in die Fasananallee.

Nächstgelegene Plätze

Green Hill (Nr. 661)
GC München-Riem (Nr. 664)
Bav. GC Mchn.-Eicherloh (Nr. 654)

Bayern

GolfCity München Puchheim

Karte, Nr. 663, Feld H12 **9** Design: Michael Pinner

gegründet: 2014

Am Golfplatz 1, 82178 Puchheim
☎ 089-95842022
✉ muenchen@golfcity.de
💻 www.golfcity.de

PR GF: Hermann Bögle

i ☎ 089-95842022

9-Loch Roter Platz
H: 2796 m, CR 69.6, SL 126, Par 70
D: 2418 m, CR 70.4, SL 122, Par 70
80 Rangeabschläge (8 überdacht)

G Gäste sind jederzeit willkommen. Clubausweis mit eingetragener PE ist erforderlich.

9-Loch-Greenfee: WT: EUR 27 / WE: EUR 33
Ermäßigung: Jugendl. bis 16 J. 50%

Platzbeschreibung

In Puchheim im Münchener Westen, nur 500 m von der Stadtgrenze Münchens entfernt, präsentiert sich eine der schönsten 9-Loch Golfanlagen – die zweite GolfCity-Anlage Deutschlands. Neben einem 9-Loch-Golfplatz gibt es einen 6-Loch-Kurzplatz mit Wasserhindernissen sowie eine der größten Trainingsanlagen rund um München mit verschiedenen Übungsgrüns und einer weitläufigen Driving Range mit bis zu 80 Abschlägen. Eine unkomplizierte Anlage für Sport, Freizeit und Naturerlebnis direkt vor der Haustür. Ganz einfach zu erreichen und schnell zu spielen. Flexibel und ohne Einstiegshürden – und damit das Gegenteil der meisten herkömmlichen Golfanlagen. Das ist GolfCity – einfach. anders. schnell.

Platzinfos

VCG GPS CLUB

Nächstgelegene Plätze

Olching, GC (Nr. 655)
GolfRange Mchn.-Germering (Nr. 665)
Eschenried, Eschenhof (Nr. 656)

Bayern

Golfclub München-Riem

Karte, Nr. 664, Feld H12 9/3 Design: Dave Thomas Höhe: 440 m

gegründet: 2001

Graf-Lehndorff-Straße 36, 81929 München
✆ 089-94500800 🖷 089-94500770
✉ info@gcriem.de
💻 www.gcriem.de

PR Dr. Harald Mosler, GF: Oliver Tschunke
Headgreenkeeper: Fa. Sommerfeld

i ✆ 089-94500800 🖷 089-94500770

Wirtshaus zur Rennbahn, Michael Gerlitsch
✆ 089-93080650

PRO SHOP Astrid Hoffmann
✆ 089-94500800 🖷 089-94500770

PRO Pro: Gregor Hartl, Andrea Bandorfer, Daniel Kleiner, Philipp Ahrens, Sebastian Tietel

9-Loch Platz
H: 5342 m, CR 68, SL 121, Par 70
D: 4660 m, CR 69.1, SL 120, Par 70
3-Loch Par 3 Platz
H: 300 m, Par 9, D: 300 m, Par 9
50 Rangeabschläge (25 überdacht)

G Gäste sind jederzeit willkommen. Anmeldung ist notwendig. Clubausweis mit eingetragener PE ist erforderlich.

18-Loch-Greenfee (bis 16:00 Uhr): WT: EUR 69 / WE: EUR 79
18-Loch-Greenfee (ab 16:00 Uhr): EUR 79
9-Loch-Greenfee (13:00 - 15:00 Uhr): WT: EUR 28 / WE: EUR 45
9-Loch-Greenfee (bis 16:00 Uhr): WT: EUR 38 / WE: EUR 45
9-Loch-Greenfee (ab 16:00 Uhr): EUR 45
Ermäßigung: Jugendl. bis 18 J. 50%, Stud. bis 27 J. 20%

Platzinfos

VCG GPS CLUB GASTRO

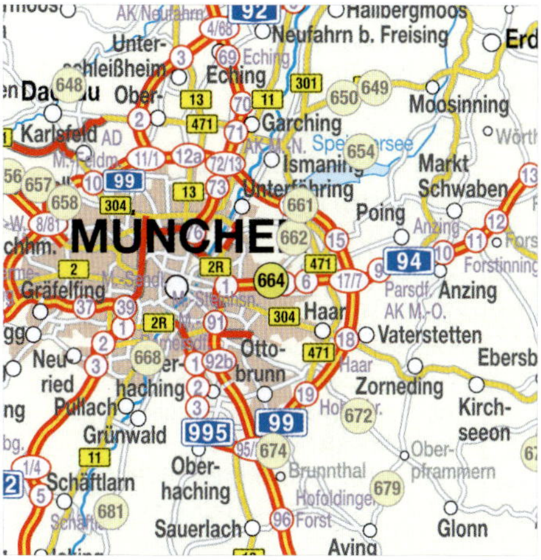

Anfahrtsbeschreibung

Von der Stadtmitte kommend: Über den Mittleren Ring oder Prinzregenten-/Einsteinstraße auf die A 94 Richtung Passau. Bei der Ausfahrt Daglfing/Rennplätze abfahren. Den Wegweisern „Olympia-Reitanlage" folgen. Von Osten kommend: A 94 Richtung München, bei Ausfahrt Daglfing/Rennplätze abfahren und den Wegweisern „Olympia-Reitanlage" folgen. Oder: S-Bahn-Linie 2: Haltestelle „Riem".

Platzbeschreibung

Nur wenige Autominuten vom Stadtzentrum entfernt bieten sich dem Golfer auf dem Gelände der Galopprennbahn München-Riem Spiel- und Übungsmöglichkeiten auf Top-Niveau. Der 9-Loch Meisterschaftsplatz mit seinen charakteristischen großen Teichen und bunkerbewehrten Grüns verlangt vom Spieler vor allem Präzision.

Nächstgelegene Plätze

München Aschheim, GP (Nr. 662)
Green Hill (Nr. 661)
Münchener GC, Thalkirchen (Nr. 668)

Bayern

GolfRange München-Germering Süd/Nord

Karte, Nr. 665, Feld H12 **9/9** Design: Michael Pinner

gegründet: 2006

Starnberger Weg 56, 82110 Germering
✆ 089-15001120 🖷 089-150011299
✉ muenchen-germering@golfrange.de
💻 www.golfrange.de

PR
GF: Dr. Florian Bosch
Hans Peter Thomßen, CM: Andreas Röhrl
Patrick Miller
Andreas Aumann
Headgreenkeeper: Peter French

i
✆ 089-15001120 🖷 089-150011299
Melanie Thiele

El Diablo Germering, Klaus Oeding
✆ 089-15001120

PRO SHOP
EGM, Harry Schenavsky
✆ 0821-2728333 🖷 -719522

PRO
Pro: Uli Grünewald, Haimo Sattlegger, Korbinian Winkelmann

9-Loch München Germering Süd Platz
H: 2327 m, CR 64.9, SL 117, Par 33
D: 1979 m, CR 65.1, SL 114, Par 33
9-Loch München Germering Nord Platz
H: 2186 m, CR 63.9, SL 121, Par 33
D: 1928 m, CR 65.1, SL 117, Par 33
90 Rangeabschläge (12 überdacht)

G
Gäste sind jederzeit willkommen. Anmeldung ist notwendig. Clubausweis mit eingetragenem Handicap (54) ist erforderlich. Driving Range mit 90, teilweise überdachten Abschlägen, mehrere Pitching-, Chipping- und Putting-Grüns, attraktiver 9-Loch-Golfplatz

18-Loch-Greenfee (bis 16:00 Uhr): WT: EUR 41 / WE: EUR 55
18-Loch-Greenfee (ab 16:00 Uhr): WT: EUR 44 / WE: EUR 55
9-Loch-Greenfee (bis 16:00 Uhr): WT: EUR 26 / WE: EUR 35
9-Loch-Greenfee (ab 16:00 Uhr): WT: EUR 28 / WE: EUR 35

Platzbeschreibung

Der schöne Golfplatz im Westen Münchens ist verkehrstechnisch sehr gut angebunden – nur 15 Minuten aus der Innenstadt! Durch zahlreiche Bunker und stark ondulierte Grüns stellen die zwei 9-Loch-Plätze in Germering sowohl Anfänger als auch erfahrene Turnierspieler vor einige Herausforderungen. Dem Golfer wird dabei jedoch nicht nur ein präzises kurzes Spiel abverlangt. Um einen guten Score zu erzielen, sollten auf den insgesammt acht Par 4 Bahnen und den zwei Par 5 auch die „Drives" gelingen.

Platzinfos

VCG

Anfahrtsbeschreibung

A 96, Ausfahrt Germering Süd Richtung Germering, links auf die Landsberger Str. in Richtung Landsberg (2 km), kurz vor dem Ortseingang Germering rechts abbiegen (Beschilderung Freibad, Eislaufhalle), dann links auf den Starnberger Weg (1 km).

Nächstgelegene Plätze

GolfCity München Puchheim (Nr. 663)
Gut Rieden (Nr. 676)
Wörthsee, GC (Nr. 669)

Golfplatz Thailing

Karte, Nr. 666, Feld H12 24 Design: Kurt Rossknecht Höhe: 550 m

gegründet: 1994

Thailing 4, 85643 Steinhöring
08094-905500 08094-9055099
info@golfplatz-thailing.de
www.golfplatz-thailing.de

PR
GF: Björn Becker, CM: Ross MacDonald

08094-905500 08094-9055099

Golfrestaurant
08094-9055050 08094-9055099

PRO SHOP
08094-905500 08094-9055099

PRO
Pro: Wolfgang Lutz, Charly Schuhbeck

18-Loch Championship Course
H: 5817 m, CR 70.5, SL 131, Par 72
D: 5012 m, CR 72, SL 125, Par 72
6-Loch Kurzplatz (Par 3)
H: 624 m, Par 18, D: 624 m, Par 18
30 Rangeabschläge (6 überdacht)

G
Gäste sind jederzeit willkommen. Anmeldung ist notwendig. Clubausweis mit eingetragenem Handicap (54) ist erforderlich.

18-Loch-Greenfee: WT: EUR 60 / WE: EUR 80
9-Loch-Greenfee: WT: EUR 35 / WE: EUR 45
Ermäßigung: Jugendl./Stud.

Platzinfos

VCG GPS CLUB GASTRO

Anfahrtsbeschreibung

Fahren Sie auf der A94 von München kommend in Richtung Passau bis zur Autobahnausfahrt Hohenlinden (Achtung, nicht Autobahnende!). Folgen Sie dem Straßenverlauf weiter auf der B12 bis zum Kreisverkehr in Hohenlinden. Hier biegen Sie rechts in Richtung Ebersberg ab. Nach ca. 700m an der Ampel wieder rechts Richtung Ebersberg abbiegen. Nach ca. 5 km geht es links ab nach Thailing.

Platzbeschreibung

Die 18-Loch, sowie zusätzliche 6-Loch Golfanlage Gut Thailing mit ihrer traumhaften Naturlandschaft und einem atemberaubenden Weitblick auf die bayerische Alpenkulisse begeistert Golfer jedes Spielertypen. Durch die Symbiose von exklusivem Ambiente und sportlich-jungem Flair, werden ideale Bedingungen geschaffen, die jedes Golferherz höher schlagen lassen. Ob interessierter Einsteiger, Freizeitgolfer oder ambitionierter Turnierspieler, die Golfanlage Gut Thailing bietet individuelle und breitgefächerte Angebote.

Nächstgelegene Plätze

Ebersberg, GC (Nr. 667)
Schloss Elkofen, GC (Nr. 675)
Pfaffing, GC (Nr. 673)

Golf-Club Ebersberg e.V.

Karte, Nr. 667, Feld I12 **18/9** Design: Thomas Himmel, Wolfgang Barth Höhe: 670 m

gegründet: 1988

Zaißing 6, 85643 Steinhöring
08094-8106 08094-8386
info@gc-ebersberg.de
www.gc-ebersberg.de

PR Giselher Wagner, CM: Adrian Sapia
Headgreenkeeper: Walter Ebersberger

i 08094-8106 08094-8386
Petra Perzl

La Famiglia
0173-5634504

PRO SHOP GC Ebersberg
08094-8106 08094-8386

PRO Pro: Peter Haworth, Christopher Godson

18-Loch Meisterschaftsplatz
H: 5972 m, CR 71.9, SL 128, Par 72
D: 5084 m, CR 72.8, SL 122, Par 72
9-Loch Sepp-Maier-Platz
H: 3234 m, CR 58.1, SL 103, Par 60
D: 2866 m, CR 57, SL 92, Par 60
24 Rangeabschläge (5 überdacht)

G Gäste sind jederzeit willkommen. Anmeldung ist notwendig. Clubausweis mit eingetragenem Handicap (54) ist erforderlich. Sa./So./ Feiertage ist Handicap 36 erforderlich. Gäste sind auf beiden Plätzen herzlich willkommen.

18-Loch-Greenfee: WT: EUR 80 / WE: EUR 90
9-Loch-Greenfee: WT: EUR 40
Ermäßigung: Jugendl. bis 18 J. und Stud. bis 27 J. 50%

Platzinfos

VCG

Anfahrtsbeschreibung

Von München: B 304 Richtung Wasserburg über Ebersberg bis Steinhöring, am Ortsende Steinhöring links der Beschilderung über Abersdorf-Meiletskirchen nach Zaißing folgen. Oder: A 94 / B 12 Richtung Passau, 3 km hinter Hohenlinden rechts Richtung Steinhöring, über Abersdorf-Meiletskirchen nach Zaißing. Oder: B 12 bis Hohenlinden, rechts Richtung Ebersberg, nach 6 km links der Beschilderung „Golfplätze" über Thailing nach Zaißing folgen.

Platzbeschreibung

Der Platz liegt in einem 100 ha umfassenden Areal am Nordhang des Ebrachtales mit weitem Ausblick auf ein großartiges Alpenpanorama. Das hügelige Gelände verfügt über eine naturbelassene Topographie mit Steigungen und Senken, begleitet von Wäldern.

Nächstgelegene Plätze

Thailing, GP (Nr. 666)
Pfaffing, GC (Nr. 673)
Schloss Elkofen, GC (Nr. 675)

Münchener Golf Club e.V.

Karte, Nr. 668, Feld H12 **9** Höhe: 500 m

gegründet: 1910

Zentralländstraße 40,
81379 München-Thalkirchen
089-7231304 089-72300650
thalkirchen@mgc-golf.de
www.mgc-golf.de

PR: Thomas Ritz, GF: Alexander Sälzler, CM: Daniel Hahn

089-7231304 089-72300650

Golf-Restaurant, Patrick Nothaft
089-78069995

PRO: Pro: Holger Fluß, Wolfgang Birkle

H: 5096 m, CR 67.3, SL 123, Par 70
D: 4632 m, CR 69.9, SL 124, Par 70

G: Gäste sind jederzeit willkommen. Anmeldung ist notwendig. Clubausweis mit eingetragenem Handicap (54) ist erforderlich. Sa./So./Feiertage ist Handicap 36 erforderlich.

18-Loch-Greenfee: WT: EUR 66 / WE: EUR 76
9-Loch-Greenfee: WT: EUR 40 / WE: EUR 50
Ermäßigtes Greenfee als Gast eines Mitglieds: WT 18 / 9 Loch EUR 54 / EUR 34, WE 18 / 9 Loch EUR 64 / EUR 44
Ermäßigung: Jugendl. bis 18 J. und Stud. bis 27 J. 50%

Platzbeschreibung

Der parkähnliche 9-Loch-Platz in zentraler Stadtlage ist für Münchens Golfer die nächst gelegene grüne Golfoase. Nur unweit des Tierparks Hellabrunn am westlichen Ufer der Isar wird hier schon seit 1951 Golf gespielt. Die zwar nicht langen, aber durchaus engen Spielbahnen erfordern ein präzises Spiel. Slicer und Hooker könnten hier sonst ihr persönliches „Waterloo" erleben. Nach dem Spiel erwartet Sie das Clubrestaurant mit Münchens vielleicht schönster Sonnenterrasse.

Platzinfos

VCG

Anfahrtsbeschreibung

Vom Stadtzentrum Richtung Zoo und immer der Campingplatzbeschilderung folgen, der Golfplatz liegt gegenüber der Einfahrt zum Campingplatz.

Nächstgelegene Plätze

GC München-Riem (Nr. 664)
Münchener GC, Straßlach (Nr. 681)
GolfRange Mchn.-Brunnthal (Nr. 674)

Bayern

Golfclub Wörthsee e.V.

Karte, Nr. 669, Feld G12 18/6 Design: Kurt Rossknecht Höhe: 600 m

gegründet: 1982

Gut Schluifeld, 82237 Wörthsee
08153-934770 08153-9347740
info@golfclub-woerthsee.de
www.golfclub-woerthsee.de

PR
Christoph Grün
Headgreenkeeper: Hans Ruhdorfer

i
08153-934770 -9347740
Kirstyne Nichol, Michaela Winzer

Golfrestaurant Wörthsee, Anni Szabo
08153-2699 oder 9347718 -9347740

PRO SHOP
Golfshop Wörthsee, Nina Krumm
08153-9347728 -1801

PRO
Pro: Daniel Langkabel, Stephanie Lindlbauer, Matthias Ziegler

18-Loch Platz
H: 5978 m, CR 71.3, SL 129, Par 72
D: 5275 m, CR 73.6, SL 129, Par 72
6-Loch Platz
H: 612 m, Par 3, D: 505 m, Par 3
50 Rangeabschläge (10 überdacht)

G
Gäste sind Montag - Freitag (außer an Feiertagen) willkommen. Anmeldung ist notwendig. Clubausweis mit eingetragenem Handicap (36) ist erforderlich. Am Wochenende Gäste auf dem 18-Loch-Course nur in Clubmitgliederbegleitung!

18-Loch-Greenfee: WT: EUR 90 / WE: EUR 110
9-Loch-Greenfee: WT: EUR 50 / WE: EUR 60
Ermäßigung: Jugendl./Stud. bis 27 J. 50%

Platzbeschreibung

Die 18-Loch-Meisterschaftsanlage und der 6-Loch-Kurzplatz liegen süd-westlich von München auf einem 70 ha umfassenden, welligen Gelände in einer natürlichen Parklandschaft. Die Fairways sind offen, verlangen jedoch durch strategisch gut platzierte Bunker und Wasserhindernisse (besonders die Löcher 10, 11 und 12) sehr genau platzierte Schläge.

Platzinfos

VCG GPS CLUB GASTRO

Anfahrtsbeschreibung

A 96 München-Lindau, Ausfahrt Wörthsee, Richtung Weßling und der Beschilderung zum Golfplatz (ca. 700 m) folgen.

Nächstgelegene Plätze

Starnberg, GC (Nr. 677)
GolfRange Mchn.-Germering (Nr. 665)
Gut Rieden (Nr. 676)

Bayern

Greenfee-Aktion: Seite G 157

Golfclub zu Gut Ludwigsberg

Karte, Nr. 670, Feld G12 18/9 Design: Kurt Rossknecht Höhe: 630 m

gegründet: 1988

Augsburger Straße 51, 86842 Türkheim
✆ 08245-3322 🖷 08245-3789
✉ info@golfclub-tuerkheim.de
💻 www.golfclub-tuerkheim.de

PR: Rudolf Wiedemann, CM: Rudolf Wiedemann

i: ✆ 08245-3322 🖷 08245-3789

Club Lodge, Rudolf Wiedemann
✆ 08245-3930

PRO SHOP: Johnny Biddle, Sabine Biddle
✆ 08245-3934 🖷 08245-4487

PRO: Pro: Johnny Biddle

18-Loch Platz
H: 5766 m, CR 70.1, SL 130, Par 72
D: 5253 m, CR 72.8, SL 129, Par 72
9-Loch Platz, H: Par 3
30 Rangeabschläge

G: Gäste sind jederzeit willkommen. Mo.-Fr. ist Anmeldung notwendig. Clubausweis mit eingetragener PE ist erforderlich. Men's Day: Mittwoch von 13-15 Uhr! Ladies' Day: Donnerstag von 13:00 Uhr bis 14:30 Uhr

18-Loch-Greenfee: WT: EUR 60 / WE: EUR 70
9-Loch-Greenfee: WT: EUR 35 / WE: EUR 40
Driving Range: EUR 5,-.
Ermäßigung: Jugendl./Stud. 50%

Platzbeschreibung
Die Anlage wird durch den teilweise alten Baumbestand von Eichen, Eschen, Birken, Erlen, Ahorn und Pappeln geprägt. Seen- und Feuchtbiotope ergänzen sinnvoll die Naturlandschaft und fügen sich gut in das Spielgeschehen ein. Von den Spielbahnen kann man eine herrliche Aussicht auf 300 km Alpenpanorama genießen.

Platzinfos

VCG GPS

Anfahrtsbeschreibung
A 96 / B 12 München-Lindau, Ausfahrt Bad Wörishofen-Türkheim, Umgehung Richtung Augsburg, Abfahrt Türkheim Nord nach 200 m liegt der Golfplatz rechter Hand. 40 Minuten vom Stadtrand München!

Nächstgelegene Plätze
Schloß Igling, GC (Nr. 671)
Bad Wörishofen, GC (Nr. 684)
Augsburg, GC (Nr. 647)

Bayern

Greenfee-Aktion: Seite G 157f

Golfclub Schloß Igling e.V.

Karte, Nr. 671, Feld G12 **9** Design: Donald Harradine Höhe: 600 m

gegründet: 1989

Schloss Igling 3, 86859 Igling/Landsberg
08248-1893 08248-968601
info@golfclub-igling.de
www.golfclub-igling.de

PR: Prof. Peter Kaup, GF: Rudi Kugelmann

i: 08248-1893 08248-968601
Petra Schoberth

Schloßstuben Igling
08248-901770
Mo. Ruhetag

PRO SHOP: Golfplatz Schloss Igling Betriebs-GmbH
08248-1893

PRO: Pro: Peter Zorich

H: 5516 m, CR 69.6, SL 127, Par 72
D: 4854 m, CR 71, SL 127, Par 72
20 Rangeabschläge (4 überdacht)

G: Gäste sind jederzeit willkommen. Anmeldung ist notwendig. Clubausweis mit eingetragenem Handicap (54) ist erforderlich. Sa./So./Feiertage ist Handicap 36 erforderlich. Elektro-Car mieten nur mit Reservierung möglich.

18-Loch-Greenfee: Mo.-Do.: EUR 45 / Fr.-So.: EUR 55
9-Loch-Greenfee: Mo.-Do.: EUR 30 / Fr.-So.: EUR 35

Platzinfos

VCG GPS GASTRO

Anfahrtsbeschreibung

A 96 München-Lindau, Ausfahrt Landsberg-West, im Kreisverkehr Richtung Augsburg (B17), Ausfahrt Igling. Oder: B 17 Augsburg-Landsberg-Füssen, Ausfahrt Igling, in Igling am Kreisverkehr links, nach dem Ortsende kommt rechts ein Hinweisschild zum Golfplatz.

Platzbeschreibung

Auf den Fairways rund um Schloß Igling wird in imposanter Kulisse gespielt. Inmitten des weiten Landes zwischen Lechfeld und Alpen hat sich ein Kleinod unter den bayerischen Golfplätzen formiert. In die natürlichen Gegebenheiten wurde ein anspruchsvoller 9-Loch-Platz mit großzügiger Driving Range eingefügt. Aus der ehemaligen Hofmarksherrschaft des märchenhaften Schloßes Igling ist ein Clubhaus mit Pro Shop entstanden.

Nächstgelegene Plätze

Gut Ludwigsberg, GC (Nr. 670)
Bad Wörishofen, GC (Nr. 684)
Königsbrunn, GC (Nr. 653)

Golfanlage Harthausen

Karte, Nr. 672, Feld H12 **18** Design: Jürgen Bechler, Georg Namislo Höhe: 560 m

gegründet: 2000

Am Golfplatz 1, 85630 Harthausen
✆ 08106-35440 Fax 08106-34038
✉ info@golfanlage-harthausen.de
www.golfanlage-harthausen.de

PR GF: Hans Peter Thomßen
Dr. Florian Bosch, CM: Cedric Forell
Alla König
Wolfgang Betz

i ✆ 08106-35440 Fax -34038
Cansu Taskin

PRO SHOP The Move Golf Academy, Jonathan Taylor
✆ 08106-34056 Fax -34076

PRO Pro: Jonathan Allen Taylor, Ludvik Ruzek, Frangoulis Stefan

H: 5060 m, CR 66.7, SL 116, Par 69
D: 4413 m, CR 67.6, SL 117, Par 69
80 Rangeabschläge (18 überdacht)

G Gäste sind jederzeit willkommen. Anmeldung ist notwendig. Clubausweis mit eingetragenem Handicap (54) ist erforderlich.

18-Loch-Greenfee: WT: EUR 52 / WE: EUR 62
9-Loch-Greenfee: WT: EUR 31 / WE: EUR 37
Ermäßigung: Jugendl. bis 18 J. 50%

Platzbeschreibung

Der Platz hat nach der Erweiterung 2002 18 Löcher auf über 66 ha Fläche. Die neuen Löcher begeistern durch ihr Design, das beinahe schon britischen Charakter aufweist. Mit Topfbunkern und welligen Grüns sowie einem großzügig angelegten neuen Teich und Bachlauf wurde hier ein anspruchsvoller Platz in die Landschaft eingebunden.

Platzinfos

VCG

Anfahrtsbeschreibung

A 99, Ausfahrt Hohenbrunn-Putzbrunn, in Putzbrunn Richtung Glonn (ca. 4 km). Oder: A 99, Ausfahrt Haar B 304 Richtung Zorneding, vor Baldham rechts nach Grasbrunn-Neukeferloh-Harthausen.

Nächstgelegene Plätze

Schloss Egmating, GP (Nr. 679)
GolfRange Mchn.-Brunnthal (Nr. 674)
GC München-Riem (Nr. 664)

Bayern

Greenfee-Aktion: Seite G 159

Golfclub Pfaffing Wasserburger Land e.V.

Karte, Nr. 673, Feld I12 18/9

gegründet: 2013

Köckmühle 132, 83539 Pfaffing
08076-8891870 08076/889187-91
club@gcpwl.de
www.gcpwl.de

PR: Ludwig Dürrbeck, CM: Patrick Dürrbeck
Headgreenkeeper: Reinhard Wieser

i: 08076-8891870 08076/889187-91
Tanja Dürrbeck

Restaurant im Golfclub, Patrick Dürrbeck
08076/889187-60
Mo. Ruhetag

PRO SHOP: Golfclub Pfaffing Wasserburger Land e.V.
08076-8891870

PRO: Pro: Robert Lamprecht

18-Loch Platz
H: 6030 m, CR 72.5, SL 130, Par 73
D: 5252 m, CR 73.9, SL 130, Par 73
9-Loch Platz
H: 2008 m, Par 54, D: 2008 m
25 Rangeabschläge (5 überdacht)

G: Gäste sind jederzeit willkommen. Anmeldung ist notwendig. Clubausweis mit eingetragenem Handicap (54) ist erforderlich. Sa./So./Feiertage ist Handicap 45 erforderlich.

18-Loch-Greenfee: WT: EUR 58 / WE: EUR 78
Ermäßigung: Jugendl. bis 18 J. und Stud. bis 27 J.

Platzinfos

Anfahrtsbeschreibung

Von München-Mitte, Schwabing und Bogenhausen über die A 92 / A 3 Richtung Passau-Hohenlinden-Albaching-Pfaffing. Oder: Von München-Trudering über die B 304 Richtung Wasserburg über Ebersberg oder Grafing nach Pfaffing zum Golfplatz.

Platzbeschreibung

Auf diesem Kurs ist der faszinierende Ausblick auf das Alpenpanorama ständiger Begleiter. Die großzügig angelegten 18 Spielbahnen ziehen sich auf hügeligem Gelände durch teils offenes und teils bewaldetes Gelände. An drei strategisch wichtigen Stellen greifen angelegte Teiche und Hardroughs in das Spiel ein. Bei den 67 teils nach schottischem Vorbild angelegten Pottbunkern und den bis zu 1.200 qm großen Grüns kommt Golffreude auf.

Nächstgelegene Plätze

Ebersberg, GC (Nr. 667)
Thailing, GP (Nr. 666)
Schloss Elkofen, GC (Nr. 675)

GolfRange München-Brunnthal

Karte, Nr. 674, Feld H12 9/9/3 Höhe: 580 m

gegründet: 1997

Am Golfplatz 1, 85649 Kirchstockach
08102-74740 08102-747479
muenchen-brunnthal@golfrange.de
www.golfrange.de

PR
GF: H.P. Thomßen
Dr. Florian Bosch, CM: Jonas Hartmann
Yanick Hesse
Anja Horr

i
08102-74740 08102-747479
Yanick Hesse

Tra di Noi, Gennaro Müller
08102-9948833 08102-9948834

PRO SHOP
EGM - Ihr Golfprofi, Maria Walter
08102-995883 08102-747479

PRO
Pro: Iain Gold, Mark Winnicott

9-Loch Brunnthal Platz
H: 4014 m, CR 61.8, SL 109, Par 62
D: 3748 m, CR 63.5, SL 103, Par 62
9-Loch Kirchstockach Platz
H: 3406 m, CR 60, SL 113, Par 60
D: 2934 m, CR 59.1, SL 105, Par 60
120 Rangeabschläge (15 überdacht)

G
Gäste sind jederzeit willkommen. Anmeldung ist notwendig. Clubausweis mit eingetragenem Handicap (54) ist erforderlich.

18-Loch-Greenfee: WT: EUR 38 / WE: EUR 52
9-Loch-Greenfee: WT: EUR 23 / WE: EUR 32

Platzbeschreibung

Ganz in der Nähe der Münchener City bietet die ganzjährig geöffnete GolfRange München-Brunnthal zwei öffentliche 9-Loch Plätze und einen auch ohne Platzreife bespielbaren 3-Loch Platz. Die Bahnen des Platzes „Brunnthal" wurden weltbekannten Vorbildern nachempfunden, der Platz „Kirchstockach" bietet Anfängern wie auch Fortgeschrittenen eine schnelle Golfrunde in zwei Stunden mit viel Spielspaß. Zusätzlich besteht an 365 Tagen im Jahr ein erstklassiges Angebot an Trainingsmöglichkeiten. Auf der größten Driving Range Münchens befinden sich über 120 Rasenabschläge. Zusätzlich sind 15 überdachte und rund um die Uhr beleuchtete Abschlagplätze bespielbar. Drei Kurzspielbereiche zum Chippen und Pitchen, drei Putting Greens sowie eine kompetente Golfschule runden das Angebot ab. Als Motto der Anlage gilt: Irisches Grün, amerikanischer Service und schottische Preise!

Platzinfos

VCG

Anfahrtsbeschreibung

Von A 8: Ausf. Taufkirchen Ost/Brunnthal Nord (vor ABK Mü.-Süd), Ri. Ottobrunn, nach ca. 400 m re. abbiegen Ri. Kirchstockach, immer gerade aus durch den Wald bis zum Ende der Straße, dann re. abbiegen, durch Kirchstockach, die Anlage befindet sich nach der Ortschaft auf der rechten Seite. Von A 99 bzw. A 995: Ausf. Ottobrunn (vor ABK Mü.-Süd), nach li. Ri. Höhenkirchen, 1. Abfahrt re. Ri. Kirchstockach, immer gerade aus, durch Kirchstockach, die Anlage befindet sich auf der rechten Seite.

Nächstgelegene Plätze

Harthausen, GA (Nr. 672)
Schloss Egmating, GP (Nr. 679)
Münchener GC, Thalkirchen (Nr. 668)

Bayern

Golf-Club Schloss Elkofen e.V.

Karte, Nr. 675, Feld H12 **18** Design: Donald Harradine Höhe: 550 m

gegründet: 1982

Hochreiterweg 14, 85567 Grafing-Oberelkofen
☎ 08092-7494 Fax 08092-32722
✉ info@gcschlosselkofen.de
www.gcschlosselkofen.de

PR Helmut Hampel
Headgreenkeeper: Alan Walton

i ☎ 08092-7494 Fax 08092-32722

Hochreiterhof
☎ 08092-3701
Mo. Ruhetag

PRO SHOP Karl Sparkes
☎ 08092-31151

PRO Pro: Karl Sparkes, Jörg Vanden Berge, Bernhard Lipp

H: 5774 m, CR 70.6, SL 121, Par 71
D: 4861 m, CR 70.8, SL 121, Par 71
20 Rangeabschläge (11 überdacht)

G Gäste sind jederzeit willkommen. Anmeldung ist notwendig. Clubausweis mit eingetragener PE ist erforderlich.

18-Loch-Greenfee: WT: EUR 75 / WE: EUR 90
Werktags-GF: Montag bis Freitag, Wochenende-GF: Wochenende /Feiertage
Ermäßigung: Jugendl./Stud. bis 27 J. 50%

Platzinfos

VCG GPS

Anfahrtsbeschreibung

Von München auf der B 304 Richtung Wasserburg, rechts nach Grafing, dort der Richtung Bad Aibling bis zum Ortsteil Oberelkofen folgen, in Oberelkofen rechts in die Alxinger Straße, nach 20 m rechts zum Clubhaus abbiegen.

Platzbeschreibung

Der Golfplatz liegt nur etwa 30 Minuten südöstlich vor den Toren Münchens. Die hier typisch oberbayerische Moränenlandschaft erlaubt abwechslungsreiche Fairways, von deren Anhöhen immer wieder Blicke auf die Alpenkette freigegeben werden. Große Grüns, trickreiche Hindernisse und Teiche, alter Baumbestand sowie eine sorgfältige Platzpflege charakterisieren dabei die weitläufigen Spielbahnen.

Nächstgelegene Plätze

Thailing, GP (Nr. 666)
Ebersberg, GC (Nr. 667)
Pfaffing, GC (Nr. 673)

Bayern

Golfanlage Gut Rieden

Karte, Nr. 676, Feld H12 18/9 Höhe: 600 m

gegründet: 1989

Gut Rieden, 82319 Starnberg
08151-90770 08151-907711
info@gut-rieden.de
www.gut-rieden.de

PR GF: Angela Ortner
Adalbert Stürzer, CM: Melanie Rake

i 08151-90770 08151-907711
Amelie Obermaier, Christoph Breitrainer

Café-Restaurant Gut Rieden, Barbara Strobel
08151-90820 08151-907711
Mo. Ruhetag

PRO SHOP Sonja Fluss
08151-9791916

PRO Pro: Ray Porter, Mark Stevenson, Dominic John

18-Loch Meisterschaftsanlage
H: 5949 m, CR 71.6, SL 133, Par 72
D: 5213 m, CR 73.4, SL 130, Par 72
9-Loch Öffentliche Anlage
H: 1760 m, CR 61.1, SL 114, Par 30
D: 1539 m, CR 60.7, SL 102, Par 30
55 Rangeabschläge (23 überdacht)

G Gäste sind jederzeit willkommen. Anmeldung ist notwendig. Clubausweis mit eingetragener PE ist erforderlich. Startzeitenreservierung erforderlich

Tages-Greenfee: WT: EUR 65 / WE: EUR 90
9-Loch-Greenfee: WT: EUR 27 / WE: EUR 38
Ermäßigung: Jugendl. bis 18 J. und Stud. bis 25 J. 50%

Platzinfos

Anfahrtsbeschreibung

A 95 München-Garmisch, Ausfahrt Starnberg, dort 3. Ampel rechts Richtung Gauting, ca. 4 km nach dem Ortsende links über die Brücke und der Straße folgen, unter der S-Bahn hindurch und dann links der Straße zum Golfplatz folgen.

Platzbeschreibung

Auf der 18-Loch-Anlage bieten sich dem Spieler atemberaubende Blicke über den Starnberger See auf das Alpenpanorama bis zum Wetterstein-Massiv. Die großzügig angelegten Fairways verlaufen größtenteils umrahmt von altem Baumbestand auf sehr hügeligem Gelände und erfordern nicht nur Technik, sondern auch ein gehöriges Maß an Ehrgeiz.

Nächstgelegene Plätze

Starnberg, GC (Nr. 677)
Feldafing, GC (Nr. 685)
GolfRange Mchn.-Germering (Nr. 665)

Bayern

Golfclub Starnberg e.V.

Karte, Nr. 677, Feld H12 18 Design: Kurt Rossknecht Höhe: 650 m

gegründet: 1986

Uneringer Straße, 82319 Starnberg/Hadorf
✆ 08151-12157 🖷 08151-29115
✉ club@gcstarnberg.de
💻 www.gcstarnberg.de

PR: Dr. Werner Proebstl, GF: Dr. Werner Proebstl, CM: Michèle Holzwarth
Headgreenkeeper: Andreas Matzner

i: ✆ 08151-12157 🖷 08151-29115
Ricarda Mayr

Restaurant Marcel im GC Starnberg, Dario De Nitto, ✆ 08151-28518

PRO SHOP: Tee Time, Monika Ehrenberg
✆ 08151-4449475 🖷 08151-959577

PRO: Pro: Max Baumgart, Alexander Tranacher

H: 5996 m, CR 70.8, SL 126, Par 72
D: 5314 m, CR 73, SL 125, Par 72
60 Rangeabschläge (10 überdacht)

G: Gäste sind jeden Tag (außer Sonntag und an Feiertagen) willkommen. Clubausweis mit eingetragenem Handicap (36) ist erforderlich. Gäste am Sonntag nur in Mitgliederbegleitung.

18-Loch-Greenfee: WT: EUR 85 / WE: EUR 100
Montags: VcG EUR 70 / Mittwochs: Münchner Kreis EUR 42,50 / Greenfee ist inkl. Rangebälle!
Ermäßigung: Jugendl. bis 21 J. und Stud. bis 27 J. 50%

Platzbeschreibung

Der wunderschöne, in die Natur eingebettete 18-Loch Meisterschaftsplatz liegt mitten im Herzen des Fünfseenlandes, nur wenige Kilometer von Starnberg entfernt, südlich von München. Die ersten neun Spielbahnen verlaufen eher flach, bei den zweiten neun muss in der typischen Moränenlandschaft schonder eine oder andere Hügel erklommen werden. Die offenen Fairways bieten dabei nur trügerisch Sicherheit, denn gut platzierte Bunker u. Wasserhindernisse erfordern ein strategisches Spiel.

Platzinfos

VCG GPS CLUB

Anfahrtsbeschreibung

A 95 München-Garmisch, Ausfahrt Starnberg Richtung Starnberg, in Starnberg rechts Richtung Söcking, in Söcking an der großen Kreuzung rechts und sofort wieder links und der Beschilderung bis Hadorf zum Golfplatz folgen.

Nächstgelegene Plätze

Gut Rieden (Nr. 676)
Feldafing, GC (Nr. 685)
Wörthsee, GC (Nr. 669)

Greenfee-Aktion: Seite G 159

Der Golf Club Am Obinger See

Karte, Nr. 678, Feld I12 **9** Design: Tony Ristola Höhe: 600 m

gegründet: 2000

Kirchreitbergstr. 2,
83119 Obing, OT Kleinornach
☎ 08624-875623 Fax 08624-875624
✉ dergolfclub@t-online.de
www.dergolfclub.de

PR: Corinna & Peter Ratcliffe, GF: Peter Ratcliffe
Corinna Ratcliffe, CM: Peter Ratcliffe,
Corinna Ratcliffe

i: ☎ 08624-875623 Fax 08624-875624
Corinna Ratcliffe

Golfstüberl Obing, Werner Liebwein
☎ 08624-875625 Fax 08624-875624

PRO SHOP: Ratcliffe GmbH, Corinna Ratcliffe
☎ 08624-875623 Fax -875624

PRO: Pro: PGA Martin Becher, Peter Ratcliffe,
Martin Becher

H: 6014 m, CR 71.6, SL 132, Par 72
D: 5320 m, CR 73.7, SL 127, Par 72
20 Rangeabschläge (4 überdacht)

G: Gäste sind jederzeit willkommen. Anmeldung ist notwendig. Clubausweis mit eingetragenem Handicap (54) ist erforderlich. Mitglied Euregio, Chiemsee Golfcard, BVGA (Bundesverband Golfanlagen), Strawberry, Golf Friends,

Tages-Greenfee: WT: EUR 42 / WE: EUR 55
18-Loch-Greenfee: WT: EUR 42 / WE: EUR 55
9-Loch-Greenfee: WT: EUR 32 / WE: EUR 35
Ermäßigung: Jugendl. bis 18 J. 50%, Stud. bis 27 J. 30%

Platzbeschreibung

Der im Juni 2002 eröffnete 9 Loch Meisterschaftsplatz ist ein Juwel geworden, ein Platz im Stil amerikanischer Golfplätze der Jahrhundertwende. Die 42 Sandbunker mit absichtlich ausgefransten Rändern, rugged look genannt, breite Fairways und die riesigen, stark ondulierten Grüns machen den Platz zu einem einmaligen Golferlebnis. Der offene Platz wurde mit seinen naturwelligen Bahnen wunderbar in die Landschaft eingebettet. Ein echter Geheimtipp! Fair zu Spielen für den Hobbygolfer und eine Herausforderung für den Profi. Der Golf Club Obing ist bekannt für seine außerordentlich freundliche und sportliche Atmosphäre. Herzlich willkommen in Obing! Es gibt keine Ermäßigung auf die 9 Loch Runde!!!

Platzinfos

VCG GPS

Anfahrtsbeschreibung

B 304 von München Richtung Traunstein, im Kreisverkehr Richtung Kleinornach/Golfplatz - den Berg hoch - nach Kleinornach. Sie fahren direkt auf den Golfplatz zu. B304 aus Traunstein Richtung München bis zum Kreisvberkehr vor Obing fahren und dann nach Kleinornach/Golfpplatz abbiegen.

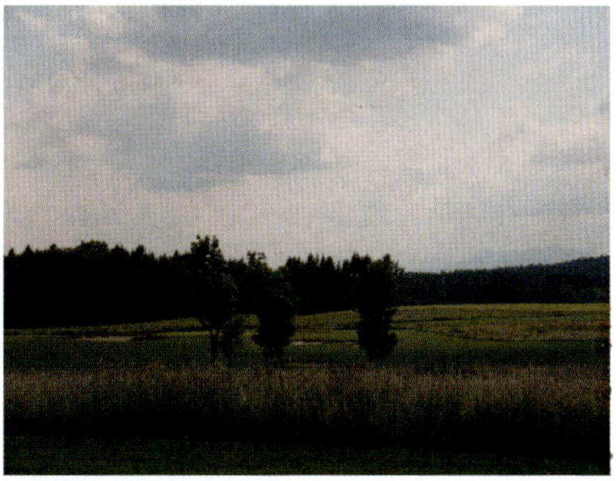

Nächstgelegene Plätze

Höslwang/Chiemgau, GC (Nr. 682)
Gut Ising, GC (Nr. 688)
Chieming, GC (Nr. 686)

Golfplatz Schloss Egmating

Karte, Nr. 679, Feld H12 18/9 Design: Kurt Rossknecht, Kurt Rosknecht Höhe: 650 m

gegründet: 1991

Schlossstraße 15, 85658 Egmating
08095-90860 08095-908666
empfang@gc-egmating.de
www.gc-egmating.de

PR: Robert Salzl, GF: Alexandra Schörghuber
Michael Bartl, CM: Felix Leib

i: 08095-90860 08095-908666
Tom Look

Schlossgarten Cristalina, Cristian Crucila
08095-5789906
Mo. Ruhetag

PRO SHOP: Pro Shop Schloss Egmating
08095-90860 08095-908666

PRO: Pro: Felix Lubenau, Clemens Otto, Erwin Pesch, Justin Walsh

18-Loch Championship Course
H: 6043 m, CR 72.3, SL 131, Par 72
D: 5272 m, CR 73.7, SL 125, Par 72
9-Loch Arabella Course
H: 1464 m, CR 57.6, SL 92, Par 58
D: 1402 m, CR 58, SL 88, Par 58
50 Rangeabschläge (11 überdacht)

G: Gäste sind jederzeit willkommen. Anmeldung ist notwendig. Clubausweis mit eingetragenem Handicap (54) ist erforderlich.

18-Loch-Greenfee: WT: EUR 90 / WE: EUR 120
9-Loch-Greenfee: WT: EUR 45
Ermäßigung: Jugendl./Stud. 50%

Platzinfos

Anfahrtsbeschreibung

A 99, Ausfahrt Ottobrunn-Höhenkirchen, links nach Höhenkirchen, dort links Richtung Glonn-Egmating, ab Egmating der Beschilderung folgen. Oder: A 8 Salzburg-München, Ausfahrt Hofoldinger Forst-Aying nach Aying (8 km), in Aying links Richtung Egmating.

Platzbeschreibung

Der Golfclub Schloss Egmating ist einer der atemberaubendsten Golfanlagen in Süddeutschland, direkt vor den Toren Münchens. Im Jahre 1991 entstand eine Golfanlage der Extraklasse, vom Architekten Kurt Rossknecht zur Freude am Golfspiel und mit Liebe zur Natur konzipiert: mit einem 18-Loch Championship- und dem 9-Loch Arabella Course. Unser Championship-Course lädt zu einer sehr schönen und sportlichen Runde ein.

Nächstgelegene Plätze

Harthausen, GA (Nr. 672)
GolfRange Mchn.-Brunnthal (Nr. 674)
Mangfalltal, GC (Nr. 690)

Greenfee-Aktion: Seite G 159

Golfclub Anthal-Waginger See e.V.

Karte, Nr. 680, Feld I12 **9/3** Höhe: 400 m

gegründet: 1991

Anthal 2, 83413 Fridolfing
✆ 08684-888 🖷 08684-858
✉ info@golfclub-anthal.de
💻 www.golfclub-anthal.de

PR: Ludwig Steinberger, CM: Gerhard Müller
Headgreenkeeper: William Zschieschang

i: ✆ 08684-888 🖷 08684-858
Maria Bruckner

Ristorante Buon Gusto
✆ 08684-9694719
Mo. Ruhetag

PRO SHOP: Longdriveshop, Gerhard Müller
✆ 08684-9692460 🖷 08684-9692462

PRO: Pro: Mark van Haagen

H: 4542 m, CR 65.8, SL 118, Par 68
D: 4144 m, CR 68.2, SL 115, Par 68
18 Rangeabschläge (3 überdacht)

G: Gäste sind jederzeit willkommen. Clubausweis mit eingetragenem Handicap (54) ist erforderlich.

18-Loch-Greenfee: EUR 45
9-Loch-Greenfee: EUR 25
Ermäßigung: Jugendl. bis 18 J. 50%

Platzbeschreibung

Der Golfplatz besticht durch das perfekt modellierte Hügelgelände des bayerischen Voralpenlandes mit seinen Laubwäldern und der uferbewachsenen Götzinger Ache mit ihren Biotopen. Charakteristisch ist der „Stonecreek", ein ausgetrockneter Bachlauf, der als Wasserhindernis mehrfach Kontakt mit den Bahnen hat und auch für geübte Spieler eine Erschwernis bildet.

Platzinfos

VCG CLUB GASTRO GPS

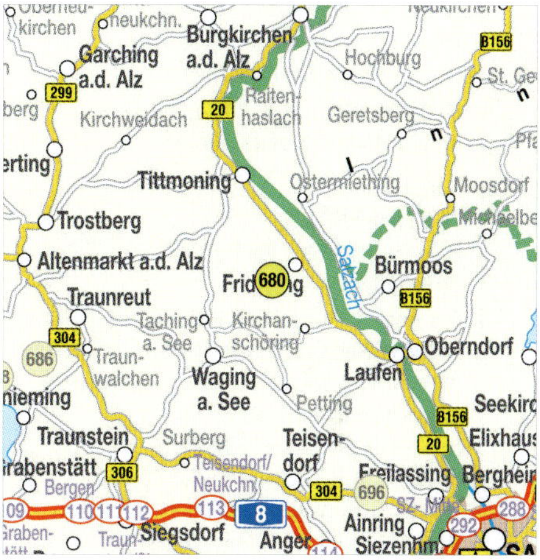

Anfahrtsbeschreibung

B 20 Burghausen-Freilassing, Abzweigung nach Waging/Fridolfing, weiter Richtung Waging, in Götzing Wegweiser nach rechts „Anthal", dann Wegweiser „Golfplatz" folgen. Oder: A 8 München-Salzburg, Ausfahrt Siegsdorf, weiter Traunstein-Waging Richtung Taching, rechts nach Fridolfing, in Götzing Wegweiser nach links „Anthal", von dort weiter wie oben beschrieben zum Golfplatz.

Nächstgelegene Plätze

Berchtesgad. Land, GC (Nr. 696)
Chieming, GC (Nr. 686)
Gut Ising, GC (Nr. 688)

Bayern

Münchener Golf Club e.V.

Karte, Nr. 681, Feld H12 **36** Design: Perry Dye Höhe: 639 m

gegründet: 1910

Tölzer Straße 95, 82064 Straßlach
✆ 08170-929180 🖷 08170-9291820
✉ strasslach@mgc-golf.de
💻 www.mgc-golf.de

PR Thomas Ritz, GF: Alexander Sälzler
Headgreenkeeper: Hans Hientz

i ✆ 08170-9291811 🖷 08170-9291820
Annika Elfinger, Stefania Wörner

Anton Höllwart
✆ 08170-9291823

PRO SHOP Holger Fluß GmbH, Elfi Fluß
✆ 08170-7254

PRO Pro: Antonio Postiglione, Holger Fluss, Florian Fischer, David Grasskamp, Maximilian Tschinkel, Arne Dickel, Wolfgang Birkle

27-Loch Straßlach Platz
H: 6098 m, CR 72.1, SL 137, Par 72
D: 5237 m, CR 72.8, SL 140, Par 72
9-Loch -Golfanlage Thalkirchen
H: 5182 m, CR 67.3, SL 123, Par 70
D: 4598 m, CR 69.9, SL 124, Par 70
25 Rangeabschläge (10 überdacht)

G Gäste sind Montag - Freitag (außer an Feiertagen) willkommen. Anmeldung ist notwendig. Clubausweis mit eingetragenem Handicap (36) ist erforderlich. Gäste sind von montags bis freitags willkommen. An Wochenend- und Feiertagen jedoch nur auf Einladung und in Begleitung von Mitgliedern.

18-Loch-Greenfee: WT: EUR 90 / WE: EUR 110
9-Loch-Greenfee: WT: EUR 50 / WE: EUR 60
Ermäßigung: Jugendl. bis 18 J. und Stud. bis 27 J. 50%

Platzbeschreibung

Die 27-Loch-Golfanlage in Straßlach im Stil eines Parkland Courses bietet mit drei 9-Loch-Schleifen für jede Spielstärke interessante Variationen an. Denn der Platz wurde vor einigen Jahren durch den bekannten amerikanischen Golfplatz-Architekten Perry O. Dye neu gestaltet.

Platzinfos

GPS CLUB GASTRO

Anfahrtsbeschreibung

Vom Stadtzentrum Richtung Süden an der Isar entlang bis zum Marktplatz Grünwald, von dort Richtung Bad Tölz, der Golfplatz liegt in Straßlach links der Tölzer Straße.

Nächstgelegene Plätze

München-Riedhof, GC (Nr. 689)
Bergkramerhof, G&LC (Nr. 693)
Münchener GC, Thalkirchen (Nr. 668)

Bayern

Greenfee-Aktion: Seite G 161

Golf Club Höslwang im Chiemgau e.V.

Karte, Nr. 682, Feld I12 18 Höhe: 600 m

gegründet: 1974

Kronberg 4, 83129 Höslwang
08075-714 08075-8134
info@golfclub-hoeslwang.de
www.golfclub-hoeslwang.de

PR Albert Georg Dander, CM: Nina Gstatter

i 08075-714 08075-8134
Nina Gstatter

Golfclub Restaurant, Sibel Colak
08075-1263 08075-8134

PRO SHOP Golfclub Höslwang, Nina Gstatter
08075-714 08075-8134

PRO Pro: Frank Schefer

H: 6025 m, CR 72.2, SL 129, Par 72
D: 5082 m, CR 72.3, SL 125, Par 72
20 Rangeabschläge (7 überdacht)

G Gäste sind jederzeit willkommen. Anmeldung ist notwendig. Clubausweis mit eingetragenem Handicap (54) ist erforderlich. Wir bieten Ihnen Mitgliedschaften zu lukrativen Konditionen in einem renomierten und etabliertem Golfclub. Sprechen Sie uns an, wir beraten Sie gerne.

18-Loch-Greenfee: WT: EUR 60 / WE: EUR 75
9-Loch-Greenfee: WT: EUR 30 / WE: EUR 37.5
Dienstag: Seniorentag, EUR 40 ab 50 Jahren
Ermäßigung: Jugendl./Stud. 50%

Platzinfos

VCG GPS CLUB

Platzbeschreibung

Auf unserem wunderschönen Platz im Chiemgau ist jeder willkommen. Trickreich gestaltet und mit wunderschön eingewachsenen Bäumen liegt er in der traumhaften Voralpenlandschaft. Bereits die Hinfahrt macht Spaß und bietet tolle Panoramen. Auf Ihrer Runde werden Sie dann spielerisch gefordert und von vielfältigen Kulissen und Aussichten überwältigt. Im Anschluss können Sie sich auf unserer Terrasse entspannen und sich vom Team unseres Clubrestaurants kulinarisch verwöhnen lassen.

Anfahrtsbeschreibung

A 8 München-Salzburg, Ausfahrt Rosenheim Richtung Bad Endorf, in Bad Endorf Richtung Halfing, ca. 2 km nach Ortsausgang Bad Endorf rechts Richtung Höslwang, in Höslwang Richtung Amerang, ca. 1 km nach Höslwang rechts zum Golfplatz abbiegen.

Nächstgelegene Plätze

Am Obinger See, GC (Nr. 678)
Gut Ising, GC (Nr. 688)
Chiemsee GC Prien (Nr. 697)

Bayern

Golfclub Memmingen Gut Westerhart e.V.

Karte, Nr. 683, Feld F12 18/9 Höhe: 600 m

gegründet: 1994

Westerhart 1b, 87740 Buxheim
08331-71016 08331-71018
info@golfclub-memmingen.de
www.golfclub-memmingen.de

PR Martin Wartig, CM: Christian Montén
Headgreenkeeper: Konrad Kienle

i 08331-71016 08331-71018
Lena Stütz, Regina Richter, Alexandra Frühauf

Restaurant Gut Westerhart, Nevin Uluagac
08331-9254614

PRO SHOP Christian Montén
08331-71016 08331-71018

PRO Pro: Tim Hoffmann, Josef Weger

18-Loch Platz
H: 6077 m, CR 72.3, SL 129, Par 72
D: 5276 m, CR 73.5, SL 129, Par 72
9-Loch Akademie Platz
H: 1674 m, Par 30, D: 1479 m, Par 30
50 Rangeabschläge (8 überdacht)

G Gäste sind jederzeit willkommen. Anmeldung ist notwendig. Clubausweis mit eingetragenem Handicap (54) ist erforderlich.

Tages-Greenfee: WT: EUR 70 / WE: EUR 80
9-Loch-Greenfee: WT: EUR 40 / WE: EUR 50
Elektro-Car nur mit Voranmeldung.
Ermäßigung: Jugendl./Stud. 50%

Platzbeschreibung

Die 18-Loch-Anlage liegt im Allgäuer Voralpenland. Der Platz ist insgesamt flach, die Löcher 14 und 15 bilden eine spektakuläre Ausnahme. Buschwerk und eine Vielzahl verschiedenartigster Bäume geben dem Platz zusammen mit farbenprächtigen Bauernwiesen ein markantes Gesicht. Der Platz wird ganzjährig auf Sommergrüns bespielt. Zusätzlich ist ein 9-Loch Akademie Platz angeschlossen, der zusätzlich bespielt werden kann. Dieser beinhaltet sechs Par 3 Löcher und drei Par 4 Löcher und ist auch ohne Platzreife bespielbar.

Platzinfos

VCG GPS CLUB

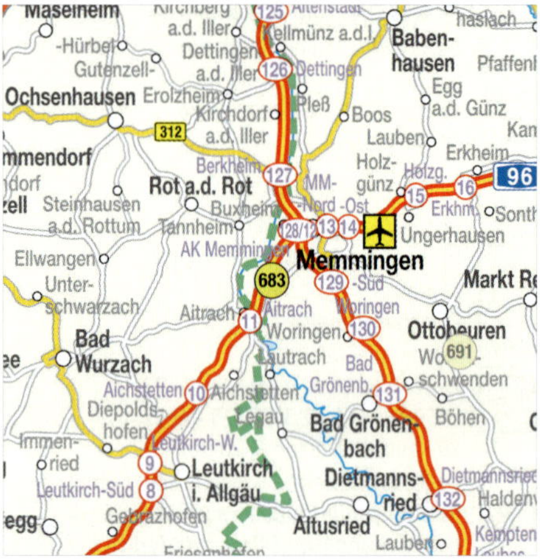

Anfahrtsbeschreibung

A 96 München-Lindau, Ausfahrt Aitrach, auf der alten B 18 Richtung Memmingen, am Ortsende von Volkratshofen links nach Westerhart abbiegen.

Nächstgelegene Plätze

Allgäuer G&LC (Nr. 691)
Reischenhof, GC (Nr. 524)
Waldegg-Wiggensb., GC (Nr. 708)

Bayern

Golfclub Bad Wörishofen e.V.

Karte, Nr. 684, Feld G12 18 Design: Donald Harradine Höhe: 650 m

gegründet: 1977

Schlingener Straße 27, 87668 Rieden
☎ 08346-777 Fax 08346-1616
golfclub@bad-woerishofen.de
www.golfclub-bad-woerishofen.de

PR Peter Ried, CM: Christoph Hirschvogel
Headgreenkeeper: Christian Fischer

i ☎ 08346-777 Fax 08346-1616

GUTSHOF RID, Frank Sagner
☎ 08346-2223972

PRO SHOP Exclusive Footjoy, Titleist und Alberto
☎ 08346-777 Fax 08346-1616

PRO Pro: Steffen Kefer, Christoph Kilian

H: 5933 m, CR 71.8, SL 129, Par 72
D: 5109 m, CR 72.5, SL 130, Par 72
50 Rangeabschläge (2 überdacht)

G Gäste sind jederzeit willkommen. Anmeldung ist notwendig. Clubausweis mit eingetragener PE ist erforderlich.

18-Loch-Greenfee: WT: EUR 70 / WE: EUR 90
9-Loch-Greenfee: WT: EUR 45 / WE: EUR 60
10er-Karte wochentags EUR 550
Ermäßigung: Jugendl. bis 18 J. 50%

Platzinfos

VCG GPS CLUB GASTRO

Anfahrtsbeschreibung

A 96 München-Lindau: Ausfahrt Bad Wörishofen. Richtung Kaufbeuren (Staatsstraße 2015). Abfahrt Schlingen-Süd oder Schlingen-Nord, in Schlingen beschilderte Abzweigung bei der Kirche über die Wertach nach Rieden.

Platzbeschreibung

Golf neu erleben auf den modernsten Grüns im Allgäu. Im Sommer 2020 wurden die umfangreichen Renovierungsmaßnahmen nach dreijähriger Bauzeit abgeschlossen und die Anlage ist komplett auf allen 18 Bahnen bespielbar. Durch diese zukunftsorientierte Unternehmung bietet der Golfclub Bad Wörishofen e.V höchsten technischen Standard der 18 Spielbahnen, Abschläge und Grüns. Der Einklang des unverwechselbaren alteingewachsenen Parkland-Courses und modernsten Grüns, lässt jedes Golferherz höher schlagen.

Nächstgelegene Plätze

Gut Ludwigsberg, GC (Nr. 670)
Schloß Igling, GC (Nr. 671)
Allgäuer G&LC (Nr. 691)

Bayern

Golf Club Feldafing e.V.

Karte, Nr. 685, Feld H12   **18**   Design: Bernhard von Limburger   Höhe: 650 m

gegründet: 1926

Tutzinger Straße 15, 82340 Feldafing
☎ 08157-93340 Fax 08157-933499
info@golfclub-feldafing.de
www.golfclub-feldafing.de

PR: Nikolaus von Koblinski, GF: Florian Kohlhuber
Headgreenkeeper: Florian Eska

i: ☎ 08157-93340 Fax 08157-933499
Lena Saathoff

Gastronomie: Karl-Werner Küster
☎ 08157-933411

PRO SHOP: Wolfgang John
☎ 08157-933412

PRO: Pro: Claudia Popp, Wolfgang John, Christian Mataré, Andreas Wisgickl, Christoph Bühler

H: 5726 m, CR 71.6, SL 142, Par 71
D: 5089 m, CR 73.4, SL 137, Par 71
15 Rangeabschläge (5 überdacht)

G: Gäste sind jederzeit willkommen. Anmeldung ist notwendig. Clubausweis mit eingetragenem Handicap (34) ist erforderlich.

18-Loch-Greenfee: WT: EUR 80 / WE: EUR 110
9-Loch-Greenfee: WT: EUR 40 / WE: EUR 55
Ermäßigung: Jugendl./Stud. 50%

Platzbeschreibung

Der Golfclub Feldafing liegt am Ufer des Starnberger Sees und ist in den historischen Lenné-Park eingebettet. Die einzigartig in Hanggelände gelegenen 18 Bahnen bestechen nicht nur durch ihren spielerischen Reiz und das wunderschöne Panorama, sondern auch durch die zeitgeschichtliche Aura, die den Platz umgibt. Auf der Anlage des bereits 1926 gegründeten Traditionsvereins spielten schon Persönlichkeiten wie der US-Präsident Dwight D. Eisenhower!

Platzinfos

Anfahrtsbeschreibung

A 95 München-Garmisch, Ausfahrt Starnberg, durch Starnberg auf der B 2 bis Pöcking, an der ersten Ampel links Richtung Possenhofen, in Possenhofen rechts Richtung Feldafing-Tutzing, nach ca. 2 km liegt der Golfplatz linker Hand der Straße.

Nächstgelegene Plätze

Tutzing, GC (Nr. 687)
Starnberg, GC (Nr. 677)
Bergkramerhof, G&LC (Nr. 693)

Golf-Club Chieming e.V.

Karte, Nr. 686, Feld I12 18/7 Höhe: 500 m

gegründet: 1982

Kötzing 1, 83339 Chieming-Hart
☏ 08669-87330 🖷 08669-873333
✉ info@golfchieming.de
💻 www.golfchieming.de

PR: Georg Brüderl, GF: Georg Junkert

i: ☏ 08669-87330 🖷 -873333
Christian Köbler, Tatjana Strohmayer

Gmahde Wiesn, Georgia Petraki

PRO SHOP: Tina Kainzmaier
☏ 08669-87330 🖷 -873333

PRO: Pro: Michael Kriechbaum

18-Loch Platz
H: 5933 m, CR 71.4, SL 131, Par 72
D: 5254 m, CR 73.6, SL 126, Par 72
7-Loch Super7Seven - Public Golf Par 3 Platz
H: 676 m, D: 665 m
18 Rangeabschläge (6 überdacht)

G: Gäste sind jederzeit willkommen. Anmeldung ist notwendig. Clubausweis mit eingetragener PE ist erforderlich.

18-Loch-Greenfee: EUR 75
9-Loch-Greenfee: WT: EUR 39
Ermäßigung: Jugendl./Stud. 50%

Platzinfos

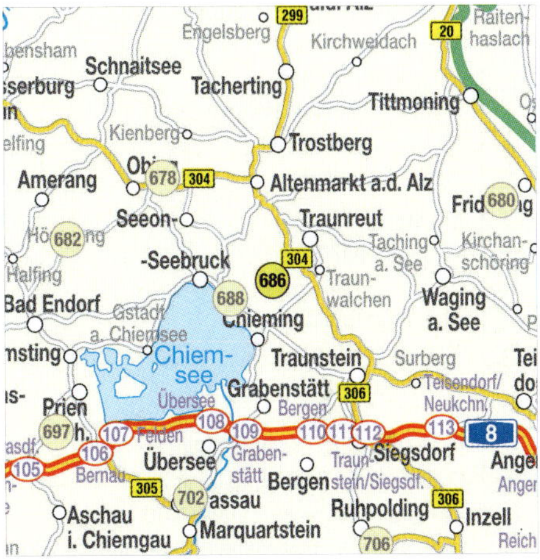

Anfahrtsbeschreibung

A 8 München-Salzburg, Ausfahrt Grabenstätt Richtung Chieming, weiter nach Norden über Laimgrub (große Straßenkreuzung) nach Sondermoning, vor dem Ort links nach Hart, durch Hart Richtung Knesing zum Golfplatz.

Platzbeschreibung

Der Golfclub ist in einer der landschaftlich reizvollsten Gegenden Deutschlands gelegen. In unmittelbarer Nachbarschaft des Chiemsees, umrahmt von herrlichen Wäldern, mit Aussicht auf die Chiemgauer Berge und das Berchtesgadener Land. Die sanft kupierte Moränenlandschaft ist teilweise gesäumt von Obstbäumen, Lärchen, Linden und Eichen und steigert den Schwierigkeitsgrad des Platzes.

Nächstgelegene Plätze

Gut Ising, GC (Nr. 688)
Am Obinger See, GC (Nr. 678)
Höslwang/Chiemgau, GC (Nr. 682)

Bayern

Golfclub Tutzing

Karte, Nr. 687, Feld H12 18/6 Höhe: 700 m

gegründet: 1983

Gut Deixlfurt 7, 82327 Tutzing
08158-3600 08158-7234
service@golfplatz-tutzing.de
www.golfplatz-tutzing.de

PR
Stephan Fuchs, GF: Dr. Dankmar Zinke
Michael Dörrenberg
Headgreenkeeper: Helmut Wirth

08158-3600 08158-7234
Petra Schepull

Morattina
08158-9070088

PRO SHOP
Golf-Shop Tutzing
08158-3600

PRO
Pro: Keith Read

H: 6041 m, CR 71.6, SL 124, Par 72
D: 5427 m, CR 73.8, SL 131, Par 72
20 Rangeabschläge (4 überdacht)

G
Gäste sind jederzeit willkommen. Anmeldung ist notwendig. Clubausweis mit eingetragenem Handicap (54) ist erforderlich. Sa./So./Feiertage ist Handicap 45 erforderlich. E-Ladestation am Clubhaus für E-Autos, Wallbox 22kW Caravan Stellplätze auf Anfrage

18-Loch-Greenfee: WT: EUR 70 / WE: EUR 86
9-Loch-Greenfee: WT: EUR 46 / WE: EUR 56
Golf-Carts: EUR 34 je 18-Loch Runde. Zieh-Trolley: EUR 5 / E-Trolley auf Anfrage
Ermäßigung: Jugendl. bis 18 J. und Stud. bis 25 J. 50%

Platzbeschreibung

In sanft hügeligem, weitgehend naturbelassenem Gelände auf 700 Meter Meereshöhe mit beeindruckendem Blick bis auf das Wetterstein- und Karwendel-Massiv erwartet Sie der Golfplatz Tutzing. Der 18-Loch-Platz liegt inmitten der idyllischen Voralpenlandschaft mit altem Baumbestand, Wiesen und Moorbecken.

Platzinfos

VCG
GPS
CLUB
GASTRO

Anfahrtsbeschreibung

A 95 München-Garmisch, Ausfahrt Starnberg, durch Starnberg auf der Olympiastraße B 2 Richtung Weilheim, ca. 1 km nach Traubing links in die Auffahrt zu Gut Deixlfurt und der Beschilderung „Golf“ zum Golfplatz folgen.

Nächstgelegene Plätze

Feldafing, GC (Nr. 685)
Hohenpähl, GC (Nr. 692)
Starnberg, GC (Nr. 677)

Golf Club Gut Ising

Karte, Nr. 688, Feld I12 **9** Design: Thomas Himmel Höhe: 557 m

gegründet: 1997

Kirchberg 3, 83339 Chieming
✆ 08667-79358 Fax 08667-79432
golfclub@gut-ising.de
www.gut-ising.de

PR Konstantin Magalow, GF: Christoph Leinberger, CM: Christoph Leinberger
Headgreenkeeper: Samir Harrak

i ✆ 08667-79358 Fax 08667-79432
Michaela Krebs, Astrid Baumgartner

Goldener Pflug / Derby Bar Clubhaus
✆ 08667-79172 / 08667-79436

PRO SHOP Schuster & Lubenau Academy, Felix Lubenau
✆ 08667-79358 Fax 08667-79432

PRO Pro: Felix Lubenau, Ernst Reiter

H: 5624 m, CR 69.5, SL 121, Par 72
D: 5028 m, CR 71.7, SL 118, Par 72
15 Rangeabschläge (2 überdacht)

G Gäste sind jederzeit willkommen. Anmeldung ist notwendig. Clubausweis mit eingetragenem Handicap (54) ist erforderlich.

18-Loch-Greenfee: WT: EUR 40 / WE: EUR 45
9-Loch-Greenfee: WT: EUR 30 / WE: EUR 35
Ermäßigung: Jugendl. bis 18 J.

Platzbeschreibung

Die Golfanlage liegt eingebettet zwischen alten Alleebäumen und den angrenzenden Poloplätzen von Gut Ising und bietet zusammen mit Wasserhindernissen eine gelungene Mischung unterschiedlicher Löcher. Die Grüns erfordern präzise Annäherungsschläge, denn teilweise eng angelegte Bahnen und angrenzende „out of bound"-Flächen erlauben nur minimale Abweichungen von der Ideallinie.

Platzinfos

VCG GPS CLUB GASTRO

Anfahrtsbeschreibung

Von München: A 8 Richtung Salzburg, Ausfahrt Grabenstätt Richtung Chieming, in Chieming Richtung Norden bis zur Kreisverkehr, dort rechts Richtung Seebruck-Ising und der Beschilderung nach Ising folgen, in Ising an der Kirche links vorbei und der Beschilderung zum Golfplatz folgen.

Nächstgelegene Plätze

Chieming, GC (Nr. 686)
Am Obinger See, GC (Nr. 678)
Höslwang/Chiemgau, GC (Nr. 682)

Golfclub München-Riedhof e.V.

Karte, Nr. 689, Feld H12 **18** Design: Heinz Fehring Höhe: 550 m

gegründet: 1989

Riedhof 16, 82544 Egling-Riedhof
08171-21950 08171-219511
info@riedhof.de
www.riedhof.de

PR
Dr. Elmar Kades, GF: Kariem Baraka
Headgreenkeeper: Peter Shaw

08171-21950 08171-219511
Susanne Braun, Tim Pischkowski

Restaurant Riedhof
08171-219535

PRO SHOP
Golfshop Riedhof, Claudia Rexhäuser
08171-219530 08171-219511

PRO
Pro: Christian Moculescu, Dominik Grass, Elke Junge

H: 5865 m, CR 71.3, SL 131, Par 72
D: 5166 m, CR 73.3, SL 129, Par 72
21 Rangeabschläge (7 überdacht)

G
Gäste sind Montag - Freitag (außer an Feiertagen) willkommen. Anmeldung ist notwendig. Clubausweis mit eingetragenem Handicap (36) ist erforderlich.

18-Loch-Greenfee: WT: EUR 110
9-Loch-Greenfee: WT: EUR 60
GF 18-Loch WT: bis 10 Uhr: EUR 80
Montag: Kennenlerntag EUR 70
Ermäßigung: Jugendl./Stud. 50%

Platzinfos

VCG GPS CLUB

Anfahrtsbeschreibung

A 95 München-Garmisch, Ausfahrt Wolfratshausen Richtung Autobahn Salzburg nach Wolfratshausen, dort Richtung Egling, dann der Beschilderung folgen. Oder: Von München Richtung Bad Tölz über Grünwald-Straßlach-Deining Richtung Wolfratshausen und der Beschilderung zum Golfplatz folgen.

Platzbeschreibung

Dieser exklusive und familienfreundliche Club bietet ein sehr hohes Dienstleistungsniveau und ein vielfältiges sportliches Turnierangebot. Der Platz bietet für sportlich anspruchsvolle Spieler abwechslungsreiche Fairways mit strategisch platzierten Hindernissen und treuen Grüns.

Nächstgelegene Plätze

Bergkramerhof, G&LC (Nr. 693)
Münchener GC, Straßlach (Nr. 681)
Beuerberg, GC (Nr. 698)

Golfclub Mangfalltal e.V.

Karte, Nr. 690, Feld H12 18 Höhe: 600 m

gegründet: 1987

Oed 1, 83620 Feldkirchen-Westerham
08063-6300 08063-6958
info@gc-mangfalltal.de
www.gc-mangfalltal.de

PR: Theo Muffert, GF: Markus Steinle

i: 08063-6300 08063-6958
Karin Kunze, Jutta Neubert, Bianka Reichl

Landgasthof im Golfclub Mangfalltal, Klaus Vaitl
08063-9737957

PRO SHOP: Tom Duncan
0173-2406673

PRO: Pro: Tom Duncan, Brian Birch

H: 5767 m, CR 70.8, SL 138, Par 72
D: 5142 m, CR 73.2, SL 128, Par 72
20 Rangeabschläge

G: Gäste sind jederzeit willkommen. Anmeldung ist notwendig. Clubausweis mit eingetragenem Handicap (45) ist erforderlich. Sa./So./Feiertage ist Handicap 36 erforderlich.

18-Loch-Greenfee: WT: EUR 80 / WE: EUR 90
9-Loch-Greenfee: WT: EUR 55 / WE: EUR 60
Ermäßigung: Jugendl. bis 18 J. 50%, Stud. bis 27 J. 25%

Platzbeschreibung
Südöstlich von München in 30 Min. erreichbar, ist der GC Mangfalltal einer der am schönsten gelegenen Plätze Oberbayerns mit imposanten Blick auf das Alpenpanorama. Das stilvoll umgebaute alte Clubhaus aus dem Jahre 1833 zeigt Charakter mit bayerischer Gemütlichkeit.

Platzinfos

VCG
GPS
CLUB
GASTRO

Anfahrtsbeschreibung
A 8 München-Salzburg, Ausfahrt Hofolding Richtung Aying, Landstraße Richtung Rosenheim-Feldkirchen-Westerham, in Feldkirchen Richtung Glonn. Oder: München-Ottobrunn über die Rosenheimer Landstraße in Richtung Bad Aibling, in Feldkirchen Richtung Glonn, nach ca. 800 m rechts zum Golfplatz abbiegen.

Nächstgelegene Plätze
Schloss Egmating, GP (Nr. 679)
Golf Valley Mchn. (Nr. 695)
Schloß Maxlrain, GC (Nr. 694)

Bayern

Allgäuer Golf- und Landclub e.V.

Karte, Nr. 691, Feld F12 18/6 Höhe: 690 m

gegründet: 1984

Boschach 3, 87724 Ottobeuren
08332-92510
info@aglc.de
www.aglc.de

PR: Horst Klüpfel, CM: Johannes Siemenczuk
Headgreenkeeper: Daniel Weischedel

i: 08332-92510
Andrea Stock

Restaurant am Golfplatz, Monika Perkovic
08332-5164

PRO: Pro: Mark Southern

18-Loch Platz
H: 6096 m, CR 72.4, SL 131, Par 72
D: 5398 m, CR 74.4, SL 126, Par 72
6-Loch Platz
H: 2877 m, Par 57
D: 2877 m, Par 57
20 Rangeabschläge (10 überdacht)

G: Gäste sind jederzeit willkommen. Anmeldung ist notwendig. Clubausweis mit eingetragenem Handicap (54) ist erforderlich. Sa./So./ Feiertage ist Handicap 45 erforderlich.

18-Loch-Greenfee: WT: EUR 64 / WE: EUR 79
9-Loch-Greenfee: WT: EUR 40 / WE: EUR 47
Ermäßigung: Jugendl./Stud. bis 27 J. 50%

Platzinfos

VCG GPS CLUB GASTRO

Platzbeschreibung

Der Golfplatz liegt außerhalb von Ottobeuren, einem netten Kurort mit der berühmten Basilika, in ländlicher Gegend. Die breiten Fairways sind sehr gut eingewachsen und bieten mit Wasserhindernissen und gut von Bunkern verteidigten Grüns ein abwechslungsreiches Spiel. Das Clubhaus im Landhausstil wurde 1997 total renoviert und wesentlich vergrößert. Kinder und Jugendliche bis 18 Jahre spielen in Begleitung eines golfenden Eltern- bzw. Großelternteils gratis!

Anfahrtsbeschreibung

A 7, Ausfahrt Memmingen, weiter über Memmingen und Ottobeuren nach Eldern, ab Eldern der Beschilderung bis zum Golfplatz folgen.

Nächstgelegene Plätze

Memmingen, GC (Nr. 683)
Waldegg-Wiggensb., GC (Nr. 708)
Schloßgut Lenzfried, Golfpark (Nr. 710)

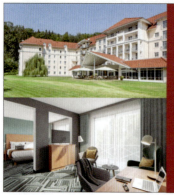

Bayern

Golfen im Allgäu
...frisches „Grün“

OTTOBEUREN
ALLGÄU FÜR DIE SINNE

Golfen vor der historischen Kulisse der Benediktinerabtei ist einer der Anziehungspunkte für den Allgäuer Golf- und Landclub. Eingebettet in die sanft hügelige, wiesengrüne Landschaft des Kneipplandes® Unterallgäu bietet der 18-Loch-Golfplatz nicht nur ambitionierten Golfern ein einmaliges Freizeiterlebnis. Auch derjenige, der den Golfsport erst noch für sich entdecken möchte, kann seinen Urlaubsaufenthalt in Ottobeuren hervorragend dafür nutzen.

Unsere Leistungen:

- 4 Übernachtungen im DZ inkl. Frühstück
- 2 x Greenfee im Allgäuer Golf- und Landclub Ottobeuren
- Führung durch die Basilika am Samstagnachmittag

Zwei Ottobeurer Highlights in einem Kombiticket:

- Besuch des Klostermuseums mit Kaisersaal
- Besuch des Museums für zeitgenössische Kunst – Diether Kunerth

Voraussetzungen:

- 18-Loch-Golfplatz: Gültiger Clubausweis mit eingetragenem Handicap (54)
- 6-Loch-Golfplatz: ohne Clubausweis ohne Platzreife

Preis pro Person: ab € 339,00

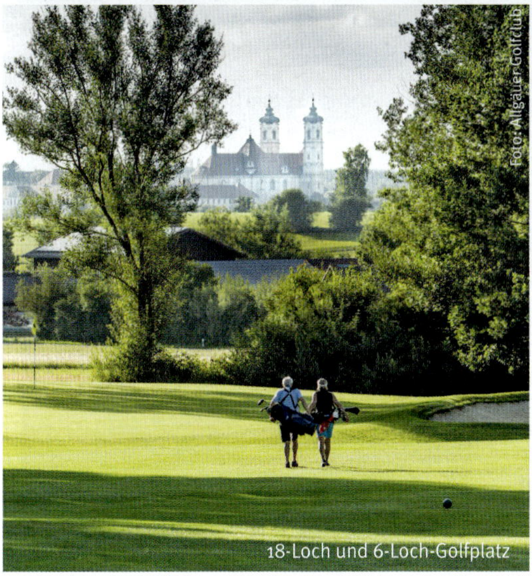
Foto: Allgäuer Golfclub
18-Loch und 6-Loch-Golfplatz

Foto: www.luftbild-bertram.de

Information:

Touristikamt Kur & Kultur
Marktplatz 14
87724 Ottobeuren
Tel.: 08332/921950
Fax: 08332/921992
Mail: touristikamt@ottobeuren.de
www.ottobeuren.de

Bayern

Greenfee-Aktion: Seite G 161

Golf Club Hohenpähl e.V.

Karte, Nr. 692, Feld G12 18 Höhe: 690 m

gegründet: 1988

Hohenpähl, 82396 Pähl
08808-92020 08808-920222
info@gchp.de
www.gchp.de

PR
Heiner Wenzel, GF: Stefanie Almer

08808-92020 -920222

Restaurant im Golfclub Hohenpähl
08808-9247924

PRO
Pro: Christian Görlitz, Markus Obermeier

H: 5723 m, CR 70.8, SL 130, Par 71
D: 5071 m, CR 72.6, SL 129, Par 71
30 Rangeabschläge (5 überdacht)

G
Gäste sind jederzeit willkommen. Anmeldung ist notwendig. Clubausweis mit eingetragenem Handicap (45) ist erforderlich.

18-Loch-Greenfee: WT: EUR 80 / WE: EUR 90
9-Loch-Greenfee: WT: EUR 45 / WE: EUR 55
Auf Fern- und eingeschränkte Mitgliedschaften keine Ermäßigung.
Ermäßigung: Jugendl. bis 18 J. und Stud. bis 27 J. 40%

Platzinfos

VCG GPS CLUB GASTRO

Anfahrtsbeschreibung

Von München: A 95 München-Garmisch, Ausfahrt Starnberg, durch Starnberg auf der B 2 Richtung Weilheim. Bei km 41 rechts
nach 80 m links in den Wald einbiegen. Der Beschilderung ca. 2,5 km bis zum Clubhaus folgen. Von Süden: B 2 Garmisch-Weilheim Richtung Starnberg, an der Abzweigung Pähl-Dießen-Herrsching vorbei (!), geradeaus den Berg hinauf, ca. 800 m nach der scharfen Rechtskurve bei der „Hirschbergalm" rechts und die B 2 nach links zum Golfplatz queren.

Platzbeschreibung

Der Golf Club Hohenpähl ist in welligem Gelände angelegt und bietet von 12 Bahnen aus traumhafte Ausblicke auf das Alpenpanorama. Die Bahnen führen durch eine parkähnliche Landschaft mit sehr altem, majestätisch wirkendem Baumbestand. Die Anlage bietet durch zahlreiche Teiche, die Fairways begleitende Bäche und mehrere Schräglagen einen technisch anspruchsvollen Platz. Erholung pur in wunderbarer Naturlandschaft.

Nächstgelegene Plätze

Tutzing, GC (Nr. 687)
Feldafing, GC (Nr. 685)
Starnberg, GC (Nr. 677)

Golf- und Landclub Bergkramerhof e.V.

Karte, Nr. 693, Feld H12 **18** Höhe: 650 m

gegründet: 1994

Bergkramerhof, 82515 Wolfratshausen
08171-41910 08171-419111
info@gc-bergkramerhof.de
www.gc-bergkramerhof.de

PR: Dr. Josef Hingerl, GF: Dr. Josef Hingerl

i: 08171-41910 -419111
Kerstin Geigl

Der Bergkramer, Almeida
08171-3851946 08171-3851947

PRO SHOP: Matthias Ludwig, Matthias Ludwig
08171-9068930 -419111

PRO: Pro: Dean Bradley, Philipp Höllmüller, Ian Lyons

H: 5922 m, CR 70.1, SL 123, Par 72
D: 5135 m, CR 71.5, SL 122, Par 72
38 Rangeabschläge (8 überdacht)

G: Gäste sind jederzeit willkommen. Anmeldung ist notwendig. Clubausweis mit eingetragenem Handicap (54) ist erforderlich. Ökologischer Golfplatz: ohne chemische Pflanzenschutzmittel. Kein Spielrecht für VCG-Mitglieder

18-Loch-Greenfee: WT: EUR 75 / WE: EUR 95
9-Loch-Greenfee: WT: EUR 50
Ermäßigung: Jugendl. bis 18 J. 50%, Stud. bis 27 J. 25%

Platzbeschreibung

Herzlich Willkommen auf der Golfanlage Gut Bergkramerhof, der 1. Ökologischen Golfanlage in Deutschland Fühlen Sie sich herzlich eingeladen, die einzigartige, ökologische Golfanlage mit den vielfältigen Fassetten zu genießen. Neben der Einzigartigkeit, dass hier der Mensch, Flora und Fauna keinen Pestiziden und anderen gesundheitsschädlichen Chemikalien ausgesetzt sind, gibt es hier einen herrlichen Sport, schöne Natur in vitalisierender Luft, Gemeinschaft, Erholung und vieles mehr zu genießen. Dank der optimalen Verkehrsanbindung an die A 95 ist die Golfanlage schnell zu erreichen. Die 18 Löcher wurden mit einem spannenden Layout, von Architekt Thomas Himmel, perfekt in die idyllische Landschaft integriert.

Platzinfos

VCG GPS CLUB GASTRO

Anfahrtsbeschreibung

Von München: A 95 Ri. Garmisch, Ausf. Wolfratshausen, an der Ampel li. abbiegen, Ri. Wolfratshausen. Sofort wieder li. einordnen und unmittelbar nach der Autobahnunterführung li. abbiegen. Nach ca. 100 m wieder li. in die Auffahrtstraße zur Golfanlage. Von Garmisch: A 95 Ri. Mü., Ausf. Wolfratshausen, Landstraße überqueren und schräg gegenüber einfahren. Nach ca. 100 m links in die Auffahrtstraße zur Golfanlage.

Nächstgelegene Plätze

München-Riedhof, GC (Nr. 689)
Feldafing, GC (Nr. 685)
Beuerberg, GC (Nr. 698)

Greenfee-Aktion: Seite G 161

Golf Club Schloß Maxlrain e.V.

Karte, Nr. 694, Feld H12 18/9 Design: Paul Krings Höhe: 500 m

gegründet: 1988

Freiung 14, 83104 Maxlrain
08061-1403 08061-30146
info@golfclub-maxlrain.de
www.golfclub-maxlrain.de

PR: Karlheinz Bachmeier, GF: Julia Busch
Headgreenkeeper: Mark Sturm

i: 08061-1403 -30146
Alexandra Kellerer

Golfclub Schloss Maxlrain
08061-1403

PRO SHOP: Golfclub Schloss Maxlrain
08061-1403

PRO: Pro: Tomek Dogil

18-Loch Platz
H: 6090 m, CR 72.9, SL 136, Par 72
D: 5394 m, CR 74.9, SL 132, Par 72
9-Loch Maxlrainer Kurzplatz (Par 3)
H: 895 m, Par 27
D: 895 m, Par 27
25 Rangeabschläge (8 überdacht)

G: Gäste sind jederzeit willkommen. Anmeldung ist notwendig. Clubausweis mit eingetragener PE ist erforderlich.

18-Loch-Greenfee: EUR 80
9-Loch-Greenfee: EUR 50
Spezialtarife auf unserer Homepage (Mittagstarif, Mondscheintarif...)
Ermäßigung: Jugendl. bis 30 J. 50%

Platzbeschreibung

Auf 140 ha breitet sich eine der schönsten Golfanlagen Deutschlands aus - ein wahrer Golfpark. Der größte Teil der Bahnen führt über den im 19. Jahrhundert angelegten Schlosspark mit riesigen Tannen, Fichten und über zweihundertjährigen Eichen. Durch seine vielen Teiche, Wasserläufe und Biotope stellt Schloß Maxlrain ein wahres Naturparadies dar. Mittelpunkt ist der 18-Loch Meisterschaftsplatz, der dem Durchschnittsspieler alles bietet, aber auch dem Könner immer wieder eine Herausforderung bleibt.

Platzinfos

VCG

Anfahrtsbeschreibung

A8 München-Salzburg, Ausf. Bad Aibling, danach Richt. Bad Aibling. Am 1. Kreisel links Richt. München, am 2. Kreisel geradeaus Richt. Ebersberg und der Besch. Golfplatz (ca. 3,5 km) folgen. Oder: Staatsstraße 2078 München-Rosenheim vor Bad Aibling am Kreisel Richt. Ebersberg und der Besch. Golfplatz (ca. 3,5 km) folgen.

Nächstgelegene Plätze

Mangfalltal, GC (Nr. 690)
Schloss Elkofen, GC (Nr. 675)
Pfaffing, GC (Nr. 673)

Bayern

Golf Valley München

Karte, Nr. 695, Feld H12 27/9 Design: David Krause Höhe: 690 m

gegründet: 2009

Am Golfplatz 1, 83626 Valley
08024-902790 08024-9027999
info@golfvalley.de
www.golfvalley.de

PR: Michael Weichselgartner,
GF: Alexandra Weichselgartner

i: 08024-902790 08024-9027999

La Buca 37
08024 – 90 27 920

PRO SHOP: GOLFSHOP.DE, Robert Solansky
08024-6499942

PRO: Pro: Danny Wilde

27-Loch Designer Course
H: 6202 m, CR 73.4, SL 135, Par 72
D: 5315 m, CR 74.8, SL 132, Par 72
9-Loch Golfpark Platz
H: 3824 m, CR 62.1, SL 100, Par 64
D: 3208 m, CR 60.6, SL 99, Par 64
120 Rangeabschläge (15 überdacht)

G: Gäste sind jederzeit willkommen. Anmeldung ist notwendig. Clubausweis mit eingetragenem Handicap (36) ist erforderlich. Auf dem 9-Loch Golfpark sind Hunde angeleint erlaubt

18-Loch-Greenfee: WT: EUR 95 / WE: EUR 120
9-Loch-Greenfee: WT: EUR 50 / WE: EUR 60
Ermäßigung: Jugendl. bis 21 J. 50%, Stud. bis 27 J. 20%

Platzbeschreibung

Am Eingang des Tegernseer Tals, verkehrsgünstig nur wenige Kilometer von der A8 gelegen, befindet sich eine der modernsten Golfanlagen Europas. Der 3 x 9 Loch Designer Course bildet mit seinem einzigartigen Layout das Herzstück der Golfanlage Valley. Designed vom kanadischen Stararchitekten David Krause spiegelt er den neuesten Stand der Golfplatzarchitektur wider und integriert die aktuellsten Entwicklungen.

Platzinfos

VCG

Anfahrtsbeschreibung

Autobahn A8, Ausfahrt Holzkirchen, weiter auf der B318 Richtung Tegernsee ca. 3,5 km. Ausfahrt rechts Richtung Gewerbegebiet Warngau, rechts auf die „Tegernseer Str.", nach ca. 100m Richtung links Richtung Gewerbegebiet, auf der Valleyer Str. bleiben bis zur Einfahrt auf das Gelände des Clubs

Aus Richtung Tegernsee kommend: B318 Richtung A8, Ausfahrt rechts Richtung Gewerbegebiet Warngau, links auf die „Tegernseer Str.", nach ca 50m links Richtung Gewerbegebiet, auf der Valleyer Str. bleiben bis zur Einfahrt auf das Gelände des Clubs.

Nächstgelegene Plätze

Tegernsee, GP (Nr. 700)
Mangfalltal, GC (Nr. 690)
Margarethenhof, GC (Nr. 707)

Bayern

Greenfee-Aktion: Seite G 163

Golfclub Berchtesgadener Land e.V.

Karte, Nr. 696, Feld K12 **18** Höhe: 450 m

gegründet: 1993

Weng 12, 83404 Ainring
☎ 08654-69020 Fax 08654-690211
✉ info@gcbgl.de
www.gcbgl.de

PR Hans Lindner, GF: Josef Abfalter sen.
Christian Rau
Headgreenkeeper: J. Abfalter sen.

i ☎ 08654-69020 Fax 08654-690211
Hildegard Rau, Christine Winterer,
Sabine Webersberger

Hotel-Restaurant „Wengerhof"
☎ 08654-690250 Fax 08654-690211
Mo. Ruhetag

PRO SHOP Hildegard Rau
☎ 08654-69020 Fax 08654-690211

PRO Pro: Ronny Schinnerl, Markus Angerer,
Maximilian Wöss

H: 5943 m, CR 71.4, SL 131, Par 72
D: 5215 m, CR 72.9, SL 128, Par 72
20 Rangeabschläge (8 überdacht)

G Gäste sind jederzeit willkommen. Anmeldung ist notwendig. Clubausweis mit eingetragenem Handicap (54) ist erforderlich.

Tages-Greenfee: Mo.: EUR 52 / Di.-Fr.: EUR 65 / WE: EUR 75
Ermäßigung: Jugendl./Stud. 50%

Platzinfos

Platzbeschreibung

Diese Golfanlage liegt landschaftlich sehr schön gelegen im Berchtesgadener Land nur unweit von der Festspielstadt Salzburg. Die Topographie des 100 ha großen Geländes ist leicht hügelig, trotzdem für Senioren hervorragend geeignet. Der Platz gilt als technisch sehr anspruchsvoll, da seine Architektur mit natürlichen Wasserläufen und Teichen sowie strategisch gut platzierten Bunkern, sowohl technisch als auch spieltechnische Herausforderungen bietet. Clubhaus mit Hotel, guter Gastronomie und schöner Sonnenterrasse.

Anfahrtsbeschreibung

A 8 München-Salzburg, Ausfahrt Freilassing, bei Freilassing-Süd auf der B 304 Richtung Traunstein bis zur Abzweigung nach Weng. Von Salzburg: Über den Grenzübergang Freilassing auf die B 304 Richtung Traunstein bis zur Abzweigung nach Weng.

Nächstgelegene Plätze

Anthal-Waginger See, GC (Nr. 680)
Ruhpolding, GC (Nr. 706)
Berchtesgaden, GC (Nr. 716)

Chiemsee Golf-Club Prien e.V.

Karte, Nr. 697, Feld I13 **18** Design: Herr Harradine Höhe: 580 m

gegründet: 1961

Bauernberg 5, 83209 Prien-Bauernberg
☎ 08051-62215 Fax 08051-61987
✉ cgc-prien@t-online.de
www.cgc-prien.de

PR: Christian Karg
Headgreenkeeper: Philipp Eins

i: ☎ 08051-62215 Fax -61987
Theresa Kellerer

Club-Restaurant, Giovanna Scarzanella - Rosso
☎ 08051-4820
Mo. Ruhetag

PRO SHOP: ProShop Häringer, Katharina Häringer
☎ 0172-8674974 Fax 08051-5948 Tel.

PRO: Pro: Martin Höcker, Ralf Dreher

H: 5773 m, CR 72, SL 133, Par 72
D: 5119 m, CR 74, SL 129, Par 72
14 Rangeabschläge (7 überdacht)

G: Gäste sind jederzeit willkommen. Sa./So./Feiertage ist Anmeldung notwendig. Clubausweis mit eingetragenem Handicap (54) ist erforderlich. Sa./So./Feiertage ist Handicap 36 erforderlich. Am WE bitten wir um vorherige telefonische Anfrage.

18-Loch-Greenfee: WT: EUR 69 / WE: EUR 75
Ermäßigung: Jugendl. bis 18 J. und Stud. 50%

Platzbeschreibung

Der Platz, auf einem Hochplateau im Nahbereich des Chiemsees gelegen, ist mit seinen hügeligen und gleichzeitig sehr abwechslungsreichen Spielbahnen sehr anspruchsvoll gestaltet. Zahlreiche Schräglagen, alter Baumbestand und natürlicher Bewuchs stellen den Golfer immer wieder vor Herausforderungen.

Platzinfos

Anfahrtsbeschreibung

A 8 Salzburg-München, Ausfahrt Bernau-Prien Richt. Prien, nach 2 km links Richtung Hittenkirchen, danach über eine Bergkuppe und nach 150 m rechts Richtung Vachendorf und rechts zum Golfplatz. Oder: A 8 München-Salzburg, Ausfahrt Frasdorf, nördlich der A 8 Richtung Umratshausen-Hittenkirchen bis zur Bahnlinie Prien-Aschau, an dieser in nördlicher Richtung ca. 2 km entlang bis zum Golfplatz.

Nächstgelegene Plätze

Patting-Hochriesblick, GA (Nr. 699)
GR Achental (Nr. 702)
Höslwang/Chiemgau, GC (Nr. 682)

Bayern

Golfclub Beuerberg e.V.

Karte, Nr. 698, Feld H13 **18** Design: Donald Harradine Höhe: 600 m

gegründet: 1982

Gut Sterz 3, 82547 Beuerberg
08179-617/-728 08179-5234
info@gc-beuerberg.de
www.golfclub-beuerberg.de

PR Dr. Wolfgang Ruhwinkel, GF: Isolde Zondler, CM: Dr. Urs Zondler

i 08179-617 oder 728 08179-5234
Peggy Hass, Sandra Strutz

Erik Hvizd, Erik Hvizd
08179-997868 08179-5234

PRO SHOP EGM – Ihr Golfprofi GmbH, Harry Schenavsky
08179-9974490

PRO Pro: Christian Neumaier, Alexander Linner, Christian Leslie Schanz, Jens-Peter Koriath

H: 6262 m, CR 73.3, SL 135, Par 74
D: 5569 m, CR 75.7, SL 136, Par 74
40 Rangeabschläge (8 überdacht)

G Gäste sind Montag - Freitag (außer an Feiertagen) willkommen. Anmeldung ist notwendig. Clubausweis mit eingetragenem Handicap (36) ist erforderlich.

Tages-Greenfee: WT: EUR 70 / WE: EUR 90
9-Loch-Greenfee: WT: EUR 40 / WE: EUR 50
Ermäßigung: Jugendl./Stud. bis 26 J. 50%

Platzinfos

VCG GPS

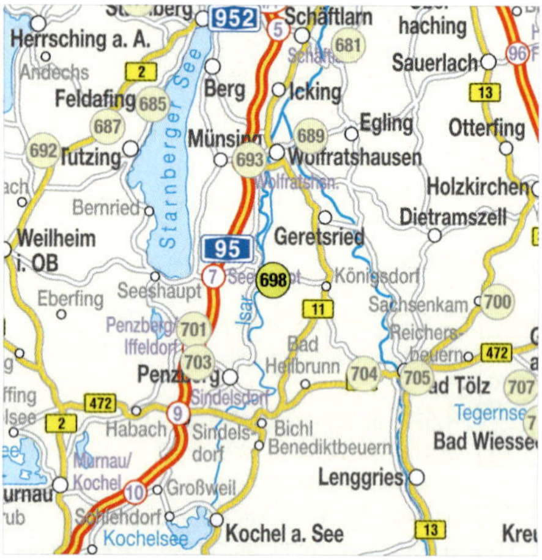

Anfahrtsbeschreibung
A 95 München-Garmisch, Ausfahrt Seeshaupt Richtung Königsdorf (Ortsumgehung Beuerberg), ca. 200 m nach der Loisachbrücke rechts zum Golfplatz abbiegen.

Platzbeschreibung
Die großzügig auf einer Fläche von 119 ha angelegten Spielbahnen beeindrucken durch ihre reizvolle Lage im Alpenvorland mit traumhafter Bergkulisse. Breite Fairways, Waldschneisen, strategisch gelegene Bunker und Wasserhindernisse fordern einen überlegten Schlägereinsatz, wobei je nach Spielstärke von Champion-Tees oder normalen Abschlägen gespielt werden kann.

Nächstgelegene Plätze
St. Eurach L&GC (Nr. 701)
Iffeldorf, GA (Nr. 703)
Bergkramerhof, G&LC (Nr. 693)

Golfanlage Patting-Hochriesblick

Karte, Nr. 699, Feld I13 **9\9** Design: Infinite Variety Golf Deutschland Höhe: 599 m

gegründet: 1992

Patting 1, 83083 Riedering
08032-1030
info@golf-patting.de
www.golf-patting.de

PR
GF: Marie Bauhuber
Headgreenkeeper: Josef Schwaiger

i
08032-1030

PRO SHOP
Golfanlage Patting-Hochriesblick
08032-1030

PRO
Pro: Walter Holzwarth

9-Loch Golfanlage Patting-Hochriesblick Kampenwandplatz (Executive)
H: 1457 m, CR 57.9, SL 93, Par 29
D: 1457 m, CR 58.9, SL 93, Par 29
9-Loch Golfanlage Patting-Hochriesblick Reversible-Platz
H: 4946 m, CR 66.4, SL 111, Par 70
D: 4413 m, CR 68, SL 112, Par 70
15 Rangeabschläge (6 überdacht)

G
Gäste sind jederzeit willkommen. PE ist erforderlich.

18-Loch-Greenfee: EUR 57
9-Loch-Greenfee: EUR 28.5 Ermäßigung: Jugendl. bis 18 J. 50%, Stud. bis 26 J. 10%

Platzinfos

VCG GPS

Platzbeschreibung

Die Golfanlage Patting-Hochriesblick liegt zwischen Chiemsee und Simssee im oberbayerischen Voralpenland. Sie wurde in den 1990er Jahren als 9-Loch-Platz gegründet. Seit 2019 präsentieren sich auf dem Areal zwei 9-Loch-Plätze: Der 9-Loch-Reversible-Platz mit Par 35 ist – der Name sagt es schon – in beide Richtungen bespielbar und bislang der einzige seiner Art in Deutschland. Der kürzere – ebenfalls geratete Kampenwandplatz mit Par 29 eignet sich für die „schnelle" Runde, wenn man mal nicht so viel Zeit aufwenden kann. Er ist auch ohne DGV-Ausweis bespielbar.

Anfahrtsbeschreibung

Autobahn A 8 - Ausfahrt Achenmühle - weiterfahren in Richtung Achenmühle - im Ort links abbiegen Richtung Höhenmoos - nach der Autobahnüberführung rechts Richtung Osterkam - danach der Beschilderung folgen.

Nächstgelegene Plätze

Chiemsee GC Prien (Nr. 697)
Höslwang/Chiemgau, GC (Nr. 682)
GR Achental (Nr. 702)

Bayern

Greenfee-Aktion: Seite G 163

Golfplatz Waakirchen Tegernsee

Karte, Nr. 700, Feld H13 18

gegründet: 2016

Golfplatz 1, 83666 Waakirchen, OT Piesenkam
08021-5520
info@golfplatz-tegernsee.de
www.golfplatz-waakirchen-tegernsee.de

PR
GF: Karl-Heinz Krutz
Headgreenkeeper: Michael Rzepka

i
08021-5520
Franziska Büttner, Andrea Fräsdorf

H: 5988 m, CR 71.4, SL 122, Par 72
D: 5193 m, CR 72.4, SL 126, Par 72

G
Gäste sind jederzeit willkommen. Anmeldung ist erforderlich. PE ist erforderlich.

18-Loch-Greenfee: Mo.-Sa.: EUR 48 / So.: EUR 58. 9-Loch-Greenfee: Mo.-Sa.: EUR 35 / So.: EUR 45.
Ermäßigung: Jugendl. bis 17 J. und Stud. bis 27 J. 50%

Platzinfos

VCG
CLUB

Anfahrtsbeschreibung

Nur wenige Kilometer vom Tegernsee entfernt, südlich von München, zwischen Miesbach und Bad Tölz. Für auswärtige Spieler verkehrsgünstig über die Autobahn A8 (Ausfahrt Holzkirchen, 15 km) zu erreichen, liegt die 18-Loch-Anlage des Golfplatz Waakirchen Tegernsee in Piesenkam. Das Clubhaus befindet sich in Piesenkam neben der Kreisstraße MB6, Ortsausfahrt Richtung Sachsenkam gleich links nach dem Ortsschild Piesenkam bzw. aus Richtung Sachsenkam direkt rechts vor dem Ortschild Piesenkam, Golfplatz 1, in Waakirchen OT Piesenkam.

Platzbeschreibung

Top gepflegter Platz zu absolut fairen Preisen mit traumhaften Bergpanorama im Tegernseer Voralpenland. Die flach verlaufenden Spielbahnen laden zu einer gemütlichen Runde über 18-Loch (PAR 72) ein. Elektro-Carts (2-Sitzer) stehen den Mitgliedern und Gästen ausreichend zur Verfügung. Nach der Runde lädt die Terrasse mit herrlichem Ausblick zum Verweilen ein.

Nächstgelegene Plätze

Margarethenhof, GC (Nr. 707)
Golf Valley Mchn. (Nr. 695)
Isarwinkel, GC (Nr. 705)

Greenfee-Aktion: Seite G 163

St. Eurach Land- und Golf Club e.V.

Karte, Nr. 701, Feld H13 **18** Design: Donald Harradine Höhe: 650 m

gegründet: 1973

Eurach 8, 82393 Iffeldorf
08801-915830
info@eurach.de
www.eurach.de

PR: Erhard Heck, CM: Felix Otto
Headgreenkeeper: Wolfgang Becker

i: 08801-915830
Dagmar Thiele, Thorsten Runge

Johann Mikschy, Johann Mikschy
08801-4129690

PRO SHOP: Wolfgang John, Wolfgang John
08801-915903

PRO: Pro: Steve Hampton

H: 5933 m, CR 71.9, SL 131, Par 71
D: 5273 m, CR 74.2, SL 125, Par 71
20 Rangeabschläge (7 überdacht)

G: Gäste sind jeden Tag (außer Sonntag) willkommen. Anmeldung ist notwendig. Clubausweis mit eingetragenem Handicap (45) ist erforderlich.

18-Loch-Greenfee: WT: EUR 90 / WE: EUR 105
9-Loch-Greenfee: WT: EUR 50 / WE: EUR 60
Gäste sind nach Voranmeldung jederzeit herzlich willkommen.
Ermäßigung: Jugendl. bis 30 J. 50%

Platzinfos

VCG CLUB GASTRO GPS

Anfahrtsbeschreibung

A 95 München-Garmisch, Ausfahrt Penzberg-Iffeldorf, Richtung Iffeldorf-Seeshaupt, nach ca. 1,5 km rechts zum Golfplatz abbiegen. Anfahrtsweg ist beschildert

Platzbeschreibung

Einzigartig schön gelegen und mit großer Verbundenheit zur Natur fügt sich die Anlage des St. Eurach Land- & Golfclub in die Voralpenlandschaft südlich von München, in der Nähe des Starnberger Sees ein. Vom Platz aus, der ehemaliger Austragungsort der BMW Open war, hat man einen fantastischen Blick auf das Wettersteinmassiv, die Alpenkette mit der Zugspitze in ihrem Zentrum. Außerdem bieten sich auf vielen der Fairways Ausblicke auf das Karwendel-Massiv.

Nächstgelegene Plätze

Iffeldorf, GA (Nr. 703)
Beuerberg, GC (Nr. 698)
Bad Tölz, GC (Nr. 704)

Bayern

Golf Resort Achental

Karte, Nr. 702, Feld I13 **18** Design: Thomas Himmel Höhe: 538 m

gegründet: 2012

Mietenkamer Straße 65,
83224 Grassau/Chiemgau
08641-401717 08641-1780
golf@golf-resort-achental.com
www.golf-resort-achental.com

PR Horst Schaffer, GF: Dieter Müller, CM: Simon Hangel. Headgreenkeeper: Alexander Maier

i 08641-401717
Stephan Michalzik

PRO SHOP 08641-401717

PRO Pro: Simon Hangel, Hagen Fahr

H: 5475 m, CR 69.9, SL 133, Par 72
D: 4630 m, CR 70.4, SL 128, Par 72
28 Rangeabschläge (22 überdacht)

G Gäste sind jederzeit willkommen. Anmeldung ist notwendig. Clubausweis mit eingetragener PE ist erforderlich.

18-Loch-Greenfee: Mo.-Do.: EUR 79 / Fr.-So.: EUR 99
Ermäßigung: Jugendl. bis 18 J. und Stud. bis 25 J. 50%

Platzbeschreibung

Das Golf Resort Achental liegt im Herzen des Chiemgaus umgeben von einem herrlichen Bergpanorama mit Blick zum Wilden Kaiser. Der 18 Loch Meisterschaftsplatz, designed von dem international renommierten Golfplatzarchitekten Thomas Himmel ist sehr abwechslungsreich und interessant gestaltet. Auf Spaß am Golfspiel und ein unvergessliches Naturerlebnis wurde viel Wert gelegt. Den Golfplatz zeichnen die großzügig angelegten Grüns und Abschläge sowie der hohe Pflegestandard aus. Die besondere Urlaubsatmosphäre des Golf Resorts mit neuem Golf- und Wellnessbereich, Golfer Lounge und dem schönsten Halfway House Deutschlands - mit Seeterrasse und traumhaftem Alpenblick runden das Angebot ab.

Platzinfos

VCG GPS CLUB GASTRO

Anfahrtsbeschreibung

A8 München - Salzburg, Ausfahrt Bernau, weiter auf B305 bis Grassau. Danach Wegweisung zum Golf Resort Achental folgen.

Nächstgelegene Plätze

Chiemsee GC Prien (Nr. 697)
Reit im Winkl, GC (Nr. 713)
Ruhpolding, GC (Nr. 706)

Golfplatz Iffeldorf GmbH & Co. KG

Karte, Nr. 703, Feld H13 **18** Design: Peter Postel Höhe: 630 m

gegründet: 1989

Gut Rettenberg, 82393 Iffeldorf
✆ 08856-92550 🖷 08856-925559
✉ info@golfplatz-iffeldorf.de
www.golfplatz-iffeldorf.de

PR: Jürgen Bokämper, GF: Björn Becker
Headgreenkeeper: Christian Wörrle

i: ✆ 08856-92550 🖷 08856-925559
Ilonka Frantz

Restaurant Gut Rettenberg, Roland Kuhnert
✆ 08856-925530 🖷 08856-925559

PRO SHOP: Golfshop Iffeldorf, Simone Becker
✆ 08856-925520 🖷 08856-925559

PRO: Pro: Friso Pfeffer

H: 5883 m, CR 71.3, SL 125, Par 72
D: 5185 m, CR 73.1, SL 127, Par 72
20 Rangeabschläge (3 überdacht)

G: Gäste sind jederzeit willkommen. Anmeldung ist notwendig. Clubausweis mit eingetragener PE ist erforderlich.

18-Loch-Greenfee: WT: EUR 60 / WE: EUR 80
9-Loch-Greenfee: WT: EUR 35 / WE: EUR 45
Ermäßigung: Jugendl./Stud.

Platzbeschreibung

Die Golfanlage wurde harmonisch in eine typisch bayerische Hügellandschaft eingebettet. Ein wunderschönes Alpenpanorama liegt im Gesichtsfeld aller 18 Spielbahnen (Wendelstein, Benediktenwand, Herzogstand, Wettersteingebirge mit Zugspitze). Der teilweise majestätische Baumbestand sowie Teiche und Gräben sind natürliche Hindernisse, die ein sportlich anspruchsvolles Spiel auch von Könnern abverlangen. Golfplatz-Bewertung: **** Superior.

Platzinfos

Anfahrtsbeschreibung

A 95 München-Garmisch, Ausfahrt Penzberg-Iffeldorf Richtung Penzberg, nach ca. 200 m links zum Gut Rettenberg. Oder: Von Bad Tölz Richtung Bad Heilbrunn-Penzberg, durch Penzberg Richtung Weilheim-Seeshaupt-Iffeldorf, dann rechts der Beschilderung zum Golfplatz folgen.

Nächstgelegene Plätze

St. Eurach L&GC (Nr. 701)
Beuerberg, GC (Nr. 698)
Bad Tölz, GC (Nr. 704)

Greenfee-Aktion: Seite G 163

Tölzer Golfclub e.V.

Karte, Nr. 704, Feld H13 9 mit 18 Spielmöglichkeiten Höhe: 750 m

gegründet: 2014

Straß 124 A, 83646 Wackersberg
08041-8084944 08041-8084528
golf@toelzer-golfclub.de
www.toelzer-golfclub.de

PR
Tassilo Perras,
CM: Marie-Claire Renz-Berengeno
Claudio Bernardi
Headgreenkeeper: Dusan Amrhein

08041-8084944 08041-8084528

Restaurant Ludwigs
08041-8084529
Mo. und Di. Ruhetag

PRO
Pro: Franco Bernardi

H: 5295 m, CR 67.4, SL 126, Par 71
D: 4755 m, CR 69.7, SL 124, Par 71
25 Rangeabschläge (8 überdacht)

G
Gäste sind jederzeit willkommen. Sa./So./Feiertage ist Anmeldung notwendig. Clubausweis mit eingetragener PE ist erforderlich.

18-Loch-Greenfee: WT: EUR 55 / WE: EUR 65
9-Loch-Greenfee: WT: EUR 40 / WE: EUR 50
Ermäßigung: Jugendl./Stud. 50%

Platzbeschreibung

Nur wenige Minuten von Bad Tölz entfernt liegt der in herrlichem Gebirgspanorama eingebettete Platz, der neben seinem reizvollen, sportlich anspruchsvollen Gelände diverse Übungsmöglichkeiten bietet. Das hügelige Gelände weist eine abwechslungsreiche Streckenführung auf und wird teilweise von dichten alten Baumbestand gesäumt.

Platzinfos

VCG GPS CLUB

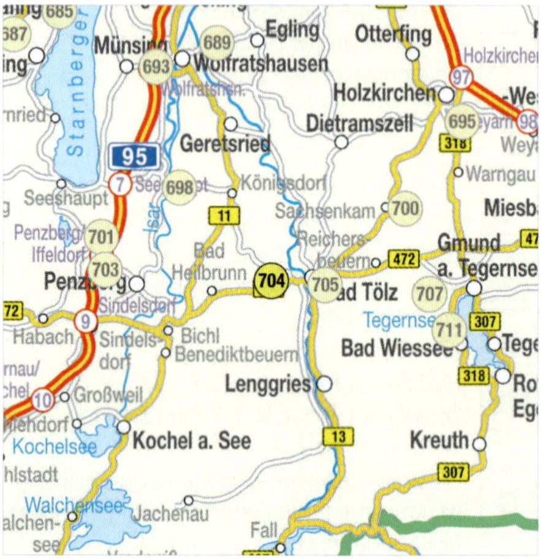

Anfahrtsbeschreibung

A 95 München-Garmisch, Ausfahrt Wolfratshausen nach Königsdorf, am Ortsende Königsdorf links und über mehrere kleinere Ortschaften direkt zum Golfplatz. Oder: A 8 München-Salzburg, Ausfahrt Holzkirchen, der Umgehungsstr. folgen bis zur Ausfahrt Bad Tölz-West, nach 100 m links und der Beschilderung zum Golfplatz folgen.

Nächstgelegene Plätze

Isarwinkel, GC (Nr. 705)
Beuerberg, GC (Nr. 698)
Tegernsee, GP (Nr. 700)

Golfclub Isarwinkel e.V.

Karte, Nr. 705, Feld H13 **9** Design: Wolfgang Barth Höhe: 685 m

gegründet: 1985

Am Golfplatz 65, 83646 Bad Tölz
✆ 08041-77877 ℻ 08041-77879
✉ info@gc-isarwinkel.de
www.gc-isarwinkel.de

PR: Stefan Hartmann
Headgreenkeeper: Manfred Beer

i: ✆ 08041-77877 ℻ 08041-77879
Bettina Winkler

Gasthaus Isarwinkel, Predrag Regoje
✆ 08041-72236
Mo. Ruhetag

PRO SHOP: ✆ 08041-77877 ℻ 08041-77879

PRO: Pro: German Göpel

9-Loch Isarwinkel-Kurs
H: 2763 m, CR 69.8, SL 126, Par 70
D: 2451 m, CR 71.8, SL 127, Par 70
6-Loch Flint-Kurs (Par 3)
H: 1905 m, Par 54, D: 1725 m, Par 54
20 Rangeabschläge (6 überdacht)

G: Gäste sind jederzeit willkommen. Sa./So./Feiertage ist Anmeldung notwendig. Clubausweis mit eingetragenem Handicap (54) ist erforderlich. Sa./So./Feiertage ist Handicap 36 erforderlich.

18-Loch-Greenfee: WT: EUR 40 / WE: EUR 60
9-Loch-Greenfee: WT: EUR 30 / WE: EUR 40
Ermäßigung: Jugendl. bis 18 J. und Stud. bis 27 J. 30%

Platzinfos

VCG

Anfahrtsbeschreibung

A 8 München-Salzburg, Ausf. Holzkirchen, Ri. Bad Tölz. Am Ortseingang von Bad Tölz an der großen Kreuzung zur B 472 re. ab, nach ca. 500 m li. der Straße nach Gaissach u. der Beschilderung zum Golfplatz folgen. Nach 150 m li. abbiegen. Oder: A 95 München-Garmisch, Ausf. Wolfratshausen, Ri. Bad Tölz. Am Ortsende von Bad Tölz zur B 472, re. Ri. Lenggries, nach 150 m nach Gaissach-Dorf u. der Beschilderung zum Golfplatz folgen. Nach 150 m li. abbiegen.

Platzbeschreibung

Die leicht hügelige Par 70 Anlage im malerischen Isarwinkel besticht durch ihr außergewöhnliches Bergpanorama. Spieltechnisch anspruchsvoll mit erstklassigen Grüns, jedoch immer fair, ist der Platz für alle Spielstärken bestens geeignet. Die große Wasserlandschaft inmitten der Anlage sorgt für das optische Highlight.

Nächstgelegene Plätze

Bad Tölz, GC (Nr. 704)
Margarethenhof, GC (Nr. 707)
Tegernsee, GP (Nr. 700)

Bayern

Golf Club Ruhpolding e.V.

Karte, Nr. 706, Feld I13 **18** Design: Thomas Himmel Höhe: 656 m

gegründet: 1991

Rauschbergstraße 1a, 83324 Ruhpolding-Zell
☎ 08663-2461 Fax 08663-41243
✉ info@golfclub-ruhpolding.de
www.golfclub-ruhpolding.de

PR: Herbert Fritzenwenger

i: ☎ 08663-2461 Fax -41243
Birgit Mayer, Elisabeth Noichl, Dorle Neuber

Gastronomie: Golfstüberl, Andreas Hochreiter
☎ 08663-41321
Mo. Ruhetag

PRO SHOP: Golfclub Ruhpolding
☎ 08663-2461 Fax 08663-41243

PRO: Pro: Eugen Wallner

H: 5661 m, CR 69.4, SL 125, Par 71
D: 4852 m, CR 70.6, SL 123, Par 71
40 Rangeabschläge (2 überdacht)

G: Gäste sind jederzeit willkommen. Anmeldung ist notwendig. Clubausweis mit eingetragenem Handicap (54) ist erforderlich.

18-Loch-Greenfee: WT: EUR 64 / WE: EUR 79
9-Loch-Greenfee: WT: EUR 35 / WE: EUR 40
Wir empfehlen den Kauf der Chiemsee Golfcard = 4 Greenfees gültig auf 10 Plätzen in der Region für EUR 199
Ermäßigung: Jugendl./Stud. 50%

Platzinfos

Anfahrtsbeschreibung
A 8 München-Salzburg, Ausfahrt Traunstein-Siegsdorf-Ruhpolding, weiter 8 km Richtung Ruhpolding, am Ortsende an der Ampel links nach Ruhpolding-Zell, der Golfplatz ist ausgeschildert.

Platzbeschreibung
Das Ruhpoldinger Tal ist eingebettet in ein phantastisches Gebirgspanorama. Somit vor rauen Winden geschützt, deshalb nebelfrei und berühmt für mildes Klima und viel Sonnenschein. Die Golfanlage gehört zu den reizvollsten Plätzen in Bayern. Im südöstlichen Teil (Zell) des bekannten Urlaubsortes liegen die 18 Bahnen des Golfclubs Ruhpolding, die sich über ein von Bächen und Gräben durchzogenes, 86 Hektar großes Gelände aus ehemaligen Wiesen und Weiden ziehen.

Nächstgelegene Plätze
GR Achental (Nr. 702)
Reit im Winkl, GC (Nr. 713)
Berchtesgad. Land, GC (Nr. 696)

Margarethenhof Golfclub am Tegernsee

Karte, Nr. 707, Feld H13 **18** Höhe: 900 m

gegründet: 1984

Gut Steinberg 1 - 3,
83666 Marienstein/Waakirchen
✆ 08022-7506330 🖷 08022-74818
✉ golf@margarethenhof.com
💻 www.margarethenhof.com

PR: Dr. Christian Harisch, CM: Serhat Kurnaz
Headgreenkeeper: Andreas Hartl

i: ✆ 08022-7506330 🖷 08022-74818

Restaurant Steinberg
✆ 08022-7506310 🖷 08022-74818

PRO SHOP: ✆ 08022-7506340 🖷 08022-74818

PRO: Pro: Martin Bernitzky, Erik Schotte

H: 5076 m, CR 68.3, SL 133, Par 70
D: 4333 m, CR 68.9, SL 126, Par 70
25 Rangeabschläge (9 überdacht)

G: Gäste sind jederzeit willkommen. Anmeldung ist notwendig. Clubausweis mit eingetragenem Handicap (36) ist erforderlich.

18-Loch-Greenfee: EUR 80
9-Loch-Greenfee: EUR 50
Interessante Hotel & Greenfee Arrangements unter www.margarethenhof.com
Ermäßigung: Jugendl. bis 18 J. und Stud. bis 28 J. 50%

Platzinfos

Anfahrtsbeschreibung

A 8 München-Salzburg, Ausfahrt Holzkirchen, auf der Staatsstraße bis Kreuzstraße, rechts Richtung Bad Tölz, links nach Marienstein. Frühzeitig beschildert.

Platzbeschreibung

Hoch über dem Tegernsee erwartet Sie ein Ort der Ruhe und Gastlichkeit – sowie eine der schönsten Golfanlagen Deutschlands. Höchste spielerische Ansprüche verbinden sich hier mit einzigartigem Naturerlebnis. Rund um das Hotel Margarethenhof erstreckt sich ein weitgehend naturbelassener 18-Loch Golfplatz. Neben gepflegten Fairways, Biotopen, Wasserhindernissen und Bunkern bietet er in 950 Metern Höhe einen der höchst gelegenen Abschläge Deutschlands. Von hier aus genießt man einen unvergleichlichen Blick auf die Bergwelt. Ein Panorama, das Golfer aus der ganzen Welt begeistert.

Nächstgelegene Plätze

Tegernseer GC (Nr. 711)
Tegernsee, GP (Nr. 700)
Isarwinkel, GC (Nr. 705)

Bayern

Greenfee-Aktion: Seite G 163

Golfclub Waldegg-Wiggensbach e.V.

Karte, Nr. 708, Feld F13 **27** Höhe: 1011 m

gegründet: 1988

Hof Waldegg, 87487 Wiggensbach
☎ 08370-93073
✉ info@golf-wiggensbach.com
🖳 www.golf-wiggensbach.com

PR: Ositha Geiger, CM: Ralf Schwarz
Headgreenkeeper: Markus Rudolph

i: ☎ 08370-93073
Elena Schüle, Maria-Luise Wulf

Self-Service
☎ 08370-93073

PRO SHOP: Golfplatz Wiggensbach OA GmbH & Co. KG
☎ 08370-93073

PRO: Pro: Ralf Schwarz

H: 5972 m, CR 72.6, SL 137, Par 72
D: 5316 m, CR 74.6, SL 137, Par 72
30 Rangeabschläge (6 überdacht)

G: Gäste sind jederzeit willkommen. Anmeldung ist notwendig. Clubausweis mit eingetragener PE ist erforderlich.

18-Loch-Greenfee: WT: EUR 59 / WE: EUR 69
9-Loch-Greenfee: WT: EUR 35 / WE: EUR 42
Golf Fee Card 18-Loch Mo.-Fr.: EUR 40,-.
Ermäßigung: Jugendl./Stud. 50%

Platzbeschreibung

Mit einem Abschlag auf 1.011 m über Meereshöhe liegt in dieser reizvollen Voralpenlandschaft der höchste Golfabschlag Deutschlands. Sämtliche Spielbahnen sind in ihrer Gestalt gänzlich unterschiedlich. Von altem Baumbestand umgeben, fügen sie sich harmonisch in die Landschaft ein. Bei klarem Wetter erkennt man etwa 200 km Alpenpanorama von den Schweizer bis zu den Berchtesgadener Bergen.

Platzinfos

VCG GPS CLUB GASTRO

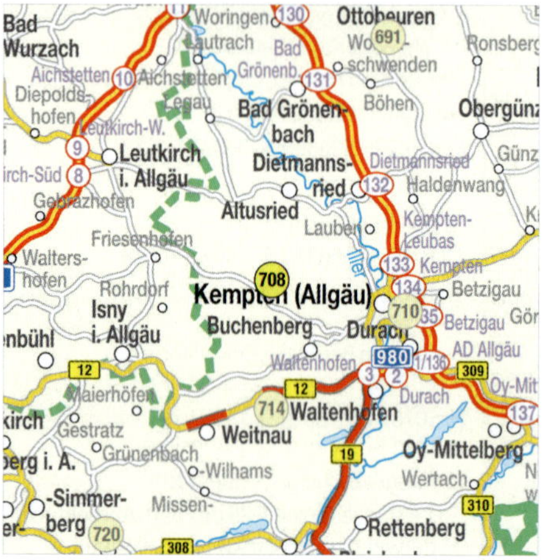

Anfahrtsbeschreibung

A 7 Ulm-Kempten, Ausfahrt Kempten, der Hauptstraße folgen, nach der Überquerung der Illerbrücke kommt die Ausschilderung Wiggensbach, am Eisstadion vorbei, dann am Ortsende Kempten der Beschilderung folgend links und weiter bis Wiggensbach, durch Wiggensbach Richtung Altusried, ca. 500 m nach dem Ortsendeschild der Beschilderung bis Hof Waldegg und Golfplatz folgen.

Nächstgelegene Plätze

Hellengerst, GC (Nr. 714)
Schloßgut Lenzfried, Golfpark (Nr. 710)
Allgäuer G&LC (Nr. 691)

Greenfee-Aktion: Seite G 165

Golfplatz Stenz

Karte, Nr. 709, Feld G13 9 Höhe: 750 m

gegründet: 1990

Stenz 1, 86975 Bernbeuren
08860-582 08860-922934
golfplatz.stenz@t-online.de
www.golfplatz-stenz.de

PR Jakob Osterried

i 08860-582 -922934
Margit Osterried, Holger Osterried

PRO SHOP Holger Osterried
08860-582 -922934

PRO Pro: Karl Buckl, Christoph Kilian

9-Loch Golfplatz Stenz Bernbeuren
H: 5020 m, CR 67.6, SL 118, Par 70
D: 4330 m, CR 68.2, SL 117, Par 70
14 Rangeabschläge (4 überdacht)

G Gäste sind jederzeit willkommen. Anmeldung ist erforderlich. PE ist erforderlich.

18-Loch-Greenfee: EUR 50
9-Loch-Greenfee: EUR 30
Ermäßigung: Jugendl./Stud.

Platzinfos

VCG GPS

Anfahrtsbeschreibung

Von Stuttgart/Ulm: A 7, Ausfahrt Kempten, B 12 bis Marktoberdorf, B 472 bis Ausfahrt Bernbeuren. Von München: A 96 Richtung Lindau, Ausfahrt Landsberg-Ost, B 17 bis Schongau, B 472 bis Ausfahrt Bernbeuren. Oder: A 95 Richtung Garmisch, Ausfahrt Starnberg,B 2 Weilheim-Schongau, B 472 bis zur Ausfahrt Bernbeuren.

Platzbeschreibung

Erholung, Spaß und Sport Erleben und genießen Sie Golfsport inmitten einer reizvollen Voralpenlandschaft am Fuße des Auerberges, wo die schönsten Urlaubsregionen, das Ostallgäu und der Pfaffenwinkel, aneinandergrenzen. Immer wieder bieten sich dem Spieler traumhaft schöne Ausblicke auf die gesamte Alpenkette, den Auerberg und den idyllisch gelegenen Haslacher See. Da keine Bahn der anderen gleicht kommt immer wieder Abwechslung und Spannung ins Spiel. Kurze Wege vom Green zum nächsten Abschlag und Spielbahnen die trotz des leicht hügeligen Geländes angenehm zu gehen sind, lassen die Runde zu einem wahren Vergnügen werden.

Nächstgelegene Plätze

Auf der Gsteig, GC (Nr. 712)
GA Alpenseehof (Nr. 715)
Bad Wörishofen, GC (Nr. 684)

Bayern

Greenfee-Aktion: Seite G 167

Golfpark Schloßgut Lenzfried GmbH & Co. KG

Karte, Nr. 710, Feld F13 **9** Höhe: 670 m

gegründet: 2005

Friedensweg 4, 87437 Kempten
0831-5129550
info@golfparklenzfried.de
www.golfparklenzfried.de

PR
GF: Herbert Tschinkl
Ralf Schwarz
Headgreenkeeper: Markus Rudolph

0831-5129550
Katja Prestel, Sonja Fähnle

PRO SHOP
0831-5129550

PRO
Pro: Andy Riß

H: 5320 m, CR 69, SL 121, Par 68
D: 4674 m, CR 70.1, SL 115, Par 68
18 Rangeabschläge (6 überdacht)

G
Gäste sind jederzeit willkommen. PE ist erforderlich.

Tages-Greenfee: EUR 50
9-Loch-Greenfee: EUR 33
Ermäßigung: Jugendl. bis 18 J. und Stud. bis 27 J. 45%

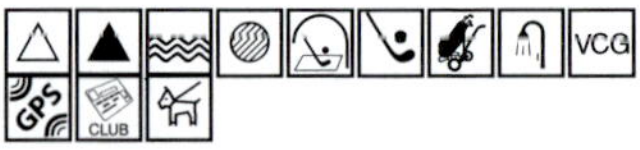

Anfahrtsbeschreibung

A 7 Ulm-Kempten, Ausfahrt „Kempten B 12", weiter geradeaus bis zum „Berliner Platz", dort links in den „Schumacherring", nach ca. 1,3 km links in die „Lenzfrieder Straße" nach der Raiffeisenbank in Lenzfried rechts in den „Trilschweg" und der Straße bis zum Parkplatz des Golfparks folgen.

Platzbeschreibung

Die Lage des Golfplatzes am Stadtrand Kemptens verbindet Zentrumsnähe mit atemberaubender Natur und Ruhe. Seit Juli 2007 ist unsere Abschlaghütte an der neuen Drivingrange, eröffnet. Die Drivingrange selbst besitzt über 18 Abschlagplätze. Seit Anfang Juli 2006 läuft der öffentliche Spielbetrieb auf 9 Golfbahnen mit Naturgrüns. Obwohl die Anlage mitten in Kempten gelegen ist, haben die Golfspieler eine herrliche Aussicht in die Allgäuer Alpen. Stärken können Sie sich dann mit gekühlten Getränken und Süßigkeiten auf unserer Sonnenterrasse, bevor es eine weitere Runde auf unseren 9-Loch-Platz geht.

Nächstgelegene Plätze

Waldegg-Wiggensb., GC (Nr. 708)
Hellengerst, GC (Nr. 714)
GA Alpenseehof (Nr. 715)

Tegernseer Golf-Club Bad Wiessee e.V.

Karte, Nr. 711, Feld H13   18   Höhe: 800 m

gegründet: 1959

Rohbognerhof, 83707 Bad Wiessee
☎ 08022-271130 🖷 08022-2711333
✉ info@tegernseer-golf-club.de
💻 www.tegernseer-golf-club.de

PR
Dr. Tobias Wiegand,
CM: Hanns-Peter Horstmann
Headgreenkeeper: Antonio Orgis

i
☎ 08022-271130 🖷 08022-2711333
Irmgard Behringer

Restaurant im Tegernseer Golf-Club,
Michael Schröter
☎ 08022-2711350

PRO SHOP
Golf Shop Tegernseer Golf-Club, Diane Pringle
☎ 08022-2711320

PRO
Pro: Svea Jacobsen

H: 5443 m, CR 69.7, SL 131, Par 70
D: 4736 m, CR 65.9, SL 124, Par 70
20 Rangeabschläge (4 überdacht)

G
Gäste sind jederzeit willkommen. Anmeldung ist notwendig. Clubausweis mit eingetragenem Handicap (36) ist erforderlich. Kinderbetreuung auf Anfrage

18-Loch-Greenfee: WT: EUR 100 / WE: EUR 130
9-Loch-Greenfee: WT: EUR 60 / WE: EUR 70
Gäste willkommen Mo.-Do. ganztägig, Fr. bis 15 Uhr, Sa./So./Feiert. Abschlag vor 9.30 Uhr
Ermäßigung: Jugendl./Stud. 50%

Platzbeschreibung

Dieser im wunderschönen Tegernseer Tal gelegene Golfplatz bietet neben anspruchsvollen Fairways auf sehr bewegtem Gelände schon rein optisch durch die traumhaft schönen Ausblicke auf den Tegernsee und das Alpenpanorama genügend Gründe, hier einmal gespielt zu haben.

Platzinfos

VCG GPS CLUB

Anfahrtsbeschreibung

A 8 München-Salzburg, Ausfahrt Holzkirchen Richtung Gmund, in Gmund rechts Richtung Bad Wiessee, am Ortseingang Bad Wiessee rechts zum Golfplatz abbiegen.

Nächstgelegene Plätze

Margarethenhof, GC (Nr. 707)
Tegernsee, GP (Nr. 700)
Isarwinkel, GC (Nr. 705)

Bayern

Golfanlage Auf der Gsteig

Karte, Nr. 712, Feld G13   18/3   Höhe: 796 m

gegründet: 1999

Gsteig 1, 86983 Lechbruck am See
08862-987750 08862-987759
golf@aufdergsteig.de
www.aufdergsteig.de

PR Hagen Fastner
Headgreenkeeper: Karl Burger

i 08862-987750 08862-987759

Hotel Auf der Gsteig
08862-98770 08862-98777

PRO SHOP 08862-987750 08862-987759

PRO Pro: Stefan Rohrsetzer

H: 5589 m, CR 70.1, SL 129, Par 71
D: 4902 m, CR 71.5, SL 128, Par 71
22 Rangeabschläge (8 überdacht)

G Gäste sind jederzeit willkommen. Sa./So./Feiertage ist Anmeldung notwendig. Clubausweis mit eingetragener PE ist erforderlich.

18-Loch-Greenfee: WT: EUR 70 / WE: EUR 80
Ermäßigung: Jugendl. bis 18 J. 50%, Stud. bis 25 J. 25%

Platzbeschreibung

Golfspielen, genießen & entspannen mit besten Aussichten... Auf der gesamten Runde wird man immer wieder von traumhaften Ausblicken auf die Bayerischen, die Allgäuer, die Tiroler und Ammergauer Alpen, den malerisch in die Landschaft eingebetteten Ferienort Lechbruck mit dem Lechsee und der grünen Hügellandschaft des Allgäu mit seinen typischen Weilern und Einzelgehöften vom Spiel auf sehr angenehme Weise abgelenkt.Ein abwechslungsreicher und fordernder Kurs, geschickt und sorgsam in die einmalige Landschaft und Natur integriert, professionelle Platzpflege und angenehme Atmosphäre zeichnen die Gsteig aus.

Platzinfos

VCG GPS CLUB GASTRO

Anfahrtsbeschreibung

Von Stuttgart/Ulm: A 7, Ausfahrt Nesselwang, rechts auf ST 2008 über Seeg und Roßhaupten, B 16 Richtung Marktoberdorf, rechts auf ST 2059 bis Lechbruck, durch Lechbruck Richtung Bernbeuren, nach Ortsende Lechbruck gerade duch den Kreisverkehr, nach 300 m links Richtung Gsteig.

Nächstgelegene Plätze

Stenz, GP (Nr. 709)
GA Alpenseehof (Nr. 715)
Bad Wörishofen, GC (Nr. 684)

Bayern

Golfclub Reit im Winkl e.V. Kössen

Karte, Nr. 713, Feld I13 **18** Design: Thomas Himmel, John Haradin Höhe: 750 m

gegründet: 1985

Moserbergweg 60, A-6345 Kössen
✆ +49-8640-798250/+43-5375-628535
🖷 +49-8640-798252
✉ info@gcreit.de.
💻 www.gcreit.de

PR: Evi Mittermaier-Brundobler,
CM: Martin Scholtys
Headgreenkeeper: Günther Bauer

i: ✆ 08640-798250/+43-5375-628535 🖷 08640-798252
Sigi Irrgang, Sylvia Schärer

Clubrestaurant
✆ +43-5375-628561

PRO SHOP: Pro-Shop GC Reit im Winkl-Kössen,
Viktoria Donauer
✆ 08640-798254 🖷 08640-798252

PRO: Pro: Steven Waltman, Hans Höflinger,
Klaus Wagner

H: 5461 m, CR 70.2, SL 130, Par 70
D: 4794 m, CR 71.8, SL 125, Par 70
35 Rangeabschläge (10 überdacht)

G: Gäste sind jederzeit willkommen. Anmeldung ist notwendig. Clubausweis mit eingetragenem Handicap (54) ist erforderlich. Sa./So./Feiertage ist Handicap 36 erforderlich.

18-Loch-Greenfee: EUR 76
9-Loch-Greenfee: EUR 45
Ermäßigung für Gäste der Partnerhäuser, Mitglieder Partnerclubs
Ermäßigung: Jugendl. bis 18 J. und Stud. 50%

Platzinfos

Anfahrtsbeschreibung

A 8 München-Salzburg, Ausfahrt Bernau oder Ruhpolding-Siegsdorf, weiter B 305 nach Reit im Winkl, im Ortszentrum Reit im Winkl Richtung Kössen, der Golfplatz liegt ca. 1,5 km entfernt. Oder: Von der A 8 auf die A 93 Innsbruck, Ausfahrt Oberaudorf RichtungKössen, weiter Richtung Reit im Winkl, vor der Grenze links abbiegen.

Platzbeschreibung

Die überaus malerisch gelegene 18-Loch-Anlage des GC Reit im Winkl ist Europas erster grenzüberschreitender Golfplatz mit sechs Bahnen in Tirol und zwölf in Bayern. Mit Blick auf das Kaisergebirge und umrahmt von den Chiemgauer und Tiroler Alpen bietet er nicht nur beste Aussichten, sondern ist auch eine echte sportliche Herausforderung für alle Golfer.

Nächstgelegene Plätze

GR Achental (Nr. 702)
Ruhpolding, GC (Nr. 706)
Chiemsee GC Prien (Nr. 697)

Bayern

Golfclub Hellengerst

Karte, Nr. 714, Feld F13 **18** Höhe: 956 m

gegründet: 1993

Helingerstraße 5, 87480 Hellengerst
✆ 08378-920014 🖷 08378-920019
✉ info@golf-allgaeu.de
💻 www.golf-allgaeu.de

PR Wolfram Rainalter, GF: Alois Rainalter, CM: Markus Rainalter

i ✆ 08378-920014 🖷 -920019

Hanusel Hof - Familie Rainalter, Wolfram Rainalter
✆ 08378-920011 🖷 -920019

PRO SHOP Hanusel Hof - Familie Rainalter, Rainalter Nicole
✆ 08378-920014 🖷 08378-920019

PRO Pro: Steffen Schild, Markus Schmitz

H: 5732 m, CR 71.5, SL 133, Par 71
D: 4918 m, CR 72.7, SL 125, Par 71
22 Rangeabschläge (12 überdacht)

G Gäste sind jederzeit willkommen. Anmeldung ist notwendig. Clubausweis mit eingetragenem Handicap (54) ist erforderlich.

Ermäßigung: Jugendl. bis 18 J. und Stud. bis 27 J. 50%

Platzbeschreibung

Die für die Allgäuer Voralpen typische Hügellandschaft konnte hervorragend in das Platzlayout integriert werden, so dass die großzügige Gestaltung der 55 ha großen Golfanlage auf einem Hochplateau Anfängern ebenso wie fortgeschrittenen Golfern ideale Voraussetzungen bietet. Der Platz verlangt nach präzisen Abschlägen und einem genauen Grünanspiel. Der Ausblick auf die Oberbayerischen, Allgäuer und Schweizer Alpen bildet schöne Höhepunkte.

Platzinfos

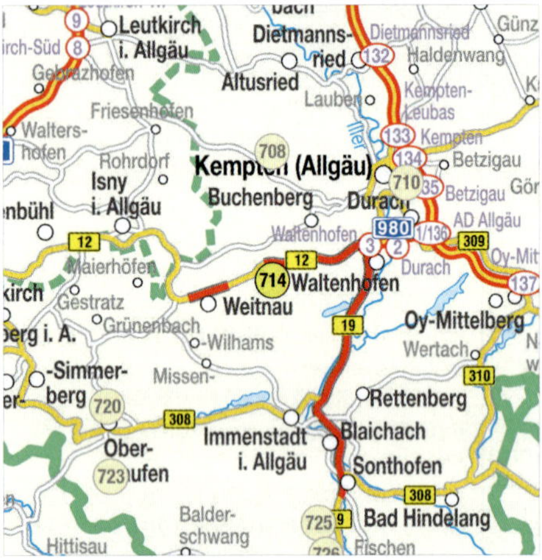

Anfahrtsbeschreibung

A 7 Ulm-Kempten bis Autobahndreieck Allgäu, weiter A 980 Richtung Lindau, Übergang auf die B 12, Ausfahrt Hellengerst und von dort der Beschilderung zum Golfplatz folgen.

Nächstgelegene Plätze

Waldegg-Wiggensb., GC (Nr. 708)
Schloßgut Lenzfried, Golfpark (Nr. 710)
Oberstaufen, GC (Nr. 720)

Bayern

Greenfee-Aktion: Seite G 167

Golfanlage Alpenseehof

Karte, Nr. 715, Feld G13 9 Höhe: 900 m

gegründet: 2001

Attlesee 14, 87484 Nesselwang
✆ 08361-925834 Fax 08361-925835
✉ info@alpenseehof.de
www.golf-alpenseehof.de

PR: GF: Christoph Martin

Info: ✆ 08361-925834 Fax 08361-925835

Restaurant: GreenVieh Alp
✆ 08361-925834 Fax 08361-925835
Mo. Ruhetag

PRO SHOP: Golfanlage Alpenseehof
✆ 08361-925834 Fax 08361-925835

H: 3278 m, CR 60.1, SL 103, Par 60
D: 2954 m, CR 60.1, SL 100, Par 60
10 Rangeabschläge (4 überdacht)

G: Gäste sind jederzeit willkommen. PE ist erforderlich.

18-Loch-Greenfee: EUR 40
9-Loch-Greenfee: EUR 30
Ermäßigung: Jugendl. bis 17 J. 50%

Platzinfos

VCG GPS CLUB

Anfahrtsbeschreibung

Die Golfanlage Alpenseehof liegt bei Nesselwang im Ortsteil Attlesee. Anfahrt: zwischen Nesselwang und Seeg. Autobahnausfahrt „Nesselwang" - rechts Richtung Nesselwang (OT Lachen) - hier rechts der Beschilderung „Golfplatz" folgen.

Platzbeschreibung

Golf wo es am schönsten ist... In herrlicher Voralpenlandschaft, am Landschafts- und Naturschutzgebiet Attlesee liegt die Golfanlage Alpenseehof. Der familiengeführte Golfplatz wurde schonend in die Landschaft eingebettet und erfordert präzise Schläge um einen guten Score zu spielen. Die leicht hügelige 9-Loch-Golfanlage ist einfach zu gehen und gibt dem Golfer immer wieder einen herrlichen Panoramablick frei. Einzigartig auf der Golfanlage ist sicher der „Pendelverkehr". Per Cart gelangt der Golfspieler zu den Bahnen 1 bis 3. Gespielt wird alles „zu Fuß" und per Cart geht es dann wieder zurück zum Abschlag 4. Ein kleines Highlight das seinesgleichen sucht. Ein großzügiges Trainingsareal mit Putting-Green, Pitch- und Chiparea, Übungsbunker und einer Driving-Range mit Rasenabschläge und überdachten Abschlägen lässt jedes Golferherz höher schlagen.

Nächstgelegene Plätze

Schloßgut Lenzfried, Golfpark (Nr. 710)
Auf der Gsteig, GC (Nr. 712)
Stenz, GP (Nr. 709)

Golf-Club Berchtesgaden e.V.

Karte, Nr. 716, Feld K13 **9** Höhe: 1000 m

gegründet: 1955

Salzbergstraße 33, 83471 Berchtesgaden
08652-2100 08652-64843
info@golfclub-berchtesgaden.de
www.golfclub-berchtesgaden.de

PR Prof. Dr. med. Nikolaus Netzer

i 08652-2100 08652-64843
Angelika Seiberl, Andrea Huber

Restaurant Bistro Gutshof
Mo. Ruhetag

PRO SHOP Pro-Shop Sebastian Grassl
08652-2100 08652-64843

PRO Pro: Willi Grassl, Sebastian Grassl

H: 5266 m, CR 67.3, SL 128, Par 70
D: 4752 m, CR 69.6, SL 125, Par 70
10 Rangeabschläge (4 überdacht)

G Gäste sind jederzeit willkommen. Anmeldung ist notwendig. Clubausweis mit eingetragener PE ist erforderlich.

Tages-Greenfee: WT: EUR 40 / WE: EUR 50
9-Loch-Greenfee: WT: EUR 28 / WE: EUR 35
Ermäßigung: Jugendl. bis 18 J. 50%

Platzinfos

VCG

Platzbeschreibung

Der 9-Loch-Golfplatz liegt auf ca. 1.000 m über dem Meeresspiegel und gilt unter Insidern als Juwel. Spielbare Herausforderungen fordern volle Konzentration, wenngleich man sich gerne vom Panoramablick auf Watzmann, Kehlstein und auf Berchtesgaden ablenken lassen möchte. Golfexperten werten den Platz als einen der schönsten in Deutschland, landschaftlich vielleicht als den allerschönstens.

Anfahrtsbeschreibung

A 8 München-Salzburg, Ausfahrt Bad Reichenhall Richtung Berchtesgaden, in Berchtesgaden Richtung Salzburg und weiter Richtung Obersalzberg. Vom Flughafen Salzburg auf die A 8 Richtung München und weiter Richtung Villach, Ausfahrt Berchtesgaden, in Berchtesgaden Richtung Obersalzberg zum Golfplatz.

Nächstgelegene Plätze

Berchtesgad. Land, GC (Nr. 696)
Ruhpolding, GC (Nr. 706)
Anthal-Waginger See, GC (Nr. 680)

Golfclub Bodensee Weißensberg e.V.

Karte, Nr. 717, Feld F13   18   Höhe: 450 m

gegründet: 1986

Lampertsweiler 51, 88138 Weißensberg
☏ 08389-89190 Fax 08389-923907
✉ info@gcbw.de
www.gcbw.de

PR
Benno Kienreich, CM: Christoph Fröhle

ℹ ☏ 08389-89190 Fax -923907

Golfhotel Bodensee
☏ 08389-89100 Fax -89142

PRO SHOP
Gisis Golf Shop, Gisela Steinfurth
☏ 08389-89196 Fax -89192

PRO
Pro: Caroline Malone, Archibald Cochrane

H: 5848 m, CR 72.1, SL 141, Par 71
D: 5185 m, CR 74.3, SL 137, Par 71
30 Rangeabschläge (4 überdacht)

G
Gäste sind Montag - Freitag (außer an Feiertagen) willkommen. Anmeldung ist notwendig. Clubausweis mit eingetragener PE ist erforderlich.

18-Loch-Greenfee: Mo.-Do.: EUR 85 / Fr.-So.: EUR 105. 9-Loch-Greenfee (ab 15:00 Uhr): EUR 50.
Ermäßigung: Jugendl./Stud.

Platzbeschreibung

Wie aus dem Bilderbuch präsentiert sich die von Robert Trent Jones sen. zwischen die sanften Hügel der Voralpen modellierte Anlage unweit des Bodensees. Die 18 Loch Anlage zählt zu den anspruchvollsten Golfplätzen in Europa und bietet dem sportlichen Golfer die notwendige Spannung: lange und enge Fairways, an die 100 Bunker und zahllose Wasserhindernisse. Nach dieser Herausforderung bietet die große Sonnenterrasse des Hotels und Restaurants einen traumhaften Blick auf den Golfplatz und die Schweizer Alpen.

Platzinfos

VCG GPS CLUB GASTRO

Anfahrtsbeschreibung

Aus der Schweiz: A 14, Ausfahrt Au/SG über die Grenze Richtung Dornbirn, Ausfahrt Dornbirn Richtung Bregenz, Pfänder-Tunnel über die Grenze auf der A 96 Richtung München, Ausfahrt Weißensberg und der Beschilderung folgen. Aus Deutschland: A 96 München-Lindau, Ausfahrt Weißensberg und der Beschilderung folgen. Von Lindau: B 12 Richtung Isny, nach Weißensberg links der Beschilderung zum Golfplatz folgen.

Nächstgelegene Plätze

Lindau-Bad Schachen, GC (Nr. 719)
GP Scheidegg (Nr. 718)
Oberstaufen, GC (Nr. 720)

Bayern

Golfplatz Scheidegg

Karte, Nr. 718, Feld F13 **9** Höhe: 800 m

gegründet: 2010

Am Großen Baum 7, 88175 Scheidegg
✆ 08381-8899380
✉ info@golfplatz-scheidegg.de
www.golfpark-allgaeu.de

PR: Hubert Stiefenhofer, GF: Dr. Erhard Zieringer

i: ✆ 08381-8899380

PRO: Pro: Torsten Daschner

H: 2390 m, CR 64.6, SL 115, Par 70
D: 2080 m, CR 65.8, SL 117, Par 70

G: im Aufbau

18-Loch-Greenfee: EUR 60
9-Loch-Greenfee: EUR 40

Platzinfos

VCG

Nächstgelegene Plätze
Bodensee Weißensb., GC (Nr. 717)
Oberstaufen, GC (Nr. 720)
Lindau-Bad Schachen, GC (Nr. 719)

Platzbeschreibung

Zwischen dem 20 Autominuten entfernten Oberstaufen und dem Bodensee liegt der Golfplatz Scheidegg im sonnenreichsten Ort Deutschlands. Der Golfplatz bietet ein traumhaftes Alpenpanorama – von der Nagelfluhkette im Osten bis hin zum Säntis im Westen. An klaren Tagen lässt sich von Abschlag 8 sogar der Bodensee sehen. Der relativ flach angelegte Golfplatz (Par 70) ist seit Sommer 2011 in Betrieb und bietet neben herrlicher Natur ein abwechslungsreiches und angenehmes Spiel auf seinen 9 Spielbahnen. Darüber hinaus laden die 300m Driving Range sowie großzügige Übungseinrichtungen mit Übungsgrüns und Bunkern geradezu ein, seine Schläge abseits des Fairways zu perfektionieren.

Bayern

Golf-Club Lindau-Bad Schachen e.V.

Karte, Nr. 719, Feld F13 **18** Design: Kurt Rossknecht Höhe: 460 m

gegründet: 1954

Am Schönbühl 5, 88131 Lindau
✆ 08382-96170 ☎ 08382-961750
✉ info@golfclub-lindau.de
www.golfclub-lindau.de

PR
Werner Karg
Headgreenkeeper: Manfred Schmid

i
✆ 08382-96170 ☎ 08382-961750
Andrea Göppinger, Jacqueline Scheuerlein

Paulo Lopes
✆ 08382-961717
Mo. Ruhetag

PRO
Pro: Stefan Gertz

H: 5706 m, CR 70.9, SL 130, Par 71
D: 5020 m, CR 72.3, SL 128, Par 71
30 Rangeabschläge (4 überdacht)

G
Gäste sind jederzeit willkommen. Clubausweis mit eingetragenem Handicap (36) ist erforderlich.

Tages-Greenfee: WT: EUR 75 / WE: EUR 85
Ermäßigung: Jugendl./Stud. 50%

Platzinfos

Anfahrtsbeschreibung

Von Friedrichshafen Richtung Lindau-Aeschach (Hinweisschild München-Oberstdorf-Wangen), an der Ampel Kemptner Straße links, nach 2 km bergauf, am Kreisverkehr 3. Ausfahrt, der Beschilderung zum Golfplatz folgen.

Platzbeschreibung

Der Golfplatz Lindau, angelegt um das Schloß Schönbühl, begeistert die Besucher durch seine einmalige Lage und die fast ganzjährige Spielmöglichkeit. Die Fairways verlaufen durch uralten Baumbestand im Wechsel mit junger Bepflanzung. Am 17. Loch sollte man vor dem Abschlag einige Minuten den grandiosen Blick auf den Bodensee und die Berge genießen.

Nächstgelegene Plätze

Bodensee Weißensb., GC (Nr. 717)
GP Scheidegg (Nr. 718)
Oberstaufen, GC (Nr. 720)

Bayern

Golf Club Oberstaufen e.V.

Karte, Nr. 720, Feld F13 18/9 Höhe: 800 m

gegründet: 2001

Buflings 1a, 87534 Oberstaufen
☎ 08386-939250 ℻ 08386-939251
✉ info@golfzentrum-oberstaufen.de
www.golfpark-allgaeu.de

PR CM: Dr. Erhard Zieringer
Headgreenkeeper: Georg Fink

i ☎ 08386-939250 ℻ -939251

PRO SHOP Gerlinde Zieringer
☎ 08386-939250 ℻ -939251

PRO Pro: John Stanion

18-Loch Buflings Platz
H: 4103 m, CR 62.4, SL 114, Par 66
D: 3576 m, CR 62.7, SL 112, Par 66
9-Loch Pay & Play Executive Platz
H: Par 56, D: Par 56
30 Rangeabschläge (8 überdacht)

G Gäste sind jederzeit willkommen. Clubausweis mit eingetragenem Handicap (36) ist erforderlich.

18-Loch-Greenfee: EUR 74
Ermäßigung: Jugendl. bis 21 J. 33%

Platzinfos

Anfahrtsbeschreibung

A 7 Ri. Füssen bis AB-Dr. Allgäuer Kreuz, weiter A 96 Ri. Lindau, Ausfahrt Weitnau, über Seltmanns-Siebratshofen nach Oberstaufen. Oder: A 96/B 12 München-Kaufbeuren-Kempten, vor Kempten A 7 Ri. Füssen-Lindau bis AB-Dr. Allgäuer Kreuz, dort Ri. Lindau undweiter wie oben beschrieben. Oder: Vom Bodensee B 308 Ri. Oberstaufen.

Platzbeschreibung

Der Golfplatz Oberstaufen liegt auf einer herrlichen Sonnenterrasse in Buflings, nur einen Kilometer von der Ortsmitte Oberstaufens entfernt. Der gepflegte Platz erstreckt sich von Buflings bis ins malerische Schwarzenbachtal. Der 18-Loch-Platz (Par 66) mit seiner abwechslungsreichen Topografie ist harmonisch an die Allgäuer Landschaft angepasst und bietet sowohl Anfängern als auch geübten Spielern eine sportliche Herausforderung. Leichte Höhenunterschiede, Schräglagen und Wasserhindernisse sorgen für ein abwechslungsreiches, kurzweiliges Spiel.

Nächstgelegene Plätze

Oberstaufen-Steibis, GC (Nr. 723)
GP Scheidegg (Nr. 718)
Hellengerst, GC (Nr. 714)

Greenfee-Aktion: Seite G 243

Golf-Club Garmisch-Partenkirchen e.V.

Karte, Nr. 721, Feld G13   18   Höhe: 700 m

gegründet: 1928

Gut Buchwies, 82496 Oberau
08824-8344 08824-944198
kontakt@golfclub-gap.de
www.golfclub-garmisch-partenkirchen.de

PR: Lorenz Heinzinger
Headgreenkeeper: David Malcolm

08824-8344 08824-944198
Sebastian Fabricius

Koch's Golfrestaurant
08824-9294424

PRO SHOP: Kathrin und Johannes Perschke Golfshop GbR, Johannes Perschke
08824-9294960

PRO: Pro: Johannes Perschke, Kathrin Perschke

H: 5929 m, CR 71.4, SL 127, Par 72
D: 5222 m, CR 73.3, SL 126, Par 72
20 Rangeabschläge (4 überdacht)

G: Gäste sind jederzeit willkommen. Anmeldung ist notwendig. Clubausweis mit eingetragenem Handicap (54) ist erforderlich. Tägliche member-times bitte beachten.

Tages-Greenfee: EUR 70
18-Loch-Greenfee: EUR 70
9-Loch-Greenfee: EUR 40
Ermäßigung: Jugendl./Stud. 50%

Platzinfos

VCG GPS CLUB GASTRO

Anfahrtsbeschreibung
Von Garmisch-Partenkirchen: B 2 ca. 8 km Richtung München, in Oberau rechts über die Loisach zu Gut Buchwies (beschildert). Oder: A 95 München-Garmisch, weiter auf der B 2 bis Oberau, in Oberau links der Beschilderung zum Golfplatz folgen.

Platzbeschreibung
Diese 18-Loch Anlage liegt im Werdenfelser Land. Vom Platz aus haben Golfer wiederholt Ausblick auf die bizarre Bergwelt des Oberlandes mit Alpspitze, Zugspitzmassiv und Waxenstein. Der Platz ist kein Gebirgsplatz im eigentlichen Sinne. Steile Anstiege und häufige Schräglagen, wie auf gebirgsnahen Plätzen üblich, sind kaum anzutreffen. Eher flach mit leichten Wellen ist er angenehm zu begehen.

Nächstgelegene Plätze
Werdenfels L&GC (Nr. 724)
Karwendel, G&LÇ (Nr. 722)
Iffeldorf, GA (Nr. 703)

Golfclub Oberstaufen-Steibis e.V.

Karte, Nr. 723, Feld F13 **18** Höhe: 800 m

gegründet: 1989

In der Au 5, 87534 Oberstaufen-Steibis
08386-8529 08386-8657
info@golf-oberstaufen.de
www.golf-oberstaufen.de

PR: Walter Grath, GF: Michael Toffel
Headgreenkeeper: Kevin Phillips

i: 08386-8529 -8657
Andrea Mischler

Restaurant am Golfplatz,
Agata Jozwiak-Oprzadek
08386-8540

PRO SHOP: 08386-8529

PRO: Pro: Steven Rogers, Pierre Knauer

H: 5282 m, CR 69, SL 135, Par 70
D: 4666 m, CR 70.5, SL 128, Par 70
26 Rangeabschläge (6 überdacht)

G: Gäste sind jederzeit willkommen. Anmeldung ist notwendig. Clubausweis mit eingetragenem Handicap (45) ist erforderlich.

18-Loch-Greenfee: EUR 72
Ermäßigung: Jugendl./Stud.

Platzbeschreibung

Der Golfplatz liegt in einem außergewöhnlich reizvollen Hochtal auf 800 m Höhe. Am Fuß der Nagelfluhkette hat die Natur die Voraussetzung für ein landschaftlich einmaliges Golferlebnis geschaffen: Biotope, Felsen, Quellen und alte Bäume. Die höchsten Greens liegen auf 900 m. Sie erschließen ein faszinierendes Panorama, bei dem selbst routinierte Golfer mal die Konzentration auf das Putten vernachlässigen.

Platzinfos

Anfahrtsbeschreibung

A 7 Ri. Füssen bis AB-Dr. Allgäuer Kreuz, weiter A 96 Ri. Lindau, Ausfahrt Weitnau, über Seltmanns-Siebratshofen nach Oberstaufen, weiter Ri. Aach, durch Weißach, li. abbiegen Ri. Steibis und der Beschilderung zum Golfplatz folgen. Oder: A 96/B 12 München-Kaufbeuren-Kempten, vor Kempten A 7 Ri. Füssen-Lindau bis AB-Dr. Allgäuer Kreuz, dort Ri. Lindau und weiter wie oben beschrieben. Oder: Vom Bodensee B 19 Ri. Oberstaufen, Wegweiser Steibis, s.o.

Nächstgelegene Plätze

Oberstaufen, GC (Nr. 720)
GP Scheidegg (Nr. 718)
Sonnenalp, GP Sonnenalp (Nr. 725)

Bayern

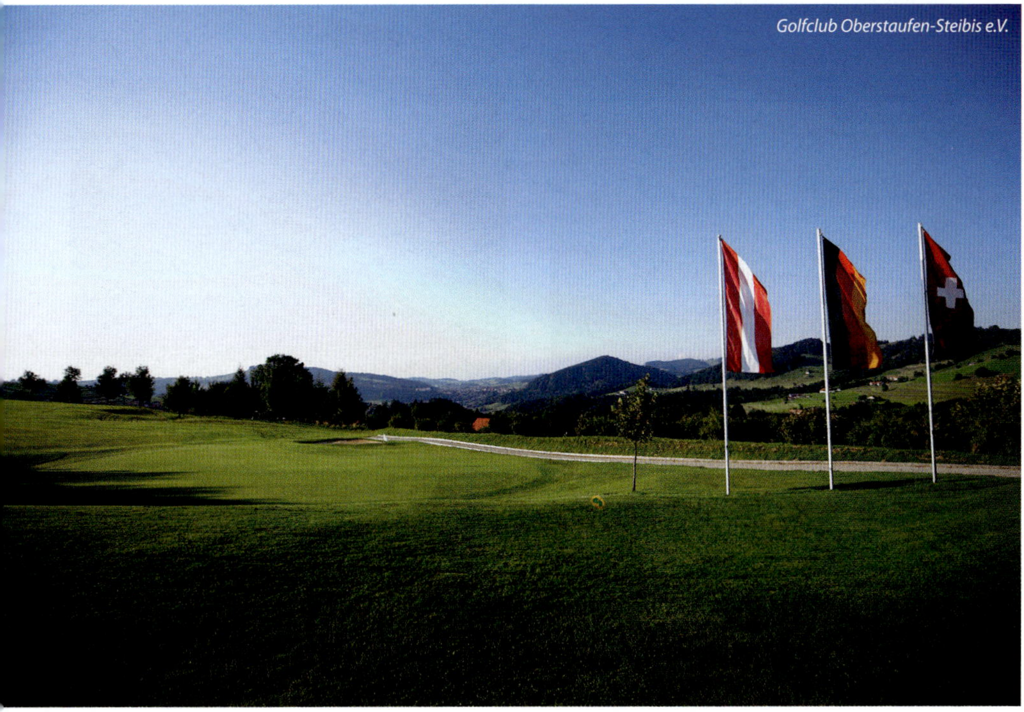
Golfclub Oberstaufen-Steibis e.V.

Greenfee-Aktion: Seite G 167

Golf- & Landclub Karwendel e.V.

Karte, Nr. 722, Feld H13 **9** Design: Fering Höhe: 866 m

gegründet: 1992

Risser Straße 14, 82499 Wallgau
08825-2183 08825-921812
info@golfclub-karwendel.de
www.golfclub-karwendel.de

PR: Hans Bart

i: 08825-2183 08825-921812
Martina Nissen-Gaupp, Joachim Gohla, Brigitta Müller

Golf-Alm
08825-9216160
Mo. Ruhetag

PRO: Pro: Jody Morris

H: 5846 m, CR 70.3, SL 128, Par 72
D: 5138 m, CR 71.9, SL 125, Par 72
20 Rangeabschläge (6 überdacht)

G: Gäste sind jederzeit willkommen. Anmeldung ist notwendig. Clubausweis mit eingetragener PE ist erforderlich. Besondere Gruppenermäßigungen ab 6 Personen

18-Loch-Greenfee: WT: EUR 55 / WE: EUR 66
9-Loch-Greenfee: WT: EUR 39 / WE: EUR 46
Ermäßigung: Jugendl./Stud. 30%

Platzinfos

Anfahrtsbeschreibung

Von Garmisch-Partenkirchen: B 2 Richtung Mittenwald, Ausfahrt Krün-Wallgau B 11, in Wallgau bis zur Mautstraße Wallgau-Vorderriß bis zum Golfplatz.

Platzbeschreibung

Der Golfplatz liegt im oberen Isartal östlich der Gemeinde Wallgau und grenzt unmittelbar an die Wildflusslandschaft der Isar. Die Fairways liegen eingebettet auf drei ehemaligen Flussterrassen, die im Norden in einen eiszeitlichen Moränenzug übergehen. Der Golfplatz liegt in einer wunderschönen landschaftlichen Lage und bietet durch das nach Süden offene obere Isartal einen Blick auf die nahen Höhenzüge des Karwendelgebirges.

Nächstgelegene Plätze

Garmisch-Partenk., GC (Nr. 721)
Werdenfels L&GC (Nr. 724)
Iffeldorf, GA (Nr. 703)

Greenfee-Aktion: Seite G 169

Land- und Golfclub Werdenfels e.V.

Karte, Nr. 724, Feld G13 9/3 Design: Bernhard von Limburger Höhe: 720 m

gegründet: 1973

Werdenfelserstr. 2,
82467 Garmisch-Partenkirchen
☎ 08821-945670 Fax 08821-54777
✉ info@golfclub-werdenfels.de
www.golfclub-werdenfels.de

PR Rolf Lehmann, CM: Christian Spanger
Headgreenkeeper: Cory Meacham

i ☎ 08821-945670 Fax 08821-54777
Barbara Schauer

Restaurant & Biergarten, Andreas Wieland
☎ 08821-7303435

PRO SHOP ☎ 08821-945670 Fax 08821-54777

PRO Pro: Andreas Stöcklein

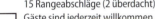

9-Loch Platz
H: 5871 m, CR 70.7, SL 134, Par 72
D: 5332 m, CR 73.7, SL 125, Par 72
3-Loch Platz,H: Par 9
15 Rangeabschläge (2 überdacht)

G Gäste sind jederzeit willkommen. Clubausweis mit eingetragener PE ist erforderlich.

18-Loch-Greenfee: EUR 60
9-Loch-Greenfee: EUR 40
Jeden Mittwoch ab 16:00 Uhr Herrengolf (nur Mitglieder). Jeden Dienstag ab 13:00 Uhr Damengolf (nur Mitglieder).
Ermäßigung: Jugendl. bis 18 J. und Stud. bis 27 J. 50%

Platzinfos

VCG GPS

Platzbeschreibung

Einer der ältesten Golfplätze Deutschlands (gebaut 1930) mit altem und hohem Baumbestand, relativ engen Fairways und kleinen Grüns, die schwer anzuspielen sind. Der direkt vor den Toren von Garmisch-Partenkirchen liegende Platz bietet einen traumhaft nahen Blick auf die ringsum liegenden Berge und das erhaben aufsteigende Wettersteinmassiv mit Alp- und Zugspitze.

Anfahrtsbeschreibung

A 95 München-Garmisch, B 2 über Oberau, B 2 neu Farchanter Tunnel. Nach der Tunnelausfahrt B 23 Richtung Fernpaß-Reutte-Griesen. Nach Überqueren der Loisach rechts Richtung Farchant / Burgrain. Die Einfahrt zum Golfplatz ist auf der rechten Seite nach ca. 650 m. Oder vom Ortszentrum Garmisch Richtung Norden, Ortsteil Burgrain.

Nächstgelegene Plätze

Garmisch-Partenk., GC (Nr. 721)
Karwendel, G&LC (Nr. 722)
Auf der Gsteig, GC (Nr. 712)

Bayern

Golfplatz Sonnenalp

Karte, Nr. 725, Feld F13 **18** Design: Donald Harradine, Kurt Rossknecht Höhe: 820 m

gegründet: 1975

Muderbolz 10, 87527 Ofterschwang
✆ 08321-272181 🖷 08321-272183
✉ golf@sonnenalp.de
💻 www.golf-sonnenalp.de

PR: Roland Tesch, GF: Hanspeter Schratt, CM: Hanspeter Schratt

i: ✆ 08321-272181 🖷 08321-272183
Iris Hertle

Restaurant Waldhaus, Jörg Voigtländer
✆ 08321-272180 🖷 08321-272183

PRO SHOP: Sonnenalp-Shopping, Benedikta Böck
✆ 08321-272184 🖷 -272183

PRO: Pro: Bernard Kennedy, Paul West

H: 5807 m, CR 71.9, SL 132, Par 73
D: 4989 m, CR 72.2, SL 133, Par 73
22 Rangeabschläge (12 überdacht)

G: Gäste sind jederzeit willkommen. Anmeldung ist notwendig. Clubausweis mit eingetra

18-Loch-Greenfee: EUR 99
Ermäßigung: Jugendl. bis 18 J.

Platzbeschreibung

Der 18-Loch-Platz Sonnenalp wurde von Donald Harradine meisterlich gestaltet und in die malerische Landschaft des Voralpenlandes eingebettet. Vor stets beeindruckender Bergkulisse bietet sich sowohl dem Scratchspieler als auch dem Golfer mit höherer Vorgabe eine besonders gepflegte Anlage mit herausragenden Bahnen. Im Jahr 2008 wurde der Platz von dem Architekten Kurt Rossknecht neu gestaltet und modernisiert.

Platzinfos

Anfahrtsbeschreibung

Auf der B 19 zwischen Sonthofen und Oberstdorf (ca. 3 km nach Sonthofen) ist die Abfahrt Richtung Ofterschwang / Sonnenalp. Von hier der Beschilderung noch ca. 2 km folgen.

Nächstgelegene Plätze

Oberallg./Gundelsb. (Nr. 726)
Oberstdorf, GC (Nr. 727)
Oberstaufen-Steibis, GC (Nr. 723)

Bayern

Golfplatz Oberallgäu & Kurzplatz Gundelsberg

Karte, Nr. 726, Feld F13 18/6 Design: Kurt Rossknecht Höhe: 820 m

gegründet: 2004

Untermühlegg 23, 87538 Bolsterlang
✆ 08326-3859410 🖷 08326-3859412
✉ golf@sonnenalp.de
www.golf-sonnenalp.de

PR: Roland Tesch, GF: Hanspeter Schratt, CM: Hanspeter Schratt

i: ✆ 08326-3859410 🖷 08326-3859412
Iris Hertle

Restaurant Seehaus, Gudrun Frey-Wechs
✆ 08326-3859420

PRO SHOP: Sonnenalp-Shopping, Benedikta Böck
✆ 08326-3859414 🖷 -3859412

PRO: Pro: Andy MacDonald, Malcolm King

18-Loch Golfplatz Oberallgäu
H: 5619 m, CR 69.1, SL 124, Par 72
D: 4712 m, CR 69.1, SL 124, Par 72
6-Loch Kurzplatz Gundelsberg
H: Par 20, D: Par 20
22 überdachte Rangeabschläge

G: Gäste sind jederzeit willkommen. Anmeldung ist notwendig. Clubausweis mit eingetragener PE ist erforderlich.

18-Loch-Greenfee: EUR 93
9-Loch-Greenfee: EUR 51
Ermäßigung: Jugendl. bis 18 J.

Platzinfos

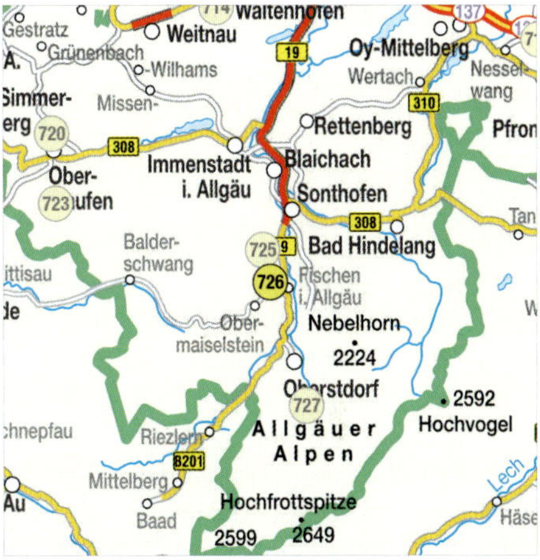

Anfahrtsbeschreibung

Auf der B 19 zwischen Sonthofen und Oberstdorf (ca. 4 km nach Sonthofen) ist die Abfahrt Richtung Untermühlegg. Von hier der Beschilderung noch ca. 2 km folgen.

Platzbeschreibung

Wer am Abschlag des Championship-Kurses Oberallgäu steht, sieht rechts das Nebelhorn und vor ihm die Sonnenköpfe. Ein Alpenpanorama wie dieses, findet man auf keinem weiteren deutschen Golfplatz. Der renommierte Lindauer Architekt Kurt Rossknecht hat den 18-Loch-Meisterschaftsplatz (5.936 Meter, Par72) geschaffen. Interessant designte Grüns, perfekt gepflegt und leicht onduliert, erfordern präzises Anspiel.

Nächstgelegene Plätze

Sonnenalp, GP Sonnenalp (Nr. 725)
Oberstdorf, GC (Nr. 727)
Oberstaufen-Steibis, GC (Nr. 723)

Bayern

Golfclub Oberstdorf e.V.

Karte, Nr. 727, Feld F13 9 Design: Donald Harradine Höhe: 960 m

gegründet: 1961

Gebrgoibe 2, 87561 Oberstdorf
✆ 08322-2895
✉ info@golfclub-oberstdorf.de
www.golfclub-oberstdorf.de

PR Barbara Lacher
Headgreenkeeper: Klaus Speiser

i ✆ 08322-2895 🖷 08322-98694
Konny Wolf

Cafe Gebrgoibe Fam. Müller
✆ 0176-61010264

PRO SHOP GC Oberstdorf
✆ 08322-2895 🖷 08322-98694

PRO Pro: PGA Pro Thomas Ihle

H: 5372 m, CR 69.2, SL 129, Par 70
D: 4698 m, CR 70.7, SL 125, Par 70
18 Rangeabschläge (4 überdacht)

G Gäste sind jederzeit willkommen. Clubausweis mit eingetragenem Handicap (54) ist erforderlich.

18-Loch-Greenfee: EUR 50
9-Loch-Greenfee: EUR 30
Ausländische Golfgäste 18-Loch EUR 70, 9-Loch EUR 40 ohne „R" Hologramm des DGV-Ausweis oder ausländischer Ausweis.
Ermäßigung: Jugendl./Stud.

Platzbeschreibung

In Oberstdorf befindet sich ein landschaftlich wunderschöner Platz, der mitten in den Bergen malerisch von Fellhorn und Nebelhorn eingerahmt wird. Die hügelige, interessante 9-Loch Anlage, deren Fairways seitlich von Wald begrenzt werden und deren Greens von zahlreichen Sandbunkern verteidigt werden, ist aufgrund der Schrägen nicht leicht zu spielen, zumal das imposante Alpenpanorama ein wenig zum Abschweifen und Träumen animiert.

Platzinfos

VCG GPS

Anfahrtsbeschreibung

Von Kempten auf der B 19 nach Oberstdorf, am 1. Kreisel rechts abbiegen Ri. Fellhornbahn. Bis Parkplatz "Renksteg", dort links abbiegen Richtung Spielmannsau. Der Golfplatz ist ausgeschildert. Für das Befahren der Straße zum Golfplatz erhalten Sie nach der Auffahrt im Sekretariat eine Fahr- u. Parkgenehmigung.

Nächstgelegene Plätze

Oberallg./Gundelsb. (Nr. 726)
Sonnenalp, GP Sonnenalp (Nr. 725)
Oberstaufen-Steibis, GC (Nr. 723)

VILA VITA Burghotel Dinklage

Gastgeberverzeichnis

Auf den folgenden Seiten haben wir für Sie alle Hotelempfehlungen inklusive Kontaktangaben aus der Golf Club Redaktion übersichtlich dargestellt – geordnet nach Postleitzahlen, stets mit Angabe der nächstgelegenen Golf Clubs.

Gute Reise wünscht Ihnen das Team vom Albrecht Golf Verlag

Golfanlage Warnemünde

ibis Styles Leipzig

Haynaer Weg 15
04435 Radefeld
✆ 034207-420
Fax 034207-42400
✉ smile@ibisstyles-leipzig.com
🖳 all.accor.com/8392

Die nächstgelegenen Golfplätze:
Leipzig, GP (Seite 210)
Markkleeberg, GC (Seite 212)
Golfpark Hufeisensee (Seite 209)

Ringhotel Sellhorn

Winsener Straße 23
21271 Hanstedt
✆ 04184-80 10
Fax 04184-80 13 33
✉ hanstedt@ringhotels.de
🖳 www.ringhotels.de/hanstedt

Die nächstgelegenen Golfplätze:
Buchholz-Nordheide, GC (Seite 114)
Am Hockenberg, G&CC (Seite 109)
Green Eagle, GC (Seite 112)

Ringhotel Warnemünder Hof

Stolteraer Weg 8
18119 Rostock-Warnemünde
✆ 03 81-54 30-0
Fax 03 81-54 30-4 44
✉ rostock@ringhotels.de
🖳 www.ringhotels.de/rostock

Die nächstgelegenen Golfplätze:
Warnemünde, GA (Seite 77)
Wittenbeck, Ostsee GC (Seite 78)
Zum Fischland, GC (Seite 76)

Camping- und Ferienpark Wulfener Hals

Wulfener Hals Weg 100
23769 Wulfen/Fehmarn
✆ 04371-86280
Fax 04371-3723
✉ info@wulfenerhals.de
🖳 www.wulfenerhals.de

Die nächstgelegenen Golfplätze:
Fehmarn, GP (Seite 16)
Grömitz, GC Ostseeheilbad (Seite 26)
Brodauer Mühle, GC (Seite 29)

Golfpark Fehmarn © Golfküste, S. von Stengel

Albrecht Golf Führer – Gastgeberverzeichnis

Hotel Sonneninsel Fehmarn

Sundstraat 22, Avendorf
23769 Fehmarn
✆ 04371-86280
℻ 04371-37 23
✉ info@hotel-sonneninsel-fehmarn.de
💻 www.hotel-sonneninsel-fehmarn.de

Die nächstgelegenen Golfplätze:
Fehmarn, GP (Seite 16)
Grömitz, GC Ostseeheilbad (Seite 26)
Hohwachter Bucht, GA (Seite 22)

Gut Kaden

Kadener Straße 9
25486 Alveslohe
✆ 04193-99 29 0
℻ 04193-99 2919
✉ hotel@gutkaden.de
💻 www.gutkaden.de

Die nächstgelegenen Golfplätze:
Gut Kaden, G&LC (Seite 46)
Red Golf Quickborn (Seite 49)
An der Pinnau, GC (Seite 50)

Zum Deutschen Hause

Marktplatz 2
26209 Kirchhatten
✆ 04482-322
℻ 04482-8791
✉ info@zum-deutschen-hause.de
💻 www.zum-deutschen-hause.de

Die nächstgelegenen Golfplätze:
Oldenburger Land, GC (Seite 131)
Hatten, GC (Seite 128)
In Hude, Golf (Seite 125)

Landhaus am Golfpark

Hainhaus 24
30855 Langenhagen
✆ 0511-728520
℻ 0511-7285252
✉ info@landhaus-am-golfpark.de
💻 www.landhausamgolfpark.de

Die nächstgelegenen Golfplätze:
Hainhaus, GP (Seite 154)
Isernhagen, GC (Seite 158)
Burgwedel, GC (Seite 150)

Vienna House Easy Wuppertal

Auf dem Johannisberg 1
42103 Wuppertal
✆ 0202-49670
✉ info.easy-wuppertal@viennahouse.com
💻 www.viennahouse.com

Die nächstgelegenen Golfplätze:
Bergisch Land, GC (Seite 331)
Velbert, GC (Seite 326)
Haan-Düsseltal 1994, GC (Seite 343)

Ringhotel Waldhotel Heiligenhaus

Parkstraße 38
42579 Heiligenhaus
✆ 02056-597-0
℻ 02056-597-260
✉ reservierung@wald-hotel.de
💻 www.wald-hotel.de

Die nächstgelegenen Golfplätze:
Hösel, GC (Seite 325)
Essener GC Haus Oefte (Seite 321)
Essen-Heidhausen, GC (Seite 320)

Golfpark Hainhaus

Vienna House Easy Castrop-Rauxel
Dortmunder Strasse 55
44575 Castrop-Rauxel
✆ 02305 301 0
🖷 02305 301 45
✉ info.easy-castroprauxel@viennahouse.com
💻 www.viennahouse.com
Die nächstgelegenen Golfplätze:
Castrop-Rauxel, GC (Seite 295)
Kemnader See (Seite 308)
Bochumer GC (Seite 309)

Landhotel Jammertal
Redderstr. 421
45711 Datteln-Ahsen
✆ 02363-3770
🖷 02363-377100
✉ info@jammertal.de
💻 www.jammertal.de
Die nächstgelegenen Golfplätze:
Jammertal, GA (Seite 284)
Vestischer GC Recklingh. (Seite 285)
Schloß Westerholt, GC (Seite 289)

Landhotel Voshövel
Am Voshövel 1
46514 Schermbeck
✆ 02856-9140-0
🖷 02856-744
✉ post@landhotel.de
💻 landhotel.de
Die nächstgelegenen Golfplätze:
Weselerwald, GC (Seite 277)
Hünxerwald, GC (Seite 286)
Bruckmannshof, GC (Seite 290)

VILA VITA Burghotel Dinklage
Burgallee 1
49413 Dinklage
✆ 04443-897-0
🖷 04443-897-333
✉ info@vilavitaburghotel.de
💻 www.vilavitaburghotel.de
Die nächstgelegenen Golfplätze:
Gut Brettberg Lohne, GC (Seite 144)
Vechta-Welpe, GC (Seite 142)
Artland GC (Seite 156)

See- und Sporthotel Ankum
Tütinger Str. 28
49577 Ankum
✆ 05462-882-0
🖷 05462-882-888
✉ info@seeundsporthotel.de
💻 www.seeundsporthotel.de
Die nächstgelegenen Golfplätze:
Artland GC (Seite 156)
Varus, GC (Seite 160)
Osnabrück-Dütetal, GC (Seite 235)

Hofgut Wißberg
Hofgut Wißberg
55578 St. Johann
✆ 06701-9164-50
🖷 06701-9164-55
✉ info@hofgut-wissberg.de
💻 www.hofgut-wissberg.de
Die nächstgelegenen Golfplätze:
Rheinhessen, GC (Seite 471)
Nahetal, GC (Seite 474)
Domtal Mommenh., GC (Seite 470)

Gut Kaden Golf und Land Club

Albrecht Golf Führer – Gastgeberverzeichnis

Jakobsberg Hotel- & Golfresort

Im Tal der Loreley
56154 Boppard
✆ 06742-808 357
🖷 06742-3069
✉ info@jakobsberg.de
💻 www.jakobsberg.de
Die nächstgelegenen Golfplätze:
Jakobsberg H&GR (Seite 462)
Mittelrhein. GC Bad Ems (Seite 460)
Rhein-Wied, GC (Seite 459)

Landhotel Gasthof Schütte

Eggeweg 2
57392 Schmallenberg-Oberkirchen
✆ 02975-82-0
🖷 02975-82-522
✉ info@landhotel-schuette.de
💻 www.landhotel-schuette.de
Die nächstgelegenen Golfplätze:
Schmallenberg, GC (Seite 350)
Sellinghausen, GC (Seite 345)
Winterberg, GC (Seite 347)

Romantik- und Wellnesshotel Deimann

Alte Handelsstraße 5
57392 Schmallenberg/Winkhausen
✆ 02975-81-0
🖷 02975-81-289
✉ info@deimann.de
💻 www.deimann.de
Die nächstgelegenen Golfplätze:
Schmallenberg, GC (Seite 350)
Sellinghausen, GC (Seite 345)
Winterberg, GC (Seite 347)

Ferienhotel Stockhausen

Zum Hälleken 9
57392 Schmallenberg-Sellinghausen
✆ 02971-312-0
🖷 02971-312-102
✉ info@ferienhotel-stockhausen.de
💻 www.ferienhotel-stockhausen.de
Die nächstgelegenen Golfplätze:
Sellinghausen, GC (Seite 345)
Schmallenberg, GC (Seite 350)
Winterberg, GC (Seite 347)

Waldhaus Ohlenbach

Ohlenbach 10
57392 Schmallenberg
✆ 02975-84-0
Fax 02975-84-48
✉ info@waldhaus-ohlenbach.de
Web www.waldhaus-ohlenbach.de

Die nächstgelegenen Golfplätze:
Winterberg, GC (Seite 347)
Schmallenberg, GC (Seite 350)
Sellinghausen, GC (Seite 345)

Hotel Störmann

Weststraße 58
57392 Schmallenberg
✆ 02972-999 0
Fax 02972-999 289
✉ info@hotel-stoermann.de
Web www.hotel-stoermann.de

Die nächstgelegenen Golfplätze:
Schmallenberg, GC (Seite 350)
Sellinghausen, GC (Seite 345)
Winterberg, GC (Seite 347)

Ringhotel Kurhaus Ochs

Kanonenstraße 6-8
61389 Schmitten
✆ 06084-480
Fax 06084-4880
✉ schmitten@ringhotels.de
Web www.ringhotels.de/kurhaus-ochs

Die nächstgelegenen Golfplätze:
Taunus Weilrod, GC (Seite 421)
Kronberg, G&LC (Seite 428)
Homburger GC (Seite 425)

Burghof - Das Hotel

Burghof 16
64753 Brombachtal
✆ 06063-58996200
Fax 06063-4190
✉ info@burghof-hotel.de
Web www.burghof-hotel.de

Die nächstgelegenen Golfplätze:
Odenwald, GC (Seite 446)
Geierstal, GC (Seite 447)
Gut Sansenhof, GC (Seite 613)

Hotel Schloss Edesheim

Luitpoldstraße 9
67483 Edesheim
✆ 06323-9424-0
Fax 06323-942411
✉ info@schloss-edesheim.de
Web www.schloss-edesheim.de

Die nächstgelegenen Golfplätze:
Landgut Dreihof, GC (Seite 490)
Pfalz Neustadt/Weinstr., GC (Seite 487)
Kurpfalz, GC (Seite 484)

ibis Styles Nagold-Schwarzwald

Inselstraße 14
72202 Nagold
✆ 07452-89 669 0
Fax 07452-89 669 100
✉ smile@ibisstyles-nagold.com
Web all.accor.com/8077

Die nächstgelegenen Golfplätze:
Domäne Niederr., GC (Seite 545)
Schloss Weitenburg, GC (Seite 548)
Schönbuch, GC (Seite 541)

Golfanlage Landgut Dreihof

Albrecht Golf Führer – Gastgeberverzeichnis

Ringhotel Hohenlohe

Weilertor 14
74523 Schwäbisch Hall
✆ 0791-75 87-0
🖷 0791-75 87-84
✉ shahohenlohe@ringhotels.de
💻 www.ringhotels.de/hohenlohe

Die nächstgelegenen Golfplätze:
Schwäbisch Hall, GC (Seite 512)
Oberrot-Frankenb., GC (Seite 515)
Marhördt, GC (Seite 514)

Parkhotel Adler

Adlerplatz 3
79856 Hinterzarten
✆ 07652-127 0
🖷 07652-127 717
✉ info@parkhoteladler.de
💻 www.parkhoteladler.de

Die nächstgelegenen Golfplätze:
Hochschwarzwald, GC (Seite 567)
Freiburger GC (Seite 563)
Schönau, GC (Seite 573)

Waldhotel Grüner Baum

Alm 33
77704 Oberkirch-Ödsbach
✆ 07802-809-0
🖷 07802-809-88
✉ info@waldhotel-gruener-baum.de
💻 www.waldhotel-gruener-baum.de

Die nächstgelegenen Golfplätze:
Urloffen, GC (Seite 544)
Gröbernhof, GC (Seite 553)
Birkenhof (Seite 542)

DAS LINDNER Romantik Hotel & Restaurants

Marienplatz 5
83043 Bad Aibling
✆ 08061-9063-0
🖷 08061-9063-99
✉ info@das-lindner.com
💻 www.das-lindner.com

Die nächstgelegenen Golfplätze:
Schloß Maxlrain, GC (Seite 738)
Mangfalltal, GC (Seite 733)
Patting-Hochriesblick, GA (Seite 743)

Hotelverzeichnis

Hotel-Restaurant Seeblick
Pelham 4
83093 Bad Endorf
✆ 08053-309-0
🖷 08053-309-500
✉ info@hotel-seeblick-pelham.de
💻 www.hotel-seeblick-pelham.de
Die nächstgelegenen Golfplätze:
Höslwang/Chiemgau, GC (Seite 725)
Am Obinger See, GC (Seite 721)
Chiemsee GC Prien (Seite 741)

Yachthotel Chiemsee
Harrasser Str. 49
83209 Prien am Chiemsee
✆ 08051-6960
🖷 08051-5171
✉ info@yachthotel.de
💻 yachthotel.de
Die nächstgelegenen Golfplätze:
Chiemsee GC Prien (Seite 741)
GR Achental (Seite 746)
Patting-Hochriesblick, GA (Seite 743)

Eichenhof Hotel - Restaurant - Cafe
Angerpoint 1
83329 Waging am See
✆ 08681-4030
🖷 08681-40325
✉ info@hotel-eichenhof.de
💻 www.hotel-eichenhof.de
Die nächstgelegenen Golfplätze:
Anthal-Waginger See, GC (Seite 723)
Chieming, GC (Seite 729)
Berchtesgad. Land, GC (Seite 740)

Wengerhof
Weng 12
83404 Ainring
✆ 08654-69 02-50
🖷 08654-69 02-11
✉ info@wenger-hof.de
💻 www.wenger-hof.de
Die nächstgelegenen Golfplätze:
Berchtesgad. Land, GC (Seite 740)
Anthal-Waginger See, GC (Seite 723)
Ruhpolding, GC (Seite 750)

Hotel Sonnengut - Wellness, Therme, Spa
Am Aunhamer Berg 2
84364 Bad Birnbach
✆ 08563-3050
🖷 08563-305100
✉ info@sonnengut.de
💻 www.sonnengut.de
Die nächstgelegenen Golfplätze:
Bella Vista GP (Seite 670)
Bad Griesb., Lederbach (Seite 667)
Sagmühle, GC (Seite 673)

Allgäu Sonne
Stießberg 1
87534 Oberstaufen
✆ 08386-7020
🖷 08386-702-7826
✉ info@allgaeu-sonne.de
💻 www.allgaeu-sonne.de
Die nächstgelegenen Golfplätze:
Oberstaufen, GC (Seite 764)
Oberstaufen-Steibis, GC (Seite 766)
GP Scheidegg (Seite 762)

Albrecht Golf Führer – Gastgeberverzeichnis

Resort Bergkristall
Willis 8
87534 Oberstaufen
☎ 083 86-911 0
Fax 083 86-911 150
✉ wellness@bergkristall.de
🖳 www.bergkristall.de
Die nächstgelegenen Golfplätze:
Oberstaufen, GC (Seite 764)
Oberstaufen-Steibis, GC (Seite 766)
GP Scheidegg (Seite 762)

Touristikamt Kur & Kultur Ottobeuren
Marktplatz 14
87724 Ottobeuren
☎ 08332-9219-50
Fax 08332-9219-92
✉ touristikamt@ottobeuren.de
🖳 www.ottobeuren.de
Die nächstgelegenen Golfplätze:
Allgäuer G&LC (Seite 734)
Memmingen, GC (Seite 726)
Waldegg-Wiggensb., GC (Seite 752)

Best Western Plus Parkhotel Maximilian
Bannwaldweg 11
87724 Ottobeuren
☎ 08332-9237 0
Fax 08332-9237 1111
✉ info@parkhotel-ottobeuren.de
🖳 www.parkhotel-ottobeuren.de
Die nächstgelegenen Golfplätze:
Allgäuer G&LC (Seite 734)
Memmingen, GC (Seite 726)
Waldegg-Wiggensb., GC (Seite 752)

Hotel Gasthaus Adler
Bundesstraße 11/15
88339 Bad Waldsee-Gaisbeuren
☎ 07524-998-0
Fax 07524-998-152
✉ mail@hotel-gasthaus-adler.de
🖳 www.hotel-gasthaus-adler.de
Die nächstgelegenen Golfplätze:
Oberschwaben, GC (Seite 566)
Ravensburg, GC (Seite 571)
Bad Saulgau, GREEN-GOLF (Seite 562)

Romantikhotel Kleber Post
Poststraße 1
88348 Bad Saulgau
☎ 07581-5010
✉ hotel@kleberpost.de
🖳 www.kleberpost.de
Die nächstgelegenen Golfplätze:
Bad Saulgau, GREEN-GOLF (Seite 562)
Oberschwaben, GC (Seite 566)
Rochushof Deggenh., GC (Seite 570)

Romantik Hotel Johanniter-Kreuz
Johanniterweg 11
88662 Überlingen
☎ 07551-93706-0
Fax 07551-93706-190
✉ info@johanniter-kreuz.de
🖳 www.johanniter-kreuz.de
Die nächstgelegenen Golfplätze:
Owingen-Überlingen, GC (Seite 572)
Konstanz, GC (Seite 575)
Rochushof Deggenh., GC (Seite 570)

Golfclub Oberstaufen-Steibis e.V.

Quellness Golf Resort Bad Griesbach, Beckenbauer Golf Course

Hotel Schindlerhof

Steinacherstr. 6-12
90427 Nürnberg/Boxdorf
✆ 0911-9302-0
🖷 0911-9302-620
✉ hotel@schindlerhof.de
💻 www.schindlerhof.de

Die nächstgelegenen Golfplätze:
Am Reichswald, GC (Seite 622)
Fürth, 1. GC (Seite 623)
Herzogenaurach, GC (Seite 619)

DAS MÜHLBACH - Thermal Spa & Romantik Hotel

Bachstr. 15
94072 Bad Füssing
✆ 08531-278-0
🖷 08531-278-427
✉ info@muehlbach.de
💻 www.muehlbach.de

Die nächstgelegenen Golfplätze:
Bad Füssing-Kirchham, TGC (Seite 682)
Bad Griesb., Beckenbauer GC (Seite 678)
Bad Griesb., Porsche GC (Seite 677)

Landgasthof Bauernschmitt

St.-Johannes-Str. 25
91278 Pottenstein
✆ 09243-989-0
🖷 09243-989-45
✉ bauernschmitt@t-online.de
💻 www.landgasthof-bauernschmitt.de

Die nächstgelegenen Golfplätze:
Pottenstein-Weidenl., GC (Seite 610)
Fränkische Schweiz, GC (Seite 609)
Gerhelm, Nbg. Land, GC (Seite 616)

Wunsch Hotel Mürz

Birkenallee 7-9
94072 Bad Füssing
✆ 08531-9580
🖷 08531-29876
✉ info@muerz.de
💻 www.muerz.de

Die nächstgelegenen Golfplätze:
Bad Füssing-Kirchham, TGC (Seite 682)
Bad Griesb., Beckenbauer GC (Seite 678)
Bad Griesb., Porsche GC (Seite 677)

Bella Vista Golfpark - Bad Birnbach

Albrecht Golf Führer – Gastgeberverzeichnis

Parkhotel Stopp
Waldstraße 16
94072 Bad Füssing
✆ 08531-9280
🖷 08531-2061
✉ team@parkhotel.stopp.de
💻 www.parkhotel.stopp.de
Die nächstgelegenen Golfplätze:
Bad Füssing-Kirchham, TGC (Seite 682)
Bad Griesb., Beckenbauer GC (Seite 678)
Bad Griesb., Porsche GC (Seite 677)

Golf- & Landhotel Anetseder
Raßbach 8
94136 Thyrnau
✆ 08501-91313
🖷 08501-91314
✉ info@hotel-anetseder.de
💻 www.hotel-anetseder.de
Die nächstgelegenen Golfplätze:
Donau GC Passau-Raßb. (Seite 658)
Panorama, GC (Seite 663)
Bayerwald, G&LC (Seite 651)

Preishof - Apartmenthotel**** - Camping
Angloh 1, am Golfplatz Bad Füssing
94148 Kirchham
✆ 08537-91920-0
🖷 08537-91920-1
✉ info@preishof.de
💻 www.preishof.de
Die nächstgelegenen Golfplätze:
Bad Füssing-Kirchham, TGC (Seite 682)
Bad Griesb., Beckenbauer GC (Seite 678)
Bad Griesb., Porsche GC (Seite 677)

Kurmittelhaus Sibyllenbad
Kurallee 1
95698 Neualbenreuth
✆ 09638-9330
🖷 09638-933 190
✉ info@sibyllenbad.de
💻 www.sibyllenbad.de
Die nächstgelegenen Golfplätze:
Stiftland, GC (Nr. 559)
Fahrenbach, GC (Nr. 556)
Schwanhof, GC (Nr. 577)

Best Western Hotel Polisina
Marktbreiter Str. 265
97199 Ochsenfurt
✆ 09331-8440
🖷 09331-7603
✉ info@polisina.de
💻 www.polisina.de
Die nächstgelegenen Golfplätze:
Kitzingen, GC (Seite 612)
Würzburg, GC (Seite 611)
Schloß Mainsondh., GC (Seite 606)

Gasthof Greiner ... in der Kohlstatt
Hinterschiffl 13
A-4162 Julbach
✆ 0043-7288-82 02
✉ office@gasthof-greiner.at
💻 www.gasthof-greiner.at
Die nächstgelegenen Golfplätze (in D):
Donau GC Passau-Raßb. (Seite 658)

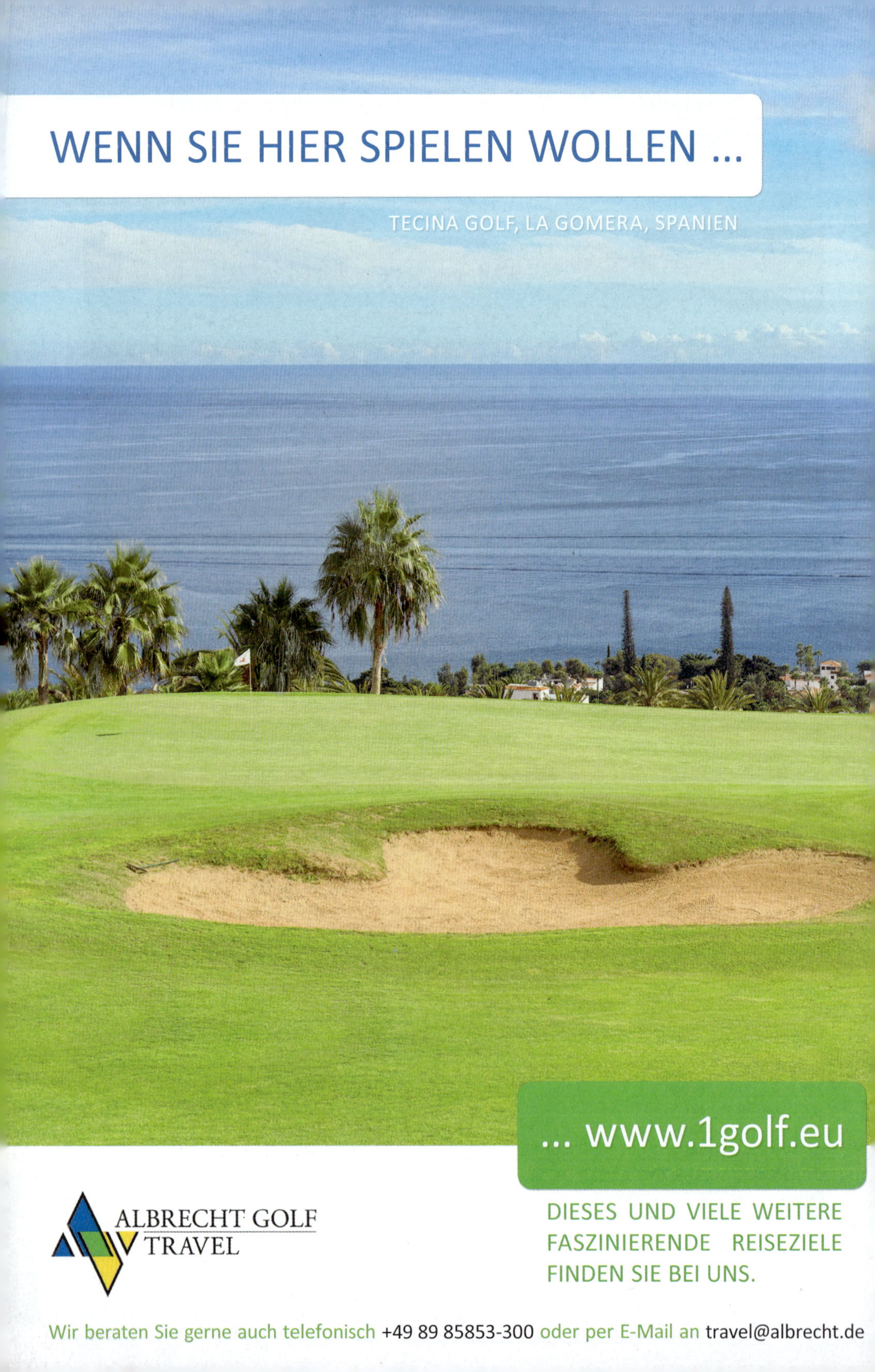
WENN SIE HIER SPIELEN WOLLEN ...
TECINA GOLF, LA GOMERA, SPANIEN
... www.1golf.eu
ALBRECHT GOLF TRAVEL
DIESES UND VIELE WEITERE FASZINIERENDE REISEZIELE FINDEN SIE BEI UNS.
Wir beraten Sie gerne auch telefonisch +49 89 85853-300 oder per E-Mail an travel@albrecht.de

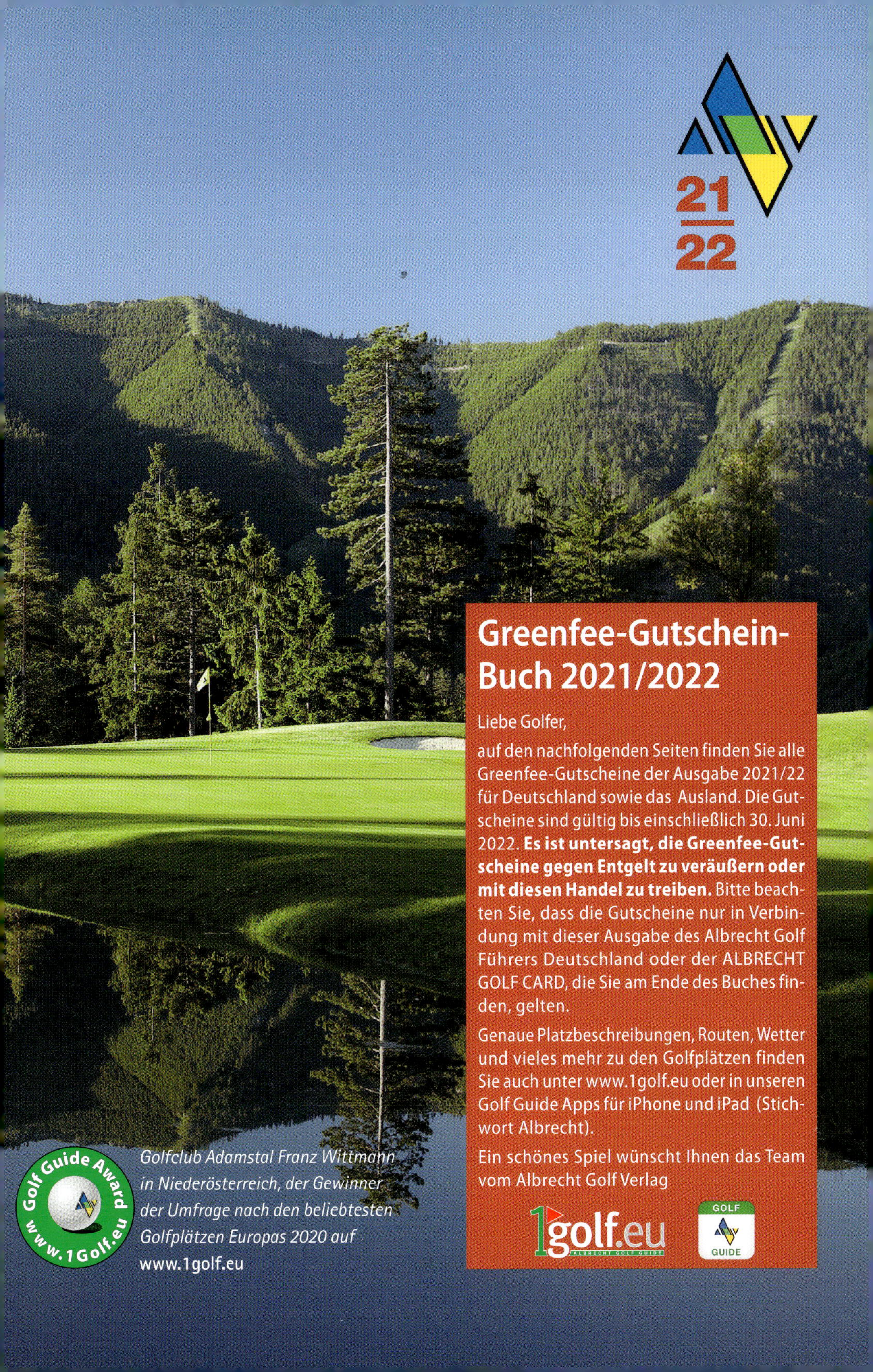

Golfclub Adamstal Franz Wittmann in Niederösterreich, der Gewinner der Umfrage nach den beliebtesten Golfplätzen Europas 2020 auf **www.1golf.eu**

Greenfee-Gutschein-Buch 2021/2022

Liebe Golfer,

auf den nachfolgenden Seiten finden Sie alle Greenfee-Gutscheine der Ausgabe 2021/22 für Deutschland sowie das Ausland. Die Gutscheine sind gültig bis einschließlich 30. Juni 2022. **Es ist untersagt, die Greenfee-Gutscheine gegen Entgelt zu veräußern oder mit diesen Handel zu treiben.** Bitte beachten Sie, dass die Gutscheine nur in Verbindung mit dieser Ausgabe des Albrecht Golf Führers Deutschland oder der ALBRECHT GOLF CARD, die Sie am Ende des Buches finden, gelten.

Genaue Platzbeschreibungen, Routen, Wetter und vieles mehr zu den Golfplätzen finden Sie auch unter www.1golf.eu oder in unseren Golf Guide Apps für iPhone und iPad (Stichwort Albrecht).

Ein schönes Spiel wünscht Ihnen das Team vom Albrecht Golf Verlag

1golf.eu

GOLF GUIDE

No.	Name	Seite

Deutschland

Schleswig-Holstein, Hamburg, Mecklenburg-Vorpommern

3	Golf Club Hof Berg e.V.	G 15
4	Golf Club Husumer Bucht e.V.	G 15, G 17
5	Golfpark Fehmarn	G 17
6	Golf-Club Kitzeberg e.V.	G 17
7	Golf Club Ostseebad Grömitz e.V.	G 17
8	Golfclub Büsum Dithmarschen e.V.	G 19
9	Golfclub Gut Waldshagen	G 19
10	Golf Club Brodauer Mühle e.V.	G 19
11	Golfplatz Plöner See	G 19
12	Golfclub Segeberg e.V., Gut Wensin	G 19, G 21
13	Golf am Donner Kleve	G 21
14	Golf-Club Curau e.V.	G 21
15	Golf Club Schloß Breitenburg e.V.	G 21, G 23
16	Golfclub Hamburg Gut Waldhof	G 23
17	Golf-Club Hoisdorf e.V.	G 23
18	Golf-Club Gut Grambek e.V.	G 23, G 25
19	Golf & Country Club Brunstorf	G 25
20	Golf-Club Escheburg e.V.	G 25
21	Golfclub Rügen e.V.	G 25
22	Hanseatischer GC e.V. in Greifswald	G 25, G 27
23	Golfclub Tessin e.V.	G 27
24	Baltic Hills Golf Usedom	G 27
25	Golfclub Schloss Teschow e.V.	G 27, G 29
26	Van der Valk Golfclub Serrahn	G 29
376	Golfanlage Hohwacht	G 243

Niedersachsen, Bremen

27	GA Schloss Lütetsburg GmbH & Co. KG	G 29
28	Golfclub Gut Hainmühlen e.V.	G 31
29	GC Bremerhaven Geestemünde	G 31
30	Golf Club Gut Immenbeck e.V.	G 31
31	Golf-Club Buxtehude	G 33
32	Golfclub Ostfriesland e.V.	G 33
33	Golfclub Worpswede e.V.	G 33
34	Golfclub Königshof Sittensen e.V.	G 33, G 35
35	Golf-Club Bremer Schweiz e.V.	G 35
36	Golfclub Lilienthal e.V.	G 35
37	Golfclub Bad Bevensen e.V.	G 35
38	Golf-Club an der Göhrde e.V.	G 37
39	Golfclub Oldenburger Land e.V.	G 37
40	Golf Club Wildeshauser Geest e.V.	G 37
41	Golfclub Thülsfelder Talsperre e.V.	G 37, G 39
42	Golf Club Tietlingen e.V.	G 39
43	Bergen-Hohne Golfclub e.V.	G 39
44	Golfclub Herzogstadt Celle e.V.	G 39
45	Golfclub Gut Brettberg Lohne e.V.	G 39, G 40
46	Burgdorfer Golfclub e.V.	G 41
47	Golf Club Gifhorn e.V.	G 41
48	Golf Club Burgwedel e.V.	G 41
49	Golfclub Varus e.V.	G 41, G 43
50	Golfclub Schaumburg e.V.	G 43
51	St. Lorenz G&LL Schöningen e.V.	G 43
52	Hamelner GC e.V. Schloss Schwöbber	G 45
53	GC Bad Salzdetfurth-Hildesheim e.V.	G 45
54	Golf Club Salzgitter/Liebenburg e.V.	G 45
55	Golf Club Weserbergland e.V.	G 45, G 47
56	Golf-Club Harz	G 47
57	G&CC Leinetal Einbeck e.V.	G 47
58	Golf Club Hardenberg e.V.	G 47
59	GC Rittergut Rothenbergerhaus e.V.	G 49

Berlin, Brandenburg, Sachsen, Sachsen-Anhalt, Thüringen

60	Golf in Wall	G 49
61	Golfpark Berlin Prenden	G 49
62	Golfpark Schloss Wilkendorf	G 51
63	Potsdamer Golfclub e.V.	G 51
64	GCM Golfclub Magdeburg e.V.	G 51, G 53
65	Golfpark Dessau e.V.	G 53
66	Golfclub Schloß Meisdorf e.V.	G 53, G 55
67	1. GC Leipzig e.V. - GP Dübener Heide	G 55
68	GolfPark Leipzig GmbH + Co. KG	G 55
69	Golfclub Eisenach im Wartburgkreis e.V.	G 55
70	Golfclub Gera e.V.	G 57
71	Golfpark Westerzgebirge GmbH & C. KG	G 57
72	Golfclub Plauen e.V.	G 57
73	Golfanlage Talsperre Pöhl	G 59

Nordrhein-Westfalen

1	Golf Gut Clarenhof	G 15
74	Golfclub Habichtswald e.V.	G 59
75	Golf Club Herford e.V.	G 59
76	Golfclub Ladbergen e. V.	G 61
77	Golf Club Heerhof e.V.	G 61
78	Golfclub Ravensberger Land	G 61
79	Golf-Club Aldruper Heide e.V.	G 61
80	Golf Club Schultenhof Peckeloh e.V.	G 63
81	Golfclub Gut Hahues zu Telgte e.V.	G 63
82	Golf-Club Bad Pyrmont e.V.	G 63
83	Golf- und Landclub Coesfeld e.V.	G 63, G 65
84	Golfclub Brückhausen e.V.	G 65
85	Golfen in Hiltrup	G 65
86	Westfälischer Golf Club Gütersloh e.V.	G 65, G 67
87	B. A. Golfclub Sennelager	G 67
88	Golf International Moyland	G 67
89	Mühlenhof Golf & Country Club e.V.	G 69
90	Bad Driburger Golf-Club e.V.	G 69
91	GC Wasserschloß Westerwinkel e.V.	G 69, G 71
92	Golfclub Weselerwald e.V.	G 71
93	Golf Club Paderborner Land e.V.	G 71
94	Universitäts-Golfclub Paderborn e.V.	G 71
95	Golfclub Stahlberg im Lippetal e.V.	G 71
96	Golfplatz Werne a. d. Lippe	G 71, G 73
97	Golfanlage Schloss Haag	G 73
98	Golfclub Am Kloster Kamp	G 73
99	Golfclub Röttgersbach	G 73

WENN SIE HIER SPIELEN WOLLEN ...
GOLF & COUNTRY CLUB PRAIA D'EL REY, PORTUGAL
PETER CORDEN
... www.1golf.eu

No.	Name	Seite
100	Golf Club Werl e.V.	G 73, G 75
101	Golfclub Westheim e. V.	G 75
102	Golfclub am Kemnader See e.V.	G 75
103	GC Sauerland e.V., Neheim-Hüsten	G 75, G 77
104	Golfen in Herdecke	G 77
105	Golfclub Op de Niep e.V.	G 77, G 79
106	Märkischer Golf Club e.V.	G 79
107	Golfclub Brilon e.V.	G 79
108	Golfclub Mülheim an der Ruhr e.V.	G 79
109	Golf Club Haus Bey e.V.	G 79
110	Golf am Haus Amecke	G 81
111	Golf Club Grevenmühle GmbH	G 81
112	GC Gelstern Lüdenscheid-Schalks.	G 81, G 83
113	Golfclub Sellinghausen e.V.	G 83
114	Golf-Club Winterberg e.V.	G 83
115	Europäischer GC Elmpter Wald e.V.	G 83, G 85
116	Golfpark Rittergut Birkhof	G 85
117	Golf- und Landclub Schmitzhof e.V.	G 85
118	Golfclub Wildenrath e.V.	G 85
119	KölnGolf	G 85
120	Golfclub Wittgensteiner Land e.V.	G 85, G 87
121	Golfclub Siegerland e.V.	G 87
122	Golf Club Siegen-Olpe e.V.	G 87
123	Golf Club Burg Overbach e.V.	G 87, G 89
124	GC Wahn im SSZ Köln-Wahn e.V.	G 89
125	West Golf GmbH & Co. KG	G 89, G 91
126	Gut Heckenhof Hotel & Golfresort	G 91

Hessen

No.	Name	Seite
127	Golf- und Landclub Bad Arolsen e.V.	G 91
128	Golf Club Kassel-Wilhelmshöhe e.V.	G 91
129	Golfclub Waldeck am Edersee	G 91
130	Golf-Club Bad Wildungen e.V.	G 91, G 93
131	Oberhessischer Golf-Club Marburg e.V.	G 93
132	Kurhessischer GC Oberaula	G 93
133	Golfclub Dillenburg e.V.	G 93, G 95
134	Golf-Park Winnerod	G 95
135	Golfclub Fulda Rhön e.V.	G 95
136	Golf Club Eschenrod e.V.	G 95, G 97
137	Attighof Golf & Country Club e.V.	G 97
138	Golf-Club Bad Nauheim e.V.	G 97
139	Golf-Club Golf Range Frankfurt	G 97
140	Golf Club Darmstadt Traisa e.V.	G 97
141	Golf Club Odenwald e.V.	G 99
142	Golfclub Geierstal e.V.	G 99
143	Golf-Club Bensheim e.V.	G 99
144	G&LC Buchenhof Hetzbach e.V.	G 99

Rheinland-Pfalz, Saarland

No.	Name	Seite
145	Golf Course Siebengebirge	G 101
146	G&LC Bad Neuenahr-Ahrweiler	G 101
147	Golfclub Rhein-Wied e.V.	G 101
148	Mittelrheinischer Golfclub Bad Ems e.V.	G 103
149	Golfclub Cochem/Mosel	G 103
150	GC Kyllburger/Golfanlage Lietzenhof	G 103
151	Mainzer Golfclub GmbH & Co. KG	G 105
152	Golf Club Hahn e.V.	G 105
153	Golf Club Domtal Mommenheim e.V.	G 105
154	G&HC Maasberg Bad Sobernheim e.V.	G 105
155	Golfclub Nahetal e.V.	G 105, G 107
156	Golfclub Worms e.V.	G 107
157	Golf-Club am Donnersberg e.V.	G 107
158	Golf Club Barbarossa e.V.	G 107, G 109
159	GC Homburg/Saar Websweiler Hof e.V.	G 109
160	Golf-Club Saarbrücken e.V.	G 109
161	Golfplatz Pfälzerwald	G 109
162	Erster GC Westpfalz Schwarzb.	G 109, G 111

Baden-Württemberg

No.	Name	Seite
163	Golfclub Heidelberg-Lobenfeld e.V.	G 111
164	Golfanlage Golfoase Pfullinger Hof	G 111
165	Golf Club Oberrot-Frankenberg	G 113
166	Golf- und Country Club Grafenhof e.V.	G 113
167	Golf Club Herrenalb-Bernbach e.V.	G 113
168	Golf Club Hetzenhof e.V.	G 113
169	Golf Club Baden-Baden e.V.	G 113
170	Golf-Club Hochstatt Härtsfeld-Ries e.V.	G 113
171	Golfclub Teck e.V.	G 115
172	Golfclub Urloffen e.V.	G 115
173	GC Schloss Weitenburg	G 115
174	GC Reutlingen-Sonnenb.	G 115, G 117
175	GC Hechingen-Hohenzollern e.V.	G 117
176	Golf Club Ortenau e.V.	G 117
177	Golfclub Alpirsbach e.V.	G 117, G 119
178	Golfclub Gröbernhof e.V.	G 119
179	GC Donau-Riss e.V. Ehingen	G 119, G 121
180	GREEN-GOLF Bad Saulgau GbR	G 121
181	GC Rochushof Deggenhausertal e.V.	G 121
182	Golfanlage Schopfheim	G 121, G 123

Bayern

No.	Name	Seite
2	Golfplatz Tegernsee	G 15
183	Golf-Club Maria Bildhausen e.V.	G 123
184	GC Coburg e.V. Schloß Tambach	G 123, G 125
185	Golfclub Kronach e.V.	G 125
186	Aschaffenburger Golf-Club e.V.	G 125
187	Golf Club Oberfranken e.V.	G 125
188	Golfclub Haßberge e.V.	G 125, G127
189	Golfanlage Gut Leimershof	G 127
190	Golfclub Stiftland e.V.	G 127
191	Golf-Club Bayreuth e.V.	G 129
192	Golfclub Hauptsmoorwald Bamberg e.V.	G 129
193	Golfclub Main-Spessart e.V.	G 129
194	Golfclub Schloß Mainsondheim e.V.	G 129
195	GC Schloss Reichmannsdorf.	G 129, G 131
196	Golfclub Fränkische Schweiz e.V.	G 131
197	Golf Club Pottenstein-Weidenloh e.V.	G 131
198	Golfclub Kitzingen e.V.	G 133

No.	Name	Seite
199	Golfclub Gut Sansenhof e.V.	G 133
200	Golf Club Erlangen e.V.	G 133
201	GC Reichsstadt Bad Windsheim e.V.	G 133
202	Golf-Club Ansbach e.V.	G 135
203	Golf-Club Furth im Wald e.V.	G 135
204	Golfpark Rothenburg-Schönbronn	G 135
205	Golf-Club Herrnhof e.V.	G 137
206	Golf- und Landclub Schmidmühlen e.V.	G 137
207	Golfclub Sonnenhof	G 137
208	Golfclub Zollmühle	G 139
209	Altmühlgolf Beilngries GmbH	G 139
210	Golfclub Straubing Stadt und Land e.V.	G 139
211	Golfclub Bad Abbach Deutenhof e.V.	G 141
212	GC am Nationalpark Bayerischer Wald	G 141
213	Golfclub Gäuboden e.V.	G 141
214	Golfclub Ingolstadt e.V.	G 141, G 143
215	Golf- und Landclub Bayerwald e.V.	G 143
216	Golfclub Landau/Isar e.V.	G 143
217	Donau Golf Club Passau-Raßbach e.V.	G 143
218	Golfclub Schloßberg e.V.	G 145
219	Golf Club Landshut e.V.	G 145
220	Panorama Golf Passau	G 147
221	GolfPark Gerolsbach	G 147
222	Golfclub Schloß Reichertshausen	G 147, G 149
223	Golfclub Gersthofen e.V.	G 149
224	Golfclub Sagmühle	G 149
225	Golfclub Vilsbiburg e.V.	G 149, G 151
226	Quellness Golf Resort Bad Griesbach	G 151
227	ThermenGC Bad Füssing-Kirchham e.V.	G 151
228	Golf-Club Erding Grünbach e.V.	G 151, G 153
229	Golfclub Pleiskirchen e.V.	G 153
230	Golfclub Mü-West Odelzhausen e.V.	G 153
231	Golfclub Lechfeld e.V.	G 153
232	Golfclub Augsburg e.V.	G 153, G 155
233	Golfclub Tegernbach e.V.	G 155
234	Bavarian GC München-Eicherloh e.V.	G 155
235	GC Altötting-Burghausen e.V.	G 155, G 157
236	Golf Club Schloss Guttenburg e.V.	G 157
237	Golfclub zu Gut Ludwigsberg	G 157
238	Golfclub Schloß Igling e.V.	G 157, G 159
239	GC Pfaffing Wasserburger Land e.V.	G 159
240	Der Golf Club Am Obinger See	G 159
241	Golfclub Anthal-Waginger See e.V.	G 159
242	Golf Club Höslwang im Chiemgau e.V.	G 161
243	Golfclub Mangfalltal e.V.	G 161
244	Golf Club Hohenpähl e.V.	G 161
245	Golf Club Schloß Maxlrain e.V.	G 161
246	Golfclub Berchtesgadener Land e.V.	G 163
247	Golfplatz Waakirchen Tegernsee	G 163
248	St. Eurach Land- und Golf Club e.V.	G 163
249	Tölzer Golfclub e.V.	G 163
250	Golfclub Waldegg-Wiggensbach e.V.	G 163
251	Golfplatz Stenz	G 165
252	GP Schloßgut Lenzfried GmbH & Co. KG	G 167

No.	Name	Seite
253	Golfanlage Alpenseehof	G 167
254	Golf- & Landclub Karwendel e.V.	G 167
255	Land- und Golfclub Werdenfels e.V.	G 169
377	Golf-Club Garmisch-Partenkirchen e.V.	G 243

Österreich

256	Golfclub über den Dächern von Passau	G 169
257	Diamond Club Ottenstein	G 169, G 171
258	GC Pfarrkirchen im Mühlviertel	G 171
259	Golfclub Wachau	G 171, G 173
260	Golf Club Hainburg	G 173
261	Golfplatz Breitenfurt	G 173
262	GOLF REGAU • Attersee – Traunsee	G 173
263	Golfclub Traunsee-Kirchham	G 173, G 175
264	Golf Club Enzesfeld	G 175
265	AtterseeGolf Club Weyregg	G 175
266	Golfclub Römergolf	G 175
267	Golfclub Linsberg	G 175, G 177
268	Golfclub Ausseerland	G 177
269	Golf- & Landclub Ennstal	G 177
270	Golfclub Urslautal	G 177
271	Golfclub Tiroler Zugspitze	G 179
272	Golfpark Mieminger Plateau	G 179
273	Golfclub Murau-Kreischberg	G 179
274	Golfclub Lungau/Katschberg	G 179
275	Golfclub Klockerhof	G 181
276	Golfclub Schloß Frauenthal	G 181
277	Golfclub Drautal/Berg	G 183
278	Nassfeld Golf	G 183

Italien

279	Golf Club Sterzing	G 183, G 185
280	Golf Club Alta Badia	G 185
281	Golf Club Dolomiti	G 185
282	Golf Club Petersberg	G 185
283	Golf Club Ponte di Legno	G 185, G 187
284	Golf Club Rendena	G 187
285	Golf & Country Club Castello di Spessa	G 187
286	Golf Club Folgaria	G 189
287	Golf Club Alpino di Stresa	G 189
288	Golf Club des Iles Borromées	G 189, G 191
289	Arona Golf Club	G 191
290	Golf Club Castelfranco Ca' Amata	G 191
291	Golf Club Lignano	G 191, G 193
292	Franciacorta Golf Club	G 193
293	Golf Pra' Delle Torri Caorle	G 193
294	Golf Club Ca'della Nave	G 193, G 195
295	Golf Club Biella, Le Betulle	G 195
296	Royal Park Golf & Country Club I Roveri	G 195
297	Golf Club Castell' Arquato	G 195, G 197
298	Modena Golf & Country Club A.S.D.	G 197
299	San Valentino Golf Club	G 197, G 199

No.	Name	Seite
300	Golf Club Le Fonti	G 199
301	Golf Club Molino del Pero	G 199
302	Rimini-Verucchio Golf Club S.S.D.	G 201
303	Castellaro Golf Club	G 201
304	Golf Montecatini Terme	G 201
305	Golf Club Bellosguardo	G 203
306	Casentino Golf Club Arezzo	G 203
307	Golf Club Punta Ala	G 205
308	Is Arenas Golf & Country Club	G 205

Tschechien, Polen, Slowenien, Ungarn, Griechenland

No.	Name	Seite
309	Golf Resort Franzensbad	G 205
310	Kamień Country Club	G 207
311	Golf Klub Kranjska Gora	G 207
312	Golfplatz Zlati Grič	G 207, G 209
313	Zala Springs Golf Resort	G 209
314	Corfu Golf Club	G 209, G 211
315	The Crete Golf Club	G 211

Spanien, Portugal, Malta

No.	Name	Seite
316	The Royal Malta Golf Club	G 211
317	Club Golf d' Aro-Mas Nou	G 211, G 213
318	Club de Golf Retamares & Suites	G 213
319	Centro Nacional de la RFEG	G 213
320	Golf Santander	G 213
321	Mediterráneo Golf	G 213, G 215
322	Capdepera Golf	G 215
323	Golf Park Puntiró	G 215
324	Golf Son Gual S.L.	G 215
325	Los Moriscos Club de Golf	G 215
326	Mijas Golf Internacional	G 215, G 217
327	Estepona Golf	G 217
328	La Estancia Golf	G 217
329	Sancti Petri Hills Golf	G 217
330	Costa Teguise Golf Club	G 217, G 219
331	Lanzarote Golf Resort	G 219
332	Tróia Golf, Portugal	G 219

Schweiz, Frankreich, Belgien, Niederlande, Luxemburg

No.	Name	Seite
333	Golf Grindelwald	G 219, G 221
334	Golf de Nampont St Martin	G 221
335	Alsace Golf Links	G 221
336	Golf Club d' Uzes	G 221
337	Golf de St. Donat	G 221, G 223
338	Pro1Golf - Golf Club des Lacs	G 223
339	Golfbaan Tespelduyn	G 223
340	Golfclub Midden-Brabant	G 223
341	Golf Club Clervaux	G 223, G 225

Dänemark , Schweden, Finnland, Island

No.	Name	Seite
342	Jammerbugtens Golfklub	G 225
343	Randers Fjord Golfklub	G 225
344	Randers Golf Klub	G 225
345	Eda Golfklubb	G 225, G 227
346	Kiladalens Golfklubb	G 227
347	Möre Golfklubb	G 227
348	Santa Claus Golf	G 227
349	Bjärkas Golf	G 227
350	Stadarsveit Golf Course	G 227, G 229

Großbritannien

No.	Name	Seite
351	Inverallochy Golf Club	G 229
352	Fortrose & Rosemarkie Golf Club	G 229
353	Peterhead Old Golf Club	G 229, G 231
354	Stonehaven Golf Club	G 231
355	Brechin Golf Club	G 231
356	Kirriemuir Golf Club	G 231
357	Monifieth Golf Links	G 231
358	Ladybank Golf Club	G 231, G 233
359	Falkland Golf Club	G 233
360	Anstruther Golf Club	G 233
361	Pitreavie Golf Club	G 233, G 235
362	Cardross Golf Club	G 235
363	Royal Musselburgh Golf Club	G 235
364	Largs Golf Club	G 237
365	Ardeer Golf Club	G 237
366	Prestwick St Nicholas Golf Club	G 237
367	Silverdale Golf Club	G 237, G 239
368	Halifax Golf Club	G 239
369	Silver Birch Golf Course	G 239
370	Penn Golf Club	G 239
371	Whipsnade Park Golf Club	G 239
372	Merthyr Tydfil (Cilsanws) Golf Club	G 239, G 241
373	Woodlake Park Golf Club	G 241

Irland

No.	Name	Seite
374	Castlegregory Golf And Fishing Club	G 241
375	Ring of Kerry Golf Club	G 241, G 243

Mauritius

No.	Name	Seite
378	Ile aux Cerfs Golf Club	G 243

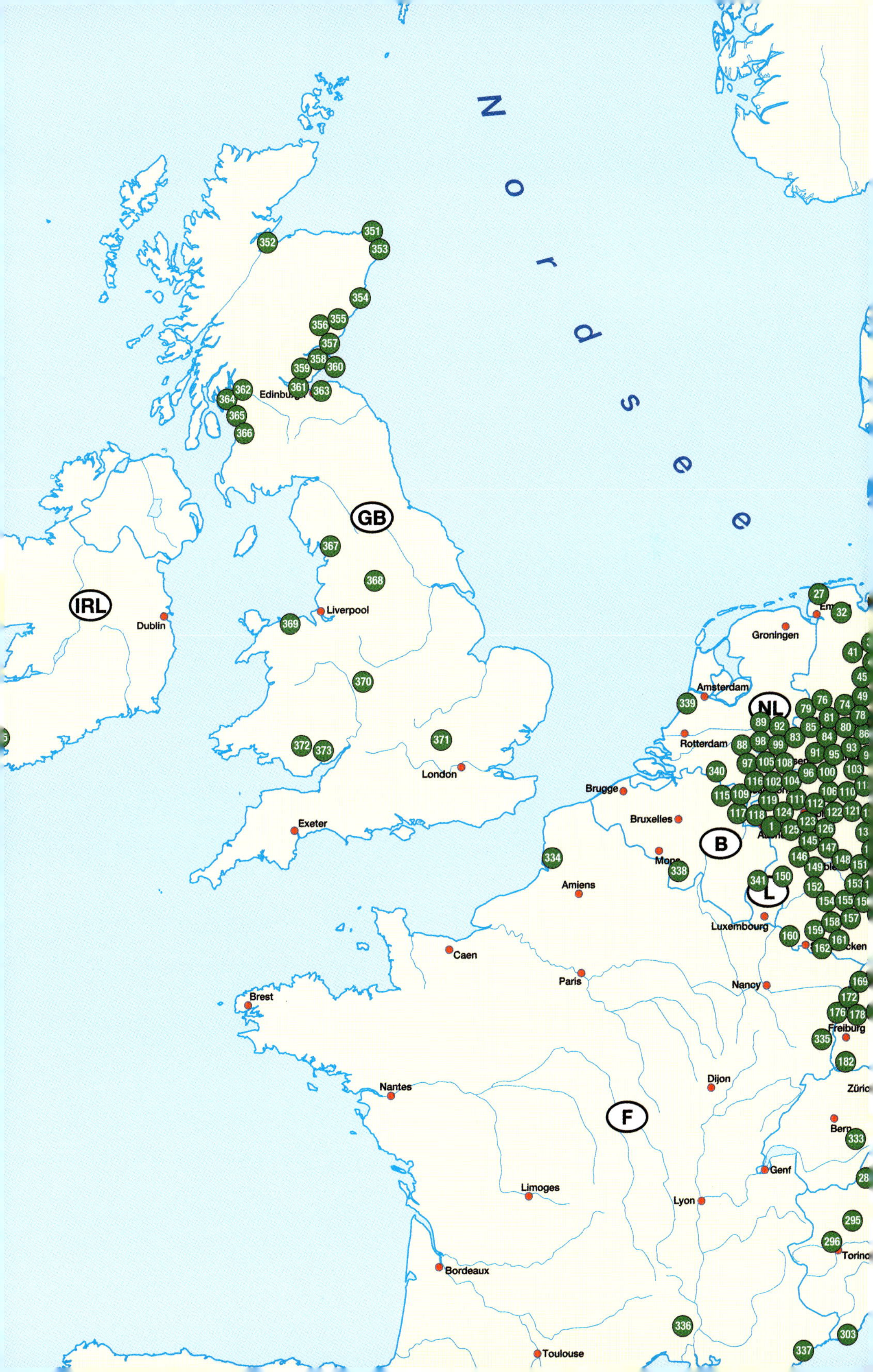
Nordsee
GB
IRL
NL
B
L
F
Dublin
Liverpool
London
Exeter
Groningen
Amsterdam
Rotterdam
Brugge
Bruxelles
Amiens
Luxembourg
Caen
Paris
Nancy
Brest
Freiburg
Nantes
Dijon
Genf
Limoges
Lyon
Bordeaux
Toulouse

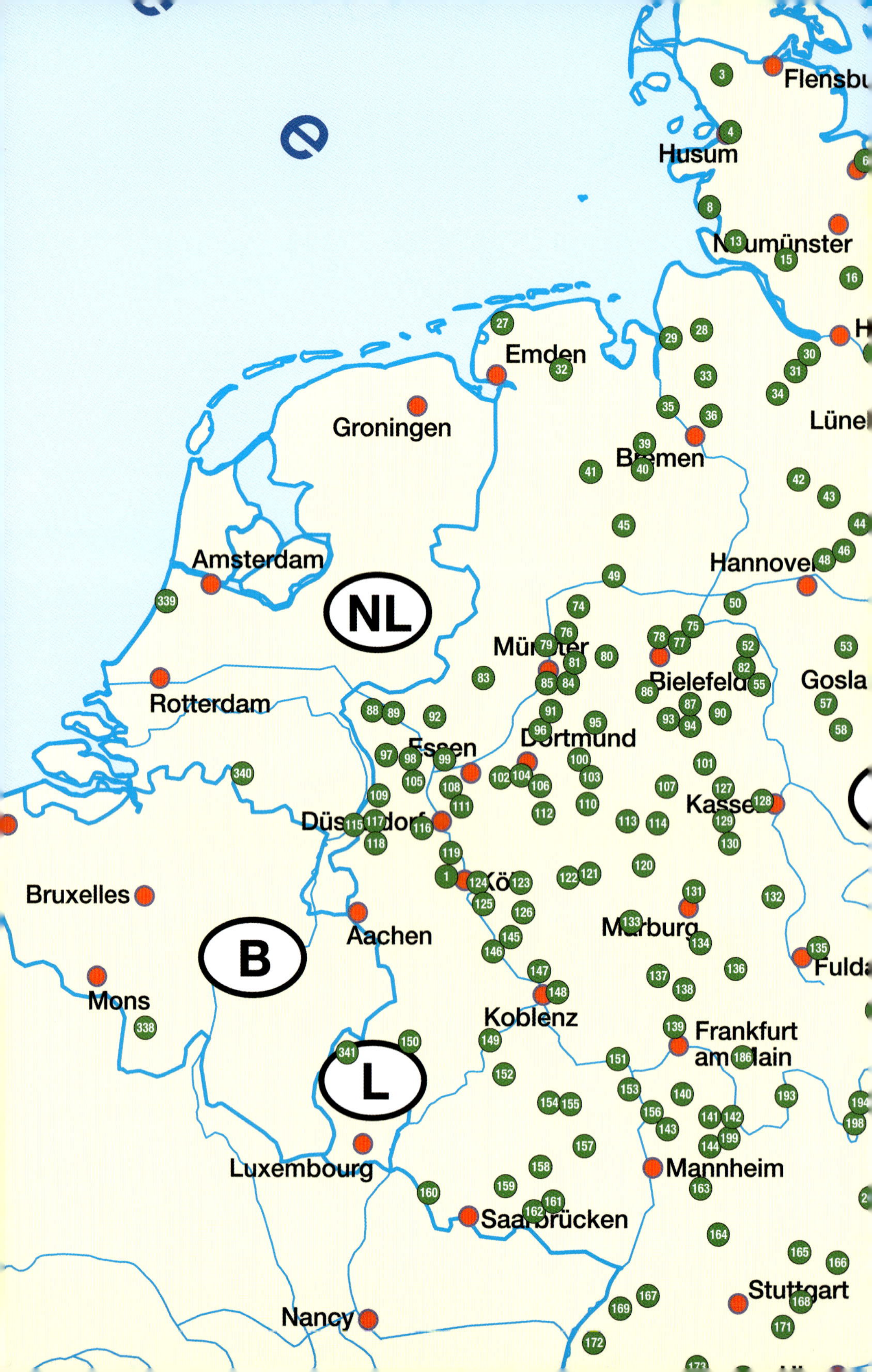

Husum
Emden
Groningen
Bremen
Amsterdam
NL
Hannover
Bielefeld
Rotterdam
Dortmund
Bruxelles
Aachen
B
Mons
Koblenz
Frankfurt
L
Luxembourg
Mannheim
Saarbrücken
Stuttgart
Nancy

Rostock
Neubrandenburg
Salzwedel
Berlin
Frankfurt (Oder)
Magdeburg
Cottbus
Dresden
Chemnitz
Praha
CZ
Nürnberg
Regensburg
5
7
21
22
23
24
25
26
310
60
61
62
63
64
51
65
66
67
68
70
71
72
73
309
185
187
189
190
191
92
196
197
200
203
205
206
207
208
209
210
211
212
213
214
215
216
217
218
219
220
221
222
224
256
257
258

171
172
173
174
175
176
177
178
Ulm
179
223
230
231
232
233
237
238
244
Freiburg
335
180
181
Konstanz
182
250
251
252
253
Kempten
377
255
271
272
Dijon
Zürich
Bregenz
CH
Bern
Chur
333
281
283
284
Genf
Lugano
286
287
288
289
292
Verona
295
Milano
296
Torino
297
Parma
Genova
298
299
301
336
303
304
305
Lucca
337
Marseille
Siena
307
Ajaccio

Linz
Bratislava
A
Graz
Klagenfurt
SLO
Udine
Ljubljana
Zagreb
Trieste
Sarajevo
San Marino
I
Teramo
Pescara
Roma
Foggia
216
217
218
220
224
225
226
227
229
235
236
240
241
242
246
256
257
258
259
260
261
262
263
264
265
266
267
268
269
270
273
274
275
276
277
278
285
291
293
294
302
311
312
313

ALBRECHT GOLF CARD mit 50 Euro Reise-Gutschein.

Am Ende dieses Buches finden Sie die ALBRECHT GOLF CARD. Mit der ALBRECHT GOLF CARD können Sie die Greenfee-Gutscheine bei den Clubs einlösen. Darüber hinaus können Sie mit dem Gutschein-Coc auf der Karte 50.- Euro sparen bei Ihrer nächsten Golfreise mit Albrec Golf Travel.

Quelle Übersichtskarten: Free Vector Maps

DER GOLF ALBRECHT

Golf Gut Clarenhof

DE

Bonnstraße/ Gut Clarenhof
D-50226 Frechen
✆ 02234-943434
Nordrhein-Westfalen

1

2 for 1 2 GF zum Preis von 1

DER GOLF ALBRECHT

Golf Gut Clarenhof

DE

Bonnstraße/ Gut Clarenhof
D-50226 Frechen
✆ 02234-943434
Nordrhein-Westfalen

1

2 for 1 2 GF zum Preis von 1

DER GOLF ALBRECHT

Golfplatz Tegernsee

DE

Ledererweg 9
D-83684 Tegernsee
✆ 08021-5520
Bayern

2

20% Greenfee-Ermäßigung

DER GOLF ALBRECHT

Golfplatz Tegernsee

DE

Ledererweg 9
D-83684 Tegernsee
✆ 08021-5520
Bayern

2

20% Greenfee-Ermäßigung

DER GOLF ALBRECHT

Golf Club Hof Berg e.V.

DE

Hof Berg 3
D-25917 Stadum
✆ 04662-70577
Schleswig-Holstein, Hamburg

3

2 for 1 2 GF zum Preis von 1

DER GOLF ALBRECHT

Golf Club Hof Berg e.V.

DE

Hof Berg 3
D-25917 Stadum
✆ 04662-70577
Schleswig-Holstein, Hamburg

3

2 for 1 2 GF zum Preis von 1

DER GOLF ALBRECHT

Golf Club Hof Berg e.V.

DE

Hof Berg 3
D-25917 Stadum
✆ 04662-70577
Schleswig-Holstein, Hamburg

3

20% Greenfee-Ermäßigung

DER GOLF ALBRECHT

Golf Club Hof Berg e.V.

DE

Hof Berg 3
D-25917 Stadum
✆ 04662-70577
Schleswig-Holstein, Hamburg

3

20% Greenfee-Ermäßigung

DER GOLF ALBRECHT

Golf Club Husumer Bucht e.V.

DE

Hohlacker 5
D-25813 Schwesing
✆ 04841-72238
Schleswig-Holstein, Hamburg

4

2 for 1 2 GF zum Preis von 1

DER GOLF ALBRECHT

Golf Club Husumer Bucht e.V.

DE

Hohlacker 5
D-25813 Schwesing
✆ 04841-72238
Schleswig-Holstein, Hamburg

4

2 for 1 2 GF zum Preis von 1

Bedingungen zur Einlösung des Discounts:

1. Das Angebot ist einschließlich bis 30.6.2022 gültig.
2. Der Golfspieler/Leser hat sich telefonisch eine Abschlagzeit geben zu lassen – dabei ist die Nutzung des Angebots anzugeben.
3. Eine Barauszahlung des Greenfee-Vorteils ist nicht möglich.
4. Das Kombinieren von Angeboten oder bestehenden Greenfee-Vorteilen ist nicht möglich. Der Vorteil bezieht sich jeweils ausschließlich auf die zum Zeitpunkt der Einlösung gültigen vollen Greenfee-Gebühren.
5. Gibt es Spielergruppen mit erhöhten Greenfee-Gebühren, ist ein Nachlass auf diese Gebühren nicht möglich.
6. Das Angebot allein berechtigt nicht zum Spiel gegen Greenfee. Die Erfüllung der Bestimmungen des jeweiligen Golfclubs zur Greenfee-Berechtigung (Mitgliedschaft in einem Golfclub, Mindesthandicap etc.) zum Zeitpunkt der Einlösung sind Voraussetzung.
7. Es ist untersagt, den Greenfee-Gutschein entgeltlich Dritten zu überlassen bzw. mit diesen Handel zu treiben. Insbesondere sind die teilnehmenden Golfclubs in diesem Falle berechtigt, die Einlösung der ausgeschriebenen Angebote zu verweigern.
8. Die teilnehmenden Golfclubs haben sich gegenüber dem Verlag unter den o.g. Bedingungen verpflichtet, die ausgeschriebenen Angebote einzulösen. Der Verlag übernimmt jedoch keine Gewähr und keine Haftung, wenn ein Angebot nicht eingelöst wird oder werden kann.

Bedingungen zur Einlösung des Discounts:

1. Das Angebot ist einschließlich bis 30.6.2022 gültig.
2. Der Golfspieler/Leser hat sich telefonisch eine Abschlagzeit geben zu lassen – dabei ist die Nutzung des Angebots anzugeben.
3. Eine Barauszahlung des Greenfee-Vorteils ist nicht möglich.
4. Das Kombinieren von Angeboten oder bestehenden Greenfee-Vorteilen ist nicht möglich. Der Vorteil bezieht sich jeweils ausschließlich auf die zum Zeitpunkt der Einlösung gültigen vollen Greenfee-Gebühren.
5. Gibt es Spielergruppen mit erhöhten Greenfee-Gebühren, ist ein Nachlass auf diese Gebühren nicht möglich.
6. Das Angebot allein berechtigt nicht zum Spiel gegen Greenfee. Die Erfüllung der Bestimmungen des jeweiligen Golfclubs zur Greenfee-Berechtigung (Mitgliedschaft in einem Golfclub, Mindesthandicap etc.) zum Zeitpunkt der Einlösung sind Voraussetzung.
7. Es ist untersagt, den Greenfee-Gutschein entgeltlich Dritten zu überlassen bzw. mit diesen Handel zu treiben. Insbesondere sind die teilnehmenden Golfclubs in diesem Falle berechtigt, die Einlösung der ausgeschriebenen Angebote zu verweigern.
8. Die teilnehmenden Golfclubs haben sich gegenüber dem Verlag unter den o.g. Bedingungen verpflichtet, die ausgeschriebenen Angebote einzulösen. Der Verlag übernimmt jedoch keine Gewähr und keine Haftung, wenn ein Angebot nicht eingelöst wird oder werden kann.

Bedingungen zur Einlösung des Discounts:

1. Das Angebot ist einschließlich bis 30.6.2022 gültig.
2. Der Golfspieler/Leser hat sich telefonisch eine Abschlagzeit geben zu lassen – dabei ist die Nutzung des Angebots anzugeben.
3. Eine Barauszahlung des Greenfee-Vorteils ist nicht möglich.
4. Das Kombinieren von Angeboten oder bestehenden Greenfee-Vorteilen ist nicht möglich. Der Vorteil bezieht sich jeweils ausschließlich auf die zum Zeitpunkt der Einlösung gültigen vollen Greenfee-Gebühren.
5. Gibt es Spielergruppen mit erhöhten Greenfee-Gebühren, ist ein Nachlass auf diese Gebühren nicht möglich.
6. Das Angebot allein berechtigt nicht zum Spiel gegen Greenfee. Die Erfüllung der Bestimmungen des jeweiligen Golfclubs zur Greenfee-Berechtigung (Mitgliedschaft in einem Golfclub, Mindesthandicap etc.) zum Zeitpunkt der Einlösung sind Voraussetzung.
7. Es ist untersagt, den Greenfee-Gutschein entgeltlich Dritten zu überlassen bzw. mit diesen Handel zu treiben. Insbesondere sind die teilnehmenden Golfclubs in diesem Falle berechtigt, die Einlösung der ausgeschriebenen Angebote zu verweigern.
8. Die teilnehmenden Golfclubs haben sich gegenüber dem Verlag unter den o.g. Bedingungen verpflichtet, die ausgeschriebenen Angebote einzulösen. Der Verlag übernimmt jedoch keine Gewähr und keine Haftung, wenn ein Angebot nicht eingelöst wird oder werden kann.

Bedingungen zur Einlösung des Discounts:

1. Das Angebot ist einschließlich bis 30.6.2022 gültig.
2. Der Golfspieler/Leser hat sich telefonisch eine Abschlagzeit geben zu lassen – dabei ist die Nutzung des Angebots anzugeben.
3. Eine Barauszahlung des Greenfee-Vorteils ist nicht möglich.
4. Das Kombinieren von Angeboten oder bestehenden Greenfee-Vorteilen ist nicht möglich. Der Vorteil bezieht sich jeweils ausschließlich auf die zum Zeitpunkt der Einlösung gültigen vollen Greenfee-Gebühren.
5. Gibt es Spielergruppen mit erhöhten Greenfee-Gebühren, ist ein Nachlass auf diese Gebühren nicht möglich.
6. Das Angebot allein berechtigt nicht zum Spiel gegen Greenfee. Die Erfüllung der Bestimmungen des jeweiligen Golfclubs zur Greenfee-Berechtigung (Mitgliedschaft in einem Golfclub, Mindesthandicap etc.) zum Zeitpunkt der Einlösung sind Voraussetzung.
7. Es ist untersagt, den Greenfee-Gutschein entgeltlich Dritten zu überlassen bzw. mit diesen Handel zu treiben. Insbesondere sind die teilnehmenden Golfclubs in diesem Falle berechtigt, die Einlösung der ausgeschriebenen Angebote zu verweigern.
8. Die teilnehmenden Golfclubs haben sich gegenüber dem Verlag unter den o.g. Bedingungen verpflichtet, die ausgeschriebenen Angebote einzulösen. Der Verlag übernimmt jedoch keine Gewähr und keine Haftung, wenn ein Angebot nicht eingelöst wird oder werden kann.

Bedingungen zur Einlösung des Discounts:

1. Das Angebot ist einschließlich bis 30.6.2022 gültig.
2. Der Golfspieler/Leser hat sich telefonisch eine Abschlagzeit geben zu lassen – dabei ist die Nutzung des Angebots anzugeben.
3. Eine Barauszahlung des Greenfee-Vorteils ist nicht möglich.
4. Das Kombinieren von Angeboten oder bestehenden Greenfee-Vorteilen ist nicht möglich. Der Vorteil bezieht sich jeweils ausschließlich auf die zum Zeitpunkt der Einlösung gültigen vollen Greenfee-Gebühren.
5. Gibt es Spielergruppen mit erhöhten Greenfee-Gebühren, ist ein Nachlass auf diese Gebühren nicht möglich.
6. Das Angebot allein berechtigt nicht zum Spiel gegen Greenfee. Die Erfüllung der Bestimmungen des jeweiligen Golfclubs zur Greenfee-Berechtigung (Mitgliedschaft in einem Golfclub, Mindesthandicap etc.) zum Zeitpunkt der Einlösung sind Voraussetzung.
7. Es ist untersagt, den Greenfee-Gutschein entgeltlich Dritten zu überlassen bzw. mit diesen Handel zu treiben. Insbesondere sind die teilnehmenden Golfclubs in diesem Falle berechtigt, die Einlösung der ausgeschriebenen Angebote zu verweigern.
8. Die teilnehmenden Golfclubs haben sich gegenüber dem Verlag unter den o.g. Bedingungen verpflichtet, die ausgeschriebenen Angebote einzulösen. Der Verlag übernimmt jedoch keine Gewähr und keine Haftung, wenn ein Angebot nicht eingelöst wird oder werden kann.

Bedingungen zur Einlösung des Discounts:

1. Das Angebot ist einschließlich bis 30.6.2022 gültig.
2. Der Golfspieler/Leser hat sich telefonisch eine Abschlagzeit geben zu lassen – dabei ist die Nutzung des Angebots anzugeben.
3. Eine Barauszahlung des Greenfee-Vorteils ist nicht möglich.
4. Das Kombinieren von Angeboten oder bestehenden Greenfee-Vorteilen ist nicht möglich. Der Vorteil bezieht sich jeweils ausschließlich auf die zum Zeitpunkt der Einlösung gültigen vollen Greenfee-Gebühren.
5. Gibt es Spielergruppen mit erhöhten Greenfee-Gebühren, ist ein Nachlass auf diese Gebühren nicht möglich.
6. Das Angebot allein berechtigt nicht zum Spiel gegen Greenfee. Die Erfüllung der Bestimmungen des jeweiligen Golfclubs zur Greenfee-Berechtigung (Mitgliedschaft in einem Golfclub, Mindesthandicap etc.) zum Zeitpunkt der Einlösung sind Voraussetzung.
7. Es ist untersagt, den Greenfee-Gutschein entgeltlich Dritten zu überlassen bzw. mit diesen Handel zu treiben. Insbesondere sind die teilnehmenden Golfclubs in diesem Falle berechtigt, die Einlösung der ausgeschriebenen Angebote zu verweigern.
8. Die teilnehmenden Golfclubs haben sich gegenüber dem Verlag unter den o.g. Bedingungen verpflichtet, die ausgeschriebenen Angebote einzulösen. Der Verlag übernimmt jedoch keine Gewähr und keine Haftung, wenn ein Angebot nicht eingelöst wird oder werden kann.

Bedingungen zur Einlösung des Discounts:

1. Das Angebot ist einschließlich bis 30.6.2022 gültig.
2. Der Golfspieler/Leser hat sich telefonisch eine Abschlagzeit geben zu lassen – dabei ist die Nutzung des Angebots anzugeben.
3. Eine Barauszahlung des Greenfee-Vorteils ist nicht möglich.
4. Das Kombinieren von Angeboten oder bestehenden Greenfee-Vorteilen ist nicht möglich. Der Vorteil bezieht sich jeweils ausschließlich auf die zum Zeitpunkt der Einlösung gültigen vollen Greenfee-Gebühren.
5. Gibt es Spielergruppen mit erhöhten Greenfee-Gebühren, ist ein Nachlass auf diese Gebühren nicht möglich.
6. Das Angebot allein berechtigt nicht zum Spiel gegen Greenfee. Die Erfüllung der Bestimmungen des jeweiligen Golfclubs zur Greenfee-Berechtigung (Mitgliedschaft in einem Golfclub, Mindesthandicap etc.) zum Zeitpunkt der Einlösung sind Voraussetzung.
7. Es ist untersagt, den Greenfee-Gutschein entgeltlich Dritten zu überlassen bzw. mit diesen Handel zu treiben. Insbesondere sind die teilnehmenden Golfclubs in diesem Falle berechtigt, die Einlösung der ausgeschriebenen Angebote zu verweigern.
8. Die teilnehmenden Golfclubs haben sich gegenüber dem Verlag unter den o.g. Bedingungen verpflichtet, die ausgeschriebenen Angebote einzulösen. Der Verlag übernimmt jedoch keine Gewähr und keine Haftung, wenn ein Angebot nicht eingelöst wird oder werden kann.

Bedingungen zur Einlösung des Discounts:

1. Das Angebot ist einschließlich bis 30.6.2022 gültig.
2. Der Golfspieler/Leser hat sich telefonisch eine Abschlagzeit geben zu lassen – dabei ist die Nutzung des Angebots anzugeben.
3. Eine Barauszahlung des Greenfee-Vorteils ist nicht möglich.
4. Das Kombinieren von Angeboten oder bestehenden Greenfee-Vorteilen ist nicht möglich. Der Vorteil bezieht sich jeweils ausschließlich auf die zum Zeitpunkt der Einlösung gültigen vollen Greenfee-Gebühren.
5. Gibt es Spielergruppen mit erhöhten Greenfee-Gebühren, ist ein Nachlass auf diese Gebühren nicht möglich.
6. Das Angebot allein berechtigt nicht zum Spiel gegen Greenfee. Die Erfüllung der Bestimmungen des jeweiligen Golfclubs zur Greenfee-Berechtigung (Mitgliedschaft in einem Golfclub, Mindesthandicap etc.) zum Zeitpunkt der Einlösung sind Voraussetzung.
7. Es ist untersagt, den Greenfee-Gutschein entgeltlich Dritten zu überlassen bzw. mit diesen Handel zu treiben. Insbesondere sind die teilnehmenden Golfclubs in diesem Falle berechtigt, die Einlösung der ausgeschriebenen Angebote zu verweigern.
8. Die teilnehmenden Golfclubs haben sich gegenüber dem Verlag unter den o.g. Bedingungen verpflichtet, die ausgeschriebenen Angebote einzulösen. Der Verlag übernimmt jedoch keine Gewähr und keine Haftung, wenn ein Angebot nicht eingelöst wird oder werden kann.

Bedingungen zur Einlösung des Discounts:

1. Das Angebot ist einschließlich bis 30.6.2022 gültig.
2. Der Golfspieler/Leser hat sich telefonisch eine Abschlagzeit geben zu lassen – dabei ist die Nutzung des Angebots anzugeben.
3. Eine Barauszahlung des Greenfee-Vorteils ist nicht möglich.
4. Das Kombinieren von Angeboten oder bestehenden Greenfee-Vorteilen ist nicht möglich. Der Vorteil bezieht sich jeweils ausschließlich auf die zum Zeitpunkt der Einlösung gültigen vollen Greenfee-Gebühren.
5. Gibt es Spielergruppen mit erhöhten Greenfee-Gebühren, ist ein Nachlass auf diese Gebühren nicht möglich.
6. Das Angebot allein berechtigt nicht zum Spiel gegen Greenfee. Die Erfüllung der Bestimmungen des jeweiligen Golfclubs zur Greenfee-Berechtigung (Mitgliedschaft in einem Golfclub, Mindesthandicap etc.) zum Zeitpunkt der Einlösung sind Voraussetzung.
7. Es ist untersagt, den Greenfee-Gutschein entgeltlich Dritten zu überlassen bzw. mit diesen Handel zu treiben. Insbesondere sind die teilnehmenden Golfclubs in diesem Falle berechtigt, die Einlösung der ausgeschriebenen Angebote zu verweigern.
8. Die teilnehmenden Golfclubs haben sich gegenüber dem Verlag unter den o.g. Bedingungen verpflichtet, die ausgeschriebenen Angebote einzulösen. Der Verlag übernimmt jedoch keine Gewähr und keine Haftung, wenn ein Angebot nicht eingelöst wird oder werden kann.

Bedingungen zur Einlösung des Discounts:

1. Das Angebot ist einschließlich bis 30.6.2022 gültig.
2. Der Golfspieler/Leser hat sich telefonisch eine Abschlagzeit geben zu lassen – dabei ist die Nutzung des Angebots anzugeben.
3. Eine Barauszahlung des Greenfee-Vorteils ist nicht möglich.
4. Das Kombinieren von Angeboten oder bestehenden Greenfee-Vorteilen ist nicht möglich. Der Vorteil bezieht sich jeweils ausschließlich auf die zum Zeitpunkt der Einlösung gültigen vollen Greenfee-Gebühren.
5. Gibt es Spielergruppen mit erhöhten Greenfee-Gebühren, ist ein Nachlass auf diese Gebühren nicht möglich.
6. Das Angebot allein berechtigt nicht zum Spiel gegen Greenfee. Die Erfüllung der Bestimmungen des jeweiligen Golfclubs zur Greenfee-Berechtigung (Mitgliedschaft in einem Golfclub, Mindesthandicap etc.) zum Zeitpunkt der Einlösung sind Voraussetzung.
7. Es ist untersagt, den Greenfee-Gutschein entgeltlich Dritten zu überlassen bzw. mit diesen Handel zu treiben. Insbesondere sind die teilnehmenden Golfclubs in diesem Falle berechtigt, die Einlösung der ausgeschriebenen Angebote zu verweigern.
8. Die teilnehmenden Golfclubs haben sich gegenüber dem Verlag unter den o.g. Bedingungen verpflichtet, die ausgeschriebenen Angebote einzulösen. Der Verlag übernimmt jedoch keine Gewähr und keine Haftung, wenn ein Angebot nicht eingelöst wird oder werden kann.

DER GOLF ALBRECHT

Golf Club Husumer Bucht e.V. DE

Hohlacker 5
D-25813 Schwesing
✆ 04841-72238
Schleswig-Holstein, Hamburg

4

30% Greenfee-Ermäßigung

DER GOLF ALBRECHT

Golfpark Fehmarn DE

Wulfen, Wulfener-Hals-Weg 80
D-23769 Fehmarn
✆ 04371-6969
Schleswig-Holstein, Hamburg

5

40% Greenfee-Ermäßigung

DER GOLF ALBRECHT

Golfpark Fehmarn DE

Wulfen, Wulfener-Hals-Weg 80
D-23769 Fehmarn
✆ 04371-6969
Schleswig-Holstein, Hamburg

5

40% Greenfee-Ermäßigung

DER GOLF ALBRECHT

Golfpark Fehmarn DE

Wulfen, Wulfener-Hals-Weg 80
D-23769 Fehmarn
✆ 04371-6969
Schleswig-Holstein, Hamburg

5

40% Greenfee-Ermäßigung

DER GOLF ALBRECHT

Golf-Club Kitzeberg e.V. DE

Wildgarten 1
D-24226 Heikendorf
✆ 0431-232324
Schleswig-Holstein, Hamburg

6

2 for 1 2 GF zum Preis von 1

DER GOLF ALBRECHT

Golf-Club Kitzeberg e.V. DE

Wildgarten 1
D-24226 Heikendorf
✆ 0431-232324
Schleswig-Holstein, Hamburg

6

20% Greenfee-Ermäßigung

DER GOLF ALBRECHT

Golf Club Ostseebad Grömitz e.V. DE

Am Schoor 46
D-23743 Grömitz
✆ 04562-222650
Schleswig-Holstein, Hamburg

7

2 for 1 2 GF zum Preis von 1

DER GOLF ALBRECHT

Golf Club Ostseebad Grömitz e.V. DE

Am Schoor 46
D-23743 Grömitz
✆ 04562-222650
Schleswig-Holstein, Hamburg

7

2 for 1 2 GF zum Preis von 1

DER GOLF ALBRECHT

Golf Club Ostseebad Grömitz e.V. DE

Am Schoor 46
D-23743 Grömitz
✆ 04562-222650
Schleswig-Holstein, Hamburg

7

25% Greenfee-Ermäßigung

DER GOLF ALBRECHT

Golf Club Ostseebad Grömitz e.V. DE

Am Schoor 46
D-23743 Grömitz
✆ 04562-222650
Schleswig-Holstein, Hamburg

7

25% Greenfee-Ermäßigung

Bedingungen zur Einlösung des Discounts:

1. Das Angebot ist einschließlich bis 30.6.2022 gültig.
2. Der Golfspieler/Leser hat sich telefonisch eine Abschlagzeit geben zu lassen – dabei ist die Nutzung des Angebots anzugeben.
3. Eine Barauszahlung des Greenfee-Vorteils ist nicht möglich.
4. Das Kombinieren von Angeboten oder bestehenden Greenfee-Vorteilen ist nicht möglich. Der Vorteil bezieht sich jeweils ausschließlich auf die zum Zeitpunkt der Einlösung gültigen vollen Greenfee-Gebühren.
5. Gibt es Spielergruppen mit erhöhten Greenfee-Gebühren, ist ein Nachlass auf diese Gebühren nicht möglich.
6. Das Angebot allein berechtigt nicht zum Spiel gegen Greenfee. Die Erfüllung der Bestimmungen des jeweiligen Golfclubs zur Greenfee-Berechtigung (Mitgliedschaft in einem Golfclub, Mindesthandicap etc.) zum Zeitpunkt der Einlösung sind Voraussetzung.
7. Es ist untersagt, den Greenfee-Gutschein entgeltlich Dritten zu überlassen bzw. mit diesen Handel zu treiben. Insbesondere sind die teilnehmenden Golfclubs in diesem Falle berechtigt, die Einlösung der ausgeschriebenen Angebote zu verweigern.
8. Die teilnehmenden Golfclubs haben sich gegenüber dem Verlag unter den o.g. Bedingungen verpflichtet, die ausgeschriebenen Angebote einzulösen. Der Verlag übernimmt jedoch keine Gewähr und keine Haftung, wenn ein Angebot nicht eingelöst wird oder werden kann.

Bedingungen zur Einlösung des Discounts:

1. Das Angebot ist einschließlich bis 30.6.2022 gültig.
2. Der Golfspieler/Leser hat sich telefonisch eine Abschlagzeit geben zu lassen – dabei ist die Nutzung des Angebots anzugeben.
3. Eine Barauszahlung des Greenfee-Vorteils ist nicht möglich.
4. Das Kombinieren von Angeboten oder bestehenden Greenfee-Vorteilen ist nicht möglich. Der Vorteil bezieht sich jeweils ausschließlich auf die zum Zeitpunkt der Einlösung gültigen vollen Greenfee-Gebühren.
5. Gibt es Spielergruppen mit erhöhten Greenfee-Gebühren, ist ein Nachlass auf diese Gebühren nicht möglich.
6. Das Angebot allein berechtigt nicht zum Spiel gegen Greenfee. Die Erfüllung der Bestimmungen des jeweiligen Golfclubs zur Greenfee-Berechtigung (Mitgliedschaft in einem Golfclub, Mindesthandicap etc.) zum Zeitpunkt der Einlösung sind Voraussetzung.
7. Es ist untersagt, den Greenfee-Gutschein entgeltlich Dritten zu überlassen bzw. mit diesen Handel zu treiben. Insbesondere sind die teilnehmenden Golfclubs in diesem Falle berechtigt, die Einlösung der ausgeschriebenen Angebote zu verweigern.
8. Die teilnehmenden Golfclubs haben sich gegenüber dem Verlag unter den o.g. Bedingungen verpflichtet, die ausgeschriebenen Angebote einzulösen. Der Verlag übernimmt jedoch keine Gewähr und keine Haftung, wenn ein Angebot nicht eingelöst wird oder werden kann.

Bedingungen zur Einlösung des Discounts:

1. Das Angebot ist einschließlich bis 30.6.2022 gültig.
2. Der Golfspieler/Leser hat sich telefonisch eine Abschlagzeit geben zu lassen – dabei ist die Nutzung des Angebots anzugeben.
3. Eine Barauszahlung des Greenfee-Vorteils ist nicht möglich.
4. Das Kombinieren von Angeboten oder bestehenden Greenfee-Vorteilen ist nicht möglich. Der Vorteil bezieht sich jeweils ausschließlich auf die zum Zeitpunkt der Einlösung gültigen vollen Greenfee-Gebühren.
5. Gibt es Spielergruppen mit erhöhten Greenfee-Gebühren, ist ein Nachlass auf diese Gebühren nicht möglich.
6. Das Angebot allein berechtigt nicht zum Spiel gegen Greenfee. Die Erfüllung der Bestimmungen des jeweiligen Golfclubs zur Greenfee-Berechtigung (Mitgliedschaft in einem Golfclub, Mindesthandicap etc.) zum Zeitpunkt der Einlösung sind Voraussetzung.
7. Es ist untersagt, den Greenfee-Gutschein entgeltlich Dritten zu überlassen bzw. mit diesen Handel zu treiben. Insbesondere sind die teilnehmenden Golfclubs in diesem Falle berechtigt, die Einlösung der ausgeschriebenen Angebote zu verweigern.
8. Die teilnehmenden Golfclubs haben sich gegenüber dem Verlag unter den o.g. Bedingungen verpflichtet, die ausgeschriebenen Angebote einzulösen. Der Verlag übernimmt jedoch keine Gewähr und keine Haftung, wenn ein Angebot nicht eingelöst wird oder werden kann.

Bedingungen zur Einlösung des Discounts:

1. Das Angebot ist einschließlich bis 30.6.2022 gültig.
2. Der Golfspieler/Leser hat sich telefonisch eine Abschlagzeit geben zu lassen – dabei ist die Nutzung des Angebots anzugeben.
3. Eine Barauszahlung des Greenfee-Vorteils ist nicht möglich.
4. Das Kombinieren von Angeboten oder bestehenden Greenfee-Vorteilen ist nicht möglich. Der Vorteil bezieht sich jeweils ausschließlich auf die zum Zeitpunkt der Einlösung gültigen vollen Greenfee-Gebühren.
5. Gibt es Spielergruppen mit erhöhten Greenfee-Gebühren, ist ein Nachlass auf diese Gebühren nicht möglich.
6. Das Angebot allein berechtigt nicht zum Spiel gegen Greenfee. Die Erfüllung der Bestimmungen des jeweiligen Golfclubs zur Greenfee-Berechtigung (Mitgliedschaft in einem Golfclub, Mindesthandicap etc.) zum Zeitpunkt der Einlösung sind Voraussetzung.
7. Es ist untersagt, den Greenfee-Gutschein entgeltlich Dritten zu überlassen bzw. mit diesen Handel zu treiben. Insbesondere sind die teilnehmenden Golfclubs in diesem Falle berechtigt, die Einlösung der ausgeschriebenen Angebote zu verweigern.
8. Die teilnehmenden Golfclubs haben sich gegenüber dem Verlag unter den o.g. Bedingungen verpflichtet, die ausgeschriebenen Angebote einzulösen. Der Verlag übernimmt jedoch keine Gewähr und keine Haftung, wenn ein Angebot nicht eingelöst wird oder werden kann.

Bedingungen zur Einlösung des Discounts:

1. Das Angebot ist einschließlich bis 30.6.2022 gültig.
2. Der Golfspieler/Leser hat sich telefonisch eine Abschlagzeit geben zu lassen – dabei ist die Nutzung des Angebots anzugeben.
3. Eine Barauszahlung des Greenfee-Vorteils ist nicht möglich.
4. Das Kombinieren von Angeboten oder bestehenden Greenfee-Vorteilen ist nicht möglich. Der Vorteil bezieht sich jeweils ausschließlich auf die zum Zeitpunkt der Einlösung gültigen vollen Greenfee-Gebühren.
5. Gibt es Spielergruppen mit erhöhten Greenfee-Gebühren, ist ein Nachlass auf diese Gebühren nicht möglich.
6. Das Angebot allein berechtigt nicht zum Spiel gegen Greenfee. Die Erfüllung der Bestimmungen des jeweiligen Golfclubs zur Greenfee-Berechtigung (Mitgliedschaft in einem Golfclub, Mindesthandicap etc.) zum Zeitpunkt der Einlösung sind Voraussetzung.
7. Es ist untersagt, den Greenfee-Gutschein entgeltlich Dritten zu überlassen bzw. mit diesen Handel zu treiben. Insbesondere sind die teilnehmenden Golfclubs in diesem Falle berechtigt, die Einlösung der ausgeschriebenen Angebote zu verweigern.
8. Die teilnehmenden Golfclubs haben sich gegenüber dem Verlag unter den o.g. Bedingungen verpflichtet, die ausgeschriebenen Angebote einzulösen. Der Verlag übernimmt jedoch keine Gewähr und keine Haftung, wenn ein Angebot nicht eingelöst wird oder werden kann.

Bedingungen zur Einlösung des Discounts:

1. Das Angebot ist einschließlich bis 30.6.2022 gültig.
2. Der Golfspieler/Leser hat sich telefonisch eine Abschlagzeit geben zu lassen – dabei ist die Nutzung des Angebots anzugeben.
3. Eine Barauszahlung des Greenfee-Vorteils ist nicht möglich.
4. Das Kombinieren von Angeboten oder bestehenden Greenfee-Vorteilen ist nicht möglich. Der Vorteil bezieht sich jeweils ausschließlich auf die zum Zeitpunkt der Einlösung gültigen vollen Greenfee-Gebühren.
5. Gibt es Spielergruppen mit erhöhten Greenfee-Gebühren, ist ein Nachlass auf diese Gebühren nicht möglich.
6. Das Angebot allein berechtigt nicht zum Spiel gegen Greenfee. Die Erfüllung der Bestimmungen des jeweiligen Golfclubs zur Greenfee-Berechtigung (Mitgliedschaft in einem Golfclub, Mindesthandicap etc.) zum Zeitpunkt der Einlösung sind Voraussetzung.
7. Es ist untersagt, den Greenfee-Gutschein entgeltlich Dritten zu überlassen bzw. mit diesen Handel zu treiben. Insbesondere sind die teilnehmenden Golfclubs in diesem Falle berechtigt, die Einlösung der ausgeschriebenen Angebote zu verweigern.
8. Die teilnehmenden Golfclubs haben sich gegenüber dem Verlag unter den o.g. Bedingungen verpflichtet, die ausgeschriebenen Angebote einzulösen. Der Verlag übernimmt jedoch keine Gewähr und keine Haftung, wenn ein Angebot nicht eingelöst wird oder werden kann.

Bedingungen zur Einlösung des Discounts:

1. Das Angebot ist einschließlich bis 30.6.2022 gültig.
2. Der Golfspieler/Leser hat sich telefonisch eine Abschlagzeit geben zu lassen – dabei ist die Nutzung des Angebots anzugeben.
3. Eine Barauszahlung des Greenfee-Vorteils ist nicht möglich.
4. Das Kombinieren von Angeboten oder bestehenden Greenfee-Vorteilen ist nicht möglich. Der Vorteil bezieht sich jeweils ausschließlich auf die zum Zeitpunkt der Einlösung gültigen vollen Greenfee-Gebühren.
5. Gibt es Spielergruppen mit erhöhten Greenfee-Gebühren, ist ein Nachlass auf diese Gebühren nicht möglich.
6. Das Angebot allein berechtigt nicht zum Spiel gegen Greenfee. Die Erfüllung der Bestimmungen des jeweiligen Golfclubs zur Greenfee-Berechtigung (Mitgliedschaft in einem Golfclub, Mindesthandicap etc.) zum Zeitpunkt der Einlösung sind Voraussetzung.
7. Es ist untersagt, den Greenfee-Gutschein entgeltlich Dritten zu überlassen bzw. mit diesen Handel zu treiben. Insbesondere sind die teilnehmenden Golfclubs in diesem Falle berechtigt, die Einlösung der ausgeschriebenen Angebote zu verweigern.
8. Die teilnehmenden Golfclubs haben sich gegenüber dem Verlag unter den o.g. Bedingungen verpflichtet, die ausgeschriebenen Angebote einzulösen. Der Verlag übernimmt jedoch keine Gewähr und keine Haftung, wenn ein Angebot nicht eingelöst wird oder werden kann.

Bedingungen zur Einlösung des Discounts:

1. Das Angebot ist einschließlich bis 30.6.2022 gültig.
2. Der Golfspieler/Leser hat sich telefonisch eine Abschlagzeit geben zu lassen – dabei ist die Nutzung des Angebots anzugeben.
3. Eine Barauszahlung des Greenfee-Vorteils ist nicht möglich.
4. Das Kombinieren von Angeboten oder bestehenden Greenfee-Vorteilen ist nicht möglich. Der Vorteil bezieht sich jeweils ausschließlich auf die zum Zeitpunkt der Einlösung gültigen vollen Greenfee-Gebühren.
5. Gibt es Spielergruppen mit erhöhten Greenfee-Gebühren, ist ein Nachlass auf diese Gebühren nicht möglich.
6. Das Angebot allein berechtigt nicht zum Spiel gegen Greenfee. Die Erfüllung der Bestimmungen des jeweiligen Golfclubs zur Greenfee-Berechtigung (Mitgliedschaft in einem Golfclub, Mindesthandicap etc.) zum Zeitpunkt der Einlösung sind Voraussetzung.
7. Es ist untersagt, den Greenfee-Gutschein entgeltlich Dritten zu überlassen bzw. mit diesen Handel zu treiben. Insbesondere sind die teilnehmenden Golfclubs in diesem Falle berechtigt, die Einlösung der ausgeschriebenen Angebote zu verweigern.
8. Die teilnehmenden Golfclubs haben sich gegenüber dem Verlag unter den o.g. Bedingungen verpflichtet, die ausgeschriebenen Angebote einzulösen. Der Verlag übernimmt jedoch keine Gewähr und keine Haftung, wenn ein Angebot nicht eingelöst wird oder werden kann.

Bedingungen zur Einlösung des Discounts:

1. Das Angebot ist einschließlich bis 30.6.2022 gültig.
2. Der Golfspieler/Leser hat sich telefonisch eine Abschlagzeit geben zu lassen – dabei ist die Nutzung des Angebots anzugeben.
3. Eine Barauszahlung des Greenfee-Vorteils ist nicht möglich.
4. Das Kombinieren von Angeboten oder bestehenden Greenfee-Vorteilen ist nicht möglich. Der Vorteil bezieht sich jeweils ausschließlich auf die zum Zeitpunkt der Einlösung gültigen vollen Greenfee-Gebühren.
5. Gibt es Spielergruppen mit erhöhten Greenfee-Gebühren, ist ein Nachlass auf diese Gebühren nicht möglich.
6. Das Angebot allein berechtigt nicht zum Spiel gegen Greenfee. Die Erfüllung der Bestimmungen des jeweiligen Golfclubs zur Greenfee-Berechtigung (Mitgliedschaft in einem Golfclub, Mindesthandicap etc.) zum Zeitpunkt der Einlösung sind Voraussetzung.
7. Es ist untersagt, den Greenfee-Gutschein entgeltlich Dritten zu überlassen bzw. mit diesen Handel zu treiben. Insbesondere sind die teilnehmenden Golfclubs in diesem Falle berechtigt, die Einlösung der ausgeschriebenen Angebote zu verweigern.
8. Die teilnehmenden Golfclubs haben sich gegenüber dem Verlag unter den o.g. Bedingungen verpflichtet, die ausgeschriebenen Angebote einzulösen. Der Verlag übernimmt jedoch keine Gewähr und keine Haftung, wenn ein Angebot nicht eingelöst wird oder werden kann.

Bedingungen zur Einlösung des Discounts:

1. Das Angebot ist einschließlich bis 30.6.2022 gültig.
2. Der Golfspieler/Leser hat sich telefonisch eine Abschlagzeit geben zu lassen – dabei ist die Nutzung des Angebots anzugeben.
3. Eine Barauszahlung des Greenfee-Vorteils ist nicht möglich.
4. Das Kombinieren von Angeboten oder bestehenden Greenfee-Vorteilen ist nicht möglich. Der Vorteil bezieht sich jeweils ausschließlich auf die zum Zeitpunkt der Einlösung gültigen vollen Greenfee-Gebühren.
5. Gibt es Spielergruppen mit erhöhten Greenfee-Gebühren, ist ein Nachlass auf diese Gebühren nicht möglich.
6. Das Angebot allein berechtigt nicht zum Spiel gegen Greenfee. Die Erfüllung der Bestimmungen des jeweiligen Golfclubs zur Greenfee-Berechtigung (Mitgliedschaft in einem Golfclub, Mindesthandicap etc.) zum Zeitpunkt der Einlösung sind Voraussetzung.
7. Es ist untersagt, den Greenfee-Gutschein entgeltlich Dritten zu überlassen bzw. mit diesen Handel zu treiben. Insbesondere sind die teilnehmenden Golfclubs in diesem Falle berechtigt, die Einlösung der ausgeschriebenen Angebote zu verweigern.
8. Die teilnehmenden Golfclubs haben sich gegenüber dem Verlag unter den o.g. Bedingungen verpflichtet, die ausgeschriebenen Angebote einzulösen. Der Verlag übernimmt jedoch keine Gewähr und keine Haftung, wenn ein Angebot nicht eingelöst wird oder werden kann.

DER GOLF ALBRECHT

Golfclub Büsum Dithmarschen e.V.

DE

Zwischen den Deichen, Navi: Dorfstr. 32 eingeben
D-25761 Warwerort/Büsum
✆ 04834-960460
Schleswig-Holstein, Hamburg

8

2 for 1 2 GF zum Preis von 1

DER GOLF ALBRECHT

Golfclub Büsum Dithmarschen e.V.

DE

Zwischen den Deichen, Navi: Dorfstr. 32 eingeben
D-25761 Warwerort/Büsum
✆ 04834-960460
Schleswig-Holstein, Hamburg

8

2 for 1 2 GF zum Preis von 1

DER GOLF ALBRECHT

Golfclub Gut Waldshagen

DE

Waldshagen 3
D-24306 Bösdorf (bei Plön)
✆ 04522-766766
Schleswig-Holstein, Hamburg

9

2 for 1 2 GF zum Preis von 1

DER GOLF ALBRECHT

Golf Club Brodauer Mühle e.V.

DE

Baumallee 14
D-23730 Gut Beusloe
✆ 04561-8140
Schleswig-Holstein, Hamburg

10

2 for 1 2 GF zum Preis von 1

DER GOLF ALBRECHT

Golf Club Brodauer Mühle e.V.

DE

Baumallee 14
D-23730 Gut Beusloe
✆ 04561-8140
Schleswig-Holstein, Hamburg

10

2 for 1 2 GF zum Preis von 1

DER GOLF ALBRECHT

Golfplatz Plöner See

DE

Bergstraße 3
D-23715 Thürk
✆ 04527-1548
Schleswig-Holstein, Hamburg

11

2 for 1 2 GF zum Preis von 1

DER GOLF ALBRECHT

Golfplatz Plöner See

DE

Bergstraße 3
D-23715 Thürk
✆ 04527-1548
Schleswig-Holstein, Hamburg

11

2 for 1 2 GF zum Preis von 1

DER GOLF ALBRECHT

Golfclub Segeberg e.V., Gut Wensin

DE

Feldscheide 2
D-23827 Wensin
✆ 04559-1360
Schleswig-Holstein, Hamburg

12

2 for 1 2 GF zum Preis von 1

DER GOLF ALBRECHT

Golfclub Segeberg e.V., Gut Wensin

DE

Feldscheide 2
D-23827 Wensin
✆ 04559-1360
Schleswig-Holstein, Hamburg

12

2 for 1 2 GF zum Preis von 1

DER GOLF ALBRECHT

Golfclub Segeberg e.V., Gut Wensin

DE

Feldscheide 2
D-23827 Wensin
✆ 04559-1360
Schleswig-Holstein, Hamburg

12

20% Greenfee-Ermäßigung

Bedingungen zur Einlösung des Discounts:

1. Das Angebot ist einschließlich bis 30.6.2022 gültig.
2. Der Golfspieler/Leser hat sich telefonisch eine Abschlagzeit geben zu lassen – dabei ist die Nutzung des Angebots anzugeben.
3. Eine Barauszahlung des Greenfee-Vorteils ist nicht möglich.
4. Das Kombinieren von Angeboten oder bestehenden Greenfee-Vorteilen ist nicht möglich. Der Vorteil bezieht sich jeweils ausschließlich auf die zum Zeitpunkt der Einlösung gültigen vollen Greenfee-Gebühren.
5. Gibt es Spielergruppen mit erhöhten Greenfee-Gebühren, ist ein Nachlass auf diese Gebühren nicht möglich.
6. Das Angebot allein berechtigt nicht zum Spiel gegen Greenfee. Die Erfüllung der Bestimmungen des jeweiligen Golfclubs zur Greenfee-Berechtigung (Mitgliedschaft in einem Golfclub, Mindesthandicap etc.) zum Zeitpunkt der Einlösung sind Voraussetzung.
7. Es ist untersagt, den Greenfee-Gutschein entgeltlich Dritten zu überlassen bzw. mit diesen Handel zu treiben. Insbesondere sind die teilnehmenden Golfclubs in diesem Falle berechtigt, die Einlösung der ausgeschriebenen Angebote zu verweigern.
8. Die teilnehmenden Golfclubs haben sich gegenüber dem Verlag unter den o.g. Bedingungen verpflichtet, die ausgeschriebenen Angebote einzulösen. Der Verlag übernimmt jedoch keine Gewähr und keine Haftung, wenn ein Angebot nicht eingelöst wird oder werden kann.

Bedingungen zur Einlösung des Discounts:

1. Das Angebot ist einschließlich bis 30.6.2022 gültig.
2. Der Golfspieler/Leser hat sich telefonisch eine Abschlagzeit geben zu lassen – dabei ist die Nutzung des Angebots anzugeben.
3. Eine Barauszahlung des Greenfee-Vorteils ist nicht möglich.
4. Das Kombinieren von Angeboten oder bestehenden Greenfee-Vorteilen ist nicht möglich. Der Vorteil bezieht sich jeweils ausschließlich auf die zum Zeitpunkt der Einlösung gültigen vollen Greenfee-Gebühren.
5. Gibt es Spielergruppen mit erhöhten Greenfee-Gebühren, ist ein Nachlass auf diese Gebühren nicht möglich.
6. Das Angebot allein berechtigt nicht zum Spiel gegen Greenfee. Die Erfüllung der Bestimmungen des jeweiligen Golfclubs zur Greenfee-Berechtigung (Mitgliedschaft in einem Golfclub, Mindesthandicap etc.) zum Zeitpunkt der Einlösung sind Voraussetzung.
7. Es ist untersagt, den Greenfee-Gutschein entgeltlich Dritten zu überlassen bzw. mit diesen Handel zu treiben. Insbesondere sind die teilnehmenden Golfclubs in diesem Falle berechtigt, die Einlösung der ausgeschriebenen Angebote zu verweigern.
8. Die teilnehmenden Golfclubs haben sich gegenüber dem Verlag unter den o.g. Bedingungen verpflichtet, die ausgeschriebenen Angebote einzulösen. Der Verlag übernimmt jedoch keine Gewähr und keine Haftung, wenn ein Angebot nicht eingelöst wird oder werden kann.

Bedingungen zur Einlösung des Discounts:

1. Das Angebot ist einschließlich bis 30.6.2022 gültig.
2. Der Golfspieler/Leser hat sich telefonisch eine Abschlagzeit geben zu lassen – dabei ist die Nutzung des Angebots anzugeben.
3. Eine Barauszahlung des Greenfee-Vorteils ist nicht möglich.
4. Das Kombinieren von Angeboten oder bestehenden Greenfee-Vorteilen ist nicht möglich. Der Vorteil bezieht sich jeweils ausschließlich auf die zum Zeitpunkt der Einlösung gültigen vollen Greenfee-Gebühren.
5. Gibt es Spielergruppen mit erhöhten Greenfee-Gebühren, ist ein Nachlass auf diese Gebühren nicht möglich.
6. Das Angebot allein berechtigt nicht zum Spiel gegen Greenfee. Die Erfüllung der Bestimmungen des jeweiligen Golfclubs zur Greenfee-Berechtigung (Mitgliedschaft in einem Golfclub, Mindesthandicap etc.) zum Zeitpunkt der Einlösung sind Voraussetzung.
7. Es ist untersagt, den Greenfee-Gutschein entgeltlich Dritten zu überlassen bzw. mit diesen Handel zu treiben. Insbesondere sind die teilnehmenden Golfclubs in diesem Falle berechtigt, die Einlösung der ausgeschriebenen Angebote zu verweigern.
8. Die teilnehmenden Golfclubs haben sich gegenüber dem Verlag unter den o.g. Bedingungen verpflichtet, die ausgeschriebenen Angebote einzulösen. Der Verlag übernimmt jedoch keine Gewähr und keine Haftung, wenn ein Angebot nicht eingelöst wird oder werden kann.

Bedingungen zur Einlösung des Discounts:

1. Das Angebot ist einschließlich bis 30.6.2022 gültig.
2. Der Golfspieler/Leser hat sich telefonisch eine Abschlagzeit geben zu lassen – dabei ist die Nutzung des Angebots anzugeben.
3. Eine Barauszahlung des Greenfee-Vorteils ist nicht möglich.
4. Das Kombinieren von Angeboten oder bestehenden Greenfee-Vorteilen ist nicht möglich. Der Vorteil bezieht sich jeweils ausschließlich auf die zum Zeitpunkt der Einlösung gültigen vollen Greenfee-Gebühren.
5. Gibt es Spielergruppen mit erhöhten Greenfee-Gebühren, ist ein Nachlass auf diese Gebühren nicht möglich.
6. Das Angebot allein berechtigt nicht zum Spiel gegen Greenfee. Die Erfüllung der Bestimmungen des jeweiligen Golfclubs zur Greenfee-Berechtigung (Mitgliedschaft in einem Golfclub, Mindesthandicap etc.) zum Zeitpunkt der Einlösung sind Voraussetzung.
7. Es ist untersagt, den Greenfee-Gutschein entgeltlich Dritten zu überlassen bzw. mit diesen Handel zu treiben. Insbesondere sind die teilnehmenden Golfclubs in diesem Falle berechtigt, die Einlösung der ausgeschriebenen Angebote zu verweigern.
8. Die teilnehmenden Golfclubs haben sich gegenüber dem Verlag unter den o.g. Bedingungen verpflichtet, die ausgeschriebenen Angebote einzulösen. Der Verlag übernimmt jedoch keine Gewähr und keine Haftung, wenn ein Angebot nicht eingelöst wird oder werden kann.

Bedingungen zur Einlösung des Discounts:

1. Das Angebot ist einschließlich bis 30.6.2022 gültig.
2. Der Golfspieler/Leser hat sich telefonisch eine Abschlagzeit geben zu lassen – dabei ist die Nutzung des Angebots anzugeben.
3. Eine Barauszahlung des Greenfee-Vorteils ist nicht möglich.
4. Das Kombinieren von Angeboten oder bestehenden Greenfee-Vorteilen ist nicht möglich. Der Vorteil bezieht sich jeweils ausschließlich auf die zum Zeitpunkt der Einlösung gültigen vollen Greenfee-Gebühren.
5. Gibt es Spielergruppen mit erhöhten Greenfee-Gebühren, ist ein Nachlass auf diese Gebühren nicht möglich.
6. Das Angebot allein berechtigt nicht zum Spiel gegen Greenfee. Die Erfüllung der Bestimmungen des jeweiligen Golfclubs zur Greenfee-Berechtigung (Mitgliedschaft in einem Golfclub, Mindesthandicap etc.) zum Zeitpunkt der Einlösung sind Voraussetzung.
7. Es ist untersagt, den Greenfee-Gutschein entgeltlich Dritten zu überlassen bzw. mit diesen Handel zu treiben. Insbesondere sind die teilnehmenden Golfclubs in diesem Falle berechtigt, die Einlösung der ausgeschriebenen Angebote zu verweigern.
8. Die teilnehmenden Golfclubs haben sich gegenüber dem Verlag unter den o.g. Bedingungen verpflichtet, die ausgeschriebenen Angebote einzulösen. Der Verlag übernimmt jedoch keine Gewähr und keine Haftung, wenn ein Angebot nicht eingelöst wird oder werden kann.

Bedingungen zur Einlösung des Discounts:

1. Das Angebot ist einschließlich bis 30.6.2022 gültig.
2. Der Golfspieler/Leser hat sich telefonisch eine Abschlagzeit geben zu lassen – dabei ist die Nutzung des Angebots anzugeben.
3. Eine Barauszahlung des Greenfee-Vorteils ist nicht möglich.
4. Das Kombinieren von Angeboten oder bestehenden Greenfee-Vorteilen ist nicht möglich. Der Vorteil bezieht sich jeweils ausschließlich auf die zum Zeitpunkt der Einlösung gültigen vollen Greenfee-Gebühren.
5. Gibt es Spielergruppen mit erhöhten Greenfee-Gebühren, ist ein Nachlass auf diese Gebühren nicht möglich.
6. Das Angebot allein berechtigt nicht zum Spiel gegen Greenfee. Die Erfüllung der Bestimmungen des jeweiligen Golfclubs zur Greenfee-Berechtigung (Mitgliedschaft in einem Golfclub, Mindesthandicap etc.) zum Zeitpunkt der Einlösung sind Voraussetzung.
7. Es ist untersagt, den Greenfee-Gutschein entgeltlich Dritten zu überlassen bzw. mit diesen Handel zu treiben. Insbesondere sind die teilnehmenden Golfclubs in diesem Falle berechtigt, die Einlösung der ausgeschriebenen Angebote zu verweigern.
8. Die teilnehmenden Golfclubs haben sich gegenüber dem Verlag unter den o.g. Bedingungen verpflichtet, die ausgeschriebenen Angebote einzulösen. Der Verlag übernimmt jedoch keine Gewähr und keine Haftung, wenn ein Angebot nicht eingelöst wird oder werden kann.

Bedingungen zur Einlösung des Discounts:

1. Das Angebot ist einschließlich bis 30.6.2022 gültig.
2. Der Golfspieler/Leser hat sich telefonisch eine Abschlagzeit geben zu lassen – dabei ist die Nutzung des Angebots anzugeben.
3. Eine Barauszahlung des Greenfee-Vorteils ist nicht möglich.
4. Das Kombinieren von Angeboten oder bestehenden Greenfee-Vorteilen ist nicht möglich. Der Vorteil bezieht sich jeweils ausschließlich auf die zum Zeitpunkt der Einlösung gültigen vollen Greenfee-Gebühren.
5. Gibt es Spielergruppen mit erhöhten Greenfee-Gebühren, ist ein Nachlass auf diese Gebühren nicht möglich.
6. Das Angebot allein berechtigt nicht zum Spiel gegen Greenfee. Die Erfüllung der Bestimmungen des jeweiligen Golfclubs zur Greenfee-Berechtigung (Mitgliedschaft in einem Golfclub, Mindesthandicap etc.) zum Zeitpunkt der Einlösung sind Voraussetzung.
7. Es ist untersagt, den Greenfee-Gutschein entgeltlich Dritten zu überlassen bzw. mit diesen Handel zu treiben. Insbesondere sind die teilnehmenden Golfclubs in diesem Falle berechtigt, die Einlösung der ausgeschriebenen Angebote zu verweigern.
8. Die teilnehmenden Golfclubs haben sich gegenüber dem Verlag unter den o.g. Bedingungen verpflichtet, die ausgeschriebenen Angebote einzulösen. Der Verlag übernimmt jedoch keine Gewähr und keine Haftung, wenn ein Angebot nicht eingelöst wird oder werden kann.

Bedingungen zur Einlösung des Discounts:

1. Das Angebot ist einschließlich bis 30.6.2022 gültig.
2. Der Golfspieler/Leser hat sich telefonisch eine Abschlagzeit geben zu lassen – dabei ist die Nutzung des Angebots anzugeben.
3. Eine Barauszahlung des Greenfee-Vorteils ist nicht möglich.
4. Das Kombinieren von Angeboten oder bestehenden Greenfee-Vorteilen ist nicht möglich. Der Vorteil bezieht sich jeweils ausschließlich auf die zum Zeitpunkt der Einlösung gültigen vollen Greenfee-Gebühren.
5. Gibt es Spielergruppen mit erhöhten Greenfee-Gebühren, ist ein Nachlass auf diese Gebühren nicht möglich.
6. Das Angebot allein berechtigt nicht zum Spiel gegen Greenfee. Die Erfüllung der Bestimmungen des jeweiligen Golfclubs zur Greenfee-Berechtigung (Mitgliedschaft in einem Golfclub, Mindesthandicap etc.) zum Zeitpunkt der Einlösung sind Voraussetzung.
7. Es ist untersagt, den Greenfee-Gutschein entgeltlich Dritten zu überlassen bzw. mit diesen Handel zu treiben. Insbesondere sind die teilnehmenden Golfclubs in diesem Falle berechtigt, die Einlösung der ausgeschriebenen Angebote zu verweigern.
8. Die teilnehmenden Golfclubs haben sich gegenüber dem Verlag unter den o.g. Bedingungen verpflichtet, die ausgeschriebenen Angebote einzulösen. Der Verlag übernimmt jedoch keine Gewähr und keine Haftung, wenn ein Angebot nicht eingelöst wird oder werden kann.

Bedingungen zur Einlösung des Discounts:

1. Das Angebot ist einschließlich bis 30.6.2022 gültig.
2. Der Golfspieler/Leser hat sich telefonisch eine Abschlagzeit geben zu lassen – dabei ist die Nutzung des Angebots anzugeben.
3. Eine Barauszahlung des Greenfee-Vorteils ist nicht möglich.
4. Das Kombinieren von Angeboten oder bestehenden Greenfee-Vorteilen ist nicht möglich. Der Vorteil bezieht sich jeweils ausschließlich auf die zum Zeitpunkt der Einlösung gültigen vollen Greenfee-Gebühren.
5. Gibt es Spielergruppen mit erhöhten Greenfee-Gebühren, ist ein Nachlass auf diese Gebühren nicht möglich.
6. Das Angebot allein berechtigt nicht zum Spiel gegen Greenfee. Die Erfüllung der Bestimmungen des jeweiligen Golfclubs zur Greenfee-Berechtigung (Mitgliedschaft in einem Golfclub, Mindesthandicap etc.) zum Zeitpunkt der Einlösung sind Voraussetzung.
7. Es ist untersagt, den Greenfee-Gutschein entgeltlich Dritten zu überlassen bzw. mit diesen Handel zu treiben. Insbesondere sind die teilnehmenden Golfclubs in diesem Falle berechtigt, die Einlösung der ausgeschriebenen Angebote zu verweigern.
8. Die teilnehmenden Golfclubs haben sich gegenüber dem Verlag unter den o.g. Bedingungen verpflichtet, die ausgeschriebenen Angebote einzulösen. Der Verlag übernimmt jedoch keine Gewähr und keine Haftung, wenn ein Angebot nicht eingelöst wird oder werden kann.

Bedingungen zur Einlösung des Discounts:

1. Das Angebot ist einschließlich bis 30.6.2022 gültig.
2. Der Golfspieler/Leser hat sich telefonisch eine Abschlagzeit geben zu lassen – dabei ist die Nutzung des Angebots anzugeben.
3. Eine Barauszahlung des Greenfee-Vorteils ist nicht möglich.
4. Das Kombinieren von Angeboten oder bestehenden Greenfee-Vorteilen ist nicht möglich. Der Vorteil bezieht sich jeweils ausschließlich auf die zum Zeitpunkt der Einlösung gültigen vollen Greenfee-Gebühren.
5. Gibt es Spielergruppen mit erhöhten Greenfee-Gebühren, ist ein Nachlass auf diese Gebühren nicht möglich.
6. Das Angebot allein berechtigt nicht zum Spiel gegen Greenfee. Die Erfüllung der Bestimmungen des jeweiligen Golfclubs zur Greenfee-Berechtigung (Mitgliedschaft in einem Golfclub, Mindesthandicap etc.) zum Zeitpunkt der Einlösung sind Voraussetzung.
7. Es ist untersagt, den Greenfee-Gutschein entgeltlich Dritten zu überlassen bzw. mit diesen Handel zu treiben. Insbesondere sind die teilnehmenden Golfclubs in diesem Falle berechtigt, die Einlösung der ausgeschriebenen Angebote zu verweigern.
8. Die teilnehmenden Golfclubs haben sich gegenüber dem Verlag unter den o.g. Bedingungen verpflichtet, die ausgeschriebenen Angebote einzulösen. Der Verlag übernimmt jedoch keine Gewähr und keine Haftung, wenn ein Angebot nicht eingelöst wird oder werden kann.

DER GOLF ALBRECHT

Golfclub Segeberg e.V., Gut Wensin

DE

Feldscheide 2
D-23827 Wensin
04559-1360
Schleswig-Holstein, Hamburg

12

20% Greenfee-Ermäßigung

DER GOLF ALBRECHT

Golf am Donner Kleve

DE

Alte Landstraße 1
D-25693 St. Michaelisdonn
04853-880909
Schleswig-Holstein, Hamburg

13

2 for 1 2 GF zum Preis von 1

DER GOLF ALBRECHT

Golf am Donner Kleve

DE

Alte Landstraße 1
D-25693 St. Michaelisdonn
04853-880909
Schleswig-Holstein, Hamburg

13

2 for 1 2 GF zum Preis von 1

DER GOLF ALBRECHT

Golf am Donner Kleve

DE

Alte Landstraße 1
D-25693 St. Michaelisdonn
04853-880909
Schleswig-Holstein, Hamburg

13

40% Greenfee-Ermäßigung

DER GOLF ALBRECHT

Golf am Donner Kleve

DE

Alte Landstraße 1
D-25693 St. Michaelisdonn
04853-880909
Schleswig-Holstein, Hamburg

13

40% Greenfee-Ermäßigung

DER GOLF ALBRECHT

Golf-Club Curau e.V.

DE

Malkendorfer Weg 18
D-23617 Stockelsdorf-Curau
04505-594082
Schleswig-Holstein, Hamburg

14

2 for 1 2 GF zum Preis von 1

DER GOLF ALBRECHT

Golf-Club Curau e.V.

DE

Malkendorfer Weg 18
D-23617 Stockelsdorf-Curau
04505-594082
Schleswig-Holstein, Hamburg

14

2 for 1 2 GF zum Preis von 1

DER GOLF ALBRECHT

Golf-Club Curau e.V.

DE

Malkendorfer Weg 18
D-23617 Stockelsdorf-Curau
04505-594082
Schleswig-Holstein, Hamburg

14

20% Greenfee-Ermäßigung

DER GOLF ALBRECHT

Golf-Club Curau e.V.

DE

Malkendorfer Weg 18
D-23617 Stockelsdorf-Curau
04505-594082
Schleswig-Holstein, Hamburg

14

20% Greenfee-Ermäßigung

DER GOLF ALBRECHT

Golf Club Schloß Breitenburg e.V.

DE

Gut Osterholz 3
D-25524 Breitenburg
04828-8188
Schleswig-Holstein, Hamburg

15

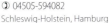

20% Greenfee-Ermäßigung

Bedingungen zur Einlösung des Discounts:
1. Das Angebot ist einschließlich bis 30.6.2022 gültig.
2. Der Golfspieler/Leser hat sich telefonisch eine Abschlagzeit geben zu lassen – dabei ist die Nutzung des Angebots anzugeben.
3. Eine Barauszahlung des Greenfee-Vorteils ist nicht möglich.
4. Das Kombinieren von Angeboten oder bestehenden Greenfee-Vorteilen ist nicht möglich. Der Vorteil bezieht sich jeweils ausschließlich auf die zum Zeitpunkt der Einlösung gültigen vollen Greenfee-Gebühren.
5. Gibt es Spielergruppen mit erhöhten Greenfee-Gebühren, ist ein Nachlass auf diese Gebühren nicht möglich.
6. Das Angebot allein berechtigt nicht zum Spiel gegen Greenfee. Die Erfüllung der Bestimmungen des jeweiligen Golfclubs zur Greenfee-Berechtigung (Mitgliedschaft in einem Golfclub, Mindesthandicap etc.) zum Zeitpunkt der Einlösung sind Voraussetzung.
7. Es ist untersagt, den Greenfee-Gutschein entgeltlich Dritten zu überlassen bzw. mit diesen Handel zu treiben. Insbesondere sind die teilnehmenden Golfclubs in diesem Falle berechtigt, die Einlösung der ausgeschriebenen Angebote zu verweigern.
8. Die teilnehmenden Golfclubs haben sich gegenüber dem Verlag unter den o.g. Bedingungen verpflichtet, die ausgeschriebenen Angebote einzulösen. Der Verlag übernimmt jedoch keine Gewähr und keine Haftung, wenn ein Angebot nicht eingelöst wird oder werden kann.

Bedingungen zur Einlösung des Discounts:
1. Das Angebot ist einschließlich bis 30.6.2022 gültig.
2. Der Golfspieler/Leser hat sich telefonisch eine Abschlagzeit geben zu lassen – dabei ist die Nutzung des Angebots anzugeben.
3. Eine Barauszahlung des Greenfee-Vorteils ist nicht möglich.
4. Das Kombinieren von Angeboten oder bestehenden Greenfee-Vorteilen ist nicht möglich. Der Vorteil bezieht sich jeweils ausschließlich auf die zum Zeitpunkt der Einlösung gültigen vollen Greenfee-Gebühren.
5. Gibt es Spielergruppen mit erhöhten Greenfee-Gebühren, ist ein Nachlass auf diese Gebühren nicht möglich.
6. Das Angebot allein berechtigt nicht zum Spiel gegen Greenfee. Die Erfüllung der Bestimmungen des jeweiligen Golfclubs zur Greenfee-Berechtigung (Mitgliedschaft in einem Golfclub, Mindesthandicap etc.) zum Zeitpunkt der Einlösung sind Voraussetzung.
7. Es ist untersagt, den Greenfee-Gutschein entgeltlich Dritten zu überlassen bzw. mit diesen Handel zu treiben. Insbesondere sind die teilnehmenden Golfclubs in diesem Falle berechtigt, die Einlösung der ausgeschriebenen Angebote zu verweigern.
8. Die teilnehmenden Golfclubs haben sich gegenüber dem Verlag unter den o.g. Bedingungen verpflichtet, die ausgeschriebenen Angebote einzulösen. Der Verlag übernimmt jedoch keine Gewähr und keine Haftung, wenn ein Angebot nicht eingelöst wird oder werden kann.

Bedingungen zur Einlösung des Discounts:
1. Das Angebot ist einschließlich bis 30.6.2022 gültig.
2. Der Golfspieler/Leser hat sich telefonisch eine Abschlagzeit geben zu lassen – dabei ist die Nutzung des Angebots anzugeben.
3. Eine Barauszahlung des Greenfee-Vorteils ist nicht möglich.
4. Das Kombinieren von Angeboten oder bestehenden Greenfee-Vorteilen ist nicht möglich. Der Vorteil bezieht sich jeweils ausschließlich auf die zum Zeitpunkt der Einlösung gültigen vollen Greenfee-Gebühren.
5. Gibt es Spielergruppen mit erhöhten Greenfee-Gebühren, ist ein Nachlass auf diese Gebühren nicht möglich.
6. Das Angebot allein berechtigt nicht zum Spiel gegen Greenfee. Die Erfüllung der Bestimmungen des jeweiligen Golfclubs zur Greenfee-Berechtigung (Mitgliedschaft in einem Golfclub, Mindesthandicap etc.) zum Zeitpunkt der Einlösung sind Voraussetzung.
7. Es ist untersagt, den Greenfee-Gutschein entgeltlich Dritten zu überlassen bzw. mit diesen Handel zu treiben. Insbesondere sind die teilnehmenden Golfclubs in diesem Falle berechtigt, die Einlösung der ausgeschriebenen Angebote zu verweigern.
8. Die teilnehmenden Golfclubs haben sich gegenüber dem Verlag unter den o.g. Bedingungen verpflichtet, die ausgeschriebenen Angebote einzulösen. Der Verlag übernimmt jedoch keine Gewähr und keine Haftung, wenn ein Angebot nicht eingelöst wird oder werden kann.

Bedingungen zur Einlösung des Discounts:
1. Das Angebot ist einschließlich bis 30.6.2022 gültig.
2. Der Golfspieler/Leser hat sich telefonisch eine Abschlagzeit geben zu lassen – dabei ist die Nutzung des Angebots anzugeben.
3. Eine Barauszahlung des Greenfee-Vorteils ist nicht möglich.
4. Das Kombinieren von Angeboten oder bestehenden Greenfee-Vorteilen ist nicht möglich. Der Vorteil bezieht sich jeweils ausschließlich auf die zum Zeitpunkt der Einlösung gültigen vollen Greenfee-Gebühren.
5. Gibt es Spielergruppen mit erhöhten Greenfee-Gebühren, ist ein Nachlass auf diese Gebühren nicht möglich.
6. Das Angebot allein berechtigt nicht zum Spiel gegen Greenfee. Die Erfüllung der Bestimmungen des jeweiligen Golfclubs zur Greenfee-Berechtigung (Mitgliedschaft in einem Golfclub, Mindesthandicap etc.) zum Zeitpunkt der Einlösung sind Voraussetzung.
7. Es ist untersagt, den Greenfee-Gutschein entgeltlich Dritten zu überlassen bzw. mit diesen Handel zu treiben. Insbesondere sind die teilnehmenden Golfclubs in diesem Falle berechtigt, die Einlösung der ausgeschriebenen Angebote zu verweigern.
8. Die teilnehmenden Golfclubs haben sich gegenüber dem Verlag unter den o.g. Bedingungen verpflichtet, die ausgeschriebenen Angebote einzulösen. Der Verlag übernimmt jedoch keine Gewähr und keine Haftung, wenn ein Angebot nicht eingelöst wird oder werden kann.

Bedingungen zur Einlösung des Discounts:
1. Das Angebot ist einschließlich bis 30.6.2022 gültig.
2. Der Golfspieler/Leser hat sich telefonisch eine Abschlagzeit geben zu lassen – dabei ist die Nutzung des Angebots anzugeben.
3. Eine Barauszahlung des Greenfee-Vorteils ist nicht möglich.
4. Das Kombinieren von Angeboten oder bestehenden Greenfee-Vorteilen ist nicht möglich. Der Vorteil bezieht sich jeweils ausschließlich auf die zum Zeitpunkt der Einlösung gültigen vollen Greenfee-Gebühren.
5. Gibt es Spielergruppen mit erhöhten Greenfee-Gebühren, ist ein Nachlass auf diese Gebühren nicht möglich.
6. Das Angebot allein berechtigt nicht zum Spiel gegen Greenfee. Die Erfüllung der Bestimmungen des jeweiligen Golfclubs zur Greenfee-Berechtigung (Mitgliedschaft in einem Golfclub, Mindesthandicap etc.) zum Zeitpunkt der Einlösung sind Voraussetzung.
7. Es ist untersagt, den Greenfee-Gutschein entgeltlich Dritten zu überlassen bzw. mit diesen Handel zu treiben. Insbesondere sind die teilnehmenden Golfclubs in diesem Falle berechtigt, die Einlösung der ausgeschriebenen Angebote zu verweigern.
8. Die teilnehmenden Golfclubs haben sich gegenüber dem Verlag unter den o.g. Bedingungen verpflichtet, die ausgeschriebenen Angebote einzulösen. Der Verlag übernimmt jedoch keine Gewähr und keine Haftung, wenn ein Angebot nicht eingelöst wird oder werden kann.

Bedingungen zur Einlösung des Discounts:
1. Das Angebot ist einschließlich bis 30.6.2022 gültig.
2. Der Golfspieler/Leser hat sich telefonisch eine Abschlagzeit geben zu lassen – dabei ist die Nutzung des Angebots anzugeben.
3. Eine Barauszahlung des Greenfee-Vorteils ist nicht möglich.
4. Das Kombinieren von Angeboten oder bestehenden Greenfee-Vorteilen ist nicht möglich. Der Vorteil bezieht sich jeweils ausschließlich auf die zum Zeitpunkt der Einlösung gültigen vollen Greenfee-Gebühren.
5. Gibt es Spielergruppen mit erhöhten Greenfee-Gebühren, ist ein Nachlass auf diese Gebühren nicht möglich.
6. Das Angebot allein berechtigt nicht zum Spiel gegen Greenfee. Die Erfüllung der Bestimmungen des jeweiligen Golfclubs zur Greenfee-Berechtigung (Mitgliedschaft in einem Golfclub, Mindesthandicap etc.) zum Zeitpunkt der Einlösung sind Voraussetzung.
7. Es ist untersagt, den Greenfee-Gutschein entgeltlich Dritten zu überlassen bzw. mit diesen Handel zu treiben. Insbesondere sind die teilnehmenden Golfclubs in diesem Falle berechtigt, die Einlösung der ausgeschriebenen Angebote zu verweigern.
8. Die teilnehmenden Golfclubs haben sich gegenüber dem Verlag unter den o.g. Bedingungen verpflichtet, die ausgeschriebenen Angebote einzulösen. Der Verlag übernimmt jedoch keine Gewähr und keine Haftung, wenn ein Angebot nicht eingelöst wird oder werden kann.

Bedingungen zur Einlösung des Discounts:
1. Das Angebot ist einschließlich bis 30.6.2022 gültig.
2. Der Golfspieler/Leser hat sich telefonisch eine Abschlagzeit geben zu lassen – dabei ist die Nutzung des Angebots anzugeben.
3. Eine Barauszahlung des Greenfee-Vorteils ist nicht möglich.
4. Das Kombinieren von Angeboten oder bestehenden Greenfee-Vorteilen ist nicht möglich. Der Vorteil bezieht sich jeweils ausschließlich auf die zum Zeitpunkt der Einlösung gültigen vollen Greenfee-Gebühren.
5. Gibt es Spielergruppen mit erhöhten Greenfee-Gebühren, ist ein Nachlass auf diese Gebühren nicht möglich.
6. Das Angebot allein berechtigt nicht zum Spiel gegen Greenfee. Die Erfüllung der Bestimmungen des jeweiligen Golfclubs zur Greenfee-Berechtigung (Mitgliedschaft in einem Golfclub, Mindesthandicap etc.) zum Zeitpunkt der Einlösung sind Voraussetzung.
7. Es ist untersagt, den Greenfee-Gutschein entgeltlich Dritten zu überlassen bzw. mit diesen Handel zu treiben. Insbesondere sind die teilnehmenden Golfclubs in diesem Falle berechtigt, die Einlösung der ausgeschriebenen Angebote zu verweigern.
8. Die teilnehmenden Golfclubs haben sich gegenüber dem Verlag unter den o.g. Bedingungen verpflichtet, die ausgeschriebenen Angebote einzulösen. Der Verlag übernimmt jedoch keine Gewähr und keine Haftung, wenn ein Angebot nicht eingelöst wird oder werden kann.

Bedingungen zur Einlösung des Discounts:
1. Das Angebot ist einschließlich bis 30.6.2022 gültig.
2. Der Golfspieler/Leser hat sich telefonisch eine Abschlagzeit geben zu lassen – dabei ist die Nutzung des Angebots anzugeben.
3. Eine Barauszahlung des Greenfee-Vorteils ist nicht möglich.
4. Das Kombinieren von Angeboten oder bestehenden Greenfee-Vorteilen ist nicht möglich. Der Vorteil bezieht sich jeweils ausschließlich auf die zum Zeitpunkt der Einlösung gültigen vollen Greenfee-Gebühren.
5. Gibt es Spielergruppen mit erhöhten Greenfee-Gebühren, ist ein Nachlass auf diese Gebühren nicht möglich.
6. Das Angebot allein berechtigt nicht zum Spiel gegen Greenfee. Die Erfüllung der Bestimmungen des jeweiligen Golfclubs zur Greenfee-Berechtigung (Mitgliedschaft in einem Golfclub, Mindesthandicap etc.) zum Zeitpunkt der Einlösung sind Voraussetzung.
7. Es ist untersagt, den Greenfee-Gutschein entgeltlich Dritten zu überlassen bzw. mit diesen Handel zu treiben. Insbesondere sind die teilnehmenden Golfclubs in diesem Falle berechtigt, die Einlösung der ausgeschriebenen Angebote zu verweigern.
8. Die teilnehmenden Golfclubs haben sich gegenüber dem Verlag unter den o.g. Bedingungen verpflichtet, die ausgeschriebenen Angebote einzulösen. Der Verlag übernimmt jedoch keine Gewähr und keine Haftung, wenn ein Angebot nicht eingelöst wird oder werden kann.

Bedingungen zur Einlösung des Discounts:
1. Das Angebot ist einschließlich bis 30.6.2022 gültig.
2. Der Golfspieler/Leser hat sich telefonisch eine Abschlagzeit geben zu lassen – dabei ist die Nutzung des Angebots anzugeben.
3. Eine Barauszahlung des Greenfee-Vorteils ist nicht möglich.
4. Das Kombinieren von Angeboten oder bestehenden Greenfee-Vorteilen ist nicht möglich. Der Vorteil bezieht sich jeweils ausschließlich auf die zum Zeitpunkt der Einlösung gültigen vollen Greenfee-Gebühren.
5. Gibt es Spielergruppen mit erhöhten Greenfee-Gebühren, ist ein Nachlass auf diese Gebühren nicht möglich.
6. Das Angebot allein berechtigt nicht zum Spiel gegen Greenfee. Die Erfüllung der Bestimmungen des jeweiligen Golfclubs zur Greenfee-Berechtigung (Mitgliedschaft in einem Golfclub, Mindesthandicap etc.) zum Zeitpunkt der Einlösung sind Voraussetzung.
7. Es ist untersagt, den Greenfee-Gutschein entgeltlich Dritten zu überlassen bzw. mit diesen Handel zu treiben. Insbesondere sind die teilnehmenden Golfclubs in diesem Falle berechtigt, die Einlösung der ausgeschriebenen Angebote zu verweigern.
8. Die teilnehmenden Golfclubs haben sich gegenüber dem Verlag unter den o.g. Bedingungen verpflichtet, die ausgeschriebenen Angebote einzulösen. Der Verlag übernimmt jedoch keine Gewähr und keine Haftung, wenn ein Angebot nicht eingelöst wird oder werden kann.

Bedingungen zur Einlösung des Discounts:
1. Das Angebot ist einschließlich bis 30.6.2022 gültig.
2. Der Golfspieler/Leser hat sich telefonisch eine Abschlagzeit geben zu lassen – dabei ist die Nutzung des Angebots anzugeben.
3. Eine Barauszahlung des Greenfee-Vorteils ist nicht möglich.
4. Das Kombinieren von Angeboten oder bestehenden Greenfee-Vorteilen ist nicht möglich. Der Vorteil bezieht sich jeweils ausschließlich auf die zum Zeitpunkt der Einlösung gültigen vollen Greenfee-Gebühren.
5. Gibt es Spielergruppen mit erhöhten Greenfee-Gebühren, ist ein Nachlass auf diese Gebühren nicht möglich.
6. Das Angebot allein berechtigt nicht zum Spiel gegen Greenfee. Die Erfüllung der Bestimmungen des jeweiligen Golfclubs zur Greenfee-Berechtigung (Mitgliedschaft in einem Golfclub, Mindesthandicap etc.) zum Zeitpunkt der Einlösung sind Voraussetzung.
7. Es ist untersagt, den Greenfee-Gutschein entgeltlich Dritten zu überlassen bzw. mit diesen Handel zu treiben. Insbesondere sind die teilnehmenden Golfclubs in diesem Falle berechtigt, die Einlösung der ausgeschriebenen Angebote zu verweigern.
8. Die teilnehmenden Golfclubs haben sich gegenüber dem Verlag unter den o.g. Bedingungen verpflichtet, die ausgeschriebenen Angebote einzulösen. Der Verlag übernimmt jedoch keine Gewähr und keine Haftung, wenn ein Angebot nicht eingelöst wird oder werden kann.

DER GOLF ALBRECHT

Golf Club Schloß Breitenburg e.V. DE

Gut Osterholz 3
D-25524 Breitenburg
✆ 04828-8188
Schleswig-Holstein, Hamburg

15

20% **Greenfee-Ermäßigung**

DER GOLF ALBRECHT

Golf Club Schloß Breitenburg e.V. DE

Gut Osterholz 3
D-25524 Breitenburg
✆ 04828-8188
Schleswig-Holstein, Hamburg

15

20% **Greenfee-Ermäßigung**

DER GOLF ALBRECHT

Golfclub Hamburg Gut Waldhof DE

Am Waldhof 3
D-24629 Kisdorf
✆ 04194-99740
Schleswig-Holstein, Hamburg

16

2 for 1 **2 GF zum Preis von 1 wochentags**

DER GOLF ALBRECHT

Golfclub Hamburg Gut Waldhof DE

Am Waldhof 3
D-24629 Kisdorf
✆ 04194-99740
Schleswig-Holstein, Hamburg

16

25% **Greenfee-Ermäßigung wochentags**

DER GOLF ALBRECHT

Golf-Club Hoisdorf e.V. DE

Lunken, Hof Bornbek, Zufahrt über Fuhrwegen
D-22955 Hoisdorf
✆ 04107-7831
Schleswig-Holstein, Hamburg
Hinweis: Gültig für 18 Loch; Einlösung nur über das Sekretariat zu Öffnungszeiten.

17

20% **Greenfee-Ermäßigung**

DER GOLF ALBRECHT

Golf-Club Hoisdorf e.V. DE

Lunken, Hof Bornbek, Zufahrt über Fuhrwegen
D-22955 Hoisdorf
✆ 04107-7831
Schleswig-Holstein, Hamburg
Hinweis: Gültig für 18 Loch; Einlösung nur über das Sekretariat zu Öffnungszeiten.

17

20% **Greenfee-Ermäßigung**

DER GOLF ALBRECHT

Golf-Club Hoisdorf e.V. DE

Lunken, Hof Bornbek, Zufahrt über Fuhrwegen
D-22955 Hoisdorf
✆ 04107-7831
Schleswig-Holstein, Hamburg
Hinweis: Gültig für 18 Loch; Einlösung nur über das Sekretariat zu Öffnungszeiten.

17

20% **Greenfee-Ermäßigung**

DER GOLF ALBRECHT

Golf-Club Hoisdorf e.V. DE

Lunken, Hof Bornbek, Zufahrt über Fuhrwegen
D-22955 Hoisdorf
✆ 04107-7831
Schleswig-Holstein, Hamburg
Hinweis: Gültig für 18 Loch; Einlösung nur über das Sekretariat zu Öffnungszeiten.

17

20% **Greenfee-Ermäßigung**

DER GOLF ALBRECHT

Golf-Club Gut Grambek e.V. DE

Schloßstraße 21
D-23883 Grambek/Mölln
✆ 04542-841474
Schleswig-Holstein, Hamburg

18

2 for 1 **2 GF zum Preis von 1**

DER GOLF ALBRECHT

Golf-Club Gut Grambek e.V. DE

Schloßstraße 21
D-23883 Grambek/Mölln
✆ 04542-841474
Schleswig-Holstein, Hamburg

18

2 for 1 **2 GF zum Preis von 1**

Bedingungen zur Einlösung des Discounts:

1. Das Angebot ist einschließlich bis 30.6.2022 gültig.
2. Der Golfspieler/Leser hat sich telefonisch eine Abschlagzeit geben zu lassen – dabei ist die Nutzung des Angebots anzugeben.
3. Eine Barauszahlung des Greenfee-Vorteils ist nicht möglich.
4. Das Kombinieren von Angeboten oder bestehenden Greenfee-Vorteilen ist nicht möglich. Der Vorteil bezieht sich jeweils ausschließlich auf die zum Zeitpunkt der Einlösung gültigen vollen Greenfee-Gebühren.
5. Gibt es Spielergruppen mit erhöhten Greenfee-Gebühren, ist ein Nachlass auf diese Gebühren nicht möglich.
6. Das Angebot allein berechtigt nicht zum Spiel gegen Greenfee. Die Erfüllung der Bestimmungen des jeweiligen Golfclubs zur Greenfee-Berechtigung (Mitgliedschaft in einem Golfclub, Mindesthandicap etc.) zum Zeitpunkt der Einlösung sind Voraussetzung.
7. Es ist untersagt, den Greenfee-Gutschein entgeltlich Dritten zu überlassen bzw. mit diesen Handel zu treiben. Insbesondere sind die teilnehmenden Golfclubs in diesem Falle berechtigt, die Einlösung der ausgeschriebenen Angebote zu verweigern.
8. Die teilnehmenden Golfclubs haben sich gegenüber dem Verlag unter den o.g. Bedingungen verpflichtet, die ausgeschriebenen Angebote einzulösen. Der Verlag übernimmt jedoch keine Gewähr und keine Haftung, wenn ein Angebot nicht eingelöst wird oder werden kann.

Bedingungen zur Einlösung des Discounts:

1. Das Angebot ist einschließlich bis 30.6.2022 gültig.
2. Der Golfspieler/Leser hat sich telefonisch eine Abschlagzeit geben zu lassen – dabei ist die Nutzung des Angebots anzugeben.
3. Eine Barauszahlung des Greenfee-Vorteils ist nicht möglich.
4. Das Kombinieren von Angeboten oder bestehenden Greenfee-Vorteilen ist nicht möglich. Der Vorteil bezieht sich jeweils ausschließlich auf die zum Zeitpunkt der Einlösung gültigen vollen Greenfee-Gebühren.
5. Gibt es Spielergruppen mit erhöhten Greenfee-Gebühren, ist ein Nachlass auf diese Gebühren nicht möglich.
6. Das Angebot allein berechtigt nicht zum Spiel gegen Greenfee. Die Erfüllung der Bestimmungen des jeweiligen Golfclubs zur Greenfee-Berechtigung (Mitgliedschaft in einem Golfclub, Mindesthandicap etc.) zum Zeitpunkt der Einlösung sind Voraussetzung.
7. Es ist untersagt, den Greenfee-Gutschein entgeltlich Dritten zu überlassen bzw. mit diesen Handel zu treiben. Insbesondere sind die teilnehmenden Golfclubs in diesem Falle berechtigt, die Einlösung der ausgeschriebenen Angebote zu verweigern.
8. Die teilnehmenden Golfclubs haben sich gegenüber dem Verlag unter den o.g. Bedingungen verpflichtet, die ausgeschriebenen Angebote einzulösen. Der Verlag übernimmt jedoch keine Gewähr und keine Haftung, wenn ein Angebot nicht eingelöst wird oder werden kann.

Bedingungen zur Einlösung des Discounts:

1. Das Angebot ist einschließlich bis 30.6.2022 gültig.
2. Der Golfspieler/Leser hat sich telefonisch eine Abschlagzeit geben zu lassen – dabei ist die Nutzung des Angebots anzugeben.
3. Eine Barauszahlung des Greenfee-Vorteils ist nicht möglich.
4. Das Kombinieren von Angeboten oder bestehenden Greenfee-Vorteilen ist nicht möglich. Der Vorteil bezieht sich jeweils ausschließlich auf die zum Zeitpunkt der Einlösung gültigen vollen Greenfee-Gebühren.
5. Gibt es Spielergruppen mit erhöhten Greenfee-Gebühren, ist ein Nachlass auf diese Gebühren nicht möglich.
6. Das Angebot allein berechtigt nicht zum Spiel gegen Greenfee. Die Erfüllung der Bestimmungen des jeweiligen Golfclubs zur Greenfee-Berechtigung (Mitgliedschaft in einem Golfclub, Mindesthandicap etc.) zum Zeitpunkt der Einlösung sind Voraussetzung.
7. Es ist untersagt, den Greenfee-Gutschein entgeltlich Dritten zu überlassen bzw. mit diesen Handel zu treiben. Insbesondere sind die teilnehmenden Golfclubs in diesem Falle berechtigt, die Einlösung der ausgeschriebenen Angebote zu verweigern.
8. Die teilnehmenden Golfclubs haben sich gegenüber dem Verlag unter den o.g. Bedingungen verpflichtet, die ausgeschriebenen Angebote einzulösen. Der Verlag übernimmt jedoch keine Gewähr und keine Haftung, wenn ein Angebot nicht eingelöst wird oder werden kann.

Bedingungen zur Einlösung des Discounts:

1. Das Angebot ist einschließlich bis 30.6.2022 gültig.
2. Der Golfspieler/Leser hat sich telefonisch eine Abschlagzeit geben zu lassen – dabei ist die Nutzung des Angebots anzugeben.
3. Eine Barauszahlung des Greenfee-Vorteils ist nicht möglich.
4. Das Kombinieren von Angeboten oder bestehenden Greenfee-Vorteilen ist nicht möglich. Der Vorteil bezieht sich jeweils ausschließlich auf die zum Zeitpunkt der Einlösung gültigen vollen Greenfee-Gebühren.
5. Gibt es Spielergruppen mit erhöhten Greenfee-Gebühren, ist ein Nachlass auf diese Gebühren nicht möglich.
6. Das Angebot allein berechtigt nicht zum Spiel gegen Greenfee. Die Erfüllung der Bestimmungen des jeweiligen Golfclubs zur Greenfee-Berechtigung (Mitgliedschaft in einem Golfclub, Mindesthandicap etc.) zum Zeitpunkt der Einlösung sind Voraussetzung.
7. Es ist untersagt, den Greenfee-Gutschein entgeltlich Dritten zu überlassen bzw. mit diesen Handel zu treiben. Insbesondere sind die teilnehmenden Golfclubs in diesem Falle berechtigt, die Einlösung der ausgeschriebenen Angebote zu verweigern.
8. Die teilnehmenden Golfclubs haben sich gegenüber dem Verlag unter den o.g. Bedingungen verpflichtet, die ausgeschriebenen Angebote einzulösen. Der Verlag übernimmt jedoch keine Gewähr und keine Haftung, wenn ein Angebot nicht eingelöst wird oder werden kann.

Bedingungen zur Einlösung des Discounts:

1. Das Angebot ist einschließlich bis 30.6.2022 gültig.
2. Der Golfspieler/Leser hat sich telefonisch eine Abschlagzeit geben zu lassen – dabei ist die Nutzung des Angebots anzugeben.
3. Eine Barauszahlung des Greenfee-Vorteils ist nicht möglich.
4. Das Kombinieren von Angeboten oder bestehenden Greenfee-Vorteilen ist nicht möglich. Der Vorteil bezieht sich jeweils ausschließlich auf die zum Zeitpunkt der Einlösung gültigen vollen Greenfee-Gebühren.
5. Gibt es Spielergruppen mit erhöhten Greenfee-Gebühren, ist ein Nachlass auf diese Gebühren nicht möglich.
6. Das Angebot allein berechtigt nicht zum Spiel gegen Greenfee. Die Erfüllung der Bestimmungen des jeweiligen Golfclubs zur Greenfee-Berechtigung (Mitgliedschaft in einem Golfclub, Mindesthandicap etc.) zum Zeitpunkt der Einlösung sind Voraussetzung.
7. Es ist untersagt, den Greenfee-Gutschein entgeltlich Dritten zu überlassen bzw. mit diesen Handel zu treiben. Insbesondere sind die teilnehmenden Golfclubs in diesem Falle berechtigt, die Einlösung der ausgeschriebenen Angebote zu verweigern.
8. Die teilnehmenden Golfclubs haben sich gegenüber dem Verlag unter den o.g. Bedingungen verpflichtet, die ausgeschriebenen Angebote einzulösen. Der Verlag übernimmt jedoch keine Gewähr und keine Haftung, wenn ein Angebot nicht eingelöst wird oder werden kann.

Bedingungen zur Einlösung des Discounts:

1. Das Angebot ist einschließlich bis 30.6.2022 gültig.
2. Der Golfspieler/Leser hat sich telefonisch eine Abschlagzeit geben zu lassen – dabei ist die Nutzung des Angebots anzugeben.
3. Eine Barauszahlung des Greenfee-Vorteils ist nicht möglich.
4. Das Kombinieren von Angeboten oder bestehenden Greenfee-Vorteilen ist nicht möglich. Der Vorteil bezieht sich jeweils ausschließlich auf die zum Zeitpunkt der Einlösung gültigen vollen Greenfee-Gebühren.
5. Gibt es Spielergruppen mit erhöhten Greenfee-Gebühren, ist ein Nachlass auf diese Gebühren nicht möglich.
6. Das Angebot allein berechtigt nicht zum Spiel gegen Greenfee. Die Erfüllung der Bestimmungen des jeweiligen Golfclubs zur Greenfee-Berechtigung (Mitgliedschaft in einem Golfclub, Mindesthandicap etc.) zum Zeitpunkt der Einlösung sind Voraussetzung.
7. Es ist untersagt, den Greenfee-Gutschein entgeltlich Dritten zu überlassen bzw. mit diesen Handel zu treiben. Insbesondere sind die teilnehmenden Golfclubs in diesem Falle berechtigt, die Einlösung der ausgeschriebenen Angebote zu verweigern.
8. Die teilnehmenden Golfclubs haben sich gegenüber dem Verlag unter den o.g. Bedingungen verpflichtet, die ausgeschriebenen Angebote einzulösen. Der Verlag übernimmt jedoch keine Gewähr und keine Haftung, wenn ein Angebot nicht eingelöst wird oder werden kann.

Bedingungen zur Einlösung des Discounts:

1. Das Angebot ist einschließlich bis 30.6.2022 gültig.
2. Der Golfspieler/Leser hat sich telefonisch eine Abschlagzeit geben zu lassen – dabei ist die Nutzung des Angebots anzugeben.
3. Eine Barauszahlung des Greenfee-Vorteils ist nicht möglich.
4. Das Kombinieren von Angeboten oder bestehenden Greenfee-Vorteilen ist nicht möglich. Der Vorteil bezieht sich jeweils ausschließlich auf die zum Zeitpunkt der Einlösung gültigen vollen Greenfee-Gebühren.
5. Gibt es Spielergruppen mit erhöhten Greenfee-Gebühren, ist ein Nachlass auf diese Gebühren nicht möglich.
6. Das Angebot allein berechtigt nicht zum Spiel gegen Greenfee. Die Erfüllung der Bestimmungen des jeweiligen Golfclubs zur Greenfee-Berechtigung (Mitgliedschaft in einem Golfclub, Mindesthandicap etc.) zum Zeitpunkt der Einlösung sind Voraussetzung.
7. Es ist untersagt, den Greenfee-Gutschein entgeltlich Dritten zu überlassen bzw. mit diesen Handel zu treiben. Insbesondere sind die teilnehmenden Golfclubs in diesem Falle berechtigt, die Einlösung der ausgeschriebenen Angebote zu verweigern.
8. Die teilnehmenden Golfclubs haben sich gegenüber dem Verlag unter den o.g. Bedingungen verpflichtet, die ausgeschriebenen Angebote einzulösen. Der Verlag übernimmt jedoch keine Gewähr und keine Haftung, wenn ein Angebot nicht eingelöst wird oder werden kann.

Bedingungen zur Einlösung des Discounts:

1. Das Angebot ist einschließlich bis 30.6.2022 gültig.
2. Der Golfspieler/Leser hat sich telefonisch eine Abschlagzeit geben zu lassen – dabei ist die Nutzung des Angebots anzugeben.
3. Eine Barauszahlung des Greenfee-Vorteils ist nicht möglich.
4. Das Kombinieren von Angeboten oder bestehenden Greenfee-Vorteilen ist nicht möglich. Der Vorteil bezieht sich jeweils ausschließlich auf die zum Zeitpunkt der Einlösung gültigen vollen Greenfee-Gebühren.
5. Gibt es Spielergruppen mit erhöhten Greenfee-Gebühren, ist ein Nachlass auf diese Gebühren nicht möglich.
6. Das Angebot allein berechtigt nicht zum Spiel gegen Greenfee. Die Erfüllung der Bestimmungen des jeweiligen Golfclubs zur Greenfee-Berechtigung (Mitgliedschaft in einem Golfclub, Mindesthandicap etc.) zum Zeitpunkt der Einlösung sind Voraussetzung.
7. Es ist untersagt, den Greenfee-Gutschein entgeltlich Dritten zu überlassen bzw. mit diesen Handel zu treiben. Insbesondere sind die teilnehmenden Golfclubs in diesem Falle berechtigt, die Einlösung der ausgeschriebenen Angebote zu verweigern.
8. Die teilnehmenden Golfclubs haben sich gegenüber dem Verlag unter den o.g. Bedingungen verpflichtet, die ausgeschriebenen Angebote einzulösen. Der Verlag übernimmt jedoch keine Gewähr und keine Haftung, wenn ein Angebot nicht eingelöst wird oder werden kann.

Bedingungen zur Einlösung des Discounts:

1. Das Angebot ist einschließlich bis 30.6.2022 gültig.
2. Der Golfspieler/Leser hat sich telefonisch eine Abschlagzeit geben zu lassen – dabei ist die Nutzung des Angebots anzugeben.
3. Eine Barauszahlung des Greenfee-Vorteils ist nicht möglich.
4. Das Kombinieren von Angeboten oder bestehenden Greenfee-Vorteilen ist nicht möglich. Der Vorteil bezieht sich jeweils ausschließlich auf die zum Zeitpunkt der Einlösung gültigen vollen Greenfee-Gebühren.
5. Gibt es Spielergruppen mit erhöhten Greenfee-Gebühren, ist ein Nachlass auf diese Gebühren nicht möglich.
6. Das Angebot allein berechtigt nicht zum Spiel gegen Greenfee. Die Erfüllung der Bestimmungen des jeweiligen Golfclubs zur Greenfee-Berechtigung (Mitgliedschaft in einem Golfclub, Mindesthandicap etc.) zum Zeitpunkt der Einlösung sind Voraussetzung.
7. Es ist untersagt, den Greenfee-Gutschein entgeltlich Dritten zu überlassen bzw. mit diesen Handel zu treiben. Insbesondere sind die teilnehmenden Golfclubs in diesem Falle berechtigt, die Einlösung der ausgeschriebenen Angebote zu verweigern.
8. Die teilnehmenden Golfclubs haben sich gegenüber dem Verlag unter den o.g. Bedingungen verpflichtet, die ausgeschriebenen Angebote einzulösen. Der Verlag übernimmt jedoch keine Gewähr und keine Haftung, wenn ein Angebot nicht eingelöst wird oder werden kann.

Bedingungen zur Einlösung des Discounts:

1. Das Angebot ist einschließlich bis 30.6.2022 gültig.
2. Der Golfspieler/Leser hat sich telefonisch eine Abschlagzeit geben zu lassen – dabei ist die Nutzung des Angebots anzugeben.
3. Eine Barauszahlung des Greenfee-Vorteils ist nicht möglich.
4. Das Kombinieren von Angeboten oder bestehenden Greenfee-Vorteilen ist nicht möglich. Der Vorteil bezieht sich jeweils ausschließlich auf die zum Zeitpunkt der Einlösung gültigen vollen Greenfee-Gebühren.
5. Gibt es Spielergruppen mit erhöhten Greenfee-Gebühren, ist ein Nachlass auf diese Gebühren nicht möglich.
6. Das Angebot allein berechtigt nicht zum Spiel gegen Greenfee. Die Erfüllung der Bestimmungen des jeweiligen Golfclubs zur Greenfee-Berechtigung (Mitgliedschaft in einem Golfclub, Mindesthandicap etc.) zum Zeitpunkt der Einlösung sind Voraussetzung.
7. Es ist untersagt, den Greenfee-Gutschein entgeltlich Dritten zu überlassen bzw. mit diesen Handel zu treiben. Insbesondere sind die teilnehmenden Golfclubs in diesem Falle berechtigt, die Einlösung der ausgeschriebenen Angebote zu verweigern.
8. Die teilnehmenden Golfclubs haben sich gegenüber dem Verlag unter den o.g. Bedingungen verpflichtet, die ausgeschriebenen Angebote einzulösen. Der Verlag übernimmt jedoch keine Gewähr und keine Haftung, wenn ein Angebot nicht eingelöst wird oder werden kann.

DER GOLF ALBRECHT

Golf-Club Gut Grambek e.V. — DE

Schloßstraße 21
D-23883 Grambek/Mölln
✆ 04542-841474
Schleswig-Holstein, Hamburg

18

20% Greenfee-Ermäßigung

DER GOLF ALBRECHT

Golf-Club Gut Grambek e.V. — DE

Schloßstraße 21
D-23883 Grambek/Mölln
✆ 04542-841474
Schleswig-Holstein, Hamburg

18

20% Greenfee-Ermäßigung

DER GOLF ALBRECHT

Golf & Country Club Brunstorf — DE

Am Golfplatz
D-21524 Brunstorf
✆ 04151-867878
Schleswig-Holstein, Hamburg
Hinweis: nur für18-Loch-Runde

19

15 € Greenfee-Ermäßigung

DER GOLF ALBRECHT

Golf-Club Escheburg e.V. — DE

Am Soll 3
D-21039 Escheburg
✆ 04152-83204
Schleswig-Holstein, Hamburg
Hinweis: nur für 18 Loch-Runde

20

2 for 1 2 GF zum Preis von 1

DER GOLF ALBRECHT

Golf-Club Escheburg e.V. — DE

Am Soll 3
D-21039 Escheburg
✆ 04152-83204
Schleswig-Holstein, Hamburg

20

25% Greenfee-Ermäßigung

DER GOLF ALBRECHT

Golfclub Rügen e.V. — DE

Am Golfplatz 2
D-18574 Garz OT Karnitz/Rügen
✆ 038304-82470
Mecklenburg-Vorpommern

21

20% Greenfee-Ermäßigung wochentags

DER GOLF ALBRECHT

Golfclub Rügen e.V. — DE

Am Golfplatz 2
D-18574 Garz OT Karnitz/Rügen
✆ 038304-82470
Mecklenburg-Vorpommern

21

20% Greenfee-Ermäßigung wochentags

DER GOLF ALBRECHT

Hanseatischer Golfclub e.V. in Greifswald — DE

Golfpark 1
D-17498 Greifswald-Wackerow
✆ 03834-3689916
Mecklenburg-Vorpommern

22

2 for 1 2 GF zum Preis von 1

DER GOLF ALBRECHT

Hanseatischer Golfclub e.V. in Greifswald — DE

Golfpark 1
D-17498 Greifswald-Wackerow
✆ 03834-3689916
Mecklenburg-Vorpommern

22

2 for 1 2 GF zum Preis von 1

DER GOLF ALBRECHT

Hanseatischer Golfclub e.V. in Greifswald — DE

Golfpark 1
D-17498 Greifswald-Wackerow
✆ 03834-3689916
Mecklenburg-Vorpommern

22

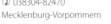

30% Greenfee-Ermäßigung

Bedingungen zur Einlösung des Discounts:

1. Das Angebot ist einschließlich bis 30.6.2022 gültig.
2. Der Golfspieler/Leser hat sich telefonisch eine Abschlagzeit geben zu lassen – dabei ist die Nutzung des Angebots anzugeben.
3. Eine Barauszahlung des Greenfee-Vorteils ist nicht möglich.
4. Das Kombinieren von Angeboten oder bestehenden Greenfee-Vorteilen ist nicht möglich. Der Vorteil bezieht sich jeweils ausschließlich auf die zum Zeitpunkt der Einlösung gültigen vollen Greenfee-Gebühren.
5. Gibt es Spielergruppen mit erhöhten Greenfee-Gebühren, ist ein Nachlass auf diese Gebühren nicht möglich.
6. Das Angebot allein berechtigt nicht zum Spiel gegen Greenfee. Die Erfüllung der Bestimmungen des jeweiligen Golfclubs zur Greenfee-Berechtigung (Mitgliedschaft in einem Golfclub, Mindesthandicap etc.) zum Zeitpunkt der Einlösung sind Voraussetzung.
7. Es ist untersagt, den Greenfee-Gutschein entgeltlich Dritten zu überlassen bzw. mit diesen Handel zu treiben. Insbesondere sind die teilnehmenden Golfclubs in diesem Falle berechtigt, die Einlösung der ausgeschriebenen Angebote zu verweigern.
8. Die teilnehmenden Golfclubs haben sich gegenüber dem Verlag unter den o.g. Bedingungen verpflichtet, die ausgeschriebenen Angebote einzulösen. Der Verlag übernimmt jedoch keine Gewähr und keine Haftung, wenn ein Angebot nicht eingelöst wird oder werden kann.

Bedingungen zur Einlösung des Discounts:

1. Das Angebot ist einschließlich bis 30.6.2022 gültig.
2. Der Golfspieler/Leser hat sich telefonisch eine Abschlagzeit geben zu lassen – dabei ist die Nutzung des Angebots anzugeben.
3. Eine Barauszahlung des Greenfee-Vorteils ist nicht möglich.
4. Das Kombinieren von Angeboten oder bestehenden Greenfee-Vorteilen ist nicht möglich. Der Vorteil bezieht sich jeweils ausschließlich auf die zum Zeitpunkt der Einlösung gültigen vollen Greenfee-Gebühren.
5. Gibt es Spielergruppen mit erhöhten Greenfee-Gebühren, ist ein Nachlass auf diese Gebühren nicht möglich.
6. Das Angebot allein berechtigt nicht zum Spiel gegen Greenfee. Die Erfüllung der Bestimmungen des jeweiligen Golfclubs zur Greenfee-Berechtigung (Mitgliedschaft in einem Golfclub, Mindesthandicap etc.) zum Zeitpunkt der Einlösung sind Voraussetzung.
7. Es ist untersagt, den Greenfee-Gutschein entgeltlich Dritten zu überlassen bzw. mit diesen Handel zu treiben. Insbesondere sind die teilnehmenden Golfclubs in diesem Falle berechtigt, die Einlösung der ausgeschriebenen Angebote zu verweigern.
8. Die teilnehmenden Golfclubs haben sich gegenüber dem Verlag unter den o.g. Bedingungen verpflichtet, die ausgeschriebenen Angebote einzulösen. Der Verlag übernimmt jedoch keine Gewähr und keine Haftung, wenn ein Angebot nicht eingelöst wird oder werden kann.

Bedingungen zur Einlösung des Discounts:

1. Das Angebot ist einschließlich bis 30.6.2022 gültig.
2. Der Golfspieler/Leser hat sich telefonisch eine Abschlagzeit geben zu lassen – dabei ist die Nutzung des Angebots anzugeben.
3. Eine Barauszahlung des Greenfee-Vorteils ist nicht möglich.
4. Das Kombinieren von Angeboten oder bestehenden Greenfee-Vorteilen ist nicht möglich. Der Vorteil bezieht sich jeweils ausschließlich auf die zum Zeitpunkt der Einlösung gültigen vollen Greenfee-Gebühren.
5. Gibt es Spielergruppen mit erhöhten Greenfee-Gebühren, ist ein Nachlass auf diese Gebühren nicht möglich.
6. Das Angebot allein berechtigt nicht zum Spiel gegen Greenfee. Die Erfüllung der Bestimmungen des jeweiligen Golfclubs zur Greenfee-Berechtigung (Mitgliedschaft in einem Golfclub, Mindesthandicap etc.) zum Zeitpunkt der Einlösung sind Voraussetzung.
7. Es ist untersagt, den Greenfee-Gutschein entgeltlich Dritten zu überlassen bzw. mit diesen Handel zu treiben. Insbesondere sind die teilnehmenden Golfclubs in diesem Falle berechtigt, die Einlösung der ausgeschriebenen Angebote zu verweigern.
8. Die teilnehmenden Golfclubs haben sich gegenüber dem Verlag unter den o.g. Bedingungen verpflichtet, die ausgeschriebenen Angebote einzulösen. Der Verlag übernimmt jedoch keine Gewähr und keine Haftung, wenn ein Angebot nicht eingelöst wird oder werden kann.

Bedingungen zur Einlösung des Discounts:

1. Das Angebot ist einschließlich bis 30.6.2022 gültig.
2. Der Golfspieler/Leser hat sich telefonisch eine Abschlagzeit geben zu lassen – dabei ist die Nutzung des Angebots anzugeben.
3. Eine Barauszahlung des Greenfee-Vorteils ist nicht möglich.
4. Das Kombinieren von Angeboten oder bestehenden Greenfee-Vorteilen ist nicht möglich. Der Vorteil bezieht sich jeweils ausschließlich auf die zum Zeitpunkt der Einlösung gültigen vollen Greenfee-Gebühren.
5. Gibt es Spielergruppen mit erhöhten Greenfee-Gebühren, ist ein Nachlass auf diese Gebühren nicht möglich.
6. Das Angebot allein berechtigt nicht zum Spiel gegen Greenfee. Die Erfüllung der Bestimmungen des jeweiligen Golfclubs zur Greenfee-Berechtigung (Mitgliedschaft in einem Golfclub, Mindesthandicap etc.) zum Zeitpunkt der Einlösung sind Voraussetzung.
7. Es ist untersagt, den Greenfee-Gutschein entgeltlich Dritten zu überlassen bzw. mit diesen Handel zu treiben. Insbesondere sind die teilnehmenden Golfclubs in diesem Falle berechtigt, die Einlösung der ausgeschriebenen Angebote zu verweigern.
8. Die teilnehmenden Golfclubs haben sich gegenüber dem Verlag unter den o.g. Bedingungen verpflichtet, die ausgeschriebenen Angebote einzulösen. Der Verlag übernimmt jedoch keine Gewähr und keine Haftung, wenn ein Angebot nicht eingelöst wird oder werden kann.

Bedingungen zur Einlösung des Discounts:

1. Das Angebot ist einschließlich bis 30.6.2022 gültig.
2. Der Golfspieler/Leser hat sich telefonisch eine Abschlagzeit geben zu lassen – dabei ist die Nutzung des Angebots anzugeben.
3. Eine Barauszahlung des Greenfee-Vorteils ist nicht möglich.
4. Das Kombinieren von Angeboten oder bestehenden Greenfee-Vorteilen ist nicht möglich. Der Vorteil bezieht sich jeweils ausschließlich auf die zum Zeitpunkt der Einlösung gültigen vollen Greenfee-Gebühren.
5. Gibt es Spielergruppen mit erhöhten Greenfee-Gebühren, ist ein Nachlass auf diese Gebühren nicht möglich.
6. Das Angebot allein berechtigt nicht zum Spiel gegen Greenfee. Die Erfüllung der Bestimmungen des jeweiligen Golfclubs zur Greenfee-Berechtigung (Mitgliedschaft in einem Golfclub, Mindesthandicap etc.) zum Zeitpunkt der Einlösung sind Voraussetzung.
7. Es ist untersagt, den Greenfee-Gutschein entgeltlich Dritten zu überlassen bzw. mit diesen Handel zu treiben. Insbesondere sind die teilnehmenden Golfclubs in diesem Falle berechtigt, die Einlösung der ausgeschriebenen Angebote zu verweigern.
8. Die teilnehmenden Golfclubs haben sich gegenüber dem Verlag unter den o.g. Bedingungen verpflichtet, die ausgeschriebenen Angebote einzulösen. Der Verlag übernimmt jedoch keine Gewähr und keine Haftung, wenn ein Angebot nicht eingelöst wird oder werden kann.

Bedingungen zur Einlösung des Discounts:

1. Das Angebot ist einschließlich bis 30.6.2022 gültig.
2. Der Golfspieler/Leser hat sich telefonisch eine Abschlagzeit geben zu lassen – dabei ist die Nutzung des Angebots anzugeben.
3. Eine Barauszahlung des Greenfee-Vorteils ist nicht möglich.
4. Das Kombinieren von Angeboten oder bestehenden Greenfee-Vorteilen ist nicht möglich. Der Vorteil bezieht sich jeweils ausschließlich auf die zum Zeitpunkt der Einlösung gültigen vollen Greenfee-Gebühren.
5. Gibt es Spielergruppen mit erhöhten Greenfee-Gebühren, ist ein Nachlass auf diese Gebühren nicht möglich.
6. Das Angebot allein berechtigt nicht zum Spiel gegen Greenfee. Die Erfüllung der Bestimmungen des jeweiligen Golfclubs zur Greenfee-Berechtigung (Mitgliedschaft in einem Golfclub, Mindesthandicap etc.) zum Zeitpunkt der Einlösung sind Voraussetzung.
7. Es ist untersagt, den Greenfee-Gutschein entgeltlich Dritten zu überlassen bzw. mit diesen Handel zu treiben. Insbesondere sind die teilnehmenden Golfclubs in diesem Falle berechtigt, die Einlösung der ausgeschriebenen Angebote zu verweigern.
8. Die teilnehmenden Golfclubs haben sich gegenüber dem Verlag unter den o.g. Bedingungen verpflichtet, die ausgeschriebenen Angebote einzulösen. Der Verlag übernimmt jedoch keine Gewähr und keine Haftung, wenn ein Angebot nicht eingelöst wird oder werden kann.

Bedingungen zur Einlösung des Discounts:

1. Das Angebot ist einschließlich bis 30.6.2022 gültig.
2. Der Golfspieler/Leser hat sich telefonisch eine Abschlagzeit geben zu lassen – dabei ist die Nutzung des Angebots anzugeben.
3. Eine Barauszahlung des Greenfee-Vorteils ist nicht möglich.
4. Das Kombinieren von Angeboten oder bestehenden Greenfee-Vorteilen ist nicht möglich. Der Vorteil bezieht sich jeweils ausschließlich auf die zum Zeitpunkt der Einlösung gültigen vollen Greenfee-Gebühren.
5. Gibt es Spielergruppen mit erhöhten Greenfee-Gebühren, ist ein Nachlass auf diese Gebühren nicht möglich.
6. Das Angebot allein berechtigt nicht zum Spiel gegen Greenfee. Die Erfüllung der Bestimmungen des jeweiligen Golfclubs zur Greenfee-Berechtigung (Mitgliedschaft in einem Golfclub, Mindesthandicap etc.) zum Zeitpunkt der Einlösung sind Voraussetzung.
7. Es ist untersagt, den Greenfee-Gutschein entgeltlich Dritten zu überlassen bzw. mit diesen Handel zu treiben. Insbesondere sind die teilnehmenden Golfclubs in diesem Falle berechtigt, die Einlösung der ausgeschriebenen Angebote zu verweigern.
8. Die teilnehmenden Golfclubs haben sich gegenüber dem Verlag unter den o.g. Bedingungen verpflichtet, die ausgeschriebenen Angebote einzulösen. Der Verlag übernimmt jedoch keine Gewähr und keine Haftung, wenn ein Angebot nicht eingelöst wird oder werden kann.

Bedingungen zur Einlösung des Discounts:

1. Das Angebot ist einschließlich bis 30.6.2022 gültig.
2. Der Golfspieler/Leser hat sich telefonisch eine Abschlagzeit geben zu lassen – dabei ist die Nutzung des Angebots anzugeben.
3. Eine Barauszahlung des Greenfee-Vorteils ist nicht möglich.
4. Das Kombinieren von Angeboten oder bestehenden Greenfee-Vorteilen ist nicht möglich. Der Vorteil bezieht sich jeweils ausschließlich auf die zum Zeitpunkt der Einlösung gültigen vollen Greenfee-Gebühren.
5. Gibt es Spielergruppen mit erhöhten Greenfee-Gebühren, ist ein Nachlass auf diese Gebühren nicht möglich.
6. Das Angebot allein berechtigt nicht zum Spiel gegen Greenfee. Die Erfüllung der Bestimmungen des jeweiligen Golfclubs zur Greenfee-Berechtigung (Mitgliedschaft in einem Golfclub, Mindesthandicap etc.) zum Zeitpunkt der Einlösung sind Voraussetzung.
7. Es ist untersagt, den Greenfee-Gutschein entgeltlich Dritten zu überlassen bzw. mit diesen Handel zu treiben. Insbesondere sind die teilnehmenden Golfclubs in diesem Falle berechtigt, die Einlösung der ausgeschriebenen Angebote zu verweigern.
8. Die teilnehmenden Golfclubs haben sich gegenüber dem Verlag unter den o.g. Bedingungen verpflichtet, die ausgeschriebenen Angebote einzulösen. Der Verlag übernimmt jedoch keine Gewähr und keine Haftung, wenn ein Angebot nicht eingelöst wird oder werden kann.

Bedingungen zur Einlösung des Discounts:

1. Das Angebot ist einschließlich bis 30.6.2022 gültig.
2. Der Golfspieler/Leser hat sich telefonisch eine Abschlagzeit geben zu lassen – dabei ist die Nutzung des Angebots anzugeben.
3. Eine Barauszahlung des Greenfee-Vorteils ist nicht möglich.
4. Das Kombinieren von Angeboten oder bestehenden Greenfee-Vorteilen ist nicht möglich. Der Vorteil bezieht sich jeweils ausschließlich auf die zum Zeitpunkt der Einlösung gültigen vollen Greenfee-Gebühren.
5. Gibt es Spielergruppen mit erhöhten Greenfee-Gebühren, ist ein Nachlass auf diese Gebühren nicht möglich.
6. Das Angebot allein berechtigt nicht zum Spiel gegen Greenfee. Die Erfüllung der Bestimmungen des jeweiligen Golfclubs zur Greenfee-Berechtigung (Mitgliedschaft in einem Golfclub, Mindesthandicap etc.) zum Zeitpunkt der Einlösung sind Voraussetzung.
7. Es ist untersagt, den Greenfee-Gutschein entgeltlich Dritten zu überlassen bzw. mit diesen Handel zu treiben. Insbesondere sind die teilnehmenden Golfclubs in diesem Falle berechtigt, die Einlösung der ausgeschriebenen Angebote zu verweigern.
8. Die teilnehmenden Golfclubs haben sich gegenüber dem Verlag unter den o.g. Bedingungen verpflichtet, die ausgeschriebenen Angebote einzulösen. Der Verlag übernimmt jedoch keine Gewähr und keine Haftung, wenn ein Angebot nicht eingelöst wird oder werden kann.

Bedingungen zur Einlösung des Discounts:

1. Das Angebot ist einschließlich bis 30.6.2022 gültig.
2. Der Golfspieler/Leser hat sich telefonisch eine Abschlagzeit geben zu lassen – dabei ist die Nutzung des Angebots anzugeben.
3. Eine Barauszahlung des Greenfee-Vorteils ist nicht möglich.
4. Das Kombinieren von Angeboten oder bestehenden Greenfee-Vorteilen ist nicht möglich. Der Vorteil bezieht sich jeweils ausschließlich auf die zum Zeitpunkt der Einlösung gültigen vollen Greenfee-Gebühren.
5. Gibt es Spielergruppen mit erhöhten Greenfee-Gebühren, ist ein Nachlass auf diese Gebühren nicht möglich.
6. Das Angebot allein berechtigt nicht zum Spiel gegen Greenfee. Die Erfüllung der Bestimmungen des jeweiligen Golfclubs zur Greenfee-Berechtigung (Mitgliedschaft in einem Golfclub, Mindesthandicap etc.) zum Zeitpunkt der Einlösung sind Voraussetzung.
7. Es ist untersagt, den Greenfee-Gutschein entgeltlich Dritten zu überlassen bzw. mit diesen Handel zu treiben. Insbesondere sind die teilnehmenden Golfclubs in diesem Falle berechtigt, die Einlösung der ausgeschriebenen Angebote zu verweigern.
8. Die teilnehmenden Golfclubs haben sich gegenüber dem Verlag unter den o.g. Bedingungen verpflichtet, die ausgeschriebenen Angebote einzulösen. Der Verlag übernimmt jedoch keine Gewähr und keine Haftung, wenn ein Angebot nicht eingelöst wird oder werden kann.

DER GOLF ALBRECHT

Hanseatischer Golfclub e.V. in Greifswald

DE

Golfpark 1
D-17498 Greifswald-Wackerow
✆ 03834-3689916
Mecklenburg-Vorpommern

22

30% Greenfee-Ermäßigung

DER GOLF ALBRECHT

Golfclub Tessin e.V.

DE

Alte Zuckerfabrik
D-18195 18195 Tessin
✆ 038205-12767
Mecklenburg-Vorpommern

23

2 for 1 2 GF zum Preis von 1

DER GOLF ALBRECHT

Golfclub Tessin e.V.

DE

Alte Zuckerfabrik
D-18195 18195 Tessin
✆ 038205-12767
Mecklenburg-Vorpommern

23

2 for 1 2 GF zum Preis von 1

DER GOLF ALBRECHT

Golfclub Tessin e.V.

DE

Alte Zuckerfabrik
D-18195 18195 Tessin
✆ 038205-12767
Mecklenburg-Vorpommern

23

20% Greenfee-Ermäßigung

DER GOLF ALBRECHT

Golfclub Tessin e.V.

DE

Alte Zuckerfabrik
D-18195 18195 Tessin
✆ 038205-12767
Mecklenburg-Vorpommern

23

20% Greenfee-Ermäßigung

DER GOLF ALBRECHT

Baltic Hills Golf Usedom

DE

Hauptstr. 10
D-17419 Korswandt
✆ 038378-805072
Mecklenburg-Vorpommern

24

2 for 1 2 GF zum Preis von 1

DER GOLF ALBRECHT

Baltic Hills Golf Usedom

DE

Hauptstr. 10
D-17419 Korswandt
✆ 038378-805072
Mecklenburg-Vorpommern

24

20% Greenfee-Ermäßigung

DER GOLF ALBRECHT

Golfclub Schloss Teschow e.V.

DE

Alte Dorfstr. 13
D-17166 Teterow/Teschow
✆ 03996-140454
Mecklenburg-Vorpommern

25

2 for 1 2 GF zum Preis von 1

DER GOLF ALBRECHT

Golfclub Schloss Teschow e.V.

DE

Alte Dorfstr. 13
D-17166 Teterow/Teschow
✆ 03996-140454
Mecklenburg-Vorpommern

25

2 for 1 2 GF zum Preis von 1

DER GOLF ALBRECHT

Golfclub Schloss Teschow e.V.

DE

Alte Dorfstr. 13
D-17166 Teterow/Teschow
✆ 03996-140454
Mecklenburg-Vorpommern

25

30% Greenfee-Ermäßigung

Bedingungen zur Einlösung des Discounts:

1. Das Angebot ist einschließlich bis 30.6.2022 gültig.
2. Der Golfspieler/Leser hat sich telefonisch eine Abschlagzeit geben zu lassen – dabei ist die Nutzung des Angebots anzugeben.
3. Eine Barauszahlung des Greenfee-Vorteils ist nicht möglich.
4. Das Kombinieren von Angeboten oder bestehenden Greenfee-Vorteilen ist nicht möglich. Der Vorteil bezieht sich jeweils ausschließlich auf die zum Zeitpunkt der Einlösung gültigen vollen Greenfee-Gebühren.
5. Gibt es Spielergruppen mit erhöhten Greenfee-Gebühren, ist ein Nachlass auf diese Gebühren nicht möglich.
6. Das Angebot allein berechtigt nicht zum Spiel gegen Greenfee. Die Erfüllung der Bestimmungen des jeweiligen Golfclubs zur Greenfee-Berechtigung (Mitgliedschaft in einem Golfclub, Mindesthandicap etc.) zum Zeitpunkt der Einlösung sind Voraussetzung.
7. Es ist untersagt, den Greenfee-Gutschein entgeltlich Dritten zu überlassen bzw. mit diesen Handel zu treiben. Insbesondere sind die teilnehmenden Golfclubs in diesem Falle berechtigt, die Einlösung der ausgeschriebenen Angebote zu verweigern.
8. Die teilnehmenden Golfclubs haben sich gegenüber dem Verlag unter den o.g. Bedingungen verpflichtet, die ausgeschriebenen Angebote einzulösen. Der Verlag übernimmt jedoch keine Gewähr und keine Haftung, wenn ein Angebot nicht eingelöst wird oder werden kann.

Bedingungen zur Einlösung des Discounts:

1. Das Angebot ist einschließlich bis 30.6.2022 gültig.
2. Der Golfspieler/Leser hat sich telefonisch eine Abschlagzeit geben zu lassen – dabei ist die Nutzung des Angebots anzugeben.
3. Eine Barauszahlung des Greenfee-Vorteils ist nicht möglich.
4. Das Kombinieren von Angeboten oder bestehenden Greenfee-Vorteilen ist nicht möglich. Der Vorteil bezieht sich jeweils ausschließlich auf die zum Zeitpunkt der Einlösung gültigen vollen Greenfee-Gebühren.
5. Gibt es Spielergruppen mit erhöhten Greenfee-Gebühren, ist ein Nachlass auf diese Gebühren nicht möglich.
6. Das Angebot allein berechtigt nicht zum Spiel gegen Greenfee. Die Erfüllung der Bestimmungen des jeweiligen Golfclubs zur Greenfee-Berechtigung (Mitgliedschaft in einem Golfclub, Mindesthandicap etc.) zum Zeitpunkt der Einlösung sind Voraussetzung.
7. Es ist untersagt, den Greenfee-Gutschein entgeltlich Dritten zu überlassen bzw. mit diesen Handel zu treiben. Insbesondere sind die teilnehmenden Golfclubs in diesem Falle berechtigt, die Einlösung der ausgeschriebenen Angebote zu verweigern.
8. Die teilnehmenden Golfclubs haben sich gegenüber dem Verlag unter den o.g. Bedingungen verpflichtet, die ausgeschriebenen Angebote einzulösen. Der Verlag übernimmt jedoch keine Gewähr und keine Haftung, wenn ein Angebot nicht eingelöst wird oder werden kann.

Bedingungen zur Einlösung des Discounts:

1. Das Angebot ist einschließlich bis 30.6.2022 gültig.
2. Der Golfspieler/Leser hat sich telefonisch eine Abschlagzeit geben zu lassen – dabei ist die Nutzung des Angebots anzugeben.
3. Eine Barauszahlung des Greenfee-Vorteils ist nicht möglich.
4. Das Kombinieren von Angeboten oder bestehenden Greenfee-Vorteilen ist nicht möglich. Der Vorteil bezieht sich jeweils ausschließlich auf die zum Zeitpunkt der Einlösung gültigen vollen Greenfee-Gebühren.
5. Gibt es Spielergruppen mit erhöhten Greenfee-Gebühren, ist ein Nachlass auf diese Gebühren nicht möglich.
6. Das Angebot allein berechtigt nicht zum Spiel gegen Greenfee. Die Erfüllung der Bestimmungen des jeweiligen Golfclubs zur Greenfee-Berechtigung (Mitgliedschaft in einem Golfclub, Mindesthandicap etc.) zum Zeitpunkt der Einlösung sind Voraussetzung.
7. Es ist untersagt, den Greenfee-Gutschein entgeltlich Dritten zu überlassen bzw. mit diesen Handel zu treiben. Insbesondere sind die teilnehmenden Golfclubs in diesem Falle berechtigt, die Einlösung der ausgeschriebenen Angebote zu verweigern.
8. Die teilnehmenden Golfclubs haben sich gegenüber dem Verlag unter den o.g. Bedingungen verpflichtet, die ausgeschriebenen Angebote einzulösen. Der Verlag übernimmt jedoch keine Gewähr und keine Haftung, wenn ein Angebot nicht eingelöst wird oder werden kann.

Bedingungen zur Einlösung des Discounts:

1. Das Angebot ist einschließlich bis 30.6.2022 gültig.
2. Der Golfspieler/Leser hat sich telefonisch eine Abschlagzeit geben zu lassen – dabei ist die Nutzung des Angebots anzugeben.
3. Eine Barauszahlung des Greenfee-Vorteils ist nicht möglich.
4. Das Kombinieren von Angeboten oder bestehenden Greenfee-Vorteilen ist nicht möglich. Der Vorteil bezieht sich jeweils ausschließlich auf die zum Zeitpunkt der Einlösung gültigen vollen Greenfee-Gebühren.
5. Gibt es Spielergruppen mit erhöhten Greenfee-Gebühren, ist ein Nachlass auf diese Gebühren nicht möglich.
6. Das Angebot allein berechtigt nicht zum Spiel gegen Greenfee. Die Erfüllung der Bestimmungen des jeweiligen Golfclubs zur Greenfee-Berechtigung (Mitgliedschaft in einem Golfclub, Mindesthandicap etc.) zum Zeitpunkt der Einlösung sind Voraussetzung.
7. Es ist untersagt, den Greenfee-Gutschein entgeltlich Dritten zu überlassen bzw. mit diesen Handel zu treiben. Insbesondere sind die teilnehmenden Golfclubs in diesem Falle berechtigt, die Einlösung der ausgeschriebenen Angebote zu verweigern.
8. Die teilnehmenden Golfclubs haben sich gegenüber dem Verlag unter den o.g. Bedingungen verpflichtet, die ausgeschriebenen Angebote einzulösen. Der Verlag übernimmt jedoch keine Gewähr und keine Haftung, wenn ein Angebot nicht eingelöst wird oder werden kann.

Bedingungen zur Einlösung des Discounts:

1. Das Angebot ist einschließlich bis 30.6.2022 gültig.
2. Der Golfspieler/Leser hat sich telefonisch eine Abschlagzeit geben zu lassen – dabei ist die Nutzung des Angebots anzugeben.
3. Eine Barauszahlung des Greenfee-Vorteils ist nicht möglich.
4. Das Kombinieren von Angeboten oder bestehenden Greenfee-Vorteilen ist nicht möglich. Der Vorteil bezieht sich jeweils ausschließlich auf die zum Zeitpunkt der Einlösung gültigen vollen Greenfee-Gebühren.
5. Gibt es Spielergruppen mit erhöhten Greenfee-Gebühren, ist ein Nachlass auf diese Gebühren nicht möglich.
6. Das Angebot allein berechtigt nicht zum Spiel gegen Greenfee. Die Erfüllung der Bestimmungen des jeweiligen Golfclubs zur Greenfee-Berechtigung (Mitgliedschaft in einem Golfclub, Mindesthandicap etc.) zum Zeitpunkt der Einlösung sind Voraussetzung.
7. Es ist untersagt, den Greenfee-Gutschein entgeltlich Dritten zu überlassen bzw. mit diesen Handel zu treiben. Insbesondere sind die teilnehmenden Golfclubs in diesem Falle berechtigt, die Einlösung der ausgeschriebenen Angebote zu verweigern.
8. Die teilnehmenden Golfclubs haben sich gegenüber dem Verlag unter den o.g. Bedingungen verpflichtet, die ausgeschriebenen Angebote einzulösen. Der Verlag übernimmt jedoch keine Gewähr und keine Haftung, wenn ein Angebot nicht eingelöst wird oder werden kann.

Bedingungen zur Einlösung des Discounts:

1. Das Angebot ist einschließlich bis 30.6.2022 gültig.
2. Der Golfspieler/Leser hat sich telefonisch eine Abschlagzeit geben zu lassen – dabei ist die Nutzung des Angebots anzugeben.
3. Eine Barauszahlung des Greenfee-Vorteils ist nicht möglich.
4. Das Kombinieren von Angeboten oder bestehenden Greenfee-Vorteilen ist nicht möglich. Der Vorteil bezieht sich jeweils ausschließlich auf die zum Zeitpunkt der Einlösung gültigen vollen Greenfee-Gebühren.
5. Gibt es Spielergruppen mit erhöhten Greenfee-Gebühren, ist ein Nachlass auf diese Gebühren nicht möglich.
6. Das Angebot allein berechtigt nicht zum Spiel gegen Greenfee. Die Erfüllung der Bestimmungen des jeweiligen Golfclubs zur Greenfee-Berechtigung (Mitgliedschaft in einem Golfclub, Mindesthandicap etc.) zum Zeitpunkt der Einlösung sind Voraussetzung.
7. Es ist untersagt, den Greenfee-Gutschein entgeltlich Dritten zu überlassen bzw. mit diesen Handel zu treiben. Insbesondere sind die teilnehmenden Golfclubs in diesem Falle berechtigt, die Einlösung der ausgeschriebenen Angebote zu verweigern.
8. Die teilnehmenden Golfclubs haben sich gegenüber dem Verlag unter den o.g. Bedingungen verpflichtet, die ausgeschriebenen Angebote einzulösen. Der Verlag übernimmt jedoch keine Gewähr und keine Haftung, wenn ein Angebot nicht eingelöst wird oder werden kann.

Bedingungen zur Einlösung des Discounts:

1. Das Angebot ist einschließlich bis 30.6.2022 gültig.
2. Der Golfspieler/Leser hat sich telefonisch eine Abschlagzeit geben zu lassen – dabei ist die Nutzung des Angebots anzugeben.
3. Eine Barauszahlung des Greenfee-Vorteils ist nicht möglich.
4. Das Kombinieren von Angeboten oder bestehenden Greenfee-Vorteilen ist nicht möglich. Der Vorteil bezieht sich jeweils ausschließlich auf die zum Zeitpunkt der Einlösung gültigen vollen Greenfee-Gebühren.
5. Gibt es Spielergruppen mit erhöhten Greenfee-Gebühren, ist ein Nachlass auf diese Gebühren nicht möglich.
6. Das Angebot allein berechtigt nicht zum Spiel gegen Greenfee. Die Erfüllung der Bestimmungen des jeweiligen Golfclubs zur Greenfee-Berechtigung (Mitgliedschaft in einem Golfclub, Mindesthandicap etc.) zum Zeitpunkt der Einlösung sind Voraussetzung.
7. Es ist untersagt, den Greenfee-Gutschein entgeltlich Dritten zu überlassen bzw. mit diesen Handel zu treiben. Insbesondere sind die teilnehmenden Golfclubs in diesem Falle berechtigt, die Einlösung der ausgeschriebenen Angebote zu verweigern.
8. Die teilnehmenden Golfclubs haben sich gegenüber dem Verlag unter den o.g. Bedingungen verpflichtet, die ausgeschriebenen Angebote einzulösen. Der Verlag übernimmt jedoch keine Gewähr und keine Haftung, wenn ein Angebot nicht eingelöst wird oder werden kann.

Bedingungen zur Einlösung des Discounts:

1. Das Angebot ist einschließlich bis 30.6.2022 gültig.
2. Der Golfspieler/Leser hat sich telefonisch eine Abschlagzeit geben zu lassen – dabei ist die Nutzung des Angebots anzugeben.
3. Eine Barauszahlung des Greenfee-Vorteils ist nicht möglich.
4. Das Kombinieren von Angeboten oder bestehenden Greenfee-Vorteilen ist nicht möglich. Der Vorteil bezieht sich jeweils ausschließlich auf die zum Zeitpunkt der Einlösung gültigen vollen Greenfee-Gebühren.
5. Gibt es Spielergruppen mit erhöhten Greenfee-Gebühren, ist ein Nachlass auf diese Gebühren nicht möglich.
6. Das Angebot allein berechtigt nicht zum Spiel gegen Greenfee. Die Erfüllung der Bestimmungen des jeweiligen Golfclubs zur Greenfee-Berechtigung (Mitgliedschaft in einem Golfclub, Mindesthandicap etc.) zum Zeitpunkt der Einlösung sind Voraussetzung.
7. Es ist untersagt, den Greenfee-Gutschein entgeltlich Dritten zu überlassen bzw. mit diesen Handel zu treiben. Insbesondere sind die teilnehmenden Golfclubs in diesem Falle berechtigt, die Einlösung der ausgeschriebenen Angebote zu verweigern.
8. Die teilnehmenden Golfclubs haben sich gegenüber dem Verlag unter den o.g. Bedingungen verpflichtet, die ausgeschriebenen Angebote einzulösen. Der Verlag übernimmt jedoch keine Gewähr und keine Haftung, wenn ein Angebot nicht eingelöst wird oder werden kann.

Bedingungen zur Einlösung des Discounts:

1. Das Angebot ist einschließlich bis 30.6.2022 gültig.
2. Der Golfspieler/Leser hat sich telefonisch eine Abschlagzeit geben zu lassen – dabei ist die Nutzung des Angebots anzugeben.
3. Eine Barauszahlung des Greenfee-Vorteils ist nicht möglich.
4. Das Kombinieren von Angeboten oder bestehenden Greenfee-Vorteilen ist nicht möglich. Der Vorteil bezieht sich jeweils ausschließlich auf die zum Zeitpunkt der Einlösung gültigen vollen Greenfee-Gebühren.
5. Gibt es Spielergruppen mit erhöhten Greenfee-Gebühren, ist ein Nachlass auf diese Gebühren nicht möglich.
6. Das Angebot allein berechtigt nicht zum Spiel gegen Greenfee. Die Erfüllung der Bestimmungen des jeweiligen Golfclubs zur Greenfee-Berechtigung (Mitgliedschaft in einem Golfclub, Mindesthandicap etc.) zum Zeitpunkt der Einlösung sind Voraussetzung.
7. Es ist untersagt, den Greenfee-Gutschein entgeltlich Dritten zu überlassen bzw. mit diesen Handel zu treiben. Insbesondere sind die teilnehmenden Golfclubs in diesem Falle berechtigt, die Einlösung der ausgeschriebenen Angebote zu verweigern.
8. Die teilnehmenden Golfclubs haben sich gegenüber dem Verlag unter den o.g. Bedingungen verpflichtet, die ausgeschriebenen Angebote einzulösen. Der Verlag übernimmt jedoch keine Gewähr und keine Haftung, wenn ein Angebot nicht eingelöst wird oder werden kann.

Bedingungen zur Einlösung des Discounts:

1. Das Angebot ist einschließlich bis 30.6.2022 gültig.
2. Der Golfspieler/Leser hat sich telefonisch eine Abschlagzeit geben zu lassen – dabei ist die Nutzung des Angebots anzugeben.
3. Eine Barauszahlung des Greenfee-Vorteils ist nicht möglich.
4. Das Kombinieren von Angeboten oder bestehenden Greenfee-Vorteilen ist nicht möglich. Der Vorteil bezieht sich jeweils ausschließlich auf die zum Zeitpunkt der Einlösung gültigen vollen Greenfee-Gebühren.
5. Gibt es Spielergruppen mit erhöhten Greenfee-Gebühren, ist ein Nachlass auf diese Gebühren nicht möglich.
6. Das Angebot allein berechtigt nicht zum Spiel gegen Greenfee. Die Erfüllung der Bestimmungen des jeweiligen Golfclubs zur Greenfee-Berechtigung (Mitgliedschaft in einem Golfclub, Mindesthandicap etc.) zum Zeitpunkt der Einlösung sind Voraussetzung.
7. Es ist untersagt, den Greenfee-Gutschein entgeltlich Dritten zu überlassen bzw. mit diesen Handel zu treiben. Insbesondere sind die teilnehmenden Golfclubs in diesem Falle berechtigt, die Einlösung der ausgeschriebenen Angebote zu verweigern.
8. Die teilnehmenden Golfclubs haben sich gegenüber dem Verlag unter den o.g. Bedingungen verpflichtet, die ausgeschriebenen Angebote einzulösen. Der Verlag übernimmt jedoch keine Gewähr und keine Haftung, wenn ein Angebot nicht eingelöst wird oder werden kann.

DER GOLF ALBRECHT

Golfclub Schloss Teschow e.V. DE

Alte Dorfstr. 13
D-17166 Teterow/Teschow
☎ 03996-140454
Mecklenburg-Vorpommern

25

30% Greenfee-Ermäßigung

DER GOLF ALBRECHT

Van der Valk Golfclub Serrahn DE

Dobbiner Weg 24
D-18292 Serrahn
☎ +49(0)38456 6692-222
Mecklenburg-Vorpommern

26

2 for 1 2 GF zum Preis von 1

DER GOLF ALBRECHT

Van der Valk Golfclub Serrahn DE

Dobbiner Weg 24
D-18292 Serrahn
☎ +49(0)38456 6692-222
Mecklenburg-Vorpommern

26

2 for 1 2 GF zum Preis von 1

DER GOLF ALBRECHT

Van der Valk Golfclub Serrahn DE

Dobbiner Weg 24
D-18292 Serrahn
☎ +49(0)38456 6692-222
Mecklenburg-Vorpommern

26

2 for 1 2 GF zum Preis von 1

DER GOLF ALBRECHT

Van der Valk Golfclub Serrahn DE

Dobbiner Weg 24
D-18292 Serrahn
☎ +49(0)38456 6692-222
Mecklenburg-Vorpommern

26

30% Greenfee-Ermäßigung

DER GOLF ALBRECHT

Van der Valk Golfclub Serrahn DE

Dobbiner Weg 24
D-18292 Serrahn
☎ +49(0)38456 6692-222
Mecklenburg-Vorpommern

26

30% Greenfee-Ermäßigung

DER GOLF ALBRECHT

Golfanlage Schloss Lütetsburg GmbH & Co. KG DE

Landstraße 36
D-26524 Lütetsburg
☎ 04931-9300431
Niedersachsen, Bremen

27

2 for 1 2 GF zum Preis von 1

DER GOLF ALBRECHT

Golfanlage Schloss Lütetsburg GmbH & Co. KG DE

Landstraße 36
D-26524 Lütetsburg
☎ 04931-9300431
Niedersachsen, Bremen

27

2 for 1 2 GF zum Preis von 1

DER GOLF ALBRECHT

Golfanlage Schloss Lütetsburg GmbH & Co. KG DE

Landstraße 36
D-26524 Lütetsburg
☎ 04931-9300431
Niedersachsen, Bremen

27

20% Greenfee-Ermäßigung

DER GOLF ALBRECHT

Golfanlage Schloss Lütetsburg GmbH & Co. KG DE

Landstraße 36
D-26524 Lütetsburg
☎ 04931-9300431
Niedersachsen, Bremen

27

20% Greenfee-Ermäßigung

Bedingungen zur Einlösung des Discounts:

1. Das Angebot ist einschließlich bis 30.6.2022 gültig.
2. Der Golfspieler/Leser hat sich telefonisch eine Abschlagzeit geben zu lassen – dabei ist die Nutzung des Angebots anzugeben.
3. Eine Barauszahlung des Greenfee-Vorteils ist nicht möglich.
4. Das Kombinieren von Angeboten oder bestehenden Greenfee-Vorteilen ist nicht möglich. Der Vorteil bezieht sich jeweils ausschließlich auf die zum Zeitpunkt der Einlösung gültigen vollen Greenfee-Gebühren.
5. Gibt es Spielergruppen mit erhöhten Greenfee-Gebühren, ist ein Nachlass auf diese Gebühren nicht möglich.
6. Das Angebot allein berechtigt nicht zum Spiel gegen Greenfee. Die Erfüllung der Bestimmungen des jeweiligen Golfclubs zur Greenfee-Berechtigung (Mitgliedschaft in einem Golfclub, Mindesthandicap etc.) zum Zeitpunkt der Einlösung sind Voraussetzung.
7. Es ist untersagt, den Greenfee-Gutschein entgeltlich Dritten zu überlassen bzw. mit diesen Handel zu treiben. Insbesondere sind die teilnehmenden Golfclubs in diesem Falle berechtigt, die Einlösung der ausgeschriebenen Angebote zu verweigern.
8. Die teilnehmenden Golfclubs haben sich gegenüber dem Verlag unter den o.g. Bedingungen verpflichtet, die ausgeschriebenen Angebote einzulösen. Der Verlag übernimmt jedoch keine Gewähr und keine Haftung, wenn ein Angebot nicht eingelöst wird oder werden kann.

Bedingungen zur Einlösung des Discounts:

1. Das Angebot ist einschließlich bis 30.6.2022 gültig.
2. Der Golfspieler/Leser hat sich telefonisch eine Abschlagzeit geben zu lassen – dabei ist die Nutzung des Angebots anzugeben.
3. Eine Barauszahlung des Greenfee-Vorteils ist nicht möglich.
4. Das Kombinieren von Angeboten oder bestehenden Greenfee-Vorteilen ist nicht möglich. Der Vorteil bezieht sich jeweils ausschließlich auf die zum Zeitpunkt der Einlösung gültigen vollen Greenfee-Gebühren.
5. Gibt es Spielergruppen mit erhöhten Greenfee-Gebühren, ist ein Nachlass auf diese Gebühren nicht möglich.
6. Das Angebot allein berechtigt nicht zum Spiel gegen Greenfee. Die Erfüllung der Bestimmungen des jeweiligen Golfclubs zur Greenfee-Berechtigung (Mitgliedschaft in einem Golfclub, Mindesthandicap etc.) zum Zeitpunkt der Einlösung sind Voraussetzung.
7. Es ist untersagt, den Greenfee-Gutschein entgeltlich Dritten zu überlassen bzw. mit diesen Handel zu treiben. Insbesondere sind die teilnehmenden Golfclubs in diesem Falle berechtigt, die Einlösung der ausgeschriebenen Angebote zu verweigern.
8. Die teilnehmenden Golfclubs haben sich gegenüber dem Verlag unter den o.g. Bedingungen verpflichtet, die ausgeschriebenen Angebote einzulösen. Der Verlag übernimmt jedoch keine Gewähr und keine Haftung, wenn ein Angebot nicht eingelöst wird oder werden kann.

Bedingungen zur Einlösung des Discounts:

1. Das Angebot ist einschließlich bis 30.6.2022 gültig.
2. Der Golfspieler/Leser hat sich telefonisch eine Abschlagzeit geben zu lassen – dabei ist die Nutzung des Angebots anzugeben.
3. Eine Barauszahlung des Greenfee-Vorteils ist nicht möglich.
4. Das Kombinieren von Angeboten oder bestehenden Greenfee-Vorteilen ist nicht möglich. Der Vorteil bezieht sich jeweils ausschließlich auf die zum Zeitpunkt der Einlösung gültigen vollen Greenfee-Gebühren.
5. Gibt es Spielergruppen mit erhöhten Greenfee-Gebühren, ist ein Nachlass auf diese Gebühren nicht möglich.
6. Das Angebot allein berechtigt nicht zum Spiel gegen Greenfee. Die Erfüllung der Bestimmungen des jeweiligen Golfclubs zur Greenfee-Berechtigung (Mitgliedschaft in einem Golfclub, Mindesthandicap etc.) zum Zeitpunkt der Einlösung sind Voraussetzung.
7. Es ist untersagt, den Greenfee-Gutschein entgeltlich Dritten zu überlassen bzw. mit diesen Handel zu treiben. Insbesondere sind die teilnehmenden Golfclubs in diesem Falle berechtigt, die Einlösung der ausgeschriebenen Angebote zu verweigern.
8. Die teilnehmenden Golfclubs haben sich gegenüber dem Verlag unter den o.g. Bedingungen verpflichtet, die ausgeschriebenen Angebote einzulösen. Der Verlag übernimmt jedoch keine Gewähr und keine Haftung, wenn ein Angebot nicht eingelöst wird oder werden kann.

Bedingungen zur Einlösung des Discounts:

1. Das Angebot ist einschließlich bis 30.6.2022 gültig.
2. Der Golfspieler/Leser hat sich telefonisch eine Abschlagzeit geben zu lassen – dabei ist die Nutzung des Angebots anzugeben.
3. Eine Barauszahlung des Greenfee-Vorteils ist nicht möglich.
4. Das Kombinieren von Angeboten oder bestehenden Greenfee-Vorteilen ist nicht möglich. Der Vorteil bezieht sich jeweils ausschließlich auf die zum Zeitpunkt der Einlösung gültigen vollen Greenfee-Gebühren.
5. Gibt es Spielergruppen mit erhöhten Greenfee-Gebühren, ist ein Nachlass auf diese Gebühren nicht möglich.
6. Das Angebot allein berechtigt nicht zum Spiel gegen Greenfee. Die Erfüllung der Bestimmungen des jeweiligen Golfclubs zur Greenfee-Berechtigung (Mitgliedschaft in einem Golfclub, Mindesthandicap etc.) zum Zeitpunkt der Einlösung sind Voraussetzung.
7. Es ist untersagt, den Greenfee-Gutschein entgeltlich Dritten zu überlassen bzw. mit diesen Handel zu treiben. Insbesondere sind die teilnehmenden Golfclubs in diesem Falle berechtigt, die Einlösung der ausgeschriebenen Angebote zu verweigern.
8. Die teilnehmenden Golfclubs haben sich gegenüber dem Verlag unter den o.g. Bedingungen verpflichtet, die ausgeschriebenen Angebote einzulösen. Der Verlag übernimmt jedoch keine Gewähr und keine Haftung, wenn ein Angebot nicht eingelöst wird oder werden kann.

Bedingungen zur Einlösung des Discounts:

1. Das Angebot ist einschließlich bis 30.6.2022 gültig.
2. Der Golfspieler/Leser hat sich telefonisch eine Abschlagzeit geben zu lassen – dabei ist die Nutzung des Angebots anzugeben.
3. Eine Barauszahlung des Greenfee-Vorteils ist nicht möglich.
4. Das Kombinieren von Angeboten oder bestehenden Greenfee-Vorteilen ist nicht möglich. Der Vorteil bezieht sich jeweils ausschließlich auf die zum Zeitpunkt der Einlösung gültigen vollen Greenfee-Gebühren.
5. Gibt es Spielergruppen mit erhöhten Greenfee-Gebühren, ist ein Nachlass auf diese Gebühren nicht möglich.
6. Das Angebot allein berechtigt nicht zum Spiel gegen Greenfee. Die Erfüllung der Bestimmungen des jeweiligen Golfclubs zur Greenfee-Berechtigung (Mitgliedschaft in einem Golfclub, Mindesthandicap etc.) zum Zeitpunkt der Einlösung sind Voraussetzung.
7. Es ist untersagt, den Greenfee-Gutschein entgeltlich Dritten zu überlassen bzw. mit diesen Handel zu treiben. Insbesondere sind die teilnehmenden Golfclubs in diesem Falle berechtigt, die Einlösung der ausgeschriebenen Angebote zu verweigern.
8. Die teilnehmenden Golfclubs haben sich gegenüber dem Verlag unter den o.g. Bedingungen verpflichtet, die ausgeschriebenen Angebote einzulösen. Der Verlag übernimmt jedoch keine Gewähr und keine Haftung, wenn ein Angebot nicht eingelöst wird oder werden kann.

Bedingungen zur Einlösung des Discounts:

1. Das Angebot ist einschließlich bis 30.6.2022 gültig.
2. Der Golfspieler/Leser hat sich telefonisch eine Abschlagzeit geben zu lassen – dabei ist die Nutzung des Angebots anzugeben.
3. Eine Barauszahlung des Greenfee-Vorteils ist nicht möglich.
4. Das Kombinieren von Angeboten oder bestehenden Greenfee-Vorteilen ist nicht möglich. Der Vorteil bezieht sich jeweils ausschließlich auf die zum Zeitpunkt der Einlösung gültigen vollen Greenfee-Gebühren.
5. Gibt es Spielergruppen mit erhöhten Greenfee-Gebühren, ist ein Nachlass auf diese Gebühren nicht möglich.
6. Das Angebot allein berechtigt nicht zum Spiel gegen Greenfee. Die Erfüllung der Bestimmungen des jeweiligen Golfclubs zur Greenfee-Berechtigung (Mitgliedschaft in einem Golfclub, Mindesthandicap etc.) zum Zeitpunkt der Einlösung sind Voraussetzung.
7. Es ist untersagt, den Greenfee-Gutschein entgeltlich Dritten zu überlassen bzw. mit diesen Handel zu treiben. Insbesondere sind die teilnehmenden Golfclubs in diesem Falle berechtigt, die Einlösung der ausgeschriebenen Angebote zu verweigern.
8. Die teilnehmenden Golfclubs haben sich gegenüber dem Verlag unter den o.g. Bedingungen verpflichtet, die ausgeschriebenen Angebote einzulösen. Der Verlag übernimmt jedoch keine Gewähr und keine Haftung, wenn ein Angebot nicht eingelöst wird oder werden kann.

Bedingungen zur Einlösung des Discounts:

1. Das Angebot ist einschließlich bis 30.6.2022 gültig.
2. Der Golfspieler/Leser hat sich telefonisch eine Abschlagzeit geben zu lassen – dabei ist die Nutzung des Angebots anzugeben.
3. Eine Barauszahlung des Greenfee-Vorteils ist nicht möglich.
4. Das Kombinieren von Angeboten oder bestehenden Greenfee-Vorteilen ist nicht möglich. Der Vorteil bezieht sich jeweils ausschließlich auf die zum Zeitpunkt der Einlösung gültigen vollen Greenfee-Gebühren.
5. Gibt es Spielergruppen mit erhöhten Greenfee-Gebühren, ist ein Nachlass auf diese Gebühren nicht möglich.
6. Das Angebot allein berechtigt nicht zum Spiel gegen Greenfee. Die Erfüllung der Bestimmungen des jeweiligen Golfclubs zur Greenfee-Berechtigung (Mitgliedschaft in einem Golfclub, Mindesthandicap etc.) zum Zeitpunkt der Einlösung sind Voraussetzung.
7. Es ist untersagt, den Greenfee-Gutschein entgeltlich Dritten zu überlassen bzw. mit diesen Handel zu treiben. Insbesondere sind die teilnehmenden Golfclubs in diesem Falle berechtigt, die Einlösung der ausgeschriebenen Angebote zu verweigern.
8. Die teilnehmenden Golfclubs haben sich gegenüber dem Verlag unter den o.g. Bedingungen verpflichtet, die ausgeschriebenen Angebote einzulösen. Der Verlag übernimmt jedoch keine Gewähr und keine Haftung, wenn ein Angebot nicht eingelöst wird oder werden kann.

Bedingungen zur Einlösung des Discounts:

1. Das Angebot ist einschließlich bis 30.6.2022 gültig.
2. Der Golfspieler/Leser hat sich telefonisch eine Abschlagzeit geben zu lassen – dabei ist die Nutzung des Angebots anzugeben.
3. Eine Barauszahlung des Greenfee-Vorteils ist nicht möglich.
4. Das Kombinieren von Angeboten oder bestehenden Greenfee-Vorteilen ist nicht möglich. Der Vorteil bezieht sich jeweils ausschließlich auf die zum Zeitpunkt der Einlösung gültigen vollen Greenfee-Gebühren.
5. Gibt es Spielergruppen mit erhöhten Greenfee-Gebühren, ist ein Nachlass auf diese Gebühren nicht möglich.
6. Das Angebot allein berechtigt nicht zum Spiel gegen Greenfee. Die Erfüllung der Bestimmungen des jeweiligen Golfclubs zur Greenfee-Berechtigung (Mitgliedschaft in einem Golfclub, Mindesthandicap etc.) zum Zeitpunkt der Einlösung sind Voraussetzung.
7. Es ist untersagt, den Greenfee-Gutschein entgeltlich Dritten zu überlassen bzw. mit diesen Handel zu treiben. Insbesondere sind die teilnehmenden Golfclubs in diesem Falle berechtigt, die Einlösung der ausgeschriebenen Angebote zu verweigern.
8. Die teilnehmenden Golfclubs haben sich gegenüber dem Verlag unter den o.g. Bedingungen verpflichtet, die ausgeschriebenen Angebote einzulösen. Der Verlag übernimmt jedoch keine Gewähr und keine Haftung, wenn ein Angebot nicht eingelöst wird oder werden kann.

Bedingungen zur Einlösung des Discounts:

1. Das Angebot ist einschließlich bis 30.6.2022 gültig.
2. Der Golfspieler/Leser hat sich telefonisch eine Abschlagzeit geben zu lassen – dabei ist die Nutzung des Angebots anzugeben.
3. Eine Barauszahlung des Greenfee-Vorteils ist nicht möglich.
4. Das Kombinieren von Angeboten oder bestehenden Greenfee-Vorteilen ist nicht möglich. Der Vorteil bezieht sich jeweils ausschließlich auf die zum Zeitpunkt der Einlösung gültigen vollen Greenfee-Gebühren.
5. Gibt es Spielergruppen mit erhöhten Greenfee-Gebühren, ist ein Nachlass auf diese Gebühren nicht möglich.
6. Das Angebot allein berechtigt nicht zum Spiel gegen Greenfee. Die Erfüllung der Bestimmungen des jeweiligen Golfclubs zur Greenfee-Berechtigung (Mitgliedschaft in einem Golfclub, Mindesthandicap etc.) zum Zeitpunkt der Einlösung sind Voraussetzung.
7. Es ist untersagt, den Greenfee-Gutschein entgeltlich Dritten zu überlassen bzw. mit diesen Handel zu treiben. Insbesondere sind die teilnehmenden Golfclubs in diesem Falle berechtigt, die Einlösung der ausgeschriebenen Angebote zu verweigern.
8. Die teilnehmenden Golfclubs haben sich gegenüber dem Verlag unter den o.g. Bedingungen verpflichtet, die ausgeschriebenen Angebote einzulösen. Der Verlag übernimmt jedoch keine Gewähr und keine Haftung, wenn ein Angebot nicht eingelöst wird oder werden kann.

Bedingungen zur Einlösung des Discounts:

1. Das Angebot ist einschließlich bis 30.6.2022 gültig.
2. Der Golfspieler/Leser hat sich telefonisch eine Abschlagzeit geben zu lassen – dabei ist die Nutzung des Angebots anzugeben.
3. Eine Barauszahlung des Greenfee-Vorteils ist nicht möglich.
4. Das Kombinieren von Angeboten oder bestehenden Greenfee-Vorteilen ist nicht möglich. Der Vorteil bezieht sich jeweils ausschließlich auf die zum Zeitpunkt der Einlösung gültigen vollen Greenfee-Gebühren.
5. Gibt es Spielergruppen mit erhöhten Greenfee-Gebühren, ist ein Nachlass auf diese Gebühren nicht möglich.
6. Das Angebot allein berechtigt nicht zum Spiel gegen Greenfee. Die Erfüllung der Bestimmungen des jeweiligen Golfclubs zur Greenfee-Berechtigung (Mitgliedschaft in einem Golfclub, Mindesthandicap etc.) zum Zeitpunkt der Einlösung sind Voraussetzung.
7. Es ist untersagt, den Greenfee-Gutschein entgeltlich Dritten zu überlassen bzw. mit diesen Handel zu treiben. Insbesondere sind die teilnehmenden Golfclubs in diesem Falle berechtigt, die Einlösung der ausgeschriebenen Angebote zu verweigern.
8. Die teilnehmenden Golfclubs haben sich gegenüber dem Verlag unter den o.g. Bedingungen verpflichtet, die ausgeschriebenen Angebote einzulösen. Der Verlag übernimmt jedoch keine Gewähr und keine Haftung, wenn ein Angebot nicht eingelöst wird oder werden kann.

DER GOLF ALBRECHT

Golfclub Gut Hainmühlen e.V. DE

Am Golfplatz 1
D-27624 Geestland
✆ 04708-920036
Niedersachsen, Bremen

28

2 for 1 2 GF zum Preis von 1

DER GOLF ALBRECHT

Golfclub Gut Hainmühlen e.V. DE

Am Golfplatz 1
D-27624 Geestland
✆ 04708-920036
Niedersachsen, Bremen

28

2 for 1 2 GF zum Preis von 1

DER GOLF ALBRECHT

Golfclub Gut Hainmühlen e.V. DE

Am Golfplatz 1
D-27624 Geestland
✆ 04708-920036
Niedersachsen, Bremen

28

20% Greenfee-Ermäßigung

DER GOLF ALBRECHT

Golfclub Gut Hainmühlen e.V. DE

Am Golfplatz 1
D-27624 Geestland
✆ 04708-920036
Niedersachsen, Bremen

28

20% Greenfee-Ermäßigung

DER GOLF ALBRECHT

Golfclub Bremerhaven Geestemünde GmbH & Co.KG DE

Georg-Büchner-Str. 19
D-27574 Bremerhaven
✆ 0471-926897913
Niedersachsen, Bremen

29

2 for 1 2 GF zum Preis von 1

DER GOLF ALBRECHT

Golfclub Bremerhaven Geestemünde GmbH & Co.KG DE

Georg-Büchner-Str. 19
D-27574 Bremerhaven
✆ 0471-926897913
Niedersachsen, Bremen

29

2 for 1 2 GF zum Preis von 1

DER GOLF ALBRECHT

Golfclub Bremerhaven Geestemünde GmbH & Co.KG DE

Georg-Büchner-Str. 19
D-27574 Bremerhaven
✆ 0471-926897913
Niedersachsen, Bremen

29

30% Greenfee-Ermäßigung

DER GOLF ALBRECHT

Golfclub Bremerhaven Geestemünde GmbH & Co.KG DE

Georg-Büchner-Str. 19
D-27574 Bremerhaven
✆ 0471-926897913
Niedersachsen, Bremen

29

30% Greenfee-Ermäßigung

DER GOLF ALBRECHT

Golf Club Gut Immenbeck e.V. DE

Ardestorfer Weg 1
D-21614 Buxtehude
✆ 04161-87699
Niedersachsen, Bremen

30

2 for 1 2 GF zum Preis von 1

DER GOLF ALBRECHT

Golf Club Gut Immenbeck e.V. DE

Ardestorfer Weg 1
D-21614 Buxtehude
✆ 04161-87699
Niedersachsen, Bremen

30

2 for 1 2 GF zum Preis von 1

Bedingungen zur Einlösung des Discounts:

1. Das Angebot ist einschließlich bis 30.6.2022 gültig.
2. Der Golfspieler/Leser hat sich telefonisch eine Abschlagzeit geben zu lassen – dabei ist die Nutzung des Angebots anzugeben.
3. Eine Barauszahlung des Greenfee-Vorteils ist nicht möglich.
4. Das Kombinieren von Angeboten oder bestehenden Greenfee-Vorteilen ist nicht möglich. Der Vorteil bezieht sich jeweils ausschließlich auf die zum Zeitpunkt der Einlösung gültigen vollen Greenfee-Gebühren.
5. Gibt es Spielergruppen mit erhöhten Greenfee-Gebühren, ist ein Nachlass auf diese Gebühren nicht möglich.
6. Das Angebot allein berechtigt nicht zum Spiel gegen Greenfee. Die Erfüllung der Bestimmungen des jeweiligen Golfclubs zur Greenfee-Berechtigung (Mitgliedschaft in einem Golfclub, Mindesthandicap etc.) zum Zeitpunkt der Einlösung sind Voraussetzung.
7. Es ist untersagt, den Greenfee-Gutschein entgeltlich Dritten zu überlassen bzw. mit diesen Handel zu treiben. Insbesondere sind die teilnehmenden Golfclubs in diesem Falle berechtigt, die Einlösung der ausgeschriebenen Angebote zu verweigern.
8. Die teilnehmenden Golfclubs haben sich gegenüber dem Verlag unter den o.g. Bedingungen verpflichtet, die ausgeschriebenen Angebote einzulösen. Der Verlag übernimmt jedoch keine Gewähr und keine Haftung, wenn ein Angebot nicht eingelöst wird oder werden kann.

Bedingungen zur Einlösung des Discounts:

1. Das Angebot ist einschließlich bis 30.6.2022 gültig.
2. Der Golfspieler/Leser hat sich telefonisch eine Abschlagzeit geben zu lassen – dabei ist die Nutzung des Angebots anzugeben.
3. Eine Barauszahlung des Greenfee-Vorteils ist nicht möglich.
4. Das Kombinieren von Angeboten oder bestehenden Greenfee-Vorteilen ist nicht möglich. Der Vorteil bezieht sich jeweils ausschließlich auf die zum Zeitpunkt der Einlösung gültigen vollen Greenfee-Gebühren.
5. Gibt es Spielergruppen mit erhöhten Greenfee-Gebühren, ist ein Nachlass auf diese Gebühren nicht möglich.
6. Das Angebot allein berechtigt nicht zum Spiel gegen Greenfee. Die Erfüllung der Bestimmungen des jeweiligen Golfclubs zur Greenfee-Berechtigung (Mitgliedschaft in einem Golfclub, Mindesthandicap etc.) zum Zeitpunkt der Einlösung sind Voraussetzung.
7. Es ist untersagt, den Greenfee-Gutschein entgeltlich Dritten zu überlassen bzw. mit diesen Handel zu treiben. Insbesondere sind die teilnehmenden Golfclubs in diesem Falle berechtigt, die Einlösung der ausgeschriebenen Angebote zu verweigern.
8. Die teilnehmenden Golfclubs haben sich gegenüber dem Verlag unter den o.g. Bedingungen verpflichtet, die ausgeschriebenen Angebote einzulösen. Der Verlag übernimmt jedoch keine Gewähr und keine Haftung, wenn ein Angebot nicht eingelöst wird oder werden kann.

Bedingungen zur Einlösung des Discounts:

1. Das Angebot ist einschließlich bis 30.6.2022 gültig.
2. Der Golfspieler/Leser hat sich telefonisch eine Abschlagzeit geben zu lassen – dabei ist die Nutzung des Angebots anzugeben.
3. Eine Barauszahlung des Greenfee-Vorteils ist nicht möglich.
4. Das Kombinieren von Angeboten oder bestehenden Greenfee-Vorteilen ist nicht möglich. Der Vorteil bezieht sich jeweils ausschließlich auf die zum Zeitpunkt der Einlösung gültigen vollen Greenfee-Gebühren.
5. Gibt es Spielergruppen mit erhöhten Greenfee-Gebühren, ist ein Nachlass auf diese Gebühren nicht möglich.
6. Das Angebot allein berechtigt nicht zum Spiel gegen Greenfee. Die Erfüllung der Bestimmungen des jeweiligen Golfclubs zur Greenfee-Berechtigung (Mitgliedschaft in einem Golfclub, Mindesthandicap etc.) zum Zeitpunkt der Einlösung sind Voraussetzung.
7. Es ist untersagt, den Greenfee-Gutschein entgeltlich Dritten zu überlassen bzw. mit diesen Handel zu treiben. Insbesondere sind die teilnehmenden Golfclubs in diesem Falle berechtigt, die Einlösung der ausgeschriebenen Angebote zu verweigern.
8. Die teilnehmenden Golfclubs haben sich gegenüber dem Verlag unter den o.g. Bedingungen verpflichtet, die ausgeschriebenen Angebote einzulösen. Der Verlag übernimmt jedoch keine Gewähr und keine Haftung, wenn ein Angebot nicht eingelöst wird oder werden kann.

Bedingungen zur Einlösung des Discounts:

1. Das Angebot ist einschließlich bis 30.6.2022 gültig.
2. Der Golfspieler/Leser hat sich telefonisch eine Abschlagzeit geben zu lassen – dabei ist die Nutzung des Angebots anzugeben.
3. Eine Barauszahlung des Greenfee-Vorteils ist nicht möglich.
4. Das Kombinieren von Angeboten oder bestehenden Greenfee-Vorteilen ist nicht möglich. Der Vorteil bezieht sich jeweils ausschließlich auf die zum Zeitpunkt der Einlösung gültigen vollen Greenfee-Gebühren.
5. Gibt es Spielergruppen mit erhöhten Greenfee-Gebühren, ist ein Nachlass auf diese Gebühren nicht möglich.
6. Das Angebot allein berechtigt nicht zum Spiel gegen Greenfee. Die Erfüllung der Bestimmungen des jeweiligen Golfclubs zur Greenfee-Berechtigung (Mitgliedschaft in einem Golfclub, Mindesthandicap etc.) zum Zeitpunkt der Einlösung sind Voraussetzung.
7. Es ist untersagt, den Greenfee-Gutschein entgeltlich Dritten zu überlassen bzw. mit diesen Handel zu treiben. Insbesondere sind die teilnehmenden Golfclubs in diesem Falle berechtigt, die Einlösung der ausgeschriebenen Angebote zu verweigern.
8. Die teilnehmenden Golfclubs haben sich gegenüber dem Verlag unter den o.g. Bedingungen verpflichtet, die ausgeschriebenen Angebote einzulösen. Der Verlag übernimmt jedoch keine Gewähr und keine Haftung, wenn ein Angebot nicht eingelöst wird oder werden kann.

Bedingungen zur Einlösung des Discounts:

1. Das Angebot ist einschließlich bis 30.6.2022 gültig.
2. Der Golfspieler/Leser hat sich telefonisch eine Abschlagzeit geben zu lassen – dabei ist die Nutzung des Angebots anzugeben.
3. Eine Barauszahlung des Greenfee-Vorteils ist nicht möglich.
4. Das Kombinieren von Angeboten oder bestehenden Greenfee-Vorteilen ist nicht möglich. Der Vorteil bezieht sich jeweils ausschließlich auf die zum Zeitpunkt der Einlösung gültigen vollen Greenfee-Gebühren.
5. Gibt es Spielergruppen mit erhöhten Greenfee-Gebühren, ist ein Nachlass auf diese Gebühren nicht möglich.
6. Das Angebot allein berechtigt nicht zum Spiel gegen Greenfee. Die Erfüllung der Bestimmungen des jeweiligen Golfclubs zur Greenfee-Berechtigung (Mitgliedschaft in einem Golfclub, Mindesthandicap etc.) zum Zeitpunkt der Einlösung sind Voraussetzung.
7. Es ist untersagt, den Greenfee-Gutschein entgeltlich Dritten zu überlassen bzw. mit diesen Handel zu treiben. Insbesondere sind die teilnehmenden Golfclubs in diesem Falle berechtigt, die Einlösung der ausgeschriebenen Angebote zu verweigern.
8. Die teilnehmenden Golfclubs haben sich gegenüber dem Verlag unter den o.g. Bedingungen verpflichtet, die ausgeschriebenen Angebote einzulösen. Der Verlag übernimmt jedoch keine Gewähr und keine Haftung, wenn ein Angebot nicht eingelöst wird oder werden kann.

Bedingungen zur Einlösung des Discounts:

1. Das Angebot ist einschließlich bis 30.6.2022 gültig.
2. Der Golfspieler/Leser hat sich telefonisch eine Abschlagzeit geben zu lassen – dabei ist die Nutzung des Angebots anzugeben.
3. Eine Barauszahlung des Greenfee-Vorteils ist nicht möglich.
4. Das Kombinieren von Angeboten oder bestehenden Greenfee-Vorteilen ist nicht möglich. Der Vorteil bezieht sich jeweils ausschließlich auf die zum Zeitpunkt der Einlösung gültigen vollen Greenfee-Gebühren.
5. Gibt es Spielergruppen mit erhöhten Greenfee-Gebühren, ist ein Nachlass auf diese Gebühren nicht möglich.
6. Das Angebot allein berechtigt nicht zum Spiel gegen Greenfee. Die Erfüllung der Bestimmungen des jeweiligen Golfclubs zur Greenfee-Berechtigung (Mitgliedschaft in einem Golfclub, Mindesthandicap etc.) zum Zeitpunkt der Einlösung sind Voraussetzung.
7. Es ist untersagt, den Greenfee-Gutschein entgeltlich Dritten zu überlassen bzw. mit diesen Handel zu treiben. Insbesondere sind die teilnehmenden Golfclubs in diesem Falle berechtigt, die Einlösung der ausgeschriebenen Angebote zu verweigern.
8. Die teilnehmenden Golfclubs haben sich gegenüber dem Verlag unter den o.g. Bedingungen verpflichtet, die ausgeschriebenen Angebote einzulösen. Der Verlag übernimmt jedoch keine Gewähr und keine Haftung, wenn ein Angebot nicht eingelöst wird oder werden kann.

Bedingungen zur Einlösung des Discounts:

1. Das Angebot ist einschließlich bis 30.6.2022 gültig.
2. Der Golfspieler/Leser hat sich telefonisch eine Abschlagzeit geben zu lassen – dabei ist die Nutzung des Angebots anzugeben.
3. Eine Barauszahlung des Greenfee-Vorteils ist nicht möglich.
4. Das Kombinieren von Angeboten oder bestehenden Greenfee-Vorteilen ist nicht möglich. Der Vorteil bezieht sich jeweils ausschließlich auf die zum Zeitpunkt der Einlösung gültigen vollen Greenfee-Gebühren.
5. Gibt es Spielergruppen mit erhöhten Greenfee-Gebühren, ist ein Nachlass auf diese Gebühren nicht möglich.
6. Das Angebot allein berechtigt nicht zum Spiel gegen Greenfee. Die Erfüllung der Bestimmungen des jeweiligen Golfclubs zur Greenfee-Berechtigung (Mitgliedschaft in einem Golfclub, Mindesthandicap etc.) zum Zeitpunkt der Einlösung sind Voraussetzung.
7. Es ist untersagt, den Greenfee-Gutschein entgeltlich Dritten zu überlassen bzw. mit diesen Handel zu treiben. Insbesondere sind die teilnehmenden Golfclubs in diesem Falle berechtigt, die Einlösung der ausgeschriebenen Angebote zu verweigern.
8. Die teilnehmenden Golfclubs haben sich gegenüber dem Verlag unter den o.g. Bedingungen verpflichtet, die ausgeschriebenen Angebote einzulösen. Der Verlag übernimmt jedoch keine Gewähr und keine Haftung, wenn ein Angebot nicht eingelöst wird oder werden kann.

Bedingungen zur Einlösung des Discounts:

1. Das Angebot ist einschließlich bis 30.6.2022 gültig.
2. Der Golfspieler/Leser hat sich telefonisch eine Abschlagzeit geben zu lassen – dabei ist die Nutzung des Angebots anzugeben.
3. Eine Barauszahlung des Greenfee-Vorteils ist nicht möglich.
4. Das Kombinieren von Angeboten oder bestehenden Greenfee-Vorteilen ist nicht möglich. Der Vorteil bezieht sich jeweils ausschließlich auf die zum Zeitpunkt der Einlösung gültigen vollen Greenfee-Gebühren.
5. Gibt es Spielergruppen mit erhöhten Greenfee-Gebühren, ist ein Nachlass auf diese Gebühren nicht möglich.
6. Das Angebot allein berechtigt nicht zum Spiel gegen Greenfee. Die Erfüllung der Bestimmungen des jeweiligen Golfclubs zur Greenfee-Berechtigung (Mitgliedschaft in einem Golfclub, Mindesthandicap etc.) zum Zeitpunkt der Einlösung sind Voraussetzung.
7. Es ist untersagt, den Greenfee-Gutschein entgeltlich Dritten zu überlassen bzw. mit diesen Handel zu treiben. Insbesondere sind die teilnehmenden Golfclubs in diesem Falle berechtigt, die Einlösung der ausgeschriebenen Angebote zu verweigern.
8. Die teilnehmenden Golfclubs haben sich gegenüber dem Verlag unter den o.g. Bedingungen verpflichtet, die ausgeschriebenen Angebote einzulösen. Der Verlag übernimmt jedoch keine Gewähr und keine Haftung, wenn ein Angebot nicht eingelöst wird oder werden kann.

Bedingungen zur Einlösung des Discounts:

1. Das Angebot ist einschließlich bis 30.6.2022 gültig.
2. Der Golfspieler/Leser hat sich telefonisch eine Abschlagzeit geben zu lassen – dabei ist die Nutzung des Angebots anzugeben.
3. Eine Barauszahlung des Greenfee-Vorteils ist nicht möglich.
4. Das Kombinieren von Angeboten oder bestehenden Greenfee-Vorteilen ist nicht möglich. Der Vorteil bezieht sich jeweils ausschließlich auf die zum Zeitpunkt der Einlösung gültigen vollen Greenfee-Gebühren.
5. Gibt es Spielergruppen mit erhöhten Greenfee-Gebühren, ist ein Nachlass auf diese Gebühren nicht möglich.
6. Das Angebot allein berechtigt nicht zum Spiel gegen Greenfee. Die Erfüllung der Bestimmungen des jeweiligen Golfclubs zur Greenfee-Berechtigung (Mitgliedschaft in einem Golfclub, Mindesthandicap etc.) zum Zeitpunkt der Einlösung sind Voraussetzung.
7. Es ist untersagt, den Greenfee-Gutschein entgeltlich Dritten zu überlassen bzw. mit diesen Handel zu treiben. Insbesondere sind die teilnehmenden Golfclubs in diesem Falle berechtigt, die Einlösung der ausgeschriebenen Angebote zu verweigern.
8. Die teilnehmenden Golfclubs haben sich gegenüber dem Verlag unter den o.g. Bedingungen verpflichtet, die ausgeschriebenen Angebote einzulösen. Der Verlag übernimmt jedoch keine Gewähr und keine Haftung, wenn ein Angebot nicht eingelöst wird oder werden kann.

Bedingungen zur Einlösung des Discounts:

1. Das Angebot ist einschließlich bis 30.6.2022 gültig.
2. Der Golfspieler/Leser hat sich telefonisch eine Abschlagzeit geben zu lassen – dabei ist die Nutzung des Angebots anzugeben.
3. Eine Barauszahlung des Greenfee-Vorteils ist nicht möglich.
4. Das Kombinieren von Angeboten oder bestehenden Greenfee-Vorteilen ist nicht möglich. Der Vorteil bezieht sich jeweils ausschließlich auf die zum Zeitpunkt der Einlösung gültigen vollen Greenfee-Gebühren.
5. Gibt es Spielergruppen mit erhöhten Greenfee-Gebühren, ist ein Nachlass auf diese Gebühren nicht möglich.
6. Das Angebot allein berechtigt nicht zum Spiel gegen Greenfee. Die Erfüllung der Bestimmungen des jeweiligen Golfclubs zur Greenfee-Berechtigung (Mitgliedschaft in einem Golfclub, Mindesthandicap etc.) zum Zeitpunkt der Einlösung sind Voraussetzung.
7. Es ist untersagt, den Greenfee-Gutschein entgeltlich Dritten zu überlassen bzw. mit diesen Handel zu treiben. Insbesondere sind die teilnehmenden Golfclubs in diesem Falle berechtigt, die Einlösung der ausgeschriebenen Angebote zu verweigern.
8. Die teilnehmenden Golfclubs haben sich gegenüber dem Verlag unter den o.g. Bedingungen verpflichtet, die ausgeschriebenen Angebote einzulösen. Der Verlag übernimmt jedoch keine Gewähr und keine Haftung, wenn ein Angebot nicht eingelöst wird oder werden kann.

DER GOLF ALBRECHT

Golf-Club Buxtehude DE

Zum Lehmfeld 1
D-21614 Buxtehude
✆ 04161-81333
Niedersachsen, Bremen

31

2 for 1 2 GF zum Preis von 1

DER GOLF ALBRECHT

Golf-Club Buxtehude DE

Zum Lehmfeld 1
D-21614 Buxtehude
✆ 04161-81333
Niedersachsen, Bremen

31

2 for 1 2 GF zum Preis von 1

DER GOLF ALBRECHT

Golf-Club Buxtehude DE

Zum Lehmfeld 1
D-21614 Buxtehude
✆ 04161-81333
Niedersachsen, Bremen

31

30% Greenfee-Ermäßigung

DER GOLF ALBRECHT

Golf-Club Buxtehude DE

Zum Lehmfeld 1
D-21614 Buxtehude
✆ 04161-81333
Niedersachsen, Bremen

31

30% Greenfee-Ermäßigung

DER GOLF ALBRECHT

Golfclub Ostfriesland e.V. DE

Am Golfplatz 4
D-26639 Wiesmoor
✆ 04944-6440
Niedersachsen, Bremen

32

20% Greenfee-Ermäßigung

DER GOLF ALBRECHT

Golfclub Ostfriesland e.V. DE

Am Golfplatz 4
D-26639 Wiesmoor
✆ 04944-6440
Niedersachsen, Bremen

32

20% Greenfee-Ermäßigung

DER GOLF ALBRECHT

Golfclub Ostfriesland e.V. DE

Am Golfplatz 4
D-26639 Wiesmoor
✆ 04944-6440
Niedersachsen, Bremen

32

20% Greenfee-Ermäßigung

DER GOLF ALBRECHT

Golfclub Worpswede e.V. DE

Paddewischer Weg 2
D-27729 Vollersode
✆ 04763-7313
Niedersachsen, Bremen

33

2 for 1 2 GF zum Preis von 1

DER GOLF ALBRECHT

Golfclub Worpswede e.V. DE

Paddewischer Weg 2
D-27729 Vollersode
✆ 04763-7313
Niedersachsen, Bremen

33

2 for 1 2 GF zum Preis von 1

DER GOLF ALBRECHT

Golfclub Königshof Sittensen e.V. DE

Alpershausener Weg 60
D-27419 Sittensen
✆ 04282-3266
Niedersachsen, Bremen
Hinweis: Bitte erfragen Sie die Spielmöglichkeiten im Vorwege! Gilt nur für 18-Loch Runden!

34

2 for 1 2 GF zum Preis von 1

Bedingungen zur Einlösung des Discounts:

1. Das Angebot ist einschließlich bis 30.6.2022 gültig.
2. Der Golfspieler/Leser hat sich telefonisch eine Abschlagzeit geben zu lassen – dabei ist die Nutzung des Angebots anzugeben.
3. Eine Barauszahlung des Greenfee-Vorteils ist nicht möglich.
4. Das Kombinieren von Angeboten oder bestehenden Greenfee-Vorteilen ist nicht möglich. Der Vorteil bezieht sich jeweils ausschließlich auf die zum Zeitpunkt der Einlösung gültigen vollen Greenfee-Gebühren.
5. Gibt es Spielergruppen mit erhöhten Greenfee-Gebühren, ist ein Nachlass auf diese Gebühren nicht möglich.
6. Das Angebot allein berechtigt nicht zum Spiel gegen Greenfee. Die Erfüllung der Bestimmungen des jeweiligen Golfclubs zur Greenfee-Berechtigung (Mitgliedschaft in einem Golfclub, Mindesthandicap etc.) zum Zeitpunkt der Einlösung sind Voraussetzung.
7. Es ist untersagt, den Greenfee-Gutschein entgeltlich Dritten zu überlassen bzw. mit diesen Handel zu treiben. Insbesondere sind die teilnehmenden Golfclubs in diesem Falle berechtigt, die Einlösung der ausgeschriebenen Angebote zu verweigern.
8. Die teilnehmenden Golfclubs haben sich gegenüber dem Verlag unter den o.g. Bedingungen verpflichtet, die ausgeschriebenen Angebote einzulösen. Der Verlag übernimmt jedoch keine Gewähr und keine Haftung, wenn ein Angebot nicht eingelöst wird oder werden kann.

Bedingungen zur Einlösung des Discounts:

1. Das Angebot ist einschließlich bis 30.6.2022 gültig.
2. Der Golfspieler/Leser hat sich telefonisch eine Abschlagzeit geben zu lassen – dabei ist die Nutzung des Angebots anzugeben.
3. Eine Barauszahlung des Greenfee-Vorteils ist nicht möglich.
4. Das Kombinieren von Angeboten oder bestehenden Greenfee-Vorteilen ist nicht möglich. Der Vorteil bezieht sich jeweils ausschließlich auf die zum Zeitpunkt der Einlösung gültigen vollen Greenfee-Gebühren.
5. Gibt es Spielergruppen mit erhöhten Greenfee-Gebühren, ist ein Nachlass auf diese Gebühren nicht möglich.
6. Das Angebot allein berechtigt nicht zum Spiel gegen Greenfee. Die Erfüllung der Bestimmungen des jeweiligen Golfclubs zur Greenfee-Berechtigung (Mitgliedschaft in einem Golfclub, Mindesthandicap etc.) zum Zeitpunkt der Einlösung sind Voraussetzung.
7. Es ist untersagt, den Greenfee-Gutschein entgeltlich Dritten zu überlassen bzw. mit diesen Handel zu treiben. Insbesondere sind die teilnehmenden Golfclubs in diesem Falle berechtigt, die Einlösung der ausgeschriebenen Angebote zu verweigern.
8. Die teilnehmenden Golfclubs haben sich gegenüber dem Verlag unter den o.g. Bedingungen verpflichtet, die ausgeschriebenen Angebote einzulösen. Der Verlag übernimmt jedoch keine Gewähr und keine Haftung, wenn ein Angebot nicht eingelöst wird oder werden kann.

Bedingungen zur Einlösung des Discounts:

1. Das Angebot ist einschließlich bis 30.6.2022 gültig.
2. Der Golfspieler/Leser hat sich telefonisch eine Abschlagzeit geben zu lassen – dabei ist die Nutzung des Angebots anzugeben.
3. Eine Barauszahlung des Greenfee-Vorteils ist nicht möglich.
4. Das Kombinieren von Angeboten oder bestehenden Greenfee-Vorteilen ist nicht möglich. Der Vorteil bezieht sich jeweils ausschließlich auf die zum Zeitpunkt der Einlösung gültigen vollen Greenfee-Gebühren.
5. Gibt es Spielergruppen mit erhöhten Greenfee-Gebühren, ist ein Nachlass auf diese Gebühren nicht möglich.
6. Das Angebot allein berechtigt nicht zum Spiel gegen Greenfee. Die Erfüllung der Bestimmungen des jeweiligen Golfclubs zur Greenfee-Berechtigung (Mitgliedschaft in einem Golfclub, Mindesthandicap etc.) zum Zeitpunkt der Einlösung sind Voraussetzung.
7. Es ist untersagt, den Greenfee-Gutschein entgeltlich Dritten zu überlassen bzw. mit diesen Handel zu treiben. Insbesondere sind die teilnehmenden Golfclubs in diesem Falle berechtigt, die Einlösung der ausgeschriebenen Angebote zu verweigern.
8. Die teilnehmenden Golfclubs haben sich gegenüber dem Verlag unter den o.g. Bedingungen verpflichtet, die ausgeschriebenen Angebote einzulösen. Der Verlag übernimmt jedoch keine Gewähr und keine Haftung, wenn ein Angebot nicht eingelöst wird oder werden kann.

Bedingungen zur Einlösung des Discounts:

1. Das Angebot ist einschließlich bis 30.6.2022 gültig.
2. Der Golfspieler/Leser hat sich telefonisch eine Abschlagzeit geben zu lassen – dabei ist die Nutzung des Angebots anzugeben.
3. Eine Barauszahlung des Greenfee-Vorteils ist nicht möglich.
4. Das Kombinieren von Angeboten oder bestehenden Greenfee-Vorteilen ist nicht möglich. Der Vorteil bezieht sich jeweils ausschließlich auf die zum Zeitpunkt der Einlösung gültigen vollen Greenfee-Gebühren.
5. Gibt es Spielergruppen mit erhöhten Greenfee-Gebühren, ist ein Nachlass auf diese Gebühren nicht möglich.
6. Das Angebot allein berechtigt nicht zum Spiel gegen Greenfee. Die Erfüllung der Bestimmungen des jeweiligen Golfclubs zur Greenfee-Berechtigung (Mitgliedschaft in einem Golfclub, Mindesthandicap etc.) zum Zeitpunkt der Einlösung sind Voraussetzung.
7. Es ist untersagt, den Greenfee-Gutschein entgeltlich Dritten zu überlassen bzw. mit diesen Handel zu treiben. Insbesondere sind die teilnehmenden Golfclubs in diesem Falle berechtigt, die Einlösung der ausgeschriebenen Angebote zu verweigern.
8. Die teilnehmenden Golfclubs haben sich gegenüber dem Verlag unter den o.g. Bedingungen verpflichtet, die ausgeschriebenen Angebote einzulösen. Der Verlag übernimmt jedoch keine Gewähr und keine Haftung, wenn ein Angebot nicht eingelöst wird oder werden kann.

Bedingungen zur Einlösung des Discounts:

1. Das Angebot ist einschließlich bis 30.6.2022 gültig.
2. Der Golfspieler/Leser hat sich telefonisch eine Abschlagzeit geben zu lassen – dabei ist die Nutzung des Angebots anzugeben.
3. Eine Barauszahlung des Greenfee-Vorteils ist nicht möglich.
4. Das Kombinieren von Angeboten oder bestehenden Greenfee-Vorteilen ist nicht möglich. Der Vorteil bezieht sich jeweils ausschließlich auf die zum Zeitpunkt der Einlösung gültigen vollen Greenfee-Gebühren.
5. Gibt es Spielergruppen mit erhöhten Greenfee-Gebühren, ist ein Nachlass auf diese Gebühren nicht möglich.
6. Das Angebot allein berechtigt nicht zum Spiel gegen Greenfee. Die Erfüllung der Bestimmungen des jeweiligen Golfclubs zur Greenfee-Berechtigung (Mitgliedschaft in einem Golfclub, Mindesthandicap etc.) zum Zeitpunkt der Einlösung sind Voraussetzung.
7. Es ist untersagt, den Greenfee-Gutschein entgeltlich Dritten zu überlassen bzw. mit diesen Handel zu treiben. Insbesondere sind die teilnehmenden Golfclubs in diesem Falle berechtigt, die Einlösung der ausgeschriebenen Angebote zu verweigern.
8. Die teilnehmenden Golfclubs haben sich gegenüber dem Verlag unter den o.g. Bedingungen verpflichtet, die ausgeschriebenen Angebote einzulösen. Der Verlag übernimmt jedoch keine Gewähr und keine Haftung, wenn ein Angebot nicht eingelöst wird oder werden kann.

Bedingungen zur Einlösung des Discounts:

1. Das Angebot ist einschließlich bis 30.6.2022 gültig.
2. Der Golfspieler/Leser hat sich telefonisch eine Abschlagzeit geben zu lassen – dabei ist die Nutzung des Angebots anzugeben.
3. Eine Barauszahlung des Greenfee-Vorteils ist nicht möglich.
4. Das Kombinieren von Angeboten oder bestehenden Greenfee-Vorteilen ist nicht möglich. Der Vorteil bezieht sich jeweils ausschließlich auf die zum Zeitpunkt der Einlösung gültigen vollen Greenfee-Gebühren.
5. Gibt es Spielergruppen mit erhöhten Greenfee-Gebühren, ist ein Nachlass auf diese Gebühren nicht möglich.
6. Das Angebot allein berechtigt nicht zum Spiel gegen Greenfee. Die Erfüllung der Bestimmungen des jeweiligen Golfclubs zur Greenfee-Berechtigung (Mitgliedschaft in einem Golfclub, Mindesthandicap etc.) zum Zeitpunkt der Einlösung sind Voraussetzung.
7. Es ist untersagt, den Greenfee-Gutschein entgeltlich Dritten zu überlassen bzw. mit diesen Handel zu treiben. Insbesondere sind die teilnehmenden Golfclubs in diesem Falle berechtigt, die Einlösung der ausgeschriebenen Angebote zu verweigern.
8. Die teilnehmenden Golfclubs haben sich gegenüber dem Verlag unter den o.g. Bedingungen verpflichtet, die ausgeschriebenen Angebote einzulösen. Der Verlag übernimmt jedoch keine Gewähr und keine Haftung, wenn ein Angebot nicht eingelöst wird oder werden kann.

Bedingungen zur Einlösung des Discounts:

1. Das Angebot ist einschließlich bis 30.6.2022 gültig.
2. Der Golfspieler/Leser hat sich telefonisch eine Abschlagzeit geben zu lassen – dabei ist die Nutzung des Angebots anzugeben.
3. Eine Barauszahlung des Greenfee-Vorteils ist nicht möglich.
4. Das Kombinieren von Angeboten oder bestehenden Greenfee-Vorteilen ist nicht möglich. Der Vorteil bezieht sich jeweils ausschließlich auf die zum Zeitpunkt der Einlösung gültigen vollen Greenfee-Gebühren.
5. Gibt es Spielergruppen mit erhöhten Greenfee-Gebühren, ist ein Nachlass auf diese Gebühren nicht möglich.
6. Das Angebot allein berechtigt nicht zum Spiel gegen Greenfee. Die Erfüllung der Bestimmungen des jeweiligen Golfclubs zur Greenfee-Berechtigung (Mitgliedschaft in einem Golfclub, Mindesthandicap etc.) zum Zeitpunkt der Einlösung sind Voraussetzung.
7. Es ist untersagt, den Greenfee-Gutschein entgeltlich Dritten zu überlassen bzw. mit diesen Handel zu treiben. Insbesondere sind die teilnehmenden Golfclubs in diesem Falle berechtigt, die Einlösung der ausgeschriebenen Angebote zu verweigern.
8. Die teilnehmenden Golfclubs haben sich gegenüber dem Verlag unter den o.g. Bedingungen verpflichtet, die ausgeschriebenen Angebote einzulösen. Der Verlag übernimmt jedoch keine Gewähr und keine Haftung, wenn ein Angebot nicht eingelöst wird oder werden kann.

Bedingungen zur Einlösung des Discounts:

1. Das Angebot ist einschließlich bis 30.6.2022 gültig.
2. Der Golfspieler/Leser hat sich telefonisch eine Abschlagzeit geben zu lassen – dabei ist die Nutzung des Angebots anzugeben.
3. Eine Barauszahlung des Greenfee-Vorteils ist nicht möglich.
4. Das Kombinieren von Angeboten oder bestehenden Greenfee-Vorteilen ist nicht möglich. Der Vorteil bezieht sich jeweils ausschließlich auf die zum Zeitpunkt der Einlösung gültigen vollen Greenfee-Gebühren.
5. Gibt es Spielergruppen mit erhöhten Greenfee-Gebühren, ist ein Nachlass auf diese Gebühren nicht möglich.
6. Das Angebot allein berechtigt nicht zum Spiel gegen Greenfee. Die Erfüllung der Bestimmungen des jeweiligen Golfclubs zur Greenfee-Berechtigung (Mitgliedschaft in einem Golfclub, Mindesthandicap etc.) zum Zeitpunkt der Einlösung sind Voraussetzung.
7. Es ist untersagt, den Greenfee-Gutschein entgeltlich Dritten zu überlassen bzw. mit diesen Handel zu treiben. Insbesondere sind die teilnehmenden Golfclubs in diesem Falle berechtigt, die Einlösung der ausgeschriebenen Angebote zu verweigern.
8. Die teilnehmenden Golfclubs haben sich gegenüber dem Verlag unter den o.g. Bedingungen verpflichtet, die ausgeschriebenen Angebote einzulösen. Der Verlag übernimmt jedoch keine Gewähr und keine Haftung, wenn ein Angebot nicht eingelöst wird oder werden kann.

Bedingungen zur Einlösung des Discounts:

1. Das Angebot ist einschließlich bis 30.6.2022 gültig.
2. Der Golfspieler/Leser hat sich telefonisch eine Abschlagzeit geben zu lassen – dabei ist die Nutzung des Angebots anzugeben.
3. Eine Barauszahlung des Greenfee-Vorteils ist nicht möglich.
4. Das Kombinieren von Angeboten oder bestehenden Greenfee-Vorteilen ist nicht möglich. Der Vorteil bezieht sich jeweils ausschließlich auf die zum Zeitpunkt der Einlösung gültigen vollen Greenfee-Gebühren.
5. Gibt es Spielergruppen mit erhöhten Greenfee-Gebühren, ist ein Nachlass auf diese Gebühren nicht möglich.
6. Das Angebot allein berechtigt nicht zum Spiel gegen Greenfee. Die Erfüllung der Bestimmungen des jeweiligen Golfclubs zur Greenfee-Berechtigung (Mitgliedschaft in einem Golfclub, Mindesthandicap etc.) zum Zeitpunkt der Einlösung sind Voraussetzung.
7. Es ist untersagt, den Greenfee-Gutschein entgeltlich Dritten zu überlassen bzw. mit diesen Handel zu treiben. Insbesondere sind die teilnehmenden Golfclubs in diesem Falle berechtigt, die Einlösung der ausgeschriebenen Angebote zu verweigern.
8. Die teilnehmenden Golfclubs haben sich gegenüber dem Verlag unter den o.g. Bedingungen verpflichtet, die ausgeschriebenen Angebote einzulösen. Der Verlag übernimmt jedoch keine Gewähr und keine Haftung, wenn ein Angebot nicht eingelöst wird oder werden kann.

Bedingungen zur Einlösung des Discounts:

1. Das Angebot ist einschließlich bis 30.6.2022 gültig.
2. Der Golfspieler/Leser hat sich telefonisch eine Abschlagzeit geben zu lassen – dabei ist die Nutzung des Angebots anzugeben.
3. Eine Barauszahlung des Greenfee-Vorteils ist nicht möglich.
4. Das Kombinieren von Angeboten oder bestehenden Greenfee-Vorteilen ist nicht möglich. Der Vorteil bezieht sich jeweils ausschließlich auf die zum Zeitpunkt der Einlösung gültigen vollen Greenfee-Gebühren.
5. Gibt es Spielergruppen mit erhöhten Greenfee-Gebühren, ist ein Nachlass auf diese Gebühren nicht möglich.
6. Das Angebot allein berechtigt nicht zum Spiel gegen Greenfee. Die Erfüllung der Bestimmungen des jeweiligen Golfclubs zur Greenfee-Berechtigung (Mitgliedschaft in einem Golfclub, Mindesthandicap etc.) zum Zeitpunkt der Einlösung sind Voraussetzung.
7. Es ist untersagt, den Greenfee-Gutschein entgeltlich Dritten zu überlassen bzw. mit diesen Handel zu treiben. Insbesondere sind die teilnehmenden Golfclubs in diesem Falle berechtigt, die Einlösung der ausgeschriebenen Angebote zu verweigern.
8. Die teilnehmenden Golfclubs haben sich gegenüber dem Verlag unter den o.g. Bedingungen verpflichtet, die ausgeschriebenen Angebote einzulösen. Der Verlag übernimmt jedoch keine Gewähr und keine Haftung, wenn ein Angebot nicht eingelöst wird oder werden kann.

DER GOLF ALBRECHT

Golfclub Königshof Sittensen e.V. DE

Alpershausener Weg 60
D-27419 Sittensen
✆ 04282-3266
Niedersachsen, Bremen
Hinweis: Bitte erfragen Sie die Spielmöglichkeiten im Vorwege! Gilt nur für 18-Loch Runden!

34

2 for 1 2 GF zum Preis von 1

DER GOLF ALBRECHT

Golfclub Königshof Sittensen e.V. DE

Alpershausener Weg 60
D-27419 Sittensen
✆ 04282-3266
Niedersachsen, Bremen

34

20% Greenfee-Ermäßigung

DER GOLF ALBRECHT

Golfclub Königshof Sittensen e.V. DE

Alpershausener Weg 60
D-27419 Sittensen
✆ 04282-3266
Niedersachsen, Bremen

34

20% Greenfee-Ermäßigung

DER GOLF ALBRECHT

Golf-Club Bremer Schweiz e.V. DE

Wölpscher Straße 4
D-28779 Bremen
✆ 0421-6095331
Niedersachsen, Bremen

35

2 for 1 2 GF zum Preis von 1

DER GOLF ALBRECHT

Golf-Club Bremer Schweiz e.V. DE

Wölpscher Straße 4
D-28779 Bremen
✆ 0421-6095331
Niedersachsen, Bremen

35

30% Greenfee-Ermäßigung

DER GOLF ALBRECHT

Golf-Club Bremer Schweiz e.V. DE

Wölpscher Straße 4
D-28779 Bremen
✆ 0421-6095331
Niedersachsen, Bremen

35

30% Greenfee-Ermäßigung

DER GOLF ALBRECHT

Golfclub Lilienthal e.V. DE

1. Landwehr 20
D-28865 Lilienthal
✆ 04298-697069
Niedersachsen, Bremen

36

2 for 1 2 GF zum Preis von 1

DER GOLF ALBRECHT

Golfclub Lilienthal e.V. DE

1. Landwehr 20
D-28865 Lilienthal
✆ 04298-697069
Niedersachsen, Bremen

36

2 for 1 2 GF zum Preis von 1

DER GOLF ALBRECHT

Golfclub Bad Bevensen e.V. DE

Dorfstraße 22
D-29575 Altenmedingen OT Secklendorf
✆ 05821-98250
Niedersachsen, Bremen

37

30% Greenfee-Ermäßigung

DER GOLF ALBRECHT

Golfclub Bad Bevensen e.V. DE

Dorfstraße 22
D-29575 Altenmedingen OT Secklendorf
✆ 05821-98250
Niedersachsen, Bremen

37

30% Greenfee-Ermäßigung

Bedingungen zur Einlösung des Discounts:

1. Das Angebot ist einschließlich bis 30.6.2022 gültig.
2. Der Golfspieler/Leser hat sich telefonisch eine Abschlagzeit geben zu lassen – dabei ist die Nutzung des Angebots anzugeben.
3. Eine Barauszahlung des Greenfee-Vorteils ist nicht möglich.
4. Das Kombinieren von Angeboten oder bestehenden Greenfee-Vorteilen ist nicht möglich. Der Vorteil bezieht sich jeweils ausschließlich auf die zum Zeitpunkt der Einlösung gültigen vollen Greenfee-Gebühren.
5. Gibt es Spielergruppen mit erhöhten Greenfee-Gebühren, ist ein Nachlass auf diese Gebühren nicht möglich.
6. Das Angebot allein berechtigt nicht zum Spiel gegen Greenfee. Die Erfüllung der Bestimmungen des jeweiligen Golfclubs zur Greenfee-Berechtigung (Mitgliedschaft in einem Golfclub, Mindesthandicap etc.) zum Zeitpunkt der Einlösung sind Voraussetzung.
7. Es ist untersagt, den Greenfee-Gutschein entgeltlich Dritten zu überlassen bzw. mit diesen Handel zu treiben. Insbesondere sind die teilnehmenden Golfclubs in diesem Falle berechtigt, die Einlösung der ausgeschriebenen Angebote zu verweigern.
8. Die teilnehmenden Golfclubs haben sich gegenüber dem Verlag unter den o.g. Bedingungen verpflichtet, die ausgeschriebenen Angebote einzulösen. Der Verlag übernimmt jedoch keine Gewähr und keine Haftung, wenn ein Angebot nicht eingelöst wird oder werden kann.

Bedingungen zur Einlösung des Discounts:

1. Das Angebot ist einschließlich bis 30.6.2022 gültig.
2. Der Golfspieler/Leser hat sich telefonisch eine Abschlagzeit geben zu lassen – dabei ist die Nutzung des Angebots anzugeben.
3. Eine Barauszahlung des Greenfee-Vorteils ist nicht möglich.
4. Das Kombinieren von Angeboten oder bestehenden Greenfee-Vorteilen ist nicht möglich. Der Vorteil bezieht sich jeweils ausschließlich auf die zum Zeitpunkt der Einlösung gültigen vollen Greenfee-Gebühren.
5. Gibt es Spielergruppen mit erhöhten Greenfee-Gebühren, ist ein Nachlass auf diese Gebühren nicht möglich.
6. Das Angebot allein berechtigt nicht zum Spiel gegen Greenfee. Die Erfüllung der Bestimmungen des jeweiligen Golfclubs zur Greenfee-Berechtigung (Mitgliedschaft in einem Golfclub, Mindesthandicap etc.) zum Zeitpunkt der Einlösung sind Voraussetzung.
7. Es ist untersagt, den Greenfee-Gutschein entgeltlich Dritten zu überlassen bzw. mit diesen Handel zu treiben. Insbesondere sind die teilnehmenden Golfclubs in diesem Falle berechtigt, die Einlösung der ausgeschriebenen Angebote zu verweigern.
8. Die teilnehmenden Golfclubs haben sich gegenüber dem Verlag unter den o.g. Bedingungen verpflichtet, die ausgeschriebenen Angebote einzulösen. Der Verlag übernimmt jedoch keine Gewähr und keine Haftung, wenn ein Angebot nicht eingelöst wird oder werden kann.

Bedingungen zur Einlösung des Discounts:

1. Das Angebot ist einschließlich bis 30.6.2022 gültig.
2. Der Golfspieler/Leser hat sich telefonisch eine Abschlagzeit geben zu lassen – dabei ist die Nutzung des Angebots anzugeben.
3. Eine Barauszahlung des Greenfee-Vorteils ist nicht möglich.
4. Das Kombinieren von Angeboten oder bestehenden Greenfee-Vorteilen ist nicht möglich. Der Vorteil bezieht sich jeweils ausschließlich auf die zum Zeitpunkt der Einlösung gültigen vollen Greenfee-Gebühren.
5. Gibt es Spielergruppen mit erhöhten Greenfee-Gebühren, ist ein Nachlass auf diese Gebühren nicht möglich.
6. Das Angebot allein berechtigt nicht zum Spiel gegen Greenfee. Die Erfüllung der Bestimmungen des jeweiligen Golfclubs zur Greenfee-Berechtigung (Mitgliedschaft in einem Golfclub, Mindesthandicap etc.) zum Zeitpunkt der Einlösung sind Voraussetzung.
7. Es ist untersagt, den Greenfee-Gutschein entgeltlich Dritten zu überlassen bzw. mit diesen Handel zu treiben. Insbesondere sind die teilnehmenden Golfclubs in diesem Falle berechtigt, die Einlösung der ausgeschriebenen Angebote zu verweigern.
8. Die teilnehmenden Golfclubs haben sich gegenüber dem Verlag unter den o.g. Bedingungen verpflichtet, die ausgeschriebenen Angebote einzulösen. Der Verlag übernimmt jedoch keine Gewähr und keine Haftung, wenn ein Angebot nicht eingelöst wird oder werden kann.

Bedingungen zur Einlösung des Discounts:

1. Das Angebot ist einschließlich bis 30.6.2022 gültig.
2. Der Golfspieler/Leser hat sich telefonisch eine Abschlagzeit geben zu lassen – dabei ist die Nutzung des Angebots anzugeben.
3. Eine Barauszahlung des Greenfee-Vorteils ist nicht möglich.
4. Das Kombinieren von Angeboten oder bestehenden Greenfee-Vorteilen ist nicht möglich. Der Vorteil bezieht sich jeweils ausschließlich auf die zum Zeitpunkt der Einlösung gültigen vollen Greenfee-Gebühren.
5. Gibt es Spielergruppen mit erhöhten Greenfee-Gebühren, ist ein Nachlass auf diese Gebühren nicht möglich.
6. Das Angebot allein berechtigt nicht zum Spiel gegen Greenfee. Die Erfüllung der Bestimmungen des jeweiligen Golfclubs zur Greenfee-Berechtigung (Mitgliedschaft in einem Golfclub, Mindesthandicap etc.) zum Zeitpunkt der Einlösung sind Voraussetzung.
7. Es ist untersagt, den Greenfee-Gutschein entgeltlich Dritten zu überlassen bzw. mit diesen Handel zu treiben. Insbesondere sind die teilnehmenden Golfclubs in diesem Falle berechtigt, die Einlösung der ausgeschriebenen Angebote zu verweigern.
8. Die teilnehmenden Golfclubs haben sich gegenüber dem Verlag unter den o.g. Bedingungen verpflichtet, die ausgeschriebenen Angebote einzulösen. Der Verlag übernimmt jedoch keine Gewähr und keine Haftung, wenn ein Angebot nicht eingelöst wird oder werden kann.

Bedingungen zur Einlösung des Discounts:

1. Das Angebot ist einschließlich bis 30.6.2022 gültig.
2. Der Golfspieler/Leser hat sich telefonisch eine Abschlagzeit geben zu lassen – dabei ist die Nutzung des Angebots anzugeben.
3. Eine Barauszahlung des Greenfee-Vorteils ist nicht möglich.
4. Das Kombinieren von Angeboten oder bestehenden Greenfee-Vorteilen ist nicht möglich. Der Vorteil bezieht sich jeweils ausschließlich auf die zum Zeitpunkt der Einlösung gültigen vollen Greenfee-Gebühren.
5. Gibt es Spielergruppen mit erhöhten Greenfee-Gebühren, ist ein Nachlass auf diese Gebühren nicht möglich.
6. Das Angebot allein berechtigt nicht zum Spiel gegen Greenfee. Die Erfüllung der Bestimmungen des jeweiligen Golfclubs zur Greenfee-Berechtigung (Mitgliedschaft in einem Golfclub, Mindesthandicap etc.) zum Zeitpunkt der Einlösung sind Voraussetzung.
7. Es ist untersagt, den Greenfee-Gutschein entgeltlich Dritten zu überlassen bzw. mit diesen Handel zu treiben. Insbesondere sind die teilnehmenden Golfclubs in diesem Falle berechtigt, die Einlösung der ausgeschriebenen Angebote zu verweigern.
8. Die teilnehmenden Golfclubs haben sich gegenüber dem Verlag unter den o.g. Bedingungen verpflichtet, die ausgeschriebenen Angebote einzulösen. Der Verlag übernimmt jedoch keine Gewähr und keine Haftung, wenn ein Angebot nicht eingelöst wird oder werden kann.

Bedingungen zur Einlösung des Discounts:

1. Das Angebot ist einschließlich bis 30.6.2022 gültig.
2. Der Golfspieler/Leser hat sich telefonisch eine Abschlagzeit geben zu lassen – dabei ist die Nutzung des Angebots anzugeben.
3. Eine Barauszahlung des Greenfee-Vorteils ist nicht möglich.
4. Das Kombinieren von Angeboten oder bestehenden Greenfee-Vorteilen ist nicht möglich. Der Vorteil bezieht sich jeweils ausschließlich auf die zum Zeitpunkt der Einlösung gültigen vollen Greenfee-Gebühren.
5. Gibt es Spielergruppen mit erhöhten Greenfee-Gebühren, ist ein Nachlass auf diese Gebühren nicht möglich.
6. Das Angebot allein berechtigt nicht zum Spiel gegen Greenfee. Die Erfüllung der Bestimmungen des jeweiligen Golfclubs zur Greenfee-Berechtigung (Mitgliedschaft in einem Golfclub, Mindesthandicap etc.) zum Zeitpunkt der Einlösung sind Voraussetzung.
7. Es ist untersagt, den Greenfee-Gutschein entgeltlich Dritten zu überlassen bzw. mit diesen Handel zu treiben. Insbesondere sind die teilnehmenden Golfclubs in diesem Falle berechtigt, die Einlösung der ausgeschriebenen Angebote zu verweigern.
8. Die teilnehmenden Golfclubs haben sich gegenüber dem Verlag unter den o.g. Bedingungen verpflichtet, die ausgeschriebenen Angebote einzulösen. Der Verlag übernimmt jedoch keine Gewähr und keine Haftung, wenn ein Angebot nicht eingelöst wird oder werden kann.

Bedingungen zur Einlösung des Discounts:

1. Das Angebot ist einschließlich bis 30.6.2022 gültig.
2. Der Golfspieler/Leser hat sich telefonisch eine Abschlagzeit geben zu lassen – dabei ist die Nutzung des Angebots anzugeben.
3. Eine Barauszahlung des Greenfee-Vorteils ist nicht möglich.
4. Das Kombinieren von Angeboten oder bestehenden Greenfee-Vorteilen ist nicht möglich. Der Vorteil bezieht sich jeweils ausschließlich auf die zum Zeitpunkt der Einlösung gültigen vollen Greenfee-Gebühren.
5. Gibt es Spielergruppen mit erhöhten Greenfee-Gebühren, ist ein Nachlass auf diese Gebühren nicht möglich.
6. Das Angebot allein berechtigt nicht zum Spiel gegen Greenfee. Die Erfüllung der Bestimmungen des jeweiligen Golfclubs zur Greenfee-Berechtigung (Mitgliedschaft in einem Golfclub, Mindesthandicap etc.) zum Zeitpunkt der Einlösung sind Voraussetzung.
7. Es ist untersagt, den Greenfee-Gutschein entgeltlich Dritten zu überlassen bzw. mit diesen Handel zu treiben. Insbesondere sind die teilnehmenden Golfclubs in diesem Falle berechtigt, die Einlösung der ausgeschriebenen Angebote zu verweigern.
8. Die teilnehmenden Golfclubs haben sich gegenüber dem Verlag unter den o.g. Bedingungen verpflichtet, die ausgeschriebenen Angebote einzulösen. Der Verlag übernimmt jedoch keine Gewähr und keine Haftung, wenn ein Angebot nicht eingelöst wird oder werden kann.

Bedingungen zur Einlösung des Discounts:

1. Das Angebot ist einschließlich bis 30.6.2022 gültig.
2. Der Golfspieler/Leser hat sich telefonisch eine Abschlagzeit geben zu lassen – dabei ist die Nutzung des Angebots anzugeben.
3. Eine Barauszahlung des Greenfee-Vorteils ist nicht möglich.
4. Das Kombinieren von Angeboten oder bestehenden Greenfee-Vorteilen ist nicht möglich. Der Vorteil bezieht sich jeweils ausschließlich auf die zum Zeitpunkt der Einlösung gültigen vollen Greenfee-Gebühren.
5. Gibt es Spielergruppen mit erhöhten Greenfee-Gebühren, ist ein Nachlass auf diese Gebühren nicht möglich.
6. Das Angebot allein berechtigt nicht zum Spiel gegen Greenfee. Die Erfüllung der Bestimmungen des jeweiligen Golfclubs zur Greenfee-Berechtigung (Mitgliedschaft in einem Golfclub, Mindesthandicap etc.) zum Zeitpunkt der Einlösung sind Voraussetzung.
7. Es ist untersagt, den Greenfee-Gutschein entgeltlich Dritten zu überlassen bzw. mit diesen Handel zu treiben. Insbesondere sind die teilnehmenden Golfclubs in diesem Falle berechtigt, die Einlösung der ausgeschriebenen Angebote zu verweigern.
8. Die teilnehmenden Golfclubs haben sich gegenüber dem Verlag unter den o.g. Bedingungen verpflichtet, die ausgeschriebenen Angebote einzulösen. Der Verlag übernimmt jedoch keine Gewähr und keine Haftung, wenn ein Angebot nicht eingelöst wird oder werden kann.

Bedingungen zur Einlösung des Discounts:

1. Das Angebot ist einschließlich bis 30.6.2022 gültig.
2. Der Golfspieler/Leser hat sich telefonisch eine Abschlagzeit geben zu lassen – dabei ist die Nutzung des Angebots anzugeben.
3. Eine Barauszahlung des Greenfee-Vorteils ist nicht möglich.
4. Das Kombinieren von Angeboten oder bestehenden Greenfee-Vorteilen ist nicht möglich. Der Vorteil bezieht sich jeweils ausschließlich auf die zum Zeitpunkt der Einlösung gültigen vollen Greenfee-Gebühren.
5. Gibt es Spielergruppen mit erhöhten Greenfee-Gebühren, ist ein Nachlass auf diese Gebühren nicht möglich.
6. Das Angebot allein berechtigt nicht zum Spiel gegen Greenfee. Die Erfüllung der Bestimmungen des jeweiligen Golfclubs zur Greenfee-Berechtigung (Mitgliedschaft in einem Golfclub, Mindesthandicap etc.) zum Zeitpunkt der Einlösung sind Voraussetzung.
7. Es ist untersagt, den Greenfee-Gutschein entgeltlich Dritten zu überlassen bzw. mit diesen Handel zu treiben. Insbesondere sind die teilnehmenden Golfclubs in diesem Falle berechtigt, die Einlösung der ausgeschriebenen Angebote zu verweigern.
8. Die teilnehmenden Golfclubs haben sich gegenüber dem Verlag unter den o.g. Bedingungen verpflichtet, die ausgeschriebenen Angebote einzulösen. Der Verlag übernimmt jedoch keine Gewähr und keine Haftung, wenn ein Angebot nicht eingelöst wird oder werden kann.

Bedingungen zur Einlösung des Discounts:

1. Das Angebot ist einschließlich bis 30.6.2022 gültig.
2. Der Golfspieler/Leser hat sich telefonisch eine Abschlagzeit geben zu lassen – dabei ist die Nutzung des Angebots anzugeben.
3. Eine Barauszahlung des Greenfee-Vorteils ist nicht möglich.
4. Das Kombinieren von Angeboten oder bestehenden Greenfee-Vorteilen ist nicht möglich. Der Vorteil bezieht sich jeweils ausschließlich auf die zum Zeitpunkt der Einlösung gültigen vollen Greenfee-Gebühren.
5. Gibt es Spielergruppen mit erhöhten Greenfee-Gebühren, ist ein Nachlass auf diese Gebühren nicht möglich.
6. Das Angebot allein berechtigt nicht zum Spiel gegen Greenfee. Die Erfüllung der Bestimmungen des jeweiligen Golfclubs zur Greenfee-Berechtigung (Mitgliedschaft in einem Golfclub, Mindesthandicap etc.) zum Zeitpunkt der Einlösung sind Voraussetzung.
7. Es ist untersagt, den Greenfee-Gutschein entgeltlich Dritten zu überlassen bzw. mit diesen Handel zu treiben. Insbesondere sind die teilnehmenden Golfclubs in diesem Falle berechtigt, die Einlösung der ausgeschriebenen Angebote zu verweigern.
8. Die teilnehmenden Golfclubs haben sich gegenüber dem Verlag unter den o.g. Bedingungen verpflichtet, die ausgeschriebenen Angebote einzulösen. Der Verlag übernimmt jedoch keine Gewähr und keine Haftung, wenn ein Angebot nicht eingelöst wird oder werden kann.

DER GOLF ALBRECHT

Golf-Club an der Göhrde e.V. DE

Braasche 3
D-29499 Zernien-Braasche
✆ 05863-556
Niedersachsen, Bremen

38

2 for 1 **2 GF zum Preis von 1 wochentags**

DER GOLF ALBRECHT

Golf-Club an der Göhrde e.V. DE

Braasche 3
D-29499 Zernien-Braasche
✆ 05863-556
Niedersachsen, Bremen

38

2 for 1 **2 GF zum Preis von 1 wochentags**

DER GOLF ALBRECHT

Golf-Club an der Göhrde e.V. DE

Braasche 3
D-29499 Zernien-Braasche
✆ 05863-556
Niedersachsen, Bremen

38

50% **Greenfee-Ermäßigung wochentags**

DER GOLF ALBRECHT

Golf-Club an der Göhrde e.V. DE

Braasche 3
D-29499 Zernien-Braasche
✆ 05863-556
Niedersachsen, Bremen

38

50% **Greenfee-Ermäßigung wochentags**

DER GOLF ALBRECHT

Golfclub Oldenburger Land e.V. DE

Hatter Straße 14
D-26209 Hatten-Dingstede
✆ 04482-8280
Niedersachsen, Bremen

39

50% **Greenfee-Ermäßigung**

DER GOLF ALBRECHT

Golf Club Wildeshauser Geest e.V. DE

Spasche 5
D-27793 Wildeshausen
✆ 04431-1232
Niedersachsen, Bremen
Hinweis: Gutscheine gelten nur für 18 Löcher.

40

2 for 1 **2 GF zum Preis von 1**

DER GOLF ALBRECHT

Golf Club Wildeshauser Geest e.V. DE

Spasche 5
D-27793 Wildeshausen
✆ 04431-1232
Niedersachsen, Bremen
Hinweis: Gutscheine gelten nur für 18 Löcher.

40

2 for 1 **2 GF zum Preis von 1**

DER GOLF ALBRECHT

Golfclub Thülsfelder Talsperre e.V. DE

Mühlenweg 9
D-49696 Molbergen OT Resthausen
✆ 04474-7995
Niedersachsen, Bremen

41

2 for 1 **2 GF zum Preis von 1**

DER GOLF ALBRECHT

Golfclub Thülsfelder Talsperre e.V. DE

Mühlenweg 9
D-49696 Molbergen OT Resthausen
✆ 04474-7995
Niedersachsen, Bremen

41

2 for 1 **2 GF zum Preis von 1**

DER GOLF ALBRECHT

Golfclub Thülsfelder Talsperre e.V. DE

Mühlenweg 9
D-49696 Molbergen OT Resthausen
✆ 04474-7995
Niedersachsen, Bremen

41

25% **Greenfee-Ermäßigung**

Bedingungen zur Einlösung des Discounts:

1. Das Angebot ist einschließlich bis 30.6.2022 gültig.
2. Der Golfspieler/Leser hat sich telefonisch eine Abschlagzeit geben zu lassen – dabei ist die Nutzung des Angebots anzugeben.
3. Eine Barauszahlung des Greenfee-Vorteils ist nicht möglich.
4. Das Kombinieren von Angeboten oder bestehenden Greenfee-Vorteilen ist nicht möglich. Der Vorteil bezieht sich jeweils ausschließlich auf die zum Zeitpunkt der Einlösung gültigen vollen Greenfee-Gebühren.
5. Gibt es Spielergruppen mit erhöhten Greenfee-Gebühren, ist ein Nachlass auf diese Gebühren nicht möglich.
6. Das Angebot allein berechtigt nicht zum Spiel gegen Greenfee. Die Erfüllung der Bestimmungen des jeweiligen Golfclubs zur Greenfee-Berechtigung (Mitgliedschaft in einem Golfclub, Mindesthandicap etc.) zum Zeitpunkt der Einlösung sind Voraussetzung.
7. Es ist untersagt, den Greenfee-Gutschein entgeltlich Dritten zu überlassen bzw. mit diesen Handel zu treiben. Insbesondere sind die teilnehmenden Golfclubs in diesem Falle berechtigt, die Einlösung der ausgeschriebenen Angebote zu verweigern.
8. Die teilnehmenden Golfclubs haben sich gegenüber dem Verlag unter den o.g. Bedingungen verpflichtet, die ausgeschriebenen Angebote einzulösen. Der Verlag übernimmt jedoch keine Gewähr und keine Haftung, wenn ein Angebot nicht eingelöst wird oder werden kann.

Bedingungen zur Einlösung des Discounts:

1. Das Angebot ist einschließlich bis 30.6.2022 gültig.
2. Der Golfspieler/Leser hat sich telefonisch eine Abschlagzeit geben zu lassen – dabei ist die Nutzung des Angebots anzugeben.
3. Eine Barauszahlung des Greenfee-Vorteils ist nicht möglich.
4. Das Kombinieren von Angeboten oder bestehenden Greenfee-Vorteilen ist nicht möglich. Der Vorteil bezieht sich jeweils ausschließlich auf die zum Zeitpunkt der Einlösung gültigen vollen Greenfee-Gebühren.
5. Gibt es Spielergruppen mit erhöhten Greenfee-Gebühren, ist ein Nachlass auf diese Gebühren nicht möglich.
6. Das Angebot allein berechtigt nicht zum Spiel gegen Greenfee. Die Erfüllung der Bestimmungen des jeweiligen Golfclubs zur Greenfee-Berechtigung (Mitgliedschaft in einem Golfclub, Mindesthandicap etc.) zum Zeitpunkt der Einlösung sind Voraussetzung.
7. Es ist untersagt, den Greenfee-Gutschein entgeltlich Dritten zu überlassen bzw. mit diesen Handel zu treiben. Insbesondere sind die teilnehmenden Golfclubs in diesem Falle berechtigt, die Einlösung der ausgeschriebenen Angebote zu verweigern.
8. Die teilnehmenden Golfclubs haben sich gegenüber dem Verlag unter den o.g. Bedingungen verpflichtet, die ausgeschriebenen Angebote einzulösen. Der Verlag übernimmt jedoch keine Gewähr und keine Haftung, wenn ein Angebot nicht eingelöst wird oder werden kann.

Bedingungen zur Einlösung des Discounts:

1. Das Angebot ist einschließlich bis 30.6.2022 gültig.
2. Der Golfspieler/Leser hat sich telefonisch eine Abschlagzeit geben zu lassen – dabei ist die Nutzung des Angebots anzugeben.
3. Eine Barauszahlung des Greenfee-Vorteils ist nicht möglich.
4. Das Kombinieren von Angeboten oder bestehenden Greenfee-Vorteilen ist nicht möglich. Der Vorteil bezieht sich jeweils ausschließlich auf die zum Zeitpunkt der Einlösung gültigen vollen Greenfee-Gebühren.
5. Gibt es Spielergruppen mit erhöhten Greenfee-Gebühren, ist ein Nachlass auf diese Gebühren nicht möglich.
6. Das Angebot allein berechtigt nicht zum Spiel gegen Greenfee. Die Erfüllung der Bestimmungen des jeweiligen Golfclubs zur Greenfee-Berechtigung (Mitgliedschaft in einem Golfclub, Mindesthandicap etc.) zum Zeitpunkt der Einlösung sind Voraussetzung.
7. Es ist untersagt, den Greenfee-Gutschein entgeltlich Dritten zu überlassen bzw. mit diesen Handel zu treiben. Insbesondere sind die teilnehmenden Golfclubs in diesem Falle berechtigt, die Einlösung der ausgeschriebenen Angebote zu verweigern.
8. Die teilnehmenden Golfclubs haben sich gegenüber dem Verlag unter den o.g. Bedingungen verpflichtet, die ausgeschriebenen Angebote einzulösen. Der Verlag übernimmt jedoch keine Gewähr und keine Haftung, wenn ein Angebot nicht eingelöst wird oder werden kann.

Bedingungen zur Einlösung des Discounts:

1. Das Angebot ist einschließlich bis 30.6.2022 gültig.
2. Der Golfspieler/Leser hat sich telefonisch eine Abschlagzeit geben zu lassen – dabei ist die Nutzung des Angebots anzugeben.
3. Eine Barauszahlung des Greenfee-Vorteils ist nicht möglich.
4. Das Kombinieren von Angeboten oder bestehenden Greenfee-Vorteilen ist nicht möglich. Der Vorteil bezieht sich jeweils ausschließlich auf die zum Zeitpunkt der Einlösung gültigen vollen Greenfee-Gebühren.
5. Gibt es Spielergruppen mit erhöhten Greenfee-Gebühren, ist ein Nachlass auf diese Gebühren nicht möglich.
6. Das Angebot allein berechtigt nicht zum Spiel gegen Greenfee. Die Erfüllung der Bestimmungen des jeweiligen Golfclubs zur Greenfee-Berechtigung (Mitgliedschaft in einem Golfclub, Mindesthandicap etc.) zum Zeitpunkt der Einlösung sind Voraussetzung.
7. Es ist untersagt, den Greenfee-Gutschein entgeltlich Dritten zu überlassen bzw. mit diesen Handel zu treiben. Insbesondere sind die teilnehmenden Golfclubs in diesem Falle berechtigt, die Einlösung der ausgeschriebenen Angebote zu verweigern.
8. Die teilnehmenden Golfclubs haben sich gegenüber dem Verlag unter den o.g. Bedingungen verpflichtet, die ausgeschriebenen Angebote einzulösen. Der Verlag übernimmt jedoch keine Gewähr und keine Haftung, wenn ein Angebot nicht eingelöst wird oder werden kann.

Bedingungen zur Einlösung des Discounts:

1. Das Angebot ist einschließlich bis 30.6.2022 gültig.
2. Der Golfspieler/Leser hat sich telefonisch eine Abschlagzeit geben zu lassen – dabei ist die Nutzung des Angebots anzugeben.
3. Eine Barauszahlung des Greenfee-Vorteils ist nicht möglich.
4. Das Kombinieren von Angeboten oder bestehenden Greenfee-Vorteilen ist nicht möglich. Der Vorteil bezieht sich jeweils ausschließlich auf die zum Zeitpunkt der Einlösung gültigen vollen Greenfee-Gebühren.
5. Gibt es Spielergruppen mit erhöhten Greenfee-Gebühren, ist ein Nachlass auf diese Gebühren nicht möglich.
6. Das Angebot allein berechtigt nicht zum Spiel gegen Greenfee. Die Erfüllung der Bestimmungen des jeweiligen Golfclubs zur Greenfee-Berechtigung (Mitgliedschaft in einem Golfclub, Mindesthandicap etc.) zum Zeitpunkt der Einlösung sind Voraussetzung.
7. Es ist untersagt, den Greenfee-Gutschein entgeltlich Dritten zu überlassen bzw. mit diesen Handel zu treiben. Insbesondere sind die teilnehmenden Golfclubs in diesem Falle berechtigt, die Einlösung der ausgeschriebenen Angebote zu verweigern.
8. Die teilnehmenden Golfclubs haben sich gegenüber dem Verlag unter den o.g. Bedingungen verpflichtet, die ausgeschriebenen Angebote einzulösen. Der Verlag übernimmt jedoch keine Gewähr und keine Haftung, wenn ein Angebot nicht eingelöst wird oder werden kann.

Bedingungen zur Einlösung des Discounts:

1. Das Angebot ist einschließlich bis 30.6.2022 gültig.
2. Der Golfspieler/Leser hat sich telefonisch eine Abschlagzeit geben zu lassen – dabei ist die Nutzung des Angebots anzugeben.
3. Eine Barauszahlung des Greenfee-Vorteils ist nicht möglich.
4. Das Kombinieren von Angeboten oder bestehenden Greenfee-Vorteilen ist nicht möglich. Der Vorteil bezieht sich jeweils ausschließlich auf die zum Zeitpunkt der Einlösung gültigen vollen Greenfee-Gebühren.
5. Gibt es Spielergruppen mit erhöhten Greenfee-Gebühren, ist ein Nachlass auf diese Gebühren nicht möglich.
6. Das Angebot allein berechtigt nicht zum Spiel gegen Greenfee. Die Erfüllung der Bestimmungen des jeweiligen Golfclubs zur Greenfee-Berechtigung (Mitgliedschaft in einem Golfclub, Mindesthandicap etc.) zum Zeitpunkt der Einlösung sind Voraussetzung.
7. Es ist untersagt, den Greenfee-Gutschein entgeltlich Dritten zu überlassen bzw. mit diesen Handel zu treiben. Insbesondere sind die teilnehmenden Golfclubs in diesem Falle berechtigt, die Einlösung der ausgeschriebenen Angebote zu verweigern.
8. Die teilnehmenden Golfclubs haben sich gegenüber dem Verlag unter den o.g. Bedingungen verpflichtet, die ausgeschriebenen Angebote einzulösen. Der Verlag übernimmt jedoch keine Gewähr und keine Haftung, wenn ein Angebot nicht eingelöst wird oder werden kann.

Bedingungen zur Einlösung des Discounts:

1. Das Angebot ist einschließlich bis 30.6.2022 gültig.
2. Der Golfspieler/Leser hat sich telefonisch eine Abschlagzeit geben zu lassen – dabei ist die Nutzung des Angebots anzugeben.
3. Eine Barauszahlung des Greenfee-Vorteils ist nicht möglich.
4. Das Kombinieren von Angeboten oder bestehenden Greenfee-Vorteilen ist nicht möglich. Der Vorteil bezieht sich jeweils ausschließlich auf die zum Zeitpunkt der Einlösung gültigen vollen Greenfee-Gebühren.
5. Gibt es Spielergruppen mit erhöhten Greenfee-Gebühren, ist ein Nachlass auf diese Gebühren nicht möglich.
6. Das Angebot allein berechtigt nicht zum Spiel gegen Greenfee. Die Erfüllung der Bestimmungen des jeweiligen Golfclubs zur Greenfee-Berechtigung (Mitgliedschaft in einem Golfclub, Mindesthandicap etc.) zum Zeitpunkt der Einlösung sind Voraussetzung.
7. Es ist untersagt, den Greenfee-Gutschein entgeltlich Dritten zu überlassen bzw. mit diesen Handel zu treiben. Insbesondere sind die teilnehmenden Golfclubs in diesem Falle berechtigt, die Einlösung der ausgeschriebenen Angebote zu verweigern.
8. Die teilnehmenden Golfclubs haben sich gegenüber dem Verlag unter den o.g. Bedingungen verpflichtet, die ausgeschriebenen Angebote einzulösen. Der Verlag übernimmt jedoch keine Gewähr und keine Haftung, wenn ein Angebot nicht eingelöst wird oder werden kann.

Bedingungen zur Einlösung des Discounts:

1. Das Angebot ist einschließlich bis 30.6.2022 gültig.
2. Der Golfspieler/Leser hat sich telefonisch eine Abschlagzeit geben zu lassen – dabei ist die Nutzung des Angebots anzugeben.
3. Eine Barauszahlung des Greenfee-Vorteils ist nicht möglich.
4. Das Kombinieren von Angeboten oder bestehenden Greenfee-Vorteilen ist nicht möglich. Der Vorteil bezieht sich jeweils ausschließlich auf die zum Zeitpunkt der Einlösung gültigen vollen Greenfee-Gebühren.
5. Gibt es Spielergruppen mit erhöhten Greenfee-Gebühren, ist ein Nachlass auf diese Gebühren nicht möglich.
6. Das Angebot allein berechtigt nicht zum Spiel gegen Greenfee. Die Erfüllung der Bestimmungen des jeweiligen Golfclubs zur Greenfee-Berechtigung (Mitgliedschaft in einem Golfclub, Mindesthandicap etc.) zum Zeitpunkt der Einlösung sind Voraussetzung.
7. Es ist untersagt, den Greenfee-Gutschein entgeltlich Dritten zu überlassen bzw. mit diesen Handel zu treiben. Insbesondere sind die teilnehmenden Golfclubs in diesem Falle berechtigt, die Einlösung der ausgeschriebenen Angebote zu verweigern.
8. Die teilnehmenden Golfclubs haben sich gegenüber dem Verlag unter den o.g. Bedingungen verpflichtet, die ausgeschriebenen Angebote einzulösen. Der Verlag übernimmt jedoch keine Gewähr und keine Haftung, wenn ein Angebot nicht eingelöst wird oder werden kann.

Bedingungen zur Einlösung des Discounts:

1. Das Angebot ist einschließlich bis 30.6.2022 gültig.
2. Der Golfspieler/Leser hat sich telefonisch eine Abschlagzeit geben zu lassen – dabei ist die Nutzung des Angebots anzugeben.
3. Eine Barauszahlung des Greenfee-Vorteils ist nicht möglich.
4. Das Kombinieren von Angeboten oder bestehenden Greenfee-Vorteilen ist nicht möglich. Der Vorteil bezieht sich jeweils ausschließlich auf die zum Zeitpunkt der Einlösung gültigen vollen Greenfee-Gebühren.
5. Gibt es Spielergruppen mit erhöhten Greenfee-Gebühren, ist ein Nachlass auf diese Gebühren nicht möglich.
6. Das Angebot allein berechtigt nicht zum Spiel gegen Greenfee. Die Erfüllung der Bestimmungen des jeweiligen Golfclubs zur Greenfee-Berechtigung (Mitgliedschaft in einem Golfclub, Mindesthandicap etc.) zum Zeitpunkt der Einlösung sind Voraussetzung.
7. Es ist untersagt, den Greenfee-Gutschein entgeltlich Dritten zu überlassen bzw. mit diesen Handel zu treiben. Insbesondere sind die teilnehmenden Golfclubs in diesem Falle berechtigt, die Einlösung der ausgeschriebenen Angebote zu verweigern.
8. Die teilnehmenden Golfclubs haben sich gegenüber dem Verlag unter den o.g. Bedingungen verpflichtet, die ausgeschriebenen Angebote einzulösen. Der Verlag übernimmt jedoch keine Gewähr und keine Haftung, wenn ein Angebot nicht eingelöst wird oder werden kann.

Bedingungen zur Einlösung des Discounts:

1. Das Angebot ist einschließlich bis 30.6.2022 gültig.
2. Der Golfspieler/Leser hat sich telefonisch eine Abschlagzeit geben zu lassen – dabei ist die Nutzung des Angebots anzugeben.
3. Eine Barauszahlung des Greenfee-Vorteils ist nicht möglich.
4. Das Kombinieren von Angeboten oder bestehenden Greenfee-Vorteilen ist nicht möglich. Der Vorteil bezieht sich jeweils ausschließlich auf die zum Zeitpunkt der Einlösung gültigen vollen Greenfee-Gebühren.
5. Gibt es Spielergruppen mit erhöhten Greenfee-Gebühren, ist ein Nachlass auf diese Gebühren nicht möglich.
6. Das Angebot allein berechtigt nicht zum Spiel gegen Greenfee. Die Erfüllung der Bestimmungen des jeweiligen Golfclubs zur Greenfee-Berechtigung (Mitgliedschaft in einem Golfclub, Mindesthandicap etc.) zum Zeitpunkt der Einlösung sind Voraussetzung.
7. Es ist untersagt, den Greenfee-Gutschein entgeltlich Dritten zu überlassen bzw. mit diesen Handel zu treiben. Insbesondere sind die teilnehmenden Golfclubs in diesem Falle berechtigt, die Einlösung der ausgeschriebenen Angebote zu verweigern.
8. Die teilnehmenden Golfclubs haben sich gegenüber dem Verlag unter den o.g. Bedingungen verpflichtet, die ausgeschriebenen Angebote einzulösen. Der Verlag übernimmt jedoch keine Gewähr und keine Haftung, wenn ein Angebot nicht eingelöst wird oder werden kann.

DER GOLF ALBRECHT

Golfclub Thülsfelder Talsperre e.V. DE

Mühlenweg 9
D-49696 Molbergen OT Resthausen
✆ 04474-7995
Niedersachsen, Bremen

41

25% Greenfee-Ermäßigung

DER GOLF ALBRECHT

Golf Club Tietlingen e.V. DE

Tietlingen 6c
D-29664 Walsrode
✆ 05162-3889
Niedersachsen, Bremen
Hinweis: Gilt nicht für 9 Loch Greenfee

42

2 for 1 2 GF zum Preis von 1

DER GOLF ALBRECHT

Bergen-Hohne Golfclub e.V. DE

Panzer Str. 1
D-29303 Lohheide
✆ 05051-4393/-4549
Niedersachsen, Bremen

43

2 for 1 2 GF zum Preis von 1

DER GOLF ALBRECHT

Bergen-Hohne Golfclub e.V. DE

Panzer Str. 1
D-29303 Lohheide
✆ 05051-4393/-4549
Niedersachsen, Bremen

43

2 for 1 2 GF zum Preis von 1

DER GOLF ALBRECHT

Golfclub Herzogstadt Celle e.V. DE

Beukenbusch 1
D-29229 Celle-Garssen
✆ 05086-395
Niedersachsen, Bremen

44

2 for 1 2 GF zum Preis von 1

DER GOLF ALBRECHT

Golfclub Herzogstadt Celle e.V. DE

Beukenbusch 1
D-29229 Celle-Garssen
✆ 05086-395
Niedersachsen, Bremen

44

2 for 1 2 GF zum Preis von 1

DER GOLF ALBRECHT

Golfclub Herzogstadt Celle e.V. DE

Beukenbusch 1
D-29229 Celle-Garssen
✆ 05086-395
Niedersachsen, Bremen

44

20% Greenfee-Ermäßigung

DER GOLF ALBRECHT

Golfclub Herzogstadt Celle e.V. DE

Beukenbusch 1
D-29229 Celle-Garssen
✆ 05086-395
Niedersachsen, Bremen

44

20% Greenfee-Ermäßigung

DER GOLF ALBRECHT

Golfclub Gut Brettberg Lohne e.V. DE

Brettberger Weg 9
D-49393 Lohne
✆ 04442-730873
Niedersachsen, Bremen

45

20% Greenfee-Ermäßigung

DER GOLF ALBRECHT

Golfclub Gut Brettberg Lohne e.V. DE

Brettberger Weg 9
D-49393 Lohne
✆ 04442-730873
Niedersachsen, Bremen

45

20% Greenfee-Ermäßigung

Bedingungen zur Einlösung des Discounts:
1. Das Angebot ist einschließlich bis 30.6.2022 gültig.
2. Der Golfspieler/Leser hat sich telefonisch eine Abschlagzeit geben zu lassen – dabei ist die Nutzung des Angebots anzugeben.
3. Eine Barauszahlung des Greenfee-Vorteils ist nicht möglich.
4. Das Kombinieren von Angeboten oder bestehenden Greenfee-Vorteilen ist nicht möglich. Der Vorteil bezieht sich jeweils ausschließlich auf die zum Zeitpunkt der Einlösung gültigen vollen Greenfee-Gebühren.
5. Gibt es Spielergruppen mit erhöhten Greenfee-Gebühren, ist ein Nachlass auf diese Gebühren nicht möglich.
6. Das Angebot allein berechtigt nicht zum Spiel gegen Greenfee. Die Erfüllung der Bestimmungen des jeweiligen Golfclubs zur Greenfee-Berechtigung (Mitgliedschaft in einem Golfclub, Mindesthandicap etc.) zum Zeitpunkt der Einlösung sind Voraussetzung.
7. Es ist untersagt, den Greenfee-Gutschein entgeltlich Dritten zu überlassen bzw. mit diesen Handel zu treiben. Insbesondere sind die teilnehmenden Golfclubs in diesem Falle berechtigt, die Einlösung der ausgeschriebenen Angebote zu verweigern.
8. Die teilnehmenden Golfclubs haben sich gegenüber dem Verlag unter den o.g. Bedingungen verpflichtet, die ausgeschriebenen Angebote einzulösen. Der Verlag übernimmt jedoch keine Gewähr und keine Haftung, wenn ein Angebot nicht eingelöst wird oder werden kann.

Bedingungen zur Einlösung des Discounts:
1. Das Angebot ist einschließlich bis 30.6.2022 gültig.
2. Der Golfspieler/Leser hat sich telefonisch eine Abschlagzeit geben zu lassen – dabei ist die Nutzung des Angebots anzugeben.
3. Eine Barauszahlung des Greenfee-Vorteils ist nicht möglich.
4. Das Kombinieren von Angeboten oder bestehenden Greenfee-Vorteilen ist nicht möglich. Der Vorteil bezieht sich jeweils ausschließlich auf die zum Zeitpunkt der Einlösung gültigen vollen Greenfee-Gebühren.
5. Gibt es Spielergruppen mit erhöhten Greenfee-Gebühren, ist ein Nachlass auf diese Gebühren nicht möglich.
6. Das Angebot allein berechtigt nicht zum Spiel gegen Greenfee. Die Erfüllung der Bestimmungen des jeweiligen Golfclubs zur Greenfee-Berechtigung (Mitgliedschaft in einem Golfclub, Mindesthandicap etc.) zum Zeitpunkt der Einlösung sind Voraussetzung.
7. Es ist untersagt, den Greenfee-Gutschein entgeltlich Dritten zu überlassen bzw. mit diesen Handel zu treiben. Insbesondere sind die teilnehmenden Golfclubs in diesem Falle berechtigt, die Einlösung der ausgeschriebenen Angebote zu verweigern.
8. Die teilnehmenden Golfclubs haben sich gegenüber dem Verlag unter den o.g. Bedingungen verpflichtet, die ausgeschriebenen Angebote einzulösen. Der Verlag übernimmt jedoch keine Gewähr und keine Haftung, wenn ein Angebot nicht eingelöst wird oder werden kann.

Bedingungen zur Einlösung des Discounts:
1. Das Angebot ist einschließlich bis 30.6.2022 gültig.
2. Der Golfspieler/Leser hat sich telefonisch eine Abschlagzeit geben zu lassen – dabei ist die Nutzung des Angebots anzugeben.
3. Eine Barauszahlung des Greenfee-Vorteils ist nicht möglich.
4. Das Kombinieren von Angeboten oder bestehenden Greenfee-Vorteilen ist nicht möglich. Der Vorteil bezieht sich jeweils ausschließlich auf die zum Zeitpunkt der Einlösung gültigen vollen Greenfee-Gebühren.
5. Gibt es Spielergruppen mit erhöhten Greenfee-Gebühren, ist ein Nachlass auf diese Gebühren nicht möglich.
6. Das Angebot allein berechtigt nicht zum Spiel gegen Greenfee. Die Erfüllung der Bestimmungen des jeweiligen Golfclubs zur Greenfee-Berechtigung (Mitgliedschaft in einem Golfclub, Mindesthandicap etc.) zum Zeitpunkt der Einlösung sind Voraussetzung.
7. Es ist untersagt, den Greenfee-Gutschein entgeltlich Dritten zu überlassen bzw. mit diesen Handel zu treiben. Insbesondere sind die teilnehmenden Golfclubs in diesem Falle berechtigt, die Einlösung der ausgeschriebenen Angebote zu verweigern.
8. Die teilnehmenden Golfclubs haben sich gegenüber dem Verlag unter den o.g. Bedingungen verpflichtet, die ausgeschriebenen Angebote einzulösen. Der Verlag übernimmt jedoch keine Gewähr und keine Haftung, wenn ein Angebot nicht eingelöst wird oder werden kann.

Bedingungen zur Einlösung des Discounts:
1. Das Angebot ist einschließlich bis 30.6.2022 gültig.
2. Der Golfspieler/Leser hat sich telefonisch eine Abschlagzeit geben zu lassen – dabei ist die Nutzung des Angebots anzugeben.
3. Eine Barauszahlung des Greenfee-Vorteils ist nicht möglich.
4. Das Kombinieren von Angeboten oder bestehenden Greenfee-Vorteilen ist nicht möglich. Der Vorteil bezieht sich jeweils ausschließlich auf die zum Zeitpunkt der Einlösung gültigen vollen Greenfee-Gebühren.
5. Gibt es Spielergruppen mit erhöhten Greenfee-Gebühren, ist ein Nachlass auf diese Gebühren nicht möglich.
6. Das Angebot allein berechtigt nicht zum Spiel gegen Greenfee. Die Erfüllung der Bestimmungen des jeweiligen Golfclubs zur Greenfee-Berechtigung (Mitgliedschaft in einem Golfclub, Mindesthandicap etc.) zum Zeitpunkt der Einlösung sind Voraussetzung.
7. Es ist untersagt, den Greenfee-Gutschein entgeltlich Dritten zu überlassen bzw. mit diesen Handel zu treiben. Insbesondere sind die teilnehmenden Golfclubs in diesem Falle berechtigt, die Einlösung der ausgeschriebenen Angebote zu verweigern.
8. Die teilnehmenden Golfclubs haben sich gegenüber dem Verlag unter den o.g. Bedingungen verpflichtet, die ausgeschriebenen Angebote einzulösen. Der Verlag übernimmt jedoch keine Gewähr und keine Haftung, wenn ein Angebot nicht eingelöst wird oder werden kann.

Bedingungen zur Einlösung des Discounts:
1. Das Angebot ist einschließlich bis 30.6.2022 gültig.
2. Der Golfspieler/Leser hat sich telefonisch eine Abschlagzeit geben zu lassen – dabei ist die Nutzung des Angebots anzugeben.
3. Eine Barauszahlung des Greenfee-Vorteils ist nicht möglich.
4. Das Kombinieren von Angeboten oder bestehenden Greenfee-Vorteilen ist nicht möglich. Der Vorteil bezieht sich jeweils ausschließlich auf die zum Zeitpunkt der Einlösung gültigen vollen Greenfee-Gebühren.
5. Gibt es Spielergruppen mit erhöhten Greenfee-Gebühren, ist ein Nachlass auf diese Gebühren nicht möglich.
6. Das Angebot allein berechtigt nicht zum Spiel gegen Greenfee. Die Erfüllung der Bestimmungen des jeweiligen Golfclubs zur Greenfee-Berechtigung (Mitgliedschaft in einem Golfclub, Mindesthandicap etc.) zum Zeitpunkt der Einlösung sind Voraussetzung.
7. Es ist untersagt, den Greenfee-Gutschein entgeltlich Dritten zu überlassen bzw. mit diesen Handel zu treiben. Insbesondere sind die teilnehmenden Golfclubs in diesem Falle berechtigt, die Einlösung der ausgeschriebenen Angebote zu verweigern.
8. Die teilnehmenden Golfclubs haben sich gegenüber dem Verlag unter den o.g. Bedingungen verpflichtet, die ausgeschriebenen Angebote einzulösen. Der Verlag übernimmt jedoch keine Gewähr und keine Haftung, wenn ein Angebot nicht eingelöst wird oder werden kann.

Bedingungen zur Einlösung des Discounts:
1. Das Angebot ist einschließlich bis 30.6.2022 gültig.
2. Der Golfspieler/Leser hat sich telefonisch eine Abschlagzeit geben zu lassen – dabei ist die Nutzung des Angebots anzugeben.
3. Eine Barauszahlung des Greenfee-Vorteils ist nicht möglich.
4. Das Kombinieren von Angeboten oder bestehenden Greenfee-Vorteilen ist nicht möglich. Der Vorteil bezieht sich jeweils ausschließlich auf die zum Zeitpunkt der Einlösung gültigen vollen Greenfee-Gebühren.
5. Gibt es Spielergruppen mit erhöhten Greenfee-Gebühren, ist ein Nachlass auf diese Gebühren nicht möglich.
6. Das Angebot allein berechtigt nicht zum Spiel gegen Greenfee. Die Erfüllung der Bestimmungen des jeweiligen Golfclubs zur Greenfee-Berechtigung (Mitgliedschaft in einem Golfclub, Mindesthandicap etc.) zum Zeitpunkt der Einlösung sind Voraussetzung.
7. Es ist untersagt, den Greenfee-Gutschein entgeltlich Dritten zu überlassen bzw. mit diesen Handel zu treiben. Insbesondere sind die teilnehmenden Golfclubs in diesem Falle berechtigt, die Einlösung der ausgeschriebenen Angebote zu verweigern.
8. Die teilnehmenden Golfclubs haben sich gegenüber dem Verlag unter den o.g. Bedingungen verpflichtet, die ausgeschriebenen Angebote einzulösen. Der Verlag übernimmt jedoch keine Gewähr und keine Haftung, wenn ein Angebot nicht eingelöst wird oder werden kann.

Bedingungen zur Einlösung des Discounts:
1. Das Angebot ist einschließlich bis 30.6.2022 gültig.
2. Der Golfspieler/Leser hat sich telefonisch eine Abschlagzeit geben zu lassen – dabei ist die Nutzung des Angebots anzugeben.
3. Eine Barauszahlung des Greenfee-Vorteils ist nicht möglich.
4. Das Kombinieren von Angeboten oder bestehenden Greenfee-Vorteilen ist nicht möglich. Der Vorteil bezieht sich jeweils ausschließlich auf die zum Zeitpunkt der Einlösung gültigen vollen Greenfee-Gebühren.
5. Gibt es Spielergruppen mit erhöhten Greenfee-Gebühren, ist ein Nachlass auf diese Gebühren nicht möglich.
6. Das Angebot allein berechtigt nicht zum Spiel gegen Greenfee. Die Erfüllung der Bestimmungen des jeweiligen Golfclubs zur Greenfee-Berechtigung (Mitgliedschaft in einem Golfclub, Mindesthandicap etc.) zum Zeitpunkt der Einlösung sind Voraussetzung.
7. Es ist untersagt, den Greenfee-Gutschein entgeltlich Dritten zu überlassen bzw. mit diesen Handel zu treiben. Insbesondere sind die teilnehmenden Golfclubs in diesem Falle berechtigt, die Einlösung der ausgeschriebenen Angebote zu verweigern.
8. Die teilnehmenden Golfclubs haben sich gegenüber dem Verlag unter den o.g. Bedingungen verpflichtet, die ausgeschriebenen Angebote einzulösen. Der Verlag übernimmt jedoch keine Gewähr und keine Haftung, wenn ein Angebot nicht eingelöst wird oder werden kann.

Bedingungen zur Einlösung des Discounts:
1. Das Angebot ist einschließlich bis 30.6.2022 gültig.
2. Der Golfspieler/Leser hat sich telefonisch eine Abschlagzeit geben zu lassen – dabei ist die Nutzung des Angebots anzugeben.
3. Eine Barauszahlung des Greenfee-Vorteils ist nicht möglich.
4. Das Kombinieren von Angeboten oder bestehenden Greenfee-Vorteilen ist nicht möglich. Der Vorteil bezieht sich jeweils ausschließlich auf die zum Zeitpunkt der Einlösung gültigen vollen Greenfee-Gebühren.
5. Gibt es Spielergruppen mit erhöhten Greenfee-Gebühren, ist ein Nachlass auf diese Gebühren nicht möglich.
6. Das Angebot allein berechtigt nicht zum Spiel gegen Greenfee. Die Erfüllung der Bestimmungen des jeweiligen Golfclubs zur Greenfee-Berechtigung (Mitgliedschaft in einem Golfclub, Mindesthandicap etc.) zum Zeitpunkt der Einlösung sind Voraussetzung.
7. Es ist untersagt, den Greenfee-Gutschein entgeltlich Dritten zu überlassen bzw. mit diesen Handel zu treiben. Insbesondere sind die teilnehmenden Golfclubs in diesem Falle berechtigt, die Einlösung der ausgeschriebenen Angebote zu verweigern.
8. Die teilnehmenden Golfclubs haben sich gegenüber dem Verlag unter den o.g. Bedingungen verpflichtet, die ausgeschriebenen Angebote einzulösen. Der Verlag übernimmt jedoch keine Gewähr und keine Haftung, wenn ein Angebot nicht eingelöst wird oder werden kann.

Bedingungen zur Einlösung des Discounts:
1. Das Angebot ist einschließlich bis 30.6.2022 gültig.
2. Der Golfspieler/Leser hat sich telefonisch eine Abschlagzeit geben zu lassen – dabei ist die Nutzung des Angebots anzugeben.
3. Eine Barauszahlung des Greenfee-Vorteils ist nicht möglich.
4. Das Kombinieren von Angeboten oder bestehenden Greenfee-Vorteilen ist nicht möglich. Der Vorteil bezieht sich jeweils ausschließlich auf die zum Zeitpunkt der Einlösung gültigen vollen Greenfee-Gebühren.
5. Gibt es Spielergruppen mit erhöhten Greenfee-Gebühren, ist ein Nachlass auf diese Gebühren nicht möglich.
6. Das Angebot allein berechtigt nicht zum Spiel gegen Greenfee. Die Erfüllung der Bestimmungen des jeweiligen Golfclubs zur Greenfee-Berechtigung (Mitgliedschaft in einem Golfclub, Mindesthandicap etc.) zum Zeitpunkt der Einlösung sind Voraussetzung.
7. Es ist untersagt, den Greenfee-Gutschein entgeltlich Dritten zu überlassen bzw. mit diesen Handel zu treiben. Insbesondere sind die teilnehmenden Golfclubs in diesem Falle berechtigt, die Einlösung der ausgeschriebenen Angebote zu verweigern.
8. Die teilnehmenden Golfclubs haben sich gegenüber dem Verlag unter den o.g. Bedingungen verpflichtet, die ausgeschriebenen Angebote einzulösen. Der Verlag übernimmt jedoch keine Gewähr und keine Haftung, wenn ein Angebot nicht eingelöst wird oder werden kann.

Bedingungen zur Einlösung des Discounts:
1. Das Angebot ist einschließlich bis 30.6.2022 gültig.
2. Der Golfspieler/Leser hat sich telefonisch eine Abschlagzeit geben zu lassen – dabei ist die Nutzung des Angebots anzugeben.
3. Eine Barauszahlung des Greenfee-Vorteils ist nicht möglich.
4. Das Kombinieren von Angeboten oder bestehenden Greenfee-Vorteilen ist nicht möglich. Der Vorteil bezieht sich jeweils ausschließlich auf die zum Zeitpunkt der Einlösung gültigen vollen Greenfee-Gebühren.
5. Gibt es Spielergruppen mit erhöhten Greenfee-Gebühren, ist ein Nachlass auf diese Gebühren nicht möglich.
6. Das Angebot allein berechtigt nicht zum Spiel gegen Greenfee. Die Erfüllung der Bestimmungen des jeweiligen Golfclubs zur Greenfee-Berechtigung (Mitgliedschaft in einem Golfclub, Mindesthandicap etc.) zum Zeitpunkt der Einlösung sind Voraussetzung.
7. Es ist untersagt, den Greenfee-Gutschein entgeltlich Dritten zu überlassen bzw. mit diesen Handel zu treiben. Insbesondere sind die teilnehmenden Golfclubs in diesem Falle berechtigt, die Einlösung der ausgeschriebenen Angebote zu verweigern.
8. Die teilnehmenden Golfclubs haben sich gegenüber dem Verlag unter den o.g. Bedingungen verpflichtet, die ausgeschriebenen Angebote einzulösen. Der Verlag übernimmt jedoch keine Gewähr und keine Haftung, wenn ein Angebot nicht eingelöst wird oder werden kann.

Bedingungen zur Einlösung des Discounts:
1. Das Angebot ist einschließlich bis 30.6.2022 gültig.
2. Der Golfspieler/Leser hat sich telefonisch eine Abschlagzeit geben zu lassen – dabei ist die Nutzung des Angebots anzugeben.
3. Eine Barauszahlung des Greenfee-Vorteils ist nicht möglich.
4. Das Kombinieren von Angeboten oder bestehenden Greenfee-Vorteilen ist nicht möglich. Der Vorteil bezieht sich jeweils ausschließlich auf die zum Zeitpunkt der Einlösung gültigen vollen Greenfee-Gebühren.
5. Gibt es Spielergruppen mit erhöhten Greenfee-Gebühren, ist ein Nachlass auf diese Gebühren nicht möglich.
6. Das Angebot allein berechtigt nicht zum Spiel gegen Greenfee. Die Erfüllung der Bestimmungen des jeweiligen Golfclubs zur Greenfee-Berechtigung (Mitgliedschaft in einem Golfclub, Mindesthandicap etc.) zum Zeitpunkt der Einlösung sind Voraussetzung.
7. Es ist untersagt, den Greenfee-Gutschein entgeltlich Dritten zu überlassen bzw. mit diesen Handel zu treiben. Insbesondere sind die teilnehmenden Golfclubs in diesem Falle berechtigt, die Einlösung der ausgeschriebenen Angebote zu verweigern.
8. Die teilnehmenden Golfclubs haben sich gegenüber dem Verlag unter den o.g. Bedingungen verpflichtet, die ausgeschriebenen Angebote einzulösen. Der Verlag übernimmt jedoch keine Gewähr und keine Haftung, wenn ein Angebot nicht eingelöst wird oder werden kann.

DER GOLF ALBRECHT

Golfclub Gut Brettberg Lohne e.V. DE

Brettberger Weg 9
D-49393 Lohne
✆ 04442-730873
Niedersachsen, Bremen

45

20% Greenfee-Ermäßigung

DER GOLF ALBRECHT

Burgdorfer Golfclub e.V. DE

Waldstraße 27
D-31303 Burgdorf/Ehlershausen
✆ 05085-7628
Niedersachsen, Bremen

46

2 for 1 2 GF zum Preis von 1 wochentags

DER GOLF ALBRECHT

Burgdorfer Golfclub e.V. DE

Waldstraße 27
D-31303 Burgdorf/Ehlershausen
✆ 05085-7628
Niedersachsen, Bremen

46

2 for 1 2 GF zum Preis von 1 wochentags

DER GOLF ALBRECHT

Burgdorfer Golfclub e.V. DE

Waldstraße 27
D-31303 Burgdorf/Ehlershausen
✆ 05085-7628
Niedersachsen, Bremen

46

25% Greenfee-Ermäßigung wochentags

DER GOLF ALBRECHT

Burgdorfer Golfclub e.V. DE

Waldstraße 27
D-31303 Burgdorf/Ehlershausen
✆ 05085-7628
Niedersachsen, Bremen

46

25% Greenfee-Ermäßigung wochentags

DER GOLF ALBRECHT

Golf Club Gifhorn e.V. DE

Wilscher Weg 69
D-38518 Gifhorn
✆ 05371-16737
Niedersachsen, Bremen

47

2 for 1 2 GF zum Preis von 1

DER GOLF ALBRECHT

Golf Club Gifhorn e.V. DE

Wilscher Weg 69
D-38518 Gifhorn
✆ 05371-16737
Niedersachsen, Bremen

47

20% Greenfee-Ermäßigung

DER GOLF ALBRECHT

Golf Club Gifhorn e.V. DE

Wilscher Weg 69
D-38518 Gifhorn
✆ 05371-16737
Niedersachsen, Bremen

47

20% Greenfee-Ermäßigung

DER GOLF ALBRECHT

Golf Club Burgwedel e.V. DE

Wettmarer Straße 13
D-30938 Burgwedel-Engensen
✆ 05139-9739690
Niedersachsen, Bremen

48

2 for 1 2 GF zum Preis von 1

DER GOLF ALBRECHT

Golfclub Varus e.V. DE

Im Schlingerort 5
D-49179 Ostercappeln-Venne
✆ 05476-200
Niedersachsen, Bremen

49

2 for 1 2 GF zum Preis von 1

Bedingungen zur Einlösung des Discounts:
1. Das Angebot ist einschließlich bis 30.6.2022 gültig.
2. Der Golfspieler/Leser hat sich telefonisch eine Abschlagzeit geben zu lassen – dabei ist die Nutzung des Angebots anzugeben.
3. Eine Barauszahlung des Greenfee-Vorteils ist nicht möglich.
4. Das Kombinieren von Angeboten oder bestehenden Greenfee-Vorteilen ist nicht möglich. Der Vorteil bezieht sich jeweils ausschließlich auf die zum Zeitpunkt der Einlösung gültigen vollen Greenfee-Gebühren.
5. Gibt es Spielergruppen mit erhöhten Greenfee-Gebühren, ist ein Nachlass auf diese Gebühren nicht möglich.
6. Das Angebot allein berechtigt nicht zum Spiel gegen Greenfee. Die Erfüllung der Bestimmungen des jeweiligen Golfclubs zur Greenfee-Berechtigung (Mitgliedschaft in einem Golfclub, Mindesthandicap etc.) zum Zeitpunkt der Einlösung sind Voraussetzung.
7. Es ist untersagt, den Greenfee-Gutschein entgeltlich Dritten zu überlassen bzw. mit diesen Handel zu treiben. Insbesondere sind die teilnehmenden Golfclubs in diesem Falle berechtigt, die Einlösung der ausgeschriebenen Angebote zu verweigern.
8. Die teilnehmenden Golfclubs haben sich gegenüber dem Verlag unter den o.g. Bedingungen verpflichtet, die ausgeschriebenen Angebote einzulösen. Der Verlag übernimmt jedoch keine Gewähr und keine Haftung, wenn ein Angebot nicht eingelöst wird oder werden kann.

Bedingungen zur Einlösung des Discounts:
1. Das Angebot ist einschließlich bis 30.6.2022 gültig.
2. Der Golfspieler/Leser hat sich telefonisch eine Abschlagzeit geben zu lassen – dabei ist die Nutzung des Angebots anzugeben.
3. Eine Barauszahlung des Greenfee-Vorteils ist nicht möglich.
4. Das Kombinieren von Angeboten oder bestehenden Greenfee-Vorteilen ist nicht möglich. Der Vorteil bezieht sich jeweils ausschließlich auf die zum Zeitpunkt der Einlösung gültigen vollen Greenfee-Gebühren.
5. Gibt es Spielergruppen mit erhöhten Greenfee-Gebühren, ist ein Nachlass auf diese Gebühren nicht möglich.
6. Das Angebot allein berechtigt nicht zum Spiel gegen Greenfee. Die Erfüllung der Bestimmungen des jeweiligen Golfclubs zur Greenfee-Berechtigung (Mitgliedschaft in einem Golfclub, Mindesthandicap etc.) zum Zeitpunkt der Einlösung sind Voraussetzung.
7. Es ist untersagt, den Greenfee-Gutschein entgeltlich Dritten zu überlassen bzw. mit diesen Handel zu treiben. Insbesondere sind die teilnehmenden Golfclubs in diesem Falle berechtigt, die Einlösung der ausgeschriebenen Angebote zu verweigern.
8. Die teilnehmenden Golfclubs haben sich gegenüber dem Verlag unter den o.g. Bedingungen verpflichtet, die ausgeschriebenen Angebote einzulösen. Der Verlag übernimmt jedoch keine Gewähr und keine Haftung, wenn ein Angebot nicht eingelöst wird oder werden kann.

Bedingungen zur Einlösung des Discounts:
1. Das Angebot ist einschließlich bis 30.6.2022 gültig.
2. Der Golfspieler/Leser hat sich telefonisch eine Abschlagzeit geben zu lassen – dabei ist die Nutzung des Angebots anzugeben.
3. Eine Barauszahlung des Greenfee-Vorteils ist nicht möglich.
4. Das Kombinieren von Angeboten oder bestehenden Greenfee-Vorteilen ist nicht möglich. Der Vorteil bezieht sich jeweils ausschließlich auf die zum Zeitpunkt der Einlösung gültigen vollen Greenfee-Gebühren.
5. Gibt es Spielergruppen mit erhöhten Greenfee-Gebühren, ist ein Nachlass auf diese Gebühren nicht möglich.
6. Das Angebot allein berechtigt nicht zum Spiel gegen Greenfee. Die Erfüllung der Bestimmungen des jeweiligen Golfclubs zur Greenfee-Berechtigung (Mitgliedschaft in einem Golfclub, Mindesthandicap etc.) zum Zeitpunkt der Einlösung sind Voraussetzung.
7. Es ist untersagt, den Greenfee-Gutschein entgeltlich Dritten zu überlassen bzw. mit diesen Handel zu treiben. Insbesondere sind die teilnehmenden Golfclubs in diesem Falle berechtigt, die Einlösung der ausgeschriebenen Angebote zu verweigern.
8. Die teilnehmenden Golfclubs haben sich gegenüber dem Verlag unter den o.g. Bedingungen verpflichtet, die ausgeschriebenen Angebote einzulösen. Der Verlag übernimmt jedoch keine Gewähr und keine Haftung, wenn ein Angebot nicht eingelöst wird oder werden kann.

Bedingungen zur Einlösung des Discounts:
1. Das Angebot ist einschließlich bis 30.6.2022 gültig.
2. Der Golfspieler/Leser hat sich telefonisch eine Abschlagzeit geben zu lassen – dabei ist die Nutzung des Angebots anzugeben.
3. Eine Barauszahlung des Greenfee-Vorteils ist nicht möglich.
4. Das Kombinieren von Angeboten oder bestehenden Greenfee-Vorteilen ist nicht möglich. Der Vorteil bezieht sich jeweils ausschließlich auf die zum Zeitpunkt der Einlösung gültigen vollen Greenfee-Gebühren.
5. Gibt es Spielergruppen mit erhöhten Greenfee-Gebühren, ist ein Nachlass auf diese Gebühren nicht möglich.
6. Das Angebot allein berechtigt nicht zum Spiel gegen Greenfee. Die Erfüllung der Bestimmungen des jeweiligen Golfclubs zur Greenfee-Berechtigung (Mitgliedschaft in einem Golfclub, Mindesthandicap etc.) zum Zeitpunkt der Einlösung sind Voraussetzung.
7. Es ist untersagt, den Greenfee-Gutschein entgeltlich Dritten zu überlassen bzw. mit diesen Handel zu treiben. Insbesondere sind die teilnehmenden Golfclubs in diesem Falle berechtigt, die Einlösung der ausgeschriebenen Angebote zu verweigern.
8. Die teilnehmenden Golfclubs haben sich gegenüber dem Verlag unter den o.g. Bedingungen verpflichtet, die ausgeschriebenen Angebote einzulösen. Der Verlag übernimmt jedoch keine Gewähr und keine Haftung, wenn ein Angebot nicht eingelöst wird oder werden kann.

Bedingungen zur Einlösung des Discounts:
1. Das Angebot ist einschließlich bis 30.6.2022 gültig.
2. Der Golfspieler/Leser hat sich telefonisch eine Abschlagzeit geben zu lassen – dabei ist die Nutzung des Angebots anzugeben.
3. Eine Barauszahlung des Greenfee-Vorteils ist nicht möglich.
4. Das Kombinieren von Angeboten oder bestehenden Greenfee-Vorteilen ist nicht möglich. Der Vorteil bezieht sich jeweils ausschließlich auf die zum Zeitpunkt der Einlösung gültigen vollen Greenfee-Gebühren.
5. Gibt es Spielergruppen mit erhöhten Greenfee-Gebühren, ist ein Nachlass auf diese Gebühren nicht möglich.
6. Das Angebot allein berechtigt nicht zum Spiel gegen Greenfee. Die Erfüllung der Bestimmungen des jeweiligen Golfclubs zur Greenfee-Berechtigung (Mitgliedschaft in einem Golfclub, Mindesthandicap etc.) zum Zeitpunkt der Einlösung sind Voraussetzung.
7. Es ist untersagt, den Greenfee-Gutschein entgeltlich Dritten zu überlassen bzw. mit diesen Handel zu treiben. Insbesondere sind die teilnehmenden Golfclubs in diesem Falle berechtigt, die Einlösung der ausgeschriebenen Angebote zu verweigern.
8. Die teilnehmenden Golfclubs haben sich gegenüber dem Verlag unter den o.g. Bedingungen verpflichtet, die ausgeschriebenen Angebote einzulösen. Der Verlag übernimmt jedoch keine Gewähr und keine Haftung, wenn ein Angebot nicht eingelöst wird oder werden kann.

Bedingungen zur Einlösung des Discounts:
1. Das Angebot ist einschließlich bis 30.6.2022 gültig.
2. Der Golfspieler/Leser hat sich telefonisch eine Abschlagzeit geben zu lassen – dabei ist die Nutzung des Angebots anzugeben.
3. Eine Barauszahlung des Greenfee-Vorteils ist nicht möglich.
4. Das Kombinieren von Angeboten oder bestehenden Greenfee-Vorteilen ist nicht möglich. Der Vorteil bezieht sich jeweils ausschließlich auf die zum Zeitpunkt der Einlösung gültigen vollen Greenfee-Gebühren.
5. Gibt es Spielergruppen mit erhöhten Greenfee-Gebühren, ist ein Nachlass auf diese Gebühren nicht möglich.
6. Das Angebot allein berechtigt nicht zum Spiel gegen Greenfee. Die Erfüllung der Bestimmungen des jeweiligen Golfclubs zur Greenfee-Berechtigung (Mitgliedschaft in einem Golfclub, Mindesthandicap etc.) zum Zeitpunkt der Einlösung sind Voraussetzung.
7. Es ist untersagt, den Greenfee-Gutschein entgeltlich Dritten zu überlassen bzw. mit diesen Handel zu treiben. Insbesondere sind die teilnehmenden Golfclubs in diesem Falle berechtigt, die Einlösung der ausgeschriebenen Angebote zu verweigern.
8. Die teilnehmenden Golfclubs haben sich gegenüber dem Verlag unter den o.g. Bedingungen verpflichtet, die ausgeschriebenen Angebote einzulösen. Der Verlag übernimmt jedoch keine Gewähr und keine Haftung, wenn ein Angebot nicht eingelöst wird oder werden kann.

Bedingungen zur Einlösung des Discounts:
1. Das Angebot ist einschließlich bis 30.6.2022 gültig.
2. Der Golfspieler/Leser hat sich telefonisch eine Abschlagzeit geben zu lassen – dabei ist die Nutzung des Angebots anzugeben.
3. Eine Barauszahlung des Greenfee-Vorteils ist nicht möglich.
4. Das Kombinieren von Angeboten oder bestehenden Greenfee-Vorteilen ist nicht möglich. Der Vorteil bezieht sich jeweils ausschließlich auf die zum Zeitpunkt der Einlösung gültigen vollen Greenfee-Gebühren.
5. Gibt es Spielergruppen mit erhöhten Greenfee-Gebühren, ist ein Nachlass auf diese Gebühren nicht möglich.
6. Das Angebot allein berechtigt nicht zum Spiel gegen Greenfee. Die Erfüllung der Bestimmungen des jeweiligen Golfclubs zur Greenfee-Berechtigung (Mitgliedschaft in einem Golfclub, Mindesthandicap etc.) zum Zeitpunkt der Einlösung sind Voraussetzung.
7. Es ist untersagt, den Greenfee-Gutschein entgeltlich Dritten zu überlassen bzw. mit diesen Handel zu treiben. Insbesondere sind die teilnehmenden Golfclubs in diesem Falle berechtigt, die Einlösung der ausgeschriebenen Angebote zu verweigern.
8. Die teilnehmenden Golfclubs haben sich gegenüber dem Verlag unter den o.g. Bedingungen verpflichtet, die ausgeschriebenen Angebote einzulösen. Der Verlag übernimmt jedoch keine Gewähr und keine Haftung, wenn ein Angebot nicht eingelöst wird oder werden kann.

Bedingungen zur Einlösung des Discounts:
1. Das Angebot ist einschließlich bis 30.6.2022 gültig.
2. Der Golfspieler/Leser hat sich telefonisch eine Abschlagzeit geben zu lassen – dabei ist die Nutzung des Angebots anzugeben.
3. Eine Barauszahlung des Greenfee-Vorteils ist nicht möglich.
4. Das Kombinieren von Angeboten oder bestehenden Greenfee-Vorteilen ist nicht möglich. Der Vorteil bezieht sich jeweils ausschließlich auf die zum Zeitpunkt der Einlösung gültigen vollen Greenfee-Gebühren.
5. Gibt es Spielergruppen mit erhöhten Greenfee-Gebühren, ist ein Nachlass auf diese Gebühren nicht möglich.
6. Das Angebot allein berechtigt nicht zum Spiel gegen Greenfee. Die Erfüllung der Bestimmungen des jeweiligen Golfclubs zur Greenfee-Berechtigung (Mitgliedschaft in einem Golfclub, Mindesthandicap etc.) zum Zeitpunkt der Einlösung sind Voraussetzung.
7. Es ist untersagt, den Greenfee-Gutschein entgeltlich Dritten zu überlassen bzw. mit diesen Handel zu treiben. Insbesondere sind die teilnehmenden Golfclubs in diesem Falle berechtigt, die Einlösung der ausgeschriebenen Angebote zu verweigern.
8. Die teilnehmenden Golfclubs haben sich gegenüber dem Verlag unter den o.g. Bedingungen verpflichtet, die ausgeschriebenen Angebote einzulösen. Der Verlag übernimmt jedoch keine Gewähr und keine Haftung, wenn ein Angebot nicht eingelöst wird oder werden kann.

Bedingungen zur Einlösung des Discounts:
1. Das Angebot ist einschließlich bis 30.6.2022 gültig.
2. Der Golfspieler/Leser hat sich telefonisch eine Abschlagzeit geben zu lassen – dabei ist die Nutzung des Angebots anzugeben.
3. Eine Barauszahlung des Greenfee-Vorteils ist nicht möglich.
4. Das Kombinieren von Angeboten oder bestehenden Greenfee-Vorteilen ist nicht möglich. Der Vorteil bezieht sich jeweils ausschließlich auf die zum Zeitpunkt der Einlösung gültigen vollen Greenfee-Gebühren.
5. Gibt es Spielergruppen mit erhöhten Greenfee-Gebühren, ist ein Nachlass auf diese Gebühren nicht möglich.
6. Das Angebot allein berechtigt nicht zum Spiel gegen Greenfee. Die Erfüllung der Bestimmungen des jeweiligen Golfclubs zur Greenfee-Berechtigung (Mitgliedschaft in einem Golfclub, Mindesthandicap etc.) zum Zeitpunkt der Einlösung sind Voraussetzung.
7. Es ist untersagt, den Greenfee-Gutschein entgeltlich Dritten zu überlassen bzw. mit diesen Handel zu treiben. Insbesondere sind die teilnehmenden Golfclubs in diesem Falle berechtigt, die Einlösung der ausgeschriebenen Angebote zu verweigern.
8. Die teilnehmenden Golfclubs haben sich gegenüber dem Verlag unter den o.g. Bedingungen verpflichtet, die ausgeschriebenen Angebote einzulösen. Der Verlag übernimmt jedoch keine Gewähr und keine Haftung, wenn ein Angebot nicht eingelöst wird oder werden kann.

Bedingungen zur Einlösung des Discounts:
1. Das Angebot ist einschließlich bis 30.6.2022 gültig.
2. Der Golfspieler/Leser hat sich telefonisch eine Abschlagzeit geben zu lassen – dabei ist die Nutzung des Angebots anzugeben.
3. Eine Barauszahlung des Greenfee-Vorteils ist nicht möglich.
4. Das Kombinieren von Angeboten oder bestehenden Greenfee-Vorteilen ist nicht möglich. Der Vorteil bezieht sich jeweils ausschließlich auf die zum Zeitpunkt der Einlösung gültigen vollen Greenfee-Gebühren.
5. Gibt es Spielergruppen mit erhöhten Greenfee-Gebühren, ist ein Nachlass auf diese Gebühren nicht möglich.
6. Das Angebot allein berechtigt nicht zum Spiel gegen Greenfee. Die Erfüllung der Bestimmungen des jeweiligen Golfclubs zur Greenfee-Berechtigung (Mitgliedschaft in einem Golfclub, Mindesthandicap etc.) zum Zeitpunkt der Einlösung sind Voraussetzung.
7. Es ist untersagt, den Greenfee-Gutschein entgeltlich Dritten zu überlassen bzw. mit diesen Handel zu treiben. Insbesondere sind die teilnehmenden Golfclubs in diesem Falle berechtigt, die Einlösung der ausgeschriebenen Angebote zu verweigern.
8. Die teilnehmenden Golfclubs haben sich gegenüber dem Verlag unter den o.g. Bedingungen verpflichtet, die ausgeschriebenen Angebote einzulösen. Der Verlag übernimmt jedoch keine Gewähr und keine Haftung, wenn ein Angebot nicht eingelöst wird oder werden kann.

Bedingungen zur Einlösung des Discounts:
1. Das Angebot ist einschließlich bis 30.6.2022 gültig.
2. Der Golfspieler/Leser hat sich telefonisch eine Abschlagzeit geben zu lassen – dabei ist die Nutzung des Angebots anzugeben.
3. Eine Barauszahlung des Greenfee-Vorteils ist nicht möglich.
4. Das Kombinieren von Angeboten oder bestehenden Greenfee-Vorteilen ist nicht möglich. Der Vorteil bezieht sich jeweils ausschließlich auf die zum Zeitpunkt der Einlösung gültigen vollen Greenfee-Gebühren.
5. Gibt es Spielergruppen mit erhöhten Greenfee-Gebühren, ist ein Nachlass auf diese Gebühren nicht möglich.
6. Das Angebot allein berechtigt nicht zum Spiel gegen Greenfee. Die Erfüllung der Bestimmungen des jeweiligen Golfclubs zur Greenfee-Berechtigung (Mitgliedschaft in einem Golfclub, Mindesthandicap etc.) zum Zeitpunkt der Einlösung sind Voraussetzung.
7. Es ist untersagt, den Greenfee-Gutschein entgeltlich Dritten zu überlassen bzw. mit diesen Handel zu treiben. Insbesondere sind die teilnehmenden Golfclubs in diesem Falle berechtigt, die Einlösung der ausgeschriebenen Angebote zu verweigern.
8. Die teilnehmenden Golfclubs haben sich gegenüber dem Verlag unter den o.g. Bedingungen verpflichtet, die ausgeschriebenen Angebote einzulösen. Der Verlag übernimmt jedoch keine Gewähr und keine Haftung, wenn ein Angebot nicht eingelöst wird oder werden kann.

DER GOLF ALBRECHT

Golfclub Varus e.V.

DE

Im Schlingerort 5
D-49179 Ostercappeln-Venne
✆ 05476-200
Niedersachsen, Bremen

49

2 for 1 2 GF zum Preis von 1

DER GOLF ALBRECHT

Golfclub Varus e.V.

DE

Im Schlingerort 5
D-49179 Ostercappeln-Venne
✆ 05476-200
Niedersachsen, Bremen

49

20% Greenfee-Ermäßigung

DER GOLF ALBRECHT

Golfclub Varus e.V.

DE

Im Schlingerort 5
D-49179 Ostercappeln-Venne
✆ 05476-200
Niedersachsen, Bremen

49

20% Greenfee-Ermäßigung

DER GOLF ALBRECHT

Golfclub Schaumburg e.V.

DE

Röserheide 2
D-31683 Obernkirchen
✆ 05724-4670
Niedersachsen, Bremen

50

2 for 1 2 GF zum Preis von 1

DER GOLF ALBRECHT

Golfclub Schaumburg e.V.

DE

Röserheide 2
D-31683 Obernkirchen
✆ 05724-4670
Niedersachsen, Bremen

50

2 for 1 2 GF zum Preis von 1

DER GOLF ALBRECHT

Golfclub Schaumburg e.V.

DE

Röserheide 2
D-31683 Obernkirchen
✆ 05724-4670
Niedersachsen, Bremen

50

30% Greenfee-Ermäßigung

DER GOLF ALBRECHT

Golfclub Schaumburg e.V.

DE

Röserheide 2
D-31683 Obernkirchen
✆ 05724-4670
Niedersachsen, Bremen

50

30% Greenfee-Ermäßigung

DER GOLF ALBRECHT

St. Lorenz Golf- und Land-Club Schöningen e.V.

DE

Klosterfreiheit 9E
D-38364 Schöningen
✆ 05352-1697
Niedersachsen, Bremen

51

2 for 1 2 GF zum Preis von 1

DER GOLF ALBRECHT

St. Lorenz Golf- und Land-Club Schöningen e.V.

DE

Klosterfreiheit 9E
D-38364 Schöningen
✆ 05352-1697
Niedersachsen, Bremen

51

2 for 1 2 GF zum Preis von 1

DER GOLF ALBRECHT

St. Lorenz Golf- und Land-Club Schöningen e.V.

DE

Klosterfreiheit 9E
D-38364 Schöningen
✆ 05352-1697
Niedersachsen, Bremen

51

2 for 1 2 GF zum Preis von 1

Bedingungen zur Einlösung des Discounts:

1. Das Angebot ist einschließlich bis 30.6.2022 gültig.
2. Der Golfspieler/Leser hat sich telefonisch eine Abschlagzeit geben zu lassen – dabei ist die Nutzung des Angebots anzugeben.
3. Eine Barauszahlung des Greenfee-Vorteils ist nicht möglich.
4. Das Kombinieren von Angeboten oder bestehenden Greenfee-Vorteilen ist nicht möglich. Der Vorteil bezieht sich jeweils ausschließlich auf die zum Zeitpunkt der Einlösung gültigen vollen Greenfee-Gebühren.
5. Gibt es Spielergruppen mit erhöhten Greenfee-Gebühren, ist ein Nachlass auf diese Gebühren nicht möglich.
6. Das Angebot allein berechtigt nicht zum Spiel gegen Greenfee. Die Erfüllung der Bestimmungen des jeweiligen Golfclubs zur Greenfee-Berechtigung (Mitgliedschaft in einem Golfclub, Mindesthandicap etc.) zum Zeitpunkt der Einlösung sind Voraussetzung.
7. Es ist untersagt, den Greenfee-Gutschein entgeltlich Dritten zu überlassen bzw. mit diesen Handel zu treiben. Insbesondere sind die teilnehmenden Golfclubs in diesem Falle berechtigt, die Einlösung der ausgeschriebenen Angebote zu verweigern.
8. Die teilnehmenden Golfclubs haben sich gegenüber dem Verlag unter den o.g. Bedingungen verpflichtet, die ausgeschriebenen Angebote einzulösen. Der Verlag übernimmt jedoch keine Gewähr und keine Haftung, wenn ein Angebot nicht eingelöst wird oder werden kann.

Bedingungen zur Einlösung des Discounts:

1. Das Angebot ist einschließlich bis 30.6.2022 gültig.
2. Der Golfspieler/Leser hat sich telefonisch eine Abschlagzeit geben zu lassen – dabei ist die Nutzung des Angebots anzugeben.
3. Eine Barauszahlung des Greenfee-Vorteils ist nicht möglich.
4. Das Kombinieren von Angeboten oder bestehenden Greenfee-Vorteilen ist nicht möglich. Der Vorteil bezieht sich jeweils ausschließlich auf die zum Zeitpunkt der Einlösung gültigen vollen Greenfee-Gebühren.
5. Gibt es Spielergruppen mit erhöhten Greenfee-Gebühren, ist ein Nachlass auf diese Gebühren nicht möglich.
6. Das Angebot allein berechtigt nicht zum Spiel gegen Greenfee. Die Erfüllung der Bestimmungen des jeweiligen Golfclubs zur Greenfee-Berechtigung (Mitgliedschaft in einem Golfclub, Mindesthandicap etc.) zum Zeitpunkt der Einlösung sind Voraussetzung.
7. Es ist untersagt, den Greenfee-Gutschein entgeltlich Dritten zu überlassen bzw. mit diesen Handel zu treiben. Insbesondere sind die teilnehmenden Golfclubs in diesem Falle berechtigt, die Einlösung der ausgeschriebenen Angebote zu verweigern.
8. Die teilnehmenden Golfclubs haben sich gegenüber dem Verlag unter den o.g. Bedingungen verpflichtet, die ausgeschriebenen Angebote einzulösen. Der Verlag übernimmt jedoch keine Gewähr und keine Haftung, wenn ein Angebot nicht eingelöst wird oder werden kann.

Bedingungen zur Einlösung des Discounts:

1. Das Angebot ist einschließlich bis 30.6.2022 gültig.
2. Der Golfspieler/Leser hat sich telefonisch eine Abschlagzeit geben zu lassen – dabei ist die Nutzung des Angebots anzugeben.
3. Eine Barauszahlung des Greenfee-Vorteils ist nicht möglich.
4. Das Kombinieren von Angeboten oder bestehenden Greenfee-Vorteilen ist nicht möglich. Der Vorteil bezieht sich jeweils ausschließlich auf die zum Zeitpunkt der Einlösung gültigen vollen Greenfee-Gebühren.
5. Gibt es Spielergruppen mit erhöhten Greenfee-Gebühren, ist ein Nachlass auf diese Gebühren nicht möglich.
6. Das Angebot allein berechtigt nicht zum Spiel gegen Greenfee. Die Erfüllung der Bestimmungen des jeweiligen Golfclubs zur Greenfee-Berechtigung (Mitgliedschaft in einem Golfclub, Mindesthandicap etc.) zum Zeitpunkt der Einlösung sind Voraussetzung.
7. Es ist untersagt, den Greenfee-Gutschein entgeltlich Dritten zu überlassen bzw. mit diesen Handel zu treiben. Insbesondere sind die teilnehmenden Golfclubs in diesem Falle berechtigt, die Einlösung der ausgeschriebenen Angebote zu verweigern.
8. Die teilnehmenden Golfclubs haben sich gegenüber dem Verlag unter den o.g. Bedingungen verpflichtet, die ausgeschriebenen Angebote einzulösen. Der Verlag übernimmt jedoch keine Gewähr und keine Haftung, wenn ein Angebot nicht eingelöst wird oder werden kann.

Bedingungen zur Einlösung des Discounts:

1. Das Angebot ist einschließlich bis 30.6.2022 gültig.
2. Der Golfspieler/Leser hat sich telefonisch eine Abschlagzeit geben zu lassen – dabei ist die Nutzung des Angebots anzugeben.
3. Eine Barauszahlung des Greenfee-Vorteils ist nicht möglich.
4. Das Kombinieren von Angeboten oder bestehenden Greenfee-Vorteilen ist nicht möglich. Der Vorteil bezieht sich jeweils ausschließlich auf die zum Zeitpunkt der Einlösung gültigen vollen Greenfee-Gebühren.
5. Gibt es Spielergruppen mit erhöhten Greenfee-Gebühren, ist ein Nachlass auf diese Gebühren nicht möglich.
6. Das Angebot allein berechtigt nicht zum Spiel gegen Greenfee. Die Erfüllung der Bestimmungen des jeweiligen Golfclubs zur Greenfee-Berechtigung (Mitgliedschaft in einem Golfclub, Mindesthandicap etc.) zum Zeitpunkt der Einlösung sind Voraussetzung.
7. Es ist untersagt, den Greenfee-Gutschein entgeltlich Dritten zu überlassen bzw. mit diesen Handel zu treiben. Insbesondere sind die teilnehmenden Golfclubs in diesem Falle berechtigt, die Einlösung der ausgeschriebenen Angebote zu verweigern.
8. Die teilnehmenden Golfclubs haben sich gegenüber dem Verlag unter den o.g. Bedingungen verpflichtet, die ausgeschriebenen Angebote einzulösen. Der Verlag übernimmt jedoch keine Gewähr und keine Haftung, wenn ein Angebot nicht eingelöst wird oder werden kann.

Bedingungen zur Einlösung des Discounts:

1. Das Angebot ist einschließlich bis 30.6.2022 gültig.
2. Der Golfspieler/Leser hat sich telefonisch eine Abschlagzeit geben zu lassen – dabei ist die Nutzung des Angebots anzugeben.
3. Eine Barauszahlung des Greenfee-Vorteils ist nicht möglich.
4. Das Kombinieren von Angeboten oder bestehenden Greenfee-Vorteilen ist nicht möglich. Der Vorteil bezieht sich jeweils ausschließlich auf die zum Zeitpunkt der Einlösung gültigen vollen Greenfee-Gebühren.
5. Gibt es Spielergruppen mit erhöhten Greenfee-Gebühren, ist ein Nachlass auf diese Gebühren nicht möglich.
6. Das Angebot allein berechtigt nicht zum Spiel gegen Greenfee. Die Erfüllung der Bestimmungen des jeweiligen Golfclubs zur Greenfee-Berechtigung (Mitgliedschaft in einem Golfclub, Mindesthandicap etc.) zum Zeitpunkt der Einlösung sind Voraussetzung.
7. Es ist untersagt, den Greenfee-Gutschein entgeltlich Dritten zu überlassen bzw. mit diesen Handel zu treiben. Insbesondere sind die teilnehmenden Golfclubs in diesem Falle berechtigt, die Einlösung der ausgeschriebenen Angebote zu verweigern.
8. Die teilnehmenden Golfclubs haben sich gegenüber dem Verlag unter den o.g. Bedingungen verpflichtet, die ausgeschriebenen Angebote einzulösen. Der Verlag übernimmt jedoch keine Gewähr und keine Haftung, wenn ein Angebot nicht eingelöst wird oder werden kann.

Bedingungen zur Einlösung des Discounts:

1. Das Angebot ist einschließlich bis 30.6.2022 gültig.
2. Der Golfspieler/Leser hat sich telefonisch eine Abschlagzeit geben zu lassen – dabei ist die Nutzung des Angebots anzugeben.
3. Eine Barauszahlung des Greenfee-Vorteils ist nicht möglich.
4. Das Kombinieren von Angeboten oder bestehenden Greenfee-Vorteilen ist nicht möglich. Der Vorteil bezieht sich jeweils ausschließlich auf die zum Zeitpunkt der Einlösung gültigen vollen Greenfee-Gebühren.
5. Gibt es Spielergruppen mit erhöhten Greenfee-Gebühren, ist ein Nachlass auf diese Gebühren nicht möglich.
6. Das Angebot allein berechtigt nicht zum Spiel gegen Greenfee. Die Erfüllung der Bestimmungen des jeweiligen Golfclubs zur Greenfee-Berechtigung (Mitgliedschaft in einem Golfclub, Mindesthandicap etc.) zum Zeitpunkt der Einlösung sind Voraussetzung.
7. Es ist untersagt, den Greenfee-Gutschein entgeltlich Dritten zu überlassen bzw. mit diesen Handel zu treiben. Insbesondere sind die teilnehmenden Golfclubs in diesem Falle berechtigt, die Einlösung der ausgeschriebenen Angebote zu verweigern.
8. Die teilnehmenden Golfclubs haben sich gegenüber dem Verlag unter den o.g. Bedingungen verpflichtet, die ausgeschriebenen Angebote einzulösen. Der Verlag übernimmt jedoch keine Gewähr und keine Haftung, wenn ein Angebot nicht eingelöst wird oder werden kann.

Bedingungen zur Einlösung des Discounts:

1. Das Angebot ist einschließlich bis 30.6.2022 gültig.
2. Der Golfspieler/Leser hat sich telefonisch eine Abschlagzeit geben zu lassen – dabei ist die Nutzung des Angebots anzugeben.
3. Eine Barauszahlung des Greenfee-Vorteils ist nicht möglich.
4. Das Kombinieren von Angeboten oder bestehenden Greenfee-Vorteilen ist nicht möglich. Der Vorteil bezieht sich jeweils ausschließlich auf die zum Zeitpunkt der Einlösung gültigen vollen Greenfee-Gebühren.
5. Gibt es Spielergruppen mit erhöhten Greenfee-Gebühren, ist ein Nachlass auf diese Gebühren nicht möglich.
6. Das Angebot allein berechtigt nicht zum Spiel gegen Greenfee. Die Erfüllung der Bestimmungen des jeweiligen Golfclubs zur Greenfee-Berechtigung (Mitgliedschaft in einem Golfclub, Mindesthandicap etc.) zum Zeitpunkt der Einlösung sind Voraussetzung.
7. Es ist untersagt, den Greenfee-Gutschein entgeltlich Dritten zu überlassen bzw. mit diesen Handel zu treiben. Insbesondere sind die teilnehmenden Golfclubs in diesem Falle berechtigt, die Einlösung der ausgeschriebenen Angebote zu verweigern.
8. Die teilnehmenden Golfclubs haben sich gegenüber dem Verlag unter den o.g. Bedingungen verpflichtet, die ausgeschriebenen Angebote einzulösen. Der Verlag übernimmt jedoch keine Gewähr und keine Haftung, wenn ein Angebot nicht eingelöst wird oder werden kann.

Bedingungen zur Einlösung des Discounts:

1. Das Angebot ist einschließlich bis 30.6.2022 gültig.
2. Der Golfspieler/Leser hat sich telefonisch eine Abschlagzeit geben zu lassen – dabei ist die Nutzung des Angebots anzugeben.
3. Eine Barauszahlung des Greenfee-Vorteils ist nicht möglich.
4. Das Kombinieren von Angeboten oder bestehenden Greenfee-Vorteilen ist nicht möglich. Der Vorteil bezieht sich jeweils ausschließlich auf die zum Zeitpunkt der Einlösung gültigen vollen Greenfee-Gebühren.
5. Gibt es Spielergruppen mit erhöhten Greenfee-Gebühren, ist ein Nachlass auf diese Gebühren nicht möglich.
6. Das Angebot allein berechtigt nicht zum Spiel gegen Greenfee. Die Erfüllung der Bestimmungen des jeweiligen Golfclubs zur Greenfee-Berechtigung (Mitgliedschaft in einem Golfclub, Mindesthandicap etc.) zum Zeitpunkt der Einlösung sind Voraussetzung.
7. Es ist untersagt, den Greenfee-Gutschein entgeltlich Dritten zu überlassen bzw. mit diesen Handel zu treiben. Insbesondere sind die teilnehmenden Golfclubs in diesem Falle berechtigt, die Einlösung der ausgeschriebenen Angebote zu verweigern.
8. Die teilnehmenden Golfclubs haben sich gegenüber dem Verlag unter den o.g. Bedingungen verpflichtet, die ausgeschriebenen Angebote einzulösen. Der Verlag übernimmt jedoch keine Gewähr und keine Haftung, wenn ein Angebot nicht eingelöst wird oder werden kann.

Bedingungen zur Einlösung des Discounts:

1. Das Angebot ist einschließlich bis 30.6.2022 gültig.
2. Der Golfspieler/Leser hat sich telefonisch eine Abschlagzeit geben zu lassen – dabei ist die Nutzung des Angebots anzugeben.
3. Eine Barauszahlung des Greenfee-Vorteils ist nicht möglich.
4. Das Kombinieren von Angeboten oder bestehenden Greenfee-Vorteilen ist nicht möglich. Der Vorteil bezieht sich jeweils ausschließlich auf die zum Zeitpunkt der Einlösung gültigen vollen Greenfee-Gebühren.
5. Gibt es Spielergruppen mit erhöhten Greenfee-Gebühren, ist ein Nachlass auf diese Gebühren nicht möglich.
6. Das Angebot allein berechtigt nicht zum Spiel gegen Greenfee. Die Erfüllung der Bestimmungen des jeweiligen Golfclubs zur Greenfee-Berechtigung (Mitgliedschaft in einem Golfclub, Mindesthandicap etc.) zum Zeitpunkt der Einlösung sind Voraussetzung.
7. Es ist untersagt, den Greenfee-Gutschein entgeltlich Dritten zu überlassen bzw. mit diesen Handel zu treiben. Insbesondere sind die teilnehmenden Golfclubs in diesem Falle berechtigt, die Einlösung der ausgeschriebenen Angebote zu verweigern.
8. Die teilnehmenden Golfclubs haben sich gegenüber dem Verlag unter den o.g. Bedingungen verpflichtet, die ausgeschriebenen Angebote einzulösen. Der Verlag übernimmt jedoch keine Gewähr und keine Haftung, wenn ein Angebot nicht eingelöst wird oder werden kann.

Bedingungen zur Einlösung des Discounts:

1. Das Angebot ist einschließlich bis 30.6.2022 gültig.
2. Der Golfspieler/Leser hat sich telefonisch eine Abschlagzeit geben zu lassen – dabei ist die Nutzung des Angebots anzugeben.
3. Eine Barauszahlung des Greenfee-Vorteils ist nicht möglich.
4. Das Kombinieren von Angeboten oder bestehenden Greenfee-Vorteilen ist nicht möglich. Der Vorteil bezieht sich jeweils ausschließlich auf die zum Zeitpunkt der Einlösung gültigen vollen Greenfee-Gebühren.
5. Gibt es Spielergruppen mit erhöhten Greenfee-Gebühren, ist ein Nachlass auf diese Gebühren nicht möglich.
6. Das Angebot allein berechtigt nicht zum Spiel gegen Greenfee. Die Erfüllung der Bestimmungen des jeweiligen Golfclubs zur Greenfee-Berechtigung (Mitgliedschaft in einem Golfclub, Mindesthandicap etc.) zum Zeitpunkt der Einlösung sind Voraussetzung.
7. Es ist untersagt, den Greenfee-Gutschein entgeltlich Dritten zu überlassen bzw. mit diesen Handel zu treiben. Insbesondere sind die teilnehmenden Golfclubs in diesem Falle berechtigt, die Einlösung der ausgeschriebenen Angebote zu verweigern.
8. Die teilnehmenden Golfclubs haben sich gegenüber dem Verlag unter den o.g. Bedingungen verpflichtet, die ausgeschriebenen Angebote einzulösen. Der Verlag übernimmt jedoch keine Gewähr und keine Haftung, wenn ein Angebot nicht eingelöst wird oder werden kann.

DER GOLF ALBRECHT

Hamelner Golfclub e.V. Schloss Schwöbber DE

Schwöbber 8
D-31855 Aerzen
✆ 05154-9870
Niedersachsen, Bremen
Hinweis: gilt für den Baron von Münchhausen-Platz

52

2 for 1 2 GF zum Preis von 1

DER GOLF ALBRECHT

Hamelner Golfclub e.V. Schloss Schwöbber DE

Schwöbber 8
D-31855 Aerzen
✆ 05154-9870
Niedersachsen, Bremen
Hinweis: gilt für den Lucia von Reden Platz.

52

2 for 1 2 GF zum Preis von 1

DER GOLF ALBRECHT

Hamelner Golfclub e.V. Schloss Schwöbber DE

Schwöbber 8
D-31855 Aerzen
✆ 05154-9870
Niedersachsen, Bremen
Hinweis: gilt für den Baron von Münchhausen-Platz

52

25% Greenfee-Ermäßigung

DER GOLF ALBRECHT

Hamelner Golfclub e.V. Schloss Schwöbber DE

Schwöbber 8
D-31855 Aerzen
✆ 05154-9870
Niedersachsen, Bremen
Hinweis: gilt für den Lucia von Reden Platz.

52

25% Greenfee-Ermäßigung

DER GOLF ALBRECHT

Golf-Club Bad Salzdetfurth-Hildesheim e.V. DE

Dr.-Jochen-Schneider-Weg 1
D-31162 Bad Salzdetfurth-Wesseln
✆ 05063-1516
Niedersachsen, Bremen

53

2 for 1 2 GF zum Preis von 1

DER GOLF ALBRECHT

Golf-Club Bad Salzdetfurth-Hildesheim e.V. DE

Dr.-Jochen-Schneider-Weg 1
D-31162 Bad Salzdetfurth-Wesseln
✆ 05063-1516
Niedersachsen, Bremen

53

2 for 1 2 GF zum Preis von 1

DER GOLF ALBRECHT

Golf Club Salzgitter/Liebenburg e.V. DE

Sportpark Mahner Berg
D-38259 Salzgitter
✆ 05341-37376
Niedersachsen, Bremen

54

2 for 1 2 GF zum Preis von 1

DER GOLF ALBRECHT

Golf Club Salzgitter/Liebenburg e.V. DE

Sportpark Mahner Berg
D-38259 Salzgitter
✆ 05341-37376
Niedersachsen, Bremen

54

2 for 1 2 GF zum Preis von 1

DER GOLF ALBRECHT

Golf Club Weserbergland e.V. DE

Weißenfeld 2
D-37647 Polle
✆ 05535-8842
Niedersachsen, Bremen
Hinweis: Die Gutscheine sind nicht kombinierbar

55

2 for 1 2 GF zum Preis von 1

DER GOLF ALBRECHT

Golf Club Weserbergland e.V. DE

Weißenfeld 2
D-37647 Polle
✆ 05535-8842
Niedersachsen, Bremen
Hinweis: Die Gutscheine sind nicht kombinierbar

55

2 for 1 2 GF zum Preis von 1

Bedingungen zur Einlösung des Discounts:

1. Das Angebot ist einschließlich bis 30.6.2022 gültig.
2. Der Golfspieler/Leser hat sich telefonisch eine Abschlagzeit geben zu lassen – dabei ist die Nutzung des Angebots anzugeben.
3. Eine Barauszahlung des Greenfee-Vorteils ist nicht möglich.
4. Das Kombinieren von Angeboten oder bestehenden Greenfee-Vorteilen ist nicht möglich. Der Vorteil bezieht sich jeweils ausschließlich auf die zum Zeitpunkt der Einlösung gültigen vollen Greenfee-Gebühren.
5. Gibt es Spielergruppen mit erhöhten Greenfee-Gebühren, ist ein Nachlass auf diese Gebühren nicht möglich.
6. Das Angebot allein berechtigt nicht zum Spiel gegen Greenfee. Die Erfüllung der Bestimmungen des jeweiligen Golfclubs zur Greenfee-Berechtigung (Mitgliedschaft in einem Golfclub, Mindesthandicap etc.) zum Zeitpunkt der Einlösung sind Voraussetzung.
7. Es ist untersagt, den Greenfee-Gutschein entgeltlich Dritten zu überlassen bzw. mit diesen Handel zu treiben. Insbesondere sind die teilnehmenden Golfclubs in diesem Falle berechtigt, die Einlösung der ausgeschriebenen Angebote zu verweigern.
8. Die teilnehmenden Golfclubs haben sich gegenüber dem Verlag unter den o.g. Bedingungen verpflichtet, die ausgeschriebenen Angebote einzulösen. Der Verlag übernimmt jedoch keine Gewähr und keine Haftung, wenn ein Angebot nicht eingelöst wird oder werden kann.

Bedingungen zur Einlösung des Discounts:

1. Das Angebot ist einschließlich bis 30.6.2022 gültig.
2. Der Golfspieler/Leser hat sich telefonisch eine Abschlagzeit geben zu lassen – dabei ist die Nutzung des Angebots anzugeben.
3. Eine Barauszahlung des Greenfee-Vorteils ist nicht möglich.
4. Das Kombinieren von Angeboten oder bestehenden Greenfee-Vorteilen ist nicht möglich. Der Vorteil bezieht sich jeweils ausschließlich auf die zum Zeitpunkt der Einlösung gültigen vollen Greenfee-Gebühren.
5. Gibt es Spielergruppen mit erhöhten Greenfee-Gebühren, ist ein Nachlass auf diese Gebühren nicht möglich.
6. Das Angebot allein berechtigt nicht zum Spiel gegen Greenfee. Die Erfüllung der Bestimmungen des jeweiligen Golfclubs zur Greenfee-Berechtigung (Mitgliedschaft in einem Golfclub, Mindesthandicap etc.) zum Zeitpunkt der Einlösung sind Voraussetzung.
7. Es ist untersagt, den Greenfee-Gutschein entgeltlich Dritten zu überlassen bzw. mit diesen Handel zu treiben. Insbesondere sind die teilnehmenden Golfclubs in diesem Falle berechtigt, die Einlösung der ausgeschriebenen Angebote zu verweigern.
8. Die teilnehmenden Golfclubs haben sich gegenüber dem Verlag unter den o.g. Bedingungen verpflichtet, die ausgeschriebenen Angebote einzulösen. Der Verlag übernimmt jedoch keine Gewähr und keine Haftung, wenn ein Angebot nicht eingelöst wird oder werden kann.

Bedingungen zur Einlösung des Discounts:

1. Das Angebot ist einschließlich bis 30.6.2022 gültig.
2. Der Golfspieler/Leser hat sich telefonisch eine Abschlagzeit geben zu lassen – dabei ist die Nutzung des Angebots anzugeben.
3. Eine Barauszahlung des Greenfee-Vorteils ist nicht möglich.
4. Das Kombinieren von Angeboten oder bestehenden Greenfee-Vorteilen ist nicht möglich. Der Vorteil bezieht sich jeweils ausschließlich auf die zum Zeitpunkt der Einlösung gültigen vollen Greenfee-Gebühren.
5. Gibt es Spielergruppen mit erhöhten Greenfee-Gebühren, ist ein Nachlass auf diese Gebühren nicht möglich.
6. Das Angebot allein berechtigt nicht zum Spiel gegen Greenfee. Die Erfüllung der Bestimmungen des jeweiligen Golfclubs zur Greenfee-Berechtigung (Mitgliedschaft in einem Golfclub, Mindesthandicap etc.) zum Zeitpunkt der Einlösung sind Voraussetzung.
7. Es ist untersagt, den Greenfee-Gutschein entgeltlich Dritten zu überlassen bzw. mit diesen Handel zu treiben. Insbesondere sind die teilnehmenden Golfclubs in diesem Falle berechtigt, die Einlösung der ausgeschriebenen Angebote zu verweigern.
8. Die teilnehmenden Golfclubs haben sich gegenüber dem Verlag unter den o.g. Bedingungen verpflichtet, die ausgeschriebenen Angebote einzulösen. Der Verlag übernimmt jedoch keine Gewähr und keine Haftung, wenn ein Angebot nicht eingelöst wird oder werden kann.

Bedingungen zur Einlösung des Discounts:

1. Das Angebot ist einschließlich bis 30.6.2022 gültig.
2. Der Golfspieler/Leser hat sich telefonisch eine Abschlagzeit geben zu lassen – dabei ist die Nutzung des Angebots anzugeben.
3. Eine Barauszahlung des Greenfee-Vorteils ist nicht möglich.
4. Das Kombinieren von Angeboten oder bestehenden Greenfee-Vorteilen ist nicht möglich. Der Vorteil bezieht sich jeweils ausschließlich auf die zum Zeitpunkt der Einlösung gültigen vollen Greenfee-Gebühren.
5. Gibt es Spielergruppen mit erhöhten Greenfee-Gebühren, ist ein Nachlass auf diese Gebühren nicht möglich.
6. Das Angebot allein berechtigt nicht zum Spiel gegen Greenfee. Die Erfüllung der Bestimmungen des jeweiligen Golfclubs zur Greenfee-Berechtigung (Mitgliedschaft in einem Golfclub, Mindesthandicap etc.) zum Zeitpunkt der Einlösung sind Voraussetzung.
7. Es ist untersagt, den Greenfee-Gutschein entgeltlich Dritten zu überlassen bzw. mit diesen Handel zu treiben. Insbesondere sind die teilnehmenden Golfclubs in diesem Falle berechtigt, die Einlösung der ausgeschriebenen Angebote zu verweigern.
8. Die teilnehmenden Golfclubs haben sich gegenüber dem Verlag unter den o.g. Bedingungen verpflichtet, die ausgeschriebenen Angebote einzulösen. Der Verlag übernimmt jedoch keine Gewähr und keine Haftung, wenn ein Angebot nicht eingelöst wird oder werden kann.

Bedingungen zur Einlösung des Discounts:

1. Das Angebot ist einschließlich bis 30.6.2022 gültig.
2. Der Golfspieler/Leser hat sich telefonisch eine Abschlagzeit geben zu lassen – dabei ist die Nutzung des Angebots anzugeben.
3. Eine Barauszahlung des Greenfee-Vorteils ist nicht möglich.
4. Das Kombinieren von Angeboten oder bestehenden Greenfee-Vorteilen ist nicht möglich. Der Vorteil bezieht sich jeweils ausschließlich auf die zum Zeitpunkt der Einlösung gültigen vollen Greenfee-Gebühren.
5. Gibt es Spielergruppen mit erhöhten Greenfee-Gebühren, ist ein Nachlass auf diese Gebühren nicht möglich.
6. Das Angebot allein berechtigt nicht zum Spiel gegen Greenfee. Die Erfüllung der Bestimmungen des jeweiligen Golfclubs zur Greenfee-Berechtigung (Mitgliedschaft in einem Golfclub, Mindesthandicap etc.) zum Zeitpunkt der Einlösung sind Voraussetzung.
7. Es ist untersagt, den Greenfee-Gutschein entgeltlich Dritten zu überlassen bzw. mit diesen Handel zu treiben. Insbesondere sind die teilnehmenden Golfclubs in diesem Falle berechtigt, die Einlösung der ausgeschriebenen Angebote zu verweigern.
8. Die teilnehmenden Golfclubs haben sich gegenüber dem Verlag unter den o.g. Bedingungen verpflichtet, die ausgeschriebenen Angebote einzulösen. Der Verlag übernimmt jedoch keine Gewähr und keine Haftung, wenn ein Angebot nicht eingelöst wird oder werden kann.

Bedingungen zur Einlösung des Discounts:

1. Das Angebot ist einschließlich bis 30.6.2022 gültig.
2. Der Golfspieler/Leser hat sich telefonisch eine Abschlagzeit geben zu lassen – dabei ist die Nutzung des Angebots anzugeben.
3. Eine Barauszahlung des Greenfee-Vorteils ist nicht möglich.
4. Das Kombinieren von Angeboten oder bestehenden Greenfee-Vorteilen ist nicht möglich. Der Vorteil bezieht sich jeweils ausschließlich auf die zum Zeitpunkt der Einlösung gültigen vollen Greenfee-Gebühren.
5. Gibt es Spielergruppen mit erhöhten Greenfee-Gebühren, ist ein Nachlass auf diese Gebühren nicht möglich.
6. Das Angebot allein berechtigt nicht zum Spiel gegen Greenfee. Die Erfüllung der Bestimmungen des jeweiligen Golfclubs zur Greenfee-Berechtigung (Mitgliedschaft in einem Golfclub, Mindesthandicap etc.) zum Zeitpunkt der Einlösung sind Voraussetzung.
7. Es ist untersagt, den Greenfee-Gutschein entgeltlich Dritten zu überlassen bzw. mit diesen Handel zu treiben. Insbesondere sind die teilnehmenden Golfclubs in diesem Falle berechtigt, die Einlösung der ausgeschriebenen Angebote zu verweigern.
8. Die teilnehmenden Golfclubs haben sich gegenüber dem Verlag unter den o.g. Bedingungen verpflichtet, die ausgeschriebenen Angebote einzulösen. Der Verlag übernimmt jedoch keine Gewähr und keine Haftung, wenn ein Angebot nicht eingelöst wird oder werden kann.

Bedingungen zur Einlösung des Discounts:

1. Das Angebot ist einschließlich bis 30.6.2022 gültig.
2. Der Golfspieler/Leser hat sich telefonisch eine Abschlagzeit geben zu lassen – dabei ist die Nutzung des Angebots anzugeben.
3. Eine Barauszahlung des Greenfee-Vorteils ist nicht möglich.
4. Das Kombinieren von Angeboten oder bestehenden Greenfee-Vorteilen ist nicht möglich. Der Vorteil bezieht sich jeweils ausschließlich auf die zum Zeitpunkt der Einlösung gültigen vollen Greenfee-Gebühren.
5. Gibt es Spielergruppen mit erhöhten Greenfee-Gebühren, ist ein Nachlass auf diese Gebühren nicht möglich.
6. Das Angebot allein berechtigt nicht zum Spiel gegen Greenfee. Die Erfüllung der Bestimmungen des jeweiligen Golfclubs zur Greenfee-Berechtigung (Mitgliedschaft in einem Golfclub, Mindesthandicap etc.) zum Zeitpunkt der Einlösung sind Voraussetzung.
7. Es ist untersagt, den Greenfee-Gutschein entgeltlich Dritten zu überlassen bzw. mit diesen Handel zu treiben. Insbesondere sind die teilnehmenden Golfclubs in diesem Falle berechtigt, die Einlösung der ausgeschriebenen Angebote zu verweigern.
8. Die teilnehmenden Golfclubs haben sich gegenüber dem Verlag unter den o.g. Bedingungen verpflichtet, die ausgeschriebenen Angebote einzulösen. Der Verlag übernimmt jedoch keine Gewähr und keine Haftung, wenn ein Angebot nicht eingelöst wird oder werden kann.

Bedingungen zur Einlösung des Discounts:

1. Das Angebot ist einschließlich bis 30.6.2022 gültig.
2. Der Golfspieler/Leser hat sich telefonisch eine Abschlagzeit geben zu lassen – dabei ist die Nutzung des Angebots anzugeben.
3. Eine Barauszahlung des Greenfee-Vorteils ist nicht möglich.
4. Das Kombinieren von Angeboten oder bestehenden Greenfee-Vorteilen ist nicht möglich. Der Vorteil bezieht sich jeweils ausschließlich auf die zum Zeitpunkt der Einlösung gültigen vollen Greenfee-Gebühren.
5. Gibt es Spielergruppen mit erhöhten Greenfee-Gebühren, ist ein Nachlass auf diese Gebühren nicht möglich.
6. Das Angebot allein berechtigt nicht zum Spiel gegen Greenfee. Die Erfüllung der Bestimmungen des jeweiligen Golfclubs zur Greenfee-Berechtigung (Mitgliedschaft in einem Golfclub, Mindesthandicap etc.) zum Zeitpunkt der Einlösung sind Voraussetzung.
7. Es ist untersagt, den Greenfee-Gutschein entgeltlich Dritten zu überlassen bzw. mit diesen Handel zu treiben. Insbesondere sind die teilnehmenden Golfclubs in diesem Falle berechtigt, die Einlösung der ausgeschriebenen Angebote zu verweigern.
8. Die teilnehmenden Golfclubs haben sich gegenüber dem Verlag unter den o.g. Bedingungen verpflichtet, die ausgeschriebenen Angebote einzulösen. Der Verlag übernimmt jedoch keine Gewähr und keine Haftung, wenn ein Angebot nicht eingelöst wird oder werden kann.

Bedingungen zur Einlösung des Discounts:

1. Das Angebot ist einschließlich bis 30.6.2022 gültig.
2. Der Golfspieler/Leser hat sich telefonisch eine Abschlagzeit geben zu lassen – dabei ist die Nutzung des Angebots anzugeben.
3. Eine Barauszahlung des Greenfee-Vorteils ist nicht möglich.
4. Das Kombinieren von Angeboten oder bestehenden Greenfee-Vorteilen ist nicht möglich. Der Vorteil bezieht sich jeweils ausschließlich auf die zum Zeitpunkt der Einlösung gültigen vollen Greenfee-Gebühren.
5. Gibt es Spielergruppen mit erhöhten Greenfee-Gebühren, ist ein Nachlass auf diese Gebühren nicht möglich.
6. Das Angebot allein berechtigt nicht zum Spiel gegen Greenfee. Die Erfüllung der Bestimmungen des jeweiligen Golfclubs zur Greenfee-Berechtigung (Mitgliedschaft in einem Golfclub, Mindesthandicap etc.) zum Zeitpunkt der Einlösung sind Voraussetzung.
7. Es ist untersagt, den Greenfee-Gutschein entgeltlich Dritten zu überlassen bzw. mit diesen Handel zu treiben. Insbesondere sind die teilnehmenden Golfclubs in diesem Falle berechtigt, die Einlösung der ausgeschriebenen Angebote zu verweigern.
8. Die teilnehmenden Golfclubs haben sich gegenüber dem Verlag unter den o.g. Bedingungen verpflichtet, die ausgeschriebenen Angebote einzulösen. Der Verlag übernimmt jedoch keine Gewähr und keine Haftung, wenn ein Angebot nicht eingelöst wird oder werden kann.

Bedingungen zur Einlösung des Discounts:

1. Das Angebot ist einschließlich bis 30.6.2022 gültig.
2. Der Golfspieler/Leser hat sich telefonisch eine Abschlagzeit geben zu lassen – dabei ist die Nutzung des Angebots anzugeben.
3. Eine Barauszahlung des Greenfee-Vorteils ist nicht möglich.
4. Das Kombinieren von Angeboten oder bestehenden Greenfee-Vorteilen ist nicht möglich. Der Vorteil bezieht sich jeweils ausschließlich auf die zum Zeitpunkt der Einlösung gültigen vollen Greenfee-Gebühren.
5. Gibt es Spielergruppen mit erhöhten Greenfee-Gebühren, ist ein Nachlass auf diese Gebühren nicht möglich.
6. Das Angebot allein berechtigt nicht zum Spiel gegen Greenfee. Die Erfüllung der Bestimmungen des jeweiligen Golfclubs zur Greenfee-Berechtigung (Mitgliedschaft in einem Golfclub, Mindesthandicap etc.) zum Zeitpunkt der Einlösung sind Voraussetzung.
7. Es ist untersagt, den Greenfee-Gutschein entgeltlich Dritten zu überlassen bzw. mit diesen Handel zu treiben. Insbesondere sind die teilnehmenden Golfclubs in diesem Falle berechtigt, die Einlösung der ausgeschriebenen Angebote zu verweigern.
8. Die teilnehmenden Golfclubs haben sich gegenüber dem Verlag unter den o.g. Bedingungen verpflichtet, die ausgeschriebenen Angebote einzulösen. Der Verlag übernimmt jedoch keine Gewähr und keine Haftung, wenn ein Angebot nicht eingelöst wird oder werden kann.

DER GOLF ALBRECHT

Golf Club Weserbergland e.V. DE

Weißenfeld 2
D-37647 Polle
✆ 05535-8842
Niedersachsen, Bremen

55

20% Greenfee-Ermäßigung

DER GOLF ALBRECHT

Golf Club Weserbergland e.V. DE

Weißenfeld 2
D-37647 Polle
✆ 05535-8842
Niedersachsen, Bremen

55

20% Greenfee-Ermäßigung

DER GOLF ALBRECHT

Golf-Club Harz DE

Am Breitenberg 107
D-38667 Bad Harzburg
✆ 05322-6737
Niedersachsen, Bremen

56

20% Greenfee-Ermäßigung

DER GOLF ALBRECHT

Golf-Club Harz DE

Am Breitenberg 107
D-38667 Bad Harzburg
✆ 05322-6737
Niedersachsen, Bremen

56

20% Greenfee-Ermäßigung

DER GOLF ALBRECHT

Golf und Country Club Leinetal Einbeck e.V. DE

Am Holzgrund 20
D-37574 Einbeck-Immensen
✆ 05561-982305
Niedersachsen, Bremen

57

2 for 1 2 GF zum Preis von 1

DER GOLF ALBRECHT

Golf und Country Club Leinetal Einbeck e.V. DE

Am Holzgrund 20
D-37574 Einbeck-Immensen
✆ 05561-982305
Niedersachsen, Bremen

57

2 for 1 2 GF zum Preis von 1

DER GOLF ALBRECHT

Golf Club Hardenberg e.V. DE

Levershausen, 1
D-37154 Northeim
✆ 05551-908380
Niedersachsen, Bremen

58

2 for 1 2 GF zum Preis von 1

DER GOLF ALBRECHT

Golf Club Hardenberg e.V. DE

Levershausen, 1
D-37154 Northeim
✆ 05551-908380
Niedersachsen, Bremen

58

2 for 1 2 GF zum Preis von 1

DER GOLF ALBRECHT

Golf Club Hardenberg e.V. DE

Levershausen, 1
D-37154 Northeim
✆ 05551-908380
Niedersachsen, Bremen

58

20% Greenfee-Ermäßigung

DER GOLF ALBRECHT

Golf Club Hardenberg e.V. DE

Levershausen, 1
D-37154 Northeim
✆ 05551-908380
Niedersachsen, Bremen

58

20% Greenfee-Ermäßigung

Bedingungen zur Einlösung des Discounts:
1. Das Angebot ist einschließlich bis 30.6.2022 gültig.
2. Der Golfspieler/Leser hat sich telefonisch eine Abschlagzeit geben zu lassen – dabei ist die Nutzung des Angebots anzugeben.
3. Eine Barauszahlung des Greenfee-Vorteils ist nicht möglich.
4. Das Kombinieren von Angeboten oder bestehenden Greenfee-Vorteilen ist nicht möglich. Der Vorteil bezieht sich jeweils ausschließlich auf die zum Zeitpunkt der Einlösung gültigen vollen Greenfee-Gebühren.
5. Gibt es Spielergruppen mit erhöhten Greenfee-Gebühren, ist ein Nachlass auf diese Gebühren nicht möglich.
6. Das Angebot allein berechtigt nicht zum Spiel gegen Greenfee. Die Erfüllung der Bestimmungen des jeweiligen Golfclubs zur Greenfee-Berechtigung (Mitgliedschaft in einem Golfclub, Mindesthandicap etc.) zum Zeitpunkt der Einlösung sind Voraussetzung.
7. Es ist untersagt, den Greenfee-Gutschein entgeltlich Dritten zu überlassen bzw. mit diesen Handel zu treiben. Insbesondere sind die teilnehmenden Golfclubs in diesem Falle berechtigt, die Einlösung der ausgeschriebenen Angebote zu verweigern.
8. Die teilnehmenden Golfclubs haben sich gegenüber dem Verlag unter den o.g. Bedingungen verpflichtet, die ausgeschriebenen Angebote einzulösen. Der Verlag übernimmt jedoch keine Gewähr und keine Haftung, wenn ein Angebot nicht eingelöst wird oder werden kann.

Bedingungen zur Einlösung des Discounts:
1. Das Angebot ist einschließlich bis 30.6.2022 gültig.
2. Der Golfspieler/Leser hat sich telefonisch eine Abschlagzeit geben zu lassen – dabei ist die Nutzung des Angebots anzugeben.
3. Eine Barauszahlung des Greenfee-Vorteils ist nicht möglich.
4. Das Kombinieren von Angeboten oder bestehenden Greenfee-Vorteilen ist nicht möglich. Der Vorteil bezieht sich jeweils ausschließlich auf die zum Zeitpunkt der Einlösung gültigen vollen Greenfee-Gebühren.
5. Gibt es Spielergruppen mit erhöhten Greenfee-Gebühren, ist ein Nachlass auf diese Gebühren nicht möglich.
6. Das Angebot allein berechtigt nicht zum Spiel gegen Greenfee. Die Erfüllung der Bestimmungen des jeweiligen Golfclubs zur Greenfee-Berechtigung (Mitgliedschaft in einem Golfclub, Mindesthandicap etc.) zum Zeitpunkt der Einlösung sind Voraussetzung.
7. Es ist untersagt, den Greenfee-Gutschein entgeltlich Dritten zu überlassen bzw. mit diesen Handel zu treiben. Insbesondere sind die teilnehmenden Golfclubs in diesem Falle berechtigt, die Einlösung der ausgeschriebenen Angebote zu verweigern.
8. Die teilnehmenden Golfclubs haben sich gegenüber dem Verlag unter den o.g. Bedingungen verpflichtet, die ausgeschriebenen Angebote einzulösen. Der Verlag übernimmt jedoch keine Gewähr und keine Haftung, wenn ein Angebot nicht eingelöst wird oder werden kann.

Bedingungen zur Einlösung des Discounts:
1. Das Angebot ist einschließlich bis 30.6.2022 gültig.
2. Der Golfspieler/Leser hat sich telefonisch eine Abschlagzeit geben zu lassen – dabei ist die Nutzung des Angebots anzugeben.
3. Eine Barauszahlung des Greenfee-Vorteils ist nicht möglich.
4. Das Kombinieren von Angeboten oder bestehenden Greenfee-Vorteilen ist nicht möglich. Der Vorteil bezieht sich jeweils ausschließlich auf die zum Zeitpunkt der Einlösung gültigen vollen Greenfee-Gebühren.
5. Gibt es Spielergruppen mit erhöhten Greenfee-Gebühren, ist ein Nachlass auf diese Gebühren nicht möglich.
6. Das Angebot allein berechtigt nicht zum Spiel gegen Greenfee. Die Erfüllung der Bestimmungen des jeweiligen Golfclubs zur Greenfee-Berechtigung (Mitgliedschaft in einem Golfclub, Mindesthandicap etc.) zum Zeitpunkt der Einlösung sind Voraussetzung.
7. Es ist untersagt, den Greenfee-Gutschein entgeltlich Dritten zu überlassen bzw. mit diesen Handel zu treiben. Insbesondere sind die teilnehmenden Golfclubs in diesem Falle berechtigt, die Einlösung der ausgeschriebenen Angebote zu verweigern.
8. Die teilnehmenden Golfclubs haben sich gegenüber dem Verlag unter den o.g. Bedingungen verpflichtet, die ausgeschriebenen Angebote einzulösen. Der Verlag übernimmt jedoch keine Gewähr und keine Haftung, wenn ein Angebot nicht eingelöst wird oder werden kann.

Bedingungen zur Einlösung des Discounts:
1. Das Angebot ist einschließlich bis 30.6.2022 gültig.
2. Der Golfspieler/Leser hat sich telefonisch eine Abschlagzeit geben zu lassen – dabei ist die Nutzung des Angebots anzugeben.
3. Eine Barauszahlung des Greenfee-Vorteils ist nicht möglich.
4. Das Kombinieren von Angeboten oder bestehenden Greenfee-Vorteilen ist nicht möglich. Der Vorteil bezieht sich jeweils ausschließlich auf die zum Zeitpunkt der Einlösung gültigen vollen Greenfee-Gebühren.
5. Gibt es Spielergruppen mit erhöhten Greenfee-Gebühren, ist ein Nachlass auf diese Gebühren nicht möglich.
6. Das Angebot allein berechtigt nicht zum Spiel gegen Greenfee. Die Erfüllung der Bestimmungen des jeweiligen Golfclubs zur Greenfee-Berechtigung (Mitgliedschaft in einem Golfclub, Mindesthandicap etc.) zum Zeitpunkt der Einlösung sind Voraussetzung.
7. Es ist untersagt, den Greenfee-Gutschein entgeltlich Dritten zu überlassen bzw. mit diesen Handel zu treiben. Insbesondere sind die teilnehmenden Golfclubs in diesem Falle berechtigt, die Einlösung der ausgeschriebenen Angebote zu verweigern.
8. Die teilnehmenden Golfclubs haben sich gegenüber dem Verlag unter den o.g. Bedingungen verpflichtet, die ausgeschriebenen Angebote einzulösen. Der Verlag übernimmt jedoch keine Gewähr und keine Haftung, wenn ein Angebot nicht eingelöst wird oder werden kann.

Bedingungen zur Einlösung des Discounts:
1. Das Angebot ist einschließlich bis 30.6.2022 gültig.
2. Der Golfspieler/Leser hat sich telefonisch eine Abschlagzeit geben zu lassen – dabei ist die Nutzung des Angebots anzugeben.
3. Eine Barauszahlung des Greenfee-Vorteils ist nicht möglich.
4. Das Kombinieren von Angeboten oder bestehenden Greenfee-Vorteilen ist nicht möglich. Der Vorteil bezieht sich jeweils ausschließlich auf die zum Zeitpunkt der Einlösung gültigen vollen Greenfee-Gebühren.
5. Gibt es Spielergruppen mit erhöhten Greenfee-Gebühren, ist ein Nachlass auf diese Gebühren nicht möglich.
6. Das Angebot allein berechtigt nicht zum Spiel gegen Greenfee. Die Erfüllung der Bestimmungen des jeweiligen Golfclubs zur Greenfee-Berechtigung (Mitgliedschaft in einem Golfclub, Mindesthandicap etc.) zum Zeitpunkt der Einlösung sind Voraussetzung.
7. Es ist untersagt, den Greenfee-Gutschein entgeltlich Dritten zu überlassen bzw. mit diesen Handel zu treiben. Insbesondere sind die teilnehmenden Golfclubs in diesem Falle berechtigt, die Einlösung der ausgeschriebenen Angebote zu verweigern.
8. Die teilnehmenden Golfclubs haben sich gegenüber dem Verlag unter den o.g. Bedingungen verpflichtet, die ausgeschriebenen Angebote einzulösen. Der Verlag übernimmt jedoch keine Gewähr und keine Haftung, wenn ein Angebot nicht eingelöst wird oder werden kann.

Bedingungen zur Einlösung des Discounts:
1. Das Angebot ist einschließlich bis 30.6.2022 gültig.
2. Der Golfspieler/Leser hat sich telefonisch eine Abschlagzeit geben zu lassen – dabei ist die Nutzung des Angebots anzugeben.
3. Eine Barauszahlung des Greenfee-Vorteils ist nicht möglich.
4. Das Kombinieren von Angeboten oder bestehenden Greenfee-Vorteilen ist nicht möglich. Der Vorteil bezieht sich jeweils ausschließlich auf die zum Zeitpunkt der Einlösung gültigen vollen Greenfee-Gebühren.
5. Gibt es Spielergruppen mit erhöhten Greenfee-Gebühren, ist ein Nachlass auf diese Gebühren nicht möglich.
6. Das Angebot allein berechtigt nicht zum Spiel gegen Greenfee. Die Erfüllung der Bestimmungen des jeweiligen Golfclubs zur Greenfee-Berechtigung (Mitgliedschaft in einem Golfclub, Mindesthandicap etc.) zum Zeitpunkt der Einlösung sind Voraussetzung.
7. Es ist untersagt, den Greenfee-Gutschein entgeltlich Dritten zu überlassen bzw. mit diesen Handel zu treiben. Insbesondere sind die teilnehmenden Golfclubs in diesem Falle berechtigt, die Einlösung der ausgeschriebenen Angebote zu verweigern.
8. Die teilnehmenden Golfclubs haben sich gegenüber dem Verlag unter den o.g. Bedingungen verpflichtet, die ausgeschriebenen Angebote einzulösen. Der Verlag übernimmt jedoch keine Gewähr und keine Haftung, wenn ein Angebot nicht eingelöst wird oder werden kann.

Bedingungen zur Einlösung des Discounts:
1. Das Angebot ist einschließlich bis 30.6.2022 gültig.
2. Der Golfspieler/Leser hat sich telefonisch eine Abschlagzeit geben zu lassen – dabei ist die Nutzung des Angebots anzugeben.
3. Eine Barauszahlung des Greenfee-Vorteils ist nicht möglich.
4. Das Kombinieren von Angeboten oder bestehenden Greenfee-Vorteilen ist nicht möglich. Der Vorteil bezieht sich jeweils ausschließlich auf die zum Zeitpunkt der Einlösung gültigen vollen Greenfee-Gebühren.
5. Gibt es Spielergruppen mit erhöhten Greenfee-Gebühren, ist ein Nachlass auf diese Gebühren nicht möglich.
6. Das Angebot allein berechtigt nicht zum Spiel gegen Greenfee. Die Erfüllung der Bestimmungen des jeweiligen Golfclubs zur Greenfee-Berechtigung (Mitgliedschaft in einem Golfclub, Mindesthandicap etc.) zum Zeitpunkt der Einlösung sind Voraussetzung.
7. Es ist untersagt, den Greenfee-Gutschein entgeltlich Dritten zu überlassen bzw. mit diesen Handel zu treiben. Insbesondere sind die teilnehmenden Golfclubs in diesem Falle berechtigt, die Einlösung der ausgeschriebenen Angebote zu verweigern.
8. Die teilnehmenden Golfclubs haben sich gegenüber dem Verlag unter den o.g. Bedingungen verpflichtet, die ausgeschriebenen Angebote einzulösen. Der Verlag übernimmt jedoch keine Gewähr und keine Haftung, wenn ein Angebot nicht eingelöst wird oder werden kann.

Bedingungen zur Einlösung des Discounts:
1. Das Angebot ist einschließlich bis 30.6.2022 gültig.
2. Der Golfspieler/Leser hat sich telefonisch eine Abschlagzeit geben zu lassen – dabei ist die Nutzung des Angebots anzugeben.
3. Eine Barauszahlung des Greenfee-Vorteils ist nicht möglich.
4. Das Kombinieren von Angeboten oder bestehenden Greenfee-Vorteilen ist nicht möglich. Der Vorteil bezieht sich jeweils ausschließlich auf die zum Zeitpunkt der Einlösung gültigen vollen Greenfee-Gebühren.
5. Gibt es Spielergruppen mit erhöhten Greenfee-Gebühren, ist ein Nachlass auf diese Gebühren nicht möglich.
6. Das Angebot allein berechtigt nicht zum Spiel gegen Greenfee. Die Erfüllung der Bestimmungen des jeweiligen Golfclubs zur Greenfee-Berechtigung (Mitgliedschaft in einem Golfclub, Mindesthandicap etc.) zum Zeitpunkt der Einlösung sind Voraussetzung.
7. Es ist untersagt, den Greenfee-Gutschein entgeltlich Dritten zu überlassen bzw. mit diesen Handel zu treiben. Insbesondere sind die teilnehmenden Golfclubs in diesem Falle berechtigt, die Einlösung der ausgeschriebenen Angebote zu verweigern.
8. Die teilnehmenden Golfclubs haben sich gegenüber dem Verlag unter den o.g. Bedingungen verpflichtet, die ausgeschriebenen Angebote einzulösen. Der Verlag übernimmt jedoch keine Gewähr und keine Haftung, wenn ein Angebot nicht eingelöst wird oder werden kann.

Bedingungen zur Einlösung des Discounts:
1. Das Angebot ist einschließlich bis 30.6.2022 gültig.
2. Der Golfspieler/Leser hat sich telefonisch eine Abschlagzeit geben zu lassen – dabei ist die Nutzung des Angebots anzugeben.
3. Eine Barauszahlung des Greenfee-Vorteils ist nicht möglich.
4. Das Kombinieren von Angeboten oder bestehenden Greenfee-Vorteilen ist nicht möglich. Der Vorteil bezieht sich jeweils ausschließlich auf die zum Zeitpunkt der Einlösung gültigen vollen Greenfee-Gebühren.
5. Gibt es Spielergruppen mit erhöhten Greenfee-Gebühren, ist ein Nachlass auf diese Gebühren nicht möglich.
6. Das Angebot allein berechtigt nicht zum Spiel gegen Greenfee. Die Erfüllung der Bestimmungen des jeweiligen Golfclubs zur Greenfee-Berechtigung (Mitgliedschaft in einem Golfclub, Mindesthandicap etc.) zum Zeitpunkt der Einlösung sind Voraussetzung.
7. Es ist untersagt, den Greenfee-Gutschein entgeltlich Dritten zu überlassen bzw. mit diesen Handel zu treiben. Insbesondere sind die teilnehmenden Golfclubs in diesem Falle berechtigt, die Einlösung der ausgeschriebenen Angebote zu verweigern.
8. Die teilnehmenden Golfclubs haben sich gegenüber dem Verlag unter den o.g. Bedingungen verpflichtet, die ausgeschriebenen Angebote einzulösen. Der Verlag übernimmt jedoch keine Gewähr und keine Haftung, wenn ein Angebot nicht eingelöst wird oder werden kann.

Bedingungen zur Einlösung des Discounts:
1. Das Angebot ist einschließlich bis 30.6.2022 gültig.
2. Der Golfspieler/Leser hat sich telefonisch eine Abschlagzeit geben zu lassen – dabei ist die Nutzung des Angebots anzugeben.
3. Eine Barauszahlung des Greenfee-Vorteils ist nicht möglich.
4. Das Kombinieren von Angeboten oder bestehenden Greenfee-Vorteilen ist nicht möglich. Der Vorteil bezieht sich jeweils ausschließlich auf die zum Zeitpunkt der Einlösung gültigen vollen Greenfee-Gebühren.
5. Gibt es Spielergruppen mit erhöhten Greenfee-Gebühren, ist ein Nachlass auf diese Gebühren nicht möglich.
6. Das Angebot allein berechtigt nicht zum Spiel gegen Greenfee. Die Erfüllung der Bestimmungen des jeweiligen Golfclubs zur Greenfee-Berechtigung (Mitgliedschaft in einem Golfclub, Mindesthandicap etc.) zum Zeitpunkt der Einlösung sind Voraussetzung.
7. Es ist untersagt, den Greenfee-Gutschein entgeltlich Dritten zu überlassen bzw. mit diesen Handel zu treiben. Insbesondere sind die teilnehmenden Golfclubs in diesem Falle berechtigt, die Einlösung der ausgeschriebenen Angebote zu verweigern.
8. Die teilnehmenden Golfclubs haben sich gegenüber dem Verlag unter den o.g. Bedingungen verpflichtet, die ausgeschriebenen Angebote einzulösen. Der Verlag übernimmt jedoch keine Gewähr und keine Haftung, wenn ein Angebot nicht eingelöst wird oder werden kann.

DER GOLF ALBRECHT

Golfclub Rittergut Rothenbergerhaus e.V.

DE

Rittergut Rothenberger Haus, Navigationsadresse:
Rothenbergerhaus, 37412 Herzberg am Harz
D-37115 Duderstadt
☎ 05529-8992 / 05529-8995
Niedersachsen, Bremen

59

2 for 1 2 GF zum Preis von 1

DER GOLF ALBRECHT

Golfclub Rittergut Rothenbergerhaus e.V.

DE

Rittergut Rothenberger Haus, Navigationsadresse:
Rothenbergerhaus, 37412 Herzberg am Harz
D-37115 Duderstadt
☎ 05529-8992 / 05529-8995
Niedersachsen, Bremen

59

2 for 1 2 GF zum Preis von 1

DER GOLF ALBRECHT

Golfclub Rittergut Rothenbergerhaus e.V.

DE

Rittergut Rothenberger Haus, Navigationsadresse:
Rothenbergerhaus, 37412 Herzberg am Harz
D-37115 Duderstadt
☎ 05529-8992 / 05529-8995
Niedersachsen, Bremen

59

20% Greenfee-Ermäßigung

DER GOLF ALBRECHT

Golfclub Rittergut Rothenbergerhaus e.V.

DE

Rittergut Rothenberger Haus, Navigationsadresse:
Rothenbergerhaus, 37412 Herzberg am Harz
D-37115 Duderstadt
☎ 05529-8992 / 05529-8995
Niedersachsen, Bremen

59

20% Greenfee-Ermäßigung

DER GOLF ALBRECHT

Golf in Wall

DE

Am Königsgraben 1
D-16818 Wall
☎ 033925-71135
Berlin, Brandenburg

60

2 for 1 2 GF zum Preis von 1

DER GOLF ALBRECHT

Golf in Wall

DE

Am Königsgraben 1
D-16818 Wall
☎ 033925-71135
Berlin, Brandenburg

60

2 for 1 2 GF zum Preis von 1

DER GOLF ALBRECHT

Golfpark Berlin Prenden

DE

Waldweg 3
D-16348 Prenden
☎ 033396-7790
Berlin, Brandenburg

61

2 for 1 2 GF zum Preis von 1

DER GOLF ALBRECHT

Golfpark Berlin Prenden

DE

Waldweg 3
D-16348 Prenden
☎ 033396-7790
Berlin, Brandenburg

61

2 for 1 2 GF zum Preis von 1

DER GOLF ALBRECHT

Golfpark Berlin Prenden

DE

Waldweg 3
D-16348 Prenden
☎ 033396-7790
Berlin, Brandenburg

61

25% Greenfee-Ermäßigung

DER GOLF ALBRECHT

Golfpark Berlin Prenden

DE

Waldweg 3
D-16348 Prenden
☎ 033396-7790
Berlin, Brandenburg

61

25% Greenfee-Ermäßigung

Bedingungen zur Einlösung des Discounts:
1. Das Angebot ist einschließlich bis 30.6.2022 gültig.
2. Der Golfspieler/Leser hat sich telefonisch eine Abschlagzeit geben zu lassen – dabei ist die Nutzung des Angebots anzugeben.
3. Eine Barauszahlung des Greenfee-Vorteils ist nicht möglich.
4. Das Kombinieren von Angeboten oder bestehenden Greenfee-Vorteilen ist nicht möglich. Der Vorteil bezieht sich jeweils ausschließlich auf die zum Zeitpunkt der Einlösung gültigen vollen Greenfee-Gebühren.
5. Gibt es Spielergruppen mit erhöhten Greenfee-Gebühren, ist ein Nachlass auf diese Gebühren nicht möglich.
6. Das Angebot allein berechtigt nicht zum Spiel gegen Greenfee. Die Erfüllung der Bestimmungen des jeweiligen Golfclubs zur Greenfee-Berechtigung (Mitgliedschaft in einem Golfclub, Mindesthandicap etc.) zum Zeitpunkt der Einlösung sind Voraussetzung.
7. Es ist untersagt, den Greenfee-Gutschein entgeltlich Dritten zu überlassen bzw. mit diesen Handel zu treiben. Insbesondere sind die teilnehmenden Golfclubs in diesem Falle berechtigt, die Einlösung der ausgeschriebenen Angebote zu verweigern.
8. Die teilnehmenden Golfclubs haben sich gegenüber dem Verlag unter den o.g. Bedingungen verpflichtet, die ausgeschriebenen Angebote einzulösen. Der Verlag übernimmt jedoch keine Gewähr und keine Haftung, wenn ein Angebot nicht eingelöst wird oder werden kann.

Bedingungen zur Einlösung des Discounts:
1. Das Angebot ist einschließlich bis 30.6.2022 gültig.
2. Der Golfspieler/Leser hat sich telefonisch eine Abschlagzeit geben zu lassen – dabei ist die Nutzung des Angebots anzugeben.
3. Eine Barauszahlung des Greenfee-Vorteils ist nicht möglich.
4. Das Kombinieren von Angeboten oder bestehenden Greenfee-Vorteilen ist nicht möglich. Der Vorteil bezieht sich jeweils ausschließlich auf die zum Zeitpunkt der Einlösung gültigen vollen Greenfee-Gebühren.
5. Gibt es Spielergruppen mit erhöhten Greenfee-Gebühren, ist ein Nachlass auf diese Gebühren nicht möglich.
6. Das Angebot allein berechtigt nicht zum Spiel gegen Greenfee. Die Erfüllung der Bestimmungen des jeweiligen Golfclubs zur Greenfee-Berechtigung (Mitgliedschaft in einem Golfclub, Mindesthandicap etc.) zum Zeitpunkt der Einlösung sind Voraussetzung.
7. Es ist untersagt, den Greenfee-Gutschein entgeltlich Dritten zu überlassen bzw. mit diesen Handel zu treiben. Insbesondere sind die teilnehmenden Golfclubs in diesem Falle berechtigt, die Einlösung der ausgeschriebenen Angebote zu verweigern.
8. Die teilnehmenden Golfclubs haben sich gegenüber dem Verlag unter den o.g. Bedingungen verpflichtet, die ausgeschriebenen Angebote einzulösen. Der Verlag übernimmt jedoch keine Gewähr und keine Haftung, wenn ein Angebot nicht eingelöst wird oder werden kann.

Bedingungen zur Einlösung des Discounts:
1. Das Angebot ist einschließlich bis 30.6.2022 gültig.
2. Der Golfspieler/Leser hat sich telefonisch eine Abschlagzeit geben zu lassen – dabei ist die Nutzung des Angebots anzugeben.
3. Eine Barauszahlung des Greenfee-Vorteils ist nicht möglich.
4. Das Kombinieren von Angeboten oder bestehenden Greenfee-Vorteilen ist nicht möglich. Der Vorteil bezieht sich jeweils ausschließlich auf die zum Zeitpunkt der Einlösung gültigen vollen Greenfee-Gebühren.
5. Gibt es Spielergruppen mit erhöhten Greenfee-Gebühren, ist ein Nachlass auf diese Gebühren nicht möglich.
6. Das Angebot allein berechtigt nicht zum Spiel gegen Greenfee. Die Erfüllung der Bestimmungen des jeweiligen Golfclubs zur Greenfee-Berechtigung (Mitgliedschaft in einem Golfclub, Mindesthandicap etc.) zum Zeitpunkt der Einlösung sind Voraussetzung.
7. Es ist untersagt, den Greenfee-Gutschein entgeltlich Dritten zu überlassen bzw. mit diesen Handel zu treiben. Insbesondere sind die teilnehmenden Golfclubs in diesem Falle berechtigt, die Einlösung der ausgeschriebenen Angebote zu verweigern.
8. Die teilnehmenden Golfclubs haben sich gegenüber dem Verlag unter den o.g. Bedingungen verpflichtet, die ausgeschriebenen Angebote einzulösen. Der Verlag übernimmt jedoch keine Gewähr und keine Haftung, wenn ein Angebot nicht eingelöst wird oder werden kann.

Bedingungen zur Einlösung des Discounts:
1. Das Angebot ist einschließlich bis 30.6.2022 gültig.
2. Der Golfspieler/Leser hat sich telefonisch eine Abschlagzeit geben zu lassen – dabei ist die Nutzung des Angebots anzugeben.
3. Eine Barauszahlung des Greenfee-Vorteils ist nicht möglich.
4. Das Kombinieren von Angeboten oder bestehenden Greenfee-Vorteilen ist nicht möglich. Der Vorteil bezieht sich jeweils ausschließlich auf die zum Zeitpunkt der Einlösung gültigen vollen Greenfee-Gebühren.
5. Gibt es Spielergruppen mit erhöhten Greenfee-Gebühren, ist ein Nachlass auf diese Gebühren nicht möglich.
6. Das Angebot allein berechtigt nicht zum Spiel gegen Greenfee. Die Erfüllung der Bestimmungen des jeweiligen Golfclubs zur Greenfee-Berechtigung (Mitgliedschaft in einem Golfclub, Mindesthandicap etc.) zum Zeitpunkt der Einlösung sind Voraussetzung.
7. Es ist untersagt, den Greenfee-Gutschein entgeltlich Dritten zu überlassen bzw. mit diesen Handel zu treiben. Insbesondere sind die teilnehmenden Golfclubs in diesem Falle berechtigt, die Einlösung der ausgeschriebenen Angebote zu verweigern.
8. Die teilnehmenden Golfclubs haben sich gegenüber dem Verlag unter den o.g. Bedingungen verpflichtet, die ausgeschriebenen Angebote einzulösen. Der Verlag übernimmt jedoch keine Gewähr und keine Haftung, wenn ein Angebot nicht eingelöst wird oder werden kann.

Bedingungen zur Einlösung des Discounts:
1. Das Angebot ist einschließlich bis 30.6.2022 gültig.
2. Der Golfspieler/Leser hat sich telefonisch eine Abschlagzeit geben zu lassen – dabei ist die Nutzung des Angebots anzugeben.
3. Eine Barauszahlung des Greenfee-Vorteils ist nicht möglich.
4. Das Kombinieren von Angeboten oder bestehenden Greenfee-Vorteilen ist nicht möglich. Der Vorteil bezieht sich jeweils ausschließlich auf die zum Zeitpunkt der Einlösung gültigen vollen Greenfee-Gebühren.
5. Gibt es Spielergruppen mit erhöhten Greenfee-Gebühren, ist ein Nachlass auf diese Gebühren nicht möglich.
6. Das Angebot allein berechtigt nicht zum Spiel gegen Greenfee. Die Erfüllung der Bestimmungen des jeweiligen Golfclubs zur Greenfee-Berechtigung (Mitgliedschaft in einem Golfclub, Mindesthandicap etc.) zum Zeitpunkt der Einlösung sind Voraussetzung.
7. Es ist untersagt, den Greenfee-Gutschein entgeltlich Dritten zu überlassen bzw. mit diesen Handel zu treiben. Insbesondere sind die teilnehmenden Golfclubs in diesem Falle berechtigt, die Einlösung der ausgeschriebenen Angebote zu verweigern.
8. Die teilnehmenden Golfclubs haben sich gegenüber dem Verlag unter den o.g. Bedingungen verpflichtet, die ausgeschriebenen Angebote einzulösen. Der Verlag übernimmt jedoch keine Gewähr und keine Haftung, wenn ein Angebot nicht eingelöst wird oder werden kann.

Bedingungen zur Einlösung des Discounts:
1. Das Angebot ist einschließlich bis 30.6.2022 gültig.
2. Der Golfspieler/Leser hat sich telefonisch eine Abschlagzeit geben zu lassen – dabei ist die Nutzung des Angebots anzugeben.
3. Eine Barauszahlung des Greenfee-Vorteils ist nicht möglich.
4. Das Kombinieren von Angeboten oder bestehenden Greenfee-Vorteilen ist nicht möglich. Der Vorteil bezieht sich jeweils ausschließlich auf die zum Zeitpunkt der Einlösung gültigen vollen Greenfee-Gebühren.
5. Gibt es Spielergruppen mit erhöhten Greenfee-Gebühren, ist ein Nachlass auf diese Gebühren nicht möglich.
6. Das Angebot allein berechtigt nicht zum Spiel gegen Greenfee. Die Erfüllung der Bestimmungen des jeweiligen Golfclubs zur Greenfee-Berechtigung (Mitgliedschaft in einem Golfclub, Mindesthandicap etc.) zum Zeitpunkt der Einlösung sind Voraussetzung.
7. Es ist untersagt, den Greenfee-Gutschein entgeltlich Dritten zu überlassen bzw. mit diesen Handel zu treiben. Insbesondere sind die teilnehmenden Golfclubs in diesem Falle berechtigt, die Einlösung der ausgeschriebenen Angebote zu verweigern.
8. Die teilnehmenden Golfclubs haben sich gegenüber dem Verlag unter den o.g. Bedingungen verpflichtet, die ausgeschriebenen Angebote einzulösen. Der Verlag übernimmt jedoch keine Gewähr und keine Haftung, wenn ein Angebot nicht eingelöst wird oder werden kann.

Bedingungen zur Einlösung des Discounts:
1. Das Angebot ist einschließlich bis 30.6.2022 gültig.
2. Der Golfspieler/Leser hat sich telefonisch eine Abschlagzeit geben zu lassen – dabei ist die Nutzung des Angebots anzugeben.
3. Eine Barauszahlung des Greenfee-Vorteils ist nicht möglich.
4. Das Kombinieren von Angeboten oder bestehenden Greenfee-Vorteilen ist nicht möglich. Der Vorteil bezieht sich jeweils ausschließlich auf die zum Zeitpunkt der Einlösung gültigen vollen Greenfee-Gebühren.
5. Gibt es Spielergruppen mit erhöhten Greenfee-Gebühren, ist ein Nachlass auf diese Gebühren nicht möglich.
6. Das Angebot allein berechtigt nicht zum Spiel gegen Greenfee. Die Erfüllung der Bestimmungen des jeweiligen Golfclubs zur Greenfee-Berechtigung (Mitgliedschaft in einem Golfclub, Mindesthandicap etc.) zum Zeitpunkt der Einlösung sind Voraussetzung.
7. Es ist untersagt, den Greenfee-Gutschein entgeltlich Dritten zu überlassen bzw. mit diesen Handel zu treiben. Insbesondere sind die teilnehmenden Golfclubs in diesem Falle berechtigt, die Einlösung der ausgeschriebenen Angebote zu verweigern.
8. Die teilnehmenden Golfclubs haben sich gegenüber dem Verlag unter den o.g. Bedingungen verpflichtet, die ausgeschriebenen Angebote einzulösen. Der Verlag übernimmt jedoch keine Gewähr und keine Haftung, wenn ein Angebot nicht eingelöst wird oder werden kann.

Bedingungen zur Einlösung des Discounts:
1. Das Angebot ist einschließlich bis 30.6.2022 gültig.
2. Der Golfspieler/Leser hat sich telefonisch eine Abschlagzeit geben zu lassen – dabei ist die Nutzung des Angebots anzugeben.
3. Eine Barauszahlung des Greenfee-Vorteils ist nicht möglich.
4. Das Kombinieren von Angeboten oder bestehenden Greenfee-Vorteilen ist nicht möglich. Der Vorteil bezieht sich jeweils ausschließlich auf die zum Zeitpunkt der Einlösung gültigen vollen Greenfee-Gebühren.
5. Gibt es Spielergruppen mit erhöhten Greenfee-Gebühren, ist ein Nachlass auf diese Gebühren nicht möglich.
6. Das Angebot allein berechtigt nicht zum Spiel gegen Greenfee. Die Erfüllung der Bestimmungen des jeweiligen Golfclubs zur Greenfee-Berechtigung (Mitgliedschaft in einem Golfclub, Mindesthandicap etc.) zum Zeitpunkt der Einlösung sind Voraussetzung.
7. Es ist untersagt, den Greenfee-Gutschein entgeltlich Dritten zu überlassen bzw. mit diesen Handel zu treiben. Insbesondere sind die teilnehmenden Golfclubs in diesem Falle berechtigt, die Einlösung der ausgeschriebenen Angebote zu verweigern.
8. Die teilnehmenden Golfclubs haben sich gegenüber dem Verlag unter den o.g. Bedingungen verpflichtet, die ausgeschriebenen Angebote einzulösen. Der Verlag übernimmt jedoch keine Gewähr und keine Haftung, wenn ein Angebot nicht eingelöst wird oder werden kann.

Bedingungen zur Einlösung des Discounts:
1. Das Angebot ist einschließlich bis 30.6.2022 gültig.
2. Der Golfspieler/Leser hat sich telefonisch eine Abschlagzeit geben zu lassen – dabei ist die Nutzung des Angebots anzugeben.
3. Eine Barauszahlung des Greenfee-Vorteils ist nicht möglich.
4. Das Kombinieren von Angeboten oder bestehenden Greenfee-Vorteilen ist nicht möglich. Der Vorteil bezieht sich jeweils ausschließlich auf die zum Zeitpunkt der Einlösung gültigen vollen Greenfee-Gebühren.
5. Gibt es Spielergruppen mit erhöhten Greenfee-Gebühren, ist ein Nachlass auf diese Gebühren nicht möglich.
6. Das Angebot allein berechtigt nicht zum Spiel gegen Greenfee. Die Erfüllung der Bestimmungen des jeweiligen Golfclubs zur Greenfee-Berechtigung (Mitgliedschaft in einem Golfclub, Mindesthandicap etc.) zum Zeitpunkt der Einlösung sind Voraussetzung.
7. Es ist untersagt, den Greenfee-Gutschein entgeltlich Dritten zu überlassen bzw. mit diesen Handel zu treiben. Insbesondere sind die teilnehmenden Golfclubs in diesem Falle berechtigt, die Einlösung der ausgeschriebenen Angebote zu verweigern.
8. Die teilnehmenden Golfclubs haben sich gegenüber dem Verlag unter den o.g. Bedingungen verpflichtet, die ausgeschriebenen Angebote einzulösen. Der Verlag übernimmt jedoch keine Gewähr und keine Haftung, wenn ein Angebot nicht eingelöst wird oder werden kann.

Bedingungen zur Einlösung des Discounts:
1. Das Angebot ist einschließlich bis 30.6.2022 gültig.
2. Der Golfspieler/Leser hat sich telefonisch eine Abschlagzeit geben zu lassen – dabei ist die Nutzung des Angebots anzugeben.
3. Eine Barauszahlung des Greenfee-Vorteils ist nicht möglich.
4. Das Kombinieren von Angeboten oder bestehenden Greenfee-Vorteilen ist nicht möglich. Der Vorteil bezieht sich jeweils ausschließlich auf die zum Zeitpunkt der Einlösung gültigen vollen Greenfee-Gebühren.
5. Gibt es Spielergruppen mit erhöhten Greenfee-Gebühren, ist ein Nachlass auf diese Gebühren nicht möglich.
6. Das Angebot allein berechtigt nicht zum Spiel gegen Greenfee. Die Erfüllung der Bestimmungen des jeweiligen Golfclubs zur Greenfee-Berechtigung (Mitgliedschaft in einem Golfclub, Mindesthandicap etc.) zum Zeitpunkt der Einlösung sind Voraussetzung.
7. Es ist untersagt, den Greenfee-Gutschein entgeltlich Dritten zu überlassen bzw. mit diesen Handel zu treiben. Insbesondere sind die teilnehmenden Golfclubs in diesem Falle berechtigt, die Einlösung der ausgeschriebenen Angebote zu verweigern.
8. Die teilnehmenden Golfclubs haben sich gegenüber dem Verlag unter den o.g. Bedingungen verpflichtet, die ausgeschriebenen Angebote einzulösen. Der Verlag übernimmt jedoch keine Gewähr und keine Haftung, wenn ein Angebot nicht eingelöst wird oder werden kann.

DER GOLF ALBRECHT

Golfpark Schloss Wilkendorf

DE

Am Weiher 1
D-15345 Atlandsberg - Wilkendorf
✆ 03341-330960
Berlin, Brandenburg
Hinweis: Angebot gilt für den 18 Loch Westside Platz

62

2 for 1 **2 GF zum Preis von 1**

DER GOLF ALBRECHT

Golfpark Schloss Wilkendorf

DE

Am Weiher 1
D-15345 Atlandsberg - Wilkendorf
✆ 03341-330960
Berlin, Brandenburg
Hinweis: Angebot gilt für den 18 Loch Westside Platz

62

2 for 1 **2 GF zum Preis von 1**

DER GOLF ALBRECHT

Golfpark Schloss Wilkendorf

DE

Am Weiher 1
D-15345 Atlandsberg - Wilkendorf
✆ 03341-330960
Berlin, Brandenburg

62

20% **Greenfee-Ermäßigung**

DER GOLF ALBRECHT

Golfpark Schloss Wilkendorf

DE

Am Weiher 1
D-15345 Atlandsberg - Wilkendorf
✆ 03341-330960
Berlin, Brandenburg

62

20% **Greenfee-Ermäßigung**

DER GOLF ALBRECHT

Potsdamer Golfclub e.V.

DE

Zachower Str.
D-14669 Ketzin, OT Tremmen
✆ 033233-7050
Berlin, Brandenburg

63

2 for 1 **2 GF zum Preis von 1**

DER GOLF ALBRECHT

Potsdamer Golfclub e.V.

DE

Zachower Str.
D-14669 Ketzin, OT Tremmen
✆ 033233-7050
Berlin, Brandenburg

63

2 for 1 **2 GF zum Preis von 1**

DER GOLF ALBRECHT

Potsdamer Golfclub e.V.

DE

Zachower Str.
D-14669 Ketzin, OT Tremmen
✆ 033233-7050
Berlin, Brandenburg

63

30% **Greenfee-Ermäßigung**

DER GOLF ALBRECHT

Potsdamer Golfclub e.V.

DE

Zachower Str.
D-14669 Ketzin, OT Tremmen
✆ 033233-7050
Berlin, Brandenburg

63

30% **Greenfee-Ermäßigung**

DER GOLF ALBRECHT

GCM Golfclub Magdeburg e.V.

DE

Herrenkrug 4
D-39114 Magdeburg
✆ 0391-8868846
Sachsen, Sachsen-Anhalt, Thüringen

64

2 for 1 **2 GF zum Preis von 1**

DER GOLF ALBRECHT

GCM Golfclub Magdeburg e.V.

DE

Herrenkrug 4
D-39114 Magdeburg
✆ 0391-8868846
Sachsen, Sachsen-Anhalt, Thüringen

64

2 for 1 **2 GF zum Preis von 1**

Bedingungen zur Einlösung des Discounts:
1. Das Angebot ist einschließlich bis 30.6.2022 gültig.
2. Der Golfspieler/Leser hat sich telefonisch eine Abschlagzeit geben zu lassen – dabei ist die Nutzung des Angebots anzugeben.
3. Eine Barauszahlung des Greenfee-Vorteils ist nicht möglich.
4. Das Kombinieren von Angeboten oder bestehenden Greenfee-Vorteilen ist nicht möglich. Der Vorteil bezieht sich jeweils ausschließlich auf die zum Zeitpunkt der Einlösung gültigen vollen Greenfee-Gebühren.
5. Gibt es Spielergruppen mit erhöhten Greenfee-Gebühren, ist ein Nachlass auf diese Gebühren nicht möglich.
6. Das Angebot allein berechtigt nicht zum Spiel gegen Greenfee. Die Erfüllung der Bestimmungen des jeweiligen Golfclubs zur Greenfee-Berechtigung (Mitgliedschaft in einem Golfclub, Mindesthandicap etc.) zum Zeitpunkt der Einlösung sind Voraussetzung.
7. Es ist untersagt, den Greenfee-Gutschein entgeltlich Dritten zu überlassen bzw. mit diesen Handel zu treiben. Insbesondere sind die teilnehmenden Golfclubs in diesem Falle berechtigt, die Einlösung der ausgeschriebenen Angebote zu verweigern.
8. Die teilnehmenden Golfclubs haben sich gegenüber dem Verlag unter den o.g. Bedingungen verpflichtet, die ausgeschriebenen Angebote einzulösen. Der Verlag übernimmt jedoch keine Gewähr und keine Haftung, wenn ein Angebot nicht eingelöst wird oder werden kann.

Bedingungen zur Einlösung des Discounts:
1. Das Angebot ist einschließlich bis 30.6.2022 gültig.
2. Der Golfspieler/Leser hat sich telefonisch eine Abschlagzeit geben zu lassen – dabei ist die Nutzung des Angebots anzugeben.
3. Eine Barauszahlung des Greenfee-Vorteils ist nicht möglich.
4. Das Kombinieren von Angeboten oder bestehenden Greenfee-Vorteilen ist nicht möglich. Der Vorteil bezieht sich jeweils ausschließlich auf die zum Zeitpunkt der Einlösung gültigen vollen Greenfee-Gebühren.
5. Gibt es Spielergruppen mit erhöhten Greenfee-Gebühren, ist ein Nachlass auf diese Gebühren nicht möglich.
6. Das Angebot allein berechtigt nicht zum Spiel gegen Greenfee. Die Erfüllung der Bestimmungen des jeweiligen Golfclubs zur Greenfee-Berechtigung (Mitgliedschaft in einem Golfclub, Mindesthandicap etc.) zum Zeitpunkt der Einlösung sind Voraussetzung.
7. Es ist untersagt, den Greenfee-Gutschein entgeltlich Dritten zu überlassen bzw. mit diesen Handel zu treiben. Insbesondere sind die teilnehmenden Golfclubs in diesem Falle berechtigt, die Einlösung der ausgeschriebenen Angebote zu verweigern.
8. Die teilnehmenden Golfclubs haben sich gegenüber dem Verlag unter den o.g. Bedingungen verpflichtet, die ausgeschriebenen Angebote einzulösen. Der Verlag übernimmt jedoch keine Gewähr und keine Haftung, wenn ein Angebot nicht eingelöst wird oder werden kann.

Bedingungen zur Einlösung des Discounts:
1. Das Angebot ist einschließlich bis 30.6.2022 gültig.
2. Der Golfspieler/Leser hat sich telefonisch eine Abschlagzeit geben zu lassen – dabei ist die Nutzung des Angebots anzugeben.
3. Eine Barauszahlung des Greenfee-Vorteils ist nicht möglich.
4. Das Kombinieren von Angeboten oder bestehenden Greenfee-Vorteilen ist nicht möglich. Der Vorteil bezieht sich jeweils ausschließlich auf die zum Zeitpunkt der Einlösung gültigen vollen Greenfee-Gebühren.
5. Gibt es Spielergruppen mit erhöhten Greenfee-Gebühren, ist ein Nachlass auf diese Gebühren nicht möglich.
6. Das Angebot allein berechtigt nicht zum Spiel gegen Greenfee. Die Erfüllung der Bestimmungen des jeweiligen Golfclubs zur Greenfee-Berechtigung (Mitgliedschaft in einem Golfclub, Mindesthandicap etc.) zum Zeitpunkt der Einlösung sind Voraussetzung.
7. Es ist untersagt, den Greenfee-Gutschein entgeltlich Dritten zu überlassen bzw. mit diesen Handel zu treiben. Insbesondere sind die teilnehmenden Golfclubs in diesem Falle berechtigt, die Einlösung der ausgeschriebenen Angebote zu verweigern.
8. Die teilnehmenden Golfclubs haben sich gegenüber dem Verlag unter den o.g. Bedingungen verpflichtet, die ausgeschriebenen Angebote einzulösen. Der Verlag übernimmt jedoch keine Gewähr und keine Haftung, wenn ein Angebot nicht eingelöst wird oder werden kann.

Bedingungen zur Einlösung des Discounts:
1. Das Angebot ist einschließlich bis 30.6.2022 gültig.
2. Der Golfspieler/Leser hat sich telefonisch eine Abschlagzeit geben zu lassen – dabei ist die Nutzung des Angebots anzugeben.
3. Eine Barauszahlung des Greenfee-Vorteils ist nicht möglich.
4. Das Kombinieren von Angeboten oder bestehenden Greenfee-Vorteilen ist nicht möglich. Der Vorteil bezieht sich jeweils ausschließlich auf die zum Zeitpunkt der Einlösung gültigen vollen Greenfee-Gebühren.
5. Gibt es Spielergruppen mit erhöhten Greenfee-Gebühren, ist ein Nachlass auf diese Gebühren nicht möglich.
6. Das Angebot allein berechtigt nicht zum Spiel gegen Greenfee. Die Erfüllung der Bestimmungen des jeweiligen Golfclubs zur Greenfee-Berechtigung (Mitgliedschaft in einem Golfclub, Mindesthandicap etc.) zum Zeitpunkt der Einlösung sind Voraussetzung.
7. Es ist untersagt, den Greenfee-Gutschein entgeltlich Dritten zu überlassen bzw. mit diesen Handel zu treiben. Insbesondere sind die teilnehmenden Golfclubs in diesem Falle berechtigt, die Einlösung der ausgeschriebenen Angebote zu verweigern.
8. Die teilnehmenden Golfclubs haben sich gegenüber dem Verlag unter den o.g. Bedingungen verpflichtet, die ausgeschriebenen Angebote einzulösen. Der Verlag übernimmt jedoch keine Gewähr und keine Haftung, wenn ein Angebot nicht eingelöst wird oder werden kann.

Bedingungen zur Einlösung des Discounts:
1. Das Angebot ist einschließlich bis 30.6.2022 gültig.
2. Der Golfspieler/Leser hat sich telefonisch eine Abschlagzeit geben zu lassen – dabei ist die Nutzung des Angebots anzugeben.
3. Eine Barauszahlung des Greenfee-Vorteils ist nicht möglich.
4. Das Kombinieren von Angeboten oder bestehenden Greenfee-Vorteilen ist nicht möglich. Der Vorteil bezieht sich jeweils ausschließlich auf die zum Zeitpunkt der Einlösung gültigen vollen Greenfee-Gebühren.
5. Gibt es Spielergruppen mit erhöhten Greenfee-Gebühren, ist ein Nachlass auf diese Gebühren nicht möglich.
6. Das Angebot allein berechtigt nicht zum Spiel gegen Greenfee. Die Erfüllung der Bestimmungen des jeweiligen Golfclubs zur Greenfee-Berechtigung (Mitgliedschaft in einem Golfclub, Mindesthandicap etc.) zum Zeitpunkt der Einlösung sind Voraussetzung.
7. Es ist untersagt, den Greenfee-Gutschein entgeltlich Dritten zu überlassen bzw. mit diesen Handel zu treiben. Insbesondere sind die teilnehmenden Golfclubs in diesem Falle berechtigt, die Einlösung der ausgeschriebenen Angebote zu verweigern.
8. Die teilnehmenden Golfclubs haben sich gegenüber dem Verlag unter den o.g. Bedingungen verpflichtet, die ausgeschriebenen Angebote einzulösen. Der Verlag übernimmt jedoch keine Gewähr und keine Haftung, wenn ein Angebot nicht eingelöst wird oder werden kann.

Bedingungen zur Einlösung des Discounts:
1. Das Angebot ist einschließlich bis 30.6.2022 gültig.
2. Der Golfspieler/Leser hat sich telefonisch eine Abschlagzeit geben zu lassen – dabei ist die Nutzung des Angebots anzugeben.
3. Eine Barauszahlung des Greenfee-Vorteils ist nicht möglich.
4. Das Kombinieren von Angeboten oder bestehenden Greenfee-Vorteilen ist nicht möglich. Der Vorteil bezieht sich jeweils ausschließlich auf die zum Zeitpunkt der Einlösung gültigen vollen Greenfee-Gebühren.
5. Gibt es Spielergruppen mit erhöhten Greenfee-Gebühren, ist ein Nachlass auf diese Gebühren nicht möglich.
6. Das Angebot allein berechtigt nicht zum Spiel gegen Greenfee. Die Erfüllung der Bestimmungen des jeweiligen Golfclubs zur Greenfee-Berechtigung (Mitgliedschaft in einem Golfclub, Mindesthandicap etc.) zum Zeitpunkt der Einlösung sind Voraussetzung.
7. Es ist untersagt, den Greenfee-Gutschein entgeltlich Dritten zu überlassen bzw. mit diesen Handel zu treiben. Insbesondere sind die teilnehmenden Golfclubs in diesem Falle berechtigt, die Einlösung der ausgeschriebenen Angebote zu verweigern.
8. Die teilnehmenden Golfclubs haben sich gegenüber dem Verlag unter den o.g. Bedingungen verpflichtet, die ausgeschriebenen Angebote einzulösen. Der Verlag übernimmt jedoch keine Gewähr und keine Haftung, wenn ein Angebot nicht eingelöst wird oder werden kann.

Bedingungen zur Einlösung des Discounts:
1. Das Angebot ist einschließlich bis 30.6.2022 gültig.
2. Der Golfspieler/Leser hat sich telefonisch eine Abschlagzeit geben zu lassen – dabei ist die Nutzung des Angebots anzugeben.
3. Eine Barauszahlung des Greenfee-Vorteils ist nicht möglich.
4. Das Kombinieren von Angeboten oder bestehenden Greenfee-Vorteilen ist nicht möglich. Der Vorteil bezieht sich jeweils ausschließlich auf die zum Zeitpunkt der Einlösung gültigen vollen Greenfee-Gebühren.
5. Gibt es Spielergruppen mit erhöhten Greenfee-Gebühren, ist ein Nachlass auf diese Gebühren nicht möglich.
6. Das Angebot allein berechtigt nicht zum Spiel gegen Greenfee. Die Erfüllung der Bestimmungen des jeweiligen Golfclubs zur Greenfee-Berechtigung (Mitgliedschaft in einem Golfclub, Mindesthandicap etc.) zum Zeitpunkt der Einlösung sind Voraussetzung.
7. Es ist untersagt, den Greenfee-Gutschein entgeltlich Dritten zu überlassen bzw. mit diesen Handel zu treiben. Insbesondere sind die teilnehmenden Golfclubs in diesem Falle berechtigt, die Einlösung der ausgeschriebenen Angebote zu verweigern.
8. Die teilnehmenden Golfclubs haben sich gegenüber dem Verlag unter den o.g. Bedingungen verpflichtet, die ausgeschriebenen Angebote einzulösen. Der Verlag übernimmt jedoch keine Gewähr und keine Haftung, wenn ein Angebot nicht eingelöst wird oder werden kann.

Bedingungen zur Einlösung des Discounts:
1. Das Angebot ist einschließlich bis 30.6.2022 gültig.
2. Der Golfspieler/Leser hat sich telefonisch eine Abschlagzeit geben zu lassen – dabei ist die Nutzung des Angebots anzugeben.
3. Eine Barauszahlung des Greenfee-Vorteils ist nicht möglich.
4. Das Kombinieren von Angeboten oder bestehenden Greenfee-Vorteilen ist nicht möglich. Der Vorteil bezieht sich jeweils ausschließlich auf die zum Zeitpunkt der Einlösung gültigen vollen Greenfee-Gebühren.
5. Gibt es Spielergruppen mit erhöhten Greenfee-Gebühren, ist ein Nachlass auf diese Gebühren nicht möglich.
6. Das Angebot allein berechtigt nicht zum Spiel gegen Greenfee. Die Erfüllung der Bestimmungen des jeweiligen Golfclubs zur Greenfee-Berechtigung (Mitgliedschaft in einem Golfclub, Mindesthandicap etc.) zum Zeitpunkt der Einlösung sind Voraussetzung.
7. Es ist untersagt, den Greenfee-Gutschein entgeltlich Dritten zu überlassen bzw. mit diesen Handel zu treiben. Insbesondere sind die teilnehmenden Golfclubs in diesem Falle berechtigt, die Einlösung der ausgeschriebenen Angebote zu verweigern.
8. Die teilnehmenden Golfclubs haben sich gegenüber dem Verlag unter den o.g. Bedingungen verpflichtet, die ausgeschriebenen Angebote einzulösen. Der Verlag übernimmt jedoch keine Gewähr und keine Haftung, wenn ein Angebot nicht eingelöst wird oder werden kann.

Bedingungen zur Einlösung des Discounts:
1. Das Angebot ist einschließlich bis 30.6.2022 gültig.
2. Der Golfspieler/Leser hat sich telefonisch eine Abschlagzeit geben zu lassen – dabei ist die Nutzung des Angebots anzugeben.
3. Eine Barauszahlung des Greenfee-Vorteils ist nicht möglich.
4. Das Kombinieren von Angeboten oder bestehenden Greenfee-Vorteilen ist nicht möglich. Der Vorteil bezieht sich jeweils ausschließlich auf die zum Zeitpunkt der Einlösung gültigen vollen Greenfee-Gebühren.
5. Gibt es Spielergruppen mit erhöhten Greenfee-Gebühren, ist ein Nachlass auf diese Gebühren nicht möglich.
6. Das Angebot allein berechtigt nicht zum Spiel gegen Greenfee. Die Erfüllung der Bestimmungen des jeweiligen Golfclubs zur Greenfee-Berechtigung (Mitgliedschaft in einem Golfclub, Mindesthandicap etc.) zum Zeitpunkt der Einlösung sind Voraussetzung.
7. Es ist untersagt, den Greenfee-Gutschein entgeltlich Dritten zu überlassen bzw. mit diesen Handel zu treiben. Insbesondere sind die teilnehmenden Golfclubs in diesem Falle berechtigt, die Einlösung der ausgeschriebenen Angebote zu verweigern.
8. Die teilnehmenden Golfclubs haben sich gegenüber dem Verlag unter den o.g. Bedingungen verpflichtet, die ausgeschriebenen Angebote einzulösen. Der Verlag übernimmt jedoch keine Gewähr und keine Haftung, wenn ein Angebot nicht eingelöst wird oder werden kann.

Bedingungen zur Einlösung des Discounts:
1. Das Angebot ist einschließlich bis 30.6.2022 gültig.
2. Der Golfspieler/Leser hat sich telefonisch eine Abschlagzeit geben zu lassen – dabei ist die Nutzung des Angebots anzugeben.
3. Eine Barauszahlung des Greenfee-Vorteils ist nicht möglich.
4. Das Kombinieren von Angeboten oder bestehenden Greenfee-Vorteilen ist nicht möglich. Der Vorteil bezieht sich jeweils ausschließlich auf die zum Zeitpunkt der Einlösung gültigen vollen Greenfee-Gebühren.
5. Gibt es Spielergruppen mit erhöhten Greenfee-Gebühren, ist ein Nachlass auf diese Gebühren nicht möglich.
6. Das Angebot allein berechtigt nicht zum Spiel gegen Greenfee. Die Erfüllung der Bestimmungen des jeweiligen Golfclubs zur Greenfee-Berechtigung (Mitgliedschaft in einem Golfclub, Mindesthandicap etc.) zum Zeitpunkt der Einlösung sind Voraussetzung.
7. Es ist untersagt, den Greenfee-Gutschein entgeltlich Dritten zu überlassen bzw. mit diesen Handel zu treiben. Insbesondere sind die teilnehmenden Golfclubs in diesem Falle berechtigt, die Einlösung der ausgeschriebenen Angebote zu verweigern.
8. Die teilnehmenden Golfclubs haben sich gegenüber dem Verlag unter den o.g. Bedingungen verpflichtet, die ausgeschriebenen Angebote einzulösen. Der Verlag übernimmt jedoch keine Gewähr und keine Haftung, wenn ein Angebot nicht eingelöst wird oder werden kann.

DER GOLF ALBRECHT

GCM Golfclub Magdeburg e.V. DE

Herrenkrug 4
D-39114 Magdeburg
0391-8868846
Sachsen, Sachsen-Anhalt, Thüringen

64

20% Greenfee-Ermäßigung

DER GOLF ALBRECHT

GCM Golfclub Magdeburg e.V. DE

Herrenkrug 4
D-39114 Magdeburg
0391-8868846
Sachsen, Sachsen-Anhalt, Thüringen

64

20% Greenfee-Ermäßigung

DER GOLF ALBRECHT

GCM Golfclub Magdeburg e.V. DE

Herrenkrug 4
D-39114 Magdeburg
0391-8868846
Sachsen, Sachsen-Anhalt, Thüringen

64

20% Greenfee-Ermäßigung

DER GOLF ALBRECHT

Golfpark Dessau e.V. DE

Junkersstr. 52
D-06847 Dessau
0340-5025664
Sachsen, Sachsen-Anhalt, Thüringen

65

2 for 1 2 GF zum Preis von 1

DER GOLF ALBRECHT

Golfpark Dessau e.V. DE

Junkersstr. 52
D-06847 Dessau
0340-5025664
Sachsen, Sachsen-Anhalt, Thüringen

65

25% Greenfee-Ermäßigung

DER GOLF ALBRECHT

Golfclub Schloß Meisdorf e.V. DE

Petersberger Trift 33
D-06463 Falkenstein/OT Meisdorf
034743-98450
Sachsen, Sachsen-Anhalt, Thüringen

66

2 for 1 2 GF zum Preis von 1

DER GOLF ALBRECHT

Golfclub Schloß Meisdorf e.V. DE

Petersberger Trift 33
D-06463 Falkenstein/OT Meisdorf
034743-98450
Sachsen, Sachsen-Anhalt, Thüringen

66

2 for 1 2 GF zum Preis von 1

DER GOLF ALBRECHT

Golfclub Schloß Meisdorf e.V. DE

Petersberger Trift 33
D-06463 Falkenstein/OT Meisdorf
034743-98450
Sachsen, Sachsen-Anhalt, Thüringen

66

2 for 1 2 GF zum Preis von 1

DER GOLF ALBRECHT

Golfclub Schloß Meisdorf e.V. DE

Petersberger Trift 33
D-06463 Falkenstein/OT Meisdorf
034743-98450
Sachsen, Sachsen-Anhalt, Thüringen

66

30% Greenfee-Ermäßigung

DER GOLF ALBRECHT

Golfclub Schloß Meisdorf e.V. DE

Petersberger Trift 33
D-06463 Falkenstein/OT Meisdorf
034743-98450
Sachsen, Sachsen-Anhalt, Thüringen

66

30% Greenfee-Ermäßigung

Bedingungen zur Einlösung des Discounts:
1. Das Angebot ist einschließlich bis 30.6.2022 gültig.
2. Der Golfspieler/Leser hat sich telefonisch eine Abschlagzeit geben zu lassen – dabei ist die Nutzung des Angebots anzugeben.
3. Eine Barauszahlung des Greenfee-Vorteils ist nicht möglich.
4. Das Kombinieren von Angeboten oder bestehenden Greenfee-Vorteilen ist nicht möglich. Der Vorteil bezieht sich jeweils ausschließlich auf die zum Zeitpunkt der Einlösung gültigen vollen Greenfee-Gebühren.
5. Gibt es Spielergruppen mit erhöhten Greenfee-Gebühren, ist ein Nachlass auf diese Gebühren nicht möglich.
6. Das Angebot allein berechtigt nicht zum Spiel gegen Greenfee. Die Erfüllung der Bestimmungen des jeweiligen Golfclubs zur Greenfee-Berechtigung (Mitgliedschaft in einem Golfclub, Mindesthandicap etc.) zum Zeitpunkt der Einlösung sind Voraussetzung.
7. Es ist untersagt, den Greenfee-Gutschein entgeltlich Dritten zu überlassen bzw. mit diesen Handel zu treiben. Insbesondere sind die teilnehmenden Golfclubs in diesem Falle berechtigt, die Einlösung der ausgeschriebenen Angebote zu verweigern.
8. Die teilnehmenden Golfclubs haben sich gegenüber dem Verlag unter den o.g. Bedingungen verpflichtet, die ausgeschriebenen Angebote einzulösen. Der Verlag übernimmt jedoch keine Gewähr und keine Haftung, wenn ein Angebot nicht eingelöst wird oder werden kann.

Bedingungen zur Einlösung des Discounts:
1. Das Angebot ist einschließlich bis 30.6.2022 gültig.
2. Der Golfspieler/Leser hat sich telefonisch eine Abschlagzeit geben zu lassen – dabei ist die Nutzung des Angebots anzugeben.
3. Eine Barauszahlung des Greenfee-Vorteils ist nicht möglich.
4. Das Kombinieren von Angeboten oder bestehenden Greenfee-Vorteilen ist nicht möglich. Der Vorteil bezieht sich jeweils ausschließlich auf die zum Zeitpunkt der Einlösung gültigen vollen Greenfee-Gebühren.
5. Gibt es Spielergruppen mit erhöhten Greenfee-Gebühren, ist ein Nachlass auf diese Gebühren nicht möglich.
6. Das Angebot allein berechtigt nicht zum Spiel gegen Greenfee. Die Erfüllung der Bestimmungen des jeweiligen Golfclubs zur Greenfee-Berechtigung (Mitgliedschaft in einem Golfclub, Mindesthandicap etc.) zum Zeitpunkt der Einlösung sind Voraussetzung.
7. Es ist untersagt, den Greenfee-Gutschein entgeltlich Dritten zu überlassen bzw. mit diesen Handel zu treiben. Insbesondere sind die teilnehmenden Golfclubs in diesem Falle berechtigt, die Einlösung der ausgeschriebenen Angebote zu verweigern.
8. Die teilnehmenden Golfclubs haben sich gegenüber dem Verlag unter den o.g. Bedingungen verpflichtet, die ausgeschriebenen Angebote einzulösen. Der Verlag übernimmt jedoch keine Gewähr und keine Haftung, wenn ein Angebot nicht eingelöst wird oder werden kann.

Bedingungen zur Einlösung des Discounts:
1. Das Angebot ist einschließlich bis 30.6.2022 gültig.
2. Der Golfspieler/Leser hat sich telefonisch eine Abschlagzeit geben zu lassen – dabei ist die Nutzung des Angebots anzugeben.
3. Eine Barauszahlung des Greenfee-Vorteils ist nicht möglich.
4. Das Kombinieren von Angeboten oder bestehenden Greenfee-Vorteilen ist nicht möglich. Der Vorteil bezieht sich jeweils ausschließlich auf die zum Zeitpunkt der Einlösung gültigen vollen Greenfee-Gebühren.
5. Gibt es Spielergruppen mit erhöhten Greenfee-Gebühren, ist ein Nachlass auf diese Gebühren nicht möglich.
6. Das Angebot allein berechtigt nicht zum Spiel gegen Greenfee. Die Erfüllung der Bestimmungen des jeweiligen Golfclubs zur Greenfee-Berechtigung (Mitgliedschaft in einem Golfclub, Mindesthandicap etc.) zum Zeitpunkt der Einlösung sind Voraussetzung.
7. Es ist untersagt, den Greenfee-Gutschein entgeltlich Dritten zu überlassen bzw. mit diesen Handel zu treiben. Insbesondere sind die teilnehmenden Golfclubs in diesem Falle berechtigt, die Einlösung der ausgeschriebenen Angebote zu verweigern.
8. Die teilnehmenden Golfclubs haben sich gegenüber dem Verlag unter den o.g. Bedingungen verpflichtet, die ausgeschriebenen Angebote einzulösen. Der Verlag übernimmt jedoch keine Gewähr und keine Haftung, wenn ein Angebot nicht eingelöst wird oder werden kann.

Bedingungen zur Einlösung des Discounts:
1. Das Angebot ist einschließlich bis 30.6.2022 gültig.
2. Der Golfspieler/Leser hat sich telefonisch eine Abschlagzeit geben zu lassen – dabei ist die Nutzung des Angebots anzugeben.
3. Eine Barauszahlung des Greenfee-Vorteils ist nicht möglich.
4. Das Kombinieren von Angeboten oder bestehenden Greenfee-Vorteilen ist nicht möglich. Der Vorteil bezieht sich jeweils ausschließlich auf die zum Zeitpunkt der Einlösung gültigen vollen Greenfee-Gebühren.
5. Gibt es Spielergruppen mit erhöhten Greenfee-Gebühren, ist ein Nachlass auf diese Gebühren nicht möglich.
6. Das Angebot allein berechtigt nicht zum Spiel gegen Greenfee. Die Erfüllung der Bestimmungen des jeweiligen Golfclubs zur Greenfee-Berechtigung (Mitgliedschaft in einem Golfclub, Mindesthandicap etc.) zum Zeitpunkt der Einlösung sind Voraussetzung.
7. Es ist untersagt, den Greenfee-Gutschein entgeltlich Dritten zu überlassen bzw. mit diesen Handel zu treiben. Insbesondere sind die teilnehmenden Golfclubs in diesem Falle berechtigt, die Einlösung der ausgeschriebenen Angebote zu verweigern.
8. Die teilnehmenden Golfclubs haben sich gegenüber dem Verlag unter den o.g. Bedingungen verpflichtet, die ausgeschriebenen Angebote einzulösen. Der Verlag übernimmt jedoch keine Gewähr und keine Haftung, wenn ein Angebot nicht eingelöst wird oder werden kann.

Bedingungen zur Einlösung des Discounts:
1. Das Angebot ist einschließlich bis 30.6.2022 gültig.
2. Der Golfspieler/Leser hat sich telefonisch eine Abschlagzeit geben zu lassen – dabei ist die Nutzung des Angebots anzugeben.
3. Eine Barauszahlung des Greenfee-Vorteils ist nicht möglich.
4. Das Kombinieren von Angeboten oder bestehenden Greenfee-Vorteilen ist nicht möglich. Der Vorteil bezieht sich jeweils ausschließlich auf die zum Zeitpunkt der Einlösung gültigen vollen Greenfee-Gebühren.
5. Gibt es Spielergruppen mit erhöhten Greenfee-Gebühren, ist ein Nachlass auf diese Gebühren nicht möglich.
6. Das Angebot allein berechtigt nicht zum Spiel gegen Greenfee. Die Erfüllung der Bestimmungen des jeweiligen Golfclubs zur Greenfee-Berechtigung (Mitgliedschaft in einem Golfclub, Mindesthandicap etc.) zum Zeitpunkt der Einlösung sind Voraussetzung.
7. Es ist untersagt, den Greenfee-Gutschein entgeltlich Dritten zu überlassen bzw. mit diesen Handel zu treiben. Insbesondere sind die teilnehmenden Golfclubs in diesem Falle berechtigt, die Einlösung der ausgeschriebenen Angebote zu verweigern.
8. Die teilnehmenden Golfclubs haben sich gegenüber dem Verlag unter den o.g. Bedingungen verpflichtet, die ausgeschriebenen Angebote einzulösen. Der Verlag übernimmt jedoch keine Gewähr und keine Haftung, wenn ein Angebot nicht eingelöst wird oder werden kann.

Bedingungen zur Einlösung des Discounts:
1. Das Angebot ist einschließlich bis 30.6.2022 gültig.
2. Der Golfspieler/Leser hat sich telefonisch eine Abschlagzeit geben zu lassen – dabei ist die Nutzung des Angebots anzugeben.
3. Eine Barauszahlung des Greenfee-Vorteils ist nicht möglich.
4. Das Kombinieren von Angeboten oder bestehenden Greenfee-Vorteilen ist nicht möglich. Der Vorteil bezieht sich jeweils ausschließlich auf die zum Zeitpunkt der Einlösung gültigen vollen Greenfee-Gebühren.
5. Gibt es Spielergruppen mit erhöhten Greenfee-Gebühren, ist ein Nachlass auf diese Gebühren nicht möglich.
6. Das Angebot allein berechtigt nicht zum Spiel gegen Greenfee. Die Erfüllung der Bestimmungen des jeweiligen Golfclubs zur Greenfee-Berechtigung (Mitgliedschaft in einem Golfclub, Mindesthandicap etc.) zum Zeitpunkt der Einlösung sind Voraussetzung.
7. Es ist untersagt, den Greenfee-Gutschein entgeltlich Dritten zu überlassen bzw. mit diesen Handel zu treiben. Insbesondere sind die teilnehmenden Golfclubs in diesem Falle berechtigt, die Einlösung der ausgeschriebenen Angebote zu verweigern.
8. Die teilnehmenden Golfclubs haben sich gegenüber dem Verlag unter den o.g. Bedingungen verpflichtet, die ausgeschriebenen Angebote einzulösen. Der Verlag übernimmt jedoch keine Gewähr und keine Haftung, wenn ein Angebot nicht eingelöst wird oder werden kann.

Bedingungen zur Einlösung des Discounts:
1. Das Angebot ist einschließlich bis 30.6.2022 gültig.
2. Der Golfspieler/Leser hat sich telefonisch eine Abschlagzeit geben zu lassen – dabei ist die Nutzung des Angebots anzugeben.
3. Eine Barauszahlung des Greenfee-Vorteils ist nicht möglich.
4. Das Kombinieren von Angeboten oder bestehenden Greenfee-Vorteilen ist nicht möglich. Der Vorteil bezieht sich jeweils ausschließlich auf die zum Zeitpunkt der Einlösung gültigen vollen Greenfee-Gebühren.
5. Gibt es Spielergruppen mit erhöhten Greenfee-Gebühren, ist ein Nachlass auf diese Gebühren nicht möglich.
6. Das Angebot allein berechtigt nicht zum Spiel gegen Greenfee. Die Erfüllung der Bestimmungen des jeweiligen Golfclubs zur Greenfee-Berechtigung (Mitgliedschaft in einem Golfclub, Mindesthandicap etc.) zum Zeitpunkt der Einlösung sind Voraussetzung.
7. Es ist untersagt, den Greenfee-Gutschein entgeltlich Dritten zu überlassen bzw. mit diesen Handel zu treiben. Insbesondere sind die teilnehmenden Golfclubs in diesem Falle berechtigt, die Einlösung der ausgeschriebenen Angebote zu verweigern.
8. Die teilnehmenden Golfclubs haben sich gegenüber dem Verlag unter den o.g. Bedingungen verpflichtet, die ausgeschriebenen Angebote einzulösen. Der Verlag übernimmt jedoch keine Gewähr und keine Haftung, wenn ein Angebot nicht eingelöst wird oder werden kann.

Bedingungen zur Einlösung des Discounts:
1. Das Angebot ist einschließlich bis 30.6.2022 gültig.
2. Der Golfspieler/Leser hat sich telefonisch eine Abschlagzeit geben zu lassen – dabei ist die Nutzung des Angebots anzugeben.
3. Eine Barauszahlung des Greenfee-Vorteils ist nicht möglich.
4. Das Kombinieren von Angeboten oder bestehenden Greenfee-Vorteilen ist nicht möglich. Der Vorteil bezieht sich jeweils ausschließlich auf die zum Zeitpunkt der Einlösung gültigen vollen Greenfee-Gebühren.
5. Gibt es Spielergruppen mit erhöhten Greenfee-Gebühren, ist ein Nachlass auf diese Gebühren nicht möglich.
6. Das Angebot allein berechtigt nicht zum Spiel gegen Greenfee. Die Erfüllung der Bestimmungen des jeweiligen Golfclubs zur Greenfee-Berechtigung (Mitgliedschaft in einem Golfclub, Mindesthandicap etc.) zum Zeitpunkt der Einlösung sind Voraussetzung.
7. Es ist untersagt, den Greenfee-Gutschein entgeltlich Dritten zu überlassen bzw. mit diesen Handel zu treiben. Insbesondere sind die teilnehmenden Golfclubs in diesem Falle berechtigt, die Einlösung der ausgeschriebenen Angebote zu verweigern.
8. Die teilnehmenden Golfclubs haben sich gegenüber dem Verlag unter den o.g. Bedingungen verpflichtet, die ausgeschriebenen Angebote einzulösen. Der Verlag übernimmt jedoch keine Gewähr und keine Haftung, wenn ein Angebot nicht eingelöst wird oder werden kann.

Bedingungen zur Einlösung des Discounts:
1. Das Angebot ist einschließlich bis 30.6.2022 gültig.
2. Der Golfspieler/Leser hat sich telefonisch eine Abschlagzeit geben zu lassen – dabei ist die Nutzung des Angebots anzugeben.
3. Eine Barauszahlung des Greenfee-Vorteils ist nicht möglich.
4. Das Kombinieren von Angeboten oder bestehenden Greenfee-Vorteilen ist nicht möglich. Der Vorteil bezieht sich jeweils ausschließlich auf die zum Zeitpunkt der Einlösung gültigen vollen Greenfee-Gebühren.
5. Gibt es Spielergruppen mit erhöhten Greenfee-Gebühren, ist ein Nachlass auf diese Gebühren nicht möglich.
6. Das Angebot allein berechtigt nicht zum Spiel gegen Greenfee. Die Erfüllung der Bestimmungen des jeweiligen Golfclubs zur Greenfee-Berechtigung (Mitgliedschaft in einem Golfclub, Mindesthandicap etc.) zum Zeitpunkt der Einlösung sind Voraussetzung.
7. Es ist untersagt, den Greenfee-Gutschein entgeltlich Dritten zu überlassen bzw. mit diesen Handel zu treiben. Insbesondere sind die teilnehmenden Golfclubs in diesem Falle berechtigt, die Einlösung der ausgeschriebenen Angebote zu verweigern.
8. Die teilnehmenden Golfclubs haben sich gegenüber dem Verlag unter den o.g. Bedingungen verpflichtet, die ausgeschriebenen Angebote einzulösen. Der Verlag übernimmt jedoch keine Gewähr und keine Haftung, wenn ein Angebot nicht eingelöst wird oder werden kann.

Bedingungen zur Einlösung des Discounts:
1. Das Angebot ist einschließlich bis 30.6.2022 gültig.
2. Der Golfspieler/Leser hat sich telefonisch eine Abschlagzeit geben zu lassen – dabei ist die Nutzung des Angebots anzugeben.
3. Eine Barauszahlung des Greenfee-Vorteils ist nicht möglich.
4. Das Kombinieren von Angeboten oder bestehenden Greenfee-Vorteilen ist nicht möglich. Der Vorteil bezieht sich jeweils ausschließlich auf die zum Zeitpunkt der Einlösung gültigen vollen Greenfee-Gebühren.
5. Gibt es Spielergruppen mit erhöhten Greenfee-Gebühren, ist ein Nachlass auf diese Gebühren nicht möglich.
6. Das Angebot allein berechtigt nicht zum Spiel gegen Greenfee. Die Erfüllung der Bestimmungen des jeweiligen Golfclubs zur Greenfee-Berechtigung (Mitgliedschaft in einem Golfclub, Mindesthandicap etc.) zum Zeitpunkt der Einlösung sind Voraussetzung.
7. Es ist untersagt, den Greenfee-Gutschein entgeltlich Dritten zu überlassen bzw. mit diesen Handel zu treiben. Insbesondere sind die teilnehmenden Golfclubs in diesem Falle berechtigt, die Einlösung der ausgeschriebenen Angebote zu verweigern.
8. Die teilnehmenden Golfclubs haben sich gegenüber dem Verlag unter den o.g. Bedingungen verpflichtet, die ausgeschriebenen Angebote einzulösen. Der Verlag übernimmt jedoch keine Gewähr und keine Haftung, wenn ein Angebot nicht eingelöst wird oder werden kann.

Bedingungen zur Einlösung des Discounts:
1. Das Angebot ist einschließlich bis 30.6.2022 gültig.
2. Der Golfspieler/Leser hat sich telefonisch eine Abschlagzeit geben zu lassen – dabei ist die Nutzung des Angebots anzugeben.
3. Eine Barauszahlung des Greenfee-Vorteils ist nicht möglich.
4. Das Kombinieren von Angeboten oder bestehenden Greenfee-Vorteilen ist nicht möglich. Der Vorteil bezieht sich jeweils ausschließlich auf die zum Zeitpunkt der Einlösung gültigen vollen Greenfee-Gebühren.
5. Gibt es Spielergruppen mit erhöhten Greenfee-Gebühren, ist ein Nachlass auf diese Gebühren nicht möglich.
6. Das Angebot allein berechtigt nicht zum Spiel gegen Greenfee. Die Erfüllung der Bestimmungen des jeweiligen Golfclubs zur Greenfee-Berechtigung (Mitgliedschaft in einem Golfclub, Mindesthandicap etc.) zum Zeitpunkt der Einlösung sind Voraussetzung.
7. Es ist untersagt, den Greenfee-Gutschein entgeltlich Dritten zu überlassen bzw. mit diesen Handel zu treiben. Insbesondere sind die teilnehmenden Golfclubs in diesem Falle berechtigt, die Einlösung der ausgeschriebenen Angebote zu verweigern.
8. Die teilnehmenden Golfclubs haben sich gegenüber dem Verlag unter den o.g. Bedingungen verpflichtet, die ausgeschriebenen Angebote einzulösen. Der Verlag übernimmt jedoch keine Gewähr und keine Haftung, wenn ein Angebot nicht eingelöst wird oder werden kann.

DER GOLF ALBRECHT

Golfclub Schloß Meisdorf e.V.

DE

Petersberger Trift 33
D-06463 Falkenstein/OT Meisdorf
034743-98450
Sachsen, Sachsen-Anhalt, Thüringen

66

30% Greenfee-Ermäßigung

DER GOLF ALBRECHT

1. Golfclub Leipzig e.V. - Golfplatz Dübener Heide

DE

Zum Golfplatz 1
D-04838 Zschepplin OT Hohenprießnitz
034242-50302
Sachsen, Sachsen-Anhalt, Thüringen

67

2 for 1 2 GF zum Preis von 1

DER GOLF ALBRECHT

1. Golfclub Leipzig e.V. - Golfplatz Dübener Heide

DE

Zum Golfplatz 1
D-04838 Zschepplin OT Hohenprießnitz
034242-50302
Sachsen, Sachsen-Anhalt, Thüringen

67

2 for 1 2 GF zum Preis von 1

DER GOLF ALBRECHT

1. Golfclub Leipzig e.V. - Golfplatz Dübener Heide

DE

Zum Golfplatz 1
D-04838 Zschepplin OT Hohenprießnitz
034242-50302
Sachsen, Sachsen-Anhalt, Thüringen

67

20% Greenfee-Ermäßigung

DER GOLF ALBRECHT

1. Golfclub Leipzig e.V. - Golfplatz Dübener Heide

DE

Zum Golfplatz 1
D-04838 Zschepplin OT Hohenprießnitz
034242-50302
Sachsen, Sachsen-Anhalt, Thüringen

67

20% Greenfee-Ermäßigung

DER GOLF ALBRECHT

GolfPark Leipzig GmbH + Co. KG

DE

Bergweg 10
D-04356 Leipzig-Seehausen
0341-5217442
Sachsen, Sachsen-Anhalt, Thüringen

68

2 for 1 2 GF zum Preis von 1 wochentags

DER GOLF ALBRECHT

Golfclub Eisenach im Wartburgkreis e.V.

DE

Am Röderweg 3
D-99820 Hörselberg-Hainich
036920-71871
Sachsen, Sachsen-Anhalt, Thüringen

69

2 for 1 2 GF zum Preis von 1

DER GOLF ALBRECHT

Golfclub Eisenach im Wartburgkreis e.V.

DE

Am Röderweg 3
D-99820 Hörselberg-Hainich
036920-71871
Sachsen, Sachsen-Anhalt, Thüringen

69

2 for 1 2 GF zum Preis von 1

DER GOLF ALBRECHT

Golfclub Eisenach im Wartburgkreis e.V.

DE

Am Röderweg 3
D-99820 Hörselberg-Hainich
036920-71871
Sachsen, Sachsen-Anhalt, Thüringen

69

25% Greenfee-Ermäßigung

DER GOLF ALBRECHT

Golfclub Eisenach im Wartburgkreis e.V.

DE

Am Röderweg 3
D-99820 Hörselberg-Hainich
036920-71871
Sachsen, Sachsen-Anhalt, Thüringen

69

25% Greenfee-Ermäßigung

Bedingungen zur Einlösung des Discounts:

1. Das Angebot ist einschließlich bis 30.6.2022 gültig.
2. Der Golfspieler/Leser hat sich telefonisch eine Abschlagzeit geben zu lassen – dabei ist die Nutzung des Angebots anzugeben.
3. Eine Barauszahlung des Greenfee-Vorteils ist nicht möglich.
4. Das Kombinieren von Angeboten oder bestehenden Greenfee-Vorteilen ist nicht möglich. Der Vorteil bezieht sich jeweils ausschließlich auf die zum Zeitpunkt der Einlösung gültigen vollen Greenfee-Gebühren.
5. Gibt es Spielergruppen mit erhöhten Greenfee-Gebühren, ist ein Nachlass auf diese Gebühren nicht möglich.
6. Das Angebot allein berechtigt nicht zum Spiel gegen Greenfee. Die Erfüllung der Bestimmungen des jeweiligen Golfclubs zur Greenfee-Berechtigung (Mitgliedschaft in einem Golfclub, Mindesthandicap etc.) zum Zeitpunkt der Einlösung sind Voraussetzung.
7. Es ist untersagt, den Greenfee-Gutschein entgeltlich Dritten zu überlassen bzw. mit diesen Handel zu treiben. Insbesondere sind die teilnehmenden Golfclubs in diesem Falle berechtigt, die Einlösung der ausgeschriebenen Angebote zu verweigern.
8. Die teilnehmenden Golfclubs haben sich gegenüber dem Verlag unter den o.g. Bedingungen verpflichtet, die ausgeschriebenen Angebote einzulösen. Der Verlag übernimmt jedoch keine Gewähr und keine Haftung, wenn ein Angebot nicht eingelöst wird oder werden kann.

Bedingungen zur Einlösung des Discounts:

1. Das Angebot ist einschließlich bis 30.6.2022 gültig.
2. Der Golfspieler/Leser hat sich telefonisch eine Abschlagzeit geben zu lassen – dabei ist die Nutzung des Angebots anzugeben.
3. Eine Barauszahlung des Greenfee-Vorteils ist nicht möglich.
4. Das Kombinieren von Angeboten oder bestehenden Greenfee-Vorteilen ist nicht möglich. Der Vorteil bezieht sich jeweils ausschließlich auf die zum Zeitpunkt der Einlösung gültigen vollen Greenfee-Gebühren.
5. Gibt es Spielergruppen mit erhöhten Greenfee-Gebühren, ist ein Nachlass auf diese Gebühren nicht möglich.
6. Das Angebot allein berechtigt nicht zum Spiel gegen Greenfee. Die Erfüllung der Bestimmungen des jeweiligen Golfclubs zur Greenfee-Berechtigung (Mitgliedschaft in einem Golfclub, Mindesthandicap etc.) zum Zeitpunkt der Einlösung sind Voraussetzung.
7. Es ist untersagt, den Greenfee-Gutschein entgeltlich Dritten zu überlassen bzw. mit diesen Handel zu treiben. Insbesondere sind die teilnehmenden Golfclubs in diesem Falle berechtigt, die Einlösung der ausgeschriebenen Angebote zu verweigern.
8. Die teilnehmenden Golfclubs haben sich gegenüber dem Verlag unter den o.g. Bedingungen verpflichtet, die ausgeschriebenen Angebote einzulösen. Der Verlag übernimmt jedoch keine Gewähr und keine Haftung, wenn ein Angebot nicht eingelöst wird oder werden kann.

Bedingungen zur Einlösung des Discounts:

1. Das Angebot ist einschließlich bis 30.6.2022 gültig.
2. Der Golfspieler/Leser hat sich telefonisch eine Abschlagzeit geben zu lassen – dabei ist die Nutzung des Angebots anzugeben.
3. Eine Barauszahlung des Greenfee-Vorteils ist nicht möglich.
4. Das Kombinieren von Angeboten oder bestehenden Greenfee-Vorteilen ist nicht möglich. Der Vorteil bezieht sich jeweils ausschließlich auf die zum Zeitpunkt der Einlösung gültigen vollen Greenfee-Gebühren.
5. Gibt es Spielergruppen mit erhöhten Greenfee-Gebühren, ist ein Nachlass auf diese Gebühren nicht möglich.
6. Das Angebot allein berechtigt nicht zum Spiel gegen Greenfee. Die Erfüllung der Bestimmungen des jeweiligen Golfclubs zur Greenfee-Berechtigung (Mitgliedschaft in einem Golfclub, Mindesthandicap etc.) zum Zeitpunkt der Einlösung sind Voraussetzung.
7. Es ist untersagt, den Greenfee-Gutschein entgeltlich Dritten zu überlassen bzw. mit diesen Handel zu treiben. Insbesondere sind die teilnehmenden Golfclubs in diesem Falle berechtigt, die Einlösung der ausgeschriebenen Angebote zu verweigern.
8. Die teilnehmenden Golfclubs haben sich gegenüber dem Verlag unter den o.g. Bedingungen verpflichtet, die ausgeschriebenen Angebote einzulösen. Der Verlag übernimmt jedoch keine Gewähr und keine Haftung, wenn ein Angebot nicht eingelöst wird oder werden kann.

Bedingungen zur Einlösung des Discounts:

1. Das Angebot ist einschließlich bis 30.6.2022 gültig.
2. Der Golfspieler/Leser hat sich telefonisch eine Abschlagzeit geben zu lassen – dabei ist die Nutzung des Angebots anzugeben.
3. Eine Barauszahlung des Greenfee-Vorteils ist nicht möglich.
4. Das Kombinieren von Angeboten oder bestehenden Greenfee-Vorteilen ist nicht möglich. Der Vorteil bezieht sich jeweils ausschließlich auf die zum Zeitpunkt der Einlösung gültigen vollen Greenfee-Gebühren.
5. Gibt es Spielergruppen mit erhöhten Greenfee-Gebühren, ist ein Nachlass auf diese Gebühren nicht möglich.
6. Das Angebot allein berechtigt nicht zum Spiel gegen Greenfee. Die Erfüllung der Bestimmungen des jeweiligen Golfclubs zur Greenfee-Berechtigung (Mitgliedschaft in einem Golfclub, Mindesthandicap etc.) zum Zeitpunkt der Einlösung sind Voraussetzung.
7. Es ist untersagt, den Greenfee-Gutschein entgeltlich Dritten zu überlassen bzw. mit diesen Handel zu treiben. Insbesondere sind die teilnehmenden Golfclubs in diesem Falle berechtigt, die Einlösung der ausgeschriebenen Angebote zu verweigern.
8. Die teilnehmenden Golfclubs haben sich gegenüber dem Verlag unter den o.g. Bedingungen verpflichtet, die ausgeschriebenen Angebote einzulösen. Der Verlag übernimmt jedoch keine Gewähr und keine Haftung, wenn ein Angebot nicht eingelöst wird oder werden kann.

Bedingungen zur Einlösung des Discounts:

1. Das Angebot ist einschließlich bis 30.6.2022 gültig.
2. Der Golfspieler/Leser hat sich telefonisch eine Abschlagzeit geben zu lassen – dabei ist die Nutzung des Angebots anzugeben.
3. Eine Barauszahlung des Greenfee-Vorteils ist nicht möglich.
4. Das Kombinieren von Angeboten oder bestehenden Greenfee-Vorteilen ist nicht möglich. Der Vorteil bezieht sich jeweils ausschließlich auf die zum Zeitpunkt der Einlösung gültigen vollen Greenfee-Gebühren.
5. Gibt es Spielergruppen mit erhöhten Greenfee-Gebühren, ist ein Nachlass auf diese Gebühren nicht möglich.
6. Das Angebot allein berechtigt nicht zum Spiel gegen Greenfee. Die Erfüllung der Bestimmungen des jeweiligen Golfclubs zur Greenfee-Berechtigung (Mitgliedschaft in einem Golfclub, Mindesthandicap etc.) zum Zeitpunkt der Einlösung sind Voraussetzung.
7. Es ist untersagt, den Greenfee-Gutschein entgeltlich Dritten zu überlassen bzw. mit diesen Handel zu treiben. Insbesondere sind die teilnehmenden Golfclubs in diesem Falle berechtigt, die Einlösung der ausgeschriebenen Angebote zu verweigern.
8. Die teilnehmenden Golfclubs haben sich gegenüber dem Verlag unter den o.g. Bedingungen verpflichtet, die ausgeschriebenen Angebote einzulösen. Der Verlag übernimmt jedoch keine Gewähr und keine Haftung, wenn ein Angebot nicht eingelöst wird oder werden kann.

Bedingungen zur Einlösung des Discounts:

1. Das Angebot ist einschließlich bis 30.6.2022 gültig.
2. Der Golfspieler/Leser hat sich telefonisch eine Abschlagzeit geben zu lassen – dabei ist die Nutzung des Angebots anzugeben.
3. Eine Barauszahlung des Greenfee-Vorteils ist nicht möglich.
4. Das Kombinieren von Angeboten oder bestehenden Greenfee-Vorteilen ist nicht möglich. Der Vorteil bezieht sich jeweils ausschließlich auf die zum Zeitpunkt der Einlösung gültigen vollen Greenfee-Gebühren.
5. Gibt es Spielergruppen mit erhöhten Greenfee-Gebühren, ist ein Nachlass auf diese Gebühren nicht möglich.
6. Das Angebot allein berechtigt nicht zum Spiel gegen Greenfee. Die Erfüllung der Bestimmungen des jeweiligen Golfclubs zur Greenfee-Berechtigung (Mitgliedschaft in einem Golfclub, Mindesthandicap etc.) zum Zeitpunkt der Einlösung sind Voraussetzung.
7. Es ist untersagt, den Greenfee-Gutschein entgeltlich Dritten zu überlassen bzw. mit diesen Handel zu treiben. Insbesondere sind die teilnehmenden Golfclubs in diesem Falle berechtigt, die Einlösung der ausgeschriebenen Angebote zu verweigern.
8. Die teilnehmenden Golfclubs haben sich gegenüber dem Verlag unter den o.g. Bedingungen verpflichtet, die ausgeschriebenen Angebote einzulösen. Der Verlag übernimmt jedoch keine Gewähr und keine Haftung, wenn ein Angebot nicht eingelöst wird oder werden kann.

Bedingungen zur Einlösung des Discounts:

1. Das Angebot ist einschließlich bis 30.6.2022 gültig.
2. Der Golfspieler/Leser hat sich telefonisch eine Abschlagzeit geben zu lassen – dabei ist die Nutzung des Angebots anzugeben.
3. Eine Barauszahlung des Greenfee-Vorteils ist nicht möglich.
4. Das Kombinieren von Angeboten oder bestehenden Greenfee-Vorteilen ist nicht möglich. Der Vorteil bezieht sich jeweils ausschließlich auf die zum Zeitpunkt der Einlösung gültigen vollen Greenfee-Gebühren.
5. Gibt es Spielergruppen mit erhöhten Greenfee-Gebühren, ist ein Nachlass auf diese Gebühren nicht möglich.
6. Das Angebot allein berechtigt nicht zum Spiel gegen Greenfee. Die Erfüllung der Bestimmungen des jeweiligen Golfclubs zur Greenfee-Berechtigung (Mitgliedschaft in einem Golfclub, Mindesthandicap etc.) zum Zeitpunkt der Einlösung sind Voraussetzung.
7. Es ist untersagt, den Greenfee-Gutschein entgeltlich Dritten zu überlassen bzw. mit diesen Handel zu treiben. Insbesondere sind die teilnehmenden Golfclubs in diesem Falle berechtigt, die Einlösung der ausgeschriebenen Angebote zu verweigern.
8. Die teilnehmenden Golfclubs haben sich gegenüber dem Verlag unter den o.g. Bedingungen verpflichtet, die ausgeschriebenen Angebote einzulösen. Der Verlag übernimmt jedoch keine Gewähr und keine Haftung, wenn ein Angebot nicht eingelöst wird oder werden kann.

Bedingungen zur Einlösung des Discounts:

1. Das Angebot ist einschließlich bis 30.6.2022 gültig.
2. Der Golfspieler/Leser hat sich telefonisch eine Abschlagzeit geben zu lassen – dabei ist die Nutzung des Angebots anzugeben.
3. Eine Barauszahlung des Greenfee-Vorteils ist nicht möglich.
4. Das Kombinieren von Angeboten oder bestehenden Greenfee-Vorteilen ist nicht möglich. Der Vorteil bezieht sich jeweils ausschließlich auf die zum Zeitpunkt der Einlösung gültigen vollen Greenfee-Gebühren.
5. Gibt es Spielergruppen mit erhöhten Greenfee-Gebühren, ist ein Nachlass auf diese Gebühren nicht möglich.
6. Das Angebot allein berechtigt nicht zum Spiel gegen Greenfee. Die Erfüllung der Bestimmungen des jeweiligen Golfclubs zur Greenfee-Berechtigung (Mitgliedschaft in einem Golfclub, Mindesthandicap etc.) zum Zeitpunkt der Einlösung sind Voraussetzung.
7. Es ist untersagt, den Greenfee-Gutschein entgeltlich Dritten zu überlassen bzw. mit diesen Handel zu treiben. Insbesondere sind die teilnehmenden Golfclubs in diesem Falle berechtigt, die Einlösung der ausgeschriebenen Angebote zu verweigern.
8. Die teilnehmenden Golfclubs haben sich gegenüber dem Verlag unter den o.g. Bedingungen verpflichtet, die ausgeschriebenen Angebote einzulösen. Der Verlag übernimmt jedoch keine Gewähr und keine Haftung, wenn ein Angebot nicht eingelöst wird oder werden kann.

Bedingungen zur Einlösung des Discounts:

1. Das Angebot ist einschließlich bis 30.6.2022 gültig.
2. Der Golfspieler/Leser hat sich telefonisch eine Abschlagzeit geben zu lassen – dabei ist die Nutzung des Angebots anzugeben.
3. Eine Barauszahlung des Greenfee-Vorteils ist nicht möglich.
4. Das Kombinieren von Angeboten oder bestehenden Greenfee-Vorteilen ist nicht möglich. Der Vorteil bezieht sich jeweils ausschließlich auf die zum Zeitpunkt der Einlösung gültigen vollen Greenfee-Gebühren.
5. Gibt es Spielergruppen mit erhöhten Greenfee-Gebühren, ist ein Nachlass auf diese Gebühren nicht möglich.
6. Das Angebot allein berechtigt nicht zum Spiel gegen Greenfee. Die Erfüllung der Bestimmungen des jeweiligen Golfclubs zur Greenfee-Berechtigung (Mitgliedschaft in einem Golfclub, Mindesthandicap etc.) zum Zeitpunkt der Einlösung sind Voraussetzung.
7. Es ist untersagt, den Greenfee-Gutschein entgeltlich Dritten zu überlassen bzw. mit diesen Handel zu treiben. Insbesondere sind die teilnehmenden Golfclubs in diesem Falle berechtigt, die Einlösung der ausgeschriebenen Angebote zu verweigern.
8. Die teilnehmenden Golfclubs haben sich gegenüber dem Verlag unter den o.g. Bedingungen verpflichtet, die ausgeschriebenen Angebote einzulösen. Der Verlag übernimmt jedoch keine Gewähr und keine Haftung, wenn ein Angebot nicht eingelöst wird oder werden kann.

Bedingungen zur Einlösung des Discounts:

1. Das Angebot ist einschließlich bis 30.6.2022 gültig.
2. Der Golfspieler/Leser hat sich telefonisch eine Abschlagzeit geben zu lassen – dabei ist die Nutzung des Angebots anzugeben.
3. Eine Barauszahlung des Greenfee-Vorteils ist nicht möglich.
4. Das Kombinieren von Angeboten oder bestehenden Greenfee-Vorteilen ist nicht möglich. Der Vorteil bezieht sich jeweils ausschließlich auf die zum Zeitpunkt der Einlösung gültigen vollen Greenfee-Gebühren.
5. Gibt es Spielergruppen mit erhöhten Greenfee-Gebühren, ist ein Nachlass auf diese Gebühren nicht möglich.
6. Das Angebot allein berechtigt nicht zum Spiel gegen Greenfee. Die Erfüllung der Bestimmungen des jeweiligen Golfclubs zur Greenfee-Berechtigung (Mitgliedschaft in einem Golfclub, Mindesthandicap etc.) zum Zeitpunkt der Einlösung sind Voraussetzung.
7. Es ist untersagt, den Greenfee-Gutschein entgeltlich Dritten zu überlassen bzw. mit diesen Handel zu treiben. Insbesondere sind die teilnehmenden Golfclubs in diesem Falle berechtigt, die Einlösung der ausgeschriebenen Angebote zu verweigern.
8. Die teilnehmenden Golfclubs haben sich gegenüber dem Verlag unter den o.g. Bedingungen verpflichtet, die ausgeschriebenen Angebote einzulösen. Der Verlag übernimmt jedoch keine Gewähr und keine Haftung, wenn ein Angebot nicht eingelöst wird oder werden kann.

DER GOLF ALBRECHT

Golfclub Gera e.V.

DE

Am Schafteich 3, OT Burkersdorf
D-07570 Harth-Pöllnitz
☽ 036603-61610
Sachsen, Sachsen-Anhalt, Thüringen

70

2 for 1 2 GF zum Preis von 1

DER GOLF ALBRECHT

Golfclub Gera e.V.

DE

Am Schafteich 3, OT Burkersdorf
D-07570 Harth-Pöllnitz
☽ 036603-61610
Sachsen, Sachsen-Anhalt, Thüringen

70

2 for 1 2 GF zum Preis von 1

DER GOLF ALBRECHT

Golfclub Gera e.V.

DE

Am Schafteich 3, OT Burkersdorf
D-07570 Harth-Pöllnitz
☽ 036603-61610
Sachsen, Sachsen-Anhalt, Thüringen

70

30% Greenfee-Ermäßigung

DER GOLF ALBRECHT

Golfclub Gera e.V.

DE

Am Schafteich 3, OT Burkersdorf
D-07570 Harth-Pöllnitz
☽ 036603-61610
Sachsen, Sachsen-Anhalt, Thüringen

70

30% Greenfee-Ermäßigung

DER GOLF ALBRECHT

Golfpark Westerzgebirge GmbH & C. KG

DE

Grubenstraße 24
D-08301 Bad Schlema
☽ 01522-2134156
Sachsen, Sachsen-Anhalt, Thüringen

71

2 for 1 2 GF zum Preis von 1

DER GOLF ALBRECHT

Golfpark Westerzgebirge GmbH & C. KG

DE

Grubenstraße 24
D-08301 Bad Schlema
☽ 01522-2134156
Sachsen, Sachsen-Anhalt, Thüringen

71

2 for 1 2 GF zum Preis von 1

DER GOLF ALBRECHT

Golfclub Plauen e.V.

DE

Cossengrüner Str.
D-08547 Plauen OT Steinsdorf
☽ 037439-44658
Sachsen, Sachsen-Anhalt, Thüringen

72

2 for 1 2 GF zum Preis von 1

DER GOLF ALBRECHT

Golfclub Plauen e.V.

DE

Cossengrüner Str.
D-08547 Plauen OT Steinsdorf
☽ 037439-44658
Sachsen, Sachsen-Anhalt, Thüringen

72

2 for 1 2 GF zum Preis von 1

DER GOLF ALBRECHT

Golfclub Plauen e.V.

DE

Cossengrüner Str.
D-08547 Plauen OT Steinsdorf
☽ 037439-44658
Sachsen, Sachsen-Anhalt, Thüringen

72

20% Greenfee-Ermäßigung

DER GOLF ALBRECHT

Golfclub Plauen e.V.

DE

Cossengrüner Str.
D-08547 Plauen OT Steinsdorf
☽ 037439-44658
Sachsen, Sachsen-Anhalt, Thüringen

72

20% Greenfee-Ermäßigung

Bedingungen zur Einlösung des Discounts:

1. Das Angebot ist einschließlich bis 30.6.2022 gültig.
2. Der Golfspieler/Leser hat sich telefonisch eine Abschlagzeit geben zu lassen – dabei ist die Nutzung des Angebots anzugeben.
3. Eine Barauszahlung des Greenfee-Vorteils ist nicht möglich.
4. Das Kombinieren von Angeboten oder bestehenden Greenfee-Vorteilen ist nicht möglich. Der Vorteil bezieht sich jeweils ausschließlich auf die zum Zeitpunkt der Einlösung gültigen vollen Greenfee-Gebühren.
5. Gibt es Spielergruppen mit erhöhten Greenfee-Gebühren, ist ein Nachlass auf diese Gebühren nicht möglich.
6. Das Angebot allein berechtigt nicht zum Spiel gegen Greenfee. Die Erfüllung der Bestimmungen des jeweiligen Golfclubs zur Greenfee-Berechtigung (Mitgliedschaft in einem Golfclub, Mindesthandicap etc.) zum Zeitpunkt der Einlösung sind Voraussetzung.
7. Es ist untersagt, den Greenfee-Gutschein entgeltlich Dritten zu überlassen bzw. mit diesen Handel zu treiben. Insbesondere sind die teilnehmenden Golfclubs in diesem Falle berechtigt, die Einlösung der ausgeschriebenen Angebote zu verweigern.
8. Die teilnehmenden Golfclubs haben sich gegenüber dem Verlag unter den o.g. Bedingungen verpflichtet, die ausgeschriebenen Angebote einzulösen. Der Verlag übernimmt jedoch keine Gewähr und keine Haftung, wenn ein Angebot nicht eingelöst wird oder werden kann.

Bedingungen zur Einlösung des Discounts:

1. Das Angebot ist einschließlich bis 30.6.2022 gültig.
2. Der Golfspieler/Leser hat sich telefonisch eine Abschlagzeit geben zu lassen – dabei ist die Nutzung des Angebots anzugeben.
3. Eine Barauszahlung des Greenfee-Vorteils ist nicht möglich.
4. Das Kombinieren von Angeboten oder bestehenden Greenfee-Vorteilen ist nicht möglich. Der Vorteil bezieht sich jeweils ausschließlich auf die zum Zeitpunkt der Einlösung gültigen vollen Greenfee-Gebühren.
5. Gibt es Spielergruppen mit erhöhten Greenfee-Gebühren, ist ein Nachlass auf diese Gebühren nicht möglich.
6. Das Angebot allein berechtigt nicht zum Spiel gegen Greenfee. Die Erfüllung der Bestimmungen des jeweiligen Golfclubs zur Greenfee-Berechtigung (Mitgliedschaft in einem Golfclub, Mindesthandicap etc.) zum Zeitpunkt der Einlösung sind Voraussetzung.
7. Es ist untersagt, den Greenfee-Gutschein entgeltlich Dritten zu überlassen bzw. mit diesen Handel zu treiben. Insbesondere sind die teilnehmenden Golfclubs in diesem Falle berechtigt, die Einlösung der ausgeschriebenen Angebote zu verweigern.
8. Die teilnehmenden Golfclubs haben sich gegenüber dem Verlag unter den o.g. Bedingungen verpflichtet, die ausgeschriebenen Angebote einzulösen. Der Verlag übernimmt jedoch keine Gewähr und keine Haftung, wenn ein Angebot nicht eingelöst wird oder werden kann.

Bedingungen zur Einlösung des Discounts:

1. Das Angebot ist einschließlich bis 30.6.2022 gültig.
2. Der Golfspieler/Leser hat sich telefonisch eine Abschlagzeit geben zu lassen – dabei ist die Nutzung des Angebots anzugeben.
3. Eine Barauszahlung des Greenfee-Vorteils ist nicht möglich.
4. Das Kombinieren von Angeboten oder bestehenden Greenfee-Vorteilen ist nicht möglich. Der Vorteil bezieht sich jeweils ausschließlich auf die zum Zeitpunkt der Einlösung gültigen vollen Greenfee-Gebühren.
5. Gibt es Spielergruppen mit erhöhten Greenfee-Gebühren, ist ein Nachlass auf diese Gebühren nicht möglich.
6. Das Angebot allein berechtigt nicht zum Spiel gegen Greenfee. Die Erfüllung der Bestimmungen des jeweiligen Golfclubs zur Greenfee-Berechtigung (Mitgliedschaft in einem Golfclub, Mindesthandicap etc.) zum Zeitpunkt der Einlösung sind Voraussetzung.
7. Es ist untersagt, den Greenfee-Gutschein entgeltlich Dritten zu überlassen bzw. mit diesen Handel zu treiben. Insbesondere sind die teilnehmenden Golfclubs in diesem Falle berechtigt, die Einlösung der ausgeschriebenen Angebote zu verweigern.
8. Die teilnehmenden Golfclubs haben sich gegenüber dem Verlag unter den o.g. Bedingungen verpflichtet, die ausgeschriebenen Angebote einzulösen. Der Verlag übernimmt jedoch keine Gewähr und keine Haftung, wenn ein Angebot nicht eingelöst wird oder werden kann.

Bedingungen zur Einlösung des Discounts:

1. Das Angebot ist einschließlich bis 30.6.2022 gültig.
2. Der Golfspieler/Leser hat sich telefonisch eine Abschlagzeit geben zu lassen – dabei ist die Nutzung des Angebots anzugeben.
3. Eine Barauszahlung des Greenfee-Vorteils ist nicht möglich.
4. Das Kombinieren von Angeboten oder bestehenden Greenfee-Vorteilen ist nicht möglich. Der Vorteil bezieht sich jeweils ausschließlich auf die zum Zeitpunkt der Einlösung gültigen vollen Greenfee-Gebühren.
5. Gibt es Spielergruppen mit erhöhten Greenfee-Gebühren, ist ein Nachlass auf diese Gebühren nicht möglich.
6. Das Angebot allein berechtigt nicht zum Spiel gegen Greenfee. Die Erfüllung der Bestimmungen des jeweiligen Golfclubs zur Greenfee-Berechtigung (Mitgliedschaft in einem Golfclub, Mindesthandicap etc.) zum Zeitpunkt der Einlösung sind Voraussetzung.
7. Es ist untersagt, den Greenfee-Gutschein entgeltlich Dritten zu überlassen bzw. mit diesen Handel zu treiben. Insbesondere sind die teilnehmenden Golfclubs in diesem Falle berechtigt, die Einlösung der ausgeschriebenen Angebote zu verweigern.
8. Die teilnehmenden Golfclubs haben sich gegenüber dem Verlag unter den o.g. Bedingungen verpflichtet, die ausgeschriebenen Angebote einzulösen. Der Verlag übernimmt jedoch keine Gewähr und keine Haftung, wenn ein Angebot nicht eingelöst wird oder werden kann.

Bedingungen zur Einlösung des Discounts:

1. Das Angebot ist einschließlich bis 30.6.2022 gültig.
2. Der Golfspieler/Leser hat sich telefonisch eine Abschlagzeit geben zu lassen – dabei ist die Nutzung des Angebots anzugeben.
3. Eine Barauszahlung des Greenfee-Vorteils ist nicht möglich.
4. Das Kombinieren von Angeboten oder bestehenden Greenfee-Vorteilen ist nicht möglich. Der Vorteil bezieht sich jeweils ausschließlich auf die zum Zeitpunkt der Einlösung gültigen vollen Greenfee-Gebühren.
5. Gibt es Spielergruppen mit erhöhten Greenfee-Gebühren, ist ein Nachlass auf diese Gebühren nicht möglich.
6. Das Angebot allein berechtigt nicht zum Spiel gegen Greenfee. Die Erfüllung der Bestimmungen des jeweiligen Golfclubs zur Greenfee-Berechtigung (Mitgliedschaft in einem Golfclub, Mindesthandicap etc.) zum Zeitpunkt der Einlösung sind Voraussetzung.
7. Es ist untersagt, den Greenfee-Gutschein entgeltlich Dritten zu überlassen bzw. mit diesen Handel zu treiben. Insbesondere sind die teilnehmenden Golfclubs in diesem Falle berechtigt, die Einlösung der ausgeschriebenen Angebote zu verweigern.
8. Die teilnehmenden Golfclubs haben sich gegenüber dem Verlag unter den o.g. Bedingungen verpflichtet, die ausgeschriebenen Angebote einzulösen. Der Verlag übernimmt jedoch keine Gewähr und keine Haftung, wenn ein Angebot nicht eingelöst wird oder werden kann.

Bedingungen zur Einlösung des Discounts:

1. Das Angebot ist einschließlich bis 30.6.2022 gültig.
2. Der Golfspieler/Leser hat sich telefonisch eine Abschlagzeit geben zu lassen – dabei ist die Nutzung des Angebots anzugeben.
3. Eine Barauszahlung des Greenfee-Vorteils ist nicht möglich.
4. Das Kombinieren von Angeboten oder bestehenden Greenfee-Vorteilen ist nicht möglich. Der Vorteil bezieht sich jeweils ausschließlich auf die zum Zeitpunkt der Einlösung gültigen vollen Greenfee-Gebühren.
5. Gibt es Spielergruppen mit erhöhten Greenfee-Gebühren, ist ein Nachlass auf diese Gebühren nicht möglich.
6. Das Angebot allein berechtigt nicht zum Spiel gegen Greenfee. Die Erfüllung der Bestimmungen des jeweiligen Golfclubs zur Greenfee-Berechtigung (Mitgliedschaft in einem Golfclub, Mindesthandicap etc.) zum Zeitpunkt der Einlösung sind Voraussetzung.
7. Es ist untersagt, den Greenfee-Gutschein entgeltlich Dritten zu überlassen bzw. mit diesen Handel zu treiben. Insbesondere sind die teilnehmenden Golfclubs in diesem Falle berechtigt, die Einlösung der ausgeschriebenen Angebote zu verweigern.
8. Die teilnehmenden Golfclubs haben sich gegenüber dem Verlag unter den o.g. Bedingungen verpflichtet, die ausgeschriebenen Angebote einzulösen. Der Verlag übernimmt jedoch keine Gewähr und keine Haftung, wenn ein Angebot nicht eingelöst wird oder werden kann.

Bedingungen zur Einlösung des Discounts:

1. Das Angebot ist einschließlich bis 30.6.2022 gültig.
2. Der Golfspieler/Leser hat sich telefonisch eine Abschlagzeit geben zu lassen – dabei ist die Nutzung des Angebots anzugeben.
3. Eine Barauszahlung des Greenfee-Vorteils ist nicht möglich.
4. Das Kombinieren von Angeboten oder bestehenden Greenfee-Vorteilen ist nicht möglich. Der Vorteil bezieht sich jeweils ausschließlich auf die zum Zeitpunkt der Einlösung gültigen vollen Greenfee-Gebühren.
5. Gibt es Spielergruppen mit erhöhten Greenfee-Gebühren, ist ein Nachlass auf diese Gebühren nicht möglich.
6. Das Angebot allein berechtigt nicht zum Spiel gegen Greenfee. Die Erfüllung der Bestimmungen des jeweiligen Golfclubs zur Greenfee-Berechtigung (Mitgliedschaft in einem Golfclub, Mindesthandicap etc.) zum Zeitpunkt der Einlösung sind Voraussetzung.
7. Es ist untersagt, den Greenfee-Gutschein entgeltlich Dritten zu überlassen bzw. mit diesen Handel zu treiben. Insbesondere sind die teilnehmenden Golfclubs in diesem Falle berechtigt, die Einlösung der ausgeschriebenen Angebote zu verweigern.
8. Die teilnehmenden Golfclubs haben sich gegenüber dem Verlag unter den o.g. Bedingungen verpflichtet, die ausgeschriebenen Angebote einzulösen. Der Verlag übernimmt jedoch keine Gewähr und keine Haftung, wenn ein Angebot nicht eingelöst wird oder werden kann.

Bedingungen zur Einlösung des Discounts:

1. Das Angebot ist einschließlich bis 30.6.2022 gültig.
2. Der Golfspieler/Leser hat sich telefonisch eine Abschlagzeit geben zu lassen – dabei ist die Nutzung des Angebots anzugeben.
3. Eine Barauszahlung des Greenfee-Vorteils ist nicht möglich.
4. Das Kombinieren von Angeboten oder bestehenden Greenfee-Vorteilen ist nicht möglich. Der Vorteil bezieht sich jeweils ausschließlich auf die zum Zeitpunkt der Einlösung gültigen vollen Greenfee-Gebühren.
5. Gibt es Spielergruppen mit erhöhten Greenfee-Gebühren, ist ein Nachlass auf diese Gebühren nicht möglich.
6. Das Angebot allein berechtigt nicht zum Spiel gegen Greenfee. Die Erfüllung der Bestimmungen des jeweiligen Golfclubs zur Greenfee-Berechtigung (Mitgliedschaft in einem Golfclub, Mindesthandicap etc.) zum Zeitpunkt der Einlösung sind Voraussetzung.
7. Es ist untersagt, den Greenfee-Gutschein entgeltlich Dritten zu überlassen bzw. mit diesen Handel zu treiben. Insbesondere sind die teilnehmenden Golfclubs in diesem Falle berechtigt, die Einlösung der ausgeschriebenen Angebote zu verweigern.
8. Die teilnehmenden Golfclubs haben sich gegenüber dem Verlag unter den o.g. Bedingungen verpflichtet, die ausgeschriebenen Angebote einzulösen. Der Verlag übernimmt jedoch keine Gewähr und keine Haftung, wenn ein Angebot nicht eingelöst wird oder werden kann.

Bedingungen zur Einlösung des Discounts:

1. Das Angebot ist einschließlich bis 30.6.2022 gültig.
2. Der Golfspieler/Leser hat sich telefonisch eine Abschlagzeit geben zu lassen – dabei ist die Nutzung des Angebots anzugeben.
3. Eine Barauszahlung des Greenfee-Vorteils ist nicht möglich.
4. Das Kombinieren von Angeboten oder bestehenden Greenfee-Vorteilen ist nicht möglich. Der Vorteil bezieht sich jeweils ausschließlich auf die zum Zeitpunkt der Einlösung gültigen vollen Greenfee-Gebühren.
5. Gibt es Spielergruppen mit erhöhten Greenfee-Gebühren, ist ein Nachlass auf diese Gebühren nicht möglich.
6. Das Angebot allein berechtigt nicht zum Spiel gegen Greenfee. Die Erfüllung der Bestimmungen des jeweiligen Golfclubs zur Greenfee-Berechtigung (Mitgliedschaft in einem Golfclub, Mindesthandicap etc.) zum Zeitpunkt der Einlösung sind Voraussetzung.
7. Es ist untersagt, den Greenfee-Gutschein entgeltlich Dritten zu überlassen bzw. mit diesen Handel zu treiben. Insbesondere sind die teilnehmenden Golfclubs in diesem Falle berechtigt, die Einlösung der ausgeschriebenen Angebote zu verweigern.
8. Die teilnehmenden Golfclubs haben sich gegenüber dem Verlag unter den o.g. Bedingungen verpflichtet, die ausgeschriebenen Angebote einzulösen. Der Verlag übernimmt jedoch keine Gewähr und keine Haftung, wenn ein Angebot nicht eingelöst wird oder werden kann.

Bedingungen zur Einlösung des Discounts:

1. Das Angebot ist einschließlich bis 30.6.2022 gültig.
2. Der Golfspieler/Leser hat sich telefonisch eine Abschlagzeit geben zu lassen – dabei ist die Nutzung des Angebots anzugeben.
3. Eine Barauszahlung des Greenfee-Vorteils ist nicht möglich.
4. Das Kombinieren von Angeboten oder bestehenden Greenfee-Vorteilen ist nicht möglich. Der Vorteil bezieht sich jeweils ausschließlich auf die zum Zeitpunkt der Einlösung gültigen vollen Greenfee-Gebühren.
5. Gibt es Spielergruppen mit erhöhten Greenfee-Gebühren, ist ein Nachlass auf diese Gebühren nicht möglich.
6. Das Angebot allein berechtigt nicht zum Spiel gegen Greenfee. Die Erfüllung der Bestimmungen des jeweiligen Golfclubs zur Greenfee-Berechtigung (Mitgliedschaft in einem Golfclub, Mindesthandicap etc.) zum Zeitpunkt der Einlösung sind Voraussetzung.
7. Es ist untersagt, den Greenfee-Gutschein entgeltlich Dritten zu überlassen bzw. mit diesen Handel zu treiben. Insbesondere sind die teilnehmenden Golfclubs in diesem Falle berechtigt, die Einlösung der ausgeschriebenen Angebote zu verweigern.
8. Die teilnehmenden Golfclubs haben sich gegenüber dem Verlag unter den o.g. Bedingungen verpflichtet, die ausgeschriebenen Angebote einzulösen. Der Verlag übernimmt jedoch keine Gewähr und keine Haftung, wenn ein Angebot nicht eingelöst wird oder werden kann.

DER GOLF ALBRECHT

Golfanlage Talsperre Pöhl DE

Voigtsgrüner Straße 20
D-08543 Pöhl/Möschwitz
✆ 037439-44535 Mobil, 0171 2672386
Sachsen, Sachsen-Anhalt, Thüringen

73

2 for 1 — 2 GF zum Preis von 1

DER GOLF ALBRECHT

Golfanlage Talsperre Pöhl DE

Voigtsgrüner Straße 20
D-08543 Pöhl/Möschwitz
✆ 037439-44535 Mobil, 0171 2672386
Sachsen, Sachsen-Anhalt, Thüringen

73

2 for 1 — 2 GF zum Preis von 1

DER GOLF ALBRECHT

Golfanlage Talsperre Pöhl DE

Voigtsgrüner Straße 20
D-08543 Pöhl/Möschwitz
✆ 037439-44535 Mobil, 0171 2672386
Sachsen, Sachsen-Anhalt, Thüringen

73

20% — Greenfee-Ermäßigung

DER GOLF ALBRECHT

Golfanlage Talsperre Pöhl DE

Voigtsgrüner Straße 20
D-08543 Pöhl/Möschwitz
✆ 037439-44535 Mobil, 0171 2672386
Sachsen, Sachsen-Anhalt, Thüringen

73

20% — Greenfee-Ermäßigung

DER GOLF ALBRECHT

Golfclub Habichtswald e.V. DE

Industriestraße 16
D-49492 Westerkappeln-Velpe
✆ 05456-96013
Nordrhein-Westfalen

74

2 for 1 — 2 GF zum Preis von 1 wochentags

DER GOLF ALBRECHT

Golfclub Habichtswald e.V. DE

Industriestraße 16
D-49492 Westerkappeln-Velpe
✆ 05456-96013
Nordrhein-Westfalen

74

2 for 1 — 2 GF zum Preis von 1 wochentags

DER GOLF ALBRECHT

Golfclub Habichtswald e.V. DE

Industriestraße 16
D-49492 Westerkappeln-Velpe
✆ 05456-96013
Nordrhein-Westfalen

74

25% — Greenfee-Ermäßigung wochentags

DER GOLF ALBRECHT

Golfclub Habichtswald e.V. DE

Industriestraße 16
D-49492 Westerkappeln-Velpe
✆ 05456-96013
Nordrhein-Westfalen

74

25% — Greenfee-Ermäßigung wochentags

DER GOLF ALBRECHT

Golf Club Herford e.V. DE

Heideholz 8
D-32602 Vlotho-Exter
✆ 05228-7434
Nordrhein-Westfalen

75

2 for 1 — 2 GF zum Preis von 1

DER GOLF ALBRECHT

Golf Club Herford e.V. DE

Heideholz 8
D-32602 Vlotho-Exter
✆ 05228-7434
Nordrhein-Westfalen

75

2 for 1 — 2 GF zum Preis von 1

Bedingungen zur Einlösung des Discounts:

1. Das Angebot ist einschließlich bis 30.6.2022 gültig.
2. Der Golfspieler/Leser hat sich telefonisch eine Abschlagzeit geben zu lassen – dabei ist die Nutzung des Angebots anzugeben.
3. Eine Barauszahlung des Greenfee-Vorteils ist nicht möglich.
4. Das Kombinieren von Angeboten oder bestehenden Greenfee-Vorteilen ist nicht möglich. Der Vorteil bezieht sich jeweils ausschließlich auf die zum Zeitpunkt der Einlösung gültigen vollen Greenfee-Gebühren.
5. Gibt es Spielergruppen mit erhöhten Greenfee-Gebühren, ist ein Nachlass auf diese Gebühren nicht möglich.
6. Das Angebot allein berechtigt nicht zum Spiel gegen Greenfee. Die Erfüllung der Bestimmungen des jeweiligen Golfclubs zur Greenfee-Berechtigung (Mitgliedschaft in einem Golfclub, Mindesthandicap etc.) zum Zeitpunkt der Einlösung sind Voraussetzung.
7. Es ist untersagt, den Greenfee-Gutschein entgeltlich Dritten zu überlassen bzw. mit diesen Handel zu treiben. Insbesondere sind die teilnehmenden Golfclubs in diesem Falle berechtigt, die Einlösung der ausgeschriebenen Angebote zu verweigern.
8. Die teilnehmenden Golfclubs haben sich gegenüber dem Verlag unter den o.g. Bedingungen verpflichtet, die ausgeschriebenen Angebote einzulösen. Der Verlag übernimmt jedoch keine Gewähr und keine Haftung, wenn ein Angebot nicht eingelöst wird oder werden kann.

Bedingungen zur Einlösung des Discounts:

1. Das Angebot ist einschließlich bis 30.6.2022 gültig.
2. Der Golfspieler/Leser hat sich telefonisch eine Abschlagzeit geben zu lassen – dabei ist die Nutzung des Angebots anzugeben.
3. Eine Barauszahlung des Greenfee-Vorteils ist nicht möglich.
4. Das Kombinieren von Angeboten oder bestehenden Greenfee-Vorteilen ist nicht möglich. Der Vorteil bezieht sich jeweils ausschließlich auf die zum Zeitpunkt der Einlösung gültigen vollen Greenfee-Gebühren.
5. Gibt es Spielergruppen mit erhöhten Greenfee-Gebühren, ist ein Nachlass auf diese Gebühren nicht möglich.
6. Das Angebot allein berechtigt nicht zum Spiel gegen Greenfee. Die Erfüllung der Bestimmungen des jeweiligen Golfclubs zur Greenfee-Berechtigung (Mitgliedschaft in einem Golfclub, Mindesthandicap etc.) zum Zeitpunkt der Einlösung sind Voraussetzung.
7. Es ist untersagt, den Greenfee-Gutschein entgeltlich Dritten zu überlassen bzw. mit diesen Handel zu treiben. Insbesondere sind die teilnehmenden Golfclubs in diesem Falle berechtigt, die Einlösung der ausgeschriebenen Angebote zu verweigern.
8. Die teilnehmenden Golfclubs haben sich gegenüber dem Verlag unter den o.g. Bedingungen verpflichtet, die ausgeschriebenen Angebote einzulösen. Der Verlag übernimmt jedoch keine Gewähr und keine Haftung, wenn ein Angebot nicht eingelöst wird oder werden kann.

Bedingungen zur Einlösung des Discounts:

1. Das Angebot ist einschließlich bis 30.6.2022 gültig.
2. Der Golfspieler/Leser hat sich telefonisch eine Abschlagzeit geben zu lassen – dabei ist die Nutzung des Angebots anzugeben.
3. Eine Barauszahlung des Greenfee-Vorteils ist nicht möglich.
4. Das Kombinieren von Angeboten oder bestehenden Greenfee-Vorteilen ist nicht möglich. Der Vorteil bezieht sich jeweils ausschließlich auf die zum Zeitpunkt der Einlösung gültigen vollen Greenfee-Gebühren.
5. Gibt es Spielergruppen mit erhöhten Greenfee-Gebühren, ist ein Nachlass auf diese Gebühren nicht möglich.
6. Das Angebot allein berechtigt nicht zum Spiel gegen Greenfee. Die Erfüllung der Bestimmungen des jeweiligen Golfclubs zur Greenfee-Berechtigung (Mitgliedschaft in einem Golfclub, Mindesthandicap etc.) zum Zeitpunkt der Einlösung sind Voraussetzung.
7. Es ist untersagt, den Greenfee-Gutschein entgeltlich Dritten zu überlassen bzw. mit diesen Handel zu treiben. Insbesondere sind die teilnehmenden Golfclubs in diesem Falle berechtigt, die Einlösung der ausgeschriebenen Angebote zu verweigern.
8. Die teilnehmenden Golfclubs haben sich gegenüber dem Verlag unter den o.g. Bedingungen verpflichtet, die ausgeschriebenen Angebote einzulösen. Der Verlag übernimmt jedoch keine Gewähr und keine Haftung, wenn ein Angebot nicht eingelöst wird oder werden kann.

Bedingungen zur Einlösung des Discounts:

1. Das Angebot ist einschließlich bis 30.6.2022 gültig.
2. Der Golfspieler/Leser hat sich telefonisch eine Abschlagzeit geben zu lassen – dabei ist die Nutzung des Angebots anzugeben.
3. Eine Barauszahlung des Greenfee-Vorteils ist nicht möglich.
4. Das Kombinieren von Angeboten oder bestehenden Greenfee-Vorteilen ist nicht möglich. Der Vorteil bezieht sich jeweils ausschließlich auf die zum Zeitpunkt der Einlösung gültigen vollen Greenfee-Gebühren.
5. Gibt es Spielergruppen mit erhöhten Greenfee-Gebühren, ist ein Nachlass auf diese Gebühren nicht möglich.
6. Das Angebot allein berechtigt nicht zum Spiel gegen Greenfee. Die Erfüllung der Bestimmungen des jeweiligen Golfclubs zur Greenfee-Berechtigung (Mitgliedschaft in einem Golfclub, Mindesthandicap etc.) zum Zeitpunkt der Einlösung sind Voraussetzung.
7. Es ist untersagt, den Greenfee-Gutschein entgeltlich Dritten zu überlassen bzw. mit diesen Handel zu treiben. Insbesondere sind die teilnehmenden Golfclubs in diesem Falle berechtigt, die Einlösung der ausgeschriebenen Angebote zu verweigern.
8. Die teilnehmenden Golfclubs haben sich gegenüber dem Verlag unter den o.g. Bedingungen verpflichtet, die ausgeschriebenen Angebote einzulösen. Der Verlag übernimmt jedoch keine Gewähr und keine Haftung, wenn ein Angebot nicht eingelöst wird oder werden kann.

Bedingungen zur Einlösung des Discounts:

1. Das Angebot ist einschließlich bis 30.6.2022 gültig.
2. Der Golfspieler/Leser hat sich telefonisch eine Abschlagzeit geben zu lassen – dabei ist die Nutzung des Angebots anzugeben.
3. Eine Barauszahlung des Greenfee-Vorteils ist nicht möglich.
4. Das Kombinieren von Angeboten oder bestehenden Greenfee-Vorteilen ist nicht möglich. Der Vorteil bezieht sich jeweils ausschließlich auf die zum Zeitpunkt der Einlösung gültigen vollen Greenfee-Gebühren.
5. Gibt es Spielergruppen mit erhöhten Greenfee-Gebühren, ist ein Nachlass auf diese Gebühren nicht möglich.
6. Das Angebot allein berechtigt nicht zum Spiel gegen Greenfee. Die Erfüllung der Bestimmungen des jeweiligen Golfclubs zur Greenfee-Berechtigung (Mitgliedschaft in einem Golfclub, Mindesthandicap etc.) zum Zeitpunkt der Einlösung sind Voraussetzung.
7. Es ist untersagt, den Greenfee-Gutschein entgeltlich Dritten zu überlassen bzw. mit diesen Handel zu treiben. Insbesondere sind die teilnehmenden Golfclubs in diesem Falle berechtigt, die Einlösung der ausgeschriebenen Angebote zu verweigern.
8. Die teilnehmenden Golfclubs haben sich gegenüber dem Verlag unter den o.g. Bedingungen verpflichtet, die ausgeschriebenen Angebote einzulösen. Der Verlag übernimmt jedoch keine Gewähr und keine Haftung, wenn ein Angebot nicht eingelöst wird oder werden kann.

Bedingungen zur Einlösung des Discounts:

1. Das Angebot ist einschließlich bis 30.6.2022 gültig.
2. Der Golfspieler/Leser hat sich telefonisch eine Abschlagzeit geben zu lassen – dabei ist die Nutzung des Angebots anzugeben.
3. Eine Barauszahlung des Greenfee-Vorteils ist nicht möglich.
4. Das Kombinieren von Angeboten oder bestehenden Greenfee-Vorteilen ist nicht möglich. Der Vorteil bezieht sich jeweils ausschließlich auf die zum Zeitpunkt der Einlösung gültigen vollen Greenfee-Gebühren.
5. Gibt es Spielergruppen mit erhöhten Greenfee-Gebühren, ist ein Nachlass auf diese Gebühren nicht möglich.
6. Das Angebot allein berechtigt nicht zum Spiel gegen Greenfee. Die Erfüllung der Bestimmungen des jeweiligen Golfclubs zur Greenfee-Berechtigung (Mitgliedschaft in einem Golfclub, Mindesthandicap etc.) zum Zeitpunkt der Einlösung sind Voraussetzung.
7. Es ist untersagt, den Greenfee-Gutschein entgeltlich Dritten zu überlassen bzw. mit diesen Handel zu treiben. Insbesondere sind die teilnehmenden Golfclubs in diesem Falle berechtigt, die Einlösung der ausgeschriebenen Angebote zu verweigern.
8. Die teilnehmenden Golfclubs haben sich gegenüber dem Verlag unter den o.g. Bedingungen verpflichtet, die ausgeschriebenen Angebote einzulösen. Der Verlag übernimmt jedoch keine Gewähr und keine Haftung, wenn ein Angebot nicht eingelöst wird oder werden kann.

Bedingungen zur Einlösung des Discounts:

1. Das Angebot ist einschließlich bis 30.6.2022 gültig.
2. Der Golfspieler/Leser hat sich telefonisch eine Abschlagzeit geben zu lassen – dabei ist die Nutzung des Angebots anzugeben.
3. Eine Barauszahlung des Greenfee-Vorteils ist nicht möglich.
4. Das Kombinieren von Angeboten oder bestehenden Greenfee-Vorteilen ist nicht möglich. Der Vorteil bezieht sich jeweils ausschließlich auf die zum Zeitpunkt der Einlösung gültigen vollen Greenfee-Gebühren.
5. Gibt es Spielergruppen mit erhöhten Greenfee-Gebühren, ist ein Nachlass auf diese Gebühren nicht möglich.
6. Das Angebot allein berechtigt nicht zum Spiel gegen Greenfee. Die Erfüllung der Bestimmungen des jeweiligen Golfclubs zur Greenfee-Berechtigung (Mitgliedschaft in einem Golfclub, Mindesthandicap etc.) zum Zeitpunkt der Einlösung sind Voraussetzung.
7. Es ist untersagt, den Greenfee-Gutschein entgeltlich Dritten zu überlassen bzw. mit diesen Handel zu treiben. Insbesondere sind die teilnehmenden Golfclubs in diesem Falle berechtigt, die Einlösung der ausgeschriebenen Angebote zu verweigern.
8. Die teilnehmenden Golfclubs haben sich gegenüber dem Verlag unter den o.g. Bedingungen verpflichtet, die ausgeschriebenen Angebote einzulösen. Der Verlag übernimmt jedoch keine Gewähr und keine Haftung, wenn ein Angebot nicht eingelöst wird oder werden kann.

Bedingungen zur Einlösung des Discounts:

1. Das Angebot ist einschließlich bis 30.6.2022 gültig.
2. Der Golfspieler/Leser hat sich telefonisch eine Abschlagzeit geben zu lassen – dabei ist die Nutzung des Angebots anzugeben.
3. Eine Barauszahlung des Greenfee-Vorteils ist nicht möglich.
4. Das Kombinieren von Angeboten oder bestehenden Greenfee-Vorteilen ist nicht möglich. Der Vorteil bezieht sich jeweils ausschließlich auf die zum Zeitpunkt der Einlösung gültigen vollen Greenfee-Gebühren.
5. Gibt es Spielergruppen mit erhöhten Greenfee-Gebühren, ist ein Nachlass auf diese Gebühren nicht möglich.
6. Das Angebot allein berechtigt nicht zum Spiel gegen Greenfee. Die Erfüllung der Bestimmungen des jeweiligen Golfclubs zur Greenfee-Berechtigung (Mitgliedschaft in einem Golfclub, Mindesthandicap etc.) zum Zeitpunkt der Einlösung sind Voraussetzung.
7. Es ist untersagt, den Greenfee-Gutschein entgeltlich Dritten zu überlassen bzw. mit diesen Handel zu treiben. Insbesondere sind die teilnehmenden Golfclubs in diesem Falle berechtigt, die Einlösung der ausgeschriebenen Angebote zu verweigern.
8. Die teilnehmenden Golfclubs haben sich gegenüber dem Verlag unter den o.g. Bedingungen verpflichtet, die ausgeschriebenen Angebote einzulösen. Der Verlag übernimmt jedoch keine Gewähr und keine Haftung, wenn ein Angebot nicht eingelöst wird oder werden kann.

Bedingungen zur Einlösung des Discounts:

1. Das Angebot ist einschließlich bis 30.6.2022 gültig.
2. Der Golfspieler/Leser hat sich telefonisch eine Abschlagzeit geben zu lassen – dabei ist die Nutzung des Angebots anzugeben.
3. Eine Barauszahlung des Greenfee-Vorteils ist nicht möglich.
4. Das Kombinieren von Angeboten oder bestehenden Greenfee-Vorteilen ist nicht möglich. Der Vorteil bezieht sich jeweils ausschließlich auf die zum Zeitpunkt der Einlösung gültigen vollen Greenfee-Gebühren.
5. Gibt es Spielergruppen mit erhöhten Greenfee-Gebühren, ist ein Nachlass auf diese Gebühren nicht möglich.
6. Das Angebot allein berechtigt nicht zum Spiel gegen Greenfee. Die Erfüllung der Bestimmungen des jeweiligen Golfclubs zur Greenfee-Berechtigung (Mitgliedschaft in einem Golfclub, Mindesthandicap etc.) zum Zeitpunkt der Einlösung sind Voraussetzung.
7. Es ist untersagt, den Greenfee-Gutschein entgeltlich Dritten zu überlassen bzw. mit diesen Handel zu treiben. Insbesondere sind die teilnehmenden Golfclubs in diesem Falle berechtigt, die Einlösung der ausgeschriebenen Angebote zu verweigern.
8. Die teilnehmenden Golfclubs haben sich gegenüber dem Verlag unter den o.g. Bedingungen verpflichtet, die ausgeschriebenen Angebote einzulösen. Der Verlag übernimmt jedoch keine Gewähr und keine Haftung, wenn ein Angebot nicht eingelöst wird oder werden kann.

Bedingungen zur Einlösung des Discounts:

1. Das Angebot ist einschließlich bis 30.6.2022 gültig.
2. Der Golfspieler/Leser hat sich telefonisch eine Abschlagzeit geben zu lassen – dabei ist die Nutzung des Angebots anzugeben.
3. Eine Barauszahlung des Greenfee-Vorteils ist nicht möglich.
4. Das Kombinieren von Angeboten oder bestehenden Greenfee-Vorteilen ist nicht möglich. Der Vorteil bezieht sich jeweils ausschließlich auf die zum Zeitpunkt der Einlösung gültigen vollen Greenfee-Gebühren.
5. Gibt es Spielergruppen mit erhöhten Greenfee-Gebühren, ist ein Nachlass auf diese Gebühren nicht möglich.
6. Das Angebot allein berechtigt nicht zum Spiel gegen Greenfee. Die Erfüllung der Bestimmungen des jeweiligen Golfclubs zur Greenfee-Berechtigung (Mitgliedschaft in einem Golfclub, Mindesthandicap etc.) zum Zeitpunkt der Einlösung sind Voraussetzung.
7. Es ist untersagt, den Greenfee-Gutschein entgeltlich Dritten zu überlassen bzw. mit diesen Handel zu treiben. Insbesondere sind die teilnehmenden Golfclubs in diesem Falle berechtigt, die Einlösung der ausgeschriebenen Angebote zu verweigern.
8. Die teilnehmenden Golfclubs haben sich gegenüber dem Verlag unter den o.g. Bedingungen verpflichtet, die ausgeschriebenen Angebote einzulösen. Der Verlag übernimmt jedoch keine Gewähr und keine Haftung, wenn ein Angebot nicht eingelöst wird oder werden kann.

Bedingungen zur Einlösung des Discounts:

1. Das Angebot ist einschließlich bis 30.6.2022 gültig.
2. Der Golfspieler/Leser hat sich telefonisch eine Abschlagzeit geben zu lassen – dabei ist die Nutzung des Angebots anzugeben.
3. Eine Barauszahlung des Greenfee-Vorteils ist nicht möglich.
4. Das Kombinieren von Angeboten oder bestehenden Greenfee-Vorteilen ist nicht möglich. Der Vorteil bezieht sich jeweils ausschließlich auf die zum Zeitpunkt der Einlösung gültigen vollen Greenfee-Gebühren.
5. Gibt es Spielergruppen mit erhöhten Greenfee-Gebühren, ist ein Nachlass auf diese Gebühren nicht möglich.
6. Das Angebot allein berechtigt nicht zum Spiel gegen Greenfee. Die Erfüllung der Bestimmungen des jeweiligen Golfclubs zur Greenfee-Berechtigung (Mitgliedschaft in einem Golfclub, Mindesthandicap etc.) zum Zeitpunkt der Einlösung sind Voraussetzung.
7. Es ist untersagt, den Greenfee-Gutschein entgeltlich Dritten zu überlassen bzw. mit diesen Handel zu treiben. Insbesondere sind die teilnehmenden Golfclubs in diesem Falle berechtigt, die Einlösung der ausgeschriebenen Angebote zu verweigern.
8. Die teilnehmenden Golfclubs haben sich gegenüber dem Verlag unter den o.g. Bedingungen verpflichtet, die ausgeschriebenen Angebote einzulösen. Der Verlag übernimmt jedoch keine Gewähr und keine Haftung, wenn ein Angebot nicht eingelöst wird oder werden kann.

DER GOLF ALBRECHT

Golfclub Ladbergen e. V.

DE

Hölterweg 8
D-49549 Ladbergen
05485-831813
Nordrhein-Westfalen

76

2 for 1 2 GF zum Preis von 1

DER GOLF ALBRECHT

Golfclub Ladbergen e. V.

DE

Hölterweg 8
D-49549 Ladbergen
05485-831813
Nordrhein-Westfalen

76

2 for 1 2 GF zum Preis von 1

DER GOLF ALBRECHT

Golfclub Ladbergen e. V.

DE

Hölterweg 8
D-49549 Ladbergen
05485-831813
Nordrhein-Westfalen

76

20% Greenfee-Ermäßigung

DER GOLF ALBRECHT

Golfclub Ladbergen e. V.

DE

Hölterweg 8
D-49549 Ladbergen
05485-831813
Nordrhein-Westfalen

76

20% Greenfee-Ermäßigung

DER GOLF ALBRECHT

Golf Club Heerhof e.V.

DE

Finnebachstraße 31, Navi: Auf dem Plasse
D-32049 Herford
05228-7507
Nordrhein-Westfalen

77

2 for 1 2 GF zum Preis von 1

DER GOLF ALBRECHT

Golf Club Heerhof e.V.

DE

Finnebachstraße 31, Navi: Auf dem Plasse
D-32049 Herford
05228-7507
Nordrhein-Westfalen

77

2 for 1 2 GF zum Preis von 1

DER GOLF ALBRECHT

Golfclub Ravensberger Land

DE

Südstraße 96
D-32130 Enger-Pödinghausen
05224-79751
Nordrhein-Westfalen

78

2 for 1 2 GF zum Preis von 1 wochentags

DER GOLF ALBRECHT

Golfclub Ravensberger Land

DE

Südstraße 96
D-32130 Enger-Pödinghausen
05224-79751
Nordrhein-Westfalen

78

20% Greenfee-Ermäßigung

DER GOLF ALBRECHT

Golf-Club Aldruper Heide e.V.

DE

Aldruper Oberesch 12
D-48268 Greven
02571-97095 Sekretariat
Nordrhein-Westfalen

79

2 for 1 2 GF zum Preis von 1

DER GOLF ALBRECHT

Golf-Club Aldruper Heide e.V.

DE

Aldruper Oberesch 12
D-48268 Greven
02571-97095 Sekretariat
Nordrhein-Westfalen

79

2 for 1 2 GF zum Preis von 1

Bedingungen zur Einlösung des Discounts:

1. Das Angebot ist einschließlich bis 30.6.2022 gültig.
2. Der Golfspieler/Leser hat sich telefonisch eine Abschlagzeit geben zu lassen – dabei ist die Nutzung des Angebots anzugeben.
3. Eine Barauszahlung des Greenfee-Vorteils ist nicht möglich.
4. Das Kombinieren von Angeboten oder bestehenden Greenfee-Vorteilen ist nicht möglich. Der Vorteil bezieht sich jeweils ausschließlich auf die zum Zeitpunkt der Einlösung gültigen vollen Greenfee-Gebühren.
5. Gibt es Spielergruppen mit erhöhten Greenfee-Gebühren, ist ein Nachlass auf diese Gebühren nicht möglich.
6. Das Angebot allein berechtigt nicht zum Spiel gegen Greenfee. Die Erfüllung der Bestimmungen des jeweiligen Golfclubs zur Greenfee-Berechtigung (Mitgliedschaft in einem Golfclub, Mindesthandicap etc.) zum Zeitpunkt der Einlösung sind Voraussetzung.
7. Es ist untersagt, den Greenfee-Gutschein entgeltlich Dritten zu überlassen bzw. mit diesen Handel zu treiben. Insbesondere sind die teilnehmenden Golfclubs in diesem Falle berechtigt, die Einlösung der ausgeschriebenen Angebote zu verweigern.
8. Die teilnehmenden Golfclubs haben sich gegenüber dem Verlag unter den o.g. Bedingungen verpflichtet, die ausgeschriebenen Angebote einzulösen. Der Verlag übernimmt jedoch keine Gewähr und keine Haftung, wenn ein Angebot nicht eingelöst wird oder werden kann.

Bedingungen zur Einlösung des Discounts:

1. Das Angebot ist einschließlich bis 30.6.2022 gültig.
2. Der Golfspieler/Leser hat sich telefonisch eine Abschlagzeit geben zu lassen – dabei ist die Nutzung des Angebots anzugeben.
3. Eine Barauszahlung des Greenfee-Vorteils ist nicht möglich.
4. Das Kombinieren von Angeboten oder bestehenden Greenfee-Vorteilen ist nicht möglich. Der Vorteil bezieht sich jeweils ausschließlich auf die zum Zeitpunkt der Einlösung gültigen vollen Greenfee-Gebühren.
5. Gibt es Spielergruppen mit erhöhten Greenfee-Gebühren, ist ein Nachlass auf diese Gebühren nicht möglich.
6. Das Angebot allein berechtigt nicht zum Spiel gegen Greenfee. Die Erfüllung der Bestimmungen des jeweiligen Golfclubs zur Greenfee-Berechtigung (Mitgliedschaft in einem Golfclub, Mindesthandicap etc.) zum Zeitpunkt der Einlösung sind Voraussetzung.
7. Es ist untersagt, den Greenfee-Gutschein entgeltlich Dritten zu überlassen bzw. mit diesen Handel zu treiben. Insbesondere sind die teilnehmenden Golfclubs in diesem Falle berechtigt, die Einlösung der ausgeschriebenen Angebote zu verweigern.
8. Die teilnehmenden Golfclubs haben sich gegenüber dem Verlag unter den o.g. Bedingungen verpflichtet, die ausgeschriebenen Angebote einzulösen. Der Verlag übernimmt jedoch keine Gewähr und keine Haftung, wenn ein Angebot nicht eingelöst wird oder werden kann.

Bedingungen zur Einlösung des Discounts:

1. Das Angebot ist einschließlich bis 30.6.2022 gültig.
2. Der Golfspieler/Leser hat sich telefonisch eine Abschlagzeit geben zu lassen – dabei ist die Nutzung des Angebots anzugeben.
3. Eine Barauszahlung des Greenfee-Vorteils ist nicht möglich.
4. Das Kombinieren von Angeboten oder bestehenden Greenfee-Vorteilen ist nicht möglich. Der Vorteil bezieht sich jeweils ausschließlich auf die zum Zeitpunkt der Einlösung gültigen vollen Greenfee-Gebühren.
5. Gibt es Spielergruppen mit erhöhten Greenfee-Gebühren, ist ein Nachlass auf diese Gebühren nicht möglich.
6. Das Angebot allein berechtigt nicht zum Spiel gegen Greenfee. Die Erfüllung der Bestimmungen des jeweiligen Golfclubs zur Greenfee-Berechtigung (Mitgliedschaft in einem Golfclub, Mindesthandicap etc.) zum Zeitpunkt der Einlösung sind Voraussetzung.
7. Es ist untersagt, den Greenfee-Gutschein entgeltlich Dritten zu überlassen bzw. mit diesen Handel zu treiben. Insbesondere sind die teilnehmenden Golfclubs in diesem Falle berechtigt, die Einlösung der ausgeschriebenen Angebote zu verweigern.
8. Die teilnehmenden Golfclubs haben sich gegenüber dem Verlag unter den o.g. Bedingungen verpflichtet, die ausgeschriebenen Angebote einzulösen. Der Verlag übernimmt jedoch keine Gewähr und keine Haftung, wenn ein Angebot nicht eingelöst wird oder werden kann.

Bedingungen zur Einlösung des Discounts:

1. Das Angebot ist einschließlich bis 30.6.2022 gültig.
2. Der Golfspieler/Leser hat sich telefonisch eine Abschlagzeit geben zu lassen – dabei ist die Nutzung des Angebots anzugeben.
3. Eine Barauszahlung des Greenfee-Vorteils ist nicht möglich.
4. Das Kombinieren von Angeboten oder bestehenden Greenfee-Vorteilen ist nicht möglich. Der Vorteil bezieht sich jeweils ausschließlich auf die zum Zeitpunkt der Einlösung gültigen vollen Greenfee-Gebühren.
5. Gibt es Spielergruppen mit erhöhten Greenfee-Gebühren, ist ein Nachlass auf diese Gebühren nicht möglich.
6. Das Angebot allein berechtigt nicht zum Spiel gegen Greenfee. Die Erfüllung der Bestimmungen des jeweiligen Golfclubs zur Greenfee-Berechtigung (Mitgliedschaft in einem Golfclub, Mindesthandicap etc.) zum Zeitpunkt der Einlösung sind Voraussetzung.
7. Es ist untersagt, den Greenfee-Gutschein entgeltlich Dritten zu überlassen bzw. mit diesen Handel zu treiben. Insbesondere sind die teilnehmenden Golfclubs in diesem Falle berechtigt, die Einlösung der ausgeschriebenen Angebote zu verweigern.
8. Die teilnehmenden Golfclubs haben sich gegenüber dem Verlag unter den o.g. Bedingungen verpflichtet, die ausgeschriebenen Angebote einzulösen. Der Verlag übernimmt jedoch keine Gewähr und keine Haftung, wenn ein Angebot nicht eingelöst wird oder werden kann.

Bedingungen zur Einlösung des Discounts:

1. Das Angebot ist einschließlich bis 30.6.2022 gültig.
2. Der Golfspieler/Leser hat sich telefonisch eine Abschlagzeit geben zu lassen – dabei ist die Nutzung des Angebots anzugeben.
3. Eine Barauszahlung des Greenfee-Vorteils ist nicht möglich.
4. Das Kombinieren von Angeboten oder bestehenden Greenfee-Vorteilen ist nicht möglich. Der Vorteil bezieht sich jeweils ausschließlich auf die zum Zeitpunkt der Einlösung gültigen vollen Greenfee-Gebühren.
5. Gibt es Spielergruppen mit erhöhten Greenfee-Gebühren, ist ein Nachlass auf diese Gebühren nicht möglich.
6. Das Angebot allein berechtigt nicht zum Spiel gegen Greenfee. Die Erfüllung der Bestimmungen des jeweiligen Golfclubs zur Greenfee-Berechtigung (Mitgliedschaft in einem Golfclub, Mindesthandicap etc.) zum Zeitpunkt der Einlösung sind Voraussetzung.
7. Es ist untersagt, den Greenfee-Gutschein entgeltlich Dritten zu überlassen bzw. mit diesen Handel zu treiben. Insbesondere sind die teilnehmenden Golfclubs in diesem Falle berechtigt, die Einlösung der ausgeschriebenen Angebote zu verweigern.
8. Die teilnehmenden Golfclubs haben sich gegenüber dem Verlag unter den o.g. Bedingungen verpflichtet, die ausgeschriebenen Angebote einzulösen. Der Verlag übernimmt jedoch keine Gewähr und keine Haftung, wenn ein Angebot nicht eingelöst wird oder werden kann.

Bedingungen zur Einlösung des Discounts:

1. Das Angebot ist einschließlich bis 30.6.2022 gültig.
2. Der Golfspieler/Leser hat sich telefonisch eine Abschlagzeit geben zu lassen – dabei ist die Nutzung des Angebots anzugeben.
3. Eine Barauszahlung des Greenfee-Vorteils ist nicht möglich.
4. Das Kombinieren von Angeboten oder bestehenden Greenfee-Vorteilen ist nicht möglich. Der Vorteil bezieht sich jeweils ausschließlich auf die zum Zeitpunkt der Einlösung gültigen vollen Greenfee-Gebühren.
5. Gibt es Spielergruppen mit erhöhten Greenfee-Gebühren, ist ein Nachlass auf diese Gebühren nicht möglich.
6. Das Angebot allein berechtigt nicht zum Spiel gegen Greenfee. Die Erfüllung der Bestimmungen des jeweiligen Golfclubs zur Greenfee-Berechtigung (Mitgliedschaft in einem Golfclub, Mindesthandicap etc.) zum Zeitpunkt der Einlösung sind Voraussetzung.
7. Es ist untersagt, den Greenfee-Gutschein entgeltlich Dritten zu überlassen bzw. mit diesen Handel zu treiben. Insbesondere sind die teilnehmenden Golfclubs in diesem Falle berechtigt, die Einlösung der ausgeschriebenen Angebote zu verweigern.
8. Die teilnehmenden Golfclubs haben sich gegenüber dem Verlag unter den o.g. Bedingungen verpflichtet, die ausgeschriebenen Angebote einzulösen. Der Verlag übernimmt jedoch keine Gewähr und keine Haftung, wenn ein Angebot nicht eingelöst wird oder werden kann.

Bedingungen zur Einlösung des Discounts:

1. Das Angebot ist einschließlich bis 30.6.2022 gültig.
2. Der Golfspieler/Leser hat sich telefonisch eine Abschlagzeit geben zu lassen – dabei ist die Nutzung des Angebots anzugeben.
3. Eine Barauszahlung des Greenfee-Vorteils ist nicht möglich.
4. Das Kombinieren von Angeboten oder bestehenden Greenfee-Vorteilen ist nicht möglich. Der Vorteil bezieht sich jeweils ausschließlich auf die zum Zeitpunkt der Einlösung gültigen vollen Greenfee-Gebühren.
5. Gibt es Spielergruppen mit erhöhten Greenfee-Gebühren, ist ein Nachlass auf diese Gebühren nicht möglich.
6. Das Angebot allein berechtigt nicht zum Spiel gegen Greenfee. Die Erfüllung der Bestimmungen des jeweiligen Golfclubs zur Greenfee-Berechtigung (Mitgliedschaft in einem Golfclub, Mindesthandicap etc.) zum Zeitpunkt der Einlösung sind Voraussetzung.
7. Es ist untersagt, den Greenfee-Gutschein entgeltlich Dritten zu überlassen bzw. mit diesen Handel zu treiben. Insbesondere sind die teilnehmenden Golfclubs in diesem Falle berechtigt, die Einlösung der ausgeschriebenen Angebote zu verweigern.
8. Die teilnehmenden Golfclubs haben sich gegenüber dem Verlag unter den o.g. Bedingungen verpflichtet, die ausgeschriebenen Angebote einzulösen. Der Verlag übernimmt jedoch keine Gewähr und keine Haftung, wenn ein Angebot nicht eingelöst wird oder werden kann.

Bedingungen zur Einlösung des Discounts:

1. Das Angebot ist einschließlich bis 30.6.2022 gültig.
2. Der Golfspieler/Leser hat sich telefonisch eine Abschlagzeit geben zu lassen – dabei ist die Nutzung des Angebots anzugeben.
3. Eine Barauszahlung des Greenfee-Vorteils ist nicht möglich.
4. Das Kombinieren von Angeboten oder bestehenden Greenfee-Vorteilen ist nicht möglich. Der Vorteil bezieht sich jeweils ausschließlich auf die zum Zeitpunkt der Einlösung gültigen vollen Greenfee-Gebühren.
5. Gibt es Spielergruppen mit erhöhten Greenfee-Gebühren, ist ein Nachlass auf diese Gebühren nicht möglich.
6. Das Angebot allein berechtigt nicht zum Spiel gegen Greenfee. Die Erfüllung der Bestimmungen des jeweiligen Golfclubs zur Greenfee-Berechtigung (Mitgliedschaft in einem Golfclub, Mindesthandicap etc.) zum Zeitpunkt der Einlösung sind Voraussetzung.
7. Es ist untersagt, den Greenfee-Gutschein entgeltlich Dritten zu überlassen bzw. mit diesen Handel zu treiben. Insbesondere sind die teilnehmenden Golfclubs in diesem Falle berechtigt, die Einlösung der ausgeschriebenen Angebote zu verweigern.
8. Die teilnehmenden Golfclubs haben sich gegenüber dem Verlag unter den o.g. Bedingungen verpflichtet, die ausgeschriebenen Angebote einzulösen. Der Verlag übernimmt jedoch keine Gewähr und keine Haftung, wenn ein Angebot nicht eingelöst wird oder werden kann.

Bedingungen zur Einlösung des Discounts:

1. Das Angebot ist einschließlich bis 30.6.2022 gültig.
2. Der Golfspieler/Leser hat sich telefonisch eine Abschlagzeit geben zu lassen – dabei ist die Nutzung des Angebots anzugeben.
3. Eine Barauszahlung des Greenfee-Vorteils ist nicht möglich.
4. Das Kombinieren von Angeboten oder bestehenden Greenfee-Vorteilen ist nicht möglich. Der Vorteil bezieht sich jeweils ausschließlich auf die zum Zeitpunkt der Einlösung gültigen vollen Greenfee-Gebühren.
5. Gibt es Spielergruppen mit erhöhten Greenfee-Gebühren, ist ein Nachlass auf diese Gebühren nicht möglich.
6. Das Angebot allein berechtigt nicht zum Spiel gegen Greenfee. Die Erfüllung der Bestimmungen des jeweiligen Golfclubs zur Greenfee-Berechtigung (Mitgliedschaft in einem Golfclub, Mindesthandicap etc.) zum Zeitpunkt der Einlösung sind Voraussetzung.
7. Es ist untersagt, den Greenfee-Gutschein entgeltlich Dritten zu überlassen bzw. mit diesen Handel zu treiben. Insbesondere sind die teilnehmenden Golfclubs in diesem Falle berechtigt, die Einlösung der ausgeschriebenen Angebote zu verweigern.
8. Die teilnehmenden Golfclubs haben sich gegenüber dem Verlag unter den o.g. Bedingungen verpflichtet, die ausgeschriebenen Angebote einzulösen. Der Verlag übernimmt jedoch keine Gewähr und keine Haftung, wenn ein Angebot nicht eingelöst wird oder werden kann.

Bedingungen zur Einlösung des Discounts:

1. Das Angebot ist einschließlich bis 30.6.2022 gültig.
2. Der Golfspieler/Leser hat sich telefonisch eine Abschlagzeit geben zu lassen – dabei ist die Nutzung des Angebots anzugeben.
3. Eine Barauszahlung des Greenfee-Vorteils ist nicht möglich.
4. Das Kombinieren von Angeboten oder bestehenden Greenfee-Vorteilen ist nicht möglich. Der Vorteil bezieht sich jeweils ausschließlich auf die zum Zeitpunkt der Einlösung gültigen vollen Greenfee-Gebühren.
5. Gibt es Spielergruppen mit erhöhten Greenfee-Gebühren, ist ein Nachlass auf diese Gebühren nicht möglich.
6. Das Angebot allein berechtigt nicht zum Spiel gegen Greenfee. Die Erfüllung der Bestimmungen des jeweiligen Golfclubs zur Greenfee-Berechtigung (Mitgliedschaft in einem Golfclub, Mindesthandicap etc.) zum Zeitpunkt der Einlösung sind Voraussetzung.
7. Es ist untersagt, den Greenfee-Gutschein entgeltlich Dritten zu überlassen bzw. mit diesen Handel zu treiben. Insbesondere sind die teilnehmenden Golfclubs in diesem Falle berechtigt, die Einlösung der ausgeschriebenen Angebote zu verweigern.
8. Die teilnehmenden Golfclubs haben sich gegenüber dem Verlag unter den o.g. Bedingungen verpflichtet, die ausgeschriebenen Angebote einzulösen. Der Verlag übernimmt jedoch keine Gewähr und keine Haftung, wenn ein Angebot nicht eingelöst wird oder werden kann.

Bedingungen zur Einlösung des Discounts:

1. Das Angebot ist einschließlich bis 30.6.2022 gültig.
2. Der Golfspieler/Leser hat sich telefonisch eine Abschlagzeit geben zu lassen – dabei ist die Nutzung des Angebots anzugeben.
3. Eine Barauszahlung des Greenfee-Vorteils ist nicht möglich.
4. Das Kombinieren von Angeboten oder bestehenden Greenfee-Vorteilen ist nicht möglich. Der Vorteil bezieht sich jeweils ausschließlich auf die zum Zeitpunkt der Einlösung gültigen vollen Greenfee-Gebühren.
5. Gibt es Spielergruppen mit erhöhten Greenfee-Gebühren, ist ein Nachlass auf diese Gebühren nicht möglich.
6. Das Angebot allein berechtigt nicht zum Spiel gegen Greenfee. Die Erfüllung der Bestimmungen des jeweiligen Golfclubs zur Greenfee-Berechtigung (Mitgliedschaft in einem Golfclub, Mindesthandicap etc.) zum Zeitpunkt der Einlösung sind Voraussetzung.
7. Es ist untersagt, den Greenfee-Gutschein entgeltlich Dritten zu überlassen bzw. mit diesen Handel zu treiben. Insbesondere sind die teilnehmenden Golfclubs in diesem Falle berechtigt, die Einlösung der ausgeschriebenen Angebote zu verweigern.
8. Die teilnehmenden Golfclubs haben sich gegenüber dem Verlag unter den o.g. Bedingungen verpflichtet, die ausgeschriebenen Angebote einzulösen. Der Verlag übernimmt jedoch keine Gewähr und keine Haftung, wenn ein Angebot nicht eingelöst wird oder werden kann.

DER GOLF ALBRECHT

Golf Club Schultenhof Peckeloh e.V. DE

Schultenallee 1
D-33775 Versmold
✆ 05423-42872
Nordrhein-Westfalen

80

2 for 1 2 GF zum Preis von 1 wochentags

DER GOLF ALBRECHT

Golf Club Schultenhof Peckeloh e.V. DE

Schultenallee 1
D-33775 Versmold
✆ 05423-42872
Nordrhein-Westfalen

80

2 for 1 2 GF zum Preis von 1 wochentags

DER GOLF ALBRECHT

Golfclub Gut Hahues zu Telgte e.V. DE

Harkampsheide 5
D-48291 Telgte
✆ 02504-72326
Nordrhein-Westfalen

81

2 for 1 2 GF zum Preis von 1

DER GOLF ALBRECHT

Golfclub Gut Hahues zu Telgte e.V. DE

Harkampsheide 5
D-48291 Telgte
✆ 02504-72326
Nordrhein-Westfalen

81

2 for 1 2 GF zum Preis von 1

DER GOLF ALBRECHT

Golf-Club Bad Pyrmont e.V. DE

Am Golfplatz 2
D-32676 Lügde
✆ 05281-9892790
Nordrhein-Westfalen

82

2 for 1 2 GF zum Preis von 1

DER GOLF ALBRECHT

Golf-Club Bad Pyrmont e.V. DE

Am Golfplatz 2
D-32676 Lügde
✆ 05281-9892790
Nordrhein-Westfalen

82

2 for 1 2 GF zum Preis von 1

DER GOLF ALBRECHT

Golf-Club Bad Pyrmont e.V. DE

Am Golfplatz 2
D-32676 Lügde
✆ 05281-9892790
Nordrhein-Westfalen

82

20% Greenfee-Ermäßigung

DER GOLF ALBRECHT

Golf-Club Bad Pyrmont e.V. DE

Am Golfplatz 2
D-32676 Lügde
✆ 05281-9892790
Nordrhein-Westfalen

82

20% Greenfee-Ermäßigung

DER GOLF ALBRECHT

Golf- und Landclub Coesfeld e.V. DE

Stevede 8a
D-48653 Coesfeld
✆ 02541-5957
Nordrhein-Westfalen

83

2 for 1 2 GF zum Preis von 1

DER GOLF ALBRECHT

Golf- und Landclub Coesfeld e.V. DE

Stevede 8a
D-48653 Coesfeld
✆ 02541-5957
Nordrhein-Westfalen

83

2 for 1 2 GF zum Preis von 1

Bedingungen zur Einlösung des Discounts:

1. Das Angebot ist einschließlich bis 30.6.2022 gültig.
2. Der Golfspieler/Leser hat sich telefonisch eine Abschlagzeit geben zu lassen – dabei ist die Nutzung des Angebots anzugeben.
3. Eine Barauszahlung des Greenfee-Vorteils ist nicht möglich.
4. Das Kombinieren von Angeboten oder bestehenden Greenfee-Vorteilen ist nicht möglich. Der Vorteil bezieht sich jeweils ausschließlich auf die zum Zeitpunkt der Einlösung gültigen vollen Greenfee-Gebühren.
5. Gibt es Spielergruppen mit erhöhten Greenfee-Gebühren, ist ein Nachlass auf diese Gebühren nicht möglich.
6. Das Angebot allein berechtigt nicht zum Spiel gegen Greenfee. Die Erfüllung der Bestimmungen des jeweiligen Golfclubs zur Greenfee-Berechtigung (Mitgliedschaft in einem Golfclub, Mindesthandicap etc.) zum Zeitpunkt der Einlösung sind Voraussetzung.
7. Es ist untersagt, den Greenfee-Gutschein entgeltlich Dritten zu überlassen bzw. mit diesen Handel zu treiben. Insbesondere sind die teilnehmenden Golfclubs in diesem Falle berechtigt, die Einlösung der ausgeschriebenen Angebote zu verweigern.
8. Die teilnehmenden Golfclubs haben sich gegenüber dem Verlag unter den o.g. Bedingungen verpflichtet, die ausgeschriebenen Angebote einzulösen. Der Verlag übernimmt jedoch keine Gewähr und keine Haftung, wenn ein Angebot nicht eingelöst wird oder werden kann.

Bedingungen zur Einlösung des Discounts:

1. Das Angebot ist einschließlich bis 30.6.2022 gültig.
2. Der Golfspieler/Leser hat sich telefonisch eine Abschlagzeit geben zu lassen – dabei ist die Nutzung des Angebots anzugeben.
3. Eine Barauszahlung des Greenfee-Vorteils ist nicht möglich.
4. Das Kombinieren von Angeboten oder bestehenden Greenfee-Vorteilen ist nicht möglich. Der Vorteil bezieht sich jeweils ausschließlich auf die zum Zeitpunkt der Einlösung gültigen vollen Greenfee-Gebühren.
5. Gibt es Spielergruppen mit erhöhten Greenfee-Gebühren, ist ein Nachlass auf diese Gebühren nicht möglich.
6. Das Angebot allein berechtigt nicht zum Spiel gegen Greenfee. Die Erfüllung der Bestimmungen des jeweiligen Golfclubs zur Greenfee-Berechtigung (Mitgliedschaft in einem Golfclub, Mindesthandicap etc.) zum Zeitpunkt der Einlösung sind Voraussetzung.
7. Es ist untersagt, den Greenfee-Gutschein entgeltlich Dritten zu überlassen bzw. mit diesen Handel zu treiben. Insbesondere sind die teilnehmenden Golfclubs in diesem Falle berechtigt, die Einlösung der ausgeschriebenen Angebote zu verweigern.
8. Die teilnehmenden Golfclubs haben sich gegenüber dem Verlag unter den o.g. Bedingungen verpflichtet, die ausgeschriebenen Angebote einzulösen. Der Verlag übernimmt jedoch keine Gewähr und keine Haftung, wenn ein Angebot nicht eingelöst wird oder werden kann.

Bedingungen zur Einlösung des Discounts:

1. Das Angebot ist einschließlich bis 30.6.2022 gültig.
2. Der Golfspieler/Leser hat sich telefonisch eine Abschlagzeit geben zu lassen – dabei ist die Nutzung des Angebots anzugeben.
3. Eine Barauszahlung des Greenfee-Vorteils ist nicht möglich.
4. Das Kombinieren von Angeboten oder bestehenden Greenfee-Vorteilen ist nicht möglich. Der Vorteil bezieht sich jeweils ausschließlich auf die zum Zeitpunkt der Einlösung gültigen vollen Greenfee-Gebühren.
5. Gibt es Spielergruppen mit erhöhten Greenfee-Gebühren, ist ein Nachlass auf diese Gebühren nicht möglich.
6. Das Angebot allein berechtigt nicht zum Spiel gegen Greenfee. Die Erfüllung der Bestimmungen des jeweiligen Golfclubs zur Greenfee-Berechtigung (Mitgliedschaft in einem Golfclub, Mindesthandicap etc.) zum Zeitpunkt der Einlösung sind Voraussetzung.
7. Es ist untersagt, den Greenfee-Gutschein entgeltlich Dritten zu überlassen bzw. mit diesen Handel zu treiben. Insbesondere sind die teilnehmenden Golfclubs in diesem Falle berechtigt, die Einlösung der ausgeschriebenen Angebote zu verweigern.
8. Die teilnehmenden Golfclubs haben sich gegenüber dem Verlag unter den o.g. Bedingungen verpflichtet, die ausgeschriebenen Angebote einzulösen. Der Verlag übernimmt jedoch keine Gewähr und keine Haftung, wenn ein Angebot nicht eingelöst wird oder werden kann.

Bedingungen zur Einlösung des Discounts:

1. Das Angebot ist einschließlich bis 30.6.2022 gültig.
2. Der Golfspieler/Leser hat sich telefonisch eine Abschlagzeit geben zu lassen – dabei ist die Nutzung des Angebots anzugeben.
3. Eine Barauszahlung des Greenfee-Vorteils ist nicht möglich.
4. Das Kombinieren von Angeboten oder bestehenden Greenfee-Vorteilen ist nicht möglich. Der Vorteil bezieht sich jeweils ausschließlich auf die zum Zeitpunkt der Einlösung gültigen vollen Greenfee-Gebühren.
5. Gibt es Spielergruppen mit erhöhten Greenfee-Gebühren, ist ein Nachlass auf diese Gebühren nicht möglich.
6. Das Angebot allein berechtigt nicht zum Spiel gegen Greenfee. Die Erfüllung der Bestimmungen des jeweiligen Golfclubs zur Greenfee-Berechtigung (Mitgliedschaft in einem Golfclub, Mindesthandicap etc.) zum Zeitpunkt der Einlösung sind Voraussetzung.
7. Es ist untersagt, den Greenfee-Gutschein entgeltlich Dritten zu überlassen bzw. mit diesen Handel zu treiben. Insbesondere sind die teilnehmenden Golfclubs in diesem Falle berechtigt, die Einlösung der ausgeschriebenen Angebote zu verweigern.
8. Die teilnehmenden Golfclubs haben sich gegenüber dem Verlag unter den o.g. Bedingungen verpflichtet, die ausgeschriebenen Angebote einzulösen. Der Verlag übernimmt jedoch keine Gewähr und keine Haftung, wenn ein Angebot nicht eingelöst wird oder werden kann.

Bedingungen zur Einlösung des Discounts:

1. Das Angebot ist einschließlich bis 30.6.2022 gültig.
2. Der Golfspieler/Leser hat sich telefonisch eine Abschlagzeit geben zu lassen – dabei ist die Nutzung des Angebots anzugeben.
3. Eine Barauszahlung des Greenfee-Vorteils ist nicht möglich.
4. Das Kombinieren von Angeboten oder bestehenden Greenfee-Vorteilen ist nicht möglich. Der Vorteil bezieht sich jeweils ausschließlich auf die zum Zeitpunkt der Einlösung gültigen vollen Greenfee-Gebühren.
5. Gibt es Spielergruppen mit erhöhten Greenfee-Gebühren, ist ein Nachlass auf diese Gebühren nicht möglich.
6. Das Angebot allein berechtigt nicht zum Spiel gegen Greenfee. Die Erfüllung der Bestimmungen des jeweiligen Golfclubs zur Greenfee-Berechtigung (Mitgliedschaft in einem Golfclub, Mindesthandicap etc.) zum Zeitpunkt der Einlösung sind Voraussetzung.
7. Es ist untersagt, den Greenfee-Gutschein entgeltlich Dritten zu überlassen bzw. mit diesen Handel zu treiben. Insbesondere sind die teilnehmenden Golfclubs in diesem Falle berechtigt, die Einlösung der ausgeschriebenen Angebote zu verweigern.
8. Die teilnehmenden Golfclubs haben sich gegenüber dem Verlag unter den o.g. Bedingungen verpflichtet, die ausgeschriebenen Angebote einzulösen. Der Verlag übernimmt jedoch keine Gewähr und keine Haftung, wenn ein Angebot nicht eingelöst wird oder werden kann.

Bedingungen zur Einlösung des Discounts:

1. Das Angebot ist einschließlich bis 30.6.2022 gültig.
2. Der Golfspieler/Leser hat sich telefonisch eine Abschlagzeit geben zu lassen – dabei ist die Nutzung des Angebots anzugeben.
3. Eine Barauszahlung des Greenfee-Vorteils ist nicht möglich.
4. Das Kombinieren von Angeboten oder bestehenden Greenfee-Vorteilen ist nicht möglich. Der Vorteil bezieht sich jeweils ausschließlich auf die zum Zeitpunkt der Einlösung gültigen vollen Greenfee-Gebühren.
5. Gibt es Spielergruppen mit erhöhten Greenfee-Gebühren, ist ein Nachlass auf diese Gebühren nicht möglich.
6. Das Angebot allein berechtigt nicht zum Spiel gegen Greenfee. Die Erfüllung der Bestimmungen des jeweiligen Golfclubs zur Greenfee-Berechtigung (Mitgliedschaft in einem Golfclub, Mindesthandicap etc.) zum Zeitpunkt der Einlösung sind Voraussetzung.
7. Es ist untersagt, den Greenfee-Gutschein entgeltlich Dritten zu überlassen bzw. mit diesen Handel zu treiben. Insbesondere sind die teilnehmenden Golfclubs in diesem Falle berechtigt, die Einlösung der ausgeschriebenen Angebote zu verweigern.
8. Die teilnehmenden Golfclubs haben sich gegenüber dem Verlag unter den o.g. Bedingungen verpflichtet, die ausgeschriebenen Angebote einzulösen. Der Verlag übernimmt jedoch keine Gewähr und keine Haftung, wenn ein Angebot nicht eingelöst wird oder werden kann.

Bedingungen zur Einlösung des Discounts:

1. Das Angebot ist einschließlich bis 30.6.2022 gültig.
2. Der Golfspieler/Leser hat sich telefonisch eine Abschlagzeit geben zu lassen – dabei ist die Nutzung des Angebots anzugeben.
3. Eine Barauszahlung des Greenfee-Vorteils ist nicht möglich.
4. Das Kombinieren von Angeboten oder bestehenden Greenfee-Vorteilen ist nicht möglich. Der Vorteil bezieht sich jeweils ausschließlich auf die zum Zeitpunkt der Einlösung gültigen vollen Greenfee-Gebühren.
5. Gibt es Spielergruppen mit erhöhten Greenfee-Gebühren, ist ein Nachlass auf diese Gebühren nicht möglich.
6. Das Angebot allein berechtigt nicht zum Spiel gegen Greenfee. Die Erfüllung der Bestimmungen des jeweiligen Golfclubs zur Greenfee-Berechtigung (Mitgliedschaft in einem Golfclub, Mindesthandicap etc.) zum Zeitpunkt der Einlösung sind Voraussetzung.
7. Es ist untersagt, den Greenfee-Gutschein entgeltlich Dritten zu überlassen bzw. mit diesen Handel zu treiben. Insbesondere sind die teilnehmenden Golfclubs in diesem Falle berechtigt, die Einlösung der ausgeschriebenen Angebote zu verweigern.
8. Die teilnehmenden Golfclubs haben sich gegenüber dem Verlag unter den o.g. Bedingungen verpflichtet, die ausgeschriebenen Angebote einzulösen. Der Verlag übernimmt jedoch keine Gewähr und keine Haftung, wenn ein Angebot nicht eingelöst wird oder werden kann.

Bedingungen zur Einlösung des Discounts:

1. Das Angebot ist einschließlich bis 30.6.2022 gültig.
2. Der Golfspieler/Leser hat sich telefonisch eine Abschlagzeit geben zu lassen – dabei ist die Nutzung des Angebots anzugeben.
3. Eine Barauszahlung des Greenfee-Vorteils ist nicht möglich.
4. Das Kombinieren von Angeboten oder bestehenden Greenfee-Vorteilen ist nicht möglich. Der Vorteil bezieht sich jeweils ausschließlich auf die zum Zeitpunkt der Einlösung gültigen vollen Greenfee-Gebühren.
5. Gibt es Spielergruppen mit erhöhten Greenfee-Gebühren, ist ein Nachlass auf diese Gebühren nicht möglich.
6. Das Angebot allein berechtigt nicht zum Spiel gegen Greenfee. Die Erfüllung der Bestimmungen des jeweiligen Golfclubs zur Greenfee-Berechtigung (Mitgliedschaft in einem Golfclub, Mindesthandicap etc.) zum Zeitpunkt der Einlösung sind Voraussetzung.
7. Es ist untersagt, den Greenfee-Gutschein entgeltlich Dritten zu überlassen bzw. mit diesen Handel zu treiben. Insbesondere sind die teilnehmenden Golfclubs in diesem Falle berechtigt, die Einlösung der ausgeschriebenen Angebote zu verweigern.
8. Die teilnehmenden Golfclubs haben sich gegenüber dem Verlag unter den o.g. Bedingungen verpflichtet, die ausgeschriebenen Angebote einzulösen. Der Verlag übernimmt jedoch keine Gewähr und keine Haftung, wenn ein Angebot nicht eingelöst wird oder werden kann.

Bedingungen zur Einlösung des Discounts:

1. Das Angebot ist einschließlich bis 30.6.2022 gültig.
2. Der Golfspieler/Leser hat sich telefonisch eine Abschlagzeit geben zu lassen – dabei ist die Nutzung des Angebots anzugeben.
3. Eine Barauszahlung des Greenfee-Vorteils ist nicht möglich.
4. Das Kombinieren von Angeboten oder bestehenden Greenfee-Vorteilen ist nicht möglich. Der Vorteil bezieht sich jeweils ausschließlich auf die zum Zeitpunkt der Einlösung gültigen vollen Greenfee-Gebühren.
5. Gibt es Spielergruppen mit erhöhten Greenfee-Gebühren, ist ein Nachlass auf diese Gebühren nicht möglich.
6. Das Angebot allein berechtigt nicht zum Spiel gegen Greenfee. Die Erfüllung der Bestimmungen des jeweiligen Golfclubs zur Greenfee-Berechtigung (Mitgliedschaft in einem Golfclub, Mindesthandicap etc.) zum Zeitpunkt der Einlösung sind Voraussetzung.
7. Es ist untersagt, den Greenfee-Gutschein entgeltlich Dritten zu überlassen bzw. mit diesen Handel zu treiben. Insbesondere sind die teilnehmenden Golfclubs in diesem Falle berechtigt, die Einlösung der ausgeschriebenen Angebote zu verweigern.
8. Die teilnehmenden Golfclubs haben sich gegenüber dem Verlag unter den o.g. Bedingungen verpflichtet, die ausgeschriebenen Angebote einzulösen. Der Verlag übernimmt jedoch keine Gewähr und keine Haftung, wenn ein Angebot nicht eingelöst wird oder werden kann.

Bedingungen zur Einlösung des Discounts:

1. Das Angebot ist einschließlich bis 30.6.2022 gültig.
2. Der Golfspieler/Leser hat sich telefonisch eine Abschlagzeit geben zu lassen – dabei ist die Nutzung des Angebots anzugeben.
3. Eine Barauszahlung des Greenfee-Vorteils ist nicht möglich.
4. Das Kombinieren von Angeboten oder bestehenden Greenfee-Vorteilen ist nicht möglich. Der Vorteil bezieht sich jeweils ausschließlich auf die zum Zeitpunkt der Einlösung gültigen vollen Greenfee-Gebühren.
5. Gibt es Spielergruppen mit erhöhten Greenfee-Gebühren, ist ein Nachlass auf diese Gebühren nicht möglich.
6. Das Angebot allein berechtigt nicht zum Spiel gegen Greenfee. Die Erfüllung der Bestimmungen des jeweiligen Golfclubs zur Greenfee-Berechtigung (Mitgliedschaft in einem Golfclub, Mindesthandicap etc.) zum Zeitpunkt der Einlösung sind Voraussetzung.
7. Es ist untersagt, den Greenfee-Gutschein entgeltlich Dritten zu überlassen bzw. mit diesen Handel zu treiben. Insbesondere sind die teilnehmenden Golfclubs in diesem Falle berechtigt, die Einlösung der ausgeschriebenen Angebote zu verweigern.
8. Die teilnehmenden Golfclubs haben sich gegenüber dem Verlag unter den o.g. Bedingungen verpflichtet, die ausgeschriebenen Angebote einzulösen. Der Verlag übernimmt jedoch keine Gewähr und keine Haftung, wenn ein Angebot nicht eingelöst wird oder werden kann.

DER GOLF ALBRECHT

Golf- und Landclub Coesfeld e.V. DE

Stevede 8a
D-48653 Coesfeld
✆ 02541-5957
Nordrhein-Westfalen

83

25% Greenfee-Ermäßigung

DER GOLF ALBRECHT

Golf- und Landclub Coesfeld e.V. DE

Stevede 8a
D-48653 Coesfeld
✆ 02541-5957
Nordrhein-Westfalen

83

25% Greenfee-Ermäßigung

DER GOLF ALBRECHT

Golfclub Brückhausen e.V. DE

Holling 4
D-48351 Everswinkel-Alverskirchen
✆ 02582-5645
Nordrhein-Westfalen

84

2 for 1 2 GF zum Preis von 1

DER GOLF ALBRECHT

Golfclub Brückhausen e.V. DE

Holling 4
D-48351 Everswinkel-Alverskirchen
✆ 02582-5645
Nordrhein-Westfalen

84

50% Greenfee-Ermäßigung

DER GOLF ALBRECHT

Golfen in Hiltrup DE

Westfalenstr. 332
D-48165 Münster-Hiltrup
✆ 02501-5948719
Nordrhein-Westfalen

85

2 for 1 2 GF zum Preis von 1

DER GOLF ALBRECHT

Golfen in Hiltrup DE

Westfalenstr. 332
D-48165 Münster-Hiltrup
✆ 02501-5948719
Nordrhein-Westfalen

85

2 for 1 2 GF zum Preis von 1

DER GOLF ALBRECHT

Golfen in Hiltrup DE

Westfalenstr. 332
D-48165 Münster-Hiltrup
✆ 02501-5948719
Nordrhein-Westfalen

85

50% Greenfee-Ermäßigung

DER GOLF ALBRECHT

Golfen in Hiltrup DE

Westfalenstr. 332
D-48165 Münster-Hiltrup
✆ 02501-5948719
Nordrhein-Westfalen

85

50% Greenfee-Ermäßigung

DER GOLF ALBRECHT

Westfälischer Golf Club Gütersloh e.V. DE

Gütersloher Straße 127
D-33397 Rietberg-Varensell
✆ 05244-2340
Nordrhein-Westfalen

86

2 for 1 2 GF zum Preis von 1 wochentags

DER GOLF ALBRECHT

Westfälischer Golf Club Gütersloh e.V. DE

Gütersloher Straße 127
D-33397 Rietberg-Varensell
✆ 05244-2340
Nordrhein-Westfalen

86

2 for 1 2 GF zum Preis von 1 wochentags

Bedingungen zur Einlösung des Discounts:

1. Das Angebot ist einschließlich bis 30.6.2022 gültig.
2. Der Golfspieler/Leser hat sich telefonisch eine Abschlagzeit geben zu lassen – dabei ist die Nutzung des Angebots anzugeben.
3. Eine Barauszahlung des Greenfee-Vorteils ist nicht möglich.
4. Das Kombinieren von Angeboten oder bestehenden Greenfee-Vorteilen ist nicht möglich. Der Vorteil bezieht sich jeweils ausschließlich auf die zum Zeitpunkt der Einlösung gültigen vollen Greenfee-Gebühren.
5. Gibt es Spielergruppen mit erhöhten Greenfee-Gebühren, ist ein Nachlass auf diese Gebühren nicht möglich.
6. Das Angebot allein berechtigt nicht zum Spiel gegen Greenfee. Die Erfüllung der Bestimmungen des jeweiligen Golfclubs zur Greenfee-Berechtigung (Mitgliedschaft in einem Golfclub, Mindesthandicap etc.) zum Zeitpunkt der Einlösung sind Voraussetzung.
7. Es ist untersagt, den Greenfee-Gutschein entgeltlich Dritten zu überlassen bzw. mit diesen Handel zu treiben. Insbesondere sind die teilnehmenden Golfclubs in diesem Falle berechtigt, die Einlösung der ausgeschriebenen Angebote zu verweigern.
8. Die teilnehmenden Golfclubs haben sich gegenüber dem Verlag unter den o.g. Bedingungen verpflichtet, die ausgeschriebenen Angebote einzulösen. Der Verlag übernimmt jedoch keine Gewähr und keine Haftung, wenn ein Angebot nicht eingelöst wird oder werden kann.

Bedingungen zur Einlösung des Discounts:

1. Das Angebot ist einschließlich bis 30.6.2022 gültig.
2. Der Golfspieler/Leser hat sich telefonisch eine Abschlagzeit geben zu lassen – dabei ist die Nutzung des Angebots anzugeben.
3. Eine Barauszahlung des Greenfee-Vorteils ist nicht möglich.
4. Das Kombinieren von Angeboten oder bestehenden Greenfee-Vorteilen ist nicht möglich. Der Vorteil bezieht sich jeweils ausschließlich auf die zum Zeitpunkt der Einlösung gültigen vollen Greenfee-Gebühren.
5. Gibt es Spielergruppen mit erhöhten Greenfee-Gebühren, ist ein Nachlass auf diese Gebühren nicht möglich.
6. Das Angebot allein berechtigt nicht zum Spiel gegen Greenfee. Die Erfüllung der Bestimmungen des jeweiligen Golfclubs zur Greenfee-Berechtigung (Mitgliedschaft in einem Golfclub, Mindesthandicap etc.) zum Zeitpunkt der Einlösung sind Voraussetzung.
7. Es ist untersagt, den Greenfee-Gutschein entgeltlich Dritten zu überlassen bzw. mit diesen Handel zu treiben. Insbesondere sind die teilnehmenden Golfclubs in diesem Falle berechtigt, die Einlösung der ausgeschriebenen Angebote zu verweigern.
8. Die teilnehmenden Golfclubs haben sich gegenüber dem Verlag unter den o.g. Bedingungen verpflichtet, die ausgeschriebenen Angebote einzulösen. Der Verlag übernimmt jedoch keine Gewähr und keine Haftung, wenn ein Angebot nicht eingelöst wird oder werden kann.

Bedingungen zur Einlösung des Discounts:

1. Das Angebot ist einschließlich bis 30.6.2022 gültig.
2. Der Golfspieler/Leser hat sich telefonisch eine Abschlagzeit geben zu lassen – dabei ist die Nutzung des Angebots anzugeben.
3. Eine Barauszahlung des Greenfee-Vorteils ist nicht möglich.
4. Das Kombinieren von Angeboten oder bestehenden Greenfee-Vorteilen ist nicht möglich. Der Vorteil bezieht sich jeweils ausschließlich auf die zum Zeitpunkt der Einlösung gültigen vollen Greenfee-Gebühren.
5. Gibt es Spielergruppen mit erhöhten Greenfee-Gebühren, ist ein Nachlass auf diese Gebühren nicht möglich.
6. Das Angebot allein berechtigt nicht zum Spiel gegen Greenfee. Die Erfüllung der Bestimmungen des jeweiligen Golfclubs zur Greenfee-Berechtigung (Mitgliedschaft in einem Golfclub, Mindesthandicap etc.) zum Zeitpunkt der Einlösung sind Voraussetzung.
7. Es ist untersagt, den Greenfee-Gutschein entgeltlich Dritten zu überlassen bzw. mit diesen Handel zu treiben. Insbesondere sind die teilnehmenden Golfclubs in diesem Falle berechtigt, die Einlösung der ausgeschriebenen Angebote zu verweigern.
8. Die teilnehmenden Golfclubs haben sich gegenüber dem Verlag unter den o.g. Bedingungen verpflichtet, die ausgeschriebenen Angebote einzulösen. Der Verlag übernimmt jedoch keine Gewähr und keine Haftung, wenn ein Angebot nicht eingelöst wird oder werden kann.

Bedingungen zur Einlösung des Discounts:

1. Das Angebot ist einschließlich bis 30.6.2022 gültig.
2. Der Golfspieler/Leser hat sich telefonisch eine Abschlagzeit geben zu lassen – dabei ist die Nutzung des Angebots anzugeben.
3. Eine Barauszahlung des Greenfee-Vorteils ist nicht möglich.
4. Das Kombinieren von Angeboten oder bestehenden Greenfee-Vorteilen ist nicht möglich. Der Vorteil bezieht sich jeweils ausschließlich auf die zum Zeitpunkt der Einlösung gültigen vollen Greenfee-Gebühren.
5. Gibt es Spielergruppen mit erhöhten Greenfee-Gebühren, ist ein Nachlass auf diese Gebühren nicht möglich.
6. Das Angebot allein berechtigt nicht zum Spiel gegen Greenfee. Die Erfüllung der Bestimmungen des jeweiligen Golfclubs zur Greenfee-Berechtigung (Mitgliedschaft in einem Golfclub, Mindesthandicap etc.) zum Zeitpunkt der Einlösung sind Voraussetzung.
7. Es ist untersagt, den Greenfee-Gutschein entgeltlich Dritten zu überlassen bzw. mit diesen Handel zu treiben. Insbesondere sind die teilnehmenden Golfclubs in diesem Falle berechtigt, die Einlösung der ausgeschriebenen Angebote zu verweigern.
8. Die teilnehmenden Golfclubs haben sich gegenüber dem Verlag unter den o.g. Bedingungen verpflichtet, die ausgeschriebenen Angebote einzulösen. Der Verlag übernimmt jedoch keine Gewähr und keine Haftung, wenn ein Angebot nicht eingelöst wird oder werden kann.

Bedingungen zur Einlösung des Discounts:

1. Das Angebot ist einschließlich bis 30.6.2022 gültig.
2. Der Golfspieler/Leser hat sich telefonisch eine Abschlagzeit geben zu lassen – dabei ist die Nutzung des Angebots anzugeben.
3. Eine Barauszahlung des Greenfee-Vorteils ist nicht möglich.
4. Das Kombinieren von Angeboten oder bestehenden Greenfee-Vorteilen ist nicht möglich. Der Vorteil bezieht sich jeweils ausschließlich auf die zum Zeitpunkt der Einlösung gültigen vollen Greenfee-Gebühren.
5. Gibt es Spielergruppen mit erhöhten Greenfee-Gebühren, ist ein Nachlass auf diese Gebühren nicht möglich.
6. Das Angebot allein berechtigt nicht zum Spiel gegen Greenfee. Die Erfüllung der Bestimmungen des jeweiligen Golfclubs zur Greenfee-Berechtigung (Mitgliedschaft in einem Golfclub, Mindesthandicap etc.) zum Zeitpunkt der Einlösung sind Voraussetzung.
7. Es ist untersagt, den Greenfee-Gutschein entgeltlich Dritten zu überlassen bzw. mit diesen Handel zu treiben. Insbesondere sind die teilnehmenden Golfclubs in diesem Falle berechtigt, die Einlösung der ausgeschriebenen Angebote zu verweigern.
8. Die teilnehmenden Golfclubs haben sich gegenüber dem Verlag unter den o.g. Bedingungen verpflichtet, die ausgeschriebenen Angebote einzulösen. Der Verlag übernimmt jedoch keine Gewähr und keine Haftung, wenn ein Angebot nicht eingelöst wird oder werden kann.

Bedingungen zur Einlösung des Discounts:

1. Das Angebot ist einschließlich bis 30.6.2022 gültig.
2. Der Golfspieler/Leser hat sich telefonisch eine Abschlagzeit geben zu lassen – dabei ist die Nutzung des Angebots anzugeben.
3. Eine Barauszahlung des Greenfee-Vorteils ist nicht möglich.
4. Das Kombinieren von Angeboten oder bestehenden Greenfee-Vorteilen ist nicht möglich. Der Vorteil bezieht sich jeweils ausschließlich auf die zum Zeitpunkt der Einlösung gültigen vollen Greenfee-Gebühren.
5. Gibt es Spielergruppen mit erhöhten Greenfee-Gebühren, ist ein Nachlass auf diese Gebühren nicht möglich.
6. Das Angebot allein berechtigt nicht zum Spiel gegen Greenfee. Die Erfüllung der Bestimmungen des jeweiligen Golfclubs zur Greenfee-Berechtigung (Mitgliedschaft in einem Golfclub, Mindesthandicap etc.) zum Zeitpunkt der Einlösung sind Voraussetzung.
7. Es ist untersagt, den Greenfee-Gutschein entgeltlich Dritten zu überlassen bzw. mit diesen Handel zu treiben. Insbesondere sind die teilnehmenden Golfclubs in diesem Falle berechtigt, die Einlösung der ausgeschriebenen Angebote zu verweigern.
8. Die teilnehmenden Golfclubs haben sich gegenüber dem Verlag unter den o.g. Bedingungen verpflichtet, die ausgeschriebenen Angebote einzulösen. Der Verlag übernimmt jedoch keine Gewähr und keine Haftung, wenn ein Angebot nicht eingelöst wird oder werden kann.

Bedingungen zur Einlösung des Discounts:

1. Das Angebot ist einschließlich bis 30.6.2022 gültig.
2. Der Golfspieler/Leser hat sich telefonisch eine Abschlagzeit geben zu lassen – dabei ist die Nutzung des Angebots anzugeben.
3. Eine Barauszahlung des Greenfee-Vorteils ist nicht möglich.
4. Das Kombinieren von Angeboten oder bestehenden Greenfee-Vorteilen ist nicht möglich. Der Vorteil bezieht sich jeweils ausschließlich auf die zum Zeitpunkt der Einlösung gültigen vollen Greenfee-Gebühren.
5. Gibt es Spielergruppen mit erhöhten Greenfee-Gebühren, ist ein Nachlass auf diese Gebühren nicht möglich.
6. Das Angebot allein berechtigt nicht zum Spiel gegen Greenfee. Die Erfüllung der Bestimmungen des jeweiligen Golfclubs zur Greenfee-Berechtigung (Mitgliedschaft in einem Golfclub, Mindesthandicap etc.) zum Zeitpunkt der Einlösung sind Voraussetzung.
7. Es ist untersagt, den Greenfee-Gutschein entgeltlich Dritten zu überlassen bzw. mit diesen Handel zu treiben. Insbesondere sind die teilnehmenden Golfclubs in diesem Falle berechtigt, die Einlösung der ausgeschriebenen Angebote zu verweigern.
8. Die teilnehmenden Golfclubs haben sich gegenüber dem Verlag unter den o.g. Bedingungen verpflichtet, die ausgeschriebenen Angebote einzulösen. Der Verlag übernimmt jedoch keine Gewähr und keine Haftung, wenn ein Angebot nicht eingelöst wird oder werden kann.

Bedingungen zur Einlösung des Discounts:

1. Das Angebot ist einschließlich bis 30.6.2022 gültig.
2. Der Golfspieler/Leser hat sich telefonisch eine Abschlagzeit geben zu lassen – dabei ist die Nutzung des Angebots anzugeben.
3. Eine Barauszahlung des Greenfee-Vorteils ist nicht möglich.
4. Das Kombinieren von Angeboten oder bestehenden Greenfee-Vorteilen ist nicht möglich. Der Vorteil bezieht sich jeweils ausschließlich auf die zum Zeitpunkt der Einlösung gültigen vollen Greenfee-Gebühren.
5. Gibt es Spielergruppen mit erhöhten Greenfee-Gebühren, ist ein Nachlass auf diese Gebühren nicht möglich.
6. Das Angebot allein berechtigt nicht zum Spiel gegen Greenfee. Die Erfüllung der Bestimmungen des jeweiligen Golfclubs zur Greenfee-Berechtigung (Mitgliedschaft in einem Golfclub, Mindesthandicap etc.) zum Zeitpunkt der Einlösung sind Voraussetzung.
7. Es ist untersagt, den Greenfee-Gutschein entgeltlich Dritten zu überlassen bzw. mit diesen Handel zu treiben. Insbesondere sind die teilnehmenden Golfclubs in diesem Falle berechtigt, die Einlösung der ausgeschriebenen Angebote zu verweigern.
8. Die teilnehmenden Golfclubs haben sich gegenüber dem Verlag unter den o.g. Bedingungen verpflichtet, die ausgeschriebenen Angebote einzulösen. Der Verlag übernimmt jedoch keine Gewähr und keine Haftung, wenn ein Angebot nicht eingelöst wird oder werden kann.

Bedingungen zur Einlösung des Discounts:

1. Das Angebot ist einschließlich bis 30.6.2022 gültig.
2. Der Golfspieler/Leser hat sich telefonisch eine Abschlagzeit geben zu lassen – dabei ist die Nutzung des Angebots anzugeben.
3. Eine Barauszahlung des Greenfee-Vorteils ist nicht möglich.
4. Das Kombinieren von Angeboten oder bestehenden Greenfee-Vorteilen ist nicht möglich. Der Vorteil bezieht sich jeweils ausschließlich auf die zum Zeitpunkt der Einlösung gültigen vollen Greenfee-Gebühren.
5. Gibt es Spielergruppen mit erhöhten Greenfee-Gebühren, ist ein Nachlass auf diese Gebühren nicht möglich.
6. Das Angebot allein berechtigt nicht zum Spiel gegen Greenfee. Die Erfüllung der Bestimmungen des jeweiligen Golfclubs zur Greenfee-Berechtigung (Mitgliedschaft in einem Golfclub, Mindesthandicap etc.) zum Zeitpunkt der Einlösung sind Voraussetzung.
7. Es ist untersagt, den Greenfee-Gutschein entgeltlich Dritten zu überlassen bzw. mit diesen Handel zu treiben. Insbesondere sind die teilnehmenden Golfclubs in diesem Falle berechtigt, die Einlösung der ausgeschriebenen Angebote zu verweigern.
8. Die teilnehmenden Golfclubs haben sich gegenüber dem Verlag unter den o.g. Bedingungen verpflichtet, die ausgeschriebenen Angebote einzulösen. Der Verlag übernimmt jedoch keine Gewähr und keine Haftung, wenn ein Angebot nicht eingelöst wird oder werden kann.

Bedingungen zur Einlösung des Discounts:

1. Das Angebot ist einschließlich bis 30.6.2022 gültig.
2. Der Golfspieler/Leser hat sich telefonisch eine Abschlagzeit geben zu lassen – dabei ist die Nutzung des Angebots anzugeben.
3. Eine Barauszahlung des Greenfee-Vorteils ist nicht möglich.
4. Das Kombinieren von Angeboten oder bestehenden Greenfee-Vorteilen ist nicht möglich. Der Vorteil bezieht sich jeweils ausschließlich auf die zum Zeitpunkt der Einlösung gültigen vollen Greenfee-Gebühren.
5. Gibt es Spielergruppen mit erhöhten Greenfee-Gebühren, ist ein Nachlass auf diese Gebühren nicht möglich.
6. Das Angebot allein berechtigt nicht zum Spiel gegen Greenfee. Die Erfüllung der Bestimmungen des jeweiligen Golfclubs zur Greenfee-Berechtigung (Mitgliedschaft in einem Golfclub, Mindesthandicap etc.) zum Zeitpunkt der Einlösung sind Voraussetzung.
7. Es ist untersagt, den Greenfee-Gutschein entgeltlich Dritten zu überlassen bzw. mit diesen Handel zu treiben. Insbesondere sind die teilnehmenden Golfclubs in diesem Falle berechtigt, die Einlösung der ausgeschriebenen Angebote zu verweigern.
8. Die teilnehmenden Golfclubs haben sich gegenüber dem Verlag unter den o.g. Bedingungen verpflichtet, die ausgeschriebenen Angebote einzulösen. Der Verlag übernimmt jedoch keine Gewähr und keine Haftung, wenn ein Angebot nicht eingelöst wird oder werden kann.

DER GOLF ALBRECHT

Westfälischer Golf Club Gütersloh e.V. DE

Gütersloher Straße 127
D-33397 Rietberg-Varensell
05244-2340
Nordrhein-Westfalen

86

50% **Greenfee-Ermäßigung wochentags**

DER GOLF ALBRECHT

Westfälischer Golf Club Gütersloh e.V. DE

Gütersloher Straße 127
D-33397 Rietberg-Varensell
05244-2340
Nordrhein-Westfalen

86

50% **Greenfee-Ermäßigung wochentags**

DER GOLF ALBRECHT

B. A. Golfclub Sennelager DE

Senne 1
D-33175 Bad Lippspringe
05252-53794
Nordrhein-Westfalen

87

2 for 1 **2 GF zum Preis von 1**

DER GOLF ALBRECHT

B. A. Golfclub Sennelager DE

Senne 1
D-33175 Bad Lippspringe
05252-53794
Nordrhein-Westfalen

87

2 for 1 **2 GF zum Preis von 1**

DER GOLF ALBRECHT

B. A. Golfclub Sennelager DE

Senne 1
D-33175 Bad Lippspringe
05252-53794
Nordrhein-Westfalen

87

30% **Greenfee-Ermäßigung**

DER GOLF ALBRECHT

B. A. Golfclub Sennelager DE

Senne 1
D-33175 Bad Lippspringe
05252-53794
Nordrhein-Westfalen

87

30% **Greenfee-Ermäßigung**

DER GOLF ALBRECHT

Golf International Moyland DE

Moyländer Allee 10
D-47551 Bedburg-Hau
02824-976680
Nordrhein-Westfalen

88

2 for 1 **2 GF zum Preis von 1**

DER GOLF ALBRECHT

Golf International Moyland DE

Moyländer Allee 10
D-47551 Bedburg-Hau
02824-976680
Nordrhein-Westfalen

88

2 for 1 **2 GF zum Preis von 1**

DER GOLF ALBRECHT

Golf International Moyland DE

Moyländer Allee 10
D-47551 Bedburg-Hau
02824-976680
Nordrhein-Westfalen

88

30% **Greenfee-Ermäßigung**

DER GOLF ALBRECHT

Golf International Moyland DE

Moyländer Allee 10
D-47551 Bedburg-Hau
02824-976680
Nordrhein-Westfalen

88

30% **Greenfee-Ermäßigung**

Bedingungen zur Einlösung des Discounts:

1. Das Angebot ist einschließlich bis 30.6.2022 gültig.
2. Der Golfspieler/Leser hat sich telefonisch eine Abschlagzeit geben zu lassen – dabei ist die Nutzung des Angebots anzugeben.
3. Eine Barauszahlung des Greenfee-Vorteils ist nicht möglich.
4. Das Kombinieren von Angeboten oder bestehenden Greenfee-Vorteilen ist nicht möglich. Der Vorteil bezieht sich jeweils ausschließlich auf die zum Zeitpunkt der Einlösung gültigen vollen Greenfee-Gebühren.
5. Gibt es Spielergruppen mit erhöhten Greenfee-Gebühren, ist ein Nachlass auf diese Gebühren nicht möglich.
6. Das Angebot allein berechtigt nicht zum Spiel gegen Greenfee. Die Erfüllung der Bestimmungen des jeweiligen Golfclubs zur Greenfee-Berechtigung (Mitgliedschaft in einem Golfclub, Mindesthandicap etc.) zum Zeitpunkt der Einlösung sind Voraussetzung.
7. Es ist untersagt, den Greenfee-Gutschein entgeltlich Dritten zu überlassen bzw. mit diesen Handel zu treiben. Insbesondere sind die teilnehmenden Golfclubs in diesem Falle berechtigt, die Einlösung der ausgeschriebenen Angebote zu verweigern.
8. Die teilnehmenden Golfclubs haben sich gegenüber dem Verlag unter den o.g. Bedingungen verpflichtet, die ausgeschriebenen Angebote einzulösen. Der Verlag übernimmt jedoch keine Gewähr und keine Haftung, wenn ein Angebot nicht eingelöst wird oder werden kann.

Bedingungen zur Einlösung des Discounts:

1. Das Angebot ist einschließlich bis 30.6.2022 gültig.
2. Der Golfspieler/Leser hat sich telefonisch eine Abschlagzeit geben zu lassen – dabei ist die Nutzung des Angebots anzugeben.
3. Eine Barauszahlung des Greenfee-Vorteils ist nicht möglich.
4. Das Kombinieren von Angeboten oder bestehenden Greenfee-Vorteilen ist nicht möglich. Der Vorteil bezieht sich jeweils ausschließlich auf die zum Zeitpunkt der Einlösung gültigen vollen Greenfee-Gebühren.
5. Gibt es Spielergruppen mit erhöhten Greenfee-Gebühren, ist ein Nachlass auf diese Gebühren nicht möglich.
6. Das Angebot allein berechtigt nicht zum Spiel gegen Greenfee. Die Erfüllung der Bestimmungen des jeweiligen Golfclubs zur Greenfee-Berechtigung (Mitgliedschaft in einem Golfclub, Mindesthandicap etc.) zum Zeitpunkt der Einlösung sind Voraussetzung.
7. Es ist untersagt, den Greenfee-Gutschein entgeltlich Dritten zu überlassen bzw. mit diesen Handel zu treiben. Insbesondere sind die teilnehmenden Golfclubs in diesem Falle berechtigt, die Einlösung der ausgeschriebenen Angebote zu verweigern.
8. Die teilnehmenden Golfclubs haben sich gegenüber dem Verlag unter den o.g. Bedingungen verpflichtet, die ausgeschriebenen Angebote einzulösen. Der Verlag übernimmt jedoch keine Gewähr und keine Haftung, wenn ein Angebot nicht eingelöst wird oder werden kann.

Bedingungen zur Einlösung des Discounts:

1. Das Angebot ist einschließlich bis 30.6.2022 gültig.
2. Der Golfspieler/Leser hat sich telefonisch eine Abschlagzeit geben zu lassen – dabei ist die Nutzung des Angebots anzugeben.
3. Eine Barauszahlung des Greenfee-Vorteils ist nicht möglich.
4. Das Kombinieren von Angeboten oder bestehenden Greenfee-Vorteilen ist nicht möglich. Der Vorteil bezieht sich jeweils ausschließlich auf die zum Zeitpunkt der Einlösung gültigen vollen Greenfee-Gebühren.
5. Gibt es Spielergruppen mit erhöhten Greenfee-Gebühren, ist ein Nachlass auf diese Gebühren nicht möglich.
6. Das Angebot allein berechtigt nicht zum Spiel gegen Greenfee. Die Erfüllung der Bestimmungen des jeweiligen Golfclubs zur Greenfee-Berechtigung (Mitgliedschaft in einem Golfclub, Mindesthandicap etc.) zum Zeitpunkt der Einlösung sind Voraussetzung.
7. Es ist untersagt, den Greenfee-Gutschein entgeltlich Dritten zu überlassen bzw. mit diesen Handel zu treiben. Insbesondere sind die teilnehmenden Golfclubs in diesem Falle berechtigt, die Einlösung der ausgeschriebenen Angebote zu verweigern.
8. Die teilnehmenden Golfclubs haben sich gegenüber dem Verlag unter den o.g. Bedingungen verpflichtet, die ausgeschriebenen Angebote einzulösen. Der Verlag übernimmt jedoch keine Gewähr und keine Haftung, wenn ein Angebot nicht eingelöst wird oder werden kann.

Bedingungen zur Einlösung des Discounts:

1. Das Angebot ist einschließlich bis 30.6.2022 gültig.
2. Der Golfspieler/Leser hat sich telefonisch eine Abschlagzeit geben zu lassen – dabei ist die Nutzung des Angebots anzugeben.
3. Eine Barauszahlung des Greenfee-Vorteils ist nicht möglich.
4. Das Kombinieren von Angeboten oder bestehenden Greenfee-Vorteilen ist nicht möglich. Der Vorteil bezieht sich jeweils ausschließlich auf die zum Zeitpunkt der Einlösung gültigen vollen Greenfee-Gebühren.
5. Gibt es Spielergruppen mit erhöhten Greenfee-Gebühren, ist ein Nachlass auf diese Gebühren nicht möglich.
6. Das Angebot allein berechtigt nicht zum Spiel gegen Greenfee. Die Erfüllung der Bestimmungen des jeweiligen Golfclubs zur Greenfee-Berechtigung (Mitgliedschaft in einem Golfclub, Mindesthandicap etc.) zum Zeitpunkt der Einlösung sind Voraussetzung.
7. Es ist untersagt, den Greenfee-Gutschein entgeltlich Dritten zu überlassen bzw. mit diesen Handel zu treiben. Insbesondere sind die teilnehmenden Golfclubs in diesem Falle berechtigt, die Einlösung der ausgeschriebenen Angebote zu verweigern.
8. Die teilnehmenden Golfclubs haben sich gegenüber dem Verlag unter den o.g. Bedingungen verpflichtet, die ausgeschriebenen Angebote einzulösen. Der Verlag übernimmt jedoch keine Gewähr und keine Haftung, wenn ein Angebot nicht eingelöst wird oder werden kann.

Bedingungen zur Einlösung des Discounts:

1. Das Angebot ist einschließlich bis 30.6.2022 gültig.
2. Der Golfspieler/Leser hat sich telefonisch eine Abschlagzeit geben zu lassen – dabei ist die Nutzung des Angebots anzugeben.
3. Eine Barauszahlung des Greenfee-Vorteils ist nicht möglich.
4. Das Kombinieren von Angeboten oder bestehenden Greenfee-Vorteilen ist nicht möglich. Der Vorteil bezieht sich jeweils ausschließlich auf die zum Zeitpunkt der Einlösung gültigen vollen Greenfee-Gebühren.
5. Gibt es Spielergruppen mit erhöhten Greenfee-Gebühren, ist ein Nachlass auf diese Gebühren nicht möglich.
6. Das Angebot allein berechtigt nicht zum Spiel gegen Greenfee. Die Erfüllung der Bestimmungen des jeweiligen Golfclubs zur Greenfee-Berechtigung (Mitgliedschaft in einem Golfclub, Mindesthandicap etc.) zum Zeitpunkt der Einlösung sind Voraussetzung.
7. Es ist untersagt, den Greenfee-Gutschein entgeltlich Dritten zu überlassen bzw. mit diesen Handel zu treiben. Insbesondere sind die teilnehmenden Golfclubs in diesem Falle berechtigt, die Einlösung der ausgeschriebenen Angebote zu verweigern.
8. Die teilnehmenden Golfclubs haben sich gegenüber dem Verlag unter den o.g. Bedingungen verpflichtet, die ausgeschriebenen Angebote einzulösen. Der Verlag übernimmt jedoch keine Gewähr und keine Haftung, wenn ein Angebot nicht eingelöst wird oder werden kann.

Bedingungen zur Einlösung des Discounts:

1. Das Angebot ist einschließlich bis 30.6.2022 gültig.
2. Der Golfspieler/Leser hat sich telefonisch eine Abschlagzeit geben zu lassen – dabei ist die Nutzung des Angebots anzugeben.
3. Eine Barauszahlung des Greenfee-Vorteils ist nicht möglich.
4. Das Kombinieren von Angeboten oder bestehenden Greenfee-Vorteilen ist nicht möglich. Der Vorteil bezieht sich jeweils ausschließlich auf die zum Zeitpunkt der Einlösung gültigen vollen Greenfee-Gebühren.
5. Gibt es Spielergruppen mit erhöhten Greenfee-Gebühren, ist ein Nachlass auf diese Gebühren nicht möglich.
6. Das Angebot allein berechtigt nicht zum Spiel gegen Greenfee. Die Erfüllung der Bestimmungen des jeweiligen Golfclubs zur Greenfee-Berechtigung (Mitgliedschaft in einem Golfclub, Mindesthandicap etc.) zum Zeitpunkt der Einlösung sind Voraussetzung.
7. Es ist untersagt, den Greenfee-Gutschein entgeltlich Dritten zu überlassen bzw. mit diesen Handel zu treiben. Insbesondere sind die teilnehmenden Golfclubs in diesem Falle berechtigt, die Einlösung der ausgeschriebenen Angebote zu verweigern.
8. Die teilnehmenden Golfclubs haben sich gegenüber dem Verlag unter den o.g. Bedingungen verpflichtet, die ausgeschriebenen Angebote einzulösen. Der Verlag übernimmt jedoch keine Gewähr und keine Haftung, wenn ein Angebot nicht eingelöst wird oder werden kann.

Bedingungen zur Einlösung des Discounts:

1. Das Angebot ist einschließlich bis 30.6.2022 gültig.
2. Der Golfspieler/Leser hat sich telefonisch eine Abschlagzeit geben zu lassen – dabei ist die Nutzung des Angebots anzugeben.
3. Eine Barauszahlung des Greenfee-Vorteils ist nicht möglich.
4. Das Kombinieren von Angeboten oder bestehenden Greenfee-Vorteilen ist nicht möglich. Der Vorteil bezieht sich jeweils ausschließlich auf die zum Zeitpunkt der Einlösung gültigen vollen Greenfee-Gebühren.
5. Gibt es Spielergruppen mit erhöhten Greenfee-Gebühren, ist ein Nachlass auf diese Gebühren nicht möglich.
6. Das Angebot allein berechtigt nicht zum Spiel gegen Greenfee. Die Erfüllung der Bestimmungen des jeweiligen Golfclubs zur Greenfee-Berechtigung (Mitgliedschaft in einem Golfclub, Mindesthandicap etc.) zum Zeitpunkt der Einlösung sind Voraussetzung.
7. Es ist untersagt, den Greenfee-Gutschein entgeltlich Dritten zu überlassen bzw. mit diesen Handel zu treiben. Insbesondere sind die teilnehmenden Golfclubs in diesem Falle berechtigt, die Einlösung der ausgeschriebenen Angebote zu verweigern.
8. Die teilnehmenden Golfclubs haben sich gegenüber dem Verlag unter den o.g. Bedingungen verpflichtet, die ausgeschriebenen Angebote einzulösen. Der Verlag übernimmt jedoch keine Gewähr und keine Haftung, wenn ein Angebot nicht eingelöst wird oder werden kann.

Bedingungen zur Einlösung des Discounts:

1. Das Angebot ist einschließlich bis 30.6.2022 gültig.
2. Der Golfspieler/Leser hat sich telefonisch eine Abschlagzeit geben zu lassen – dabei ist die Nutzung des Angebots anzugeben.
3. Eine Barauszahlung des Greenfee-Vorteils ist nicht möglich.
4. Das Kombinieren von Angeboten oder bestehenden Greenfee-Vorteilen ist nicht möglich. Der Vorteil bezieht sich jeweils ausschließlich auf die zum Zeitpunkt der Einlösung gültigen vollen Greenfee-Gebühren.
5. Gibt es Spielergruppen mit erhöhten Greenfee-Gebühren, ist ein Nachlass auf diese Gebühren nicht möglich.
6. Das Angebot allein berechtigt nicht zum Spiel gegen Greenfee. Die Erfüllung der Bestimmungen des jeweiligen Golfclubs zur Greenfee-Berechtigung (Mitgliedschaft in einem Golfclub, Mindesthandicap etc.) zum Zeitpunkt der Einlösung sind Voraussetzung.
7. Es ist untersagt, den Greenfee-Gutschein entgeltlich Dritten zu überlassen bzw. mit diesen Handel zu treiben. Insbesondere sind die teilnehmenden Golfclubs in diesem Falle berechtigt, die Einlösung der ausgeschriebenen Angebote zu verweigern.
8. Die teilnehmenden Golfclubs haben sich gegenüber dem Verlag unter den o.g. Bedingungen verpflichtet, die ausgeschriebenen Angebote einzulösen. Der Verlag übernimmt jedoch keine Gewähr und keine Haftung, wenn ein Angebot nicht eingelöst wird oder werden kann.

Bedingungen zur Einlösung des Discounts:

1. Das Angebot ist einschließlich bis 30.6.2022 gültig.
2. Der Golfspieler/Leser hat sich telefonisch eine Abschlagzeit geben zu lassen – dabei ist die Nutzung des Angebots anzugeben.
3. Eine Barauszahlung des Greenfee-Vorteils ist nicht möglich.
4. Das Kombinieren von Angeboten oder bestehenden Greenfee-Vorteilen ist nicht möglich. Der Vorteil bezieht sich jeweils ausschließlich auf die zum Zeitpunkt der Einlösung gültigen vollen Greenfee-Gebühren.
5. Gibt es Spielergruppen mit erhöhten Greenfee-Gebühren, ist ein Nachlass auf diese Gebühren nicht möglich.
6. Das Angebot allein berechtigt nicht zum Spiel gegen Greenfee. Die Erfüllung der Bestimmungen des jeweiligen Golfclubs zur Greenfee-Berechtigung (Mitgliedschaft in einem Golfclub, Mindesthandicap etc.) zum Zeitpunkt der Einlösung sind Voraussetzung.
7. Es ist untersagt, den Greenfee-Gutschein entgeltlich Dritten zu überlassen bzw. mit diesen Handel zu treiben. Insbesondere sind die teilnehmenden Golfclubs in diesem Falle berechtigt, die Einlösung der ausgeschriebenen Angebote zu verweigern.
8. Die teilnehmenden Golfclubs haben sich gegenüber dem Verlag unter den o.g. Bedingungen verpflichtet, die ausgeschriebenen Angebote einzulösen. Der Verlag übernimmt jedoch keine Gewähr und keine Haftung, wenn ein Angebot nicht eingelöst wird oder werden kann.

Bedingungen zur Einlösung des Discounts:

1. Das Angebot ist einschließlich bis 30.6.2022 gültig.
2. Der Golfspieler/Leser hat sich telefonisch eine Abschlagzeit geben zu lassen – dabei ist die Nutzung des Angebots anzugeben.
3. Eine Barauszahlung des Greenfee-Vorteils ist nicht möglich.
4. Das Kombinieren von Angeboten oder bestehenden Greenfee-Vorteilen ist nicht möglich. Der Vorteil bezieht sich jeweils ausschließlich auf die zum Zeitpunkt der Einlösung gültigen vollen Greenfee-Gebühren.
5. Gibt es Spielergruppen mit erhöhten Greenfee-Gebühren, ist ein Nachlass auf diese Gebühren nicht möglich.
6. Das Angebot allein berechtigt nicht zum Spiel gegen Greenfee. Die Erfüllung der Bestimmungen des jeweiligen Golfclubs zur Greenfee-Berechtigung (Mitgliedschaft in einem Golfclub, Mindesthandicap etc.) zum Zeitpunkt der Einlösung sind Voraussetzung.
7. Es ist untersagt, den Greenfee-Gutschein entgeltlich Dritten zu überlassen bzw. mit diesen Handel zu treiben. Insbesondere sind die teilnehmenden Golfclubs in diesem Falle berechtigt, die Einlösung der ausgeschriebenen Angebote zu verweigern.
8. Die teilnehmenden Golfclubs haben sich gegenüber dem Verlag unter den o.g. Bedingungen verpflichtet, die ausgeschriebenen Angebote einzulösen. Der Verlag übernimmt jedoch keine Gewähr und keine Haftung, wenn ein Angebot nicht eingelöst wird oder werden kann.

DER GOLF ALBRECHT

Mühlenhof Golf & Country Club e.V. DE

Greilack 29
D-47546 Kalkar-Niedermörmter
✆ 02824-924092
Nordrhein-Westfalen
Hinweis: Doppelrabattierung nicht möglich

89

2 for 1 2 GF zum Preis von 1

DER GOLF ALBRECHT

Mühlenhof Golf & Country Club e.V. DE

Greilack 29
D-47546 Kalkar-Niedermörmter
✆ 02824-924092
Nordrhein-Westfalen
Hinweis: Doppelrabattierung nicht möglich

89

2 for 1 2 GF zum Preis von 1

DER GOLF ALBRECHT

Mühlenhof Golf & Country Club e.V. DE

Greilack 29
D-47546 Kalkar-Niedermörmter
✆ 02824-924092
Nordrhein-Westfalen
Hinweis: Doppelrabattierung nicht möglich

89

2 for 1 2 GF zum Preis von 1

DER GOLF ALBRECHT

Mühlenhof Golf & Country Club e.V. DE

Greilack 29
D-47546 Kalkar-Niedermörmter
✆ 02824-924092
Nordrhein-Westfalen
Hinweis: Doppelrabattierung nicht möglich

89

50% Greenfee-Ermäßigung

DER GOLF ALBRECHT

Mühlenhof Golf & Country Club e.V. DE

Greilack 29
D-47546 Kalkar-Niedermörmter
✆ 02824-924092
Nordrhein-Westfalen
Hinweis: Doppelrabattierung nicht möglich

89

50% Greenfee-Ermäßigung

DER GOLF ALBRECHT

Mühlenhof Golf & Country Club e.V. DE

Greilack 29
D-47546 Kalkar-Niedermörmter
✆ 02824-924092
Nordrhein-Westfalen
Hinweis: Doppelrabattierung nicht möglich

89

50% Greenfee-Ermäßigung

DER GOLF ALBRECHT

Bad Driburger Golf-Club e.V. DE

Georg-Nave-Straße 24a
D-33014 Bad Driburg
✆ 05253-7104
Nordrhein-Westfalen

90

2 for 1 2 GF zum Preis von 1

DER GOLF ALBRECHT

Bad Driburger Golf-Club e.V. DE

Georg-Nave-Straße 24a
D-33014 Bad Driburg
✆ 05253-7104
Nordrhein-Westfalen

90

2 for 1 2 GF zum Preis von 1

DER GOLF ALBRECHT

Golfclub Wasserschloß Westerwinkel e.V. DE

Horn-Westerwinkel 5
D-59387 Ascheberg-Herbern
✆ 02599-92222
Nordrhein-Westfalen

91

2 for 1 2 GF zum Preis von 1

DER GOLF ALBRECHT

Golfclub Wasserschloß Westerwinkel e.V. DE

Horn-Westerwinkel 5
D-59387 Ascheberg-Herbern
✆ 02599-92222
Nordrhein-Westfalen

91

2 for 1 2 GF zum Preis von 1

Bedingungen zur Einlösung des Discounts:

1. Das Angebot ist einschließlich bis 30.6.2022 gültig.
2. Der Golfspieler/Leser hat sich telefonisch eine Abschlagzeit geben zu lassen – dabei ist die Nutzung des Angebots anzugeben.
3. Eine Barauszahlung des Greenfee-Vorteils ist nicht möglich.
4. Das Kombinieren von Angeboten oder bestehenden Greenfee-Vorteilen ist nicht möglich. Der Vorteil bezieht sich jeweils ausschließlich auf die zum Zeitpunkt der Einlösung gültigen vollen Greenfee-Gebühren.
5. Gibt es Spielergruppen mit erhöhten Greenfee-Gebühren, ist ein Nachlass auf diese Gebühren nicht möglich.
6. Das Angebot allein berechtigt nicht zum Spiel gegen Greenfee. Die Erfüllung der Bestimmungen des jeweiligen Golfclubs zur Greenfee-Berechtigung (Mitgliedschaft in einem Golfclub, Mindesthandicap etc.) zum Zeitpunkt der Einlösung sind Voraussetzung.
7. Es ist untersagt, den Greenfee-Gutschein entgeltlich Dritten zu überlassen bzw. mit diesen Handel zu treiben. Insbesondere sind die teilnehmenden Golfclubs in diesem Falle berechtigt, die Einlösung der ausgeschriebenen Angebote zu verweigern.
8. Die teilnehmenden Golfclubs haben sich gegenüber dem Verlag unter den o.g. Bedingungen verpflichtet, die ausgeschriebenen Angebote einzulösen. Der Verlag übernimmt jedoch keine Gewähr und keine Haftung, wenn ein Angebot nicht eingelöst wird oder werden kann.

Bedingungen zur Einlösung des Discounts:

1. Das Angebot ist einschließlich bis 30.6.2022 gültig.
2. Der Golfspieler/Leser hat sich telefonisch eine Abschlagzeit geben zu lassen – dabei ist die Nutzung des Angebots anzugeben.
3. Eine Barauszahlung des Greenfee-Vorteils ist nicht möglich.
4. Das Kombinieren von Angeboten oder bestehenden Greenfee-Vorteilen ist nicht möglich. Der Vorteil bezieht sich jeweils ausschließlich auf die zum Zeitpunkt der Einlösung gültigen vollen Greenfee-Gebühren.
5. Gibt es Spielergruppen mit erhöhten Greenfee-Gebühren, ist ein Nachlass auf diese Gebühren nicht möglich.
6. Das Angebot allein berechtigt nicht zum Spiel gegen Greenfee. Die Erfüllung der Bestimmungen des jeweiligen Golfclubs zur Greenfee-Berechtigung (Mitgliedschaft in einem Golfclub, Mindesthandicap etc.) zum Zeitpunkt der Einlösung sind Voraussetzung.
7. Es ist untersagt, den Greenfee-Gutschein entgeltlich Dritten zu überlassen bzw. mit diesen Handel zu treiben. Insbesondere sind die teilnehmenden Golfclubs in diesem Falle berechtigt, die Einlösung der ausgeschriebenen Angebote zu verweigern.
8. Die teilnehmenden Golfclubs haben sich gegenüber dem Verlag unter den o.g. Bedingungen verpflichtet, die ausgeschriebenen Angebote einzulösen. Der Verlag übernimmt jedoch keine Gewähr und keine Haftung, wenn ein Angebot nicht eingelöst wird oder werden kann.

Bedingungen zur Einlösung des Discounts:

1. Das Angebot ist einschließlich bis 30.6.2022 gültig.
2. Der Golfspieler/Leser hat sich telefonisch eine Abschlagzeit geben zu lassen – dabei ist die Nutzung des Angebots anzugeben.
3. Eine Barauszahlung des Greenfee-Vorteils ist nicht möglich.
4. Das Kombinieren von Angeboten oder bestehenden Greenfee-Vorteilen ist nicht möglich. Der Vorteil bezieht sich jeweils ausschließlich auf die zum Zeitpunkt der Einlösung gültigen vollen Greenfee-Gebühren.
5. Gibt es Spielergruppen mit erhöhten Greenfee-Gebühren, ist ein Nachlass auf diese Gebühren nicht möglich.
6. Das Angebot allein berechtigt nicht zum Spiel gegen Greenfee. Die Erfüllung der Bestimmungen des jeweiligen Golfclubs zur Greenfee-Berechtigung (Mitgliedschaft in einem Golfclub, Mindesthandicap etc.) zum Zeitpunkt der Einlösung sind Voraussetzung.
7. Es ist untersagt, den Greenfee-Gutschein entgeltlich Dritten zu überlassen bzw. mit diesen Handel zu treiben. Insbesondere sind die teilnehmenden Golfclubs in diesem Falle berechtigt, die Einlösung der ausgeschriebenen Angebote zu verweigern.
8. Die teilnehmenden Golfclubs haben sich gegenüber dem Verlag unter den o.g. Bedingungen verpflichtet, die ausgeschriebenen Angebote einzulösen. Der Verlag übernimmt jedoch keine Gewähr und keine Haftung, wenn ein Angebot nicht eingelöst wird oder werden kann.

Bedingungen zur Einlösung des Discounts:

1. Das Angebot ist einschließlich bis 30.6.2022 gültig.
2. Der Golfspieler/Leser hat sich telefonisch eine Abschlagzeit geben zu lassen – dabei ist die Nutzung des Angebots anzugeben.
3. Eine Barauszahlung des Greenfee-Vorteils ist nicht möglich.
4. Das Kombinieren von Angeboten oder bestehenden Greenfee-Vorteilen ist nicht möglich. Der Vorteil bezieht sich jeweils ausschließlich auf die zum Zeitpunkt der Einlösung gültigen vollen Greenfee-Gebühren.
5. Gibt es Spielergruppen mit erhöhten Greenfee-Gebühren, ist ein Nachlass auf diese Gebühren nicht möglich.
6. Das Angebot allein berechtigt nicht zum Spiel gegen Greenfee. Die Erfüllung der Bestimmungen des jeweiligen Golfclubs zur Greenfee-Berechtigung (Mitgliedschaft in einem Golfclub, Mindesthandicap etc.) zum Zeitpunkt der Einlösung sind Voraussetzung.
7. Es ist untersagt, den Greenfee-Gutschein entgeltlich Dritten zu überlassen bzw. mit diesen Handel zu treiben. Insbesondere sind die teilnehmenden Golfclubs in diesem Falle berechtigt, die Einlösung der ausgeschriebenen Angebote zu verweigern.
8. Die teilnehmenden Golfclubs haben sich gegenüber dem Verlag unter den o.g. Bedingungen verpflichtet, die ausgeschriebenen Angebote einzulösen. Der Verlag übernimmt jedoch keine Gewähr und keine Haftung, wenn ein Angebot nicht eingelöst wird oder werden kann.

Bedingungen zur Einlösung des Discounts:

1. Das Angebot ist einschließlich bis 30.6.2022 gültig.
2. Der Golfspieler/Leser hat sich telefonisch eine Abschlagzeit geben zu lassen – dabei ist die Nutzung des Angebots anzugeben.
3. Eine Barauszahlung des Greenfee-Vorteils ist nicht möglich.
4. Das Kombinieren von Angeboten oder bestehenden Greenfee-Vorteilen ist nicht möglich. Der Vorteil bezieht sich jeweils ausschließlich auf die zum Zeitpunkt der Einlösung gültigen vollen Greenfee-Gebühren.
5. Gibt es Spielergruppen mit erhöhten Greenfee-Gebühren, ist ein Nachlass auf diese Gebühren nicht möglich.
6. Das Angebot allein berechtigt nicht zum Spiel gegen Greenfee. Die Erfüllung der Bestimmungen des jeweiligen Golfclubs zur Greenfee-Berechtigung (Mitgliedschaft in einem Golfclub, Mindesthandicap etc.) zum Zeitpunkt der Einlösung sind Voraussetzung.
7. Es ist untersagt, den Greenfee-Gutschein entgeltlich Dritten zu überlassen bzw. mit diesen Handel zu treiben. Insbesondere sind die teilnehmenden Golfclubs in diesem Falle berechtigt, die Einlösung der ausgeschriebenen Angebote zu verweigern.
8. Die teilnehmenden Golfclubs haben sich gegenüber dem Verlag unter den o.g. Bedingungen verpflichtet, die ausgeschriebenen Angebote einzulösen. Der Verlag übernimmt jedoch keine Gewähr und keine Haftung, wenn ein Angebot nicht eingelöst wird oder werden kann.

Bedingungen zur Einlösung des Discounts:

1. Das Angebot ist einschließlich bis 30.6.2022 gültig.
2. Der Golfspieler/Leser hat sich telefonisch eine Abschlagzeit geben zu lassen – dabei ist die Nutzung des Angebots anzugeben.
3. Eine Barauszahlung des Greenfee-Vorteils ist nicht möglich.
4. Das Kombinieren von Angeboten oder bestehenden Greenfee-Vorteilen ist nicht möglich. Der Vorteil bezieht sich jeweils ausschließlich auf die zum Zeitpunkt der Einlösung gültigen vollen Greenfee-Gebühren.
5. Gibt es Spielergruppen mit erhöhten Greenfee-Gebühren, ist ein Nachlass auf diese Gebühren nicht möglich.
6. Das Angebot allein berechtigt nicht zum Spiel gegen Greenfee. Die Erfüllung der Bestimmungen des jeweiligen Golfclubs zur Greenfee-Berechtigung (Mitgliedschaft in einem Golfclub, Mindesthandicap etc.) zum Zeitpunkt der Einlösung sind Voraussetzung.
7. Es ist untersagt, den Greenfee-Gutschein entgeltlich Dritten zu überlassen bzw. mit diesen Handel zu treiben. Insbesondere sind die teilnehmenden Golfclubs in diesem Falle berechtigt, die Einlösung der ausgeschriebenen Angebote zu verweigern.
8. Die teilnehmenden Golfclubs haben sich gegenüber dem Verlag unter den o.g. Bedingungen verpflichtet, die ausgeschriebenen Angebote einzulösen. Der Verlag übernimmt jedoch keine Gewähr und keine Haftung, wenn ein Angebot nicht eingelöst wird oder werden kann.

Bedingungen zur Einlösung des Discounts:

1. Das Angebot ist einschließlich bis 30.6.2022 gültig.
2. Der Golfspieler/Leser hat sich telefonisch eine Abschlagzeit geben zu lassen – dabei ist die Nutzung des Angebots anzugeben.
3. Eine Barauszahlung des Greenfee-Vorteils ist nicht möglich.
4. Das Kombinieren von Angeboten oder bestehenden Greenfee-Vorteilen ist nicht möglich. Der Vorteil bezieht sich jeweils ausschließlich auf die zum Zeitpunkt der Einlösung gültigen vollen Greenfee-Gebühren.
5. Gibt es Spielergruppen mit erhöhten Greenfee-Gebühren, ist ein Nachlass auf diese Gebühren nicht möglich.
6. Das Angebot allein berechtigt nicht zum Spiel gegen Greenfee. Die Erfüllung der Bestimmungen des jeweiligen Golfclubs zur Greenfee-Berechtigung (Mitgliedschaft in einem Golfclub, Mindesthandicap etc.) zum Zeitpunkt der Einlösung sind Voraussetzung.
7. Es ist untersagt, den Greenfee-Gutschein entgeltlich Dritten zu überlassen bzw. mit diesen Handel zu treiben. Insbesondere sind die teilnehmenden Golfclubs in diesem Falle berechtigt, die Einlösung der ausgeschriebenen Angebote zu verweigern.
8. Die teilnehmenden Golfclubs haben sich gegenüber dem Verlag unter den o.g. Bedingungen verpflichtet, die ausgeschriebenen Angebote einzulösen. Der Verlag übernimmt jedoch keine Gewähr und keine Haftung, wenn ein Angebot nicht eingelöst wird oder werden kann.

Bedingungen zur Einlösung des Discounts:

1. Das Angebot ist einschließlich bis 30.6.2022 gültig.
2. Der Golfspieler/Leser hat sich telefonisch eine Abschlagzeit geben zu lassen – dabei ist die Nutzung des Angebots anzugeben.
3. Eine Barauszahlung des Greenfee-Vorteils ist nicht möglich.
4. Das Kombinieren von Angeboten oder bestehenden Greenfee-Vorteilen ist nicht möglich. Der Vorteil bezieht sich jeweils ausschließlich auf die zum Zeitpunkt der Einlösung gültigen vollen Greenfee-Gebühren.
5. Gibt es Spielergruppen mit erhöhten Greenfee-Gebühren, ist ein Nachlass auf diese Gebühren nicht möglich.
6. Das Angebot allein berechtigt nicht zum Spiel gegen Greenfee. Die Erfüllung der Bestimmungen des jeweiligen Golfclubs zur Greenfee-Berechtigung (Mitgliedschaft in einem Golfclub, Mindesthandicap etc.) zum Zeitpunkt der Einlösung sind Voraussetzung.
7. Es ist untersagt, den Greenfee-Gutschein entgeltlich Dritten zu überlassen bzw. mit diesen Handel zu treiben. Insbesondere sind die teilnehmenden Golfclubs in diesem Falle berechtigt, die Einlösung der ausgeschriebenen Angebote zu verweigern.
8. Die teilnehmenden Golfclubs haben sich gegenüber dem Verlag unter den o.g. Bedingungen verpflichtet, die ausgeschriebenen Angebote einzulösen. Der Verlag übernimmt jedoch keine Gewähr und keine Haftung, wenn ein Angebot nicht eingelöst wird oder werden kann.

Bedingungen zur Einlösung des Discounts:

1. Das Angebot ist einschließlich bis 30.6.2022 gültig.
2. Der Golfspieler/Leser hat sich telefonisch eine Abschlagzeit geben zu lassen – dabei ist die Nutzung des Angebots anzugeben.
3. Eine Barauszahlung des Greenfee-Vorteils ist nicht möglich.
4. Das Kombinieren von Angeboten oder bestehenden Greenfee-Vorteilen ist nicht möglich. Der Vorteil bezieht sich jeweils ausschließlich auf die zum Zeitpunkt der Einlösung gültigen vollen Greenfee-Gebühren.
5. Gibt es Spielergruppen mit erhöhten Greenfee-Gebühren, ist ein Nachlass auf diese Gebühren nicht möglich.
6. Das Angebot allein berechtigt nicht zum Spiel gegen Greenfee. Die Erfüllung der Bestimmungen des jeweiligen Golfclubs zur Greenfee-Berechtigung (Mitgliedschaft in einem Golfclub, Mindesthandicap etc.) zum Zeitpunkt der Einlösung sind Voraussetzung.
7. Es ist untersagt, den Greenfee-Gutschein entgeltlich Dritten zu überlassen bzw. mit diesen Handel zu treiben. Insbesondere sind die teilnehmenden Golfclubs in diesem Falle berechtigt, die Einlösung der ausgeschriebenen Angebote zu verweigern.
8. Die teilnehmenden Golfclubs haben sich gegenüber dem Verlag unter den o.g. Bedingungen verpflichtet, die ausgeschriebenen Angebote einzulösen. Der Verlag übernimmt jedoch keine Gewähr und keine Haftung, wenn ein Angebot nicht eingelöst wird oder werden kann.

Bedingungen zur Einlösung des Discounts:

1. Das Angebot ist einschließlich bis 30.6.2022 gültig.
2. Der Golfspieler/Leser hat sich telefonisch eine Abschlagzeit geben zu lassen – dabei ist die Nutzung des Angebots anzugeben.
3. Eine Barauszahlung des Greenfee-Vorteils ist nicht möglich.
4. Das Kombinieren von Angeboten oder bestehenden Greenfee-Vorteilen ist nicht möglich. Der Vorteil bezieht sich jeweils ausschließlich auf die zum Zeitpunkt der Einlösung gültigen vollen Greenfee-Gebühren.
5. Gibt es Spielergruppen mit erhöhten Greenfee-Gebühren, ist ein Nachlass auf diese Gebühren nicht möglich.
6. Das Angebot allein berechtigt nicht zum Spiel gegen Greenfee. Die Erfüllung der Bestimmungen des jeweiligen Golfclubs zur Greenfee-Berechtigung (Mitgliedschaft in einem Golfclub, Mindesthandicap etc.) zum Zeitpunkt der Einlösung sind Voraussetzung.
7. Es ist untersagt, den Greenfee-Gutschein entgeltlich Dritten zu überlassen bzw. mit diesen Handel zu treiben. Insbesondere sind die teilnehmenden Golfclubs in diesem Falle berechtigt, die Einlösung der ausgeschriebenen Angebote zu verweigern.
8. Die teilnehmenden Golfclubs haben sich gegenüber dem Verlag unter den o.g. Bedingungen verpflichtet, die ausgeschriebenen Angebote einzulösen. Der Verlag übernimmt jedoch keine Gewähr und keine Haftung, wenn ein Angebot nicht eingelöst wird oder werden kann.

DER GOLF ALBRECHT

Golfclub Wasserschloß Westerwinkel e.V.

DE

Horn-Westerwinkel 5
D-59387 Ascheberg-Herbern
✆ 02599-92222
Nordrhein-Westfalen

91

50% Greenfee-Ermäßigung

DER GOLF ALBRECHT

Golfclub Wasserschloß Westerwinkel e.V.

DE

Horn-Westerwinkel 5
D-59387 Ascheberg-Herbern
✆ 02599-92222
Nordrhein-Westfalen

91

50% Greenfee-Ermäßigung

DER GOLF ALBRECHT

Golfclub Weselerwald e.V.

DE

Steenbecksweg 12
D-46514 Schermbeck
✆ 02856-91370
Nordrhein-Westfalen

92

10% Greenfee-Ermäßigung wochentags

DER GOLF ALBRECHT

Golfclub Weselerwald e.V.

DE

Steenbecksweg 12
D-46514 Schermbeck
✆ 02856-91370
Nordrhein-Westfalen

92

10% Greenfee-Ermäßigung wochentags

DER GOLF ALBRECHT

Golf Club Paderborner Land e.V.

DE

Im Nordfeld 25
D-33154 Salzkotten-Thüle
✆ 05258-937310
Nordrhein-Westfalen

93

2 for 1 2 GF zum Preis von 1

DER GOLF ALBRECHT

Golf Club Paderborner Land e.V.

DE

Im Nordfeld 25
D-33154 Salzkotten-Thüle
✆ 05258-937310
Nordrhein-Westfalen

93

50% Greenfee-Ermäßigung

DER GOLF ALBRECHT

Universitäts-Golfclub Paderborn e.V.

DE

Haxterhöhe 2
D-33100 Paderborn
✆ 05251-604248
Nordrhein-Westfalen

94

2 for 1 2 GF zum Preis von 1 wochentags

DER GOLF ALBRECHT

Universitäts-Golfclub Paderborn e.V.

DE

Haxterhöhe 2
D-33100 Paderborn
✆ 05251-604248
Nordrhein-Westfalen

94

50% Greenfee-Ermäßigung wochentags

DER GOLF ALBRECHT

Golfclub Stahlberg im Lippetal e.V.

DE

Ebbeckeweg 3
D-59510 Lippetal-Lippborg
✆ 02527-8191
Nordrhein-Westfalen

95

2 for 1 2 GF zum Preis von 1

DER GOLF ALBRECHT

Golfplatz Werne a. d. Lippe GmbH & Co. KG

DE

Kerstingweg 10
D-59368 Werne
✆ 02389-539060
Nordrhein-Westfalen

96

2 for 1 2 GF zum Preis von 1

Bedingungen zur Einlösung des Discounts:

1. Das Angebot ist einschließlich bis 30.6.2022 gültig.
2. Der Golfspieler/Leser hat sich telefonisch eine Abschlagzeit geben zu lassen – dabei ist die Nutzung des Angebots anzugeben.
3. Eine Barauszahlung des Greenfee-Vorteils ist nicht möglich.
4. Das Kombinieren von Angeboten oder bestehenden Greenfee-Vorteilen ist nicht möglich. Der Vorteil bezieht sich jeweils ausschließlich auf die zum Zeitpunkt der Einlösung gültigen vollen Greenfee-Gebühren.
5. Gibt es Spielergruppen mit erhöhten Greenfee-Gebühren, ist ein Nachlass auf diese Gebühren nicht möglich.
6. Das Angebot allein berechtigt nicht zum Spiel gegen Greenfee. Die Erfüllung der Bestimmungen des jeweiligen Golfclubs zur Greenfee-Berechtigung (Mitgliedschaft in einem Golfclub, Mindesthandicap etc.) zum Zeitpunkt der Einlösung sind Voraussetzung.
7. Es ist untersagt, den Greenfee-Gutschein entgeltlich Dritten zu überlassen bzw. mit diesen Handel zu treiben. Insbesondere sind die teilnehmenden Golfclubs in diesem Falle berechtigt, die Einlösung der ausgeschriebenen Angebote zu verweigern.
8. Die teilnehmenden Golfclubs haben sich gegenüber dem Verlag unter den o.g. Bedingungen verpflichtet, die ausgeschriebenen Angebote einzulösen. Der Verlag übernimmt jedoch keine Gewähr und keine Haftung, wenn ein Angebot nicht eingelöst wird oder werden kann.

Bedingungen zur Einlösung des Discounts:

1. Das Angebot ist einschließlich bis 30.6.2022 gültig.
2. Der Golfspieler/Leser hat sich telefonisch eine Abschlagzeit geben zu lassen – dabei ist die Nutzung des Angebots anzugeben.
3. Eine Barauszahlung des Greenfee-Vorteils ist nicht möglich.
4. Das Kombinieren von Angeboten oder bestehenden Greenfee-Vorteilen ist nicht möglich. Der Vorteil bezieht sich jeweils ausschließlich auf die zum Zeitpunkt der Einlösung gültigen vollen Greenfee-Gebühren.
5. Gibt es Spielergruppen mit erhöhten Greenfee-Gebühren, ist ein Nachlass auf diese Gebühren nicht möglich.
6. Das Angebot allein berechtigt nicht zum Spiel gegen Greenfee. Die Erfüllung der Bestimmungen des jeweiligen Golfclubs zur Greenfee-Berechtigung (Mitgliedschaft in einem Golfclub, Mindesthandicap etc.) zum Zeitpunkt der Einlösung sind Voraussetzung.
7. Es ist untersagt, den Greenfee-Gutschein entgeltlich Dritten zu überlassen bzw. mit diesen Handel zu treiben. Insbesondere sind die teilnehmenden Golfclubs in diesem Falle berechtigt, die Einlösung der ausgeschriebenen Angebote zu verweigern.
8. Die teilnehmenden Golfclubs haben sich gegenüber dem Verlag unter den o.g. Bedingungen verpflichtet, die ausgeschriebenen Angebote einzulösen. Der Verlag übernimmt jedoch keine Gewähr und keine Haftung, wenn ein Angebot nicht eingelöst wird oder werden kann.

Bedingungen zur Einlösung des Discounts:

1. Das Angebot ist einschließlich bis 30.6.2022 gültig.
2. Der Golfspieler/Leser hat sich telefonisch eine Abschlagzeit geben zu lassen – dabei ist die Nutzung des Angebots anzugeben.
3. Eine Barauszahlung des Greenfee-Vorteils ist nicht möglich.
4. Das Kombinieren von Angeboten oder bestehenden Greenfee-Vorteilen ist nicht möglich. Der Vorteil bezieht sich jeweils ausschließlich auf die zum Zeitpunkt der Einlösung gültigen vollen Greenfee-Gebühren.
5. Gibt es Spielergruppen mit erhöhten Greenfee-Gebühren, ist ein Nachlass auf diese Gebühren nicht möglich.
6. Das Angebot allein berechtigt nicht zum Spiel gegen Greenfee. Die Erfüllung der Bestimmungen des jeweiligen Golfclubs zur Greenfee-Berechtigung (Mitgliedschaft in einem Golfclub, Mindesthandicap etc.) zum Zeitpunkt der Einlösung sind Voraussetzung.
7. Es ist untersagt, den Greenfee-Gutschein entgeltlich Dritten zu überlassen bzw. mit diesen Handel zu treiben. Insbesondere sind die teilnehmenden Golfclubs in diesem Falle berechtigt, die Einlösung der ausgeschriebenen Angebote zu verweigern.
8. Die teilnehmenden Golfclubs haben sich gegenüber dem Verlag unter den o.g. Bedingungen verpflichtet, die ausgeschriebenen Angebote einzulösen. Der Verlag übernimmt jedoch keine Gewähr und keine Haftung, wenn ein Angebot nicht eingelöst wird oder werden kann.

Bedingungen zur Einlösung des Discounts:

1. Das Angebot ist einschließlich bis 30.6.2022 gültig.
2. Der Golfspieler/Leser hat sich telefonisch eine Abschlagzeit geben zu lassen – dabei ist die Nutzung des Angebots anzugeben.
3. Eine Barauszahlung des Greenfee-Vorteils ist nicht möglich.
4. Das Kombinieren von Angeboten oder bestehenden Greenfee-Vorteilen ist nicht möglich. Der Vorteil bezieht sich jeweils ausschließlich auf die zum Zeitpunkt der Einlösung gültigen vollen Greenfee-Gebühren.
5. Gibt es Spielergruppen mit erhöhten Greenfee-Gebühren, ist ein Nachlass auf diese Gebühren nicht möglich.
6. Das Angebot allein berechtigt nicht zum Spiel gegen Greenfee. Die Erfüllung der Bestimmungen des jeweiligen Golfclubs zur Greenfee-Berechtigung (Mitgliedschaft in einem Golfclub, Mindesthandicap etc.) zum Zeitpunkt der Einlösung sind Voraussetzung.
7. Es ist untersagt, den Greenfee-Gutschein entgeltlich Dritten zu überlassen bzw. mit diesen Handel zu treiben. Insbesondere sind die teilnehmenden Golfclubs in diesem Falle berechtigt, die Einlösung der ausgeschriebenen Angebote zu verweigern.
8. Die teilnehmenden Golfclubs haben sich gegenüber dem Verlag unter den o.g. Bedingungen verpflichtet, die ausgeschriebenen Angebote einzulösen. Der Verlag übernimmt jedoch keine Gewähr und keine Haftung, wenn ein Angebot nicht eingelöst wird oder werden kann.

Bedingungen zur Einlösung des Discounts:

1. Das Angebot ist einschließlich bis 30.6.2022 gültig.
2. Der Golfspieler/Leser hat sich telefonisch eine Abschlagzeit geben zu lassen – dabei ist die Nutzung des Angebots anzugeben.
3. Eine Barauszahlung des Greenfee-Vorteils ist nicht möglich.
4. Das Kombinieren von Angeboten oder bestehenden Greenfee-Vorteilen ist nicht möglich. Der Vorteil bezieht sich jeweils ausschließlich auf die zum Zeitpunkt der Einlösung gültigen vollen Greenfee-Gebühren.
5. Gibt es Spielergruppen mit erhöhten Greenfee-Gebühren, ist ein Nachlass auf diese Gebühren nicht möglich.
6. Das Angebot allein berechtigt nicht zum Spiel gegen Greenfee. Die Erfüllung der Bestimmungen des jeweiligen Golfclubs zur Greenfee-Berechtigung (Mitgliedschaft in einem Golfclub, Mindesthandicap etc.) zum Zeitpunkt der Einlösung sind Voraussetzung.
7. Es ist untersagt, den Greenfee-Gutschein entgeltlich Dritten zu überlassen bzw. mit diesen Handel zu treiben. Insbesondere sind die teilnehmenden Golfclubs in diesem Falle berechtigt, die Einlösung der ausgeschriebenen Angebote zu verweigern.
8. Die teilnehmenden Golfclubs haben sich gegenüber dem Verlag unter den o.g. Bedingungen verpflichtet, die ausgeschriebenen Angebote einzulösen. Der Verlag übernimmt jedoch keine Gewähr und keine Haftung, wenn ein Angebot nicht eingelöst wird oder werden kann.

Bedingungen zur Einlösung des Discounts:

1. Das Angebot ist einschließlich bis 30.6.2022 gültig.
2. Der Golfspieler/Leser hat sich telefonisch eine Abschlagzeit geben zu lassen – dabei ist die Nutzung des Angebots anzugeben.
3. Eine Barauszahlung des Greenfee-Vorteils ist nicht möglich.
4. Das Kombinieren von Angeboten oder bestehenden Greenfee-Vorteilen ist nicht möglich. Der Vorteil bezieht sich jeweils ausschließlich auf die zum Zeitpunkt der Einlösung gültigen vollen Greenfee-Gebühren.
5. Gibt es Spielergruppen mit erhöhten Greenfee-Gebühren, ist ein Nachlass auf diese Gebühren nicht möglich.
6. Das Angebot allein berechtigt nicht zum Spiel gegen Greenfee. Die Erfüllung der Bestimmungen des jeweiligen Golfclubs zur Greenfee-Berechtigung (Mitgliedschaft in einem Golfclub, Mindesthandicap etc.) zum Zeitpunkt der Einlösung sind Voraussetzung.
7. Es ist untersagt, den Greenfee-Gutschein entgeltlich Dritten zu überlassen bzw. mit diesen Handel zu treiben. Insbesondere sind die teilnehmenden Golfclubs in diesem Falle berechtigt, die Einlösung der ausgeschriebenen Angebote zu verweigern.
8. Die teilnehmenden Golfclubs haben sich gegenüber dem Verlag unter den o.g. Bedingungen verpflichtet, die ausgeschriebenen Angebote einzulösen. Der Verlag übernimmt jedoch keine Gewähr und keine Haftung, wenn ein Angebot nicht eingelöst wird oder werden kann.

Bedingungen zur Einlösung des Discounts:

1. Das Angebot ist einschließlich bis 30.6.2022 gültig.
2. Der Golfspieler/Leser hat sich telefonisch eine Abschlagzeit geben zu lassen – dabei ist die Nutzung des Angebots anzugeben.
3. Eine Barauszahlung des Greenfee-Vorteils ist nicht möglich.
4. Das Kombinieren von Angeboten oder bestehenden Greenfee-Vorteilen ist nicht möglich. Der Vorteil bezieht sich jeweils ausschließlich auf die zum Zeitpunkt der Einlösung gültigen vollen Greenfee-Gebühren.
5. Gibt es Spielergruppen mit erhöhten Greenfee-Gebühren, ist ein Nachlass auf diese Gebühren nicht möglich.
6. Das Angebot allein berechtigt nicht zum Spiel gegen Greenfee. Die Erfüllung der Bestimmungen des jeweiligen Golfclubs zur Greenfee-Berechtigung (Mitgliedschaft in einem Golfclub, Mindesthandicap etc.) zum Zeitpunkt der Einlösung sind Voraussetzung.
7. Es ist untersagt, den Greenfee-Gutschein entgeltlich Dritten zu überlassen bzw. mit diesen Handel zu treiben. Insbesondere sind die teilnehmenden Golfclubs in diesem Falle berechtigt, die Einlösung der ausgeschriebenen Angebote zu verweigern.
8. Die teilnehmenden Golfclubs haben sich gegenüber dem Verlag unter den o.g. Bedingungen verpflichtet, die ausgeschriebenen Angebote einzulösen. Der Verlag übernimmt jedoch keine Gewähr und keine Haftung, wenn ein Angebot nicht eingelöst wird oder werden kann.

Bedingungen zur Einlösung des Discounts:

1. Das Angebot ist einschließlich bis 30.6.2022 gültig.
2. Der Golfspieler/Leser hat sich telefonisch eine Abschlagzeit geben zu lassen – dabei ist die Nutzung des Angebots anzugeben.
3. Eine Barauszahlung des Greenfee-Vorteils ist nicht möglich.
4. Das Kombinieren von Angeboten oder bestehenden Greenfee-Vorteilen ist nicht möglich. Der Vorteil bezieht sich jeweils ausschließlich auf die zum Zeitpunkt der Einlösung gültigen vollen Greenfee-Gebühren.
5. Gibt es Spielergruppen mit erhöhten Greenfee-Gebühren, ist ein Nachlass auf diese Gebühren nicht möglich.
6. Das Angebot allein berechtigt nicht zum Spiel gegen Greenfee. Die Erfüllung der Bestimmungen des jeweiligen Golfclubs zur Greenfee-Berechtigung (Mitgliedschaft in einem Golfclub, Mindesthandicap etc.) zum Zeitpunkt der Einlösung sind Voraussetzung.
7. Es ist untersagt, den Greenfee-Gutschein entgeltlich Dritten zu überlassen bzw. mit diesen Handel zu treiben. Insbesondere sind die teilnehmenden Golfclubs in diesem Falle berechtigt, die Einlösung der ausgeschriebenen Angebote zu verweigern.
8. Die teilnehmenden Golfclubs haben sich gegenüber dem Verlag unter den o.g. Bedingungen verpflichtet, die ausgeschriebenen Angebote einzulösen. Der Verlag übernimmt jedoch keine Gewähr und keine Haftung, wenn ein Angebot nicht eingelöst wird oder werden kann.

Bedingungen zur Einlösung des Discounts:

1. Das Angebot ist einschließlich bis 30.6.2022 gültig.
2. Der Golfspieler/Leser hat sich telefonisch eine Abschlagzeit geben zu lassen – dabei ist die Nutzung des Angebots anzugeben.
3. Eine Barauszahlung des Greenfee-Vorteils ist nicht möglich.
4. Das Kombinieren von Angeboten oder bestehenden Greenfee-Vorteilen ist nicht möglich. Der Vorteil bezieht sich jeweils ausschließlich auf die zum Zeitpunkt der Einlösung gültigen vollen Greenfee-Gebühren.
5. Gibt es Spielergruppen mit erhöhten Greenfee-Gebühren, ist ein Nachlass auf diese Gebühren nicht möglich.
6. Das Angebot allein berechtigt nicht zum Spiel gegen Greenfee. Die Erfüllung der Bestimmungen des jeweiligen Golfclubs zur Greenfee-Berechtigung (Mitgliedschaft in einem Golfclub, Mindesthandicap etc.) zum Zeitpunkt der Einlösung sind Voraussetzung.
7. Es ist untersagt, den Greenfee-Gutschein entgeltlich Dritten zu überlassen bzw. mit diesen Handel zu treiben. Insbesondere sind die teilnehmenden Golfclubs in diesem Falle berechtigt, die Einlösung der ausgeschriebenen Angebote zu verweigern.
8. Die teilnehmenden Golfclubs haben sich gegenüber dem Verlag unter den o.g. Bedingungen verpflichtet, die ausgeschriebenen Angebote einzulösen. Der Verlag übernimmt jedoch keine Gewähr und keine Haftung, wenn ein Angebot nicht eingelöst wird oder werden kann.

Bedingungen zur Einlösung des Discounts:

1. Das Angebot ist einschließlich bis 30.6.2022 gültig.
2. Der Golfspieler/Leser hat sich telefonisch eine Abschlagzeit geben zu lassen – dabei ist die Nutzung des Angebots anzugeben.
3. Eine Barauszahlung des Greenfee-Vorteils ist nicht möglich.
4. Das Kombinieren von Angeboten oder bestehenden Greenfee-Vorteilen ist nicht möglich. Der Vorteil bezieht sich jeweils ausschließlich auf die zum Zeitpunkt der Einlösung gültigen vollen Greenfee-Gebühren.
5. Gibt es Spielergruppen mit erhöhten Greenfee-Gebühren, ist ein Nachlass auf diese Gebühren nicht möglich.
6. Das Angebot allein berechtigt nicht zum Spiel gegen Greenfee. Die Erfüllung der Bestimmungen des jeweiligen Golfclubs zur Greenfee-Berechtigung (Mitgliedschaft in einem Golfclub, Mindesthandicap etc.) zum Zeitpunkt der Einlösung sind Voraussetzung.
7. Es ist untersagt, den Greenfee-Gutschein entgeltlich Dritten zu überlassen bzw. mit diesen Handel zu treiben. Insbesondere sind die teilnehmenden Golfclubs in diesem Falle berechtigt, die Einlösung der ausgeschriebenen Angebote zu verweigern.
8. Die teilnehmenden Golfclubs haben sich gegenüber dem Verlag unter den o.g. Bedingungen verpflichtet, die ausgeschriebenen Angebote einzulösen. Der Verlag übernimmt jedoch keine Gewähr und keine Haftung, wenn ein Angebot nicht eingelöst wird oder werden kann.

DER GOLF ALBRECHT

Golfplatz Werne a. d. Lippe GmbH & Co. KG DE

Kerstingweg 10
D-59368 Werne
✆ 02389-539060
Nordrhein-Westfalen

96

50% Greenfee-Ermäßigung

DER GOLF ALBRECHT

Golfanlage Schloss Haag DE

Schloss Haag 8
D-47608 Geldern
✆ 02831-924420
Nordrhein-Westfalen
Hinweis: Gültig nur für 18-Loch Runde und nur Mo. - Fr.

97

2 for 1 2 GF zum Preis von 1 wochentags

DER GOLF ALBRECHT

Golfanlage Schloss Haag DE

Schloss Haag 8
D-47608 Geldern
✆ 02831-924420
Nordrhein-Westfalen
Hinweis: Gültig nur für 18-Loch Runde und nur Mo. - Fr.

97

2 for 1 2 GF zum Preis von 1 wochentags

DER GOLF ALBRECHT

Golfanlage Schloss Haag DE

Schloss Haag 8
D-47608 Geldern
✆ 02831-924420
Nordrhein-Westfalen
Hinweis: Gültig nur für 18-Loch Runde und nur Mo. - Fr.

97

20% Greenfee-Ermäßigung wochentags

DER GOLF ALBRECHT

Golfanlage Schloss Haag DE

Schloss Haag 8
D-47608 Geldern
✆ 02831-924420
Nordrhein-Westfalen
Hinweis: Gültig nur für 18-Loch Runde und nur Mo. - Fr.

97

20% Greenfee-Ermäßigung wochentags

DER GOLF ALBRECHT

Golfclub Am Kloster Kamp DE

Kirchstraße 164
D-47475 Kamp-Lintfort
✆ 02842-4833
Nordrhein-Westfalen

98

50% Greenfee-Ermäßigung wochentags

DER GOLF ALBRECHT

Golfclub Am Kloster Kamp DE

Kirchstraße 164
D-47475 Kamp-Lintfort
✆ 02842-4833
Nordrhein-Westfalen

98

50% Greenfee-Ermäßigung wochentags

DER GOLF ALBRECHT

Golfclub Röttgersbach DE

Ardesstr. 82
D-47167 Duisburg
✆ 0203-4846725
Nordrhein-Westfalen

99

2 for 1 2 GF zum Preis von 1

DER GOLF ALBRECHT

Golfclub Röttgersbach DE

Ardesstr. 82
D-47167 Duisburg
✆ 0203-4846725
Nordrhein-Westfalen

99

50% Greenfee-Ermäßigung

DER GOLF ALBRECHT

Golf Club Werl e.V. DE

Am Golfplatz 1
D-59457 Werl
✆ 02377-6307
Nordrhein-Westfalen

100

2 for 1 2 GF zum Preis von 1 wochentags

Bedingungen zur Einlösung des Discounts:

1. Das Angebot ist einschließlich bis 30.6.2022 gültig.
2. Der Golfspieler/Leser hat sich telefonisch eine Abschlagzeit geben zu lassen – dabei ist die Nutzung des Angebots anzugeben.
3. Eine Barauszahlung des Greenfee-Vorteils ist nicht möglich.
4. Das Kombinieren von Angeboten oder bestehenden Greenfee-Vorteilen ist nicht möglich. Der Vorteil bezieht sich jeweils ausschließlich auf die zum Zeitpunkt der Einlösung gültigen vollen Greenfee-Gebühren.
5. Gibt es Spielergruppen mit erhöhten Greenfee-Gebühren, ist ein Nachlass auf diese Gebühren nicht möglich.
6. Das Angebot allein berechtigt nicht zum Spiel gegen Greenfee. Die Erfüllung der Bestimmungen des jeweiligen Golfclubs zur Greenfee-Berechtigung (Mitgliedschaft in einem Golfclub, Mindesthandicap etc.) zum Zeitpunkt der Einlösung sind Voraussetzung.
7. Es ist untersagt, den Greenfee-Gutschein entgeltlich Dritten zu überlassen bzw. mit diesen Handel zu treiben. Insbesondere sind die teilnehmenden Golfclubs in diesem Falle berechtigt, die Einlösung der ausgeschriebenen Angebote zu verweigern.
8. Die teilnehmenden Golfclubs haben sich gegenüber dem Verlag unter den o.g. Bedingungen verpflichtet, die ausgeschriebenen Angebote einzulösen. Der Verlag übernimmt jedoch keine Gewähr und keine Haftung, wenn ein Angebot nicht eingelöst wird oder werden kann.

Bedingungen zur Einlösung des Discounts:

1. Das Angebot ist einschließlich bis 30.6.2022 gültig.
2. Der Golfspieler/Leser hat sich telefonisch eine Abschlagzeit geben zu lassen – dabei ist die Nutzung des Angebots anzugeben.
3. Eine Barauszahlung des Greenfee-Vorteils ist nicht möglich.
4. Das Kombinieren von Angeboten oder bestehenden Greenfee-Vorteilen ist nicht möglich. Der Vorteil bezieht sich jeweils ausschließlich auf die zum Zeitpunkt der Einlösung gültigen vollen Greenfee-Gebühren.
5. Gibt es Spielergruppen mit erhöhten Greenfee-Gebühren, ist ein Nachlass auf diese Gebühren nicht möglich.
6. Das Angebot allein berechtigt nicht zum Spiel gegen Greenfee. Die Erfüllung der Bestimmungen des jeweiligen Golfclubs zur Greenfee-Berechtigung (Mitgliedschaft in einem Golfclub, Mindesthandicap etc.) zum Zeitpunkt der Einlösung sind Voraussetzung.
7. Es ist untersagt, den Greenfee-Gutschein entgeltlich Dritten zu überlassen bzw. mit diesen Handel zu treiben. Insbesondere sind die teilnehmenden Golfclubs in diesem Falle berechtigt, die Einlösung der ausgeschriebenen Angebote zu verweigern.
8. Die teilnehmenden Golfclubs haben sich gegenüber dem Verlag unter den o.g. Bedingungen verpflichtet, die ausgeschriebenen Angebote einzulösen. Der Verlag übernimmt jedoch keine Gewähr und keine Haftung, wenn ein Angebot nicht eingelöst wird oder werden kann.

Bedingungen zur Einlösung des Discounts:

1. Das Angebot ist einschließlich bis 30.6.2022 gültig.
2. Der Golfspieler/Leser hat sich telefonisch eine Abschlagzeit geben zu lassen – dabei ist die Nutzung des Angebots anzugeben.
3. Eine Barauszahlung des Greenfee-Vorteils ist nicht möglich.
4. Das Kombinieren von Angeboten oder bestehenden Greenfee-Vorteilen ist nicht möglich. Der Vorteil bezieht sich jeweils ausschließlich auf die zum Zeitpunkt der Einlösung gültigen vollen Greenfee-Gebühren.
5. Gibt es Spielergruppen mit erhöhten Greenfee-Gebühren, ist ein Nachlass auf diese Gebühren nicht möglich.
6. Das Angebot allein berechtigt nicht zum Spiel gegen Greenfee. Die Erfüllung der Bestimmungen des jeweiligen Golfclubs zur Greenfee-Berechtigung (Mitgliedschaft in einem Golfclub, Mindesthandicap etc.) zum Zeitpunkt der Einlösung sind Voraussetzung.
7. Es ist untersagt, den Greenfee-Gutschein entgeltlich Dritten zu überlassen bzw. mit diesen Handel zu treiben. Insbesondere sind die teilnehmenden Golfclubs in diesem Falle berechtigt, die Einlösung der ausgeschriebenen Angebote zu verweigern.
8. Die teilnehmenden Golfclubs haben sich gegenüber dem Verlag unter den o.g. Bedingungen verpflichtet, die ausgeschriebenen Angebote einzulösen. Der Verlag übernimmt jedoch keine Gewähr und keine Haftung, wenn ein Angebot nicht eingelöst wird oder werden kann.

Bedingungen zur Einlösung des Discounts:

1. Das Angebot ist einschließlich bis 30.6.2022 gültig.
2. Der Golfspieler/Leser hat sich telefonisch eine Abschlagzeit geben zu lassen – dabei ist die Nutzung des Angebots anzugeben.
3. Eine Barauszahlung des Greenfee-Vorteils ist nicht möglich.
4. Das Kombinieren von Angeboten oder bestehenden Greenfee-Vorteilen ist nicht möglich. Der Vorteil bezieht sich jeweils ausschließlich auf die zum Zeitpunkt der Einlösung gültigen vollen Greenfee-Gebühren.
5. Gibt es Spielergruppen mit erhöhten Greenfee-Gebühren, ist ein Nachlass auf diese Gebühren nicht möglich.
6. Das Angebot allein berechtigt nicht zum Spiel gegen Greenfee. Die Erfüllung der Bestimmungen des jeweiligen Golfclubs zur Greenfee-Berechtigung (Mitgliedschaft in einem Golfclub, Mindesthandicap etc.) zum Zeitpunkt der Einlösung sind Voraussetzung.
7. Es ist untersagt, den Greenfee-Gutschein entgeltlich Dritten zu überlassen bzw. mit diesen Handel zu treiben. Insbesondere sind die teilnehmenden Golfclubs in diesem Falle berechtigt, die Einlösung der ausgeschriebenen Angebote zu verweigern.
8. Die teilnehmenden Golfclubs haben sich gegenüber dem Verlag unter den o.g. Bedingungen verpflichtet, die ausgeschriebenen Angebote einzulösen. Der Verlag übernimmt jedoch keine Gewähr und keine Haftung, wenn ein Angebot nicht eingelöst wird oder werden kann.

Bedingungen zur Einlösung des Discounts:

1. Das Angebot ist einschließlich bis 30.6.2022 gültig.
2. Der Golfspieler/Leser hat sich telefonisch eine Abschlagzeit geben zu lassen – dabei ist die Nutzung des Angebots anzugeben.
3. Eine Barauszahlung des Greenfee-Vorteils ist nicht möglich.
4. Das Kombinieren von Angeboten oder bestehenden Greenfee-Vorteilen ist nicht möglich. Der Vorteil bezieht sich jeweils ausschließlich auf die zum Zeitpunkt der Einlösung gültigen vollen Greenfee-Gebühren.
5. Gibt es Spielergruppen mit erhöhten Greenfee-Gebühren, ist ein Nachlass auf diese Gebühren nicht möglich.
6. Das Angebot allein berechtigt nicht zum Spiel gegen Greenfee. Die Erfüllung der Bestimmungen des jeweiligen Golfclubs zur Greenfee-Berechtigung (Mitgliedschaft in einem Golfclub, Mindesthandicap etc.) zum Zeitpunkt der Einlösung sind Voraussetzung.
7. Es ist untersagt, den Greenfee-Gutschein entgeltlich Dritten zu überlassen bzw. mit diesen Handel zu treiben. Insbesondere sind die teilnehmenden Golfclubs in diesem Falle berechtigt, die Einlösung der ausgeschriebenen Angebote zu verweigern.
8. Die teilnehmenden Golfclubs haben sich gegenüber dem Verlag unter den o.g. Bedingungen verpflichtet, die ausgeschriebenen Angebote einzulösen. Der Verlag übernimmt jedoch keine Gewähr und keine Haftung, wenn ein Angebot nicht eingelöst wird oder werden kann.

Bedingungen zur Einlösung des Discounts:

1. Das Angebot ist einschließlich bis 30.6.2022 gültig.
2. Der Golfspieler/Leser hat sich telefonisch eine Abschlagzeit geben zu lassen – dabei ist die Nutzung des Angebots anzugeben.
3. Eine Barauszahlung des Greenfee-Vorteils ist nicht möglich.
4. Das Kombinieren von Angeboten oder bestehenden Greenfee-Vorteilen ist nicht möglich. Der Vorteil bezieht sich jeweils ausschließlich auf die zum Zeitpunkt der Einlösung gültigen vollen Greenfee-Gebühren.
5. Gibt es Spielergruppen mit erhöhten Greenfee-Gebühren, ist ein Nachlass auf diese Gebühren nicht möglich.
6. Das Angebot allein berechtigt nicht zum Spiel gegen Greenfee. Die Erfüllung der Bestimmungen des jeweiligen Golfclubs zur Greenfee-Berechtigung (Mitgliedschaft in einem Golfclub, Mindesthandicap etc.) zum Zeitpunkt der Einlösung sind Voraussetzung.
7. Es ist untersagt, den Greenfee-Gutschein entgeltlich Dritten zu überlassen bzw. mit diesen Handel zu treiben. Insbesondere sind die teilnehmenden Golfclubs in diesem Falle berechtigt, die Einlösung der ausgeschriebenen Angebote zu verweigern.
8. Die teilnehmenden Golfclubs haben sich gegenüber dem Verlag unter den o.g. Bedingungen verpflichtet, die ausgeschriebenen Angebote einzulösen. Der Verlag übernimmt jedoch keine Gewähr und keine Haftung, wenn ein Angebot nicht eingelöst wird oder werden kann.

Bedingungen zur Einlösung des Discounts:

1. Das Angebot ist einschließlich bis 30.6.2022 gültig.
2. Der Golfspieler/Leser hat sich telefonisch eine Abschlagzeit geben zu lassen – dabei ist die Nutzung des Angebots anzugeben.
3. Eine Barauszahlung des Greenfee-Vorteils ist nicht möglich.
4. Das Kombinieren von Angeboten oder bestehenden Greenfee-Vorteilen ist nicht möglich. Der Vorteil bezieht sich jeweils ausschließlich auf die zum Zeitpunkt der Einlösung gültigen vollen Greenfee-Gebühren.
5. Gibt es Spielergruppen mit erhöhten Greenfee-Gebühren, ist ein Nachlass auf diese Gebühren nicht möglich.
6. Das Angebot allein berechtigt nicht zum Spiel gegen Greenfee. Die Erfüllung der Bestimmungen des jeweiligen Golfclubs zur Greenfee-Berechtigung (Mitgliedschaft in einem Golfclub, Mindesthandicap etc.) zum Zeitpunkt der Einlösung sind Voraussetzung.
7. Es ist untersagt, den Greenfee-Gutschein entgeltlich Dritten zu überlassen bzw. mit diesen Handel zu treiben. Insbesondere sind die teilnehmenden Golfclubs in diesem Falle berechtigt, die Einlösung der ausgeschriebenen Angebote zu verweigern.
8. Die teilnehmenden Golfclubs haben sich gegenüber dem Verlag unter den o.g. Bedingungen verpflichtet, die ausgeschriebenen Angebote einzulösen. Der Verlag übernimmt jedoch keine Gewähr und keine Haftung, wenn ein Angebot nicht eingelöst wird oder werden kann.

Bedingungen zur Einlösung des Discounts:

1. Das Angebot ist einschließlich bis 30.6.2022 gültig.
2. Der Golfspieler/Leser hat sich telefonisch eine Abschlagzeit geben zu lassen – dabei ist die Nutzung des Angebots anzugeben.
3. Eine Barauszahlung des Greenfee-Vorteils ist nicht möglich.
4. Das Kombinieren von Angeboten oder bestehenden Greenfee-Vorteilen ist nicht möglich. Der Vorteil bezieht sich jeweils ausschließlich auf die zum Zeitpunkt der Einlösung gültigen vollen Greenfee-Gebühren.
5. Gibt es Spielergruppen mit erhöhten Greenfee-Gebühren, ist ein Nachlass auf diese Gebühren nicht möglich.
6. Das Angebot allein berechtigt nicht zum Spiel gegen Greenfee. Die Erfüllung der Bestimmungen des jeweiligen Golfclubs zur Greenfee-Berechtigung (Mitgliedschaft in einem Golfclub, Mindesthandicap etc.) zum Zeitpunkt der Einlösung sind Voraussetzung.
7. Es ist untersagt, den Greenfee-Gutschein entgeltlich Dritten zu überlassen bzw. mit diesen Handel zu treiben. Insbesondere sind die teilnehmenden Golfclubs in diesem Falle berechtigt, die Einlösung der ausgeschriebenen Angebote zu verweigern.
8. Die teilnehmenden Golfclubs haben sich gegenüber dem Verlag unter den o.g. Bedingungen verpflichtet, die ausgeschriebenen Angebote einzulösen. Der Verlag übernimmt jedoch keine Gewähr und keine Haftung, wenn ein Angebot nicht eingelöst wird oder werden kann.

Bedingungen zur Einlösung des Discounts:

1. Das Angebot ist einschließlich bis 30.6.2022 gültig.
2. Der Golfspieler/Leser hat sich telefonisch eine Abschlagzeit geben zu lassen – dabei ist die Nutzung des Angebots anzugeben.
3. Eine Barauszahlung des Greenfee-Vorteils ist nicht möglich.
4. Das Kombinieren von Angeboten oder bestehenden Greenfee-Vorteilen ist nicht möglich. Der Vorteil bezieht sich jeweils ausschließlich auf die zum Zeitpunkt der Einlösung gültigen vollen Greenfee-Gebühren.
5. Gibt es Spielergruppen mit erhöhten Greenfee-Gebühren, ist ein Nachlass auf diese Gebühren nicht möglich.
6. Das Angebot allein berechtigt nicht zum Spiel gegen Greenfee. Die Erfüllung der Bestimmungen des jeweiligen Golfclubs zur Greenfee-Berechtigung (Mitgliedschaft in einem Golfclub, Mindesthandicap etc.) zum Zeitpunkt der Einlösung sind Voraussetzung.
7. Es ist untersagt, den Greenfee-Gutschein entgeltlich Dritten zu überlassen bzw. mit diesen Handel zu treiben. Insbesondere sind die teilnehmenden Golfclubs in diesem Falle berechtigt, die Einlösung der ausgeschriebenen Angebote zu verweigern.
8. Die teilnehmenden Golfclubs haben sich gegenüber dem Verlag unter den o.g. Bedingungen verpflichtet, die ausgeschriebenen Angebote einzulösen. Der Verlag übernimmt jedoch keine Gewähr und keine Haftung, wenn ein Angebot nicht eingelöst wird oder werden kann.

Bedingungen zur Einlösung des Discounts:

1. Das Angebot ist einschließlich bis 30.6.2022 gültig.
2. Der Golfspieler/Leser hat sich telefonisch eine Abschlagzeit geben zu lassen – dabei ist die Nutzung des Angebots anzugeben.
3. Eine Barauszahlung des Greenfee-Vorteils ist nicht möglich.
4. Das Kombinieren von Angeboten oder bestehenden Greenfee-Vorteilen ist nicht möglich. Der Vorteil bezieht sich jeweils ausschließlich auf die zum Zeitpunkt der Einlösung gültigen vollen Greenfee-Gebühren.
5. Gibt es Spielergruppen mit erhöhten Greenfee-Gebühren, ist ein Nachlass auf diese Gebühren nicht möglich.
6. Das Angebot allein berechtigt nicht zum Spiel gegen Greenfee. Die Erfüllung der Bestimmungen des jeweiligen Golfclubs zur Greenfee-Berechtigung (Mitgliedschaft in einem Golfclub, Mindesthandicap etc.) zum Zeitpunkt der Einlösung sind Voraussetzung.
7. Es ist untersagt, den Greenfee-Gutschein entgeltlich Dritten zu überlassen bzw. mit diesen Handel zu treiben. Insbesondere sind die teilnehmenden Golfclubs in diesem Falle berechtigt, die Einlösung der ausgeschriebenen Angebote zu verweigern.
8. Die teilnehmenden Golfclubs haben sich gegenüber dem Verlag unter den o.g. Bedingungen verpflichtet, die ausgeschriebenen Angebote einzulösen. Der Verlag übernimmt jedoch keine Gewähr und keine Haftung, wenn ein Angebot nicht eingelöst wird oder werden kann.

DER GOLF ALBRECHT

Golf Club Werl e.V.

DE

Am Golfplatz 1
D-59457 Werl
✆ 02377-6307
Nordrhein-Westfalen

100

2 for 1 – 2 GF zum Preis von 1 wochentags

DER GOLF ALBRECHT

Golf Club Werl e.V.

DE

Am Golfplatz 1
D-59457 Werl
✆ 02377-6307
Nordrhein-Westfalen

100

50% – Greenfee-Ermäßigung wochentags

DER GOLF ALBRECHT

Golf Club Werl e.V.

DE

Am Golfplatz 1
D-59457 Werl
✆ 02377-6307
Nordrhein-Westfalen

100

50% – Greenfee-Ermäßigung wochentags

DER GOLF ALBRECHT

Golfclub Westheim e. V.

DE

Kastanienweg 16 b, Sportanlage
D-34431 Marsberg Westheim
✆ 02994-908854
Nordrhein-Westfalen

101

2 for 1 – 2 GF zum Preis von 1

DER GOLF ALBRECHT

Golfclub Westheim e. V.

DE

Kastanienweg 16 b, Sportanlage
D-34431 Marsberg Westheim
✆ 02994-908854
Nordrhein-Westfalen

101

2 for 1 – 2 GF zum Preis von 1

DER GOLF ALBRECHT

Golfclub am Kemnader See e.V.

DE

In der Lake 33
D-58456 Witten
✆ 02302-7601600
Nordrhein-Westfalen

102

2 for 1 – 2 GF zum Preis von 1

DER GOLF ALBRECHT

Golfclub am Kemnader See e.V.

DE

In der Lake 33
D-58456 Witten
✆ 02302-7601600
Nordrhein-Westfalen

102

2 for 1 – 2 GF zum Preis von 1

DER GOLF ALBRECHT

Golfclub am Kemnader See e.V.

DE

In der Lake 33
D-58456 Witten
✆ 02302-7601600
Nordrhein-Westfalen

102

2 for 1 – 2 GF zum Preis von 1

DER GOLF ALBRECHT

Golfclub Sauerland e.V., Neheim-Hüsten

DE

Zum Golfplatz 19
D-59759 Arnsberg
✆ 02932-31546
Nordrhein-Westfalen

103

2 for 1 – 2 GF zum Preis von 1

DER GOLF ALBRECHT

Golfclub Sauerland e.V., Neheim-Hüsten

DE

Zum Golfplatz 19
D-59759 Arnsberg
✆ 02932-31546
Nordrhein-Westfalen

103

2 for 1 – 2 GF zum Preis von 1

Bedingungen zur Einlösung des Discounts:

1. Das Angebot ist einschließlich bis 30.6.2022 gültig.
2. Der Golfspieler/Leser hat sich telefonisch eine Abschlagzeit geben zu lassen – dabei ist die Nutzung des Angebots anzugeben.
3. Eine Barauszahlung des Greenfee-Vorteils ist nicht möglich.
4. Das Kombinieren von Angeboten oder bestehenden Greenfee-Vorteilen ist nicht möglich. Der Vorteil bezieht sich jeweils ausschließlich auf die zum Zeitpunkt der Einlösung gültigen vollen Greenfee-Gebühren.
5. Gibt es Spielergruppen mit erhöhten Greenfee-Gebühren, ist ein Nachlass auf diese Gebühren nicht möglich.
6. Das Angebot allein berechtigt nicht zum Spiel gegen Greenfee. Die Erfüllung der Bestimmungen des jeweiligen Golfclubs zur Greenfee-Berechtigung (Mitgliedschaft in einem Golfclub, Mindesthandicap etc.) zum Zeitpunkt der Einlösung sind Voraussetzung.
7. Es ist untersagt, den Greenfee-Gutschein entgeltlich Dritten zu überlassen bzw. mit diesen Handel zu treiben. Insbesondere sind die teilnehmenden Golfclubs in diesem Falle berechtigt, die Einlösung der ausgeschriebenen Angebote zu verweigern.
8. Die teilnehmenden Golfclubs haben sich gegenüber dem Verlag unter den o.g. Bedingungen verpflichtet, die ausgeschriebenen Angebote einzulösen. Der Verlag übernimmt jedoch keine Gewähr und keine Haftung, wenn ein Angebot nicht eingelöst wird oder werden kann.

Bedingungen zur Einlösung des Discounts:

1. Das Angebot ist einschließlich bis 30.6.2022 gültig.
2. Der Golfspieler/Leser hat sich telefonisch eine Abschlagzeit geben zu lassen – dabei ist die Nutzung des Angebots anzugeben.
3. Eine Barauszahlung des Greenfee-Vorteils ist nicht möglich.
4. Das Kombinieren von Angeboten oder bestehenden Greenfee-Vorteilen ist nicht möglich. Der Vorteil bezieht sich jeweils ausschließlich auf die zum Zeitpunkt der Einlösung gültigen vollen Greenfee-Gebühren.
5. Gibt es Spielergruppen mit erhöhten Greenfee-Gebühren, ist ein Nachlass auf diese Gebühren nicht möglich.
6. Das Angebot allein berechtigt nicht zum Spiel gegen Greenfee. Die Erfüllung der Bestimmungen des jeweiligen Golfclubs zur Greenfee-Berechtigung (Mitgliedschaft in einem Golfclub, Mindesthandicap etc.) zum Zeitpunkt der Einlösung sind Voraussetzung.
7. Es ist untersagt, den Greenfee-Gutschein entgeltlich Dritten zu überlassen bzw. mit diesen Handel zu treiben. Insbesondere sind die teilnehmenden Golfclubs in diesem Falle berechtigt, die Einlösung der ausgeschriebenen Angebote zu verweigern.
8. Die teilnehmenden Golfclubs haben sich gegenüber dem Verlag unter den o.g. Bedingungen verpflichtet, die ausgeschriebenen Angebote einzulösen. Der Verlag übernimmt jedoch keine Gewähr und keine Haftung, wenn ein Angebot nicht eingelöst wird oder werden kann.

Bedingungen zur Einlösung des Discounts:

1. Das Angebot ist einschließlich bis 30.6.2022 gültig.
2. Der Golfspieler/Leser hat sich telefonisch eine Abschlagzeit geben zu lassen – dabei ist die Nutzung des Angebots anzugeben.
3. Eine Barauszahlung des Greenfee-Vorteils ist nicht möglich.
4. Das Kombinieren von Angeboten oder bestehenden Greenfee-Vorteilen ist nicht möglich. Der Vorteil bezieht sich jeweils ausschließlich auf die zum Zeitpunkt der Einlösung gültigen vollen Greenfee-Gebühren.
5. Gibt es Spielergruppen mit erhöhten Greenfee-Gebühren, ist ein Nachlass auf diese Gebühren nicht möglich.
6. Das Angebot allein berechtigt nicht zum Spiel gegen Greenfee. Die Erfüllung der Bestimmungen des jeweiligen Golfclubs zur Greenfee-Berechtigung (Mitgliedschaft in einem Golfclub, Mindesthandicap etc.) zum Zeitpunkt der Einlösung sind Voraussetzung.
7. Es ist untersagt, den Greenfee-Gutschein entgeltlich Dritten zu überlassen bzw. mit diesen Handel zu treiben. Insbesondere sind die teilnehmenden Golfclubs in diesem Falle berechtigt, die Einlösung der ausgeschriebenen Angebote zu verweigern.
8. Die teilnehmenden Golfclubs haben sich gegenüber dem Verlag unter den o.g. Bedingungen verpflichtet, die ausgeschriebenen Angebote einzulösen. Der Verlag übernimmt jedoch keine Gewähr und keine Haftung, wenn ein Angebot nicht eingelöst wird oder werden kann.

Bedingungen zur Einlösung des Discounts:

1. Das Angebot ist einschließlich bis 30.6.2022 gültig.
2. Der Golfspieler/Leser hat sich telefonisch eine Abschlagzeit geben zu lassen – dabei ist die Nutzung des Angebots anzugeben.
3. Eine Barauszahlung des Greenfee-Vorteils ist nicht möglich.
4. Das Kombinieren von Angeboten oder bestehenden Greenfee-Vorteilen ist nicht möglich. Der Vorteil bezieht sich jeweils ausschließlich auf die zum Zeitpunkt der Einlösung gültigen vollen Greenfee-Gebühren.
5. Gibt es Spielergruppen mit erhöhten Greenfee-Gebühren, ist ein Nachlass auf diese Gebühren nicht möglich.
6. Das Angebot allein berechtigt nicht zum Spiel gegen Greenfee. Die Erfüllung der Bestimmungen des jeweiligen Golfclubs zur Greenfee-Berechtigung (Mitgliedschaft in einem Golfclub, Mindesthandicap etc.) zum Zeitpunkt der Einlösung sind Voraussetzung.
7. Es ist untersagt, den Greenfee-Gutschein entgeltlich Dritten zu überlassen bzw. mit diesen Handel zu treiben. Insbesondere sind die teilnehmenden Golfclubs in diesem Falle berechtigt, die Einlösung der ausgeschriebenen Angebote zu verweigern.
8. Die teilnehmenden Golfclubs haben sich gegenüber dem Verlag unter den o.g. Bedingungen verpflichtet, die ausgeschriebenen Angebote einzulösen. Der Verlag übernimmt jedoch keine Gewähr und keine Haftung, wenn ein Angebot nicht eingelöst wird oder werden kann.

Bedingungen zur Einlösung des Discounts:

1. Das Angebot ist einschließlich bis 30.6.2022 gültig.
2. Der Golfspieler/Leser hat sich telefonisch eine Abschlagzeit geben zu lassen – dabei ist die Nutzung des Angebots anzugeben.
3. Eine Barauszahlung des Greenfee-Vorteils ist nicht möglich.
4. Das Kombinieren von Angeboten oder bestehenden Greenfee-Vorteilen ist nicht möglich. Der Vorteil bezieht sich jeweils ausschließlich auf die zum Zeitpunkt der Einlösung gültigen vollen Greenfee-Gebühren.
5. Gibt es Spielergruppen mit erhöhten Greenfee-Gebühren, ist ein Nachlass auf diese Gebühren nicht möglich.
6. Das Angebot allein berechtigt nicht zum Spiel gegen Greenfee. Die Erfüllung der Bestimmungen des jeweiligen Golfclubs zur Greenfee-Berechtigung (Mitgliedschaft in einem Golfclub, Mindesthandicap etc.) zum Zeitpunkt der Einlösung sind Voraussetzung.
7. Es ist untersagt, den Greenfee-Gutschein entgeltlich Dritten zu überlassen bzw. mit diesen Handel zu treiben. Insbesondere sind die teilnehmenden Golfclubs in diesem Falle berechtigt, die Einlösung der ausgeschriebenen Angebote zu verweigern.
8. Die teilnehmenden Golfclubs haben sich gegenüber dem Verlag unter den o.g. Bedingungen verpflichtet, die ausgeschriebenen Angebote einzulösen. Der Verlag übernimmt jedoch keine Gewähr und keine Haftung, wenn ein Angebot nicht eingelöst wird oder werden kann.

Bedingungen zur Einlösung des Discounts:

1. Das Angebot ist einschließlich bis 30.6.2022 gültig.
2. Der Golfspieler/Leser hat sich telefonisch eine Abschlagzeit geben zu lassen – dabei ist die Nutzung des Angebots anzugeben.
3. Eine Barauszahlung des Greenfee-Vorteils ist nicht möglich.
4. Das Kombinieren von Angeboten oder bestehenden Greenfee-Vorteilen ist nicht möglich. Der Vorteil bezieht sich jeweils ausschließlich auf die zum Zeitpunkt der Einlösung gültigen vollen Greenfee-Gebühren.
5. Gibt es Spielergruppen mit erhöhten Greenfee-Gebühren, ist ein Nachlass auf diese Gebühren nicht möglich.
6. Das Angebot allein berechtigt nicht zum Spiel gegen Greenfee. Die Erfüllung der Bestimmungen des jeweiligen Golfclubs zur Greenfee-Berechtigung (Mitgliedschaft in einem Golfclub, Mindesthandicap etc.) zum Zeitpunkt der Einlösung sind Voraussetzung.
7. Es ist untersagt, den Greenfee-Gutschein entgeltlich Dritten zu überlassen bzw. mit diesen Handel zu treiben. Insbesondere sind die teilnehmenden Golfclubs in diesem Falle berechtigt, die Einlösung der ausgeschriebenen Angebote zu verweigern.
8. Die teilnehmenden Golfclubs haben sich gegenüber dem Verlag unter den o.g. Bedingungen verpflichtet, die ausgeschriebenen Angebote einzulösen. Der Verlag übernimmt jedoch keine Gewähr und keine Haftung, wenn ein Angebot nicht eingelöst wird oder werden kann.

Bedingungen zur Einlösung des Discounts:

1. Das Angebot ist einschließlich bis 30.6.2022 gültig.
2. Der Golfspieler/Leser hat sich telefonisch eine Abschlagzeit geben zu lassen – dabei ist die Nutzung des Angebots anzugeben.
3. Eine Barauszahlung des Greenfee-Vorteils ist nicht möglich.
4. Das Kombinieren von Angeboten oder bestehenden Greenfee-Vorteilen ist nicht möglich. Der Vorteil bezieht sich jeweils ausschließlich auf die zum Zeitpunkt der Einlösung gültigen vollen Greenfee-Gebühren.
5. Gibt es Spielergruppen mit erhöhten Greenfee-Gebühren, ist ein Nachlass auf diese Gebühren nicht möglich.
6. Das Angebot allein berechtigt nicht zum Spiel gegen Greenfee. Die Erfüllung der Bestimmungen des jeweiligen Golfclubs zur Greenfee-Berechtigung (Mitgliedschaft in einem Golfclub, Mindesthandicap etc.) zum Zeitpunkt der Einlösung sind Voraussetzung.
7. Es ist untersagt, den Greenfee-Gutschein entgeltlich Dritten zu überlassen bzw. mit diesen Handel zu treiben. Insbesondere sind die teilnehmenden Golfclubs in diesem Falle berechtigt, die Einlösung der ausgeschriebenen Angebote zu verweigern.
8. Die teilnehmenden Golfclubs haben sich gegenüber dem Verlag unter den o.g. Bedingungen verpflichtet, die ausgeschriebenen Angebote einzulösen. Der Verlag übernimmt jedoch keine Gewähr und keine Haftung, wenn ein Angebot nicht eingelöst wird oder werden kann.

Bedingungen zur Einlösung des Discounts:

1. Das Angebot ist einschließlich bis 30.6.2022 gültig.
2. Der Golfspieler/Leser hat sich telefonisch eine Abschlagzeit geben zu lassen – dabei ist die Nutzung des Angebots anzugeben.
3. Eine Barauszahlung des Greenfee-Vorteils ist nicht möglich.
4. Das Kombinieren von Angeboten oder bestehenden Greenfee-Vorteilen ist nicht möglich. Der Vorteil bezieht sich jeweils ausschließlich auf die zum Zeitpunkt der Einlösung gültigen vollen Greenfee-Gebühren.
5. Gibt es Spielergruppen mit erhöhten Greenfee-Gebühren, ist ein Nachlass auf diese Gebühren nicht möglich.
6. Das Angebot allein berechtigt nicht zum Spiel gegen Greenfee. Die Erfüllung der Bestimmungen des jeweiligen Golfclubs zur Greenfee-Berechtigung (Mitgliedschaft in einem Golfclub, Mindesthandicap etc.) zum Zeitpunkt der Einlösung sind Voraussetzung.
7. Es ist untersagt, den Greenfee-Gutschein entgeltlich Dritten zu überlassen bzw. mit diesen Handel zu treiben. Insbesondere sind die teilnehmenden Golfclubs in diesem Falle berechtigt, die Einlösung der ausgeschriebenen Angebote zu verweigern.
8. Die teilnehmenden Golfclubs haben sich gegenüber dem Verlag unter den o.g. Bedingungen verpflichtet, die ausgeschriebenen Angebote einzulösen. Der Verlag übernimmt jedoch keine Gewähr und keine Haftung, wenn ein Angebot nicht eingelöst wird oder werden kann.

Bedingungen zur Einlösung des Discounts:

1. Das Angebot ist einschließlich bis 30.6.2022 gültig.
2. Der Golfspieler/Leser hat sich telefonisch eine Abschlagzeit geben zu lassen – dabei ist die Nutzung des Angebots anzugeben.
3. Eine Barauszahlung des Greenfee-Vorteils ist nicht möglich.
4. Das Kombinieren von Angeboten oder bestehenden Greenfee-Vorteilen ist nicht möglich. Der Vorteil bezieht sich jeweils ausschließlich auf die zum Zeitpunkt der Einlösung gültigen vollen Greenfee-Gebühren.
5. Gibt es Spielergruppen mit erhöhten Greenfee-Gebühren, ist ein Nachlass auf diese Gebühren nicht möglich.
6. Das Angebot allein berechtigt nicht zum Spiel gegen Greenfee. Die Erfüllung der Bestimmungen des jeweiligen Golfclubs zur Greenfee-Berechtigung (Mitgliedschaft in einem Golfclub, Mindesthandicap etc.) zum Zeitpunkt der Einlösung sind Voraussetzung.
7. Es ist untersagt, den Greenfee-Gutschein entgeltlich Dritten zu überlassen bzw. mit diesen Handel zu treiben. Insbesondere sind die teilnehmenden Golfclubs in diesem Falle berechtigt, die Einlösung der ausgeschriebenen Angebote zu verweigern.
8. Die teilnehmenden Golfclubs haben sich gegenüber dem Verlag unter den o.g. Bedingungen verpflichtet, die ausgeschriebenen Angebote einzulösen. Der Verlag übernimmt jedoch keine Gewähr und keine Haftung, wenn ein Angebot nicht eingelöst wird oder werden kann.

Bedingungen zur Einlösung des Discounts:

1. Das Angebot ist einschließlich bis 30.6.2022 gültig.
2. Der Golfspieler/Leser hat sich telefonisch eine Abschlagzeit geben zu lassen – dabei ist die Nutzung des Angebots anzugeben.
3. Eine Barauszahlung des Greenfee-Vorteils ist nicht möglich.
4. Das Kombinieren von Angeboten oder bestehenden Greenfee-Vorteilen ist nicht möglich. Der Vorteil bezieht sich jeweils ausschließlich auf die zum Zeitpunkt der Einlösung gültigen vollen Greenfee-Gebühren.
5. Gibt es Spielergruppen mit erhöhten Greenfee-Gebühren, ist ein Nachlass auf diese Gebühren nicht möglich.
6. Das Angebot allein berechtigt nicht zum Spiel gegen Greenfee. Die Erfüllung der Bestimmungen des jeweiligen Golfclubs zur Greenfee-Berechtigung (Mitgliedschaft in einem Golfclub, Mindesthandicap etc.) zum Zeitpunkt der Einlösung sind Voraussetzung.
7. Es ist untersagt, den Greenfee-Gutschein entgeltlich Dritten zu überlassen bzw. mit diesen Handel zu treiben. Insbesondere sind die teilnehmenden Golfclubs in diesem Falle berechtigt, die Einlösung der ausgeschriebenen Angebote zu verweigern.
8. Die teilnehmenden Golfclubs haben sich gegenüber dem Verlag unter den o.g. Bedingungen verpflichtet, die ausgeschriebenen Angebote einzulösen. Der Verlag übernimmt jedoch keine Gewähr und keine Haftung, wenn ein Angebot nicht eingelöst wird oder werden kann.

DER GOLF ALBRECHT

Golfclub Sauerland e.V., Neheim-Hüsten DE

Zum Golfplatz 19
D-59759 Arnsberg
✆ 02932-31546
Nordrhein-Westfalen

103

25% Greenfee-Ermäßigung

DER GOLF ALBRECHT

Golfclub Sauerland e.V., Neheim-Hüsten DE

Zum Golfplatz 19
D-59759 Arnsberg
✆ 02932-31546
Nordrhein-Westfalen

103

25% Greenfee-Ermäßigung

DER GOLF ALBRECHT

Golfen in Herdecke DE

Ackerweg 30 a
D-58313 Herdecke
✆ 02330-973505
Nordrhein-Westfalen

104

2 for 1 2 GF zum Preis von 1 wochentags

DER GOLF ALBRECHT

Golfen in Herdecke DE

Ackerweg 30 a
D-58313 Herdecke
✆ 02330-973505
Nordrhein-Westfalen

104

2 for 1 2 GF zum Preis von 1 wochentags

DER GOLF ALBRECHT

Golfen in Herdecke DE

Ackerweg 30 a
D-58313 Herdecke
✆ 02330-973505
Nordrhein-Westfalen

104

20% Greenfee-Ermäßigung wochentags

DER GOLF ALBRECHT

Golfen in Herdecke DE

Ackerweg 30 a
D-58313 Herdecke
✆ 02330-973505
Nordrhein-Westfalen

104

20% Greenfee-Ermäßigung wochentags

DER GOLF ALBRECHT

Golfclub Op de Niep e.V. DE

Bergschenweg 71
D-47506 Neukirchen-Vluyn
✆ 02845-28051
Nordrhein-Westfalen
Hinweis: Fragen Sie beim Besuch im Pro Shop nach unserer Greenfee-Mitgliedschaft

105

2 for 1 2 GF zum Preis von 1

DER GOLF ALBRECHT

Golfclub Op de Niep e.V. DE

Bergschenweg 71
D-47506 Neukirchen-Vluyn
✆ 02845-28051
Nordrhein-Westfalen
Hinweis: Fragen Sie beim Besuch im Pro Shop nach unserer Greenfee-Mitgliedschaft

105

2 for 1 2 GF zum Preis von 1

DER GOLF ALBRECHT

Golfclub Op de Niep e.V. DE

Bergschenweg 71
D-47506 Neukirchen-Vluyn
✆ 02845-28051
Nordrhein-Westfalen
Hinweis: Fragen Sie beim Besuch im Pro Shop nach unserer Greenfee-Mitgliedschaft

105

2 for 1 2 GF zum Preis von 1

DER GOLF ALBRECHT

Golfclub Op de Niep e.V. DE

Bergschenweg 71
D-47506 Neukirchen-Vluyn
✆ 02845-28051
Nordrhein-Westfalen

105

50% Greenfee-Ermäßigung

Bedingungen zur Einlösung des Discounts:
1. Das Angebot ist einschließlich bis 30.6.2022 gültig.
2. Der Golfspieler/Leser hat sich telefonisch eine Abschlagzeit geben zu lassen – dabei ist die Nutzung des Angebots anzugeben.
3. Eine Barauszahlung des Greenfee-Vorteils ist nicht möglich.
4. Das Kombinieren von Angeboten oder bestehenden Greenfee-Vorteilen ist nicht möglich. Der Vorteil bezieht sich jeweils ausschließlich auf die zum Zeitpunkt der Einlösung gültigen vollen Greenfee-Gebühren.
5. Gibt es Spielergruppen mit erhöhten Greenfee-Gebühren, ist ein Nachlass auf diese Gebühren nicht möglich.
6. Das Angebot allein berechtigt nicht zum Spiel gegen Greenfee. Die Erfüllung der Bestimmungen des jeweiligen Golfclubs zur Greenfee-Berechtigung (Mitgliedschaft in einem Golfclub, Mindesthandicap etc.) zum Zeitpunkt der Einlösung sind Voraussetzung.
7. Es ist untersagt, den Greenfee-Gutschein entgeltlich Dritten zu überlassen bzw. mit diesen Handel zu treiben. Insbesondere sind die teilnehmenden Golfclubs in diesem Falle berechtigt, die Einlösung der ausgeschriebenen Angebote zu verweigern.
8. Die teilnehmenden Golfclubs haben sich gegenüber dem Verlag unter den o.g. Bedingungen verpflichtet, die ausgeschriebenen Angebote einzulösen. Der Verlag übernimmt jedoch keine Gewähr und keine Haftung, wenn ein Angebot nicht eingelöst wird oder werden kann.

Bedingungen zur Einlösung des Discounts:
1. Das Angebot ist einschließlich bis 30.6.2022 gültig.
2. Der Golfspieler/Leser hat sich telefonisch eine Abschlagzeit geben zu lassen – dabei ist die Nutzung des Angebots anzugeben.
3. Eine Barauszahlung des Greenfee-Vorteils ist nicht möglich.
4. Das Kombinieren von Angeboten oder bestehenden Greenfee-Vorteilen ist nicht möglich. Der Vorteil bezieht sich jeweils ausschließlich auf die zum Zeitpunkt der Einlösung gültigen vollen Greenfee-Gebühren.
5. Gibt es Spielergruppen mit erhöhten Greenfee-Gebühren, ist ein Nachlass auf diese Gebühren nicht möglich.
6. Das Angebot allein berechtigt nicht zum Spiel gegen Greenfee. Die Erfüllung der Bestimmungen des jeweiligen Golfclubs zur Greenfee-Berechtigung (Mitgliedschaft in einem Golfclub, Mindesthandicap etc.) zum Zeitpunkt der Einlösung sind Voraussetzung.
7. Es ist untersagt, den Greenfee-Gutschein entgeltlich Dritten zu überlassen bzw. mit diesen Handel zu treiben. Insbesondere sind die teilnehmenden Golfclubs in diesem Falle berechtigt, die Einlösung der ausgeschriebenen Angebote zu verweigern.
8. Die teilnehmenden Golfclubs haben sich gegenüber dem Verlag unter den o.g. Bedingungen verpflichtet, die ausgeschriebenen Angebote einzulösen. Der Verlag übernimmt jedoch keine Gewähr und keine Haftung, wenn ein Angebot nicht eingelöst wird oder werden kann.

Bedingungen zur Einlösung des Discounts:
1. Das Angebot ist einschließlich bis 30.6.2022 gültig.
2. Der Golfspieler/Leser hat sich telefonisch eine Abschlagzeit geben zu lassen – dabei ist die Nutzung des Angebots anzugeben.
3. Eine Barauszahlung des Greenfee-Vorteils ist nicht möglich.
4. Das Kombinieren von Angeboten oder bestehenden Greenfee-Vorteilen ist nicht möglich. Der Vorteil bezieht sich jeweils ausschließlich auf die zum Zeitpunkt der Einlösung gültigen vollen Greenfee-Gebühren.
5. Gibt es Spielergruppen mit erhöhten Greenfee-Gebühren, ist ein Nachlass auf diese Gebühren nicht möglich.
6. Das Angebot allein berechtigt nicht zum Spiel gegen Greenfee. Die Erfüllung der Bestimmungen des jeweiligen Golfclubs zur Greenfee-Berechtigung (Mitgliedschaft in einem Golfclub, Mindesthandicap etc.) zum Zeitpunkt der Einlösung sind Voraussetzung.
7. Es ist untersagt, den Greenfee-Gutschein entgeltlich Dritten zu überlassen bzw. mit diesen Handel zu treiben. Insbesondere sind die teilnehmenden Golfclubs in diesem Falle berechtigt, die Einlösung der ausgeschriebenen Angebote zu verweigern.
8. Die teilnehmenden Golfclubs haben sich gegenüber dem Verlag unter den o.g. Bedingungen verpflichtet, die ausgeschriebenen Angebote einzulösen. Der Verlag übernimmt jedoch keine Gewähr und keine Haftung, wenn ein Angebot nicht eingelöst wird oder werden kann.

Bedingungen zur Einlösung des Discounts:
1. Das Angebot ist einschließlich bis 30.6.2022 gültig.
2. Der Golfspieler/Leser hat sich telefonisch eine Abschlagzeit geben zu lassen – dabei ist die Nutzung des Angebots anzugeben.
3. Eine Barauszahlung des Greenfee-Vorteils ist nicht möglich.
4. Das Kombinieren von Angeboten oder bestehenden Greenfee-Vorteilen ist nicht möglich. Der Vorteil bezieht sich jeweils ausschließlich auf die zum Zeitpunkt der Einlösung gültigen vollen Greenfee-Gebühren.
5. Gibt es Spielergruppen mit erhöhten Greenfee-Gebühren, ist ein Nachlass auf diese Gebühren nicht möglich.
6. Das Angebot allein berechtigt nicht zum Spiel gegen Greenfee. Die Erfüllung der Bestimmungen des jeweiligen Golfclubs zur Greenfee-Berechtigung (Mitgliedschaft in einem Golfclub, Mindesthandicap etc.) zum Zeitpunkt der Einlösung sind Voraussetzung.
7. Es ist untersagt, den Greenfee-Gutschein entgeltlich Dritten zu überlassen bzw. mit diesen Handel zu treiben. Insbesondere sind die teilnehmenden Golfclubs in diesem Falle berechtigt, die Einlösung der ausgeschriebenen Angebote zu verweigern.
8. Die teilnehmenden Golfclubs haben sich gegenüber dem Verlag unter den o.g. Bedingungen verpflichtet, die ausgeschriebenen Angebote einzulösen. Der Verlag übernimmt jedoch keine Gewähr und keine Haftung, wenn ein Angebot nicht eingelöst wird oder werden kann.

Bedingungen zur Einlösung des Discounts:
1. Das Angebot ist einschließlich bis 30.6.2022 gültig.
2. Der Golfspieler/Leser hat sich telefonisch eine Abschlagzeit geben zu lassen – dabei ist die Nutzung des Angebots anzugeben.
3. Eine Barauszahlung des Greenfee-Vorteils ist nicht möglich.
4. Das Kombinieren von Angeboten oder bestehenden Greenfee-Vorteilen ist nicht möglich. Der Vorteil bezieht sich jeweils ausschließlich auf die zum Zeitpunkt der Einlösung gültigen vollen Greenfee-Gebühren.
5. Gibt es Spielergruppen mit erhöhten Greenfee-Gebühren, ist ein Nachlass auf diese Gebühren nicht möglich.
6. Das Angebot allein berechtigt nicht zum Spiel gegen Greenfee. Die Erfüllung der Bestimmungen des jeweiligen Golfclubs zur Greenfee-Berechtigung (Mitgliedschaft in einem Golfclub, Mindesthandicap etc.) zum Zeitpunkt der Einlösung sind Voraussetzung.
7. Es ist untersagt, den Greenfee-Gutschein entgeltlich Dritten zu überlassen bzw. mit diesen Handel zu treiben. Insbesondere sind die teilnehmenden Golfclubs in diesem Falle berechtigt, die Einlösung der ausgeschriebenen Angebote zu verweigern.
8. Die teilnehmenden Golfclubs haben sich gegenüber dem Verlag unter den o.g. Bedingungen verpflichtet, die ausgeschriebenen Angebote einzulösen. Der Verlag übernimmt jedoch keine Gewähr und keine Haftung, wenn ein Angebot nicht eingelöst wird oder werden kann.

Bedingungen zur Einlösung des Discounts:
1. Das Angebot ist einschließlich bis 30.6.2022 gültig.
2. Der Golfspieler/Leser hat sich telefonisch eine Abschlagzeit geben zu lassen – dabei ist die Nutzung des Angebots anzugeben.
3. Eine Barauszahlung des Greenfee-Vorteils ist nicht möglich.
4. Das Kombinieren von Angeboten oder bestehenden Greenfee-Vorteilen ist nicht möglich. Der Vorteil bezieht sich jeweils ausschließlich auf die zum Zeitpunkt der Einlösung gültigen vollen Greenfee-Gebühren.
5. Gibt es Spielergruppen mit erhöhten Greenfee-Gebühren, ist ein Nachlass auf diese Gebühren nicht möglich.
6. Das Angebot allein berechtigt nicht zum Spiel gegen Greenfee. Die Erfüllung der Bestimmungen des jeweiligen Golfclubs zur Greenfee-Berechtigung (Mitgliedschaft in einem Golfclub, Mindesthandicap etc.) zum Zeitpunkt der Einlösung sind Voraussetzung.
7. Es ist untersagt, den Greenfee-Gutschein entgeltlich Dritten zu überlassen bzw. mit diesen Handel zu treiben. Insbesondere sind die teilnehmenden Golfclubs in diesem Falle berechtigt, die Einlösung der ausgeschriebenen Angebote zu verweigern.
8. Die teilnehmenden Golfclubs haben sich gegenüber dem Verlag unter den o.g. Bedingungen verpflichtet, die ausgeschriebenen Angebote einzulösen. Der Verlag übernimmt jedoch keine Gewähr und keine Haftung, wenn ein Angebot nicht eingelöst wird oder werden kann.

Bedingungen zur Einlösung des Discounts:
1. Das Angebot ist einschließlich bis 30.6.2022 gültig.
2. Der Golfspieler/Leser hat sich telefonisch eine Abschlagzeit geben zu lassen – dabei ist die Nutzung des Angebots anzugeben.
3. Eine Barauszahlung des Greenfee-Vorteils ist nicht möglich.
4. Das Kombinieren von Angeboten oder bestehenden Greenfee-Vorteilen ist nicht möglich. Der Vorteil bezieht sich jeweils ausschließlich auf die zum Zeitpunkt der Einlösung gültigen vollen Greenfee-Gebühren.
5. Gibt es Spielergruppen mit erhöhten Greenfee-Gebühren, ist ein Nachlass auf diese Gebühren nicht möglich.
6. Das Angebot allein berechtigt nicht zum Spiel gegen Greenfee. Die Erfüllung der Bestimmungen des jeweiligen Golfclubs zur Greenfee-Berechtigung (Mitgliedschaft in einem Golfclub, Mindesthandicap etc.) zum Zeitpunkt der Einlösung sind Voraussetzung.
7. Es ist untersagt, den Greenfee-Gutschein entgeltlich Dritten zu überlassen bzw. mit diesen Handel zu treiben. Insbesondere sind die teilnehmenden Golfclubs in diesem Falle berechtigt, die Einlösung der ausgeschriebenen Angebote zu verweigern.
8. Die teilnehmenden Golfclubs haben sich gegenüber dem Verlag unter den o.g. Bedingungen verpflichtet, die ausgeschriebenen Angebote einzulösen. Der Verlag übernimmt jedoch keine Gewähr und keine Haftung, wenn ein Angebot nicht eingelöst wird oder werden kann.

Bedingungen zur Einlösung des Discounts:
1. Das Angebot ist einschließlich bis 30.6.2022 gültig.
2. Der Golfspieler/Leser hat sich telefonisch eine Abschlagzeit geben zu lassen – dabei ist die Nutzung des Angebots anzugeben.
3. Eine Barauszahlung des Greenfee-Vorteils ist nicht möglich.
4. Das Kombinieren von Angeboten oder bestehenden Greenfee-Vorteilen ist nicht möglich. Der Vorteil bezieht sich jeweils ausschließlich auf die zum Zeitpunkt der Einlösung gültigen vollen Greenfee-Gebühren.
5. Gibt es Spielergruppen mit erhöhten Greenfee-Gebühren, ist ein Nachlass auf diese Gebühren nicht möglich.
6. Das Angebot allein berechtigt nicht zum Spiel gegen Greenfee. Die Erfüllung der Bestimmungen des jeweiligen Golfclubs zur Greenfee-Berechtigung (Mitgliedschaft in einem Golfclub, Mindesthandicap etc.) zum Zeitpunkt der Einlösung sind Voraussetzung.
7. Es ist untersagt, den Greenfee-Gutschein entgeltlich Dritten zu überlassen bzw. mit diesen Handel zu treiben. Insbesondere sind die teilnehmenden Golfclubs in diesem Falle berechtigt, die Einlösung der ausgeschriebenen Angebote zu verweigern.
8. Die teilnehmenden Golfclubs haben sich gegenüber dem Verlag unter den o.g. Bedingungen verpflichtet, die ausgeschriebenen Angebote einzulösen. Der Verlag übernimmt jedoch keine Gewähr und keine Haftung, wenn ein Angebot nicht eingelöst wird oder werden kann.

Bedingungen zur Einlösung des Discounts:
1. Das Angebot ist einschließlich bis 30.6.2022 gültig.
2. Der Golfspieler/Leser hat sich telefonisch eine Abschlagzeit geben zu lassen – dabei ist die Nutzung des Angebots anzugeben.
3. Eine Barauszahlung des Greenfee-Vorteils ist nicht möglich.
4. Das Kombinieren von Angeboten oder bestehenden Greenfee-Vorteilen ist nicht möglich. Der Vorteil bezieht sich jeweils ausschließlich auf die zum Zeitpunkt der Einlösung gültigen vollen Greenfee-Gebühren.
5. Gibt es Spielergruppen mit erhöhten Greenfee-Gebühren, ist ein Nachlass auf diese Gebühren nicht möglich.
6. Das Angebot allein berechtigt nicht zum Spiel gegen Greenfee. Die Erfüllung der Bestimmungen des jeweiligen Golfclubs zur Greenfee-Berechtigung (Mitgliedschaft in einem Golfclub, Mindesthandicap etc.) zum Zeitpunkt der Einlösung sind Voraussetzung.
7. Es ist untersagt, den Greenfee-Gutschein entgeltlich Dritten zu überlassen bzw. mit diesen Handel zu treiben. Insbesondere sind die teilnehmenden Golfclubs in diesem Falle berechtigt, die Einlösung der ausgeschriebenen Angebote zu verweigern.
8. Die teilnehmenden Golfclubs haben sich gegenüber dem Verlag unter den o.g. Bedingungen verpflichtet, die ausgeschriebenen Angebote einzulösen. Der Verlag übernimmt jedoch keine Gewähr und keine Haftung, wenn ein Angebot nicht eingelöst wird oder werden kann.

Bedingungen zur Einlösung des Discounts:
1. Das Angebot ist einschließlich bis 30.6.2022 gültig.
2. Der Golfspieler/Leser hat sich telefonisch eine Abschlagzeit geben zu lassen – dabei ist die Nutzung des Angebots anzugeben.
3. Eine Barauszahlung des Greenfee-Vorteils ist nicht möglich.
4. Das Kombinieren von Angeboten oder bestehenden Greenfee-Vorteilen ist nicht möglich. Der Vorteil bezieht sich jeweils ausschließlich auf die zum Zeitpunkt der Einlösung gültigen vollen Greenfee-Gebühren.
5. Gibt es Spielergruppen mit erhöhten Greenfee-Gebühren, ist ein Nachlass auf diese Gebühren nicht möglich.
6. Das Angebot allein berechtigt nicht zum Spiel gegen Greenfee. Die Erfüllung der Bestimmungen des jeweiligen Golfclubs zur Greenfee-Berechtigung (Mitgliedschaft in einem Golfclub, Mindesthandicap etc.) zum Zeitpunkt der Einlösung sind Voraussetzung.
7. Es ist untersagt, den Greenfee-Gutschein entgeltlich Dritten zu überlassen bzw. mit diesen Handel zu treiben. Insbesondere sind die teilnehmenden Golfclubs in diesem Falle berechtigt, die Einlösung der ausgeschriebenen Angebote zu verweigern.
8. Die teilnehmenden Golfclubs haben sich gegenüber dem Verlag unter den o.g. Bedingungen verpflichtet, die ausgeschriebenen Angebote einzulösen. Der Verlag übernimmt jedoch keine Gewähr und keine Haftung, wenn ein Angebot nicht eingelöst wird oder werden kann.

DER GOLF ALBRECHT

Golfclub Op de Niep e.V. DE

Bergschenweg 71
D-47506 Neukirchen-Vluyn
✆ 02845-28051
Nordrhein-Westfalen

105

50% **Greenfee-Ermäßigung**

DER GOLF ALBRECHT

Golfclub Op de Niep e.V. DE

Bergschenweg 71
D-47506 Neukirchen-Vluyn
✆ 02845-28051
Nordrhein-Westfalen

105

50% **Greenfee-Ermäßigung**

DER GOLF ALBRECHT

Märkischer Golf Club e.V. DE

Tiefendorfer Straße 48
D-58093 Hagen-Berchum
✆ 02334-51778
Nordrhein-Westfalen

106

2 for 1 **2 GF zum Preis von 1 wochentags**

DER GOLF ALBRECHT

Märkischer Golf Club e.V. DE

Tiefendorfer Straße 48
D-58093 Hagen-Berchum
✆ 02334-51778
Nordrhein-Westfalen

106

2 for 1 **2 GF zum Preis von 1 wochentags**

DER GOLF ALBRECHT

Golfclub Brilon e.V. DE

Hölsterloh 6
D-59929 Brilon
✆ 02961-53550
Nordrhein-Westfalen

107

2 for 1 **2 GF zum Preis von 1**

DER GOLF ALBRECHT

Golfclub Brilon e.V. DE

Hölsterloh 6
D-59929 Brilon
✆ 02961-53550
Nordrhein-Westfalen

107

2 for 1 **2 GF zum Preis von 1**

DER GOLF ALBRECHT

Golfclub Mülheim an der Ruhr e.V. DE

Am Golfplatz 1
D-45481 Mülheim
✆ 0208-483607
Nordrhein-Westfalen

108

20% **Greenfee-Ermäßigung wochentags**

DER GOLF ALBRECHT

Golfclub Mülheim an der Ruhr e.V. DE

Am Golfplatz 1
D-45481 Mülheim
✆ 0208-483607
Nordrhein-Westfalen

108

20% **Greenfee-Ermäßigung wochentags**

DER GOLF ALBRECHT

Golf Club Haus Bey e.V. DE

An Haus Bey 16
D-41334 Nettetal
✆ 02153-91970
Nordrhein-Westfalen

109

2 for 1 **2 GF zum Preis von 1 wochentags**

DER GOLF ALBRECHT

Golf Club Haus Bey e.V. DE

An Haus Bey 16
D-41334 Nettetal
✆ 02153-91970
Nordrhein-Westfalen

109

30% **Greenfee-Ermäßigung wochentags**

Bedingungen zur Einlösung des Discounts:
1. Das Angebot ist einschließlich bis 30.6.2022 gültig.
2. Der Golfspieler/Leser hat sich telefonisch eine Abschlagzeit geben zu lassen – dabei ist die Nutzung des Angebots anzugeben.
3. Eine Barauszahlung des Greenfee-Vorteils ist nicht möglich.
4. Das Kombinieren von Angeboten oder bestehenden Greenfee-Vorteilen ist nicht möglich. Der Vorteil bezieht sich jeweils ausschließlich auf die zum Zeitpunkt der Einlösung gültigen vollen Greenfee-Gebühren.
5. Gibt es Spielergruppen mit erhöhten Greenfee-Gebühren, ist ein Nachlass auf diese Gebühren nicht möglich.
6. Das Angebot allein berechtigt nicht zum Spiel gegen Greenfee. Die Erfüllung der Bestimmungen des jeweiligen Golfclubs zur Greenfee-Berechtigung (Mitgliedschaft in einem Golfclub, Mindesthandicap etc.) zum Zeitpunkt der Einlösung sind Voraussetzung.
7. Es ist untersagt, den Greenfee-Gutschein entgeltlich Dritten zu überlassen bzw. mit diesen Handel zu treiben. Insbesondere sind die teilnehmenden Golfclubs in diesem Falle berechtigt, die Einlösung der ausgeschriebenen Angebote zu verweigern.
8. Die teilnehmenden Golfclubs haben sich gegenüber dem Verlag unter den o.g. Bedingungen verpflichtet, die ausgeschriebenen Angebote einzulösen. Der Verlag übernimmt jedoch keine Gewähr und keine Haftung, wenn ein Angebot nicht eingelöst wird oder werden kann.

Bedingungen zur Einlösung des Discounts:
1. Das Angebot ist einschließlich bis 30.6.2022 gültig.
2. Der Golfspieler/Leser hat sich telefonisch eine Abschlagzeit geben zu lassen – dabei ist die Nutzung des Angebots anzugeben.
3. Eine Barauszahlung des Greenfee-Vorteils ist nicht möglich.
4. Das Kombinieren von Angeboten oder bestehenden Greenfee-Vorteilen ist nicht möglich. Der Vorteil bezieht sich jeweils ausschließlich auf die zum Zeitpunkt der Einlösung gültigen vollen Greenfee-Gebühren.
5. Gibt es Spielergruppen mit erhöhten Greenfee-Gebühren, ist ein Nachlass auf diese Gebühren nicht möglich.
6. Das Angebot allein berechtigt nicht zum Spiel gegen Greenfee. Die Erfüllung der Bestimmungen des jeweiligen Golfclubs zur Greenfee-Berechtigung (Mitgliedschaft in einem Golfclub, Mindesthandicap etc.) zum Zeitpunkt der Einlösung sind Voraussetzung.
7. Es ist untersagt, den Greenfee-Gutschein entgeltlich Dritten zu überlassen bzw. mit diesen Handel zu treiben. Insbesondere sind die teilnehmenden Golfclubs in diesem Falle berechtigt, die Einlösung der ausgeschriebenen Angebote zu verweigern.
8. Die teilnehmenden Golfclubs haben sich gegenüber dem Verlag unter den o.g. Bedingungen verpflichtet, die ausgeschriebenen Angebote einzulösen. Der Verlag übernimmt jedoch keine Gewähr und keine Haftung, wenn ein Angebot nicht eingelöst wird oder werden kann.

Bedingungen zur Einlösung des Discounts:
1. Das Angebot ist einschließlich bis 30.6.2022 gültig.
2. Der Golfspieler/Leser hat sich telefonisch eine Abschlagzeit geben zu lassen – dabei ist die Nutzung des Angebots anzugeben.
3. Eine Barauszahlung des Greenfee-Vorteils ist nicht möglich.
4. Das Kombinieren von Angeboten oder bestehenden Greenfee-Vorteilen ist nicht möglich. Der Vorteil bezieht sich jeweils ausschließlich auf die zum Zeitpunkt der Einlösung gültigen vollen Greenfee-Gebühren.
5. Gibt es Spielergruppen mit erhöhten Greenfee-Gebühren, ist ein Nachlass auf diese Gebühren nicht möglich.
6. Das Angebot allein berechtigt nicht zum Spiel gegen Greenfee. Die Erfüllung der Bestimmungen des jeweiligen Golfclubs zur Greenfee-Berechtigung (Mitgliedschaft in einem Golfclub, Mindesthandicap etc.) zum Zeitpunkt der Einlösung sind Voraussetzung.
7. Es ist untersagt, den Greenfee-Gutschein entgeltlich Dritten zu überlassen bzw. mit diesen Handel zu treiben. Insbesondere sind die teilnehmenden Golfclubs in diesem Falle berechtigt, die Einlösung der ausgeschriebenen Angebote zu verweigern.
8. Die teilnehmenden Golfclubs haben sich gegenüber dem Verlag unter den o.g. Bedingungen verpflichtet, die ausgeschriebenen Angebote einzulösen. Der Verlag übernimmt jedoch keine Gewähr und keine Haftung, wenn ein Angebot nicht eingelöst wird oder werden kann.

Bedingungen zur Einlösung des Discounts:
1. Das Angebot ist einschließlich bis 30.6.2022 gültig.
2. Der Golfspieler/Leser hat sich telefonisch eine Abschlagzeit geben zu lassen – dabei ist die Nutzung des Angebots anzugeben.
3. Eine Barauszahlung des Greenfee-Vorteils ist nicht möglich.
4. Das Kombinieren von Angeboten oder bestehenden Greenfee-Vorteilen ist nicht möglich. Der Vorteil bezieht sich jeweils ausschließlich auf die zum Zeitpunkt der Einlösung gültigen vollen Greenfee-Gebühren.
5. Gibt es Spielergruppen mit erhöhten Greenfee-Gebühren, ist ein Nachlass auf diese Gebühren nicht möglich.
6. Das Angebot allein berechtigt nicht zum Spiel gegen Greenfee. Die Erfüllung der Bestimmungen des jeweiligen Golfclubs zur Greenfee-Berechtigung (Mitgliedschaft in einem Golfclub, Mindesthandicap etc.) zum Zeitpunkt der Einlösung sind Voraussetzung.
7. Es ist untersagt, den Greenfee-Gutschein entgeltlich Dritten zu überlassen bzw. mit diesen Handel zu treiben. Insbesondere sind die teilnehmenden Golfclubs in diesem Falle berechtigt, die Einlösung der ausgeschriebenen Angebote zu verweigern.
8. Die teilnehmenden Golfclubs haben sich gegenüber dem Verlag unter den o.g. Bedingungen verpflichtet, die ausgeschriebenen Angebote einzulösen. Der Verlag übernimmt jedoch keine Gewähr und keine Haftung, wenn ein Angebot nicht eingelöst wird oder werden kann.

Bedingungen zur Einlösung des Discounts:
1. Das Angebot ist einschließlich bis 30.6.2022 gültig.
2. Der Golfspieler/Leser hat sich telefonisch eine Abschlagzeit geben zu lassen – dabei ist die Nutzung des Angebots anzugeben.
3. Eine Barauszahlung des Greenfee-Vorteils ist nicht möglich.
4. Das Kombinieren von Angeboten oder bestehenden Greenfee-Vorteilen ist nicht möglich. Der Vorteil bezieht sich jeweils ausschließlich auf die zum Zeitpunkt der Einlösung gültigen vollen Greenfee-Gebühren.
5. Gibt es Spielergruppen mit erhöhten Greenfee-Gebühren, ist ein Nachlass auf diese Gebühren nicht möglich.
6. Das Angebot allein berechtigt nicht zum Spiel gegen Greenfee. Die Erfüllung der Bestimmungen des jeweiligen Golfclubs zur Greenfee-Berechtigung (Mitgliedschaft in einem Golfclub, Mindesthandicap etc.) zum Zeitpunkt der Einlösung sind Voraussetzung.
7. Es ist untersagt, den Greenfee-Gutschein entgeltlich Dritten zu überlassen bzw. mit diesen Handel zu treiben. Insbesondere sind die teilnehmenden Golfclubs in diesem Falle berechtigt, die Einlösung der ausgeschriebenen Angebote zu verweigern.
8. Die teilnehmenden Golfclubs haben sich gegenüber dem Verlag unter den o.g. Bedingungen verpflichtet, die ausgeschriebenen Angebote einzulösen. Der Verlag übernimmt jedoch keine Gewähr und keine Haftung, wenn ein Angebot nicht eingelöst wird oder werden kann.

Bedingungen zur Einlösung des Discounts:
1. Das Angebot ist einschließlich bis 30.6.2022 gültig.
2. Der Golfspieler/Leser hat sich telefonisch eine Abschlagzeit geben zu lassen – dabei ist die Nutzung des Angebots anzugeben.
3. Eine Barauszahlung des Greenfee-Vorteils ist nicht möglich.
4. Das Kombinieren von Angeboten oder bestehenden Greenfee-Vorteilen ist nicht möglich. Der Vorteil bezieht sich jeweils ausschließlich auf die zum Zeitpunkt der Einlösung gültigen vollen Greenfee-Gebühren.
5. Gibt es Spielergruppen mit erhöhten Greenfee-Gebühren, ist ein Nachlass auf diese Gebühren nicht möglich.
6. Das Angebot allein berechtigt nicht zum Spiel gegen Greenfee. Die Erfüllung der Bestimmungen des jeweiligen Golfclubs zur Greenfee-Berechtigung (Mitgliedschaft in einem Golfclub, Mindesthandicap etc.) zum Zeitpunkt der Einlösung sind Voraussetzung.
7. Es ist untersagt, den Greenfee-Gutschein entgeltlich Dritten zu überlassen bzw. mit diesen Handel zu treiben. Insbesondere sind die teilnehmenden Golfclubs in diesem Falle berechtigt, die Einlösung der ausgeschriebenen Angebote zu verweigern.
8. Die teilnehmenden Golfclubs haben sich gegenüber dem Verlag unter den o.g. Bedingungen verpflichtet, die ausgeschriebenen Angebote einzulösen. Der Verlag übernimmt jedoch keine Gewähr und keine Haftung, wenn ein Angebot nicht eingelöst wird oder werden kann.

Bedingungen zur Einlösung des Discounts:
1. Das Angebot ist einschließlich bis 30.6.2022 gültig.
2. Der Golfspieler/Leser hat sich telefonisch eine Abschlagzeit geben zu lassen – dabei ist die Nutzung des Angebots anzugeben.
3. Eine Barauszahlung des Greenfee-Vorteils ist nicht möglich.
4. Das Kombinieren von Angeboten oder bestehenden Greenfee-Vorteilen ist nicht möglich. Der Vorteil bezieht sich jeweils ausschließlich auf die zum Zeitpunkt der Einlösung gültigen vollen Greenfee-Gebühren.
5. Gibt es Spielergruppen mit erhöhten Greenfee-Gebühren, ist ein Nachlass auf diese Gebühren nicht möglich.
6. Das Angebot allein berechtigt nicht zum Spiel gegen Greenfee. Die Erfüllung der Bestimmungen des jeweiligen Golfclubs zur Greenfee-Berechtigung (Mitgliedschaft in einem Golfclub, Mindesthandicap etc.) zum Zeitpunkt der Einlösung sind Voraussetzung.
7. Es ist untersagt, den Greenfee-Gutschein entgeltlich Dritten zu überlassen bzw. mit diesen Handel zu treiben. Insbesondere sind die teilnehmenden Golfclubs in diesem Falle berechtigt, die Einlösung der ausgeschriebenen Angebote zu verweigern.
8. Die teilnehmenden Golfclubs haben sich gegenüber dem Verlag unter den o.g. Bedingungen verpflichtet, die ausgeschriebenen Angebote einzulösen. Der Verlag übernimmt jedoch keine Gewähr und keine Haftung, wenn ein Angebot nicht eingelöst wird oder werden kann.

Bedingungen zur Einlösung des Discounts:
1. Das Angebot ist einschließlich bis 30.6.2022 gültig.
2. Der Golfspieler/Leser hat sich telefonisch eine Abschlagzeit geben zu lassen – dabei ist die Nutzung des Angebots anzugeben.
3. Eine Barauszahlung des Greenfee-Vorteils ist nicht möglich.
4. Das Kombinieren von Angeboten oder bestehenden Greenfee-Vorteilen ist nicht möglich. Der Vorteil bezieht sich jeweils ausschließlich auf die zum Zeitpunkt der Einlösung gültigen vollen Greenfee-Gebühren.
5. Gibt es Spielergruppen mit erhöhten Greenfee-Gebühren, ist ein Nachlass auf diese Gebühren nicht möglich.
6. Das Angebot allein berechtigt nicht zum Spiel gegen Greenfee. Die Erfüllung der Bestimmungen des jeweiligen Golfclubs zur Greenfee-Berechtigung (Mitgliedschaft in einem Golfclub, Mindesthandicap etc.) zum Zeitpunkt der Einlösung sind Voraussetzung.
7. Es ist untersagt, den Greenfee-Gutschein entgeltlich Dritten zu überlassen bzw. mit diesen Handel zu treiben. Insbesondere sind die teilnehmenden Golfclubs in diesem Falle berechtigt, die Einlösung der ausgeschriebenen Angebote zu verweigern.
8. Die teilnehmenden Golfclubs haben sich gegenüber dem Verlag unter den o.g. Bedingungen verpflichtet, die ausgeschriebenen Angebote einzulösen. Der Verlag übernimmt jedoch keine Gewähr und keine Haftung, wenn ein Angebot nicht eingelöst wird oder werden kann.

Bedingungen zur Einlösung des Discounts:
1. Das Angebot ist einschließlich bis 30.6.2022 gültig.
2. Der Golfspieler/Leser hat sich telefonisch eine Abschlagzeit geben zu lassen – dabei ist die Nutzung des Angebots anzugeben.
3. Eine Barauszahlung des Greenfee-Vorteils ist nicht möglich.
4. Das Kombinieren von Angeboten oder bestehenden Greenfee-Vorteilen ist nicht möglich. Der Vorteil bezieht sich jeweils ausschließlich auf die zum Zeitpunkt der Einlösung gültigen vollen Greenfee-Gebühren.
5. Gibt es Spielergruppen mit erhöhten Greenfee-Gebühren, ist ein Nachlass auf diese Gebühren nicht möglich.
6. Das Angebot allein berechtigt nicht zum Spiel gegen Greenfee. Die Erfüllung der Bestimmungen des jeweiligen Golfclubs zur Greenfee-Berechtigung (Mitgliedschaft in einem Golfclub, Mindesthandicap etc.) zum Zeitpunkt der Einlösung sind Voraussetzung.
7. Es ist untersagt, den Greenfee-Gutschein entgeltlich Dritten zu überlassen bzw. mit diesen Handel zu treiben. Insbesondere sind die teilnehmenden Golfclubs in diesem Falle berechtigt, die Einlösung der ausgeschriebenen Angebote zu verweigern.
8. Die teilnehmenden Golfclubs haben sich gegenüber dem Verlag unter den o.g. Bedingungen verpflichtet, die ausgeschriebenen Angebote einzulösen. Der Verlag übernimmt jedoch keine Gewähr und keine Haftung, wenn ein Angebot nicht eingelöst wird oder werden kann.

Bedingungen zur Einlösung des Discounts:
1. Das Angebot ist einschließlich bis 30.6.2022 gültig.
2. Der Golfspieler/Leser hat sich telefonisch eine Abschlagzeit geben zu lassen – dabei ist die Nutzung des Angebots anzugeben.
3. Eine Barauszahlung des Greenfee-Vorteils ist nicht möglich.
4. Das Kombinieren von Angeboten oder bestehenden Greenfee-Vorteilen ist nicht möglich. Der Vorteil bezieht sich jeweils ausschließlich auf die zum Zeitpunkt der Einlösung gültigen vollen Greenfee-Gebühren.
5. Gibt es Spielergruppen mit erhöhten Greenfee-Gebühren, ist ein Nachlass auf diese Gebühren nicht möglich.
6. Das Angebot allein berechtigt nicht zum Spiel gegen Greenfee. Die Erfüllung der Bestimmungen des jeweiligen Golfclubs zur Greenfee-Berechtigung (Mitgliedschaft in einem Golfclub, Mindesthandicap etc.) zum Zeitpunkt der Einlösung sind Voraussetzung.
7. Es ist untersagt, den Greenfee-Gutschein entgeltlich Dritten zu überlassen bzw. mit diesen Handel zu treiben. Insbesondere sind die teilnehmenden Golfclubs in diesem Falle berechtigt, die Einlösung der ausgeschriebenen Angebote zu verweigern.
8. Die teilnehmenden Golfclubs haben sich gegenüber dem Verlag unter den o.g. Bedingungen verpflichtet, die ausgeschriebenen Angebote einzulösen. Der Verlag übernimmt jedoch keine Gewähr und keine Haftung, wenn ein Angebot nicht eingelöst wird oder werden kann.

DER GOLF ALBRECHT

Golf am Haus Amecke DE

Haus Amecke
D-59846 Sundern
☎ 02393-170666
Nordrhein-Westfalen

110

2 for 1 2 GF zum Preis von 1

DER GOLF ALBRECHT

Golf am Haus Amecke DE

Haus Amecke
D-59846 Sundern
☎ 02393-170666
Nordrhein-Westfalen

110

2 for 1 2 GF zum Preis von 1

DER GOLF ALBRECHT

Golf am Haus Amecke DE

Haus Amecke
D-59846 Sundern
☎ 02393-170666
Nordrhein-Westfalen

110

20% Greenfee-Ermäßigung

DER GOLF ALBRECHT

Golf am Haus Amecke DE

Haus Amecke
D-59846 Sundern
☎ 02393-170666
Nordrhein-Westfalen

110

20% Greenfee-Ermäßigung

DER GOLF ALBRECHT

Golf Club Grevenmühle GmbH DE

Grevenmühle 3
D-40882 Ratingen-Homberg
☎ 02102-95950
Nordrhein-Westfalen

111

2 for 1 2 GF zum Preis von 1

DER GOLF ALBRECHT

Golf Club Grevenmühle GmbH DE

Grevenmühle 3
D-40882 Ratingen-Homberg
☎ 02102-95950
Nordrhein-Westfalen

111

2 for 1 2 GF zum Preis von 1

DER GOLF ALBRECHT

Golf Club Grevenmühle GmbH DE

Grevenmühle 3
D-40882 Ratingen-Homberg
☎ 02102-95950
Nordrhein-Westfalen

111

25% Greenfee-Ermäßigung

DER GOLF ALBRECHT

Golf Club Grevenmühle GmbH DE

Grevenmühle 3
D-40882 Ratingen-Homberg
☎ 02102-95950
Nordrhein-Westfalen

111

25% Greenfee-Ermäßigung

DER GOLF ALBRECHT

GC Gelstern Lüdenscheid-Schalksmühle e.V. DE

Gelstern 2
D-58579 Schalksmühle
☎ 02351-51819
Nordrhein-Westfalen

112

2 for 1 2 GF zum Preis von 1 wochentags

DER GOLF ALBRECHT

GC Gelstern Lüdenscheid-Schalksmühle e.V. DE

Gelstern 2
D-58579 Schalksmühle
☎ 02351-51819
Nordrhein-Westfalen

112

2 for 1 2 GF zum Preis von 1 wochentags

Bedingungen zur Einlösung des Discounts:
1. Das Angebot ist einschließlich bis 30.6.2022 gültig.
2. Der Golfspieler/Leser hat sich telefonisch eine Abschlagzeit geben zu lassen – dabei ist die Nutzung des Angebots anzugeben.
3. Eine Barauszahlung des Greenfee-Vorteils ist nicht möglich.
4. Das Kombinieren von Angeboten oder bestehenden Greenfee-Vorteilen ist nicht möglich. Der Vorteil bezieht sich jeweils ausschließlich auf die zum Zeitpunkt der Einlösung gültigen vollen Greenfee-Gebühren.
5. Gibt es Spielergruppen mit erhöhten Greenfee-Gebühren, ist ein Nachlass auf diese Gebühren nicht möglich.
6. Das Angebot allein berechtigt nicht zum Spiel gegen Greenfee. Die Erfüllung der Bestimmungen des jeweiligen Golfclubs zur Greenfee-Berechtigung (Mitgliedschaft in einem Golfclub, Mindesthandicap etc.) zum Zeitpunkt der Einlösung sind Voraussetzung.
7. Es ist untersagt, den Greenfee-Gutschein entgeltlich Dritten zu überlassen bzw. mit diesen Handel zu treiben. Insbesondere sind die teilnehmenden Golfclubs in diesem Falle berechtigt, die Einlösung der ausgeschriebenen Angebote zu verweigern.
8. Die teilnehmenden Golfclubs haben sich gegenüber dem Verlag unter den o.g. Bedingungen verpflichtet, die ausgeschriebenen Angebote einzulösen. Der Verlag übernimmt jedoch keine Gewähr und keine Haftung, wenn ein Angebot nicht eingelöst wird oder werden kann.

Bedingungen zur Einlösung des Discounts:
1. Das Angebot ist einschließlich bis 30.6.2022 gültig.
2. Der Golfspieler/Leser hat sich telefonisch eine Abschlagzeit geben zu lassen – dabei ist die Nutzung des Angebots anzugeben.
3. Eine Barauszahlung des Greenfee-Vorteils ist nicht möglich.
4. Das Kombinieren von Angeboten oder bestehenden Greenfee-Vorteilen ist nicht möglich. Der Vorteil bezieht sich jeweils ausschließlich auf die zum Zeitpunkt der Einlösung gültigen vollen Greenfee-Gebühren.
5. Gibt es Spielergruppen mit erhöhten Greenfee-Gebühren, ist ein Nachlass auf diese Gebühren nicht möglich.
6. Das Angebot allein berechtigt nicht zum Spiel gegen Greenfee. Die Erfüllung der Bestimmungen des jeweiligen Golfclubs zur Greenfee-Berechtigung (Mitgliedschaft in einem Golfclub, Mindesthandicap etc.) zum Zeitpunkt der Einlösung sind Voraussetzung.
7. Es ist untersagt, den Greenfee-Gutschein entgeltlich Dritten zu überlassen bzw. mit diesen Handel zu treiben. Insbesondere sind die teilnehmenden Golfclubs in diesem Falle berechtigt, die Einlösung der ausgeschriebenen Angebote zu verweigern.
8. Die teilnehmenden Golfclubs haben sich gegenüber dem Verlag unter den o.g. Bedingungen verpflichtet, die ausgeschriebenen Angebote einzulösen. Der Verlag übernimmt jedoch keine Gewähr und keine Haftung, wenn ein Angebot nicht eingelöst wird oder werden kann.

Bedingungen zur Einlösung des Discounts:
1. Das Angebot ist einschließlich bis 30.6.2022 gültig.
2. Der Golfspieler/Leser hat sich telefonisch eine Abschlagzeit geben zu lassen – dabei ist die Nutzung des Angebots anzugeben.
3. Eine Barauszahlung des Greenfee-Vorteils ist nicht möglich.
4. Das Kombinieren von Angeboten oder bestehenden Greenfee-Vorteilen ist nicht möglich. Der Vorteil bezieht sich jeweils ausschließlich auf die zum Zeitpunkt der Einlösung gültigen vollen Greenfee-Gebühren.
5. Gibt es Spielergruppen mit erhöhten Greenfee-Gebühren, ist ein Nachlass auf diese Gebühren nicht möglich.
6. Das Angebot allein berechtigt nicht zum Spiel gegen Greenfee. Die Erfüllung der Bestimmungen des jeweiligen Golfclubs zur Greenfee-Berechtigung (Mitgliedschaft in einem Golfclub, Mindesthandicap etc.) zum Zeitpunkt der Einlösung sind Voraussetzung.
7. Es ist untersagt, den Greenfee-Gutschein entgeltlich Dritten zu überlassen bzw. mit diesen Handel zu treiben. Insbesondere sind die teilnehmenden Golfclubs in diesem Falle berechtigt, die Einlösung der ausgeschriebenen Angebote zu verweigern.
8. Die teilnehmenden Golfclubs haben sich gegenüber dem Verlag unter den o.g. Bedingungen verpflichtet, die ausgeschriebenen Angebote einzulösen. Der Verlag übernimmt jedoch keine Gewähr und keine Haftung, wenn ein Angebot nicht eingelöst wird oder werden kann.

Bedingungen zur Einlösung des Discounts:
1. Das Angebot ist einschließlich bis 30.6.2022 gültig.
2. Der Golfspieler/Leser hat sich telefonisch eine Abschlagzeit geben zu lassen – dabei ist die Nutzung des Angebots anzugeben.
3. Eine Barauszahlung des Greenfee-Vorteils ist nicht möglich.
4. Das Kombinieren von Angeboten oder bestehenden Greenfee-Vorteilen ist nicht möglich. Der Vorteil bezieht sich jeweils ausschließlich auf die zum Zeitpunkt der Einlösung gültigen vollen Greenfee-Gebühren.
5. Gibt es Spielergruppen mit erhöhten Greenfee-Gebühren, ist ein Nachlass auf diese Gebühren nicht möglich.
6. Das Angebot allein berechtigt nicht zum Spiel gegen Greenfee. Die Erfüllung der Bestimmungen des jeweiligen Golfclubs zur Greenfee-Berechtigung (Mitgliedschaft in einem Golfclub, Mindesthandicap etc.) zum Zeitpunkt der Einlösung sind Voraussetzung.
7. Es ist untersagt, den Greenfee-Gutschein entgeltlich Dritten zu überlassen bzw. mit diesen Handel zu treiben. Insbesondere sind die teilnehmenden Golfclubs in diesem Falle berechtigt, die Einlösung der ausgeschriebenen Angebote zu verweigern.
8. Die teilnehmenden Golfclubs haben sich gegenüber dem Verlag unter den o.g. Bedingungen verpflichtet, die ausgeschriebenen Angebote einzulösen. Der Verlag übernimmt jedoch keine Gewähr und keine Haftung, wenn ein Angebot nicht eingelöst wird oder werden kann.

Bedingungen zur Einlösung des Discounts:
1. Das Angebot ist einschließlich bis 30.6.2022 gültig.
2. Der Golfspieler/Leser hat sich telefonisch eine Abschlagzeit geben zu lassen – dabei ist die Nutzung des Angebots anzugeben.
3. Eine Barauszahlung des Greenfee-Vorteils ist nicht möglich.
4. Das Kombinieren von Angeboten oder bestehenden Greenfee-Vorteilen ist nicht möglich. Der Vorteil bezieht sich jeweils ausschließlich auf die zum Zeitpunkt der Einlösung gültigen vollen Greenfee-Gebühren.
5. Gibt es Spielergruppen mit erhöhten Greenfee-Gebühren, ist ein Nachlass auf diese Gebühren nicht möglich.
6. Das Angebot allein berechtigt nicht zum Spiel gegen Greenfee. Die Erfüllung der Bestimmungen des jeweiligen Golfclubs zur Greenfee-Berechtigung (Mitgliedschaft in einem Golfclub, Mindesthandicap etc.) zum Zeitpunkt der Einlösung sind Voraussetzung.
7. Es ist untersagt, den Greenfee-Gutschein entgeltlich Dritten zu überlassen bzw. mit diesen Handel zu treiben. Insbesondere sind die teilnehmenden Golfclubs in diesem Falle berechtigt, die Einlösung der ausgeschriebenen Angebote zu verweigern.
8. Die teilnehmenden Golfclubs haben sich gegenüber dem Verlag unter den o.g. Bedingungen verpflichtet, die ausgeschriebenen Angebote einzulösen. Der Verlag übernimmt jedoch keine Gewähr und keine Haftung, wenn ein Angebot nicht eingelöst wird oder werden kann.

Bedingungen zur Einlösung des Discounts:
1. Das Angebot ist einschließlich bis 30.6.2022 gültig.
2. Der Golfspieler/Leser hat sich telefonisch eine Abschlagzeit geben zu lassen – dabei ist die Nutzung des Angebots anzugeben.
3. Eine Barauszahlung des Greenfee-Vorteils ist nicht möglich.
4. Das Kombinieren von Angeboten oder bestehenden Greenfee-Vorteilen ist nicht möglich. Der Vorteil bezieht sich jeweils ausschließlich auf die zum Zeitpunkt der Einlösung gültigen vollen Greenfee-Gebühren.
5. Gibt es Spielergruppen mit erhöhten Greenfee-Gebühren, ist ein Nachlass auf diese Gebühren nicht möglich.
6. Das Angebot allein berechtigt nicht zum Spiel gegen Greenfee. Die Erfüllung der Bestimmungen des jeweiligen Golfclubs zur Greenfee-Berechtigung (Mitgliedschaft in einem Golfclub, Mindesthandicap etc.) zum Zeitpunkt der Einlösung sind Voraussetzung.
7. Es ist untersagt, den Greenfee-Gutschein entgeltlich Dritten zu überlassen bzw. mit diesen Handel zu treiben. Insbesondere sind die teilnehmenden Golfclubs in diesem Falle berechtigt, die Einlösung der ausgeschriebenen Angebote zu verweigern.
8. Die teilnehmenden Golfclubs haben sich gegenüber dem Verlag unter den o.g. Bedingungen verpflichtet, die ausgeschriebenen Angebote einzulösen. Der Verlag übernimmt jedoch keine Gewähr und keine Haftung, wenn ein Angebot nicht eingelöst wird oder werden kann.

Bedingungen zur Einlösung des Discounts:
1. Das Angebot ist einschließlich bis 30.6.2022 gültig.
2. Der Golfspieler/Leser hat sich telefonisch eine Abschlagzeit geben zu lassen – dabei ist die Nutzung des Angebots anzugeben.
3. Eine Barauszahlung des Greenfee-Vorteils ist nicht möglich.
4. Das Kombinieren von Angeboten oder bestehenden Greenfee-Vorteilen ist nicht möglich. Der Vorteil bezieht sich jeweils ausschließlich auf die zum Zeitpunkt der Einlösung gültigen vollen Greenfee-Gebühren.
5. Gibt es Spielergruppen mit erhöhten Greenfee-Gebühren, ist ein Nachlass auf diese Gebühren nicht möglich.
6. Das Angebot allein berechtigt nicht zum Spiel gegen Greenfee. Die Erfüllung der Bestimmungen des jeweiligen Golfclubs zur Greenfee-Berechtigung (Mitgliedschaft in einem Golfclub, Mindesthandicap etc.) zum Zeitpunkt der Einlösung sind Voraussetzung.
7. Es ist untersagt, den Greenfee-Gutschein entgeltlich Dritten zu überlassen bzw. mit diesen Handel zu treiben. Insbesondere sind die teilnehmenden Golfclubs in diesem Falle berechtigt, die Einlösung der ausgeschriebenen Angebote zu verweigern.
8. Die teilnehmenden Golfclubs haben sich gegenüber dem Verlag unter den o.g. Bedingungen verpflichtet, die ausgeschriebenen Angebote einzulösen. Der Verlag übernimmt jedoch keine Gewähr und keine Haftung, wenn ein Angebot nicht eingelöst wird oder werden kann.

Bedingungen zur Einlösung des Discounts:
1. Das Angebot ist einschließlich bis 30.6.2022 gültig.
2. Der Golfspieler/Leser hat sich telefonisch eine Abschlagzeit geben zu lassen – dabei ist die Nutzung des Angebots anzugeben.
3. Eine Barauszahlung des Greenfee-Vorteils ist nicht möglich.
4. Das Kombinieren von Angeboten oder bestehenden Greenfee-Vorteilen ist nicht möglich. Der Vorteil bezieht sich jeweils ausschließlich auf die zum Zeitpunkt der Einlösung gültigen vollen Greenfee-Gebühren.
5. Gibt es Spielergruppen mit erhöhten Greenfee-Gebühren, ist ein Nachlass auf diese Gebühren nicht möglich.
6. Das Angebot allein berechtigt nicht zum Spiel gegen Greenfee. Die Erfüllung der Bestimmungen des jeweiligen Golfclubs zur Greenfee-Berechtigung (Mitgliedschaft in einem Golfclub, Mindesthandicap etc.) zum Zeitpunkt der Einlösung sind Voraussetzung.
7. Es ist untersagt, den Greenfee-Gutschein entgeltlich Dritten zu überlassen bzw. mit diesen Handel zu treiben. Insbesondere sind die teilnehmenden Golfclubs in diesem Falle berechtigt, die Einlösung der ausgeschriebenen Angebote zu verweigern.
8. Die teilnehmenden Golfclubs haben sich gegenüber dem Verlag unter den o.g. Bedingungen verpflichtet, die ausgeschriebenen Angebote einzulösen. Der Verlag übernimmt jedoch keine Gewähr und keine Haftung, wenn ein Angebot nicht eingelöst wird oder werden kann.

Bedingungen zur Einlösung des Discounts:
1. Das Angebot ist einschließlich bis 30.6.2022 gültig.
2. Der Golfspieler/Leser hat sich telefonisch eine Abschlagzeit geben zu lassen – dabei ist die Nutzung des Angebots anzugeben.
3. Eine Barauszahlung des Greenfee-Vorteils ist nicht möglich.
4. Das Kombinieren von Angeboten oder bestehenden Greenfee-Vorteilen ist nicht möglich. Der Vorteil bezieht sich jeweils ausschließlich auf die zum Zeitpunkt der Einlösung gültigen vollen Greenfee-Gebühren.
5. Gibt es Spielergruppen mit erhöhten Greenfee-Gebühren, ist ein Nachlass auf diese Gebühren nicht möglich.
6. Das Angebot allein berechtigt nicht zum Spiel gegen Greenfee. Die Erfüllung der Bestimmungen des jeweiligen Golfclubs zur Greenfee-Berechtigung (Mitgliedschaft in einem Golfclub, Mindesthandicap etc.) zum Zeitpunkt der Einlösung sind Voraussetzung.
7. Es ist untersagt, den Greenfee-Gutschein entgeltlich Dritten zu überlassen bzw. mit diesen Handel zu treiben. Insbesondere sind die teilnehmenden Golfclubs in diesem Falle berechtigt, die Einlösung der ausgeschriebenen Angebote zu verweigern.
8. Die teilnehmenden Golfclubs haben sich gegenüber dem Verlag unter den o.g. Bedingungen verpflichtet, die ausgeschriebenen Angebote einzulösen. Der Verlag übernimmt jedoch keine Gewähr und keine Haftung, wenn ein Angebot nicht eingelöst wird oder werden kann.

Bedingungen zur Einlösung des Discounts:
1. Das Angebot ist einschließlich bis 30.6.2022 gültig.
2. Der Golfspieler/Leser hat sich telefonisch eine Abschlagzeit geben zu lassen – dabei ist die Nutzung des Angebots anzugeben.
3. Eine Barauszahlung des Greenfee-Vorteils ist nicht möglich.
4. Das Kombinieren von Angeboten oder bestehenden Greenfee-Vorteilen ist nicht möglich. Der Vorteil bezieht sich jeweils ausschließlich auf die zum Zeitpunkt der Einlösung gültigen vollen Greenfee-Gebühren.
5. Gibt es Spielergruppen mit erhöhten Greenfee-Gebühren, ist ein Nachlass auf diese Gebühren nicht möglich.
6. Das Angebot allein berechtigt nicht zum Spiel gegen Greenfee. Die Erfüllung der Bestimmungen des jeweiligen Golfclubs zur Greenfee-Berechtigung (Mitgliedschaft in einem Golfclub, Mindesthandicap etc.) zum Zeitpunkt der Einlösung sind Voraussetzung.
7. Es ist untersagt, den Greenfee-Gutschein entgeltlich Dritten zu überlassen bzw. mit diesen Handel zu treiben. Insbesondere sind die teilnehmenden Golfclubs in diesem Falle berechtigt, die Einlösung der ausgeschriebenen Angebote zu verweigern.
8. Die teilnehmenden Golfclubs haben sich gegenüber dem Verlag unter den o.g. Bedingungen verpflichtet, die ausgeschriebenen Angebote einzulösen. Der Verlag übernimmt jedoch keine Gewähr und keine Haftung, wenn ein Angebot nicht eingelöst wird oder werden kann.

DER GOLF ALBRECHT

GC Gelstern Lüdenscheid-Schalksmühle e.V.

DE

Gelstern 2
D-58579 Schalksmühle
✆ 02351-51819
Nordrhein-Westfalen

112

20% Greenfee-Ermäßigung wochentags

DER GOLF ALBRECHT

GC Gelstern Lüdenscheid-Schalksmühle e.V.

DE

Gelstern 2
D-58579 Schalksmühle
✆ 02351-51819
Nordrhein-Westfalen

112

20% Greenfee-Ermäßigung wochentags

DER GOLF ALBRECHT

Golfclub Sellinghausen e.V.

DE

An der Fuhr 5
D-57392 Schmallenberg-Sellinghausen
✆ 02971-908274
Nordrhein-Westfalen

113

2 for 1 2 GF zum Preis von 1

DER GOLF ALBRECHT

Golfclub Sellinghausen e.V.

DE

An der Fuhr 5
D-57392 Schmallenberg-Sellinghausen
✆ 02971-908274
Nordrhein-Westfalen

113

2 for 1 2 GF zum Preis von 1

DER GOLF ALBRECHT

Golfclub Sellinghausen e.V.

DE

An der Fuhr 5
D-57392 Schmallenberg-Sellinghausen
✆ 02971-908274
Nordrhein-Westfalen

113

20% Greenfee-Ermäßigung

DER GOLF ALBRECHT

Golfclub Sellinghausen e.V.

DE

An der Fuhr 5
D-57392 Schmallenberg-Sellinghausen
✆ 02971-908274
Nordrhein-Westfalen

113

20% Greenfee-Ermäßigung

DER GOLF ALBRECHT

Golf-Club Winterberg e.V.

DE

In der Büre 20
D-59955 Winterberg
✆ 02981-1770
Nordrhein-Westfalen
Hinweis: Nicht einlösbar an Turniertagen.

114

30% Greenfee-Ermäßigung

DER GOLF ALBRECHT

Golf-Club Winterberg e.V.

DE

In der Büre 20
D-59955 Winterberg
✆ 02981-1770
Nordrhein-Westfalen
Hinweis: Nicht einlösbar an Turniertagen.

114

30% Greenfee-Ermäßigung

DER GOLF ALBRECHT

Golf-Club Winterberg e.V.

DE

In der Büre 20
D-59955 Winterberg
✆ 02981-1770
Nordrhein-Westfalen
Hinweis: Nicht einlösbar an Turniertagen.

114

30% Greenfee-Ermäßigung

DER GOLF ALBRECHT

Europäischer Golfclub Elmpter Wald e.V.

DE

Roermonder Straße 45, ehemalige Javelin Kaserne
D-41372 Niederkrüchten
✆ 02163-4996131
Nordrhein-Westfalen

115

2 for 1 2 GF zum Preis von 1 wochentags

Bedingungen zur Einlösung des Discounts:

1. Das Angebot ist einschließlich bis 30.6.2022 gültig.
2. Der Golfspieler/Leser hat sich telefonisch eine Abschlagzeit geben zu lassen – dabei ist die Nutzung des Angebots anzugeben.
3. Eine Barauszahlung des Greenfee-Vorteils ist nicht möglich.
4. Das Kombinieren von Angeboten oder bestehenden Greenfee-Vorteilen ist nicht möglich. Der Vorteil bezieht sich jeweils ausschließlich auf die zum Zeitpunkt der Einlösung gültigen vollen Greenfee-Gebühren.
5. Gibt es Spielergruppen mit erhöhten Greenfee-Gebühren, ist ein Nachlass auf diese Gebühren nicht möglich.
6. Das Angebot allein berechtigt nicht zum Spiel gegen Greenfee. Die Erfüllung der Bestimmungen des jeweiligen Golfclubs zur Greenfee-Berechtigung (Mitgliedschaft in einem Golfclub, Mindesthandicap etc.) zum Zeitpunkt der Einlösung sind Voraussetzung.
7. Es ist untersagt, den Greenfee-Gutschein entgeltlich Dritten zu überlassen bzw. mit diesen Handel zu treiben. Insbesondere sind die teilnehmenden Golfclubs in diesem Falle berechtigt, die Einlösung der ausgeschriebenen Angebote zu verweigern.
8. Die teilnehmenden Golfclubs haben sich gegenüber dem Verlag unter den o.g. Bedingungen verpflichtet, die ausgeschriebenen Angebote einzulösen. Der Verlag übernimmt jedoch keine Gewähr und keine Haftung, wenn ein Angebot nicht eingelöst wird oder werden kann.

Bedingungen zur Einlösung des Discounts:

1. Das Angebot ist einschließlich bis 30.6.2022 gültig.
2. Der Golfspieler/Leser hat sich telefonisch eine Abschlagzeit geben zu lassen – dabei ist die Nutzung des Angebots anzugeben.
3. Eine Barauszahlung des Greenfee-Vorteils ist nicht möglich.
4. Das Kombinieren von Angeboten oder bestehenden Greenfee-Vorteilen ist nicht möglich. Der Vorteil bezieht sich jeweils ausschließlich auf die zum Zeitpunkt der Einlösung gültigen vollen Greenfee-Gebühren.
5. Gibt es Spielergruppen mit erhöhten Greenfee-Gebühren, ist ein Nachlass auf diese Gebühren nicht möglich.
6. Das Angebot allein berechtigt nicht zum Spiel gegen Greenfee. Die Erfüllung der Bestimmungen des jeweiligen Golfclubs zur Greenfee-Berechtigung (Mitgliedschaft in einem Golfclub, Mindesthandicap etc.) zum Zeitpunkt der Einlösung sind Voraussetzung.
7. Es ist untersagt, den Greenfee-Gutschein entgeltlich Dritten zu überlassen bzw. mit diesen Handel zu treiben. Insbesondere sind die teilnehmenden Golfclubs in diesem Falle berechtigt, die Einlösung der ausgeschriebenen Angebote zu verweigern.
8. Die teilnehmenden Golfclubs haben sich gegenüber dem Verlag unter den o.g. Bedingungen verpflichtet, die ausgeschriebenen Angebote einzulösen. Der Verlag übernimmt jedoch keine Gewähr und keine Haftung, wenn ein Angebot nicht eingelöst wird oder werden kann.

Bedingungen zur Einlösung des Discounts:

1. Das Angebot ist einschließlich bis 30.6.2022 gültig.
2. Der Golfspieler/Leser hat sich telefonisch eine Abschlagzeit geben zu lassen – dabei ist die Nutzung des Angebots anzugeben.
3. Eine Barauszahlung des Greenfee-Vorteils ist nicht möglich.
4. Das Kombinieren von Angeboten oder bestehenden Greenfee-Vorteilen ist nicht möglich. Der Vorteil bezieht sich jeweils ausschließlich auf die zum Zeitpunkt der Einlösung gültigen vollen Greenfee-Gebühren.
5. Gibt es Spielergruppen mit erhöhten Greenfee-Gebühren, ist ein Nachlass auf diese Gebühren nicht möglich.
6. Das Angebot allein berechtigt nicht zum Spiel gegen Greenfee. Die Erfüllung der Bestimmungen des jeweiligen Golfclubs zur Greenfee-Berechtigung (Mitgliedschaft in einem Golfclub, Mindesthandicap etc.) zum Zeitpunkt der Einlösung sind Voraussetzung.
7. Es ist untersagt, den Greenfee-Gutschein entgeltlich Dritten zu überlassen bzw. mit diesen Handel zu treiben. Insbesondere sind die teilnehmenden Golfclubs in diesem Falle berechtigt, die Einlösung der ausgeschriebenen Angebote zu verweigern.
8. Die teilnehmenden Golfclubs haben sich gegenüber dem Verlag unter den o.g. Bedingungen verpflichtet, die ausgeschriebenen Angebote einzulösen. Der Verlag übernimmt jedoch keine Gewähr und keine Haftung, wenn ein Angebot nicht eingelöst wird oder werden kann.

Bedingungen zur Einlösung des Discounts:

1. Das Angebot ist einschließlich bis 30.6.2022 gültig.
2. Der Golfspieler/Leser hat sich telefonisch eine Abschlagzeit geben zu lassen – dabei ist die Nutzung des Angebots anzugeben.
3. Eine Barauszahlung des Greenfee-Vorteils ist nicht möglich.
4. Das Kombinieren von Angeboten oder bestehenden Greenfee-Vorteilen ist nicht möglich. Der Vorteil bezieht sich jeweils ausschließlich auf die zum Zeitpunkt der Einlösung gültigen vollen Greenfee-Gebühren.
5. Gibt es Spielergruppen mit erhöhten Greenfee-Gebühren, ist ein Nachlass auf diese Gebühren nicht möglich.
6. Das Angebot allein berechtigt nicht zum Spiel gegen Greenfee. Die Erfüllung der Bestimmungen des jeweiligen Golfclubs zur Greenfee-Berechtigung (Mitgliedschaft in einem Golfclub, Mindesthandicap etc.) zum Zeitpunkt der Einlösung sind Voraussetzung.
7. Es ist untersagt, den Greenfee-Gutschein entgeltlich Dritten zu überlassen bzw. mit diesen Handel zu treiben. Insbesondere sind die teilnehmenden Golfclubs in diesem Falle berechtigt, die Einlösung der ausgeschriebenen Angebote zu verweigern.
8. Die teilnehmenden Golfclubs haben sich gegenüber dem Verlag unter den o.g. Bedingungen verpflichtet, die ausgeschriebenen Angebote einzulösen. Der Verlag übernimmt jedoch keine Gewähr und keine Haftung, wenn ein Angebot nicht eingelöst wird oder werden kann.

Bedingungen zur Einlösung des Discounts:

1. Das Angebot ist einschließlich bis 30.6.2022 gültig.
2. Der Golfspieler/Leser hat sich telefonisch eine Abschlagzeit geben zu lassen – dabei ist die Nutzung des Angebots anzugeben.
3. Eine Barauszahlung des Greenfee-Vorteils ist nicht möglich.
4. Das Kombinieren von Angeboten oder bestehenden Greenfee-Vorteilen ist nicht möglich. Der Vorteil bezieht sich jeweils ausschließlich auf die zum Zeitpunkt der Einlösung gültigen vollen Greenfee-Gebühren.
5. Gibt es Spielergruppen mit erhöhten Greenfee-Gebühren, ist ein Nachlass auf diese Gebühren nicht möglich.
6. Das Angebot allein berechtigt nicht zum Spiel gegen Greenfee. Die Erfüllung der Bestimmungen des jeweiligen Golfclubs zur Greenfee-Berechtigung (Mitgliedschaft in einem Golfclub, Mindesthandicap etc.) zum Zeitpunkt der Einlösung sind Voraussetzung.
7. Es ist untersagt, den Greenfee-Gutschein entgeltlich Dritten zu überlassen bzw. mit diesen Handel zu treiben. Insbesondere sind die teilnehmenden Golfclubs in diesem Falle berechtigt, die Einlösung der ausgeschriebenen Angebote zu verweigern.
8. Die teilnehmenden Golfclubs haben sich gegenüber dem Verlag unter den o.g. Bedingungen verpflichtet, die ausgeschriebenen Angebote einzulösen. Der Verlag übernimmt jedoch keine Gewähr und keine Haftung, wenn ein Angebot nicht eingelöst wird oder werden kann.

Bedingungen zur Einlösung des Discounts:

1. Das Angebot ist einschließlich bis 30.6.2022 gültig.
2. Der Golfspieler/Leser hat sich telefonisch eine Abschlagzeit geben zu lassen – dabei ist die Nutzung des Angebots anzugeben.
3. Eine Barauszahlung des Greenfee-Vorteils ist nicht möglich.
4. Das Kombinieren von Angeboten oder bestehenden Greenfee-Vorteilen ist nicht möglich. Der Vorteil bezieht sich jeweils ausschließlich auf die zum Zeitpunkt der Einlösung gültigen vollen Greenfee-Gebühren.
5. Gibt es Spielergruppen mit erhöhten Greenfee-Gebühren, ist ein Nachlass auf diese Gebühren nicht möglich.
6. Das Angebot allein berechtigt nicht zum Spiel gegen Greenfee. Die Erfüllung der Bestimmungen des jeweiligen Golfclubs zur Greenfee-Berechtigung (Mitgliedschaft in einem Golfclub, Mindesthandicap etc.) zum Zeitpunkt der Einlösung sind Voraussetzung.
7. Es ist untersagt, den Greenfee-Gutschein entgeltlich Dritten zu überlassen bzw. mit diesen Handel zu treiben. Insbesondere sind die teilnehmenden Golfclubs in diesem Falle berechtigt, die Einlösung der ausgeschriebenen Angebote zu verweigern.
8. Die teilnehmenden Golfclubs haben sich gegenüber dem Verlag unter den o.g. Bedingungen verpflichtet, die ausgeschriebenen Angebote einzulösen. Der Verlag übernimmt jedoch keine Gewähr und keine Haftung, wenn ein Angebot nicht eingelöst wird oder werden kann.

Bedingungen zur Einlösung des Discounts:

1. Das Angebot ist einschließlich bis 30.6.2022 gültig.
2. Der Golfspieler/Leser hat sich telefonisch eine Abschlagzeit geben zu lassen – dabei ist die Nutzung des Angebots anzugeben.
3. Eine Barauszahlung des Greenfee-Vorteils ist nicht möglich.
4. Das Kombinieren von Angeboten oder bestehenden Greenfee-Vorteilen ist nicht möglich. Der Vorteil bezieht sich jeweils ausschließlich auf die zum Zeitpunkt der Einlösung gültigen vollen Greenfee-Gebühren.
5. Gibt es Spielergruppen mit erhöhten Greenfee-Gebühren, ist ein Nachlass auf diese Gebühren nicht möglich.
6. Das Angebot allein berechtigt nicht zum Spiel gegen Greenfee. Die Erfüllung der Bestimmungen des jeweiligen Golfclubs zur Greenfee-Berechtigung (Mitgliedschaft in einem Golfclub, Mindesthandicap etc.) zum Zeitpunkt der Einlösung sind Voraussetzung.
7. Es ist untersagt, den Greenfee-Gutschein entgeltlich Dritten zu überlassen bzw. mit diesen Handel zu treiben. Insbesondere sind die teilnehmenden Golfclubs in diesem Falle berechtigt, die Einlösung der ausgeschriebenen Angebote zu verweigern.
8. Die teilnehmenden Golfclubs haben sich gegenüber dem Verlag unter den o.g. Bedingungen verpflichtet, die ausgeschriebenen Angebote einzulösen. Der Verlag übernimmt jedoch keine Gewähr und keine Haftung, wenn ein Angebot nicht eingelöst wird oder werden kann.

Bedingungen zur Einlösung des Discounts:

1. Das Angebot ist einschließlich bis 30.6.2022 gültig.
2. Der Golfspieler/Leser hat sich telefonisch eine Abschlagzeit geben zu lassen – dabei ist die Nutzung des Angebots anzugeben.
3. Eine Barauszahlung des Greenfee-Vorteils ist nicht möglich.
4. Das Kombinieren von Angeboten oder bestehenden Greenfee-Vorteilen ist nicht möglich. Der Vorteil bezieht sich jeweils ausschließlich auf die zum Zeitpunkt der Einlösung gültigen vollen Greenfee-Gebühren.
5. Gibt es Spielergruppen mit erhöhten Greenfee-Gebühren, ist ein Nachlass auf diese Gebühren nicht möglich.
6. Das Angebot allein berechtigt nicht zum Spiel gegen Greenfee. Die Erfüllung der Bestimmungen des jeweiligen Golfclubs zur Greenfee-Berechtigung (Mitgliedschaft in einem Golfclub, Mindesthandicap etc.) zum Zeitpunkt der Einlösung sind Voraussetzung.
7. Es ist untersagt, den Greenfee-Gutschein entgeltlich Dritten zu überlassen bzw. mit diesen Handel zu treiben. Insbesondere sind die teilnehmenden Golfclubs in diesem Falle berechtigt, die Einlösung der ausgeschriebenen Angebote zu verweigern.
8. Die teilnehmenden Golfclubs haben sich gegenüber dem Verlag unter den o.g. Bedingungen verpflichtet, die ausgeschriebenen Angebote einzulösen. Der Verlag übernimmt jedoch keine Gewähr und keine Haftung, wenn ein Angebot nicht eingelöst wird oder werden kann.

Bedingungen zur Einlösung des Discounts:

1. Das Angebot ist einschließlich bis 30.6.2022 gültig.
2. Der Golfspieler/Leser hat sich telefonisch eine Abschlagzeit geben zu lassen – dabei ist die Nutzung des Angebots anzugeben.
3. Eine Barauszahlung des Greenfee-Vorteils ist nicht möglich.
4. Das Kombinieren von Angeboten oder bestehenden Greenfee-Vorteilen ist nicht möglich. Der Vorteil bezieht sich jeweils ausschließlich auf die zum Zeitpunkt der Einlösung gültigen vollen Greenfee-Gebühren.
5. Gibt es Spielergruppen mit erhöhten Greenfee-Gebühren, ist ein Nachlass auf diese Gebühren nicht möglich.
6. Das Angebot allein berechtigt nicht zum Spiel gegen Greenfee. Die Erfüllung der Bestimmungen des jeweiligen Golfclubs zur Greenfee-Berechtigung (Mitgliedschaft in einem Golfclub, Mindesthandicap etc.) zum Zeitpunkt der Einlösung sind Voraussetzung.
7. Es ist untersagt, den Greenfee-Gutschein entgeltlich Dritten zu überlassen bzw. mit diesen Handel zu treiben. Insbesondere sind die teilnehmenden Golfclubs in diesem Falle berechtigt, die Einlösung der ausgeschriebenen Angebote zu verweigern.
8. Die teilnehmenden Golfclubs haben sich gegenüber dem Verlag unter den o.g. Bedingungen verpflichtet, die ausgeschriebenen Angebote einzulösen. Der Verlag übernimmt jedoch keine Gewähr und keine Haftung, wenn ein Angebot nicht eingelöst wird oder werden kann.

Bedingungen zur Einlösung des Discounts:

1. Das Angebot ist einschließlich bis 30.6.2022 gültig.
2. Der Golfspieler/Leser hat sich telefonisch eine Abschlagzeit geben zu lassen – dabei ist die Nutzung des Angebots anzugeben.
3. Eine Barauszahlung des Greenfee-Vorteils ist nicht möglich.
4. Das Kombinieren von Angeboten oder bestehenden Greenfee-Vorteilen ist nicht möglich. Der Vorteil bezieht sich jeweils ausschließlich auf die zum Zeitpunkt der Einlösung gültigen vollen Greenfee-Gebühren.
5. Gibt es Spielergruppen mit erhöhten Greenfee-Gebühren, ist ein Nachlass auf diese Gebühren nicht möglich.
6. Das Angebot allein berechtigt nicht zum Spiel gegen Greenfee. Die Erfüllung der Bestimmungen des jeweiligen Golfclubs zur Greenfee-Berechtigung (Mitgliedschaft in einem Golfclub, Mindesthandicap etc.) zum Zeitpunkt der Einlösung sind Voraussetzung.
7. Es ist untersagt, den Greenfee-Gutschein entgeltlich Dritten zu überlassen bzw. mit diesen Handel zu treiben. Insbesondere sind die teilnehmenden Golfclubs in diesem Falle berechtigt, die Einlösung der ausgeschriebenen Angebote zu verweigern.
8. Die teilnehmenden Golfclubs haben sich gegenüber dem Verlag unter den o.g. Bedingungen verpflichtet, die ausgeschriebenen Angebote einzulösen. Der Verlag übernimmt jedoch keine Gewähr und keine Haftung, wenn ein Angebot nicht eingelöst wird oder werden kann.

DER GOLF ALBRECHT

Europäischer Golfclub Elmpter Wald e.V.

DE

Roermonder Straße 45, ehemalige Javelin Kaserne
D-41372 Niederkrüchten
✆ 02163-4996131
Nordrhein-Westfalen

115

2 for 1 2 GF zum Preis von 1 wochentags

DER GOLF ALBRECHT

Golfpark Rittergut Birkhof

DE

Rittergut Birkhof
D-41352 Korschenbroich
✆ 02131-510660
Nordrhein-Westfalen
Hinweis: Aktion gültig wochentags ab 14:00 Uhr!

116

2 for 1 2 GF zum Preis von 1 wochentags

DER GOLF ALBRECHT

Golf- und Landclub Schmitzhof

DE

Arsbecker Str. 160
D-41844 Wegberg
✆ 02436-39090
Nordrhein-Westfalen
Hinweis: Das Angebot gilt ausschließlich Montag bis Donnerstag.

117

2 for 1 2 GF zum Preis von 1

DER GOLF ALBRECHT

Golf- und Landclub Schmitzhof

DE

Arsbecker Str. 160
D-41844 Wegberg
✆ 02436-39090
Nordrhein-Westfalen
Hinweis: Das Angebot gilt ausschließlich Montag bis Donnerstag.

117

50% Greenfee-Ermäßigung

DER GOLF ALBRECHT

Golfclub Wildenrath e.V.

DE

Am Golfplatz 1
D-41844 Wegberg
✆ 02432-81500
Nordrhein-Westfalen
Hinweis: Gutscheine nur montags und nicht an Feiertagen gültig.

118

2 for 1 2 GF zum Preis von 1 wochentags

DER GOLF ALBRECHT

Golfclub Wildenrath e.V.

DE

Am Golfplatz 1
D-41844 Wegberg
✆ 02432-81500
Nordrhein-Westfalen
Hinweis: Gutscheine nur montags und nicht an Feiertagen gültig.

118

2 for 1 2 GF zum Preis von 1 wochentags

DER GOLF ALBRECHT

KölnGolf

DE

Parallelweg 1
D-50769 Köln-Roggendorf/Thenhoven
✆ 0221-784018
Nordrhein-Westfalen

119

2 for 1 2 GF zum Preis von 1 wochentags

DER GOLF ALBRECHT

KölnGolf

DE

Parallelweg 1
D-50769 Köln-Roggendorf/Thenhoven
✆ 0221-784018
Nordrhein-Westfalen

119

20% Greenfee-Ermäßigung wochentags

DER GOLF ALBRECHT

KölnGolf

DE

Parallelweg 1
D-50769 Köln-Roggendorf/Thenhoven
✆ 0221-784018
Nordrhein-Westfalen

119

20% Greenfee-Ermäßigung wochentags

DER GOLF ALBRECHT

Golfclub Wittgensteiner Land e.V.

DE

Kapellenstraße 10
D-57319 Bad Berleburg - Sassenhausen
✆ 02751-9202278
Nordrhein-Westfalen

120

2 for 1 2 GF zum Preis von 1

Bedingungen zur Einlösung des Discounts:
1. Das Angebot ist einschließlich bis 30.6.2022 gültig.
2. Der Golfspieler/Leser hat sich telefonisch eine Abschlagzeit geben zu lassen – dabei ist die Nutzung des Angebots anzugeben.
3. Eine Barauszahlung des Greenfee-Vorteils ist nicht möglich.
4. Das Kombinieren von Angeboten oder bestehenden Greenfee-Vorteilen ist nicht möglich. Der Vorteil bezieht sich jeweils ausschließlich auf die zum Zeitpunkt der Einlösung gültigen vollen Greenfee-Gebühren.
5. Gibt es Spielergruppen mit erhöhten Greenfee-Gebühren, ist ein Nachlass auf diese Gebühren nicht möglich.
6. Das Angebot allein berechtigt nicht zum Spiel gegen Greenfee. Die Erfüllung der Bestimmungen des jeweiligen Golfclubs zur Greenfee-Berechtigung (Mitgliedschaft in einem Golfclub, Mindesthandicap etc.) zum Zeitpunkt der Einlösung sind Voraussetzung.
7. Es ist untersagt, den Greenfee-Gutschein entgeltlich Dritten zu überlassen bzw. mit diesen Handel zu treiben. Insbesondere sind die teilnehmenden Golfclubs in diesem Falle berechtigt, die Einlösung der ausgeschriebenen Angebote zu verweigern.
8. Die teilnehmenden Golfclubs haben sich gegenüber dem Verlag unter den o.g. Bedingungen verpflichtet, die ausgeschriebenen Angebote einzulösen. Der Verlag übernimmt jedoch keine Gewähr und keine Haftung, wenn ein Angebot nicht eingelöst wird oder werden kann.

Bedingungen zur Einlösung des Discounts:
1. Das Angebot ist einschließlich bis 30.6.2022 gültig.
2. Der Golfspieler/Leser hat sich telefonisch eine Abschlagzeit geben zu lassen – dabei ist die Nutzung des Angebots anzugeben.
3. Eine Barauszahlung des Greenfee-Vorteils ist nicht möglich.
4. Das Kombinieren von Angeboten oder bestehenden Greenfee-Vorteilen ist nicht möglich. Der Vorteil bezieht sich jeweils ausschließlich auf die zum Zeitpunkt der Einlösung gültigen vollen Greenfee-Gebühren.
5. Gibt es Spielergruppen mit erhöhten Greenfee-Gebühren, ist ein Nachlass auf diese Gebühren nicht möglich.
6. Das Angebot allein berechtigt nicht zum Spiel gegen Greenfee. Die Erfüllung der Bestimmungen des jeweiligen Golfclubs zur Greenfee-Berechtigung (Mitgliedschaft in einem Golfclub, Mindesthandicap etc.) zum Zeitpunkt der Einlösung sind Voraussetzung.
7. Es ist untersagt, den Greenfee-Gutschein entgeltlich Dritten zu überlassen bzw. mit diesen Handel zu treiben. Insbesondere sind die teilnehmenden Golfclubs in diesem Falle berechtigt, die Einlösung der ausgeschriebenen Angebote zu verweigern.
8. Die teilnehmenden Golfclubs haben sich gegenüber dem Verlag unter den o.g. Bedingungen verpflichtet, die ausgeschriebenen Angebote einzulösen. Der Verlag übernimmt jedoch keine Gewähr und keine Haftung, wenn ein Angebot nicht eingelöst wird oder werden kann.

Bedingungen zur Einlösung des Discounts:
1. Das Angebot ist einschließlich bis 30.6.2022 gültig.
2. Der Golfspieler/Leser hat sich telefonisch eine Abschlagzeit geben zu lassen – dabei ist die Nutzung des Angebots anzugeben.
3. Eine Barauszahlung des Greenfee-Vorteils ist nicht möglich.
4. Das Kombinieren von Angeboten oder bestehenden Greenfee-Vorteilen ist nicht möglich. Der Vorteil bezieht sich jeweils ausschließlich auf die zum Zeitpunkt der Einlösung gültigen vollen Greenfee-Gebühren.
5. Gibt es Spielergruppen mit erhöhten Greenfee-Gebühren, ist ein Nachlass auf diese Gebühren nicht möglich.
6. Das Angebot allein berechtigt nicht zum Spiel gegen Greenfee. Die Erfüllung der Bestimmungen des jeweiligen Golfclubs zur Greenfee-Berechtigung (Mitgliedschaft in einem Golfclub, Mindesthandicap etc.) zum Zeitpunkt der Einlösung sind Voraussetzung.
7. Es ist untersagt, den Greenfee-Gutschein entgeltlich Dritten zu überlassen bzw. mit diesen Handel zu treiben. Insbesondere sind die teilnehmenden Golfclubs in diesem Falle berechtigt, die Einlösung der ausgeschriebenen Angebote zu verweigern.
8. Die teilnehmenden Golfclubs haben sich gegenüber dem Verlag unter den o.g. Bedingungen verpflichtet, die ausgeschriebenen Angebote einzulösen. Der Verlag übernimmt jedoch keine Gewähr und keine Haftung, wenn ein Angebot nicht eingelöst wird oder werden kann.

Bedingungen zur Einlösung des Discounts:
1. Das Angebot ist einschließlich bis 30.6.2022 gültig.
2. Der Golfspieler/Leser hat sich telefonisch eine Abschlagzeit geben zu lassen – dabei ist die Nutzung des Angebots anzugeben.
3. Eine Barauszahlung des Greenfee-Vorteils ist nicht möglich.
4. Das Kombinieren von Angeboten oder bestehenden Greenfee-Vorteilen ist nicht möglich. Der Vorteil bezieht sich jeweils ausschließlich auf die zum Zeitpunkt der Einlösung gültigen vollen Greenfee-Gebühren.
5. Gibt es Spielergruppen mit erhöhten Greenfee-Gebühren, ist ein Nachlass auf diese Gebühren nicht möglich.
6. Das Angebot allein berechtigt nicht zum Spiel gegen Greenfee. Die Erfüllung der Bestimmungen des jeweiligen Golfclubs zur Greenfee-Berechtigung (Mitgliedschaft in einem Golfclub, Mindesthandicap etc.) zum Zeitpunkt der Einlösung sind Voraussetzung.
7. Es ist untersagt, den Greenfee-Gutschein entgeltlich Dritten zu überlassen bzw. mit diesen Handel zu treiben. Insbesondere sind die teilnehmenden Golfclubs in diesem Falle berechtigt, die Einlösung der ausgeschriebenen Angebote zu verweigern.
8. Die teilnehmenden Golfclubs haben sich gegenüber dem Verlag unter den o.g. Bedingungen verpflichtet, die ausgeschriebenen Angebote einzulösen. Der Verlag übernimmt jedoch keine Gewähr und keine Haftung, wenn ein Angebot nicht eingelöst wird oder werden kann.

Bedingungen zur Einlösung des Discounts:
1. Das Angebot ist einschließlich bis 30.6.2022 gültig.
2. Der Golfspieler/Leser hat sich telefonisch eine Abschlagzeit geben zu lassen – dabei ist die Nutzung des Angebots anzugeben.
3. Eine Barauszahlung des Greenfee-Vorteils ist nicht möglich.
4. Das Kombinieren von Angeboten oder bestehenden Greenfee-Vorteilen ist nicht möglich. Der Vorteil bezieht sich jeweils ausschließlich auf die zum Zeitpunkt der Einlösung gültigen vollen Greenfee-Gebühren.
5. Gibt es Spielergruppen mit erhöhten Greenfee-Gebühren, ist ein Nachlass auf diese Gebühren nicht möglich.
6. Das Angebot allein berechtigt nicht zum Spiel gegen Greenfee. Die Erfüllung der Bestimmungen des jeweiligen Golfclubs zur Greenfee-Berechtigung (Mitgliedschaft in einem Golfclub, Mindesthandicap etc.) zum Zeitpunkt der Einlösung sind Voraussetzung.
7. Es ist untersagt, den Greenfee-Gutschein entgeltlich Dritten zu überlassen bzw. mit diesen Handel zu treiben. Insbesondere sind die teilnehmenden Golfclubs in diesem Falle berechtigt, die Einlösung der ausgeschriebenen Angebote zu verweigern.
8. Die teilnehmenden Golfclubs haben sich gegenüber dem Verlag unter den o.g. Bedingungen verpflichtet, die ausgeschriebenen Angebote einzulösen. Der Verlag übernimmt jedoch keine Gewähr und keine Haftung, wenn ein Angebot nicht eingelöst wird oder werden kann.

Bedingungen zur Einlösung des Discounts:
1. Das Angebot ist einschließlich bis 30.6.2022 gültig.
2. Der Golfspieler/Leser hat sich telefonisch eine Abschlagzeit geben zu lassen – dabei ist die Nutzung des Angebots anzugeben.
3. Eine Barauszahlung des Greenfee-Vorteils ist nicht möglich.
4. Das Kombinieren von Angeboten oder bestehenden Greenfee-Vorteilen ist nicht möglich. Der Vorteil bezieht sich jeweils ausschließlich auf die zum Zeitpunkt der Einlösung gültigen vollen Greenfee-Gebühren.
5. Gibt es Spielergruppen mit erhöhten Greenfee-Gebühren, ist ein Nachlass auf diese Gebühren nicht möglich.
6. Das Angebot allein berechtigt nicht zum Spiel gegen Greenfee. Die Erfüllung der Bestimmungen des jeweiligen Golfclubs zur Greenfee-Berechtigung (Mitgliedschaft in einem Golfclub, Mindesthandicap etc.) zum Zeitpunkt der Einlösung sind Voraussetzung.
7. Es ist untersagt, den Greenfee-Gutschein entgeltlich Dritten zu überlassen bzw. mit diesen Handel zu treiben. Insbesondere sind die teilnehmenden Golfclubs in diesem Falle berechtigt, die Einlösung der ausgeschriebenen Angebote zu verweigern.
8. Die teilnehmenden Golfclubs haben sich gegenüber dem Verlag unter den o.g. Bedingungen verpflichtet, die ausgeschriebenen Angebote einzulösen. Der Verlag übernimmt jedoch keine Gewähr und keine Haftung, wenn ein Angebot nicht eingelöst wird oder werden kann.

Bedingungen zur Einlösung des Discounts:
1. Das Angebot ist einschließlich bis 30.6.2022 gültig.
2. Der Golfspieler/Leser hat sich telefonisch eine Abschlagzeit geben zu lassen – dabei ist die Nutzung des Angebots anzugeben.
3. Eine Barauszahlung des Greenfee-Vorteils ist nicht möglich.
4. Das Kombinieren von Angeboten oder bestehenden Greenfee-Vorteilen ist nicht möglich. Der Vorteil bezieht sich jeweils ausschließlich auf die zum Zeitpunkt der Einlösung gültigen vollen Greenfee-Gebühren.
5. Gibt es Spielergruppen mit erhöhten Greenfee-Gebühren, ist ein Nachlass auf diese Gebühren nicht möglich.
6. Das Angebot allein berechtigt nicht zum Spiel gegen Greenfee. Die Erfüllung der Bestimmungen des jeweiligen Golfclubs zur Greenfee-Berechtigung (Mitgliedschaft in einem Golfclub, Mindesthandicap etc.) zum Zeitpunkt der Einlösung sind Voraussetzung.
7. Es ist untersagt, den Greenfee-Gutschein entgeltlich Dritten zu überlassen bzw. mit diesen Handel zu treiben. Insbesondere sind die teilnehmenden Golfclubs in diesem Falle berechtigt, die Einlösung der ausgeschriebenen Angebote zu verweigern.
8. Die teilnehmenden Golfclubs haben sich gegenüber dem Verlag unter den o.g. Bedingungen verpflichtet, die ausgeschriebenen Angebote einzulösen. Der Verlag übernimmt jedoch keine Gewähr und keine Haftung, wenn ein Angebot nicht eingelöst wird oder werden kann.

Bedingungen zur Einlösung des Discounts:
1. Das Angebot ist einschließlich bis 30.6.2022 gültig.
2. Der Golfspieler/Leser hat sich telefonisch eine Abschlagzeit geben zu lassen – dabei ist die Nutzung des Angebots anzugeben.
3. Eine Barauszahlung des Greenfee-Vorteils ist nicht möglich.
4. Das Kombinieren von Angeboten oder bestehenden Greenfee-Vorteilen ist nicht möglich. Der Vorteil bezieht sich jeweils ausschließlich auf die zum Zeitpunkt der Einlösung gültigen vollen Greenfee-Gebühren.
5. Gibt es Spielergruppen mit erhöhten Greenfee-Gebühren, ist ein Nachlass auf diese Gebühren nicht möglich.
6. Das Angebot allein berechtigt nicht zum Spiel gegen Greenfee. Die Erfüllung der Bestimmungen des jeweiligen Golfclubs zur Greenfee-Berechtigung (Mitgliedschaft in einem Golfclub, Mindesthandicap etc.) zum Zeitpunkt der Einlösung sind Voraussetzung.
7. Es ist untersagt, den Greenfee-Gutschein entgeltlich Dritten zu überlassen bzw. mit diesen Handel zu treiben. Insbesondere sind die teilnehmenden Golfclubs in diesem Falle berechtigt, die Einlösung der ausgeschriebenen Angebote zu verweigern.
8. Die teilnehmenden Golfclubs haben sich gegenüber dem Verlag unter den o.g. Bedingungen verpflichtet, die ausgeschriebenen Angebote einzulösen. Der Verlag übernimmt jedoch keine Gewähr und keine Haftung, wenn ein Angebot nicht eingelöst wird oder werden kann.

Bedingungen zur Einlösung des Discounts:
1. Das Angebot ist einschließlich bis 30.6.2022 gültig.
2. Der Golfspieler/Leser hat sich telefonisch eine Abschlagzeit geben zu lassen – dabei ist die Nutzung des Angebots anzugeben.
3. Eine Barauszahlung des Greenfee-Vorteils ist nicht möglich.
4. Das Kombinieren von Angeboten oder bestehenden Greenfee-Vorteilen ist nicht möglich. Der Vorteil bezieht sich jeweils ausschließlich auf die zum Zeitpunkt der Einlösung gültigen vollen Greenfee-Gebühren.
5. Gibt es Spielergruppen mit erhöhten Greenfee-Gebühren, ist ein Nachlass auf diese Gebühren nicht möglich.
6. Das Angebot allein berechtigt nicht zum Spiel gegen Greenfee. Die Erfüllung der Bestimmungen des jeweiligen Golfclubs zur Greenfee-Berechtigung (Mitgliedschaft in einem Golfclub, Mindesthandicap etc.) zum Zeitpunkt der Einlösung sind Voraussetzung.
7. Es ist untersagt, den Greenfee-Gutschein entgeltlich Dritten zu überlassen bzw. mit diesen Handel zu treiben. Insbesondere sind die teilnehmenden Golfclubs in diesem Falle berechtigt, die Einlösung der ausgeschriebenen Angebote zu verweigern.
8. Die teilnehmenden Golfclubs haben sich gegenüber dem Verlag unter den o.g. Bedingungen verpflichtet, die ausgeschriebenen Angebote einzulösen. Der Verlag übernimmt jedoch keine Gewähr und keine Haftung, wenn ein Angebot nicht eingelöst wird oder werden kann.

Bedingungen zur Einlösung des Discounts:
1. Das Angebot ist einschließlich bis 30.6.2022 gültig.
2. Der Golfspieler/Leser hat sich telefonisch eine Abschlagzeit geben zu lassen – dabei ist die Nutzung des Angebots anzugeben.
3. Eine Barauszahlung des Greenfee-Vorteils ist nicht möglich.
4. Das Kombinieren von Angeboten oder bestehenden Greenfee-Vorteilen ist nicht möglich. Der Vorteil bezieht sich jeweils ausschließlich auf die zum Zeitpunkt der Einlösung gültigen vollen Greenfee-Gebühren.
5. Gibt es Spielergruppen mit erhöhten Greenfee-Gebühren, ist ein Nachlass auf diese Gebühren nicht möglich.
6. Das Angebot allein berechtigt nicht zum Spiel gegen Greenfee. Die Erfüllung der Bestimmungen des jeweiligen Golfclubs zur Greenfee-Berechtigung (Mitgliedschaft in einem Golfclub, Mindesthandicap etc.) zum Zeitpunkt der Einlösung sind Voraussetzung.
7. Es ist untersagt, den Greenfee-Gutschein entgeltlich Dritten zu überlassen bzw. mit diesen Handel zu treiben. Insbesondere sind die teilnehmenden Golfclubs in diesem Falle berechtigt, die Einlösung der ausgeschriebenen Angebote zu verweigern.
8. Die teilnehmenden Golfclubs haben sich gegenüber dem Verlag unter den o.g. Bedingungen verpflichtet, die ausgeschriebenen Angebote einzulösen. Der Verlag übernimmt jedoch keine Gewähr und keine Haftung, wenn ein Angebot nicht eingelöst wird oder werden kann.

DER GOLF ALBRECHT

Golfclub Wittgensteiner Land e.V. DE

Kapellenstraße 10
D-57319 Bad Berleburg - Sassenhausen
✆ 02751-9202278
Nordrhein-Westfalen

120

2 for 1 2 GF zum Preis von 1

DER GOLF ALBRECHT

Golfclub Wittgensteiner Land e.V. DE

Kapellenstraße 10
D-57319 Bad Berleburg - Sassenhausen
✆ 02751-9202278
Nordrhein-Westfalen

120

25% Greenfee-Ermäßigung

DER GOLF ALBRECHT

Golfclub Wittgensteiner Land e.V. DE

Kapellenstraße 10
D-57319 Bad Berleburg - Sassenhausen
✆ 02751-9202278
Nordrhein-Westfalen

120

25% Greenfee-Ermäßigung

DER GOLF ALBRECHT

Golfclub Siegerland e.V. DE

Berghäuser Weg
D-57223 Kreuztal
✆ 02732-59470
Nordrhein-Westfalen

121

2 for 1 2 GF zum Preis von 1

DER GOLF ALBRECHT

Golfclub Siegerland e.V. DE

Berghäuser Weg
D-57223 Kreuztal
✆ 02732-59470
Nordrhein-Westfalen

121

2 for 1 2 GF zum Preis von 1

DER GOLF ALBRECHT

Golfclub Siegerland e.V. DE

Berghäuser Weg
D-57223 Kreuztal
✆ 02732-59470
Nordrhein-Westfalen

121

30% Greenfee-Ermäßigung

DER GOLF ALBRECHT

Golfclub Siegerland e.V. DE

Berghäuser Weg
D-57223 Kreuztal
✆ 02732-59470
Nordrhein-Westfalen

121

30% Greenfee-Ermäßigung

DER GOLF ALBRECHT

Golf Club Siegen-Olpe e.V. DE

Am Golfplatz 1
D-57482 Wenden-Ottfingen
✆ 02762-97620
Nordrhein-Westfalen

122

50% Greenfee-Ermäßigung wochentags

DER GOLF ALBRECHT

Golf Club Siegen-Olpe e.V. DE

Am Golfplatz 1
D-57482 Wenden-Ottfingen
✆ 02762-97620
Nordrhein-Westfalen

122

50% Greenfee-Ermäßigung wochentags

DER GOLF ALBRECHT

Golf Club Burg Overbach e.V. DE

Overbach 1
D-53804 Much
✆ 02245-5550
Nordrhein-Westfalen

123

2 for 1 2 GF zum Preis von 1

Bedingungen zur Einlösung des Discounts:
1. Das Angebot ist einschließlich bis 30.6.2022 gültig.
2. Der Golfspieler/Leser hat sich telefonisch eine Abschlagzeit geben zu lassen – dabei ist die Nutzung des Angebots anzugeben.
3. Eine Barauszahlung des Greenfee-Vorteils ist nicht möglich.
4. Das Kombinieren von Angeboten oder bestehenden Greenfee-Vorteilen ist nicht möglich. Der Vorteil bezieht sich jeweils ausschließlich auf die zum Zeitpunkt der Einlösung gültigen vollen Greenfee-Gebühren.
5. Gibt es Spielergruppen mit erhöhten Greenfee-Gebühren, ist ein Nachlass auf diese Gebühren nicht möglich.
6. Das Angebot allein berechtigt nicht zum Spiel gegen Greenfee. Die Erfüllung der Bestimmungen des jeweiligen Golfclubs zur Greenfee-Berechtigung (Mitgliedschaft in einem Golfclub, Mindesthandicap etc.) zum Zeitpunkt der Einlösung sind Voraussetzung.
7. Es ist untersagt, den Greenfee-Gutschein entgeltlich Dritten zu überlassen bzw. mit diesen Handel zu treiben. Insbesondere sind die teilnehmenden Golfclubs in diesem Falle berechtigt, die Einlösung der ausgeschriebenen Angebote zu verweigern.
8. Die teilnehmenden Golfclubs haben sich gegenüber dem Verlag unter den o.g. Bedingungen verpflichtet, die ausgeschriebenen Angebote einzulösen. Der Verlag übernimmt jedoch keine Gewähr und keine Haftung, wenn ein Angebot nicht eingelöst wird oder werden kann.

Bedingungen zur Einlösung des Discounts:
1. Das Angebot ist einschließlich bis 30.6.2022 gültig.
2. Der Golfspieler/Leser hat sich telefonisch eine Abschlagzeit geben zu lassen – dabei ist die Nutzung des Angebots anzugeben.
3. Eine Barauszahlung des Greenfee-Vorteils ist nicht möglich.
4. Das Kombinieren von Angeboten oder bestehenden Greenfee-Vorteilen ist nicht möglich. Der Vorteil bezieht sich jeweils ausschließlich auf die zum Zeitpunkt der Einlösung gültigen vollen Greenfee-Gebühren.
5. Gibt es Spielergruppen mit erhöhten Greenfee-Gebühren, ist ein Nachlass auf diese Gebühren nicht möglich.
6. Das Angebot allein berechtigt nicht zum Spiel gegen Greenfee. Die Erfüllung der Bestimmungen des jeweiligen Golfclubs zur Greenfee-Berechtigung (Mitgliedschaft in einem Golfclub, Mindesthandicap etc.) zum Zeitpunkt der Einlösung sind Voraussetzung.
7. Es ist untersagt, den Greenfee-Gutschein entgeltlich Dritten zu überlassen bzw. mit diesen Handel zu treiben. Insbesondere sind die teilnehmenden Golfclubs in diesem Falle berechtigt, die Einlösung der ausgeschriebenen Angebote zu verweigern.
8. Die teilnehmenden Golfclubs haben sich gegenüber dem Verlag unter den o.g. Bedingungen verpflichtet, die ausgeschriebenen Angebote einzulösen. Der Verlag übernimmt jedoch keine Gewähr und keine Haftung, wenn ein Angebot nicht eingelöst wird oder werden kann.

Bedingungen zur Einlösung des Discounts:
1. Das Angebot ist einschließlich bis 30.6.2022 gültig.
2. Der Golfspieler/Leser hat sich telefonisch eine Abschlagzeit geben zu lassen – dabei ist die Nutzung des Angebots anzugeben.
3. Eine Barauszahlung des Greenfee-Vorteils ist nicht möglich.
4. Das Kombinieren von Angeboten oder bestehenden Greenfee-Vorteilen ist nicht möglich. Der Vorteil bezieht sich jeweils ausschließlich auf die zum Zeitpunkt der Einlösung gültigen vollen Greenfee-Gebühren.
5. Gibt es Spielergruppen mit erhöhten Greenfee-Gebühren, ist ein Nachlass auf diese Gebühren nicht möglich.
6. Das Angebot allein berechtigt nicht zum Spiel gegen Greenfee. Die Erfüllung der Bestimmungen des jeweiligen Golfclubs zur Greenfee-Berechtigung (Mitgliedschaft in einem Golfclub, Mindesthandicap etc.) zum Zeitpunkt der Einlösung sind Voraussetzung.
7. Es ist untersagt, den Greenfee-Gutschein entgeltlich Dritten zu überlassen bzw. mit diesen Handel zu treiben. Insbesondere sind die teilnehmenden Golfclubs in diesem Falle berechtigt, die Einlösung der ausgeschriebenen Angebote zu verweigern.
8. Die teilnehmenden Golfclubs haben sich gegenüber dem Verlag unter den o.g. Bedingungen verpflichtet, die ausgeschriebenen Angebote einzulösen. Der Verlag übernimmt jedoch keine Gewähr und keine Haftung, wenn ein Angebot nicht eingelöst wird oder werden kann.

Bedingungen zur Einlösung des Discounts:
1. Das Angebot ist einschließlich bis 30.6.2022 gültig.
2. Der Golfspieler/Leser hat sich telefonisch eine Abschlagzeit geben zu lassen – dabei ist die Nutzung des Angebots anzugeben.
3. Eine Barauszahlung des Greenfee-Vorteils ist nicht möglich.
4. Das Kombinieren von Angeboten oder bestehenden Greenfee-Vorteilen ist nicht möglich. Der Vorteil bezieht sich jeweils ausschließlich auf die zum Zeitpunkt der Einlösung gültigen vollen Greenfee-Gebühren.
5. Gibt es Spielergruppen mit erhöhten Greenfee-Gebühren, ist ein Nachlass auf diese Gebühren nicht möglich.
6. Das Angebot allein berechtigt nicht zum Spiel gegen Greenfee. Die Erfüllung der Bestimmungen des jeweiligen Golfclubs zur Greenfee-Berechtigung (Mitgliedschaft in einem Golfclub, Mindesthandicap etc.) zum Zeitpunkt der Einlösung sind Voraussetzung.
7. Es ist untersagt, den Greenfee-Gutschein entgeltlich Dritten zu überlassen bzw. mit diesen Handel zu treiben. Insbesondere sind die teilnehmenden Golfclubs in diesem Falle berechtigt, die Einlösung der ausgeschriebenen Angebote zu verweigern.
8. Die teilnehmenden Golfclubs haben sich gegenüber dem Verlag unter den o.g. Bedingungen verpflichtet, die ausgeschriebenen Angebote einzulösen. Der Verlag übernimmt jedoch keine Gewähr und keine Haftung, wenn ein Angebot nicht eingelöst wird oder werden kann.

Bedingungen zur Einlösung des Discounts:
1. Das Angebot ist einschließlich bis 30.6.2022 gültig.
2. Der Golfspieler/Leser hat sich telefonisch eine Abschlagzeit geben zu lassen – dabei ist die Nutzung des Angebots anzugeben.
3. Eine Barauszahlung des Greenfee-Vorteils ist nicht möglich.
4. Das Kombinieren von Angeboten oder bestehenden Greenfee-Vorteilen ist nicht möglich. Der Vorteil bezieht sich jeweils ausschließlich auf die zum Zeitpunkt der Einlösung gültigen vollen Greenfee-Gebühren.
5. Gibt es Spielergruppen mit erhöhten Greenfee-Gebühren, ist ein Nachlass auf diese Gebühren nicht möglich.
6. Das Angebot allein berechtigt nicht zum Spiel gegen Greenfee. Die Erfüllung der Bestimmungen des jeweiligen Golfclubs zur Greenfee-Berechtigung (Mitgliedschaft in einem Golfclub, Mindesthandicap etc.) zum Zeitpunkt der Einlösung sind Voraussetzung.
7. Es ist untersagt, den Greenfee-Gutschein entgeltlich Dritten zu überlassen bzw. mit diesen Handel zu treiben. Insbesondere sind die teilnehmenden Golfclubs in diesem Falle berechtigt, die Einlösung der ausgeschriebenen Angebote zu verweigern.
8. Die teilnehmenden Golfclubs haben sich gegenüber dem Verlag unter den o.g. Bedingungen verpflichtet, die ausgeschriebenen Angebote einzulösen. Der Verlag übernimmt jedoch keine Gewähr und keine Haftung, wenn ein Angebot nicht eingelöst wird oder werden kann.

Bedingungen zur Einlösung des Discounts:
1. Das Angebot ist einschließlich bis 30.6.2022 gültig.
2. Der Golfspieler/Leser hat sich telefonisch eine Abschlagzeit geben zu lassen – dabei ist die Nutzung des Angebots anzugeben.
3. Eine Barauszahlung des Greenfee-Vorteils ist nicht möglich.
4. Das Kombinieren von Angeboten oder bestehenden Greenfee-Vorteilen ist nicht möglich. Der Vorteil bezieht sich jeweils ausschließlich auf die zum Zeitpunkt der Einlösung gültigen vollen Greenfee-Gebühren.
5. Gibt es Spielergruppen mit erhöhten Greenfee-Gebühren, ist ein Nachlass auf diese Gebühren nicht möglich.
6. Das Angebot allein berechtigt nicht zum Spiel gegen Greenfee. Die Erfüllung der Bestimmungen des jeweiligen Golfclubs zur Greenfee-Berechtigung (Mitgliedschaft in einem Golfclub, Mindesthandicap etc.) zum Zeitpunkt der Einlösung sind Voraussetzung.
7. Es ist untersagt, den Greenfee-Gutschein entgeltlich Dritten zu überlassen bzw. mit diesen Handel zu treiben. Insbesondere sind die teilnehmenden Golfclubs in diesem Falle berechtigt, die Einlösung der ausgeschriebenen Angebote zu verweigern.
8. Die teilnehmenden Golfclubs haben sich gegenüber dem Verlag unter den o.g. Bedingungen verpflichtet, die ausgeschriebenen Angebote einzulösen. Der Verlag übernimmt jedoch keine Gewähr und keine Haftung, wenn ein Angebot nicht eingelöst wird oder werden kann.

Bedingungen zur Einlösung des Discounts:
1. Das Angebot ist einschließlich bis 30.6.2022 gültig.
2. Der Golfspieler/Leser hat sich telefonisch eine Abschlagzeit geben zu lassen – dabei ist die Nutzung des Angebots anzugeben.
3. Eine Barauszahlung des Greenfee-Vorteils ist nicht möglich.
4. Das Kombinieren von Angeboten oder bestehenden Greenfee-Vorteilen ist nicht möglich. Der Vorteil bezieht sich jeweils ausschließlich auf die zum Zeitpunkt der Einlösung gültigen vollen Greenfee-Gebühren.
5. Gibt es Spielergruppen mit erhöhten Greenfee-Gebühren, ist ein Nachlass auf diese Gebühren nicht möglich.
6. Das Angebot allein berechtigt nicht zum Spiel gegen Greenfee. Die Erfüllung der Bestimmungen des jeweiligen Golfclubs zur Greenfee-Berechtigung (Mitgliedschaft in einem Golfclub, Mindesthandicap etc.) zum Zeitpunkt der Einlösung sind Voraussetzung.
7. Es ist untersagt, den Greenfee-Gutschein entgeltlich Dritten zu überlassen bzw. mit diesen Handel zu treiben. Insbesondere sind die teilnehmenden Golfclubs in diesem Falle berechtigt, die Einlösung der ausgeschriebenen Angebote zu verweigern.
8. Die teilnehmenden Golfclubs haben sich gegenüber dem Verlag unter den o.g. Bedingungen verpflichtet, die ausgeschriebenen Angebote einzulösen. Der Verlag übernimmt jedoch keine Gewähr und keine Haftung, wenn ein Angebot nicht eingelöst wird oder werden kann.

Bedingungen zur Einlösung des Discounts:
1. Das Angebot ist einschließlich bis 30.6.2022 gültig.
2. Der Golfspieler/Leser hat sich telefonisch eine Abschlagzeit geben zu lassen – dabei ist die Nutzung des Angebots anzugeben.
3. Eine Barauszahlung des Greenfee-Vorteils ist nicht möglich.
4. Das Kombinieren von Angeboten oder bestehenden Greenfee-Vorteilen ist nicht möglich. Der Vorteil bezieht sich jeweils ausschließlich auf die zum Zeitpunkt der Einlösung gültigen vollen Greenfee-Gebühren.
5. Gibt es Spielergruppen mit erhöhten Greenfee-Gebühren, ist ein Nachlass auf diese Gebühren nicht möglich.
6. Das Angebot allein berechtigt nicht zum Spiel gegen Greenfee. Die Erfüllung der Bestimmungen des jeweiligen Golfclubs zur Greenfee-Berechtigung (Mitgliedschaft in einem Golfclub, Mindesthandicap etc.) zum Zeitpunkt der Einlösung sind Voraussetzung.
7. Es ist untersagt, den Greenfee-Gutschein entgeltlich Dritten zu überlassen bzw. mit diesen Handel zu treiben. Insbesondere sind die teilnehmenden Golfclubs in diesem Falle berechtigt, die Einlösung der ausgeschriebenen Angebote zu verweigern.
8. Die teilnehmenden Golfclubs haben sich gegenüber dem Verlag unter den o.g. Bedingungen verpflichtet, die ausgeschriebenen Angebote einzulösen. Der Verlag übernimmt jedoch keine Gewähr und keine Haftung, wenn ein Angebot nicht eingelöst wird oder werden kann.

Bedingungen zur Einlösung des Discounts:
1. Das Angebot ist einschließlich bis 30.6.2022 gültig.
2. Der Golfspieler/Leser hat sich telefonisch eine Abschlagzeit geben zu lassen – dabei ist die Nutzung des Angebots anzugeben.
3. Eine Barauszahlung des Greenfee-Vorteils ist nicht möglich.
4. Das Kombinieren von Angeboten oder bestehenden Greenfee-Vorteilen ist nicht möglich. Der Vorteil bezieht sich jeweils ausschließlich auf die zum Zeitpunkt der Einlösung gültigen vollen Greenfee-Gebühren.
5. Gibt es Spielergruppen mit erhöhten Greenfee-Gebühren, ist ein Nachlass auf diese Gebühren nicht möglich.
6. Das Angebot allein berechtigt nicht zum Spiel gegen Greenfee. Die Erfüllung der Bestimmungen des jeweiligen Golfclubs zur Greenfee-Berechtigung (Mitgliedschaft in einem Golfclub, Mindesthandicap etc.) zum Zeitpunkt der Einlösung sind Voraussetzung.
7. Es ist untersagt, den Greenfee-Gutschein entgeltlich Dritten zu überlassen bzw. mit diesen Handel zu treiben. Insbesondere sind die teilnehmenden Golfclubs in diesem Falle berechtigt, die Einlösung der ausgeschriebenen Angebote zu verweigern.
8. Die teilnehmenden Golfclubs haben sich gegenüber dem Verlag unter den o.g. Bedingungen verpflichtet, die ausgeschriebenen Angebote einzulösen. Der Verlag übernimmt jedoch keine Gewähr und keine Haftung, wenn ein Angebot nicht eingelöst wird oder werden kann.

Bedingungen zur Einlösung des Discounts:
1. Das Angebot ist einschließlich bis 30.6.2022 gültig.
2. Der Golfspieler/Leser hat sich telefonisch eine Abschlagzeit geben zu lassen – dabei ist die Nutzung des Angebots anzugeben.
3. Eine Barauszahlung des Greenfee-Vorteils ist nicht möglich.
4. Das Kombinieren von Angeboten oder bestehenden Greenfee-Vorteilen ist nicht möglich. Der Vorteil bezieht sich jeweils ausschließlich auf die zum Zeitpunkt der Einlösung gültigen vollen Greenfee-Gebühren.
5. Gibt es Spielergruppen mit erhöhten Greenfee-Gebühren, ist ein Nachlass auf diese Gebühren nicht möglich.
6. Das Angebot allein berechtigt nicht zum Spiel gegen Greenfee. Die Erfüllung der Bestimmungen des jeweiligen Golfclubs zur Greenfee-Berechtigung (Mitgliedschaft in einem Golfclub, Mindesthandicap etc.) zum Zeitpunkt der Einlösung sind Voraussetzung.
7. Es ist untersagt, den Greenfee-Gutschein entgeltlich Dritten zu überlassen bzw. mit diesen Handel zu treiben. Insbesondere sind die teilnehmenden Golfclubs in diesem Falle berechtigt, die Einlösung der ausgeschriebenen Angebote zu verweigern.
8. Die teilnehmenden Golfclubs haben sich gegenüber dem Verlag unter den o.g. Bedingungen verpflichtet, die ausgeschriebenen Angebote einzulösen. Der Verlag übernimmt jedoch keine Gewähr und keine Haftung, wenn ein Angebot nicht eingelöst wird oder werden kann.

DER GOLF ALBRECHT

Golf Club Burg Overbach e.V. DE

Overbach 1
D-53804 Much
02245-5550
Nordrhein-Westfalen

123

2 for 1 2 GF zum Preis von 1

DER GOLF ALBRECHT

Golf Club Burg Overbach e.V. DE

Overbach 1
D-53804 Much
02245-5550
Nordrhein-Westfalen

123

25% Greenfee-Ermäßigung

DER GOLF ALBRECHT

Golf Club Burg Overbach e.V. DE

Overbach 1
D-53804 Much
02245-5550
Nordrhein-Westfalen

123

25% Greenfee-Ermäßigung

DER GOLF ALBRECHT

GC Wahn im SSZ Köln-Wahn e.V. DE

Frankfurter Straße 320
D-51147 Köln
02203-62334
Nordrhein-Westfalen

124

2 for 1 2 GF zum Preis von 1

DER GOLF ALBRECHT

GC Wahn im SSZ Köln-Wahn e.V. DE

Frankfurter Straße 320
D-51147 Köln
02203-62334
Nordrhein-Westfalen

124

2 for 1 2 GF zum Preis von 1

DER GOLF ALBRECHT

GC Wahn im SSZ Köln-Wahn e.V. DE

Frankfurter Straße 320
D-51147 Köln
02203-62334
Nordrhein-Westfalen

124

50% Greenfee-Ermäßigung

DER GOLF ALBRECHT

GC Wahn im SSZ Köln-Wahn e.V. DE

Frankfurter Straße 320
D-51147 Köln
02203-62334
Nordrhein-Westfalen

124

50% Greenfee-Ermäßigung

DER GOLF ALBRECHT

West Golf GmbH & Co. KG DE

Am Golfplatz 1
D-53844 Troisdorf
02241-2327128
Nordrhein-Westfalen

125

2 for 1 2 GF zum Preis von 1 wochentags

DER GOLF ALBRECHT

West Golf GmbH & Co. KG DE

Am Golfplatz 1
D-53844 Troisdorf
02241-2327128
Nordrhein-Westfalen

125

2 for 1 2 GF zum Preis von 1 wochentags

DER GOLF ALBRECHT

West Golf GmbH & Co. KG DE

Am Golfplatz 1
D-53844 Troisdorf
02241-2327128
Nordrhein-Westfalen

125

20% Greenfee-Ermäßigung wochentags

Bedingungen zur Einlösung des Discounts:

1. Das Angebot ist einschließlich bis 30.6.2022 gültig.
2. Der Golfspieler/Leser hat sich telefonisch eine Abschlagzeit geben zu lassen – dabei ist die Nutzung des Angebots anzugeben.
3. Eine Barauszahlung des Greenfee-Vorteils ist nicht möglich.
4. Das Kombinieren von Angeboten oder bestehenden Greenfee-Vorteilen ist nicht möglich. Der Vorteil bezieht sich jeweils ausschließlich auf die zum Zeitpunkt der Einlösung gültigen vollen Greenfee-Gebühren.
5. Gibt es Spielergruppen mit erhöhten Greenfee-Gebühren, ist ein Nachlass auf diese Gebühren nicht möglich.
6. Das Angebot allein berechtigt nicht zum Spiel gegen Greenfee. Die Erfüllung der Bestimmungen des jeweiligen Golfclubs zur Greenfee-Berechtigung (Mitgliedschaft in einem Golfclub, Mindesthandicap etc.) zum Zeitpunkt der Einlösung sind Voraussetzung.
7. Es ist untersagt, den Greenfee-Gutschein entgeltlich Dritten zu überlassen bzw. mit diesen Handel zu treiben. Insbesondere sind die teilnehmenden Golfclubs in diesem Falle berechtigt, die Einlösung der ausgeschriebenen Angebote zu verweigern.
8. Die teilnehmenden Golfclubs haben sich gegenüber dem Verlag unter den o.g. Bedingungen verpflichtet, die ausgeschriebenen Angebote einzulösen. Der Verlag übernimmt jedoch keine Gewähr und keine Haftung, wenn ein Angebot nicht eingelöst wird oder werden kann.

Bedingungen zur Einlösung des Discounts:

1. Das Angebot ist einschließlich bis 30.6.2022 gültig.
2. Der Golfspieler/Leser hat sich telefonisch eine Abschlagzeit geben zu lassen – dabei ist die Nutzung des Angebots anzugeben.
3. Eine Barauszahlung des Greenfee-Vorteils ist nicht möglich.
4. Das Kombinieren von Angeboten oder bestehenden Greenfee-Vorteilen ist nicht möglich. Der Vorteil bezieht sich jeweils ausschließlich auf die zum Zeitpunkt der Einlösung gültigen vollen Greenfee-Gebühren.
5. Gibt es Spielergruppen mit erhöhten Greenfee-Gebühren, ist ein Nachlass auf diese Gebühren nicht möglich.
6. Das Angebot allein berechtigt nicht zum Spiel gegen Greenfee. Die Erfüllung der Bestimmungen des jeweiligen Golfclubs zur Greenfee-Berechtigung (Mitgliedschaft in einem Golfclub, Mindesthandicap etc.) zum Zeitpunkt der Einlösung sind Voraussetzung.
7. Es ist untersagt, den Greenfee-Gutschein entgeltlich Dritten zu überlassen bzw. mit diesen Handel zu treiben. Insbesondere sind die teilnehmenden Golfclubs in diesem Falle berechtigt, die Einlösung der ausgeschriebenen Angebote zu verweigern.
8. Die teilnehmenden Golfclubs haben sich gegenüber dem Verlag unter den o.g. Bedingungen verpflichtet, die ausgeschriebenen Angebote einzulösen. Der Verlag übernimmt jedoch keine Gewähr und keine Haftung, wenn ein Angebot nicht eingelöst wird oder werden kann.

Bedingungen zur Einlösung des Discounts:

1. Das Angebot ist einschließlich bis 30.6.2022 gültig.
2. Der Golfspieler/Leser hat sich telefonisch eine Abschlagzeit geben zu lassen – dabei ist die Nutzung des Angebots anzugeben.
3. Eine Barauszahlung des Greenfee-Vorteils ist nicht möglich.
4. Das Kombinieren von Angeboten oder bestehenden Greenfee-Vorteilen ist nicht möglich. Der Vorteil bezieht sich jeweils ausschließlich auf die zum Zeitpunkt der Einlösung gültigen vollen Greenfee-Gebühren.
5. Gibt es Spielergruppen mit erhöhten Greenfee-Gebühren, ist ein Nachlass auf diese Gebühren nicht möglich.
6. Das Angebot allein berechtigt nicht zum Spiel gegen Greenfee. Die Erfüllung der Bestimmungen des jeweiligen Golfclubs zur Greenfee-Berechtigung (Mitgliedschaft in einem Golfclub, Mindesthandicap etc.) zum Zeitpunkt der Einlösung sind Voraussetzung.
7. Es ist untersagt, den Greenfee-Gutschein entgeltlich Dritten zu überlassen bzw. mit diesen Handel zu treiben. Insbesondere sind die teilnehmenden Golfclubs in diesem Falle berechtigt, die Einlösung der ausgeschriebenen Angebote zu verweigern.
8. Die teilnehmenden Golfclubs haben sich gegenüber dem Verlag unter den o.g. Bedingungen verpflichtet, die ausgeschriebenen Angebote einzulösen. Der Verlag übernimmt jedoch keine Gewähr und keine Haftung, wenn ein Angebot nicht eingelöst wird oder werden kann.

Bedingungen zur Einlösung des Discounts:

1. Das Angebot ist einschließlich bis 30.6.2022 gültig.
2. Der Golfspieler/Leser hat sich telefonisch eine Abschlagzeit geben zu lassen – dabei ist die Nutzung des Angebots anzugeben.
3. Eine Barauszahlung des Greenfee-Vorteils ist nicht möglich.
4. Das Kombinieren von Angeboten oder bestehenden Greenfee-Vorteilen ist nicht möglich. Der Vorteil bezieht sich jeweils ausschließlich auf die zum Zeitpunkt der Einlösung gültigen vollen Greenfee-Gebühren.
5. Gibt es Spielergruppen mit erhöhten Greenfee-Gebühren, ist ein Nachlass auf diese Gebühren nicht möglich.
6. Das Angebot allein berechtigt nicht zum Spiel gegen Greenfee. Die Erfüllung der Bestimmungen des jeweiligen Golfclubs zur Greenfee-Berechtigung (Mitgliedschaft in einem Golfclub, Mindesthandicap etc.) zum Zeitpunkt der Einlösung sind Voraussetzung.
7. Es ist untersagt, den Greenfee-Gutschein entgeltlich Dritten zu überlassen bzw. mit diesen Handel zu treiben. Insbesondere sind die teilnehmenden Golfclubs in diesem Falle berechtigt, die Einlösung der ausgeschriebenen Angebote zu verweigern.
8. Die teilnehmenden Golfclubs haben sich gegenüber dem Verlag unter den o.g. Bedingungen verpflichtet, die ausgeschriebenen Angebote einzulösen. Der Verlag übernimmt jedoch keine Gewähr und keine Haftung, wenn ein Angebot nicht eingelöst wird oder werden kann.

Bedingungen zur Einlösung des Discounts:

1. Das Angebot ist einschließlich bis 30.6.2022 gültig.
2. Der Golfspieler/Leser hat sich telefonisch eine Abschlagzeit geben zu lassen – dabei ist die Nutzung des Angebots anzugeben.
3. Eine Barauszahlung des Greenfee-Vorteils ist nicht möglich.
4. Das Kombinieren von Angeboten oder bestehenden Greenfee-Vorteilen ist nicht möglich. Der Vorteil bezieht sich jeweils ausschließlich auf die zum Zeitpunkt der Einlösung gültigen vollen Greenfee-Gebühren.
5. Gibt es Spielergruppen mit erhöhten Greenfee-Gebühren, ist ein Nachlass auf diese Gebühren nicht möglich.
6. Das Angebot allein berechtigt nicht zum Spiel gegen Greenfee. Die Erfüllung der Bestimmungen des jeweiligen Golfclubs zur Greenfee-Berechtigung (Mitgliedschaft in einem Golfclub, Mindesthandicap etc.) zum Zeitpunkt der Einlösung sind Voraussetzung.
7. Es ist untersagt, den Greenfee-Gutschein entgeltlich Dritten zu überlassen bzw. mit diesen Handel zu treiben. Insbesondere sind die teilnehmenden Golfclubs in diesem Falle berechtigt, die Einlösung der ausgeschriebenen Angebote zu verweigern.
8. Die teilnehmenden Golfclubs haben sich gegenüber dem Verlag unter den o.g. Bedingungen verpflichtet, die ausgeschriebenen Angebote einzulösen. Der Verlag übernimmt jedoch keine Gewähr und keine Haftung, wenn ein Angebot nicht eingelöst wird oder werden kann.

Bedingungen zur Einlösung des Discounts:

1. Das Angebot ist einschließlich bis 30.6.2022 gültig.
2. Der Golfspieler/Leser hat sich telefonisch eine Abschlagzeit geben zu lassen – dabei ist die Nutzung des Angebots anzugeben.
3. Eine Barauszahlung des Greenfee-Vorteils ist nicht möglich.
4. Das Kombinieren von Angeboten oder bestehenden Greenfee-Vorteilen ist nicht möglich. Der Vorteil bezieht sich jeweils ausschließlich auf die zum Zeitpunkt der Einlösung gültigen vollen Greenfee-Gebühren.
5. Gibt es Spielergruppen mit erhöhten Greenfee-Gebühren, ist ein Nachlass auf diese Gebühren nicht möglich.
6. Das Angebot allein berechtigt nicht zum Spiel gegen Greenfee. Die Erfüllung der Bestimmungen des jeweiligen Golfclubs zur Greenfee-Berechtigung (Mitgliedschaft in einem Golfclub, Mindesthandicap etc.) zum Zeitpunkt der Einlösung sind Voraussetzung.
7. Es ist untersagt, den Greenfee-Gutschein entgeltlich Dritten zu überlassen bzw. mit diesen Handel zu treiben. Insbesondere sind die teilnehmenden Golfclubs in diesem Falle berechtigt, die Einlösung der ausgeschriebenen Angebote zu verweigern.
8. Die teilnehmenden Golfclubs haben sich gegenüber dem Verlag unter den o.g. Bedingungen verpflichtet, die ausgeschriebenen Angebote einzulösen. Der Verlag übernimmt jedoch keine Gewähr und keine Haftung, wenn ein Angebot nicht eingelöst wird oder werden kann.

Bedingungen zur Einlösung des Discounts:

1. Das Angebot ist einschließlich bis 30.6.2022 gültig.
2. Der Golfspieler/Leser hat sich telefonisch eine Abschlagzeit geben zu lassen – dabei ist die Nutzung des Angebots anzugeben.
3. Eine Barauszahlung des Greenfee-Vorteils ist nicht möglich.
4. Das Kombinieren von Angeboten oder bestehenden Greenfee-Vorteilen ist nicht möglich. Der Vorteil bezieht sich jeweils ausschließlich auf die zum Zeitpunkt der Einlösung gültigen vollen Greenfee-Gebühren.
5. Gibt es Spielergruppen mit erhöhten Greenfee-Gebühren, ist ein Nachlass auf diese Gebühren nicht möglich.
6. Das Angebot allein berechtigt nicht zum Spiel gegen Greenfee. Die Erfüllung der Bestimmungen des jeweiligen Golfclubs zur Greenfee-Berechtigung (Mitgliedschaft in einem Golfclub, Mindesthandicap etc.) zum Zeitpunkt der Einlösung sind Voraussetzung.
7. Es ist untersagt, den Greenfee-Gutschein entgeltlich Dritten zu überlassen bzw. mit diesen Handel zu treiben. Insbesondere sind die teilnehmenden Golfclubs in diesem Falle berechtigt, die Einlösung der ausgeschriebenen Angebote zu verweigern.
8. Die teilnehmenden Golfclubs haben sich gegenüber dem Verlag unter den o.g. Bedingungen verpflichtet, die ausgeschriebenen Angebote einzulösen. Der Verlag übernimmt jedoch keine Gewähr und keine Haftung, wenn ein Angebot nicht eingelöst wird oder werden kann.

Bedingungen zur Einlösung des Discounts:

1. Das Angebot ist einschließlich bis 30.6.2022 gültig.
2. Der Golfspieler/Leser hat sich telefonisch eine Abschlagzeit geben zu lassen – dabei ist die Nutzung des Angebots anzugeben.
3. Eine Barauszahlung des Greenfee-Vorteils ist nicht möglich.
4. Das Kombinieren von Angeboten oder bestehenden Greenfee-Vorteilen ist nicht möglich. Der Vorteil bezieht sich jeweils ausschließlich auf die zum Zeitpunkt der Einlösung gültigen vollen Greenfee-Gebühren.
5. Gibt es Spielergruppen mit erhöhten Greenfee-Gebühren, ist ein Nachlass auf diese Gebühren nicht möglich.
6. Das Angebot allein berechtigt nicht zum Spiel gegen Greenfee. Die Erfüllung der Bestimmungen des jeweiligen Golfclubs zur Greenfee-Berechtigung (Mitgliedschaft in einem Golfclub, Mindesthandicap etc.) zum Zeitpunkt der Einlösung sind Voraussetzung.
7. Es ist untersagt, den Greenfee-Gutschein entgeltlich Dritten zu überlassen bzw. mit diesen Handel zu treiben. Insbesondere sind die teilnehmenden Golfclubs in diesem Falle berechtigt, die Einlösung der ausgeschriebenen Angebote zu verweigern.
8. Die teilnehmenden Golfclubs haben sich gegenüber dem Verlag unter den o.g. Bedingungen verpflichtet, die ausgeschriebenen Angebote einzulösen. Der Verlag übernimmt jedoch keine Gewähr und keine Haftung, wenn ein Angebot nicht eingelöst wird oder werden kann.

Bedingungen zur Einlösung des Discounts:

1. Das Angebot ist einschließlich bis 30.6.2022 gültig.
2. Der Golfspieler/Leser hat sich telefonisch eine Abschlagzeit geben zu lassen – dabei ist die Nutzung des Angebots anzugeben.
3. Eine Barauszahlung des Greenfee-Vorteils ist nicht möglich.
4. Das Kombinieren von Angeboten oder bestehenden Greenfee-Vorteilen ist nicht möglich. Der Vorteil bezieht sich jeweils ausschließlich auf die zum Zeitpunkt der Einlösung gültigen vollen Greenfee-Gebühren.
5. Gibt es Spielergruppen mit erhöhten Greenfee-Gebühren, ist ein Nachlass auf diese Gebühren nicht möglich.
6. Das Angebot allein berechtigt nicht zum Spiel gegen Greenfee. Die Erfüllung der Bestimmungen des jeweiligen Golfclubs zur Greenfee-Berechtigung (Mitgliedschaft in einem Golfclub, Mindesthandicap etc.) zum Zeitpunkt der Einlösung sind Voraussetzung.
7. Es ist untersagt, den Greenfee-Gutschein entgeltlich Dritten zu überlassen bzw. mit diesen Handel zu treiben. Insbesondere sind die teilnehmenden Golfclubs in diesem Falle berechtigt, die Einlösung der ausgeschriebenen Angebote zu verweigern.
8. Die teilnehmenden Golfclubs haben sich gegenüber dem Verlag unter den o.g. Bedingungen verpflichtet, die ausgeschriebenen Angebote einzulösen. Der Verlag übernimmt jedoch keine Gewähr und keine Haftung, wenn ein Angebot nicht eingelöst wird oder werden kann.

Bedingungen zur Einlösung des Discounts:

1. Das Angebot ist einschließlich bis 30.6.2022 gültig.
2. Der Golfspieler/Leser hat sich telefonisch eine Abschlagzeit geben zu lassen – dabei ist die Nutzung des Angebots anzugeben.
3. Eine Barauszahlung des Greenfee-Vorteils ist nicht möglich.
4. Das Kombinieren von Angeboten oder bestehenden Greenfee-Vorteilen ist nicht möglich. Der Vorteil bezieht sich jeweils ausschließlich auf die zum Zeitpunkt der Einlösung gültigen vollen Greenfee-Gebühren.
5. Gibt es Spielergruppen mit erhöhten Greenfee-Gebühren, ist ein Nachlass auf diese Gebühren nicht möglich.
6. Das Angebot allein berechtigt nicht zum Spiel gegen Greenfee. Die Erfüllung der Bestimmungen des jeweiligen Golfclubs zur Greenfee-Berechtigung (Mitgliedschaft in einem Golfclub, Mindesthandicap etc.) zum Zeitpunkt der Einlösung sind Voraussetzung.
7. Es ist untersagt, den Greenfee-Gutschein entgeltlich Dritten zu überlassen bzw. mit diesen Handel zu treiben. Insbesondere sind die teilnehmenden Golfclubs in diesem Falle berechtigt, die Einlösung der ausgeschriebenen Angebote zu verweigern.
8. Die teilnehmenden Golfclubs haben sich gegenüber dem Verlag unter den o.g. Bedingungen verpflichtet, die ausgeschriebenen Angebote einzulösen. Der Verlag übernimmt jedoch keine Gewähr und keine Haftung, wenn ein Angebot nicht eingelöst wird oder werden kann.

DER GOLF ALBRECHT

West Golf GmbH & Co. KG DE

Am Golfplatz 1
D-53844 Troisdorf
✆ 02241-2327128
Nordrhein-Westfalen

125

20% Greenfee-Ermäßigung wochentags

DER GOLF ALBRECHT

Gut Heckenhof Hotel & Golfresort an der Sieg GmbH & Co KG DE

Heckerhof 5
D-53783 Eitorf
✆ 02243-92320
Nordrhein-Westfalen

126

20% Greenfee-Ermäßigung

DER GOLF ALBRECHT

Gut Heckenhof Hotel & Golfresort an der Sieg GmbH & Co KG DE

Heckerhof 5
D-53783 Eitorf
✆ 02243-92320
Nordrhein-Westfalen

126

20% Greenfee-Ermäßigung

DER GOLF ALBRECHT

Golf- und Landclub Bad Arolsen e.V. DE

Zum Wiggenberg 33
D-34454 Bad Arolsen
✆ 05691-628444
Hessen

127

2 for 1 2 GF zum Preis von 1

DER GOLF ALBRECHT

Golf- und Landclub Bad Arolsen e.V. DE

Zum Wiggenberg 33
D-34454 Bad Arolsen
✆ 05691-628444
Hessen

127

2 for 1 2 GF zum Preis von 1

DER GOLF ALBRECHT

Golf- und Landclub Bad Arolsen e.V. DE

Zum Wiggenberg 33
D-34454 Bad Arolsen
✆ 05691-628444
Hessen

127

20% Greenfee-Ermäßigung

DER GOLF ALBRECHT

Golf- und Landclub Bad Arolsen e.V. DE

Zum Wiggenberg 33
D-34454 Bad Arolsen
✆ 05691-628444
Hessen

127

20% Greenfee-Ermäßigung

DER GOLF ALBRECHT

Golf Club Kassel-Wilhelmshöhe e.V. DE

Ehlener Straße 21
D-34131 Kassel-Wilhelmshöhe
✆ 0561-33509
Hessen

128

2 for 1 2 GF zum Preis von 1

DER GOLF ALBRECHT

Golfclub Waldeck am Edersee DE

Domänenweg 12
D-34513 Waldeck
✆ 05623-99890
Hessen

129

2 for 1 2 GF zum Preis von 1

DER GOLF ALBRECHT

Golf-Club Bad Wildungen e.V. DE

Talquellenweg 33
D-34537 Bad Wildungen
✆ 05621-3767
Hessen
Hinweis: Rabatt gültig auf Tagesgreenfee. Startzeiten buchen unbedingt erforderlich.

130

25% Greenfee-Ermäßigung

Bedingungen zur Einlösung des Discounts:

1. Das Angebot ist einschließlich bis 30.6.2022 gültig.
2. Der Golfspieler/Leser hat sich telefonisch eine Abschlagzeit geben zu lassen – dabei ist die Nutzung des Angebots anzugeben.
3. Eine Barauszahlung des Greenfee-Vorteils ist nicht möglich.
4. Das Kombinieren von Angeboten oder bestehenden Greenfee-Vorteilen ist nicht möglich. Der Vorteil bezieht sich jeweils ausschließlich auf die zum Zeitpunkt der Einlösung gültigen vollen Greenfee-Gebühren.
5. Gibt es Spielergruppen mit erhöhten Greenfee-Gebühren, ist ein Nachlass auf diese Gebühren nicht möglich.
6. Das Angebot allein berechtigt nicht zum Spiel gegen Greenfee. Die Erfüllung der Bestimmungen des jeweiligen Golfclubs zur Greenfee-Berechtigung (Mitgliedschaft in einem Golfclub, Mindesthandicap etc.) zum Zeitpunkt der Einlösung sind Voraussetzung.
7. Es ist untersagt, den Greenfee-Gutschein entgeltlich Dritten zu überlassen bzw. mit diesen Handel zu treiben. Insbesondere sind die teilnehmenden Golfclubs in diesem Falle berechtigt, die Einlösung der ausgeschriebenen Angebote zu verweigern.
8. Die teilnehmenden Golfclubs haben sich gegenüber dem Verlag unter den o.g. Bedingungen verpflichtet, die ausgeschriebenen Angebote einzulösen. Der Verlag übernimmt jedoch keine Gewähr und keine Haftung, wenn ein Angebot nicht eingelöst wird oder werden kann.

Bedingungen zur Einlösung des Discounts:

1. Das Angebot ist einschließlich bis 30.6.2022 gültig.
2. Der Golfspieler/Leser hat sich telefonisch eine Abschlagzeit geben zu lassen – dabei ist die Nutzung des Angebots anzugeben.
3. Eine Barauszahlung des Greenfee-Vorteils ist nicht möglich.
4. Das Kombinieren von Angeboten oder bestehenden Greenfee-Vorteilen ist nicht möglich. Der Vorteil bezieht sich jeweils ausschließlich auf die zum Zeitpunkt der Einlösung gültigen vollen Greenfee-Gebühren.
5. Gibt es Spielergruppen mit erhöhten Greenfee-Gebühren, ist ein Nachlass auf diese Gebühren nicht möglich.
6. Das Angebot allein berechtigt nicht zum Spiel gegen Greenfee. Die Erfüllung der Bestimmungen des jeweiligen Golfclubs zur Greenfee-Berechtigung (Mitgliedschaft in einem Golfclub, Mindesthandicap etc.) zum Zeitpunkt der Einlösung sind Voraussetzung.
7. Es ist untersagt, den Greenfee-Gutschein entgeltlich Dritten zu überlassen bzw. mit diesen Handel zu treiben. Insbesondere sind die teilnehmenden Golfclubs in diesem Falle berechtigt, die Einlösung der ausgeschriebenen Angebote zu verweigern.
8. Die teilnehmenden Golfclubs haben sich gegenüber dem Verlag unter den o.g. Bedingungen verpflichtet, die ausgeschriebenen Angebote einzulösen. Der Verlag übernimmt jedoch keine Gewähr und keine Haftung, wenn ein Angebot nicht eingelöst wird oder werden kann.

Bedingungen zur Einlösung des Discounts:

1. Das Angebot ist einschließlich bis 30.6.2022 gültig.
2. Der Golfspieler/Leser hat sich telefonisch eine Abschlagzeit geben zu lassen – dabei ist die Nutzung des Angebots anzugeben.
3. Eine Barauszahlung des Greenfee-Vorteils ist nicht möglich.
4. Das Kombinieren von Angeboten oder bestehenden Greenfee-Vorteilen ist nicht möglich. Der Vorteil bezieht sich jeweils ausschließlich auf die zum Zeitpunkt der Einlösung gültigen vollen Greenfee-Gebühren.
5. Gibt es Spielergruppen mit erhöhten Greenfee-Gebühren, ist ein Nachlass auf diese Gebühren nicht möglich.
6. Das Angebot allein berechtigt nicht zum Spiel gegen Greenfee. Die Erfüllung der Bestimmungen des jeweiligen Golfclubs zur Greenfee-Berechtigung (Mitgliedschaft in einem Golfclub, Mindesthandicap etc.) zum Zeitpunkt der Einlösung sind Voraussetzung.
7. Es ist untersagt, den Greenfee-Gutschein entgeltlich Dritten zu überlassen bzw. mit diesen Handel zu treiben. Insbesondere sind die teilnehmenden Golfclubs in diesem Falle berechtigt, die Einlösung der ausgeschriebenen Angebote zu verweigern.
8. Die teilnehmenden Golfclubs haben sich gegenüber dem Verlag unter den o.g. Bedingungen verpflichtet, die ausgeschriebenen Angebote einzulösen. Der Verlag übernimmt jedoch keine Gewähr und keine Haftung, wenn ein Angebot nicht eingelöst wird oder werden kann.

Bedingungen zur Einlösung des Discounts:

1. Das Angebot ist einschließlich bis 30.6.2022 gültig.
2. Der Golfspieler/Leser hat sich telefonisch eine Abschlagzeit geben zu lassen – dabei ist die Nutzung des Angebots anzugeben.
3. Eine Barauszahlung des Greenfee-Vorteils ist nicht möglich.
4. Das Kombinieren von Angeboten oder bestehenden Greenfee-Vorteilen ist nicht möglich. Der Vorteil bezieht sich jeweils ausschließlich auf die zum Zeitpunkt der Einlösung gültigen vollen Greenfee-Gebühren.
5. Gibt es Spielergruppen mit erhöhten Greenfee-Gebühren, ist ein Nachlass auf diese Gebühren nicht möglich.
6. Das Angebot allein berechtigt nicht zum Spiel gegen Greenfee. Die Erfüllung der Bestimmungen des jeweiligen Golfclubs zur Greenfee-Berechtigung (Mitgliedschaft in einem Golfclub, Mindesthandicap etc.) zum Zeitpunkt der Einlösung sind Voraussetzung.
7. Es ist untersagt, den Greenfee-Gutschein entgeltlich Dritten zu überlassen bzw. mit diesen Handel zu treiben. Insbesondere sind die teilnehmenden Golfclubs in diesem Falle berechtigt, die Einlösung der ausgeschriebenen Angebote zu verweigern.
8. Die teilnehmenden Golfclubs haben sich gegenüber dem Verlag unter den o.g. Bedingungen verpflichtet, die ausgeschriebenen Angebote einzulösen. Der Verlag übernimmt jedoch keine Gewähr und keine Haftung, wenn ein Angebot nicht eingelöst wird oder werden kann.

Bedingungen zur Einlösung des Discounts:

1. Das Angebot ist einschließlich bis 30.6.2022 gültig.
2. Der Golfspieler/Leser hat sich telefonisch eine Abschlagzeit geben zu lassen – dabei ist die Nutzung des Angebots anzugeben.
3. Eine Barauszahlung des Greenfee-Vorteils ist nicht möglich.
4. Das Kombinieren von Angeboten oder bestehenden Greenfee-Vorteilen ist nicht möglich. Der Vorteil bezieht sich jeweils ausschließlich auf die zum Zeitpunkt der Einlösung gültigen vollen Greenfee-Gebühren.
5. Gibt es Spielergruppen mit erhöhten Greenfee-Gebühren, ist ein Nachlass auf diese Gebühren nicht möglich.
6. Das Angebot allein berechtigt nicht zum Spiel gegen Greenfee. Die Erfüllung der Bestimmungen des jeweiligen Golfclubs zur Greenfee-Berechtigung (Mitgliedschaft in einem Golfclub, Mindesthandicap etc.) zum Zeitpunkt der Einlösung sind Voraussetzung.
7. Es ist untersagt, den Greenfee-Gutschein entgeltlich Dritten zu überlassen bzw. mit diesen Handel zu treiben. Insbesondere sind die teilnehmenden Golfclubs in diesem Falle berechtigt, die Einlösung der ausgeschriebenen Angebote zu verweigern.
8. Die teilnehmenden Golfclubs haben sich gegenüber dem Verlag unter den o.g. Bedingungen verpflichtet, die ausgeschriebenen Angebote einzulösen. Der Verlag übernimmt jedoch keine Gewähr und keine Haftung, wenn ein Angebot nicht eingelöst wird oder werden kann.

Bedingungen zur Einlösung des Discounts:

1. Das Angebot ist einschließlich bis 30.6.2022 gültig.
2. Der Golfspieler/Leser hat sich telefonisch eine Abschlagzeit geben zu lassen – dabei ist die Nutzung des Angebots anzugeben.
3. Eine Barauszahlung des Greenfee-Vorteils ist nicht möglich.
4. Das Kombinieren von Angeboten oder bestehenden Greenfee-Vorteilen ist nicht möglich. Der Vorteil bezieht sich jeweils ausschließlich auf die zum Zeitpunkt der Einlösung gültigen vollen Greenfee-Gebühren.
5. Gibt es Spielergruppen mit erhöhten Greenfee-Gebühren, ist ein Nachlass auf diese Gebühren nicht möglich.
6. Das Angebot allein berechtigt nicht zum Spiel gegen Greenfee. Die Erfüllung der Bestimmungen des jeweiligen Golfclubs zur Greenfee-Berechtigung (Mitgliedschaft in einem Golfclub, Mindesthandicap etc.) zum Zeitpunkt der Einlösung sind Voraussetzung.
7. Es ist untersagt, den Greenfee-Gutschein entgeltlich Dritten zu überlassen bzw. mit diesen Handel zu treiben. Insbesondere sind die teilnehmenden Golfclubs in diesem Falle berechtigt, die Einlösung der ausgeschriebenen Angebote zu verweigern.
8. Die teilnehmenden Golfclubs haben sich gegenüber dem Verlag unter den o.g. Bedingungen verpflichtet, die ausgeschriebenen Angebote einzulösen. Der Verlag übernimmt jedoch keine Gewähr und keine Haftung, wenn ein Angebot nicht eingelöst wird oder werden kann.

Bedingungen zur Einlösung des Discounts:

1. Das Angebot ist einschließlich bis 30.6.2022 gültig.
2. Der Golfspieler/Leser hat sich telefonisch eine Abschlagzeit geben zu lassen – dabei ist die Nutzung des Angebots anzugeben.
3. Eine Barauszahlung des Greenfee-Vorteils ist nicht möglich.
4. Das Kombinieren von Angeboten oder bestehenden Greenfee-Vorteilen ist nicht möglich. Der Vorteil bezieht sich jeweils ausschließlich auf die zum Zeitpunkt der Einlösung gültigen vollen Greenfee-Gebühren.
5. Gibt es Spielergruppen mit erhöhten Greenfee-Gebühren, ist ein Nachlass auf diese Gebühren nicht möglich.
6. Das Angebot allein berechtigt nicht zum Spiel gegen Greenfee. Die Erfüllung der Bestimmungen des jeweiligen Golfclubs zur Greenfee-Berechtigung (Mitgliedschaft in einem Golfclub, Mindesthandicap etc.) zum Zeitpunkt der Einlösung sind Voraussetzung.
7. Es ist untersagt, den Greenfee-Gutschein entgeltlich Dritten zu überlassen bzw. mit diesen Handel zu treiben. Insbesondere sind die teilnehmenden Golfclubs in diesem Falle berechtigt, die Einlösung der ausgeschriebenen Angebote zu verweigern.
8. Die teilnehmenden Golfclubs haben sich gegenüber dem Verlag unter den o.g. Bedingungen verpflichtet, die ausgeschriebenen Angebote einzulösen. Der Verlag übernimmt jedoch keine Gewähr und keine Haftung, wenn ein Angebot nicht eingelöst wird oder werden kann.

Bedingungen zur Einlösung des Discounts:

1. Das Angebot ist einschließlich bis 30.6.2022 gültig.
2. Der Golfspieler/Leser hat sich telefonisch eine Abschlagzeit geben zu lassen – dabei ist die Nutzung des Angebots anzugeben.
3. Eine Barauszahlung des Greenfee-Vorteils ist nicht möglich.
4. Das Kombinieren von Angeboten oder bestehenden Greenfee-Vorteilen ist nicht möglich. Der Vorteil bezieht sich jeweils ausschließlich auf die zum Zeitpunkt der Einlösung gültigen vollen Greenfee-Gebühren.
5. Gibt es Spielergruppen mit erhöhten Greenfee-Gebühren, ist ein Nachlass auf diese Gebühren nicht möglich.
6. Das Angebot allein berechtigt nicht zum Spiel gegen Greenfee. Die Erfüllung der Bestimmungen des jeweiligen Golfclubs zur Greenfee-Berechtigung (Mitgliedschaft in einem Golfclub, Mindesthandicap etc.) zum Zeitpunkt der Einlösung sind Voraussetzung.
7. Es ist untersagt, den Greenfee-Gutschein entgeltlich Dritten zu überlassen bzw. mit diesen Handel zu treiben. Insbesondere sind die teilnehmenden Golfclubs in diesem Falle berechtigt, die Einlösung der ausgeschriebenen Angebote zu verweigern.
8. Die teilnehmenden Golfclubs haben sich gegenüber dem Verlag unter den o.g. Bedingungen verpflichtet, die ausgeschriebenen Angebote einzulösen. Der Verlag übernimmt jedoch keine Gewähr und keine Haftung, wenn ein Angebot nicht eingelöst wird oder werden kann.

Bedingungen zur Einlösung des Discounts:

1. Das Angebot ist einschließlich bis 30.6.2022 gültig.
2. Der Golfspieler/Leser hat sich telefonisch eine Abschlagzeit geben zu lassen – dabei ist die Nutzung des Angebots anzugeben.
3. Eine Barauszahlung des Greenfee-Vorteils ist nicht möglich.
4. Das Kombinieren von Angeboten oder bestehenden Greenfee-Vorteilen ist nicht möglich. Der Vorteil bezieht sich jeweils ausschließlich auf die zum Zeitpunkt der Einlösung gültigen vollen Greenfee-Gebühren.
5. Gibt es Spielergruppen mit erhöhten Greenfee-Gebühren, ist ein Nachlass auf diese Gebühren nicht möglich.
6. Das Angebot allein berechtigt nicht zum Spiel gegen Greenfee. Die Erfüllung der Bestimmungen des jeweiligen Golfclubs zur Greenfee-Berechtigung (Mitgliedschaft in einem Golfclub, Mindesthandicap etc.) zum Zeitpunkt der Einlösung sind Voraussetzung.
7. Es ist untersagt, den Greenfee-Gutschein entgeltlich Dritten zu überlassen bzw. mit diesen Handel zu treiben. Insbesondere sind die teilnehmenden Golfclubs in diesem Falle berechtigt, die Einlösung der ausgeschriebenen Angebote zu verweigern.
8. Die teilnehmenden Golfclubs haben sich gegenüber dem Verlag unter den o.g. Bedingungen verpflichtet, die ausgeschriebenen Angebote einzulösen. Der Verlag übernimmt jedoch keine Gewähr und keine Haftung, wenn ein Angebot nicht eingelöst wird oder werden kann.

Bedingungen zur Einlösung des Discounts:

1. Das Angebot ist einschließlich bis 30.6.2022 gültig.
2. Der Golfspieler/Leser hat sich telefonisch eine Abschlagzeit geben zu lassen – dabei ist die Nutzung des Angebots anzugeben.
3. Eine Barauszahlung des Greenfee-Vorteils ist nicht möglich.
4. Das Kombinieren von Angeboten oder bestehenden Greenfee-Vorteilen ist nicht möglich. Der Vorteil bezieht sich jeweils ausschließlich auf die zum Zeitpunkt der Einlösung gültigen vollen Greenfee-Gebühren.
5. Gibt es Spielergruppen mit erhöhten Greenfee-Gebühren, ist ein Nachlass auf diese Gebühren nicht möglich.
6. Das Angebot allein berechtigt nicht zum Spiel gegen Greenfee. Die Erfüllung der Bestimmungen des jeweiligen Golfclubs zur Greenfee-Berechtigung (Mitgliedschaft in einem Golfclub, Mindesthandicap etc.) zum Zeitpunkt der Einlösung sind Voraussetzung.
7. Es ist untersagt, den Greenfee-Gutschein entgeltlich Dritten zu überlassen bzw. mit diesen Handel zu treiben. Insbesondere sind die teilnehmenden Golfclubs in diesem Falle berechtigt, die Einlösung der ausgeschriebenen Angebote zu verweigern.
8. Die teilnehmenden Golfclubs haben sich gegenüber dem Verlag unter den o.g. Bedingungen verpflichtet, die ausgeschriebenen Angebote einzulösen. Der Verlag übernimmt jedoch keine Gewähr und keine Haftung, wenn ein Angebot nicht eingelöst wird oder werden kann.

DER GOLF ALBRECHT

Golf-Club Bad Wildungen e.V. DE

Talquellenweg 33
D-34537 Bad Wildungen
✆ 05621-3767
Hessen
Hinweis: Rabatt gültig auf Tagesgreenfee. Startzeiten buchen unbedingt erforderlich.

130

25% Greenfee-Ermäßigung

DER GOLF ALBRECHT

Oberhessischer Golf-Club Marburg e.V. DE

Maximilianenhof
D-35091 Cölbe-Bernsdorf
✆ 06427-92040
Hessen

131

2 for 1 2 GF zum Preis von 1

DER GOLF ALBRECHT

Oberhessischer Golf-Club Marburg e.V. DE

Maximilianenhof
D-35091 Cölbe-Bernsdorf
✆ 06427-92040
Hessen

131

2 for 1 2 GF zum Preis von 1

DER GOLF ALBRECHT

Oberhessischer Golf-Club Marburg e.V. DE

Maximilianenhof
D-35091 Cölbe-Bernsdorf
✆ 06427-92040
Hessen

131

20% Greenfee-Ermäßigung

DER GOLF ALBRECHT

Oberhessischer Golf-Club Marburg e.V. DE

Maximilianenhof
D-35091 Cölbe-Bernsdorf
✆ 06427-92040
Hessen

131

20% Greenfee-Ermäßigung

DER GOLF ALBRECHT

Kurhessischer Golfclub Oberaula/ Bad Hersfeld e.V. DE

Peter-Bickhardt-Allee 1
D-36280 Oberaula/Hausen
✆ 06628-91540
Hessen

132

2 for 1 2 GF zum Preis von 1

DER GOLF ALBRECHT

Golfclub Dillenburg e.V. DE

Auf dem Altscheid
D-35687 Dillenburg
✆ 02771-5001
Hessen

133

2 for 1 2 GF zum Preis von 1

DER GOLF ALBRECHT

Golfclub Dillenburg e.V. DE

Auf dem Altscheid
D-35687 Dillenburg
✆ 02771-5001
Hessen

133

2 for 1 2 GF zum Preis von 1

DER GOLF ALBRECHT

Golfclub Dillenburg e.V. DE

Auf dem Altscheid
D-35687 Dillenburg
✆ 02771-5001
Hessen

133

2 for 1 2 GF zum Preis von 1

DER GOLF ALBRECHT

Golfclub Dillenburg e.V. DE

Auf dem Altscheid
D-35687 Dillenburg
✆ 02771-5001
Hessen

133

20% Greenfee-Ermäßigung

Bedingungen zur Einlösung des Discounts:
1. Das Angebot ist einschließlich bis 30.6.2022 gültig.
2. Der Golfspieler/Leser hat sich telefonisch eine Abschlagzeit geben zu lassen – dabei ist die Nutzung des Angebots anzugeben.
3. Eine Barauszahlung des Greenfee-Vorteils ist nicht möglich.
4. Das Kombinieren von Angeboten oder bestehenden Greenfee-Vorteilen ist nicht möglich. Der Vorteil bezieht sich jeweils ausschließlich auf die zum Zeitpunkt der Einlösung gültigen vollen Greenfee-Gebühren.
5. Gibt es Spielergruppen mit erhöhten Greenfee-Gebühren, ist ein Nachlass auf diese Gebühren nicht möglich.
6. Das Angebot allein berechtigt nicht zum Spiel gegen Greenfee. Die Erfüllung der Bestimmungen des jeweiligen Golfclubs zur Greenfee-Berechtigung (Mitgliedschaft in einem Golfclub, Mindesthandicap etc.) zum Zeitpunkt der Einlösung sind Voraussetzung.
7. Es ist untersagt, den Greenfee-Gutschein entgeltlich Dritten zu überlassen bzw. mit diesen Handel zu treiben. Insbesondere sind die teilnehmenden Golfclubs in diesem Falle berechtigt, die Einlösung der ausgeschriebenen Angebote zu verweigern.
8. Die teilnehmenden Golfclubs haben sich gegenüber dem Verlag unter den o.g. Bedingungen verpflichtet, die ausgeschriebenen Angebote einzulösen. Der Verlag übernimmt jedoch keine Gewähr und keine Haftung, wenn ein Angebot nicht eingelöst wird oder werden kann.

Bedingungen zur Einlösung des Discounts:
1. Das Angebot ist einschließlich bis 30.6.2022 gültig.
2. Der Golfspieler/Leser hat sich telefonisch eine Abschlagzeit geben zu lassen – dabei ist die Nutzung des Angebots anzugeben.
3. Eine Barauszahlung des Greenfee-Vorteils ist nicht möglich.
4. Das Kombinieren von Angeboten oder bestehenden Greenfee-Vorteilen ist nicht möglich. Der Vorteil bezieht sich jeweils ausschließlich auf die zum Zeitpunkt der Einlösung gültigen vollen Greenfee-Gebühren.
5. Gibt es Spielergruppen mit erhöhten Greenfee-Gebühren, ist ein Nachlass auf diese Gebühren nicht möglich.
6. Das Angebot allein berechtigt nicht zum Spiel gegen Greenfee. Die Erfüllung der Bestimmungen des jeweiligen Golfclubs zur Greenfee-Berechtigung (Mitgliedschaft in einem Golfclub, Mindesthandicap etc.) zum Zeitpunkt der Einlösung sind Voraussetzung.
7. Es ist untersagt, den Greenfee-Gutschein entgeltlich Dritten zu überlassen bzw. mit diesen Handel zu treiben. Insbesondere sind die teilnehmenden Golfclubs in diesem Falle berechtigt, die Einlösung der ausgeschriebenen Angebote zu verweigern.
8. Die teilnehmenden Golfclubs haben sich gegenüber dem Verlag unter den o.g. Bedingungen verpflichtet, die ausgeschriebenen Angebote einzulösen. Der Verlag übernimmt jedoch keine Gewähr und keine Haftung, wenn ein Angebot nicht eingelöst wird oder werden kann.

Bedingungen zur Einlösung des Discounts:
1. Das Angebot ist einschließlich bis 30.6.2022 gültig.
2. Der Golfspieler/Leser hat sich telefonisch eine Abschlagzeit geben zu lassen – dabei ist die Nutzung des Angebots anzugeben.
3. Eine Barauszahlung des Greenfee-Vorteils ist nicht möglich.
4. Das Kombinieren von Angeboten oder bestehenden Greenfee-Vorteilen ist nicht möglich. Der Vorteil bezieht sich jeweils ausschließlich auf die zum Zeitpunkt der Einlösung gültigen vollen Greenfee-Gebühren.
5. Gibt es Spielergruppen mit erhöhten Greenfee-Gebühren, ist ein Nachlass auf diese Gebühren nicht möglich.
6. Das Angebot allein berechtigt nicht zum Spiel gegen Greenfee. Die Erfüllung der Bestimmungen des jeweiligen Golfclubs zur Greenfee-Berechtigung (Mitgliedschaft in einem Golfclub, Mindesthandicap etc.) zum Zeitpunkt der Einlösung sind Voraussetzung.
7. Es ist untersagt, den Greenfee-Gutschein entgeltlich Dritten zu überlassen bzw. mit diesen Handel zu treiben. Insbesondere sind die teilnehmenden Golfclubs in diesem Falle berechtigt, die Einlösung der ausgeschriebenen Angebote zu verweigern.
8. Die teilnehmenden Golfclubs haben sich gegenüber dem Verlag unter den o.g. Bedingungen verpflichtet, die ausgeschriebenen Angebote einzulösen. Der Verlag übernimmt jedoch keine Gewähr und keine Haftung, wenn ein Angebot nicht eingelöst wird oder werden kann.

Bedingungen zur Einlösung des Discounts:
1. Das Angebot ist einschließlich bis 30.6.2022 gültig.
2. Der Golfspieler/Leser hat sich telefonisch eine Abschlagzeit geben zu lassen – dabei ist die Nutzung des Angebots anzugeben.
3. Eine Barauszahlung des Greenfee-Vorteils ist nicht möglich.
4. Das Kombinieren von Angeboten oder bestehenden Greenfee-Vorteilen ist nicht möglich. Der Vorteil bezieht sich jeweils ausschließlich auf die zum Zeitpunkt der Einlösung gültigen vollen Greenfee-Gebühren.
5. Gibt es Spielergruppen mit erhöhten Greenfee-Gebühren, ist ein Nachlass auf diese Gebühren nicht möglich.
6. Das Angebot allein berechtigt nicht zum Spiel gegen Greenfee. Die Erfüllung der Bestimmungen des jeweiligen Golfclubs zur Greenfee-Berechtigung (Mitgliedschaft in einem Golfclub, Mindesthandicap etc.) zum Zeitpunkt der Einlösung sind Voraussetzung.
7. Es ist untersagt, den Greenfee-Gutschein entgeltlich Dritten zu überlassen bzw. mit diesen Handel zu treiben. Insbesondere sind die teilnehmenden Golfclubs in diesem Falle berechtigt, die Einlösung der ausgeschriebenen Angebote zu verweigern.
8. Die teilnehmenden Golfclubs haben sich gegenüber dem Verlag unter den o.g. Bedingungen verpflichtet, die ausgeschriebenen Angebote einzulösen. Der Verlag übernimmt jedoch keine Gewähr und keine Haftung, wenn ein Angebot nicht eingelöst wird oder werden kann.

Bedingungen zur Einlösung des Discounts:
1. Das Angebot ist einschließlich bis 30.6.2022 gültig.
2. Der Golfspieler/Leser hat sich telefonisch eine Abschlagzeit geben zu lassen – dabei ist die Nutzung des Angebots anzugeben.
3. Eine Barauszahlung des Greenfee-Vorteils ist nicht möglich.
4. Das Kombinieren von Angeboten oder bestehenden Greenfee-Vorteilen ist nicht möglich. Der Vorteil bezieht sich jeweils ausschließlich auf die zum Zeitpunkt der Einlösung gültigen vollen Greenfee-Gebühren.
5. Gibt es Spielergruppen mit erhöhten Greenfee-Gebühren, ist ein Nachlass auf diese Gebühren nicht möglich.
6. Das Angebot allein berechtigt nicht zum Spiel gegen Greenfee. Die Erfüllung der Bestimmungen des jeweiligen Golfclubs zur Greenfee-Berechtigung (Mitgliedschaft in einem Golfclub, Mindesthandicap etc.) zum Zeitpunkt der Einlösung sind Voraussetzung.
7. Es ist untersagt, den Greenfee-Gutschein entgeltlich Dritten zu überlassen bzw. mit diesen Handel zu treiben. Insbesondere sind die teilnehmenden Golfclubs in diesem Falle berechtigt, die Einlösung der ausgeschriebenen Angebote zu verweigern.
8. Die teilnehmenden Golfclubs haben sich gegenüber dem Verlag unter den o.g. Bedingungen verpflichtet, die ausgeschriebenen Angebote einzulösen. Der Verlag übernimmt jedoch keine Gewähr und keine Haftung, wenn ein Angebot nicht eingelöst wird oder werden kann.

Bedingungen zur Einlösung des Discounts:
1. Das Angebot ist einschließlich bis 30.6.2022 gültig.
2. Der Golfspieler/Leser hat sich telefonisch eine Abschlagzeit geben zu lassen – dabei ist die Nutzung des Angebots anzugeben.
3. Eine Barauszahlung des Greenfee-Vorteils ist nicht möglich.
4. Das Kombinieren von Angeboten oder bestehenden Greenfee-Vorteilen ist nicht möglich. Der Vorteil bezieht sich jeweils ausschließlich auf die zum Zeitpunkt der Einlösung gültigen vollen Greenfee-Gebühren.
5. Gibt es Spielergruppen mit erhöhten Greenfee-Gebühren, ist ein Nachlass auf diese Gebühren nicht möglich.
6. Das Angebot allein berechtigt nicht zum Spiel gegen Greenfee. Die Erfüllung der Bestimmungen des jeweiligen Golfclubs zur Greenfee-Berechtigung (Mitgliedschaft in einem Golfclub, Mindesthandicap etc.) zum Zeitpunkt der Einlösung sind Voraussetzung.
7. Es ist untersagt, den Greenfee-Gutschein entgeltlich Dritten zu überlassen bzw. mit diesen Handel zu treiben. Insbesondere sind die teilnehmenden Golfclubs in diesem Falle berechtigt, die Einlösung der ausgeschriebenen Angebote zu verweigern.
8. Die teilnehmenden Golfclubs haben sich gegenüber dem Verlag unter den o.g. Bedingungen verpflichtet, die ausgeschriebenen Angebote einzulösen. Der Verlag übernimmt jedoch keine Gewähr und keine Haftung, wenn ein Angebot nicht eingelöst wird oder werden kann.

Bedingungen zur Einlösung des Discounts:
1. Das Angebot ist einschließlich bis 30.6.2022 gültig.
2. Der Golfspieler/Leser hat sich telefonisch eine Abschlagzeit geben zu lassen – dabei ist die Nutzung des Angebots anzugeben.
3. Eine Barauszahlung des Greenfee-Vorteils ist nicht möglich.
4. Das Kombinieren von Angeboten oder bestehenden Greenfee-Vorteilen ist nicht möglich. Der Vorteil bezieht sich jeweils ausschließlich auf die zum Zeitpunkt der Einlösung gültigen vollen Greenfee-Gebühren.
5. Gibt es Spielergruppen mit erhöhten Greenfee-Gebühren, ist ein Nachlass auf diese Gebühren nicht möglich.
6. Das Angebot allein berechtigt nicht zum Spiel gegen Greenfee. Die Erfüllung der Bestimmungen des jeweiligen Golfclubs zur Greenfee-Berechtigung (Mitgliedschaft in einem Golfclub, Mindesthandicap etc.) zum Zeitpunkt der Einlösung sind Voraussetzung.
7. Es ist untersagt, den Greenfee-Gutschein entgeltlich Dritten zu überlassen bzw. mit diesen Handel zu treiben. Insbesondere sind die teilnehmenden Golfclubs in diesem Falle berechtigt, die Einlösung der ausgeschriebenen Angebote zu verweigern.
8. Die teilnehmenden Golfclubs haben sich gegenüber dem Verlag unter den o.g. Bedingungen verpflichtet, die ausgeschriebenen Angebote einzulösen. Der Verlag übernimmt jedoch keine Gewähr und keine Haftung, wenn ein Angebot nicht eingelöst wird oder werden kann.

Bedingungen zur Einlösung des Discounts:
1. Das Angebot ist einschließlich bis 30.6.2022 gültig.
2. Der Golfspieler/Leser hat sich telefonisch eine Abschlagzeit geben zu lassen – dabei ist die Nutzung des Angebots anzugeben.
3. Eine Barauszahlung des Greenfee-Vorteils ist nicht möglich.
4. Das Kombinieren von Angeboten oder bestehenden Greenfee-Vorteilen ist nicht möglich. Der Vorteil bezieht sich jeweils ausschließlich auf die zum Zeitpunkt der Einlösung gültigen vollen Greenfee-Gebühren.
5. Gibt es Spielergruppen mit erhöhten Greenfee-Gebühren, ist ein Nachlass auf diese Gebühren nicht möglich.
6. Das Angebot allein berechtigt nicht zum Spiel gegen Greenfee. Die Erfüllung der Bestimmungen des jeweiligen Golfclubs zur Greenfee-Berechtigung (Mitgliedschaft in einem Golfclub, Mindesthandicap etc.) zum Zeitpunkt der Einlösung sind Voraussetzung.
7. Es ist untersagt, den Greenfee-Gutschein entgeltlich Dritten zu überlassen bzw. mit diesen Handel zu treiben. Insbesondere sind die teilnehmenden Golfclubs in diesem Falle berechtigt, die Einlösung der ausgeschriebenen Angebote zu verweigern.
8. Die teilnehmenden Golfclubs haben sich gegenüber dem Verlag unter den o.g. Bedingungen verpflichtet, die ausgeschriebenen Angebote einzulösen. Der Verlag übernimmt jedoch keine Gewähr und keine Haftung, wenn ein Angebot nicht eingelöst wird oder werden kann.

Bedingungen zur Einlösung des Discounts:
1. Das Angebot ist einschließlich bis 30.6.2022 gültig.
2. Der Golfspieler/Leser hat sich telefonisch eine Abschlagzeit geben zu lassen – dabei ist die Nutzung des Angebots anzugeben.
3. Eine Barauszahlung des Greenfee-Vorteils ist nicht möglich.
4. Das Kombinieren von Angeboten oder bestehenden Greenfee-Vorteilen ist nicht möglich. Der Vorteil bezieht sich jeweils ausschließlich auf die zum Zeitpunkt der Einlösung gültigen vollen Greenfee-Gebühren.
5. Gibt es Spielergruppen mit erhöhten Greenfee-Gebühren, ist ein Nachlass auf diese Gebühren nicht möglich.
6. Das Angebot allein berechtigt nicht zum Spiel gegen Greenfee. Die Erfüllung der Bestimmungen des jeweiligen Golfclubs zur Greenfee-Berechtigung (Mitgliedschaft in einem Golfclub, Mindesthandicap etc.) zum Zeitpunkt der Einlösung sind Voraussetzung.
7. Es ist untersagt, den Greenfee-Gutschein entgeltlich Dritten zu überlassen bzw. mit diesen Handel zu treiben. Insbesondere sind die teilnehmenden Golfclubs in diesem Falle berechtigt, die Einlösung der ausgeschriebenen Angebote zu verweigern.
8. Die teilnehmenden Golfclubs haben sich gegenüber dem Verlag unter den o.g. Bedingungen verpflichtet, die ausgeschriebenen Angebote einzulösen. Der Verlag übernimmt jedoch keine Gewähr und keine Haftung, wenn ein Angebot nicht eingelöst wird oder werden kann.

Bedingungen zur Einlösung des Discounts:
1. Das Angebot ist einschließlich bis 30.6.2022 gültig.
2. Der Golfspieler/Leser hat sich telefonisch eine Abschlagzeit geben zu lassen – dabei ist die Nutzung des Angebots anzugeben.
3. Eine Barauszahlung des Greenfee-Vorteils ist nicht möglich.
4. Das Kombinieren von Angeboten oder bestehenden Greenfee-Vorteilen ist nicht möglich. Der Vorteil bezieht sich jeweils ausschließlich auf die zum Zeitpunkt der Einlösung gültigen vollen Greenfee-Gebühren.
5. Gibt es Spielergruppen mit erhöhten Greenfee-Gebühren, ist ein Nachlass auf diese Gebühren nicht möglich.
6. Das Angebot allein berechtigt nicht zum Spiel gegen Greenfee. Die Erfüllung der Bestimmungen des jeweiligen Golfclubs zur Greenfee-Berechtigung (Mitgliedschaft in einem Golfclub, Mindesthandicap etc.) zum Zeitpunkt der Einlösung sind Voraussetzung.
7. Es ist untersagt, den Greenfee-Gutschein entgeltlich Dritten zu überlassen bzw. mit diesen Handel zu treiben. Insbesondere sind die teilnehmenden Golfclubs in diesem Falle berechtigt, die Einlösung der ausgeschriebenen Angebote zu verweigern.
8. Die teilnehmenden Golfclubs haben sich gegenüber dem Verlag unter den o.g. Bedingungen verpflichtet, die ausgeschriebenen Angebote einzulösen. Der Verlag übernimmt jedoch keine Gewähr und keine Haftung, wenn ein Angebot nicht eingelöst wird oder werden kann.

DER GOLF ALBRECHT

Golfclub Dillenburg e.V.

DE

Auf dem Altscheid
D-35687 Dillenburg
✆ 02771-5001
Hessen

133

20% Greenfee-Ermäßigung

DER GOLF ALBRECHT

Golfclub Dillenburg e.V.

DE

Auf dem Altscheid
D-35687 Dillenburg
✆ 02771-5001
Hessen

133

20% Greenfee-Ermäßigung

DER GOLF ALBRECHT

Golf-Park Winnerod

DE

Parkstraße 22
D-35447 Reiskirchen
✆ 06408-95130
Hessen

134

2 for 1 2 GF zum Preis von 1 wochentags

DER GOLF ALBRECHT

Golf-Park Winnerod

DE

Parkstraße 22
D-35447 Reiskirchen
✆ 06408-95130
Hessen

134

2 for 1 2 GF zum Preis von 1 wochentags

DER GOLF ALBRECHT

Golf-Park Winnerod

DE

Parkstraße 22
D-35447 Reiskirchen
✆ 06408-95130
Hessen

134

20% Greenfee-Ermäßigung wochentags

DER GOLF ALBRECHT

Golfclub Fulda Rhön e.V.

DE

Am Golfplatz 35
D-36145 Hofbieber
✆ 06657-1334
Hessen

135

2 for 1 2 GF zum Preis von 1

DER GOLF ALBRECHT

Golfclub Fulda Rhön e.V.

DE

Am Golfplatz 35
D-36145 Hofbieber
✆ 06657-1334
Hessen

135

2 for 1 2 GF zum Preis von 1

DER GOLF ALBRECHT

Golfclub Fulda Rhön e.V.

DE

Am Golfplatz 35
D-36145 Hofbieber
✆ 06657-1334
Hessen

135

20% Greenfee-Ermäßigung

DER GOLF ALBRECHT

Golf Club Eschenrod e.V.

DE

Lindenstraße 46
D-63679 Schotten-Eschenrod
✆ 06044-8401
Hessen

136

2 for 1 2 GF zum Preis von 1

DER GOLF ALBRECHT

Golf Club Eschenrod e.V.

DE

Lindenstraße 46
D-63679 Schotten-Eschenrod
✆ 06044-8401
Hessen

136

2 for 1 2 GF zum Preis von 1

Bedingungen zur Einlösung des Discounts:

1. Das Angebot ist einschließlich bis 30.6.2022 gültig.
2. Der Golfspieler/Leser hat sich telefonisch eine Abschlagzeit geben zu lassen – dabei ist die Nutzung des Angebots anzugeben.
3. Eine Barauszahlung des Greenfee-Vorteils ist nicht möglich.
4. Das Kombinieren von Angeboten oder bestehenden Greenfee-Vorteilen ist nicht möglich. Der Vorteil bezieht sich jeweils ausschließlich auf die zum Zeitpunkt der Einlösung gültigen vollen Greenfee-Gebühren.
5. Gibt es Spielergruppen mit erhöhten Greenfee-Gebühren, ist ein Nachlass auf diese Gebühren nicht möglich.
6. Das Angebot allein berechtigt nicht zum Spiel gegen Greenfee. Die Erfüllung der Bestimmungen des jeweiligen Golfclubs zur Greenfee-Berechtigung (Mitgliedschaft in einem Golfclub, Mindesthandicap etc.) zum Zeitpunkt der Einlösung sind Voraussetzung.
7. Es ist untersagt, den Greenfee-Gutschein entgeltlich Dritten zu überlassen bzw. mit diesen Handel zu treiben. Insbesondere sind die teilnehmenden Golfclubs in diesem Falle berechtigt, die Einlösung der ausgeschriebenen Angebote zu verweigern.
8. Die teilnehmenden Golfclubs haben sich gegenüber dem Verlag unter den o.g. Bedingungen verpflichtet, die ausgeschriebenen Angebote einzulösen. Der Verlag übernimmt jedoch keine Gewähr und keine Haftung, wenn ein Angebot nicht eingelöst wird oder werden kann.

Bedingungen zur Einlösung des Discounts:

1. Das Angebot ist einschließlich bis 30.6.2022 gültig.
2. Der Golfspieler/Leser hat sich telefonisch eine Abschlagzeit geben zu lassen – dabei ist die Nutzung des Angebots anzugeben.
3. Eine Barauszahlung des Greenfee-Vorteils ist nicht möglich.
4. Das Kombinieren von Angeboten oder bestehenden Greenfee-Vorteilen ist nicht möglich. Der Vorteil bezieht sich jeweils ausschließlich auf die zum Zeitpunkt der Einlösung gültigen vollen Greenfee-Gebühren.
5. Gibt es Spielergruppen mit erhöhten Greenfee-Gebühren, ist ein Nachlass auf diese Gebühren nicht möglich.
6. Das Angebot allein berechtigt nicht zum Spiel gegen Greenfee. Die Erfüllung der Bestimmungen des jeweiligen Golfclubs zur Greenfee-Berechtigung (Mitgliedschaft in einem Golfclub, Mindesthandicap etc.) zum Zeitpunkt der Einlösung sind Voraussetzung.
7. Es ist untersagt, den Greenfee-Gutschein entgeltlich Dritten zu überlassen bzw. mit diesen Handel zu treiben. Insbesondere sind die teilnehmenden Golfclubs in diesem Falle berechtigt, die Einlösung der ausgeschriebenen Angebote zu verweigern.
8. Die teilnehmenden Golfclubs haben sich gegenüber dem Verlag unter den o.g. Bedingungen verpflichtet, die ausgeschriebenen Angebote einzulösen. Der Verlag übernimmt jedoch keine Gewähr und keine Haftung, wenn ein Angebot nicht eingelöst wird oder werden kann.

Bedingungen zur Einlösung des Discounts:

1. Das Angebot ist einschließlich bis 30.6.2022 gültig.
2. Der Golfspieler/Leser hat sich telefonisch eine Abschlagzeit geben zu lassen – dabei ist die Nutzung des Angebots anzugeben.
3. Eine Barauszahlung des Greenfee-Vorteils ist nicht möglich.
4. Das Kombinieren von Angeboten oder bestehenden Greenfee-Vorteilen ist nicht möglich. Der Vorteil bezieht sich jeweils ausschließlich auf die zum Zeitpunkt der Einlösung gültigen vollen Greenfee-Gebühren.
5. Gibt es Spielergruppen mit erhöhten Greenfee-Gebühren, ist ein Nachlass auf diese Gebühren nicht möglich.
6. Das Angebot allein berechtigt nicht zum Spiel gegen Greenfee. Die Erfüllung der Bestimmungen des jeweiligen Golfclubs zur Greenfee-Berechtigung (Mitgliedschaft in einem Golfclub, Mindesthandicap etc.) zum Zeitpunkt der Einlösung sind Voraussetzung.
7. Es ist untersagt, den Greenfee-Gutschein entgeltlich Dritten zu überlassen bzw. mit diesen Handel zu treiben. Insbesondere sind die teilnehmenden Golfclubs in diesem Falle berechtigt, die Einlösung der ausgeschriebenen Angebote zu verweigern.
8. Die teilnehmenden Golfclubs haben sich gegenüber dem Verlag unter den o.g. Bedingungen verpflichtet, die ausgeschriebenen Angebote einzulösen. Der Verlag übernimmt jedoch keine Gewähr und keine Haftung, wenn ein Angebot nicht eingelöst wird oder werden kann.

Bedingungen zur Einlösung des Discounts:

1. Das Angebot ist einschließlich bis 30.6.2022 gültig.
2. Der Golfspieler/Leser hat sich telefonisch eine Abschlagzeit geben zu lassen – dabei ist die Nutzung des Angebots anzugeben.
3. Eine Barauszahlung des Greenfee-Vorteils ist nicht möglich.
4. Das Kombinieren von Angeboten oder bestehenden Greenfee-Vorteilen ist nicht möglich. Der Vorteil bezieht sich jeweils ausschließlich auf die zum Zeitpunkt der Einlösung gültigen vollen Greenfee-Gebühren.
5. Gibt es Spielergruppen mit erhöhten Greenfee-Gebühren, ist ein Nachlass auf diese Gebühren nicht möglich.
6. Das Angebot allein berechtigt nicht zum Spiel gegen Greenfee. Die Erfüllung der Bestimmungen des jeweiligen Golfclubs zur Greenfee-Berechtigung (Mitgliedschaft in einem Golfclub, Mindesthandicap etc.) zum Zeitpunkt der Einlösung sind Voraussetzung.
7. Es ist untersagt, den Greenfee-Gutschein entgeltlich Dritten zu überlassen bzw. mit diesen Handel zu treiben. Insbesondere sind die teilnehmenden Golfclubs in diesem Falle berechtigt, die Einlösung der ausgeschriebenen Angebote zu verweigern.
8. Die teilnehmenden Golfclubs haben sich gegenüber dem Verlag unter den o.g. Bedingungen verpflichtet, die ausgeschriebenen Angebote einzulösen. Der Verlag übernimmt jedoch keine Gewähr und keine Haftung, wenn ein Angebot nicht eingelöst wird oder werden kann.

Bedingungen zur Einlösung des Discounts:

1. Das Angebot ist einschließlich bis 30.6.2022 gültig.
2. Der Golfspieler/Leser hat sich telefonisch eine Abschlagzeit geben zu lassen – dabei ist die Nutzung des Angebots anzugeben.
3. Eine Barauszahlung des Greenfee-Vorteils ist nicht möglich.
4. Das Kombinieren von Angeboten oder bestehenden Greenfee-Vorteilen ist nicht möglich. Der Vorteil bezieht sich jeweils ausschließlich auf die zum Zeitpunkt der Einlösung gültigen vollen Greenfee-Gebühren.
5. Gibt es Spielergruppen mit erhöhten Greenfee-Gebühren, ist ein Nachlass auf diese Gebühren nicht möglich.
6. Das Angebot allein berechtigt nicht zum Spiel gegen Greenfee. Die Erfüllung der Bestimmungen des jeweiligen Golfclubs zur Greenfee-Berechtigung (Mitgliedschaft in einem Golfclub, Mindesthandicap etc.) zum Zeitpunkt der Einlösung sind Voraussetzung.
7. Es ist untersagt, den Greenfee-Gutschein entgeltlich Dritten zu überlassen bzw. mit diesen Handel zu treiben. Insbesondere sind die teilnehmenden Golfclubs in diesem Falle berechtigt, die Einlösung der ausgeschriebenen Angebote zu verweigern.
8. Die teilnehmenden Golfclubs haben sich gegenüber dem Verlag unter den o.g. Bedingungen verpflichtet, die ausgeschriebenen Angebote einzulösen. Der Verlag übernimmt jedoch keine Gewähr und keine Haftung, wenn ein Angebot nicht eingelöst wird oder werden kann.

Bedingungen zur Einlösung des Discounts:

1. Das Angebot ist einschließlich bis 30.6.2022 gültig.
2. Der Golfspieler/Leser hat sich telefonisch eine Abschlagzeit geben zu lassen – dabei ist die Nutzung des Angebots anzugeben.
3. Eine Barauszahlung des Greenfee-Vorteils ist nicht möglich.
4. Das Kombinieren von Angeboten oder bestehenden Greenfee-Vorteilen ist nicht möglich. Der Vorteil bezieht sich jeweils ausschließlich auf die zum Zeitpunkt der Einlösung gültigen vollen Greenfee-Gebühren.
5. Gibt es Spielergruppen mit erhöhten Greenfee-Gebühren, ist ein Nachlass auf diese Gebühren nicht möglich.
6. Das Angebot allein berechtigt nicht zum Spiel gegen Greenfee. Die Erfüllung der Bestimmungen des jeweiligen Golfclubs zur Greenfee-Berechtigung (Mitgliedschaft in einem Golfclub, Mindesthandicap etc.) zum Zeitpunkt der Einlösung sind Voraussetzung.
7. Es ist untersagt, den Greenfee-Gutschein entgeltlich Dritten zu überlassen bzw. mit diesen Handel zu treiben. Insbesondere sind die teilnehmenden Golfclubs in diesem Falle berechtigt, die Einlösung der ausgeschriebenen Angebote zu verweigern.
8. Die teilnehmenden Golfclubs haben sich gegenüber dem Verlag unter den o.g. Bedingungen verpflichtet, die ausgeschriebenen Angebote einzulösen. Der Verlag übernimmt jedoch keine Gewähr und keine Haftung, wenn ein Angebot nicht eingelöst wird oder werden kann.

Bedingungen zur Einlösung des Discounts:

1. Das Angebot ist einschließlich bis 30.6.2022 gültig.
2. Der Golfspieler/Leser hat sich telefonisch eine Abschlagzeit geben zu lassen – dabei ist die Nutzung des Angebots anzugeben.
3. Eine Barauszahlung des Greenfee-Vorteils ist nicht möglich.
4. Das Kombinieren von Angeboten oder bestehenden Greenfee-Vorteilen ist nicht möglich. Der Vorteil bezieht sich jeweils ausschließlich auf die zum Zeitpunkt der Einlösung gültigen vollen Greenfee-Gebühren.
5. Gibt es Spielergruppen mit erhöhten Greenfee-Gebühren, ist ein Nachlass auf diese Gebühren nicht möglich.
6. Das Angebot allein berechtigt nicht zum Spiel gegen Greenfee. Die Erfüllung der Bestimmungen des jeweiligen Golfclubs zur Greenfee-Berechtigung (Mitgliedschaft in einem Golfclub, Mindesthandicap etc.) zum Zeitpunkt der Einlösung sind Voraussetzung.
7. Es ist untersagt, den Greenfee-Gutschein entgeltlich Dritten zu überlassen bzw. mit diesen Handel zu treiben. Insbesondere sind die teilnehmenden Golfclubs in diesem Falle berechtigt, die Einlösung der ausgeschriebenen Angebote zu verweigern.
8. Die teilnehmenden Golfclubs haben sich gegenüber dem Verlag unter den o.g. Bedingungen verpflichtet, die ausgeschriebenen Angebote einzulösen. Der Verlag übernimmt jedoch keine Gewähr und keine Haftung, wenn ein Angebot nicht eingelöst wird oder werden kann.

Bedingungen zur Einlösung des Discounts:

1. Das Angebot ist einschließlich bis 30.6.2022 gültig.
2. Der Golfspieler/Leser hat sich telefonisch eine Abschlagzeit geben zu lassen – dabei ist die Nutzung des Angebots anzugeben.
3. Eine Barauszahlung des Greenfee-Vorteils ist nicht möglich.
4. Das Kombinieren von Angeboten oder bestehenden Greenfee-Vorteilen ist nicht möglich. Der Vorteil bezieht sich jeweils ausschließlich auf die zum Zeitpunkt der Einlösung gültigen vollen Greenfee-Gebühren.
5. Gibt es Spielergruppen mit erhöhten Greenfee-Gebühren, ist ein Nachlass auf diese Gebühren nicht möglich.
6. Das Angebot allein berechtigt nicht zum Spiel gegen Greenfee. Die Erfüllung der Bestimmungen des jeweiligen Golfclubs zur Greenfee-Berechtigung (Mitgliedschaft in einem Golfclub, Mindesthandicap etc.) zum Zeitpunkt der Einlösung sind Voraussetzung.
7. Es ist untersagt, den Greenfee-Gutschein entgeltlich Dritten zu überlassen bzw. mit diesen Handel zu treiben. Insbesondere sind die teilnehmenden Golfclubs in diesem Falle berechtigt, die Einlösung der ausgeschriebenen Angebote zu verweigern.
8. Die teilnehmenden Golfclubs haben sich gegenüber dem Verlag unter den o.g. Bedingungen verpflichtet, die ausgeschriebenen Angebote einzulösen. Der Verlag übernimmt jedoch keine Gewähr und keine Haftung, wenn ein Angebot nicht eingelöst wird oder werden kann.

Bedingungen zur Einlösung des Discounts:

1. Das Angebot ist einschließlich bis 30.6.2022 gültig.
2. Der Golfspieler/Leser hat sich telefonisch eine Abschlagzeit geben zu lassen – dabei ist die Nutzung des Angebots anzugeben.
3. Eine Barauszahlung des Greenfee-Vorteils ist nicht möglich.
4. Das Kombinieren von Angeboten oder bestehenden Greenfee-Vorteilen ist nicht möglich. Der Vorteil bezieht sich jeweils ausschließlich auf die zum Zeitpunkt der Einlösung gültigen vollen Greenfee-Gebühren.
5. Gibt es Spielergruppen mit erhöhten Greenfee-Gebühren, ist ein Nachlass auf diese Gebühren nicht möglich.
6. Das Angebot allein berechtigt nicht zum Spiel gegen Greenfee. Die Erfüllung der Bestimmungen des jeweiligen Golfclubs zur Greenfee-Berechtigung (Mitgliedschaft in einem Golfclub, Mindesthandicap etc.) zum Zeitpunkt der Einlösung sind Voraussetzung.
7. Es ist untersagt, den Greenfee-Gutschein entgeltlich Dritten zu überlassen bzw. mit diesen Handel zu treiben. Insbesondere sind die teilnehmenden Golfclubs in diesem Falle berechtigt, die Einlösung der ausgeschriebenen Angebote zu verweigern.
8. Die teilnehmenden Golfclubs haben sich gegenüber dem Verlag unter den o.g. Bedingungen verpflichtet, die ausgeschriebenen Angebote einzulösen. Der Verlag übernimmt jedoch keine Gewähr und keine Haftung, wenn ein Angebot nicht eingelöst wird oder werden kann.

Bedingungen zur Einlösung des Discounts:

1. Das Angebot ist einschließlich bis 30.6.2022 gültig.
2. Der Golfspieler/Leser hat sich telefonisch eine Abschlagzeit geben zu lassen – dabei ist die Nutzung des Angebots anzugeben.
3. Eine Barauszahlung des Greenfee-Vorteils ist nicht möglich.
4. Das Kombinieren von Angeboten oder bestehenden Greenfee-Vorteilen ist nicht möglich. Der Vorteil bezieht sich jeweils ausschließlich auf die zum Zeitpunkt der Einlösung gültigen vollen Greenfee-Gebühren.
5. Gibt es Spielergruppen mit erhöhten Greenfee-Gebühren, ist ein Nachlass auf diese Gebühren nicht möglich.
6. Das Angebot allein berechtigt nicht zum Spiel gegen Greenfee. Die Erfüllung der Bestimmungen des jeweiligen Golfclubs zur Greenfee-Berechtigung (Mitgliedschaft in einem Golfclub, Mindesthandicap etc.) zum Zeitpunkt der Einlösung sind Voraussetzung.
7. Es ist untersagt, den Greenfee-Gutschein entgeltlich Dritten zu überlassen bzw. mit diesen Handel zu treiben. Insbesondere sind die teilnehmenden Golfclubs in diesem Falle berechtigt, die Einlösung der ausgeschriebenen Angebote zu verweigern.
8. Die teilnehmenden Golfclubs haben sich gegenüber dem Verlag unter den o.g. Bedingungen verpflichtet, die ausgeschriebenen Angebote einzulösen. Der Verlag übernimmt jedoch keine Gewähr und keine Haftung, wenn ein Angebot nicht eingelöst wird oder werden kann.

DER GOLF ALBRECHT

Golf Club Eschenrod e.V. DE

Lindenstraße 46
D-63679 Schotten-Eschenrod
✆ 06044-8401
Hessen

136

25% Greenfee-Ermäßigung

DER GOLF ALBRECHT

Golf Club Eschenrod e.V. DE

Lindenstraße 46
D-63679 Schotten-Eschenrod
✆ 06044-8401
Hessen

136

25% Greenfee-Ermäßigung

DER GOLF ALBRECHT

Attighof Golf & Country Club e.V. DE

Attighof 1
D-35647 Waldsolms-Brandoberndorf
✆ 06085-98120
Hessen

137

2 for 1 2 GF zum Preis von 1

DER GOLF ALBRECHT

Golf-Club Bad Nauheim e.V. DE

Nördlicher Park 21
D-61231 Bad Nauheim
✆ 06032-2153
Hessen

138

2 for 1 2 GF zum Preis von 1 wochentags

DER GOLF ALBRECHT

Golf-Club Bad Nauheim e.V. DE

Nördlicher Park 21
D-61231 Bad Nauheim
✆ 06032-2153
Hessen

138

2 for 1 2 GF zum Preis von 1 wochentags

DER GOLF ALBRECHT

Golf-Club Bad Nauheim e.V. DE

Nördlicher Park 21
D-61231 Bad Nauheim
✆ 06032-2153
Hessen

138

20% Greenfee-Ermäßigung wochentags

DER GOLF ALBRECHT

Golf-Club Bad Nauheim e.V. DE

Nördlicher Park 21
D-61231 Bad Nauheim
✆ 06032-2153
Hessen

138

20% Greenfee-Ermäßigung wochentags

DER GOLF ALBRECHT

Golf-Club Golf Range Frankfurt DE

Am Martinszehnten 6
D-60437 Frankfurt am Main
✆ 069-95092744
Hessen
Hinweis: Jeder Gutschein ist nur einmalig pro Person einlösbar. Der Rechtsweg ist ausgeschlossen. Nicht mit anderen Angeboten und Aktionen kombinierbar.

139

20% Greenfee-Ermäßigung

DER GOLF ALBRECHT

Golf-Club Golf Range Frankfurt DE

Am Martinszehnten 6
D-60437 Frankfurt am Main
✆ 069-95092744
Hessen
Hinweis: Jeder Gutschein ist nur einmalig pro Person einlösbar. Der Rechtsweg ist ausgeschlossen. Nicht mit anderen Angeboten und Aktionen kombinierbar.

139

20% Greenfee-Ermäßigung

DER GOLF ALBRECHT

Golf Club Darmstadt Traisa e.V. DE

Am Dippelshof 19
D-64367 Mühltal
✆ 06151-146543
Hessen

140

2 for 1 2 GF zum Preis von 1

Bedingungen zur Einlösung des Discounts:

1. Das Angebot ist einschließlich bis 30.6.2022 gültig.
2. Der Golfspieler/Leser hat sich telefonisch eine Abschlagzeit geben zu lassen – dabei ist die Nutzung des Angebots anzugeben.
3. Eine Barauszahlung des Greenfee-Vorteils ist nicht möglich.
4. Das Kombinieren von Angeboten oder bestehenden Greenfee-Vorteilen ist nicht möglich. Der Vorteil bezieht sich jeweils ausschließlich auf die zum Zeitpunkt der Einlösung gültigen vollen Greenfee-Gebühren.
5. Gibt es Spielergruppen mit erhöhten Greenfee-Gebühren, ist ein Nachlass auf diese Gebühren nicht möglich.
6. Das Angebot allein berechtigt nicht zum Spiel gegen Greenfee. Die Erfüllung der Bestimmungen des jeweiligen Golfclubs zur Greenfee-Berechtigung (Mitgliedschaft in einem Golfclub, Mindesthandicap etc.) zum Zeitpunkt der Einlösung sind Voraussetzung.
7. Es ist untersagt, den Greenfee-Gutschein entgeltlich Dritten zu überlassen bzw. mit diesen Handel zu treiben. Insbesondere sind die teilnehmenden Golfclubs in diesem Falle berechtigt, die Einlösung der ausgeschriebenen Angebote zu verweigern.
8. Die teilnehmenden Golfclubs haben sich gegenüber dem Verlag unter den o.g. Bedingungen verpflichtet, die ausgeschriebenen Angebote einzulösen. Der Verlag übernimmt jedoch keine Gewähr und keine Haftung, wenn ein Angebot nicht eingelöst wird oder werden kann.

Bedingungen zur Einlösung des Discounts:

1. Das Angebot ist einschließlich bis 30.6.2022 gültig.
2. Der Golfspieler/Leser hat sich telefonisch eine Abschlagzeit geben zu lassen – dabei ist die Nutzung des Angebots anzugeben.
3. Eine Barauszahlung des Greenfee-Vorteils ist nicht möglich.
4. Das Kombinieren von Angeboten oder bestehenden Greenfee-Vorteilen ist nicht möglich. Der Vorteil bezieht sich jeweils ausschließlich auf die zum Zeitpunkt der Einlösung gültigen vollen Greenfee-Gebühren.
5. Gibt es Spielergruppen mit erhöhten Greenfee-Gebühren, ist ein Nachlass auf diese Gebühren nicht möglich.
6. Das Angebot allein berechtigt nicht zum Spiel gegen Greenfee. Die Erfüllung der Bestimmungen des jeweiligen Golfclubs zur Greenfee-Berechtigung (Mitgliedschaft in einem Golfclub, Mindesthandicap etc.) zum Zeitpunkt der Einlösung sind Voraussetzung.
7. Es ist untersagt, den Greenfee-Gutschein entgeltlich Dritten zu überlassen bzw. mit diesen Handel zu treiben. Insbesondere sind die teilnehmenden Golfclubs in diesem Falle berechtigt, die Einlösung der ausgeschriebenen Angebote zu verweigern.
8. Die teilnehmenden Golfclubs haben sich gegenüber dem Verlag unter den o.g. Bedingungen verpflichtet, die ausgeschriebenen Angebote einzulösen. Der Verlag übernimmt jedoch keine Gewähr und keine Haftung, wenn ein Angebot nicht eingelöst wird oder werden kann.

Bedingungen zur Einlösung des Discounts:

1. Das Angebot ist einschließlich bis 30.6.2022 gültig.
2. Der Golfspieler/Leser hat sich telefonisch eine Abschlagzeit geben zu lassen – dabei ist die Nutzung des Angebots anzugeben.
3. Eine Barauszahlung des Greenfee-Vorteils ist nicht möglich.
4. Das Kombinieren von Angeboten oder bestehenden Greenfee-Vorteilen ist nicht möglich. Der Vorteil bezieht sich jeweils ausschließlich auf die zum Zeitpunkt der Einlösung gültigen vollen Greenfee-Gebühren.
5. Gibt es Spielergruppen mit erhöhten Greenfee-Gebühren, ist ein Nachlass auf diese Gebühren nicht möglich.
6. Das Angebot allein berechtigt nicht zum Spiel gegen Greenfee. Die Erfüllung der Bestimmungen des jeweiligen Golfclubs zur Greenfee-Berechtigung (Mitgliedschaft in einem Golfclub, Mindesthandicap etc.) zum Zeitpunkt der Einlösung sind Voraussetzung.
7. Es ist untersagt, den Greenfee-Gutschein entgeltlich Dritten zu überlassen bzw. mit diesen Handel zu treiben. Insbesondere sind die teilnehmenden Golfclubs in diesem Falle berechtigt, die Einlösung der ausgeschriebenen Angebote zu verweigern.
8. Die teilnehmenden Golfclubs haben sich gegenüber dem Verlag unter den o.g. Bedingungen verpflichtet, die ausgeschriebenen Angebote einzulösen. Der Verlag übernimmt jedoch keine Gewähr und keine Haftung, wenn ein Angebot nicht eingelöst wird oder werden kann.

Bedingungen zur Einlösung des Discounts:

1. Das Angebot ist einschließlich bis 30.6.2022 gültig.
2. Der Golfspieler/Leser hat sich telefonisch eine Abschlagzeit geben zu lassen – dabei ist die Nutzung des Angebots anzugeben.
3. Eine Barauszahlung des Greenfee-Vorteils ist nicht möglich.
4. Das Kombinieren von Angeboten oder bestehenden Greenfee-Vorteilen ist nicht möglich. Der Vorteil bezieht sich jeweils ausschließlich auf die zum Zeitpunkt der Einlösung gültigen vollen Greenfee-Gebühren.
5. Gibt es Spielergruppen mit erhöhten Greenfee-Gebühren, ist ein Nachlass auf diese Gebühren nicht möglich.
6. Das Angebot allein berechtigt nicht zum Spiel gegen Greenfee. Die Erfüllung der Bestimmungen des jeweiligen Golfclubs zur Greenfee-Berechtigung (Mitgliedschaft in einem Golfclub, Mindesthandicap etc.) zum Zeitpunkt der Einlösung sind Voraussetzung.
7. Es ist untersagt, den Greenfee-Gutschein entgeltlich Dritten zu überlassen bzw. mit diesen Handel zu treiben. Insbesondere sind die teilnehmenden Golfclubs in diesem Falle berechtigt, die Einlösung der ausgeschriebenen Angebote zu verweigern.
8. Die teilnehmenden Golfclubs haben sich gegenüber dem Verlag unter den o.g. Bedingungen verpflichtet, die ausgeschriebenen Angebote einzulösen. Der Verlag übernimmt jedoch keine Gewähr und keine Haftung, wenn ein Angebot nicht eingelöst wird oder werden kann.

Bedingungen zur Einlösung des Discounts:

1. Das Angebot ist einschließlich bis 30.6.2022 gültig.
2. Der Golfspieler/Leser hat sich telefonisch eine Abschlagzeit geben zu lassen – dabei ist die Nutzung des Angebots anzugeben.
3. Eine Barauszahlung des Greenfee-Vorteils ist nicht möglich.
4. Das Kombinieren von Angeboten oder bestehenden Greenfee-Vorteilen ist nicht möglich. Der Vorteil bezieht sich jeweils ausschließlich auf die zum Zeitpunkt der Einlösung gültigen vollen Greenfee-Gebühren.
5. Gibt es Spielergruppen mit erhöhten Greenfee-Gebühren, ist ein Nachlass auf diese Gebühren nicht möglich.
6. Das Angebot allein berechtigt nicht zum Spiel gegen Greenfee. Die Erfüllung der Bestimmungen des jeweiligen Golfclubs zur Greenfee-Berechtigung (Mitgliedschaft in einem Golfclub, Mindesthandicap etc.) zum Zeitpunkt der Einlösung sind Voraussetzung.
7. Es ist untersagt, den Greenfee-Gutschein entgeltlich Dritten zu überlassen bzw. mit diesen Handel zu treiben. Insbesondere sind die teilnehmenden Golfclubs in diesem Falle berechtigt, die Einlösung der ausgeschriebenen Angebote zu verweigern.
8. Die teilnehmenden Golfclubs haben sich gegenüber dem Verlag unter den o.g. Bedingungen verpflichtet, die ausgeschriebenen Angebote einzulösen. Der Verlag übernimmt jedoch keine Gewähr und keine Haftung, wenn ein Angebot nicht eingelöst wird oder werden kann.

Bedingungen zur Einlösung des Discounts:

1. Das Angebot ist einschließlich bis 30.6.2022 gültig.
2. Der Golfspieler/Leser hat sich telefonisch eine Abschlagzeit geben zu lassen – dabei ist die Nutzung des Angebots anzugeben.
3. Eine Barauszahlung des Greenfee-Vorteils ist nicht möglich.
4. Das Kombinieren von Angeboten oder bestehenden Greenfee-Vorteilen ist nicht möglich. Der Vorteil bezieht sich jeweils ausschließlich auf die zum Zeitpunkt der Einlösung gültigen vollen Greenfee-Gebühren.
5. Gibt es Spielergruppen mit erhöhten Greenfee-Gebühren, ist ein Nachlass auf diese Gebühren nicht möglich.
6. Das Angebot allein berechtigt nicht zum Spiel gegen Greenfee. Die Erfüllung der Bestimmungen des jeweiligen Golfclubs zur Greenfee-Berechtigung (Mitgliedschaft in einem Golfclub, Mindesthandicap etc.) zum Zeitpunkt der Einlösung sind Voraussetzung.
7. Es ist untersagt, den Greenfee-Gutschein entgeltlich Dritten zu überlassen bzw. mit diesen Handel zu treiben. Insbesondere sind die teilnehmenden Golfclubs in diesem Falle berechtigt, die Einlösung der ausgeschriebenen Angebote zu verweigern.
8. Die teilnehmenden Golfclubs haben sich gegenüber dem Verlag unter den o.g. Bedingungen verpflichtet, die ausgeschriebenen Angebote einzulösen. Der Verlag übernimmt jedoch keine Gewähr und keine Haftung, wenn ein Angebot nicht eingelöst wird oder werden kann.

Bedingungen zur Einlösung des Discounts:

1. Das Angebot ist einschließlich bis 30.6.2022 gültig.
2. Der Golfspieler/Leser hat sich telefonisch eine Abschlagzeit geben zu lassen – dabei ist die Nutzung des Angebots anzugeben.
3. Eine Barauszahlung des Greenfee-Vorteils ist nicht möglich.
4. Das Kombinieren von Angeboten oder bestehenden Greenfee-Vorteilen ist nicht möglich. Der Vorteil bezieht sich jeweils ausschließlich auf die zum Zeitpunkt der Einlösung gültigen vollen Greenfee-Gebühren.
5. Gibt es Spielergruppen mit erhöhten Greenfee-Gebühren, ist ein Nachlass auf diese Gebühren nicht möglich.
6. Das Angebot allein berechtigt nicht zum Spiel gegen Greenfee. Die Erfüllung der Bestimmungen des jeweiligen Golfclubs zur Greenfee-Berechtigung (Mitgliedschaft in einem Golfclub, Mindesthandicap etc.) zum Zeitpunkt der Einlösung sind Voraussetzung.
7. Es ist untersagt, den Greenfee-Gutschein entgeltlich Dritten zu überlassen bzw. mit diesen Handel zu treiben. Insbesondere sind die teilnehmenden Golfclubs in diesem Falle berechtigt, die Einlösung der ausgeschriebenen Angebote zu verweigern.
8. Die teilnehmenden Golfclubs haben sich gegenüber dem Verlag unter den o.g. Bedingungen verpflichtet, die ausgeschriebenen Angebote einzulösen. Der Verlag übernimmt jedoch keine Gewähr und keine Haftung, wenn ein Angebot nicht eingelöst wird oder werden kann.

Bedingungen zur Einlösung des Discounts:

1. Das Angebot ist einschließlich bis 30.6.2022 gültig.
2. Der Golfspieler/Leser hat sich telefonisch eine Abschlagzeit geben zu lassen – dabei ist die Nutzung des Angebots anzugeben.
3. Eine Barauszahlung des Greenfee-Vorteils ist nicht möglich.
4. Das Kombinieren von Angeboten oder bestehenden Greenfee-Vorteilen ist nicht möglich. Der Vorteil bezieht sich jeweils ausschließlich auf die zum Zeitpunkt der Einlösung gültigen vollen Greenfee-Gebühren.
5. Gibt es Spielergruppen mit erhöhten Greenfee-Gebühren, ist ein Nachlass auf diese Gebühren nicht möglich.
6. Das Angebot allein berechtigt nicht zum Spiel gegen Greenfee. Die Erfüllung der Bestimmungen des jeweiligen Golfclubs zur Greenfee-Berechtigung (Mitgliedschaft in einem Golfclub, Mindesthandicap etc.) zum Zeitpunkt der Einlösung sind Voraussetzung.
7. Es ist untersagt, den Greenfee-Gutschein entgeltlich Dritten zu überlassen bzw. mit diesen Handel zu treiben. Insbesondere sind die teilnehmenden Golfclubs in diesem Falle berechtigt, die Einlösung der ausgeschriebenen Angebote zu verweigern.
8. Die teilnehmenden Golfclubs haben sich gegenüber dem Verlag unter den o.g. Bedingungen verpflichtet, die ausgeschriebenen Angebote einzulösen. Der Verlag übernimmt jedoch keine Gewähr und keine Haftung, wenn ein Angebot nicht eingelöst wird oder werden kann.

Bedingungen zur Einlösung des Discounts:

1. Das Angebot ist einschließlich bis 30.6.2022 gültig.
2. Der Golfspieler/Leser hat sich telefonisch eine Abschlagzeit geben zu lassen – dabei ist die Nutzung des Angebots anzugeben.
3. Eine Barauszahlung des Greenfee-Vorteils ist nicht möglich.
4. Das Kombinieren von Angeboten oder bestehenden Greenfee-Vorteilen ist nicht möglich. Der Vorteil bezieht sich jeweils ausschließlich auf die zum Zeitpunkt der Einlösung gültigen vollen Greenfee-Gebühren.
5. Gibt es Spielergruppen mit erhöhten Greenfee-Gebühren, ist ein Nachlass auf diese Gebühren nicht möglich.
6. Das Angebot allein berechtigt nicht zum Spiel gegen Greenfee. Die Erfüllung der Bestimmungen des jeweiligen Golfclubs zur Greenfee-Berechtigung (Mitgliedschaft in einem Golfclub, Mindesthandicap etc.) zum Zeitpunkt der Einlösung sind Voraussetzung.
7. Es ist untersagt, den Greenfee-Gutschein entgeltlich Dritten zu überlassen bzw. mit diesen Handel zu treiben. Insbesondere sind die teilnehmenden Golfclubs in diesem Falle berechtigt, die Einlösung der ausgeschriebenen Angebote zu verweigern.
8. Die teilnehmenden Golfclubs haben sich gegenüber dem Verlag unter den o.g. Bedingungen verpflichtet, die ausgeschriebenen Angebote einzulösen. Der Verlag übernimmt jedoch keine Gewähr und keine Haftung, wenn ein Angebot nicht eingelöst wird oder werden kann.

Bedingungen zur Einlösung des Discounts:

1. Das Angebot ist einschließlich bis 30.6.2022 gültig.
2. Der Golfspieler/Leser hat sich telefonisch eine Abschlagzeit geben zu lassen – dabei ist die Nutzung des Angebots anzugeben.
3. Eine Barauszahlung des Greenfee-Vorteils ist nicht möglich.
4. Das Kombinieren von Angeboten oder bestehenden Greenfee-Vorteilen ist nicht möglich. Der Vorteil bezieht sich jeweils ausschließlich auf die zum Zeitpunkt der Einlösung gültigen vollen Greenfee-Gebühren.
5. Gibt es Spielergruppen mit erhöhten Greenfee-Gebühren, ist ein Nachlass auf diese Gebühren nicht möglich.
6. Das Angebot allein berechtigt nicht zum Spiel gegen Greenfee. Die Erfüllung der Bestimmungen des jeweiligen Golfclubs zur Greenfee-Berechtigung (Mitgliedschaft in einem Golfclub, Mindesthandicap etc.) zum Zeitpunkt der Einlösung sind Voraussetzung.
7. Es ist untersagt, den Greenfee-Gutschein entgeltlich Dritten zu überlassen bzw. mit diesen Handel zu treiben. Insbesondere sind die teilnehmenden Golfclubs in diesem Falle berechtigt, die Einlösung der ausgeschriebenen Angebote zu verweigern.
8. Die teilnehmenden Golfclubs haben sich gegenüber dem Verlag unter den o.g. Bedingungen verpflichtet, die ausgeschriebenen Angebote einzulösen. Der Verlag übernimmt jedoch keine Gewähr und keine Haftung, wenn ein Angebot nicht eingelöst wird oder werden kann.

DER GOLF ALBRECHT

Golf Club Odenwald e.V.

DE

Am Golfplatz 1
D-64753 Brombachtal
06063-57447
Hessen

141

2 for 1 2 GF zum Preis von 1 wochentags

DER GOLF ALBRECHT

Golf Club Odenwald e.V.

DE

Am Golfplatz 1
D-64753 Brombachtal
06063-57447
Hessen

141

2 for 1 2 GF zum Preis von 1 wochentags

DER GOLF ALBRECHT

Golfclub Geierstal e.V.

DE

Ohrenbachtal Aussenliegend 1
D-64720 Michelstadt-Vielbrunn
06066-258
Hessen

142

2 for 1 2 GF zum Preis von 1

DER GOLF ALBRECHT

Golfclub Geierstal e.V.

DE

Ohrenbachtal Aussenliegend 1
D-64720 Michelstadt-Vielbrunn
06066-258
Hessen

142

2 for 1 2 GF zum Preis von 1

DER GOLF ALBRECHT

Golfclub Geierstal e.V.

DE

Ohrenbachtal Aussenliegend 1
D-64720 Michelstadt-Vielbrunn
06066-258
Hessen

142

50% Greenfee-Ermäßigung

DER GOLF ALBRECHT

Golfclub Geierstal e.V.

DE

Ohrenbachtal Aussenliegend 1
D-64720 Michelstadt-Vielbrunn
06066-258
Hessen

142

50% Greenfee-Ermäßigung

DER GOLF ALBRECHT

Golf-Club Bensheim e.V.

DE

Außerhalb 56
D-64625 Bensheim
06251-67732
Hessen

143

2 for 1 2 GF zum Preis von 1 wochentags

DER GOLF ALBRECHT

Golf-Club Bensheim e.V.

DE

Außerhalb 56
D-64625 Bensheim
06251-67732
Hessen

143

2 for 1 2 GF zum Preis von 1 wochentags

DER GOLF ALBRECHT

Golf- und Landclub Buchenhof Hetzbach e.V.

DE

An der Alten Buche 8
D-64760 Oberzent/Odenwald
06068-912050
Hessen

144

2 for 1 2 GF zum Preis von 1

DER GOLF ALBRECHT

Golf- und Landclub Buchenhof Hetzbach e.V.

DE

An der Alten Buche 8
D-64760 Oberzent/Odenwald
06068-912050
Hessen

144

2 for 1 2 GF zum Preis von 1

Bedingungen zur Einlösung des Discounts:

1. Das Angebot ist einschließlich bis 30.6.2022 gültig.
2. Der Golfspieler/Leser hat sich telefonisch eine Abschlagzeit geben zu lassen – dabei ist die Nutzung des Angebots anzugeben.
3. Eine Barauszahlung des Greenfee-Vorteils ist nicht möglich.
4. Das Kombinieren von Angeboten oder bestehenden Greenfee-Vorteilen ist nicht möglich. Der Vorteil bezieht sich jeweils ausschließlich auf die zum Zeitpunkt der Einlösung gültigen vollen Greenfee-Gebühren.
5. Gibt es Spielergruppen mit erhöhten Greenfee-Gebühren, ist ein Nachlass auf diese Gebühren nicht möglich.
6. Das Angebot allein berechtigt nicht zum Spiel gegen Greenfee. Die Erfüllung der Bestimmungen des jeweiligen Golfclubs zur Greenfee-Berechtigung (Mitgliedschaft in einem Golfclub, Mindesthandicap etc.) zum Zeitpunkt der Einlösung sind Voraussetzung.
7. Es ist untersagt, den Greenfee-Gutschein entgeltlich Dritten zu überlassen bzw. mit diesen Handel zu treiben. Insbesondere sind die teilnehmenden Golfclubs in diesem Falle berechtigt, die Einlösung der ausgeschriebenen Angebote zu verweigern.
8. Die teilnehmenden Golfclubs haben sich gegenüber dem Verlag unter den o.g. Bedingungen verpflichtet, die ausgeschriebenen Angebote einzulösen. Der Verlag übernimmt jedoch keine Gewähr und keine Haftung, wenn ein Angebot nicht eingelöst wird oder werden kann.

Bedingungen zur Einlösung des Discounts:

1. Das Angebot ist einschließlich bis 30.6.2022 gültig.
2. Der Golfspieler/Leser hat sich telefonisch eine Abschlagzeit geben zu lassen – dabei ist die Nutzung des Angebots anzugeben.
3. Eine Barauszahlung des Greenfee-Vorteils ist nicht möglich.
4. Das Kombinieren von Angeboten oder bestehenden Greenfee-Vorteilen ist nicht möglich. Der Vorteil bezieht sich jeweils ausschließlich auf die zum Zeitpunkt der Einlösung gültigen vollen Greenfee-Gebühren.
5. Gibt es Spielergruppen mit erhöhten Greenfee-Gebühren, ist ein Nachlass auf diese Gebühren nicht möglich.
6. Das Angebot allein berechtigt nicht zum Spiel gegen Greenfee. Die Erfüllung der Bestimmungen des jeweiligen Golfclubs zur Greenfee-Berechtigung (Mitgliedschaft in einem Golfclub, Mindesthandicap etc.) zum Zeitpunkt der Einlösung sind Voraussetzung.
7. Es ist untersagt, den Greenfee-Gutschein entgeltlich Dritten zu überlassen bzw. mit diesen Handel zu treiben. Insbesondere sind die teilnehmenden Golfclubs in diesem Falle berechtigt, die Einlösung der ausgeschriebenen Angebote zu verweigern.
8. Die teilnehmenden Golfclubs haben sich gegenüber dem Verlag unter den o.g. Bedingungen verpflichtet, die ausgeschriebenen Angebote einzulösen. Der Verlag übernimmt jedoch keine Gewähr und keine Haftung, wenn ein Angebot nicht eingelöst wird oder werden kann.

Bedingungen zur Einlösung des Discounts:

1. Das Angebot ist einschließlich bis 30.6.2022 gültig.
2. Der Golfspieler/Leser hat sich telefonisch eine Abschlagzeit geben zu lassen – dabei ist die Nutzung des Angebots anzugeben.
3. Eine Barauszahlung des Greenfee-Vorteils ist nicht möglich.
4. Das Kombinieren von Angeboten oder bestehenden Greenfee-Vorteilen ist nicht möglich. Der Vorteil bezieht sich jeweils ausschließlich auf die zum Zeitpunkt der Einlösung gültigen vollen Greenfee-Gebühren.
5. Gibt es Spielergruppen mit erhöhten Greenfee-Gebühren, ist ein Nachlass auf diese Gebühren nicht möglich.
6. Das Angebot allein berechtigt nicht zum Spiel gegen Greenfee. Die Erfüllung der Bestimmungen des jeweiligen Golfclubs zur Greenfee-Berechtigung (Mitgliedschaft in einem Golfclub, Mindesthandicap etc.) zum Zeitpunkt der Einlösung sind Voraussetzung.
7. Es ist untersagt, den Greenfee-Gutschein entgeltlich Dritten zu überlassen bzw. mit diesen Handel zu treiben. Insbesondere sind die teilnehmenden Golfclubs in diesem Falle berechtigt, die Einlösung der ausgeschriebenen Angebote zu verweigern.
8. Die teilnehmenden Golfclubs haben sich gegenüber dem Verlag unter den o.g. Bedingungen verpflichtet, die ausgeschriebenen Angebote einzulösen. Der Verlag übernimmt jedoch keine Gewähr und keine Haftung, wenn ein Angebot nicht eingelöst wird oder werden kann.

Bedingungen zur Einlösung des Discounts:

1. Das Angebot ist einschließlich bis 30.6.2022 gültig.
2. Der Golfspieler/Leser hat sich telefonisch eine Abschlagzeit geben zu lassen – dabei ist die Nutzung des Angebots anzugeben.
3. Eine Barauszahlung des Greenfee-Vorteils ist nicht möglich.
4. Das Kombinieren von Angeboten oder bestehenden Greenfee-Vorteilen ist nicht möglich. Der Vorteil bezieht sich jeweils ausschließlich auf die zum Zeitpunkt der Einlösung gültigen vollen Greenfee-Gebühren.
5. Gibt es Spielergruppen mit erhöhten Greenfee-Gebühren, ist ein Nachlass auf diese Gebühren nicht möglich.
6. Das Angebot allein berechtigt nicht zum Spiel gegen Greenfee. Die Erfüllung der Bestimmungen des jeweiligen Golfclubs zur Greenfee-Berechtigung (Mitgliedschaft in einem Golfclub, Mindesthandicap etc.) zum Zeitpunkt der Einlösung sind Voraussetzung.
7. Es ist untersagt, den Greenfee-Gutschein entgeltlich Dritten zu überlassen bzw. mit diesen Handel zu treiben. Insbesondere sind die teilnehmenden Golfclubs in diesem Falle berechtigt, die Einlösung der ausgeschriebenen Angebote zu verweigern.
8. Die teilnehmenden Golfclubs haben sich gegenüber dem Verlag unter den o.g. Bedingungen verpflichtet, die ausgeschriebenen Angebote einzulösen. Der Verlag übernimmt jedoch keine Gewähr und keine Haftung, wenn ein Angebot nicht eingelöst wird oder werden kann.

Bedingungen zur Einlösung des Discounts:

1. Das Angebot ist einschließlich bis 30.6.2022 gültig.
2. Der Golfspieler/Leser hat sich telefonisch eine Abschlagzeit geben zu lassen – dabei ist die Nutzung des Angebots anzugeben.
3. Eine Barauszahlung des Greenfee-Vorteils ist nicht möglich.
4. Das Kombinieren von Angeboten oder bestehenden Greenfee-Vorteilen ist nicht möglich. Der Vorteil bezieht sich jeweils ausschließlich auf die zum Zeitpunkt der Einlösung gültigen vollen Greenfee-Gebühren.
5. Gibt es Spielergruppen mit erhöhten Greenfee-Gebühren, ist ein Nachlass auf diese Gebühren nicht möglich.
6. Das Angebot allein berechtigt nicht zum Spiel gegen Greenfee. Die Erfüllung der Bestimmungen des jeweiligen Golfclubs zur Greenfee-Berechtigung (Mitgliedschaft in einem Golfclub, Mindesthandicap etc.) zum Zeitpunkt der Einlösung sind Voraussetzung.
7. Es ist untersagt, den Greenfee-Gutschein entgeltlich Dritten zu überlassen bzw. mit diesen Handel zu treiben. Insbesondere sind die teilnehmenden Golfclubs in diesem Falle berechtigt, die Einlösung der ausgeschriebenen Angebote zu verweigern.
8. Die teilnehmenden Golfclubs haben sich gegenüber dem Verlag unter den o.g. Bedingungen verpflichtet, die ausgeschriebenen Angebote einzulösen. Der Verlag übernimmt jedoch keine Gewähr und keine Haftung, wenn ein Angebot nicht eingelöst wird oder werden kann.

Bedingungen zur Einlösung des Discounts:

1. Das Angebot ist einschließlich bis 30.6.2022 gültig.
2. Der Golfspieler/Leser hat sich telefonisch eine Abschlagzeit geben zu lassen – dabei ist die Nutzung des Angebots anzugeben.
3. Eine Barauszahlung des Greenfee-Vorteils ist nicht möglich.
4. Das Kombinieren von Angeboten oder bestehenden Greenfee-Vorteilen ist nicht möglich. Der Vorteil bezieht sich jeweils ausschließlich auf die zum Zeitpunkt der Einlösung gültigen vollen Greenfee-Gebühren.
5. Gibt es Spielergruppen mit erhöhten Greenfee-Gebühren, ist ein Nachlass auf diese Gebühren nicht möglich.
6. Das Angebot allein berechtigt nicht zum Spiel gegen Greenfee. Die Erfüllung der Bestimmungen des jeweiligen Golfclubs zur Greenfee-Berechtigung (Mitgliedschaft in einem Golfclub, Mindesthandicap etc.) zum Zeitpunkt der Einlösung sind Voraussetzung.
7. Es ist untersagt, den Greenfee-Gutschein entgeltlich Dritten zu überlassen bzw. mit diesen Handel zu treiben. Insbesondere sind die teilnehmenden Golfclubs in diesem Falle berechtigt, die Einlösung der ausgeschriebenen Angebote zu verweigern.
8. Die teilnehmenden Golfclubs haben sich gegenüber dem Verlag unter den o.g. Bedingungen verpflichtet, die ausgeschriebenen Angebote einzulösen. Der Verlag übernimmt jedoch keine Gewähr und keine Haftung, wenn ein Angebot nicht eingelöst wird oder werden kann.

Bedingungen zur Einlösung des Discounts:

1. Das Angebot ist einschließlich bis 30.6.2022 gültig.
2. Der Golfspieler/Leser hat sich telefonisch eine Abschlagzeit geben zu lassen – dabei ist die Nutzung des Angebots anzugeben.
3. Eine Barauszahlung des Greenfee-Vorteils ist nicht möglich.
4. Das Kombinieren von Angeboten oder bestehenden Greenfee-Vorteilen ist nicht möglich. Der Vorteil bezieht sich jeweils ausschließlich auf die zum Zeitpunkt der Einlösung gültigen vollen Greenfee-Gebühren.
5. Gibt es Spielergruppen mit erhöhten Greenfee-Gebühren, ist ein Nachlass auf diese Gebühren nicht möglich.
6. Das Angebot allein berechtigt nicht zum Spiel gegen Greenfee. Die Erfüllung der Bestimmungen des jeweiligen Golfclubs zur Greenfee-Berechtigung (Mitgliedschaft in einem Golfclub, Mindesthandicap etc.) zum Zeitpunkt der Einlösung sind Voraussetzung.
7. Es ist untersagt, den Greenfee-Gutschein entgeltlich Dritten zu überlassen bzw. mit diesen Handel zu treiben. Insbesondere sind die teilnehmenden Golfclubs in diesem Falle berechtigt, die Einlösung der ausgeschriebenen Angebote zu verweigern.
8. Die teilnehmenden Golfclubs haben sich gegenüber dem Verlag unter den o.g. Bedingungen verpflichtet, die ausgeschriebenen Angebote einzulösen. Der Verlag übernimmt jedoch keine Gewähr und keine Haftung, wenn ein Angebot nicht eingelöst wird oder werden kann.

Bedingungen zur Einlösung des Discounts:

1. Das Angebot ist einschließlich bis 30.6.2022 gültig.
2. Der Golfspieler/Leser hat sich telefonisch eine Abschlagzeit geben zu lassen – dabei ist die Nutzung des Angebots anzugeben.
3. Eine Barauszahlung des Greenfee-Vorteils ist nicht möglich.
4. Das Kombinieren von Angeboten oder bestehenden Greenfee-Vorteilen ist nicht möglich. Der Vorteil bezieht sich jeweils ausschließlich auf die zum Zeitpunkt der Einlösung gültigen vollen Greenfee-Gebühren.
5. Gibt es Spielergruppen mit erhöhten Greenfee-Gebühren, ist ein Nachlass auf diese Gebühren nicht möglich.
6. Das Angebot allein berechtigt nicht zum Spiel gegen Greenfee. Die Erfüllung der Bestimmungen des jeweiligen Golfclubs zur Greenfee-Berechtigung (Mitgliedschaft in einem Golfclub, Mindesthandicap etc.) zum Zeitpunkt der Einlösung sind Voraussetzung.
7. Es ist untersagt, den Greenfee-Gutschein entgeltlich Dritten zu überlassen bzw. mit diesen Handel zu treiben. Insbesondere sind die teilnehmenden Golfclubs in diesem Falle berechtigt, die Einlösung der ausgeschriebenen Angebote zu verweigern.
8. Die teilnehmenden Golfclubs haben sich gegenüber dem Verlag unter den o.g. Bedingungen verpflichtet, die ausgeschriebenen Angebote einzulösen. Der Verlag übernimmt jedoch keine Gewähr und keine Haftung, wenn ein Angebot nicht eingelöst wird oder werden kann.

Bedingungen zur Einlösung des Discounts:

1. Das Angebot ist einschließlich bis 30.6.2022 gültig.
2. Der Golfspieler/Leser hat sich telefonisch eine Abschlagzeit geben zu lassen – dabei ist die Nutzung des Angebots anzugeben.
3. Eine Barauszahlung des Greenfee-Vorteils ist nicht möglich.
4. Das Kombinieren von Angeboten oder bestehenden Greenfee-Vorteilen ist nicht möglich. Der Vorteil bezieht sich jeweils ausschließlich auf die zum Zeitpunkt der Einlösung gültigen vollen Greenfee-Gebühren.
5. Gibt es Spielergruppen mit erhöhten Greenfee-Gebühren, ist ein Nachlass auf diese Gebühren nicht möglich.
6. Das Angebot allein berechtigt nicht zum Spiel gegen Greenfee. Die Erfüllung der Bestimmungen des jeweiligen Golfclubs zur Greenfee-Berechtigung (Mitgliedschaft in einem Golfclub, Mindesthandicap etc.) zum Zeitpunkt der Einlösung sind Voraussetzung.
7. Es ist untersagt, den Greenfee-Gutschein entgeltlich Dritten zu überlassen bzw. mit diesen Handel zu treiben. Insbesondere sind die teilnehmenden Golfclubs in diesem Falle berechtigt, die Einlösung der ausgeschriebenen Angebote zu verweigern.
8. Die teilnehmenden Golfclubs haben sich gegenüber dem Verlag unter den o.g. Bedingungen verpflichtet, die ausgeschriebenen Angebote einzulösen. Der Verlag übernimmt jedoch keine Gewähr und keine Haftung, wenn ein Angebot nicht eingelöst wird oder werden kann.

Bedingungen zur Einlösung des Discounts:

1. Das Angebot ist einschließlich bis 30.6.2022 gültig.
2. Der Golfspieler/Leser hat sich telefonisch eine Abschlagzeit geben zu lassen – dabei ist die Nutzung des Angebots anzugeben.
3. Eine Barauszahlung des Greenfee-Vorteils ist nicht möglich.
4. Das Kombinieren von Angeboten oder bestehenden Greenfee-Vorteilen ist nicht möglich. Der Vorteil bezieht sich jeweils ausschließlich auf die zum Zeitpunkt der Einlösung gültigen vollen Greenfee-Gebühren.
5. Gibt es Spielergruppen mit erhöhten Greenfee-Gebühren, ist ein Nachlass auf diese Gebühren nicht möglich.
6. Das Angebot allein berechtigt nicht zum Spiel gegen Greenfee. Die Erfüllung der Bestimmungen des jeweiligen Golfclubs zur Greenfee-Berechtigung (Mitgliedschaft in einem Golfclub, Mindesthandicap etc.) zum Zeitpunkt der Einlösung sind Voraussetzung.
7. Es ist untersagt, den Greenfee-Gutschein entgeltlich Dritten zu überlassen bzw. mit diesen Handel zu treiben. Insbesondere sind die teilnehmenden Golfclubs in diesem Falle berechtigt, die Einlösung der ausgeschriebenen Angebote zu verweigern.
8. Die teilnehmenden Golfclubs haben sich gegenüber dem Verlag unter den o.g. Bedingungen verpflichtet, die ausgeschriebenen Angebote einzulösen. Der Verlag übernimmt jedoch keine Gewähr und keine Haftung, wenn ein Angebot nicht eingelöst wird oder werden kann.

DER GOLF ALBRECHT

Golf Course Siebengebirge DE

Brunnenstraße 11
D-53578 Windhagen-Rederscheid
☎ 02645-8041
Rheinland-Pfalz, Saarland

145

2 for 1 2 GF zum Preis von 1

DER GOLF ALBRECHT

Golf Course Siebengebirge DE

Brunnenstraße 11
D-53578 Windhagen-Rederscheid
☎ 02645-8041
Rheinland-Pfalz, Saarland

145

2 for 1 2 GF zum Preis von 1

DER GOLF ALBRECHT

Golf Course Siebengebirge DE

Brunnenstraße 11
D-53578 Windhagen-Rederscheid
☎ 02645-8041
Rheinland-Pfalz, Saarland

145

20% Greenfee-Ermäßigung

DER GOLF ALBRECHT

Golf Course Siebengebirge DE

Brunnenstraße 11
D-53578 Windhagen-Rederscheid
☎ 02645-8041
Rheinland-Pfalz, Saarland

145

20% Greenfee-Ermäßigung

DER GOLF ALBRECHT

Golf- und Landclub Bad Neuenahr-Ahrweiler DE

Grosser Weg 100
D-53474 Bad Neuenahr-Ahrweiler
☎ 02641-950950
Rheinland-Pfalz, Saarland

146

25% Greenfee-Ermäßigung wochentags

DER GOLF ALBRECHT

Golf- und Landclub Bad Neuenahr-Ahrweiler DE

Grosser Weg 100
D-53474 Bad Neuenahr-Ahrweiler
☎ 02641-950950
Rheinland-Pfalz, Saarland

146

25% Greenfee-Ermäßigung wochentags

DER GOLF ALBRECHT

Golfclub Rhein-Wied e.V. DE

Gut Burghof
D-56566 Neuwied
☎ 02622-83523
Rheinland-Pfalz, Saarland

147

2 for 1 2 GF zum Preis von 1 wochentags

DER GOLF ALBRECHT

Golfclub Rhein-Wied e.V. DE

Gut Burghof
D-56566 Neuwied
☎ 02622-83523
Rheinland-Pfalz, Saarland

147

2 for 1 2 GF zum Preis von 1 wochentags

DER GOLF ALBRECHT

Golfclub Rhein-Wied e.V. DE

Gut Burghof
D-56566 Neuwied
☎ 02622-83523
Rheinland-Pfalz, Saarland

147

20% Greenfee-Ermäßigung wochentags

DER GOLF ALBRECHT

Golfclub Rhein-Wied e.V. DE

Gut Burghof
D-56566 Neuwied
☎ 02622-83523
Rheinland-Pfalz, Saarland

147

20% Greenfee-Ermäßigung wochentags

Bedingungen zur Einlösung des Discounts:

1. Das Angebot ist einschließlich bis 30.6.2022 gültig.
2. Der Golfspieler/Leser hat sich telefonisch eine Abschlagzeit geben zu lassen – dabei ist die Nutzung des Angebots anzugeben.
3. Eine Barauszahlung des Greenfee-Vorteils ist nicht möglich.
4. Das Kombinieren von Angeboten oder bestehenden Greenfee-Vorteilen ist nicht möglich. Der Vorteil bezieht sich jeweils ausschließlich auf die zum Zeitpunkt der Einlösung gültigen vollen Greenfee-Gebühren.
5. Gibt es Spielergruppen mit erhöhten Greenfee-Gebühren, ist ein Nachlass auf diese Gebühren nicht möglich.
6. Das Angebot allein berechtigt nicht zum Spiel gegen Greenfee. Die Erfüllung der Bestimmungen des jeweiligen Golfclubs zur Greenfee-Berechtigung (Mitgliedschaft in einem Golfclub, Mindesthandicap etc.) zum Zeitpunkt der Einlösung sind Voraussetzung.
7. Es ist untersagt, den Greenfee-Gutschein entgeltlich Dritten zu überlassen bzw. mit diesen Handel zu treiben. Insbesondere sind die teilnehmenden Golfclubs in diesem Falle berechtigt, die Einlösung der ausgeschriebenen Angebote zu verweigern.
8. Die teilnehmenden Golfclubs haben sich gegenüber dem Verlag unter den o.g. Bedingungen verpflichtet, die ausgeschriebenen Angebote einzulösen. Der Verlag übernimmt jedoch keine Gewähr und keine Haftung, wenn ein Angebot nicht eingelöst wird oder werden kann.

Bedingungen zur Einlösung des Discounts:

1. Das Angebot ist einschließlich bis 30.6.2022 gültig.
2. Der Golfspieler/Leser hat sich telefonisch eine Abschlagzeit geben zu lassen – dabei ist die Nutzung des Angebots anzugeben.
3. Eine Barauszahlung des Greenfee-Vorteils ist nicht möglich.
4. Das Kombinieren von Angeboten oder bestehenden Greenfee-Vorteilen ist nicht möglich. Der Vorteil bezieht sich jeweils ausschließlich auf die zum Zeitpunkt der Einlösung gültigen vollen Greenfee-Gebühren.
5. Gibt es Spielergruppen mit erhöhten Greenfee-Gebühren, ist ein Nachlass auf diese Gebühren nicht möglich.
6. Das Angebot allein berechtigt nicht zum Spiel gegen Greenfee. Die Erfüllung der Bestimmungen des jeweiligen Golfclubs zur Greenfee-Berechtigung (Mitgliedschaft in einem Golfclub, Mindesthandicap etc.) zum Zeitpunkt der Einlösung sind Voraussetzung.
7. Es ist untersagt, den Greenfee-Gutschein entgeltlich Dritten zu überlassen bzw. mit diesen Handel zu treiben. Insbesondere sind die teilnehmenden Golfclubs in diesem Falle berechtigt, die Einlösung der ausgeschriebenen Angebote zu verweigern.
8. Die teilnehmenden Golfclubs haben sich gegenüber dem Verlag unter den o.g. Bedingungen verpflichtet, die ausgeschriebenen Angebote einzulösen. Der Verlag übernimmt jedoch keine Gewähr und keine Haftung, wenn ein Angebot nicht eingelöst wird oder werden kann.

Bedingungen zur Einlösung des Discounts:

1. Das Angebot ist einschließlich bis 30.6.2022 gültig.
2. Der Golfspieler/Leser hat sich telefonisch eine Abschlagzeit geben zu lassen – dabei ist die Nutzung des Angebots anzugeben.
3. Eine Barauszahlung des Greenfee-Vorteils ist nicht möglich.
4. Das Kombinieren von Angeboten oder bestehenden Greenfee-Vorteilen ist nicht möglich. Der Vorteil bezieht sich jeweils ausschließlich auf die zum Zeitpunkt der Einlösung gültigen vollen Greenfee-Gebühren.
5. Gibt es Spielergruppen mit erhöhten Greenfee-Gebühren, ist ein Nachlass auf diese Gebühren nicht möglich.
6. Das Angebot allein berechtigt nicht zum Spiel gegen Greenfee. Die Erfüllung der Bestimmungen des jeweiligen Golfclubs zur Greenfee-Berechtigung (Mitgliedschaft in einem Golfclub, Mindesthandicap etc.) zum Zeitpunkt der Einlösung sind Voraussetzung.
7. Es ist untersagt, den Greenfee-Gutschein entgeltlich Dritten zu überlassen bzw. mit diesen Handel zu treiben. Insbesondere sind die teilnehmenden Golfclubs in diesem Falle berechtigt, die Einlösung der ausgeschriebenen Angebote zu verweigern.
8. Die teilnehmenden Golfclubs haben sich gegenüber dem Verlag unter den o.g. Bedingungen verpflichtet, die ausgeschriebenen Angebote einzulösen. Der Verlag übernimmt jedoch keine Gewähr und keine Haftung, wenn ein Angebot nicht eingelöst wird oder werden kann.

Bedingungen zur Einlösung des Discounts:

1. Das Angebot ist einschließlich bis 30.6.2022 gültig.
2. Der Golfspieler/Leser hat sich telefonisch eine Abschlagzeit geben zu lassen – dabei ist die Nutzung des Angebots anzugeben.
3. Eine Barauszahlung des Greenfee-Vorteils ist nicht möglich.
4. Das Kombinieren von Angeboten oder bestehenden Greenfee-Vorteilen ist nicht möglich. Der Vorteil bezieht sich jeweils ausschließlich auf die zum Zeitpunkt der Einlösung gültigen vollen Greenfee-Gebühren.
5. Gibt es Spielergruppen mit erhöhten Greenfee-Gebühren, ist ein Nachlass auf diese Gebühren nicht möglich.
6. Das Angebot allein berechtigt nicht zum Spiel gegen Greenfee. Die Erfüllung der Bestimmungen des jeweiligen Golfclubs zur Greenfee-Berechtigung (Mitgliedschaft in einem Golfclub, Mindesthandicap etc.) zum Zeitpunkt der Einlösung sind Voraussetzung.
7. Es ist untersagt, den Greenfee-Gutschein entgeltlich Dritten zu überlassen bzw. mit diesen Handel zu treiben. Insbesondere sind die teilnehmenden Golfclubs in diesem Falle berechtigt, die Einlösung der ausgeschriebenen Angebote zu verweigern.
8. Die teilnehmenden Golfclubs haben sich gegenüber dem Verlag unter den o.g. Bedingungen verpflichtet, die ausgeschriebenen Angebote einzulösen. Der Verlag übernimmt jedoch keine Gewähr und keine Haftung, wenn ein Angebot nicht eingelöst wird oder werden kann.

Bedingungen zur Einlösung des Discounts:

1. Das Angebot ist einschließlich bis 30.6.2022 gültig.
2. Der Golfspieler/Leser hat sich telefonisch eine Abschlagzeit geben zu lassen – dabei ist die Nutzung des Angebots anzugeben.
3. Eine Barauszahlung des Greenfee-Vorteils ist nicht möglich.
4. Das Kombinieren von Angeboten oder bestehenden Greenfee-Vorteilen ist nicht möglich. Der Vorteil bezieht sich jeweils ausschließlich auf die zum Zeitpunkt der Einlösung gültigen vollen Greenfee-Gebühren.
5. Gibt es Spielergruppen mit erhöhten Greenfee-Gebühren, ist ein Nachlass auf diese Gebühren nicht möglich.
6. Das Angebot allein berechtigt nicht zum Spiel gegen Greenfee. Die Erfüllung der Bestimmungen des jeweiligen Golfclubs zur Greenfee-Berechtigung (Mitgliedschaft in einem Golfclub, Mindesthandicap etc.) zum Zeitpunkt der Einlösung sind Voraussetzung.
7. Es ist untersagt, den Greenfee-Gutschein entgeltlich Dritten zu überlassen bzw. mit diesen Handel zu treiben. Insbesondere sind die teilnehmenden Golfclubs in diesem Falle berechtigt, die Einlösung der ausgeschriebenen Angebote zu verweigern.
8. Die teilnehmenden Golfclubs haben sich gegenüber dem Verlag unter den o.g. Bedingungen verpflichtet, die ausgeschriebenen Angebote einzulösen. Der Verlag übernimmt jedoch keine Gewähr und keine Haftung, wenn ein Angebot nicht eingelöst wird oder werden kann.

Bedingungen zur Einlösung des Discounts:

1. Das Angebot ist einschließlich bis 30.6.2022 gültig.
2. Der Golfspieler/Leser hat sich telefonisch eine Abschlagzeit geben zu lassen – dabei ist die Nutzung des Angebots anzugeben.
3. Eine Barauszahlung des Greenfee-Vorteils ist nicht möglich.
4. Das Kombinieren von Angeboten oder bestehenden Greenfee-Vorteilen ist nicht möglich. Der Vorteil bezieht sich jeweils ausschließlich auf die zum Zeitpunkt der Einlösung gültigen vollen Greenfee-Gebühren.
5. Gibt es Spielergruppen mit erhöhten Greenfee-Gebühren, ist ein Nachlass auf diese Gebühren nicht möglich.
6. Das Angebot allein berechtigt nicht zum Spiel gegen Greenfee. Die Erfüllung der Bestimmungen des jeweiligen Golfclubs zur Greenfee-Berechtigung (Mitgliedschaft in einem Golfclub, Mindesthandicap etc.) zum Zeitpunkt der Einlösung sind Voraussetzung.
7. Es ist untersagt, den Greenfee-Gutschein entgeltlich Dritten zu überlassen bzw. mit diesen Handel zu treiben. Insbesondere sind die teilnehmenden Golfclubs in diesem Falle berechtigt, die Einlösung der ausgeschriebenen Angebote zu verweigern.
8. Die teilnehmenden Golfclubs haben sich gegenüber dem Verlag unter den o.g. Bedingungen verpflichtet, die ausgeschriebenen Angebote einzulösen. Der Verlag übernimmt jedoch keine Gewähr und keine Haftung, wenn ein Angebot nicht eingelöst wird oder werden kann.

Bedingungen zur Einlösung des Discounts:

1. Das Angebot ist einschließlich bis 30.6.2022 gültig.
2. Der Golfspieler/Leser hat sich telefonisch eine Abschlagzeit geben zu lassen – dabei ist die Nutzung des Angebots anzugeben.
3. Eine Barauszahlung des Greenfee-Vorteils ist nicht möglich.
4. Das Kombinieren von Angeboten oder bestehenden Greenfee-Vorteilen ist nicht möglich. Der Vorteil bezieht sich jeweils ausschließlich auf die zum Zeitpunkt der Einlösung gültigen vollen Greenfee-Gebühren.
5. Gibt es Spielergruppen mit erhöhten Greenfee-Gebühren, ist ein Nachlass auf diese Gebühren nicht möglich.
6. Das Angebot allein berechtigt nicht zum Spiel gegen Greenfee. Die Erfüllung der Bestimmungen des jeweiligen Golfclubs zur Greenfee-Berechtigung (Mitgliedschaft in einem Golfclub, Mindesthandicap etc.) zum Zeitpunkt der Einlösung sind Voraussetzung.
7. Es ist untersagt, den Greenfee-Gutschein entgeltlich Dritten zu überlassen bzw. mit diesen Handel zu treiben. Insbesondere sind die teilnehmenden Golfclubs in diesem Falle berechtigt, die Einlösung der ausgeschriebenen Angebote zu verweigern.
8. Die teilnehmenden Golfclubs haben sich gegenüber dem Verlag unter den o.g. Bedingungen verpflichtet, die ausgeschriebenen Angebote einzulösen. Der Verlag übernimmt jedoch keine Gewähr und keine Haftung, wenn ein Angebot nicht eingelöst wird oder werden kann.

Bedingungen zur Einlösung des Discounts:

1. Das Angebot ist einschließlich bis 30.6.2022 gültig.
2. Der Golfspieler/Leser hat sich telefonisch eine Abschlagzeit geben zu lassen – dabei ist die Nutzung des Angebots anzugeben.
3. Eine Barauszahlung des Greenfee-Vorteils ist nicht möglich.
4. Das Kombinieren von Angeboten oder bestehenden Greenfee-Vorteilen ist nicht möglich. Der Vorteil bezieht sich jeweils ausschließlich auf die zum Zeitpunkt der Einlösung gültigen vollen Greenfee-Gebühren.
5. Gibt es Spielergruppen mit erhöhten Greenfee-Gebühren, ist ein Nachlass auf diese Gebühren nicht möglich.
6. Das Angebot allein berechtigt nicht zum Spiel gegen Greenfee. Die Erfüllung der Bestimmungen des jeweiligen Golfclubs zur Greenfee-Berechtigung (Mitgliedschaft in einem Golfclub, Mindesthandicap etc.) zum Zeitpunkt der Einlösung sind Voraussetzung.
7. Es ist untersagt, den Greenfee-Gutschein entgeltlich Dritten zu überlassen bzw. mit diesen Handel zu treiben. Insbesondere sind die teilnehmenden Golfclubs in diesem Falle berechtigt, die Einlösung der ausgeschriebenen Angebote zu verweigern.
8. Die teilnehmenden Golfclubs haben sich gegenüber dem Verlag unter den o.g. Bedingungen verpflichtet, die ausgeschriebenen Angebote einzulösen. Der Verlag übernimmt jedoch keine Gewähr und keine Haftung, wenn ein Angebot nicht eingelöst wird oder werden kann.

Bedingungen zur Einlösung des Discounts:

1. Das Angebot ist einschließlich bis 30.6.2022 gültig.
2. Der Golfspieler/Leser hat sich telefonisch eine Abschlagzeit geben zu lassen – dabei ist die Nutzung des Angebots anzugeben.
3. Eine Barauszahlung des Greenfee-Vorteils ist nicht möglich.
4. Das Kombinieren von Angeboten oder bestehenden Greenfee-Vorteilen ist nicht möglich. Der Vorteil bezieht sich jeweils ausschließlich auf die zum Zeitpunkt der Einlösung gültigen vollen Greenfee-Gebühren.
5. Gibt es Spielergruppen mit erhöhten Greenfee-Gebühren, ist ein Nachlass auf diese Gebühren nicht möglich.
6. Das Angebot allein berechtigt nicht zum Spiel gegen Greenfee. Die Erfüllung der Bestimmungen des jeweiligen Golfclubs zur Greenfee-Berechtigung (Mitgliedschaft in einem Golfclub, Mindesthandicap etc.) zum Zeitpunkt der Einlösung sind Voraussetzung.
7. Es ist untersagt, den Greenfee-Gutschein entgeltlich Dritten zu überlassen bzw. mit diesen Handel zu treiben. Insbesondere sind die teilnehmenden Golfclubs in diesem Falle berechtigt, die Einlösung der ausgeschriebenen Angebote zu verweigern.
8. Die teilnehmenden Golfclubs haben sich gegenüber dem Verlag unter den o.g. Bedingungen verpflichtet, die ausgeschriebenen Angebote einzulösen. Der Verlag übernimmt jedoch keine Gewähr und keine Haftung, wenn ein Angebot nicht eingelöst wird oder werden kann.

Bedingungen zur Einlösung des Discounts:

1. Das Angebot ist einschließlich bis 30.6.2022 gültig.
2. Der Golfspieler/Leser hat sich telefonisch eine Abschlagzeit geben zu lassen – dabei ist die Nutzung des Angebots anzugeben.
3. Eine Barauszahlung des Greenfee-Vorteils ist nicht möglich.
4. Das Kombinieren von Angeboten oder bestehenden Greenfee-Vorteilen ist nicht möglich. Der Vorteil bezieht sich jeweils ausschließlich auf die zum Zeitpunkt der Einlösung gültigen vollen Greenfee-Gebühren.
5. Gibt es Spielergruppen mit erhöhten Greenfee-Gebühren, ist ein Nachlass auf diese Gebühren nicht möglich.
6. Das Angebot allein berechtigt nicht zum Spiel gegen Greenfee. Die Erfüllung der Bestimmungen des jeweiligen Golfclubs zur Greenfee-Berechtigung (Mitgliedschaft in einem Golfclub, Mindesthandicap etc.) zum Zeitpunkt der Einlösung sind Voraussetzung.
7. Es ist untersagt, den Greenfee-Gutschein entgeltlich Dritten zu überlassen bzw. mit diesen Handel zu treiben. Insbesondere sind die teilnehmenden Golfclubs in diesem Falle berechtigt, die Einlösung der ausgeschriebenen Angebote zu verweigern.
8. Die teilnehmenden Golfclubs haben sich gegenüber dem Verlag unter den o.g. Bedingungen verpflichtet, die ausgeschriebenen Angebote einzulösen. Der Verlag übernimmt jedoch keine Gewähr und keine Haftung, wenn ein Angebot nicht eingelöst wird oder werden kann.

DER GOLF ALBRECHT

Mittelrheinischer Golfclub Bad Ems e.V. DE

Denzerheide
D-56130 Bad Ems
✆ 02603-6541
Rheinland-Pfalz, Saarland

148

2 for 1 2 GF zum Preis von 1 wochentags

DER GOLF ALBRECHT

Mittelrheinischer Golfclub Bad Ems e.V. DE

Denzerheide
D-56130 Bad Ems
✆ 02603-6541
Rheinland-Pfalz, Saarland

148

2 for 1 2 GF zum Preis von 1 wochentags

DER GOLF ALBRECHT

Golfclub Cochem/Mosel DE

Am Kellerborn 2
D-56814 Ediger-Eller
✆ 02675-911511
Rheinland-Pfalz, Saarland

149

2 for 1 2 GF zum Preis von 1

DER GOLF ALBRECHT

Golfclub Cochem/Mosel DE

Am Kellerborn 2
D-56814 Ediger-Eller
✆ 02675-911511
Rheinland-Pfalz, Saarland

149

2 for 1 2 GF zum Preis von 1

DER GOLF ALBRECHT

Golfclub Cochem/Mosel DE

Am Kellerborn 2
D-56814 Ediger-Eller
✆ 02675-911511
Rheinland-Pfalz, Saarland

149

20% Greenfee-Ermäßigung

DER GOLF ALBRECHT

Golfclub Cochem/Mosel DE

Am Kellerborn 2
D-56814 Ediger-Eller
✆ 02675-911511
Rheinland-Pfalz, Saarland

149

20% Greenfee-Ermäßigung

DER GOLF ALBRECHT

Golfclub Kyllburger Waldeifel e.V./Golfanlage Lietzenhof DE

Lietzkreuz 1
D-54597 Burbach
✆ 06553-2007
Rheinland-Pfalz, Saarland

150

2 for 1 2 GF zum Preis von 1

DER GOLF ALBRECHT

Golfclub Kyllburger Waldeifel e.V./Golfanlage Lietzenhof DE

Lietzkreuz 1
D-54597 Burbach
✆ 06553-2007
Rheinland-Pfalz, Saarland

150

2 for 1 2 GF zum Preis von 1

DER GOLF ALBRECHT

Golfclub Kyllburger Waldeifel e.V./Golfanlage Lietzenhof DE

Lietzkreuz 1
D-54597 Burbach
✆ 06553-2007
Rheinland-Pfalz, Saarland

150

25% Greenfee-Ermäßigung

DER GOLF ALBRECHT

Golfclub Kyllburger Waldeifel e.V./Golfanlage Lietzenhof DE

Lietzkreuz 1
D-54597 Burbach
✆ 06553-2007
Rheinland-Pfalz, Saarland

150

25% Greenfee-Ermäßigung

Bedingungen zur Einlösung des Discounts:

1. Das Angebot ist einschließlich bis 30.6.2022 gültig.
2. Der Golfspieler/Leser hat sich telefonisch eine Abschlagzeit geben zu lassen – dabei ist die Nutzung des Angebots anzugeben.
3. Eine Barauszahlung des Greenfee-Vorteils ist nicht möglich.
4. Das Kombinieren von Angeboten oder bestehenden Greenfee-Vorteilen ist nicht möglich. Der Vorteil bezieht sich jeweils ausschließlich auf die zum Zeitpunkt der Einlösung gültigen vollen Greenfee-Gebühren.
5. Gibt es Spielergruppen mit erhöhten Greenfee-Gebühren, ist ein Nachlass auf diese Gebühren nicht möglich.
6. Das Angebot allein berechtigt nicht zum Spiel gegen Greenfee. Die Erfüllung der Bestimmungen des jeweiligen Golfclubs zur Greenfee-Berechtigung (Mitgliedschaft in einem Golfclub, Mindesthandicap etc.) zum Zeitpunkt der Einlösung sind Voraussetzung.
7. Es ist untersagt, den Greenfee-Gutschein entgeltlich Dritten zu überlassen bzw. mit diesen Handel zu treiben. Insbesondere sind die teilnehmenden Golfclubs in diesem Falle berechtigt, die Einlösung der ausgeschriebenen Angebote zu verweigern.
8. Die teilnehmenden Golfclubs haben sich gegenüber dem Verlag unter den o.g. Bedingungen verpflichtet, die ausgeschriebenen Angebote einzulösen. Der Verlag übernimmt jedoch keine Gewähr und keine Haftung, wenn ein Angebot nicht eingelöst wird oder werden kann.

Bedingungen zur Einlösung des Discounts:

1. Das Angebot ist einschließlich bis 30.6.2022 gültig.
2. Der Golfspieler/Leser hat sich telefonisch eine Abschlagzeit geben zu lassen – dabei ist die Nutzung des Angebots anzugeben.
3. Eine Barauszahlung des Greenfee-Vorteils ist nicht möglich.
4. Das Kombinieren von Angeboten oder bestehenden Greenfee-Vorteilen ist nicht möglich. Der Vorteil bezieht sich jeweils ausschließlich auf die zum Zeitpunkt der Einlösung gültigen vollen Greenfee-Gebühren.
5. Gibt es Spielergruppen mit erhöhten Greenfee-Gebühren, ist ein Nachlass auf diese Gebühren nicht möglich.
6. Das Angebot allein berechtigt nicht zum Spiel gegen Greenfee. Die Erfüllung der Bestimmungen des jeweiligen Golfclubs zur Greenfee-Berechtigung (Mitgliedschaft in einem Golfclub, Mindesthandicap etc.) zum Zeitpunkt der Einlösung sind Voraussetzung.
7. Es ist untersagt, den Greenfee-Gutschein entgeltlich Dritten zu überlassen bzw. mit diesen Handel zu treiben. Insbesondere sind die teilnehmenden Golfclubs in diesem Falle berechtigt, die Einlösung der ausgeschriebenen Angebote zu verweigern.
8. Die teilnehmenden Golfclubs haben sich gegenüber dem Verlag unter den o.g. Bedingungen verpflichtet, die ausgeschriebenen Angebote einzulösen. Der Verlag übernimmt jedoch keine Gewähr und keine Haftung, wenn ein Angebot nicht eingelöst wird oder werden kann.

Bedingungen zur Einlösung des Discounts:

1. Das Angebot ist einschließlich bis 30.6.2022 gültig.
2. Der Golfspieler/Leser hat sich telefonisch eine Abschlagzeit geben zu lassen – dabei ist die Nutzung des Angebots anzugeben.
3. Eine Barauszahlung des Greenfee-Vorteils ist nicht möglich.
4. Das Kombinieren von Angeboten oder bestehenden Greenfee-Vorteilen ist nicht möglich. Der Vorteil bezieht sich jeweils ausschließlich auf die zum Zeitpunkt der Einlösung gültigen vollen Greenfee-Gebühren.
5. Gibt es Spielergruppen mit erhöhten Greenfee-Gebühren, ist ein Nachlass auf diese Gebühren nicht möglich.
6. Das Angebot allein berechtigt nicht zum Spiel gegen Greenfee. Die Erfüllung der Bestimmungen des jeweiligen Golfclubs zur Greenfee-Berechtigung (Mitgliedschaft in einem Golfclub, Mindesthandicap etc.) zum Zeitpunkt der Einlösung sind Voraussetzung.
7. Es ist untersagt, den Greenfee-Gutschein entgeltlich Dritten zu überlassen bzw. mit diesen Handel zu treiben. Insbesondere sind die teilnehmenden Golfclubs in diesem Falle berechtigt, die Einlösung der ausgeschriebenen Angebote zu verweigern.
8. Die teilnehmenden Golfclubs haben sich gegenüber dem Verlag unter den o.g. Bedingungen verpflichtet, die ausgeschriebenen Angebote einzulösen. Der Verlag übernimmt jedoch keine Gewähr und keine Haftung, wenn ein Angebot nicht eingelöst wird oder werden kann.

Bedingungen zur Einlösung des Discounts:

1. Das Angebot ist einschließlich bis 30.6.2022 gültig.
2. Der Golfspieler/Leser hat sich telefonisch eine Abschlagzeit geben zu lassen – dabei ist die Nutzung des Angebots anzugeben.
3. Eine Barauszahlung des Greenfee-Vorteils ist nicht möglich.
4. Das Kombinieren von Angeboten oder bestehenden Greenfee-Vorteilen ist nicht möglich. Der Vorteil bezieht sich jeweils ausschließlich auf die zum Zeitpunkt der Einlösung gültigen vollen Greenfee-Gebühren.
5. Gibt es Spielergruppen mit erhöhten Greenfee-Gebühren, ist ein Nachlass auf diese Gebühren nicht möglich.
6. Das Angebot allein berechtigt nicht zum Spiel gegen Greenfee. Die Erfüllung der Bestimmungen des jeweiligen Golfclubs zur Greenfee-Berechtigung (Mitgliedschaft in einem Golfclub, Mindesthandicap etc.) zum Zeitpunkt der Einlösung sind Voraussetzung.
7. Es ist untersagt, den Greenfee-Gutschein entgeltlich Dritten zu überlassen bzw. mit diesen Handel zu treiben. Insbesondere sind die teilnehmenden Golfclubs in diesem Falle berechtigt, die Einlösung der ausgeschriebenen Angebote zu verweigern.
8. Die teilnehmenden Golfclubs haben sich gegenüber dem Verlag unter den o.g. Bedingungen verpflichtet, die ausgeschriebenen Angebote einzulösen. Der Verlag übernimmt jedoch keine Gewähr und keine Haftung, wenn ein Angebot nicht eingelöst wird oder werden kann.

Bedingungen zur Einlösung des Discounts:

1. Das Angebot ist einschließlich bis 30.6.2022 gültig.
2. Der Golfspieler/Leser hat sich telefonisch eine Abschlagzeit geben zu lassen – dabei ist die Nutzung des Angebots anzugeben.
3. Eine Barauszahlung des Greenfee-Vorteils ist nicht möglich.
4. Das Kombinieren von Angeboten oder bestehenden Greenfee-Vorteilen ist nicht möglich. Der Vorteil bezieht sich jeweils ausschließlich auf die zum Zeitpunkt der Einlösung gültigen vollen Greenfee-Gebühren.
5. Gibt es Spielergruppen mit erhöhten Greenfee-Gebühren, ist ein Nachlass auf diese Gebühren nicht möglich.
6. Das Angebot allein berechtigt nicht zum Spiel gegen Greenfee. Die Erfüllung der Bestimmungen des jeweiligen Golfclubs zur Greenfee-Berechtigung (Mitgliedschaft in einem Golfclub, Mindesthandicap etc.) zum Zeitpunkt der Einlösung sind Voraussetzung.
7. Es ist untersagt, den Greenfee-Gutschein entgeltlich Dritten zu überlassen bzw. mit diesen Handel zu treiben. Insbesondere sind die teilnehmenden Golfclubs in diesem Falle berechtigt, die Einlösung der ausgeschriebenen Angebote zu verweigern.
8. Die teilnehmenden Golfclubs haben sich gegenüber dem Verlag unter den o.g. Bedingungen verpflichtet, die ausgeschriebenen Angebote einzulösen. Der Verlag übernimmt jedoch keine Gewähr und keine Haftung, wenn ein Angebot nicht eingelöst wird oder werden kann.

Bedingungen zur Einlösung des Discounts:

1. Das Angebot ist einschließlich bis 30.6.2022 gültig.
2. Der Golfspieler/Leser hat sich telefonisch eine Abschlagzeit geben zu lassen – dabei ist die Nutzung des Angebots anzugeben.
3. Eine Barauszahlung des Greenfee-Vorteils ist nicht möglich.
4. Das Kombinieren von Angeboten oder bestehenden Greenfee-Vorteilen ist nicht möglich. Der Vorteil bezieht sich jeweils ausschließlich auf die zum Zeitpunkt der Einlösung gültigen vollen Greenfee-Gebühren.
5. Gibt es Spielergruppen mit erhöhten Greenfee-Gebühren, ist ein Nachlass auf diese Gebühren nicht möglich.
6. Das Angebot allein berechtigt nicht zum Spiel gegen Greenfee. Die Erfüllung der Bestimmungen des jeweiligen Golfclubs zur Greenfee-Berechtigung (Mitgliedschaft in einem Golfclub, Mindesthandicap etc.) zum Zeitpunkt der Einlösung sind Voraussetzung.
7. Es ist untersagt, den Greenfee-Gutschein entgeltlich Dritten zu überlassen bzw. mit diesen Handel zu treiben. Insbesondere sind die teilnehmenden Golfclubs in diesem Falle berechtigt, die Einlösung der ausgeschriebenen Angebote zu verweigern.
8. Die teilnehmenden Golfclubs haben sich gegenüber dem Verlag unter den o.g. Bedingungen verpflichtet, die ausgeschriebenen Angebote einzulösen. Der Verlag übernimmt jedoch keine Gewähr und keine Haftung, wenn ein Angebot nicht eingelöst wird oder werden kann.

Bedingungen zur Einlösung des Discounts:

1. Das Angebot ist einschließlich bis 30.6.2022 gültig.
2. Der Golfspieler/Leser hat sich telefonisch eine Abschlagzeit geben zu lassen – dabei ist die Nutzung des Angebots anzugeben.
3. Eine Barauszahlung des Greenfee-Vorteils ist nicht möglich.
4. Das Kombinieren von Angeboten oder bestehenden Greenfee-Vorteilen ist nicht möglich. Der Vorteil bezieht sich jeweils ausschließlich auf die zum Zeitpunkt der Einlösung gültigen vollen Greenfee-Gebühren.
5. Gibt es Spielergruppen mit erhöhten Greenfee-Gebühren, ist ein Nachlass auf diese Gebühren nicht möglich.
6. Das Angebot allein berechtigt nicht zum Spiel gegen Greenfee. Die Erfüllung der Bestimmungen des jeweiligen Golfclubs zur Greenfee-Berechtigung (Mitgliedschaft in einem Golfclub, Mindesthandicap etc.) zum Zeitpunkt der Einlösung sind Voraussetzung.
7. Es ist untersagt, den Greenfee-Gutschein entgeltlich Dritten zu überlassen bzw. mit diesen Handel zu treiben. Insbesondere sind die teilnehmenden Golfclubs in diesem Falle berechtigt, die Einlösung der ausgeschriebenen Angebote zu verweigern.
8. Die teilnehmenden Golfclubs haben sich gegenüber dem Verlag unter den o.g. Bedingungen verpflichtet, die ausgeschriebenen Angebote einzulösen. Der Verlag übernimmt jedoch keine Gewähr und keine Haftung, wenn ein Angebot nicht eingelöst wird oder werden kann.

Bedingungen zur Einlösung des Discounts:

1. Das Angebot ist einschließlich bis 30.6.2022 gültig.
2. Der Golfspieler/Leser hat sich telefonisch eine Abschlagzeit geben zu lassen – dabei ist die Nutzung des Angebots anzugeben.
3. Eine Barauszahlung des Greenfee-Vorteils ist nicht möglich.
4. Das Kombinieren von Angeboten oder bestehenden Greenfee-Vorteilen ist nicht möglich. Der Vorteil bezieht sich jeweils ausschließlich auf die zum Zeitpunkt der Einlösung gültigen vollen Greenfee-Gebühren.
5. Gibt es Spielergruppen mit erhöhten Greenfee-Gebühren, ist ein Nachlass auf diese Gebühren nicht möglich.
6. Das Angebot allein berechtigt nicht zum Spiel gegen Greenfee. Die Erfüllung der Bestimmungen des jeweiligen Golfclubs zur Greenfee-Berechtigung (Mitgliedschaft in einem Golfclub, Mindesthandicap etc.) zum Zeitpunkt der Einlösung sind Voraussetzung.
7. Es ist untersagt, den Greenfee-Gutschein entgeltlich Dritten zu überlassen bzw. mit diesen Handel zu treiben. Insbesondere sind die teilnehmenden Golfclubs in diesem Falle berechtigt, die Einlösung der ausgeschriebenen Angebote zu verweigern.
8. Die teilnehmenden Golfclubs haben sich gegenüber dem Verlag unter den o.g. Bedingungen verpflichtet, die ausgeschriebenen Angebote einzulösen. Der Verlag übernimmt jedoch keine Gewähr und keine Haftung, wenn ein Angebot nicht eingelöst wird oder werden kann.

Bedingungen zur Einlösung des Discounts:

1. Das Angebot ist einschließlich bis 30.6.2022 gültig.
2. Der Golfspieler/Leser hat sich telefonisch eine Abschlagzeit geben zu lassen – dabei ist die Nutzung des Angebots anzugeben.
3. Eine Barauszahlung des Greenfee-Vorteils ist nicht möglich.
4. Das Kombinieren von Angeboten oder bestehenden Greenfee-Vorteilen ist nicht möglich. Der Vorteil bezieht sich jeweils ausschließlich auf die zum Zeitpunkt der Einlösung gültigen vollen Greenfee-Gebühren.
5. Gibt es Spielergruppen mit erhöhten Greenfee-Gebühren, ist ein Nachlass auf diese Gebühren nicht möglich.
6. Das Angebot allein berechtigt nicht zum Spiel gegen Greenfee. Die Erfüllung der Bestimmungen des jeweiligen Golfclubs zur Greenfee-Berechtigung (Mitgliedschaft in einem Golfclub, Mindesthandicap etc.) zum Zeitpunkt der Einlösung sind Voraussetzung.
7. Es ist untersagt, den Greenfee-Gutschein entgeltlich Dritten zu überlassen bzw. mit diesen Handel zu treiben. Insbesondere sind die teilnehmenden Golfclubs in diesem Falle berechtigt, die Einlösung der ausgeschriebenen Angebote zu verweigern.
8. Die teilnehmenden Golfclubs haben sich gegenüber dem Verlag unter den o.g. Bedingungen verpflichtet, die ausgeschriebenen Angebote einzulösen. Der Verlag übernimmt jedoch keine Gewähr und keine Haftung, wenn ein Angebot nicht eingelöst wird oder werden kann.

Bedingungen zur Einlösung des Discounts:

1. Das Angebot ist einschließlich bis 30.6.2022 gültig.
2. Der Golfspieler/Leser hat sich telefonisch eine Abschlagzeit geben zu lassen – dabei ist die Nutzung des Angebots anzugeben.
3. Eine Barauszahlung des Greenfee-Vorteils ist nicht möglich.
4. Das Kombinieren von Angeboten oder bestehenden Greenfee-Vorteilen ist nicht möglich. Der Vorteil bezieht sich jeweils ausschließlich auf die zum Zeitpunkt der Einlösung gültigen vollen Greenfee-Gebühren.
5. Gibt es Spielergruppen mit erhöhten Greenfee-Gebühren, ist ein Nachlass auf diese Gebühren nicht möglich.
6. Das Angebot allein berechtigt nicht zum Spiel gegen Greenfee. Die Erfüllung der Bestimmungen des jeweiligen Golfclubs zur Greenfee-Berechtigung (Mitgliedschaft in einem Golfclub, Mindesthandicap etc.) zum Zeitpunkt der Einlösung sind Voraussetzung.
7. Es ist untersagt, den Greenfee-Gutschein entgeltlich Dritten zu überlassen bzw. mit diesen Handel zu treiben. Insbesondere sind die teilnehmenden Golfclubs in diesem Falle berechtigt, die Einlösung der ausgeschriebenen Angebote zu verweigern.
8. Die teilnehmenden Golfclubs haben sich gegenüber dem Verlag unter den o.g. Bedingungen verpflichtet, die ausgeschriebenen Angebote einzulösen. Der Verlag übernimmt jedoch keine Gewähr und keine Haftung, wenn ein Angebot nicht eingelöst wird oder werden kann.

DER GOLF ALBRECHT

Mainzer Golfclub GmbH & Co. KG DE

Budenheimer Parkallee 11
D-55257 Budenheim
06139-29300
Rheinland-Pfalz, Saarland
Hinweis: Einlösbar von Montag bis Donnerstag

151

25% Greenfee-Ermäßigung

DER GOLF ALBRECHT

Mainzer Golfclub GmbH & Co. KG DE

Budenheimer Parkallee 11
D-55257 Budenheim
06139-29300
Rheinland-Pfalz, Saarland
Hinweis: Einlösbar von Montag bis Donnerstag

151

25% Greenfee-Ermäßigung

DER GOLF ALBRECHT

Golf Club Hahn e.V. DE

Golfallee 1
D-55483 Hahn-Flughafen
06543-509560
Rheinland-Pfalz, Saarland
Hinweis: 2 zu 1 Gutscheine werden von der gleichen Person nur 2x akzeptiert

152

2 for 1 2 GF zum Preis von 1 wochentags

DER GOLF ALBRECHT

Golf Club Hahn e.V. DE

Golfallee 1
D-55483 Hahn-Flughafen
06543-509560
Rheinland-Pfalz, Saarland
Hinweis: 2 zu 1 Gutscheine werden von der gleichen Person nur 2x akzeptiert

152

2 for 1 2 GF zum Preis von 1 wochentags

DER GOLF ALBRECHT

Golf Club Hahn e.V. DE

Golfallee 1
D-55483 Hahn-Flughafen
06543-509560
Rheinland-Pfalz, Saarland

152

20% Greenfee-Ermäßigung

DER GOLF ALBRECHT

Golf Club Hahn e.V. DE

Golfallee 1
D-55483 Hahn-Flughafen
06543-509560
Rheinland-Pfalz, Saarland

152

20% Greenfee-Ermäßigung

DER GOLF ALBRECHT

Golf Club Domtal Mommenheim e.V. DE

Am Golfplatz 1
D-55278 Mommenheim
06138-92020
Rheinland-Pfalz, Saarland

153

10% Greenfee-Ermäßigung

DER GOLF ALBRECHT

Golf & Health Club Maasberg Bad Sobernheim e.V. DE

Am Maasberg
D-55566 Bad Sobernheim
06751-876666
Rheinland-Pfalz, Saarland

154

2 for 1 2 GF zum Preis von 1

DER GOLF ALBRECHT

Golf & Health Club Maasberg Bad Sobernheim e.V. DE

Am Maasberg
D-55566 Bad Sobernheim
06751-876666
Rheinland-Pfalz, Saarland

154

20% Greenfee-Ermäßigung

DER GOLF ALBRECHT

Golfclub Nahetal e.V. DE

Drei Buchen
D-55583 Bad Kreuznach
06708-2145
Rheinland-Pfalz, Saarland

155

2 for 1 2 GF zum Preis von 1

Bedingungen zur Einlösung des Discounts:

1. Das Angebot ist einschließlich bis 30.6.2022 gültig.
2. Der Golfspieler/Leser hat sich telefonisch eine Abschlagzeit geben zu lassen – dabei ist die Nutzung des Angebots anzugeben.
3. Eine Barauszahlung des Greenfee-Vorteils ist nicht möglich.
4. Das Kombinieren von Angeboten oder bestehenden Greenfee-Vorteilen ist nicht möglich. Der Vorteil bezieht sich jeweils ausschließlich auf die zum Zeitpunkt der Einlösung gültigen vollen Greenfee-Gebühren.
5. Gibt es Spielergruppen mit erhöhten Greenfee-Gebühren, ist ein Nachlass auf diese Gebühren nicht möglich.
6. Das Angebot allein berechtigt nicht zum Spiel gegen Greenfee. Die Erfüllung der Bestimmungen des jeweiligen Golfclubs zur Greenfee-Berechtigung (Mitgliedschaft in einem Golfclub, Mindesthandicap etc.) zum Zeitpunkt der Einlösung sind Voraussetzung.
7. Es ist untersagt, den Greenfee-Gutschein entgeltlich Dritten zu überlassen bzw. mit diesen Handel zu treiben. Insbesondere sind die teilnehmenden Golfclubs in diesem Falle berechtigt, die Einlösung der ausgeschriebenen Angebote zu verweigern.
8. Die teilnehmenden Golfclubs haben sich gegenüber dem Verlag unter den o.g. Bedingungen verpflichtet, die ausgeschriebenen Angebote einzulösen. Der Verlag übernimmt jedoch keine Gewähr und keine Haftung, wenn ein Angebot nicht eingelöst wird oder werden kann.

Bedingungen zur Einlösung des Discounts:

1. Das Angebot ist einschließlich bis 30.6.2022 gültig.
2. Der Golfspieler/Leser hat sich telefonisch eine Abschlagzeit geben zu lassen – dabei ist die Nutzung des Angebots anzugeben.
3. Eine Barauszahlung des Greenfee-Vorteils ist nicht möglich.
4. Das Kombinieren von Angeboten oder bestehenden Greenfee-Vorteilen ist nicht möglich. Der Vorteil bezieht sich jeweils ausschließlich auf die zum Zeitpunkt der Einlösung gültigen vollen Greenfee-Gebühren.
5. Gibt es Spielergruppen mit erhöhten Greenfee-Gebühren, ist ein Nachlass auf diese Gebühren nicht möglich.
6. Das Angebot allein berechtigt nicht zum Spiel gegen Greenfee. Die Erfüllung der Bestimmungen des jeweiligen Golfclubs zur Greenfee-Berechtigung (Mitgliedschaft in einem Golfclub, Mindesthandicap etc.) zum Zeitpunkt der Einlösung sind Voraussetzung.
7. Es ist untersagt, den Greenfee-Gutschein entgeltlich Dritten zu überlassen bzw. mit diesen Handel zu treiben. Insbesondere sind die teilnehmenden Golfclubs in diesem Falle berechtigt, die Einlösung der ausgeschriebenen Angebote zu verweigern.
8. Die teilnehmenden Golfclubs haben sich gegenüber dem Verlag unter den o.g. Bedingungen verpflichtet, die ausgeschriebenen Angebote einzulösen. Der Verlag übernimmt jedoch keine Gewähr und keine Haftung, wenn ein Angebot nicht eingelöst wird oder werden kann.

Bedingungen zur Einlösung des Discounts:

1. Das Angebot ist einschließlich bis 30.6.2022 gültig.
2. Der Golfspieler/Leser hat sich telefonisch eine Abschlagzeit geben zu lassen – dabei ist die Nutzung des Angebots anzugeben.
3. Eine Barauszahlung des Greenfee-Vorteils ist nicht möglich.
4. Das Kombinieren von Angeboten oder bestehenden Greenfee-Vorteilen ist nicht möglich. Der Vorteil bezieht sich jeweils ausschließlich auf die zum Zeitpunkt der Einlösung gültigen vollen Greenfee-Gebühren.
5. Gibt es Spielergruppen mit erhöhten Greenfee-Gebühren, ist ein Nachlass auf diese Gebühren nicht möglich.
6. Das Angebot allein berechtigt nicht zum Spiel gegen Greenfee. Die Erfüllung der Bestimmungen des jeweiligen Golfclubs zur Greenfee-Berechtigung (Mitgliedschaft in einem Golfclub, Mindesthandicap etc.) zum Zeitpunkt der Einlösung sind Voraussetzung.
7. Es ist untersagt, den Greenfee-Gutschein entgeltlich Dritten zu überlassen bzw. mit diesen Handel zu treiben. Insbesondere sind die teilnehmenden Golfclubs in diesem Falle berechtigt, die Einlösung der ausgeschriebenen Angebote zu verweigern.
8. Die teilnehmenden Golfclubs haben sich gegenüber dem Verlag unter den o.g. Bedingungen verpflichtet, die ausgeschriebenen Angebote einzulösen. Der Verlag übernimmt jedoch keine Gewähr und keine Haftung, wenn ein Angebot nicht eingelöst wird oder werden kann.

Bedingungen zur Einlösung des Discounts:

1. Das Angebot ist einschließlich bis 30.6.2022 gültig.
2. Der Golfspieler/Leser hat sich telefonisch eine Abschlagzeit geben zu lassen – dabei ist die Nutzung des Angebots anzugeben.
3. Eine Barauszahlung des Greenfee-Vorteils ist nicht möglich.
4. Das Kombinieren von Angeboten oder bestehenden Greenfee-Vorteilen ist nicht möglich. Der Vorteil bezieht sich jeweils ausschließlich auf die zum Zeitpunkt der Einlösung gültigen vollen Greenfee-Gebühren.
5. Gibt es Spielergruppen mit erhöhten Greenfee-Gebühren, ist ein Nachlass auf diese Gebühren nicht möglich.
6. Das Angebot allein berechtigt nicht zum Spiel gegen Greenfee. Die Erfüllung der Bestimmungen des jeweiligen Golfclubs zur Greenfee-Berechtigung (Mitgliedschaft in einem Golfclub, Mindesthandicap etc.) zum Zeitpunkt der Einlösung sind Voraussetzung.
7. Es ist untersagt, den Greenfee-Gutschein entgeltlich Dritten zu überlassen bzw. mit diesen Handel zu treiben. Insbesondere sind die teilnehmenden Golfclubs in diesem Falle berechtigt, die Einlösung der ausgeschriebenen Angebote zu verweigern.
8. Die teilnehmenden Golfclubs haben sich gegenüber dem Verlag unter den o.g. Bedingungen verpflichtet, die ausgeschriebenen Angebote einzulösen. Der Verlag übernimmt jedoch keine Gewähr und keine Haftung, wenn ein Angebot nicht eingelöst wird oder werden kann.

Bedingungen zur Einlösung des Discounts:

1. Das Angebot ist einschließlich bis 30.6.2022 gültig.
2. Der Golfspieler/Leser hat sich telefonisch eine Abschlagzeit geben zu lassen – dabei ist die Nutzung des Angebots anzugeben.
3. Eine Barauszahlung des Greenfee-Vorteils ist nicht möglich.
4. Das Kombinieren von Angeboten oder bestehenden Greenfee-Vorteilen ist nicht möglich. Der Vorteil bezieht sich jeweils ausschließlich auf die zum Zeitpunkt der Einlösung gültigen vollen Greenfee-Gebühren.
5. Gibt es Spielergruppen mit erhöhten Greenfee-Gebühren, ist ein Nachlass auf diese Gebühren nicht möglich.
6. Das Angebot allein berechtigt nicht zum Spiel gegen Greenfee. Die Erfüllung der Bestimmungen des jeweiligen Golfclubs zur Greenfee-Berechtigung (Mitgliedschaft in einem Golfclub, Mindesthandicap etc.) zum Zeitpunkt der Einlösung sind Voraussetzung.
7. Es ist untersagt, den Greenfee-Gutschein entgeltlich Dritten zu überlassen bzw. mit diesen Handel zu treiben. Insbesondere sind die teilnehmenden Golfclubs in diesem Falle berechtigt, die Einlösung der ausgeschriebenen Angebote zu verweigern.
8. Die teilnehmenden Golfclubs haben sich gegenüber dem Verlag unter den o.g. Bedingungen verpflichtet, die ausgeschriebenen Angebote einzulösen. Der Verlag übernimmt jedoch keine Gewähr und keine Haftung, wenn ein Angebot nicht eingelöst wird oder werden kann.

Bedingungen zur Einlösung des Discounts:

1. Das Angebot ist einschließlich bis 30.6.2022 gültig.
2. Der Golfspieler/Leser hat sich telefonisch eine Abschlagzeit geben zu lassen – dabei ist die Nutzung des Angebots anzugeben.
3. Eine Barauszahlung des Greenfee-Vorteils ist nicht möglich.
4. Das Kombinieren von Angeboten oder bestehenden Greenfee-Vorteilen ist nicht möglich. Der Vorteil bezieht sich jeweils ausschließlich auf die zum Zeitpunkt der Einlösung gültigen vollen Greenfee-Gebühren.
5. Gibt es Spielergruppen mit erhöhten Greenfee-Gebühren, ist ein Nachlass auf diese Gebühren nicht möglich.
6. Das Angebot allein berechtigt nicht zum Spiel gegen Greenfee. Die Erfüllung der Bestimmungen des jeweiligen Golfclubs zur Greenfee-Berechtigung (Mitgliedschaft in einem Golfclub, Mindesthandicap etc.) zum Zeitpunkt der Einlösung sind Voraussetzung.
7. Es ist untersagt, den Greenfee-Gutschein entgeltlich Dritten zu überlassen bzw. mit diesen Handel zu treiben. Insbesondere sind die teilnehmenden Golfclubs in diesem Falle berechtigt, die Einlösung der ausgeschriebenen Angebote zu verweigern.
8. Die teilnehmenden Golfclubs haben sich gegenüber dem Verlag unter den o.g. Bedingungen verpflichtet, die ausgeschriebenen Angebote einzulösen. Der Verlag übernimmt jedoch keine Gewähr und keine Haftung, wenn ein Angebot nicht eingelöst wird oder werden kann.

Bedingungen zur Einlösung des Discounts:

1. Das Angebot ist einschließlich bis 30.6.2022 gültig.
2. Der Golfspieler/Leser hat sich telefonisch eine Abschlagzeit geben zu lassen – dabei ist die Nutzung des Angebots anzugeben.
3. Eine Barauszahlung des Greenfee-Vorteils ist nicht möglich.
4. Das Kombinieren von Angeboten oder bestehenden Greenfee-Vorteilen ist nicht möglich. Der Vorteil bezieht sich jeweils ausschließlich auf die zum Zeitpunkt der Einlösung gültigen vollen Greenfee-Gebühren.
5. Gibt es Spielergruppen mit erhöhten Greenfee-Gebühren, ist ein Nachlass auf diese Gebühren nicht möglich.
6. Das Angebot allein berechtigt nicht zum Spiel gegen Greenfee. Die Erfüllung der Bestimmungen des jeweiligen Golfclubs zur Greenfee-Berechtigung (Mitgliedschaft in einem Golfclub, Mindesthandicap etc.) zum Zeitpunkt der Einlösung sind Voraussetzung.
7. Es ist untersagt, den Greenfee-Gutschein entgeltlich Dritten zu überlassen bzw. mit diesen Handel zu treiben. Insbesondere sind die teilnehmenden Golfclubs in diesem Falle berechtigt, die Einlösung der ausgeschriebenen Angebote zu verweigern.
8. Die teilnehmenden Golfclubs haben sich gegenüber dem Verlag unter den o.g. Bedingungen verpflichtet, die ausgeschriebenen Angebote einzulösen. Der Verlag übernimmt jedoch keine Gewähr und keine Haftung, wenn ein Angebot nicht eingelöst wird oder werden kann.

Bedingungen zur Einlösung des Discounts:

1. Das Angebot ist einschließlich bis 30.6.2022 gültig.
2. Der Golfspieler/Leser hat sich telefonisch eine Abschlagzeit geben zu lassen – dabei ist die Nutzung des Angebots anzugeben.
3. Eine Barauszahlung des Greenfee-Vorteils ist nicht möglich.
4. Das Kombinieren von Angeboten oder bestehenden Greenfee-Vorteilen ist nicht möglich. Der Vorteil bezieht sich jeweils ausschließlich auf die zum Zeitpunkt der Einlösung gültigen vollen Greenfee-Gebühren.
5. Gibt es Spielergruppen mit erhöhten Greenfee-Gebühren, ist ein Nachlass auf diese Gebühren nicht möglich.
6. Das Angebot allein berechtigt nicht zum Spiel gegen Greenfee. Die Erfüllung der Bestimmungen des jeweiligen Golfclubs zur Greenfee-Berechtigung (Mitgliedschaft in einem Golfclub, Mindesthandicap etc.) zum Zeitpunkt der Einlösung sind Voraussetzung.
7. Es ist untersagt, den Greenfee-Gutschein entgeltlich Dritten zu überlassen bzw. mit diesen Handel zu treiben. Insbesondere sind die teilnehmenden Golfclubs in diesem Falle berechtigt, die Einlösung der ausgeschriebenen Angebote zu verweigern.
8. Die teilnehmenden Golfclubs haben sich gegenüber dem Verlag unter den o.g. Bedingungen verpflichtet, die ausgeschriebenen Angebote einzulösen. Der Verlag übernimmt jedoch keine Gewähr und keine Haftung, wenn ein Angebot nicht eingelöst wird oder werden kann.

Bedingungen zur Einlösung des Discounts:

1. Das Angebot ist einschließlich bis 30.6.2022 gültig.
2. Der Golfspieler/Leser hat sich telefonisch eine Abschlagzeit geben zu lassen – dabei ist die Nutzung des Angebots anzugeben.
3. Eine Barauszahlung des Greenfee-Vorteils ist nicht möglich.
4. Das Kombinieren von Angeboten oder bestehenden Greenfee-Vorteilen ist nicht möglich. Der Vorteil bezieht sich jeweils ausschließlich auf die zum Zeitpunkt der Einlösung gültigen vollen Greenfee-Gebühren.
5. Gibt es Spielergruppen mit erhöhten Greenfee-Gebühren, ist ein Nachlass auf diese Gebühren nicht möglich.
6. Das Angebot allein berechtigt nicht zum Spiel gegen Greenfee. Die Erfüllung der Bestimmungen des jeweiligen Golfclubs zur Greenfee-Berechtigung (Mitgliedschaft in einem Golfclub, Mindesthandicap etc.) zum Zeitpunkt der Einlösung sind Voraussetzung.
7. Es ist untersagt, den Greenfee-Gutschein entgeltlich Dritten zu überlassen bzw. mit diesen Handel zu treiben. Insbesondere sind die teilnehmenden Golfclubs in diesem Falle berechtigt, die Einlösung der ausgeschriebenen Angebote zu verweigern.
8. Die teilnehmenden Golfclubs haben sich gegenüber dem Verlag unter den o.g. Bedingungen verpflichtet, die ausgeschriebenen Angebote einzulösen. Der Verlag übernimmt jedoch keine Gewähr und keine Haftung, wenn ein Angebot nicht eingelöst wird oder werden kann.

Bedingungen zur Einlösung des Discounts:

1. Das Angebot ist einschließlich bis 30.6.2022 gültig.
2. Der Golfspieler/Leser hat sich telefonisch eine Abschlagzeit geben zu lassen – dabei ist die Nutzung des Angebots anzugeben.
3. Eine Barauszahlung des Greenfee-Vorteils ist nicht möglich.
4. Das Kombinieren von Angeboten oder bestehenden Greenfee-Vorteilen ist nicht möglich. Der Vorteil bezieht sich jeweils ausschließlich auf die zum Zeitpunkt der Einlösung gültigen vollen Greenfee-Gebühren.
5. Gibt es Spielergruppen mit erhöhten Greenfee-Gebühren, ist ein Nachlass auf diese Gebühren nicht möglich.
6. Das Angebot allein berechtigt nicht zum Spiel gegen Greenfee. Die Erfüllung der Bestimmungen des jeweiligen Golfclubs zur Greenfee-Berechtigung (Mitgliedschaft in einem Golfclub, Mindesthandicap etc.) zum Zeitpunkt der Einlösung sind Voraussetzung.
7. Es ist untersagt, den Greenfee-Gutschein entgeltlich Dritten zu überlassen bzw. mit diesen Handel zu treiben. Insbesondere sind die teilnehmenden Golfclubs in diesem Falle berechtigt, die Einlösung der ausgeschriebenen Angebote zu verweigern.
8. Die teilnehmenden Golfclubs haben sich gegenüber dem Verlag unter den o.g. Bedingungen verpflichtet, die ausgeschriebenen Angebote einzulösen. Der Verlag übernimmt jedoch keine Gewähr und keine Haftung, wenn ein Angebot nicht eingelöst wird oder werden kann.

DER GOLF ALBRECHT

Golfclub Nahetal e.V.

DE

Drei Buchen
D-55583 Bad Kreuznach
☎ 06708-2145
Rheinland-Pfalz, Saarland

155

2 for 1 2 GF zum Preis von 1

DER GOLF ALBRECHT

Golfclub Nahetal e.V.

DE

Drei Buchen
D-55583 Bad Kreuznach
☎ 06708-2145
Rheinland-Pfalz, Saarland

155

20% Greenfee-Ermäßigung

DER GOLF ALBRECHT

Golfclub Nahetal e.V.

DE

Drei Buchen
D-55583 Bad Kreuznach
☎ 06708-2145
Rheinland-Pfalz, Saarland

155

20% Greenfee-Ermäßigung

DER GOLF ALBRECHT

Golfclub Worms e.V.

DE

Gernsheimer Fahrt
D-67580 Hamm
☎ 06246-907226
Rheinland-Pfalz, Saarland

156

2 for 1 2 GF zum Preis von 1

DER GOLF ALBRECHT

Golfclub Worms e.V.

DE

Gernsheimer Fahrt
D-67580 Hamm
☎ 06246-907226
Rheinland-Pfalz, Saarland

156

2 for 1 2 GF zum Preis von 1

DER GOLF ALBRECHT

Golfclub Worms e.V.

DE

Gernsheimer Fahrt
D-67580 Hamm
☎ 06246-907226
Rheinland-Pfalz, Saarland

156

20% Greenfee-Ermäßigung

DER GOLF ALBRECHT

Golfclub Worms e.V.

DE

Gernsheimer Fahrt
D-67580 Hamm
☎ 06246-907226
Rheinland-Pfalz, Saarland

156

20% Greenfee-Ermäßigung

DER GOLF ALBRECHT

Golf-Club am Donnersberg e.V.

DE

Röderhof 3b
D-67725 Börrstadt
☎ 06357-96094
Rheinland-Pfalz, Saarland

157

2 for 1 2 GF zum Preis von 1

DER GOLF ALBRECHT

Golf Club Barbarossa e.V.

DE

Am Hebenhübel
D-67686 Mackenbach
☎ 06374-994633
Rheinland-Pfalz, Saarland

158

2 for 1 2 GF zum Preis von 1

DER GOLF ALBRECHT

Golf Club Barbarossa e.V.

DE

Am Hebenhübel
D-67686 Mackenbach
☎ 06374-994633
Rheinland-Pfalz, Saarland

158

2 for 1 2 GF zum Preis von 1

Bedingungen zur Einlösung des Discounts:

1. Das Angebot ist einschließlich bis 30.6.2022 gültig.
2. Der Golfspieler/Leser hat sich telefonisch eine Abschlagzeit geben zu lassen – dabei ist die Nutzung des Angebots anzugeben.
3. Eine Barauszahlung des Greenfee-Vorteils ist nicht möglich.
4. Das Kombinieren von Angeboten oder bestehenden Greenfee-Vorteilen ist nicht möglich. Der Vorteil bezieht sich jeweils ausschließlich auf die zum Zeitpunkt der Einlösung gültigen vollen Greenfee-Gebühren.
5. Gibt es Spielergruppen mit erhöhten Greenfee-Gebühren, ist ein Nachlass auf diese Gebühren nicht möglich.
6. Das Angebot allein berechtigt nicht zum Spiel gegen Greenfee. Die Erfüllung der Bestimmungen des jeweiligen Golfclubs zur Greenfee-Berechtigung (Mitgliedschaft in einem Golfclub, Mindesthandicap etc.) zum Zeitpunkt der Einlösung sind Voraussetzung.
7. Es ist untersagt, den Greenfee-Gutschein entgeltlich Dritten zu überlassen bzw. mit diesen Handel zu treiben. Insbesondere sind die teilnehmenden Golfclubs in diesem Falle berechtigt, die Einlösung der ausgeschriebenen Angebote zu verweigern.
8. Die teilnehmenden Golfclubs haben sich gegenüber dem Verlag unter den o.g. Bedingungen verpflichtet, die ausgeschriebenen Angebote einzulösen. Der Verlag übernimmt jedoch keine Gewähr und keine Haftung, wenn ein Angebot nicht eingelöst wird oder werden kann.

Bedingungen zur Einlösung des Discounts:

1. Das Angebot ist einschließlich bis 30.6.2022 gültig.
2. Der Golfspieler/Leser hat sich telefonisch eine Abschlagzeit geben zu lassen – dabei ist die Nutzung des Angebots anzugeben.
3. Eine Barauszahlung des Greenfee-Vorteils ist nicht möglich.
4. Das Kombinieren von Angeboten oder bestehenden Greenfee-Vorteilen ist nicht möglich. Der Vorteil bezieht sich jeweils ausschließlich auf die zum Zeitpunkt der Einlösung gültigen vollen Greenfee-Gebühren.
5. Gibt es Spielergruppen mit erhöhten Greenfee-Gebühren, ist ein Nachlass auf diese Gebühren nicht möglich.
6. Das Angebot allein berechtigt nicht zum Spiel gegen Greenfee. Die Erfüllung der Bestimmungen des jeweiligen Golfclubs zur Greenfee-Berechtigung (Mitgliedschaft in einem Golfclub, Mindesthandicap etc.) zum Zeitpunkt der Einlösung sind Voraussetzung.
7. Es ist untersagt, den Greenfee-Gutschein entgeltlich Dritten zu überlassen bzw. mit diesen Handel zu treiben. Insbesondere sind die teilnehmenden Golfclubs in diesem Falle berechtigt, die Einlösung der ausgeschriebenen Angebote zu verweigern.
8. Die teilnehmenden Golfclubs haben sich gegenüber dem Verlag unter den o.g. Bedingungen verpflichtet, die ausgeschriebenen Angebote einzulösen. Der Verlag übernimmt jedoch keine Gewähr und keine Haftung, wenn ein Angebot nicht eingelöst wird oder werden kann.

Bedingungen zur Einlösung des Discounts:

1. Das Angebot ist einschließlich bis 30.6.2022 gültig.
2. Der Golfspieler/Leser hat sich telefonisch eine Abschlagzeit geben zu lassen – dabei ist die Nutzung des Angebots anzugeben.
3. Eine Barauszahlung des Greenfee-Vorteils ist nicht möglich.
4. Das Kombinieren von Angeboten oder bestehenden Greenfee-Vorteilen ist nicht möglich. Der Vorteil bezieht sich jeweils ausschließlich auf die zum Zeitpunkt der Einlösung gültigen vollen Greenfee-Gebühren.
5. Gibt es Spielergruppen mit erhöhten Greenfee-Gebühren, ist ein Nachlass auf diese Gebühren nicht möglich.
6. Das Angebot allein berechtigt nicht zum Spiel gegen Greenfee. Die Erfüllung der Bestimmungen des jeweiligen Golfclubs zur Greenfee-Berechtigung (Mitgliedschaft in einem Golfclub, Mindesthandicap etc.) zum Zeitpunkt der Einlösung sind Voraussetzung.
7. Es ist untersagt, den Greenfee-Gutschein entgeltlich Dritten zu überlassen bzw. mit diesen Handel zu treiben. Insbesondere sind die teilnehmenden Golfclubs in diesem Falle berechtigt, die Einlösung der ausgeschriebenen Angebote zu verweigern.
8. Die teilnehmenden Golfclubs haben sich gegenüber dem Verlag unter den o.g. Bedingungen verpflichtet, die ausgeschriebenen Angebote einzulösen. Der Verlag übernimmt jedoch keine Gewähr und keine Haftung, wenn ein Angebot nicht eingelöst wird oder werden kann.

Bedingungen zur Einlösung des Discounts:

1. Das Angebot ist einschließlich bis 30.6.2022 gültig.
2. Der Golfspieler/Leser hat sich telefonisch eine Abschlagzeit geben zu lassen – dabei ist die Nutzung des Angebots anzugeben.
3. Eine Barauszahlung des Greenfee-Vorteils ist nicht möglich.
4. Das Kombinieren von Angeboten oder bestehenden Greenfee-Vorteilen ist nicht möglich. Der Vorteil bezieht sich jeweils ausschließlich auf die zum Zeitpunkt der Einlösung gültigen vollen Greenfee-Gebühren.
5. Gibt es Spielergruppen mit erhöhten Greenfee-Gebühren, ist ein Nachlass auf diese Gebühren nicht möglich.
6. Das Angebot allein berechtigt nicht zum Spiel gegen Greenfee. Die Erfüllung der Bestimmungen des jeweiligen Golfclubs zur Greenfee-Berechtigung (Mitgliedschaft in einem Golfclub, Mindesthandicap etc.) zum Zeitpunkt der Einlösung sind Voraussetzung.
7. Es ist untersagt, den Greenfee-Gutschein entgeltlich Dritten zu überlassen bzw. mit diesen Handel zu treiben. Insbesondere sind die teilnehmenden Golfclubs in diesem Falle berechtigt, die Einlösung der ausgeschriebenen Angebote zu verweigern.
8. Die teilnehmenden Golfclubs haben sich gegenüber dem Verlag unter den o.g. Bedingungen verpflichtet, die ausgeschriebenen Angebote einzulösen. Der Verlag übernimmt jedoch keine Gewähr und keine Haftung, wenn ein Angebot nicht eingelöst wird oder werden kann.

Bedingungen zur Einlösung des Discounts:

1. Das Angebot ist einschließlich bis 30.6.2022 gültig.
2. Der Golfspieler/Leser hat sich telefonisch eine Abschlagzeit geben zu lassen – dabei ist die Nutzung des Angebots anzugeben.
3. Eine Barauszahlung des Greenfee-Vorteils ist nicht möglich.
4. Das Kombinieren von Angeboten oder bestehenden Greenfee-Vorteilen ist nicht möglich. Der Vorteil bezieht sich jeweils ausschließlich auf die zum Zeitpunkt der Einlösung gültigen vollen Greenfee-Gebühren.
5. Gibt es Spielergruppen mit erhöhten Greenfee-Gebühren, ist ein Nachlass auf diese Gebühren nicht möglich.
6. Das Angebot allein berechtigt nicht zum Spiel gegen Greenfee. Die Erfüllung der Bestimmungen des jeweiligen Golfclubs zur Greenfee-Berechtigung (Mitgliedschaft in einem Golfclub, Mindesthandicap etc.) zum Zeitpunkt der Einlösung sind Voraussetzung.
7. Es ist untersagt, den Greenfee-Gutschein entgeltlich Dritten zu überlassen bzw. mit diesen Handel zu treiben. Insbesondere sind die teilnehmenden Golfclubs in diesem Falle berechtigt, die Einlösung der ausgeschriebenen Angebote zu verweigern.
8. Die teilnehmenden Golfclubs haben sich gegenüber dem Verlag unter den o.g. Bedingungen verpflichtet, die ausgeschriebenen Angebote einzulösen. Der Verlag übernimmt jedoch keine Gewähr und keine Haftung, wenn ein Angebot nicht eingelöst wird oder werden kann.

Bedingungen zur Einlösung des Discounts:

1. Das Angebot ist einschließlich bis 30.6.2022 gültig.
2. Der Golfspieler/Leser hat sich telefonisch eine Abschlagzeit geben zu lassen – dabei ist die Nutzung des Angebots anzugeben.
3. Eine Barauszahlung des Greenfee-Vorteils ist nicht möglich.
4. Das Kombinieren von Angeboten oder bestehenden Greenfee-Vorteilen ist nicht möglich. Der Vorteil bezieht sich jeweils ausschließlich auf die zum Zeitpunkt der Einlösung gültigen vollen Greenfee-Gebühren.
5. Gibt es Spielergruppen mit erhöhten Greenfee-Gebühren, ist ein Nachlass auf diese Gebühren nicht möglich.
6. Das Angebot allein berechtigt nicht zum Spiel gegen Greenfee. Die Erfüllung der Bestimmungen des jeweiligen Golfclubs zur Greenfee-Berechtigung (Mitgliedschaft in einem Golfclub, Mindesthandicap etc.) zum Zeitpunkt der Einlösung sind Voraussetzung.
7. Es ist untersagt, den Greenfee-Gutschein entgeltlich Dritten zu überlassen bzw. mit diesen Handel zu treiben. Insbesondere sind die teilnehmenden Golfclubs in diesem Falle berechtigt, die Einlösung der ausgeschriebenen Angebote zu verweigern.
8. Die teilnehmenden Golfclubs haben sich gegenüber dem Verlag unter den o.g. Bedingungen verpflichtet, die ausgeschriebenen Angebote einzulösen. Der Verlag übernimmt jedoch keine Gewähr und keine Haftung, wenn ein Angebot nicht eingelöst wird oder werden kann.

Bedingungen zur Einlösung des Discounts:

1. Das Angebot ist einschließlich bis 30.6.2022 gültig.
2. Der Golfspieler/Leser hat sich telefonisch eine Abschlagzeit geben zu lassen – dabei ist die Nutzung des Angebots anzugeben.
3. Eine Barauszahlung des Greenfee-Vorteils ist nicht möglich.
4. Das Kombinieren von Angeboten oder bestehenden Greenfee-Vorteilen ist nicht möglich. Der Vorteil bezieht sich jeweils ausschließlich auf die zum Zeitpunkt der Einlösung gültigen vollen Greenfee-Gebühren.
5. Gibt es Spielergruppen mit erhöhten Greenfee-Gebühren, ist ein Nachlass auf diese Gebühren nicht möglich.
6. Das Angebot allein berechtigt nicht zum Spiel gegen Greenfee. Die Erfüllung der Bestimmungen des jeweiligen Golfclubs zur Greenfee-Berechtigung (Mitgliedschaft in einem Golfclub, Mindesthandicap etc.) zum Zeitpunkt der Einlösung sind Voraussetzung.
7. Es ist untersagt, den Greenfee-Gutschein entgeltlich Dritten zu überlassen bzw. mit diesen Handel zu treiben. Insbesondere sind die teilnehmenden Golfclubs in diesem Falle berechtigt, die Einlösung der ausgeschriebenen Angebote zu verweigern.
8. Die teilnehmenden Golfclubs haben sich gegenüber dem Verlag unter den o.g. Bedingungen verpflichtet, die ausgeschriebenen Angebote einzulösen. Der Verlag übernimmt jedoch keine Gewähr und keine Haftung, wenn ein Angebot nicht eingelöst wird oder werden kann.

Bedingungen zur Einlösung des Discounts:

1. Das Angebot ist einschließlich bis 30.6.2022 gültig.
2. Der Golfspieler/Leser hat sich telefonisch eine Abschlagzeit geben zu lassen – dabei ist die Nutzung des Angebots anzugeben.
3. Eine Barauszahlung des Greenfee-Vorteils ist nicht möglich.
4. Das Kombinieren von Angeboten oder bestehenden Greenfee-Vorteilen ist nicht möglich. Der Vorteil bezieht sich jeweils ausschließlich auf die zum Zeitpunkt der Einlösung gültigen vollen Greenfee-Gebühren.
5. Gibt es Spielergruppen mit erhöhten Greenfee-Gebühren, ist ein Nachlass auf diese Gebühren nicht möglich.
6. Das Angebot allein berechtigt nicht zum Spiel gegen Greenfee. Die Erfüllung der Bestimmungen des jeweiligen Golfclubs zur Greenfee-Berechtigung (Mitgliedschaft in einem Golfclub, Mindesthandicap etc.) zum Zeitpunkt der Einlösung sind Voraussetzung.
7. Es ist untersagt, den Greenfee-Gutschein entgeltlich Dritten zu überlassen bzw. mit diesen Handel zu treiben. Insbesondere sind die teilnehmenden Golfclubs in diesem Falle berechtigt, die Einlösung der ausgeschriebenen Angebote zu verweigern.
8. Die teilnehmenden Golfclubs haben sich gegenüber dem Verlag unter den o.g. Bedingungen verpflichtet, die ausgeschriebenen Angebote einzulösen. Der Verlag übernimmt jedoch keine Gewähr und keine Haftung, wenn ein Angebot nicht eingelöst wird oder werden kann.

Bedingungen zur Einlösung des Discounts:

1. Das Angebot ist einschließlich bis 30.6.2022 gültig.
2. Der Golfspieler/Leser hat sich telefonisch eine Abschlagzeit geben zu lassen – dabei ist die Nutzung des Angebots anzugeben.
3. Eine Barauszahlung des Greenfee-Vorteils ist nicht möglich.
4. Das Kombinieren von Angeboten oder bestehenden Greenfee-Vorteilen ist nicht möglich. Der Vorteil bezieht sich jeweils ausschließlich auf die zum Zeitpunkt der Einlösung gültigen vollen Greenfee-Gebühren.
5. Gibt es Spielergruppen mit erhöhten Greenfee-Gebühren, ist ein Nachlass auf diese Gebühren nicht möglich.
6. Das Angebot allein berechtigt nicht zum Spiel gegen Greenfee. Die Erfüllung der Bestimmungen des jeweiligen Golfclubs zur Greenfee-Berechtigung (Mitgliedschaft in einem Golfclub, Mindesthandicap etc.) zum Zeitpunkt der Einlösung sind Voraussetzung.
7. Es ist untersagt, den Greenfee-Gutschein entgeltlich Dritten zu überlassen bzw. mit diesen Handel zu treiben. Insbesondere sind die teilnehmenden Golfclubs in diesem Falle berechtigt, die Einlösung der ausgeschriebenen Angebote zu verweigern.
8. Die teilnehmenden Golfclubs haben sich gegenüber dem Verlag unter den o.g. Bedingungen verpflichtet, die ausgeschriebenen Angebote einzulösen. Der Verlag übernimmt jedoch keine Gewähr und keine Haftung, wenn ein Angebot nicht eingelöst wird oder werden kann.

Bedingungen zur Einlösung des Discounts:

1. Das Angebot ist einschließlich bis 30.6.2022 gültig.
2. Der Golfspieler/Leser hat sich telefonisch eine Abschlagzeit geben zu lassen – dabei ist die Nutzung des Angebots anzugeben.
3. Eine Barauszahlung des Greenfee-Vorteils ist nicht möglich.
4. Das Kombinieren von Angeboten oder bestehenden Greenfee-Vorteilen ist nicht möglich. Der Vorteil bezieht sich jeweils ausschließlich auf die zum Zeitpunkt der Einlösung gültigen vollen Greenfee-Gebühren.
5. Gibt es Spielergruppen mit erhöhten Greenfee-Gebühren, ist ein Nachlass auf diese Gebühren nicht möglich.
6. Das Angebot allein berechtigt nicht zum Spiel gegen Greenfee. Die Erfüllung der Bestimmungen des jeweiligen Golfclubs zur Greenfee-Berechtigung (Mitgliedschaft in einem Golfclub, Mindesthandicap etc.) zum Zeitpunkt der Einlösung sind Voraussetzung.
7. Es ist untersagt, den Greenfee-Gutschein entgeltlich Dritten zu überlassen bzw. mit diesen Handel zu treiben. Insbesondere sind die teilnehmenden Golfclubs in diesem Falle berechtigt, die Einlösung der ausgeschriebenen Angebote zu verweigern.
8. Die teilnehmenden Golfclubs haben sich gegenüber dem Verlag unter den o.g. Bedingungen verpflichtet, die ausgeschriebenen Angebote einzulösen. Der Verlag übernimmt jedoch keine Gewähr und keine Haftung, wenn ein Angebot nicht eingelöst wird oder werden kann.

DER GOLF ALBRECHT

Golf Club Barbarossa e.V.

DE

Am Hebenhübel
D-67686 Mackenbach
☽ 06374-994633
Rheinland-Pfalz, Saarland

158

20% Greenfee-Ermäßigung

DER GOLF ALBRECHT

Golf Club Homburg/Saar Websweiler Hof e.V.

DE

Römerstr. 94, Websweiler Hof
D-66424 Homburg/Saar
☽ 06841-777760
Rheinland-Pfalz, Saarland

159

2 for 1 2 GF zum Preis von 1 wochentags

DER GOLF ALBRECHT

Golf Club Homburg/Saar Websweiler Hof e.V.

DE

Römerstr. 94, Websweiler Hof
D-66424 Homburg/Saar
☽ 06841-777760
Rheinland-Pfalz, Saarland

159

20% Greenfee-Ermäßigung

DER GOLF ALBRECHT

Golf-Club Saarbrücken e.V.

DE

Oberlimberger Weg
D-66798 Wallerfangen - Gisingen
☽ 06837-444800
Rheinland-Pfalz, Saarland

160

2 for 1 2 GF zum Preis von 1 wochentags

DER GOLF ALBRECHT

Golf-Club Saarbrücken e.V.

DE

Oberlimberger Weg
D-66798 Wallerfangen - Gisingen
☽ 06837-444800
Rheinland-Pfalz, Saarland

160

2 for 1 2 GF zum Preis von 1 wochentags

DER GOLF ALBRECHT

Golfplatz Pfälzerwald

DE

Auf dem Aspen 60
D-67714 Waldfischbach-Burgalben
☽ 06333-279603
Rheinland-Pfalz, Saarland

161

2 for 1 2 GF zum Preis von 1

DER GOLF ALBRECHT

Golfplatz Pfälzerwald

DE

Auf dem Aspen 60
D-67714 Waldfischbach-Burgalben
☽ 06333-279603
Rheinland-Pfalz, Saarland

161

2 for 1 2 GF zum Preis von 1

DER GOLF ALBRECHT

Golfplatz Pfälzerwald

DE

Auf dem Aspen 60
D-67714 Waldfischbach-Burgalben
☽ 06333-279603
Rheinland-Pfalz, Saarland

161

20% Greenfee-Ermäßigung

DER GOLF ALBRECHT

Golfplatz Pfälzerwald

DE

Auf dem Aspen 60
D-67714 Waldfischbach-Burgalben
☽ 06333-279603
Rheinland-Pfalz, Saarland

161

20% Greenfee-Ermäßigung

DER GOLF ALBRECHT

Erster Golfclub Westpfalz Schwarzbachtal e.V.

DE

Hitscherhof
D-66509 Rieschweiler-Mühlbach
☽ 06336-6442
Rheinland-Pfalz, Saarland
Hinweis: An WE und Feiert. gültig ab 13.00 h.

162

2 for 1 2 GF zum Preis von 1

Bedingungen zur Einlösung des Discounts:

1. Das Angebot ist einschließlich bis 30.6.2022 gültig.
2. Der Golfspieler/Leser hat sich telefonisch eine Abschlagzeit geben zu lassen – dabei ist die Nutzung des Angebots anzugeben.
3. Eine Barauszahlung des Greenfee-Vorteils ist nicht möglich.
4. Das Kombinieren von Angeboten oder bestehenden Greenfee-Vorteilen ist nicht möglich. Der Vorteil bezieht sich jeweils ausschließlich auf die zum Zeitpunkt der Einlösung gültigen vollen Greenfee-Gebühren.
5. Gibt es Spielergruppen mit erhöhten Greenfee-Gebühren, ist ein Nachlass auf diese Gebühren nicht möglich.
6. Das Angebot allein berechtigt nicht zum Spiel gegen Greenfee. Die Erfüllung der Bestimmungen des jeweiligen Golfclubs zur Greenfee-Berechtigung (Mitgliedschaft in einem Golfclub, Mindesthandicap etc.) zum Zeitpunkt der Einlösung sind Voraussetzung.
7. Es ist untersagt, den Greenfee-Gutschein entgeltlich Dritten zu überlassen bzw. mit diesen Handel zu treiben. Insbesondere sind die teilnehmenden Golfclubs in diesem Falle berechtigt, die Einlösung der ausgeschriebenen Angebote zu verweigern.
8. Die teilnehmenden Golfclubs haben sich gegenüber dem Verlag unter den o.g. Bedingungen verpflichtet, die ausgeschriebenen Angebote einzulösen. Der Verlag übernimmt jedoch keine Gewähr und keine Haftung, wenn ein Angebot nicht eingelöst wird oder werden kann.

Bedingungen zur Einlösung des Discounts:

1. Das Angebot ist einschließlich bis 30.6.2022 gültig.
2. Der Golfspieler/Leser hat sich telefonisch eine Abschlagzeit geben zu lassen – dabei ist die Nutzung des Angebots anzugeben.
3. Eine Barauszahlung des Greenfee-Vorteils ist nicht möglich.
4. Das Kombinieren von Angeboten oder bestehenden Greenfee-Vorteilen ist nicht möglich. Der Vorteil bezieht sich jeweils ausschließlich auf die zum Zeitpunkt der Einlösung gültigen vollen Greenfee-Gebühren.
5. Gibt es Spielergruppen mit erhöhten Greenfee-Gebühren, ist ein Nachlass auf diese Gebühren nicht möglich.
6. Das Angebot allein berechtigt nicht zum Spiel gegen Greenfee. Die Erfüllung der Bestimmungen des jeweiligen Golfclubs zur Greenfee-Berechtigung (Mitgliedschaft in einem Golfclub, Mindesthandicap etc.) zum Zeitpunkt der Einlösung sind Voraussetzung.
7. Es ist untersagt, den Greenfee-Gutschein entgeltlich Dritten zu überlassen bzw. mit diesen Handel zu treiben. Insbesondere sind die teilnehmenden Golfclubs in diesem Falle berechtigt, die Einlösung der ausgeschriebenen Angebote zu verweigern.
8. Die teilnehmenden Golfclubs haben sich gegenüber dem Verlag unter den o.g. Bedingungen verpflichtet, die ausgeschriebenen Angebote einzulösen. Der Verlag übernimmt jedoch keine Gewähr und keine Haftung, wenn ein Angebot nicht eingelöst wird oder werden kann.

Bedingungen zur Einlösung des Discounts:

1. Das Angebot ist einschließlich bis 30.6.2022 gültig.
2. Der Golfspieler/Leser hat sich telefonisch eine Abschlagzeit geben zu lassen – dabei ist die Nutzung des Angebots anzugeben.
3. Eine Barauszahlung des Greenfee-Vorteils ist nicht möglich.
4. Das Kombinieren von Angeboten oder bestehenden Greenfee-Vorteilen ist nicht möglich. Der Vorteil bezieht sich jeweils ausschließlich auf die zum Zeitpunkt der Einlösung gültigen vollen Greenfee-Gebühren.
5. Gibt es Spielergruppen mit erhöhten Greenfee-Gebühren, ist ein Nachlass auf diese Gebühren nicht möglich.
6. Das Angebot allein berechtigt nicht zum Spiel gegen Greenfee. Die Erfüllung der Bestimmungen des jeweiligen Golfclubs zur Greenfee-Berechtigung (Mitgliedschaft in einem Golfclub, Mindesthandicap etc.) zum Zeitpunkt der Einlösung sind Voraussetzung.
7. Es ist untersagt, den Greenfee-Gutschein entgeltlich Dritten zu überlassen bzw. mit diesen Handel zu treiben. Insbesondere sind die teilnehmenden Golfclubs in diesem Falle berechtigt, die Einlösung der ausgeschriebenen Angebote zu verweigern.
8. Die teilnehmenden Golfclubs haben sich gegenüber dem Verlag unter den o.g. Bedingungen verpflichtet, die ausgeschriebenen Angebote einzulösen. Der Verlag übernimmt jedoch keine Gewähr und keine Haftung, wenn ein Angebot nicht eingelöst wird oder werden kann.

Bedingungen zur Einlösung des Discounts:

1. Das Angebot ist einschließlich bis 30.6.2022 gültig.
2. Der Golfspieler/Leser hat sich telefonisch eine Abschlagzeit geben zu lassen – dabei ist die Nutzung des Angebots anzugeben.
3. Eine Barauszahlung des Greenfee-Vorteils ist nicht möglich.
4. Das Kombinieren von Angeboten oder bestehenden Greenfee-Vorteilen ist nicht möglich. Der Vorteil bezieht sich jeweils ausschließlich auf die zum Zeitpunkt der Einlösung gültigen vollen Greenfee-Gebühren.
5. Gibt es Spielergruppen mit erhöhten Greenfee-Gebühren, ist ein Nachlass auf diese Gebühren nicht möglich.
6. Das Angebot allein berechtigt nicht zum Spiel gegen Greenfee. Die Erfüllung der Bestimmungen des jeweiligen Golfclubs zur Greenfee-Berechtigung (Mitgliedschaft in einem Golfclub, Mindesthandicap etc.) zum Zeitpunkt der Einlösung sind Voraussetzung.
7. Es ist untersagt, den Greenfee-Gutschein entgeltlich Dritten zu überlassen bzw. mit diesen Handel zu treiben. Insbesondere sind die teilnehmenden Golfclubs in diesem Falle berechtigt, die Einlösung der ausgeschriebenen Angebote zu verweigern.
8. Die teilnehmenden Golfclubs haben sich gegenüber dem Verlag unter den o.g. Bedingungen verpflichtet, die ausgeschriebenen Angebote einzulösen. Der Verlag übernimmt jedoch keine Gewähr und keine Haftung, wenn ein Angebot nicht eingelöst wird oder werden kann.

Bedingungen zur Einlösung des Discounts:

1. Das Angebot ist einschließlich bis 30.6.2022 gültig.
2. Der Golfspieler/Leser hat sich telefonisch eine Abschlagzeit geben zu lassen – dabei ist die Nutzung des Angebots anzugeben.
3. Eine Barauszahlung des Greenfee-Vorteils ist nicht möglich.
4. Das Kombinieren von Angeboten oder bestehenden Greenfee-Vorteilen ist nicht möglich. Der Vorteil bezieht sich jeweils ausschließlich auf die zum Zeitpunkt der Einlösung gültigen vollen Greenfee-Gebühren.
5. Gibt es Spielergruppen mit erhöhten Greenfee-Gebühren, ist ein Nachlass auf diese Gebühren nicht möglich.
6. Das Angebot allein berechtigt nicht zum Spiel gegen Greenfee. Die Erfüllung der Bestimmungen des jeweiligen Golfclubs zur Greenfee-Berechtigung (Mitgliedschaft in einem Golfclub, Mindesthandicap etc.) zum Zeitpunkt der Einlösung sind Voraussetzung.
7. Es ist untersagt, den Greenfee-Gutschein entgeltlich Dritten zu überlassen bzw. mit diesen Handel zu treiben. Insbesondere sind die teilnehmenden Golfclubs in diesem Falle berechtigt, die Einlösung der ausgeschriebenen Angebote zu verweigern.
8. Die teilnehmenden Golfclubs haben sich gegenüber dem Verlag unter den o.g. Bedingungen verpflichtet, die ausgeschriebenen Angebote einzulösen. Der Verlag übernimmt jedoch keine Gewähr und keine Haftung, wenn ein Angebot nicht eingelöst wird oder werden kann.

Bedingungen zur Einlösung des Discounts:

1. Das Angebot ist einschließlich bis 30.6.2022 gültig.
2. Der Golfspieler/Leser hat sich telefonisch eine Abschlagzeit geben zu lassen – dabei ist die Nutzung des Angebots anzugeben.
3. Eine Barauszahlung des Greenfee-Vorteils ist nicht möglich.
4. Das Kombinieren von Angeboten oder bestehenden Greenfee-Vorteilen ist nicht möglich. Der Vorteil bezieht sich jeweils ausschließlich auf die zum Zeitpunkt der Einlösung gültigen vollen Greenfee-Gebühren.
5. Gibt es Spielergruppen mit erhöhten Greenfee-Gebühren, ist ein Nachlass auf diese Gebühren nicht möglich.
6. Das Angebot allein berechtigt nicht zum Spiel gegen Greenfee. Die Erfüllung der Bestimmungen des jeweiligen Golfclubs zur Greenfee-Berechtigung (Mitgliedschaft in einem Golfclub, Mindesthandicap etc.) zum Zeitpunkt der Einlösung sind Voraussetzung.
7. Es ist untersagt, den Greenfee-Gutschein entgeltlich Dritten zu überlassen bzw. mit diesen Handel zu treiben. Insbesondere sind die teilnehmenden Golfclubs in diesem Falle berechtigt, die Einlösung der ausgeschriebenen Angebote zu verweigern.
8. Die teilnehmenden Golfclubs haben sich gegenüber dem Verlag unter den o.g. Bedingungen verpflichtet, die ausgeschriebenen Angebote einzulösen. Der Verlag übernimmt jedoch keine Gewähr und keine Haftung, wenn ein Angebot nicht eingelöst wird oder werden kann.

Bedingungen zur Einlösung des Discounts:

1. Das Angebot ist einschließlich bis 30.6.2022 gültig.
2. Der Golfspieler/Leser hat sich telefonisch eine Abschlagzeit geben zu lassen – dabei ist die Nutzung des Angebots anzugeben.
3. Eine Barauszahlung des Greenfee-Vorteils ist nicht möglich.
4. Das Kombinieren von Angeboten oder bestehenden Greenfee-Vorteilen ist nicht möglich. Der Vorteil bezieht sich jeweils ausschließlich auf die zum Zeitpunkt der Einlösung gültigen vollen Greenfee-Gebühren.
5. Gibt es Spielergruppen mit erhöhten Greenfee-Gebühren, ist ein Nachlass auf diese Gebühren nicht möglich.
6. Das Angebot allein berechtigt nicht zum Spiel gegen Greenfee. Die Erfüllung der Bestimmungen des jeweiligen Golfclubs zur Greenfee-Berechtigung (Mitgliedschaft in einem Golfclub, Mindesthandicap etc.) zum Zeitpunkt der Einlösung sind Voraussetzung.
7. Es ist untersagt, den Greenfee-Gutschein entgeltlich Dritten zu überlassen bzw. mit diesen Handel zu treiben. Insbesondere sind die teilnehmenden Golfclubs in diesem Falle berechtigt, die Einlösung der ausgeschriebenen Angebote zu verweigern.
8. Die teilnehmenden Golfclubs haben sich gegenüber dem Verlag unter den o.g. Bedingungen verpflichtet, die ausgeschriebenen Angebote einzulösen. Der Verlag übernimmt jedoch keine Gewähr und keine Haftung, wenn ein Angebot nicht eingelöst wird oder werden kann.

Bedingungen zur Einlösung des Discounts:

1. Das Angebot ist einschließlich bis 30.6.2022 gültig.
2. Der Golfspieler/Leser hat sich telefonisch eine Abschlagzeit geben zu lassen – dabei ist die Nutzung des Angebots anzugeben.
3. Eine Barauszahlung des Greenfee-Vorteils ist nicht möglich.
4. Das Kombinieren von Angeboten oder bestehenden Greenfee-Vorteilen ist nicht möglich. Der Vorteil bezieht sich jeweils ausschließlich auf die zum Zeitpunkt der Einlösung gültigen vollen Greenfee-Gebühren.
5. Gibt es Spielergruppen mit erhöhten Greenfee-Gebühren, ist ein Nachlass auf diese Gebühren nicht möglich.
6. Das Angebot allein berechtigt nicht zum Spiel gegen Greenfee. Die Erfüllung der Bestimmungen des jeweiligen Golfclubs zur Greenfee-Berechtigung (Mitgliedschaft in einem Golfclub, Mindesthandicap etc.) zum Zeitpunkt der Einlösung sind Voraussetzung.
7. Es ist untersagt, den Greenfee-Gutschein entgeltlich Dritten zu überlassen bzw. mit diesen Handel zu treiben. Insbesondere sind die teilnehmenden Golfclubs in diesem Falle berechtigt, die Einlösung der ausgeschriebenen Angebote zu verweigern.
8. Die teilnehmenden Golfclubs haben sich gegenüber dem Verlag unter den o.g. Bedingungen verpflichtet, die ausgeschriebenen Angebote einzulösen. Der Verlag übernimmt jedoch keine Gewähr und keine Haftung, wenn ein Angebot nicht eingelöst wird oder werden kann.

Bedingungen zur Einlösung des Discounts:

1. Das Angebot ist einschließlich bis 30.6.2022 gültig.
2. Der Golfspieler/Leser hat sich telefonisch eine Abschlagzeit geben zu lassen – dabei ist die Nutzung des Angebots anzugeben.
3. Eine Barauszahlung des Greenfee-Vorteils ist nicht möglich.
4. Das Kombinieren von Angeboten oder bestehenden Greenfee-Vorteilen ist nicht möglich. Der Vorteil bezieht sich jeweils ausschließlich auf die zum Zeitpunkt der Einlösung gültigen vollen Greenfee-Gebühren.
5. Gibt es Spielergruppen mit erhöhten Greenfee-Gebühren, ist ein Nachlass auf diese Gebühren nicht möglich.
6. Das Angebot allein berechtigt nicht zum Spiel gegen Greenfee. Die Erfüllung der Bestimmungen des jeweiligen Golfclubs zur Greenfee-Berechtigung (Mitgliedschaft in einem Golfclub, Mindesthandicap etc.) zum Zeitpunkt der Einlösung sind Voraussetzung.
7. Es ist untersagt, den Greenfee-Gutschein entgeltlich Dritten zu überlassen bzw. mit diesen Handel zu treiben. Insbesondere sind die teilnehmenden Golfclubs in diesem Falle berechtigt, die Einlösung der ausgeschriebenen Angebote zu verweigern.
8. Die teilnehmenden Golfclubs haben sich gegenüber dem Verlag unter den o.g. Bedingungen verpflichtet, die ausgeschriebenen Angebote einzulösen. Der Verlag übernimmt jedoch keine Gewähr und keine Haftung, wenn ein Angebot nicht eingelöst wird oder werden kann.

Bedingungen zur Einlösung des Discounts:

1. Das Angebot ist einschließlich bis 30.6.2022 gültig.
2. Der Golfspieler/Leser hat sich telefonisch eine Abschlagzeit geben zu lassen – dabei ist die Nutzung des Angebots anzugeben.
3. Eine Barauszahlung des Greenfee-Vorteils ist nicht möglich.
4. Das Kombinieren von Angeboten oder bestehenden Greenfee-Vorteilen ist nicht möglich. Der Vorteil bezieht sich jeweils ausschließlich auf die zum Zeitpunkt der Einlösung gültigen vollen Greenfee-Gebühren.
5. Gibt es Spielergruppen mit erhöhten Greenfee-Gebühren, ist ein Nachlass auf diese Gebühren nicht möglich.
6. Das Angebot allein berechtigt nicht zum Spiel gegen Greenfee. Die Erfüllung der Bestimmungen des jeweiligen Golfclubs zur Greenfee-Berechtigung (Mitgliedschaft in einem Golfclub, Mindesthandicap etc.) zum Zeitpunkt der Einlösung sind Voraussetzung.
7. Es ist untersagt, den Greenfee-Gutschein entgeltlich Dritten zu überlassen bzw. mit diesen Handel zu treiben. Insbesondere sind die teilnehmenden Golfclubs in diesem Falle berechtigt, die Einlösung der ausgeschriebenen Angebote zu verweigern.
8. Die teilnehmenden Golfclubs haben sich gegenüber dem Verlag unter den o.g. Bedingungen verpflichtet, die ausgeschriebenen Angebote einzulösen. Der Verlag übernimmt jedoch keine Gewähr und keine Haftung, wenn ein Angebot nicht eingelöst wird oder werden kann.

DER GOLF ALBRECHT

Erster Golfclub Westpfalz Schwarzbachtal e.V. DE

Hitscherhof
D-66509 Rieschweiler-Mühlbach
☎ 06336-6442
Rheinland-Pfalz, Saarland
Hinweis: An WE und Feiert. gültig ab 13.00 h.

162

2 for 1 2 GF zum Preis von 1

DER GOLF ALBRECHT

Erster Golfclub Westpfalz Schwarzbachtal e.V. DE

Hitscherhof
D-66509 Rieschweiler-Mühlbach
☎ 06336-6442
Rheinland-Pfalz, Saarland
Hinweis: An WE und Feiert. gültig ab 13.00 h.

162

30% Greenfee-Ermäßigung

DER GOLF ALBRECHT

Golfclub Heidelberg-Lobenfeld e.V. DE

Am Biddersbacher Hof
D-74931 Lobbach-Lobenfeld
☎ 06226-952110
Baden-Württemberg

163

2 for 1 2 GF zum Preis von 1

DER GOLF ALBRECHT

Golfclub Heidelberg-Lobenfeld e.V. DE

Am Biddersbacher Hof
D-74931 Lobbach-Lobenfeld
☎ 06226-952110
Baden-Württemberg

163

2 for 1 2 GF zum Preis von 1

DER GOLF ALBRECHT

Golfclub Heidelberg-Lobenfeld e.V. DE

Am Biddersbacher Hof
D-74931 Lobbach-Lobenfeld
☎ 06226-952110
Baden-Württemberg

163

25% Greenfee-Ermäßigung

DER GOLF ALBRECHT

Golfclub Heidelberg-Lobenfeld e.V. DE

Am Biddersbacher Hof
D-74931 Lobbach-Lobenfeld
☎ 06226-952110
Baden-Württemberg

163

25% Greenfee-Ermäßigung

DER GOLF ALBRECHT

Golfanlage Golfoase Pfullinger Hof DE

Pfullinger Hof 1
D-74193 Schwaigern-Stetten
☎ 07138-67442
Baden-Württemberg

164

2 for 1 2 GF zum Preis von 1

DER GOLF ALBRECHT

Golfanlage Golfoase Pfullinger Hof DE

Pfullinger Hof 1
D-74193 Schwaigern-Stetten
☎ 07138-67442
Baden-Württemberg

164

2 for 1 2 GF zum Preis von 1

DER GOLF ALBRECHT

Golfanlage Golfoase Pfullinger Hof DE

Pfullinger Hof 1
D-74193 Schwaigern-Stetten
☎ 07138-67442
Baden-Württemberg

164

30% Greenfee-Ermäßigung

DER GOLF ALBRECHT

Golfanlage Golfoase Pfullinger Hof DE

Pfullinger Hof 1
D-74193 Schwaigern-Stetten
☎ 07138-67442
Baden-Württemberg

164

30% Greenfee-Ermäßigung

Bedingungen zur Einlösung des Discounts:

1. Das Angebot ist einschließlich bis 30.6.2022 gültig.
2. Der Golfspieler/Leser hat sich telefonisch eine Abschlagzeit geben zu lassen – dabei ist die Nutzung des Angebots anzugeben.
3. Eine Barauszahlung des Greenfee-Vorteils ist nicht möglich.
4. Das Kombinieren von Angeboten oder bestehenden Greenfee-Vorteilen ist nicht möglich. Der Vorteil bezieht sich jeweils ausschließlich auf die zum Zeitpunkt der Einlösung gültigen vollen Greenfee-Gebühren.
5. Gibt es Spielergruppen mit erhöhten Greenfee-Gebühren, ist ein Nachlass auf diese Gebühren nicht möglich.
6. Das Angebot allein berechtigt nicht zum Spiel gegen Greenfee. Die Erfüllung der Bestimmungen des jeweiligen Golfclubs zur Greenfee-Berechtigung (Mitgliedschaft in einem Golfclub, Mindesthandicap etc.) zum Zeitpunkt der Einlösung sind Voraussetzung.
7. Es ist untersagt, den Greenfee-Gutschein entgeltlich Dritten zu überlassen bzw. mit diesen Handel zu treiben. Insbesondere sind die teilnehmenden Golfclubs in diesem Falle berechtigt, die Einlösung der ausgeschriebenen Angebote zu verweigern.
8. Die teilnehmenden Golfclubs haben sich gegenüber dem Verlag unter den o.g. Bedingungen verpflichtet, die ausgeschriebenen Angebote einzulösen. Der Verlag übernimmt jedoch keine Gewähr und keine Haftung, wenn ein Angebot nicht eingelöst wird oder werden kann.

Bedingungen zur Einlösung des Discounts:

1. Das Angebot ist einschließlich bis 30.6.2022 gültig.
2. Der Golfspieler/Leser hat sich telefonisch eine Abschlagzeit geben zu lassen – dabei ist die Nutzung des Angebots anzugeben.
3. Eine Barauszahlung des Greenfee-Vorteils ist nicht möglich.
4. Das Kombinieren von Angeboten oder bestehenden Greenfee-Vorteilen ist nicht möglich. Der Vorteil bezieht sich jeweils ausschließlich auf die zum Zeitpunkt der Einlösung gültigen vollen Greenfee-Gebühren.
5. Gibt es Spielergruppen mit erhöhten Greenfee-Gebühren, ist ein Nachlass auf diese Gebühren nicht möglich.
6. Das Angebot allein berechtigt nicht zum Spiel gegen Greenfee. Die Erfüllung der Bestimmungen des jeweiligen Golfclubs zur Greenfee-Berechtigung (Mitgliedschaft in einem Golfclub, Mindesthandicap etc.) zum Zeitpunkt der Einlösung sind Voraussetzung.
7. Es ist untersagt, den Greenfee-Gutschein entgeltlich Dritten zu überlassen bzw. mit diesen Handel zu treiben. Insbesondere sind die teilnehmenden Golfclubs in diesem Falle berechtigt, die Einlösung der ausgeschriebenen Angebote zu verweigern.
8. Die teilnehmenden Golfclubs haben sich gegenüber dem Verlag unter den o.g. Bedingungen verpflichtet, die ausgeschriebenen Angebote einzulösen. Der Verlag übernimmt jedoch keine Gewähr und keine Haftung, wenn ein Angebot nicht eingelöst wird oder werden kann.

Bedingungen zur Einlösung des Discounts:

1. Das Angebot ist einschließlich bis 30.6.2022 gültig.
2. Der Golfspieler/Leser hat sich telefonisch eine Abschlagzeit geben zu lassen – dabei ist die Nutzung des Angebots anzugeben.
3. Eine Barauszahlung des Greenfee-Vorteils ist nicht möglich.
4. Das Kombinieren von Angeboten oder bestehenden Greenfee-Vorteilen ist nicht möglich. Der Vorteil bezieht sich jeweils ausschließlich auf die zum Zeitpunkt der Einlösung gültigen vollen Greenfee-Gebühren.
5. Gibt es Spielergruppen mit erhöhten Greenfee-Gebühren, ist ein Nachlass auf diese Gebühren nicht möglich.
6. Das Angebot allein berechtigt nicht zum Spiel gegen Greenfee. Die Erfüllung der Bestimmungen des jeweiligen Golfclubs zur Greenfee-Berechtigung (Mitgliedschaft in einem Golfclub, Mindesthandicap etc.) zum Zeitpunkt der Einlösung sind Voraussetzung.
7. Es ist untersagt, den Greenfee-Gutschein entgeltlich Dritten zu überlassen bzw. mit diesen Handel zu treiben. Insbesondere sind die teilnehmenden Golfclubs in diesem Falle berechtigt, die Einlösung der ausgeschriebenen Angebote zu verweigern.
8. Die teilnehmenden Golfclubs haben sich gegenüber dem Verlag unter den o.g. Bedingungen verpflichtet, die ausgeschriebenen Angebote einzulösen. Der Verlag übernimmt jedoch keine Gewähr und keine Haftung, wenn ein Angebot nicht eingelöst wird oder werden kann.

Bedingungen zur Einlösung des Discounts:

1. Das Angebot ist einschließlich bis 30.6.2022 gültig.
2. Der Golfspieler/Leser hat sich telefonisch eine Abschlagzeit geben zu lassen – dabei ist die Nutzung des Angebots anzugeben.
3. Eine Barauszahlung des Greenfee-Vorteils ist nicht möglich.
4. Das Kombinieren von Angeboten oder bestehenden Greenfee-Vorteilen ist nicht möglich. Der Vorteil bezieht sich jeweils ausschließlich auf die zum Zeitpunkt der Einlösung gültigen vollen Greenfee-Gebühren.
5. Gibt es Spielergruppen mit erhöhten Greenfee-Gebühren, ist ein Nachlass auf diese Gebühren nicht möglich.
6. Das Angebot allein berechtigt nicht zum Spiel gegen Greenfee. Die Erfüllung der Bestimmungen des jeweiligen Golfclubs zur Greenfee-Berechtigung (Mitgliedschaft in einem Golfclub, Mindesthandicap etc.) zum Zeitpunkt der Einlösung sind Voraussetzung.
7. Es ist untersagt, den Greenfee-Gutschein entgeltlich Dritten zu überlassen bzw. mit diesen Handel zu treiben. Insbesondere sind die teilnehmenden Golfclubs in diesem Falle berechtigt, die Einlösung der ausgeschriebenen Angebote zu verweigern.
8. Die teilnehmenden Golfclubs haben sich gegenüber dem Verlag unter den o.g. Bedingungen verpflichtet, die ausgeschriebenen Angebote einzulösen. Der Verlag übernimmt jedoch keine Gewähr und keine Haftung, wenn ein Angebot nicht eingelöst wird oder werden kann.

Bedingungen zur Einlösung des Discounts:

1. Das Angebot ist einschließlich bis 30.6.2022 gültig.
2. Der Golfspieler/Leser hat sich telefonisch eine Abschlagzeit geben zu lassen – dabei ist die Nutzung des Angebots anzugeben.
3. Eine Barauszahlung des Greenfee-Vorteils ist nicht möglich.
4. Das Kombinieren von Angeboten oder bestehenden Greenfee-Vorteilen ist nicht möglich. Der Vorteil bezieht sich jeweils ausschließlich auf die zum Zeitpunkt der Einlösung gültigen vollen Greenfee-Gebühren.
5. Gibt es Spielergruppen mit erhöhten Greenfee-Gebühren, ist ein Nachlass auf diese Gebühren nicht möglich.
6. Das Angebot allein berechtigt nicht zum Spiel gegen Greenfee. Die Erfüllung der Bestimmungen des jeweiligen Golfclubs zur Greenfee-Berechtigung (Mitgliedschaft in einem Golfclub, Mindesthandicap etc.) zum Zeitpunkt der Einlösung sind Voraussetzung.
7. Es ist untersagt, den Greenfee-Gutschein entgeltlich Dritten zu überlassen bzw. mit diesen Handel zu treiben. Insbesondere sind die teilnehmenden Golfclubs in diesem Falle berechtigt, die Einlösung der ausgeschriebenen Angebote zu verweigern.
8. Die teilnehmenden Golfclubs haben sich gegenüber dem Verlag unter den o.g. Bedingungen verpflichtet, die ausgeschriebenen Angebote einzulösen. Der Verlag übernimmt jedoch keine Gewähr und keine Haftung, wenn ein Angebot nicht eingelöst wird oder werden kann.

Bedingungen zur Einlösung des Discounts:

1. Das Angebot ist einschließlich bis 30.6.2022 gültig.
2. Der Golfspieler/Leser hat sich telefonisch eine Abschlagzeit geben zu lassen – dabei ist die Nutzung des Angebots anzugeben.
3. Eine Barauszahlung des Greenfee-Vorteils ist nicht möglich.
4. Das Kombinieren von Angeboten oder bestehenden Greenfee-Vorteilen ist nicht möglich. Der Vorteil bezieht sich jeweils ausschließlich auf die zum Zeitpunkt der Einlösung gültigen vollen Greenfee-Gebühren.
5. Gibt es Spielergruppen mit erhöhten Greenfee-Gebühren, ist ein Nachlass auf diese Gebühren nicht möglich.
6. Das Angebot allein berechtigt nicht zum Spiel gegen Greenfee. Die Erfüllung der Bestimmungen des jeweiligen Golfclubs zur Greenfee-Berechtigung (Mitgliedschaft in einem Golfclub, Mindesthandicap etc.) zum Zeitpunkt der Einlösung sind Voraussetzung.
7. Es ist untersagt, den Greenfee-Gutschein entgeltlich Dritten zu überlassen bzw. mit diesen Handel zu treiben. Insbesondere sind die teilnehmenden Golfclubs in diesem Falle berechtigt, die Einlösung der ausgeschriebenen Angebote zu verweigern.
8. Die teilnehmenden Golfclubs haben sich gegenüber dem Verlag unter den o.g. Bedingungen verpflichtet, die ausgeschriebenen Angebote einzulösen. Der Verlag übernimmt jedoch keine Gewähr und keine Haftung, wenn ein Angebot nicht eingelöst wird oder werden kann.

Bedingungen zur Einlösung des Discounts:

1. Das Angebot ist einschließlich bis 30.6.2022 gültig.
2. Der Golfspieler/Leser hat sich telefonisch eine Abschlagzeit geben zu lassen – dabei ist die Nutzung des Angebots anzugeben.
3. Eine Barauszahlung des Greenfee-Vorteils ist nicht möglich.
4. Das Kombinieren von Angeboten oder bestehenden Greenfee-Vorteilen ist nicht möglich. Der Vorteil bezieht sich jeweils ausschließlich auf die zum Zeitpunkt der Einlösung gültigen vollen Greenfee-Gebühren.
5. Gibt es Spielergruppen mit erhöhten Greenfee-Gebühren, ist ein Nachlass auf diese Gebühren nicht möglich.
6. Das Angebot allein berechtigt nicht zum Spiel gegen Greenfee. Die Erfüllung der Bestimmungen des jeweiligen Golfclubs zur Greenfee-Berechtigung (Mitgliedschaft in einem Golfclub, Mindesthandicap etc.) zum Zeitpunkt der Einlösung sind Voraussetzung.
7. Es ist untersagt, den Greenfee-Gutschein entgeltlich Dritten zu überlassen bzw. mit diesen Handel zu treiben. Insbesondere sind die teilnehmenden Golfclubs in diesem Falle berechtigt, die Einlösung der ausgeschriebenen Angebote zu verweigern.
8. Die teilnehmenden Golfclubs haben sich gegenüber dem Verlag unter den o.g. Bedingungen verpflichtet, die ausgeschriebenen Angebote einzulösen. Der Verlag übernimmt jedoch keine Gewähr und keine Haftung, wenn ein Angebot nicht eingelöst wird oder werden kann.

Bedingungen zur Einlösung des Discounts:

1. Das Angebot ist einschließlich bis 30.6.2022 gültig.
2. Der Golfspieler/Leser hat sich telefonisch eine Abschlagzeit geben zu lassen – dabei ist die Nutzung des Angebots anzugeben.
3. Eine Barauszahlung des Greenfee-Vorteils ist nicht möglich.
4. Das Kombinieren von Angeboten oder bestehenden Greenfee-Vorteilen ist nicht möglich. Der Vorteil bezieht sich jeweils ausschließlich auf die zum Zeitpunkt der Einlösung gültigen vollen Greenfee-Gebühren.
5. Gibt es Spielergruppen mit erhöhten Greenfee-Gebühren, ist ein Nachlass auf diese Gebühren nicht möglich.
6. Das Angebot allein berechtigt nicht zum Spiel gegen Greenfee. Die Erfüllung der Bestimmungen des jeweiligen Golfclubs zur Greenfee-Berechtigung (Mitgliedschaft in einem Golfclub, Mindesthandicap etc.) zum Zeitpunkt der Einlösung sind Voraussetzung.
7. Es ist untersagt, den Greenfee-Gutschein entgeltlich Dritten zu überlassen bzw. mit diesen Handel zu treiben. Insbesondere sind die teilnehmenden Golfclubs in diesem Falle berechtigt, die Einlösung der ausgeschriebenen Angebote zu verweigern.
8. Die teilnehmenden Golfclubs haben sich gegenüber dem Verlag unter den o.g. Bedingungen verpflichtet, die ausgeschriebenen Angebote einzulösen. Der Verlag übernimmt jedoch keine Gewähr und keine Haftung, wenn ein Angebot nicht eingelöst wird oder werden kann.

Bedingungen zur Einlösung des Discounts:

1. Das Angebot ist einschließlich bis 30.6.2022 gültig.
2. Der Golfspieler/Leser hat sich telefonisch eine Abschlagzeit geben zu lassen – dabei ist die Nutzung des Angebots anzugeben.
3. Eine Barauszahlung des Greenfee-Vorteils ist nicht möglich.
4. Das Kombinieren von Angeboten oder bestehenden Greenfee-Vorteilen ist nicht möglich. Der Vorteil bezieht sich jeweils ausschließlich auf die zum Zeitpunkt der Einlösung gültigen vollen Greenfee-Gebühren.
5. Gibt es Spielergruppen mit erhöhten Greenfee-Gebühren, ist ein Nachlass auf diese Gebühren nicht möglich.
6. Das Angebot allein berechtigt nicht zum Spiel gegen Greenfee. Die Erfüllung der Bestimmungen des jeweiligen Golfclubs zur Greenfee-Berechtigung (Mitgliedschaft in einem Golfclub, Mindesthandicap etc.) zum Zeitpunkt der Einlösung sind Voraussetzung.
7. Es ist untersagt, den Greenfee-Gutschein entgeltlich Dritten zu überlassen bzw. mit diesen Handel zu treiben. Insbesondere sind die teilnehmenden Golfclubs in diesem Falle berechtigt, die Einlösung der ausgeschriebenen Angebote zu verweigern.
8. Die teilnehmenden Golfclubs haben sich gegenüber dem Verlag unter den o.g. Bedingungen verpflichtet, die ausgeschriebenen Angebote einzulösen. Der Verlag übernimmt jedoch keine Gewähr und keine Haftung, wenn ein Angebot nicht eingelöst wird oder werden kann.

Bedingungen zur Einlösung des Discounts:

1. Das Angebot ist einschließlich bis 30.6.2022 gültig.
2. Der Golfspieler/Leser hat sich telefonisch eine Abschlagzeit geben zu lassen – dabei ist die Nutzung des Angebots anzugeben.
3. Eine Barauszahlung des Greenfee-Vorteils ist nicht möglich.
4. Das Kombinieren von Angeboten oder bestehenden Greenfee-Vorteilen ist nicht möglich. Der Vorteil bezieht sich jeweils ausschließlich auf die zum Zeitpunkt der Einlösung gültigen vollen Greenfee-Gebühren.
5. Gibt es Spielergruppen mit erhöhten Greenfee-Gebühren, ist ein Nachlass auf diese Gebühren nicht möglich.
6. Das Angebot allein berechtigt nicht zum Spiel gegen Greenfee. Die Erfüllung der Bestimmungen des jeweiligen Golfclubs zur Greenfee-Berechtigung (Mitgliedschaft in einem Golfclub, Mindesthandicap etc.) zum Zeitpunkt der Einlösung sind Voraussetzung.
7. Es ist untersagt, den Greenfee-Gutschein entgeltlich Dritten zu überlassen bzw. mit diesen Handel zu treiben. Insbesondere sind die teilnehmenden Golfclubs in diesem Falle berechtigt, die Einlösung der ausgeschriebenen Angebote zu verweigern.
8. Die teilnehmenden Golfclubs haben sich gegenüber dem Verlag unter den o.g. Bedingungen verpflichtet, die ausgeschriebenen Angebote einzulösen. Der Verlag übernimmt jedoch keine Gewähr und keine Haftung, wenn ein Angebot nicht eingelöst wird oder werden kann.

DER GOLF ALBRECHT

Golf Club Oberrot-Frankenberg DE

Höhenstraße 54
D-74420 Oberrot-Frankenberg
✆ 07977-8601
Baden-Württemberg

165

2 for 1 2 GF zum Preis von 1 wochentags

DER GOLF ALBRECHT

Golf Club Oberrot-Frankenberg DE

Höhenstraße 54
D-74420 Oberrot-Frankenberg
✆ 07977-8601
Baden-Württemberg

165

50% Greenfee-Ermäßigung wochentags

DER GOLF ALBRECHT

Golf- und Country Club Grafenhof e.V. DE

Hinterfeld 1
D-74426 Bühlerzell
✆ 07963-8419333
Baden-Württemberg

166

2 for 1 2 GF zum Preis von 1

DER GOLF ALBRECHT

Golf- und Country Club Grafenhof e.V. DE

Hinterfeld 1
D-74426 Bühlerzell
✆ 07963-8419333
Baden-Württemberg

166

2 for 1 2 GF zum Preis von 1

DER GOLF ALBRECHT

Golf Club Herrenalb-Bernbach e.V. DE

Bernbacher Straße 61
D-76332 Bad Herrenalb
✆ 07083-8898
Baden-Württemberg

167

2 for 1 2 GF zum Preis von 1 wochentags

DER GOLF ALBRECHT

Golf Club Herrenalb-Bernbach e.V. DE

Bernbacher Straße 61
D-76332 Bad Herrenalb
✆ 07083-8898
Baden-Württemberg

167

25% Greenfee-Ermäßigung wochentags

DER GOLF ALBRECHT

Golf Club Hetzenhof e.V. DE

Hetzenhof 7
D-73547 Lorch
✆ 07172-91800
Baden-Württemberg

168

2 for 1 2 GF zum Preis von 1 wochentags

DER GOLF ALBRECHT

Golf Club Baden-Baden e.V. DE

Fremersbergstraße 127
D-76530 Baden-Baden
✆ 07221-23579
Baden-Württemberg

169

2 for 1 2 GF zum Preis von 1

DER GOLF ALBRECHT

Golf-Club Hochstatt Härtsfeld-Ries e.V. DE

Hofgut Hochstatt
D-73450 Neresheim
✆ 07326-5649
Baden-Württemberg
Hinweis: Nur im Service Center einlösbar.

170

2 for 1 2 GF zum Preis von 1 wochentags

DER GOLF ALBRECHT

Golf-Club Hochstatt Härtsfeld-Ries e.V. DE

Hofgut Hochstatt
D-73450 Neresheim
✆ 07326-5649
Baden-Württemberg
Hinweis: Nur im Service Center einlösbar.

170

2 for 1 2 GF zum Preis von 1 wochentags

Bedingungen zur Einlösung des Discounts:

1. Das Angebot ist einschließlich bis 30.6.2022 gültig.
2. Der Golfspieler/Leser hat sich telefonisch eine Abschlagzeit geben zu lassen – dabei ist die Nutzung des Angebots anzugeben.
3. Eine Barauszahlung des Greenfee-Vorteils ist nicht möglich.
4. Das Kombinieren von Angeboten oder bestehenden Greenfee-Vorteilen ist nicht möglich. Der Vorteil bezieht sich jeweils ausschließlich auf die zum Zeitpunkt der Einlösung gültigen vollen Greenfee-Gebühren.
5. Gibt es Spielergruppen mit erhöhten Greenfee-Gebühren, ist ein Nachlass auf diese Gebühren nicht möglich.
6. Das Angebot allein berechtigt nicht zum Spiel gegen Greenfee. Die Erfüllung der Bestimmungen des jeweiligen Golfclubs zur Greenfee-Berechtigung (Mitgliedschaft in einem Golfclub, Mindesthandicap etc.) zum Zeitpunkt der Einlösung sind Voraussetzung.
7. Es ist untersagt, den Greenfee-Gutschein entgeltlich Dritten zu überlassen bzw. mit diesen Handel zu treiben. Insbesondere sind die teilnehmenden Golfclubs in diesem Falle berechtigt, die Einlösung der ausgeschriebenen Angebote zu verweigern.
8. Die teilnehmenden Golfclubs haben sich gegenüber dem Verlag unter den o.g. Bedingungen verpflichtet, die ausgeschriebenen Angebote einzulösen. Der Verlag übernimmt jedoch keine Gewähr und keine Haftung, wenn ein Angebot nicht eingelöst wird oder werden kann.

Bedingungen zur Einlösung des Discounts:

1. Das Angebot ist einschließlich bis 30.6.2022 gültig.
2. Der Golfspieler/Leser hat sich telefonisch eine Abschlagzeit geben zu lassen – dabei ist die Nutzung des Angebots anzugeben.
3. Eine Barauszahlung des Greenfee-Vorteils ist nicht möglich.
4. Das Kombinieren von Angeboten oder bestehenden Greenfee-Vorteilen ist nicht möglich. Der Vorteil bezieht sich jeweils ausschließlich auf die zum Zeitpunkt der Einlösung gültigen vollen Greenfee-Gebühren.
5. Gibt es Spielergruppen mit erhöhten Greenfee-Gebühren, ist ein Nachlass auf diese Gebühren nicht möglich.
6. Das Angebot allein berechtigt nicht zum Spiel gegen Greenfee. Die Erfüllung der Bestimmungen des jeweiligen Golfclubs zur Greenfee-Berechtigung (Mitgliedschaft in einem Golfclub, Mindesthandicap etc.) zum Zeitpunkt der Einlösung sind Voraussetzung.
7. Es ist untersagt, den Greenfee-Gutschein entgeltlich Dritten zu überlassen bzw. mit diesen Handel zu treiben. Insbesondere sind die teilnehmenden Golfclubs in diesem Falle berechtigt, die Einlösung der ausgeschriebenen Angebote zu verweigern.
8. Die teilnehmenden Golfclubs haben sich gegenüber dem Verlag unter den o.g. Bedingungen verpflichtet, die ausgeschriebenen Angebote einzulösen. Der Verlag übernimmt jedoch keine Gewähr und keine Haftung, wenn ein Angebot nicht eingelöst wird oder werden kann.

Bedingungen zur Einlösung des Discounts:

1. Das Angebot ist einschließlich bis 30.6.2022 gültig.
2. Der Golfspieler/Leser hat sich telefonisch eine Abschlagzeit geben zu lassen – dabei ist die Nutzung des Angebots anzugeben.
3. Eine Barauszahlung des Greenfee-Vorteils ist nicht möglich.
4. Das Kombinieren von Angeboten oder bestehenden Greenfee-Vorteilen ist nicht möglich. Der Vorteil bezieht sich jeweils ausschließlich auf die zum Zeitpunkt der Einlösung gültigen vollen Greenfee-Gebühren.
5. Gibt es Spielergruppen mit erhöhten Greenfee-Gebühren, ist ein Nachlass auf diese Gebühren nicht möglich.
6. Das Angebot allein berechtigt nicht zum Spiel gegen Greenfee. Die Erfüllung der Bestimmungen des jeweiligen Golfclubs zur Greenfee-Berechtigung (Mitgliedschaft in einem Golfclub, Mindesthandicap etc.) zum Zeitpunkt der Einlösung sind Voraussetzung.
7. Es ist untersagt, den Greenfee-Gutschein entgeltlich Dritten zu überlassen bzw. mit diesen Handel zu treiben. Insbesondere sind die teilnehmenden Golfclubs in diesem Falle berechtigt, die Einlösung der ausgeschriebenen Angebote zu verweigern.
8. Die teilnehmenden Golfclubs haben sich gegenüber dem Verlag unter den o.g. Bedingungen verpflichtet, die ausgeschriebenen Angebote einzulösen. Der Verlag übernimmt jedoch keine Gewähr und keine Haftung, wenn ein Angebot nicht eingelöst wird oder werden kann.

Bedingungen zur Einlösung des Discounts:

1. Das Angebot ist einschließlich bis 30.6.2022 gültig.
2. Der Golfspieler/Leser hat sich telefonisch eine Abschlagzeit geben zu lassen – dabei ist die Nutzung des Angebots anzugeben.
3. Eine Barauszahlung des Greenfee-Vorteils ist nicht möglich.
4. Das Kombinieren von Angeboten oder bestehenden Greenfee-Vorteilen ist nicht möglich. Der Vorteil bezieht sich jeweils ausschließlich auf die zum Zeitpunkt der Einlösung gültigen vollen Greenfee-Gebühren.
5. Gibt es Spielergruppen mit erhöhten Greenfee-Gebühren, ist ein Nachlass auf diese Gebühren nicht möglich.
6. Das Angebot allein berechtigt nicht zum Spiel gegen Greenfee. Die Erfüllung der Bestimmungen des jeweiligen Golfclubs zur Greenfee-Berechtigung (Mitgliedschaft in einem Golfclub, Mindesthandicap etc.) zum Zeitpunkt der Einlösung sind Voraussetzung.
7. Es ist untersagt, den Greenfee-Gutschein entgeltlich Dritten zu überlassen bzw. mit diesen Handel zu treiben. Insbesondere sind die teilnehmenden Golfclubs in diesem Falle berechtigt, die Einlösung der ausgeschriebenen Angebote zu verweigern.
8. Die teilnehmenden Golfclubs haben sich gegenüber dem Verlag unter den o.g. Bedingungen verpflichtet, die ausgeschriebenen Angebote einzulösen. Der Verlag übernimmt jedoch keine Gewähr und keine Haftung, wenn ein Angebot nicht eingelöst wird oder werden kann.

Bedingungen zur Einlösung des Discounts:

1. Das Angebot ist einschließlich bis 30.6.2022 gültig.
2. Der Golfspieler/Leser hat sich telefonisch eine Abschlagzeit geben zu lassen – dabei ist die Nutzung des Angebots anzugeben.
3. Eine Barauszahlung des Greenfee-Vorteils ist nicht möglich.
4. Das Kombinieren von Angeboten oder bestehenden Greenfee-Vorteilen ist nicht möglich. Der Vorteil bezieht sich jeweils ausschließlich auf die zum Zeitpunkt der Einlösung gültigen vollen Greenfee-Gebühren.
5. Gibt es Spielergruppen mit erhöhten Greenfee-Gebühren, ist ein Nachlass auf diese Gebühren nicht möglich.
6. Das Angebot allein berechtigt nicht zum Spiel gegen Greenfee. Die Erfüllung der Bestimmungen des jeweiligen Golfclubs zur Greenfee-Berechtigung (Mitgliedschaft in einem Golfclub, Mindesthandicap etc.) zum Zeitpunkt der Einlösung sind Voraussetzung.
7. Es ist untersagt, den Greenfee-Gutschein entgeltlich Dritten zu überlassen bzw. mit diesen Handel zu treiben. Insbesondere sind die teilnehmenden Golfclubs in diesem Falle berechtigt, die Einlösung der ausgeschriebenen Angebote zu verweigern.
8. Die teilnehmenden Golfclubs haben sich gegenüber dem Verlag unter den o.g. Bedingungen verpflichtet, die ausgeschriebenen Angebote einzulösen. Der Verlag übernimmt jedoch keine Gewähr und keine Haftung, wenn ein Angebot nicht eingelöst wird oder werden kann.

Bedingungen zur Einlösung des Discounts:

1. Das Angebot ist einschließlich bis 30.6.2022 gültig.
2. Der Golfspieler/Leser hat sich telefonisch eine Abschlagzeit geben zu lassen – dabei ist die Nutzung des Angebots anzugeben.
3. Eine Barauszahlung des Greenfee-Vorteils ist nicht möglich.
4. Das Kombinieren von Angeboten oder bestehenden Greenfee-Vorteilen ist nicht möglich. Der Vorteil bezieht sich jeweils ausschließlich auf die zum Zeitpunkt der Einlösung gültigen vollen Greenfee-Gebühren.
5. Gibt es Spielergruppen mit erhöhten Greenfee-Gebühren, ist ein Nachlass auf diese Gebühren nicht möglich.
6. Das Angebot allein berechtigt nicht zum Spiel gegen Greenfee. Die Erfüllung der Bestimmungen des jeweiligen Golfclubs zur Greenfee-Berechtigung (Mitgliedschaft in einem Golfclub, Mindesthandicap etc.) zum Zeitpunkt der Einlösung sind Voraussetzung.
7. Es ist untersagt, den Greenfee-Gutschein entgeltlich Dritten zu überlassen bzw. mit diesen Handel zu treiben. Insbesondere sind die teilnehmenden Golfclubs in diesem Falle berechtigt, die Einlösung der ausgeschriebenen Angebote zu verweigern.
8. Die teilnehmenden Golfclubs haben sich gegenüber dem Verlag unter den o.g. Bedingungen verpflichtet, die ausgeschriebenen Angebote einzulösen. Der Verlag übernimmt jedoch keine Gewähr und keine Haftung, wenn ein Angebot nicht eingelöst wird oder werden kann.

Bedingungen zur Einlösung des Discounts:

1. Das Angebot ist einschließlich bis 30.6.2022 gültig.
2. Der Golfspieler/Leser hat sich telefonisch eine Abschlagzeit geben zu lassen – dabei ist die Nutzung des Angebots anzugeben.
3. Eine Barauszahlung des Greenfee-Vorteils ist nicht möglich.
4. Das Kombinieren von Angeboten oder bestehenden Greenfee-Vorteilen ist nicht möglich. Der Vorteil bezieht sich jeweils ausschließlich auf die zum Zeitpunkt der Einlösung gültigen vollen Greenfee-Gebühren.
5. Gibt es Spielergruppen mit erhöhten Greenfee-Gebühren, ist ein Nachlass auf diese Gebühren nicht möglich.
6. Das Angebot allein berechtigt nicht zum Spiel gegen Greenfee. Die Erfüllung der Bestimmungen des jeweiligen Golfclubs zur Greenfee-Berechtigung (Mitgliedschaft in einem Golfclub, Mindesthandicap etc.) zum Zeitpunkt der Einlösung sind Voraussetzung.
7. Es ist untersagt, den Greenfee-Gutschein entgeltlich Dritten zu überlassen bzw. mit diesen Handel zu treiben. Insbesondere sind die teilnehmenden Golfclubs in diesem Falle berechtigt, die Einlösung der ausgeschriebenen Angebote zu verweigern.
8. Die teilnehmenden Golfclubs haben sich gegenüber dem Verlag unter den o.g. Bedingungen verpflichtet, die ausgeschriebenen Angebote einzulösen. Der Verlag übernimmt jedoch keine Gewähr und keine Haftung, wenn ein Angebot nicht eingelöst wird oder werden kann.

Bedingungen zur Einlösung des Discounts:

1. Das Angebot ist einschließlich bis 30.6.2022 gültig.
2. Der Golfspieler/Leser hat sich telefonisch eine Abschlagzeit geben zu lassen – dabei ist die Nutzung des Angebots anzugeben.
3. Eine Barauszahlung des Greenfee-Vorteils ist nicht möglich.
4. Das Kombinieren von Angeboten oder bestehenden Greenfee-Vorteilen ist nicht möglich. Der Vorteil bezieht sich jeweils ausschließlich auf die zum Zeitpunkt der Einlösung gültigen vollen Greenfee-Gebühren.
5. Gibt es Spielergruppen mit erhöhten Greenfee-Gebühren, ist ein Nachlass auf diese Gebühren nicht möglich.
6. Das Angebot allein berechtigt nicht zum Spiel gegen Greenfee. Die Erfüllung der Bestimmungen des jeweiligen Golfclubs zur Greenfee-Berechtigung (Mitgliedschaft in einem Golfclub, Mindesthandicap etc.) zum Zeitpunkt der Einlösung sind Voraussetzung.
7. Es ist untersagt, den Greenfee-Gutschein entgeltlich Dritten zu überlassen bzw. mit diesen Handel zu treiben. Insbesondere sind die teilnehmenden Golfclubs in diesem Falle berechtigt, die Einlösung der ausgeschriebenen Angebote zu verweigern.
8. Die teilnehmenden Golfclubs haben sich gegenüber dem Verlag unter den o.g. Bedingungen verpflichtet, die ausgeschriebenen Angebote einzulösen. Der Verlag übernimmt jedoch keine Gewähr und keine Haftung, wenn ein Angebot nicht eingelöst wird oder werden kann.

Bedingungen zur Einlösung des Discounts:

1. Das Angebot ist einschließlich bis 30.6.2022 gültig.
2. Der Golfspieler/Leser hat sich telefonisch eine Abschlagzeit geben zu lassen – dabei ist die Nutzung des Angebots anzugeben.
3. Eine Barauszahlung des Greenfee-Vorteils ist nicht möglich.
4. Das Kombinieren von Angeboten oder bestehenden Greenfee-Vorteilen ist nicht möglich. Der Vorteil bezieht sich jeweils ausschließlich auf die zum Zeitpunkt der Einlösung gültigen vollen Greenfee-Gebühren.
5. Gibt es Spielergruppen mit erhöhten Greenfee-Gebühren, ist ein Nachlass auf diese Gebühren nicht möglich.
6. Das Angebot allein berechtigt nicht zum Spiel gegen Greenfee. Die Erfüllung der Bestimmungen des jeweiligen Golfclubs zur Greenfee-Berechtigung (Mitgliedschaft in einem Golfclub, Mindesthandicap etc.) zum Zeitpunkt der Einlösung sind Voraussetzung.
7. Es ist untersagt, den Greenfee-Gutschein entgeltlich Dritten zu überlassen bzw. mit diesen Handel zu treiben. Insbesondere sind die teilnehmenden Golfclubs in diesem Falle berechtigt, die Einlösung der ausgeschriebenen Angebote zu verweigern.
8. Die teilnehmenden Golfclubs haben sich gegenüber dem Verlag unter den o.g. Bedingungen verpflichtet, die ausgeschriebenen Angebote einzulösen. Der Verlag übernimmt jedoch keine Gewähr und keine Haftung, wenn ein Angebot nicht eingelöst wird oder werden kann.

Bedingungen zur Einlösung des Discounts:

1. Das Angebot ist einschließlich bis 30.6.2022 gültig.
2. Der Golfspieler/Leser hat sich telefonisch eine Abschlagzeit geben zu lassen – dabei ist die Nutzung des Angebots anzugeben.
3. Eine Barauszahlung des Greenfee-Vorteils ist nicht möglich.
4. Das Kombinieren von Angeboten oder bestehenden Greenfee-Vorteilen ist nicht möglich. Der Vorteil bezieht sich jeweils ausschließlich auf die zum Zeitpunkt der Einlösung gültigen vollen Greenfee-Gebühren.
5. Gibt es Spielergruppen mit erhöhten Greenfee-Gebühren, ist ein Nachlass auf diese Gebühren nicht möglich.
6. Das Angebot allein berechtigt nicht zum Spiel gegen Greenfee. Die Erfüllung der Bestimmungen des jeweiligen Golfclubs zur Greenfee-Berechtigung (Mitgliedschaft in einem Golfclub, Mindesthandicap etc.) zum Zeitpunkt der Einlösung sind Voraussetzung.
7. Es ist untersagt, den Greenfee-Gutschein entgeltlich Dritten zu überlassen bzw. mit diesen Handel zu treiben. Insbesondere sind die teilnehmenden Golfclubs in diesem Falle berechtigt, die Einlösung der ausgeschriebenen Angebote zu verweigern.
8. Die teilnehmenden Golfclubs haben sich gegenüber dem Verlag unter den o.g. Bedingungen verpflichtet, die ausgeschriebenen Angebote einzulösen. Der Verlag übernimmt jedoch keine Gewähr und keine Haftung, wenn ein Angebot nicht eingelöst wird oder werden kann.

DER GOLF ALBRECHT

Golfclub Teck e.V.

DE

Am Golfplatz
D-73275 Ohmden
✆ 07023-742663
Baden-Württemberg

171

2 for 1 2 GF zum Preis von 1 wochentags

DER GOLF ALBRECHT

Golfclub Teck e.V.

DE

Am Golfplatz
D-73275 Ohmden
✆ 07023-742663
Baden-Württemberg

171

2 for 1 2 GF zum Preis von 1 wochentags

DER GOLF ALBRECHT

Golfclub Urloffen e.V.

DE

Golfplatz 1
D-77767 Appenweier
✆ 07843-993240
Baden-Württemberg

172

2 for 1 2 GF zum Preis von 1

DER GOLF ALBRECHT

Golfclub Urloffen e.V.

DE

Golfplatz 1
D-77767 Appenweier
✆ 07843-993240
Baden-Württemberg

172

2 for 1 2 GF zum Preis von 1

DER GOLF ALBRECHT

Golfclub Urloffen e.V.

DE

Golfplatz 1
D-77767 Appenweier
✆ 07843-993240
Baden-Württemberg

172

25% Greenfee-Ermäßigung

DER GOLF ALBRECHT

Golfclub Urloffen e.V.

DE

Golfplatz 1
D-77767 Appenweier
✆ 07843-993240
Baden-Württemberg

172

25% Greenfee-Ermäßigung

DER GOLF ALBRECHT

GC Schloss Weitenburg

DE

Sommerhalde 11
D-72181 Starzach-Sulzau
✆ 07472-15050
Baden-Württemberg

173

2 for 1 2 GF zum Preis von 1

DER GOLF ALBRECHT

GC Schloss Weitenburg

DE

Sommerhalde 11
D-72181 Starzach-Sulzau
✆ 07472-15050
Baden-Württemberg

173

2 for 1 2 GF zum Preis von 1

DER GOLF ALBRECHT

Golfclub Reutlingen-Sonnenbühl e.V.

DE

Gewann vor Staudach 2
D-72820 Sonnenbühl-Undingen
✆ 07128-92660
Baden-Württemberg

174

2 for 1 2 GF zum Preis von 1

DER GOLF ALBRECHT

Golfclub Reutlingen-Sonnenbühl e.V.

DE

Gewann vor Staudach 2
D-72820 Sonnenbühl-Undingen
✆ 07128-92660
Baden-Württemberg

174

2 for 1 2 GF zum Preis von 1

Bedingungen zur Einlösung des Discounts:

1. Das Angebot ist einschließlich bis 30.6.2022 gültig.
2. Der Golfspieler/Leser hat sich telefonisch eine Abschlagzeit geben zu lassen – dabei ist die Nutzung des Angebots anzugeben.
3. Eine Barauszahlung des Greenfee-Vorteils ist nicht möglich.
4. Das Kombinieren von Angeboten oder bestehenden Greenfee-Vorteilen ist nicht möglich. Der Vorteil bezieht sich jeweils ausschließlich auf die zum Zeitpunkt der Einlösung gültigen vollen Greenfee-Gebühren.
5. Gibt es Spielergruppen mit erhöhten Greenfee-Gebühren, ist ein Nachlass auf diese Gebühren nicht möglich.
6. Das Angebot allein berechtigt nicht zum Spiel gegen Greenfee. Die Erfüllung der Bestimmungen des jeweiligen Golfclubs zur Greenfee-Berechtigung (Mitgliedschaft in einem Golfclub, Mindesthandicap etc.) zum Zeitpunkt der Einlösung sind Voraussetzung.
7. Es ist untersagt, den Greenfee-Gutschein entgeltlich Dritten zu überlassen bzw. mit diesen Handel zu treiben. Insbesondere sind die teilnehmenden Golfclubs in diesem Falle berechtigt, die Einlösung der ausgeschriebenen Angebote zu verweigern.
8. Die teilnehmenden Golfclubs haben sich gegenüber dem Verlag unter den o.g. Bedingungen verpflichtet, die ausgeschriebenen Angebote einzulösen. Der Verlag übernimmt jedoch keine Gewähr und keine Haftung, wenn ein Angebot nicht eingelöst wird oder werden kann.

Bedingungen zur Einlösung des Discounts:

1. Das Angebot ist einschließlich bis 30.6.2022 gültig.
2. Der Golfspieler/Leser hat sich telefonisch eine Abschlagzeit geben zu lassen – dabei ist die Nutzung des Angebots anzugeben.
3. Eine Barauszahlung des Greenfee-Vorteils ist nicht möglich.
4. Das Kombinieren von Angeboten oder bestehenden Greenfee-Vorteilen ist nicht möglich. Der Vorteil bezieht sich jeweils ausschließlich auf die zum Zeitpunkt der Einlösung gültigen vollen Greenfee-Gebühren.
5. Gibt es Spielergruppen mit erhöhten Greenfee-Gebühren, ist ein Nachlass auf diese Gebühren nicht möglich.
6. Das Angebot allein berechtigt nicht zum Spiel gegen Greenfee. Die Erfüllung der Bestimmungen des jeweiligen Golfclubs zur Greenfee-Berechtigung (Mitgliedschaft in einem Golfclub, Mindesthandicap etc.) zum Zeitpunkt der Einlösung sind Voraussetzung.
7. Es ist untersagt, den Greenfee-Gutschein entgeltlich Dritten zu überlassen bzw. mit diesen Handel zu treiben. Insbesondere sind die teilnehmenden Golfclubs in diesem Falle berechtigt, die Einlösung der ausgeschriebenen Angebote zu verweigern.
8. Die teilnehmenden Golfclubs haben sich gegenüber dem Verlag unter den o.g. Bedingungen verpflichtet, die ausgeschriebenen Angebote einzulösen. Der Verlag übernimmt jedoch keine Gewähr und keine Haftung, wenn ein Angebot nicht eingelöst wird oder werden kann.

Bedingungen zur Einlösung des Discounts:

1. Das Angebot ist einschließlich bis 30.6.2022 gültig.
2. Der Golfspieler/Leser hat sich telefonisch eine Abschlagzeit geben zu lassen – dabei ist die Nutzung des Angebots anzugeben.
3. Eine Barauszahlung des Greenfee-Vorteils ist nicht möglich.
4. Das Kombinieren von Angeboten oder bestehenden Greenfee-Vorteilen ist nicht möglich. Der Vorteil bezieht sich jeweils ausschließlich auf die zum Zeitpunkt der Einlösung gültigen vollen Greenfee-Gebühren.
5. Gibt es Spielergruppen mit erhöhten Greenfee-Gebühren, ist ein Nachlass auf diese Gebühren nicht möglich.
6. Das Angebot allein berechtigt nicht zum Spiel gegen Greenfee. Die Erfüllung der Bestimmungen des jeweiligen Golfclubs zur Greenfee-Berechtigung (Mitgliedschaft in einem Golfclub, Mindesthandicap etc.) zum Zeitpunkt der Einlösung sind Voraussetzung.
7. Es ist untersagt, den Greenfee-Gutschein entgeltlich Dritten zu überlassen bzw. mit diesen Handel zu treiben. Insbesondere sind die teilnehmenden Golfclubs in diesem Falle berechtigt, die Einlösung der ausgeschriebenen Angebote zu verweigern.
8. Die teilnehmenden Golfclubs haben sich gegenüber dem Verlag unter den o.g. Bedingungen verpflichtet, die ausgeschriebenen Angebote einzulösen. Der Verlag übernimmt jedoch keine Gewähr und keine Haftung, wenn ein Angebot nicht eingelöst wird oder werden kann.

Bedingungen zur Einlösung des Discounts:

1. Das Angebot ist einschließlich bis 30.6.2022 gültig.
2. Der Golfspieler/Leser hat sich telefonisch eine Abschlagzeit geben zu lassen – dabei ist die Nutzung des Angebots anzugeben.
3. Eine Barauszahlung des Greenfee-Vorteils ist nicht möglich.
4. Das Kombinieren von Angeboten oder bestehenden Greenfee-Vorteilen ist nicht möglich. Der Vorteil bezieht sich jeweils ausschließlich auf die zum Zeitpunkt der Einlösung gültigen vollen Greenfee-Gebühren.
5. Gibt es Spielergruppen mit erhöhten Greenfee-Gebühren, ist ein Nachlass auf diese Gebühren nicht möglich.
6. Das Angebot allein berechtigt nicht zum Spiel gegen Greenfee. Die Erfüllung der Bestimmungen des jeweiligen Golfclubs zur Greenfee-Berechtigung (Mitgliedschaft in einem Golfclub, Mindesthandicap etc.) zum Zeitpunkt der Einlösung sind Voraussetzung.
7. Es ist untersagt, den Greenfee-Gutschein entgeltlich Dritten zu überlassen bzw. mit diesen Handel zu treiben. Insbesondere sind die teilnehmenden Golfclubs in diesem Falle berechtigt, die Einlösung der ausgeschriebenen Angebote zu verweigern.
8. Die teilnehmenden Golfclubs haben sich gegenüber dem Verlag unter den o.g. Bedingungen verpflichtet, die ausgeschriebenen Angebote einzulösen. Der Verlag übernimmt jedoch keine Gewähr und keine Haftung, wenn ein Angebot nicht eingelöst wird oder werden kann.

Bedingungen zur Einlösung des Discounts:

1. Das Angebot ist einschließlich bis 30.6.2022 gültig.
2. Der Golfspieler/Leser hat sich telefonisch eine Abschlagzeit geben zu lassen – dabei ist die Nutzung des Angebots anzugeben.
3. Eine Barauszahlung des Greenfee-Vorteils ist nicht möglich.
4. Das Kombinieren von Angeboten oder bestehenden Greenfee-Vorteilen ist nicht möglich. Der Vorteil bezieht sich jeweils ausschließlich auf die zum Zeitpunkt der Einlösung gültigen vollen Greenfee-Gebühren.
5. Gibt es Spielergruppen mit erhöhten Greenfee-Gebühren, ist ein Nachlass auf diese Gebühren nicht möglich.
6. Das Angebot allein berechtigt nicht zum Spiel gegen Greenfee. Die Erfüllung der Bestimmungen des jeweiligen Golfclubs zur Greenfee-Berechtigung (Mitgliedschaft in einem Golfclub, Mindesthandicap etc.) zum Zeitpunkt der Einlösung sind Voraussetzung.
7. Es ist untersagt, den Greenfee-Gutschein entgeltlich Dritten zu überlassen bzw. mit diesen Handel zu treiben. Insbesondere sind die teilnehmenden Golfclubs in diesem Falle berechtigt, die Einlösung der ausgeschriebenen Angebote zu verweigern.
8. Die teilnehmenden Golfclubs haben sich gegenüber dem Verlag unter den o.g. Bedingungen verpflichtet, die ausgeschriebenen Angebote einzulösen. Der Verlag übernimmt jedoch keine Gewähr und keine Haftung, wenn ein Angebot nicht eingelöst wird oder werden kann.

Bedingungen zur Einlösung des Discounts:

1. Das Angebot ist einschließlich bis 30.6.2022 gültig.
2. Der Golfspieler/Leser hat sich telefonisch eine Abschlagzeit geben zu lassen – dabei ist die Nutzung des Angebots anzugeben.
3. Eine Barauszahlung des Greenfee-Vorteils ist nicht möglich.
4. Das Kombinieren von Angeboten oder bestehenden Greenfee-Vorteilen ist nicht möglich. Der Vorteil bezieht sich jeweils ausschließlich auf die zum Zeitpunkt der Einlösung gültigen vollen Greenfee-Gebühren.
5. Gibt es Spielergruppen mit erhöhten Greenfee-Gebühren, ist ein Nachlass auf diese Gebühren nicht möglich.
6. Das Angebot allein berechtigt nicht zum Spiel gegen Greenfee. Die Erfüllung der Bestimmungen des jeweiligen Golfclubs zur Greenfee-Berechtigung (Mitgliedschaft in einem Golfclub, Mindesthandicap etc.) zum Zeitpunkt der Einlösung sind Voraussetzung.
7. Es ist untersagt, den Greenfee-Gutschein entgeltlich Dritten zu überlassen bzw. mit diesen Handel zu treiben. Insbesondere sind die teilnehmenden Golfclubs in diesem Falle berechtigt, die Einlösung der ausgeschriebenen Angebote zu verweigern.
8. Die teilnehmenden Golfclubs haben sich gegenüber dem Verlag unter den o.g. Bedingungen verpflichtet, die ausgeschriebenen Angebote einzulösen. Der Verlag übernimmt jedoch keine Gewähr und keine Haftung, wenn ein Angebot nicht eingelöst wird oder werden kann.

Bedingungen zur Einlösung des Discounts:

1. Das Angebot ist einschließlich bis 30.6.2022 gültig.
2. Der Golfspieler/Leser hat sich telefonisch eine Abschlagzeit geben zu lassen – dabei ist die Nutzung des Angebots anzugeben.
3. Eine Barauszahlung des Greenfee-Vorteils ist nicht möglich.
4. Das Kombinieren von Angeboten oder bestehenden Greenfee-Vorteilen ist nicht möglich. Der Vorteil bezieht sich jeweils ausschließlich auf die zum Zeitpunkt der Einlösung gültigen vollen Greenfee-Gebühren.
5. Gibt es Spielergruppen mit erhöhten Greenfee-Gebühren, ist ein Nachlass auf diese Gebühren nicht möglich.
6. Das Angebot allein berechtigt nicht zum Spiel gegen Greenfee. Die Erfüllung der Bestimmungen des jeweiligen Golfclubs zur Greenfee-Berechtigung (Mitgliedschaft in einem Golfclub, Mindesthandicap etc.) zum Zeitpunkt der Einlösung sind Voraussetzung.
7. Es ist untersagt, den Greenfee-Gutschein entgeltlich Dritten zu überlassen bzw. mit diesen Handel zu treiben. Insbesondere sind die teilnehmenden Golfclubs in diesem Falle berechtigt, die Einlösung der ausgeschriebenen Angebote zu verweigern.
8. Die teilnehmenden Golfclubs haben sich gegenüber dem Verlag unter den o.g. Bedingungen verpflichtet, die ausgeschriebenen Angebote einzulösen. Der Verlag übernimmt jedoch keine Gewähr und keine Haftung, wenn ein Angebot nicht eingelöst wird oder werden kann.

Bedingungen zur Einlösung des Discounts:

1. Das Angebot ist einschließlich bis 30.6.2022 gültig.
2. Der Golfspieler/Leser hat sich telefonisch eine Abschlagzeit geben zu lassen – dabei ist die Nutzung des Angebots anzugeben.
3. Eine Barauszahlung des Greenfee-Vorteils ist nicht möglich.
4. Das Kombinieren von Angeboten oder bestehenden Greenfee-Vorteilen ist nicht möglich. Der Vorteil bezieht sich jeweils ausschließlich auf die zum Zeitpunkt der Einlösung gültigen vollen Greenfee-Gebühren.
5. Gibt es Spielergruppen mit erhöhten Greenfee-Gebühren, ist ein Nachlass auf diese Gebühren nicht möglich.
6. Das Angebot allein berechtigt nicht zum Spiel gegen Greenfee. Die Erfüllung der Bestimmungen des jeweiligen Golfclubs zur Greenfee-Berechtigung (Mitgliedschaft in einem Golfclub, Mindesthandicap etc.) zum Zeitpunkt der Einlösung sind Voraussetzung.
7. Es ist untersagt, den Greenfee-Gutschein entgeltlich Dritten zu überlassen bzw. mit diesen Handel zu treiben. Insbesondere sind die teilnehmenden Golfclubs in diesem Falle berechtigt, die Einlösung der ausgeschriebenen Angebote zu verweigern.
8. Die teilnehmenden Golfclubs haben sich gegenüber dem Verlag unter den o.g. Bedingungen verpflichtet, die ausgeschriebenen Angebote einzulösen. Der Verlag übernimmt jedoch keine Gewähr und keine Haftung, wenn ein Angebot nicht eingelöst wird oder werden kann.

Bedingungen zur Einlösung des Discounts:

1. Das Angebot ist einschließlich bis 30.6.2022 gültig.
2. Der Golfspieler/Leser hat sich telefonisch eine Abschlagzeit geben zu lassen – dabei ist die Nutzung des Angebots anzugeben.
3. Eine Barauszahlung des Greenfee-Vorteils ist nicht möglich.
4. Das Kombinieren von Angeboten oder bestehenden Greenfee-Vorteilen ist nicht möglich. Der Vorteil bezieht sich jeweils ausschließlich auf die zum Zeitpunkt der Einlösung gültigen vollen Greenfee-Gebühren.
5. Gibt es Spielergruppen mit erhöhten Greenfee-Gebühren, ist ein Nachlass auf diese Gebühren nicht möglich.
6. Das Angebot allein berechtigt nicht zum Spiel gegen Greenfee. Die Erfüllung der Bestimmungen des jeweiligen Golfclubs zur Greenfee-Berechtigung (Mitgliedschaft in einem Golfclub, Mindesthandicap etc.) zum Zeitpunkt der Einlösung sind Voraussetzung.
7. Es ist untersagt, den Greenfee-Gutschein entgeltlich Dritten zu überlassen bzw. mit diesen Handel zu treiben. Insbesondere sind die teilnehmenden Golfclubs in diesem Falle berechtigt, die Einlösung der ausgeschriebenen Angebote zu verweigern.
8. Die teilnehmenden Golfclubs haben sich gegenüber dem Verlag unter den o.g. Bedingungen verpflichtet, die ausgeschriebenen Angebote einzulösen. Der Verlag übernimmt jedoch keine Gewähr und keine Haftung, wenn ein Angebot nicht eingelöst wird oder werden kann.

Bedingungen zur Einlösung des Discounts:

1. Das Angebot ist einschließlich bis 30.6.2022 gültig.
2. Der Golfspieler/Leser hat sich telefonisch eine Abschlagzeit geben zu lassen – dabei ist die Nutzung des Angebots anzugeben.
3. Eine Barauszahlung des Greenfee-Vorteils ist nicht möglich.
4. Das Kombinieren von Angeboten oder bestehenden Greenfee-Vorteilen ist nicht möglich. Der Vorteil bezieht sich jeweils ausschließlich auf die zum Zeitpunkt der Einlösung gültigen vollen Greenfee-Gebühren.
5. Gibt es Spielergruppen mit erhöhten Greenfee-Gebühren, ist ein Nachlass auf diese Gebühren nicht möglich.
6. Das Angebot allein berechtigt nicht zum Spiel gegen Greenfee. Die Erfüllung der Bestimmungen des jeweiligen Golfclubs zur Greenfee-Berechtigung (Mitgliedschaft in einem Golfclub, Mindesthandicap etc.) zum Zeitpunkt der Einlösung sind Voraussetzung.
7. Es ist untersagt, den Greenfee-Gutschein entgeltlich Dritten zu überlassen bzw. mit diesen Handel zu treiben. Insbesondere sind die teilnehmenden Golfclubs in diesem Falle berechtigt, die Einlösung der ausgeschriebenen Angebote zu verweigern.
8. Die teilnehmenden Golfclubs haben sich gegenüber dem Verlag unter den o.g. Bedingungen verpflichtet, die ausgeschriebenen Angebote einzulösen. Der Verlag übernimmt jedoch keine Gewähr und keine Haftung, wenn ein Angebot nicht eingelöst wird oder werden kann.

DER GOLF ALBRECHT

Golfclub Reutlingen-Sonnenbühl e.V.

DE

Gewann vor Staudach 2
D-72820 Sonnenbühl-Undingen
✆ 07128-92660
Baden-Württemberg

174

20% Greenfee-Ermäßigung

DER GOLF ALBRECHT

Golfclub Reutlingen-Sonnenbühl e.V.

DE

Gewann vor Staudach 2
D-72820 Sonnenbühl-Undingen
✆ 07128-92660
Baden-Württemberg

174

20% Greenfee-Ermäßigung

DER GOLF ALBRECHT

Golf Club Hechingen-Hohenzollern e.V.

DE

Hagelwasen
D-72379 Hechingen
✆ 07471-9849930
Baden-Württemberg

175

2 for 1 2 GF zum Preis von 1

DER GOLF ALBRECHT

Golf Club Hechingen-Hohenzollern e.V.

DE

Hagelwasen
D-72379 Hechingen
✆ 07471-9849930
Baden-Württemberg

175

2 for 1 2 GF zum Preis von 1

DER GOLF ALBRECHT

Golf Club Hechingen-Hohenzollern e.V.

DE

Hagelwasen
D-72379 Hechingen
✆ 07471-9849930
Baden-Württemberg

175

25% Greenfee-Ermäßigung

DER GOLF ALBRECHT

Golf Club Hechingen-Hohenzollern e.V.

DE

Hagelwasen
D-72379 Hechingen
✆ 07471-9849930
Baden-Württemberg

175

25% Greenfee-Ermäßigung

DER GOLF ALBRECHT

Golf Club Ortenau e.V.

DE

Gereut 9.1
D-77933 Lahr-Reichenbach
✆ 07821-77227
Baden-Württemberg

176

2 for 1 2 GF zum Preis von 1

DER GOLF ALBRECHT

Golf Club Ortenau e.V.

DE

Gereut 9.1
D-77933 Lahr-Reichenbach
✆ 07821-77227
Baden-Württemberg

176

2 for 1 2 GF zum Preis von 1

DER GOLF ALBRECHT

Golfclub Alpirsbach e.V.

DE

Fluorner Straße 3
D-72275 Alpirsbach-Peterzell
✆ 07444-4665
Baden-Württemberg

177

2 for 1 2 GF zum Preis von 1

DER GOLF ALBRECHT

Golfclub Alpirsbach e.V.

DE

Fluorner Straße 3
D-72275 Alpirsbach-Peterzell
✆ 07444-4665
Baden-Württemberg

177

2 for 1 2 GF zum Preis von 1

Bedingungen zur Einlösung des Discounts:

1. Das Angebot ist einschließlich bis 30.6.2022 gültig.
2. Der Golfspieler/Leser hat sich telefonisch eine Abschlagzeit geben zu lassen – dabei ist die Nutzung des Angebots anzugeben.
3. Eine Barauszahlung des Greenfee-Vorteils ist nicht möglich.
4. Das Kombinieren von Angeboten oder bestehenden Greenfee-Vorteilen ist nicht möglich. Der Vorteil bezieht sich jeweils ausschließlich auf die zum Zeitpunkt der Einlösung gültigen vollen Greenfee-Gebühren.
5. Gibt es Spielergruppen mit erhöhten Greenfee-Gebühren, ist ein Nachlass auf diese Gebühren nicht möglich.
6. Das Angebot allein berechtigt nicht zum Spiel gegen Greenfee. Die Erfüllung der Bestimmungen des jeweiligen Golfclubs zur Greenfee-Berechtigung (Mitgliedschaft in einem Golfclub, Mindesthandicap etc.) zum Zeitpunkt der Einlösung sind Voraussetzung.
7. Es ist untersagt, den Greenfee-Gutschein entgeltlich Dritten zu überlassen bzw. mit diesen Handel zu treiben. Insbesondere sind die teilnehmenden Golfclubs in diesem Falle berechtigt, die Einlösung der ausgeschriebenen Angebote zu verweigern.
8. Die teilnehmenden Golfclubs haben sich gegenüber dem Verlag unter den o.g. Bedingungen verpflichtet, die ausgeschriebenen Angebote einzulösen. Der Verlag übernimmt jedoch keine Gewähr und keine Haftung, wenn ein Angebot nicht eingelöst wird oder werden kann.

Bedingungen zur Einlösung des Discounts:

1. Das Angebot ist einschließlich bis 30.6.2022 gültig.
2. Der Golfspieler/Leser hat sich telefonisch eine Abschlagzeit geben zu lassen – dabei ist die Nutzung des Angebots anzugeben.
3. Eine Barauszahlung des Greenfee-Vorteils ist nicht möglich.
4. Das Kombinieren von Angeboten oder bestehenden Greenfee-Vorteilen ist nicht möglich. Der Vorteil bezieht sich jeweils ausschließlich auf die zum Zeitpunkt der Einlösung gültigen vollen Greenfee-Gebühren.
5. Gibt es Spielergruppen mit erhöhten Greenfee-Gebühren, ist ein Nachlass auf diese Gebühren nicht möglich.
6. Das Angebot allein berechtigt nicht zum Spiel gegen Greenfee. Die Erfüllung der Bestimmungen des jeweiligen Golfclubs zur Greenfee-Berechtigung (Mitgliedschaft in einem Golfclub, Mindesthandicap etc.) zum Zeitpunkt der Einlösung sind Voraussetzung.
7. Es ist untersagt, den Greenfee-Gutschein entgeltlich Dritten zu überlassen bzw. mit diesen Handel zu treiben. Insbesondere sind die teilnehmenden Golfclubs in diesem Falle berechtigt, die Einlösung der ausgeschriebenen Angebote zu verweigern.
8. Die teilnehmenden Golfclubs haben sich gegenüber dem Verlag unter den o.g. Bedingungen verpflichtet, die ausgeschriebenen Angebote einzulösen. Der Verlag übernimmt jedoch keine Gewähr und keine Haftung, wenn ein Angebot nicht eingelöst wird oder werden kann.

Bedingungen zur Einlösung des Discounts:

1. Das Angebot ist einschließlich bis 30.6.2022 gültig.
2. Der Golfspieler/Leser hat sich telefonisch eine Abschlagzeit geben zu lassen – dabei ist die Nutzung des Angebots anzugeben.
3. Eine Barauszahlung des Greenfee-Vorteils ist nicht möglich.
4. Das Kombinieren von Angeboten oder bestehenden Greenfee-Vorteilen ist nicht möglich. Der Vorteil bezieht sich jeweils ausschließlich auf die zum Zeitpunkt der Einlösung gültigen vollen Greenfee-Gebühren.
5. Gibt es Spielergruppen mit erhöhten Greenfee-Gebühren, ist ein Nachlass auf diese Gebühren nicht möglich.
6. Das Angebot allein berechtigt nicht zum Spiel gegen Greenfee. Die Erfüllung der Bestimmungen des jeweiligen Golfclubs zur Greenfee-Berechtigung (Mitgliedschaft in einem Golfclub, Mindesthandicap etc.) zum Zeitpunkt der Einlösung sind Voraussetzung.
7. Es ist untersagt, den Greenfee-Gutschein entgeltlich Dritten zu überlassen bzw. mit diesen Handel zu treiben. Insbesondere sind die teilnehmenden Golfclubs in diesem Falle berechtigt, die Einlösung der ausgeschriebenen Angebote zu verweigern.
8. Die teilnehmenden Golfclubs haben sich gegenüber dem Verlag unter den o.g. Bedingungen verpflichtet, die ausgeschriebenen Angebote einzulösen. Der Verlag übernimmt jedoch keine Gewähr und keine Haftung, wenn ein Angebot nicht eingelöst wird oder werden kann.

Bedingungen zur Einlösung des Discounts:

1. Das Angebot ist einschließlich bis 30.6.2022 gültig.
2. Der Golfspieler/Leser hat sich telefonisch eine Abschlagzeit geben zu lassen – dabei ist die Nutzung des Angebots anzugeben.
3. Eine Barauszahlung des Greenfee-Vorteils ist nicht möglich.
4. Das Kombinieren von Angeboten oder bestehenden Greenfee-Vorteilen ist nicht möglich. Der Vorteil bezieht sich jeweils ausschließlich auf die zum Zeitpunkt der Einlösung gültigen vollen Greenfee-Gebühren.
5. Gibt es Spielergruppen mit erhöhten Greenfee-Gebühren, ist ein Nachlass auf diese Gebühren nicht möglich.
6. Das Angebot allein berechtigt nicht zum Spiel gegen Greenfee. Die Erfüllung der Bestimmungen des jeweiligen Golfclubs zur Greenfee-Berechtigung (Mitgliedschaft in einem Golfclub, Mindesthandicap etc.) zum Zeitpunkt der Einlösung sind Voraussetzung.
7. Es ist untersagt, den Greenfee-Gutschein entgeltlich Dritten zu überlassen bzw. mit diesen Handel zu treiben. Insbesondere sind die teilnehmenden Golfclubs in diesem Falle berechtigt, die Einlösung der ausgeschriebenen Angebote zu verweigern.
8. Die teilnehmenden Golfclubs haben sich gegenüber dem Verlag unter den o.g. Bedingungen verpflichtet, die ausgeschriebenen Angebote einzulösen. Der Verlag übernimmt jedoch keine Gewähr und keine Haftung, wenn ein Angebot nicht eingelöst wird oder werden kann.

Bedingungen zur Einlösung des Discounts:

1. Das Angebot ist einschließlich bis 30.6.2022 gültig.
2. Der Golfspieler/Leser hat sich telefonisch eine Abschlagzeit geben zu lassen – dabei ist die Nutzung des Angebots anzugeben.
3. Eine Barauszahlung des Greenfee-Vorteils ist nicht möglich.
4. Das Kombinieren von Angeboten oder bestehenden Greenfee-Vorteilen ist nicht möglich. Der Vorteil bezieht sich jeweils ausschließlich auf die zum Zeitpunkt der Einlösung gültigen vollen Greenfee-Gebühren.
5. Gibt es Spielergruppen mit erhöhten Greenfee-Gebühren, ist ein Nachlass auf diese Gebühren nicht möglich.
6. Das Angebot allein berechtigt nicht zum Spiel gegen Greenfee. Die Erfüllung der Bestimmungen des jeweiligen Golfclubs zur Greenfee-Berechtigung (Mitgliedschaft in einem Golfclub, Mindesthandicap etc.) zum Zeitpunkt der Einlösung sind Voraussetzung.
7. Es ist untersagt, den Greenfee-Gutschein entgeltlich Dritten zu überlassen bzw. mit diesen Handel zu treiben. Insbesondere sind die teilnehmenden Golfclubs in diesem Falle berechtigt, die Einlösung der ausgeschriebenen Angebote zu verweigern.
8. Die teilnehmenden Golfclubs haben sich gegenüber dem Verlag unter den o.g. Bedingungen verpflichtet, die ausgeschriebenen Angebote einzulösen. Der Verlag übernimmt jedoch keine Gewähr und keine Haftung, wenn ein Angebot nicht eingelöst wird oder werden kann.

Bedingungen zur Einlösung des Discounts:

1. Das Angebot ist einschließlich bis 30.6.2022 gültig.
2. Der Golfspieler/Leser hat sich telefonisch eine Abschlagzeit geben zu lassen – dabei ist die Nutzung des Angebots anzugeben.
3. Eine Barauszahlung des Greenfee-Vorteils ist nicht möglich.
4. Das Kombinieren von Angeboten oder bestehenden Greenfee-Vorteilen ist nicht möglich. Der Vorteil bezieht sich jeweils ausschließlich auf die zum Zeitpunkt der Einlösung gültigen vollen Greenfee-Gebühren.
5. Gibt es Spielergruppen mit erhöhten Greenfee-Gebühren, ist ein Nachlass auf diese Gebühren nicht möglich.
6. Das Angebot allein berechtigt nicht zum Spiel gegen Greenfee. Die Erfüllung der Bestimmungen des jeweiligen Golfclubs zur Greenfee-Berechtigung (Mitgliedschaft in einem Golfclub, Mindesthandicap etc.) zum Zeitpunkt der Einlösung sind Voraussetzung.
7. Es ist untersagt, den Greenfee-Gutschein entgeltlich Dritten zu überlassen bzw. mit diesen Handel zu treiben. Insbesondere sind die teilnehmenden Golfclubs in diesem Falle berechtigt, die Einlösung der ausgeschriebenen Angebote zu verweigern.
8. Die teilnehmenden Golfclubs haben sich gegenüber dem Verlag unter den o.g. Bedingungen verpflichtet, die ausgeschriebenen Angebote einzulösen. Der Verlag übernimmt jedoch keine Gewähr und keine Haftung, wenn ein Angebot nicht eingelöst wird oder werden kann.

Bedingungen zur Einlösung des Discounts:

1. Das Angebot ist einschließlich bis 30.6.2022 gültig.
2. Der Golfspieler/Leser hat sich telefonisch eine Abschlagzeit geben zu lassen – dabei ist die Nutzung des Angebots anzugeben.
3. Eine Barauszahlung des Greenfee-Vorteils ist nicht möglich.
4. Das Kombinieren von Angeboten oder bestehenden Greenfee-Vorteilen ist nicht möglich. Der Vorteil bezieht sich jeweils ausschließlich auf die zum Zeitpunkt der Einlösung gültigen vollen Greenfee-Gebühren.
5. Gibt es Spielergruppen mit erhöhten Greenfee-Gebühren, ist ein Nachlass auf diese Gebühren nicht möglich.
6. Das Angebot allein berechtigt nicht zum Spiel gegen Greenfee. Die Erfüllung der Bestimmungen des jeweiligen Golfclubs zur Greenfee-Berechtigung (Mitgliedschaft in einem Golfclub, Mindesthandicap etc.) zum Zeitpunkt der Einlösung sind Voraussetzung.
7. Es ist untersagt, den Greenfee-Gutschein entgeltlich Dritten zu überlassen bzw. mit diesen Handel zu treiben. Insbesondere sind die teilnehmenden Golfclubs in diesem Falle berechtigt, die Einlösung der ausgeschriebenen Angebote zu verweigern.
8. Die teilnehmenden Golfclubs haben sich gegenüber dem Verlag unter den o.g. Bedingungen verpflichtet, die ausgeschriebenen Angebote einzulösen. Der Verlag übernimmt jedoch keine Gewähr und keine Haftung, wenn ein Angebot nicht eingelöst wird oder werden kann.

Bedingungen zur Einlösung des Discounts:

1. Das Angebot ist einschließlich bis 30.6.2022 gültig.
2. Der Golfspieler/Leser hat sich telefonisch eine Abschlagzeit geben zu lassen – dabei ist die Nutzung des Angebots anzugeben.
3. Eine Barauszahlung des Greenfee-Vorteils ist nicht möglich.
4. Das Kombinieren von Angeboten oder bestehenden Greenfee-Vorteilen ist nicht möglich. Der Vorteil bezieht sich jeweils ausschließlich auf die zum Zeitpunkt der Einlösung gültigen vollen Greenfee-Gebühren.
5. Gibt es Spielergruppen mit erhöhten Greenfee-Gebühren, ist ein Nachlass auf diese Gebühren nicht möglich.
6. Das Angebot allein berechtigt nicht zum Spiel gegen Greenfee. Die Erfüllung der Bestimmungen des jeweiligen Golfclubs zur Greenfee-Berechtigung (Mitgliedschaft in einem Golfclub, Mindesthandicap etc.) zum Zeitpunkt der Einlösung sind Voraussetzung.
7. Es ist untersagt, den Greenfee-Gutschein entgeltlich Dritten zu überlassen bzw. mit diesen Handel zu treiben. Insbesondere sind die teilnehmenden Golfclubs in diesem Falle berechtigt, die Einlösung der ausgeschriebenen Angebote zu verweigern.
8. Die teilnehmenden Golfclubs haben sich gegenüber dem Verlag unter den o.g. Bedingungen verpflichtet, die ausgeschriebenen Angebote einzulösen. Der Verlag übernimmt jedoch keine Gewähr und keine Haftung, wenn ein Angebot nicht eingelöst wird oder werden kann.

Bedingungen zur Einlösung des Discounts:

1. Das Angebot ist einschließlich bis 30.6.2022 gültig.
2. Der Golfspieler/Leser hat sich telefonisch eine Abschlagzeit geben zu lassen – dabei ist die Nutzung des Angebots anzugeben.
3. Eine Barauszahlung des Greenfee-Vorteils ist nicht möglich.
4. Das Kombinieren von Angeboten oder bestehenden Greenfee-Vorteilen ist nicht möglich. Der Vorteil bezieht sich jeweils ausschließlich auf die zum Zeitpunkt der Einlösung gültigen vollen Greenfee-Gebühren.
5. Gibt es Spielergruppen mit erhöhten Greenfee-Gebühren, ist ein Nachlass auf diese Gebühren nicht möglich.
6. Das Angebot allein berechtigt nicht zum Spiel gegen Greenfee. Die Erfüllung der Bestimmungen des jeweiligen Golfclubs zur Greenfee-Berechtigung (Mitgliedschaft in einem Golfclub, Mindesthandicap etc.) zum Zeitpunkt der Einlösung sind Voraussetzung.
7. Es ist untersagt, den Greenfee-Gutschein entgeltlich Dritten zu überlassen bzw. mit diesen Handel zu treiben. Insbesondere sind die teilnehmenden Golfclubs in diesem Falle berechtigt, die Einlösung der ausgeschriebenen Angebote zu verweigern.
8. Die teilnehmenden Golfclubs haben sich gegenüber dem Verlag unter den o.g. Bedingungen verpflichtet, die ausgeschriebenen Angebote einzulösen. Der Verlag übernimmt jedoch keine Gewähr und keine Haftung, wenn ein Angebot nicht eingelöst wird oder werden kann.

Bedingungen zur Einlösung des Discounts:

1. Das Angebot ist einschließlich bis 30.6.2022 gültig.
2. Der Golfspieler/Leser hat sich telefonisch eine Abschlagzeit geben zu lassen – dabei ist die Nutzung des Angebots anzugeben.
3. Eine Barauszahlung des Greenfee-Vorteils ist nicht möglich.
4. Das Kombinieren von Angeboten oder bestehenden Greenfee-Vorteilen ist nicht möglich. Der Vorteil bezieht sich jeweils ausschließlich auf die zum Zeitpunkt der Einlösung gültigen vollen Greenfee-Gebühren.
5. Gibt es Spielergruppen mit erhöhten Greenfee-Gebühren, ist ein Nachlass auf diese Gebühren nicht möglich.
6. Das Angebot allein berechtigt nicht zum Spiel gegen Greenfee. Die Erfüllung der Bestimmungen des jeweiligen Golfclubs zur Greenfee-Berechtigung (Mitgliedschaft in einem Golfclub, Mindesthandicap etc.) zum Zeitpunkt der Einlösung sind Voraussetzung.
7. Es ist untersagt, den Greenfee-Gutschein entgeltlich Dritten zu überlassen bzw. mit diesen Handel zu treiben. Insbesondere sind die teilnehmenden Golfclubs in diesem Falle berechtigt, die Einlösung der ausgeschriebenen Angebote zu verweigern.
8. Die teilnehmenden Golfclubs haben sich gegenüber dem Verlag unter den o.g. Bedingungen verpflichtet, die ausgeschriebenen Angebote einzulösen. Der Verlag übernimmt jedoch keine Gewähr und keine Haftung, wenn ein Angebot nicht eingelöst wird oder werden kann.

DER GOLF ALBRECHT

Golfclub Alpirsbach e.V. DE

Fluorner Straße 3
D-72275 Alpirsbach-Peterzell
✆ 07444-4665
Baden-Württemberg

177

2 for 1 2 GF zum Preis von 1

DER GOLF ALBRECHT

Golfclub Alpirsbach e.V. DE

Fluorner Straße 3
D-72275 Alpirsbach-Peterzell
✆ 07444-4665
Baden-Württemberg

177

20% Greenfee-Ermäßigung

DER GOLF ALBRECHT

Golfclub Alpirsbach e.V. DE

Fluorner Straße 3
D-72275 Alpirsbach-Peterzell
✆ 07444-4665
Baden-Württemberg

177

20% Greenfee-Ermäßigung

DER GOLF ALBRECHT

Golfclub Alpirsbach e.V. DE

Fluorner Straße 3
D-72275 Alpirsbach-Peterzell
✆ 07444-4665
Baden-Württemberg

177

20% Greenfee-Ermäßigung

DER GOLF ALBRECHT

Golfclub Gröbernhof e.V. DE

Gröbern 1
D-77736 Zell am Harmersbach
✆ 07835-634909
Baden-Württemberg

178

2 for 1 2 GF zum Preis von 1

DER GOLF ALBRECHT

Golfclub Gröbernhof e.V. DE

Gröbern 1
D-77736 Zell am Harmersbach
✆ 07835-634909
Baden-Württemberg

178

2 for 1 2 GF zum Preis von 1

DER GOLF ALBRECHT

Golfclub Gröbernhof e.V. DE

Gröbern 1
D-77736 Zell am Harmersbach
✆ 07835-634909
Baden-Württemberg

178

25% Greenfee-Ermäßigung

DER GOLF ALBRECHT

Golfclub Donau-Riss e.V. Ehingen-Rißtissen DE

Herrschaftslüssen 1
D-89584 Ehingen-Rißtissen
✆ 07392-7006995
Baden-Württemberg

179

2 for 1 2 GF zum Preis von 1 wochentags

DER GOLF ALBRECHT

Golfclub Donau-Riss e.V. Ehingen-Rißtissen DE

Herrschaftslüssen 1
D-89584 Ehingen-Rißtissen
✆ 07392-7006995
Baden-Württemberg

179

2 for 1 2 GF zum Preis von 1 wochentags

DER GOLF ALBRECHT

Golfclub Donau-Riss e.V. Ehingen-Rißtissen DE

Herrschaftslüssen 1
D-89584 Ehingen-Rißtissen
✆ 07392-7006995
Baden-Württemberg

179

2 for 1 2 GF zum Preis von 1 wochentags

Bedingungen zur Einlösung des Discounts:

1. Das Angebot ist einschließlich bis 30.6.2022 gültig.
2. Der Golfspieler/Leser hat sich telefonisch eine Abschlagzeit geben zu lassen – dabei ist die Nutzung des Angebots anzugeben.
3. Eine Barauszahlung des Greenfee-Vorteils ist nicht möglich.
4. Das Kombinieren von Angeboten oder bestehenden Greenfee-Vorteilen ist nicht möglich. Der Vorteil bezieht sich jeweils ausschließlich auf die zum Zeitpunkt der Einlösung gültigen vollen Greenfee-Gebühren.
5. Gibt es Spielergruppen mit erhöhten Greenfee-Gebühren, ist ein Nachlass auf diese Gebühren nicht möglich.
6. Das Angebot allein berechtigt nicht zum Spiel gegen Greenfee. Die Erfüllung der Bestimmungen des jeweiligen Golfclubs zur Greenfee-Berechtigung (Mitgliedschaft in einem Golfclub, Mindesthandicap etc.) zum Zeitpunkt der Einlösung sind Voraussetzung.
7. Es ist untersagt, den Greenfee-Gutschein entgeltlich Dritten zu überlassen bzw. mit diesen Handel zu treiben. Insbesondere sind die teilnehmenden Golfclubs in diesem Falle berechtigt, die Einlösung der ausgeschriebenen Angebote zu verweigern.
8. Die teilnehmenden Golfclubs haben sich gegenüber dem Verlag unter den o.g. Bedingungen verpflichtet, die ausgeschriebenen Angebote einzulösen. Der Verlag übernimmt jedoch keine Gewähr und keine Haftung, wenn ein Angebot nicht eingelöst wird oder werden kann.

Bedingungen zur Einlösung des Discounts:

1. Das Angebot ist einschließlich bis 30.6.2022 gültig.
2. Der Golfspieler/Leser hat sich telefonisch eine Abschlagzeit geben zu lassen – dabei ist die Nutzung des Angebots anzugeben.
3. Eine Barauszahlung des Greenfee-Vorteils ist nicht möglich.
4. Das Kombinieren von Angeboten oder bestehenden Greenfee-Vorteilen ist nicht möglich. Der Vorteil bezieht sich jeweils ausschließlich auf die zum Zeitpunkt der Einlösung gültigen vollen Greenfee-Gebühren.
5. Gibt es Spielergruppen mit erhöhten Greenfee-Gebühren, ist ein Nachlass auf diese Gebühren nicht möglich.
6. Das Angebot allein berechtigt nicht zum Spiel gegen Greenfee. Die Erfüllung der Bestimmungen des jeweiligen Golfclubs zur Greenfee-Berechtigung (Mitgliedschaft in einem Golfclub, Mindesthandicap etc.) zum Zeitpunkt der Einlösung sind Voraussetzung.
7. Es ist untersagt, den Greenfee-Gutschein entgeltlich Dritten zu überlassen bzw. mit diesen Handel zu treiben. Insbesondere sind die teilnehmenden Golfclubs in diesem Falle berechtigt, die Einlösung der ausgeschriebenen Angebote zu verweigern.
8. Die teilnehmenden Golfclubs haben sich gegenüber dem Verlag unter den o.g. Bedingungen verpflichtet, die ausgeschriebenen Angebote einzulösen. Der Verlag übernimmt jedoch keine Gewähr und keine Haftung, wenn ein Angebot nicht eingelöst wird oder werden kann.

Bedingungen zur Einlösung des Discounts:

1. Das Angebot ist einschließlich bis 30.6.2022 gültig.
2. Der Golfspieler/Leser hat sich telefonisch eine Abschlagzeit geben zu lassen – dabei ist die Nutzung des Angebots anzugeben.
3. Eine Barauszahlung des Greenfee-Vorteils ist nicht möglich.
4. Das Kombinieren von Angeboten oder bestehenden Greenfee-Vorteilen ist nicht möglich. Der Vorteil bezieht sich jeweils ausschließlich auf die zum Zeitpunkt der Einlösung gültigen vollen Greenfee-Gebühren.
5. Gibt es Spielergruppen mit erhöhten Greenfee-Gebühren, ist ein Nachlass auf diese Gebühren nicht möglich.
6. Das Angebot allein berechtigt nicht zum Spiel gegen Greenfee. Die Erfüllung der Bestimmungen des jeweiligen Golfclubs zur Greenfee-Berechtigung (Mitgliedschaft in einem Golfclub, Mindesthandicap etc.) zum Zeitpunkt der Einlösung sind Voraussetzung.
7. Es ist untersagt, den Greenfee-Gutschein entgeltlich Dritten zu überlassen bzw. mit diesen Handel zu treiben. Insbesondere sind die teilnehmenden Golfclubs in diesem Falle berechtigt, die Einlösung der ausgeschriebenen Angebote zu verweigern.
8. Die teilnehmenden Golfclubs haben sich gegenüber dem Verlag unter den o.g. Bedingungen verpflichtet, die ausgeschriebenen Angebote einzulösen. Der Verlag übernimmt jedoch keine Gewähr und keine Haftung, wenn ein Angebot nicht eingelöst wird oder werden kann.

Bedingungen zur Einlösung des Discounts:

1. Das Angebot ist einschließlich bis 30.6.2022 gültig.
2. Der Golfspieler/Leser hat sich telefonisch eine Abschlagzeit geben zu lassen – dabei ist die Nutzung des Angebots anzugeben.
3. Eine Barauszahlung des Greenfee-Vorteils ist nicht möglich.
4. Das Kombinieren von Angeboten oder bestehenden Greenfee-Vorteilen ist nicht möglich. Der Vorteil bezieht sich jeweils ausschließlich auf die zum Zeitpunkt der Einlösung gültigen vollen Greenfee-Gebühren.
5. Gibt es Spielergruppen mit erhöhten Greenfee-Gebühren, ist ein Nachlass auf diese Gebühren nicht möglich.
6. Das Angebot allein berechtigt nicht zum Spiel gegen Greenfee. Die Erfüllung der Bestimmungen des jeweiligen Golfclubs zur Greenfee-Berechtigung (Mitgliedschaft in einem Golfclub, Mindesthandicap etc.) zum Zeitpunkt der Einlösung sind Voraussetzung.
7. Es ist untersagt, den Greenfee-Gutschein entgeltlich Dritten zu überlassen bzw. mit diesen Handel zu treiben. Insbesondere sind die teilnehmenden Golfclubs in diesem Falle berechtigt, die Einlösung der ausgeschriebenen Angebote zu verweigern.
8. Die teilnehmenden Golfclubs haben sich gegenüber dem Verlag unter den o.g. Bedingungen verpflichtet, die ausgeschriebenen Angebote einzulösen. Der Verlag übernimmt jedoch keine Gewähr und keine Haftung, wenn ein Angebot nicht eingelöst wird oder werden kann.

Bedingungen zur Einlösung des Discounts:

1. Das Angebot ist einschließlich bis 30.6.2022 gültig.
2. Der Golfspieler/Leser hat sich telefonisch eine Abschlagzeit geben zu lassen – dabei ist die Nutzung des Angebots anzugeben.
3. Eine Barauszahlung des Greenfee-Vorteils ist nicht möglich.
4. Das Kombinieren von Angeboten oder bestehenden Greenfee-Vorteilen ist nicht möglich. Der Vorteil bezieht sich jeweils ausschließlich auf die zum Zeitpunkt der Einlösung gültigen vollen Greenfee-Gebühren.
5. Gibt es Spielergruppen mit erhöhten Greenfee-Gebühren, ist ein Nachlass auf diese Gebühren nicht möglich.
6. Das Angebot allein berechtigt nicht zum Spiel gegen Greenfee. Die Erfüllung der Bestimmungen des jeweiligen Golfclubs zur Greenfee-Berechtigung (Mitgliedschaft in einem Golfclub, Mindesthandicap etc.) zum Zeitpunkt der Einlösung sind Voraussetzung.
7. Es ist untersagt, den Greenfee-Gutschein entgeltlich Dritten zu überlassen bzw. mit diesen Handel zu treiben. Insbesondere sind die teilnehmenden Golfclubs in diesem Falle berechtigt, die Einlösung der ausgeschriebenen Angebote zu verweigern.
8. Die teilnehmenden Golfclubs haben sich gegenüber dem Verlag unter den o.g. Bedingungen verpflichtet, die ausgeschriebenen Angebote einzulösen. Der Verlag übernimmt jedoch keine Gewähr und keine Haftung, wenn ein Angebot nicht eingelöst wird oder werden kann.

Bedingungen zur Einlösung des Discounts:

1. Das Angebot ist einschließlich bis 30.6.2022 gültig.
2. Der Golfspieler/Leser hat sich telefonisch eine Abschlagzeit geben zu lassen – dabei ist die Nutzung des Angebots anzugeben.
3. Eine Barauszahlung des Greenfee-Vorteils ist nicht möglich.
4. Das Kombinieren von Angeboten oder bestehenden Greenfee-Vorteilen ist nicht möglich. Der Vorteil bezieht sich jeweils ausschließlich auf die zum Zeitpunkt der Einlösung gültigen vollen Greenfee-Gebühren.
5. Gibt es Spielergruppen mit erhöhten Greenfee-Gebühren, ist ein Nachlass auf diese Gebühren nicht möglich.
6. Das Angebot allein berechtigt nicht zum Spiel gegen Greenfee. Die Erfüllung der Bestimmungen des jeweiligen Golfclubs zur Greenfee-Berechtigung (Mitgliedschaft in einem Golfclub, Mindesthandicap etc.) zum Zeitpunkt der Einlösung sind Voraussetzung.
7. Es ist untersagt, den Greenfee-Gutschein entgeltlich Dritten zu überlassen bzw. mit diesen Handel zu treiben. Insbesondere sind die teilnehmenden Golfclubs in diesem Falle berechtigt, die Einlösung der ausgeschriebenen Angebote zu verweigern.
8. Die teilnehmenden Golfclubs haben sich gegenüber dem Verlag unter den o.g. Bedingungen verpflichtet, die ausgeschriebenen Angebote einzulösen. Der Verlag übernimmt jedoch keine Gewähr und keine Haftung, wenn ein Angebot nicht eingelöst wird oder werden kann.

Bedingungen zur Einlösung des Discounts:

1. Das Angebot ist einschließlich bis 30.6.2022 gültig.
2. Der Golfspieler/Leser hat sich telefonisch eine Abschlagzeit geben zu lassen – dabei ist die Nutzung des Angebots anzugeben.
3. Eine Barauszahlung des Greenfee-Vorteils ist nicht möglich.
4. Das Kombinieren von Angeboten oder bestehenden Greenfee-Vorteilen ist nicht möglich. Der Vorteil bezieht sich jeweils ausschließlich auf die zum Zeitpunkt der Einlösung gültigen vollen Greenfee-Gebühren.
5. Gibt es Spielergruppen mit erhöhten Greenfee-Gebühren, ist ein Nachlass auf diese Gebühren nicht möglich.
6. Das Angebot allein berechtigt nicht zum Spiel gegen Greenfee. Die Erfüllung der Bestimmungen des jeweiligen Golfclubs zur Greenfee-Berechtigung (Mitgliedschaft in einem Golfclub, Mindesthandicap etc.) zum Zeitpunkt der Einlösung sind Voraussetzung.
7. Es ist untersagt, den Greenfee-Gutschein entgeltlich Dritten zu überlassen bzw. mit diesen Handel zu treiben. Insbesondere sind die teilnehmenden Golfclubs in diesem Falle berechtigt, die Einlösung der ausgeschriebenen Angebote zu verweigern.
8. Die teilnehmenden Golfclubs haben sich gegenüber dem Verlag unter den o.g. Bedingungen verpflichtet, die ausgeschriebenen Angebote einzulösen. Der Verlag übernimmt jedoch keine Gewähr und keine Haftung, wenn ein Angebot nicht eingelöst wird oder werden kann.

Bedingungen zur Einlösung des Discounts:

1. Das Angebot ist einschließlich bis 30.6.2022 gültig.
2. Der Golfspieler/Leser hat sich telefonisch eine Abschlagzeit geben zu lassen – dabei ist die Nutzung des Angebots anzugeben.
3. Eine Barauszahlung des Greenfee-Vorteils ist nicht möglich.
4. Das Kombinieren von Angeboten oder bestehenden Greenfee-Vorteilen ist nicht möglich. Der Vorteil bezieht sich jeweils ausschließlich auf die zum Zeitpunkt der Einlösung gültigen vollen Greenfee-Gebühren.
5. Gibt es Spielergruppen mit erhöhten Greenfee-Gebühren, ist ein Nachlass auf diese Gebühren nicht möglich.
6. Das Angebot allein berechtigt nicht zum Spiel gegen Greenfee. Die Erfüllung der Bestimmungen des jeweiligen Golfclubs zur Greenfee-Berechtigung (Mitgliedschaft in einem Golfclub, Mindesthandicap etc.) zum Zeitpunkt der Einlösung sind Voraussetzung.
7. Es ist untersagt, den Greenfee-Gutschein entgeltlich Dritten zu überlassen bzw. mit diesen Handel zu treiben. Insbesondere sind die teilnehmenden Golfclubs in diesem Falle berechtigt, die Einlösung der ausgeschriebenen Angebote zu verweigern.
8. Die teilnehmenden Golfclubs haben sich gegenüber dem Verlag unter den o.g. Bedingungen verpflichtet, die ausgeschriebenen Angebote einzulösen. Der Verlag übernimmt jedoch keine Gewähr und keine Haftung, wenn ein Angebot nicht eingelöst wird oder werden kann.

Bedingungen zur Einlösung des Discounts:

1. Das Angebot ist einschließlich bis 30.6.2022 gültig.
2. Der Golfspieler/Leser hat sich telefonisch eine Abschlagzeit geben zu lassen – dabei ist die Nutzung des Angebots anzugeben.
3. Eine Barauszahlung des Greenfee-Vorteils ist nicht möglich.
4. Das Kombinieren von Angeboten oder bestehenden Greenfee-Vorteilen ist nicht möglich. Der Vorteil bezieht sich jeweils ausschließlich auf die zum Zeitpunkt der Einlösung gültigen vollen Greenfee-Gebühren.
5. Gibt es Spielergruppen mit erhöhten Greenfee-Gebühren, ist ein Nachlass auf diese Gebühren nicht möglich.
6. Das Angebot allein berechtigt nicht zum Spiel gegen Greenfee. Die Erfüllung der Bestimmungen des jeweiligen Golfclubs zur Greenfee-Berechtigung (Mitgliedschaft in einem Golfclub, Mindesthandicap etc.) zum Zeitpunkt der Einlösung sind Voraussetzung.
7. Es ist untersagt, den Greenfee-Gutschein entgeltlich Dritten zu überlassen bzw. mit diesen Handel zu treiben. Insbesondere sind die teilnehmenden Golfclubs in diesem Falle berechtigt, die Einlösung der ausgeschriebenen Angebote zu verweigern.
8. Die teilnehmenden Golfclubs haben sich gegenüber dem Verlag unter den o.g. Bedingungen verpflichtet, die ausgeschriebenen Angebote einzulösen. Der Verlag übernimmt jedoch keine Gewähr und keine Haftung, wenn ein Angebot nicht eingelöst wird oder werden kann.

Bedingungen zur Einlösung des Discounts:

1. Das Angebot ist einschließlich bis 30.6.2022 gültig.
2. Der Golfspieler/Leser hat sich telefonisch eine Abschlagzeit geben zu lassen – dabei ist die Nutzung des Angebots anzugeben.
3. Eine Barauszahlung des Greenfee-Vorteils ist nicht möglich.
4. Das Kombinieren von Angeboten oder bestehenden Greenfee-Vorteilen ist nicht möglich. Der Vorteil bezieht sich jeweils ausschließlich auf die zum Zeitpunkt der Einlösung gültigen vollen Greenfee-Gebühren.
5. Gibt es Spielergruppen mit erhöhten Greenfee-Gebühren, ist ein Nachlass auf diese Gebühren nicht möglich.
6. Das Angebot allein berechtigt nicht zum Spiel gegen Greenfee. Die Erfüllung der Bestimmungen des jeweiligen Golfclubs zur Greenfee-Berechtigung (Mitgliedschaft in einem Golfclub, Mindesthandicap etc.) zum Zeitpunkt der Einlösung sind Voraussetzung.
7. Es ist untersagt, den Greenfee-Gutschein entgeltlich Dritten zu überlassen bzw. mit diesen Handel zu treiben. Insbesondere sind die teilnehmenden Golfclubs in diesem Falle berechtigt, die Einlösung der ausgeschriebenen Angebote zu verweigern.
8. Die teilnehmenden Golfclubs haben sich gegenüber dem Verlag unter den o.g. Bedingungen verpflichtet, die ausgeschriebenen Angebote einzulösen. Der Verlag übernimmt jedoch keine Gewähr und keine Haftung, wenn ein Angebot nicht eingelöst wird oder werden kann.

DER GOLF ALBRECHT

Golfclub Donau-Riss e.V. Ehingen-Rißtissen — DE

Herrschaftslüssen 1
D-89584 Ehingen-Rißtissen
07392-7006995
Baden-Württemberg

179

50% Greenfee-Ermäßigung wochentags

DER GOLF ALBRECHT

Golfclub Donau-Riss e.V. Ehingen-Rißtissen — DE

Herrschaftslüssen 1
D-89584 Ehingen-Rißtissen
07392-7006995
Baden-Württemberg

179

50% Greenfee-Ermäßigung wochentags

DER GOLF ALBRECHT

Golfclub Donau-Riss e.V. Ehingen-Rißtissen — DE

Herrschaftslüssen 1
D-89584 Ehingen-Rißtissen
07392-7006995
Baden-Württemberg

179

50% Greenfee-Ermäßigung wochentags

DER GOLF ALBRECHT

GREEN-GOLF Bad Saulgau GbR — DE

Koppelweg 103
D-88348 Bad Saulgau
07581-527455
Baden-Württemberg

180

2 for 1 2 GF zum Preis von 1

DER GOLF ALBRECHT

Golfclub Rochushof Deggenhausertal e.V. — DE

Unterhomberg 4
D-88693 Deggenhausertal
07555-919630
Baden-Württemberg

181

2 for 1 2 GF zum Preis von 1

DER GOLF ALBRECHT

Golfclub Rochushof Deggenhausertal e.V. — DE

Unterhomberg 4
D-88693 Deggenhausertal
07555-919630
Baden-Württemberg

181

2 for 1 2 GF zum Preis von 1

DER GOLF ALBRECHT

Golfclub Rochushof Deggenhausertal e.V. — DE

Unterhomberg 4
D-88693 Deggenhausertal
07555-919630
Baden-Württemberg

181

30% Greenfee-Ermäßigung

DER GOLF ALBRECHT

Golfclub Rochushof Deggenhausertal e.V. — DE

Unterhomberg 4
D-88693 Deggenhausertal
07555-919630
Baden-Württemberg

181

30% Greenfee-Ermäßigung

DER GOLF ALBRECHT

Golfanlage Schopfheim — DE

Ehner-Fahrnau 12
D-79650 Schopfheim
07622-674760
Baden-Württemberg
Hinweis: Nachlass nur für 18 Loch gültig.

182

2 for 1 2 GF zum Preis von 1

Bedingungen zur Einlösung des Discounts:

1. Das Angebot ist einschließlich bis 30.6.2022 gültig.
2. Der Golfspieler/Leser hat sich telefonisch eine Abschlagzeit geben zu lassen – dabei ist die Nutzung des Angebots anzugeben.
3. Eine Barauszahlung des Greenfee-Vorteils ist nicht möglich.
4. Das Kombinieren von Angeboten oder bestehenden Greenfee-Vorteilen ist nicht möglich. Der Vorteil bezieht sich jeweils ausschließlich auf die zum Zeitpunkt der Einlösung gültigen vollen Greenfee-Gebühren.
5. Gibt es Spielergruppen mit erhöhten Greenfee-Gebühren, ist ein Nachlass auf diese Gebühren nicht möglich.
6. Das Angebot allein berechtigt nicht zum Spiel gegen Greenfee. Die Erfüllung der Bestimmungen des jeweiligen Golfclubs zur Greenfee-Berechtigung (Mitgliedschaft in einem Golfclub, Mindesthandicap etc.) zum Zeitpunkt der Einlösung sind Voraussetzung.
7. Es ist untersagt, den Greenfee-Gutschein entgeltlich Dritten zu überlassen bzw. mit diesen Handel zu treiben. Insbesondere sind die teilnehmenden Golfclubs in diesem Falle berechtigt, die Einlösung der ausgeschriebenen Angebote zu verweigern.
8. Die teilnehmenden Golfclubs haben sich gegenüber dem Verlag unter den o.g. Bedingungen verpflichtet, die ausgeschriebenen Angebote einzulösen. Der Verlag übernimmt jedoch keine Gewähr und keine Haftung, wenn ein Angebot nicht eingelöst wird oder werden kann.

Bedingungen zur Einlösung des Discounts:

1. Das Angebot ist einschließlich bis 30.6.2022 gültig.
2. Der Golfspieler/Leser hat sich telefonisch eine Abschlagzeit geben zu lassen – dabei ist die Nutzung des Angebots anzugeben.
3. Eine Barauszahlung des Greenfee-Vorteils ist nicht möglich.
4. Das Kombinieren von Angeboten oder bestehenden Greenfee-Vorteilen ist nicht möglich. Der Vorteil bezieht sich jeweils ausschließlich auf die zum Zeitpunkt der Einlösung gültigen vollen Greenfee-Gebühren.
5. Gibt es Spielergruppen mit erhöhten Greenfee-Gebühren, ist ein Nachlass auf diese Gebühren nicht möglich.
6. Das Angebot allein berechtigt nicht zum Spiel gegen Greenfee. Die Erfüllung der Bestimmungen des jeweiligen Golfclubs zur Greenfee-Berechtigung (Mitgliedschaft in einem Golfclub, Mindesthandicap etc.) zum Zeitpunkt der Einlösung sind Voraussetzung.
7. Es ist untersagt, den Greenfee-Gutschein entgeltlich Dritten zu überlassen bzw. mit diesen Handel zu treiben. Insbesondere sind die teilnehmenden Golfclubs in diesem Falle berechtigt, die Einlösung der ausgeschriebenen Angebote zu verweigern.
8. Die teilnehmenden Golfclubs haben sich gegenüber dem Verlag unter den o.g. Bedingungen verpflichtet, die ausgeschriebenen Angebote einzulösen. Der Verlag übernimmt jedoch keine Gewähr und keine Haftung, wenn ein Angebot nicht eingelöst wird oder werden kann.

Bedingungen zur Einlösung des Discounts:

1. Das Angebot ist einschließlich bis 30.6.2022 gültig.
2. Der Golfspieler/Leser hat sich telefonisch eine Abschlagzeit geben zu lassen – dabei ist die Nutzung des Angebots anzugeben.
3. Eine Barauszahlung des Greenfee-Vorteils ist nicht möglich.
4. Das Kombinieren von Angeboten oder bestehenden Greenfee-Vorteilen ist nicht möglich. Der Vorteil bezieht sich jeweils ausschließlich auf die zum Zeitpunkt der Einlösung gültigen vollen Greenfee-Gebühren.
5. Gibt es Spielergruppen mit erhöhten Greenfee-Gebühren, ist ein Nachlass auf diese Gebühren nicht möglich.
6. Das Angebot allein berechtigt nicht zum Spiel gegen Greenfee. Die Erfüllung der Bestimmungen des jeweiligen Golfclubs zur Greenfee-Berechtigung (Mitgliedschaft in einem Golfclub, Mindesthandicap etc.) zum Zeitpunkt der Einlösung sind Voraussetzung.
7. Es ist untersagt, den Greenfee-Gutschein entgeltlich Dritten zu überlassen bzw. mit diesen Handel zu treiben. Insbesondere sind die teilnehmenden Golfclubs in diesem Falle berechtigt, die Einlösung der ausgeschriebenen Angebote zu verweigern.
8. Die teilnehmenden Golfclubs haben sich gegenüber dem Verlag unter den o.g. Bedingungen verpflichtet, die ausgeschriebenen Angebote einzulösen. Der Verlag übernimmt jedoch keine Gewähr und keine Haftung, wenn ein Angebot nicht eingelöst wird oder werden kann.

Bedingungen zur Einlösung des Discounts:

1. Das Angebot ist einschließlich bis 30.6.2022 gültig.
2. Der Golfspieler/Leser hat sich telefonisch eine Abschlagzeit geben zu lassen – dabei ist die Nutzung des Angebots anzugeben.
3. Eine Barauszahlung des Greenfee-Vorteils ist nicht möglich.
4. Das Kombinieren von Angeboten oder bestehenden Greenfee-Vorteilen ist nicht möglich. Der Vorteil bezieht sich jeweils ausschließlich auf die zum Zeitpunkt der Einlösung gültigen vollen Greenfee-Gebühren.
5. Gibt es Spielergruppen mit erhöhten Greenfee-Gebühren, ist ein Nachlass auf diese Gebühren nicht möglich.
6. Das Angebot allein berechtigt nicht zum Spiel gegen Greenfee. Die Erfüllung der Bestimmungen des jeweiligen Golfclubs zur Greenfee-Berechtigung (Mitgliedschaft in einem Golfclub, Mindesthandicap etc.) zum Zeitpunkt der Einlösung sind Voraussetzung.
7. Es ist untersagt, den Greenfee-Gutschein entgeltlich Dritten zu überlassen bzw. mit diesen Handel zu treiben. Insbesondere sind die teilnehmenden Golfclubs in diesem Falle berechtigt, die Einlösung der ausgeschriebenen Angebote zu verweigern.
8. Die teilnehmenden Golfclubs haben sich gegenüber dem Verlag unter den o.g. Bedingungen verpflichtet, die ausgeschriebenen Angebote einzulösen. Der Verlag übernimmt jedoch keine Gewähr und keine Haftung, wenn ein Angebot nicht eingelöst wird oder werden kann.

Bedingungen zur Einlösung des Discounts:

1. Das Angebot ist einschließlich bis 30.6.2022 gültig.
2. Der Golfspieler/Leser hat sich telefonisch eine Abschlagzeit geben zu lassen – dabei ist die Nutzung des Angebots anzugeben.
3. Eine Barauszahlung des Greenfee-Vorteils ist nicht möglich.
4. Das Kombinieren von Angeboten oder bestehenden Greenfee-Vorteilen ist nicht möglich. Der Vorteil bezieht sich jeweils ausschließlich auf die zum Zeitpunkt der Einlösung gültigen vollen Greenfee-Gebühren.
5. Gibt es Spielergruppen mit erhöhten Greenfee-Gebühren, ist ein Nachlass auf diese Gebühren nicht möglich.
6. Das Angebot allein berechtigt nicht zum Spiel gegen Greenfee. Die Erfüllung der Bestimmungen des jeweiligen Golfclubs zur Greenfee-Berechtigung (Mitgliedschaft in einem Golfclub, Mindesthandicap etc.) zum Zeitpunkt der Einlösung sind Voraussetzung.
7. Es ist untersagt, den Greenfee-Gutschein entgeltlich Dritten zu überlassen bzw. mit diesen Handel zu treiben. Insbesondere sind die teilnehmenden Golfclubs in diesem Falle berechtigt, die Einlösung der ausgeschriebenen Angebote zu verweigern.
8. Die teilnehmenden Golfclubs haben sich gegenüber dem Verlag unter den o.g. Bedingungen verpflichtet, die ausgeschriebenen Angebote einzulösen. Der Verlag übernimmt jedoch keine Gewähr und keine Haftung, wenn ein Angebot nicht eingelöst wird oder werden kann.

Bedingungen zur Einlösung des Discounts:

1. Das Angebot ist einschließlich bis 30.6.2022 gültig.
2. Der Golfspieler/Leser hat sich telefonisch eine Abschlagzeit geben zu lassen – dabei ist die Nutzung des Angebots anzugeben.
3. Eine Barauszahlung des Greenfee-Vorteils ist nicht möglich.
4. Das Kombinieren von Angeboten oder bestehenden Greenfee-Vorteilen ist nicht möglich. Der Vorteil bezieht sich jeweils ausschließlich auf die zum Zeitpunkt der Einlösung gültigen vollen Greenfee-Gebühren.
5. Gibt es Spielergruppen mit erhöhten Greenfee-Gebühren, ist ein Nachlass auf diese Gebühren nicht möglich.
6. Das Angebot allein berechtigt nicht zum Spiel gegen Greenfee. Die Erfüllung der Bestimmungen des jeweiligen Golfclubs zur Greenfee-Berechtigung (Mitgliedschaft in einem Golfclub, Mindesthandicap etc.) zum Zeitpunkt der Einlösung sind Voraussetzung.
7. Es ist untersagt, den Greenfee-Gutschein entgeltlich Dritten zu überlassen bzw. mit diesen Handel zu treiben. Insbesondere sind die teilnehmenden Golfclubs in diesem Falle berechtigt, die Einlösung der ausgeschriebenen Angebote zu verweigern.
8. Die teilnehmenden Golfclubs haben sich gegenüber dem Verlag unter den o.g. Bedingungen verpflichtet, die ausgeschriebenen Angebote einzulösen. Der Verlag übernimmt jedoch keine Gewähr und keine Haftung, wenn ein Angebot nicht eingelöst wird oder werden kann.

Bedingungen zur Einlösung des Discounts:

1. Das Angebot ist einschließlich bis 30.6.2022 gültig.
2. Der Golfspieler/Leser hat sich telefonisch eine Abschlagzeit geben zu lassen – dabei ist die Nutzung des Angebots anzugeben.
3. Eine Barauszahlung des Greenfee-Vorteils ist nicht möglich.
4. Das Kombinieren von Angeboten oder bestehenden Greenfee-Vorteilen ist nicht möglich. Der Vorteil bezieht sich jeweils ausschließlich auf die zum Zeitpunkt der Einlösung gültigen vollen Greenfee-Gebühren.
5. Gibt es Spielergruppen mit erhöhten Greenfee-Gebühren, ist ein Nachlass auf diese Gebühren nicht möglich.
6. Das Angebot allein berechtigt nicht zum Spiel gegen Greenfee. Die Erfüllung der Bestimmungen des jeweiligen Golfclubs zur Greenfee-Berechtigung (Mitgliedschaft in einem Golfclub, Mindesthandicap etc.) zum Zeitpunkt der Einlösung sind Voraussetzung.
7. Es ist untersagt, den Greenfee-Gutschein entgeltlich Dritten zu überlassen bzw. mit diesen Handel zu treiben. Insbesondere sind die teilnehmenden Golfclubs in diesem Falle berechtigt, die Einlösung der ausgeschriebenen Angebote zu verweigern.
8. Die teilnehmenden Golfclubs haben sich gegenüber dem Verlag unter den o.g. Bedingungen verpflichtet, die ausgeschriebenen Angebote einzulösen. Der Verlag übernimmt jedoch keine Gewähr und keine Haftung, wenn ein Angebot nicht eingelöst wird oder werden kann.

Bedingungen zur Einlösung des Discounts:

1. Das Angebot ist einschließlich bis 30.6.2022 gültig.
2. Der Golfspieler/Leser hat sich telefonisch eine Abschlagzeit geben zu lassen – dabei ist die Nutzung des Angebots anzugeben.
3. Eine Barauszahlung des Greenfee-Vorteils ist nicht möglich.
4. Das Kombinieren von Angeboten oder bestehenden Greenfee-Vorteilen ist nicht möglich. Der Vorteil bezieht sich jeweils ausschließlich auf die zum Zeitpunkt der Einlösung gültigen vollen Greenfee-Gebühren.
5. Gibt es Spielergruppen mit erhöhten Greenfee-Gebühren, ist ein Nachlass auf diese Gebühren nicht möglich.
6. Das Angebot allein berechtigt nicht zum Spiel gegen Greenfee. Die Erfüllung der Bestimmungen des jeweiligen Golfclubs zur Greenfee-Berechtigung (Mitgliedschaft in einem Golfclub, Mindesthandicap etc.) zum Zeitpunkt der Einlösung sind Voraussetzung.
7. Es ist untersagt, den Greenfee-Gutschein entgeltlich Dritten zu überlassen bzw. mit diesen Handel zu treiben. Insbesondere sind die teilnehmenden Golfclubs in diesem Falle berechtigt, die Einlösung der ausgeschriebenen Angebote zu verweigern.
8. Die teilnehmenden Golfclubs haben sich gegenüber dem Verlag unter den o.g. Bedingungen verpflichtet, die ausgeschriebenen Angebote einzulösen. Der Verlag übernimmt jedoch keine Gewähr und keine Haftung, wenn ein Angebot nicht eingelöst wird oder werden kann.

Bedingungen zur Einlösung des Discounts:

1. Das Angebot ist einschließlich bis 30.6.2022 gültig.
2. Der Golfspieler/Leser hat sich telefonisch eine Abschlagzeit geben zu lassen – dabei ist die Nutzung des Angebots anzugeben.
3. Eine Barauszahlung des Greenfee-Vorteils ist nicht möglich.
4. Das Kombinieren von Angeboten oder bestehenden Greenfee-Vorteilen ist nicht möglich. Der Vorteil bezieht sich jeweils ausschließlich auf die zum Zeitpunkt der Einlösung gültigen vollen Greenfee-Gebühren.
5. Gibt es Spielergruppen mit erhöhten Greenfee-Gebühren, ist ein Nachlass auf diese Gebühren nicht möglich.
6. Das Angebot allein berechtigt nicht zum Spiel gegen Greenfee. Die Erfüllung der Bestimmungen des jeweiligen Golfclubs zur Greenfee-Berechtigung (Mitgliedschaft in einem Golfclub, Mindesthandicap etc.) zum Zeitpunkt der Einlösung sind Voraussetzung.
7. Es ist untersagt, den Greenfee-Gutschein entgeltlich Dritten zu überlassen bzw. mit diesen Handel zu treiben. Insbesondere sind die teilnehmenden Golfclubs in diesem Falle berechtigt, die Einlösung der ausgeschriebenen Angebote zu verweigern.
8. Die teilnehmenden Golfclubs haben sich gegenüber dem Verlag unter den o.g. Bedingungen verpflichtet, die ausgeschriebenen Angebote einzulösen. Der Verlag übernimmt jedoch keine Gewähr und keine Haftung, wenn ein Angebot nicht eingelöst wird oder werden kann.

DER GOLF ALBRECHT

Golfanlage Schopfheim DE

Ehner-Fahrnau 12
D-79650 Schopfheim
☎ 07622-674760
Baden-Württemberg
Hinweis: Nachlass nur für 18 Loch gültig.

182

2 for 1 2 GF zum Preis von 1

DER GOLF ALBRECHT

Golfanlage Schopfheim DE

Ehner-Fahrnau 12
D-79650 Schopfheim
☎ 07622-674760
Baden-Württemberg

182

20% Greenfee-Ermäßigung

DER GOLF ALBRECHT

Golfanlage Schopfheim DE

Ehner-Fahrnau 12
D-79650 Schopfheim
☎ 07622-674760
Baden-Württemberg

182

20% Greenfee-Ermäßigung

DER GOLF ALBRECHT

Golf-Club Maria Bildhausen e.V. DE

Rindhof 1
D-97702 Münnerstadt
☎ 09766-1601
Bayern

183

2 for 1 2 GF zum Preis von 1 wochentags

DER GOLF ALBRECHT

Golf-Club Maria Bildhausen e.V. DE

Rindhof 1
D-97702 Münnerstadt
☎ 09766-1601
Bayern

183

2 for 1 2 GF zum Preis von 1 wochentags

DER GOLF ALBRECHT

Golf-Club Maria Bildhausen e.V. DE

Rindhof 1
D-97702 Münnerstadt
☎ 09766-1601
Bayern

183

30% Greenfee-Ermäßigung wochentags

DER GOLF ALBRECHT

Golf-Club Maria Bildhausen e.V. DE

Rindhof 1
D-97702 Münnerstadt
☎ 09766-1601
Bayern

183

30% Greenfee-Ermäßigung wochentags

DER GOLF ALBRECHT

Golf-Club Coburg e.V. Schloß Tambach DE

Schlossallee 6
D-96479 Weitramsdorf-Tambach
☎ 09567-9811580
Bayern

184

2 for 1 2 GF zum Preis von 1 wochentags

DER GOLF ALBRECHT

Golf-Club Coburg e.V. Schloß Tambach DE

Schlossallee 6
D-96479 Weitramsdorf-Tambach
☎ 09567-9811580
Bayern

184

2 for 1 2 GF zum Preis von 1 wochentags

DER GOLF ALBRECHT

Golf-Club Coburg e.V. Schloß Tambach DE

Schlossallee 6
D-96479 Weitramsdorf-Tambach
☎ 09567-9811580
Bayern

184

30% Greenfee-Ermäßigung wochentags

Bedingungen zur Einlösung des Discounts:

1. Das Angebot ist einschließlich bis 30.6.2022 gültig.
2. Der Golfspieler/Leser hat sich telefonisch eine Abschlagzeit geben zu lassen – dabei ist die Nutzung des Angebots anzugeben.
3. Eine Barauszahlung des Greenfee-Vorteils ist nicht möglich.
4. Das Kombinieren von Angeboten oder bestehenden Greenfee-Vorteilen ist nicht möglich. Der Vorteil bezieht sich jeweils ausschließlich auf die zum Zeitpunkt der Einlösung gültigen vollen Greenfee-Gebühren.
5. Gibt es Spielergruppen mit erhöhten Greenfee-Gebühren, ist ein Nachlass auf diese Gebühren nicht möglich.
6. Das Angebot allein berechtigt nicht zum Spiel gegen Greenfee. Die Erfüllung der Bestimmungen des jeweiligen Golfclubs zur Greenfee-Berechtigung (Mitgliedschaft in einem Golfclub, Mindesthandicap etc.) zum Zeitpunkt der Einlösung sind Voraussetzung.
7. Es ist untersagt, den Greenfee-Gutschein entgeltlich Dritten zu überlassen bzw. mit diesen Handel zu treiben. Insbesondere sind die teilnehmenden Golfclubs in diesem Falle berechtigt, die Einlösung der ausgeschriebenen Angebote zu verweigern.
8. Die teilnehmenden Golfclubs haben sich gegenüber dem Verlag unter den o.g. Bedingungen verpflichtet, die ausgeschriebenen Angebote einzulösen. Der Verlag übernimmt jedoch keine Gewähr und keine Haftung, wenn ein Angebot nicht eingelöst wird oder werden kann.

Bedingungen zur Einlösung des Discounts:

1. Das Angebot ist einschließlich bis 30.6.2022 gültig.
2. Der Golfspieler/Leser hat sich telefonisch eine Abschlagzeit geben zu lassen – dabei ist die Nutzung des Angebots anzugeben.
3. Eine Barauszahlung des Greenfee-Vorteils ist nicht möglich.
4. Das Kombinieren von Angeboten oder bestehenden Greenfee-Vorteilen ist nicht möglich. Der Vorteil bezieht sich jeweils ausschließlich auf die zum Zeitpunkt der Einlösung gültigen vollen Greenfee-Gebühren.
5. Gibt es Spielergruppen mit erhöhten Greenfee-Gebühren, ist ein Nachlass auf diese Gebühren nicht möglich.
6. Das Angebot allein berechtigt nicht zum Spiel gegen Greenfee. Die Erfüllung der Bestimmungen des jeweiligen Golfclubs zur Greenfee-Berechtigung (Mitgliedschaft in einem Golfclub, Mindesthandicap etc.) zum Zeitpunkt der Einlösung sind Voraussetzung.
7. Es ist untersagt, den Greenfee-Gutschein entgeltlich Dritten zu überlassen bzw. mit diesen Handel zu treiben. Insbesondere sind die teilnehmenden Golfclubs in diesem Falle berechtigt, die Einlösung der ausgeschriebenen Angebote zu verweigern.
8. Die teilnehmenden Golfclubs haben sich gegenüber dem Verlag unter den o.g. Bedingungen verpflichtet, die ausgeschriebenen Angebote einzulösen. Der Verlag übernimmt jedoch keine Gewähr und keine Haftung, wenn ein Angebot nicht eingelöst wird oder werden kann.

Bedingungen zur Einlösung des Discounts:

1. Das Angebot ist einschließlich bis 30.6.2022 gültig.
2. Der Golfspieler/Leser hat sich telefonisch eine Abschlagzeit geben zu lassen – dabei ist die Nutzung des Angebots anzugeben.
3. Eine Barauszahlung des Greenfee-Vorteils ist nicht möglich.
4. Das Kombinieren von Angeboten oder bestehenden Greenfee-Vorteilen ist nicht möglich. Der Vorteil bezieht sich jeweils ausschließlich auf die zum Zeitpunkt der Einlösung gültigen vollen Greenfee-Gebühren.
5. Gibt es Spielergruppen mit erhöhten Greenfee-Gebühren, ist ein Nachlass auf diese Gebühren nicht möglich.
6. Das Angebot allein berechtigt nicht zum Spiel gegen Greenfee. Die Erfüllung der Bestimmungen des jeweiligen Golfclubs zur Greenfee-Berechtigung (Mitgliedschaft in einem Golfclub, Mindesthandicap etc.) zum Zeitpunkt der Einlösung sind Voraussetzung.
7. Es ist untersagt, den Greenfee-Gutschein entgeltlich Dritten zu überlassen bzw. mit diesen Handel zu treiben. Insbesondere sind die teilnehmenden Golfclubs in diesem Falle berechtigt, die Einlösung der ausgeschriebenen Angebote zu verweigern.
8. Die teilnehmenden Golfclubs haben sich gegenüber dem Verlag unter den o.g. Bedingungen verpflichtet, die ausgeschriebenen Angebote einzulösen. Der Verlag übernimmt jedoch keine Gewähr und keine Haftung, wenn ein Angebot nicht eingelöst wird oder werden kann.

Bedingungen zur Einlösung des Discounts:

1. Das Angebot ist einschließlich bis 30.6.2022 gültig.
2. Der Golfspieler/Leser hat sich telefonisch eine Abschlagzeit geben zu lassen – dabei ist die Nutzung des Angebots anzugeben.
3. Eine Barauszahlung des Greenfee-Vorteils ist nicht möglich.
4. Das Kombinieren von Angeboten oder bestehenden Greenfee-Vorteilen ist nicht möglich. Der Vorteil bezieht sich jeweils ausschließlich auf die zum Zeitpunkt der Einlösung gültigen vollen Greenfee-Gebühren.
5. Gibt es Spielergruppen mit erhöhten Greenfee-Gebühren, ist ein Nachlass auf diese Gebühren nicht möglich.
6. Das Angebot allein berechtigt nicht zum Spiel gegen Greenfee. Die Erfüllung der Bestimmungen des jeweiligen Golfclubs zur Greenfee-Berechtigung (Mitgliedschaft in einem Golfclub, Mindesthandicap etc.) zum Zeitpunkt der Einlösung sind Voraussetzung.
7. Es ist untersagt, den Greenfee-Gutschein entgeltlich Dritten zu überlassen bzw. mit diesen Handel zu treiben. Insbesondere sind die teilnehmenden Golfclubs in diesem Falle berechtigt, die Einlösung der ausgeschriebenen Angebote zu verweigern.
8. Die teilnehmenden Golfclubs haben sich gegenüber dem Verlag unter den o.g. Bedingungen verpflichtet, die ausgeschriebenen Angebote einzulösen. Der Verlag übernimmt jedoch keine Gewähr und keine Haftung, wenn ein Angebot nicht eingelöst wird oder werden kann.

Bedingungen zur Einlösung des Discounts:

1. Das Angebot ist einschließlich bis 30.6.2022 gültig.
2. Der Golfspieler/Leser hat sich telefonisch eine Abschlagzeit geben zu lassen – dabei ist die Nutzung des Angebots anzugeben.
3. Eine Barauszahlung des Greenfee-Vorteils ist nicht möglich.
4. Das Kombinieren von Angeboten oder bestehenden Greenfee-Vorteilen ist nicht möglich. Der Vorteil bezieht sich jeweils ausschließlich auf die zum Zeitpunkt der Einlösung gültigen vollen Greenfee-Gebühren.
5. Gibt es Spielergruppen mit erhöhten Greenfee-Gebühren, ist ein Nachlass auf diese Gebühren nicht möglich.
6. Das Angebot allein berechtigt nicht zum Spiel gegen Greenfee. Die Erfüllung der Bestimmungen des jeweiligen Golfclubs zur Greenfee-Berechtigung (Mitgliedschaft in einem Golfclub, Mindesthandicap etc.) zum Zeitpunkt der Einlösung sind Voraussetzung.
7. Es ist untersagt, den Greenfee-Gutschein entgeltlich Dritten zu überlassen bzw. mit diesen Handel zu treiben. Insbesondere sind die teilnehmenden Golfclubs in diesem Falle berechtigt, die Einlösung der ausgeschriebenen Angebote zu verweigern.
8. Die teilnehmenden Golfclubs haben sich gegenüber dem Verlag unter den o.g. Bedingungen verpflichtet, die ausgeschriebenen Angebote einzulösen. Der Verlag übernimmt jedoch keine Gewähr und keine Haftung, wenn ein Angebot nicht eingelöst wird oder werden kann.

Bedingungen zur Einlösung des Discounts:

1. Das Angebot ist einschließlich bis 30.6.2022 gültig.
2. Der Golfspieler/Leser hat sich telefonisch eine Abschlagzeit geben zu lassen – dabei ist die Nutzung des Angebots anzugeben.
3. Eine Barauszahlung des Greenfee-Vorteils ist nicht möglich.
4. Das Kombinieren von Angeboten oder bestehenden Greenfee-Vorteilen ist nicht möglich. Der Vorteil bezieht sich jeweils ausschließlich auf die zum Zeitpunkt der Einlösung gültigen vollen Greenfee-Gebühren.
5. Gibt es Spielergruppen mit erhöhten Greenfee-Gebühren, ist ein Nachlass auf diese Gebühren nicht möglich.
6. Das Angebot allein berechtigt nicht zum Spiel gegen Greenfee. Die Erfüllung der Bestimmungen des jeweiligen Golfclubs zur Greenfee-Berechtigung (Mitgliedschaft in einem Golfclub, Mindesthandicap etc.) zum Zeitpunkt der Einlösung sind Voraussetzung.
7. Es ist untersagt, den Greenfee-Gutschein entgeltlich Dritten zu überlassen bzw. mit diesen Handel zu treiben. Insbesondere sind die teilnehmenden Golfclubs in diesem Falle berechtigt, die Einlösung der ausgeschriebenen Angebote zu verweigern.
8. Die teilnehmenden Golfclubs haben sich gegenüber dem Verlag unter den o.g. Bedingungen verpflichtet, die ausgeschriebenen Angebote einzulösen. Der Verlag übernimmt jedoch keine Gewähr und keine Haftung, wenn ein Angebot nicht eingelöst wird oder werden kann.

Bedingungen zur Einlösung des Discounts:

1. Das Angebot ist einschließlich bis 30.6.2022 gültig.
2. Der Golfspieler/Leser hat sich telefonisch eine Abschlagzeit geben zu lassen – dabei ist die Nutzung des Angebots anzugeben.
3. Eine Barauszahlung des Greenfee-Vorteils ist nicht möglich.
4. Das Kombinieren von Angeboten oder bestehenden Greenfee-Vorteilen ist nicht möglich. Der Vorteil bezieht sich jeweils ausschließlich auf die zum Zeitpunkt der Einlösung gültigen vollen Greenfee-Gebühren.
5. Gibt es Spielergruppen mit erhöhten Greenfee-Gebühren, ist ein Nachlass auf diese Gebühren nicht möglich.
6. Das Angebot allein berechtigt nicht zum Spiel gegen Greenfee. Die Erfüllung der Bestimmungen des jeweiligen Golfclubs zur Greenfee-Berechtigung (Mitgliedschaft in einem Golfclub, Mindesthandicap etc.) zum Zeitpunkt der Einlösung sind Voraussetzung.
7. Es ist untersagt, den Greenfee-Gutschein entgeltlich Dritten zu überlassen bzw. mit diesen Handel zu treiben. Insbesondere sind die teilnehmenden Golfclubs in diesem Falle berechtigt, die Einlösung der ausgeschriebenen Angebote zu verweigern.
8. Die teilnehmenden Golfclubs haben sich gegenüber dem Verlag unter den o.g. Bedingungen verpflichtet, die ausgeschriebenen Angebote einzulösen. Der Verlag übernimmt jedoch keine Gewähr und keine Haftung, wenn ein Angebot nicht eingelöst wird oder werden kann.

Bedingungen zur Einlösung des Discounts:

1. Das Angebot ist einschließlich bis 30.6.2022 gültig.
2. Der Golfspieler/Leser hat sich telefonisch eine Abschlagzeit geben zu lassen – dabei ist die Nutzung des Angebots anzugeben.
3. Eine Barauszahlung des Greenfee-Vorteils ist nicht möglich.
4. Das Kombinieren von Angeboten oder bestehenden Greenfee-Vorteilen ist nicht möglich. Der Vorteil bezieht sich jeweils ausschließlich auf die zum Zeitpunkt der Einlösung gültigen vollen Greenfee-Gebühren.
5. Gibt es Spielergruppen mit erhöhten Greenfee-Gebühren, ist ein Nachlass auf diese Gebühren nicht möglich.
6. Das Angebot allein berechtigt nicht zum Spiel gegen Greenfee. Die Erfüllung der Bestimmungen des jeweiligen Golfclubs zur Greenfee-Berechtigung (Mitgliedschaft in einem Golfclub, Mindesthandicap etc.) zum Zeitpunkt der Einlösung sind Voraussetzung.
7. Es ist untersagt, den Greenfee-Gutschein entgeltlich Dritten zu überlassen bzw. mit diesen Handel zu treiben. Insbesondere sind die teilnehmenden Golfclubs in diesem Falle berechtigt, die Einlösung der ausgeschriebenen Angebote zu verweigern.
8. Die teilnehmenden Golfclubs haben sich gegenüber dem Verlag unter den o.g. Bedingungen verpflichtet, die ausgeschriebenen Angebote einzulösen. Der Verlag übernimmt jedoch keine Gewähr und keine Haftung, wenn ein Angebot nicht eingelöst wird oder werden kann.

Bedingungen zur Einlösung des Discounts:

1. Das Angebot ist einschließlich bis 30.6.2022 gültig.
2. Der Golfspieler/Leser hat sich telefonisch eine Abschlagzeit geben zu lassen – dabei ist die Nutzung des Angebots anzugeben.
3. Eine Barauszahlung des Greenfee-Vorteils ist nicht möglich.
4. Das Kombinieren von Angeboten oder bestehenden Greenfee-Vorteilen ist nicht möglich. Der Vorteil bezieht sich jeweils ausschließlich auf die zum Zeitpunkt der Einlösung gültigen vollen Greenfee-Gebühren.
5. Gibt es Spielergruppen mit erhöhten Greenfee-Gebühren, ist ein Nachlass auf diese Gebühren nicht möglich.
6. Das Angebot allein berechtigt nicht zum Spiel gegen Greenfee. Die Erfüllung der Bestimmungen des jeweiligen Golfclubs zur Greenfee-Berechtigung (Mitgliedschaft in einem Golfclub, Mindesthandicap etc.) zum Zeitpunkt der Einlösung sind Voraussetzung.
7. Es ist untersagt, den Greenfee-Gutschein entgeltlich Dritten zu überlassen bzw. mit diesen Handel zu treiben. Insbesondere sind die teilnehmenden Golfclubs in diesem Falle berechtigt, die Einlösung der ausgeschriebenen Angebote zu verweigern.
8. Die teilnehmenden Golfclubs haben sich gegenüber dem Verlag unter den o.g. Bedingungen verpflichtet, die ausgeschriebenen Angebote einzulösen. Der Verlag übernimmt jedoch keine Gewähr und keine Haftung, wenn ein Angebot nicht eingelöst wird oder werden kann.

Bedingungen zur Einlösung des Discounts:

1. Das Angebot ist einschließlich bis 30.6.2022 gültig.
2. Der Golfspieler/Leser hat sich telefonisch eine Abschlagzeit geben zu lassen – dabei ist die Nutzung des Angebots anzugeben.
3. Eine Barauszahlung des Greenfee-Vorteils ist nicht möglich.
4. Das Kombinieren von Angeboten oder bestehenden Greenfee-Vorteilen ist nicht möglich. Der Vorteil bezieht sich jeweils ausschließlich auf die zum Zeitpunkt der Einlösung gültigen vollen Greenfee-Gebühren.
5. Gibt es Spielergruppen mit erhöhten Greenfee-Gebühren, ist ein Nachlass auf diese Gebühren nicht möglich.
6. Das Angebot allein berechtigt nicht zum Spiel gegen Greenfee. Die Erfüllung der Bestimmungen des jeweiligen Golfclubs zur Greenfee-Berechtigung (Mitgliedschaft in einem Golfclub, Mindesthandicap etc.) zum Zeitpunkt der Einlösung sind Voraussetzung.
7. Es ist untersagt, den Greenfee-Gutschein entgeltlich Dritten zu überlassen bzw. mit diesen Handel zu treiben. Insbesondere sind die teilnehmenden Golfclubs in diesem Falle berechtigt, die Einlösung der ausgeschriebenen Angebote zu verweigern.
8. Die teilnehmenden Golfclubs haben sich gegenüber dem Verlag unter den o.g. Bedingungen verpflichtet, die ausgeschriebenen Angebote einzulösen. Der Verlag übernimmt jedoch keine Gewähr und keine Haftung, wenn ein Angebot nicht eingelöst wird oder werden kann.

DER GOLF ALBRECHT

Golf-Club Coburg e.V. Schloß Tambach

DE

Schlossallee 6
D-96479 Weitramsdorf-Tambach
09567-9811580
Bayern

184

30% Greenfee-Ermäßigung wochentags

DER GOLF ALBRECHT

Golfclub Kronach e.V.

DE

Kümmelbergstr. 24
D-96328 Küps/Nagel
09264-8812
Bayern

185

2 for 1 2 GF zum Preis von 1

DER GOLF ALBRECHT

Golfclub Kronach e.V.

DE

Kümmelbergstr. 24
D-96328 Küps/Nagel
09264-8812
Bayern

185

2 for 1 2 GF zum Preis von 1

DER GOLF ALBRECHT

Aschaffenburger Golf-Club e.V.

DE

Am Heigenberg 30
D-63768 Hösbach
06024-63400
Bayern

186

2 for 1 2 GF zum Preis von 1

DER GOLF ALBRECHT

Aschaffenburger Golf-Club e.V.

DE

Am Heigenberg 30
D-63768 Hösbach
06024-63400
Bayern

186

2 for 1 2 GF zum Preis von 1

DER GOLF ALBRECHT

Golf Club Oberfranken e.V.

DE

Petershof 1
D-95349 Thurnau
09228-319
Bayern

187

2 for 1 2 GF zum Preis von 1

DER GOLF ALBRECHT

Golf Club Oberfranken e.V.

DE

Petershof 1
D-95349 Thurnau
09228-319
Bayern

187

2 for 1 2 GF zum Preis von 1

DER GOLF ALBRECHT

Golf Club Oberfranken e.V.

DE

Petershof 1
D-95349 Thurnau
09228-319
Bayern

187

20% Greenfee-Ermäßigung

DER GOLF ALBRECHT

Golf Club Oberfranken e.V.

DE

Petershof 1
D-95349 Thurnau
09228-319
Bayern

187

20% Greenfee-Ermäßigung

DER GOLF ALBRECHT

Golfclub Haßberge e.V.

DE

Hainach - Neue Laube 1
D-97500 Ebelsbach-Steinbach
09522-7085500
Bayern

188

2 for 1 2 GF zum Preis von 1

Bedingungen zur Einlösung des Discounts:
1. Das Angebot ist einschließlich bis 30.6.2022 gültig.
2. Der Golfspieler/Leser hat sich telefonisch eine Abschlagzeit geben zu lassen – dabei ist die Nutzung des Angebots anzugeben.
3. Eine Barauszahlung des Greenfee-Vorteils ist nicht möglich.
4. Das Kombinieren von Angeboten oder bestehenden Greenfee-Vorteilen ist nicht möglich. Der Vorteil bezieht sich jeweils ausschließlich auf die zum Zeitpunkt der Einlösung gültigen vollen Greenfee-Gebühren.
5. Gibt es Spielergruppen mit erhöhten Greenfee-Gebühren, ist ein Nachlass auf diese Gebühren nicht möglich.
6. Das Angebot allein berechtigt nicht zum Spiel gegen Greenfee. Die Erfüllung der Bestimmungen des jeweiligen Golfclubs zur Greenfee-Berechtigung (Mitgliedschaft in einem Golfclub, Mindesthandicap etc.) zum Zeitpunkt der Einlösung sind Voraussetzung.
7. Es ist untersagt, den Greenfee-Gutschein entgeltlich Dritten zu überlassen bzw. mit diesen Handel zu treiben. Insbesondere sind die teilnehmenden Golfclubs in diesem Falle berechtigt, die Einlösung der ausgeschriebenen Angebote zu verweigern.
8. Die teilnehmenden Golfclubs haben sich gegenüber dem Verlag unter den o.g. Bedingungen verpflichtet, die ausgeschriebenen Angebote einzulösen. Der Verlag übernimmt jedoch keine Gewähr und keine Haftung, wenn ein Angebot nicht eingelöst wird oder werden kann.

Bedingungen zur Einlösung des Discounts:
1. Das Angebot ist einschließlich bis 30.6.2022 gültig.
2. Der Golfspieler/Leser hat sich telefonisch eine Abschlagzeit geben zu lassen – dabei ist die Nutzung des Angebots anzugeben.
3. Eine Barauszahlung des Greenfee-Vorteils ist nicht möglich.
4. Das Kombinieren von Angeboten oder bestehenden Greenfee-Vorteilen ist nicht möglich. Der Vorteil bezieht sich jeweils ausschließlich auf die zum Zeitpunkt der Einlösung gültigen vollen Greenfee-Gebühren.
5. Gibt es Spielergruppen mit erhöhten Greenfee-Gebühren, ist ein Nachlass auf diese Gebühren nicht möglich.
6. Das Angebot allein berechtigt nicht zum Spiel gegen Greenfee. Die Erfüllung der Bestimmungen des jeweiligen Golfclubs zur Greenfee-Berechtigung (Mitgliedschaft in einem Golfclub, Mindesthandicap etc.) zum Zeitpunkt der Einlösung sind Voraussetzung.
7. Es ist untersagt, den Greenfee-Gutschein entgeltlich Dritten zu überlassen bzw. mit diesen Handel zu treiben. Insbesondere sind die teilnehmenden Golfclubs in diesem Falle berechtigt, die Einlösung der ausgeschriebenen Angebote zu verweigern.
8. Die teilnehmenden Golfclubs haben sich gegenüber dem Verlag unter den o.g. Bedingungen verpflichtet, die ausgeschriebenen Angebote einzulösen. Der Verlag übernimmt jedoch keine Gewähr und keine Haftung, wenn ein Angebot nicht eingelöst wird oder werden kann.

Bedingungen zur Einlösung des Discounts:
1. Das Angebot ist einschließlich bis 30.6.2022 gültig.
2. Der Golfspieler/Leser hat sich telefonisch eine Abschlagzeit geben zu lassen – dabei ist die Nutzung des Angebots anzugeben.
3. Eine Barauszahlung des Greenfee-Vorteils ist nicht möglich.
4. Das Kombinieren von Angeboten oder bestehenden Greenfee-Vorteilen ist nicht möglich. Der Vorteil bezieht sich jeweils ausschließlich auf die zum Zeitpunkt der Einlösung gültigen vollen Greenfee-Gebühren.
5. Gibt es Spielergruppen mit erhöhten Greenfee-Gebühren, ist ein Nachlass auf diese Gebühren nicht möglich.
6. Das Angebot allein berechtigt nicht zum Spiel gegen Greenfee. Die Erfüllung der Bestimmungen des jeweiligen Golfclubs zur Greenfee-Berechtigung (Mitgliedschaft in einem Golfclub, Mindesthandicap etc.) zum Zeitpunkt der Einlösung sind Voraussetzung.
7. Es ist untersagt, den Greenfee-Gutschein entgeltlich Dritten zu überlassen bzw. mit diesen Handel zu treiben. Insbesondere sind die teilnehmenden Golfclubs in diesem Falle berechtigt, die Einlösung der ausgeschriebenen Angebote zu verweigern.
8. Die teilnehmenden Golfclubs haben sich gegenüber dem Verlag unter den o.g. Bedingungen verpflichtet, die ausgeschriebenen Angebote einzulösen. Der Verlag übernimmt jedoch keine Gewähr und keine Haftung, wenn ein Angebot nicht eingelöst wird oder werden kann.

Bedingungen zur Einlösung des Discounts:
1. Das Angebot ist einschließlich bis 30.6.2022 gültig.
2. Der Golfspieler/Leser hat sich telefonisch eine Abschlagzeit geben zu lassen – dabei ist die Nutzung des Angebots anzugeben.
3. Eine Barauszahlung des Greenfee-Vorteils ist nicht möglich.
4. Das Kombinieren von Angeboten oder bestehenden Greenfee-Vorteilen ist nicht möglich. Der Vorteil bezieht sich jeweils ausschließlich auf die zum Zeitpunkt der Einlösung gültigen vollen Greenfee-Gebühren.
5. Gibt es Spielergruppen mit erhöhten Greenfee-Gebühren, ist ein Nachlass auf diese Gebühren nicht möglich.
6. Das Angebot allein berechtigt nicht zum Spiel gegen Greenfee. Die Erfüllung der Bestimmungen des jeweiligen Golfclubs zur Greenfee-Berechtigung (Mitgliedschaft in einem Golfclub, Mindesthandicap etc.) zum Zeitpunkt der Einlösung sind Voraussetzung.
7. Es ist untersagt, den Greenfee-Gutschein entgeltlich Dritten zu überlassen bzw. mit diesen Handel zu treiben. Insbesondere sind die teilnehmenden Golfclubs in diesem Falle berechtigt, die Einlösung der ausgeschriebenen Angebote zu verweigern.
8. Die teilnehmenden Golfclubs haben sich gegenüber dem Verlag unter den o.g. Bedingungen verpflichtet, die ausgeschriebenen Angebote einzulösen. Der Verlag übernimmt jedoch keine Gewähr und keine Haftung, wenn ein Angebot nicht eingelöst wird oder werden kann.

Bedingungen zur Einlösung des Discounts:
1. Das Angebot ist einschließlich bis 30.6.2022 gültig.
2. Der Golfspieler/Leser hat sich telefonisch eine Abschlagzeit geben zu lassen – dabei ist die Nutzung des Angebots anzugeben.
3. Eine Barauszahlung des Greenfee-Vorteils ist nicht möglich.
4. Das Kombinieren von Angeboten oder bestehenden Greenfee-Vorteilen ist nicht möglich. Der Vorteil bezieht sich jeweils ausschließlich auf die zum Zeitpunkt der Einlösung gültigen vollen Greenfee-Gebühren.
5. Gibt es Spielergruppen mit erhöhten Greenfee-Gebühren, ist ein Nachlass auf diese Gebühren nicht möglich.
6. Das Angebot allein berechtigt nicht zum Spiel gegen Greenfee. Die Erfüllung der Bestimmungen des jeweiligen Golfclubs zur Greenfee-Berechtigung (Mitgliedschaft in einem Golfclub, Mindesthandicap etc.) zum Zeitpunkt der Einlösung sind Voraussetzung.
7. Es ist untersagt, den Greenfee-Gutschein entgeltlich Dritten zu überlassen bzw. mit diesen Handel zu treiben. Insbesondere sind die teilnehmenden Golfclubs in diesem Falle berechtigt, die Einlösung der ausgeschriebenen Angebote zu verweigern.
8. Die teilnehmenden Golfclubs haben sich gegenüber dem Verlag unter den o.g. Bedingungen verpflichtet, die ausgeschriebenen Angebote einzulösen. Der Verlag übernimmt jedoch keine Gewähr und keine Haftung, wenn ein Angebot nicht eingelöst wird oder werden kann.

Bedingungen zur Einlösung des Discounts:
1. Das Angebot ist einschließlich bis 30.6.2022 gültig.
2. Der Golfspieler/Leser hat sich telefonisch eine Abschlagzeit geben zu lassen – dabei ist die Nutzung des Angebots anzugeben.
3. Eine Barauszahlung des Greenfee-Vorteils ist nicht möglich.
4. Das Kombinieren von Angeboten oder bestehenden Greenfee-Vorteilen ist nicht möglich. Der Vorteil bezieht sich jeweils ausschließlich auf die zum Zeitpunkt der Einlösung gültigen vollen Greenfee-Gebühren.
5. Gibt es Spielergruppen mit erhöhten Greenfee-Gebühren, ist ein Nachlass auf diese Gebühren nicht möglich.
6. Das Angebot allein berechtigt nicht zum Spiel gegen Greenfee. Die Erfüllung der Bestimmungen des jeweiligen Golfclubs zur Greenfee-Berechtigung (Mitgliedschaft in einem Golfclub, Mindesthandicap etc.) zum Zeitpunkt der Einlösung sind Voraussetzung.
7. Es ist untersagt, den Greenfee-Gutschein entgeltlich Dritten zu überlassen bzw. mit diesen Handel zu treiben. Insbesondere sind die teilnehmenden Golfclubs in diesem Falle berechtigt, die Einlösung der ausgeschriebenen Angebote zu verweigern.
8. Die teilnehmenden Golfclubs haben sich gegenüber dem Verlag unter den o.g. Bedingungen verpflichtet, die ausgeschriebenen Angebote einzulösen. Der Verlag übernimmt jedoch keine Gewähr und keine Haftung, wenn ein Angebot nicht eingelöst wird oder werden kann.

Bedingungen zur Einlösung des Discounts:
1. Das Angebot ist einschließlich bis 30.6.2022 gültig.
2. Der Golfspieler/Leser hat sich telefonisch eine Abschlagzeit geben zu lassen – dabei ist die Nutzung des Angebots anzugeben.
3. Eine Barauszahlung des Greenfee-Vorteils ist nicht möglich.
4. Das Kombinieren von Angeboten oder bestehenden Greenfee-Vorteilen ist nicht möglich. Der Vorteil bezieht sich jeweils ausschließlich auf die zum Zeitpunkt der Einlösung gültigen vollen Greenfee-Gebühren.
5. Gibt es Spielergruppen mit erhöhten Greenfee-Gebühren, ist ein Nachlass auf diese Gebühren nicht möglich.
6. Das Angebot allein berechtigt nicht zum Spiel gegen Greenfee. Die Erfüllung der Bestimmungen des jeweiligen Golfclubs zur Greenfee-Berechtigung (Mitgliedschaft in einem Golfclub, Mindesthandicap etc.) zum Zeitpunkt der Einlösung sind Voraussetzung.
7. Es ist untersagt, den Greenfee-Gutschein entgeltlich Dritten zu überlassen bzw. mit diesen Handel zu treiben. Insbesondere sind die teilnehmenden Golfclubs in diesem Falle berechtigt, die Einlösung der ausgeschriebenen Angebote zu verweigern.
8. Die teilnehmenden Golfclubs haben sich gegenüber dem Verlag unter den o.g. Bedingungen verpflichtet, die ausgeschriebenen Angebote einzulösen. Der Verlag übernimmt jedoch keine Gewähr und keine Haftung, wenn ein Angebot nicht eingelöst wird oder werden kann.

Bedingungen zur Einlösung des Discounts:
1. Das Angebot ist einschließlich bis 30.6.2022 gültig.
2. Der Golfspieler/Leser hat sich telefonisch eine Abschlagzeit geben zu lassen – dabei ist die Nutzung des Angebots anzugeben.
3. Eine Barauszahlung des Greenfee-Vorteils ist nicht möglich.
4. Das Kombinieren von Angeboten oder bestehenden Greenfee-Vorteilen ist nicht möglich. Der Vorteil bezieht sich jeweils ausschließlich auf die zum Zeitpunkt der Einlösung gültigen vollen Greenfee-Gebühren.
5. Gibt es Spielergruppen mit erhöhten Greenfee-Gebühren, ist ein Nachlass auf diese Gebühren nicht möglich.
6. Das Angebot allein berechtigt nicht zum Spiel gegen Greenfee. Die Erfüllung der Bestimmungen des jeweiligen Golfclubs zur Greenfee-Berechtigung (Mitgliedschaft in einem Golfclub, Mindesthandicap etc.) zum Zeitpunkt der Einlösung sind Voraussetzung.
7. Es ist untersagt, den Greenfee-Gutschein entgeltlich Dritten zu überlassen bzw. mit diesen Handel zu treiben. Insbesondere sind die teilnehmenden Golfclubs in diesem Falle berechtigt, die Einlösung der ausgeschriebenen Angebote zu verweigern.
8. Die teilnehmenden Golfclubs haben sich gegenüber dem Verlag unter den o.g. Bedingungen verpflichtet, die ausgeschriebenen Angebote einzulösen. Der Verlag übernimmt jedoch keine Gewähr und keine Haftung, wenn ein Angebot nicht eingelöst wird oder werden kann.

Bedingungen zur Einlösung des Discounts:
1. Das Angebot ist einschließlich bis 30.6.2022 gültig.
2. Der Golfspieler/Leser hat sich telefonisch eine Abschlagzeit geben zu lassen – dabei ist die Nutzung des Angebots anzugeben.
3. Eine Barauszahlung des Greenfee-Vorteils ist nicht möglich.
4. Das Kombinieren von Angeboten oder bestehenden Greenfee-Vorteilen ist nicht möglich. Der Vorteil bezieht sich jeweils ausschließlich auf die zum Zeitpunkt der Einlösung gültigen vollen Greenfee-Gebühren.
5. Gibt es Spielergruppen mit erhöhten Greenfee-Gebühren, ist ein Nachlass auf diese Gebühren nicht möglich.
6. Das Angebot allein berechtigt nicht zum Spiel gegen Greenfee. Die Erfüllung der Bestimmungen des jeweiligen Golfclubs zur Greenfee-Berechtigung (Mitgliedschaft in einem Golfclub, Mindesthandicap etc.) zum Zeitpunkt der Einlösung sind Voraussetzung.
7. Es ist untersagt, den Greenfee-Gutschein entgeltlich Dritten zu überlassen bzw. mit diesen Handel zu treiben. Insbesondere sind die teilnehmenden Golfclubs in diesem Falle berechtigt, die Einlösung der ausgeschriebenen Angebote zu verweigern.
8. Die teilnehmenden Golfclubs haben sich gegenüber dem Verlag unter den o.g. Bedingungen verpflichtet, die ausgeschriebenen Angebote einzulösen. Der Verlag übernimmt jedoch keine Gewähr und keine Haftung, wenn ein Angebot nicht eingelöst wird oder werden kann.

Bedingungen zur Einlösung des Discounts:
1. Das Angebot ist einschließlich bis 30.6.2022 gültig.
2. Der Golfspieler/Leser hat sich telefonisch eine Abschlagzeit geben zu lassen – dabei ist die Nutzung des Angebots anzugeben.
3. Eine Barauszahlung des Greenfee-Vorteils ist nicht möglich.
4. Das Kombinieren von Angeboten oder bestehenden Greenfee-Vorteilen ist nicht möglich. Der Vorteil bezieht sich jeweils ausschließlich auf die zum Zeitpunkt der Einlösung gültigen vollen Greenfee-Gebühren.
5. Gibt es Spielergruppen mit erhöhten Greenfee-Gebühren, ist ein Nachlass auf diese Gebühren nicht möglich.
6. Das Angebot allein berechtigt nicht zum Spiel gegen Greenfee. Die Erfüllung der Bestimmungen des jeweiligen Golfclubs zur Greenfee-Berechtigung (Mitgliedschaft in einem Golfclub, Mindesthandicap etc.) zum Zeitpunkt der Einlösung sind Voraussetzung.
7. Es ist untersagt, den Greenfee-Gutschein entgeltlich Dritten zu überlassen bzw. mit diesen Handel zu treiben. Insbesondere sind die teilnehmenden Golfclubs in diesem Falle berechtigt, die Einlösung der ausgeschriebenen Angebote zu verweigern.
8. Die teilnehmenden Golfclubs haben sich gegenüber dem Verlag unter den o.g. Bedingungen verpflichtet, die ausgeschriebenen Angebote einzulösen. Der Verlag übernimmt jedoch keine Gewähr und keine Haftung, wenn ein Angebot nicht eingelöst wird oder werden kann.

Bedingungen zur Einlösung des Discounts:
1. Das Angebot ist einschließlich bis 30.6.2022 gültig.
2. Der Golfspieler/Leser hat sich telefonisch eine Abschlagzeit geben zu lassen – dabei ist die Nutzung des Angebots anzugeben.
3. Eine Barauszahlung des Greenfee-Vorteils ist nicht möglich.
4. Das Kombinieren von Angeboten oder bestehenden Greenfee-Vorteilen ist nicht möglich. Der Vorteil bezieht sich jeweils ausschließlich auf die zum Zeitpunkt der Einlösung gültigen vollen Greenfee-Gebühren.
5. Gibt es Spielergruppen mit erhöhten Greenfee-Gebühren, ist ein Nachlass auf diese Gebühren nicht möglich.
6. Das Angebot allein berechtigt nicht zum Spiel gegen Greenfee. Die Erfüllung der Bestimmungen des jeweiligen Golfclubs zur Greenfee-Berechtigung (Mitgliedschaft in einem Golfclub, Mindesthandicap etc.) zum Zeitpunkt der Einlösung sind Voraussetzung.
7. Es ist untersagt, den Greenfee-Gutschein entgeltlich Dritten zu überlassen bzw. mit diesen Handel zu treiben. Insbesondere sind die teilnehmenden Golfclubs in diesem Falle berechtigt, die Einlösung der ausgeschriebenen Angebote zu verweigern.
8. Die teilnehmenden Golfclubs haben sich gegenüber dem Verlag unter den o.g. Bedingungen verpflichtet, die ausgeschriebenen Angebote einzulösen. Der Verlag übernimmt jedoch keine Gewähr und keine Haftung, wenn ein Angebot nicht eingelöst wird oder werden kann.

DER GOLF ALBRECHT

Golfclub Haßberge e.V. DE

Hainach - Neue Laube 1
D-97500 Ebelsbach-Steinbach
✆ 09522-7085500
Bayern

188

2 for 1 2 GF zum Preis von 1

DER GOLF ALBRECHT

Golfclub Haßberge e.V. DE

Hainach - Neue Laube 1
D-97500 Ebelsbach-Steinbach
✆ 09522-7085500
Bayern

188

20% Greenfee-Ermäßigung

DER GOLF ALBRECHT

Golfanlage Gut Leimershof DE

Leimershof 9
D-96149 Breitengüßbach
✆ 09547-8709939
Bayern

189

2 for 1 2 GF zum Preis von 1

DER GOLF ALBRECHT

Golfanlage Gut Leimershof DE

Leimershof 9
D-96149 Breitengüßbach
✆ 09547-8709939
Bayern

189

2 for 1 2 GF zum Preis von 1

DER GOLF ALBRECHT

Golfanlage Gut Leimershof DE

Leimershof 9
D-96149 Breitengüßbach
✆ 09547-8709939
Bayern

189

20% Greenfee-Ermäßigung

DER GOLF ALBRECHT

Golfanlage Gut Leimershof DE

Leimershof 9
D-96149 Breitengüßbach
✆ 09547-8709939
Bayern

189

20% Greenfee-Ermäßigung

DER GOLF ALBRECHT

Golfclub Stiftland e.V. DE

Ottengrün 50
D-95698 Bad Neualbenreuth
✆ 09638-1271
Bayern

190

2 for 1 2 GF zum Preis von 1

DER GOLF ALBRECHT

Golfclub Stiftland e.V. DE

Ottengrün 50
D-95698 Bad Neualbenreuth
✆ 09638-1271
Bayern

190

2 for 1 2 GF zum Preis von 1

DER GOLF ALBRECHT

Golfclub Stiftland e.V. DE

Ottengrün 50
D-95698 Bad Neualbenreuth
✆ 09638-1271
Bayern

190

30% Greenfee-Ermäßigung

DER GOLF ALBRECHT

Golfclub Stiftland e.V. DE

Ottengrün 50
D-95698 Bad Neualbenreuth
✆ 09638-1271
Bayern

190

30% Greenfee-Ermäßigung

Bedingungen zur Einlösung des Discounts:
1. Das Angebot ist einschließlich bis 30.6.2022 gültig.
2. Der Golfspieler/Leser hat sich telefonisch eine Abschlagzeit geben zu lassen – dabei ist die Nutzung des Angebots anzugeben.
3. Eine Barauszahlung des Greenfee-Vorteils ist nicht möglich.
4. Das Kombinieren von Angeboten oder bestehenden Greenfee-Vorteilen ist nicht möglich. Der Vorteil bezieht sich jeweils ausschließlich auf die zum Zeitpunkt der Einlösung gültigen vollen Greenfee-Gebühren.
5. Gibt es Spielergruppen mit erhöhten Greenfee-Gebühren, ist ein Nachlass auf diese Gebühren nicht möglich.
6. Das Angebot allein berechtigt nicht zum Spiel gegen Greenfee. Die Erfüllung der Bestimmungen des jeweiligen Golfclubs zur Greenfee-Berechtigung (Mitgliedschaft in einem Golfclub, Mindesthandicap etc.) zum Zeitpunkt der Einlösung sind Voraussetzung.
7. Es ist untersagt, den Greenfee-Gutschein entgeltlich Dritten zu überlassen bzw. mit diesen Handel zu treiben. Insbesondere sind die teilnehmenden Golfclubs in diesem Falle berechtigt, die Einlösung der ausgeschriebenen Angebote zu verweigern.
8. Die teilnehmenden Golfclubs haben sich gegenüber dem Verlag unter den o.g. Bedingungen verpflichtet, die ausgeschriebenen Angebote einzulösen. Der Verlag übernimmt jedoch keine Gewähr und keine Haftung, wenn ein Angebot nicht eingelöst wird oder werden kann.

Bedingungen zur Einlösung des Discounts:
1. Das Angebot ist einschließlich bis 30.6.2022 gültig.
2. Der Golfspieler/Leser hat sich telefonisch eine Abschlagzeit geben zu lassen – dabei ist die Nutzung des Angebots anzugeben.
3. Eine Barauszahlung des Greenfee-Vorteils ist nicht möglich.
4. Das Kombinieren von Angeboten oder bestehenden Greenfee-Vorteilen ist nicht möglich. Der Vorteil bezieht sich jeweils ausschließlich auf die zum Zeitpunkt der Einlösung gültigen vollen Greenfee-Gebühren.
5. Gibt es Spielergruppen mit erhöhten Greenfee-Gebühren, ist ein Nachlass auf diese Gebühren nicht möglich.
6. Das Angebot allein berechtigt nicht zum Spiel gegen Greenfee. Die Erfüllung der Bestimmungen des jeweiligen Golfclubs zur Greenfee-Berechtigung (Mitgliedschaft in einem Golfclub, Mindesthandicap etc.) zum Zeitpunkt der Einlösung sind Voraussetzung.
7. Es ist untersagt, den Greenfee-Gutschein entgeltlich Dritten zu überlassen bzw. mit diesen Handel zu treiben. Insbesondere sind die teilnehmenden Golfclubs in diesem Falle berechtigt, die Einlösung der ausgeschriebenen Angebote zu verweigern.
8. Die teilnehmenden Golfclubs haben sich gegenüber dem Verlag unter den o.g. Bedingungen verpflichtet, die ausgeschriebenen Angebote einzulösen. Der Verlag übernimmt jedoch keine Gewähr und keine Haftung, wenn ein Angebot nicht eingelöst wird oder werden kann.

Bedingungen zur Einlösung des Discounts:
1. Das Angebot ist einschließlich bis 30.6.2022 gültig.
2. Der Golfspieler/Leser hat sich telefonisch eine Abschlagzeit geben zu lassen – dabei ist die Nutzung des Angebots anzugeben.
3. Eine Barauszahlung des Greenfee-Vorteils ist nicht möglich.
4. Das Kombinieren von Angeboten oder bestehenden Greenfee-Vorteilen ist nicht möglich. Der Vorteil bezieht sich jeweils ausschließlich auf die zum Zeitpunkt der Einlösung gültigen vollen Greenfee-Gebühren.
5. Gibt es Spielergruppen mit erhöhten Greenfee-Gebühren, ist ein Nachlass auf diese Gebühren nicht möglich.
6. Das Angebot allein berechtigt nicht zum Spiel gegen Greenfee. Die Erfüllung der Bestimmungen des jeweiligen Golfclubs zur Greenfee-Berechtigung (Mitgliedschaft in einem Golfclub, Mindesthandicap etc.) zum Zeitpunkt der Einlösung sind Voraussetzung.
7. Es ist untersagt, den Greenfee-Gutschein entgeltlich Dritten zu überlassen bzw. mit diesen Handel zu treiben. Insbesondere sind die teilnehmenden Golfclubs in diesem Falle berechtigt, die Einlösung der ausgeschriebenen Angebote zu verweigern.
8. Die teilnehmenden Golfclubs haben sich gegenüber dem Verlag unter den o.g. Bedingungen verpflichtet, die ausgeschriebenen Angebote einzulösen. Der Verlag übernimmt jedoch keine Gewähr und keine Haftung, wenn ein Angebot nicht eingelöst wird oder werden kann.

Bedingungen zur Einlösung des Discounts:
1. Das Angebot ist einschließlich bis 30.6.2022 gültig.
2. Der Golfspieler/Leser hat sich telefonisch eine Abschlagzeit geben zu lassen – dabei ist die Nutzung des Angebots anzugeben.
3. Eine Barauszahlung des Greenfee-Vorteils ist nicht möglich.
4. Das Kombinieren von Angeboten oder bestehenden Greenfee-Vorteilen ist nicht möglich. Der Vorteil bezieht sich jeweils ausschließlich auf die zum Zeitpunkt der Einlösung gültigen vollen Greenfee-Gebühren.
5. Gibt es Spielergruppen mit erhöhten Greenfee-Gebühren, ist ein Nachlass auf diese Gebühren nicht möglich.
6. Das Angebot allein berechtigt nicht zum Spiel gegen Greenfee. Die Erfüllung der Bestimmungen des jeweiligen Golfclubs zur Greenfee-Berechtigung (Mitgliedschaft in einem Golfclub, Mindesthandicap etc.) zum Zeitpunkt der Einlösung sind Voraussetzung.
7. Es ist untersagt, den Greenfee-Gutschein entgeltlich Dritten zu überlassen bzw. mit diesen Handel zu treiben. Insbesondere sind die teilnehmenden Golfclubs in diesem Falle berechtigt, die Einlösung der ausgeschriebenen Angebote zu verweigern.
8. Die teilnehmenden Golfclubs haben sich gegenüber dem Verlag unter den o.g. Bedingungen verpflichtet, die ausgeschriebenen Angebote einzulösen. Der Verlag übernimmt jedoch keine Gewähr und keine Haftung, wenn ein Angebot nicht eingelöst wird oder werden kann.

Bedingungen zur Einlösung des Discounts:
1. Das Angebot ist einschließlich bis 30.6.2022 gültig.
2. Der Golfspieler/Leser hat sich telefonisch eine Abschlagzeit geben zu lassen – dabei ist die Nutzung des Angebots anzugeben.
3. Eine Barauszahlung des Greenfee-Vorteils ist nicht möglich.
4. Das Kombinieren von Angeboten oder bestehenden Greenfee-Vorteilen ist nicht möglich. Der Vorteil bezieht sich jeweils ausschließlich auf die zum Zeitpunkt der Einlösung gültigen vollen Greenfee-Gebühren.
5. Gibt es Spielergruppen mit erhöhten Greenfee-Gebühren, ist ein Nachlass auf diese Gebühren nicht möglich.
6. Das Angebot allein berechtigt nicht zum Spiel gegen Greenfee. Die Erfüllung der Bestimmungen des jeweiligen Golfclubs zur Greenfee-Berechtigung (Mitgliedschaft in einem Golfclub, Mindesthandicap etc.) zum Zeitpunkt der Einlösung sind Voraussetzung.
7. Es ist untersagt, den Greenfee-Gutschein entgeltlich Dritten zu überlassen bzw. mit diesen Handel zu treiben. Insbesondere sind die teilnehmenden Golfclubs in diesem Falle berechtigt, die Einlösung der ausgeschriebenen Angebote zu verweigern.
8. Die teilnehmenden Golfclubs haben sich gegenüber dem Verlag unter den o.g. Bedingungen verpflichtet, die ausgeschriebenen Angebote einzulösen. Der Verlag übernimmt jedoch keine Gewähr und keine Haftung, wenn ein Angebot nicht eingelöst wird oder werden kann.

Bedingungen zur Einlösung des Discounts:
1. Das Angebot ist einschließlich bis 30.6.2022 gültig.
2. Der Golfspieler/Leser hat sich telefonisch eine Abschlagzeit geben zu lassen – dabei ist die Nutzung des Angebots anzugeben.
3. Eine Barauszahlung des Greenfee-Vorteils ist nicht möglich.
4. Das Kombinieren von Angeboten oder bestehenden Greenfee-Vorteilen ist nicht möglich. Der Vorteil bezieht sich jeweils ausschließlich auf die zum Zeitpunkt der Einlösung gültigen vollen Greenfee-Gebühren.
5. Gibt es Spielergruppen mit erhöhten Greenfee-Gebühren, ist ein Nachlass auf diese Gebühren nicht möglich.
6. Das Angebot allein berechtigt nicht zum Spiel gegen Greenfee. Die Erfüllung der Bestimmungen des jeweiligen Golfclubs zur Greenfee-Berechtigung (Mitgliedschaft in einem Golfclub, Mindesthandicap etc.) zum Zeitpunkt der Einlösung sind Voraussetzung.
7. Es ist untersagt, den Greenfee-Gutschein entgeltlich Dritten zu überlassen bzw. mit diesen Handel zu treiben. Insbesondere sind die teilnehmenden Golfclubs in diesem Falle berechtigt, die Einlösung der ausgeschriebenen Angebote zu verweigern.
8. Die teilnehmenden Golfclubs haben sich gegenüber dem Verlag unter den o.g. Bedingungen verpflichtet, die ausgeschriebenen Angebote einzulösen. Der Verlag übernimmt jedoch keine Gewähr und keine Haftung, wenn ein Angebot nicht eingelöst wird oder werden kann.

Bedingungen zur Einlösung des Discounts:
1. Das Angebot ist einschließlich bis 30.6.2022 gültig.
2. Der Golfspieler/Leser hat sich telefonisch eine Abschlagzeit geben zu lassen – dabei ist die Nutzung des Angebots anzugeben.
3. Eine Barauszahlung des Greenfee-Vorteils ist nicht möglich.
4. Das Kombinieren von Angeboten oder bestehenden Greenfee-Vorteilen ist nicht möglich. Der Vorteil bezieht sich jeweils ausschließlich auf die zum Zeitpunkt der Einlösung gültigen vollen Greenfee-Gebühren.
5. Gibt es Spielergruppen mit erhöhten Greenfee-Gebühren, ist ein Nachlass auf diese Gebühren nicht möglich.
6. Das Angebot allein berechtigt nicht zum Spiel gegen Greenfee. Die Erfüllung der Bestimmungen des jeweiligen Golfclubs zur Greenfee-Berechtigung (Mitgliedschaft in einem Golfclub, Mindesthandicap etc.) zum Zeitpunkt der Einlösung sind Voraussetzung.
7. Es ist untersagt, den Greenfee-Gutschein entgeltlich Dritten zu überlassen bzw. mit diesen Handel zu treiben. Insbesondere sind die teilnehmenden Golfclubs in diesem Falle berechtigt, die Einlösung der ausgeschriebenen Angebote zu verweigern.
8. Die teilnehmenden Golfclubs haben sich gegenüber dem Verlag unter den o.g. Bedingungen verpflichtet, die ausgeschriebenen Angebote einzulösen. Der Verlag übernimmt jedoch keine Gewähr und keine Haftung, wenn ein Angebot nicht eingelöst wird oder werden kann.

Bedingungen zur Einlösung des Discounts:
1. Das Angebot ist einschließlich bis 30.6.2022 gültig.
2. Der Golfspieler/Leser hat sich telefonisch eine Abschlagzeit geben zu lassen – dabei ist die Nutzung des Angebots anzugeben.
3. Eine Barauszahlung des Greenfee-Vorteils ist nicht möglich.
4. Das Kombinieren von Angeboten oder bestehenden Greenfee-Vorteilen ist nicht möglich. Der Vorteil bezieht sich jeweils ausschließlich auf die zum Zeitpunkt der Einlösung gültigen vollen Greenfee-Gebühren.
5. Gibt es Spielergruppen mit erhöhten Greenfee-Gebühren, ist ein Nachlass auf diese Gebühren nicht möglich.
6. Das Angebot allein berechtigt nicht zum Spiel gegen Greenfee. Die Erfüllung der Bestimmungen des jeweiligen Golfclubs zur Greenfee-Berechtigung (Mitgliedschaft in einem Golfclub, Mindesthandicap etc.) zum Zeitpunkt der Einlösung sind Voraussetzung.
7. Es ist untersagt, den Greenfee-Gutschein entgeltlich Dritten zu überlassen bzw. mit diesen Handel zu treiben. Insbesondere sind die teilnehmenden Golfclubs in diesem Falle berechtigt, die Einlösung der ausgeschriebenen Angebote zu verweigern.
8. Die teilnehmenden Golfclubs haben sich gegenüber dem Verlag unter den o.g. Bedingungen verpflichtet, die ausgeschriebenen Angebote einzulösen. Der Verlag übernimmt jedoch keine Gewähr und keine Haftung, wenn ein Angebot nicht eingelöst wird oder werden kann.

Bedingungen zur Einlösung des Discounts:
1. Das Angebot ist einschließlich bis 30.6.2022 gültig.
2. Der Golfspieler/Leser hat sich telefonisch eine Abschlagzeit geben zu lassen – dabei ist die Nutzung des Angebots anzugeben.
3. Eine Barauszahlung des Greenfee-Vorteils ist nicht möglich.
4. Das Kombinieren von Angeboten oder bestehenden Greenfee-Vorteilen ist nicht möglich. Der Vorteil bezieht sich jeweils ausschließlich auf die zum Zeitpunkt der Einlösung gültigen vollen Greenfee-Gebühren.
5. Gibt es Spielergruppen mit erhöhten Greenfee-Gebühren, ist ein Nachlass auf diese Gebühren nicht möglich.
6. Das Angebot allein berechtigt nicht zum Spiel gegen Greenfee. Die Erfüllung der Bestimmungen des jeweiligen Golfclubs zur Greenfee-Berechtigung (Mitgliedschaft in einem Golfclub, Mindesthandicap etc.) zum Zeitpunkt der Einlösung sind Voraussetzung.
7. Es ist untersagt, den Greenfee-Gutschein entgeltlich Dritten zu überlassen bzw. mit diesen Handel zu treiben. Insbesondere sind die teilnehmenden Golfclubs in diesem Falle berechtigt, die Einlösung der ausgeschriebenen Angebote zu verweigern.
8. Die teilnehmenden Golfclubs haben sich gegenüber dem Verlag unter den o.g. Bedingungen verpflichtet, die ausgeschriebenen Angebote einzulösen. Der Verlag übernimmt jedoch keine Gewähr und keine Haftung, wenn ein Angebot nicht eingelöst wird oder werden kann.

Bedingungen zur Einlösung des Discounts:
1. Das Angebot ist einschließlich bis 30.6.2022 gültig.
2. Der Golfspieler/Leser hat sich telefonisch eine Abschlagzeit geben zu lassen – dabei ist die Nutzung des Angebots anzugeben.
3. Eine Barauszahlung des Greenfee-Vorteils ist nicht möglich.
4. Das Kombinieren von Angeboten oder bestehenden Greenfee-Vorteilen ist nicht möglich. Der Vorteil bezieht sich jeweils ausschließlich auf die zum Zeitpunkt der Einlösung gültigen vollen Greenfee-Gebühren.
5. Gibt es Spielergruppen mit erhöhten Greenfee-Gebühren, ist ein Nachlass auf diese Gebühren nicht möglich.
6. Das Angebot allein berechtigt nicht zum Spiel gegen Greenfee. Die Erfüllung der Bestimmungen des jeweiligen Golfclubs zur Greenfee-Berechtigung (Mitgliedschaft in einem Golfclub, Mindesthandicap etc.) zum Zeitpunkt der Einlösung sind Voraussetzung.
7. Es ist untersagt, den Greenfee-Gutschein entgeltlich Dritten zu überlassen bzw. mit diesen Handel zu treiben. Insbesondere sind die teilnehmenden Golfclubs in diesem Falle berechtigt, die Einlösung der ausgeschriebenen Angebote zu verweigern.
8. Die teilnehmenden Golfclubs haben sich gegenüber dem Verlag unter den o.g. Bedingungen verpflichtet, die ausgeschriebenen Angebote einzulösen. Der Verlag übernimmt jedoch keine Gewähr und keine Haftung, wenn ein Angebot nicht eingelöst wird oder werden kann.

DER GOLF ALBRECHT

Golf-Club Bayreuth e.V.

DE

Rodersberg 43
D-95448 Bayreuth
✆ 0921-970704
Bayern

191

2 for 1 2 GF zum Preis von 1

DER GOLF ALBRECHT

Golf-Club Bayreuth e.V.

DE

Rodersberg 43
D-95448 Bayreuth
✆ 0921-970704
Bayern

191

2 for 1 2 GF zum Preis von 1

DER GOLF ALBRECHT

Golfclub Hauptsmoorwald Bamberg e.V.

DE

Anfahrt über Walnussweg
D-96052 Bamberg
✆ 0951-9684331
Bayern

192

2 for 1 2 GF zum Preis von 1

DER GOLF ALBRECHT

Golfclub Hauptsmoorwald Bamberg e.V.

DE

Anfahrt über Walnussweg
D-96052 Bamberg
✆ 0951-9684331
Bayern

192

2 for 1 2 GF zum Preis von 1

DER GOLF ALBRECHT

Golfclub Main-Spessart e.V.

DE

Eichenfürst 9
D-97828 Marktheidenfeld
✆ 09391-8435
Bayern

193

20% Greenfee-Ermäßigung wochentags

DER GOLF ALBRECHT

Golfclub Main-Spessart e.V.

DE

Eichenfürst 9
D-97828 Marktheidenfeld
✆ 09391-8435
Bayern

193

20% Greenfee-Ermäßigung wochentags

DER GOLF ALBRECHT

Golfclub Schloß Mainsondheim e.V.

DE

Schloßweg 3
D-97337 Mainsondheim-Dettelbach
✆ 09324-4656
Bayern

194

2 for 1 2 GF zum Preis von 1 wochentags

DER GOLF ALBRECHT

Golfclub Schloß Mainsondheim e.V.

DE

Schloßweg 3
D-97337 Mainsondheim-Dettelbach
✆ 09324-4656
Bayern

194

20% Greenfee-Ermäßigung wochentags

DER GOLF ALBRECHT

Golfclub Schloß Mainsondheim e.V.

DE

Schloßweg 3
D-97337 Mainsondheim-Dettelbach
✆ 09324-4656
Bayern

194

20% Greenfee-Ermäßigung wochentags

DER GOLF ALBRECHT

Golfclub Schloss Reichmannsdorf e. V.

DE

Obere Hauptstraße 10
D-96132 Schlüsselfeld-Reichmannsdorf
✆ 09546-5954964
Bayern
Hinweis: Gültig nur Montag bis Donnerstag

195

2 for 1 2 GF zum Preis von 1 wochentags

Bedingungen zur Einlösung des Discounts:

1. Das Angebot ist einschließlich bis 30.6.2022 gültig.
2. Der Golfspieler/Leser hat sich telefonisch eine Abschlagzeit geben zu lassen – dabei ist die Nutzung des Angebots anzugeben.
3. Eine Barauszahlung des Greenfee-Vorteils ist nicht möglich.
4. Das Kombinieren von Angeboten oder bestehenden Greenfee-Vorteilen ist nicht möglich. Der Vorteil bezieht sich jeweils ausschließlich auf die zum Zeitpunkt der Einlösung gültigen vollen Greenfee-Gebühren.
5. Gibt es Spielergruppen mit erhöhten Greenfee-Gebühren, ist ein Nachlass auf diese Gebühren nicht möglich.
6. Das Angebot allein berechtigt nicht zum Spiel gegen Greenfee. Die Erfüllung der Bestimmungen des jeweiligen Golfclubs zur Greenfee-Berechtigung (Mitgliedschaft in einem Golfclub, Mindesthandicap etc.) zum Zeitpunkt der Einlösung sind Voraussetzung.
7. Es ist untersagt, den Greenfee-Gutschein entgeltlich Dritten zu überlassen bzw. mit diesen Handel zu treiben. Insbesondere sind die teilnehmenden Golfclubs in diesem Falle berechtigt, die Einlösung der ausgeschriebenen Angebote zu verweigern.
8. Die teilnehmenden Golfclubs haben sich gegenüber dem Verlag unter den o.g. Bedingungen verpflichtet, die ausgeschriebenen Angebote einzulösen. Der Verlag übernimmt jedoch keine Gewähr und keine Haftung, wenn ein Angebot nicht eingelöst wird oder werden kann.

Bedingungen zur Einlösung des Discounts:

1. Das Angebot ist einschließlich bis 30.6.2022 gültig.
2. Der Golfspieler/Leser hat sich telefonisch eine Abschlagzeit geben zu lassen – dabei ist die Nutzung des Angebots anzugeben.
3. Eine Barauszahlung des Greenfee-Vorteils ist nicht möglich.
4. Das Kombinieren von Angeboten oder bestehenden Greenfee-Vorteilen ist nicht möglich. Der Vorteil bezieht sich jeweils ausschließlich auf die zum Zeitpunkt der Einlösung gültigen vollen Greenfee-Gebühren.
5. Gibt es Spielergruppen mit erhöhten Greenfee-Gebühren, ist ein Nachlass auf diese Gebühren nicht möglich.
6. Das Angebot allein berechtigt nicht zum Spiel gegen Greenfee. Die Erfüllung der Bestimmungen des jeweiligen Golfclubs zur Greenfee-Berechtigung (Mitgliedschaft in einem Golfclub, Mindesthandicap etc.) zum Zeitpunkt der Einlösung sind Voraussetzung.
7. Es ist untersagt, den Greenfee-Gutschein entgeltlich Dritten zu überlassen bzw. mit diesen Handel zu treiben. Insbesondere sind die teilnehmenden Golfclubs in diesem Falle berechtigt, die Einlösung der ausgeschriebenen Angebote zu verweigern.
8. Die teilnehmenden Golfclubs haben sich gegenüber dem Verlag unter den o.g. Bedingungen verpflichtet, die ausgeschriebenen Angebote einzulösen. Der Verlag übernimmt jedoch keine Gewähr und keine Haftung, wenn ein Angebot nicht eingelöst wird oder werden kann.

Bedingungen zur Einlösung des Discounts:

1. Das Angebot ist einschließlich bis 30.6.2022 gültig.
2. Der Golfspieler/Leser hat sich telefonisch eine Abschlagzeit geben zu lassen – dabei ist die Nutzung des Angebots anzugeben.
3. Eine Barauszahlung des Greenfee-Vorteils ist nicht möglich.
4. Das Kombinieren von Angeboten oder bestehenden Greenfee-Vorteilen ist nicht möglich. Der Vorteil bezieht sich jeweils ausschließlich auf die zum Zeitpunkt der Einlösung gültigen vollen Greenfee-Gebühren.
5. Gibt es Spielergruppen mit erhöhten Greenfee-Gebühren, ist ein Nachlass auf diese Gebühren nicht möglich.
6. Das Angebot allein berechtigt nicht zum Spiel gegen Greenfee. Die Erfüllung der Bestimmungen des jeweiligen Golfclubs zur Greenfee-Berechtigung (Mitgliedschaft in einem Golfclub, Mindesthandicap etc.) zum Zeitpunkt der Einlösung sind Voraussetzung.
7. Es ist untersagt, den Greenfee-Gutschein entgeltlich Dritten zu überlassen bzw. mit diesen Handel zu treiben. Insbesondere sind die teilnehmenden Golfclubs in diesem Falle berechtigt, die Einlösung der ausgeschriebenen Angebote zu verweigern.
8. Die teilnehmenden Golfclubs haben sich gegenüber dem Verlag unter den o.g. Bedingungen verpflichtet, die ausgeschriebenen Angebote einzulösen. Der Verlag übernimmt jedoch keine Gewähr und keine Haftung, wenn ein Angebot nicht eingelöst wird oder werden kann.

Bedingungen zur Einlösung des Discounts:

1. Das Angebot ist einschließlich bis 30.6.2022 gültig.
2. Der Golfspieler/Leser hat sich telefonisch eine Abschlagzeit geben zu lassen – dabei ist die Nutzung des Angebots anzugeben.
3. Eine Barauszahlung des Greenfee-Vorteils ist nicht möglich.
4. Das Kombinieren von Angeboten oder bestehenden Greenfee-Vorteilen ist nicht möglich. Der Vorteil bezieht sich jeweils ausschließlich auf die zum Zeitpunkt der Einlösung gültigen vollen Greenfee-Gebühren.
5. Gibt es Spielergruppen mit erhöhten Greenfee-Gebühren, ist ein Nachlass auf diese Gebühren nicht möglich.
6. Das Angebot allein berechtigt nicht zum Spiel gegen Greenfee. Die Erfüllung der Bestimmungen des jeweiligen Golfclubs zur Greenfee-Berechtigung (Mitgliedschaft in einem Golfclub, Mindesthandicap etc.) zum Zeitpunkt der Einlösung sind Voraussetzung.
7. Es ist untersagt, den Greenfee-Gutschein entgeltlich Dritten zu überlassen bzw. mit diesen Handel zu treiben. Insbesondere sind die teilnehmenden Golfclubs in diesem Falle berechtigt, die Einlösung der ausgeschriebenen Angebote zu verweigern.
8. Die teilnehmenden Golfclubs haben sich gegenüber dem Verlag unter den o.g. Bedingungen verpflichtet, die ausgeschriebenen Angebote einzulösen. Der Verlag übernimmt jedoch keine Gewähr und keine Haftung, wenn ein Angebot nicht eingelöst wird oder werden kann.

Bedingungen zur Einlösung des Discounts:

1. Das Angebot ist einschließlich bis 30.6.2022 gültig.
2. Der Golfspieler/Leser hat sich telefonisch eine Abschlagzeit geben zu lassen – dabei ist die Nutzung des Angebots anzugeben.
3. Eine Barauszahlung des Greenfee-Vorteils ist nicht möglich.
4. Das Kombinieren von Angeboten oder bestehenden Greenfee-Vorteilen ist nicht möglich. Der Vorteil bezieht sich jeweils ausschließlich auf die zum Zeitpunkt der Einlösung gültigen vollen Greenfee-Gebühren.
5. Gibt es Spielergruppen mit erhöhten Greenfee-Gebühren, ist ein Nachlass auf diese Gebühren nicht möglich.
6. Das Angebot allein berechtigt nicht zum Spiel gegen Greenfee. Die Erfüllung der Bestimmungen des jeweiligen Golfclubs zur Greenfee-Berechtigung (Mitgliedschaft in einem Golfclub, Mindesthandicap etc.) zum Zeitpunkt der Einlösung sind Voraussetzung.
7. Es ist untersagt, den Greenfee-Gutschein entgeltlich Dritten zu überlassen bzw. mit diesen Handel zu treiben. Insbesondere sind die teilnehmenden Golfclubs in diesem Falle berechtigt, die Einlösung der ausgeschriebenen Angebote zu verweigern.
8. Die teilnehmenden Golfclubs haben sich gegenüber dem Verlag unter den o.g. Bedingungen verpflichtet, die ausgeschriebenen Angebote einzulösen. Der Verlag übernimmt jedoch keine Gewähr und keine Haftung, wenn ein Angebot nicht eingelöst wird oder werden kann.

Bedingungen zur Einlösung des Discounts:

1. Das Angebot ist einschließlich bis 30.6.2022 gültig.
2. Der Golfspieler/Leser hat sich telefonisch eine Abschlagzeit geben zu lassen – dabei ist die Nutzung des Angebots anzugeben.
3. Eine Barauszahlung des Greenfee-Vorteils ist nicht möglich.
4. Das Kombinieren von Angeboten oder bestehenden Greenfee-Vorteilen ist nicht möglich. Der Vorteil bezieht sich jeweils ausschließlich auf die zum Zeitpunkt der Einlösung gültigen vollen Greenfee-Gebühren.
5. Gibt es Spielergruppen mit erhöhten Greenfee-Gebühren, ist ein Nachlass auf diese Gebühren nicht möglich.
6. Das Angebot allein berechtigt nicht zum Spiel gegen Greenfee. Die Erfüllung der Bestimmungen des jeweiligen Golfclubs zur Greenfee-Berechtigung (Mitgliedschaft in einem Golfclub, Mindesthandicap etc.) zum Zeitpunkt der Einlösung sind Voraussetzung.
7. Es ist untersagt, den Greenfee-Gutschein entgeltlich Dritten zu überlassen bzw. mit diesen Handel zu treiben. Insbesondere sind die teilnehmenden Golfclubs in diesem Falle berechtigt, die Einlösung der ausgeschriebenen Angebote zu verweigern.
8. Die teilnehmenden Golfclubs haben sich gegenüber dem Verlag unter den o.g. Bedingungen verpflichtet, die ausgeschriebenen Angebote einzulösen. Der Verlag übernimmt jedoch keine Gewähr und keine Haftung, wenn ein Angebot nicht eingelöst wird oder werden kann.

Bedingungen zur Einlösung des Discounts:

1. Das Angebot ist einschließlich bis 30.6.2022 gültig.
2. Der Golfspieler/Leser hat sich telefonisch eine Abschlagzeit geben zu lassen – dabei ist die Nutzung des Angebots anzugeben.
3. Eine Barauszahlung des Greenfee-Vorteils ist nicht möglich.
4. Das Kombinieren von Angeboten oder bestehenden Greenfee-Vorteilen ist nicht möglich. Der Vorteil bezieht sich jeweils ausschließlich auf die zum Zeitpunkt der Einlösung gültigen vollen Greenfee-Gebühren.
5. Gibt es Spielergruppen mit erhöhten Greenfee-Gebühren, ist ein Nachlass auf diese Gebühren nicht möglich.
6. Das Angebot allein berechtigt nicht zum Spiel gegen Greenfee. Die Erfüllung der Bestimmungen des jeweiligen Golfclubs zur Greenfee-Berechtigung (Mitgliedschaft in einem Golfclub, Mindesthandicap etc.) zum Zeitpunkt der Einlösung sind Voraussetzung.
7. Es ist untersagt, den Greenfee-Gutschein entgeltlich Dritten zu überlassen bzw. mit diesen Handel zu treiben. Insbesondere sind die teilnehmenden Golfclubs in diesem Falle berechtigt, die Einlösung der ausgeschriebenen Angebote zu verweigern.
8. Die teilnehmenden Golfclubs haben sich gegenüber dem Verlag unter den o.g. Bedingungen verpflichtet, die ausgeschriebenen Angebote einzulösen. Der Verlag übernimmt jedoch keine Gewähr und keine Haftung, wenn ein Angebot nicht eingelöst wird oder werden kann.

Bedingungen zur Einlösung des Discounts:

1. Das Angebot ist einschließlich bis 30.6.2022 gültig.
2. Der Golfspieler/Leser hat sich telefonisch eine Abschlagzeit geben zu lassen – dabei ist die Nutzung des Angebots anzugeben.
3. Eine Barauszahlung des Greenfee-Vorteils ist nicht möglich.
4. Das Kombinieren von Angeboten oder bestehenden Greenfee-Vorteilen ist nicht möglich. Der Vorteil bezieht sich jeweils ausschließlich auf die zum Zeitpunkt der Einlösung gültigen vollen Greenfee-Gebühren.
5. Gibt es Spielergruppen mit erhöhten Greenfee-Gebühren, ist ein Nachlass auf diese Gebühren nicht möglich.
6. Das Angebot allein berechtigt nicht zum Spiel gegen Greenfee. Die Erfüllung der Bestimmungen des jeweiligen Golfclubs zur Greenfee-Berechtigung (Mitgliedschaft in einem Golfclub, Mindesthandicap etc.) zum Zeitpunkt der Einlösung sind Voraussetzung.
7. Es ist untersagt, den Greenfee-Gutschein entgeltlich Dritten zu überlassen bzw. mit diesen Handel zu treiben. Insbesondere sind die teilnehmenden Golfclubs in diesem Falle berechtigt, die Einlösung der ausgeschriebenen Angebote zu verweigern.
8. Die teilnehmenden Golfclubs haben sich gegenüber dem Verlag unter den o.g. Bedingungen verpflichtet, die ausgeschriebenen Angebote einzulösen. Der Verlag übernimmt jedoch keine Gewähr und keine Haftung, wenn ein Angebot nicht eingelöst wird oder werden kann.

Bedingungen zur Einlösung des Discounts:

1. Das Angebot ist einschließlich bis 30.6.2022 gültig.
2. Der Golfspieler/Leser hat sich telefonisch eine Abschlagzeit geben zu lassen – dabei ist die Nutzung des Angebots anzugeben.
3. Eine Barauszahlung des Greenfee-Vorteils ist nicht möglich.
4. Das Kombinieren von Angeboten oder bestehenden Greenfee-Vorteilen ist nicht möglich. Der Vorteil bezieht sich jeweils ausschließlich auf die zum Zeitpunkt der Einlösung gültigen vollen Greenfee-Gebühren.
5. Gibt es Spielergruppen mit erhöhten Greenfee-Gebühren, ist ein Nachlass auf diese Gebühren nicht möglich.
6. Das Angebot allein berechtigt nicht zum Spiel gegen Greenfee. Die Erfüllung der Bestimmungen des jeweiligen Golfclubs zur Greenfee-Berechtigung (Mitgliedschaft in einem Golfclub, Mindesthandicap etc.) zum Zeitpunkt der Einlösung sind Voraussetzung.
7. Es ist untersagt, den Greenfee-Gutschein entgeltlich Dritten zu überlassen bzw. mit diesen Handel zu treiben. Insbesondere sind die teilnehmenden Golfclubs in diesem Falle berechtigt, die Einlösung der ausgeschriebenen Angebote zu verweigern.
8. Die teilnehmenden Golfclubs haben sich gegenüber dem Verlag unter den o.g. Bedingungen verpflichtet, die ausgeschriebenen Angebote einzulösen. Der Verlag übernimmt jedoch keine Gewähr und keine Haftung, wenn ein Angebot nicht eingelöst wird oder werden kann.

Bedingungen zur Einlösung des Discounts:

1. Das Angebot ist einschließlich bis 30.6.2022 gültig.
2. Der Golfspieler/Leser hat sich telefonisch eine Abschlagzeit geben zu lassen – dabei ist die Nutzung des Angebots anzugeben.
3. Eine Barauszahlung des Greenfee-Vorteils ist nicht möglich.
4. Das Kombinieren von Angeboten oder bestehenden Greenfee-Vorteilen ist nicht möglich. Der Vorteil bezieht sich jeweils ausschließlich auf die zum Zeitpunkt der Einlösung gültigen vollen Greenfee-Gebühren.
5. Gibt es Spielergruppen mit erhöhten Greenfee-Gebühren, ist ein Nachlass auf diese Gebühren nicht möglich.
6. Das Angebot allein berechtigt nicht zum Spiel gegen Greenfee. Die Erfüllung der Bestimmungen des jeweiligen Golfclubs zur Greenfee-Berechtigung (Mitgliedschaft in einem Golfclub, Mindesthandicap etc.) zum Zeitpunkt der Einlösung sind Voraussetzung.
7. Es ist untersagt, den Greenfee-Gutschein entgeltlich Dritten zu überlassen bzw. mit diesen Handel zu treiben. Insbesondere sind die teilnehmenden Golfclubs in diesem Falle berechtigt, die Einlösung der ausgeschriebenen Angebote zu verweigern.
8. Die teilnehmenden Golfclubs haben sich gegenüber dem Verlag unter den o.g. Bedingungen verpflichtet, die ausgeschriebenen Angebote einzulösen. Der Verlag übernimmt jedoch keine Gewähr und keine Haftung, wenn ein Angebot nicht eingelöst wird oder werden kann.

DER GOLF ALBRECHT

Golfclub Schloss Reichmannsdorf e. V. DE

Obere Hauptstraße 10
D-96132 Schlüsselfeld-Reichmannsdorf
✆ 09546-5954964
Bayern
Hinweis: Gültig nur Montag bis Donnerstag

195

2 for 1 2 GF zum Preis von 1 wochentags

DER GOLF ALBRECHT

Golfclub Schloss Reichmannsdorf e. V. DE

Obere Hauptstraße 10
D-96132 Schlüsselfeld-Reichmannsdorf
✆ 09546-5954964
Bayern
Hinweis: Gültig nur Montag bis Donnerstag

195

25% Greenfee-Ermäßigung wochentags

DER GOLF ALBRECHT

Golfclub Schloss Reichmannsdorf e. V. DE

Obere Hauptstraße 10
D-96132 Schlüsselfeld-Reichmannsdorf
✆ 09546-5954964
Bayern
Hinweis: Gültig nur Montag bis Donnerstag

195

25% Greenfee-Ermäßigung wochentags

DER GOLF ALBRECHT

Golfclub Fränkische Schweiz e.V. DE

Kanndorf 8
D-91320 Ebermannstadt
✆ 09194-4827
Bayern

196

2 for 1 2 GF zum Preis von 1

DER GOLF ALBRECHT

Golfclub Fränkische Schweiz e.V. DE

Kanndorf 8
D-91320 Ebermannstadt
✆ 09194-4827
Bayern

196

2 for 1 2 GF zum Preis von 1

DER GOLF ALBRECHT

Golfclub Fränkische Schweiz e.V. DE

Kanndorf 8
D-91320 Ebermannstadt
✆ 09194-4827
Bayern

196

50% Greenfee-Ermäßigung

DER GOLF ALBRECHT

Golfclub Fränkische Schweiz e.V. DE

Kanndorf 8
D-91320 Ebermannstadt
✆ 09194-4827
Bayern

196

50% Greenfee-Ermäßigung

DER GOLF ALBRECHT

Golf Club Pottenstein-Weidenloh e.V. DE

Weidenloh 40
D-91278 Pottenstein
✆ 09243-929210/-20
Bayern

197

2 for 1 2 GF zum Preis von 1 wochentags

DER GOLF ALBRECHT

Golf Club Pottenstein-Weidenloh e.V. DE

Weidenloh 40
D-91278 Pottenstein
✆ 09243-929210/-20
Bayern

197

2 for 1 2 GF zum Preis von 1 wochentags

DER GOLF ALBRECHT

Golf Club Pottenstein-Weidenloh e.V. DE

Weidenloh 40
D-91278 Pottenstein
✆ 09243-929210/-20
Bayern

197

25% Greenfee-Ermäßigung wochentags

Bedingungen zur Einlösung des Discounts:

1. Das Angebot ist einschließlich bis 30.6.2022 gültig.
2. Der Golfspieler/Leser hat sich telefonisch eine Abschlagzeit geben zu lassen – dabei ist die Nutzung des Angebots anzugeben.
3. Eine Barauszahlung des Greenfee-Vorteils ist nicht möglich.
4. Das Kombinieren von Angeboten oder bestehenden Greenfee-Vorteilen ist nicht möglich. Der Vorteil bezieht sich jeweils ausschließlich auf die zum Zeitpunkt der Einlösung gültigen vollen Greenfee-Gebühren.
5. Gibt es Spielergruppen mit erhöhten Greenfee-Gebühren, ist ein Nachlass auf diese Gebühren nicht möglich.
6. Das Angebot allein berechtigt nicht zum Spiel gegen Greenfee. Die Erfüllung der Bestimmungen des jeweiligen Golfclubs zur Greenfee-Berechtigung (Mitgliedschaft in einem Golfclub, Mindesthandicap etc.) zum Zeitpunkt der Einlösung sind Voraussetzung.
7. Es ist untersagt, den Greenfee-Gutschein entgeltlich Dritten zu überlassen bzw. mit diesen Handel zu treiben. Insbesondere sind die teilnehmenden Golfclubs in diesem Falle berechtigt, die Einlösung der ausgeschriebenen Angebote zu verweigern.
8. Die teilnehmenden Golfclubs haben sich gegenüber dem Verlag unter den o.g. Bedingungen verpflichtet, die ausgeschriebenen Angebote einzulösen. Der Verlag übernimmt jedoch keine Gewähr und keine Haftung, wenn ein Angebot nicht eingelöst wird oder werden kann.

Bedingungen zur Einlösung des Discounts:

1. Das Angebot ist einschließlich bis 30.6.2022 gültig.
2. Der Golfspieler/Leser hat sich telefonisch eine Abschlagzeit geben zu lassen – dabei ist die Nutzung des Angebots anzugeben.
3. Eine Barauszahlung des Greenfee-Vorteils ist nicht möglich.
4. Das Kombinieren von Angeboten oder bestehenden Greenfee-Vorteilen ist nicht möglich. Der Vorteil bezieht sich jeweils ausschließlich auf die zum Zeitpunkt der Einlösung gültigen vollen Greenfee-Gebühren.
5. Gibt es Spielergruppen mit erhöhten Greenfee-Gebühren, ist ein Nachlass auf diese Gebühren nicht möglich.
6. Das Angebot allein berechtigt nicht zum Spiel gegen Greenfee. Die Erfüllung der Bestimmungen des jeweiligen Golfclubs zur Greenfee-Berechtigung (Mitgliedschaft in einem Golfclub, Mindesthandicap etc.) zum Zeitpunkt der Einlösung sind Voraussetzung.
7. Es ist untersagt, den Greenfee-Gutschein entgeltlich Dritten zu überlassen bzw. mit diesen Handel zu treiben. Insbesondere sind die teilnehmenden Golfclubs in diesem Falle berechtigt, die Einlösung der ausgeschriebenen Angebote zu verweigern.
8. Die teilnehmenden Golfclubs haben sich gegenüber dem Verlag unter den o.g. Bedingungen verpflichtet, die ausgeschriebenen Angebote einzulösen. Der Verlag übernimmt jedoch keine Gewähr und keine Haftung, wenn ein Angebot nicht eingelöst wird oder werden kann.

Bedingungen zur Einlösung des Discounts:

1. Das Angebot ist einschließlich bis 30.6.2022 gültig.
2. Der Golfspieler/Leser hat sich telefonisch eine Abschlagzeit geben zu lassen – dabei ist die Nutzung des Angebots anzugeben.
3. Eine Barauszahlung des Greenfee-Vorteils ist nicht möglich.
4. Das Kombinieren von Angeboten oder bestehenden Greenfee-Vorteilen ist nicht möglich. Der Vorteil bezieht sich jeweils ausschließlich auf die zum Zeitpunkt der Einlösung gültigen vollen Greenfee-Gebühren.
5. Gibt es Spielergruppen mit erhöhten Greenfee-Gebühren, ist ein Nachlass auf diese Gebühren nicht möglich.
6. Das Angebot allein berechtigt nicht zum Spiel gegen Greenfee. Die Erfüllung der Bestimmungen des jeweiligen Golfclubs zur Greenfee-Berechtigung (Mitgliedschaft in einem Golfclub, Mindesthandicap etc.) zum Zeitpunkt der Einlösung sind Voraussetzung.
7. Es ist untersagt, den Greenfee-Gutschein entgeltlich Dritten zu überlassen bzw. mit diesen Handel zu treiben. Insbesondere sind die teilnehmenden Golfclubs in diesem Falle berechtigt, die Einlösung der ausgeschriebenen Angebote zu verweigern.
8. Die teilnehmenden Golfclubs haben sich gegenüber dem Verlag unter den o.g. Bedingungen verpflichtet, die ausgeschriebenen Angebote einzulösen. Der Verlag übernimmt jedoch keine Gewähr und keine Haftung, wenn ein Angebot nicht eingelöst wird oder werden kann.

Bedingungen zur Einlösung des Discounts:

1. Das Angebot ist einschließlich bis 30.6.2022 gültig.
2. Der Golfspieler/Leser hat sich telefonisch eine Abschlagzeit geben zu lassen – dabei ist die Nutzung des Angebots anzugeben.
3. Eine Barauszahlung des Greenfee-Vorteils ist nicht möglich.
4. Das Kombinieren von Angeboten oder bestehenden Greenfee-Vorteilen ist nicht möglich. Der Vorteil bezieht sich jeweils ausschließlich auf die zum Zeitpunkt der Einlösung gültigen vollen Greenfee-Gebühren.
5. Gibt es Spielergruppen mit erhöhten Greenfee-Gebühren, ist ein Nachlass auf diese Gebühren nicht möglich.
6. Das Angebot allein berechtigt nicht zum Spiel gegen Greenfee. Die Erfüllung der Bestimmungen des jeweiligen Golfclubs zur Greenfee-Berechtigung (Mitgliedschaft in einem Golfclub, Mindesthandicap etc.) zum Zeitpunkt der Einlösung sind Voraussetzung.
7. Es ist untersagt, den Greenfee-Gutschein entgeltlich Dritten zu überlassen bzw. mit diesen Handel zu treiben. Insbesondere sind die teilnehmenden Golfclubs in diesem Falle berechtigt, die Einlösung der ausgeschriebenen Angebote zu verweigern.
8. Die teilnehmenden Golfclubs haben sich gegenüber dem Verlag unter den o.g. Bedingungen verpflichtet, die ausgeschriebenen Angebote einzulösen. Der Verlag übernimmt jedoch keine Gewähr und keine Haftung, wenn ein Angebot nicht eingelöst wird oder werden kann.

Bedingungen zur Einlösung des Discounts:

1. Das Angebot ist einschließlich bis 30.6.2022 gültig.
2. Der Golfspieler/Leser hat sich telefonisch eine Abschlagzeit geben zu lassen – dabei ist die Nutzung des Angebots anzugeben.
3. Eine Barauszahlung des Greenfee-Vorteils ist nicht möglich.
4. Das Kombinieren von Angeboten oder bestehenden Greenfee-Vorteilen ist nicht möglich. Der Vorteil bezieht sich jeweils ausschließlich auf die zum Zeitpunkt der Einlösung gültigen vollen Greenfee-Gebühren.
5. Gibt es Spielergruppen mit erhöhten Greenfee-Gebühren, ist ein Nachlass auf diese Gebühren nicht möglich.
6. Das Angebot allein berechtigt nicht zum Spiel gegen Greenfee. Die Erfüllung der Bestimmungen des jeweiligen Golfclubs zur Greenfee-Berechtigung (Mitgliedschaft in einem Golfclub, Mindesthandicap etc.) zum Zeitpunkt der Einlösung sind Voraussetzung.
7. Es ist untersagt, den Greenfee-Gutschein entgeltlich Dritten zu überlassen bzw. mit diesen Handel zu treiben. Insbesondere sind die teilnehmenden Golfclubs in diesem Falle berechtigt, die Einlösung der ausgeschriebenen Angebote zu verweigern.
8. Die teilnehmenden Golfclubs haben sich gegenüber dem Verlag unter den o.g. Bedingungen verpflichtet, die ausgeschriebenen Angebote einzulösen. Der Verlag übernimmt jedoch keine Gewähr und keine Haftung, wenn ein Angebot nicht eingelöst wird oder werden kann.

Bedingungen zur Einlösung des Discounts:

1. Das Angebot ist einschließlich bis 30.6.2022 gültig.
2. Der Golfspieler/Leser hat sich telefonisch eine Abschlagzeit geben zu lassen – dabei ist die Nutzung des Angebots anzugeben.
3. Eine Barauszahlung des Greenfee-Vorteils ist nicht möglich.
4. Das Kombinieren von Angeboten oder bestehenden Greenfee-Vorteilen ist nicht möglich. Der Vorteil bezieht sich jeweils ausschließlich auf die zum Zeitpunkt der Einlösung gültigen vollen Greenfee-Gebühren.
5. Gibt es Spielergruppen mit erhöhten Greenfee-Gebühren, ist ein Nachlass auf diese Gebühren nicht möglich.
6. Das Angebot allein berechtigt nicht zum Spiel gegen Greenfee. Die Erfüllung der Bestimmungen des jeweiligen Golfclubs zur Greenfee-Berechtigung (Mitgliedschaft in einem Golfclub, Mindesthandicap etc.) zum Zeitpunkt der Einlösung sind Voraussetzung.
7. Es ist untersagt, den Greenfee-Gutschein entgeltlich Dritten zu überlassen bzw. mit diesen Handel zu treiben. Insbesondere sind die teilnehmenden Golfclubs in diesem Falle berechtigt, die Einlösung der ausgeschriebenen Angebote zu verweigern.
8. Die teilnehmenden Golfclubs haben sich gegenüber dem Verlag unter den o.g. Bedingungen verpflichtet, die ausgeschriebenen Angebote einzulösen. Der Verlag übernimmt jedoch keine Gewähr und keine Haftung, wenn ein Angebot nicht eingelöst wird oder werden kann.

Bedingungen zur Einlösung des Discounts:

1. Das Angebot ist einschließlich bis 30.6.2022 gültig.
2. Der Golfspieler/Leser hat sich telefonisch eine Abschlagzeit geben zu lassen – dabei ist die Nutzung des Angebots anzugeben.
3. Eine Barauszahlung des Greenfee-Vorteils ist nicht möglich.
4. Das Kombinieren von Angeboten oder bestehenden Greenfee-Vorteilen ist nicht möglich. Der Vorteil bezieht sich jeweils ausschließlich auf die zum Zeitpunkt der Einlösung gültigen vollen Greenfee-Gebühren.
5. Gibt es Spielergruppen mit erhöhten Greenfee-Gebühren, ist ein Nachlass auf diese Gebühren nicht möglich.
6. Das Angebot allein berechtigt nicht zum Spiel gegen Greenfee. Die Erfüllung der Bestimmungen des jeweiligen Golfclubs zur Greenfee-Berechtigung (Mitgliedschaft in einem Golfclub, Mindesthandicap etc.) zum Zeitpunkt der Einlösung sind Voraussetzung.
7. Es ist untersagt, den Greenfee-Gutschein entgeltlich Dritten zu überlassen bzw. mit diesen Handel zu treiben. Insbesondere sind die teilnehmenden Golfclubs in diesem Falle berechtigt, die Einlösung der ausgeschriebenen Angebote zu verweigern.
8. Die teilnehmenden Golfclubs haben sich gegenüber dem Verlag unter den o.g. Bedingungen verpflichtet, die ausgeschriebenen Angebote einzulösen. Der Verlag übernimmt jedoch keine Gewähr und keine Haftung, wenn ein Angebot nicht eingelöst wird oder werden kann.

Bedingungen zur Einlösung des Discounts:

1. Das Angebot ist einschließlich bis 30.6.2022 gültig.
2. Der Golfspieler/Leser hat sich telefonisch eine Abschlagzeit geben zu lassen – dabei ist die Nutzung des Angebots anzugeben.
3. Eine Barauszahlung des Greenfee-Vorteils ist nicht möglich.
4. Das Kombinieren von Angeboten oder bestehenden Greenfee-Vorteilen ist nicht möglich. Der Vorteil bezieht sich jeweils ausschließlich auf die zum Zeitpunkt der Einlösung gültigen vollen Greenfee-Gebühren.
5. Gibt es Spielergruppen mit erhöhten Greenfee-Gebühren, ist ein Nachlass auf diese Gebühren nicht möglich.
6. Das Angebot allein berechtigt nicht zum Spiel gegen Greenfee. Die Erfüllung der Bestimmungen des jeweiligen Golfclubs zur Greenfee-Berechtigung (Mitgliedschaft in einem Golfclub, Mindesthandicap etc.) zum Zeitpunkt der Einlösung sind Voraussetzung.
7. Es ist untersagt, den Greenfee-Gutschein entgeltlich Dritten zu überlassen bzw. mit diesen Handel zu treiben. Insbesondere sind die teilnehmenden Golfclubs in diesem Falle berechtigt, die Einlösung der ausgeschriebenen Angebote zu verweigern.
8. Die teilnehmenden Golfclubs haben sich gegenüber dem Verlag unter den o.g. Bedingungen verpflichtet, die ausgeschriebenen Angebote einzulösen. Der Verlag übernimmt jedoch keine Gewähr und keine Haftung, wenn ein Angebot nicht eingelöst wird oder werden kann.

Bedingungen zur Einlösung des Discounts:

1. Das Angebot ist einschließlich bis 30.6.2022 gültig.
2. Der Golfspieler/Leser hat sich telefonisch eine Abschlagzeit geben zu lassen – dabei ist die Nutzung des Angebots anzugeben.
3. Eine Barauszahlung des Greenfee-Vorteils ist nicht möglich.
4. Das Kombinieren von Angeboten oder bestehenden Greenfee-Vorteilen ist nicht möglich. Der Vorteil bezieht sich jeweils ausschließlich auf die zum Zeitpunkt der Einlösung gültigen vollen Greenfee-Gebühren.
5. Gibt es Spielergruppen mit erhöhten Greenfee-Gebühren, ist ein Nachlass auf diese Gebühren nicht möglich.
6. Das Angebot allein berechtigt nicht zum Spiel gegen Greenfee. Die Erfüllung der Bestimmungen des jeweiligen Golfclubs zur Greenfee-Berechtigung (Mitgliedschaft in einem Golfclub, Mindesthandicap etc.) zum Zeitpunkt der Einlösung sind Voraussetzung.
7. Es ist untersagt, den Greenfee-Gutschein entgeltlich Dritten zu überlassen bzw. mit diesen Handel zu treiben. Insbesondere sind die teilnehmenden Golfclubs in diesem Falle berechtigt, die Einlösung der ausgeschriebenen Angebote zu verweigern.
8. Die teilnehmenden Golfclubs haben sich gegenüber dem Verlag unter den o.g. Bedingungen verpflichtet, die ausgeschriebenen Angebote einzulösen. Der Verlag übernimmt jedoch keine Gewähr und keine Haftung, wenn ein Angebot nicht eingelöst wird oder werden kann.

Bedingungen zur Einlösung des Discounts:

1. Das Angebot ist einschließlich bis 30.6.2022 gültig.
2. Der Golfspieler/Leser hat sich telefonisch eine Abschlagzeit geben zu lassen – dabei ist die Nutzung des Angebots anzugeben.
3. Eine Barauszahlung des Greenfee-Vorteils ist nicht möglich.
4. Das Kombinieren von Angeboten oder bestehenden Greenfee-Vorteilen ist nicht möglich. Der Vorteil bezieht sich jeweils ausschließlich auf die zum Zeitpunkt der Einlösung gültigen vollen Greenfee-Gebühren.
5. Gibt es Spielergruppen mit erhöhten Greenfee-Gebühren, ist ein Nachlass auf diese Gebühren nicht möglich.
6. Das Angebot allein berechtigt nicht zum Spiel gegen Greenfee. Die Erfüllung der Bestimmungen des jeweiligen Golfclubs zur Greenfee-Berechtigung (Mitgliedschaft in einem Golfclub, Mindesthandicap etc.) zum Zeitpunkt der Einlösung sind Voraussetzung.
7. Es ist untersagt, den Greenfee-Gutschein entgeltlich Dritten zu überlassen bzw. mit diesen Handel zu treiben. Insbesondere sind die teilnehmenden Golfclubs in diesem Falle berechtigt, die Einlösung der ausgeschriebenen Angebote zu verweigern.
8. Die teilnehmenden Golfclubs haben sich gegenüber dem Verlag unter den o.g. Bedingungen verpflichtet, die ausgeschriebenen Angebote einzulösen. Der Verlag übernimmt jedoch keine Gewähr und keine Haftung, wenn ein Angebot nicht eingelöst wird oder werden kann.

DER GOLF ALBRECHT

Golfclub Kitzingen e.V.

DE

Lailachweg 1, Zufahrt über den Steigweg,
Beschilderung INNOPARK folgen
D-97318 Kitzingen
✆ 09321-4956
Bayern

198

2 for 1 — **2 GF zum Preis von 1**

DER GOLF ALBRECHT

Golfclub Kitzingen e.V.

DE

Lailachweg 1, Zufahrt über den Steigweg,
Beschilderung INNOPARK folgen
D-97318 Kitzingen
✆ 09321-4956
Bayern

198

2 for 1 — **2 GF zum Preis von 1**

DER GOLF ALBRECHT

Golfclub Kitzingen e.V.

DE

Lailachweg 1, Zufahrt über den Steigweg,
Beschilderung INNOPARK folgen
D-97318 Kitzingen
✆ 09321-4956
Bayern

198

20% — **Greenfee-Ermäßigung**

DER GOLF ALBRECHT

Golfclub Kitzingen e.V.

DE

Lailachweg 1, Zufahrt über den Steigweg,
Beschilderung INNOPARK folgen
D-97318 Kitzingen
✆ 09321-4956
Bayern

198

20% — **Greenfee-Ermäßigung**

DER GOLF ALBRECHT

Golfclub Gut Sansenhof e.V.

DE

Weilbach/Unterfranken
D-63916 Amorbach-Sansenhof
✆ 09373-2180/-4503
Bayern

199

2 for 1 — **2 GF zum Preis von 1 wochentags**

DER GOLF ALBRECHT

Golf Club Erlangen e.V.

DE

Schleinhof
D-91077 Kleinsendelbach
✆ 09126-5004
Bayern
Hinweis: Freitags nur bis 12.00 h

200

2 for 1 — **2 GF zum Preis von 1 wochentags**

DER GOLF ALBRECHT

Golf Club Erlangen e.V.

DE

Schleinhof
D-91077 Kleinsendelbach
✆ 09126-5004
Bayern
Hinweis: Freitags nur bis 12.00 h

200

2 for 1 — **2 GF zum Preis von 1 wochentags**

DER GOLF ALBRECHT

Golf Club Erlangen e.V.

DE

Schleinhof
D-91077 Kleinsendelbach
✆ 09126-5004
Bayern
Hinweis: Freitags nur bis 12.00 h

200

25% — **Greenfee-Ermäßigung wochentags**

DER GOLF ALBRECHT

Golf Club Erlangen e.V.

DE

Schleinhof
D-91077 Kleinsendelbach
✆ 09126-5004
Bayern
Hinweis: Freitags nur bis 12.00 h

200

25% — **Greenfee-Ermäßigung wochentags**

DER GOLF ALBRECHT

Golf Club Reichsstadt Bad Windsheim e.V.

DE

Otmar-Schaller-Allee 1
D-91438 Bad Windsheim
✆ 09841-5027
Bayern

201

2 for 1 — **2 GF zum Preis von 1**

Bedingungen zur Einlösung des Discounts:

1. Das Angebot ist einschließlich bis 30.6.2022 gültig.
2. Der Golfspieler/Leser hat sich telefonisch eine Abschlagzeit geben zu lassen – dabei ist die Nutzung des Angebots anzugeben.
3. Eine Barauszahlung des Greenfee-Vorteils ist nicht möglich.
4. Das Kombinieren von Angeboten oder bestehenden Greenfee-Vorteilen ist nicht möglich. Der Vorteil bezieht sich jeweils ausschließlich auf die zum Zeitpunkt der Einlösung gültigen vollen Greenfee-Gebühren.
5. Gibt es Spielergruppen mit erhöhten Greenfee-Gebühren, ist ein Nachlass auf diese Gebühren nicht möglich.
6. Das Angebot allein berechtigt nicht zum Spiel gegen Greenfee. Die Erfüllung der Bestimmungen des jeweiligen Golfclubs zur Greenfee-Berechtigung (Mitgliedschaft in einem Golfclub, Mindesthandicap etc.) zum Zeitpunkt der Einlösung sind Voraussetzung.
7. Es ist untersagt, den Greenfee-Gutschein entgeltlich Dritten zu überlassen bzw. mit diesen Handel zu treiben. Insbesondere sind die teilnehmenden Golfclubs in diesem Falle berechtigt, die Einlösung der ausgeschriebenen Angebote zu verweigern.
8. Die teilnehmenden Golfclubs haben sich gegenüber dem Verlag unter den o.g. Bedingungen verpflichtet, die ausgeschriebenen Angebote einzulösen. Der Verlag übernimmt jedoch keine Gewähr und keine Haftung, wenn ein Angebot nicht eingelöst wird oder werden kann.

Bedingungen zur Einlösung des Discounts:

1. Das Angebot ist einschließlich bis 30.6.2022 gültig.
2. Der Golfspieler/Leser hat sich telefonisch eine Abschlagzeit geben zu lassen – dabei ist die Nutzung des Angebots anzugeben.
3. Eine Barauszahlung des Greenfee-Vorteils ist nicht möglich.
4. Das Kombinieren von Angeboten oder bestehenden Greenfee-Vorteilen ist nicht möglich. Der Vorteil bezieht sich jeweils ausschließlich auf die zum Zeitpunkt der Einlösung gültigen vollen Greenfee-Gebühren.
5. Gibt es Spielergruppen mit erhöhten Greenfee-Gebühren, ist ein Nachlass auf diese Gebühren nicht möglich.
6. Das Angebot allein berechtigt nicht zum Spiel gegen Greenfee. Die Erfüllung der Bestimmungen des jeweiligen Golfclubs zur Greenfee-Berechtigung (Mitgliedschaft in einem Golfclub, Mindesthandicap etc.) zum Zeitpunkt der Einlösung sind Voraussetzung.
7. Es ist untersagt, den Greenfee-Gutschein entgeltlich Dritten zu überlassen bzw. mit diesen Handel zu treiben. Insbesondere sind die teilnehmenden Golfclubs in diesem Falle berechtigt, die Einlösung der ausgeschriebenen Angebote zu verweigern.
8. Die teilnehmenden Golfclubs haben sich gegenüber dem Verlag unter den o.g. Bedingungen verpflichtet, die ausgeschriebenen Angebote einzulösen. Der Verlag übernimmt jedoch keine Gewähr und keine Haftung, wenn ein Angebot nicht eingelöst wird oder werden kann.

Bedingungen zur Einlösung des Discounts:

1. Das Angebot ist einschließlich bis 30.6.2022 gültig.
2. Der Golfspieler/Leser hat sich telefonisch eine Abschlagzeit geben zu lassen – dabei ist die Nutzung des Angebots anzugeben.
3. Eine Barauszahlung des Greenfee-Vorteils ist nicht möglich.
4. Das Kombinieren von Angeboten oder bestehenden Greenfee-Vorteilen ist nicht möglich. Der Vorteil bezieht sich jeweils ausschließlich auf die zum Zeitpunkt der Einlösung gültigen vollen Greenfee-Gebühren.
5. Gibt es Spielergruppen mit erhöhten Greenfee-Gebühren, ist ein Nachlass auf diese Gebühren nicht möglich.
6. Das Angebot allein berechtigt nicht zum Spiel gegen Greenfee. Die Erfüllung der Bestimmungen des jeweiligen Golfclubs zur Greenfee-Berechtigung (Mitgliedschaft in einem Golfclub, Mindesthandicap etc.) zum Zeitpunkt der Einlösung sind Voraussetzung.
7. Es ist untersagt, den Greenfee-Gutschein entgeltlich Dritten zu überlassen bzw. mit diesen Handel zu treiben. Insbesondere sind die teilnehmenden Golfclubs in diesem Falle berechtigt, die Einlösung der ausgeschriebenen Angebote zu verweigern.
8. Die teilnehmenden Golfclubs haben sich gegenüber dem Verlag unter den o.g. Bedingungen verpflichtet, die ausgeschriebenen Angebote einzulösen. Der Verlag übernimmt jedoch keine Gewähr und keine Haftung, wenn ein Angebot nicht eingelöst wird oder werden kann.

Bedingungen zur Einlösung des Discounts:

1. Das Angebot ist einschließlich bis 30.6.2022 gültig.
2. Der Golfspieler/Leser hat sich telefonisch eine Abschlagzeit geben zu lassen – dabei ist die Nutzung des Angebots anzugeben.
3. Eine Barauszahlung des Greenfee-Vorteils ist nicht möglich.
4. Das Kombinieren von Angeboten oder bestehenden Greenfee-Vorteilen ist nicht möglich. Der Vorteil bezieht sich jeweils ausschließlich auf die zum Zeitpunkt der Einlösung gültigen vollen Greenfee-Gebühren.
5. Gibt es Spielergruppen mit erhöhten Greenfee-Gebühren, ist ein Nachlass auf diese Gebühren nicht möglich.
6. Das Angebot allein berechtigt nicht zum Spiel gegen Greenfee. Die Erfüllung der Bestimmungen des jeweiligen Golfclubs zur Greenfee-Berechtigung (Mitgliedschaft in einem Golfclub, Mindesthandicap etc.) zum Zeitpunkt der Einlösung sind Voraussetzung.
7. Es ist untersagt, den Greenfee-Gutschein entgeltlich Dritten zu überlassen bzw. mit diesen Handel zu treiben. Insbesondere sind die teilnehmenden Golfclubs in diesem Falle berechtigt, die Einlösung der ausgeschriebenen Angebote zu verweigern.
8. Die teilnehmenden Golfclubs haben sich gegenüber dem Verlag unter den o.g. Bedingungen verpflichtet, die ausgeschriebenen Angebote einzulösen. Der Verlag übernimmt jedoch keine Gewähr und keine Haftung, wenn ein Angebot nicht eingelöst wird oder werden kann.

Bedingungen zur Einlösung des Discounts:

1. Das Angebot ist einschließlich bis 30.6.2022 gültig.
2. Der Golfspieler/Leser hat sich telefonisch eine Abschlagzeit geben zu lassen – dabei ist die Nutzung des Angebots anzugeben.
3. Eine Barauszahlung des Greenfee-Vorteils ist nicht möglich.
4. Das Kombinieren von Angeboten oder bestehenden Greenfee-Vorteilen ist nicht möglich. Der Vorteil bezieht sich jeweils ausschließlich auf die zum Zeitpunkt der Einlösung gültigen vollen Greenfee-Gebühren.
5. Gibt es Spielergruppen mit erhöhten Greenfee-Gebühren, ist ein Nachlass auf diese Gebühren nicht möglich.
6. Das Angebot allein berechtigt nicht zum Spiel gegen Greenfee. Die Erfüllung der Bestimmungen des jeweiligen Golfclubs zur Greenfee-Berechtigung (Mitgliedschaft in einem Golfclub, Mindesthandicap etc.) zum Zeitpunkt der Einlösung sind Voraussetzung.
7. Es ist untersagt, den Greenfee-Gutschein entgeltlich Dritten zu überlassen bzw. mit diesen Handel zu treiben. Insbesondere sind die teilnehmenden Golfclubs in diesem Falle berechtigt, die Einlösung der ausgeschriebenen Angebote zu verweigern.
8. Die teilnehmenden Golfclubs haben sich gegenüber dem Verlag unter den o.g. Bedingungen verpflichtet, die ausgeschriebenen Angebote einzulösen. Der Verlag übernimmt jedoch keine Gewähr und keine Haftung, wenn ein Angebot nicht eingelöst wird oder werden kann.

Bedingungen zur Einlösung des Discounts:

1. Das Angebot ist einschließlich bis 30.6.2022 gültig.
2. Der Golfspieler/Leser hat sich telefonisch eine Abschlagzeit geben zu lassen – dabei ist die Nutzung des Angebots anzugeben.
3. Eine Barauszahlung des Greenfee-Vorteils ist nicht möglich.
4. Das Kombinieren von Angeboten oder bestehenden Greenfee-Vorteilen ist nicht möglich. Der Vorteil bezieht sich jeweils ausschließlich auf die zum Zeitpunkt der Einlösung gültigen vollen Greenfee-Gebühren.
5. Gibt es Spielergruppen mit erhöhten Greenfee-Gebühren, ist ein Nachlass auf diese Gebühren nicht möglich.
6. Das Angebot allein berechtigt nicht zum Spiel gegen Greenfee. Die Erfüllung der Bestimmungen des jeweiligen Golfclubs zur Greenfee-Berechtigung (Mitgliedschaft in einem Golfclub, Mindesthandicap etc.) zum Zeitpunkt der Einlösung sind Voraussetzung.
7. Es ist untersagt, den Greenfee-Gutschein entgeltlich Dritten zu überlassen bzw. mit diesen Handel zu treiben. Insbesondere sind die teilnehmenden Golfclubs in diesem Falle berechtigt, die Einlösung der ausgeschriebenen Angebote zu verweigern.
8. Die teilnehmenden Golfclubs haben sich gegenüber dem Verlag unter den o.g. Bedingungen verpflichtet, die ausgeschriebenen Angebote einzulösen. Der Verlag übernimmt jedoch keine Gewähr und keine Haftung, wenn ein Angebot nicht eingelöst wird oder werden kann.

Bedingungen zur Einlösung des Discounts:

1. Das Angebot ist einschließlich bis 30.6.2022 gültig.
2. Der Golfspieler/Leser hat sich telefonisch eine Abschlagzeit geben zu lassen – dabei ist die Nutzung des Angebots anzugeben.
3. Eine Barauszahlung des Greenfee-Vorteils ist nicht möglich.
4. Das Kombinieren von Angeboten oder bestehenden Greenfee-Vorteilen ist nicht möglich. Der Vorteil bezieht sich jeweils ausschließlich auf die zum Zeitpunkt der Einlösung gültigen vollen Greenfee-Gebühren.
5. Gibt es Spielergruppen mit erhöhten Greenfee-Gebühren, ist ein Nachlass auf diese Gebühren nicht möglich.
6. Das Angebot allein berechtigt nicht zum Spiel gegen Greenfee. Die Erfüllung der Bestimmungen des jeweiligen Golfclubs zur Greenfee-Berechtigung (Mitgliedschaft in einem Golfclub, Mindesthandicap etc.) zum Zeitpunkt der Einlösung sind Voraussetzung.
7. Es ist untersagt, den Greenfee-Gutschein entgeltlich Dritten zu überlassen bzw. mit diesen Handel zu treiben. Insbesondere sind die teilnehmenden Golfclubs in diesem Falle berechtigt, die Einlösung der ausgeschriebenen Angebote zu verweigern.
8. Die teilnehmenden Golfclubs haben sich gegenüber dem Verlag unter den o.g. Bedingungen verpflichtet, die ausgeschriebenen Angebote einzulösen. Der Verlag übernimmt jedoch keine Gewähr und keine Haftung, wenn ein Angebot nicht eingelöst wird oder werden kann.

Bedingungen zur Einlösung des Discounts:

1. Das Angebot ist einschließlich bis 30.6.2022 gültig.
2. Der Golfspieler/Leser hat sich telefonisch eine Abschlagzeit geben zu lassen – dabei ist die Nutzung des Angebots anzugeben.
3. Eine Barauszahlung des Greenfee-Vorteils ist nicht möglich.
4. Das Kombinieren von Angeboten oder bestehenden Greenfee-Vorteilen ist nicht möglich. Der Vorteil bezieht sich jeweils ausschließlich auf die zum Zeitpunkt der Einlösung gültigen vollen Greenfee-Gebühren.
5. Gibt es Spielergruppen mit erhöhten Greenfee-Gebühren, ist ein Nachlass auf diese Gebühren nicht möglich.
6. Das Angebot allein berechtigt nicht zum Spiel gegen Greenfee. Die Erfüllung der Bestimmungen des jeweiligen Golfclubs zur Greenfee-Berechtigung (Mitgliedschaft in einem Golfclub, Mindesthandicap etc.) zum Zeitpunkt der Einlösung sind Voraussetzung.
7. Es ist untersagt, den Greenfee-Gutschein entgeltlich Dritten zu überlassen bzw. mit diesen Handel zu treiben. Insbesondere sind die teilnehmenden Golfclubs in diesem Falle berechtigt, die Einlösung der ausgeschriebenen Angebote zu verweigern.
8. Die teilnehmenden Golfclubs haben sich gegenüber dem Verlag unter den o.g. Bedingungen verpflichtet, die ausgeschriebenen Angebote einzulösen. Der Verlag übernimmt jedoch keine Gewähr und keine Haftung, wenn ein Angebot nicht eingelöst wird oder werden kann.

Bedingungen zur Einlösung des Discounts:

1. Das Angebot ist einschließlich bis 30.6.2022 gültig.
2. Der Golfspieler/Leser hat sich telefonisch eine Abschlagzeit geben zu lassen – dabei ist die Nutzung des Angebots anzugeben.
3. Eine Barauszahlung des Greenfee-Vorteils ist nicht möglich.
4. Das Kombinieren von Angeboten oder bestehenden Greenfee-Vorteilen ist nicht möglich. Der Vorteil bezieht sich jeweils ausschließlich auf die zum Zeitpunkt der Einlösung gültigen vollen Greenfee-Gebühren.
5. Gibt es Spielergruppen mit erhöhten Greenfee-Gebühren, ist ein Nachlass auf diese Gebühren nicht möglich.
6. Das Angebot allein berechtigt nicht zum Spiel gegen Greenfee. Die Erfüllung der Bestimmungen des jeweiligen Golfclubs zur Greenfee-Berechtigung (Mitgliedschaft in einem Golfclub, Mindesthandicap etc.) zum Zeitpunkt der Einlösung sind Voraussetzung.
7. Es ist untersagt, den Greenfee-Gutschein entgeltlich Dritten zu überlassen bzw. mit diesen Handel zu treiben. Insbesondere sind die teilnehmenden Golfclubs in diesem Falle berechtigt, die Einlösung der ausgeschriebenen Angebote zu verweigern.
8. Die teilnehmenden Golfclubs haben sich gegenüber dem Verlag unter den o.g. Bedingungen verpflichtet, die ausgeschriebenen Angebote einzulösen. Der Verlag übernimmt jedoch keine Gewähr und keine Haftung, wenn ein Angebot nicht eingelöst wird oder werden kann.

Bedingungen zur Einlösung des Discounts:

1. Das Angebot ist einschließlich bis 30.6.2022 gültig.
2. Der Golfspieler/Leser hat sich telefonisch eine Abschlagzeit geben zu lassen – dabei ist die Nutzung des Angebots anzugeben.
3. Eine Barauszahlung des Greenfee-Vorteils ist nicht möglich.
4. Das Kombinieren von Angeboten oder bestehenden Greenfee-Vorteilen ist nicht möglich. Der Vorteil bezieht sich jeweils ausschließlich auf die zum Zeitpunkt der Einlösung gültigen vollen Greenfee-Gebühren.
5. Gibt es Spielergruppen mit erhöhten Greenfee-Gebühren, ist ein Nachlass auf diese Gebühren nicht möglich.
6. Das Angebot allein berechtigt nicht zum Spiel gegen Greenfee. Die Erfüllung der Bestimmungen des jeweiligen Golfclubs zur Greenfee-Berechtigung (Mitgliedschaft in einem Golfclub, Mindesthandicap etc.) zum Zeitpunkt der Einlösung sind Voraussetzung.
7. Es ist untersagt, den Greenfee-Gutschein entgeltlich Dritten zu überlassen bzw. mit diesen Handel zu treiben. Insbesondere sind die teilnehmenden Golfclubs in diesem Falle berechtigt, die Einlösung der ausgeschriebenen Angebote zu verweigern.
8. Die teilnehmenden Golfclubs haben sich gegenüber dem Verlag unter den o.g. Bedingungen verpflichtet, die ausgeschriebenen Angebote einzulösen. Der Verlag übernimmt jedoch keine Gewähr und keine Haftung, wenn ein Angebot nicht eingelöst wird oder werden kann.

DER GOLF ALBRECHT

Golf-Club Ansbach e.V.

DE

Rothenburger Straße 35
D-91598 Colmberg
✆ 09803-600
Bayern

202

2 for 1 2 GF zum Preis von 1

DER GOLF ALBRECHT

Golf-Club Ansbach e.V.

DE

Rothenburger Straße 35
D-91598 Colmberg
✆ 09803-600
Bayern

202

2 for 1 2 GF zum Preis von 1

DER GOLF ALBRECHT

Golf-Club Ansbach e.V.

DE

Rothenburger Straße 35
D-91598 Colmberg
✆ 09803-600
Bayern

202

20% Greenfee-Ermäßigung

DER GOLF ALBRECHT

Golf-Club Ansbach e.V.

DE

Rothenburger Straße 35
D-91598 Colmberg
✆ 09803-600
Bayern

202

20% Greenfee-Ermäßigung

DER GOLF ALBRECHT

Golf-Club Furth im Wald e.V.

DE

Voithenberg 3
D-93437 Furth im Wald
✆ 09973-2089
Bayern

203

2 for 1 2 GF zum Preis von 1 wochentags

DER GOLF ALBRECHT

Golf-Club Furth im Wald e.V.

DE

Voithenberg 3
D-93437 Furth im Wald
✆ 09973-2089
Bayern

203

20% Greenfee-Ermäßigung wochentags

DER GOLF ALBRECHT

Golfpark Rothenburg-Schönbronn

DE

Schönbronn 1
D-91592 Buch am Wald
✆ 09868-959530
Bayern

204

2 for 1 2 GF zum Preis von 1

DER GOLF ALBRECHT

Golfpark Rothenburg-Schönbronn

DE

Schönbronn 1
D-91592 Buch am Wald
✆ 09868-959530
Bayern

204

2 for 1 2 GF zum Preis von 1

DER GOLF ALBRECHT

Golfpark Rothenburg-Schönbronn

DE

Schönbronn 1
D-91592 Buch am Wald
✆ 09868-959530
Bayern

204

30% Greenfee-Ermäßigung

DER GOLF ALBRECHT

Golfpark Rothenburg-Schönbronn

DE

Schönbronn 1
D-91592 Buch am Wald
✆ 09868-959530
Bayern

204

30% Greenfee-Ermäßigung

Bedingungen zur Einlösung des Discounts:
1. Das Angebot ist einschließlich bis 30.6.2022 gültig.
2. Der Golfspieler/Leser hat sich telefonisch eine Abschlagzeit geben zu lassen – dabei ist die Nutzung des Angebots anzugeben.
3. Eine Barauszahlung des Greenfee-Vorteils ist nicht möglich.
4. Das Kombinieren von Angeboten oder bestehenden Greenfee-Vorteilen ist nicht möglich. Der Vorteil bezieht sich jeweils ausschließlich auf die zum Zeitpunkt der Einlösung gültigen vollen Greenfee-Gebühren.
5. Gibt es Spielergruppen mit erhöhten Greenfee-Gebühren, ist ein Nachlass auf diese Gebühren nicht möglich.
6. Das Angebot allein berechtigt nicht zum Spiel gegen Greenfee. Die Erfüllung der Bestimmungen des jeweiligen Golfclubs zur Greenfee-Berechtigung (Mitgliedschaft in einem Golfclub, Mindesthandicap etc.) zum Zeitpunkt der Einlösung sind Voraussetzung.
7. Es ist untersagt, den Greenfee-Gutschein entgeltlich Dritten zu überlassen bzw. mit diesen Handel zu treiben. Insbesondere sind die teilnehmenden Golfclubs in diesem Falle berechtigt, die Einlösung der ausgeschriebenen Angebote zu verweigern.
8. Die teilnehmenden Golfclubs haben sich gegenüber dem Verlag unter den o.g. Bedingungen verpflichtet, die ausgeschriebenen Angebote einzulösen. Der Verlag übernimmt jedoch keine Gewähr und keine Haftung, wenn ein Angebot nicht eingelöst wird oder werden kann.

Bedingungen zur Einlösung des Discounts:
1. Das Angebot ist einschließlich bis 30.6.2022 gültig.
2. Der Golfspieler/Leser hat sich telefonisch eine Abschlagzeit geben zu lassen – dabei ist die Nutzung des Angebots anzugeben.
3. Eine Barauszahlung des Greenfee-Vorteils ist nicht möglich.
4. Das Kombinieren von Angeboten oder bestehenden Greenfee-Vorteilen ist nicht möglich. Der Vorteil bezieht sich jeweils ausschließlich auf die zum Zeitpunkt der Einlösung gültigen vollen Greenfee-Gebühren.
5. Gibt es Spielergruppen mit erhöhten Greenfee-Gebühren, ist ein Nachlass auf diese Gebühren nicht möglich.
6. Das Angebot allein berechtigt nicht zum Spiel gegen Greenfee. Die Erfüllung der Bestimmungen des jeweiligen Golfclubs zur Greenfee-Berechtigung (Mitgliedschaft in einem Golfclub, Mindesthandicap etc.) zum Zeitpunkt der Einlösung sind Voraussetzung.
7. Es ist untersagt, den Greenfee-Gutschein entgeltlich Dritten zu überlassen bzw. mit diesen Handel zu treiben. Insbesondere sind die teilnehmenden Golfclubs in diesem Falle berechtigt, die Einlösung der ausgeschriebenen Angebote zu verweigern.
8. Die teilnehmenden Golfclubs haben sich gegenüber dem Verlag unter den o.g. Bedingungen verpflichtet, die ausgeschriebenen Angebote einzulösen. Der Verlag übernimmt jedoch keine Gewähr und keine Haftung, wenn ein Angebot nicht eingelöst wird oder werden kann.

Bedingungen zur Einlösung des Discounts:
1. Das Angebot ist einschließlich bis 30.6.2022 gültig.
2. Der Golfspieler/Leser hat sich telefonisch eine Abschlagzeit geben zu lassen – dabei ist die Nutzung des Angebots anzugeben.
3. Eine Barauszahlung des Greenfee-Vorteils ist nicht möglich.
4. Das Kombinieren von Angeboten oder bestehenden Greenfee-Vorteilen ist nicht möglich. Der Vorteil bezieht sich jeweils ausschließlich auf die zum Zeitpunkt der Einlösung gültigen vollen Greenfee-Gebühren.
5. Gibt es Spielergruppen mit erhöhten Greenfee-Gebühren, ist ein Nachlass auf diese Gebühren nicht möglich.
6. Das Angebot allein berechtigt nicht zum Spiel gegen Greenfee. Die Erfüllung der Bestimmungen des jeweiligen Golfclubs zur Greenfee-Berechtigung (Mitgliedschaft in einem Golfclub, Mindesthandicap etc.) zum Zeitpunkt der Einlösung sind Voraussetzung.
7. Es ist untersagt, den Greenfee-Gutschein entgeltlich Dritten zu überlassen bzw. mit diesen Handel zu treiben. Insbesondere sind die teilnehmenden Golfclubs in diesem Falle berechtigt, die Einlösung der ausgeschriebenen Angebote zu verweigern.
8. Die teilnehmenden Golfclubs haben sich gegenüber dem Verlag unter den o.g. Bedingungen verpflichtet, die ausgeschriebenen Angebote einzulösen. Der Verlag übernimmt jedoch keine Gewähr und keine Haftung, wenn ein Angebot nicht eingelöst wird oder werden kann.

Bedingungen zur Einlösung des Discounts:
1. Das Angebot ist einschließlich bis 30.6.2022 gültig.
2. Der Golfspieler/Leser hat sich telefonisch eine Abschlagzeit geben zu lassen – dabei ist die Nutzung des Angebots anzugeben.
3. Eine Barauszahlung des Greenfee-Vorteils ist nicht möglich.
4. Das Kombinieren von Angeboten oder bestehenden Greenfee-Vorteilen ist nicht möglich. Der Vorteil bezieht sich jeweils ausschließlich auf die zum Zeitpunkt der Einlösung gültigen vollen Greenfee-Gebühren.
5. Gibt es Spielergruppen mit erhöhten Greenfee-Gebühren, ist ein Nachlass auf diese Gebühren nicht möglich.
6. Das Angebot allein berechtigt nicht zum Spiel gegen Greenfee. Die Erfüllung der Bestimmungen des jeweiligen Golfclubs zur Greenfee-Berechtigung (Mitgliedschaft in einem Golfclub, Mindesthandicap etc.) zum Zeitpunkt der Einlösung sind Voraussetzung.
7. Es ist untersagt, den Greenfee-Gutschein entgeltlich Dritten zu überlassen bzw. mit diesen Handel zu treiben. Insbesondere sind die teilnehmenden Golfclubs in diesem Falle berechtigt, die Einlösung der ausgeschriebenen Angebote zu verweigern.
8. Die teilnehmenden Golfclubs haben sich gegenüber dem Verlag unter den o.g. Bedingungen verpflichtet, die ausgeschriebenen Angebote einzulösen. Der Verlag übernimmt jedoch keine Gewähr und keine Haftung, wenn ein Angebot nicht eingelöst wird oder werden kann.

Bedingungen zur Einlösung des Discounts:
1. Das Angebot ist einschließlich bis 30.6.2022 gültig.
2. Der Golfspieler/Leser hat sich telefonisch eine Abschlagzeit geben zu lassen – dabei ist die Nutzung des Angebots anzugeben.
3. Eine Barauszahlung des Greenfee-Vorteils ist nicht möglich.
4. Das Kombinieren von Angeboten oder bestehenden Greenfee-Vorteilen ist nicht möglich. Der Vorteil bezieht sich jeweils ausschließlich auf die zum Zeitpunkt der Einlösung gültigen vollen Greenfee-Gebühren.
5. Gibt es Spielergruppen mit erhöhten Greenfee-Gebühren, ist ein Nachlass auf diese Gebühren nicht möglich.
6. Das Angebot allein berechtigt nicht zum Spiel gegen Greenfee. Die Erfüllung der Bestimmungen des jeweiligen Golfclubs zur Greenfee-Berechtigung (Mitgliedschaft in einem Golfclub, Mindesthandicap etc.) zum Zeitpunkt der Einlösung sind Voraussetzung.
7. Es ist untersagt, den Greenfee-Gutschein entgeltlich Dritten zu überlassen bzw. mit diesen Handel zu treiben. Insbesondere sind die teilnehmenden Golfclubs in diesem Falle berechtigt, die Einlösung der ausgeschriebenen Angebote zu verweigern.
8. Die teilnehmenden Golfclubs haben sich gegenüber dem Verlag unter den o.g. Bedingungen verpflichtet, die ausgeschriebenen Angebote einzulösen. Der Verlag übernimmt jedoch keine Gewähr und keine Haftung, wenn ein Angebot nicht eingelöst wird oder werden kann.

Bedingungen zur Einlösung des Discounts:
1. Das Angebot ist einschließlich bis 30.6.2022 gültig.
2. Der Golfspieler/Leser hat sich telefonisch eine Abschlagzeit geben zu lassen – dabei ist die Nutzung des Angebots anzugeben.
3. Eine Barauszahlung des Greenfee-Vorteils ist nicht möglich.
4. Das Kombinieren von Angeboten oder bestehenden Greenfee-Vorteilen ist nicht möglich. Der Vorteil bezieht sich jeweils ausschließlich auf die zum Zeitpunkt der Einlösung gültigen vollen Greenfee-Gebühren.
5. Gibt es Spielergruppen mit erhöhten Greenfee-Gebühren, ist ein Nachlass auf diese Gebühren nicht möglich.
6. Das Angebot allein berechtigt nicht zum Spiel gegen Greenfee. Die Erfüllung der Bestimmungen des jeweiligen Golfclubs zur Greenfee-Berechtigung (Mitgliedschaft in einem Golfclub, Mindesthandicap etc.) zum Zeitpunkt der Einlösung sind Voraussetzung.
7. Es ist untersagt, den Greenfee-Gutschein entgeltlich Dritten zu überlassen bzw. mit diesen Handel zu treiben. Insbesondere sind die teilnehmenden Golfclubs in diesem Falle berechtigt, die Einlösung der ausgeschriebenen Angebote zu verweigern.
8. Die teilnehmenden Golfclubs haben sich gegenüber dem Verlag unter den o.g. Bedingungen verpflichtet, die ausgeschriebenen Angebote einzulösen. Der Verlag übernimmt jedoch keine Gewähr und keine Haftung, wenn ein Angebot nicht eingelöst wird oder werden kann.

Bedingungen zur Einlösung des Discounts:
1. Das Angebot ist einschließlich bis 30.6.2022 gültig.
2. Der Golfspieler/Leser hat sich telefonisch eine Abschlagzeit geben zu lassen – dabei ist die Nutzung des Angebots anzugeben.
3. Eine Barauszahlung des Greenfee-Vorteils ist nicht möglich.
4. Das Kombinieren von Angeboten oder bestehenden Greenfee-Vorteilen ist nicht möglich. Der Vorteil bezieht sich jeweils ausschließlich auf die zum Zeitpunkt der Einlösung gültigen vollen Greenfee-Gebühren.
5. Gibt es Spielergruppen mit erhöhten Greenfee-Gebühren, ist ein Nachlass auf diese Gebühren nicht möglich.
6. Das Angebot allein berechtigt nicht zum Spiel gegen Greenfee. Die Erfüllung der Bestimmungen des jeweiligen Golfclubs zur Greenfee-Berechtigung (Mitgliedschaft in einem Golfclub, Mindesthandicap etc.) zum Zeitpunkt der Einlösung sind Voraussetzung.
7. Es ist untersagt, den Greenfee-Gutschein entgeltlich Dritten zu überlassen bzw. mit diesen Handel zu treiben. Insbesondere sind die teilnehmenden Golfclubs in diesem Falle berechtigt, die Einlösung der ausgeschriebenen Angebote zu verweigern.
8. Die teilnehmenden Golfclubs haben sich gegenüber dem Verlag unter den o.g. Bedingungen verpflichtet, die ausgeschriebenen Angebote einzulösen. Der Verlag übernimmt jedoch keine Gewähr und keine Haftung, wenn ein Angebot nicht eingelöst wird oder werden kann.

Bedingungen zur Einlösung des Discounts:
1. Das Angebot ist einschließlich bis 30.6.2022 gültig.
2. Der Golfspieler/Leser hat sich telefonisch eine Abschlagzeit geben zu lassen – dabei ist die Nutzung des Angebots anzugeben.
3. Eine Barauszahlung des Greenfee-Vorteils ist nicht möglich.
4. Das Kombinieren von Angeboten oder bestehenden Greenfee-Vorteilen ist nicht möglich. Der Vorteil bezieht sich jeweils ausschließlich auf die zum Zeitpunkt der Einlösung gültigen vollen Greenfee-Gebühren.
5. Gibt es Spielergruppen mit erhöhten Greenfee-Gebühren, ist ein Nachlass auf diese Gebühren nicht möglich.
6. Das Angebot allein berechtigt nicht zum Spiel gegen Greenfee. Die Erfüllung der Bestimmungen des jeweiligen Golfclubs zur Greenfee-Berechtigung (Mitgliedschaft in einem Golfclub, Mindesthandicap etc.) zum Zeitpunkt der Einlösung sind Voraussetzung.
7. Es ist untersagt, den Greenfee-Gutschein entgeltlich Dritten zu überlassen bzw. mit diesen Handel zu treiben. Insbesondere sind die teilnehmenden Golfclubs in diesem Falle berechtigt, die Einlösung der ausgeschriebenen Angebote zu verweigern.
8. Die teilnehmenden Golfclubs haben sich gegenüber dem Verlag unter den o.g. Bedingungen verpflichtet, die ausgeschriebenen Angebote einzulösen. Der Verlag übernimmt jedoch keine Gewähr und keine Haftung, wenn ein Angebot nicht eingelöst wird oder werden kann.

Bedingungen zur Einlösung des Discounts:
1. Das Angebot ist einschließlich bis 30.6.2022 gültig.
2. Der Golfspieler/Leser hat sich telefonisch eine Abschlagzeit geben zu lassen – dabei ist die Nutzung des Angebots anzugeben.
3. Eine Barauszahlung des Greenfee-Vorteils ist nicht möglich.
4. Das Kombinieren von Angeboten oder bestehenden Greenfee-Vorteilen ist nicht möglich. Der Vorteil bezieht sich jeweils ausschließlich auf die zum Zeitpunkt der Einlösung gültigen vollen Greenfee-Gebühren.
5. Gibt es Spielergruppen mit erhöhten Greenfee-Gebühren, ist ein Nachlass auf diese Gebühren nicht möglich.
6. Das Angebot allein berechtigt nicht zum Spiel gegen Greenfee. Die Erfüllung der Bestimmungen des jeweiligen Golfclubs zur Greenfee-Berechtigung (Mitgliedschaft in einem Golfclub, Mindesthandicap etc.) zum Zeitpunkt der Einlösung sind Voraussetzung.
7. Es ist untersagt, den Greenfee-Gutschein entgeltlich Dritten zu überlassen bzw. mit diesen Handel zu treiben. Insbesondere sind die teilnehmenden Golfclubs in diesem Falle berechtigt, die Einlösung der ausgeschriebenen Angebote zu verweigern.
8. Die teilnehmenden Golfclubs haben sich gegenüber dem Verlag unter den o.g. Bedingungen verpflichtet, die ausgeschriebenen Angebote einzulösen. Der Verlag übernimmt jedoch keine Gewähr und keine Haftung, wenn ein Angebot nicht eingelöst wird oder werden kann.

Bedingungen zur Einlösung des Discounts:
1. Das Angebot ist einschließlich bis 30.6.2022 gültig.
2. Der Golfspieler/Leser hat sich telefonisch eine Abschlagzeit geben zu lassen – dabei ist die Nutzung des Angebots anzugeben.
3. Eine Barauszahlung des Greenfee-Vorteils ist nicht möglich.
4. Das Kombinieren von Angeboten oder bestehenden Greenfee-Vorteilen ist nicht möglich. Der Vorteil bezieht sich jeweils ausschließlich auf die zum Zeitpunkt der Einlösung gültigen vollen Greenfee-Gebühren.
5. Gibt es Spielergruppen mit erhöhten Greenfee-Gebühren, ist ein Nachlass auf diese Gebühren nicht möglich.
6. Das Angebot allein berechtigt nicht zum Spiel gegen Greenfee. Die Erfüllung der Bestimmungen des jeweiligen Golfclubs zur Greenfee-Berechtigung (Mitgliedschaft in einem Golfclub, Mindesthandicap etc.) zum Zeitpunkt der Einlösung sind Voraussetzung.
7. Es ist untersagt, den Greenfee-Gutschein entgeltlich Dritten zu überlassen bzw. mit diesen Handel zu treiben. Insbesondere sind die teilnehmenden Golfclubs in diesem Falle berechtigt, die Einlösung der ausgeschriebenen Angebote zu verweigern.
8. Die teilnehmenden Golfclubs haben sich gegenüber dem Verlag unter den o.g. Bedingungen verpflichtet, die ausgeschriebenen Angebote einzulösen. Der Verlag übernimmt jedoch keine Gewähr und keine Haftung, wenn ein Angebot nicht eingelöst wird oder werden kann.

DER GOLF ALBRECHT

Golf-Club Herrnhof e.V.

DE

Am Herrnhof 1
D-92318 Neumarkt
☎ 09188-3979
Bayern

205

2 for 1 2 GF zum Preis von 1

DER GOLF ALBRECHT

Golf-Club Herrnhof e.V.

DE

Am Herrnhof 1
D-92318 Neumarkt
☎ 09188-3979
Bayern

205

2 for 1 2 GF zum Preis von 1

DER GOLF ALBRECHT

Golf-Club Herrnhof e.V.

DE

Am Herrnhof 1
D-92318 Neumarkt
☎ 09188-3979
Bayern

205

25% Greenfee-Ermäßigung

DER GOLF ALBRECHT

Golf-Club Herrnhof e.V.

DE

Am Herrnhof 1
D-92318 Neumarkt
☎ 09188-3979
Bayern

205

25% Greenfee-Ermäßigung

DER GOLF ALBRECHT

Golf- und Landclub Schmidmühlen e.V.

DE

Am Theilberg 1
D-92287 Schmidmühlen
☎ 09474-701
Bayern

206

2 for 1 2 GF zum Preis von 1

DER GOLF ALBRECHT

Golf- und Landclub Schmidmühlen e.V.

DE

Am Theilberg 1
D-92287 Schmidmühlen
☎ 09474-701
Bayern

206

2 for 1 2 GF zum Preis von 1

DER GOLF ALBRECHT

Golf- und Landclub Schmidmühlen e.V.

DE

Am Theilberg 1
D-92287 Schmidmühlen
☎ 09474-701
Bayern

206

20% Greenfee-Ermäßigung

DER GOLF ALBRECHT

Golfclub Sonnenhof

DE

Himmelreich 13
D-93462 Lam
☎ 09943-37141
Bayern

207

2 for 1 2 GF zum Preis von 1

DER GOLF ALBRECHT

Golfclub Sonnenhof

DE

Himmelreich 13
D-93462 Lam
☎ 09943-37141
Bayern

207

2 for 1 2 GF zum Preis von 1

DER GOLF ALBRECHT

Golfclub Sonnenhof

DE

Himmelreich 13
D-93462 Lam
☎ 09943-37141
Bayern

207

2 for 1 2 GF zum Preis von 1

Bedingungen zur Einlösung des Discounts:
1. Das Angebot ist einschließlich bis 30.6.2022 gültig.
2. Der Golfspieler/Leser hat sich telefonisch eine Abschlagzeit geben zu lassen – dabei ist die Nutzung des Angebots anzugeben.
3. Eine Barauszahlung des Greenfee-Vorteils ist nicht möglich.
4. Das Kombinieren von Angeboten oder bestehenden Greenfee-Vorteilen ist nicht möglich. Der Vorteil bezieht sich jeweils ausschließlich auf die zum Zeitpunkt der Einlösung gültigen vollen Greenfee-Gebühren.
5. Gibt es Spielergruppen mit erhöhten Greenfee-Gebühren, ist ein Nachlass auf diese Gebühren nicht möglich.
6. Das Angebot allein berechtigt nicht zum Spiel gegen Greenfee. Die Erfüllung der Bestimmungen des jeweiligen Golfclubs zur Greenfee-Berechtigung (Mitgliedschaft in einem Golfclub, Mindesthandicap etc.) zum Zeitpunkt der Einlösung sind Voraussetzung.
7. Es ist untersagt, den Greenfee-Gutschein entgeltlich Dritten zu überlassen bzw. mit diesen Handel zu treiben. Insbesondere sind die teilnehmenden Golfclubs in diesem Falle berechtigt, die Einlösung der ausgeschriebenen Angebote zu verweigern.
8. Die teilnehmenden Golfclubs haben sich gegenüber dem Verlag unter den o.g. Bedingungen verpflichtet, die ausgeschriebenen Angebote einzulösen. Der Verlag übernimmt jedoch keine Gewähr und keine Haftung, wenn ein Angebot nicht eingelöst wird oder werden kann.

Bedingungen zur Einlösung des Discounts:
1. Das Angebot ist einschließlich bis 30.6.2022 gültig.
2. Der Golfspieler/Leser hat sich telefonisch eine Abschlagzeit geben zu lassen – dabei ist die Nutzung des Angebots anzugeben.
3. Eine Barauszahlung des Greenfee-Vorteils ist nicht möglich.
4. Das Kombinieren von Angeboten oder bestehenden Greenfee-Vorteilen ist nicht möglich. Der Vorteil bezieht sich jeweils ausschließlich auf die zum Zeitpunkt der Einlösung gültigen vollen Greenfee-Gebühren.
5. Gibt es Spielergruppen mit erhöhten Greenfee-Gebühren, ist ein Nachlass auf diese Gebühren nicht möglich.
6. Das Angebot allein berechtigt nicht zum Spiel gegen Greenfee. Die Erfüllung der Bestimmungen des jeweiligen Golfclubs zur Greenfee-Berechtigung (Mitgliedschaft in einem Golfclub, Mindesthandicap etc.) zum Zeitpunkt der Einlösung sind Voraussetzung.
7. Es ist untersagt, den Greenfee-Gutschein entgeltlich Dritten zu überlassen bzw. mit diesen Handel zu treiben. Insbesondere sind die teilnehmenden Golfclubs in diesem Falle berechtigt, die Einlösung der ausgeschriebenen Angebote zu verweigern.
8. Die teilnehmenden Golfclubs haben sich gegenüber dem Verlag unter den o.g. Bedingungen verpflichtet, die ausgeschriebenen Angebote einzulösen. Der Verlag übernimmt jedoch keine Gewähr und keine Haftung, wenn ein Angebot nicht eingelöst wird oder werden kann.

Bedingungen zur Einlösung des Discounts:
1. Das Angebot ist einschließlich bis 30.6.2022 gültig.
2. Der Golfspieler/Leser hat sich telefonisch eine Abschlagzeit geben zu lassen – dabei ist die Nutzung des Angebots anzugeben.
3. Eine Barauszahlung des Greenfee-Vorteils ist nicht möglich.
4. Das Kombinieren von Angeboten oder bestehenden Greenfee-Vorteilen ist nicht möglich. Der Vorteil bezieht sich jeweils ausschließlich auf die zum Zeitpunkt der Einlösung gültigen vollen Greenfee-Gebühren.
5. Gibt es Spielergruppen mit erhöhten Greenfee-Gebühren, ist ein Nachlass auf diese Gebühren nicht möglich.
6. Das Angebot allein berechtigt nicht zum Spiel gegen Greenfee. Die Erfüllung der Bestimmungen des jeweiligen Golfclubs zur Greenfee-Berechtigung (Mitgliedschaft in einem Golfclub, Mindesthandicap etc.) zum Zeitpunkt der Einlösung sind Voraussetzung.
7. Es ist untersagt, den Greenfee-Gutschein entgeltlich Dritten zu überlassen bzw. mit diesen Handel zu treiben. Insbesondere sind die teilnehmenden Golfclubs in diesem Falle berechtigt, die Einlösung der ausgeschriebenen Angebote zu verweigern.
8. Die teilnehmenden Golfclubs haben sich gegenüber dem Verlag unter den o.g. Bedingungen verpflichtet, die ausgeschriebenen Angebote einzulösen. Der Verlag übernimmt jedoch keine Gewähr und keine Haftung, wenn ein Angebot nicht eingelöst wird oder werden kann.

Bedingungen zur Einlösung des Discounts:
1. Das Angebot ist einschließlich bis 30.6.2022 gültig.
2. Der Golfspieler/Leser hat sich telefonisch eine Abschlagzeit geben zu lassen – dabei ist die Nutzung des Angebots anzugeben.
3. Eine Barauszahlung des Greenfee-Vorteils ist nicht möglich.
4. Das Kombinieren von Angeboten oder bestehenden Greenfee-Vorteilen ist nicht möglich. Der Vorteil bezieht sich jeweils ausschließlich auf die zum Zeitpunkt der Einlösung gültigen vollen Greenfee-Gebühren.
5. Gibt es Spielergruppen mit erhöhten Greenfee-Gebühren, ist ein Nachlass auf diese Gebühren nicht möglich.
6. Das Angebot allein berechtigt nicht zum Spiel gegen Greenfee. Die Erfüllung der Bestimmungen des jeweiligen Golfclubs zur Greenfee-Berechtigung (Mitgliedschaft in einem Golfclub, Mindesthandicap etc.) zum Zeitpunkt der Einlösung sind Voraussetzung.
7. Es ist untersagt, den Greenfee-Gutschein entgeltlich Dritten zu überlassen bzw. mit diesen Handel zu treiben. Insbesondere sind die teilnehmenden Golfclubs in diesem Falle berechtigt, die Einlösung der ausgeschriebenen Angebote zu verweigern.
8. Die teilnehmenden Golfclubs haben sich gegenüber dem Verlag unter den o.g. Bedingungen verpflichtet, die ausgeschriebenen Angebote einzulösen. Der Verlag übernimmt jedoch keine Gewähr und keine Haftung, wenn ein Angebot nicht eingelöst wird oder werden kann.

Bedingungen zur Einlösung des Discounts:
1. Das Angebot ist einschließlich bis 30.6.2022 gültig.
2. Der Golfspieler/Leser hat sich telefonisch eine Abschlagzeit geben zu lassen – dabei ist die Nutzung des Angebots anzugeben.
3. Eine Barauszahlung des Greenfee-Vorteils ist nicht möglich.
4. Das Kombinieren von Angeboten oder bestehenden Greenfee-Vorteilen ist nicht möglich. Der Vorteil bezieht sich jeweils ausschließlich auf die zum Zeitpunkt der Einlösung gültigen vollen Greenfee-Gebühren.
5. Gibt es Spielergruppen mit erhöhten Greenfee-Gebühren, ist ein Nachlass auf diese Gebühren nicht möglich.
6. Das Angebot allein berechtigt nicht zum Spiel gegen Greenfee. Die Erfüllung der Bestimmungen des jeweiligen Golfclubs zur Greenfee-Berechtigung (Mitgliedschaft in einem Golfclub, Mindesthandicap etc.) zum Zeitpunkt der Einlösung sind Voraussetzung.
7. Es ist untersagt, den Greenfee-Gutschein entgeltlich Dritten zu überlassen bzw. mit diesen Handel zu treiben. Insbesondere sind die teilnehmenden Golfclubs in diesem Falle berechtigt, die Einlösung der ausgeschriebenen Angebote zu verweigern.
8. Die teilnehmenden Golfclubs haben sich gegenüber dem Verlag unter den o.g. Bedingungen verpflichtet, die ausgeschriebenen Angebote einzulösen. Der Verlag übernimmt jedoch keine Gewähr und keine Haftung, wenn ein Angebot nicht eingelöst wird oder werden kann.

Bedingungen zur Einlösung des Discounts:
1. Das Angebot ist einschließlich bis 30.6.2022 gültig.
2. Der Golfspieler/Leser hat sich telefonisch eine Abschlagzeit geben zu lassen – dabei ist die Nutzung des Angebots anzugeben.
3. Eine Barauszahlung des Greenfee-Vorteils ist nicht möglich.
4. Das Kombinieren von Angeboten oder bestehenden Greenfee-Vorteilen ist nicht möglich. Der Vorteil bezieht sich jeweils ausschließlich auf die zum Zeitpunkt der Einlösung gültigen vollen Greenfee-Gebühren.
5. Gibt es Spielergruppen mit erhöhten Greenfee-Gebühren, ist ein Nachlass auf diese Gebühren nicht möglich.
6. Das Angebot allein berechtigt nicht zum Spiel gegen Greenfee. Die Erfüllung der Bestimmungen des jeweiligen Golfclubs zur Greenfee-Berechtigung (Mitgliedschaft in einem Golfclub, Mindesthandicap etc.) zum Zeitpunkt der Einlösung sind Voraussetzung.
7. Es ist untersagt, den Greenfee-Gutschein entgeltlich Dritten zu überlassen bzw. mit diesen Handel zu treiben. Insbesondere sind die teilnehmenden Golfclubs in diesem Falle berechtigt, die Einlösung der ausgeschriebenen Angebote zu verweigern.
8. Die teilnehmenden Golfclubs haben sich gegenüber dem Verlag unter den o.g. Bedingungen verpflichtet, die ausgeschriebenen Angebote einzulösen. Der Verlag übernimmt jedoch keine Gewähr und keine Haftung, wenn ein Angebot nicht eingelöst wird oder werden kann.

Bedingungen zur Einlösung des Discounts:
1. Das Angebot ist einschließlich bis 30.6.2022 gültig.
2. Der Golfspieler/Leser hat sich telefonisch eine Abschlagzeit geben zu lassen – dabei ist die Nutzung des Angebots anzugeben.
3. Eine Barauszahlung des Greenfee-Vorteils ist nicht möglich.
4. Das Kombinieren von Angeboten oder bestehenden Greenfee-Vorteilen ist nicht möglich. Der Vorteil bezieht sich jeweils ausschließlich auf die zum Zeitpunkt der Einlösung gültigen vollen Greenfee-Gebühren.
5. Gibt es Spielergruppen mit erhöhten Greenfee-Gebühren, ist ein Nachlass auf diese Gebühren nicht möglich.
6. Das Angebot allein berechtigt nicht zum Spiel gegen Greenfee. Die Erfüllung der Bestimmungen des jeweiligen Golfclubs zur Greenfee-Berechtigung (Mitgliedschaft in einem Golfclub, Mindesthandicap etc.) zum Zeitpunkt der Einlösung sind Voraussetzung.
7. Es ist untersagt, den Greenfee-Gutschein entgeltlich Dritten zu überlassen bzw. mit diesen Handel zu treiben. Insbesondere sind die teilnehmenden Golfclubs in diesem Falle berechtigt, die Einlösung der ausgeschriebenen Angebote zu verweigern.
8. Die teilnehmenden Golfclubs haben sich gegenüber dem Verlag unter den o.g. Bedingungen verpflichtet, die ausgeschriebenen Angebote einzulösen. Der Verlag übernimmt jedoch keine Gewähr und keine Haftung, wenn ein Angebot nicht eingelöst wird oder werden kann.

Bedingungen zur Einlösung des Discounts:
1. Das Angebot ist einschließlich bis 30.6.2022 gültig.
2. Der Golfspieler/Leser hat sich telefonisch eine Abschlagzeit geben zu lassen – dabei ist die Nutzung des Angebots anzugeben.
3. Eine Barauszahlung des Greenfee-Vorteils ist nicht möglich.
4. Das Kombinieren von Angeboten oder bestehenden Greenfee-Vorteilen ist nicht möglich. Der Vorteil bezieht sich jeweils ausschließlich auf die zum Zeitpunkt der Einlösung gültigen vollen Greenfee-Gebühren.
5. Gibt es Spielergruppen mit erhöhten Greenfee-Gebühren, ist ein Nachlass auf diese Gebühren nicht möglich.
6. Das Angebot allein berechtigt nicht zum Spiel gegen Greenfee. Die Erfüllung der Bestimmungen des jeweiligen Golfclubs zur Greenfee-Berechtigung (Mitgliedschaft in einem Golfclub, Mindesthandicap etc.) zum Zeitpunkt der Einlösung sind Voraussetzung.
7. Es ist untersagt, den Greenfee-Gutschein entgeltlich Dritten zu überlassen bzw. mit diesen Handel zu treiben. Insbesondere sind die teilnehmenden Golfclubs in diesem Falle berechtigt, die Einlösung der ausgeschriebenen Angebote zu verweigern.
8. Die teilnehmenden Golfclubs haben sich gegenüber dem Verlag unter den o.g. Bedingungen verpflichtet, die ausgeschriebenen Angebote einzulösen. Der Verlag übernimmt jedoch keine Gewähr und keine Haftung, wenn ein Angebot nicht eingelöst wird oder werden kann.

Bedingungen zur Einlösung des Discounts:
1. Das Angebot ist einschließlich bis 30.6.2022 gültig.
2. Der Golfspieler/Leser hat sich telefonisch eine Abschlagzeit geben zu lassen – dabei ist die Nutzung des Angebots anzugeben.
3. Eine Barauszahlung des Greenfee-Vorteils ist nicht möglich.
4. Das Kombinieren von Angeboten oder bestehenden Greenfee-Vorteilen ist nicht möglich. Der Vorteil bezieht sich jeweils ausschließlich auf die zum Zeitpunkt der Einlösung gültigen vollen Greenfee-Gebühren.
5. Gibt es Spielergruppen mit erhöhten Greenfee-Gebühren, ist ein Nachlass auf diese Gebühren nicht möglich.
6. Das Angebot allein berechtigt nicht zum Spiel gegen Greenfee. Die Erfüllung der Bestimmungen des jeweiligen Golfclubs zur Greenfee-Berechtigung (Mitgliedschaft in einem Golfclub, Mindesthandicap etc.) zum Zeitpunkt der Einlösung sind Voraussetzung.
7. Es ist untersagt, den Greenfee-Gutschein entgeltlich Dritten zu überlassen bzw. mit diesen Handel zu treiben. Insbesondere sind die teilnehmenden Golfclubs in diesem Falle berechtigt, die Einlösung der ausgeschriebenen Angebote zu verweigern.
8. Die teilnehmenden Golfclubs haben sich gegenüber dem Verlag unter den o.g. Bedingungen verpflichtet, die ausgeschriebenen Angebote einzulösen. Der Verlag übernimmt jedoch keine Gewähr und keine Haftung, wenn ein Angebot nicht eingelöst wird oder werden kann.

Bedingungen zur Einlösung des Discounts:
1. Das Angebot ist einschließlich bis 30.6.2022 gültig.
2. Der Golfspieler/Leser hat sich telefonisch eine Abschlagzeit geben zu lassen – dabei ist die Nutzung des Angebots anzugeben.
3. Eine Barauszahlung des Greenfee-Vorteils ist nicht möglich.
4. Das Kombinieren von Angeboten oder bestehenden Greenfee-Vorteilen ist nicht möglich. Der Vorteil bezieht sich jeweils ausschließlich auf die zum Zeitpunkt der Einlösung gültigen vollen Greenfee-Gebühren.
5. Gibt es Spielergruppen mit erhöhten Greenfee-Gebühren, ist ein Nachlass auf diese Gebühren nicht möglich.
6. Das Angebot allein berechtigt nicht zum Spiel gegen Greenfee. Die Erfüllung der Bestimmungen des jeweiligen Golfclubs zur Greenfee-Berechtigung (Mitgliedschaft in einem Golfclub, Mindesthandicap etc.) zum Zeitpunkt der Einlösung sind Voraussetzung.
7. Es ist untersagt, den Greenfee-Gutschein entgeltlich Dritten zu überlassen bzw. mit diesen Handel zu treiben. Insbesondere sind die teilnehmenden Golfclubs in diesem Falle berechtigt, die Einlösung der ausgeschriebenen Angebote zu verweigern.
8. Die teilnehmenden Golfclubs haben sich gegenüber dem Verlag unter den o.g. Bedingungen verpflichtet, die ausgeschriebenen Angebote einzulösen. Der Verlag übernimmt jedoch keine Gewähr und keine Haftung, wenn ein Angebot nicht eingelöst wird oder werden kann.

DER GOLF ALBRECHT

Golfclub Zollmühle

Zollmühle 1
D-91792 Ellingen
✆ 09141-3976
Bayern

DE · 208

2 for 1 2 GF zum Preis von 1

DER GOLF ALBRECHT

Golfclub Zollmühle

Zollmühle 1
D-91792 Ellingen
✆ 09141-3976
Bayern

DE · 208

2 for 1 2 GF zum Preis von 1

DER GOLF ALBRECHT

Golfclub Zollmühle

Zollmühle 1
D-91792 Ellingen
✆ 09141-3976
Bayern

DE · 208

30% Greenfee-Ermäßigung

DER GOLF ALBRECHT

Golfclub Zollmühle

Zollmühle 1
D-91792 Ellingen
✆ 09141-3976
Bayern

DE · 208

30% Greenfee-Ermäßigung

DER GOLF ALBRECHT

Altmühlgolf Beilngries GmbH

Ottmaringer Tal 1
D-92339 Beilngries
✆ 08461-6063333
Bayern

DE · 209

2 for 1 2 GF zum Preis von 1

DER GOLF ALBRECHT

Altmühlgolf Beilngries GmbH

Ottmaringer Tal 1
D-92339 Beilngries
✆ 08461-6063333
Bayern

DE · 209

20% Greenfee-Ermäßigung

DER GOLF ALBRECHT

Golfclub Straubing Stadt und Land e.V.

Bachhof 9
D-94356 Kirchroth-Kößnach
✆ 09428-7169
Bayern

DE · 210

2 for 1 2 GF zum Preis von 1

DER GOLF ALBRECHT

Golfclub Straubing Stadt und Land e.V.

Bachhof 9
D-94356 Kirchroth-Kößnach
✆ 09428-7169
Bayern

DE · 210

2 for 1 2 GF zum Preis von 1

DER GOLF ALBRECHT

Golfclub Straubing Stadt und Land e.V.

Bachhof 9
D-94356 Kirchroth-Kößnach
✆ 09428-7169
Bayern

DE · 210

25% Greenfee-Ermäßigung

DER GOLF ALBRECHT

Golfclub Straubing Stadt und Land e.V.

Bachhof 9
D-94356 Kirchroth-Kößnach
✆ 09428-7169
Bayern

DE · 210

25% Greenfee-Ermäßigung

Bedingungen zur Einlösung des Discounts:
1. Das Angebot ist einschließlich bis 30.6.2022 gültig.
2. Der Golfspieler/Leser hat sich telefonisch eine Abschlagzeit geben zu lassen – dabei ist die Nutzung des Angebots anzugeben.
3. Eine Barauszahlung des Greenfee-Vorteils ist nicht möglich.
4. Das Kombinieren von Angeboten oder bestehenden Greenfee-Vorteilen ist nicht möglich. Der Vorteil bezieht sich jeweils ausschließlich auf die zum Zeitpunkt der Einlösung gültigen vollen Greenfee-Gebühren.
5. Gibt es Spielergruppen mit erhöhten Greenfee-Gebühren, ist ein Nachlass auf diese Gebühren nicht möglich.
6. Das Angebot allein berechtigt nicht zum Spiel gegen Greenfee. Die Erfüllung der Bestimmungen des jeweiligen Golfclubs zur Greenfee-Berechtigung (Mitgliedschaft in einem Golfclub, Mindesthandicap etc.) zum Zeitpunkt der Einlösung sind Voraussetzung.
7. Es ist untersagt, den Greenfee-Gutschein entgeltlich Dritten zu überlassen bzw. mit diesen Handel zu treiben. Insbesondere sind die teilnehmenden Golfclubs in diesem Falle berechtigt, die Einlösung der ausgeschriebenen Angebote zu verweigern.
8. Die teilnehmenden Golfclubs haben sich gegenüber dem Verlag unter den o.g. Bedingungen verpflichtet, die ausgeschriebenen Angebote einzulösen. Der Verlag übernimmt jedoch keine Gewähr und keine Haftung, wenn ein Angebot nicht eingelöst wird oder werden kann.

Bedingungen zur Einlösung des Discounts:
1. Das Angebot ist einschließlich bis 30.6.2022 gültig.
2. Der Golfspieler/Leser hat sich telefonisch eine Abschlagzeit geben zu lassen – dabei ist die Nutzung des Angebots anzugeben.
3. Eine Barauszahlung des Greenfee-Vorteils ist nicht möglich.
4. Das Kombinieren von Angeboten oder bestehenden Greenfee-Vorteilen ist nicht möglich. Der Vorteil bezieht sich jeweils ausschließlich auf die zum Zeitpunkt der Einlösung gültigen vollen Greenfee-Gebühren.
5. Gibt es Spielergruppen mit erhöhten Greenfee-Gebühren, ist ein Nachlass auf diese Gebühren nicht möglich.
6. Das Angebot allein berechtigt nicht zum Spiel gegen Greenfee. Die Erfüllung der Bestimmungen des jeweiligen Golfclubs zur Greenfee-Berechtigung (Mitgliedschaft in einem Golfclub, Mindesthandicap etc.) zum Zeitpunkt der Einlösung sind Voraussetzung.
7. Es ist untersagt, den Greenfee-Gutschein entgeltlich Dritten zu überlassen bzw. mit diesen Handel zu treiben. Insbesondere sind die teilnehmenden Golfclubs in diesem Falle berechtigt, die Einlösung der ausgeschriebenen Angebote zu verweigern.
8. Die teilnehmenden Golfclubs haben sich gegenüber dem Verlag unter den o.g. Bedingungen verpflichtet, die ausgeschriebenen Angebote einzulösen. Der Verlag übernimmt jedoch keine Gewähr und keine Haftung, wenn ein Angebot nicht eingelöst wird oder werden kann.

Bedingungen zur Einlösung des Discounts:
1. Das Angebot ist einschließlich bis 30.6.2022 gültig.
2. Der Golfspieler/Leser hat sich telefonisch eine Abschlagzeit geben zu lassen – dabei ist die Nutzung des Angebots anzugeben.
3. Eine Barauszahlung des Greenfee-Vorteils ist nicht möglich.
4. Das Kombinieren von Angeboten oder bestehenden Greenfee-Vorteilen ist nicht möglich. Der Vorteil bezieht sich jeweils ausschließlich auf die zum Zeitpunkt der Einlösung gültigen vollen Greenfee-Gebühren.
5. Gibt es Spielergruppen mit erhöhten Greenfee-Gebühren, ist ein Nachlass auf diese Gebühren nicht möglich.
6. Das Angebot allein berechtigt nicht zum Spiel gegen Greenfee. Die Erfüllung der Bestimmungen des jeweiligen Golfclubs zur Greenfee-Berechtigung (Mitgliedschaft in einem Golfclub, Mindesthandicap etc.) zum Zeitpunkt der Einlösung sind Voraussetzung.
7. Es ist untersagt, den Greenfee-Gutschein entgeltlich Dritten zu überlassen bzw. mit diesen Handel zu treiben. Insbesondere sind die teilnehmenden Golfclubs in diesem Falle berechtigt, die Einlösung der ausgeschriebenen Angebote zu verweigern.
8. Die teilnehmenden Golfclubs haben sich gegenüber dem Verlag unter den o.g. Bedingungen verpflichtet, die ausgeschriebenen Angebote einzulösen. Der Verlag übernimmt jedoch keine Gewähr und keine Haftung, wenn ein Angebot nicht eingelöst wird oder werden kann.

Bedingungen zur Einlösung des Discounts:
1. Das Angebot ist einschließlich bis 30.6.2022 gültig.
2. Der Golfspieler/Leser hat sich telefonisch eine Abschlagzeit geben zu lassen – dabei ist die Nutzung des Angebots anzugeben.
3. Eine Barauszahlung des Greenfee-Vorteils ist nicht möglich.
4. Das Kombinieren von Angeboten oder bestehenden Greenfee-Vorteilen ist nicht möglich. Der Vorteil bezieht sich jeweils ausschließlich auf die zum Zeitpunkt der Einlösung gültigen vollen Greenfee-Gebühren.
5. Gibt es Spielergruppen mit erhöhten Greenfee-Gebühren, ist ein Nachlass auf diese Gebühren nicht möglich.
6. Das Angebot allein berechtigt nicht zum Spiel gegen Greenfee. Die Erfüllung der Bestimmungen des jeweiligen Golfclubs zur Greenfee-Berechtigung (Mitgliedschaft in einem Golfclub, Mindesthandicap etc.) zum Zeitpunkt der Einlösung sind Voraussetzung.
7. Es ist untersagt, den Greenfee-Gutschein entgeltlich Dritten zu überlassen bzw. mit diesen Handel zu treiben. Insbesondere sind die teilnehmenden Golfclubs in diesem Falle berechtigt, die Einlösung der ausgeschriebenen Angebote zu verweigern.
8. Die teilnehmenden Golfclubs haben sich gegenüber dem Verlag unter den o.g. Bedingungen verpflichtet, die ausgeschriebenen Angebote einzulösen. Der Verlag übernimmt jedoch keine Gewähr und keine Haftung, wenn ein Angebot nicht eingelöst wird oder werden kann.

Bedingungen zur Einlösung des Discounts:
1. Das Angebot ist einschließlich bis 30.6.2022 gültig.
2. Der Golfspieler/Leser hat sich telefonisch eine Abschlagzeit geben zu lassen – dabei ist die Nutzung des Angebots anzugeben.
3. Eine Barauszahlung des Greenfee-Vorteils ist nicht möglich.
4. Das Kombinieren von Angeboten oder bestehenden Greenfee-Vorteilen ist nicht möglich. Der Vorteil bezieht sich jeweils ausschließlich auf die zum Zeitpunkt der Einlösung gültigen vollen Greenfee-Gebühren.
5. Gibt es Spielergruppen mit erhöhten Greenfee-Gebühren, ist ein Nachlass auf diese Gebühren nicht möglich.
6. Das Angebot allein berechtigt nicht zum Spiel gegen Greenfee. Die Erfüllung der Bestimmungen des jeweiligen Golfclubs zur Greenfee-Berechtigung (Mitgliedschaft in einem Golfclub, Mindesthandicap etc.) zum Zeitpunkt der Einlösung sind Voraussetzung.
7. Es ist untersagt, den Greenfee-Gutschein entgeltlich Dritten zu überlassen bzw. mit diesen Handel zu treiben. Insbesondere sind die teilnehmenden Golfclubs in diesem Falle berechtigt, die Einlösung der ausgeschriebenen Angebote zu verweigern.
8. Die teilnehmenden Golfclubs haben sich gegenüber dem Verlag unter den o.g. Bedingungen verpflichtet, die ausgeschriebenen Angebote einzulösen. Der Verlag übernimmt jedoch keine Gewähr und keine Haftung, wenn ein Angebot nicht eingelöst wird oder werden kann.

Bedingungen zur Einlösung des Discounts:
1. Das Angebot ist einschließlich bis 30.6.2022 gültig.
2. Der Golfspieler/Leser hat sich telefonisch eine Abschlagzeit geben zu lassen – dabei ist die Nutzung des Angebots anzugeben.
3. Eine Barauszahlung des Greenfee-Vorteils ist nicht möglich.
4. Das Kombinieren von Angeboten oder bestehenden Greenfee-Vorteilen ist nicht möglich. Der Vorteil bezieht sich jeweils ausschließlich auf die zum Zeitpunkt der Einlösung gültigen vollen Greenfee-Gebühren.
5. Gibt es Spielergruppen mit erhöhten Greenfee-Gebühren, ist ein Nachlass auf diese Gebühren nicht möglich.
6. Das Angebot allein berechtigt nicht zum Spiel gegen Greenfee. Die Erfüllung der Bestimmungen des jeweiligen Golfclubs zur Greenfee-Berechtigung (Mitgliedschaft in einem Golfclub, Mindesthandicap etc.) zum Zeitpunkt der Einlösung sind Voraussetzung.
7. Es ist untersagt, den Greenfee-Gutschein entgeltlich Dritten zu überlassen bzw. mit diesen Handel zu treiben. Insbesondere sind die teilnehmenden Golfclubs in diesem Falle berechtigt, die Einlösung der ausgeschriebenen Angebote zu verweigern.
8. Die teilnehmenden Golfclubs haben sich gegenüber dem Verlag unter den o.g. Bedingungen verpflichtet, die ausgeschriebenen Angebote einzulösen. Der Verlag übernimmt jedoch keine Gewähr und keine Haftung, wenn ein Angebot nicht eingelöst wird oder werden kann.

Bedingungen zur Einlösung des Discounts:
1. Das Angebot ist einschließlich bis 30.6.2022 gültig.
2. Der Golfspieler/Leser hat sich telefonisch eine Abschlagzeit geben zu lassen – dabei ist die Nutzung des Angebots anzugeben.
3. Eine Barauszahlung des Greenfee-Vorteils ist nicht möglich.
4. Das Kombinieren von Angeboten oder bestehenden Greenfee-Vorteilen ist nicht möglich. Der Vorteil bezieht sich jeweils ausschließlich auf die zum Zeitpunkt der Einlösung gültigen vollen Greenfee-Gebühren.
5. Gibt es Spielergruppen mit erhöhten Greenfee-Gebühren, ist ein Nachlass auf diese Gebühren nicht möglich.
6. Das Angebot allein berechtigt nicht zum Spiel gegen Greenfee. Die Erfüllung der Bestimmungen des jeweiligen Golfclubs zur Greenfee-Berechtigung (Mitgliedschaft in einem Golfclub, Mindesthandicap etc.) zum Zeitpunkt der Einlösung sind Voraussetzung.
7. Es ist untersagt, den Greenfee-Gutschein entgeltlich Dritten zu überlassen bzw. mit diesen Handel zu treiben. Insbesondere sind die teilnehmenden Golfclubs in diesem Falle berechtigt, die Einlösung der ausgeschriebenen Angebote zu verweigern.
8. Die teilnehmenden Golfclubs haben sich gegenüber dem Verlag unter den o.g. Bedingungen verpflichtet, die ausgeschriebenen Angebote einzulösen. Der Verlag übernimmt jedoch keine Gewähr und keine Haftung, wenn ein Angebot nicht eingelöst wird oder werden kann.

Bedingungen zur Einlösung des Discounts:
1. Das Angebot ist einschließlich bis 30.6.2022 gültig.
2. Der Golfspieler/Leser hat sich telefonisch eine Abschlagzeit geben zu lassen – dabei ist die Nutzung des Angebots anzugeben.
3. Eine Barauszahlung des Greenfee-Vorteils ist nicht möglich.
4. Das Kombinieren von Angeboten oder bestehenden Greenfee-Vorteilen ist nicht möglich. Der Vorteil bezieht sich jeweils ausschließlich auf die zum Zeitpunkt der Einlösung gültigen vollen Greenfee-Gebühren.
5. Gibt es Spielergruppen mit erhöhten Greenfee-Gebühren, ist ein Nachlass auf diese Gebühren nicht möglich.
6. Das Angebot allein berechtigt nicht zum Spiel gegen Greenfee. Die Erfüllung der Bestimmungen des jeweiligen Golfclubs zur Greenfee-Berechtigung (Mitgliedschaft in einem Golfclub, Mindesthandicap etc.) zum Zeitpunkt der Einlösung sind Voraussetzung.
7. Es ist untersagt, den Greenfee-Gutschein entgeltlich Dritten zu überlassen bzw. mit diesen Handel zu treiben. Insbesondere sind die teilnehmenden Golfclubs in diesem Falle berechtigt, die Einlösung der ausgeschriebenen Angebote zu verweigern.
8. Die teilnehmenden Golfclubs haben sich gegenüber dem Verlag unter den o.g. Bedingungen verpflichtet, die ausgeschriebenen Angebote einzulösen. Der Verlag übernimmt jedoch keine Gewähr und keine Haftung, wenn ein Angebot nicht eingelöst wird oder werden kann.

Bedingungen zur Einlösung des Discounts:
1. Das Angebot ist einschließlich bis 30.6.2022 gültig.
2. Der Golfspieler/Leser hat sich telefonisch eine Abschlagzeit geben zu lassen – dabei ist die Nutzung des Angebots anzugeben.
3. Eine Barauszahlung des Greenfee-Vorteils ist nicht möglich.
4. Das Kombinieren von Angeboten oder bestehenden Greenfee-Vorteilen ist nicht möglich. Der Vorteil bezieht sich jeweils ausschließlich auf die zum Zeitpunkt der Einlösung gültigen vollen Greenfee-Gebühren.
5. Gibt es Spielergruppen mit erhöhten Greenfee-Gebühren, ist ein Nachlass auf diese Gebühren nicht möglich.
6. Das Angebot allein berechtigt nicht zum Spiel gegen Greenfee. Die Erfüllung der Bestimmungen des jeweiligen Golfclubs zur Greenfee-Berechtigung (Mitgliedschaft in einem Golfclub, Mindesthandicap etc.) zum Zeitpunkt der Einlösung sind Voraussetzung.
7. Es ist untersagt, den Greenfee-Gutschein entgeltlich Dritten zu überlassen bzw. mit diesen Handel zu treiben. Insbesondere sind die teilnehmenden Golfclubs in diesem Falle berechtigt, die Einlösung der ausgeschriebenen Angebote zu verweigern.
8. Die teilnehmenden Golfclubs haben sich gegenüber dem Verlag unter den o.g. Bedingungen verpflichtet, die ausgeschriebenen Angebote einzulösen. Der Verlag übernimmt jedoch keine Gewähr und keine Haftung, wenn ein Angebot nicht eingelöst wird oder werden kann.

Bedingungen zur Einlösung des Discounts:
1. Das Angebot ist einschließlich bis 30.6.2022 gültig.
2. Der Golfspieler/Leser hat sich telefonisch eine Abschlagzeit geben zu lassen – dabei ist die Nutzung des Angebots anzugeben.
3. Eine Barauszahlung des Greenfee-Vorteils ist nicht möglich.
4. Das Kombinieren von Angeboten oder bestehenden Greenfee-Vorteilen ist nicht möglich. Der Vorteil bezieht sich jeweils ausschließlich auf die zum Zeitpunkt der Einlösung gültigen vollen Greenfee-Gebühren.
5. Gibt es Spielergruppen mit erhöhten Greenfee-Gebühren, ist ein Nachlass auf diese Gebühren nicht möglich.
6. Das Angebot allein berechtigt nicht zum Spiel gegen Greenfee. Die Erfüllung der Bestimmungen des jeweiligen Golfclubs zur Greenfee-Berechtigung (Mitgliedschaft in einem Golfclub, Mindesthandicap etc.) zum Zeitpunkt der Einlösung sind Voraussetzung.
7. Es ist untersagt, den Greenfee-Gutschein entgeltlich Dritten zu überlassen bzw. mit diesen Handel zu treiben. Insbesondere sind die teilnehmenden Golfclubs in diesem Falle berechtigt, die Einlösung der ausgeschriebenen Angebote zu verweigern.
8. Die teilnehmenden Golfclubs haben sich gegenüber dem Verlag unter den o.g. Bedingungen verpflichtet, die ausgeschriebenen Angebote einzulösen. Der Verlag übernimmt jedoch keine Gewähr und keine Haftung, wenn ein Angebot nicht eingelöst wird oder werden kann.

DER GOLF ALBRECHT

Golfclub Bad Abbach Deutenhof e.V.

DE

Deutenhof 2
D-93077 Bad Abbach
✆ 09405-95320
Bayern

211

2 for 1 2 GF zum Preis von 1

DER GOLF ALBRECHT

Golfclub am Nationalpark Bayerischer Wald e.V.

DE

Haslach 43
D-94568 Sankt Oswald
✆ 08558-974980
Bayern

212

2 for 1 2 GF zum Preis von 1

DER GOLF ALBRECHT

Golfclub am Nationalpark Bayerischer Wald e.V.

DE

Haslach 43
D-94568 Sankt Oswald
✆ 08558-974980
Bayern

212

2 for 1 2 GF zum Preis von 1

DER GOLF ALBRECHT

Golfclub am Nationalpark Bayerischer Wald e.V.

DE

Haslach 43
D-94568 Sankt Oswald
✆ 08558-974980
Bayern

212

30% Greenfee-Ermäßigung

DER GOLF ALBRECHT

Golfclub Gäuboden e.V.

DE

Fruhstorf 6
D-94330 Aiterhofen
✆ 09421-72804
Bayern

213

2 for 1 2 GF zum Preis von 1

DER GOLF ALBRECHT

Golfclub Gäuboden e.V.

DE

Fruhstorf 6
D-94330 Aiterhofen
✆ 09421-72804
Bayern

213

2 for 1 2 GF zum Preis von 1

DER GOLF ALBRECHT

Golfclub Gäuboden e.V.

DE

Fruhstorf 6
D-94330 Aiterhofen
✆ 09421-72804
Bayern

213

30% Greenfee-Ermäßigung

DER GOLF ALBRECHT

Golfclub Gäuboden e.V.

DE

Fruhstorf 6
D-94330 Aiterhofen
✆ 09421-72804
Bayern

213

30% Greenfee-Ermäßigung

DER GOLF ALBRECHT

Golfclub Ingolstadt e.V.

DE

Krumenauerstr. 1
D-85049 Ingolstadt
✆ 0841-85778
Bayern

214

2 for 1 2 GF zum Preis von 1

DER GOLF ALBRECHT

Golfclub Ingolstadt e.V.

DE

Krumenauerstr. 1
D-85049 Ingolstadt
✆ 0841-85778
Bayern

214

2 for 1 2 GF zum Preis von 1

Bedingungen zur Einlösung des Discounts:

1. Das Angebot ist einschließlich bis 30.6.2022 gültig.
2. Der Golfspieler/Leser hat sich telefonisch eine Abschlagzeit geben zu lassen – dabei ist die Nutzung des Angebots anzugeben.
3. Eine Barauszahlung des Greenfee-Vorteils ist nicht möglich.
4. Das Kombinieren von Angeboten oder bestehenden Greenfee-Vorteilen ist nicht möglich. Der Vorteil bezieht sich jeweils ausschließlich auf die zum Zeitpunkt der Einlösung gültigen vollen Greenfee-Gebühren.
5. Gibt es Spielergruppen mit erhöhten Greenfee-Gebühren, ist ein Nachlass auf diese Gebühren nicht möglich.
6. Das Angebot allein berechtigt nicht zum Spiel gegen Greenfee. Die Erfüllung der Bestimmungen des jeweiligen Golfclubs zur Greenfee-Berechtigung (Mitgliedschaft in einem Golfclub, Mindesthandicap etc.) zum Zeitpunkt der Einlösung sind Voraussetzung.
7. Es ist untersagt, den Greenfee-Gutschein entgeltlich Dritten zu überlassen bzw. mit diesen Handel zu treiben. Insbesondere sind die teilnehmenden Golfclubs in diesem Falle berechtigt, die Einlösung der ausgeschriebenen Angebote zu verweigern.
8. Die teilnehmenden Golfclubs haben sich gegenüber dem Verlag unter den o.g. Bedingungen verpflichtet, die ausgeschriebenen Angebote einzulösen. Der Verlag übernimmt jedoch keine Gewähr und keine Haftung, wenn ein Angebot nicht eingelöst wird oder werden kann.

Bedingungen zur Einlösung des Discounts:

1. Das Angebot ist einschließlich bis 30.6.2022 gültig.
2. Der Golfspieler/Leser hat sich telefonisch eine Abschlagzeit geben zu lassen – dabei ist die Nutzung des Angebots anzugeben.
3. Eine Barauszahlung des Greenfee-Vorteils ist nicht möglich.
4. Das Kombinieren von Angeboten oder bestehenden Greenfee-Vorteilen ist nicht möglich. Der Vorteil bezieht sich jeweils ausschließlich auf die zum Zeitpunkt der Einlösung gültigen vollen Greenfee-Gebühren.
5. Gibt es Spielergruppen mit erhöhten Greenfee-Gebühren, ist ein Nachlass auf diese Gebühren nicht möglich.
6. Das Angebot allein berechtigt nicht zum Spiel gegen Greenfee. Die Erfüllung der Bestimmungen des jeweiligen Golfclubs zur Greenfee-Berechtigung (Mitgliedschaft in einem Golfclub, Mindesthandicap etc.) zum Zeitpunkt der Einlösung sind Voraussetzung.
7. Es ist untersagt, den Greenfee-Gutschein entgeltlich Dritten zu überlassen bzw. mit diesen Handel zu treiben. Insbesondere sind die teilnehmenden Golfclubs in diesem Falle berechtigt, die Einlösung der ausgeschriebenen Angebote zu verweigern.
8. Die teilnehmenden Golfclubs haben sich gegenüber dem Verlag unter den o.g. Bedingungen verpflichtet, die ausgeschriebenen Angebote einzulösen. Der Verlag übernimmt jedoch keine Gewähr und keine Haftung, wenn ein Angebot nicht eingelöst wird oder werden kann.

Bedingungen zur Einlösung des Discounts:

1. Das Angebot ist einschließlich bis 30.6.2022 gültig.
2. Der Golfspieler/Leser hat sich telefonisch eine Abschlagzeit geben zu lassen – dabei ist die Nutzung des Angebots anzugeben.
3. Eine Barauszahlung des Greenfee-Vorteils ist nicht möglich.
4. Das Kombinieren von Angeboten oder bestehenden Greenfee-Vorteilen ist nicht möglich. Der Vorteil bezieht sich jeweils ausschließlich auf die zum Zeitpunkt der Einlösung gültigen vollen Greenfee-Gebühren.
5. Gibt es Spielergruppen mit erhöhten Greenfee-Gebühren, ist ein Nachlass auf diese Gebühren nicht möglich.
6. Das Angebot allein berechtigt nicht zum Spiel gegen Greenfee. Die Erfüllung der Bestimmungen des jeweiligen Golfclubs zur Greenfee-Berechtigung (Mitgliedschaft in einem Golfclub, Mindesthandicap etc.) zum Zeitpunkt der Einlösung sind Voraussetzung.
7. Es ist untersagt, den Greenfee-Gutschein entgeltlich Dritten zu überlassen bzw. mit diesen Handel zu treiben. Insbesondere sind die teilnehmenden Golfclubs in diesem Falle berechtigt, die Einlösung der ausgeschriebenen Angebote zu verweigern.
8. Die teilnehmenden Golfclubs haben sich gegenüber dem Verlag unter den o.g. Bedingungen verpflichtet, die ausgeschriebenen Angebote einzulösen. Der Verlag übernimmt jedoch keine Gewähr und keine Haftung, wenn ein Angebot nicht eingelöst wird oder werden kann.

Bedingungen zur Einlösung des Discounts:

1. Das Angebot ist einschließlich bis 30.6.2022 gültig.
2. Der Golfspieler/Leser hat sich telefonisch eine Abschlagzeit geben zu lassen – dabei ist die Nutzung des Angebots anzugeben.
3. Eine Barauszahlung des Greenfee-Vorteils ist nicht möglich.
4. Das Kombinieren von Angeboten oder bestehenden Greenfee-Vorteilen ist nicht möglich. Der Vorteil bezieht sich jeweils ausschließlich auf die zum Zeitpunkt der Einlösung gültigen vollen Greenfee-Gebühren.
5. Gibt es Spielergruppen mit erhöhten Greenfee-Gebühren, ist ein Nachlass auf diese Gebühren nicht möglich.
6. Das Angebot allein berechtigt nicht zum Spiel gegen Greenfee. Die Erfüllung der Bestimmungen des jeweiligen Golfclubs zur Greenfee-Berechtigung (Mitgliedschaft in einem Golfclub, Mindesthandicap etc.) zum Zeitpunkt der Einlösung sind Voraussetzung.
7. Es ist untersagt, den Greenfee-Gutschein entgeltlich Dritten zu überlassen bzw. mit diesen Handel zu treiben. Insbesondere sind die teilnehmenden Golfclubs in diesem Falle berechtigt, die Einlösung der ausgeschriebenen Angebote zu verweigern.
8. Die teilnehmenden Golfclubs haben sich gegenüber dem Verlag unter den o.g. Bedingungen verpflichtet, die ausgeschriebenen Angebote einzulösen. Der Verlag übernimmt jedoch keine Gewähr und keine Haftung, wenn ein Angebot nicht eingelöst wird oder werden kann.

Bedingungen zur Einlösung des Discounts:

1. Das Angebot ist einschließlich bis 30.6.2022 gültig.
2. Der Golfspieler/Leser hat sich telefonisch eine Abschlagzeit geben zu lassen – dabei ist die Nutzung des Angebots anzugeben.
3. Eine Barauszahlung des Greenfee-Vorteils ist nicht möglich.
4. Das Kombinieren von Angeboten oder bestehenden Greenfee-Vorteilen ist nicht möglich. Der Vorteil bezieht sich jeweils ausschließlich auf die zum Zeitpunkt der Einlösung gültigen vollen Greenfee-Gebühren.
5. Gibt es Spielergruppen mit erhöhten Greenfee-Gebühren, ist ein Nachlass auf diese Gebühren nicht möglich.
6. Das Angebot allein berechtigt nicht zum Spiel gegen Greenfee. Die Erfüllung der Bestimmungen des jeweiligen Golfclubs zur Greenfee-Berechtigung (Mitgliedschaft in einem Golfclub, Mindesthandicap etc.) zum Zeitpunkt der Einlösung sind Voraussetzung.
7. Es ist untersagt, den Greenfee-Gutschein entgeltlich Dritten zu überlassen bzw. mit diesen Handel zu treiben. Insbesondere sind die teilnehmenden Golfclubs in diesem Falle berechtigt, die Einlösung der ausgeschriebenen Angebote zu verweigern.
8. Die teilnehmenden Golfclubs haben sich gegenüber dem Verlag unter den o.g. Bedingungen verpflichtet, die ausgeschriebenen Angebote einzulösen. Der Verlag übernimmt jedoch keine Gewähr und keine Haftung, wenn ein Angebot nicht eingelöst wird oder werden kann.

Bedingungen zur Einlösung des Discounts:

1. Das Angebot ist einschließlich bis 30.6.2022 gültig.
2. Der Golfspieler/Leser hat sich telefonisch eine Abschlagzeit geben zu lassen – dabei ist die Nutzung des Angebots anzugeben.
3. Eine Barauszahlung des Greenfee-Vorteils ist nicht möglich.
4. Das Kombinieren von Angeboten oder bestehenden Greenfee-Vorteilen ist nicht möglich. Der Vorteil bezieht sich jeweils ausschließlich auf die zum Zeitpunkt der Einlösung gültigen vollen Greenfee-Gebühren.
5. Gibt es Spielergruppen mit erhöhten Greenfee-Gebühren, ist ein Nachlass auf diese Gebühren nicht möglich.
6. Das Angebot allein berechtigt nicht zum Spiel gegen Greenfee. Die Erfüllung der Bestimmungen des jeweiligen Golfclubs zur Greenfee-Berechtigung (Mitgliedschaft in einem Golfclub, Mindesthandicap etc.) zum Zeitpunkt der Einlösung sind Voraussetzung.
7. Es ist untersagt, den Greenfee-Gutschein entgeltlich Dritten zu überlassen bzw. mit diesen Handel zu treiben. Insbesondere sind die teilnehmenden Golfclubs in diesem Falle berechtigt, die Einlösung der ausgeschriebenen Angebote zu verweigern.
8. Die teilnehmenden Golfclubs haben sich gegenüber dem Verlag unter den o.g. Bedingungen verpflichtet, die ausgeschriebenen Angebote einzulösen. Der Verlag übernimmt jedoch keine Gewähr und keine Haftung, wenn ein Angebot nicht eingelöst wird oder werden kann.

Bedingungen zur Einlösung des Discounts:

1. Das Angebot ist einschließlich bis 30.6.2022 gültig.
2. Der Golfspieler/Leser hat sich telefonisch eine Abschlagzeit geben zu lassen – dabei ist die Nutzung des Angebots anzugeben.
3. Eine Barauszahlung des Greenfee-Vorteils ist nicht möglich.
4. Das Kombinieren von Angeboten oder bestehenden Greenfee-Vorteilen ist nicht möglich. Der Vorteil bezieht sich jeweils ausschließlich auf die zum Zeitpunkt der Einlösung gültigen vollen Greenfee-Gebühren.
5. Gibt es Spielergruppen mit erhöhten Greenfee-Gebühren, ist ein Nachlass auf diese Gebühren nicht möglich.
6. Das Angebot allein berechtigt nicht zum Spiel gegen Greenfee. Die Erfüllung der Bestimmungen des jeweiligen Golfclubs zur Greenfee-Berechtigung (Mitgliedschaft in einem Golfclub, Mindesthandicap etc.) zum Zeitpunkt der Einlösung sind Voraussetzung.
7. Es ist untersagt, den Greenfee-Gutschein entgeltlich Dritten zu überlassen bzw. mit diesen Handel zu treiben. Insbesondere sind die teilnehmenden Golfclubs in diesem Falle berechtigt, die Einlösung der ausgeschriebenen Angebote zu verweigern.
8. Die teilnehmenden Golfclubs haben sich gegenüber dem Verlag unter den o.g. Bedingungen verpflichtet, die ausgeschriebenen Angebote einzulösen. Der Verlag übernimmt jedoch keine Gewähr und keine Haftung, wenn ein Angebot nicht eingelöst wird oder werden kann.

Bedingungen zur Einlösung des Discounts:

1. Das Angebot ist einschließlich bis 30.6.2022 gültig.
2. Der Golfspieler/Leser hat sich telefonisch eine Abschlagzeit geben zu lassen – dabei ist die Nutzung des Angebots anzugeben.
3. Eine Barauszahlung des Greenfee-Vorteils ist nicht möglich.
4. Das Kombinieren von Angeboten oder bestehenden Greenfee-Vorteilen ist nicht möglich. Der Vorteil bezieht sich jeweils ausschließlich auf die zum Zeitpunkt der Einlösung gültigen vollen Greenfee-Gebühren.
5. Gibt es Spielergruppen mit erhöhten Greenfee-Gebühren, ist ein Nachlass auf diese Gebühren nicht möglich.
6. Das Angebot allein berechtigt nicht zum Spiel gegen Greenfee. Die Erfüllung der Bestimmungen des jeweiligen Golfclubs zur Greenfee-Berechtigung (Mitgliedschaft in einem Golfclub, Mindesthandicap etc.) zum Zeitpunkt der Einlösung sind Voraussetzung.
7. Es ist untersagt, den Greenfee-Gutschein entgeltlich Dritten zu überlassen bzw. mit diesen Handel zu treiben. Insbesondere sind die teilnehmenden Golfclubs in diesem Falle berechtigt, die Einlösung der ausgeschriebenen Angebote zu verweigern.
8. Die teilnehmenden Golfclubs haben sich gegenüber dem Verlag unter den o.g. Bedingungen verpflichtet, die ausgeschriebenen Angebote einzulösen. Der Verlag übernimmt jedoch keine Gewähr und keine Haftung, wenn ein Angebot nicht eingelöst wird oder werden kann.

Bedingungen zur Einlösung des Discounts:

1. Das Angebot ist einschließlich bis 30.6.2022 gültig.
2. Der Golfspieler/Leser hat sich telefonisch eine Abschlagzeit geben zu lassen – dabei ist die Nutzung des Angebots anzugeben.
3. Eine Barauszahlung des Greenfee-Vorteils ist nicht möglich.
4. Das Kombinieren von Angeboten oder bestehenden Greenfee-Vorteilen ist nicht möglich. Der Vorteil bezieht sich jeweils ausschließlich auf die zum Zeitpunkt der Einlösung gültigen vollen Greenfee-Gebühren.
5. Gibt es Spielergruppen mit erhöhten Greenfee-Gebühren, ist ein Nachlass auf diese Gebühren nicht möglich.
6. Das Angebot allein berechtigt nicht zum Spiel gegen Greenfee. Die Erfüllung der Bestimmungen des jeweiligen Golfclubs zur Greenfee-Berechtigung (Mitgliedschaft in einem Golfclub, Mindesthandicap etc.) zum Zeitpunkt der Einlösung sind Voraussetzung.
7. Es ist untersagt, den Greenfee-Gutschein entgeltlich Dritten zu überlassen bzw. mit diesen Handel zu treiben. Insbesondere sind die teilnehmenden Golfclubs in diesem Falle berechtigt, die Einlösung der ausgeschriebenen Angebote zu verweigern.
8. Die teilnehmenden Golfclubs haben sich gegenüber dem Verlag unter den o.g. Bedingungen verpflichtet, die ausgeschriebenen Angebote einzulösen. Der Verlag übernimmt jedoch keine Gewähr und keine Haftung, wenn ein Angebot nicht eingelöst wird oder werden kann.

Bedingungen zur Einlösung des Discounts:

1. Das Angebot ist einschließlich bis 30.6.2022 gültig.
2. Der Golfspieler/Leser hat sich telefonisch eine Abschlagzeit geben zu lassen – dabei ist die Nutzung des Angebots anzugeben.
3. Eine Barauszahlung des Greenfee-Vorteils ist nicht möglich.
4. Das Kombinieren von Angeboten oder bestehenden Greenfee-Vorteilen ist nicht möglich. Der Vorteil bezieht sich jeweils ausschließlich auf die zum Zeitpunkt der Einlösung gültigen vollen Greenfee-Gebühren.
5. Gibt es Spielergruppen mit erhöhten Greenfee-Gebühren, ist ein Nachlass auf diese Gebühren nicht möglich.
6. Das Angebot allein berechtigt nicht zum Spiel gegen Greenfee. Die Erfüllung der Bestimmungen des jeweiligen Golfclubs zur Greenfee-Berechtigung (Mitgliedschaft in einem Golfclub, Mindesthandicap etc.) zum Zeitpunkt der Einlösung sind Voraussetzung.
7. Es ist untersagt, den Greenfee-Gutschein entgeltlich Dritten zu überlassen bzw. mit diesen Handel zu treiben. Insbesondere sind die teilnehmenden Golfclubs in diesem Falle berechtigt, die Einlösung der ausgeschriebenen Angebote zu verweigern.
8. Die teilnehmenden Golfclubs haben sich gegenüber dem Verlag unter den o.g. Bedingungen verpflichtet, die ausgeschriebenen Angebote einzulösen. Der Verlag übernimmt jedoch keine Gewähr und keine Haftung, wenn ein Angebot nicht eingelöst wird oder werden kann.

DER GOLF ALBRECHT

Golfclub Ingolstadt e.V. DE

Krumenauerstr. 1
D-85049 Ingolstadt
✆ 0841-85778
Bayern

214

20% Greenfee-Ermäßigung wochentags

DER GOLF ALBRECHT

Golfclub Ingolstadt e.V. DE

Krumenauerstr. 1
D-85049 Ingolstadt
✆ 0841-85778
Bayern

214

20% Greenfee-Ermäßigung wochentags

DER GOLF ALBRECHT

Golf- und Landclub Bayerwald e.V. DE

Frauenwaldstraße 2
D-94065 Waldkirchen
✆ 08581-1040
Bayern

215

2 for 1 2 GF zum Preis von 1

DER GOLF ALBRECHT

Golf- und Landclub Bayerwald e.V. DE

Frauenwaldstraße 2
D-94065 Waldkirchen
✆ 08581-1040
Bayern

215

2 for 1 2 GF zum Preis von 1

DER GOLF ALBRECHT

Golf- und Landclub Bayerwald e.V. DE

Frauenwaldstraße 2
D-94065 Waldkirchen
✆ 08581-1040
Bayern

215

2 for 1 2 GF zum Preis von 1

DER GOLF ALBRECHT

Golf- und Landclub Bayerwald e.V. DE

Frauenwaldstraße 2
D-94065 Waldkirchen
✆ 08581-1040
Bayern

215

2 for 1 2 GF zum Preis von 1

DER GOLF ALBRECHT

Golfclub Landau/Isar e.V. DE

Rappach 2
D-94405 Landau/Isar
✆ 09951-599111
Bayern

216

2 for 1 2 GF zum Preis von 1

DER GOLF ALBRECHT

Golfclub Landau/Isar e.V. DE

Rappach 2
D-94405 Landau/Isar
✆ 09951-599111
Bayern

216

2 for 1 2 GF zum Preis von 1

DER GOLF ALBRECHT

Donau Golf Club Passau-Raßbach e.V. DE

Raßbach 8
D-94136 Thyrnau-Passau
✆ 08501-91313
Bayern

217

2 for 1 2 GF zum Preis von 1

DER GOLF ALBRECHT

Donau Golf Club Passau-Raßbach e.V. DE

Raßbach 8
D-94136 Thyrnau-Passau
✆ 08501-91313
Bayern

217

2 for 1 2 GF zum Preis von 1

Bedingungen zur Einlösung des Discounts:
1. Das Angebot ist einschließlich bis 30.6.2022 gültig.
2. Der Golfspieler/Leser hat sich telefonisch eine Abschlagzeit geben zu lassen – dabei ist die Nutzung des Angebots anzugeben.
3. Eine Barauszahlung des Greenfee-Vorteils ist nicht möglich.
4. Das Kombinieren von Angeboten oder bestehenden Greenfee-Vorteilen ist nicht möglich. Der Vorteil bezieht sich jeweils ausschließlich auf die zum Zeitpunkt der Einlösung gültigen vollen Greenfee-Gebühren.
5. Gibt es Spielergruppen mit erhöhten Greenfee-Gebühren, ist ein Nachlass auf diese Gebühren nicht möglich.
6. Das Angebot allein berechtigt nicht zum Spiel gegen Greenfee. Die Erfüllung der Bestimmungen des jeweiligen Golfclubs zur Greenfee-Berechtigung (Mitgliedschaft in einem Golfclub, Mindesthandicap etc.) zum Zeitpunkt der Einlösung sind Voraussetzung.
7. Es ist untersagt, den Greenfee-Gutschein entgeltlich Dritten zu überlassen bzw. mit diesen Handel zu treiben. Insbesondere sind die teilnehmenden Golfclubs in diesem Falle berechtigt, die Einlösung der ausgeschriebenen Angebote zu verweigern.
8. Die teilnehmenden Golfclubs haben sich gegenüber dem Verlag unter den o.g. Bedingungen verpflichtet, die ausgeschriebenen Angebote einzulösen. Der Verlag übernimmt jedoch keine Gewähr und keine Haftung, wenn ein Angebot nicht eingelöst wird oder werden kann.

Bedingungen zur Einlösung des Discounts:
1. Das Angebot ist einschließlich bis 30.6.2022 gültig.
2. Der Golfspieler/Leser hat sich telefonisch eine Abschlagzeit geben zu lassen – dabei ist die Nutzung des Angebots anzugeben.
3. Eine Barauszahlung des Greenfee-Vorteils ist nicht möglich.
4. Das Kombinieren von Angeboten oder bestehenden Greenfee-Vorteilen ist nicht möglich. Der Vorteil bezieht sich jeweils ausschließlich auf die zum Zeitpunkt der Einlösung gültigen vollen Greenfee-Gebühren.
5. Gibt es Spielergruppen mit erhöhten Greenfee-Gebühren, ist ein Nachlass auf diese Gebühren nicht möglich.
6. Das Angebot allein berechtigt nicht zum Spiel gegen Greenfee. Die Erfüllung der Bestimmungen des jeweiligen Golfclubs zur Greenfee-Berechtigung (Mitgliedschaft in einem Golfclub, Mindesthandicap etc.) zum Zeitpunkt der Einlösung sind Voraussetzung.
7. Es ist untersagt, den Greenfee-Gutschein entgeltlich Dritten zu überlassen bzw. mit diesen Handel zu treiben. Insbesondere sind die teilnehmenden Golfclubs in diesem Falle berechtigt, die Einlösung der ausgeschriebenen Angebote zu verweigern.
8. Die teilnehmenden Golfclubs haben sich gegenüber dem Verlag unter den o.g. Bedingungen verpflichtet, die ausgeschriebenen Angebote einzulösen. Der Verlag übernimmt jedoch keine Gewähr und keine Haftung, wenn ein Angebot nicht eingelöst wird oder werden kann.

Bedingungen zur Einlösung des Discounts:
1. Das Angebot ist einschließlich bis 30.6.2022 gültig.
2. Der Golfspieler/Leser hat sich telefonisch eine Abschlagzeit geben zu lassen – dabei ist die Nutzung des Angebots anzugeben.
3. Eine Barauszahlung des Greenfee-Vorteils ist nicht möglich.
4. Das Kombinieren von Angeboten oder bestehenden Greenfee-Vorteilen ist nicht möglich. Der Vorteil bezieht sich jeweils ausschließlich auf die zum Zeitpunkt der Einlösung gültigen vollen Greenfee-Gebühren.
5. Gibt es Spielergruppen mit erhöhten Greenfee-Gebühren, ist ein Nachlass auf diese Gebühren nicht möglich.
6. Das Angebot allein berechtigt nicht zum Spiel gegen Greenfee. Die Erfüllung der Bestimmungen des jeweiligen Golfclubs zur Greenfee-Berechtigung (Mitgliedschaft in einem Golfclub, Mindesthandicap etc.) zum Zeitpunkt der Einlösung sind Voraussetzung.
7. Es ist untersagt, den Greenfee-Gutschein entgeltlich Dritten zu überlassen bzw. mit diesen Handel zu treiben. Insbesondere sind die teilnehmenden Golfclubs in diesem Falle berechtigt, die Einlösung der ausgeschriebenen Angebote zu verweigern.
8. Die teilnehmenden Golfclubs haben sich gegenüber dem Verlag unter den o.g. Bedingungen verpflichtet, die ausgeschriebenen Angebote einzulösen. Der Verlag übernimmt jedoch keine Gewähr und keine Haftung, wenn ein Angebot nicht eingelöst wird oder werden kann.

Bedingungen zur Einlösung des Discounts:
1. Das Angebot ist einschließlich bis 30.6.2022 gültig.
2. Der Golfspieler/Leser hat sich telefonisch eine Abschlagzeit geben zu lassen – dabei ist die Nutzung des Angebots anzugeben.
3. Eine Barauszahlung des Greenfee-Vorteils ist nicht möglich.
4. Das Kombinieren von Angeboten oder bestehenden Greenfee-Vorteilen ist nicht möglich. Der Vorteil bezieht sich jeweils ausschließlich auf die zum Zeitpunkt der Einlösung gültigen vollen Greenfee-Gebühren.
5. Gibt es Spielergruppen mit erhöhten Greenfee-Gebühren, ist ein Nachlass auf diese Gebühren nicht möglich.
6. Das Angebot allein berechtigt nicht zum Spiel gegen Greenfee. Die Erfüllung der Bestimmungen des jeweiligen Golfclubs zur Greenfee-Berechtigung (Mitgliedschaft in einem Golfclub, Mindesthandicap etc.) zum Zeitpunkt der Einlösung sind Voraussetzung.
7. Es ist untersagt, den Greenfee-Gutschein entgeltlich Dritten zu überlassen bzw. mit diesen Handel zu treiben. Insbesondere sind die teilnehmenden Golfclubs in diesem Falle berechtigt, die Einlösung der ausgeschriebenen Angebote zu verweigern.
8. Die teilnehmenden Golfclubs haben sich gegenüber dem Verlag unter den o.g. Bedingungen verpflichtet, die ausgeschriebenen Angebote einzulösen. Der Verlag übernimmt jedoch keine Gewähr und keine Haftung, wenn ein Angebot nicht eingelöst wird oder werden kann.

Bedingungen zur Einlösung des Discounts:
1. Das Angebot ist einschließlich bis 30.6.2022 gültig.
2. Der Golfspieler/Leser hat sich telefonisch eine Abschlagzeit geben zu lassen – dabei ist die Nutzung des Angebots anzugeben.
3. Eine Barauszahlung des Greenfee-Vorteils ist nicht möglich.
4. Das Kombinieren von Angeboten oder bestehenden Greenfee-Vorteilen ist nicht möglich. Der Vorteil bezieht sich jeweils ausschließlich auf die zum Zeitpunkt der Einlösung gültigen vollen Greenfee-Gebühren.
5. Gibt es Spielergruppen mit erhöhten Greenfee-Gebühren, ist ein Nachlass auf diese Gebühren nicht möglich.
6. Das Angebot allein berechtigt nicht zum Spiel gegen Greenfee. Die Erfüllung der Bestimmungen des jeweiligen Golfclubs zur Greenfee-Berechtigung (Mitgliedschaft in einem Golfclub, Mindesthandicap etc.) zum Zeitpunkt der Einlösung sind Voraussetzung.
7. Es ist untersagt, den Greenfee-Gutschein entgeltlich Dritten zu überlassen bzw. mit diesen Handel zu treiben. Insbesondere sind die teilnehmenden Golfclubs in diesem Falle berechtigt, die Einlösung der ausgeschriebenen Angebote zu verweigern.
8. Die teilnehmenden Golfclubs haben sich gegenüber dem Verlag unter den o.g. Bedingungen verpflichtet, die ausgeschriebenen Angebote einzulösen. Der Verlag übernimmt jedoch keine Gewähr und keine Haftung, wenn ein Angebot nicht eingelöst wird oder werden kann.

Bedingungen zur Einlösung des Discounts:
1. Das Angebot ist einschließlich bis 30.6.2022 gültig.
2. Der Golfspieler/Leser hat sich telefonisch eine Abschlagzeit geben zu lassen – dabei ist die Nutzung des Angebots anzugeben.
3. Eine Barauszahlung des Greenfee-Vorteils ist nicht möglich.
4. Das Kombinieren von Angeboten oder bestehenden Greenfee-Vorteilen ist nicht möglich. Der Vorteil bezieht sich jeweils ausschließlich auf die zum Zeitpunkt der Einlösung gültigen vollen Greenfee-Gebühren.
5. Gibt es Spielergruppen mit erhöhten Greenfee-Gebühren, ist ein Nachlass auf diese Gebühren nicht möglich.
6. Das Angebot allein berechtigt nicht zum Spiel gegen Greenfee. Die Erfüllung der Bestimmungen des jeweiligen Golfclubs zur Greenfee-Berechtigung (Mitgliedschaft in einem Golfclub, Mindesthandicap etc.) zum Zeitpunkt der Einlösung sind Voraussetzung.
7. Es ist untersagt, den Greenfee-Gutschein entgeltlich Dritten zu überlassen bzw. mit diesen Handel zu treiben. Insbesondere sind die teilnehmenden Golfclubs in diesem Falle berechtigt, die Einlösung der ausgeschriebenen Angebote zu verweigern.
8. Die teilnehmenden Golfclubs haben sich gegenüber dem Verlag unter den o.g. Bedingungen verpflichtet, die ausgeschriebenen Angebote einzulösen. Der Verlag übernimmt jedoch keine Gewähr und keine Haftung, wenn ein Angebot nicht eingelöst wird oder werden kann.

Bedingungen zur Einlösung des Discounts:
1. Das Angebot ist einschließlich bis 30.6.2022 gültig.
2. Der Golfspieler/Leser hat sich telefonisch eine Abschlagzeit geben zu lassen – dabei ist die Nutzung des Angebots anzugeben.
3. Eine Barauszahlung des Greenfee-Vorteils ist nicht möglich.
4. Das Kombinieren von Angeboten oder bestehenden Greenfee-Vorteilen ist nicht möglich. Der Vorteil bezieht sich jeweils ausschließlich auf die zum Zeitpunkt der Einlösung gültigen vollen Greenfee-Gebühren.
5. Gibt es Spielergruppen mit erhöhten Greenfee-Gebühren, ist ein Nachlass auf diese Gebühren nicht möglich.
6. Das Angebot allein berechtigt nicht zum Spiel gegen Greenfee. Die Erfüllung der Bestimmungen des jeweiligen Golfclubs zur Greenfee-Berechtigung (Mitgliedschaft in einem Golfclub, Mindesthandicap etc.) zum Zeitpunkt der Einlösung sind Voraussetzung.
7. Es ist untersagt, den Greenfee-Gutschein entgeltlich Dritten zu überlassen bzw. mit diesen Handel zu treiben. Insbesondere sind die teilnehmenden Golfclubs in diesem Falle berechtigt, die Einlösung der ausgeschriebenen Angebote zu verweigern.
8. Die teilnehmenden Golfclubs haben sich gegenüber dem Verlag unter den o.g. Bedingungen verpflichtet, die ausgeschriebenen Angebote einzulösen. Der Verlag übernimmt jedoch keine Gewähr und keine Haftung, wenn ein Angebot nicht eingelöst wird oder werden kann.

Bedingungen zur Einlösung des Discounts:
1. Das Angebot ist einschließlich bis 30.6.2022 gültig.
2. Der Golfspieler/Leser hat sich telefonisch eine Abschlagzeit geben zu lassen – dabei ist die Nutzung des Angebots anzugeben.
3. Eine Barauszahlung des Greenfee-Vorteils ist nicht möglich.
4. Das Kombinieren von Angeboten oder bestehenden Greenfee-Vorteilen ist nicht möglich. Der Vorteil bezieht sich jeweils ausschließlich auf die zum Zeitpunkt der Einlösung gültigen vollen Greenfee-Gebühren.
5. Gibt es Spielergruppen mit erhöhten Greenfee-Gebühren, ist ein Nachlass auf diese Gebühren nicht möglich.
6. Das Angebot allein berechtigt nicht zum Spiel gegen Greenfee. Die Erfüllung der Bestimmungen des jeweiligen Golfclubs zur Greenfee-Berechtigung (Mitgliedschaft in einem Golfclub, Mindesthandicap etc.) zum Zeitpunkt der Einlösung sind Voraussetzung.
7. Es ist untersagt, den Greenfee-Gutschein entgeltlich Dritten zu überlassen bzw. mit diesen Handel zu treiben. Insbesondere sind die teilnehmenden Golfclubs in diesem Falle berechtigt, die Einlösung der ausgeschriebenen Angebote zu verweigern.
8. Die teilnehmenden Golfclubs haben sich gegenüber dem Verlag unter den o.g. Bedingungen verpflichtet, die ausgeschriebenen Angebote einzulösen. Der Verlag übernimmt jedoch keine Gewähr und keine Haftung, wenn ein Angebot nicht eingelöst wird oder werden kann.

Bedingungen zur Einlösung des Discounts:
1. Das Angebot ist einschließlich bis 30.6.2022 gültig.
2. Der Golfspieler/Leser hat sich telefonisch eine Abschlagzeit geben zu lassen – dabei ist die Nutzung des Angebots anzugeben.
3. Eine Barauszahlung des Greenfee-Vorteils ist nicht möglich.
4. Das Kombinieren von Angeboten oder bestehenden Greenfee-Vorteilen ist nicht möglich. Der Vorteil bezieht sich jeweils ausschließlich auf die zum Zeitpunkt der Einlösung gültigen vollen Greenfee-Gebühren.
5. Gibt es Spielergruppen mit erhöhten Greenfee-Gebühren, ist ein Nachlass auf diese Gebühren nicht möglich.
6. Das Angebot allein berechtigt nicht zum Spiel gegen Greenfee. Die Erfüllung der Bestimmungen des jeweiligen Golfclubs zur Greenfee-Berechtigung (Mitgliedschaft in einem Golfclub, Mindesthandicap etc.) zum Zeitpunkt der Einlösung sind Voraussetzung.
7. Es ist untersagt, den Greenfee-Gutschein entgeltlich Dritten zu überlassen bzw. mit diesen Handel zu treiben. Insbesondere sind die teilnehmenden Golfclubs in diesem Falle berechtigt, die Einlösung der ausgeschriebenen Angebote zu verweigern.
8. Die teilnehmenden Golfclubs haben sich gegenüber dem Verlag unter den o.g. Bedingungen verpflichtet, die ausgeschriebenen Angebote einzulösen. Der Verlag übernimmt jedoch keine Gewähr und keine Haftung, wenn ein Angebot nicht eingelöst wird oder werden kann.

Bedingungen zur Einlösung des Discounts:
1. Das Angebot ist einschließlich bis 30.6.2022 gültig.
2. Der Golfspieler/Leser hat sich telefonisch eine Abschlagzeit geben zu lassen – dabei ist die Nutzung des Angebots anzugeben.
3. Eine Barauszahlung des Greenfee-Vorteils ist nicht möglich.
4. Das Kombinieren von Angeboten oder bestehenden Greenfee-Vorteilen ist nicht möglich. Der Vorteil bezieht sich jeweils ausschließlich auf die zum Zeitpunkt der Einlösung gültigen vollen Greenfee-Gebühren.
5. Gibt es Spielergruppen mit erhöhten Greenfee-Gebühren, ist ein Nachlass auf diese Gebühren nicht möglich.
6. Das Angebot allein berechtigt nicht zum Spiel gegen Greenfee. Die Erfüllung der Bestimmungen des jeweiligen Golfclubs zur Greenfee-Berechtigung (Mitgliedschaft in einem Golfclub, Mindesthandicap etc.) zum Zeitpunkt der Einlösung sind Voraussetzung.
7. Es ist untersagt, den Greenfee-Gutschein entgeltlich Dritten zu überlassen bzw. mit diesen Handel zu treiben. Insbesondere sind die teilnehmenden Golfclubs in diesem Falle berechtigt, die Einlösung der ausgeschriebenen Angebote zu verweigern.
8. Die teilnehmenden Golfclubs haben sich gegenüber dem Verlag unter den o.g. Bedingungen verpflichtet, die ausgeschriebenen Angebote einzulösen. Der Verlag übernimmt jedoch keine Gewähr und keine Haftung, wenn ein Angebot nicht eingelöst wird oder werden kann.

DER GOLF ALBRECHT

Golfclub Schloßberg e.V. DE

Grünbach 8
D-94419 Reisbach
✆ 08734-7035
Bayern
Hinweis: Gutscheine gelten nur für 18 Löcher Runden

218

2 for 1 2 GF zum Preis von 1

DER GOLF ALBRECHT

Golfclub Schloßberg e.V. DE

Grünbach 8
D-94419 Reisbach
✆ 08734-7035
Bayern
Hinweis: Gutscheine gelten nur für 18 Löcher Runden

218

2 for 1 2 GF zum Preis von 1

DER GOLF ALBRECHT

Golfclub Schloßberg e.V. DE

Grünbach 8
D-94419 Reisbach
✆ 08734-7035
Bayern

218

20% Greenfee-Ermäßigung

DER GOLF ALBRECHT

Golfclub Schloßberg e.V. DE

Grünbach 8
D-94419 Reisbach
✆ 08734-7035
Bayern

218

20% Greenfee-Ermäßigung

DER GOLF ALBRECHT

Golf Club Landshut e.V. DE

Oberlippach 2
D-84095 Furth bei Landshut
✆ 08704-8378
Bayern

219

2 for 1 2 GF zum Preis von 1 wochentags

DER GOLF ALBRECHT

Golf Club Landshut e.V. DE

Oberlippach 2
D-84095 Furth bei Landshut
✆ 08704-8378
Bayern

219

2 for 1 2 GF zum Preis von 1 wochentags

DER GOLF ALBRECHT

Golf Club Landshut e.V. DE

Oberlippach 2
D-84095 Furth bei Landshut
✆ 08704-8378
Bayern

219

2 for 1 2 GF zum Preis von 1 wochentags

DER GOLF ALBRECHT

Golf Club Landshut e.V. DE

Oberlippach 2
D-84095 Furth bei Landshut
✆ 08704-8378
Bayern

219

20% Greenfee-Ermäßigung wochentags

DER GOLF ALBRECHT

Golf Club Landshut e.V. DE

Oberlippach 2
D-84095 Furth bei Landshut
✆ 08704-8378
Bayern

219

20% Greenfee-Ermäßigung wochentags

DER GOLF ALBRECHT

Golf Club Landshut e.V. DE

Oberlippach 2
D-84095 Furth bei Landshut
✆ 08704-8378
Bayern

219

20% Greenfee-Ermäßigung wochentags

Bedingungen zur Einlösung des Discounts:
1. Das Angebot ist einschließlich bis 30.6.2022 gültig.
2. Der Golfspieler/Leser hat sich telefonisch eine Abschlagzeit geben zu lassen – dabei ist die Nutzung des Angebots anzugeben.
3. Eine Barauszahlung des Greenfee-Vorteils ist nicht möglich.
4. Das Kombinieren von Angeboten oder bestehenden Greenfee-Vorteilen ist nicht möglich. Der Vorteil bezieht sich jeweils ausschließlich auf die zum Zeitpunkt der Einlösung gültigen vollen Greenfee-Gebühren.
5. Gibt es Spielergruppen mit erhöhten Greenfee-Gebühren, ist ein Nachlass auf diese Gebühren nicht möglich.
6. Das Angebot allein berechtigt nicht zum Spiel gegen Greenfee. Die Erfüllung der Bestimmungen des jeweiligen Golfclubs zur Greenfee-Berechtigung (Mitgliedschaft in einem Golfclub, Mindesthandicap etc.) zum Zeitpunkt der Einlösung sind Voraussetzung.
7. Es ist untersagt, den Greenfee-Gutschein entgeltlich Dritten zu überlassen bzw. mit diesen Handel zu treiben. Insbesondere sind die teilnehmenden Golfclubs in diesem Falle berechtigt, die Einlösung der ausgeschriebenen Angebote zu verweigern.
8. Die teilnehmenden Golfclubs haben sich gegenüber dem Verlag unter den o.g. Bedingungen verpflichtet, die ausgeschriebenen Angebote einzulösen. Der Verlag übernimmt jedoch keine Gewähr und keine Haftung, wenn ein Angebot nicht eingelöst wird oder werden kann.

Bedingungen zur Einlösung des Discounts:
1. Das Angebot ist einschließlich bis 30.6.2022 gültig.
2. Der Golfspieler/Leser hat sich telefonisch eine Abschlagzeit geben zu lassen – dabei ist die Nutzung des Angebots anzugeben.
3. Eine Barauszahlung des Greenfee-Vorteils ist nicht möglich.
4. Das Kombinieren von Angeboten oder bestehenden Greenfee-Vorteilen ist nicht möglich. Der Vorteil bezieht sich jeweils ausschließlich auf die zum Zeitpunkt der Einlösung gültigen vollen Greenfee-Gebühren.
5. Gibt es Spielergruppen mit erhöhten Greenfee-Gebühren, ist ein Nachlass auf diese Gebühren nicht möglich.
6. Das Angebot allein berechtigt nicht zum Spiel gegen Greenfee. Die Erfüllung der Bestimmungen des jeweiligen Golfclubs zur Greenfee-Berechtigung (Mitgliedschaft in einem Golfclub, Mindesthandicap etc.) zum Zeitpunkt der Einlösung sind Voraussetzung.
7. Es ist untersagt, den Greenfee-Gutschein entgeltlich Dritten zu überlassen bzw. mit diesen Handel zu treiben. Insbesondere sind die teilnehmenden Golfclubs in diesem Falle berechtigt, die Einlösung der ausgeschriebenen Angebote zu verweigern.
8. Die teilnehmenden Golfclubs haben sich gegenüber dem Verlag unter den o.g. Bedingungen verpflichtet, die ausgeschriebenen Angebote einzulösen. Der Verlag übernimmt jedoch keine Gewähr und keine Haftung, wenn ein Angebot nicht eingelöst wird oder werden kann.

Bedingungen zur Einlösung des Discounts:
1. Das Angebot ist einschließlich bis 30.6.2022 gültig.
2. Der Golfspieler/Leser hat sich telefonisch eine Abschlagzeit geben zu lassen – dabei ist die Nutzung des Angebots anzugeben.
3. Eine Barauszahlung des Greenfee-Vorteils ist nicht möglich.
4. Das Kombinieren von Angeboten oder bestehenden Greenfee-Vorteilen ist nicht möglich. Der Vorteil bezieht sich jeweils ausschließlich auf die zum Zeitpunkt der Einlösung gültigen vollen Greenfee-Gebühren.
5. Gibt es Spielergruppen mit erhöhten Greenfee-Gebühren, ist ein Nachlass auf diese Gebühren nicht möglich.
6. Das Angebot allein berechtigt nicht zum Spiel gegen Greenfee. Die Erfüllung der Bestimmungen des jeweiligen Golfclubs zur Greenfee-Berechtigung (Mitgliedschaft in einem Golfclub, Mindesthandicap etc.) zum Zeitpunkt der Einlösung sind Voraussetzung.
7. Es ist untersagt, den Greenfee-Gutschein entgeltlich Dritten zu überlassen bzw. mit diesen Handel zu treiben. Insbesondere sind die teilnehmenden Golfclubs in diesem Falle berechtigt, die Einlösung der ausgeschriebenen Angebote zu verweigern.
8. Die teilnehmenden Golfclubs haben sich gegenüber dem Verlag unter den o.g. Bedingungen verpflichtet, die ausgeschriebenen Angebote einzulösen. Der Verlag übernimmt jedoch keine Gewähr und keine Haftung, wenn ein Angebot nicht eingelöst wird oder werden kann.

Bedingungen zur Einlösung des Discounts:
1. Das Angebot ist einschließlich bis 30.6.2022 gültig.
2. Der Golfspieler/Leser hat sich telefonisch eine Abschlagzeit geben zu lassen – dabei ist die Nutzung des Angebots anzugeben.
3. Eine Barauszahlung des Greenfee-Vorteils ist nicht möglich.
4. Das Kombinieren von Angeboten oder bestehenden Greenfee-Vorteilen ist nicht möglich. Der Vorteil bezieht sich jeweils ausschließlich auf die zum Zeitpunkt der Einlösung gültigen vollen Greenfee-Gebühren.
5. Gibt es Spielergruppen mit erhöhten Greenfee-Gebühren, ist ein Nachlass auf diese Gebühren nicht möglich.
6. Das Angebot allein berechtigt nicht zum Spiel gegen Greenfee. Die Erfüllung der Bestimmungen des jeweiligen Golfclubs zur Greenfee-Berechtigung (Mitgliedschaft in einem Golfclub, Mindesthandicap etc.) zum Zeitpunkt der Einlösung sind Voraussetzung.
7. Es ist untersagt, den Greenfee-Gutschein entgeltlich Dritten zu überlassen bzw. mit diesen Handel zu treiben. Insbesondere sind die teilnehmenden Golfclubs in diesem Falle berechtigt, die Einlösung der ausgeschriebenen Angebote zu verweigern.
8. Die teilnehmenden Golfclubs haben sich gegenüber dem Verlag unter den o.g. Bedingungen verpflichtet, die ausgeschriebenen Angebote einzulösen. Der Verlag übernimmt jedoch keine Gewähr und keine Haftung, wenn ein Angebot nicht eingelöst wird oder werden kann.

Bedingungen zur Einlösung des Discounts:
1. Das Angebot ist einschließlich bis 30.6.2022 gültig.
2. Der Golfspieler/Leser hat sich telefonisch eine Abschlagzeit geben zu lassen – dabei ist die Nutzung des Angebots anzugeben.
3. Eine Barauszahlung des Greenfee-Vorteils ist nicht möglich.
4. Das Kombinieren von Angeboten oder bestehenden Greenfee-Vorteilen ist nicht möglich. Der Vorteil bezieht sich jeweils ausschließlich auf die zum Zeitpunkt der Einlösung gültigen vollen Greenfee-Gebühren.
5. Gibt es Spielergruppen mit erhöhten Greenfee-Gebühren, ist ein Nachlass auf diese Gebühren nicht möglich.
6. Das Angebot allein berechtigt nicht zum Spiel gegen Greenfee. Die Erfüllung der Bestimmungen des jeweiligen Golfclubs zur Greenfee-Berechtigung (Mitgliedschaft in einem Golfclub, Mindesthandicap etc.) zum Zeitpunkt der Einlösung sind Voraussetzung.
7. Es ist untersagt, den Greenfee-Gutschein entgeltlich Dritten zu überlassen bzw. mit diesen Handel zu treiben. Insbesondere sind die teilnehmenden Golfclubs in diesem Falle berechtigt, die Einlösung der ausgeschriebenen Angebote zu verweigern.
8. Die teilnehmenden Golfclubs haben sich gegenüber dem Verlag unter den o.g. Bedingungen verpflichtet, die ausgeschriebenen Angebote einzulösen. Der Verlag übernimmt jedoch keine Gewähr und keine Haftung, wenn ein Angebot nicht eingelöst wird oder werden kann.

Bedingungen zur Einlösung des Discounts:
1. Das Angebot ist einschließlich bis 30.6.2022 gültig.
2. Der Golfspieler/Leser hat sich telefonisch eine Abschlagzeit geben zu lassen – dabei ist die Nutzung des Angebots anzugeben.
3. Eine Barauszahlung des Greenfee-Vorteils ist nicht möglich.
4. Das Kombinieren von Angeboten oder bestehenden Greenfee-Vorteilen ist nicht möglich. Der Vorteil bezieht sich jeweils ausschließlich auf die zum Zeitpunkt der Einlösung gültigen vollen Greenfee-Gebühren.
5. Gibt es Spielergruppen mit erhöhten Greenfee-Gebühren, ist ein Nachlass auf diese Gebühren nicht möglich.
6. Das Angebot allein berechtigt nicht zum Spiel gegen Greenfee. Die Erfüllung der Bestimmungen des jeweiligen Golfclubs zur Greenfee-Berechtigung (Mitgliedschaft in einem Golfclub, Mindesthandicap etc.) zum Zeitpunkt der Einlösung sind Voraussetzung.
7. Es ist untersagt, den Greenfee-Gutschein entgeltlich Dritten zu überlassen bzw. mit diesen Handel zu treiben. Insbesondere sind die teilnehmenden Golfclubs in diesem Falle berechtigt, die Einlösung der ausgeschriebenen Angebote zu verweigern.
8. Die teilnehmenden Golfclubs haben sich gegenüber dem Verlag unter den o.g. Bedingungen verpflichtet, die ausgeschriebenen Angebote einzulösen. Der Verlag übernimmt jedoch keine Gewähr und keine Haftung, wenn ein Angebot nicht eingelöst wird oder werden kann.

Bedingungen zur Einlösung des Discounts:
1. Das Angebot ist einschließlich bis 30.6.2022 gültig.
2. Der Golfspieler/Leser hat sich telefonisch eine Abschlagzeit geben zu lassen – dabei ist die Nutzung des Angebots anzugeben.
3. Eine Barauszahlung des Greenfee-Vorteils ist nicht möglich.
4. Das Kombinieren von Angeboten oder bestehenden Greenfee-Vorteilen ist nicht möglich. Der Vorteil bezieht sich jeweils ausschließlich auf die zum Zeitpunkt der Einlösung gültigen vollen Greenfee-Gebühren.
5. Gibt es Spielergruppen mit erhöhten Greenfee-Gebühren, ist ein Nachlass auf diese Gebühren nicht möglich.
6. Das Angebot allein berechtigt nicht zum Spiel gegen Greenfee. Die Erfüllung der Bestimmungen des jeweiligen Golfclubs zur Greenfee-Berechtigung (Mitgliedschaft in einem Golfclub, Mindesthandicap etc.) zum Zeitpunkt der Einlösung sind Voraussetzung.
7. Es ist untersagt, den Greenfee-Gutschein entgeltlich Dritten zu überlassen bzw. mit diesen Handel zu treiben. Insbesondere sind die teilnehmenden Golfclubs in diesem Falle berechtigt, die Einlösung der ausgeschriebenen Angebote zu verweigern.
8. Die teilnehmenden Golfclubs haben sich gegenüber dem Verlag unter den o.g. Bedingungen verpflichtet, die ausgeschriebenen Angebote einzulösen. Der Verlag übernimmt jedoch keine Gewähr und keine Haftung, wenn ein Angebot nicht eingelöst wird oder werden kann.

Bedingungen zur Einlösung des Discounts:
1. Das Angebot ist einschließlich bis 30.6.2022 gültig.
2. Der Golfspieler/Leser hat sich telefonisch eine Abschlagzeit geben zu lassen – dabei ist die Nutzung des Angebots anzugeben.
3. Eine Barauszahlung des Greenfee-Vorteils ist nicht möglich.
4. Das Kombinieren von Angeboten oder bestehenden Greenfee-Vorteilen ist nicht möglich. Der Vorteil bezieht sich jeweils ausschließlich auf die zum Zeitpunkt der Einlösung gültigen vollen Greenfee-Gebühren.
5. Gibt es Spielergruppen mit erhöhten Greenfee-Gebühren, ist ein Nachlass auf diese Gebühren nicht möglich.
6. Das Angebot allein berechtigt nicht zum Spiel gegen Greenfee. Die Erfüllung der Bestimmungen des jeweiligen Golfclubs zur Greenfee-Berechtigung (Mitgliedschaft in einem Golfclub, Mindesthandicap etc.) zum Zeitpunkt der Einlösung sind Voraussetzung.
7. Es ist untersagt, den Greenfee-Gutschein entgeltlich Dritten zu überlassen bzw. mit diesen Handel zu treiben. Insbesondere sind die teilnehmenden Golfclubs in diesem Falle berechtigt, die Einlösung der ausgeschriebenen Angebote zu verweigern.
8. Die teilnehmenden Golfclubs haben sich gegenüber dem Verlag unter den o.g. Bedingungen verpflichtet, die ausgeschriebenen Angebote einzulösen. Der Verlag übernimmt jedoch keine Gewähr und keine Haftung, wenn ein Angebot nicht eingelöst wird oder werden kann.

Bedingungen zur Einlösung des Discounts:
1. Das Angebot ist einschließlich bis 30.6.2022 gültig.
2. Der Golfspieler/Leser hat sich telefonisch eine Abschlagzeit geben zu lassen – dabei ist die Nutzung des Angebots anzugeben.
3. Eine Barauszahlung des Greenfee-Vorteils ist nicht möglich.
4. Das Kombinieren von Angeboten oder bestehenden Greenfee-Vorteilen ist nicht möglich. Der Vorteil bezieht sich jeweils ausschließlich auf die zum Zeitpunkt der Einlösung gültigen vollen Greenfee-Gebühren.
5. Gibt es Spielergruppen mit erhöhten Greenfee-Gebühren, ist ein Nachlass auf diese Gebühren nicht möglich.
6. Das Angebot allein berechtigt nicht zum Spiel gegen Greenfee. Die Erfüllung der Bestimmungen des jeweiligen Golfclubs zur Greenfee-Berechtigung (Mitgliedschaft in einem Golfclub, Mindesthandicap etc.) zum Zeitpunkt der Einlösung sind Voraussetzung.
7. Es ist untersagt, den Greenfee-Gutschein entgeltlich Dritten zu überlassen bzw. mit diesen Handel zu treiben. Insbesondere sind die teilnehmenden Golfclubs in diesem Falle berechtigt, die Einlösung der ausgeschriebenen Angebote zu verweigern.
8. Die teilnehmenden Golfclubs haben sich gegenüber dem Verlag unter den o.g. Bedingungen verpflichtet, die ausgeschriebenen Angebote einzulösen. Der Verlag übernimmt jedoch keine Gewähr und keine Haftung, wenn ein Angebot nicht eingelöst wird oder werden kann.

Bedingungen zur Einlösung des Discounts:
1. Das Angebot ist einschließlich bis 30.6.2022 gültig.
2. Der Golfspieler/Leser hat sich telefonisch eine Abschlagzeit geben zu lassen – dabei ist die Nutzung des Angebots anzugeben.
3. Eine Barauszahlung des Greenfee-Vorteils ist nicht möglich.
4. Das Kombinieren von Angeboten oder bestehenden Greenfee-Vorteilen ist nicht möglich. Der Vorteil bezieht sich jeweils ausschließlich auf die zum Zeitpunkt der Einlösung gültigen vollen Greenfee-Gebühren.
5. Gibt es Spielergruppen mit erhöhten Greenfee-Gebühren, ist ein Nachlass auf diese Gebühren nicht möglich.
6. Das Angebot allein berechtigt nicht zum Spiel gegen Greenfee. Die Erfüllung der Bestimmungen des jeweiligen Golfclubs zur Greenfee-Berechtigung (Mitgliedschaft in einem Golfclub, Mindesthandicap etc.) zum Zeitpunkt der Einlösung sind Voraussetzung.
7. Es ist untersagt, den Greenfee-Gutschein entgeltlich Dritten zu überlassen bzw. mit diesen Handel zu treiben. Insbesondere sind die teilnehmenden Golfclubs in diesem Falle berechtigt, die Einlösung der ausgeschriebenen Angebote zu verweigern.
8. Die teilnehmenden Golfclubs haben sich gegenüber dem Verlag unter den o.g. Bedingungen verpflichtet, die ausgeschriebenen Angebote einzulösen. Der Verlag übernimmt jedoch keine Gewähr und keine Haftung, wenn ein Angebot nicht eingelöst wird oder werden kann.

DER GOLF ALBRECHT

Panorama Golf Passau DE

Bromberg 1
D-94081 Fürstenzell
✆ 08502-917160
Bayern

220

2 for 1 2 GF zum Preis von 1

DER GOLF ALBRECHT

Panorama Golf Passau DE

Bromberg 1
D-94081 Fürstenzell
✆ 08502-917160
Bayern

220

2 for 1 2 GF zum Preis von 1

DER GOLF ALBRECHT

Panorama Golf Passau DE

Bromberg 1
D-94081 Fürstenzell
✆ 08502-917160
Bayern

220

30% Greenfee-Ermäßigung

DER GOLF ALBRECHT

Panorama Golf Passau DE

Bromberg 1
D-94081 Fürstenzell
✆ 08502-917160
Bayern

220

30% Greenfee-Ermäßigung

DER GOLF ALBRECHT

GolfPark Gerolsbach DE

Hof 1
D-85302 Gerolsbach
✆ 08445-799
Bayern

221

2 for 1 2 GF zum Preis von 1

DER GOLF ALBRECHT

GolfPark Gerolsbach DE

Hof 1
D-85302 Gerolsbach
✆ 08445-799
Bayern

221

2 for 1 2 GF zum Preis von 1

DER GOLF ALBRECHT

GolfPark Gerolsbach DE

Hof 1
D-85302 Gerolsbach
✆ 08445-799
Bayern

221

30% Greenfee-Ermäßigung

DER GOLF ALBRECHT

GolfPark Gerolsbach DE

Hof 1
D-85302 Gerolsbach
✆ 08445-799
Bayern

221

30% Greenfee-Ermäßigung

DER GOLF ALBRECHT

Golfclub Schloß Reichertshausen DE

Holzhof 2
D-85293 Reichertshausen
✆ 08137-5084
Bayern

222

2 for 1 2 GF zum Preis von 1 wochentags

DER GOLF ALBRECHT

Golfclub Schloß Reichertshausen DE

Holzhof 2
D-85293 Reichertshausen
✆ 08137-5084
Bayern

222

2 for 1 2 GF zum Preis von 1 wochentags

G 147

Bedingungen zur Einlösung des Discounts:

1. Das Angebot ist einschließlich bis 30.6.2022 gültig.
2. Der Golfspieler/Leser hat sich telefonisch eine Abschlagzeit geben zu lassen – dabei ist die Nutzung des Angebots anzugeben.
3. Eine Barauszahlung des Greenfee-Vorteils ist nicht möglich.
4. Das Kombinieren von Angeboten oder bestehenden Greenfee-Vorteilen ist nicht möglich. Der Vorteil bezieht sich jeweils ausschließlich auf die zum Zeitpunkt der Einlösung gültigen vollen Greenfee-Gebühren.
5. Gibt es Spielergruppen mit erhöhten Greenfee-Gebühren, ist ein Nachlass auf diese Gebühren nicht möglich.
6. Das Angebot allein berechtigt nicht zum Spiel gegen Greenfee. Die Erfüllung der Bestimmungen des jeweiligen Golfclubs zur Greenfee-Berechtigung (Mitgliedschaft in einem Golfclub, Mindesthandicap etc.) zum Zeitpunkt der Einlösung sind Voraussetzung.
7. Es ist untersagt, den Greenfee-Gutschein entgeltlich Dritten zu überlassen bzw. mit diesen Handel zu treiben. Insbesondere sind die teilnehmenden Golfclubs in diesem Falle berechtigt, die Einlösung der ausgeschriebenen Angebote zu verweigern.
8. Die teilnehmenden Golfclubs haben sich gegenüber dem Verlag unter den o.g. Bedingungen verpflichtet, die ausgeschriebenen Angebote einzulösen. Der Verlag übernimmt jedoch keine Gewähr und keine Haftung, wenn ein Angebot nicht eingelöst wird oder werden kann.

Bedingungen zur Einlösung des Discounts:

1. Das Angebot ist einschließlich bis 30.6.2022 gültig.
2. Der Golfspieler/Leser hat sich telefonisch eine Abschlagzeit geben zu lassen – dabei ist die Nutzung des Angebots anzugeben.
3. Eine Barauszahlung des Greenfee-Vorteils ist nicht möglich.
4. Das Kombinieren von Angeboten oder bestehenden Greenfee-Vorteilen ist nicht möglich. Der Vorteil bezieht sich jeweils ausschließlich auf die zum Zeitpunkt der Einlösung gültigen vollen Greenfee-Gebühren.
5. Gibt es Spielergruppen mit erhöhten Greenfee-Gebühren, ist ein Nachlass auf diese Gebühren nicht möglich.
6. Das Angebot allein berechtigt nicht zum Spiel gegen Greenfee. Die Erfüllung der Bestimmungen des jeweiligen Golfclubs zur Greenfee-Berechtigung (Mitgliedschaft in einem Golfclub, Mindesthandicap etc.) zum Zeitpunkt der Einlösung sind Voraussetzung.
7. Es ist untersagt, den Greenfee-Gutschein entgeltlich Dritten zu überlassen bzw. mit diesen Handel zu treiben. Insbesondere sind die teilnehmenden Golfclubs in diesem Falle berechtigt, die Einlösung der ausgeschriebenen Angebote zu verweigern.
8. Die teilnehmenden Golfclubs haben sich gegenüber dem Verlag unter den o.g. Bedingungen verpflichtet, die ausgeschriebenen Angebote einzulösen. Der Verlag übernimmt jedoch keine Gewähr und keine Haftung, wenn ein Angebot nicht eingelöst wird oder werden kann.

Bedingungen zur Einlösung des Discounts:

1. Das Angebot ist einschließlich bis 30.6.2022 gültig.
2. Der Golfspieler/Leser hat sich telefonisch eine Abschlagzeit geben zu lassen – dabei ist die Nutzung des Angebots anzugeben.
3. Eine Barauszahlung des Greenfee-Vorteils ist nicht möglich.
4. Das Kombinieren von Angeboten oder bestehenden Greenfee-Vorteilen ist nicht möglich. Der Vorteil bezieht sich jeweils ausschließlich auf die zum Zeitpunkt der Einlösung gültigen vollen Greenfee-Gebühren.
5. Gibt es Spielergruppen mit erhöhten Greenfee-Gebühren, ist ein Nachlass auf diese Gebühren nicht möglich.
6. Das Angebot allein berechtigt nicht zum Spiel gegen Greenfee. Die Erfüllung der Bestimmungen des jeweiligen Golfclubs zur Greenfee-Berechtigung (Mitgliedschaft in einem Golfclub, Mindesthandicap etc.) zum Zeitpunkt der Einlösung sind Voraussetzung.
7. Es ist untersagt, den Greenfee-Gutschein entgeltlich Dritten zu überlassen bzw. mit diesen Handel zu treiben. Insbesondere sind die teilnehmenden Golfclubs in diesem Falle berechtigt, die Einlösung der ausgeschriebenen Angebote zu verweigern.
8. Die teilnehmenden Golfclubs haben sich gegenüber dem Verlag unter den o.g. Bedingungen verpflichtet, die ausgeschriebenen Angebote einzulösen. Der Verlag übernimmt jedoch keine Gewähr und keine Haftung, wenn ein Angebot nicht eingelöst wird oder werden kann.

Bedingungen zur Einlösung des Discounts:

1. Das Angebot ist einschließlich bis 30.6.2022 gültig.
2. Der Golfspieler/Leser hat sich telefonisch eine Abschlagzeit geben zu lassen – dabei ist die Nutzung des Angebots anzugeben.
3. Eine Barauszahlung des Greenfee-Vorteils ist nicht möglich.
4. Das Kombinieren von Angeboten oder bestehenden Greenfee-Vorteilen ist nicht möglich. Der Vorteil bezieht sich jeweils ausschließlich auf die zum Zeitpunkt der Einlösung gültigen vollen Greenfee-Gebühren.
5. Gibt es Spielergruppen mit erhöhten Greenfee-Gebühren, ist ein Nachlass auf diese Gebühren nicht möglich.
6. Das Angebot allein berechtigt nicht zum Spiel gegen Greenfee. Die Erfüllung der Bestimmungen des jeweiligen Golfclubs zur Greenfee-Berechtigung (Mitgliedschaft in einem Golfclub, Mindesthandicap etc.) zum Zeitpunkt der Einlösung sind Voraussetzung.
7. Es ist untersagt, den Greenfee-Gutschein entgeltlich Dritten zu überlassen bzw. mit diesen Handel zu treiben. Insbesondere sind die teilnehmenden Golfclubs in diesem Falle berechtigt, die Einlösung der ausgeschriebenen Angebote zu verweigern.
8. Die teilnehmenden Golfclubs haben sich gegenüber dem Verlag unter den o.g. Bedingungen verpflichtet, die ausgeschriebenen Angebote einzulösen. Der Verlag übernimmt jedoch keine Gewähr und keine Haftung, wenn ein Angebot nicht eingelöst wird oder werden kann.

Bedingungen zur Einlösung des Discounts:

1. Das Angebot ist einschließlich bis 30.6.2022 gültig.
2. Der Golfspieler/Leser hat sich telefonisch eine Abschlagzeit geben zu lassen – dabei ist die Nutzung des Angebots anzugeben.
3. Eine Barauszahlung des Greenfee-Vorteils ist nicht möglich.
4. Das Kombinieren von Angeboten oder bestehenden Greenfee-Vorteilen ist nicht möglich. Der Vorteil bezieht sich jeweils ausschließlich auf die zum Zeitpunkt der Einlösung gültigen vollen Greenfee-Gebühren.
5. Gibt es Spielergruppen mit erhöhten Greenfee-Gebühren, ist ein Nachlass auf diese Gebühren nicht möglich.
6. Das Angebot allein berechtigt nicht zum Spiel gegen Greenfee. Die Erfüllung der Bestimmungen des jeweiligen Golfclubs zur Greenfee-Berechtigung (Mitgliedschaft in einem Golfclub, Mindesthandicap etc.) zum Zeitpunkt der Einlösung sind Voraussetzung.
7. Es ist untersagt, den Greenfee-Gutschein entgeltlich Dritten zu überlassen bzw. mit diesen Handel zu treiben. Insbesondere sind die teilnehmenden Golfclubs in diesem Falle berechtigt, die Einlösung der ausgeschriebenen Angebote zu verweigern.
8. Die teilnehmenden Golfclubs haben sich gegenüber dem Verlag unter den o.g. Bedingungen verpflichtet, die ausgeschriebenen Angebote einzulösen. Der Verlag übernimmt jedoch keine Gewähr und keine Haftung, wenn ein Angebot nicht eingelöst wird oder werden kann.

Bedingungen zur Einlösung des Discounts:

1. Das Angebot ist einschließlich bis 30.6.2022 gültig.
2. Der Golfspieler/Leser hat sich telefonisch eine Abschlagzeit geben zu lassen – dabei ist die Nutzung des Angebots anzugeben.
3. Eine Barauszahlung des Greenfee-Vorteils ist nicht möglich.
4. Das Kombinieren von Angeboten oder bestehenden Greenfee-Vorteilen ist nicht möglich. Der Vorteil bezieht sich jeweils ausschließlich auf die zum Zeitpunkt der Einlösung gültigen vollen Greenfee-Gebühren.
5. Gibt es Spielergruppen mit erhöhten Greenfee-Gebühren, ist ein Nachlass auf diese Gebühren nicht möglich.
6. Das Angebot allein berechtigt nicht zum Spiel gegen Greenfee. Die Erfüllung der Bestimmungen des jeweiligen Golfclubs zur Greenfee-Berechtigung (Mitgliedschaft in einem Golfclub, Mindesthandicap etc.) zum Zeitpunkt der Einlösung sind Voraussetzung.
7. Es ist untersagt, den Greenfee-Gutschein entgeltlich Dritten zu überlassen bzw. mit diesen Handel zu treiben. Insbesondere sind die teilnehmenden Golfclubs in diesem Falle berechtigt, die Einlösung der ausgeschriebenen Angebote zu verweigern.
8. Die teilnehmenden Golfclubs haben sich gegenüber dem Verlag unter den o.g. Bedingungen verpflichtet, die ausgeschriebenen Angebote einzulösen. Der Verlag übernimmt jedoch keine Gewähr und keine Haftung, wenn ein Angebot nicht eingelöst wird oder werden kann.

Bedingungen zur Einlösung des Discounts:

1. Das Angebot ist einschließlich bis 30.6.2022 gültig.
2. Der Golfspieler/Leser hat sich telefonisch eine Abschlagzeit geben zu lassen – dabei ist die Nutzung des Angebots anzugeben.
3. Eine Barauszahlung des Greenfee-Vorteils ist nicht möglich.
4. Das Kombinieren von Angeboten oder bestehenden Greenfee-Vorteilen ist nicht möglich. Der Vorteil bezieht sich jeweils ausschließlich auf die zum Zeitpunkt der Einlösung gültigen vollen Greenfee-Gebühren.
5. Gibt es Spielergruppen mit erhöhten Greenfee-Gebühren, ist ein Nachlass auf diese Gebühren nicht möglich.
6. Das Angebot allein berechtigt nicht zum Spiel gegen Greenfee. Die Erfüllung der Bestimmungen des jeweiligen Golfclubs zur Greenfee-Berechtigung (Mitgliedschaft in einem Golfclub, Mindesthandicap etc.) zum Zeitpunkt der Einlösung sind Voraussetzung.
7. Es ist untersagt, den Greenfee-Gutschein entgeltlich Dritten zu überlassen bzw. mit diesen Handel zu treiben. Insbesondere sind die teilnehmenden Golfclubs in diesem Falle berechtigt, die Einlösung der ausgeschriebenen Angebote zu verweigern.
8. Die teilnehmenden Golfclubs haben sich gegenüber dem Verlag unter den o.g. Bedingungen verpflichtet, die ausgeschriebenen Angebote einzulösen. Der Verlag übernimmt jedoch keine Gewähr und keine Haftung, wenn ein Angebot nicht eingelöst wird oder werden kann.

Bedingungen zur Einlösung des Discounts:

1. Das Angebot ist einschließlich bis 30.6.2022 gültig.
2. Der Golfspieler/Leser hat sich telefonisch eine Abschlagzeit geben zu lassen – dabei ist die Nutzung des Angebots anzugeben.
3. Eine Barauszahlung des Greenfee-Vorteils ist nicht möglich.
4. Das Kombinieren von Angeboten oder bestehenden Greenfee-Vorteilen ist nicht möglich. Der Vorteil bezieht sich jeweils ausschließlich auf die zum Zeitpunkt der Einlösung gültigen vollen Greenfee-Gebühren.
5. Gibt es Spielergruppen mit erhöhten Greenfee-Gebühren, ist ein Nachlass auf diese Gebühren nicht möglich.
6. Das Angebot allein berechtigt nicht zum Spiel gegen Greenfee. Die Erfüllung der Bestimmungen des jeweiligen Golfclubs zur Greenfee-Berechtigung (Mitgliedschaft in einem Golfclub, Mindesthandicap etc.) zum Zeitpunkt der Einlösung sind Voraussetzung.
7. Es ist untersagt, den Greenfee-Gutschein entgeltlich Dritten zu überlassen bzw. mit diesen Handel zu treiben. Insbesondere sind die teilnehmenden Golfclubs in diesem Falle berechtigt, die Einlösung der ausgeschriebenen Angebote zu verweigern.
8. Die teilnehmenden Golfclubs haben sich gegenüber dem Verlag unter den o.g. Bedingungen verpflichtet, die ausgeschriebenen Angebote einzulösen. Der Verlag übernimmt jedoch keine Gewähr und keine Haftung, wenn ein Angebot nicht eingelöst wird oder werden kann.

Bedingungen zur Einlösung des Discounts:

1. Das Angebot ist einschließlich bis 30.6.2022 gültig.
2. Der Golfspieler/Leser hat sich telefonisch eine Abschlagzeit geben zu lassen – dabei ist die Nutzung des Angebots anzugeben.
3. Eine Barauszahlung des Greenfee-Vorteils ist nicht möglich.
4. Das Kombinieren von Angeboten oder bestehenden Greenfee-Vorteilen ist nicht möglich. Der Vorteil bezieht sich jeweils ausschließlich auf die zum Zeitpunkt der Einlösung gültigen vollen Greenfee-Gebühren.
5. Gibt es Spielergruppen mit erhöhten Greenfee-Gebühren, ist ein Nachlass auf diese Gebühren nicht möglich.
6. Das Angebot allein berechtigt nicht zum Spiel gegen Greenfee. Die Erfüllung der Bestimmungen des jeweiligen Golfclubs zur Greenfee-Berechtigung (Mitgliedschaft in einem Golfclub, Mindesthandicap etc.) zum Zeitpunkt der Einlösung sind Voraussetzung.
7. Es ist untersagt, den Greenfee-Gutschein entgeltlich Dritten zu überlassen bzw. mit diesen Handel zu treiben. Insbesondere sind die teilnehmenden Golfclubs in diesem Falle berechtigt, die Einlösung der ausgeschriebenen Angebote zu verweigern.
8. Die teilnehmenden Golfclubs haben sich gegenüber dem Verlag unter den o.g. Bedingungen verpflichtet, die ausgeschriebenen Angebote einzulösen. Der Verlag übernimmt jedoch keine Gewähr und keine Haftung, wenn ein Angebot nicht eingelöst wird oder werden kann.

Bedingungen zur Einlösung des Discounts:

1. Das Angebot ist einschließlich bis 30.6.2022 gültig.
2. Der Golfspieler/Leser hat sich telefonisch eine Abschlagzeit geben zu lassen – dabei ist die Nutzung des Angebots anzugeben.
3. Eine Barauszahlung des Greenfee-Vorteils ist nicht möglich.
4. Das Kombinieren von Angeboten oder bestehenden Greenfee-Vorteilen ist nicht möglich. Der Vorteil bezieht sich jeweils ausschließlich auf die zum Zeitpunkt der Einlösung gültigen vollen Greenfee-Gebühren.
5. Gibt es Spielergruppen mit erhöhten Greenfee-Gebühren, ist ein Nachlass auf diese Gebühren nicht möglich.
6. Das Angebot allein berechtigt nicht zum Spiel gegen Greenfee. Die Erfüllung der Bestimmungen des jeweiligen Golfclubs zur Greenfee-Berechtigung (Mitgliedschaft in einem Golfclub, Mindesthandicap etc.) zum Zeitpunkt der Einlösung sind Voraussetzung.
7. Es ist untersagt, den Greenfee-Gutschein entgeltlich Dritten zu überlassen bzw. mit diesen Handel zu treiben. Insbesondere sind die teilnehmenden Golfclubs in diesem Falle berechtigt, die Einlösung der ausgeschriebenen Angebote zu verweigern.
8. Die teilnehmenden Golfclubs haben sich gegenüber dem Verlag unter den o.g. Bedingungen verpflichtet, die ausgeschriebenen Angebote einzulösen. Der Verlag übernimmt jedoch keine Gewähr und keine Haftung, wenn ein Angebot nicht eingelöst wird oder werden kann.

DER GOLF ALBRECHT

Golfclub Schloß Reichertshausen **DE**

Holzhof 2
D-85293 Reichertshausen
☎ 08137-5084
Bayern

222

20% **Greenfee-Ermäßigung wochentags**

DER GOLF ALBRECHT

Golfclub Schloß Reichertshausen **DE**

Holzhof 2
D-85293 Reichertshausen
☎ 08137-5084
Bayern

222

20% **Greenfee-Ermäßigung wochentags**

DER GOLF ALBRECHT

Golfclub Gersthofen e.V. **DE**

Unterer Auweg 6
D-86169 Augsburg
☎ 0821-2413799
Bayern

223

2 for 1 **2 GF zum Preis von 1**

DER GOLF ALBRECHT

Golfclub Gersthofen e.V. **DE**

Unterer Auweg 6
D-86169 Augsburg
☎ 0821-2413799
Bayern

223

2 for 1 **2 GF zum Preis von 1**

DER GOLF ALBRECHT

Golfclub Gersthofen e.V. **DE**

Unterer Auweg 6
D-86169 Augsburg
☎ 0821-2413799
Bayern

223

20% **Greenfee-Ermäßigung**

DER GOLF ALBRECHT

Golfclub Gersthofen e.V. **DE**

Unterer Auweg 6
D-86169 Augsburg
☎ 0821-2413799
Bayern

223

20% **Greenfee-Ermäßigung**

DER GOLF ALBRECHT

Golfclub Sagmühle **DE**

Golfplatz Sagmühle 1
D-94086 Bad Griesbach
☎ 08532-2038
Bayern

224

20% **Greenfee-Ermäßigung wochentags**

DER GOLF ALBRECHT

Golfclub Sagmühle **DE**

Golfplatz Sagmühle 1
D-94086 Bad Griesbach
☎ 08532-2038
Bayern

224

20% **Greenfee-Ermäßigung wochentags**

DER GOLF ALBRECHT

Golfclub Sagmühle **DE**

Golfplatz Sagmühle 1
D-94086 Bad Griesbach
☎ 08532-2038
Bayern

224

20% **Greenfee-Ermäßigung wochentags**

DER GOLF ALBRECHT

Golfclub Vilsbiburg e.V. **DE**

Trauterfing 31
D-84137 Vilsbiburg
☎ 08741-968680
Bayern

225

2 for 1 **2 GF zum Preis von 1**

Bedingungen zur Einlösung des Discounts:

1. Das Angebot ist einschließlich bis 30.6.2022 gültig.
2. Der Golfspieler/Leser hat sich telefonisch eine Abschlagzeit geben zu lassen – dabei ist die Nutzung des Angebots anzugeben.
3. Eine Barauszahlung des Greenfee-Vorteils ist nicht möglich.
4. Das Kombinieren von Angeboten oder bestehenden Greenfee-Vorteilen ist nicht möglich. Der Vorteil bezieht sich jeweils ausschließlich auf die zum Zeitpunkt der Einlösung gültigen vollen Greenfee-Gebühren.
5. Gibt es Spielergruppen mit erhöhten Greenfee-Gebühren, ist ein Nachlass auf diese Gebühren nicht möglich.
6. Das Angebot allein berechtigt nicht zum Spiel gegen Greenfee. Die Erfüllung der Bestimmungen des jeweiligen Golfclubs zur Greenfee-Berechtigung (Mitgliedschaft in einem Golfclub, Mindesthandicap etc.) zum Zeitpunkt der Einlösung sind Voraussetzung.
7. Es ist untersagt, den Greenfee-Gutschein entgeltlich Dritten zu überlassen bzw. mit diesen Handel zu treiben. Insbesondere sind die teilnehmenden Golfclubs in diesem Falle berechtigt, die Einlösung der ausgeschriebenen Angebote zu verweigern.
8. Die teilnehmenden Golfclubs haben sich gegenüber dem Verlag unter den o.g. Bedingungen verpflichtet, die ausgeschriebenen Angebote einzulösen. Der Verlag übernimmt jedoch keine Gewähr und keine Haftung, wenn ein Angebot nicht eingelöst wird oder werden kann.

Bedingungen zur Einlösung des Discounts:

1. Das Angebot ist einschließlich bis 30.6.2022 gültig.
2. Der Golfspieler/Leser hat sich telefonisch eine Abschlagzeit geben zu lassen – dabei ist die Nutzung des Angebots anzugeben.
3. Eine Barauszahlung des Greenfee-Vorteils ist nicht möglich.
4. Das Kombinieren von Angeboten oder bestehenden Greenfee-Vorteilen ist nicht möglich. Der Vorteil bezieht sich jeweils ausschließlich auf die zum Zeitpunkt der Einlösung gültigen vollen Greenfee-Gebühren.
5. Gibt es Spielergruppen mit erhöhten Greenfee-Gebühren, ist ein Nachlass auf diese Gebühren nicht möglich.
6. Das Angebot allein berechtigt nicht zum Spiel gegen Greenfee. Die Erfüllung der Bestimmungen des jeweiligen Golfclubs zur Greenfee-Berechtigung (Mitgliedschaft in einem Golfclub, Mindesthandicap etc.) zum Zeitpunkt der Einlösung sind Voraussetzung.
7. Es ist untersagt, den Greenfee-Gutschein entgeltlich Dritten zu überlassen bzw. mit diesen Handel zu treiben. Insbesondere sind die teilnehmenden Golfclubs in diesem Falle berechtigt, die Einlösung der ausgeschriebenen Angebote zu verweigern.
8. Die teilnehmenden Golfclubs haben sich gegenüber dem Verlag unter den o.g. Bedingungen verpflichtet, die ausgeschriebenen Angebote einzulösen. Der Verlag übernimmt jedoch keine Gewähr und keine Haftung, wenn ein Angebot nicht eingelöst wird oder werden kann.

Bedingungen zur Einlösung des Discounts:

1. Das Angebot ist einschließlich bis 30.6.2022 gültig.
2. Der Golfspieler/Leser hat sich telefonisch eine Abschlagzeit geben zu lassen – dabei ist die Nutzung des Angebots anzugeben.
3. Eine Barauszahlung des Greenfee-Vorteils ist nicht möglich.
4. Das Kombinieren von Angeboten oder bestehenden Greenfee-Vorteilen ist nicht möglich. Der Vorteil bezieht sich jeweils ausschließlich auf die zum Zeitpunkt der Einlösung gültigen vollen Greenfee-Gebühren.
5. Gibt es Spielergruppen mit erhöhten Greenfee-Gebühren, ist ein Nachlass auf diese Gebühren nicht möglich.
6. Das Angebot allein berechtigt nicht zum Spiel gegen Greenfee. Die Erfüllung der Bestimmungen des jeweiligen Golfclubs zur Greenfee-Berechtigung (Mitgliedschaft in einem Golfclub, Mindesthandicap etc.) zum Zeitpunkt der Einlösung sind Voraussetzung.
7. Es ist untersagt, den Greenfee-Gutschein entgeltlich Dritten zu überlassen bzw. mit diesen Handel zu treiben. Insbesondere sind die teilnehmenden Golfclubs in diesem Falle berechtigt, die Einlösung der ausgeschriebenen Angebote zu verweigern.
8. Die teilnehmenden Golfclubs haben sich gegenüber dem Verlag unter den o.g. Bedingungen verpflichtet, die ausgeschriebenen Angebote einzulösen. Der Verlag übernimmt jedoch keine Gewähr und keine Haftung, wenn ein Angebot nicht eingelöst wird oder werden kann.

Bedingungen zur Einlösung des Discounts:

1. Das Angebot ist einschließlich bis 30.6.2022 gültig.
2. Der Golfspieler/Leser hat sich telefonisch eine Abschlagzeit geben zu lassen – dabei ist die Nutzung des Angebots anzugeben.
3. Eine Barauszahlung des Greenfee-Vorteils ist nicht möglich.
4. Das Kombinieren von Angeboten oder bestehenden Greenfee-Vorteilen ist nicht möglich. Der Vorteil bezieht sich jeweils ausschließlich auf die zum Zeitpunkt der Einlösung gültigen vollen Greenfee-Gebühren.
5. Gibt es Spielergruppen mit erhöhten Greenfee-Gebühren, ist ein Nachlass auf diese Gebühren nicht möglich.
6. Das Angebot allein berechtigt nicht zum Spiel gegen Greenfee. Die Erfüllung der Bestimmungen des jeweiligen Golfclubs zur Greenfee-Berechtigung (Mitgliedschaft in einem Golfclub, Mindesthandicap etc.) zum Zeitpunkt der Einlösung sind Voraussetzung.
7. Es ist untersagt, den Greenfee-Gutschein entgeltlich Dritten zu überlassen bzw. mit diesen Handel zu treiben. Insbesondere sind die teilnehmenden Golfclubs in diesem Falle berechtigt, die Einlösung der ausgeschriebenen Angebote zu verweigern.
8. Die teilnehmenden Golfclubs haben sich gegenüber dem Verlag unter den o.g. Bedingungen verpflichtet, die ausgeschriebenen Angebote einzulösen. Der Verlag übernimmt jedoch keine Gewähr und keine Haftung, wenn ein Angebot nicht eingelöst wird oder werden kann.

Bedingungen zur Einlösung des Discounts:

1. Das Angebot ist einschließlich bis 30.6.2022 gültig.
2. Der Golfspieler/Leser hat sich telefonisch eine Abschlagzeit geben zu lassen – dabei ist die Nutzung des Angebots anzugeben.
3. Eine Barauszahlung des Greenfee-Vorteils ist nicht möglich.
4. Das Kombinieren von Angeboten oder bestehenden Greenfee-Vorteilen ist nicht möglich. Der Vorteil bezieht sich jeweils ausschließlich auf die zum Zeitpunkt der Einlösung gültigen vollen Greenfee-Gebühren.
5. Gibt es Spielergruppen mit erhöhten Greenfee-Gebühren, ist ein Nachlass auf diese Gebühren nicht möglich.
6. Das Angebot allein berechtigt nicht zum Spiel gegen Greenfee. Die Erfüllung der Bestimmungen des jeweiligen Golfclubs zur Greenfee-Berechtigung (Mitgliedschaft in einem Golfclub, Mindesthandicap etc.) zum Zeitpunkt der Einlösung sind Voraussetzung.
7. Es ist untersagt, den Greenfee-Gutschein entgeltlich Dritten zu überlassen bzw. mit diesen Handel zu treiben. Insbesondere sind die teilnehmenden Golfclubs in diesem Falle berechtigt, die Einlösung der ausgeschriebenen Angebote zu verweigern.
8. Die teilnehmenden Golfclubs haben sich gegenüber dem Verlag unter den o.g. Bedingungen verpflichtet, die ausgeschriebenen Angebote einzulösen. Der Verlag übernimmt jedoch keine Gewähr und keine Haftung, wenn ein Angebot nicht eingelöst wird oder werden kann.

Bedingungen zur Einlösung des Discounts:

1. Das Angebot ist einschließlich bis 30.6.2022 gültig.
2. Der Golfspieler/Leser hat sich telefonisch eine Abschlagzeit geben zu lassen – dabei ist die Nutzung des Angebots anzugeben.
3. Eine Barauszahlung des Greenfee-Vorteils ist nicht möglich.
4. Das Kombinieren von Angeboten oder bestehenden Greenfee-Vorteilen ist nicht möglich. Der Vorteil bezieht sich jeweils ausschließlich auf die zum Zeitpunkt der Einlösung gültigen vollen Greenfee-Gebühren.
5. Gibt es Spielergruppen mit erhöhten Greenfee-Gebühren, ist ein Nachlass auf diese Gebühren nicht möglich.
6. Das Angebot allein berechtigt nicht zum Spiel gegen Greenfee. Die Erfüllung der Bestimmungen des jeweiligen Golfclubs zur Greenfee-Berechtigung (Mitgliedschaft in einem Golfclub, Mindesthandicap etc.) zum Zeitpunkt der Einlösung sind Voraussetzung.
7. Es ist untersagt, den Greenfee-Gutschein entgeltlich Dritten zu überlassen bzw. mit diesen Handel zu treiben. Insbesondere sind die teilnehmenden Golfclubs in diesem Falle berechtigt, die Einlösung der ausgeschriebenen Angebote zu verweigern.
8. Die teilnehmenden Golfclubs haben sich gegenüber dem Verlag unter den o.g. Bedingungen verpflichtet, die ausgeschriebenen Angebote einzulösen. Der Verlag übernimmt jedoch keine Gewähr und keine Haftung, wenn ein Angebot nicht eingelöst wird oder werden kann.

Bedingungen zur Einlösung des Discounts:

1. Das Angebot ist einschließlich bis 30.6.2022 gültig.
2. Der Golfspieler/Leser hat sich telefonisch eine Abschlagzeit geben zu lassen – dabei ist die Nutzung des Angebots anzugeben.
3. Eine Barauszahlung des Greenfee-Vorteils ist nicht möglich.
4. Das Kombinieren von Angeboten oder bestehenden Greenfee-Vorteilen ist nicht möglich. Der Vorteil bezieht sich jeweils ausschließlich auf die zum Zeitpunkt der Einlösung gültigen vollen Greenfee-Gebühren.
5. Gibt es Spielergruppen mit erhöhten Greenfee-Gebühren, ist ein Nachlass auf diese Gebühren nicht möglich.
6. Das Angebot allein berechtigt nicht zum Spiel gegen Greenfee. Die Erfüllung der Bestimmungen des jeweiligen Golfclubs zur Greenfee-Berechtigung (Mitgliedschaft in einem Golfclub, Mindesthandicap etc.) zum Zeitpunkt der Einlösung sind Voraussetzung.
7. Es ist untersagt, den Greenfee-Gutschein entgeltlich Dritten zu überlassen bzw. mit diesen Handel zu treiben. Insbesondere sind die teilnehmenden Golfclubs in diesem Falle berechtigt, die Einlösung der ausgeschriebenen Angebote zu verweigern.
8. Die teilnehmenden Golfclubs haben sich gegenüber dem Verlag unter den o.g. Bedingungen verpflichtet, die ausgeschriebenen Angebote einzulösen. Der Verlag übernimmt jedoch keine Gewähr und keine Haftung, wenn ein Angebot nicht eingelöst wird oder werden kann.

Bedingungen zur Einlösung des Discounts:

1. Das Angebot ist einschließlich bis 30.6.2022 gültig.
2. Der Golfspieler/Leser hat sich telefonisch eine Abschlagzeit geben zu lassen – dabei ist die Nutzung des Angebots anzugeben.
3. Eine Barauszahlung des Greenfee-Vorteils ist nicht möglich.
4. Das Kombinieren von Angeboten oder bestehenden Greenfee-Vorteilen ist nicht möglich. Der Vorteil bezieht sich jeweils ausschließlich auf die zum Zeitpunkt der Einlösung gültigen vollen Greenfee-Gebühren.
5. Gibt es Spielergruppen mit erhöhten Greenfee-Gebühren, ist ein Nachlass auf diese Gebühren nicht möglich.
6. Das Angebot allein berechtigt nicht zum Spiel gegen Greenfee. Die Erfüllung der Bestimmungen des jeweiligen Golfclubs zur Greenfee-Berechtigung (Mitgliedschaft in einem Golfclub, Mindesthandicap etc.) zum Zeitpunkt der Einlösung sind Voraussetzung.
7. Es ist untersagt, den Greenfee-Gutschein entgeltlich Dritten zu überlassen bzw. mit diesen Handel zu treiben. Insbesondere sind die teilnehmenden Golfclubs in diesem Falle berechtigt, die Einlösung der ausgeschriebenen Angebote zu verweigern.
8. Die teilnehmenden Golfclubs haben sich gegenüber dem Verlag unter den o.g. Bedingungen verpflichtet, die ausgeschriebenen Angebote einzulösen. Der Verlag übernimmt jedoch keine Gewähr und keine Haftung, wenn ein Angebot nicht eingelöst wird oder werden kann.

Bedingungen zur Einlösung des Discounts:

1. Das Angebot ist einschließlich bis 30.6.2022 gültig.
2. Der Golfspieler/Leser hat sich telefonisch eine Abschlagzeit geben zu lassen – dabei ist die Nutzung des Angebots anzugeben.
3. Eine Barauszahlung des Greenfee-Vorteils ist nicht möglich.
4. Das Kombinieren von Angeboten oder bestehenden Greenfee-Vorteilen ist nicht möglich. Der Vorteil bezieht sich jeweils ausschließlich auf die zum Zeitpunkt der Einlösung gültigen vollen Greenfee-Gebühren.
5. Gibt es Spielergruppen mit erhöhten Greenfee-Gebühren, ist ein Nachlass auf diese Gebühren nicht möglich.
6. Das Angebot allein berechtigt nicht zum Spiel gegen Greenfee. Die Erfüllung der Bestimmungen des jeweiligen Golfclubs zur Greenfee-Berechtigung (Mitgliedschaft in einem Golfclub, Mindesthandicap etc.) zum Zeitpunkt der Einlösung sind Voraussetzung.
7. Es ist untersagt, den Greenfee-Gutschein entgeltlich Dritten zu überlassen bzw. mit diesen Handel zu treiben. Insbesondere sind die teilnehmenden Golfclubs in diesem Falle berechtigt, die Einlösung der ausgeschriebenen Angebote zu verweigern.
8. Die teilnehmenden Golfclubs haben sich gegenüber dem Verlag unter den o.g. Bedingungen verpflichtet, die ausgeschriebenen Angebote einzulösen. Der Verlag übernimmt jedoch keine Gewähr und keine Haftung, wenn ein Angebot nicht eingelöst wird oder werden kann.

Bedingungen zur Einlösung des Discounts:

1. Das Angebot ist einschließlich bis 30.6.2022 gültig.
2. Der Golfspieler/Leser hat sich telefonisch eine Abschlagzeit geben zu lassen – dabei ist die Nutzung des Angebots anzugeben.
3. Eine Barauszahlung des Greenfee-Vorteils ist nicht möglich.
4. Das Kombinieren von Angeboten oder bestehenden Greenfee-Vorteilen ist nicht möglich. Der Vorteil bezieht sich jeweils ausschließlich auf die zum Zeitpunkt der Einlösung gültigen vollen Greenfee-Gebühren.
5. Gibt es Spielergruppen mit erhöhten Greenfee-Gebühren, ist ein Nachlass auf diese Gebühren nicht möglich.
6. Das Angebot allein berechtigt nicht zum Spiel gegen Greenfee. Die Erfüllung der Bestimmungen des jeweiligen Golfclubs zur Greenfee-Berechtigung (Mitgliedschaft in einem Golfclub, Mindesthandicap etc.) zum Zeitpunkt der Einlösung sind Voraussetzung.
7. Es ist untersagt, den Greenfee-Gutschein entgeltlich Dritten zu überlassen bzw. mit diesen Handel zu treiben. Insbesondere sind die teilnehmenden Golfclubs in diesem Falle berechtigt, die Einlösung der ausgeschriebenen Angebote zu verweigern.
8. Die teilnehmenden Golfclubs haben sich gegenüber dem Verlag unter den o.g. Bedingungen verpflichtet, die ausgeschriebenen Angebote einzulösen. Der Verlag übernimmt jedoch keine Gewähr und keine Haftung, wenn ein Angebot nicht eingelöst wird oder werden kann.

DER GOLF ALBRECHT

Golfclub Vilsbiburg e.V.

Trauterfing 31
D-84137 Vilsbiburg
08741-968680
Bayern

225

2 for 1 — 2 GF zum Preis von 1

DER GOLF ALBRECHT

Quellness GR Bad Griesbach

Golfanlage Penning, An der Rottwiese 1
D-94094 Rotthalmünster
08532-92440
Bayern
Hinweis: Gültig von Mo. bis Fr. (ausgen. Feiertage), für alle fünf 18-Loch Plätze. Reservierung nur über die Buchungszentrale 08532/790-22.

226

20% — Greenfee-Ermäßigung wochentags

DER GOLF ALBRECHT

Quellness GR Bad Griesbach

Golfanlage Penning, An der Rottwiese 1
D-94094 Rotthalmünster
08532-92440
Bayern
Hinweis: Gültig von Mo. bis Fr. (ausgen. Feiertage), für alle fünf 18-Loch Plätze. Reservierung nur über die Buchungszentrale 08532/790-22.

226

20% — Greenfee-Ermäßigung wochentags

DER GOLF ALBRECHT

ThermenGolfClub Bad Füssing-Kirchham e.V.

Thierham 3
D-94072 Bad Füssing
08537-91990
Bayern
Hinweis: Nur für 18 Loch gültig.

227

2 for 1 — 2 GF zum Preis von 1

DER GOLF ALBRECHT

ThermenGolfClub Bad Füssing-Kirchham e.V.

Thierham 3
D-94072 Bad Füssing
08537-91990
Bayern
Hinweis: Nur für 18 Loch gültig.

227

2 for 1 — 2 GF zum Preis von 1

DER GOLF ALBRECHT

ThermenGolfClub Bad Füssing-Kirchham e.V.

Thierham 3
D-94072 Bad Füssing
08537-91990
Bayern
Hinweis: Nur für 18 Loch gültig.

227

25% — Greenfee-Ermäßigung

DER GOLF ALBRECHT

ThermenGolfClub Bad Füssing-Kirchham e.V.

Thierham 3
D-94072 Bad Füssing
08537-91990
Bayern
Hinweis: Nur für 18 Loch gültig.

227

25% — Greenfee-Ermäßigung

DER GOLF ALBRECHT

Golf-Club Erding Grünbach e.V.

Kellerberg 13
D-85461 Grünbach-Erding
08122-49650
Bayern

228

2 for 1 — 2 GF zum Preis von 1

DER GOLF ALBRECHT

Golf-Club Erding Grünbach e.V.

Kellerberg 13
D-85461 Grünbach-Erding
08122-49650
Bayern

228

2 for 1 — 2 GF zum Preis von 1

DER GOLF ALBRECHT

Golf-Club Erding Grünbach e.V.

Kellerberg 13
D-85461 Grünbach-Erding
08122-49650
Bayern

228

20% — Greenfee-Ermäßigung

Bedingungen zur Einlösung des Discounts:

1. Das Angebot ist einschließlich bis 30.6.2022 gültig.
2. Der Golfspieler/Leser hat sich telefonisch eine Abschlagzeit geben zu lassen – dabei ist die Nutzung des Angebots anzugeben.
3. Eine Barauszahlung des Greenfee-Vorteils ist nicht möglich.
4. Das Kombinieren von Angeboten oder bestehenden Greenfee-Vorteilen ist nicht möglich. Der Vorteil bezieht sich jeweils ausschließlich auf die zum Zeitpunkt der Einlösung gültigen vollen Greenfee-Gebühren.
5. Gibt es Spielergruppen mit erhöhten Greenfee-Gebühren, ist ein Nachlass auf diese Gebühren nicht möglich.
6. Das Angebot allein berechtigt nicht zum Spiel gegen Greenfee. Die Erfüllung der Bestimmungen des jeweiligen Golfclubs zur Greenfee-Berechtigung (Mitgliedschaft in einem Golfclub, Mindesthandicap etc.) zum Zeitpunkt der Einlösung sind Voraussetzung.
7. Es ist untersagt, den Greenfee-Gutschein entgeltlich Dritten zu überlassen bzw. mit diesen Handel zu treiben. Insbesondere sind die teilnehmenden Golfclubs in diesem Falle berechtigt, die Einlösung der ausgeschriebenen Angebote zu verweigern.
8. Die teilnehmenden Golfclubs haben sich gegenüber dem Verlag unter den o.g. Bedingungen verpflichtet, die ausgeschriebenen Angebote einzulösen. Der Verlag übernimmt jedoch keine Gewähr und keine Haftung, wenn ein Angebot nicht eingelöst wird oder werden kann.

Bedingungen zur Einlösung des Discounts:

1. Das Angebot ist einschließlich bis 30.6.2022 gültig.
2. Der Golfspieler/Leser hat sich telefonisch eine Abschlagzeit geben zu lassen – dabei ist die Nutzung des Angebots anzugeben.
3. Eine Barauszahlung des Greenfee-Vorteils ist nicht möglich.
4. Das Kombinieren von Angeboten oder bestehenden Greenfee-Vorteilen ist nicht möglich. Der Vorteil bezieht sich jeweils ausschließlich auf die zum Zeitpunkt der Einlösung gültigen vollen Greenfee-Gebühren.
5. Gibt es Spielergruppen mit erhöhten Greenfee-Gebühren, ist ein Nachlass auf diese Gebühren nicht möglich.
6. Das Angebot allein berechtigt nicht zum Spiel gegen Greenfee. Die Erfüllung der Bestimmungen des jeweiligen Golfclubs zur Greenfee-Berechtigung (Mitgliedschaft in einem Golfclub, Mindesthandicap etc.) zum Zeitpunkt der Einlösung sind Voraussetzung.
7. Es ist untersagt, den Greenfee-Gutschein entgeltlich Dritten zu überlassen bzw. mit diesen Handel zu treiben. Insbesondere sind die teilnehmenden Golfclubs in diesem Falle berechtigt, die Einlösung der ausgeschriebenen Angebote zu verweigern.
8. Die teilnehmenden Golfclubs haben sich gegenüber dem Verlag unter den o.g. Bedingungen verpflichtet, die ausgeschriebenen Angebote einzulösen. Der Verlag übernimmt jedoch keine Gewähr und keine Haftung, wenn ein Angebot nicht eingelöst wird oder werden kann.

Bedingungen zur Einlösung des Discounts:

1. Das Angebot ist einschließlich bis 30.6.2022 gültig.
2. Der Golfspieler/Leser hat sich telefonisch eine Abschlagzeit geben zu lassen – dabei ist die Nutzung des Angebots anzugeben.
3. Eine Barauszahlung des Greenfee-Vorteils ist nicht möglich.
4. Das Kombinieren von Angeboten oder bestehenden Greenfee-Vorteilen ist nicht möglich. Der Vorteil bezieht sich jeweils ausschließlich auf die zum Zeitpunkt der Einlösung gültigen vollen Greenfee-Gebühren.
5. Gibt es Spielergruppen mit erhöhten Greenfee-Gebühren, ist ein Nachlass auf diese Gebühren nicht möglich.
6. Das Angebot allein berechtigt nicht zum Spiel gegen Greenfee. Die Erfüllung der Bestimmungen des jeweiligen Golfclubs zur Greenfee-Berechtigung (Mitgliedschaft in einem Golfclub, Mindesthandicap etc.) zum Zeitpunkt der Einlösung sind Voraussetzung.
7. Es ist untersagt, den Greenfee-Gutschein entgeltlich Dritten zu überlassen bzw. mit diesen Handel zu treiben. Insbesondere sind die teilnehmenden Golfclubs in diesem Falle berechtigt, die Einlösung der ausgeschriebenen Angebote zu verweigern.
8. Die teilnehmenden Golfclubs haben sich gegenüber dem Verlag unter den o.g. Bedingungen verpflichtet, die ausgeschriebenen Angebote einzulösen. Der Verlag übernimmt jedoch keine Gewähr und keine Haftung, wenn ein Angebot nicht eingelöst wird oder werden kann.

Bedingungen zur Einlösung des Discounts:

1. Das Angebot ist einschließlich bis 30.6.2022 gültig.
2. Der Golfspieler/Leser hat sich telefonisch eine Abschlagzeit geben zu lassen – dabei ist die Nutzung des Angebots anzugeben.
3. Eine Barauszahlung des Greenfee-Vorteils ist nicht möglich.
4. Das Kombinieren von Angeboten oder bestehenden Greenfee-Vorteilen ist nicht möglich. Der Vorteil bezieht sich jeweils ausschließlich auf die zum Zeitpunkt der Einlösung gültigen vollen Greenfee-Gebühren.
5. Gibt es Spielergruppen mit erhöhten Greenfee-Gebühren, ist ein Nachlass auf diese Gebühren nicht möglich.
6. Das Angebot allein berechtigt nicht zum Spiel gegen Greenfee. Die Erfüllung der Bestimmungen des jeweiligen Golfclubs zur Greenfee-Berechtigung (Mitgliedschaft in einem Golfclub, Mindesthandicap etc.) zum Zeitpunkt der Einlösung sind Voraussetzung.
7. Es ist untersagt, den Greenfee-Gutschein entgeltlich Dritten zu überlassen bzw. mit diesen Handel zu treiben. Insbesondere sind die teilnehmenden Golfclubs in diesem Falle berechtigt, die Einlösung der ausgeschriebenen Angebote zu verweigern.
8. Die teilnehmenden Golfclubs haben sich gegenüber dem Verlag unter den o.g. Bedingungen verpflichtet, die ausgeschriebenen Angebote einzulösen. Der Verlag übernimmt jedoch keine Gewähr und keine Haftung, wenn ein Angebot nicht eingelöst wird oder werden kann.

Bedingungen zur Einlösung des Discounts:

1. Das Angebot ist einschließlich bis 30.6.2022 gültig.
2. Der Golfspieler/Leser hat sich telefonisch eine Abschlagzeit geben zu lassen – dabei ist die Nutzung des Angebots anzugeben.
3. Eine Barauszahlung des Greenfee-Vorteils ist nicht möglich.
4. Das Kombinieren von Angeboten oder bestehenden Greenfee-Vorteilen ist nicht möglich. Der Vorteil bezieht sich jeweils ausschließlich auf die zum Zeitpunkt der Einlösung gültigen vollen Greenfee-Gebühren.
5. Gibt es Spielergruppen mit erhöhten Greenfee-Gebühren, ist ein Nachlass auf diese Gebühren nicht möglich.
6. Das Angebot allein berechtigt nicht zum Spiel gegen Greenfee. Die Erfüllung der Bestimmungen des jeweiligen Golfclubs zur Greenfee-Berechtigung (Mitgliedschaft in einem Golfclub, Mindesthandicap etc.) zum Zeitpunkt der Einlösung sind Voraussetzung.
7. Es ist untersagt, den Greenfee-Gutschein entgeltlich Dritten zu überlassen bzw. mit diesen Handel zu treiben. Insbesondere sind die teilnehmenden Golfclubs in diesem Falle berechtigt, die Einlösung der ausgeschriebenen Angebote zu verweigern.
8. Die teilnehmenden Golfclubs haben sich gegenüber dem Verlag unter den o.g. Bedingungen verpflichtet, die ausgeschriebenen Angebote einzulösen. Der Verlag übernimmt jedoch keine Gewähr und keine Haftung, wenn ein Angebot nicht eingelöst wird oder werden kann.

Bedingungen zur Einlösung des Discounts:

1. Das Angebot ist einschließlich bis 30.6.2022 gültig.
2. Der Golfspieler/Leser hat sich telefonisch eine Abschlagzeit geben zu lassen – dabei ist die Nutzung des Angebots anzugeben.
3. Eine Barauszahlung des Greenfee-Vorteils ist nicht möglich.
4. Das Kombinieren von Angeboten oder bestehenden Greenfee-Vorteilen ist nicht möglich. Der Vorteil bezieht sich jeweils ausschließlich auf die zum Zeitpunkt der Einlösung gültigen vollen Greenfee-Gebühren.
5. Gibt es Spielergruppen mit erhöhten Greenfee-Gebühren, ist ein Nachlass auf diese Gebühren nicht möglich.
6. Das Angebot allein berechtigt nicht zum Spiel gegen Greenfee. Die Erfüllung der Bestimmungen des jeweiligen Golfclubs zur Greenfee-Berechtigung (Mitgliedschaft in einem Golfclub, Mindesthandicap etc.) zum Zeitpunkt der Einlösung sind Voraussetzung.
7. Es ist untersagt, den Greenfee-Gutschein entgeltlich Dritten zu überlassen bzw. mit diesen Handel zu treiben. Insbesondere sind die teilnehmenden Golfclubs in diesem Falle berechtigt, die Einlösung der ausgeschriebenen Angebote zu verweigern.
8. Die teilnehmenden Golfclubs haben sich gegenüber dem Verlag unter den o.g. Bedingungen verpflichtet, die ausgeschriebenen Angebote einzulösen. Der Verlag übernimmt jedoch keine Gewähr und keine Haftung, wenn ein Angebot nicht eingelöst wird oder werden kann.

Bedingungen zur Einlösung des Discounts:

1. Das Angebot ist einschließlich bis 30.6.2022 gültig.
2. Der Golfspieler/Leser hat sich telefonisch eine Abschlagzeit geben zu lassen – dabei ist die Nutzung des Angebots anzugeben.
3. Eine Barauszahlung des Greenfee-Vorteils ist nicht möglich.
4. Das Kombinieren von Angeboten oder bestehenden Greenfee-Vorteilen ist nicht möglich. Der Vorteil bezieht sich jeweils ausschließlich auf die zum Zeitpunkt der Einlösung gültigen vollen Greenfee-Gebühren.
5. Gibt es Spielergruppen mit erhöhten Greenfee-Gebühren, ist ein Nachlass auf diese Gebühren nicht möglich.
6. Das Angebot allein berechtigt nicht zum Spiel gegen Greenfee. Die Erfüllung der Bestimmungen des jeweiligen Golfclubs zur Greenfee-Berechtigung (Mitgliedschaft in einem Golfclub, Mindesthandicap etc.) zum Zeitpunkt der Einlösung sind Voraussetzung.
7. Es ist untersagt, den Greenfee-Gutschein entgeltlich Dritten zu überlassen bzw. mit diesen Handel zu treiben. Insbesondere sind die teilnehmenden Golfclubs in diesem Falle berechtigt, die Einlösung der ausgeschriebenen Angebote zu verweigern.
8. Die teilnehmenden Golfclubs haben sich gegenüber dem Verlag unter den o.g. Bedingungen verpflichtet, die ausgeschriebenen Angebote einzulösen. Der Verlag übernimmt jedoch keine Gewähr und keine Haftung, wenn ein Angebot nicht eingelöst wird oder werden kann.

Bedingungen zur Einlösung des Discounts:

1. Das Angebot ist einschließlich bis 30.6.2022 gültig.
2. Der Golfspieler/Leser hat sich telefonisch eine Abschlagzeit geben zu lassen – dabei ist die Nutzung des Angebots anzugeben.
3. Eine Barauszahlung des Greenfee-Vorteils ist nicht möglich.
4. Das Kombinieren von Angeboten oder bestehenden Greenfee-Vorteilen ist nicht möglich. Der Vorteil bezieht sich jeweils ausschließlich auf die zum Zeitpunkt der Einlösung gültigen vollen Greenfee-Gebühren.
5. Gibt es Spielergruppen mit erhöhten Greenfee-Gebühren, ist ein Nachlass auf diese Gebühren nicht möglich.
6. Das Angebot allein berechtigt nicht zum Spiel gegen Greenfee. Die Erfüllung der Bestimmungen des jeweiligen Golfclubs zur Greenfee-Berechtigung (Mitgliedschaft in einem Golfclub, Mindesthandicap etc.) zum Zeitpunkt der Einlösung sind Voraussetzung.
7. Es ist untersagt, den Greenfee-Gutschein entgeltlich Dritten zu überlassen bzw. mit diesen Handel zu treiben. Insbesondere sind die teilnehmenden Golfclubs in diesem Falle berechtigt, die Einlösung der ausgeschriebenen Angebote zu verweigern.
8. Die teilnehmenden Golfclubs haben sich gegenüber dem Verlag unter den o.g. Bedingungen verpflichtet, die ausgeschriebenen Angebote einzulösen. Der Verlag übernimmt jedoch keine Gewähr und keine Haftung, wenn ein Angebot nicht eingelöst wird oder werden kann.

Bedingungen zur Einlösung des Discounts:

1. Das Angebot ist einschließlich bis 30.6.2022 gültig.
2. Der Golfspieler/Leser hat sich telefonisch eine Abschlagzeit geben zu lassen – dabei ist die Nutzung des Angebots anzugeben.
3. Eine Barauszahlung des Greenfee-Vorteils ist nicht möglich.
4. Das Kombinieren von Angeboten oder bestehenden Greenfee-Vorteilen ist nicht möglich. Der Vorteil bezieht sich jeweils ausschließlich auf die zum Zeitpunkt der Einlösung gültigen vollen Greenfee-Gebühren.
5. Gibt es Spielergruppen mit erhöhten Greenfee-Gebühren, ist ein Nachlass auf diese Gebühren nicht möglich.
6. Das Angebot allein berechtigt nicht zum Spiel gegen Greenfee. Die Erfüllung der Bestimmungen des jeweiligen Golfclubs zur Greenfee-Berechtigung (Mitgliedschaft in einem Golfclub, Mindesthandicap etc.) zum Zeitpunkt der Einlösung sind Voraussetzung.
7. Es ist untersagt, den Greenfee-Gutschein entgeltlich Dritten zu überlassen bzw. mit diesen Handel zu treiben. Insbesondere sind die teilnehmenden Golfclubs in diesem Falle berechtigt, die Einlösung der ausgeschriebenen Angebote zu verweigern.
8. Die teilnehmenden Golfclubs haben sich gegenüber dem Verlag unter den o.g. Bedingungen verpflichtet, die ausgeschriebenen Angebote einzulösen. Der Verlag übernimmt jedoch keine Gewähr und keine Haftung, wenn ein Angebot nicht eingelöst wird oder werden kann.

Bedingungen zur Einlösung des Discounts:

1. Das Angebot ist einschließlich bis 30.6.2022 gültig.
2. Der Golfspieler/Leser hat sich telefonisch eine Abschlagzeit geben zu lassen – dabei ist die Nutzung des Angebots anzugeben.
3. Eine Barauszahlung des Greenfee-Vorteils ist nicht möglich.
4. Das Kombinieren von Angeboten oder bestehenden Greenfee-Vorteilen ist nicht möglich. Der Vorteil bezieht sich jeweils ausschließlich auf die zum Zeitpunkt der Einlösung gültigen vollen Greenfee-Gebühren.
5. Gibt es Spielergruppen mit erhöhten Greenfee-Gebühren, ist ein Nachlass auf diese Gebühren nicht möglich.
6. Das Angebot allein berechtigt nicht zum Spiel gegen Greenfee. Die Erfüllung der Bestimmungen des jeweiligen Golfclubs zur Greenfee-Berechtigung (Mitgliedschaft in einem Golfclub, Mindesthandicap etc.) zum Zeitpunkt der Einlösung sind Voraussetzung.
7. Es ist untersagt, den Greenfee-Gutschein entgeltlich Dritten zu überlassen bzw. mit diesen Handel zu treiben. Insbesondere sind die teilnehmenden Golfclubs in diesem Falle berechtigt, die Einlösung der ausgeschriebenen Angebote zu verweigern.
8. Die teilnehmenden Golfclubs haben sich gegenüber dem Verlag unter den o.g. Bedingungen verpflichtet, die ausgeschriebenen Angebote einzulösen. Der Verlag übernimmt jedoch keine Gewähr und keine Haftung, wenn ein Angebot nicht eingelöst wird oder werden kann.

Bedingungen zur Einlösung des Discounts:

1. Das Angebot ist einschließlich bis 30.6.2022 gültig.
2. Der Golfspieler/Leser hat sich telefonisch eine Abschlagzeit geben zu lassen – dabei ist die Nutzung des Angebots anzugeben.
3. Eine Barauszahlung des Greenfee-Vorteils ist nicht möglich.
4. Das Kombinieren von Angeboten oder bestehenden Greenfee-Vorteilen ist nicht möglich. Der Vorteil bezieht sich jeweils ausschließlich auf die zum Zeitpunkt der Einlösung gültigen vollen Greenfee-Gebühren.
5. Gibt es Spielergruppen mit erhöhten Greenfee-Gebühren, ist ein Nachlass auf diese Gebühren nicht möglich.
6. Das Angebot allein berechtigt nicht zum Spiel gegen Greenfee. Die Erfüllung der Bestimmungen des jeweiligen Golfclubs zur Greenfee-Berechtigung (Mitgliedschaft in einem Golfclub, Mindesthandicap etc.) zum Zeitpunkt der Einlösung sind Voraussetzung.
7. Es ist untersagt, den Greenfee-Gutschein entgeltlich Dritten zu überlassen bzw. mit diesen Handel zu treiben. Insbesondere sind die teilnehmenden Golfclubs in diesem Falle berechtigt, die Einlösung der ausgeschriebenen Angebote zu verweigern.
8. Die teilnehmenden Golfclubs haben sich gegenüber dem Verlag unter den o.g. Bedingungen verpflichtet, die ausgeschriebenen Angebote einzulösen. Der Verlag übernimmt jedoch keine Gewähr und keine Haftung, wenn ein Angebot nicht eingelöst wird oder werden kann.

DER GOLF ALBRECHT

Golf-Club Erding Grünbach e.V.

DE

Kellerberg 13
D-85461 Grünbach-Erding
✆ 08122-49650
Bayern

228

20% Greenfee-Ermäßigung

DER GOLF ALBRECHT

Golfclub Pleiskirchen e.V.

DE

Am Golfplatz 2
D-84568 Pleiskirchen
✆ 08635-708903
Bayern

229

2 for 1 2 GF zum Preis von 1

DER GOLF ALBRECHT

Golfclub Pleiskirchen e.V.

DE

Am Golfplatz 2
D-84568 Pleiskirchen
✆ 08635-708903
Bayern

229

20% Greenfee-Ermäßigung

DER GOLF ALBRECHT

Golfclub München-West Odelzhausen e.V.

DE

Todtenried 3
D-85235 Odelzhausen
✆ 08134-99880
Bayern

230

2 for 1 2 GF zum Preis von 1

DER GOLF ALBRECHT

Golfclub München-West Odelzhausen e.V.

DE

Todtenried 3
D-85235 Odelzhausen
✆ 08134-99880
Bayern

230

2 for 1 2 GF zum Preis von 1

DER GOLF ALBRECHT

Golfclub München-West Odelzhausen e.V.

DE

Todtenried 3
D-85235 Odelzhausen
✆ 08134-99880
Bayern

230

25% Greenfee-Ermäßigung

DER GOLF ALBRECHT

Golfclub München-West Odelzhausen e.V.

DE

Todtenried 3
D-85235 Odelzhausen
✆ 08134-99880
Bayern

230

25% Greenfee-Ermäßigung

DER GOLF ALBRECHT

Golfclub Lechfeld e.V.

DE

Föllstraße 32a
D-86343 Königsbrunn
✆ 08231-32637
Bayern

231

2 for 1 2 GF zum Preis von 1 wochentags

DER GOLF ALBRECHT

Golfclub Lechfeld e.V.

DE

Föllstraße 32a
D-86343 Königsbrunn
✆ 08231-32637
Bayern

231

25% Greenfee-Ermäßigung wochentags

DER GOLF ALBRECHT

Golfclub Augsburg e.V.

DE

Engelshofer Straße 2
D-86399 Bobingen-Burgwalden
✆ 08234-5621
Bayern

232

2 for 1 2 GF zum Preis von 1 wochentags

Bedingungen zur Einlösung des Discounts:

1. Das Angebot ist einschließlich bis 30.6.2022 gültig.
2. Der Golfspieler/Leser hat sich telefonisch eine Abschlagzeit geben zu lassen – dabei ist die Nutzung des Angebots anzugeben.
3. Eine Barauszahlung des Greenfee-Vorteils ist nicht möglich.
4. Das Kombinieren von Angeboten oder bestehenden Greenfee-Vorteilen ist nicht möglich. Der Vorteil bezieht sich jeweils ausschließlich auf die zum Zeitpunkt der Einlösung gültigen vollen Greenfee-Gebühren.
5. Gibt es Spielergruppen mit erhöhten Greenfee-Gebühren, ist ein Nachlass auf diese Gebühren nicht möglich.
6. Das Angebot allein berechtigt nicht zum Spiel gegen Greenfee. Die Erfüllung der Bestimmungen des jeweiligen Golfclubs zur Greenfee-Berechtigung (Mitgliedschaft in einem Golfclub, Mindesthandicap etc.) zum Zeitpunkt der Einlösung sind Voraussetzung.
7. Es ist untersagt, den Greenfee-Gutschein entgeltlich Dritten zu überlassen bzw. mit diesen Handel zu treiben. Insbesondere sind die teilnehmenden Golfclubs in diesem Falle berechtigt, die Einlösung der ausgeschriebenen Angebote zu verweigern.
8. Die teilnehmenden Golfclubs haben sich gegenüber dem Verlag unter den o.g. Bedingungen verpflichtet, die ausgeschriebenen Angebote einzulösen. Der Verlag übernimmt jedoch keine Gewähr und keine Haftung, wenn ein Angebot nicht eingelöst wird oder werden kann.

Bedingungen zur Einlösung des Discounts:

1. Das Angebot ist einschließlich bis 30.6.2022 gültig.
2. Der Golfspieler/Leser hat sich telefonisch eine Abschlagzeit geben zu lassen – dabei ist die Nutzung des Angebots anzugeben.
3. Eine Barauszahlung des Greenfee-Vorteils ist nicht möglich.
4. Das Kombinieren von Angeboten oder bestehenden Greenfee-Vorteilen ist nicht möglich. Der Vorteil bezieht sich jeweils ausschließlich auf die zum Zeitpunkt der Einlösung gültigen vollen Greenfee-Gebühren.
5. Gibt es Spielergruppen mit erhöhten Greenfee-Gebühren, ist ein Nachlass auf diese Gebühren nicht möglich.
6. Das Angebot allein berechtigt nicht zum Spiel gegen Greenfee. Die Erfüllung der Bestimmungen des jeweiligen Golfclubs zur Greenfee-Berechtigung (Mitgliedschaft in einem Golfclub, Mindesthandicap etc.) zum Zeitpunkt der Einlösung sind Voraussetzung.
7. Es ist untersagt, den Greenfee-Gutschein entgeltlich Dritten zu überlassen bzw. mit diesen Handel zu treiben. Insbesondere sind die teilnehmenden Golfclubs in diesem Falle berechtigt, die Einlösung der ausgeschriebenen Angebote zu verweigern.
8. Die teilnehmenden Golfclubs haben sich gegenüber dem Verlag unter den o.g. Bedingungen verpflichtet, die ausgeschriebenen Angebote einzulösen. Der Verlag übernimmt jedoch keine Gewähr und keine Haftung, wenn ein Angebot nicht eingelöst wird oder werden kann.

Bedingungen zur Einlösung des Discounts:

1. Das Angebot ist einschließlich bis 30.6.2022 gültig.
2. Der Golfspieler/Leser hat sich telefonisch eine Abschlagzeit geben zu lassen – dabei ist die Nutzung des Angebots anzugeben.
3. Eine Barauszahlung des Greenfee-Vorteils ist nicht möglich.
4. Das Kombinieren von Angeboten oder bestehenden Greenfee-Vorteilen ist nicht möglich. Der Vorteil bezieht sich jeweils ausschließlich auf die zum Zeitpunkt der Einlösung gültigen vollen Greenfee-Gebühren.
5. Gibt es Spielergruppen mit erhöhten Greenfee-Gebühren, ist ein Nachlass auf diese Gebühren nicht möglich.
6. Das Angebot allein berechtigt nicht zum Spiel gegen Greenfee. Die Erfüllung der Bestimmungen des jeweiligen Golfclubs zur Greenfee-Berechtigung (Mitgliedschaft in einem Golfclub, Mindesthandicap etc.) zum Zeitpunkt der Einlösung sind Voraussetzung.
7. Es ist untersagt, den Greenfee-Gutschein entgeltlich Dritten zu überlassen bzw. mit diesen Handel zu treiben. Insbesondere sind die teilnehmenden Golfclubs in diesem Falle berechtigt, die Einlösung der ausgeschriebenen Angebote zu verweigern.
8. Die teilnehmenden Golfclubs haben sich gegenüber dem Verlag unter den o.g. Bedingungen verpflichtet, die ausgeschriebenen Angebote einzulösen. Der Verlag übernimmt jedoch keine Gewähr und keine Haftung, wenn ein Angebot nicht eingelöst wird oder werden kann.

Bedingungen zur Einlösung des Discounts:

1. Das Angebot ist einschließlich bis 30.6.2022 gültig.
2. Der Golfspieler/Leser hat sich telefonisch eine Abschlagzeit geben zu lassen – dabei ist die Nutzung des Angebots anzugeben.
3. Eine Barauszahlung des Greenfee-Vorteils ist nicht möglich.
4. Das Kombinieren von Angeboten oder bestehenden Greenfee-Vorteilen ist nicht möglich. Der Vorteil bezieht sich jeweils ausschließlich auf die zum Zeitpunkt der Einlösung gültigen vollen Greenfee-Gebühren.
5. Gibt es Spielergruppen mit erhöhten Greenfee-Gebühren, ist ein Nachlass auf diese Gebühren nicht möglich.
6. Das Angebot allein berechtigt nicht zum Spiel gegen Greenfee. Die Erfüllung der Bestimmungen des jeweiligen Golfclubs zur Greenfee-Berechtigung (Mitgliedschaft in einem Golfclub, Mindesthandicap etc.) zum Zeitpunkt der Einlösung sind Voraussetzung.
7. Es ist untersagt, den Greenfee-Gutschein entgeltlich Dritten zu überlassen bzw. mit diesen Handel zu treiben. Insbesondere sind die teilnehmenden Golfclubs in diesem Falle berechtigt, die Einlösung der ausgeschriebenen Angebote zu verweigern.
8. Die teilnehmenden Golfclubs haben sich gegenüber dem Verlag unter den o.g. Bedingungen verpflichtet, die ausgeschriebenen Angebote einzulösen. Der Verlag übernimmt jedoch keine Gewähr und keine Haftung, wenn ein Angebot nicht eingelöst wird oder werden kann.

Bedingungen zur Einlösung des Discounts:

1. Das Angebot ist einschließlich bis 30.6.2022 gültig.
2. Der Golfspieler/Leser hat sich telefonisch eine Abschlagzeit geben zu lassen – dabei ist die Nutzung des Angebots anzugeben.
3. Eine Barauszahlung des Greenfee-Vorteils ist nicht möglich.
4. Das Kombinieren von Angeboten oder bestehenden Greenfee-Vorteilen ist nicht möglich. Der Vorteil bezieht sich jeweils ausschließlich auf die zum Zeitpunkt der Einlösung gültigen vollen Greenfee-Gebühren.
5. Gibt es Spielergruppen mit erhöhten Greenfee-Gebühren, ist ein Nachlass auf diese Gebühren nicht möglich.
6. Das Angebot allein berechtigt nicht zum Spiel gegen Greenfee. Die Erfüllung der Bestimmungen des jeweiligen Golfclubs zur Greenfee-Berechtigung (Mitgliedschaft in einem Golfclub, Mindesthandicap etc.) zum Zeitpunkt der Einlösung sind Voraussetzung.
7. Es ist untersagt, den Greenfee-Gutschein entgeltlich Dritten zu überlassen bzw. mit diesen Handel zu treiben. Insbesondere sind die teilnehmenden Golfclubs in diesem Falle berechtigt, die Einlösung der ausgeschriebenen Angebote zu verweigern.
8. Die teilnehmenden Golfclubs haben sich gegenüber dem Verlag unter den o.g. Bedingungen verpflichtet, die ausgeschriebenen Angebote einzulösen. Der Verlag übernimmt jedoch keine Gewähr und keine Haftung, wenn ein Angebot nicht eingelöst wird oder werden kann.

Bedingungen zur Einlösung des Discounts:

1. Das Angebot ist einschließlich bis 30.6.2022 gültig.
2. Der Golfspieler/Leser hat sich telefonisch eine Abschlagzeit geben zu lassen – dabei ist die Nutzung des Angebots anzugeben.
3. Eine Barauszahlung des Greenfee-Vorteils ist nicht möglich.
4. Das Kombinieren von Angeboten oder bestehenden Greenfee-Vorteilen ist nicht möglich. Der Vorteil bezieht sich jeweils ausschließlich auf die zum Zeitpunkt der Einlösung gültigen vollen Greenfee-Gebühren.
5. Gibt es Spielergruppen mit erhöhten Greenfee-Gebühren, ist ein Nachlass auf diese Gebühren nicht möglich.
6. Das Angebot allein berechtigt nicht zum Spiel gegen Greenfee. Die Erfüllung der Bestimmungen des jeweiligen Golfclubs zur Greenfee-Berechtigung (Mitgliedschaft in einem Golfclub, Mindesthandicap etc.) zum Zeitpunkt der Einlösung sind Voraussetzung.
7. Es ist untersagt, den Greenfee-Gutschein entgeltlich Dritten zu überlassen bzw. mit diesen Handel zu treiben. Insbesondere sind die teilnehmenden Golfclubs in diesem Falle berechtigt, die Einlösung der ausgeschriebenen Angebote zu verweigern.
8. Die teilnehmenden Golfclubs haben sich gegenüber dem Verlag unter den o.g. Bedingungen verpflichtet, die ausgeschriebenen Angebote einzulösen. Der Verlag übernimmt jedoch keine Gewähr und keine Haftung, wenn ein Angebot nicht eingelöst wird oder werden kann.

Bedingungen zur Einlösung des Discounts:

1. Das Angebot ist einschließlich bis 30.6.2022 gültig.
2. Der Golfspieler/Leser hat sich telefonisch eine Abschlagzeit geben zu lassen – dabei ist die Nutzung des Angebots anzugeben.
3. Eine Barauszahlung des Greenfee-Vorteils ist nicht möglich.
4. Das Kombinieren von Angeboten oder bestehenden Greenfee-Vorteilen ist nicht möglich. Der Vorteil bezieht sich jeweils ausschließlich auf die zum Zeitpunkt der Einlösung gültigen vollen Greenfee-Gebühren.
5. Gibt es Spielergruppen mit erhöhten Greenfee-Gebühren, ist ein Nachlass auf diese Gebühren nicht möglich.
6. Das Angebot allein berechtigt nicht zum Spiel gegen Greenfee. Die Erfüllung der Bestimmungen des jeweiligen Golfclubs zur Greenfee-Berechtigung (Mitgliedschaft in einem Golfclub, Mindesthandicap etc.) zum Zeitpunkt der Einlösung sind Voraussetzung.
7. Es ist untersagt, den Greenfee-Gutschein entgeltlich Dritten zu überlassen bzw. mit diesen Handel zu treiben. Insbesondere sind die teilnehmenden Golfclubs in diesem Falle berechtigt, die Einlösung der ausgeschriebenen Angebote zu verweigern.
8. Die teilnehmenden Golfclubs haben sich gegenüber dem Verlag unter den o.g. Bedingungen verpflichtet, die ausgeschriebenen Angebote einzulösen. Der Verlag übernimmt jedoch keine Gewähr und keine Haftung, wenn ein Angebot nicht eingelöst wird oder werden kann.

Bedingungen zur Einlösung des Discounts:

1. Das Angebot ist einschließlich bis 30.6.2022 gültig.
2. Der Golfspieler/Leser hat sich telefonisch eine Abschlagzeit geben zu lassen – dabei ist die Nutzung des Angebots anzugeben.
3. Eine Barauszahlung des Greenfee-Vorteils ist nicht möglich.
4. Das Kombinieren von Angeboten oder bestehenden Greenfee-Vorteilen ist nicht möglich. Der Vorteil bezieht sich jeweils ausschließlich auf die zum Zeitpunkt der Einlösung gültigen vollen Greenfee-Gebühren.
5. Gibt es Spielergruppen mit erhöhten Greenfee-Gebühren, ist ein Nachlass auf diese Gebühren nicht möglich.
6. Das Angebot allein berechtigt nicht zum Spiel gegen Greenfee. Die Erfüllung der Bestimmungen des jeweiligen Golfclubs zur Greenfee-Berechtigung (Mitgliedschaft in einem Golfclub, Mindesthandicap etc.) zum Zeitpunkt der Einlösung sind Voraussetzung.
7. Es ist untersagt, den Greenfee-Gutschein entgeltlich Dritten zu überlassen bzw. mit diesen Handel zu treiben. Insbesondere sind die teilnehmenden Golfclubs in diesem Falle berechtigt, die Einlösung der ausgeschriebenen Angebote zu verweigern.
8. Die teilnehmenden Golfclubs haben sich gegenüber dem Verlag unter den o.g. Bedingungen verpflichtet, die ausgeschriebenen Angebote einzulösen. Der Verlag übernimmt jedoch keine Gewähr und keine Haftung, wenn ein Angebot nicht eingelöst wird oder werden kann.

Bedingungen zur Einlösung des Discounts:

1. Das Angebot ist einschließlich bis 30.6.2022 gültig.
2. Der Golfspieler/Leser hat sich telefonisch eine Abschlagzeit geben zu lassen – dabei ist die Nutzung des Angebots anzugeben.
3. Eine Barauszahlung des Greenfee-Vorteils ist nicht möglich.
4. Das Kombinieren von Angeboten oder bestehenden Greenfee-Vorteilen ist nicht möglich. Der Vorteil bezieht sich jeweils ausschließlich auf die zum Zeitpunkt der Einlösung gültigen vollen Greenfee-Gebühren.
5. Gibt es Spielergruppen mit erhöhten Greenfee-Gebühren, ist ein Nachlass auf diese Gebühren nicht möglich.
6. Das Angebot allein berechtigt nicht zum Spiel gegen Greenfee. Die Erfüllung der Bestimmungen des jeweiligen Golfclubs zur Greenfee-Berechtigung (Mitgliedschaft in einem Golfclub, Mindesthandicap etc.) zum Zeitpunkt der Einlösung sind Voraussetzung.
7. Es ist untersagt, den Greenfee-Gutschein entgeltlich Dritten zu überlassen bzw. mit diesen Handel zu treiben. Insbesondere sind die teilnehmenden Golfclubs in diesem Falle berechtigt, die Einlösung der ausgeschriebenen Angebote zu verweigern.
8. Die teilnehmenden Golfclubs haben sich gegenüber dem Verlag unter den o.g. Bedingungen verpflichtet, die ausgeschriebenen Angebote einzulösen. Der Verlag übernimmt jedoch keine Gewähr und keine Haftung, wenn ein Angebot nicht eingelöst wird oder werden kann.

Bedingungen zur Einlösung des Discounts:

1. Das Angebot ist einschließlich bis 30.6.2022 gültig.
2. Der Golfspieler/Leser hat sich telefonisch eine Abschlagzeit geben zu lassen – dabei ist die Nutzung des Angebots anzugeben.
3. Eine Barauszahlung des Greenfee-Vorteils ist nicht möglich.
4. Das Kombinieren von Angeboten oder bestehenden Greenfee-Vorteilen ist nicht möglich. Der Vorteil bezieht sich jeweils ausschließlich auf die zum Zeitpunkt der Einlösung gültigen vollen Greenfee-Gebühren.
5. Gibt es Spielergruppen mit erhöhten Greenfee-Gebühren, ist ein Nachlass auf diese Gebühren nicht möglich.
6. Das Angebot allein berechtigt nicht zum Spiel gegen Greenfee. Die Erfüllung der Bestimmungen des jeweiligen Golfclubs zur Greenfee-Berechtigung (Mitgliedschaft in einem Golfclub, Mindesthandicap etc.) zum Zeitpunkt der Einlösung sind Voraussetzung.
7. Es ist untersagt, den Greenfee-Gutschein entgeltlich Dritten zu überlassen bzw. mit diesen Handel zu treiben. Insbesondere sind die teilnehmenden Golfclubs in diesem Falle berechtigt, die Einlösung der ausgeschriebenen Angebote zu verweigern.
8. Die teilnehmenden Golfclubs haben sich gegenüber dem Verlag unter den o.g. Bedingungen verpflichtet, die ausgeschriebenen Angebote einzulösen. Der Verlag übernimmt jedoch keine Gewähr und keine Haftung, wenn ein Angebot nicht eingelöst wird oder werden kann.

DER GOLF ALBRECHT

Golfclub Augsburg e.V.

DE

Engelshofer Straße 2
D-86399 Bobingen-Burgwalden
08234-5621
Bayern

232

2 for 1 2 GF zum Preis von 1 wochentags

DER GOLF ALBRECHT

Golfclub Tegernbach e.V.

DE

Kapellenweg 1
D-82293 Tegernbach
08202-905700
Bayern

233

20% Greenfee-Ermäßigung

DER GOLF ALBRECHT

Golfclub Tegernbach e.V.

DE

Kapellenweg 1
D-82293 Tegernbach
08202-905700
Bayern

233

20% Greenfee-Ermäßigung

DER GOLF ALBRECHT

Bavarian Golfclub München-Eicherloh e.V.

DE

Vordere Moosstraße 19
D-85464 Eicherloh
08123-1064
Bayern

234

2 for 1 2 GF zum Preis von 1

DER GOLF ALBRECHT

Bavarian Golfclub München-Eicherloh e.V.

DE

Vordere Moosstraße 19
D-85464 Eicherloh
08123-1064
Bayern

234

2 for 1 2 GF zum Preis von 1

DER GOLF ALBRECHT

Bavarian Golfclub München-Eicherloh e.V.

DE

Vordere Moosstraße 19
D-85464 Eicherloh
08123-1064
Bayern

234

2 for 1 2 GF zum Preis von 1

DER GOLF ALBRECHT

Bavarian Golfclub München-Eicherloh e.V.

DE

Vordere Moosstraße 19
D-85464 Eicherloh
08123-1064
Bayern

234

30% Greenfee-Ermäßigung

DER GOLF ALBRECHT

Golfclub Altötting-Burghausen e.V.

DE

Piesing 4
D-84533 Haiming
08678-986903
Bayern

235

2 for 1 2 GF zum Preis von 1

DER GOLF ALBRECHT

Golfclub Altötting-Burghausen e.V.

DE

Piesing 4
D-84533 Haiming
08678-986903
Bayern

235

2 for 1 2 GF zum Preis von 1

DER GOLF ALBRECHT

Golfclub Altötting-Burghausen e.V.

DE

Piesing 4
D-84533 Haiming
08678-986903
Bayern

235

20% Greenfee-Ermäßigung

Bedingungen zur Einlösung des Discounts:

1. Das Angebot ist einschließlich bis 30.6.2022 gültig.
2. Der Golfspieler/Leser hat sich telefonisch eine Abschlagzeit geben zu lassen – dabei ist die Nutzung des Angebots anzugeben.
3. Eine Barauszahlung des Greenfee-Vorteils ist nicht möglich.
4. Das Kombinieren von Angeboten oder bestehenden Greenfee-Vorteilen ist nicht möglich. Der Vorteil bezieht sich jeweils ausschließlich auf die zum Zeitpunkt der Einlösung gültigen vollen Greenfee-Gebühren.
5. Gibt es Spielergruppen mit erhöhten Greenfee-Gebühren, ist ein Nachlass auf diese Gebühren nicht möglich.
6. Das Angebot allein berechtigt nicht zum Spiel gegen Greenfee. Die Erfüllung der Bestimmungen des jeweiligen Golfclubs zur Greenfee-Berechtigung (Mitgliedschaft in einem Golfclub, Mindesthandicap etc.) zum Zeitpunkt der Einlösung sind Voraussetzung.
7. Es ist untersagt, den Greenfee-Gutschein entgeltlich Dritten zu überlassen bzw. mit diesen Handel zu treiben. Insbesondere sind die teilnehmenden Golfclubs in diesem Falle berechtigt, die Einlösung der ausgeschriebenen Angebote zu verweigern.
8. Die teilnehmenden Golfclubs haben sich gegenüber dem Verlag unter den o.g. Bedingungen verpflichtet, die ausgeschriebenen Angebote einzulösen. Der Verlag übernimmt jedoch keine Gewähr und keine Haftung, wenn ein Angebot nicht eingelöst wird oder werden kann.

Bedingungen zur Einlösung des Discounts:

1. Das Angebot ist einschließlich bis 30.6.2022 gültig.
2. Der Golfspieler/Leser hat sich telefonisch eine Abschlagzeit geben zu lassen – dabei ist die Nutzung des Angebots anzugeben.
3. Eine Barauszahlung des Greenfee-Vorteils ist nicht möglich.
4. Das Kombinieren von Angeboten oder bestehenden Greenfee-Vorteilen ist nicht möglich. Der Vorteil bezieht sich jeweils ausschließlich auf die zum Zeitpunkt der Einlösung gültigen vollen Greenfee-Gebühren.
5. Gibt es Spielergruppen mit erhöhten Greenfee-Gebühren, ist ein Nachlass auf diese Gebühren nicht möglich.
6. Das Angebot allein berechtigt nicht zum Spiel gegen Greenfee. Die Erfüllung der Bestimmungen des jeweiligen Golfclubs zur Greenfee-Berechtigung (Mitgliedschaft in einem Golfclub, Mindesthandicap etc.) zum Zeitpunkt der Einlösung sind Voraussetzung.
7. Es ist untersagt, den Greenfee-Gutschein entgeltlich Dritten zu überlassen bzw. mit diesen Handel zu treiben. Insbesondere sind die teilnehmenden Golfclubs in diesem Falle berechtigt, die Einlösung der ausgeschriebenen Angebote zu verweigern.
8. Die teilnehmenden Golfclubs haben sich gegenüber dem Verlag unter den o.g. Bedingungen verpflichtet, die ausgeschriebenen Angebote einzulösen. Der Verlag übernimmt jedoch keine Gewähr und keine Haftung, wenn ein Angebot nicht eingelöst wird oder werden kann.

Bedingungen zur Einlösung des Discounts:

1. Das Angebot ist einschließlich bis 30.6.2022 gültig.
2. Der Golfspieler/Leser hat sich telefonisch eine Abschlagzeit geben zu lassen – dabei ist die Nutzung des Angebots anzugeben.
3. Eine Barauszahlung des Greenfee-Vorteils ist nicht möglich.
4. Das Kombinieren von Angeboten oder bestehenden Greenfee-Vorteilen ist nicht möglich. Der Vorteil bezieht sich jeweils ausschließlich auf die zum Zeitpunkt der Einlösung gültigen vollen Greenfee-Gebühren.
5. Gibt es Spielergruppen mit erhöhten Greenfee-Gebühren, ist ein Nachlass auf diese Gebühren nicht möglich.
6. Das Angebot allein berechtigt nicht zum Spiel gegen Greenfee. Die Erfüllung der Bestimmungen des jeweiligen Golfclubs zur Greenfee-Berechtigung (Mitgliedschaft in einem Golfclub, Mindesthandicap etc.) zum Zeitpunkt der Einlösung sind Voraussetzung.
7. Es ist untersagt, den Greenfee-Gutschein entgeltlich Dritten zu überlassen bzw. mit diesen Handel zu treiben. Insbesondere sind die teilnehmenden Golfclubs in diesem Falle berechtigt, die Einlösung der ausgeschriebenen Angebote zu verweigern.
8. Die teilnehmenden Golfclubs haben sich gegenüber dem Verlag unter den o.g. Bedingungen verpflichtet, die ausgeschriebenen Angebote einzulösen. Der Verlag übernimmt jedoch keine Gewähr und keine Haftung, wenn ein Angebot nicht eingelöst wird oder werden kann.

Bedingungen zur Einlösung des Discounts:

1. Das Angebot ist einschließlich bis 30.6.2022 gültig.
2. Der Golfspieler/Leser hat sich telefonisch eine Abschlagzeit geben zu lassen – dabei ist die Nutzung des Angebots anzugeben.
3. Eine Barauszahlung des Greenfee-Vorteils ist nicht möglich.
4. Das Kombinieren von Angeboten oder bestehenden Greenfee-Vorteilen ist nicht möglich. Der Vorteil bezieht sich jeweils ausschließlich auf die zum Zeitpunkt der Einlösung gültigen vollen Greenfee-Gebühren.
5. Gibt es Spielergruppen mit erhöhten Greenfee-Gebühren, ist ein Nachlass auf diese Gebühren nicht möglich.
6. Das Angebot allein berechtigt nicht zum Spiel gegen Greenfee. Die Erfüllung der Bestimmungen des jeweiligen Golfclubs zur Greenfee-Berechtigung (Mitgliedschaft in einem Golfclub, Mindesthandicap etc.) zum Zeitpunkt der Einlösung sind Voraussetzung.
7. Es ist untersagt, den Greenfee-Gutschein entgeltlich Dritten zu überlassen bzw. mit diesen Handel zu treiben. Insbesondere sind die teilnehmenden Golfclubs in diesem Falle berechtigt, die Einlösung der ausgeschriebenen Angebote zu verweigern.
8. Die teilnehmenden Golfclubs haben sich gegenüber dem Verlag unter den o.g. Bedingungen verpflichtet, die ausgeschriebenen Angebote einzulösen. Der Verlag übernimmt jedoch keine Gewähr und keine Haftung, wenn ein Angebot nicht eingelöst wird oder werden kann.

Bedingungen zur Einlösung des Discounts:

1. Das Angebot ist einschließlich bis 30.6.2022 gültig.
2. Der Golfspieler/Leser hat sich telefonisch eine Abschlagzeit geben zu lassen – dabei ist die Nutzung des Angebots anzugeben.
3. Eine Barauszahlung des Greenfee-Vorteils ist nicht möglich.
4. Das Kombinieren von Angeboten oder bestehenden Greenfee-Vorteilen ist nicht möglich. Der Vorteil bezieht sich jeweils ausschließlich auf die zum Zeitpunkt der Einlösung gültigen vollen Greenfee-Gebühren.
5. Gibt es Spielergruppen mit erhöhten Greenfee-Gebühren, ist ein Nachlass auf diese Gebühren nicht möglich.
6. Das Angebot allein berechtigt nicht zum Spiel gegen Greenfee. Die Erfüllung der Bestimmungen des jeweiligen Golfclubs zur Greenfee-Berechtigung (Mitgliedschaft in einem Golfclub, Mindesthandicap etc.) zum Zeitpunkt der Einlösung sind Voraussetzung.
7. Es ist untersagt, den Greenfee-Gutschein entgeltlich Dritten zu überlassen bzw. mit diesen Handel zu treiben. Insbesondere sind die teilnehmenden Golfclubs in diesem Falle berechtigt, die Einlösung der ausgeschriebenen Angebote zu verweigern.
8. Die teilnehmenden Golfclubs haben sich gegenüber dem Verlag unter den o.g. Bedingungen verpflichtet, die ausgeschriebenen Angebote einzulösen. Der Verlag übernimmt jedoch keine Gewähr und keine Haftung, wenn ein Angebot nicht eingelöst wird oder werden kann.

Bedingungen zur Einlösung des Discounts:

1. Das Angebot ist einschließlich bis 30.6.2022 gültig.
2. Der Golfspieler/Leser hat sich telefonisch eine Abschlagzeit geben zu lassen – dabei ist die Nutzung des Angebots anzugeben.
3. Eine Barauszahlung des Greenfee-Vorteils ist nicht möglich.
4. Das Kombinieren von Angeboten oder bestehenden Greenfee-Vorteilen ist nicht möglich. Der Vorteil bezieht sich jeweils ausschließlich auf die zum Zeitpunkt der Einlösung gültigen vollen Greenfee-Gebühren.
5. Gibt es Spielergruppen mit erhöhten Greenfee-Gebühren, ist ein Nachlass auf diese Gebühren nicht möglich.
6. Das Angebot allein berechtigt nicht zum Spiel gegen Greenfee. Die Erfüllung der Bestimmungen des jeweiligen Golfclubs zur Greenfee-Berechtigung (Mitgliedschaft in einem Golfclub, Mindesthandicap etc.) zum Zeitpunkt der Einlösung sind Voraussetzung.
7. Es ist untersagt, den Greenfee-Gutschein entgeltlich Dritten zu überlassen bzw. mit diesen Handel zu treiben. Insbesondere sind die teilnehmenden Golfclubs in diesem Falle berechtigt, die Einlösung der ausgeschriebenen Angebote zu verweigern.
8. Die teilnehmenden Golfclubs haben sich gegenüber dem Verlag unter den o.g. Bedingungen verpflichtet, die ausgeschriebenen Angebote einzulösen. Der Verlag übernimmt jedoch keine Gewähr und keine Haftung, wenn ein Angebot nicht eingelöst wird oder werden kann.

Bedingungen zur Einlösung des Discounts:

1. Das Angebot ist einschließlich bis 30.6.2022 gültig.
2. Der Golfspieler/Leser hat sich telefonisch eine Abschlagzeit geben zu lassen – dabei ist die Nutzung des Angebots anzugeben.
3. Eine Barauszahlung des Greenfee-Vorteils ist nicht möglich.
4. Das Kombinieren von Angeboten oder bestehenden Greenfee-Vorteilen ist nicht möglich. Der Vorteil bezieht sich jeweils ausschließlich auf die zum Zeitpunkt der Einlösung gültigen vollen Greenfee-Gebühren.
5. Gibt es Spielergruppen mit erhöhten Greenfee-Gebühren, ist ein Nachlass auf diese Gebühren nicht möglich.
6. Das Angebot allein berechtigt nicht zum Spiel gegen Greenfee. Die Erfüllung der Bestimmungen des jeweiligen Golfclubs zur Greenfee-Berechtigung (Mitgliedschaft in einem Golfclub, Mindesthandicap etc.) zum Zeitpunkt der Einlösung sind Voraussetzung.
7. Es ist untersagt, den Greenfee-Gutschein entgeltlich Dritten zu überlassen bzw. mit diesen Handel zu treiben. Insbesondere sind die teilnehmenden Golfclubs in diesem Falle berechtigt, die Einlösung der ausgeschriebenen Angebote zu verweigern.
8. Die teilnehmenden Golfclubs haben sich gegenüber dem Verlag unter den o.g. Bedingungen verpflichtet, die ausgeschriebenen Angebote einzulösen. Der Verlag übernimmt jedoch keine Gewähr und keine Haftung, wenn ein Angebot nicht eingelöst wird oder werden kann.

Bedingungen zur Einlösung des Discounts:

1. Das Angebot ist einschließlich bis 30.6.2022 gültig.
2. Der Golfspieler/Leser hat sich telefonisch eine Abschlagzeit geben zu lassen – dabei ist die Nutzung des Angebots anzugeben.
3. Eine Barauszahlung des Greenfee-Vorteils ist nicht möglich.
4. Das Kombinieren von Angeboten oder bestehenden Greenfee-Vorteilen ist nicht möglich. Der Vorteil bezieht sich jeweils ausschließlich auf die zum Zeitpunkt der Einlösung gültigen vollen Greenfee-Gebühren.
5. Gibt es Spielergruppen mit erhöhten Greenfee-Gebühren, ist ein Nachlass auf diese Gebühren nicht möglich.
6. Das Angebot allein berechtigt nicht zum Spiel gegen Greenfee. Die Erfüllung der Bestimmungen des jeweiligen Golfclubs zur Greenfee-Berechtigung (Mitgliedschaft in einem Golfclub, Mindesthandicap etc.) zum Zeitpunkt der Einlösung sind Voraussetzung.
7. Es ist untersagt, den Greenfee-Gutschein entgeltlich Dritten zu überlassen bzw. mit diesen Handel zu treiben. Insbesondere sind die teilnehmenden Golfclubs in diesem Falle berechtigt, die Einlösung der ausgeschriebenen Angebote zu verweigern.
8. Die teilnehmenden Golfclubs haben sich gegenüber dem Verlag unter den o.g. Bedingungen verpflichtet, die ausgeschriebenen Angebote einzulösen. Der Verlag übernimmt jedoch keine Gewähr und keine Haftung, wenn ein Angebot nicht eingelöst wird oder werden kann.

Bedingungen zur Einlösung des Discounts:

1. Das Angebot ist einschließlich bis 30.6.2022 gültig.
2. Der Golfspieler/Leser hat sich telefonisch eine Abschlagzeit geben zu lassen – dabei ist die Nutzung des Angebots anzugeben.
3. Eine Barauszahlung des Greenfee-Vorteils ist nicht möglich.
4. Das Kombinieren von Angeboten oder bestehenden Greenfee-Vorteilen ist nicht möglich. Der Vorteil bezieht sich jeweils ausschließlich auf die zum Zeitpunkt der Einlösung gültigen vollen Greenfee-Gebühren.
5. Gibt es Spielergruppen mit erhöhten Greenfee-Gebühren, ist ein Nachlass auf diese Gebühren nicht möglich.
6. Das Angebot allein berechtigt nicht zum Spiel gegen Greenfee. Die Erfüllung der Bestimmungen des jeweiligen Golfclubs zur Greenfee-Berechtigung (Mitgliedschaft in einem Golfclub, Mindesthandicap etc.) zum Zeitpunkt der Einlösung sind Voraussetzung.
7. Es ist untersagt, den Greenfee-Gutschein entgeltlich Dritten zu überlassen bzw. mit diesen Handel zu treiben. Insbesondere sind die teilnehmenden Golfclubs in diesem Falle berechtigt, die Einlösung der ausgeschriebenen Angebote zu verweigern.
8. Die teilnehmenden Golfclubs haben sich gegenüber dem Verlag unter den o.g. Bedingungen verpflichtet, die ausgeschriebenen Angebote einzulösen. Der Verlag übernimmt jedoch keine Gewähr und keine Haftung, wenn ein Angebot nicht eingelöst wird oder werden kann.

Bedingungen zur Einlösung des Discounts:

1. Das Angebot ist einschließlich bis 30.6.2022 gültig.
2. Der Golfspieler/Leser hat sich telefonisch eine Abschlagzeit geben zu lassen – dabei ist die Nutzung des Angebots anzugeben.
3. Eine Barauszahlung des Greenfee-Vorteils ist nicht möglich.
4. Das Kombinieren von Angeboten oder bestehenden Greenfee-Vorteilen ist nicht möglich. Der Vorteil bezieht sich jeweils ausschließlich auf die zum Zeitpunkt der Einlösung gültigen vollen Greenfee-Gebühren.
5. Gibt es Spielergruppen mit erhöhten Greenfee-Gebühren, ist ein Nachlass auf diese Gebühren nicht möglich.
6. Das Angebot allein berechtigt nicht zum Spiel gegen Greenfee. Die Erfüllung der Bestimmungen des jeweiligen Golfclubs zur Greenfee-Berechtigung (Mitgliedschaft in einem Golfclub, Mindesthandicap etc.) zum Zeitpunkt der Einlösung sind Voraussetzung.
7. Es ist untersagt, den Greenfee-Gutschein entgeltlich Dritten zu überlassen bzw. mit diesen Handel zu treiben. Insbesondere sind die teilnehmenden Golfclubs in diesem Falle berechtigt, die Einlösung der ausgeschriebenen Angebote zu verweigern.
8. Die teilnehmenden Golfclubs haben sich gegenüber dem Verlag unter den o.g. Bedingungen verpflichtet, die ausgeschriebenen Angebote einzulösen. Der Verlag übernimmt jedoch keine Gewähr und keine Haftung, wenn ein Angebot nicht eingelöst wird oder werden kann.

DER GOLF ALBRECHT

Golfclub Altötting-Burghausen e.V. DE

Piesing 4
D-84533 Haiming
✆ 08678-986903
Bayern

235

20% Greenfee-Ermäßigung

DER GOLF ALBRECHT

Golf Club Schloss Guttenburg e.V. DE

Guttenburg 3
D-84559 Kraiburg
✆ 08638-887488
Bayern

236

2 for 1 2 GF zum Preis von 1

DER GOLF ALBRECHT

Golf Club Schloss Guttenburg e.V. DE

Guttenburg 3
D-84559 Kraiburg
✆ 08638-887488
Bayern

236

2 for 1 2 GF zum Preis von 1

DER GOLF ALBRECHT

Golf Club Schloss Guttenburg e.V. DE

Guttenburg 3
D-84559 Kraiburg
✆ 08638-887488
Bayern

236

2 for 1 2 GF zum Preis von 1

DER GOLF ALBRECHT

Golf Club Schloss Guttenburg e.V. DE

Guttenburg 3
D-84559 Kraiburg
✆ 08638-887488
Bayern

236

10% Greenfee-Ermäßigung

DER GOLF ALBRECHT

Golfclub zu Gut Ludwigsberg DE

Augsburger Straße 51
D-86842 Türkheim
✆ 08245-3322
Bayern
Hinweis: Gilt nur für 18 Loch Runde.

237

2 for 1 2 GF zum Preis von 1 wochentags

DER GOLF ALBRECHT

Golfclub zu Gut Ludwigsberg DE

Augsburger Straße 51
D-86842 Türkheim
✆ 08245-3322
Bayern
Hinweis: Gilt nur für 18 Loch Runde.

237

30% Greenfee-Ermäßigung wochentags

DER GOLF ALBRECHT

Golfclub Schloß Igling e.V. DE

Schloss Igling 3
D-86859 Igling/Landsberg
✆ 08248-1893
Bayern
Hinweis: Gilt nur für 18 Loch Runde.

238

2 for 1 2 GF zum Preis von 1

DER GOLF ALBRECHT

Golfclub Schloß Igling e.V. DE

Schloss Igling 3
D-86859 Igling/Landsberg
✆ 08248-1893
Bayern
Hinweis: Gilt nur für 18 Loch Runde.

238

2 for 1 2 GF zum Preis von 1

DER GOLF ALBRECHT

Golfclub Schloß Igling e.V. DE

Schloss Igling 3
D-86859 Igling/Landsberg
✆ 08248-1893
Bayern

238

50% Greenfee-Ermäßigung

Bedingungen zur Einlösung des Discounts:

1. Das Angebot ist einschließlich bis 30.6.2022 gültig.
2. Der Golfspieler/Leser hat sich telefonisch eine Abschlagzeit geben zu lassen – dabei ist die Nutzung des Angebots anzugeben.
3. Eine Barauszahlung des Greenfee-Vorteils ist nicht möglich.
4. Das Kombinieren von Angeboten oder bestehenden Greenfee-Vorteilen ist nicht möglich. Der Vorteil bezieht sich jeweils ausschließlich auf die zum Zeitpunkt der Einlösung gültigen vollen Greenfee-Gebühren.
5. Gibt es Spielergruppen mit erhöhten Greenfee-Gebühren, ist ein Nachlass auf diese Gebühren nicht möglich.
6. Das Angebot allein berechtigt nicht zum Spiel gegen Greenfee. Die Erfüllung der Bestimmungen des jeweiligen Golfclubs zur Greenfee-Berechtigung (Mitgliedschaft in einem Golfclub, Mindesthandicap etc.) zum Zeitpunkt der Einlösung sind Voraussetzung.
7. Es ist untersagt, den Greenfee-Gutschein entgeltlich Dritten zu überlassen bzw. mit diesen Handel zu treiben. Insbesondere sind die teilnehmenden Golfclubs in diesem Falle berechtigt, die Einlösung der ausgeschriebenen Angebote zu verweigern.
8. Die teilnehmenden Golfclubs haben sich gegenüber dem Verlag unter den o.g. Bedingungen verpflichtet, die ausgeschriebenen Angebote einzulösen. Der Verlag übernimmt jedoch keine Gewähr und keine Haftung, wenn ein Angebot nicht eingelöst wird oder werden kann.

Bedingungen zur Einlösung des Discounts:

1. Das Angebot ist einschließlich bis 30.6.2022 gültig.
2. Der Golfspieler/Leser hat sich telefonisch eine Abschlagzeit geben zu lassen – dabei ist die Nutzung des Angebots anzugeben.
3. Eine Barauszahlung des Greenfee-Vorteils ist nicht möglich.
4. Das Kombinieren von Angeboten oder bestehenden Greenfee-Vorteilen ist nicht möglich. Der Vorteil bezieht sich jeweils ausschließlich auf die zum Zeitpunkt der Einlösung gültigen vollen Greenfee-Gebühren.
5. Gibt es Spielergruppen mit erhöhten Greenfee-Gebühren, ist ein Nachlass auf diese Gebühren nicht möglich.
6. Das Angebot allein berechtigt nicht zum Spiel gegen Greenfee. Die Erfüllung der Bestimmungen des jeweiligen Golfclubs zur Greenfee-Berechtigung (Mitgliedschaft in einem Golfclub, Mindesthandicap etc.) zum Zeitpunkt der Einlösung sind Voraussetzung.
7. Es ist untersagt, den Greenfee-Gutschein entgeltlich Dritten zu überlassen bzw. mit diesen Handel zu treiben. Insbesondere sind die teilnehmenden Golfclubs in diesem Falle berechtigt, die Einlösung der ausgeschriebenen Angebote zu verweigern.
8. Die teilnehmenden Golfclubs haben sich gegenüber dem Verlag unter den o.g. Bedingungen verpflichtet, die ausgeschriebenen Angebote einzulösen. Der Verlag übernimmt jedoch keine Gewähr und keine Haftung, wenn ein Angebot nicht eingelöst wird oder werden kann.

Bedingungen zur Einlösung des Discounts:

1. Das Angebot ist einschließlich bis 30.6.2022 gültig.
2. Der Golfspieler/Leser hat sich telefonisch eine Abschlagzeit geben zu lassen – dabei ist die Nutzung des Angebots anzugeben.
3. Eine Barauszahlung des Greenfee-Vorteils ist nicht möglich.
4. Das Kombinieren von Angeboten oder bestehenden Greenfee-Vorteilen ist nicht möglich. Der Vorteil bezieht sich jeweils ausschließlich auf die zum Zeitpunkt der Einlösung gültigen vollen Greenfee-Gebühren.
5. Gibt es Spielergruppen mit erhöhten Greenfee-Gebühren, ist ein Nachlass auf diese Gebühren nicht möglich.
6. Das Angebot allein berechtigt nicht zum Spiel gegen Greenfee. Die Erfüllung der Bestimmungen des jeweiligen Golfclubs zur Greenfee-Berechtigung (Mitgliedschaft in einem Golfclub, Mindesthandicap etc.) zum Zeitpunkt der Einlösung sind Voraussetzung.
7. Es ist untersagt, den Greenfee-Gutschein entgeltlich Dritten zu überlassen bzw. mit diesen Handel zu treiben. Insbesondere sind die teilnehmenden Golfclubs in diesem Falle berechtigt, die Einlösung der ausgeschriebenen Angebote zu verweigern.
8. Die teilnehmenden Golfclubs haben sich gegenüber dem Verlag unter den o.g. Bedingungen verpflichtet, die ausgeschriebenen Angebote einzulösen. Der Verlag übernimmt jedoch keine Gewähr und keine Haftung, wenn ein Angebot nicht eingelöst wird oder werden kann.

Bedingungen zur Einlösung des Discounts:

1. Das Angebot ist einschließlich bis 30.6.2022 gültig.
2. Der Golfspieler/Leser hat sich telefonisch eine Abschlagzeit geben zu lassen – dabei ist die Nutzung des Angebots anzugeben.
3. Eine Barauszahlung des Greenfee-Vorteils ist nicht möglich.
4. Das Kombinieren von Angeboten oder bestehenden Greenfee-Vorteilen ist nicht möglich. Der Vorteil bezieht sich jeweils ausschließlich auf die zum Zeitpunkt der Einlösung gültigen vollen Greenfee-Gebühren.
5. Gibt es Spielergruppen mit erhöhten Greenfee-Gebühren, ist ein Nachlass auf diese Gebühren nicht möglich.
6. Das Angebot allein berechtigt nicht zum Spiel gegen Greenfee. Die Erfüllung der Bestimmungen des jeweiligen Golfclubs zur Greenfee-Berechtigung (Mitgliedschaft in einem Golfclub, Mindesthandicap etc.) zum Zeitpunkt der Einlösung sind Voraussetzung.
7. Es ist untersagt, den Greenfee-Gutschein entgeltlich Dritten zu überlassen bzw. mit diesen Handel zu treiben. Insbesondere sind die teilnehmenden Golfclubs in diesem Falle berechtigt, die Einlösung der ausgeschriebenen Angebote zu verweigern.
8. Die teilnehmenden Golfclubs haben sich gegenüber dem Verlag unter den o.g. Bedingungen verpflichtet, die ausgeschriebenen Angebote einzulösen. Der Verlag übernimmt jedoch keine Gewähr und keine Haftung, wenn ein Angebot nicht eingelöst wird oder werden kann.

Bedingungen zur Einlösung des Discounts:

1. Das Angebot ist einschließlich bis 30.6.2022 gültig.
2. Der Golfspieler/Leser hat sich telefonisch eine Abschlagzeit geben zu lassen – dabei ist die Nutzung des Angebots anzugeben.
3. Eine Barauszahlung des Greenfee-Vorteils ist nicht möglich.
4. Das Kombinieren von Angeboten oder bestehenden Greenfee-Vorteilen ist nicht möglich. Der Vorteil bezieht sich jeweils ausschließlich auf die zum Zeitpunkt der Einlösung gültigen vollen Greenfee-Gebühren.
5. Gibt es Spielergruppen mit erhöhten Greenfee-Gebühren, ist ein Nachlass auf diese Gebühren nicht möglich.
6. Das Angebot allein berechtigt nicht zum Spiel gegen Greenfee. Die Erfüllung der Bestimmungen des jeweiligen Golfclubs zur Greenfee-Berechtigung (Mitgliedschaft in einem Golfclub, Mindesthandicap etc.) zum Zeitpunkt der Einlösung sind Voraussetzung.
7. Es ist untersagt, den Greenfee-Gutschein entgeltlich Dritten zu überlassen bzw. mit diesen Handel zu treiben. Insbesondere sind die teilnehmenden Golfclubs in diesem Falle berechtigt, die Einlösung der ausgeschriebenen Angebote zu verweigern.
8. Die teilnehmenden Golfclubs haben sich gegenüber dem Verlag unter den o.g. Bedingungen verpflichtet, die ausgeschriebenen Angebote einzulösen. Der Verlag übernimmt jedoch keine Gewähr und keine Haftung, wenn ein Angebot nicht eingelöst wird oder werden kann.

Bedingungen zur Einlösung des Discounts:

1. Das Angebot ist einschließlich bis 30.6.2022 gültig.
2. Der Golfspieler/Leser hat sich telefonisch eine Abschlagzeit geben zu lassen – dabei ist die Nutzung des Angebots anzugeben.
3. Eine Barauszahlung des Greenfee-Vorteils ist nicht möglich.
4. Das Kombinieren von Angeboten oder bestehenden Greenfee-Vorteilen ist nicht möglich. Der Vorteil bezieht sich jeweils ausschließlich auf die zum Zeitpunkt der Einlösung gültigen vollen Greenfee-Gebühren.
5. Gibt es Spielergruppen mit erhöhten Greenfee-Gebühren, ist ein Nachlass auf diese Gebühren nicht möglich.
6. Das Angebot allein berechtigt nicht zum Spiel gegen Greenfee. Die Erfüllung der Bestimmungen des jeweiligen Golfclubs zur Greenfee-Berechtigung (Mitgliedschaft in einem Golfclub, Mindesthandicap etc.) zum Zeitpunkt der Einlösung sind Voraussetzung.
7. Es ist untersagt, den Greenfee-Gutschein entgeltlich Dritten zu überlassen bzw. mit diesen Handel zu treiben. Insbesondere sind die teilnehmenden Golfclubs in diesem Falle berechtigt, die Einlösung der ausgeschriebenen Angebote zu verweigern.
8. Die teilnehmenden Golfclubs haben sich gegenüber dem Verlag unter den o.g. Bedingungen verpflichtet, die ausgeschriebenen Angebote einzulösen. Der Verlag übernimmt jedoch keine Gewähr und keine Haftung, wenn ein Angebot nicht eingelöst wird oder werden kann.

Bedingungen zur Einlösung des Discounts:

1. Das Angebot ist einschließlich bis 30.6.2022 gültig.
2. Der Golfspieler/Leser hat sich telefonisch eine Abschlagzeit geben zu lassen – dabei ist die Nutzung des Angebots anzugeben.
3. Eine Barauszahlung des Greenfee-Vorteils ist nicht möglich.
4. Das Kombinieren von Angeboten oder bestehenden Greenfee-Vorteilen ist nicht möglich. Der Vorteil bezieht sich jeweils ausschließlich auf die zum Zeitpunkt der Einlösung gültigen vollen Greenfee-Gebühren.
5. Gibt es Spielergruppen mit erhöhten Greenfee-Gebühren, ist ein Nachlass auf diese Gebühren nicht möglich.
6. Das Angebot allein berechtigt nicht zum Spiel gegen Greenfee. Die Erfüllung der Bestimmungen des jeweiligen Golfclubs zur Greenfee-Berechtigung (Mitgliedschaft in einem Golfclub, Mindesthandicap etc.) zum Zeitpunkt der Einlösung sind Voraussetzung.
7. Es ist untersagt, den Greenfee-Gutschein entgeltlich Dritten zu überlassen bzw. mit diesen Handel zu treiben. Insbesondere sind die teilnehmenden Golfclubs in diesem Falle berechtigt, die Einlösung der ausgeschriebenen Angebote zu verweigern.
8. Die teilnehmenden Golfclubs haben sich gegenüber dem Verlag unter den o.g. Bedingungen verpflichtet, die ausgeschriebenen Angebote einzulösen. Der Verlag übernimmt jedoch keine Gewähr und keine Haftung, wenn ein Angebot nicht eingelöst wird oder werden kann.

Bedingungen zur Einlösung des Discounts:

1. Das Angebot ist einschließlich bis 30.6.2022 gültig.
2. Der Golfspieler/Leser hat sich telefonisch eine Abschlagzeit geben zu lassen – dabei ist die Nutzung des Angebots anzugeben.
3. Eine Barauszahlung des Greenfee-Vorteils ist nicht möglich.
4. Das Kombinieren von Angeboten oder bestehenden Greenfee-Vorteilen ist nicht möglich. Der Vorteil bezieht sich jeweils ausschließlich auf die zum Zeitpunkt der Einlösung gültigen vollen Greenfee-Gebühren.
5. Gibt es Spielergruppen mit erhöhten Greenfee-Gebühren, ist ein Nachlass auf diese Gebühren nicht möglich.
6. Das Angebot allein berechtigt nicht zum Spiel gegen Greenfee. Die Erfüllung der Bestimmungen des jeweiligen Golfclubs zur Greenfee-Berechtigung (Mitgliedschaft in einem Golfclub, Mindesthandicap etc.) zum Zeitpunkt der Einlösung sind Voraussetzung.
7. Es ist untersagt, den Greenfee-Gutschein entgeltlich Dritten zu überlassen bzw. mit diesen Handel zu treiben. Insbesondere sind die teilnehmenden Golfclubs in diesem Falle berechtigt, die Einlösung der ausgeschriebenen Angebote zu verweigern.
8. Die teilnehmenden Golfclubs haben sich gegenüber dem Verlag unter den o.g. Bedingungen verpflichtet, die ausgeschriebenen Angebote einzulösen. Der Verlag übernimmt jedoch keine Gewähr und keine Haftung, wenn ein Angebot nicht eingelöst wird oder werden kann.

Bedingungen zur Einlösung des Discounts:

1. Das Angebot ist einschließlich bis 30.6.2022 gültig.
2. Der Golfspieler/Leser hat sich telefonisch eine Abschlagzeit geben zu lassen – dabei ist die Nutzung des Angebots anzugeben.
3. Eine Barauszahlung des Greenfee-Vorteils ist nicht möglich.
4. Das Kombinieren von Angeboten oder bestehenden Greenfee-Vorteilen ist nicht möglich. Der Vorteil bezieht sich jeweils ausschließlich auf die zum Zeitpunkt der Einlösung gültigen vollen Greenfee-Gebühren.
5. Gibt es Spielergruppen mit erhöhten Greenfee-Gebühren, ist ein Nachlass auf diese Gebühren nicht möglich.
6. Das Angebot allein berechtigt nicht zum Spiel gegen Greenfee. Die Erfüllung der Bestimmungen des jeweiligen Golfclubs zur Greenfee-Berechtigung (Mitgliedschaft in einem Golfclub, Mindesthandicap etc.) zum Zeitpunkt der Einlösung sind Voraussetzung.
7. Es ist untersagt, den Greenfee-Gutschein entgeltlich Dritten zu überlassen bzw. mit diesen Handel zu treiben. Insbesondere sind die teilnehmenden Golfclubs in diesem Falle berechtigt, die Einlösung der ausgeschriebenen Angebote zu verweigern.
8. Die teilnehmenden Golfclubs haben sich gegenüber dem Verlag unter den o.g. Bedingungen verpflichtet, die ausgeschriebenen Angebote einzulösen. Der Verlag übernimmt jedoch keine Gewähr und keine Haftung, wenn ein Angebot nicht eingelöst wird oder werden kann.

Bedingungen zur Einlösung des Discounts:

1. Das Angebot ist einschließlich bis 30.6.2022 gültig.
2. Der Golfspieler/Leser hat sich telefonisch eine Abschlagzeit geben zu lassen – dabei ist die Nutzung des Angebots anzugeben.
3. Eine Barauszahlung des Greenfee-Vorteils ist nicht möglich.
4. Das Kombinieren von Angeboten oder bestehenden Greenfee-Vorteilen ist nicht möglich. Der Vorteil bezieht sich jeweils ausschließlich auf die zum Zeitpunkt der Einlösung gültigen vollen Greenfee-Gebühren.
5. Gibt es Spielergruppen mit erhöhten Greenfee-Gebühren, ist ein Nachlass auf diese Gebühren nicht möglich.
6. Das Angebot allein berechtigt nicht zum Spiel gegen Greenfee. Die Erfüllung der Bestimmungen des jeweiligen Golfclubs zur Greenfee-Berechtigung (Mitgliedschaft in einem Golfclub, Mindesthandicap etc.) zum Zeitpunkt der Einlösung sind Voraussetzung.
7. Es ist untersagt, den Greenfee-Gutschein entgeltlich Dritten zu überlassen bzw. mit diesen Handel zu treiben. Insbesondere sind die teilnehmenden Golfclubs in diesem Falle berechtigt, die Einlösung der ausgeschriebenen Angebote zu verweigern.
8. Die teilnehmenden Golfclubs haben sich gegenüber dem Verlag unter den o.g. Bedingungen verpflichtet, die ausgeschriebenen Angebote einzulösen. Der Verlag übernimmt jedoch keine Gewähr und keine Haftung, wenn ein Angebot nicht eingelöst wird oder werden kann.

DER GOLF ALBRECHT

Golfclub Schloß Igling e.V.

DE

Schloss Igling 3
D-86859 Igling/Landsberg
✆ 08248-1893
Bayern

238

50% Greenfee-Ermäßigung

DER GOLF ALBRECHT

Golfclub Pfaffing Wasserburger Land e.V.

DE

Köckmühle 132
D-83539 Pfaffing
✆ 08076-8891870
Bayern

239

2 for 1 2 GF zum Preis von 1

DER GOLF ALBRECHT

Golfclub Pfaffing Wasserburger Land e.V.

DE

Köckmühle 132
D-83539 Pfaffing
✆ 08076-8891870
Bayern

239

2 for 1 2 GF zum Preis von 1

DER GOLF ALBRECHT

Der Golf Club Am Obinger See

DE

Kirchreitbergstr. 2
D-83119 Obing, OT Kleinornach
✆ 08624-875623
Bayern
Hinweis: gilt nicht für 9 Loch Greenfee

240

2 for 1 2 GF zum Preis von 1

DER GOLF ALBRECHT

Der Golf Club Am Obinger See

DE

Kirchreitbergstr. 2
D-83119 Obing, OT Kleinornach
✆ 08624-875623
Bayern
Hinweis: gilt nicht für 9 Loch Greenfee

240

2 for 1 2 GF zum Preis von 1

DER GOLF ALBRECHT

Der Golf Club Am Obinger See

DE

Kirchreitbergstr. 2
D-83119 Obing, OT Kleinornach
✆ 08624-875623
Bayern
Hinweis: gilt nicht für 9 Loch Greenfee

240

2 for 1 2 GF zum Preis von 1

DER GOLF ALBRECHT

Der Golf Club Am Obinger See

DE

Kirchreitbergstr. 2
D-83119 Obing, OT Kleinornach
✆ 08624-875623
Bayern

240

20% Greenfee-Ermäßigung

DER GOLF ALBRECHT

Der Golf Club Am Obinger See

DE

Kirchreitbergstr. 2
D-83119 Obing, OT Kleinornach
✆ 08624-875623
Bayern

240

20% Greenfee-Ermäßigung

DER GOLF ALBRECHT

Golfclub Anthal-Waginger See e.V.

DE

Anthal 2
D-83413 Fridolfing
✆ 08684-888
Bayern

241

2 for 1 2 GF zum Preis von 1

DER GOLF ALBRECHT

Golfclub Anthal-Waginger See e.V.

DE

Anthal 2
D-83413 Fridolfing
✆ 08684-888
Bayern

241

2 for 1 2 GF zum Preis von 1

Bedingungen zur Einlösung des Discounts:
1. Das Angebot ist einschließlich bis 30.6.2022 gültig.
2. Der Golfspieler/Leser hat sich telefonisch eine Abschlagzeit geben zu lassen – dabei ist die Nutzung des Angebots anzugeben.
3. Eine Barauszahlung des Greenfee-Vorteils ist nicht möglich.
4. Das Kombinieren von Angeboten oder bestehenden Greenfee-Vorteilen ist nicht möglich. Der Vorteil bezieht sich jeweils ausschließlich auf die zum Zeitpunkt der Einlösung gültigen vollen Greenfee-Gebühren.
5. Gibt es Spielergruppen mit erhöhten Greenfee-Gebühren, ist ein Nachlass auf diese Gebühren nicht möglich.
6. Das Angebot allein berechtigt nicht zum Spiel gegen Greenfee. Die Erfüllung der Bestimmungen des jeweiligen Golfclubs zur Greenfee-Berechtigung (Mitgliedschaft in einem Golfclub, Mindesthandicap etc.) zum Zeitpunkt der Einlösung sind Voraussetzung.
7. Es ist untersagt, den Greenfee-Gutschein entgeltlich Dritten zu überlassen bzw. mit diesen Handel zu treiben. Insbesondere sind die teilnehmenden Golfclubs in diesem Falle berechtigt, die Einlösung der ausgeschriebenen Angebote zu verweigern.
8. Die teilnehmenden Golfclubs haben sich gegenüber dem Verlag unter den o.g. Bedingungen verpflichtet, die ausgeschriebenen Angebote einzulösen. Der Verlag übernimmt jedoch keine Gewähr und keine Haftung, wenn ein Angebot nicht eingelöst wird oder werden kann.

Bedingungen zur Einlösung des Discounts:
1. Das Angebot ist einschließlich bis 30.6.2022 gültig.
2. Der Golfspieler/Leser hat sich telefonisch eine Abschlagzeit geben zu lassen – dabei ist die Nutzung des Angebots anzugeben.
3. Eine Barauszahlung des Greenfee-Vorteils ist nicht möglich.
4. Das Kombinieren von Angeboten oder bestehenden Greenfee-Vorteilen ist nicht möglich. Der Vorteil bezieht sich jeweils ausschließlich auf die zum Zeitpunkt der Einlösung gültigen vollen Greenfee-Gebühren.
5. Gibt es Spielergruppen mit erhöhten Greenfee-Gebühren, ist ein Nachlass auf diese Gebühren nicht möglich.
6. Das Angebot allein berechtigt nicht zum Spiel gegen Greenfee. Die Erfüllung der Bestimmungen des jeweiligen Golfclubs zur Greenfee-Berechtigung (Mitgliedschaft in einem Golfclub, Mindesthandicap etc.) zum Zeitpunkt der Einlösung sind Voraussetzung.
7. Es ist untersagt, den Greenfee-Gutschein entgeltlich Dritten zu überlassen bzw. mit diesen Handel zu treiben. Insbesondere sind die teilnehmenden Golfclubs in diesem Falle berechtigt, die Einlösung der ausgeschriebenen Angebote zu verweigern.
8. Die teilnehmenden Golfclubs haben sich gegenüber dem Verlag unter den o.g. Bedingungen verpflichtet, die ausgeschriebenen Angebote einzulösen. Der Verlag übernimmt jedoch keine Gewähr und keine Haftung, wenn ein Angebot nicht eingelöst wird oder werden kann.

Bedingungen zur Einlösung des Discounts:
1. Das Angebot ist einschließlich bis 30.6.2022 gültig.
2. Der Golfspieler/Leser hat sich telefonisch eine Abschlagzeit geben zu lassen – dabei ist die Nutzung des Angebots anzugeben.
3. Eine Barauszahlung des Greenfee-Vorteils ist nicht möglich.
4. Das Kombinieren von Angeboten oder bestehenden Greenfee-Vorteilen ist nicht möglich. Der Vorteil bezieht sich jeweils ausschließlich auf die zum Zeitpunkt der Einlösung gültigen vollen Greenfee-Gebühren.
5. Gibt es Spielergruppen mit erhöhten Greenfee-Gebühren, ist ein Nachlass auf diese Gebühren nicht möglich.
6. Das Angebot allein berechtigt nicht zum Spiel gegen Greenfee. Die Erfüllung der Bestimmungen des jeweiligen Golfclubs zur Greenfee-Berechtigung (Mitgliedschaft in einem Golfclub, Mindesthandicap etc.) zum Zeitpunkt der Einlösung sind Voraussetzung.
7. Es ist untersagt, den Greenfee-Gutschein entgeltlich Dritten zu überlassen bzw. mit diesen Handel zu treiben. Insbesondere sind die teilnehmenden Golfclubs in diesem Falle berechtigt, die Einlösung der ausgeschriebenen Angebote zu verweigern.
8. Die teilnehmenden Golfclubs haben sich gegenüber dem Verlag unter den o.g. Bedingungen verpflichtet, die ausgeschriebenen Angebote einzulösen. Der Verlag übernimmt jedoch keine Gewähr und keine Haftung, wenn ein Angebot nicht eingelöst wird oder werden kann.

Bedingungen zur Einlösung des Discounts:
1. Das Angebot ist einschließlich bis 30.6.2022 gültig.
2. Der Golfspieler/Leser hat sich telefonisch eine Abschlagzeit geben zu lassen – dabei ist die Nutzung des Angebots anzugeben.
3. Eine Barauszahlung des Greenfee-Vorteils ist nicht möglich.
4. Das Kombinieren von Angeboten oder bestehenden Greenfee-Vorteilen ist nicht möglich. Der Vorteil bezieht sich jeweils ausschließlich auf die zum Zeitpunkt der Einlösung gültigen vollen Greenfee-Gebühren.
5. Gibt es Spielergruppen mit erhöhten Greenfee-Gebühren, ist ein Nachlass auf diese Gebühren nicht möglich.
6. Das Angebot allein berechtigt nicht zum Spiel gegen Greenfee. Die Erfüllung der Bestimmungen des jeweiligen Golfclubs zur Greenfee-Berechtigung (Mitgliedschaft in einem Golfclub, Mindesthandicap etc.) zum Zeitpunkt der Einlösung sind Voraussetzung.
7. Es ist untersagt, den Greenfee-Gutschein entgeltlich Dritten zu überlassen bzw. mit diesen Handel zu treiben. Insbesondere sind die teilnehmenden Golfclubs in diesem Falle berechtigt, die Einlösung der ausgeschriebenen Angebote zu verweigern.
8. Die teilnehmenden Golfclubs haben sich gegenüber dem Verlag unter den o.g. Bedingungen verpflichtet, die ausgeschriebenen Angebote einzulösen. Der Verlag übernimmt jedoch keine Gewähr und keine Haftung, wenn ein Angebot nicht eingelöst wird oder werden kann.

Bedingungen zur Einlösung des Discounts:
1. Das Angebot ist einschließlich bis 30.6.2022 gültig.
2. Der Golfspieler/Leser hat sich telefonisch eine Abschlagzeit geben zu lassen – dabei ist die Nutzung des Angebots anzugeben.
3. Eine Barauszahlung des Greenfee-Vorteils ist nicht möglich.
4. Das Kombinieren von Angeboten oder bestehenden Greenfee-Vorteilen ist nicht möglich. Der Vorteil bezieht sich jeweils ausschließlich auf die zum Zeitpunkt der Einlösung gültigen vollen Greenfee-Gebühren.
5. Gibt es Spielergruppen mit erhöhten Greenfee-Gebühren, ist ein Nachlass auf diese Gebühren nicht möglich.
6. Das Angebot allein berechtigt nicht zum Spiel gegen Greenfee. Die Erfüllung der Bestimmungen des jeweiligen Golfclubs zur Greenfee-Berechtigung (Mitgliedschaft in einem Golfclub, Mindesthandicap etc.) zum Zeitpunkt der Einlösung sind Voraussetzung.
7. Es ist untersagt, den Greenfee-Gutschein entgeltlich Dritten zu überlassen bzw. mit diesen Handel zu treiben. Insbesondere sind die teilnehmenden Golfclubs in diesem Falle berechtigt, die Einlösung der ausgeschriebenen Angebote zu verweigern.
8. Die teilnehmenden Golfclubs haben sich gegenüber dem Verlag unter den o.g. Bedingungen verpflichtet, die ausgeschriebenen Angebote einzulösen. Der Verlag übernimmt jedoch keine Gewähr und keine Haftung, wenn ein Angebot nicht eingelöst wird oder werden kann.

Bedingungen zur Einlösung des Discounts:
1. Das Angebot ist einschließlich bis 30.6.2022 gültig.
2. Der Golfspieler/Leser hat sich telefonisch eine Abschlagzeit geben zu lassen – dabei ist die Nutzung des Angebots anzugeben.
3. Eine Barauszahlung des Greenfee-Vorteils ist nicht möglich.
4. Das Kombinieren von Angeboten oder bestehenden Greenfee-Vorteilen ist nicht möglich. Der Vorteil bezieht sich jeweils ausschließlich auf die zum Zeitpunkt der Einlösung gültigen vollen Greenfee-Gebühren.
5. Gibt es Spielergruppen mit erhöhten Greenfee-Gebühren, ist ein Nachlass auf diese Gebühren nicht möglich.
6. Das Angebot allein berechtigt nicht zum Spiel gegen Greenfee. Die Erfüllung der Bestimmungen des jeweiligen Golfclubs zur Greenfee-Berechtigung (Mitgliedschaft in einem Golfclub, Mindesthandicap etc.) zum Zeitpunkt der Einlösung sind Voraussetzung.
7. Es ist untersagt, den Greenfee-Gutschein entgeltlich Dritten zu überlassen bzw. mit diesen Handel zu treiben. Insbesondere sind die teilnehmenden Golfclubs in diesem Falle berechtigt, die Einlösung der ausgeschriebenen Angebote zu verweigern.
8. Die teilnehmenden Golfclubs haben sich gegenüber dem Verlag unter den o.g. Bedingungen verpflichtet, die ausgeschriebenen Angebote einzulösen. Der Verlag übernimmt jedoch keine Gewähr und keine Haftung, wenn ein Angebot nicht eingelöst wird oder werden kann.

Bedingungen zur Einlösung des Discounts:
1. Das Angebot ist einschließlich bis 30.6.2022 gültig.
2. Der Golfspieler/Leser hat sich telefonisch eine Abschlagzeit geben zu lassen – dabei ist die Nutzung des Angebots anzugeben.
3. Eine Barauszahlung des Greenfee-Vorteils ist nicht möglich.
4. Das Kombinieren von Angeboten oder bestehenden Greenfee-Vorteilen ist nicht möglich. Der Vorteil bezieht sich jeweils ausschließlich auf die zum Zeitpunkt der Einlösung gültigen vollen Greenfee-Gebühren.
5. Gibt es Spielergruppen mit erhöhten Greenfee-Gebühren, ist ein Nachlass auf diese Gebühren nicht möglich.
6. Das Angebot allein berechtigt nicht zum Spiel gegen Greenfee. Die Erfüllung der Bestimmungen des jeweiligen Golfclubs zur Greenfee-Berechtigung (Mitgliedschaft in einem Golfclub, Mindesthandicap etc.) zum Zeitpunkt der Einlösung sind Voraussetzung.
7. Es ist untersagt, den Greenfee-Gutschein entgeltlich Dritten zu überlassen bzw. mit diesen Handel zu treiben. Insbesondere sind die teilnehmenden Golfclubs in diesem Falle berechtigt, die Einlösung der ausgeschriebenen Angebote zu verweigern.
8. Die teilnehmenden Golfclubs haben sich gegenüber dem Verlag unter den o.g. Bedingungen verpflichtet, die ausgeschriebenen Angebote einzulösen. Der Verlag übernimmt jedoch keine Gewähr und keine Haftung, wenn ein Angebot nicht eingelöst wird oder werden kann.

Bedingungen zur Einlösung des Discounts:
1. Das Angebot ist einschließlich bis 30.6.2022 gültig.
2. Der Golfspieler/Leser hat sich telefonisch eine Abschlagzeit geben zu lassen – dabei ist die Nutzung des Angebots anzugeben.
3. Eine Barauszahlung des Greenfee-Vorteils ist nicht möglich.
4. Das Kombinieren von Angeboten oder bestehenden Greenfee-Vorteilen ist nicht möglich. Der Vorteil bezieht sich jeweils ausschließlich auf die zum Zeitpunkt der Einlösung gültigen vollen Greenfee-Gebühren.
5. Gibt es Spielergruppen mit erhöhten Greenfee-Gebühren, ist ein Nachlass auf diese Gebühren nicht möglich.
6. Das Angebot allein berechtigt nicht zum Spiel gegen Greenfee. Die Erfüllung der Bestimmungen des jeweiligen Golfclubs zur Greenfee-Berechtigung (Mitgliedschaft in einem Golfclub, Mindesthandicap etc.) zum Zeitpunkt der Einlösung sind Voraussetzung.
7. Es ist untersagt, den Greenfee-Gutschein entgeltlich Dritten zu überlassen bzw. mit diesen Handel zu treiben. Insbesondere sind die teilnehmenden Golfclubs in diesem Falle berechtigt, die Einlösung der ausgeschriebenen Angebote zu verweigern.
8. Die teilnehmenden Golfclubs haben sich gegenüber dem Verlag unter den o.g. Bedingungen verpflichtet, die ausgeschriebenen Angebote einzulösen. Der Verlag übernimmt jedoch keine Gewähr und keine Haftung, wenn ein Angebot nicht eingelöst wird oder werden kann.

Bedingungen zur Einlösung des Discounts:
1. Das Angebot ist einschließlich bis 30.6.2022 gültig.
2. Der Golfspieler/Leser hat sich telefonisch eine Abschlagzeit geben zu lassen – dabei ist die Nutzung des Angebots anzugeben.
3. Eine Barauszahlung des Greenfee-Vorteils ist nicht möglich.
4. Das Kombinieren von Angeboten oder bestehenden Greenfee-Vorteilen ist nicht möglich. Der Vorteil bezieht sich jeweils ausschließlich auf die zum Zeitpunkt der Einlösung gültigen vollen Greenfee-Gebühren.
5. Gibt es Spielergruppen mit erhöhten Greenfee-Gebühren, ist ein Nachlass auf diese Gebühren nicht möglich.
6. Das Angebot allein berechtigt nicht zum Spiel gegen Greenfee. Die Erfüllung der Bestimmungen des jeweiligen Golfclubs zur Greenfee-Berechtigung (Mitgliedschaft in einem Golfclub, Mindesthandicap etc.) zum Zeitpunkt der Einlösung sind Voraussetzung.
7. Es ist untersagt, den Greenfee-Gutschein entgeltlich Dritten zu überlassen bzw. mit diesen Handel zu treiben. Insbesondere sind die teilnehmenden Golfclubs in diesem Falle berechtigt, die Einlösung der ausgeschriebenen Angebote zu verweigern.
8. Die teilnehmenden Golfclubs haben sich gegenüber dem Verlag unter den o.g. Bedingungen verpflichtet, die ausgeschriebenen Angebote einzulösen. Der Verlag übernimmt jedoch keine Gewähr und keine Haftung, wenn ein Angebot nicht eingelöst wird oder werden kann.

Bedingungen zur Einlösung des Discounts:
1. Das Angebot ist einschließlich bis 30.6.2022 gültig.
2. Der Golfspieler/Leser hat sich telefonisch eine Abschlagzeit geben zu lassen – dabei ist die Nutzung des Angebots anzugeben.
3. Eine Barauszahlung des Greenfee-Vorteils ist nicht möglich.
4. Das Kombinieren von Angeboten oder bestehenden Greenfee-Vorteilen ist nicht möglich. Der Vorteil bezieht sich jeweils ausschließlich auf die zum Zeitpunkt der Einlösung gültigen vollen Greenfee-Gebühren.
5. Gibt es Spielergruppen mit erhöhten Greenfee-Gebühren, ist ein Nachlass auf diese Gebühren nicht möglich.
6. Das Angebot allein berechtigt nicht zum Spiel gegen Greenfee. Die Erfüllung der Bestimmungen des jeweiligen Golfclubs zur Greenfee-Berechtigung (Mitgliedschaft in einem Golfclub, Mindesthandicap etc.) zum Zeitpunkt der Einlösung sind Voraussetzung.
7. Es ist untersagt, den Greenfee-Gutschein entgeltlich Dritten zu überlassen bzw. mit diesen Handel zu treiben. Insbesondere sind die teilnehmenden Golfclubs in diesem Falle berechtigt, die Einlösung der ausgeschriebenen Angebote zu verweigern.
8. Die teilnehmenden Golfclubs haben sich gegenüber dem Verlag unter den o.g. Bedingungen verpflichtet, die ausgeschriebenen Angebote einzulösen. Der Verlag übernimmt jedoch keine Gewähr und keine Haftung, wenn ein Angebot nicht eingelöst wird oder werden kann.

DER GOLF ALBRECHT

Golf Club Höslwang im Chiemgau e.V. DE

Kronberg 4
D-83129 Höslwang
08075-714
Bayern

242

25% **Greenfee-Ermäßigung**

DER GOLF ALBRECHT

Golf Club Höslwang im Chiemgau e.V. DE

Kronberg 4
D-83129 Höslwang
08075-714
Bayern

242

25% **Greenfee-Ermäßigung**

DER GOLF ALBRECHT

Golfclub Mangfalltal e.V. DE

Oed 1
D-83620 Feldkirchen-Westerham
08063-6300
Bayern
Hinweis: Wochentags : Montag-Freitag außer Feiertage

243

2 for 1 **2 GF zum Preis von 1 wochentags**

DER GOLF ALBRECHT

Golfclub Mangfalltal e.V. DE

Oed 1
D-83620 Feldkirchen-Westerham
08063-6300
Bayern
Hinweis: Wochentags : Montag-Freitag außer Feiertage

243

2 for 1 **2 GF zum Preis von 1 wochentags**

DER GOLF ALBRECHT

Golfclub Mangfalltal e.V. DE

Oed 1
D-83620 Feldkirchen-Westerham
08063-6300
Bayern

243

20% **Greenfee-Ermäßigung wochentags**

DER GOLF ALBRECHT

Golfclub Mangfalltal e.V. DE

Oed 1
D-83620 Feldkirchen-Westerham
08063-6300
Bayern

243

20% **Greenfee-Ermäßigung wochentags**

DER GOLF ALBRECHT

Golf Club Hohenpähl e.V. DE

Hohenpähl
D-82396 Pähl
08808-92020
Bayern
Hinweis: Gutschein gültig von Mo. bis Fr. (nicht an Feiertagen). HCP-Begrenzung 45.

244

20% **Greenfee-Ermäßigung wochentags**

DER GOLF ALBRECHT

Golf Club Hohenpähl e.V. DE

Hohenpähl
D-82396 Pähl
08808-92020
Bayern
Hinweis: Gutschein gültig von Mo. bis Fr. (nicht an Feiertagen). HCP-Begrenzung 45.

244

20% **Greenfee-Ermäßigung wochentags**

DER GOLF ALBRECHT

Golf Club Schloß Maxlrain e.V. DE

Freiung 14
D-83104 Maxlrain
08061-1403
Bayern

245

20% **Greenfee-Ermäßigung**

DER GOLF ALBRECHT

Golf Club Schloß Maxlrain e.V. DE

Freiung 14
D-83104 Maxlrain
08061-1403
Bayern

245

20% **Greenfee-Ermäßigung**

Bedingungen zur Einlösung des Discounts:

1. Das Angebot ist einschließlich bis 30.6.2022 gültig.
2. Der Golfspieler/Leser hat sich telefonisch eine Abschlagzeit geben zu lassen – dabei ist die Nutzung des Angebots anzugeben.
3. Eine Barauszahlung des Greenfee-Vorteils ist nicht möglich.
4. Das Kombinieren von Angeboten oder bestehenden Greenfee-Vorteilen ist nicht möglich. Der Vorteil bezieht sich jeweils ausschließlich auf die zum Zeitpunkt der Einlösung gültigen vollen Greenfee-Gebühren.
5. Gibt es Spielergruppen mit erhöhten Greenfee-Gebühren, ist ein Nachlass auf diese Gebühren nicht möglich.
6. Das Angebot allein berechtigt nicht zum Spiel gegen Greenfee. Die Erfüllung der Bestimmungen des jeweiligen Golfclubs zur Greenfee-Berechtigung (Mitgliedschaft in einem Golfclub, Mindesthandicap etc.) zum Zeitpunkt der Einlösung sind Voraussetzung.
7. Es ist untersagt, den Greenfee-Gutschein entgeltlich Dritten zu überlassen bzw. mit diesen Handel zu treiben. Insbesondere sind die teilnehmenden Golfclubs in diesem Falle berechtigt, die Einlösung der ausgeschriebenen Angebote zu verweigern.
8. Die teilnehmenden Golfclubs haben sich gegenüber dem Verlag unter den o.g. Bedingungen verpflichtet, die ausgeschriebenen Angebote einzulösen. Der Verlag übernimmt jedoch keine Gewähr und keine Haftung, wenn ein Angebot nicht eingelöst wird oder werden kann.

Bedingungen zur Einlösung des Discounts:

1. Das Angebot ist einschließlich bis 30.6.2022 gültig.
2. Der Golfspieler/Leser hat sich telefonisch eine Abschlagzeit geben zu lassen – dabei ist die Nutzung des Angebots anzugeben.
3. Eine Barauszahlung des Greenfee-Vorteils ist nicht möglich.
4. Das Kombinieren von Angeboten oder bestehenden Greenfee-Vorteilen ist nicht möglich. Der Vorteil bezieht sich jeweils ausschließlich auf die zum Zeitpunkt der Einlösung gültigen vollen Greenfee-Gebühren.
5. Gibt es Spielergruppen mit erhöhten Greenfee-Gebühren, ist ein Nachlass auf diese Gebühren nicht möglich.
6. Das Angebot allein berechtigt nicht zum Spiel gegen Greenfee. Die Erfüllung der Bestimmungen des jeweiligen Golfclubs zur Greenfee-Berechtigung (Mitgliedschaft in einem Golfclub, Mindesthandicap etc.) zum Zeitpunkt der Einlösung sind Voraussetzung.
7. Es ist untersagt, den Greenfee-Gutschein entgeltlich Dritten zu überlassen bzw. mit diesen Handel zu treiben. Insbesondere sind die teilnehmenden Golfclubs in diesem Falle berechtigt, die Einlösung der ausgeschriebenen Angebote zu verweigern.
8. Die teilnehmenden Golfclubs haben sich gegenüber dem Verlag unter den o.g. Bedingungen verpflichtet, die ausgeschriebenen Angebote einzulösen. Der Verlag übernimmt jedoch keine Gewähr und keine Haftung, wenn ein Angebot nicht eingelöst wird oder werden kann.

Bedingungen zur Einlösung des Discounts:

1. Das Angebot ist einschließlich bis 30.6.2022 gültig.
2. Der Golfspieler/Leser hat sich telefonisch eine Abschlagzeit geben zu lassen – dabei ist die Nutzung des Angebots anzugeben.
3. Eine Barauszahlung des Greenfee-Vorteils ist nicht möglich.
4. Das Kombinieren von Angeboten oder bestehenden Greenfee-Vorteilen ist nicht möglich. Der Vorteil bezieht sich jeweils ausschließlich auf die zum Zeitpunkt der Einlösung gültigen vollen Greenfee-Gebühren.
5. Gibt es Spielergruppen mit erhöhten Greenfee-Gebühren, ist ein Nachlass auf diese Gebühren nicht möglich.
6. Das Angebot allein berechtigt nicht zum Spiel gegen Greenfee. Die Erfüllung der Bestimmungen des jeweiligen Golfclubs zur Greenfee-Berechtigung (Mitgliedschaft in einem Golfclub, Mindesthandicap etc.) zum Zeitpunkt der Einlösung sind Voraussetzung.
7. Es ist untersagt, den Greenfee-Gutschein entgeltlich Dritten zu überlassen bzw. mit diesen Handel zu treiben. Insbesondere sind die teilnehmenden Golfclubs in diesem Falle berechtigt, die Einlösung der ausgeschriebenen Angebote zu verweigern.
8. Die teilnehmenden Golfclubs haben sich gegenüber dem Verlag unter den o.g. Bedingungen verpflichtet, die ausgeschriebenen Angebote einzulösen. Der Verlag übernimmt jedoch keine Gewähr und keine Haftung, wenn ein Angebot nicht eingelöst wird oder werden kann.

Bedingungen zur Einlösung des Discounts:

1. Das Angebot ist einschließlich bis 30.6.2022 gültig.
2. Der Golfspieler/Leser hat sich telefonisch eine Abschlagzeit geben zu lassen – dabei ist die Nutzung des Angebots anzugeben.
3. Eine Barauszahlung des Greenfee-Vorteils ist nicht möglich.
4. Das Kombinieren von Angeboten oder bestehenden Greenfee-Vorteilen ist nicht möglich. Der Vorteil bezieht sich jeweils ausschließlich auf die zum Zeitpunkt der Einlösung gültigen vollen Greenfee-Gebühren.
5. Gibt es Spielergruppen mit erhöhten Greenfee-Gebühren, ist ein Nachlass auf diese Gebühren nicht möglich.
6. Das Angebot allein berechtigt nicht zum Spiel gegen Greenfee. Die Erfüllung der Bestimmungen des jeweiligen Golfclubs zur Greenfee-Berechtigung (Mitgliedschaft in einem Golfclub, Mindesthandicap etc.) zum Zeitpunkt der Einlösung sind Voraussetzung.
7. Es ist untersagt, den Greenfee-Gutschein entgeltlich Dritten zu überlassen bzw. mit diesen Handel zu treiben. Insbesondere sind die teilnehmenden Golfclubs in diesem Falle berechtigt, die Einlösung der ausgeschriebenen Angebote zu verweigern.
8. Die teilnehmenden Golfclubs haben sich gegenüber dem Verlag unter den o.g. Bedingungen verpflichtet, die ausgeschriebenen Angebote einzulösen. Der Verlag übernimmt jedoch keine Gewähr und keine Haftung, wenn ein Angebot nicht eingelöst wird oder werden kann.

Bedingungen zur Einlösung des Discounts:

1. Das Angebot ist einschließlich bis 30.6.2022 gültig.
2. Der Golfspieler/Leser hat sich telefonisch eine Abschlagzeit geben zu lassen – dabei ist die Nutzung des Angebots anzugeben.
3. Eine Barauszahlung des Greenfee-Vorteils ist nicht möglich.
4. Das Kombinieren von Angeboten oder bestehenden Greenfee-Vorteilen ist nicht möglich. Der Vorteil bezieht sich jeweils ausschließlich auf die zum Zeitpunkt der Einlösung gültigen vollen Greenfee-Gebühren.
5. Gibt es Spielergruppen mit erhöhten Greenfee-Gebühren, ist ein Nachlass auf diese Gebühren nicht möglich.
6. Das Angebot allein berechtigt nicht zum Spiel gegen Greenfee. Die Erfüllung der Bestimmungen des jeweiligen Golfclubs zur Greenfee-Berechtigung (Mitgliedschaft in einem Golfclub, Mindesthandicap etc.) zum Zeitpunkt der Einlösung sind Voraussetzung.
7. Es ist untersagt, den Greenfee-Gutschein entgeltlich Dritten zu überlassen bzw. mit diesen Handel zu treiben. Insbesondere sind die teilnehmenden Golfclubs in diesem Falle berechtigt, die Einlösung der ausgeschriebenen Angebote zu verweigern.
8. Die teilnehmenden Golfclubs haben sich gegenüber dem Verlag unter den o.g. Bedingungen verpflichtet, die ausgeschriebenen Angebote einzulösen. Der Verlag übernimmt jedoch keine Gewähr und keine Haftung, wenn ein Angebot nicht eingelöst wird oder werden kann.

Bedingungen zur Einlösung des Discounts:

1. Das Angebot ist einschließlich bis 30.6.2022 gültig.
2. Der Golfspieler/Leser hat sich telefonisch eine Abschlagzeit geben zu lassen – dabei ist die Nutzung des Angebots anzugeben.
3. Eine Barauszahlung des Greenfee-Vorteils ist nicht möglich.
4. Das Kombinieren von Angeboten oder bestehenden Greenfee-Vorteilen ist nicht möglich. Der Vorteil bezieht sich jeweils ausschließlich auf die zum Zeitpunkt der Einlösung gültigen vollen Greenfee-Gebühren.
5. Gibt es Spielergruppen mit erhöhten Greenfee-Gebühren, ist ein Nachlass auf diese Gebühren nicht möglich.
6. Das Angebot allein berechtigt nicht zum Spiel gegen Greenfee. Die Erfüllung der Bestimmungen des jeweiligen Golfclubs zur Greenfee-Berechtigung (Mitgliedschaft in einem Golfclub, Mindesthandicap etc.) zum Zeitpunkt der Einlösung sind Voraussetzung.
7. Es ist untersagt, den Greenfee-Gutschein entgeltlich Dritten zu überlassen bzw. mit diesen Handel zu treiben. Insbesondere sind die teilnehmenden Golfclubs in diesem Falle berechtigt, die Einlösung der ausgeschriebenen Angebote zu verweigern.
8. Die teilnehmenden Golfclubs haben sich gegenüber dem Verlag unter den o.g. Bedingungen verpflichtet, die ausgeschriebenen Angebote einzulösen. Der Verlag übernimmt jedoch keine Gewähr und keine Haftung, wenn ein Angebot nicht eingelöst wird oder werden kann.

Bedingungen zur Einlösung des Discounts:

1. Das Angebot ist einschließlich bis 30.6.2022 gültig.
2. Der Golfspieler/Leser hat sich telefonisch eine Abschlagzeit geben zu lassen – dabei ist die Nutzung des Angebots anzugeben.
3. Eine Barauszahlung des Greenfee-Vorteils ist nicht möglich.
4. Das Kombinieren von Angeboten oder bestehenden Greenfee-Vorteilen ist nicht möglich. Der Vorteil bezieht sich jeweils ausschließlich auf die zum Zeitpunkt der Einlösung gültigen vollen Greenfee-Gebühren.
5. Gibt es Spielergruppen mit erhöhten Greenfee-Gebühren, ist ein Nachlass auf diese Gebühren nicht möglich.
6. Das Angebot allein berechtigt nicht zum Spiel gegen Greenfee. Die Erfüllung der Bestimmungen des jeweiligen Golfclubs zur Greenfee-Berechtigung (Mitgliedschaft in einem Golfclub, Mindesthandicap etc.) zum Zeitpunkt der Einlösung sind Voraussetzung.
7. Es ist untersagt, den Greenfee-Gutschein entgeltlich Dritten zu überlassen bzw. mit diesen Handel zu treiben. Insbesondere sind die teilnehmenden Golfclubs in diesem Falle berechtigt, die Einlösung der ausgeschriebenen Angebote zu verweigern.
8. Die teilnehmenden Golfclubs haben sich gegenüber dem Verlag unter den o.g. Bedingungen verpflichtet, die ausgeschriebenen Angebote einzulösen. Der Verlag übernimmt jedoch keine Gewähr und keine Haftung, wenn ein Angebot nicht eingelöst wird oder werden kann.

Bedingungen zur Einlösung des Discounts:

1. Das Angebot ist einschließlich bis 30.6.2022 gültig.
2. Der Golfspieler/Leser hat sich telefonisch eine Abschlagzeit geben zu lassen – dabei ist die Nutzung des Angebots anzugeben.
3. Eine Barauszahlung des Greenfee-Vorteils ist nicht möglich.
4. Das Kombinieren von Angeboten oder bestehenden Greenfee-Vorteilen ist nicht möglich. Der Vorteil bezieht sich jeweils ausschließlich auf die zum Zeitpunkt der Einlösung gültigen vollen Greenfee-Gebühren.
5. Gibt es Spielergruppen mit erhöhten Greenfee-Gebühren, ist ein Nachlass auf diese Gebühren nicht möglich.
6. Das Angebot allein berechtigt nicht zum Spiel gegen Greenfee. Die Erfüllung der Bestimmungen des jeweiligen Golfclubs zur Greenfee-Berechtigung (Mitgliedschaft in einem Golfclub, Mindesthandicap etc.) zum Zeitpunkt der Einlösung sind Voraussetzung.
7. Es ist untersagt, den Greenfee-Gutschein entgeltlich Dritten zu überlassen bzw. mit diesen Handel zu treiben. Insbesondere sind die teilnehmenden Golfclubs in diesem Falle berechtigt, die Einlösung der ausgeschriebenen Angebote zu verweigern.
8. Die teilnehmenden Golfclubs haben sich gegenüber dem Verlag unter den o.g. Bedingungen verpflichtet, die ausgeschriebenen Angebote einzulösen. Der Verlag übernimmt jedoch keine Gewähr und keine Haftung, wenn ein Angebot nicht eingelöst wird oder werden kann.

Bedingungen zur Einlösung des Discounts:

1. Das Angebot ist einschließlich bis 30.6.2022 gültig.
2. Der Golfspieler/Leser hat sich telefonisch eine Abschlagzeit geben zu lassen – dabei ist die Nutzung des Angebots anzugeben.
3. Eine Barauszahlung des Greenfee-Vorteils ist nicht möglich.
4. Das Kombinieren von Angeboten oder bestehenden Greenfee-Vorteilen ist nicht möglich. Der Vorteil bezieht sich jeweils ausschließlich auf die zum Zeitpunkt der Einlösung gültigen vollen Greenfee-Gebühren.
5. Gibt es Spielergruppen mit erhöhten Greenfee-Gebühren, ist ein Nachlass auf diese Gebühren nicht möglich.
6. Das Angebot allein berechtigt nicht zum Spiel gegen Greenfee. Die Erfüllung der Bestimmungen des jeweiligen Golfclubs zur Greenfee-Berechtigung (Mitgliedschaft in einem Golfclub, Mindesthandicap etc.) zum Zeitpunkt der Einlösung sind Voraussetzung.
7. Es ist untersagt, den Greenfee-Gutschein entgeltlich Dritten zu überlassen bzw. mit diesen Handel zu treiben. Insbesondere sind die teilnehmenden Golfclubs in diesem Falle berechtigt, die Einlösung der ausgeschriebenen Angebote zu verweigern.
8. Die teilnehmenden Golfclubs haben sich gegenüber dem Verlag unter den o.g. Bedingungen verpflichtet, die ausgeschriebenen Angebote einzulösen. Der Verlag übernimmt jedoch keine Gewähr und keine Haftung, wenn ein Angebot nicht eingelöst wird oder werden kann.

Bedingungen zur Einlösung des Discounts:

1. Das Angebot ist einschließlich bis 30.6.2022 gültig.
2. Der Golfspieler/Leser hat sich telefonisch eine Abschlagzeit geben zu lassen – dabei ist die Nutzung des Angebots anzugeben.
3. Eine Barauszahlung des Greenfee-Vorteils ist nicht möglich.
4. Das Kombinieren von Angeboten oder bestehenden Greenfee-Vorteilen ist nicht möglich. Der Vorteil bezieht sich jeweils ausschließlich auf die zum Zeitpunkt der Einlösung gültigen vollen Greenfee-Gebühren.
5. Gibt es Spielergruppen mit erhöhten Greenfee-Gebühren, ist ein Nachlass auf diese Gebühren nicht möglich.
6. Das Angebot allein berechtigt nicht zum Spiel gegen Greenfee. Die Erfüllung der Bestimmungen des jeweiligen Golfclubs zur Greenfee-Berechtigung (Mitgliedschaft in einem Golfclub, Mindesthandicap etc.) zum Zeitpunkt der Einlösung sind Voraussetzung.
7. Es ist untersagt, den Greenfee-Gutschein entgeltlich Dritten zu überlassen bzw. mit diesen Handel zu treiben. Insbesondere sind die teilnehmenden Golfclubs in diesem Falle berechtigt, die Einlösung der ausgeschriebenen Angebote zu verweigern.
8. Die teilnehmenden Golfclubs haben sich gegenüber dem Verlag unter den o.g. Bedingungen verpflichtet, die ausgeschriebenen Angebote einzulösen. Der Verlag übernimmt jedoch keine Gewähr und keine Haftung, wenn ein Angebot nicht eingelöst wird oder werden kann.

DER GOLF ALBRECHT

Golfclub Berchtesgadener Land e.V.

DE

Weng 12
D-83404 Ainring
☎ 08654-69020
Bayern
Hinweis: Dienstag - Sonntag ab 13.00 h

246

2 for 1 2 GF zum Preis von 1 wochentags

DER GOLF ALBRECHT

Golfplatz Waakirchen Tegernsee

DE

Golfplatz 1
D-83666 Waakirchen, OT Piesenkam
☎ 08021-5520
Bayern

247

20% Greenfee-Ermäßigung

DER GOLF ALBRECHT

Golfplatz Waakirchen Tegernsee

DE

Golfplatz 1
D-83666 Waakirchen, OT Piesenkam
☎ 08021-5520
Bayern

247

20% Greenfee-Ermäßigung

DER GOLF ALBRECHT

St. Eurach Land- und Golf Club e.V.

DE

Eurach 8
D-82393 Iffeldorf
☎ 08801-915830
Bayern

248

25% Greenfee-Ermäßigung wochentags

DER GOLF ALBRECHT

St. Eurach Land- und Golf Club e.V.

DE

Eurach 8
D-82393 Iffeldorf
☎ 08801-915830
Bayern

248

25% Greenfee-Ermäßigung wochentags

DER GOLF ALBRECHT

Tölzer Golfclub e.V.

DE

Straß 124 A
D-83646 Wackersberg
☎ 08041-8084944
Bayern

249

30% Greenfee-Ermäßigung

DER GOLF ALBRECHT

Tölzer Golfclub e.V.

DE

Straß 124 A
D-83646 Wackersberg
☎ 08041-8084944
Bayern

249

30% Greenfee-Ermäßigung

DER GOLF ALBRECHT

Golfclub Waldegg-Wiggensbach e.V.

DE

Hof Waldegg
D-87487 Wiggensbach
☎ 08370-93073
Bayern

250

2 for 1 2 GF zum Preis von 1

DER GOLF ALBRECHT

Golfclub Waldegg-Wiggensbach e.V.

DE

Hof Waldegg
D-87487 Wiggensbach
☎ 08370-93073
Bayern

250

2 for 1 2 GF zum Preis von 1

DER GOLF ALBRECHT

Golfclub Waldegg-Wiggensbach e.V.

DE

Hof Waldegg
D-87487 Wiggensbach
☎ 08370-93073
Bayern

250

25% Greenfee-Ermäßigung

Bedingungen zur Einlösung des Discounts:

1. Das Angebot ist einschließlich bis 30.6.2022 gültig.
2. Der Golfspieler/Leser hat sich telefonisch eine Abschlagzeit geben zu lassen – dabei ist die Nutzung des Angebots anzugeben.
3. Eine Barauszahlung des Greenfee-Vorteils ist nicht möglich.
4. Das Kombinieren von Angeboten oder bestehenden Greenfee-Vorteilen ist nicht möglich. Der Vorteil bezieht sich jeweils ausschließlich auf die zum Zeitpunkt der Einlösung gültigen vollen Greenfee-Gebühren.
5. Gibt es Spielergruppen mit erhöhten Greenfee-Gebühren, ist ein Nachlass auf diese Gebühren nicht möglich.
6. Das Angebot allein berechtigt nicht zum Spiel gegen Greenfee. Die Erfüllung der Bestimmungen des jeweiligen Golfclubs zur Greenfee-Berechtigung (Mitgliedschaft in einem Golfclub, Mindesthandicap etc.) zum Zeitpunkt der Einlösung sind Voraussetzung.
7. Es ist untersagt, den Greenfee-Gutschein entgeltlich Dritten zu überlassen bzw. mit diesen Handel zu treiben. Insbesondere sind die teilnehmenden Golfclubs in diesem Falle berechtigt, die Einlösung der ausgeschriebenen Angebote zu verweigern.
8. Die teilnehmenden Golfclubs haben sich gegenüber dem Verlag unter den o.g. Bedingungen verpflichtet, die ausgeschriebenen Angebote einzulösen. Der Verlag übernimmt jedoch keine Gewähr und keine Haftung, wenn ein Angebot nicht eingelöst wird oder werden kann.

Bedingungen zur Einlösung des Discounts:

1. Das Angebot ist einschließlich bis 30.6.2022 gültig.
2. Der Golfspieler/Leser hat sich telefonisch eine Abschlagzeit geben zu lassen – dabei ist die Nutzung des Angebots anzugeben.
3. Eine Barauszahlung des Greenfee-Vorteils ist nicht möglich.
4. Das Kombinieren von Angeboten oder bestehenden Greenfee-Vorteilen ist nicht möglich. Der Vorteil bezieht sich jeweils ausschließlich auf die zum Zeitpunkt der Einlösung gültigen vollen Greenfee-Gebühren.
5. Gibt es Spielergruppen mit erhöhten Greenfee-Gebühren, ist ein Nachlass auf diese Gebühren nicht möglich.
6. Das Angebot allein berechtigt nicht zum Spiel gegen Greenfee. Die Erfüllung der Bestimmungen des jeweiligen Golfclubs zur Greenfee-Berechtigung (Mitgliedschaft in einem Golfclub, Mindesthandicap etc.) zum Zeitpunkt der Einlösung sind Voraussetzung.
7. Es ist untersagt, den Greenfee-Gutschein entgeltlich Dritten zu überlassen bzw. mit diesen Handel zu treiben. Insbesondere sind die teilnehmenden Golfclubs in diesem Falle berechtigt, die Einlösung der ausgeschriebenen Angebote zu verweigern.
8. Die teilnehmenden Golfclubs haben sich gegenüber dem Verlag unter den o.g. Bedingungen verpflichtet, die ausgeschriebenen Angebote einzulösen. Der Verlag übernimmt jedoch keine Gewähr und keine Haftung, wenn ein Angebot nicht eingelöst wird oder werden kann.

Bedingungen zur Einlösung des Discounts:

1. Das Angebot ist einschließlich bis 30.6.2022 gültig.
2. Der Golfspieler/Leser hat sich telefonisch eine Abschlagzeit geben zu lassen – dabei ist die Nutzung des Angebots anzugeben.
3. Eine Barauszahlung des Greenfee-Vorteils ist nicht möglich.
4. Das Kombinieren von Angeboten oder bestehenden Greenfee-Vorteilen ist nicht möglich. Der Vorteil bezieht sich jeweils ausschließlich auf die zum Zeitpunkt der Einlösung gültigen vollen Greenfee-Gebühren.
5. Gibt es Spielergruppen mit erhöhten Greenfee-Gebühren, ist ein Nachlass auf diese Gebühren nicht möglich.
6. Das Angebot allein berechtigt nicht zum Spiel gegen Greenfee. Die Erfüllung der Bestimmungen des jeweiligen Golfclubs zur Greenfee-Berechtigung (Mitgliedschaft in einem Golfclub, Mindesthandicap etc.) zum Zeitpunkt der Einlösung sind Voraussetzung.
7. Es ist untersagt, den Greenfee-Gutschein entgeltlich Dritten zu überlassen bzw. mit diesen Handel zu treiben. Insbesondere sind die teilnehmenden Golfclubs in diesem Falle berechtigt, die Einlösung der ausgeschriebenen Angebote zu verweigern.
8. Die teilnehmenden Golfclubs haben sich gegenüber dem Verlag unter den o.g. Bedingungen verpflichtet, die ausgeschriebenen Angebote einzulösen. Der Verlag übernimmt jedoch keine Gewähr und keine Haftung, wenn ein Angebot nicht eingelöst wird oder werden kann.

Bedingungen zur Einlösung des Discounts:

1. Das Angebot ist einschließlich bis 30.6.2022 gültig.
2. Der Golfspieler/Leser hat sich telefonisch eine Abschlagzeit geben zu lassen – dabei ist die Nutzung des Angebots anzugeben.
3. Eine Barauszahlung des Greenfee-Vorteils ist nicht möglich.
4. Das Kombinieren von Angeboten oder bestehenden Greenfee-Vorteilen ist nicht möglich. Der Vorteil bezieht sich jeweils ausschließlich auf die zum Zeitpunkt der Einlösung gültigen vollen Greenfee-Gebühren.
5. Gibt es Spielergruppen mit erhöhten Greenfee-Gebühren, ist ein Nachlass auf diese Gebühren nicht möglich.
6. Das Angebot allein berechtigt nicht zum Spiel gegen Greenfee. Die Erfüllung der Bestimmungen des jeweiligen Golfclubs zur Greenfee-Berechtigung (Mitgliedschaft in einem Golfclub, Mindesthandicap etc.) zum Zeitpunkt der Einlösung sind Voraussetzung.
7. Es ist untersagt, den Greenfee-Gutschein entgeltlich Dritten zu überlassen bzw. mit diesen Handel zu treiben. Insbesondere sind die teilnehmenden Golfclubs in diesem Falle berechtigt, die Einlösung der ausgeschriebenen Angebote zu verweigern.
8. Die teilnehmenden Golfclubs haben sich gegenüber dem Verlag unter den o.g. Bedingungen verpflichtet, die ausgeschriebenen Angebote einzulösen. Der Verlag übernimmt jedoch keine Gewähr und keine Haftung, wenn ein Angebot nicht eingelöst wird oder werden kann.

Bedingungen zur Einlösung des Discounts:

1. Das Angebot ist einschließlich bis 30.6.2022 gültig.
2. Der Golfspieler/Leser hat sich telefonisch eine Abschlagzeit geben zu lassen – dabei ist die Nutzung des Angebots anzugeben.
3. Eine Barauszahlung des Greenfee-Vorteils ist nicht möglich.
4. Das Kombinieren von Angeboten oder bestehenden Greenfee-Vorteilen ist nicht möglich. Der Vorteil bezieht sich jeweils ausschließlich auf die zum Zeitpunkt der Einlösung gültigen vollen Greenfee-Gebühren.
5. Gibt es Spielergruppen mit erhöhten Greenfee-Gebühren, ist ein Nachlass auf diese Gebühren nicht möglich.
6. Das Angebot allein berechtigt nicht zum Spiel gegen Greenfee. Die Erfüllung der Bestimmungen des jeweiligen Golfclubs zur Greenfee-Berechtigung (Mitgliedschaft in einem Golfclub, Mindesthandicap etc.) zum Zeitpunkt der Einlösung sind Voraussetzung.
7. Es ist untersagt, den Greenfee-Gutschein entgeltlich Dritten zu überlassen bzw. mit diesen Handel zu treiben. Insbesondere sind die teilnehmenden Golfclubs in diesem Falle berechtigt, die Einlösung der ausgeschriebenen Angebote zu verweigern.
8. Die teilnehmenden Golfclubs haben sich gegenüber dem Verlag unter den o.g. Bedingungen verpflichtet, die ausgeschriebenen Angebote einzulösen. Der Verlag übernimmt jedoch keine Gewähr und keine Haftung, wenn ein Angebot nicht eingelöst wird oder werden kann.

Bedingungen zur Einlösung des Discounts:

1. Das Angebot ist einschließlich bis 30.6.2022 gültig.
2. Der Golfspieler/Leser hat sich telefonisch eine Abschlagzeit geben zu lassen – dabei ist die Nutzung des Angebots anzugeben.
3. Eine Barauszahlung des Greenfee-Vorteils ist nicht möglich.
4. Das Kombinieren von Angeboten oder bestehenden Greenfee-Vorteilen ist nicht möglich. Der Vorteil bezieht sich jeweils ausschließlich auf die zum Zeitpunkt der Einlösung gültigen vollen Greenfee-Gebühren.
5. Gibt es Spielergruppen mit erhöhten Greenfee-Gebühren, ist ein Nachlass auf diese Gebühren nicht möglich.
6. Das Angebot allein berechtigt nicht zum Spiel gegen Greenfee. Die Erfüllung der Bestimmungen des jeweiligen Golfclubs zur Greenfee-Berechtigung (Mitgliedschaft in einem Golfclub, Mindesthandicap etc.) zum Zeitpunkt der Einlösung sind Voraussetzung.
7. Es ist untersagt, den Greenfee-Gutschein entgeltlich Dritten zu überlassen bzw. mit diesen Handel zu treiben. Insbesondere sind die teilnehmenden Golfclubs in diesem Falle berechtigt, die Einlösung der ausgeschriebenen Angebote zu verweigern.
8. Die teilnehmenden Golfclubs haben sich gegenüber dem Verlag unter den o.g. Bedingungen verpflichtet, die ausgeschriebenen Angebote einzulösen. Der Verlag übernimmt jedoch keine Gewähr und keine Haftung, wenn ein Angebot nicht eingelöst wird oder werden kann.

Bedingungen zur Einlösung des Discounts:

1. Das Angebot ist einschließlich bis 30.6.2022 gültig.
2. Der Golfspieler/Leser hat sich telefonisch eine Abschlagzeit geben zu lassen – dabei ist die Nutzung des Angebots anzugeben.
3. Eine Barauszahlung des Greenfee-Vorteils ist nicht möglich.
4. Das Kombinieren von Angeboten oder bestehenden Greenfee-Vorteilen ist nicht möglich. Der Vorteil bezieht sich jeweils ausschließlich auf die zum Zeitpunkt der Einlösung gültigen vollen Greenfee-Gebühren.
5. Gibt es Spielergruppen mit erhöhten Greenfee-Gebühren, ist ein Nachlass auf diese Gebühren nicht möglich.
6. Das Angebot allein berechtigt nicht zum Spiel gegen Greenfee. Die Erfüllung der Bestimmungen des jeweiligen Golfclubs zur Greenfee-Berechtigung (Mitgliedschaft in einem Golfclub, Mindesthandicap etc.) zum Zeitpunkt der Einlösung sind Voraussetzung.
7. Es ist untersagt, den Greenfee-Gutschein entgeltlich Dritten zu überlassen bzw. mit diesen Handel zu treiben. Insbesondere sind die teilnehmenden Golfclubs in diesem Falle berechtigt, die Einlösung der ausgeschriebenen Angebote zu verweigern.
8. Die teilnehmenden Golfclubs haben sich gegenüber dem Verlag unter den o.g. Bedingungen verpflichtet, die ausgeschriebenen Angebote einzulösen. Der Verlag übernimmt jedoch keine Gewähr und keine Haftung, wenn ein Angebot nicht eingelöst wird oder werden kann.

Bedingungen zur Einlösung des Discounts:

1. Das Angebot ist einschließlich bis 30.6.2022 gültig.
2. Der Golfspieler/Leser hat sich telefonisch eine Abschlagzeit geben zu lassen – dabei ist die Nutzung des Angebots anzugeben.
3. Eine Barauszahlung des Greenfee-Vorteils ist nicht möglich.
4. Das Kombinieren von Angeboten oder bestehenden Greenfee-Vorteilen ist nicht möglich. Der Vorteil bezieht sich jeweils ausschließlich auf die zum Zeitpunkt der Einlösung gültigen vollen Greenfee-Gebühren.
5. Gibt es Spielergruppen mit erhöhten Greenfee-Gebühren, ist ein Nachlass auf diese Gebühren nicht möglich.
6. Das Angebot allein berechtigt nicht zum Spiel gegen Greenfee. Die Erfüllung der Bestimmungen des jeweiligen Golfclubs zur Greenfee-Berechtigung (Mitgliedschaft in einem Golfclub, Mindesthandicap etc.) zum Zeitpunkt der Einlösung sind Voraussetzung.
7. Es ist untersagt, den Greenfee-Gutschein entgeltlich Dritten zu überlassen bzw. mit diesen Handel zu treiben. Insbesondere sind die teilnehmenden Golfclubs in diesem Falle berechtigt, die Einlösung der ausgeschriebenen Angebote zu verweigern.
8. Die teilnehmenden Golfclubs haben sich gegenüber dem Verlag unter den o.g. Bedingungen verpflichtet, die ausgeschriebenen Angebote einzulösen. Der Verlag übernimmt jedoch keine Gewähr und keine Haftung, wenn ein Angebot nicht eingelöst wird oder werden kann.

Bedingungen zur Einlösung des Discounts:

1. Das Angebot ist einschließlich bis 30.6.2022 gültig.
2. Der Golfspieler/Leser hat sich telefonisch eine Abschlagzeit geben zu lassen – dabei ist die Nutzung des Angebots anzugeben.
3. Eine Barauszahlung des Greenfee-Vorteils ist nicht möglich.
4. Das Kombinieren von Angeboten oder bestehenden Greenfee-Vorteilen ist nicht möglich. Der Vorteil bezieht sich jeweils ausschließlich auf die zum Zeitpunkt der Einlösung gültigen vollen Greenfee-Gebühren.
5. Gibt es Spielergruppen mit erhöhten Greenfee-Gebühren, ist ein Nachlass auf diese Gebühren nicht möglich.
6. Das Angebot allein berechtigt nicht zum Spiel gegen Greenfee. Die Erfüllung der Bestimmungen des jeweiligen Golfclubs zur Greenfee-Berechtigung (Mitgliedschaft in einem Golfclub, Mindesthandicap etc.) zum Zeitpunkt der Einlösung sind Voraussetzung.
7. Es ist untersagt, den Greenfee-Gutschein entgeltlich Dritten zu überlassen bzw. mit diesen Handel zu treiben. Insbesondere sind die teilnehmenden Golfclubs in diesem Falle berechtigt, die Einlösung der ausgeschriebenen Angebote zu verweigern.
8. Die teilnehmenden Golfclubs haben sich gegenüber dem Verlag unter den o.g. Bedingungen verpflichtet, die ausgeschriebenen Angebote einzulösen. Der Verlag übernimmt jedoch keine Gewähr und keine Haftung, wenn ein Angebot nicht eingelöst wird oder werden kann.

Bedingungen zur Einlösung des Discounts:

1. Das Angebot ist einschließlich bis 30.6.2022 gültig.
2. Der Golfspieler/Leser hat sich telefonisch eine Abschlagzeit geben zu lassen – dabei ist die Nutzung des Angebots anzugeben.
3. Eine Barauszahlung des Greenfee-Vorteils ist nicht möglich.
4. Das Kombinieren von Angeboten oder bestehenden Greenfee-Vorteilen ist nicht möglich. Der Vorteil bezieht sich jeweils ausschließlich auf die zum Zeitpunkt der Einlösung gültigen vollen Greenfee-Gebühren.
5. Gibt es Spielergruppen mit erhöhten Greenfee-Gebühren, ist ein Nachlass auf diese Gebühren nicht möglich.
6. Das Angebot allein berechtigt nicht zum Spiel gegen Greenfee. Die Erfüllung der Bestimmungen des jeweiligen Golfclubs zur Greenfee-Berechtigung (Mitgliedschaft in einem Golfclub, Mindesthandicap etc.) zum Zeitpunkt der Einlösung sind Voraussetzung.
7. Es ist untersagt, den Greenfee-Gutschein entgeltlich Dritten zu überlassen bzw. mit diesen Handel zu treiben. Insbesondere sind die teilnehmenden Golfclubs in diesem Falle berechtigt, die Einlösung der ausgeschriebenen Angebote zu verweigern.
8. Die teilnehmenden Golfclubs haben sich gegenüber dem Verlag unter den o.g. Bedingungen verpflichtet, die ausgeschriebenen Angebote einzulösen. Der Verlag übernimmt jedoch keine Gewähr und keine Haftung, wenn ein Angebot nicht eingelöst wird oder werden kann.

DER GOLF ALBRECHT

Golfplatz Stenz

DE

Stenz 1
D-86975 Bernbeuren
08860-582
Bayern

251

20% **Greenfee-Ermäßigung**

DER GOLF ALBRECHT

Golfplatz Stenz

DE

Stenz 1
D-86975 Bernbeuren
08860-582
Bayern

251

20% **Greenfee-Ermäßigung**

DER GOLF ALBRECHT

Golfplatz Stenz

DE

Stenz 1
D-86975 Bernbeuren
08860-582
Bayern

251

20% **Greenfee-Ermäßigung**

DER GOLF ALBRECHT

Golfplatz Stenz

DE

Stenz 1
D-86975 Bernbeuren
08860-582
Bayern

251

20% **Greenfee-Ermäßigung**

DER GOLF ALBRECHT

Golfplatz Stenz

DE

Stenz 1
D-86975 Bernbeuren
08860-582
Bayern

251

20% **Greenfee-Ermäßigung**

DER GOLF ALBRECHT

Golfplatz Stenz

DE

Stenz 1
D-86975 Bernbeuren
08860-582
Bayern

251

20% **Greenfee-Ermäßigung**

DER GOLF ALBRECHT

Golfplatz Stenz

DE

Stenz 1
D-86975 Bernbeuren
08860-582
Bayern

251

20% **Greenfee-Ermäßigung**

DER GOLF ALBRECHT

Golfplatz Stenz

DE

Stenz 1
D-86975 Bernbeuren
08860-582
Bayern

251

20% **Greenfee-Ermäßigung**

DER GOLF ALBRECHT

Golfplatz Stenz

DE

Stenz 1
D-86975 Bernbeuren
08860-582
Bayern

251

20% **Greenfee-Ermäßigung**

DER GOLF ALBRECHT

Golfplatz Stenz

DE

Stenz 1
D-86975 Bernbeuren
08860-582
Bayern

251

20% **Greenfee-Ermäßigung**

Bedingungen zur Einlösung des Discounts:

1. Das Angebot ist einschließlich bis 30.6.2022 gültig.
2. Der Golfspieler/Leser hat sich telefonisch eine Abschlagzeit geben zu lassen – dabei ist die Nutzung des Angebots anzugeben.
3. Eine Barauszahlung des Greenfee-Vorteils ist nicht möglich.
4. Das Kombinieren von Angeboten oder bestehenden Greenfee-Vorteilen ist nicht möglich. Der Vorteil bezieht sich jeweils ausschließlich auf die zum Zeitpunkt der Einlösung gültigen vollen Greenfee-Gebühren.
5. Gibt es Spielergruppen mit erhöhten Greenfee-Gebühren, ist ein Nachlass auf diese Gebühren nicht möglich.
6. Das Angebot allein berechtigt nicht zum Spiel gegen Greenfee. Die Erfüllung der Bestimmungen des jeweiligen Golfclubs zur Greenfee-Berechtigung (Mitgliedschaft in einem Golfclub, Mindesthandicap etc.) zum Zeitpunkt der Einlösung sind Voraussetzung.
7. Es ist untersagt, den Greenfee-Gutschein entgeltlich Dritten zu überlassen bzw. mit diesen Handel zu treiben. Insbesondere sind die teilnehmenden Golfclubs in diesem Falle berechtigt, die Einlösung der ausgeschriebenen Angebote zu verweigern.
8. Die teilnehmenden Golfclubs haben sich gegenüber dem Verlag unter den o.g. Bedingungen verpflichtet, die ausgeschriebenen Angebote einzulösen. Der Verlag übernimmt jedoch keine Gewähr und keine Haftung, wenn ein Angebot nicht eingelöst wird oder werden kann.

Bedingungen zur Einlösung des Discounts:

1. Das Angebot ist einschließlich bis 30.6.2022 gültig.
2. Der Golfspieler/Leser hat sich telefonisch eine Abschlagzeit geben zu lassen – dabei ist die Nutzung des Angebots anzugeben.
3. Eine Barauszahlung des Greenfee-Vorteils ist nicht möglich.
4. Das Kombinieren von Angeboten oder bestehenden Greenfee-Vorteilen ist nicht möglich. Der Vorteil bezieht sich jeweils ausschließlich auf die zum Zeitpunkt der Einlösung gültigen vollen Greenfee-Gebühren.
5. Gibt es Spielergruppen mit erhöhten Greenfee-Gebühren, ist ein Nachlass auf diese Gebühren nicht möglich.
6. Das Angebot allein berechtigt nicht zum Spiel gegen Greenfee. Die Erfüllung der Bestimmungen des jeweiligen Golfclubs zur Greenfee-Berechtigung (Mitgliedschaft in einem Golfclub, Mindesthandicap etc.) zum Zeitpunkt der Einlösung sind Voraussetzung.
7. Es ist untersagt, den Greenfee-Gutschein entgeltlich Dritten zu überlassen bzw. mit diesen Handel zu treiben. Insbesondere sind die teilnehmenden Golfclubs in diesem Falle berechtigt, die Einlösung der ausgeschriebenen Angebote zu verweigern.
8. Die teilnehmenden Golfclubs haben sich gegenüber dem Verlag unter den o.g. Bedingungen verpflichtet, die ausgeschriebenen Angebote einzulösen. Der Verlag übernimmt jedoch keine Gewähr und keine Haftung, wenn ein Angebot nicht eingelöst wird oder werden kann.

Bedingungen zur Einlösung des Discounts:

1. Das Angebot ist einschließlich bis 30.6.2022 gültig.
2. Der Golfspieler/Leser hat sich telefonisch eine Abschlagzeit geben zu lassen – dabei ist die Nutzung des Angebots anzugeben.
3. Eine Barauszahlung des Greenfee-Vorteils ist nicht möglich.
4. Das Kombinieren von Angeboten oder bestehenden Greenfee-Vorteilen ist nicht möglich. Der Vorteil bezieht sich jeweils ausschließlich auf die zum Zeitpunkt der Einlösung gültigen vollen Greenfee-Gebühren.
5. Gibt es Spielergruppen mit erhöhten Greenfee-Gebühren, ist ein Nachlass auf diese Gebühren nicht möglich.
6. Das Angebot allein berechtigt nicht zum Spiel gegen Greenfee. Die Erfüllung der Bestimmungen des jeweiligen Golfclubs zur Greenfee-Berechtigung (Mitgliedschaft in einem Golfclub, Mindesthandicap etc.) zum Zeitpunkt der Einlösung sind Voraussetzung.
7. Es ist untersagt, den Greenfee-Gutschein entgeltlich Dritten zu überlassen bzw. mit diesen Handel zu treiben. Insbesondere sind die teilnehmenden Golfclubs in diesem Falle berechtigt, die Einlösung der ausgeschriebenen Angebote zu verweigern.
8. Die teilnehmenden Golfclubs haben sich gegenüber dem Verlag unter den o.g. Bedingungen verpflichtet, die ausgeschriebenen Angebote einzulösen. Der Verlag übernimmt jedoch keine Gewähr und keine Haftung, wenn ein Angebot nicht eingelöst wird oder werden kann.

Bedingungen zur Einlösung des Discounts:

1. Das Angebot ist einschließlich bis 30.6.2022 gültig.
2. Der Golfspieler/Leser hat sich telefonisch eine Abschlagzeit geben zu lassen – dabei ist die Nutzung des Angebots anzugeben.
3. Eine Barauszahlung des Greenfee-Vorteils ist nicht möglich.
4. Das Kombinieren von Angeboten oder bestehenden Greenfee-Vorteilen ist nicht möglich. Der Vorteil bezieht sich jeweils ausschließlich auf die zum Zeitpunkt der Einlösung gültigen vollen Greenfee-Gebühren.
5. Gibt es Spielergruppen mit erhöhten Greenfee-Gebühren, ist ein Nachlass auf diese Gebühren nicht möglich.
6. Das Angebot allein berechtigt nicht zum Spiel gegen Greenfee. Die Erfüllung der Bestimmungen des jeweiligen Golfclubs zur Greenfee-Berechtigung (Mitgliedschaft in einem Golfclub, Mindesthandicap etc.) zum Zeitpunkt der Einlösung sind Voraussetzung.
7. Es ist untersagt, den Greenfee-Gutschein entgeltlich Dritten zu überlassen bzw. mit diesen Handel zu treiben. Insbesondere sind die teilnehmenden Golfclubs in diesem Falle berechtigt, die Einlösung der ausgeschriebenen Angebote zu verweigern.
8. Die teilnehmenden Golfclubs haben sich gegenüber dem Verlag unter den o.g. Bedingungen verpflichtet, die ausgeschriebenen Angebote einzulösen. Der Verlag übernimmt jedoch keine Gewähr und keine Haftung, wenn ein Angebot nicht eingelöst wird oder werden kann.

Bedingungen zur Einlösung des Discounts:

1. Das Angebot ist einschließlich bis 30.6.2022 gültig.
2. Der Golfspieler/Leser hat sich telefonisch eine Abschlagzeit geben zu lassen – dabei ist die Nutzung des Angebots anzugeben.
3. Eine Barauszahlung des Greenfee-Vorteils ist nicht möglich.
4. Das Kombinieren von Angeboten oder bestehenden Greenfee-Vorteilen ist nicht möglich. Der Vorteil bezieht sich jeweils ausschließlich auf die zum Zeitpunkt der Einlösung gültigen vollen Greenfee-Gebühren.
5. Gibt es Spielergruppen mit erhöhten Greenfee-Gebühren, ist ein Nachlass auf diese Gebühren nicht möglich.
6. Das Angebot allein berechtigt nicht zum Spiel gegen Greenfee. Die Erfüllung der Bestimmungen des jeweiligen Golfclubs zur Greenfee-Berechtigung (Mitgliedschaft in einem Golfclub, Mindesthandicap etc.) zum Zeitpunkt der Einlösung sind Voraussetzung.
7. Es ist untersagt, den Greenfee-Gutschein entgeltlich Dritten zu überlassen bzw. mit diesen Handel zu treiben. Insbesondere sind die teilnehmenden Golfclubs in diesem Falle berechtigt, die Einlösung der ausgeschriebenen Angebote zu verweigern.
8. Die teilnehmenden Golfclubs haben sich gegenüber dem Verlag unter den o.g. Bedingungen verpflichtet, die ausgeschriebenen Angebote einzulösen. Der Verlag übernimmt jedoch keine Gewähr und keine Haftung, wenn ein Angebot nicht eingelöst wird oder werden kann.

Bedingungen zur Einlösung des Discounts:

1. Das Angebot ist einschließlich bis 30.6.2022 gültig.
2. Der Golfspieler/Leser hat sich telefonisch eine Abschlagzeit geben zu lassen – dabei ist die Nutzung des Angebots anzugeben.
3. Eine Barauszahlung des Greenfee-Vorteils ist nicht möglich.
4. Das Kombinieren von Angeboten oder bestehenden Greenfee-Vorteilen ist nicht möglich. Der Vorteil bezieht sich jeweils ausschließlich auf die zum Zeitpunkt der Einlösung gültigen vollen Greenfee-Gebühren.
5. Gibt es Spielergruppen mit erhöhten Greenfee-Gebühren, ist ein Nachlass auf diese Gebühren nicht möglich.
6. Das Angebot allein berechtigt nicht zum Spiel gegen Greenfee. Die Erfüllung der Bestimmungen des jeweiligen Golfclubs zur Greenfee-Berechtigung (Mitgliedschaft in einem Golfclub, Mindesthandicap etc.) zum Zeitpunkt der Einlösung sind Voraussetzung.
7. Es ist untersagt, den Greenfee-Gutschein entgeltlich Dritten zu überlassen bzw. mit diesen Handel zu treiben. Insbesondere sind die teilnehmenden Golfclubs in diesem Falle berechtigt, die Einlösung der ausgeschriebenen Angebote zu verweigern.
8. Die teilnehmenden Golfclubs haben sich gegenüber dem Verlag unter den o.g. Bedingungen verpflichtet, die ausgeschriebenen Angebote einzulösen. Der Verlag übernimmt jedoch keine Gewähr und keine Haftung, wenn ein Angebot nicht eingelöst wird oder werden kann.

Bedingungen zur Einlösung des Discounts:

1. Das Angebot ist einschließlich bis 30.6.2022 gültig.
2. Der Golfspieler/Leser hat sich telefonisch eine Abschlagzeit geben zu lassen – dabei ist die Nutzung des Angebots anzugeben.
3. Eine Barauszahlung des Greenfee-Vorteils ist nicht möglich.
4. Das Kombinieren von Angeboten oder bestehenden Greenfee-Vorteilen ist nicht möglich. Der Vorteil bezieht sich jeweils ausschließlich auf die zum Zeitpunkt der Einlösung gültigen vollen Greenfee-Gebühren.
5. Gibt es Spielergruppen mit erhöhten Greenfee-Gebühren, ist ein Nachlass auf diese Gebühren nicht möglich.
6. Das Angebot allein berechtigt nicht zum Spiel gegen Greenfee. Die Erfüllung der Bestimmungen des jeweiligen Golfclubs zur Greenfee-Berechtigung (Mitgliedschaft in einem Golfclub, Mindesthandicap etc.) zum Zeitpunkt der Einlösung sind Voraussetzung.
7. Es ist untersagt, den Greenfee-Gutschein entgeltlich Dritten zu überlassen bzw. mit diesen Handel zu treiben. Insbesondere sind die teilnehmenden Golfclubs in diesem Falle berechtigt, die Einlösung der ausgeschriebenen Angebote zu verweigern.
8. Die teilnehmenden Golfclubs haben sich gegenüber dem Verlag unter den o.g. Bedingungen verpflichtet, die ausgeschriebenen Angebote einzulösen. Der Verlag übernimmt jedoch keine Gewähr und keine Haftung, wenn ein Angebot nicht eingelöst wird oder werden kann.

Bedingungen zur Einlösung des Discounts:

1. Das Angebot ist einschließlich bis 30.6.2022 gültig.
2. Der Golfspieler/Leser hat sich telefonisch eine Abschlagzeit geben zu lassen – dabei ist die Nutzung des Angebots anzugeben.
3. Eine Barauszahlung des Greenfee-Vorteils ist nicht möglich.
4. Das Kombinieren von Angeboten oder bestehenden Greenfee-Vorteilen ist nicht möglich. Der Vorteil bezieht sich jeweils ausschließlich auf die zum Zeitpunkt der Einlösung gültigen vollen Greenfee-Gebühren.
5. Gibt es Spielergruppen mit erhöhten Greenfee-Gebühren, ist ein Nachlass auf diese Gebühren nicht möglich.
6. Das Angebot allein berechtigt nicht zum Spiel gegen Greenfee. Die Erfüllung der Bestimmungen des jeweiligen Golfclubs zur Greenfee-Berechtigung (Mitgliedschaft in einem Golfclub, Mindesthandicap etc.) zum Zeitpunkt der Einlösung sind Voraussetzung.
7. Es ist untersagt, den Greenfee-Gutschein entgeltlich Dritten zu überlassen bzw. mit diesen Handel zu treiben. Insbesondere sind die teilnehmenden Golfclubs in diesem Falle berechtigt, die Einlösung der ausgeschriebenen Angebote zu verweigern.
8. Die teilnehmenden Golfclubs haben sich gegenüber dem Verlag unter den o.g. Bedingungen verpflichtet, die ausgeschriebenen Angebote einzulösen. Der Verlag übernimmt jedoch keine Gewähr und keine Haftung, wenn ein Angebot nicht eingelöst wird oder werden kann.

Bedingungen zur Einlösung des Discounts:

1. Das Angebot ist einschließlich bis 30.6.2022 gültig.
2. Der Golfspieler/Leser hat sich telefonisch eine Abschlagzeit geben zu lassen – dabei ist die Nutzung des Angebots anzugeben.
3. Eine Barauszahlung des Greenfee-Vorteils ist nicht möglich.
4. Das Kombinieren von Angeboten oder bestehenden Greenfee-Vorteilen ist nicht möglich. Der Vorteil bezieht sich jeweils ausschließlich auf die zum Zeitpunkt der Einlösung gültigen vollen Greenfee-Gebühren.
5. Gibt es Spielergruppen mit erhöhten Greenfee-Gebühren, ist ein Nachlass auf diese Gebühren nicht möglich.
6. Das Angebot allein berechtigt nicht zum Spiel gegen Greenfee. Die Erfüllung der Bestimmungen des jeweiligen Golfclubs zur Greenfee-Berechtigung (Mitgliedschaft in einem Golfclub, Mindesthandicap etc.) zum Zeitpunkt der Einlösung sind Voraussetzung.
7. Es ist untersagt, den Greenfee-Gutschein entgeltlich Dritten zu überlassen bzw. mit diesen Handel zu treiben. Insbesondere sind die teilnehmenden Golfclubs in diesem Falle berechtigt, die Einlösung der ausgeschriebenen Angebote zu verweigern.
8. Die teilnehmenden Golfclubs haben sich gegenüber dem Verlag unter den o.g. Bedingungen verpflichtet, die ausgeschriebenen Angebote einzulösen. Der Verlag übernimmt jedoch keine Gewähr und keine Haftung, wenn ein Angebot nicht eingelöst wird oder werden kann.

Bedingungen zur Einlösung des Discounts:

1. Das Angebot ist einschließlich bis 30.6.2022 gültig.
2. Der Golfspieler/Leser hat sich telefonisch eine Abschlagzeit geben zu lassen – dabei ist die Nutzung des Angebots anzugeben.
3. Eine Barauszahlung des Greenfee-Vorteils ist nicht möglich.
4. Das Kombinieren von Angeboten oder bestehenden Greenfee-Vorteilen ist nicht möglich. Der Vorteil bezieht sich jeweils ausschließlich auf die zum Zeitpunkt der Einlösung gültigen vollen Greenfee-Gebühren.
5. Gibt es Spielergruppen mit erhöhten Greenfee-Gebühren, ist ein Nachlass auf diese Gebühren nicht möglich.
6. Das Angebot allein berechtigt nicht zum Spiel gegen Greenfee. Die Erfüllung der Bestimmungen des jeweiligen Golfclubs zur Greenfee-Berechtigung (Mitgliedschaft in einem Golfclub, Mindesthandicap etc.) zum Zeitpunkt der Einlösung sind Voraussetzung.
7. Es ist untersagt, den Greenfee-Gutschein entgeltlich Dritten zu überlassen bzw. mit diesen Handel zu treiben. Insbesondere sind die teilnehmenden Golfclubs in diesem Falle berechtigt, die Einlösung der ausgeschriebenen Angebote zu verweigern.
8. Die teilnehmenden Golfclubs haben sich gegenüber dem Verlag unter den o.g. Bedingungen verpflichtet, die ausgeschriebenen Angebote einzulösen. Der Verlag übernimmt jedoch keine Gewähr und keine Haftung, wenn ein Angebot nicht eingelöst wird oder werden kann.

DER GOLF ALBRECHT

Golfpark Schloßgut Lenzfried GmbH & Co. KG

DE

Friedensweg 4
D-87437 Kempten
✆ 0831-5129550
Bayern

252

2 for 1 2 GF zum Preis von 1

DER GOLF ALBRECHT

Golfpark Schloßgut Lenzfried GmbH & Co. KG

DE

Friedensweg 4
D-87437 Kempten
✆ 0831-5129550
Bayern

252

2 for 1 2 GF zum Preis von 1

DER GOLF ALBRECHT

Golfpark Schloßgut Lenzfried GmbH & Co. KG

DE

Friedensweg 4
D-87437 Kempten
✆ 0831-5129550
Bayern

252

50% Greenfee-Ermäßigung

DER GOLF ALBRECHT

Golfpark Schloßgut Lenzfried GmbH & Co. KG

DE

Friedensweg 4
D-87437 Kempten
✆ 0831-5129550
Bayern

252

50% Greenfee-Ermäßigung

DER GOLF ALBRECHT

Golfanlage Alpenseehof

DE

Attlesee 14
D-87484 Nesselwang
✆ 08361-925834
Bayern

253

20% Greenfee-Ermäßigung wochentags

DER GOLF ALBRECHT

Golfanlage Alpenseehof

DE

Attlesee 14
D-87484 Nesselwang
✆ 08361-925834
Bayern

253

20% Greenfee-Ermäßigung wochentags

DER GOLF ALBRECHT

Golf- & Landclub Karwendel e.V.

DE

Risser Straße 14
D-82499 Wallgau
✆ 08825-2183
Bayern

254

2 for 1 2 GF zum Preis von 1

DER GOLF ALBRECHT

Golf- & Landclub Karwendel e.V.

DE

Risser Straße 14
D-82499 Wallgau
✆ 08825-2183
Bayern

254

2 for 1 2 GF zum Preis von 1

DER GOLF ALBRECHT

Golf- & Landclub Karwendel e.V.

DE

Risser Straße 14
D-82499 Wallgau
✆ 08825-2183
Bayern

254

20% Greenfee-Ermäßigung

DER GOLF ALBRECHT

Golf- & Landclub Karwendel e.V.

DE

Risser Straße 14
D-82499 Wallgau
✆ 08825-2183
Bayern

254

20% Greenfee-Ermäßigung

Bedingungen zur Einlösung des Discounts:

1. Das Angebot ist einschließlich bis 30.6.2022 gültig.
2. Der Golfspieler/Leser hat sich telefonisch eine Abschlagzeit geben zu lassen – dabei ist die Nutzung des Angebots anzugeben.
3. Eine Barauszahlung des Greenfee-Vorteils ist nicht möglich.
4. Das Kombinieren von Angeboten oder bestehenden Greenfee-Vorteilen ist nicht möglich. Der Vorteil bezieht sich jeweils ausschließlich auf die zum Zeitpunkt der Einlösung gültigen vollen Greenfee-Gebühren.
5. Gibt es Spielergruppen mit erhöhten Greenfee-Gebühren, ist ein Nachlass auf diese Gebühren nicht möglich.
6. Das Angebot allein berechtigt nicht zum Spiel gegen Greenfee. Die Erfüllung der Bestimmungen des jeweiligen Golfclubs zur Greenfee-Berechtigung (Mitgliedschaft in einem Golfclub, Mindesthandicap etc.) zum Zeitpunkt der Einlösung sind Voraussetzung.
7. Es ist untersagt, den Greenfee-Gutschein entgeltlich Dritten zu überlassen bzw. mit diesen Handel zu treiben. Insbesondere sind die teilnehmenden Golfclubs in diesem Falle berechtigt, die Einlösung der ausgeschriebenen Angebote zu verweigern.
8. Die teilnehmenden Golfclubs haben sich gegenüber dem Verlag unter den o.g. Bedingungen verpflichtet, die ausgeschriebenen Angebote einzulösen. Der Verlag übernimmt jedoch keine Gewähr und keine Haftung, wenn ein Angebot nicht eingelöst wird oder werden kann.

Bedingungen zur Einlösung des Discounts:

1. Das Angebot ist einschließlich bis 30.6.2022 gültig.
2. Der Golfspieler/Leser hat sich telefonisch eine Abschlagzeit geben zu lassen – dabei ist die Nutzung des Angebots anzugeben.
3. Eine Barauszahlung des Greenfee-Vorteils ist nicht möglich.
4. Das Kombinieren von Angeboten oder bestehenden Greenfee-Vorteilen ist nicht möglich. Der Vorteil bezieht sich jeweils ausschließlich auf die zum Zeitpunkt der Einlösung gültigen vollen Greenfee-Gebühren.
5. Gibt es Spielergruppen mit erhöhten Greenfee-Gebühren, ist ein Nachlass auf diese Gebühren nicht möglich.
6. Das Angebot allein berechtigt nicht zum Spiel gegen Greenfee. Die Erfüllung der Bestimmungen des jeweiligen Golfclubs zur Greenfee-Berechtigung (Mitgliedschaft in einem Golfclub, Mindesthandicap etc.) zum Zeitpunkt der Einlösung sind Voraussetzung.
7. Es ist untersagt, den Greenfee-Gutschein entgeltlich Dritten zu überlassen bzw. mit diesen Handel zu treiben. Insbesondere sind die teilnehmenden Golfclubs in diesem Falle berechtigt, die Einlösung der ausgeschriebenen Angebote zu verweigern.
8. Die teilnehmenden Golfclubs haben sich gegenüber dem Verlag unter den o.g. Bedingungen verpflichtet, die ausgeschriebenen Angebote einzulösen. Der Verlag übernimmt jedoch keine Gewähr und keine Haftung, wenn ein Angebot nicht eingelöst wird oder werden kann.

Bedingungen zur Einlösung des Discounts:

1. Das Angebot ist einschließlich bis 30.6.2022 gültig.
2. Der Golfspieler/Leser hat sich telefonisch eine Abschlagzeit geben zu lassen – dabei ist die Nutzung des Angebots anzugeben.
3. Eine Barauszahlung des Greenfee-Vorteils ist nicht möglich.
4. Das Kombinieren von Angeboten oder bestehenden Greenfee-Vorteilen ist nicht möglich. Der Vorteil bezieht sich jeweils ausschließlich auf die zum Zeitpunkt der Einlösung gültigen vollen Greenfee-Gebühren.
5. Gibt es Spielergruppen mit erhöhten Greenfee-Gebühren, ist ein Nachlass auf diese Gebühren nicht möglich.
6. Das Angebot allein berechtigt nicht zum Spiel gegen Greenfee. Die Erfüllung der Bestimmungen des jeweiligen Golfclubs zur Greenfee-Berechtigung (Mitgliedschaft in einem Golfclub, Mindesthandicap etc.) zum Zeitpunkt der Einlösung sind Voraussetzung.
7. Es ist untersagt, den Greenfee-Gutschein entgeltlich Dritten zu überlassen bzw. mit diesen Handel zu treiben. Insbesondere sind die teilnehmenden Golfclubs in diesem Falle berechtigt, die Einlösung der ausgeschriebenen Angebote zu verweigern.
8. Die teilnehmenden Golfclubs haben sich gegenüber dem Verlag unter den o.g. Bedingungen verpflichtet, die ausgeschriebenen Angebote einzulösen. Der Verlag übernimmt jedoch keine Gewähr und keine Haftung, wenn ein Angebot nicht eingelöst wird oder werden kann.

Bedingungen zur Einlösung des Discounts:

1. Das Angebot ist einschließlich bis 30.6.2022 gültig.
2. Der Golfspieler/Leser hat sich telefonisch eine Abschlagzeit geben zu lassen – dabei ist die Nutzung des Angebots anzugeben.
3. Eine Barauszahlung des Greenfee-Vorteils ist nicht möglich.
4. Das Kombinieren von Angeboten oder bestehenden Greenfee-Vorteilen ist nicht möglich. Der Vorteil bezieht sich jeweils ausschließlich auf die zum Zeitpunkt der Einlösung gültigen vollen Greenfee-Gebühren.
5. Gibt es Spielergruppen mit erhöhten Greenfee-Gebühren, ist ein Nachlass auf diese Gebühren nicht möglich.
6. Das Angebot allein berechtigt nicht zum Spiel gegen Greenfee. Die Erfüllung der Bestimmungen des jeweiligen Golfclubs zur Greenfee-Berechtigung (Mitgliedschaft in einem Golfclub, Mindesthandicap etc.) zum Zeitpunkt der Einlösung sind Voraussetzung.
7. Es ist untersagt, den Greenfee-Gutschein entgeltlich Dritten zu überlassen bzw. mit diesen Handel zu treiben. Insbesondere sind die teilnehmenden Golfclubs in diesem Falle berechtigt, die Einlösung der ausgeschriebenen Angebote zu verweigern.
8. Die teilnehmenden Golfclubs haben sich gegenüber dem Verlag unter den o.g. Bedingungen verpflichtet, die ausgeschriebenen Angebote einzulösen. Der Verlag übernimmt jedoch keine Gewähr und keine Haftung, wenn ein Angebot nicht eingelöst wird oder werden kann.

Bedingungen zur Einlösung des Discounts:

1. Das Angebot ist einschließlich bis 30.6.2022 gültig.
2. Der Golfspieler/Leser hat sich telefonisch eine Abschlagzeit geben zu lassen – dabei ist die Nutzung des Angebots anzugeben.
3. Eine Barauszahlung des Greenfee-Vorteils ist nicht möglich.
4. Das Kombinieren von Angeboten oder bestehenden Greenfee-Vorteilen ist nicht möglich. Der Vorteil bezieht sich jeweils ausschließlich auf die zum Zeitpunkt der Einlösung gültigen vollen Greenfee-Gebühren.
5. Gibt es Spielergruppen mit erhöhten Greenfee-Gebühren, ist ein Nachlass auf diese Gebühren nicht möglich.
6. Das Angebot allein berechtigt nicht zum Spiel gegen Greenfee. Die Erfüllung der Bestimmungen des jeweiligen Golfclubs zur Greenfee-Berechtigung (Mitgliedschaft in einem Golfclub, Mindesthandicap etc.) zum Zeitpunkt der Einlösung sind Voraussetzung.
7. Es ist untersagt, den Greenfee-Gutschein entgeltlich Dritten zu überlassen bzw. mit diesen Handel zu treiben. Insbesondere sind die teilnehmenden Golfclubs in diesem Falle berechtigt, die Einlösung der ausgeschriebenen Angebote zu verweigern.
8. Die teilnehmenden Golfclubs haben sich gegenüber dem Verlag unter den o.g. Bedingungen verpflichtet, die ausgeschriebenen Angebote einzulösen. Der Verlag übernimmt jedoch keine Gewähr und keine Haftung, wenn ein Angebot nicht eingelöst wird oder werden kann.

Bedingungen zur Einlösung des Discounts:

1. Das Angebot ist einschließlich bis 30.6.2022 gültig.
2. Der Golfspieler/Leser hat sich telefonisch eine Abschlagzeit geben zu lassen – dabei ist die Nutzung des Angebots anzugeben.
3. Eine Barauszahlung des Greenfee-Vorteils ist nicht möglich.
4. Das Kombinieren von Angeboten oder bestehenden Greenfee-Vorteilen ist nicht möglich. Der Vorteil bezieht sich jeweils ausschließlich auf die zum Zeitpunkt der Einlösung gültigen vollen Greenfee-Gebühren.
5. Gibt es Spielergruppen mit erhöhten Greenfee-Gebühren, ist ein Nachlass auf diese Gebühren nicht möglich.
6. Das Angebot allein berechtigt nicht zum Spiel gegen Greenfee. Die Erfüllung der Bestimmungen des jeweiligen Golfclubs zur Greenfee-Berechtigung (Mitgliedschaft in einem Golfclub, Mindesthandicap etc.) zum Zeitpunkt der Einlösung sind Voraussetzung.
7. Es ist untersagt, den Greenfee-Gutschein entgeltlich Dritten zu überlassen bzw. mit diesen Handel zu treiben. Insbesondere sind die teilnehmenden Golfclubs in diesem Falle berechtigt, die Einlösung der ausgeschriebenen Angebote zu verweigern.
8. Die teilnehmenden Golfclubs haben sich gegenüber dem Verlag unter den o.g. Bedingungen verpflichtet, die ausgeschriebenen Angebote einzulösen. Der Verlag übernimmt jedoch keine Gewähr und keine Haftung, wenn ein Angebot nicht eingelöst wird oder werden kann.

Bedingungen zur Einlösung des Discounts:

1. Das Angebot ist einschließlich bis 30.6.2022 gültig.
2. Der Golfspieler/Leser hat sich telefonisch eine Abschlagzeit geben zu lassen – dabei ist die Nutzung des Angebots anzugeben.
3. Eine Barauszahlung des Greenfee-Vorteils ist nicht möglich.
4. Das Kombinieren von Angeboten oder bestehenden Greenfee-Vorteilen ist nicht möglich. Der Vorteil bezieht sich jeweils ausschließlich auf die zum Zeitpunkt der Einlösung gültigen vollen Greenfee-Gebühren.
5. Gibt es Spielergruppen mit erhöhten Greenfee-Gebühren, ist ein Nachlass auf diese Gebühren nicht möglich.
6. Das Angebot allein berechtigt nicht zum Spiel gegen Greenfee. Die Erfüllung der Bestimmungen des jeweiligen Golfclubs zur Greenfee-Berechtigung (Mitgliedschaft in einem Golfclub, Mindesthandicap etc.) zum Zeitpunkt der Einlösung sind Voraussetzung.
7. Es ist untersagt, den Greenfee-Gutschein entgeltlich Dritten zu überlassen bzw. mit diesen Handel zu treiben. Insbesondere sind die teilnehmenden Golfclubs in diesem Falle berechtigt, die Einlösung der ausgeschriebenen Angebote zu verweigern.
8. Die teilnehmenden Golfclubs haben sich gegenüber dem Verlag unter den o.g. Bedingungen verpflichtet, die ausgeschriebenen Angebote einzulösen. Der Verlag übernimmt jedoch keine Gewähr und keine Haftung, wenn ein Angebot nicht eingelöst wird oder werden kann.

Bedingungen zur Einlösung des Discounts:

1. Das Angebot ist einschließlich bis 30.6.2022 gültig.
2. Der Golfspieler/Leser hat sich telefonisch eine Abschlagzeit geben zu lassen – dabei ist die Nutzung des Angebots anzugeben.
3. Eine Barauszahlung des Greenfee-Vorteils ist nicht möglich.
4. Das Kombinieren von Angeboten oder bestehenden Greenfee-Vorteilen ist nicht möglich. Der Vorteil bezieht sich jeweils ausschließlich auf die zum Zeitpunkt der Einlösung gültigen vollen Greenfee-Gebühren.
5. Gibt es Spielergruppen mit erhöhten Greenfee-Gebühren, ist ein Nachlass auf diese Gebühren nicht möglich.
6. Das Angebot allein berechtigt nicht zum Spiel gegen Greenfee. Die Erfüllung der Bestimmungen des jeweiligen Golfclubs zur Greenfee-Berechtigung (Mitgliedschaft in einem Golfclub, Mindesthandicap etc.) zum Zeitpunkt der Einlösung sind Voraussetzung.
7. Es ist untersagt, den Greenfee-Gutschein entgeltlich Dritten zu überlassen bzw. mit diesen Handel zu treiben. Insbesondere sind die teilnehmenden Golfclubs in diesem Falle berechtigt, die Einlösung der ausgeschriebenen Angebote zu verweigern.
8. Die teilnehmenden Golfclubs haben sich gegenüber dem Verlag unter den o.g. Bedingungen verpflichtet, die ausgeschriebenen Angebote einzulösen. Der Verlag übernimmt jedoch keine Gewähr und keine Haftung, wenn ein Angebot nicht eingelöst wird oder werden kann.

Bedingungen zur Einlösung des Discounts:

1. Das Angebot ist einschließlich bis 30.6.2022 gültig.
2. Der Golfspieler/Leser hat sich telefonisch eine Abschlagzeit geben zu lassen – dabei ist die Nutzung des Angebots anzugeben.
3. Eine Barauszahlung des Greenfee-Vorteils ist nicht möglich.
4. Das Kombinieren von Angeboten oder bestehenden Greenfee-Vorteilen ist nicht möglich. Der Vorteil bezieht sich jeweils ausschließlich auf die zum Zeitpunkt der Einlösung gültigen vollen Greenfee-Gebühren.
5. Gibt es Spielergruppen mit erhöhten Greenfee-Gebühren, ist ein Nachlass auf diese Gebühren nicht möglich.
6. Das Angebot allein berechtigt nicht zum Spiel gegen Greenfee. Die Erfüllung der Bestimmungen des jeweiligen Golfclubs zur Greenfee-Berechtigung (Mitgliedschaft in einem Golfclub, Mindesthandicap etc.) zum Zeitpunkt der Einlösung sind Voraussetzung.
7. Es ist untersagt, den Greenfee-Gutschein entgeltlich Dritten zu überlassen bzw. mit diesen Handel zu treiben. Insbesondere sind die teilnehmenden Golfclubs in diesem Falle berechtigt, die Einlösung der ausgeschriebenen Angebote zu verweigern.
8. Die teilnehmenden Golfclubs haben sich gegenüber dem Verlag unter den o.g. Bedingungen verpflichtet, die ausgeschriebenen Angebote einzulösen. Der Verlag übernimmt jedoch keine Gewähr und keine Haftung, wenn ein Angebot nicht eingelöst wird oder werden kann.

Bedingungen zur Einlösung des Discounts:

1. Das Angebot ist einschließlich bis 30.6.2022 gültig.
2. Der Golfspieler/Leser hat sich telefonisch eine Abschlagzeit geben zu lassen – dabei ist die Nutzung des Angebots anzugeben.
3. Eine Barauszahlung des Greenfee-Vorteils ist nicht möglich.
4. Das Kombinieren von Angeboten oder bestehenden Greenfee-Vorteilen ist nicht möglich. Der Vorteil bezieht sich jeweils ausschließlich auf die zum Zeitpunkt der Einlösung gültigen vollen Greenfee-Gebühren.
5. Gibt es Spielergruppen mit erhöhten Greenfee-Gebühren, ist ein Nachlass auf diese Gebühren nicht möglich.
6. Das Angebot allein berechtigt nicht zum Spiel gegen Greenfee. Die Erfüllung der Bestimmungen des jeweiligen Golfclubs zur Greenfee-Berechtigung (Mitgliedschaft in einem Golfclub, Mindesthandicap etc.) zum Zeitpunkt der Einlösung sind Voraussetzung.
7. Es ist untersagt, den Greenfee-Gutschein entgeltlich Dritten zu überlassen bzw. mit diesen Handel zu treiben. Insbesondere sind die teilnehmenden Golfclubs in diesem Falle berechtigt, die Einlösung der ausgeschriebenen Angebote zu verweigern.
8. Die teilnehmenden Golfclubs haben sich gegenüber dem Verlag unter den o.g. Bedingungen verpflichtet, die ausgeschriebenen Angebote einzulösen. Der Verlag übernimmt jedoch keine Gewähr und keine Haftung, wenn ein Angebot nicht eingelöst wird oder werden kann.

DER GOLF ALBRECHT

Land- und Golfclub Werdenfels e.V.

DE

Werdenfelserstr. 2
D-82467 Garmisch-Partenkirchen
✆ 08821-945670
Bayern

255

2 for 1 2 GF zum Preis von 1

DER GOLF ALBRECHT

Land- und Golfclub Werdenfels e.V.

DE

Werdenfelserstr. 2
D-82467 Garmisch-Partenkirchen
✆ 08821-945670
Bayern

255

2 for 1 2 GF zum Preis von 1

DER GOLF ALBRECHT

Land- und Golfclub Werdenfels e.V.

DE

Werdenfelserstr. 2
D-82467 Garmisch-Partenkirchen
✆ 08821-945670
Bayern

255

20% Greenfee-Ermäßigung

DER GOLF ALBRECHT

Land- und Golfclub Werdenfels e.V.

DE

Werdenfelserstr. 2
D-82467 Garmisch-Partenkirchen
✆ 08821-945670
Bayern

255

20% Greenfee-Ermäßigung

DER GOLF ALBRECHT

Golfclub über den Dächern von Passau

AT

Freinberg 74
A-4785 Freinberg
✆ +43 7713 8494
Oberösterreich

256

2 for 1 2 GF zum Preis von 1

DER GOLF ALBRECHT

Golfclub über den Dächern von Passau

AT

Freinberg 74
A-4785 Freinberg
✆ +43 7713 8494
Oberösterreich

256

2 for 1 2 GF zum Preis von 1

DER GOLF ALBRECHT

Golfclub über den Dächern von Passau

AT

Freinberg 74
A-4785 Freinberg
✆ +43 7713 8494
Oberösterreich

256

20% Greenfee-Ermäßigung

DER GOLF ALBRECHT

Golfclub über den Dächern von Passau

AT

Freinberg 74
A-4785 Freinberg
✆ +43 7713 8494
Oberösterreich

256

20% Greenfee-Ermäßigung

DER GOLF ALBRECHT

Diamond Club Ottenstein

AT

Niedergrünbach 60
A-3532 Rastenfeld
✆ +43 2826 7476
Niederösterreich/Wien

257

2 for 1 2 GF zum Preis von 1

DER GOLF ALBRECHT

Diamond Club Ottenstein

AT

Niedergrünbach 60
A-3532 Rastenfeld
✆ +43 2826 7476
Niederösterreich/Wien

257

2 for 1 2 GF zum Preis von 1

Bedingungen zur Einlösung des Discounts:

1. Das Angebot ist einschließlich bis 30.6.2022 gültig.
2. Der Golfspieler/Leser hat sich telefonisch eine Abschlagzeit geben zu lassen – dabei ist die Nutzung des Angebots anzugeben.
3. Eine Barauszahlung des Greenfee-Vorteils ist nicht möglich.
4. Das Kombinieren von Angeboten oder bestehenden Greenfee-Vorteilen ist nicht möglich. Der Vorteil bezieht sich jeweils ausschließlich auf die zum Zeitpunkt der Einlösung gültigen vollen Greenfee-Gebühren.
5. Gibt es Spielergruppen mit erhöhten Greenfee-Gebühren, ist ein Nachlass auf diese Gebühren nicht möglich.
6. Das Angebot allein berechtigt nicht zum Spiel gegen Greenfee. Die Erfüllung der Bestimmungen des jeweiligen Golfclubs zur Greenfee-Berechtigung (Mitgliedschaft in einem Golfclub, Mindesthandicap etc.) zum Zeitpunkt der Einlösung sind Voraussetzung.
7. Es ist untersagt, den Greenfee-Gutschein entgeltlich Dritten zu überlassen bzw. mit diesen Handel zu treiben. Insbesondere sind die teilnehmenden Golfclubs in diesem Falle berechtigt, die Einlösung der ausgeschriebenen Angebote zu verweigern.
8. Die teilnehmenden Golfclubs haben sich gegenüber dem Verlag unter den o.g. Bedingungen verpflichtet, die ausgeschriebenen Angebote einzulösen. Der Verlag übernimmt jedoch keine Gewähr und keine Haftung, wenn ein Angebot nicht eingelöst wird oder werden kann.

Bedingungen zur Einlösung des Discounts:

1. Das Angebot ist einschließlich bis 30.6.2022 gültig.
2. Der Golfspieler/Leser hat sich telefonisch eine Abschlagzeit geben zu lassen – dabei ist die Nutzung des Angebots anzugeben.
3. Eine Barauszahlung des Greenfee-Vorteils ist nicht möglich.
4. Das Kombinieren von Angeboten oder bestehenden Greenfee-Vorteilen ist nicht möglich. Der Vorteil bezieht sich jeweils ausschließlich auf die zum Zeitpunkt der Einlösung gültigen vollen Greenfee-Gebühren.
5. Gibt es Spielergruppen mit erhöhten Greenfee-Gebühren, ist ein Nachlass auf diese Gebühren nicht möglich.
6. Das Angebot allein berechtigt nicht zum Spiel gegen Greenfee. Die Erfüllung der Bestimmungen des jeweiligen Golfclubs zur Greenfee-Berechtigung (Mitgliedschaft in einem Golfclub, Mindesthandicap etc.) zum Zeitpunkt der Einlösung sind Voraussetzung.
7. Es ist untersagt, den Greenfee-Gutschein entgeltlich Dritten zu überlassen bzw. mit diesen Handel zu treiben. Insbesondere sind die teilnehmenden Golfclubs in diesem Falle berechtigt, die Einlösung der ausgeschriebenen Angebote zu verweigern.
8. Die teilnehmenden Golfclubs haben sich gegenüber dem Verlag unter den o.g. Bedingungen verpflichtet, die ausgeschriebenen Angebote einzulösen. Der Verlag übernimmt jedoch keine Gewähr und keine Haftung, wenn ein Angebot nicht eingelöst wird oder werden kann.

Bedingungen zur Einlösung des Discounts:

1. Das Angebot ist einschließlich bis 30.6.2022 gültig.
2. Der Golfspieler/Leser hat sich telefonisch eine Abschlagzeit geben zu lassen – dabei ist die Nutzung des Angebots anzugeben.
3. Eine Barauszahlung des Greenfee-Vorteils ist nicht möglich.
4. Das Kombinieren von Angeboten oder bestehenden Greenfee-Vorteilen ist nicht möglich. Der Vorteil bezieht sich jeweils ausschließlich auf die zum Zeitpunkt der Einlösung gültigen vollen Greenfee-Gebühren.
5. Gibt es Spielergruppen mit erhöhten Greenfee-Gebühren, ist ein Nachlass auf diese Gebühren nicht möglich.
6. Das Angebot allein berechtigt nicht zum Spiel gegen Greenfee. Die Erfüllung der Bestimmungen des jeweiligen Golfclubs zur Greenfee-Berechtigung (Mitgliedschaft in einem Golfclub, Mindesthandicap etc.) zum Zeitpunkt der Einlösung sind Voraussetzung.
7. Es ist untersagt, den Greenfee-Gutschein entgeltlich Dritten zu überlassen bzw. mit diesen Handel zu treiben. Insbesondere sind die teilnehmenden Golfclubs in diesem Falle berechtigt, die Einlösung der ausgeschriebenen Angebote zu verweigern.
8. Die teilnehmenden Golfclubs haben sich gegenüber dem Verlag unter den o.g. Bedingungen verpflichtet, die ausgeschriebenen Angebote einzulösen. Der Verlag übernimmt jedoch keine Gewähr und keine Haftung, wenn ein Angebot nicht eingelöst wird oder werden kann.

Bedingungen zur Einlösung des Discounts:

1. Das Angebot ist einschließlich bis 30.6.2022 gültig.
2. Der Golfspieler/Leser hat sich telefonisch eine Abschlagzeit geben zu lassen – dabei ist die Nutzung des Angebots anzugeben.
3. Eine Barauszahlung des Greenfee-Vorteils ist nicht möglich.
4. Das Kombinieren von Angeboten oder bestehenden Greenfee-Vorteilen ist nicht möglich. Der Vorteil bezieht sich jeweils ausschließlich auf die zum Zeitpunkt der Einlösung gültigen vollen Greenfee-Gebühren.
5. Gibt es Spielergruppen mit erhöhten Greenfee-Gebühren, ist ein Nachlass auf diese Gebühren nicht möglich.
6. Das Angebot allein berechtigt nicht zum Spiel gegen Greenfee. Die Erfüllung der Bestimmungen des jeweiligen Golfclubs zur Greenfee-Berechtigung (Mitgliedschaft in einem Golfclub, Mindesthandicap etc.) zum Zeitpunkt der Einlösung sind Voraussetzung.
7. Es ist untersagt, den Greenfee-Gutschein entgeltlich Dritten zu überlassen bzw. mit diesen Handel zu treiben. Insbesondere sind die teilnehmenden Golfclubs in diesem Falle berechtigt, die Einlösung der ausgeschriebenen Angebote zu verweigern.
8. Die teilnehmenden Golfclubs haben sich gegenüber dem Verlag unter den o.g. Bedingungen verpflichtet, die ausgeschriebenen Angebote einzulösen. Der Verlag übernimmt jedoch keine Gewähr und keine Haftung, wenn ein Angebot nicht eingelöst wird oder werden kann.

Bedingungen zur Einlösung des Discounts:

1. Das Angebot ist einschließlich bis 30.6.2022 gültig.
2. Der Golfspieler/Leser hat sich telefonisch eine Abschlagzeit geben zu lassen – dabei ist die Nutzung des Angebots anzugeben.
3. Eine Barauszahlung des Greenfee-Vorteils ist nicht möglich.
4. Das Kombinieren von Angeboten oder bestehenden Greenfee-Vorteilen ist nicht möglich. Der Vorteil bezieht sich jeweils ausschließlich auf die zum Zeitpunkt der Einlösung gültigen vollen Greenfee-Gebühren.
5. Gibt es Spielergruppen mit erhöhten Greenfee-Gebühren, ist ein Nachlass auf diese Gebühren nicht möglich.
6. Das Angebot allein berechtigt nicht zum Spiel gegen Greenfee. Die Erfüllung der Bestimmungen des jeweiligen Golfclubs zur Greenfee-Berechtigung (Mitgliedschaft in einem Golfclub, Mindesthandicap etc.) zum Zeitpunkt der Einlösung sind Voraussetzung.
7. Es ist untersagt, den Greenfee-Gutschein entgeltlich Dritten zu überlassen bzw. mit diesen Handel zu treiben. Insbesondere sind die teilnehmenden Golfclubs in diesem Falle berechtigt, die Einlösung der ausgeschriebenen Angebote zu verweigern.
8. Die teilnehmenden Golfclubs haben sich gegenüber dem Verlag unter den o.g. Bedingungen verpflichtet, die ausgeschriebenen Angebote einzulösen. Der Verlag übernimmt jedoch keine Gewähr und keine Haftung, wenn ein Angebot nicht eingelöst wird oder werden kann.

Bedingungen zur Einlösung des Discounts:

1. Das Angebot ist einschließlich bis 30.6.2022 gültig.
2. Der Golfspieler/Leser hat sich telefonisch eine Abschlagzeit geben zu lassen – dabei ist die Nutzung des Angebots anzugeben.
3. Eine Barauszahlung des Greenfee-Vorteils ist nicht möglich.
4. Das Kombinieren von Angeboten oder bestehenden Greenfee-Vorteilen ist nicht möglich. Der Vorteil bezieht sich jeweils ausschließlich auf die zum Zeitpunkt der Einlösung gültigen vollen Greenfee-Gebühren.
5. Gibt es Spielergruppen mit erhöhten Greenfee-Gebühren, ist ein Nachlass auf diese Gebühren nicht möglich.
6. Das Angebot allein berechtigt nicht zum Spiel gegen Greenfee. Die Erfüllung der Bestimmungen des jeweiligen Golfclubs zur Greenfee-Berechtigung (Mitgliedschaft in einem Golfclub, Mindesthandicap etc.) zum Zeitpunkt der Einlösung sind Voraussetzung.
7. Es ist untersagt, den Greenfee-Gutschein entgeltlich Dritten zu überlassen bzw. mit diesen Handel zu treiben. Insbesondere sind die teilnehmenden Golfclubs in diesem Falle berechtigt, die Einlösung der ausgeschriebenen Angebote zu verweigern.
8. Die teilnehmenden Golfclubs haben sich gegenüber dem Verlag unter den o.g. Bedingungen verpflichtet, die ausgeschriebenen Angebote einzulösen. Der Verlag übernimmt jedoch keine Gewähr und keine Haftung, wenn ein Angebot nicht eingelöst wird oder werden kann.

Bedingungen zur Einlösung des Discounts:

1. Das Angebot ist einschließlich bis 30.6.2022 gültig.
2. Der Golfspieler/Leser hat sich telefonisch eine Abschlagzeit geben zu lassen – dabei ist die Nutzung des Angebots anzugeben.
3. Eine Barauszahlung des Greenfee-Vorteils ist nicht möglich.
4. Das Kombinieren von Angeboten oder bestehenden Greenfee-Vorteilen ist nicht möglich. Der Vorteil bezieht sich jeweils ausschließlich auf die zum Zeitpunkt der Einlösung gültigen vollen Greenfee-Gebühren.
5. Gibt es Spielergruppen mit erhöhten Greenfee-Gebühren, ist ein Nachlass auf diese Gebühren nicht möglich.
6. Das Angebot allein berechtigt nicht zum Spiel gegen Greenfee. Die Erfüllung der Bestimmungen des jeweiligen Golfclubs zur Greenfee-Berechtigung (Mitgliedschaft in einem Golfclub, Mindesthandicap etc.) zum Zeitpunkt der Einlösung sind Voraussetzung.
7. Es ist untersagt, den Greenfee-Gutschein entgeltlich Dritten zu überlassen bzw. mit diesen Handel zu treiben. Insbesondere sind die teilnehmenden Golfclubs in diesem Falle berechtigt, die Einlösung der ausgeschriebenen Angebote zu verweigern.
8. Die teilnehmenden Golfclubs haben sich gegenüber dem Verlag unter den o.g. Bedingungen verpflichtet, die ausgeschriebenen Angebote einzulösen. Der Verlag übernimmt jedoch keine Gewähr und keine Haftung, wenn ein Angebot nicht eingelöst wird oder werden kann.

Bedingungen zur Einlösung des Discounts:

1. Das Angebot ist einschließlich bis 30.6.2022 gültig.
2. Der Golfspieler/Leser hat sich telefonisch eine Abschlagzeit geben zu lassen – dabei ist die Nutzung des Angebots anzugeben.
3. Eine Barauszahlung des Greenfee-Vorteils ist nicht möglich.
4. Das Kombinieren von Angeboten oder bestehenden Greenfee-Vorteilen ist nicht möglich. Der Vorteil bezieht sich jeweils ausschließlich auf die zum Zeitpunkt der Einlösung gültigen vollen Greenfee-Gebühren.
5. Gibt es Spielergruppen mit erhöhten Greenfee-Gebühren, ist ein Nachlass auf diese Gebühren nicht möglich.
6. Das Angebot allein berechtigt nicht zum Spiel gegen Greenfee. Die Erfüllung der Bestimmungen des jeweiligen Golfclubs zur Greenfee-Berechtigung (Mitgliedschaft in einem Golfclub, Mindesthandicap etc.) zum Zeitpunkt der Einlösung sind Voraussetzung.
7. Es ist untersagt, den Greenfee-Gutschein entgeltlich Dritten zu überlassen bzw. mit diesen Handel zu treiben. Insbesondere sind die teilnehmenden Golfclubs in diesem Falle berechtigt, die Einlösung der ausgeschriebenen Angebote zu verweigern.
8. Die teilnehmenden Golfclubs haben sich gegenüber dem Verlag unter den o.g. Bedingungen verpflichtet, die ausgeschriebenen Angebote einzulösen. Der Verlag übernimmt jedoch keine Gewähr und keine Haftung, wenn ein Angebot nicht eingelöst wird oder werden kann.

Bedingungen zur Einlösung des Discounts:

1. Das Angebot ist einschließlich bis 30.6.2022 gültig.
2. Der Golfspieler/Leser hat sich telefonisch eine Abschlagzeit geben zu lassen – dabei ist die Nutzung des Angebots anzugeben.
3. Eine Barauszahlung des Greenfee-Vorteils ist nicht möglich.
4. Das Kombinieren von Angeboten oder bestehenden Greenfee-Vorteilen ist nicht möglich. Der Vorteil bezieht sich jeweils ausschließlich auf die zum Zeitpunkt der Einlösung gültigen vollen Greenfee-Gebühren.
5. Gibt es Spielergruppen mit erhöhten Greenfee-Gebühren, ist ein Nachlass auf diese Gebühren nicht möglich.
6. Das Angebot allein berechtigt nicht zum Spiel gegen Greenfee. Die Erfüllung der Bestimmungen des jeweiligen Golfclubs zur Greenfee-Berechtigung (Mitgliedschaft in einem Golfclub, Mindesthandicap etc.) zum Zeitpunkt der Einlösung sind Voraussetzung.
7. Es ist untersagt, den Greenfee-Gutschein entgeltlich Dritten zu überlassen bzw. mit diesen Handel zu treiben. Insbesondere sind die teilnehmenden Golfclubs in diesem Falle berechtigt, die Einlösung der ausgeschriebenen Angebote zu verweigern.
8. Die teilnehmenden Golfclubs haben sich gegenüber dem Verlag unter den o.g. Bedingungen verpflichtet, die ausgeschriebenen Angebote einzulösen. Der Verlag übernimmt jedoch keine Gewähr und keine Haftung, wenn ein Angebot nicht eingelöst wird oder werden kann.

Bedingungen zur Einlösung des Discounts:

1. Das Angebot ist einschließlich bis 30.6.2022 gültig.
2. Der Golfspieler/Leser hat sich telefonisch eine Abschlagzeit geben zu lassen – dabei ist die Nutzung des Angebots anzugeben.
3. Eine Barauszahlung des Greenfee-Vorteils ist nicht möglich.
4. Das Kombinieren von Angeboten oder bestehenden Greenfee-Vorteilen ist nicht möglich. Der Vorteil bezieht sich jeweils ausschließlich auf die zum Zeitpunkt der Einlösung gültigen vollen Greenfee-Gebühren.
5. Gibt es Spielergruppen mit erhöhten Greenfee-Gebühren, ist ein Nachlass auf diese Gebühren nicht möglich.
6. Das Angebot allein berechtigt nicht zum Spiel gegen Greenfee. Die Erfüllung der Bestimmungen des jeweiligen Golfclubs zur Greenfee-Berechtigung (Mitgliedschaft in einem Golfclub, Mindesthandicap etc.) zum Zeitpunkt der Einlösung sind Voraussetzung.
7. Es ist untersagt, den Greenfee-Gutschein entgeltlich Dritten zu überlassen bzw. mit diesen Handel zu treiben. Insbesondere sind die teilnehmenden Golfclubs in diesem Falle berechtigt, die Einlösung der ausgeschriebenen Angebote zu verweigern.
8. Die teilnehmenden Golfclubs haben sich gegenüber dem Verlag unter den o.g. Bedingungen verpflichtet, die ausgeschriebenen Angebote einzulösen. Der Verlag übernimmt jedoch keine Gewähr und keine Haftung, wenn ein Angebot nicht eingelöst wird oder werden kann.

DER GOLF ALBRECHT

Diamond Club Ottenstein AT

Niedergrünbach 60
A-3532 Rastenfeld
+43 2826 7476
Niederösterreich/Wien

257

20% Greenfee-Ermäßigung

DER GOLF ALBRECHT

Diamond Club Ottenstein AT

Niedergrünbach 60
A-3532 Rastenfeld
+43 2826 7476
Niederösterreich/Wien

257

20% Greenfee-Ermäßigung

DER GOLF ALBRECHT

Golfclub Pfarrkirchen im Mühlviertel AT

Pfarrkirchen 12
A-4141 Pfarrkirchen
+43 7285 6420
Oberösterreich

258

2 for 1 2 GF zum Preis von 1

DER GOLF ALBRECHT

Golfclub Pfarrkirchen im Mühlviertel AT

Pfarrkirchen 12
A-4141 Pfarrkirchen
+43 7285 6420
Oberösterreich

258

2 for 1 2 GF zum Preis von 1

DER GOLF ALBRECHT

Golfclub Pfarrkirchen im Mühlviertel AT

Pfarrkirchen 12
A-4141 Pfarrkirchen
+43 7285 6420
Oberösterreich

258

20% Greenfee-Ermäßigung

DER GOLF ALBRECHT

Golfclub Pfarrkirchen im Mühlviertel AT

Pfarrkirchen 12
A-4141 Pfarrkirchen
+43 7285 6420
Oberösterreich

258

20% Greenfee-Ermäßigung

DER GOLF ALBRECHT

Golfclub Wachau AT

Maria Taferl 43
A-3672 Maria Taferl
+43 7413 350
Niederösterreich/Wien

259

2 for 1 2 GF zum Preis von 1 wochentags

DER GOLF ALBRECHT

Golfclub Wachau AT

Maria Taferl 43
A-3672 Maria Taferl
+43 7413 350
Niederösterreich/Wien

259

2 for 1 2 GF zum Preis von 1 wochentags

DER GOLF ALBRECHT

Golfclub Wachau AT

Maria Taferl 43
A-3672 Maria Taferl
+43 7413 350
Niederösterreich/Wien

259

2 for 1 2 GF zum Preis von 1 wochentags

DER GOLF ALBRECHT

Golfclub Wachau AT

Maria Taferl 43
A-3672 Maria Taferl
+43 7413 350
Niederösterreich/Wien

259

20% Greenfee-Ermäßigung wochentags

Bedingungen zur Einlösung des Discounts:

1. Das Angebot ist einschließlich bis 30.6.2022 gültig.
2. Der Golfspieler/Leser hat sich telefonisch eine Abschlagzeit geben zu lassen – dabei ist die Nutzung des Angebots anzugeben.
3. Eine Barauszahlung des Greenfee-Vorteils ist nicht möglich.
4. Das Kombinieren von Angeboten oder bestehenden Greenfee-Vorteilen ist nicht möglich. Der Vorteil bezieht sich jeweils ausschließlich auf die zum Zeitpunkt der Einlösung gültigen vollen Greenfee-Gebühren.
5. Gibt es Spielergruppen mit erhöhten Greenfee-Gebühren, ist ein Nachlass auf diese Gebühren nicht möglich.
6. Das Angebot allein berechtigt nicht zum Spiel gegen Greenfee. Die Erfüllung der Bestimmungen des jeweiligen Golfclubs zur Greenfee-Berechtigung (Mitgliedschaft in einem Golfclub, Mindesthandicap etc.) zum Zeitpunkt der Einlösung sind Voraussetzung.
7. Es ist untersagt, den Greenfee-Gutschein entgeltlich Dritten zu überlassen bzw. mit diesen Handel zu treiben. Insbesondere sind die teilnehmenden Golfclubs in diesem Falle berechtigt, die Einlösung der ausgeschriebenen Angebote zu verweigern.
8. Die teilnehmenden Golfclubs haben sich gegenüber dem Verlag unter den o.g. Bedingungen verpflichtet, die ausgeschriebenen Angebote einzulösen. Der Verlag übernimmt jedoch keine Gewähr und keine Haftung, wenn ein Angebot nicht eingelöst wird oder werden kann.

Bedingungen zur Einlösung des Discounts:

1. Das Angebot ist einschließlich bis 30.6.2022 gültig.
2. Der Golfspieler/Leser hat sich telefonisch eine Abschlagzeit geben zu lassen – dabei ist die Nutzung des Angebots anzugeben.
3. Eine Barauszahlung des Greenfee-Vorteils ist nicht möglich.
4. Das Kombinieren von Angeboten oder bestehenden Greenfee-Vorteilen ist nicht möglich. Der Vorteil bezieht sich jeweils ausschließlich auf die zum Zeitpunkt der Einlösung gültigen vollen Greenfee-Gebühren.
5. Gibt es Spielergruppen mit erhöhten Greenfee-Gebühren, ist ein Nachlass auf diese Gebühren nicht möglich.
6. Das Angebot allein berechtigt nicht zum Spiel gegen Greenfee. Die Erfüllung der Bestimmungen des jeweiligen Golfclubs zur Greenfee-Berechtigung (Mitgliedschaft in einem Golfclub, Mindesthandicap etc.) zum Zeitpunkt der Einlösung sind Voraussetzung.
7. Es ist untersagt, den Greenfee-Gutschein entgeltlich Dritten zu überlassen bzw. mit diesen Handel zu treiben. Insbesondere sind die teilnehmenden Golfclubs in diesem Falle berechtigt, die Einlösung der ausgeschriebenen Angebote zu verweigern.
8. Die teilnehmenden Golfclubs haben sich gegenüber dem Verlag unter den o.g. Bedingungen verpflichtet, die ausgeschriebenen Angebote einzulösen. Der Verlag übernimmt jedoch keine Gewähr und keine Haftung, wenn ein Angebot nicht eingelöst wird oder werden kann.

Bedingungen zur Einlösung des Discounts:

1. Das Angebot ist einschließlich bis 30.6.2022 gültig.
2. Der Golfspieler/Leser hat sich telefonisch eine Abschlagzeit geben zu lassen – dabei ist die Nutzung des Angebots anzugeben.
3. Eine Barauszahlung des Greenfee-Vorteils ist nicht möglich.
4. Das Kombinieren von Angeboten oder bestehenden Greenfee-Vorteilen ist nicht möglich. Der Vorteil bezieht sich jeweils ausschließlich auf die zum Zeitpunkt der Einlösung gültigen vollen Greenfee-Gebühren.
5. Gibt es Spielergruppen mit erhöhten Greenfee-Gebühren, ist ein Nachlass auf diese Gebühren nicht möglich.
6. Das Angebot allein berechtigt nicht zum Spiel gegen Greenfee. Die Erfüllung der Bestimmungen des jeweiligen Golfclubs zur Greenfee-Berechtigung (Mitgliedschaft in einem Golfclub, Mindesthandicap etc.) zum Zeitpunkt der Einlösung sind Voraussetzung.
7. Es ist untersagt, den Greenfee-Gutschein entgeltlich Dritten zu überlassen bzw. mit diesen Handel zu treiben. Insbesondere sind die teilnehmenden Golfclubs in diesem Falle berechtigt, die Einlösung der ausgeschriebenen Angebote zu verweigern.
8. Die teilnehmenden Golfclubs haben sich gegenüber dem Verlag unter den o.g. Bedingungen verpflichtet, die ausgeschriebenen Angebote einzulösen. Der Verlag übernimmt jedoch keine Gewähr und keine Haftung, wenn ein Angebot nicht eingelöst wird oder werden kann.

Bedingungen zur Einlösung des Discounts:

1. Das Angebot ist einschließlich bis 30.6.2022 gültig.
2. Der Golfspieler/Leser hat sich telefonisch eine Abschlagzeit geben zu lassen – dabei ist die Nutzung des Angebots anzugeben.
3. Eine Barauszahlung des Greenfee-Vorteils ist nicht möglich.
4. Das Kombinieren von Angeboten oder bestehenden Greenfee-Vorteilen ist nicht möglich. Der Vorteil bezieht sich jeweils ausschließlich auf die zum Zeitpunkt der Einlösung gültigen vollen Greenfee-Gebühren.
5. Gibt es Spielergruppen mit erhöhten Greenfee-Gebühren, ist ein Nachlass auf diese Gebühren nicht möglich.
6. Das Angebot allein berechtigt nicht zum Spiel gegen Greenfee. Die Erfüllung der Bestimmungen des jeweiligen Golfclubs zur Greenfee-Berechtigung (Mitgliedschaft in einem Golfclub, Mindesthandicap etc.) zum Zeitpunkt der Einlösung sind Voraussetzung.
7. Es ist untersagt, den Greenfee-Gutschein entgeltlich Dritten zu überlassen bzw. mit diesen Handel zu treiben. Insbesondere sind die teilnehmenden Golfclubs in diesem Falle berechtigt, die Einlösung der ausgeschriebenen Angebote zu verweigern.
8. Die teilnehmenden Golfclubs haben sich gegenüber dem Verlag unter den o.g. Bedingungen verpflichtet, die ausgeschriebenen Angebote einzulösen. Der Verlag übernimmt jedoch keine Gewähr und keine Haftung, wenn ein Angebot nicht eingelöst wird oder werden kann.

Bedingungen zur Einlösung des Discounts:

1. Das Angebot ist einschließlich bis 30.6.2022 gültig.
2. Der Golfspieler/Leser hat sich telefonisch eine Abschlagzeit geben zu lassen – dabei ist die Nutzung des Angebots anzugeben.
3. Eine Barauszahlung des Greenfee-Vorteils ist nicht möglich.
4. Das Kombinieren von Angeboten oder bestehenden Greenfee-Vorteilen ist nicht möglich. Der Vorteil bezieht sich jeweils ausschließlich auf die zum Zeitpunkt der Einlösung gültigen vollen Greenfee-Gebühren.
5. Gibt es Spielergruppen mit erhöhten Greenfee-Gebühren, ist ein Nachlass auf diese Gebühren nicht möglich.
6. Das Angebot allein berechtigt nicht zum Spiel gegen Greenfee. Die Erfüllung der Bestimmungen des jeweiligen Golfclubs zur Greenfee-Berechtigung (Mitgliedschaft in einem Golfclub, Mindesthandicap etc.) zum Zeitpunkt der Einlösung sind Voraussetzung.
7. Es ist untersagt, den Greenfee-Gutschein entgeltlich Dritten zu überlassen bzw. mit diesen Handel zu treiben. Insbesondere sind die teilnehmenden Golfclubs in diesem Falle berechtigt, die Einlösung der ausgeschriebenen Angebote zu verweigern.
8. Die teilnehmenden Golfclubs haben sich gegenüber dem Verlag unter den o.g. Bedingungen verpflichtet, die ausgeschriebenen Angebote einzulösen. Der Verlag übernimmt jedoch keine Gewähr und keine Haftung, wenn ein Angebot nicht eingelöst wird oder werden kann.

Bedingungen zur Einlösung des Discounts:

1. Das Angebot ist einschließlich bis 30.6.2022 gültig.
2. Der Golfspieler/Leser hat sich telefonisch eine Abschlagzeit geben zu lassen – dabei ist die Nutzung des Angebots anzugeben.
3. Eine Barauszahlung des Greenfee-Vorteils ist nicht möglich.
4. Das Kombinieren von Angeboten oder bestehenden Greenfee-Vorteilen ist nicht möglich. Der Vorteil bezieht sich jeweils ausschließlich auf die zum Zeitpunkt der Einlösung gültigen vollen Greenfee-Gebühren.
5. Gibt es Spielergruppen mit erhöhten Greenfee-Gebühren, ist ein Nachlass auf diese Gebühren nicht möglich.
6. Das Angebot allein berechtigt nicht zum Spiel gegen Greenfee. Die Erfüllung der Bestimmungen des jeweiligen Golfclubs zur Greenfee-Berechtigung (Mitgliedschaft in einem Golfclub, Mindesthandicap etc.) zum Zeitpunkt der Einlösung sind Voraussetzung.
7. Es ist untersagt, den Greenfee-Gutschein entgeltlich Dritten zu überlassen bzw. mit diesen Handel zu treiben. Insbesondere sind die teilnehmenden Golfclubs in diesem Falle berechtigt, die Einlösung der ausgeschriebenen Angebote zu verweigern.
8. Die teilnehmenden Golfclubs haben sich gegenüber dem Verlag unter den o.g. Bedingungen verpflichtet, die ausgeschriebenen Angebote einzulösen. Der Verlag übernimmt jedoch keine Gewähr und keine Haftung, wenn ein Angebot nicht eingelöst wird oder werden kann.

Bedingungen zur Einlösung des Discounts:

1. Das Angebot ist einschließlich bis 30.6.2022 gültig.
2. Der Golfspieler/Leser hat sich telefonisch eine Abschlagzeit geben zu lassen – dabei ist die Nutzung des Angebots anzugeben.
3. Eine Barauszahlung des Greenfee-Vorteils ist nicht möglich.
4. Das Kombinieren von Angeboten oder bestehenden Greenfee-Vorteilen ist nicht möglich. Der Vorteil bezieht sich jeweils ausschließlich auf die zum Zeitpunkt der Einlösung gültigen vollen Greenfee-Gebühren.
5. Gibt es Spielergruppen mit erhöhten Greenfee-Gebühren, ist ein Nachlass auf diese Gebühren nicht möglich.
6. Das Angebot allein berechtigt nicht zum Spiel gegen Greenfee. Die Erfüllung der Bestimmungen des jeweiligen Golfclubs zur Greenfee-Berechtigung (Mitgliedschaft in einem Golfclub, Mindesthandicap etc.) zum Zeitpunkt der Einlösung sind Voraussetzung.
7. Es ist untersagt, den Greenfee-Gutschein entgeltlich Dritten zu überlassen bzw. mit diesen Handel zu treiben. Insbesondere sind die teilnehmenden Golfclubs in diesem Falle berechtigt, die Einlösung der ausgeschriebenen Angebote zu verweigern.
8. Die teilnehmenden Golfclubs haben sich gegenüber dem Verlag unter den o.g. Bedingungen verpflichtet, die ausgeschriebenen Angebote einzulösen. Der Verlag übernimmt jedoch keine Gewähr und keine Haftung, wenn ein Angebot nicht eingelöst wird oder werden kann.

Bedingungen zur Einlösung des Discounts:

1. Das Angebot ist einschließlich bis 30.6.2022 gültig.
2. Der Golfspieler/Leser hat sich telefonisch eine Abschlagzeit geben zu lassen – dabei ist die Nutzung des Angebots anzugeben.
3. Eine Barauszahlung des Greenfee-Vorteils ist nicht möglich.
4. Das Kombinieren von Angeboten oder bestehenden Greenfee-Vorteilen ist nicht möglich. Der Vorteil bezieht sich jeweils ausschließlich auf die zum Zeitpunkt der Einlösung gültigen vollen Greenfee-Gebühren.
5. Gibt es Spielergruppen mit erhöhten Greenfee-Gebühren, ist ein Nachlass auf diese Gebühren nicht möglich.
6. Das Angebot allein berechtigt nicht zum Spiel gegen Greenfee. Die Erfüllung der Bestimmungen des jeweiligen Golfclubs zur Greenfee-Berechtigung (Mitgliedschaft in einem Golfclub, Mindesthandicap etc.) zum Zeitpunkt der Einlösung sind Voraussetzung.
7. Es ist untersagt, den Greenfee-Gutschein entgeltlich Dritten zu überlassen bzw. mit diesen Handel zu treiben. Insbesondere sind die teilnehmenden Golfclubs in diesem Falle berechtigt, die Einlösung der ausgeschriebenen Angebote zu verweigern.
8. Die teilnehmenden Golfclubs haben sich gegenüber dem Verlag unter den o.g. Bedingungen verpflichtet, die ausgeschriebenen Angebote einzulösen. Der Verlag übernimmt jedoch keine Gewähr und keine Haftung, wenn ein Angebot nicht eingelöst wird oder werden kann.

Bedingungen zur Einlösung des Discounts:

1. Das Angebot ist einschließlich bis 30.6.2022 gültig.
2. Der Golfspieler/Leser hat sich telefonisch eine Abschlagzeit geben zu lassen – dabei ist die Nutzung des Angebots anzugeben.
3. Eine Barauszahlung des Greenfee-Vorteils ist nicht möglich.
4. Das Kombinieren von Angeboten oder bestehenden Greenfee-Vorteilen ist nicht möglich. Der Vorteil bezieht sich jeweils ausschließlich auf die zum Zeitpunkt der Einlösung gültigen vollen Greenfee-Gebühren.
5. Gibt es Spielergruppen mit erhöhten Greenfee-Gebühren, ist ein Nachlass auf diese Gebühren nicht möglich.
6. Das Angebot allein berechtigt nicht zum Spiel gegen Greenfee. Die Erfüllung der Bestimmungen des jeweiligen Golfclubs zur Greenfee-Berechtigung (Mitgliedschaft in einem Golfclub, Mindesthandicap etc.) zum Zeitpunkt der Einlösung sind Voraussetzung.
7. Es ist untersagt, den Greenfee-Gutschein entgeltlich Dritten zu überlassen bzw. mit diesen Handel zu treiben. Insbesondere sind die teilnehmenden Golfclubs in diesem Falle berechtigt, die Einlösung der ausgeschriebenen Angebote zu verweigern.
8. Die teilnehmenden Golfclubs haben sich gegenüber dem Verlag unter den o.g. Bedingungen verpflichtet, die ausgeschriebenen Angebote einzulösen. Der Verlag übernimmt jedoch keine Gewähr und keine Haftung, wenn ein Angebot nicht eingelöst wird oder werden kann.

Bedingungen zur Einlösung des Discounts:

1. Das Angebot ist einschließlich bis 30.6.2022 gültig.
2. Der Golfspieler/Leser hat sich telefonisch eine Abschlagzeit geben zu lassen – dabei ist die Nutzung des Angebots anzugeben.
3. Eine Barauszahlung des Greenfee-Vorteils ist nicht möglich.
4. Das Kombinieren von Angeboten oder bestehenden Greenfee-Vorteilen ist nicht möglich. Der Vorteil bezieht sich jeweils ausschließlich auf die zum Zeitpunkt der Einlösung gültigen vollen Greenfee-Gebühren.
5. Gibt es Spielergruppen mit erhöhten Greenfee-Gebühren, ist ein Nachlass auf diese Gebühren nicht möglich.
6. Das Angebot allein berechtigt nicht zum Spiel gegen Greenfee. Die Erfüllung der Bestimmungen des jeweiligen Golfclubs zur Greenfee-Berechtigung (Mitgliedschaft in einem Golfclub, Mindesthandicap etc.) zum Zeitpunkt der Einlösung sind Voraussetzung.
7. Es ist untersagt, den Greenfee-Gutschein entgeltlich Dritten zu überlassen bzw. mit diesen Handel zu treiben. Insbesondere sind die teilnehmenden Golfclubs in diesem Falle berechtigt, die Einlösung der ausgeschriebenen Angebote zu verweigern.
8. Die teilnehmenden Golfclubs haben sich gegenüber dem Verlag unter den o.g. Bedingungen verpflichtet, die ausgeschriebenen Angebote einzulösen. Der Verlag übernimmt jedoch keine Gewähr und keine Haftung, wenn ein Angebot nicht eingelöst wird oder werden kann.

DER GOLF ALBRECHT

Golfclub Wachau AT

Maria Taferl 43
A-3672 Maria Taferl
+43 7413 350
Niederösterreich/Wien

259

20% Greenfee-Ermäßigung wochentags

DER GOLF ALBRECHT

Golfclub Wachau AT

Maria Taferl 43
A-3672 Maria Taferl
+43 7413 350
Niederösterreich/Wien

259

20% Greenfee-Ermäßigung wochentags

DER GOLF ALBRECHT

Golf Club Hainburg AT

Auf der Heide 762
A-2410 Hainburg
+43 2165 62628
Niederösterreich/Wien

260

2 for 1 2 GF zum Preis von 1

DER GOLF ALBRECHT

Golf Club Hainburg AT

Auf der Heide 762
A-2410 Hainburg
+43 2165 62628
Niederösterreich/Wien

260

2 for 1 2 GF zum Preis von 1

DER GOLF ALBRECHT

Golf Club Hainburg AT

Auf der Heide 762
A-2410 Hainburg
+43 2165 62628
Niederösterreich/Wien

260

20% Greenfee-Ermäßigung

DER GOLF ALBRECHT

Golf Club Hainburg AT

Auf der Heide 762
A-2410 Hainburg
+43 2165 62628
Niederösterreich/Wien

260

20% Greenfee-Ermäßigung

DER GOLF ALBRECHT

Golfplatz Breitenfurt AT

Hauptstraße 58
A-2384 Breitenfurt bei Wien
+43 2239 34585
Niederösterreich/Wien

261

20% Greenfee-Ermäßigung

DER GOLF ALBRECHT

GOLF REGAU • Attersee – Traunsee AT

Eck 3
A-4845 Regau
+43 7672 222020
Oberösterreich

262

2 for 1 2 GF zum Preis von 1

DER GOLF ALBRECHT

GOLF REGAU • Attersee – Traunsee AT

Eck 3
A-4845 Regau
+43 7672 222020
Oberösterreich

262

2 for 1 2 GF zum Preis von 1

DER GOLF ALBRECHT

Golfclub Traunsee-Kirchham AT

Kampesberg 21
A-4656 Kirchham
+43 7619 2576
Oberösterreich

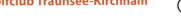

263

2 for 1 2 GF zum Preis von 1

Bedingungen zur Einlösung des Discounts:

1. Das Angebot ist einschließlich bis 30.6.2022 gültig.
2. Der Golfspieler/Leser hat sich telefonisch eine Abschlagzeit geben zu lassen – dabei ist die Nutzung des Angebots anzugeben.
3. Eine Barauszahlung des Greenfee-Vorteils ist nicht möglich.
4. Das Kombinieren von Angeboten oder bestehenden Greenfee-Vorteilen ist nicht möglich. Der Vorteil bezieht sich jeweils ausschließlich auf die zum Zeitpunkt der Einlösung gültigen vollen Greenfee-Gebühren.
5. Gibt es Spielergruppen mit erhöhten Greenfee-Gebühren, ist ein Nachlass auf diese Gebühren nicht möglich.
6. Das Angebot allein berechtigt nicht zum Spiel gegen Greenfee. Die Erfüllung der Bestimmungen des jeweiligen Golfclubs zur Greenfee-Berechtigung (Mitgliedschaft in einem Golfclub, Mindesthandicap etc.) zum Zeitpunkt der Einlösung sind Voraussetzung.
7. Es ist untersagt, den Greenfee-Gutschein entgeltlich Dritten zu überlassen bzw. mit diesen Handel zu treiben. Insbesondere sind die teilnehmenden Golfclubs in diesem Falle berechtigt, die Einlösung der ausgeschriebenen Angebote zu verweigern.
8. Die teilnehmenden Golfclubs haben sich gegenüber dem Verlag unter den o.g. Bedingungen verpflichtet, die ausgeschriebenen Angebote einzulösen. Der Verlag übernimmt jedoch keine Gewähr und keine Haftung, wenn ein Angebot nicht eingelöst wird oder werden kann.

Bedingungen zur Einlösung des Discounts:

1. Das Angebot ist einschließlich bis 30.6.2022 gültig.
2. Der Golfspieler/Leser hat sich telefonisch eine Abschlagzeit geben zu lassen – dabei ist die Nutzung des Angebots anzugeben.
3. Eine Barauszahlung des Greenfee-Vorteils ist nicht möglich.
4. Das Kombinieren von Angeboten oder bestehenden Greenfee-Vorteilen ist nicht möglich. Der Vorteil bezieht sich jeweils ausschließlich auf die zum Zeitpunkt der Einlösung gültigen vollen Greenfee-Gebühren.
5. Gibt es Spielergruppen mit erhöhten Greenfee-Gebühren, ist ein Nachlass auf diese Gebühren nicht möglich.
6. Das Angebot allein berechtigt nicht zum Spiel gegen Greenfee. Die Erfüllung der Bestimmungen des jeweiligen Golfclubs zur Greenfee-Berechtigung (Mitgliedschaft in einem Golfclub, Mindesthandicap etc.) zum Zeitpunkt der Einlösung sind Voraussetzung.
7. Es ist untersagt, den Greenfee-Gutschein entgeltlich Dritten zu überlassen bzw. mit diesen Handel zu treiben. Insbesondere sind die teilnehmenden Golfclubs in diesem Falle berechtigt, die Einlösung der ausgeschriebenen Angebote zu verweigern.
8. Die teilnehmenden Golfclubs haben sich gegenüber dem Verlag unter den o.g. Bedingungen verpflichtet, die ausgeschriebenen Angebote einzulösen. Der Verlag übernimmt jedoch keine Gewähr und keine Haftung, wenn ein Angebot nicht eingelöst wird oder werden kann.

Bedingungen zur Einlösung des Discounts:

1. Das Angebot ist einschließlich bis 30.6.2022 gültig.
2. Der Golfspieler/Leser hat sich telefonisch eine Abschlagzeit geben zu lassen – dabei ist die Nutzung des Angebots anzugeben.
3. Eine Barauszahlung des Greenfee-Vorteils ist nicht möglich.
4. Das Kombinieren von Angeboten oder bestehenden Greenfee-Vorteilen ist nicht möglich. Der Vorteil bezieht sich jeweils ausschließlich auf die zum Zeitpunkt der Einlösung gültigen vollen Greenfee-Gebühren.
5. Gibt es Spielergruppen mit erhöhten Greenfee-Gebühren, ist ein Nachlass auf diese Gebühren nicht möglich.
6. Das Angebot allein berechtigt nicht zum Spiel gegen Greenfee. Die Erfüllung der Bestimmungen des jeweiligen Golfclubs zur Greenfee-Berechtigung (Mitgliedschaft in einem Golfclub, Mindesthandicap etc.) zum Zeitpunkt der Einlösung sind Voraussetzung.
7. Es ist untersagt, den Greenfee-Gutschein entgeltlich Dritten zu überlassen bzw. mit diesen Handel zu treiben. Insbesondere sind die teilnehmenden Golfclubs in diesem Falle berechtigt, die Einlösung der ausgeschriebenen Angebote zu verweigern.
8. Die teilnehmenden Golfclubs haben sich gegenüber dem Verlag unter den o.g. Bedingungen verpflichtet, die ausgeschriebenen Angebote einzulösen. Der Verlag übernimmt jedoch keine Gewähr und keine Haftung, wenn ein Angebot nicht eingelöst wird oder werden kann.

Bedingungen zur Einlösung des Discounts:

1. Das Angebot ist einschließlich bis 30.6.2022 gültig.
2. Der Golfspieler/Leser hat sich telefonisch eine Abschlagzeit geben zu lassen – dabei ist die Nutzung des Angebots anzugeben.
3. Eine Barauszahlung des Greenfee-Vorteils ist nicht möglich.
4. Das Kombinieren von Angeboten oder bestehenden Greenfee-Vorteilen ist nicht möglich. Der Vorteil bezieht sich jeweils ausschließlich auf die zum Zeitpunkt der Einlösung gültigen vollen Greenfee-Gebühren.
5. Gibt es Spielergruppen mit erhöhten Greenfee-Gebühren, ist ein Nachlass auf diese Gebühren nicht möglich.
6. Das Angebot allein berechtigt nicht zum Spiel gegen Greenfee. Die Erfüllung der Bestimmungen des jeweiligen Golfclubs zur Greenfee-Berechtigung (Mitgliedschaft in einem Golfclub, Mindesthandicap etc.) zum Zeitpunkt der Einlösung sind Voraussetzung.
7. Es ist untersagt, den Greenfee-Gutschein entgeltlich Dritten zu überlassen bzw. mit diesen Handel zu treiben. Insbesondere sind die teilnehmenden Golfclubs in diesem Falle berechtigt, die Einlösung der ausgeschriebenen Angebote zu verweigern.
8. Die teilnehmenden Golfclubs haben sich gegenüber dem Verlag unter den o.g. Bedingungen verpflichtet, die ausgeschriebenen Angebote einzulösen. Der Verlag übernimmt jedoch keine Gewähr und keine Haftung, wenn ein Angebot nicht eingelöst wird oder werden kann.

Bedingungen zur Einlösung des Discounts:

1. Das Angebot ist einschließlich bis 30.6.2022 gültig.
2. Der Golfspieler/Leser hat sich telefonisch eine Abschlagzeit geben zu lassen – dabei ist die Nutzung des Angebots anzugeben.
3. Eine Barauszahlung des Greenfee-Vorteils ist nicht möglich.
4. Das Kombinieren von Angeboten oder bestehenden Greenfee-Vorteilen ist nicht möglich. Der Vorteil bezieht sich jeweils ausschließlich auf die zum Zeitpunkt der Einlösung gültigen vollen Greenfee-Gebühren.
5. Gibt es Spielergruppen mit erhöhten Greenfee-Gebühren, ist ein Nachlass auf diese Gebühren nicht möglich.
6. Das Angebot allein berechtigt nicht zum Spiel gegen Greenfee. Die Erfüllung der Bestimmungen des jeweiligen Golfclubs zur Greenfee-Berechtigung (Mitgliedschaft in einem Golfclub, Mindesthandicap etc.) zum Zeitpunkt der Einlösung sind Voraussetzung.
7. Es ist untersagt, den Greenfee-Gutschein entgeltlich Dritten zu überlassen bzw. mit diesen Handel zu treiben. Insbesondere sind die teilnehmenden Golfclubs in diesem Falle berechtigt, die Einlösung der ausgeschriebenen Angebote zu verweigern.
8. Die teilnehmenden Golfclubs haben sich gegenüber dem Verlag unter den o.g. Bedingungen verpflichtet, die ausgeschriebenen Angebote einzulösen. Der Verlag übernimmt jedoch keine Gewähr und keine Haftung, wenn ein Angebot nicht eingelöst wird oder werden kann.

Bedingungen zur Einlösung des Discounts:

1. Das Angebot ist einschließlich bis 30.6.2022 gültig.
2. Der Golfspieler/Leser hat sich telefonisch eine Abschlagzeit geben zu lassen – dabei ist die Nutzung des Angebots anzugeben.
3. Eine Barauszahlung des Greenfee-Vorteils ist nicht möglich.
4. Das Kombinieren von Angeboten oder bestehenden Greenfee-Vorteilen ist nicht möglich. Der Vorteil bezieht sich jeweils ausschließlich auf die zum Zeitpunkt der Einlösung gültigen vollen Greenfee-Gebühren.
5. Gibt es Spielergruppen mit erhöhten Greenfee-Gebühren, ist ein Nachlass auf diese Gebühren nicht möglich.
6. Das Angebot allein berechtigt nicht zum Spiel gegen Greenfee. Die Erfüllung der Bestimmungen des jeweiligen Golfclubs zur Greenfee-Berechtigung (Mitgliedschaft in einem Golfclub, Mindesthandicap etc.) zum Zeitpunkt der Einlösung sind Voraussetzung.
7. Es ist untersagt, den Greenfee-Gutschein entgeltlich Dritten zu überlassen bzw. mit diesen Handel zu treiben. Insbesondere sind die teilnehmenden Golfclubs in diesem Falle berechtigt, die Einlösung der ausgeschriebenen Angebote zu verweigern.
8. Die teilnehmenden Golfclubs haben sich gegenüber dem Verlag unter den o.g. Bedingungen verpflichtet, die ausgeschriebenen Angebote einzulösen. Der Verlag übernimmt jedoch keine Gewähr und keine Haftung, wenn ein Angebot nicht eingelöst wird oder werden kann.

Bedingungen zur Einlösung des Discounts:

1. Das Angebot ist einschließlich bis 30.6.2022 gültig.
2. Der Golfspieler/Leser hat sich telefonisch eine Abschlagzeit geben zu lassen – dabei ist die Nutzung des Angebots anzugeben.
3. Eine Barauszahlung des Greenfee-Vorteils ist nicht möglich.
4. Das Kombinieren von Angeboten oder bestehenden Greenfee-Vorteilen ist nicht möglich. Der Vorteil bezieht sich jeweils ausschließlich auf die zum Zeitpunkt der Einlösung gültigen vollen Greenfee-Gebühren.
5. Gibt es Spielergruppen mit erhöhten Greenfee-Gebühren, ist ein Nachlass auf diese Gebühren nicht möglich.
6. Das Angebot allein berechtigt nicht zum Spiel gegen Greenfee. Die Erfüllung der Bestimmungen des jeweiligen Golfclubs zur Greenfee-Berechtigung (Mitgliedschaft in einem Golfclub, Mindesthandicap etc.) zum Zeitpunkt der Einlösung sind Voraussetzung.
7. Es ist untersagt, den Greenfee-Gutschein entgeltlich Dritten zu überlassen bzw. mit diesen Handel zu treiben. Insbesondere sind die teilnehmenden Golfclubs in diesem Falle berechtigt, die Einlösung der ausgeschriebenen Angebote zu verweigern.
8. Die teilnehmenden Golfclubs haben sich gegenüber dem Verlag unter den o.g. Bedingungen verpflichtet, die ausgeschriebenen Angebote einzulösen. Der Verlag übernimmt jedoch keine Gewähr und keine Haftung, wenn ein Angebot nicht eingelöst wird oder werden kann.

Bedingungen zur Einlösung des Discounts:

1. Das Angebot ist einschließlich bis 30.6.2022 gültig.
2. Der Golfspieler/Leser hat sich telefonisch eine Abschlagzeit geben zu lassen – dabei ist die Nutzung des Angebots anzugeben.
3. Eine Barauszahlung des Greenfee-Vorteils ist nicht möglich.
4. Das Kombinieren von Angeboten oder bestehenden Greenfee-Vorteilen ist nicht möglich. Der Vorteil bezieht sich jeweils ausschließlich auf die zum Zeitpunkt der Einlösung gültigen vollen Greenfee-Gebühren.
5. Gibt es Spielergruppen mit erhöhten Greenfee-Gebühren, ist ein Nachlass auf diese Gebühren nicht möglich.
6. Das Angebot allein berechtigt nicht zum Spiel gegen Greenfee. Die Erfüllung der Bestimmungen des jeweiligen Golfclubs zur Greenfee-Berechtigung (Mitgliedschaft in einem Golfclub, Mindesthandicap etc.) zum Zeitpunkt der Einlösung sind Voraussetzung.
7. Es ist untersagt, den Greenfee-Gutschein entgeltlich Dritten zu überlassen bzw. mit diesen Handel zu treiben. Insbesondere sind die teilnehmenden Golfclubs in diesem Falle berechtigt, die Einlösung der ausgeschriebenen Angebote zu verweigern.
8. Die teilnehmenden Golfclubs haben sich gegenüber dem Verlag unter den o.g. Bedingungen verpflichtet, die ausgeschriebenen Angebote einzulösen. Der Verlag übernimmt jedoch keine Gewähr und keine Haftung, wenn ein Angebot nicht eingelöst wird oder werden kann.

Bedingungen zur Einlösung des Discounts:

1. Das Angebot ist einschließlich bis 30.6.2022 gültig.
2. Der Golfspieler/Leser hat sich telefonisch eine Abschlagzeit geben zu lassen – dabei ist die Nutzung des Angebots anzugeben.
3. Eine Barauszahlung des Greenfee-Vorteils ist nicht möglich.
4. Das Kombinieren von Angeboten oder bestehenden Greenfee-Vorteilen ist nicht möglich. Der Vorteil bezieht sich jeweils ausschließlich auf die zum Zeitpunkt der Einlösung gültigen vollen Greenfee-Gebühren.
5. Gibt es Spielergruppen mit erhöhten Greenfee-Gebühren, ist ein Nachlass auf diese Gebühren nicht möglich.
6. Das Angebot allein berechtigt nicht zum Spiel gegen Greenfee. Die Erfüllung der Bestimmungen des jeweiligen Golfclubs zur Greenfee-Berechtigung (Mitgliedschaft in einem Golfclub, Mindesthandicap etc.) zum Zeitpunkt der Einlösung sind Voraussetzung.
7. Es ist untersagt, den Greenfee-Gutschein entgeltlich Dritten zu überlassen bzw. mit diesen Handel zu treiben. Insbesondere sind die teilnehmenden Golfclubs in diesem Falle berechtigt, die Einlösung der ausgeschriebenen Angebote zu verweigern.
8. Die teilnehmenden Golfclubs haben sich gegenüber dem Verlag unter den o.g. Bedingungen verpflichtet, die ausgeschriebenen Angebote einzulösen. Der Verlag übernimmt jedoch keine Gewähr und keine Haftung, wenn ein Angebot nicht eingelöst wird oder werden kann.

Bedingungen zur Einlösung des Discounts:

1. Das Angebot ist einschließlich bis 30.6.2022 gültig.
2. Der Golfspieler/Leser hat sich telefonisch eine Abschlagzeit geben zu lassen – dabei ist die Nutzung des Angebots anzugeben.
3. Eine Barauszahlung des Greenfee-Vorteils ist nicht möglich.
4. Das Kombinieren von Angeboten oder bestehenden Greenfee-Vorteilen ist nicht möglich. Der Vorteil bezieht sich jeweils ausschließlich auf die zum Zeitpunkt der Einlösung gültigen vollen Greenfee-Gebühren.
5. Gibt es Spielergruppen mit erhöhten Greenfee-Gebühren, ist ein Nachlass auf diese Gebühren nicht möglich.
6. Das Angebot allein berechtigt nicht zum Spiel gegen Greenfee. Die Erfüllung der Bestimmungen des jeweiligen Golfclubs zur Greenfee-Berechtigung (Mitgliedschaft in einem Golfclub, Mindesthandicap etc.) zum Zeitpunkt der Einlösung sind Voraussetzung.
7. Es ist untersagt, den Greenfee-Gutschein entgeltlich Dritten zu überlassen bzw. mit diesen Handel zu treiben. Insbesondere sind die teilnehmenden Golfclubs in diesem Falle berechtigt, die Einlösung der ausgeschriebenen Angebote zu verweigern.
8. Die teilnehmenden Golfclubs haben sich gegenüber dem Verlag unter den o.g. Bedingungen verpflichtet, die ausgeschriebenen Angebote einzulösen. Der Verlag übernimmt jedoch keine Gewähr und keine Haftung, wenn ein Angebot nicht eingelöst wird oder werden kann.

DER GOLF ALBRECHT

Golfclub Traunsee-Kirchham AT

Kampesberg 21
A-4656 Kirchham
☎ +43 7619 2576
Oberösterreich

263

2 for 1 2 GF zum Preis von 1

DER GOLF ALBRECHT

Golf Club Enzesfeld AT

Schlossstrasse 38, dann noch 4km über die Privatstrasse durch den Wald, In der Jauling
A-2551 Enzesfeld
☎ +43 2256 81272
Niederösterreich/Wien

264

30% Greenfee-Ermäßigung

DER GOLF ALBRECHT

Golf Club Enzesfeld AT

Schlossstrasse 38, dann noch 4km über die Privatstrasse durch den Wald, In der Jauling
A-2551 Enzesfeld
☎ +43 2256 81272
Niederösterreich/Wien

264

30% Greenfee-Ermäßigung

DER GOLF ALBRECHT

AtterseeGolf Club Weyregg AT

Wachtbergstr. 30
A-4852 Weyregg
☎ +43 7664 20712
Oberösterreich

265

2 for 1 2 GF zum Preis von 1

DER GOLF ALBRECHT

AtterseeGolf Club Weyregg AT

Wachtbergstr. 30
A-4852 Weyregg
☎ +43 7664 20712
Oberösterreich

265

2 for 1 2 GF zum Preis von 1

DER GOLF ALBRECHT

AtterseeGolf Club Weyregg AT

Wachtbergstr. 30
A-4852 Weyregg
☎ +43 7664 20712
Oberösterreich

265

20% Greenfee-Ermäßigung

DER GOLF ALBRECHT

AtterseeGolf Club Weyregg AT

Wachtbergstr. 30
A-4852 Weyregg
☎ +43 7664 20712
Oberösterreich

265

20% Greenfee-Ermäßigung

DER GOLF ALBRECHT

Golfclub Römergolf AT

Kraimoosweg 5 a
A-5301 Eugendorf
☎ +43 6225 28300
Salzburg

266

2 for 1 2 GF zum Preis von 1

DER GOLF ALBRECHT

Golfclub Römergolf AT

Kraimoosweg 5 a
A-5301 Eugendorf
☎ +43 6225 28300
Salzburg

266

2 for 1 2 GF zum Preis von 1

DER GOLF ALBRECHT

Golfclub Linsberg AT

Föhrenauer Straße 8/4
A-2821 Lanzenkirchen
☎ +43 2622 29171
Niederösterreich/Wien

267

30% Greenfee-Ermäßigung

Bedingungen zur Einlösung des Discounts:
1. Das Angebot ist einschließlich bis 30.6.2022 gültig.
2. Der Golfspieler/Leser hat sich telefonisch eine Abschlagzeit geben zu lassen – dabei ist die Nutzung des Angebots anzugeben.
3. Eine Barauszahlung des Greenfee-Vorteils ist nicht möglich.
4. Das Kombinieren von Angeboten oder bestehenden Greenfee-Vorteilen ist nicht möglich. Der Vorteil bezieht sich jeweils ausschließlich auf die zum Zeitpunkt der Einlösung gültigen vollen Greenfee-Gebühren.
5. Gibt es Spielergruppen mit erhöhten Greenfee-Gebühren, ist ein Nachlass auf diese Gebühren nicht möglich.
6. Das Angebot allein berechtigt nicht zum Spiel gegen Greenfee. Die Erfüllung der Bestimmungen des jeweiligen Golfclubs zur Greenfee-Berechtigung (Mitgliedschaft in einem Golfclub, Mindesthandicap etc.) zum Zeitpunkt der Einlösung sind Voraussetzung.
7. Es ist untersagt, den Greenfee-Gutschein entgeltlich Dritten zu überlassen bzw. mit diesen Handel zu treiben. Insbesondere sind die teilnehmenden Golfclubs in diesem Falle berechtigt, die Einlösung der ausgeschriebenen Angebote zu verweigern.
8. Die teilnehmenden Golfclubs haben sich gegenüber dem Verlag unter den o.g. Bedingungen verpflichtet, die ausgeschriebenen Angebote einzulösen. Der Verlag übernimmt jedoch keine Gewähr und keine Haftung, wenn ein Angebot nicht eingelöst wird oder werden kann.

Bedingungen zur Einlösung des Discounts:
1. Das Angebot ist einschließlich bis 30.6.2022 gültig.
2. Der Golfspieler/Leser hat sich telefonisch eine Abschlagzeit geben zu lassen – dabei ist die Nutzung des Angebots anzugeben.
3. Eine Barauszahlung des Greenfee-Vorteils ist nicht möglich.
4. Das Kombinieren von Angeboten oder bestehenden Greenfee-Vorteilen ist nicht möglich. Der Vorteil bezieht sich jeweils ausschließlich auf die zum Zeitpunkt der Einlösung gültigen vollen Greenfee-Gebühren.
5. Gibt es Spielergruppen mit erhöhten Greenfee-Gebühren, ist ein Nachlass auf diese Gebühren nicht möglich.
6. Das Angebot allein berechtigt nicht zum Spiel gegen Greenfee. Die Erfüllung der Bestimmungen des jeweiligen Golfclubs zur Greenfee-Berechtigung (Mitgliedschaft in einem Golfclub, Mindesthandicap etc.) zum Zeitpunkt der Einlösung sind Voraussetzung.
7. Es ist untersagt, den Greenfee-Gutschein entgeltlich Dritten zu überlassen bzw. mit diesen Handel zu treiben. Insbesondere sind die teilnehmenden Golfclubs in diesem Falle berechtigt, die Einlösung der ausgeschriebenen Angebote zu verweigern.
8. Die teilnehmenden Golfclubs haben sich gegenüber dem Verlag unter den o.g. Bedingungen verpflichtet, die ausgeschriebenen Angebote einzulösen. Der Verlag übernimmt jedoch keine Gewähr und keine Haftung, wenn ein Angebot nicht eingelöst wird oder werden kann.

Bedingungen zur Einlösung des Discounts:
1. Das Angebot ist einschließlich bis 30.6.2022 gültig.
2. Der Golfspieler/Leser hat sich telefonisch eine Abschlagzeit geben zu lassen – dabei ist die Nutzung des Angebots anzugeben.
3. Eine Barauszahlung des Greenfee-Vorteils ist nicht möglich.
4. Das Kombinieren von Angeboten oder bestehenden Greenfee-Vorteilen ist nicht möglich. Der Vorteil bezieht sich jeweils ausschließlich auf die zum Zeitpunkt der Einlösung gültigen vollen Greenfee-Gebühren.
5. Gibt es Spielergruppen mit erhöhten Greenfee-Gebühren, ist ein Nachlass auf diese Gebühren nicht möglich.
6. Das Angebot allein berechtigt nicht zum Spiel gegen Greenfee. Die Erfüllung der Bestimmungen des jeweiligen Golfclubs zur Greenfee-Berechtigung (Mitgliedschaft in einem Golfclub, Mindesthandicap etc.) zum Zeitpunkt der Einlösung sind Voraussetzung.
7. Es ist untersagt, den Greenfee-Gutschein entgeltlich Dritten zu überlassen bzw. mit diesen Handel zu treiben. Insbesondere sind die teilnehmenden Golfclubs in diesem Falle berechtigt, die Einlösung der ausgeschriebenen Angebote zu verweigern.
8. Die teilnehmenden Golfclubs haben sich gegenüber dem Verlag unter den o.g. Bedingungen verpflichtet, die ausgeschriebenen Angebote einzulösen. Der Verlag übernimmt jedoch keine Gewähr und keine Haftung, wenn ein Angebot nicht eingelöst wird oder werden kann.

Bedingungen zur Einlösung des Discounts:
1. Das Angebot ist einschließlich bis 30.6.2022 gültig.
2. Der Golfspieler/Leser hat sich telefonisch eine Abschlagzeit geben zu lassen – dabei ist die Nutzung des Angebots anzugeben.
3. Eine Barauszahlung des Greenfee-Vorteils ist nicht möglich.
4. Das Kombinieren von Angeboten oder bestehenden Greenfee-Vorteilen ist nicht möglich. Der Vorteil bezieht sich jeweils ausschließlich auf die zum Zeitpunkt der Einlösung gültigen vollen Greenfee-Gebühren.
5. Gibt es Spielergruppen mit erhöhten Greenfee-Gebühren, ist ein Nachlass auf diese Gebühren nicht möglich.
6. Das Angebot allein berechtigt nicht zum Spiel gegen Greenfee. Die Erfüllung der Bestimmungen des jeweiligen Golfclubs zur Greenfee-Berechtigung (Mitgliedschaft in einem Golfclub, Mindesthandicap etc.) zum Zeitpunkt der Einlösung sind Voraussetzung.
7. Es ist untersagt, den Greenfee-Gutschein entgeltlich Dritten zu überlassen bzw. mit diesen Handel zu treiben. Insbesondere sind die teilnehmenden Golfclubs in diesem Falle berechtigt, die Einlösung der ausgeschriebenen Angebote zu verweigern.
8. Die teilnehmenden Golfclubs haben sich gegenüber dem Verlag unter den o.g. Bedingungen verpflichtet, die ausgeschriebenen Angebote einzulösen. Der Verlag übernimmt jedoch keine Gewähr und keine Haftung, wenn ein Angebot nicht eingelöst wird oder werden kann.

Bedingungen zur Einlösung des Discounts:
1. Das Angebot ist einschließlich bis 30.6.2022 gültig.
2. Der Golfspieler/Leser hat sich telefonisch eine Abschlagzeit geben zu lassen – dabei ist die Nutzung des Angebots anzugeben.
3. Eine Barauszahlung des Greenfee-Vorteils ist nicht möglich.
4. Das Kombinieren von Angeboten oder bestehenden Greenfee-Vorteilen ist nicht möglich. Der Vorteil bezieht sich jeweils ausschließlich auf die zum Zeitpunkt der Einlösung gültigen vollen Greenfee-Gebühren.
5. Gibt es Spielergruppen mit erhöhten Greenfee-Gebühren, ist ein Nachlass auf diese Gebühren nicht möglich.
6. Das Angebot allein berechtigt nicht zum Spiel gegen Greenfee. Die Erfüllung der Bestimmungen des jeweiligen Golfclubs zur Greenfee-Berechtigung (Mitgliedschaft in einem Golfclub, Mindesthandicap etc.) zum Zeitpunkt der Einlösung sind Voraussetzung.
7. Es ist untersagt, den Greenfee-Gutschein entgeltlich Dritten zu überlassen bzw. mit diesen Handel zu treiben. Insbesondere sind die teilnehmenden Golfclubs in diesem Falle berechtigt, die Einlösung der ausgeschriebenen Angebote zu verweigern.
8. Die teilnehmenden Golfclubs haben sich gegenüber dem Verlag unter den o.g. Bedingungen verpflichtet, die ausgeschriebenen Angebote einzulösen. Der Verlag übernimmt jedoch keine Gewähr und keine Haftung, wenn ein Angebot nicht eingelöst wird oder werden kann.

Bedingungen zur Einlösung des Discounts:
1. Das Angebot ist einschließlich bis 30.6.2022 gültig.
2. Der Golfspieler/Leser hat sich telefonisch eine Abschlagzeit geben zu lassen – dabei ist die Nutzung des Angebots anzugeben.
3. Eine Barauszahlung des Greenfee-Vorteils ist nicht möglich.
4. Das Kombinieren von Angeboten oder bestehenden Greenfee-Vorteilen ist nicht möglich. Der Vorteil bezieht sich jeweils ausschließlich auf die zum Zeitpunkt der Einlösung gültigen vollen Greenfee-Gebühren.
5. Gibt es Spielergruppen mit erhöhten Greenfee-Gebühren, ist ein Nachlass auf diese Gebühren nicht möglich.
6. Das Angebot allein berechtigt nicht zum Spiel gegen Greenfee. Die Erfüllung der Bestimmungen des jeweiligen Golfclubs zur Greenfee-Berechtigung (Mitgliedschaft in einem Golfclub, Mindesthandicap etc.) zum Zeitpunkt der Einlösung sind Voraussetzung.
7. Es ist untersagt, den Greenfee-Gutschein entgeltlich Dritten zu überlassen bzw. mit diesen Handel zu treiben. Insbesondere sind die teilnehmenden Golfclubs in diesem Falle berechtigt, die Einlösung der ausgeschriebenen Angebote zu verweigern.
8. Die teilnehmenden Golfclubs haben sich gegenüber dem Verlag unter den o.g. Bedingungen verpflichtet, die ausgeschriebenen Angebote einzulösen. Der Verlag übernimmt jedoch keine Gewähr und keine Haftung, wenn ein Angebot nicht eingelöst wird oder werden kann.

Bedingungen zur Einlösung des Discounts:
1. Das Angebot ist einschließlich bis 30.6.2022 gültig.
2. Der Golfspieler/Leser hat sich telefonisch eine Abschlagzeit geben zu lassen – dabei ist die Nutzung des Angebots anzugeben.
3. Eine Barauszahlung des Greenfee-Vorteils ist nicht möglich.
4. Das Kombinieren von Angeboten oder bestehenden Greenfee-Vorteilen ist nicht möglich. Der Vorteil bezieht sich jeweils ausschließlich auf die zum Zeitpunkt der Einlösung gültigen vollen Greenfee-Gebühren.
5. Gibt es Spielergruppen mit erhöhten Greenfee-Gebühren, ist ein Nachlass auf diese Gebühren nicht möglich.
6. Das Angebot allein berechtigt nicht zum Spiel gegen Greenfee. Die Erfüllung der Bestimmungen des jeweiligen Golfclubs zur Greenfee-Berechtigung (Mitgliedschaft in einem Golfclub, Mindesthandicap etc.) zum Zeitpunkt der Einlösung sind Voraussetzung.
7. Es ist untersagt, den Greenfee-Gutschein entgeltlich Dritten zu überlassen bzw. mit diesen Handel zu treiben. Insbesondere sind die teilnehmenden Golfclubs in diesem Falle berechtigt, die Einlösung der ausgeschriebenen Angebote zu verweigern.
8. Die teilnehmenden Golfclubs haben sich gegenüber dem Verlag unter den o.g. Bedingungen verpflichtet, die ausgeschriebenen Angebote einzulösen. Der Verlag übernimmt jedoch keine Gewähr und keine Haftung, wenn ein Angebot nicht eingelöst wird oder werden kann.

Bedingungen zur Einlösung des Discounts:
1. Das Angebot ist einschließlich bis 30.6.2022 gültig.
2. Der Golfspieler/Leser hat sich telefonisch eine Abschlagzeit geben zu lassen – dabei ist die Nutzung des Angebots anzugeben.
3. Eine Barauszahlung des Greenfee-Vorteils ist nicht möglich.
4. Das Kombinieren von Angeboten oder bestehenden Greenfee-Vorteilen ist nicht möglich. Der Vorteil bezieht sich jeweils ausschließlich auf die zum Zeitpunkt der Einlösung gültigen vollen Greenfee-Gebühren.
5. Gibt es Spielergruppen mit erhöhten Greenfee-Gebühren, ist ein Nachlass auf diese Gebühren nicht möglich.
6. Das Angebot allein berechtigt nicht zum Spiel gegen Greenfee. Die Erfüllung der Bestimmungen des jeweiligen Golfclubs zur Greenfee-Berechtigung (Mitgliedschaft in einem Golfclub, Mindesthandicap etc.) zum Zeitpunkt der Einlösung sind Voraussetzung.
7. Es ist untersagt, den Greenfee-Gutschein entgeltlich Dritten zu überlassen bzw. mit diesen Handel zu treiben. Insbesondere sind die teilnehmenden Golfclubs in diesem Falle berechtigt, die Einlösung der ausgeschriebenen Angebote zu verweigern.
8. Die teilnehmenden Golfclubs haben sich gegenüber dem Verlag unter den o.g. Bedingungen verpflichtet, die ausgeschriebenen Angebote einzulösen. Der Verlag übernimmt jedoch keine Gewähr und keine Haftung, wenn ein Angebot nicht eingelöst wird oder werden kann.

Bedingungen zur Einlösung des Discounts:
1. Das Angebot ist einschließlich bis 30.6.2022 gültig.
2. Der Golfspieler/Leser hat sich telefonisch eine Abschlagzeit geben zu lassen – dabei ist die Nutzung des Angebots anzugeben.
3. Eine Barauszahlung des Greenfee-Vorteils ist nicht möglich.
4. Das Kombinieren von Angeboten oder bestehenden Greenfee-Vorteilen ist nicht möglich. Der Vorteil bezieht sich jeweils ausschließlich auf die zum Zeitpunkt der Einlösung gültigen vollen Greenfee-Gebühren.
5. Gibt es Spielergruppen mit erhöhten Greenfee-Gebühren, ist ein Nachlass auf diese Gebühren nicht möglich.
6. Das Angebot allein berechtigt nicht zum Spiel gegen Greenfee. Die Erfüllung der Bestimmungen des jeweiligen Golfclubs zur Greenfee-Berechtigung (Mitgliedschaft in einem Golfclub, Mindesthandicap etc.) zum Zeitpunkt der Einlösung sind Voraussetzung.
7. Es ist untersagt, den Greenfee-Gutschein entgeltlich Dritten zu überlassen bzw. mit diesen Handel zu treiben. Insbesondere sind die teilnehmenden Golfclubs in diesem Falle berechtigt, die Einlösung der ausgeschriebenen Angebote zu verweigern.
8. Die teilnehmenden Golfclubs haben sich gegenüber dem Verlag unter den o.g. Bedingungen verpflichtet, die ausgeschriebenen Angebote einzulösen. Der Verlag übernimmt jedoch keine Gewähr und keine Haftung, wenn ein Angebot nicht eingelöst wird oder werden kann.

Bedingungen zur Einlösung des Discounts:
1. Das Angebot ist einschließlich bis 30.6.2022 gültig.
2. Der Golfspieler/Leser hat sich telefonisch eine Abschlagzeit geben zu lassen – dabei ist die Nutzung des Angebots anzugeben.
3. Eine Barauszahlung des Greenfee-Vorteils ist nicht möglich.
4. Das Kombinieren von Angeboten oder bestehenden Greenfee-Vorteilen ist nicht möglich. Der Vorteil bezieht sich jeweils ausschließlich auf die zum Zeitpunkt der Einlösung gültigen vollen Greenfee-Gebühren.
5. Gibt es Spielergruppen mit erhöhten Greenfee-Gebühren, ist ein Nachlass auf diese Gebühren nicht möglich.
6. Das Angebot allein berechtigt nicht zum Spiel gegen Greenfee. Die Erfüllung der Bestimmungen des jeweiligen Golfclubs zur Greenfee-Berechtigung (Mitgliedschaft in einem Golfclub, Mindesthandicap etc.) zum Zeitpunkt der Einlösung sind Voraussetzung.
7. Es ist untersagt, den Greenfee-Gutschein entgeltlich Dritten zu überlassen bzw. mit diesen Handel zu treiben. Insbesondere sind die teilnehmenden Golfclubs in diesem Falle berechtigt, die Einlösung der ausgeschriebenen Angebote zu verweigern.
8. Die teilnehmenden Golfclubs haben sich gegenüber dem Verlag unter den o.g. Bedingungen verpflichtet, die ausgeschriebenen Angebote einzulösen. Der Verlag übernimmt jedoch keine Gewähr und keine Haftung, wenn ein Angebot nicht eingelöst wird oder werden kann.

DER GOLF ALBRECHT

Golfclub Linsberg AT

Föhrenauer Straße 8/4
A-2821 Lanzenkirchen
+43 2622 29171
Niederösterreich/Wien

267

30% Greenfee-Ermäßigung

DER GOLF ALBRECHT

Golfclub Ausseerland AT

Sommersbergseestraße 392
A-8990 Bad Aussee
+43 3622 54185
Steiermark

268

2 for 1 2 GF zum Preis von 1

DER GOLF ALBRECHT

Golfclub Ausseerland AT

Sommersbergseestraße 392
A-8990 Bad Aussee
+43 3622 54185
Steiermark

268

2 for 1 2 GF zum Preis von 1

DER GOLF ALBRECHT

Golfclub Ausseerland AT

Sommersbergseestraße 392
A-8990 Bad Aussee
+43 3622 54185
Steiermark

268

20% Greenfee-Ermäßigung

DER GOLF ALBRECHT

Golfclub Ausseerland AT

Sommersbergseestraße 392
A-8990 Bad Aussee
+43 3622 54185
Steiermark

268

20% Greenfee-Ermäßigung

DER GOLF ALBRECHT

Golf- & Landclub Ennstal AT

Weißenbach
A-8940 Liezen
+43 3612 24821
Steiermark

269

2 for 1 2 GF zum Preis von 1

DER GOLF ALBRECHT

Golf- & Landclub Ennstal AT

Weißenbach
A-8940 Liezen
+43 3612 24821
Steiermark

269

40% Greenfee-Ermäßigung

DER GOLF ALBRECHT

Golf- & Landclub Ennstal AT

Weißenbach
A-8940 Liezen
+43 3612 24821
Steiermark

269

40% Greenfee-Ermäßigung

DER GOLF ALBRECHT

Golfclub Urslautal AT

Schinking 81
A-5760 Saalfelden/Maria Alm
+43 6584 2000
Salzburg

270

20% Greenfee-Ermäßigung

DER GOLF ALBRECHT

Golfclub Urslautal AT

Schinking 81
A-5760 Saalfelden/Maria Alm
+43 6584 2000
Salzburg

270

20% Greenfee-Ermäßigung

Bedingungen zur Einlösung des Discounts:
1. Das Angebot ist einschließlich bis 30.6.2022 gültig.
2. Der Golfspieler/Leser hat sich telefonisch eine Abschlagzeit geben zu lassen – dabei ist die Nutzung des Angebots anzugeben.
3. Eine Barauszahlung des Greenfee-Vorteils ist nicht möglich.
4. Das Kombinieren von Angeboten oder bestehenden Greenfee-Vorteilen ist nicht möglich. Der Vorteil bezieht sich jeweils ausschließlich auf die zum Zeitpunkt der Einlösung gültigen vollen Greenfee-Gebühren.
5. Gibt es Spielergruppen mit erhöhten Greenfee-Gebühren, ist ein Nachlass auf diese Gebühren nicht möglich.
6. Das Angebot allein berechtigt nicht zum Spiel gegen Greenfee. Die Erfüllung der Bestimmungen des jeweiligen Golfclubs zur Greenfee-Berechtigung (Mitgliedschaft in einem Golfclub, Mindesthandicap etc.) zum Zeitpunkt der Einlösung sind Voraussetzung.
7. Es ist untersagt, den Greenfee-Gutschein entgeltlich Dritten zu überlassen bzw. mit diesen Handel zu treiben. Insbesondere sind die teilnehmenden Golfclubs in diesem Falle berechtigt, die Einlösung der ausgeschriebenen Angebote zu verweigern.
8. Die teilnehmenden Golfclubs haben sich gegenüber dem Verlag unter den o.g. Bedingungen verpflichtet, die ausgeschriebenen Angebote einzulösen. Der Verlag übernimmt jedoch keine Gewähr und keine Haftung, wenn ein Angebot nicht eingelöst wird oder werden kann.

Bedingungen zur Einlösung des Discounts:
1. Das Angebot ist einschließlich bis 30.6.2022 gültig.
2. Der Golfspieler/Leser hat sich telefonisch eine Abschlagzeit geben zu lassen – dabei ist die Nutzung des Angebots anzugeben.
3. Eine Barauszahlung des Greenfee-Vorteils ist nicht möglich.
4. Das Kombinieren von Angeboten oder bestehenden Greenfee-Vorteilen ist nicht möglich. Der Vorteil bezieht sich jeweils ausschließlich auf die zum Zeitpunkt der Einlösung gültigen vollen Greenfee-Gebühren.
5. Gibt es Spielergruppen mit erhöhten Greenfee-Gebühren, ist ein Nachlass auf diese Gebühren nicht möglich.
6. Das Angebot allein berechtigt nicht zum Spiel gegen Greenfee. Die Erfüllung der Bestimmungen des jeweiligen Golfclubs zur Greenfee-Berechtigung (Mitgliedschaft in einem Golfclub, Mindesthandicap etc.) zum Zeitpunkt der Einlösung sind Voraussetzung.
7. Es ist untersagt, den Greenfee-Gutschein entgeltlich Dritten zu überlassen bzw. mit diesen Handel zu treiben. Insbesondere sind die teilnehmenden Golfclubs in diesem Falle berechtigt, die Einlösung der ausgeschriebenen Angebote zu verweigern.
8. Die teilnehmenden Golfclubs haben sich gegenüber dem Verlag unter den o.g. Bedingungen verpflichtet, die ausgeschriebenen Angebote einzulösen. Der Verlag übernimmt jedoch keine Gewähr und keine Haftung, wenn ein Angebot nicht eingelöst wird oder werden kann.

Bedingungen zur Einlösung des Discounts:
1. Das Angebot ist einschließlich bis 30.6.2022 gültig.
2. Der Golfspieler/Leser hat sich telefonisch eine Abschlagzeit geben zu lassen – dabei ist die Nutzung des Angebots anzugeben.
3. Eine Barauszahlung des Greenfee-Vorteils ist nicht möglich.
4. Das Kombinieren von Angeboten oder bestehenden Greenfee-Vorteilen ist nicht möglich. Der Vorteil bezieht sich jeweils ausschließlich auf die zum Zeitpunkt der Einlösung gültigen vollen Greenfee-Gebühren.
5. Gibt es Spielergruppen mit erhöhten Greenfee-Gebühren, ist ein Nachlass auf diese Gebühren nicht möglich.
6. Das Angebot allein berechtigt nicht zum Spiel gegen Greenfee. Die Erfüllung der Bestimmungen des jeweiligen Golfclubs zur Greenfee-Berechtigung (Mitgliedschaft in einem Golfclub, Mindesthandicap etc.) zum Zeitpunkt der Einlösung sind Voraussetzung.
7. Es ist untersagt, den Greenfee-Gutschein entgeltlich Dritten zu überlassen bzw. mit diesen Handel zu treiben. Insbesondere sind die teilnehmenden Golfclubs in diesem Falle berechtigt, die Einlösung der ausgeschriebenen Angebote zu verweigern.
8. Die teilnehmenden Golfclubs haben sich gegenüber dem Verlag unter den o.g. Bedingungen verpflichtet, die ausgeschriebenen Angebote einzulösen. Der Verlag übernimmt jedoch keine Gewähr und keine Haftung, wenn ein Angebot nicht eingelöst wird oder werden kann.

Bedingungen zur Einlösung des Discounts:
1. Das Angebot ist einschließlich bis 30.6.2022 gültig.
2. Der Golfspieler/Leser hat sich telefonisch eine Abschlagzeit geben zu lassen – dabei ist die Nutzung des Angebots anzugeben.
3. Eine Barauszahlung des Greenfee-Vorteils ist nicht möglich.
4. Das Kombinieren von Angeboten oder bestehenden Greenfee-Vorteilen ist nicht möglich. Der Vorteil bezieht sich jeweils ausschließlich auf die zum Zeitpunkt der Einlösung gültigen vollen Greenfee-Gebühren.
5. Gibt es Spielergruppen mit erhöhten Greenfee-Gebühren, ist ein Nachlass auf diese Gebühren nicht möglich.
6. Das Angebot allein berechtigt nicht zum Spiel gegen Greenfee. Die Erfüllung der Bestimmungen des jeweiligen Golfclubs zur Greenfee-Berechtigung (Mitgliedschaft in einem Golfclub, Mindesthandicap etc.) zum Zeitpunkt der Einlösung sind Voraussetzung.
7. Es ist untersagt, den Greenfee-Gutschein entgeltlich Dritten zu überlassen bzw. mit diesen Handel zu treiben. Insbesondere sind die teilnehmenden Golfclubs in diesem Falle berechtigt, die Einlösung der ausgeschriebenen Angebote zu verweigern.
8. Die teilnehmenden Golfclubs haben sich gegenüber dem Verlag unter den o.g. Bedingungen verpflichtet, die ausgeschriebenen Angebote einzulösen. Der Verlag übernimmt jedoch keine Gewähr und keine Haftung, wenn ein Angebot nicht eingelöst wird oder werden kann.

Bedingungen zur Einlösung des Discounts:
1. Das Angebot ist einschließlich bis 30.6.2022 gültig.
2. Der Golfspieler/Leser hat sich telefonisch eine Abschlagzeit geben zu lassen – dabei ist die Nutzung des Angebots anzugeben.
3. Eine Barauszahlung des Greenfee-Vorteils ist nicht möglich.
4. Das Kombinieren von Angeboten oder bestehenden Greenfee-Vorteilen ist nicht möglich. Der Vorteil bezieht sich jeweils ausschließlich auf die zum Zeitpunkt der Einlösung gültigen vollen Greenfee-Gebühren.
5. Gibt es Spielergruppen mit erhöhten Greenfee-Gebühren, ist ein Nachlass auf diese Gebühren nicht möglich.
6. Das Angebot allein berechtigt nicht zum Spiel gegen Greenfee. Die Erfüllung der Bestimmungen des jeweiligen Golfclubs zur Greenfee-Berechtigung (Mitgliedschaft in einem Golfclub, Mindesthandicap etc.) zum Zeitpunkt der Einlösung sind Voraussetzung.
7. Es ist untersagt, den Greenfee-Gutschein entgeltlich Dritten zu überlassen bzw. mit diesen Handel zu treiben. Insbesondere sind die teilnehmenden Golfclubs in diesem Falle berechtigt, die Einlösung der ausgeschriebenen Angebote zu verweigern.
8. Die teilnehmenden Golfclubs haben sich gegenüber dem Verlag unter den o.g. Bedingungen verpflichtet, die ausgeschriebenen Angebote einzulösen. Der Verlag übernimmt jedoch keine Gewähr und keine Haftung, wenn ein Angebot nicht eingelöst wird oder werden kann.

Bedingungen zur Einlösung des Discounts:
1. Das Angebot ist einschließlich bis 30.6.2022 gültig.
2. Der Golfspieler/Leser hat sich telefonisch eine Abschlagzeit geben zu lassen – dabei ist die Nutzung des Angebots anzugeben.
3. Eine Barauszahlung des Greenfee-Vorteils ist nicht möglich.
4. Das Kombinieren von Angeboten oder bestehenden Greenfee-Vorteilen ist nicht möglich. Der Vorteil bezieht sich jeweils ausschließlich auf die zum Zeitpunkt der Einlösung gültigen vollen Greenfee-Gebühren.
5. Gibt es Spielergruppen mit erhöhten Greenfee-Gebühren, ist ein Nachlass auf diese Gebühren nicht möglich.
6. Das Angebot allein berechtigt nicht zum Spiel gegen Greenfee. Die Erfüllung der Bestimmungen des jeweiligen Golfclubs zur Greenfee-Berechtigung (Mitgliedschaft in einem Golfclub, Mindesthandicap etc.) zum Zeitpunkt der Einlösung sind Voraussetzung.
7. Es ist untersagt, den Greenfee-Gutschein entgeltlich Dritten zu überlassen bzw. mit diesen Handel zu treiben. Insbesondere sind die teilnehmenden Golfclubs in diesem Falle berechtigt, die Einlösung der ausgeschriebenen Angebote zu verweigern.
8. Die teilnehmenden Golfclubs haben sich gegenüber dem Verlag unter den o.g. Bedingungen verpflichtet, die ausgeschriebenen Angebote einzulösen. Der Verlag übernimmt jedoch keine Gewähr und keine Haftung, wenn ein Angebot nicht eingelöst wird oder werden kann.

Bedingungen zur Einlösung des Discounts:
1. Das Angebot ist einschließlich bis 30.6.2022 gültig.
2. Der Golfspieler/Leser hat sich telefonisch eine Abschlagzeit geben zu lassen – dabei ist die Nutzung des Angebots anzugeben.
3. Eine Barauszahlung des Greenfee-Vorteils ist nicht möglich.
4. Das Kombinieren von Angeboten oder bestehenden Greenfee-Vorteilen ist nicht möglich. Der Vorteil bezieht sich jeweils ausschließlich auf die zum Zeitpunkt der Einlösung gültigen vollen Greenfee-Gebühren.
5. Gibt es Spielergruppen mit erhöhten Greenfee-Gebühren, ist ein Nachlass auf diese Gebühren nicht möglich.
6. Das Angebot allein berechtigt nicht zum Spiel gegen Greenfee. Die Erfüllung der Bestimmungen des jeweiligen Golfclubs zur Greenfee-Berechtigung (Mitgliedschaft in einem Golfclub, Mindesthandicap etc.) zum Zeitpunkt der Einlösung sind Voraussetzung.
7. Es ist untersagt, den Greenfee-Gutschein entgeltlich Dritten zu überlassen bzw. mit diesen Handel zu treiben. Insbesondere sind die teilnehmenden Golfclubs in diesem Falle berechtigt, die Einlösung der ausgeschriebenen Angebote zu verweigern.
8. Die teilnehmenden Golfclubs haben sich gegenüber dem Verlag unter den o.g. Bedingungen verpflichtet, die ausgeschriebenen Angebote einzulösen. Der Verlag übernimmt jedoch keine Gewähr und keine Haftung, wenn ein Angebot nicht eingelöst wird oder werden kann.

Bedingungen zur Einlösung des Discounts:
1. Das Angebot ist einschließlich bis 30.6.2022 gültig.
2. Der Golfspieler/Leser hat sich telefonisch eine Abschlagzeit geben zu lassen – dabei ist die Nutzung des Angebots anzugeben.
3. Eine Barauszahlung des Greenfee-Vorteils ist nicht möglich.
4. Das Kombinieren von Angeboten oder bestehenden Greenfee-Vorteilen ist nicht möglich. Der Vorteil bezieht sich jeweils ausschließlich auf die zum Zeitpunkt der Einlösung gültigen vollen Greenfee-Gebühren.
5. Gibt es Spielergruppen mit erhöhten Greenfee-Gebühren, ist ein Nachlass auf diese Gebühren nicht möglich.
6. Das Angebot allein berechtigt nicht zum Spiel gegen Greenfee. Die Erfüllung der Bestimmungen des jeweiligen Golfclubs zur Greenfee-Berechtigung (Mitgliedschaft in einem Golfclub, Mindesthandicap etc.) zum Zeitpunkt der Einlösung sind Voraussetzung.
7. Es ist untersagt, den Greenfee-Gutschein entgeltlich Dritten zu überlassen bzw. mit diesen Handel zu treiben. Insbesondere sind die teilnehmenden Golfclubs in diesem Falle berechtigt, die Einlösung der ausgeschriebenen Angebote zu verweigern.
8. Die teilnehmenden Golfclubs haben sich gegenüber dem Verlag unter den o.g. Bedingungen verpflichtet, die ausgeschriebenen Angebote einzulösen. Der Verlag übernimmt jedoch keine Gewähr und keine Haftung, wenn ein Angebot nicht eingelöst wird oder werden kann.

Bedingungen zur Einlösung des Discounts:
1. Das Angebot ist einschließlich bis 30.6.2022 gültig.
2. Der Golfspieler/Leser hat sich telefonisch eine Abschlagzeit geben zu lassen – dabei ist die Nutzung des Angebots anzugeben.
3. Eine Barauszahlung des Greenfee-Vorteils ist nicht möglich.
4. Das Kombinieren von Angeboten oder bestehenden Greenfee-Vorteilen ist nicht möglich. Der Vorteil bezieht sich jeweils ausschließlich auf die zum Zeitpunkt der Einlösung gültigen vollen Greenfee-Gebühren.
5. Gibt es Spielergruppen mit erhöhten Greenfee-Gebühren, ist ein Nachlass auf diese Gebühren nicht möglich.
6. Das Angebot allein berechtigt nicht zum Spiel gegen Greenfee. Die Erfüllung der Bestimmungen des jeweiligen Golfclubs zur Greenfee-Berechtigung (Mitgliedschaft in einem Golfclub, Mindesthandicap etc.) zum Zeitpunkt der Einlösung sind Voraussetzung.
7. Es ist untersagt, den Greenfee-Gutschein entgeltlich Dritten zu überlassen bzw. mit diesen Handel zu treiben. Insbesondere sind die teilnehmenden Golfclubs in diesem Falle berechtigt, die Einlösung der ausgeschriebenen Angebote zu verweigern.
8. Die teilnehmenden Golfclubs haben sich gegenüber dem Verlag unter den o.g. Bedingungen verpflichtet, die ausgeschriebenen Angebote einzulösen. Der Verlag übernimmt jedoch keine Gewähr und keine Haftung, wenn ein Angebot nicht eingelöst wird oder werden kann.

Bedingungen zur Einlösung des Discounts:
1. Das Angebot ist einschließlich bis 30.6.2022 gültig.
2. Der Golfspieler/Leser hat sich telefonisch eine Abschlagzeit geben zu lassen – dabei ist die Nutzung des Angebots anzugeben.
3. Eine Barauszahlung des Greenfee-Vorteils ist nicht möglich.
4. Das Kombinieren von Angeboten oder bestehenden Greenfee-Vorteilen ist nicht möglich. Der Vorteil bezieht sich jeweils ausschließlich auf die zum Zeitpunkt der Einlösung gültigen vollen Greenfee-Gebühren.
5. Gibt es Spielergruppen mit erhöhten Greenfee-Gebühren, ist ein Nachlass auf diese Gebühren nicht möglich.
6. Das Angebot allein berechtigt nicht zum Spiel gegen Greenfee. Die Erfüllung der Bestimmungen des jeweiligen Golfclubs zur Greenfee-Berechtigung (Mitgliedschaft in einem Golfclub, Mindesthandicap etc.) zum Zeitpunkt der Einlösung sind Voraussetzung.
7. Es ist untersagt, den Greenfee-Gutschein entgeltlich Dritten zu überlassen bzw. mit diesen Handel zu treiben. Insbesondere sind die teilnehmenden Golfclubs in diesem Falle berechtigt, die Einlösung der ausgeschriebenen Angebote zu verweigern.
8. Die teilnehmenden Golfclubs haben sich gegenüber dem Verlag unter den o.g. Bedingungen verpflichtet, die ausgeschriebenen Angebote einzulösen. Der Verlag übernimmt jedoch keine Gewähr und keine Haftung, wenn ein Angebot nicht eingelöst wird oder werden kann.

DER GOLF ALBRECHT

Golfclub Tiroler Zugspitze AT

Am Rettensee 1
A-6632 Ehrwald
+43 5673 22366
Vorarlberg/Tirol

271

2 for 1 2 GF zum Preis von 1

DER GOLF ALBRECHT

Golfclub Tiroler Zugspitze AT

Am Rettensee 1
A-6632 Ehrwald
+43 5673 22366
Vorarlberg/Tirol

271

20% Greenfee-Ermäßigung

DER GOLF ALBRECHT

Golfpark Mieminger Plateau AT

Obermieming 141 e
A-6414 Mieming
+43 5264 5336
Vorarlberg/Tirol

272

20% Greenfee-Ermäßigung

DER GOLF ALBRECHT

Golfpark Mieminger Plateau AT

Obermieming 141 e
A-6414 Mieming
+43 5264 5336
Vorarlberg/Tirol

272

20% Greenfee-Ermäßigung

DER GOLF ALBRECHT

Golfpark Mieminger Plateau AT

Obermieming 141 e
A-6414 Mieming
+43 5264 5336
Vorarlberg/Tirol

272

20% Greenfee-Ermäßigung

DER GOLF ALBRECHT

Golfclub Murau-Kreischberg AT

Am Golfplatz 1
A-8861 St. Georgen am Kreischberg
+43 3537 22221
Steiermark

273

2 for 1 2 GF zum Preis von 1

DER GOLF ALBRECHT

Golfclub Murau-Kreischberg AT

Am Golfplatz 1
A-8861 St. Georgen am Kreischberg
+43 3537 22221
Steiermark

273

30% Greenfee-Ermäßigung

DER GOLF ALBRECHT

Golfclub Murau-Kreischberg AT

Am Golfplatz 1
A-8861 St. Georgen am Kreischberg
+43 3537 22221
Steiermark

273

30% Greenfee-Ermäßigung

DER GOLF ALBRECHT

Golfclub Lungau/Katschberg AT

Feldnergasse 165
A-5582 St. Michael im Lungau
+43 6477 7448
Salzburg

274

2 for 1 2 GF zum Preis von 1

DER GOLF ALBRECHT

Golfclub Lungau/Katschberg AT

Feldnergasse 165
A-5582 St. Michael im Lungau
+43 6477 7448
Salzburg

274

2 for 1 2 GF zum Preis von 1

Bedingungen zur Einlösung des Discounts:

1. Das Angebot ist einschließlich bis 30.6.2022 gültig.
2. Der Golfspieler/Leser hat sich telefonisch eine Abschlagzeit geben zu lassen – dabei ist die Nutzung des Angebots anzugeben.
3. Eine Barauszahlung des Greenfee-Vorteils ist nicht möglich.
4. Das Kombinieren von Angeboten oder bestehenden Greenfee-Vorteilen ist nicht möglich. Der Vorteil bezieht sich jeweils ausschließlich auf die zum Zeitpunkt der Einlösung gültigen vollen Greenfee-Gebühren.
5. Gibt es Spielergruppen mit erhöhten Greenfee-Gebühren, ist ein Nachlass auf diese Gebühren nicht möglich.
6. Das Angebot allein berechtigt nicht zum Spiel gegen Greenfee. Die Erfüllung der Bestimmungen des jeweiligen Golfclubs zur Greenfee-Berechtigung (Mitgliedschaft in einem Golfclub, Mindesthandicap etc.) zum Zeitpunkt der Einlösung sind Voraussetzung.
7. Es ist untersagt, den Greenfee-Gutschein entgeltlich Dritten zu überlassen bzw. mit diesen Handel zu treiben. Insbesondere sind die teilnehmenden Golfclubs in diesem Falle berechtigt, die Einlösung der ausgeschriebenen Angebote zu verweigern.
8. Die teilnehmenden Golfclubs haben sich gegenüber dem Verlag unter den o.g. Bedingungen verpflichtet, die ausgeschriebenen Angebote einzulösen. Der Verlag übernimmt jedoch keine Gewähr und keine Haftung, wenn ein Angebot nicht eingelöst wird oder werden kann.

Bedingungen zur Einlösung des Discounts:

1. Das Angebot ist einschließlich bis 30.6.2022 gültig.
2. Der Golfspieler/Leser hat sich telefonisch eine Abschlagzeit geben zu lassen – dabei ist die Nutzung des Angebots anzugeben.
3. Eine Barauszahlung des Greenfee-Vorteils ist nicht möglich.
4. Das Kombinieren von Angeboten oder bestehenden Greenfee-Vorteilen ist nicht möglich. Der Vorteil bezieht sich jeweils ausschließlich auf die zum Zeitpunkt der Einlösung gültigen vollen Greenfee-Gebühren.
5. Gibt es Spielergruppen mit erhöhten Greenfee-Gebühren, ist ein Nachlass auf diese Gebühren nicht möglich.
6. Das Angebot allein berechtigt nicht zum Spiel gegen Greenfee. Die Erfüllung der Bestimmungen des jeweiligen Golfclubs zur Greenfee-Berechtigung (Mitgliedschaft in einem Golfclub, Mindesthandicap etc.) zum Zeitpunkt der Einlösung sind Voraussetzung.
7. Es ist untersagt, den Greenfee-Gutschein entgeltlich Dritten zu überlassen bzw. mit diesen Handel zu treiben. Insbesondere sind die teilnehmenden Golfclubs in diesem Falle berechtigt, die Einlösung der ausgeschriebenen Angebote zu verweigern.
8. Die teilnehmenden Golfclubs haben sich gegenüber dem Verlag unter den o.g. Bedingungen verpflichtet, die ausgeschriebenen Angebote einzulösen. Der Verlag übernimmt jedoch keine Gewähr und keine Haftung, wenn ein Angebot nicht eingelöst wird oder werden kann.

Bedingungen zur Einlösung des Discounts:

1. Das Angebot ist einschließlich bis 30.6.2022 gültig.
2. Der Golfspieler/Leser hat sich telefonisch eine Abschlagzeit geben zu lassen – dabei ist die Nutzung des Angebots anzugeben.
3. Eine Barauszahlung des Greenfee-Vorteils ist nicht möglich.
4. Das Kombinieren von Angeboten oder bestehenden Greenfee-Vorteilen ist nicht möglich. Der Vorteil bezieht sich jeweils ausschließlich auf die zum Zeitpunkt der Einlösung gültigen vollen Greenfee-Gebühren.
5. Gibt es Spielergruppen mit erhöhten Greenfee-Gebühren, ist ein Nachlass auf diese Gebühren nicht möglich.
6. Das Angebot allein berechtigt nicht zum Spiel gegen Greenfee. Die Erfüllung der Bestimmungen des jeweiligen Golfclubs zur Greenfee-Berechtigung (Mitgliedschaft in einem Golfclub, Mindesthandicap etc.) zum Zeitpunkt der Einlösung sind Voraussetzung.
7. Es ist untersagt, den Greenfee-Gutschein entgeltlich Dritten zu überlassen bzw. mit diesen Handel zu treiben. Insbesondere sind die teilnehmenden Golfclubs in diesem Falle berechtigt, die Einlösung der ausgeschriebenen Angebote zu verweigern.
8. Die teilnehmenden Golfclubs haben sich gegenüber dem Verlag unter den o.g. Bedingungen verpflichtet, die ausgeschriebenen Angebote einzulösen. Der Verlag übernimmt jedoch keine Gewähr und keine Haftung, wenn ein Angebot nicht eingelöst wird oder werden kann.

Bedingungen zur Einlösung des Discounts:

1. Das Angebot ist einschließlich bis 30.6.2022 gültig.
2. Der Golfspieler/Leser hat sich telefonisch eine Abschlagzeit geben zu lassen – dabei ist die Nutzung des Angebots anzugeben.
3. Eine Barauszahlung des Greenfee-Vorteils ist nicht möglich.
4. Das Kombinieren von Angeboten oder bestehenden Greenfee-Vorteilen ist nicht möglich. Der Vorteil bezieht sich jeweils ausschließlich auf die zum Zeitpunkt der Einlösung gültigen vollen Greenfee-Gebühren.
5. Gibt es Spielergruppen mit erhöhten Greenfee-Gebühren, ist ein Nachlass auf diese Gebühren nicht möglich.
6. Das Angebot allein berechtigt nicht zum Spiel gegen Greenfee. Die Erfüllung der Bestimmungen des jeweiligen Golfclubs zur Greenfee-Berechtigung (Mitgliedschaft in einem Golfclub, Mindesthandicap etc.) zum Zeitpunkt der Einlösung sind Voraussetzung.
7. Es ist untersagt, den Greenfee-Gutschein entgeltlich Dritten zu überlassen bzw. mit diesen Handel zu treiben. Insbesondere sind die teilnehmenden Golfclubs in diesem Falle berechtigt, die Einlösung der ausgeschriebenen Angebote zu verweigern.
8. Die teilnehmenden Golfclubs haben sich gegenüber dem Verlag unter den o.g. Bedingungen verpflichtet, die ausgeschriebenen Angebote einzulösen. Der Verlag übernimmt jedoch keine Gewähr und keine Haftung, wenn ein Angebot nicht eingelöst wird oder werden kann.

Bedingungen zur Einlösung des Discounts:

1. Das Angebot ist einschließlich bis 30.6.2022 gültig.
2. Der Golfspieler/Leser hat sich telefonisch eine Abschlagzeit geben zu lassen – dabei ist die Nutzung des Angebots anzugeben.
3. Eine Barauszahlung des Greenfee-Vorteils ist nicht möglich.
4. Das Kombinieren von Angeboten oder bestehenden Greenfee-Vorteilen ist nicht möglich. Der Vorteil bezieht sich jeweils ausschließlich auf die zum Zeitpunkt der Einlösung gültigen vollen Greenfee-Gebühren.
5. Gibt es Spielergruppen mit erhöhten Greenfee-Gebühren, ist ein Nachlass auf diese Gebühren nicht möglich.
6. Das Angebot allein berechtigt nicht zum Spiel gegen Greenfee. Die Erfüllung der Bestimmungen des jeweiligen Golfclubs zur Greenfee-Berechtigung (Mitgliedschaft in einem Golfclub, Mindesthandicap etc.) zum Zeitpunkt der Einlösung sind Voraussetzung.
7. Es ist untersagt, den Greenfee-Gutschein entgeltlich Dritten zu überlassen bzw. mit diesen Handel zu treiben. Insbesondere sind die teilnehmenden Golfclubs in diesem Falle berechtigt, die Einlösung der ausgeschriebenen Angebote zu verweigern.
8. Die teilnehmenden Golfclubs haben sich gegenüber dem Verlag unter den o.g. Bedingungen verpflichtet, die ausgeschriebenen Angebote einzulösen. Der Verlag übernimmt jedoch keine Gewähr und keine Haftung, wenn ein Angebot nicht eingelöst wird oder werden kann.

Bedingungen zur Einlösung des Discounts:

1. Das Angebot ist einschließlich bis 30.6.2022 gültig.
2. Der Golfspieler/Leser hat sich telefonisch eine Abschlagzeit geben zu lassen – dabei ist die Nutzung des Angebots anzugeben.
3. Eine Barauszahlung des Greenfee-Vorteils ist nicht möglich.
4. Das Kombinieren von Angeboten oder bestehenden Greenfee-Vorteilen ist nicht möglich. Der Vorteil bezieht sich jeweils ausschließlich auf die zum Zeitpunkt der Einlösung gültigen vollen Greenfee-Gebühren.
5. Gibt es Spielergruppen mit erhöhten Greenfee-Gebühren, ist ein Nachlass auf diese Gebühren nicht möglich.
6. Das Angebot allein berechtigt nicht zum Spiel gegen Greenfee. Die Erfüllung der Bestimmungen des jeweiligen Golfclubs zur Greenfee-Berechtigung (Mitgliedschaft in einem Golfclub, Mindesthandicap etc.) zum Zeitpunkt der Einlösung sind Voraussetzung.
7. Es ist untersagt, den Greenfee-Gutschein entgeltlich Dritten zu überlassen bzw. mit diesen Handel zu treiben. Insbesondere sind die teilnehmenden Golfclubs in diesem Falle berechtigt, die Einlösung der ausgeschriebenen Angebote zu verweigern.
8. Die teilnehmenden Golfclubs haben sich gegenüber dem Verlag unter den o.g. Bedingungen verpflichtet, die ausgeschriebenen Angebote einzulösen. Der Verlag übernimmt jedoch keine Gewähr und keine Haftung, wenn ein Angebot nicht eingelöst wird oder werden kann.

Bedingungen zur Einlösung des Discounts:

1. Das Angebot ist einschließlich bis 30.6.2022 gültig.
2. Der Golfspieler/Leser hat sich telefonisch eine Abschlagzeit geben zu lassen – dabei ist die Nutzung des Angebots anzugeben.
3. Eine Barauszahlung des Greenfee-Vorteils ist nicht möglich.
4. Das Kombinieren von Angeboten oder bestehenden Greenfee-Vorteilen ist nicht möglich. Der Vorteil bezieht sich jeweils ausschließlich auf die zum Zeitpunkt der Einlösung gültigen vollen Greenfee-Gebühren.
5. Gibt es Spielergruppen mit erhöhten Greenfee-Gebühren, ist ein Nachlass auf diese Gebühren nicht möglich.
6. Das Angebot allein berechtigt nicht zum Spiel gegen Greenfee. Die Erfüllung der Bestimmungen des jeweiligen Golfclubs zur Greenfee-Berechtigung (Mitgliedschaft in einem Golfclub, Mindesthandicap etc.) zum Zeitpunkt der Einlösung sind Voraussetzung.
7. Es ist untersagt, den Greenfee-Gutschein entgeltlich Dritten zu überlassen bzw. mit diesen Handel zu treiben. Insbesondere sind die teilnehmenden Golfclubs in diesem Falle berechtigt, die Einlösung der ausgeschriebenen Angebote zu verweigern.
8. Die teilnehmenden Golfclubs haben sich gegenüber dem Verlag unter den o.g. Bedingungen verpflichtet, die ausgeschriebenen Angebote einzulösen. Der Verlag übernimmt jedoch keine Gewähr und keine Haftung, wenn ein Angebot nicht eingelöst wird oder werden kann.

Bedingungen zur Einlösung des Discounts:

1. Das Angebot ist einschließlich bis 30.6.2022 gültig.
2. Der Golfspieler/Leser hat sich telefonisch eine Abschlagzeit geben zu lassen – dabei ist die Nutzung des Angebots anzugeben.
3. Eine Barauszahlung des Greenfee-Vorteils ist nicht möglich.
4. Das Kombinieren von Angeboten oder bestehenden Greenfee-Vorteilen ist nicht möglich. Der Vorteil bezieht sich jeweils ausschließlich auf die zum Zeitpunkt der Einlösung gültigen vollen Greenfee-Gebühren.
5. Gibt es Spielergruppen mit erhöhten Greenfee-Gebühren, ist ein Nachlass auf diese Gebühren nicht möglich.
6. Das Angebot allein berechtigt nicht zum Spiel gegen Greenfee. Die Erfüllung der Bestimmungen des jeweiligen Golfclubs zur Greenfee-Berechtigung (Mitgliedschaft in einem Golfclub, Mindesthandicap etc.) zum Zeitpunkt der Einlösung sind Voraussetzung.
7. Es ist untersagt, den Greenfee-Gutschein entgeltlich Dritten zu überlassen bzw. mit diesen Handel zu treiben. Insbesondere sind die teilnehmenden Golfclubs in diesem Falle berechtigt, die Einlösung der ausgeschriebenen Angebote zu verweigern.
8. Die teilnehmenden Golfclubs haben sich gegenüber dem Verlag unter den o.g. Bedingungen verpflichtet, die ausgeschriebenen Angebote einzulösen. Der Verlag übernimmt jedoch keine Gewähr und keine Haftung, wenn ein Angebot nicht eingelöst wird oder werden kann.

Bedingungen zur Einlösung des Discounts:

1. Das Angebot ist einschließlich bis 30.6.2022 gültig.
2. Der Golfspieler/Leser hat sich telefonisch eine Abschlagzeit geben zu lassen – dabei ist die Nutzung des Angebots anzugeben.
3. Eine Barauszahlung des Greenfee-Vorteils ist nicht möglich.
4. Das Kombinieren von Angeboten oder bestehenden Greenfee-Vorteilen ist nicht möglich. Der Vorteil bezieht sich jeweils ausschließlich auf die zum Zeitpunkt der Einlösung gültigen vollen Greenfee-Gebühren.
5. Gibt es Spielergruppen mit erhöhten Greenfee-Gebühren, ist ein Nachlass auf diese Gebühren nicht möglich.
6. Das Angebot allein berechtigt nicht zum Spiel gegen Greenfee. Die Erfüllung der Bestimmungen des jeweiligen Golfclubs zur Greenfee-Berechtigung (Mitgliedschaft in einem Golfclub, Mindesthandicap etc.) zum Zeitpunkt der Einlösung sind Voraussetzung.
7. Es ist untersagt, den Greenfee-Gutschein entgeltlich Dritten zu überlassen bzw. mit diesen Handel zu treiben. Insbesondere sind die teilnehmenden Golfclubs in diesem Falle berechtigt, die Einlösung der ausgeschriebenen Angebote zu verweigern.
8. Die teilnehmenden Golfclubs haben sich gegenüber dem Verlag unter den o.g. Bedingungen verpflichtet, die ausgeschriebenen Angebote einzulösen. Der Verlag übernimmt jedoch keine Gewähr und keine Haftung, wenn ein Angebot nicht eingelöst wird oder werden kann.

Bedingungen zur Einlösung des Discounts:

1. Das Angebot ist einschließlich bis 30.6.2022 gültig.
2. Der Golfspieler/Leser hat sich telefonisch eine Abschlagzeit geben zu lassen – dabei ist die Nutzung des Angebots anzugeben.
3. Eine Barauszahlung des Greenfee-Vorteils ist nicht möglich.
4. Das Kombinieren von Angeboten oder bestehenden Greenfee-Vorteilen ist nicht möglich. Der Vorteil bezieht sich jeweils ausschließlich auf die zum Zeitpunkt der Einlösung gültigen vollen Greenfee-Gebühren.
5. Gibt es Spielergruppen mit erhöhten Greenfee-Gebühren, ist ein Nachlass auf diese Gebühren nicht möglich.
6. Das Angebot allein berechtigt nicht zum Spiel gegen Greenfee. Die Erfüllung der Bestimmungen des jeweiligen Golfclubs zur Greenfee-Berechtigung (Mitgliedschaft in einem Golfclub, Mindesthandicap etc.) zum Zeitpunkt der Einlösung sind Voraussetzung.
7. Es ist untersagt, den Greenfee-Gutschein entgeltlich Dritten zu überlassen bzw. mit diesen Handel zu treiben. Insbesondere sind die teilnehmenden Golfclubs in diesem Falle berechtigt, die Einlösung der ausgeschriebenen Angebote zu verweigern.
8. Die teilnehmenden Golfclubs haben sich gegenüber dem Verlag unter den o.g. Bedingungen verpflichtet, die ausgeschriebenen Angebote einzulösen. Der Verlag übernimmt jedoch keine Gewähr und keine Haftung, wenn ein Angebot nicht eingelöst wird oder werden kann.

DER GOLF ALBRECHT

Golfclub Klockerhof AT

Hahnhofweg 22
A-8075 Hart bei Graz
+43 316 492629
Steiermark

275

2 for 1 2 GF zum Preis von 1

DER GOLF ALBRECHT

Golfclub Klockerhof AT

Hahnhofweg 22
A-8075 Hart bei Graz
+43 316 492629
Steiermark

275

2 for 1 2 GF zum Preis von 1

DER GOLF ALBRECHT

Golfclub Klockerhof AT

Hahnhofweg 22
A-8075 Hart bei Graz
+43 316 492629
Steiermark

275

2 for 1 2 GF zum Preis von 1

DER GOLF ALBRECHT

Golfclub Klockerhof AT

Hahnhofweg 22
A-8075 Hart bei Graz
+43 316 492629
Steiermark

275

20% Greenfee-Ermäßigung

DER GOLF ALBRECHT

Golfclub Klockerhof AT

Hahnhofweg 22
A-8075 Hart bei Graz
+43 316 492629
Steiermark

275

20% Greenfee-Ermäßigung

DER GOLF ALBRECHT

Golfclub Klockerhof AT

Hahnhofweg 22
A-8075 Hart bei Graz
+43 316 492629
Steiermark

275

20% Greenfee-Ermäßigung

DER GOLF ALBRECHT

Golfclub Schloß Frauenthal AT

Ulrichsberg 7
A-8530 Deutschlandsberg
+43 3462 5717
Steiermark

276

2 for 1 2 GF zum Preis von 1

DER GOLF ALBRECHT

Golfclub Schloß Frauenthal AT

Ulrichsberg 7
A-8530 Deutschlandsberg
+43 3462 5717
Steiermark

276

2 for 1 2 GF zum Preis von 1

DER GOLF ALBRECHT

Golfclub Schloß Frauenthal AT

Ulrichsberg 7
A-8530 Deutschlandsberg
+43 3462 5717
Steiermark

276

30% Greenfee-Ermäßigung

DER GOLF ALBRECHT

Golfclub Schloß Frauenthal AT

Ulrichsberg 7
A-8530 Deutschlandsberg
+43 3462 5717
Steiermark

276

30% Greenfee-Ermäßigung

Bedingungen zur Einlösung des Discounts:
1. Das Angebot ist einschließlich bis 30.6.2022 gültig.
2. Der Golfspieler/Leser hat sich telefonisch eine Abschlagzeit geben zu lassen – dabei ist die Nutzung des Angebots anzugeben.
3. Eine Barauszahlung des Greenfee-Vorteils ist nicht möglich.
4. Das Kombinieren von Angeboten oder bestehenden Greenfee-Vorteilen ist nicht möglich. Der Vorteil bezieht sich jeweils ausschließlich auf die zum Zeitpunkt der Einlösung gültigen vollen Greenfee-Gebühren.
5. Gibt es Spielergruppen mit erhöhten Greenfee-Gebühren, ist ein Nachlass auf diese Gebühren nicht möglich.
6. Das Angebot allein berechtigt nicht zum Spiel gegen Greenfee. Die Erfüllung der Bestimmungen des jeweiligen Golfclubs zur Greenfee-Berechtigung (Mitgliedschaft in einem Golfclub, Mindesthandicap etc.) zum Zeitpunkt der Einlösung sind Voraussetzung.
7. Es ist untersagt, den Greenfee-Gutschein entgeltlich Dritten zu überlassen bzw. mit diesen Handel zu treiben. Insbesondere sind die teilnehmenden Golfclubs in diesem Falle berechtigt, die Einlösung der ausgeschriebenen Angebote zu verweigern.
8. Die teilnehmenden Golfclubs haben sich gegenüber dem Verlag unter den o.g. Bedingungen verpflichtet, die ausgeschriebenen Angebote einzulösen. Der Verlag übernimmt jedoch keine Gewähr und keine Haftung, wenn ein Angebot nicht eingelöst wird oder werden kann.

Bedingungen zur Einlösung des Discounts:
1. Das Angebot ist einschließlich bis 30.6.2022 gültig.
2. Der Golfspieler/Leser hat sich telefonisch eine Abschlagzeit geben zu lassen – dabei ist die Nutzung des Angebots anzugeben.
3. Eine Barauszahlung des Greenfee-Vorteils ist nicht möglich.
4. Das Kombinieren von Angeboten oder bestehenden Greenfee-Vorteilen ist nicht möglich. Der Vorteil bezieht sich jeweils ausschließlich auf die zum Zeitpunkt der Einlösung gültigen vollen Greenfee-Gebühren.
5. Gibt es Spielergruppen mit erhöhten Greenfee-Gebühren, ist ein Nachlass auf diese Gebühren nicht möglich.
6. Das Angebot allein berechtigt nicht zum Spiel gegen Greenfee. Die Erfüllung der Bestimmungen des jeweiligen Golfclubs zur Greenfee-Berechtigung (Mitgliedschaft in einem Golfclub, Mindesthandicap etc.) zum Zeitpunkt der Einlösung sind Voraussetzung.
7. Es ist untersagt, den Greenfee-Gutschein entgeltlich Dritten zu überlassen bzw. mit diesen Handel zu treiben. Insbesondere sind die teilnehmenden Golfclubs in diesem Falle berechtigt, die Einlösung der ausgeschriebenen Angebote zu verweigern.
8. Die teilnehmenden Golfclubs haben sich gegenüber dem Verlag unter den o.g. Bedingungen verpflichtet, die ausgeschriebenen Angebote einzulösen. Der Verlag übernimmt jedoch keine Gewähr und keine Haftung, wenn ein Angebot nicht eingelöst wird oder werden kann.

Bedingungen zur Einlösung des Discounts:
1. Das Angebot ist einschließlich bis 30.6.2022 gültig.
2. Der Golfspieler/Leser hat sich telefonisch eine Abschlagzeit geben zu lassen – dabei ist die Nutzung des Angebots anzugeben.
3. Eine Barauszahlung des Greenfee-Vorteils ist nicht möglich.
4. Das Kombinieren von Angeboten oder bestehenden Greenfee-Vorteilen ist nicht möglich. Der Vorteil bezieht sich jeweils ausschließlich auf die zum Zeitpunkt der Einlösung gültigen vollen Greenfee-Gebühren.
5. Gibt es Spielergruppen mit erhöhten Greenfee-Gebühren, ist ein Nachlass auf diese Gebühren nicht möglich.
6. Das Angebot allein berechtigt nicht zum Spiel gegen Greenfee. Die Erfüllung der Bestimmungen des jeweiligen Golfclubs zur Greenfee-Berechtigung (Mitgliedschaft in einem Golfclub, Mindesthandicap etc.) zum Zeitpunkt der Einlösung sind Voraussetzung.
7. Es ist untersagt, den Greenfee-Gutschein entgeltlich Dritten zu überlassen bzw. mit diesen Handel zu treiben. Insbesondere sind die teilnehmenden Golfclubs in diesem Falle berechtigt, die Einlösung der ausgeschriebenen Angebote zu verweigern.
8. Die teilnehmenden Golfclubs haben sich gegenüber dem Verlag unter den o.g. Bedingungen verpflichtet, die ausgeschriebenen Angebote einzulösen. Der Verlag übernimmt jedoch keine Gewähr und keine Haftung, wenn ein Angebot nicht eingelöst wird oder werden kann.

Bedingungen zur Einlösung des Discounts:
1. Das Angebot ist einschließlich bis 30.6.2022 gültig.
2. Der Golfspieler/Leser hat sich telefonisch eine Abschlagzeit geben zu lassen – dabei ist die Nutzung des Angebots anzugeben.
3. Eine Barauszahlung des Greenfee-Vorteils ist nicht möglich.
4. Das Kombinieren von Angeboten oder bestehenden Greenfee-Vorteilen ist nicht möglich. Der Vorteil bezieht sich jeweils ausschließlich auf die zum Zeitpunkt der Einlösung gültigen vollen Greenfee-Gebühren.
5. Gibt es Spielergruppen mit erhöhten Greenfee-Gebühren, ist ein Nachlass auf diese Gebühren nicht möglich.
6. Das Angebot allein berechtigt nicht zum Spiel gegen Greenfee. Die Erfüllung der Bestimmungen des jeweiligen Golfclubs zur Greenfee-Berechtigung (Mitgliedschaft in einem Golfclub, Mindesthandicap etc.) zum Zeitpunkt der Einlösung sind Voraussetzung.
7. Es ist untersagt, den Greenfee-Gutschein entgeltlich Dritten zu überlassen bzw. mit diesen Handel zu treiben. Insbesondere sind die teilnehmenden Golfclubs in diesem Falle berechtigt, die Einlösung der ausgeschriebenen Angebote zu verweigern.
8. Die teilnehmenden Golfclubs haben sich gegenüber dem Verlag unter den o.g. Bedingungen verpflichtet, die ausgeschriebenen Angebote einzulösen. Der Verlag übernimmt jedoch keine Gewähr und keine Haftung, wenn ein Angebot nicht eingelöst wird oder werden kann.

Bedingungen zur Einlösung des Discounts:
1. Das Angebot ist einschließlich bis 30.6.2022 gültig.
2. Der Golfspieler/Leser hat sich telefonisch eine Abschlagzeit geben zu lassen – dabei ist die Nutzung des Angebots anzugeben.
3. Eine Barauszahlung des Greenfee-Vorteils ist nicht möglich.
4. Das Kombinieren von Angeboten oder bestehenden Greenfee-Vorteilen ist nicht möglich. Der Vorteil bezieht sich jeweils ausschließlich auf die zum Zeitpunkt der Einlösung gültigen vollen Greenfee-Gebühren.
5. Gibt es Spielergruppen mit erhöhten Greenfee-Gebühren, ist ein Nachlass auf diese Gebühren nicht möglich.
6. Das Angebot allein berechtigt nicht zum Spiel gegen Greenfee. Die Erfüllung der Bestimmungen des jeweiligen Golfclubs zur Greenfee-Berechtigung (Mitgliedschaft in einem Golfclub, Mindesthandicap etc.) zum Zeitpunkt der Einlösung sind Voraussetzung.
7. Es ist untersagt, den Greenfee-Gutschein entgeltlich Dritten zu überlassen bzw. mit diesen Handel zu treiben. Insbesondere sind die teilnehmenden Golfclubs in diesem Falle berechtigt, die Einlösung der ausgeschriebenen Angebote zu verweigern.
8. Die teilnehmenden Golfclubs haben sich gegenüber dem Verlag unter den o.g. Bedingungen verpflichtet, die ausgeschriebenen Angebote einzulösen. Der Verlag übernimmt jedoch keine Gewähr und keine Haftung, wenn ein Angebot nicht eingelöst wird oder werden kann.

Bedingungen zur Einlösung des Discounts:
1. Das Angebot ist einschließlich bis 30.6.2022 gültig.
2. Der Golfspieler/Leser hat sich telefonisch eine Abschlagzeit geben zu lassen – dabei ist die Nutzung des Angebots anzugeben.
3. Eine Barauszahlung des Greenfee-Vorteils ist nicht möglich.
4. Das Kombinieren von Angeboten oder bestehenden Greenfee-Vorteilen ist nicht möglich. Der Vorteil bezieht sich jeweils ausschließlich auf die zum Zeitpunkt der Einlösung gültigen vollen Greenfee-Gebühren.
5. Gibt es Spielergruppen mit erhöhten Greenfee-Gebühren, ist ein Nachlass auf diese Gebühren nicht möglich.
6. Das Angebot allein berechtigt nicht zum Spiel gegen Greenfee. Die Erfüllung der Bestimmungen des jeweiligen Golfclubs zur Greenfee-Berechtigung (Mitgliedschaft in einem Golfclub, Mindesthandicap etc.) zum Zeitpunkt der Einlösung sind Voraussetzung.
7. Es ist untersagt, den Greenfee-Gutschein entgeltlich Dritten zu überlassen bzw. mit diesen Handel zu treiben. Insbesondere sind die teilnehmenden Golfclubs in diesem Falle berechtigt, die Einlösung der ausgeschriebenen Angebote zu verweigern.
8. Die teilnehmenden Golfclubs haben sich gegenüber dem Verlag unter den o.g. Bedingungen verpflichtet, die ausgeschriebenen Angebote einzulösen. Der Verlag übernimmt jedoch keine Gewähr und keine Haftung, wenn ein Angebot nicht eingelöst wird oder werden kann.

Bedingungen zur Einlösung des Discounts:
1. Das Angebot ist einschließlich bis 30.6.2022 gültig.
2. Der Golfspieler/Leser hat sich telefonisch eine Abschlagzeit geben zu lassen – dabei ist die Nutzung des Angebots anzugeben.
3. Eine Barauszahlung des Greenfee-Vorteils ist nicht möglich.
4. Das Kombinieren von Angeboten oder bestehenden Greenfee-Vorteilen ist nicht möglich. Der Vorteil bezieht sich jeweils ausschließlich auf die zum Zeitpunkt der Einlösung gültigen vollen Greenfee-Gebühren.
5. Gibt es Spielergruppen mit erhöhten Greenfee-Gebühren, ist ein Nachlass auf diese Gebühren nicht möglich.
6. Das Angebot allein berechtigt nicht zum Spiel gegen Greenfee. Die Erfüllung der Bestimmungen des jeweiligen Golfclubs zur Greenfee-Berechtigung (Mitgliedschaft in einem Golfclub, Mindesthandicap etc.) zum Zeitpunkt der Einlösung sind Voraussetzung.
7. Es ist untersagt, den Greenfee-Gutschein entgeltlich Dritten zu überlassen bzw. mit diesen Handel zu treiben. Insbesondere sind die teilnehmenden Golfclubs in diesem Falle berechtigt, die Einlösung der ausgeschriebenen Angebote zu verweigern.
8. Die teilnehmenden Golfclubs haben sich gegenüber dem Verlag unter den o.g. Bedingungen verpflichtet, die ausgeschriebenen Angebote einzulösen. Der Verlag übernimmt jedoch keine Gewähr und keine Haftung, wenn ein Angebot nicht eingelöst wird oder werden kann.

Bedingungen zur Einlösung des Discounts:
1. Das Angebot ist einschließlich bis 30.6.2022 gültig.
2. Der Golfspieler/Leser hat sich telefonisch eine Abschlagzeit geben zu lassen – dabei ist die Nutzung des Angebots anzugeben.
3. Eine Barauszahlung des Greenfee-Vorteils ist nicht möglich.
4. Das Kombinieren von Angeboten oder bestehenden Greenfee-Vorteilen ist nicht möglich. Der Vorteil bezieht sich jeweils ausschließlich auf die zum Zeitpunkt der Einlösung gültigen vollen Greenfee-Gebühren.
5. Gibt es Spielergruppen mit erhöhten Greenfee-Gebühren, ist ein Nachlass auf diese Gebühren nicht möglich.
6. Das Angebot allein berechtigt nicht zum Spiel gegen Greenfee. Die Erfüllung der Bestimmungen des jeweiligen Golfclubs zur Greenfee-Berechtigung (Mitgliedschaft in einem Golfclub, Mindesthandicap etc.) zum Zeitpunkt der Einlösung sind Voraussetzung.
7. Es ist untersagt, den Greenfee-Gutschein entgeltlich Dritten zu überlassen bzw. mit diesen Handel zu treiben. Insbesondere sind die teilnehmenden Golfclubs in diesem Falle berechtigt, die Einlösung der ausgeschriebenen Angebote zu verweigern.
8. Die teilnehmenden Golfclubs haben sich gegenüber dem Verlag unter den o.g. Bedingungen verpflichtet, die ausgeschriebenen Angebote einzulösen. Der Verlag übernimmt jedoch keine Gewähr und keine Haftung, wenn ein Angebot nicht eingelöst wird oder werden kann.

Bedingungen zur Einlösung des Discounts:
1. Das Angebot ist einschließlich bis 30.6.2022 gültig.
2. Der Golfspieler/Leser hat sich telefonisch eine Abschlagzeit geben zu lassen – dabei ist die Nutzung des Angebots anzugeben.
3. Eine Barauszahlung des Greenfee-Vorteils ist nicht möglich.
4. Das Kombinieren von Angeboten oder bestehenden Greenfee-Vorteilen ist nicht möglich. Der Vorteil bezieht sich jeweils ausschließlich auf die zum Zeitpunkt der Einlösung gültigen vollen Greenfee-Gebühren.
5. Gibt es Spielergruppen mit erhöhten Greenfee-Gebühren, ist ein Nachlass auf diese Gebühren nicht möglich.
6. Das Angebot allein berechtigt nicht zum Spiel gegen Greenfee. Die Erfüllung der Bestimmungen des jeweiligen Golfclubs zur Greenfee-Berechtigung (Mitgliedschaft in einem Golfclub, Mindesthandicap etc.) zum Zeitpunkt der Einlösung sind Voraussetzung.
7. Es ist untersagt, den Greenfee-Gutschein entgeltlich Dritten zu überlassen bzw. mit diesen Handel zu treiben. Insbesondere sind die teilnehmenden Golfclubs in diesem Falle berechtigt, die Einlösung der ausgeschriebenen Angebote zu verweigern.
8. Die teilnehmenden Golfclubs haben sich gegenüber dem Verlag unter den o.g. Bedingungen verpflichtet, die ausgeschriebenen Angebote einzulösen. Der Verlag übernimmt jedoch keine Gewähr und keine Haftung, wenn ein Angebot nicht eingelöst wird oder werden kann.

Bedingungen zur Einlösung des Discounts:
1. Das Angebot ist einschließlich bis 30.6.2022 gültig.
2. Der Golfspieler/Leser hat sich telefonisch eine Abschlagzeit geben zu lassen – dabei ist die Nutzung des Angebots anzugeben.
3. Eine Barauszahlung des Greenfee-Vorteils ist nicht möglich.
4. Das Kombinieren von Angeboten oder bestehenden Greenfee-Vorteilen ist nicht möglich. Der Vorteil bezieht sich jeweils ausschließlich auf die zum Zeitpunkt der Einlösung gültigen vollen Greenfee-Gebühren.
5. Gibt es Spielergruppen mit erhöhten Greenfee-Gebühren, ist ein Nachlass auf diese Gebühren nicht möglich.
6. Das Angebot allein berechtigt nicht zum Spiel gegen Greenfee. Die Erfüllung der Bestimmungen des jeweiligen Golfclubs zur Greenfee-Berechtigung (Mitgliedschaft in einem Golfclub, Mindesthandicap etc.) zum Zeitpunkt der Einlösung sind Voraussetzung.
7. Es ist untersagt, den Greenfee-Gutschein entgeltlich Dritten zu überlassen bzw. mit diesen Handel zu treiben. Insbesondere sind die teilnehmenden Golfclubs in diesem Falle berechtigt, die Einlösung der ausgeschriebenen Angebote zu verweigern.
8. Die teilnehmenden Golfclubs haben sich gegenüber dem Verlag unter den o.g. Bedingungen verpflichtet, die ausgeschriebenen Angebote einzulösen. Der Verlag übernimmt jedoch keine Gewähr und keine Haftung, wenn ein Angebot nicht eingelöst wird oder werden kann.

DER GOLF ALBRECHT

Golfclub Drautal/Berg AT

Berg 221
A-9771 Berg im Drautal
✆ +43 4712 82255
Kärnten
Hinweis: nur gültig für Tages-Greenfee nicht kombinierbar.

277

2 for 1 2 GF zum Preis von 1

DER GOLF ALBRECHT

Golfclub Drautal/Berg AT

Berg 221
A-9771 Berg im Drautal
✆ +43 4712 82255
Kärnten
Hinweis: nur gültig für Tages-Greenfee nicht kombinierbar.

277

2 for 1 2 GF zum Preis von 1

DER GOLF ALBRECHT

Golfclub Drautal/Berg AT

Berg 221
A-9771 Berg im Drautal
✆ +43 4712 82255
Kärnten

277

20% Greenfee-Ermäßigung

DER GOLF ALBRECHT

Golfclub Drautal/Berg AT

Berg 221
A-9771 Berg im Drautal
✆ +43 4712 82255
Kärnten

277

20% Greenfee-Ermäßigung

DER GOLF ALBRECHT

Nassfeld Golf AT

Waidegg 66
A-9631 Waidegg
✆ +43 4284 20111
Kärnten

278

2 for 1 2 GF zum Preis von 1

DER GOLF ALBRECHT

Nassfeld Golf AT

Waidegg 66
A-9631 Waidegg
✆ +43 4284 20111
Kärnten

278

2 for 1 2 GF zum Preis von 1

DER GOLF ALBRECHT

Nassfeld Golf AT

Waidegg 66
A-9631 Waidegg
✆ +43 4284 20111
Kärnten

278

2 for 1 2 GF zum Preis von 1

DER GOLF ALBRECHT

Nassfeld Golf AT

Waidegg 66
A-9631 Waidegg
✆ +43 4284 20111
Kärnten

278

20% Greenfee-Ermäßigung

DER GOLF ALBRECHT

Nassfeld Golf AT

Waidegg 66
A-9631 Waidegg
✆ +43 4284 20111
Kärnten

278

20% Greenfee-Ermäßigung

DER GOLF ALBRECHT

Golf Club Sterzing IT

Reifenstein - Sadobre
I-39049 Sterzing/Freienfeld
✆ +39 333 815 4350
Südtirol

279

2 for 1 2 GF zum Preis von 1

Bedingungen zur Einlösung des Discounts:

1. Das Angebot ist einschließlich bis 30.6.2022 gültig.
2. Der Golfspieler/Leser hat sich telefonisch eine Abschlagzeit geben zu lassen – dabei ist die Nutzung des Angebots anzugeben.
3. Eine Barauszahlung des Greenfee-Vorteils ist nicht möglich.
4. Das Kombinieren von Angeboten oder bestehenden Greenfee-Vorteilen ist nicht möglich. Der Vorteil bezieht sich jeweils ausschließlich auf die zum Zeitpunkt der Einlösung gültigen vollen Greenfee-Gebühren.
5. Gibt es Spielergruppen mit erhöhten Greenfee-Gebühren, ist ein Nachlass auf diese Gebühren nicht möglich.
6. Das Angebot allein berechtigt nicht zum Spiel gegen Greenfee. Die Erfüllung der Bestimmungen des jeweiligen Golfclubs zur Greenfee-Berechtigung (Mitgliedschaft in einem Golfclub, Mindesthandicap etc.) zum Zeitpunkt der Einlösung sind Voraussetzung.
7. Es ist untersagt, den Greenfee-Gutschein entgeltlich Dritten zu überlassen bzw. mit diesen Handel zu treiben. Insbesondere sind die teilnehmenden Golfclubs in diesem Falle berechtigt, die Einlösung der ausgeschriebenen Angebote zu verweigern.
8. Die teilnehmenden Golfclubs haben sich gegenüber dem Verlag unter den o.g. Bedingungen verpflichtet, die ausgeschriebenen Angebote einzulösen. Der Verlag übernimmt jedoch keine Gewähr und keine Haftung, wenn ein Angebot nicht eingelöst wird oder werden kann.

Bedingungen zur Einlösung des Discounts:

1. Das Angebot ist einschließlich bis 30.6.2022 gültig.
2. Der Golfspieler/Leser hat sich telefonisch eine Abschlagzeit geben zu lassen – dabei ist die Nutzung des Angebots anzugeben.
3. Eine Barauszahlung des Greenfee-Vorteils ist nicht möglich.
4. Das Kombinieren von Angeboten oder bestehenden Greenfee-Vorteilen ist nicht möglich. Der Vorteil bezieht sich jeweils ausschließlich auf die zum Zeitpunkt der Einlösung gültigen vollen Greenfee-Gebühren.
5. Gibt es Spielergruppen mit erhöhten Greenfee-Gebühren, ist ein Nachlass auf diese Gebühren nicht möglich.
6. Das Angebot allein berechtigt nicht zum Spiel gegen Greenfee. Die Erfüllung der Bestimmungen des jeweiligen Golfclubs zur Greenfee-Berechtigung (Mitgliedschaft in einem Golfclub, Mindesthandicap etc.) zum Zeitpunkt der Einlösung sind Voraussetzung.
7. Es ist untersagt, den Greenfee-Gutschein entgeltlich Dritten zu überlassen bzw. mit diesen Handel zu treiben. Insbesondere sind die teilnehmenden Golfclubs in diesem Falle berechtigt, die Einlösung der ausgeschriebenen Angebote zu verweigern.
8. Die teilnehmenden Golfclubs haben sich gegenüber dem Verlag unter den o.g. Bedingungen verpflichtet, die ausgeschriebenen Angebote einzulösen. Der Verlag übernimmt jedoch keine Gewähr und keine Haftung, wenn ein Angebot nicht eingelöst wird oder werden kann.

Bedingungen zur Einlösung des Discounts:

1. Das Angebot ist einschließlich bis 30.6.2022 gültig.
2. Der Golfspieler/Leser hat sich telefonisch eine Abschlagzeit geben zu lassen – dabei ist die Nutzung des Angebots anzugeben.
3. Eine Barauszahlung des Greenfee-Vorteils ist nicht möglich.
4. Das Kombinieren von Angeboten oder bestehenden Greenfee-Vorteilen ist nicht möglich. Der Vorteil bezieht sich jeweils ausschließlich auf die zum Zeitpunkt der Einlösung gültigen vollen Greenfee-Gebühren.
5. Gibt es Spielergruppen mit erhöhten Greenfee-Gebühren, ist ein Nachlass auf diese Gebühren nicht möglich.
6. Das Angebot allein berechtigt nicht zum Spiel gegen Greenfee. Die Erfüllung der Bestimmungen des jeweiligen Golfclubs zur Greenfee-Berechtigung (Mitgliedschaft in einem Golfclub, Mindesthandicap etc.) zum Zeitpunkt der Einlösung sind Voraussetzung.
7. Es ist untersagt, den Greenfee-Gutschein entgeltlich Dritten zu überlassen bzw. mit diesen Handel zu treiben. Insbesondere sind die teilnehmenden Golfclubs in diesem Falle berechtigt, die Einlösung der ausgeschriebenen Angebote zu verweigern.
8. Die teilnehmenden Golfclubs haben sich gegenüber dem Verlag unter den o.g. Bedingungen verpflichtet, die ausgeschriebenen Angebote einzulösen. Der Verlag übernimmt jedoch keine Gewähr und keine Haftung, wenn ein Angebot nicht eingelöst wird oder werden kann.

Bedingungen zur Einlösung des Discounts:

1. Das Angebot ist einschließlich bis 30.6.2022 gültig.
2. Der Golfspieler/Leser hat sich telefonisch eine Abschlagzeit geben zu lassen – dabei ist die Nutzung des Angebots anzugeben.
3. Eine Barauszahlung des Greenfee-Vorteils ist nicht möglich.
4. Das Kombinieren von Angeboten oder bestehenden Greenfee-Vorteilen ist nicht möglich. Der Vorteil bezieht sich jeweils ausschließlich auf die zum Zeitpunkt der Einlösung gültigen vollen Greenfee-Gebühren.
5. Gibt es Spielergruppen mit erhöhten Greenfee-Gebühren, ist ein Nachlass auf diese Gebühren nicht möglich.
6. Das Angebot allein berechtigt nicht zum Spiel gegen Greenfee. Die Erfüllung der Bestimmungen des jeweiligen Golfclubs zur Greenfee-Berechtigung (Mitgliedschaft in einem Golfclub, Mindesthandicap etc.) zum Zeitpunkt der Einlösung sind Voraussetzung.
7. Es ist untersagt, den Greenfee-Gutschein entgeltlich Dritten zu überlassen bzw. mit diesen Handel zu treiben. Insbesondere sind die teilnehmenden Golfclubs in diesem Falle berechtigt, die Einlösung der ausgeschriebenen Angebote zu verweigern.
8. Die teilnehmenden Golfclubs haben sich gegenüber dem Verlag unter den o.g. Bedingungen verpflichtet, die ausgeschriebenen Angebote einzulösen. Der Verlag übernimmt jedoch keine Gewähr und keine Haftung, wenn ein Angebot nicht eingelöst wird oder werden kann.

Bedingungen zur Einlösung des Discounts:

1. Das Angebot ist einschließlich bis 30.6.2022 gültig.
2. Der Golfspieler/Leser hat sich telefonisch eine Abschlagzeit geben zu lassen – dabei ist die Nutzung des Angebots anzugeben.
3. Eine Barauszahlung des Greenfee-Vorteils ist nicht möglich.
4. Das Kombinieren von Angeboten oder bestehenden Greenfee-Vorteilen ist nicht möglich. Der Vorteil bezieht sich jeweils ausschließlich auf die zum Zeitpunkt der Einlösung gültigen vollen Greenfee-Gebühren.
5. Gibt es Spielergruppen mit erhöhten Greenfee-Gebühren, ist ein Nachlass auf diese Gebühren nicht möglich.
6. Das Angebot allein berechtigt nicht zum Spiel gegen Greenfee. Die Erfüllung der Bestimmungen des jeweiligen Golfclubs zur Greenfee-Berechtigung (Mitgliedschaft in einem Golfclub, Mindesthandicap etc.) zum Zeitpunkt der Einlösung sind Voraussetzung.
7. Es ist untersagt, den Greenfee-Gutschein entgeltlich Dritten zu überlassen bzw. mit diesen Handel zu treiben. Insbesondere sind die teilnehmenden Golfclubs in diesem Falle berechtigt, die Einlösung der ausgeschriebenen Angebote zu verweigern.
8. Die teilnehmenden Golfclubs haben sich gegenüber dem Verlag unter den o.g. Bedingungen verpflichtet, die ausgeschriebenen Angebote einzulösen. Der Verlag übernimmt jedoch keine Gewähr und keine Haftung, wenn ein Angebot nicht eingelöst wird oder werden kann.

Bedingungen zur Einlösung des Discounts:

1. Das Angebot ist einschließlich bis 30.6.2022 gültig.
2. Der Golfspieler/Leser hat sich telefonisch eine Abschlagzeit geben zu lassen – dabei ist die Nutzung des Angebots anzugeben.
3. Eine Barauszahlung des Greenfee-Vorteils ist nicht möglich.
4. Das Kombinieren von Angeboten oder bestehenden Greenfee-Vorteilen ist nicht möglich. Der Vorteil bezieht sich jeweils ausschließlich auf die zum Zeitpunkt der Einlösung gültigen vollen Greenfee-Gebühren.
5. Gibt es Spielergruppen mit erhöhten Greenfee-Gebühren, ist ein Nachlass auf diese Gebühren nicht möglich.
6. Das Angebot allein berechtigt nicht zum Spiel gegen Greenfee. Die Erfüllung der Bestimmungen des jeweiligen Golfclubs zur Greenfee-Berechtigung (Mitgliedschaft in einem Golfclub, Mindesthandicap etc.) zum Zeitpunkt der Einlösung sind Voraussetzung.
7. Es ist untersagt, den Greenfee-Gutschein entgeltlich Dritten zu überlassen bzw. mit diesen Handel zu treiben. Insbesondere sind die teilnehmenden Golfclubs in diesem Falle berechtigt, die Einlösung der ausgeschriebenen Angebote zu verweigern.
8. Die teilnehmenden Golfclubs haben sich gegenüber dem Verlag unter den o.g. Bedingungen verpflichtet, die ausgeschriebenen Angebote einzulösen. Der Verlag übernimmt jedoch keine Gewähr und keine Haftung, wenn ein Angebot nicht eingelöst wird oder werden kann.

Bedingungen zur Einlösung des Discounts:

1. Das Angebot ist einschließlich bis 30.6.2022 gültig.
2. Der Golfspieler/Leser hat sich telefonisch eine Abschlagzeit geben zu lassen – dabei ist die Nutzung des Angebots anzugeben.
3. Eine Barauszahlung des Greenfee-Vorteils ist nicht möglich.
4. Das Kombinieren von Angeboten oder bestehenden Greenfee-Vorteilen ist nicht möglich. Der Vorteil bezieht sich jeweils ausschließlich auf die zum Zeitpunkt der Einlösung gültigen vollen Greenfee-Gebühren.
5. Gibt es Spielergruppen mit erhöhten Greenfee-Gebühren, ist ein Nachlass auf diese Gebühren nicht möglich.
6. Das Angebot allein berechtigt nicht zum Spiel gegen Greenfee. Die Erfüllung der Bestimmungen des jeweiligen Golfclubs zur Greenfee-Berechtigung (Mitgliedschaft in einem Golfclub, Mindesthandicap etc.) zum Zeitpunkt der Einlösung sind Voraussetzung.
7. Es ist untersagt, den Greenfee-Gutschein entgeltlich Dritten zu überlassen bzw. mit diesen Handel zu treiben. Insbesondere sind die teilnehmenden Golfclubs in diesem Falle berechtigt, die Einlösung der ausgeschriebenen Angebote zu verweigern.
8. Die teilnehmenden Golfclubs haben sich gegenüber dem Verlag unter den o.g. Bedingungen verpflichtet, die ausgeschriebenen Angebote einzulösen. Der Verlag übernimmt jedoch keine Gewähr und keine Haftung, wenn ein Angebot nicht eingelöst wird oder werden kann.

Bedingungen zur Einlösung des Discounts:

1. Das Angebot ist einschließlich bis 30.6.2022 gültig.
2. Der Golfspieler/Leser hat sich telefonisch eine Abschlagzeit geben zu lassen – dabei ist die Nutzung des Angebots anzugeben.
3. Eine Barauszahlung des Greenfee-Vorteils ist nicht möglich.
4. Das Kombinieren von Angeboten oder bestehenden Greenfee-Vorteilen ist nicht möglich. Der Vorteil bezieht sich jeweils ausschließlich auf die zum Zeitpunkt der Einlösung gültigen vollen Greenfee-Gebühren.
5. Gibt es Spielergruppen mit erhöhten Greenfee-Gebühren, ist ein Nachlass auf diese Gebühren nicht möglich.
6. Das Angebot allein berechtigt nicht zum Spiel gegen Greenfee. Die Erfüllung der Bestimmungen des jeweiligen Golfclubs zur Greenfee-Berechtigung (Mitgliedschaft in einem Golfclub, Mindesthandicap etc.) zum Zeitpunkt der Einlösung sind Voraussetzung.
7. Es ist untersagt, den Greenfee-Gutschein entgeltlich Dritten zu überlassen bzw. mit diesen Handel zu treiben. Insbesondere sind die teilnehmenden Golfclubs in diesem Falle berechtigt, die Einlösung der ausgeschriebenen Angebote zu verweigern.
8. Die teilnehmenden Golfclubs haben sich gegenüber dem Verlag unter den o.g. Bedingungen verpflichtet, die ausgeschriebenen Angebote einzulösen. Der Verlag übernimmt jedoch keine Gewähr und keine Haftung, wenn ein Angebot nicht eingelöst wird oder werden kann.

Bedingungen zur Einlösung des Discounts:

1. Das Angebot ist einschließlich bis 30.6.2022 gültig.
2. Der Golfspieler/Leser hat sich telefonisch eine Abschlagzeit geben zu lassen – dabei ist die Nutzung des Angebots anzugeben.
3. Eine Barauszahlung des Greenfee-Vorteils ist nicht möglich.
4. Das Kombinieren von Angeboten oder bestehenden Greenfee-Vorteilen ist nicht möglich. Der Vorteil bezieht sich jeweils ausschließlich auf die zum Zeitpunkt der Einlösung gültigen vollen Greenfee-Gebühren.
5. Gibt es Spielergruppen mit erhöhten Greenfee-Gebühren, ist ein Nachlass auf diese Gebühren nicht möglich.
6. Das Angebot allein berechtigt nicht zum Spiel gegen Greenfee. Die Erfüllung der Bestimmungen des jeweiligen Golfclubs zur Greenfee-Berechtigung (Mitgliedschaft in einem Golfclub, Mindesthandicap etc.) zum Zeitpunkt der Einlösung sind Voraussetzung.
7. Es ist untersagt, den Greenfee-Gutschein entgeltlich Dritten zu überlassen bzw. mit diesen Handel zu treiben. Insbesondere sind die teilnehmenden Golfclubs in diesem Falle berechtigt, die Einlösung der ausgeschriebenen Angebote zu verweigern.
8. Die teilnehmenden Golfclubs haben sich gegenüber dem Verlag unter den o.g. Bedingungen verpflichtet, die ausgeschriebenen Angebote einzulösen. Der Verlag übernimmt jedoch keine Gewähr und keine Haftung, wenn ein Angebot nicht eingelöst wird oder werden kann.

Bedingungen zur Einlösung des Discounts:

1. Das Angebot ist einschließlich bis 30.6.2022 gültig.
2. Der Golfspieler/Leser hat sich telefonisch eine Abschlagzeit geben zu lassen – dabei ist die Nutzung des Angebots anzugeben.
3. Eine Barauszahlung des Greenfee-Vorteils ist nicht möglich.
4. Das Kombinieren von Angeboten oder bestehenden Greenfee-Vorteilen ist nicht möglich. Der Vorteil bezieht sich jeweils ausschließlich auf die zum Zeitpunkt der Einlösung gültigen vollen Greenfee-Gebühren.
5. Gibt es Spielergruppen mit erhöhten Greenfee-Gebühren, ist ein Nachlass auf diese Gebühren nicht möglich.
6. Das Angebot allein berechtigt nicht zum Spiel gegen Greenfee. Die Erfüllung der Bestimmungen des jeweiligen Golfclubs zur Greenfee-Berechtigung (Mitgliedschaft in einem Golfclub, Mindesthandicap etc.) zum Zeitpunkt der Einlösung sind Voraussetzung.
7. Es ist untersagt, den Greenfee-Gutschein entgeltlich Dritten zu überlassen bzw. mit diesen Handel zu treiben. Insbesondere sind die teilnehmenden Golfclubs in diesem Falle berechtigt, die Einlösung der ausgeschriebenen Angebote zu verweigern.
8. Die teilnehmenden Golfclubs haben sich gegenüber dem Verlag unter den o.g. Bedingungen verpflichtet, die ausgeschriebenen Angebote einzulösen. Der Verlag übernimmt jedoch keine Gewähr und keine Haftung, wenn ein Angebot nicht eingelöst wird oder werden kann.

DER GOLF ALBRECHT

Golf Club Sterzing IT

Reifenstein - Sadobre
I-39049 Sterzing/Freienfeld
✆ +39 333 815 4350
Südtirol

279

2 for 1 2 GF zum Preis von 1

DER GOLF ALBRECHT

Golf Club Sterzing IT

Reifenstein - Sadobre
I-39049 Sterzing/Freienfeld
✆ +39 333 815 4350
Südtirol

279

2 for 1 2 GF zum Preis von 1

DER GOLF ALBRECHT

Golf Club Alta Badia IT

Strada Planac, 9
I-39033 Corvara in Badia (BZ)
✆ +39 0471 836655
Südtirol
Hinweis: gilt nicht für Turniere

280

2 for 1 2 GF zum Preis von 1

DER GOLF ALBRECHT

Golf Club Alta Badia IT

Strada Planac, 9
I-39033 Corvara in Badia (BZ)
✆ +39 0471 836655
Südtirol

280

20% Greenfee-Ermäßigung

DER GOLF ALBRECHT

Golf Club Alta Badia IT

Strada Planac, 9
I-39033 Corvara in Badia (BZ)
✆ +39 0471 836655
Südtirol

280

20% Greenfee-Ermäßigung

DER GOLF ALBRECHT

Golf Club Dolomiti IT

Centro Sport Verde 1
I-38011 Sarnonico (TN)
✆ +39 0463 832698
Trentino
Hinweis: E' possibile utilizzare un voucher al giorno per libro. Pro Buch kann pro Tag nur ein Voucher verwendet werden.

281

2 for 1 2 GF zum Preis von 1 wochentags

DER GOLF ALBRECHT

Golf Club Dolomiti IT

Centro Sport Verde 1
I-38011 Sarnonico (TN)
✆ +39 0463 832698
Trentino

281

20% Greenfee-Ermäßigung wochentags

DER GOLF ALBRECHT

Golf Club Petersberg IT

Petersberg - Unterwinkl 5
I-39050 Deutschnofen
✆ +39 0471 615122
Südtirol

282

20% Greenfee-Ermäßigung

DER GOLF ALBRECHT

Golf Club Petersberg IT

Petersberg - Unterwinkl 5
I-39050 Deutschnofen
✆ +39 0471 615122
Südtirol

282

20% Greenfee-Ermäßigung

DER GOLF ALBRECHT

Golf Club Ponte di Legno IT

Loc. Valbione
I-25056 Ponte di Legno
✆ +39-0364-900269 summer
Lombardei

283

2 for 1 2 GF zum Preis von 1

Bedingungen zur Einlösung des Discounts:

1. Das Angebot ist einschließlich bis 30.6.2022 gültig.
2. Der Golfspieler/Leser hat sich telefonisch eine Abschlagzeit geben zu lassen – dabei ist die Nutzung des Angebots anzugeben.
3. Eine Barauszahlung des Greenfee-Vorteils ist nicht möglich.
4. Das Kombinieren von Angeboten oder bestehenden Greenfee-Vorteilen ist nicht möglich. Der Vorteil bezieht sich jeweils ausschließlich auf die zum Zeitpunkt der Einlösung gültigen vollen Greenfee-Gebühren.
5. Gibt es Spielergruppen mit erhöhten Greenfee-Gebühren, ist ein Nachlass auf diese Gebühren nicht möglich.
6. Das Angebot allein berechtigt nicht zum Spiel gegen Greenfee. Die Erfüllung der Bestimmungen des jeweiligen Golfclubs zur Greenfee-Berechtigung (Mitgliedschaft in einem Golfclub, Mindesthandicap etc.) zum Zeitpunkt der Einlösung sind Voraussetzung.
7. Es ist untersagt, den Greenfee-Gutschein entgeltlich Dritten zu überlassen bzw. mit diesen Handel zu treiben. Insbesondere sind die teilnehmenden Golfclubs in diesem Falle berechtigt, die Einlösung der ausgeschriebenen Angebote zu verweigern.
8. Die teilnehmenden Golfclubs haben sich gegenüber dem Verlag unter den o.g. Bedingungen verpflichtet, die ausgeschriebenen Angebote einzulösen. Der Verlag übernimmt jedoch keine Gewähr und keine Haftung, wenn ein Angebot nicht eingelöst wird oder werden kann.

Bedingungen zur Einlösung des Discounts:

1. Das Angebot ist einschließlich bis 30.6.2022 gültig.
2. Der Golfspieler/Leser hat sich telefonisch eine Abschlagzeit geben zu lassen – dabei ist die Nutzung des Angebots anzugeben.
3. Eine Barauszahlung des Greenfee-Vorteils ist nicht möglich.
4. Das Kombinieren von Angeboten oder bestehenden Greenfee-Vorteilen ist nicht möglich. Der Vorteil bezieht sich jeweils ausschließlich auf die zum Zeitpunkt der Einlösung gültigen vollen Greenfee-Gebühren.
5. Gibt es Spielergruppen mit erhöhten Greenfee-Gebühren, ist ein Nachlass auf diese Gebühren nicht möglich.
6. Das Angebot allein berechtigt nicht zum Spiel gegen Greenfee. Die Erfüllung der Bestimmungen des jeweiligen Golfclubs zur Greenfee-Berechtigung (Mitgliedschaft in einem Golfclub, Mindesthandicap etc.) zum Zeitpunkt der Einlösung sind Voraussetzung.
7. Es ist untersagt, den Greenfee-Gutschein entgeltlich Dritten zu überlassen bzw. mit diesen Handel zu treiben. Insbesondere sind die teilnehmenden Golfclubs in diesem Falle berechtigt, die Einlösung der ausgeschriebenen Angebote zu verweigern.
8. Die teilnehmenden Golfclubs haben sich gegenüber dem Verlag unter den o.g. Bedingungen verpflichtet, die ausgeschriebenen Angebote einzulösen. Der Verlag übernimmt jedoch keine Gewähr und keine Haftung, wenn ein Angebot nicht eingelöst wird oder werden kann.

Bedingungen zur Einlösung des Discounts:

1. Das Angebot ist einschließlich bis 30.6.2022 gültig.
2. Der Golfspieler/Leser hat sich telefonisch eine Abschlagzeit geben zu lassen – dabei ist die Nutzung des Angebots anzugeben.
3. Eine Barauszahlung des Greenfee-Vorteils ist nicht möglich.
4. Das Kombinieren von Angeboten oder bestehenden Greenfee-Vorteilen ist nicht möglich. Der Vorteil bezieht sich jeweils ausschließlich auf die zum Zeitpunkt der Einlösung gültigen vollen Greenfee-Gebühren.
5. Gibt es Spielergruppen mit erhöhten Greenfee-Gebühren, ist ein Nachlass auf diese Gebühren nicht möglich.
6. Das Angebot allein berechtigt nicht zum Spiel gegen Greenfee. Die Erfüllung der Bestimmungen des jeweiligen Golfclubs zur Greenfee-Berechtigung (Mitgliedschaft in einem Golfclub, Mindesthandicap etc.) zum Zeitpunkt der Einlösung sind Voraussetzung.
7. Es ist untersagt, den Greenfee-Gutschein entgeltlich Dritten zu überlassen bzw. mit diesen Handel zu treiben. Insbesondere sind die teilnehmenden Golfclubs in diesem Falle berechtigt, die Einlösung der ausgeschriebenen Angebote zu verweigern.
8. Die teilnehmenden Golfclubs haben sich gegenüber dem Verlag unter den o.g. Bedingungen verpflichtet, die ausgeschriebenen Angebote einzulösen. Der Verlag übernimmt jedoch keine Gewähr und keine Haftung, wenn ein Angebot nicht eingelöst wird oder werden kann.

Bedingungen zur Einlösung des Discounts:

1. Das Angebot ist einschließlich bis 30.6.2022 gültig.
2. Der Golfspieler/Leser hat sich telefonisch eine Abschlagzeit geben zu lassen – dabei ist die Nutzung des Angebots anzugeben.
3. Eine Barauszahlung des Greenfee-Vorteils ist nicht möglich.
4. Das Kombinieren von Angeboten oder bestehenden Greenfee-Vorteilen ist nicht möglich. Der Vorteil bezieht sich jeweils ausschließlich auf die zum Zeitpunkt der Einlösung gültigen vollen Greenfee-Gebühren.
5. Gibt es Spielergruppen mit erhöhten Greenfee-Gebühren, ist ein Nachlass auf diese Gebühren nicht möglich.
6. Das Angebot allein berechtigt nicht zum Spiel gegen Greenfee. Die Erfüllung der Bestimmungen des jeweiligen Golfclubs zur Greenfee-Berechtigung (Mitgliedschaft in einem Golfclub, Mindesthandicap etc.) zum Zeitpunkt der Einlösung sind Voraussetzung.
7. Es ist untersagt, den Greenfee-Gutschein entgeltlich Dritten zu überlassen bzw. mit diesen Handel zu treiben. Insbesondere sind die teilnehmenden Golfclubs in diesem Falle berechtigt, die Einlösung der ausgeschriebenen Angebote zu verweigern.
8. Die teilnehmenden Golfclubs haben sich gegenüber dem Verlag unter den o.g. Bedingungen verpflichtet, die ausgeschriebenen Angebote einzulösen. Der Verlag übernimmt jedoch keine Gewähr und keine Haftung, wenn ein Angebot nicht eingelöst wird oder werden kann.

Bedingungen zur Einlösung des Discounts:

1. Das Angebot ist einschließlich bis 30.6.2022 gültig.
2. Der Golfspieler/Leser hat sich telefonisch eine Abschlagzeit geben zu lassen – dabei ist die Nutzung des Angebots anzugeben.
3. Eine Barauszahlung des Greenfee-Vorteils ist nicht möglich.
4. Das Kombinieren von Angeboten oder bestehenden Greenfee-Vorteilen ist nicht möglich. Der Vorteil bezieht sich jeweils ausschließlich auf die zum Zeitpunkt der Einlösung gültigen vollen Greenfee-Gebühren.
5. Gibt es Spielergruppen mit erhöhten Greenfee-Gebühren, ist ein Nachlass auf diese Gebühren nicht möglich.
6. Das Angebot allein berechtigt nicht zum Spiel gegen Greenfee. Die Erfüllung der Bestimmungen des jeweiligen Golfclubs zur Greenfee-Berechtigung (Mitgliedschaft in einem Golfclub, Mindesthandicap etc.) zum Zeitpunkt der Einlösung sind Voraussetzung.
7. Es ist untersagt, den Greenfee-Gutschein entgeltlich Dritten zu überlassen bzw. mit diesen Handel zu treiben. Insbesondere sind die teilnehmenden Golfclubs in diesem Falle berechtigt, die Einlösung der ausgeschriebenen Angebote zu verweigern.
8. Die teilnehmenden Golfclubs haben sich gegenüber dem Verlag unter den o.g. Bedingungen verpflichtet, die ausgeschriebenen Angebote einzulösen. Der Verlag übernimmt jedoch keine Gewähr und keine Haftung, wenn ein Angebot nicht eingelöst wird oder werden kann.

Bedingungen zur Einlösung des Discounts:

1. Das Angebot ist einschließlich bis 30.6.2022 gültig.
2. Der Golfspieler/Leser hat sich telefonisch eine Abschlagzeit geben zu lassen – dabei ist die Nutzung des Angebots anzugeben.
3. Eine Barauszahlung des Greenfee-Vorteils ist nicht möglich.
4. Das Kombinieren von Angeboten oder bestehenden Greenfee-Vorteilen ist nicht möglich. Der Vorteil bezieht sich jeweils ausschließlich auf die zum Zeitpunkt der Einlösung gültigen vollen Greenfee-Gebühren.
5. Gibt es Spielergruppen mit erhöhten Greenfee-Gebühren, ist ein Nachlass auf diese Gebühren nicht möglich.
6. Das Angebot allein berechtigt nicht zum Spiel gegen Greenfee. Die Erfüllung der Bestimmungen des jeweiligen Golfclubs zur Greenfee-Berechtigung (Mitgliedschaft in einem Golfclub, Mindesthandicap etc.) zum Zeitpunkt der Einlösung sind Voraussetzung.
7. Es ist untersagt, den Greenfee-Gutschein entgeltlich Dritten zu überlassen bzw. mit diesen Handel zu treiben. Insbesondere sind die teilnehmenden Golfclubs in diesem Falle berechtigt, die Einlösung der ausgeschriebenen Angebote zu verweigern.
8. Die teilnehmenden Golfclubs haben sich gegenüber dem Verlag unter den o.g. Bedingungen verpflichtet, die ausgeschriebenen Angebote einzulösen. Der Verlag übernimmt jedoch keine Gewähr und keine Haftung, wenn ein Angebot nicht eingelöst wird oder werden kann.

Bedingungen zur Einlösung des Discounts:

1. Das Angebot ist einschließlich bis 30.6.2022 gültig.
2. Der Golfspieler/Leser hat sich telefonisch eine Abschlagzeit geben zu lassen – dabei ist die Nutzung des Angebots anzugeben.
3. Eine Barauszahlung des Greenfee-Vorteils ist nicht möglich.
4. Das Kombinieren von Angeboten oder bestehenden Greenfee-Vorteilen ist nicht möglich. Der Vorteil bezieht sich jeweils ausschließlich auf die zum Zeitpunkt der Einlösung gültigen vollen Greenfee-Gebühren.
5. Gibt es Spielergruppen mit erhöhten Greenfee-Gebühren, ist ein Nachlass auf diese Gebühren nicht möglich.
6. Das Angebot allein berechtigt nicht zum Spiel gegen Greenfee. Die Erfüllung der Bestimmungen des jeweiligen Golfclubs zur Greenfee-Berechtigung (Mitgliedschaft in einem Golfclub, Mindesthandicap etc.) zum Zeitpunkt der Einlösung sind Voraussetzung.
7. Es ist untersagt, den Greenfee-Gutschein entgeltlich Dritten zu überlassen bzw. mit diesen Handel zu treiben. Insbesondere sind die teilnehmenden Golfclubs in diesem Falle berechtigt, die Einlösung der ausgeschriebenen Angebote zu verweigern.
8. Die teilnehmenden Golfclubs haben sich gegenüber dem Verlag unter den o.g. Bedingungen verpflichtet, die ausgeschriebenen Angebote einzulösen. Der Verlag übernimmt jedoch keine Gewähr und keine Haftung, wenn ein Angebot nicht eingelöst wird oder werden kann.

Bedingungen zur Einlösung des Discounts:

1. Das Angebot ist einschließlich bis 30.6.2022 gültig.
2. Der Golfspieler/Leser hat sich telefonisch eine Abschlagzeit geben zu lassen – dabei ist die Nutzung des Angebots anzugeben.
3. Eine Barauszahlung des Greenfee-Vorteils ist nicht möglich.
4. Das Kombinieren von Angeboten oder bestehenden Greenfee-Vorteilen ist nicht möglich. Der Vorteil bezieht sich jeweils ausschließlich auf die zum Zeitpunkt der Einlösung gültigen vollen Greenfee-Gebühren.
5. Gibt es Spielergruppen mit erhöhten Greenfee-Gebühren, ist ein Nachlass auf diese Gebühren nicht möglich.
6. Das Angebot allein berechtigt nicht zum Spiel gegen Greenfee. Die Erfüllung der Bestimmungen des jeweiligen Golfclubs zur Greenfee-Berechtigung (Mitgliedschaft in einem Golfclub, Mindesthandicap etc.) zum Zeitpunkt der Einlösung sind Voraussetzung.
7. Es ist untersagt, den Greenfee-Gutschein entgeltlich Dritten zu überlassen bzw. mit diesen Handel zu treiben. Insbesondere sind die teilnehmenden Golfclubs in diesem Falle berechtigt, die Einlösung der ausgeschriebenen Angebote zu verweigern.
8. Die teilnehmenden Golfclubs haben sich gegenüber dem Verlag unter den o.g. Bedingungen verpflichtet, die ausgeschriebenen Angebote einzulösen. Der Verlag übernimmt jedoch keine Gewähr und keine Haftung, wenn ein Angebot nicht eingelöst wird oder werden kann.

Bedingungen zur Einlösung des Discounts:

1. Das Angebot ist einschließlich bis 30.6.2022 gültig.
2. Der Golfspieler/Leser hat sich telefonisch eine Abschlagzeit geben zu lassen – dabei ist die Nutzung des Angebots anzugeben.
3. Eine Barauszahlung des Greenfee-Vorteils ist nicht möglich.
4. Das Kombinieren von Angeboten oder bestehenden Greenfee-Vorteilen ist nicht möglich. Der Vorteil bezieht sich jeweils ausschließlich auf die zum Zeitpunkt der Einlösung gültigen vollen Greenfee-Gebühren.
5. Gibt es Spielergruppen mit erhöhten Greenfee-Gebühren, ist ein Nachlass auf diese Gebühren nicht möglich.
6. Das Angebot allein berechtigt nicht zum Spiel gegen Greenfee. Die Erfüllung der Bestimmungen des jeweiligen Golfclubs zur Greenfee-Berechtigung (Mitgliedschaft in einem Golfclub, Mindesthandicap etc.) zum Zeitpunkt der Einlösung sind Voraussetzung.
7. Es ist untersagt, den Greenfee-Gutschein entgeltlich Dritten zu überlassen bzw. mit diesen Handel zu treiben. Insbesondere sind die teilnehmenden Golfclubs in diesem Falle berechtigt, die Einlösung der ausgeschriebenen Angebote zu verweigern.
8. Die teilnehmenden Golfclubs haben sich gegenüber dem Verlag unter den o.g. Bedingungen verpflichtet, die ausgeschriebenen Angebote einzulösen. Der Verlag übernimmt jedoch keine Gewähr und keine Haftung, wenn ein Angebot nicht eingelöst wird oder werden kann.

Bedingungen zur Einlösung des Discounts:

1. Das Angebot ist einschließlich bis 30.6.2022 gültig.
2. Der Golfspieler/Leser hat sich telefonisch eine Abschlagzeit geben zu lassen – dabei ist die Nutzung des Angebots anzugeben.
3. Eine Barauszahlung des Greenfee-Vorteils ist nicht möglich.
4. Das Kombinieren von Angeboten oder bestehenden Greenfee-Vorteilen ist nicht möglich. Der Vorteil bezieht sich jeweils ausschließlich auf die zum Zeitpunkt der Einlösung gültigen vollen Greenfee-Gebühren.
5. Gibt es Spielergruppen mit erhöhten Greenfee-Gebühren, ist ein Nachlass auf diese Gebühren nicht möglich.
6. Das Angebot allein berechtigt nicht zum Spiel gegen Greenfee. Die Erfüllung der Bestimmungen des jeweiligen Golfclubs zur Greenfee-Berechtigung (Mitgliedschaft in einem Golfclub, Mindesthandicap etc.) zum Zeitpunkt der Einlösung sind Voraussetzung.
7. Es ist untersagt, den Greenfee-Gutschein entgeltlich Dritten zu überlassen bzw. mit diesen Handel zu treiben. Insbesondere sind die teilnehmenden Golfclubs in diesem Falle berechtigt, die Einlösung der ausgeschriebenen Angebote zu verweigern.
8. Die teilnehmenden Golfclubs haben sich gegenüber dem Verlag unter den o.g. Bedingungen verpflichtet, die ausgeschriebenen Angebote einzulösen. Der Verlag übernimmt jedoch keine Gewähr und keine Haftung, wenn ein Angebot nicht eingelöst wird oder werden kann.

DER GOLF ALBRECHT

Golf Club Ponte di Legno IT

Loc. Valbione
I-25056 Ponte di Legno
+39-0364-900269 summer
Lombardei

283

2 for 1 2 GF zum Preis von 1

DER GOLF ALBRECHT

Golf Club Ponte di Legno IT

Loc. Valbione
I-25056 Ponte di Legno
+39-0364-900269 summer
Lombardei

283

20% Greenfee-Ermäßigung

DER GOLF ALBRECHT

Golf Club Ponte di Legno IT

Loc. Valbione
I-25056 Ponte di Legno
+39-0364-900269 summer
Lombardei

283

20% Greenfee-Ermäßigung

DER GOLF ALBRECHT

Golf Club Rendena IT

Loc. Ischia 1
I-38080 Bocenago
+39 0465 806049
Trentino

284

2 for 1 2 GF zum Preis von 1

DER GOLF ALBRECHT

Golf Club Rendena IT

Loc. Ischia 1
I-38080 Bocenago
+39 0465 806049
Trentino

284

2 for 1 2 GF zum Preis von 1

DER GOLF ALBRECHT

Golf Club Rendena IT

Loc. Ischia 1
I-38080 Bocenago
+39 0465 806049
Trentino

284

20% Greenfee-Ermäßigung

DER GOLF ALBRECHT

Golf Club Rendena IT

Loc. Ischia 1
I-38080 Bocenago
+39 0465 806049
Trentino

284

20% Greenfee-Ermäßigung

DER GOLF ALBRECHT

Golf & Country Club Castello di Spessa IT

Via Spessa 14, Capriva del Friuli
I-34070 Capriva del Friuli
+39 0481 881009
Veneto und Friaul

285

2 for 1 2 GF zum Preis von 1 wochentags

DER GOLF ALBRECHT

Golf & Country Club Castello di Spessa IT

Via Spessa 14, Capriva del Friuli
I-34070 Capriva del Friuli
+39 0481 881009
Veneto und Friaul

285

2 for 1 2 GF zum Preis von 1 wochentags

DER GOLF ALBRECHT

Golf & Country Club Castello di Spessa IT

Via Spessa 14, Capriva del Friuli
I-34070 Capriva del Friuli
+39 0481 881009
Veneto und Friaul

285

2 for 1 2 GF zum Preis von 1 wochentags

Bedingungen zur Einlösung des Discounts:
1. Das Angebot ist einschließlich bis 30.6.2022 gültig.
2. Der Golfspieler/Leser hat sich telefonisch eine Abschlagzeit geben zu lassen – dabei ist die Nutzung des Angebots anzugeben.
3. Eine Barauszahlung des Greenfee-Vorteils ist nicht möglich.
4. Das Kombinieren von Angeboten oder bestehenden Greenfee-Vorteilen ist nicht möglich. Der Vorteil bezieht sich jeweils ausschließlich auf die zum Zeitpunkt der Einlösung gültigen vollen Greenfee-Gebühren.
5. Gibt es Spielergruppen mit erhöhten Greenfee-Gebühren, ist ein Nachlass auf diese Gebühren nicht möglich.
6. Das Angebot allein berechtigt nicht zum Spiel gegen Greenfee. Die Erfüllung der Bestimmungen des jeweiligen Golfclubs zur Greenfee-Berechtigung (Mitgliedschaft in einem Golfclub, Mindesthandicap etc.) zum Zeitpunkt der Einlösung sind Voraussetzung.
7. Es ist untersagt, den Greenfee-Gutschein entgeltlich Dritten zu überlassen bzw. mit diesen Handel zu treiben. Insbesondere sind die teilnehmenden Golfclubs in diesem Falle berechtigt, die Einlösung der ausgeschriebenen Angebote zu verweigern.
8. Die teilnehmenden Golfclubs haben sich gegenüber dem Verlag unter den o.g. Bedingungen verpflichtet, die ausgeschriebenen Angebote einzulösen. Der Verlag übernimmt jedoch keine Gewähr und keine Haftung, wenn ein Angebot nicht eingelöst wird oder werden kann.

Bedingungen zur Einlösung des Discounts:
1. Das Angebot ist einschließlich bis 30.6.2022 gültig.
2. Der Golfspieler/Leser hat sich telefonisch eine Abschlagzeit geben zu lassen – dabei ist die Nutzung des Angebots anzugeben.
3. Eine Barauszahlung des Greenfee-Vorteils ist nicht möglich.
4. Das Kombinieren von Angeboten oder bestehenden Greenfee-Vorteilen ist nicht möglich. Der Vorteil bezieht sich jeweils ausschließlich auf die zum Zeitpunkt der Einlösung gültigen vollen Greenfee-Gebühren.
5. Gibt es Spielergruppen mit erhöhten Greenfee-Gebühren, ist ein Nachlass auf diese Gebühren nicht möglich.
6. Das Angebot allein berechtigt nicht zum Spiel gegen Greenfee. Die Erfüllung der Bestimmungen des jeweiligen Golfclubs zur Greenfee-Berechtigung (Mitgliedschaft in einem Golfclub, Mindesthandicap etc.) zum Zeitpunkt der Einlösung sind Voraussetzung.
7. Es ist untersagt, den Greenfee-Gutschein entgeltlich Dritten zu überlassen bzw. mit diesen Handel zu treiben. Insbesondere sind die teilnehmenden Golfclubs in diesem Falle berechtigt, die Einlösung der ausgeschriebenen Angebote zu verweigern.
8. Die teilnehmenden Golfclubs haben sich gegenüber dem Verlag unter den o.g. Bedingungen verpflichtet, die ausgeschriebenen Angebote einzulösen. Der Verlag übernimmt jedoch keine Gewähr und keine Haftung, wenn ein Angebot nicht eingelöst wird oder werden kann.

Bedingungen zur Einlösung des Discounts:
1. Das Angebot ist einschließlich bis 30.6.2022 gültig.
2. Der Golfspieler/Leser hat sich telefonisch eine Abschlagzeit geben zu lassen – dabei ist die Nutzung des Angebots anzugeben.
3. Eine Barauszahlung des Greenfee-Vorteils ist nicht möglich.
4. Das Kombinieren von Angeboten oder bestehenden Greenfee-Vorteilen ist nicht möglich. Der Vorteil bezieht sich jeweils ausschließlich auf die zum Zeitpunkt der Einlösung gültigen vollen Greenfee-Gebühren.
5. Gibt es Spielergruppen mit erhöhten Greenfee-Gebühren, ist ein Nachlass auf diese Gebühren nicht möglich.
6. Das Angebot allein berechtigt nicht zum Spiel gegen Greenfee. Die Erfüllung der Bestimmungen des jeweiligen Golfclubs zur Greenfee-Berechtigung (Mitgliedschaft in einem Golfclub, Mindesthandicap etc.) zum Zeitpunkt der Einlösung sind Voraussetzung.
7. Es ist untersagt, den Greenfee-Gutschein entgeltlich Dritten zu überlassen bzw. mit diesen Handel zu treiben. Insbesondere sind die teilnehmenden Golfclubs in diesem Falle berechtigt, die Einlösung der ausgeschriebenen Angebote zu verweigern.
8. Die teilnehmenden Golfclubs haben sich gegenüber dem Verlag unter den o.g. Bedingungen verpflichtet, die ausgeschriebenen Angebote einzulösen. Der Verlag übernimmt jedoch keine Gewähr und keine Haftung, wenn ein Angebot nicht eingelöst wird oder werden kann.

Bedingungen zur Einlösung des Discounts:
1. Das Angebot ist einschließlich bis 30.6.2022 gültig.
2. Der Golfspieler/Leser hat sich telefonisch eine Abschlagzeit geben zu lassen – dabei ist die Nutzung des Angebots anzugeben.
3. Eine Barauszahlung des Greenfee-Vorteils ist nicht möglich.
4. Das Kombinieren von Angeboten oder bestehenden Greenfee-Vorteilen ist nicht möglich. Der Vorteil bezieht sich jeweils ausschließlich auf die zum Zeitpunkt der Einlösung gültigen vollen Greenfee-Gebühren.
5. Gibt es Spielergruppen mit erhöhten Greenfee-Gebühren, ist ein Nachlass auf diese Gebühren nicht möglich.
6. Das Angebot allein berechtigt nicht zum Spiel gegen Greenfee. Die Erfüllung der Bestimmungen des jeweiligen Golfclubs zur Greenfee-Berechtigung (Mitgliedschaft in einem Golfclub, Mindesthandicap etc.) zum Zeitpunkt der Einlösung sind Voraussetzung.
7. Es ist untersagt, den Greenfee-Gutschein entgeltlich Dritten zu überlassen bzw. mit diesen Handel zu treiben. Insbesondere sind die teilnehmenden Golfclubs in diesem Falle berechtigt, die Einlösung der ausgeschriebenen Angebote zu verweigern.
8. Die teilnehmenden Golfclubs haben sich gegenüber dem Verlag unter den o.g. Bedingungen verpflichtet, die ausgeschriebenen Angebote einzulösen. Der Verlag übernimmt jedoch keine Gewähr und keine Haftung, wenn ein Angebot nicht eingelöst wird oder werden kann.

Bedingungen zur Einlösung des Discounts:
1. Das Angebot ist einschließlich bis 30.6.2022 gültig.
2. Der Golfspieler/Leser hat sich telefonisch eine Abschlagzeit geben zu lassen – dabei ist die Nutzung des Angebots anzugeben.
3. Eine Barauszahlung des Greenfee-Vorteils ist nicht möglich.
4. Das Kombinieren von Angeboten oder bestehenden Greenfee-Vorteilen ist nicht möglich. Der Vorteil bezieht sich jeweils ausschließlich auf die zum Zeitpunkt der Einlösung gültigen vollen Greenfee-Gebühren.
5. Gibt es Spielergruppen mit erhöhten Greenfee-Gebühren, ist ein Nachlass auf diese Gebühren nicht möglich.
6. Das Angebot allein berechtigt nicht zum Spiel gegen Greenfee. Die Erfüllung der Bestimmungen des jeweiligen Golfclubs zur Greenfee-Berechtigung (Mitgliedschaft in einem Golfclub, Mindesthandicap etc.) zum Zeitpunkt der Einlösung sind Voraussetzung.
7. Es ist untersagt, den Greenfee-Gutschein entgeltlich Dritten zu überlassen bzw. mit diesen Handel zu treiben. Insbesondere sind die teilnehmenden Golfclubs in diesem Falle berechtigt, die Einlösung der ausgeschriebenen Angebote zu verweigern.
8. Die teilnehmenden Golfclubs haben sich gegenüber dem Verlag unter den o.g. Bedingungen verpflichtet, die ausgeschriebenen Angebote einzulösen. Der Verlag übernimmt jedoch keine Gewähr und keine Haftung, wenn ein Angebot nicht eingelöst wird oder werden kann.

Bedingungen zur Einlösung des Discounts:
1. Das Angebot ist einschließlich bis 30.6.2022 gültig.
2. Der Golfspieler/Leser hat sich telefonisch eine Abschlagzeit geben zu lassen – dabei ist die Nutzung des Angebots anzugeben.
3. Eine Barauszahlung des Greenfee-Vorteils ist nicht möglich.
4. Das Kombinieren von Angeboten oder bestehenden Greenfee-Vorteilen ist nicht möglich. Der Vorteil bezieht sich jeweils ausschließlich auf die zum Zeitpunkt der Einlösung gültigen vollen Greenfee-Gebühren.
5. Gibt es Spielergruppen mit erhöhten Greenfee-Gebühren, ist ein Nachlass auf diese Gebühren nicht möglich.
6. Das Angebot allein berechtigt nicht zum Spiel gegen Greenfee. Die Erfüllung der Bestimmungen des jeweiligen Golfclubs zur Greenfee-Berechtigung (Mitgliedschaft in einem Golfclub, Mindesthandicap etc.) zum Zeitpunkt der Einlösung sind Voraussetzung.
7. Es ist untersagt, den Greenfee-Gutschein entgeltlich Dritten zu überlassen bzw. mit diesen Handel zu treiben. Insbesondere sind die teilnehmenden Golfclubs in diesem Falle berechtigt, die Einlösung der ausgeschriebenen Angebote zu verweigern.
8. Die teilnehmenden Golfclubs haben sich gegenüber dem Verlag unter den o.g. Bedingungen verpflichtet, die ausgeschriebenen Angebote einzulösen. Der Verlag übernimmt jedoch keine Gewähr und keine Haftung, wenn ein Angebot nicht eingelöst wird oder werden kann.

Bedingungen zur Einlösung des Discounts:
1. Das Angebot ist einschließlich bis 30.6.2022 gültig.
2. Der Golfspieler/Leser hat sich telefonisch eine Abschlagzeit geben zu lassen – dabei ist die Nutzung des Angebots anzugeben.
3. Eine Barauszahlung des Greenfee-Vorteils ist nicht möglich.
4. Das Kombinieren von Angeboten oder bestehenden Greenfee-Vorteilen ist nicht möglich. Der Vorteil bezieht sich jeweils ausschließlich auf die zum Zeitpunkt der Einlösung gültigen vollen Greenfee-Gebühren.
5. Gibt es Spielergruppen mit erhöhten Greenfee-Gebühren, ist ein Nachlass auf diese Gebühren nicht möglich.
6. Das Angebot allein berechtigt nicht zum Spiel gegen Greenfee. Die Erfüllung der Bestimmungen des jeweiligen Golfclubs zur Greenfee-Berechtigung (Mitgliedschaft in einem Golfclub, Mindesthandicap etc.) zum Zeitpunkt der Einlösung sind Voraussetzung.
7. Es ist untersagt, den Greenfee-Gutschein entgeltlich Dritten zu überlassen bzw. mit diesen Handel zu treiben. Insbesondere sind die teilnehmenden Golfclubs in diesem Falle berechtigt, die Einlösung der ausgeschriebenen Angebote zu verweigern.
8. Die teilnehmenden Golfclubs haben sich gegenüber dem Verlag unter den o.g. Bedingungen verpflichtet, die ausgeschriebenen Angebote einzulösen. Der Verlag übernimmt jedoch keine Gewähr und keine Haftung, wenn ein Angebot nicht eingelöst wird oder werden kann.

Bedingungen zur Einlösung des Discounts:
1. Das Angebot ist einschließlich bis 30.6.2022 gültig.
2. Der Golfspieler/Leser hat sich telefonisch eine Abschlagzeit geben zu lassen – dabei ist die Nutzung des Angebots anzugeben.
3. Eine Barauszahlung des Greenfee-Vorteils ist nicht möglich.
4. Das Kombinieren von Angeboten oder bestehenden Greenfee-Vorteilen ist nicht möglich. Der Vorteil bezieht sich jeweils ausschließlich auf die zum Zeitpunkt der Einlösung gültigen vollen Greenfee-Gebühren.
5. Gibt es Spielergruppen mit erhöhten Greenfee-Gebühren, ist ein Nachlass auf diese Gebühren nicht möglich.
6. Das Angebot allein berechtigt nicht zum Spiel gegen Greenfee. Die Erfüllung der Bestimmungen des jeweiligen Golfclubs zur Greenfee-Berechtigung (Mitgliedschaft in einem Golfclub, Mindesthandicap etc.) zum Zeitpunkt der Einlösung sind Voraussetzung.
7. Es ist untersagt, den Greenfee-Gutschein entgeltlich Dritten zu überlassen bzw. mit diesen Handel zu treiben. Insbesondere sind die teilnehmenden Golfclubs in diesem Falle berechtigt, die Einlösung der ausgeschriebenen Angebote zu verweigern.
8. Die teilnehmenden Golfclubs haben sich gegenüber dem Verlag unter den o.g. Bedingungen verpflichtet, die ausgeschriebenen Angebote einzulösen. Der Verlag übernimmt jedoch keine Gewähr und keine Haftung, wenn ein Angebot nicht eingelöst wird oder werden kann.

Bedingungen zur Einlösung des Discounts:
1. Das Angebot ist einschließlich bis 30.6.2022 gültig.
2. Der Golfspieler/Leser hat sich telefonisch eine Abschlagzeit geben zu lassen – dabei ist die Nutzung des Angebots anzugeben.
3. Eine Barauszahlung des Greenfee-Vorteils ist nicht möglich.
4. Das Kombinieren von Angeboten oder bestehenden Greenfee-Vorteilen ist nicht möglich. Der Vorteil bezieht sich jeweils ausschließlich auf die zum Zeitpunkt der Einlösung gültigen vollen Greenfee-Gebühren.
5. Gibt es Spielergruppen mit erhöhten Greenfee-Gebühren, ist ein Nachlass auf diese Gebühren nicht möglich.
6. Das Angebot allein berechtigt nicht zum Spiel gegen Greenfee. Die Erfüllung der Bestimmungen des jeweiligen Golfclubs zur Greenfee-Berechtigung (Mitgliedschaft in einem Golfclub, Mindesthandicap etc.) zum Zeitpunkt der Einlösung sind Voraussetzung.
7. Es ist untersagt, den Greenfee-Gutschein entgeltlich Dritten zu überlassen bzw. mit diesen Handel zu treiben. Insbesondere sind die teilnehmenden Golfclubs in diesem Falle berechtigt, die Einlösung der ausgeschriebenen Angebote zu verweigern.
8. Die teilnehmenden Golfclubs haben sich gegenüber dem Verlag unter den o.g. Bedingungen verpflichtet, die ausgeschriebenen Angebote einzulösen. Der Verlag übernimmt jedoch keine Gewähr und keine Haftung, wenn ein Angebot nicht eingelöst wird oder werden kann.

Bedingungen zur Einlösung des Discounts:
1. Das Angebot ist einschließlich bis 30.6.2022 gültig.
2. Der Golfspieler/Leser hat sich telefonisch eine Abschlagzeit geben zu lassen – dabei ist die Nutzung des Angebots anzugeben.
3. Eine Barauszahlung des Greenfee-Vorteils ist nicht möglich.
4. Das Kombinieren von Angeboten oder bestehenden Greenfee-Vorteilen ist nicht möglich. Der Vorteil bezieht sich jeweils ausschließlich auf die zum Zeitpunkt der Einlösung gültigen vollen Greenfee-Gebühren.
5. Gibt es Spielergruppen mit erhöhten Greenfee-Gebühren, ist ein Nachlass auf diese Gebühren nicht möglich.
6. Das Angebot allein berechtigt nicht zum Spiel gegen Greenfee. Die Erfüllung der Bestimmungen des jeweiligen Golfclubs zur Greenfee-Berechtigung (Mitgliedschaft in einem Golfclub, Mindesthandicap etc.) zum Zeitpunkt der Einlösung sind Voraussetzung.
7. Es ist untersagt, den Greenfee-Gutschein entgeltlich Dritten zu überlassen bzw. mit diesen Handel zu treiben. Insbesondere sind die teilnehmenden Golfclubs in diesem Falle berechtigt, die Einlösung der ausgeschriebenen Angebote zu verweigern.
8. Die teilnehmenden Golfclubs haben sich gegenüber dem Verlag unter den o.g. Bedingungen verpflichtet, die ausgeschriebenen Angebote einzulösen. Der Verlag übernimmt jedoch keine Gewähr und keine Haftung, wenn ein Angebot nicht eingelöst wird oder werden kann.

DER GOLF ALBRECHT

Golf Club Folgaria IT

Località Maso Spilzi
I-38064 Folgaria-Trento
+39-0464-720480 0039 -3334998644
Trentino
Hinweis: from 1st of May until end of October!

286

2 for 1 **2 GF zum Preis von 1**

DER GOLF ALBRECHT

Golf Club Folgaria IT

Località Maso Spilzi
I-38064 Folgaria-Trento
+39-0464-720480 0039 -3334998644
Trentino
Hinweis: from 1st of May until end of October!

286

2 for 1 **2 GF zum Preis von 1**

DER GOLF ALBRECHT

Golf Club Folgaria IT

Località Maso Spilzi
I-38064 Folgaria-Trento
+39-0464-720480 0039 -3334998644
Trentino

286

20% **Greenfee-Ermäßigung**

DER GOLF ALBRECHT

Golf Club Folgaria IT

Località Maso Spilzi
I-38064 Folgaria-Trento
+39-0464-720480 0039 -3334998644
Trentino

286

20% **Greenfee-Ermäßigung**

DER GOLF ALBRECHT

Golf Club Folgaria IT

Località Maso Spilzi
I-38064 Folgaria-Trento
+39-0464-720480 0039 -3334998644
Trentino

286

20% **Greenfee-Ermäßigung**

DER GOLF ALBRECHT

Golf Club Alpino di Stresa IT

Viale Golf Panorama, 48
I-28839 Vezzo
+39 0323 20642
Piemont und Ligurien

287

20% **Greenfee-Ermäßigung**

DER GOLF ALBRECHT

Golf Club Alpino di Stresa IT

Viale Golf Panorama, 48
I-28839 Vezzo
+39 0323 20642
Piemont und Ligurien

287

20% **Greenfee-Ermäßigung**

DER GOLF ALBRECHT

Golf Club Alpino di Stresa IT

Viale Golf Panorama, 48
I-28839 Vezzo
+39 0323 20642
Piemont und Ligurien

287

20% **Greenfee-Ermäßigung**

DER GOLF ALBRECHT

Golf Club des Iles Borromées IT

Loc. Motta Rossa
I-28833 Brovello Carpugnino-Verbania
+39 0323 929285
Piemont und Ligurien

288

20% **Greenfee-Ermäßigung wochentags**

DER GOLF ALBRECHT

Golf Club des Iles Borromées IT

Loc. Motta Rossa
I-28833 Brovello Carpugnino-Verbania
+39 0323 929285
Piemont und Ligurien

288

20% **Greenfee-Ermäßigung wochentags**

Bedingungen zur Einlösung des Discounts:
1. Das Angebot ist einschließlich bis 30.6.2022 gültig.
2. Der Golfspieler/Leser hat sich telefonisch eine Abschlagzeit geben zu lassen – dabei ist die Nutzung des Angebots anzugeben.
3. Eine Barauszahlung des Greenfee-Vorteils ist nicht möglich.
4. Das Kombinieren von Angeboten oder bestehenden Greenfee-Vorteilen ist nicht möglich. Der Vorteil bezieht sich jeweils ausschließlich auf die zum Zeitpunkt der Einlösung gültigen vollen Greenfee-Gebühren.
5. Gibt es Spielergruppen mit erhöhten Greenfee-Gebühren, ist ein Nachlass auf diese Gebühren nicht möglich.
6. Das Angebot allein berechtigt nicht zum Spiel gegen Greenfee. Die Erfüllung der Bestimmungen des jeweiligen Golfclubs zur Greenfee-Berechtigung (Mitgliedschaft in einem Golfclub, Mindesthandicap etc.) zum Zeitpunkt der Einlösung sind Voraussetzung.
7. Es ist untersagt, den Greenfee-Gutschein entgeltlich Dritten zu überlassen bzw. mit diesen Handel zu treiben. Insbesondere sind die teilnehmenden Golfclubs in diesem Falle berechtigt, die Einlösung der ausgeschriebenen Angebote zu verweigern.
8. Die teilnehmenden Golfclubs haben sich gegenüber dem Verlag unter den o.g. Bedingungen verpflichtet, die ausgeschriebenen Angebote einzulösen. Der Verlag übernimmt jedoch keine Gewähr und keine Haftung, wenn ein Angebot nicht eingelöst wird oder werden kann.

Bedingungen zur Einlösung des Discounts:
1. Das Angebot ist einschließlich bis 30.6.2022 gültig.
2. Der Golfspieler/Leser hat sich telefonisch eine Abschlagzeit geben zu lassen – dabei ist die Nutzung des Angebots anzugeben.
3. Eine Barauszahlung des Greenfee-Vorteils ist nicht möglich.
4. Das Kombinieren von Angeboten oder bestehenden Greenfee-Vorteilen ist nicht möglich. Der Vorteil bezieht sich jeweils ausschließlich auf die zum Zeitpunkt der Einlösung gültigen vollen Greenfee-Gebühren.
5. Gibt es Spielergruppen mit erhöhten Greenfee-Gebühren, ist ein Nachlass auf diese Gebühren nicht möglich.
6. Das Angebot allein berechtigt nicht zum Spiel gegen Greenfee. Die Erfüllung der Bestimmungen des jeweiligen Golfclubs zur Greenfee-Berechtigung (Mitgliedschaft in einem Golfclub, Mindesthandicap etc.) zum Zeitpunkt der Einlösung sind Voraussetzung.
7. Es ist untersagt, den Greenfee-Gutschein entgeltlich Dritten zu überlassen bzw. mit diesen Handel zu treiben. Insbesondere sind die teilnehmenden Golfclubs in diesem Falle berechtigt, die Einlösung der ausgeschriebenen Angebote zu verweigern.
8. Die teilnehmenden Golfclubs haben sich gegenüber dem Verlag unter den o.g. Bedingungen verpflichtet, die ausgeschriebenen Angebote einzulösen. Der Verlag übernimmt jedoch keine Gewähr und keine Haftung, wenn ein Angebot nicht eingelöst wird oder werden kann.

Bedingungen zur Einlösung des Discounts:
1. Das Angebot ist einschließlich bis 30.6.2022 gültig.
2. Der Golfspieler/Leser hat sich telefonisch eine Abschlagzeit geben zu lassen – dabei ist die Nutzung des Angebots anzugeben.
3. Eine Barauszahlung des Greenfee-Vorteils ist nicht möglich.
4. Das Kombinieren von Angeboten oder bestehenden Greenfee-Vorteilen ist nicht möglich. Der Vorteil bezieht sich jeweils ausschließlich auf die zum Zeitpunkt der Einlösung gültigen vollen Greenfee-Gebühren.
5. Gibt es Spielergruppen mit erhöhten Greenfee-Gebühren, ist ein Nachlass auf diese Gebühren nicht möglich.
6. Das Angebot allein berechtigt nicht zum Spiel gegen Greenfee. Die Erfüllung der Bestimmungen des jeweiligen Golfclubs zur Greenfee-Berechtigung (Mitgliedschaft in einem Golfclub, Mindesthandicap etc.) zum Zeitpunkt der Einlösung sind Voraussetzung.
7. Es ist untersagt, den Greenfee-Gutschein entgeltlich Dritten zu überlassen bzw. mit diesen Handel zu treiben. Insbesondere sind die teilnehmenden Golfclubs in diesem Falle berechtigt, die Einlösung der ausgeschriebenen Angebote zu verweigern.
8. Die teilnehmenden Golfclubs haben sich gegenüber dem Verlag unter den o.g. Bedingungen verpflichtet, die ausgeschriebenen Angebote einzulösen. Der Verlag übernimmt jedoch keine Gewähr und keine Haftung, wenn ein Angebot nicht eingelöst wird oder werden kann.

Bedingungen zur Einlösung des Discounts:
1. Das Angebot ist einschließlich bis 30.6.2022 gültig.
2. Der Golfspieler/Leser hat sich telefonisch eine Abschlagzeit geben zu lassen – dabei ist die Nutzung des Angebots anzugeben.
3. Eine Barauszahlung des Greenfee-Vorteils ist nicht möglich.
4. Das Kombinieren von Angeboten oder bestehenden Greenfee-Vorteilen ist nicht möglich. Der Vorteil bezieht sich jeweils ausschließlich auf die zum Zeitpunkt der Einlösung gültigen vollen Greenfee-Gebühren.
5. Gibt es Spielergruppen mit erhöhten Greenfee-Gebühren, ist ein Nachlass auf diese Gebühren nicht möglich.
6. Das Angebot allein berechtigt nicht zum Spiel gegen Greenfee. Die Erfüllung der Bestimmungen des jeweiligen Golfclubs zur Greenfee-Berechtigung (Mitgliedschaft in einem Golfclub, Mindesthandicap etc.) zum Zeitpunkt der Einlösung sind Voraussetzung.
7. Es ist untersagt, den Greenfee-Gutschein entgeltlich Dritten zu überlassen bzw. mit diesen Handel zu treiben. Insbesondere sind die teilnehmenden Golfclubs in diesem Falle berechtigt, die Einlösung der ausgeschriebenen Angebote zu verweigern.
8. Die teilnehmenden Golfclubs haben sich gegenüber dem Verlag unter den o.g. Bedingungen verpflichtet, die ausgeschriebenen Angebote einzulösen. Der Verlag übernimmt jedoch keine Gewähr und keine Haftung, wenn ein Angebot nicht eingelöst wird oder werden kann.

Bedingungen zur Einlösung des Discounts:
1. Das Angebot ist einschließlich bis 30.6.2022 gültig.
2. Der Golfspieler/Leser hat sich telefonisch eine Abschlagzeit geben zu lassen – dabei ist die Nutzung des Angebots anzugeben.
3. Eine Barauszahlung des Greenfee-Vorteils ist nicht möglich.
4. Das Kombinieren von Angeboten oder bestehenden Greenfee-Vorteilen ist nicht möglich. Der Vorteil bezieht sich jeweils ausschließlich auf die zum Zeitpunkt der Einlösung gültigen vollen Greenfee-Gebühren.
5. Gibt es Spielergruppen mit erhöhten Greenfee-Gebühren, ist ein Nachlass auf diese Gebühren nicht möglich.
6. Das Angebot allein berechtigt nicht zum Spiel gegen Greenfee. Die Erfüllung der Bestimmungen des jeweiligen Golfclubs zur Greenfee-Berechtigung (Mitgliedschaft in einem Golfclub, Mindesthandicap etc.) zum Zeitpunkt der Einlösung sind Voraussetzung.
7. Es ist untersagt, den Greenfee-Gutschein entgeltlich Dritten zu überlassen bzw. mit diesen Handel zu treiben. Insbesondere sind die teilnehmenden Golfclubs in diesem Falle berechtigt, die Einlösung der ausgeschriebenen Angebote zu verweigern.
8. Die teilnehmenden Golfclubs haben sich gegenüber dem Verlag unter den o.g. Bedingungen verpflichtet, die ausgeschriebenen Angebote einzulösen. Der Verlag übernimmt jedoch keine Gewähr und keine Haftung, wenn ein Angebot nicht eingelöst wird oder werden kann.

Bedingungen zur Einlösung des Discounts:
1. Das Angebot ist einschließlich bis 30.6.2022 gültig.
2. Der Golfspieler/Leser hat sich telefonisch eine Abschlagzeit geben zu lassen – dabei ist die Nutzung des Angebots anzugeben.
3. Eine Barauszahlung des Greenfee-Vorteils ist nicht möglich.
4. Das Kombinieren von Angeboten oder bestehenden Greenfee-Vorteilen ist nicht möglich. Der Vorteil bezieht sich jeweils ausschließlich auf die zum Zeitpunkt der Einlösung gültigen vollen Greenfee-Gebühren.
5. Gibt es Spielergruppen mit erhöhten Greenfee-Gebühren, ist ein Nachlass auf diese Gebühren nicht möglich.
6. Das Angebot allein berechtigt nicht zum Spiel gegen Greenfee. Die Erfüllung der Bestimmungen des jeweiligen Golfclubs zur Greenfee-Berechtigung (Mitgliedschaft in einem Golfclub, Mindesthandicap etc.) zum Zeitpunkt der Einlösung sind Voraussetzung.
7. Es ist untersagt, den Greenfee-Gutschein entgeltlich Dritten zu überlassen bzw. mit diesen Handel zu treiben. Insbesondere sind die teilnehmenden Golfclubs in diesem Falle berechtigt, die Einlösung der ausgeschriebenen Angebote zu verweigern.
8. Die teilnehmenden Golfclubs haben sich gegenüber dem Verlag unter den o.g. Bedingungen verpflichtet, die ausgeschriebenen Angebote einzulösen. Der Verlag übernimmt jedoch keine Gewähr und keine Haftung, wenn ein Angebot nicht eingelöst wird oder werden kann.

Bedingungen zur Einlösung des Discounts:
1. Das Angebot ist einschließlich bis 30.6.2022 gültig.
2. Der Golfspieler/Leser hat sich telefonisch eine Abschlagzeit geben zu lassen – dabei ist die Nutzung des Angebots anzugeben.
3. Eine Barauszahlung des Greenfee-Vorteils ist nicht möglich.
4. Das Kombinieren von Angeboten oder bestehenden Greenfee-Vorteilen ist nicht möglich. Der Vorteil bezieht sich jeweils ausschließlich auf die zum Zeitpunkt der Einlösung gültigen vollen Greenfee-Gebühren.
5. Gibt es Spielergruppen mit erhöhten Greenfee-Gebühren, ist ein Nachlass auf diese Gebühren nicht möglich.
6. Das Angebot allein berechtigt nicht zum Spiel gegen Greenfee. Die Erfüllung der Bestimmungen des jeweiligen Golfclubs zur Greenfee-Berechtigung (Mitgliedschaft in einem Golfclub, Mindesthandicap etc.) zum Zeitpunkt der Einlösung sind Voraussetzung.
7. Es ist untersagt, den Greenfee-Gutschein entgeltlich Dritten zu überlassen bzw. mit diesen Handel zu treiben. Insbesondere sind die teilnehmenden Golfclubs in diesem Falle berechtigt, die Einlösung der ausgeschriebenen Angebote zu verweigern.
8. Die teilnehmenden Golfclubs haben sich gegenüber dem Verlag unter den o.g. Bedingungen verpflichtet, die ausgeschriebenen Angebote einzulösen. Der Verlag übernimmt jedoch keine Gewähr und keine Haftung, wenn ein Angebot nicht eingelöst wird oder werden kann.

Bedingungen zur Einlösung des Discounts:
1. Das Angebot ist einschließlich bis 30.6.2022 gültig.
2. Der Golfspieler/Leser hat sich telefonisch eine Abschlagzeit geben zu lassen – dabei ist die Nutzung des Angebots anzugeben.
3. Eine Barauszahlung des Greenfee-Vorteils ist nicht möglich.
4. Das Kombinieren von Angeboten oder bestehenden Greenfee-Vorteilen ist nicht möglich. Der Vorteil bezieht sich jeweils ausschließlich auf die zum Zeitpunkt der Einlösung gültigen vollen Greenfee-Gebühren.
5. Gibt es Spielergruppen mit erhöhten Greenfee-Gebühren, ist ein Nachlass auf diese Gebühren nicht möglich.
6. Das Angebot allein berechtigt nicht zum Spiel gegen Greenfee. Die Erfüllung der Bestimmungen des jeweiligen Golfclubs zur Greenfee-Berechtigung (Mitgliedschaft in einem Golfclub, Mindesthandicap etc.) zum Zeitpunkt der Einlösung sind Voraussetzung.
7. Es ist untersagt, den Greenfee-Gutschein entgeltlich Dritten zu überlassen bzw. mit diesen Handel zu treiben. Insbesondere sind die teilnehmenden Golfclubs in diesem Falle berechtigt, die Einlösung der ausgeschriebenen Angebote zu verweigern.
8. Die teilnehmenden Golfclubs haben sich gegenüber dem Verlag unter den o.g. Bedingungen verpflichtet, die ausgeschriebenen Angebote einzulösen. Der Verlag übernimmt jedoch keine Gewähr und keine Haftung, wenn ein Angebot nicht eingelöst wird oder werden kann.

Bedingungen zur Einlösung des Discounts:
1. Das Angebot ist einschließlich bis 30.6.2022 gültig.
2. Der Golfspieler/Leser hat sich telefonisch eine Abschlagzeit geben zu lassen – dabei ist die Nutzung des Angebots anzugeben.
3. Eine Barauszahlung des Greenfee-Vorteils ist nicht möglich.
4. Das Kombinieren von Angeboten oder bestehenden Greenfee-Vorteilen ist nicht möglich. Der Vorteil bezieht sich jeweils ausschließlich auf die zum Zeitpunkt der Einlösung gültigen vollen Greenfee-Gebühren.
5. Gibt es Spielergruppen mit erhöhten Greenfee-Gebühren, ist ein Nachlass auf diese Gebühren nicht möglich.
6. Das Angebot allein berechtigt nicht zum Spiel gegen Greenfee. Die Erfüllung der Bestimmungen des jeweiligen Golfclubs zur Greenfee-Berechtigung (Mitgliedschaft in einem Golfclub, Mindesthandicap etc.) zum Zeitpunkt der Einlösung sind Voraussetzung.
7. Es ist untersagt, den Greenfee-Gutschein entgeltlich Dritten zu überlassen bzw. mit diesen Handel zu treiben. Insbesondere sind die teilnehmenden Golfclubs in diesem Falle berechtigt, die Einlösung der ausgeschriebenen Angebote zu verweigern.
8. Die teilnehmenden Golfclubs haben sich gegenüber dem Verlag unter den o.g. Bedingungen verpflichtet, die ausgeschriebenen Angebote einzulösen. Der Verlag übernimmt jedoch keine Gewähr und keine Haftung, wenn ein Angebot nicht eingelöst wird oder werden kann.

Bedingungen zur Einlösung des Discounts:
1. Das Angebot ist einschließlich bis 30.6.2022 gültig.
2. Der Golfspieler/Leser hat sich telefonisch eine Abschlagzeit geben zu lassen – dabei ist die Nutzung des Angebots anzugeben.
3. Eine Barauszahlung des Greenfee-Vorteils ist nicht möglich.
4. Das Kombinieren von Angeboten oder bestehenden Greenfee-Vorteilen ist nicht möglich. Der Vorteil bezieht sich jeweils ausschließlich auf die zum Zeitpunkt der Einlösung gültigen vollen Greenfee-Gebühren.
5. Gibt es Spielergruppen mit erhöhten Greenfee-Gebühren, ist ein Nachlass auf diese Gebühren nicht möglich.
6. Das Angebot allein berechtigt nicht zum Spiel gegen Greenfee. Die Erfüllung der Bestimmungen des jeweiligen Golfclubs zur Greenfee-Berechtigung (Mitgliedschaft in einem Golfclub, Mindesthandicap etc.) zum Zeitpunkt der Einlösung sind Voraussetzung.
7. Es ist untersagt, den Greenfee-Gutschein entgeltlich Dritten zu überlassen bzw. mit diesen Handel zu treiben. Insbesondere sind die teilnehmenden Golfclubs in diesem Falle berechtigt, die Einlösung der ausgeschriebenen Angebote zu verweigern.
8. Die teilnehmenden Golfclubs haben sich gegenüber dem Verlag unter den o.g. Bedingungen verpflichtet, die ausgeschriebenen Angebote einzulösen. Der Verlag übernimmt jedoch keine Gewähr und keine Haftung, wenn ein Angebot nicht eingelöst wird oder werden kann.

DER GOLF ALBRECHT

Golf Club des Iles Borromées IT

Loc. Motta Rossa
I-28833 Brovello Carpugnino-Verbania
✆ +39 0323 929285
Piemont und Ligurien

288

20% Greenfee-Ermäßigung wochentags

DER GOLF ALBRECHT

Arona Golf Club IT

Via In Prè
I-28040 Borgoticino (NO)
✆ +39 0321 907034
Piemont und Ligurien

289

2 for 1 2 GF zum Preis von 1 wochentags

DER GOLF ALBRECHT

Arona Golf Club IT

Via In Prè
I-28040 Borgoticino (NO)
✆ +39 0321 907034
Piemont und Ligurien

289

2 for 1 2 GF zum Preis von 1 wochentags

DER GOLF ALBRECHT

Arona Golf Club IT

Via In Prè
I-28040 Borgoticino (NO)
✆ +39 0321 907034
Piemont und Ligurien

289

20% Greenfee-Ermäßigung wochentags

DER GOLF ALBRECHT

Arona Golf Club IT

Via In Prè
I-28040 Borgoticino (NO)
✆ +39 0321 907034
Piemont und Ligurien

289

20% Greenfee-Ermäßigung wochentags

DER GOLF ALBRECHT

Golf Club Castelfranco Ca' Amata IT

Via Loreggia di Salvarosa 44
I-31033 Castelfranco Treviso
✆ +39 0423 493537
Veneto und Friaul

290

2 for 1 2 GF zum Preis von 1

DER GOLF ALBRECHT

Golf Club Castelfranco Ca' Amata IT

Via Loreggia di Salvarosa 44
I-31033 Castelfranco Treviso
✆ +39 0423 493537
Veneto und Friaul

290

2 for 1 2 GF zum Preis von 1

DER GOLF ALBRECHT

Golf Club Castelfranco Ca' Amata IT

Via Loreggia di Salvarosa 44
I-31033 Castelfranco Treviso
✆ +39 0423 493537
Veneto und Friaul

290

20% Greenfee-Ermäßigung

DER GOLF ALBRECHT

Golf Club Castelfranco Ca' Amata IT

Via Loreggia di Salvarosa 44
I-31033 Castelfranco Treviso
✆ +39 0423 493537
Veneto und Friaul

290

20% Greenfee-Ermäßigung

DER GOLF ALBRECHT

Golf Club Lignano IT

Via Casabianca, 6
I-33054 Lignano Sabbiadoro
✆ +39 0431 428025
Veneto und Friaul
Hinweis: nur für 18-Loch nicht kombinierbar

291

20% Greenfee-Ermäßigung

Bedingungen zur Einlösung des Discounts:

1. Das Angebot ist einschließlich bis 30.6.2022 gültig.
2. Der Golfspieler/Leser hat sich telefonisch eine Abschlagzeit geben zu lassen – dabei ist die Nutzung des Angebots anzugeben.
3. Eine Barauszahlung des Greenfee-Vorteils ist nicht möglich.
4. Das Kombinieren von Angeboten oder bestehenden Greenfee-Vorteilen ist nicht möglich. Der Vorteil bezieht sich jeweils ausschließlich auf die zum Zeitpunkt der Einlösung gültigen vollen Greenfee-Gebühren.
5. Gibt es Spielergruppen mit erhöhten Greenfee-Gebühren, ist ein Nachlass auf diese Gebühren nicht möglich.
6. Das Angebot allein berechtigt nicht zum Spiel gegen Greenfee. Die Erfüllung der Bestimmungen des jeweiligen Golfclubs zur Greenfee-Berechtigung (Mitgliedschaft in einem Golfclub, Mindesthandicap etc.) zum Zeitpunkt der Einlösung sind Voraussetzung.
7. Es ist untersagt, den Greenfee-Gutschein entgeltlich Dritten zu überlassen bzw. mit diesen Handel zu treiben. Insbesondere sind die teilnehmenden Golfclubs in diesem Falle berechtigt, die Einlösung der ausgeschriebenen Angebote zu verweigern.
8. Die teilnehmenden Golfclubs haben sich gegenüber dem Verlag unter den o.g. Bedingungen verpflichtet, die ausgeschriebenen Angebote einzulösen. Der Verlag übernimmt jedoch keine Gewähr und keine Haftung, wenn ein Angebot nicht eingelöst wird oder werden kann.

Bedingungen zur Einlösung des Discounts:

1. Das Angebot ist einschließlich bis 30.6.2022 gültig.
2. Der Golfspieler/Leser hat sich telefonisch eine Abschlagzeit geben zu lassen – dabei ist die Nutzung des Angebots anzugeben.
3. Eine Barauszahlung des Greenfee-Vorteils ist nicht möglich.
4. Das Kombinieren von Angeboten oder bestehenden Greenfee-Vorteilen ist nicht möglich. Der Vorteil bezieht sich jeweils ausschließlich auf die zum Zeitpunkt der Einlösung gültigen vollen Greenfee-Gebühren.
5. Gibt es Spielergruppen mit erhöhten Greenfee-Gebühren, ist ein Nachlass auf diese Gebühren nicht möglich.
6. Das Angebot allein berechtigt nicht zum Spiel gegen Greenfee. Die Erfüllung der Bestimmungen des jeweiligen Golfclubs zur Greenfee-Berechtigung (Mitgliedschaft in einem Golfclub, Mindesthandicap etc.) zum Zeitpunkt der Einlösung sind Voraussetzung.
7. Es ist untersagt, den Greenfee-Gutschein entgeltlich Dritten zu überlassen bzw. mit diesen Handel zu treiben. Insbesondere sind die teilnehmenden Golfclubs in diesem Falle berechtigt, die Einlösung der ausgeschriebenen Angebote zu verweigern.
8. Die teilnehmenden Golfclubs haben sich gegenüber dem Verlag unter den o.g. Bedingungen verpflichtet, die ausgeschriebenen Angebote einzulösen. Der Verlag übernimmt jedoch keine Gewähr und keine Haftung, wenn ein Angebot nicht eingelöst wird oder werden kann.

Bedingungen zur Einlösung des Discounts:

1. Das Angebot ist einschließlich bis 30.6.2022 gültig.
2. Der Golfspieler/Leser hat sich telefonisch eine Abschlagzeit geben zu lassen – dabei ist die Nutzung des Angebots anzugeben.
3. Eine Barauszahlung des Greenfee-Vorteils ist nicht möglich.
4. Das Kombinieren von Angeboten oder bestehenden Greenfee-Vorteilen ist nicht möglich. Der Vorteil bezieht sich jeweils ausschließlich auf die zum Zeitpunkt der Einlösung gültigen vollen Greenfee-Gebühren.
5. Gibt es Spielergruppen mit erhöhten Greenfee-Gebühren, ist ein Nachlass auf diese Gebühren nicht möglich.
6. Das Angebot allein berechtigt nicht zum Spiel gegen Greenfee. Die Erfüllung der Bestimmungen des jeweiligen Golfclubs zur Greenfee-Berechtigung (Mitgliedschaft in einem Golfclub, Mindesthandicap etc.) zum Zeitpunkt der Einlösung sind Voraussetzung.
7. Es ist untersagt, den Greenfee-Gutschein entgeltlich Dritten zu überlassen bzw. mit diesen Handel zu treiben. Insbesondere sind die teilnehmenden Golfclubs in diesem Falle berechtigt, die Einlösung der ausgeschriebenen Angebote zu verweigern.
8. Die teilnehmenden Golfclubs haben sich gegenüber dem Verlag unter den o.g. Bedingungen verpflichtet, die ausgeschriebenen Angebote einzulösen. Der Verlag übernimmt jedoch keine Gewähr und keine Haftung, wenn ein Angebot nicht eingelöst wird oder werden kann.

Bedingungen zur Einlösung des Discounts:

1. Das Angebot ist einschließlich bis 30.6.2022 gültig.
2. Der Golfspieler/Leser hat sich telefonisch eine Abschlagzeit geben zu lassen – dabei ist die Nutzung des Angebots anzugeben.
3. Eine Barauszahlung des Greenfee-Vorteils ist nicht möglich.
4. Das Kombinieren von Angeboten oder bestehenden Greenfee-Vorteilen ist nicht möglich. Der Vorteil bezieht sich jeweils ausschließlich auf die zum Zeitpunkt der Einlösung gültigen vollen Greenfee-Gebühren.
5. Gibt es Spielergruppen mit erhöhten Greenfee-Gebühren, ist ein Nachlass auf diese Gebühren nicht möglich.
6. Das Angebot allein berechtigt nicht zum Spiel gegen Greenfee. Die Erfüllung der Bestimmungen des jeweiligen Golfclubs zur Greenfee-Berechtigung (Mitgliedschaft in einem Golfclub, Mindesthandicap etc.) zum Zeitpunkt der Einlösung sind Voraussetzung.
7. Es ist untersagt, den Greenfee-Gutschein entgeltlich Dritten zu überlassen bzw. mit diesen Handel zu treiben. Insbesondere sind die teilnehmenden Golfclubs in diesem Falle berechtigt, die Einlösung der ausgeschriebenen Angebote zu verweigern.
8. Die teilnehmenden Golfclubs haben sich gegenüber dem Verlag unter den o.g. Bedingungen verpflichtet, die ausgeschriebenen Angebote einzulösen. Der Verlag übernimmt jedoch keine Gewähr und keine Haftung, wenn ein Angebot nicht eingelöst wird oder werden kann.

Bedingungen zur Einlösung des Discounts:

1. Das Angebot ist einschließlich bis 30.6.2022 gültig.
2. Der Golfspieler/Leser hat sich telefonisch eine Abschlagzeit geben zu lassen – dabei ist die Nutzung des Angebots anzugeben.
3. Eine Barauszahlung des Greenfee-Vorteils ist nicht möglich.
4. Das Kombinieren von Angeboten oder bestehenden Greenfee-Vorteilen ist nicht möglich. Der Vorteil bezieht sich jeweils ausschließlich auf die zum Zeitpunkt der Einlösung gültigen vollen Greenfee-Gebühren.
5. Gibt es Spielergruppen mit erhöhten Greenfee-Gebühren, ist ein Nachlass auf diese Gebühren nicht möglich.
6. Das Angebot allein berechtigt nicht zum Spiel gegen Greenfee. Die Erfüllung der Bestimmungen des jeweiligen Golfclubs zur Greenfee-Berechtigung (Mitgliedschaft in einem Golfclub, Mindesthandicap etc.) zum Zeitpunkt der Einlösung sind Voraussetzung.
7. Es ist untersagt, den Greenfee-Gutschein entgeltlich Dritten zu überlassen bzw. mit diesen Handel zu treiben. Insbesondere sind die teilnehmenden Golfclubs in diesem Falle berechtigt, die Einlösung der ausgeschriebenen Angebote zu verweigern.
8. Die teilnehmenden Golfclubs haben sich gegenüber dem Verlag unter den o.g. Bedingungen verpflichtet, die ausgeschriebenen Angebote einzulösen. Der Verlag übernimmt jedoch keine Gewähr und keine Haftung, wenn ein Angebot nicht eingelöst wird oder werden kann.

Bedingungen zur Einlösung des Discounts:

1. Das Angebot ist einschließlich bis 30.6.2022 gültig.
2. Der Golfspieler/Leser hat sich telefonisch eine Abschlagzeit geben zu lassen – dabei ist die Nutzung des Angebots anzugeben.
3. Eine Barauszahlung des Greenfee-Vorteils ist nicht möglich.
4. Das Kombinieren von Angeboten oder bestehenden Greenfee-Vorteilen ist nicht möglich. Der Vorteil bezieht sich jeweils ausschließlich auf die zum Zeitpunkt der Einlösung gültigen vollen Greenfee-Gebühren.
5. Gibt es Spielergruppen mit erhöhten Greenfee-Gebühren, ist ein Nachlass auf diese Gebühren nicht möglich.
6. Das Angebot allein berechtigt nicht zum Spiel gegen Greenfee. Die Erfüllung der Bestimmungen des jeweiligen Golfclubs zur Greenfee-Berechtigung (Mitgliedschaft in einem Golfclub, Mindesthandicap etc.) zum Zeitpunkt der Einlösung sind Voraussetzung.
7. Es ist untersagt, den Greenfee-Gutschein entgeltlich Dritten zu überlassen bzw. mit diesen Handel zu treiben. Insbesondere sind die teilnehmenden Golfclubs in diesem Falle berechtigt, die Einlösung der ausgeschriebenen Angebote zu verweigern.
8. Die teilnehmenden Golfclubs haben sich gegenüber dem Verlag unter den o.g. Bedingungen verpflichtet, die ausgeschriebenen Angebote einzulösen. Der Verlag übernimmt jedoch keine Gewähr und keine Haftung, wenn ein Angebot nicht eingelöst wird oder werden kann.

Bedingungen zur Einlösung des Discounts:

1. Das Angebot ist einschließlich bis 30.6.2022 gültig.
2. Der Golfspieler/Leser hat sich telefonisch eine Abschlagzeit geben zu lassen – dabei ist die Nutzung des Angebots anzugeben.
3. Eine Barauszahlung des Greenfee-Vorteils ist nicht möglich.
4. Das Kombinieren von Angeboten oder bestehenden Greenfee-Vorteilen ist nicht möglich. Der Vorteil bezieht sich jeweils ausschließlich auf die zum Zeitpunkt der Einlösung gültigen vollen Greenfee-Gebühren.
5. Gibt es Spielergruppen mit erhöhten Greenfee-Gebühren, ist ein Nachlass auf diese Gebühren nicht möglich.
6. Das Angebot allein berechtigt nicht zum Spiel gegen Greenfee. Die Erfüllung der Bestimmungen des jeweiligen Golfclubs zur Greenfee-Berechtigung (Mitgliedschaft in einem Golfclub, Mindesthandicap etc.) zum Zeitpunkt der Einlösung sind Voraussetzung.
7. Es ist untersagt, den Greenfee-Gutschein entgeltlich Dritten zu überlassen bzw. mit diesen Handel zu treiben. Insbesondere sind die teilnehmenden Golfclubs in diesem Falle berechtigt, die Einlösung der ausgeschriebenen Angebote zu verweigern.
8. Die teilnehmenden Golfclubs haben sich gegenüber dem Verlag unter den o.g. Bedingungen verpflichtet, die ausgeschriebenen Angebote einzulösen. Der Verlag übernimmt jedoch keine Gewähr und keine Haftung, wenn ein Angebot nicht eingelöst wird oder werden kann.

Bedingungen zur Einlösung des Discounts:

1. Das Angebot ist einschließlich bis 30.6.2022 gültig.
2. Der Golfspieler/Leser hat sich telefonisch eine Abschlagzeit geben zu lassen – dabei ist die Nutzung des Angebots anzugeben.
3. Eine Barauszahlung des Greenfee-Vorteils ist nicht möglich.
4. Das Kombinieren von Angeboten oder bestehenden Greenfee-Vorteilen ist nicht möglich. Der Vorteil bezieht sich jeweils ausschließlich auf die zum Zeitpunkt der Einlösung gültigen vollen Greenfee-Gebühren.
5. Gibt es Spielergruppen mit erhöhten Greenfee-Gebühren, ist ein Nachlass auf diese Gebühren nicht möglich.
6. Das Angebot allein berechtigt nicht zum Spiel gegen Greenfee. Die Erfüllung der Bestimmungen des jeweiligen Golfclubs zur Greenfee-Berechtigung (Mitgliedschaft in einem Golfclub, Mindesthandicap etc.) zum Zeitpunkt der Einlösung sind Voraussetzung.
7. Es ist untersagt, den Greenfee-Gutschein entgeltlich Dritten zu überlassen bzw. mit diesen Handel zu treiben. Insbesondere sind die teilnehmenden Golfclubs in diesem Falle berechtigt, die Einlösung der ausgeschriebenen Angebote zu verweigern.
8. Die teilnehmenden Golfclubs haben sich gegenüber dem Verlag unter den o.g. Bedingungen verpflichtet, die ausgeschriebenen Angebote einzulösen. Der Verlag übernimmt jedoch keine Gewähr und keine Haftung, wenn ein Angebot nicht eingelöst wird oder werden kann.

Bedingungen zur Einlösung des Discounts:

1. Das Angebot ist einschließlich bis 30.6.2022 gültig.
2. Der Golfspieler/Leser hat sich telefonisch eine Abschlagzeit geben zu lassen – dabei ist die Nutzung des Angebots anzugeben.
3. Eine Barauszahlung des Greenfee-Vorteils ist nicht möglich.
4. Das Kombinieren von Angeboten oder bestehenden Greenfee-Vorteilen ist nicht möglich. Der Vorteil bezieht sich jeweils ausschließlich auf die zum Zeitpunkt der Einlösung gültigen vollen Greenfee-Gebühren.
5. Gibt es Spielergruppen mit erhöhten Greenfee-Gebühren, ist ein Nachlass auf diese Gebühren nicht möglich.
6. Das Angebot allein berechtigt nicht zum Spiel gegen Greenfee. Die Erfüllung der Bestimmungen des jeweiligen Golfclubs zur Greenfee-Berechtigung (Mitgliedschaft in einem Golfclub, Mindesthandicap etc.) zum Zeitpunkt der Einlösung sind Voraussetzung.
7. Es ist untersagt, den Greenfee-Gutschein entgeltlich Dritten zu überlassen bzw. mit diesen Handel zu treiben. Insbesondere sind die teilnehmenden Golfclubs in diesem Falle berechtigt, die Einlösung der ausgeschriebenen Angebote zu verweigern.
8. Die teilnehmenden Golfclubs haben sich gegenüber dem Verlag unter den o.g. Bedingungen verpflichtet, die ausgeschriebenen Angebote einzulösen. Der Verlag übernimmt jedoch keine Gewähr und keine Haftung, wenn ein Angebot nicht eingelöst wird oder werden kann.

Bedingungen zur Einlösung des Discounts:

1. Das Angebot ist einschließlich bis 30.6.2022 gültig.
2. Der Golfspieler/Leser hat sich telefonisch eine Abschlagzeit geben zu lassen – dabei ist die Nutzung des Angebots anzugeben.
3. Eine Barauszahlung des Greenfee-Vorteils ist nicht möglich.
4. Das Kombinieren von Angeboten oder bestehenden Greenfee-Vorteilen ist nicht möglich. Der Vorteil bezieht sich jeweils ausschließlich auf die zum Zeitpunkt der Einlösung gültigen vollen Greenfee-Gebühren.
5. Gibt es Spielergruppen mit erhöhten Greenfee-Gebühren, ist ein Nachlass auf diese Gebühren nicht möglich.
6. Das Angebot allein berechtigt nicht zum Spiel gegen Greenfee. Die Erfüllung der Bestimmungen des jeweiligen Golfclubs zur Greenfee-Berechtigung (Mitgliedschaft in einem Golfclub, Mindesthandicap etc.) zum Zeitpunkt der Einlösung sind Voraussetzung.
7. Es ist untersagt, den Greenfee-Gutschein entgeltlich Dritten zu überlassen bzw. mit diesen Handel zu treiben. Insbesondere sind die teilnehmenden Golfclubs in diesem Falle berechtigt, die Einlösung der ausgeschriebenen Angebote zu verweigern.
8. Die teilnehmenden Golfclubs haben sich gegenüber dem Verlag unter den o.g. Bedingungen verpflichtet, die ausgeschriebenen Angebote einzulösen. Der Verlag übernimmt jedoch keine Gewähr und keine Haftung, wenn ein Angebot nicht eingelöst wird oder werden kann.

DER GOLF ALBRECHT

Golf Club Lignano — IT

Via Casabianca, 6
I-33054 Lignano Sabbiadoro
✆ +39 0431 428025
Veneto und Friaul
Hinweis: nur für 18-Loch nicht kombinierbar

291

20% Greenfee-Ermäßigung

DER GOLF ALBRECHT

Franciacorta Golf Club — IT

Via Provinciale, 34/B
I-25040 Nigoline di Corte Franca (BS)
✆ +39 030 984167
Lombardei

292

20% Greenfee-Ermäßigung wochentags

DER GOLF ALBRECHT

Franciacorta Golf Club — IT

Via Provinciale, 34/B
I-25040 Nigoline di Corte Franca (BS)
✆ +39 030 984167
Lombardei

292

20% Greenfee-Ermäßigung wochentags

DER GOLF ALBRECHT

Golf Pra' Delle Torri Caorle — IT

Viale Altanea 201
I-30021 Caorle (VE)
✆ +39 0421 299570
Veneto und Friaul

293

2 for 1 2 GF zum Preis von 1

DER GOLF ALBRECHT

Golf Pra' Delle Torri Caorle — IT

Viale Altanea 201
I-30021 Caorle (VE)
✆ +39 0421 299570
Veneto und Friaul

293

2 for 1 2 GF zum Preis von 1

DER GOLF ALBRECHT

Golf Pra' Delle Torri Caorle — IT

Viale Altanea 201
I-30021 Caorle (VE)
✆ +39 0421 299570
Veneto und Friaul

293

20% Greenfee-Ermäßigung

DER GOLF ALBRECHT

Golf Pra' Delle Torri Caorle — IT

Viale Altanea 201
I-30021 Caorle (VE)
✆ +39 0421 299570
Veneto und Friaul

293

20% Greenfee-Ermäßigung

DER GOLF ALBRECHT

Golf Pra' Delle Torri Caorle — IT

Viale Altanea 201
I-30021 Caorle (VE)
✆ +39 0421 299570
Veneto und Friaul

293

20% Greenfee-Ermäßigung

DER GOLF ALBRECHT

Golf Club Ca'della Nave — IT

Piazza della Vittoria, 14
I-30030 Martellago
✆ +39 041 540 1555
Veneto und Friaul

294

2 for 1 2 GF zum Preis von 1

DER GOLF ALBRECHT

Golf Club Ca'della Nave — IT

Piazza della Vittoria, 14
I-30030 Martellago
✆ +39 041 540 1555
Veneto und Friaul

294

2 for 1 2 GF zum Preis von 1

Bedingungen zur Einlösung des Discounts:
1. Das Angebot ist einschließlich bis 30.6.2022 gültig.
2. Der Golfspieler/Leser hat sich telefonisch eine Abschlagzeit geben zu lassen – dabei ist die Nutzung des Angebots anzugeben.
3. Eine Barauszahlung des Greenfee-Vorteils ist nicht möglich.
4. Das Kombinieren von Angeboten oder bestehenden Greenfee-Vorteilen ist nicht möglich. Der Vorteil bezieht sich jeweils ausschließlich auf die zum Zeitpunkt der Einlösung gültigen vollen Greenfee-Gebühren.
5. Gibt es Spielergruppen mit erhöhten Greenfee-Gebühren, ist ein Nachlass auf diese Gebühren nicht möglich.
6. Das Angebot allein berechtigt nicht zum Spiel gegen Greenfee. Die Erfüllung der Bestimmungen des jeweiligen Golfclubs zur Greenfee-Berechtigung (Mitgliedschaft in einem Golfclub, Mindesthandicap etc.) zum Zeitpunkt der Einlösung sind Voraussetzung.
7. Es ist untersagt, den Greenfee-Gutschein entgeltlich Dritten zu überlassen bzw. mit diesen Handel zu treiben. Insbesondere sind die teilnehmenden Golfclubs in diesem Falle berechtigt, die Einlösung der ausgeschriebenen Angebote zu verweigern.
8. Die teilnehmenden Golfclubs haben sich gegenüber dem Verlag unter den o.g. Bedingungen verpflichtet, die ausgeschriebenen Angebote einzulösen. Der Verlag übernimmt jedoch keine Gewähr und keine Haftung, wenn ein Angebot nicht eingelöst wird oder werden kann.

Bedingungen zur Einlösung des Discounts:
1. Das Angebot ist einschließlich bis 30.6.2022 gültig.
2. Der Golfspieler/Leser hat sich telefonisch eine Abschlagzeit geben zu lassen – dabei ist die Nutzung des Angebots anzugeben.
3. Eine Barauszahlung des Greenfee-Vorteils ist nicht möglich.
4. Das Kombinieren von Angeboten oder bestehenden Greenfee-Vorteilen ist nicht möglich. Der Vorteil bezieht sich jeweils ausschließlich auf die zum Zeitpunkt der Einlösung gültigen vollen Greenfee-Gebühren.
5. Gibt es Spielergruppen mit erhöhten Greenfee-Gebühren, ist ein Nachlass auf diese Gebühren nicht möglich.
6. Das Angebot allein berechtigt nicht zum Spiel gegen Greenfee. Die Erfüllung der Bestimmungen des jeweiligen Golfclubs zur Greenfee-Berechtigung (Mitgliedschaft in einem Golfclub, Mindesthandicap etc.) zum Zeitpunkt der Einlösung sind Voraussetzung.
7. Es ist untersagt, den Greenfee-Gutschein entgeltlich Dritten zu überlassen bzw. mit diesen Handel zu treiben. Insbesondere sind die teilnehmenden Golfclubs in diesem Falle berechtigt, die Einlösung der ausgeschriebenen Angebote zu verweigern.
8. Die teilnehmenden Golfclubs haben sich gegenüber dem Verlag unter den o.g. Bedingungen verpflichtet, die ausgeschriebenen Angebote einzulösen. Der Verlag übernimmt jedoch keine Gewähr und keine Haftung, wenn ein Angebot nicht eingelöst wird oder werden kann.

Bedingungen zur Einlösung des Discounts:
1. Das Angebot ist einschließlich bis 30.6.2022 gültig.
2. Der Golfspieler/Leser hat sich telefonisch eine Abschlagzeit geben zu lassen – dabei ist die Nutzung des Angebots anzugeben.
3. Eine Barauszahlung des Greenfee-Vorteils ist nicht möglich.
4. Das Kombinieren von Angeboten oder bestehenden Greenfee-Vorteilen ist nicht möglich. Der Vorteil bezieht sich jeweils ausschließlich auf die zum Zeitpunkt der Einlösung gültigen vollen Greenfee-Gebühren.
5. Gibt es Spielergruppen mit erhöhten Greenfee-Gebühren, ist ein Nachlass auf diese Gebühren nicht möglich.
6. Das Angebot allein berechtigt nicht zum Spiel gegen Greenfee. Die Erfüllung der Bestimmungen des jeweiligen Golfclubs zur Greenfee-Berechtigung (Mitgliedschaft in einem Golfclub, Mindesthandicap etc.) zum Zeitpunkt der Einlösung sind Voraussetzung.
7. Es ist untersagt, den Greenfee-Gutschein entgeltlich Dritten zu überlassen bzw. mit diesen Handel zu treiben. Insbesondere sind die teilnehmenden Golfclubs in diesem Falle berechtigt, die Einlösung der ausgeschriebenen Angebote zu verweigern.
8. Die teilnehmenden Golfclubs haben sich gegenüber dem Verlag unter den o.g. Bedingungen verpflichtet, die ausgeschriebenen Angebote einzulösen. Der Verlag übernimmt jedoch keine Gewähr und keine Haftung, wenn ein Angebot nicht eingelöst wird oder werden kann.

Bedingungen zur Einlösung des Discounts:
1. Das Angebot ist einschließlich bis 30.6.2022 gültig.
2. Der Golfspieler/Leser hat sich telefonisch eine Abschlagzeit geben zu lassen – dabei ist die Nutzung des Angebots anzugeben.
3. Eine Barauszahlung des Greenfee-Vorteils ist nicht möglich.
4. Das Kombinieren von Angeboten oder bestehenden Greenfee-Vorteilen ist nicht möglich. Der Vorteil bezieht sich jeweils ausschließlich auf die zum Zeitpunkt der Einlösung gültigen vollen Greenfee-Gebühren.
5. Gibt es Spielergruppen mit erhöhten Greenfee-Gebühren, ist ein Nachlass auf diese Gebühren nicht möglich.
6. Das Angebot allein berechtigt nicht zum Spiel gegen Greenfee. Die Erfüllung der Bestimmungen des jeweiligen Golfclubs zur Greenfee-Berechtigung (Mitgliedschaft in einem Golfclub, Mindesthandicap etc.) zum Zeitpunkt der Einlösung sind Voraussetzung.
7. Es ist untersagt, den Greenfee-Gutschein entgeltlich Dritten zu überlassen bzw. mit diesen Handel zu treiben. Insbesondere sind die teilnehmenden Golfclubs in diesem Falle berechtigt, die Einlösung der ausgeschriebenen Angebote zu verweigern.
8. Die teilnehmenden Golfclubs haben sich gegenüber dem Verlag unter den o.g. Bedingungen verpflichtet, die ausgeschriebenen Angebote einzulösen. Der Verlag übernimmt jedoch keine Gewähr und keine Haftung, wenn ein Angebot nicht eingelöst wird oder werden kann.

Bedingungen zur Einlösung des Discounts:
1. Das Angebot ist einschließlich bis 30.6.2022 gültig.
2. Der Golfspieler/Leser hat sich telefonisch eine Abschlagzeit geben zu lassen – dabei ist die Nutzung des Angebots anzugeben.
3. Eine Barauszahlung des Greenfee-Vorteils ist nicht möglich.
4. Das Kombinieren von Angeboten oder bestehenden Greenfee-Vorteilen ist nicht möglich. Der Vorteil bezieht sich jeweils ausschließlich auf die zum Zeitpunkt der Einlösung gültigen vollen Greenfee-Gebühren.
5. Gibt es Spielergruppen mit erhöhten Greenfee-Gebühren, ist ein Nachlass auf diese Gebühren nicht möglich.
6. Das Angebot allein berechtigt nicht zum Spiel gegen Greenfee. Die Erfüllung der Bestimmungen des jeweiligen Golfclubs zur Greenfee-Berechtigung (Mitgliedschaft in einem Golfclub, Mindesthandicap etc.) zum Zeitpunkt der Einlösung sind Voraussetzung.
7. Es ist untersagt, den Greenfee-Gutschein entgeltlich Dritten zu überlassen bzw. mit diesen Handel zu treiben. Insbesondere sind die teilnehmenden Golfclubs in diesem Falle berechtigt, die Einlösung der ausgeschriebenen Angebote zu verweigern.
8. Die teilnehmenden Golfclubs haben sich gegenüber dem Verlag unter den o.g. Bedingungen verpflichtet, die ausgeschriebenen Angebote einzulösen. Der Verlag übernimmt jedoch keine Gewähr und keine Haftung, wenn ein Angebot nicht eingelöst wird oder werden kann.

Bedingungen zur Einlösung des Discounts:
1. Das Angebot ist einschließlich bis 30.6.2022 gültig.
2. Der Golfspieler/Leser hat sich telefonisch eine Abschlagzeit geben zu lassen – dabei ist die Nutzung des Angebots anzugeben.
3. Eine Barauszahlung des Greenfee-Vorteils ist nicht möglich.
4. Das Kombinieren von Angeboten oder bestehenden Greenfee-Vorteilen ist nicht möglich. Der Vorteil bezieht sich jeweils ausschließlich auf die zum Zeitpunkt der Einlösung gültigen vollen Greenfee-Gebühren.
5. Gibt es Spielergruppen mit erhöhten Greenfee-Gebühren, ist ein Nachlass auf diese Gebühren nicht möglich.
6. Das Angebot allein berechtigt nicht zum Spiel gegen Greenfee. Die Erfüllung der Bestimmungen des jeweiligen Golfclubs zur Greenfee-Berechtigung (Mitgliedschaft in einem Golfclub, Mindesthandicap etc.) zum Zeitpunkt der Einlösung sind Voraussetzung.
7. Es ist untersagt, den Greenfee-Gutschein entgeltlich Dritten zu überlassen bzw. mit diesen Handel zu treiben. Insbesondere sind die teilnehmenden Golfclubs in diesem Falle berechtigt, die Einlösung der ausgeschriebenen Angebote zu verweigern.
8. Die teilnehmenden Golfclubs haben sich gegenüber dem Verlag unter den o.g. Bedingungen verpflichtet, die ausgeschriebenen Angebote einzulösen. Der Verlag übernimmt jedoch keine Gewähr und keine Haftung, wenn ein Angebot nicht eingelöst wird oder werden kann.

Bedingungen zur Einlösung des Discounts:
1. Das Angebot ist einschließlich bis 30.6.2022 gültig.
2. Der Golfspieler/Leser hat sich telefonisch eine Abschlagzeit geben zu lassen – dabei ist die Nutzung des Angebots anzugeben.
3. Eine Barauszahlung des Greenfee-Vorteils ist nicht möglich.
4. Das Kombinieren von Angeboten oder bestehenden Greenfee-Vorteilen ist nicht möglich. Der Vorteil bezieht sich jeweils ausschließlich auf die zum Zeitpunkt der Einlösung gültigen vollen Greenfee-Gebühren.
5. Gibt es Spielergruppen mit erhöhten Greenfee-Gebühren, ist ein Nachlass auf diese Gebühren nicht möglich.
6. Das Angebot allein berechtigt nicht zum Spiel gegen Greenfee. Die Erfüllung der Bestimmungen des jeweiligen Golfclubs zur Greenfee-Berechtigung (Mitgliedschaft in einem Golfclub, Mindesthandicap etc.) zum Zeitpunkt der Einlösung sind Voraussetzung.
7. Es ist untersagt, den Greenfee-Gutschein entgeltlich Dritten zu überlassen bzw. mit diesen Handel zu treiben. Insbesondere sind die teilnehmenden Golfclubs in diesem Falle berechtigt, die Einlösung der ausgeschriebenen Angebote zu verweigern.
8. Die teilnehmenden Golfclubs haben sich gegenüber dem Verlag unter den o.g. Bedingungen verpflichtet, die ausgeschriebenen Angebote einzulösen. Der Verlag übernimmt jedoch keine Gewähr und keine Haftung, wenn ein Angebot nicht eingelöst wird oder werden kann.

Bedingungen zur Einlösung des Discounts:
1. Das Angebot ist einschließlich bis 30.6.2022 gültig.
2. Der Golfspieler/Leser hat sich telefonisch eine Abschlagzeit geben zu lassen – dabei ist die Nutzung des Angebots anzugeben.
3. Eine Barauszahlung des Greenfee-Vorteils ist nicht möglich.
4. Das Kombinieren von Angeboten oder bestehenden Greenfee-Vorteilen ist nicht möglich. Der Vorteil bezieht sich jeweils ausschließlich auf die zum Zeitpunkt der Einlösung gültigen vollen Greenfee-Gebühren.
5. Gibt es Spielergruppen mit erhöhten Greenfee-Gebühren, ist ein Nachlass auf diese Gebühren nicht möglich.
6. Das Angebot allein berechtigt nicht zum Spiel gegen Greenfee. Die Erfüllung der Bestimmungen des jeweiligen Golfclubs zur Greenfee-Berechtigung (Mitgliedschaft in einem Golfclub, Mindesthandicap etc.) zum Zeitpunkt der Einlösung sind Voraussetzung.
7. Es ist untersagt, den Greenfee-Gutschein entgeltlich Dritten zu überlassen bzw. mit diesen Handel zu treiben. Insbesondere sind die teilnehmenden Golfclubs in diesem Falle berechtigt, die Einlösung der ausgeschriebenen Angebote zu verweigern.
8. Die teilnehmenden Golfclubs haben sich gegenüber dem Verlag unter den o.g. Bedingungen verpflichtet, die ausgeschriebenen Angebote einzulösen. Der Verlag übernimmt jedoch keine Gewähr und keine Haftung, wenn ein Angebot nicht eingelöst wird oder werden kann.

Bedingungen zur Einlösung des Discounts:
1. Das Angebot ist einschließlich bis 30.6.2022 gültig.
2. Der Golfspieler/Leser hat sich telefonisch eine Abschlagzeit geben zu lassen – dabei ist die Nutzung des Angebots anzugeben.
3. Eine Barauszahlung des Greenfee-Vorteils ist nicht möglich.
4. Das Kombinieren von Angeboten oder bestehenden Greenfee-Vorteilen ist nicht möglich. Der Vorteil bezieht sich jeweils ausschließlich auf die zum Zeitpunkt der Einlösung gültigen vollen Greenfee-Gebühren.
5. Gibt es Spielergruppen mit erhöhten Greenfee-Gebühren, ist ein Nachlass auf diese Gebühren nicht möglich.
6. Das Angebot allein berechtigt nicht zum Spiel gegen Greenfee. Die Erfüllung der Bestimmungen des jeweiligen Golfclubs zur Greenfee-Berechtigung (Mitgliedschaft in einem Golfclub, Mindesthandicap etc.) zum Zeitpunkt der Einlösung sind Voraussetzung.
7. Es ist untersagt, den Greenfee-Gutschein entgeltlich Dritten zu überlassen bzw. mit diesen Handel zu treiben. Insbesondere sind die teilnehmenden Golfclubs in diesem Falle berechtigt, die Einlösung der ausgeschriebenen Angebote zu verweigern.
8. Die teilnehmenden Golfclubs haben sich gegenüber dem Verlag unter den o.g. Bedingungen verpflichtet, die ausgeschriebenen Angebote einzulösen. Der Verlag übernimmt jedoch keine Gewähr und keine Haftung, wenn ein Angebot nicht eingelöst wird oder werden kann.

Bedingungen zur Einlösung des Discounts:
1. Das Angebot ist einschließlich bis 30.6.2022 gültig.
2. Der Golfspieler/Leser hat sich telefonisch eine Abschlagzeit geben zu lassen – dabei ist die Nutzung des Angebots anzugeben.
3. Eine Barauszahlung des Greenfee-Vorteils ist nicht möglich.
4. Das Kombinieren von Angeboten oder bestehenden Greenfee-Vorteilen ist nicht möglich. Der Vorteil bezieht sich jeweils ausschließlich auf die zum Zeitpunkt der Einlösung gültigen vollen Greenfee-Gebühren.
5. Gibt es Spielergruppen mit erhöhten Greenfee-Gebühren, ist ein Nachlass auf diese Gebühren nicht möglich.
6. Das Angebot allein berechtigt nicht zum Spiel gegen Greenfee. Die Erfüllung der Bestimmungen des jeweiligen Golfclubs zur Greenfee-Berechtigung (Mitgliedschaft in einem Golfclub, Mindesthandicap etc.) zum Zeitpunkt der Einlösung sind Voraussetzung.
7. Es ist untersagt, den Greenfee-Gutschein entgeltlich Dritten zu überlassen bzw. mit diesen Handel zu treiben. Insbesondere sind die teilnehmenden Golfclubs in diesem Falle berechtigt, die Einlösung der ausgeschriebenen Angebote zu verweigern.
8. Die teilnehmenden Golfclubs haben sich gegenüber dem Verlag unter den o.g. Bedingungen verpflichtet, die ausgeschriebenen Angebote einzulösen. Der Verlag übernimmt jedoch keine Gewähr und keine Haftung, wenn ein Angebot nicht eingelöst wird oder werden kann.

DER GOLF ALBRECHT

Golf Club Ca'della Nave

IT

Piazza della Vittoria, 14
I-30030 Martellago
✆ +39 041 540 1555
Veneto und Friaul

294

20% Greenfee-Ermäßigung

DER GOLF ALBRECHT

Golf Club Ca'della Nave

IT

Piazza della Vittoria, 14
I-30030 Martellago
✆ +39 041 540 1555
Veneto und Friaul

294

20% Greenfee-Ermäßigung

DER GOLF ALBRECHT

Golf Club Biella, Le Betulle

IT

Regione Valcarozza
I-13887 Magnano Biellese
✆ +39 015 679151
Piemont und Ligurien

295

10% Greenfee-Ermäßigung

DER GOLF ALBRECHT

Golf Club Biella, Le Betulle

IT

Regione Valcarozza
I-13887 Magnano Biellese
✆ +39 015 679151
Piemont und Ligurien

295

10% Greenfee-Ermäßigung

DER GOLF ALBRECHT

Royal Park Golf & Country Club I Roveri

IT

Rotta Cerbiatta, 24
I-10070 Fiano
✆ +39 011 923 5500
Piemont und Ligurien

296

2 for 1 2 GF zum Preis von 1

DER GOLF ALBRECHT

Royal Park Golf & Country Club I Roveri

IT

Rotta Cerbiatta, 24
I-10070 Fiano
✆ +39 011 923 5500
Piemont und Ligurien

296

2 for 1 2 GF zum Preis von 1

DER GOLF ALBRECHT

Royal Park Golf & Country Club I Roveri

IT

Rotta Cerbiatta, 24
I-10070 Fiano
✆ +39 011 923 5500
Piemont und Ligurien

296

2 for 1 2 GF zum Preis von 1

DER GOLF ALBRECHT

Golf Club Castell' Arquato

IT

Localita Borlacca, 1, navigatore sattelitare Cortina di Alseno
I-29014 Castell' Arquato
✆ +39 0523 895557
Emilia Romagna
Hinweis: martedì è chiuso

297

2 for 1 2 GF zum Preis von 1 wochentags

DER GOLF ALBRECHT

Golf Club Castell' Arquato

IT

Localita Borlacca, 1, navigatore sattelitare Cortina di Alseno
I-29014 Castell' Arquato
✆ +39 0523 895557
Emilia Romagna
Hinweis: Dienstag geschlossen

297

2 for 1 2 GF zum Preis von 1 wochentags

DER GOLF ALBRECHT

Golf Club Castell' Arquato

IT

Localita Borlacca, 1, navigatore sattelitare Cortina di Alseno
I-29014 Castell' Arquato
✆ +39 0523 895557
Emilia Romagna
Hinweis: Dienstag geschlossen

297

2 for 1 2 GF zum Preis von 1 wochentags

Bedingungen zur Einlösung des Discounts:

1. Das Angebot ist einschließlich bis 30.6.2022 gültig.
2. Der Golfspieler/Leser hat sich telefonisch eine Abschlagzeit geben zu lassen – dabei ist die Nutzung des Angebots anzugeben.
3. Eine Barauszahlung des Greenfee-Vorteils ist nicht möglich.
4. Das Kombinieren von Angeboten oder bestehenden Greenfee-Vorteilen ist nicht möglich. Der Vorteil bezieht sich jeweils ausschließlich auf die zum Zeitpunkt der Einlösung gültigen vollen Greenfee-Gebühren.
5. Gibt es Spielergruppen mit erhöhten Greenfee-Gebühren, ist ein Nachlass auf diese Gebühren nicht möglich.
6. Das Angebot allein berechtigt nicht zum Spiel gegen Greenfee. Die Erfüllung der Bestimmungen des jeweiligen Golfclubs zur Greenfee-Berechtigung (Mitgliedschaft in einem Golfclub, Mindesthandicap etc.) zum Zeitpunkt der Einlösung sind Voraussetzung.
7. Es ist untersagt, den Greenfee-Gutschein entgeltlich Dritten zu überlassen bzw. mit diesen Handel zu treiben. Insbesondere sind die teilnehmenden Golfclubs in diesem Falle berechtigt, die Einlösung der ausgeschriebenen Angebote zu verweigern.
8. Die teilnehmenden Golfclubs haben sich gegenüber dem Verlag unter den o.g. Bedingungen verpflichtet, die ausgeschriebenen Angebote einzulösen. Der Verlag übernimmt jedoch keine Gewähr und keine Haftung, wenn ein Angebot nicht eingelöst wird oder werden kann.

Bedingungen zur Einlösung des Discounts:

1. Das Angebot ist einschließlich bis 30.6.2022 gültig.
2. Der Golfspieler/Leser hat sich telefonisch eine Abschlagzeit geben zu lassen – dabei ist die Nutzung des Angebots anzugeben.
3. Eine Barauszahlung des Greenfee-Vorteils ist nicht möglich.
4. Das Kombinieren von Angeboten oder bestehenden Greenfee-Vorteilen ist nicht möglich. Der Vorteil bezieht sich jeweils ausschließlich auf die zum Zeitpunkt der Einlösung gültigen vollen Greenfee-Gebühren.
5. Gibt es Spielergruppen mit erhöhten Greenfee-Gebühren, ist ein Nachlass auf diese Gebühren nicht möglich.
6. Das Angebot allein berechtigt nicht zum Spiel gegen Greenfee. Die Erfüllung der Bestimmungen des jeweiligen Golfclubs zur Greenfee-Berechtigung (Mitgliedschaft in einem Golfclub, Mindesthandicap etc.) zum Zeitpunkt der Einlösung sind Voraussetzung.
7. Es ist untersagt, den Greenfee-Gutschein entgeltlich Dritten zu überlassen bzw. mit diesen Handel zu treiben. Insbesondere sind die teilnehmenden Golfclubs in diesem Falle berechtigt, die Einlösung der ausgeschriebenen Angebote zu verweigern.
8. Die teilnehmenden Golfclubs haben sich gegenüber dem Verlag unter den o.g. Bedingungen verpflichtet, die ausgeschriebenen Angebote einzulösen. Der Verlag übernimmt jedoch keine Gewähr und keine Haftung, wenn ein Angebot nicht eingelöst wird oder werden kann.

Bedingungen zur Einlösung des Discounts:

1. Das Angebot ist einschließlich bis 30.6.2022 gültig.
2. Der Golfspieler/Leser hat sich telefonisch eine Abschlagzeit geben zu lassen – dabei ist die Nutzung des Angebots anzugeben.
3. Eine Barauszahlung des Greenfee-Vorteils ist nicht möglich.
4. Das Kombinieren von Angeboten oder bestehenden Greenfee-Vorteilen ist nicht möglich. Der Vorteil bezieht sich jeweils ausschließlich auf die zum Zeitpunkt der Einlösung gültigen vollen Greenfee-Gebühren.
5. Gibt es Spielergruppen mit erhöhten Greenfee-Gebühren, ist ein Nachlass auf diese Gebühren nicht möglich.
6. Das Angebot allein berechtigt nicht zum Spiel gegen Greenfee. Die Erfüllung der Bestimmungen des jeweiligen Golfclubs zur Greenfee-Berechtigung (Mitgliedschaft in einem Golfclub, Mindesthandicap etc.) zum Zeitpunkt der Einlösung sind Voraussetzung.
7. Es ist untersagt, den Greenfee-Gutschein entgeltlich Dritten zu überlassen bzw. mit diesen Handel zu treiben. Insbesondere sind die teilnehmenden Golfclubs in diesem Falle berechtigt, die Einlösung der ausgeschriebenen Angebote zu verweigern.
8. Die teilnehmenden Golfclubs haben sich gegenüber dem Verlag unter den o.g. Bedingungen verpflichtet, die ausgeschriebenen Angebote einzulösen. Der Verlag übernimmt jedoch keine Gewähr und keine Haftung, wenn ein Angebot nicht eingelöst wird oder werden kann.

Bedingungen zur Einlösung des Discounts:

1. Das Angebot ist einschließlich bis 30.6.2022 gültig.
2. Der Golfspieler/Leser hat sich telefonisch eine Abschlagzeit geben zu lassen – dabei ist die Nutzung des Angebots anzugeben.
3. Eine Barauszahlung des Greenfee-Vorteils ist nicht möglich.
4. Das Kombinieren von Angeboten oder bestehenden Greenfee-Vorteilen ist nicht möglich. Der Vorteil bezieht sich jeweils ausschließlich auf die zum Zeitpunkt der Einlösung gültigen vollen Greenfee-Gebühren.
5. Gibt es Spielergruppen mit erhöhten Greenfee-Gebühren, ist ein Nachlass auf diese Gebühren nicht möglich.
6. Das Angebot allein berechtigt nicht zum Spiel gegen Greenfee. Die Erfüllung der Bestimmungen des jeweiligen Golfclubs zur Greenfee-Berechtigung (Mitgliedschaft in einem Golfclub, Mindesthandicap etc.) zum Zeitpunkt der Einlösung sind Voraussetzung.
7. Es ist untersagt, den Greenfee-Gutschein entgeltlich Dritten zu überlassen bzw. mit diesen Handel zu treiben. Insbesondere sind die teilnehmenden Golfclubs in diesem Falle berechtigt, die Einlösung der ausgeschriebenen Angebote zu verweigern.
8. Die teilnehmenden Golfclubs haben sich gegenüber dem Verlag unter den o.g. Bedingungen verpflichtet, die ausgeschriebenen Angebote einzulösen. Der Verlag übernimmt jedoch keine Gewähr und keine Haftung, wenn ein Angebot nicht eingelöst wird oder werden kann.

Bedingungen zur Einlösung des Discounts:

1. Das Angebot ist einschließlich bis 30.6.2022 gültig.
2. Der Golfspieler/Leser hat sich telefonisch eine Abschlagzeit geben zu lassen – dabei ist die Nutzung des Angebots anzugeben.
3. Eine Barauszahlung des Greenfee-Vorteils ist nicht möglich.
4. Das Kombinieren von Angeboten oder bestehenden Greenfee-Vorteilen ist nicht möglich. Der Vorteil bezieht sich jeweils ausschließlich auf die zum Zeitpunkt der Einlösung gültigen vollen Greenfee-Gebühren.
5. Gibt es Spielergruppen mit erhöhten Greenfee-Gebühren, ist ein Nachlass auf diese Gebühren nicht möglich.
6. Das Angebot allein berechtigt nicht zum Spiel gegen Greenfee. Die Erfüllung der Bestimmungen des jeweiligen Golfclubs zur Greenfee-Berechtigung (Mitgliedschaft in einem Golfclub, Mindesthandicap etc.) zum Zeitpunkt der Einlösung sind Voraussetzung.
7. Es ist untersagt, den Greenfee-Gutschein entgeltlich Dritten zu überlassen bzw. mit diesen Handel zu treiben. Insbesondere sind die teilnehmenden Golfclubs in diesem Falle berechtigt, die Einlösung der ausgeschriebenen Angebote zu verweigern.
8. Die teilnehmenden Golfclubs haben sich gegenüber dem Verlag unter den o.g. Bedingungen verpflichtet, die ausgeschriebenen Angebote einzulösen. Der Verlag übernimmt jedoch keine Gewähr und keine Haftung, wenn ein Angebot nicht eingelöst wird oder werden kann.

Bedingungen zur Einlösung des Discounts:

1. Das Angebot ist einschließlich bis 30.6.2022 gültig.
2. Der Golfspieler/Leser hat sich telefonisch eine Abschlagzeit geben zu lassen – dabei ist die Nutzung des Angebots anzugeben.
3. Eine Barauszahlung des Greenfee-Vorteils ist nicht möglich.
4. Das Kombinieren von Angeboten oder bestehenden Greenfee-Vorteilen ist nicht möglich. Der Vorteil bezieht sich jeweils ausschließlich auf die zum Zeitpunkt der Einlösung gültigen vollen Greenfee-Gebühren.
5. Gibt es Spielergruppen mit erhöhten Greenfee-Gebühren, ist ein Nachlass auf diese Gebühren nicht möglich.
6. Das Angebot allein berechtigt nicht zum Spiel gegen Greenfee. Die Erfüllung der Bestimmungen des jeweiligen Golfclubs zur Greenfee-Berechtigung (Mitgliedschaft in einem Golfclub, Mindesthandicap etc.) zum Zeitpunkt der Einlösung sind Voraussetzung.
7. Es ist untersagt, den Greenfee-Gutschein entgeltlich Dritten zu überlassen bzw. mit diesen Handel zu treiben. Insbesondere sind die teilnehmenden Golfclubs in diesem Falle berechtigt, die Einlösung der ausgeschriebenen Angebote zu verweigern.
8. Die teilnehmenden Golfclubs haben sich gegenüber dem Verlag unter den o.g. Bedingungen verpflichtet, die ausgeschriebenen Angebote einzulösen. Der Verlag übernimmt jedoch keine Gewähr und keine Haftung, wenn ein Angebot nicht eingelöst wird oder werden kann.

Bedingungen zur Einlösung des Discounts:

1. Das Angebot ist einschließlich bis 30.6.2022 gültig.
2. Der Golfspieler/Leser hat sich telefonisch eine Abschlagzeit geben zu lassen – dabei ist die Nutzung des Angebots anzugeben.
3. Eine Barauszahlung des Greenfee-Vorteils ist nicht möglich.
4. Das Kombinieren von Angeboten oder bestehenden Greenfee-Vorteilen ist nicht möglich. Der Vorteil bezieht sich jeweils ausschließlich auf die zum Zeitpunkt der Einlösung gültigen vollen Greenfee-Gebühren.
5. Gibt es Spielergruppen mit erhöhten Greenfee-Gebühren, ist ein Nachlass auf diese Gebühren nicht möglich.
6. Das Angebot allein berechtigt nicht zum Spiel gegen Greenfee. Die Erfüllung der Bestimmungen des jeweiligen Golfclubs zur Greenfee-Berechtigung (Mitgliedschaft in einem Golfclub, Mindesthandicap etc.) zum Zeitpunkt der Einlösung sind Voraussetzung.
7. Es ist untersagt, den Greenfee-Gutschein entgeltlich Dritten zu überlassen bzw. mit diesen Handel zu treiben. Insbesondere sind die teilnehmenden Golfclubs in diesem Falle berechtigt, die Einlösung der ausgeschriebenen Angebote zu verweigern.
8. Die teilnehmenden Golfclubs haben sich gegenüber dem Verlag unter den o.g. Bedingungen verpflichtet, die ausgeschriebenen Angebote einzulösen. Der Verlag übernimmt jedoch keine Gewähr und keine Haftung, wenn ein Angebot nicht eingelöst wird oder werden kann.

Bedingungen zur Einlösung des Discounts:

1. Das Angebot ist einschließlich bis 30.6.2022 gültig.
2. Der Golfspieler/Leser hat sich telefonisch eine Abschlagzeit geben zu lassen – dabei ist die Nutzung des Angebots anzugeben.
3. Eine Barauszahlung des Greenfee-Vorteils ist nicht möglich.
4. Das Kombinieren von Angeboten oder bestehenden Greenfee-Vorteilen ist nicht möglich. Der Vorteil bezieht sich jeweils ausschließlich auf die zum Zeitpunkt der Einlösung gültigen vollen Greenfee-Gebühren.
5. Gibt es Spielergruppen mit erhöhten Greenfee-Gebühren, ist ein Nachlass auf diese Gebühren nicht möglich.
6. Das Angebot allein berechtigt nicht zum Spiel gegen Greenfee. Die Erfüllung der Bestimmungen des jeweiligen Golfclubs zur Greenfee-Berechtigung (Mitgliedschaft in einem Golfclub, Mindesthandicap etc.) zum Zeitpunkt der Einlösung sind Voraussetzung.
7. Es ist untersagt, den Greenfee-Gutschein entgeltlich Dritten zu überlassen bzw. mit diesen Handel zu treiben. Insbesondere sind die teilnehmenden Golfclubs in diesem Falle berechtigt, die Einlösung der ausgeschriebenen Angebote zu verweigern.
8. Die teilnehmenden Golfclubs haben sich gegenüber dem Verlag unter den o.g. Bedingungen verpflichtet, die ausgeschriebenen Angebote einzulösen. Der Verlag übernimmt jedoch keine Gewähr und keine Haftung, wenn ein Angebot nicht eingelöst wird oder werden kann.

Bedingungen zur Einlösung des Discounts:

1. Das Angebot ist einschließlich bis 30.6.2022 gültig.
2. Der Golfspieler/Leser hat sich telefonisch eine Abschlagzeit geben zu lassen – dabei ist die Nutzung des Angebots anzugeben.
3. Eine Barauszahlung des Greenfee-Vorteils ist nicht möglich.
4. Das Kombinieren von Angeboten oder bestehenden Greenfee-Vorteilen ist nicht möglich. Der Vorteil bezieht sich jeweils ausschließlich auf die zum Zeitpunkt der Einlösung gültigen vollen Greenfee-Gebühren.
5. Gibt es Spielergruppen mit erhöhten Greenfee-Gebühren, ist ein Nachlass auf diese Gebühren nicht möglich.
6. Das Angebot allein berechtigt nicht zum Spiel gegen Greenfee. Die Erfüllung der Bestimmungen des jeweiligen Golfclubs zur Greenfee-Berechtigung (Mitgliedschaft in einem Golfclub, Mindesthandicap etc.) zum Zeitpunkt der Einlösung sind Voraussetzung.
7. Es ist untersagt, den Greenfee-Gutschein entgeltlich Dritten zu überlassen bzw. mit diesen Handel zu treiben. Insbesondere sind die teilnehmenden Golfclubs in diesem Falle berechtigt, die Einlösung der ausgeschriebenen Angebote zu verweigern.
8. Die teilnehmenden Golfclubs haben sich gegenüber dem Verlag unter den o.g. Bedingungen verpflichtet, die ausgeschriebenen Angebote einzulösen. Der Verlag übernimmt jedoch keine Gewähr und keine Haftung, wenn ein Angebot nicht eingelöst wird oder werden kann.

Bedingungen zur Einlösung des Discounts:

1. Das Angebot ist einschließlich bis 30.6.2022 gültig.
2. Der Golfspieler/Leser hat sich telefonisch eine Abschlagzeit geben zu lassen – dabei ist die Nutzung des Angebots anzugeben.
3. Eine Barauszahlung des Greenfee-Vorteils ist nicht möglich.
4. Das Kombinieren von Angeboten oder bestehenden Greenfee-Vorteilen ist nicht möglich. Der Vorteil bezieht sich jeweils ausschließlich auf die zum Zeitpunkt der Einlösung gültigen vollen Greenfee-Gebühren.
5. Gibt es Spielergruppen mit erhöhten Greenfee-Gebühren, ist ein Nachlass auf diese Gebühren nicht möglich.
6. Das Angebot allein berechtigt nicht zum Spiel gegen Greenfee. Die Erfüllung der Bestimmungen des jeweiligen Golfclubs zur Greenfee-Berechtigung (Mitgliedschaft in einem Golfclub, Mindesthandicap etc.) zum Zeitpunkt der Einlösung sind Voraussetzung.
7. Es ist untersagt, den Greenfee-Gutschein entgeltlich Dritten zu überlassen bzw. mit diesen Handel zu treiben. Insbesondere sind die teilnehmenden Golfclubs in diesem Falle berechtigt, die Einlösung der ausgeschriebenen Angebote zu verweigern.
8. Die teilnehmenden Golfclubs haben sich gegenüber dem Verlag unter den o.g. Bedingungen verpflichtet, die ausgeschriebenen Angebote einzulösen. Der Verlag übernimmt jedoch keine Gewähr und keine Haftung, wenn ein Angebot nicht eingelöst wird oder werden kann.

Bedingungen zur Einlösung des Discounts:

1. Das Angebot ist einschließlich bis 30.6.2022 gültig.
2. Der Golfspieler/Leser hat sich telefonisch eine Abschlagzeit geben zu lassen – dabei ist die Nutzung des Angebots anzugeben.
3. Eine Barauszahlung des Greenfee-Vorteils ist nicht möglich.
4. Das Kombinieren von Angeboten oder bestehenden Greenfee-Vorteilen ist nicht möglich. Der Vorteil bezieht sich jeweils ausschließlich auf die zum Zeitpunkt der Einlösung gültigen vollen Greenfee-Gebühren.
5. Gibt es Spielergruppen mit erhöhten Greenfee-Gebühren, ist ein Nachlass auf diese Gebühren nicht möglich.
6. Das Angebot allein berechtigt nicht zum Spiel gegen Greenfee. Die Erfüllung der Bestimmungen des jeweiligen Golfclubs zur Greenfee-Berechtigung (Mitgliedschaft in einem Golfclub, Mindesthandicap etc.) zum Zeitpunkt der Einlösung sind Voraussetzung.
7. Es ist untersagt, den Greenfee-Gutschein entgeltlich Dritten zu überlassen bzw. mit diesen Handel zu treiben. Insbesondere sind die teilnehmenden Golfclubs in diesem Falle berechtigt, die Einlösung der ausgeschriebenen Angebote zu verweigern.
8. Die teilnehmenden Golfclubs haben sich gegenüber dem Verlag unter den o.g. Bedingungen verpflichtet, die ausgeschriebenen Angebote einzulösen. Der Verlag übernimmt jedoch keine Gewähr und keine Haftung, wenn ein Angebot nicht eingelöst wird oder werden kann.

DER GOLF ALBRECHT

Golf Club Castell' Arquato

IT

Localita Borlacca, 1, navigatore sattelitare Cortina di Alseno
I-29014 Castell' Arquato
✆ +39 0523 895557
Emilia Romagna

297

30% Greenfee-Ermäßigung wochentags

DER GOLF ALBRECHT

Golf Club Castell' Arquato

IT

Localita Borlacca, 1, navigatore sattelitare Cortina di Alseno
I-29014 Castell' Arquato
✆ +39 0523 895557
Emilia Romagna

297

30% Greenfee-Ermäßigung wochentags

DER GOLF ALBRECHT

Golf Club Castell' Arquato

IT

Localita Borlacca, 1, navigatore sattelitare Cortina di Alseno
I-29014 Castell' Arquato
✆ +39 0523 895557
Emilia Romagna

297

30% Greenfee-Ermäßigung wochentags

DER GOLF ALBRECHT

Modena Golf & Country Club A.S.D.

IT

Via Castelnuovo Rangone 4
I-41043 Colombaro di Formigine
✆ +39 059 553482
Emilia Romagna

298

30% Greenfee-Ermäßigung

DER GOLF ALBRECHT

Modena Golf & Country Club A.S.D.

IT

Via Castelnuovo Rangone 4
I-41043 Colombaro di Formigine
✆ +39 059 553482
Emilia Romagna

298

30% Greenfee-Ermäßigung

DER GOLF ALBRECHT

Modena Golf & Country Club A.S.D.

IT

Via Castelnuovo Rangone 4
I-41043 Colombaro di Formigine
✆ +39 059 553482
Emilia Romagna

298

30% Greenfee-Ermäßigung

DER GOLF ALBRECHT

San Valentino Golf Club

IT

Via Telarolo, 12
I-42014 San Valentino di Castellarano
✆ +39 0536 854512
Emilia Romagna
Hinweis: Reservierung erforderlich

299

2 for 1 2 GF zum Preis von 1

DER GOLF ALBRECHT

San Valentino Golf Club

IT

Via Telarolo, 12
I-42014 San Valentino di Castellarano
✆ +39 0536 854512
Emilia Romagna
Hinweis: Reservierung erforderlich

299

2 for 1 2 GF zum Preis von 1

DER GOLF ALBRECHT

San Valentino Golf Club

IT

Via Telarolo, 12
I-42014 San Valentino di Castellarano
✆ +39 0536 854512
Emilia Romagna

299

50% Greenfee-Ermäßigung wochentags

DER GOLF ALBRECHT

San Valentino Golf Club

IT

Via Telarolo, 12
I-42014 San Valentino di Castellarano
✆ +39 0536 854512
Emilia Romagna

299

50% Greenfee-Ermäßigung wochentags

Bedingungen zur Einlösung des Discounts:

1. Das Angebot ist einschließlich bis 30.6.2022 gültig.
2. Der Golfspieler/Leser hat sich telefonisch eine Abschlagzeit geben zu lassen – dabei ist die Nutzung des Angebots anzugeben.
3. Eine Barauszahlung des Greenfee-Vorteils ist nicht möglich.
4. Das Kombinieren von Angeboten oder bestehenden Greenfee-Vorteilen ist nicht möglich. Der Vorteil bezieht sich jeweils ausschließlich auf die zum Zeitpunkt der Einlösung gültigen vollen Greenfee-Gebühren.
5. Gibt es Spielergruppen mit erhöhten Greenfee-Gebühren, ist ein Nachlass auf diese Gebühren nicht möglich.
6. Das Angebot allein berechtigt nicht zum Spiel gegen Greenfee. Die Erfüllung der Bestimmungen des jeweiligen Golfclubs zur Greenfee-Berechtigung (Mitgliedschaft in einem Golfclub, Mindesthandicap etc.) zum Zeitpunkt der Einlösung sind Voraussetzung.
7. Es ist untersagt, den Greenfee-Gutschein entgeltlich Dritten zu überlassen bzw. mit diesen Handel zu treiben. Insbesondere sind die teilnehmenden Golfclubs in diesem Falle berechtigt, die Einlösung der ausgeschriebenen Angebote zu verweigern.
8. Die teilnehmenden Golfclubs haben sich gegenüber dem Verlag unter den o.g. Bedingungen verpflichtet, die ausgeschriebenen Angebote einzulösen. Der Verlag übernimmt jedoch keine Gewähr und keine Haftung, wenn ein Angebot nicht eingelöst wird oder werden kann.

Bedingungen zur Einlösung des Discounts:

1. Das Angebot ist einschließlich bis 30.6.2022 gültig.
2. Der Golfspieler/Leser hat sich telefonisch eine Abschlagzeit geben zu lassen – dabei ist die Nutzung des Angebots anzugeben.
3. Eine Barauszahlung des Greenfee-Vorteils ist nicht möglich.
4. Das Kombinieren von Angeboten oder bestehenden Greenfee-Vorteilen ist nicht möglich. Der Vorteil bezieht sich jeweils ausschließlich auf die zum Zeitpunkt der Einlösung gültigen vollen Greenfee-Gebühren.
5. Gibt es Spielergruppen mit erhöhten Greenfee-Gebühren, ist ein Nachlass auf diese Gebühren nicht möglich.
6. Das Angebot allein berechtigt nicht zum Spiel gegen Greenfee. Die Erfüllung der Bestimmungen des jeweiligen Golfclubs zur Greenfee-Berechtigung (Mitgliedschaft in einem Golfclub, Mindesthandicap etc.) zum Zeitpunkt der Einlösung sind Voraussetzung.
7. Es ist untersagt, den Greenfee-Gutschein entgeltlich Dritten zu überlassen bzw. mit diesen Handel zu treiben. Insbesondere sind die teilnehmenden Golfclubs in diesem Falle berechtigt, die Einlösung der ausgeschriebenen Angebote zu verweigern.
8. Die teilnehmenden Golfclubs haben sich gegenüber dem Verlag unter den o.g. Bedingungen verpflichtet, die ausgeschriebenen Angebote einzulösen. Der Verlag übernimmt jedoch keine Gewähr und keine Haftung, wenn ein Angebot nicht eingelöst wird oder werden kann.

Bedingungen zur Einlösung des Discounts:

1. Das Angebot ist einschließlich bis 30.6.2022 gültig.
2. Der Golfspieler/Leser hat sich telefonisch eine Abschlagzeit geben zu lassen – dabei ist die Nutzung des Angebots anzugeben.
3. Eine Barauszahlung des Greenfee-Vorteils ist nicht möglich.
4. Das Kombinieren von Angeboten oder bestehenden Greenfee-Vorteilen ist nicht möglich. Der Vorteil bezieht sich jeweils ausschließlich auf die zum Zeitpunkt der Einlösung gültigen vollen Greenfee-Gebühren.
5. Gibt es Spielergruppen mit erhöhten Greenfee-Gebühren, ist ein Nachlass auf diese Gebühren nicht möglich.
6. Das Angebot allein berechtigt nicht zum Spiel gegen Greenfee. Die Erfüllung der Bestimmungen des jeweiligen Golfclubs zur Greenfee-Berechtigung (Mitgliedschaft in einem Golfclub, Mindesthandicap etc.) zum Zeitpunkt der Einlösung sind Voraussetzung.
7. Es ist untersagt, den Greenfee-Gutschein entgeltlich Dritten zu überlassen bzw. mit diesen Handel zu treiben. Insbesondere sind die teilnehmenden Golfclubs in diesem Falle berechtigt, die Einlösung der ausgeschriebenen Angebote zu verweigern.
8. Die teilnehmenden Golfclubs haben sich gegenüber dem Verlag unter den o.g. Bedingungen verpflichtet, die ausgeschriebenen Angebote einzulösen. Der Verlag übernimmt jedoch keine Gewähr und keine Haftung, wenn ein Angebot nicht eingelöst wird oder werden kann.

Bedingungen zur Einlösung des Discounts:

1. Das Angebot ist einschließlich bis 30.6.2022 gültig.
2. Der Golfspieler/Leser hat sich telefonisch eine Abschlagzeit geben zu lassen – dabei ist die Nutzung des Angebots anzugeben.
3. Eine Barauszahlung des Greenfee-Vorteils ist nicht möglich.
4. Das Kombinieren von Angeboten oder bestehenden Greenfee-Vorteilen ist nicht möglich. Der Vorteil bezieht sich jeweils ausschließlich auf die zum Zeitpunkt der Einlösung gültigen vollen Greenfee-Gebühren.
5. Gibt es Spielergruppen mit erhöhten Greenfee-Gebühren, ist ein Nachlass auf diese Gebühren nicht möglich.
6. Das Angebot allein berechtigt nicht zum Spiel gegen Greenfee. Die Erfüllung der Bestimmungen des jeweiligen Golfclubs zur Greenfee-Berechtigung (Mitgliedschaft in einem Golfclub, Mindesthandicap etc.) zum Zeitpunkt der Einlösung sind Voraussetzung.
7. Es ist untersagt, den Greenfee-Gutschein entgeltlich Dritten zu überlassen bzw. mit diesen Handel zu treiben. Insbesondere sind die teilnehmenden Golfclubs in diesem Falle berechtigt, die Einlösung der ausgeschriebenen Angebote zu verweigern.
8. Die teilnehmenden Golfclubs haben sich gegenüber dem Verlag unter den o.g. Bedingungen verpflichtet, die ausgeschriebenen Angebote einzulösen. Der Verlag übernimmt jedoch keine Gewähr und keine Haftung, wenn ein Angebot nicht eingelöst wird oder werden kann.

Bedingungen zur Einlösung des Discounts:

1. Das Angebot ist einschließlich bis 30.6.2022 gültig.
2. Der Golfspieler/Leser hat sich telefonisch eine Abschlagzeit geben zu lassen – dabei ist die Nutzung des Angebots anzugeben.
3. Eine Barauszahlung des Greenfee-Vorteils ist nicht möglich.
4. Das Kombinieren von Angeboten oder bestehenden Greenfee-Vorteilen ist nicht möglich. Der Vorteil bezieht sich jeweils ausschließlich auf die zum Zeitpunkt der Einlösung gültigen vollen Greenfee-Gebühren.
5. Gibt es Spielergruppen mit erhöhten Greenfee-Gebühren, ist ein Nachlass auf diese Gebühren nicht möglich.
6. Das Angebot allein berechtigt nicht zum Spiel gegen Greenfee. Die Erfüllung der Bestimmungen des jeweiligen Golfclubs zur Greenfee-Berechtigung (Mitgliedschaft in einem Golfclub, Mindesthandicap etc.) zum Zeitpunkt der Einlösung sind Voraussetzung.
7. Es ist untersagt, den Greenfee-Gutschein entgeltlich Dritten zu überlassen bzw. mit diesen Handel zu treiben. Insbesondere sind die teilnehmenden Golfclubs in diesem Falle berechtigt, die Einlösung der ausgeschriebenen Angebote zu verweigern.
8. Die teilnehmenden Golfclubs haben sich gegenüber dem Verlag unter den o.g. Bedingungen verpflichtet, die ausgeschriebenen Angebote einzulösen. Der Verlag übernimmt jedoch keine Gewähr und keine Haftung, wenn ein Angebot nicht eingelöst wird oder werden kann.

Bedingungen zur Einlösung des Discounts:

1. Das Angebot ist einschließlich bis 30.6.2022 gültig.
2. Der Golfspieler/Leser hat sich telefonisch eine Abschlagzeit geben zu lassen – dabei ist die Nutzung des Angebots anzugeben.
3. Eine Barauszahlung des Greenfee-Vorteils ist nicht möglich.
4. Das Kombinieren von Angeboten oder bestehenden Greenfee-Vorteilen ist nicht möglich. Der Vorteil bezieht sich jeweils ausschließlich auf die zum Zeitpunkt der Einlösung gültigen vollen Greenfee-Gebühren.
5. Gibt es Spielergruppen mit erhöhten Greenfee-Gebühren, ist ein Nachlass auf diese Gebühren nicht möglich.
6. Das Angebot allein berechtigt nicht zum Spiel gegen Greenfee. Die Erfüllung der Bestimmungen des jeweiligen Golfclubs zur Greenfee-Berechtigung (Mitgliedschaft in einem Golfclub, Mindesthandicap etc.) zum Zeitpunkt der Einlösung sind Voraussetzung.
7. Es ist untersagt, den Greenfee-Gutschein entgeltlich Dritten zu überlassen bzw. mit diesen Handel zu treiben. Insbesondere sind die teilnehmenden Golfclubs in diesem Falle berechtigt, die Einlösung der ausgeschriebenen Angebote zu verweigern.
8. Die teilnehmenden Golfclubs haben sich gegenüber dem Verlag unter den o.g. Bedingungen verpflichtet, die ausgeschriebenen Angebote einzulösen. Der Verlag übernimmt jedoch keine Gewähr und keine Haftung, wenn ein Angebot nicht eingelöst wird oder werden kann.

Bedingungen zur Einlösung des Discounts:

1. Das Angebot ist einschließlich bis 30.6.2022 gültig.
2. Der Golfspieler/Leser hat sich telefonisch eine Abschlagzeit geben zu lassen – dabei ist die Nutzung des Angebots anzugeben.
3. Eine Barauszahlung des Greenfee-Vorteils ist nicht möglich.
4. Das Kombinieren von Angeboten oder bestehenden Greenfee-Vorteilen ist nicht möglich. Der Vorteil bezieht sich jeweils ausschließlich auf die zum Zeitpunkt der Einlösung gültigen vollen Greenfee-Gebühren.
5. Gibt es Spielergruppen mit erhöhten Greenfee-Gebühren, ist ein Nachlass auf diese Gebühren nicht möglich.
6. Das Angebot allein berechtigt nicht zum Spiel gegen Greenfee. Die Erfüllung der Bestimmungen des jeweiligen Golfclubs zur Greenfee-Berechtigung (Mitgliedschaft in einem Golfclub, Mindesthandicap etc.) zum Zeitpunkt der Einlösung sind Voraussetzung.
7. Es ist untersagt, den Greenfee-Gutschein entgeltlich Dritten zu überlassen bzw. mit diesen Handel zu treiben. Insbesondere sind die teilnehmenden Golfclubs in diesem Falle berechtigt, die Einlösung der ausgeschriebenen Angebote zu verweigern.
8. Die teilnehmenden Golfclubs haben sich gegenüber dem Verlag unter den o.g. Bedingungen verpflichtet, die ausgeschriebenen Angebote einzulösen. Der Verlag übernimmt jedoch keine Gewähr und keine Haftung, wenn ein Angebot nicht eingelöst wird oder werden kann.

Bedingungen zur Einlösung des Discounts:

1. Das Angebot ist einschließlich bis 30.6.2022 gültig.
2. Der Golfspieler/Leser hat sich telefonisch eine Abschlagzeit geben zu lassen – dabei ist die Nutzung des Angebots anzugeben.
3. Eine Barauszahlung des Greenfee-Vorteils ist nicht möglich.
4. Das Kombinieren von Angeboten oder bestehenden Greenfee-Vorteilen ist nicht möglich. Der Vorteil bezieht sich jeweils ausschließlich auf die zum Zeitpunkt der Einlösung gültigen vollen Greenfee-Gebühren.
5. Gibt es Spielergruppen mit erhöhten Greenfee-Gebühren, ist ein Nachlass auf diese Gebühren nicht möglich.
6. Das Angebot allein berechtigt nicht zum Spiel gegen Greenfee. Die Erfüllung der Bestimmungen des jeweiligen Golfclubs zur Greenfee-Berechtigung (Mitgliedschaft in einem Golfclub, Mindesthandicap etc.) zum Zeitpunkt der Einlösung sind Voraussetzung.
7. Es ist untersagt, den Greenfee-Gutschein entgeltlich Dritten zu überlassen bzw. mit diesen Handel zu treiben. Insbesondere sind die teilnehmenden Golfclubs in diesem Falle berechtigt, die Einlösung der ausgeschriebenen Angebote zu verweigern.
8. Die teilnehmenden Golfclubs haben sich gegenüber dem Verlag unter den o.g. Bedingungen verpflichtet, die ausgeschriebenen Angebote einzulösen. Der Verlag übernimmt jedoch keine Gewähr und keine Haftung, wenn ein Angebot nicht eingelöst wird oder werden kann.

Bedingungen zur Einlösung des Discounts:

1. Das Angebot ist einschließlich bis 30.6.2022 gültig.
2. Der Golfspieler/Leser hat sich telefonisch eine Abschlagzeit geben zu lassen – dabei ist die Nutzung des Angebots anzugeben.
3. Eine Barauszahlung des Greenfee-Vorteils ist nicht möglich.
4. Das Kombinieren von Angeboten oder bestehenden Greenfee-Vorteilen ist nicht möglich. Der Vorteil bezieht sich jeweils ausschließlich auf die zum Zeitpunkt der Einlösung gültigen vollen Greenfee-Gebühren.
5. Gibt es Spielergruppen mit erhöhten Greenfee-Gebühren, ist ein Nachlass auf diese Gebühren nicht möglich.
6. Das Angebot allein berechtigt nicht zum Spiel gegen Greenfee. Die Erfüllung der Bestimmungen des jeweiligen Golfclubs zur Greenfee-Berechtigung (Mitgliedschaft in einem Golfclub, Mindesthandicap etc.) zum Zeitpunkt der Einlösung sind Voraussetzung.
7. Es ist untersagt, den Greenfee-Gutschein entgeltlich Dritten zu überlassen bzw. mit diesen Handel zu treiben. Insbesondere sind die teilnehmenden Golfclubs in diesem Falle berechtigt, die Einlösung der ausgeschriebenen Angebote zu verweigern.
8. Die teilnehmenden Golfclubs haben sich gegenüber dem Verlag unter den o.g. Bedingungen verpflichtet, die ausgeschriebenen Angebote einzulösen. Der Verlag übernimmt jedoch keine Gewähr und keine Haftung, wenn ein Angebot nicht eingelöst wird oder werden kann.

Bedingungen zur Einlösung des Discounts:

1. Das Angebot ist einschließlich bis 30.6.2022 gültig.
2. Der Golfspieler/Leser hat sich telefonisch eine Abschlagzeit geben zu lassen – dabei ist die Nutzung des Angebots anzugeben.
3. Eine Barauszahlung des Greenfee-Vorteils ist nicht möglich.
4. Das Kombinieren von Angeboten oder bestehenden Greenfee-Vorteilen ist nicht möglich. Der Vorteil bezieht sich jeweils ausschließlich auf die zum Zeitpunkt der Einlösung gültigen vollen Greenfee-Gebühren.
5. Gibt es Spielergruppen mit erhöhten Greenfee-Gebühren, ist ein Nachlass auf diese Gebühren nicht möglich.
6. Das Angebot allein berechtigt nicht zum Spiel gegen Greenfee. Die Erfüllung der Bestimmungen des jeweiligen Golfclubs zur Greenfee-Berechtigung (Mitgliedschaft in einem Golfclub, Mindesthandicap etc.) zum Zeitpunkt der Einlösung sind Voraussetzung.
7. Es ist untersagt, den Greenfee-Gutschein entgeltlich Dritten zu überlassen bzw. mit diesen Handel zu treiben. Insbesondere sind die teilnehmenden Golfclubs in diesem Falle berechtigt, die Einlösung der ausgeschriebenen Angebote zu verweigern.
8. Die teilnehmenden Golfclubs haben sich gegenüber dem Verlag unter den o.g. Bedingungen verpflichtet, die ausgeschriebenen Angebote einzulösen. Der Verlag übernimmt jedoch keine Gewähr und keine Haftung, wenn ein Angebot nicht eingelöst wird oder werden kann.

DER GOLF ALBRECHT

San Valentino Golf Club

IT

Via Telarolo, 12
I-42014 San Valentino di Castellarano
☎ +39 0536 854512
Emilia Romagna

299

50% Greenfee-Ermäßigung wochentags

DER GOLF ALBRECHT

Golf Club Le Fonti

IT

Viale Terme 1800
I-40024 Castel San Pietro Terme
☎ +39 051 695 1958
Emilia Romagna

300

2 for 1 2 GF zum Preis von 1 wochentags

DER GOLF ALBRECHT

Golf Club Le Fonti

IT

Viale Terme 1800
I-40024 Castel San Pietro Terme
☎ +39 051 695 1958
Emilia Romagna

300

2 for 1 2 GF zum Preis von 1 wochentags

DER GOLF ALBRECHT

Golf Club Le Fonti

IT

Viale Terme 1800
I-40024 Castel San Pietro Terme
☎ +39 051 695 1958
Emilia Romagna

300

2 for 1 2 GF zum Preis von 1 wochentags

DER GOLF ALBRECHT

Golf Club Molino del Pero

IT

Via Molino del Pero, 323
I-40036 Monzuno
☎ +39 051 677 0506
Emilia Romagna
Hinweis: Offriamo i Golf car nei feriali a soli 10 euro a persona

301

2 for 1 2 GF zum Preis von 1 wochentags

DER GOLF ALBRECHT

Golf Club Molino del Pero

IT

Via Molino del Pero, 323
I-40036 Monzuno
☎ +39 051 677 0506
Emilia Romagna
Hinweis: Wochentags Cart für 10.- Euro

301

2 for 1 2 GF zum Preis von 1 wochentags

DER GOLF ALBRECHT

Golf Club Molino del Pero

IT

Via Molino del Pero, 323
I-40036 Monzuno
☎ +39 051 677 0506
Emilia Romagna
Hinweis: Wochentags Cart für 10.- Euro

301

2 for 1 2 GF zum Preis von 1 wochentags

DER GOLF ALBRECHT

Golf Club Molino del Pero

IT

Via Molino del Pero, 323
I-40036 Monzuno
☎ +39 051 677 0506
Emilia Romagna

301

20% Greenfee-Ermäßigung

DER GOLF ALBRECHT

Golf Club Molino del Pero

IT

Via Molino del Pero, 323
I-40036 Monzuno
☎ +39 051 677 0506
Emilia Romagna

301

20% Greenfee-Ermäßigung

DER GOLF ALBRECHT

Golf Club Molino del Pero

IT

Via Molino del Pero, 323
I-40036 Monzuno
☎ +39 051 677 0506
Emilia Romagna

301

20% Greenfee-Ermäßigung

Bedingungen zur Einlösung des Discounts:
1. Das Angebot ist einschließlich bis 30.6.2022 gültig.
2. Der Golfspieler/Leser hat sich telefonisch eine Abschlagzeit geben zu lassen – dabei ist die Nutzung des Angebots anzugeben.
3. Eine Barauszahlung des Greenfee-Vorteils ist nicht möglich.
4. Das Kombinieren von Angeboten oder bestehenden Greenfee-Vorteilen ist nicht möglich. Der Vorteil bezieht sich jeweils ausschließlich auf die zum Zeitpunkt der Einlösung gültigen vollen Greenfee-Gebühren.
5. Gibt es Spielergruppen mit erhöhten Greenfee-Gebühren, ist ein Nachlass auf diese Gebühren nicht möglich.
6. Das Angebot allein berechtigt nicht zum Spiel gegen Greenfee. Die Erfüllung der Bestimmungen des jeweiligen Golfclubs zur Greenfee-Berechtigung (Mitgliedschaft in einem Golfclub, Mindesthandicap etc.) zum Zeitpunkt der Einlösung sind Voraussetzung.
7. Es ist untersagt, den Greenfee-Gutschein entgeltlich Dritten zu überlassen bzw. mit diesen Handel zu treiben. Insbesondere sind die teilnehmenden Golfclubs in diesem Falle berechtigt, die Einlösung der ausgeschriebenen Angebote zu verweigern.
8. Die teilnehmenden Golfclubs haben sich gegenüber dem Verlag unter den o.g. Bedingungen verpflichtet, die ausgeschriebenen Angebote einzulösen. Der Verlag übernimmt jedoch keine Gewähr und keine Haftung, wenn ein Angebot nicht eingelöst wird oder werden kann.

Bedingungen zur Einlösung des Discounts:
1. Das Angebot ist einschließlich bis 30.6.2022 gültig.
2. Der Golfspieler/Leser hat sich telefonisch eine Abschlagzeit geben zu lassen – dabei ist die Nutzung des Angebots anzugeben.
3. Eine Barauszahlung des Greenfee-Vorteils ist nicht möglich.
4. Das Kombinieren von Angeboten oder bestehenden Greenfee-Vorteilen ist nicht möglich. Der Vorteil bezieht sich jeweils ausschließlich auf die zum Zeitpunkt der Einlösung gültigen vollen Greenfee-Gebühren.
5. Gibt es Spielergruppen mit erhöhten Greenfee-Gebühren, ist ein Nachlass auf diese Gebühren nicht möglich.
6. Das Angebot allein berechtigt nicht zum Spiel gegen Greenfee. Die Erfüllung der Bestimmungen des jeweiligen Golfclubs zur Greenfee-Berechtigung (Mitgliedschaft in einem Golfclub, Mindesthandicap etc.) zum Zeitpunkt der Einlösung sind Voraussetzung.
7. Es ist untersagt, den Greenfee-Gutschein entgeltlich Dritten zu überlassen bzw. mit diesen Handel zu treiben. Insbesondere sind die teilnehmenden Golfclubs in diesem Falle berechtigt, die Einlösung der ausgeschriebenen Angebote zu verweigern.
8. Die teilnehmenden Golfclubs haben sich gegenüber dem Verlag unter den o.g. Bedingungen verpflichtet, die ausgeschriebenen Angebote einzulösen. Der Verlag übernimmt jedoch keine Gewähr und keine Haftung, wenn ein Angebot nicht eingelöst wird oder werden kann.

Bedingungen zur Einlösung des Discounts:
1. Das Angebot ist einschließlich bis 30.6.2022 gültig.
2. Der Golfspieler/Leser hat sich telefonisch eine Abschlagzeit geben zu lassen – dabei ist die Nutzung des Angebots anzugeben.
3. Eine Barauszahlung des Greenfee-Vorteils ist nicht möglich.
4. Das Kombinieren von Angeboten oder bestehenden Greenfee-Vorteilen ist nicht möglich. Der Vorteil bezieht sich jeweils ausschließlich auf die zum Zeitpunkt der Einlösung gültigen vollen Greenfee-Gebühren.
5. Gibt es Spielergruppen mit erhöhten Greenfee-Gebühren, ist ein Nachlass auf diese Gebühren nicht möglich.
6. Das Angebot allein berechtigt nicht zum Spiel gegen Greenfee. Die Erfüllung der Bestimmungen des jeweiligen Golfclubs zur Greenfee-Berechtigung (Mitgliedschaft in einem Golfclub, Mindesthandicap etc.) zum Zeitpunkt der Einlösung sind Voraussetzung.
7. Es ist untersagt, den Greenfee-Gutschein entgeltlich Dritten zu überlassen bzw. mit diesen Handel zu treiben. Insbesondere sind die teilnehmenden Golfclubs in diesem Falle berechtigt, die Einlösung der ausgeschriebenen Angebote zu verweigern.
8. Die teilnehmenden Golfclubs haben sich gegenüber dem Verlag unter den o.g. Bedingungen verpflichtet, die ausgeschriebenen Angebote einzulösen. Der Verlag übernimmt jedoch keine Gewähr und keine Haftung, wenn ein Angebot nicht eingelöst wird oder werden kann.

Bedingungen zur Einlösung des Discounts:
1. Das Angebot ist einschließlich bis 30.6.2022 gültig.
2. Der Golfspieler/Leser hat sich telefonisch eine Abschlagzeit geben zu lassen – dabei ist die Nutzung des Angebots anzugeben.
3. Eine Barauszahlung des Greenfee-Vorteils ist nicht möglich.
4. Das Kombinieren von Angeboten oder bestehenden Greenfee-Vorteilen ist nicht möglich. Der Vorteil bezieht sich jeweils ausschließlich auf die zum Zeitpunkt der Einlösung gültigen vollen Greenfee-Gebühren.
5. Gibt es Spielergruppen mit erhöhten Greenfee-Gebühren, ist ein Nachlass auf diese Gebühren nicht möglich.
6. Das Angebot allein berechtigt nicht zum Spiel gegen Greenfee. Die Erfüllung der Bestimmungen des jeweiligen Golfclubs zur Greenfee-Berechtigung (Mitgliedschaft in einem Golfclub, Mindesthandicap etc.) zum Zeitpunkt der Einlösung sind Voraussetzung.
7. Es ist untersagt, den Greenfee-Gutschein entgeltlich Dritten zu überlassen bzw. mit diesen Handel zu treiben. Insbesondere sind die teilnehmenden Golfclubs in diesem Falle berechtigt, die Einlösung der ausgeschriebenen Angebote zu verweigern.
8. Die teilnehmenden Golfclubs haben sich gegenüber dem Verlag unter den o.g. Bedingungen verpflichtet, die ausgeschriebenen Angebote einzulösen. Der Verlag übernimmt jedoch keine Gewähr und keine Haftung, wenn ein Angebot nicht eingelöst wird oder werden kann.

Bedingungen zur Einlösung des Discounts:
1. Das Angebot ist einschließlich bis 30.6.2022 gültig.
2. Der Golfspieler/Leser hat sich telefonisch eine Abschlagzeit geben zu lassen – dabei ist die Nutzung des Angebots anzugeben.
3. Eine Barauszahlung des Greenfee-Vorteils ist nicht möglich.
4. Das Kombinieren von Angeboten oder bestehenden Greenfee-Vorteilen ist nicht möglich. Der Vorteil bezieht sich jeweils ausschließlich auf die zum Zeitpunkt der Einlösung gültigen vollen Greenfee-Gebühren.
5. Gibt es Spielergruppen mit erhöhten Greenfee-Gebühren, ist ein Nachlass auf diese Gebühren nicht möglich.
6. Das Angebot allein berechtigt nicht zum Spiel gegen Greenfee. Die Erfüllung der Bestimmungen des jeweiligen Golfclubs zur Greenfee-Berechtigung (Mitgliedschaft in einem Golfclub, Mindesthandicap etc.) zum Zeitpunkt der Einlösung sind Voraussetzung.
7. Es ist untersagt, den Greenfee-Gutschein entgeltlich Dritten zu überlassen bzw. mit diesen Handel zu treiben. Insbesondere sind die teilnehmenden Golfclubs in diesem Falle berechtigt, die Einlösung der ausgeschriebenen Angebote zu verweigern.
8. Die teilnehmenden Golfclubs haben sich gegenüber dem Verlag unter den o.g. Bedingungen verpflichtet, die ausgeschriebenen Angebote einzulösen. Der Verlag übernimmt jedoch keine Gewähr und keine Haftung, wenn ein Angebot nicht eingelöst wird oder werden kann.

Bedingungen zur Einlösung des Discounts:
1. Das Angebot ist einschließlich bis 30.6.2022 gültig.
2. Der Golfspieler/Leser hat sich telefonisch eine Abschlagzeit geben zu lassen – dabei ist die Nutzung des Angebots anzugeben.
3. Eine Barauszahlung des Greenfee-Vorteils ist nicht möglich.
4. Das Kombinieren von Angeboten oder bestehenden Greenfee-Vorteilen ist nicht möglich. Der Vorteil bezieht sich jeweils ausschließlich auf die zum Zeitpunkt der Einlösung gültigen vollen Greenfee-Gebühren.
5. Gibt es Spielergruppen mit erhöhten Greenfee-Gebühren, ist ein Nachlass auf diese Gebühren nicht möglich.
6. Das Angebot allein berechtigt nicht zum Spiel gegen Greenfee. Die Erfüllung der Bestimmungen des jeweiligen Golfclubs zur Greenfee-Berechtigung (Mitgliedschaft in einem Golfclub, Mindesthandicap etc.) zum Zeitpunkt der Einlösung sind Voraussetzung.
7. Es ist untersagt, den Greenfee-Gutschein entgeltlich Dritten zu überlassen bzw. mit diesen Handel zu treiben. Insbesondere sind die teilnehmenden Golfclubs in diesem Falle berechtigt, die Einlösung der ausgeschriebenen Angebote zu verweigern.
8. Die teilnehmenden Golfclubs haben sich gegenüber dem Verlag unter den o.g. Bedingungen verpflichtet, die ausgeschriebenen Angebote einzulösen. Der Verlag übernimmt jedoch keine Gewähr und keine Haftung, wenn ein Angebot nicht eingelöst wird oder werden kann.

Bedingungen zur Einlösung des Discounts:
1. Das Angebot ist einschließlich bis 30.6.2022 gültig.
2. Der Golfspieler/Leser hat sich telefonisch eine Abschlagzeit geben zu lassen – dabei ist die Nutzung des Angebots anzugeben.
3. Eine Barauszahlung des Greenfee-Vorteils ist nicht möglich.
4. Das Kombinieren von Angeboten oder bestehenden Greenfee-Vorteilen ist nicht möglich. Der Vorteil bezieht sich jeweils ausschließlich auf die zum Zeitpunkt der Einlösung gültigen vollen Greenfee-Gebühren.
5. Gibt es Spielergruppen mit erhöhten Greenfee-Gebühren, ist ein Nachlass auf diese Gebühren nicht möglich.
6. Das Angebot allein berechtigt nicht zum Spiel gegen Greenfee. Die Erfüllung der Bestimmungen des jeweiligen Golfclubs zur Greenfee-Berechtigung (Mitgliedschaft in einem Golfclub, Mindesthandicap etc.) zum Zeitpunkt der Einlösung sind Voraussetzung.
7. Es ist untersagt, den Greenfee-Gutschein entgeltlich Dritten zu überlassen bzw. mit diesen Handel zu treiben. Insbesondere sind die teilnehmenden Golfclubs in diesem Falle berechtigt, die Einlösung der ausgeschriebenen Angebote zu verweigern.
8. Die teilnehmenden Golfclubs haben sich gegenüber dem Verlag unter den o.g. Bedingungen verpflichtet, die ausgeschriebenen Angebote einzulösen. Der Verlag übernimmt jedoch keine Gewähr und keine Haftung, wenn ein Angebot nicht eingelöst wird oder werden kann.

Bedingungen zur Einlösung des Discounts:
1. Das Angebot ist einschließlich bis 30.6.2022 gültig.
2. Der Golfspieler/Leser hat sich telefonisch eine Abschlagzeit geben zu lassen – dabei ist die Nutzung des Angebots anzugeben.
3. Eine Barauszahlung des Greenfee-Vorteils ist nicht möglich.
4. Das Kombinieren von Angeboten oder bestehenden Greenfee-Vorteilen ist nicht möglich. Der Vorteil bezieht sich jeweils ausschließlich auf die zum Zeitpunkt der Einlösung gültigen vollen Greenfee-Gebühren.
5. Gibt es Spielergruppen mit erhöhten Greenfee-Gebühren, ist ein Nachlass auf diese Gebühren nicht möglich.
6. Das Angebot allein berechtigt nicht zum Spiel gegen Greenfee. Die Erfüllung der Bestimmungen des jeweiligen Golfclubs zur Greenfee-Berechtigung (Mitgliedschaft in einem Golfclub, Mindesthandicap etc.) zum Zeitpunkt der Einlösung sind Voraussetzung.
7. Es ist untersagt, den Greenfee-Gutschein entgeltlich Dritten zu überlassen bzw. mit diesen Handel zu treiben. Insbesondere sind die teilnehmenden Golfclubs in diesem Falle berechtigt, die Einlösung der ausgeschriebenen Angebote zu verweigern.
8. Die teilnehmenden Golfclubs haben sich gegenüber dem Verlag unter den o.g. Bedingungen verpflichtet, die ausgeschriebenen Angebote einzulösen. Der Verlag übernimmt jedoch keine Gewähr und keine Haftung, wenn ein Angebot nicht eingelöst wird oder werden kann.

Bedingungen zur Einlösung des Discounts:
1. Das Angebot ist einschließlich bis 30.6.2022 gültig.
2. Der Golfspieler/Leser hat sich telefonisch eine Abschlagzeit geben zu lassen – dabei ist die Nutzung des Angebots anzugeben.
3. Eine Barauszahlung des Greenfee-Vorteils ist nicht möglich.
4. Das Kombinieren von Angeboten oder bestehenden Greenfee-Vorteilen ist nicht möglich. Der Vorteil bezieht sich jeweils ausschließlich auf die zum Zeitpunkt der Einlösung gültigen vollen Greenfee-Gebühren.
5. Gibt es Spielergruppen mit erhöhten Greenfee-Gebühren, ist ein Nachlass auf diese Gebühren nicht möglich.
6. Das Angebot allein berechtigt nicht zum Spiel gegen Greenfee. Die Erfüllung der Bestimmungen des jeweiligen Golfclubs zur Greenfee-Berechtigung (Mitgliedschaft in einem Golfclub, Mindesthandicap etc.) zum Zeitpunkt der Einlösung sind Voraussetzung.
7. Es ist untersagt, den Greenfee-Gutschein entgeltlich Dritten zu überlassen bzw. mit diesen Handel zu treiben. Insbesondere sind die teilnehmenden Golfclubs in diesem Falle berechtigt, die Einlösung der ausgeschriebenen Angebote zu verweigern.
8. Die teilnehmenden Golfclubs haben sich gegenüber dem Verlag unter den o.g. Bedingungen verpflichtet, die ausgeschriebenen Angebote einzulösen. Der Verlag übernimmt jedoch keine Gewähr und keine Haftung, wenn ein Angebot nicht eingelöst wird oder werden kann.

Bedingungen zur Einlösung des Discounts:
1. Das Angebot ist einschließlich bis 30.6.2022 gültig.
2. Der Golfspieler/Leser hat sich telefonisch eine Abschlagzeit geben zu lassen – dabei ist die Nutzung des Angebots anzugeben.
3. Eine Barauszahlung des Greenfee-Vorteils ist nicht möglich.
4. Das Kombinieren von Angeboten oder bestehenden Greenfee-Vorteilen ist nicht möglich. Der Vorteil bezieht sich jeweils ausschließlich auf die zum Zeitpunkt der Einlösung gültigen vollen Greenfee-Gebühren.
5. Gibt es Spielergruppen mit erhöhten Greenfee-Gebühren, ist ein Nachlass auf diese Gebühren nicht möglich.
6. Das Angebot allein berechtigt nicht zum Spiel gegen Greenfee. Die Erfüllung der Bestimmungen des jeweiligen Golfclubs zur Greenfee-Berechtigung (Mitgliedschaft in einem Golfclub, Mindesthandicap etc.) zum Zeitpunkt der Einlösung sind Voraussetzung.
7. Es ist untersagt, den Greenfee-Gutschein entgeltlich Dritten zu überlassen bzw. mit diesen Handel zu treiben. Insbesondere sind die teilnehmenden Golfclubs in diesem Falle berechtigt, die Einlösung der ausgeschriebenen Angebote zu verweigern.
8. Die teilnehmenden Golfclubs haben sich gegenüber dem Verlag unter den o.g. Bedingungen verpflichtet, die ausgeschriebenen Angebote einzulösen. Der Verlag übernimmt jedoch keine Gewähr und keine Haftung, wenn ein Angebot nicht eingelöst wird oder werden kann.

DER GOLF ALBRECHT

Rimini-Verucchio Golf Club S.S.D. IT

Via Molino Bianco, 109
I-47826 Villa Verucchio (RN)
✆ +39 0541 678122
Emilia Romagna

302

2 for 1 2 GF zum Preis von 1

DER GOLF ALBRECHT

Rimini-Verucchio Golf Club S.S.D. IT

Via Molino Bianco, 109
I-47826 Villa Verucchio (RN)
✆ +39 0541 678122
Emilia Romagna

302

2 for 1 2 GF zum Preis von 1

DER GOLF ALBRECHT

Rimini-Verucchio Golf Club S.S.D. IT

Via Molino Bianco, 109
I-47826 Villa Verucchio (RN)
✆ +39 0541 678122
Emilia Romagna

302

2 for 1 2 GF zum Preis von 1

DER GOLF ALBRECHT

Castellaro Golf Club IT

Strada per i Piani, 1
I-18011 Castellaro
✆ +39 0184 482641
Piemont und Ligurien

303

10% Greenfee-Ermäßigung

DER GOLF ALBRECHT

Castellaro Golf Club IT

Strada per i Piani, 1
I-18011 Castellaro
✆ +39 0184 482641
Piemont und Ligurien

303

10% Greenfee-Ermäßigung

DER GOLF ALBRECHT

Castellaro Golf Club IT

Strada per i Piani, 1
I-18011 Castellaro
✆ +39 0184 482641
Piemont und Ligurien

303

10% Greenfee-Ermäßigung

DER GOLF ALBRECHT

Golf Montecatini Terme IT

Via dei Brogi 1652, Loc. Pievaccia
I-51015 Monsummano Terme
✆ +39 0572 62218
Toskana

304

2 for 1 2 GF zum Preis von 1

DER GOLF ALBRECHT

Golf Montecatini Terme IT

Via dei Brogi 1652, Loc. Pievaccia
I-51015 Monsummano Terme
✆ +39 0572 62218
Toskana

304

2 for 1 2 GF zum Preis von 1

DER GOLF ALBRECHT

Golf Montecatini Terme IT

Via dei Brogi 1652, Loc. Pievaccia
I-51015 Monsummano Terme
✆ +39 0572 62218
Toskana

304

20% Greenfee-Ermäßigung

DER GOLF ALBRECHT

Golf Montecatini Terme IT

Via dei Brogi 1652, Loc. Pievaccia
I-51015 Monsummano Terme
✆ +39 0572 62218
Toskana

304

20% Greenfee-Ermäßigung

Bedingungen zur Einlösung des Discounts:

1. Das Angebot ist einschließlich bis 30.6.2022 gültig.
2. Der Golfspieler/Leser hat sich telefonisch eine Abschlagzeit geben zu lassen – dabei ist die Nutzung des Angebots anzugeben.
3. Eine Barauszahlung des Greenfee-Vorteils ist nicht möglich.
4. Das Kombinieren von Angeboten oder bestehenden Greenfee-Vorteilen ist nicht möglich. Der Vorteil bezieht sich jeweils ausschließlich auf die zum Zeitpunkt der Einlösung gültigen vollen Greenfee-Gebühren.
5. Gibt es Spielergruppen mit erhöhten Greenfee-Gebühren, ist ein Nachlass auf diese Gebühren nicht möglich.
6. Das Angebot allein berechtigt nicht zum Spiel gegen Greenfee. Die Erfüllung der Bestimmungen des jeweiligen Golfclubs zur Greenfee-Berechtigung (Mitgliedschaft in einem Golfclub, Mindesthandicap etc.) zum Zeitpunkt der Einlösung sind Voraussetzung.
7. Es ist untersagt, den Greenfee-Gutschein entgeltlich Dritten zu überlassen bzw. mit diesen Handel zu treiben. Insbesondere sind die teilnehmenden Golfclubs in diesem Falle berechtigt, die Einlösung der ausgeschriebenen Angebote zu verweigern.
8. Die teilnehmenden Golfclubs haben sich gegenüber dem Verlag unter den o.g. Bedingungen verpflichtet, die ausgeschriebenen Angebote einzulösen. Der Verlag übernimmt jedoch keine Gewähr und keine Haftung, wenn ein Angebot nicht eingelöst wird oder werden kann.

Bedingungen zur Einlösung des Discounts:

1. Das Angebot ist einschließlich bis 30.6.2022 gültig.
2. Der Golfspieler/Leser hat sich telefonisch eine Abschlagzeit geben zu lassen – dabei ist die Nutzung des Angebots anzugeben.
3. Eine Barauszahlung des Greenfee-Vorteils ist nicht möglich.
4. Das Kombinieren von Angeboten oder bestehenden Greenfee-Vorteilen ist nicht möglich. Der Vorteil bezieht sich jeweils ausschließlich auf die zum Zeitpunkt der Einlösung gültigen vollen Greenfee-Gebühren.
5. Gibt es Spielergruppen mit erhöhten Greenfee-Gebühren, ist ein Nachlass auf diese Gebühren nicht möglich.
6. Das Angebot allein berechtigt nicht zum Spiel gegen Greenfee. Die Erfüllung der Bestimmungen des jeweiligen Golfclubs zur Greenfee-Berechtigung (Mitgliedschaft in einem Golfclub, Mindesthandicap etc.) zum Zeitpunkt der Einlösung sind Voraussetzung.
7. Es ist untersagt, den Greenfee-Gutschein entgeltlich Dritten zu überlassen bzw. mit diesen Handel zu treiben. Insbesondere sind die teilnehmenden Golfclubs in diesem Falle berechtigt, die Einlösung der ausgeschriebenen Angebote zu verweigern.
8. Die teilnehmenden Golfclubs haben sich gegenüber dem Verlag unter den o.g. Bedingungen verpflichtet, die ausgeschriebenen Angebote einzulösen. Der Verlag übernimmt jedoch keine Gewähr und keine Haftung, wenn ein Angebot nicht eingelöst wird oder werden kann.

Bedingungen zur Einlösung des Discounts:

1. Das Angebot ist einschließlich bis 30.6.2022 gültig.
2. Der Golfspieler/Leser hat sich telefonisch eine Abschlagzeit geben zu lassen – dabei ist die Nutzung des Angebots anzugeben.
3. Eine Barauszahlung des Greenfee-Vorteils ist nicht möglich.
4. Das Kombinieren von Angeboten oder bestehenden Greenfee-Vorteilen ist nicht möglich. Der Vorteil bezieht sich jeweils ausschließlich auf die zum Zeitpunkt der Einlösung gültigen vollen Greenfee-Gebühren.
5. Gibt es Spielergruppen mit erhöhten Greenfee-Gebühren, ist ein Nachlass auf diese Gebühren nicht möglich.
6. Das Angebot allein berechtigt nicht zum Spiel gegen Greenfee. Die Erfüllung der Bestimmungen des jeweiligen Golfclubs zur Greenfee-Berechtigung (Mitgliedschaft in einem Golfclub, Mindesthandicap etc.) zum Zeitpunkt der Einlösung sind Voraussetzung.
7. Es ist untersagt, den Greenfee-Gutschein entgeltlich Dritten zu überlassen bzw. mit diesen Handel zu treiben. Insbesondere sind die teilnehmenden Golfclubs in diesem Falle berechtigt, die Einlösung der ausgeschriebenen Angebote zu verweigern.
8. Die teilnehmenden Golfclubs haben sich gegenüber dem Verlag unter den o.g. Bedingungen verpflichtet, die ausgeschriebenen Angebote einzulösen. Der Verlag übernimmt jedoch keine Gewähr und keine Haftung, wenn ein Angebot nicht eingelöst wird oder werden kann.

Bedingungen zur Einlösung des Discounts:

1. Das Angebot ist einschließlich bis 30.6.2022 gültig.
2. Der Golfspieler/Leser hat sich telefonisch eine Abschlagzeit geben zu lassen – dabei ist die Nutzung des Angebots anzugeben.
3. Eine Barauszahlung des Greenfee-Vorteils ist nicht möglich.
4. Das Kombinieren von Angeboten oder bestehenden Greenfee-Vorteilen ist nicht möglich. Der Vorteil bezieht sich jeweils ausschließlich auf die zum Zeitpunkt der Einlösung gültigen vollen Greenfee-Gebühren.
5. Gibt es Spielergruppen mit erhöhten Greenfee-Gebühren, ist ein Nachlass auf diese Gebühren nicht möglich.
6. Das Angebot allein berechtigt nicht zum Spiel gegen Greenfee. Die Erfüllung der Bestimmungen des jeweiligen Golfclubs zur Greenfee-Berechtigung (Mitgliedschaft in einem Golfclub, Mindesthandicap etc.) zum Zeitpunkt der Einlösung sind Voraussetzung.
7. Es ist untersagt, den Greenfee-Gutschein entgeltlich Dritten zu überlassen bzw. mit diesen Handel zu treiben. Insbesondere sind die teilnehmenden Golfclubs in diesem Falle berechtigt, die Einlösung der ausgeschriebenen Angebote zu verweigern.
8. Die teilnehmenden Golfclubs haben sich gegenüber dem Verlag unter den o.g. Bedingungen verpflichtet, die ausgeschriebenen Angebote einzulösen. Der Verlag übernimmt jedoch keine Gewähr und keine Haftung, wenn ein Angebot nicht eingelöst wird oder werden kann.

Bedingungen zur Einlösung des Discounts:

1. Das Angebot ist einschließlich bis 30.6.2022 gültig.
2. Der Golfspieler/Leser hat sich telefonisch eine Abschlagzeit geben zu lassen – dabei ist die Nutzung des Angebots anzugeben.
3. Eine Barauszahlung des Greenfee-Vorteils ist nicht möglich.
4. Das Kombinieren von Angeboten oder bestehenden Greenfee-Vorteilen ist nicht möglich. Der Vorteil bezieht sich jeweils ausschließlich auf die zum Zeitpunkt der Einlösung gültigen vollen Greenfee-Gebühren.
5. Gibt es Spielergruppen mit erhöhten Greenfee-Gebühren, ist ein Nachlass auf diese Gebühren nicht möglich.
6. Das Angebot allein berechtigt nicht zum Spiel gegen Greenfee. Die Erfüllung der Bestimmungen des jeweiligen Golfclubs zur Greenfee-Berechtigung (Mitgliedschaft in einem Golfclub, Mindesthandicap etc.) zum Zeitpunkt der Einlösung sind Voraussetzung.
7. Es ist untersagt, den Greenfee-Gutschein entgeltlich Dritten zu überlassen bzw. mit diesen Handel zu treiben. Insbesondere sind die teilnehmenden Golfclubs in diesem Falle berechtigt, die Einlösung der ausgeschriebenen Angebote zu verweigern.
8. Die teilnehmenden Golfclubs haben sich gegenüber dem Verlag unter den o.g. Bedingungen verpflichtet, die ausgeschriebenen Angebote einzulösen. Der Verlag übernimmt jedoch keine Gewähr und keine Haftung, wenn ein Angebot nicht eingelöst wird oder werden kann.

Bedingungen zur Einlösung des Discounts:

1. Das Angebot ist einschließlich bis 30.6.2022 gültig.
2. Der Golfspieler/Leser hat sich telefonisch eine Abschlagzeit geben zu lassen – dabei ist die Nutzung des Angebots anzugeben.
3. Eine Barauszahlung des Greenfee-Vorteils ist nicht möglich.
4. Das Kombinieren von Angeboten oder bestehenden Greenfee-Vorteilen ist nicht möglich. Der Vorteil bezieht sich jeweils ausschließlich auf die zum Zeitpunkt der Einlösung gültigen vollen Greenfee-Gebühren.
5. Gibt es Spielergruppen mit erhöhten Greenfee-Gebühren, ist ein Nachlass auf diese Gebühren nicht möglich.
6. Das Angebot allein berechtigt nicht zum Spiel gegen Greenfee. Die Erfüllung der Bestimmungen des jeweiligen Golfclubs zur Greenfee-Berechtigung (Mitgliedschaft in einem Golfclub, Mindesthandicap etc.) zum Zeitpunkt der Einlösung sind Voraussetzung.
7. Es ist untersagt, den Greenfee-Gutschein entgeltlich Dritten zu überlassen bzw. mit diesen Handel zu treiben. Insbesondere sind die teilnehmenden Golfclubs in diesem Falle berechtigt, die Einlösung der ausgeschriebenen Angebote zu verweigern.
8. Die teilnehmenden Golfclubs haben sich gegenüber dem Verlag unter den o.g. Bedingungen verpflichtet, die ausgeschriebenen Angebote einzulösen. Der Verlag übernimmt jedoch keine Gewähr und keine Haftung, wenn ein Angebot nicht eingelöst wird oder werden kann.

Bedingungen zur Einlösung des Discounts:

1. Das Angebot ist einschließlich bis 30.6.2022 gültig.
2. Der Golfspieler/Leser hat sich telefonisch eine Abschlagzeit geben zu lassen – dabei ist die Nutzung des Angebots anzugeben.
3. Eine Barauszahlung des Greenfee-Vorteils ist nicht möglich.
4. Das Kombinieren von Angeboten oder bestehenden Greenfee-Vorteilen ist nicht möglich. Der Vorteil bezieht sich jeweils ausschließlich auf die zum Zeitpunkt der Einlösung gültigen vollen Greenfee-Gebühren.
5. Gibt es Spielergruppen mit erhöhten Greenfee-Gebühren, ist ein Nachlass auf diese Gebühren nicht möglich.
6. Das Angebot allein berechtigt nicht zum Spiel gegen Greenfee. Die Erfüllung der Bestimmungen des jeweiligen Golfclubs zur Greenfee-Berechtigung (Mitgliedschaft in einem Golfclub, Mindesthandicap etc.) zum Zeitpunkt der Einlösung sind Voraussetzung.
7. Es ist untersagt, den Greenfee-Gutschein entgeltlich Dritten zu überlassen bzw. mit diesen Handel zu treiben. Insbesondere sind die teilnehmenden Golfclubs in diesem Falle berechtigt, die Einlösung der ausgeschriebenen Angebote zu verweigern.
8. Die teilnehmenden Golfclubs haben sich gegenüber dem Verlag unter den o.g. Bedingungen verpflichtet, die ausgeschriebenen Angebote einzulösen. Der Verlag übernimmt jedoch keine Gewähr und keine Haftung, wenn ein Angebot nicht eingelöst wird oder werden kann.

Bedingungen zur Einlösung des Discounts:

1. Das Angebot ist einschließlich bis 30.6.2022 gültig.
2. Der Golfspieler/Leser hat sich telefonisch eine Abschlagzeit geben zu lassen – dabei ist die Nutzung des Angebots anzugeben.
3. Eine Barauszahlung des Greenfee-Vorteils ist nicht möglich.
4. Das Kombinieren von Angeboten oder bestehenden Greenfee-Vorteilen ist nicht möglich. Der Vorteil bezieht sich jeweils ausschließlich auf die zum Zeitpunkt der Einlösung gültigen vollen Greenfee-Gebühren.
5. Gibt es Spielergruppen mit erhöhten Greenfee-Gebühren, ist ein Nachlass auf diese Gebühren nicht möglich.
6. Das Angebot allein berechtigt nicht zum Spiel gegen Greenfee. Die Erfüllung der Bestimmungen des jeweiligen Golfclubs zur Greenfee-Berechtigung (Mitgliedschaft in einem Golfclub, Mindesthandicap etc.) zum Zeitpunkt der Einlösung sind Voraussetzung.
7. Es ist untersagt, den Greenfee-Gutschein entgeltlich Dritten zu überlassen bzw. mit diesen Handel zu treiben. Insbesondere sind die teilnehmenden Golfclubs in diesem Falle berechtigt, die Einlösung der ausgeschriebenen Angebote zu verweigern.
8. Die teilnehmenden Golfclubs haben sich gegenüber dem Verlag unter den o.g. Bedingungen verpflichtet, die ausgeschriebenen Angebote einzulösen. Der Verlag übernimmt jedoch keine Gewähr und keine Haftung, wenn ein Angebot nicht eingelöst wird oder werden kann.

Bedingungen zur Einlösung des Discounts:

1. Das Angebot ist einschließlich bis 30.6.2022 gültig.
2. Der Golfspieler/Leser hat sich telefonisch eine Abschlagzeit geben zu lassen – dabei ist die Nutzung des Angebots anzugeben.
3. Eine Barauszahlung des Greenfee-Vorteils ist nicht möglich.
4. Das Kombinieren von Angeboten oder bestehenden Greenfee-Vorteilen ist nicht möglich. Der Vorteil bezieht sich jeweils ausschließlich auf die zum Zeitpunkt der Einlösung gültigen vollen Greenfee-Gebühren.
5. Gibt es Spielergruppen mit erhöhten Greenfee-Gebühren, ist ein Nachlass auf diese Gebühren nicht möglich.
6. Das Angebot allein berechtigt nicht zum Spiel gegen Greenfee. Die Erfüllung der Bestimmungen des jeweiligen Golfclubs zur Greenfee-Berechtigung (Mitgliedschaft in einem Golfclub, Mindesthandicap etc.) zum Zeitpunkt der Einlösung sind Voraussetzung.
7. Es ist untersagt, den Greenfee-Gutschein entgeltlich Dritten zu überlassen bzw. mit diesen Handel zu treiben. Insbesondere sind die teilnehmenden Golfclubs in diesem Falle berechtigt, die Einlösung der ausgeschriebenen Angebote zu verweigern.
8. Die teilnehmenden Golfclubs haben sich gegenüber dem Verlag unter den o.g. Bedingungen verpflichtet, die ausgeschriebenen Angebote einzulösen. Der Verlag übernimmt jedoch keine Gewähr und keine Haftung, wenn ein Angebot nicht eingelöst wird oder werden kann.

Bedingungen zur Einlösung des Discounts:

1. Das Angebot ist einschließlich bis 30.6.2022 gültig.
2. Der Golfspieler/Leser hat sich telefonisch eine Abschlagzeit geben zu lassen – dabei ist die Nutzung des Angebots anzugeben.
3. Eine Barauszahlung des Greenfee-Vorteils ist nicht möglich.
4. Das Kombinieren von Angeboten oder bestehenden Greenfee-Vorteilen ist nicht möglich. Der Vorteil bezieht sich jeweils ausschließlich auf die zum Zeitpunkt der Einlösung gültigen vollen Greenfee-Gebühren.
5. Gibt es Spielergruppen mit erhöhten Greenfee-Gebühren, ist ein Nachlass auf diese Gebühren nicht möglich.
6. Das Angebot allein berechtigt nicht zum Spiel gegen Greenfee. Die Erfüllung der Bestimmungen des jeweiligen Golfclubs zur Greenfee-Berechtigung (Mitgliedschaft in einem Golfclub, Mindesthandicap etc.) zum Zeitpunkt der Einlösung sind Voraussetzung.
7. Es ist untersagt, den Greenfee-Gutschein entgeltlich Dritten zu überlassen bzw. mit diesen Handel zu treiben. Insbesondere sind die teilnehmenden Golfclubs in diesem Falle berechtigt, die Einlösung der ausgeschriebenen Angebote zu verweigern.
8. Die teilnehmenden Golfclubs haben sich gegenüber dem Verlag unter den o.g. Bedingungen verpflichtet, die ausgeschriebenen Angebote einzulösen. Der Verlag übernimmt jedoch keine Gewähr und keine Haftung, wenn ein Angebot nicht eingelöst wird oder werden kann.

Bedingungen zur Einlösung des Discounts:

1. Das Angebot ist einschließlich bis 30.6.2022 gültig.
2. Der Golfspieler/Leser hat sich telefonisch eine Abschlagzeit geben zu lassen – dabei ist die Nutzung des Angebots anzugeben.
3. Eine Barauszahlung des Greenfee-Vorteils ist nicht möglich.
4. Das Kombinieren von Angeboten oder bestehenden Greenfee-Vorteilen ist nicht möglich. Der Vorteil bezieht sich jeweils ausschließlich auf die zum Zeitpunkt der Einlösung gültigen vollen Greenfee-Gebühren.
5. Gibt es Spielergruppen mit erhöhten Greenfee-Gebühren, ist ein Nachlass auf diese Gebühren nicht möglich.
6. Das Angebot allein berechtigt nicht zum Spiel gegen Greenfee. Die Erfüllung der Bestimmungen des jeweiligen Golfclubs zur Greenfee-Berechtigung (Mitgliedschaft in einem Golfclub, Mindesthandicap etc.) zum Zeitpunkt der Einlösung sind Voraussetzung.
7. Es ist untersagt, den Greenfee-Gutschein entgeltlich Dritten zu überlassen bzw. mit diesen Handel zu treiben. Insbesondere sind die teilnehmenden Golfclubs in diesem Falle berechtigt, die Einlösung der ausgeschriebenen Angebote zu verweigern.
8. Die teilnehmenden Golfclubs haben sich gegenüber dem Verlag unter den o.g. Bedingungen verpflichtet, die ausgeschriebenen Angebote einzulösen. Der Verlag übernimmt jedoch keine Gewähr und keine Haftung, wenn ein Angebot nicht eingelöst wird oder werden kann.

DER GOLF ALBRECHT

Golf Club Bellosguardo IT

Via Provinciale di Mercatale, 25
I-50059 Vinci (Firenze)
+39 57 190 2035
Toskana

305

2 for 1 **2 GF zum Preis von 1 wochentags**

DER GOLF ALBRECHT

Golf Club Bellosguardo IT

Via Provinciale di Mercatale, 25
I-50059 Vinci (Firenze)
+39 57 190 2035
Toskana

305

2 for 1 **2 GF zum Preis von 1 wochentags**

DER GOLF ALBRECHT

Golf Club Bellosguardo IT

Via Provinciale di Mercatale, 25
I-50059 Vinci (Firenze)
+39 57 190 2035
Toskana

305

2 for 1 **2 GF zum Preis von 1 wochentags**

DER GOLF ALBRECHT

Golf Club Bellosguardo IT

Via Provinciale di Mercatale, 25
I-50059 Vinci (Firenze)
+39 57 190 2035
Toskana

305

20% **Greenfee-Ermäßigung wochentags**

DER GOLF ALBRECHT

Golf Club Bellosguardo IT

Via Provinciale di Mercatale, 25
I-50059 Vinci (Firenze)
+39 57 190 2035
Toskana

305

20% **Greenfee-Ermäßigung wochentags**

DER GOLF ALBRECHT

Golf Club Bellosguardo IT

Via Provinciale di Mercatale, 25
I-50059 Vinci (Firenze)
+39 57 190 2035
Toskana

305

20% **Greenfee-Ermäßigung wochentags**

DER GOLF ALBRECHT

Casentino Golf Club Arezzo IT

Via Fronzola, 6
I-52014 Poppi
+39 0575 529810
Toskana

306

2 for 1 **2 GF zum Preis von 1**

DER GOLF ALBRECHT

Casentino Golf Club Arezzo IT

Via Fronzola, 6
I-52014 Poppi
+39 0575 529810
Toskana

306

2 for 1 **2 GF zum Preis von 1**

DER GOLF ALBRECHT

Casentino Golf Club Arezzo IT

Via Fronzola, 6
I-52014 Poppi
+39 0575 529810
Toskana

306

20% **Greenfee-Ermäßigung**

DER GOLF ALBRECHT

Casentino Golf Club Arezzo IT

Via Fronzola, 6
I-52014 Poppi
+39 0575 529810
Toskana

306

20% **Greenfee-Ermäßigung**

Bedingungen zur Einlösung des Discounts:

1. Das Angebot ist einschließlich bis 30.6.2022 gültig.
2. Der Golfspieler/Leser hat sich telefonisch eine Abschlagzeit geben zu lassen – dabei ist die Nutzung des Angebots anzugeben.
3. Eine Barauszahlung des Greenfee-Vorteils ist nicht möglich.
4. Das Kombinieren von Angeboten oder bestehenden Greenfee-Vorteilen ist nicht möglich. Der Vorteil bezieht sich jeweils ausschließlich auf die zum Zeitpunkt der Einlösung gültigen vollen Greenfee-Gebühren.
5. Gibt es Spielergruppen mit erhöhten Greenfee-Gebühren, ist ein Nachlass auf diese Gebühren nicht möglich.
6. Das Angebot allein berechtigt nicht zum Spiel gegen Greenfee. Die Erfüllung der Bestimmungen des jeweiligen Golfclubs zur Greenfee-Berechtigung (Mitgliedschaft in einem Golfclub, Mindesthandicap etc.) zum Zeitpunkt der Einlösung sind Voraussetzung.
7. Es ist untersagt, den Greenfee-Gutschein entgeltlich Dritten zu überlassen bzw. mit diesen Handel zu treiben. Insbesondere sind die teilnehmenden Golfclubs in diesem Falle berechtigt, die Einlösung der ausgeschriebenen Angebote zu verweigern.
8. Die teilnehmenden Golfclubs haben sich gegenüber dem Verlag unter den o.g. Bedingungen verpflichtet, die ausgeschriebenen Angebote einzulösen. Der Verlag übernimmt jedoch keine Gewähr und keine Haftung, wenn ein Angebot nicht eingelöst wird oder werden kann.

Bedingungen zur Einlösung des Discounts:

1. Das Angebot ist einschließlich bis 30.6.2022 gültig.
2. Der Golfspieler/Leser hat sich telefonisch eine Abschlagzeit geben zu lassen – dabei ist die Nutzung des Angebots anzugeben.
3. Eine Barauszahlung des Greenfee-Vorteils ist nicht möglich.
4. Das Kombinieren von Angeboten oder bestehenden Greenfee-Vorteilen ist nicht möglich. Der Vorteil bezieht sich jeweils ausschließlich auf die zum Zeitpunkt der Einlösung gültigen vollen Greenfee-Gebühren.
5. Gibt es Spielergruppen mit erhöhten Greenfee-Gebühren, ist ein Nachlass auf diese Gebühren nicht möglich.
6. Das Angebot allein berechtigt nicht zum Spiel gegen Greenfee. Die Erfüllung der Bestimmungen des jeweiligen Golfclubs zur Greenfee-Berechtigung (Mitgliedschaft in einem Golfclub, Mindesthandicap etc.) zum Zeitpunkt der Einlösung sind Voraussetzung.
7. Es ist untersagt, den Greenfee-Gutschein entgeltlich Dritten zu überlassen bzw. mit diesen Handel zu treiben. Insbesondere sind die teilnehmenden Golfclubs in diesem Falle berechtigt, die Einlösung der ausgeschriebenen Angebote zu verweigern.
8. Die teilnehmenden Golfclubs haben sich gegenüber dem Verlag unter den o.g. Bedingungen verpflichtet, die ausgeschriebenen Angebote einzulösen. Der Verlag übernimmt jedoch keine Gewähr und keine Haftung, wenn ein Angebot nicht eingelöst wird oder werden kann.

Bedingungen zur Einlösung des Discounts:

1. Das Angebot ist einschließlich bis 30.6.2022 gültig.
2. Der Golfspieler/Leser hat sich telefonisch eine Abschlagzeit geben zu lassen – dabei ist die Nutzung des Angebots anzugeben.
3. Eine Barauszahlung des Greenfee-Vorteils ist nicht möglich.
4. Das Kombinieren von Angeboten oder bestehenden Greenfee-Vorteilen ist nicht möglich. Der Vorteil bezieht sich jeweils ausschließlich auf die zum Zeitpunkt der Einlösung gültigen vollen Greenfee-Gebühren.
5. Gibt es Spielergruppen mit erhöhten Greenfee-Gebühren, ist ein Nachlass auf diese Gebühren nicht möglich.
6. Das Angebot allein berechtigt nicht zum Spiel gegen Greenfee. Die Erfüllung der Bestimmungen des jeweiligen Golfclubs zur Greenfee-Berechtigung (Mitgliedschaft in einem Golfclub, Mindesthandicap etc.) zum Zeitpunkt der Einlösung sind Voraussetzung.
7. Es ist untersagt, den Greenfee-Gutschein entgeltlich Dritten zu überlassen bzw. mit diesen Handel zu treiben. Insbesondere sind die teilnehmenden Golfclubs in diesem Falle berechtigt, die Einlösung der ausgeschriebenen Angebote zu verweigern.
8. Die teilnehmenden Golfclubs haben sich gegenüber dem Verlag unter den o.g. Bedingungen verpflichtet, die ausgeschriebenen Angebote einzulösen. Der Verlag übernimmt jedoch keine Gewähr und keine Haftung, wenn ein Angebot nicht eingelöst wird oder werden kann.

Bedingungen zur Einlösung des Discounts:

1. Das Angebot ist einschließlich bis 30.6.2022 gültig.
2. Der Golfspieler/Leser hat sich telefonisch eine Abschlagzeit geben zu lassen – dabei ist die Nutzung des Angebots anzugeben.
3. Eine Barauszahlung des Greenfee-Vorteils ist nicht möglich.
4. Das Kombinieren von Angeboten oder bestehenden Greenfee-Vorteilen ist nicht möglich. Der Vorteil bezieht sich jeweils ausschließlich auf die zum Zeitpunkt der Einlösung gültigen vollen Greenfee-Gebühren.
5. Gibt es Spielergruppen mit erhöhten Greenfee-Gebühren, ist ein Nachlass auf diese Gebühren nicht möglich.
6. Das Angebot allein berechtigt nicht zum Spiel gegen Greenfee. Die Erfüllung der Bestimmungen des jeweiligen Golfclubs zur Greenfee-Berechtigung (Mitgliedschaft in einem Golfclub, Mindesthandicap etc.) zum Zeitpunkt der Einlösung sind Voraussetzung.
7. Es ist untersagt, den Greenfee-Gutschein entgeltlich Dritten zu überlassen bzw. mit diesen Handel zu treiben. Insbesondere sind die teilnehmenden Golfclubs in diesem Falle berechtigt, die Einlösung der ausgeschriebenen Angebote zu verweigern.
8. Die teilnehmenden Golfclubs haben sich gegenüber dem Verlag unter den o.g. Bedingungen verpflichtet, die ausgeschriebenen Angebote einzulösen. Der Verlag übernimmt jedoch keine Gewähr und keine Haftung, wenn ein Angebot nicht eingelöst wird oder werden kann.

Bedingungen zur Einlösung des Discounts:

1. Das Angebot ist einschließlich bis 30.6.2022 gültig.
2. Der Golfspieler/Leser hat sich telefonisch eine Abschlagzeit geben zu lassen – dabei ist die Nutzung des Angebots anzugeben.
3. Eine Barauszahlung des Greenfee-Vorteils ist nicht möglich.
4. Das Kombinieren von Angeboten oder bestehenden Greenfee-Vorteilen ist nicht möglich. Der Vorteil bezieht sich jeweils ausschließlich auf die zum Zeitpunkt der Einlösung gültigen vollen Greenfee-Gebühren.
5. Gibt es Spielergruppen mit erhöhten Greenfee-Gebühren, ist ein Nachlass auf diese Gebühren nicht möglich.
6. Das Angebot allein berechtigt nicht zum Spiel gegen Greenfee. Die Erfüllung der Bestimmungen des jeweiligen Golfclubs zur Greenfee-Berechtigung (Mitgliedschaft in einem Golfclub, Mindesthandicap etc.) zum Zeitpunkt der Einlösung sind Voraussetzung.
7. Es ist untersagt, den Greenfee-Gutschein entgeltlich Dritten zu überlassen bzw. mit diesen Handel zu treiben. Insbesondere sind die teilnehmenden Golfclubs in diesem Falle berechtigt, die Einlösung der ausgeschriebenen Angebote zu verweigern.
8. Die teilnehmenden Golfclubs haben sich gegenüber dem Verlag unter den o.g. Bedingungen verpflichtet, die ausgeschriebenen Angebote einzulösen. Der Verlag übernimmt jedoch keine Gewähr und keine Haftung, wenn ein Angebot nicht eingelöst wird oder werden kann.

Bedingungen zur Einlösung des Discounts:

1. Das Angebot ist einschließlich bis 30.6.2022 gültig.
2. Der Golfspieler/Leser hat sich telefonisch eine Abschlagzeit geben zu lassen – dabei ist die Nutzung des Angebots anzugeben.
3. Eine Barauszahlung des Greenfee-Vorteils ist nicht möglich.
4. Das Kombinieren von Angeboten oder bestehenden Greenfee-Vorteilen ist nicht möglich. Der Vorteil bezieht sich jeweils ausschließlich auf die zum Zeitpunkt der Einlösung gültigen vollen Greenfee-Gebühren.
5. Gibt es Spielergruppen mit erhöhten Greenfee-Gebühren, ist ein Nachlass auf diese Gebühren nicht möglich.
6. Das Angebot allein berechtigt nicht zum Spiel gegen Greenfee. Die Erfüllung der Bestimmungen des jeweiligen Golfclubs zur Greenfee-Berechtigung (Mitgliedschaft in einem Golfclub, Mindesthandicap etc.) zum Zeitpunkt der Einlösung sind Voraussetzung.
7. Es ist untersagt, den Greenfee-Gutschein entgeltlich Dritten zu überlassen bzw. mit diesen Handel zu treiben. Insbesondere sind die teilnehmenden Golfclubs in diesem Falle berechtigt, die Einlösung der ausgeschriebenen Angebote zu verweigern.
8. Die teilnehmenden Golfclubs haben sich gegenüber dem Verlag unter den o.g. Bedingungen verpflichtet, die ausgeschriebenen Angebote einzulösen. Der Verlag übernimmt jedoch keine Gewähr und keine Haftung, wenn ein Angebot nicht eingelöst wird oder werden kann.

Bedingungen zur Einlösung des Discounts:

1. Das Angebot ist einschließlich bis 30.6.2022 gültig.
2. Der Golfspieler/Leser hat sich telefonisch eine Abschlagzeit geben zu lassen – dabei ist die Nutzung des Angebots anzugeben.
3. Eine Barauszahlung des Greenfee-Vorteils ist nicht möglich.
4. Das Kombinieren von Angeboten oder bestehenden Greenfee-Vorteilen ist nicht möglich. Der Vorteil bezieht sich jeweils ausschließlich auf die zum Zeitpunkt der Einlösung gültigen vollen Greenfee-Gebühren.
5. Gibt es Spielergruppen mit erhöhten Greenfee-Gebühren, ist ein Nachlass auf diese Gebühren nicht möglich.
6. Das Angebot allein berechtigt nicht zum Spiel gegen Greenfee. Die Erfüllung der Bestimmungen des jeweiligen Golfclubs zur Greenfee-Berechtigung (Mitgliedschaft in einem Golfclub, Mindesthandicap etc.) zum Zeitpunkt der Einlösung sind Voraussetzung.
7. Es ist untersagt, den Greenfee-Gutschein entgeltlich Dritten zu überlassen bzw. mit diesen Handel zu treiben. Insbesondere sind die teilnehmenden Golfclubs in diesem Falle berechtigt, die Einlösung der ausgeschriebenen Angebote zu verweigern.
8. Die teilnehmenden Golfclubs haben sich gegenüber dem Verlag unter den o.g. Bedingungen verpflichtet, die ausgeschriebenen Angebote einzulösen. Der Verlag übernimmt jedoch keine Gewähr und keine Haftung, wenn ein Angebot nicht eingelöst wird oder werden kann.

Bedingungen zur Einlösung des Discounts:

1. Das Angebot ist einschließlich bis 30.6.2022 gültig.
2. Der Golfspieler/Leser hat sich telefonisch eine Abschlagzeit geben zu lassen – dabei ist die Nutzung des Angebots anzugeben.
3. Eine Barauszahlung des Greenfee-Vorteils ist nicht möglich.
4. Das Kombinieren von Angeboten oder bestehenden Greenfee-Vorteilen ist nicht möglich. Der Vorteil bezieht sich jeweils ausschließlich auf die zum Zeitpunkt der Einlösung gültigen vollen Greenfee-Gebühren.
5. Gibt es Spielergruppen mit erhöhten Greenfee-Gebühren, ist ein Nachlass auf diese Gebühren nicht möglich.
6. Das Angebot allein berechtigt nicht zum Spiel gegen Greenfee. Die Erfüllung der Bestimmungen des jeweiligen Golfclubs zur Greenfee-Berechtigung (Mitgliedschaft in einem Golfclub, Mindesthandicap etc.) zum Zeitpunkt der Einlösung sind Voraussetzung.
7. Es ist untersagt, den Greenfee-Gutschein entgeltlich Dritten zu überlassen bzw. mit diesen Handel zu treiben. Insbesondere sind die teilnehmenden Golfclubs in diesem Falle berechtigt, die Einlösung der ausgeschriebenen Angebote zu verweigern.
8. Die teilnehmenden Golfclubs haben sich gegenüber dem Verlag unter den o.g. Bedingungen verpflichtet, die ausgeschriebenen Angebote einzulösen. Der Verlag übernimmt jedoch keine Gewähr und keine Haftung, wenn ein Angebot nicht eingelöst wird oder werden kann.

Bedingungen zur Einlösung des Discounts:

1. Das Angebot ist einschließlich bis 30.6.2022 gültig.
2. Der Golfspieler/Leser hat sich telefonisch eine Abschlagzeit geben zu lassen – dabei ist die Nutzung des Angebots anzugeben.
3. Eine Barauszahlung des Greenfee-Vorteils ist nicht möglich.
4. Das Kombinieren von Angeboten oder bestehenden Greenfee-Vorteilen ist nicht möglich. Der Vorteil bezieht sich jeweils ausschließlich auf die zum Zeitpunkt der Einlösung gültigen vollen Greenfee-Gebühren.
5. Gibt es Spielergruppen mit erhöhten Greenfee-Gebühren, ist ein Nachlass auf diese Gebühren nicht möglich.
6. Das Angebot allein berechtigt nicht zum Spiel gegen Greenfee. Die Erfüllung der Bestimmungen des jeweiligen Golfclubs zur Greenfee-Berechtigung (Mitgliedschaft in einem Golfclub, Mindesthandicap etc.) zum Zeitpunkt der Einlösung sind Voraussetzung.
7. Es ist untersagt, den Greenfee-Gutschein entgeltlich Dritten zu überlassen bzw. mit diesen Handel zu treiben. Insbesondere sind die teilnehmenden Golfclubs in diesem Falle berechtigt, die Einlösung der ausgeschriebenen Angebote zu verweigern.
8. Die teilnehmenden Golfclubs haben sich gegenüber dem Verlag unter den o.g. Bedingungen verpflichtet, die ausgeschriebenen Angebote einzulösen. Der Verlag übernimmt jedoch keine Gewähr und keine Haftung, wenn ein Angebot nicht eingelöst wird oder werden kann.

Bedingungen zur Einlösung des Discounts:

1. Das Angebot ist einschließlich bis 30.6.2022 gültig.
2. Der Golfspieler/Leser hat sich telefonisch eine Abschlagzeit geben zu lassen – dabei ist die Nutzung des Angebots anzugeben.
3. Eine Barauszahlung des Greenfee-Vorteils ist nicht möglich.
4. Das Kombinieren von Angeboten oder bestehenden Greenfee-Vorteilen ist nicht möglich. Der Vorteil bezieht sich jeweils ausschließlich auf die zum Zeitpunkt der Einlösung gültigen vollen Greenfee-Gebühren.
5. Gibt es Spielergruppen mit erhöhten Greenfee-Gebühren, ist ein Nachlass auf diese Gebühren nicht möglich.
6. Das Angebot allein berechtigt nicht zum Spiel gegen Greenfee. Die Erfüllung der Bestimmungen des jeweiligen Golfclubs zur Greenfee-Berechtigung (Mitgliedschaft in einem Golfclub, Mindesthandicap etc.) zum Zeitpunkt der Einlösung sind Voraussetzung.
7. Es ist untersagt, den Greenfee-Gutschein entgeltlich Dritten zu überlassen bzw. mit diesen Handel zu treiben. Insbesondere sind die teilnehmenden Golfclubs in diesem Falle berechtigt, die Einlösung der ausgeschriebenen Angebote zu verweigern.
8. Die teilnehmenden Golfclubs haben sich gegenüber dem Verlag unter den o.g. Bedingungen verpflichtet, die ausgeschriebenen Angebote einzulösen. Der Verlag übernimmt jedoch keine Gewähr und keine Haftung, wenn ein Angebot nicht eingelöst wird oder werden kann.

DER GOLF ALBRECHT

Golf Club Punta Ala IT

Via del Golf, 1
I-58043 Punta Ala (Grosseto)
✆ +39 0564 922121
Toskana
Hinweis: NICHT GÜLTIG: Juli und August

307

30% Greenfee-Ermäßigung

DER GOLF ALBRECHT

Golf Club Punta Ala IT

Via del Golf, 1
I-58043 Punta Ala (Grosseto)
✆ +39 0564 922121
Toskana
Hinweis: NICHT GÜLTIG: Juli und August

307

30% Greenfee-Ermäßigung

DER GOLF ALBRECHT

Golf Club Punta Ala IT

Via del Golf, 1
I-58043 Punta Ala (Grosseto)
✆ +39 0564 922121
Toskana
Hinweis: NICHT GÜLTIG: Juli und August

307

30% Greenfee-Ermäßigung

DER GOLF ALBRECHT

Is Arenas Golf & Country Club IT

Pineta Is Arenas
I-09070 Narbolia (OR)
✆ +39-335-12.58.322
Sardinien

308

2 for 1 2 GF zum Preis von 1

DER GOLF ALBRECHT

Is Arenas Golf & Country Club IT

Pineta Is Arenas
I-09070 Narbolia (OR)
✆ +39-335-12.58.322
Sardinien

308

2 for 1 2 GF zum Preis von 1

DER GOLF ALBRECHT

Is Arenas Golf & Country Club IT

Pineta Is Arenas
I-09070 Narbolia (OR)
✆ +39-335-12.58.322
Sardinien

308

2 for 1 2 GF zum Preis von 1

DER GOLF ALBRECHT

Golf Resort Franzensbad CZ

Golfové hřiště
CZ-35132 Hazlov
✆ +420 354 595 402

309

2 for 1 2 GF zum Preis von 1

DER GOLF ALBRECHT

Golf Resort Franzensbad CZ

Golfové hřiště
CZ-35132 Hazlov
✆ +420 354 595 402

309

2 for 1 2 GF zum Preis von 1

DER GOLF ALBRECHT

Golf Resort Franzensbad CZ

Golfové hřiště
CZ-35132 Hazlov
✆ +420 354 595 402

309

20% Greenfee-Ermäßigung

DER GOLF ALBRECHT

Golf Resort Franzensbad CZ

Golfové hřiště
CZ-35132 Hazlov
✆ +420 354 595 402

309

20% Greenfee-Ermäßigung

Bedingungen zur Einlösung des Discounts:

1. Das Angebot ist einschließlich bis 30.6.2022 gültig.
2. Der Golfspieler/Leser hat sich telefonisch eine Abschlagzeit geben zu lassen – dabei ist die Nutzung des Angebots anzugeben.
3. Eine Barauszahlung des Greenfee-Vorteils ist nicht möglich.
4. Das Kombinieren von Angeboten oder bestehenden Greenfee-Vorteilen ist nicht möglich. Der Vorteil bezieht sich jeweils ausschließlich auf die zum Zeitpunkt der Einlösung gültigen vollen Greenfee-Gebühren.
5. Gibt es Spielergruppen mit erhöhten Greenfee-Gebühren, ist ein Nachlass auf diese Gebühren nicht möglich.
6. Das Angebot allein berechtigt nicht zum Spiel gegen Greenfee. Die Erfüllung der Bestimmungen des jeweiligen Golfclubs zur Greenfee-Berechtigung (Mitgliedschaft in einem Golfclub, Mindesthandicap etc.) zum Zeitpunkt der Einlösung sind Voraussetzung.
7. Es ist untersagt, den Greenfee-Gutschein entgeltlich Dritten zu überlassen bzw. mit diesen Handel zu treiben. Insbesondere sind die teilnehmenden Golfclubs in diesem Falle berechtigt, die Einlösung der ausgeschriebenen Angebote zu verweigern.
8. Die teilnehmenden Golfclubs haben sich gegenüber dem Verlag unter den o.g. Bedingungen verpflichtet, die ausgeschriebenen Angebote einzulösen. Der Verlag übernimmt jedoch keine Gewähr und keine Haftung, wenn ein Angebot nicht eingelöst wird oder werden kann.

Bedingungen zur Einlösung des Discounts:

1. Das Angebot ist einschließlich bis 30.6.2022 gültig.
2. Der Golfspieler/Leser hat sich telefonisch eine Abschlagzeit geben zu lassen – dabei ist die Nutzung des Angebots anzugeben.
3. Eine Barauszahlung des Greenfee-Vorteils ist nicht möglich.
4. Das Kombinieren von Angeboten oder bestehenden Greenfee-Vorteilen ist nicht möglich. Der Vorteil bezieht sich jeweils ausschließlich auf die zum Zeitpunkt der Einlösung gültigen vollen Greenfee-Gebühren.
5. Gibt es Spielergruppen mit erhöhten Greenfee-Gebühren, ist ein Nachlass auf diese Gebühren nicht möglich.
6. Das Angebot allein berechtigt nicht zum Spiel gegen Greenfee. Die Erfüllung der Bestimmungen des jeweiligen Golfclubs zur Greenfee-Berechtigung (Mitgliedschaft in einem Golfclub, Mindesthandicap etc.) zum Zeitpunkt der Einlösung sind Voraussetzung.
7. Es ist untersagt, den Greenfee-Gutschein entgeltlich Dritten zu überlassen bzw. mit diesen Handel zu treiben. Insbesondere sind die teilnehmenden Golfclubs in diesem Falle berechtigt, die Einlösung der ausgeschriebenen Angebote zu verweigern.
8. Die teilnehmenden Golfclubs haben sich gegenüber dem Verlag unter den o.g. Bedingungen verpflichtet, die ausgeschriebenen Angebote einzulösen. Der Verlag übernimmt jedoch keine Gewähr und keine Haftung, wenn ein Angebot nicht eingelöst wird oder werden kann.

Bedingungen zur Einlösung des Discounts:

1. Das Angebot ist einschließlich bis 30.6.2022 gültig.
2. Der Golfspieler/Leser hat sich telefonisch eine Abschlagzeit geben zu lassen – dabei ist die Nutzung des Angebots anzugeben.
3. Eine Barauszahlung des Greenfee-Vorteils ist nicht möglich.
4. Das Kombinieren von Angeboten oder bestehenden Greenfee-Vorteilen ist nicht möglich. Der Vorteil bezieht sich jeweils ausschließlich auf die zum Zeitpunkt der Einlösung gültigen vollen Greenfee-Gebühren.
5. Gibt es Spielergruppen mit erhöhten Greenfee-Gebühren, ist ein Nachlass auf diese Gebühren nicht möglich.
6. Das Angebot allein berechtigt nicht zum Spiel gegen Greenfee. Die Erfüllung der Bestimmungen des jeweiligen Golfclubs zur Greenfee-Berechtigung (Mitgliedschaft in einem Golfclub, Mindesthandicap etc.) zum Zeitpunkt der Einlösung sind Voraussetzung.
7. Es ist untersagt, den Greenfee-Gutschein entgeltlich Dritten zu überlassen bzw. mit diesen Handel zu treiben. Insbesondere sind die teilnehmenden Golfclubs in diesem Falle berechtigt, die Einlösung der ausgeschriebenen Angebote zu verweigern.
8. Die teilnehmenden Golfclubs haben sich gegenüber dem Verlag unter den o.g. Bedingungen verpflichtet, die ausgeschriebenen Angebote einzulösen. Der Verlag übernimmt jedoch keine Gewähr und keine Haftung, wenn ein Angebot nicht eingelöst wird oder werden kann.

Bedingungen zur Einlösung des Discounts:

1. Das Angebot ist einschließlich bis 30.6.2022 gültig.
2. Der Golfspieler/Leser hat sich telefonisch eine Abschlagzeit geben zu lassen – dabei ist die Nutzung des Angebots anzugeben.
3. Eine Barauszahlung des Greenfee-Vorteils ist nicht möglich.
4. Das Kombinieren von Angeboten oder bestehenden Greenfee-Vorteilen ist nicht möglich. Der Vorteil bezieht sich jeweils ausschließlich auf die zum Zeitpunkt der Einlösung gültigen vollen Greenfee-Gebühren.
5. Gibt es Spielergruppen mit erhöhten Greenfee-Gebühren, ist ein Nachlass auf diese Gebühren nicht möglich.
6. Das Angebot allein berechtigt nicht zum Spiel gegen Greenfee. Die Erfüllung der Bestimmungen des jeweiligen Golfclubs zur Greenfee-Berechtigung (Mitgliedschaft in einem Golfclub, Mindesthandicap etc.) zum Zeitpunkt der Einlösung sind Voraussetzung.
7. Es ist untersagt, den Greenfee-Gutschein entgeltlich Dritten zu überlassen bzw. mit diesen Handel zu treiben. Insbesondere sind die teilnehmenden Golfclubs in diesem Falle berechtigt, die Einlösung der ausgeschriebenen Angebote zu verweigern.
8. Die teilnehmenden Golfclubs haben sich gegenüber dem Verlag unter den o.g. Bedingungen verpflichtet, die ausgeschriebenen Angebote einzulösen. Der Verlag übernimmt jedoch keine Gewähr und keine Haftung, wenn ein Angebot nicht eingelöst wird oder werden kann.

Bedingungen zur Einlösung des Discounts:

1. Das Angebot ist einschließlich bis 30.6.2022 gültig.
2. Der Golfspieler/Leser hat sich telefonisch eine Abschlagzeit geben zu lassen – dabei ist die Nutzung des Angebots anzugeben.
3. Eine Barauszahlung des Greenfee-Vorteils ist nicht möglich.
4. Das Kombinieren von Angeboten oder bestehenden Greenfee-Vorteilen ist nicht möglich. Der Vorteil bezieht sich jeweils ausschließlich auf die zum Zeitpunkt der Einlösung gültigen vollen Greenfee-Gebühren.
5. Gibt es Spielergruppen mit erhöhten Greenfee-Gebühren, ist ein Nachlass auf diese Gebühren nicht möglich.
6. Das Angebot allein berechtigt nicht zum Spiel gegen Greenfee. Die Erfüllung der Bestimmungen des jeweiligen Golfclubs zur Greenfee-Berechtigung (Mitgliedschaft in einem Golfclub, Mindesthandicap etc.) zum Zeitpunkt der Einlösung sind Voraussetzung.
7. Es ist untersagt, den Greenfee-Gutschein entgeltlich Dritten zu überlassen bzw. mit diesen Handel zu treiben. Insbesondere sind die teilnehmenden Golfclubs in diesem Falle berechtigt, die Einlösung der ausgeschriebenen Angebote zu verweigern.
8. Die teilnehmenden Golfclubs haben sich gegenüber dem Verlag unter den o.g. Bedingungen verpflichtet, die ausgeschriebenen Angebote einzulösen. Der Verlag übernimmt jedoch keine Gewähr und keine Haftung, wenn ein Angebot nicht eingelöst wird oder werden kann.

Bedingungen zur Einlösung des Discounts:

1. Das Angebot ist einschließlich bis 30.6.2022 gültig.
2. Der Golfspieler/Leser hat sich telefonisch eine Abschlagzeit geben zu lassen – dabei ist die Nutzung des Angebots anzugeben.
3. Eine Barauszahlung des Greenfee-Vorteils ist nicht möglich.
4. Das Kombinieren von Angeboten oder bestehenden Greenfee-Vorteilen ist nicht möglich. Der Vorteil bezieht sich jeweils ausschließlich auf die zum Zeitpunkt der Einlösung gültigen vollen Greenfee-Gebühren.
5. Gibt es Spielergruppen mit erhöhten Greenfee-Gebühren, ist ein Nachlass auf diese Gebühren nicht möglich.
6. Das Angebot allein berechtigt nicht zum Spiel gegen Greenfee. Die Erfüllung der Bestimmungen des jeweiligen Golfclubs zur Greenfee-Berechtigung (Mitgliedschaft in einem Golfclub, Mindesthandicap etc.) zum Zeitpunkt der Einlösung sind Voraussetzung.
7. Es ist untersagt, den Greenfee-Gutschein entgeltlich Dritten zu überlassen bzw. mit diesen Handel zu treiben. Insbesondere sind die teilnehmenden Golfclubs in diesem Falle berechtigt, die Einlösung der ausgeschriebenen Angebote zu verweigern.
8. Die teilnehmenden Golfclubs haben sich gegenüber dem Verlag unter den o.g. Bedingungen verpflichtet, die ausgeschriebenen Angebote einzulösen. Der Verlag übernimmt jedoch keine Gewähr und keine Haftung, wenn ein Angebot nicht eingelöst wird oder werden kann.

Bedingungen zur Einlösung des Discounts:

1. Das Angebot ist einschließlich bis 30.6.2022 gültig.
2. Der Golfspieler/Leser hat sich telefonisch eine Abschlagzeit geben zu lassen – dabei ist die Nutzung des Angebots anzugeben.
3. Eine Barauszahlung des Greenfee-Vorteils ist nicht möglich.
4. Das Kombinieren von Angeboten oder bestehenden Greenfee-Vorteilen ist nicht möglich. Der Vorteil bezieht sich jeweils ausschließlich auf die zum Zeitpunkt der Einlösung gültigen vollen Greenfee-Gebühren.
5. Gibt es Spielergruppen mit erhöhten Greenfee-Gebühren, ist ein Nachlass auf diese Gebühren nicht möglich.
6. Das Angebot allein berechtigt nicht zum Spiel gegen Greenfee. Die Erfüllung der Bestimmungen des jeweiligen Golfclubs zur Greenfee-Berechtigung (Mitgliedschaft in einem Golfclub, Mindesthandicap etc.) zum Zeitpunkt der Einlösung sind Voraussetzung.
7. Es ist untersagt, den Greenfee-Gutschein entgeltlich Dritten zu überlassen bzw. mit diesen Handel zu treiben. Insbesondere sind die teilnehmenden Golfclubs in diesem Falle berechtigt, die Einlösung der ausgeschriebenen Angebote zu verweigern.
8. Die teilnehmenden Golfclubs haben sich gegenüber dem Verlag unter den o.g. Bedingungen verpflichtet, die ausgeschriebenen Angebote einzulösen. Der Verlag übernimmt jedoch keine Gewähr und keine Haftung, wenn ein Angebot nicht eingelöst wird oder werden kann.

Bedingungen zur Einlösung des Discounts:

1. Das Angebot ist einschließlich bis 30.6.2022 gültig.
2. Der Golfspieler/Leser hat sich telefonisch eine Abschlagzeit geben zu lassen – dabei ist die Nutzung des Angebots anzugeben.
3. Eine Barauszahlung des Greenfee-Vorteils ist nicht möglich.
4. Das Kombinieren von Angeboten oder bestehenden Greenfee-Vorteilen ist nicht möglich. Der Vorteil bezieht sich jeweils ausschließlich auf die zum Zeitpunkt der Einlösung gültigen vollen Greenfee-Gebühren.
5. Gibt es Spielergruppen mit erhöhten Greenfee-Gebühren, ist ein Nachlass auf diese Gebühren nicht möglich.
6. Das Angebot allein berechtigt nicht zum Spiel gegen Greenfee. Die Erfüllung der Bestimmungen des jeweiligen Golfclubs zur Greenfee-Berechtigung (Mitgliedschaft in einem Golfclub, Mindesthandicap etc.) zum Zeitpunkt der Einlösung sind Voraussetzung.
7. Es ist untersagt, den Greenfee-Gutschein entgeltlich Dritten zu überlassen bzw. mit diesen Handel zu treiben. Insbesondere sind die teilnehmenden Golfclubs in diesem Falle berechtigt, die Einlösung der ausgeschriebenen Angebote zu verweigern.
8. Die teilnehmenden Golfclubs haben sich gegenüber dem Verlag unter den o.g. Bedingungen verpflichtet, die ausgeschriebenen Angebote einzulösen. Der Verlag übernimmt jedoch keine Gewähr und keine Haftung, wenn ein Angebot nicht eingelöst wird oder werden kann.

Bedingungen zur Einlösung des Discounts:

1. Das Angebot ist einschließlich bis 30.6.2022 gültig.
2. Der Golfspieler/Leser hat sich telefonisch eine Abschlagzeit geben zu lassen – dabei ist die Nutzung des Angebots anzugeben.
3. Eine Barauszahlung des Greenfee-Vorteils ist nicht möglich.
4. Das Kombinieren von Angeboten oder bestehenden Greenfee-Vorteilen ist nicht möglich. Der Vorteil bezieht sich jeweils ausschließlich auf die zum Zeitpunkt der Einlösung gültigen vollen Greenfee-Gebühren.
5. Gibt es Spielergruppen mit erhöhten Greenfee-Gebühren, ist ein Nachlass auf diese Gebühren nicht möglich.
6. Das Angebot allein berechtigt nicht zum Spiel gegen Greenfee. Die Erfüllung der Bestimmungen des jeweiligen Golfclubs zur Greenfee-Berechtigung (Mitgliedschaft in einem Golfclub, Mindesthandicap etc.) zum Zeitpunkt der Einlösung sind Voraussetzung.
7. Es ist untersagt, den Greenfee-Gutschein entgeltlich Dritten zu überlassen bzw. mit diesen Handel zu treiben. Insbesondere sind die teilnehmenden Golfclubs in diesem Falle berechtigt, die Einlösung der ausgeschriebenen Angebote zu verweigern.
8. Die teilnehmenden Golfclubs haben sich gegenüber dem Verlag unter den o.g. Bedingungen verpflichtet, die ausgeschriebenen Angebote einzulösen. Der Verlag übernimmt jedoch keine Gewähr und keine Haftung, wenn ein Angebot nicht eingelöst wird oder werden kann.

Bedingungen zur Einlösung des Discounts:

1. Das Angebot ist einschließlich bis 30.6.2022 gültig.
2. Der Golfspieler/Leser hat sich telefonisch eine Abschlagzeit geben zu lassen – dabei ist die Nutzung des Angebots anzugeben.
3. Eine Barauszahlung des Greenfee-Vorteils ist nicht möglich.
4. Das Kombinieren von Angeboten oder bestehenden Greenfee-Vorteilen ist nicht möglich. Der Vorteil bezieht sich jeweils ausschließlich auf die zum Zeitpunkt der Einlösung gültigen vollen Greenfee-Gebühren.
5. Gibt es Spielergruppen mit erhöhten Greenfee-Gebühren, ist ein Nachlass auf diese Gebühren nicht möglich.
6. Das Angebot allein berechtigt nicht zum Spiel gegen Greenfee. Die Erfüllung der Bestimmungen des jeweiligen Golfclubs zur Greenfee-Berechtigung (Mitgliedschaft in einem Golfclub, Mindesthandicap etc.) zum Zeitpunkt der Einlösung sind Voraussetzung.
7. Es ist untersagt, den Greenfee-Gutschein entgeltlich Dritten zu überlassen bzw. mit diesen Handel zu treiben. Insbesondere sind die teilnehmenden Golfclubs in diesem Falle berechtigt, die Einlösung der ausgeschriebenen Angebote zu verweigern.
8. Die teilnehmenden Golfclubs haben sich gegenüber dem Verlag unter den o.g. Bedingungen verpflichtet, die ausgeschriebenen Angebote einzulösen. Der Verlag übernimmt jedoch keine Gewähr und keine Haftung, wenn ein Angebot nicht eingelöst wird oder werden kann.

DER GOLF ALBRECHT

Kamień Country Club PL

Grębowo 42
PL-72-400 Kamień Pomorski
✆ +48 605 044 452

310

20% Greenfee-Ermäßigung wochentags

DER GOLF ALBRECHT

Kamień Country Club PL

Grębowo 42
PL-72-400 Kamień Pomorski
✆ +48 605 044 452

310

20% Greenfee-Ermäßigung wochentags

DER GOLF ALBRECHT

Kamień Country Club PL

Grębowo 42
PL-72-400 Kamień Pomorski
✆ +48 605 044 452

310

20% Greenfee-Ermäßigung wochentags

DER GOLF ALBRECHT

Golf Klub Kranjska Gora SI

Golf Klub Kranjska Gora, Čičare 2
SI-4280 Kranjska Gora
✆ +386 31 447 407

311

2 for 1 2 GF zum Preis von 1

DER GOLF ALBRECHT

Golf Klub Kranjska Gora SI

Golf Klub Kranjska Gora, Čičare 2
SI-4280 Kranjska Gora
✆ +386 31 447 407

311

2 for 1 2 GF zum Preis von 1

DER GOLF ALBRECHT

Golf Klub Kranjska Gora SI

Golf Klub Kranjska Gora, Čičare 2
SI-4280 Kranjska Gora
✆ +386 31 447 407

311

2 for 1 2 GF zum Preis von 1

DER GOLF ALBRECHT

Golf Klub Kranjska Gora SI

Golf Klub Kranjska Gora, Čičare 2
SI-4280 Kranjska Gora
✆ +386 31 447 407

311

20% Greenfee-Ermäßigung

DER GOLF ALBRECHT

Golf Klub Kranjska Gora SI

Golf Klub Kranjska Gora, Čičare 2
SI-4280 Kranjska Gora
✆ +386 31 447 407

311

20% Greenfee-Ermäßigung

DER GOLF ALBRECHT

Golf Klub Kranjska Gora SI

Golf Klub Kranjska Gora, Čičare 2
SI-4280 Kranjska Gora
✆ +386 31 447 407

311

20% Greenfee-Ermäßigung

DER GOLF ALBRECHT

Golfplatz Zlati Grič SI

Skalce 91
SI-3210 Slovenske Konjice
✆ +386 3758 03 62 +386 41 780 405

312

2 for 1 2 GF zum Preis von 1

Bedingungen zur Einlösung des Discounts:

1. Das Angebot ist einschließlich bis 30.6.2022 gültig.
2. Der Golfspieler/Leser hat sich telefonisch eine Abschlagzeit geben zu lassen – dabei ist die Nutzung des Angebots anzugeben.
3. Eine Barauszahlung des Greenfee-Vorteils ist nicht möglich.
4. Das Kombinieren von Angeboten oder bestehenden Greenfee-Vorteilen ist nicht möglich. Der Vorteil bezieht sich jeweils ausschließlich auf die zum Zeitpunkt der Einlösung gültigen vollen Greenfee-Gebühren.
5. Gibt es Spielergruppen mit erhöhten Greenfee-Gebühren, ist ein Nachlass auf diese Gebühren nicht möglich.
6. Das Angebot allein berechtigt nicht zum Spiel gegen Greenfee. Die Erfüllung der Bestimmungen des jeweiligen Golfclubs zur Greenfee-Berechtigung (Mitgliedschaft in einem Golfclub, Mindesthandicap etc.) zum Zeitpunkt der Einlösung sind Voraussetzung.
7. Es ist untersagt, den Greenfee-Gutschein entgeltlich Dritten zu überlassen bzw. mit diesen Handel zu treiben. Insbesondere sind die teilnehmenden Golfclubs in diesem Falle berechtigt, die Einlösung der ausgeschriebenen Angebote zu verweigern.
8. Die teilnehmenden Golfclubs haben sich gegenüber dem Verlag unter den o.g. Bedingungen verpflichtet, die ausgeschriebenen Angebote einzulösen. Der Verlag übernimmt jedoch keine Gewähr und keine Haftung, wenn ein Angebot nicht eingelöst wird oder werden kann.

Bedingungen zur Einlösung des Discounts:

1. Das Angebot ist einschließlich bis 30.6.2022 gültig.
2. Der Golfspieler/Leser hat sich telefonisch eine Abschlagzeit geben zu lassen – dabei ist die Nutzung des Angebots anzugeben.
3. Eine Barauszahlung des Greenfee-Vorteils ist nicht möglich.
4. Das Kombinieren von Angeboten oder bestehenden Greenfee-Vorteilen ist nicht möglich. Der Vorteil bezieht sich jeweils ausschließlich auf die zum Zeitpunkt der Einlösung gültigen vollen Greenfee-Gebühren.
5. Gibt es Spielergruppen mit erhöhten Greenfee-Gebühren, ist ein Nachlass auf diese Gebühren nicht möglich.
6. Das Angebot allein berechtigt nicht zum Spiel gegen Greenfee. Die Erfüllung der Bestimmungen des jeweiligen Golfclubs zur Greenfee-Berechtigung (Mitgliedschaft in einem Golfclub, Mindesthandicap etc.) zum Zeitpunkt der Einlösung sind Voraussetzung.
7. Es ist untersagt, den Greenfee-Gutschein entgeltlich Dritten zu überlassen bzw. mit diesen Handel zu treiben. Insbesondere sind die teilnehmenden Golfclubs in diesem Falle berechtigt, die Einlösung der ausgeschriebenen Angebote zu verweigern.
8. Die teilnehmenden Golfclubs haben sich gegenüber dem Verlag unter den o.g. Bedingungen verpflichtet, die ausgeschriebenen Angebote einzulösen. Der Verlag übernimmt jedoch keine Gewähr und keine Haftung, wenn ein Angebot nicht eingelöst wird oder werden kann.

Bedingungen zur Einlösung des Discounts:

1. Das Angebot ist einschließlich bis 30.6.2022 gültig.
2. Der Golfspieler/Leser hat sich telefonisch eine Abschlagzeit geben zu lassen – dabei ist die Nutzung des Angebots anzugeben.
3. Eine Barauszahlung des Greenfee-Vorteils ist nicht möglich.
4. Das Kombinieren von Angeboten oder bestehenden Greenfee-Vorteilen ist nicht möglich. Der Vorteil bezieht sich jeweils ausschließlich auf die zum Zeitpunkt der Einlösung gültigen vollen Greenfee-Gebühren.
5. Gibt es Spielergruppen mit erhöhten Greenfee-Gebühren, ist ein Nachlass auf diese Gebühren nicht möglich.
6. Das Angebot allein berechtigt nicht zum Spiel gegen Greenfee. Die Erfüllung der Bestimmungen des jeweiligen Golfclubs zur Greenfee-Berechtigung (Mitgliedschaft in einem Golfclub, Mindesthandicap etc.) zum Zeitpunkt der Einlösung sind Voraussetzung.
7. Es ist untersagt, den Greenfee-Gutschein entgeltlich Dritten zu überlassen bzw. mit diesen Handel zu treiben. Insbesondere sind die teilnehmenden Golfclubs in diesem Falle berechtigt, die Einlösung der ausgeschriebenen Angebote zu verweigern.
8. Die teilnehmenden Golfclubs haben sich gegenüber dem Verlag unter den o.g. Bedingungen verpflichtet, die ausgeschriebenen Angebote einzulösen. Der Verlag übernimmt jedoch keine Gewähr und keine Haftung, wenn ein Angebot nicht eingelöst wird oder werden kann.

Bedingungen zur Einlösung des Discounts:

1. Das Angebot ist einschließlich bis 30.6.2022 gültig.
2. Der Golfspieler/Leser hat sich telefonisch eine Abschlagzeit geben zu lassen – dabei ist die Nutzung des Angebots anzugeben.
3. Eine Barauszahlung des Greenfee-Vorteils ist nicht möglich.
4. Das Kombinieren von Angeboten oder bestehenden Greenfee-Vorteilen ist nicht möglich. Der Vorteil bezieht sich jeweils ausschließlich auf die zum Zeitpunkt der Einlösung gültigen vollen Greenfee-Gebühren.
5. Gibt es Spielergruppen mit erhöhten Greenfee-Gebühren, ist ein Nachlass auf diese Gebühren nicht möglich.
6. Das Angebot allein berechtigt nicht zum Spiel gegen Greenfee. Die Erfüllung der Bestimmungen des jeweiligen Golfclubs zur Greenfee-Berechtigung (Mitgliedschaft in einem Golfclub, Mindesthandicap etc.) zum Zeitpunkt der Einlösung sind Voraussetzung.
7. Es ist untersagt, den Greenfee-Gutschein entgeltlich Dritten zu überlassen bzw. mit diesen Handel zu treiben. Insbesondere sind die teilnehmenden Golfclubs in diesem Falle berechtigt, die Einlösung der ausgeschriebenen Angebote zu verweigern.
8. Die teilnehmenden Golfclubs haben sich gegenüber dem Verlag unter den o.g. Bedingungen verpflichtet, die ausgeschriebenen Angebote einzulösen. Der Verlag übernimmt jedoch keine Gewähr und keine Haftung, wenn ein Angebot nicht eingelöst wird oder werden kann.

Bedingungen zur Einlösung des Discounts:

1. Das Angebot ist einschließlich bis 30.6.2022 gültig.
2. Der Golfspieler/Leser hat sich telefonisch eine Abschlagzeit geben zu lassen – dabei ist die Nutzung des Angebots anzugeben.
3. Eine Barauszahlung des Greenfee-Vorteils ist nicht möglich.
4. Das Kombinieren von Angeboten oder bestehenden Greenfee-Vorteilen ist nicht möglich. Der Vorteil bezieht sich jeweils ausschließlich auf die zum Zeitpunkt der Einlösung gültigen vollen Greenfee-Gebühren.
5. Gibt es Spielergruppen mit erhöhten Greenfee-Gebühren, ist ein Nachlass auf diese Gebühren nicht möglich.
6. Das Angebot allein berechtigt nicht zum Spiel gegen Greenfee. Die Erfüllung der Bestimmungen des jeweiligen Golfclubs zur Greenfee-Berechtigung (Mitgliedschaft in einem Golfclub, Mindesthandicap etc.) zum Zeitpunkt der Einlösung sind Voraussetzung.
7. Es ist untersagt, den Greenfee-Gutschein entgeltlich Dritten zu überlassen bzw. mit diesen Handel zu treiben. Insbesondere sind die teilnehmenden Golfclubs in diesem Falle berechtigt, die Einlösung der ausgeschriebenen Angebote zu verweigern.
8. Die teilnehmenden Golfclubs haben sich gegenüber dem Verlag unter den o.g. Bedingungen verpflichtet, die ausgeschriebenen Angebote einzulösen. Der Verlag übernimmt jedoch keine Gewähr und keine Haftung, wenn ein Angebot nicht eingelöst wird oder werden kann.

Bedingungen zur Einlösung des Discounts:

1. Das Angebot ist einschließlich bis 30.6.2022 gültig.
2. Der Golfspieler/Leser hat sich telefonisch eine Abschlagzeit geben zu lassen – dabei ist die Nutzung des Angebots anzugeben.
3. Eine Barauszahlung des Greenfee-Vorteils ist nicht möglich.
4. Das Kombinieren von Angeboten oder bestehenden Greenfee-Vorteilen ist nicht möglich. Der Vorteil bezieht sich jeweils ausschließlich auf die zum Zeitpunkt der Einlösung gültigen vollen Greenfee-Gebühren.
5. Gibt es Spielergruppen mit erhöhten Greenfee-Gebühren, ist ein Nachlass auf diese Gebühren nicht möglich.
6. Das Angebot allein berechtigt nicht zum Spiel gegen Greenfee. Die Erfüllung der Bestimmungen des jeweiligen Golfclubs zur Greenfee-Berechtigung (Mitgliedschaft in einem Golfclub, Mindesthandicap etc.) zum Zeitpunkt der Einlösung sind Voraussetzung.
7. Es ist untersagt, den Greenfee-Gutschein entgeltlich Dritten zu überlassen bzw. mit diesen Handel zu treiben. Insbesondere sind die teilnehmenden Golfclubs in diesem Falle berechtigt, die Einlösung der ausgeschriebenen Angebote zu verweigern.
8. Die teilnehmenden Golfclubs haben sich gegenüber dem Verlag unter den o.g. Bedingungen verpflichtet, die ausgeschriebenen Angebote einzulösen. Der Verlag übernimmt jedoch keine Gewähr und keine Haftung, wenn ein Angebot nicht eingelöst wird oder werden kann.

Bedingungen zur Einlösung des Discounts:

1. Das Angebot ist einschließlich bis 30.6.2022 gültig.
2. Der Golfspieler/Leser hat sich telefonisch eine Abschlagzeit geben zu lassen – dabei ist die Nutzung des Angebots anzugeben.
3. Eine Barauszahlung des Greenfee-Vorteils ist nicht möglich.
4. Das Kombinieren von Angeboten oder bestehenden Greenfee-Vorteilen ist nicht möglich. Der Vorteil bezieht sich jeweils ausschließlich auf die zum Zeitpunkt der Einlösung gültigen vollen Greenfee-Gebühren.
5. Gibt es Spielergruppen mit erhöhten Greenfee-Gebühren, ist ein Nachlass auf diese Gebühren nicht möglich.
6. Das Angebot allein berechtigt nicht zum Spiel gegen Greenfee. Die Erfüllung der Bestimmungen des jeweiligen Golfclubs zur Greenfee-Berechtigung (Mitgliedschaft in einem Golfclub, Mindesthandicap etc.) zum Zeitpunkt der Einlösung sind Voraussetzung.
7. Es ist untersagt, den Greenfee-Gutschein entgeltlich Dritten zu überlassen bzw. mit diesen Handel zu treiben. Insbesondere sind die teilnehmenden Golfclubs in diesem Falle berechtigt, die Einlösung der ausgeschriebenen Angebote zu verweigern.
8. Die teilnehmenden Golfclubs haben sich gegenüber dem Verlag unter den o.g. Bedingungen verpflichtet, die ausgeschriebenen Angebote einzulösen. Der Verlag übernimmt jedoch keine Gewähr und keine Haftung, wenn ein Angebot nicht eingelöst wird oder werden kann.

Bedingungen zur Einlösung des Discounts:

1. Das Angebot ist einschließlich bis 30.6.2022 gültig.
2. Der Golfspieler/Leser hat sich telefonisch eine Abschlagzeit geben zu lassen – dabei ist die Nutzung des Angebots anzugeben.
3. Eine Barauszahlung des Greenfee-Vorteils ist nicht möglich.
4. Das Kombinieren von Angeboten oder bestehenden Greenfee-Vorteilen ist nicht möglich. Der Vorteil bezieht sich jeweils ausschließlich auf die zum Zeitpunkt der Einlösung gültigen vollen Greenfee-Gebühren.
5. Gibt es Spielergruppen mit erhöhten Greenfee-Gebühren, ist ein Nachlass auf diese Gebühren nicht möglich.
6. Das Angebot allein berechtigt nicht zum Spiel gegen Greenfee. Die Erfüllung der Bestimmungen des jeweiligen Golfclubs zur Greenfee-Berechtigung (Mitgliedschaft in einem Golfclub, Mindesthandicap etc.) zum Zeitpunkt der Einlösung sind Voraussetzung.
7. Es ist untersagt, den Greenfee-Gutschein entgeltlich Dritten zu überlassen bzw. mit diesen Handel zu treiben. Insbesondere sind die teilnehmenden Golfclubs in diesem Falle berechtigt, die Einlösung der ausgeschriebenen Angebote zu verweigern.
8. Die teilnehmenden Golfclubs haben sich gegenüber dem Verlag unter den o.g. Bedingungen verpflichtet, die ausgeschriebenen Angebote einzulösen. Der Verlag übernimmt jedoch keine Gewähr und keine Haftung, wenn ein Angebot nicht eingelöst wird oder werden kann.

Bedingungen zur Einlösung des Discounts:

1. Das Angebot ist einschließlich bis 30.6.2022 gültig.
2. Der Golfspieler/Leser hat sich telefonisch eine Abschlagzeit geben zu lassen – dabei ist die Nutzung des Angebots anzugeben.
3. Eine Barauszahlung des Greenfee-Vorteils ist nicht möglich.
4. Das Kombinieren von Angeboten oder bestehenden Greenfee-Vorteilen ist nicht möglich. Der Vorteil bezieht sich jeweils ausschließlich auf die zum Zeitpunkt der Einlösung gültigen vollen Greenfee-Gebühren.
5. Gibt es Spielergruppen mit erhöhten Greenfee-Gebühren, ist ein Nachlass auf diese Gebühren nicht möglich.
6. Das Angebot allein berechtigt nicht zum Spiel gegen Greenfee. Die Erfüllung der Bestimmungen des jeweiligen Golfclubs zur Greenfee-Berechtigung (Mitgliedschaft in einem Golfclub, Mindesthandicap etc.) zum Zeitpunkt der Einlösung sind Voraussetzung.
7. Es ist untersagt, den Greenfee-Gutschein entgeltlich Dritten zu überlassen bzw. mit diesen Handel zu treiben. Insbesondere sind die teilnehmenden Golfclubs in diesem Falle berechtigt, die Einlösung der ausgeschriebenen Angebote zu verweigern.
8. Die teilnehmenden Golfclubs haben sich gegenüber dem Verlag unter den o.g. Bedingungen verpflichtet, die ausgeschriebenen Angebote einzulösen. Der Verlag übernimmt jedoch keine Gewähr und keine Haftung, wenn ein Angebot nicht eingelöst wird oder werden kann.

Bedingungen zur Einlösung des Discounts:

1. Das Angebot ist einschließlich bis 30.6.2022 gültig.
2. Der Golfspieler/Leser hat sich telefonisch eine Abschlagzeit geben zu lassen – dabei ist die Nutzung des Angebots anzugeben.
3. Eine Barauszahlung des Greenfee-Vorteils ist nicht möglich.
4. Das Kombinieren von Angeboten oder bestehenden Greenfee-Vorteilen ist nicht möglich. Der Vorteil bezieht sich jeweils ausschließlich auf die zum Zeitpunkt der Einlösung gültigen vollen Greenfee-Gebühren.
5. Gibt es Spielergruppen mit erhöhten Greenfee-Gebühren, ist ein Nachlass auf diese Gebühren nicht möglich.
6. Das Angebot allein berechtigt nicht zum Spiel gegen Greenfee. Die Erfüllung der Bestimmungen des jeweiligen Golfclubs zur Greenfee-Berechtigung (Mitgliedschaft in einem Golfclub, Mindesthandicap etc.) zum Zeitpunkt der Einlösung sind Voraussetzung.
7. Es ist untersagt, den Greenfee-Gutschein entgeltlich Dritten zu überlassen bzw. mit diesen Handel zu treiben. Insbesondere sind die teilnehmenden Golfclubs in diesem Falle berechtigt, die Einlösung der ausgeschriebenen Angebote zu verweigern.
8. Die teilnehmenden Golfclubs haben sich gegenüber dem Verlag unter den o.g. Bedingungen verpflichtet, die ausgeschriebenen Angebote einzulösen. Der Verlag übernimmt jedoch keine Gewähr und keine Haftung, wenn ein Angebot nicht eingelöst wird oder werden kann.

DER GOLF ALBRECHT

Golfplatz Zlati Grič SI

Skalce 91
SI-3210 Slovenske Konjice
✆ +386 3758 03 62 +386 41 780 405

312

2 for 1 2 GF zum Preis von 1

DER GOLF ALBRECHT

Golfplatz Zlati Grič SI

Skalce 91
SI-3210 Slovenske Konjice
✆ +386 3758 03 62 +386 41 780 405

312

20% Greenfee-Ermäßigung

DER GOLF ALBRECHT

Golfplatz Zlati Grič SI

Skalce 91
SI-3210 Slovenske Konjice
✆ +386 3758 03 62 +386 41 780 405

312

20% Greenfee-Ermäßigung

DER GOLF ALBRECHT

Zala Springs Golf Resort HU

Zala Springs Golf Resort
H-8782 Zalacsány
✆ +36 20 403 4960
Hinweis: 2 for 1 Gutscheine einlösbar mit Reservierungsbestätigung von Montag bis Freitag.

313

2 for 1 2 GF zum Preis von 1 wochentags

DER GOLF ALBRECHT

Zala Springs Golf Resort HU

Zala Springs Golf Resort
H-8782 Zalacsány
✆ +36 20 403 4960

313

20% Greenfee-Ermäßigung

DER GOLF ALBRECHT

Corfu Golf Club GR

Ermones, Ropa Valley, P.O. Box 71
GR-49100 Corfu
✆ +30 2661 094220

314

2 for 1 2 GF zum Preis von 1

DER GOLF ALBRECHT

Corfu Golf Club GR

Ermones, Ropa Valley, P.O. Box 71
GR-49100 Corfu
✆ +30 2661 094220

314

2 for 1 2 GF zum Preis von 1

DER GOLF ALBRECHT

Corfu Golf Club GR

Ermones, Ropa Valley, P.O. Box 71
GR-49100 Corfu
✆ +30 2661 094220

314

2 for 1 2 GF zum Preis von 1

DER GOLF ALBRECHT

Corfu Golf Club GR

Ermones, Ropa Valley, P.O. Box 71
GR-49100 Corfu
✆ +30 2661 094220

314

20% Greenfee-Ermäßigung

DER GOLF ALBRECHT

Corfu Golf Club GR

Ermones, Ropa Valley, P.O. Box 71
GR-49100 Corfu
✆ +30 2661 094220

314

20% Greenfee-Ermäßigung

Bedingungen zur Einlösung des Discounts:

1. Das Angebot ist einschließlich bis 30.6.2022 gültig.
2. Der Golfspieler/Leser hat sich telefonisch eine Abschlagzeit geben zu lassen – dabei ist die Nutzung des Angebots anzugeben.
3. Eine Barauszahlung des Greenfee-Vorteils ist nicht möglich.
4. Das Kombinieren von Angeboten oder bestehenden Greenfee-Vorteilen ist nicht möglich. Der Vorteil bezieht sich jeweils ausschließlich auf die zum Zeitpunkt der Einlösung gültigen vollen Greenfee-Gebühren.
5. Gibt es Spielergruppen mit erhöhten Greenfee-Gebühren, ist ein Nachlass auf diese Gebühren nicht möglich.
6. Das Angebot allein berechtigt nicht zum Spiel gegen Greenfee. Die Erfüllung der Bestimmungen des jeweiligen Golfclubs zur Greenfee-Berechtigung (Mitgliedschaft in einem Golfclub, Mindesthandicap etc.) zum Zeitpunkt der Einlösung sind Voraussetzung.
7. Es ist untersagt, den Greenfee-Gutschein entgeltlich Dritten zu überlassen bzw. mit diesen Handel zu treiben. Insbesondere sind die teilnehmenden Golfclubs in diesem Falle berechtigt, die Einlösung der ausgeschriebenen Angebote zu verweigern.
8. Die teilnehmenden Golfclubs haben sich gegenüber dem Verlag unter den o.g. Bedingungen verpflichtet, die ausgeschriebenen Angebote einzulösen. Der Verlag übernimmt jedoch keine Gewähr und keine Haftung, wenn ein Angebot nicht eingelöst wird oder werden kann.

Bedingungen zur Einlösung des Discounts:

1. Das Angebot ist einschließlich bis 30.6.2022 gültig.
2. Der Golfspieler/Leser hat sich telefonisch eine Abschlagzeit geben zu lassen – dabei ist die Nutzung des Angebots anzugeben.
3. Eine Barauszahlung des Greenfee-Vorteils ist nicht möglich.
4. Das Kombinieren von Angeboten oder bestehenden Greenfee-Vorteilen ist nicht möglich. Der Vorteil bezieht sich jeweils ausschließlich auf die zum Zeitpunkt der Einlösung gültigen vollen Greenfee-Gebühren.
5. Gibt es Spielergruppen mit erhöhten Greenfee-Gebühren, ist ein Nachlass auf diese Gebühren nicht möglich.
6. Das Angebot allein berechtigt nicht zum Spiel gegen Greenfee. Die Erfüllung der Bestimmungen des jeweiligen Golfclubs zur Greenfee-Berechtigung (Mitgliedschaft in einem Golfclub, Mindesthandicap etc.) zum Zeitpunkt der Einlösung sind Voraussetzung.
7. Es ist untersagt, den Greenfee-Gutschein entgeltlich Dritten zu überlassen bzw. mit diesen Handel zu treiben. Insbesondere sind die teilnehmenden Golfclubs in diesem Falle berechtigt, die Einlösung der ausgeschriebenen Angebote zu verweigern.
8. Die teilnehmenden Golfclubs haben sich gegenüber dem Verlag unter den o.g. Bedingungen verpflichtet, die ausgeschriebenen Angebote einzulösen. Der Verlag übernimmt jedoch keine Gewähr und keine Haftung, wenn ein Angebot nicht eingelöst wird oder werden kann.

Bedingungen zur Einlösung des Discounts:

1. Das Angebot ist einschließlich bis 30.6.2022 gültig.
2. Der Golfspieler/Leser hat sich telefonisch eine Abschlagzeit geben zu lassen – dabei ist die Nutzung des Angebots anzugeben.
3. Eine Barauszahlung des Greenfee-Vorteils ist nicht möglich.
4. Das Kombinieren von Angeboten oder bestehenden Greenfee-Vorteilen ist nicht möglich. Der Vorteil bezieht sich jeweils ausschließlich auf die zum Zeitpunkt der Einlösung gültigen vollen Greenfee-Gebühren.
5. Gibt es Spielergruppen mit erhöhten Greenfee-Gebühren, ist ein Nachlass auf diese Gebühren nicht möglich.
6. Das Angebot allein berechtigt nicht zum Spiel gegen Greenfee. Die Erfüllung der Bestimmungen des jeweiligen Golfclubs zur Greenfee-Berechtigung (Mitgliedschaft in einem Golfclub, Mindesthandicap etc.) zum Zeitpunkt der Einlösung sind Voraussetzung.
7. Es ist untersagt, den Greenfee-Gutschein entgeltlich Dritten zu überlassen bzw. mit diesen Handel zu treiben. Insbesondere sind die teilnehmenden Golfclubs in diesem Falle berechtigt, die Einlösung der ausgeschriebenen Angebote zu verweigern.
8. Die teilnehmenden Golfclubs haben sich gegenüber dem Verlag unter den o.g. Bedingungen verpflichtet, die ausgeschriebenen Angebote einzulösen. Der Verlag übernimmt jedoch keine Gewähr und keine Haftung, wenn ein Angebot nicht eingelöst wird oder werden kann.

Bedingungen zur Einlösung des Discounts:

1. Das Angebot ist einschließlich bis 30.6.2022 gültig.
2. Der Golfspieler/Leser hat sich telefonisch eine Abschlagzeit geben zu lassen – dabei ist die Nutzung des Angebots anzugeben.
3. Eine Barauszahlung des Greenfee-Vorteils ist nicht möglich.
4. Das Kombinieren von Angeboten oder bestehenden Greenfee-Vorteilen ist nicht möglich. Der Vorteil bezieht sich jeweils ausschließlich auf die zum Zeitpunkt der Einlösung gültigen vollen Greenfee-Gebühren.
5. Gibt es Spielergruppen mit erhöhten Greenfee-Gebühren, ist ein Nachlass auf diese Gebühren nicht möglich.
6. Das Angebot allein berechtigt nicht zum Spiel gegen Greenfee. Die Erfüllung der Bestimmungen des jeweiligen Golfclubs zur Greenfee-Berechtigung (Mitgliedschaft in einem Golfclub, Mindesthandicap etc.) zum Zeitpunkt der Einlösung sind Voraussetzung.
7. Es ist untersagt, den Greenfee-Gutschein entgeltlich Dritten zu überlassen bzw. mit diesen Handel zu treiben. Insbesondere sind die teilnehmenden Golfclubs in diesem Falle berechtigt, die Einlösung der ausgeschriebenen Angebote zu verweigern.
8. Die teilnehmenden Golfclubs haben sich gegenüber dem Verlag unter den o.g. Bedingungen verpflichtet, die ausgeschriebenen Angebote einzulösen. Der Verlag übernimmt jedoch keine Gewähr und keine Haftung, wenn ein Angebot nicht eingelöst wird oder werden kann.

Bedingungen zur Einlösung des Discounts:

1. Das Angebot ist einschließlich bis 30.6.2022 gültig.
2. Der Golfspieler/Leser hat sich telefonisch eine Abschlagzeit geben zu lassen – dabei ist die Nutzung des Angebots anzugeben.
3. Eine Barauszahlung des Greenfee-Vorteils ist nicht möglich.
4. Das Kombinieren von Angeboten oder bestehenden Greenfee-Vorteilen ist nicht möglich. Der Vorteil bezieht sich jeweils ausschließlich auf die zum Zeitpunkt der Einlösung gültigen vollen Greenfee-Gebühren.
5. Gibt es Spielergruppen mit erhöhten Greenfee-Gebühren, ist ein Nachlass auf diese Gebühren nicht möglich.
6. Das Angebot allein berechtigt nicht zum Spiel gegen Greenfee. Die Erfüllung der Bestimmungen des jeweiligen Golfclubs zur Greenfee-Berechtigung (Mitgliedschaft in einem Golfclub, Mindesthandicap etc.) zum Zeitpunkt der Einlösung sind Voraussetzung.
7. Es ist untersagt, den Greenfee-Gutschein entgeltlich Dritten zu überlassen bzw. mit diesen Handel zu treiben. Insbesondere sind die teilnehmenden Golfclubs in diesem Falle berechtigt, die Einlösung der ausgeschriebenen Angebote zu verweigern.
8. Die teilnehmenden Golfclubs haben sich gegenüber dem Verlag unter den o.g. Bedingungen verpflichtet, die ausgeschriebenen Angebote einzulösen. Der Verlag übernimmt jedoch keine Gewähr und keine Haftung, wenn ein Angebot nicht eingelöst wird oder werden kann.

Bedingungen zur Einlösung des Discounts:

1. Das Angebot ist einschließlich bis 30.6.2022 gültig.
2. Der Golfspieler/Leser hat sich telefonisch eine Abschlagzeit geben zu lassen – dabei ist die Nutzung des Angebots anzugeben.
3. Eine Barauszahlung des Greenfee-Vorteils ist nicht möglich.
4. Das Kombinieren von Angeboten oder bestehenden Greenfee-Vorteilen ist nicht möglich. Der Vorteil bezieht sich jeweils ausschließlich auf die zum Zeitpunkt der Einlösung gültigen vollen Greenfee-Gebühren.
5. Gibt es Spielergruppen mit erhöhten Greenfee-Gebühren, ist ein Nachlass auf diese Gebühren nicht möglich.
6. Das Angebot allein berechtigt nicht zum Spiel gegen Greenfee. Die Erfüllung der Bestimmungen des jeweiligen Golfclubs zur Greenfee-Berechtigung (Mitgliedschaft in einem Golfclub, Mindesthandicap etc.) zum Zeitpunkt der Einlösung sind Voraussetzung.
7. Es ist untersagt, den Greenfee-Gutschein entgeltlich Dritten zu überlassen bzw. mit diesen Handel zu treiben. Insbesondere sind die teilnehmenden Golfclubs in diesem Falle berechtigt, die Einlösung der ausgeschriebenen Angebote zu verweigern.
8. Die teilnehmenden Golfclubs haben sich gegenüber dem Verlag unter den o.g. Bedingungen verpflichtet, die ausgeschriebenen Angebote einzulösen. Der Verlag übernimmt jedoch keine Gewähr und keine Haftung, wenn ein Angebot nicht eingelöst wird oder werden kann.

Bedingungen zur Einlösung des Discounts:

1. Das Angebot ist einschließlich bis 30.6.2022 gültig.
2. Der Golfspieler/Leser hat sich telefonisch eine Abschlagzeit geben zu lassen – dabei ist die Nutzung des Angebots anzugeben.
3. Eine Barauszahlung des Greenfee-Vorteils ist nicht möglich.
4. Das Kombinieren von Angeboten oder bestehenden Greenfee-Vorteilen ist nicht möglich. Der Vorteil bezieht sich jeweils ausschließlich auf die zum Zeitpunkt der Einlösung gültigen vollen Greenfee-Gebühren.
5. Gibt es Spielergruppen mit erhöhten Greenfee-Gebühren, ist ein Nachlass auf diese Gebühren nicht möglich.
6. Das Angebot allein berechtigt nicht zum Spiel gegen Greenfee. Die Erfüllung der Bestimmungen des jeweiligen Golfclubs zur Greenfee-Berechtigung (Mitgliedschaft in einem Golfclub, Mindesthandicap etc.) zum Zeitpunkt der Einlösung sind Voraussetzung.
7. Es ist untersagt, den Greenfee-Gutschein entgeltlich Dritten zu überlassen bzw. mit diesen Handel zu treiben. Insbesondere sind die teilnehmenden Golfclubs in diesem Falle berechtigt, die Einlösung der ausgeschriebenen Angebote zu verweigern.
8. Die teilnehmenden Golfclubs haben sich gegenüber dem Verlag unter den o.g. Bedingungen verpflichtet, die ausgeschriebenen Angebote einzulösen. Der Verlag übernimmt jedoch keine Gewähr und keine Haftung, wenn ein Angebot nicht eingelöst wird oder werden kann.

Bedingungen zur Einlösung des Discounts:

1. Das Angebot ist einschließlich bis 30.6.2022 gültig.
2. Der Golfspieler/Leser hat sich telefonisch eine Abschlagzeit geben zu lassen – dabei ist die Nutzung des Angebots anzugeben.
3. Eine Barauszahlung des Greenfee-Vorteils ist nicht möglich.
4. Das Kombinieren von Angeboten oder bestehenden Greenfee-Vorteilen ist nicht möglich. Der Vorteil bezieht sich jeweils ausschließlich auf die zum Zeitpunkt der Einlösung gültigen vollen Greenfee-Gebühren.
5. Gibt es Spielergruppen mit erhöhten Greenfee-Gebühren, ist ein Nachlass auf diese Gebühren nicht möglich.
6. Das Angebot allein berechtigt nicht zum Spiel gegen Greenfee. Die Erfüllung der Bestimmungen des jeweiligen Golfclubs zur Greenfee-Berechtigung (Mitgliedschaft in einem Golfclub, Mindesthandicap etc.) zum Zeitpunkt der Einlösung sind Voraussetzung.
7. Es ist untersagt, den Greenfee-Gutschein entgeltlich Dritten zu überlassen bzw. mit diesen Handel zu treiben. Insbesondere sind die teilnehmenden Golfclubs in diesem Falle berechtigt, die Einlösung der ausgeschriebenen Angebote zu verweigern.
8. Die teilnehmenden Golfclubs haben sich gegenüber dem Verlag unter den o.g. Bedingungen verpflichtet, die ausgeschriebenen Angebote einzulösen. Der Verlag übernimmt jedoch keine Gewähr und keine Haftung, wenn ein Angebot nicht eingelöst wird oder werden kann.

Bedingungen zur Einlösung des Discounts:

1. Das Angebot ist einschließlich bis 30.6.2022 gültig.
2. Der Golfspieler/Leser hat sich telefonisch eine Abschlagzeit geben zu lassen – dabei ist die Nutzung des Angebots anzugeben.
3. Eine Barauszahlung des Greenfee-Vorteils ist nicht möglich.
4. Das Kombinieren von Angeboten oder bestehenden Greenfee-Vorteilen ist nicht möglich. Der Vorteil bezieht sich jeweils ausschließlich auf die zum Zeitpunkt der Einlösung gültigen vollen Greenfee-Gebühren.
5. Gibt es Spielergruppen mit erhöhten Greenfee-Gebühren, ist ein Nachlass auf diese Gebühren nicht möglich.
6. Das Angebot allein berechtigt nicht zum Spiel gegen Greenfee. Die Erfüllung der Bestimmungen des jeweiligen Golfclubs zur Greenfee-Berechtigung (Mitgliedschaft in einem Golfclub, Mindesthandicap etc.) zum Zeitpunkt der Einlösung sind Voraussetzung.
7. Es ist untersagt, den Greenfee-Gutschein entgeltlich Dritten zu überlassen bzw. mit diesen Handel zu treiben. Insbesondere sind die teilnehmenden Golfclubs in diesem Falle berechtigt, die Einlösung der ausgeschriebenen Angebote zu verweigern.
8. Die teilnehmenden Golfclubs haben sich gegenüber dem Verlag unter den o.g. Bedingungen verpflichtet, die ausgeschriebenen Angebote einzulösen. Der Verlag übernimmt jedoch keine Gewähr und keine Haftung, wenn ein Angebot nicht eingelöst wird oder werden kann.

Bedingungen zur Einlösung des Discounts:

1. Das Angebot ist einschließlich bis 30.6.2022 gültig.
2. Der Golfspieler/Leser hat sich telefonisch eine Abschlagzeit geben zu lassen – dabei ist die Nutzung des Angebots anzugeben.
3. Eine Barauszahlung des Greenfee-Vorteils ist nicht möglich.
4. Das Kombinieren von Angeboten oder bestehenden Greenfee-Vorteilen ist nicht möglich. Der Vorteil bezieht sich jeweils ausschließlich auf die zum Zeitpunkt der Einlösung gültigen vollen Greenfee-Gebühren.
5. Gibt es Spielergruppen mit erhöhten Greenfee-Gebühren, ist ein Nachlass auf diese Gebühren nicht möglich.
6. Das Angebot allein berechtigt nicht zum Spiel gegen Greenfee. Die Erfüllung der Bestimmungen des jeweiligen Golfclubs zur Greenfee-Berechtigung (Mitgliedschaft in einem Golfclub, Mindesthandicap etc.) zum Zeitpunkt der Einlösung sind Voraussetzung.
7. Es ist untersagt, den Greenfee-Gutschein entgeltlich Dritten zu überlassen bzw. mit diesen Handel zu treiben. Insbesondere sind die teilnehmenden Golfclubs in diesem Falle berechtigt, die Einlösung der ausgeschriebenen Angebote zu verweigern.
8. Die teilnehmenden Golfclubs haben sich gegenüber dem Verlag unter den o.g. Bedingungen verpflichtet, die ausgeschriebenen Angebote einzulösen. Der Verlag übernimmt jedoch keine Gewähr und keine Haftung, wenn ein Angebot nicht eingelöst wird oder werden kann.

DER GOLF ALBRECHT

Corfu Golf Club GR

Ermones, Ropa Valley, P.O. Box 71
GR-49100 Corfu
✆ +30 2661 094220

314

20% Greenfee-Ermäßigung

DER GOLF ALBRECHT

The Crete Golf Club GR

P.O. Box 106, Hersonissos
GR-70014 Crete, Greece
✆ +30 2897 026000

315

20% Greenfee-Ermäßigung

DER GOLF ALBRECHT

The Crete Golf Club GR

P.O. Box 106, Hersonissos
GR-70014 Crete, Greece
✆ +30 2897 026000

315

20% Greenfee-Ermäßigung

DER GOLF ALBRECHT

The Crete Golf Club GR

P.O. Box 106, Hersonissos
GR-70014 Crete, Greece
✆ +30 2897 026000

315

20% Greenfee-Ermäßigung

DER GOLF ALBRECHT

The Royal Malta Golf Club MT

Aldo Moro Street
MRS6094 Marsa
✆ +356 2122 7019
Hinweis: not valid for malta residents

316

25% Greenfee-Ermäßigung wochentags

DER GOLF ALBRECHT

The Royal Malta Golf Club MT

Aldo Moro Street
MRS6094 Marsa
✆ +356 2122 7019
Hinweis: not valid for malta residents

316

25% Greenfee-Ermäßigung wochentags

DER GOLF ALBRECHT

The Royal Malta Golf Club MT

Aldo Moro Street
MRS6094 Marsa
✆ +356 2122 7019
Hinweis: Available for visitors to the island of Malta (not valid for malta residents)

316

25% Greenfee-Ermäßigung wochentags

DER GOLF ALBRECHT

Club Golf d' Aro-Mas Nou ES

Urb. Mas Nou. s/n, Aptdo. 429
E-17250 Platja d'Aro
✆ +34 972 81 67 27
Katalonien
Hinweis: nur werktags mit Reservierung

317

2 for 1 2 GF zum Preis von 1 wochentags

DER GOLF ALBRECHT

Club Golf d' Aro-Mas Nou ES

Urb. Mas Nou. s/n, Aptdo. 429
E-17250 Platja d'Aro
✆ +34 972 81 67 27
Katalonien
Hinweis: nur werktags mit Reservierung

317

2 for 1 2 GF zum Preis von 1 wochentags

DER GOLF ALBRECHT

Club Golf d' Aro-Mas Nou ES

Urb. Mas Nou. s/n, Aptdo. 429
E-17250 Platja d'Aro
✆ +34 972 81 67 27
Katalonien
Hinweis: nur werktags mit Reservierung

317

2 for 1 2 GF zum Preis von 1 wochentags

Bedingungen zur Einlösung des Discounts:

1. Das Angebot ist einschließlich bis 30.6.2022 gültig.
2. Der Golfspieler/Leser hat sich telefonisch eine Abschlagzeit geben zu lassen – dabei ist die Nutzung des Angebots anzugeben.
3. Eine Barauszahlung des Greenfee-Vorteils ist nicht möglich.
4. Das Kombinieren von Angeboten oder bestehenden Greenfee-Vorteilen ist nicht möglich. Der Vorteil bezieht sich jeweils ausschließlich auf die zum Zeitpunkt der Einlösung gültigen vollen Greenfee-Gebühren.
5. Gibt es Spielergruppen mit erhöhten Greenfee-Gebühren, ist ein Nachlass auf diese Gebühren nicht möglich.
6. Das Angebot allein berechtigt nicht zum Spiel gegen Greenfee. Die Erfüllung der Bestimmungen des jeweiligen Golfclubs zur Greenfee-Berechtigung (Mitgliedschaft in einem Golfclub, Mindesthandicap etc.) zum Zeitpunkt der Einlösung sind Voraussetzung.
7. Es ist untersagt, den Greenfee-Gutschein entgeltlich Dritten zu überlassen bzw. mit diesen Handel zu treiben. Insbesondere sind die teilnehmenden Golfclubs in diesem Falle berechtigt, die Einlösung der ausgeschriebenen Angebote zu verweigern.
8. Die teilnehmenden Golfclubs haben sich gegenüber dem Verlag unter den o.g. Bedingungen verpflichtet, die ausgeschriebenen Angebote einzulösen. Der Verlag übernimmt jedoch keine Gewähr und keine Haftung, wenn ein Angebot nicht eingelöst wird oder werden kann.

Bedingungen zur Einlösung des Discounts:

1. Das Angebot ist einschließlich bis 30.6.2022 gültig.
2. Der Golfspieler/Leser hat sich telefonisch eine Abschlagzeit geben zu lassen – dabei ist die Nutzung des Angebots anzugeben.
3. Eine Barauszahlung des Greenfee-Vorteils ist nicht möglich.
4. Das Kombinieren von Angeboten oder bestehenden Greenfee-Vorteilen ist nicht möglich. Der Vorteil bezieht sich jeweils ausschließlich auf die zum Zeitpunkt der Einlösung gültigen vollen Greenfee-Gebühren.
5. Gibt es Spielergruppen mit erhöhten Greenfee-Gebühren, ist ein Nachlass auf diese Gebühren nicht möglich.
6. Das Angebot allein berechtigt nicht zum Spiel gegen Greenfee. Die Erfüllung der Bestimmungen des jeweiligen Golfclubs zur Greenfee-Berechtigung (Mitgliedschaft in einem Golfclub, Mindesthandicap etc.) zum Zeitpunkt der Einlösung sind Voraussetzung.
7. Es ist untersagt, den Greenfee-Gutschein entgeltlich Dritten zu überlassen bzw. mit diesen Handel zu treiben. Insbesondere sind die teilnehmenden Golfclubs in diesem Falle berechtigt, die Einlösung der ausgeschriebenen Angebote zu verweigern.
8. Die teilnehmenden Golfclubs haben sich gegenüber dem Verlag unter den o.g. Bedingungen verpflichtet, die ausgeschriebenen Angebote einzulösen. Der Verlag übernimmt jedoch keine Gewähr und keine Haftung, wenn ein Angebot nicht eingelöst wird oder werden kann.

Bedingungen zur Einlösung des Discounts:

1. Das Angebot ist einschließlich bis 30.6.2022 gültig.
2. Der Golfspieler/Leser hat sich telefonisch eine Abschlagzeit geben zu lassen – dabei ist die Nutzung des Angebots anzugeben.
3. Eine Barauszahlung des Greenfee-Vorteils ist nicht möglich.
4. Das Kombinieren von Angeboten oder bestehenden Greenfee-Vorteilen ist nicht möglich. Der Vorteil bezieht sich jeweils ausschließlich auf die zum Zeitpunkt der Einlösung gültigen vollen Greenfee-Gebühren.
5. Gibt es Spielergruppen mit erhöhten Greenfee-Gebühren, ist ein Nachlass auf diese Gebühren nicht möglich.
6. Das Angebot allein berechtigt nicht zum Spiel gegen Greenfee. Die Erfüllung der Bestimmungen des jeweiligen Golfclubs zur Greenfee-Berechtigung (Mitgliedschaft in einem Golfclub, Mindesthandicap etc.) zum Zeitpunkt der Einlösung sind Voraussetzung.
7. Es ist untersagt, den Greenfee-Gutschein entgeltlich Dritten zu überlassen bzw. mit diesen Handel zu treiben. Insbesondere sind die teilnehmenden Golfclubs in diesem Falle berechtigt, die Einlösung der ausgeschriebenen Angebote zu verweigern.
8. Die teilnehmenden Golfclubs haben sich gegenüber dem Verlag unter den o.g. Bedingungen verpflichtet, die ausgeschriebenen Angebote einzulösen. Der Verlag übernimmt jedoch keine Gewähr und keine Haftung, wenn ein Angebot nicht eingelöst wird oder werden kann.

Bedingungen zur Einlösung des Discounts:

1. Das Angebot ist einschließlich bis 30.6.2022 gültig.
2. Der Golfspieler/Leser hat sich telefonisch eine Abschlagzeit geben zu lassen – dabei ist die Nutzung des Angebots anzugeben.
3. Eine Barauszahlung des Greenfee-Vorteils ist nicht möglich.
4. Das Kombinieren von Angeboten oder bestehenden Greenfee-Vorteilen ist nicht möglich. Der Vorteil bezieht sich jeweils ausschließlich auf die zum Zeitpunkt der Einlösung gültigen vollen Greenfee-Gebühren.
5. Gibt es Spielergruppen mit erhöhten Greenfee-Gebühren, ist ein Nachlass auf diese Gebühren nicht möglich.
6. Das Angebot allein berechtigt nicht zum Spiel gegen Greenfee. Die Erfüllung der Bestimmungen des jeweiligen Golfclubs zur Greenfee-Berechtigung (Mitgliedschaft in einem Golfclub, Mindesthandicap etc.) zum Zeitpunkt der Einlösung sind Voraussetzung.
7. Es ist untersagt, den Greenfee-Gutschein entgeltlich Dritten zu überlassen bzw. mit diesen Handel zu treiben. Insbesondere sind die teilnehmenden Golfclubs in diesem Falle berechtigt, die Einlösung der ausgeschriebenen Angebote zu verweigern.
8. Die teilnehmenden Golfclubs haben sich gegenüber dem Verlag unter den o.g. Bedingungen verpflichtet, die ausgeschriebenen Angebote einzulösen. Der Verlag übernimmt jedoch keine Gewähr und keine Haftung, wenn ein Angebot nicht eingelöst wird oder werden kann.

Bedingungen zur Einlösung des Discounts:

1. Das Angebot ist einschließlich bis 30.6.2022 gültig.
2. Der Golfspieler/Leser hat sich telefonisch eine Abschlagzeit geben zu lassen – dabei ist die Nutzung des Angebots anzugeben.
3. Eine Barauszahlung des Greenfee-Vorteils ist nicht möglich.
4. Das Kombinieren von Angeboten oder bestehenden Greenfee-Vorteilen ist nicht möglich. Der Vorteil bezieht sich jeweils ausschließlich auf die zum Zeitpunkt der Einlösung gültigen vollen Greenfee-Gebühren.
5. Gibt es Spielergruppen mit erhöhten Greenfee-Gebühren, ist ein Nachlass auf diese Gebühren nicht möglich.
6. Das Angebot allein berechtigt nicht zum Spiel gegen Greenfee. Die Erfüllung der Bestimmungen des jeweiligen Golfclubs zur Greenfee-Berechtigung (Mitgliedschaft in einem Golfclub, Mindesthandicap etc.) zum Zeitpunkt der Einlösung sind Voraussetzung.
7. Es ist untersagt, den Greenfee-Gutschein entgeltlich Dritten zu überlassen bzw. mit diesen Handel zu treiben. Insbesondere sind die teilnehmenden Golfclubs in diesem Falle berechtigt, die Einlösung der ausgeschriebenen Angebote zu verweigern.
8. Die teilnehmenden Golfclubs haben sich gegenüber dem Verlag unter den o.g. Bedingungen verpflichtet, die ausgeschriebenen Angebote einzulösen. Der Verlag übernimmt jedoch keine Gewähr und keine Haftung, wenn ein Angebot nicht eingelöst wird oder werden kann.

Bedingungen zur Einlösung des Discounts:

1. Das Angebot ist einschließlich bis 30.6.2022 gültig.
2. Der Golfspieler/Leser hat sich telefonisch eine Abschlagzeit geben zu lassen – dabei ist die Nutzung des Angebots anzugeben.
3. Eine Barauszahlung des Greenfee-Vorteils ist nicht möglich.
4. Das Kombinieren von Angeboten oder bestehenden Greenfee-Vorteilen ist nicht möglich. Der Vorteil bezieht sich jeweils ausschließlich auf die zum Zeitpunkt der Einlösung gültigen vollen Greenfee-Gebühren.
5. Gibt es Spielergruppen mit erhöhten Greenfee-Gebühren, ist ein Nachlass auf diese Gebühren nicht möglich.
6. Das Angebot allein berechtigt nicht zum Spiel gegen Greenfee. Die Erfüllung der Bestimmungen des jeweiligen Golfclubs zur Greenfee-Berechtigung (Mitgliedschaft in einem Golfclub, Mindesthandicap etc.) zum Zeitpunkt der Einlösung sind Voraussetzung.
7. Es ist untersagt, den Greenfee-Gutschein entgeltlich Dritten zu überlassen bzw. mit diesen Handel zu treiben. Insbesondere sind die teilnehmenden Golfclubs in diesem Falle berechtigt, die Einlösung der ausgeschriebenen Angebote zu verweigern.
8. Die teilnehmenden Golfclubs haben sich gegenüber dem Verlag unter den o.g. Bedingungen verpflichtet, die ausgeschriebenen Angebote einzulösen. Der Verlag übernimmt jedoch keine Gewähr und keine Haftung, wenn ein Angebot nicht eingelöst wird oder werden kann.

Bedingungen zur Einlösung des Discounts:

1. Das Angebot ist einschließlich bis 30.6.2022 gültig.
2. Der Golfspieler/Leser hat sich telefonisch eine Abschlagzeit geben zu lassen – dabei ist die Nutzung des Angebots anzugeben.
3. Eine Barauszahlung des Greenfee-Vorteils ist nicht möglich.
4. Das Kombinieren von Angeboten oder bestehenden Greenfee-Vorteilen ist nicht möglich. Der Vorteil bezieht sich jeweils ausschließlich auf die zum Zeitpunkt der Einlösung gültigen vollen Greenfee-Gebühren.
5. Gibt es Spielergruppen mit erhöhten Greenfee-Gebühren, ist ein Nachlass auf diese Gebühren nicht möglich.
6. Das Angebot allein berechtigt nicht zum Spiel gegen Greenfee. Die Erfüllung der Bestimmungen des jeweiligen Golfclubs zur Greenfee-Berechtigung (Mitgliedschaft in einem Golfclub, Mindesthandicap etc.) zum Zeitpunkt der Einlösung sind Voraussetzung.
7. Es ist untersagt, den Greenfee-Gutschein entgeltlich Dritten zu überlassen bzw. mit diesen Handel zu treiben. Insbesondere sind die teilnehmenden Golfclubs in diesem Falle berechtigt, die Einlösung der ausgeschriebenen Angebote zu verweigern.
8. Die teilnehmenden Golfclubs haben sich gegenüber dem Verlag unter den o.g. Bedingungen verpflichtet, die ausgeschriebenen Angebote einzulösen. Der Verlag übernimmt jedoch keine Gewähr und keine Haftung, wenn ein Angebot nicht eingelöst wird oder werden kann.

Bedingungen zur Einlösung des Discounts:

1. Das Angebot ist einschließlich bis 30.6.2022 gültig.
2. Der Golfspieler/Leser hat sich telefonisch eine Abschlagzeit geben zu lassen – dabei ist die Nutzung des Angebots anzugeben.
3. Eine Barauszahlung des Greenfee-Vorteils ist nicht möglich.
4. Das Kombinieren von Angeboten oder bestehenden Greenfee-Vorteilen ist nicht möglich. Der Vorteil bezieht sich jeweils ausschließlich auf die zum Zeitpunkt der Einlösung gültigen vollen Greenfee-Gebühren.
5. Gibt es Spielergruppen mit erhöhten Greenfee-Gebühren, ist ein Nachlass auf diese Gebühren nicht möglich.
6. Das Angebot allein berechtigt nicht zum Spiel gegen Greenfee. Die Erfüllung der Bestimmungen des jeweiligen Golfclubs zur Greenfee-Berechtigung (Mitgliedschaft in einem Golfclub, Mindesthandicap etc.) zum Zeitpunkt der Einlösung sind Voraussetzung.
7. Es ist untersagt, den Greenfee-Gutschein entgeltlich Dritten zu überlassen bzw. mit diesen Handel zu treiben. Insbesondere sind die teilnehmenden Golfclubs in diesem Falle berechtigt, die Einlösung der ausgeschriebenen Angebote zu verweigern.
8. Die teilnehmenden Golfclubs haben sich gegenüber dem Verlag unter den o.g. Bedingungen verpflichtet, die ausgeschriebenen Angebote einzulösen. Der Verlag übernimmt jedoch keine Gewähr und keine Haftung, wenn ein Angebot nicht eingelöst wird oder werden kann.

Bedingungen zur Einlösung des Discounts:

1. Das Angebot ist einschließlich bis 30.6.2022 gültig.
2. Der Golfspieler/Leser hat sich telefonisch eine Abschlagzeit geben zu lassen – dabei ist die Nutzung des Angebots anzugeben.
3. Eine Barauszahlung des Greenfee-Vorteils ist nicht möglich.
4. Das Kombinieren von Angeboten oder bestehenden Greenfee-Vorteilen ist nicht möglich. Der Vorteil bezieht sich jeweils ausschließlich auf die zum Zeitpunkt der Einlösung gültigen vollen Greenfee-Gebühren.
5. Gibt es Spielergruppen mit erhöhten Greenfee-Gebühren, ist ein Nachlass auf diese Gebühren nicht möglich.
6. Das Angebot allein berechtigt nicht zum Spiel gegen Greenfee. Die Erfüllung der Bestimmungen des jeweiligen Golfclubs zur Greenfee-Berechtigung (Mitgliedschaft in einem Golfclub, Mindesthandicap etc.) zum Zeitpunkt der Einlösung sind Voraussetzung.
7. Es ist untersagt, den Greenfee-Gutschein entgeltlich Dritten zu überlassen bzw. mit diesen Handel zu treiben. Insbesondere sind die teilnehmenden Golfclubs in diesem Falle berechtigt, die Einlösung der ausgeschriebenen Angebote zu verweigern.
8. Die teilnehmenden Golfclubs haben sich gegenüber dem Verlag unter den o.g. Bedingungen verpflichtet, die ausgeschriebenen Angebote einzulösen. Der Verlag übernimmt jedoch keine Gewähr und keine Haftung, wenn ein Angebot nicht eingelöst wird oder werden kann.

Bedingungen zur Einlösung des Discounts:

1. Das Angebot ist einschließlich bis 30.6.2022 gültig.
2. Der Golfspieler/Leser hat sich telefonisch eine Abschlagzeit geben zu lassen – dabei ist die Nutzung des Angebots anzugeben.
3. Eine Barauszahlung des Greenfee-Vorteils ist nicht möglich.
4. Das Kombinieren von Angeboten oder bestehenden Greenfee-Vorteilen ist nicht möglich. Der Vorteil bezieht sich jeweils ausschließlich auf die zum Zeitpunkt der Einlösung gültigen vollen Greenfee-Gebühren.
5. Gibt es Spielergruppen mit erhöhten Greenfee-Gebühren, ist ein Nachlass auf diese Gebühren nicht möglich.
6. Das Angebot allein berechtigt nicht zum Spiel gegen Greenfee. Die Erfüllung der Bestimmungen des jeweiligen Golfclubs zur Greenfee-Berechtigung (Mitgliedschaft in einem Golfclub, Mindesthandicap etc.) zum Zeitpunkt der Einlösung sind Voraussetzung.
7. Es ist untersagt, den Greenfee-Gutschein entgeltlich Dritten zu überlassen bzw. mit diesen Handel zu treiben. Insbesondere sind die teilnehmenden Golfclubs in diesem Falle berechtigt, die Einlösung der ausgeschriebenen Angebote zu verweigern.
8. Die teilnehmenden Golfclubs haben sich gegenüber dem Verlag unter den o.g. Bedingungen verpflichtet, die ausgeschriebenen Angebote einzulösen. Der Verlag übernimmt jedoch keine Gewähr und keine Haftung, wenn ein Angebot nicht eingelöst wird oder werden kann.

DER GOLF ALBRECHT

Club Golf d' Aro-Mas Nou **ES**

Urb. Mas Nou. s/n, Aptdo. 429
E-17250 Platja d'Aro
☎ +34 972 81 67 27
Katalonien

317

25% **Greenfee-Ermäßigung wochentags**

DER GOLF ALBRECHT

Club Golf d' Aro-Mas Nou **ES**

Urb. Mas Nou. s/n, Aptdo. 429
E-17250 Platja d'Aro
☎ +34 972 81 67 27
Katalonien

317

25% **Greenfee-Ermäßigung wochentags**

DER GOLF ALBRECHT

Club Golf d' Aro-Mas Nou **ES**

Urb. Mas Nou. s/n, Aptdo. 429
E-17250 Platja d'Aro
☎ +34 972 81 67 27
Katalonien

317

25% **Greenfee-Ermäßigung wochentags**

DER GOLF ALBRECHT

Club de Golf Retamares & Suites **ES**

Ctra. Algete-Alalpardo, Km 2,3, Miraval
E-28130 Valdeolmos
☎ +34 916 20 25 40
Madrid, Kastilien-La Mancha und Extremadura
Hinweis: On rack rate

318

20% **Greenfee-Ermäßigung**

DER GOLF ALBRECHT

Club de Golf Retamares & Suites **ES**

Ctra. Algete-Alalpardo, Km 2,3, Miraval
E-28130 Valdeolmos
☎ +34 916 20 25 40
Madrid, Kastilien-La Mancha und Extremadura
Hinweis: On rack rate

318

20% **Greenfee-Ermäßigung**

DER GOLF ALBRECHT

Centro Nacional de la RFEG **ES**

Arroyo del Monte, 5
E-28035 Madrid
☎ +34 913 76 90 60
Madrid, Kastilien-La Mancha und Extremadura
Hinweis: On rack rate

319

20% **Greenfee-Ermäßigung**

DER GOLF ALBRECHT

Centro Nacional de la RFEG **ES**

Arroyo del Monte, 5
E-28035 Madrid
☎ +34 913 76 90 60
Madrid, Kastilien-La Mancha und Extremadura
Hinweis: On rack rate

319

20% **Greenfee-Ermäßigung**

DER GOLF ALBRECHT

Golf Santander **ES**

Avda. Ciudad de Santander s/n
E-28660 Boadilla del Monte
☎ +34 91257392930
Madrid, Kastilien-La Mancha und Extremadura
Hinweis: On rack rate

320

20% **Greenfee-Ermäßigung**

DER GOLF ALBRECHT

Golf Santander **ES**

Avda. Ciudad de Santander s/n
E-28660 Boadilla del Monte
☎ +34 91257392930
Madrid, Kastilien-La Mancha und Extremadura
Hinweis: On rack rate

320

20% **Greenfee-Ermäßigung**

DER GOLF ALBRECHT

Mediterráneo Golf **ES**

Urb. La Coma, s/n
E-12190 Borriol
☎ +34 964 32 12 27
Valencia

321

20% **Greenfee-Ermäßigung**

Bedingungen zur Einlösung des Discounts:

1. Das Angebot ist einschließlich bis 30.6.2022 gültig.
2. Der Golfspieler/Leser hat sich telefonisch eine Abschlagzeit geben zu lassen – dabei ist die Nutzung des Angebots anzugeben.
3. Eine Barauszahlung des Greenfee-Vorteils ist nicht möglich.
4. Das Kombinieren von Angeboten oder bestehenden Greenfee-Vorteilen ist nicht möglich. Der Vorteil bezieht sich jeweils ausschließlich auf die zum Zeitpunkt der Einlösung gültigen vollen Greenfee-Gebühren.
5. Gibt es Spielergruppen mit erhöhten Greenfee-Gebühren, ist ein Nachlass auf diese Gebühren nicht möglich.
6. Das Angebot allein berechtigt nicht zum Spiel gegen Greenfee. Die Erfüllung der Bestimmungen des jeweiligen Golfclubs zur Greenfee-Berechtigung (Mitgliedschaft in einem Golfclub, Mindesthandicap etc.) zum Zeitpunkt der Einlösung sind Voraussetzung.
7. Es ist untersagt, den Greenfee-Gutschein entgeltlich Dritten zu überlassen bzw. mit diesen Handel zu treiben. Insbesondere sind die teilnehmenden Golfclubs in diesem Falle berechtigt, die Einlösung der ausgeschriebenen Angebote zu verweigern.
8. Die teilnehmenden Golfclubs haben sich gegenüber dem Verlag unter den o.g. Bedingungen verpflichtet, die ausgeschriebenen Angebote einzulösen. Der Verlag übernimmt jedoch keine Gewähr und keine Haftung, wenn ein Angebot nicht eingelöst wird oder werden kann.

Bedingungen zur Einlösung des Discounts:

1. Das Angebot ist einschließlich bis 30.6.2022 gültig.
2. Der Golfspieler/Leser hat sich telefonisch eine Abschlagzeit geben zu lassen – dabei ist die Nutzung des Angebots anzugeben.
3. Eine Barauszahlung des Greenfee-Vorteils ist nicht möglich.
4. Das Kombinieren von Angeboten oder bestehenden Greenfee-Vorteilen ist nicht möglich. Der Vorteil bezieht sich jeweils ausschließlich auf die zum Zeitpunkt der Einlösung gültigen vollen Greenfee-Gebühren.
5. Gibt es Spielergruppen mit erhöhten Greenfee-Gebühren, ist ein Nachlass auf diese Gebühren nicht möglich.
6. Das Angebot allein berechtigt nicht zum Spiel gegen Greenfee. Die Erfüllung der Bestimmungen des jeweiligen Golfclubs zur Greenfee-Berechtigung (Mitgliedschaft in einem Golfclub, Mindesthandicap etc.) zum Zeitpunkt der Einlösung sind Voraussetzung.
7. Es ist untersagt, den Greenfee-Gutschein entgeltlich Dritten zu überlassen bzw. mit diesen Handel zu treiben. Insbesondere sind die teilnehmenden Golfclubs in diesem Falle berechtigt, die Einlösung der ausgeschriebenen Angebote zu verweigern.
8. Die teilnehmenden Golfclubs haben sich gegenüber dem Verlag unter den o.g. Bedingungen verpflichtet, die ausgeschriebenen Angebote einzulösen. Der Verlag übernimmt jedoch keine Gewähr und keine Haftung, wenn ein Angebot nicht eingelöst wird oder werden kann.

Bedingungen zur Einlösung des Discounts:

1. Das Angebot ist einschließlich bis 30.6.2022 gültig.
2. Der Golfspieler/Leser hat sich telefonisch eine Abschlagzeit geben zu lassen – dabei ist die Nutzung des Angebots anzugeben.
3. Eine Barauszahlung des Greenfee-Vorteils ist nicht möglich.
4. Das Kombinieren von Angeboten oder bestehenden Greenfee-Vorteilen ist nicht möglich. Der Vorteil bezieht sich jeweils ausschließlich auf die zum Zeitpunkt der Einlösung gültigen vollen Greenfee-Gebühren.
5. Gibt es Spielergruppen mit erhöhten Greenfee-Gebühren, ist ein Nachlass auf diese Gebühren nicht möglich.
6. Das Angebot allein berechtigt nicht zum Spiel gegen Greenfee. Die Erfüllung der Bestimmungen des jeweiligen Golfclubs zur Greenfee-Berechtigung (Mitgliedschaft in einem Golfclub, Mindesthandicap etc.) zum Zeitpunkt der Einlösung sind Voraussetzung.
7. Es ist untersagt, den Greenfee-Gutschein entgeltlich Dritten zu überlassen bzw. mit diesen Handel zu treiben. Insbesondere sind die teilnehmenden Golfclubs in diesem Falle berechtigt, die Einlösung der ausgeschriebenen Angebote zu verweigern.
8. Die teilnehmenden Golfclubs haben sich gegenüber dem Verlag unter den o.g. Bedingungen verpflichtet, die ausgeschriebenen Angebote einzulösen. Der Verlag übernimmt jedoch keine Gewähr und keine Haftung, wenn ein Angebot nicht eingelöst wird oder werden kann.

Bedingungen zur Einlösung des Discounts:

1. Das Angebot ist einschließlich bis 30.6.2022 gültig.
2. Der Golfspieler/Leser hat sich telefonisch eine Abschlagzeit geben zu lassen – dabei ist die Nutzung des Angebots anzugeben.
3. Eine Barauszahlung des Greenfee-Vorteils ist nicht möglich.
4. Das Kombinieren von Angeboten oder bestehenden Greenfee-Vorteilen ist nicht möglich. Der Vorteil bezieht sich jeweils ausschließlich auf die zum Zeitpunkt der Einlösung gültigen vollen Greenfee-Gebühren.
5. Gibt es Spielergruppen mit erhöhten Greenfee-Gebühren, ist ein Nachlass auf diese Gebühren nicht möglich.
6. Das Angebot allein berechtigt nicht zum Spiel gegen Greenfee. Die Erfüllung der Bestimmungen des jeweiligen Golfclubs zur Greenfee-Berechtigung (Mitgliedschaft in einem Golfclub, Mindesthandicap etc.) zum Zeitpunkt der Einlösung sind Voraussetzung.
7. Es ist untersagt, den Greenfee-Gutschein entgeltlich Dritten zu überlassen bzw. mit diesen Handel zu treiben. Insbesondere sind die teilnehmenden Golfclubs in diesem Falle berechtigt, die Einlösung der ausgeschriebenen Angebote zu verweigern.
8. Die teilnehmenden Golfclubs haben sich gegenüber dem Verlag unter den o.g. Bedingungen verpflichtet, die ausgeschriebenen Angebote einzulösen. Der Verlag übernimmt jedoch keine Gewähr und keine Haftung, wenn ein Angebot nicht eingelöst wird oder werden kann.

Bedingungen zur Einlösung des Discounts:

1. Das Angebot ist einschließlich bis 30.6.2022 gültig.
2. Der Golfspieler/Leser hat sich telefonisch eine Abschlagzeit geben zu lassen – dabei ist die Nutzung des Angebots anzugeben.
3. Eine Barauszahlung des Greenfee-Vorteils ist nicht möglich.
4. Das Kombinieren von Angeboten oder bestehenden Greenfee-Vorteilen ist nicht möglich. Der Vorteil bezieht sich jeweils ausschließlich auf die zum Zeitpunkt der Einlösung gültigen vollen Greenfee-Gebühren.
5. Gibt es Spielergruppen mit erhöhten Greenfee-Gebühren, ist ein Nachlass auf diese Gebühren nicht möglich.
6. Das Angebot allein berechtigt nicht zum Spiel gegen Greenfee. Die Erfüllung der Bestimmungen des jeweiligen Golfclubs zur Greenfee-Berechtigung (Mitgliedschaft in einem Golfclub, Mindesthandicap etc.) zum Zeitpunkt der Einlösung sind Voraussetzung.
7. Es ist untersagt, den Greenfee-Gutschein entgeltlich Dritten zu überlassen bzw. mit diesen Handel zu treiben. Insbesondere sind die teilnehmenden Golfclubs in diesem Falle berechtigt, die Einlösung der ausgeschriebenen Angebote zu verweigern.
8. Die teilnehmenden Golfclubs haben sich gegenüber dem Verlag unter den o.g. Bedingungen verpflichtet, die ausgeschriebenen Angebote einzulösen. Der Verlag übernimmt jedoch keine Gewähr und keine Haftung, wenn ein Angebot nicht eingelöst wird oder werden kann.

Bedingungen zur Einlösung des Discounts:

1. Das Angebot ist einschließlich bis 30.6.2022 gültig.
2. Der Golfspieler/Leser hat sich telefonisch eine Abschlagzeit geben zu lassen – dabei ist die Nutzung des Angebots anzugeben.
3. Eine Barauszahlung des Greenfee-Vorteils ist nicht möglich.
4. Das Kombinieren von Angeboten oder bestehenden Greenfee-Vorteilen ist nicht möglich. Der Vorteil bezieht sich jeweils ausschließlich auf die zum Zeitpunkt der Einlösung gültigen vollen Greenfee-Gebühren.
5. Gibt es Spielergruppen mit erhöhten Greenfee-Gebühren, ist ein Nachlass auf diese Gebühren nicht möglich.
6. Das Angebot allein berechtigt nicht zum Spiel gegen Greenfee. Die Erfüllung der Bestimmungen des jeweiligen Golfclubs zur Greenfee-Berechtigung (Mitgliedschaft in einem Golfclub, Mindesthandicap etc.) zum Zeitpunkt der Einlösung sind Voraussetzung.
7. Es ist untersagt, den Greenfee-Gutschein entgeltlich Dritten zu überlassen bzw. mit diesen Handel zu treiben. Insbesondere sind die teilnehmenden Golfclubs in diesem Falle berechtigt, die Einlösung der ausgeschriebenen Angebote zu verweigern.
8. Die teilnehmenden Golfclubs haben sich gegenüber dem Verlag unter den o.g. Bedingungen verpflichtet, die ausgeschriebenen Angebote einzulösen. Der Verlag übernimmt jedoch keine Gewähr und keine Haftung, wenn ein Angebot nicht eingelöst wird oder werden kann.

Bedingungen zur Einlösung des Discounts:

1. Das Angebot ist einschließlich bis 30.6.2022 gültig.
2. Der Golfspieler/Leser hat sich telefonisch eine Abschlagzeit geben zu lassen – dabei ist die Nutzung des Angebots anzugeben.
3. Eine Barauszahlung des Greenfee-Vorteils ist nicht möglich.
4. Das Kombinieren von Angeboten oder bestehenden Greenfee-Vorteilen ist nicht möglich. Der Vorteil bezieht sich jeweils ausschließlich auf die zum Zeitpunkt der Einlösung gültigen vollen Greenfee-Gebühren.
5. Gibt es Spielergruppen mit erhöhten Greenfee-Gebühren, ist ein Nachlass auf diese Gebühren nicht möglich.
6. Das Angebot allein berechtigt nicht zum Spiel gegen Greenfee. Die Erfüllung der Bestimmungen des jeweiligen Golfclubs zur Greenfee-Berechtigung (Mitgliedschaft in einem Golfclub, Mindesthandicap etc.) zum Zeitpunkt der Einlösung sind Voraussetzung.
7. Es ist untersagt, den Greenfee-Gutschein entgeltlich Dritten zu überlassen bzw. mit diesen Handel zu treiben. Insbesondere sind die teilnehmenden Golfclubs in diesem Falle berechtigt, die Einlösung der ausgeschriebenen Angebote zu verweigern.
8. Die teilnehmenden Golfclubs haben sich gegenüber dem Verlag unter den o.g. Bedingungen verpflichtet, die ausgeschriebenen Angebote einzulösen. Der Verlag übernimmt jedoch keine Gewähr und keine Haftung, wenn ein Angebot nicht eingelöst wird oder werden kann.

Bedingungen zur Einlösung des Discounts:

1. Das Angebot ist einschließlich bis 30.6.2022 gültig.
2. Der Golfspieler/Leser hat sich telefonisch eine Abschlagzeit geben zu lassen – dabei ist die Nutzung des Angebots anzugeben.
3. Eine Barauszahlung des Greenfee-Vorteils ist nicht möglich.
4. Das Kombinieren von Angeboten oder bestehenden Greenfee-Vorteilen ist nicht möglich. Der Vorteil bezieht sich jeweils ausschließlich auf die zum Zeitpunkt der Einlösung gültigen vollen Greenfee-Gebühren.
5. Gibt es Spielergruppen mit erhöhten Greenfee-Gebühren, ist ein Nachlass auf diese Gebühren nicht möglich.
6. Das Angebot allein berechtigt nicht zum Spiel gegen Greenfee. Die Erfüllung der Bestimmungen des jeweiligen Golfclubs zur Greenfee-Berechtigung (Mitgliedschaft in einem Golfclub, Mindesthandicap etc.) zum Zeitpunkt der Einlösung sind Voraussetzung.
7. Es ist untersagt, den Greenfee-Gutschein entgeltlich Dritten zu überlassen bzw. mit diesen Handel zu treiben. Insbesondere sind die teilnehmenden Golfclubs in diesem Falle berechtigt, die Einlösung der ausgeschriebenen Angebote zu verweigern.
8. Die teilnehmenden Golfclubs haben sich gegenüber dem Verlag unter den o.g. Bedingungen verpflichtet, die ausgeschriebenen Angebote einzulösen. Der Verlag übernimmt jedoch keine Gewähr und keine Haftung, wenn ein Angebot nicht eingelöst wird oder werden kann.

Bedingungen zur Einlösung des Discounts:

1. Das Angebot ist einschließlich bis 30.6.2022 gültig.
2. Der Golfspieler/Leser hat sich telefonisch eine Abschlagzeit geben zu lassen – dabei ist die Nutzung des Angebots anzugeben.
3. Eine Barauszahlung des Greenfee-Vorteils ist nicht möglich.
4. Das Kombinieren von Angeboten oder bestehenden Greenfee-Vorteilen ist nicht möglich. Der Vorteil bezieht sich jeweils ausschließlich auf die zum Zeitpunkt der Einlösung gültigen vollen Greenfee-Gebühren.
5. Gibt es Spielergruppen mit erhöhten Greenfee-Gebühren, ist ein Nachlass auf diese Gebühren nicht möglich.
6. Das Angebot allein berechtigt nicht zum Spiel gegen Greenfee. Die Erfüllung der Bestimmungen des jeweiligen Golfclubs zur Greenfee-Berechtigung (Mitgliedschaft in einem Golfclub, Mindesthandicap etc.) zum Zeitpunkt der Einlösung sind Voraussetzung.
7. Es ist untersagt, den Greenfee-Gutschein entgeltlich Dritten zu überlassen bzw. mit diesen Handel zu treiben. Insbesondere sind die teilnehmenden Golfclubs in diesem Falle berechtigt, die Einlösung der ausgeschriebenen Angebote zu verweigern.
8. Die teilnehmenden Golfclubs haben sich gegenüber dem Verlag unter den o.g. Bedingungen verpflichtet, die ausgeschriebenen Angebote einzulösen. Der Verlag übernimmt jedoch keine Gewähr und keine Haftung, wenn ein Angebot nicht eingelöst wird oder werden kann.

Bedingungen zur Einlösung des Discounts:

1. Das Angebot ist einschließlich bis 30.6.2022 gültig.
2. Der Golfspieler/Leser hat sich telefonisch eine Abschlagzeit geben zu lassen – dabei ist die Nutzung des Angebots anzugeben.
3. Eine Barauszahlung des Greenfee-Vorteils ist nicht möglich.
4. Das Kombinieren von Angeboten oder bestehenden Greenfee-Vorteilen ist nicht möglich. Der Vorteil bezieht sich jeweils ausschließlich auf die zum Zeitpunkt der Einlösung gültigen vollen Greenfee-Gebühren.
5. Gibt es Spielergruppen mit erhöhten Greenfee-Gebühren, ist ein Nachlass auf diese Gebühren nicht möglich.
6. Das Angebot allein berechtigt nicht zum Spiel gegen Greenfee. Die Erfüllung der Bestimmungen des jeweiligen Golfclubs zur Greenfee-Berechtigung (Mitgliedschaft in einem Golfclub, Mindesthandicap etc.) zum Zeitpunkt der Einlösung sind Voraussetzung.
7. Es ist untersagt, den Greenfee-Gutschein entgeltlich Dritten zu überlassen bzw. mit diesen Handel zu treiben. Insbesondere sind die teilnehmenden Golfclubs in diesem Falle berechtigt, die Einlösung der ausgeschriebenen Angebote zu verweigern.
8. Die teilnehmenden Golfclubs haben sich gegenüber dem Verlag unter den o.g. Bedingungen verpflichtet, die ausgeschriebenen Angebote einzulösen. Der Verlag übernimmt jedoch keine Gewähr und keine Haftung, wenn ein Angebot nicht eingelöst wird oder werden kann.

DER GOLF ALBRECHT

Mediterráneo Golf — ES

Urb. La Coma, s/n
E-12190 Borriol
☎ +34 964 32 12 27
Valencia

321

20% Greenfee-Ermäßigung

DER GOLF ALBRECHT

Capdepera Golf — ES

Crta. Artá-Capdepera Km 3,5
E-07580 Capdepera
☎ +34 971 81 85 00
Balearen

322

20% Greenfee-Ermäßigung

DER GOLF ALBRECHT

Capdepera Golf — ES

Crta. Artá-Capdepera Km 3,5
E-07580 Capdepera
☎ +34 971 81 85 00
Balearen

322

20% Greenfee-Ermäßigung

DER GOLF ALBRECHT

Golf Park Puntiró — ES

Cami Vell de Sineu Km 9,45, S´Estanyol de Puntiró
E-07198 Palma de Mallorca
☎ +34 971 79 73 30
Balearen

323

20% Greenfee-Ermäßigung

DER GOLF ALBRECHT

Golf Park Puntiró — ES

Cami Vell de Sineu Km 9,45, S´Estanyol de Puntiró
E-07198 Palma de Mallorca
☎ +34 971 79 73 30
Balearen

323

20% Greenfee-Ermäßigung

DER GOLF ALBRECHT

Golf Son Gual S.L. — ES

Finca Son Gual, MA 15 Palma-Manacor, Km 11,5
E-07199 Palma de Mallorca
☎ +34 971 78 58 88
Balearen

324

10% Greenfee-Ermäßigung

DER GOLF ALBRECHT

Golf Son Gual S.L. — ES

Finca Son Gual, MA 15 Palma-Manacor, Km 11,5
E-07199 Palma de Mallorca
☎ +34 971 78 58 88
Balearen

324

10% Greenfee-Ermäßigung

DER GOLF ALBRECHT

Los Moriscos Club de Golf — ES

Urb. Playa Granada, s/n
E-18600 Motril
☎ +34 958 82 55 27
Andalusien
Hinweis: On rack rate

325

15% Greenfee-Ermäßigung

DER GOLF ALBRECHT

Los Moriscos Club de Golf — ES

Urb. Playa Granada, s/n
E-18600 Motril
☎ +34 958 82 55 27
Andalusien
Hinweis: On rack rate

325

15% Greenfee-Ermäßigung

DER GOLF ALBRECHT

Mijas Golf Internacional — ES

Avda. Louison Bobet. Nº 1-3 y 5, Urb. Mijas Golf
E-29650 Mijas-Costa
☎ +34 952 47 68 43
Andalusien
Hinweis: nicht kombinierbar

326

10% Greenfee-Ermäßigung

Bedingungen zur Einlösung des Discounts:
1. Das Angebot ist einschließlich bis 30.6.2022 gültig.
2. Der Golfspieler/Leser hat sich telefonisch eine Abschlagzeit geben zu lassen – dabei ist die Nutzung des Angebots anzugeben.
3. Eine Barauszahlung des Greenfee-Vorteils ist nicht möglich.
4. Das Kombinieren von Angeboten oder bestehenden Greenfee-Vorteilen ist nicht möglich. Der Vorteil bezieht sich jeweils ausschließlich auf die zum Zeitpunkt der Einlösung gültigen vollen Greenfee-Gebühren.
5. Gibt es Spielergruppen mit erhöhten Greenfee-Gebühren, ist ein Nachlass auf diese Gebühren nicht möglich.
6. Das Angebot allein berechtigt nicht zum Spiel gegen Greenfee. Die Erfüllung der Bestimmungen des jeweiligen Golfclubs zur Greenfee-Berechtigung (Mitgliedschaft in einem Golfclub, Mindesthandicap etc.) zum Zeitpunkt der Einlösung sind Voraussetzung.
7. Es ist untersagt, den Greenfee-Gutschein entgeltlich Dritten zu überlassen bzw. mit diesen Handel zu treiben. Insbesondere sind die teilnehmenden Golfclubs in diesem Falle berechtigt, die Einlösung der ausgeschriebenen Angebote zu verweigern.
8. Die teilnehmenden Golfclubs haben sich gegenüber dem Verlag unter den o.g. Bedingungen verpflichtet, die ausgeschriebenen Angebote einzulösen. Der Verlag übernimmt jedoch keine Gewähr und keine Haftung, wenn ein Angebot nicht eingelöst wird oder werden kann.

Bedingungen zur Einlösung des Discounts:
1. Das Angebot ist einschließlich bis 30.6.2022 gültig.
2. Der Golfspieler/Leser hat sich telefonisch eine Abschlagzeit geben zu lassen – dabei ist die Nutzung des Angebots anzugeben.
3. Eine Barauszahlung des Greenfee-Vorteils ist nicht möglich.
4. Das Kombinieren von Angeboten oder bestehenden Greenfee-Vorteilen ist nicht möglich. Der Vorteil bezieht sich jeweils ausschließlich auf die zum Zeitpunkt der Einlösung gültigen vollen Greenfee-Gebühren.
5. Gibt es Spielergruppen mit erhöhten Greenfee-Gebühren, ist ein Nachlass auf diese Gebühren nicht möglich.
6. Das Angebot allein berechtigt nicht zum Spiel gegen Greenfee. Die Erfüllung der Bestimmungen des jeweiligen Golfclubs zur Greenfee-Berechtigung (Mitgliedschaft in einem Golfclub, Mindesthandicap etc.) zum Zeitpunkt der Einlösung sind Voraussetzung.
7. Es ist untersagt, den Greenfee-Gutschein entgeltlich Dritten zu überlassen bzw. mit diesen Handel zu treiben. Insbesondere sind die teilnehmenden Golfclubs in diesem Falle berechtigt, die Einlösung der ausgeschriebenen Angebote zu verweigern.
8. Die teilnehmenden Golfclubs haben sich gegenüber dem Verlag unter den o.g. Bedingungen verpflichtet, die ausgeschriebenen Angebote einzulösen. Der Verlag übernimmt jedoch keine Gewähr und keine Haftung, wenn ein Angebot nicht eingelöst wird oder werden kann.

Bedingungen zur Einlösung des Discounts:
1. Das Angebot ist einschließlich bis 30.6.2022 gültig.
2. Der Golfspieler/Leser hat sich telefonisch eine Abschlagzeit geben zu lassen – dabei ist die Nutzung des Angebots anzugeben.
3. Eine Barauszahlung des Greenfee-Vorteils ist nicht möglich.
4. Das Kombinieren von Angeboten oder bestehenden Greenfee-Vorteilen ist nicht möglich. Der Vorteil bezieht sich jeweils ausschließlich auf die zum Zeitpunkt der Einlösung gültigen vollen Greenfee-Gebühren.
5. Gibt es Spielergruppen mit erhöhten Greenfee-Gebühren, ist ein Nachlass auf diese Gebühren nicht möglich.
6. Das Angebot allein berechtigt nicht zum Spiel gegen Greenfee. Die Erfüllung der Bestimmungen des jeweiligen Golfclubs zur Greenfee-Berechtigung (Mitgliedschaft in einem Golfclub, Mindesthandicap etc.) zum Zeitpunkt der Einlösung sind Voraussetzung.
7. Es ist untersagt, den Greenfee-Gutschein entgeltlich Dritten zu überlassen bzw. mit diesen Handel zu treiben. Insbesondere sind die teilnehmenden Golfclubs in diesem Falle berechtigt, die Einlösung der ausgeschriebenen Angebote zu verweigern.
8. Die teilnehmenden Golfclubs haben sich gegenüber dem Verlag unter den o.g. Bedingungen verpflichtet, die ausgeschriebenen Angebote einzulösen. Der Verlag übernimmt jedoch keine Gewähr und keine Haftung, wenn ein Angebot nicht eingelöst wird oder werden kann.

Bedingungen zur Einlösung des Discounts:
1. Das Angebot ist einschließlich bis 30.6.2022 gültig.
2. Der Golfspieler/Leser hat sich telefonisch eine Abschlagzeit geben zu lassen – dabei ist die Nutzung des Angebots anzugeben.
3. Eine Barauszahlung des Greenfee-Vorteils ist nicht möglich.
4. Das Kombinieren von Angeboten oder bestehenden Greenfee-Vorteilen ist nicht möglich. Der Vorteil bezieht sich jeweils ausschließlich auf die zum Zeitpunkt der Einlösung gültigen vollen Greenfee-Gebühren.
5. Gibt es Spielergruppen mit erhöhten Greenfee-Gebühren, ist ein Nachlass auf diese Gebühren nicht möglich.
6. Das Angebot allein berechtigt nicht zum Spiel gegen Greenfee. Die Erfüllung der Bestimmungen des jeweiligen Golfclubs zur Greenfee-Berechtigung (Mitgliedschaft in einem Golfclub, Mindesthandicap etc.) zum Zeitpunkt der Einlösung sind Voraussetzung.
7. Es ist untersagt, den Greenfee-Gutschein entgeltlich Dritten zu überlassen bzw. mit diesen Handel zu treiben. Insbesondere sind die teilnehmenden Golfclubs in diesem Falle berechtigt, die Einlösung der ausgeschriebenen Angebote zu verweigern.
8. Die teilnehmenden Golfclubs haben sich gegenüber dem Verlag unter den o.g. Bedingungen verpflichtet, die ausgeschriebenen Angebote einzulösen. Der Verlag übernimmt jedoch keine Gewähr und keine Haftung, wenn ein Angebot nicht eingelöst wird oder werden kann.

Bedingungen zur Einlösung des Discounts:
1. Das Angebot ist einschließlich bis 30.6.2022 gültig.
2. Der Golfspieler/Leser hat sich telefonisch eine Abschlagzeit geben zu lassen – dabei ist die Nutzung des Angebots anzugeben.
3. Eine Barauszahlung des Greenfee-Vorteils ist nicht möglich.
4. Das Kombinieren von Angeboten oder bestehenden Greenfee-Vorteilen ist nicht möglich. Der Vorteil bezieht sich jeweils ausschließlich auf die zum Zeitpunkt der Einlösung gültigen vollen Greenfee-Gebühren.
5. Gibt es Spielergruppen mit erhöhten Greenfee-Gebühren, ist ein Nachlass auf diese Gebühren nicht möglich.
6. Das Angebot allein berechtigt nicht zum Spiel gegen Greenfee. Die Erfüllung der Bestimmungen des jeweiligen Golfclubs zur Greenfee-Berechtigung (Mitgliedschaft in einem Golfclub, Mindesthandicap etc.) zum Zeitpunkt der Einlösung sind Voraussetzung.
7. Es ist untersagt, den Greenfee-Gutschein entgeltlich Dritten zu überlassen bzw. mit diesen Handel zu treiben. Insbesondere sind die teilnehmenden Golfclubs in diesem Falle berechtigt, die Einlösung der ausgeschriebenen Angebote zu verweigern.
8. Die teilnehmenden Golfclubs haben sich gegenüber dem Verlag unter den o.g. Bedingungen verpflichtet, die ausgeschriebenen Angebote einzulösen. Der Verlag übernimmt jedoch keine Gewähr und keine Haftung, wenn ein Angebot nicht eingelöst wird oder werden kann.

Bedingungen zur Einlösung des Discounts:
1. Das Angebot ist einschließlich bis 30.6.2022 gültig.
2. Der Golfspieler/Leser hat sich telefonisch eine Abschlagzeit geben zu lassen – dabei ist die Nutzung des Angebots anzugeben.
3. Eine Barauszahlung des Greenfee-Vorteils ist nicht möglich.
4. Das Kombinieren von Angeboten oder bestehenden Greenfee-Vorteilen ist nicht möglich. Der Vorteil bezieht sich jeweils ausschließlich auf die zum Zeitpunkt der Einlösung gültigen vollen Greenfee-Gebühren.
5. Gibt es Spielergruppen mit erhöhten Greenfee-Gebühren, ist ein Nachlass auf diese Gebühren nicht möglich.
6. Das Angebot allein berechtigt nicht zum Spiel gegen Greenfee. Die Erfüllung der Bestimmungen des jeweiligen Golfclubs zur Greenfee-Berechtigung (Mitgliedschaft in einem Golfclub, Mindesthandicap etc.) zum Zeitpunkt der Einlösung sind Voraussetzung.
7. Es ist untersagt, den Greenfee-Gutschein entgeltlich Dritten zu überlassen bzw. mit diesen Handel zu treiben. Insbesondere sind die teilnehmenden Golfclubs in diesem Falle berechtigt, die Einlösung der ausgeschriebenen Angebote zu verweigern.
8. Die teilnehmenden Golfclubs haben sich gegenüber dem Verlag unter den o.g. Bedingungen verpflichtet, die ausgeschriebenen Angebote einzulösen. Der Verlag übernimmt jedoch keine Gewähr und keine Haftung, wenn ein Angebot nicht eingelöst wird oder werden kann.

Bedingungen zur Einlösung des Discounts:
1. Das Angebot ist einschließlich bis 30.6.2022 gültig.
2. Der Golfspieler/Leser hat sich telefonisch eine Abschlagzeit geben zu lassen – dabei ist die Nutzung des Angebots anzugeben.
3. Eine Barauszahlung des Greenfee-Vorteils ist nicht möglich.
4. Das Kombinieren von Angeboten oder bestehenden Greenfee-Vorteilen ist nicht möglich. Der Vorteil bezieht sich jeweils ausschließlich auf die zum Zeitpunkt der Einlösung gültigen vollen Greenfee-Gebühren.
5. Gibt es Spielergruppen mit erhöhten Greenfee-Gebühren, ist ein Nachlass auf diese Gebühren nicht möglich.
6. Das Angebot allein berechtigt nicht zum Spiel gegen Greenfee. Die Erfüllung der Bestimmungen des jeweiligen Golfclubs zur Greenfee-Berechtigung (Mitgliedschaft in einem Golfclub, Mindesthandicap etc.) zum Zeitpunkt der Einlösung sind Voraussetzung.
7. Es ist untersagt, den Greenfee-Gutschein entgeltlich Dritten zu überlassen bzw. mit diesen Handel zu treiben. Insbesondere sind die teilnehmenden Golfclubs in diesem Falle berechtigt, die Einlösung der ausgeschriebenen Angebote zu verweigern.
8. Die teilnehmenden Golfclubs haben sich gegenüber dem Verlag unter den o.g. Bedingungen verpflichtet, die ausgeschriebenen Angebote einzulösen. Der Verlag übernimmt jedoch keine Gewähr und keine Haftung, wenn ein Angebot nicht eingelöst wird oder werden kann.

Bedingungen zur Einlösung des Discounts:
1. Das Angebot ist einschließlich bis 30.6.2022 gültig.
2. Der Golfspieler/Leser hat sich telefonisch eine Abschlagzeit geben zu lassen – dabei ist die Nutzung des Angebots anzugeben.
3. Eine Barauszahlung des Greenfee-Vorteils ist nicht möglich.
4. Das Kombinieren von Angeboten oder bestehenden Greenfee-Vorteilen ist nicht möglich. Der Vorteil bezieht sich jeweils ausschließlich auf die zum Zeitpunkt der Einlösung gültigen vollen Greenfee-Gebühren.
5. Gibt es Spielergruppen mit erhöhten Greenfee-Gebühren, ist ein Nachlass auf diese Gebühren nicht möglich.
6. Das Angebot allein berechtigt nicht zum Spiel gegen Greenfee. Die Erfüllung der Bestimmungen des jeweiligen Golfclubs zur Greenfee-Berechtigung (Mitgliedschaft in einem Golfclub, Mindesthandicap etc.) zum Zeitpunkt der Einlösung sind Voraussetzung.
7. Es ist untersagt, den Greenfee-Gutschein entgeltlich Dritten zu überlassen bzw. mit diesen Handel zu treiben. Insbesondere sind die teilnehmenden Golfclubs in diesem Falle berechtigt, die Einlösung der ausgeschriebenen Angebote zu verweigern.
8. Die teilnehmenden Golfclubs haben sich gegenüber dem Verlag unter den o.g. Bedingungen verpflichtet, die ausgeschriebenen Angebote einzulösen. Der Verlag übernimmt jedoch keine Gewähr und keine Haftung, wenn ein Angebot nicht eingelöst wird oder werden kann.

Bedingungen zur Einlösung des Discounts:
1. Das Angebot ist einschließlich bis 30.6.2022 gültig.
2. Der Golfspieler/Leser hat sich telefonisch eine Abschlagzeit geben zu lassen – dabei ist die Nutzung des Angebots anzugeben.
3. Eine Barauszahlung des Greenfee-Vorteils ist nicht möglich.
4. Das Kombinieren von Angeboten oder bestehenden Greenfee-Vorteilen ist nicht möglich. Der Vorteil bezieht sich jeweils ausschließlich auf die zum Zeitpunkt der Einlösung gültigen vollen Greenfee-Gebühren.
5. Gibt es Spielergruppen mit erhöhten Greenfee-Gebühren, ist ein Nachlass auf diese Gebühren nicht möglich.
6. Das Angebot allein berechtigt nicht zum Spiel gegen Greenfee. Die Erfüllung der Bestimmungen des jeweiligen Golfclubs zur Greenfee-Berechtigung (Mitgliedschaft in einem Golfclub, Mindesthandicap etc.) zum Zeitpunkt der Einlösung sind Voraussetzung.
7. Es ist untersagt, den Greenfee-Gutschein entgeltlich Dritten zu überlassen bzw. mit diesen Handel zu treiben. Insbesondere sind die teilnehmenden Golfclubs in diesem Falle berechtigt, die Einlösung der ausgeschriebenen Angebote zu verweigern.
8. Die teilnehmenden Golfclubs haben sich gegenüber dem Verlag unter den o.g. Bedingungen verpflichtet, die ausgeschriebenen Angebote einzulösen. Der Verlag übernimmt jedoch keine Gewähr und keine Haftung, wenn ein Angebot nicht eingelöst wird oder werden kann.

Bedingungen zur Einlösung des Discounts:
1. Das Angebot ist einschließlich bis 30.6.2022 gültig.
2. Der Golfspieler/Leser hat sich telefonisch eine Abschlagzeit geben zu lassen – dabei ist die Nutzung des Angebots anzugeben.
3. Eine Barauszahlung des Greenfee-Vorteils ist nicht möglich.
4. Das Kombinieren von Angeboten oder bestehenden Greenfee-Vorteilen ist nicht möglich. Der Vorteil bezieht sich jeweils ausschließlich auf die zum Zeitpunkt der Einlösung gültigen vollen Greenfee-Gebühren.
5. Gibt es Spielergruppen mit erhöhten Greenfee-Gebühren, ist ein Nachlass auf diese Gebühren nicht möglich.
6. Das Angebot allein berechtigt nicht zum Spiel gegen Greenfee. Die Erfüllung der Bestimmungen des jeweiligen Golfclubs zur Greenfee-Berechtigung (Mitgliedschaft in einem Golfclub, Mindesthandicap etc.) zum Zeitpunkt der Einlösung sind Voraussetzung.
7. Es ist untersagt, den Greenfee-Gutschein entgeltlich Dritten zu überlassen bzw. mit diesen Handel zu treiben. Insbesondere sind die teilnehmenden Golfclubs in diesem Falle berechtigt, die Einlösung der ausgeschriebenen Angebote zu verweigern.
8. Die teilnehmenden Golfclubs haben sich gegenüber dem Verlag unter den o.g. Bedingungen verpflichtet, die ausgeschriebenen Angebote einzulösen. Der Verlag übernimmt jedoch keine Gewähr und keine Haftung, wenn ein Angebot nicht eingelöst wird oder werden kann.

DER GOLF ALBRECHT

Mijas Golf Internacional ES

Avda. Louison Bobet. Nº 1-3 y 5, Urb. Mijas Golf
E-29650 Mijas-Costa
✆ +34 952 47 68 43
Andalusien
Hinweis: nicht kombinierbar

326

10% Greenfee-Ermäßigung

DER GOLF ALBRECHT

Mijas Golf Internacional ES

Avda. Louison Bobet. Nº 1-3 y 5, Urb. Mijas Golf
E-29650 Mijas-Costa
✆ +34 952 47 68 43
Andalusien
Hinweis: nicht kombinierbar

326

10% Greenfee-Ermäßigung

DER GOLF ALBRECHT

Estepona Golf ES

Estepona Golf, Arroyo Vaquero
E-29680 Estepona
✆ +34 952 93 76 05
Andalusien

327

2 for 1 2 GF zum Preis von 1

DER GOLF ALBRECHT

Estepona Golf ES

Estepona Golf, Arroyo Vaquero
E-29680 Estepona
✆ +34 952 93 76 05
Andalusien

327

20% Greenfee-Ermäßigung

DER GOLF ALBRECHT

Estepona Golf ES

Estepona Golf, Arroyo Vaquero
E-29680 Estepona
✆ +34 952 93 76 05
Andalusien

327

20% Greenfee-Ermäßigung

DER GOLF ALBRECHT

La Estancia Golf ES

Colada de Fuenteamarga s/n, Urbanizacion Novo Sancti Petri
E-11130 Chiclana de la Frontera
✆ +34 956 53 20 96
Andalusien
Hinweis: On rack rate

328

50% Greenfee-Ermäßigung

DER GOLF ALBRECHT

La Estancia Golf ES

Colada de Fuenteamarga s/n, Urbanizacion Novo Sancti Petri
E-11130 Chiclana de la Frontera
✆ +34 956 53 20 96
Andalusien
Hinweis: On rack rate

328

50% Greenfee-Ermäßigung

DER GOLF ALBRECHT

Sancti Petri Hills Golf ES

C/Marco Aurelio s/n, Urb. Lomas de Sancti Petri,s/n
E-11139 Chiclana de la Frontera
✆ +34 956856924668
Andalusien
Hinweis: Nur gültig in der Mittel- und Nebensaison. Januar, Februar, Mai, Juni, Juli von 1.09 bis 18.10. und vom 16.11 bis 31. Dezember.

329

30% Greenfee-Ermäßigung

DER GOLF ALBRECHT

Sancti Petri Hills Golf ES

C/Marco Aurelio s/n, Urb. Lomas de Sancti Petri, /n
E-11139 Chiclana de la Frontera
✆ +34 956856924668
Andalusien
Hinweis: Nur gültig in der Mittel- und Nebensaison. Januar, Februar, Mai, Juni, Juli von 1.09 bis 18.10 und vom 16.11 bis 31. Dezember.

329

30% Greenfee-Ermäßigung

DER GOLF ALBRECHT

Costa Teguise Golf Club ES

Avenida del Golf, s/n
E-35508 Costa Teguise-Lanzarote
✆ +34 928 59 05 12
Kanarische Inseln - Lanzarote
Hinweis: On rack rate

330

20% Greenfee-Ermäßigung

Bedingungen zur Einlösung des Discounts:
1. Das Angebot ist einschließlich bis 30.6.2022 gültig.
2. Der Golfspieler/Leser hat sich telefonisch eine Abschlagzeit geben zu lassen – dabei ist die Nutzung des Angebots anzugeben.
3. Eine Barauszahlung des Greenfee-Vorteils ist nicht möglich.
4. Das Kombinieren von Angeboten oder bestehenden Greenfee-Vorteilen ist nicht möglich. Der Vorteil bezieht sich jeweils ausschließlich auf die zum Zeitpunkt der Einlösung gültigen vollen Greenfee-Gebühren.
5. Gibt es Spielergruppen mit erhöhten Greenfee-Gebühren, ist ein Nachlass auf diese Gebühren nicht möglich.
6. Das Angebot allein berechtigt nicht zum Spiel gegen Greenfee. Die Erfüllung der Bestimmungen des jeweiligen Golfclubs zur Greenfee-Berechtigung (Mitgliedschaft in einem Golfclub, Mindesthandicap etc.) zum Zeitpunkt der Einlösung sind Voraussetzung.
7. Es ist untersagt, den Greenfee-Gutschein entgeltlich Dritten zu überlassen bzw. mit diesen Handel zu treiben. Insbesondere sind die teilnehmenden Golfclubs in diesem Falle berechtigt, die Einlösung der ausgeschriebenen Angebote zu verweigern.
8. Die teilnehmenden Golfclubs haben sich gegenüber dem Verlag unter den o.g. Bedingungen verpflichtet, die ausgeschriebenen Angebote einzulösen. Der Verlag übernimmt jedoch keine Gewähr und keine Haftung, wenn ein Angebot nicht eingelöst wird oder werden kann.

Bedingungen zur Einlösung des Discounts:
1. Das Angebot ist einschließlich bis 30.6.2022 gültig.
2. Der Golfspieler/Leser hat sich telefonisch eine Abschlagzeit geben zu lassen – dabei ist die Nutzung des Angebots anzugeben.
3. Eine Barauszahlung des Greenfee-Vorteils ist nicht möglich.
4. Das Kombinieren von Angeboten oder bestehenden Greenfee-Vorteilen ist nicht möglich. Der Vorteil bezieht sich jeweils ausschließlich auf die zum Zeitpunkt der Einlösung gültigen vollen Greenfee-Gebühren.
5. Gibt es Spielergruppen mit erhöhten Greenfee-Gebühren, ist ein Nachlass auf diese Gebühren nicht möglich.
6. Das Angebot allein berechtigt nicht zum Spiel gegen Greenfee. Die Erfüllung der Bestimmungen des jeweiligen Golfclubs zur Greenfee-Berechtigung (Mitgliedschaft in einem Golfclub, Mindesthandicap etc.) zum Zeitpunkt der Einlösung sind Voraussetzung.
7. Es ist untersagt, den Greenfee-Gutschein entgeltlich Dritten zu überlassen bzw. mit diesen Handel zu treiben. Insbesondere sind die teilnehmenden Golfclubs in diesem Falle berechtigt, die Einlösung der ausgeschriebenen Angebote zu verweigern.
8. Die teilnehmenden Golfclubs haben sich gegenüber dem Verlag unter den o.g. Bedingungen verpflichtet, die ausgeschriebenen Angebote einzulösen. Der Verlag übernimmt jedoch keine Gewähr und keine Haftung, wenn ein Angebot nicht eingelöst wird oder werden kann.

Bedingungen zur Einlösung des Discounts:
1. Das Angebot ist einschließlich bis 30.6.2022 gültig.
2. Der Golfspieler/Leser hat sich telefonisch eine Abschlagzeit geben zu lassen – dabei ist die Nutzung des Angebots anzugeben.
3. Eine Barauszahlung des Greenfee-Vorteils ist nicht möglich.
4. Das Kombinieren von Angeboten oder bestehenden Greenfee-Vorteilen ist nicht möglich. Der Vorteil bezieht sich jeweils ausschließlich auf die zum Zeitpunkt der Einlösung gültigen vollen Greenfee-Gebühren.
5. Gibt es Spielergruppen mit erhöhten Greenfee-Gebühren, ist ein Nachlass auf diese Gebühren nicht möglich.
6. Das Angebot allein berechtigt nicht zum Spiel gegen Greenfee. Die Erfüllung der Bestimmungen des jeweiligen Golfclubs zur Greenfee-Berechtigung (Mitgliedschaft in einem Golfclub, Mindesthandicap etc.) zum Zeitpunkt der Einlösung sind Voraussetzung.
7. Es ist untersagt, den Greenfee-Gutschein entgeltlich Dritten zu überlassen bzw. mit diesen Handel zu treiben. Insbesondere sind die teilnehmenden Golfclubs in diesem Falle berechtigt, die Einlösung der ausgeschriebenen Angebote zu verweigern.
8. Die teilnehmenden Golfclubs haben sich gegenüber dem Verlag unter den o.g. Bedingungen verpflichtet, die ausgeschriebenen Angebote einzulösen. Der Verlag übernimmt jedoch keine Gewähr und keine Haftung, wenn ein Angebot nicht eingelöst wird oder werden kann.

Bedingungen zur Einlösung des Discounts:
1. Das Angebot ist einschließlich bis 30.6.2022 gültig.
2. Der Golfspieler/Leser hat sich telefonisch eine Abschlagzeit geben zu lassen – dabei ist die Nutzung des Angebots anzugeben.
3. Eine Barauszahlung des Greenfee-Vorteils ist nicht möglich.
4. Das Kombinieren von Angeboten oder bestehenden Greenfee-Vorteilen ist nicht möglich. Der Vorteil bezieht sich jeweils ausschließlich auf die zum Zeitpunkt der Einlösung gültigen vollen Greenfee-Gebühren.
5. Gibt es Spielergruppen mit erhöhten Greenfee-Gebühren, ist ein Nachlass auf diese Gebühren nicht möglich.
6. Das Angebot allein berechtigt nicht zum Spiel gegen Greenfee. Die Erfüllung der Bestimmungen des jeweiligen Golfclubs zur Greenfee-Berechtigung (Mitgliedschaft in einem Golfclub, Mindesthandicap etc.) zum Zeitpunkt der Einlösung sind Voraussetzung.
7. Es ist untersagt, den Greenfee-Gutschein entgeltlich Dritten zu überlassen bzw. mit diesen Handel zu treiben. Insbesondere sind die teilnehmenden Golfclubs in diesem Falle berechtigt, die Einlösung der ausgeschriebenen Angebote zu verweigern.
8. Die teilnehmenden Golfclubs haben sich gegenüber dem Verlag unter den o.g. Bedingungen verpflichtet, die ausgeschriebenen Angebote einzulösen. Der Verlag übernimmt jedoch keine Gewähr und keine Haftung, wenn ein Angebot nicht eingelöst wird oder werden kann.

Bedingungen zur Einlösung des Discounts:
1. Das Angebot ist einschließlich bis 30.6.2022 gültig.
2. Der Golfspieler/Leser hat sich telefonisch eine Abschlagzeit geben zu lassen – dabei ist die Nutzung des Angebots anzugeben.
3. Eine Barauszahlung des Greenfee-Vorteils ist nicht möglich.
4. Das Kombinieren von Angeboten oder bestehenden Greenfee-Vorteilen ist nicht möglich. Der Vorteil bezieht sich jeweils ausschließlich auf die zum Zeitpunkt der Einlösung gültigen vollen Greenfee-Gebühren.
5. Gibt es Spielergruppen mit erhöhten Greenfee-Gebühren, ist ein Nachlass auf diese Gebühren nicht möglich.
6. Das Angebot allein berechtigt nicht zum Spiel gegen Greenfee. Die Erfüllung der Bestimmungen des jeweiligen Golfclubs zur Greenfee-Berechtigung (Mitgliedschaft in einem Golfclub, Mindesthandicap etc.) zum Zeitpunkt der Einlösung sind Voraussetzung.
7. Es ist untersagt, den Greenfee-Gutschein entgeltlich Dritten zu überlassen bzw. mit diesen Handel zu treiben. Insbesondere sind die teilnehmenden Golfclubs in diesem Falle berechtigt, die Einlösung der ausgeschriebenen Angebote zu verweigern.
8. Die teilnehmenden Golfclubs haben sich gegenüber dem Verlag unter den o.g. Bedingungen verpflichtet, die ausgeschriebenen Angebote einzulösen. Der Verlag übernimmt jedoch keine Gewähr und keine Haftung, wenn ein Angebot nicht eingelöst wird oder werden kann.

Bedingungen zur Einlösung des Discounts:
1. Das Angebot ist einschließlich bis 30.6.2022 gültig.
2. Der Golfspieler/Leser hat sich telefonisch eine Abschlagzeit geben zu lassen – dabei ist die Nutzung des Angebots anzugeben.
3. Eine Barauszahlung des Greenfee-Vorteils ist nicht möglich.
4. Das Kombinieren von Angeboten oder bestehenden Greenfee-Vorteilen ist nicht möglich. Der Vorteil bezieht sich jeweils ausschließlich auf die zum Zeitpunkt der Einlösung gültigen vollen Greenfee-Gebühren.
5. Gibt es Spielergruppen mit erhöhten Greenfee-Gebühren, ist ein Nachlass auf diese Gebühren nicht möglich.
6. Das Angebot allein berechtigt nicht zum Spiel gegen Greenfee. Die Erfüllung der Bestimmungen des jeweiligen Golfclubs zur Greenfee-Berechtigung (Mitgliedschaft in einem Golfclub, Mindesthandicap etc.) zum Zeitpunkt der Einlösung sind Voraussetzung.
7. Es ist untersagt, den Greenfee-Gutschein entgeltlich Dritten zu überlassen bzw. mit diesen Handel zu treiben. Insbesondere sind die teilnehmenden Golfclubs in diesem Falle berechtigt, die Einlösung der ausgeschriebenen Angebote zu verweigern.
8. Die teilnehmenden Golfclubs haben sich gegenüber dem Verlag unter den o.g. Bedingungen verpflichtet, die ausgeschriebenen Angebote einzulösen. Der Verlag übernimmt jedoch keine Gewähr und keine Haftung, wenn ein Angebot nicht eingelöst wird oder werden kann.

Bedingungen zur Einlösung des Discounts:
1. Das Angebot ist einschließlich bis 30.6.2022 gültig.
2. Der Golfspieler/Leser hat sich telefonisch eine Abschlagzeit geben zu lassen – dabei ist die Nutzung des Angebots anzugeben.
3. Eine Barauszahlung des Greenfee-Vorteils ist nicht möglich.
4. Das Kombinieren von Angeboten oder bestehenden Greenfee-Vorteilen ist nicht möglich. Der Vorteil bezieht sich jeweils ausschließlich auf die zum Zeitpunkt der Einlösung gültigen vollen Greenfee-Gebühren.
5. Gibt es Spielergruppen mit erhöhten Greenfee-Gebühren, ist ein Nachlass auf diese Gebühren nicht möglich.
6. Das Angebot allein berechtigt nicht zum Spiel gegen Greenfee. Die Erfüllung der Bestimmungen des jeweiligen Golfclubs zur Greenfee-Berechtigung (Mitgliedschaft in einem Golfclub, Mindesthandicap etc.) zum Zeitpunkt der Einlösung sind Voraussetzung.
7. Es ist untersagt, den Greenfee-Gutschein entgeltlich Dritten zu überlassen bzw. mit diesen Handel zu treiben. Insbesondere sind die teilnehmenden Golfclubs in diesem Falle berechtigt, die Einlösung der ausgeschriebenen Angebote zu verweigern.
8. Die teilnehmenden Golfclubs haben sich gegenüber dem Verlag unter den o.g. Bedingungen verpflichtet, die ausgeschriebenen Angebote einzulösen. Der Verlag übernimmt jedoch keine Gewähr und keine Haftung, wenn ein Angebot nicht eingelöst wird oder werden kann.

Bedingungen zur Einlösung des Discounts:
1. Das Angebot ist einschließlich bis 30.6.2022 gültig.
2. Der Golfspieler/Leser hat sich telefonisch eine Abschlagzeit geben zu lassen – dabei ist die Nutzung des Angebots anzugeben.
3. Eine Barauszahlung des Greenfee-Vorteils ist nicht möglich.
4. Das Kombinieren von Angeboten oder bestehenden Greenfee-Vorteilen ist nicht möglich. Der Vorteil bezieht sich jeweils ausschließlich auf die zum Zeitpunkt der Einlösung gültigen vollen Greenfee-Gebühren.
5. Gibt es Spielergruppen mit erhöhten Greenfee-Gebühren, ist ein Nachlass auf diese Gebühren nicht möglich.
6. Das Angebot allein berechtigt nicht zum Spiel gegen Greenfee. Die Erfüllung der Bestimmungen des jeweiligen Golfclubs zur Greenfee-Berechtigung (Mitgliedschaft in einem Golfclub, Mindesthandicap etc.) zum Zeitpunkt der Einlösung sind Voraussetzung.
7. Es ist untersagt, den Greenfee-Gutschein entgeltlich Dritten zu überlassen bzw. mit diesen Handel zu treiben. Insbesondere sind die teilnehmenden Golfclubs in diesem Falle berechtigt, die Einlösung der ausgeschriebenen Angebote zu verweigern.
8. Die teilnehmenden Golfclubs haben sich gegenüber dem Verlag unter den o.g. Bedingungen verpflichtet, die ausgeschriebenen Angebote einzulösen. Der Verlag übernimmt jedoch keine Gewähr und keine Haftung, wenn ein Angebot nicht eingelöst wird oder werden kann.

Bedingungen zur Einlösung des Discounts:
1. Das Angebot ist einschließlich bis 30.6.2022 gültig.
2. Der Golfspieler/Leser hat sich telefonisch eine Abschlagzeit geben zu lassen – dabei ist die Nutzung des Angebots anzugeben.
3. Eine Barauszahlung des Greenfee-Vorteils ist nicht möglich.
4. Das Kombinieren von Angeboten oder bestehenden Greenfee-Vorteilen ist nicht möglich. Der Vorteil bezieht sich jeweils ausschließlich auf die zum Zeitpunkt der Einlösung gültigen vollen Greenfee-Gebühren.
5. Gibt es Spielergruppen mit erhöhten Greenfee-Gebühren, ist ein Nachlass auf diese Gebühren nicht möglich.
6. Das Angebot allein berechtigt nicht zum Spiel gegen Greenfee. Die Erfüllung der Bestimmungen des jeweiligen Golfclubs zur Greenfee-Berechtigung (Mitgliedschaft in einem Golfclub, Mindesthandicap etc.) zum Zeitpunkt der Einlösung sind Voraussetzung.
7. Es ist untersagt, den Greenfee-Gutschein entgeltlich Dritten zu überlassen bzw. mit diesen Handel zu treiben. Insbesondere sind die teilnehmenden Golfclubs in diesem Falle berechtigt, die Einlösung der ausgeschriebenen Angebote zu verweigern.
8. Die teilnehmenden Golfclubs haben sich gegenüber dem Verlag unter den o.g. Bedingungen verpflichtet, die ausgeschriebenen Angebote einzulösen. Der Verlag übernimmt jedoch keine Gewähr und keine Haftung, wenn ein Angebot nicht eingelöst wird oder werden kann.

Bedingungen zur Einlösung des Discounts:
1. Das Angebot ist einschließlich bis 30.6.2022 gültig.
2. Der Golfspieler/Leser hat sich telefonisch eine Abschlagzeit geben zu lassen – dabei ist die Nutzung des Angebots anzugeben.
3. Eine Barauszahlung des Greenfee-Vorteils ist nicht möglich.
4. Das Kombinieren von Angeboten oder bestehenden Greenfee-Vorteilen ist nicht möglich. Der Vorteil bezieht sich jeweils ausschließlich auf die zum Zeitpunkt der Einlösung gültigen vollen Greenfee-Gebühren.
5. Gibt es Spielergruppen mit erhöhten Greenfee-Gebühren, ist ein Nachlass auf diese Gebühren nicht möglich.
6. Das Angebot allein berechtigt nicht zum Spiel gegen Greenfee. Die Erfüllung der Bestimmungen des jeweiligen Golfclubs zur Greenfee-Berechtigung (Mitgliedschaft in einem Golfclub, Mindesthandicap etc.) zum Zeitpunkt der Einlösung sind Voraussetzung.
7. Es ist untersagt, den Greenfee-Gutschein entgeltlich Dritten zu überlassen bzw. mit diesen Handel zu treiben. Insbesondere sind die teilnehmenden Golfclubs in diesem Falle berechtigt, die Einlösung der ausgeschriebenen Angebote zu verweigern.
8. Die teilnehmenden Golfclubs haben sich gegenüber dem Verlag unter den o.g. Bedingungen verpflichtet, die ausgeschriebenen Angebote einzulösen. Der Verlag übernimmt jedoch keine Gewähr und keine Haftung, wenn ein Angebot nicht eingelöst wird oder werden kann.

DER GOLF ALBRECHT

Costa Teguise Golf Club ES

Avenida del Golf, s/n
E-35508 Costa Teguise-Lanzarote
✆ +34 928 59 05 12
Kanarische Inseln - Lanzarote
Hinweis: On rack rate

330

20% Greenfee-Ermäßigung

DER GOLF ALBRECHT

Lanzarote Golf Resort ES

Carretera Puerto del Carmen - Tías s/n
E-35510 Pto. del Carmen - Lanzarote
✆ +34 928 51 40 50
Kanarische Inseln - Lanzarote
Hinweis: On rack rate

331

20% Greenfee-Ermäßigung

DER GOLF ALBRECHT

Lanzarote Golf Resort ES

Carretera Puerto del Carmen - Tías s/n
E-35510 Pto. del Carmen - Lanzarote
✆ +34 928 51 40 50
Kanarische Inseln - Lanzarote
Hinweis: On rack rate

331

20% Greenfee-Ermäßigung

DER GOLF ALBRECHT

Tróia Golf PT

7570-789
P-7570-789 Carvalhal
✆ +351 265 494 024
Lisboa Golf Coast

332

2 for 1 2 GF zum Preis von 1

DER GOLF ALBRECHT

Tróia Golf PT

7570-789
P-7570-789 Carvalhal
✆ +351 265 494 024
Lisboa Golf Coast

332

2 for 1 2 GF zum Preis von 1

DER GOLF ALBRECHT

Tróia Golf PT

7570-789
P-7570-789 Carvalhal
✆ +351 265 494 024
Lisboa Golf Coast

332

20% Greenfee-Ermäßigung

DER GOLF ALBRECHT

Tróia Golf PT

7570-789
P-7570-789 Carvalhal
✆ +351 265 494 024
Lisboa Golf Coast

332

20% Greenfee-Ermäßigung

DER GOLF ALBRECHT

Golf Grindelwald CH

Aspistrasse
CH-3818 Grindelwald
✆ +41 79 658 88 66

333

2 for 1 2 GF zum Preis von 1

DER GOLF ALBRECHT

Golf Grindelwald CH

Aspistrasse
CH-3818 Grindelwald
✆ +41 79 658 88 66

333

2 for 1 2 GF zum Preis von 1

DER GOLF ALBRECHT

Golf Grindelwald CH

Aspistrasse
CH-3818 Grindelwald
✆ +41 79 658 88 66

333

2 for 1 2 GF zum Preis von 1

Bedingungen zur Einlösung des Discounts:

1. Das Angebot ist einschließlich bis 30.6.2022 gültig.
2. Der Golfspieler/Leser hat sich telefonisch eine Abschlagzeit geben zu lassen – dabei ist die Nutzung des Angebots anzugeben.
3. Eine Barauszahlung des Greenfee-Vorteils ist nicht möglich.
4. Das Kombinieren von Angeboten oder bestehenden Greenfee-Vorteilen ist nicht möglich. Der Vorteil bezieht sich jeweils ausschließlich auf die zum Zeitpunkt der Einlösung gültigen vollen Greenfee-Gebühren.
5. Gibt es Spielergruppen mit erhöhten Greenfee-Gebühren, ist ein Nachlass auf diese Gebühren nicht möglich.
6. Das Angebot allein berechtigt nicht zum Spiel gegen Greenfee. Die Erfüllung der Bestimmungen des jeweiligen Golfclubs zur Greenfee-Berechtigung (Mitgliedschaft in einem Golfclub, Mindesthandicap etc.) zum Zeitpunkt der Einlösung sind Voraussetzung.
7. Es ist untersagt, den Greenfee-Gutschein entgeltlich Dritten zu überlassen bzw. mit diesen Handel zu treiben. Insbesondere sind die teilnehmenden Golfclubs in diesem Falle berechtigt, die Einlösung der ausgeschriebenen Angebote zu verweigern.
8. Die teilnehmenden Golfclubs haben sich gegenüber dem Verlag unter den o.g. Bedingungen verpflichtet, die ausgeschriebenen Angebote einzulösen. Der Verlag übernimmt jedoch keine Gewähr und keine Haftung, wenn ein Angebot nicht eingelöst wird oder werden kann.

Bedingungen zur Einlösung des Discounts:

1. Das Angebot ist einschließlich bis 30.6.2022 gültig.
2. Der Golfspieler/Leser hat sich telefonisch eine Abschlagzeit geben zu lassen – dabei ist die Nutzung des Angebots anzugeben.
3. Eine Barauszahlung des Greenfee-Vorteils ist nicht möglich.
4. Das Kombinieren von Angeboten oder bestehenden Greenfee-Vorteilen ist nicht möglich. Der Vorteil bezieht sich jeweils ausschließlich auf die zum Zeitpunkt der Einlösung gültigen vollen Greenfee-Gebühren.
5. Gibt es Spielergruppen mit erhöhten Greenfee-Gebühren, ist ein Nachlass auf diese Gebühren nicht möglich.
6. Das Angebot allein berechtigt nicht zum Spiel gegen Greenfee. Die Erfüllung der Bestimmungen des jeweiligen Golfclubs zur Greenfee-Berechtigung (Mitgliedschaft in einem Golfclub, Mindesthandicap etc.) zum Zeitpunkt der Einlösung sind Voraussetzung.
7. Es ist untersagt, den Greenfee-Gutschein entgeltlich Dritten zu überlassen bzw. mit diesen Handel zu treiben. Insbesondere sind die teilnehmenden Golfclubs in diesem Falle berechtigt, die Einlösung der ausgeschriebenen Angebote zu verweigern.
8. Die teilnehmenden Golfclubs haben sich gegenüber dem Verlag unter den o.g. Bedingungen verpflichtet, die ausgeschriebenen Angebote einzulösen. Der Verlag übernimmt jedoch keine Gewähr und keine Haftung, wenn ein Angebot nicht eingelöst wird oder werden kann.

Bedingungen zur Einlösung des Discounts:

1. Das Angebot ist einschließlich bis 30.6.2022 gültig.
2. Der Golfspieler/Leser hat sich telefonisch eine Abschlagzeit geben zu lassen – dabei ist die Nutzung des Angebots anzugeben.
3. Eine Barauszahlung des Greenfee-Vorteils ist nicht möglich.
4. Das Kombinieren von Angeboten oder bestehenden Greenfee-Vorteilen ist nicht möglich. Der Vorteil bezieht sich jeweils ausschließlich auf die zum Zeitpunkt der Einlösung gültigen vollen Greenfee-Gebühren.
5. Gibt es Spielergruppen mit erhöhten Greenfee-Gebühren, ist ein Nachlass auf diese Gebühren nicht möglich.
6. Das Angebot allein berechtigt nicht zum Spiel gegen Greenfee. Die Erfüllung der Bestimmungen des jeweiligen Golfclubs zur Greenfee-Berechtigung (Mitgliedschaft in einem Golfclub, Mindesthandicap etc.) zum Zeitpunkt der Einlösung sind Voraussetzung.
7. Es ist untersagt, den Greenfee-Gutschein entgeltlich Dritten zu überlassen bzw. mit diesen Handel zu treiben. Insbesondere sind die teilnehmenden Golfclubs in diesem Falle berechtigt, die Einlösung der ausgeschriebenen Angebote zu verweigern.
8. Die teilnehmenden Golfclubs haben sich gegenüber dem Verlag unter den o.g. Bedingungen verpflichtet, die ausgeschriebenen Angebote einzulösen. Der Verlag übernimmt jedoch keine Gewähr und keine Haftung, wenn ein Angebot nicht eingelöst wird oder werden kann.

Bedingungen zur Einlösung des Discounts:

1. Das Angebot ist einschließlich bis 30.6.2022 gültig.
2. Der Golfspieler/Leser hat sich telefonisch eine Abschlagzeit geben zu lassen – dabei ist die Nutzung des Angebots anzugeben.
3. Eine Barauszahlung des Greenfee-Vorteils ist nicht möglich.
4. Das Kombinieren von Angeboten oder bestehenden Greenfee-Vorteilen ist nicht möglich. Der Vorteil bezieht sich jeweils ausschließlich auf die zum Zeitpunkt der Einlösung gültigen vollen Greenfee-Gebühren.
5. Gibt es Spielergruppen mit erhöhten Greenfee-Gebühren, ist ein Nachlass auf diese Gebühren nicht möglich.
6. Das Angebot allein berechtigt nicht zum Spiel gegen Greenfee. Die Erfüllung der Bestimmungen des jeweiligen Golfclubs zur Greenfee-Berechtigung (Mitgliedschaft in einem Golfclub, Mindesthandicap etc.) zum Zeitpunkt der Einlösung sind Voraussetzung.
7. Es ist untersagt, den Greenfee-Gutschein entgeltlich Dritten zu überlassen bzw. mit diesen Handel zu treiben. Insbesondere sind die teilnehmenden Golfclubs in diesem Falle berechtigt, die Einlösung der ausgeschriebenen Angebote zu verweigern.
8. Die teilnehmenden Golfclubs haben sich gegenüber dem Verlag unter den o.g. Bedingungen verpflichtet, die ausgeschriebenen Angebote einzulösen. Der Verlag übernimmt jedoch keine Gewähr und keine Haftung, wenn ein Angebot nicht eingelöst wird oder werden kann.

Bedingungen zur Einlösung des Discounts:

1. Das Angebot ist einschließlich bis 30.6.2022 gültig.
2. Der Golfspieler/Leser hat sich telefonisch eine Abschlagzeit geben zu lassen – dabei ist die Nutzung des Angebots anzugeben.
3. Eine Barauszahlung des Greenfee-Vorteils ist nicht möglich.
4. Das Kombinieren von Angeboten oder bestehenden Greenfee-Vorteilen ist nicht möglich. Der Vorteil bezieht sich jeweils ausschließlich auf die zum Zeitpunkt der Einlösung gültigen vollen Greenfee-Gebühren.
5. Gibt es Spielergruppen mit erhöhten Greenfee-Gebühren, ist ein Nachlass auf diese Gebühren nicht möglich.
6. Das Angebot allein berechtigt nicht zum Spiel gegen Greenfee. Die Erfüllung der Bestimmungen des jeweiligen Golfclubs zur Greenfee-Berechtigung (Mitgliedschaft in einem Golfclub, Mindesthandicap etc.) zum Zeitpunkt der Einlösung sind Voraussetzung.
7. Es ist untersagt, den Greenfee-Gutschein entgeltlich Dritten zu überlassen bzw. mit diesen Handel zu treiben. Insbesondere sind die teilnehmenden Golfclubs in diesem Falle berechtigt, die Einlösung der ausgeschriebenen Angebote zu verweigern.
8. Die teilnehmenden Golfclubs haben sich gegenüber dem Verlag unter den o.g. Bedingungen verpflichtet, die ausgeschriebenen Angebote einzulösen. Der Verlag übernimmt jedoch keine Gewähr und keine Haftung, wenn ein Angebot nicht eingelöst wird oder werden kann.

Bedingungen zur Einlösung des Discounts:

1. Das Angebot ist einschließlich bis 30.6.2022 gültig.
2. Der Golfspieler/Leser hat sich telefonisch eine Abschlagzeit geben zu lassen – dabei ist die Nutzung des Angebots anzugeben.
3. Eine Barauszahlung des Greenfee-Vorteils ist nicht möglich.
4. Das Kombinieren von Angeboten oder bestehenden Greenfee-Vorteilen ist nicht möglich. Der Vorteil bezieht sich jeweils ausschließlich auf die zum Zeitpunkt der Einlösung gültigen vollen Greenfee-Gebühren.
5. Gibt es Spielergruppen mit erhöhten Greenfee-Gebühren, ist ein Nachlass auf diese Gebühren nicht möglich.
6. Das Angebot allein berechtigt nicht zum Spiel gegen Greenfee. Die Erfüllung der Bestimmungen des jeweiligen Golfclubs zur Greenfee-Berechtigung (Mitgliedschaft in einem Golfclub, Mindesthandicap etc.) zum Zeitpunkt der Einlösung sind Voraussetzung.
7. Es ist untersagt, den Greenfee-Gutschein entgeltlich Dritten zu überlassen bzw. mit diesen Handel zu treiben. Insbesondere sind die teilnehmenden Golfclubs in diesem Falle berechtigt, die Einlösung der ausgeschriebenen Angebote zu verweigern.
8. Die teilnehmenden Golfclubs haben sich gegenüber dem Verlag unter den o.g. Bedingungen verpflichtet, die ausgeschriebenen Angebote einzulösen. Der Verlag übernimmt jedoch keine Gewähr und keine Haftung, wenn ein Angebot nicht eingelöst wird oder werden kann.

Bedingungen zur Einlösung des Discounts:

1. Das Angebot ist einschließlich bis 30.6.2022 gültig.
2. Der Golfspieler/Leser hat sich telefonisch eine Abschlagzeit geben zu lassen – dabei ist die Nutzung des Angebots anzugeben.
3. Eine Barauszahlung des Greenfee-Vorteils ist nicht möglich.
4. Das Kombinieren von Angeboten oder bestehenden Greenfee-Vorteilen ist nicht möglich. Der Vorteil bezieht sich jeweils ausschließlich auf die zum Zeitpunkt der Einlösung gültigen vollen Greenfee-Gebühren.
5. Gibt es Spielergruppen mit erhöhten Greenfee-Gebühren, ist ein Nachlass auf diese Gebühren nicht möglich.
6. Das Angebot allein berechtigt nicht zum Spiel gegen Greenfee. Die Erfüllung der Bestimmungen des jeweiligen Golfclubs zur Greenfee-Berechtigung (Mitgliedschaft in einem Golfclub, Mindesthandicap etc.) zum Zeitpunkt der Einlösung sind Voraussetzung.
7. Es ist untersagt, den Greenfee-Gutschein entgeltlich Dritten zu überlassen bzw. mit diesen Handel zu treiben. Insbesondere sind die teilnehmenden Golfclubs in diesem Falle berechtigt, die Einlösung der ausgeschriebenen Angebote zu verweigern.
8. Die teilnehmenden Golfclubs haben sich gegenüber dem Verlag unter den o.g. Bedingungen verpflichtet, die ausgeschriebenen Angebote einzulösen. Der Verlag übernimmt jedoch keine Gewähr und keine Haftung, wenn ein Angebot nicht eingelöst wird oder werden kann.

Bedingungen zur Einlösung des Discounts:

1. Das Angebot ist einschließlich bis 30.6.2022 gültig.
2. Der Golfspieler/Leser hat sich telefonisch eine Abschlagzeit geben zu lassen – dabei ist die Nutzung des Angebots anzugeben.
3. Eine Barauszahlung des Greenfee-Vorteils ist nicht möglich.
4. Das Kombinieren von Angeboten oder bestehenden Greenfee-Vorteilen ist nicht möglich. Der Vorteil bezieht sich jeweils ausschließlich auf die zum Zeitpunkt der Einlösung gültigen vollen Greenfee-Gebühren.
5. Gibt es Spielergruppen mit erhöhten Greenfee-Gebühren, ist ein Nachlass auf diese Gebühren nicht möglich.
6. Das Angebot allein berechtigt nicht zum Spiel gegen Greenfee. Die Erfüllung der Bestimmungen des jeweiligen Golfclubs zur Greenfee-Berechtigung (Mitgliedschaft in einem Golfclub, Mindesthandicap etc.) zum Zeitpunkt der Einlösung sind Voraussetzung.
7. Es ist untersagt, den Greenfee-Gutschein entgeltlich Dritten zu überlassen bzw. mit diesen Handel zu treiben. Insbesondere sind die teilnehmenden Golfclubs in diesem Falle berechtigt, die Einlösung der ausgeschriebenen Angebote zu verweigern.
8. Die teilnehmenden Golfclubs haben sich gegenüber dem Verlag unter den o.g. Bedingungen verpflichtet, die ausgeschriebenen Angebote einzulösen. Der Verlag übernimmt jedoch keine Gewähr und keine Haftung, wenn ein Angebot nicht eingelöst wird oder werden kann.

Bedingungen zur Einlösung des Discounts:

1. Das Angebot ist einschließlich bis 30.6.2022 gültig.
2. Der Golfspieler/Leser hat sich telefonisch eine Abschlagzeit geben zu lassen – dabei ist die Nutzung des Angebots anzugeben.
3. Eine Barauszahlung des Greenfee-Vorteils ist nicht möglich.
4. Das Kombinieren von Angeboten oder bestehenden Greenfee-Vorteilen ist nicht möglich. Der Vorteil bezieht sich jeweils ausschließlich auf die zum Zeitpunkt der Einlösung gültigen vollen Greenfee-Gebühren.
5. Gibt es Spielergruppen mit erhöhten Greenfee-Gebühren, ist ein Nachlass auf diese Gebühren nicht möglich.
6. Das Angebot allein berechtigt nicht zum Spiel gegen Greenfee. Die Erfüllung der Bestimmungen des jeweiligen Golfclubs zur Greenfee-Berechtigung (Mitgliedschaft in einem Golfclub, Mindesthandicap etc.) zum Zeitpunkt der Einlösung sind Voraussetzung.
7. Es ist untersagt, den Greenfee-Gutschein entgeltlich Dritten zu überlassen bzw. mit diesen Handel zu treiben. Insbesondere sind die teilnehmenden Golfclubs in diesem Falle berechtigt, die Einlösung der ausgeschriebenen Angebote zu verweigern.
8. Die teilnehmenden Golfclubs haben sich gegenüber dem Verlag unter den o.g. Bedingungen verpflichtet, die ausgeschriebenen Angebote einzulösen. Der Verlag übernimmt jedoch keine Gewähr und keine Haftung, wenn ein Angebot nicht eingelöst wird oder werden kann.

Bedingungen zur Einlösung des Discounts:

1. Das Angebot ist einschließlich bis 30.6.2022 gültig.
2. Der Golfspieler/Leser hat sich telefonisch eine Abschlagzeit geben zu lassen – dabei ist die Nutzung des Angebots anzugeben.
3. Eine Barauszahlung des Greenfee-Vorteils ist nicht möglich.
4. Das Kombinieren von Angeboten oder bestehenden Greenfee-Vorteilen ist nicht möglich. Der Vorteil bezieht sich jeweils ausschließlich auf die zum Zeitpunkt der Einlösung gültigen vollen Greenfee-Gebühren.
5. Gibt es Spielergruppen mit erhöhten Greenfee-Gebühren, ist ein Nachlass auf diese Gebühren nicht möglich.
6. Das Angebot allein berechtigt nicht zum Spiel gegen Greenfee. Die Erfüllung der Bestimmungen des jeweiligen Golfclubs zur Greenfee-Berechtigung (Mitgliedschaft in einem Golfclub, Mindesthandicap etc.) zum Zeitpunkt der Einlösung sind Voraussetzung.
7. Es ist untersagt, den Greenfee-Gutschein entgeltlich Dritten zu überlassen bzw. mit diesen Handel zu treiben. Insbesondere sind die teilnehmenden Golfclubs in diesem Falle berechtigt, die Einlösung der ausgeschriebenen Angebote zu verweigern.
8. Die teilnehmenden Golfclubs haben sich gegenüber dem Verlag unter den o.g. Bedingungen verpflichtet, die ausgeschriebenen Angebote einzulösen. Der Verlag übernimmt jedoch keine Gewähr und keine Haftung, wenn ein Angebot nicht eingelöst wird oder werden kann.

DER GOLF ALBRECHT

Golf Grindelwald (CH)

Aspistrasse
CH-3818 Grindelwald
☎ +41 79 658 88 66

333

20% Greenfee-Ermäßigung

DER GOLF ALBRECHT

Golf Grindelwald (CH)

Aspistrasse
CH-3818 Grindelwald
☎ +41 79 658 88 66

333

20% Greenfee-Ermäßigung

DER GOLF ALBRECHT

Golf Grindelwald (CH)

Aspistrasse
CH-3818 Grindelwald
☎ +41 79 658 88 66

333

20% Greenfee-Ermäßigung

DER GOLF ALBRECHT

Golf de Nampont St Martin (FR)

Maison Forte
F-80120 Nampont St Martin
☎ +33 3 22 29 92 90

334

20% Greenfee-Ermäßigung

DER GOLF ALBRECHT

Golf de Nampont St Martin (FR)

Maison Forte
F-80120 Nampont St Martin
☎ +33 3 22 29 92 90

334

20% Greenfee-Ermäßigung

DER GOLF ALBRECHT

Alsace Golf Links (FR)

Moulin de Blitzheim
F-68250 Rouffach
☎ +33 3 89 78 52 12

335

25% Greenfee-Ermäßigung

DER GOLF ALBRECHT

Alsace Golf Links (FR)

Moulin de Blitzheim
F-68250 Rouffach
☎ +33 3 89 78 52 12

335

25% Greenfee-Ermäßigung

DER GOLF ALBRECHT

Golf Club d' Uzes (FR)

Mas de la Place-Pont des Charettes
F-30700 Uzes
☎ +33 4 66 22 40 03
Hinweis: nicht an Turnieren und Feiertagen

336

20% Greenfee-Ermäßigung

DER GOLF ALBRECHT

Golf Club d' Uzes (FR)

Mas de la Place-Pont des Charettes
F-30700 Uzes
☎ +33 4 66 22 40 03
Hinweis: nicht an Turnieren und Feiertagen

336

20% Greenfee-Ermäßigung

DER GOLF ALBRECHT

Golf de St. Donat (FR)

270, Route de Cannes 270
F-06130 Grasse
☎ +33 4 93 09 76 60

337

20% Greenfee-Ermäßigung

Bedingungen zur Einlösung des Discounts:

1. Das Angebot ist einschließlich bis 30.6.2022 gültig.
2. Der Golfspieler/Leser hat sich telefonisch eine Abschlagzeit geben zu lassen – dabei ist die Nutzung des Angebots anzugeben.
3. Eine Barauszahlung des Greenfee-Vorteils ist nicht möglich.
4. Das Kombinieren von Angeboten oder bestehenden Greenfee-Vorteilen ist nicht möglich. Der Vorteil bezieht sich jeweils ausschließlich auf die zum Zeitpunkt der Einlösung gültigen vollen Greenfee-Gebühren.
5. Gibt es Spielergruppen mit erhöhten Greenfee-Gebühren, ist ein Nachlass auf diese Gebühren nicht möglich.
6. Das Angebot allein berechtigt nicht zum Spiel gegen Greenfee. Die Erfüllung der Bestimmungen des jeweiligen Golfclubs zur Greenfee-Berechtigung (Mitgliedschaft in einem Golfclub, Mindesthandicap etc.) zum Zeitpunkt der Einlösung sind Voraussetzung.
7. Es ist untersagt, den Greenfee-Gutschein entgeltlich Dritten zu überlassen bzw. mit diesen Handel zu treiben. Insbesondere sind die teilnehmenden Golfclubs in diesem Falle berechtigt, die Einlösung der ausgeschriebenen Angebote zu verweigern.
8. Die teilnehmenden Golfclubs haben sich gegenüber dem Verlag unter den o.g. Bedingungen verpflichtet, die ausgeschriebenen Angebote einzulösen. Der Verlag übernimmt jedoch keine Gewähr und keine Haftung, wenn ein Angebot nicht eingelöst wird oder werden kann.

Bedingungen zur Einlösung des Discounts:

1. Das Angebot ist einschließlich bis 30.6.2022 gültig.
2. Der Golfspieler/Leser hat sich telefonisch eine Abschlagzeit geben zu lassen – dabei ist die Nutzung des Angebots anzugeben.
3. Eine Barauszahlung des Greenfee-Vorteils ist nicht möglich.
4. Das Kombinieren von Angeboten oder bestehenden Greenfee-Vorteilen ist nicht möglich. Der Vorteil bezieht sich jeweils ausschließlich auf die zum Zeitpunkt der Einlösung gültigen vollen Greenfee-Gebühren.
5. Gibt es Spielergruppen mit erhöhten Greenfee-Gebühren, ist ein Nachlass auf diese Gebühren nicht möglich.
6. Das Angebot allein berechtigt nicht zum Spiel gegen Greenfee. Die Erfüllung der Bestimmungen des jeweiligen Golfclubs zur Greenfee-Berechtigung (Mitgliedschaft in einem Golfclub, Mindesthandicap etc.) zum Zeitpunkt der Einlösung sind Voraussetzung.
7. Es ist untersagt, den Greenfee-Gutschein entgeltlich Dritten zu überlassen bzw. mit diesen Handel zu treiben. Insbesondere sind die teilnehmenden Golfclubs in diesem Falle berechtigt, die Einlösung der ausgeschriebenen Angebote zu verweigern.
8. Die teilnehmenden Golfclubs haben sich gegenüber dem Verlag unter den o.g. Bedingungen verpflichtet, die ausgeschriebenen Angebote einzulösen. Der Verlag übernimmt jedoch keine Gewähr und keine Haftung, wenn ein Angebot nicht eingelöst wird oder werden kann.

Bedingungen zur Einlösung des Discounts:

1. Das Angebot ist einschließlich bis 30.6.2022 gültig.
2. Der Golfspieler/Leser hat sich telefonisch eine Abschlagzeit geben zu lassen – dabei ist die Nutzung des Angebots anzugeben.
3. Eine Barauszahlung des Greenfee-Vorteils ist nicht möglich.
4. Das Kombinieren von Angeboten oder bestehenden Greenfee-Vorteilen ist nicht möglich. Der Vorteil bezieht sich jeweils ausschließlich auf die zum Zeitpunkt der Einlösung gültigen vollen Greenfee-Gebühren.
5. Gibt es Spielergruppen mit erhöhten Greenfee-Gebühren, ist ein Nachlass auf diese Gebühren nicht möglich.
6. Das Angebot allein berechtigt nicht zum Spiel gegen Greenfee. Die Erfüllung der Bestimmungen des jeweiligen Golfclubs zur Greenfee-Berechtigung (Mitgliedschaft in einem Golfclub, Mindesthandicap etc.) zum Zeitpunkt der Einlösung sind Voraussetzung.
7. Es ist untersagt, den Greenfee-Gutschein entgeltlich Dritten zu überlassen bzw. mit diesen Handel zu treiben. Insbesondere sind die teilnehmenden Golfclubs in diesem Falle berechtigt, die Einlösung der ausgeschriebenen Angebote zu verweigern.
8. Die teilnehmenden Golfclubs haben sich gegenüber dem Verlag unter den o.g. Bedingungen verpflichtet, die ausgeschriebenen Angebote einzulösen. Der Verlag übernimmt jedoch keine Gewähr und keine Haftung, wenn ein Angebot nicht eingelöst wird oder werden kann.

Bedingungen zur Einlösung des Discounts:

1. Das Angebot ist einschließlich bis 30.6.2022 gültig.
2. Der Golfspieler/Leser hat sich telefonisch eine Abschlagzeit geben zu lassen – dabei ist die Nutzung des Angebots anzugeben.
3. Eine Barauszahlung des Greenfee-Vorteils ist nicht möglich.
4. Das Kombinieren von Angeboten oder bestehenden Greenfee-Vorteilen ist nicht möglich. Der Vorteil bezieht sich jeweils ausschließlich auf die zum Zeitpunkt der Einlösung gültigen vollen Greenfee-Gebühren.
5. Gibt es Spielergruppen mit erhöhten Greenfee-Gebühren, ist ein Nachlass auf diese Gebühren nicht möglich.
6. Das Angebot allein berechtigt nicht zum Spiel gegen Greenfee. Die Erfüllung der Bestimmungen des jeweiligen Golfclubs zur Greenfee-Berechtigung (Mitgliedschaft in einem Golfclub, Mindesthandicap etc.) zum Zeitpunkt der Einlösung sind Voraussetzung.
7. Es ist untersagt, den Greenfee-Gutschein entgeltlich Dritten zu überlassen bzw. mit diesen Handel zu treiben. Insbesondere sind die teilnehmenden Golfclubs in diesem Falle berechtigt, die Einlösung der ausgeschriebenen Angebote zu verweigern.
8. Die teilnehmenden Golfclubs haben sich gegenüber dem Verlag unter den o.g. Bedingungen verpflichtet, die ausgeschriebenen Angebote einzulösen. Der Verlag übernimmt jedoch keine Gewähr und keine Haftung, wenn ein Angebot nicht eingelöst wird oder werden kann.

Bedingungen zur Einlösung des Discounts:

1. Das Angebot ist einschließlich bis 30.6.2022 gültig.
2. Der Golfspieler/Leser hat sich telefonisch eine Abschlagzeit geben zu lassen – dabei ist die Nutzung des Angebots anzugeben.
3. Eine Barauszahlung des Greenfee-Vorteils ist nicht möglich.
4. Das Kombinieren von Angeboten oder bestehenden Greenfee-Vorteilen ist nicht möglich. Der Vorteil bezieht sich jeweils ausschließlich auf die zum Zeitpunkt der Einlösung gültigen vollen Greenfee-Gebühren.
5. Gibt es Spielergruppen mit erhöhten Greenfee-Gebühren, ist ein Nachlass auf diese Gebühren nicht möglich.
6. Das Angebot allein berechtigt nicht zum Spiel gegen Greenfee. Die Erfüllung der Bestimmungen des jeweiligen Golfclubs zur Greenfee-Berechtigung (Mitgliedschaft in einem Golfclub, Mindesthandicap etc.) zum Zeitpunkt der Einlösung sind Voraussetzung.
7. Es ist untersagt, den Greenfee-Gutschein entgeltlich Dritten zu überlassen bzw. mit diesen Handel zu treiben. Insbesondere sind die teilnehmenden Golfclubs in diesem Falle berechtigt, die Einlösung der ausgeschriebenen Angebote zu verweigern.
8. Die teilnehmenden Golfclubs haben sich gegenüber dem Verlag unter den o.g. Bedingungen verpflichtet, die ausgeschriebenen Angebote einzulösen. Der Verlag übernimmt jedoch keine Gewähr und keine Haftung, wenn ein Angebot nicht eingelöst wird oder werden kann.

Bedingungen zur Einlösung des Discounts:

1. Das Angebot ist einschließlich bis 30.6.2022 gültig.
2. Der Golfspieler/Leser hat sich telefonisch eine Abschlagzeit geben zu lassen – dabei ist die Nutzung des Angebots anzugeben.
3. Eine Barauszahlung des Greenfee-Vorteils ist nicht möglich.
4. Das Kombinieren von Angeboten oder bestehenden Greenfee-Vorteilen ist nicht möglich. Der Vorteil bezieht sich jeweils ausschließlich auf die zum Zeitpunkt der Einlösung gültigen vollen Greenfee-Gebühren.
5. Gibt es Spielergruppen mit erhöhten Greenfee-Gebühren, ist ein Nachlass auf diese Gebühren nicht möglich.
6. Das Angebot allein berechtigt nicht zum Spiel gegen Greenfee. Die Erfüllung der Bestimmungen des jeweiligen Golfclubs zur Greenfee-Berechtigung (Mitgliedschaft in einem Golfclub, Mindesthandicap etc.) zum Zeitpunkt der Einlösung sind Voraussetzung.
7. Es ist untersagt, den Greenfee-Gutschein entgeltlich Dritten zu überlassen bzw. mit diesen Handel zu treiben. Insbesondere sind die teilnehmenden Golfclubs in diesem Falle berechtigt, die Einlösung der ausgeschriebenen Angebote zu verweigern.
8. Die teilnehmenden Golfclubs haben sich gegenüber dem Verlag unter den o.g. Bedingungen verpflichtet, die ausgeschriebenen Angebote einzulösen. Der Verlag übernimmt jedoch keine Gewähr und keine Haftung, wenn ein Angebot nicht eingelöst wird oder werden kann.

Bedingungen zur Einlösung des Discounts:

1. Das Angebot ist einschließlich bis 30.6.2022 gültig.
2. Der Golfspieler/Leser hat sich telefonisch eine Abschlagzeit geben zu lassen – dabei ist die Nutzung des Angebots anzugeben.
3. Eine Barauszahlung des Greenfee-Vorteils ist nicht möglich.
4. Das Kombinieren von Angeboten oder bestehenden Greenfee-Vorteilen ist nicht möglich. Der Vorteil bezieht sich jeweils ausschließlich auf die zum Zeitpunkt der Einlösung gültigen vollen Greenfee-Gebühren.
5. Gibt es Spielergruppen mit erhöhten Greenfee-Gebühren, ist ein Nachlass auf diese Gebühren nicht möglich.
6. Das Angebot allein berechtigt nicht zum Spiel gegen Greenfee. Die Erfüllung der Bestimmungen des jeweiligen Golfclubs zur Greenfee-Berechtigung (Mitgliedschaft in einem Golfclub, Mindesthandicap etc.) zum Zeitpunkt der Einlösung sind Voraussetzung.
7. Es ist untersagt, den Greenfee-Gutschein entgeltlich Dritten zu überlassen bzw. mit diesen Handel zu treiben. Insbesondere sind die teilnehmenden Golfclubs in diesem Falle berechtigt, die Einlösung der ausgeschriebenen Angebote zu verweigern.
8. Die teilnehmenden Golfclubs haben sich gegenüber dem Verlag unter den o.g. Bedingungen verpflichtet, die ausgeschriebenen Angebote einzulösen. Der Verlag übernimmt jedoch keine Gewähr und keine Haftung, wenn ein Angebot nicht eingelöst wird oder werden kann.

Bedingungen zur Einlösung des Discounts:

1. Das Angebot ist einschließlich bis 30.6.2022 gültig.
2. Der Golfspieler/Leser hat sich telefonisch eine Abschlagzeit geben zu lassen – dabei ist die Nutzung des Angebots anzugeben.
3. Eine Barauszahlung des Greenfee-Vorteils ist nicht möglich.
4. Das Kombinieren von Angeboten oder bestehenden Greenfee-Vorteilen ist nicht möglich. Der Vorteil bezieht sich jeweils ausschließlich auf die zum Zeitpunkt der Einlösung gültigen vollen Greenfee-Gebühren.
5. Gibt es Spielergruppen mit erhöhten Greenfee-Gebühren, ist ein Nachlass auf diese Gebühren nicht möglich.
6. Das Angebot allein berechtigt nicht zum Spiel gegen Greenfee. Die Erfüllung der Bestimmungen des jeweiligen Golfclubs zur Greenfee-Berechtigung (Mitgliedschaft in einem Golfclub, Mindesthandicap etc.) zum Zeitpunkt der Einlösung sind Voraussetzung.
7. Es ist untersagt, den Greenfee-Gutschein entgeltlich Dritten zu überlassen bzw. mit diesen Handel zu treiben. Insbesondere sind die teilnehmenden Golfclubs in diesem Falle berechtigt, die Einlösung der ausgeschriebenen Angebote zu verweigern.
8. Die teilnehmenden Golfclubs haben sich gegenüber dem Verlag unter den o.g. Bedingungen verpflichtet, die ausgeschriebenen Angebote einzulösen. Der Verlag übernimmt jedoch keine Gewähr und keine Haftung, wenn ein Angebot nicht eingelöst wird oder werden kann.

Bedingungen zur Einlösung des Discounts:

1. Das Angebot ist einschließlich bis 30.6.2022 gültig.
2. Der Golfspieler/Leser hat sich telefonisch eine Abschlagzeit geben zu lassen – dabei ist die Nutzung des Angebots anzugeben.
3. Eine Barauszahlung des Greenfee-Vorteils ist nicht möglich.
4. Das Kombinieren von Angeboten oder bestehenden Greenfee-Vorteilen ist nicht möglich. Der Vorteil bezieht sich jeweils ausschließlich auf die zum Zeitpunkt der Einlösung gültigen vollen Greenfee-Gebühren.
5. Gibt es Spielergruppen mit erhöhten Greenfee-Gebühren, ist ein Nachlass auf diese Gebühren nicht möglich.
6. Das Angebot allein berechtigt nicht zum Spiel gegen Greenfee. Die Erfüllung der Bestimmungen des jeweiligen Golfclubs zur Greenfee-Berechtigung (Mitgliedschaft in einem Golfclub, Mindesthandicap etc.) zum Zeitpunkt der Einlösung sind Voraussetzung.
7. Es ist untersagt, den Greenfee-Gutschein entgeltlich Dritten zu überlassen bzw. mit diesen Handel zu treiben. Insbesondere sind die teilnehmenden Golfclubs in diesem Falle berechtigt, die Einlösung der ausgeschriebenen Angebote zu verweigern.
8. Die teilnehmenden Golfclubs haben sich gegenüber dem Verlag unter den o.g. Bedingungen verpflichtet, die ausgeschriebenen Angebote einzulösen. Der Verlag übernimmt jedoch keine Gewähr und keine Haftung, wenn ein Angebot nicht eingelöst wird oder werden kann.

Bedingungen zur Einlösung des Discounts:

1. Das Angebot ist einschließlich bis 30.6.2022 gültig.
2. Der Golfspieler/Leser hat sich telefonisch eine Abschlagzeit geben zu lassen – dabei ist die Nutzung des Angebots anzugeben.
3. Eine Barauszahlung des Greenfee-Vorteils ist nicht möglich.
4. Das Kombinieren von Angeboten oder bestehenden Greenfee-Vorteilen ist nicht möglich. Der Vorteil bezieht sich jeweils ausschließlich auf die zum Zeitpunkt der Einlösung gültigen vollen Greenfee-Gebühren.
5. Gibt es Spielergruppen mit erhöhten Greenfee-Gebühren, ist ein Nachlass auf diese Gebühren nicht möglich.
6. Das Angebot allein berechtigt nicht zum Spiel gegen Greenfee. Die Erfüllung der Bestimmungen des jeweiligen Golfclubs zur Greenfee-Berechtigung (Mitgliedschaft in einem Golfclub, Mindesthandicap etc.) zum Zeitpunkt der Einlösung sind Voraussetzung.
7. Es ist untersagt, den Greenfee-Gutschein entgeltlich Dritten zu überlassen bzw. mit diesen Handel zu treiben. Insbesondere sind die teilnehmenden Golfclubs in diesem Falle berechtigt, die Einlösung der ausgeschriebenen Angebote zu verweigern.
8. Die teilnehmenden Golfclubs haben sich gegenüber dem Verlag unter den o.g. Bedingungen verpflichtet, die ausgeschriebenen Angebote einzulösen. Der Verlag übernimmt jedoch keine Gewähr und keine Haftung, wenn ein Angebot nicht eingelöst wird oder werden kann.

DER GOLF ALBRECHT

Golf de St. Donat

FR

270, Route de Cannes 270
F-06130 Grasse
✆ +33 4 93 09 76 60

337

20% Greenfee-Ermäßigung

DER GOLF ALBRECHT

Pro1Golf - Golf Club des Lacs

BE

Rue du Cierneau 1
B-6440 Froidchapelle
✆ +32 60 39 90 37

338

2 for 1 2 GF zum Preis von 1

DER GOLF ALBRECHT

Pro1Golf - Golf Club des Lacs

BE

Rue du Cierneau 1
B-6440 Froidchapelle
✆ +32 60 39 90 37

338

20% Greenfee-Ermäßigung

DER GOLF ALBRECHT

Pro1Golf - Golf Club des Lacs

BE

Rue du Cierneau 1
B-6440 Froidchapelle
✆ +32 60 39 90 37

338

20% Greenfee-Ermäßigung

DER GOLF ALBRECHT

Pro1Golf - Golf Club des Lacs

BE

Rue du Cierneau 1
B-6440 Froidchapelle
✆ +32 60 39 90 37

338

20% Greenfee-Ermäßigung

DER GOLF ALBRECHT

Golfbaan Tespelduyn

NL

Landgoed & Golfbaan Tespelduyn, Tespellaan 53
2211 VT Noordwijkerhout
✆ +31 252 241 333

339

2 for 1 2 GF zum Preis von 1

DER GOLF ALBRECHT

Golfbaan Tespelduyn

NL

Landgoed & Golfbaan Tespelduyn, Tespellaan 53
2211 VT Noordwijkerhout
✆ +31 252 241 333

339

2 for 1 2 GF zum Preis von 1

DER GOLF ALBRECHT

Golfclub Midden-Brabant

NL

Dunsedijk 1
5085 ND Esbeek
✆ +31 13 516 9966
Hinweis: wochentags ab 16:00 Uhr. Mi. ab 10:00 Uhr

340

2 for 1 2 GF zum Preis von 1

DER GOLF ALBRECHT

Golfclub Midden-Brabant

NL

Dunsedijk 1
5085 ND Esbeek
✆ +31 13 516 9966
Hinweis: wochentags ab 16:00 Uhr. Mi. ab 10:00 Uhr

340

2 for 1 2 GF zum Preis von 1

DER GOLF ALBRECHT

Golf Club Clervaux

LU

Mecherwee 22
L-9748 Eselborn / Clervaux
✆ +352 92 93 95 70

341

25% Greenfee-Ermäßigung wochentags

Bedingungen zur Einlösung des Discounts:

1. Das Angebot ist einschließlich bis 30.6.2022 gültig.
2. Der Golfspieler/Leser hat sich telefonisch eine Abschlagzeit geben zu lassen – dabei ist die Nutzung des Angebots anzugeben.
3. Eine Barauszahlung des Greenfee-Vorteils ist nicht möglich.
4. Das Kombinieren von Angeboten oder bestehenden Greenfee-Vorteilen ist nicht möglich. Der Vorteil bezieht sich jeweils ausschließlich auf die zum Zeitpunkt der Einlösung gültigen vollen Greenfee-Gebühren.
5. Gibt es Spielergruppen mit erhöhten Greenfee-Gebühren, ist ein Nachlass auf diese Gebühren nicht möglich.
6. Das Angebot allein berechtigt nicht zum Spiel gegen Greenfee. Die Erfüllung der Bestimmungen des jeweiligen Golfclubs zur Greenfee-Berechtigung (Mitgliedschaft in einem Golfclub, Mindesthandicap etc.) zum Zeitpunkt der Einlösung sind Voraussetzung.
7. Es ist untersagt, den Greenfee-Gutschein entgeltlich Dritten zu überlassen bzw. mit diesen Handel zu treiben. Insbesondere sind die teilnehmenden Golfclubs in diesem Falle berechtigt, die Einlösung der ausgeschriebenen Angebote zu verweigern.
8. Die teilnehmenden Golfclubs haben sich gegenüber dem Verlag unter den o.g. Bedingungen verpflichtet, die ausgeschriebenen Angebote einzulösen. Der Verlag übernimmt jedoch keine Gewähr und keine Haftung, wenn ein Angebot nicht eingelöst wird oder werden kann.

Bedingungen zur Einlösung des Discounts:

1. Das Angebot ist einschließlich bis 30.6.2022 gültig.
2. Der Golfspieler/Leser hat sich telefonisch eine Abschlagzeit geben zu lassen – dabei ist die Nutzung des Angebots anzugeben.
3. Eine Barauszahlung des Greenfee-Vorteils ist nicht möglich.
4. Das Kombinieren von Angeboten oder bestehenden Greenfee-Vorteilen ist nicht möglich. Der Vorteil bezieht sich jeweils ausschließlich auf die zum Zeitpunkt der Einlösung gültigen vollen Greenfee-Gebühren.
5. Gibt es Spielergruppen mit erhöhten Greenfee-Gebühren, ist ein Nachlass auf diese Gebühren nicht möglich.
6. Das Angebot allein berechtigt nicht zum Spiel gegen Greenfee. Die Erfüllung der Bestimmungen des jeweiligen Golfclubs zur Greenfee-Berechtigung (Mitgliedschaft in einem Golfclub, Mindesthandicap etc.) zum Zeitpunkt der Einlösung sind Voraussetzung.
7. Es ist untersagt, den Greenfee-Gutschein entgeltlich Dritten zu überlassen bzw. mit diesen Handel zu treiben. Insbesondere sind die teilnehmenden Golfclubs in diesem Falle berechtigt, die Einlösung der ausgeschriebenen Angebote zu verweigern.
8. Die teilnehmenden Golfclubs haben sich gegenüber dem Verlag unter den o.g. Bedingungen verpflichtet, die ausgeschriebenen Angebote einzulösen. Der Verlag übernimmt jedoch keine Gewähr und keine Haftung, wenn ein Angebot nicht eingelöst wird oder werden kann.

Bedingungen zur Einlösung des Discounts:

1. Das Angebot ist einschließlich bis 30.6.2022 gültig.
2. Der Golfspieler/Leser hat sich telefonisch eine Abschlagzeit geben zu lassen – dabei ist die Nutzung des Angebots anzugeben.
3. Eine Barauszahlung des Greenfee-Vorteils ist nicht möglich.
4. Das Kombinieren von Angeboten oder bestehenden Greenfee-Vorteilen ist nicht möglich. Der Vorteil bezieht sich jeweils ausschließlich auf die zum Zeitpunkt der Einlösung gültigen vollen Greenfee-Gebühren.
5. Gibt es Spielergruppen mit erhöhten Greenfee-Gebühren, ist ein Nachlass auf diese Gebühren nicht möglich.
6. Das Angebot allein berechtigt nicht zum Spiel gegen Greenfee. Die Erfüllung der Bestimmungen des jeweiligen Golfclubs zur Greenfee-Berechtigung (Mitgliedschaft in einem Golfclub, Mindesthandicap etc.) zum Zeitpunkt der Einlösung sind Voraussetzung.
7. Es ist untersagt, den Greenfee-Gutschein entgeltlich Dritten zu überlassen bzw. mit diesen Handel zu treiben. Insbesondere sind die teilnehmenden Golfclubs in diesem Falle berechtigt, die Einlösung der ausgeschriebenen Angebote zu verweigern.
8. Die teilnehmenden Golfclubs haben sich gegenüber dem Verlag unter den o.g. Bedingungen verpflichtet, die ausgeschriebenen Angebote einzulösen. Der Verlag übernimmt jedoch keine Gewähr und keine Haftung, wenn ein Angebot nicht eingelöst wird oder werden kann.

Bedingungen zur Einlösung des Discounts:

1. Das Angebot ist einschließlich bis 30.6.2022 gültig.
2. Der Golfspieler/Leser hat sich telefonisch eine Abschlagzeit geben zu lassen – dabei ist die Nutzung des Angebots anzugeben.
3. Eine Barauszahlung des Greenfee-Vorteils ist nicht möglich.
4. Das Kombinieren von Angeboten oder bestehenden Greenfee-Vorteilen ist nicht möglich. Der Vorteil bezieht sich jeweils ausschließlich auf die zum Zeitpunkt der Einlösung gültigen vollen Greenfee-Gebühren.
5. Gibt es Spielergruppen mit erhöhten Greenfee-Gebühren, ist ein Nachlass auf diese Gebühren nicht möglich.
6. Das Angebot allein berechtigt nicht zum Spiel gegen Greenfee. Die Erfüllung der Bestimmungen des jeweiligen Golfclubs zur Greenfee-Berechtigung (Mitgliedschaft in einem Golfclub, Mindesthandicap etc.) zum Zeitpunkt der Einlösung sind Voraussetzung.
7. Es ist untersagt, den Greenfee-Gutschein entgeltlich Dritten zu überlassen bzw. mit diesen Handel zu treiben. Insbesondere sind die teilnehmenden Golfclubs in diesem Falle berechtigt, die Einlösung der ausgeschriebenen Angebote zu verweigern.
8. Die teilnehmenden Golfclubs haben sich gegenüber dem Verlag unter den o.g. Bedingungen verpflichtet, die ausgeschriebenen Angebote einzulösen. Der Verlag übernimmt jedoch keine Gewähr und keine Haftung, wenn ein Angebot nicht eingelöst wird oder werden kann.

Bedingungen zur Einlösung des Discounts:

1. Das Angebot ist einschließlich bis 30.6.2022 gültig.
2. Der Golfspieler/Leser hat sich telefonisch eine Abschlagzeit geben zu lassen – dabei ist die Nutzung des Angebots anzugeben.
3. Eine Barauszahlung des Greenfee-Vorteils ist nicht möglich.
4. Das Kombinieren von Angeboten oder bestehenden Greenfee-Vorteilen ist nicht möglich. Der Vorteil bezieht sich jeweils ausschließlich auf die zum Zeitpunkt der Einlösung gültigen vollen Greenfee-Gebühren.
5. Gibt es Spielergruppen mit erhöhten Greenfee-Gebühren, ist ein Nachlass auf diese Gebühren nicht möglich.
6. Das Angebot allein berechtigt nicht zum Spiel gegen Greenfee. Die Erfüllung der Bestimmungen des jeweiligen Golfclubs zur Greenfee-Berechtigung (Mitgliedschaft in einem Golfclub, Mindesthandicap etc.) zum Zeitpunkt der Einlösung sind Voraussetzung.
7. Es ist untersagt, den Greenfee-Gutschein entgeltlich Dritten zu überlassen bzw. mit diesen Handel zu treiben. Insbesondere sind die teilnehmenden Golfclubs in diesem Falle berechtigt, die Einlösung der ausgeschriebenen Angebote zu verweigern.
8. Die teilnehmenden Golfclubs haben sich gegenüber dem Verlag unter den o.g. Bedingungen verpflichtet, die ausgeschriebenen Angebote einzulösen. Der Verlag übernimmt jedoch keine Gewähr und keine Haftung, wenn ein Angebot nicht eingelöst wird oder werden kann.

Bedingungen zur Einlösung des Discounts:

1. Das Angebot ist einschließlich bis 30.6.2022 gültig.
2. Der Golfspieler/Leser hat sich telefonisch eine Abschlagzeit geben zu lassen – dabei ist die Nutzung des Angebots anzugeben.
3. Eine Barauszahlung des Greenfee-Vorteils ist nicht möglich.
4. Das Kombinieren von Angeboten oder bestehenden Greenfee-Vorteilen ist nicht möglich. Der Vorteil bezieht sich jeweils ausschließlich auf die zum Zeitpunkt der Einlösung gültigen vollen Greenfee-Gebühren.
5. Gibt es Spielergruppen mit erhöhten Greenfee-Gebühren, ist ein Nachlass auf diese Gebühren nicht möglich.
6. Das Angebot allein berechtigt nicht zum Spiel gegen Greenfee. Die Erfüllung der Bestimmungen des jeweiligen Golfclubs zur Greenfee-Berechtigung (Mitgliedschaft in einem Golfclub, Mindesthandicap etc.) zum Zeitpunkt der Einlösung sind Voraussetzung.
7. Es ist untersagt, den Greenfee-Gutschein entgeltlich Dritten zu überlassen bzw. mit diesen Handel zu treiben. Insbesondere sind die teilnehmenden Golfclubs in diesem Falle berechtigt, die Einlösung der ausgeschriebenen Angebote zu verweigern.
8. Die teilnehmenden Golfclubs haben sich gegenüber dem Verlag unter den o.g. Bedingungen verpflichtet, die ausgeschriebenen Angebote einzulösen. Der Verlag übernimmt jedoch keine Gewähr und keine Haftung, wenn ein Angebot nicht eingelöst wird oder werden kann.

Bedingungen zur Einlösung des Discounts:

1. Das Angebot ist einschließlich bis 30.6.2022 gültig.
2. Der Golfspieler/Leser hat sich telefonisch eine Abschlagzeit geben zu lassen – dabei ist die Nutzung des Angebots anzugeben.
3. Eine Barauszahlung des Greenfee-Vorteils ist nicht möglich.
4. Das Kombinieren von Angeboten oder bestehenden Greenfee-Vorteilen ist nicht möglich. Der Vorteil bezieht sich jeweils ausschließlich auf die zum Zeitpunkt der Einlösung gültigen vollen Greenfee-Gebühren.
5. Gibt es Spielergruppen mit erhöhten Greenfee-Gebühren, ist ein Nachlass auf diese Gebühren nicht möglich.
6. Das Angebot allein berechtigt nicht zum Spiel gegen Greenfee. Die Erfüllung der Bestimmungen des jeweiligen Golfclubs zur Greenfee-Berechtigung (Mitgliedschaft in einem Golfclub, Mindesthandicap etc.) zum Zeitpunkt der Einlösung sind Voraussetzung.
7. Es ist untersagt, den Greenfee-Gutschein entgeltlich Dritten zu überlassen bzw. mit diesen Handel zu treiben. Insbesondere sind die teilnehmenden Golfclubs in diesem Falle berechtigt, die Einlösung der ausgeschriebenen Angebote zu verweigern.
8. Die teilnehmenden Golfclubs haben sich gegenüber dem Verlag unter den o.g. Bedingungen verpflichtet, die ausgeschriebenen Angebote einzulösen. Der Verlag übernimmt jedoch keine Gewähr und keine Haftung, wenn ein Angebot nicht eingelöst wird oder werden kann.

Bedingungen zur Einlösung des Discounts:

1. Das Angebot ist einschließlich bis 30.6.2022 gültig.
2. Der Golfspieler/Leser hat sich telefonisch eine Abschlagzeit geben zu lassen – dabei ist die Nutzung des Angebots anzugeben.
3. Eine Barauszahlung des Greenfee-Vorteils ist nicht möglich.
4. Das Kombinieren von Angeboten oder bestehenden Greenfee-Vorteilen ist nicht möglich. Der Vorteil bezieht sich jeweils ausschließlich auf die zum Zeitpunkt der Einlösung gültigen vollen Greenfee-Gebühren.
5. Gibt es Spielergruppen mit erhöhten Greenfee-Gebühren, ist ein Nachlass auf diese Gebühren nicht möglich.
6. Das Angebot allein berechtigt nicht zum Spiel gegen Greenfee. Die Erfüllung der Bestimmungen des jeweiligen Golfclubs zur Greenfee-Berechtigung (Mitgliedschaft in einem Golfclub, Mindesthandicap etc.) zum Zeitpunkt der Einlösung sind Voraussetzung.
7. Es ist untersagt, den Greenfee-Gutschein entgeltlich Dritten zu überlassen bzw. mit diesen Handel zu treiben. Insbesondere sind die teilnehmenden Golfclubs in diesem Falle berechtigt, die Einlösung der ausgeschriebenen Angebote zu verweigern.
8. Die teilnehmenden Golfclubs haben sich gegenüber dem Verlag unter den o.g. Bedingungen verpflichtet, die ausgeschriebenen Angebote einzulösen. Der Verlag übernimmt jedoch keine Gewähr und keine Haftung, wenn ein Angebot nicht eingelöst wird oder werden kann.

Bedingungen zur Einlösung des Discounts:

1. Das Angebot ist einschließlich bis 30.6.2022 gültig.
2. Der Golfspieler/Leser hat sich telefonisch eine Abschlagzeit geben zu lassen – dabei ist die Nutzung des Angebots anzugeben.
3. Eine Barauszahlung des Greenfee-Vorteils ist nicht möglich.
4. Das Kombinieren von Angeboten oder bestehenden Greenfee-Vorteilen ist nicht möglich. Der Vorteil bezieht sich jeweils ausschließlich auf die zum Zeitpunkt der Einlösung gültigen vollen Greenfee-Gebühren.
5. Gibt es Spielergruppen mit erhöhten Greenfee-Gebühren, ist ein Nachlass auf diese Gebühren nicht möglich.
6. Das Angebot allein berechtigt nicht zum Spiel gegen Greenfee. Die Erfüllung der Bestimmungen des jeweiligen Golfclubs zur Greenfee-Berechtigung (Mitgliedschaft in einem Golfclub, Mindesthandicap etc.) zum Zeitpunkt der Einlösung sind Voraussetzung.
7. Es ist untersagt, den Greenfee-Gutschein entgeltlich Dritten zu überlassen bzw. mit diesen Handel zu treiben. Insbesondere sind die teilnehmenden Golfclubs in diesem Falle berechtigt, die Einlösung der ausgeschriebenen Angebote zu verweigern.
8. Die teilnehmenden Golfclubs haben sich gegenüber dem Verlag unter den o.g. Bedingungen verpflichtet, die ausgeschriebenen Angebote einzulösen. Der Verlag übernimmt jedoch keine Gewähr und keine Haftung, wenn ein Angebot nicht eingelöst wird oder werden kann.

Bedingungen zur Einlösung des Discounts:

1. Das Angebot ist einschließlich bis 30.6.2022 gültig.
2. Der Golfspieler/Leser hat sich telefonisch eine Abschlagzeit geben zu lassen – dabei ist die Nutzung des Angebots anzugeben.
3. Eine Barauszahlung des Greenfee-Vorteils ist nicht möglich.
4. Das Kombinieren von Angeboten oder bestehenden Greenfee-Vorteilen ist nicht möglich. Der Vorteil bezieht sich jeweils ausschließlich auf die zum Zeitpunkt der Einlösung gültigen vollen Greenfee-Gebühren.
5. Gibt es Spielergruppen mit erhöhten Greenfee-Gebühren, ist ein Nachlass auf diese Gebühren nicht möglich.
6. Das Angebot allein berechtigt nicht zum Spiel gegen Greenfee. Die Erfüllung der Bestimmungen des jeweiligen Golfclubs zur Greenfee-Berechtigung (Mitgliedschaft in einem Golfclub, Mindesthandicap etc.) zum Zeitpunkt der Einlösung sind Voraussetzung.
7. Es ist untersagt, den Greenfee-Gutschein entgeltlich Dritten zu überlassen bzw. mit diesen Handel zu treiben. Insbesondere sind die teilnehmenden Golfclubs in diesem Falle berechtigt, die Einlösung der ausgeschriebenen Angebote zu verweigern.
8. Die teilnehmenden Golfclubs haben sich gegenüber dem Verlag unter den o.g. Bedingungen verpflichtet, die ausgeschriebenen Angebote einzulösen. Der Verlag übernimmt jedoch keine Gewähr und keine Haftung, wenn ein Angebot nicht eingelöst wird oder werden kann.

DER GOLF ALBRECHT

Golf Club Clervaux (LU)

Mecherwee 22
L-9748 Eselborn / Clervaux
✆ +352 92 93 95 70

341

25% Greenfee-Ermäßigung wochentags

DER GOLF ALBRECHT

Golf Club Clervaux (LU)

Mecherwee 22
L-9748 Eselborn / Clervaux
✆ +352 92 93 95 70

341

25% Greenfee-Ermäßigung wochentags

DER GOLF ALBRECHT

Jammerbugtens Golfklub (DK)

Starkærvej 20
DK-9690 Fjerritslev
✆ +45 98 21 26 66

342

50% Greenfee-Ermäßigung wochentags

DER GOLF ALBRECHT

Jammerbugtens Golfklub (DK)

Starkærvej 20
DK-9690 Fjerritslev
✆ +45 98 21 26 66

342

50% Greenfee-Ermäßigung wochentags

DER GOLF ALBRECHT

Jammerbugtens Golfklub (DK)

Starkærvej 20
DK-9690 Fjerritslev
✆ +45 98 21 26 66

342

50% Greenfee-Ermäßigung wochentags

DER GOLF ALBRECHT

Randers Fjord Golfklub (DK)

Murhusbakken 21, Støvring
DK-8930 Randers NØ
✆ +45 86 44 06 03

343

25% Greenfee-Ermäßigung

DER GOLF ALBRECHT

Randers Fjord Golfklub (DK)

Murhusbakken 21, Støvring
DK-8930 Randers NØ
✆ +45 86 44 06 03

343

25% Greenfee-Ermäßigung

DER GOLF ALBRECHT

Randers Golf Klub (DK)

Himmelbovej 22, Fladbro
DK-8920 Randers NV
✆ +45 86 42 88 69

344

25% Greenfee-Ermäßigung

DER GOLF ALBRECHT

Randers Golf Klub (DK)

Himmelbovej 22, Fladbro
DK-8920 Randers NV
✆ +45 86 42 88 69

344

25% Greenfee-Ermäßigung

DER GOLF ALBRECHT

Eda Golfklubb (SE)

Noresund
S-67040 Åmotfors
✆ +46 571 341 01

345

20% Greenfee-Ermäßigung wochentags

Bedingungen zur Einlösung des Discounts:

1. Das Angebot ist einschließlich bis 30.6.2022 gültig.
2. Der Golfspieler/Leser hat sich telefonisch eine Abschlagzeit geben zu lassen – dabei ist die Nutzung des Angebots anzugeben.
3. Eine Barauszahlung des Greenfee-Vorteils ist nicht möglich.
4. Das Kombinieren von Angeboten oder bestehenden Greenfee-Vorteilen ist nicht möglich. Der Vorteil bezieht sich jeweils ausschließlich auf die zum Zeitpunkt der Einlösung gültigen vollen Greenfee-Gebühren.
5. Gibt es Spielergruppen mit erhöhten Greenfee-Gebühren, ist ein Nachlass auf diese Gebühren nicht möglich.
6. Das Angebot allein berechtigt nicht zum Spiel gegen Greenfee. Die Erfüllung der Bestimmungen des jeweiligen Golfclubs zur Greenfee-Berechtigung (Mitgliedschaft in einem Golfclub, Mindesthandicap etc.) zum Zeitpunkt der Einlösung sind Voraussetzung.
7. Es ist untersagt, den Greenfee-Gutschein entgeltlich Dritten zu überlassen bzw. mit diesen Handel zu treiben. Insbesondere sind die teilnehmenden Golfclubs in diesem Falle berechtigt, die Einlösung der ausgeschriebenen Angebote zu verweigern.
8. Die teilnehmenden Golfclubs haben sich gegenüber dem Verlag unter den o.g. Bedingungen verpflichtet, die ausgeschriebenen Angebote einzulösen. Der Verlag übernimmt jedoch keine Gewähr und keine Haftung, wenn ein Angebot nicht eingelöst wird oder werden kann.

Bedingungen zur Einlösung des Discounts:

1. Das Angebot ist einschließlich bis 30.6.2022 gültig.
2. Der Golfspieler/Leser hat sich telefonisch eine Abschlagzeit geben zu lassen – dabei ist die Nutzung des Angebots anzugeben.
3. Eine Barauszahlung des Greenfee-Vorteils ist nicht möglich.
4. Das Kombinieren von Angeboten oder bestehenden Greenfee-Vorteilen ist nicht möglich. Der Vorteil bezieht sich jeweils ausschließlich auf die zum Zeitpunkt der Einlösung gültigen vollen Greenfee-Gebühren.
5. Gibt es Spielergruppen mit erhöhten Greenfee-Gebühren, ist ein Nachlass auf diese Gebühren nicht möglich.
6. Das Angebot allein berechtigt nicht zum Spiel gegen Greenfee. Die Erfüllung der Bestimmungen des jeweiligen Golfclubs zur Greenfee-Berechtigung (Mitgliedschaft in einem Golfclub, Mindesthandicap etc.) zum Zeitpunkt der Einlösung sind Voraussetzung.
7. Es ist untersagt, den Greenfee-Gutschein entgeltlich Dritten zu überlassen bzw. mit diesen Handel zu treiben. Insbesondere sind die teilnehmenden Golfclubs in diesem Falle berechtigt, die Einlösung der ausgeschriebenen Angebote zu verweigern.
8. Die teilnehmenden Golfclubs haben sich gegenüber dem Verlag unter den o.g. Bedingungen verpflichtet, die ausgeschriebenen Angebote einzulösen. Der Verlag übernimmt jedoch keine Gewähr und keine Haftung, wenn ein Angebot nicht eingelöst wird oder werden kann.

Bedingungen zur Einlösung des Discounts:

1. Das Angebot ist einschließlich bis 30.6.2022 gültig.
2. Der Golfspieler/Leser hat sich telefonisch eine Abschlagzeit geben zu lassen – dabei ist die Nutzung des Angebots anzugeben.
3. Eine Barauszahlung des Greenfee-Vorteils ist nicht möglich.
4. Das Kombinieren von Angeboten oder bestehenden Greenfee-Vorteilen ist nicht möglich. Der Vorteil bezieht sich jeweils ausschließlich auf die zum Zeitpunkt der Einlösung gültigen vollen Greenfee-Gebühren.
5. Gibt es Spielergruppen mit erhöhten Greenfee-Gebühren, ist ein Nachlass auf diese Gebühren nicht möglich.
6. Das Angebot allein berechtigt nicht zum Spiel gegen Greenfee. Die Erfüllung der Bestimmungen des jeweiligen Golfclubs zur Greenfee-Berechtigung (Mitgliedschaft in einem Golfclub, Mindesthandicap etc.) zum Zeitpunkt der Einlösung sind Voraussetzung.
7. Es ist untersagt, den Greenfee-Gutschein entgeltlich Dritten zu überlassen bzw. mit diesen Handel zu treiben. Insbesondere sind die teilnehmenden Golfclubs in diesem Falle berechtigt, die Einlösung der ausgeschriebenen Angebote zu verweigern.
8. Die teilnehmenden Golfclubs haben sich gegenüber dem Verlag unter den o.g. Bedingungen verpflichtet, die ausgeschriebenen Angebote einzulösen. Der Verlag übernimmt jedoch keine Gewähr und keine Haftung, wenn ein Angebot nicht eingelöst wird oder werden kann.

Bedingungen zur Einlösung des Discounts:

1. Das Angebot ist einschließlich bis 30.6.2022 gültig.
2. Der Golfspieler/Leser hat sich telefonisch eine Abschlagzeit geben zu lassen – dabei ist die Nutzung des Angebots anzugeben.
3. Eine Barauszahlung des Greenfee-Vorteils ist nicht möglich.
4. Das Kombinieren von Angeboten oder bestehenden Greenfee-Vorteilen ist nicht möglich. Der Vorteil bezieht sich jeweils ausschließlich auf die zum Zeitpunkt der Einlösung gültigen vollen Greenfee-Gebühren.
5. Gibt es Spielergruppen mit erhöhten Greenfee-Gebühren, ist ein Nachlass auf diese Gebühren nicht möglich.
6. Das Angebot allein berechtigt nicht zum Spiel gegen Greenfee. Die Erfüllung der Bestimmungen des jeweiligen Golfclubs zur Greenfee-Berechtigung (Mitgliedschaft in einem Golfclub, Mindesthandicap etc.) zum Zeitpunkt der Einlösung sind Voraussetzung.
7. Es ist untersagt, den Greenfee-Gutschein entgeltlich Dritten zu überlassen bzw. mit diesen Handel zu treiben. Insbesondere sind die teilnehmenden Golfclubs in diesem Falle berechtigt, die Einlösung der ausgeschriebenen Angebote zu verweigern.
8. Die teilnehmenden Golfclubs haben sich gegenüber dem Verlag unter den o.g. Bedingungen verpflichtet, die ausgeschriebenen Angebote einzulösen. Der Verlag übernimmt jedoch keine Gewähr und keine Haftung, wenn ein Angebot nicht eingelöst wird oder werden kann.

Bedingungen zur Einlösung des Discounts:

1. Das Angebot ist einschließlich bis 30.6.2022 gültig.
2. Der Golfspieler/Leser hat sich telefonisch eine Abschlagzeit geben zu lassen – dabei ist die Nutzung des Angebots anzugeben.
3. Eine Barauszahlung des Greenfee-Vorteils ist nicht möglich.
4. Das Kombinieren von Angeboten oder bestehenden Greenfee-Vorteilen ist nicht möglich. Der Vorteil bezieht sich jeweils ausschließlich auf die zum Zeitpunkt der Einlösung gültigen vollen Greenfee-Gebühren.
5. Gibt es Spielergruppen mit erhöhten Greenfee-Gebühren, ist ein Nachlass auf diese Gebühren nicht möglich.
6. Das Angebot allein berechtigt nicht zum Spiel gegen Greenfee. Die Erfüllung der Bestimmungen des jeweiligen Golfclubs zur Greenfee-Berechtigung (Mitgliedschaft in einem Golfclub, Mindesthandicap etc.) zum Zeitpunkt der Einlösung sind Voraussetzung.
7. Es ist untersagt, den Greenfee-Gutschein entgeltlich Dritten zu überlassen bzw. mit diesen Handel zu treiben. Insbesondere sind die teilnehmenden Golfclubs in diesem Falle berechtigt, die Einlösung der ausgeschriebenen Angebote zu verweigern.
8. Die teilnehmenden Golfclubs haben sich gegenüber dem Verlag unter den o.g. Bedingungen verpflichtet, die ausgeschriebenen Angebote einzulösen. Der Verlag übernimmt jedoch keine Gewähr und keine Haftung, wenn ein Angebot nicht eingelöst wird oder werden kann.

Bedingungen zur Einlösung des Discounts:

1. Das Angebot ist einschließlich bis 30.6.2022 gültig.
2. Der Golfspieler/Leser hat sich telefonisch eine Abschlagzeit geben zu lassen – dabei ist die Nutzung des Angebots anzugeben.
3. Eine Barauszahlung des Greenfee-Vorteils ist nicht möglich.
4. Das Kombinieren von Angeboten oder bestehenden Greenfee-Vorteilen ist nicht möglich. Der Vorteil bezieht sich jeweils ausschließlich auf die zum Zeitpunkt der Einlösung gültigen vollen Greenfee-Gebühren.
5. Gibt es Spielergruppen mit erhöhten Greenfee-Gebühren, ist ein Nachlass auf diese Gebühren nicht möglich.
6. Das Angebot allein berechtigt nicht zum Spiel gegen Greenfee. Die Erfüllung der Bestimmungen des jeweiligen Golfclubs zur Greenfee-Berechtigung (Mitgliedschaft in einem Golfclub, Mindesthandicap etc.) zum Zeitpunkt der Einlösung sind Voraussetzung.
7. Es ist untersagt, den Greenfee-Gutschein entgeltlich Dritten zu überlassen bzw. mit diesen Handel zu treiben. Insbesondere sind die teilnehmenden Golfclubs in diesem Falle berechtigt, die Einlösung der ausgeschriebenen Angebote zu verweigern.
8. Die teilnehmenden Golfclubs haben sich gegenüber dem Verlag unter den o.g. Bedingungen verpflichtet, die ausgeschriebenen Angebote einzulösen. Der Verlag übernimmt jedoch keine Gewähr und keine Haftung, wenn ein Angebot nicht eingelöst wird oder werden kann.

Bedingungen zur Einlösung des Discounts:

1. Das Angebot ist einschließlich bis 30.6.2022 gültig.
2. Der Golfspieler/Leser hat sich telefonisch eine Abschlagzeit geben zu lassen – dabei ist die Nutzung des Angebots anzugeben.
3. Eine Barauszahlung des Greenfee-Vorteils ist nicht möglich.
4. Das Kombinieren von Angeboten oder bestehenden Greenfee-Vorteilen ist nicht möglich. Der Vorteil bezieht sich jeweils ausschließlich auf die zum Zeitpunkt der Einlösung gültigen vollen Greenfee-Gebühren.
5. Gibt es Spielergruppen mit erhöhten Greenfee-Gebühren, ist ein Nachlass auf diese Gebühren nicht möglich.
6. Das Angebot allein berechtigt nicht zum Spiel gegen Greenfee. Die Erfüllung der Bestimmungen des jeweiligen Golfclubs zur Greenfee-Berechtigung (Mitgliedschaft in einem Golfclub, Mindesthandicap etc.) zum Zeitpunkt der Einlösung sind Voraussetzung.
7. Es ist untersagt, den Greenfee-Gutschein entgeltlich Dritten zu überlassen bzw. mit diesen Handel zu treiben. Insbesondere sind die teilnehmenden Golfclubs in diesem Falle berechtigt, die Einlösung der ausgeschriebenen Angebote zu verweigern.
8. Die teilnehmenden Golfclubs haben sich gegenüber dem Verlag unter den o.g. Bedingungen verpflichtet, die ausgeschriebenen Angebote einzulösen. Der Verlag übernimmt jedoch keine Gewähr und keine Haftung, wenn ein Angebot nicht eingelöst wird oder werden kann.

Bedingungen zur Einlösung des Discounts:

1. Das Angebot ist einschließlich bis 30.6.2022 gültig.
2. Der Golfspieler/Leser hat sich telefonisch eine Abschlagzeit geben zu lassen – dabei ist die Nutzung des Angebots anzugeben.
3. Eine Barauszahlung des Greenfee-Vorteils ist nicht möglich.
4. Das Kombinieren von Angeboten oder bestehenden Greenfee-Vorteilen ist nicht möglich. Der Vorteil bezieht sich jeweils ausschließlich auf die zum Zeitpunkt der Einlösung gültigen vollen Greenfee-Gebühren.
5. Gibt es Spielergruppen mit erhöhten Greenfee-Gebühren, ist ein Nachlass auf diese Gebühren nicht möglich.
6. Das Angebot allein berechtigt nicht zum Spiel gegen Greenfee. Die Erfüllung der Bestimmungen des jeweiligen Golfclubs zur Greenfee-Berechtigung (Mitgliedschaft in einem Golfclub, Mindesthandicap etc.) zum Zeitpunkt der Einlösung sind Voraussetzung.
7. Es ist untersagt, den Greenfee-Gutschein entgeltlich Dritten zu überlassen bzw. mit diesen Handel zu treiben. Insbesondere sind die teilnehmenden Golfclubs in diesem Falle berechtigt, die Einlösung der ausgeschriebenen Angebote zu verweigern.
8. Die teilnehmenden Golfclubs haben sich gegenüber dem Verlag unter den o.g. Bedingungen verpflichtet, die ausgeschriebenen Angebote einzulösen. Der Verlag übernimmt jedoch keine Gewähr und keine Haftung, wenn ein Angebot nicht eingelöst wird oder werden kann.

Bedingungen zur Einlösung des Discounts:

1. Das Angebot ist einschließlich bis 30.6.2022 gültig.
2. Der Golfspieler/Leser hat sich telefonisch eine Abschlagzeit geben zu lassen – dabei ist die Nutzung des Angebots anzugeben.
3. Eine Barauszahlung des Greenfee-Vorteils ist nicht möglich.
4. Das Kombinieren von Angeboten oder bestehenden Greenfee-Vorteilen ist nicht möglich. Der Vorteil bezieht sich jeweils ausschließlich auf die zum Zeitpunkt der Einlösung gültigen vollen Greenfee-Gebühren.
5. Gibt es Spielergruppen mit erhöhten Greenfee-Gebühren, ist ein Nachlass auf diese Gebühren nicht möglich.
6. Das Angebot allein berechtigt nicht zum Spiel gegen Greenfee. Die Erfüllung der Bestimmungen des jeweiligen Golfclubs zur Greenfee-Berechtigung (Mitgliedschaft in einem Golfclub, Mindesthandicap etc.) zum Zeitpunkt der Einlösung sind Voraussetzung.
7. Es ist untersagt, den Greenfee-Gutschein entgeltlich Dritten zu überlassen bzw. mit diesen Handel zu treiben. Insbesondere sind die teilnehmenden Golfclubs in diesem Falle berechtigt, die Einlösung der ausgeschriebenen Angebote zu verweigern.
8. Die teilnehmenden Golfclubs haben sich gegenüber dem Verlag unter den o.g. Bedingungen verpflichtet, die ausgeschriebenen Angebote einzulösen. Der Verlag übernimmt jedoch keine Gewähr und keine Haftung, wenn ein Angebot nicht eingelöst wird oder werden kann.

Bedingungen zur Einlösung des Discounts:

1. Das Angebot ist einschließlich bis 30.6.2022 gültig.
2. Der Golfspieler/Leser hat sich telefonisch eine Abschlagzeit geben zu lassen – dabei ist die Nutzung des Angebots anzugeben.
3. Eine Barauszahlung des Greenfee-Vorteils ist nicht möglich.
4. Das Kombinieren von Angeboten oder bestehenden Greenfee-Vorteilen ist nicht möglich. Der Vorteil bezieht sich jeweils ausschließlich auf die zum Zeitpunkt der Einlösung gültigen vollen Greenfee-Gebühren.
5. Gibt es Spielergruppen mit erhöhten Greenfee-Gebühren, ist ein Nachlass auf diese Gebühren nicht möglich.
6. Das Angebot allein berechtigt nicht zum Spiel gegen Greenfee. Die Erfüllung der Bestimmungen des jeweiligen Golfclubs zur Greenfee-Berechtigung (Mitgliedschaft in einem Golfclub, Mindesthandicap etc.) zum Zeitpunkt der Einlösung sind Voraussetzung.
7. Es ist untersagt, den Greenfee-Gutschein entgeltlich Dritten zu überlassen bzw. mit diesen Handel zu treiben. Insbesondere sind die teilnehmenden Golfclubs in diesem Falle berechtigt, die Einlösung der ausgeschriebenen Angebote zu verweigern.
8. Die teilnehmenden Golfclubs haben sich gegenüber dem Verlag unter den o.g. Bedingungen verpflichtet, die ausgeschriebenen Angebote einzulösen. Der Verlag übernimmt jedoch keine Gewähr und keine Haftung, wenn ein Angebot nicht eingelöst wird oder werden kann.

DER GOLF ALBRECHT

Eda Golfklubb SE

Noresund
S-67040 Åmotfors
✆ +46 571 341 01

345

20% Greenfee-Ermäßigung wochentags

DER GOLF ALBRECHT

Kiladalens Golfklubb SE

Åby Gård
S-61195 Nyköping
✆ +46 155 582 71

346

2 for 1 2 GF zum Preis von 1

DER GOLF ALBRECHT

Kiladalens Golfklubb SE

Åby Gård
S-61195 Nyköping
✆ +46 155 582 71

346

2 for 1 2 GF zum Preis von 1

DER GOLF ALBRECHT

Möre Golfklubb SE

Golfbanan
S-38503 Söderåkra
✆ +46 486 219 14

347

20% Greenfee-Ermäßigung wochentags

DER GOLF ALBRECHT

Möre Golfklubb SE

Golfbanan
S-38503 Söderåkra
✆ +46 486 219 14

347

20% Greenfee-Ermäßigung wochentags

DER GOLF ALBRECHT

Santa Claus Golf FI

Golfkentäntie 43
96600 Rovaniemi
✆ +358 200 30200
Hinweis: gilt Winter und Sommer

348

20% Greenfee-Ermäßigung

DER GOLF ALBRECHT

Santa Claus Golf FI

Golfkentäntie 43
96600 Rovaniemi
✆ +358 200 30200
Hinweis: gilt Winter und Sommer

348

20% Greenfee-Ermäßigung

DER GOLF ALBRECHT

Bjärkas Golf FI

Västanfjärdintie 655
25840 Nivelax
✆ +358 44 0184653

349

2 for 1 2 GF zum Preis von 1

DER GOLF ALBRECHT

Bjärkas Golf FI

Västanfjärdintie 655
25840 Nivelax
✆ +358 44 0184653

349

2 for 1 2 GF zum Preis von 1

DER GOLF ALBRECHT

Stadarsveit Golf Course IS

Ytri-Gordum, Snaefellsnesvegi 54, Langaholt
356 Snaefellsbae
✆ +354 893 8328

350

2 for 1 2 GF zum Preis von 1

Bedingungen zur Einlösung des Discounts:
1. Das Angebot ist einschließlich bis 30.6.2022 gültig.
2. Der Golfspieler/Leser hat sich telefonisch eine Abschlagzeit geben zu lassen – dabei ist die Nutzung des Angebots anzugeben.
3. Eine Barauszahlung des Greenfee-Vorteils ist nicht möglich.
4. Das Kombinieren von Angeboten oder bestehenden Greenfee-Vorteilen ist nicht möglich. Der Vorteil bezieht sich jeweils ausschließlich auf die zum Zeitpunkt der Einlösung gültigen vollen Greenfee-Gebühren.
5. Gibt es Spielergruppen mit erhöhten Greenfee-Gebühren, ist ein Nachlass auf diese Gebühren nicht möglich.
6. Das Angebot allein berechtigt nicht zum Spiel gegen Greenfee. Die Erfüllung der Bestimmungen des jeweiligen Golfclubs zur Greenfee-Berechtigung (Mitgliedschaft in einem Golfclub, Mindesthandicap etc.) zum Zeitpunkt der Einlösung sind Voraussetzung.
7. Es ist untersagt, den Greenfee-Gutschein entgeltlich Dritten zu überlassen bzw. mit diesen Handel zu treiben. Insbesondere sind die teilnehmenden Golfclubs in diesem Falle berechtigt, die Einlösung der ausgeschriebenen Angebote zu verweigern.
8. Die teilnehmenden Golfclubs haben sich gegenüber dem Verlag unter den o.g. Bedingungen verpflichtet, die ausgeschriebenen Angebote einzulösen. Der Verlag übernimmt jedoch keine Gewähr und keine Haftung, wenn ein Angebot nicht eingelöst wird oder werden kann.

Bedingungen zur Einlösung des Discounts:
1. Das Angebot ist einschließlich bis 30.6.2022 gültig.
2. Der Golfspieler/Leser hat sich telefonisch eine Abschlagzeit geben zu lassen – dabei ist die Nutzung des Angebots anzugeben.
3. Eine Barauszahlung des Greenfee-Vorteils ist nicht möglich.
4. Das Kombinieren von Angeboten oder bestehenden Greenfee-Vorteilen ist nicht möglich. Der Vorteil bezieht sich jeweils ausschließlich auf die zum Zeitpunkt der Einlösung gültigen vollen Greenfee-Gebühren.
5. Gibt es Spielergruppen mit erhöhten Greenfee-Gebühren, ist ein Nachlass auf diese Gebühren nicht möglich.
6. Das Angebot allein berechtigt nicht zum Spiel gegen Greenfee. Die Erfüllung der Bestimmungen des jeweiligen Golfclubs zur Greenfee-Berechtigung (Mitgliedschaft in einem Golfclub, Mindesthandicap etc.) zum Zeitpunkt der Einlösung sind Voraussetzung.
7. Es ist untersagt, den Greenfee-Gutschein entgeltlich Dritten zu überlassen bzw. mit diesen Handel zu treiben. Insbesondere sind die teilnehmenden Golfclubs in diesem Falle berechtigt, die Einlösung der ausgeschriebenen Angebote zu verweigern.
8. Die teilnehmenden Golfclubs haben sich gegenüber dem Verlag unter den o.g. Bedingungen verpflichtet, die ausgeschriebenen Angebote einzulösen. Der Verlag übernimmt jedoch keine Gewähr und keine Haftung, wenn ein Angebot nicht eingelöst wird oder werden kann.

Bedingungen zur Einlösung des Discounts:
1. Das Angebot ist einschließlich bis 30.6.2022 gültig.
2. Der Golfspieler/Leser hat sich telefonisch eine Abschlagzeit geben zu lassen – dabei ist die Nutzung des Angebots anzugeben.
3. Eine Barauszahlung des Greenfee-Vorteils ist nicht möglich.
4. Das Kombinieren von Angeboten oder bestehenden Greenfee-Vorteilen ist nicht möglich. Der Vorteil bezieht sich jeweils ausschließlich auf die zum Zeitpunkt der Einlösung gültigen vollen Greenfee-Gebühren.
5. Gibt es Spielergruppen mit erhöhten Greenfee-Gebühren, ist ein Nachlass auf diese Gebühren nicht möglich.
6. Das Angebot allein berechtigt nicht zum Spiel gegen Greenfee. Die Erfüllung der Bestimmungen des jeweiligen Golfclubs zur Greenfee-Berechtigung (Mitgliedschaft in einem Golfclub, Mindesthandicap etc.) zum Zeitpunkt der Einlösung sind Voraussetzung.
7. Es ist untersagt, den Greenfee-Gutschein entgeltlich Dritten zu überlassen bzw. mit diesen Handel zu treiben. Insbesondere sind die teilnehmenden Golfclubs in diesem Falle berechtigt, die Einlösung der ausgeschriebenen Angebote zu verweigern.
8. Die teilnehmenden Golfclubs haben sich gegenüber dem Verlag unter den o.g. Bedingungen verpflichtet, die ausgeschriebenen Angebote einzulösen. Der Verlag übernimmt jedoch keine Gewähr und keine Haftung, wenn ein Angebot nicht eingelöst wird oder werden kann.

Bedingungen zur Einlösung des Discounts:
1. Das Angebot ist einschließlich bis 30.6.2022 gültig.
2. Der Golfspieler/Leser hat sich telefonisch eine Abschlagzeit geben zu lassen – dabei ist die Nutzung des Angebots anzugeben.
3. Eine Barauszahlung des Greenfee-Vorteils ist nicht möglich.
4. Das Kombinieren von Angeboten oder bestehenden Greenfee-Vorteilen ist nicht möglich. Der Vorteil bezieht sich jeweils ausschließlich auf die zum Zeitpunkt der Einlösung gültigen vollen Greenfee-Gebühren.
5. Gibt es Spielergruppen mit erhöhten Greenfee-Gebühren, ist ein Nachlass auf diese Gebühren nicht möglich.
6. Das Angebot allein berechtigt nicht zum Spiel gegen Greenfee. Die Erfüllung der Bestimmungen des jeweiligen Golfclubs zur Greenfee-Berechtigung (Mitgliedschaft in einem Golfclub, Mindesthandicap etc.) zum Zeitpunkt der Einlösung sind Voraussetzung.
7. Es ist untersagt, den Greenfee-Gutschein entgeltlich Dritten zu überlassen bzw. mit diesen Handel zu treiben. Insbesondere sind die teilnehmenden Golfclubs in diesem Falle berechtigt, die Einlösung der ausgeschriebenen Angebote zu verweigern.
8. Die teilnehmenden Golfclubs haben sich gegenüber dem Verlag unter den o.g. Bedingungen verpflichtet, die ausgeschriebenen Angebote einzulösen. Der Verlag übernimmt jedoch keine Gewähr und keine Haftung, wenn ein Angebot nicht eingelöst wird oder werden kann.

Bedingungen zur Einlösung des Discounts:
1. Das Angebot ist einschließlich bis 30.6.2022 gültig.
2. Der Golfspieler/Leser hat sich telefonisch eine Abschlagzeit geben zu lassen – dabei ist die Nutzung des Angebots anzugeben.
3. Eine Barauszahlung des Greenfee-Vorteils ist nicht möglich.
4. Das Kombinieren von Angeboten oder bestehenden Greenfee-Vorteilen ist nicht möglich. Der Vorteil bezieht sich jeweils ausschließlich auf die zum Zeitpunkt der Einlösung gültigen vollen Greenfee-Gebühren.
5. Gibt es Spielergruppen mit erhöhten Greenfee-Gebühren, ist ein Nachlass auf diese Gebühren nicht möglich.
6. Das Angebot allein berechtigt nicht zum Spiel gegen Greenfee. Die Erfüllung der Bestimmungen des jeweiligen Golfclubs zur Greenfee-Berechtigung (Mitgliedschaft in einem Golfclub, Mindesthandicap etc.) zum Zeitpunkt der Einlösung sind Voraussetzung.
7. Es ist untersagt, den Greenfee-Gutschein entgeltlich Dritten zu überlassen bzw. mit diesen Handel zu treiben. Insbesondere sind die teilnehmenden Golfclubs in diesem Falle berechtigt, die Einlösung der ausgeschriebenen Angebote zu verweigern.
8. Die teilnehmenden Golfclubs haben sich gegenüber dem Verlag unter den o.g. Bedingungen verpflichtet, die ausgeschriebenen Angebote einzulösen. Der Verlag übernimmt jedoch keine Gewähr und keine Haftung, wenn ein Angebot nicht eingelöst wird oder werden kann.

Bedingungen zur Einlösung des Discounts:
1. Das Angebot ist einschließlich bis 30.6.2022 gültig.
2. Der Golfspieler/Leser hat sich telefonisch eine Abschlagzeit geben zu lassen – dabei ist die Nutzung des Angebots anzugeben.
3. Eine Barauszahlung des Greenfee-Vorteils ist nicht möglich.
4. Das Kombinieren von Angeboten oder bestehenden Greenfee-Vorteilen ist nicht möglich. Der Vorteil bezieht sich jeweils ausschließlich auf die zum Zeitpunkt der Einlösung gültigen vollen Greenfee-Gebühren.
5. Gibt es Spielergruppen mit erhöhten Greenfee-Gebühren, ist ein Nachlass auf diese Gebühren nicht möglich.
6. Das Angebot allein berechtigt nicht zum Spiel gegen Greenfee. Die Erfüllung der Bestimmungen des jeweiligen Golfclubs zur Greenfee-Berechtigung (Mitgliedschaft in einem Golfclub, Mindesthandicap etc.) zum Zeitpunkt der Einlösung sind Voraussetzung.
7. Es ist untersagt, den Greenfee-Gutschein entgeltlich Dritten zu überlassen bzw. mit diesen Handel zu treiben. Insbesondere sind die teilnehmenden Golfclubs in diesem Falle berechtigt, die Einlösung der ausgeschriebenen Angebote zu verweigern.
8. Die teilnehmenden Golfclubs haben sich gegenüber dem Verlag unter den o.g. Bedingungen verpflichtet, die ausgeschriebenen Angebote einzulösen. Der Verlag übernimmt jedoch keine Gewähr und keine Haftung, wenn ein Angebot nicht eingelöst wird oder werden kann.

Bedingungen zur Einlösung des Discounts:
1. Das Angebot ist einschließlich bis 30.6.2022 gültig.
2. Der Golfspieler/Leser hat sich telefonisch eine Abschlagzeit geben zu lassen – dabei ist die Nutzung des Angebots anzugeben.
3. Eine Barauszahlung des Greenfee-Vorteils ist nicht möglich.
4. Das Kombinieren von Angeboten oder bestehenden Greenfee-Vorteilen ist nicht möglich. Der Vorteil bezieht sich jeweils ausschließlich auf die zum Zeitpunkt der Einlösung gültigen vollen Greenfee-Gebühren.
5. Gibt es Spielergruppen mit erhöhten Greenfee-Gebühren, ist ein Nachlass auf diese Gebühren nicht möglich.
6. Das Angebot allein berechtigt nicht zum Spiel gegen Greenfee. Die Erfüllung der Bestimmungen des jeweiligen Golfclubs zur Greenfee-Berechtigung (Mitgliedschaft in einem Golfclub, Mindesthandicap etc.) zum Zeitpunkt der Einlösung sind Voraussetzung.
7. Es ist untersagt, den Greenfee-Gutschein entgeltlich Dritten zu überlassen bzw. mit diesen Handel zu treiben. Insbesondere sind die teilnehmenden Golfclubs in diesem Falle berechtigt, die Einlösung der ausgeschriebenen Angebote zu verweigern.
8. Die teilnehmenden Golfclubs haben sich gegenüber dem Verlag unter den o.g. Bedingungen verpflichtet, die ausgeschriebenen Angebote einzulösen. Der Verlag übernimmt jedoch keine Gewähr und keine Haftung, wenn ein Angebot nicht eingelöst wird oder werden kann.

Bedingungen zur Einlösung des Discounts:
1. Das Angebot ist einschließlich bis 30.6.2022 gültig.
2. Der Golfspieler/Leser hat sich telefonisch eine Abschlagzeit geben zu lassen – dabei ist die Nutzung des Angebots anzugeben.
3. Eine Barauszahlung des Greenfee-Vorteils ist nicht möglich.
4. Das Kombinieren von Angeboten oder bestehenden Greenfee-Vorteilen ist nicht möglich. Der Vorteil bezieht sich jeweils ausschließlich auf die zum Zeitpunkt der Einlösung gültigen vollen Greenfee-Gebühren.
5. Gibt es Spielergruppen mit erhöhten Greenfee-Gebühren, ist ein Nachlass auf diese Gebühren nicht möglich.
6. Das Angebot allein berechtigt nicht zum Spiel gegen Greenfee. Die Erfüllung der Bestimmungen des jeweiligen Golfclubs zur Greenfee-Berechtigung (Mitgliedschaft in einem Golfclub, Mindesthandicap etc.) zum Zeitpunkt der Einlösung sind Voraussetzung.
7. Es ist untersagt, den Greenfee-Gutschein entgeltlich Dritten zu überlassen bzw. mit diesen Handel zu treiben. Insbesondere sind die teilnehmenden Golfclubs in diesem Falle berechtigt, die Einlösung der ausgeschriebenen Angebote zu verweigern.
8. Die teilnehmenden Golfclubs haben sich gegenüber dem Verlag unter den o.g. Bedingungen verpflichtet, die ausgeschriebenen Angebote einzulösen. Der Verlag übernimmt jedoch keine Gewähr und keine Haftung, wenn ein Angebot nicht eingelöst wird oder werden kann.

Bedingungen zur Einlösung des Discounts:
1. Das Angebot ist einschließlich bis 30.6.2022 gültig.
2. Der Golfspieler/Leser hat sich telefonisch eine Abschlagzeit geben zu lassen – dabei ist die Nutzung des Angebots anzugeben.
3. Eine Barauszahlung des Greenfee-Vorteils ist nicht möglich.
4. Das Kombinieren von Angeboten oder bestehenden Greenfee-Vorteilen ist nicht möglich. Der Vorteil bezieht sich jeweils ausschließlich auf die zum Zeitpunkt der Einlösung gültigen vollen Greenfee-Gebühren.
5. Gibt es Spielergruppen mit erhöhten Greenfee-Gebühren, ist ein Nachlass auf diese Gebühren nicht möglich.
6. Das Angebot allein berechtigt nicht zum Spiel gegen Greenfee. Die Erfüllung der Bestimmungen des jeweiligen Golfclubs zur Greenfee-Berechtigung (Mitgliedschaft in einem Golfclub, Mindesthandicap etc.) zum Zeitpunkt der Einlösung sind Voraussetzung.
7. Es ist untersagt, den Greenfee-Gutschein entgeltlich Dritten zu überlassen bzw. mit diesen Handel zu treiben. Insbesondere sind die teilnehmenden Golfclubs in diesem Falle berechtigt, die Einlösung der ausgeschriebenen Angebote zu verweigern.
8. Die teilnehmenden Golfclubs haben sich gegenüber dem Verlag unter den o.g. Bedingungen verpflichtet, die ausgeschriebenen Angebote einzulösen. Der Verlag übernimmt jedoch keine Gewähr und keine Haftung, wenn ein Angebot nicht eingelöst wird oder werden kann.

Bedingungen zur Einlösung des Discounts:
1. Das Angebot ist einschließlich bis 30.6.2022 gültig.
2. Der Golfspieler/Leser hat sich telefonisch eine Abschlagzeit geben zu lassen – dabei ist die Nutzung des Angebots anzugeben.
3. Eine Barauszahlung des Greenfee-Vorteils ist nicht möglich.
4. Das Kombinieren von Angeboten oder bestehenden Greenfee-Vorteilen ist nicht möglich. Der Vorteil bezieht sich jeweils ausschließlich auf die zum Zeitpunkt der Einlösung gültigen vollen Greenfee-Gebühren.
5. Gibt es Spielergruppen mit erhöhten Greenfee-Gebühren, ist ein Nachlass auf diese Gebühren nicht möglich.
6. Das Angebot allein berechtigt nicht zum Spiel gegen Greenfee. Die Erfüllung der Bestimmungen des jeweiligen Golfclubs zur Greenfee-Berechtigung (Mitgliedschaft in einem Golfclub, Mindesthandicap etc.) zum Zeitpunkt der Einlösung sind Voraussetzung.
7. Es ist untersagt, den Greenfee-Gutschein entgeltlich Dritten zu überlassen bzw. mit diesen Handel zu treiben. Insbesondere sind die teilnehmenden Golfclubs in diesem Falle berechtigt, die Einlösung der ausgeschriebenen Angebote zu verweigern.
8. Die teilnehmenden Golfclubs haben sich gegenüber dem Verlag unter den o.g. Bedingungen verpflichtet, die ausgeschriebenen Angebote einzulösen. Der Verlag übernimmt jedoch keine Gewähr und keine Haftung, wenn ein Angebot nicht eingelöst wird oder werden kann.

DER GOLF ALBRECHT

Stadarsveit Golf Course IS

Ytri-Gordum, Snaefellsnesvegi 54, Langaholt
356 Snaefellsbae
+354 893 8328

350

2 for 1 2 GF zum Preis von 1

DER GOLF ALBRECHT

Stadarsveit Golf Course IS

Ytri-Gordum, Snaefellsnesvegi 54, Langaholt
356 Snaefellsbae
+354 893 8328

350

2 for 1 2 GF zum Preis von 1

DER GOLF ALBRECHT

Stadarsveit Golf Course IS

Ytri-Gordum, Snaefellsnesvegi 54, Langaholt
356 Snaefellsbae
+354 893 8328

350

20% Greenfee-Ermäßigung

DER GOLF ALBRECHT

Stadarsveit Golf Course IS

Ytri-Gordum, Snaefellsnesvegi 54, Langaholt
356 Snaefellsbae
+354 893 8328

350

20% Greenfee-Ermäßigung

DER GOLF ALBRECHT

Stadarsveit Golf Course IS

Ytri-Gordum, Snaefellsnesvegi 54, Langaholt
356 Snaefellsbae
+354 893 8328

350

20% Greenfee-Ermäßigung

DER GOLF ALBRECHT

Inverallochy Golf Club GB

Whitelink, Inverallochy
AB43 8XY Fraserburgh
+44 1346 582000
Hinweis: Discount only applies to full green fee prices.

351

30% Greenfee-Ermäßigung

DER GOLF ALBRECHT

Inverallochy Golf Club GB

Whitelink, Inverallochy
AB43 8XY Fraserburgh
+44 1346 582000
Hinweis: Discount only applies to full green fee prices.

351

30% Greenfee-Ermäßigung

DER GOLF ALBRECHT

Fortrose & Rosemarkie Golf Club GB

Ness Road East
IV10 8SE Fortrose
+44 1381 620529

352

20% Greenfee-Ermäßigung wochentags

DER GOLF ALBRECHT

Peterhead Old Golf Club GB

Craigewan Links, Riverside Drive
AB42 1LT Peterhead
+44 1779 472149

353

15% Greenfee-Ermäßigung wochentags

DER GOLF ALBRECHT

Peterhead Old Golf Club GB

Craigewan Links, Riverside Drive
AB42 1LT Peterhead
+44 1779 472149

353

15% Greenfee-Ermäßigung wochentags

Bedingungen zur Einlösung des Discounts:

1. Das Angebot ist einschließlich bis 30.6.2022 gültig.
2. Der Golfspieler/Leser hat sich telefonisch eine Abschlagzeit geben zu lassen – dabei ist die Nutzung des Angebots anzugeben.
3. Eine Barauszahlung des Greenfee-Vorteils ist nicht möglich.
4. Das Kombinieren von Angeboten oder bestehenden Greenfee-Vorteilen ist nicht möglich. Der Vorteil bezieht sich jeweils ausschließlich auf die zum Zeitpunkt der Einlösung gültigen vollen Greenfee-Gebühren.
5. Gibt es Spielergruppen mit erhöhten Greenfee-Gebühren, ist ein Nachlass auf diese Gebühren nicht möglich.
6. Das Angebot allein berechtigt nicht zum Spiel gegen Greenfee. Die Erfüllung der Bestimmungen des jeweiligen Golfclubs zur Greenfee-Berechtigung (Mitgliedschaft in einem Golfclub, Mindesthandicap etc.) zum Zeitpunkt der Einlösung sind Voraussetzung.
7. Es ist untersagt, den Greenfee-Gutschein entgeltlich Dritten zu überlassen bzw. mit diesen Handel zu treiben. Insbesondere sind die teilnehmenden Golfclubs in diesem Falle berechtigt, die Einlösung der ausgeschriebenen Angebote zu verweigern.
8. Die teilnehmenden Golfclubs haben sich gegenüber dem Verlag unter den o.g. Bedingungen verpflichtet, die ausgeschriebenen Angebote einzulösen. Der Verlag übernimmt jedoch keine Gewähr und keine Haftung, wenn ein Angebot nicht eingelöst wird oder werden kann.

Bedingungen zur Einlösung des Discounts:

1. Das Angebot ist einschließlich bis 30.6.2022 gültig.
2. Der Golfspieler/Leser hat sich telefonisch eine Abschlagzeit geben zu lassen – dabei ist die Nutzung des Angebots anzugeben.
3. Eine Barauszahlung des Greenfee-Vorteils ist nicht möglich.
4. Das Kombinieren von Angeboten oder bestehenden Greenfee-Vorteilen ist nicht möglich. Der Vorteil bezieht sich jeweils ausschließlich auf die zum Zeitpunkt der Einlösung gültigen vollen Greenfee-Gebühren.
5. Gibt es Spielergruppen mit erhöhten Greenfee-Gebühren, ist ein Nachlass auf diese Gebühren nicht möglich.
6. Das Angebot allein berechtigt nicht zum Spiel gegen Greenfee. Die Erfüllung der Bestimmungen des jeweiligen Golfclubs zur Greenfee-Berechtigung (Mitgliedschaft in einem Golfclub, Mindesthandicap etc.) zum Zeitpunkt der Einlösung sind Voraussetzung.
7. Es ist untersagt, den Greenfee-Gutschein entgeltlich Dritten zu überlassen bzw. mit diesen Handel zu treiben. Insbesondere sind die teilnehmenden Golfclubs in diesem Falle berechtigt, die Einlösung der ausgeschriebenen Angebote zu verweigern.
8. Die teilnehmenden Golfclubs haben sich gegenüber dem Verlag unter den o.g. Bedingungen verpflichtet, die ausgeschriebenen Angebote einzulösen. Der Verlag übernimmt jedoch keine Gewähr und keine Haftung, wenn ein Angebot nicht eingelöst wird oder werden kann.

Bedingungen zur Einlösung des Discounts:

1. Das Angebot ist einschließlich bis 30.6.2022 gültig.
2. Der Golfspieler/Leser hat sich telefonisch eine Abschlagzeit geben zu lassen – dabei ist die Nutzung des Angebots anzugeben.
3. Eine Barauszahlung des Greenfee-Vorteils ist nicht möglich.
4. Das Kombinieren von Angeboten oder bestehenden Greenfee-Vorteilen ist nicht möglich. Der Vorteil bezieht sich jeweils ausschließlich auf die zum Zeitpunkt der Einlösung gültigen vollen Greenfee-Gebühren.
5. Gibt es Spielergruppen mit erhöhten Greenfee-Gebühren, ist ein Nachlass auf diese Gebühren nicht möglich.
6. Das Angebot allein berechtigt nicht zum Spiel gegen Greenfee. Die Erfüllung der Bestimmungen des jeweiligen Golfclubs zur Greenfee-Berechtigung (Mitgliedschaft in einem Golfclub, Mindesthandicap etc.) zum Zeitpunkt der Einlösung sind Voraussetzung.
7. Es ist untersagt, den Greenfee-Gutschein entgeltlich Dritten zu überlassen bzw. mit diesen Handel zu treiben. Insbesondere sind die teilnehmenden Golfclubs in diesem Falle berechtigt, die Einlösung der ausgeschriebenen Angebote zu verweigern.
8. Die teilnehmenden Golfclubs haben sich gegenüber dem Verlag unter den o.g. Bedingungen verpflichtet, die ausgeschriebenen Angebote einzulösen. Der Verlag übernimmt jedoch keine Gewähr und keine Haftung, wenn ein Angebot nicht eingelöst wird oder werden kann.

Bedingungen zur Einlösung des Discounts:

1. Das Angebot ist einschließlich bis 30.6.2022 gültig.
2. Der Golfspieler/Leser hat sich telefonisch eine Abschlagzeit geben zu lassen – dabei ist die Nutzung des Angebots anzugeben.
3. Eine Barauszahlung des Greenfee-Vorteils ist nicht möglich.
4. Das Kombinieren von Angeboten oder bestehenden Greenfee-Vorteilen ist nicht möglich. Der Vorteil bezieht sich jeweils ausschließlich auf die zum Zeitpunkt der Einlösung gültigen vollen Greenfee-Gebühren.
5. Gibt es Spielergruppen mit erhöhten Greenfee-Gebühren, ist ein Nachlass auf diese Gebühren nicht möglich.
6. Das Angebot allein berechtigt nicht zum Spiel gegen Greenfee. Die Erfüllung der Bestimmungen des jeweiligen Golfclubs zur Greenfee-Berechtigung (Mitgliedschaft in einem Golfclub, Mindesthandicap etc.) zum Zeitpunkt der Einlösung sind Voraussetzung.
7. Es ist untersagt, den Greenfee-Gutschein entgeltlich Dritten zu überlassen bzw. mit diesen Handel zu treiben. Insbesondere sind die teilnehmenden Golfclubs in diesem Falle berechtigt, die Einlösung der ausgeschriebenen Angebote zu verweigern.
8. Die teilnehmenden Golfclubs haben sich gegenüber dem Verlag unter den o.g. Bedingungen verpflichtet, die ausgeschriebenen Angebote einzulösen. Der Verlag übernimmt jedoch keine Gewähr und keine Haftung, wenn ein Angebot nicht eingelöst wird oder werden kann.

Bedingungen zur Einlösung des Discounts:

1. Das Angebot ist einschließlich bis 30.6.2022 gültig.
2. Der Golfspieler/Leser hat sich telefonisch eine Abschlagzeit geben zu lassen – dabei ist die Nutzung des Angebots anzugeben.
3. Eine Barauszahlung des Greenfee-Vorteils ist nicht möglich.
4. Das Kombinieren von Angeboten oder bestehenden Greenfee-Vorteilen ist nicht möglich. Der Vorteil bezieht sich jeweils ausschließlich auf die zum Zeitpunkt der Einlösung gültigen vollen Greenfee-Gebühren.
5. Gibt es Spielergruppen mit erhöhten Greenfee-Gebühren, ist ein Nachlass auf diese Gebühren nicht möglich.
6. Das Angebot allein berechtigt nicht zum Spiel gegen Greenfee. Die Erfüllung der Bestimmungen des jeweiligen Golfclubs zur Greenfee-Berechtigung (Mitgliedschaft in einem Golfclub, Mindesthandicap etc.) zum Zeitpunkt der Einlösung sind Voraussetzung.
7. Es ist untersagt, den Greenfee-Gutschein entgeltlich Dritten zu überlassen bzw. mit diesen Handel zu treiben. Insbesondere sind die teilnehmenden Golfclubs in diesem Falle berechtigt, die Einlösung der ausgeschriebenen Angebote zu verweigern.
8. Die teilnehmenden Golfclubs haben sich gegenüber dem Verlag unter den o.g. Bedingungen verpflichtet, die ausgeschriebenen Angebote einzulösen. Der Verlag übernimmt jedoch keine Gewähr und keine Haftung, wenn ein Angebot nicht eingelöst wird oder werden kann.

Bedingungen zur Einlösung des Discounts:

1. Das Angebot ist einschließlich bis 30.6.2022 gültig.
2. Der Golfspieler/Leser hat sich telefonisch eine Abschlagzeit geben zu lassen – dabei ist die Nutzung des Angebots anzugeben.
3. Eine Barauszahlung des Greenfee-Vorteils ist nicht möglich.
4. Das Kombinieren von Angeboten oder bestehenden Greenfee-Vorteilen ist nicht möglich. Der Vorteil bezieht sich jeweils ausschließlich auf die zum Zeitpunkt der Einlösung gültigen vollen Greenfee-Gebühren.
5. Gibt es Spielergruppen mit erhöhten Greenfee-Gebühren, ist ein Nachlass auf diese Gebühren nicht möglich.
6. Das Angebot allein berechtigt nicht zum Spiel gegen Greenfee. Die Erfüllung der Bestimmungen des jeweiligen Golfclubs zur Greenfee-Berechtigung (Mitgliedschaft in einem Golfclub, Mindesthandicap etc.) zum Zeitpunkt der Einlösung sind Voraussetzung.
7. Es ist untersagt, den Greenfee-Gutschein entgeltlich Dritten zu überlassen bzw. mit diesen Handel zu treiben. Insbesondere sind die teilnehmenden Golfclubs in diesem Falle berechtigt, die Einlösung der ausgeschriebenen Angebote zu verweigern.
8. Die teilnehmenden Golfclubs haben sich gegenüber dem Verlag unter den o.g. Bedingungen verpflichtet, die ausgeschriebenen Angebote einzulösen. Der Verlag übernimmt jedoch keine Gewähr und keine Haftung, wenn ein Angebot nicht eingelöst wird oder werden kann.

Bedingungen zur Einlösung des Discounts:

1. Das Angebot ist einschließlich bis 30.6.2022 gültig.
2. Der Golfspieler/Leser hat sich telefonisch eine Abschlagzeit geben zu lassen – dabei ist die Nutzung des Angebots anzugeben.
3. Eine Barauszahlung des Greenfee-Vorteils ist nicht möglich.
4. Das Kombinieren von Angeboten oder bestehenden Greenfee-Vorteilen ist nicht möglich. Der Vorteil bezieht sich jeweils ausschließlich auf die zum Zeitpunkt der Einlösung gültigen vollen Greenfee-Gebühren.
5. Gibt es Spielergruppen mit erhöhten Greenfee-Gebühren, ist ein Nachlass auf diese Gebühren nicht möglich.
6. Das Angebot allein berechtigt nicht zum Spiel gegen Greenfee. Die Erfüllung der Bestimmungen des jeweiligen Golfclubs zur Greenfee-Berechtigung (Mitgliedschaft in einem Golfclub, Mindesthandicap etc.) zum Zeitpunkt der Einlösung sind Voraussetzung.
7. Es ist untersagt, den Greenfee-Gutschein entgeltlich Dritten zu überlassen bzw. mit diesen Handel zu treiben. Insbesondere sind die teilnehmenden Golfclubs in diesem Falle berechtigt, die Einlösung der ausgeschriebenen Angebote zu verweigern.
8. Die teilnehmenden Golfclubs haben sich gegenüber dem Verlag unter den o.g. Bedingungen verpflichtet, die ausgeschriebenen Angebote einzulösen. Der Verlag übernimmt jedoch keine Gewähr und keine Haftung, wenn ein Angebot nicht eingelöst wird oder werden kann.

Bedingungen zur Einlösung des Discounts:

1. Das Angebot ist einschließlich bis 30.6.2022 gültig.
2. Der Golfspieler/Leser hat sich telefonisch eine Abschlagzeit geben zu lassen – dabei ist die Nutzung des Angebots anzugeben.
3. Eine Barauszahlung des Greenfee-Vorteils ist nicht möglich.
4. Das Kombinieren von Angeboten oder bestehenden Greenfee-Vorteilen ist nicht möglich. Der Vorteil bezieht sich jeweils ausschließlich auf die zum Zeitpunkt der Einlösung gültigen vollen Greenfee-Gebühren.
5. Gibt es Spielergruppen mit erhöhten Greenfee-Gebühren, ist ein Nachlass auf diese Gebühren nicht möglich.
6. Das Angebot allein berechtigt nicht zum Spiel gegen Greenfee. Die Erfüllung der Bestimmungen des jeweiligen Golfclubs zur Greenfee-Berechtigung (Mitgliedschaft in einem Golfclub, Mindesthandicap etc.) zum Zeitpunkt der Einlösung sind Voraussetzung.
7. Es ist untersagt, den Greenfee-Gutschein entgeltlich Dritten zu überlassen bzw. mit diesen Handel zu treiben. Insbesondere sind die teilnehmenden Golfclubs in diesem Falle berechtigt, die Einlösung der ausgeschriebenen Angebote zu verweigern.
8. Die teilnehmenden Golfclubs haben sich gegenüber dem Verlag unter den o.g. Bedingungen verpflichtet, die ausgeschriebenen Angebote einzulösen. Der Verlag übernimmt jedoch keine Gewähr und keine Haftung, wenn ein Angebot nicht eingelöst wird oder werden kann.

Bedingungen zur Einlösung des Discounts:

1. Das Angebot ist einschließlich bis 30.6.2022 gültig.
2. Der Golfspieler/Leser hat sich telefonisch eine Abschlagzeit geben zu lassen – dabei ist die Nutzung des Angebots anzugeben.
3. Eine Barauszahlung des Greenfee-Vorteils ist nicht möglich.
4. Das Kombinieren von Angeboten oder bestehenden Greenfee-Vorteilen ist nicht möglich. Der Vorteil bezieht sich jeweils ausschließlich auf die zum Zeitpunkt der Einlösung gültigen vollen Greenfee-Gebühren.
5. Gibt es Spielergruppen mit erhöhten Greenfee-Gebühren, ist ein Nachlass auf diese Gebühren nicht möglich.
6. Das Angebot allein berechtigt nicht zum Spiel gegen Greenfee. Die Erfüllung der Bestimmungen des jeweiligen Golfclubs zur Greenfee-Berechtigung (Mitgliedschaft in einem Golfclub, Mindesthandicap etc.) zum Zeitpunkt der Einlösung sind Voraussetzung.
7. Es ist untersagt, den Greenfee-Gutschein entgeltlich Dritten zu überlassen bzw. mit diesen Handel zu treiben. Insbesondere sind die teilnehmenden Golfclubs in diesem Falle berechtigt, die Einlösung der ausgeschriebenen Angebote zu verweigern.
8. Die teilnehmenden Golfclubs haben sich gegenüber dem Verlag unter den o.g. Bedingungen verpflichtet, die ausgeschriebenen Angebote einzulösen. Der Verlag übernimmt jedoch keine Gewähr und keine Haftung, wenn ein Angebot nicht eingelöst wird oder werden kann.

Bedingungen zur Einlösung des Discounts:

1. Das Angebot ist einschließlich bis 30.6.2022 gültig.
2. Der Golfspieler/Leser hat sich telefonisch eine Abschlagzeit geben zu lassen – dabei ist die Nutzung des Angebots anzugeben.
3. Eine Barauszahlung des Greenfee-Vorteils ist nicht möglich.
4. Das Kombinieren von Angeboten oder bestehenden Greenfee-Vorteilen ist nicht möglich. Der Vorteil bezieht sich jeweils ausschließlich auf die zum Zeitpunkt der Einlösung gültigen vollen Greenfee-Gebühren.
5. Gibt es Spielergruppen mit erhöhten Greenfee-Gebühren, ist ein Nachlass auf diese Gebühren nicht möglich.
6. Das Angebot allein berechtigt nicht zum Spiel gegen Greenfee. Die Erfüllung der Bestimmungen des jeweiligen Golfclubs zur Greenfee-Berechtigung (Mitgliedschaft in einem Golfclub, Mindesthandicap etc.) zum Zeitpunkt der Einlösung sind Voraussetzung.
7. Es ist untersagt, den Greenfee-Gutschein entgeltlich Dritten zu überlassen bzw. mit diesen Handel zu treiben. Insbesondere sind die teilnehmenden Golfclubs in diesem Falle berechtigt, die Einlösung der ausgeschriebenen Angebote zu verweigern.
8. Die teilnehmenden Golfclubs haben sich gegenüber dem Verlag unter den o.g. Bedingungen verpflichtet, die ausgeschriebenen Angebote einzulösen. Der Verlag übernimmt jedoch keine Gewähr und keine Haftung, wenn ein Angebot nicht eingelöst wird oder werden kann.

DER GOLF ALBRECHT

Peterhead Old Golf Club GB

Craigewan Links, Riverside Drive
AB42 1LT Peterhead
+44 1779 472149

353

15% Greenfee-Ermäßigung wochentags

DER GOLF ALBRECHT

Stonehaven Golf Club GB

Cowie
AB39 3RH Stonehaven
+44 1569 762124

354

20% Greenfee-Ermäßigung wochentags

DER GOLF ALBRECHT

Stonehaven Golf Club GB

Cowie
AB39 3RH Stonehaven
+44 1569 762124

354

20% Greenfee-Ermäßigung wochentags

DER GOLF ALBRECHT

Brechin Golf Club GB

Trinity
DD9 7PD Brechin
01356622383 club / 01356 625270 Pro Shop

355

2 for 1 2 GF zum Preis von 1

DER GOLF ALBRECHT

Brechin Golf Club GB

Trinity
DD9 7PD Brechin
01356622383 club / 01356 625270 Pro Shop

355

2 for 1 2 GF zum Preis von 1

DER GOLF ALBRECHT

Kirriemuir Golf Club GB

Shielhill Road, Northmuir
DD8 4LN Kirriemuir
+44 1575 573317

356

2 for 1 2 GF zum Preis von 1

DER GOLF ALBRECHT

Kirriemuir Golf Club GB

Shielhill Road, Northmuir
DD8 4LN Kirriemuir
+44 1575 573317

356

2 for 1 2 GF zum Preis von 1

DER GOLF ALBRECHT

Monifieth Golf Links GB

Medal Starters Box, Princes Street
DD5 4AW Monifieth
+44 1382 532767

357

30% Greenfee-Ermäßigung wochentags

DER GOLF ALBRECHT

Monifieth Golf Links GB

Medal Starters Box, Princes Street
DD5 4AW Monifieth
+44 1382 532767

357

30% Greenfee-Ermäßigung wochentags

DER GOLF ALBRECHT

Ladybank Golf Club GB

Annsmuir
KY15 7RA Ladybank
+44 1337 830814
Hinweis: 20% Discount off the Full Rate of £90 for up to 4 golfers

358

20% Greenfee-Ermäßigung

Bedingungen zur Einlösung des Discounts:

1. Das Angebot ist einschließlich bis 30.6.2022 gültig.
2. Der Golfspieler/Leser hat sich telefonisch eine Abschlagzeit geben zu lassen – dabei ist die Nutzung des Angebots anzugeben.
3. Eine Barauszahlung des Greenfee-Vorteils ist nicht möglich.
4. Das Kombinieren von Angeboten oder bestehenden Greenfee-Vorteilen ist nicht möglich. Der Vorteil bezieht sich jeweils ausschließlich auf die zum Zeitpunkt der Einlösung gültigen vollen Greenfee-Gebühren.
5. Gibt es Spielergruppen mit erhöhten Greenfee-Gebühren, ist ein Nachlass auf diese Gebühren nicht möglich.
6. Das Angebot allein berechtigt nicht zum Spiel gegen Greenfee. Die Erfüllung der Bestimmungen des jeweiligen Golfclubs zur Greenfee-Berechtigung (Mitgliedschaft in einem Golfclub, Mindesthandicap etc.) zum Zeitpunkt der Einlösung sind Voraussetzung.
7. Es ist untersagt, den Greenfee-Gutschein entgeltlich Dritten zu überlassen bzw. mit diesen Handel zu treiben. Insbesondere sind die teilnehmenden Golfclubs in diesem Falle berechtigt, die Einlösung der ausgeschriebenen Angebote zu verweigern.
8. Die teilnehmenden Golfclubs haben sich gegenüber dem Verlag unter den o.g. Bedingungen verpflichtet, die ausgeschriebenen Angebote einzulösen. Der Verlag übernimmt jedoch keine Gewähr und keine Haftung, wenn ein Angebot nicht eingelöst wird oder werden kann.

Bedingungen zur Einlösung des Discounts:

1. Das Angebot ist einschließlich bis 30.6.2022 gültig.
2. Der Golfspieler/Leser hat sich telefonisch eine Abschlagzeit geben zu lassen – dabei ist die Nutzung des Angebots anzugeben.
3. Eine Barauszahlung des Greenfee-Vorteils ist nicht möglich.
4. Das Kombinieren von Angeboten oder bestehenden Greenfee-Vorteilen ist nicht möglich. Der Vorteil bezieht sich jeweils ausschließlich auf die zum Zeitpunkt der Einlösung gültigen vollen Greenfee-Gebühren.
5. Gibt es Spielergruppen mit erhöhten Greenfee-Gebühren, ist ein Nachlass auf diese Gebühren nicht möglich.
6. Das Angebot allein berechtigt nicht zum Spiel gegen Greenfee. Die Erfüllung der Bestimmungen des jeweiligen Golfclubs zur Greenfee-Berechtigung (Mitgliedschaft in einem Golfclub, Mindesthandicap etc.) zum Zeitpunkt der Einlösung sind Voraussetzung.
7. Es ist untersagt, den Greenfee-Gutschein entgeltlich Dritten zu überlassen bzw. mit diesen Handel zu treiben. Insbesondere sind die teilnehmenden Golfclubs in diesem Falle berechtigt, die Einlösung der ausgeschriebenen Angebote zu verweigern.
8. Die teilnehmenden Golfclubs haben sich gegenüber dem Verlag unter den o.g. Bedingungen verpflichtet, die ausgeschriebenen Angebote einzulösen. Der Verlag übernimmt jedoch keine Gewähr und keine Haftung, wenn ein Angebot nicht eingelöst wird oder werden kann.

Bedingungen zur Einlösung des Discounts:

1. Das Angebot ist einschließlich bis 30.6.2022 gültig.
2. Der Golfspieler/Leser hat sich telefonisch eine Abschlagzeit geben zu lassen – dabei ist die Nutzung des Angebots anzugeben.
3. Eine Barauszahlung des Greenfee-Vorteils ist nicht möglich.
4. Das Kombinieren von Angeboten oder bestehenden Greenfee-Vorteilen ist nicht möglich. Der Vorteil bezieht sich jeweils ausschließlich auf die zum Zeitpunkt der Einlösung gültigen vollen Greenfee-Gebühren.
5. Gibt es Spielergruppen mit erhöhten Greenfee-Gebühren, ist ein Nachlass auf diese Gebühren nicht möglich.
6. Das Angebot allein berechtigt nicht zum Spiel gegen Greenfee. Die Erfüllung der Bestimmungen des jeweiligen Golfclubs zur Greenfee-Berechtigung (Mitgliedschaft in einem Golfclub, Mindesthandicap etc.) zum Zeitpunkt der Einlösung sind Voraussetzung.
7. Es ist untersagt, den Greenfee-Gutschein entgeltlich Dritten zu überlassen bzw. mit diesen Handel zu treiben. Insbesondere sind die teilnehmenden Golfclubs in diesem Falle berechtigt, die Einlösung der ausgeschriebenen Angebote zu verweigern.
8. Die teilnehmenden Golfclubs haben sich gegenüber dem Verlag unter den o.g. Bedingungen verpflichtet, die ausgeschriebenen Angebote einzulösen. Der Verlag übernimmt jedoch keine Gewähr und keine Haftung, wenn ein Angebot nicht eingelöst wird oder werden kann.

Bedingungen zur Einlösung des Discounts:

1. Das Angebot ist einschließlich bis 30.6.2022 gültig.
2. Der Golfspieler/Leser hat sich telefonisch eine Abschlagzeit geben zu lassen – dabei ist die Nutzung des Angebots anzugeben.
3. Eine Barauszahlung des Greenfee-Vorteils ist nicht möglich.
4. Das Kombinieren von Angeboten oder bestehenden Greenfee-Vorteilen ist nicht möglich. Der Vorteil bezieht sich jeweils ausschließlich auf die zum Zeitpunkt der Einlösung gültigen vollen Greenfee-Gebühren.
5. Gibt es Spielergruppen mit erhöhten Greenfee-Gebühren, ist ein Nachlass auf diese Gebühren nicht möglich.
6. Das Angebot allein berechtigt nicht zum Spiel gegen Greenfee. Die Erfüllung der Bestimmungen des jeweiligen Golfclubs zur Greenfee-Berechtigung (Mitgliedschaft in einem Golfclub, Mindesthandicap etc.) zum Zeitpunkt der Einlösung sind Voraussetzung.
7. Es ist untersagt, den Greenfee-Gutschein entgeltlich Dritten zu überlassen bzw. mit diesen Handel zu treiben. Insbesondere sind die teilnehmenden Golfclubs in diesem Falle berechtigt, die Einlösung der ausgeschriebenen Angebote zu verweigern.
8. Die teilnehmenden Golfclubs haben sich gegenüber dem Verlag unter den o.g. Bedingungen verpflichtet, die ausgeschriebenen Angebote einzulösen. Der Verlag übernimmt jedoch keine Gewähr und keine Haftung, wenn ein Angebot nicht eingelöst wird oder werden kann.

Bedingungen zur Einlösung des Discounts:

1. Das Angebot ist einschließlich bis 30.6.2022 gültig.
2. Der Golfspieler/Leser hat sich telefonisch eine Abschlagzeit geben zu lassen – dabei ist die Nutzung des Angebots anzugeben.
3. Eine Barauszahlung des Greenfee-Vorteils ist nicht möglich.
4. Das Kombinieren von Angeboten oder bestehenden Greenfee-Vorteilen ist nicht möglich. Der Vorteil bezieht sich jeweils ausschließlich auf die zum Zeitpunkt der Einlösung gültigen vollen Greenfee-Gebühren.
5. Gibt es Spielergruppen mit erhöhten Greenfee-Gebühren, ist ein Nachlass auf diese Gebühren nicht möglich.
6. Das Angebot allein berechtigt nicht zum Spiel gegen Greenfee. Die Erfüllung der Bestimmungen des jeweiligen Golfclubs zur Greenfee-Berechtigung (Mitgliedschaft in einem Golfclub, Mindesthandicap etc.) zum Zeitpunkt der Einlösung sind Voraussetzung.
7. Es ist untersagt, den Greenfee-Gutschein entgeltlich Dritten zu überlassen bzw. mit diesen Handel zu treiben. Insbesondere sind die teilnehmenden Golfclubs in diesem Falle berechtigt, die Einlösung der ausgeschriebenen Angebote zu verweigern.
8. Die teilnehmenden Golfclubs haben sich gegenüber dem Verlag unter den o.g. Bedingungen verpflichtet, die ausgeschriebenen Angebote einzulösen. Der Verlag übernimmt jedoch keine Gewähr und keine Haftung, wenn ein Angebot nicht eingelöst wird oder werden kann.

Bedingungen zur Einlösung des Discounts:

1. Das Angebot ist einschließlich bis 30.6.2022 gültig.
2. Der Golfspieler/Leser hat sich telefonisch eine Abschlagzeit geben zu lassen – dabei ist die Nutzung des Angebots anzugeben.
3. Eine Barauszahlung des Greenfee-Vorteils ist nicht möglich.
4. Das Kombinieren von Angeboten oder bestehenden Greenfee-Vorteilen ist nicht möglich. Der Vorteil bezieht sich jeweils ausschließlich auf die zum Zeitpunkt der Einlösung gültigen vollen Greenfee-Gebühren.
5. Gibt es Spielergruppen mit erhöhten Greenfee-Gebühren, ist ein Nachlass auf diese Gebühren nicht möglich.
6. Das Angebot allein berechtigt nicht zum Spiel gegen Greenfee. Die Erfüllung der Bestimmungen des jeweiligen Golfclubs zur Greenfee-Berechtigung (Mitgliedschaft in einem Golfclub, Mindesthandicap etc.) zum Zeitpunkt der Einlösung sind Voraussetzung.
7. Es ist untersagt, den Greenfee-Gutschein entgeltlich Dritten zu überlassen bzw. mit diesen Handel zu treiben. Insbesondere sind die teilnehmenden Golfclubs in diesem Falle berechtigt, die Einlösung der ausgeschriebenen Angebote zu verweigern.
8. Die teilnehmenden Golfclubs haben sich gegenüber dem Verlag unter den o.g. Bedingungen verpflichtet, die ausgeschriebenen Angebote einzulösen. Der Verlag übernimmt jedoch keine Gewähr und keine Haftung, wenn ein Angebot nicht eingelöst wird oder werden kann.

Bedingungen zur Einlösung des Discounts:

1. Das Angebot ist einschließlich bis 30.6.2022 gültig.
2. Der Golfspieler/Leser hat sich telefonisch eine Abschlagzeit geben zu lassen – dabei ist die Nutzung des Angebots anzugeben.
3. Eine Barauszahlung des Greenfee-Vorteils ist nicht möglich.
4. Das Kombinieren von Angeboten oder bestehenden Greenfee-Vorteilen ist nicht möglich. Der Vorteil bezieht sich jeweils ausschließlich auf die zum Zeitpunkt der Einlösung gültigen vollen Greenfee-Gebühren.
5. Gibt es Spielergruppen mit erhöhten Greenfee-Gebühren, ist ein Nachlass auf diese Gebühren nicht möglich.
6. Das Angebot allein berechtigt nicht zum Spiel gegen Greenfee. Die Erfüllung der Bestimmungen des jeweiligen Golfclubs zur Greenfee-Berechtigung (Mitgliedschaft in einem Golfclub, Mindesthandicap etc.) zum Zeitpunkt der Einlösung sind Voraussetzung.
7. Es ist untersagt, den Greenfee-Gutschein entgeltlich Dritten zu überlassen bzw. mit diesen Handel zu treiben. Insbesondere sind die teilnehmenden Golfclubs in diesem Falle berechtigt, die Einlösung der ausgeschriebenen Angebote zu verweigern.
8. Die teilnehmenden Golfclubs haben sich gegenüber dem Verlag unter den o.g. Bedingungen verpflichtet, die ausgeschriebenen Angebote einzulösen. Der Verlag übernimmt jedoch keine Gewähr und keine Haftung, wenn ein Angebot nicht eingelöst wird oder werden kann.

Bedingungen zur Einlösung des Discounts:

1. Das Angebot ist einschließlich bis 30.6.2022 gültig.
2. Der Golfspieler/Leser hat sich telefonisch eine Abschlagzeit geben zu lassen – dabei ist die Nutzung des Angebots anzugeben.
3. Eine Barauszahlung des Greenfee-Vorteils ist nicht möglich.
4. Das Kombinieren von Angeboten oder bestehenden Greenfee-Vorteilen ist nicht möglich. Der Vorteil bezieht sich jeweils ausschließlich auf die zum Zeitpunkt der Einlösung gültigen vollen Greenfee-Gebühren.
5. Gibt es Spielergruppen mit erhöhten Greenfee-Gebühren, ist ein Nachlass auf diese Gebühren nicht möglich.
6. Das Angebot allein berechtigt nicht zum Spiel gegen Greenfee. Die Erfüllung der Bestimmungen des jeweiligen Golfclubs zur Greenfee-Berechtigung (Mitgliedschaft in einem Golfclub, Mindesthandicap etc.) zum Zeitpunkt der Einlösung sind Voraussetzung.
7. Es ist untersagt, den Greenfee-Gutschein entgeltlich Dritten zu überlassen bzw. mit diesen Handel zu treiben. Insbesondere sind die teilnehmenden Golfclubs in diesem Falle berechtigt, die Einlösung der ausgeschriebenen Angebote zu verweigern.
8. Die teilnehmenden Golfclubs haben sich gegenüber dem Verlag unter den o.g. Bedingungen verpflichtet, die ausgeschriebenen Angebote einzulösen. Der Verlag übernimmt jedoch keine Gewähr und keine Haftung, wenn ein Angebot nicht eingelöst wird oder werden kann.

Bedingungen zur Einlösung des Discounts:

1. Das Angebot ist einschließlich bis 30.6.2022 gültig.
2. Der Golfspieler/Leser hat sich telefonisch eine Abschlagzeit geben zu lassen – dabei ist die Nutzung des Angebots anzugeben.
3. Eine Barauszahlung des Greenfee-Vorteils ist nicht möglich.
4. Das Kombinieren von Angeboten oder bestehenden Greenfee-Vorteilen ist nicht möglich. Der Vorteil bezieht sich jeweils ausschließlich auf die zum Zeitpunkt der Einlösung gültigen vollen Greenfee-Gebühren.
5. Gibt es Spielergruppen mit erhöhten Greenfee-Gebühren, ist ein Nachlass auf diese Gebühren nicht möglich.
6. Das Angebot allein berechtigt nicht zum Spiel gegen Greenfee. Die Erfüllung der Bestimmungen des jeweiligen Golfclubs zur Greenfee-Berechtigung (Mitgliedschaft in einem Golfclub, Mindesthandicap etc.) zum Zeitpunkt der Einlösung sind Voraussetzung.
7. Es ist untersagt, den Greenfee-Gutschein entgeltlich Dritten zu überlassen bzw. mit diesen Handel zu treiben. Insbesondere sind die teilnehmenden Golfclubs in diesem Falle berechtigt, die Einlösung der ausgeschriebenen Angebote zu verweigern.
8. Die teilnehmenden Golfclubs haben sich gegenüber dem Verlag unter den o.g. Bedingungen verpflichtet, die ausgeschriebenen Angebote einzulösen. Der Verlag übernimmt jedoch keine Gewähr und keine Haftung, wenn ein Angebot nicht eingelöst wird oder werden kann.

Bedingungen zur Einlösung des Discounts:

1. Das Angebot ist einschließlich bis 30.6.2022 gültig.
2. Der Golfspieler/Leser hat sich telefonisch eine Abschlagzeit geben zu lassen – dabei ist die Nutzung des Angebots anzugeben.
3. Eine Barauszahlung des Greenfee-Vorteils ist nicht möglich.
4. Das Kombinieren von Angeboten oder bestehenden Greenfee-Vorteilen ist nicht möglich. Der Vorteil bezieht sich jeweils ausschließlich auf die zum Zeitpunkt der Einlösung gültigen vollen Greenfee-Gebühren.
5. Gibt es Spielergruppen mit erhöhten Greenfee-Gebühren, ist ein Nachlass auf diese Gebühren nicht möglich.
6. Das Angebot allein berechtigt nicht zum Spiel gegen Greenfee. Die Erfüllung der Bestimmungen des jeweiligen Golfclubs zur Greenfee-Berechtigung (Mitgliedschaft in einem Golfclub, Mindesthandicap etc.) zum Zeitpunkt der Einlösung sind Voraussetzung.
7. Es ist untersagt, den Greenfee-Gutschein entgeltlich Dritten zu überlassen bzw. mit diesen Handel zu treiben. Insbesondere sind die teilnehmenden Golfclubs in diesem Falle berechtigt, die Einlösung der ausgeschriebenen Angebote zu verweigern.
8. Die teilnehmenden Golfclubs haben sich gegenüber dem Verlag unter den o.g. Bedingungen verpflichtet, die ausgeschriebenen Angebote einzulösen. Der Verlag übernimmt jedoch keine Gewähr und keine Haftung, wenn ein Angebot nicht eingelöst wird oder werden kann.

DER GOLF ALBRECHT

Ladybank Golf Club

GB

Annsmuir
KY15 7RA Ladybank
✆ +44 1337 830814
Hinweis: 20% Discount off the Full Rate of £90 for up to 4 golfers

358

20% Greenfee-Ermäßigung

DER GOLF ALBRECHT

Ladybank Golf Club

GB

Annsmuir
KY15 7RA Ladybank
✆ +44 1337 830814
Hinweis: 20% Discount off the Full Rate of £90 for up to 4 golfers

358

20% Greenfee-Ermäßigung

DER GOLF ALBRECHT

Falkland Golf Club

GB

The Myre
KY15 7AA Falkland
✆ +44 1337 857404

359

2 for 1 2 GF zum Preis von 1

DER GOLF ALBRECHT

Falkland Golf Club

GB

The Myre
KY15 7AA Falkland
✆ +44 1337 857404

359

2 for 1 2 GF zum Preis von 1

DER GOLF ALBRECHT

Anstruther Golf Club

GB

Marsfield, Shore Road
KY10 3DZ Anstruther
✆ +44 1333 310956
Hinweis: Not valid on Saturdays

360

2 for 1 2 GF zum Preis von 1

DER GOLF ALBRECHT

Anstruther Golf Club

GB

Marsfield, Shore Road
KY10 3DZ Anstruther
✆ +44 1333 310956
Hinweis: Not valid on Saturdays

360

2 for 1 2 GF zum Preis von 1

DER GOLF ALBRECHT

Anstruther Golf Club

GB

Marsfield, Shore Road
KY10 3DZ Anstruther
✆ +44 1333 310956

360

33% Greenfee-Ermäßigung

DER GOLF ALBRECHT

Anstruther Golf Club

GB

Marsfield, Shore Road
KY10 3DZ Anstruther
✆ +44 1333 310956

360

33% Greenfee-Ermäßigung

DER GOLF ALBRECHT

Anstruther Golf Club

GB

Marsfield, Shore Road
KY10 3DZ Anstruther
✆ +44 1333 310956

360

33% Greenfee-Ermäßigung

DER GOLF ALBRECHT

Pitreavie Golf Club

GB

Queensferry Road
KY11 8PR Dunfermline
✆ +44 1383 722591

361

2 for 1 2 GF zum Preis von 1

Bedingungen zur Einlösung des Discounts:

1. Das Angebot ist einschließlich bis 30.6.2022 gültig.
2. Der Golfspieler/Leser hat sich telefonisch eine Abschlagzeit geben zu lassen – dabei ist die Nutzung des Angebots anzugeben.
3. Eine Barauszahlung des Greenfee-Vorteils ist nicht möglich.
4. Das Kombinieren von Angeboten oder bestehenden Greenfee-Vorteilen ist nicht möglich. Der Vorteil bezieht sich jeweils ausschließlich auf die zum Zeitpunkt der Einlösung gültigen vollen Greenfee-Gebühren.
5. Gibt es Spielergruppen mit erhöhten Greenfee-Gebühren, ist ein Nachlass auf diese Gebühren nicht möglich.
6. Das Angebot allein berechtigt nicht zum Spiel gegen Greenfee. Die Erfüllung der Bestimmungen des jeweiligen Golfclubs zur Greenfee-Berechtigung (Mitgliedschaft in einem Golfclub, Mindesthandicap etc.) zum Zeitpunkt der Einlösung sind Voraussetzung.
7. Es ist untersagt, den Greenfee-Gutschein entgeltlich Dritten zu überlassen bzw. mit diesen Handel zu treiben. Insbesondere sind die teilnehmenden Golfclubs in diesem Falle berechtigt, die Einlösung der ausgeschriebenen Angebote zu verweigern.
8. Die teilnehmenden Golfclubs haben sich gegenüber dem Verlag unter den o.g. Bedingungen verpflichtet, die ausgeschriebenen Angebote einzulösen. Der Verlag übernimmt jedoch keine Gewähr und keine Haftung, wenn ein Angebot nicht eingelöst wird oder werden kann.

Bedingungen zur Einlösung des Discounts:

1. Das Angebot ist einschließlich bis 30.6.2022 gültig.
2. Der Golfspieler/Leser hat sich telefonisch eine Abschlagzeit geben zu lassen – dabei ist die Nutzung des Angebots anzugeben.
3. Eine Barauszahlung des Greenfee-Vorteils ist nicht möglich.
4. Das Kombinieren von Angeboten oder bestehenden Greenfee-Vorteilen ist nicht möglich. Der Vorteil bezieht sich jeweils ausschließlich auf die zum Zeitpunkt der Einlösung gültigen vollen Greenfee-Gebühren.
5. Gibt es Spielergruppen mit erhöhten Greenfee-Gebühren, ist ein Nachlass auf diese Gebühren nicht möglich.
6. Das Angebot allein berechtigt nicht zum Spiel gegen Greenfee. Die Erfüllung der Bestimmungen des jeweiligen Golfclubs zur Greenfee-Berechtigung (Mitgliedschaft in einem Golfclub, Mindesthandicap etc.) zum Zeitpunkt der Einlösung sind Voraussetzung.
7. Es ist untersagt, den Greenfee-Gutschein entgeltlich Dritten zu überlassen bzw. mit diesen Handel zu treiben. Insbesondere sind die teilnehmenden Golfclubs in diesem Falle berechtigt, die Einlösung der ausgeschriebenen Angebote zu verweigern.
8. Die teilnehmenden Golfclubs haben sich gegenüber dem Verlag unter den o.g. Bedingungen verpflichtet, die ausgeschriebenen Angebote einzulösen. Der Verlag übernimmt jedoch keine Gewähr und keine Haftung, wenn ein Angebot nicht eingelöst wird oder werden kann.

Bedingungen zur Einlösung des Discounts:

1. Das Angebot ist einschließlich bis 30.6.2022 gültig.
2. Der Golfspieler/Leser hat sich telefonisch eine Abschlagzeit geben zu lassen – dabei ist die Nutzung des Angebots anzugeben.
3. Eine Barauszahlung des Greenfee-Vorteils ist nicht möglich.
4. Das Kombinieren von Angeboten oder bestehenden Greenfee-Vorteilen ist nicht möglich. Der Vorteil bezieht sich jeweils ausschließlich auf die zum Zeitpunkt der Einlösung gültigen vollen Greenfee-Gebühren.
5. Gibt es Spielergruppen mit erhöhten Greenfee-Gebühren, ist ein Nachlass auf diese Gebühren nicht möglich.
6. Das Angebot allein berechtigt nicht zum Spiel gegen Greenfee. Die Erfüllung der Bestimmungen des jeweiligen Golfclubs zur Greenfee-Berechtigung (Mitgliedschaft in einem Golfclub, Mindesthandicap etc.) zum Zeitpunkt der Einlösung sind Voraussetzung.
7. Es ist untersagt, den Greenfee-Gutschein entgeltlich Dritten zu überlassen bzw. mit diesen Handel zu treiben. Insbesondere sind die teilnehmenden Golfclubs in diesem Falle berechtigt, die Einlösung der ausgeschriebenen Angebote zu verweigern.
8. Die teilnehmenden Golfclubs haben sich gegenüber dem Verlag unter den o.g. Bedingungen verpflichtet, die ausgeschriebenen Angebote einzulösen. Der Verlag übernimmt jedoch keine Gewähr und keine Haftung, wenn ein Angebot nicht eingelöst wird oder werden kann.

Bedingungen zur Einlösung des Discounts:

1. Das Angebot ist einschließlich bis 30.6.2022 gültig.
2. Der Golfspieler/Leser hat sich telefonisch eine Abschlagzeit geben zu lassen – dabei ist die Nutzung des Angebots anzugeben.
3. Eine Barauszahlung des Greenfee-Vorteils ist nicht möglich.
4. Das Kombinieren von Angeboten oder bestehenden Greenfee-Vorteilen ist nicht möglich. Der Vorteil bezieht sich jeweils ausschließlich auf die zum Zeitpunkt der Einlösung gültigen vollen Greenfee-Gebühren.
5. Gibt es Spielergruppen mit erhöhten Greenfee-Gebühren, ist ein Nachlass auf diese Gebühren nicht möglich.
6. Das Angebot allein berechtigt nicht zum Spiel gegen Greenfee. Die Erfüllung der Bestimmungen des jeweiligen Golfclubs zur Greenfee-Berechtigung (Mitgliedschaft in einem Golfclub, Mindesthandicap etc.) zum Zeitpunkt der Einlösung sind Voraussetzung.
7. Es ist untersagt, den Greenfee-Gutschein entgeltlich Dritten zu überlassen bzw. mit diesen Handel zu treiben. Insbesondere sind die teilnehmenden Golfclubs in diesem Falle berechtigt, die Einlösung der ausgeschriebenen Angebote zu verweigern.
8. Die teilnehmenden Golfclubs haben sich gegenüber dem Verlag unter den o.g. Bedingungen verpflichtet, die ausgeschriebenen Angebote einzulösen. Der Verlag übernimmt jedoch keine Gewähr und keine Haftung, wenn ein Angebot nicht eingelöst wird oder werden kann.

Bedingungen zur Einlösung des Discounts:

1. Das Angebot ist einschließlich bis 30.6.2022 gültig.
2. Der Golfspieler/Leser hat sich telefonisch eine Abschlagzeit geben zu lassen – dabei ist die Nutzung des Angebots anzugeben.
3. Eine Barauszahlung des Greenfee-Vorteils ist nicht möglich.
4. Das Kombinieren von Angeboten oder bestehenden Greenfee-Vorteilen ist nicht möglich. Der Vorteil bezieht sich jeweils ausschließlich auf die zum Zeitpunkt der Einlösung gültigen vollen Greenfee-Gebühren.
5. Gibt es Spielergruppen mit erhöhten Greenfee-Gebühren, ist ein Nachlass auf diese Gebühren nicht möglich.
6. Das Angebot allein berechtigt nicht zum Spiel gegen Greenfee. Die Erfüllung der Bestimmungen des jeweiligen Golfclubs zur Greenfee-Berechtigung (Mitgliedschaft in einem Golfclub, Mindesthandicap etc.) zum Zeitpunkt der Einlösung sind Voraussetzung.
7. Es ist untersagt, den Greenfee-Gutschein entgeltlich Dritten zu überlassen bzw. mit diesen Handel zu treiben. Insbesondere sind die teilnehmenden Golfclubs in diesem Falle berechtigt, die Einlösung der ausgeschriebenen Angebote zu verweigern.
8. Die teilnehmenden Golfclubs haben sich gegenüber dem Verlag unter den o.g. Bedingungen verpflichtet, die ausgeschriebenen Angebote einzulösen. Der Verlag übernimmt jedoch keine Gewähr und keine Haftung, wenn ein Angebot nicht eingelöst wird oder werden kann.

Bedingungen zur Einlösung des Discounts:

1. Das Angebot ist einschließlich bis 30.6.2022 gültig.
2. Der Golfspieler/Leser hat sich telefonisch eine Abschlagzeit geben zu lassen – dabei ist die Nutzung des Angebots anzugeben.
3. Eine Barauszahlung des Greenfee-Vorteils ist nicht möglich.
4. Das Kombinieren von Angeboten oder bestehenden Greenfee-Vorteilen ist nicht möglich. Der Vorteil bezieht sich jeweils ausschließlich auf die zum Zeitpunkt der Einlösung gültigen vollen Greenfee-Gebühren.
5. Gibt es Spielergruppen mit erhöhten Greenfee-Gebühren, ist ein Nachlass auf diese Gebühren nicht möglich.
6. Das Angebot allein berechtigt nicht zum Spiel gegen Greenfee. Die Erfüllung der Bestimmungen des jeweiligen Golfclubs zur Greenfee-Berechtigung (Mitgliedschaft in einem Golfclub, Mindesthandicap etc.) zum Zeitpunkt der Einlösung sind Voraussetzung.
7. Es ist untersagt, den Greenfee-Gutschein entgeltlich Dritten zu überlassen bzw. mit diesen Handel zu treiben. Insbesondere sind die teilnehmenden Golfclubs in diesem Falle berechtigt, die Einlösung der ausgeschriebenen Angebote zu verweigern.
8. Die teilnehmenden Golfclubs haben sich gegenüber dem Verlag unter den o.g. Bedingungen verpflichtet, die ausgeschriebenen Angebote einzulösen. Der Verlag übernimmt jedoch keine Gewähr und keine Haftung, wenn ein Angebot nicht eingelöst wird oder werden kann.

Bedingungen zur Einlösung des Discounts:

1. Das Angebot ist einschließlich bis 30.6.2022 gültig.
2. Der Golfspieler/Leser hat sich telefonisch eine Abschlagzeit geben zu lassen – dabei ist die Nutzung des Angebots anzugeben.
3. Eine Barauszahlung des Greenfee-Vorteils ist nicht möglich.
4. Das Kombinieren von Angeboten oder bestehenden Greenfee-Vorteilen ist nicht möglich. Der Vorteil bezieht sich jeweils ausschließlich auf die zum Zeitpunkt der Einlösung gültigen vollen Greenfee-Gebühren.
5. Gibt es Spielergruppen mit erhöhten Greenfee-Gebühren, ist ein Nachlass auf diese Gebühren nicht möglich.
6. Das Angebot allein berechtigt nicht zum Spiel gegen Greenfee. Die Erfüllung der Bestimmungen des jeweiligen Golfclubs zur Greenfee-Berechtigung (Mitgliedschaft in einem Golfclub, Mindesthandicap etc.) zum Zeitpunkt der Einlösung sind Voraussetzung.
7. Es ist untersagt, den Greenfee-Gutschein entgeltlich Dritten zu überlassen bzw. mit diesen Handel zu treiben. Insbesondere sind die teilnehmenden Golfclubs in diesem Falle berechtigt, die Einlösung der ausgeschriebenen Angebote zu verweigern.
8. Die teilnehmenden Golfclubs haben sich gegenüber dem Verlag unter den o.g. Bedingungen verpflichtet, die ausgeschriebenen Angebote einzulösen. Der Verlag übernimmt jedoch keine Gewähr und keine Haftung, wenn ein Angebot nicht eingelöst wird oder werden kann.

Bedingungen zur Einlösung des Discounts:

1. Das Angebot ist einschließlich bis 30.6.2022 gültig.
2. Der Golfspieler/Leser hat sich telefonisch eine Abschlagzeit geben zu lassen – dabei ist die Nutzung des Angebots anzugeben.
3. Eine Barauszahlung des Greenfee-Vorteils ist nicht möglich.
4. Das Kombinieren von Angeboten oder bestehenden Greenfee-Vorteilen ist nicht möglich. Der Vorteil bezieht sich jeweils ausschließlich auf die zum Zeitpunkt der Einlösung gültigen vollen Greenfee-Gebühren.
5. Gibt es Spielergruppen mit erhöhten Greenfee-Gebühren, ist ein Nachlass auf diese Gebühren nicht möglich.
6. Das Angebot allein berechtigt nicht zum Spiel gegen Greenfee. Die Erfüllung der Bestimmungen des jeweiligen Golfclubs zur Greenfee-Berechtigung (Mitgliedschaft in einem Golfclub, Mindesthandicap etc.) zum Zeitpunkt der Einlösung sind Voraussetzung.
7. Es ist untersagt, den Greenfee-Gutschein entgeltlich Dritten zu überlassen bzw. mit diesen Handel zu treiben. Insbesondere sind die teilnehmenden Golfclubs in diesem Falle berechtigt, die Einlösung der ausgeschriebenen Angebote zu verweigern.
8. Die teilnehmenden Golfclubs haben sich gegenüber dem Verlag unter den o.g. Bedingungen verpflichtet, die ausgeschriebenen Angebote einzulösen. Der Verlag übernimmt jedoch keine Gewähr und keine Haftung, wenn ein Angebot nicht eingelöst wird oder werden kann.

Bedingungen zur Einlösung des Discounts:

1. Das Angebot ist einschließlich bis 30.6.2022 gültig.
2. Der Golfspieler/Leser hat sich telefonisch eine Abschlagzeit geben zu lassen – dabei ist die Nutzung des Angebots anzugeben.
3. Eine Barauszahlung des Greenfee-Vorteils ist nicht möglich.
4. Das Kombinieren von Angeboten oder bestehenden Greenfee-Vorteilen ist nicht möglich. Der Vorteil bezieht sich jeweils ausschließlich auf die zum Zeitpunkt der Einlösung gültigen vollen Greenfee-Gebühren.
5. Gibt es Spielergruppen mit erhöhten Greenfee-Gebühren, ist ein Nachlass auf diese Gebühren nicht möglich.
6. Das Angebot allein berechtigt nicht zum Spiel gegen Greenfee. Die Erfüllung der Bestimmungen des jeweiligen Golfclubs zur Greenfee-Berechtigung (Mitgliedschaft in einem Golfclub, Mindesthandicap etc.) zum Zeitpunkt der Einlösung sind Voraussetzung.
7. Es ist untersagt, den Greenfee-Gutschein entgeltlich Dritten zu überlassen bzw. mit diesen Handel zu treiben. Insbesondere sind die teilnehmenden Golfclubs in diesem Falle berechtigt, die Einlösung der ausgeschriebenen Angebote zu verweigern.
8. Die teilnehmenden Golfclubs haben sich gegenüber dem Verlag unter den o.g. Bedingungen verpflichtet, die ausgeschriebenen Angebote einzulösen. Der Verlag übernimmt jedoch keine Gewähr und keine Haftung, wenn ein Angebot nicht eingelöst wird oder werden kann.

Bedingungen zur Einlösung des Discounts:

1. Das Angebot ist einschließlich bis 30.6.2022 gültig.
2. Der Golfspieler/Leser hat sich telefonisch eine Abschlagzeit geben zu lassen – dabei ist die Nutzung des Angebots anzugeben.
3. Eine Barauszahlung des Greenfee-Vorteils ist nicht möglich.
4. Das Kombinieren von Angeboten oder bestehenden Greenfee-Vorteilen ist nicht möglich. Der Vorteil bezieht sich jeweils ausschließlich auf die zum Zeitpunkt der Einlösung gültigen vollen Greenfee-Gebühren.
5. Gibt es Spielergruppen mit erhöhten Greenfee-Gebühren, ist ein Nachlass auf diese Gebühren nicht möglich.
6. Das Angebot allein berechtigt nicht zum Spiel gegen Greenfee. Die Erfüllung der Bestimmungen des jeweiligen Golfclubs zur Greenfee-Berechtigung (Mitgliedschaft in einem Golfclub, Mindesthandicap etc.) zum Zeitpunkt der Einlösung sind Voraussetzung.
7. Es ist untersagt, den Greenfee-Gutschein entgeltlich Dritten zu überlassen bzw. mit diesen Handel zu treiben. Insbesondere sind die teilnehmenden Golfclubs in diesem Falle berechtigt, die Einlösung der ausgeschriebenen Angebote zu verweigern.
8. Die teilnehmenden Golfclubs haben sich gegenüber dem Verlag unter den o.g. Bedingungen verpflichtet, die ausgeschriebenen Angebote einzulösen. Der Verlag übernimmt jedoch keine Gewähr und keine Haftung, wenn ein Angebot nicht eingelöst wird oder werden kann.

DER GOLF ALBRECHT

Pitreavie Golf Club GB

Queensferry Road
KY11 8PR Dunfermline
✆ +44 1383 722591

361

2 for 1 2 GF zum Preis von 1

DER GOLF ALBRECHT

Pitreavie Golf Club GB

Queensferry Road
KY11 8PR Dunfermline
✆ +44 1383 722591

361

25% Greenfee-Ermäßigung

DER GOLF ALBRECHT

Pitreavie Golf Club GB

Queensferry Road
KY11 8PR Dunfermline
✆ +44 1383 722591

361

25% Greenfee-Ermäßigung

DER GOLF ALBRECHT

Cardross Golf Club GB

Main Street
G82 5LB Cardross
✆ +44 1389 841754

362

10% Greenfee-Ermäßigung

DER GOLF ALBRECHT

Royal Musselburgh Golf Club GB

Prestongrange House
EH32 9RP Prestonpans
✆ +44 1875 819000

363

2 for 1 2 GF zum Preis von 1 wochentags

DER GOLF ALBRECHT

Royal Musselburgh Golf Club GB

Prestongrange House
EH32 9RP Prestonpans
✆ +44 1875 819000

363

2 for 1 2 GF zum Preis von 1 wochentags

DER GOLF ALBRECHT

Royal Musselburgh Golf Club GB

Prestongrange House
EH32 9RP Prestonpans
✆ +44 1875 819000

363

2 for 1 2 GF zum Preis von 1 wochentags

DER GOLF ALBRECHT

Royal Musselburgh Golf Club GB

Prestongrange House
EH32 9RP Prestonpans
✆ +44 1875 819000

363

20% Greenfee-Ermäßigung wochentags

DER GOLF ALBRECHT

Royal Musselburgh Golf Club GB

Prestongrange House
EH32 9RP Prestonpans
✆ +44 1875 819000

363

20% Greenfee-Ermäßigung wochentags

DER GOLF ALBRECHT

Royal Musselburgh Golf Club GB

Prestongrange House
EH32 9RP Prestonpans
✆ +44 1875 819000

363

20% Greenfee-Ermäßigung wochentags

Bedingungen zur Einlösung des Discounts:

1. Das Angebot ist einschließlich bis 30.6.2022 gültig.
2. Der Golfspieler/Leser hat sich telefonisch eine Abschlagzeit geben zu lassen – dabei ist die Nutzung des Angebots anzugeben.
3. Eine Barauszahlung des Greenfee-Vorteils ist nicht möglich.
4. Das Kombinieren von Angeboten oder bestehenden Greenfee-Vorteilen ist nicht möglich. Der Vorteil bezieht sich jeweils ausschließlich auf die zum Zeitpunkt der Einlösung gültigen vollen Greenfee-Gebühren.
5. Gibt es Spielergruppen mit erhöhten Greenfee-Gebühren, ist ein Nachlass auf diese Gebühren nicht möglich.
6. Das Angebot allein berechtigt nicht zum Spiel gegen Greenfee. Die Erfüllung der Bestimmungen des jeweiligen Golfclubs zur Greenfee-Berechtigung (Mitgliedschaft in einem Golfclub, Mindesthandicap etc.) zum Zeitpunkt der Einlösung sind Voraussetzung.
7. Es ist untersagt, den Greenfee-Gutschein entgeltlich Dritten zu überlassen bzw. mit diesen Handel zu treiben. Insbesondere sind die teilnehmenden Golfclubs in diesem Falle berechtigt, die Einlösung der ausgeschriebenen Angebote zu verweigern.
8. Die teilnehmenden Golfclubs haben sich gegenüber dem Verlag unter den o.g. Bedingungen verpflichtet, die ausgeschriebenen Angebote einzulösen. Der Verlag übernimmt jedoch keine Gewähr und keine Haftung, wenn ein Angebot nicht eingelöst wird oder werden kann.

Bedingungen zur Einlösung des Discounts:

1. Das Angebot ist einschließlich bis 30.6.2022 gültig.
2. Der Golfspieler/Leser hat sich telefonisch eine Abschlagzeit geben zu lassen – dabei ist die Nutzung des Angebots anzugeben.
3. Eine Barauszahlung des Greenfee-Vorteils ist nicht möglich.
4. Das Kombinieren von Angeboten oder bestehenden Greenfee-Vorteilen ist nicht möglich. Der Vorteil bezieht sich jeweils ausschließlich auf die zum Zeitpunkt der Einlösung gültigen vollen Greenfee-Gebühren.
5. Gibt es Spielergruppen mit erhöhten Greenfee-Gebühren, ist ein Nachlass auf diese Gebühren nicht möglich.
6. Das Angebot allein berechtigt nicht zum Spiel gegen Greenfee. Die Erfüllung der Bestimmungen des jeweiligen Golfclubs zur Greenfee-Berechtigung (Mitgliedschaft in einem Golfclub, Mindesthandicap etc.) zum Zeitpunkt der Einlösung sind Voraussetzung.
7. Es ist untersagt, den Greenfee-Gutschein entgeltlich Dritten zu überlassen bzw. mit diesen Handel zu treiben. Insbesondere sind die teilnehmenden Golfclubs in diesem Falle berechtigt, die Einlösung der ausgeschriebenen Angebote zu verweigern.
8. Die teilnehmenden Golfclubs haben sich gegenüber dem Verlag unter den o.g. Bedingungen verpflichtet, die ausgeschriebenen Angebote einzulösen. Der Verlag übernimmt jedoch keine Gewähr und keine Haftung, wenn ein Angebot nicht eingelöst wird oder werden kann.

Bedingungen zur Einlösung des Discounts:

1. Das Angebot ist einschließlich bis 30.6.2022 gültig.
2. Der Golfspieler/Leser hat sich telefonisch eine Abschlagzeit geben zu lassen – dabei ist die Nutzung des Angebots anzugeben.
3. Eine Barauszahlung des Greenfee-Vorteils ist nicht möglich.
4. Das Kombinieren von Angeboten oder bestehenden Greenfee-Vorteilen ist nicht möglich. Der Vorteil bezieht sich jeweils ausschließlich auf die zum Zeitpunkt der Einlösung gültigen vollen Greenfee-Gebühren.
5. Gibt es Spielergruppen mit erhöhten Greenfee-Gebühren, ist ein Nachlass auf diese Gebühren nicht möglich.
6. Das Angebot allein berechtigt nicht zum Spiel gegen Greenfee. Die Erfüllung der Bestimmungen des jeweiligen Golfclubs zur Greenfee-Berechtigung (Mitgliedschaft in einem Golfclub, Mindesthandicap etc.) zum Zeitpunkt der Einlösung sind Voraussetzung.
7. Es ist untersagt, den Greenfee-Gutschein entgeltlich Dritten zu überlassen bzw. mit diesen Handel zu treiben. Insbesondere sind die teilnehmenden Golfclubs in diesem Falle berechtigt, die Einlösung der ausgeschriebenen Angebote zu verweigern.
8. Die teilnehmenden Golfclubs haben sich gegenüber dem Verlag unter den o.g. Bedingungen verpflichtet, die ausgeschriebenen Angebote einzulösen. Der Verlag übernimmt jedoch keine Gewähr und keine Haftung, wenn ein Angebot nicht eingelöst wird oder werden kann.

Bedingungen zur Einlösung des Discounts:

1. Das Angebot ist einschließlich bis 30.6.2022 gültig.
2. Der Golfspieler/Leser hat sich telefonisch eine Abschlagzeit geben zu lassen – dabei ist die Nutzung des Angebots anzugeben.
3. Eine Barauszahlung des Greenfee-Vorteils ist nicht möglich.
4. Das Kombinieren von Angeboten oder bestehenden Greenfee-Vorteilen ist nicht möglich. Der Vorteil bezieht sich jeweils ausschließlich auf die zum Zeitpunkt der Einlösung gültigen vollen Greenfee-Gebühren.
5. Gibt es Spielergruppen mit erhöhten Greenfee-Gebühren, ist ein Nachlass auf diese Gebühren nicht möglich.
6. Das Angebot allein berechtigt nicht zum Spiel gegen Greenfee. Die Erfüllung der Bestimmungen des jeweiligen Golfclubs zur Greenfee-Berechtigung (Mitgliedschaft in einem Golfclub, Mindesthandicap etc.) zum Zeitpunkt der Einlösung sind Voraussetzung.
7. Es ist untersagt, den Greenfee-Gutschein entgeltlich Dritten zu überlassen bzw. mit diesen Handel zu treiben. Insbesondere sind die teilnehmenden Golfclubs in diesem Falle berechtigt, die Einlösung der ausgeschriebenen Angebote zu verweigern.
8. Die teilnehmenden Golfclubs haben sich gegenüber dem Verlag unter den o.g. Bedingungen verpflichtet, die ausgeschriebenen Angebote einzulösen. Der Verlag übernimmt jedoch keine Gewähr und keine Haftung, wenn ein Angebot nicht eingelöst wird oder werden kann.

Bedingungen zur Einlösung des Discounts:

1. Das Angebot ist einschließlich bis 30.6.2022 gültig.
2. Der Golfspieler/Leser hat sich telefonisch eine Abschlagzeit geben zu lassen – dabei ist die Nutzung des Angebots anzugeben.
3. Eine Barauszahlung des Greenfee-Vorteils ist nicht möglich.
4. Das Kombinieren von Angeboten oder bestehenden Greenfee-Vorteilen ist nicht möglich. Der Vorteil bezieht sich jeweils ausschließlich auf die zum Zeitpunkt der Einlösung gültigen vollen Greenfee-Gebühren.
5. Gibt es Spielergruppen mit erhöhten Greenfee-Gebühren, ist ein Nachlass auf diese Gebühren nicht möglich.
6. Das Angebot allein berechtigt nicht zum Spiel gegen Greenfee. Die Erfüllung der Bestimmungen des jeweiligen Golfclubs zur Greenfee-Berechtigung (Mitgliedschaft in einem Golfclub, Mindesthandicap etc.) zum Zeitpunkt der Einlösung sind Voraussetzung.
7. Es ist untersagt, den Greenfee-Gutschein entgeltlich Dritten zu überlassen bzw. mit diesen Handel zu treiben. Insbesondere sind die teilnehmenden Golfclubs in diesem Falle berechtigt, die Einlösung der ausgeschriebenen Angebote zu verweigern.
8. Die teilnehmenden Golfclubs haben sich gegenüber dem Verlag unter den o.g. Bedingungen verpflichtet, die ausgeschriebenen Angebote einzulösen. Der Verlag übernimmt jedoch keine Gewähr und keine Haftung, wenn ein Angebot nicht eingelöst wird oder werden kann.

Bedingungen zur Einlösung des Discounts:

1. Das Angebot ist einschließlich bis 30.6.2022 gültig.
2. Der Golfspieler/Leser hat sich telefonisch eine Abschlagzeit geben zu lassen – dabei ist die Nutzung des Angebots anzugeben.
3. Eine Barauszahlung des Greenfee-Vorteils ist nicht möglich.
4. Das Kombinieren von Angeboten oder bestehenden Greenfee-Vorteilen ist nicht möglich. Der Vorteil bezieht sich jeweils ausschließlich auf die zum Zeitpunkt der Einlösung gültigen vollen Greenfee-Gebühren.
5. Gibt es Spielergruppen mit erhöhten Greenfee-Gebühren, ist ein Nachlass auf diese Gebühren nicht möglich.
6. Das Angebot allein berechtigt nicht zum Spiel gegen Greenfee. Die Erfüllung der Bestimmungen des jeweiligen Golfclubs zur Greenfee-Berechtigung (Mitgliedschaft in einem Golfclub, Mindesthandicap etc.) zum Zeitpunkt der Einlösung sind Voraussetzung.
7. Es ist untersagt, den Greenfee-Gutschein entgeltlich Dritten zu überlassen bzw. mit diesen Handel zu treiben. Insbesondere sind die teilnehmenden Golfclubs in diesem Falle berechtigt, die Einlösung der ausgeschriebenen Angebote zu verweigern.
8. Die teilnehmenden Golfclubs haben sich gegenüber dem Verlag unter den o.g. Bedingungen verpflichtet, die ausgeschriebenen Angebote einzulösen. Der Verlag übernimmt jedoch keine Gewähr und keine Haftung, wenn ein Angebot nicht eingelöst wird oder werden kann.

Bedingungen zur Einlösung des Discounts:

1. Das Angebot ist einschließlich bis 30.6.2022 gültig.
2. Der Golfspieler/Leser hat sich telefonisch eine Abschlagzeit geben zu lassen – dabei ist die Nutzung des Angebots anzugeben.
3. Eine Barauszahlung des Greenfee-Vorteils ist nicht möglich.
4. Das Kombinieren von Angeboten oder bestehenden Greenfee-Vorteilen ist nicht möglich. Der Vorteil bezieht sich jeweils ausschließlich auf die zum Zeitpunkt der Einlösung gültigen vollen Greenfee-Gebühren.
5. Gibt es Spielergruppen mit erhöhten Greenfee-Gebühren, ist ein Nachlass auf diese Gebühren nicht möglich.
6. Das Angebot allein berechtigt nicht zum Spiel gegen Greenfee. Die Erfüllung der Bestimmungen des jeweiligen Golfclubs zur Greenfee-Berechtigung (Mitgliedschaft in einem Golfclub, Mindesthandicap etc.) zum Zeitpunkt der Einlösung sind Voraussetzung.
7. Es ist untersagt, den Greenfee-Gutschein entgeltlich Dritten zu überlassen bzw. mit diesen Handel zu treiben. Insbesondere sind die teilnehmenden Golfclubs in diesem Falle berechtigt, die Einlösung der ausgeschriebenen Angebote zu verweigern.
8. Die teilnehmenden Golfclubs haben sich gegenüber dem Verlag unter den o.g. Bedingungen verpflichtet, die ausgeschriebenen Angebote einzulösen. Der Verlag übernimmt jedoch keine Gewähr und keine Haftung, wenn ein Angebot nicht eingelöst wird oder werden kann.

Bedingungen zur Einlösung des Discounts:

1. Das Angebot ist einschließlich bis 30.6.2022 gültig.
2. Der Golfspieler/Leser hat sich telefonisch eine Abschlagzeit geben zu lassen – dabei ist die Nutzung des Angebots anzugeben.
3. Eine Barauszahlung des Greenfee-Vorteils ist nicht möglich.
4. Das Kombinieren von Angeboten oder bestehenden Greenfee-Vorteilen ist nicht möglich. Der Vorteil bezieht sich jeweils ausschließlich auf die zum Zeitpunkt der Einlösung gültigen vollen Greenfee-Gebühren.
5. Gibt es Spielergruppen mit erhöhten Greenfee-Gebühren, ist ein Nachlass auf diese Gebühren nicht möglich.
6. Das Angebot allein berechtigt nicht zum Spiel gegen Greenfee. Die Erfüllung der Bestimmungen des jeweiligen Golfclubs zur Greenfee-Berechtigung (Mitgliedschaft in einem Golfclub, Mindesthandicap etc.) zum Zeitpunkt der Einlösung sind Voraussetzung.
7. Es ist untersagt, den Greenfee-Gutschein entgeltlich Dritten zu überlassen bzw. mit diesen Handel zu treiben. Insbesondere sind die teilnehmenden Golfclubs in diesem Falle berechtigt, die Einlösung der ausgeschriebenen Angebote zu verweigern.
8. Die teilnehmenden Golfclubs haben sich gegenüber dem Verlag unter den o.g. Bedingungen verpflichtet, die ausgeschriebenen Angebote einzulösen. Der Verlag übernimmt jedoch keine Gewähr und keine Haftung, wenn ein Angebot nicht eingelöst wird oder werden kann.

Bedingungen zur Einlösung des Discounts:

1. Das Angebot ist einschließlich bis 30.6.2022 gültig.
2. Der Golfspieler/Leser hat sich telefonisch eine Abschlagzeit geben zu lassen – dabei ist die Nutzung des Angebots anzugeben.
3. Eine Barauszahlung des Greenfee-Vorteils ist nicht möglich.
4. Das Kombinieren von Angeboten oder bestehenden Greenfee-Vorteilen ist nicht möglich. Der Vorteil bezieht sich jeweils ausschließlich auf die zum Zeitpunkt der Einlösung gültigen vollen Greenfee-Gebühren.
5. Gibt es Spielergruppen mit erhöhten Greenfee-Gebühren, ist ein Nachlass auf diese Gebühren nicht möglich.
6. Das Angebot allein berechtigt nicht zum Spiel gegen Greenfee. Die Erfüllung der Bestimmungen des jeweiligen Golfclubs zur Greenfee-Berechtigung (Mitgliedschaft in einem Golfclub, Mindesthandicap etc.) zum Zeitpunkt der Einlösung sind Voraussetzung.
7. Es ist untersagt, den Greenfee-Gutschein entgeltlich Dritten zu überlassen bzw. mit diesen Handel zu treiben. Insbesondere sind die teilnehmenden Golfclubs in diesem Falle berechtigt, die Einlösung der ausgeschriebenen Angebote zu verweigern.
8. Die teilnehmenden Golfclubs haben sich gegenüber dem Verlag unter den o.g. Bedingungen verpflichtet, die ausgeschriebenen Angebote einzulösen. Der Verlag übernimmt jedoch keine Gewähr und keine Haftung, wenn ein Angebot nicht eingelöst wird oder werden kann.

Bedingungen zur Einlösung des Discounts:

1. Das Angebot ist einschließlich bis 30.6.2022 gültig.
2. Der Golfspieler/Leser hat sich telefonisch eine Abschlagzeit geben zu lassen – dabei ist die Nutzung des Angebots anzugeben.
3. Eine Barauszahlung des Greenfee-Vorteils ist nicht möglich.
4. Das Kombinieren von Angeboten oder bestehenden Greenfee-Vorteilen ist nicht möglich. Der Vorteil bezieht sich jeweils ausschließlich auf die zum Zeitpunkt der Einlösung gültigen vollen Greenfee-Gebühren.
5. Gibt es Spielergruppen mit erhöhten Greenfee-Gebühren, ist ein Nachlass auf diese Gebühren nicht möglich.
6. Das Angebot allein berechtigt nicht zum Spiel gegen Greenfee. Die Erfüllung der Bestimmungen des jeweiligen Golfclubs zur Greenfee-Berechtigung (Mitgliedschaft in einem Golfclub, Mindesthandicap etc.) zum Zeitpunkt der Einlösung sind Voraussetzung.
7. Es ist untersagt, den Greenfee-Gutschein entgeltlich Dritten zu überlassen bzw. mit diesen Handel zu treiben. Insbesondere sind die teilnehmenden Golfclubs in diesem Falle berechtigt, die Einlösung der ausgeschriebenen Angebote zu verweigern.
8. Die teilnehmenden Golfclubs haben sich gegenüber dem Verlag unter den o.g. Bedingungen verpflichtet, die ausgeschriebenen Angebote einzulösen. Der Verlag übernimmt jedoch keine Gewähr und keine Haftung, wenn ein Angebot nicht eingelöst wird oder werden kann.

Bedingungen zur Einlösung des Discounts:

1. Das Angebot ist einschließlich bis 30.6.2022 gültig.
2. Der Golfspieler/Leser hat sich telefonisch eine Abschlagzeit geben zu lassen – dabei ist die Nutzung des Angebots anzugeben.
3. Eine Barauszahlung des Greenfee-Vorteils ist nicht möglich.
4. Das Kombinieren von Angeboten oder bestehenden Greenfee-Vorteilen ist nicht möglich. Der Vorteil bezieht sich jeweils ausschließlich auf die zum Zeitpunkt der Einlösung gültigen vollen Greenfee-Gebühren.
5. Gibt es Spielergruppen mit erhöhten Greenfee-Gebühren, ist ein Nachlass auf diese Gebühren nicht möglich.
6. Das Angebot allein berechtigt nicht zum Spiel gegen Greenfee. Die Erfüllung der Bestimmungen des jeweiligen Golfclubs zur Greenfee-Berechtigung (Mitgliedschaft in einem Golfclub, Mindesthandicap etc.) zum Zeitpunkt der Einlösung sind Voraussetzung.
7. Es ist untersagt, den Greenfee-Gutschein entgeltlich Dritten zu überlassen bzw. mit diesen Handel zu treiben. Insbesondere sind die teilnehmenden Golfclubs in diesem Falle berechtigt, die Einlösung der ausgeschriebenen Angebote zu verweigern.
8. Die teilnehmenden Golfclubs haben sich gegenüber dem Verlag unter den o.g. Bedingungen verpflichtet, die ausgeschriebenen Angebote einzulösen. Der Verlag übernimmt jedoch keine Gewähr und keine Haftung, wenn ein Angebot nicht eingelöst wird oder werden kann.

Diese Gutscheine gelten nur in Verbindung mit dem Buch/Albrecht Golf Card

DER GOLF ALBRECHT

Largs Golf Club GB

Irvine Road
KA30 8EU Largs
+44 1475 673594

364

20% Greenfee-Ermäßigung wochentags

DER GOLF ALBRECHT

Largs Golf Club GB

Irvine Road
KA30 8EU Largs
+44 1475 673594

364

20% Greenfee-Ermäßigung wochentags

DER GOLF ALBRECHT

Largs Golf Club GB

Irvine Road
KA30 8EU Largs
+44 1475 673594

364

20% Greenfee-Ermäßigung wochentags

DER GOLF ALBRECHT

Ardeer Golf Club GB

Ardeer Golf Club, Greenhead
KA20 4LB Stevenston
+44 1294 464542
Hinweis: only on Tuesdays and Thursdays.

365

2 for 1 2 GF zum Preis von 1 wochentags

DER GOLF ALBRECHT

Ardeer Golf Club GB

Ardeer Golf Club, Greenhead
KA20 4LB Stevenston
+44 1294 464542
Hinweis: only on Tuesdays and Thursdays.

365

2 for 1 2 GF zum Preis von 1 wochentags

DER GOLF ALBRECHT

Ardeer Golf Club GB

Ardeer Golf Club, Greenhead
KA20 4LB Stevenston
+44 1294 464542
Hinweis: only on Tuesdays and Thursdays.

365

40% Greenfee-Ermäßigung wochentags

DER GOLF ALBRECHT

Ardeer Golf Club GB

Ardeer Golf Club, Greenhead
KA20 4LB Stevenston
+44 1294 464542
Hinweis: only on Tuesdays and Thursdays.

365

40% Greenfee-Ermäßigung wochentags

DER GOLF ALBRECHT

Prestwick St Nicholas Golf Club GB

Grangemuir Road
KA9 1SN Prestwick
+44 1292 477608

366

25% Greenfee-Ermäßigung

DER GOLF ALBRECHT

Prestwick St Nicholas Golf Club GB

Grangemuir Road
KA9 1SN Prestwick
+44 1292 477608

366

25% Greenfee-Ermäßigung

DER GOLF ALBRECHT

Silverdale Golf Club GB

Redbridge Lane, Silverdale
LA5 0SP Carnforth
+44 1524 701300

367

20% Greenfee-Ermäßigung

Bedingungen zur Einlösung des Discounts:

1. Das Angebot ist einschließlich bis 30.6.2022 gültig.
2. Der Golfspieler/Leser hat sich telefonisch eine Abschlagzeit geben zu lassen – dabei ist die Nutzung des Angebots anzugeben.
3. Eine Barauszahlung des Greenfee-Vorteils ist nicht möglich.
4. Das Kombinieren von Angeboten oder bestehenden Greenfee-Vorteilen ist nicht möglich. Der Vorteil bezieht sich jeweils ausschließlich auf die zum Zeitpunkt der Einlösung gültigen vollen Greenfee-Gebühren.
5. Gibt es Spielergruppen mit erhöhten Greenfee-Gebühren, ist ein Nachlass auf diese Gebühren nicht möglich.
6. Das Angebot allein berechtigt nicht zum Spiel gegen Greenfee. Die Erfüllung der Bestimmungen des jeweiligen Golfclubs zur Greenfee-Berechtigung (Mitgliedschaft in einem Golfclub, Mindesthandicap etc.) zum Zeitpunkt der Einlösung sind Voraussetzung.
7. Es ist untersagt, den Greenfee-Gutschein entgeltlich Dritten zu überlassen bzw. mit diesen Handel zu treiben. Insbesondere sind die teilnehmenden Golfclubs in diesem Falle berechtigt, die Einlösung der ausgeschriebenen Angebote zu verweigern.
8. Die teilnehmenden Golfclubs haben sich gegenüber dem Verlag unter den o.g. Bedingungen verpflichtet, die ausgeschriebenen Angebote einzulösen. Der Verlag übernimmt jedoch keine Gewähr und keine Haftung, wenn ein Angebot nicht eingelöst wird oder werden kann.

Bedingungen zur Einlösung des Discounts:

1. Das Angebot ist einschließlich bis 30.6.2022 gültig.
2. Der Golfspieler/Leser hat sich telefonisch eine Abschlagzeit geben zu lassen – dabei ist die Nutzung des Angebots anzugeben.
3. Eine Barauszahlung des Greenfee-Vorteils ist nicht möglich.
4. Das Kombinieren von Angeboten oder bestehenden Greenfee-Vorteilen ist nicht möglich. Der Vorteil bezieht sich jeweils ausschließlich auf die zum Zeitpunkt der Einlösung gültigen vollen Greenfee-Gebühren.
5. Gibt es Spielergruppen mit erhöhten Greenfee-Gebühren, ist ein Nachlass auf diese Gebühren nicht möglich.
6. Das Angebot allein berechtigt nicht zum Spiel gegen Greenfee. Die Erfüllung der Bestimmungen des jeweiligen Golfclubs zur Greenfee-Berechtigung (Mitgliedschaft in einem Golfclub, Mindesthandicap etc.) zum Zeitpunkt der Einlösung sind Voraussetzung.
7. Es ist untersagt, den Greenfee-Gutschein entgeltlich Dritten zu überlassen bzw. mit diesen Handel zu treiben. Insbesondere sind die teilnehmenden Golfclubs in diesem Falle berechtigt, die Einlösung der ausgeschriebenen Angebote zu verweigern.
8. Die teilnehmenden Golfclubs haben sich gegenüber dem Verlag unter den o.g. Bedingungen verpflichtet, die ausgeschriebenen Angebote einzulösen. Der Verlag übernimmt jedoch keine Gewähr und keine Haftung, wenn ein Angebot nicht eingelöst wird oder werden kann.

Bedingungen zur Einlösung des Discounts:

1. Das Angebot ist einschließlich bis 30.6.2022 gültig.
2. Der Golfspieler/Leser hat sich telefonisch eine Abschlagzeit geben zu lassen – dabei ist die Nutzung des Angebots anzugeben.
3. Eine Barauszahlung des Greenfee-Vorteils ist nicht möglich.
4. Das Kombinieren von Angeboten oder bestehenden Greenfee-Vorteilen ist nicht möglich. Der Vorteil bezieht sich jeweils ausschließlich auf die zum Zeitpunkt der Einlösung gültigen vollen Greenfee-Gebühren.
5. Gibt es Spielergruppen mit erhöhten Greenfee-Gebühren, ist ein Nachlass auf diese Gebühren nicht möglich.
6. Das Angebot allein berechtigt nicht zum Spiel gegen Greenfee. Die Erfüllung der Bestimmungen des jeweiligen Golfclubs zur Greenfee-Berechtigung (Mitgliedschaft in einem Golfclub, Mindesthandicap etc.) zum Zeitpunkt der Einlösung sind Voraussetzung.
7. Es ist untersagt, den Greenfee-Gutschein entgeltlich Dritten zu überlassen bzw. mit diesen Handel zu treiben. Insbesondere sind die teilnehmenden Golfclubs in diesem Falle berechtigt, die Einlösung der ausgeschriebenen Angebote zu verweigern.
8. Die teilnehmenden Golfclubs haben sich gegenüber dem Verlag unter den o.g. Bedingungen verpflichtet, die ausgeschriebenen Angebote einzulösen. Der Verlag übernimmt jedoch keine Gewähr und keine Haftung, wenn ein Angebot nicht eingelöst wird oder werden kann.

Bedingungen zur Einlösung des Discounts:

1. Das Angebot ist einschließlich bis 30.6.2022 gültig.
2. Der Golfspieler/Leser hat sich telefonisch eine Abschlagzeit geben zu lassen – dabei ist die Nutzung des Angebots anzugeben.
3. Eine Barauszahlung des Greenfee-Vorteils ist nicht möglich.
4. Das Kombinieren von Angeboten oder bestehenden Greenfee-Vorteilen ist nicht möglich. Der Vorteil bezieht sich jeweils ausschließlich auf die zum Zeitpunkt der Einlösung gültigen vollen Greenfee-Gebühren.
5. Gibt es Spielergruppen mit erhöhten Greenfee-Gebühren, ist ein Nachlass auf diese Gebühren nicht möglich.
6. Das Angebot allein berechtigt nicht zum Spiel gegen Greenfee. Die Erfüllung der Bestimmungen des jeweiligen Golfclubs zur Greenfee-Berechtigung (Mitgliedschaft in einem Golfclub, Mindesthandicap etc.) zum Zeitpunkt der Einlösung sind Voraussetzung.
7. Es ist untersagt, den Greenfee-Gutschein entgeltlich Dritten zu überlassen bzw. mit diesen Handel zu treiben. Insbesondere sind die teilnehmenden Golfclubs in diesem Falle berechtigt, die Einlösung der ausgeschriebenen Angebote zu verweigern.
8. Die teilnehmenden Golfclubs haben sich gegenüber dem Verlag unter den o.g. Bedingungen verpflichtet, die ausgeschriebenen Angebote einzulösen. Der Verlag übernimmt jedoch keine Gewähr und keine Haftung, wenn ein Angebot nicht eingelöst wird oder werden kann.

Bedingungen zur Einlösung des Discounts:

1. Das Angebot ist einschließlich bis 30.6.2022 gültig.
2. Der Golfspieler/Leser hat sich telefonisch eine Abschlagzeit geben zu lassen – dabei ist die Nutzung des Angebots anzugeben.
3. Eine Barauszahlung des Greenfee-Vorteils ist nicht möglich.
4. Das Kombinieren von Angeboten oder bestehenden Greenfee-Vorteilen ist nicht möglich. Der Vorteil bezieht sich jeweils ausschließlich auf die zum Zeitpunkt der Einlösung gültigen vollen Greenfee-Gebühren.
5. Gibt es Spielergruppen mit erhöhten Greenfee-Gebühren, ist ein Nachlass auf diese Gebühren nicht möglich.
6. Das Angebot allein berechtigt nicht zum Spiel gegen Greenfee. Die Erfüllung der Bestimmungen des jeweiligen Golfclubs zur Greenfee-Berechtigung (Mitgliedschaft in einem Golfclub, Mindesthandicap etc.) zum Zeitpunkt der Einlösung sind Voraussetzung.
7. Es ist untersagt, den Greenfee-Gutschein entgeltlich Dritten zu überlassen bzw. mit diesen Handel zu treiben. Insbesondere sind die teilnehmenden Golfclubs in diesem Falle berechtigt, die Einlösung der ausgeschriebenen Angebote zu verweigern.
8. Die teilnehmenden Golfclubs haben sich gegenüber dem Verlag unter den o.g. Bedingungen verpflichtet, die ausgeschriebenen Angebote einzulösen. Der Verlag übernimmt jedoch keine Gewähr und keine Haftung, wenn ein Angebot nicht eingelöst wird oder werden kann.

Bedingungen zur Einlösung des Discounts:

1. Das Angebot ist einschließlich bis 30.6.2022 gültig.
2. Der Golfspieler/Leser hat sich telefonisch eine Abschlagzeit geben zu lassen – dabei ist die Nutzung des Angebots anzugeben.
3. Eine Barauszahlung des Greenfee-Vorteils ist nicht möglich.
4. Das Kombinieren von Angeboten oder bestehenden Greenfee-Vorteilen ist nicht möglich. Der Vorteil bezieht sich jeweils ausschließlich auf die zum Zeitpunkt der Einlösung gültigen vollen Greenfee-Gebühren.
5. Gibt es Spielergruppen mit erhöhten Greenfee-Gebühren, ist ein Nachlass auf diese Gebühren nicht möglich.
6. Das Angebot allein berechtigt nicht zum Spiel gegen Greenfee. Die Erfüllung der Bestimmungen des jeweiligen Golfclubs zur Greenfee-Berechtigung (Mitgliedschaft in einem Golfclub, Mindesthandicap etc.) zum Zeitpunkt der Einlösung sind Voraussetzung.
7. Es ist untersagt, den Greenfee-Gutschein entgeltlich Dritten zu überlassen bzw. mit diesen Handel zu treiben. Insbesondere sind die teilnehmenden Golfclubs in diesem Falle berechtigt, die Einlösung der ausgeschriebenen Angebote zu verweigern.
8. Die teilnehmenden Golfclubs haben sich gegenüber dem Verlag unter den o.g. Bedingungen verpflichtet, die ausgeschriebenen Angebote einzulösen. Der Verlag übernimmt jedoch keine Gewähr und keine Haftung, wenn ein Angebot nicht eingelöst wird oder werden kann.

Bedingungen zur Einlösung des Discounts:

1. Das Angebot ist einschließlich bis 30.6.2022 gültig.
2. Der Golfspieler/Leser hat sich telefonisch eine Abschlagzeit geben zu lassen – dabei ist die Nutzung des Angebots anzugeben.
3. Eine Barauszahlung des Greenfee-Vorteils ist nicht möglich.
4. Das Kombinieren von Angeboten oder bestehenden Greenfee-Vorteilen ist nicht möglich. Der Vorteil bezieht sich jeweils ausschließlich auf die zum Zeitpunkt der Einlösung gültigen vollen Greenfee-Gebühren.
5. Gibt es Spielergruppen mit erhöhten Greenfee-Gebühren, ist ein Nachlass auf diese Gebühren nicht möglich.
6. Das Angebot allein berechtigt nicht zum Spiel gegen Greenfee. Die Erfüllung der Bestimmungen des jeweiligen Golfclubs zur Greenfee-Berechtigung (Mitgliedschaft in einem Golfclub, Mindesthandicap etc.) zum Zeitpunkt der Einlösung sind Voraussetzung.
7. Es ist untersagt, den Greenfee-Gutschein entgeltlich Dritten zu überlassen bzw. mit diesen Handel zu treiben. Insbesondere sind die teilnehmenden Golfclubs in diesem Falle berechtigt, die Einlösung der ausgeschriebenen Angebote zu verweigern.
8. Die teilnehmenden Golfclubs haben sich gegenüber dem Verlag unter den o.g. Bedingungen verpflichtet, die ausgeschriebenen Angebote einzulösen. Der Verlag übernimmt jedoch keine Gewähr und keine Haftung, wenn ein Angebot nicht eingelöst wird oder werden kann.

Bedingungen zur Einlösung des Discounts:

1. Das Angebot ist einschließlich bis 30.6.2022 gültig.
2. Der Golfspieler/Leser hat sich telefonisch eine Abschlagzeit geben zu lassen – dabei ist die Nutzung des Angebots anzugeben.
3. Eine Barauszahlung des Greenfee-Vorteils ist nicht möglich.
4. Das Kombinieren von Angeboten oder bestehenden Greenfee-Vorteilen ist nicht möglich. Der Vorteil bezieht sich jeweils ausschließlich auf die zum Zeitpunkt der Einlösung gültigen vollen Greenfee-Gebühren.
5. Gibt es Spielergruppen mit erhöhten Greenfee-Gebühren, ist ein Nachlass auf diese Gebühren nicht möglich.
6. Das Angebot allein berechtigt nicht zum Spiel gegen Greenfee. Die Erfüllung der Bestimmungen des jeweiligen Golfclubs zur Greenfee-Berechtigung (Mitgliedschaft in einem Golfclub, Mindesthandicap etc.) zum Zeitpunkt der Einlösung sind Voraussetzung.
7. Es ist untersagt, den Greenfee-Gutschein entgeltlich Dritten zu überlassen bzw. mit diesen Handel zu treiben. Insbesondere sind die teilnehmenden Golfclubs in diesem Falle berechtigt, die Einlösung der ausgeschriebenen Angebote zu verweigern.
8. Die teilnehmenden Golfclubs haben sich gegenüber dem Verlag unter den o.g. Bedingungen verpflichtet, die ausgeschriebenen Angebote einzulösen. Der Verlag übernimmt jedoch keine Gewähr und keine Haftung, wenn ein Angebot nicht eingelöst wird oder werden kann.

Bedingungen zur Einlösung des Discounts:

1. Das Angebot ist einschließlich bis 30.6.2022 gültig.
2. Der Golfspieler/Leser hat sich telefonisch eine Abschlagzeit geben zu lassen – dabei ist die Nutzung des Angebots anzugeben.
3. Eine Barauszahlung des Greenfee-Vorteils ist nicht möglich.
4. Das Kombinieren von Angeboten oder bestehenden Greenfee-Vorteilen ist nicht möglich. Der Vorteil bezieht sich jeweils ausschließlich auf die zum Zeitpunkt der Einlösung gültigen vollen Greenfee-Gebühren.
5. Gibt es Spielergruppen mit erhöhten Greenfee-Gebühren, ist ein Nachlass auf diese Gebühren nicht möglich.
6. Das Angebot allein berechtigt nicht zum Spiel gegen Greenfee. Die Erfüllung der Bestimmungen des jeweiligen Golfclubs zur Greenfee-Berechtigung (Mitgliedschaft in einem Golfclub, Mindesthandicap etc.) zum Zeitpunkt der Einlösung sind Voraussetzung.
7. Es ist untersagt, den Greenfee-Gutschein entgeltlich Dritten zu überlassen bzw. mit diesen Handel zu treiben. Insbesondere sind die teilnehmenden Golfclubs in diesem Falle berechtigt, die Einlösung der ausgeschriebenen Angebote zu verweigern.
8. Die teilnehmenden Golfclubs haben sich gegenüber dem Verlag unter den o.g. Bedingungen verpflichtet, die ausgeschriebenen Angebote einzulösen. Der Verlag übernimmt jedoch keine Gewähr und keine Haftung, wenn ein Angebot nicht eingelöst wird oder werden kann.

Bedingungen zur Einlösung des Discounts:

1. Das Angebot ist einschließlich bis 30.6.2022 gültig.
2. Der Golfspieler/Leser hat sich telefonisch eine Abschlagzeit geben zu lassen – dabei ist die Nutzung des Angebots anzugeben.
3. Eine Barauszahlung des Greenfee-Vorteils ist nicht möglich.
4. Das Kombinieren von Angeboten oder bestehenden Greenfee-Vorteilen ist nicht möglich. Der Vorteil bezieht sich jeweils ausschließlich auf die zum Zeitpunkt der Einlösung gültigen vollen Greenfee-Gebühren.
5. Gibt es Spielergruppen mit erhöhten Greenfee-Gebühren, ist ein Nachlass auf diese Gebühren nicht möglich.
6. Das Angebot allein berechtigt nicht zum Spiel gegen Greenfee. Die Erfüllung der Bestimmungen des jeweiligen Golfclubs zur Greenfee-Berechtigung (Mitgliedschaft in einem Golfclub, Mindesthandicap etc.) zum Zeitpunkt der Einlösung sind Voraussetzung.
7. Es ist untersagt, den Greenfee-Gutschein entgeltlich Dritten zu überlassen bzw. mit diesen Handel zu treiben. Insbesondere sind die teilnehmenden Golfclubs in diesem Falle berechtigt, die Einlösung der ausgeschriebenen Angebote zu verweigern.
8. Die teilnehmenden Golfclubs haben sich gegenüber dem Verlag unter den o.g. Bedingungen verpflichtet, die ausgeschriebenen Angebote einzulösen. Der Verlag übernimmt jedoch keine Gewähr und keine Haftung, wenn ein Angebot nicht eingelöst wird oder werden kann.

DER GOLF ALBRECHT

Silverdale Golf Club GB

Redbridge Lane, Silverdale
LA5 0SP Carnforth
✆ +44 1524 701300

367

20% Greenfee-Ermäßigung

DER GOLF ALBRECHT

Halifax Golf Club GB

Union Lane, Ogden
HX2 8XR Halifax
✆ +44 1422 244171
Hinweis: only valid when booking directly with Halifax Golf Club Professional on: +44 1422 240047

368

20% Greenfee-Ermäßigung

DER GOLF ALBRECHT

Halifax Golf Club GB

Union Lane, Ogden
HX2 8XR Halifax
✆ +44 1422 244171
Hinweis: only valid when booking directly with Halifax Golf Club Professional on: +44 1422 240047

368

20% Greenfee-Ermäßigung

DER GOLF ALBRECHT

Silver Birch Golf Course GB

MAES YR HAF,, BETWS YN RHOS,, ABERGELE.
LL22 8BZ Abergele
✆ +44 1492 680690

369

10% Greenfee-Ermäßigung

DER GOLF ALBRECHT

Penn Golf Club GB

Penn Common, Penn
WV4 5JN Wolverhampton
✆ +44 1902 341142
Hinweis: Subject to tee-time availability.Please call in advance to book. Current Rates-2 for £50

370

2 for 1 2 GF zum Preis von 1 wochentags

DER GOLF ALBRECHT

Penn Golf Club GB

Penn Common, Penn
WV4 5JN Wolverhampton
✆ +44 1902 341142
Hinweis: Subject to tee-time availability.Please call in advance to book. Current Rates-2 for £50

370

2 for 1 2 GF zum Preis von 1 wochentags

DER GOLF ALBRECHT

Penn Golf Club GB

Penn Common, Penn
WV4 5JN Wolverhampton
✆ +44 1902 341142
Hinweis: Subject to tee-time availability.Please call in advance to book. Current Rates-2 for £50

370

2 for 1 2 GF zum Preis von 1 wochentags

DER GOLF ALBRECHT

Whipsnade Park Golf Club GB

Studham Lane
HP4 1RH Dagnall
✆ +44 1442 842330

371

25% Greenfee-Ermäßigung wochentags

DER GOLF ALBRECHT

Whipsnade Park Golf Club GB

Studham Lane
HP4 1RH Dagnall
✆ +44 1442 842330

371

25% Greenfee-Ermäßigung wochentags

DER GOLF ALBRECHT

Merthyr Tydfil (Cilsanws) Golf Club GB

Cloth Hall Lane, Cefn Coed-y-Cymmer
CF48 2NT Merthyr Tydfil
✆ +44 1685 723308

372

2 for 1 2 GF zum Preis von 1 wochentags

Diese Gutscheine gelten nur in Verbindung mit dem Buch/Albrecht Golf Card

Bedingungen zur Einlösung des Discounts:

1. Das Angebot ist einschließlich bis 30.6.2022 gültig.
2. Der Golfspieler/Leser hat sich telefonisch eine Abschlagzeit geben zu lassen – dabei ist die Nutzung des Angebots anzugeben.
3. Eine Barauszahlung des Greenfee-Vorteils ist nicht möglich.
4. Das Kombinieren von Angeboten oder bestehenden Greenfee-Vorteilen ist nicht möglich. Der Vorteil bezieht sich jeweils ausschließlich auf die zum Zeitpunkt der Einlösung gültigen vollen Greenfee-Gebühren.
5. Gibt es Spielergruppen mit erhöhten Greenfee-Gebühren, ist ein Nachlass auf diese Gebühren nicht möglich.
6. Das Angebot allein berechtigt nicht zum Spiel gegen Greenfee. Die Erfüllung der Bestimmungen des jeweiligen Golfclubs zur Greenfee-Berechtigung (Mitgliedschaft in einem Golfclub, Mindesthandicap etc.) zum Zeitpunkt der Einlösung sind Voraussetzung.
7. Es ist untersagt, den Greenfee-Gutschein entgeltlich Dritten zu überlassen bzw. mit diesen Handel zu treiben. Insbesondere sind die teilnehmenden Golfclubs in diesem Falle berechtigt, die Einlösung der ausgeschriebenen Angebote zu verweigern.
8. Die teilnehmenden Golfclubs haben sich gegenüber dem Verlag unter den o.g. Bedingungen verpflichtet, die ausgeschriebenen Angebote einzulösen. Der Verlag übernimmt jedoch keine Gewähr und keine Haftung, wenn ein Angebot nicht eingelöst wird oder werden kann.

Bedingungen zur Einlösung des Discounts:

1. Das Angebot ist einschließlich bis 30.6.2022 gültig.
2. Der Golfspieler/Leser hat sich telefonisch eine Abschlagzeit geben zu lassen – dabei ist die Nutzung des Angebots anzugeben.
3. Eine Barauszahlung des Greenfee-Vorteils ist nicht möglich.
4. Das Kombinieren von Angeboten oder bestehenden Greenfee-Vorteilen ist nicht möglich. Der Vorteil bezieht sich jeweils ausschließlich auf die zum Zeitpunkt der Einlösung gültigen vollen Greenfee-Gebühren.
5. Gibt es Spielergruppen mit erhöhten Greenfee-Gebühren, ist ein Nachlass auf diese Gebühren nicht möglich.
6. Das Angebot allein berechtigt nicht zum Spiel gegen Greenfee. Die Erfüllung der Bestimmungen des jeweiligen Golfclubs zur Greenfee-Berechtigung (Mitgliedschaft in einem Golfclub, Mindesthandicap etc.) zum Zeitpunkt der Einlösung sind Voraussetzung.
7. Es ist untersagt, den Greenfee-Gutschein entgeltlich Dritten zu überlassen bzw. mit diesen Handel zu treiben. Insbesondere sind die teilnehmenden Golfclubs in diesem Falle berechtigt, die Einlösung der ausgeschriebenen Angebote zu verweigern.
8. Die teilnehmenden Golfclubs haben sich gegenüber dem Verlag unter den o.g. Bedingungen verpflichtet, die ausgeschriebenen Angebote einzulösen. Der Verlag übernimmt jedoch keine Gewähr und keine Haftung, wenn ein Angebot nicht eingelöst wird oder werden kann.

Bedingungen zur Einlösung des Discounts:

1. Das Angebot ist einschließlich bis 30.6.2022 gültig.
2. Der Golfspieler/Leser hat sich telefonisch eine Abschlagzeit geben zu lassen – dabei ist die Nutzung des Angebots anzugeben.
3. Eine Barauszahlung des Greenfee-Vorteils ist nicht möglich.
4. Das Kombinieren von Angeboten oder bestehenden Greenfee-Vorteilen ist nicht möglich. Der Vorteil bezieht sich jeweils ausschließlich auf die zum Zeitpunkt der Einlösung gültigen vollen Greenfee-Gebühren.
5. Gibt es Spielergruppen mit erhöhten Greenfee-Gebühren, ist ein Nachlass auf diese Gebühren nicht möglich.
6. Das Angebot allein berechtigt nicht zum Spiel gegen Greenfee. Die Erfüllung der Bestimmungen des jeweiligen Golfclubs zur Greenfee-Berechtigung (Mitgliedschaft in einem Golfclub, Mindesthandicap etc.) zum Zeitpunkt der Einlösung sind Voraussetzung.
7. Es ist untersagt, den Greenfee-Gutschein entgeltlich Dritten zu überlassen bzw. mit diesen Handel zu treiben. Insbesondere sind die teilnehmenden Golfclubs in diesem Falle berechtigt, die Einlösung der ausgeschriebenen Angebote zu verweigern.
8. Die teilnehmenden Golfclubs haben sich gegenüber dem Verlag unter den o.g. Bedingungen verpflichtet, die ausgeschriebenen Angebote einzulösen. Der Verlag übernimmt jedoch keine Gewähr und keine Haftung, wenn ein Angebot nicht eingelöst wird oder werden kann.

Bedingungen zur Einlösung des Discounts:

1. Das Angebot ist einschließlich bis 30.6.2022 gültig.
2. Der Golfspieler/Leser hat sich telefonisch eine Abschlagzeit geben zu lassen – dabei ist die Nutzung des Angebots anzugeben.
3. Eine Barauszahlung des Greenfee-Vorteils ist nicht möglich.
4. Das Kombinieren von Angeboten oder bestehenden Greenfee-Vorteilen ist nicht möglich. Der Vorteil bezieht sich jeweils ausschließlich auf die zum Zeitpunkt der Einlösung gültigen vollen Greenfee-Gebühren.
5. Gibt es Spielergruppen mit erhöhten Greenfee-Gebühren, ist ein Nachlass auf diese Gebühren nicht möglich.
6. Das Angebot allein berechtigt nicht zum Spiel gegen Greenfee. Die Erfüllung der Bestimmungen des jeweiligen Golfclubs zur Greenfee-Berechtigung (Mitgliedschaft in einem Golfclub, Mindesthandicap etc.) zum Zeitpunkt der Einlösung sind Voraussetzung.
7. Es ist untersagt, den Greenfee-Gutschein entgeltlich Dritten zu überlassen bzw. mit diesen Handel zu treiben. Insbesondere sind die teilnehmenden Golfclubs in diesem Falle berechtigt, die Einlösung der ausgeschriebenen Angebote zu verweigern.
8. Die teilnehmenden Golfclubs haben sich gegenüber dem Verlag unter den o.g. Bedingungen verpflichtet, die ausgeschriebenen Angebote einzulösen. Der Verlag übernimmt jedoch keine Gewähr und keine Haftung, wenn ein Angebot nicht eingelöst wird oder werden kann.

Bedingungen zur Einlösung des Discounts:

1. Das Angebot ist einschließlich bis 30.6.2022 gültig.
2. Der Golfspieler/Leser hat sich telefonisch eine Abschlagzeit geben zu lassen – dabei ist die Nutzung des Angebots anzugeben.
3. Eine Barauszahlung des Greenfee-Vorteils ist nicht möglich.
4. Das Kombinieren von Angeboten oder bestehenden Greenfee-Vorteilen ist nicht möglich. Der Vorteil bezieht sich jeweils ausschließlich auf die zum Zeitpunkt der Einlösung gültigen vollen Greenfee-Gebühren.
5. Gibt es Spielergruppen mit erhöhten Greenfee-Gebühren, ist ein Nachlass auf diese Gebühren nicht möglich.
6. Das Angebot allein berechtigt nicht zum Spiel gegen Greenfee. Die Erfüllung der Bestimmungen des jeweiligen Golfclubs zur Greenfee-Berechtigung (Mitgliedschaft in einem Golfclub, Mindesthandicap etc.) zum Zeitpunkt der Einlösung sind Voraussetzung.
7. Es ist untersagt, den Greenfee-Gutschein entgeltlich Dritten zu überlassen bzw. mit diesen Handel zu treiben. Insbesondere sind die teilnehmenden Golfclubs in diesem Falle berechtigt, die Einlösung der ausgeschriebenen Angebote zu verweigern.
8. Die teilnehmenden Golfclubs haben sich gegenüber dem Verlag unter den o.g. Bedingungen verpflichtet, die ausgeschriebenen Angebote einzulösen. Der Verlag übernimmt jedoch keine Gewähr und keine Haftung, wenn ein Angebot nicht eingelöst wird oder werden kann.

Bedingungen zur Einlösung des Discounts:

1. Das Angebot ist einschließlich bis 30.6.2022 gültig.
2. Der Golfspieler/Leser hat sich telefonisch eine Abschlagzeit geben zu lassen – dabei ist die Nutzung des Angebots anzugeben.
3. Eine Barauszahlung des Greenfee-Vorteils ist nicht möglich.
4. Das Kombinieren von Angeboten oder bestehenden Greenfee-Vorteilen ist nicht möglich. Der Vorteil bezieht sich jeweils ausschließlich auf die zum Zeitpunkt der Einlösung gültigen vollen Greenfee-Gebühren.
5. Gibt es Spielergruppen mit erhöhten Greenfee-Gebühren, ist ein Nachlass auf diese Gebühren nicht möglich.
6. Das Angebot allein berechtigt nicht zum Spiel gegen Greenfee. Die Erfüllung der Bestimmungen des jeweiligen Golfclubs zur Greenfee-Berechtigung (Mitgliedschaft in einem Golfclub, Mindesthandicap etc.) zum Zeitpunkt der Einlösung sind Voraussetzung.
7. Es ist untersagt, den Greenfee-Gutschein entgeltlich Dritten zu überlassen bzw. mit diesen Handel zu treiben. Insbesondere sind die teilnehmenden Golfclubs in diesem Falle berechtigt, die Einlösung der ausgeschriebenen Angebote zu verweigern.
8. Die teilnehmenden Golfclubs haben sich gegenüber dem Verlag unter den o.g. Bedingungen verpflichtet, die ausgeschriebenen Angebote einzulösen. Der Verlag übernimmt jedoch keine Gewähr und keine Haftung, wenn ein Angebot nicht eingelöst wird oder werden kann.

Bedingungen zur Einlösung des Discounts:

1. Das Angebot ist einschließlich bis 30.6.2022 gültig.
2. Der Golfspieler/Leser hat sich telefonisch eine Abschlagzeit geben zu lassen – dabei ist die Nutzung des Angebots anzugeben.
3. Eine Barauszahlung des Greenfee-Vorteils ist nicht möglich.
4. Das Kombinieren von Angeboten oder bestehenden Greenfee-Vorteilen ist nicht möglich. Der Vorteil bezieht sich jeweils ausschließlich auf die zum Zeitpunkt der Einlösung gültigen vollen Greenfee-Gebühren.
5. Gibt es Spielergruppen mit erhöhten Greenfee-Gebühren, ist ein Nachlass auf diese Gebühren nicht möglich.
6. Das Angebot allein berechtigt nicht zum Spiel gegen Greenfee. Die Erfüllung der Bestimmungen des jeweiligen Golfclubs zur Greenfee-Berechtigung (Mitgliedschaft in einem Golfclub, Mindesthandicap etc.) zum Zeitpunkt der Einlösung sind Voraussetzung.
7. Es ist untersagt, den Greenfee-Gutschein entgeltlich Dritten zu überlassen bzw. mit diesen Handel zu treiben. Insbesondere sind die teilnehmenden Golfclubs in diesem Falle berechtigt, die Einlösung der ausgeschriebenen Angebote zu verweigern.
8. Die teilnehmenden Golfclubs haben sich gegenüber dem Verlag unter den o.g. Bedingungen verpflichtet, die ausgeschriebenen Angebote einzulösen. Der Verlag übernimmt jedoch keine Gewähr und keine Haftung, wenn ein Angebot nicht eingelöst wird oder werden kann.

Bedingungen zur Einlösung des Discounts:

1. Das Angebot ist einschließlich bis 30.6.2022 gültig.
2. Der Golfspieler/Leser hat sich telefonisch eine Abschlagzeit geben zu lassen – dabei ist die Nutzung des Angebots anzugeben.
3. Eine Barauszahlung des Greenfee-Vorteils ist nicht möglich.
4. Das Kombinieren von Angeboten oder bestehenden Greenfee-Vorteilen ist nicht möglich. Der Vorteil bezieht sich jeweils ausschließlich auf die zum Zeitpunkt der Einlösung gültigen vollen Greenfee-Gebühren.
5. Gibt es Spielergruppen mit erhöhten Greenfee-Gebühren, ist ein Nachlass auf diese Gebühren nicht möglich.
6. Das Angebot allein berechtigt nicht zum Spiel gegen Greenfee. Die Erfüllung der Bestimmungen des jeweiligen Golfclubs zur Greenfee-Berechtigung (Mitgliedschaft in einem Golfclub, Mindesthandicap etc.) zum Zeitpunkt der Einlösung sind Voraussetzung.
7. Es ist untersagt, den Greenfee-Gutschein entgeltlich Dritten zu überlassen bzw. mit diesen Handel zu treiben. Insbesondere sind die teilnehmenden Golfclubs in diesem Falle berechtigt, die Einlösung der ausgeschriebenen Angebote zu verweigern.
8. Die teilnehmenden Golfclubs haben sich gegenüber dem Verlag unter den o.g. Bedingungen verpflichtet, die ausgeschriebenen Angebote einzulösen. Der Verlag übernimmt jedoch keine Gewähr und keine Haftung, wenn ein Angebot nicht eingelöst wird oder werden kann.

Bedingungen zur Einlösung des Discounts:

1. Das Angebot ist einschließlich bis 30.6.2022 gültig.
2. Der Golfspieler/Leser hat sich telefonisch eine Abschlagzeit geben zu lassen – dabei ist die Nutzung des Angebots anzugeben.
3. Eine Barauszahlung des Greenfee-Vorteils ist nicht möglich.
4. Das Kombinieren von Angeboten oder bestehenden Greenfee-Vorteilen ist nicht möglich. Der Vorteil bezieht sich jeweils ausschließlich auf die zum Zeitpunkt der Einlösung gültigen vollen Greenfee-Gebühren.
5. Gibt es Spielergruppen mit erhöhten Greenfee-Gebühren, ist ein Nachlass auf diese Gebühren nicht möglich.
6. Das Angebot allein berechtigt nicht zum Spiel gegen Greenfee. Die Erfüllung der Bestimmungen des jeweiligen Golfclubs zur Greenfee-Berechtigung (Mitgliedschaft in einem Golfclub, Mindesthandicap etc.) zum Zeitpunkt der Einlösung sind Voraussetzung.
7. Es ist untersagt, den Greenfee-Gutschein entgeltlich Dritten zu überlassen bzw. mit diesen Handel zu treiben. Insbesondere sind die teilnehmenden Golfclubs in diesem Falle berechtigt, die Einlösung der ausgeschriebenen Angebote zu verweigern.
8. Die teilnehmenden Golfclubs haben sich gegenüber dem Verlag unter den o.g. Bedingungen verpflichtet, die ausgeschriebenen Angebote einzulösen. Der Verlag übernimmt jedoch keine Gewähr und keine Haftung, wenn ein Angebot nicht eingelöst wird oder werden kann.

Bedingungen zur Einlösung des Discounts:

1. Das Angebot ist einschließlich bis 30.6.2022 gültig.
2. Der Golfspieler/Leser hat sich telefonisch eine Abschlagzeit geben zu lassen – dabei ist die Nutzung des Angebots anzugeben.
3. Eine Barauszahlung des Greenfee-Vorteils ist nicht möglich.
4. Das Kombinieren von Angeboten oder bestehenden Greenfee-Vorteilen ist nicht möglich. Der Vorteil bezieht sich jeweils ausschließlich auf die zum Zeitpunkt der Einlösung gültigen vollen Greenfee-Gebühren.
5. Gibt es Spielergruppen mit erhöhten Greenfee-Gebühren, ist ein Nachlass auf diese Gebühren nicht möglich.
6. Das Angebot allein berechtigt nicht zum Spiel gegen Greenfee. Die Erfüllung der Bestimmungen des jeweiligen Golfclubs zur Greenfee-Berechtigung (Mitgliedschaft in einem Golfclub, Mindesthandicap etc.) zum Zeitpunkt der Einlösung sind Voraussetzung.
7. Es ist untersagt, den Greenfee-Gutschein entgeltlich Dritten zu überlassen bzw. mit diesen Handel zu treiben. Insbesondere sind die teilnehmenden Golfclubs in diesem Falle berechtigt, die Einlösung der ausgeschriebenen Angebote zu verweigern.
8. Die teilnehmenden Golfclubs haben sich gegenüber dem Verlag unter den o.g. Bedingungen verpflichtet, die ausgeschriebenen Angebote einzulösen. Der Verlag übernimmt jedoch keine Gewähr und keine Haftung, wenn ein Angebot nicht eingelöst wird oder werden kann.

DER GOLF ALBRECHT

Merthyr Tydfil (Cilsanws) Golf Club GB

Cloth Hall Lane, Cefn Coed-y-Cymmer
CF48 2NT Merthyr Tydfil
✆ +44 1685 723308

372

2 for 1 2 GF zum Preis von 1 wochentags

DER GOLF ALBRECHT

Woodlake Park Golf Club GB

Glascoed
NP4 0TE Usk
✆ +44 1291 673933
Hinweis: Golf fees based on day rates

373

2 for 1 2 GF zum Preis von 1

DER GOLF ALBRECHT

Woodlake Park Golf Club GB

Glascoed
NP4 0TE Usk
✆ +44 1291 673933
Hinweis: Golf fees based on day rates

373

2 for 1 2 GF zum Preis von 1

DER GOLF ALBRECHT

Woodlake Park Golf Club GB

Glascoed
NP4 0TE Usk
✆ +44 1291 673933

373

20% Greenfee-Ermäßigung

DER GOLF ALBRECHT

Woodlake Park Golf Club GB

Glascoed
NP4 0TE Usk
✆ +44 1291 673933

373

20% Greenfee-Ermäßigung

DER GOLF ALBRECHT

Castlegregory Golf And Fishing Club IE

Stradbally, Castlegregory
Tralee
✆ +353 66 713 9444

374

2 for 1 2 GF zum Preis von 1 wochentags

DER GOLF ALBRECHT

Castlegregory Golf And Fishing Club IE

Stradbally, Castlegregory
Tralee
✆ +353 66 713 9444

374

20% Greenfee-Ermäßigung wochentags

DER GOLF ALBRECHT

Castlegregory Golf And Fishing Club IE

Stradbally, Castlegregory
Tralee
✆ +353 66 713 9444

374

20% Greenfee-Ermäßigung wochentags

DER GOLF ALBRECHT

Ring of Kerry Golf Club IE

Templenoe
Killarney
✆ +353 64 664 2000

375

20% Greenfee-Ermäßigung

DER GOLF ALBRECHT

Ring of Kerry Golf Club IE

Templenoe
Killarney
✆ +353 64 664 2000

375

20% Greenfee-Ermäßigung

Bedingungen zur Einlösung des Discounts:

1. Das Angebot ist einschließlich bis 30.6.2022 gültig.
2. Der Golfspieler/Leser hat sich telefonisch eine Abschlagzeit geben zu lassen – dabei ist die Nutzung des Angebots anzugeben.
3. Eine Barauszahlung des Greenfee-Vorteils ist nicht möglich.
4. Das Kombinieren von Angeboten oder bestehenden Greenfee-Vorteilen ist nicht möglich. Der Vorteil bezieht sich jeweils ausschließlich auf die zum Zeitpunkt der Einlösung gültigen vollen Greenfee-Gebühren.
5. Gibt es Spielergruppen mit erhöhten Greenfee-Gebühren, ist ein Nachlass auf diese Gebühren nicht möglich.
6. Das Angebot allein berechtigt nicht zum Spiel gegen Greenfee. Die Erfüllung der Bestimmungen des jeweiligen Golfclubs zur Greenfee-Berechtigung (Mitgliedschaft in einem Golfclub, Mindesthandicap etc.) zum Zeitpunkt der Einlösung sind Voraussetzung.
7. Es ist untersagt, den Greenfee-Gutschein entgeltlich Dritten zu überlassen bzw. mit diesen Handel zu treiben. Insbesondere sind die teilnehmenden Golfclubs in diesem Falle berechtigt, die Einlösung der ausgeschriebenen Angebote zu verweigern.
8. Die teilnehmenden Golfclubs haben sich gegenüber dem Verlag unter den o.g. Bedingungen verpflichtet, die ausgeschriebenen Angebote einzulösen. Der Verlag übernimmt jedoch keine Gewähr und keine Haftung, wenn ein Angebot nicht eingelöst wird oder werden kann.

Bedingungen zur Einlösung des Discounts:

1. Das Angebot ist einschließlich bis 30.6.2022 gültig.
2. Der Golfspieler/Leser hat sich telefonisch eine Abschlagzeit geben zu lassen – dabei ist die Nutzung des Angebots anzugeben.
3. Eine Barauszahlung des Greenfee-Vorteils ist nicht möglich.
4. Das Kombinieren von Angeboten oder bestehenden Greenfee-Vorteilen ist nicht möglich. Der Vorteil bezieht sich jeweils ausschließlich auf die zum Zeitpunkt der Einlösung gültigen vollen Greenfee-Gebühren.
5. Gibt es Spielergruppen mit erhöhten Greenfee-Gebühren, ist ein Nachlass auf diese Gebühren nicht möglich.
6. Das Angebot allein berechtigt nicht zum Spiel gegen Greenfee. Die Erfüllung der Bestimmungen des jeweiligen Golfclubs zur Greenfee-Berechtigung (Mitgliedschaft in einem Golfclub, Mindesthandicap etc.) zum Zeitpunkt der Einlösung sind Voraussetzung.
7. Es ist untersagt, den Greenfee-Gutschein entgeltlich Dritten zu überlassen bzw. mit diesen Handel zu treiben. Insbesondere sind die teilnehmenden Golfclubs in diesem Falle berechtigt, die Einlösung der ausgeschriebenen Angebote zu verweigern.
8. Die teilnehmenden Golfclubs haben sich gegenüber dem Verlag unter den o.g. Bedingungen verpflichtet, die ausgeschriebenen Angebote einzulösen. Der Verlag übernimmt jedoch keine Gewähr und keine Haftung, wenn ein Angebot nicht eingelöst wird oder werden kann.

Bedingungen zur Einlösung des Discounts:

1. Das Angebot ist einschließlich bis 30.6.2022 gültig.
2. Der Golfspieler/Leser hat sich telefonisch eine Abschlagzeit geben zu lassen – dabei ist die Nutzung des Angebots anzugeben.
3. Eine Barauszahlung des Greenfee-Vorteils ist nicht möglich.
4. Das Kombinieren von Angeboten oder bestehenden Greenfee-Vorteilen ist nicht möglich. Der Vorteil bezieht sich jeweils ausschließlich auf die zum Zeitpunkt der Einlösung gültigen vollen Greenfee-Gebühren.
5. Gibt es Spielergruppen mit erhöhten Greenfee-Gebühren, ist ein Nachlass auf diese Gebühren nicht möglich.
6. Das Angebot allein berechtigt nicht zum Spiel gegen Greenfee. Die Erfüllung der Bestimmungen des jeweiligen Golfclubs zur Greenfee-Berechtigung (Mitgliedschaft in einem Golfclub, Mindesthandicap etc.) zum Zeitpunkt der Einlösung sind Voraussetzung.
7. Es ist untersagt, den Greenfee-Gutschein entgeltlich Dritten zu überlassen bzw. mit diesen Handel zu treiben. Insbesondere sind die teilnehmenden Golfclubs in diesem Falle berechtigt, die Einlösung der ausgeschriebenen Angebote zu verweigern.
8. Die teilnehmenden Golfclubs haben sich gegenüber dem Verlag unter den o.g. Bedingungen verpflichtet, die ausgeschriebenen Angebote einzulösen. Der Verlag übernimmt jedoch keine Gewähr und keine Haftung, wenn ein Angebot nicht eingelöst wird oder werden kann.

Bedingungen zur Einlösung des Discounts:

1. Das Angebot ist einschließlich bis 30.6.2022 gültig.
2. Der Golfspieler/Leser hat sich telefonisch eine Abschlagzeit geben zu lassen – dabei ist die Nutzung des Angebots anzugeben.
3. Eine Barauszahlung des Greenfee-Vorteils ist nicht möglich.
4. Das Kombinieren von Angeboten oder bestehenden Greenfee-Vorteilen ist nicht möglich. Der Vorteil bezieht sich jeweils ausschließlich auf die zum Zeitpunkt der Einlösung gültigen vollen Greenfee-Gebühren.
5. Gibt es Spielergruppen mit erhöhten Greenfee-Gebühren, ist ein Nachlass auf diese Gebühren nicht möglich.
6. Das Angebot allein berechtigt nicht zum Spiel gegen Greenfee. Die Erfüllung der Bestimmungen des jeweiligen Golfclubs zur Greenfee-Berechtigung (Mitgliedschaft in einem Golfclub, Mindesthandicap etc.) zum Zeitpunkt der Einlösung sind Voraussetzung.
7. Es ist untersagt, den Greenfee-Gutschein entgeltlich Dritten zu überlassen bzw. mit diesen Handel zu treiben. Insbesondere sind die teilnehmenden Golfclubs in diesem Falle berechtigt, die Einlösung der ausgeschriebenen Angebote zu verweigern.
8. Die teilnehmenden Golfclubs haben sich gegenüber dem Verlag unter den o.g. Bedingungen verpflichtet, die ausgeschriebenen Angebote einzulösen. Der Verlag übernimmt jedoch keine Gewähr und keine Haftung, wenn ein Angebot nicht eingelöst wird oder werden kann.

Bedingungen zur Einlösung des Discounts:

1. Das Angebot ist einschließlich bis 30.6.2022 gültig.
2. Der Golfspieler/Leser hat sich telefonisch eine Abschlagzeit geben zu lassen – dabei ist die Nutzung des Angebots anzugeben.
3. Eine Barauszahlung des Greenfee-Vorteils ist nicht möglich.
4. Das Kombinieren von Angeboten oder bestehenden Greenfee-Vorteilen ist nicht möglich. Der Vorteil bezieht sich jeweils ausschließlich auf die zum Zeitpunkt der Einlösung gültigen vollen Greenfee-Gebühren.
5. Gibt es Spielergruppen mit erhöhten Greenfee-Gebühren, ist ein Nachlass auf diese Gebühren nicht möglich.
6. Das Angebot allein berechtigt nicht zum Spiel gegen Greenfee. Die Erfüllung der Bestimmungen des jeweiligen Golfclubs zur Greenfee-Berechtigung (Mitgliedschaft in einem Golfclub, Mindesthandicap etc.) zum Zeitpunkt der Einlösung sind Voraussetzung.
7. Es ist untersagt, den Greenfee-Gutschein entgeltlich Dritten zu überlassen bzw. mit diesen Handel zu treiben. Insbesondere sind die teilnehmenden Golfclubs in diesem Falle berechtigt, die Einlösung der ausgeschriebenen Angebote zu verweigern.
8. Die teilnehmenden Golfclubs haben sich gegenüber dem Verlag unter den o.g. Bedingungen verpflichtet, die ausgeschriebenen Angebote einzulösen. Der Verlag übernimmt jedoch keine Gewähr und keine Haftung, wenn ein Angebot nicht eingelöst wird oder werden kann.

Bedingungen zur Einlösung des Discounts:

1. Das Angebot ist einschließlich bis 30.6.2022 gültig.
2. Der Golfspieler/Leser hat sich telefonisch eine Abschlagzeit geben zu lassen – dabei ist die Nutzung des Angebots anzugeben.
3. Eine Barauszahlung des Greenfee-Vorteils ist nicht möglich.
4. Das Kombinieren von Angeboten oder bestehenden Greenfee-Vorteilen ist nicht möglich. Der Vorteil bezieht sich jeweils ausschließlich auf die zum Zeitpunkt der Einlösung gültigen vollen Greenfee-Gebühren.
5. Gibt es Spielergruppen mit erhöhten Greenfee-Gebühren, ist ein Nachlass auf diese Gebühren nicht möglich.
6. Das Angebot allein berechtigt nicht zum Spiel gegen Greenfee. Die Erfüllung der Bestimmungen des jeweiligen Golfclubs zur Greenfee-Berechtigung (Mitgliedschaft in einem Golfclub, Mindesthandicap etc.) zum Zeitpunkt der Einlösung sind Voraussetzung.
7. Es ist untersagt, den Greenfee-Gutschein entgeltlich Dritten zu überlassen bzw. mit diesen Handel zu treiben. Insbesondere sind die teilnehmenden Golfclubs in diesem Falle berechtigt, die Einlösung der ausgeschriebenen Angebote zu verweigern.
8. Die teilnehmenden Golfclubs haben sich gegenüber dem Verlag unter den o.g. Bedingungen verpflichtet, die ausgeschriebenen Angebote einzulösen. Der Verlag übernimmt jedoch keine Gewähr und keine Haftung, wenn ein Angebot nicht eingelöst wird oder werden kann.

Bedingungen zur Einlösung des Discounts:

1. Das Angebot ist einschließlich bis 30.6.2022 gültig.
2. Der Golfspieler/Leser hat sich telefonisch eine Abschlagzeit geben zu lassen – dabei ist die Nutzung des Angebots anzugeben.
3. Eine Barauszahlung des Greenfee-Vorteils ist nicht möglich.
4. Das Kombinieren von Angeboten oder bestehenden Greenfee-Vorteilen ist nicht möglich. Der Vorteil bezieht sich jeweils ausschließlich auf die zum Zeitpunkt der Einlösung gültigen vollen Greenfee-Gebühren.
5. Gibt es Spielergruppen mit erhöhten Greenfee-Gebühren, ist ein Nachlass auf diese Gebühren nicht möglich.
6. Das Angebot allein berechtigt nicht zum Spiel gegen Greenfee. Die Erfüllung der Bestimmungen des jeweiligen Golfclubs zur Greenfee-Berechtigung (Mitgliedschaft in einem Golfclub, Mindesthandicap etc.) zum Zeitpunkt der Einlösung sind Voraussetzung.
7. Es ist untersagt, den Greenfee-Gutschein entgeltlich Dritten zu überlassen bzw. mit diesen Handel zu treiben. Insbesondere sind die teilnehmenden Golfclubs in diesem Falle berechtigt, die Einlösung der ausgeschriebenen Angebote zu verweigern.
8. Die teilnehmenden Golfclubs haben sich gegenüber dem Verlag unter den o.g. Bedingungen verpflichtet, die ausgeschriebenen Angebote einzulösen. Der Verlag übernimmt jedoch keine Gewähr und keine Haftung, wenn ein Angebot nicht eingelöst wird oder werden kann.

Bedingungen zur Einlösung des Discounts:

1. Das Angebot ist einschließlich bis 30.6.2022 gültig.
2. Der Golfspieler/Leser hat sich telefonisch eine Abschlagzeit geben zu lassen – dabei ist die Nutzung des Angebots anzugeben.
3. Eine Barauszahlung des Greenfee-Vorteils ist nicht möglich.
4. Das Kombinieren von Angeboten oder bestehenden Greenfee-Vorteilen ist nicht möglich. Der Vorteil bezieht sich jeweils ausschließlich auf die zum Zeitpunkt der Einlösung gültigen vollen Greenfee-Gebühren.
5. Gibt es Spielergruppen mit erhöhten Greenfee-Gebühren, ist ein Nachlass auf diese Gebühren nicht möglich.
6. Das Angebot allein berechtigt nicht zum Spiel gegen Greenfee. Die Erfüllung der Bestimmungen des jeweiligen Golfclubs zur Greenfee-Berechtigung (Mitgliedschaft in einem Golfclub, Mindesthandicap etc.) zum Zeitpunkt der Einlösung sind Voraussetzung.
7. Es ist untersagt, den Greenfee-Gutschein entgeltlich Dritten zu überlassen bzw. mit diesen Handel zu treiben. Insbesondere sind die teilnehmenden Golfclubs in diesem Falle berechtigt, die Einlösung der ausgeschriebenen Angebote zu verweigern.
8. Die teilnehmenden Golfclubs haben sich gegenüber dem Verlag unter den o.g. Bedingungen verpflichtet, die ausgeschriebenen Angebote einzulösen. Der Verlag übernimmt jedoch keine Gewähr und keine Haftung, wenn ein Angebot nicht eingelöst wird oder werden kann.

Bedingungen zur Einlösung des Discounts:

1. Das Angebot ist einschließlich bis 30.6.2022 gültig.
2. Der Golfspieler/Leser hat sich telefonisch eine Abschlagzeit geben zu lassen – dabei ist die Nutzung des Angebots anzugeben.
3. Eine Barauszahlung des Greenfee-Vorteils ist nicht möglich.
4. Das Kombinieren von Angeboten oder bestehenden Greenfee-Vorteilen ist nicht möglich. Der Vorteil bezieht sich jeweils ausschließlich auf die zum Zeitpunkt der Einlösung gültigen vollen Greenfee-Gebühren.
5. Gibt es Spielergruppen mit erhöhten Greenfee-Gebühren, ist ein Nachlass auf diese Gebühren nicht möglich.
6. Das Angebot allein berechtigt nicht zum Spiel gegen Greenfee. Die Erfüllung der Bestimmungen des jeweiligen Golfclubs zur Greenfee-Berechtigung (Mitgliedschaft in einem Golfclub, Mindesthandicap etc.) zum Zeitpunkt der Einlösung sind Voraussetzung.
7. Es ist untersagt, den Greenfee-Gutschein entgeltlich Dritten zu überlassen bzw. mit diesen Handel zu treiben. Insbesondere sind die teilnehmenden Golfclubs in diesem Falle berechtigt, die Einlösung der ausgeschriebenen Angebote zu verweigern.
8. Die teilnehmenden Golfclubs haben sich gegenüber dem Verlag unter den o.g. Bedingungen verpflichtet, die ausgeschriebenen Angebote einzulösen. Der Verlag übernimmt jedoch keine Gewähr und keine Haftung, wenn ein Angebot nicht eingelöst wird oder werden kann.

Bedingungen zur Einlösung des Discounts:

1. Das Angebot ist einschließlich bis 30.6.2022 gültig.
2. Der Golfspieler/Leser hat sich telefonisch eine Abschlagzeit geben zu lassen – dabei ist die Nutzung des Angebots anzugeben.
3. Eine Barauszahlung des Greenfee-Vorteils ist nicht möglich.
4. Das Kombinieren von Angeboten oder bestehenden Greenfee-Vorteilen ist nicht möglich. Der Vorteil bezieht sich jeweils ausschließlich auf die zum Zeitpunkt der Einlösung gültigen vollen Greenfee-Gebühren.
5. Gibt es Spielergruppen mit erhöhten Greenfee-Gebühren, ist ein Nachlass auf diese Gebühren nicht möglich.
6. Das Angebot allein berechtigt nicht zum Spiel gegen Greenfee. Die Erfüllung der Bestimmungen des jeweiligen Golfclubs zur Greenfee-Berechtigung (Mitgliedschaft in einem Golfclub, Mindesthandicap etc.) zum Zeitpunkt der Einlösung sind Voraussetzung.
7. Es ist untersagt, den Greenfee-Gutschein entgeltlich Dritten zu überlassen bzw. mit diesen Handel zu treiben. Insbesondere sind die teilnehmenden Golfclubs in diesem Falle berechtigt, die Einlösung der ausgeschriebenen Angebote zu verweigern.
8. Die teilnehmenden Golfclubs haben sich gegenüber dem Verlag unter den o.g. Bedingungen verpflichtet, die ausgeschriebenen Angebote einzulösen. Der Verlag übernimmt jedoch keine Gewähr und keine Haftung, wenn ein Angebot nicht eingelöst wird oder werden kann.

DER GOLF ALBRECHT

Ring of Kerry Golf Club

IE

Templenoe
Killarney
+353 64 664 2000

375

20% Greenfee-Ermäßigung

DER GOLF ALBRECHT

Golfanlage Hohwacht

DE

Eichenallee 1
D-24321 Hohwacht/Ostsee
04381-9690
Schleswig-Holstein, Hamburg

376

20% Greenfee-Ermäßigung

DER GOLF ALBRECHT

Golf-Club Garmisch-Partenkirchen e.V.

DE

Gut Buchwies
D-82496 Oberau
08824-8344
Bayern

377

20% Greenfee-Ermäßigung

DER GOLF ALBRECHT

Golf-Club Garmisch-Partenkirchen e.V.

DE

Gut Buchwies
D-82496 Oberau
08824-8344
Bayern

377

20% Greenfee-Ermäßigung

DER GOLF ALBRECHT

Ile aux Cerfs Golf Club

MU

Trou d'Eau Douce
+230 402 7720

Hinweis: Bernhard Langer Design. Voucher nur gültig auf Rack Rate, nicht kombinierbar mit and. Angeboten.

378

20% Greenfee-Ermäßigung

DER GOLF ALBRECHT

Ile aux Cerfs Golf Club

MU

Trou d'Eau Douce
+230 402 7720

Hinweis: Bernhard Langer Design. Voucher nur gültig auf Rack Rate, nicht kombinierbar mit and. Angeboten.

378

20% Greenfee-Ermäßigung

Ile aux Cerfs Golf Club, Mauritius

Bedingungen zur Einlösung des Discounts:

1. Das Angebot ist einschließlich bis 30.6.2022 gültig.
2. Der Golfspieler/Leser hat sich telefonisch eine Abschlagzeit geben zu lassen – dabei ist die Nutzung des Angebots anzugeben.
3. Eine Barauszahlung des Greenfee-Vorteils ist nicht möglich.
4. Das Kombinieren von Angeboten oder bestehenden Greenfee-Vorteilen ist nicht möglich. Der Vorteil bezieht sich jeweils ausschließlich auf die zum Zeitpunkt der Einlösung gültigen vollen Greenfee-Gebühren.
5. Gibt es Spielergruppen mit erhöhten Greenfee-Gebühren, ist ein Nachlass auf diese Gebühren nicht möglich.
6. Das Angebot allein berechtigt nicht zum Spiel gegen Greenfee. Die Erfüllung der Bestimmungen des jeweiligen Golfclubs zur Greenfee-Berechtigung (Mitgliedschaft in einem Golfclub, Mindesthandicap etc.) zum Zeitpunkt der Einlösung sind Voraussetzung.
7. Es ist untersagt, den Greenfee-Gutschein entgeltlich Dritten zu überlassen bzw. mit diesen Handel zu treiben. Insbesondere sind die teilnehmenden Golfclubs in diesem Falle berechtigt, die Einlösung der ausgeschriebenen Angebote zu verweigern.
8. Die teilnehmenden Golfclubs haben sich gegenüber dem Verlag unter den o.g. Bedingungen verpflichtet, die ausgeschriebenen Angebote einzulösen. Der Verlag übernimmt jedoch keine Gewähr und keine Haftung, wenn ein Angebot nicht eingelöst wird oder werden kann.

Bedingungen zur Einlösung des Discounts:

1. Das Angebot ist einschließlich bis 30.6.2022 gültig.
2. Der Golfspieler/Leser hat sich telefonisch eine Abschlagzeit geben zu lassen – dabei ist die Nutzung des Angebots anzugeben.
3. Eine Barauszahlung des Greenfee-Vorteils ist nicht möglich.
4. Das Kombinieren von Angeboten oder bestehenden Greenfee-Vorteilen ist nicht möglich. Der Vorteil bezieht sich jeweils ausschließlich auf die zum Zeitpunkt der Einlösung gültigen vollen Greenfee-Gebühren.
5. Gibt es Spielergruppen mit erhöhten Greenfee-Gebühren, ist ein Nachlass auf diese Gebühren nicht möglich.
6. Das Angebot allein berechtigt nicht zum Spiel gegen Greenfee. Die Erfüllung der Bestimmungen des jeweiligen Golfclubs zur Greenfee-Berechtigung (Mitgliedschaft in einem Golfclub, Mindesthandicap etc.) zum Zeitpunkt der Einlösung sind Voraussetzung.
7. Es ist untersagt, den Greenfee-Gutschein entgeltlich Dritten zu überlassen bzw. mit diesen Handel zu treiben. Insbesondere sind die teilnehmenden Golfclubs in diesem Falle berechtigt, die Einlösung der ausgeschriebenen Angebote zu verweigern.
8. Die teilnehmenden Golfclubs haben sich gegenüber dem Verlag unter den o.g. Bedingungen verpflichtet, die ausgeschriebenen Angebote einzulösen. Der Verlag übernimmt jedoch keine Gewähr und keine Haftung, wenn ein Angebot nicht eingelöst wird oder werden kann.

Bedingungen zur Einlösung des Discounts:

1. Das Angebot ist einschließlich bis 30.6.2022 gültig.
2. Der Golfspieler/Leser hat sich telefonisch eine Abschlagzeit geben zu lassen – dabei ist die Nutzung des Angebots anzugeben.
3. Eine Barauszahlung des Greenfee-Vorteils ist nicht möglich.
4. Das Kombinieren von Angeboten oder bestehenden Greenfee-Vorteilen ist nicht möglich. Der Vorteil bezieht sich jeweils ausschließlich auf die zum Zeitpunkt der Einlösung gültigen vollen Greenfee-Gebühren.
5. Gibt es Spielergruppen mit erhöhten Greenfee-Gebühren, ist ein Nachlass auf diese Gebühren nicht möglich.
6. Das Angebot allein berechtigt nicht zum Spiel gegen Greenfee. Die Erfüllung der Bestimmungen des jeweiligen Golfclubs zur Greenfee-Berechtigung (Mitgliedschaft in einem Golfclub, Mindesthandicap etc.) zum Zeitpunkt der Einlösung sind Voraussetzung.
7. Es ist untersagt, den Greenfee-Gutschein entgeltlich Dritten zu überlassen bzw. mit diesen Handel zu treiben. Insbesondere sind die teilnehmenden Golfclubs in diesem Falle berechtigt, die Einlösung der ausgeschriebenen Angebote zu verweigern.
8. Die teilnehmenden Golfclubs haben sich gegenüber dem Verlag unter den o.g. Bedingungen verpflichtet, die ausgeschriebenen Angebote einzulösen. Der Verlag übernimmt jedoch keine Gewähr und keine Haftung, wenn ein Angebot nicht eingelöst wird oder werden kann.

Bedingungen zur Einlösung des Discounts:

1. Das Angebot ist einschließlich bis 30.6.2022 gültig.
2. Der Golfspieler/Leser hat sich telefonisch eine Abschlagzeit geben zu lassen – dabei ist die Nutzung des Angebots anzugeben.
3. Eine Barauszahlung des Greenfee-Vorteils ist nicht möglich.
4. Das Kombinieren von Angeboten oder bestehenden Greenfee-Vorteilen ist nicht möglich. Der Vorteil bezieht sich jeweils ausschließlich auf die zum Zeitpunkt der Einlösung gültigen vollen Greenfee-Gebühren.
5. Gibt es Spielergruppen mit erhöhten Greenfee-Gebühren, ist ein Nachlass auf diese Gebühren nicht möglich.
6. Das Angebot allein berechtigt nicht zum Spiel gegen Greenfee. Die Erfüllung der Bestimmungen des jeweiligen Golfclubs zur Greenfee-Berechtigung (Mitgliedschaft in einem Golfclub, Mindesthandicap etc.) zum Zeitpunkt der Einlösung sind Voraussetzung.
7. Es ist untersagt, den Greenfee-Gutschein entgeltlich Dritten zu überlassen bzw. mit diesen Handel zu treiben. Insbesondere sind die teilnehmenden Golfclubs in diesem Falle berechtigt, die Einlösung der ausgeschriebenen Angebote zu verweigern.
8. Die teilnehmenden Golfclubs haben sich gegenüber dem Verlag unter den o.g. Bedingungen verpflichtet, die ausgeschriebenen Angebote einzulösen. Der Verlag übernimmt jedoch keine Gewähr und keine Haftung, wenn ein Angebot nicht eingelöst wird oder werden kann.

Bedingungen zur Einlösung des Discounts:

1. Das Angebot ist einschließlich bis 30.6.2022 gültig.
2. Der Golfspieler/Leser hat sich telefonisch eine Abschlagzeit geben zu lassen – dabei ist die Nutzung des Angebots anzugeben.
3. Eine Barauszahlung des Greenfee-Vorteils ist nicht möglich.
4. Das Kombinieren von Angeboten oder bestehenden Greenfee-Vorteilen ist nicht möglich. Der Vorteil bezieht sich jeweils ausschließlich auf die zum Zeitpunkt der Einlösung gültigen vollen Greenfee-Gebühren.
5. Gibt es Spielergruppen mit erhöhten Greenfee-Gebühren, ist ein Nachlass auf diese Gebühren nicht möglich.
6. Das Angebot allein berechtigt nicht zum Spiel gegen Greenfee. Die Erfüllung der Bestimmungen des jeweiligen Golfclubs zur Greenfee-Berechtigung (Mitgliedschaft in einem Golfclub, Mindesthandicap etc.) zum Zeitpunkt der Einlösung sind Voraussetzung.
7. Es ist untersagt, den Greenfee-Gutschein entgeltlich Dritten zu überlassen bzw. mit diesen Handel zu treiben. Insbesondere sind die teilnehmenden Golfclubs in diesem Falle berechtigt, die Einlösung der ausgeschriebenen Angebote zu verweigern.
8. Die teilnehmenden Golfclubs haben sich gegenüber dem Verlag unter den o.g. Bedingungen verpflichtet, die ausgeschriebenen Angebote einzulösen. Der Verlag übernimmt jedoch keine Gewähr und keine Haftung, wenn ein Angebot nicht eingelöst wird oder werden kann.

Bedingungen zur Einlösung des Discounts:

1. Das Angebot ist einschließlich bis 30.6.2022 gültig.
2. Der Golfspieler/Leser hat sich telefonisch eine Abschlagzeit geben zu lassen – dabei ist die Nutzung des Angebots anzugeben.
3. Eine Barauszahlung des Greenfee-Vorteils ist nicht möglich.
4. Das Kombinieren von Angeboten oder bestehenden Greenfee-Vorteilen ist nicht möglich. Der Vorteil bezieht sich jeweils ausschließlich auf die zum Zeitpunkt der Einlösung gültigen vollen Greenfee-Gebühren.
5. Gibt es Spielergruppen mit erhöhten Greenfee-Gebühren, ist ein Nachlass auf diese Gebühren nicht möglich.
6. Das Angebot allein berechtigt nicht zum Spiel gegen Greenfee. Die Erfüllung der Bestimmungen des jeweiligen Golfclubs zur Greenfee-Berechtigung (Mitgliedschaft in einem Golfclub, Mindesthandicap etc.) zum Zeitpunkt der Einlösung sind Voraussetzung.
7. Es ist untersagt, den Greenfee-Gutschein entgeltlich Dritten zu überlassen bzw. mit diesen Handel zu treiben. Insbesondere sind die teilnehmenden Golfclubs in diesem Falle berechtigt, die Einlösung der ausgeschriebenen Angebote zu verweigern.
8. Die teilnehmenden Golfclubs haben sich gegenüber dem Verlag unter den o.g. Bedingungen verpflichtet, die ausgeschriebenen Angebote einzulösen. Der Verlag übernimmt jedoch keine Gewähr und keine Haftung, wenn ein Angebot nicht eingelöst wird oder werden kann.

Bedingungen zur Einlösung des Discounts:

1. Das Angebot ist einschließlich bis 30.6.2022 gültig.
2. Der Golfspieler/Leser hat sich telefonisch eine Abschlagzeit geben zu lassen – dabei ist die Nutzung des Angebots anzugeben.
3. Eine Barauszahlung des Greenfee-Vorteils ist nicht möglich.
4. Das Kombinieren von Angeboten oder bestehenden Greenfee-Vorteilen ist nicht möglich. Der Vorteil bezieht sich jeweils ausschließlich auf die zum Zeitpunkt der Einlösung gültigen vollen Greenfee-Gebühren.
5. Gibt es Spielergruppen mit erhöhten Greenfee-Gebühren, ist ein Nachlass auf diese Gebühren nicht möglich.
6. Das Angebot allein berechtigt nicht zum Spiel gegen Greenfee. Die Erfüllung der Bestimmungen des jeweiligen Golfclubs zur Greenfee-Berechtigung (Mitgliedschaft in einem Golfclub, Mindesthandicap etc.) zum Zeitpunkt der Einlösung sind Voraussetzung.
7. Es ist untersagt, den Greenfee-Gutschein entgeltlich Dritten zu überlassen bzw. mit diesen Handel zu treiben. Insbesondere sind die teilnehmenden Golfclubs in diesem Falle berechtigt, die Einlösung der ausgeschriebenen Angebote zu verweigern.
8. Die teilnehmenden Golfclubs haben sich gegenüber dem Verlag unter den o.g. Bedingungen verpflichtet, die ausgeschriebenen Angebote einzulösen. Der Verlag übernimmt jedoch keine Gewähr und keine Haftung, wenn ein Angebot nicht eingelöst wird oder werden kann.

Bedingungen zur Einlösung des Discounts:

1. Das Angebot ist einschließlich bis 30.6.2022 gültig.
2. Der Golfspieler/Leser hat sich telefonisch eine Abschlagzeit geben zu lassen – dabei ist die Nutzung des Angebots anzugeben.
3. Eine Barauszahlung des Greenfee-Vorteils ist nicht möglich.
4. Das Kombinieren von Angeboten oder bestehenden Greenfee-Vorteilen ist nicht möglich. Der Vorteil bezieht sich jeweils ausschließlich auf die zum Zeitpunkt der Einlösung gültigen vollen Greenfee-Gebühren.
5. Gibt es Spielergruppen mit erhöhten Greenfee-Gebühren, ist ein Nachlass auf diese Gebühren nicht möglich.
6. Das Angebot allein berechtigt nicht zum Spiel gegen Greenfee. Die Erfüllung der Bestimmungen des jeweiligen Golfclubs zur Greenfee-Berechtigung (Mitgliedschaft in einem Golfclub, Mindesthandicap etc.) zum Zeitpunkt der Einlösung sind Voraussetzung.
7. Es ist untersagt, den Greenfee-Gutschein entgeltlich Dritten zu überlassen bzw. mit diesen Handel zu treiben. Insbesondere sind die teilnehmenden Golfclubs in diesem Falle berechtigt, die Einlösung der ausgeschriebenen Angebote zu verweigern.
8. Die teilnehmenden Golfclubs haben sich gegenüber dem Verlag unter den o.g. Bedingungen verpflichtet, die ausgeschriebenen Angebote einzulösen. Der Verlag übernimmt jedoch keine Gewähr und keine Haftung, wenn ein Angebot nicht eingelöst wird oder werden kann.

Bedingungen zur Einlösung des Discounts:

1. Das Angebot ist einschließlich bis 30.6.2022 gültig.
2. Der Golfspieler/Leser hat sich telefonisch eine Abschlagzeit geben zu lassen – dabei ist die Nutzung des Angebots anzugeben.
3. Eine Barauszahlung des Greenfee-Vorteils ist nicht möglich.
4. Das Kombinieren von Angeboten oder bestehenden Greenfee-Vorteilen ist nicht möglich. Der Vorteil bezieht sich jeweils ausschließlich auf die zum Zeitpunkt der Einlösung gültigen vollen Greenfee-Gebühren.
5. Gibt es Spielergruppen mit erhöhten Greenfee-Gebühren, ist ein Nachlass auf diese Gebühren nicht möglich.
6. Das Angebot allein berechtigt nicht zum Spiel gegen Greenfee. Die Erfüllung der Bestimmungen des jeweiligen Golfclubs zur Greenfee-Berechtigung (Mitgliedschaft in einem Golfclub, Mindesthandicap etc.) zum Zeitpunkt der Einlösung sind Voraussetzung.
7. Es ist untersagt, den Greenfee-Gutschein entgeltlich Dritten zu überlassen bzw. mit diesen Handel zu treiben. Insbesondere sind die teilnehmenden Golfclubs in diesem Falle berechtigt, die Einlösung der ausgeschriebenen Angebote zu verweigern.
8. Die teilnehmenden Golfclubs haben sich gegenüber dem Verlag unter den o.g. Bedingungen verpflichtet, die ausgeschriebenen Angebote einzulösen. Der Verlag übernimmt jedoch keine Gewähr und keine Haftung, wenn ein Angebot nicht eingelöst wird oder werden kann.

Bedingungen zur Einlösung des Discounts:

1. Das Angebot ist einschließlich bis 30.6.2022 gültig.
2. Der Golfspieler/Leser hat sich telefonisch eine Abschlagzeit geben zu lassen – dabei ist die Nutzung des Angebots anzugeben.
3. Eine Barauszahlung des Greenfee-Vorteils ist nicht möglich.
4. Das Kombinieren von Angeboten oder bestehenden Greenfee-Vorteilen ist nicht möglich. Der Vorteil bezieht sich jeweils ausschließlich auf die zum Zeitpunkt der Einlösung gültigen vollen Greenfee-Gebühren.
5. Gibt es Spielergruppen mit erhöhten Greenfee-Gebühren, ist ein Nachlass auf diese Gebühren nicht möglich.
6. Das Angebot allein berechtigt nicht zum Spiel gegen Greenfee. Die Erfüllung der Bestimmungen des jeweiligen Golfclubs zur Greenfee-Berechtigung (Mitgliedschaft in einem Golfclub, Mindesthandicap etc.) zum Zeitpunkt der Einlösung sind Voraussetzung.
7. Es ist untersagt, den Greenfee-Gutschein entgeltlich Dritten zu überlassen bzw. mit diesen Handel zu treiben. Insbesondere sind die teilnehmenden Golfclubs in diesem Falle berechtigt, die Einlösung der ausgeschriebenen Angebote zu verweigern.
8. Die teilnehmenden Golfclubs haben sich gegenüber dem Verlag unter den o.g. Bedingungen verpflichtet, die ausgeschriebenen Angebote einzulösen. Der Verlag übernimmt jedoch keine Gewähr und keine Haftung, wenn ein Angebot nicht eingelöst wird oder werden kann.

Impressum

ALBRECHT GOLF
VERLAG GmbH

Herausgeber und Verlag:

Albrecht Golf Verlag GmbH
Klenzestrasse 23 (Rgb.)
80469 München
Telefon (089) 8 58 53-0
Telefax (089) 8 58 53-197
E-Mail: info@albrecht.de
www.1golf.eu

Herausgegeben im November 2020

Bei Zusammenstellung und Druck unseres GOLF FÜHRER lassen wir größte Sorgfalt walten. Dennoch müssen alle Angaben ohne Gewähr erfolgen, weil zwischenzeitliche Änderungen nicht auszuschließen sind. Dem Verlag ist es deshalb nicht möglich, für daraus resultierende Nachteile oder Schäden eine Haftung in irgendwelcher Art zu übernehmen. Hierfür bitten wir um Ihr Verständnis.

Die Albrecht Golf Verlag GmbH prüft Werbeanzeigen von Inserenten in diesem Medium nicht und haftet unter keinerlei rechtlichen, insbesondere unter keinen wettbewerbsrechtlichen Gesichtspunkten für den Inhalt sämtlicher in diesem Medium veröffentlichten Werbeanzeigen oder Promotionstrecken.

Der Verlag übernimmt keine Gewähr und Haftung auf Vollständigkeit der Nennung von Golfanlagen, Golfclubs oder Platzbetreibern. Mit der Übermittlung von Informationen zu Daten von Golfanlagen besteht keine Gewähr und Haftung zu einer Veröffentlichung. Der Verlag behält sich vor, auch Golfanlagen, die in vorhergehenden Ausgaben veröffentlicht wurden, im Falle von falschen, unzuverlässigen oder fehlenden Angaben nicht mehr zu veröffentlichen. Keine Gewähr für unverlangt eingesandte Manuskripte und Bildsendungen. Zuschriften von Lesern oder von Golfanlagen mit Informationen oder Beschreibungen von Golfanlagen können abgeändert oder gekürzt und ohne ausdrücklichen Vorbehalt veröffentlicht werden.

Der Verlag übernimmt keine Gewähr und Haftung auf im Buch angebotene Greenfeeaktionen und Greenfeevergünstigungen. Alle genannten Preise oder Vergünstigungen stellen freiwillige Leistungen von Golfanlagen dar, die jederzeit widerrufen werden können.

Verleger:
Oliver Albrecht

Redaktion Golfplatzinformationen:
Albrecht Golf Verlag GmbH

Anzeigen:
Albrecht Golf Verlag GmbH, Thomas Mayr
Bayern und Baden-Württemberg: Brigitte Irmisch-Kreutz
Nordrhein-Westfalen: Hans-Erich Kleinsorge
KV Kommunalverlag GmbH & Co. KG., Ottobrunn,
www.kommunal-verlag.de

Kartographie GOLF FÜHRER:
© Albrecht Golf Verlag GmbH
CompuMapping, Dietmannsried

Titelbild:
Golf Club Feldafing e.V. (© Stefan von Stengel)

Datenorganisation:
Ladislav Picha

Datenübernahme und Satz:
Albrecht Golf Verlag GmbH

Gesamtherstellung:
Albrecht Golf Verlag GmbH

Druck:
Agentur Dalvit, D-85521 Ottobrunn
printed in Italy

ISBN 978-3-87014-341-1

Zeichenerklärung

18 Anzahl der Löcher

Adresse Clubhaus

Restaurant

Präsident

Sekretariat

Golflehrer

Proshop

Platzinformationen

Greenfee

VcG-Spieler zugelassen

Gäste

Driving Range überdacht

Flacher Platz

Hügeliger Platz

Sehr hügeliger Platz

Wasserhindernisse

Platz in den Bergen

Platz am Meer/See

Technisch leicht

Technisch sportlich

Technisch anspruchsvoll

Leihschläger vohanden

Trolley zu mieten

Elektrotrolley zu mieten

Elektrocart zu mieten

Ladeschiene für Gästecarts

Gästesanitär vorhanden

GPS-Geräte zugelassen

Kinderspielplatz vorhanden

Kinderbetreuung für Gäste

Gastro akzeptiert Kreditkarten

Golfclub akzeptiert Kreditkarten

Hunde nicht gestattet

Hunde angeleint gestattet

Parkplatz für Hundebesitzer

Birdiekarte vorhanden

Wohnmobilstellplatz